Wanneer een samenstelling niet als trefwoord is opgenomen, is het mogelijk dat onder één van de samenstellende delen toch een vertaling staat. Onder telegraaf *bijv. vinden we ook de vertaling van* telegraafkabel

telegraaf telegraph [[illegible] charges, form, line, linesman, messenger, office, pole, service, system]; *per* ~ by wire
universiteit university [council, hospital, library, town] ...

Wanneer het trefwoord duidelijk verschillende betekenissen heeft, worden de vertalingen genummerd met 1, 2, *enz*

borgen 1 give credit, (*fam*) (give) tick; **2** buy on credit, (*fam*) (buy on, go on) tick; **3** (*techn*) secure, lock

Min of meer gelijkwaardige vertalingen worden gescheiden door een komma; vertalingen die, binnen eenzelfde betekenis, wat verder van elkaar liggen worden gescheiden door een puntkomma

bon 1 ticket, voucher, check; [book, record] token ...

Gedeelten van vertalingen die naar gelang van de context kunnen worden gebruikt of weggelaten staan romein tussen haakjes

biels (wooden) sleeper(s)
bijzaak (matter) of secondary importance ...

Ook vertaalalternatieven kunnen romein tussen haakjes staan; ter vermijding van onduidelijkheid wordt evt of: *toegevoegd*

bijvak subsidiary (ancillary, minor) subject
meerstemmig (*muz*) arranged for several voices (*of:* parts) ...

Verklarende toevoegingen staan cursief tussen haakjes

bijtellen add; (*meetellen*) count in
bijvijlen file (*ook fig*)

Beknopte aanvullingen bij de vertaling om het gebruik te illustreren staan romein tussen vierkante haken

brouwen I *tr* brew [beer], mix [a bowl of punch]; (*fig*) brew [mischief, treason, etc], hatch [a plot] ...

Soms komt een trefwoord alleen voor in één of meer uitdrukkingen. Het trefwoord wordt dan gevolgd door een dubbele punt en de uitdrukking(en)

piepzak: *in de ~ zitten* be in a (blue) funk, be nervous
poteten: *een raar ~* a queer fish

Ook na woorden die naar believen met of zonder een toevoeging kunnen voorkomen, volgen dubbele punt en slangetje, maar de toevoeging staat dan cursief tussen haakjes

Porte: *de* (*Verheven*) ~ the (Sublime) Porte
middellang: (*op*) ~(*e termijn*) medium-term ...
paai: (*ouwe*) ~ old buffer, gaffer, old fog(e)y

*Verschillende betekenissen van eenzelfde uitdrukking worden onderscheiden met **a**), **b**), enz*

Kanaän ... *de tale ~s, a*) the language of Canaan (*Jes. 19:18*); *b*) scriptural language; *c*) goody-goody talk; *d*) Hebrew

Zie ook De inrichting van het woordenboek *op blz 8.*

Wolters' Handwoordenboek

Nederlands-Engels

Wolters' Handwoordenboeken

Nederlands „De Koenen”

Frans-Nederlands

Nederlands-Frans

Duits-Nederlands

Nederlands-Duits

Grieks-Nederlands

Latijn-Nederlands

Engels-Nederlands

Nederlands-Engels

K. ten Bruggencate

Wolters' Handwoordenboek
Nederlands-Engels

Twintigste druk

bewerkt door

Prof. Dr J. Gerritsen
Prof. N.E. Osselton, M.A.
Prof. Dr H.Chr. Wekker

Wolters' Woordenboeken
Groningen – Utrecht – Antwerpen

Geschiedenis van het woordenboek

1e druk	1896	K. ten Bruggencate
2e druk	1899	K. ten Bruggencate
3e druk	1904	K. ten Bruggencate
4e druk	1908	L. van der Wal
5e druk	1910	L. van der Wal
6e druk	1913	L. van der Wal
7e druk	1916	L. van der Wal
8e druk	1919	K. ten Bruggencate
9e druk	1921	K. ten Bruggencate
10e druk	1927	A. Broers
11e druk	1930	A. Broers
12e druk	1934	A. Broers
13e druk	1940	A. Broers
14e druk	1951	P.J.H.O. Schut en Prof. dr R.W. Zandvoort
15e druk	1959	Prof. dr R.W. Zandvoort
16e druk	1963	Prof. dr R.W. Zandvoort e Dr J. Gerritsen
17e druk	1971	Prof. dr R.W. Zandvoort e Prof. dr J. Gerritsen
18e druk	1978	Prof. dr J. Gerritsen en Prof. N.E. Osselton, M.A.
19e druk	1986	Prof. dr J. Gerritsen en Prof. N.E. Osselton, M.A.
20e druk	1994	Prof. dr J. Gerritsen Prof. N.E. Osselton, M.A. Prof. dr H.Chr. Wekker

CIP-GEGEVENS KONINKLIJKE BIBLIOTHEEK, DEN HAAG

Gerritsen, J.

Wolters' Handwoordenboek Nederlands-Engels / J. Gerritsen,
N.E. Osselton, H.Chr. Wekker. - Groningen [etc.]:
Wolters' Woordenboeken. - (Wolters' Handwoordenboeken)
Oorspr. titel: Engelsch woordenboek, Tweede Deel:
Nederlandsch-Engelsch. - Groningen : Wolters, 1896.
ISBN 90-6648-617-1 geb.
ISBN 90-6648-604-X (NE en EN)
NUGI 503
Trefw.: Engelse taal ; woordenboeken.
Depotnr. D/1994/0108/813
R. 8617102

Inhoud

Voorbericht bij de negentiende druk

Omtrent de bewerking van het tweede deel kan, mutatis mutandis, wederom hetzelfde worden gezegd als met betrekking tot het eerste. Op één punt is een wijziging aangebracht in de presentatie: ter verduidelijking van de bedoelde schrijfwijze wordt nu een koppelteken aan het eind van een regel, ter onderscheiding van het (gelijkvormige) afbreekteken, aan het begin van de volgende regel herhaald.
Opnieuw konden wij een zeer nuttig gebruik maken van veler opmerkingen en aanvullingen, waarbij wij in het bijzonder willen noemen mevr. Drs. L. Croiset van Uchelen-Brouwer (Den Haag), mevr. Drs. A. Sarolea-van Nassau (Voorburg), mevr. Drs. E.A.M.I. Verpalen (Groningen), en de heren Mr. R.W. de Bouter (Amsterdam), Fr. Petrus Nolascus Broeders (Tilburg), Br. Casimirus (Breda), Drs. J.G. Gräper (Borgercompagnie), J.J.F. Jonkers (Eindhoven), F. Jutte O.S.C. (Maaseik), P.F. Kropholler (Parijs), A. Mennes (Londen), J.H. Molijn (Heemstede), Mr. P. Sarolea (Amsterdam) en Drs. N.J. Robat (Haren, Gr.). Het belang van deze medewerking blijkt steeds weer, en wij blijven erkentelijk voor iedere bijdrage.
Ook in zetwijze sluit het tweede deel thans bij het eerste aan. Enkele kleine aanpassingen waartoe dit heeft geleid zullen, zo zij al worden opgemerkt, het gebruik zeker niet beïnvloeden.

januari 1986

Groningen — J. GERRITSEN
Durham — N.E. OSSELTON

Voorbericht bij de twintigste druk

Ook het tweede deel is, in vergelijking met de voorgaande druk, zowel systematisch als inhoudelijk ingrijpend gewijzigd en verbeterd.
Zo is de opbouw van de artikelen geheel herzien. De Wegwijzer, op de voorste schutbladen, en de hoofdstukken Inleiding en Inrichting, hierachter, geven over de nieuwe opzet nader uitsluitsel; meer dan ooit is het bij deze druk zaak ze alle te lezen.
Evenals in het deel Engels-Nederlands konden veel verbeteringen worden aangebracht doordat de gehele tekst bijna woord voor woord moest worden doorgenomen en zo kritischer kon worden bekeken dan bij de naoorlogse revisies eerder het geval heeft kunnen zijn. Als steeds is veel verouderd materiaal verwijderd om plaats te maken voor nieuw, maar ook is in veel vertalingen het woordgebruik beter aangepast aan het idioom van de late twintigste eeuw.
Ook voor deze druk rust op ons weer de aangename plicht hier al diegenen te danken die, al ging het maar om een enkel woord, ons van hun belangstelling hebben doen blijken door hun suggesties tot wijziging en aanvulling. In het bijzonder gaat onze dank uit naar de dames drs L. Croiset van Uchelen-Brouwer (Den Haag) en drs E.A.M.I. Verpalen (Groningen), en de heren drs J.G. Gräper (Borgercompagnie), T. Huitenga (Paterswolde), P.F. Kropholler (Clermont), dr G. van der Meer (Annen), drs J. Posthumus (Roden), mr P. Sarolea (Bilthoven) en J.M. Verhoog (Groningen).
Voor toekomstige bijdragen blijven redactie en uitgeefster zich van harte aanbevelen.

september 1994

Groningen — J. GERRITSEN
Durham — N.E. OSSELTON
Groningen — H.CHR. WEKKER

Inleiding tot de twintigste druk

Het woordenboek Nederlands-Engels is, sinds zijn ontstaan, in de eerste plaats bedoeld voor diegenen die het niet louter vakspecialistisch Nederlands taalgebruik adequaat in het Engels willen kunnen weergeven. Het tracht daarom zoveel mogelijk datgene op te nemen wat men in de omgangstaal, in de dag- en weekbladen, in de tijdschriften van algemene inhoud, en nu ook bij radio en televisie kan tegenkomen. Ook de bewerkers zijn zich bewust dat het daar nooit volledig in kan slagen. Zelfs al geeft het bij verschijnen vrij wat nieuw taalgebruik, toch zal het reeds op dat moment door de taal weer zijn ingehaald.

Om die bedoeling, binnen de voor het woordenboek gestelde omvang, op een bevredigende manier recht te kunnen doen, moeten keuzes worden gemaakt. Weer heeft heel wat verouderend taalgebruik ruimte moeten maken voor nieuw, maar zonder dat uit het oog is verloren dat het woordenboek de gebruiker bij wat oudere teksten niet te gauw in de steek mag laten.

Ook wordt bij de gebruiker een zekere kennis van het Engels verondersteld, met name van zijn grammatica en primaire woordenschat. Dit geldt in het bijzonder in die voorbeelden waar, om ruimte te sparen, geen of slechts een gedeeltelijke vertaling is gegeven. Wel is bewust getracht de eisen in dit opzicht laag te houden.

Ook binnen die gegeven opzet kan en wil het woordenboek niet volledig zijn. Naarmate origineel en vertaling elkaar beter dekken zijn vertaalvarianten minder noodzakelijk of zelfs gewenst. Bij minder frequente woorden is er al snel van afgezien om de vormen, afleidingen en samenstellingen op te nemen die de gebruiker, met de wel gegeven hulp, niet voor problemen zouden moeten stellen.

De gegeven voorbeelden vallen in hoofdzaak uiteen in twee categorieën. Vaak dient een voorbeeld in hoofdzaak om het toepassingsgebied van een bepaalde vertaling aan te geven; het staat dan in vierkante haken en blijft meestal onvertaald (zo onder *enig* bijv: only [child], sole [heir], one [his one hope; the one blot on this beautiful landscape]). Maar niet minder vaak dienen ze juist om een vertaling te geven die uit de gegeven woordbetekenissen alleen niet af te leiden zou zijn. In deze laatste gevallen is niet zelden een minder essentieel deel van het voorbeeld in de vertaling slechts aangeduid door drie puntjes (*voor het geval dat de politie hem wou spreken* in case the police ...). De gebruiker ziet zo beter waar het om gaat, en als de redactie haar werk goed gedaan heeft zal de uitlating hem niet voor problemen moeten plaatsen.

Dat bij de ingrijpende bewerking ook van dit tweede deel oude fouten zijn blijven staan en nieuwe toegevoegd is wel zeker. Signalering ervan zal door redactie en uitgeefster in hoge mate worden gewaardeerd.

De inrichting van het woordenboek

De indeling in woordnesten

Trefwoorden die aan elkaar verwant zijn worden, wanneer de alfabetische volgorde dat toelaat en de blokken niet te groot worden, in één blok gezet. Zo'n blok wordt ook wel woordnest genoemd. De woorden in zo'n nest hebben een (deels) gemeenschappelijke herkomst: de vorm heeft de overhand op de betekenis. De indeling in woordnesten vestigt de aandacht op woordverbanden, maar is vooral in hoge mate ruimtebesparend.
Ter besparing van ruimte zijn echter ook niet-verwante woorden alsmede woorden die een alleen naar de vorm gelijk eerste element gemeen hebben wel op deze manier behandeld.

Alfabetische rangschikking

Alle trefwoorden, ook de afkortingen en de letterwoorden – veelal zonder punt gegeven: *nr, ns, NS* – en eigennamen, staan alfabetisch geordend. Het teken & als onderdeel van een trefwoord wordt gealfabetiseerd als *en;* de afkorting *St* wordt gealfabetiseerd als *Sint;* cijfers die onderdeel zijn van een trefwoord worden gealfabetiseerd alsof zij voluit geschreven zijn: *pastorielanderijen, pas-65, pasvorm.* Afgezien hiervan gaan, wanneer daarin het enige verschil ligt, alfabetische tekens voor niet-alfabetische en kleine letters voor hoofdletters, alles in een vaste volgorde: *a, A, à, a°, A°, Aagje.*
Samengestelde trefwoorden, al dan niet verbonden door een koppelteken, staan in het alfabet alsof ze aaneengeschreven waren: *Kasper, Kaspische Zee, kasplant; kiel, kiele-kiele, kielen.*

Grammatica

Woorden die tot meer dan één woordsoort behoren worden, vooral in grotere artikelen, vaak onderscheiden door een indeling met Romeinse cijfers gevolgd door een cursieve benoeming naar woordsoorten. In korte artikelen kunnen de Romeinse cijfers achterwege blijven en, waar deze uit de vertaling al blijkt, ook de woordsoortbenoeming. Etymologisch verschillende woorden van gelijke vorm worden niet noodzakelijk als aparte ingangen opgevoerd.

De uitspraak

De uitspraak van Engelse woorden is een enkele maal gegeven wanneer deze tot misverstanden aanleiding zou kunnen geven. Zie bijv. onder *bezweren* de door hun uitspraak onderscheiden betekenissen van *conjure*. Voor de gebruikte uitspraaktekens raadplege men zo nodig de lijst in het deel Engels-Nederlands. Waar nodig wordt, ook ter onderscheiding in het Nederlands, de hoofdklemtoon aangegeven door het teken ' vóór de betoonde lettergreep, bijv. *'bekeren* en *be'keren.*

Opbouw van de artikelen

Betekenissen zijn genummerd; de bij een bepaalde betekenis behorende voorbeelden zijn erachter geplaatst. Voorbeelden die een gebruik illustreren dat niet eenduidig bij een van de genummerde betekenissen kan worden ondergebracht volgen na de laatste gegeven betekenis (met haar eventuele voorbeelden), en zijn daarvan gescheiden door een dubbel paaltje (||).
Voor de grammaticale categorieën is geen vaste volgorde aangehouden; waar dat zinnig leek is de meest voorkomende voorop gezet. De vorming van bijwoorden op *-ly* wordt bekend verondersteld; afwijkende vormen worden zoveel mogelijk gegeven. Minder frequente aflei-

dingen van opgenomen woorden worden vaak niet vermeld als hun vertaling dat niet vereist. In langere artikelen zijn voor de overzichtelijkheid vaak kenmerkende woorden (bijv. de werkwoorden of voorzetsels in bepaalde uitdrukkingen) de eerste maal vet cursief gezet. In de meeste gevallen staan deze woorden dan in alfabetische volgorde, soms in meer dan één alfabet. Zie voor een voorbeeld het artikel *gesprek*.

Verwijzingen

Waar dit nodig lijkt worden verwijzingen gegeven. In plaats van de enkele verwijzing gaan soms, als dit geen extra ruimte vergt, een of twee hoofdvertalingen aan de verwijzing vooraf. Naar een uitdrukking wordt doorgaans verwezen wanneer deze niet staat bij het eerste voor die uitdrukking karakteristieke woord.

De gebruikte labels en verdere afkortingen worden verklaard in de Lijst van Afkortingen *op blz 10.*

Lijst van afkortingen

A

aanspr aanspreekvorm
aanw vnw aanwijzend voornaamwoord
aardr aardrijkskunde
abstr abstract
afk afkorting
Afr Afrika(ans)
ald aldaar
algem algemeen
Am Amerika, Amerikaans (Engels)
anat anatomie
Angl Anglicaans
a p. a person
Arab Arabisch
astron astronomie
attr attributief
Austr Australisch, Australië

B

Belg Belgisch, in België
bep bepaling, bepaald
bet betekent, betekenis(sen)
betr vnw betrekkelijk voornaamwoord
bez vnw bezittelijk voornaamwoord
bijb bijbel(s)
bijv bijvoorbeeld
bijvoegl bijvoeglijk
biol biologie
bk bouwkunde, architectuur
bn bijvoeglijk naamwoord
Br Brits (Engels)
Br-I (voormalig) Brits-Indië
bw bijwoord

C

ca circa, ongeveer, omstreeks
Can Canadees (Engels), Canada
chem chemie, scheikunde
chir chirurgie, heelkunde
comp computer(kunde), informatica
concr concreet

D

dial dialectisch
dicht dichterlijk, dichtkunde
diergen diergeneeskunde
dierk dierkunde, zoölogie
div diverse betekenissen
d m v door middel van
Dui Duits(land)
d w z dat wil zeggen

E

econ economie
e.d. en dergelijke
eig eigenlijk(e betekenis)
elektr elektriciteit, elektronica
Eng Engels, Engeland
enz, etc enzovoort
euf eufemisme, eufemistisch
ev enkelvoud

F

fam familiaar, gemeenzaam, informeel
farm farmacie
fig figuurlijk
fil filosofie
fin financiën, financiële term
fon fonetiek
fot fotografie
Fr Frans, Frankrijk
fys fysiologie

G

geol geologie
gmv geen meervoud
godsd godsdienst
gramm grammatica
GBr Groot-Brittannië
gymn gymnastiek

H

H Heilige
her heraldiek, wapenkunde
hist historisch

I

id idem, zelfde woord of uitdrukking
iem(s) iemand(s)
Ind Indonesië, Indonesisch, Indië, Indisch, Oost-Indië, Oostindisch, Maleis
inf infinitief, onbepaalde wijs
intr intransitief, onovergankelijk (werkwoord)
inz inzonderheid, in het bijzonder
i pl v in plaats van
Ir Iers, Anglo-Iers
iron ironisch
Ital Italiaans, Italië
ivm in verband met

J

jag jagersterm
jur juridisch, rechtsterm

K

kindert kindertaal
kol koloniën
kosm kosmografie

L

landb landbouw
Lat Latijn(s)
lett letterlijk
lit literair, literatuur
luchtv luchtvaart
lw lidwoord

M

m mannelijk
mar zee-, scheepsterm, zeemanstaal
mbt met betrekking tot
mech mechanica
med medisch, geneeskunde
meetk meetkunde
mijnb mijnbouw
mil militair
min minachtend
m n met name
muz muziek
mv meervoud
myth mythologie

N

N noord(en), noordelijk
natuurk natuurkunde
Ned Nederland(s)
nl namelijk

O

O oost(en), oostelijk
o a onder andere(n)
o dw onvoltooid deelwoord
oneig oneigenlijk
ong ongunstig
ongebr ongebruikelijk
oorspr oorspronkelijk
o.s. oneself
ott onvoltooid tegenwoordige tijd
oudh oudheid
ovt onvoltooid verleden tijd

P

Parl Parlement
pej pejoratief
pers persoon(lijk), personen
plantk plantkunde
pol politiek, politicologie
pred predikatief
psych psychologie, psychiatrie

R

retor retorisch, retorica
r-k rooms-katholiek
Rus Russisch, Rusland

S

sam samenstelling(en)
s.b. somebody
Sch Schots, Schotland
scherts schertsend
schilderk schilderkunst
schn scheldnaam
sl slang
s.o. someone
soortn soortnaam
sp sport (en spel)
Sp Spaans, Spanje
spoorw spoorwegen
s.t. something
stat statistiek
stud studententaal
sup superlatief

T

techn techniek
tegenst tegenstelling
telec telecommunicatie
telw telwoord
tgv ten gevolge van
theat theater, toneel, dramaturgie
theol theologie, theologisch
tlk taalkunde
t.o.v. ten opzichte van
tr transitief, overgankelijk (werkwoord)
tv televisie
tw tussenwerpsel
typ typografie, drukkunst

U

univ universiteit, universitair

V

v van
vakt vaktaal, -term
vd van de
v dw voltooid deelwoord
ve van een
vero verouder(en)d, ouderwets
vgl vergelijk
vglb vergelijkbaar, ongeveer
vh van het
vlg volgend(e)
vnl voornamelijk
vnw voornaamwoord
volkst volkstaal, vulgair, omgangstaal, populair
voorw voorwerp
vr vrouwelijk
vrag vragend
vs versus, tegenover, tegengesteld aan
VS Verenigde Staten
vw voegwoord
vz voorzetsel

W

W west(en), westelijk
weerk weerkunde, meteorologie
wisk wiskunde
wtsch wetenschap(pelijk)
ww werkwoord

Z

Z zuid(en), zuidelijk
Z-Afr Zuid-Afrika(ans)
zelfst zelfstandig
zgn zogenaamd
zn zelfstandig naamwoord
Z-Ned Zuidnederlands

Aa*a*

a 1 (the letter) a; *met twee ~'s* with double a; *drie ~'s* three As (A's); *geen ~ voor een b kennen* not know A from B; *van ~ tot z kennen (vertellen, enz)* know (tell, etc) from A to Z; *van ~ tot z doorlezen, (ook)* read from cover to cover, from beginning to end; *wie ~ zegt, moet ook b zeggen* in for a penny, in for a pound; 2 zie *are*

A 1 A (*ook muz*); *A-tot-Z-polis* all-in (all-risks, comprehensive) policy; A4 id; *zie ook* A-viertje; 2 afk van *ampère* amp

à 1 (*tegen*) at [at three guilders a pound]; *~ 5%* at (at the rate of) 5 per cent; *~ titre personnel* personal(ly), on a personal basis, in a private capacity; 2 (*bevattende*) containing, ctg [10 cases ctg 10 boxes each]; 3 (*tot*) to; *25 ~ 30* from 25 to 30; *een gezelschap van 15 ~ 20 man* a party of 15 to 20 people; *in 3 ~ 4 weken* in three or (*of:* to) four weeks; *tien ~ twaalf* some ten or twelve

a°, A° afk van *anno* in the year

A-afdeling (*vglb*) arts side

Aagje Aggie; *nieuwsgierig ~* Miss Curiosity, Miss Inquisitive; (*man*) Paul Pry; (*alg*) Nosy Parker

aai 1 caress, chuck [under the chin]; (*iron*) stroke; (*gevoelige ~*) slap; 2 *zie* 1 ai 2; **aaibaarheidsfactor** cuddliness; **aaien** stroke, caress, chuck [under the chin]; **aaipoes:** *~ spelen* coax, wheedle

aak 1 (*mar*) (Rhine-)barge; 2 (*Spaanse*) ~ (field) maple

aal 1 eel; *jonge ~* elver; *zo glad als een ~, ~glad* as slippery as an eel; *hij is te vangen als een ~ bij zijn staart* he is a slippery customer; 2 *zie* gier 4

aalbes currant [bush, jelly, juice, wine]; *rode (witte) ~* red (white) currant; *zwarte ~* blackcurrant; **aalbessenjenever** blackcurrant gin

aalfuik eel-basket; **aalglad** *zie* aal 1

aalmoes alms (*ook mv*); *om een ~ vragen* beg (for) alms (an alms), ask for charity; *iem om een ~ vragen* ask a p. for (an) alms, ask (beg) alms of a p.; *niet meer dan een ~* [the reward he got was] a mere pittance; *leven van aalmoezen* live on charity; **aalmoezenier** [army, navy, prison] chaplain, Chaplain to the Forces, padre; (*hist*) almoner; **aalmoezenierschap** 1 chaplainship, -cy; 2 (*hist*) almonership

aalscholver cormorant; *gekuifde ~* shag

Aalst Alost; **aalstreep** list, eel-stripe

aaltje 1 little eel; 2 (*wormpje*) eelworm [disease], nematode; (*tarwe~tje*) wheatworm; (*azijn~*) vinegar eel; **Aaltje** Alice

aalvormig eel-shaped, anguilliform

aam|beeld anvil; *zie* aanbeeld; **-beien** piles, haemorrhoids; **-borstig** short-winded; asthmatic

aan I *vz* at [at the door; at work; at play; at the third cup of tea]; on [the picture on the wall; a ring on his finger; a beard on his chin; fruit grows on trees; on the river Rhine; on the main road; on board; a dog on a lead; live on the harbour; at work on the building]; in [£2000 in jewels; the amount paid in wages, taxes, etc; rich in metals; I have a jewel of a servant in him; injured in his leg; live in the Herengracht; not a cloud in the sky]; of [blind of (in) one eye; die of a broken heart]; by [I saw it by his face; a man is known by his friends; day by day]; to [he has not a shirt to his back; she sits with her hand to her ear; give it to him]; *£ 20 ~ contanten ...* in cash; *£ 3000 ~ juwelen* £3000 worth of jewellery; *hij is ~ een krant, ~ de Times* he is on (the staff of) a paper, on the Times; *het is ~ het regenen* it is raining; *ik ben ~ het schrijven* I am writing; *twee ~ twee* [walk] two and two, two by two, by (*of:* in) twos, two abreast; *de beslissing is ~* ***u*** the decision is yours, it is for you (up to you) to decide; *er is niets ~ (de hand met) die klok* there is nothing wrong (the matter) with ...; II *bn & bw* on; *~!,* (*mil*) present!; *ik vind er niet veel ~* I don't think much of it; ***er is niets*** *~, a)* it's quite easy; there is nothing in it (to it); *b)* it isn't up to much, it's fearfully dull; it (the book) is poor stuff; *er (daar)* ***is*** *wel iets* ***van*** *~* there is something (some truth) in that; *er is niets van ~* there is nothing (not a word of truth) in it; *dat is wat er van ~ is* so much for that rumour; *je* ***moet (gaat) er*** *~* you're a dead man; (*sl*) your number is up, (*sl*) you're for it; *ik weet niet hoe (wat) ik er mee (met hem) ~ moet* I don't know how to cope with it (what to do with him); *hij* ***wil er*** *niet ~* he will not be persuaded; *de mensen willen er niet ~* people do not take kindly to it; *je* ***hebt*** *teveel kleren ~* you've got too many clothes on; ***het is*** *weer ~* they have made it up again (the engagement is on again); *de* ***school*** *(kerk) is ~* school (service) has begun; *de* ***schroef*** *is ~* the screw is home (tight); *de* ***trein*** *(boot) is ~* the train (boat) is in; *zie ook* boot; *het* ***vuur***, *enz is ~* the fire (gas, cigar) is alight (lit); the stove is burning; *het vuur (de lamp) was niet ~, (ook)* the ... was unlit; *de (centrale) verwarming is ~* the heating is on; *het* ***is*** *(erg) ~ tussen hen* they are very thick (as thick as thieves); ***met*** *de schoenen ~* in his shoes; *met de kleren ~* [what does he weigh] with his clothes?, [sleep] in one's clothes; *zie verder de ww, enz met* aan *verbonden; zie ook* keus, piano, radio, toe, enz

aanaarden earth (up), hill up; **aanademen** breathe (up)on; **aanbakken:** *de rijst is aangebakken* the rice has burnt (stuck) to the pan

aanbeeld (*ve smid*) anvil; (*in oor, ook: ~beentje*) incus; *hij slaat (hamert) altijd op hetzelfde ~* he is always harping on the same string

aanbelanden land, end up; *zie* belanden

aanbelangen concern; *zie* aangaan 8

aanbellen ring (the [door]bell), give a ring (at the door); **aanbenen** stride (step) out, mend (quicken) one's pace

aan|besteden put out to contract (to tender), invite tenders for; *aanbesteed werk* work given out by contract, contract work; **-besteding** (putting out to) contract, (public *openbare*, private *onderhandse*) tender; *bij ~* by contract; *de ~ zal plaats*

hebben op 2 mei tenders are invited before ...
aan|betalen pay down, make a down payment; **-betaling** down (*of:* advance) payment, deposit
aanbevelen recommend [as *als;* for *voor,* for ...ing *om te ...;* to *aan*], commend [the plan commends itself through its simplicity]; *wij houden ons aanbevolen voor verdere inlichtingen (een proeforder)* we shall be glad to receive further information (we solicit the favour of a trial order); *zich (zijn ziel) Gode ~* commend o.s. (one's soul) to God; *zie ook* clementie; *aan te bevelen* recommendable; *het plan is in geen enkel opzicht aan te bevelen* ... has nothing to recommend it; **aanbevelenswaardig** recommendable; *vgl het ww &* aanbeveling; **aanbeveling** 1 recommendation; *het verdient ~* it is advisable; *op ~ van* at (on, through) the recommendation of; *ter ~ van* in recommendation of; *tot ~ strekken* be an advantage; *goede ~en* good references; *met goede ~en, (ook)* well-recommended; 2 [be first on the] nomination; **aanbevelingsbrief** letter of recommendation (of introduction)
aan|biddelijk adorable; **-bidden** worship [God, the golden calf; he worshipped the ground she trod on], adore; *zie ook* zon; **-bidder** 1 worshipper, votary, devotee; 2 [silent] admirer; adorer; suitor; **-bidding** [silent] worship, adoration
aan|bieden offer [goods, congratulations]; present [a bill, a cheque for payment, an ultimatum, a petition, a grand spectacle, a p. with s.t.], tender [thanks, congratulations, one's services], submit [for approval, inspection], proffer (*lit*) [one's services], hand in [a telegram], make a tender of [one's friendship, services]; *(zich) ~, (vrijwillig)* volunteer; *zich voor een betrekking ~* offer o.s. (apply) for a post; *petroleumaandelen werden (bleven) aangeboden* oils were (*of:* came) on offer (continued on offer); *er werd hem een boek aangeboden* he was presented with a book; *(te koop) aangeboden* for sale; *zie ook* diner, gelegenheid, ontslag, presenteerblad, enz; **-bieder** person handing in [a telegram], (pr)offering [services], presenting [a cheque], etc; *vgl* -bieden; **-bieding** 1 offer, tender; submission; *vgl* -bieden; *(ve wissel, geschenk, enz)* presentation; *bij ~, (ve cheque)* on presentation; *een ~ doen* make an offer; *~en inwachten* invite tenders; 2 *(handel)* special offer, bargain (offer); *in de ~ doen* put [teas] on (special) offer; put [Maradona] up for sale; **-biedingsbrief** covering letter (*of:* note)
aanbijten bite (*ook fig*); *(ve vis, ook)* rise, nibble at the bait; *aangebeten* partly (*of:* half) eaten [apple]; *zie ook* toebijten; **aanbinden** fasten, tie (bind) up (down), tie (put, fasten) on [skates]; *hij bond haar de schaatsen aan* he put on her ... for her; *de strijd ~* join issue (*of:* battle), try conclusions [*met* with]; *het touw wat ~* tighten the rope a bit; *kort aangebonden* short-tempered, hasty, touchy; *erg kort aangebonden zijn tegen* be very short with [a p.]; *zie ook* kat; **aanblaffen** (*ook fig*) bark at, bay at; **aanblazen** blow [the fire; *ook fig*]*;* fan [the flame(s), *ook fig: het vuurtje*]*;* stir up, rouse [the passions]; foment [discord]
aanblijven 1 *(in ambt)* remain (continue) in office, retain office, stay (remain) on; hang (linger) on [old men hang (linger) on too long]; 2 *(ve lamp, enz)* be kept burning; *het vuur bleef de hele nacht aan, (ook)* the fire (was) kept in all night; *de kerk blijft lang aan* church is going on for a long time; *de deur moet ~* the ... must be left ajar
aanblik sight, look, view, aspect; *(schouwspel)* spectacle; *bij de eerste ~* at first sight (glance, blush); **aanblikken** 1 look (glance) at, fix one's eyes (up)on; 2 *(tegenstralen)* beam (up)on
aanbod 1 offer; *(reclame)* special offer; *een ~ doen* make an offer; *~ van arbeidskrachten* labour supply; 2 influx, [student] intake; *(vs vraag)* supply; *zie ook* vraag
aanboren bore, sink [a well, shaft]; strike [oil]; broach [a cask], tap [a cask, beer, new sources of revenue]
aan|bouw 1 addition, extension; annex(e); *(met aflopend dak)* lean-to; 2 *(be-, verbouwing)* cultivation; 3 *(v huizen, enz)* building; *in ~* under construction, in course of construction (*of:* erection); **-bouwen** build [houses, ships]; add [a new wing]; grow [wheat]; cultivate [waste ground]; *~ tegen* build against (*of:* on to); **-bouwkeuken** fitted kitchen; **-bouwsel** *zie* aanbouw 1
aanbraden sear [meat]
aanbranden I *ww* burn; burn (*of:* stick) to the pan; *laten ~* burn [the cakes]; *is de rijst aangebrand?* is the rice burnt?, has the rice caught?; *er moet iets aangebrand zijn* s.t. must have got burnt; *het smaakt (ruikt) aangebrand* it has a burnt taste (smell); *hij is gauw aangebrand* he is touchy (thin-skinned); II *zn* [prevent] burning
aanbreien *(ergens aan)* knit on to
aanbreken I *ww* 1 *(vd dag)* break, dawn; *(vd avond, nacht)* fall, close in; *de tijd is aangebroken* the time has come; 2 broach [a cask], open [a bottle]; cut into [a fresh loaf]; break into [one's provisions, a pound]; open up [new ground]; *zijn kapitaal ~* break (dip) into one's capital; *de lading ~* break bulk; *wat maar aangebroken is* ['white wine or claret?'] 'Anything that's open'; *een aangebroken kistje sigaren* a partly used box of cigars; II *zn (vd dag)* daybreak; *(vd nacht)* nightfall; *bij het ~ vd dag, (ook)* at break of day
aan|breng *zie* aanbod & inbreng; **-brengen** 1 bring [flowers], carry [stones]; *(werven)* bring in [customers], recruit [new members]; *kapitaal ~* bring in capital, bring capital into a business; 2 *(veroorzaken)* bring [luck]; yield [a profit]; 3 *(plaatsen)* fit [a new propeller], fix [a cupboard in a wall]; install, fix up [electric light]; place [iron plates] in position; construct [a new staircase]; let [a sluice into a sea-wall]; apply [to the skin]; *(fig)* make, introduce [improvements]; practise [economies]; impart [knowledge]; 4 *(aanklagen)* accuse, inform against, denounce, *(vergrijp)* report, *(oververtellen)* tell, disclose, reveal; *een misdaad ~* inform the police of a crime; *zie ook* bijbrengen; **-brenger** *(aanklager)* informer, denunciator; *(klikker)* telltale; **-brengkantoor** receiving office; **-brengpremie** reward

aandacht attention; *hij is je ~ niet waard* he is beneath your notice; ~ *schenken aan* pay attention to, (*overdreven*) make a fuss of [a child]; (*de*) ~ *trekken* attract (draw) attention (*of:* the attention) [*op* to]; *zeer de ~ trekken* be very much in the public eye (the limelight); *iems ~ vragen* ask for a p.'s attention; *steeds meer* ***in*** *de ~ vh publiek komen,* (*ook*) enjoy an increasing public profile; ***met*** ~ attentively; *met grote ~* [listen] with close attention; *het kwam* ***onder*** *mijn ~* it came to my notice, my attention was drawn to it; *het werd onder mijn ~ gebracht* it was brought (I had it brought) to my notice (attention); *zie ook* vestigen; **aandachtig** attentive; ~ *kijken,* (*ook*) look closely; ~ *luisteren,* (*ook*) listen carefully; **aandachtigheid** attention; **aandachtspunt** point for attention (for consideration, to be considered); **aandachtsstreep(je)** dash; **aandachtsveld** special research area, special responsibility, area of special interest

aandeel 1 share, portion; *ik verkocht mijn derde ~ in de fabriek* I disposed of my third interest in the factory; ~ *hebben in de winst* share in the profits; *zijn ~ leveren* make one's contribution; ~ *nemen, zie* deelnemen; 2 (*effect*) share; *aandelen in één hand* (share) holding, interest; *hoeveel aandelen heeft hij?,* (*ook*) what is his holding?; *gewoon* ~ ordinary (*of:* equity) share; *preferent* ~ preference share; *uitgesteld* (*slapend*) ~ deferred share; *extra* ~ (*als winstuitkering*) share bonus; ~ *aan toonder* share to bearer, bearer share; ~ *op naam* registered (*of:* nominal) share; *bewijs van ~, zie* ~bewijs; *zie ook* cumulatief, polis, portefeuille, voorlopig; **aandeelbewijs** share certificate; **aandeelhouder** shareholder; (*inz Am*) stockholder

aandelen|bezit (share)holding; **-kapitaal** share-capital, capital stock; **-koers** share price; **-pakket** block of shares

aandenken 1 memory, remembrance; *iem in gezegend ~ houden* keep a p.'s memory green (fresh, alive), keep a p. in kind remembrance; 2 (*concr*) keepsake, memento, souvenir

aan|dienen announce; *iem ~,* (*ook*) take up (take in) a p.'s name; *zich ~* [few new talents] come forward; *zich laten ~* send up (send in) one's name (one's card); *iem ~ bij* announce a p. to; **-dijken** dyke; **-dikken** 1 thicken (*tr & intr*); 2 (*fig*) heighten [a description, picture], blow up, exaggerate [one's own part]; *iems woorden nog wat ~,* (*ook*) emphasize (underline) a p.'s words

aandoen 1 (*aantrekken*) put on; 2 (*inschakelen*) switch on, turn on; 3 (*veroorzaken*) cause [trouble], give [pain]; offer [incivilities] to; do [harm] to; *haar mooie ogen hebben het hem aangedaan* her ... have bewitched him; *zich iets ~* do o.s. an injury; take one's own life; *je hebt het jezelf aangedaan* you have only yourself to blame; *de onwaardige behandeling u aangedaan* the indignity put (up)on you; 4 (*onderweg bezoeken*) call at [a town, port, pub], touch at [a port]; *plaats, die* (*geregeld*) *aangedaan wordt* (regular) place of call [for coaches, etc]; 5 (*voeren, treffen*) move, affect; *onaangenaam ~* offend [a p.'s eye, ear, taste], grate (jar) (up)on [a p., the ear, the nerves]; *het doet het* ***oor*** *aangenaam aan* it falls (*of:* strikes) pleasantly (up)on the ear; *de kamer doet ... aan* the room strikes damp (cold, etc); *het deed mij vreemd aan* it struck me as strange; *de* ***zenuwen*** ~ try (be trying to) the nerves; *zijn longen zijn* ***aangedaan*** his lungs are affected; *zichtbaar aangedaan* visibly moved (affected, touched); *zo aangedaan, dat hij niet kon spreken,* (*ook*) he was speechless with emotion; *haar stem was aangedaan* there was a break in her voice; 6 (*vereren*) present, offer; *zie ook* belediging, enz

aandoen|ing emotion; (*med*) affection; (*lichte ~*) touch [of fever]; **-lijk** 1 (*actief*) moving, touching, affecting, pathetic; 2 (*passief: vh gemoed, enz*) sensitive, impressionable; *iets ~s* [there was] a touch of pathos [in her voice]; **-lijkheid** 1 (*actief*) pathos; 2 (*passief*) sensitiveness

aan|draaien 1 turn on [the gas], turn (*of:* switch) on [the electric light]; 2 (*vastzetten*) fix on, fasten (by turning); *de schroef ~,* (*ook fig*) turn (tighten) the screw; *vast ~* turn home; *slap aangedraaid,* (*fig*) spineless; 3 *zie* aansmeren; **-dragen** bring, carry [stones, etc]; (*komen*) ~ (*met*) trot out [a new story], furnish [evidence], adduce [arguments]

aandrang 1 (*innerlijke drang*) impulse, urge; *uit eigen ~* of one's own accord, of one's own free will; *zie ook* drang; 2 (*het aandringen*) pressure, insistence, urgency; *met ~ spreken* speak insistently; *op ~ van* at the instance (*ongunstig:* at the instigation) of; *hij had niet veel ~ nodig* he did not require much pressing; *met ~ verzoeken* request earnestly (urgently); 3 (*stuwing*) congestion, rush [of blood to the head]; ~ *hebben* (*voelen*) have to go to the toilet, (*fam*) be taken (caught) short; 4 (*toeloop*) press, onrush

aandraven: *komen ~ met* trot out [the same old excuse]

aan|drift instinct, impulse, impetus; *uit eigen ~, zie* aandrang 1; **-drijfas** propeller (driving, drive) shaft; **-drijven** I *ww intr* be washed ashore; II *ww tr* drive on [cattle, etc], move, prompt, incite, instigate, egg (*of:* urge) on, impel; drive, operate [a machine]; (*voortstuwen*) propel; *een spijker ~* drive in a nail; *zie verder* drijven; III *zn* instigation, prompting; **-drijver** instigator, etc; **-drijving** 1 instigation [*op zijn ~* at his instigation]; 2 (*botsing*) collision; 3 (*techn*) [rear-wheel] drive, [jet] propulsion; *met hand~* (*machine~*) hand-(machine-)driven

aandringen 1 advance [on the enemy]; 2 (*met aandrang spreken*) press (pursue) the point; *hij drong niet langer aan* he did not press the point (the matter); *"ga door', drong hij aan* "go on', he urged; ~ ***op*** insist on [a p.'s departure], urge [patience]; (*bij iem*) ~ *op* press (a p.) for [an answer, payment], to [do a thing]; *op handelen ~* press for action; *op hoger lonen blijven ~,* (*ook*) stick out for ...; *hij drong erop aan dat ik zou gaan* he insisted on my going, insisted (on it) that I should go; *hij drong er bij mij op aan het te doen* he urged me to do it; *hij drong er sterk op aan*

he was very insistent; *op ~ van, zie* aandrang 2
aandrukken press [a p. against the wall]; clasp [a child to one's breast]; strain [she strained him to her, to her heart]; *een kind tegen zich ~,* (*ook*) hug a child; *ze drukte zich tegen haar moeder* (*tegen hem*) *aan* she nestled close to her mother (pressed close to him, cuddled up against him)
aan|duiden 1 (*aanwijzen*) point out, indicate, show; (*door teken*) mark, indicate; (*door be-, omschrijving*) define, describe; (*opgeven*) state; *vaag ~* adumbrate; *nader ~* specify; *iets terloops ~* hint (at) a thing; *ik zal hem ~ als meneer B* I shall refer to him as ...; *zekere stad, niet nader aangeduid* some town, unspecified; 2 (*getuigen van*) indicate, denote, bespeak, argue [such actions argue a noble mind]; 3 (*betekenen*) mean, denote; 4 (*aanwijzen*) appoint; select; **-duiding** indication; definition [a clear definition of one's demands], description; specification; statement; sign; [phonetic] notation; appointment; *vgl het ww*
aandurven: *iets ~* dare to do (venture upon) a thing; *hij zal het niet ~* I don't think he'll risk it; *iem ~* dare to fight (*of:* tackle) a p., stand up to a p.; *een onderwerp ~* dare to tackle a subject; *de moeilijkheid ~* grasp the nettle; *niet ~* shrink from [a task], be afraid to grapple with [a situation]; *hij durfde het niet aan* he fought shy of it, shrank from (doing) it, hung back, (*fam*) funked it; *ik durf de reis niet aan* I don't feel up to ...
aan|duwen push (on), give a push; (*om een teken te geven*) nudge, jog; *een auto ~* jump-start a car (*ook met startkabels*); *~ tegen* push against; **-dweilen** wash [the floor]; *vgl* dweilen
aaneen together, on end, consecutively, at a stretch; *zie verder* achtereen & elkaar: aan ~
aaneen|binden[1] tie (bind) together; **-geschakeld** 1 linked (up), connected [story]; 2 (*taalk*) coordinate [sentences]; **-gesloten** united; serried [ranks *gelederen*]; coherent [majority]; connected [story]; *~ zijn,* (*ook*) be (stand) solid [for the national cause, etc]; **-hangen** hang together (*ook fig*); *zijn verhaal hangt van leugens aaneen* his story is a tissue of lies; *zie ook* zand; **-kleven** stick together; **-koppelen** couple (together) [dogs, railway carriages, persons]; **-lassen** join together; (*balken, enz*) mortise, dovetail; (*ijzer*) weld together; **-rijgen** string [beads *kralen*]; baste (*of:* tack) together [clothes]; string together [meaningless stories]; **-schakelen** link together; (*fig ook*) concatenate [facts, events]; *~d,* (*gramm*) copulative; **-schakeling** series, concatenation [of ideas, accidents], string [of lies]; **-schrijven** write in (*of:* as) one (word), join [the letters]; *niet ~* write separately; **-sluiten** I *tr* join (together), link together; *zich ~,* (*lett*) close up; (*fig*) join forces, unite; II *intr* fit [well, badly]; *zie ook* aansluiten 3; **-sluiting** joining, etc; *vgl* aaneensluiten; union; **-smeden** (*ook fig*) weld together; **-voegen** join (fit, put, piece) together

1 *Vgl voor niet opgenomen sam met* aaneen- *ook de hoofdwoorden en* elkaar

aan|flitsen, -floepen flash on
aanfluiting mockery, laughing-stock, byword; *tot een ~ maken* make a farce of; *een ~ van alle recht* a travesty of justice; **aanfokken** *zie* fokken
aanfruiten fry [onions] till golden brown
aangaan 1 *~ op* go up to; *het gaat op een vechten aan* they are sure to come to blows; 2 (*bezoeken:*) *bij iem ~* call at a p.'s house, call on a p., come round; look (*of:* drop) in on a p.; call in (stop off) at [the grocer's]; *zullen we even bij hem ~?,* (*fam*) shall we just pop in and see him?; *ben je ergens aangegaan?* did you call anywhere?; 3 (*vlam vatten*) [the fire, the lamp won't] burn, light, light up [the lamps lit up], [the lights] go up, catch [the bonfire didn't catch properly], take fire; ignite [these matches ignite on the box only]; *het elektrische licht ging aan* the ... went (came) on; 4 (*beginnen*): *de school* (*kerk, schouwburg*) *gaat om 8 uur aan* school (service, the play) begins (starts) at eight; 5 (*mogen:*) *dat gaat niet aan* that won't do, it's no go; *het gaat niet aan* (*om*) ... it does not do [to interfere with it; *zo ook:* it would not have done to say so]; it does not pay [to neglect this subject]; 6 (*te keer gaan*) take on, go on [like mad, like one possessed]; 7 (*sluiten*) enter into [a contract, a marriage, an arrangement]; conclude [a contract, a treaty, an arrangement]; contract [a loan, a marriage, debts]; incur [debts]; *vgl* vriendschap; 8 (*betreffen*) concern, regard; *dat gaat* **mij** *niet aan* that does not concern me, is no business (no concern) of mine, is none of my business, has nothing to do with me; *wat gaat u dat aan?* what is that to you?, what business is it of yours?; *wat dat aangaat* as to (as for) that, for the matter of that, for that matter; [you may be easy] on that score; *wat mij aangaat* so far as I am concerned, for my part, as for me, personally; I, for one; *wat ... aangaat* as regards [the labour question], [divided] over [disarmament]; [his arms were like another man's legs] for size; *wat dat aangaat heb je gelijk* so far you are right; *allen, die het aangaat* all whom it may concern; *zie ook* betreffen
aangaande concerning, as for, as to, with respect (*of:* regard) to; *gegevens ~* data about [defence]
aangapen gape at, stare at; *een afgrond gaapte ons aan* an abyss yawned in front of us
aangebedene [his] inamorata, beloved
aan|geboren[2] innate [ideas], native [sagacity], inborn [talent for music], inbred [piety], congenital [defects]; *~ recht* innate (inborn) right; *de mens ~* innate in man; *alsof het hem ~ is* [he does it] as to the manner born; **-gedaan** moved; *zie verder* aandoen; **-geërfde** (*langs rivieroever*) riparian (owner); **-geklaagde** *zie* beklaagde & gedaagde; **-geknipt**: *~e mouwen* magyar sleeves, all-of-a-piece sleeves; *de mouwen zijn ~* the sleeves are cut in one with the jacket; **-gekomene**: *de pas ~* the newcomer, the new arrival; **-gelande** *zie* aangeërfde

2 *Zie voor niet opgenomen deelwoorden de werkwoorden*

aangelegd 1 laid out, enz; *vgl* aanleggen; 2 *ernstig* ~ serious-minded, of a serious turn of mind; *kunstzinnig* ~ artistically minded (inclined); **aangelegen** adjacent, adjoining; **aangelegenheid** 1 matter, concern, business, affair; 2 (*belang*) [of the greatest] moment, [of the highest] importance

aangenaam pleasant, agreeable, pleasing, pleasurable; comfortable [house, etc]; lik(e)able [person, qualities]; ~ *metgezel* pleasant companion; ~ *voor het oog* pleasing to the eye; ~*!* pleased (happy, glad, delighted) to meet you; (*meer vormelijk*) how do you do?; *het is me zeer ~ geweest* pleased to have met you (made your acquaintance); *zich ~ maken bij* make o.s. agreeable to, ingratiate o.s. with; *hij weet zich ~ te maken* he has a way with him; *het zal me ~ zijn te* ... I shall be pleased to ...; ~ *vinden* like; *vgl* lief I; *het aangename* what is pleasant, etc, the pleasant things [of life]; *vgl* ~heid & *zie ook* nuttig; **aangenaamheid** pleasantness, enz; *vgl* aangenaam; *de -heden vh buitenleven* the amenities of country life

aangenomen I *bn* 1 adopted, adoptive [child]; assumed [identity]; *zijn ~ land* the country of his adoption, his adoptive country; *onder een ~ naam reizen* travel under an assumed name; 2 ~*!* done!, agreed!; ~ *werk* contract work; *het is geen ~ werk* there's no hurry; II *vw:* ~ *dat* ... supposing (granting, assuming, given) that ... (*ook:* assuming, etc, him to be guilty, etc)

aan|gepast adapted; (well-)adjusted; *vgl* aanpassen; **-geschoten** (*door drank*) tipsy, a bit merry; *zie verder* aanschieten; **-geslagen** 1 (*sp & fig*) groggy; (*fig ook*) upset; 2 (*belasting:*) *de hoogst ~en* top-rate taxpayers; *vgl* aanslaan

aangesloten: *telefonisch ~ zijn* be on the telephone; *niet ~ zijn*, (*fig*) be on the wrong wavelength; *ik ben niet ~*, (*ook*) I don't follow; ~ *vereniging* affiliated society; (*niet*) ~ *werkman* (non-)unionist; ~*en*, (*v werklieden*) (trade) unionists; (*bij conventie*) contracting parties [of a convention]; (*telefoon*) customers; *zie ook* aansluiten

aangespen buckle (*of:* gird) on [a sword]

aangetekend registered [post]; *zie* aantekenen

aangetrouwd: ~*e familie* relations by marriage; (*fam*) in-laws; ~*e neef* cousin by marriage; *een ~e zuster, dochter, enz* a sister (daughter, etc)-in-law; (*fam*) an in-law

aangeven 1 (*aanreiken*) give, hand, pass [the salt, the ball, etc], pass down, reach (down); 2 (*opgeven*) give, state [terms, particulars], allege [s.t. as a reason]; enter [for a competition or an examination]; ***zich*** ~, (*voor wedstrijd, examen*) enter (one's name), have one's name entered, give in one's name; (*mil*) report; *zich aan te geven bij* ... apply (*of:* write) to ..., applications should be addressed to ...; *zie ook* aanmelden & nader; *volgens de door U aangegeven richtlijnen* on the lines sketched (suggested, indicated) by you; *de aangegeven uren* the hours stated; *aangegeven tijd*, (*in dienstregeling*) [arrive on (ahead of)] scheduled time (*of:* on, ahead of, schedule); *met aangegeven waarde* with declared value; (*opschrift:*) Value Declared; *aan te geven ziekten* notifiable diseases; *zie ook* toon, enz; 3 (*aanwijzen*) indicate, mark [s.t. on a map]; *nauwkeurig* ~ pinpoint [a target on a map]; mention [the main points]; suggest [means, etc]; (*ve thermometer, enz*) record, register [80 degrees]; *de* ***grenslijn*** ~ fix (mark) the boundary line; *de* ***maat*** ~ mark (give) the time; *de mode* (*de pas, de melodie*) ~ set the fashion (pace, tune); *de melodie ~*, (*op orgel bijv, ook*) sketch out the tune; 4 (*melden*) register, give notice of [the birth of a child]; notify [a disease]; register [luggage]; (*bij het gerecht: iets*) give information (*of:* notice) of; (*iem*) lodge a complaint against, inform against, denounce; (*bij de politie*) report; *hij gaf bij de politie aan dat zijn auto was gestolen* he notified the police that ...; *hij heeft zich zelf aangegeven* (*bij de politie*) he has given himself up (to the police); ***goederen*** ~ declare (enter) goods; *iets aan te geven?* anything to declare?; 5 (*toeschrijven:*) *iem iets* (*niet*) ~ think a p. (in)capable of s.t.; **aangever** 1 (*bij gerecht*) informer; 2 (*v goederen*) declarant; 3 (*theat*) feed(er); ~(*tje*) (welcome) opening

aangewezen *zie* aanwijzen

aan|gezicht face, countenance; *met twee ~en* double-faced (*ook fig*); *van ~ tot ~* [meet a p.] face to face; *zie ook* gezicht & gelaat; **-gezichtspijn** facial (*of:* trigeminal) neuralgia, face-ache, tic douloureux; **-gezichtszenuw** facial nerve; **-gezien** seeing (that), (inasmuch) as, since

aangieten cast in one piece with; *die jas zit je als aangegoten* that coat fits you like a glove

aangifte 1 (*v goederen, waarde*) declaration; (*bij bevolkingsregister, enz*) registration, notification [of birth, death, cholera]; entry [at the custom-house]; (*bij sollicitatie*) application; (*sp*) entry; ~ *bij ... uiterlijk* ... applications must be received by ... not later than ...; *de ~ is morgen gesloten* the list will be closed ...; ~ *doen van* enter, declare [goods]; give notice of; 2 (*voor belasting*) [make a false] return, declaration; 3 (*aanklacht*) information; ~ *doen* report (to the police); *vgl* aangeven

aangifte|biljet (income-)tax return; **-formulier** application (*of:* registration) form; (*bij wedstrijd*) entry-form; (*voor belasting*) [income] tax form; (*voor lidmaatschap*) enrolment form; (*voor levensverzekering*) proposal form

aangooi throw(-in); **aangooien** throw (in) [the ball]; slip on [one's coat]; ~ *tegen* throw (fling) against; *zie ook* tegenaan

aangorden gird on [a sword]; *iem* ~ gird a p. [with a sword]; *de wapens ~*, (*fig*) take up arms, rise in arms; *zich* ~ gird up one's loins, brace o.s. (up)

aangrenzend adjacent [rooms], adjoining, contiguous, neighbouring [countries]; ~ *aan* adjacent to [the house]

aangrijnzen grin at; (*fig*) stare in the face [ruin, etc, stared me in the face]

aan|grijpen 1 seize, take hold of [a p.'s arm]; seize (fasten) (up)on [a pretext]; take, seize (on, upon), embrace [the opportunity]; grip [terror gripped me], lay hold of [fear lays hold of me], thrill [the story thrilled me]; (*v brand*) catch hold of [a building]; *gretig* ~ jump at (snatch) [an opportunity], catch at [a suggestion]; *zulke dingen grijpen je (krachten, gezondheid) aan* such things tell on a man, take it out of you; *de gedachte aan haar eenzaamheid greep haar aan* the ... assailed her; *aangegrepen door* seized with [dizziness, fright, a desire for ...], assailed by [doubts], struck with [terror]; 2 (*aanvallen*) attack, assail [the enemy]; **-grijpend** moving, stirring, touching, pathetic, gripping [account *verslag*], poignant [love-story], harrowing [tale]; **-grijpingspunt** (*mech*) point (*of:* place) of application, point of impact

aangroei growth [of the population], increase, accretion, augmentation, increment; **aangroeien** grow, increase, augment; (*v rivier, geluid, aantal*) swell [in ever swelling numbers]; ~ *tot ...,* (*ve verhaal, enz*) swell to enormous proportions [the hour lengthened out to two]; *doen* ~ swell [the ranks of the unemployed]; **aangroeiing** *zie* -groei; **aangroeisel** (*mar*) fouling

aanhaalkoppel (*techn*) torque setting

aanhaken hook (*of:* hitch) on [*aan* to], couple [a carriage to the train]

aanhalen 1 (*aan-, toetrekken*) draw tight(er), tighten [a rope, a knot], tighten (up) [a belt], draw in [the reins], run up [a tear *scheur*]; *de banden met ... nauwer* ~ forge a tighter link with ...; 2 (*naar zich toehalen*) draw to(wards) one; *ze haalt de jonge man aan* she is setting her cap at ...; *de kijker haalt sterk aan* the telescope brings everything very near; *hij haalt van alles aan* he attempts everything; *je weet niet wat je aanhaalt* you don't know what you're letting yourself in for; 3 (*ophalen*) fetch, bring up; 4 (*citeren*) quote [a p.'s words], cite [authorities, cases], instance [a case]; bring forward [proofs]; bring to mind [an event]; *verkeerd* ~ misquote [words, an author]; *ter aangehaalde plaatse* loco citato, in the place quoted; 5 (*bij deling*) bring down [a figure]; 6 (*in beslag nemen*) seize, confiscate; 7 (*liefkozen*) caress, fondle, pet [a dog]; 8 (*vd wind*) freshen (up); 9 (*aanstrepen*) mark [a word]; **aanhalerig** (over-)affectionate; **aanhalig** affectionate, clinging; (*fam*) cuddlesome, cuddly; **aanhaling** 1 quotation, citation, (*fam*) quote; (*afgezaagde* ~) tag; 2 (*v goederen*) seizure; *vgl* aanhalen; **aanhalingsstreepje** dash (–), swung dash (~); **aanhalingsteken** inverted comma, quotation mark, (*fam*) [single, double] quote; ~*s plaatsen* quote (*openen*), unquote (*sluiten*)

aan|hang 1 following, adherents, followers, hangers-on; (*fam*) dependants, wife and kids; 2 [this theory finds general] favour; **-hangen** 1 hang [a rudder], add, attach, tack (on); 2 (*fig*) hang on to, adhere to, stick to [a p. through life], cling to, be attached to; support [ideas, a party, the revolution]; **-hanger** 1 follower, supporter, advocate, adherent, votary; (*partijganger*) partisan; *trouw* ~, (*ve partij*) stalwart; *fervent* ~, (*ve sport, enz*) aficionado; 2 (*wagen*) trailer; **-hangig** pending; (*ve rechtszaak ook*) sub judice; ~ *maken,* (*jur*) lay (bring, put) before the court; set down [a case] for trial; (*pol*) bring in, introduce [a bill]; *een actie* ~ *maken tegen* bring an action against; *de rechter weigerde de zaak weer* ~ *te maken* the ... refused to reopen the case; ~ *maken bij de autoriteiten* take [the matter] up with ...

aanhangmotor outboard (motor); **aanhangsel** appendix (*mv ook:* -dices), appendage, addendum (*mv:* addenda); (*ve document, wissel, enz*) rider; (*ve testament*) codicil; (*ve polis, enz*) slip; **aanhangwagen** 1 trailer; 2 (*fig*) appendage

aanhankelijk attached, devoted, affectionate, clinging [nature]; **aanhankelijkheid** attachment, devotion, affection

aan|harden set, harden; **-harken** rake (up, over)

aanhebben have on [have on one's boots, have one's boots on], wear; *alleen maar wat ik aanheb* [I have] nothing but what I stand up in; *zo goed als niets* ~ have hardly a stitch on; *de kachel* ~ have a fire (on); *het licht* (*de radio*) ~ have the light (the radio) on; *hij had de laarzen nog aan* he was still in his boots

aanhechten affix, attach, fasten; *plaats voor het* ~ *der postzegels* stamps to be affixed here; **aanhechting** affixture, fastening, attachment [of muscles, etc]; **aanhechtingspunt** juncture

aanhef beginning [of a letter], opening (words), exordium [of an oration, treatise, etc]; **aanheffen** strike up [a melody]; start [a song]; set up, raise [a shout, a cry]; *een psalm* ~ (begin to) sing a psalm; *een lied, enz mede* ~ take up a song (a cry, etc), join in

aanhelpen: *laat mij u de jas* ~ allow me to help you into (on with) your coat; **aanhikken**: ~ *tegen* jib, balk at [a prospect, an idea]; **aanhitsen** incite, instigate, egg on; set on [a dog]; ~ *op* (*tegen*) set [a dog, etc] at (*of:* on); **aanhollen**: *komen* ~ come running (tearing) on (*of:* along)

aan|horen listen to, hear; (*tot het einde*) hear [a p.] out; *het is u aan te horen* I can tell by your voice; *iem* (*geduldig*) ~ give a p. a (patient) hearing; *het* (*die CD*) *is niet om aan te horen* I can't bear (stand) it (this CD is unlistenable); *ten* ~ *van* in the hearing of; **-horig** belonging (appertaining) to; ~*en,* (*familie*) relatives; (*ondergeschikten*) dependants; **-horigheid** appurtenance

aanhouden I *ww* 1 (*tegenhouden*) stop [a p. in the street]; hold up [a train, a car, a p. at the point of a gun]; detain, arrest, apprehend [a criminal]; take up [a p. for begging]; stop, seize [a ship]; seize, detain [contraband goods]; (*door te zwaaien*) flag down [a taxi]; 2 (*kleren*) keep on [one's coat]; 3 (*niet opzeggen, afbreken, enz*) keep on [a room, workpeople, etc]; keep up [a friendship, relations, a correspondence, the acquaintance]; hold, sustain [a note]; hold up [a card]; (*niet verkopen: effecten, enz*) retain; (*op veiling*) withdraw [a house]; 4 (*voorstel, enz*) hold (*of:* leave) over [the matter was left over till ...]; hold up, delay [a decision]; *de uitspraak werd aangehouden* judgment was reserved; *de zaak werd aangehouden tot ...* the case stood over till ...; 5

(*brandende houden*) keep [the fire] in (on, going), leave [the light] on; 6 (*niet opgeven*) persevere; persist [the father refused, but the boy persisted], press one's point, hold on (to one's purpose); 7 (*opvolgen*) observe, follow [a prescription]; 8 (*stilhouden*) stop [at an inn]; 9 (*voortduren*) hold [it, the frost, the fine weather, his luck held], continue, persist; *de regen hield aan* it kept on raining; 10 ~ ***met*** *iem* keep company (live together; *ong:* be in league) with a p.; 11 ~ ***op*** make (*of:* head) for; (*inz mar*) bear down on; *op het land* (*noordwaarts*) ~, (*mar*) stand (stand in, make) for the land (stand to the north); *rechts* ~ bear to the right; *rechtuit* ~ keep right ahead; *westelijk* ~, (*mar*) make westering; 12 ~ ***om*** *de hand van een meisje* propose to a girl, ask a girl's hand in marriage; II *zn het* ~ (*volhouden*) perseverance, persistence; **aanhoudend** constant, incessant, continual; (*onafgebroken*) continuous; sustained [rise]; (*hardnekkig*) persistent [cruelty, cries; a persistent drizzle]; ~ *droog* continuing dry; **aanhoudendheid** continuance, persistence; **aanhouder** sticker; *vgl het ww; de* ~ *wint* it's dogged as does it; **aanhouding** 1 hold-up [of a train, a p., etc]; seizure, detainment [of goods]; seizure [of a ship], embargo [on a ship]; arrest, apprehension [of a criminal]; *er is een bevel tot* ~ *tegen hem uitgevaardigd* a warrant is out against him; 2 (*voortduring*) continuance; 3 (*uitstel*) deferment, postponement; *vgl het ww*; **aanhoudingsmandaat** arrest warrant

aanhuwen obtain by marriage; *zie verder* aangetrouwd; **aanhuwing** alliance by marriage

aanjaagdruk (*luchtv*) boost; **aanjagen** drive (*of:* push) on; *schrik* ~ frighten, give a fright, strike terror into; *vrees* ~ intimidate; *komen* ~ come hurrying (rushing) on (*of:* along); *zie ook* blos; **aanjager** (*ve brandspuit*) feeder, feeding-pump; (*ve schoorsteen*) blower; (*ve motor*) supercharger, booster

aankaarten (*fig*) raise [a matter]; initiate [talks]

aankakken: *komen* ~, (*fam*) roll up, come tooling along

aankap 1 timber-felling, wood-cutting; 2 timber--felling area (*of:* station)

aankijken look at; eye [a p. narrowly, suspiciously, etc]; *eens* (*goed*) ~ have a (good) look at; *iem nieuwsgierig* ~ regard a p. with curiosity; *het* ~ *niet waard* not worth looking at; *hij wou me niet* ~ he cut me (dead); *ik kijk hem niet meer aan* I won't speak to him again; *ze keken hem er niet anders om aan* it made no difference (to them); *er anders tegen* ~ take a different view; *ik durf de mensen niet meer* ~ *als* ... I shall never hold up my head again if ...; *de zaken eens* ~ wait and see; *op iets* ~ suspect [a p.] of s.t.; *vgl* aanzien I

aanklacht accusation, charge, information; (*ook: akte van beschuldiging*) indictment; *een* ~ *afwijzen,* (*jur*) dismiss an information; *een* ~ *indienen tegen* lodge a complaint (an information) against, make (bring) a charge, (bring an action) against; ~ *wegens diefstal* charge of theft; ~ *wegens smaad* action (*of:* suit) for libel; *vervolging op grond van de* ~ *is onmogelijk* the action will not lie; *punt van* ~ count; **aanklagen** accuse; ~ *wegens* accuse of, charge with, summon for; indict for (*inz hist v* Grand Jury); impeach for (*vooral wegens hoogverraad*); arraign for (*deftig*); *ik zal je* ~ I'll have the law of you; *zie verder* aanklacht: een ~ indienen tegen; **aanklager** accuser; (*jur*) plaintiff, [public *openbare*] prosecutor; (*verklikker*) informer, denunciator

aanklampen board [a ship]; *iem* ~ accost (buttonhole) a p.; *door interviewers aangeklampt worden* be waylaid by ...; *iem om geld* ~ touch (importune) a p. for money

aankleden dress; fit up [a room]; get up [a play]; (*opsieren*) dress (*of:* write) up [a story]; *zich* ~ dress (o.s.), get dressed; *een dagboek* ~ *tot een verhaal* dress up a diary in the form of a story; *aangeklede aap* dressed-up monkey; *aangeklede boterham, a*) (*vglb*) open sandwich; *b*) copious cold lunch; *aangeklede borrel* drink(s) and savouries (refreshments); **aankleding** dressing, etc; *vgl het ww;* presentation [of a proposal]; (*ve toneelstuk*) sets, costume and scenery, get-up, stage-setting

aan|kleve: *met den* ~ *van dien* and all that appertains to it, and everything connected with it, with all its appurtenances, and all the rest of it; **-kleven** stick (cling, adhere, be attached) to [a p., a party]; attach to [the uncertainty that attaches to the case; the taint attaching to this system]; *geen schuld kleeft hem aan* no blame attaches to him; *de blaam die hem aankleeft* the odium that clings to him; *de gebreken, die ons* ~ the failings we are subject to; *denkbeelden* ~ support views

aankloppen knock (*of:* rap) at the door; *bij iem* ~ *om* come to a p. for [money, etc]; **aanknippen** 1 switch on [the light]; flick (on) [a lighter]; 2 cut in one (piece) with; *zie ook* aangeknipt

aanknopen (*eig*) tie on to, fasten to; *er nog een dagje* ~ stay another day; *een gesprek* (*briefwisseling*) ~ enter into conversation (correspondence); *een gesprek met iem* ~ draw a person into conversation; *onderhandelingen* ~ enter into (open up) negotiations; *betrekkingen* ~ *met* enter into (open, establish) relations with, (*handel, ook*) establish a business connection with; *weer* ~ resume [a conversation, friendships, etc]; *zie ook* vriendschap, enz; *~d bij zijn woorden* taking his words for a starting-point; **aanknoping** entering into, etc; *vgl het ww*; **aanknopingspunt** 1 point of contact; 2 (*punt van uitgang*) starting-point, [I can't find a] hook to hang anything on; clue; *zie ook* aanrakingspunt

aankoeken cake, stick [to the pan, this pan sticks easily]; get crusted; (*verstoppen*) clog

aankoersen steer a course [*op* for]

aankomeling 1 newcomer; (*vooral op universiteit*) freshman; 2 (*beginner*) beginner, novice, tiro

aankomen I *ww* 1 arrive [at Dover, in Paris], come [*te* to]; (*ve trein, boot, enz*) come in, arrive; (*als student*) come up; *~d student,* (*Am*) beginning student; *de* **trein** *moet om 5 uur* ~ the train is due at five; *de boot moet morgen* ~ the boat is due in tomorrow; *de trein kwam* [*5 minuten*] *te laat aan* the train was [five minutes] late, came in [five minutes] late; *op tijd* ~, (*ve trein, vliegtuig, enz*) run to time (to schedule); *het eerst* (*als tweede*) ~, (*bij wedstrijd*) finish first (second); *de boodschap kwam niet aan,* (*fig*) the ... did not penetrate, made no impact; ~ ***bij*** arrive at; *vgl* aanlopen; *kom me niet* ***met*** *je grappen aan* none of your jokes, please!; *daarmee moet je bij mij niet* ~, *a*) (*dat geloof ik niet*) you needn't try that one on me; *b*) (*mij niet lastig vallen*) don't bother me with it; *met* (*een idee, enz*) ~ come out with [an idea, a guess, a question], trot out [don't trot out such ideas], produce [a story]; weigh in with [an argument]; *ik kom er wel wat laat mee aan, maar ik wil je nog wel bedanken* I am a little late in the day, but ...; *hij zal je* ***zien*** ~ he'll see you coming; *ik heb het zien* ~ I saw it coming; *ik zie* ~ *dat* ... I can see that ...; *zie ook* lading; 2 call (drop) in, call, come round; *vgl* aanlopen; 3 (*naderen*) come (up), come along; *er komt iemand aan* somebody is coming; ~ ***op*** come up to, make for; 4 *de slag kwam aan* (*kwam harder aan dan de bedoeling was*) the blow hurt (hurt more than it was meant to); *hard* (*bij iem*) ~ hit (a p.) hard; 5 (*aanraken*) touch; *niet* ~*!* hands off!; 6 ***daarop*** (*alleen*) *komt het aan* that's the real (the big) point; that's all that matters; that's the only thing that counts; *waar het op aankomt, is* ... the point is ..., what matters (matters most, counts) is ...; *het komt op daden aan, niet op woorden* deeds are required, not words; *als het daarop aankomt* if it comes to that; *als het er op aankomt om* when it comes to [getting up early]; *als het er op aankomt, a*) when it comes to the point (crunch, test); *b*) if the worst comes to the worst, when it comes to the pinch; *nu komt het er op aan* now's the time!, now for it!; *het komt er maar op aan* ... the principal (the important) thing is to ..., the only question is whether ...; *het komt er niet op aan wat* [give me some dinner,] anything will do; *het komt maar op geld aan* it's a mere matter of money; *het komt er niet op aan* never mind; it is of no consequence; it does not (it's no) matter; *het geld komt er niet op aan* money is no object; *het komt hem op* ... *niet aan* he does not mind [a few guilders, a trifle, a few days], he is not particular to [a day]; 7 (*ve twist, enz*) begin, start [where did the fire start?]; 8 (*in gewicht*) put on flesh (*of:* weight); gain [how much have you put on these holidays? what! gained nothing?]; (*ve zieke, enz*) improve, gather strength, pick up, come on [I've come on a lot lately; fruit is coming on beautifully]; 9 ~ *tegen,* (*grenzen aan*) border (up)on; 10 *er is* ***geen*** ~ *aan, er is niet aan te komen* it is not to be had (for love or money); *er is niet gemakkelijk aan te komen* it is not easily come by; 11 *het er op* ***laten*** ~, (*het wagen*) chance it, risk it; *het op een oorlog laten* ~ chance a war; *hij laat het er maar op* ~ he lets things drift [and trusts to luck to pull him through]; *hij laat alles op mij* ~ he leaves everything to me; *het op het laatste ogenblik laten* ~ put it off to the last minute, cut if very fine; 12 *het zal u vreemd* ~ you'll feel rather out of your element; *zie ook* komaan; II *zn zie* I.10

aankomend growing [boys and girls]; adolescent; prospective [teachers]; ~ *jongeling* young fellow, stripling; ~ *meisje* young girl, slip of a girl; *zie ook* bakvis; ~ *advocaat* future barrister; (*fam*) budding barrister; *zie ook* toekomen(de)

aankomer newcomer, (new) arrival; **aankomst** arrival; *bij mijn* ~ on (at) my arrival; *bij* ~ on arrival; *verkopen bij behouden* ~ sell to arrive; **aankomsthal** arrival lounge

aan|kondigen announce, publish, advertise [it is advertised everywhere]; (*door biljet*) bill [an actor, a singer, be billed to appear as Hamlet], (*officieel*) notify, proclaim; (~ *en bespreken*) review, notice; (*voorspellen*) forebode; herald [swallows herald spring]; *de rede kondigt* ... *aan* the speech foreshadows ...; **-kondiger** announcer; (*voorbode*) herald, harbinger; **-kondiging** advertisement, announcement; annunciation [of the coming of Christ]; notice; (*officieel*) notification, proclamation; (*in de pers*) (press) notice, review; *tot nadere* ~ until further notice

ßi **aankoop** purchase, acquisition; *bij* ~ *van* when purchasing; *door* ~ by purchase; **aankoopsom** purchase price; **aankopen** purchase, buy, acquire; **aankoper** purchaser, buyer

aankoppelen couple [railway-carriages, dogs; *ook fig*]; leash [dogs]; **aankorsten** *zie* aankoeken; **aankorsting** (in)crustation; **aankrijgen** 1 get on, get into [one's coat]; *een roes* ~ get drunk; 2 (*ontvangen*) receive [goods], get in [new stock]; 3 *de kachel* ~ get the fire to burn; *ik kan mijn pijp niet* ~ I cannot get my ... to light; **aankruien** bring in a wheelbarrow; *het ijs kwam* ~ the ice came drifting on; **aankruipen**: *komen* ~ come creeping (crawling) along; *dicht tegen moeder* ~ nestle up to mother; **aankruisen** mark, tick, check (off) [where (*of:* as) appropriate]

aankunnen 1 be a match for [a p.]; be equal to [a task]; manage [he cannot manage the class; can you manage that large piece?]; *ik kan het haast niet aan* it is as much as I can tackle (*of:* cope with); *hij kan heel wat aan* he is a great eater (worker, etc); *veel geld* ~ spend largely; *zijn salaris* ~ live up to one's salary; *ik kan hem best aan* I can see him off (am a match for him); *hij kan het best aan* he can cope; *men kan* ***op*** *hem aan* he is quite reliable (dependable), you can bank on him; *men kan volstrekt niet op hem aan* he is utterly unreliable; *je* ..., *daar kun je op aan* you ..., and no mistake; *je kunt er op aan, dat* ... you may rely (up)on it that ..., you may take it from me that ...; 2 *je kunt die kleren niet meer aan* you cannot wear those clothes any longer

aan|kweek cultivation; **-kweken** grow [plants], cultivate [plants, fish, a moustache, friendship, a habit, etc]; foster [feelings, etc]; *zie ook* kweken

aanlachen smile at (on, upon: fortune smiled on me); *het plan* (*de idee*) *lacht me niet aan* the plan does not appeal to me (I don't relish the idea); **aanlanden** 1 land (up); *goed en wel* ~ arrive safe and sound; *zie ook* belanden; 2 land [cargo]; **aan-**

landig onshore [wind]
aanlangen pass, hand, reach; **aanlassen** 1 join; (*met zwaluwstaart*) dovetail; (*met koord*) lash; 2 (*met lasapparaat*) weld [to s.t.]
aanlaten 1 keep on [a coat]; leave [the lamp] burning (*of:* on); leave [the door] ajar; leave [the radio] (turned) on; 2 (*v metaal*) temper, anneal
aanleg 1 (*het aanleggen*) construction [of a railway, canal], planning [of towns], laying-out [of streets, a garden], laying [of a cable], laying-on [of gas, water], installation [of electric light, telephone, etc]; aim [of a gun]; *in ~* in course of (*of:* under) construction; 2 (*concr*) installation, plant; 3 (*wijze v ~gen, ontwerp*) layout, design [of a garden], plan; first sketch [of a picture]; 4 (*plantsoen*) (pleasure) grounds, park; 5 (*natuurlijke ~*) gift, natural ability, (natural) aptitude [for business, languages], talent [for languages], turn [for music], (natural) bent [for, towards study], genius [she had a genius for domesticity]; (*voor ziekte*) (natural) tendency, (pre)disposition [to bronchitis]; *~ hebben voor* be inclined to [stoutness], be predisposed to [insanity], have it in one [to be a writer]; *hij heeft veel ~* he has great talents (*of:* gifts); *als hij er ~ voor had, zou hij ...* if he were made that way, he would ...; *~ voor letterkunde* a literary bent; *hij heeft daar geen ~ voor* his talent does not lie that way; *in ~ aanwezig* present in rudimentary form; 6 (*instantie*) instance; *in eerste ~* in the first instance; *rechtbank van eerste ~* court of first instance; 7 (*~plaats*) landing-stage; *zie ook* pleisterplaats & toeleg
aanleg|gen 1 (*plaatsen*) place (*ook van thermometer*), apply [a plaster, bandage, standard, voltage], moor [a vessel]; *zie ook* 4; *een paard een toom ~* put a bridle on a horse; *vgl verder* boei, enz; *~ tegen* lay (place) against; 2 *een geweer ~* level (point) a rifle [*op* at]; *~ op* (take) aim at, cover; *leg aan!* present!; 3 *het ~* manage; [how did he] set about it?; *ze legde het* ***erop*** *aan te ...* she made it her object (her business) to ..., went out of her way (set out) to [offend him], made a point of [contradicting me, of getting left behind]; *het* ***goed*** *(****verkeerd****) ~* set about it the right (wrong) way; go the wrong (right) way to work; *het* ***handig*** *~* set (go) about it cleverly; ***hoe*** *heb je het aangelegd zo vlot te komen?* how did you manage to ...?; *het* ***kalm*** *~* go easy; *het* ***zuinig*** *(te breed) ~* be economical (live beyond one's means); *het* ***met*** *iem trachten aan te leggen* make up to a p.; *het met een meisje ~* take up (pick up) with a girl; 4 (*maken, tot stand brengen*) construct [railways, roads], build [roads, towns, bridges], plan [towns], lay out [gardens, parks, streets], dig, cut [canals], throw up [earthworks], lay on [gas, water], put in [electric light], install [heating apparatus], start [a book, a collection], make [a collection, a register], build up [stocks]; *een* ***vuur*** *~, a)* lay (build) a fire; *b)* light (kindle) a fire; *elektrisch licht ~ in een huis,* (*ook*) wire a house for electricity; 5 *de boot legde langs de kade aan* (*legt hier niet aan*) the boat was brought up (*of:* was moored) alongside the quay (does not touch (*of:* call) at this port); 6 (*pleisteren*) stop [at an inn]; *zie ook* aangelegd; **-ger** constructor, builder, author; (*ve samenzwering, enz*) originator, instigator; (*hoofd~*) prime mover; (*jur*) plaintiff; **-haven** port of call; **-plaats** 1 landing-stage, dock; 2 *zie* pleisterplaats; **-steiger** jetty, mooring, landing-stage, (*groot*) pier
aanleidend: *~e oorzaak, a)* *zie* aanleiding; *b)* *zie* grondoorzaak; *één der ~e oorzaken,* (*ook*) one of the contributory causes; **aanleiding** occasion, inducement, motive, immediate cause [of a war]; *de ~ tot dit besluit is ...* this decision is actuated by ...; *~ geven tot* give occasion (*of:* rise) to [a rumour], lead to, prompt; (*gegronde*) *~ geven tot klachten* give (just) cause for complaint; *dit geeft mij ~ te ...* this induces (causes) me to ...; *je gaf ~,* (*fam*) you asked for it; *~ hebben* (*vinden*) *te* have (find) occasion to; *alle ~ hebben te* have every reason to; *hij heeft geen ~ om te komen* he has no call to come; *er was niet de minste ~ voor uw medelijden,* (*ook*) your pity was quite uncalled for; ***bij*** *de geringste ~* on the slightest provocation; ***naar*** *~ van* with reference to, referring to [your letter]; in pursuance of [an order]; apropos of [nothing]; in connection with; [preach] from [a text]; (*wegens*) on account of, in consequence of; [matters] arising from [the minutes of the last meeting]; *iem nog iets naar ~ van de notulen?* are there any matters arising?; *naar ~ waarvan,* (*ook*) as a result (in consequence) of which; *het was naar ~ van een concert* the occasion was a concert; ***zonder*** *enige ~* without any reason (provocation), apropos of nothing
aanlengen dilute, weaken, break down, qualify [brandy qualified with water], water [the whisky], water down; **aanleren** I *tr* learn [a language, a trade]; acquire [skill, etc]; II *intr* make progress [you are making progress wonderfully], improve; *aangeleerd* [natural and] acquired [talents]
aan|leunen: *~ tegen* lean against; (*fig*) border on; *hij liet zich die eer ~* he took the honour as his due; *ik wil het* (*een belediging, enz*) *mij niet laten ~* I won't put up with it, swallow it, take it lying down; *~ bij* relate (be related) to; *aangeleund zijn* (*met*), (*sl*) be courting; **-leuningspunt** (*mil*) point of support, point d'appui; **-leunwoning** granny house (flat, annexe)
aanleveren deliver (*v lading:* for shipment)
aanliggen 1 (*aan antieke maaltijd*) recline at table; *het ~* accubation; 2 *noordelijk ~,* (*mar*) bear northward, stand to the north; 3 (*raken*) butt, abut (against); lie, rest against; **aanliggend** adjacent [angle], contiguous; (a)butting; adjacent; mating [surfaces]
aanlijnen leash; *aangelijnd* [dogs to be kept] on a leash (lead); **aanloden** (*mar*) sound; *grond ~* come into (be in) soundings; *geen grond ~* lose one's (be out of) soundings; *aangelode plaatsen* soundings; **aanloeven** (*mar*) go to windward, luff
aanlokkelijk alluring, tempting, seductive, charming, attractive, inviting; **aanlokkelijkheid** seductiveness, allure, attraction, charm; **aanlok-**

ken allure, tempt, entice; (*in de val*) decoy; **aan|-lokking**, **-loksel** allurement, enticement

aanloop run, running start; (*sp*) run-up; (*luchtv*) take-off run, forward run; (*inleiding*) preamble, beginning; (*fam*) preliminary canter; *een ~(je) nemen* take a run; (*fig*) lead up gradually to a subject; *sprong met ~* running jump (leap); *sprong zonder ~* standing jump; *je neemt een lange ~*, (*fig*) you are long (in) coming to the point; *veel ~ hebben* have many visitors

aanloop|band leader (tape); **-groef** lead-in (groove); **-haven** port of call; **-kleur** annealing (*of:* temper) colour; **-kosten** (*v bedrijf*) initial (pre-operational) expenses, start-up costs; **-periode** 1 introductory (*of:* trial) period; 2 (*econ*) lead time; **-problemen** teething troubles; **-subsidie** (*fam*) kick-off grant; **-tijd** starting period

aanlopen 1 *komen ~* come walking (running) on (*of:* along); (*toevallig, Am fam*) happen by, along; *de hond is komen ~* the dog has strayed here; *~ op* walk (run) up to (in the direction of, towards); *~ tegen* walk (*of:* run) against, run (*of:* bump) into, run up against [a p., a lamp-post]; collide with; *ons schip liep tegen de havendam aan* our ship ran foul of the mole; *land ~*, (*mar*) make a landfall; 2 *wat ~* step out, walk a bit faster; 3 *eens ~* call in [we'll call in here; ask the doctor to call in], call, call (*of:* step) round, drop in; *~ **bij**, zie* aangaan 2; 4 rub [against]; (*ve rem*) drag; (*ve wiel*) be out of true, not run true; 5 *dat zal nog wel wat ~* that will take some time yet; 6 (*v metaal*) colour; *blauw* (*bruin*) *laten ~* blue [steel], brown [a gun barrel]; *hij liep rood aan* he grew purple (in the face)

aanmaak preparation; manufacture, making

aanmaakblokje firelighter; **aanmaakhout(jes)** sticks, kindling; **aanmaakkosten** cost of manufacture, manufacturing (*of:* production) costs; **aanmaaksel** [salad] dressing

aanmaken 1 prepare; manufacture, make; 2 (*toebereiden*) make, dress [the salad], mix [mortar, colours, a pudding]; *aangemaakte mosterd* ready-made, ready-mixed mustard; 3 light, make [a fire]; 4 make haste; *zie* voortmaken

aanmanen exhort; *~ tot* (*te*) exhort (*of:* urge) to; *tot* (*om*) *betaling ~* press for payment, dun; **aanmaning** exhortation; (*om betaling*) dun(ning letter); (*voor belasting*) *zie* waarschuwing; (*ve ziekte*) warning (sign); *zachte ~* gentle reminder

aanmars advance, approach; *vgl* aantocht

aanmatigen: *zich ~* arrogate to o.s.; assume (to o.s.); *zich een oordeel ~* presume to give an opinion; **aanmatigend** arrogant, presumptuous, overbearing, pretentious, self-assertive, high-handed; **aanmatiging** arrogance, presumption, high-handedness; (*jur*) arrogation

aan|melden announce, *vgl* aandienen: zich ~; (*v getuigen*) come forward, (*ve dief*) give o.s. up [to the police], (*voor betrekking*) apply, [no applicants have] come forward, (*voor examen, enz*) enter (one's name), present o.s. [for examination]; *zich in persoon* (*alleen schriftelijk*) *~* [candidates are requested to] apply in person (by letter only); *vgl* aangeven; **-melding** 1 announcement, notice; 2 registration [form]; (*verzoek*) application [form]; 3 (*sp*) entry; *vgl* aangifte

aanmengen mix; (*verdunnen*) dilute; *aangemengd* [you can buy it] ready-mixed; **aanmenging** mixing, dilution; **aanmeren** moor

aanmerkelijk considerable; substantial [interest]; *~ groter* substantially larger; **aanmerken** 1 (*beschouwen*) consider; 2 (*opmerken*) remark, observe; *iets ~ op* find fault with [a p. or thing], take exception to [a statement, etc]; *heb je iets op mijn gedrag aan te merken?* have you any fault to find with (is there anything you find fault with in) my conduct?; *er is niets op aan te merken* it is unexceptionable; *ik heb er niets* (*weinig, veel, één ding*) *op aan te merken* I have no (little, much) fault to find with it (one critical comment to make); *het enige dat ik op hem* (*erop*) *aan te merken heb, is* ... the only fault I have to find (the only quarrel I have) with him (it) is ...; *ze hadden niets op hem aan te merken* they had not a word to say against him; **aanmerking** 1 (*beschouwing*) consideration; *in ~ **komen*** be considered [for promotion, for a vacancy; only Dutchmen will be considered for this post; my request was not considered]; rank [for dividend]; be eligible (qualified) [for membership, office, (a) pension], qualify [for the next round]; *of men in ~ komt hangt af van* ... eligibility depends on ...; *hij komt helemaal niet in ~* he is not considered to be a serious candidate, is out of the running (the picture) altogether; *kwaliteit komt pas in de tweede plaats in ~* quality is only a secondary consideration (of secondary importance); *in ~ komende stoffen* suitable materials; *in ~ komende gevallen* appropriate cases; *in ~ **nemen*** take into consideration (*of:* account); allow for, make allowance for [a p.'s condition], reckon with [coming changes]; *in ~ genomen* considering, making allowance for [the boy's age], having regard to [the facts], in view of [our short acquaintance]; *alles in ~ genomen* all things considered; 2 (critical) remark; observation; (*afkeuring op school*) bad mark; *~en*, (*ook*) strictures; *ik maak geen ~, alleen maar een opmerking* I am not criticizing, I am only remarking (commenting); *~ maken op*, (*persoon & zaak*) find fault with, criticize; (*zaak ook*) take exception to; *zie verder* aanmerken

aanmeten take a p.'s measure for, measure a p. for [a coat]; *zich ... laten ~* have one's measurements taken (get measured) for ...; *aangemeten pak* made-to-measure suit; *zich airs* (*een houding, een nieuwe auto, een mening*) *~*, (*fig*) give o.s. airs (assume an attitude, get o.s. a new car, presume to have an opinion)

aanminnig charming, sweet; **aanminnigheid** charm, sweetness; **aanmodderen** muddle along

aanmoedi|gen 1 encourage; give a fillip to [trade, etc]; lead [a p.] on [to some indiscretion; you led me on]; 2 (*zedelijk steunen*) countenance [you should not countenance such practices]; **-ging** 1 encouragement; 2 (*zedelijke steun*) countenance; **-gingspremie** incentive bonus; **-gings-**

prijs (*ook*) consolation prize
aanmonding (*muz*) embouchure
aanmonsteren I *tr* engage, sign on [seamen]; II *intr* sign on, sign the articles; **aanmonstering** engagement, signing on; **aanmunten** coin, mint (*ook fig*); monetize; **aanmunting** coinage [free coinage of silver], minting, monetization
aannaaien sew on [buttons]; *iem oren* ~ take a p. in; *men kan hem geen oren* ~ he is not gullible; he was not born yesterday
aanname assumption, hypothesis; **aanneemsom** sum contracted for; **aannemelijk** 1 acceptable [proposal, post, etc], reasonable [terms], plausible [theory], likely [explanation]; (*ve excuus, enz*) plausible, colourable; *~e partij* eligible party; 2 (*toelaatbaar*) admissible; 3 (*geloofwaardig*) [it sounds very] plausible, credible; ~ *maken* make plausible; 4 (*bevattelijk*) teachable [child]; **aannemelijkheid** acceptableness, admissibility, etc; **aannemeling** candidate for confirmation, confirmation candidate, confirmee
aannemen 1 (*accepteren*) accept [an offer, invitation, apology, a Bill of Exchange]; take [a cup of tea, money, orders, a message]; receive, book [orders]; take in [*aan de deur:* the milk, a parcel], take delivery of [the goods]; answer [the telephone]; (*ve kelner*) take an order; *~!* waiter!; *ik neem aan in een uur klaar te zijn* I undertake to be ready ...; *ik neem geen* ***bedankje*** (*weigering*) *aan* I won't take a denial (a refusal), I won't take no for an answer; *een* ***opdracht*** ~ undertake a commission; *hij nam mijn* ***voorstel*** (*aanbod*) (*gaarne*) *aan,* (*ook*) he closed with (*gretig:* jumped at) my proposal (offer), he fell in with my suggestion; *een* ***werk*** ~ contract for a work; *zie ook* uitdaging, enz; 2 (*goedkeuren*) een ***motie*** ~ carry (adopt, agree to) a motion [by 50 votes to 12]; een wetsvoorstel ~ pass a bill; *de begroting* ~ approve (vote) the estimates; *de wet* (*begroting*) *werd door de Kamer aangenomen,* (*ook*) the bill (the budget) passed the Chamber; 3 (*tot zich nemen*) adopt [a child, a name, a hostile attitude, another line of conduct], take [a name], take up [an attitude], assume [airs, a kind tone, a name, grave proportions]; contract, pick up, get (fall) into [a habit]; take on [her cheeks took on a deeper colour]; embrace [a religion, an opinion]; take on [dangerous forms]; *hij neemt gauw iets aan* he takes to a thing quickly; *zie ook* rouw, houding, enz; *kerkelijk* ~ confirm; *als* ***lid*** ~ admit [as a member, to full membership]; 4 (*onderstellen*) suppose, assume [a hypothesis; it is generally assumed that ...]; presume [that a decision is final]; expect [that he has not seen the dog]; (*als vaststaand* ~, *zonder onderzoek* ~) take for granted; *je kunt gerust van mij* ~ *dat* ... you can take it from me that ...; *dit wordt algemeen aangenomen* this is generally accepted, it is the generally received opinion; *naar men mag* ~ presumably [this would mean ...]; *ik meen te mogen* ~ I venture to think; *mag ik* ~ *dat je geen bezwaar hebt?* may I take it that you ...?; *zie ook* aangenomen, geloof, enz; 5 (*in dienst nemen*) engage [staff], take on [workpeople], (*inz Am*) hire [employees]; 6 *als regel* ~ make it a rule; **aannemer** contractor; (*in bouwvak*) (building) contractor, (master) builder (and contractor); ~ *des persoons,* (*Hand. 10:34*) [God is no] respecter of persons; **aannemersvak** [be in the] building trade; **aanneming** 1 acceptance [of a Bill of Exchange, an invitation, etc]; 2 adoption; 3 admission; 4 supposition; assumption; 5 passage [of an act *wet*], carrying [of a motion]; 6 (*kerkelijk*) confirmation; *vgl* aannemen; 7 *veroordeeld onder* ~ *van verzachtende omstandigheden* ... with the benefit of extenuating circumstances; 8 contracting; *bij* ~ contractually, by the job, contractor-built [houses]; 9 engaging, engagement, recruitment [of personnel]; **aannemingssom** sum contracted for
aanpak approach [*ve probleem* to a problem]; manner of dealing with (of tackling) [a job]; initiation [of a project]; *dat is een hele* ~ that is quite a job; **aanpakken** 1 (*aangrijpen*) seize (on, upon), lay (take, catch) hold of, grip [a p.'s arm], attack, assail [the enemy], close with [a p.]; *pak aan!,* (*klap*) take that!; (*zichzelf*) ~ rouse o.s., buckle to, take a grip on o.s., put one's back into one's work; *iem* ~ *wegens smaad* take a p. to court (have the law of a p.) for libel; 2 (*ter hand nemen, beginnen*) initiate [a project]; approach, address [a problem]; *hij was bereid* ***alles*** *aan te pakken* he was ready to turn his hand to anything; *een* ***onderwerp*** ~ tackle (grapple with) a subject; *de* ***zaak*** ~ take the matter up (*of:* in hand), handle the matter [in a workmanlike way], get to grips with the question; *hoe zal ik het ~?* how shall I set about it?; 3 (*behandelen*) handle; *iem flink* (*hard*) ~ take a firm line with (be tough with) a p.; *je moet hem maar eens flink* ~ you should give him a bit of your mind, take him firmly in hand; *een moeilijke zaak* ***flink*** ~ grasp the nettle; *iets* ***goed*** (*verkeerd*) ~ go (set) the right (wrong) way about it; go the right (wrong) way to work; ***ruw*** ~ handle roughly; *iem* ***zacht*** ~ deal gently with a p.; ***zo*** *moet je hem* ~ that's the stuff to give him; *hij* (*de toestand*) *moet voorzichtig aangepakt worden* he (the situation) requires careful handling; *je weet haar niet aan te pakken* you do not know how to manage her; *als hij op de juiste manier aangepakt wordt doet hij wel mee* if properly approached he ...; *hij weet van* ~ he does not shirk his work; he knows how to manage things; *de jongen moet* ***mee*** ~ the boy should make himself useful; 4 (*treffen*) tax; *de* ***ziekte*** *heeft me aangepakt* the disease has taken it out of me (has pulled me down); *zulke dingen pakken je aan* such things take it out of (tell on, leave their mark on) you; *de onzekerheid heeft me erg aangepakt* the suspense has been getting me down; **aanpakker** 1 go-ahead sort of man; (*fam*) go-getter; 2 (*voor pan*) panholder
aanpalend adjacent, adjoining, abutting
aanpappen: ~ *met* chum (pal) up with; (*Am*) cotton to; (*trachten aan te pappen met*) scrape acquaintance with, cultivate [a p.]

aanpassen 1 try on [a coat]; 2 adapt; *iets* (*zich*) *~ aan* adapt (accommodate, adjust, fit) s.t. (o.s.) to [one's environment, etc]; *zich ~ aan,* (*ook*) fit in with [one's surroundings, etc]; *de straf aan de misdaad ~* make the punishment fit the crime; *de produktie ~ bij de vraag* tailor production to demand; *zich gemakkelijk ~d* adaptable [girl couriers are more adaptable than men], adaptive [man is an adaptive animal]; *sociaal aangepast* well-adjusted [personality]; **aanpassing** adaptation, adjustment, accommodation; (*tech*) adapter; **aanpassingsvermogen** adaptability, flexibility; accommodation [of the eye]

aanpezen hurry up; *komen ~* come racing along

aanplak|biljet placard, poster, bill; **-bord** notice-board, (*Am*) bulletin-board; (*reclame~*) hoarding; (*Am*) billboard; **-ken** paste (up); (*openbare bekendmaking*) post (up), placard; *verboden aan te plakken* billstickers will be prosecuted; stick no bills; no posters!; **-ker** billsticker, billposter; **-zuil** advertising pillar

aan|plant 1 (*abstr*) planting, cultivation; *in ~* under cultivation; 2 (*concr*) plantation; reserve; **-planten** plant [trees], grow [corn], cultivate, plant up [200 acres]; **-planting** *zie* aanplant

aanplempen fill up [a ditch]; **aanporren** prod, wake up, spur (on), urge on, stir (hurry, ginger) up; **aanpoten** 1 *zie* aanpezen & aanstappen; 2 (*fam*) infect with

aanpraten: *iem iets ~* talk a p. into [buying, doing s.t.], persuade a p. to ...; *iem zijn waren ~* press one's ... (up)on a p.; *tegen iem ~* talk (away) at a p.; *iem tegen zich laten ~* let a p. unburden himself; **aanprijzen** recommend, sing the praises of; (*fam*) crack up, puff (up); **aanprijzing** recommendation; **aanpunten** point, make a point to, sharpen (to a point)

aanraden advise; recommend, suggest [a plan]; *ik raad* (*u*) *geduld aan* I advise patience, I advise you to be patient; *het is aan te raden* it is advisable; *op uw ~* at (*of:* on) your advice (*of:* suggestion); **aanrader** 1 best buy; 2 good buy; [her new novel is a] must

aan|raken touch; *elkaar ~* touch (each other); *verboden aan te raken* do not touch; *zie ook* aanroeren & aanstippen; **-raking** touch, contact; *in ~ brengen met* bring into contact with, put in touch with; *hij bracht mij met de familie in ~* he introduced me (in)to the family; *in ~ komen met* come into touch (contact) with, mix with, be thrown in with, (*fam*) rub shoulders with [all sorts of people]; *dagelijks met iem in ~ komen* be in daily contact with a p.; *ik kom niet veel met hem in ~* we don't often meet; *wij kwamen voortdurend met elkaar in ~* we were constantly thrown together; *zie ook* justitie; **-rakingspunt** point of contact; *we hebben geen ~en,* (*ook*) we have nothing in common (with each other)

aanranden assault [she was indecently (sexually) assaulted], violate; (*om te beroven*) hold up; attack [the liberty of the press, etc]; *iems goede naam ~* injure a p.'s reputation; **aanrander** attacker, assailant, assaulter; **aanranding** (criminal) assault; hold-up, attack; *~ der eerbaarheid* indecent assault

aan|recht sink unit; (*~blad*) worktop, (*inz v steen*) (kitchen) slab; **-rechten** *zie* -richten 2; **-rechtkastje** sink cupboard; base unit

aanreiken reach, hand, pass, hand in [I'll hand in the book tonight]; **aanrekenen** (*eig*) charge; *iem iets ~,* (*fig*) blame a p. for s.t., lay s.t. to a p.'s charge, score it against him; *het zich als een eer ~ te ...* consider it an honour to ...; *het zich als een eer* (*verdienste*) *~ te hebben voorspeld ...* take credit to o.s. for having prophesied ...; *het iem als een eer* (*verdienste*) *~* give a p. credit for it; **aanrennen**: *komen ~* come running (racing, tearing) along (*of:* on), come galloping up; *~ op de vijand* rush at (on, upon) the enemy; *~ tegen* run (*of:* dash) into; **aanrichten** 1 cause, bring about, do; *schade ~* cause damage; *onheil ~* do harm (mischief); *verwoestingen ~* wreak havoc [the floods have wreaked havoc], ravage [the country], do [a great deal of] mischief; 2 prepare, lay on [a dinner]; *zie ook* bloedbad, enz

aanrijden I *intr: komen ~* come riding (driving) on (*of:* along); drive up [carriages constantly drove up]; *bij iem ~* pull up (*of:* stop) at a p.'s house (*of:* door); *~ op* drive (ride) towards (in the direction of); *vgl* rijden; *~ tegen* run (crash) into; II *tr* 1 bring in carts (carriages, etc); 2 break in [a horse]; 3 *iem ~* run into a p., knock a p. down [he was run into, knocked down, hit, by a motorcar]; *van achteren ~,* (*fam*) shunt [another car]; **aanrijding** collision, crash

aanrijgen thread (together), string [beads]; baste, tack [a dress]; lace up [boots, a corset]

aanrijroute access road; **aanrimpelen** gather (in); **aan|rissen, -risten** string [onions]

aanroep call; *zie* aanroeping; **aanroepen** call [a p., a taxi], hail [a ship, a taxi, a p.]; (*praaien*) speak; (*ve wacht*) challenge; invoke [God, the Muses]; call (up)on [God for help]; *zie ook* getuige; **aanroeping** calling, hailing; challenge; invocation; *vgl* aanroepen; **aanroeren** touch [a p. or thing]; touch (up)on [a fact, a subject]; mix, stir up [a pudding]; *dat onderwerp mag niet worden aangeroerd* that ... is taboo(ed); *vgl* snaar; **aanrollen** (*vaten, enz*) roll on; *komen ~* come rolling on (*of:* along); *~ tegen* roll against

aan|rommelen, -rotzooien mess about (around); *maar wat ~* muddle along

aanrukken advance; *~ op* advance (*of:* march) (up)on, push on to, press forward to; *laten ~,* (*bestellen*) order, call for; *nog een fles laten ~,* (*ook*) have another bottle up (*of:* in)

aanschaf *zie* aanschaffing; **aanschaffen**: (*zich*) *~* procure, buy, purchase, get; (*fam*) invest in [a new hat]; **aanschaffing** procurement, buying, purchase; *kosten van ~* initial expense

aanscharrelen: *komen ~* come shuffling (*ve kind:* toddling) along; **aanschellen** ring (the bell)

aanscherpen 1 sharpen; *vgl* aanpunten; 2 tighten up [regulations], make [restrictions] more rigorous; define [the statement of the problem] more precisely; 3 sharpen, accentuate, aggravate [a

conflict]; **aanschieten** 1 hit, wing [a bird]; 2 (*kleren*) slip (hurry) on, tumble (hurry) into; 3 address, buttonhole, (*nadrukkelijk*) accost [a p.]; ~ *op* rush at (on, upon); *zie ook* aangeschoten
aanschijn 1 (*voorkomen*) appearance, look; 2 (*aangezicht*) face, countenance; *zie ook* zweet
aanschikken draw one's chair up to the table, draw up (to the table), sit down to table; *schik mee aan!* draw up (your chair)
aanschoffelen hoe [the garden]; **aanschoppen** kick (against); ~ *tegen*, (*fig*) knock, criticize
aan|schouwelijk clear; graphic [description]; ~ *maken* demonstrate, illustrate; ~ *onderwijs* (*geven*), *a*) teaching (teach) by illustration; *b*) teaching (teach) with visual aids; **-schouwelijkheid** clearness, graphic(al)ness; **-schouwen** behold, see; *zie ook* levenslicht; *ten* ~ *van* in the sight of, in the presence of; **-schouwer** beholder, looker-on, spectator; **-schouwing** observation; (*geestes~*) contemplation; *innerlijke* ~ inner (spiritual) vision; *zalige* ~, (*r-k*) beatific vision; *onderwijzen door* ~ teach by illustration; **-schouwingsles** object lesson; **-schouwingsonderwijs** teaching with visual aids; **-schouwingsvermogen** intuitive faculty, power of intuition
aanschrappen 1 *zie* aanstrepen; 2 (*lucifer*) scratch [a match]
aanschrijven 1 ***goed*** (*slecht*) *aangeschreven staan* be in good (bad, ill) repute, enjoy a good reputation, be in good (bad) odour [*bij* with], be well thought of [by], (*bij iem*) be in [a p.'s] good (bad) books; *hoog bij iem aangeschreven staan* be held in high esteem by a p.; *ze wilde goed bij hem aangeschreven te staan* she wanted to stand well with him (*of:* in his eyes); 2 (*in rekening brengen*) charge to a p.'s account; *zie ook* aanrekenen; 3 (*oproepen*) summon; (*berichten*) notify; (*rondschrijven*) circularize; (*gelasten*) instruct, order; 4 *aangeschreven lijn* tangent (line); **aanschrijving** notification, summons; instruction(s), order(s)
aan|schroeven (*ergens aan*) screw on; (*vaster*) screw home; **-schuiven** 1 push (*of:* shove) on; *komen* ~ come shuffling along; 2 *zie* -schikken; **-sjokken**: *komen* ~ come slouching (trudging, jogging) along; **-sjorren** lash; **-sjouwen** I *tr* bring (along), carry; (*slepend*) haul (drag, lug) along; II *intr zie* aansjokken
aanslaan 1 touch [the piano, a string *snaar*, key *toets*], strike [a note, *zie ook* toon; a chord *akkoord*]; (*op kasregister*) ring up; (*ve paard*) overreach, interfere, click; (*ve kogel*) ricochet; (*vuurwapen*) (bring to the) present; (*motor*) start (up); *de motor slaat* (*niet*) *aan* the engine picks up (fails to start); ~ *tegen* strike (dash) against; *de piano slaat licht aan* has a light touch; *de klep slaat niet aan* the valve does not close properly; 2 (*in beslag nemen*) seize, confiscate; 3 (*bevestigen*) put up, affix, nail [Luther nailed his theses to the church door]; post up [a notice]; tack [a list] on the notice-board; bend (on) [a sail]; *het aas* ~ put (*of:* hook) on the bait; 4 (*schatten*) estimate, value [*op* at]; *hoog* ~, (*fig*) value (*of:* rate) highly; *te hoog* (*laag*) ~ overrate (underrate) [a p.'s merits]; *niet hoog* ~ not think much of; 5 (*in belasting*) assess [*voor £ 100* for income tax at ...]; (*plaatselijke belasting*) rate [*voor* at]; *te hoog* ~ assess too high; 6 (*mil*) salute; 7 (*ve hond*) give tongue; (*ve vogel*) start singing; (*ve klok*) warn; 8 (*beslaan: van ruiten, spiegel*) get steamy (steamed up); (*ve ketel*) fur, get furred; (*v metaal*) tarnish, get tarnished; 9 (*wortel schieten*) strike (root), take (*ook fig*); *zie ook* aangeslagen; **aanslag** 1 (*het aanslaan: muz, schrijfmachine*) touch; (*op toetsenbord*) keystroke; (*ve projectiel*) impact; (*50 ct per km en*) *een* ~ *van f 5*, (*ve taxi*) ... initial hire fee (hiring charge); *op de* ~ *schieten* snap a rifle (pistol, etc); *het schieten* (*schot*) *op de* ~ snap shooting (snap shot); *in de* ~ at the present; *in de* ~ *brengen* (*komen*) bring (come) to the present; *staande* (*liggende*) ~ standing (lying) position; 2 attempt, attack [*op* on], hold-up [of a train]; [bomb] outrage; *een* ~ *doen op* attempt (make an attempt on) the life of; *misdadige* ~ criminal assault; 3 (*belasting*) assessment; (*voor gemeente, ook*) ratal; *op* ~ on demand; 4 (*afzetsel*) fur, scale [in a kettle], incrustation; film [of grease]; (*bezinksel*) sediment, deposit; 5 (*bk, techn*) stop; **aanslagbiljet** notice of assessment, demand-note; **aanslaggrens** (tax) threshold
aan|slepen drag (haul, lug) along; *komen* ~ *met*, (*fig*) drag in; **-slibben** increase (by alluvial deposition); (*vh aangeslibde*) be deposited; (*dichtslibben*) silt (up); **-slibbing** (*abstr & concr*) accretion of land, deposition; (*concr*) *zie ook* -slibsel; **-slibsel** alluvial deposit, alluvium, silt
aanslijpen sharpen, whet; cut [facets] on
aanslingeren crank (up) [an engine, a car]
aansluipen: *komen* ~ come sneaking along; ~ *op* steal (up)on [one's prey], stalk [a deer, a p.]
aansluiten I *tr* 1 connect, join, link; ***zich*** ~, (*verenigen*) unite, join hands; (*zich*) ~ *aan* link up with [a railway, etc]; (*ve weg, enz*) meet; *zich* ~ *bij* join [a p., a party], fall in behind [a procession], associate o.s. with [a movement, a p.('s words)], join with [a p. in ...], subscribe to [a p.'s view, request], concur (agree) with [a p.]; *ik sluit mij bij zijn verzoek aan*, (*ook*) I join in his request; *zich bij iem* ~, (*als kameraad, fam*) chum up with a p.; *de partij* (*hij*) *heeft zich* (*is*) *aangesloten bij* ... the party (he) has affiliated itself (himself, is affiliated) to (*of:* with) [the federation, etc]; *hij sluit zich niet gemakkelijk aan* he does not mix easily (with others), (*fam*) is a poor mixer; *bij geen partij aangesloten* not attached to any party; 2 (*gas, enz*) connect [to the mains, a network]; (*waterleiding, ook*) plumb in; (*telefoon*) connect [*met* with], put through, put on [*met* to], switch on [to a wrong number, etc]; *u is* (*verkeerd*) *aangesloten* you are through (you've got the wrong number); 3 (*radio*) take over [we are now taking you over to ...]; *zie ook* aangesloten; II *intr* 1 *~!* close up!, move to the rear, please! 1 (*ve trein, enz*) connect, run in connection [*op* with]; (*in de tijd*) follow on; *~d is er een receptie* a ... will follow immediately after; 2 (*v lager en middelbaar*

onderwijs, enz) be [badly, well] co-ordinated, dovetail into (link up with) each other; *doen* ~ link up [technical and secondary education]; 3 (*v kleren*) fit close, cling (to the body); *zie ook* aangesloten; 4 *de badkamer sluit aan bij de slaapkamer* the ... opens off the bedroom, is en suite; *de kade sluit bij de dijk aan* the ... runs into (meets) the dike; *dat sluit mooi aan bij* ... that links up nicely with ...; *het hoofdstuk sluit qua onderwerp aan bij* ... the chapter links on in subject-matter to ...; **aansluiting** 1 junction, joining, linking-up, affiliation [to, with a trade-union, etc]; union [*bij* with], association; closer relations; co-ordination; link-up [between school and university]; *zie ook* (zich) aansluiten; 2 (*ve trein, enz*) connection [the connections are very bad]; ~ *hebben, a*) run in connection; *b*) have a connection; *de trein heeft ~ met de boot,* (*ook*) the train runs in conjunction with the steamer; *de trein naar A heeft ~ met* ... the A train meets ...; *de ~ halen* (*missen*) catch (miss) the connection; 3 (*gas, enz*) mains connection; (*telefoon*) connection, communication; ~ *hebben* be connected, be through; ~ *krijgen* be put through [*met* to], get through, get one's connection; *zie ook* net~; *een concert in ~ met ...,* (*radio*) a concert relayed from ...; 4 (*plaats van* ~) junction; 5 *in ~ aan ons schrijven van* ... referring to (following up, further to) our letter of ...; ~ *bij* continuity with [earlier negotiations]; *in ~ op* (*bij*) *P's werk* picking up where P left off

aansluitklem connector; terminal; **aansluitkosten** (*telec*) connection charges

aansmeren smear (over); daub [a wall, etc]; cement [roof-tiles]; *iem iets* ~ palm (pass, fob) s.t. off on a p., foist s.t. on a p.; **aansnellen**: *komen* ~ come running (hurrying) on (*of:* along); ~ *op* rush up to; *het ~de verkeer* the onrushing traffic; **aansnijden** cut [a new loaf], cut into [a ham]; (*fig*) broach [a question]; introduce, launch [a new topic]; *aangesneden* partly cut

aanspannen 1 put [the horses] to; 2 tighten [a rope, string]; 3 *een proces* ~ institute (legal) proceedings; *met iem* ~ be in league with a p.

aanspeelbaar (*sp*) well-positioned, able to receive the ball; **aanspeelpunt** (*sp*) target man; **aanspelden** pin on; **aanspelen** (*sp*) pass to; **aanspeten** spit [eels]

aanspoelen I *tr* wash (drift) ashore, wash up; II *intr* be washed (cast) ashore (up); wash ashore (up); drift ashore; *zie ook* aanslibben; **aanspoeling** 1 washing ashore; 2 *zie* aanslibbing

aansporen (*paard*) spur (on), urge on (*of:* forward); (*persoon*) urge (on), exhort, spur on, rouse, incite, stimulate [*tot* to]; (*tot iets verkeerds*) goad [*tot* into], goad (*of:* egg) on [*tot* to]; **aansporing** incitement, stimulation, exhortation; incentive, stimulus; *op ~ van* at the instance of

aanspraak 1 *we hebben hier helemaal geen* ~ we don't know anyone here; *ze had behoefte aan* ~ she needed company; 2 (*recht*) claim, title, right; ~ *hebben op* have a claim to (*of:* on), have a title to, be entitled to; *de oudste aanspraken hebben op* have first claim on; ~ *maken op* lay claim to, claim [a right, etc]; (*ten onrechte*) pretend to [the throne]; *mijn opmerkingen maken geen ~ op volledigheid* my ... make no claim to being (do not pretend to be) exhaustive; 3 address; *zie* toespraak; **aansprakelijk** liable, responsible, answerable; ~ *stellen* hold responsible, etc [*voor* for]; *zich niet ~ stellen,* (*ook*) take no (*of:* disclaim) responsibility; ~ *zijn* (*borg zijn*) *voor de schulden* stand surety for the debts; **aansprakelijkheid** liability, responsibility; ~ *tegenover derden* third-party risks; *zie ook* beperkt; **aansprakelijkheidsverzekering** liability (*of:* third-party) insurance

aan|spreekbaar 1 approachable; 2 *zie* aansprakelijk; **-spreektitel** term of address; **-spreekvorm** form of address; **-spreken** speak (talk) to, address; tackle [I tackled the porter in English]; (*heftig*) harangue [a meeting, a class]; (*aanklampen*) accost [a p. in the street, etc] (*opzoeken*) call (*of:* look) in (up)on [a p.]; (*ve muziekinstrument*) speak; *met 'Uwe Majesteit'* (*met zijn titel*) ~ address as 'Your Majesty' (by his title); *poëzie spreekt me niet aan* ... does not appeal to me; *de muziek spreekt gemakkelijk aan* the ... has an easy appeal; *de voltmeter sprak direct aan* the ... responded at once; ~ ***om*** *vergoeding, geld, enz* apply to [the Company, etc] for damages, claim damages from, (*fam*) come (down) (up)on (*of:* touch) [a p.] for money; (*in rechten*) sue (bring an action against) [a p.] for damages, etc; *iem om een schuld* ~ dun a p.; *de garanten ~ om te betalen* call (up)on the guarantors to pay; *iem ~* ***over*** *iets* talk to a p. about s.t., tackle a p. on s.t.; *de* ***fles*** (*flink*) ~ have a go at (partake freely of, not spare) the bottle; *nog een fles* ~ crack another bottle; *zijn* ***kapitaal*** ~ break into (dip into, draw on, encroach on) one's capital; [*de* ***pudding****, enz*] *geducht* ~ tuck into [the pudding], have a good go at [one's food], punish [the wine], make a hole in [one's money, reserves]; ***aangesproken*** *persoon,* (*gramm*) vocative; **-spreker** undertaker's man

aanspringen come on; ~ *op* leap at, rush (up)on; *komen* ~ come bounding along

aan|staan 1 please; *de manier waarop hij het zei stond me niet aan* I did not like (care about) the way ...; *het staat me helemaal niet aan* I don't like it at all, it does not commend itself to me; 2 *de deur staat aan* the ... is ajar; 3 *de radio stond aan* the ... was (turned) on; *de motor stond aan* the engine was running; **-staande** I *bn* 1 (*volgende*) next [Christmas, etc]; (*ook*) this [Friday]; 2 (*te verwachten, enz*) (forth)coming, approaching [his approaching marriage], prospective [teachers], impending [changes, marriage], [his arrest is] imminent; ~ *bruid* bride-to-be; ~ *moeders* expectant mothers; ~ *president* incoming president; *mijn ~ schoonvader* my prospective father-in-law; *Kerstmis is* ~ ... is drawing near, is (up)on us; II *zn* fiancé(e), wife-(husband-)to-be

aanstalten preparations; ~ *maken voor* make (*of:* get) ready for; *hij maakte ~ om* ... he made to [pass her], offered to [strike me], prepared to [rise]; *zie ook* toebereidselen

aanstampen ram (down); ram in [the charge *lading*]; tamp [a road]; *komen* ~ come stamping (stumping: *als op houten been*) along; **aanstappen** step out; *flinker* ~ mend one's pace; *komen* ~ come striding along; ~ *op* step up to

aanstaren stare at, stare in the face, gaze at

aan|stekelijk (*ook fig*) infectious, contagious, catching; ~ *werken* be catching; **-stekelijkheid** infectiousness, contagiousness, infection, contagion; **-steken** 1 light [a lamp, cigar, fire; light your pipe at, from, my cigar], kindle [a fire]; set fire to, fire [a house]; *weer* ~ relight [one's pipe]; *een lucifer* ~, *zie* -strijken; *licht* (*de pijp*) ~, *eens* ~ light up; *zie ook* opsteken; 2 broach, tap [a cask]; 3 (*ve ziekte, enz*) infect; *dat steekt aan* it is infectious (catching); *aangestoken* wormeaten, maggoty, specked, unsound [fruit]; carious [teeth]; incendiary [fire], [the fire was] started deliberately; **-steker** [gas-, cigarette-]lighter

aanstellen 1 appoint [to a post]; *weer* ~ reinstate; *iem* ~ *bij de genie* appoint a p. to the Royal Engineers; *hij werd aangesteld tot* (*als*) *hoofd* he was appointed head; *zie ook* vast; 2 *zich* ~, (*gemaakt doen*) show off (*vooral ve kind*), put on airs, pose, (*fam*) swank; *hij stelt zich enorm aan* he is terribly affected; (*zich zo houden*) put it on [he is merely putting it on]; (*te keer gaan*) take on, carry on; *zich belachelijk* (*gek*) ~ make a fool (an ass, an exhibition) of o.s., play the fool; **aansteller** affected person, poseur; **aanstellerig** affected, stag(e)y; **aanstel|lerij**, **-leritis** affectation, pose; posturing(s); (*fam*) swank; *het is maar* ~, (*ook*) it's all put on, it's only a pose; **aanstelling** appointment [*tot* as]; (*als officier*) commission; *zie ook* vast; **aanstellings|besluit**, **-brief** letter of appointment; (*v officier*) commission

aansterken get stronger, gain (regain one's) strength, recuperate, rally; *iem doen* ~ feed a p. up; **aansterking** recuperation

aanstevenen: *komen* ~ come sailing (scudding) along; (*v pers*) come striding along; ~ *op* bear down (up)on, make (*v schip, ook:* steer) for

aanstichten cause, set on foot, instigate; hatch [a plot]; **aanstichter** *zie* aanstoker; **aanstichting**: *op* ~ *van* at the instigation of

aan|stippen 1 touch, paint [a wound]; 2 (*op vingers, met potlood, enz*) tick off, check off; 3 (*een onderwerp, enz*) mention by the way, touch (lightly) on, (just) glance at [a subject]; **-stoken** stir [the fire]; fan, foment, instigate [a quarrel]; set on, egg on [a p.]; *vgl* aanwakkeren; **-stoker** instigator, originator, prime mover, moving spirit, firebrand; (*tot oorlog*) warmonger

aanstonds directly, forthwith; *zo* ~ presently; *al* ~ at (from) the (very) outset

aan|stoot offence, scandal; ~ *geven* give offence, cause (*of:* raise) a scandal, give umbrage; ~ *geven aan*, (*ook*) scandalize, shock; ~ *nemen aan* take offence (umbrage) at, take exception to; *zie ook* steen; **-stootgevend** offensive, (*erg*) shocking

aanstormen: *komen* ~ come rushing (dashing, tearing) along, come on full tilt; ~ *op* rush (up)on, go full tilt at; *een* ~*de hond* an onrushing dog

aan|stotelijk offensive, objectionable, scandalous, obnoxious, shocking; **-stotelijkheid** offensiveness, etc; *vgl* -stotelijk; **-stoten** I *tr* push [*tegen* against]; (*om een teken te geven*) nudge, jog; *de deur* ~ push the door to; II *intr:* ~ *tegen*, *zie* stoten; (*met glazen*) ~ clink (touch) glasses

aanstrepen mark; tick (off), check (off) [items on a list]; **aanstrijken** 1 (*met kwast*) brush (over), touch up [a door]; plaster [a wall]; paint, pencil [a wound, one's throat]; 2 *een lucifer* ~ strike (light) a match, strike a light; **aanstromen** *vgl* toestromen; **aanstuiven** (*v zand, sneeuw, enz*) drift; *zie ook* -stormen; **aanstuiving** sand-drift

aansturen 1 ~ *op* make (*of:* head) for [the lighthouse, etc]; (*fig*) make (*of:* work) for [war, etc], head for [national bankruptcy], lead up to, aim at; *met alle middelen* ~ *op*, (*ook*) force [an immediate election]; *op stemming* ~ press the matter to a division; ~ *op land*, (*ook*) stand inshore; 2 drive; control; **aansturing** driver

aantal number [of soldiers]; ~ *punten* score; *het* ~ *doden*, (*ook*) the death-roll; *in* ~ *overtreffen* outnumber

aantasten 1 (*aanvallen, ook v ziekte*) attack [the disease attacked her nerves; CFCs attack the ozone layer]; 2 (*aanraken*) touch; 3 (*gezondheid, enz*) affect [smoking affects health, the affected cattle]; impair [his health is, his lungs are impaired]; interfere with [health, the foundations of society]; encroach (up)on, infringe (up)on [privilege, authority], invade, violate [privacy]; (*v roest, enz*) affect [rust does not affect this metal], corrode, tarnish; *de vlammen tastten het gebouw aan* the ... took hold of the building; *het tastte zijn gestel geducht aan* it played havoc with his constitution; *uw woorden tasten zijn nagedachtenis aan* your ... reflect on his memory; *door ziekte aangetast* taken ill, stricken with disease, [a tree] affected by a disease; *het tastte zijn gemoedsrust* (*zenuwen*) *aan* it preyed on his mind (nerves); *hij werd door de algemene rage aangetast*, (*fam*) he was bitten with the craze; *zijn kapitaal* ~, *zie* aanspreken; *iem* ***in*** *zijn eer* (*goede naam*) ~ injure a p.'s honour (reputation); *zie ook* wortel; **aantasting** defamation [of character *goede naam*]; invasion [of privacy]; degradation [of the ozone layer]; ~ *vd persoon* injury [to ...]; *vgl* aantasten

aan|tekenboek(je) notebook, memorandum book; (*fam*) jotter; **-tekenen** 1 (*optekenen*) note (*of:* write) down; (*sp*) (keep the) score; (*aantekeningen maken*) make (*of:* take) notes; (*aanduiden*) mark; 2 (*inschrijven*) register; (*huwelijk: burgerlijk*) enter a notice of marriage with the registrar (*of:* at a registry office); (*kerk*) have the banns published; *beroep* (*bezwaar, protest*) ~ lodge an appeal (an objection, a protest); *zie ook* beroep & protest; *een brief* (*pakje*) *laten* ~ have a letter (parcel) registered; *aangetekend* registered [letter; send by registered post]; **-tekening** 1 note, comment, annotation; *losse* ~ jotting; 2

(*op diploma, rijbewijs, enz*) endorsement; 3 [good, bad] mark; 4 publication of the banns, (entry of) notice of (intended) marriage; *vgl* aantekenen; 5 (*ve brief, enz*) registration; ~ *houden van* keep a record of; *~en maken* make (*of:* take) notes; *hij kreeg een ~ op zijn rijbewijs* he had his licence endorsed; **-tekenrecht** registration fee

aantellen add (tot, mount) up (*lekker* nicely); **aantijgen** impute [s.t. to a p.]; **aantijging** imputation, allegation; **aantikken** 1 tap [at the door, etc], knock; (*zwemsp*) touch [first]; 2 add (tot, mount) up (*lekker* nicely)

aantocht approach, advance; *het leger is in ~* the ... is advancing; *er is een onweer in ~* a (thunder)-storm is coming; *zie ook* komst: op ~

aantonen show; (*bewijzen*) prove, demonstrate; *de waarde hiervan behoeft niet aangetoond te worden* the ... needs no showing; *~de wijs* indicative (mood); **aantoonbaar** demonstrable

aantrappen I *tr* 1 tread down; 2 kick-start [a motor-bike]; II *intr* (*op fiets*) pedal along [*flink* briskly]; *wat* ~ ride (pedal) faster

aantrede (*ve trap*) tread; **aantreden** I *ww* 1 (*mil*) fall in, form (*of:* fall) into line, line up, form up, parade [for roll-call]; (*commando*) fall in!; *doen* ~ fall in, form up, parade [the crew was paraded]; 2 (*optreden*) appear; (*v kabinet*) take office; 3 (*voor een dans*) ~ form (up), stand up; *met de linkervoet* ~ step off with the left foot; ~ *op* step up to; II *zn het* (*sein voor*) ~ the fall-in

aantreffen meet, meet with, encounter, find, come (up)on, come across; (*toevallig*) happen (up)on, stumble (up)on; *vgl* ontmoeten

aantrekkelijk attractive, inviting; *de misdaad ~ maken* glamorize crime; *veel ~s* many attractions, much to attract; **aantrekkelijkheid** attractiveness, etc, attraction, charm

aantrekken 1 draw, pull; (*natuurk & fig*) attract; (*bijtrekken*) draw (pull) up [a chair], pull [a chair] forward; *arbeiders* (*personeel*) ~ recruit labour (take on, hire staff); *hij* (*het*) *trok mij dadelijk aan,* (*ook*) he (it) took my fancy, I took a fancy to him (it), I took to him (it) from the first; *zich aangetrokken voelen tot* be drawn to, be attracted by, take to [the modern boy does not take to Dickens]; *die methode trekt me niet aan* that ... does not appeal to me; ***zich** iets ~,* (*zich beledigd voelen over*) take offence at s.t.; (*bedroefd zijn*) take s.t. to heart, be worried by (concerned at) s.t., mind [what I mind most is ...]; (*zich persoonlijk ~*) apply (take) [a remark, etc] to o.s.; *trek u dat niet aan* don't let that worry you; *hij trok het zich erg aan* he took it hard; *zich niet veel ~ van* make light of [s.t.]; *niemand schijnt er zich iets van aan te trekken* nobody seems to mind; *ik zal me daar niet veel van ~* I am not going to be bothered by that; *hij trok zich niets van haar aan* he took no notice of her; *hij trok zich mijn lot aan* he concerned himself about my plight; *hij hoeft zich niets aan te trekken van kritiek* he can ignore criticism, he need not let ... worry him; 2 (*vaster trekken*) draw tighter, tighten [a knot, rope]; pull on [the handbrake]; *een touw ~,* (*mar*) tauten a rope, take out the slack; 3 (*kleren*) put on [clothes, boots, gloves], pull on [boots], draw on [gloves], get into [one's coat]; *andere kleren ~* change (one's) clothes, change [she changed into her Sunday frock]; *trek haar een schone jurk aan* put her on a clean frock; *trek je kleren aan* get on your clothes; *niets om aan te trekken* nothing to wear; 4 (*mil*) *zie* aanrukken; 5 pick up [the economy is picking up]; (*v prijzen*) firm, harden

aantrekking attraction; **aantrekkingskracht** (power of, force of) attraction, attractive force, [gravitational] pull; (*fig ook*) drawing power [of an artist]; [have the widest possible] appeal; **aantrekkingspunt** centre of attraction; (*fig ook*) [she was] the cynosure of all eyes

aantrouwen *zie* aangetrouwd & aanhuwen

aanvaardbaar (*ve voorwaarde, enz*) acceptable [*voor* to]; *niet ~* unacceptable; **aanvaarden** 1 (*beginnen*) set out on [a journey], begin [one's retreat, *terug-, aftocht*]; 2 (*op zich nemen*) assume [the responsibility, command], take possession of [one's property, an inheritance]; *zijn ambt ~* enter (up)on one's duties, take (up) office, take up one's post (one's duties); *de regering ~* assume the government, take up (assume) the reins of government; *dadelijk te ~* (with) immediate possession; *vrij te ~* with vacant possession; 3 (*zich schikken, aannemen*) take, accept, face, abide [the consequences], accept [conditions, a punishment, an amendment], take on [a p.'s debts]; *de slag ~* accept battle; *aanvaard mijn dank* accept my thanks; *zijn nederlaag als een man ~* take one's defeat like a man; **aanvaarding** entering [(up)on one's duties], entrance [into office], accession [to office], taking possession [of a house], acceptance, etc; *vgl* aanvaarden

aan|val attack (*op* on; *ook fig*), onset, charge, assault; offence [and defence]; attempt, assault [on the speed record]; (*ve ziekte*) attack [of fever], fit [of madness, paralysis, fainting, etc], access [of illness, anger, emotion], bout [of malaria, etc]; *lichte ~* touch [of rheumatism, etc]; (*hart~*) seizure; (*op een tegenstander, sp*) challenge, (*fysiek*) tackle; *een ~ doen op,* (*ook*) attempt [the record]; *een felle ~ doen op,* (*ook*) make a dead set at [a p.]; *in de ~ gaan* mount the (an) attack; *in de ~ zijn* be on the offensive; *tot de ~ overgaan* take the offensive; *de ~ is de beste verdediging* attack is the best form of defence; **-vallen** attack, fall (*of:* set) (up)on, assail, assault, charge [with the bayonet], tackle, engage [the enemy], (*aan tafel*) fall to; (*een tegenstander, sp*) challenge, (*fysiek*) tackle; *in de flank ~* take [the enemy] in flank; *op zijn eten ~* fall (up)on (attack) one's food; *op zijn prooi ~* pounce (swoop down) on one's prey; **-vallend** offensive, aggressive; *~ optreden* take (act on) the offensive; **-vallenderwijs** offensively, aggressively; **-valler** attacker, assailant, aggressor; (*sp*) attacker, forward, (*spits*) striker; **-vallig** sweet, charming; *op de ~e leeftijd van ...,* at the tender age of ...; **-valligheid** charm

aanvals|golf (*mil*) wave; **-kracht** offensive

(striking) power; **-oorlog** war of aggression; **-plan** plan of attack; **-wapen** offensive weapon

aanvang beginning, commencement, start (*o.a. ve wedstrijd*); *bij de ~* at the beginning, at the start; *een ~ nemen* begin, commence; *vgl* begin; **aanvangen** begin, commence, start; *hoe zal ik dat ~?* how shall I set about it?; *wat zal ik nu ~?* what am I to do now?; *wat heeft hij nu weer aangevangen?* what has he been up to now?; *er is niets met hem aan te vangen* you can't do a thing with him; *vgl* beginnen

aanvangs|cursus course for beginners, beginners' course; **-fase** initial (early) phase; **-klas** (*lagere school*) reception class; **-letter** initial (letter); **-onderwijs** elementary instruction; **-punt** starting point; **-salaris** commencing (starting) salary; **-snelheid** initial velocity; (*ve projectiel*) muzzle velocity; **-tijd** starting time

aanvankelijk I *bn* initial [velocity, expenses, success], original; elementary [instruction]; II *bw* in the beginning, at first, at the outset (*of:* start)

aanvaren I *intr komen ~* come sailing along; *~ op* make for, head for; *~ tegen* run into, crash into, run (*of:* fall) foul of, foul, collide with, come into collision with; *tegen elkaar ~* collide; *af- en ~* come and go; II *tr* 1 bring (convey) in ships (boats); 2 *zie* I: *~* tegen; **aanvaring** collision; *in ~ komen met* fall foul of (*ook fig*); *vgl* aanvaren I: *~* tegen; *een ~ met iem hebben,* (*fig*) have a dust-up (a quarrel) with a p.

aanvatten seize, take (get, lay, catch) hold of; take up, initiate [a project]; *het werk ~* set to work, start work; *zie ook* aanpakken

aanvechtbaar debatable, questionable; *zie* betwistbaar; **aanvechten** assail, seize; tempt; challenge [an assertion]; **aanvechting** temptation, sudden impulse; fit [of jealousy]; *~ der zonde* temptation of sin; *een sterke ~ voelen om ...* be strongly tempted to ...; **aanvegen** sweep (up); (*ve kamer, ook*) sweep out; *zie ook* vloer

aanver|storven inherited [goods]; **-want** 1 related by marriage; 2 cognate, related, allied [topics]; *vgl* verwant; **-wantschap** affinity

aanvetten I *tr* grease (*met vet bestrijken*); fatten [cattle]; thicken [letters]; II *intr* grow (get) fat(ter), fatten; **aanvijzen** screw down; (*fig*) egg [a p.] on

aanvliegen (*luchtv*) approach; home in [on a beacon]; (*op*) *iem ~* fly at a p.; *~ tegen* fly against; *zie ook* aanvallen & aanwaaien; **aanvliegroute** (*luchtv*) flight path, approach (path)

aanvochten sprinkle

aanvoegen join, add; *~de wijs* subjunctive mood

aanvoelen feel; (*vaag*) sense; *het voelt zacht aan, is zacht op het ~* it is soft to the touch (*of:* feel), it feels soft; *sommigen voelen 'grey' en 'gray' aan als verschillende woorden* some people apprehend ... as different words; *elkaar goed ~* understand one another; *zie ook* klomp

aanvoer 1 supply [of goods, water, etc]; 2 (*aangevoerde goederen, ook*) arrival(s), landings; 3 *zie ~*buis; **aanvoerbuis** supply-pipe, feed-pipe; (*v gas, water*) service-pipe; **aanvoerder** 1 commander, leader; (*belhamel*) ringleader; (*sp*) captain, skipper; 2 (*spier*) adductor; **aanvoeren** 1 (*toevoeren*) supply; (*uit buitenland*) import; bring, convey [to a place], bring down [the silt brought down by the river]; bring up [fresh troops]; 2 (*inbrengen*) advance [reasons, motives, arguments], allege [facts], raise [objections], bring (put) forward [an excuse, arguments, reasons], adduce [proof, arguments, instances], produce [reasons]; argue that [...]; (*aanhalen*) cite [a case]; *iets als verontschuldiging ~* plead (urge) s.t. in excuse; (*als verdediging*) *~ dat ...* urge (the defence) that ..., plead that ...; *onbekendheid als verontschuldiging ~* plead ignorance; *hij voerde daartegen aan, dat ...* he countered that by saying ...; *zie ook* inbrengen; 3 (*leger, enz*) command, be in command of; (*sp*) captain (skipper) [the team]; *het leger werd goed aangevoerd* the ... was well officered; *een bende* (*partij*) *~* head (lead) a gang (party); **aanvoerhaven** port of import(ation); *New York* (*Liverpool*) *is een ~ voor* [...] the port of New York handles imports of [coffee, rubber, sugar] (Liverpool is an importing centre for [raw cotton]); *een ~ voor vis* (*slaven, olie*), (*ook*) a fishing (slaving, an oil) port

aanvoering 1 command, leadership; *onder ~ van* under the command of, led by; (*sp*) under the captaincy of; 2 allegation [of arguments]; *onder ~ van het feit dat ...,* (*ook*) pleading that ...

aanvoer|kanaal feeder, supply channel; **-lijn** feeder(-line); **-pijp** *zie* -buis; **-schip** supply ship; **-troepen**: *aan- en afvoertroepen* army transport corps; (*vglb*) Royal Corps of Transport; **-weg** supply route

aan|vraag 1 (*v goederen*) [in reply to your] inquiry; 2 (*verzoek*) request, application; (*vraag*) demand; (*telefoon*) call; *op ~* [samples to be had] on application; [tickets to be shown] on demand; *zijn ~ richten tot ...* make application to ...; *een collectieve ~ indienen* make a collective application; *zie ook* aanzoek & vraag; **-vraagformulier** form of application, application form (*Am:* blank); (*verzekering*) proposal form; (*bibliotheek*) request slip; **-vrage** *zie* -vraag; **-vragen** apply for, ask for, request; *iets bij iem ~* apply to a p. for s.t.; *vroeg ~* make early application for [tickets, etc]; *vraag gratis brochure aan* send for free booklet; *een gesprek ~,* (*telefoon*) put in a call [*met* for]; *zie ook* ontslag; **-vrager** applicant; (*telefoon*) caller; (*v inlichtingen*) inquirer

aanvreten gnaw [gnawn by mice]; corrode [metals]

aan|vullen 1 fill up [a hole, gap], supply, replenish [one's stock], eke out [a small pension, a meal with biscuits], help out [the family income], piece out [a story], mend [the fire], amplify [a statement], top up [a salary]; (*het ontbrekende, een verlies*) make up, make good, supply [the deficiency, a loss; 'Thank you, Mr ...' 'Low', he supplied]; 2 (*volledig maken*) complete, supplement; *zichzelf ~,* (*v bestuur, enz*) be elected by co-op(ta)tion; **-vullend** complementary, supplementary; top-up [fee, loan, policy]; *~e uitkering* income support; **-vulling** replenishment, com-

pletion; (*concr*) addition, supplement, new supply
aanvullings|begroting supplementary estimates; **-examen** supplementary examination; **-kleur** complementary colour; **-troepen** reserve
aanvulsel complement, supplement
aanvuren fire [the imagination], inflame, incite, inspire, stimulate [a p.'s zeal]; (*sp*) cheer (on) [the home team]; *aangevuurd door vaderlandsliefde* fired with (actuated by) patriotism; **aanvuring** incitement, stimulation
aanwaaien (*eig*) be blown (blow) to(wards); *de rook woei mij aan* the ... was blown in my face; *de kennis waait hem aan* he is a quick learner; *de wiskunde waait hem aan* mathematics comes to him naturally; *de wetenschap* (*geleerdheid*) *waait iem niet aan* there is no royal (*of:* short) road to learning (no short road to knowledge); *bij iem komen* ~ drop (*of:* pop) in (up)on a p., blow in; *hij is uit Amerika komen* ~ he hails (has come over) from America; *hoe kom jij hier zo ~?* what wind has blown you here?, what brings you here?
aanwakkeren I *tr* rouse [courage, passions], stir up [animosity, curiosity], fan [a flame, hatred], foment [discord], stimulate [a p. to ...], stoke up inflation]; *het vuurtje* ~, (*fig*) blow the coals; II *intr* increase; (*vd wind, ook*) freshen [into a gale], freshen up, gather strength
aanwas 1 accretion (*ook concreet v grond*); *op* ~ coming along; 2 (*v bevolking, enz*) increase, growth; 3 (*ve rivier*) rise; **aanwassen** 1 increase, grow; 2 (*ve rivier*) rise
aanwendbaar applicable; **aanwenden** use, apply, employ [means], take [pains], bring to bear; *zie ook* invloed; appropriate, convert [money to one's own use], bring into play [one's charms, power of persuasion]; (*natuurkrachten voor beweegkracht, enz*) harness [water-power, the sun's rays]; *een poging* ~ make an attempt, endeavour; *alles* ~ use every means, strain every nerve, leave no stone unturned; **aanwending** use, employment, application, conversion; *vgl het ww*
aanwennen: *zich* ~ contract [a habit], fall into (acquire) the habit of ...; **aanwensel** (annoying) habit, mannerism, trick
aanwerven recruit, enlist, enrol; *vgl* werven; **aanwerving** recruitment, enlistment
aanwezig 1 present; *de ~e dames* the ladies present; *de ~en* those present; ~ *zijn* be present, attend, be in attendance; *uren waarop men ~ is* hours of attendance; 2 (*bestaand*) extant; (*v voorraad*) [the stock] in hand; **aanwezigheid** 1 presence, attendance; 2 existence
aanwijsbaar demonstrable, visible [results], assignable [cause]; **aanwijsstok** pointer
aanwijzen 1 show, indicate, point out, point to [it would be difficult to point to any statesman who is less popular], designate, appoint [a successor]; *~d voornaamwoord* demonstrative (pronoun); [*... is*] *aangewezen* [an operation, a change of environment is] indicated; *door de regering aangewezen* commissioned by ...; *de aangewezen leider* the leader designate; *hij is* (*er*) *de aangewezen man* (*voor*) he is the right man for it; *het aangewezen middel* the obvious means; *de aangewezen weg* the obvious way; 2 (*toewijzen*) allot [a berth (*ligplaats*) to]; assign [he was assigned his rightful share]; (*voor speciaal doel*) detail [detailed for guard duty, detailed to attend a course of instruction], tell off [tell a p. off to make inquiries]; *de mij aangewezen kamer* the room assigned to me; *de hun aangewezen standplaatsen* their appointed stations; 3 (*registreren*) mark, register, read, indicate, point to [the clock points to eight]; *geen land kan zulk een held* ~ no ... can boast such a hero; *de minister is geheel aangewezen* **op** [...] the ... is entirely committed to [the conservatives, a particular line of action]; *op zichzelf* (*op elkaar*) *aangewezen zijn* be thrown on one's own resources (on each other's society); *voor staal is Japan aangewezen op import* Japan depends (is dependent) on imports for steel; *bij gebrek aan toneelaanwijzingen zijn we op het stuk zelf aangewezen voor gegevens over ...* in the absence of stage directions we are driven back on the play itself for information about ...; **aanwijzer** indicator; **aanwijzing** 1 indication, allocation, assignment, allotment, appointment; *vgl* aanwijzen; *~en,* (*jur*) circumstantial evidence; 2 direction [directions for use], instruction; order (for payment); *op ~ van* on the instruction (the directions) of; 3 (*vingerwijzing*) hint, clue, pointer, straw in the wind; index, *mv meestal:* indices [the size of the brain is not a certain index of capacity]; *er is geen ~ wie de dief is* there is no clue to the thief; *op ~ van* tipped by [an unsuspected witness]; *zie ook* toewijzing
aanwinnen I *tr* reclaim [land]; II *intr* increase; improve [in knowledge]; come on [you've come on surprisingly]; **aanwinning** (*v land*) reclamation; **aanwinst** gain; acquisition [he'll prove an acquisition to the Cabinet *voor* ...], welcome addition, recruit [he was a remarkable recruit to the theatrical world], asset [he'll be an asset to our club]; (*bibliotheek*) accession
aanwippen drop in [*bij iem* on a p.]; *komen* ~ call round
aanwrijven: ~ *tegen* rub against; *iem iets* ~ impute s.t. to a p., fasten s.t. (up)on a p., lay s.t. at a p.'s door; **aanwrijving** imputation
aanzanden 1 sand; 2 (*verzanden*) silt up
aan|zeggen give notice of, announce, notify; *men zou het hem niet* ~ he doesn't look it (his age, his forty years, etc); **-zegger** undertaker's man; **-zegging** notice, announcement, notification
aanzet impulse [give the first impulse to]; (*eerste*) ~ first step [towards a full-scale treatment]
aanzet|buis branch-tube; (*ve fontein*) adjutage; **-riem** (razor-)strop; **-sel** 1 (*v wijn, enz*) crust; (*in ketel*) scale, fur; 2 *zie* -stuk; **-slinger** starting-lever, -handle; **-staal** knife-sharpener, table-steel; **-stuk** (*ve instrument, enz*) extension; (*ve tafel*) (additional) leaf; (*fon*) vocal tract
aan|zetten I *tr* 1 add, join; place [chairs, a

domino-piece], sew (*of:* put) on [buttons]; 2 put ajar [a door]; 3 *de lading* ~ ram (ram in, ram home) the charge; *de schroef* ~ tighten the screw; (*ook fig*) turn (on) the screw; 4 start (up), crank up, rev up [a motor, an engine]; put (jam) on [the brake]; put (turn) on [the radio]; 5 urge on [a horse], urge [a horse to a gallop]; incite [troops to mutiny]; prompt [to action]; impel [to speak]; egg on; *ik zette hem ertoe aan* I put him up to it; *zie ook* aanporren & aansporen; 6 load, fortify [wine]; 7 (*scherpen*) whet; (*scheermes*) set, strop; II *intr* 1 *komen* ~ come near(er), turn up, show up; *komen* ~ *met* ..., *zie* aankomen: ~ met; 2 (*v spijs*) stick to the pan; *de melk is aangezet* the ... has caught; (*v wijn*) crust [crusted wine]; 3 (*ve ketel*) fur, get furred; *dat zet aan,* (*v eten*) that sticks to the ribs; 4 *krachtig* ~, (*inz sp*) put on (make) a spurt; 5 *wie het spel verliest, zet het eerst aan* the loser begins the new game; **-zetter** 1 instigator; 2 (*ve motor*) starter; **-zetting** 1 accentuation; 2 incitement; 3 encrustation; **-zetwerk** starting-gear

aanzeulen drag along, drag up

aanzicht aspect, view, look; *zie ook* aanzien II

aanzien I *ww* look at; *men ziet het hem niet aan, dat hij zo oud is* he does not look his age; *het is hem aan te zien* he looks it; ***het** eens* ~ wait and see, await events, play a waiting game; *het even* ~ [let's] give it a bit longer; *het rustig* ~ sit down under it; *het **laat** zich* ~ *dat de zaak succes zal hebben* the business bids fair to be successful; *naar het zich laat* ~ ... to all appearance ..., there is every appearance (it looks likely) that ...; *het laat zich mooi* ~ it promises well, looks promising; *de zaak laat zich nu anders* ~ the ... has assumed a new aspect; *zijn **mensen*** ~ be a respecter of persons; *ik kon het gestuntel **niet** langer* ~ I could not bear to see them bungling the work any longer; *de wedstrijd was **niet om** aan te zien* the match was not worth watching, was a wretched performance; *ik zie er u niet minder **om** aan* I do not respect you the less for it; *ik zie er hem **op** aan* I suspect him of it; ~ ***voor*** take for; (*ten onrechte, ook*) mistake for [he mistook a 3 for an 8]; *waar zie je me voor aan?* what (whom, who) do you take me for?; *ik zie hem er best voor aan* I would not put it past him; *ik zag hem voor een vijftiger aan* I took him to be fifty or so; *zie ook* hoogte, nek, enz; II *zn* 1 look, appearance, aspect [the peculiar aspect of the town], sight; *zie ook* aanblik; ~ *doet gedenken* out of sight, out of mind; *het is het* ~ *niet waard* it's not worth looking at; *zich het* ~ ***geven*** *van* assume the air of; *dat geeft de zaak een heel ander* ~ that puts quite another complexion (a new face) on the matter, that alters the whole complexion of the case; *God kent geen* ~ *des **persoons*** God is no respecter of persons; (*zo ook:* the law should not be a respecter of persons); ***te*** *dien* ~ as to that, in that connection; ***ten*** ~ *van* with (*of:* in) regard to, with respect to, in respect of, regarding; ***van*** ~ *kennen* know by sight; ***zonder*** ~ *des persoons* without respect of persons; 2 (*achting*) regard, consideration, esteem, respect, prestige, standing [the standing of the Throne will be weakened]; *zeer **in*** ~ *zijn* be held in great respect, be much respected; *niet in* ~, (*v zaken, ook*) [be] at a discount; *man van* ~ man of note (consequence, distinction, high standing); **aanziend** (*her*) 1 (*elkaar*) affrontee; 2 (*de toeschouwer*) guardant

aanzien|lijk 1 (*voornaam*) notable, prominent; distinguished, of high rank (*of:* standing); [men] of mark; gentle [birth]; ~ *man,* (*ook*) man of note; ~*e firma* firm of high standing; 2 (*aanmerkelijk*) considerable, substantial [reduction]; **-lijkheid** importance, distinction; considerableness

aanzijn existence, [call into] being; *het* ~ *geven* give life (being, birth) [*aan* to]; *het* ~ *verschuldigd zijn aan* owe one's life to

aanzitten 1 sit (*of:* be) at table; (*gaan* ~) sit down (to table, dinner, etc); *de* ~*den* those at table, the guests; 2 (*aanraken*) touch; *zie ook* zitten

aan|zoek request, application, solicitation; *op zijn* ~ at his request; (*huwelijks*~) proposal, offer (of marriage) [she had never had an offer]; (*een*) ~ *doen* propose, ask for a p's hand; *zijn* ~ *werd aangenomen* (*afgeslagen*) he was accepted (rejected, turned down); **-zoeken** apply to [a p. for s.t.]; petition, request; approach [be approached by a deputation]; invite [the Board has invited him to ...]; retain [we have been retained by ICI to invite applications for ...]; *als professor* ~ offer a professorship (to); *ze is verscheiden keren aangezocht* she has had several offers (of marriage)

aanzuigen (*ve motor, pomp, enz*) suck (in)

aanzuiveren pay, pay (*of:* clear) off [a debt], settle [an account]; *het achterstallige* ~ pay off arrears; *een tekort* ~ make good (make up) a deficiency (a deficit); **aanzuivering** payment, settlement, clearing off

aanzwellen swell (out, up) (*ook: doen* ~), rise [the noise rose to a roar]; **aanzwengelen** initiate, stimulate, get going, kick-start [the economy]; **aanzwepen** whip up [emotions, the team]

aap monkey (*ook fig*); (*staartloos*) ape; *de* ~, (*sl: geld*) the dough; the pay packet; ~*je,* (*rijtuig*) cab; (*teken* @) a-scroll, at-sign; *kleine* ~, (*scherts*) little monkey (beggar); ~*je op een stokje* monkey on a stick; ~ *van een jongen, enz* rascal; ~, *wat heb je mooie jongen spelen* lay it on thick, butter a p. up, blarney a p.; *ah, daar komt de* ~ *uit de mouw* ah, there we have it; *in de* ~ *gelogeerd zijn* be in a fix, up a gum-tree; *iem voor* ~ *zetten* make a monkey of a p., make a p. look silly; *zie ook* lachen; **aapachtig** apish, monkeyish, monkey-like; pithecoid (*ook zn:* ~e); **aapmens** pithecanthrope, apeman; (*fig*) man-monkey; **aap-noot-mies** (*vglb*) ABC

aar 1 (*v koren*) ear; *aren vormen* (*schieten*) put forth ears, form into ears, come into ear; 2 (*bloeiwijze*) spike; *samengestelde* ~ panicle

aard 1 nature, character, disposition; *dat het een* ~ *heeft* [sweat] like anything, (*sl*) [run] like blazes; [work] with a will; *het ligt niet **in** mijn* ~ it is not in my nature, I haven't (got) it in me, I am not built that way; *hij had zich in zijn ware* ~ *doen* *kennen* he had shown himself in his true colours; *het ligt in de ~ van de zaak* it is in the nature of things; *hij heeft een ~je* ***naar*** *zijn vaartje* he takes after his father, has all his father's failings; ***uit*** *de ~ der zaak* naturally [it is naturally difficult to prove], in (by, from) the nature of things [I could not promise such a thing], [politics are] by their very nature [ugly]; *uit de ~ slaan* degenerate; ***van*** *allerlei ~* of all kinds (sorts), all sorts and conditions of [people, etc]; *zijn salaris was niet van die ~ dat hij buitenlandse reizen kon maken* his ... was not such as to allow him to travel abroad; *niets van die ~* nothing of the kind, no such thing; [*de bespreking was*] *algemeen van ~* general in character; 2 (*soort*) kind, sort; *driftig van ~* passionate by nature, of a hasty temper; *goed van ~* good-natured, kind-hearted; *edelmoedig van ~* noble-minded; *huiselijk van ~* of a domestic turn (domestically inclined); *achterdochtig van ~* inclined to suspicion; *luidruchtig van ~* of a noisy disposition; *zie ook* beest

aardachtig earthy; **aardaker** earthnut

aardappel potato; *zie ook* schil

aardappel|aaltje potato-root eelworm; **-bovist** earth-ball; **-campagne** potato-lifting season; **-kever** potato beetle, Colorado beetle; **-kuil** potato-clamp; **-meel** potato-flour, (*Am*) potato-starch; **-mesje** potato-peeler; **-moeheid** potato sickness, potato root eelworm (disease); **-puree** mash(ed potatoes); **-rooier** potato-lifter; **-schil** potato-peel(ing); **-stamper** potato masher; **-ziekte** (*phytophthora*) potato-blight

aard|as axis of the earth, earth's axis; **-baan** orbit of the earth, earth's orbit; **-bei** strawberry [ice, jam; clover]; **-beiboom** strawberry tree, arbutus; **-beving** earthquake; (*lichte*) earth tremor; *zie ook* haard; **-bevingsgebied** 1 earthquake region; 2 earthquake disaster area; **-bevingsmeter** seismograph; **-bevingsramp** earthquake disaster; **-bewoner** inhabitant of the earth, mortal, earth-dweller, earthling; **-bezie** strawberry; **-bodem** (surface of the) earth [the most despicable man on God's earth, *of:* in creation], [it vanished from the] face of the earth; **-bol** (terrestrial) globe; **-boor** earth-drill; **-draad** *zie* -leiding

aarde earth (*ook stofnaam & elektr*); (*elektr Am*) ground; (*teel~*) soil, (leaf-)mould; ***aan*** *~ leggen,* (*elektr*) earth, (*Am*) ground; ***boven*** *~ staan* be above ground, await burial; ***in*** *goede ~ vallen* fall on fertile ground (soil); *de opmerking viel in slechte ~* the ... did not go down well; *met de ~ verbinden,* (*elektr*) *zie* aarden II.1; ***ter*** *~ bestellen* lay in (commit to) the earth, lay [a p.] to (his last) rest, inter; *ter ~ vallen* fall to the ground; *ter ~ werpen* knock to the ground, throw (*of:* knock) down, floor; *ter ~ zinken* sink to the ground; *de ogen ter ~ slaan* cast one's eyes to the ground; **aardebaan** (*ve spoorweg*) permanent way, roadbed; (*ve weg*) earth foundation; **aardedonker** pitch-dark(ness); **aarden** I *bn* earthen, earthenware; II *ww* 1 (*elektr*) earth, (*Am*) ground; 2 thrive, get on well; *hij kan hier niet ~,* (*ook*) he does not feel at home here; *~* ***naar*** take after; *hij aardt naar zijn vader,* (*ook, fam*) he is a chip off the old block; **aardewerk** earthenware, crockery, pottery, stoneware; **aardewerkfabriek** pottery; **aardgas** natural gas; **aardgeest** gnome, goblin; **aardglobe** terrestrial globe; **aardgordel** zone; **aardhond** terrier

aardig I *bn* 1 nice [boy, man, letter, manners, job; a nice little garden; be nice to a p.]; pleasant [manners]; *~jes* [you've done it] nicely; *het is heel ~ van je* it's very good of you; *het is allemaal heel ~, maar* ... it's all very well, but ...; *een ~ karweitje,* (*ook iron*) a nice job; *~ doen tegen iem* make o.s. pleasant to a p.; *een ~ kapitaaltje* (*sommetje*) a pretty (fairish, nice bit of) capital (a tidy sum); *een ~e* (*d.w.z. vrij lange*) *wandeling* a tidy walk; *het zal ~ wat kosten* it will cost a pretty penny; 2 (*~ uitziend*) pretty, (*Am*) cute [girl]; *er ~ uitzien* look nice; 3 (*vreemd*) peculiar; [feel] queer; II *bw* nicely, etc; *~ rijk* pretty (*fam:* jolly) rich; *het iem ~ onaangenaam maken* make things jolly unpleasant for a p.; **aardigheid** 1 niceness, etc; 2 (*grap*) joke; *een ~ vertellen* crack a joke; *dat was de ~* that was the fun of it (the joke); *een ongepaste ~* an ill-timed pleasantry; *geen aardigheden* (*streken*), *hoor!* none of your tricks (*of:* little games), do you hear?; *hij heeft de ~ om zijn rekeningen niet te betalen* he has a little way of leaving ... unpaid; *de ~ is* (*raakt*) ***eraf*** the fun has gone (is going) out of it; *~ hebben* ***in*** have a fancy for; be interested in, like; *~ krijgen in* take a fancy to; ***uit*** *~,* ***voor*** *de ~* for fun, for the fun of the thing, in sport; *ik* ***zie*** *de ~* (*ervan*) *niet* (*in*) I don't see the fun of it; (*ve anekdote, enz*) I don't see the point, don't see where the joke comes in; 3 (*~je*) small (little) present

aarding earthing, (*Am*) grounding; (*concr*) earth (ground) connection

aard|kern earth's core; **-klomp**, **-kluit** clod (*of:* lump) of earth; **-korst** earth's crust, crust of the earth, lithosphere; **-krekel** mole-cricket; **-kundig** geological; **-laag** layer (of earth), stratum; **-leiding** (*elektr*) earth(-wire), (*Am*) ground(-wire); **-lekschakelaar** earth (*Am:* ground) leakage contact (*of:* circuit) breaker; **-licht** *zie* -schijn; **-magnetisme** terrestrial magnetism; **-mannetje** gnome, goblin; **-mantel** (earth) mantle; **-noot** groundnut, earthnut, peanut; **-olie** petroleum, mineral oil; **-oppervlak(te)** earth's surface, surface of the earth; **-peer** Jerusalem artichoke; **-pek** bitumen

aardrijk 1 earth; 2 earthly kingdom; mankind

aardrijks|kunde geography; **-kundig** geographic(al); *~ woordenboek, a)* dictionary of geography; *b)* (*v namen*) gazetteer; **-kundige** geographer

aardrol roller; **aardrook** (*plantk*) fumitory

aards terrestrial [magnetism], earthly [joys, paradise, possessions], worldly [concerns, goods, person]; *al het ~e* all earthly things; *zie ook* slijk

aard|schijn earth-shine, earthlight; **-schok** earthquake (shock), (*licht*) earth tremor; **-schol** (tectonic) plate; **-schors** earth's crust

aards|gezind worldly-minded, 'of the earth, earthy'; **-gezindheid** worldly-mindedness

aard|slak slug; **-sluiting** (*elektr*) earth leakage, earth fault, earthing; **-soort** (species of) earth, soil; *een bruine ~* a brown earth; **-stamper** rammer, beetle; **-ster** earthstar; **-storting** earthfall, fall of earth; **-straling** terrestrial radiation; **-tor** ground beetle; **-varken** aardvark; **-vast** earth-bound; **-verbinding** (*elektr*) earth- (*Am:* ground-)contact, -connection; *in ~ staan,* (*telec*) be earthed (*Am:* grounded); **-verschuiving** landslide (*ook fig*); (*klein*) landslip; **-vlo** flea beetle; **-warmte** geothermal heat (*of:* energy); **-was** ozocerite, mineral wax; **-wetenschap**: *~(pen)* earth science(s); **-wolf** id; **-worm** earthworm (*ook fig*), lob-worm

Aäron Aaron; **äronskelk** arum; *zie* aronskelk

aars arse; (*ve vis, vogel, reptiel*) vent; **aarsmade** threadworm, seat-worm; **aarsvin** anal fin

aarts- arch, arrant, etc; *vgl beneden*

aarts|bisdom archbishopric, archdiocese; **-bisschop** archbishop, primate; **-bisschoppelijk** archiepiscopal; **-deken** archdeacon; (*nu, r-k*) vicar-general; **-dom** monumentally stupid; **-engel** archangel; **-gierig** extremely stingy; **-gierigaard** (regular) skinflint; **-hertog** archduke; **-hertogdom** archduchy; **-hertogelijk** archducal; **-hertogin** archduchess; **-ketter** arch-heretic; **-leugenaar** arrant (consummate, inveterate) liar; **-lui** bone-lazy; **-priester** archpriest; **-schurk** arrant knave, arch-villain; **-vader** patriarch; **-vaderlijk** patriarchal; **-vijand** arch-enemy

aarzelen hesitate, waver, hang back; *zonder ~* without hesitation, unhesitatingly; *niet ~ te zeggen* have no hesitation in saying; **aarzelend** hesitating(ly); hesitant; **aarzeling** hesitation, wavering, hesitancy

aas 1 (*in kaartspel & angl*) ace; 2 (*lok~*) bait; *van ~ voorzien* bait; 3 (*kreng*) carrion; 4 (*prooi*) prey; 5 (*hist gewicht, vglb*) grain; *(g)een ~je* (not) a bit (a whit); **aasbloem** carrion flower; **aas|dier, -eter** carrion eater; **aasgier** carrion vulture; **aaskever** carrion beetle; **aasvlieg** bluebottle, blowfly, flesh-fly

AAW afk van *Algemene Arbeidsongeschiktheidswet* Occupational Disability Act

abaca id, Manilla hemp; **abactis** (hon.) secretary; **abacus** id; **abalone** id

abandon id; **abandonnement** abandonment; **abandonneren** abandon; *degene aan wie geabandonneerd wordt* abandonee

abattoir abattoir, (public) slaughterhouse

abbre|viatie, -viatuur abbreviation

ABC 1 ABC, alphabet [*beide ook fig:* the ABC, the alphabet of a science, of finance]; 2 (*atomair, biologisch, chemisch*) ABC [weapons]; 3 Aruba, Bonaire, Curaçao

abces abscess, gathering

abdicatie abdication; **abdiceren** abdicate

abdij abbey [church]; **abdis** abbess

abdomen id

abduceren abduct; **abductie** abduction

abeel abele, white poplar; **abel**: *~ spel* (kind of) serious secular mediaeval drama; **Abel** Abel

aberratie [chromatic, spherical] aberration

Abessijn, enz *zie* Abessiniër, enz; **Abessinië** Abyssinia; **Abessiniër** Abyssinian; **Abessinisch** Abyssinian; **Abigaïl** Abigail

abiogenese abiogenesis; **abiotisch** abiotic

abituriënt(e) school-leaver; (*Am*) high school graduate

abject id; **ablatie** ablation; **ablatief** ablative; **ablaut** id, (vowel) gradation; **ablutie** ablution

ABN afk van *Algemeen Beschaafd Nederlands* (Received) Standard Dutch

abnormaal abnormal; inordinate; (*geestelijk, ook*) subnormal; **abnormaliteit** abnorm(al)ity

abolitie abolition; **abolitionisme** abolitionism

A-bom A-bomb

abomi|nabel abominable; **-natie** abomination

abonnee (*ve krant, concert, opera, enz*) subscriber; (*telef*) customer; **abonneenummer** (*telef*) customer's number, local number; **abonneetelevisie** pay (*of:* subscription) television, pay TV; **abonnement** 1 subscription [*op* to]; *vgl* abonneren; 2 *zie ~*skaart

abonnements|concert subscription concert; **-geld** subscription (money); **-kaart** season ticket; (*fam*) season [*een ~ nemen* take out a season, (*in bibliotheek:*) a subscription]; (*voor concerten, enz ook*) subscription ticket; **-voorwaarden** rates of subscription, subscription rates

abonneren: *zich ~* [*op* ...] subscribe [to a newspaper, for a book, to a concert, the telephone, etc]; *men kan zich aan het bureau ~* subscriptions will be received at the office; *geabonneerd zijn op de Guardian* take in (take, subscribe to) the ...; *ik ben niet meer geabonneerd op dat blad* I have dropped that paper; *hij is op de laatste plaats geabonneerd* he always finishes last

aborteren have (procure, perform) an abortion, abort; **abor|teur, -teuse** abortionist; **abortief** abortive; **abortus** abortion; *~ opwekken* procure (an) abortion; *~ Bang* brucellosis; **abortuskliniek** abortion clinic; **abortuspil** abortion pill

à bout portant point-blank, at close (point-blank) range, at close quarters

ABP afk van *Algemeen Burgerlijk Pensioenfonds* National Pension Fund; **abracadabra** id

Abraham id; *in ~s schoot,* (*Lukas 16:21*) in Abraham's bosom; (*fig*) [be, live] in clover; *hij weet waar ~ de mosterd haalt* he knows what's o'clock, how many beans make five; *hij heeft ~ gezien,* (*Joh. 8:57*) he has turned fifty

abrasie abrasion; **abri** (bus, etc) shelter; **abrikoos** apricot; **abrogatie** abrogation; **abrupt** id; **Absa|lom, -lon** Absalom; **abscis** (*wisk*) abscissa

absent 1 absent; *~en* absentees; *zie ook* absentie; 2 (*verstrooid*) absent(-minded); **absenteïsme** absenteeism; **absenteren**: *zich ~* leave the room; (*soms*) absent o.s. (*meestal: wegblijven*); **absentie** absence; non-attendance [the number of non-attendances]; *de ~s opnemen,* (*school*) call the register; **absentielijst** (*school*) attendance-register, -book

abside apse, apsis; **absint** absinth(e); **absis** apse,

apsis
absolutie absolution; ~ *geven* give absolution, absolve; **absolutisme** absolutism; **absolutistisch** absolutist; **absoluut** absolute [alcohol, error, value]; ~ *niets* absolutely nothing, nothing whatever; ~ *zeker,* (*ook*) dead certain; ~ *niet* by no means, not at all, on no account; ~*!* positively!; ~ *gehoor* perfect pitch; *zie ook* volstrekt
absolveren absolve
absorberen absorb; ~*d middel* absorbent; **absorptie** absorption; **absorptievermogen** absorptive power, absorption capacity
absoute (*r-k*) absolutions of the dead; *de* ~ *verrichten* pronounce (*of:* give) the absolution
abstinent id; **abstinentie** abstinence; **abstinentieverschijnsel** withdrawal symptom
abstract abstract; (*verstrooid*) abstracted; **abstractie** abstraction (*ook verstrooidheid*); **abstracto**: *in* ~ in the abstract; **abstraheren** abstract; **abstraheringsvermogen** powers of abstraction
absurd absurd; **absurdisme** absurdism; **absurdistisch** absurdist; **absurditeit** absurdity
abt abbot; *zo de* ~, *zo de monniken* like master, like man
abuis I *zn* mistake, error, slip, oversight; *een* ~ *begaan* make a mistake; ~ *hebben* (*zijn*) be mistaken, be wrong; *per* ~ by (in) mistake (error), mistakenly, erroneously, through an oversight; II *bn* [you are] wrong; stray [bullet]; **abusief** wrong; **abusievelijk** *zie* abuis: per ~
ABW afk van *Algemene Bijstandswet* Public Assistance Act
acacia 1 (*Robinia, valse* ~) locust (tree), (false) acacia; 2 (*echte* ~) id; *Australische* ~ (golden) wattle; **acaciabast** wattle bark
academi|ca, -cus university graduate; **academie** 1 university; 2 (*genootschap, kunst-, dans-, mil*) academy; *zie ook* universiteit; *pedagogische* ~ training college, college of education; *sociale* ~ college of social studies; **academielid** academician; **academiestad** university town; **academisch** academic(al), university; ~*e graad* university degree; ~ *gevormd* university-trained, -educated; ~ *gevormde* (university) graduate; *het* ~ *kwartiertje in acht nemen* be a quarter of an hour late; ~*e opleiding* university education (training); ~*e vraag* academic question; ~*e vrijheid* academic freedom; ~ *ziekenhuis* university hospital; **academisme** academism
acajou cashew; **acajouboom** cashew (tree)
acanthus id (*ook in bk*)
a-cap(p)ella a(lla) cappella, unaccompanied [singing]; **accapareren** annex, secure
accele|ratie acceleration; **-ratiesnelheid** acceleration rate; **-ratievermogen** (power of) acceleration; **-rator** id; **-reren** accelerate
accent accent (*ook:* ~*teken*); (*teken* ') prime; ~ *aigu, circonflexe, grave* acute, circumflex, grave accent; **accentuatie** accentuation; **accentueren** accent, stress; (*fig*) accentuate, emphasize, lay stress on, stress
accent|vers accentual verse; **-verschuiving** shift in emphasis; (*tlk*) stress shift, shift of accent
accept acceptance; (*promesse*) promissory note
accep|tabel acceptable; **-tant** acceptor; **-tatie** acceptance; **-teren** accept [an accepted custom, fact]; *niet* ~, (*ook*) refuse acceptance (of); *een reclame* ~, (*handel*) allow (*of:* entertain) a claim
acceptfirma accepting-house; **acceptgirokaart** (*vglb*) giro credit slip; **acceptkrediet** drawing-credit; **acceptprovisie** acceptance commission
acces access (*ook ve ziekte*); **accessoir** accessory; **accessoire** accessory
accident id; incident; **accidenteel** accidental
accijns excise(-duty); **accijnsbiljet** excise-bill, permit; **accijnskantoor** excise-office; **accijnsplichtig** excisable
acclamatie acclamation; *bij* ~ [the motion was carried] by (*of:* with) acclamation
acclimatisatie acclimatization, acclimation, acclimatation; **acclimatiseren** I *tr* acclimatize; II *intr* acclimatize o.s., become acclimatized
accolade 1 (*omarming*) id; *de* ~ *geven* give the accolade to, confer the accolade on; 2 (*haak*) brace; (*muz*) id; **accoladeboog** (*bk*) Tudor arch
accommodatie accommodation; **accommodatievermogen** power of accommodation; **accommodatiewissel** accommodation bill, (*fam*) kite; **accommoderen** accommodate
accompagnement accompaniment; **accompagneren** accompany; **accoord** *zie* akkoord
accor|deon accordion; **-deonist** accordionist
accorderen 1 come to terms, agree; (*met crediteuren*) compound with one's creditors; 2 (*overweg kunnen*) get on [with a p., together]; 3 (*stemmen*) tune [a guitar]
accou|cheur, -cheuse *zie* verloskundige
accountant (chartered) accountant, auditor; **accountantsonderzoek** audit; **accountantsverklaring** auditor's report
accreditatie accreditation; **accrediteren** 1 accredit [accredited to, at, the Court of St James's]; 2 (*bij bank*) open a credit [for a p. with a bank]; **accreditief** letter of credit, documentary credit
accres, accretie increase
accu (storage) battery, accumulator; **acculader** battery charger
acculturatie acculturation; **accultureren** acculturate; **accumulatie** accumulation; **accumulator** *zie* accu; **accumuleren** accumulate
accuraat accurate, precise; **accuratesse** accuracy, preciseness
accusa|tief accusative; **-toir** accusatorial, -tory
acefaal acephalous
acetaat 1 acetate (silk); 2 (*chem*) acetate
aceton acetone; **acetonurie** acetonuria
acetyleen(gas) acetylene; **acetylgroep** acetyl group (*of:* radical)
ach ah!, alas!; ~, *dat spijt me* (oh) I say I'm sorry; ~ *wat!* go on!; ~ *zo!* indeed, I see!; ~ *en wee roepen* lament; **à charge** *zie* getuige
Achilles Achilles; **achilleshiel** Achilles heel, weak spot; **achillespees** Achilles tendon
achromatisch achromatic (*bw* -ally)
1 acht *zn* attention, care; ~ *geven* (*slaan*) *op* pay

attention (pay heed, give heed) to, attend to; *geen ~ slaan op*, (*ook*) disregard; *er werd geen ~ geslagen op zijn roepen*, (*ook*) his cries went unheeded; *in ~ nemen* observe [the proper forms, the laws, one's neutrality], practise [economy], exercise [great care, reasonable precaution]; keep [the Sabbath]; *niet in ~ nemen*, (*ook*) disregard; *het niet in ~ nemen van de nodige voorzorgen* failure to observe ...; *grote voorzichtigheid in ~ nemen* take (exercise) great care; *zich in ~ nemen* be on one's guard [*voor* against], be careful; (*gezondheid*) take care of o.s., look after o.s. (one's health); *neem je in ~!* take care!, be careful!; *neem je in ~ voor*, (*ook*) beware of; *geeft ~!*, (*mil*) (at)-tention!, (*fam*) 'shun!, (*mar*) stand by!; *ze kwamen* (*stonden*) *in de positie: 'geeft ~'* they came to (stood at) attention

2 acht I *telw* eight; *in een dag of ~* in a week or ten days; II *zn* eight; *een ~ beschrijven* do a figure of eight; *zie ook* vandaag & *vgl* met

achtarm octopus; **achtbaan** (*op kermis*) big dipper, roller-coaster

achtbaar respectable, estimable, honourable; *achtbare meester*, (*vrijmetselaar*) worshipful master; **achtbaarheid** respectability

achtdaags 1 eight days'; 2 every eight days; **achtdubbel** octuple

achteloos careless, heedless, negligent, casual; (*onoplettend*) inattentive; **achteloosheid** carelessness, heedlessness, negligence, nonchalance, casualness, inattention; *uit ~*, (*ook*) through inadvertence, -cy

achten 1 (*achting toedragen*) esteem, respect; 2 (*houden voor*) consider [o.s. bound by one's promise], think [it beneath one; think it wrong, necessary (to ...)], presume [a suspect is presumed innocent until ...], judge, count, hold [I hold it true; hold the charge proved], look (up)on, regard [s.t. as one's duty], deem [I deem it my duty]; *~ op* pay attention to, heed [a warning]; *zich beledigd ~* feel offended; *zich gelukkig ~* think (count) o.s. fortunate; *hij acht zich te hoog om* [...] he is above [following advice]; *zie ook* geacht & veronderstellen

achtens|waard(ig) respectable, honourable, worthy of esteem; **-waardigheid** respectability

achter I *vz* behind [a tree; the Premier had the nation, public opinion, behind him], after [he writes MP after his name], beyond [the door are voices], against [write the words against your name], at the back of, at [the desk, the wheel]; (*Am*) back of [my house, his words]; (*mar*) abaft [the mast], astern of [the ship]; *sluit de deur ~ u* shut the door behind (*of:* after) you; *hij sloot de deur ~ mij*, (*ook*) he closed the door (up)on me; *met 2000 man ~ zich* with ... at his back; *hij heeft een sterke aanhang ~ zich*, (*ook*) he has a strong following; *nu ben ik* ***er*** *~* I've found it out, (*heb er de slag van*) now I've got (the knack of, the hang of) it; ***van*** *~ de bomen* from behind the trees; *zie verder* elkaar, komen, zitten, enz; II *bw* behind; (*mar*) (ab)aft (*ook: naar ~*); *~ wonen, a*) live in the back-room; *b*) live at the back (of the house); *mijn* ***horloge*** *is* (*3 minuten*) *~* my watch is (three minutes) slow; *de kalender is een week ~* the ... is a week behind; *~* ***in*** *de tuin, enz* at the back (bottom, lower end) of the garden, at the back of the room (drawer, etc), at the far end of the corridor, in the back of the car; *ze is ~ in de twintig* she is in her late twenties; *zijn haar is naar ~ gekamd* his hair is combed back; *verder naar ~* further back; *zie ook* achteren; *de hoed ~* ***op*** *het hoofd* one's hat on the back of (well back on) one's head); (***ten***) *~ zijn* be in arrear(s) [with one's payments, the rent, etc], be behind [in maths, with the rent, one's work, etc], lag behind [in education], be behindhand (behind schedule) [in one's study, with one's work]; (*~ bij*) [Irish time was 25 minutes] behind [Greenwich]; *zie ook* ~raken; *~!*, (*tegen hond*) to heel!; *zie verder* ~komen, enz

achteraan in (at) the rear, behind, at the back

achteraan|gaan go after, look into, see to, try to find out about, follow (*of:* chase) [s.t.] up; **-komen** come last, lag behind (*ook fig*), hang back, bring up the rear; *~* (*vergeleken*) *bij Amerika* lag behind America; *helemaal ~*, (*wedstrijd, ook fig*) be nowhere; *ik kom wel achteraan, maar* ..., I am a little late in the field, but ...; *op dit punt komt uw land erg achteraan* your country is very backward in this respect; *hij ging er achteraan* he made it his business; *hij zit achter zijn personeel aan* he keeps ... on their toes; **-komer** straggler, laggard; **-lopen** 1 *zie* -komen & -gaan; 2 be after [a place, a girl]

achteraanzicht rear view, back view; **achteraanzitten** *zie* -gaan & -lopen

achteraf 1 (*plaats*) in the rear; *hij woont ~* he lives out of the way; (*heel erg ~*) at the back of beyond; *iets ~ houden* keep s.t. back (*of:* in reserve); *zich ~ houden* keep aloof; *~ staan* stand back; *zie ook* achteren: van ~ gezien; 2 (*tijd*) retrospectively, in retrospect; *~ concluderen* conclude by (with) hindsight; *~ heb ik spijt* I am sorry now that it is done; *~ is het gemakkelijk te zeggen* it is easy to be wise after the event; **achterafbuurt** out-of--the-way quarter; **achterafstraat** backstreet

achter|as rear (*of:* back) axle; **-bak** (*ve auto*) boot, (*Am*) trunk; **-baks** I *bw* behind one's back, secretly, underhand, in a hole-and-corner fashion; *zich ~ houden* keep in the background, lie low; *iets ~ houden* keep s.t. back; II *bn* underhand(ed) [dealings], backstairs [policy], hole-and-corner [proceedings, business *gedoe*], [he is] double-faced, sneaky; **-baksheid** (*ook*) [I am not an accomplice to any] backstair(s) work; **-balkon** (*ve tram*) rear platform; (*ve huis*) back balcony; **-ban** (*ve politieke partij, enz*) rank and file, grass-roots; *zijn ~ raadplegen* consult one's supporters; **-band** back (rear) tyre; **-bank** back (rear) seat [passengers, a back-seat driver]; **-been** hind leg; **-blijven** 1 (*niet mee heengaan*) stay (remain) behind; (*bij dood*) be left (behind); *als wees ~* be left an orphan; 2 (*niet bijhouden*), (*ook fig*) drop (fall, lag) behind; (*mar*) drop (fall) astern; *~ bij* be outdistanced (outstripped) by, be (lag) behind [the law lags behind public opinion], fall short of [expectations]; 3 (*in ontwikkeling*) be backward (retarded); *achtergebleven gebied* backward (underdeveloped) area; 4 *niet* ~ not be behindhand [in paying *met* ...]; *om niet achter te blijven in beleefdheid* not to be outdone in politeness; *als hij het doet, kan ik niet* ~ if ..., I must follow suit; 5 (*ve hond*) keep at (*of:* to) heel; **achter|blijvend** residual [gas]; *de ~en* those left behind, the bereaved; **-blijver** straggler, laggard; (*niet met de tijd meegaande*) back number; *de ~s bijwerken,* (*school*) coach the slower (weaker) pupils

achter|bout hindquarter; **-broekzak** hip-pocket; **-buren** people living (sitting, etc) behind; **-buurt** backstreet, slum (quarter), low neighbourhood; **-deel** hind part, rear part; (*ve schip*) after-part; (*ve trein*) rear portion; *zie ook* achterste; **-dek** after deck; (*campagne*) poop (deck), quarterdeck; **-deur** back door (*ook fig:* come in by the back door); (*v auto*) rear door; *~(tje), (fig), a)* means of escape, loophole; *b)* nest-egg; **-docht** suspicion; *~ hebben* (*voeden*) be suspicious [*jegens* of], harbour (entertain) suspicions; *~ krijgen* become suspicious [*jegens* of]; *met ~ beschouwen,* (*ook*) look askance at; *~ wekken* rouse suspicion; **-dochtig** suspicious; **-doek** (*theat*) backcloth, backdrop

achter|een 1 without a pause; *drie uur* (*mijlen*) ~ three hours (miles) at a stretch (*of:* on end); *vijf nachten ~* five ... in a row; *dagen ~* for days together (*of:* on end); *~ uitlezen* read at a sitting (at a stretch); 2 *zie* ~volgens; **-eenvolgend** successive, consecutive; *~e dagen,* (*chertepartij*) running days; **-eenvolgens** consecutively, successively, [three days] in succession, [twice] running; **-eind** hind(er) part, back part, rear end; *zie ook* achterste & dom; **-elkaar** *bw* 1 *zie* -eenvolgens; 2 at once, immediately

achteren: *naar ~* backward(s); *te ver naar ~* too far back; *naar ~ gaan* go to the toilet; *hij moet naar ~* he wants to be excused; *ten ~, zie* achter: ten ~; *van ~* [run into] from behind, [attack] in the rear, at the back; *met de wind van ~* with a following wind; *van ~ naar voren* [read] backward(s) (*ook fig:* he knows it backwards); *van ~ gezien* viewed (seen) from the back; (*fig*) after all, in the light of after events [I think ...], (viewed) in retrospect, with hindsight; *ik zie hem liever van ~ dan van voren* I prefer his room to his company

achter|erf backyard; **-flap** back flap; **-gaan** *zie* -lopen; **-galerij** (*Ind*) back veranda(h); **-gang** back passage; **-gevel** rear elevation, back

achtergrond background [figure, information, music, noise, radiation]; (*fig ook*) backdrop; *op de ~ blijven* keep (remain) in the background; *op de ~ dringen* push (thrust) into the background; *op de ~ raken* fall into the background; *op de ~ treden* recede into the background, stand back, take a back seat; **achtergrondformatie** backing group; **achtergrondgeheugen** (*comp*) memory backup; **achtergrondmuziek** (*v CD, enz, ook*) muzak, (*sl*) wallpaper

achter|haalbaar *zie* -halen: te ~; **-halen** overtake; (*misdadiger, enz*) hunt down; seize [smuggled goods], recover [stolen goods]; *de middelen ter verdediging ~ altijd die van aanval* defence always catches up with attack; *de oorzaak is niet meer te ~* the cause can no longer be ascertained (recovered, traced); *door de gebeurtenissen -haald* overtaken by events; *die theorie is -haald* that ... has been superseded, is out of date (outdated, exploded); *een -haalde zaak* [the question of guilt is now] an irrelevance; *zie ook* inhalen

achterham gammon; **achterhand** (*handwortel*) carpus, wrist; (*ve paard*) hind quarters; *aan de ~ zitten,* (*kaartsp*) be the younger (youngest) hand, play last

achterheen: *er ~ zitten, a)* be hard at it; push things on; *b)* keep a close check on it; *zie ook* achteraangaan

achter|hoede rear(guard); (*sp*) backs, defence; *de ~ vormen* bring up the rear; **-hoedegevecht** rearguard action [*een ~ leveren* fight a rearguard action]; **-hoedespeler** defender

achterhoek outlying part (*of:* district)

achter|hoofd back of the head; (*wtsch*) occiput; *hij is niet op zijn ~ gevallen* there are no flies on him; *hij heeft iets in zijn ~* there's s.t. at the back of his mind; **-hoofds-** occipital [bone, etc]

achter|houden keep (*of:* hold) back [letters, secrets, etc], withhold [a thing from a person]; (*verzwijgen ook*) suppress [certain facts], conceal [s.t. from a p.]; **-houdend** close, secretive; **-houdendheid** reserve, closeness, secretiveness; **-houding** keeping back, etc, concealment

achterhuis back premises; back (back part) of the house

achterin at (in) the back (rear); *zie ook* achter

Achter-Indië (*hist*) Further India: Burma, Siam and Indo-China

achterkamer back room; **achterkant** rear, back, (*verkeerde kant*) reverse (side); *met de ~ tegen elkaar staan* [the houses] back on to one another; **achterkeuken** back kitchen; **achterklap** backbiting, scandal, slander

achterklein|dochter great-granddaughter; **-kind** great-grandchild; **-zoon** great-grandson

achterklep (*v auto*) boot (*Am:* trunk) lid, (*groot*) tailgate, rear door; (*v vrachtauto*) tailboard, tailgate; **achterkomen** *zie* achterraken

achter|lader breech-loader; (*kanon ook*) breech-loading gun; (*geweer ook*) breech-loading rifle; **-lamp** *zie* achterlicht; **-land** hinterland; **-lap** heel-piece [of a shoe]; **-lastig** *zie* stuurlastig

achter|laten leave [an order, one's address, a card]; leave (behind) [a widow, debts, traces]; *hij liet haar in benarde omstandigheden achter* he left her very poorly off; *-gelatenen, zie* achterblijvend: de ~en; **-lating**: *met ~ van* leaving behind

achter|leen mesne (*of:* arrière) fief, subfief; **-leenheer** mesne lord; **-leenman** rear-vassal

achter|licht (*ve auto, enz*) rear light (lamp), back light, (*Am*) taillight, tail lamp; **-liggen** come (lag, lie) behind; *bij iem ~, zie* achterstaan; *~de* *gedachte* underlying idea; **-ligger** car (vehicle, chap, etc) behind; **-lijf** (*ve insekt*) abdomen; (*ve jas, enz*) back; **-lijfspoot** proleg

achterlijk (*in ontwikkeling, v gewas, enz*) backward; (*bij de tijd*) behind the times; *~e wind,* (*mar*) following wind; *~ kind,* (*ook*) retarded child; *school voor ~e kinderen* school for backward (mentally handicapped) children; *zie ook* achter: ten ~; *hij is lang niet ~* there are no flies on him; **achterlijkheid** backwardness

achterlijn (*sp*) goal line; (*basketbal*) end line

achterlopen be slow [the clock is one minute slow], lose [ten minutes a day]; (*v personen*) be behind the times

achtermast aftermast; **achtermiddag** *zie* -namiddag; ~(*wacht*) afternoon watch

achter|na 1 behind, after; 2 (*later*) afterwards; *zie verder sam met* achterna & na; **-naam** surname, family name; **-nagaan** 1 go after, pursue, chase; 2 follow at some distance; (*fig*) follow the example of, follow in [a p's] footsteps; **-nalopen** 1 follow; 2 run after [persons of influence]; **-namiddag** (*lett*) late afternoon; (*fig*) [that can be done in] no time at all (just a few hours); **-narijden**, enz *zie* narijden, enz

achter|neef (*eigen generatie*) second cousin, (*volgende*) grandnephew, great-nephew; **-nicht** second cousin; grandniece, great-niece; *vgl* -neef

achterom I *bn & bw* round the back; behind, back; *~ gaan, ~ lopen* go round the back (way); *~ kijken, ~ zien* look back, look behind (one); II *zn* way round the back, back way; **achteronder** (*mar*) afterhold

achterop 1 behind, at the back; on the back [of one's bike]; on the rear platform (*ve tram*); 2 behindhand, in arrears; *~ met de huur, enz* behind with the rent (one's work, etc); *ik ben met mijn werk ~,* (*ook*) my work is in arrear(s); *zie ook* achter: ten ~; **achterop|komen**, **-lopen** overtake, catch up, come up with; **achteropraken** *zie* achterraken; **achteroprijden** (*op motorfiets*) ride pillion; *zie ook* achteropkomen

achterover back(wards), on one's back

achterover|drukken (*sl*) knock off, pinch; **-hellen** recline, slope (*of:* tilt) backwards; **-klappen** swing (*of:* fold) back; **-leunen** lean back; **-liggen** lie back (*ook: achterover gaan liggen*), lie on one's back; **-slaan** 1 fall (come) down backwards; 2 *daar sla je* (*steil*) *van achterover* that (it) makes you stagger; *prijzen waar je van achterover slaat* staggering prices; 3 *een borrel ~* toss off (knock back) a drink; **-vallen** fall over backwards; *vgl* -slaan

achter|paard wheel-horse, wheeler; **-pagina** back page; **-pand** (*v kledingstuk*) back; **-plaats** backyard; **-plecht** poop(-deck); (*op klein schip*) afterdeck; **-poort** back gate, postern (gate); **-poot** hind leg; *op de -poten staand* rampant; *vgl* achterst; **-raam** back window

achterraken fall (drop) behind (*mar:* astern); (*fig*) fall (get) behind [with one's work, the rent, etc], fall into arrears (behind schedule), get behindhand; (*ook*) my work has fallen behind

achter|rem rear brake; **-riem** (*ve paard*) crupper; **-ruim** afterhold; **-ruit** [heated] rear window; **-schip** hind part of a ship, stern; *in het ~ raken* come down in the world; **-schot** (*ve wagen*) tailboard; **-speler** defender, (full) back

achterst hind(most), last; (*mar*) sternmost, aftermost; *hij stond op zijn ~e benen* (*poten*) he was hopping mad; *al gaat hij op zijn ~e poten staan* whatever he does; *~e ledematen* hind limbs; *op zijn ~e poten gaan staan* get up on one's hind legs; *zie ook* achterste, tong, enz

achter|staan be behind, be [two goals] down; *~ bij,* (*minder zijn dan*) be inferior to, rank below; (*achtergesteld worden bij*) be neglected for; *bij anderen ~* be handicapped; *bij niemand ~,* (*ook*) be second to none; **-staand** (mentioned) overleaf, on the next page; **-stallig** back; *~e huur* back rent, arrears of rent; *~e rente* back interest, interest still due; *~e schulden* arrears, outstanding debts; *~e soldij* back pay; *~ zijn* be in arrear(s), be behind(hand) [with the rent, etc]; *het ~e* the arrears; **-stand** 1 arrears [of work], arrearage; [time, cultural] lag; backlog [of deliveries]; [developmental] retardation; (*sp*) (goal-)deficit; *~ bezorgen* (*hebben*) put (be) in arrears; *een* (*sociale, enz*) *~ hebben,* (*ook*) be disadvantaged (*erger:* deprived); *op ~ zetten,* (*sp*) distance; put behind; 2 (*achterstallig*) arrears; *zie ook* inhalen; **-standswijk** run-down suburb (urban area)

achterste I *bn zie* achterst; II *zn* rear part, hind part; (*zitvlak*) behind, posterior, buttocks, bottom, b.t.m., bum, backside, sit-upon; *het ~ tegen de krib zetten* become restive (*of:* refractory) kick against the pricks, jib; *zie ook* tong, zolder, enz

achter|steek backstitch; *met de ~ naaien* backstitch; **-stel** 1 (*v voertuig*) rear wheel unit; 2 (*v dier*) hindquarters; **-stellen** subordinate [*bij* to], (place, put at a) disadvantage, handicap [*bij* as compared with], discriminate against, slight [feel slighted]; *~ bij,* (*ook*) neglect for; **-stelling** subordination; neglect, slight(ing); *met ~ van ...* neglecting ...; **-steven** 1 stern-post; 2 (*-schip*) stern

achterstevoren back to front, backside first, (the) wrong way round

achter|straat back street; **-stuk** back piece; (*ve kanon*) breech; **-trap** backstairs; **-troep** (*mil*) rear-party; **-tuin** back garden

achteruit I *bw* backward(s), back; (*op schip*) aft, abaft; *~!* stand back!; *volle kracht ~!,* (*mar*) full speed astern!; *~ halen!,* (*mar*) back her!; *zie ook* stap; II *zn* 1 backyard; 2 (*v auto*) reverse (gear); *in de ~ zetten* put in reverse

achteruit|bidden swear; **-boeren** go downhill; *zie ook* -gaan; **-deinzen** start back; **-gaan** 1 (*eig*) go back(wards), move back, recede, retreat; 2 (*v gezondheid, handel, ijver, inkomsten, enz*) fall off, decline; (*ve zaak*) fall off, go downhill; (*ve leerling*) be on the downgrade, (*in welstand*) come down in the world, fall on evil days; (*v barometer, prijs, aantal, inkomen, enz*) fall; *verder:* prices are on the decline (slipping back, easing off); (*ve zieke*) go downhill, (be on the, fall into a) decline, lose ground, (*tegen het eind*) sink, fail [he is sinking fast]; (*in kwaliteit*) deteriorate, decay; (*moreel*) degenerate; **-gaand** failing [health]; **-gang** 1 going down, etc, *vgl* achteruitgaan; fall, decline, deterioration, recession (of trade), retrogression; 2 back door, back way

achteruit|kijkspiegel driving mirror, rear-view mirror; **-krabbelen** back out (of it), cry off, back off; **-lopen**, **-marcheren** *zie* achteruitgaan; **-rijden** reverse, back [the car into an open space]; (*in trein*) sit (ride) with one's back to the engine; **-rijlamp** reversing light; **-schuiven** push back; *zijn stoel ~,* (*ook*) push back from the table; **-slaan** (*ve paard*) kick; (*ve schip*) reverse (the engines); **-stappen** step back; **-varen** sail backwards, make (gain) sternway, go stern first; **-wijken** fall back, recede; **-zetten** put back [a clock, patient, etc]; handicap [heavy taxation handicaps a country]; (*in welstand, gezondheid, enz*) throw back; (*verongelijken*) slight [she felt slighted]; **-zetting** *zie* achterstelling; (*ve zieke*) setback

achter|vanger (*sp*) catcher; **-voegen** affix, subjoin, add; **-voeging** addition; **-voegsel** suffix

achter|volgen pursue, chase, run after, hunt [a hunted animal], (*hardnekkig*) dog [be dogged by the police, by misfortune]; (*om te kwellen*) persecute; (*v gedachte*) haunt; *zie ook* vervolgen; **-volging** pursuit (*ook wielersp*); persecution; **-volgingswaan(zin)** persecution complex (mania); **-volgingswedstrijd** pursuit (race)

achter|waarts I *bw* back, backward(s); II *bn* backward, retrograde; **-wand** back (*of:* rear) wall; (*v apparaat, enz*) backplate; **-weg** back road, by-road, by-way; **-wege**: ~ *blijven* fail to come (to turn up); (*voorlopig, ve plan, enz*) remain in abeyance; (*v zaken*) not come (off), be omitted; ~ *houden* keep back; conceal; ~ *laten* omit, drop, leave undone; **-werk** 1 (*mar*) stern; 2 (*zitvlak*) behind; *zie* achterste; **-wiel** back wheel, rear wheel; **-wielaandrijving** rear-wheel drive; **-wielophanging** rear suspension; **-zak** (*ve broek*) hip-pocket; **-zijde** back, rear; reverse (side)

achthoek octagon; **achthoekig** octagonal, octangular; **achthonderdjarig** octocentennial; *~e gedenkdag* octocentenary

achting regard, respect, esteem; *grote ~ genieten* be greatly respected, be held in high esteem; ~ *hebben voor* hold in esteem, respect, have respect for; *in iems ~ dalen* (*stijgen*) fall (rise) in a p.'s estimation; *ik ben met de meeste ~ ...* I am respectfully ...

acht|jarig *vgl* jarig; (*8 jaar durend, ook*) octennial; **-kant** 1 octagon; 2 *zie ~ig*; **-kantig** eight-sided, octagonal; **-lettergrepig** octosyllabic; ~ *woord* octosyllable; **-maal** eight times; **-maands** eight months old, eight months'; **-ponder** eight-pounder; **-potig** eight-footed; **-ste** eighth; (*muz*) quaver; **-tal** (number of) eight; **-tallig** octonary; (*wisk*) octal [notation]; *in het ~ stelsel,* (*ook*) in base eight; *vgl* tientallig

achttien eighteen; **achttiende** eighteenth; **achttiende-eeuws** eighteenth-century [London]; **achttienjarig** *vgl* jarig

achturig: *~e werkdag* eight-hour day; **achtvlak** octahedron; **achtvlakkig** octahedral; **achtvoetig** of eight feet, eight-footed; **achtvoud** octuple; **achtvoudig** eightfold, octuple; **achtzijdig** eight-sided, octahedral; *~e figuur* octagon

acidimeter id; **aciditeit** acidity; **acne** id

acoliet acolyte; **aconiet** aconite

acquisiteur canvasser (for subscriptions, insurance business, etc); **acquisitie** canvassing; (*aanwinst*) acquisition; **acquit** 1 (*kwijting*) discharge, receipt; *per ~* paid; *pour ~ de conscience* for conscience' sake, to satisfy one's conscience; 2 (*biljart*) spot; *van ~ gaan* cue off

acribie (philological) exactness, acuity

acro|baat, **-bate** acrobat; **-batie(k)** acrobatics; **-batisch** acrobatic (*bw:* -ally); *zie ook* toer; **-fobie** acrophobia; **-gymnastiek** acrogymnastics; **-niem** acronym; **-polis** id; **-stichon** acrostic

acryl acrylic [acid, fibre, resin]; **acrylaat** acrylic resin [paint]; **acrylverf** acrylic (paint)

acte *zie* akte; ~ *de présence geven* put in (enter) an appearance

acteertalent talent for acting; **acteren** 1 (*theat*) act (*ook fig*), act a part; 2 (*optreden*) perform; 3 (*aantekenen*) register; **acteur** actor, player; (*min*) play-actor; **acteurskamer** greenroom

actie 1 (*ook ton*) action; *in ~* in action, [be] at it [again]; 2 (*proces*) action, lawsuit; *een ~ instellen tegen* bring an action against; 3 (*het ageren*) agitation, action, campaign, movement; ~ *voeren* agitate, carry on a campaign [for ...]; 4 (*aandeel*) share; **actiebereidheid** readiness to take action; **actiecomité** action committee

actief I *bn* active [duty, ingredient, network, person, service, verb], energetic [person], working [population], favourable [trade balance]; *actieve en passieve steun,* (*ook*) direct and indirect support; II *zn* assets; ~ *en passief* assets and liabilities; *op zijn ~ hebben* have to one's credit

actie|foto action photo(graph), action shot; **-groep** action group, ginger group, pressure group; **-plan** action plan, plan of action; **-radius** (*ve vliegtuig, enz*) range (of action)

actieveling live wire, eager beaver

actievoer|der, **-ster** activist; campaigner

actinisch actinic [rays]; **actinium** id; **actinometer** id; **actionaris** 1 shareholder; 2 share-dealer

activa assets; *zie* actief II; **activator** id; **activeren** activate; spark off; (*techn ook*) actuate; **activist(e)** activist; **activiteit** activity

actrice actress

actualiseren bring up to date, revise, update; **actualiteit** topicality (*ook concr*), timeliness, (*concr ook*) topic of the hour (the day); **actualiteitenprogramma** current affairs programme; **actualiteitswaarde** topical value

actuarieel actuarial; **actuaris** actuary

actueel topical [subjects, allusions], current [problems], timely [article], of current interest, up-to-date, up-to-the-minute

acultureel uncultured, philistine

acu|pressuur acupressure; **-puncteur**, **-punc-**

turist acupuncturist; **-punctuur** acupuncture
acuut acute; **acyclisch** acyclic
ad 1 (*bedrag*) at [four per cent], [a bill] for [£200]; 2 ~ *absurdum* to the point of absurdity; ~ *acta leggen* file (away), lay aside; ~ *fundum!* bottoms up!; ~ *fundum drinken* drain one's glass; *commissie* ~ *hoc* ad hoc committee (*zo ook:* an ad hoc decision, ad hoc measures); ~ *infinitum* id; ~ *libitum* id, ad libidum, at will; ~ *patres gaan* be gathered to one's fathers; ~ *rem* id, to the point, relevant, apt [the retort was so apt that ...]; (*v personen*) smart, quick at repartee; *uw opmerking is niet* ~ *rem,* (*ook*) your ... lacks point, is beside the mark, is neither here nor there; ~ *rem opgemerkt* pointedly (pertinently, aptly) observed; ~ *valorem* id; **A.D.** afk van *Anno Domini* AD: in the year of our Lord
adagio id; **adagium** saying, proverb, adage
Adam id; *de oude* ~ *afleggen* put off (shake off, lay aside) the old Adam (the old man); **adamsappel** Adam's apple; **adamskostuum** birthday suit; *in* ~, (*ook*) in the altogether (the nude)
adaptatie adaptation, (*soms*) adaption; **adapter** id; **adapteren** adapt; **adaptief** adaptive
adat id, usage, tradition; customary behaviour; ~(*recht*) customary law
adden|da, -dum id
adder viper (*ook fig*), adder; *een* ~ *aan zijn borst koesteren* nourish (cherish) a viper in one's bosom; *er schuilt een* ~(*tje*) *onder het gras* there is a snake in the grass (a nigger in the woodpile); **adderachtig** viperous
ad'deren add
adder(en)gebroed viperous brood; (*bijb*) generation of vipers; **addertong** (*plant*) adder's tongue; (*fig*) viper; **adderwortel** adderwort, bistort, snakeweed; **Addis Abeba** Addis Ababa
additie addition; **additief** additive; **additioneel** additional; **adekwaat** *zie* adequaat
adel nobility; *hij is van* ~ he is of noble birth, he belongs to the nobility
adelaar eagle; *jonge* ~ eaglet; **adelaarsblik** eagle-eye; *met* ~ eagle-eyed; **adelaarsvaren** bracken; *zie verder* arends-; **Adelbert** Ethelbert
adelboek peerage; **adelborst** midshipman, naval cadet; (*fam*) mid(dy); (*sl*) snotty, reefer; **adelbrief** patent of nobility; **adeldom** nobility; ~ *verlenen, zie* adelen; *brieven van* ~ letters patent of nobility; **Adèle** Adela
adelen ennoble (*ook fig*), raise to the peerage
Adelheid Adelaide; **Adeline** id, Adelina
adellijk 1 noble [lady, family], nobiliary [pride, rank]; (*vglb*) titled, [a lady] of title; ~ *bloed* noble blood; 2 (*v wild*) high; (*v vlees*) gamy, high
adelsboek peerage; **adelstand** nobility; *in* (*tot*) *de* ~ *verheffen, zie* adelen
adem breath; *de laatste* ~ *uitblazen* breathe one's last; *van lange* ~ long-winded; *werk van lange* ~ lengthy (large-scale) work, long-term project, work of much endurance; *de* ~ *inhouden* hold one's breath [they held their breath(s)]; ~ *scheppen* take breath; *zijn* ~ *stokte* he stood breathless, it (the scene, etc) took his breath away; ***buiten*** ~ [he had run himself] out of breath; breathless, puffed; *buiten* ~ *geraken* get out of breath; ***in*** *één* ~ in one breath, at a breath, in the same breath [*ook fig:* they are not to be mentioned in the same breath]; *zij worden altijd in één* ~ *genoemd* they are always bracketed together; ***naar*** ~ *snakken* gasp for breath; ***op*** ~ *brengen* breathe; (*weer*) *op* ~ *komen* recover one's breath (one's wind), get one's (second) breath; *tijd om op* ~ *te komen,* (*ook fig*) breathing space; **ademanalysator** breathalyser, breath tester; **ademanalyse** breath test; **adembenemend** breathtaking [adventures]
ademen breathe (*ook fig:* breathe a spirit of poetry), draw breath; *diep* ~ breathe deeply, draw (take) a deep (long) breath; *piepend* ~ wheeze; *ruimer* ~ breathe more freely, breathe again; ~ *op* breathe on [one's spectacles]
adem|halen *zie* ademen; **-haling** breathing [exercises], [artificial] respiration; **-halingsorganen** respiratory organs; **-loos** breathless [silence]; **-nood** dyspnoea, laboured breathing; **-pauze** breathing space, (*fam*) breather; **-proef, -test** breath test; *de* ~ *afnemen* breathalyse; **-tester** breathalyser; **-tocht** (gasp of) breath; *laatste* ~ [until his] dying breath; **-wortel** breathing (respiratory) root, pneumatophore, aerophore
adenoïden, adenoïde vegetatie adenoids
adept(e) 1 disciple, follower; 2 (*ingewijde*) id
adequaat appropriate [action]; answering [measures, translation]; (*maar net*) adequate
ader vein (*ook in hout, blad, marmer, enz*); (*v erts*) vein, lode, seam; (*v kabel*) core, conductor; (*oorsprong*) source, spring [of life]; *humoristische* ~ streak of humour; **aderbreuk** rupture (bursting) of a blood vessel; *een* ~ *krijgen* break (burst) a blood vessel; **aderen** *ww* vein, grain [wood]
ader|inspuiting intravenous injection; **-laten** bleed (*ook fig*); **-lating** bleeding (*ook fig*), blood-letting, phlebotomy; *flinke* ~, (*fig*) serious loss (of money, etc); **-lijk** venous; **-ontsteking** phlebitis; **-spat** varicose vein, varix (*mv:* varices); **-verkalking** hardening of the arteries, arteriosclerosis
adherent id; **adhesie** adhesion; ~ *betuigen* declare (signify) one's adhesion [*aan* to]; **adhesiebetuiging** message of support (of sympathy)
ad hoc id; *zie* ad 2; **adhortatief** adhortative
adie (*fam*) ta-ta!; **adieu** goodbye
adipeus adipose [tissue]; **adipositas** adiposity
adjectief adjective; **adjectivisch** adjectival
adjudant adjutant (*ook de vogel*); (*ve generaal, vorst, enz*) aide-de-camp (*mv:* aides-de-camp), ADC [*van de koning* to the King]; **adjudant-onderofficier** (*vglb*) warrant-officer
adjunct assistant, deputy, adjunct
admini|strateur 1 administrator; 2 (*boekhouder*) accountant, bookkeeper; 3 (*beheerder, directeur*) manager [*ve plantage* of an estate]; (*aan boord*) purser; **-stratie** 1 administration, management; *een hoop* ~ a lot of clerical work; 2 accounts (department); financial records; 3 (*mil*) paymaster's department; 4 government; (*Am*) administration; **-stratief** administrative; managerial; cleri-

cal [post]; government(al); ~ *personeel* clerical staff; **-stratiekantoor** administrative (managerial, management) office; **-stratiekosten** administration costs, clerical expenses; (*berekend aan derden*) administration charges; **-stratrice** (female) administrator, (*soms*) administratrix; **-streren** administer, manage

admiraal admiral; (*vlinder meestal*) red admiral; **admiraalschap** admiralship; **admiraalsschip** flagship; **admiraalsvlag** admiral's flag; **admiraalvlinder** red admiral; **admiraliteit** admiralty; **admiraliteitscollege** (*hist*) board of admiralty

admissie admission; **admissie-examen** entrance examination

adolescent id; **adolescentie** adolescence

Adolf Adolph(us); **Adonis** id; *a~*, (*plant*) pheasant's eye; **adoniseren**: *zich* ~ titivate o.s.

adopteren adopt; **adoptie** adoption; **adoptief** adoptive; **adoptiefkind** adoptive child; **adoptie-ouder** adoptive parent

adorabel adorable; **adoratie** adoration; **adoreren** adore; **ad rem** id; *zie* ad 2; **adrenaline** adrenalin(e), (*Am*) epinephrine

adres address; (*op brief ook*) direction; (*verzoekschrift, schrijven*) petition; ~ *van adhesie* letter (message) of adhesion; ~ *van Antwoord* Address in reply (in answer); *per* ~ (to the) care of, c/o; *het* ~ *schrijven*, (*ook*) direct one's letter (note, etc); *dat is aan uw* ~ that is meant (intended) for you, is one for you; *het juiste* ~ [you've come to] the right place; *dat is aan het juiste* ~, (*fig*) the shoe is on the right foot; *je bent* (*bij mij*) *aan het verkeerde* ~ you've come to the wrong shop (you've mistaken your man); *vgl* kantoor; *een* ~ *richten aan* petition, memorialize; *zonder vast* ~ of no fixed address; **adresbandje** wrapper; **adresboek** [trade] directory; *~je* address book; **adreskaart** label, ticket; (*ve pakket*) dispatch note; (*ve zaak*) business card; *~je* card

adressaat target group; **adressant** applicant, petitioner; **adresseermachine** addressing-machine, addressograph; **adressenbestand** address file; **adresseren** direct, address, label [luggage]; *zich* ~ *aan* apply to; *brieven voor haar werden aan mij geadresseerd*, (*ook*) ... came under my cover; *een gefrankeerde en geadresseerde enveloppe voor antwoord* [enclose] a stamped addressed envelope (an s.a.e.); *verkeerd* ~ misdirect; *zie ook* adres: een ~ richten aan; **adresstrook** (address) label; **adres|verandering, -wijziging** change of address [card]

Adri Audrey; **Adria** Adriatic (area); **Adriaan** Adrian; **Adriatisch** Adriatic (*ook: ~e Zee*)

adsorberen adsorb; **adsorptie** adsorption; **adspirant** *zie* aspirant; **adstringeren** astringe

adstructie 1 (*staving*) confirmation, substantiation; *ter* ~ *van* in support of; 2 (*toelichting*) elucidation, explanation; **adstrueren** 1 confirm, substantiate, support; 2 elucidate, explain

ADV afk van *arbeidsduurverkorting* short time working, reduction of working hours

advenant: *naar* ~ in proportion, in keeping

advent Advent; **adventief** adventitious; **adventiefplant** adventive, casual; **adventist(isch)** Adventist

adverbiaal adverbial

adverteerder advertiser; **advertentie** advertisement, notice, (*fam*) ad, advert; (*v overlijden, enz*) announcement; *zie ook* plaatsen & rubrieks~

advertentie|blad advertiser; **-bureau** advertising agency; **-kosten** advertising charges, cost of advertising; **-pagina** advertisement page

adverteren advertise

advies advice; (*ook*) opinion [get a doctor's opinion and act on his advice]; (*v jury, commissie, enz; ook het stuk*) recommendation; *op* ~ *van* on (at, by) the advice of; *op medisch* ~ [take a rest] under medical advice; *per* ~ as per advice; *commissie van* ~ advisory committee (*of:* board); *iem om* ~ *vragen* ask a p.'s advice, consult a p.; *rechtskundig* ~ *vragen* take legal advice, take counsel's opinion; **adviesbrief** letter of advice, advice-note; **adviesbureau** advice bureau; firm of consultants; **adviesorgaan** advisory body; **adviesprijs** recommended (retail) price, suggested price; **adviessnelheid** recommended speed; **adviseren** advise (*over* on); (*v jury, commissie, enz*) recommend; **adviserend** advisory, consultative [voice, body]; **advi|seur, -seuse** [medical] adviser, consultant; [student] counsellor; (*v uitgever*) reader; *rechtskundig* ~ legal adviser, advising counsel, solicitor; *wiskundig* ~ actuary; *als* ~ in an advisory capacity

advocaat 1 barrister(-at-law), counsel (*ook mv*); (*vglb*) solicitor, lawyer; (*Sch*) advocate; (*Am*) attorney; *een* ~ *nemen* brief (retain) a barrister; *voor* ~ *studeren* study (read) for the bar; *als* ~ *toelaten* call to the bar; *een* ~ *raadplegen* take legal advice; ~ *van kwade zaken* pettifogger, pettifogging lawyer; (*Am*) shyster; 2 (*drank*) id; **advocaat-fiscaal** Judge Advocate General; **advocaat-generaal** solicitor-general; **advocatencollectief** (*Br vglb*) law centre; (*Am vglb*) legal aid society; **advocatenstreek** lawyer's trick; **advocaterij** pettifoggery, lawyer's arguments, quibbling(s); **advocatuur** legal practice, [go into] the law

Aeneas id; **Aeneis** Aeneid; **Aeolus** id; **aeon** id

aequinoctium [vernal, autumnal] equinox

aërobatiek aerobatics; **aërobe** aerobic; **aerobic**, **aërobisch** aerobic

aëro|dynamica aerodynamics; **-gram** air letter, aerogramme; **-liet** aerolite; **-meter** aerometer; **-naut** aeronaut; **-nautica** aeronautics; **-sol** aerosol; **-statica** aerostatics; **-trein** hovertrain

Aesopus Aesop

af I *bw* off; down; *~!*, (*tegen hond*) down, sir!; (*sp*) go!; *Hamlet* ~ exit Hamlet; *de geest en Hamlet* ~ exeunt Ghost and Hamlet; *hij is minister* ~ he is out of office; *hij is voorzitter* ~ he is chairman no longer; ***goed*** (*slecht*) ~ *zijn*, (*in goede, slechte doen*) be well (badly) off; (*boffen, wanboffen*) be in luck, have bad luck; ***hoeden*** *~!* hats off!; *je hoed ~!* off with ...!; ***terug*** *naar* (*bij*) ~ back to the drawing-board (to square one); *rechts* ~ to the right; *daar **wil** ik (van)* ~ *zijn* I am not sure (about it); ***bij** het geel* ~ off yellow, bordering on yellow; ~ ***en** aan* to and fro; ~ *en aan lopen, varen, vliegen, enz* come and go [*het liep die hele avond* ~ *en aan* there was coming and going all that night]; ~ *en toe* off and on, now and then; ~ *en toe een spelletje golf spelen* play an occasional round of ...; *ik ben **er*** ~ I am rid of it, it is off my hands; *om er maar* ~ *te zijn* to have finished (to be through) with it; [*de knop, de verf*] *is er* ~ the ... has come off; *daar ben je er niet **mee*** ~ that's not enough; ***op** de minuut* ~ to the minute; *op het sentimentele* ~ [grateful] to the point of sentimentality; *er is een knoop **van** mijn jas* ~ my coat has a button missing; *gelukkig, dat ik van hem* ~ *ben* I am well rid (*of:* quit) of him; *hij is van zijn vrouw* ~ he is divorced; *ze zijn van elkaar* ~ they have separated (are living apart), it's all over between them; *je bent niet van mij* ~ I've not done with you yet; *van 15 p.* ~ from 15p upwards; *van de burgemeester* ~ *tot de minste burger* from the mayor down to ...; *van 1 mei* ~ (as) from May 1st; *van die dag* ~ from that day onward(s); *van kind* ~ from a child; *van mijn jeugd* ~ from my youth up; *van de derde eeuw* ~ from the third century on(wards); *van die tijd* ~ from that time forward (*of:* on); *10 meter van de weg* ~ ... from the road, off the road; *zie ook* kantje, kous, slim, spreken, vlug, afkunnen, afwillen, enz; II *bn* completed, finished, done; *ik **ben*** ~, (*bij spel*) I am out; (*doodop*) I'm done in, knackered; *het engagement* (*de koop*) *is* ~ the ... is off; *het is* ~ *tussen hen* it's all over between them; *het werk is* ~ the ... is finished; *zijn omgangsvormen waren af* his manners were faultless; III *vz* ex [dock, factory, mill(s), ship, works], (*handelsafk*) X [factory]

afasie [acoustic] aphasia; **afaticus** aphasiac; **afatisch** aphasic [disorders]

afbabbelen: *heel wat* ~ talk over a lot of things

afbakenen 1 (*vaarwater*) buoy, beacon; (*terrein*) stake (peg, mark, plot) out; (*weg, enz*) trace (out); (*gebied, grenzen v land*) demarcate, delimit(ate) [the frontier]; 2 (*fig*) define; *duidelijk afgebakende taak* clear-cut task; **afbakening** buoying, staking, etc; demarcation, delimitation

afbedelen obtain by begging; (*ong*) cadge; *iem iets* ~, (*door vleien*) wheedle s.t. out of a p.; *de hele streek* ~ beg all over the district

afbeelden represent, picture, portray, paint, depict; (*op scherm*) display; *in de gids afgebeeld* shown in the guide; **afbeelding** representation, picture, portrait(ure), image, depiction; (*in boek*) figure, illustration; (*op scherm*) display; **afbeeldsel** image, portrait

afbekken: *goed van zich* ~ not mince one's words; *iem* ~ snap at a p.; *zie* afsnauwen; **afbellen** 1 phone [person] to cancel [arrangement], cancel by phone; 2 ring (a)round; *heel wat* ~ do a lot of phoning; 3 (*gesprek beëindigen*) ring off

afbestellen countermand; cancel [an order]; **afbestelling** cancellation

afbetalen pay off [a debt, workmen]; clear [a debt]; (*in mindering* ~) pay [ten per cent] on account; **afbetaling** payment; ~ *bij termijnen* payment by instalments; *op* ~ on account; (*koop op*) ~ hire-purchase, HP, (*Am*) instalment plan; *op* ~ *kopen* buy on the instalment system (*Am:* plan), on the easy (the deferred) payment system, on easy (deferred) terms, (*fam*) on the never-never; **afbetalingssysteem** hire purchase (scheme, system); **afbetalingstermijn** instalment

afbetten bathe, wash [a wound]; **afbeulen** overwork [a p., an animal], wear out [one's staff *personeel*], work to death; *zich* ~ work o.s. (one's fingers) to the bone, work o.s. to death, slave [at a job *met een karwei*]; ~*d werk* grinding toil; *afgebeuld,* (*ook*) jaded; **afbidden** pray for, invoke [Heaven's blessing on ...], obtain by prayer; (*afwenden, of trachten af te wenden*) (seek to) avert by prayer; *de rozenkrans* ~ tell one's beads; **afbiezen** pipe, trim (decorate) with piping

afbijt|en 1 bite off; bite [one's nails]; *zijn woorden* ~ clip one's words; *afgebeten* clipped [speech, voice]; *zie ook* bijten: van zich af ~ & spits II; 2 strip [paint]; **-middel** paint remover (stripper)

afbikken chip (off), scrape off, (*ketelsteen*) (de)-scale; **afbinden** 1 untie, take off [one's skates]; 2 tie up, ligate, ligature [a vein]; 3 thicken [soup]; 4 (*chem*) set, cure, harden

afbladderen peel (flake, scale) off; **afbladeren** 1 strip (off the leaves); 2 *zie* afbladderen

afblaffen: *iem* ~ bite a p's head off; *zie* afsnauwen

afblazen 1 blow off [dust, steam]; *stoom* ~, (*fig*) let off steam; 2 cancel [an operation]; *de wedstrijd* ~ blow the final whistle; 3 (*mil*) sound the retreat

afblijven: ~ *van* keep (one's hands) off [a p., a thing], leave alone; ~*!* hands off!; *hij zal wel van je* ~ he will let you alone, won't touch you; *daar wil ik* ~ I won't say anything about that

afbluffen overawe; **afblussen** add water (milk, port, etc) to; **afboeken** 1 (*afschrijven*) write off; 2 (*overboeken*) transfer; **afboenen** (*droog*) rub, polish; (*nat*) scrub; **afborstelen** (*stof, enz*) brush off; (*kleren*) brush; (*personen*) brush, give a brush up; *zich* ~ brush o.s. up, have a brush up, give one's coat (etc) a brush

afbouw (*v mijn*) working, development; **afbouwen** 1 finish [a building]; complete [a cruiser]; *nog niet afgebouwd,* (*ook*) partly built [factory]; 2 develop, work [a mine]; 3 (*beëindigen*) run down, phase out

afbraak 1 pulling down, demolition; 2 (*chem*) degradation [products]; 3 (*concr*) old materials, rubbish; *voor* ~ *verkopen* sell for breaking up (for the materials, to be pulled down); **afbraakprijs** rock-bottom (knockdown) price; **afbraakprodukt** breakdown (*of:* decomposition) product

afbramen (de)burr [metal, etc]

afbranden I *tr* burn down [a house]; burn off [paint]; II *intr* be burnt down; *zie ook* grond; *de kaars is half afgebrand* the candle is half burnt; *afgebrand,* (*fig*), *a*) (*blut*) broke; *b*) (*uitgeput*) burned out, (*sl*) gutted, *afgebrand zijn* have a burn-out, (*op iem*) be through with [a p.]

afbreekbaar degradable; *biologisch* ~ biodegradable; **afbreken** I *ww tr* 1 break [a branch from a tree], break off [a branch, conversation, negotiations, engagement, relations, etc]; (*plotseling, knappend*) snap off [a branch], snap [a thread]; break [a journey, an electric current, an engagement]; divide [a word]; cut [an electric current]; interrupt [the thread of one's story]; sever [ties, connections, diplomatic relations]; (*voortijdig*) abort [a programme], (*sl*) pull the plug on [a subsidy]; (*schaakwedstrijd, enz*) adjourn [a game]; *hij brak het verhaal ineens af* he cut the story short; *de omgang met iem* ~ drop a p.; 2 pull (*of:* take) down, demolish [a building], break down [a fence, railing], break up [a ship], take down [tents, scaffolding], strike [tents]; (*chem*) degrade; *het huis* ~, (*fig*) tear the place to pieces; 3 (*afgeven op*) run (write) down [a p., a work], cry down, demolish [a doctrine, theory], slash [a book]; II *ww intr* break (off, away); snap (off) [the tree snapped off short]; stop, break off [in the middle of one's speech]; *zie ook* afgebroken; III *zn* breaking, etc; demolition; breakdown [of the negotiations]; severance; rupture; interruption; (*typ*) word division; *vgl het ww*; **afbrekend** destructive [criticism]; **afbreker** demolisher (*ook fig*); **afbreking** *zie* afbreken III; **afbrekingsteken** (-) hyphen

afbrengen (*schip*) get off, get afloat; ***het*** *er heelhuids* ~ get off (come off, escape) with a whole skin (*of:* unscathed); *het er* ***beter*** ~ *dan,* (*fam*) go one better than; *het er de volgende keer beter* ~ do a better job (*of:* do better) next time; *het er* ***goed*** ~ get through very well, come well out of [a test], do well [in one's examination], carry it off, (*fam*) make a (good) job of it; *als ik het er goed afbreng,* (*het hem lap*) if I bring it off; *een proef er goed* ~ pass a test; *er het* ***leven*** (*het er levend*) ~ escape with one's life, come out [of it] alive, (*maar net*) have a hair('s)-breadth escape; *het er* ***net*** ~ escape (get off) by the skin of one's teeth, run it very fine; *het er* ***prachtig*** ~ make a wonderful success of it; *het er* ***slecht*** ~ do (come off) badly; *ik trachtte haar* ***van*** *dat onderwerp* (*huwelijk*) *af te brengen* I tried to put her off that subject (to dissuade her from that marriage); *niets kon hem van zijn besluit* ~ nothing could move (*of:* budge) him from ...; *ik kon haar niet van haar plan* ~ I could not put the scheme out of her head, could not persuade (talk) her out of it; *ik wil mij niet van mijn doel laten* ~ I will not be dissuaded (turned aside) from my purpose; *iem van het onderwerp* ~ lead a p. away from the subject; *van de goede weg* ~ lead astray

afbreuk damage, injury, derogation; ~ *doen* (*aan*) injure [a p.], prejudice [a p.'s rights], be prejudicial to [a p.'s health], be derogatory (detrimental) to [a p.'s reputation]; detract (derogate) from [the value of a book]; *de vijand* ~ *doen* inflict losses on the enemy; *het doet geen* ~ *aan haar schoonheid* it in no way diminishes her beuaty; *zonder* ~ *te doen aan mijn plannen,* (*ook*) without affecting my plans; **afbrokkelen** crumble (off, away, *ook fig: v gezag*); *doen* ~ erode; **afbrokkeling** crumbling, erosion (*v kust, macht, enz*)

afbuigen turn off, turn aside; deflect [cathode rays]; (*ve weg*) branch off, curve away [to the right]; **afchecken** check [*tegen* against]

afdak penthouse, lean-to, shed, shelter

afdalen go (come) down, descend; *in bijzonderheden* ~ go (enter) into detail(s), descend (come down) to details (particulars); *tot iem* ~ condescend to (come down to the level of) a p.; (*om zich te doen begrijpen*) talk down to [one's audience]; (*bij het schrijven*) write down to a p.; ~ (*zich verlagen*) *tot* descend to, stoop to; *in ~de linie* in a descending line; *~de reeks* descending progression; **afdaling** 1 (*eig*) descent; (*sp*) downhill (ski); 2 (*fig*) condescension; **afdammen** dam up; **afdamming** 1 damming up; 2 (*concr*) dam

afdanken dismiss [a servant, an official, etc], (*aan de dijk zetten*) shelve, lay (*of:* put) (up)on the shelf; disband [troops]; pay off [a ship's crew]; (*tijdelijk*) lay off [workmen]; scrap [a ship]; cast off [clothes]; discard [clothes, books]; part with [one's car]; *afgedankt,* (*ook*) superannuated (*wegens leeftijd*); left-off [clothes]; *afgedankt kledingstuk,* (*ook*) cast-off; *afgedankte scheermesjes* used blades; **afdankertje** discard, reject, cast-off (garment); **afdanking** dismissal, disbandment, etc; *vgl* afdanken; **afdankingspremie** redundancy payment

afdeinzen fall back, retreat, withdraw

afdekken 1 cover [potatoes; (*ook fig:*) a risk]; cover up, over; cope [a wall]; (*verf*) mask; (*fot*) block out; (*typ*) opaque; 2 (*sp*) mark; 3 (*villen*) flay; (*fig*) beat up; 4 clear the table, remove the cloth

afdelen divide, classify; graduate [a thermometer, etc]; *zie ook* afschieten 3; **afdeling** (*abstr*) division, classification, graduation; (*onderdeel*) division, section, part; (*afgesloten ruimte*) compartment; (*ve vereniging*) (local) branch; (*v bestuur, univ, zaak*) department; (*ve techn univ*) faculty; (*ve zaak ook*) floor; (*ve ziekenhuis*) [men's, women's] ward; (*Tweede Kamer, vglb*) committee; ~ *soldaten* detachment of soldiers; ~ *voor besmettelijke ziekten* infectious ward; ~ *gevonden voorwerpen* lost property office; *koffer met ~en* partitioned trunk; **afdelingschef** head of department, departmental (*v zaak, ook:* floor) manager; departmental chief (head); **afdelingsonderzoek** (*ve wetsontwerp*) committee stage

afdichten seal, pack, plug (up); **afdichting** seal(ing), packing, gasket

afdingen I *intr* haggle, higgle, bargain, drive bargains; II *tr* beat [a p.] down; *iets* ~ get a bit off the price; *zich geen dubbeltje laten* ~ not come down a penny; ~ *op* beat down [the price]; disparage, detract from [a man's merits], challenge [a statement, the wisdom of ...]; *daar is niets op af te dingen* there can be no arguments against that; *op uw argumenten valt nogal wat af te dingen* your arguments are open to criticism

afdoen 1 (*afnemen, enz*) take off [clothes, etc]; 2 (*meubelen*) dust, clean, wipe; 3 ~ *van de prijs* reduce the price; knock off [one pound, etc]; *het* *doet niets af van zijn verdiensten* it does not detract (take away) from ...; *iets ~ van,* (*niet alles geloven*) discount [a statement, story]; 4 (*afmaken*) finish, dispatch, settle [a business], dismiss [in a few words *met* ...]*;* clear off [one's correspondence], dispose of [the Budget]; do [you can do much in a day], get through [a lot of work]; 5 pay off, clear, settle, discharge [a debt]; 6 (*verhandelen*) sell; 7 *dat doet er veel aan af* that matters a great deal; *dat doet er niets aan toe of af* that does not alter the case (the fact), is neither here nor there; *dat* (*hij, die theorie, enz*) *heeft* ***afgedaan***, *a*) (*is van geen nut meer*) it (etc) has served its turn; *b*) (*is verouderd*) that theory is now exploded (is dead and buried); he has had his day (is a back number); Communism is finished; horse-trams are things of the past; *je hebt bij mij afgedaan* I have (am) done (finished) with you, I'm through with you [*zo ook:* with politics, etc]; *die zaak is afgedaan* that ... is (over and) done with; *het onderwerp als afgedaan beschouwen* consider the subject closed; *daarmee is dat afgedaan* so much for that; **afdoend** 1 conclusive, decisive, clinching [proof, arguments], cogent, sufficient [reason]; *niet ~* inconclusive [evidence]; *dat is ~e* that settles the question, clinches the matter; *~e bewijzen* prove beyond any doubt (beyond question); *~e weerlegd* conclusively refuted; 2 (*doeltreffend*) efficacious, effective [means, measures]; **afdoening** (*v schuld*) settlement, payment; (*v zaken*) dispatch; *ter ~ van* in settlement of

afdraaien I *tr* 1 turn off [a tap, gas, electric light, etc], switch off [the light, radio], twist off [the cap of a jar]; 2 grind (out) [a tune on a barrel-organ]; run off [a film], (*voor het eerst*) release [a film] (*ook zn:* the release of a film; this week's releases); play [a CD], play back [a tape-recording, a video]; 3 lock [a door]; 4 (*op draaibank*) turn; 5 (*opdreunen*) rattle off, reel off [one's prayers]; 6 *zich ~* turn away; II *intr* turn (off); (*ve weg*) branch off; **afdraaier** (*voetbal*) outswinger

afdracht contribution, payment; **afdragen** 1 carry down [the stairs, etc]; 2 wear out [clothes]; *afgedragen* worn (out); 3 pay off [a debt]; pay (hand) over [money; the proceeds will go to charities]; **afdraven** trot down [a road]; *een paard ~, zie* afrijden 2 & voordraven: laten ~; **afdreggen** drag [a canal]; **afdreigen**: *iem iets ~* extort [money, etc] from a p. (by threats), blackmail a p.; **afdreiging** blackmail

afdrijven I *intr* drift (off); (*ve schip, ook*) make leeway; (*v onweer, enz*) blow over, drift away; *zeewaarts ~* drift (*ve zwemmer, ook:* be washed) out to sea; *de rivier ~* float down the ...; *met de stroom ~* be borne (*of:* float) down the stream; (*fig*) go with the stream; II *tr* 1 drive [cattle] down [the hill, etc]; 2 refine [metals]; 3 expel [worms]; *een vrucht ~* abort a foetus, cause abortion; **afdrijvend** 1 (*middel*) abstergent, purgative; 2 (*abortief*) abortifacient; **afdrijving** 1 leeway; 2 expulsion; (criminal, forced) abortion; *vgl het ww*

afdrinken drink up; *het ~* settle it over a glass; *laat ons het ~* let's have a drink and be friends

afdrogen 1 dry, wipe [the tea-things; *ook zonder voorwerp*]*;* wipe off, wipe away, dry [tears], dry [one's hands on a towel], rub down (*na bad*); 2 (*afranselen*) give a hiding, thrash

afdronk aftertaste, length, finish

afdroogdoek tea-towel; **afdruipblad** draining board; **afdruipen** 1 trickle (*of:* drip) down; (*v borden, enz*) drain, drip (dry); *de kaars druipt af* the ... is guttering; *de sentimentaliteit druipt eraf* it oozes sentimentality; 2 (*wegsluipen*) slink off, (*beschaamd*) slink away; **afdruipmiddel** wetting agent; **afdruiprek** dish-rack, dish drainer; **afdruipsel** drippings

afdruk copy; (*fot*) print; (*indruk*) [foot-, finger-] print, imprint, impression [in wax, of type, etc]; (*ve medaille, enz*) rubbing; (*tandarts*) cast; ~(*je*), (*ve artikel*) offprint, reprint, separate, (*fot*) print; **afdrukken** (*boek, krant, foto*) print (off); *in was ~* impress [the seal] in wax; *~!,* (*op drukproef*) press!; *verlof geven tot ~* sign for press; *5 minuten 22 seconden ~* clock 5 minutes 22 seconds; *zie ook* aftrekken 4; **afdrukraam** (*fot*) printing-frame; **afdruksel** impression, impress, print, mark

afduvelen 1 fall down [the stairs]; *van een stoel ~* fall off a chair; 2 chuck [a p.] off [the quay], down [the stairs]

afduwen push off, (*mar, ook*) shove off

afdwalen 1 (*eig*) lose one's way, stray [from the path, from the company, etc; her eyes strayed (wandered) to the door]; 2 (*fig*) wander (stray, deviate) from one's subject, digress [but I am digressing; but this is a digression]; wander (away) from the point (the question) [her attention was wandering], [old people are apt to] ramble; *dwalen we niet wat af?* aren't we getting rather off the subject?; *~de gedachten* truant thoughts; *zie ook* pad; *afgedwaalde kogel* stray bullet; **afdwaling** straying; digression; (*v licht, sterren*) aberration; (*zedelijk*) aberration, slip

afdwingen extort [money, a promise from ...], wring, wrest [a promise, confession, secret, concessions from ...], force [a confession; the truth out of ...], squeeze, screw [money out of ...], draw [tears from ...], compel [admiration], command [attention, respect], enforce [obedience]

afelium aphelion; **aferesis** aphaeresis

afeten I *tr* eat off [leaves, twigs]; II *intr* finish one's meal (dinner, etc)

affaire affair, business; (*handelszaak*) business; (*transactie*) transaction; (*liefdes~*) (love) affair; *een mooie ~,* (*iron*) a pretty kettle of fish

affakkelen burn off [unwanted gas]

affect (*psych*) id; **affectatie** affectation, mannerism; **affecteren** affect [an affected smile]; *zie ook* gemaakt 2; **affectie** affection; **affectief** affective; **affenpinscher** (*hond*) griffon

affiche playbill, poster; **afficheren** 1 post up; 2 (*fig*) show off, parade

affiliatie affiliation; **affiliëren** affiliate

affiltreren filter (out, off)

affineren refine [metals]; **affiniteit** affinity

affirmatie affirmation; **affirmatief** affirmative; **affirmeren** affirm; **affix** id
afflauwen dim, weaken; **affluiten** (*sp*) blow the whistle on [a foul]; *zie ook* afblazen
affodil asphodel
affreus horrible, horrid; **affricaat** affricate
affront id; **affronteren** affront; **affuit** gun-carriage; (*inz v scheeps- & vestinggeschut*) mounting
afgaan 1 go down [the stairs, river]; 2 (*ve boot*) start, sail; ~ *van* leave [school, one's wife]; *van elkaar* ~ part, separate; 3 (*fam*) flop, fail; (*examen*) be failed; (*theat*) exit; *A gaat af* exit A; *hij ging af als een gieter* he was made to look extremely silly; 4 (*vh getij*) recede, ebb, go out; 5 (*ve wapen, wekker, engagement*) go off; *de lading doen* ~ set (*of:* touch) the charge off; 6 (*ontlasting hebben*) have a stool; 7 ***er*** ~, (*ve knoop, verf*) come off (*ook:* the polish, etc, is wearing off); *het vuil zal er* (*wel*) ~ the dirt will wash (*of:* rub) off; *de aardigheid gaat eraf* it's no fun any more, it's losing its attraction; *zie ook* nieuwtje; *er gaat niets van de prijs af* there is no reduction; it's the best I can do; *de kosten gaan van de provisie af* the expenses come off the commission; *er gaat niets af van het feit, dat* ... nothing can take away from the fact that ...; *daar gaat niets van af* (*dat valt niet te ontkennen*) there's no denying (there's no getting away from) that; 8 *het gaat hem* ***gemakkelijk*** (*handig, natuurlijk*) *af* it comes easy (natural) to him; *die jovialiteit gaat hem niet goed* (*gaat hem slecht*) *af* that bonhomie of his is not in character; *alles gaat hem even onhandig af* he is awkward in everything he does, his fingers are all thumbs; *zie ook* glad; 9 ~ ***op*** make for, go towards, go up to, (*fig*) rely (depend) on [memory], trust in [appearances], bank on; go by [a p.'s advice]; *op uw woorden ~de* judging from ...; *recht op het doel* ~ go straight to the point; *regelrecht ~ op* make a beeline for; **afgaand** waning [moon], ebbing [tide]; **afgang** 1 (*helling*) declivity; 2 (*ontlasting*) stool; 3 (*fig*) come-down, flop, failure
afgebroken[1] broken [words]; intermittent [stream of water]; *zie ook* afbreken; **afgedraaid** (*fam*) knackered; **afgeladen** loaded to capacity; *de trein* (*schouwburg*) *was* ~ the ... was packed (chock-full); *zie ook* afladen
afgelasten countermand, cancel [a meeting], abandon [a match, race-meeting], scratch [a match], call off [a strike, etc]; *de parade is afgelast* the ... is off; **afgelasting** cancellation
afgeleefd decrepit, worn with age, worn out, used up; **afgeleefdheid** decrepitude
afgelegen distant, remote, far-off [countries], sequestered [nook], out-of-the-way [village], outlying [districts], off the beaten track; *verschrikkelijk* ~ miles from anywhere, at the back of beyond
afgeleide derivative (*ook wisk*); *zie* afleiden
afgelopen 1 past, last [week, on Thursday last]; 2 stop it!, cut it out!; *zie verder* aflopen; **afgemat** worn out, tired out, jaded; **afgemeten** 1 measured [steps, language]; 2 (*vormelijk*) formal, stiff, starchy; **afgemetenheid** formality, stiffness
afgepast 1 exact [money]; ~ *geld s.v.p.* no change given; please have exact fare ready (tender exact fare); 2 edged [curtains, etc]; *~e porties* apportioned helpings; **afgepeigerd** fagged out, knackered, ready to drop, [looking] the worse for wear; **afgerond** rounded [edge, narrative, sentences]; *het vormt een ~ geheel* it forms a complete whole (is complete in itself); *vgl* afronden
afgescheiden 1 separate; ~ *van* apart from (*ook fig:* apart from this); 2 (*godsd*) dissenting, nonconformist; 3 (*pol*) separatist, secessionist [party]; ~ *kerk* Free Church; **afgescheidene** 1 (*godsd*) (Calvinist) dissenter, nonconformist; 2 (*pol*) separatist, secessionist; *vgl* afscheiden
afgesloofd worn out, fagged (out), jaded
afgesloten closed, etc; *vgl* afsluiten; ~ (*omheinde*) *ruimte* fenced-off (-in) space; ~ *hoekje* secluded (*lit:* sequestered) nook (corner); ~ *rijweg!* road closed!, no thoroughfare!
afgesproken *tw* agreed, it's a deal; *zie* afspreken
afgestampt: ~ (*vol*) packed, chock-a-block
afgestorven deceased, dead; *der wereld* ~ dead to the world; *de ~e* the deceased, the departed [our dear departed], our late lamented; *de ~en* the deceased, the dead; *zie ook het ww*; **afgestudeerde** graduate; **afgetekend** easy [victory]; [win] hands down; **afgetobd** 1 *zie* afgesloofd; 2 (*door zorg, enz*) care-worn, worried, harassed [look]
afgetrokken 1 spent, used [tea-leaves]; 2 abstract [idea]; 3 absent(-minded); *zie ook* verstrooid; **afgetrokkenheid** absent-mindedness; detachment [there was a curious detachment in his face]
afgevaardigde delegate [to a conference], representative [the House of Representatives], deputy, Member of Parliament (MP)
afgevallene apostate, renegade
afgeven 1 hand over [money, one's coat, etc]; hand in [a telegram, book, parcel]; deliver [a message, letter, parcel], leave [a parcel, etc] at the door; deliver up [one's key, sword]; issue [a passport, tickets, a policy]; give up [one's ticket]; (*sp*) pass [the ball]; (*handel*) surrender [documents]; *een wissel ~ op* draw (a bill) on; *zijn kaartje* ~ leave one's card [*bij* on]; 2 give out, emit [smoke], release [energy], give off [heat, a smell, smoke]; 3 (*opgeven*) give up; 4 (*v verf, kleur*) come off; (*ve stof*) stain; 5 ~ ***op***, (*persoon, school, enz*) run down, cry down, decry, disparage, (*fam*) knock; *op eigen waar* (*familie, land, enz*) ~ cry stinking fish; 6 ***zich*** ~ *met* take up with, consort with [all sorts of people], play about with [women]; *geef je niet met hem* (*daar niet mee*) *af* have nothing to do with him (don't meddle with it)
afgewerkt used [oil], spent [steam], exhaust [gas], stale [air]; *zie verder* afwerken
afgezaagd stale, trite, hackneyed [phrase], threadbare, well-, time-worn [jokes, platitudes], hard-worked [joke], over-worked [idea]
afgezant (official) messenger, envoy, ambassador, (*ook heimelijk*) emissary

1 *Voor niet opgenomen afleidingen met* afge- *zie de ww*

afgezien: ~ *van* apart from; except for; *zie verder* afzien; **afgezonderd** sequestered [spot], remote [place], secluded [life], isolated [existence]; (*afgescheiden*) separate(d); *vgl* afzonderen

Afghaan Afghan(i); (*hond*) Afghan hound; **Afghaans** Afghan(i); *~e jas* afghan; **Afghanistan** id

afgieten 1 pour off; (*door vergiet*) strain off; strain, drain [spinach]; 2 cast [statues, images]; **afgietsel** (plaster) cast; **afgietseldiertjes** infusoria(ns)

afgifte delivery [of a letter]; issue [of tickets, coins, etc]; (*aan loket*) handing in; emission [of heat]; ~ *van energie* energy-release; *dag van* ~ day of issue; *vgl* afgeven

afglijden slide (*of:* slip) down (*of:* off); (*luchtv*) stall; *dwars* (*laten*) ~, (*luchtv*) sideslip

afglooien slope, shelve

afgod idol; (*Chinees*) joss; *een ~ maken van* make an idol of, idolize; **afgodendienaar** idolater; **afgodendienares** idolatress; **afgodendienst**, **afgoderij** idolatry, idol-worship; ~ *plegen* practise idolatry; **afgodisch** idolatrous; ~ *liefhebben* (*vereren*) idolize; **afgodsbeeld** idol

afgooien throw down (off); drop [bombs]; *vgl* afwerpen; **afgraven** dig off, dig up [a long barrow], level (by digging); **afgraving** 1 dig; 2 [sand] pit

afgrazen graze, browse; *vgl* afweiden

afgrendelen 1 bolt (up); 2 (*mil*) seal off [an area]; **afgrenzen** delimit

afgrijselijk horrible, horrid, hideous, ghastly, atrocious; **afgrijselijkheid** horribleness, etc; horror; **afgrijzen** horror [have a horror of ants], abhorrence, revulsion; *met ~ vervullen* horrify; *met ~ vervuld,* (*ook*) horror-struck (-stricken)

afgrond abyss, gulf, chasm; (*steile wand ve ~*) [fall down a] precipice; *aan de rand vd ~* on the edge of the abyss; *in de ~ storten,* (*fig*) ruin, wreck; **afgrondelijk** abysmal; unfathomable [mystery]

afgunst envy, jealousy; **afgunstig** envious, jealous [*op* of]

afhaal|kosten collecting-charges; **-maaltijd** takeaway (*Am:* takeout, *Am & Sch:* carry-out) meal; **-restaurant** [Chinese] takeaway, (*Am*) takeout, (*Am & Sch*) carry-out (restaurant)

afhaken unhook; uncouple, (*onder het rijden*) slip [a railway carriage]; unlimber [a gun]; fasten off [crochet work]; (*fig*) lose contact; drop (pull, contract) out; **afhakken** chop off, cut off, lop off [branches], dock [the tail of a dog]

afhalen I *ww* 1 (*v boven*) fetch (bring) down; (*v elders*) call for [a p., a letter, parcel]; collect [a parcel, parcels, a child, refuse *vuilnis*]; *iem ~,* (*per auto, enz*) pick a p. up; (*v trein, boot, enz*) meet a p. [at the station, at the boat; she was met by her husband with a car; send the car to meet me; I'll meet your train]; *word je afgehaald?* is anyone meeting you?; *wordt afgehaald* to be (left till) called for; *laten ~* send for; *een schip ~,* (*ve rots*) get a vessel off; 2 (*afleiden:*) *iem van zijn werk ~* draw a p. away (distract a p.) from his work; 3 (*ontdoen van*) skin, peel [fruit]; *de huid ~* strip off the skin; *bonen ~* string (*of:* top and tail) beans; *de bedden ~* strip the beds; *de tafel ~* clear the table; II *zn* fetching, etc; collection

afhameren 1 *de zaken ~* rush things through; 2 gavel [a speaker, a meeting] (down), silence a p.; *een voorstel ~* prevent a proposal from being discussed; **afhandelen** settle, conclude, dispatch [business], deal with [problems]; handle [passengers] ; *zie ook* afdoen 4; **afhandeling** settlement, dispatch; [passenger] handling

afhandig: *iem iets ~ maken* pinch (*of:* pilfer) s.t. from a p., trick a p. out of s.t.; (*scherts*) relieve a p. of his purse, etc

afhangen I *intr* 1 hang down; 2 ~ *van* depend on [he depends on me for money *wat geld betreft*], be dependent on; *dat hangt ervan af* that depends; *het hangt ervan af, of ik ...* it depends on whether I ... (*ook zonder voorzetsel:* it depends what you call urgent); *alles hangt van uw antwoord af,* (*ook*) everything turns on your answer; *van niemand ~* be quite independent; II *tr* unhand [the rudder], unhook, take down; hang [a door]; *de geweren ~* ground arms; **afhangend** hanging [sleeves, etc], drooping [branches, moustache, shoulders], pendent [boughs]

afhankelijk dependent [*van* on]; *van elkaar ~* interdependent; ~ *stellen van* make conditional on; **afhankelijkheid** dependence [*van* on]

afharden harden off [plants]; **afhaspelen** 1 reel off, unreel; 2 (*fig*) scamp [one's work]; **afhechten** (*bij breien*) cast off; **afhellen** slope (down), slant; (*vh terrein ook*) shelve [down to the sea]; **afhelling** slope, declivity

afhelpen help (*of:* hand) down, help off [the steps], help [a p.] to get out [of a tramcar]; (*v iets onaangenaams, persoon, enz*) rid [a p. of ...]; (*v geld*) ease (*of:* relieve) a p. of his money

afhouden I *tr* 1 keep off; (*sp*) obstruct [an opponent]; *van zich ~* keep [a dog, one's enemies] at bay; *ik kon mijn ogen niet van hem ~* I could not keep (take) my eyes off him; *iem van zijn werk ~* keep a p. from his work; 2 (*korten*) deduct, stop [fifty guilders for it]; 3 (*ophouden*) stop; II *intr: van land ~* stand off, stand out to sea; *van een rots ~* keep clear of (bear away from) a rock

afhouwen cut (chop, lop) off; **afhuren** hire, engage [a room *zaal*]; **afijn** *zie* enfin

afjagen shoot over [a field]; *zie verder* jagen; **afjakkeren** 1 override, overdrive [a horse]; overwork, drive [a p.] too hard; sweat [workmen]; *afgejakkerd,* (*ook*) jaded; 2 scamp [one's work]; 3 tear along [a road]; **afk** afk van *afkorting* abbr(ev).

afkalken I *tr* chip, scale off [a wall]; II *intr* scale (*of:* peel) off; **afkalven** cave in, crumble away, dwindle (away); **afkammen** 1 comb off; 2 (*fig*) *zie* afgeven 5; **afkanten** 1 square; 2 (*schuin*) cant, bevel, chamfer; 3 (*breien*) cast off; **afkapen** pilfer (pinch, filch) from; *vgl* afhandig maken

afkappen chop (cut, lop) off, cut (*of:* hew) down; apostrophize [a word]; cut short [a p. in mid-sentence]; **afkapping** chopping off, etc; *vgl* afkappen; (*aan begin ve woord*) aphaeresis; (*aan eind*) apocope; **afkappingsteken** apostrophe

afkatten (*fam*) 1 snub; 2 *zie* afsnauwen; 3 run down, knock

afkeer dislike [of, for], antipathy [to, against]; distaste [for], disinclination [for], aversion [to, from, for], repugnance [to, against]; *een ~ hebben van* dislike, hate, have a dislike of; *ik heb er een ~ van,* (*ook*) it is distasteful to me; *een ~ krijgen van* take a dislike to; *zijn ~ van onrecht,* (*ook*) his impatience of wrong; **afkeren** 1 (*hoofd, gezicht, ogen*) turn away, avert; *zich ~* turn away (*ook fig*); 2 (*gevaar*) avert; (*slag*) ward (stave) off, parry; **afkerig** averse [*van* to, from]; *hij was er niet ~ van om te gaan* he had no objections to going; *van dwang ~,* (*ook*) impatient of compulsion; *~ maken van* turn against [religion]; **afkerigheid** aversion; *zie verder* afkeer

afketsen I *tr* reject [a proposal]; frustrate, defeat [plans, etc]; II *intr* (*ve kogel, pijl, enz*) glance off; (*ve plan, enz*) fall through; *zie ook* afstuiten

afkeuren 1 (*gedrag, enz*) censure, disapprove (of), condemn; (*in het openbaar, sterk ~*) denounce [a policy]; *zich ~d uitlaten over* comment adversely (up)on; 2 (*voor gebruik*) condemn [a house, ship, meat], declare unfit [for consumption, for play], ban [a film]; (*sp*) disallow [a goal]; frown on [gaming]; (*iem*) reject [as medically unfit], (*en ontslaan*) discharge as medically unfit; *hij werd afgekeurd* he was refused for military service, was rejected [by the doctor, *of:* on medical grounds], (*fam*) failed his medical; **afkeurenswaard(ig)** reprehensible, objectionable, blameworthy; **afkeuring** 1 disapproval, disapprobation, disfavour, condemnation, [a motion of] censure; *scherpe ~* denunciation; (*tekenen van*) *~,* (*tijdens redevoering*) dissent; 2 rejection

afkickcentrum detox(ification) centre, (*vglb*) drug dependency clinic, drug rehabilitation clinic; **afkicken** kick (the habit), dry out

afkijken look down [the street]; (*school*) copy, crib [s.t. from one's neighbour]; *iem iets ~* copy [a trick, etc] from a p.; *zie ook* afzien

afklaren I *tr* clear, clarify, defecate [liquids]; II *intr* clear, clarify; **afklaring** clarification

afklauteren clamber (climb, shin) down; **afkleden**: *een jurk die mooi afkleedt* a dress which is very slimming (a beautiful fit); **afklemmen** pinch off [a finger]; **afklimmen** climb down, descend; **afklokken** clock (in, out); **afkloppen** 1 flick [dust, etc] away, dust [a p., clothes, etc]; 2 (*tegen ongeluk*) touch wood; **afkluiven** gnaw off; pick [a bone]

afknabbelen nibble (off, at); (*blaadjes, enz, ook*) browse; *zie ook* knabbelen; **afknappen** *tr & intr* snap (off); (*intr ook*) break down; *~ op* become allergic to; **afknapper** (*vglb*) letdown; turn-off

afknellen *zie* afklemmen; **afknibbelen** *zie* afdingen; **afknijpen** pinch off (*ook mil:* a salient)

afknippen cut (off), snip (off) [a rose, etc], trim [the lamp, (*bijknippen*) the hair], clip [a cigar], cut [the end of a cigar], flick off [the ash of a cigar]; *zie ook* knippen; *het haar kort ~* crop [a p.]; **afknipsel** clipping, cutting

afknotten top, poll [trees]; *afgeknotte kegel* truncated cone; **afko** abbrev.; *zie* afkorting

afkoelen I *tr* cool (down, off) (*ook fig*); (*tegen bederf*) refrigerate, chill [meat]; ice [champagne]; II *intr* cool (down, off) [*ook fig:* his affection had cooled], calm down; **afkoeling** 1 cooling, refrigeration; (*vd atmosfeer*) drop (fall) in temperature; 2 calming down, cooling-off; **afkoelingsperiode** cooling-off period

afkoersen: *~ op* be heading for, make for

afkoken boil [bones, etc], ungum [silk]; (*v aardappelen*) boil to mash, get mushy

afkolven express, squeeze out [milk]

afkomen 1 come down [the stairs, river, road]; 2 (*naderen, bezoeken*) come up; 3 ~ ***van*** come (down) from, get away from; get off [a horse, the rocks]; (*fig, v persoon, verkoudheid, enz*) get rid of, shake off; get out of [an engagement, an invitation], beg off; 4 (*afstammen*) be derived [from Latin, etc], come (*of:* be descended) [from a noble family]; 5 (*v werk*) get finished; 6 (*bekend worden*) be published; *zijn benoeming is afgekomen* his appointment has come through; 7 ***er*** *~,* (*vd rotsen, enz*) get off; *er genadig* (*goedkoop, behouden, goed, slecht, met een standje, met de schrik*) *~* get off lightly (cheaply, safely, well, badly, with a telling off, with a fright); *er goed ~,* (*bij onderzoek, enz*) come out all right, come favourably out of a comparison; *er goed* (*slecht*) *~ bij vergelijking met* compare favourably (unfavourably) with; *China komt er slecht bij hem af* China fares badly at his hands; *er goed* (*slecht*) *~,* (*bij verkiezing, enz*) do well (badly); *er het best ~* get the best of it, score; *er het slechtst ~* get the worst of it; *er met een boete ~* get off (escape, be let off) with a fine; *er met een paar schrammen ~* escape with a few scratches; *zie ook* afbrengen; 8 ~ ***op*** make for, bear down (up)on, go for [he went for me like a mad bull], come at [he came at me with a stick]; come towards (*of:* up to)

afkomst origin, birth, parentage, descent; (*afleiding*) derivation; *van goede ~, zie* familie; *van hoge ~* of noble (gentle) birth, high-born; *van lage ~* of low birth (descent); *van Hollandse ~* of Dutch origin (extraction, stock); *een Rus van ~* a Russian by origin; **afkomstig** descended, sprung, born [from a renowned race]; *uit Duitsland ~* of German origin (descent); *hij is van Leeds ~* he is a native of Leeds, a Leeds man, hails from Leeds; ~ *uit,* (*ve woord*) derived from [Latin]; *mijn horloge is van hem* ~ my ... has come to me from him; *het plan is van de president* ~ the plan originated with (emanated from) ...; *van wie is dat verhaal ~?* who started this story?; *beenderen ~ van een dier* bones belonging to ...

afkondigen proclaim, declare [a strike], promulgate [a law], publish; (*radio & tv*) sign off [a programme]; *het huwelijk* ~ publish (proclaim, put up) the banns (of marriage); **afkondiging** proclamation; promulgation; publication [of the banns]; **afkooksel** decoction

afkoop (*ve verplichting, enz*) buying-off, redemption, commutation; (*verzekering*) surrender [of a policy]; (*het loskopen*) ransom, redemption; **afkoop|baar** redeemable; **-geld**, **-prijs**, **-som** ransom, redemption money, compensation; **afkoopwaarde** (*ve polis*) surrender value; **afkopen** 1 (*kopen van*) buy (*of:* purchase) from; 2 (*verplichting, enz*) buy off, redeem; *een polis* ~ surrender a policy; *een pensioen* (*tienden*) ~ commute a pension (tithes); 3 (*door omkoping*) buy off [a blackmailer], (*fam*) square [let's square this]; 4 (*loskopen*) ransom, redeem; 5 (*uitkopen*) buy out

afkoppelen uncouple [a railway carriage]; disconnect [a motor]; throw [machinery] out of gear

afkorten 1 shorten, abbreviate [a word], abridge [a story]; *Robert, afgekort Bob* ..., Bob for short; 2 pay off, repay [a debt]; *niets* ~ make no difference; **afkorting** 1 shortening, abbreviation; abridg(e)ment; *A° is een ~ van anno* A° is short for anno; 2 instalment, repayment; *op* ~ on account, in part-payment; *vgl* afkorten; **afkortingsteken** mark of abbreviation

afkrabben scrape off, scratch off; **afkrabsel** scrapings; **afkraken** slate, pan [a book], take [a p.] to the cleaners; **afkrassen** scribe

afkrijgen 1 get off; get away [I could not get him away from the place]; *hij kon de deur niet van het slot* ~ he could not unlock the door; *ik kan de vlek er niet* ~ I cannot get the stain out; *ik kan er geen dubbeltje* ~ I can't get it a penny cheaper; 2 (*klaar krijgen*) finish, get done (finished); **afkukelen:** *van* ... ~ tumble off [a chair], down [the stairs]

afkunnen 1 manage; *ik kan het wel alleen af* I can manage (it) alone (*niet, ook:* I can't cope with it alone, it's more than I can cope with alone); *het ~ zonder* get along without; *ik kan mijn werk niet af* I can't get through my ...; *één man kan het niet af* it's not a one-man job; 2 [my ring won't] come off; *de poten kunnen er af* the legs detach; *ik kan er niet af,* (*onderuit*) I can't get out of it; *u kunt er nog af,* (*ve koop, bijv*) you may still back (*of:* get) out of it; *je kunt er niet meer af,* (*ook*) you're in for it; *het kan er niet* (*slecht*) *af* I can't (I can ill) afford it (*of:* the expense); *ik kan niet **van** huis* (*mijn werk*) *af* I cannot leave home (my work); *hij kan slecht van huis af* he can hardly bear to be away from home; **afkussen**: *het ~,* (*na twist*) kiss and be friends, kiss away [their quarrel]; (*de pijn, enz*) kiss the hurt (the pain) away, kiss it well; *de tranen* ~ kiss away the tears

aflaadkosten shipping charges

aflaat: (*volle, gedeeltelijke*) ~ (plenary, partial) indulgence; **aflaatbrief** (letter of) indulgence; **aflaatgeld** indulgence money; **aflaathandel** traffic in (sale of) indulgences

afladen 1 (*verzenden*) ship, forward; *afgeladen,* (*ve wagon*) ready for dispatch; (*ve boot*) ready for cargo; 2 (*lossen*) unload, discharge; *zie ook* afgeladen; **aflader** shipper; **aflading** 1 shipment; 2 discharge; **aflakken** finish, give the finishing coat (of enamel)

aflandig off shore, off-shore [wind]

aflasten cancel; *zie* afgelasten

aflaten 1 (*omlaag*) let down; (*vd prijs*) knock off; 2 (*hoed, enz*) leave off; 3 (*ophouden*) desist [*van* from], cease, leave off; *niet ~d* unflagging [energy], unremitting [zeal]

aflatoxine aflatoxin

aflebberen lick off; smooch; *zie* aflikken

afleesbaar readable; **afleesplaat** display

afleggen 1 (*wapens, enz*) lay down; (*kleren*) take off, put off; (*afdanken*) cast off, discard; *zijn trots* ~ lay aside one's pride, (*fam*) put one's pride in one's pocket; *een gewoonte* ~ get out of (break o.s. of) a habit; *zijn vooroordelen* ~ lay aside (shed) one's prejudices; 2 (*afstand*) cover, do [four miles an hour], come [he had come 25 miles by train], traverse [long distances], [I have a long way to] go; 3 ***het*** ~ have the worst of it, come off second best; (*te gronde gaan*) go to the wall, go to pieces; (*ve motor, enz*) give out; (*sterven*) die, pass away; *het helemaal ~,* (*bij rennen, ook fig*) be nowhere, break down; *het ~ tegen iem* be no match for (be worsted by) a p.; *zie ook* glansrijk; 4 *een lijk* ~ lay out a corpse; *loten* (*planten*) ~ layer shoots (plants); 5 *een gelofte* (*bekentenis, verklaring*) ~ make a vow (confession, statement); *de eed* ~ take the oath; *een examen* ~ sit (for) an exam(ination); *zie ook* bezoek, enz; **aflegger** 1 (*ve lijk*) layer-out; 2 (*ve plant*) layer; 3 ~(*tje*) cast-off, cast-off (left-off) coat (trousers, etc); (*mv ook*) left-offs; **aflegging** laying down, etc, *vgl* afleggen

afleidbaar 1 deducible; derivable; 2 distractible, easily distracted; *vgl* afleiden

afleiden 1 lead away [from the road, etc], lead down [the steps]; 2 conduct [the lightning], divert [a stream, a p.'s attention], distract [a p.'s attention, the mind], put [a p.] off his guard, deflect [a p.'s thoughts], avert [suspicion], lead [the conversation] away from the subject; *iem* ~ (*v zijn werk*) keep a p. from his work, distract a p.'s thoughts; (*afleiding geven*) take a p. out of himself; *het leidt mijn gedachten wat af* it keeps my mind off my troubles; *de aandacht van de zaak trachten af te leiden,* (*ook*) draw a red herring across the track; 3 (*gevolgtrekkingen maken*) deduce, conclude, infer, gather [*uit* from; I gathered from his letter that ...]; *af te leiden uit* ... [lessons] deducible from ...; 4 derive [words, equations]; 5 *zijn geslacht* ~ *van* trace one's descent back to ...; *afgeleid woord* derived word, derivative; *~d* (*middel*), (*med*) derivative; **afleider** (*in toets, enz*) distractor; *zie ook* bliksem~

afleiding 1 (*v stroom, aandacht, enz, ook mil*) diversion; 2 (*ontspanning*) diversion, [seek] distraction; *iem* ~ *geven* take a p. out of himself; *het geeft je* ~ it takes your mind off things; *er is te veel* ~ there are too many distractions; 3 (*med*) revulsion, derivation; 4 (*ve woord*) derivation; (*afgeleid woord*) derivative; **afleidingsmanoeuvre** red herring; (*mil*) diversion

afleren 1 (*iets*) unlearn [bad habits; he has a great deal to unlearn], break (*of:* cure) o.s. of; forget [one's French, how to laugh], overcome [stammering]; 2 *iem iets* ~ break a p. of, get a p. out of [a habit], correct a p. of [a bad accent], cure a p. of [his cheek *brutaliteit*]; *ik zal het je* ~! I'll teach you!, I'll take it (the nonsense *die kuren, streken*) out of you!; *dan zou hij het wel* ~ that would teach him; *iemand zijn fratsen* ~ knock the nonsense out of a p.

afleveren deliver [goods]; (*aangenomen werk*) *zie* opleveren; (*produceren*) turn out [articles, pupils]; **aflevering** 1 delivery [of goods]; 2 (*ve boek*) part, fascicle, number, instalment; (*ve tijdschrift*) issue; *oude ~en* back numbers; *in ~en verschenen* published serially, in parts; *werk in ~en* serial publication; *in gelijke ~en,* (*handel*) in equal instalments; **afleveringskosten** (*v auto*) delivery costs, costs for delivery and number plates

aflezen 1 (*thermometer, enz*) read (off); 2 *de namen* ~ call over the names, (*school*) call the roll; *van de preekstoel* ~ read out (announce) from the pulpit; 3 *heel wat* ~ read a lot

aflikken lick off; lick [one's fingers, lips]; (*fam*) kiss, smooch, snog; *zie ook* boterham

afloop 1 (*helling*) slope; (*v water*) flowing off; 2 (*buis, enz*) outlet, drain; (*goot*) gutter; 3 (*ve termijn, contract*) expiration, expiry, termination; (*einde*) end, close; (*uitslag*) issue, result, outcome; *ongeluk met dodelijke* ~ fatal accident, fatality; *na* ~ *gingen we* ... afterwards (after the show, etc) we went ...; **afloopdatum** date of expiry, expiry (expiration) date; (*v verkoop*) sell-by date; **aflopen** I *intr* 1 ~ *van* leave [a place]; 2 (*naar beneden lopen*) run (*of:* flow) down, drain; *zie ook* afdruipen & aanlopen; 3 (*v kaars*) gutter, run; 4 (*getij*) ebb, go out [*ook:* the tide is on the ebb]; 5 (*hellen*) slope, decline; (*ve terrein ook*) shelve; 6 (*uurwerk, accu*) run down; (*ve wekker*) go off, (*geheel*) run down; 7 (*klos*) run out; 8 (*schip*) be launched, take the water; 9 (*eindigen*) (come to an) end, finish, conclude, result [the races resulted as follows]; *hiermee liep het onderzoek af* this concluded the examination; *goed* (*slecht*) ~ turn out well (badly); (*nog net*) *goed afgelopen!* (that was) a near thing!; *het loopt met de zieke af* the patient is sinking (fast), is far gone; *hoe zal het ~?* what will be the end of it?; *het zal slecht* (*niet goed*) *met je* ~ you will come to grief (to no good, to a bad end); *dat zal niet goed* ~ that will end in (lead to) trouble; *het liep uitstekend af* it went off very well; *hoe loopt het* (*verhaal*) *af?* how does it (come out in the) end?; *het verhaal loopt goed af* the story has a happy ending; *het is afgelopen* it is finished, all over; *zie ook* gedaan; *dat is afgelopen* that's done with; *het afgelopen jaar* the past year; 10 (*ve termijn, contract*) expire, terminate, lapse, run out; 11 *laten* ~ launch [a ship]; pay out [a cable]; reel off, run out [a line]; terminate [a contract]; 12 ~ *op* run (go) up to, make for; II *tr* 1 wear out [one's shoes], wear down [one's heels]; 2 run (walk) down [the stairs, the road, etc]; scour [the woods], tramp [the country, the streets], gad about [Paris, etc]; (*plunderend* ~) plunder, ransack; *de winkels* ~ go from shop to shop; 3 go through, finish [a course]; run through [a list]; *hij heeft de landbouwschool afgelopen,* (*ook*) he has been through agricultural college; *zie ook* platlopen; **aflopend** sloping, shelving, *vgl* aflopen; outgoing [tide]; terminable [annuity]

aflosbaar redeemable, repayable [at 100 per cent]

aflossen 1 relieve [a p., guard, etc; *zie ook* wacht]; *iem* ~ take a p.'s place; *elkaar* ~ relieve each other, take turns; 2 redeem [a loan, mortgage *hypotheek*], clear off, discharge, pay off [a debt]; **aflossing** 1 relief; 2 redemption [of a mortgage]; discharge [of a debt]; 3 repayment, instalment; **aflossingstermijn** term of repayment

afluisterapparatuur monitoring (*heimelijk:* wiretapping, bugging) equipment (devices); **afluisteren** overhear; *iets heimelijk* ~ eavesdrop; *een telefoongesprek* ~, (*door politie bijv*) listen in to (tap) a ..., wiretap; *iems telefoon* ~ tap (*met microfoontje erin:* bug) a p.'s ...; *het* ~ *van telefoongesprekken* (tele)phone-tapping, wiretapping; **afluistermicrofoon** (*fam*) bug; *een* ~ *in iems telefoon stoppen* bug a p.'s phone

afmaaien mow [grass, a field], cut [grass, corn], reap [corn]

afmaken 1 (*eindigen*) finish, complete, bring to a conclusion, break off [an engagement]; (*een zaak*) settle [an affair]; 2 (*doden*) kill, slaughter [cattle], destroy [a mad dog, diseased cattle], dispose of, make away with, dispatch, finish off [an enemy], kill off [a number of persons or animals]; put down, (*pijnloos*) put to sleep [a domestic pet]; 3 (*afkammen*) cut up, run (*of:* write) down, cut (*of:* tear) to pieces, slate [a book, an author]; (*vernietigen*) dispose of, demolish [arguments, etc]; 4 *zich ergens van* ~ shirk [a duty], wave aside [objections]; get out of [explaining the meaning of a word]; (*terugkrabbelen*) back out of s.t.; *zich met een paar woorden van iem* (*iets*) ~ dispose of a p. (dismiss a subject) in a few words; *er zich met een grapje* (*lachend*) ~ pass it off (brush it aside) with a joke; laugh it off; **afmaker** (*sp*) finisher, killer; **afmalen** (*schilderen*) depict vividly

afmarcheren march off; (*man voor man*) file off

afmars march, marching off

afmartelen torture, torment; *zie ook* afmatten; *zijn hersens over iets* ~ rack (*of:* puzzle) one's brains about s.t.; *een afgemarteld lichaam* a body racked with disease, etc; **afmarteling** torture, torment; **afmatten** fatigue, wear out, tire out, fag; wear [one's opponent] down, weary (out); **afmattend** tiring, fatiguing, trying [weather], gruelling [fight, march], wearying, wearisome [day, task]; **afmatting** weariness, fatigue

afmelden notify [a p.'s] absence; *zich* ~, (*ook*) book out, sign out; **afmelken** milk dry, strip

afmeren 1 moor; 2 cast off

afmeten measure (off); measure [one's words]; proportion [the punishment to the crime]; *anderen naar zichzelf* ~ judge others by o.s.; *de verdiensten van twee personen tegen elkaar* ~ weigh one person's merit against the other's; *zie ook* afgemeten; **afmeting** dimension, proportion [assume enormous proportions]; measurement (*ook: het afmeten*); *van 3 ~en* three-dimensional

afmijnen buy at (sell by) (a) Dutch auction; *iem* ~ outbid a p.; *het huis* ~ have the house knocked down to one; *het werd afgemijnd op £ 5000* the hammer fell at a bid of £5000

afmikken plan, judge, contrive; *het precies* ~ cut it very fine, come in the nick of time; *zijn vertrek zó ~ dat ...* time one's start so as to ...

afmonsteren I *tr* pay off, discharge; II *intr* sign off; **afmonstering** paying-off, discharge

afname 1 sale, offtake [of our goods]; *bij ~ van honderd stuks* for quantities of one hundred, when taking a hundred; 2 *zie* afneming

afneem|baar removable, detachable; *vgl* afkunnen 2; **-doek** (*voor stof*) duster; (*voor vaatwerk*) dishcloth; **-spelletje** cat's cradle

afnemen I *tr* 1 take off [one's hat to a p.; a bandage], raise [one's hat], remove [the saddle, etc], take down [curtains], reach down [one's coat from the nail], take [a book from the shelf]; (*v iets beroven*) rob [a p. of his money], deprive [a p. of his rights], take away [a p.'s driving-licence]; *iem de bal* ~, (*sp*) rob, dispossess a p.; *iem te veel geld* ~ overcharge a p.; *de leraar nam hem het mes af* the ... confiscated the knife; 2 (*schoonmaken*) clean; dust [the furniture]; *nat* ~ wash (down) [with soap; this wallpaper is guaranteed to wash]; 3 *de tafel* ~ clear the table, clear (away); 4 *kaarten* ~ cut; 5 (*kopen*) buy; 6 *gas* ~, (*ve motor*) throttle down (*of:* back); *zie ook* dank, eed, examen, parade, enz; II *intr* 1 (*kaartspel*) cut; 2 decrease, diminish, lessen; (*storm, pijn*) abate; (*spanning*) ease; (*wind*) subside, go down; (*buien*) die down; (*koorts*) subside; (*licht*) fail, fade (away); (*mist*) thin (out); (*krachten*) decline, wane; (*maan, invloed, enz*) (be on the) wane [interest is on the wane]; (*water*) fall, sink; (*dagen*) draw in; (*snelheid, geweervuur, enz*) slacken; (*voorraad*) get low; (*aantal*) fall off; (*produktie*) level off; *zie ook* achteruitgaan; **afnemend** decreasing [influence]; subsiding [wind]; waning [moon]; *vgl* afnemen; **afnemer** customer, client, consumer, buyer; **afneming** diminution, decline, wane, decay; [a slight] easing [of the demand]; shrinkage [in population]; slackening [of traffic]; ~ *van het Kruis* Descent (*of:* Deposition) from the Cross; *zie ook* afname

afneuzen spy out; **afnokken** knock off; push off

aforisme aphorism; **aforistisch** aphoristic

afpakken 1 *iem iets* ~ take, snatch (away) s.t. from a p.; 2 (*afladen*) unpack, unload

afpalen 1 (*afbakenen*) stake (*of:* peg) out; 2 (*omheinen*) fence in; **afpassen** pace [a distance, etc]; *geld* ~ give (the) exact money; *pas BD op AC af* from AC cut off BD; *zie ook* afgepast & afmikken; **afpatrouilleren** patrol

afpeigeren (*fam*) fag out; **afpeinzen**: *zich* ~ rack one's brains; **afpellen** peel, shell; *zie* pellen; *~de snelheden* decreasing speeds; **afperken** 1 (*afbakenen*) stake (peg) out; 2 (*omheinen*) fence in; 3 (*omschrijven*) circumscribe [a p.'s power]; **afperking** 1 staking out; 2 fencing in; 3 circumscription

afpersen extort [money from a p.], blackmail [a p.]; *zie ook* afdwingen; **afperser** extortioner; blackmailer; racketeer; **afpersing** extortion, exaction; blackmail; (*georganiseerd*) racketeering

afpijn(ig)en torture, torment; *zie* afmartelen

afpikken peck off; *iem iets* ~ pinch s.t. from a p.

afpingelen haggle, bargain; *zie* afdingen

afplaggen cut (remove) sods from

afplakband masking tape; **afplakken** 1 paste over; tape up; 2 mask

afplatten flatten; **afplatting** flattening

afpluizen pick [a bone]; (*jas, enz*) pick fluff off a coat, etc; **afplukken** pick, gather, pluck

afpoeieren brush (put) [a p.] off

afpoetsen clean, brush (off), scour

afpraten: *iem* (*van*) *iets* ~ talk a p. out of s.t., dissuade a p. from s.t.; *heel wat* ~ talk a(n awful) lot; *zie ook* afspreken

afprijzen reduce, mark [an article] down

afraden: *iem iets* ~ dissuade (*of:* discourage) a p. from s.t.; *ik raad het je sterk af* I advise you very much against it (strongly not to); *zie ook* ontraden; **afrader** bad buy, bad choice

afraffelen bungle, scamp, rush [one's work]; *afgeraffeld werk*, (*ook*) scamp work

afraken 1 ~ *van* get away from; get off [the rocks, the track, one's course], get clear of [a rock], wander [from one's subject]; (*kwijtraken*) get rid of [a p., one's goods]; *van elkaar* ~ become separated; (*huwelijk*) drift apart; *van de weg* ~ lose one's way; *van de drank* ~ give up drink; 2 (*ve verloving, enz*) be broken off

aframmelen 1 *zie* afranselen; 2 (*afraffelen*) reel off, rattle off [a poem, lesson], say by rote, patter [prayers], gabble through [a sermon]; *heel* *wat* ~ chatter nineteen to the dozen; **aframmeling** 1 (*slaag*) dressing-down, thrashing, hiding; 2 (*uitbrander*) scolding, dressing-down

afranselen beat up, thrash, flog, give a drubbing, (*sl*) duff up, over; **afranseling** beating up, thrashing, drubbing; **afrasteren** rail (*of:* fence) off (*of:* in); **afrastering** railing, (wire) fence; **afratelen** *zie* aframmelen 2; **afreageren** work off (one's emotions), let off team; ~ *op* take [t] out on [a p.]; **afreagering** (*psych*) abreaction

afreis departure; **afreizen** 1 depart, set out; 2 *het land* ~ travel (all over) the country, range up and down (*v acteurs, enz:* tour) the country; *een (kies)district* ~, (*Am*) stump a district; visit [all the fairs]; *heel wat* ~ travel quite a lot

afrekenen settle (square) accounts (scores), settle (square) up, (*in restaurant*) settle (pay) the bill; ~*!* may I have the bill please!; ~ ***met***, (*ook fig*) settle (square) accounts with, settle with; (*fig ook*) get even with, pay [a p.] out; *met een tegenstander* ~, (*sp, ook*) defeat (get rid of) an opponent; *in deze roman rekent W met zijn jeugd af* in ... W puts his youth behind him; *ik heb nog niet met hem afgerekend,* (*fig ook*) I haven't done with him yet; **afrekening** 1 settlement; (*fig ook*) [the day of] reckoning; [gangland] killing; 2 (*nota*) account, statement (of account)

afremmen slow down, put (*plotseling:* jam) the brakes on, act as a brake on; (*fig ook*) curb, restrain [drug trafficking]; **afrennen** dash (tear) down [the street]; ~ *op* rush up to

africhten train [recruits, horses, etc]; (*voor examen*) cram; (*sp*) coach; (*paard*) break (in), (*rijpaard*) school; *zie ook* dresseren; **africhter** trainer, coach; **africhting** training, etc; *vgl het ww*

afrij 1 start; starting place; 2 (*helling*) slope, incline; **afrijden** I *intr* start, ride (drive) off (away); II *tr* 1 ride (drive) down [a road]; 2 (*door trein, enz*) sever [his arm was severed from his body]; 3 (*paard: africhten*) break (in), (*afjakkeren*) override, (*wat beweging geven*) exercise, sweat; *een paard moet geregeld afgereden worden* a horse should have regular exercise; 4 (*doen slijten*) wear out [a car]; 5 *het land* ~ ride (drive) all over the country; (*v ruiterbenden*) ravage (devastate) the country

Afrika Africa; **Afrikaan** African; **Afrikaander** Afrikaner; **Afrikaans** I *bn* (South) African; II *zn* (*taal*) Afrikaans; **Afrikaanse** African (woman); **afrikaantje** (*plant*) African marigold; **afrikanist** Africanist

af|rissen, **-risten** strip (off)

afrit 1 start; 2 (*afhellende weg*) down grade; 3 *zie* afslag & uitrit

afritsbaar zip-off [sleeves]; **afritsen** 1 zip off; 2 mark out (with a spade)

Afro-Amerikaans Afro-American; **Afro-Aziatisch** Afro-Asian; **afrodisiacum** aphrodisiac

afroeien row off, start; *de rivier* ~ row down the river; *een ploeg* ~ coach a crew

afroep call; *op* ~ [be, deliver] on call; **afroepen** call down; call [a p.] away [from his work]; call [a p.'s name, a case *rechtszaak*]; announce [the next train]; call over [the names]; *zie ook* afkondigen & ap'pel: ~ houden; **afroeping** *zie* ap'pel

afroffelen 1 rough-plane; 2 *zie* afraffelen

afrollen 1 roll down [the stairs]; 2 (*afwinden*) unroll, unreel, unwind; *zie ook* ontrollen

afromen cream, skim [milk], (take the) cream off (*ook fig:* cream off profits); *afgeroomde melk* skim(med) (*of:* separated) milk

afronden (*eig & fig*) round (off); *naar boven (beneden)* ~ round off upwards (downwards), round up (down); *zie ook* afgerond; **afronding** rounding; *tot* ~ *brengen* round off, complete [a project], bring to completion

afrossen *zie* roskammen & afranselen

afruil(en) swap; (*sp*) exchange

afruimen clear [the table], clear away

afrukken tear (snatch, wrench) off (away), rip off [the gale ripped off the tiles], pluck off; (*met breekijzer, enz*) prise off; *iem iets* ~ tear (snatch) s.t. from a p.; ~ *op* march (advance) (up)on; *zich* ~ wank; *zie* aftrekken 9

afschaafsel shavings

afschadu|wen shadow forth, adumbrate, foreshadow; *zich* ~ *tegen* be faintly outlined against; **-wing** foreshadowing, adumbration, shadow

afschaffen (*algem*) abolish [taxes, customs, a law, an office, capital punishment, etc]; do away with [abuses, etc], stop having [servants]; abrogate, repeal [laws]; reform, redress [abuses]; cut out [smoking, drink, luxuries]; give up, part with [one's car]; **afschaffer** abolisher; (*drank*~) (total) abstainer, teetotaller; ~ *worden* take the pledge; *zie ook* geheelonthouder; **afschaffing** abolition, abrogation, repeal, redress, etc; *vereniging tot* ~ *van alcoholische dranken* temperance society; *zie ook* slavernij

afschampen glance off

afschaven 1 (*plank, enz*) plane (off), (*dun*) shave (off); 2 (*vel*) graze; bark [one's shin]; **afschaving** graze, abrasion, attrition

af|scheep shipment, shipping; **-scheepgewicht** shipping weight; **-scheephaven** port of loading

afscheid parting, leave, leave-taking(s), farewell, goodbye, (*groots*) send-off; ~ *nemen* take (one's) leave [*van* of], say goodbye [*van* to]; ~ *nemen van iem,* (*ook*) bid a p. goodbye (farewell); *plotseling* ~ *nemen* take sudden leave; *ten* ~ [shake a p.'s hand] in farewell; *kus ten* ~ parting kiss; *glaasje ten* ~ one for the road; *zie ook* ontslag

afscheiden 1 separate (*chem ook:* separate out); *door een gordijn (schot, touw)* ~ curtain (partition, rope) off; (*dikwijls gewelddadig*) sever [his head was severed from his body]; *zich* ~ separate (o.s.), detach o.s. [from a group], secede [from a religious body, from a federation], break away [from a party], retire [from the world], dissociate o.s. from [a policy]; (*chem*) separate (out); *zie ook* afgescheiden; 2 (*vochten*) secrete; (*door poriën*) exude; *zuurstof afgescheiden door levende planten* oxygen given off by living plants; **afscheidend** (*natuurk*) excretive, excretory, secretory; **afscheiding** 1 separation; (*ve partij ook*) secession, breakaway; 2 (*v vochten*) secretion, excretion; 3 (*tussenschot*) partition

afscheidings|beweging separatist movement; **-klier** secretory gland; **-muur** partition wall; **-orgaan** excretory (excretive, secretory) organ; **-politiek** breakaway policy; **-produkt** secretion

afscheidnemen *zn* leave-taking(s), parting; *bij het* ~ at parting

afscheids|bezoek farewell visit (*of:* call); **-brief** farewell (valedictory) letter; **-college** valedictory lecture; **-diner** farewell dinner; **-fuif** (*fam*) send-off; **-geschenk** farewell gift; **-groet** farewell, goodbye; **-kus** parting-kiss, goodbye kiss; **-premie** 1 severance pay(ment); 2 golden handshake; **-rede** farewell speech, valedictory address; **-tournee** farewell tour; **-woord** parting word

afschenken pour off, decant; *afgeschonken thee* spent (wishy-washy) tea; **afschepen** ship [goods]; *iem* ~ send a p. about his business; *met mooie praatjes* ~ put (*of:* fob) off with fair words (fairy-tales, *fam:* soft sawder); (*zo ook*) fob a p. off with empty promises; **afscheppen** skim [milk, metals, etc], cream [milk]; (*verwijderen*) skim (off), take off; **afscheren** (*baard*) shave (off); (*wol, enz*) shear (off); **afschermen** screen [lights], mask [windows]; **afschetsen** sketch, picture, paint, pencil

afscheuren tear (*of:* rip) off; peel (*of:* strip) off [wallpaper]; *zie ook* afrukken & losrukken: zich ~ van; **afscheuring** 1 tearing off, etc; *vgl het ww*; 2 (*kerk, enz*), *zie* scheuring; **afschieten** 1 fire, shoot, discharge, let off; (*fam*) pop off [a firearm]; shoot [a bow, an arrow]; let fly, loose off [an arrow]; fire, send up [rockets *vuurpijlen*]; *afgeschoten patroon* spent cartridge; 2 shoot off [he had his arm shot off]; (*ve tak, enz* ~) shoot down [a bird]; put down, cull [diseased game]; 3 (*op fiets, enz*) shoot (down), coast down [a hill]; 4 partition (*of:* board) off [a room]; *afgeschoten kamertje* boarded-off (boxed-off) room; (*in slaapzaal*) cubicle; 5 ~ *op* rush at, dash up to, make a dash for; (*ve stootvogel, enz*) pounce (swoop down) (up)on; 6 (*touw, enz*) slip off

afschijnen: ~ *van* shine from, be reflected by; ~ *op* shine (down) (up)on; **afschijnsel** reflection, reflected glory; **afschilderen** paint [he is not so black (bad, etc) as he is painted], picture, describe, depict, portray; *schilder mij niet erger af dan ik ben* don't make me out worse than I am; **afschildering** picture, depiction, portrayal

afschilferen *tr & intr* scale, peel (off), flake (off, away); (*vd huid*) peel; **afschilfering** scaling, etc; *vgl het ww*

afschillen peel, pare; (*boom*) bark; **afschminken** remove (take off) one's make-up (grease-paint); **afschoppen** kick off; *de trap* ~ kick downstairs (down the stairs); **afschot** culling; cull

afschraapsel scrapings; **afschrabben**, **afschrapen**, **afschrappen** scrape (off); (*vis*) scale; *zie verder* schrappen; **afschrapsel** scrapings

afschrift copy, transcript(ion); (*inz jur*) duplicate, [the original contract and the] counterpart; *maak er een* ~ *van* make (*of:* take) a copy of it

afschrijven 1 copy, transcribe; 2 cancel [an order, invitation, a meeting], countermand [an order], put off [a p., a meeting]; *ik zal hem* ~, *a*) I'll send an excuse, I'll write him I can't come; *b*) I'll put him off, write him not to come; *ze schreef het bezoek af* she wrote cancelling the visit; *iem als lid* ~ remove a p.'s name from the books; *boeken* ~ deaccession books; *iets van zich* ~ write s.t. out of one, write to get s.t. out of one's system; 3 finish [a letter]; 4 (*voor waardevermindering, enz*) write off [for depreciation, etc; *ook fig:* write off wishes, etc]; ~ *op* write down [capital]; (*ve girorekening*) debit [to one's account]; 5 (*niet meer rekenen op*) discount [any chance, likelihood, of ...]; *we hadden je al afgeschreven* we had already given you up; 6 (*techn*) scribe

afschrijver copyist, transcriber; (*ong*) plagiarist; **afschrijving** 1 copying; 2 (*giro, enz*) debit; *automatische* ~ direct debit; *bericht van* ~ debit statement; *zie ook* automatisch; 3 writing-off; *verplichte* ~*en* statutory writings-off; ~ *voor waardevermindering* (writing-off for) depreciation; ~ *op rollend materieel* depreciation on rolling-stock

afschrik horror [*van* of]; (*wat* ~ *wekt*) deterrent; *een* ~ *hebben van* abhor; *tot* ~ *van anderen* as a warning to others, to deter others; **afschrikken** deter [a p. from ...]; daunt; (*minder sterk*) dishearten, discourage [callers *bezoekers*], put off [don't let it put you off; his style puts off many people]; (*bang maken*) scare [birds], frighten off; *hij liet zich door zoiets niet* ~ he was not to be intimidated (deterred, daunted) by such a thing; *niet afgeschrikt door* undeterred by; ~*d* warning, deterrent; ~*de uitwerking* deterrent effect; ~*de prijs* prohibitive price; **afschrikking** [policy of] deterrence; *ter* ~ as a deterrent; **afschrikkings|middel**, **-wapen** deterrent; **afschrikwekkend** frightening; deterrent; prohibitive; *vgl* afschrikken; ~ *voorbeeld* warning, deterrent; *hij zag er* ~ *uit* he looked forbidding

afschrobben scrub, scour [a floor]; scrub (scour) off (away) [dirt]; **afschroeien** singe [a pig, fowl]; singe off [bristles]; **afschroeven** screw off, unscrew; **afschudden** shake off (*ook fig*); shake down; **afschuieren** *zie* afborstelen

afschuifsysteem system of passing the buck; *vgl* afschuiven

afschuimen 1 skim, remove the scum from; 2 scour [the seas]; **afschuinen** bevel; (*symmetrisch*) chamfer; (*opening in muur, enz*) splay [a splayed doorway]; **afschuiven** I *tr* push off, push back [a bolt], slip off [a ring], slip [the collar]; abdicate [one's responsabilities]; *onaangenaam werk op anderen ~* unload the dirty work on someone else, pass the buck; *van zich ~* shift [the blame] from o.s. [on to another]; *de schuld van zich ~,* (*ook*) exculpate o.s.; *zie ook* verantwoordelijkheid; II *intr* 1 (*ve aardmassa*) slide down, slip; 2 *~ van* move away from; 3 (*fam*) come down (with one's money), (*sl*) fork out, cough up (the cash); *flink ~* come down handsomely

afschuren scour (off); *vgl* afschaven 2

afschutten 1 partition off, screen (off), (*met planken ook*) board off; *zie ook* afsluiten; 2 (*beschutten tegen*) screen from [the wind]; **afschutting** partition, fence (*meestal hout*), railing (*ijzer*)

afschuw horror, abhorrence [*van* of], abomination; *met ~ vervullen* horrify, fill with horror; *ik heb er een ~ van* I abhor it, it is abhorrent to me; *de natuur heeft een ~ van het luchtledige* nature abhors a vacuum; **afschuwelijk** horrible, execrable, atrocious, odious, horrid, ghastly, disgusting, hideous, heinous [crime]; (*fam*) abominable, vile [coffee]; *zie ook* akelig & beroerd; **afschuwelijkheid** horribleness, etc; *vgl* afschuwelijk; **afschuwwekkend** horrific

afsjouwen 1 lug down; 2 tramp [the streets]; *de winkels ~* traipse round the shops

afslaan I *tr* 1 knock (strike, dash, beat) off [his head was struck off; knock off a man's hat]; flick off [flies, dust, the ash of a cigar]; brush off [a fly]; unfix [bayonets]; shake down [the thermometer]; *het stof van iem, enz ~* dust a p. (one's coat, one's knees) down; *hij is niet van de boeken* (*van zijn moeder*) *af te slaan* there is no getting him away (nothing can tear him) from his books (he hangs on to his mother); *ze zijn niet van elkaar af te slaan* they are inseparable; 2 beat off, repel, repulse [the enemy, an attack], parry [a blow]; 3 (*afranselen*) beat up; 4 (*afwijzen*) decline [an offer, invitation], refuse [a request], reject, turn down [a proposal]; [she would not] say no to [a cup of tea]; *hij slaat niets af* (*dan vliegen*) he never refuses anything; *dat sla ik niet af* I can't refuse that, I won't say no; ["Have a cup of tea?"] "I don't mind if I do'; *mijn verzoek werd botweg afgeslagen* met with a flat refusal (was turned down flat); 5 knock down, reduce [the price]; *het brood is een kwartje afgeslagen* bread has gone down eightpence (is eightpence a loaf cheaper); 6 strike [medals]; 7 (*bij afslag verkopen*) sell by Dutch auction; II *intr* 1 *~ van* fall off [a ladder]; 2 (*v prijs*) go down; 3 (*ve weg*) branch off [to the right, etc]; (*v personen, enz*) turn [(to the) right], strike [to the right, etc], (*ve auto, ook*) swing (turn) off [to the left]; 4 *van de ankers ~* go adrift; 5 (*ve motor*) stall, cut out; 6 *van zich ~* hit out; *hij sloeg flink van zich ~* he gave as good as he got

afslachten slaughter, kill off, massacre

afslag 1 (*vd kust*) erosion (of the coast); 2 (*ve stempel*) strike; 3 (*ve weg*) turn-off; junction [for A], exit [for B]; slip road; 4 (*v prijs*) abatement, reduction; (*verkoop bij*) *~* Dutch auction; *bij ~ verkopen* sell by Dutch auction; *in de ~ zijn* be on special offer; **afslager** auctioneer

afslanken slim; (*ook fig*) reduce; (*fig ook*) [we have to] make retrenchments; **afslanking** slimdown, slimming, reduction; **afslepen** drag down; (*stroomafwaarts*) tow down [a river]; (*ve ondiepte*) tow (pull) off; **afslijpen** grind off (down), polish (*ook fig*); **afslijten** (*eig*) wear off (down, away); (*fig*) wear off (out, thin); **afslijting** attrition, detrition; **afsloven**: *zich ~* drudge, slave, fag, toil and moil; *afgesloofd lichaam* worn-out body; *zie ook* uitsloven

afsluitbaar lockable; **afsluitboom** bar, barrier; (*ve haven*) boom; **afsluit|dam, -dijk** [IJsselmeer] dam, main dike (*of:* embankment), causeway, barrage; **afsluitdop** (locking, sealing) cap

afsluiten 1 lock [a door, room, etc] lock up [a room, etc]; 2 cut (shut) off [gas, steam, the supply, a p. from society], turn off [gas, water]; close [a road, the mouth of a harbour], block [a road]; disconnect [an electric current]; *het gas* (*het water*) *is afgesloten* the ... is off; *zie ook* hoofdkraan; 3 shut out [the light]; 4 (*afscheiden: terrein, enz*) hedge in, fence off (in), rail off (in), enclose; (*met draad*) wire (in); (*door gordijn*) curtain off; (*door tussenschot*) partition off; (*door touw*) rope off; 5 *zich ~,* (*vd mensen*) seclude o.s. from society; 6 close [accounts], balance [the books], conclude [a contract, bargain]; finish [a series of shows]; effect [an insurance, a charter-party]; take out [insurance]; enter into, (*fam*) fix up [a contract]; *zie ook* afgesloten; **afsluiter** (stop) valve; (*stopkraan*) stopcock; **afsluiting** 1 locking, etc, *vgl* afsluiten; closing [of an account], balancing [of the books], conclusion [of a contract, transaction]; 2 (*concr*) fence, partition, enclosure

afsluitketting guard chain; **afsluitklep** stop-valve; **afsluitkraan** stopcock; **afsluit|premie, -provisie** commission, brokerage

afsmeken beseech, implore [forgiveness], invoke, implore [blessings on ...]; **afsmeking** invocation; **afsmelten** melt off; (*ve kernreactor*) melt down; **afsnauwen**: *iem ~* snap (*of:* snarl) at a p., snap (*of:* bite) a p.'s head off

afsnede (*v munt of medaille*) exergue

afsnellen hurry (speed) down [the slope]; *~ op* run towards (*of:* up to); rush at (on, upon) [the enemy]

afsnijden cut [flowers, the end of a cigar, communications], cut off [dead wood, the gas, the enemy, the retreat, a p.'s life], cut short [a p.'s career, life], cut down [a body from the gallows], clip [a cigar], pare [nails], dock [a horse's tail], lop off [branches], prune [branches of fruit-trees]; strangle [the debate]; *bochten* ~, (*door auto, enz*) cut corners; *iem de pas* ~ block (*of:* bar) a p.'s way, head a p. off; *de weg* (*voor onderhandeling bijv*) ~ shut (bang) the door; *zie ook* keel; **afsnijding** cutting, clipping, etc, *vgl* afsnijden; **afsnijdsel** clippings, snippings, cuttings

afsnoepen 1 *iem een kus* ~ steal (*of:* snatch) a kiss from a p.; 2 *iem iets* ~, (*fig*) forestall a p., steal a march (up)on a p.; **afsnoeren** tie off

afsoppen wash (down), sponge (down)

afspannen 1 unyoke [oxen]; unharness, (*Z-Afr*) outspan [a horse]; *de wagen* ~ take the horses out; 2 (*meten met de hand*) span

afspeelapparatuur playback equipment

afspelden 1 pin [a dress]; 2 unpin

afspelen 1 finish [a game, a piece of music]; play off [an adjourned game *afgebroken partij*]; 2 wear out [an instrument]; 3 play [a record, cassette]; 4 *zich* ~ be enacted [a strange scene was enacted at ...]; *alles speelde zich af in* (*geen*) *vijf minuten* the whole affair was over in (took less than) ...; *het speelt zich af te A* the scene is laid (the action takes place) at A; *de gebeurtenissen spelen zich af om een jongen* the ... revolve around a boy; **afspeuren** scan [the surface of a lake]

afspiegelen reflect, mirror; *zich* ~ be reflected (mirrored); **afspiegeling** reflection

afsplijten split off

afsplitsen split off [electrons]; isolate [factors, chemical substances]; *zich* ~ separate [from a society], split off, hive off; (*ve weg*) branch off

afspoelen wash, rinse; wash down [a car, etc], sluice down [the streets], wash away (*of:* off) [dirt], wash away [land]

afsponsen sponge (down, over; *eraf:* off)

afspraak 1 (*om ergens te komen*) appointment, assignation, engagement; *een ~(je) hebben* have an appointment (a date); *een ~(je) maken met* make an appointment with (date) [a girl]; *volgens* ~ [meet a p.] by appointment; *vgl* 2; 2 (*overeenkomst*) agreement, arrangement; *dat is de ~ niet* that isn't part of the bargain; *een ~ houden* keep an appointment; *zich aan de ~ houden* stand by (stick to) the agreement (the bargain, one's word); *volgens* ~ by agreement, as agreed (upon)

afspreken agree upon, arrange, fix (upon); settle, (*fam*) fix up [we fixed it up beforehand]; ~ *te* ... agree to ...; *er werd afgesproken dat* ... it was agreed (settled) that ...; *van te voren* ~ prearrange; *hebt u afgesproken?* have you (got) an appointment?; *de afgesproken plaats* the place agreed on, (*soms*) the agreed place; *het was afgesproken werk* it was a put-up job, a got-up thing; (*sl*) a plant; *afgesproken!* that's agreed (settled, a deal)!, done!, very well then!; *zoals afgesproken is* as agreed (upon); *alsof het afgesproken was* as if by agreement; *zie ook* spreken

afspringen 1 jump down (off), leap down (off); alight [from a horse]; *met het verkeerde been* ~, (*ve paard*) lead off on the wrong leg; 2 (*v vonken, splinters*) fly off; (*glazuur*) chip off; (*verf*) crack off; (*knoop*) burst off; 3 ~ (*op*), *zie* afstuiten; *op iem* ~ spring at (pounce upon) a p.; 4 (*v onderhandelingen, enz*) break down, fall through (*ook:* the negotiations were off); (*koop, ook*) come to nothing; *de koop is afgesprongen* the bargain is off, has fallen through; **afspuiten** hose (down, off)

afstaan 1 cede [territory], give up, yield [a right, possession, one's seat], part with [one's dog, etc], hand over [the proceeds to ...], resign, renounce, surrender, relinquish [a right, possession, etc], spare [can you spare me the book for five minutes?]; 2 (*ter beschikking stellen*) place (put) at the disposal of, lend [she lent her house for a fête]; 3 ~ *van* stand away (*of:* back) from [the house stands back from the road]; *ver* ~ *van* be remote from [our daily life]; *~de oren* outstanding ears

afstammeling descendant (*in rechte lijn* lineal descendant; ~ *in zijlinie* collateral descendant); **afstammen**: ~ *van* be descended from, come of (from), spring from [a noble race]; (*Am*) stem from; (*v woorden*) be derived from; **afstamming** descent, extraction; (*ve woord*) derivation; **afstammingsleer** theory of evolution

afstand 1 distance; (*tussenruimte, ook*) interval; ***op*** *een* ~ at a distance; *erg op een* ~ very stand--offish, distant [be very distant with a p.]; *op gelijke* ~ equidistant [from London and Dover]; *op gelijke ~en* at equal distances; ~ *bewaren, op een* (*eerbiedige*) ~ *blijven* keep at a (respectful) distance; (*fig*) keep one's distance, keep aloof; *op een ~ blijven van* steer (keep) clear of [the coast, a p.]; *op een ~ houden* keep at a distance (at bay, at arm's length, off); *zich op een ~ houden, zie:* op een ~ blijven; *op korte ~ schieten* fire at short range; *op ~ zetten,* (*sp*) distance [one's opponent]; ***van*** *een* ~ from a distance; *van ~ tot* ~ at intervals, [posts shall be placed] at regular distances; *van Parijs tot Tokio is een hele* ~ from P to T is a far cry (a long call); (*fig*) distance o.s. [from], place [events] in their proper (into some kind of) perspective; ~ *houden* keep one's distance; 2 (*ve gebied*) cession; (*vd troon*) abdication; (*v bezit, recht, vordering*) surrender, renunciation, relinquishment, cession; ~ ***doen*** *van* cede [territory], renounce, resign, forgo, give up, waive [a claim, right, etc], give up [one's car, (possession of) a child], part with [documents, etc]; (*vd troon*) abdicate (the throne), (*ve kroonprins of pretendent*) renounce the throne; resign from [the presidency]; (*vd wereld, zijn geloof*) renounce the world (one's faith); *schriftelijk ~ doen van* sign away [one's property, etc]; *ze deden vrijwillig ~ van hun vergoeding* they voluntarily forwent their remuneration; **afstandelijk** detached, aloof; **afstandelijkheid** detachment, aloofness; **afstandmeter** (*mil, fot*) rangefinder; (*landmeten*) telemeter

afstands|bediening remote control; **-clausule** waiving-clause; **-kind** child given up for adoption, adopted child; **-maat** linear measure; **-mars** route march, long-distance march; **-onderwijs** distance education (teaching, learning); **-ouder** (natural) parent (of an adopted child); **-rit** long-distance race; **-schot** long shot; **-wijzer** table of distances

afstap(je) [mind the] step (going down)

afstappen 1 step down; (*ve ladder, trottoir*) step off; (*ve fiets, paard*) get off [one's bicycle, horse], dismount; (*ve paard, ook*) alight; (*ve autobus, enz*) get down, alight; ~ *op* step up to [a p.]; *van een onderwerp* ~ drop a subject; *bij iem* ~ come to stay with a p.; 2 pace (march) down [a road]; 3 (*weggaan*) push off; 4 *zie* afpassen

afsteken I *tr* 1 cut [sods], trim [the garden border]; (*met beitel*) chisel off, (*schuin*) bevel, chamfer; 2 (*de keel*) stick [a pig]; 3 let off [fireworks], fire (let) off [a gun]; 4 (*afbakenen*) mark (trace) out [a camp]; 5 draw off [wine]; 6 deliver [a speech], make, (*fam*) fire off [critical remarks]; make, pay [a compliment]; propose [a toast]; pay [a visit]; II *intr* 1 (*van wal*) push (shove, put) off [from shore]; 2 ~ *bij* contrast with; *gunstig* ~ *bij* contrast (compare) favourably with; ~ *tegen, zie* aftekenen: zich ~

afstel *zie* uitstel; **afstellen** adjust [an instrument], tune up [an engine]; *zie verder* stellen

afstemknop tuning control, tuning knob; **afstemmen** 1 reject, negative, defeat [a motion], throw out [a bill], vote down, outvote [a proposal]; 2 tune; (*telec*) tune (in) [*op* to]; 3 (*fig*) attune (gear, tailor) to; **afstemming** 1 rejection, defeat; 2 tuning (in); 3 attunement

afstempelen stamp [documents, coins]; (*onbruikbaar maken*) cancel [postage stamps]; *aandelen* ~ stamp shares (with new value); **afstempeling** stamping, cancellation; ~ *van het kapitaal tot 40 pct* reduction of ...

afstemschaal (*radio*) tuning scale (dial)

afsterven die; (*v vee*) die off; (*ve plant*) die off, die down, die back; (*ve lichaamsdeel*) mortify; (*v vriendschap, enz*) die out; *der wereld* ~ die to the world; *zie ook* afgestorven; **afsterving** death, decease; (*ve lichaamsdeel*) mortification

afstevenen make for, bear down on; *zie* aanstevenen; **afstijgen** 1 go down [a ladder]; 2 get off [one's horse, bicycle, bus], dismount, alight

afstoffen dust (down); **afstofkwast** (*fot*) dusting-brush; **afstompen** *tr & intr* (*eig*) blunt; (*fig*) blunt [his affections had blunted], dull, deaden, stultify; *afgestompt,* (*ook*) jaded [senses]; *zie ook* verstompen; **afstoppen** stop; block

afstormen rush down [the stairs]; ~ *op* rush at (on, upon), charge [the enemy]; **afstorten** I *intr* tumble down; II *tr* hurl down; *zich* ~ *van* throw (hurl) o.s. down (from)

afstotelijk repelling, repellent, repulsive, forbidding [appearance]; **afstoten** I *tr* 1 knock (thrust, push) off (down); (*van wal*) push (shove) off; 2 (*wegdoen*) dispose of [shares, an interest], drop [the sale of ...], hive off [unprofitable business], shed [jobs]; *zie ook* afschrijven & ontslaan; 3 (*afwerpen: huid, horens*) shed; 4 (*med*) reject [a transplant]; 5 (*natuurk*) repel; *zie ook* pool; 6 (*bilj*) lead (off); 7 (*fig*) repel, repulse [a p., his advances], put off, rebuff [a p.]; 8 *zie* afstuiten; II *intr* repel; **afstotend** *zie* afstotelijk; **afstoting** (*natuurk*) repulsion; (*med*) rejection; *vgl* afstoten; **afstotingskracht** repulsive force

afstraffen 1 punish, correct, chastise; 2 (*berispen*) reprove, lecture, reprimand; **afstraffing** 1 punishment, correction, chastisement, thrashing, trouncing; (*sl*) gruelling; 2 reprimand

afstralen I *intr* radiate, shine (forth); ~ *op* be reflected by; *de vreugde straalt van zijn gelaat af* his face beams (is radiant) with joy; *een zekere glorie straalde op mij af* I enjoyed a certain reflected glory; II *tr* radiate [heat, light, love]; **afstraling** radiation, reflection, reflex; **afstreek** (*vioolspel*) down-bow; **afstrepen** cross off, tick (off); **afstrijken** 1 (*lucifer*) strike, light; 2 wipe (off) [ink]; (*korenmaat*) level, strike; *afgestreken eetlepel* level tablespoonful; **afstrijkhout** strickle

afstrippen strip [tobacco]; **afstropen** 1 strip (off); 2 (*villen*) flay, skin [an eel]; 3 (*het land*) ransack, ravage, pillage, harry; **afstruinen** scour [the countryside], comb (through) [antique shops]

afstuderen finish (*of:* complete) one's studies; finish one's university career, graduate

afstuiten rebound, recoil, (*vooral ve wapen*) glance off; (*ve kogel, ook*) ricochet; ~ *op,* (*eig*) rebound from, bounce off, glance off; (*fig*) be frustrated by; *het plan stuitte af op de hoge kosten* the plan had to be abandoned owing to the high cost; **afstuiven** 1 (*eig*) fly off; 2 (*heuvel, enz*) rush (tear, fly) down [a hill]; ~ *op* dash (rush, fly) at (up to), go full tilt for

afsturen 1 (*goederen*) send off, dispatch; *van school* ~ send away (*of:* expel) from school; 2 *van de wal* ~ steer away from the bank; ~ *op,* (*ve schip*) make (*of:* head) for; *waarom heb je die man op mij afgestuurd?* why did you send that man to me?; *de politie op iem* ~ put the ... on to a p.

afsukkelen: *een weg* ~ jog along (*of:* down) a road; *heel wat* ~ suffer a good deal

aft (*med*) aphtha (*mv:* aphthae)

aftaaien (*fam*) clear off

aftakdoos (*elektr*) junction box

aftakelen unrig, dismantle [a ship]; strip [a ship, house]; *hij takelt af* he is getting old and showing it; *ze is een beetje aan het* ~ she is running a bit to seed; *afgetakeld,* (*fig, na ziekte*) run down; *een afgetakelde schone* a faded beauty; **aftakeling** unrigging, etc; *seniele* ~ senile decay; **aftakken** branch (off); (*elektr, ook*) tap; (*v weg, ook*) fork (off); **aftakking** branch; fork; tap; *vgl het ww*

aftands long in the tooth (*ook fig*); (*fam*) clapped out; ~ *vehikel* dilapidated vehicle
aftapkraan drain-cock, pet-cock
aftappen tap [blood, rubber, a patient, a tree, telephones]; siphon off [petrol from a car]; (*bier, enz*) draw (off), (*op flessen*) bottle; *de vijver* ~ drain the pond; *afgetapt(e) bier* (*wijn*) draught beer (ale), beer on draught (wine from the wood); (*med*) draw off, remove by puncture [purulent fluid], drain [the pleural cavity]; *iem bloed* ~ bleed a p.; **aftapping** drainage, etc; *vgl het ww*
aftasten explore [the possibilities]; (*natuurk*) scan
afte (*med*) aphtha (*mv:* aphthae)
aftekenen 1 delineate, sketch, draw; 2 (*met handtekening*) visa [a passport], sign [a Bill of Lading *connossement*], endorse [a railway-ticket]; (*voor gezien tekenen, fam*) (mark) OK, okay; (*voor ontvangst*) sign for [a parcel]; 3 (*grenzen*) mark off; 4 *zich* ~ be outlined, stand out [against the horizon], show (up), be silhouetted [against the sky]; *het tekent zich af tegen een achtergrond van* ... it is to be seen against ...; 5 (*afmaken*) finish [a drawing]; **aftekening** sketch, delineation; endorsement; visa; *vgl* aftekenen
aftelbaar (*wisk*) denumerable; **aftelefoneren** *zie* afbellen; **aftellen** 1 count (off, out); 2 (*aftrekken*) subtract; 3 (*bij spel*) count out; (*met aftelversje*) dip; 4 (*met afdalende getallen*) count down; 5 *de rozenkrans* ~ tell one's beads; **aftel|rijmpje, -versje** counting rhyme
aftikken 1 tick off (out); *de dirigent tikte af* the ... tapped his baton; 2 (*op de vingers*) check off; 3 (*bij spel*) tag (out); 4 (*afkloppen*) touch wood
aftimmeren finish (off) [a barn, etc]
aftiteling (list of) credits, credit titles
aftobben: *zich* ~ weary o.s. out, worry o.s.; *zie ook* afgetobd
aftocht retreat; *de* ~ *blazen* (*slaan*) sound (beat: *ook fig*) the retreat; *haastig de* ~ *blazen* beat a hasty retreat
aftoppen block, hold down, level down [top salaries]; **aftornen** unrip
aftrainen 1 train down; 2 overtrain
aftrap (*voetbal*) kick-off; *de* ~ *doen* kick off; **aftrappen** 1 (*voetbal*) kick off; 2 (*schoenen*) wear down; *afgetrapte schoenen* down-at-heel shoes (*met ... aan* down at heel); 3 (*de trap, de kamer*) kick [a p.] down the stairs (downstairs), out of the room; 4 *het* ~ hook it, get moving; *trap het af!* on yer bike!; *van zich* ~ kick right and left
aftreden I *ww* 1 (*afdalen*) step down, descend; 2 (*uit ambt treden*) retire (from office), resign (one's post); (*ve vorst*) abdicate; (*ve minister, ook*) quit (relinquish) office, step down; (*ve acteur*) go off, (make one's) exit; *~de voorzitter* outgoing (retiring) chairman; *de afgetreden koningin* the abdicated queen; 3 ~ *op* step up to; II *zn* resignation, retirement; **aftreding** *zie* aftreden II
aftrek 1 (*korting*) deduction, abatement; (*bij belasting*) rebate, [income-tax] relief, allowance [for children, etc]; ~ *voor pensioen* superannuation deduction; *na* (*onder*) ~ *van* ... after deducting (deduction of) [breakages], less [10 per cent], [costs] deducted, after [tax]; *met* ~ *van de 7 maanden in voorarrest doorgebracht* [sentenced to ...,] seven months to count as served; 2 (*debiet*) sale, demand; *gerede* ~ *vinden* sell well, find (meet with) a ready sale (*of:* market), be in great demand, (*fam*) be going strong; *weinig* ~ *vinden* be in little demand, (*sterker*) be a drug on the market; **aftrekbaar** deductible; ~ *voor de belasting* tax-deductible;
aftrekken 1 (*weg-, neertrekken*) draw away (off, down), pull (tear) off [a p.'s clothes]; strip [the bed]; open [a bottle]; (*doortrekken*) flush [the toilet]; *zie ook* (af)stropen; 2 (*plaatjes*) transfer [pictures]; 3 (*afleiden, afwenden, enz*) divert [a p.'s attention], turn away [one's eyes, one's thoughts from ...]; *zijn handen van iem* ~ wash one's hands of a p.; 4 (*pistool, enz*) fire, snap [a pistol], pull the trigger; 5 (*rek*) subtract [*van* from]; do subtraction; (*kosten, 10%, enz*) deduct; *een pond van het loon* ~, (*inhouden*) stop a pound from the wages; 6 (*kruiden*) infuse [herbs]; 7 (*weggaan*) withdraw, march (draw) off; (*ve leger*) retreat; (*vd wacht*) go off, be relieved; 8 (*ve bui*) blow (pass) over; 9 *zich* ~ masturbate, (*sl*) wank, toss off, jerk off; **aftrekker** 1 squeegee; 2 bottle-opener; 3 (*wisk*) subtrahend; **aftrekking** deduction; (*rek*) subtraction; **aftrekpost** tax-deductible item; **aftreksel** infusion, extract, tincture; **aftreksom** subtraction sum, sum in subtraction; **aftrektal** minuend
aftroeven 1 trump; (*whist, ook*) ruff; 2 (*met woorden*) score (points) off [a p.]; *vgl* vlug: te ~ af; 3 beat up; **aftroggelen**: *iem iets* ~ wheedle (coax) s.t. out of a p., wheedle (*door bedrog:* trick) a p. out of s.t.; **aftronen** *zie* aftroggelen; **aftuigen** 1 unharness [a horse], unrig [a ship]; 2 beat up; *zie* afranselen; **afturven** tally up
afvaardigen delegate, depute; (*naar het parlement*) return; **afvaardiging** deputation; delegation; (*naar het parlement*) return
afvaart sailing, departure; *datum van* ~ sailing-date; **afvaartlijst** sailing list, list of sailings
afval 1 (*algem*) refuse (matter), rubbish, (*Am*) trash [can]; [cotton; harmful, radioactive] waste; (*slacht~*) offal; (*keuken~*) garbage; (*v leer, enz*) cuttings, clippings; (*restjes*) leavings, scraps; (*afgewaaid fruit*) windfalls; 2 (*ontrouw, inz pol*) defection [from the Allied cause]; (*inz godsd*) apostasy; **afvalbak** refuse bin, (*Am*) trash can, (*klein afval*) litter bin (*Am:* basket); **afvalcontainer** refuse container; (*voor afbraak*) skip
afvallen 1 (*eig*) fall off, drop, tumble down; *van de trap* ~ fall down the stairs (downstairs); *afgevallen fruit* windfall; *met ~de bladeren* deciduous [tree]; 2 (*bij spel*) drop out; 3 (*vermageren*) lose weight, waste [wasted with hunger]; lose [five pounds]; slim; (*in uiterlijk*) go off (in

looks); 4 (*afvallig worden*) desert [a party, leader, cause], defect; (*zich afscheiden*) secede [from a church, a state], (*in godsd*) apostatize [from a religion]; *iem* ~ let a p. down, rat on a p., leave a p. in the lurch; *elkaar niet* ~, (*ook*) hang together; 5 (*mar*) pay off; 6 *er viel wat voor hem af* he had a few pickings; 7 *zie* tegenvallen; **afvallig** (*algem*) disloyal, disaffected, unfaithful; (*inz godsd*) apostate, lapsed; ~ *worden, zie* afvallen 4; **afvallige** (*algem*) renegade, defector, deserter; (*inz godsd*) apostate, (*fam*) backslider; **afvalligheid** (*algem*) defection [from a party, the Crown]; (*inz godsd*) apostasy, (*fam*) backsliding

afval|plant saprophyte; **-produkt** waste (residuary, residual) product, by-product; **-race** elimination race; **-scheiding** separation of waste; **-stof** waste matter; **-water** waste water; (*ve fabriek, enz*) effluent (water); **-wedstrijd** knock-out competition (race, etc)

afvangen catch (*of:* snatch) from; *klanten* ~ steal away [trade]; *zie ook* vlieg; **afvaren** 1 (*wegvaren*) sail, start, depart, leave, put to sea; 2 go (sail) down [a river]; ~ *op* make (*of:* head) for

afvegen wipe off, wipe [one's mouth, etc, on a towel], mop [one's forehead], brush away, (*haastig*) dash away [one's tears], polish [one's glasses]; (*stof*) dust [a p., one's clothes]

afvergen *zie* vergen: ~ van; **afvinken** tick (off); **afvissen** fish over [a stream]; **afvlaggen** flag down; **afvlakken** smooth (*ook elektr*), flatten, level off [price increases], tone down [comments]; [prices will] level out

afvliegen (*wegvliegen*) fly off; (*ve hoed*) blow off; (*er* ~, *v vonken, enz*) fly off; (*de trap, enz*) fly down, rush down; ~ *op* fly to; (*op vijand*) fly at (on, upon); *af- en aanvliegen* fly to and fro, come and go; *iem slaan, dat de stukken er* ~ thrash a p. within an inch of his life

afvloeien 1 flow down (*of:* off); 2 (*fig*) be discharged gradually; (*van één persoon*) be discharged; *personeel laten* ~ release (*tijdelijk:* lay off) personnel, make [300 staff] redundant; *het* ~ *van goud* the drain of gold; *doen* ~ phase out [obsolete equipment]; 3 blot [excess ink]; **afvloeiing** (*fig*) (gradual) discharge, release; (*tijdelijk*) lay-off; **afvloeiingsregeling** (*vglb*) redundancy pay (agreement, plan)

afvoer 1 (*v goederen*) conveyance, transport, removal; 2 (*v water, enz*) discharge, outlet; **afvoerbuis** waste pipe, drainpipe; (*ve machine*) exhaust pipe; (*ve gaskachel*) flue; (*na operatie*) drainage-tube; (*voor faecaliën*) soil pipe, waste pipe; (*anat*) excretory duct; *klier zonder* ~ ductless (*of:* endocrine) gland; **afvoerder** (*spier*) abductor

afvoeren 1 (*wegvoeren*) carry off, drain away (*of:* off) [water]; lead (take) away, remove; transport, convey [goods]; (*ve spier*) abduct; *van de rechte weg* ~ lead astray; *vgl* voeren; 2 (*omlaagvoeren*) lead down [the hill], transport (carry) down [the river]; 3 (*schrappen*) strike off [a p.'s name]; write off, scrap [ships]; remove (*of:* clear) [the item] from the books; **afvoergas** exhaust gas; **afvoerkanaal** drainage-canal, outlet; (*anat*) *zie* afvoerbuis; **afvoerpijp** *zie* afvoerbuis; **afvoerwater** effluent (water), waste water

afvorderen demand (exact, extort) from

afvragen 1 ask (for), demand; 2 hear [lessons]; 3 *zich* ~ wonder, ask o.s.; *zich sterk* ~ *of* ... wonder greatly if (whether) ...; *men mag zich* ~ *waarom* ... it may be wondered why ...

afvreten browse, crop; **afvriezen** freeze off, be frosted off; *er is hem een vinger afgevroren* he lost ... by frostbite; **afvullen** fill; **afvuren** fire (off), discharge

afwaaien I *intr* be blown off, blow off; *het heeft in de laatste tijd wat afgewaaid* we've had lots of wind lately; II *tr* blow off (down); *afgewaaide vruchten* windfall(s), windfall(en) fruit

afwaarderen rate lower; devalue

afwaarts I *bw* downward(s), aside, away; II *bn* downward

afwachten I *tr* wait for, await; *zijn beurt* (*iems beslissing*) ~ wait one's turn (await a p.'s decision); *de gevolgen* ~ abide the consequences; *zijn tijd* ~ bide (wait) one's ...; *de gelegenheid* (*kans*) ~ (a)wait one's opportunity (chance); *de bui* ~ wait till the shower is over; *ik wacht van u geen bevelen af* I won't take any orders from you; *geen praatjes* ~ stand no nonsense; II *intr* wait (and see), await developments (events); *een ~de houding aannemen* adopt an attitude of waiting (a waiting attitude), play a waiting game, wait and see, sit on the fence; **afwachting** expectation; *in* ~ *van* awaiting, looking forward to [your reply], in expectation (*of:* anticipation) of; *in* ~ *van de finale regeling* pending the final settlement

afwas (*abstr & concr*) washing-up [bowl, brush, liquid, water]; [do the] dishes; **afwasbaar** washable; **afwasmachine** (automatic) dishwasher; **afwasmiddel** detergent, washing-up liquid; **afwassen** 1 (*vuil*) wash off (*of:* away); 2 (*handen*) wash; (*vaat*) wash up, wash the dishes; *ik zal* ~ *en zij afdrogen* I'll wash up, while she wipes (dries); **afwassing** washing; ablution (*meestal mv*); **afwaswater** washing-up water

afwateren drain [into the sea, etc]; **afwatering** 1 drainage, draining; 2 (*concr*) drain, outlet

afwaterings|buis drainpipe; **-gebied** drainage area; **-greppel** drain; **-kanaal** drainage canal

afweer defence; **afweergeschut** anti-aircraft (AA) guns; **afweerhouding** defensive attitude; **afweermechanisme** defence mechanism; **afweermiddel** defence, antidote; **afweerreactie** defensive reaction; (*med*) immune response; **afweerstof** antibody

afwegen 1 weigh out [all the ingredients]; 2 (*fig*) weigh [one's words]; weigh (up) one's chances; *tegen elkaar* ~ weigh one against another; *iems waarde naar zijn geld* ~ judge a man's worth by his money; **afweiden** graze

(down, off)

afweken I *tr* soak off; (*van iets* [*met houtlijm e.d.*] *gelijmds*) unglue; (*anders*) ungum; (*door stoom*) steam off; II *intr* come off, come unstuck

afwenden turn away, turn aside [one's face]; avert [one's face, a blow, danger, a strike]; parry, ward off [influenza, a blow]; divert [a p.'s attention]; stave off [defeat, ruin, danger, bankruptcy]; *de blik* ~, (*ook*) look away; *zich* ~ turn away

afwennen: *iem iets* ~ break a p. of [a habit], wean a p. from s.t.; *zich* ~ break o.s. of, discard [a habit], unlearn [a bad pronunciation], get out of the habit of [smoking]; **afwentelen** roll off (back, down); *de schuld van zich* ~, *zie* afschuiven

afweren keep off, keep [the enemy] at bay; avert [danger]; parry, fend off, ward off [a blow]; repel [an attack]; *zie verder* afwenden; **afwering** keeping off, etc, *vgl het ww;* defence

afwerken finish, finish off, give the finishing touch(es) to; work off [a debt]; get through [a programme]; dispose of [a topic]; cover [teachers cannot cover the curriculum]; process [a film]; *zie ook* afbeulen; *keurig afgewerkt* highly (beautifully) finished; *zie ook* afgewerkt; **afwerking** finish(ing), workmanship; processing; *falen in de* ~, (*sp*) fail in front of goal; **afwerpen** throw (cast, fling) off (*of:* down), throw [the horse threw its rider], shake off; (*huid, horens*) shed, cast; (*bladeren*) drop; (*winst*) yield; *zie ook* masker, enz

afweten know (*van* of); *het laten* ~, *a*) excuse oneself; *b*) fail [at the crucial moment], show no interest; *de motor liet het* ~ the ... refused to work

afwezig 1 absent; *de* ~*e* the absentee; *de* ~*en*, (*ook*) those absent [were proved right, wrong]; 2 (*verstrooid*) absent-minded; **afwezigheid** 1 absence; 2 absent-mindedness; 3 (*niet-verschijning*) non-attendance; (*vooral jur*) non-appearance; *zie ook* schitteren; **afwezigheidsregister** attendance register, record of absences

afwijken 1 (*ve koers, pad, handtekening, enz*) deviate; deflect [to the right, etc]; (*ve kompas, kogel, enz*) deviate; (*v lijnen, stralen, paden*) diverge, be divergent; 2 (*fig*) deviate [from a rule, a course, the truth, a standard, method, etc]; swerve [from one's policy]; depart [from the programme, the usual course, the truth, the rule]; move [from a standpoint]; (*verschillen*) differ [from sample, etc]; vary [this edition varies little from its predecessor]; (*in mening*) differ, dissent [from a p., a doctrine], disagree [with a p.]; (*ve mening, theorie, enz, ook*) be at variance [*van* with]; *zie ook* pad; *doen* ~ deflect [a bullet, rays, a p. from his purpose]; **afwijkend** deviating, etc, *vgl het ww;* divergent, deviant [behaviour], different; (*biol*) aberrant; ~ *van*, (*ve mening, enz, ook*) at variance with; ~*e meningen*, (*ook*) dissentient (dissenting) views; ~*e uitgave* variant edition

afwijking 1 deviation, deflection, divergence, difference, variance, variation; (*ve kompas*) declination, (*door het ijzer vh schip, enz*) deviation; departure [from tradition, a rule, etc]; (*licht, astron, moreel, verstandelijk*) aberration (*verstandelijk, ook:* mental kink); *in* ~ *van de regels* in contravention of the rules; *in* ~ *van dat bericht* contrary to ...; 2 (*med*) dysfunction, disorder; (*lichamelijk*) deformity, abnormality, defect; *geen ernstige* ~*en*, (*med*) nothing seriously wrong; **afwijkingshoek** angle of deflection

afwijzen 1 (*iem*) refuse admittance (to), turn away [scores of people, applicants, etc, were turned away]; reject [a lover, candidate]; fail (refer) [a candidate]; *afgewezen worden* fail [in an examination], (*fam*) be ploughed; *afgewezen kandidaat* unsuccessful candidate; *afgewezen worden*, (*bij examen, ook*) fail to satisfy the examiners; 2 (*iets*) refuse [a request], decline [an invitation, offer], reject [an appeal, a claim], disclaim [feelings, etc, attributed to one, any intention to offend], repel [a charge *beschuldiging*], dismiss [a claim, suggestion, an appeal], turn down [a proposal, request]; *met een handgebaar* ~ wave (*of:* brush) aside [objections]; *met minachting* ~ scout [an idea]; *zie ook* eis, verantwoordelijkheid, enz; *een* ~*d antwoord krijgen* meet with a refusal (rebuff, denial); ~*d reageren* react negatively; ~*d staan tegenover* dissent from, be opposed to [a proposal]; *beleefd afgewezen* declined with thanks; **afwijzing** refusal, denial, rejection, disclaimer [of responsibility, etc]; *vgl het ww*

afwikkelen 1 unroll, unwind, wind off, uncoil [a rope]; 2 (*fig*) wind up, liquidate [a business], settle, carry through [transactions], fulfil, complete [a contract]; **afwikkeling** 1 unrolling, etc, *vgl het ww*; 2 liquidation, winding-up [of a business], settlement [of a transaction], fulfilment [of a contract]; **afwillen**: *het deksel wil er niet af* the lid will not come off; **afwimpelen** call (declare) off, cancel; **afwinden** wind (reel) off, unreel; **afwinnen** *zie* winnen: ~ van

afwisselen I *tr iem* ~ relieve a p., take a p.'s place; (*iets*) interchange, alternate [*met* with]; (*afwisseling geven*) vary, diversify, relieve [the yellow wallpaper was relieved by choice prints], variegate [the green colour of the fir-trees is variegated by the browns of the beeches]; *regen, afgewisseld met perioden van zonneschijn* rain, interspersed with sunny periods; *het landschap wordt door geen enkele boom afgewisseld* the ... is not relieved (is unrelieved) by ...; *elkaar* ~, (*personen*) relieve one another, take turns; (*zaken*) succeed each other, alternate; *elkaar* ~ *bij het roeien* take spells at the oars; II *intr* 1 (*beurtelings* ~) *zie* elkaar ~; 2 (*variëren*) vary; *zie ook* wisselen

afwisselend I *bn* 1 (*beurtelings*) alternate; ~*e bladeren* alternate leaves; 2 (*veranderlijk*) varied, varying, variegated, diversified; ~*e koorts* intermittent fever; *met* ~ *succes* with varying success; II *bw* alternately, by turns, in turn; **af-**

wisseling 1 (*opeenvolging*) alternation [of harshness and tenderness], interchange, succession [of the seasons]; 2 (*verandering*) change, variation; 3 (*verscheidenheid*) variety [give variety to], diversity; *bij ~* by turns, in turn, alternately; *ter* (*tot, voor de*) ~ for (by way of) a change, for variety's sake
afwissen wipe (off); *zie ook* afvegen
afwrijven rub (down, off); rub [brasses, bindings]
afwringen (*eig*) wring (wrest, wrench) off; *iem ... ~* wring (wrest, force) [a promise] from a p.
afz. *zie* afzender; **afzadelen** unsaddle
afzagen saw off; *zie ook* afgezaagd
afzakken 1 (*v kleren*) come (*of:* slip) down, (*ve kous*) slide down, sag (down) [her dress is sagging down on one side]; *je onderjurk zakt af* your slip is showing; *niet ~d* non-sag; 2 (*ve bui*) blow (*of:* pass) over; 3 (*weggaan*) withdraw, make off, drop off [one by one]; (*ve menigte*) disperse; 4 sail (float, drop) down [the river]; slide down [a mast]; 5 (*sp, enz*) fall back; *~ tot,* (*fig*) sink towards (poverty, serfdom); 6 *zich laten ~* let o.s. down [by a rope]; **afzakkertje** one for the road
afzanden dig off
afzeggen 1 countermand [an order], cancel [an invitation, a meeting]; put off [a p.]; 2 call off; *het laten ~* send (one's) apologies; **afzegging** 1 cancellation, countermand; 2 apology
afzeiken bully
afzeilen sail, put to sea; sail down [a river]; *~ op* sail (make, head) for; **afzemen** chamois, leather
afzenden send (off), forward, ship, dispatch, consign; *zie ook* afsturen; **afzender** sender, consignor, shipper; (*op enveloppe, in Engeland minder gebruikelijk*) (From) AB; **afzending** sending, dispatch (*ook ve telegram*), forwarding, shipment; [office of] origin; *zie ook* station
afzet 1 sale(s) [of a product]; market [for a product]; 2 (*sp*) take-off; **afzetbaar** removable, deposable; **afzetbaarheid** removability; **afzetbalk** take-off board; **afzetgebied** market, area of distribution, (*Am*) outlet; **afzetmogelijkheden** sales potential (of an area)
afzetsel 1 (*ve japon*) trimming; 2 (*ve plant*) layer; 3 (*neerslag*) sediment, deposit
afzetten I *tr* 1 take (put) off, remove [one's hat], take [a kettle from the gas], move away [a chair from the wall]; *het geweer ~, zie* geweer; *hij zette ... van zich af,* (*fig*) he put [the idea] (away) from him, dismissed [the idea, the memory of it], dismissed (banished) [it] from his mind, put [it] out of his head, shook off [the feeling]; *zet dat van je af* get that out of your mind; 2 (*arm, enz*) amputate, cut off; *zijn been werd afgezet,* (*ook*) he had his leg off; 3 (*slib, enz*) deposit; 4 (*afduwen*) push off [a boat]; 5 (*afbakenen*) peg out, stake out (off); (*omheinen*) fence in; (*vaarwater*) buoy; 6 (*toegangsweg, enz*) block, close (off); rope off; draw a cordon round (cordon off) [an area]; (*straat in de lengte*) line [with soldiers]; 7 (*uit voertuig*) set (put) down, drop, deposit; 8 (*als versiering*) set off [with gold, etc], trim [a dress], relieve [a black dress relieved with white lace], (*met biesversiering*) pipe [a dress]; *met bont afgezet* fur-trimmed; 9 (*ontslaan*) dismiss, remove [judges, officials] (from office), cashier [an officer]; deprive, unfrock [a clergyman]; depose, dethrone [a king, bishop]; 10 (*goederen*) sell, dispose of; 11 (*bedriegen*) cheat, swindle, (*fam*) con, sting [a p. for ...]; (*sl*) rip [a p.] off; *iem iets ~* swindle (do) a p. out of s.t., cheat a p. (out) of s.t.; *zich laten ~* pay through the nose; 12 shut (cut) off, stop [the engine *motor*]; lock, cut off [the ignition]; deactivate [a mine]; switch off, disconnect [the telephone]; switch off [the radio]; stop [the alarm clock]; latch back [the Yale lock]; 13 *~ tegen,* (*compenseren*) set off against; 14 *zich ~,* (*sp*) take off; (*ve chemische stof, enz*) settle, be precipitated, form a deposit; *zich ~ tegen het marxisme* (*zijn ouders*) resist, fight against Marxism (react against one's parents); II *intr* (*van wal steken*) push (put, shove) off (from the shore)
afzetter swindler, sharper, cheat; **afzetterij** swindle, swindling, (*fam*) [it's all a] con, (*sl*) sell, rip-off; **afzetting** 1 (*med*) amputation; 2 (*uit ambt*) dismissal, removal, deprivation, deposition; 3 [police] cordon, barrier, barricade; 4 (*geol*) sediment(ation), (sedimentary) deposit; **afzettingsgesteente** sedimentary rock
afzichtelijk hideous, ghastly; *een ~ gebouw, enz* an eyesore
afzien I *intr* 1 *~ van* abandon, give up [a plan, an attempt]; drop [a plan, an idea]; (*afstand doen van*) waive, forgo, renounce, relinquish, abandon [a claim, right]; desist (refrain) from [the use of force]; *ervan ~ te* decide not to [go, buy a car]; *~ van iets* (*koop, enz*) *~* cry off; *zie ook* woord; *afgezien van* apart (*Am:* aside) from, setting aside, not to mention, irrespective of, to say nothing of [the fact]; except for; *afgezien daarvan, dat ...* let alone that ...; 2 (*op school*) *zie* afkijken; 3 (*lijden*) bear up, grin and bear it; II *tr* 1 look down [the street]; 2 look over, view [an exhibition]; 3 *ik heb er de aardigheid afgezien* it has lost its charm for me; (*kunstjes, enz*) *zie* afkijken; 4 (*afwachten*) *zie* aanzien
afzienbaar surveyable; *in -bare tijd* in the near (within the foreseeable) future
afzijdig: *zich ~ houden* hold (keep, stand) aloof [*van* from], keep out of it, hold one's hand
afzinken sink
afzoden cut sods, remove the turf (from)
afzoeken search, beat [the woods for a criminal], scour [a wood, the seas]; *zie ook* doorzoeken; *alles ~* seek high and low, hunt (search) all over the place; **afzoenen** *zie* afkussen
afzonderen separate, set apart, set (put) aside [money for a special purpose]; isolate, segregate [patients]; *zich ~* retire [from the world], seclude o.s. [from society, the rest of mankind], keep (o.s.) to o.s.; *zie ook* afgezonderd

afzondering seclusion, [live in] retirement, privacy, isolation, segregation, separation
afzonderlijk separate [table, room], single [each single thread], private [interview, entrance], individual [case], discrete [classes of objects]; special [there is no special word for it], several [each several part]; *ze ~ aanspreken* address them individually (separately); *~ verkopen* sell separately (singly); *~ zetten* (*houden*) set (keep) apart; *vgl* apart
afzuigen extract; (*seksueel*) suck off, (*sl*) do a blow job; **afzuigkap** cooker hood, extractor (fan), extraction fan; **afzwaaien** 1 be demobbed (demobilized); (*Am*) muster out; 2 (*univ*) go down; **afzwaaier** (*kogel*) miss; (*soms*) outer; **afzwakken** I *intr zie* afnemen; II *tr* mitigate, tone down, qualify [a statement]; **afzwemmen** 1 swim down [the river]; 2 take one's (final) swimming test; **afzweren** 1 abjure [one's faith, errors, the king], forswear [one's religion, a p.'s company, tobacco], renounce [the world, one's principles, etc]; 2 fester and come off; **afzwering** abjuration; renunciation
agaat(steen) agate; **agar-agar** agar(-agar); **agaten** *bn* agate; **Agatha** Agatha; (*fam*) Aggie; **agave** id
agenda 1 (*boekje*) diary, memo(randum)-book; 2 (*lijst*) agenda (paper), order-paper; (*in krant*) [theatre] diary; *op de ~* on (in) the agenda; *het onderwerp staat op de ~,* (*ook*) the subject is down for consideration (discussion); *de ~ vermeldt* ... the business of the meeting will be ...; **agendapunten** (items on the) agenda; **agenderen** place on the agenda
agens agent; **agent** 1 (*vertegenwoordiger, geheim ~, enz*) agent; 2 (*politie~*) policeman, police officer, constable, (*surveillerend*) patrolman; (*bij aanspreken*) officer; (*fam*) bobby; (*sl*) cop(per); **agente, agentes** 1 (lady-)agent; 2 (*v politie*) policewoman; **agent provocateur** id (*mv:* agents provocateurs); **agentschap** agency, (*ve bank*) branch (office); **agentuur** agency
ageren act, agitate, (carry on a) campaign [for a reform, etc], manoeuvre [against an enemy]
aggiornamento id
agglomeraat agglomerate; **agglomeratie** agglomeration; built-up area; *stedelijke ~* conurbation; **agglomereren** agglomerate
agglutinatie agglutination; **agglutineren** agglutinate; **agglutinine** agglutinin
aggravatie aggravation
aggregaat 1 aggregate; 2 (generator) set; **aggregatie** 1 aggregation; 2 admission; 3 (course leading to) academic teaching qualification; **aggregatietoestand** state of matter, physical condition (*of:* state); **aggregeren** aggregate
agio premium, agio; **agioreserve** share premium reserve; **agiotage** id, stock-jobbing; **agioteur** stock-jobber; **agisme** ag(e)ism
agitatie agitation, flutter, excitement; **agitator** id, demagogue; **agiteren** agitate, flutter, fluster [look flustered]
agnaat agnate; **Agnes, Agneta, Agniet** Agnes
agnosie agnosia; **agnost** agnostic; **agnosticisme** agnosticism; **agnos|ticus, -tisch** agnostic
agoeti agouti
agogie social casework; **agogisch** (*muz*) agogic; **agologie** (social) casework theory
agorafobie agoraphobia
agrafe 1 agraffe; 2 (*med*) Michel clip
agrafie agraphia
agrariër rural dweller, farmer, countryman; *de ~s* the rural community; **agrarisch** agrarian
agreatie approval; **agrement** 1 (*garneersel*) trimming; 2 (*v te benoemen ambassadeur*) approval, agreement
agressie aggression; **agressief** aggressive; *-sieve verkooptechniek,* (*ook*) hard sell; **agressiviteit** aggressiveness; **agressor** aggressor
A-griep Asian flu; **agrimonie** (*plant*) agrimony
agro|biologie agrobiology; **-chemie** agrochemistry; **-industrie** agribusiness; **-logie** agrology; **-nomie** agronomy; **-noom** agronomist
ah ah!; **aha** aha!
Ahasve|ros, -rus Ahasuerus
ahob (automatic) half-barrier level crossing
ahorn(boom) maple(-tree)
a.h.w. afk van *als het ware* as it were
1 ai *tw* 1 (*pijn, enz*) ow!, ouch!; 2 (*bede, vero*) O!
2 ai *zn* ai, (three-toed) sloth
a.i. afk van *ad interim* ad interim, pro tem
aide de camp aide-de-camp, ADC ['eidi:'si:]
aids id; **aidsremmer** aids inhibitor; **aidsvirus** aids virus, HIV (*human immunodeficiency virus*)
aigrette id; (*v diamanten, ook*) spray; (*vogel, ook*) egret; **aimabel** amiable, friendly
aio research trainee
air air (*ook muz*), appearance, seeming; *~s* airs, (*fam*) side, swank; *het ~ aannemen van* assume the air of; *zich ~s geven* give o.s. airs, (*fam*) put on side, swank; *hij heeft niet de minste ~s over zich* he is without side of any sort
airconditioning air conditioning; *van ~ voorzien, a*) air-condition; *b*) air-conditioned
aïs (*muz*) A sharp; **ajakkes, ajasses** bah!, pah!
ajour open-work(ed) [stockings]; **ajourrand** (*v leer bijv*) punching
aju ta-ta!, see you!, be seeing you!; **ajuin** onion
akademie academy; *zie verder* academie, enz
akant acanthus; (*plant, ook*) bear's breech
akela (*welpenleid(st)er*) cubmaster, -mistress
akelei (*plant*) columbine, aquilegia
akelig 1 (*naar*) dismal [sound, failure], dreary [weather, tone], nasty [weather, smell, taste, stuff *goedje*], grim (spectacle), ghastly [smile, apparition], lugubrious [story], horrid [yell, weather], doleful [music]; *~ bleek* ghastly pale; *~ gat* beastly hole (of a place); *~e lui,* (*ook*) hateful people; *~ zoet* sickly sweet; *ik ben er ~ van* it makes me feel quite faint; *ik heb een ~e dag gehad,* (*ook*) it's been one of those days; *zich ~ voelen* feel bad; *je wordt er ~ van* it makes you sick; 2 (*erg*) extremely; *~ knap* immensely

clever; **akeligheid** dreariness, etc; horrid thing, etc
Aken Aix-la-Chapelle, Aachen
aker 1 pail, bucket; 2 (*eikel*) acorn
aki (level crossing with) automatic flashing light
akkefietje 1 (bad) job, (fine) to-do; 2 chore; 3 (*kleinigheid*) trifle
akker field; *zie ook* akkertje & God
akker|boterbloem hunger-weed, corn buttercup; **-bouw** agriculture, arable farming; **-gewassen** agricultural crops; **-hoornbloem** field chickweed; **-klokje** creeping bell-flower; **-kool** nipplewort; **-land** arable land; **-leeuwerik** skylark; **-maalsbos**, **-maalshout** copse, coppice; **-muis** field vole; **-munt** corn mint; **-paardestaart** (*plant*) common horsetail; **-tje:** *op zijn* (*dooie*) ~ leisurely, at one's (his) leisure; **-winde** (*plant*) bindweed
akkoord I *zn* 1 (*muz*) chord; 2 (*overeenkomst*) agreement, arrangement, settlement, accord; (*met crediteuren*) composition; *een ~ van 5%* a composition of 5p in the pound; *een ~ aangaan* (*treffen*) *met* come to an arrangement with, (*met crediteuren, ook*) compound with one's creditors; *het op een ~je gooien* compromise (matters); *het op een ~je gooien met* make a compromise (a bargain, terms) with, compromise [one's conscience, principles, etc]; 3 (*goedkeuring*) approval; II *bn: ~ bevinden* (*zij*) find (be) correct (in order); *~ gaan met* agree (to) [a proposal], be in agreement with [a policy], agree (concur) with [a p.]; *ik ga* (*ik ben*) *~* I'm agreeable; *voor ~ tekenen* sign as correct; *~!* agreed!, done!, it's a bargain!, it's a go!; *~ Van Putten!* (I say) ditto to that!
akkoord|bevinding 1 *bij ~* if found correct; 2 acknowledgment form; **-loon** job wage
akoemetrist audiometrist; **akoepedie** hearing therapy; **akoestiek** acoustics; (*ve zaal*) acoustics, acoustic qualities (*of:* properties); **akoestisch** acoustic; *~e belijning* rumble strip; *~e koppeling* acoustic coupler
akoniet aconite; **aks(t)** axe
akte 1 deed, instrument; diploma, certificate; (*voor de jacht*) licence; *~ nemen van* take note of; *waarvan ~* remark (objection, etc) noted; *~ van bekwaamheid* certificate of efficiency, (*ve onderwijzer*) teacher's certificate; *~ van beschuldiging* (bill of) indictment; *~ van oprichting* memorandum of association; *~ van overdracht* deed of conveyance; *~ van overlijden* death certificate; *~ van vennootschap* deed of partnership; *~ van verkoop* deed of sale; *zie ook* notarieel; 2 (*bedrijf*) act; (*film*) reel; **akte-examen** qualifying examination; **aktentas** briefcase, dispatch case; **aktentrommel** deed box
al I *telw, bn, zn* all, every, each; *~le drie* all three (of them, of us, etc); *~le beide, ~le twee* both (of them, of you, etc); *~le dagen* every day; *~le 3 dagen* every three days (third day); *~le mannen,* (*algem*) all men, (*bepaald*) all the men; [*de aarde,*] *ons ~ler moeder* our common mother; *~le reden* (*recht*) *om* ... every reason (right) to ...; *~ het mogelijke* all that is possible; *~ het mijne* all that is mine, my all; *~le patronen hebben hun eigen merk* each pattern has its own mark; *~* ***met*** *~* all in all, one thing with another; altogether; taking it all in all; *met huid en ~* skin and all; ***te*** *~len tijde* at any time, at all times; *wij* (*zij*) *~len* we (they) all, all of us (them); *~len waren bereid* all of them ...; *~len zonder uitzondering* one and all; *vijf mensen* (*dingen*)*, die allen* (*alle*) *weg zijn* five people (things), all of whom (of which) are gone; *~len die* all who; *~ wie* whoever; *~ wat, zie* alles; *en wat niet ~* and what not; *we kochten het met ons ~len* we bought it between us; *het ~,* (*heelal*) the universe; *zie ook* met & onderscheid; II *bw* 1 (*reeds*) already, yet; (*onvertaald:*) *hoe lang ben je hier nu ~?* how long have you been here now?; *ben je hier 'nu ~?* are you here already?; *is het ~ tijd?* is it time yet?; *ik ben ~ klaar* I am ready now; *die kat is ~ oud* that cat is quite (an) old (one); *hij is ~ 3 weken* (*~ lang*) *ziek* he has been ill for three weeks (for a long time); *~ weer meer dan drie jaar geleden* quite three years ago already; *hij leert Londen ~ aardig kennen* he is getting to know London quite well; *~ in 1066* as early (as far back, as long ago) as ...; *~ vóór 1066* even before ...; *ik zal zeker geen winst maken, àls ik er ~ in slaag het te verkopen* I ..., if I succeed in selling it at all; *àls hij het ~ had* if indeed he had it; *hij is toch ~ niet mooi* he is not very good-looking as it is; *ik zie hem ~ zwemmen!* I can just see him swimming!; ***daar*** *heb je het ~* there you are!; *jij ook ~?* even you?; ***dat*** *zei* (*dacht, verwachtte*) *ik ~* I said (thought, expected) as much; *is hij* ***er*** *~?* has he come yet? (*sterker: nu ~* already)?; *dat zei hij* ***toen*** *~* even then he said so; 2 (*wel:*) *~ even slecht als* quite as bad as; *wat hij ~ niet weet!* it's surprising what he knows!; *~ heel ongelukkig* very unfortunate indeed; *of je hem ~ of* (*~ dan*) *niet waarschuwt* whether you warn him or not; *~ of niet* yes or no; *~ of niet aflosbaar* redeemable or otherwise; *~ of niet met toestemming* with or without permission; *~ of niet geschreven grondwet* written or unwritten constitution; 3 (*graad:*) *dat is ~* ***te*** *laag* that is altogether too low; *maar ~ te waar* only too true; *~ te goed* (*slim*)*,* (*fam*) too good (clever) by half; *je weet maar ~ te goed* you know only too well; *~ te eerlijk* honest to a fault; *~ te bezorgd* over-anxious; *niet ~ te goed* not over (*inz Am:* overly) well; *niet ~ te schoon* [a tablecloth] none too clean; *maar ~ te spoedig* [the hour came] all too soon; *~ te veel* overmuch, undue [without overmuch support]; *dat is wel wat ~ te gevaarlijk* that is a little too dangerous; 4 (*steeds*) ever; *~ maar moeilijker* ever harder; *~ nader en nader* nearer and nearer; *het wordt ~ erger* it is getting worse and worse; *~ zeggende* (while) saying; *~ lachende* laughing all the time; *~ naar, zie* gelang: naar ~; III *vw* (al)though, even if, even though; *~ was ik rijk* though (even if) I were rich; *~ is hij ook nog zo rijk* however rich he may be, rich though he may be, rich as he is;

ik volg hem, ~ neemt het ook de hele dag I'll ..., if it takes all day; *~ zeg ik het zelf* though I say so who shouldn't; [*zijn bezoek*] *~ was het maar kort* short though it was

à la bonne heure all right, go ahead!; **à la minute** this minute, at once, immediately, on the spot

alang-alang lalang, alang(-alang)

alant (*plant*) elecampane; **Alarik** Alaric

alarm 1 alarm, (*inz lucht~*) alert; *groot ~* red alert; *stil ~* silent alarm; *~ blazen* sound the (an) alarm; *~ slaan* beat the (an) alarm; *een vals* (*loos*) *~ geven* make a false alarm, (*eens te vaak, fam*) cry wolf; 2 (*lawaai*) tumult, uproar; **alarmbel** 1 alarm bell; 2 veto; **alarmcentrale** emergency centre; **alarmeren** alarm, give the alarm; alert [troops]; call out [the fire-brigade]; **alarmerend** alarming, alarmist; *verspreiding van ~e berichten* scaremongering; **alarminstallatie** alarm system, burglar (fire, etc) alarm; **alarmist** id; (*fig ook*) scaremonger, panic-monger; **alarmistisch** alarmist [views]

alarmklok alarm bell, tocsin; *de ~ luiden,* (*fig*) sound (ring) the alarm; **alarmnummer** emergency number; **alarmpistool** alarm gun; **alarmsignaal** alarm signal; **alarmtoestand** state of alert; *de ~ afkondigen,* (*ook*) give the alert

Alaska id; **Alaskaan(s)** Alaskan; **alastrim** id

Albaans Alban [Mountains]; **Albanees** Albanian; **Albanië** Albania; **Albanisch** Albanian

albast(en) alabaster; **albatros** albatross; **albe** alb; **albedil** caviller, fault-finder; **Albehoeder** Preserver (of all things)

Albert Albert(us); **Albertina** Albert(in)a

Albestuur (God's) supreme rule

Albigen|zen Albigenses; **-zisch** Albigensian

albinisme albinism; **albino** id; **Albion** Albion

Albrecht Albert

album id (*alle bet*); (*knipsel~, ook*) scrapbook

albumine albumen; **albuminepapier** albumenized paper; **alchemie** alchemy; **alchemist** id; **alchimie** alchemy

alcohol id; **alcoholgehalte** alcoholic content (*of:* strength); **alcoholhoudend** *zie* alcoholisch

alcoholica 1 (*mv*) alcoholic (spirituous) liquors, intoxicants; 2 (*ev*) alcoholic; **alcoholicus** alcoholic, dipsomaniac; **alcoholisch** alcoholic; *~e dranken, zie* alcoholica 1; **alcoholisme** alcoholism, dipsomania; **alcoholist(e)** alcoholic

alcoholmeter alcoholometer; **alcoholmisbruik** alcohol abuse; **alcoholpromillage** blood alcohol count; **alcoholvergiftiging** alcoholic poisoning, alcoholism; **alcoholvrij** non-intoxicant, non-alcoholic; *~e dranken,* (*ook*) soft drinks, non-intoxicants; *~ bier* nab, no-alcohol beer; **alcomobilisme** drink-driving; **alcomobilist(e)** drink-driver

aldaar there, at that place; *de Heer N ~* Mr N, of that place (town, city); *kamerverhuursters ~* local landladies

aldehyde id

aldoor all the time, the whole time, all along, throughout, [be] for ever [talking]

aldra soon, before long

aldus 1 thus, so, in this manner (way), as follows; *de belasting, ~ de minister, kan afgeschaft* the tax, according to the minister (so the minister said), can be abolished; *en ~ geschiedde* and so it was done; 2 as a result [the sale was off]

aleatoir aleatoric, -tory; **aleer** before

Aleida Alelaide; **Alemannen** Alamanni, Alemanni; **Aleoeten** Aleutian Islands, Aleutians

alert vigilant, lively, keen, id; **aleuron** aleurone;

alevel all the same

Alex Alec(k), Alick, Sandy; **Alexander** id; **Alexandrië** Alexandria; **alexandrijn** alexandrine; **Alexandrijn(s)** Alexandrian

alexie alexia, word-blindness; **alf** elf; nightmare

alfa 1 alpha; *~ en omega* alpha and omega; 2 student (etc) on the arts side; **alfabet** alphabet; **alfabetisch** I *bn* [in] alphabetic(al) [order]; II *bw* alphabetically; **alfabetiseren** 1 alphabetize; 2 teach to read and write; **alfabetiseringsprogramma** literacy programme; **alfabetisme** literacy; **alfadeeltje** alpha particle; **alfafaculteiten** (*univ*) theology, law and the humanities; **alfahulp** home help

alfalfa id

alfanumeriek alphanumeric; **alfastraling** alpha radiation; **alfavakken** arts subjects; **alfawetenschappen** humanities

Alfons Alphonsus; **Alfred** id; (*fam*) Alf

alg(e) alga (*mv:* algae)

algebra id; **algebraïcus** algebraist; **algebraisch** algebraic(al)

algeheel I *bn* total, complete, entire, whole; wholesale [destruction]; wholehearted [support]; II *bw* totally, etc, wholly

algemeen I *bn* 1 (*met weinig uitzonderingen*) general [rule]; (*zonder uitzonderingen*) universal [rule, suffrage, admiration]; (*niet in bijzonderheden*) broad, general [discussion]; catholic [tastes]; (*alomvattend*) blanket [agreement, rule, terms]; (*veel voorkomend*) common [experience, etc]; *dat is thans erg ~* that is the vogue (*fam:* all the rage) now; everybody is doing it; *te ~* sweeping [statement]; *Algemeen Beschaafd* Received Standard; *algemene geschiedenis* universal (*of:* world) history; *~ gevecht* battle royal, free fight; *~ klassement,* (*sp*) overall standings; *algemene onkosten,* (*ve zaak*) overhead expenses (charges); *algemene ontwikkeling* general knowledge (*of:* information); *de algemene opinie,* (*in vergadering bijv*) the general opinion (feeling), (*openbare opinie*) public opinion; *met algemene stemmen* unanimously, [the motion was carried] nem con; *algemene vermindering van bewapening* all-round reduction in armaments; *in algemene zin* in a general sense; 2 (*openbaar*) public [in the public interest]; *departement van ~ bestuur* department of government; 3 (*onbepaald*) indefinite, vague; *zie ook* alzijdig, welzijn, enz; II *bw* generally, etc; *vgl het bn; ~ in gebruik* in common use; ~

goedgevonden agreed to on all hands; *het is ~ bekend,* (*ook*) it is common knowledge; III *zn in* (*over*) *het* ~ in general, on the whole, generally, by and large; *in het ~ niet,* (*ook*) not usually; ze *zijn over het ~ aardig* they tend to be kind; *hij spreekt tot de wereld in het ~* he addresses the world in general (*of:* at large); *in het ~ gesproken* generally (broadly) speaking; *zie ook* nut; **algemeenheid** generality, universality, commonness; *-heden over het weer* commonplaces about the weather; *vage -heden* vague generalities

Algerië, **Algerije** Algeria; **Algerijn(s)** Algerian; **Algiers** 1 (*stad*) Algiers; 2 (*land*) Algeria

algoed all-good; *de Algoede* the All-Good

algolagnie algolagnia; **algolagnist** id; **algoritme** algorithm; **algoritmisch** algorithmic

alhidade alidade

alhier here, at this place; (*op brief, vero*) local (*in Eng ook ongebruikelijk*); *de Heer N ~* Mr N (*met adres*); **alhoewel** although

alias I *bw* alias, otherwise, also known as, aka; II *zn* id; **alibi** id; *zijn ~ bewijzen* prove (establish) an alibi; *een ~ aanvoeren* set (*of:* put) up an alibi

Alida Adelaide

aliënatie alienation; **alifatisch** aliphatic

alikruik (peri)winkle; (*pers*) roly-poly

alimentatie 1 (*jur*) maintenance, permanent financial provision; (*Am & hist Br*) alimony; 2 sustenance

alinea paragraph; *nieuwe ~!,* (*bij dictee*) paragraph!; (*van wet, ook*) subsection; **alineëring** paragraphing

aliterair non-literary

alk razorbill; *kleine ~* little auk

alkaan alkane; **alkali** id; **alkalisch** alkaline; **alkaliteit** alkalinity; **alkaloïde** alkaloid

alkannine alkanet

alkoof little inner room (used as a bedroom), alcove bedroom, recessed bed, bed recess

alla 1 come on!; 2 ah, well; **Allah** id

allang for a long time; *zie* lang; **alle** all; *zie* al I

allebei(de) both (of them); *het is ~ goed* either is (both are) correct; **alledaags** 1 daily [occurrences]; quotidian [fever]; everyday, workaday [world]; 2 (*gewoon*) plain, undistinguished [face], commonplace [remark, fellow], ordinary, humdrum [routine]; *zie ook* doodgewoon; 3 (*afgezaagd*) stale, trivial, trite [sayings]; **alledaagsheid** commonness, triviality, triteness, staleness, plainness; **alledag** every day; *de sleur van ~* the daily grind

allee I *zn* avenue; II *tw* 1 come on (along); 2 well, all right

alleen I *bn* 1 (*afgezonderd*) alone, by o.s. [the cottage stood by itself]; (*zonder hulp, ook*) [arrest a p.] single-handed; (*eenzaam*) [feel] lonely; *vandaag ben ik ~* today I'm on my own; *één man ~ kan geen oorlog maken* no one man can make war; *iem ~ spreken* speak to a p. in private; *~ vliegen* fly solo; *de gedachte daaraan* (*het noemen ervan, de naam*) *~ al* the mere (*of:* bare) thought (*of:* mention) of it, the very name [produced a shiver]; *het dak ~ al* the roof for a start (*of:* by, in itself) [cost a fortune]; *ik sta daarin niet ~* I am not alone in that; *zie ook* ~staand & vertrouwd; 2 (*uitsluitend*) only; *~ voor wielrijders* cyclists only; *~ omdat je het weet, hoef je niet ...* just because you know, you needn't ...; II *bw* only; (*slechts, ~ maar*) only, merely; *een aardige man, ~ wat driftig* a nice man, only a little quick-tempered; *niet ~ ..., maar ook* not only ..., but (also)

alleen|gebruik exclusive (sole) use; **-handel** monopoly; **-heerschappij** absolute power (monarchy); *de ~ voeren* hold undivided sway, reign supreme; **-heerser** absolute monarch, supremo, autocrat; **-lijk** (*vero*) only, merely; **-recht** exclusive right(s), sole right, monopoly; **-spraak** monologue, soliloquy; *een ~ houden* soliloquize; **-staand** isolated, single, detached [buildings]; alone in the world; *een ~ geval* an isolated case; *~e* single (person); *~e ouder* single parent; *een ~e vrouw* an unattached woman, a woman who lives on her own; **-verdeler** sole distributor; **-verdiener** wage-earner in single-income household, single (income) earner; **-verkoop**: (*recht van*) ~ sole (exclusive) rights of sale; **-vertegenwoordiging** sole (exclusive) agency (*of:* representation); **-vertoningsrecht** sole exhibition rights; **-zaligmakend**: *het ~e geloof* the only true faith; *~ middel* [political] nostrum

allegaar *zie* allemaal; **allegaartje** hotchpotch, medley, jumble, farrago, mishmash, omnium-gatherum, mixed bag; (*ve orkest, bemanning, enz*) scratch band (crew, team, etc)

allegatie allegation; **allegeren** allege

allegorese explication of an allegory; allegorical exegesis; **allegorie** allegory; **allegorisch** I *bn* allegoric(al); II *bw* allegorically; **allegoriseren** allegorize; **allegorist** id

allehens all hands [on deck]

allejezus I *tw* Jesus!, Christ!; II *bn* godawful

alleluja alleluia (*beide bet*)

allemaal (one and) all, the (whole) lot, [I hate] the lot of them; *wel te rusten, ~!* Good night, everybody (*of:* all)!; *~ klets* sheer nonsense, all rot; *zij kregen ~ een beloning* there were rewards all round; *neem ze maar ~* take the lot; *dat* (*hier*) *zijn ze ~* that's the lot; *~ stijve harken!* stiff as pokers, the lot of them!; *zoals wij ~* [they make mistakes] like the rest of us; *hij slikte het ~, a*) (*geloofde het*) he swallowed it hook, line and sinker; *b*) (*accepteerde het*) he put up with it all

allemachtig (*fam*) I *bw* mighty [a mighty pretty girl], jolly [decent *aardig*], precious [little], [an] almighty [crash]; II *tw*: cripes!; (*wel*) *~!* well I'm blowed!

alleman everybody; **allemansgading** fit for all; **allemansvriend** everybody's friend; *hij is een ~* he is hail-fellow-well-met with everybody

allemenselijk 1 cripes!; 2 uncommon

allen all; (*muz*) tutti; *zie* al I

allengs gradually, by degrees; **allenig** *zie* alleen

aller- [the cheapest] of all; [the worst] possible, very [the very poorest], most [disgraceful], [ridiculous] in the extreme; **alleraardigst** charming [children]; **allerbelangrijkst** (*ook*) all-important; **allerbest** best of all; [do one's] very best; *het ~e, dat je kunt doen* the very best thing you can do; *de ~e vrienden* the best of friends; *hier is hij op zijn ~* here he is at his very best (quite at his best); *zie* best; **allerchristelijkst** Most Christian; **allereerst** I *bn* very first; II *bw* first of all, first and foremost; *schrijf die brief morgen het ~* write ... (the) first thing tomorrow; **allerergst**: *in het ~e geval* if the worst comes to the worst

allergeen allergen; **allergie** (*med*) allergy; **allergisch** allergic (*voor* to); *~e ziekte* allergic disorder; **allergoloog** allergist

allerhande I *bn* all sorts (kinds) of; *zie ook* allerlei; II *zn* mixed biscuits; **allerheerlijkst** (*ook*) glorious [a glorious day]

Allerheiligen All Saints(' Day), All Hallows; *avond vóór ~* All Hallows Eve, Hallowe'en

allerheiligst most holy; *het A~e, a*) the Holy of Holies; *b*) (*hostie*) the Blessed Sacrament; **allerhoogst** highest of all, supreme; *de A~e* the Most High; *van't ~e belang* of the first (paramount) importance; **allerijl**: *in ~* in great haste; *zie* ijl II; **allerjongst** very youngest (latest), youngest of all; **Allerkinderen** Holy Innocents' Day

aller|kleinst very smallest, minutest, littlest, smallest of all; *de ~n,* (*ook*) the very young; **-laagst** very lowest; rock-bottom [price]; **-laatst** very last, last (latest) of all; *op het ~* at the very last moment; *zondag op zijn ~* Sunday at the latest; *tot het ~* to the very last, right up to the end; **-lei** I *bn* all sorts (kinds) of, a variety of, all manner of [people], [people] of all sorts; *op ~ gebied* in many different fields; II *zn* 1 all sorts of things; 2 (*allegaartje*) medley; (*lit*) miscellanea, miscellany; (*v rubrieksadvertenties*) miscellaneous; **-liefst** I *bn* very dearest, dearly-loved; sweetest (of all), most charming; *~e theekopjes* the dearest (little) ...; II *bw* by preference; *het ~ bleef ik hier* I should like best of all to stay here; **-meest** most, most of all; *op zijn ~* at the very most; **-minst** very least, least of all, not at all [a friend of mine]; *op zijn ~* at the very least; *het ~e dat ik kan doen* the very least I ...; *dat had hij ~ verwacht* it was the last thing he had expected; *wenst u dit? ~* far from it; **-modernst** *zie* allernieuwst; **-naast** very nearest, nearest of all, immediate [the immediate future]; **-nieuwst** very newest (latest), state-of-the-art [technology]; *het ~e op het stuk van ...* the latest thing (the last word) in [CD-players, hats]; **-nodigst** most necessary; *het ~e* what is absolutely necessary (indispensable); [we had only] the barest necessities; **-wegen** everywhere

Allerzielen All Souls(' Day)

alles all, everything; *neem ~* take it all (all of it), take the lot; *~ op zijn tijd* everything in good (in its) time, all in good time; *ik wil ~ doen om dat huwelijk te voorkomen* I will do anything to stop ...; *~ **bijeen** (bij elkaar)* all in all; ***dit** (dat) ~* all this (that); *~ **en** ~* [talk of] one thing and another; [he is capable of] anything and everything; [he ate] every little bit; [he left] everything, lock, stock and barrel [to her]; [it is five pounds] in all; *~ en nog wat* everything under the sun, anything and everything; ***is** dat alles?, a*) (*is het compleet?*) is that the lot?, is that all?; *b*) (*is het anders niet?*) is that all?; anything [I'd give anything to see her]; *dat is ~* (*wat er van aan is, enz*) that is all there is to it; *dat is nog niet ~* this is not (quite) all (not the whole story), nor is this (quite) all; *dat is niet ~,* (*geen grapje*) it's no joke; *geld is niet ~* money is not everything; [*haar kinderen waren*] *haar ~* her all (in all), all in all to her; [*zijn zaak*] *is ~ voor hem* means everything to him; *hij was ~ voor iedereen* he was all things to all men; *~ **of** niets* all or nothing, all or none, [it is] do or die [*zo ook:* in all-or-none fashion, a do-or-die effort]; *~ **wat*** all that, whatever; *~ wat Frans is* [he hates] all things (everything) French; *~ wat je gedaan hebt* all (that) you have done [for me]; [*hij verloor*] *~ wat hij had,* (*ook*) his all; ***boven** ~, zie beneden:* voor alles; *~ **op** ~ zetten* go all out; ***van** ~* all sorts of things; [read novels, poetry,] all sorts of stuff; anything [may happen]; *de mensen zeggen van ~* people will say anything; *zowat van ~* [he has done] pretty nearly everything, [he had been] most things; *van ~ wat* something of everything; ***voor** ~* above all, [safety] first, [his policy is] first and foremost [a national policy]

alles|behalve anything but, [he looked] far from [well], [his collar was] none too [clean], not at all; ['you feel bored?'] 'Anything but (that)'; **-beheersend** (pre)dominating, all-important [question]; **-brander** multi-burner; **-etend** omnivorous; **-eter** omnivore, omnivorous animal; **-kunner** person of many abilities, all-rounder; **-omvattend** *zie* alomvattend; **-reiniger** all-purpose cleaner; **-zins** in every respect (*of:* way), everyway, in all respects; **-zuiger** multi-purpose vac(uum cleaner)

allez! come on (along)!

alliage alloy; **alliantie** alliance; **alliantiewapen** (*her*) impaled arms; *~ B-M* arms of B impaling M

allicht 1 (*waarschijnlijk*) probably, in all probability, of course; 2 (*natuurlijk*) naturally, obviously; small wonder!; *je kunt het ~ proberen* no harm in trying; *men maakt ~ een fout* one can easily make a mistake

alliëren 1 ally; 2 (*metalen*) alloy; **alligator** id

alliteratie alliteration; **allitereren** alliterate

allo hullo!, hallo!, come along!, come on!

allo|catie allocation; **-catief** allocative; **-ceren** allocate, allot; **-chtoon** 1 (*geol*) allochthonous [rocks]; 2 (*pers*) alien; **-cutie** allocution; **-diaal** allodial; **-dium** id

allonge id, rider; **allongepruik** full-bottomed wig; **alloniem** allonym

allooi alloy; *mensen van slecht* ~ low company; *van het slechtste* (*zeer verdacht*) ~ of the worst sort (the most suspicious character); *vgl* gehalte

allopaat allopathist; **allopathie** allopathy; **allopathisch** allopathic (*bw:* -ally); **allotroop** allotropic; *-trope vorm* allotrope; **allotropie** allotropy; **allotropisch** *zie* allotroop

all-risk(s) comprehensive [insurance, policy]

allure 1 (*ook:* ~*s*) airs, ways; 2 style; *van grootse* ~ in the grand manner; *van bescheiden* ~ of modest intentions; *man van* ~ striking personality

alluviaal alluvial; **alluvium** id, alluvion

alm mountain pasture; **almaar** *zie* alsmaar

almacht omnipotence; **almachtig** I *bn* almighty, omnipotent, all-powerful; *Almachtig God* God Almighty; *de Almachtige* the Omnipotent (Almighty, All-Powerful); II *bw zie* allemachtig

alma mater id, Alma Mater; **almanak** almanac; (*jaarboekje*) annual; **almogend** *zie* almachtig

aloë aloe; (*med*) aloes; **aloïne** aloin

alom everywhere, on all sides; *het is* ~ *bekend* it is common knowledge; **alomtegenwoordig** omnipresent, ubiquitous; **alomtegenwoordigheid** omnipresence, ubiquity

alomvattend all-embracing; comprehensive [exhibition], blanket [agreement]; *vgl* algemeen

aloud ancient; time-honoured [usage, Christmas greetings, etc]

alp id (*berg & weide*); **alpaca** 1 (*dier, wol*) id; 2 (*imitatiezilver*) German silver, nickel silver

Alpen: *de* ~ the Alps; (*in sam vaak*) Alpine

alpen|beklimmer alpinist; **-gloeien** alpenglow; **-hoorn** alp(en)horn; **-hut** chalet, alpine hut; **-jager** alpine hunter; (*mil*) Alpine rifleman; **-kraai** chough; **-stok** alpenstock; **-viooltje** cyclamen, sowbread; **-weide** alpine pasture

alpha, enz *zie* alfa, enz

al|pien, **-pijns**, **-pine**, **-pinisch** alpine [race, skiing]; **alpinisme** alpinism; **alpinist** alpinist, mountaineer; **alpino**, **alpino|muts**, **-petje** (Basque) beret

alras (very) soon; **al|re(d)e**, **-reeds** already

alruin (*plant*) mandrake, mandragora

als 1 (*zoals, gelijk*) as, like [act as I do (like me); fight like a lion; they rose as one man]; [sensitive] as [he is]; ~ *volgt* as follows; 2 (*in de hoedanigheid van*) as [a father]; for [locked up for a lunatic]; (*soms onvertaald:* she died a widow (a rich woman); he went a boy, and returned a grave man); ~ *vrienden scheiden* part friends; *en* ~ *een zorgzaam huismoedertje, ...,* (*ook*) and careful housewife that she was, ...; ~ *wat?* in what capacity?; ~ *adviseur* in an advisory capacity; 3 (*bij wijze van*) as, by way of [an excuse]; 4 (*voor opsomming*) (such) as; 5 (*tijd*) when; ~ *wanneer* when, at which time; *[ze sprak weinig,] maar als ze sprak* but when she did speak; 6 (*indien*) if; ~ *die er zijn* if any; ~ *jij er niet geweest was* but for you; ~ *hij nu eens kwam?* what if (suppose) he came?; ~ *we eens wat gingen biljarten?* what about a game of billiards?; *als hij het deed, dan voor de lol* if he did do it, it must have been a joke; *zie ook* maar; 7 (*alsof*) as if; ~ *het ware* as it were; 8 (*na comparatief*) than; 9 *vw* (*fam*) *zie* al II.4

alsdan then, in that case

alsem wormwood (*ook fig*), absinth; *de pen in* ~ *dopen* dip one's pen in gall

alsjeblieft *zie* alstublieft; **alsmaar** ever [farther, faster, more work], forever [complaining], constantly [coughing], [crying] all the time, always [pestering me]; **alsmede** and also, as also, as well as, and ... as well; **alsnog** as yet, after all, yet, even now; **alsnu** now; **alsof** as if, as though; ~ *hij wou zeggen* as much as to say, as if to say; *hij stond op* ~ *alsof hij weg wou gaan* he rose as if (as though) to go; *het is* ~ *ik haar nog zie* I seem to see her still; *het lijkt* (*ziet er uit*) ~ *het zal regenen, enz* it looks like rain (snow, etc); ~ *ik haar had kunnen vermoorden* [I felt] like murdering her; *zie ook* doen; **alsook** as well as

alstublieft (yes,) please, thank you [Shall I go now? - (Yes,) please; Shall I accompany you? - Thank you!; Would you like another cup? - Thank you; Yes, please]; [this way] (if you) please; (*bij aanreiken: niet vertalen, of:*) here's the book, etc, (*fam*) here you are; (*in winkel, enz, ook*) thank you!; *wilt u alstublieft* (*wil je alsjeblieft*) *binnengaan?* please walk in; *alsjeblieft!,* (*verrassing*) goodness me!; [*Heb je genoten?*] *Asjeblieft!* [Did you enjoy yourself?] Not half!, Didn't I!, Rather!, I should think so!, I should say!

alt 1 (*vrouw*) contralto, (*soms*) alto (*mv:* -s); 2 (*man & instrument*) alto (*mv:* -s)

altaar altar; *naar het* ~ *leiden* lead to the altar

altaar|dienaar acolyte, altar boy, server; **-doek** (*r-k*) altar cloth; **-hek** altar-, communion--rail(s); **-scherm** reredos; **-schilderij**, **-stuk** altarpiece

Altaï Altai; **Altaïsch** Altaic

altblokfluit treble recorder

alte|gader, **-maal**, **-met** *zie* allegaar, allemaal, temet

alter ego id; **altereren** alter, change (for the worse); **alterna(n)tie** alternation; **alternatief** I *bn* alternative [energy, lifestyle, medicine, theatre]; *alternatieve cultuur* counterculture; ~*e straf* non-custodial sentence, (*dienstverlening*) community-service order; II *zn* alternative; **alternatieveling** countercultur(al)ist; **alterneren** alternate

altezamen altogether

altfluit alto flute

althans at least, anyway, anyhow

althobo cor anglais, English horn; **althoorn** althorn

altijd always; invariably; ~ *door, zie* aldoor; *ik heb het* ~ *wel gedacht* I thought so all along; *ik kan* ~ *nog weigeren* I can always refuse; *ik kan* ~ *nog wel zo hard lopen als jij* I can walk as fast as you any day; *zie ook* nog; ~ *als* [*er niets geks gebeurt*] provided always that ..., that is to say if ...; *voor* ~ for ever, for all time, in perpetuity; *zie ook* eeuwig; **altijddurend** everlasting; ~*e aanbidding* perpetual adoration; **altijdgroen** evergreen (*ook:* ~*e boom of heester*)

altimeter id; **altist(e)** 1 viola-player, (*Am*) violist; 2 contralto; **altoos** *zie* altijd

altruïsme altruism; **altruïst(e)** altruist; **altruïstisch** altruistic (*bw:* -ally)

altsaxofoon alto saxophone; **altsleutel** alto clef, viola clef; **altstem** contralto (voice); **alttrombone** alto trombone; **altviool** viola, tenor violin; **altzanger** alto; **altzangeres** contralto

aluin alum; **aluinaarde** alumina; **aluin|achtig, -houdend** aluminous

aluminiseren aluminize; **aluminium** id; (*Am*) aluminum; **aluminiumfolie** aluminium foil; **aluminiumoxyde** aluminium oxide, alumina

alumnus id; **Alvader** All-father

alvast meanwhile; *je zou* ~ *kunnen beginnen* you may (might) as well begin; *neem* ~ *deze sigaar* take this cigar to be going on with

alveolair (*med & tlk*) alveolar; **alveolus** id

alver bleak; **alvermogen(d)** *zie* almacht(ig)

alvlees|klier pancreas; **-sap** pancreatic juice

alvorens before [going], preparatory [to going], previous [to writing]; **alwaar** 1 where; 2 (*overal waar*) wherever; **alweer** again, once more; ~ *een illusie verdwenen* one more (another, yet another) illusion gone; *vgl* al: ~ weer

alwetend omniscient, all-knowing; *de Alwetende* the Omniscient; **alwetendheid** omniscience

alwijs all-wise; *de Alwijze* the All-wise; **alwijsheid** supreme wisdom

alziend all-seeing; *de Alziende* the All-seeing

alzijdig universal [genius, knowledge]; versatile [mind]; all-round [knowledge, education]; **alzijdigheid** universality, versatility

alzo (*aldus*) thus, in this way (*of:* manner)

amalgaam amalgam (*ook fig*); **amalgameren** amalgamate; **Amalia** Amelia

amandel 1 almond; *zie ook* gebrand; 2 (*in keel*) tonsil; *iems* ~*en wegnemen* remove a p.'s tonsils; *zich de* ~*en laten knippen* have one's tonsils out

amandel|bloesem almond blossom; **-boom** almond tree; **-broodje** almond-paste roll; **-olie** almond oil; **-ontsteking** tonsillitis; **-pas, -pers, -spijs** almond paste; **-staaf** almond-filled pastry bar

amanuensis laboratory attendant (*of:* assistant)

amarant amaranth; **amaril** emery [paper]; **amaryllis** (*pl*) id: 1 belladonna lily; 2 hippeastrum

amateur id (*ook attr:* amateur cricketer, photographer, theatre, etc); **amateurisme** amateurism; **amateuristisch** amateurish

amazone horsewoman; **Amazone** Amazon (*alle bet*); *van de* ~(*n*) Amazonian; **amazonekleed** riding-habit; **amazonezit**: *in de* ~ [ride] side-saddle

ambacht trade, (handi)craft; *smid van zijn* ~ a smith by trade; *op een* ~ *doen* apprentice to a trade; *op een* ~ *gaan* learn a trade; *twaalf* ~*en, dertien ongelukken* [he is a] Jack-of-all-trades and master of none; **ambachtelijk** traditional [methods]; craft [bookbinding]; ~ *bier* real ale; ~ *gemaakt,* (*ook*) crafted

ambachts|gilde craft guild; **-heer** lord of the (a) manor; **-heerlijkheid** manor; **-man** (*mv: -lieden, -lui*) artisan; **-school** technical school; **-vrouwe** lady of the manor

ambas|sade embassy; **-saderaad** counsellor (of an embassy); **-sadeur** ambassador; **-sadeurs-** ambassadorial [residence]; **-sadrice** (*beide bet*) ambassadress

amber 1 (*grijze* ~) ambergris; 2 *gele* ~ amber; 3 (*hars*) styrax; **amberboom** liquidambar, sweet (*of:* red) gum

ambiance ambience, id, atmosphere; entourage

ambiëren aspire to (after); *hij ambieert die betrekking niet* he does not want to have ...

ambigu ambiguous; **ambiguïteit** ambiguity

ambitie 1 (*eerzucht*) ambition; 2 (*ijver, lust*) diligence, assiduity, zest for work, interest [in one's work, etc]; **ambitieus** 1 ambitious [politicians, plans]; 2 diligent, studious, showing great interest [in one's work, etc]

ambivalent id; **ambivalentie** ambivalence

Amboina id; **amboinahout** amboyna, amboina; **Ambon** Amboina; **Ambonees** *bn & zn* Amboinese (*mv id*)

ambras to-do; **ambrosia** id; **Ambrosius** Ambrose; **ambrozijn** ambrosia

ambt office, place, post, function; *openbaar* ~, (*Belg*) civil service; **ambtelijk** 1 professional [duties, etc]; 2 official; ~*e stijl* officialese; **ambteloos** out of office, retired; ~ *burger* private citizen

ambtenaar official, officer, civil (*of:* public) servant, functionary; (*aan loket, enz*) clerk; ~ *zijn* be in the civil service; ~ *van het Openbaar Ministerie* counsel for the prosecution (for the Crown); ~ *van de burgerlijke stand* registrar (of births, marriages and deaths), registration officer; ~*tje* Jack-in-office

ambtenaren|apparaat civil service; **-dom** officialdom; **-gerecht** (Dutch) civil service court; **-korps** civil service; **-reglement** (*vglb*) National Scheme of Conditions of Service; **-taal** officialese, gobbledygook

ambtenares (woman) official; **ambtenarij** 1 officialdom; 2 (*min*) bureaucracy

ambtgenoot colleague; opposite number

ambts|aanvaarding accession to office, taking office, entrance (up)on one's duties (*of:* office), installation; **-bediening** *zie* -bekleding; (*ve predikant*) ministry, pastorate; **-bekleder** office-bearer; **-bekleding** discharge of one's duties (office); *gedurende zijn* ~ during his tenure of (continuance in) office; **-bezigheden** (*ve ambtenaar*) official duties; (*ve advocaat, enz*) professional duties; **-broeder** colleague; **-draagster, -drager** Minister (of the Church); **-edig**: ~ *pro-*

tocol sworn official statement; **-eed** oath of office; *de ~ afleggen* be sworn in, take the oath of office; **-gebied** district, department; (*jur*) jurisdiction; **-geheim** (*ve ambtenaar*) 1 official secret; 2 official secrecy; **-gewaad** *zie* -kostuum; **-halve** officially, by (*of:* in) virtue of one's office, ex officio; *~ lid zijn van,* (*ook*) be an ex-officio member of; *~ aangeslagen worden* be assessed on an estimated income; *aanslag ~* estimated assessment; **-ijver** professional zeal; **-keten** chain of office; **-kledij**, **-kostuum** robes of office, (official) robes; **-misdrijf**, **-overtreding** misfeasance; **-penning** badge; **-periode** *zie* -termijn; **-plicht** 1 official duty; 2 professional duty; *vgl* ambtsbezigheden; **-teken** badge, symbol (*mv:* insignia) of office; **-termijn** term of office, term of service, tenure of office; **-vervulling** *zie* -bekleding; **-voorganger** predecessor (in office); **-wege**: *van ~,* *zie* -halve; **-woning** official residence; **-zegel** official seal

ambu|lance id; **-lancier** ambulanceman; **-lant** id, ambulatory; *~ patiënt* out-patient; **-latorium** 1 out-patients' department; 2 (*bk*) ambulatory

amechtig breathless, out of breath, winded, blown, panting for breath; **Ame|lia**, **-lie** Amelia

amen amen; *~ zeggen op* say amen (say ditto) to

amende honorable id; *~ doen,* (*ook*) make honourable amends; **amendement** amendment [*op* on, to]; **amenderen** amend

amenorroe amenorrhoea (*Am:* -rhea)

américain *zie* filet ~

amerijtje moment; *in een ~* in a moment, in a trice, in two shakes

Amerika America; **Amerikaan** American; **Amerikaans** American; **Amerikaanse** American (woman); *ze is een ~* she is (an) American

amerika|niseren Americanize; **-nisme** Americanism; **-nistiek** American studies

amethist amethyst; **ametrie** 1 dissymmetry; 2 (*med*) ametria; **ametropie** ametropia

ameublement furniture; *een ~* a suite (a set) of furniture, a [bedroom] suite

amfetamine amphetamine

amfibie amphibian; **amfibietank** amphibian tank; **amfibievoertuig** amphibian; **amfibisch** amphibious, amphibian; **amfioen** opium

amfitheater amphitheatre; **amfitheatersgewijs** amphitheatrical; *~ oplopend* tiered [seats], terraced [rice fields]

amfoor, **amfora** amphora

amicaal amicable, friendly; *~ omgaan met* be on friendly (*of:* familiar) terms with; *wees niet te ~ met hem* don't be too familiar with him; **amicaliteit** amicability; **amice** (my) dear friend; dear (*met naam*); **amicitia** amity; **amict** amice

amide id; **amine** id; **aminozuur** amino acid

ammehoela rubbish!, bosh!; **ammenooitniet** never ever!

ammonia(k) ammonia; *vloeibare ~* liquid ammonia; **ammonia(k)zout** sal ammoniac

ammoniet ammonite; **ammonshoorn** ammonite, snake-stone

ammunitie ammunition; *zie verder* munitie

amnesie amnesia; **amnestie** amnesty; *algemene ~* act of oblivion, general pardon; *~ verlenen* (grant an) amnesty, extend an amnesty to

amoebe amoeba (*mv:* -bae, -bas); **amoebendysenterie** amoebic dysentery

amok amok, amuck; *~ maken* run amok; **amokmaker** murderous lunatic, homicidal maniac

Amor Cupid

amoreel amoral; **amorf** amorphous

amortisatie amortization, redemption; **amortisatiefonds** sinking fund; **amortiseren** amortize, sink, redeem

amourette love affair, amour(ette); **amoureus** amorous [adventures]

amoveren demolish [a building]

ampel I *bn* ample; II *bw* amply

amper scarcely, hardly, barely [three weeks]; **amperaan** (*fam*) only just

amperage id; **ampère** ampere; **ampèremeter** ammeter; **ampère-uur** ampere-hour

ampliatie exemplification; **amplificeren** amplify; **amplitu|de**, **-do** amplitude

ampul ampulla; (*med*) ampoule; **ampulla** (*r-k*) cruet

amputatie amputation; **amputeren** amputate

Amsterdam id; **Amsterdammer** I *bn* Amsterdam; II *zn* 1 inhabitant (*of:* native) of Amsterdam, Amsterdam man; 2 (*a~tje*) (pavement) bollard; **Amsterdams** Amsterdam; *zie ook* peil; **Amsterdamse** Amsterdam woman; *ze is ~* she is from Amsterdam)

amulet 1 id, charm; 2 talisman, mascot

amusant amusing, entertaining; *verbazend ~* [he, it is] great fun; **amusement** id, entertainment, pastime; **amusementsbedrijf**: *het ~* the entertainment industry; light entertainment; show business; **amusementshal** amusement arcade; **amusementsmuziek** light music; **amusementsstuk** light comedy

amuseren amuse, entertain; *zich ~* enjoy o.s.; *zich dol ~* have no end of a time (the time of one's life, a high old time); *hij amuseerde zich met een prentenboek* he kept himself amused with ...; *amuseer je!* have a good time!; **amu|seur**, **-seuse** entertainer

amusie unmusicality; **amusisch** artistically insensitive, inartistic; **amuzikaal** unmusical

amyotrofie amyotrophy

anaal anal; *anale opening* anus; (*ve vis, enz*) vent

anabaptisme anabaptism

ana|bolisch, **-bool** anabolic [steroids]; **anachoreet** anchorite, hermit; **anachronisme** anachronism; **anadroom** anadromous

anaëroob anaerobic

ana|foor, **-fora** anaphora; **anaforisch** anaphoric; **anafylactisch** anaphylactic, -toid; **anafylaxie** anaphylaxis; **anagram** id; **anakoloet** anacoluthon; **analecta** analects, analecta

analfabeet illiterate (person); **analfabetisme** illiteracy
analgesie analgesic; **analgeticum** analgetic
analist(e) analyst; (*chem ook*) analytical chemist
analogie analogy; *naar ~ van* on the analogy of; **analogisch** analogic(al); **analoog** analogous [*met* to]; *~ geval* analogue; *-loge rekenmachine* analog(ue) computer; **analysator** analyser; **analyse** analysis (*mv:* -yses); **analyseren** analyse; **analyst** *zie* analist; **analyticus** analyst; **analytisch** analytic(al) (*bw:* -cally); **anamnese** anamnesis; **anamnetisch** anamnestic; **anamorfose** anamorphosis
ananas pineapple; **ananaskers** Cape gooseberry
anapest anapaest
anarchie anarchy; **anarchisme** anarchism; **anarchist** id; **anarchistisch** anarchist; (*bandeloos*) anarchic(al)
anastigmatisch anastigmatic; **anathema** id
Anato|lië Anatolia; **-liër**, **-lisch** Anatolian
ana|tomie anatomy; **-tomisch** anatomical; **-tomiseren** anatomize, dissect; **-toom** anatomist
ancien trained soldier; senior student; person of experience; **anciënniteit** seniority; *naar ~* by seniority
Andalusië Andalusia; **Anda|lusiër**, **-lusisch** Andalusian; **Andamanen** Andaman Islands
ander 1 (*bijvoeglijk*) other; *een ~(e)* another; *een ~e sigaar, enz,* (*ook*) a fresh cigar (pair of boots, etc); *~e kleren aandoen* change one's clothes; *aan een ~e tafel gaan zitten* change one's table [in a restaurant]; *hij is een heel ~e man dan jij* he is quite a different man from you; *hij is een ~ mens* he is a new (a different) man; *dit is een enigszins ~ geval,* (*ook*) this case is on a somewhat different footing; *de andere sekse* the opposite sex; *de ~e zes, de zes ~en* the other six, the six others; *de ~e dag* the next day; *een ~e dag* another (some other) day; ***om*** *de ~e dag, enz* every other (*of:* second) day, etc, on alternate days; *zie ook* zijde; 2 (*zelfstandig*): [*ja, zei*] *de ~* the other; *een ~,* (*pers*) another (person); *een ~(e),* (*zaak*) another (one); *~e,* (*zaken*) other ones, others; *~en,* (*pers*) others, other people; *als geen ~* as no other, as (like) no-one else; *net als de ~en,* (*ook*) like the rest of them; ***bij*** *een ~ bestellen* order elsewhere; *wij waakten* ***om*** *de ~e* we ... in turns, alternately, took it in turns to ...; ***onder*** *~e(n),* (*pers*) among others; (*zaken*) among other things, inter alia; ***ten*** *~e* on the other hand
ander|daags: *~e koorts* tertian fever; **-deels** on the other hand; **-endaags** (the) next day; **-half** one and a half; *anderhalve fles* a bottle and a half, one and a half bottles; *~ jaar* eighteen months; *~ maal* one and a half times; *~ maal zoveel* half as much (*of:* many) again; *voor overwerk wordt ~maal het loon uitbetaald* overtime payment is time and a half; **-maal** (once) again, once more, a second time; *zie ook* eenmaal; **-mans** another man's, other people's
anders I *bw* 1 *wie* (*wat, iem, niemand, iets, niets, ergens, nergens*) *~* who (what, someone, no one, something, nothing, somewhere, nowhere) else; *niemand* (*niets*) *~ dan* nobody (nothing) but, nobody (nothing) else but (*of:* else than); *niemand ~ dan,* (*ook*) none other than; *het is niet ~ dan billijk* it is only fair; *de taal van de psychologie is niet ~ dan* the ... is no different from; *~ niet(s)?* nothing else? is that all?; *als het ~ niet is* if that is all; *dat is* (*heel*) *wat ~* that is (quite) another thing (*of:* story), a different thing (altogether); *wat kon ik ~ doen?* what else could I do?; *ik heb wel wat ~ te doen* I have other things to do (*fam:* other fish to fry); *van wie zou het ~ zijn?* who else could it belong to?, who else's could it be?; *ik heb niets ~ te doen,* (*ook*) I am not otherwise engaged; *er zit niets ~ op, dan te gaan* there is nothing for it but to go; *ik moet ergens ~ zijn* I have another appointment; 2 (*zo niet*) else, otherwise; *je ..., ~ zal ik* you ..., otherwise (or else) I shall ...; *hoe verklaar je ~ dat ...?* how otherwise do you explain that ...?; [*heb je geld genoeg bij je?*] *anders* ... if not (if you haven't) ...; 3 (*op andere wijze*) differently, otherwise; *de meubels ~ zetten* rearrange the furniture; *het is ~ gegaan dan ik me had voorgesteld* it's turned out differently from what I'd intended (expected); *ik denk er ~ over* I see things differently, I am of a different way of thinking; *er ~ over denken dan* see things differently from; *hij stemt niet ~ dan liberaal* he will not vote any way but ...; *de arts ~ dan de geestelijke, heeft er geen behoefte aan* the physician, unlike the clergyman, ...; *ik kan niet ~* I can do nothing else, I cannot do otherwise, I have no choice; *ik kan niet ~ dan* ... I cannot but ...; *het kan je niet ~ dan goed doen* it can but do you good; *kwekken, ~ kan je niets* gab-gab-gab, that's all you can do; *~ genaamd ...* otherwise called ...; *~ gezegd* put another way, stated differently, in other words; 4 (*op andere tijd, in ander opzicht*): *net als ~* just as usual; *hij komt niet zo vaak als ~* he ... as he used to, as before; *hij is ~ niet gierig* he is not normally stingy; *~ zie je hier altijd een agent* at any other time ...; 5 (*overigens, evenwel*) however, for the matter; *het is ~ geen gek idee* it's not a bad idea, though; II *bn* [in those days it was] different, other [I don't wish him other than he is], [it might be] otherwise; *~ dan zijn vriend* unlike his friend; *de uitwerking kan niet ~ dan demoraliserend zijn* the effect cannot be other than ...; *het is* (*nu eenmaal*) *niet ~* there is no help for it, it cannot be altered; *maar het is nu eenmaal niet ~,* (*ook*) [it's a silly thing to happen,] but there it is; *het is ~* (*de zaak staat ~*) *met* ... it is otherwise with ...
anders|denkende non-Protestant, non-Catholic, etc; *~n* people (those) of different beliefs (of a different persuasion); **-gezind** dissident, dissenting; **-om** the other way round (*of:* about); *het is juist ~,* (*ook*) it is just the reverse

andersoortig of a different kind; **anderstalig** speaking (written in) a foreign language, non-Dutch (etc) speaking (*~e:* speaker)
anderszins otherwise; *zowel door aanhuwelijking als ~* both through marriage and otherwise
anderzijds on the other hand
Andes: *de ~* the Andes, the Cordilleras; **Andijn(s)**, **Andisch** Andean
andijvie endive; **andoorn** stachys
andragogie(k) adult education; **andragologie** science (study) of adult education
Andreas id; **andreaskruis** St Andrew's Cross; **Andries** Andrew
andro|geen androgenic; **-gyn** I *bn* androgynous; II *zn* hermaphrodite; **-manie** nymphomania
anekdote anecdote; *~n over bekend persoon,* (*ook*) ana; **anekdotiek** anecdotic style; **anekdotisch** anecdotal; **anemie** anaemia; *perniciеuze ~* pernicious anaemia; **anemisch** anaemic
anemo|choor anemochore; **-graaf** anemograph; **-logie** anemology; **-meter** id
anemoon anemone; **anencefalie** anencephaly; **aneroïde** aneroid [barometer]
anesthe|sie anaesthesia; **-siologie** an(a)esthesiology; **-sist(e)** anaesthetist
angel (*ve bij*) sting; (*ve pijl*) barb (*beide ook fig:* there was a barb in his words); (*vis~*) (fish-)-hook; *iem aan de ~ krijgen* hook a p.
Angelen Angles; *van de ~* Anglian; **Angelica** id
angelo|latrie angelolatry; **-logie** angelology
Angelsaks(er) Anglo-Saxon; **Angelsaksisch** 1 Anglo-Saxon; 2 anglophone; 3 English(-language)
angelus id; **angelusklokje** angelus(-bell)
angina (*in keel*) tonsillitis, quinsy; (*in borst*) angina (pectoris); **angiografie** angiography; **angiologie** angiology; **angioom** angioma
anglicaan(s) Anglican; *de A~se kerk* the Church of England; **anglicisme** Anglicism
anglist Anglicist, Anglist, English scholar; **anglistiek** Anglistics, English studies
anglofiel Anglophil(e); **anglofoob** Anglophobe; **anglofoon** Anglophone; **anglomaan** Anglomaniac; **anglomanie** Anglomania
Angola id; **Angolees** Angolan
angora 1 (*stof*) id; 2 angora (cat, goat, rabbit); **angorawol** Angora wool
angst terror, fright; (*ziels-*) anguish, agony; (*psych*) id; *ze zat voortdurend in ~* she was in a perpetual panic; *uit ~ voor* for fear of [the consequences]; from (out of) fear of [the police]
angst|aanjagend *zie* angstwekkend; **-droom** terrifying dream, night terrors; **-gegner** (*sp*) bogey opponent; **-haas** chicken, coward
angstig afraid (*alleen pred*), frightened; (*sterker*) terrified; (*angst veroorzakend, door angst gekenmerkt*) anxious [moments], painful [suspense]
angst|kreet cry of distress; **-neurose** anxiety neurosis; **-psychose** anxiety psychosis; (state of) irrational fear; **-vallig** 1 (*nauwgezet*) scrupulous, conscientious, meticulous, painstaking [avoid a p. painstakingly]; *zijn rechten werden ~ beschermd,* (*ook*) his ... were religiously (jealously) guarded; 2 (*beschroomd*) timid, timorous; **-valligheid** scrupulousness; timidity; **-wekkend** alarming, terrifying; **-zweet** cold perspiration (*of:* sweat)
anhydride id; **anijs** anise; (*attr meest*) aniseed; **anijszaad** aniseed; **aniline** id
animaal animal; **animatie** 1 animation; 2 side-show; **animatiefilm** (animated) cartoon
anima|tor, **-trice** 1 driving force, live wire; 2 (*film*) id; **animeermeisje** hostess; (*vglb*) bunny girl; **animeren** encourage, stimulate, urge (on); *geanimeerd* animated [scene, discussion], spirited [discussion]; *geanimeerde stemming,* (*vrolijkheid*) high spirits; (*v markt*) brisk demand
animisme animism; **animist** id; **animistisch** animist(ic)
animo gusto, zest, energy, go; *met ~* with enthusiasm (gusto, animation); **animositeit** animosity
anion id; **anisette** id; **Anita** id
anjelier, **anjer** pink; carnation
anker 1 (*ve schip*) anchor; *het ~ laten vallen* (*werpen*) cast (drop) anchor; *het ~ lichten* weigh anchor; *ten* (*voor*) *~ liggen* (*rijden*) be (lie, ride) at anchor; *ten ~ gaan, voor ~ komen* come to (an) anchor; *van zijn ~s slaan* break adrift; 2 (*ve horloge*) lever; 3 (*ve muur*) brace, cramp-iron, wall-tie; 4 (*ve magneet*) armature, keeper; 5 (*maat*) id (*in Eng hist:* $8\frac{1}{3}$ gallons); **ankerblad** fluke; **ankerechappement** lever escapement; **ankeren** 1 (cast) anchor, make anchorage; *verboden te ~* no anchorage; 2 be anchored; *vgl* anker 1
anker|geld anchorage (dues); **-grond** holding-ground, anchorage; **-kabel** (mooring) cable; **-kader** (*bilj*) baulk line; **-ketting** anchor-chain, chain-cable; **-kluis** hawse; **-lantaarn**, **-licht** riding-light, anchor-light; **-man** anchorman; **-plaats** anchorage (ground); **-stok** anchor-stock; **-tros** (mooring) cable; **-vrouw** anchorwoman; **-wikkeling** (*elektr*) armature winding
Anna Anne, Ann, Anna
annalen annals; *in de ~ der misdaad* in the records of crime; **annalist** id; **annaten** annates
annex I *bn & bw* adjoining; *met pakhuis ~* with adjoining warehouse; [*een vliegveld*] *met ~e gebouwen* with associated buildings; *hij is ermee ~* he is involved in (connected with) it; II *vw een verkeersweg ~ rijwielpad* a highway with ... (added, adjoining); III *zn* annex(e), annexed clause, document, etc; **annexatie** annexation; **annexeren** annex; *zie ook* naasten
annihilatie 1 annihilation; 2 annulment
anno id; in the year; *zie* A.D.
annonce advertisement; (*v overlijden, enz*) announcement; **annonceren** announce, advertise
anno|tatie annotation, note; **-teren** annotate

annuïteit annuity
annuleren cancel, annul, withdraw; **annulering** cancellation [insurance], annulment
Annunciatie Annunciation (Day), Lady Day
anode id; **anodebatterij** high tension (ht) battery, plate battery, anode battery; **anodiseren** anodize
anomaal anomalous; **anomalie** anomaly
anomie 1 lawlessness; 2 (*sociol*) anomie, -my
anoniem anonymous; **anonimiteit** anonymity
anonymus anonymous writer, nameless person, anonym; **anopsie** anopsia; **anorak** id
anorectisch anorectic, -xic; **anorexie** anorexia (nervosa); **anorexiet** anorectic, -xic
anorganisch inorganic [chemistry]
anoxaemie anox(a)emia; **anoxie** anoxia
Anselmus Anselm
ansicht(kaart) picture postcard
ansjovis anchovy; **Ant** Ann(ie), Nan(cy)
antagonisme antagonism
Antarctica id; **Antarctis** Antarctic (Zone); **Antarctisch** Antarctic
antecedent 1 (*gramm*) id; 2 (*vroeger geval*) precedent; 3 *~en* [a p.'s] record, background and experience; **antecedentenonderzoek** check-up of [a p's criminal, etc] record; **antedateren** antedate, date back; **antedilu|viaal, -viaans** antediluvian
antenne 1 (*biol*) antenna (*mv:* -nae); 2 aerial, antenna; (*radar*) scanner; *centrale ~, centraal ~systeem* community aerial (antenna); **antennedienst** 1 aerial repair service; 2 temp(orary employment) agency
anterieur anterior
anthologie anthology; **anthrax** id
anti anti(-) [anti-American, anti-German, anticlimax, etc]; **anti-abortus** anti-abortion, pro--life; **anti-autoritair** anti-authoritarian; **antibioticum** antibiotic; **antibiotisch** antibiotic; **antiblokkeersysteem** ABS (brake), anti-lock braking (*of:* brake) system; **antichambre** antechamber; **antichambreren** be kept waiting, (*fam*) cool one's heels; **antichrist** Antichrist
anticipatie anticipation; **anticipatief** anticipatory; **anticiperen** anticipate; (*jur*) assign an earlier date to [proceedings]
anticlimax id; **anticlinaal** (*geol*) anticline
anticonceptie contraception; **anticonceptief** contraceptive; **anticonceptiemiddel** contraceptive; **anticonceptiepil** contraceptive pill; **anticonceptioneel** contraceptive
anti|constitutioneel anti-, unconstitutional; **-cyclisch** anticyclic(al); **-dateren** antedate; **-deeltje** antiparticle; **-depressivum** antidepressant; **-dotaal** antidotal; **-dotum** antidote
antiek antique; (*scherts, ook*) ancient [a very ancient hat]; (*goederen*) antiques; *de ~en* the classics; *de ~e beschaving* classical culture; *de ~e geschiedenis* ancient history; **antiekbeurs** sale of antiques, Antique(s) Fair; **antiekwinkel** antique shop
anti|fascistisch antifascist; **-foon** antiphon; **-foonboek** antiphonary; **-frase, -frasis** antiphrasis; **-geen** antigen; **-held** anti-hero; **-histaminicum** antihistamine, -minic; **-klerikaal** anticlerical; **-klopmiddel** antiknock; **-krist** Antichrist; **-kritiek** anti-critique, counter-criticism, retort; **-lichaam** antibody
Antillen Antilles; *Grote* (*Kleine*) *~* Greater (Lesser) Antilles; **Antilliaan(s)** Antillean
antilope antelope; **antimakassar** antimacassar; **antimaterie** antimatter; **antimilitarist(isch)** anti-militarist; **anti|monium, -moon** antimony
anti|nomiaans antinomian; **-nomie** antinomy; **-nomisme** antinomism
Antiochië Antioch
anti|oxydant antioxidant; **-papisme** antipapism; **-papistisch** antipapistical; **-passaat** anti-trade (wind); **-pathie** antipathy [*tegen* to], dislike [*tegen* of, to]; **-pathiek** antipathetic(al) (*bw:* -cally); **-pode** id; **-podist** juggler performing with his feet; **-propaganda** 1 counter-propaganda; 2 negative propaganda [for soccer]; **-psychiatrie** antipsychiatry; **-pyrine** antipyrine
antiqua (*typ*) roman (type); **antiquaar** antiquarian bookseller; **antiquair** antique dealer; **antiquariaat** antiquarian (second-hand) bookshop (book trade); **antiquarisch** 1 antiquarian [book trade]; 2 (at) second-hand; **antiquiteit** 1 (*abstr*) antiquity; 2 (*voorwerp*) antique; *~en, a*) (*voorwerp*) antiquities, antiques; *b*) (*zeden, enz*) antiquities; **antiquiteitenhandelaar** antique dealer; **antiquiteitenwinkel** antique shop
antiraket-raket antimissile (missile)
antireclame negative publicity
antirevolutionair I *bn* 1 anti-revolutionary, -revolutionist; 2 (*pol*) Calvinist(ic); II *zn* 1 anti-revolutionary, -revolutionist; 2 (*pol*) Calvinist
anti|semiet anti-Semite; **-semitisch** anti-Semitic; **-semitisme** anti-Semitism; **-septisch** antiseptic (*bw* -cally); **-slip** non-skid, anti-skid [brake]; **-slipcursus** skid course; **-sociaal** anti-social; **-statisch** antistatic; **-stof** antibody; **-these** antithesis (*mv:* -theses); **-toxine** antitoxin; **-type** id; **-viraal** antivirus; **-virusprogramma** (*comp*) vaccine (programme); **-vries** antifreeze
Antje Annie, Nancy; **Anton** Anthony; **Antonia** id
antoniem antonym; **Antonius** Anthony; **antoniusvuur** St Anthony's fire; **Antoon** Anthony
antraceen anthracene; **antraciet** anthracite
antropo|biologie human biology, anthropobiology; **-centrisch** anthropocentric; **-faag** cannibal, anthropophagist; **-fobie** anthropophobia; **-genese** anthropogenesis, -geny
antropo|ïde anthropoid; **-logie** anthropology; **-loog** anthropologist; **-metrie** anthropometry; **-morfisme** anthropomorphism; **-nymie** anthroponymy; **-sofie** anthroposophy; **-sofisch** anthroposophic

Antwerpen Antwerp; **Antwerpenaar** inhabitant (*of:* native) of Antwerp; **Antwerps** Antwerp
antwoord answer [*op* to], reply [*op* to]; (*gevat*) repartee; (*scherp*) retort; (*in kerk, beurtzang*) response; (*~ op een ~*) rejoinder; *dat is geen ~ op mijn vraag* that does not answer ...; *~ geven* give an answer; *geen ~ geven* make (give) no answer; *daar kon hij geen ~ op geven,* (*ook*) he had no answer to that; *hij weet overal een ~ op* he has an answer to everything; *ik kreeg geen ~ op mijn brief* I had no answer to ...; *als enig ~ kreeg ik* ... the only answer (all the answer I had) was ...; *~ verzocht* an answer will oblige; ***in** ~ op* in answer (reply) to; ***op** ~ wachten* wait (for an) answer; *op ~ behoeft niet gewacht te worden* there is no answer (*of:* reply); *je ..., gaf hij **ten** ~* you ..., he answered (made answer); *ze kreeg ten ~ dat* ... she was told in answer that ...; ***uit** uw ~* from your answer [I gather]; *zie ook* adres, betalen, enz; **antwoordapparaat** (telephone) answering machine, answerphone; **antwoordcoupon** reply coupon
antwoorden answer, reply, rejoin, return; (*scherp*) retort; (*kerk*) respond; (*op toost*) reply, respond; *~ op* reply to, answer [a letter]; answer to [the name of Boy]; *daar viel niets op te ~* it was unanswerable; *zie ook* antwoord: ~ geven
antwoordenveloppe (business) reply envelope; **antwoordkaart** (business) reply-card; **antwoordnummer** (*vglb*) freepost (*zonder nummer*)
anus id; (*v lagere dieren: vis, enz, ook*) vent
ANWB Royal Dutch Touring Club; (*vglb*) Dutch AA
aorta id
AOW (*pensioen*) retirement pension, (*vero*) OAP (old-age pension); **AOW'er** OAP (old-age pensioner); **AP** afk van *Amsterdams Peil, zie* peil
apache id; **Apache** id; **apaiseren** appease [a p.]; compose [a dispute]; **apanage** ap(p)anage
apart I *bn* separate, apart; distinctive [clothes, flavour], exclusive [dresses]; [he is a bit] eccentric, odd; *een ~ ras* a race apart; *iets ~s* [his tact was] quite exceptional; *~e kanalen,* (*fig*) exclusive sources [of information]; II *bw* separately, apart, [in a class] by itself; *iem ~ nemen* take a p. aside; *~ zetten* set apart; *zie ook* afzonderlijk; **apartheid** id, (racial) segregation; **apartje** aside; *een ~ met iemand hebben* have a tête-à-tête with a p.
apathie apathy; **apathisch** apathetic (*bw:* -ally)
apatri|de displaced (*of:* stateless) person, DP; **-die** statelessness
ape|broodboom baobab, monkey-bread tree; **-gapen**: *op ~ liggen* be at one's last gasp; **-kool** rubbish, bosh, baloney; **-kop** (*fam*) monkey; **-kuur** monkey trick; *geen -kuren!* no monkeying!; **-lazerus** I *bn* dead drunk; II *zn: zich het ~ schrikken* (*werken, zoeken*) jump out of one's skin (work o.s. to death, look (search) till one is blue in the face); **-liefde** unwise parental affection
ap- en dependenties appurtenances
apenkooi monkey-house
Apennijnen Apennines; **Apennijns** Apennine
apenootje peanut, monkey-nut; **apenverdriet** (*boom*) monkey puzzle; **apepak** monkey-suit; **apepsie** dyspepsia; **aperçu** id; **aperij** 1 tomfoolery; 2 *zie* naäperij
aperitief appetizer, aperitif; **apert** patent, manifest; **apertuur** 1 aperture; 2 opening of a will
ape|staart 1 monkey-tail; 2 (*teken* @) at-sign, a-scroll; **-streek** *zie* -kuur; **-tronie** monkey-face; **-trots** inordinately proud; **-zat** stoned; **-zuur**: *zich het ~ werken* work like hell
aphrodisiacum aphrodisiac
apicultuur apiculture
apin she-monkey, she-ape; *vgl* aap
APK afk van *algemene periodieke keuring, zie* autokeuring
aplanatisch aplanatic; **aplastisch** aplastic
aplomb id, self-possession, assurance
Apocalypse id; **apocalyptisch** apocalyptic(al)
apocope id; **apocoperen** apocopate; **apocrief** apocryphal; *~e boeken* apocrypha; **apocrien** apocrine; **apodictisch** 1 categorical, dogmatic [statement]; 2 (*fil & logica*) apodictic, -deictic; **apog(a)eum** apogee
apolitiek apolitical
apollinisch Apollonian; **Apollo** id
apolo|geet apologist; **-getiek** apologetics; **-getisch** apologetic (*bw:* -ally); **-gie** apology
apoplectisch apoplectic; **apoplexie** apoplexy
apostel apostle; *rare ~* queer fish; **apostellepel** apostle spoon; **apostelpaard**: *met de ~en reizen* ride Shanks's mare (*of:* pony)
a posteriori id; **apostille** apostil, marginal note
apostolaat apostolate; **apostolisch** apostolic; *de ~e geloofsbelijdenis* the Apostles' Creed; *de Apostolische Stoel* the Apostolic See
apostrof apostrophe
apotheek chemist's (shop), pharmacy; (*mil, ziekenhuis-, gemeente~*) dispensary; **apotheker(es)** chemist (and druggist), pharmaceutical (*of:* dispensing) chemist; (*academisch gevormd*) pharmacist; (*mil*) dispenser; **apothekersassistent(e)** pharmacist's assistant; **apothekersgewicht** apothecaries' weight
apotheose apotheosis
apparaat 1 appliance, machine; (*fig*) machinery; (*inz wet & pol*) apparatus; 2 (*editie-, noten- & biol*) apparatus; **apparatsjik** apparatchik
apparatuur 1 equipment, machinery, (pieces of) apparatus; 2 (*fig*) [international] machinery [for the promotion of ...]
apparentering (*vglb*) electoral pact
appartement 1 (*kamer*) apartment; 2 (*flat*) flat, apartments (*Eng*); apartment (*Am*)
ap'pel 1 (*beroep*) appeal; *~ aantekenen, enz, zie* beroep; 2 (*naamafroeping*) roll-call; (*mil ook*) [morning] parade; *~ blazen* sound the roll-call; *~ houden* call the roll, take the roll-call; (*school ook*) call the register; *op het ~* at roll-call; *op het ~ zijn,* (*fig*) be present; *op het ~ ontbreken* be absent from (absent o.s. from, *fam:* cut the)

roll-call; *iem goed onder ~ hebben (houden)* have a p. well in hand, have a p. under one's thumb; *~ nominaal* nominal roll

'appel apple; (*vh oog*) ball, pupil; (*ve degen*) pommel; *voor een ~ en een ei* for a (mere) song (*of:* trifle), for next to nothing, dirt-cheap; *door de zure ~ heenbijten* go through with it, swallow the (bitter) pill, grin and bear it; *één rotte ~ in de mand maakt al het gave fruit tot schand* the rotten apple injures its neighbour; *de ~ valt niet ver van de boom (de stam)* the apple never falls far from the tree, like father, like son; he is a chip off the old block; *~tje voor de dorst,* (*fig*) nest-egg; *een ~tje voor de dorst bewaren* provide against a rainy day; *een ~tje met iem te schillen hebben* have a bone to pick with a p.; **appelaar** apple-tree

appelbeignet apple fritter; **appelbladroller** codling moth; **appelbloesem** apple blossom [weevil *kever*]; **appelbol** apple dumpling; **appelboom** apple tree; **appelboor** apple corer; **appeldrank** cider; **appelepap** well, well!; *geen ~* not to be sneezed at; **appelflap** apple turnover; **appelflauwte** fit of hysterics; *een ~ krijgen* go (off) into hysterics, sham a faint; **appelgrauw** (*schimmel*) dapple-grey

appellabel appealable; **appellant(e)** (party) appellant; **appellatoir** appellate; **appelleren** appeal (to a higher court), lodge an appeal; *~de partij* party appellant

appel|moes apple sauce; **-sap** apple juice; **-schimmel** dapple-grey (horse); **-sien** orange; **-stroop** kind of treacle made from apples; **-taart** apple flan, apple tart, apple pie; **-vink** hawfinch; **-wang** rosy cheek; **-wijn** cider

appendages accessories; **appendectomie** appendectomy; **appendicitis** id; **appendix** id

apperceptie apperception; **appercipiëren** apperceive

appetijtelijk appetizing; *er ~ uit zien* look attractive; **appiekim** OK

applaudisseren applaud, cheer, clap [an actor, etc]; **applaus** applause, plaudits; *iem met veel ~ ontvangen,* (*fam*) give a p. a big hand; **applausmachine** claque

applicatie 1 application; 2 appliqué; **applicatiecursus** upgrading course; **applicator** id; **applicatuur** (*muz*) fingering; **appliqué** id

apport (*spiritisme*) id

apport(e)! fetch (it)!; **apporteren** fetch and carry (*ook fig*), retrieve; **apporteur** retriever

appositie apposition

appreciatie appreciation; **appreciëren** appreciate, value, prize

appret finish(ing), dressing, sizing; **appreteren** finish, dress, size; **appretuur** *zie* appret

approbatie approbation; **approberen** approve, approbate; **approvianderen** provision; **approviandering** provisioning; **approximatief** approximate, -tive; **apraxie** apraxia

april April; *1 ~!* April fool!; *eerste ~* first of April, All Fools' Day; *iem op 1 ~ voor de gek houden* make an April fool of a p.; **aprilgek** April fool; **aprilgrap** first-of-April hoax, trick, (practical) joke

a priori id; **apriorisme** apriorism; **aprioristisch** aprioristic; **apropos** I *bw & bn* id, to the point; II *tw* by the bye, by the way; III *zn*: *om weer op ons ~ te komen* to return to our subject; *hij bracht me van mijn ~* he put me out, he made me forget what I was going to say

apsis apse, apsis; **Apulië** Apulia

aqua|cultuur aqua-, aquiculture; **-duct** aqueduct; **-long** aqualung; **-marijn** aquamarine; **-naut** id; **-rel** watercolour, aquarelle; **-relleren** paint in watercolours; **-rellist** id, watercolourist

aquarium id; **aquariumbezitter** aquarist

aquatint id; **aquatisch** aquatic

aquifer id; **Aquitanië** Aquitaine

1 ar *zn* (horse-)sleigh, (horse-)sledge

2 ar *bn: in ~ren moede, a)* in anger, in high dudgeon; *b)* at one's wit's end

ara macaw; **Arabella** id, (*fam*) Bell(a)

arabesk arabesque

Arabië Arabia; **Arabier** Arab (*ook paard*); **arabis** id, rock cress; **Arabisch** I *bn* Arab [culture, peoples]; (*aardr*) Arabian [desert]; (*in het ~*) Arabic [literature]; (*cijfers*) arabic [numerals]; *~e gom* gum arabic; II *zn* Arabic; **arabist** Arabist

arachide-olie ground-nut oil

arachnofobie arachnophobia

arak arrack, id; **Aramees** Aramaic

arbeid labour, work, (*zware*) toil; (*natuurk*) work; *aan de ~ zijn* be at work; *aan de ~ gaan* set to work; *Partij van de A~* Labour Party; **arbeiden** labour, work; (*zwoegen*) toil; *zij ~ niet en spinnen niet,* (*Matth. 6:28*) they toil not, neither do they spin; **arbeider** workman, working man, (farm-, factory-)hand; (*ongeschoold*) labourer; (*meer algemeen*) worker; *de ~ is zijn loon waard* the labourer is worthy of his hire; **arbeiderisme** 1 labourism; 2 (*vglb*) armchair socialism

arbeiders|beweging labour movement; **-buurt** working-class quarter; **-gezin** working-class family; **-klasse** working class(es); **-partij** Labour Party; **-woning** working-class house

arbeids|aanbod supply of labour; **-bemiddeling**: *bureau voor ~,* (*Br vglb*) Employment Service Agency; **-besparend** labour-saving [device]; *~e levensmiddelen* convenience foods; **-beurs**, **-bureau** employment office; **-conflict** *zie* -geschil; **-contract** employment contract; **-duurverkorting** short time (working); **arbeidsethos** work ethic; **-geneeskunde** industrial medicine; **-geschikt** fit for work, able; **-geschil** labour (*of:* industrial) dispute; **-hof** (Belgian) labour court of appeal; **-hygiëne** work hygiene; **-inkomen** earned income; *zonder ~* unwaged; **-inspectie** Factory Inspectorate; **-intensief** labour-intensive; **-kosten** cost of labour, labour cost(s); **-kracht** 1 energy, capacity for work; 2 worker; *~en* labour (force), manpower, workforce; **-loon** wages; (*als post* *op rekening*) labour; **-loos** 1 workless; unworked; 2 unearned [income]; **-markt** labour market; **-mobiliteit** industrial (*of:* labour) mobility; **-moraal** work ethic; **-omstandigheden** working conditions; **-ongeschikt** unfit for work, disabled; **-ongeschiktheid** occupational (*of:* industrial) disability, incapacity for work; **-ongeschiktheidsverzekering** disability insurance; **-onrust** labour unrest; **-overeenkomst** *zie* collectief; **-plaats** 1 job; 2 place of work, workplace; **-potentieel** workforce; **-prestatie** output; working efficiency; **-proces** production process; **-recht** labour law; **-rechtbank** (Belgian) labour court; **-reserve** labour reserve, surplus [of female labour]; **-schuw** work-shy

arbeidster working-woman, woman worker

arbeids|therapie occupational therapy; **-tijdverkorting** short time (working); **-veld** sphere of action, field of activity; **-verdeling** division of labour; **-verhoudingen** labour (*of:* industrial) relations; **-verleden** record of previous employment; **-verloop** labour turnover; **-vermogen** energy, working-power; *leer van het ~* energetics; *~ van beweging* motive (kinetic, actual) energy; *~ van plaats* potential (static, latent) energy; **-verzuim** absenteeism; **-voorwaarde** condition (*mv ook:* terms) of employment; *secundaire ~n* fringe benefits; **-voorziening** employment policy; **-vreugde** job satisfaction; **-wet** labour act; (*in Eng*) Factories Act; **-wetgeving** labour legislation

arbeid|zaam laborious, industrious, diligent; **-zaamheid** laboriousness, industry

arbi|ter 1 arbitrator, arbiter; 2 (*sp*) referee, umpire; **-traal** arbitral; *het -trale trio* the referee and linesmen; **-trage** 1 arbitration; (*wissel~*) arbitration (of exchange); (*Beurs*) arbitrage; *aan ~ onderwerpen* refer to arbitration; 2 (*sp*) refereeing, umpiring; **-trageant** arbitrage(u)r; **-tragehof** court of arbitration; **-trageverdrag** treaty of arbitration; **-trair** arbitrary; **-treren** arbitrate [a dispute, in a dispute]

arboretum id

arcade id; **arcadia** id; **Arcadië** Arcadia; **Arcadiër** Arcadian; **arcadisch** Arcadian

arceren shade, hatch; **arcering** shading, etc

Archaeïsch (*geol*) Arch(a)ean; **archaïsch** 1 archaic; 2 Arch(a)ean; **archaïseren** archaize; **archaïsme** archaism; **archaïstisch** archaic (*bw:* -ally), archaistic (*bw:* -ally)

archeologie archaeology; **archeologisch** archaeologic(al); **archeoloog** archaeologist; **archeozoöloog** archaeozoologist

archetype id; **archetypisch** archetypal

archief archive(s), records, files; (*ve krant*) morgue; (*gebouw*) record office

archief|beelden (*tv*) library pictures; **-doos** box file; **-kast** filing cabinet; **-onderzoek** archival research; **-stuk** record; **-zaken** filing

archimedisch Archimedean

archipel archipelago

archi|tect(e) id; **-tectonisch** architectonic (*bw:* -cally); **-tectuur** architecture; **-traaf** architrave

archivalia records; **archivalisch** archival; **archivaris** archivist; *zie ook* rijks~; **archiveren** file; (*comp*) archive

archont archon

Arctica the Arctic; **arctis** Arctic; **arctisch** arctic; **Ardennen** Ardennes

arduin(en) freestone

are are (119.6 square yards); **areaal** area, acreage; *zie ook* fruit~

areka areca; **arekapalm** areca-palm

areligieus a-religious

arena id; (*stieren~, ook*) bullring; (*circus~*) ring

arend eagle; *jonge ~* eaglet; *een ~ vangt geen vliegen* an eagle does not hawk at flies

arends|blik eagle eye; *met ~* eagle-eyed; **-jong** eaglet; **-nest** eagle's nest, eyrie, aerie; **-neus** aquiline nose; **-oog** eagle's eye; *met -ogen* eagle-eyed, [he followed its progress] with eagle eyes

argeloos artless, harmless, guileless, inoffensive; (*geen kwaad vermoedend*) unsuspecting; **argeloosheid** artlessness, etc; innocence

Argentijn(s) Argentine, Argentinian; **Argentinië** the Argentine, Argentina

arglist craft(iness), guile, cunning; **arglistig** crafty, cunning, guileful; **arglistigheid** *zie* arglist

argon id; **argonaut**, **Argonaut** id

argot id, (thieves') slang, cant

argument id, plea; *goede ~en aanvoeren voor* make out a good case for; **argumentatie** argumentation; **argumenteren** I *intr* argue; II *tr* adduce arguments in support of; (*goed*) *geargumenteerd* (well-)reasoned

Argus id; **argusfazant** Argus pheasant; **argusoog** Argus eye; *met -ogen* Argus-eyed; *met -ogen rondzien* look round suspiciously

argwaan suspicion, mistrust; *~ hebben* (*koesteren*) *tegen* have (harbour) a suspicion against, be suspicious of; *~ krijgen* (*opvatten*) become suspicious [*tegen* of]; *~ wekken* raise (rouse) suspicion; **argwanen** suspect; **argwanend** suspicious, distrustful; *~ kijken naar* look askance at

aria id

Ariaan(s) Arian; **Ariadne** id; *draad van ~* Ariadne's clue; **Arianisme** Arianism

Ariër Aryan; **Arisch** Aryan; **ariseren** aryanize

aristo|craat aristocrat; **-cratie** aristocracy, upper classes; **-cratisch** aristocratic(al) (*bw:* -ally); **-lochia** (*plantk*) birthwort

Aristoteles Aristotle; **aristotelisch** Aristotelian

arit|metica, **-metisch** arithmetic

ark, Ark ark; *~e Noachs* (*des Verbonds*) Noah's ark (Ark of the Covenant); (*woon~*) houseboat

1 arm *zn* arm (*ook v stoel, zee, hefboom; ook:* the long arm of the law), branch (*ve rivier, kandelaar, gaskroon*), [gas-]bracket; *wereldlijke ~* secular arm; *een lange ~ hebben* have wide influence; *iem de ~ geven* give (offer) a p. one's arm; *iems ~ nemen* take a p.'s arm (*ook:* she hooked her arm into his); *een dame* (*een mandje*) ***aan*** *de ~ hebben* have a lady (a basket) on one's arm [the bride arrived on the arm of her father]; *~* ***in*** *~* arm in arm, (with their) arms linked; *iem in de ~ nemen* secure a p.'s support, consult a p.; *een opleider in de ~ nemen* put o.s. into the hands of a coach; *iem in de ~en vliegen* fly (rush) (in)to a p.'s arms; *zich in iems ~en werpen* throw (fling) o.s. into a p's arms; ***met*** *de ~en over elkaar* with folded arms; (*fig*) idle, doing nothing; *met open ~en ontvangen* receive (welcome) with open arms; *met een boek* ***onder*** *de ~* (with) ... under one's arm; *met een kind* ***op*** *de ~* with a child on one's arm

2 arm *bn* poor; (*behoeftig, ook*) penniless, needy, indigent; (*techn*) lean [air/gas mixture]; *~e stakker!* poor thing!; *~e kerel* (*die je bent*)*!* poor you!; *zo ~ als Job* (*de mieren, een kerkrat*) as poor as Job (a church mouse); *~ aan* poor in; (*vd bodem, enz, ook*) deficient in [lime, nitrogen, etc]; *~ maken* beggar; *~e* poor man (woman), (*vooral bedeelde*) pauper; *een illusie ~er* an illusion the poorer; *de ~en* the poor; *de ~en van geest* the poor in spirit; *~ en rijk* rich and poor; *van de ~en begraven worden,* (*hist*) have a pauper's burial

armada id; **armadil(lo)** armadillo; **armamentarium** 1 (*arsenaal*) armoury; 2 (*uitrusting*) id; **armatuur** armature; (*v magneet, ook*) keeper; (*elektr*) fitting

armband bracelet, (*uit één stuk*) (arm) bangle; (*meer algemeen, ook als onderscheidingsteken*) armlet, brassard; **armbandhorloge** wrist watch, bracelet watch

armbestuur (*hist*) public assistance committee; (*abstr*) poor-law administration; **armbezoek** visitation of the poor; (*in achterbuurten, fam*) slumming; **armbus** poor-box

arme poor person, pauper; *de ~n* the poor

armee army; **Armeens** Armenian

armelijk poor, needy, shabby; **armelui** poor people; **armeluiskind** poor man's child

armenbuurt poor quarter (*of:* neighbourhood); **armengeld** poor rate; **armengraf** pauper's grave; **armenhuis** workhouse

Armenië Armenia; **Arme|niër**, **-nisch** Armenian

armenschool charity-school; **armenwet** poor law; **armenzorg** (system of) poor relief

arme|tierig miserable, stunted; shabby; **-zondaars** *zie* zondaars; *~gezicht* hang-dog look

armhuis workhouse

Armini|aan(s) Arminian; **-anisme** Arminianism

armlastig (*hist*) chargeable to the parish; *~ zijn,* (*ook*) be in receipt of poor relief; *~ worden* come (up)on the parish, come (go, become a charge) on the rates; **armlastige** pauper

arm|legger, **-leuning** arm(rest)

armoe(de) 1 poverty [*aan metalen* in metals], penury, indigence; *~ is geen schande* poverty is no crime; *~ zoekt list* necessity knows no law; *tot ~ vervallen* be reduced to poverty; *uit* (*van*) *~,* (*fig*) for want of anything better (to do); *mijn armoedje* my little all; *zie ook* nijpen & troef; 2 (*schaarste*) paucity [*aan ideeën* of ideas]; 3 (*last*) trouble, inconvenience

armoedig poor, needy, poverty-stricken, penurious; (*v uiterlijk*) shabby; *~ staan* look shabby; *in ~e omstandigheden* in poor (penurious) circumstances; *het ~ hebben* be hard up; *zie ook* armzalig; **armoedigheid** poorness, penury, poverty; (*v uiterlijk*) shabbiness; **armoedzaaier** (*fam*) down-and-out; *hij is een ~,* (*ook*) he has not a penny to his name

armoriaal armorial

armpotige brachiopod, lamp shell

armsgat armhole; **armslag** elbow-room (*ook fig*); **armslengte** (*op ~* at) arm's length; **armsteun** armrest; **armstoel** armchair, elbow-chair; **armvol** armful; **armzalig** poor [excuse, creature, make a poor figure], sorry [he cut a sorry figure], miserable, pitiful, pitiable; beggarly, paltry, measly [a measly £50]; *een ~ zootje* a poor lot; **Arnold(us)** Arnold

aroberen lodge an objection against an official measure

aro|ma id, flavour; **-maten** spices; (*chem*) aromatic compounds; **-matisch** aromatic; **-matiseren** flavour

aronskelk arum; *witte ~* arum-lily; *gevlekte ~* cuckoo-pint, wake-robin, lords and ladies

Arragon Aragon

arran|gement id; (*muz, ook*) orchestration, scoring; (*reis~*) package holiday (tour); **-geren** arrange (*ook muz*); get up [a party, a bazaar]; *voor orkest ~,* (*ook*) orchestrate, score; **-geur** arranger

arre|garre, **-jasses!** ugh!, yu(c)k!

arren *vgl* 1 ar & *zie* 2 ar; **arresle(d)e** *zie* 1 ar

arrest 1 (*aanhouding*) arrest, custody, detention; *gewoon* (*streng*) *~,* (*mil*) open (close) arrest; *in ~* [place, put] under arrest, in custody; *in ~ stellen* (*nemen*) take into custody, arrest; 2 (*beslag*) attachment, seizure; 3 (*vonnis*) judgment, decision, decree; *~ wijzen* pronounce judgment; **arrestant(e)** prisoner, arrested person; *vgl* gevangene; **arrestanten|kamer**, **-lokaal** detention room, lock-up; (*mil ook*) guardroom; **arrestantenwagen** police (*Am:* patrol) van, Black Maria; **arrestatie** arrest, apprehension; **arrestatiebevel** warrant (of arrest), arrest warrant; **arresteren** 1 arrest, take into custody; *laten ~* give in charge; 2 (*notulen*) confirm [the minutes]

arrivé id; **arriveren** arrive (*ook fig:* arrived artists); **arrivisme** id, unscrupulous ambition; **arrivist** arriviste, (social) climber, careerist

arro arrogant (person); **arrogant** arrogant, presumptuous; **arrogantie** arrogance, presumption

arrondissement district; **arrondissementsrechtbank** (*vglb, Eng*) county court (*alleen civiele zaken*); (*Sch*) sheriff court; (*Am*) district court

arrowroot id
arseen arsenic [poisoning, acid, trioxide]
arsenaal arsenal, armoury; (*mar*) dockyard
arsenicum arsenic; **arsenicumhoudend** arsenical; **artefact** id, artifact
artemisinine (*med, tegen malaria*) qinghaosu
arterie artery; **arterieel** arterial; **arteriosclerose** arteriosclerosis, hardening of the arteries
artesisch: *~e put* Artesian well (*of:* bore)
arthropode arthropod; **arthrose** arthritis
Arthur id; **arthurroman** Arthurian romance
articu|latie articulation; **-leren** articulate
artiest(e) artiste, variety artist, entertainer; **artiesteningang** stage door; **artiestenkamer** greenroom; **artiestennaam** stage name
artificieel artificial
artikel article; (*in tijdschrift, ook*) paper; (*ve wet, enz*) article, section, clause; (*koopwaar*) article (of commerce), commodity, [a new] line; *~en,* (*ook*) merchandise, wares, [perishable, consumer, sports] goods, [medical] supplies; *duurzame ~en* durables; *~en des geloofs* articles of religion; *de 12 ~en des geloofs* the Apostles' Creed; **artikelsgewijs** [discuss a bill] clause by clause; **artikelwoord** lemma, headword, entry-word
artillerie artillery; (*geschut ook*) ordnance; **artillerievuur** artillery fire, gunfire; **artillerist** artilleryman, id, gunner
Artis the (Amsterdam) Zoo; **artisanaal** *zie* ambachtelijk; **artisjok** artichoke
artisticiteit artistry; **artistiek** artistic (*bw:* -ally); (*overdreven*) chi-chi; **artistiekeling** arty type; **artistiekerig** arty(-farty)
artotheek picture and art library
artritis arthritis; **artrografie** arthrography; **artroscopie** arthroscopy; **artrose** arthritis
arts doctor, surgeon, medical man (*of:* practitioner), general practitioner, physician; **artsenbezoeker** medical representative
artsenij medicine, medicament, (*fam*) physic
artsenijbereidkunde pharmaceutics, pharmacy; **artsenijkruid** medicinal herb, simple; **artsenijkunde** pharmacology
artsexamen medical qualifying examination
Aruba id; **Arubaan(s)** Aruban
1 as 1 (*ve wagen*) axle; (*spil*) spindle; (*drijfas*) shaft; *vervoer per ~* road transport; *verkeer per ~* wheeled traffic; *per ~ verzenden* convey by road; 2 (*ve planeet, bloeiwijze, wisk, enz*) axis (*mv:* axes); (*ook fig:* the Rome-Berlin axis)
2 as (*muz*) A flat
3 as (*brandrest*) [be burnt to] ashes, cinders; [volcanic, cigarette] ash; (*gloeiende ~*) embers; (*crematierest*) ashes; (*attr*) ash-; *~ is verbrande turf* if ifs and ans were pots and pans (there'd be no need for tinkers); *in de ~ leggen* lay in (reduce to) ashes; *uit zijn ~ verrijzen* rise from one's ashes
a.s. afk van *aanstaande:* (*in datum*) next [Sunday], [Sunday] next; *zie verder* aanstaande
as|achtig ashy, ash-like; **-bak** *zie* asbakje, -lade & -emmer; **-bakje** ashtray, ash-pan; **-bakkeras** mongrel breed, (*fam*) Heinz [dog]; **-belt** refuse-tip, -dump, -heap
asbest asbestos [board, cement, matting, sheet]; **asbestose** asbestosis
asblond ash blond(e); **asbus** (cremation) urn
asceet ascetic; **ascendant** id; **ascendent** ancestor; **ascese** asceticism; **ascetisch** ascetic (*bw:* -ally); **ascetisme** asceticism; **ascorbinezuur** ascorbic acid; **Asdag** Ash Wednesday
asdruk axle weight
aseksueel asexual
aselect(ief) random [sample *steekproef*]
asem 1 breath; *geen ~ geven op* ignore [a question, etc]; 2 (*Ind*) tamarind; **asemen** breathe
asemmer dustbin; (*Am*) ash-can; **Asen** Aesir
asepsis id; **aseptisch** aseptic (*bw:* -ally)
asfalt asphalt; **asfaltbeton** rolled asphalt, (*Am*) asphaltic concrete; **asfalteren** asphalt; **asfaltjeugd** inner-city youth(s) (*of:* kids); **asfaltmastiek** mastic asphalt; **asfaltpapier** asphalted paper; **asfaltspijker** felt nail
asfyxie asphyxia; **Asgard** id
asgrauw ash-, ashy(-pale), ash-coloured; ashen [face]; *~ licht* (*schijnsel*) *zie* aardschijn; **ashoop** ash-heap
asiel asylum; (*voor daklozen, enz*) casual (*of:* vagrant) ward, (*vh Heilsleger, enz*) shelter [for the homeless]; (*voor dieren*) [animals'] shelter, home for lost animals; **asielrecht** right of asylum (*of:* sanctuary); **asielzoeker** asylum seeker, (political, economic) refugee
asjeblieft *zie* alstublieft
asjemenou (*fam*) well I never!
askruisje (*r-k*) [receive the] ashes; **asla(de)** ash-pan; **asman** dustman
Asmo|dee, -deus Asmodeus
asmogendheid Axis Power
aso antisocial (person); **asociaal** antisocial, disorderly [people]; *kinderen uit asociale gezinnen* maladjusted children
asoverbrenging shafting
asparagus asparagus fern; **aspartaam** aspartame
aspecifiek non-specific; **aspect** id
asperge 1 (stick of) asparagus; 2 *~s,* (*mil*) dragons' teeth; **aspergebed** asparagus bed; **asperge|kop, -punt** asparagus tip
aspic id; **aspidistra** id
aspirant(e) candidate, applicant, id; student, trainee [reporter, sales(wo)man], [police] cadet, (*sp*) junior [league]; **aspirant-inspecteur** junior inspector on probation; **aspirant-koper** prospective buyer; **aspirant-lid** applicant for membership; **aspiratie** aspiration; *hoge ~s hebben* fly high; **aspirator** id; **aspireren** aspirate [a consonant]; *~ naar* aspire to (*of:* after); **aspi|rientje, -rine** [take an] aspirin
aspis(slang) asp, (*dicht*) aspic
asregen ash fall
assagaai assagai, assegai; **asse** ashes; *zie* 3 as; **assegaai** *zie* assegaai
assem|blage assembly [line, plant]; **-blee** general assembly; **-bleertaal** assembly language,

assembler (language); **-bleren** assemble [cars]
assen|kruis, **-stelsel** coordinate axes, system of coordinates
assepoes, **Assepoester** Cinderella; (*fig ook*) household drudge, drudge (of the house)
asserteren assert; **assertie** assertion; **assertief** assertive; **assertiviteit** assertiveness [training]; **assertorisch** assertoric
assessor id; (*bij examen*) assistant examiner
assignaat assignat; **assignatie** (*bank~*) bank post bill; **assimilatie** assimilation [process]; **assimileren** assimilate [*aan* to, with]
Assisen: *Hof van ~* Criminal Court, Assizes
assistent assistant, [presidential] aide; (*ve hoogleraar, ook*) demonstrator [*in de botanie* of, in, botany]; *~ bij prof. A* assistant to ...; *~ bij het Engels,* (an) assistant in the Department of English; **assistent-arts** (*vglb*) senior house officer, (*gevorderd*) registrar; (*Am*) resident; **assistente** *zie* assistent; **assistentie** assistance, help; *iem ter ~ der huisvrouw* mother's help; **assistent-resident** assistant-resident; (*BrI*) deputy commissioner; **assisteren** assist
associatie association; (*handel*) partnership; **associatief** associative [memory]; **associé** partner; **associëren** associate; *zich ~* enter into partnership [*met* with]; **assonantie** assonance; **assoneren** assonate; **assonerend** assonant
assorteren 1 assort; *zie ook* sorteren; 2 (*bijeenpassen*) match; **assortiment** [a wide] assortment, selection, [product] range
assumeren co-opt [new members]; **assum(p)tie** 1 [chosen by] co-optation; 2 (*aanname*) assumptiom; *A~,* (*Maria-Hemelvaart*) Assumption
assuradeur insurer; (*zee-assuradeur*) underwriter; **assurantie** insurance, assurance; *zie ook* verzekering; **assurantiebemiddeling** insurance brokerage; **assurantie|bezorger**, **-makelaar** insurance broker; **assurantierekening** insurance account; *zie voor verdere sam* verzekering; **assureren** *zie* verzekeren
Assyrië Assyria; **Assy|riër**, **-risch** Assyrian
assyrio|logie Assyriology; **-loog** Assyriologist
astatisch astatic; *~e naald* astatic needle
aster aster; **asterisk** id; *van een ~ voorzien,* (*ook*) asterisk; **asteroïde** asteroid
asthenie asthenia; **asthenisch** asthenic
astigma|tisch astigmatic; **-tisme** astigmatism
astma asthma; **astmalijder**, **astmaticus** asthmatic; **astmatisch** asthmatic
astraal astral [body, light]; **astrakan** astrakhan; **astrant**, **astrant(er)ig** (*fam*) cool, cheeky, pert, perky; **astringent** id; **astringeren** astringe
astro|fysica astrophysics; **-labium** astrolabe; **-logie** astrology; **-logisch** astrological; **-loog** astrologer; **-naut** id; **-navigatie** celestial navigation, astronavigation; **-nomie** astronomy; **-nomisch** astronomic(al) (*ook fig:* astronomic(al) figures *getallen*); **-noom** astronomer
Asturië Asturias; **Astu|riër**, **-risch** Asturian
as|urn cinerary urn; **-vaalt** *zie* -belt; **-vat** *zie* -emmer
asverkeer wheeled traffic; **aswenteling** 1 rotation; 2 revolution
Aswoensdag Ash Wednesday; **asyl** *zie* asiel
asymmetrie asymmetry; **asymmetrisch** asymmetrical; **asymptoot** asymptote; **asymptotisch** asymptotical(ly); **asynchroon** asynchronous, *~ lopen,* (*fam*) be out of sync; **asyndetisch** asyndetic; **asyndeton** id; **asystolie** asystole; **at** *ovt van* eten
atalanta (*vlinder*) red admiral
ataraxie ataraxy, ataraxia; **atavisme** atavism, reversion (to type), throw-back; **atavistisch** atavistic; **ataxie** ataxy, ataxia
ATB 1 *zie* treinbeïnvloeding; 2 id, all-terrain bike
atelier workshop; [artist's, sculptor's, etc] studio, id; *uit het ~ van R* studio of R; **atelierraam** studio skylight; **atelierwoning** studio flat, (*Am*) studio apartment
aterling miscreant; **Atheens** Athenian
atheïsme atheism; **atheïst** atheist; **atheïstisch** atheistic (*bw:* -ally)
athematisch (*muz & tlk*) athematic
Athene 1 (*stad*) Athens; 2 (*godin*) Athena, Athene; **Athener** Athenian; **atheneum** (*vglb*) secondary modern school; (*Am*) high school
atherosclerose atherosclerosis
à titre personnel in a private capacity; *zie* à
atjar (*Ind*) pickles; **Atjeh** Ac(h)eh, Achin, id
atlanten atlantes; **Atlantisch** Atlantic; *~e Oceaan* Atlantic (Ocean); *~ Pact* Atlantic Pact
atlas 1 id (*ook anat*); 2 (*stof*) satin; **Atlas** id; *de ~* the Atlas (Mountains); **atlasvlinder** atlas moth
atleet athlete; **atletiek** athletics, (*Am*) track-and-field [athlete, events]; **atletiekbaan** running-track; **atletieknummer** (*loop-*) track event; (*anders*) field event; **atletiekwedstrijd** athletics meeting, (*Am*) track meet; **atletisch** athletic (*bw:* -ally)
atm. afk van *atmosfeer* at(m); **atmosfeer** atmosphere (*ook fig:* create an atmosphere); (*de*) *aardse ~,* (*ook*) aerospace; **atmosferisch** atmospheric(al); *~e storingen* atmospherics
atol atoll
atomair atomic; **atomisch** atomic; **atomiseren** atomize; **atomisme** atomism; **atomist** id
atonaal atonal; **atonaliteit** atonality
atonie atony; **atonisch** atonic
atoom atom; **atoom-** atomic [age, clock, cocktail, drive, mass, nucleus, number, propulsion, theory, weight], nuclear [attack, power, test, umbrella, waste]
atoom|bom atom(ic) bomb, A-bomb; **-centrale** nuclear power plant (*of:* station); **-duikboot** nuclear (*of:* atomic) submarine; **-energie** nuclear (*of:* atomic) energy; **-fysica** atomic (*of:* nuclear) physics; **-geleerde** nuclear scientist; **-kop** nuclear warhead; **-oorlog** atomic (*of:* nuclear) war(fare); **-pacifist(e)** antinuclearist; **-reactor** atomic (*of:* nuclear) pile; **-splijting**, **-splitsing** nuclear fission; **-vrij** nuclear-free

[zone]; **-wapen** atomic (*of:* nuclear) weapon
atopie atopy; **atopisch** atopic
à tort et à travers at any price; [talk] at random, without rhyme or reason; **à tout prix** at any price; **Atrecht** Arras; **atrium** id
atrofie, atrofiëren atrophy; **atropine** id
atsjie (*niesgeluid*) atishoo, tishoo!
attaché(e) attaché; **attachékoffer** attaché case; **attacheren** attach, post (as an attaché)
attaque attack (*ook muz & v ziekte*); (*beroerte*) stroke; seizure; **attaqueren** attack
attenderen: ~ *op* call attention to, bring to [a p.'s] notice; **attent** attentive, (*voor anderen ook*) considerate [to ...], thoughtful [of, about others]; *iem ~ maken op* draw a p's attention to; **attentie** attention (*in beide bet*); consideration, considerateness, thoughtfulness; present, gift; *ter ~ van* (for the) attention of; *~s* attentions, assiduities; **attentielicht** compulsory daytime lighting on vehicles; **attentiesein** disturbance signal; ~ *neer!* lower signal!
attest [medical] certificate, testimonial; **attestatie** certificate, attestation; (*kerkelijk*) letter of transfer [*van* from, *naar* to]; ~ *de vita* life certificate; **attesteren** attest, certify
Attica id; **Attisch** Attic [salt, wit]
attitude id; **attractie** attraction, draw, amenity; **attractief** attractive
attraperen catch [*op* at]; *zie ook* betrappen
attributief attributive; **attribuut** attribute; *de -buten van de Kroon* the regalia
ATV *zie* arbeidstijdverkorting; **atypisch** atypical
au! ow!, ouch!; **aub, a.u.b.** (if you) please
aubade id; *een ~ brengen* sing an aubade to
au bain marie in a bain-marie (a double boiler)
aubergine id, eggplant
auctie auction, public sale; *zie ook* veiling; **auctionaris** auctioneer; **auctoriaal** auctorial; **auctor intellectualis** instigator
aucuba id; **audicien(ne)** hearing aid supplier
audiëntie audience; ~ *aanvragen bij, om ~ verzoeken* ask an audience (seek audience) of; ~ *geven* (*verlenen*), *in ~ ontvangen* give (an) audience (to), receive in audience; *op ~ gaan bij* have (an) audience of (an audience with); **audiëntiezaal** presence chamber, audience chamber
audio|apparatuur audio equipment, audio system; **-cassette** id; **-gram** id; **-linguaal** aural-oral [method]; **-logie** audiology; **-metrie** audiometry; **-rack** stereo (system); **-theek** sound library; **-toren** music centre; **-visueel** audio-visual [aids, equipment]
auditeren attend as an auditor, (*Am*) audit; **auditeur** auditor; *~-militair* judge-advocate
audi|tie audition, voice test; **-tief** auditive, auditory; **-torium** 1 (*gehoor*) audience; 2 (*zaal*) id
auer|haan, -hoen capercaillie, -cailzie, wood grouse; (*haan ook*) cock of the wood; **-os** aurochs
au fond id
Augias Augeas; **Augiasstal**: *de ~ reinigen* cleanse the Augean stables; **augment** id
Augsburgs Augsburg [Confession]; **augur** id
augurk gherkin
August id, (*fam*) Gus; **Augusta** id; (*fam*) Gussie; **Augustijn** Augustine; (*lid ve orde*) Augustine, Austin Friar, Augustinian (Canon, Hermit); **Augustinus** (St) Augustine
augustus (*maand*) August; *A~,* (*pers*) id
auk razorbill; *kleine ~* little auk
aula great hall, auditorium
au pair id, on mutual terms; *als ~ werken* au pair
aura id (*mv ook:* -ae)
aurelia: *gehakkelde ~* comma butterfly
aureool aureole, halo, nimbus
au revoir id, good-bye (for the present), (*fam*) so long!, see (be seeing) you!
aurikel (*plant*) bear's ear, dusty miller, auricula
Aurora id
auscul|tatie auscultation; **-teren** auscultate
au sérieux: ~ *nemen* take seriously
auspiciën auspices [under the auspices of]
ausputzer (*sp*) sweeper
austraal austral; **Austraal-Azië** Australasia; **austraallicht** aurora australis; **Australië** Australia; **Austra|liër, -lisch** Australian; **Austronesië** Austronesia
autarchie autarchy, despotism
autarkie autarky, economic self-sufficiency; **autarkisch** autarkic, self-sufficient
auteur author; **auteurschap** authorship
auteursrecht 1 (*recht*) copyright [owner, notice *clausule*], author's rights; *er rust ~* (*geen ~ meer*) *op* it (the book, etc) is in (out of) copyright; ~ *verwerven* (*verlenen*) *op* copyright [a literary, musical or artistic work]; 2 (*betaling*) copyright fee; **auteursrechtelijk** copyright [protection]; **auteurswet** copyright act
authenticiteit authenticity; **authentiek** authentic (*bw:* -cally), authenticated, certified [copy]
autisme autism; **autistisch** autistic
auto (motor)car, motor; (*Am*) auto(mobile); *met de ~ gaan* go by car; **autoband** car-tyre; **autobandmoord** necklace killing (*of:* murder)
autobiograaf autobiographer; **autobiografie** autobiography
auto|bom car bomb; **-botsing** car crash; **-box** lock-up garage; **-bus** bus, (*lange afstand*) coach
autochtoon I *zn* autochthon; II *bn* autochthonous, indigenous; **autoclaaf** autoclave
autocontrole (*vglb*) MOT-testing, motor vehicle inspection; **autocoureur** racing driver
autocraat autocrat; *~je* petty tyrant, Jack-in-office; **autocratie** autocracy; **autocratisch** autocratic (*bw:* -ally); **auto-da-fé** id
autodidact self-taught man (woman), id; (*ook*) he was entirely self-taught; **autodidactisch** self-taught
autodiefstal car theft
autoerotiek autoerot(ic)ism
autofabriek motorworks, car factory; **autoga-**

rage garage; **autogas** LPG(as
auto|geen autogenous; **-giro** autogiro, -gyro
autogordel seat belt
auto|graaf (*manuscript, enz*) autograph, holograph; **-grafie** (*soort druk*) autography; **-grafisch** autographic (*bw:* -ally); **-gram** autograph
auto-industrie motor industry; **autokaart** motoring map, road map; **autokerkhof** car graveyard, (old) car dump; **autokeuring**: *verplichte* ~ MOT (test); (*Am*) motor vehicle inspection; **autokraak** car theft; **autoladder** (*brandweer*) water-tower
autoloog autologous
auto|maat 1 automaton (*ook pers*), robot; 2 vending-machine, (penny-in-the-)slot machine, (*met voedsel*) vender (-or); (*kaartjes~*) ticket(-issuing) machine; *zie ook* automatiek; **-matenhal** amusement arcade; **-matie** automation; **-matiek** auto-buffet; automat; **-matisch** automatic (*bw:* -cally); *~e afschrijving,* (*giro*) automatic debit transfer, (*bank*) direct debit; *~e overschrijving* automaic credit transfer, ACT; *~e respons* knee-jerk reaction; ~ *telefoneren* dial direct; ~ *vuurwapen* automatic; **-matiseren** automatize; **-matisering** automation; **-matisme** automatism, mechanical (involuntary, routine) action
automerk 1 make of car; 2 (*embleem*) badging
automo|biel motorcar; (*inz Am*) automobile; **-bilisme** motoring, automobilism; **-bilist** motorist, (*Am*) id; **-biliteit** carborne mobility
automonteur motor (*of:* car) mechanic
automutilatie self-mutilation
autonomie autonomy; **autonomistisch** autonomist [movement]; **autonoom** autonomous; ~ *tarief* autonomous tariff
auto-ongeluk motor accident, (*ernstig*) car crash (smash); **autopapieren** car (registration) papers; **autopark** fleet of cars; (*landelijk*) car population; **autopech** breakdown (of a car), car trouble; **autoped** scooter
autopsie autopsy; (*v lijk, ook*) necropsy, postmortem
autorail Motorail [terminal]; **autorijden** (car) driving; **autorijles** driving lesson; **autorijschool** driving school, school of motoring
autorisatie authorization; **autoriseren** authorize, empower; **autoritair** authoritarian [state, etc]; high-handed; *een ~ air* an authoritative air; **autoriteit** authority [*op het gebied van het Grieks* on Greek]; *de ~en* the authorities
autoslaaptrein car sleeper (express), Motorail; **autosloperij** car breaker's yard; **autosnelweg** (*Br*) motorway, (*Am, en Br in stadsgebied*) expressway; **autosport** motor sport(s)
autosuggestie auto-, self-suggestion
autotelefoon carphone
autotyp(i)e autotype
auto|val speed-, police-trap; **-veer** car ferry; **-verhuur** car hire, car rental; **-verhuurbedrijf** car hire (car rental) firm, service; **-verkeer** motor traffic; **-vrij**: ~ *maken,* (*vglb*) pedestrianize; **-wasstraat** automatic car-wash; **-weg** motor-road; *zie ook* -snelweg; **-wrak** car wreck
auxine auxin
aval guarantee; *voor ~ tekenen, zie* avaleren; **avaleren** guarantee [a bill]; **avalist** guarantor
avance advance; *~s maken* make advances (overtures) [to a p.]; **avanceren** (*vooruitgaan, -komen*) advance, proceed, go ahead; (*opschieten*) hurry up; (*bevorderd worden*) be promoted, rise; **avans** *zie* avance; **avant-garde** id; **avant-gardist** id; **avant-gardistisch** avant-garde; **avant-la-lettre** [an] early [Einstein], [an example of nature conservation] before its day; **avant-scène** proscenium; (*loge*) stage-box
avegaar auger; **Ave-Maria** Ave Maria; **avenue** id
averechts I *bw* (in) the wrong way, wrongly, backwards, preposterously; ~ *uitleggen* (*opnemen*) misconstrue; ~ *breien* purl; II *bn* inverted, wrong; preposterous [ideas], perverse [judgment]; *~e steek* inverted stitch, purl; *twee recht, twee ~* knit two, purl two; *een ~e uitwerking hebben* be counter-productive, (*fam*) backfire; *de ~e zijde* the reverse, the wrong side
averij 1 (*geldelijk*) average; *~-grosse* general average; *~-particulier* particular average; 2 (*toegebrachte schade*) damage; **averijregeling** average adjustment; **aversie** aversion
avia|teur airman, aviator, flier, flyer; **-tiek** aviation; **-trice** woman pilot, aviatrix, airwoman
A-viertje (single) sheet of A4 (of paper)
aviobrug passenger loading bridge
avitaminose deficiency disease
avocado id, alligator pear
avond evening, night; (*dicht*) even; (*vero*) eve; *de ~ voor de slag* (*het feest*) the eve of (the) battle (the festival); *goeden ~,* (*bij komen*) good evening!, (*bij gaan*) good night!; *gezellig ~je* evening party, social evening; *elke ~,* (*ook*) nightly; *'s ~s, des ~s* in the evening, at night, (*Am*) nights; *hij placht 's ~s dikwijls aan te lopen* he would often drop in of an evening; *de ~ te voren* the evening before; (*Am ook*) overnight; *tegen de ~* towards evening; *van ~* this evening, tonight; *het wordt ~* evening (night) is falling; *zie ook* levens~
avond|blad evening paper; **-dienst** 1 evening service, (*Eng Kerk ook*) evening prayer, evensong; 2 evening duty; evening shift; **-eten** supper, evening meal; **-gebed** evening prayer; **-japon, -jurk** evening dress (*of:* gown); **-kleding** evening wear; **-klok** curfew, evening bell; **-koekoeksbloem** white campion; **-land** Occident; **-lucht** 1 evening air; 2 evening sky; **-maal** supper, evening meal; *het Heilig A~* the Lord's Supper, the Communion, [take] Holy Communion; *het Laatste A~* the Last Supper
Avondmaals|beker Communion cup, chalice; **-ganger** communicant; **-schotel** paten; **-tafel** Communion table, the Lord's Table; **-wijn** sacramental (Communion) wine
avond|mens (*vglb, fam*) night owl; (*Am*) night person; **-retour** (*in Ned*) cheap evening return;

-rood afterglow, evening glow, sunset glow, sunset sky; **-schemer(ing)** (evening) twilight; **-school** [go to] night school, evening school, evening classes; **-spits** evening rush hour; **-ster** evening star; **-stond** evening (hour); **-studie** (*op school*) prep(aration); **-toilet** (*man & vrouw*) evening dress, (*man ook*) dress-clothes; **-vlinder** moth; **-voorstelling** evening performance; **-vullend** all-evening [programme]; **-wind** evening breeze; **-winkel** late night shop

avonturen risk, venture, hazard; **avonturier** adventurer; **avonturieren** 1 go adventuring; 2 take excessive risks; **avonturierster** adventuress; **avonturisme** adventurism; **avontuur** adventure [film, story]; *~tje* affair; *op ~ uitgaan* go in search of adventures; *zijn ~ beproeven* try one's luck; **avontuurlijk** adventurous; romantic [story]; **à vue** at sight

AWBZ afk van: *Algemene Wet Bijzondere Ziektekosten* Chronically Sick and Disabled Persons Act; **A.W.W.** afk van: *Algemene Weduwen- en Wezenwet* Widows and Orphans Act

axiaal axial; **axiologie** axiology; **axioma** axiom; **axiomatisch** axiomatic

axolotl id; **ayatollah** id; **azalea** azalea

azen: *~ op,* (*leven van*) feed (*of:* prey) on; (*loeren op, begeren*) covet, lie in wait for, have an eye on

Azerbeidzjan Azerbaijan; **Azeri** id, Azari

Aziaat Asian; **Aziatisch** Asian [flu], Asiatic; **Azië** Asia

azijn vinegar; **azijnaaltje** vinegar-eel; **azijnachtig** acetous, vinegarish; **azijnmoer** mother of vinegar; **azijnpisser** vinegary person; **azijnzuur** acetic acid; **azijnzuurzout** acetate

azimut azimuth; **azoïsch** azoic; **Azoren** Azores; **azotisch** azotic; **Azteek(s)** Aztec

azuren azure, sky-blue; **azuriet** azurite; **azuur** azure, sky-blue; **azuursteen** lapis lazuli, lazulite, azure

B*b*

b (the letter) b; **B** (*muz, chem*) B

ba 1 bah!, pah!, pooh!, ugh!, yuck!; 2 *zie* boe

BA *zie* burgerlijk: ~e aansprakelijkheidsverzekering

baadje jacket; *iem op zijn ~ geven* dust a p.'s jacket

baai 1 (*golf*) bay, bight; 2 (*stof*) baize; 3 (*tabak*) Maryland; **baaien** *bn* baize

baaierd chaos, muddle

baak beacon; sign; *zie verder* baken

baal 1 bale [of cotton, etc]; *in balen* (*ver*)*pakken* bale; *ik heb er balen* (*tabak*) *van,* (*sl*) I am sick to death of it; 2 (*zak*) bag [of coffee, rice, etc]; 3 ten reams [of paper]

Baäl Baal

baaldag permitted day of absence from work

baan 1 path, way, road; (*op vliegveld*) runway; (*spoorw*) track; (*ve autoweg*) carriageway, (*rijstrook*) lane; *zich ~ breken* force (push) one's way (through), forge ahead [our army is forging ahead], (*ve mening*) gain ground; *ruim ~ maken* clear the way (passage), (*opzij gaan*) stand aside (*of:* back); *nieuwe banen openen* open (up) new avenues [of wealth, of employment, etc]; *de ~ opgaan,* (*ve vrouw*) go (up)on the streets; ***in** andere banen leiden* steer [the conversation] into other channels; *in een ~ komen,* (*satelliet*) go into orbit; *oefeningen **op** de lange* (*korte*) *~,* (*mil*) long-(short-)range practice; *op de ~* (*in de weer*) *zijn* be stirring, be about; *op de ~ lopen,* (*ve meisje*) be on the streets; *op de lange ~ schuiven* put off indefinitely, shelve [a question]; *dat is **van** de ~* that's off; *voorgoed van de ~* dead and buried; *het plan is van de ~* the plan has been shelved, is on the shelf; *tariefhervorming is voorlopig van de ~* tariff reform is in cold storage; 2 (*ve projectiel*) trajectory; (*ve electron, hemellichaam, enz*) orbit; 3 (*lijn~*) ropewalk; 4 (*breedte v stof, behangsel, enz*) breadth, width; (*ve vlag*) bar; 5 [tennis-]court; (*sp*) course, track; *korte en lange ~* short and long course [swimming]; *~ vier,* (*atletiek, zwemsp, enz*) lane four; (*ronde ~*) circuit; (*ronde*) lap [do eight laps in 7 minutes]; (*ijs~*) (skating-)rink; (*glij~*) slide; (*ski~*) run; (*kegel~*) alley; *de ~ is in uitstekende conditie* (*is zwaar*), (*sp*) the going is excellent (is heavy); *zie ook* ~tjerijden; 6 job, billet, berth; *het is me een ~!* some job!; *gemakkelijk ~tje* soft (*sl:* cushy) job; *aan een ~*(*tje*) *helpen* place [a p.] in a job; *een ~ zoeken,* (*ook*) go job hunting; *verandering van ~* change of job, career move; *zie ook* vet

baan|bed permanent way; **-brekend** pioneering, trail-blazing, epoch-making, path-breaking, ground-breaking, innovative [work]; *~ werk doen* effect a breakthrough, break new ground; **-breker** pioneer; **-café** road-house; **-commissaris** (*sp*) track official

baanderheer (knight) banneret

baan|fiets track bicycle; **-record** track record; **-ruimer**, **-schuiver** cowcatcher, track-clearer, obstruction (*of:* safety) guard; **-sport** track sport

baantjerijden skate up and down; **baantjesjager** place-, office-seeker; **baantjesjagerij** place-, etc, seeking

baan|vak section; **-veger** ice-sweeper; **-wachter** signalman, lineman, flagman; (*bij overweg*) crossing-keeper, (*Am*) gateman; **-wedstrijd** track event, track race; **-werker** permanent-way worker; **-wijs**: *~ zijn* know the ropes

baar I *zn* 1 (*golf*) billow, wave; 2 (*lijk~*) bier; (*draag~*) stretcher, litter; 3 (*staaf*) bar, ingot [of gold, etc]; (*her*) bar; 4 (*zandbank*) bar; 5 *zie* groen II.3; II *bn* bare; *~ geld* ready money, (hard) cash; *bare onzin* sheer nonsense; *de bare duivel* the devil himself

baard (*ve mens, dier, graan, oester*) beard; (*v graan, ook*) awn; (*ve kat*) whiskers; (*ve walvis*) (blades of) whalebone, baleen (plates); (*ve sleu-*

tel) bit; (*ve veer, vis*) barb; (*ve veer, ook*) vane; *~je*, (*ve veer*) barbule; *hij had een hele ~*, (*was ongeschoren*) there was a growth of beard on his chin [he had a four days' growth of beard]; *hij heeft de ~ in de keel* his voice is breaking; *zijn ~ laten staan* grow a (one's) beard; *in de ~ brommen* mutter into one's beard; *om 's keizers ~ spelen* play for love; *het is er een met een ~* it has whiskers on it (has grown whiskers, is a hoary old joke, a chestnut)

baardaap 1 (*dier*) wanderoo, lion-tailed monkey; 2 (*pers*) beardie; **baardeloos** beardless; (*fig ook*) callow [youth]; **baardgier** lammergeyer, bearded vulture; **baardgroei** growth of beard; *~ krijgen* grow a beard

baard|ig bearded; **-mannetje** *zie* -mees; **-mans** beardie; **-mees** bearded tit(mouse); **-schurft**, **-vin** barber's itch (*of:* rash), sycosis; **-vogel** barbet; **-walvis** whalebone whale

baarkleed pall; **baarlijk** utter [nonsense], [the devil] incarnate; *vgl* baar II; **baarmoeder** womb, uterus; **baarmoederhals** cervix, neck of the womb; *van de ~* cervical [cancer]

baars (*vis*) perch, bass

baas (*hoofd, chef*) master, (*vr:*) mistress; (*fam*) governor (*volkst:* guv, guv'nor), boss (*beide ook aanspr*); *~je* little chap; *nee, ~je* no, sonny (my lad)!; *grote ~*, (*Am*) main squeeze; (*meesterknecht*) foreman, working overseer, gaffer; (*mbt huisdier*) owner, (*inz v hond*) master, mistress; (*kanjer*) whopper; (*knapperd*) crack, dab [in at]; *hij is een ~je* he is a handful, a pickle; *aardige ~* nice chap; *gezellige oude ~* jolly old buffer; *een ~ van een jongen* a sturdy little chap (fellow); *je moet ~* ***blijven*** keep the whip hand; *zo* ***druk*** *als een klein ~je* [he is] as busy as a bee; *hij* ***is*** *de ~ van het* ***spul*** he runs the show, rules the roost; *de vrouw is de ~* the wife calls the tune (wears the trousers, the pants); *hij denkt dat hij hier de ~ is*, (*ook*) he thinks he owns the place; *hij is mij de ~* (*af*) he is more than a match for me, (one) too many for me, beats me [in zoology, etc]; *hij is heel wat jongere mannen de ~* he can give points to ...; *iem helemaal de ~ zijn* beat a p. hollow; *ik ben mijn eigen ~* I am my own master; *ze* ***konden*** *de toestand geen ~* (*worden*) they could not cope with the situation, the situation was beyond them; *ze kon de jongen geen ~* the boy was beyond her management; *de ~* ***spelen*** domineer, lord it [*over* over]; *de ~ spelen over*, (*ook*) boss [she bosses her husband]; *iem de ~* ***worden*** get the better of a p.; *de concurrentie de ~ worden* overcome the competition; *zijn toorn werd hem de ~* his anger overcame him; *zijn gevoel* (*zijn zenuwen*) *de ~ worden* restrain one's feelings (get the better of one's nerves, overcome one's nervousness); *zie ook* meester; *er is altijd ~* ***boven*** *~* every man may meet his match

baat profit, benefit; *de kost gaat voor de ~ uit* nothing venture, nothing gain; *~ vinden bij* derive [much, little] benefit from, (be) benefit(ed) by; *te ~ nemen* avail o.s. of, take advantage of, seize [an opportunity]; have recourse to [other means]; *zonder ~* without avail, unavailing; *zie ook* baten; *ten bate van* for the good (the benefit) of, on behalf of, in aid of [charities] (*ook:* the proceeds will go to charity); *ten eigen bate aanwenden* appropriate to one's own use; **baatzucht** selfishness, self-interest(edness); **baatzuchtig** selfish, self-interested; mercenary

babbel 1 talk, chat, chatter, babble; *~tje* chat; *een goede* (*vlotte*) *~ hebben* be a persuasive (a smooth) talker; *zie verder* praat & praatjes; 2 mouth, tongue, (*fam*) clack, clapper; 3 *zie* babbelaar 1; **babbelaar(ster)** 1 chatterbox, gossip; chatterer, babbler, tattler; (*klikker*) tell-tale; (*aardige kleine*) *~* little prattler; 2 (*stroopballetje*) bull's eye; **babbelachtig** *zie* babbelziek; **babbelarij** chit-chat, tittle-tattle, chattering; **babbelbox** chatline; **babbeleguigjes** pretexts, excuses; **babbelen** (*keuvelen*) chat; (*kletsen*) chatter; (*over anderen*) gossip; (*ve kind*) prattle, babble; (*klikken*) blab, tell tales; **babbelkous** *zie* babbelaar 1; **babbellijn** chatline; **babbelziek** talkative, loquacious; **babbelzucht** talkativeness, loquacity; **Babel** Babel (*ook fig*)

babi panggang sweet and sour pork

baboe ayah; (*Am*) mammy

baby id; **babybedje** cot, crib; **babybox** playpen; **babyfoon** babyphone

Babylon Babylon; **Babyloniër** Babylonian; **Babylonisch** Babylonian [captivity]; *zie ook* spraakverwarring

baby-motorspuit trailer pump; **baby-oppas** baby-sitter; **babyschoentje** bootee; **babysit** (baby-)sitter; **babysitten** (baby-)sit; **babysitter** (baby-)sitter; **babytrainer** baby bouncer; **babyuitzet** layette; **babyverzorging** infant care; **babyvleugel** baby grand

baccalaureaat (course leading up to) bachelor's degree; **baccarat** id

bacchanaal bacchanal; **bacchanaliën** bacchanalia, bacchanals; **bacchant** Bacchant; **bacchante** Bacchant(e); **Bacchus** id; *zie ook* offeren; **Bacchusfeest** Bacchanalia

bacil bacillus (*mv:* -li); **bacillen|drager**, **-draagster** germ-carrier, vector

bacove banana

bacterie bacterium (*mv:* -ria); **bacteriedodend** (*middel*) bactericide, germicide; **bacterieel** bacterial; **bacteriënoorlog** bacteriological (*of:* germ) warfare; **bacterievuur** fire-blight

bacteriofaag (bacterio)phage; **bacteriologie** bacteriology; **bacteriologisch** bacteriological; **bacterioloog** bacteriologist

bad I *zn* (*in huis*) bath (*ook:* *~kuip*); (*buiten*) bathe, plunge, dip; (*zwem~*) (swimming) pool; (*chem*) bath; *warme ~en*, (*in badplaats*) hot baths, thermal waters; *het ~ loopt* the bath-water is running; *een ~ nemen* have (take) a bath, bath; (*in open water*) have (take) a bathe; *de* (*minerale*) *~en gebruiken* take the baths, take (drink) the waters; *een ~ geven* bath [a child]; *met ~*, (*ook*) [room] with ensuite bath; II *ww ovt van* bidden; **badbenodigdheden** bath(ing)-requisites; **badcel** shower cabinet, bath cubicle; **badderen** (play in

the) bath
badding batten; **baddoek** bath-towel
baden bathe (*ook:* in blood, etc), bath [a baby, dog], be bathed [in tears, light], be steeped [in light], swim [in blood], be rolling [in wealth], wallow [in sensualism]; *in tranen ~,* (*ook*) be all (in) tears; **Baden** id
badend bathing, etc; bathed, swimming, weltering [in blood]; bathed [in tears]; **bader** bather; **badgast** bather, (seaside) visitor, visitor at (*of:* to) a watering place; **badgeld** admission, charge (for bathing); **badhanddoek** bath-towel; **badhandje** face-cloth; **badhokje** bathing-cubicle; **badhuis** bathhouse, (public) baths
badi|nage id, chaff, banter; **-neren** banter, joke
bad|inrichting 1 (public) baths; 2 swimming pool; **-jas** bathrobe, -wrap; **-juffrouw** (female) bath attendant; **-kamer** bathroom; **-koetsje** bathing-machine; **-kostuum** bathing-costume, -suit; **-kuip** bath-tub; **-kuur** bathing-cure, course of (mineral)waters; *een ~ doen* take (drink) the waters; **-laken** bath sheet, bathing towel; **-mantel** bathrobe, -wrap; **-meester** bath(s) superintendent; (swimming) pool attendant; **-muts** 1 bathing cap; 2 (*sl*) dumbo; **-pak** bathing-suit, swimsuit; **-plaats** (*voor minerale wateren*) watering place, spa; (*aan zee*) seaside place (*of:* resort), watering place, coastal resort; *naar een ~ gaan* go to the seaside (a watering place); **-schone** bathing beauty; **-schuim** bath foam; **-seizoen** bathing (*of:* seaside) season; **-slipper** bathroom mule; **-stoel** *zie* strandstoel; **-stof** terry (cloth), towelling; **-strand** bathing-beach; **-tas** beach bag; **-tent** bathing-tent; **-water** bath water; *zie ook* kind; **-zout** bath salts, bath cube(s)
bagage luggage; (*in Eng lucht- & zeehavens & Am*) baggage; (*fam*) traps; (*ve leger*) baggage; *met weinig ~ reizen* travel light
bagage|bureau luggage office, parcels receiving office; **-depot** left luggage (office, depot); **-drager** (*ve fiets*) (rear) carrier; **-kluis** luggage locker; **-label** baggage tag; **-net** (luggage) rack; **-reçu** luggage receipt (ticket); **-rek** 1 luggage rack; 2 roof rack; **-ruim** (*v vliegt*) luggage (*Am:* baggage) compartment (*mar:* hold); **-spin** roof lashing; **-wagen** (luggage) van, guard's van
bagatel trifle, bagatelle; *voor een ~* [buy] for a mere trifle, for a song; *maar een ~,* (*fam, ook*) [it's] a mere flea-bite; **bagatelliseren** minimize [the difficulties], treat as of little importance, trivialize, play down [the news of the peace move]
bagger mud, mire, slush; **baggerbak** scoop
bagger|en 1 dredge (*met baggermachine*); scoop out [peat, mud]; 2 wade [through the mud], slush; **-laarzen** waders; **-machine**, **-molen** dredger, dredging-machine; **-net** dredge(-net); **-praam**, **-schuit** hopper(-barge), mud-barge; **-specie** spoil; **-turf** dragpeat; **-werk** dredging (work); **-werkzaamheden** dredging operations
bagijn, enz *zie* begijn, enz; **bagno** (*hist*) bagnio
baguette id; (*brood, ook*) stick loaf
bah bah!, pah!, pooh!, ugh!, yuck!
Bahamaans Bahamian; **Bahama's** Bahamas, Bahama Islands; **Bahrein** Bahrain, -rein
baignoire id; **bain-marie** id; double boiler
baisse fall; *à la ~ speculeren* speculate for a fall, sell short, bear; **baissier** bear
bajes (*sl*) quod, jug, can; **bajesklant** jailbird
bajonet bayonet; *~ op* (*af*)*!* fix (unfix) bayonets!; *met gevelde ~* with fixed bayonets; *met de ~ doorsteken* (*vellen*) bayonet; *zie ook* opzetten; **bajonetsluiting** bayonet catch
bak 1 (*ve koffer, slager, kat, enz*) tray; (*ve ~fiets*) carrier; (*voor kalk, enz*) hod; (*voor water, enz*) cistern, tank, reservoir; (*ve baggermachine*) scoop; [dust-, corn-]bin, [ash-]pan, [window-]box; (*krat*) crate; (*trog, etensbak*) trough, (*ve hond*) dish; (*broei~*) *zie* broeibak; (*ve rijtuig*) body, (*voor bagage*) boot; (*ve auto*) *zie* kofferruimte; (*in schouwburg, vero*) pit; *volle ~* full house; (*bed*) sack; (*gevangenis*) quod, jug, can; *de ~ indraaien* get a stretch, go down; *vgl* doos 4; (*mar*) forecastle head, (*eettafel*) mess; ***aan*** *de ~ komen,* (*fig*), *a*) come in for one's share; *b*) (*optreden*) turn out; ***bij*** *~ken* [the rain came down] in buckets; *vgl* stortregenen; ***in*** *de ~, a*) in quod, etc; *b*) (*roeien*) in the tub; 2 (*mop*) (practical) joke, hoax, lark
bak|banaan cooking banana; **-barometer** cistern barometer; **-beest** whopper, colossus, mammoth; **-blik** baking tin; **-boord** port; *van ~ naar stuurboord zenden* send from pillar to post; **-boordzijde** port-side
bakeliet(en) bakelite
baken beacon, seamark; (*boei*) buoy; *de ~s verzetten* adopt new methods, change one's policy; *als het tij verloopt, moet men de ~s verzetten* one must move with the times, trim one's sails to the wind; *de ~s zijn verzet* times have changed; *zie ook* schip
bak- en braad|olie cooking oil; **-vet** shortening
baken|en beacon; **-geld** beaconage; **-landing** (*luchtv*) blind landing; **-ton** pillar buoy
baker (dry) nurse; **bakeren** dry-nurse, swaddle; *uit ~ gaan* go out nursing; *zich ~ in de zon* bask in the sun; *zie ook* heetgebakerd
baker|kindje infant (*of:* baby) in arms; **-mat** cradle, birthplace, nursery [of learning], nurse [of liberty], home [of insurance]; **-praat** old wives' tales, idle gossip; **-rijmpje** nursery rhyme; **-speld** large safety-pin; **-sprookje** 1 fairy tale; 2 old wives' tale
bak|fiets carrier-tricycle; **-gast** (*mar*) messmate
bakje 1 tray; *vgl* bak; 2 cup; 3 (*rijtuig*) cab
bakkebaard (side-)whiskers; (*fam*) mutton-chops, (*Am*) sideburns; **bakkeleien** tussle, scuffle, knock each other about; (*fam*) scrap; *aan het ~* at (engaged in) fisticuffs
bakken 1 bake [in an oven]; (*in pan*) fry [fish, potatoes, eggs]; bake, burn, fire [earthenware]; *wie heeft me dat ge~?* who has let me in for that?; *hij zit daar ge~* he has it made there (is in clover); *aan iets ge~ zitten* be married to s.t.; *zie ook* bak- en braad- & lucht; 2 (*bij examen*) be ploughed
bakkenist 1 (sidecar) passenger; 2 (*radio*) ham
bakker baker; *het* (*hij*) *is voor de ~* everything O.K.; *warme ~* home bakery; **bakker-an** *zie* 2 bij

20: er ~; **bakkerij** bakery, baker's business; **bakkerin** baker's wife; **bakkers|gast**, **-knecht** journeyman baker; (*bezorger*) baker's man; **bakkersoven** baker's oven; **bakkerstor** cockroach; **bakkerstrog** kneading-trough

bakkes (*fam*) mug, phiz; *hou je ~!* shut up!, shut your trap!; **bakkie** CB rig

bak|lap 1 steak for frying; 2 fried steak; **-meel** self-raising flour; **-olie** cooking oil; **-oven** oven; **-pan** frying-pan; **-plaat** baking tray; **-poeder** baking-powder; **-schieten** *zie* sjoelbakken; **-sel** batch, baking

baksjisj baksheesh

bak|steen brick; *stuk ~* brickbat; *neervallen als een ~* fall down with a thud; *het regent bakstenen* it is raining cats and dogs, it is coming down in bucket(ful)s; *zinken als een ~* sink (go down) like a stone; *zie ook* zakken; **-stenen** *bn* brick [wall]; **-vet** frying-fat; *vgl* bak- en braadvet; **-vis** 1 fryer, frier; 2 *~(je)* flapper, (*Am*) bobby-soxer; teenage girl, teenager; **-vorm** baking tin

bakzeil: *~ halen* back the sails; (*fig*) climb (*of:* back) down, draw in one's horns; **bakzeuntje** (*mar*) mess-boy; (*sl*) slops

bal 1 ball (*ook v hand, voet, enz*), bowl (*bij enkele spelen; kegelbal*); (*zaad~*) testicle; *~len,* (*sl*) guilders; *met de ~ spelen* play (at) ball; *een ~ maken* (*missen*) make (miss) a ball; *je slaat de ~ mis,* (*fig*) you are beside (wide of) the mark; *de ~ aan het rollen brengen* set the ball rolling; *elkaar de ~ toespelen* (*toekaatsen, toewerpen*), (*fig*) play into each other's hands; *hij weet er de ~len* (*geen ~*) *van* he doesn't know a damn thing about it; *zie ook* balletje, gehakt, stoppen & zier; 2 ball, dance; *~ masqué* masked ball; *een ~ geven* give a dance; *het ~ openen* open the ball; *zie ook* gekostumeerd; 3 (*sl: pers*) cocky bastard; shit

Balaäm Balaam; **bala|laïka**, **-leika** balalaika

balan|ceerstok balancing-pole; **-ceren** balance, poise; (*fig*) vacillate [between two opinions]

balans 1 balance, (pair of) scales; (*balk daarvan*) beam; (*ve stoommachine*) beam; (*ve brug*) draw-beam, bascule; 2 (*ve horloge*), *zie* ~rad; 3 (*hand*) balance-sheet; *de ~ opmaken* draw up the balance sheet, (*fig*) strike a balance, draw up the [political, etc] balance sheet; *de ~ van het congres opmaken* assess the results of the conference; *zie ook* evenwicht; **balansopruiming** stocktaking sale; **balansrad** balance wheel; **balanswaarde** balance sheet value, inventory value

balboekje (dance-, dancing-)card

baldadig wanton [destruction], lawless, rowdy [behaviour]; **baldadigheid** wantonness, etc, mischief; *openbare ~* rowdyism, hooliganism

baldakijn baldachin, canopy; **Balearen** Balearics; **Balearisch** Balearic [Islands, Isles]

balein whalebone, baleen; (*ve korset*) busk; (*ve paraplu*) rib; **baleinen** *bn* whalebone [corset]; **baleinwalvis** whalebone (baleen, right) whale

balen be fed up; *~ als een stier* (*een stekker*) be sick to death [*van* of]

balg 1 (*fot, blaas~, enz*) bellows; 2 skin; 3 (*volkst*) paunch; **balhoofd** ball-head

balie 1 (*leuning*) railing, balustrade, parapet [of a bridge]; (*ve kantoor*) counter; (*ve hotel*) desk; (*vd rechtbank; advocaten*) bar; *binnen de ~* in the body of the Court; *bestemd voor de ~* intended for the bar; *tot de ~ toelaten* call to the bar; *voor de ~ komen,* (*fig*) be carpeted, be on the carpet; *iem voor de ~ laten komen* carpet a p., have a p. on the carpet (on the mat); 2 (*kuip*) tub; 3 (*mand*) laundry basket; **balie|bediende**, **-employé** counter clerk; **baliekluiver** (waterside) loafer, idler; **Balinees** *bn & zn* Balinese (*ook mv*)

baljapon ball-dress

baljuw bailiff; **baljuwschap** bailiwick

balk beam (*ook ve balans*); balk (*ruw*); (*vloer~*) joist; (*dak~*) rafter; (*ve vlot*) log; (*noten~*) staff, stave; (*op cheque, enz*) bar; (*rangteken*) bar; (*her*) bar, bend; (*sp*) balance beam; *~en,* (*onder de ogen*) bags, pouches; *een ~ in zijn wapen voeren* bear a bend (a baton) sinister on one's shield; *dat mag je wel* (*met een krijtje*) ***aan*** *de ~ schrijven* chalk that up!; *het geld* ***over*** *de ~ gooien* play ducks and drakes with one's money; *hij gooit het geld niet over de ~* he does not spend more than he can help; *zie ook* splinter

Balkan id [the Balkan Mountains, Peninsula, question]; *de ~* the Balkans; **Balkanees** Balkan; **balkaniseren** Balkanize; **Balkanstaten**: *de ~* the Balkan States, the Balkans

balkbrug girder bridge

balken (*v ezel*) bray; (*v koe*) low; (*fig*) bawl, squall

balklaag (*ve gebouw*) joisting

balkon balcony (*ook ve schouwburg*); (*ve tram*) platform; (*in trein*) vestibule; *~ 2de rang* upper circle; *zie ook* fauteuils de balcon; *op het ~* on (*of:* in) the balcony; **balkondeur**: (*dubbele*) *~(en)* French window(s)

ballade ballad

ballast 1 id (*ook ve spoorweg*); *in ~* in ballast; 2 (*fig*) padding, dead weight; **ballasten** ballast

ballen *tr & intr* 1 (*sneeuw-, enz*) ball; 2 play with a ball (at ball); 3 clench [one's fists]; *zijn vuisten balden zich* his hands clenched; **ballenjongen** ball boy; **ballentent** 1 (*vglb*) coconut shy; 2 posh joint; 3 ghastly place

ballerina id; **ballet** 1 id; 2 ballet (company); **balletdanseres** ballet-dancer, ballerina

balletje little ball; globule; (*gehakt*) forcemeat ball; (*suiker~*) sugar-plum; (*hoest~*) cough drop; (*zacht, v brood, enz*) pellet; *een ~ van iets opgooien* (*opwerpen*) throw out a feeler, bring up (raise) a subject; *~-~,* (*vglb*) thimblerig, (*Am*) shell game; *zie ook* bal

balletmeester ballet-master; **balletmeesteres** ballet-mistress; **balletmuziek** ballet music

balling exile; **ballingschap** exile, banishment

ballistiek ballistics; **ballistisch** ballistic

ballon 1 (*lucht-, tekst~*) balloon; *~netje,* (*ve kind*) (toy) balloon; 2 (*min*) gasbag; 3 (*ve lamp*) globe

ballonband balloon tyre; **ballonfok** spinnaker; **ballonmouw** balloon sleeve; **ballonnet** id

ballon|rok puffball skirt; **-sport** ballooning; **-vaarder** balloonist; **-varen** balloon(ing); **-zeil**

balloon sail; *~en,* (*ook*) balloon canvas
ballo|tage 1 ballot(ing); 2 (*Belg pol*) second ballot; **-teren** 1 vote by ballot, ballot [for a candidate]; *morgen zal er over hem geballoteerd worden* he will come in for ballot ...; 2 vote again
ballpoint(pen) ball pen, ballpoint, biro
balneologie balneology; **balneotherapie** balneotherapy
balorig refractory, cross, bad-tempered, (*fam*) contrary; **balorigheid** refractoriness, etc; *louter uit ~* (*fam*) out of pure (*of:* sheer) cussedness
balroos guelder rose, viburnum
balsa(hout) balsa
balsamiek, enz *zie* balsemiek, enz
balschoen pump, dancing-, dance-shoe
balsem balm, balsam; (*fig meest*) balm [he poured balm into my wound]; **balsemachtig** balmy, balsamic; **balsemen** embalm; **balsemer** embalmer; **balsemhout** xylo-balsamum
balse|miek 1 balsamic, balmy; 2 (*fam*) *zie* smoorheet; **-mien** balsam; **-ming** embalmment
balspel 1 playing at ball, catch-ball; 2 ball-game, game of ball
balsturig obstinate, refractory, pig-headed; rough [weather]; **balsturigheid** obstinacy, etc
baltechniek ball technique
Baltha|sar, **-zar** Balthazar; **Baltisch** Baltic
balts (courtship) display; **baltsen** display; **baltstijd** courtship period; **baltsvlucht** courtship flight
baluster id; **balustrade** id; (*ve trap*) banisters
bal|verlies: *~ lijden* be robbed (of the ball); **-vormig** ball-shaped; **-zaal** ballroom; **-zak** scrotum
bamboe bamboo; **bamboebeer** panda; **bamboes, bamboezen** bamboo; **bami** Chinese noodles; **bamzaaien** (*vglb*) draw lots
ban 1 (*kerk*) excommunication, ban; (*kleine ~*) interdict; (*rijks~*) ban, (sentence of) outlawry, proscription; *in de ~ doen* put under the ban [of the Church, of the Empire], (*kerk~*) excommunicate, (*rijks~*) proscribe, outlaw, (*fig*) put under a ban, proscribe, ostracize, (*fam*) taboo; 2 (*bezweringsformule*) charm, spell, incantation; (*betovering*) spell, charm; 3 (*rechtsgebied*) jurisdiction; 4 (*lichting*) levy, draft, class
banaal banal, trite, commonplace, cheap
banaan banana (*boom & vrucht*)
banaliteit banality, platitude
banbliksem (ecclesiastical) anathema
bancair bank [credit], banking [transactions]
band 1 (*ve muts, schort, pyjama, enz*) string; (*ve kleermaker, voor documenten, magneet~, enz*) tape; (*haar-, hoofd~*) fillet; (*lint*) ribbon; (*anat*) ligament; (*om ader af te binden*) ligature; (*als verband*) bandage; (*breuk~*) truss; (*om arm, hoed, sigaar, schoof*) band; (*op grammofoonplaat, enz*) track; (*radio*) (wave)band; (*voor gebroken arm*) sling; (*streep, strook*) band, belt; (*op greepplank v gitaar, enz*) fret; (*ve boek*) binding; *losse ~* binding-case; (*ve vat, baal*) hoop; (*ve wiel*) tyre; (*trottoir~*) kerb(stone); (*biljart~*) cushion; *~en,* (*boeien*) fetters, bonds; *zie ook* lopend; ***aan*** *de ~ leggen* (*liggen*) tie up (be tied up); *iem aan ~en leggen* put a p. under restraint, keep a tight hand over a p.; *de pers aan ~en leggen* restrict the liberty of the press, gag (*of:* muzzle) the press; ***door*** *de ~, zie* bank: door de ~; ***over*** *de ~ spelen,* (*bilj*) play bricole; (*fig*) do [s.t.] in an indirect way; ***uit*** *de ~ springen* kick over the traces, break out, get out of hand; 2 (*fig*) bond, tie, link; *~en des bloeds* (*der vriendschap*) ties of blood (of friendship); *~en der liefde* bonds of love; *nauwe ~en met Engeland* close relationships with England
bandafnemer (*ve fiets, enz*) tyre-lever
banda|ge id; *~s,* (*ook*) trusses; **-gist** truss-maker
bandbreedte bandwidth; (*fig*) room for manoeuvre; **banddikte** [win by a] tyre's width; **bandelastiek** flat elastic, cord elastic
bande|lichter tyre-lever; **-lier** shoulder-belt, cross-belt, bandoleer; **-loos** 1 riotous, lawless, licentious; 2 go-as-you-please [morality]; **-loosheid** lawlessness, etc, disorderliness, indiscipline; **-pech** tyre trouble, puncture, flat; **-rol** 1 banderol(e); 2 [cigar-]band (by way of revenue stamp); **-spanning** tyre pressure
bandfilter bandpass filter; **bandgeheugen** tape storage
bandiet bandit (*mv ook:* -tti), brigand, ruffian
bandijk flood-wall, winter dike
bandijzer strip-, hoop-iron
banditisme banditry
bandje *vgl* band; (*lus ve jas, enz*) tag, tab; (*schouder~*) strap; (*muziek~*) tape, compact cassette
bandjir (*Ind*) banjir, spate, freshet
band|las tape join; **-leider** band leader; **-opname** tape recording; **-plooibroek** pleated trousers; **-recorder** tape recorder; **-rem** (*ve fiets*) tyre-brake; **-schuurmachine** belt sander; **-snelheid** taspe speed; **-spreiding** (*radio*) bandspread; **-staal** strip (steel); **-stoten** cushion play; **-transporteur** conveyor(-belt); **-versiering** binding design
banen: *een weg ~* clear (break) a way; *de weg ~* smooth (pave, prepare) the way [*voor* for], blaze a (the) trail; *zich een weg ~* make (force, push, squeeze, thread) one's way [through the crowd, into the room, etc], hew (cut, hack) one's way, strike out for o.s.; *nieuwe wegen ~* break new ground; *gebaande weg* beaten road, [keep to the] beaten track; **banenmarkt** jobcentre; (*Am*) job fair; **banenplan** job creation scheme
bang afraid (*alleen pred*); (*beschroomd*) timid, timorous, fearful; frightened; (*laf*) cowardly; (*ongerust*) uneasy; (*in spanning*) anxious; *~ om alleen uit te gaan,* (*ook*) nervous of going out alone; *~e dagen* anxious days; *zo ~ als een wezel* as timid as a hare; *in ~e afwachting* on the rack of suspense; *~e vrees* [give way to] anxious fears; *~* ***maken*** make afraid, frighten, scare; (*sl*) put the wind up [a p.]; *ik laat me niet ~ maken* I am not to be intimidated; *~* ***worden*** become afraid; (*sl*) get the wind up, (*fam*) get cold feet; *~* ***zijn*** *voor* be afraid (frightened, scared); (*bezorgd voor*) be afraid for, fear for; *~ zijn voor zijn leven* go in fear of one's life; *daar ben ik niet ~ voor* ['You will like the place'] 'I don't doubt it'; *~ zijn,* (*fam*)

have the wind up, have cold feet; ~ *zijn dat* ... be afraid that ...; *wees daar maar niet* ~ *voor*, (*ook*) no fear!, make your mind easy about that!; *zie ook* hart; **bangelijk** timid; **bangerd**, **bangerik** coward, (*sl*) funk; **bang(ig)heid** fear, anxiety, timidity; **Bangladesj** Bangladesh

bangmakerij intimidation; (*fam*) [it's merely] (a, a piece of) bluff

banier banner, standard; *zie ook* scharen; **banierdrager** banner-, standard-bearer

banjer toff, swell; *de* ~ *uithangen* do the toff (the swell), play the fine gentleman; **banjeren** 1 push, jostle; 2 swank; 3 knock about

banjo banjo

bank 1 (*zit-, werk*~) bench; (*tuin-, rijtuig*~) seat; (*soort canapé*) settee; (*met rechte hoge leuning*) settle; (*inz school*~) form (*lang zonder leuning*), (~+*schrijfblad*) desk; (*kerk*~) pew; (*geld-, speel-, zand-, wolken-, oester*~) bank; *beklaagden*~ dock; *getuigen*~ witness box; *reserve*~ (the) bench; ***achter*** *de* ~ *gooien* discard, put on the shelf; ***door*** *de* ~ on an average, by and large, generally, as a rule; ***in*** (***op***) *de* ~, (*school*) [sit] at one's desk; (*sp: op de* ~) on the bench; 2 (*krediet-, speel*~, *enz*) id; *B*~ *van Internationale Betalingen* Bank of (for) International Settlements; ~ *van lening* pawnbroker's shop, pawnshop; *zo solide als de* ~ as safe as the Bank of England; *de* ~ *hebben* (*houden*) keep the bank; *de* ~ *doen springen* break the bank; *wij doen zaken met deze* ~ we bank with this firm; *hij is* ***aan*** (*werkt op*) *een* ~ he works in a bank; *geld* ***op*** *een* ~ *hebben* have money at (in) a bank; *op de* ~ *plaatsen* bank [money]; *zie ook* deponeren

bank|afschrift bank statement; **-biljet** banknote; **-breuk**: *bedrieglijke* ~ fraudulent bankruptcy; **-briefje** 1 (*bankbiljet*) banknote; 2 (*vd lommerd*) pawn-ticket; **-consortium** banking syndicate; **-directeur** bank manager; **-disconto** bank-rate; **-employé** bank clerk (official)

banken I *zn* vingt-et-un; II *ww* 1 play (at) vingt-et-un; 2 bank [the fires]

banket 1 (*feestmaal*) banquet, public dinner; 2 (*gebak*) (fancy) cakes, almond pastry; 3 (*mil*) banquette, firing-, fire-step

banket|bakker confectioner, pastry-cook; **-bakkerij** confectioner's (shop); **-hammetje** small choice ham; **-letter** almond-filled pastry (in the shape of a) letter; **-staaf** almond-filled pastry bar; **-teren** banquet, feast

bank|geheim banker's discretion; **-giro** bank giro; **-hamer** bench hammer; **-houder** banker

bankier banker; **bankieren** bank; **bankiershuis** banking house

bankinstelling banking institution

bankje 1 stool, foot-rest; *zie* bank; 2 (bank)note

bank|kaart cheque card; **-loper** bank messenger; **-noot** banknote; **-opdracht** banker's order; **-overval** bank hold-up (raid); **-papier** banknotes; **-pas** cheque (guarantee) card; (*voor geldautomaat*) cashcard; **-referentie** bank-reference; **-rekening** bank(ing)-account; **-relatie** bank(ers); **-reserve** banking-reserve

bankroet I *zn* bankruptcy; ~*je* loss; *die lezing bezorgt ons een* ~*je van £ 75* we are £75 out of pocket through that lecture; II *bn* bankrupt; ~ *gaan* fail, become (a) bankrupt; *zie ook* failliet, failleren & blut; **bankroetier** bankrupt

bank|roof bank-robbery; **-rover** bank-robber; **-saldo** bank-balance; **-schroef** (bench-)vice; **-schuld** overdraft; **-staat** bank return, return [of the Bank of England]; **-stel** (lounge, three-piece) suite; **-stelsel**, **-systeem** banking-system; **-vereniging** joint-stock bank; **-werker** fitter, bench-hand; **-werkerij** fitting-shop; **-wezen** banking, the banks; **-zaken** banking (business); **-zitten** (*sp*) sit on the bench

banneling(e) exile; **bannen** banish [evil thoughts, fear], exile [from a country], expel [from a country, society], exorcize [evil spirits]; *uit het land* ~, (*ook*) banish from the country

bantamgewicht bantam weight; **bantammer** bantam (cock, hen)

Bantoe Bantu; **bantoeïstiek** bantuistics, study of African languages and culture

banvloek anathema, ban; *de* ~ *slingeren naar* (*uitspreken over*) fulminate a ban against, curse by bell, book and candle, anathematize

baobab id; **baptist** id

bar I *zn* 1 [coffee-, heel-, refreshment-, snack-] bar; (*sl*) watering-hole; 2 (*natuurk*) id; II *bn* 1 (*dor, naakt*) barren [land, rocks]; (*guur*) raw, inclement; 2 (*scherp*) biting, severe [cold]; 3 (*bars*) grim, stern [face], gruff [manners, look]; *dat is* (*al te*) ~ that's too bad, a bit thick (steep, much); *nu wordt het me toch te* ~ this is getting beyond a joke; *zie* kras; III *bw* horribly [cold], extremely [nice]; *zich* ~ *vervelen* be bored stiff

barak shed; emergency hospital; (*mil*) hut(ment); ~ *voor besmettelijke ziekten* isolation hospital

baraka instant lottery (ticket)

baratterie barratry

barbaar barbarian; **barbaars** barbarous [savages], barbaric [splendour], barbarian [nations]; uncivilized [behaviour]; **barbaarsheid** barbarity, barbarism

Barbadaan(s) Barbadian; **Barbados** id

Barbara Barbara; (*fam*) Babs; **Barbarije** Barbary; **Barbarijs** Barbary; ~ *paard*, (*ook*) barb

barbariseren barbarize; **barbarisme** barbarism; **barbeel** barbel

barbertje undershelf basket; **Barbertje** Babs; ~ *moet hangen*, (*vglb*) his conviction is a foregone conclusion; **barbette** (*mar & mil*) id

barbier barber; **barbieren** shave; **barbierswinkel** barber's shop; **barbiesjes**: *naar de* ~ *gaan* (*wensen*) go west (wish [a p.] to the devil)

barbituraat barbiturate; **barbituurzuur** barbituric acid

barcarolle barcarol(l)e

bard bard; **bardenzang** bardic lay (*of:* song)

barderen bard(e); **bareel** (crossing, crush, etc) barrier; **barema** wage-scale; tariff

baren I *ww* 1 bear, bring forth, give birth to; 2 excite [wonder], cause [surprise], engender [friendship engenders friendship], create [a sen-

sation]; *moeite* (*zorg*) ~ cause, give trouble (be a cause for concern); II *zn* childbirth
Barend Bernard
barens|nood [be in] labour; (*inz fig*) [be in the] throes (of parturition); **-weeën** labour (contractions, pains), pains of childbirth
baret cap, beret; (*ve kind, ook*) tam(-o'-shanter); (*ve geestelijke*) biretta; (*ve student*) (academic) cap, (*fam*) mortarboard, square
barg hog; **Bargoens** patter, thieves' slang
barheid barrenness, etc, *vgl* bar II.1; severity, inclemency; **bariet** barytes, (*Am*) barite
baring parturition, childbirth
bariton baritone
barjuffrouw barmaid
bark barque, bark
barkas (motor) launch, longboat
barkeep(st)er barman (barmaid), barperson; **barkruk** bar stool
barmhartig charitable, merciful; *~e Samaritaan* Good Samaritan; **barmhartigheid** mercy, mercifulness, charity; *uit* ~ out of charity
bar mitswa Bar Mitzvah
barmsijsje mealy redpoll; *klein* ~ lesser redpoll
Barnabas id, Barnaby
barnen (*vero*) burn; *in het ~ der gevaren* in the midst (*of:* thick) of dangers
barn|steen, -stenen amber
barograaf barograph
barok baroque
baro|meter id, glass [the glass is rising]; **-meterstand** height (state, reading) of the barometer; barometric pressure; [highest] barometer reading [for 30 years]; **-metrisch** barometric (*bw:* -cally)
baron baron; **barones** baroness; **baronie** barony
baroscoop baroscope
barrage 1 (*versperring*) barrier; (*dam, spervuur*) id; 2 (*sport*) decider, play-off; (*springconcours*) jump-off; **barre** id
barrégreep barré; **barréklem** capotasto
barrel 1 (*vat*) id; 2 *aan ~s slaan* smash to atoms (to bits)
barre|voetbroeder, -voeter barefooted (discalced) friar; **barrevoets** barefooted
barricade id; **barricaderen** barricade
barrière barrier
bars stern, grim [face], harsh, gruff [voice], brusque [manner]
barst crack, flaw, burst; (*in huid*) chap; crack; *met kleine ~jes,* (*v glazuur*) crazed; *geen ~,* (*sl*) damn-all; *zie* donder: geen ~; **barsten** burst (*ook fig: v jaloezie* with envy), crack, split, be (get) cracked; (*vd huid*) chap, crack, be (get) chapped; (*springen*) burst, explode; *zie ook* springen; *barst!* damn, blast (it, you, etc)!; *hij kan* (*mag*) ~ he can go hang; *~de hoofdpijn* racking (splitting) headache; *ge~ lippen* cracked (chapped) lips; *ge~ ruit* cracked pane; *tot ~s toe vol* crammed, cram-full, full to overflowing; *zich te ~ eten* (*lachen*) eat (laugh) fit to burst; *zich te ~ werken* work o.s. to death; *zie ook* liegen
Bart(el) Bart; **Bartholomeus** Bartholomew; **Bartholomeusnacht** Massacre of St Bartholomew; **Bartjens**: *volgens* ~ according to Cocker; (*Am*) according to Gunter
barysfeer barysphere; **baryton** (*vedel*) baryton(e); **barzoi** borzoi
bas bass (*ook: ~viool*); *~ zingen* sing bass
Bas Sebastian
basaal basal; **basalt** basalt; **basaltslag** road metal; **basaltzuil** basaltic column
bascule (platform) weighing-machine; **basculebrug** bascule (counterpoise, balance) bridge
base (*chem*) base
basement base [of a pillar]; foundation [of a building]; **baseren** base, found, ground [*op* on]; *gebaseerd zijn op,* (*ook*) rest on, be rooted in
basfluit bass flute; **basgitaar** bass (guitar)
basilicum (*plant*) basil; **basiliek** basilica; **basilisk** basilisk, cockatrice
basis 1 (*wisk, mil*) base; 2 (*fig, inz*) basis, footing, foundation [skills; lay the foundation of *voor*]; *op ~ van* ... on the basis of, on the principle that ...; 3 (*pol, enz*) grass roots, [consult the] rank and file; 4 (*sp*) basic line-up; **basisbegrip** basic (concept); **basisch** basic, alkaline
basis|cursus foundation course; **-eis** basic requirement; **-industrie** basic industry; **-inkomen** guaranteed minimum income; **-kennis** elementary knowledge; [master the] elements, basics, rudiments; **-loon** basic wage; **-onderwijs** primary education; **-opleiding** basic training; **-opstelling** (*sp*) (starting) line-up; **-plan** master plan; **-school** primary school; **-vorming** national syllabus in secondary schools
Bask Basque; **Baskenland** (the) Basque Provinces; **Baskisch** Basque; *~ mutsje* beret
Basoeto Basuto; **Basoetoland** Basutoland
bas-reliëf bas-relief, [in] low relief; **bassen** bay
bassin basin; (*aquarium*) tank; *zie ook* zwem~
bassist bass(-singer, -player); **bassleutel** bass clef; **basstem** bass (voice); (*v muz*) bass part
bast 1 bast, inner bark; (*schors*) rind, bark; (*schil, peul*) husk, shell, pod; 2 (*fam*) skin, hide; body; *iem op zijn ~ geven* tan a p.'s hide; *in zijn blote ~, a*) in the altogether; *b*) with bare(d) torso; 3 belly, [fill one's] paunch
basta 1 *~!* enough!, stop!; *en daarmee ~* and there's an end (of it); and now you know!, that's enough!, that's that!; 2 (*klaveraas*) basto
bastaard bastard; (*biol*) hybrid, crossbreed; (*inz hond, & min v pers*) mongrel; *tot ~ verklaren* bastardize; **bastaarderen** hybridize, crossbreed; **bastaardering** hybridization; (*v taal*) creolization; **bastaardhond** mongrel; **bastaardij** bastardy
bastaard|nachtegaal hedge sparrow, dunnock; **-satijnvlinder** brown-tail moth; **-suiker** caster sugar; moist sugar, (soft) brown sugar; **-vijl** bastard file; **-vloek** minced oath; **-vorm** (*biol & tlk*) hybrid; (*ong*) mongrel; **-wederik** willowherb; **-woord** loanword
basterd, enz *zie* bastaard, enz; **Bastiaan** Sebastian; **bastion** id
bastkever bark beetle
bastonnade bastinado

basviool violoncello; **baszanger** bass (singer)
Bataaf Batavian; **Bataafs** Batavian
bataat sweet potato; **Batak(ker)** Batta(h)
bataljon battalion (*afk:* B(att)n)
Bata|via id; **-viaas** Batavia(n); **-vier** Batavian
bate profit; *zie* verder baat
baten I *ww* avail; *niet ~,* (*ook*) be of no avail (of no use, unavailing); *wat baat het?* what's the use?; *het baat niet* it's no use (no good); *daarmee* (*daarbij*) *ben ik niet gebaat* it's no use (no good) to me; *onze belangen zijn daarmee niet gebaat* it does not serve our interests; *baat het niet, het schaadt ook niet* if it does not do any good, it does not do any harm either; *menselijke hulp kan niet meer ~* he (etc) is past (*of:* beyond) human help; II *zn* (*activa*) assets; *~ en schaden* profits and losses
Bathseba Bathsheba
bathy|scaaf bathyscaphe; **-sfeer** bathysphere
batig: *~ saldo* (*slot*) surplus, credit balance
batik bat(t)ik(-work); **batikken** bat(t)ik
batist(en) batiste, lawn, cambric
batonneerstok singlestick
batterij battery; *droge ~* dry battery; **batterijkip** battery hen
batting batten; *met ~s sluiten,* (*mar*) batten down
baud id; **bauxiet** bauxite
bavet bib; **baviaan** baboon; **bavo** first-former
bazaar 1 (*oosters*) id; 2 (*liefdadigheids~*) id, fancy fair, jumble sale; 3 (*warenhuis*) store(s); 4 (*rommel*) mess; **bazalt** *zie* basalt; **bazar** *zie* bazaar; **bazarlijn** (*telef*) party line
Bazel Basel, Basle, Bâle
bazelen waffle, drivel
bazen domineer [over], boss [a p. around]; **bazig** managing, domineering, overbearing, dictatorial; (*fam*) bossy; **bazin** mistress; (*fig*) virago
bazuin trombone, trumpet; *de ~ steken* blow the trumpet; *~ van het Laatste Oordeel* Last Trump; **bazuinblazer** trombonist; **bazuingeschal** sound (*of:* blast) of trumpets
B.B. afk van *Bescherming Bevolking* CD, Civil Defence; **B.B.P** afk van *bruto binnenlands produkt* GDP, gross domestic product
bdellium id; **bè** baa
beaarden inter, bury, commit to the earth; **beaarding** burial, interment; (*r-k*) committal
beaat beatific [smile]
beademen breathe (up)on; (*med*) ventilate; **beademing** (*med*) artificial respiration, ventilation; *aan de ~,* (*ook*) [be] on life support; *zie ook* mond: ~ op ~; **beademingstoestel** respirator, ventilator
beambte junior official, functionary
beamen assent (say amen) to, echo, endorse; *hij beaamde het* he assented; **beaming** assent
beangst uneasy, alarmed, anxious; *zie ook* bang; **beangstheid** uneasiness, alarm, anxiety; **beangstigen** (*verontrusten*) alarm; (*bang maken*) frighten
beantwoorden answer [a letter, question, speaker]; reply to [a letter, speech, remark, attack]; respond (reply) to [a toast]; return [a visit, love, salute, the fire]; acknowledge [an introduction with a bow]; reciprocate [feelings]; *~ **aan*** answer, fulfil, meet [requirements]; answer (to) [the description]; answer, come up to [a p.'s expectations]; (*overeenkomen met*) answer to [description; this verb answers to Dutch 'helpen']; *niet ~ aan,* (*ook*) fall short of [expectations]; *aan het doel ~* answer (fulfil, serve) the purpose, answer, serve its turn; *~ met, zie* vergelden & vraag; *beantwoorde liefde* requited love; *niet te ~* unanswerable [question]; **beantwoording** reply, replying, answering; (*vegroet*) acknowledgement; *ter ~ van* in reply (answer, response) to; *de ~ van die vraag is vrij lastig* it is somewhat difficult to answer that question
bearbeiden, enz *zie* bewerken, enz
beargumenteren elucidate, argue, support
Beatrix Beatrice
bebakenen beacon, buoy
bebladerd leafy, leaved, [trees] in leaf; **bebloed** bloodstained, covered in blood, (*Am*) bloody
beboeten fine, mulct; *iem met £ 5 ~* fine a p. five pounds; **bebossen** afforest; *beboste streek* wooded area; **bebossing** afforestation
bebouwbaar arable, cultivable, tillable
bebouwd 1 cultivated, under cultivation; *met tarwe* (*katoen*) *~* under wheat (cotton); 2 built(-)on, built(-)over, built [environment]; *~e kom,* (*oppervlakte*) built-up area, town area, city area
bebouwen 1 cultivate, till; *met katoen ~* put [land] under cotton; 2 build upon (on, over); **bebouwer** cultivator, tiller; **bebouwing** 1 cultivation, tillage; 2 building upon (on, over); 3 (*concr*) buildings; built-up area
bebroeden incubate, hatch, sit on; **becijferen** calculate, figure (out); **becijfering** calculation; **becommentariëren** comment (up)on; **beconcurreren** compete with
becquerel id
bed bed (*ook rivier-, bloem-, enz*); (*mar*) berth; *het ~ moeten houden* have to keep one's bed, be confined to bed; *zijn ~je is gespreid* his future is secure; ***aan*** (***bij***) *mijn ~* at (by) my bed(side); ***in*** *~* in bed; ***met*** *één ~* single, *met twee ~den* double [room]; ***naar*** *~* [I haven't been] to bed [at all]; *ik ben een nacht niet naar ~ geweest* I've missed a night's sleep; *naar ~ brengen* put to bed; *naar ~ gaan* go to bed [*met* with]; (*fam*) turn in; (*bij ziekte*) take to one's bed; *hij gaat ermee naar ~ en hij staat ermee op* it is almost an obsession with him; *met iedereen naar ~ gaan* sleep around; ***naast*** *het ~* bedside [table]; ***te*** *~ liggen* be (lie) in bed; *te ~ liggen met reumatiek* be laid up (be down) with rheumatism; *je ~ **uit**!* show a leg!; *iem uit* (*het*) *~ halen* drag (turn) a p. out of bed; *ik houd je uit* (*je*) *~* I'm keeping you up; *ver **van** mijn ~* nothing to do with me, not my problem; *zie ook* kluisteren, opmaken, enz
Beda (the Venerable) Bede
bedaagd aged, elderly; **bedaard** *zie* kalm
bedacht: *~ op, a*) (*lettend op*) mindful of, alive to [one's interests]; *b*) (*voorbereid op*) prepared for; *op alles ~ zijn,* (*ook*) keep one's mind open to all possibilities; **bedachtzaam** (*overleggend*) thoughtful; (*niet overijld*) deliberate; (*voor-, om-*

zichtig) cautious, circumspect; **bedachtzaamheid** thoughtfulness, circumspection
bedaken roof (in); **bedampen** steam over
bedankbrief letter of thanks; (*na logeren*) letter of thanks for hospitality, bread-and-butter letter; *~je*, (*weigering, v uitgever*) rejection slip; **bedanken** I *ww* 1 thank [a p. for s.t.]; render (return) thanks; *zonder te ~* without acknowledgment; *wel bedankt!* thank you (thanks) so much!; 2 (*ontslag nemen*) resign, retire from office; (*ontslaan*) dismiss, discharge, pay [men] off; throw over [a lover]; (*voor uitnodiging, enz*) decline [an invitation, honour, etc], (*beleefd ~*) beg to be excused, excuse o.s.; (*voor krant, enz*) withdraw one's subscription; (*als lid*) resign one's membership [of ...]; *zie verder* danken; II *zn wegens het ~ van vele leden* on account of many withdrawals (the withdrawal of many members); **bedankje** 1 acknowledgment, (letter of) thanks, (*fam*) [not even get a] thank-you ; *het is wel een ~ waard* it's worth saying thank you for; 2 (*weigering*) refusal; *zie ook* aannemen 1
bedaren (*tot ~ komen*) quieten down, calm down; (*ve storm, enz*) abate, moderate, subside [the laughter subsided], drop [the gale dropped]; (*v wind, opwinding, enz*) die down; *tot ~ brengen* quieten, moderate, pacify [a p.]; satisfy [hunger]; soothe [a child]; allay, mitigate, assuage [pain]; still [fear]; *bedaar!* compose yourself!, be quiet!
bedauwen bedew; *bedauwd*, (*ook*) dew-laden
bedbank sofa bed
bedde|goed bedding, bedclothes; **-laken** sheet; *stof voor ~s* sheeting; **-linnen** bed linen
beddenwinkel bedroom furniture shop
bedde|pan warming-pan; **-sprei** bedspread, coverlet, counterpane; **-tijk** (*stof*) bed-ticking
bedding (*ve rivier, oceaan*) bed; (*geol*) layer, bed, stratum (*mv:* -ta), seam, measure; (*mil*) platform
bede 1 (*gebed*) prayer; (*smeek~*) prayer, entreaty, supplication; 2 (*hist*) benevolence
bedeelde pauper; *vgl* be'delen
bedeesd timid, bashful, diffident, shy; coy (*vooral v meisje*); **bedeesdheid** diffidence, bashfulness, timidity, etc; *vgl* bedeesd
bedehuis house (*of:* place) of worship; chapel (*v non-conformists*); tabernacle (*v sommige methodisten en v baptisten*)
bedekken cover (up, *geheel:* over), bury [one's face in one's hands]; *met sneeuw bedekt* snow-covered, snow-clad, snow-capped [mountains]; **bedekking** cover, covering; *onder ~ van* under cover of [the night]; **bedekt** covered; covert [allusions, signs], veiled [insult, threat, war, hint], clandestine [sale of spirits]; *~e aanval* masked attack; *in ~e termen* in covert (guarded) terms; **bedektbloeiend** cryptogamic; *~e plant* cryptogam, flowerless plant; **bedektelijk** covertly, stealthily; **bedektzadigen** angiosperms
bedelaar beggar, mendicant; (*bietser*) cadger; **bedelaarsgebed**: *een ~ doen* count one's small change; **bede|laarster**, **-lares** beggarwoman; **bedelarij** begging, mendicancy; **bedelarmband** charm-bracelet; **bedelbrief** begging letter; **bedelbroeder** mendicant (friar); '**bedelen** beg, ask for charity; *zijn brood ~* beg (for) one's bread; *om iets ~* beg for s.t.
be'delen 1 (*met talenten, enz*) endow [with natural gifts]; *ruim bedeeld met aardse goederen* richly blessed with worldly goods; 2 *de armen ~* bestow alms on (distribute charity to) the poor; **be'deling** 1 poor relief; *in de ~ zijn* be (up)on the rates (the parish, the dole); 2 (*theol*) dispensation; 3 distribution
bedelmonnik mendicant (friar); **bedelnap** begging bowl; **bedelorde** mendicant order; **bedelstaf** beggar's staff; *tot de ~ brengen* reduce to beggary, beggar [a p., o.s.]; **bedeltje** charm
bedelven bury, entomb; *bedolven onder*, (*fig*) snowed under with [presents], overwhelmed with [work]
bedelzak 1 (beggar's) wallet; 2 (*pers*) beggar
bedenke|lijk 1 (*gevaarlijk*) critical; (*ernstig*) serious, grave; (*zorgelijk*) precarious, critical [state of things]; (*gewaagd*) risky, hazardous [undertaking]; *de patient is ~* the ... is in a bad way, is in a critical condition; *dat ziet er ~ uit* things look serious (suspicious); *een ~ gezicht zetten* pull (put on) a doubtful (serious) face; 2 (*twijfelachtig*) questionable, doubtful [means, dealings]; (*verdacht*) suspicious; **-lijkheid** criticalness, etc
bedenken 1 (*onthouden*) remember, bear in mind; (*overdenken*) consider [what I told you], weigh [the consequences]; (*zich te binnen brengen*) recollect [I cannot recollect his name], think [I can't think where I put it]; *men bedenke, dat ...* it should be borne in mind that ...; *als men bedenkt, dat ...* considering that ...; *en dan te ~ dat ...* and to think that ...; ***zich** ~*, (*van gedachten veranderen*) change one's mind, think better of it, (*soms*) remember o.s. [I remembered myself in time]; (*nadenken*) reflect, take thought; *zich goed ~*, (*ook*) tax one's memory; *bedenk je nog eens* think again, try again; *hij zal zich nog wel eens tweemaal ~, vóórdat ...* he'll think twice before ...; *zonder (zich te) ~* without hesitation, unhesitatingly; 2 (*verzinnen*) think of [a means of escape], devise, contrive, think out [a plan], invent, find [means], concoct [a story], think up [a fib, a slogan]; *je kunt het zo gek niet ~, of hij weet het gekker* no matter how crazy you make it, he ...; 3 (*begiftigen*) remember (provide for) [a p.in one's will, etc]; *iem royaal ~* remember a p. handsomely; *iem met iets ~* make a p. a present of s.t.; **bedenking** 1 (*bezwaar*) objection; *~en hebben (tegen)* object (to), make objections (to, against); 2 (*beraad*) consideration; *ik geef het u in ~* I leave it to your consideration; *het in ~ houden* think it over; **bedenksel** imagining, fantasy; **bedenktijd** time for reflection (consideration)
bederf 1 (*verrotting*) putrefaction, decay; *er is ~ in het hout* the wood is decaying (*of:* rotting); *het is een ~ voor je tanden* it will be the ruin of your teeth; *tot ~ overgaan, zie* bederven II; 2 (*bedervende invloed*) taint; corruption [of manners, morals, etc], (*zedenbederf*) [moral] deterioration;

(*achteruitgang in kwaliteit*) deterioration; blight [in corn], dry rot [in wood; *ook fig:* in society]; (*concr*) pest [of society, of a school; a social pest], canker [a canker in the police force]; *aan ~ onderhevig* perishable; **bederfelijk** perishable; *~e waren,* (*ook*) perishables; **bederfwerend** (*middel*) preservative; antiseptic

bederven I *tr* spoil [a child, eyes, pleasure], corrupt [manners, morals, the language], deprave [*zedelijk:* a p.], ruin [one's health, eyes, a new frock], mar [beauty], taint [meat, air]; *het bij iem ~* get into a p.'s bad books; *de lucht is bedorven door allerlei stank* the air is tainted with all kinds of smells; *de hele boel ~* spoil (mess up, muck up) the whole thing; (*stiekem*) *de boel* (*voor iem*) *~* queer the pitch (for a p.); *je hebt alles aardig bedorven* you've made a nice mess of it; *zie ook* bedorven & spel; II *intr* (*v eetwaren*) go bad, off [the meat is going off], taint; (*v hout*) rot, moulder; (*v melk*) turn sour; (*v goederen*) deteriorate; **bederver** corrupter, spoiler

bedevaart pilgrimage; *ter ~ gaan* make a pilgrimage; **bedevaartganger** pilgrim; **bedevaartplaats** place of pilgrimage

bedgenoot bedfellow

bedienaar minister [of God's Holy Word]; (*v begrafenissen*) undertaker, funeral furnisher; **bediende** (*in hotel, enz*) waiter, attendant; (*in zaak*) employee; (*winkel~*) (shop) assistant; (*kantoor~*) clerk; (*huis~*) (man-)servant; (*lakei*) footman; (*lijfknecht*) valet, man; *zie ook* eerst, enz

bedienen I *tr* 1 serve (*ook: het geschut* the guns), attend to [customers], wait (up)on [a guest, etc]; (*v leveranciers*) supply; *iem op zijn wenken ~* wait (up)on a p. hand and foot, be at a p.'s beck and call; *iem van vlees, enz ~,* (*aan tafel*) help a p. to meat, etc; *voor de tweede maal bediend worden,* (*aan tafel*) have a second helping; ***zich*** *~* help o.s.; *zich ~ van, a*) (*aan tafel*) help o.s. to [some gravy]; *zich flink ~ van de jam* take a large helping of jam; *b*) avail o.s. of [an opportunity]; *c*) (*bezigen*) use, employ; 2 mind, tend, operate, run [a machine], serve [a gun], work [a fire-engine]; fill, hold [an office]; 3 (*een stervende*) administer the last sacraments (extreme unction) to; *bediend worden,* (*ook*) receive the last sacraments; *de mis ~* serve mass; *het Evangelie ~* preach the Gospel; II *intr* (*in winkel*) serve; (*aan tafel*) wait (at table), do the waiting; **bediening** 1 serving, attending, etc; *vgl* bedienen; (*in winkel, hotel, aan tafel*) attendance, service; waiting [at table]; (*kosten van*) *~,* (*hotel, enz*) service charge; *persoonlijke ~* valet service; (*mil concr*), *zie ~*smanschappen; 2 operation; *dubbele ~,* (*in lesauto*) dual control; *zie ook* afstands~; 3 (*ambt*) office, function; 4 (*r-k*) administration of the last sacraments

bedienings|geld [make a] service charge; **-knop** control knob; **-manschappen** (*mil*) (gun-)crew; **-paneel** control panel; **-straat** service road

bedierf *ovt van* bederven

bedijken embank; **bedijking** 1 damming in (up); 2 dikes, embankment; 3 polder

bedilal 1 busybody; 2 fault-finder, caviller; **bedillen** 1 find fault with, cavil at, censure, carp at; 2 order, boss [a p.] about (around); **bediller** *zie* -al; **bedill(er)ig** captious; **bedilziek** 1 fault-finding, censorious; 2 bossy, meddling; **bedilzucht** 1 fault-finding, censoriousness, carping spirit; 2 bossiness, meddlesomeness

beding condition, stipulation, proviso; *onder één ~* on one condition; *onder ~ dat* on condition (on the understanding) that; **bedingen** 1 (*met voorwerpszin*) stipulate, condition [that ...]; (*anders*) stipulate for [better terms]; *dat is er bij bedongen* that is included in the bargain; *tenzij anders bedongen* unless stipulated otherwise; *bedongen kwaliteit* (*bedrag*) stipulated quality (amount); 2 (*verkrijgen*) obtain [a price, better terms]; **bedinging** *zie* beding

bediscussiëren discuss

bedisselen (*fig*) arrange, manage; *ik zal het wel voor je ~,* (*ook*) I'll fix it for you

bedleeslamp bedside lamp; **bedlegerig** bedridden, laid up, confined to one's bed, (*fam*) on one's back; **bedlegerigheid** confinement to bed

bedoeïen Bedouin, Beduin (*mv:* id)

bedoelen 1 (*menen*) mean [*met* by: what do you mean by it?]; intend [it was intended as (for) an insult]; *wat ik bedoel,* (*ook*) [I hope you see] my point; *wat bedoel je eigenlijk?* what are you driving at?; *dat is wat ik bedoel,* (*fam*) that's the idea; *ze ~ het goed* (*met ons*) they mean well (by us), have the best of intentions (towards us); *het was goed bedoeld* it was well meant, meant for the best; *het was niet boos bedoeld* no offence was meant, he (I) meant no harm; *goed bedoelde voorstellen* well-intentioned proposals; *als bedoeld in § 6* as expressed (described, referred to) in section 6; *de bedoelde persoon* the person in question, the person referred to; *zie ook* menen; 2 (*beogen*) purpose, have in view, aim (*of:* drive) at; *die is voor mij bedoeld* that is meant for me, that is a slap (a sly dig) at me; *een bedoelde belediging* an intentional insult; **bedoeling** 1 (*betekenis*) meaning, purport; (*strekking*) drift [of a remark]; 2 (*plan*) intention; (*oogmerk*) intention [with the best intentions], aim, purpose, design [have no sinister designs], idea [what's the idea?]; *met de ~ om te ...,* (*ook*) with a view to ...ing, with intent to [murder him]; *met de ~ zelfmoord te plegen* with suicidal intent; *het ligt niet in mijn ~ om ...* it is not my intention (not part of my plan) to ...; *het is de ~ dat ...* it is proposed (*dat jij:* you are supposed) to ...; *wat is uw ~ hiermee?* what is your object in doing this?; *zonder kwade ~en* without meaning any harm, without malice; *zonder bepaalde ~en* unintentionally; *zie ook* bij~

bedoen: *zich ~* dirty o.s.; **bedoening** 1 (*gedoe*) to-do; *rare ~* rummy business, extraordinary carry-on; 2 (*bedrijf*) business, affair, outfit, show, belongings; **bedolven** *zie* bedelven

bedompt (*ve vertrek*) close, stuffy, frowsty; (*vd atmosfeer*) close, sultry

bedonderd 1 daft, crazy, off one's rocker; 2 rotten, beastly, miserable, awful; *zie ook* beroerd; **bedonderen** *zie* bedotten

bedorven 1 spoiled, spoilt [child], corrupt [text, morals], depraved [morals], tainted; 2 contaminated [meat, fish], decayed [fish], putrid [horseflesh], bad [egg, air], addle(d) [eggs], unsound [meal *meel*], disordered [stomach]
bedotten: *iem* ~ fool (trick, cheat) a p., take a p. in, pull a p.'s leg; (*sl*) do a p. in the eye, sell a p. a pup; **bedotterij** take-in, trickery, (*sl*) [it's all a] sell
bedplassen bed-wetting [he wets his bed]
bedraden wire; **bedrading** wiring
bedrag 1 amount; (*kosten van aantekening, enz*) fee; *ten ~e van* to the amount of; 2 sum [of money]; *tot een ~ van maar even* to the tune of [£1000]; **bedragen** amount to, come to, number [the deaths number 20], stand at [the fund stands at] £200; *in totaal* ~ total (up to) [£20]
bedreigen threaten [*met de dood* to kill, with death], menace; (*v gevaar ook*) hang over; *bedreigde (dier-, plante)soort* endangered species; (*sp*) challenge; **bedreiging** threat [*met boetes* of penalties], menace [a menace to health]; *onder ~ van oorlog* (*met een vuurwapen*) under threat of war ([rob a p.] at gunpoint); **bedremmeld** embarrassed, perplexed, confused, shamefaced; **bedremmeldheid** confusion, perplexity
bedreven skilled, skilful, expert [at, in ...], adept [in ...]; proficient [swordsman]; experienced, practised [in ...]; *~ in*, (*ook*) versed in, conversant with; **bedrevenheid** skill, skilfulness, proficiency [in literature, shooting]
bedriegen deceive, defraud, cheat, swindle, dupe, play [a p.] false, trick, take in, impose (up)on, beguile, (*fam*) two-time; (*bij spel*) cheat; practise deceit; *zich* ~ deceive (delude) o.s., (*zich vergissen*) be mistaken [if I am not mistaken]; *mijn geheugen bedriegt mij* my ... plays me false, deceives me; *als mijn geheugen mij niet bedriegt*, (*ook*) if (my) memory serves (me); *iem voor een aanzienlijke som* ~ trick (cheat, do) a p. out of a considerable sum; *hij kwam bedrogen uit* his hopes were deceived (disappointed); *bedrogen echtgenoot* cuckold; **bedrieger** impostor, deceiver, cheat, fraud; (*sl*) hornswoggler; (*bij kaartspel, enz*) sharper; *de ~ bedrogen* the biter bit; **bedriegerij** trickery, deceit, deception, imposture; *het is alles* ~ it's all a fraud (a cheat); **bedrieglijk** deceitful (*inz v pers*); fraudulent, sharp [practices]; (*zogenaamd*) bogus [a bogus cure]; (*misleidend*) deceptive [likeness], fallacious, tricky [figures (*cijfers, getallen*) are tricky things]; (*schoonschijnend*) specious [arguments]; **bedrieglijkheid** deceitfulness, fraudulence, etc
bedrijf 1 (*handeling, actie*) deed, action; *in ~ (stellen)* in (put into) operation; commission [an installation]; *buiten ~*, (*fabriek, enz*) idle; *buiten ~ stellen* put out of action; (*fabriek, enz*) close down; *onder de bedrijven door* meanwhile, incidentally, [tidy up] as we go along, [take an obstacle] in one's stride; 2 (*tak v bestaan*) [shipbuilding] industry; 3 (*beroep*) business, trade; 4 (*zaak*) business, concern; [mail order] house; (*v gemeente, enz*) [publicly conducted] undertaking; (*openbaar nuts~*) [public] utility; *elektrisch* ~ (public) electricity authority (*plaatselijk:* board), (*distributie~, Br*) dis(t)co; 5 (*exploitatie*) working; 6 (*ve toneelstuk*) act; **bedrijfsadministratie** 1 business administration; 2 (business) accounting, accounts; **bedrijfsadviseur** management consultant; **bedrijfsafval** industrial waste; **bedrijfsarts** (company, etc) medical officer; **bedrijfsauto** 1 commercial vehicle; (tradesman's) van; 2 company car; **bedrijfsbezetting** work-in; **bedrijfsbureau** planning office; **bedrijfschap** (corporate) trade organization (association, federation), industrial board, marketing board
bedrijfs|contactman shop-steward; **-correspondentie** business correspondence; **-cultuur** corporate culture; **-economie** business economics, industrial (farm, etc) economy; **-geheim** trade secret; **-geneeskunde** industrial medicine; **-groep** industrial section (group); **-huishouding** organized economy; **-huishoudkunde** *zie* bedrijfseconomie; **-hygiëne** industrial hygiene; **-inkomen** net income, revenue; **-jaar** working year; **-jurist** company lawyaer; **-kapitaal** working (operating, trading, farming, etc) capital; **-klaar** in running (working) order (condition); **-kleding** industrial clothing; **-kosten** running cost(s); *algemene* ~ overheads; **-kunde** management science; (*vglb*) business administration; **-leer** business economics; **-leider** (works, farm, etc) manager; **-leiding** management; **-leven** 1 business, trade and industry, industrial life, [private] enterprise; 2 business (community), industrial circles; **-materiaal** plant, working-stock; **-middelen** assets; **-ongeval** industrial accident (injury); *zie ook* uitkering; **-organisatie** industrial organization; **-panden** commercial properties; **-personeel** workforce; **-psychologie** industrial psychology; **-raad** 1 industrial council; 2 branch advisory council; **-resultaat** trading (*of:* company) results; **-revisor** industrial accountant; **-risico** occupational risk(s); **-ruimte** industrial premises, business accommodation; **-sluiting** close-down, shutdown; **-spionage** industrial espionage (*of:* spying); **-storing** interruption of work, breakdown; **-tak** 1 (*v bedrijven*) branch of industry (of business, trade, agriculture, etc); 2 (*ve bedrijf*) division, department; **-tijd** 1 working time; 2 running time; **-uitkomsten** trading results; **-vaardig** (in) operational (order); **-vereniging** industrial insurance board; **-vergunning** operating licence; **-verzekering** consequential loss insurance, loss of profits insurance; **-voering** conduct of business, management; **-wetenschap** management studies, business studies; **-winst** trading (*of:* operating) profits; **-zeker** reliable, foolproof, safe; **-zekerheid** dependability
bedrijven commit [sin], perpetrate [evil], make [love]; *~d*, (*tlk*) active [voice *vorm*]; *vgl* begaan; **bedrijvencentrum** (*vglb*) enterprise zone; **bedrijvenpark** business park; **bedrijver** perpetrator, doer, committer, author; **bedrijvig** active,

industrious, busy, bustling; **bedrijvigheid** (*werkzaamheid*) industry; (*op de beurs bijv*) activity; (*beweging*) bustle

bedrinken: *zich* ~ become fuddled, get tight [*aan port* on port], (*totaal*) drink o.s. stupid; *zich* ~ *aan zijn eigen woorden* become intoxicated by one's own rhetoric; *vgl* drinken

bedroefd I *bn* sad, sorrowful, distressed (*over* at), grieved, afflicted, sorrowing [her sorrowing parents]; ~ *maken* sadden; *het ziet er* ~ *met je uit* you are in a bad way; II *bw* ~ *slecht* extremely (distressingly) bad; ~ *weinig* precious little (few); [*ze betaalden hem*] *een* ~ *beetje* a mere pittance; *zij schreide erg* ~, (*ook*) she cried her heart out; *zie ook* diep~; **bedroefdheid** sadness, affliction, grief, sorrow, distress; **bedroeven** afflict, grieve, distress; *het bedroeft mij te zien, dat* ... I am grieved to see that ...; *zich* ~ *over* be grieved at; **bedroevend** I *bn* sad, sorrowful, pitiful, distressing; II *bw zie* bedroefd

bedrog 1 *zie* bedriegerij; 2 deceit, guile [an Israelite in whom is no guile, *Joh. 1:47* (*48*)]; *optisch* ~ optical illusion; ~ *plegen* cheat, practise deceit (*of:* fraud); *zonder* ~, (*ook*) guileless; **bedrogene** dupe, victim; **bedroog** *ovt van* bedriegen

bedruipen (be)sprinkle; baste [meat]; *zich*(*zelf*) ~ pay one's way, shift for o.s.; find for o.s. [out of £50 weekly]

bedrukken 1 print over (*of:* on); print [cotton]; 2 depress, distress [a p.]; **bedrukt** 1 dejected, melancholy, low-spirited, in low spirits, down; 2 printed; ~ *katoen* print(ed) cotton, (*Am*) calico

bedruktheid dejectedness, dejection, depression

bed|rust bed rest; **-sermoen** curtain lecture; **-sprei** *zie* beddesprei; **-stede** (*vglb*) box bed; **-stijl** bedpost; **-stro** (*pl*) bedstraw; **-tijd** bedtime

beducht: ~ *voor* (*gevaar, enz*) apprehensive of, afraid of; (*bezorgd*) apprehensive for [one's safety]; **beduchtheid** apprehension, fear

beduiden 1 (*betekenen*) mean, signify; (*voorstellen*) represent; 2 (*aanduiden*) indicate, point out, point to; forebode, spell [these clouds spell rain], portend [it portends mischief]; 3 (*te verstaan geven*) give to understand; (*uitleggen*) make clear [to a p.], get a p. to understand; *iem met een handbeweging* ~ *plaats te nemen* motion a p. to a seat; *zie verder* betekenen; **beduidend** appreciable, considerable, marked

beduimeld well-thumbed, thumb-marked, grubby; **beduimelen** thumb, soil

beduusd taken aback, dazed, flabbergasted

beduvelen pull the wool over a person's eyes, hoodwink; *vgl* bedotten

bedwang restraint, control; *in* ~ *hebben* (*houden*) have [the boys] well in hand, keep a tight hand over, keep under control, keep [one's tongue, etc] in check, discipline [one's emotions]; keep down [rabbits]; *zich in* ~ *houden, zie* zich bedwingen

bed|wants bed-bug; **-warmer** warming-pan; **-wateren** bed-wetting [he wets his bed]

bedwelmd stunned, stupefied; drugged; intoxicated; *vgl* bedwelmen; **bedwelmen** stun, stupefy, (*door narcotische middelen*) drug, dope, (*door drank*) intoxicate (*ook fig*); *~de dranken* intoxicants, intoxicating liquors; *~de gassen* stupefying gases; *~d middel* narcotic, drug, dope; *zie ook* verslaafd; **bedwelming** stupefaction, stupor, narcosis, intoxication

bedwingbaar controllable, restrainable; **bedwingen** conquer, subdue [a country], check, curb, control, restrain; suppress [one's laughter, an insurrection]; quell [a rebellion]; contain [one's laughter, anger]; keep back [one's tears]; govern, master [one's passions]; *zie ook* bedwang: in ~; *de brand was spoedig bedwongen* the fire was soon brought under control; *zich* ~ restrain (contain) o.s., hold o.s. in hand, keep a tight rein (*of:* hold) on o.s.

beëdigd confirmed by oath; (*niet*) *~e getuigenis*(*sen*) (un)sworn evidence; ~ *makelaar* sworn broker; ~ *vertaler* official (sworn) translator; *~e verklaring* sworn statement, (*schriftelijk ook*) affidavit; **beëdigen** (*ambtenaar*) swear (in), swear into office; (*getuige, enz*) swear, administer the oath to; (*soldaat*) attest; (*onder ede bevestigen*) confirm on oath, swear to; **beëdiging** swearing-in; administration of the oath; (*als soldaat*) attestation; (*ve verklaring*) confirmation (up)on oath

beëindigen end, conclude, bring to a conclusion, finish; terminate [a contract, etc]; **beëindiging** end(ing), conclusion, termination

beek brook, rill, rivulet; *~je* brooklet; **beekpunge** (*plant*) brooklime

beeld 1 (*algem*) image; (*portret*) portrait, picture, likeness; (*spiegelbeeld*) reflection [look at one's own reflection in the glass], reflex; (*tv*) picture, image; (*ve ziekte*) picture; *hij was een* ~ *van wanhoop* he was a picture of despair; *in* ~ *brengen* render pictorially, picture, portray; *een* ~ *geven van* give an idea of, illustrate [English country life]; *Engeland in* ~ Britain in pictures; *God schiep de mens naar Zijn* ~ created man in His own image; *zich een* ~ *vormen van* visualize, form a notion of; 2 (*monument*) effigy; (*stand*~) statue; (*boeg*~) figurehead; *~je* statuette, image, figurine; 3 (*redefiguur*) figure (of speech), metaphor, image; 4 (*zinnebeeld*) emblem; symbol; 5 beauty; *een* ~ *van een hoed* a dream of a hat; *een* ~ *van een meisje* a (perfect) beauty (of a girl)

beeldband videotape; **beeldbepalend** vital to the townscape; **beeldbuis** 1 cathode ray tube; 2 (TV) screen; (*fam*) box; **beelddrager** image recording material, base; **beeldenaar** (*ve munt*) head, effigy; **beeldend** expressive [faculty *vermogen;* language]; *~e kunsten* plastic arts, visual arts; ~ *kunstenaar* plastic (pictorial) artist; *school voor ~e kunsten* school of design; **beeldendienaar** worshipper of images, iconolator; **beeldendienst** image-worship, iconolatry; **beeldenstorm** image-breaking, iconoclasm; **beeldenstormer** image-breaker, iconoclast; **beelderig** *zie* beeldig; **beeldfeuilleton** comic (strip); **beeldhoek** angle of view (of acceptance); **beeldhouwen** sculpture, sculpt; (*in hout, enz*) carve; **beeldhouwer** sculptor; wood-carver; **beeldhouwkunst** sculpture; **beeldhouwster** sculptress, sculptor; **beeldhouwwerk** sculpture, statuary; (*in hout*) carved work, carving

beeldig charming, sweet; *de japon staat je ~* the dress suits you wonderfully; *~e hoed, zie* beeld

beeld|merk logo(type); **-plaat** video disc; **-rijk** ornate, flowery; **-roman** comic (book); **-scherm** screen, display, monitor (screen), VDU [worker]; **-scherpte** (*ve lens*) definition; **-schoon** of rare beauty; **-schrift** picture writing, pictography; **-snijder** (wood-)carver; (*in ivoor*) ivorist; **-spraak** metaphorical (*of:* figurative) language, imagery; **-teken** pictogram; **-telefoon** videophone; **-telegrafie** telephotography, pictography; **-verhaal** (strip) cartoon, comic (cartoon) strip; **-versterker** (*tv*) video-amplifier; **-vlak** (*fot*) focal plane; **-vormend** image-forming [rays, information]; **-vorming** 1 image forming, imaging; 2 image; **-woordenboek** pictorial dictionary; **-zijde** (*ve munt*) face, obverse

beeltenis image, portrait, likeness, effigy; *in ~ ophangen* hang in effigy; **Beëlzebub** Beelzebub

beemd field, meadow, pasture; **beemdgras** meadow-grass

been (*v mens, passer, driehoek, kous, enz*) leg; (*bot*) bone (*ook stofnaam*); (*v driehoek, enz*) side; *ik kan mijn benen niet meer **gebruiken*** I have lost the use of my legs; *ik zie er **geen** ~ in het te doen* I make no bones about (of) doing it; *zie* poot: geen ...; ***jonge** benen hebben* be young; *benen **maken**, de benen **nemen*** take to one's heels, leg it, (*sl*) beat it; *het zijn **sterke** benen die de weelde dragen,* (*vglb*) wealth and prosperity breed corruption; *zijn benen onder een andermans **tafel** hebben* have one's feet under another man's table; *met het **verkeerde** ~ uit bed stappen* get out of bed on the wrong side; *op het verkeerde ~ zetten,* (*sp & fig*) wrong-foot [an opponent]; ***met** één ~ in het graf staan* have one foot in the grave; *met beide benen op de grond* (*blijven*) *staan* be (remain) levelheaded; *ik kon haast niet **op** de ~ blijven* I could scarcely keep (on) my feet (legs); *de paarden wisten op de ~ te blijven* the ... managed to keep their footing; *op de ~ brengen* raise, levy [an army]; *op de ~ brengen* (*helpen*) set (put) [a p., industry, etc] on his (its) legs (feet), assist a p. to his feet, (*fig ook*) give [a p.] a leg up; *hij hield mij op de ~* he kept me on my legs; *deze hoop hield hem op de ~* this ... sustained him; *hij kwam weer op de ~* he regained his feet, found his feet (*ook fig*), picked himself up; *op één ~ kan men niet lopen,* (*fam*) wet the other eye; *op eigen benen staan* stand on one's own legs (feet); be on one's own; *op zijn laatste benen lopen* be on one's last legs; *wij waren vroeg op de ~* we were up early; *de zieke is weer op de ~* on his legs again, about again, out (*of:* up) and about again; *hij was spoedig weer op de ~* (*d.w.z. hersteld*) he soon got about again, was soon about again; *op de ~ zijn,* (*in de weer zijn*) be on one's legs (feet); *er was veel volk* (*politie*) *op de ~* a great many people were about (the police were present in force); *zie ook* achterst; ***over** zijn eigen benen vallen* be all legs; *zie ook* vel; *vlug **ter** ~ zijn* be a good walker, be quick (swift) of foot, (*fam*) be quick on one's pins; *stevig* (*zwak, slecht*) *ter ~* steady (feeble, bad) on one's legs (walk with difficulty); ***van** de ~ raken* lose one's footing; *van de ~deren ontdoen* bone [meat]; *zie ook* vloer

been|achtig bony; osseous, bony [fishes]; **-bekleding** leggings; **-beschermer** leg-guard, pad; **-beschrijving** osteography; **-breek** bog asphodel; **-breuk** fracture (of a bone, a leg)

beender|enleer osteology; **-gestel** osseous system, skeleton; *het ~ ontwikkelen* make bone; **-kool** animal charcoal; **-lijm** (bone, animal) glue; **-meel** bonemeal; **-stelsel** *zie* beendergestel

been|eter caries; **-fractuur** bone fracture; **-gezwel** bony tumour, exostosis; **-harnas** (*hist: aan scheen*) greaves; (*aan dij*) cuisses; **-houwer** butcher; **-kap** legging (*meestal mv*); **-merg** bone marrow; **-ontsteking** osteitis; **-ruimte** legroom

been|tje 1 (small) bone; splinter of (a) bone; 2 (little) leg; *iem een ~ lichten* trip a p. up, (*fig ook*) put a p.'s nose out of joint; *zijn beste ~ voor zetten* put one's best foot (*of:* leg) foremost, be on one's mettle (one's best behaviour); *~ over rijden* do the outside edge; **-uitwas** bony excrescence; **-vis** bony fish; **-vlies** periosteum; **-vliesontsteking** periostitis; **-vorming** bone-formation, -building, -making, osteogenesis; **-warmer** leg warmer; **-weefsel** bony tissue; **-windsels** puttees; **-zwart** boneblack

beer 1 bear; (*mannetjesvarken, -cavia*) boar; *Grote* (*Kleine*) *Beer* Great (Lesser, Little) Bear, Ursa Major (Minor), (*Am*) Big (Little) Dipper; *~tje,* (*speelgoed*) Teddy bear; *je moet de huid niet verkopen vóór de ~ geschoten is* do not count your chickens before they are hatched; first catch your hare(, then cook him); *de ~ is los* the fat is in the fire; 2 (*waterkering*) dam, weir; (*muurstut*) buttress, spur; 3 (*schuld*) debt; (*rekening*) bill; 4 (*faecaliën*) night-soil, muck; **beerachtig** bearish; **beerput** cesspool, cesspit; **beerrups** woolly bear

beërven 1 inherit; 2 inherit from

beervlinder arctiid, tiger moth

beest 1 animal; (*grote viervoeter*) beast, (*wild*) brute; (*koe~*) beast; *~en,* (*vee, ook*) livestock; *~je* little beast, creature; (*luis*) crawler; *hij houdt twintig ~en* he keeps a stock of twenty cattle; *bij de ~en af* too shocking for words; *er uitzien als een ~* look filthy; *~jes hebben* be verminous; *het is de aard van het ~je* it's what he, etc is like, it's just like him, etc; *het ~je bij de naam noemen* call a spade a spade; 2 (*fig*) beast, brute; *als een ~ te keer gaan* raise Cain; *de ~ uithangen* behave disgracefully; 3 (*bilj*) fluke; **beestachtig** beastly, bestial, brutal, brutish; *zich ~ gedragen* make a beast of o.s., behave like a beast; *~ koud* (*vuil*) beastly cold (dirty); *hij heeft het ~ druk* he is infernally busy; **beestachtigheid** beastliness, bestiality, brutality

beesten|bende, **-boel** 1 (*vuile boel*) (regular) mess; *een ~ aanrichten* turn a (the) place upside down (into a pigsty); 2 (*herrie*) tumult, racket; 3 (*uitspatting*) debauchery, orgy; **-markt** cattle-market; **-spul** menagerie; **-stal** 1 cow-house; 2 (*fig*) pigsty; **-voer** animal feed, (cattle) fodder; **-wagen** cattle-truck; **-weer** beastly weather

beestmens brute

beet I *zn* 1 (*het bijten ve hond, enz*) bite, (*ve slang*) sting, (*ve vis*) bite, nibble; *in één* ~ in (at) one bite; *hij heeft* (*krijgt*) ~ he has a bite (gets a rise); *geen enkele keer* ~ *krijgen* not get a single rise; *iem* ~ *hebben*, (*eig*) have got hold of a p.; (*fig*) *zie* beetnemen; *je hebt het lelijk* ~ you've got it badly; *'m* ~ *hebben* be tipsy; *zie ook* ~pakken, 2 slag: ~ hebben, smaak, enz; 2 (*hapje*) bite, morsel, mouthful; 3 *zie* ~wortel; II *ww ovt van* bijten

beet|gaar al dente; **-hebben** *zie* beet I.1

beetje: *een* ~ a little (bit), a bit [weak; wait a bit], slightly [better], a trifle [annoyed], a shade [too serious], a thought [too thin], [sit] a fraction [closer]; *een* ~ *gaan liggen* lie down for a bit; *een* ~ *werken* do a spot of work; *een* ~ *Spaans kennen* know a little (have a smattering of) Spanish; *het* ~ (*geld*) *dat ik heb* what little (money) I have; *een* ~ *melk* a drop of milk; *een* ~ *hoofdpijn* (*koorts*) a slight headache (fever); *alle* ~*s helpen* every little helps; *bij* ~*s*, ~ *bij* ~ little by little, bit by bit; *lekkere* ~*s* titbits

beetkrijgen *zie* -pakken; *ik heb het gisteren -gekregen* I caught it yesterday; **beetnemen** 1 (*eig*) *zie* -pakken; 2 (*bedotten*) take in, take advantage of, dupe, (*sl*) con, bamboozle; 3 (*voor de gek houden*) fool, make fun (a fool) of, (*fam*) pull a p.'s leg; *je hebt je laten* ~, (*ook*) (*sl*) you've been sold (*of:* had); *gemakkelijk beet te nemen* easily put upon; **beetnemerij** leg-pull(ing); (*sl*) sell, con; **beetpakken** seize, seize (*of:* take) hold of, grip [a p.'s hand]; **Beetsjoeanaland** (*hist*) Bechuanaland (*nu:* Botswana)

beetwortel beet(root); **beetwortelsuiker** beet-sugar [factory]

bef (pair of) bands; *zie ook* toga

befaamd 1 famous, renowned, noted; 2 (*berucht*) notorious; **befaamdheid** 1 fame, renown; 2 (*ong*) notoriety

beffen (*sl*) eat [a p.], (*Am*) go down (on a p.)

beflijster ring ouzel

befloersen muffle [*een trom* a drum]

begaafd gifted, talented; ~ *met* endowed (gifted) with; **begaafdheid** talent(s), ability, giftedness

begaan I *ww* 1 walk (up)on, tread [a road]; 2 commit [a crime, mistakes], make [mistakes], perpetrate [a blunder, crime]; *een flater* ~, (*ook*) drop a brick; *een misdaad* ~ *aan* commit a crime against; *laat hem* ~ leave (let) him alone, leave it to him, let him; *laat hem maar* ~, *hij speelt het wel klaar* let him alone to manage it; *zie ook* ongeluk; II *bn* 1 trodden; ~ *pad* trodden (beaten) path(way); (*onder de*) *begane grond* (below) ground level; *gelijk met de begane grond* on a level with the road; *op de begane grond* [live] on the ground floor; 2 sorry; ~ *zijn met* have pity on, pity, feel sorry for; III *zn* (*ve misdaad*) perpetration, commission; **begaanbaar** passable, practicable, negotiable; *de weg was goed* (*moeilijk*) ~ the road made good (hard) going

begeerlijk 1 desirable, eligible; 2 (*begerig*) eager, greedy; **begeerlijkheid** 1 desirability; 2 eagerness, greediness; **begeerte** desire [*naar* of]; eagerness [*naar* for]; avidity, lust [of conquest, etc], craving [*naar* for]; *zinnelijke* ~ sexual appetite, lust

begeesterd enthusiastic; **begeesteren** enthuse, inspire

begeleiden 1 accompany (*ook muz*); ~*d schrijven* covering letter; ~*de omstandigheden* attendant (concomitant) circumstances; 2 (*geleiden*) conduct; (*hoger geplaatste*) attend; (*welstaanshalve*) chaperon [a young lady]; (*uit beleefdheid, ook*) escort, support [the King was supported by the Bishop of L]; (*voor bescherming*) escort, convoy [a ship]; see [a p.] home (to the station, etc); 3 (*studie*) supervise [a pupil, a project]; **begeleider** companion, attendant, escort; satellite [of a planet]; (*muz*) accompan(y)ist; **begeleiding** 1 escort, convoy; 2 (*muz*) accompaniment [*met* ~ *van* to the accompaniment of the piano]; 3 (*v studie*) supervision

begenadigen 1 pardon, reprieve [a p. sentenced to death]; 2 (*zegenen*) bless; *een begenadigd kunstenaar* an inspired artist; **begenadiging** pardon, amnesty, reprieve

begeren desire, wish, want, covet [the coveted prize]; *gij zult niet* ~ thou shalt not covet; **begerenswaard(ig)** *zie* begeerlijk; **begerig** 1 desirous, eager, longing [eyes]; ~ *naar* desirous of, eager for [a change, etc], greedy for; ~ *te gaan* anxious (eager, desirous) to go, desirous of going; 2 (*inhalig*) greedy, covetous, grasping; ~*e blikken werpen op* cast covetous eyes on; **begerigheid** eagerness, covetousness, greediness, cupidity, avidity

begeven 1 (*ambt, enz*) bestow, confer; *hij heeft dit* ***ambt*** *te* ~ this office is in his gift; *het ambt is te* ~ the ... is vacant; 2 (*in de steek laten, verlaten*) forsake [God will not forsake you]; (***het***) ~ break down; *zijn* ***benen*** ~ *hem* his legs are giving way; *zijn* ***krachten*** *begaven hem* his strength gave way, began to fail him; *zijn* ***moed*** (*zelfbeheersing*) *begaf hem* his heart sank, failed him (his self-control broke down); 3 ***zich*** ~ *naar* go (proceed, make one's way) to, make for; (*dikwijls, of in groten getale*) resort (repair) to; *zich* ~, (*naar huis*) go home; (*te water*) enter (take to) the water; (*in de boten*) take to the boats; (*ter ruste*) retire to rest; (*in gevaar*) expose o.s. to danger; (*in het huwelijk*) marry; (*in speculaties*) engage in speculations; (*in onderneming, enz*) embark (up)on an undertaking (a policy); (*op weg*) set out [*naar* for]; (*aan het werk*) set to work; *zich* ~ *onder* mix with [the crowd]; *zich op vreemd terrein* ~ venture on unfamiliar ground; **begever** giver, donor; (*ve kerkelijk ambt*) patron; **begeving** gift, bestowal, endowment; appointment; **begevingsrecht** (*kerk*) advowson

begieten water, wet

begiftigde recipient [of a gift], donee; **begifti-**

gen endow [a p., an institution]; present [*met* with], invest [with an order]; *iem ~ met,* (*ook*) bestow (confer) s.t. on a p., award [a medal, etc] to a p.; **begiftiger**, enz *zie* begever, enz
begijn beguine; (*fig*) bigot; **begijnhof** beguinage
begillen *zie* bescheuren
begin beginning, start, commencement; *alle ~ is moeilijk* things are always difficult at the start (at first); *een goed ~ is het halve werk* well begun is half done, a good start makes all the difference; *een ~ maken* begin, make a beginning (a start); *een ~ maken met* begin, start; *het ~ van het einde* the beginning of the end; *we zijn nog slechts **aan** het ~* we are only at the beginning; *hij staat aan het ~ van zijn loopbaan* he is on the threshold of his career; *aan het ~ van de lijst* early in the list; ***bij** het ~* at the beginning; ***in** het ~* at (in) the beginning, at first, at the outset; *in het ~ van deze eeuw* in the early part of this century; (*in het*) ~ (*van*) *januari* early in January, at the beginning of January; *in den ~ne* at the outset, (*bijb*) in the beginning; *heel in het ~* at the very first, at the very outset; ***van** het* (*eerste*) *~ af aan* from the (very) outset, from the first, from the beginning, right from the start; from the word go; *van het ~ tot het einde* from beginning to end, from first to last, from start to finish, (*ve boek*) from cover to cover; **beginfase** initial phase; **beginfout** beginner's error; **beginjaren** early years; **beginkapitaal** starting (*of:* initial) capital; **beginkoers** opening price; **beginletter** initial, first letter; **beginmedeklinker** initial consonant; **beginneling** beginner, novice
beginnen begin, start, commence; open [a school, a shop; the trial opens today], enter into [negotiations], start [a business, a conversation; don't start crying], set up [a business]; set in [winter, the thaw, has set in]; [will you] make a start [?]; (*sp*) start; ***beginnend,*** (*ook*) incipient (goitre); *~d bedrijf* start-up company; *het stuk begint aldus* the play starts off thus; *begin maar* fire away!, go ahead!; *wit begint,* (*spel*) white to move (has first move); *opnieuw ~* make a fresh start, recommence; *weer van voren af aan ~* go back to square one; *een reis ~* set out (start) (up)on a journey; *een zaak ~,* (*ook*) set up in business; *jij bent* (*het*) *begonnen* you started it; *toen begon het* (*de pret, enz*) then the fun started; *begin je weer?* there you are again!; *ze begon weer te vitten* she fell to nagging again; *er is **geen** ~ aan* it is (would be) an endless job; *ik kon **niets** ~* I could do nothing, I was helpless; *om **te** ~ was hij rijk* he was rich, to begin (to start) with; *iets om mee te ~* something to start with, (*fam*) for starters; ***wat** ben ik begonnen!* what am I doing!, why ever did I begin it!; *wat ga je nu toch ~?* what ever are you up to now?; *wat moet ik ~!* what am I to do!, what ever shall I do!; *wat had ik moeten ~ zonder hem!* where should I have been without him?; *hij wist niet wat te ~* what to do, which way to turn; ***aan** iets ~* begin s.t., set about s.t.; start on [the pudding]; *~ **bij** het begin* begin at the beginning; ***met** de linker voet ~* step off with the left (foot); *met Duits ~* (*Duits gaan studeren*) take up German; *~ met lezen* start to read (reading); *~ met te verklaren* begin by declaring; *hij begon met een liedje* he began with a song; *er is **niets** met hem te ~* (*ik kan niets met hem ~*) there's no doing (I can't do) anything with him, he is hopeless; *daar kan ik niets* (*niet veel*) *mee ~* that's no use to me (I have little use for it); *wat moet men ~ met het overschot* how to deal with the surplus; *begin niet met hem* leave him alone, give him a wide berth; *de huur begint met ..., zie* ingaan; *het is hem **om** het geld begonnen* it's the money he's after; *~ **over** een onderwerp* broach (begin on, take up, (*weer:*) reopen) a subject; *de ruzie begon over een kleinigheid* they fell out over a trifle; *~ **te** lezen* begin to read; *~ te mopperen* (*te bakkeleien*) start grumbling (a scrap); *het begint te regenen,* (*ook*) it's coming on to rain; *het begint donker te worden* it's getting dark; *hij begon* (*zij begonnen*) *te ...,* (*ook*) he fell to [thinking about ...] (they fell to [discussing details]); *zich ~ te interesseren voor* become interested in; *~* (*vervelend te doen*) ***tegen** iem* start in on a p.; ***voor** zichzelf ~* set up for o.s. (on one's own); *zie ook* klein, onder, school, voren; **beginner** beginner, novice
begin|paal (*wedren*) starting post; **-punt** starting point, start; **-regel** first (*of:* opening) line; **-rijm** alliteration; **-salaris** starting (initial) salary
beginsel principle; *de vreze des Heren is het ~ der wijsheid* the fear of the Lord is the beginning of wisdom; *de* (*eerste*) *~en* the rudiments, the elements, the A B C [of a science]; *in ~* in principle, normally; *uit ~* [act] on principle; *volgens een nieuw ~* on a new principle
beginsel|loosheid 1 lack of principle(s); 2 (*karakterloosheid*) unprincipledness; **-programma** *zie* beginselverklaring; **-vastheid** firmness of principle; **-verklaring** programme, constitution [of a party]; [the government's] declaration (statement) of policy (of intent)
beginsnelheid initial (*v vuurwapen:* muzzle) velocity; **beginstadium** initial stage; **begin|traktement, -wedde** commencing salary
beglazen glaze; **beglazing** [double] glazing
begluren spy (up)on, peep at; (*verliefd*) ogle
begon *ovt van* beginnen; **begonia** id
begoochelen 1 bewitch, fascinate; 2 (*bedriegen*) delude, beguile; **begoocheling** 1 bewitchment, fascination; 2 delusion, beguilement; 3 illusion
begraafplaats cemetery, burial-place, burial-ground, churchyard, graveyard
begraasd grassy, grass-grown
begrafenis funeral (*ook de stoet*), burial, interment; (*attr, ook: als* (*voor*) *een ~*) funereal [face]
begrafenis|auto (motor) hearse; **-formulier** order for the burial of the dead, office of the dead; **-gezicht** solemn face; **-kosten** funeral expenses; (*meer beperkt, voor geestelijke, enz*) burial-fee; **-ondernemer** undertaker, funeral director (contractor, furnisher), (*Am*) mortician; **-onderneming** undertaker's (undertaking) business; **-plechtigheid** funeral ceremony; *-plechtigheden* funeral rites; **-stoet** funeral pro-

cession (cortège)

begraven bury (*ook fig:* bury o.s. in a little village, in one's books; bury the past, one's differences); (*lit, alleen lett*) inter; *zie ook* bedelven; *ze heeft haar derde man* ~ she has buried her ...; *iem helpen* ~ attend a p.'s funeral; *dood en* ~ dead and gone; **begrazen** graze; *zie* afweiden

begrensd limited (*ook v verstand*), confined, circumscribed; **begrensdheid** limitedness; **begrenzen** 1 bound [France is bounded on the east by Germany], border [bordered by a canal]; 2 (*beperken*) limit, circumscribe; **begrenzing** limitation, circumscription

begrijpelijk 1 comprehensible, understandable, intelligible; *het iem* ~ *maken* make it clear to a p.; *licht* ~ easily understood; 2 (*denkbaar*) conceivable; **begrijpelijkerwijze** for obvious reasons, understandably; **begrijpelijkheid** intelligibility, comprehensibility; **begrijpen** 1 understand; *ik kan **me** niet* ~ *waar hij is* (*hoe het gebeurd is*) I cannot imagine (think) where ... (I'm at a loss to understand how ...); *je* (*men*) *begrijpt niet dat* ... the amazing thing is (it is a wonder) that ...; *ik begreep, dat je zei* ... I understood you to say ...; *dat begreep ik* (*van hem*) so I understood; *ik begrijp daaruit, dat* ... I gather from this that ...; *begrijp je* (*mij, mijn vraag?, ook*) do you follow (me, my question)?; *ik begrijp u niet,* (*ook*) I don't follow; *hij begreep er totaal niets* (*hoe langer hoe minder*) *van,* (*ook*) he was quite at a loss, all at sea (was more and more puzzled); *dat is de waarheid, begrijp je?* that's the truth, see?; *de toestand* ~ grasp the situation; *ik begrijp het* (*hem*) *niet,* (*ook*) I can't make it (him) out, it (he) is beyond me; ***begrepen**?* is that clear?, got that?; *en gauw ook, begrepen?* and quick too, do you hear?; *als ik u **goed** begrijp* if I understand you rightly (correctly), (*fam*) if I get you right; *ik begrijp de zaak niet goed,* (*ook*) I am not very clear about it; *begrijp mij goed* understand (don't mistake) me, don't get me wrong; *begrijp dat goed!,* (*dreigement*) get that into your head!, make up your mind to that!, make no mistake (about that)!; *laten we dat goed* ~ let us get that clear; *dat **kun** je* ~*!, a*) I should jolly well think so!; *b*) (*iron*) nothing of the kind; not likely!, no fear!, not much!, [were you present?] Not I!; ***moeilijk*** ~ be slow; ***verkeerd*** ~, *zie* verkeerd; ***vlug*** ~ be quick of apprehension; *dat is gemakkelijk **te*** ~ (*laat zich* ... ~) that is easy to understand, easily understood; 2 (*zich een idee vormen van*) grasp, comprehend, conceive; *ik heb het niet **op** hem begrepen* I don't trust him; *ze hebben het niet op elkaar begrepen* there is no love lost between them, they don't take to each other; *ze had het er niet op begrepen* she did not approve of it (did not take kindly to it); *zie ook* gemunt; 3 (*inhouden*) contain; (*insluiten*) include, imply; *alles er **in** begrepen* inclusive, all-in, no extras, everything included [all charges are included in the price]; *in de woorden begrepen* implied in ...; *daar**onder** zijn begrepen* ... comprehended in it are ...; *begrepen **tussen*** varying between

begrinden, begrinten gravel

begrip[1] 1 idea, notion, conception; (*wtsch*) concept [the concept horse, the concept of monetarism]; *die ... is een* ~ that ... is a byword (a household word); *geen* ~ *van* no notion of [housekeeping]; *je kunt er je geen* ~ *van maken* (*vormen*) you cannot form an idea of it (imagine it); *naar Europese* ~*pen* by European standards; *verkeerde* ~*pen* misconceptions; *kort* ~ synopsis; 2 (*het begrijpen*) comprehension, apprehension [for a clear apprehension of the matter]; *hij toonde* ~ *voor mijn moeilijkheden* he showed understanding for (sympathized with) my difficulties; *er* ~ *voor hebben dat* ... appreciate that ...; *dat gaat mijn* (*alle*) ~ *te boven* that is beyond me, passes my (all) comprehension (understanding); *voor een goed* ~ *van de toestand* for a proper understanding of the situation; *met* ~ [read] intelligently; *zie ook* flauw, vlug, enz

begrips|bepaling definition; **-inhoud** content; **-verwarring** confusion of thought (*of:* ideas)

begroeid grown over, overgrown; wooded [hills]; *met gras* ~ grass-grown; *met dennen* ~ pine-clad [hills]; *geheel* ~ overrun [with grass]; *zie ook* klimop; **begroeien** grow over, overgrow; **begroeiing** vegetation, overgrowth

begroeten greet (*ook met kogels, enz*), salute; hail [a new play as a masterpiece], welcome; *de president* ~ pay one's respects to the President; *hij komt je even* ~ he's come to say hello (how-do-you-do); *met gejuich* (*gejouw*) ~ greet with cheers (boos); *met voldoening* ~ hail with satisfaction; *elkaar* ~ exchange greetings; **begroeting** salutation, greeting

begrotelijk 1 expensive; 2 a pity; **begroten** 1 estimate, compute, rate [*op* at]; 2 begrudge; *het begroot me van het geld* I begrudge the money; *dat begroot mij, a*) that's too expensive for me; *b*) I'm sorry about that; **begroting** estimate; (*staats-, enz*) estimates, budget; (*fig*) *zie* balans; ~ *van inkomsten* (*uitgaven*) estimates of revenue (expenditure)

begrotings|debat budget debate; **-jaar** financial (*of:* fiscal) year; **-post** budget item; **-rede** budget speech; **-tekort** budget(ary) deficit

begunstigde beneficiary; (*v cheque*) payee; **begunstigen** favour [favoured by brilliant weather; favour with orders], patronize (*inz met klandizie*), support; **begunstiger** patron [of art, etc; *ook: klant*], customer (*klant*); supporter; **begunstiging** favour, patronage, support; (*econ*) preference, preferential treatment; *stelsel van* ~ favouritism; (*tussen staten*) policy of preference; *zie ook* meest~; ~ *van een strafbaar feit* connivance; *onder* ~ *van de nacht* under cover of (the) night

beha bra

behaag|lijk (*aangenaam*) pleasant; (*gemakgevend*) comfortable; (*knus*) snug; (*zich* ~ *voelend*) comfortable, at (one's) ease; **-lijkheid** pleasantness, comfort(ableness), snugness; **-ziek**

1 *Zie ook* verstand

coquettish; *een ~ meisje,* (*ook*) a coquette; **-zucht** coquetry

behaard hairy, hirsute

behagen I *ww* please; *als het Gode behaagt* please God; *het heeft den Almachtige behaagd te* ... the Almighty has seen fit [to shorten his span (of life)]; *het heeft H.M. behaagd te* ... Her Majesty has been (graciously) pleased to ...; *ik zal wachten, zolang het u behaagt* I shall wait your pleasure; II *zn* pleasure; *~ scheppen in* take (a) pleasure in, find pleasure in, (take) delight in

behalen get, win, gain, score [a triumph], obtain, take [a certificate], make [a profit]; (*sp*) lift [the Bisley prize]; *de overwinning ~* gain the victory [*op* over], carry (win, gain) the day; *een prijs ~* gain (carry off) a prize; *de meeste punten ~* make the highest score; *roem ~* reap glory; *eer ~ met* gain credit by; *er is aan hem geen eer te ~* he is past praying for, good advice is thrown away on him; *zie ook* succes & halen

behalve 1 (*uitgezonderd*) except, but, [any edition] other than [this one], save; *~ in sprookjes,* (*ook*) outside fairy-tales; *alles was rustig, ~ dat er deuren open en dicht gingen* all was quiet, except for ...; *niets ~* ... nothing beyond ...; *~ dat hij had gehoord dat* ... beyond having heard that ...; *~ een,* (*ook*) bar one; 2 (*benevens*) besides, in addition to [she had no relations except (*of:* but) myself; besides myself, her nephew, she had a niece in America]; *en ~ dat was hij een uur te laat* and besides, he was ...; *zie ook* alles~

behandelen 1 (*omgaan met*) handle [goods], manipulate [instruments, subjects]; 2 (*bejegenen*) deal [gently] with [a p.], deal (do) by [others as you wish to be dealt (done) by], use [a p. well, ill]; *iem min ~* treat a p. shabbily; 3 (*verzorgen*) look after, manage [she knows how to manage children]; (*med*) treat [a patient, wound, a p. well, etc, a p. for burns], attend [a patient]; *iem ~ wegens* treat a p. for [measles]; *zichzelf ~* doctor o.s.; *de hem ~de dokter* his medical attendant]; 4 (*afhandelen*) deal with [a question, the mail]; 5 (*bespreken*) deal with, discuss [a subject]; 6 (*jur*) try, hear [a case *rechtszaak*]; *vgl* (ver)zorgen; **behandeling** 1 (*omgang*) [rough] handling [of goods], manipulation [of an instrument], [improper] use; 2 (*bejegening*) treatment; *ruwe, slechte ~* rough, ill usage (treatment); 3 (*verzorging*) care [of children, horses, fire-arms]; [under medical] treatment, attendance; *zich onder ~ stellen van* see [a doctor]; *onder* (*medische*) *~ zijn* be under (medical) treatment (care); *hij was onder ~ van* ... he was being treated by ...; 4 (*afhandeling*) handling [of the mail], transaction [of business], management; 5 (*bespreking*) discussion, treatment [of a subject]; [the bill (*wetsontwerp*) was under] discussion; *in ~ brengen* open the discussion on [a motion]; *in ~ komen* come up for discussion; *in ~ nemen* deal with; 6 (*jur, ve rechtszaak*) trial, hearing; *in ~ komen* come on for trial (for hearing); **behandelkamer** surgery

behang 1 (wall)paper; (*hist*) hangings; *door het ~ gaan* go through the wall; *door het ~ gaan* go up the wall; 2 (*ve hond*) ears; 3 (*sl, ook: muzikaal ~*) wallpaper, muzak; **behangen** (wall)paper [a room], hang [with garlands, pictures, etc], drape [with silk, flags], cover; *opnieuw ~* re-paper; *de kamer is bruin ~* the room is papered a brown colour; *met* ... *~,* (*v dw, ook*) hung about with [jewels, parcels], plastered with [medals]; **behanger** paperhanger, (wall)paperer; (*stoffeerder*) upholsterer; **behangersbij** upholsterer-bee; **behangsel** *zie* behang; **behangselpapier** (wall)paper

behappen: *niet kunnen ~* be unable to cope with (to handle, get through [the work in one day])

beharing hair; (*ve dier, ook*) coat

behartigen have [a p.'s interests] at heart, look after, study, promote, serve, be watchful of [a p.'s interests]; (*soms*) take to heart; **behartigenswaard(ig)** worthy of consideration, worth laying to heart; **behartiging** care, promotion [of a p.'s interests]

beheer management, control [demand control of one's own money], conduct, direction, supervision, administration [of an estate (*nalatenschap*)], stewardship; [nature] conservancy; *slecht ~* mismanagement; *eigen ~* [bring under] one's own control, [take into] one's own hands; *in eigen ~* [publish] privately; *onder zijn ~ hebben* (*nemen*) have under one's control (take control of); *het ~ voeren* be in control; *het ~ voeren* (*verliezen*) *over* superintend, control, be in charge of (lose control of); *vgl* macht

beheerder manager, director, administrator; (*v failliete boedel, nalatenschap*) trustee (in bankruptcy, of an estate); (*v vijandelijk eigendom*) controller; (*ve jeugdherberg*) warden

beheersbaar controllable; *~ maken* bring under control; **beheersen** 1 (*volk, enz*) rule, govern [his life is governed by a rigid etiquette], sway; 2 (*in bedwang houden*) master, control, command; (*prijzen*) control, peg; (*in zijn macht hebben*) dominate [a p., the dollar dominated the market], (*toestand, onderwerp*) be master of; *een taal ~* be fluent in a language, have command of a language; *hij kon zijn paard niet meer ~* he could no longer control his horse, his horse got out of hand; *niet te ~* ungovernable [rage]; ***zich*** *~* control (govern) o.s., keep one's temper, exercise self-control; *zich laten ~ door* be swayed by [one's inclinations]; *laat u niet ~ door uw sympathieën* don't let your ... run away with you; 3 (*domineren*) command [the hill commands the surrounding country], dominate; *die kwestie beheerst alles* that ... dominates all others; *alles ~d onderwerp van gesprek* all-absorbing topic of conversation

beheerser ruler, master; **beheersing** command (*ook v taal, enz*), rule, dominion, domination, [self-]control, government

beheersmaatschappij 1 holding company; 2 investment (trust) company

beheerst controlled, composed, cool, collected, disciplined; *~e devaluatie,* (*ook*) managed depreciation; *zie verder* beheersen

beheksen bewitch; *behekst zijn door,* (*ook*) be

under the spell of

behelpen: *zich* ~ manage [*met* with], make do [with a day-girl], make shift; *zich erg moeten* ~ live in straitened circumstances; *zich zo goed mogelijk* ~ shift as best one can; *zich met weinig* ~ manage on very little (on a pittance); *zij weet zich heel goed te* ~ she is clever at contriving; *en ik behielp mij met twee stoelen* [he occupied my bed,] and I managed on ...

behelzen contain; ~*de dat* to the effect that; *zie ook* omvatten

behendig dext(e)rous, adroit, skilful, deft, agile

behendigheid dexterity, adroitness, deftness, agility, skill; **behendigheidsspel** game of skill

behept: ~ *met* burdened with [prejudices, an infirmity]

beheren manage, administer [an estate, a bequest], control [one's own finances], take charge of [money for another person], conduct [a business]; *zie ook* vennoot

behoeden watch over, guard; ~ *voor* guard (shield, protect, preserve, save) from; **behoed|er, -ster** defender, protector, -tress, preserver; **behoedzaam** cautious, wary; *zie ook* voorzichtig; **behoedzaamheid** caution, cautiousness, wariness

behoefte 1 want, need [*aan* of, for]; (*dringend*) ~ *hebben aan* be in (urgent) want (need) of, want (badly); *geen* ~ *aan iets hebben* feel no need of, have no wish (no use) for s.t. [that is s.t. we can do without]; *dat is een* ~ *voor mij geworden* I can no longer do without it; *in een* (*lang gevoelde*) ~ *voorzien* supply (meet) a (long-felt) want, fill a gap; *er is daar* ~ *aan ingenieurs* engineers are needed there; *naar* ~ as required; *zijn* ~ *doen* relieve o.s.; 2 ~*n*, (*benodigdheden*) necessaries; *voorzien in de* ~*n van de armen* provide (make provision) for the wants of ...; *in eigen* ~*n voorzien* provide for o.s., (*ve land, enz*) be self-supporting; **behoeftig** needy, destitute, indigent, distressed, necessitous, [widows] in need; *in* ~*e omstandigheden* in straitened circumstances; **behoeftigheid** need, destitution, indigence, distress, penury; **behoeve**: *ten* ~ *van* on behalf of, for the sake (the benefit) of, in aid of; *te uwen* ~ on your behalf; **behoeven** want, need, require; *wat* ~ *we hier nog te blijven?* what is the use of remaining here?; *zie verder* hoeven

behoorlijk I *bn* proper, fit(ting), due [drive without due care]; decent [income, meal]; (very) fair [knowledge of English]; *van* ~*e grootte* fair-, decent-sized, sizable [room, town]; II *bw* properly, decently; ~ *koud* pretty cold; *hij kan niet* ~ *een brief schrijven* he cannot write a decent letter; *hij werd* ~ *betaald* he was paid handsomely; *er* ~ *van langs krijgen* get a good telling off (a sound thrashing); *be-hoor-lijk!*, (*fam*) ra-ther!; *zie ook* tamelijk

behoren I *ww* 1 (*toebehoren*) belong to; belong [that does not belong here]; *de wereld behoort* ***aan*** *de dapperen* is to the brave; *aan wie behoort deze hoed?* whose hat is this?; ~ ***bij*** go with [the dance going with this tune; the land going with the house]; *deze* ~ *bij elkaar* these belong together [these gloves are a pair]; *waar* ~ *de vorken* (*thuis*)? where do the forks go?; *dat behoort er zo bij* it's all in the day's work (part of the game, all part of it); *zie ook* bijbehorend; ~ ***tot*** belong to [to what regiment do you belong?], be among [we are among his friends; *ook:* he was not of her world; she is one of those women who ...; the whale is reckoned among the mammals]; 2 (*betamen; meestal: horen*) be fit, be proper; *u behoort hier niet* you have no business to be here; *weten* ***hoe*** *het behoort* have a sense of the fitness of things; *hij weet niet hoe het behoort* he shows a lack of savoir-faire; *je behoort* (*behoorde*) ***te*** *gaan* you should (ought to) go; *straf, waar gestraft behoort te worden* punish where punishment is due; ***voor*** *wat behoort wat* one good turn deserves another; one cannot have something for nothing; ***zo*** *behoort het* that's as it should be; II *zn naar* ~ as it should be, duly, properly

behoud 1 (*instandhouding*) maintenance; preservation [of the peace, of one's health]; ~ *van arbeidsvermogen* conservation of energy; 2 (*vs afschaffing*) retention [of an army, one's income, power]; *met* ~ *van salaris* with salary, on (full) pay (salary) [a fortnight's leave on pay is allowed; holiday with pay]; 3 (*redding*) salvation; *dat was zijn* ~ that was his salvation, that is what saved him; 4 *partij van het* ~ conservative party

behouden I *ww* keep [the town for the Prince], retain [one's seat], save [a p.'s life], preserve [one's innocence], maintain [one's self-control]; II *bn* safe, [arrive] safe and sound; ~ *vaart*, (*mar*) cruising speed; *zie ook* haven; **behoudend** conservative; **behoudenis** salvation; **behoudens** except for, apart from [some alterations], barring [unforeseen circumstances], bar(ring) [accidents], without prejudice to [my rights], subject to [his approval]; *vgl* sstt; **behouder** preserver; **behoudzucht** conservatism

behouden I *ww* keep [the town for the Prince], retain [one's seat], save [a p.'s life], preserve [one's innocence], maintain [one's self-control]; II *bn* safe, [arrive] safe and sound; ~ *vaart*, (*mar*) cruising speed; *zie ook* haven; **behoudend** conservative; **behoudenis** salvation; **behoudens** except for [some alterations], barring [unforeseen circumstances], bar(ring) [accidents], without prejudice to [my rights], subject to [his approval]; **behouder** preserver; **behoudzucht** conservatism

behouwen dress [stones], hew, square [timber, stone], trim [timber]; **behuild** tear-stained [face]

behuisd [well, badly, better] housed; *klein* (*nauw*) ~ *zijn* be cramped (badly off) for room; *ruim* ~ *zijn* have plenty of room; **behuizing** 1 housing, shelter; 2 house; *het wachten is op een passende* ~ suitable accommodation is what we are waiting for

behulp: *met* ~ *van* with the help (aid, assistance) of, by means of; **behulpzaam** ready to help, helpful; *de -zame hand bieden* lend (hold out) a helping hand; ~ *zijn* help, assist, render assis-

tance, be instrumental [in *bij*]; **behulpzaamheid** helpfulness, readiness to help
behuwdbroeder, enz, brother-in-law, etc
behuwen acquire (obtain) by marriage
bei (*hist*) bey [of Tunis]; **beiaard** chimes, carillon; **Beiaard** Bayard; **beiaardier** carillonneur
beide both [he took both her hands in both of his]; (*één, onverschillig welke*) either [both coats fit me, I can take either]; *mijn ~ broers, (nadruk op ~)* both my brothers; (*nadruk op broers*) my two brothers; *alle ~* both of them; either (of them); *één van ~(n)* one of the two; either (of the two); *geen van ~(n)* neither (of them, of the two); *wij ~n* we two, the two of us, both of us; *we gingen met ons ~n* we two (both of us, the two of us) went; *zij (wij) kochten het huis met hun (ons) ~n* the two of us bought the house together; *met zijn ~n in één bed slapen (op één paard rijden)* sleep (ride) double; *ons ~r vriend* our mutual friend
beiden 1 (*talmen*) tarry, linger; 2 (*wachten, afwachten*) wait for, (a)bide [bide one's time]
beider|hande, -lei of both sorts; *op beiderlei manieren* both ways, either way; *van beiderlei kunne* of both sexes, of either sex; **-zijds** on both sides
Beier Bavarian; **beieren** 1 chime, ring the changes, ring (the bells); 2 (*slingeren*) dangle; **Beieren** Bavaria; **Beiers** I *bn* Bavarian; II *zn* Bavarian beer
beige id; **beigekleurig** beige(-coloured)
beignet fritter; **Beijing** id
beijveren: *zich ~* lay o.s. out [to ...], exert o.s., do one's best (one's utmost), try one's hardest
beijzelen cover with glazed frost (glazed ice, (*op weg*) black ice); *beijzelde bomen (wegen)* ice-coated trees (icy roads)
beïnvloeden influence, affect, act (up)on; *hij laat zich door niets ~* he does not allow himself to be influenced by anything
Beiroet Beirut, Beyrouth
beitel chisel; *holle ~* gouge; **beitelen** chisel; *zie ook* gebeiteld; **beitelwerk** chiselling, chiselled work
beits 1 stain; 2 (*bijtmiddel*) mordant; **beitsen** 1 stain [wood]; 2 mordant [textiles, silver]
bejaard aged; **bejaarde** aged person; senior (citizen); (*mv ook*) old people (folks), *de ~n* the elderly; **bejaardenaftrek** age allowance; **bejaarden|centrum, -oord** *zie* bejaardentehuis; **bejaardenpas** senior citizen's pass (*of:* identity card); **bejaardentehuis** retirement (senior citizens', old people's, old persons') home; **bejaardenverzorgende** geriatric helper; (*thuis*) home help; **bejaardenwerk** care for the elderly; **bejaardenwoning** old people's flat, (*aanleun*) granny flat; **bejaardenzorg** care for the elderly; **bejaardheid** old age, advanced age
bejag: *~ naar* pursuit of, straining after [effect]
bejagen pursue [gain], strive after [honour], strain after [effect], hunt after [glory, riches]; *een veld ~* shoot (*of:* hunt) over a field
bejammeren lament, deplore; bemoan, bewail
bejegenen treat [kindly, rudely], use [ill, etc]; **bejegening** treatment; *zie ook* onheus
bejubelen cheer, applaud
bek 1 mouth; (*snuit*) snout; (*ve wolf, enz*) jaws; (*ve vogel*) bill, beak; *een aardig ~je* a pretty face; (*fam*) a bit of all right; *hou je ~!* shut your trap!, put a sock in it!; *breek me de ~ niet open* that's nothing to what I could tell; *op zijn ~ krijgen* get a drubbing; *op zijn ~ vallen (gaan)* fall flat on one's face; *zie ook* hard, mond, enz; 2 (*ve pen*) nib; (*ve dakgoot*) spout, lip; (*ve blaasbalg*) nozzle; (*ve gaspijp*) burner; (*ve kan*) lip; (*ve nijptang*) bit, jaws; (*ve bankschroef*) jaws, cheeks, sides
bekaaid: *er ~ afkomen* come off badly, have a raw deal, have (*of:* get) the worst of it
bekabelen cable up; **bekaden** embank
bekaf dead-beat, dog-tired, knocked up, fagged out, done up, all in, knackered, bushed
bekakt la-di-da, affected, stuck-up; **bekalken** plaster; **bekampen** fight; *zie* bestrijden
bekappen 1 (*hoef*) pare, trim; (*balk, enz*) cut (*of:* hew) down; (*takken afslaan*) lop; 2 (*muur*) cope; (*huis*) roof (in, over); **bekapping** (*ve muur*) coping; (*ve huis*) roofing
bekeerling convert, proselyte
bekend 1 (*passief*) known [all the known religions of the world, he was known for his stinginess, it is known to me], well-known [men], noted [*wegens* for], familiar [faces, etc; the language was familiar to him]; (*berucht*) notorious; (*publiek*) known, [the result of the election is] out; (*zo*)*als ~* as is well-known; *het is algemeen ~* it is common knowledge; *zijn naam is algemeen ~* his name is a household word; *er zijn veel van die gevallen ~* there are many such cases on record; *het is mij heel goed ~,* (*ook*) I am well aware of it; *er zijn nadere gegevens ~ geworden* further data have become available; *de ~ste schilders* the best-known painters; *~ veronderstellen* take for granted; *~ **staan** als* be known as, go by the name of; *(on)gunstig ~ staan* be in good (bad) repute; *een goed ~ staande firma* a reputable firm; *een slecht ~ staand persoon* a bad character, a disreputable person; *uitstekend ~ staan* bear an excellent character; *~ staan als de bonte hond* have a bad reputation; *zie ook* voorkomen; *~ **worden*** become known; (*ve geheim, ook*) get abroad (*of:* about); (*v persoon, ook*) make o.s. a name; *~ worden met* get acquainted with; 2 (*actief*) acquainted; *ik ben hier ~* I know the place, know my way about here; *ik ben hier niet ~* I am a stranger here; *~ zijn in L, a)* (*L kennen*) be acquainted with L, know L; *b)* (*beroemd zijn*) be (well-)known in L; *iem (zich) ~ maken met* acquaint a p. (o.s) with; *zich ~ maken* make o.s. known; *~ **met*** acquainted with [a p., thing], (*grondig ~ met*) familiar (conversant) with [a subject]; *oppervlakkig ~ zijn met* have a nodding acquaintance with [a p., a subject], have a smattering of [French]; *zie ook* bekendmaken; **bekende** acquaintance; *oude ~* old acquaintance, (*vd politie*) old lag; (*grap, enz*) old friend
bekend|heid 1 reputation, name; notoriety (*vaak ongunstig*); *~ geven aan* give publicity to, make public, publish; *grote ~ genieten* be widely

known; *grotere ~ verdienen* deserve to be better known; 2 *~ met* acquaintance (familiarity) with, experience of; **-maken** announce [one's engagement], make known, let [it] be known [that ...], publish, advertise, divulge [a secret], give out, release [information], give notice [from the pulpit], declare [the poll *de verkiezingsuitslag*]; *zie ook* bekend; **-making** announcement, publication, intimation, notice; (*officieel*) proclamation; declaration [of the poll (*vd verkiezingsuitslag*), of a dividend]; **-staan** be known; *zie* bekend 1

bekennen 1 confess [a sin, crime], own, own to [a fault]; (*erkennen*) acknowledge, admit; (*ve gevangene*) plead guilty; (*kleur*) ~ follow suit; *niet ~*, (*kaartsp*) revoke; *naar hijzelf bekende* on his own confession; *iem die zelf bekent dat hij Nazi was* a self-confessed Nazi; *royaal ~*, (*fam*) own up; *hij bekende, dat hij had gebedeld* (*het had gestolen*) he pleaded guilty to begging (he confessed (owned) to having stolen it); *zie ook* erkennen; 2 (*zien, bespeuren*) see [*ook:* there is nobody within eyeshot]; *er was niets te ~ van inwoners* there was no sign of any occupants; 3 (*sex hebben met*) know [a woman]; **bekentenis** confession, admission, avowal, acknowledg(e)ment; *volgens zijn eigen ~* on his own confession; *een volledige ~ afleggen* make a full confession

beker cup; (*lit*) beaker, goblet, bowl; (*bij Avondmaal*) chalice; cup; (*kroes*) mug; (*dobbel-*) dice-box; (*ve blaasinstrument*) bell; **'bekeren** (*sp*) play a cup match

be'keren convert [to Christianity, to another opinion], reform [a reformed drunkard]; *zich ~*, *a*) be converted [*tot* to]; *b*) repent, mend one's ways

bekerfinale cup final; **bekerglas** (*chem*) beaker; **bekerhouder** (*sp*) cup-holder

bekering conversion, enz; *vgl* be'keren; **bekeringsijver** proselytism, missionary spirit; **bekeringswerk** proselytization; (*christelijk*) evangelization, mission-work

bekermos cup-moss; **bekerplant** pitcher-plant, monkey-cup, nepenthes; **bekervormig** cup-shaped; *~ kraakbeen* arytenoid; **bekerwedstrijd** cup-match, -tie

bekeurde person summoned, offender; **bekeuren** summon(s) [a cyclist for riding without a light], take a p.'s name (and address), report, (*fam*) book [a p.], give [a p.] a ticket; *100 personen werden bekeurd* 100 names were taken; **bekeuring** summons; (*fam*) ticket

bekfluit fipple flute, recorder

bekijk: *veel ~s hebben* attract a great deal of attention, have all eyes fixed (focussed) (up)on one

bekijken (have a) look at, view; *zie ook* bezichtigen & beschouwen; *een zaak anders ~* look at a matter from a different angle; *ik heb het wel bekeken* I've had enough of it; *alles wel bekeken* all things considered; *zo heb ik de zaak niet bekeken* I haven't thought of it that way; *de zaak van alle kanten ~* turn the matter over in one's mind; *hoe men het geval ook bekijkt* on any view of the case [he comes out badly]; *bekijk het maar* use your own judgment; please yourself; *ik bekijk het wel* I'll see what I do; *het is zó bekeken* it will be over (done) in a minute; *een bekeken crosspass* a well-judged crosspass; *bekeken zaak, zie* uitgemaakt

bekijven scold, chide

bekisting 1 (*kistdam*) coffer-dam, sheet piling; 2 (*beton~*) shuttering, formwork

1 bekken *zn* 1 basin (*ook ve rivier, enz*); 2 (*anat*) pelvis (*mv ook:* -ves); 3 (*muz*) cymbal

2 bekken *ww* 1 taste well; 2 please; pronounce easily; sound well; 3 (*sl*) French-kiss

bekkeneel skull; **bekkengordel** pelvic girdle (*of:* arch); **bekkenholte** pelvic cavity; **bekkenist** cymbal player; **bekkenvormig** basin-shaped

bekkesnijden fight each other with knives; **bekkesnijder** knifer, fighter, bully, ruffian

beklaagde: (*de*) ~ the accused (*ook mv*), (the) prisoner (at the bar), (the) defendant; *zie ook* gedaagde; **beklaagdenbank** dock (*op de ~* in the dock)

bekladden blot, blotch; plaster [walls with election slogans]; (*ook fig*) daub, bespatter; (*fig*) cast aspersions on, besmirch, stain [a p.'s reputation]

beklag complaint; *zijn ~ doen* make complaint, complain [of ... to *over ... bij*]; **beklagen** 1 pity, commiserate; 2 (*betreuren*) lament, deplore; *zijn lot ~* bemoan one's lot; 3 *zich ~ over ... bij* complain of ... to; **beklagenswaard(ig)** pitiable, to be pitied, lamentable, deplorable

beklant: *goed ~e winkel* well-patronized shop

bekleden 1 clothe [walls clothed with verdure], cover [chairs], upholster [chairs, a carriage, coffin], drape [a statue], (*mil*) revet [a rampart]; hang [with tapestry], deck [the altar], line [a chest with zinc, nest with feathers]; lag [a boiler *stoomketel*], serve [a cable, rope], panel [a room with wood], face [a robe with scarlet, a wall with plaster], sheathe, plate [a ship], clad [metal, a building]; *beklede cel* padded cell; *met zink* (*blik*) *bekleed* zinc-(tin-)lined [box]; 2 (*met ambt, enz*) (in)vest [with authority, with an office]; 3 (*vervullen*) hold, occupy [an important place], fill [a post]; *een hoog* (*staats*)*ambt ~* hold high office; **bekleder** (*ve ambt*) holder, (*ve geestelijk ambt*) incumbent; **bekleding** 1 lining, clothing, covering, etc; upholstery [of a car]; fabric [of an airship, etc]; [plastic] sheeting; (*bk*) cladding; (*mil*) revetment; 2 (*met ambt*) investiture; 3 (*ve ambt*) exercise, tenure; **bekleedsel** cover(ing), wrapping, lining; (*ve stoomketel*) lagging

beklemd 1 oppressed [*op de borst* in the chest; (*ook fig:*) my soul is oppressed with fear], asthmatic; heavy-hearted; *met een ~ hart* with a heavy heart; 2 (*med*) strangulated [hernia *breuk*]; *zie ook* bekneld; 3 (*met klemtoon*) stressed, accented; **beklemdheid** oppression, tightness (*of:* constriction) [of the chest]; heaviness [of the heart]; **beklemmen** oppress; *~d gevoel* sinking feeling; *zie ook* beknellen; **beklemming** 1 constriction; (*ve breuk*) strangulation; 2 (*v land*) *zie* beklemrecht; 3 *zie* beklemdheid; **beklemrecht** perpetual lease at a fixed rent; (*vglb*) fee-farm, (*Sch*) feu; **beklemtonen** stress, emphasize; accentuate

beklijven make a lasting impression, take (strike) root, [such teaching does not] sink in
beklimmen ascend [the throne, mountain], climb [tree, mountain], mount [ladder, hill, throne], scale [wall, mountain-peak], (*mil*) scale; *de kansel* ~ ascend (get up into) the pulpit; **beklimming** ascent, climbing, mounting
beklinken I *tr* 1 rivet (*met klinknagels*); 2 clinch [a matter, bargain], settle, arrange [an affair]; *de zaak is beklonken* the matter is settled; 3 (*drinken op*) drink to; II *intr* (*v metselwerk*) set; (*v grondwerken*) settle
bekloppen tap [all over], sound [the wheels of a railway carriage]; (*med ook*) percuss, sound
bekneld jammed, pinned; *vgl* knel; locked [among ice-blocks], wedged [between ...], trapped [inside the wreckage]; (*in ijs ook*) ice-bound; **beknellen** pinch, pin; (*fig*) oppress
beknibbelen beat down [a price, a hawker]; cut (whittle) down, dock, curtail [wages]; skimp, scrimp [*iem in zijn eten* a p. of his food]; stint [a p. in his food, etc]; ~ *op het onderwijs* pare down (skimp) education; **beknibbe|lend, -ling** (*ook*) cheese-paring
beknopt brief (~ *gesteld* briefly worded [letter]); concise [handbook]; terse [expression]; succinct [narrative]; compendious [survey]; condensed [report]; summary [account]; [news] in brief; (*fam*) potted [version]; **beknoptheid** briefness, brevity, conciseness, concision; *vgl* beknopt; **beknorren** scold, chide, reprove
beknotten curtail [a p.'s rights]; **beknotting** curtailment
bekocht taken in, cheated; *u bent eraan* ~ you've made a bad bargain; *ik ben er niet aan* ~ I've got my money's worth; *zie ook* bekopen
bekoelen 1 cool (down); 2 (*fig*) cool (down, off), calm down; *zijn ijver bekoelt* his zeal (ardour) is flagging (cooling, cooling down); *doen* ~ moderate, damp [a p.'s ardour]; *vgl* afkoelen
bekogelen pelt [with rotten eggs]; **bekokstoven** cook up [a plot], concoct, engineer [a plan]
bekomen 1 (*krijgen*) obtain [leave]; sustain [injuries]; *niet te* ~ not to be had; 2 (*zich herstellen*) recover [o.s., from one's fright, etc]; *laat mij eerst even* ~ let me recover my breath first; (*vd schrik*) let me get over the shock first; 3 agree with; *kreeft bekomt mij niet goed* lobster does not agree with (does not suit) me, disagrees with me; *het zal hem slecht* ~ he'll be the worse for it, he'll be sorry for it; *wel bekome het u!*, (*vglb*) I hope you have enjoyed your meal, etc, (*iron*) much good may it do you!
bekommerd concerned, anxious, uneasy [*over* about], troubled (worried) [look]; **bekommerdheid** concern, anxiety, uneasiness; **bekommeren** make uneasy, trouble; *zich* ~ *om* (*over*) care for (about) [he does not care for (about) the consequences], concern o.s. about [the future], trouble [o.s., one's head] about [don't trouble (yourself) about me], feel concerned (uneasy) about [one's fortune, etc]; (*fam*) bother about; *hij bekommert zich weinig om zijn vrouw* he gives little thought to ...; *hij hoeft zich niet om andere mensen te* ~ he can ignore other people; *zich niet* ~*d om, zonder zich te* ~ *om* heedless of [distance, time], regardless of [expense]; *bekommer je daar niet over!*, (*ook*) never mind that!; **bekommer|ing, -nis** trouble, anxiety, solicitude, care; attention
bekomst: *zijn* ~ *eten* eat one's fill [*aan* of]; *zijn* ~ *hebben van* have one's fill of, be fed up with
bekonkelen scheme, plot, cook up (a plan, a scheme)
bekoorlijk charming, enchanting, attractive, beguiling; **bekoorlijkheid** charm, enchantment
bekopen: *hij moest het duur* (*met zijn leven*) ~ he had to pay dear(ly) for it (to pay for it with his life); *zie ook* bekocht
bekoren 1 charm, enchant, fascinate; *dat kan mij niet* ~ that does not appeal to me; 2 (*verleiden*) tempt; **bekoring** 1 charm, enchantment, fascination, allurement; *onder de* ~ *komen van* fall under the spell of [a woman, a p.'s words], (*fam*) fall for [a girl]; 2 (*verleiding*) temptation
bekorten 1 (*eig, ook v reis, enz*) shorten, curtail, cut short [a journey]; 2 (*boek, enz*) abridge, condense, boil down [a paper]; *zich* ~ be brief, make (cut) it short; **bekorting** shortening, abridg(e)ment, curtailment
bekostigen pay (bear, defray) the cost (expenses) of; *ik kan het* (*een auto, enz*) *niet* ~ I can't afford (*fam:* I don't run to) it (a car, etc), I can't afford the expense; **bekostiging** defrayment, defrayal
bekrachtigen confirm [a sentence, an appointment], ratify [a treaty]; sanction [a law, usage]; *bekrachtigd worden,* (*ve wet*) receive the royal assent; **bekrachtiging** confirmation; ratification; sanction; *de koninklijke* ~ the royal assent
bekransen wreathe, festoon, crown (adorn) with wreaths (garlands); **bekrassen** scratch [all over]
bekreten: ~ *ogen* tear-stained eyes, eyes red (swollen) with crying; **bekreunen** *zie* bekommeren
bekrimpen cut down [expenses]; *zich* ~ pinch (o.s.), pinch and scrape, stint o.s. [in, of s.t.], skimp; *zich tot het uiterste* ~ live near the bone; *zich met de ruimte moeten* ~ be cramped for room; **bekrimping** retrenchment
bekritiseren criticize, cry down, find fault with
bekrompen 1 (*kleingeestig*) narrow-minded [ideas], narrow [mind], suburban [outlook], hide-bound [conservatism]; ~ *blik* narrow view(s) (outlook); ~ (*in* ~ *omstandigheden*) *leven* live in straitened circumstances; 2 (*klein*) poky [house], confined [space]; ~ *wonen* (*zitten*) be cramped (pinched) for room (for space); 3 (*karig*) scanty, [a man of] narrow [means], slender [purse]; **bekrompenheid** narrow-mindedness, narrowness; scantiness; *vgl* bekrompen
bekronen crown [with success, etc; a tower crowned the hill]; award a prize (a medal) to; *bekroond* prize [poem, pig], (award-)winning [design *ontwerp*]; *met goud bekroond* awarded gold medal; **bekroning** 1 crowning; 2 award [list of awards]
bekruipen 1 (*de vijand*) steal (up)on, surprise; 2

(*v angst, lust, enz*) come over, creep (steal) over; *de lust bekroop mij om* ..., (*ook*) I was seized with a longing to ...; **bekruisen** mark with a cross; *zich* ~ cross o.s., make the sign of the cross

bekvechten wrangle, argue, dispute

bekwaam capable, able, clever, competent, efficient [secretary], accomplished [musician], fit [he is not fit for that place]; *een ~ student*, (*ook*) an apt student; (*niet dronken*) sober; *te bekwamer tijd* in due time (*of:* course); ~ *maken, zie* bekwamen; ~ *tot* able to, fit for, capable of; *zie ook* spoed; **bekwaamheid** ability, capability, capacity, faculty (*alle ook mv*), proficiency [pass a proficiency examination, a certificate of proficiency]; aptitude, fitness; (*mv ook*) acquirements

bekwamen qualify, capacitate, fit [a p. for a task]; *zich* ~ qualify, train, fit o.s., prepare [for a task], read [for an examination], make o.s. conversant [with a language]; *zich verder* ~, (*ook*) improve o.s.

bekwijlen beslaver, beslobber

bel 1 (*schel*) bell; (*platte ~ als ve tram*) gong; *op de ~ drukken* press (*of:* touch) the (bell-)button (bell-push); *op de ~ letten* attend to the door, answer the bell; *aan de ~ trekken* raise the alarm [over s.t.] (*bij* ... alert [the authorities]; jog [a p's] memory); *~letje trekken* ring doorbells and run for it; *zie ook* kat; 2 (*oor~*) earring; 3 (*gas-, luchtbel*) bubble; *~len blazen* blow bubbles; 4 (*glas*) balloon; 5 *zie* hop~; 6 (*eenheid*) id

belabberd rotten, beastly, miserable, bad

belache|lijk 1 ridiculous, ludicrous; (*ongerijmd*) absurd; *doe niet zo* ~ don't be ridiculous; *~ maken* ridicule, hold up to ridicule, make a fool of, stultify; *zich ~ maken* (*aanstellen*) make o.s. ridiculous, make a fool of o.s.; 2 (*lachwekkend*) laughable; **-lijkheid** ridiculous-, ludicrousness; absurdity

beladen load (*ook fig*), burden [*vooral fig:* burdened with sin, etc], lade [laden with fruit, honours]; (*her & emotie*) charge; **beladingsgraad** load factor

belagen attack, threaten, harass, beset; **belager** waylayer, assailant, attacker

belanden land, come to rest [in a field]; *hij belandde bij een Engelse familie* he found himself (he ended up) with ...; *doen* ~ land [a p. in prison, Russia in anarchy]; *waar is hij beland?* what has become of him?; *zie ook* terechtkomen

belang 1 interest; issue [vast issues are at stake]; *algemeen* ~ general (common, public) interest; *hij kent zijn eigen* ~ he knows (on) which side his bread is buttered; *~ hebben bij* be interested (concerned) in, have an interest (*alle* ~ every interest) in; *ik heb er groot ~ bij* it concerns me deeply; *ze hebben groot ~ bij deze waterweg* they have a great stake in this waterway; *veel* ~ ***hechten*** *aan* attach great importance to, set great store by; ~ ***stellen*** *in* take an interest in, be interested in, interest o.s. in [an affair; he has many interests]; *levendig* (*enigszins*) *~ stellen in* take a keen (a mild) interest in; *~ gaan stellen in* become (get, grow) interested in; *handelen* ***in*** *het ~ van* act in the interest(s) of; *ik doe het in uw* ~ I ... in your interest; *het is in uw* (*ons beider*) ~ it is in your interest (the interest(s) of both of us); *in het ~ van je gezondheid* for the benefit of your health; *het is in het algemeen* ~ it is for the common good; 2 (*gewicht*) importance; *niets* ***van*** ~ nothing of importance; *het is van geen* (*weinig*) ~ of no (little) importance (account, consequence); *van geen ~ voor mij*, (*ook*) immaterial to me; *van gemeenschappelijk* ~ of common concern; *van het hoogste* ~ all-important, of the highest (the first, the utmost, paramount) importance; *het enige dat van ~ is* the only thing that counts (*of:* matters); *het is van ~ voor ons allen* it matters to us all; *van ~ voor uw welzijn* essential (material) to your welfare; *kwaliteit is in de eerste plaats van ~* (*van minder* ~) quality is the first consideration (a secondary matter); *een drukte van* ~ an immense bustle; *zie ook* welste: van je ~ regular, first-class, glorious; **belangeloos** 1 disinterested; 2 free of charge; **belangeloosheid** disinterestedness, selflessness; **belangen** *ww* concern; *wat mij belangt* as to (as for) me, so far as I am concerned; *~de, zie* aangaande

belangen|behartiging promotion of [others', private, one's own] interests; **-gemeenschap** 1 community of interest; 2 combine, interest group; **-groep** interest group, (*pol ook*) pressure group; **-sfeer** sphere of interest; **-spreiding** diversification; spreading of interests; **-strijd** conflict of interests

belang|hebbende party (person) concerned (interested), interested party; *aan* ~, (*adres*) To Whom It May Concern; **-rijk** I *bn* 1 important [news]; *veel ~er was dat* ... what was much more important was that ...; 2 (*aanmerkelijk*) considerable [amount, etc]; II *bw* considerably [higher]; **-rijkheid** importance; **-rijkst** most important, principal, chief; **-stellend** interested, sympathetic, attentive [audience]; *~en* those interested, interested persons; sympathizers; **-stelling** interest; (*deelneming*) sympathy; *hij heeft ~ voor allerlei dingen* he has many interests; *iem ~ inboezemen* interest a p. [*voor* in]; *~ wekken* (a)rouse interest; *zijn ~ verliezen voor* lose interest in; *dank u voor uw* ~ thank you for inquiring (for your kind inquiries); *onder grote* ~ [perform] in the presence of a large audience; [buried] amid many marks of sympathy; **-wekkend** interesting

belast *zie* belasten; **belastbaar** 1 (*v personen, bezittingen, waarde*) assessable, taxable, ratable; (*v inkomen*) taxable, assessable; (*v waren*) dutiable; (*aan accijns onderhevig*) excisable; 2 ~ *met een gewicht van* ... capable of carrying a load of ...

belastbaarheid 1 taxability, ratability, dutiability; 2 load-bearing capacity; **belasten** 1 (*last opleggen*) load, burden (*vooral fig*); *te zwaar* ~, (*lett*) overload, (*fig*) overtax; *tot het uiterste belast* taxed up to the hilt, fully extended; *erfelijk belast zijn* have a hereditary defect; *belast en beladen* heavily laden; *belast woord* loaded word; 2 (*aanslaan*) tax, (*vd plaatselijke belastingen, hist*) rate; impose (lay, put) taxes (duties) on; 3 (*bezwaren*) charge; *een rekening* ~ debit an account [with £50], charge [£50 to] an account; *met een ontzaglijk tekort belast* saddled with an enormous deficit; 4 (*opdragen*) charge, commission, entrust [a p. with ...], instruct [a p. to ...], make [a p.] responsible [for]; *belast met,* (*ook*) in charge of [investigations]; *zich* ~ *met* take [personal] charge of, undertake, take (up)on o.s., charge o.s. with; **belastend** (*fig*), *zie* bezwarend

belasteren slander, calumniate, cast aspersions on, defame, blacken [a p.'s character]; **belastering** calumniation, defamation

belasting 1 (*de handeling*) burdening, taxation, rating; *zie ook* belasten; 2 (*gewicht*) load [the plane carried full load], weight; *nuttige* ~, (*ve vliegtuig*) payload; *hij voelde het als een zware* ~ *van zijn geweten* he ... a heavy burden on his conscience; *bij volle* ~, (*ve dynamo*) at full load; (*ve renpaard*) weight; 3 (*rijks*~) tax(es), (*plaatselijk, hist*) rates (*meestal mv*), (*indirect*) duty, (*voornamelijk hist*) impost; ~ *over de toegevoegde waarde* value added tax; ~ *heffen van* levy (impose) taxes, etc on; *zie ook* belasten, belastingdienst & erfelijk

belasting|aangifte [make a false] (tax-)return; **-aanslag** assessment; **-adviseur** tax consultant; **-aftrek** tax deduction; **-ambtenaar** tax (*of:* revenue) official (officer); **-besparing** tax avoidance, tax planning; **-betaler** taxpayer; **-biljet** 1 tax declaration form; 2 notice of assessment; **-consulent** tax consultant; **-dienst** revenue, (*Br*) Inland Revenue, (*fam*) the taxman; **-druk** burden of taxation, tax(ation) burden, (*Am*) tax load; (*op de verschillende klassen der bevolking*) incidence of a tax; **-faciliteit** tax concession; **-geld** tax money, revenue; **-heffing** levying of taxes, tax-levy; **-jaar** tax (fiscal, financial) year; **-kantoor** tax(ation) office; **-kohier** assessment-list; **-moraal** fiscal ethics; **-ontduiker** tax-evader; **-ontduiking** tax dodging, tax evasion; **-opbrengst** tax yield; **-pachter** tax-farmer; **-paradijs** tax haven; **-plichtig** *zie* belastbaar; **-recht** tax law; **-schijf** tax band; *bovenste* ~ top band; **-schuld** tax arrears; **-stelsel** system of taxation, fiscal system; **-stempel** (*op zilver*) duty-mark; **-tarief** tax rate; **-verhoging** tax increase; **-verlaging** tax cut; **-vermindering** tax relief; **-voordeel** tax break; **-vrij** tax-, (*accijns*) duty-free [shop], free of tax (of duty); (*vrijgesteld*) tax-exempt; ~*e som* personal allowance; **-wet** fiscal law; **-zegel** revenue stamp

belatafelen *zie* belazeren; **belazeren** (*fam*) do the dirty on (swindle) a p.; *ben je belazerd?,* (*sl*) are you barmy?, (you're) nuts!, not bloody likely!; *een belazerde troep* a beastly mess; *de organisatie was belazerd* the ... was rotten

belboei bell-buoy

beledigde offended (injured, insulted) party (*of:* person); **beledigen** offend, (*met opzet*) affront, insult; (*grof*) outrage; (*kwetsen*) hurt [a p.'s feelings], injure [vital parts *edele delen*], jar (up)on [the ear]; *zich beledigd voelen door* feel offended (take offence) at; *zwaar beledigd* greatly offended; *zich laten* ~ put up with an insult; **beledigend** offensive, abusive [epithet], insulting [*voor* to]; **belediging** insult, affront, outrage, indignity; *vgl het ww;* (*vd rechtbank*) contempt of court; *het is een* ~ *voor* ... it's an affront (an insult) to [one's intelligence], it's an outrage on [good taste]; *een* ~ *aandoen, zie* beledigen; (*ook*) offer an insult to; *de ene* ~ *op de andere stapelen* add insult to injury

beleefd civil, polite, courteous, obliging; *dat is niet* ~, (*ook*) that is not (good) manners; *het is niet meer dan* ~ *te* ... it is only civil (common politeness) to ...; *ik verzoek u* ~ ... I should be grateful if ..., would you be so kind as [to ...]; ~ *maar dringend verzoeken* request earnestly; *met* ~*e groeten* yours faithfully; **beleefdheid** civility, politeness, courteousness, courtesy, grace [you might have the grace to offer me something], decency [he hadn't even the decency to knock]; *uit* ~ out of courtesy; *de gewone* ~ *in acht nemen* observe common politeness; *dat laat ik aan uw* ~ *over* I leave it to your discretion; *zij bewezen hem de* ~ *te* ... they paid him the compliment of ...ing; *-heden* civilities, compliments; *hij zei haar allerlei -heden* he paid her all kinds of compliments

beleefdheids|accept accommodation bill; **-bezoek** duty call, courtesy visit (*of:* call); **-formule** complimentary phrase; **-halve** out of politeness (courtesy); **-visite** *zie* -bezoek; **-vorm** 1 formality; (*mv ook*) (rules of) etiquette, [disregard the] conventionalities; *zie ook* vorm; 2 complimentary form; polite form (of address)

beleenbriefje pawn-ticket

beleg 1 siege; *het* ~ *doorstaan* (*opbreken*) stand (raise) the siege; *het* ~ *slaan voor* lay siege to; *zie ook* staat; 2 (*brood*~) ham, cheese, etc on bread, sandwich filling

belegen matured [wine, cheese, cigars], seasoned [timber], ripe (*Am:* sharp) [cheese]

belegeraar besieger; **belegeren** besiege, lay siege to; **belegering** siege

beleggen 1 (*bedekken*) cover [floors with mats], overlay [with gold, etc], carpet [floors], trim [a dress]; fill [sandwiches]; *broodjes met ham* ~ prepare ham rolls; *belegd broodje* ham (cheese, etc) roll; *belegde boterham* open sandwich; 2 (*bijeenroepen*) convene, convoke, call [a meeting], plan, arrange [a meeting *ontmoeting, vergadering*], set up [a conference]; 3 (*investeren*) invest [money]; *opnieuw* ~ reinvest [capital], plough back [profits into business]; 4 (*mar*) belay; **belegger** investor; **belegging** 1 covering, etc; *vgl* beleggen; 2 convocation [of a meeting]; 3 (*mar*) belaying; 4 investment [of money]; **beleggingsfonds** 1 (*bedrijf*) investment fund (trust), unit trust; 2 ~*en,* (*waarden*) investment funds securities; **beleggingsmaatschappij** *zie* -fonds 1

belegsel *zie* beleg 2; (*v uniform*) facings; **belegstuk** lining-piece

beleid 1 (*leiding*) conduct, management, administration; running [of the firm]; [government] policy; course of action; 2 (*overleg, enz*) tact, discretion, prudence, generalship, statesmanship

beleids|arm politically neutral; **-bepaling** policy

formulation; **-beslissing** policy decision; **-jargon** (*Am*) bafflegab; **-kunde** policy science; **-lijn** policy; **-maker** policy-maker; **-matig** policy [decisions], for reasons of policy; **-medewerker** policy-maker; **-nota** policy document; **-ombuiging** 1 policy review; 2 (*euf*) cut; **-plan** policy; **-ruimte** room for initiative; **-vorming** policy-making

beleidvol discreet, prudent, tactful

belemmeren hinder, hamper, impede, shackle [industry]; stunt [*in groei* in growth]; keep down [heather keeps down grass]; obstruct [the view; a p. in the execution of his duty]; cramp (*in vrijheid van beweging; ook fig:* trade, etc); interfere with [discipline]; hedge about [hedged about with restrictions]; *zie ook* recht I.2; **belemmering** impediment, hindrance [*voor het herstel* to recovery], handicap, obstruction; [free from any] trammels, shackles; *zonder ~* without let or hindrance; *wettelijke ~* (*voor uitoefening ve recht, enz*) (legal) disability

belemniet belemnite

belendend adjacent, adjoining [premises, etc], contiguous; **belending** 1 adjacency, etc; 2 adjoining premises

belenen 1 (put) in pawn; (*effecten, polis*) borrow money on [securities, policy]; 2 (*leenstelsel*) enfeoff, invest [*met* with]; **belening** 1 advance on security; 2 pawn(ing)

belerend pedantic, didactic

bel-esprit bel esprit, wit

belet: *~!* don't come in!, wait!, (*fam*) hang on please!; (*opschrift*) engaged; *~ geven* refuse to see a p.; *~ hebben* be (otherwise) engaged, be prevented from seeing a p.; *~ vragen* (*krijgen*) ask for (be denied) an appointment; *alleen na vooraf gevraagd ~* by appointment only; *~ zijn* be prevented (from coming, attending, etc); *is er geen ~?* am I not inconveniencing you?

bel-etage main stor(e)y (floor), piano nobile

beletsel hindrance, obstacle, impediment, bar [that can be no bar to it]; *dat hoeft geen ~ te zijn* that need not stand in the way; **beletselteken** ellipsis, mark of omission (...); **beletten** prevent [a marriage, etc], obstruct [the wall obstructs the view], bar [one's entry]; *iem ~ te schrijven* prevent (hinder) a p. from writing; *als ik het hem niet belet had* if I had not prevented him; *dit belette hem te eten,* (*ook*) this kept him from ...; *de ruimte belet ons ...* space precludes us from [quoting it all]

beleven live to see [he hasn't lived to see it], witness; go through, experience (hard times); *opnieuw ~* relive; *plezier ~ aan* enjoy, take pleasure in, derive pleasure from; *slechte dagen ~* have fallen on evil days; *woelige tijden ~* live in turbulent times; *zijn 80ste jaar ~* live to be eighty; *als ik het beleef* if I live; *zo iets heb ik nooit beleefd!* I never saw anything like it!, I never saw the like!; *jij beleeft tenminste nog wat* things do happen to you at least; *daar zul je wat* (*iron: zul je plezier*) *van ~* you will catch it (hot); *daar is meer aan te ~ dan jij denkt* there is more in it ..., more to be had (got) from that ...; *het boek beleefde veel drukken* the book went through (ran to) many editions; *dat ik dit heb moeten ~!* that I should have lived to see this day!; **bele|venis, -ving** experience; **belevingswereld** world of experience

belezen I *ww* 1 (*bezweren*) exorcize; 2 (*overreden*) persuade; II *bn* well-read, widely read; *hij is zeer ~,* (*ook*) he has read widely; **belezenheid** reading; *zijn ~* the extent of his reading; *zijn grote ~* his wide reading

belfort, belfroot bell-tower, belfry

Belg Belgian; **belgen** anger [a p.]; **belgenmop** (*vglb*) Irish (*Am:* Polish) joke; **België** Belgium; **Belgisch** Belgian; **Belgrado** Belgrade

belhamel 1 (*dier*) bell-wether; 2 (*persoon*) ringleader; (*deugniet*) rascal

Belial id; **Belialskind** child (son, man) of Belial

belichamen embody; typify; **belichaming** embodiment, incarnation, personification

belichten 1 light [a picture]; throw (let in, shed) light (up)on, illuminate, elucidate, illustrate [a fact]; 2 (*fot*) expose; *te lang* (*te kort*) *~* over-expose (under-expose); **belichting** 1 lighting, [look at s.t. in a good] light; illumination, elucidation; 2 (*fot*) exposure [time]; **belichtingsmeter** exposure meter, light meter

beliegen tell [a p.] a lie, lie to [a p.]

believen I *ww* please, oblige; *zoals u belieft* as you please (*of:* like); *doe zoals u belieft* please yourself; *als het God belieft* [she'll get better one day,] please God; *wat belieft u?,* (*wenst*) what can I do for you?; (*zei*) I beg your pardon?, (*fam*) what did you say?; *wablief?* beg pardon?; *belieft u een sigaar?* would you like a cigar?; *als het u belieft, enz, zie* alstublieft; II *zn* pleasure; *wat is er van uw ~?* what is your pleasure?; *naar ~* at pleasure, at will, ad libitum, [add salt] to taste; *is alles naar ~?* is everything as you want it?; *handel naar ~* use your own discretion, please yourself

belijden confess [one's guilt], avow [principles], profess [a religion, God, Christ]; *~d lid* communicant member [of a church]; **belijdenis** 1 confession, avowal; (*in godsd*) confession (of faith), creed, profession; 2 (*kerkgenootschap*) denomination; 3 (*opneming in kerk*) confirmation; *zijn ~ doen* be confirmed; **belijder** confessor [Edward the Confessor], professor [of passive resistance]

belijnen *zie* liniëren & omlijnen

belknop bell-handle, -pull; (*drukknop*) bell-button, -push; **belkoord** bell-rope, -pull

Bella Bella, Arabella, Belle, Isabel(la)

belladonna id, deadly nightshade

belle (*wielersp*) decider; (*schermen*) barrage

bellefleur (*vglb*) pearmain

bellen ring (the bell); press (pull) the bell; (*om*) *iem ~* ring for a p.; (*ook op~*) give a p. a ring; *er wordt gebeld* there is a ring (at the door), there's the (front-door) bell; *3 maal ~ om ...* three rings for ...; *ik hoor ~* I hear a ring

bellenbaan wake, track [of a torpedo]; **bellenplant** fuchsia; **bellenvat** bubble chamber

bellettrie belles-lettres, polite literature, polite letters; **bellettrist** belletrist; **bellettristisch**

belletristic (*bw* -ally)
beloeren spy (up)on, watch, peep at
belofte promise; [solemn] pledge; undertaking; (*in plaats van eed*) affirmation; *de ~ afleggen,* (*in plaats van eed*) affirm, make (one's) affirmation; *zijn ~ breken* break (go back on) one's promise; (*iem*) *een ~ doen* make (a p.) a promise; *zijn ~ houden* keep one's promise [*tegenover* to], (*fam*) deliver the goods; *iem aan zijn ~ houden* hold a p. to his promise; *~ maakt schuld* a promise is a promise; **beloken**: *~ Pasen* Low Sunday
belonen reward, recompense, remunerate, repay; *zie ook* lonen; **beloning** reward, recompense, remuneration; *ter ~* as a reward; *ter ~ van* in reward (in return) for; *een ~ uitloven* offer a reward; *een ~ van £ 500 ontvangen,* (*ook*) be rewarded £500; *zie ook* prestatie~
beloodsen pilot; **beloodsing** pilotage
beloop 1 course, way; *dat is 's werelds ~* that is the way of the world; *het* (*de zaken*) *maar op zijn* (*haar*) *~ laten* let things (matters) take their (own) course; (*nalatig*) let things drift (slide); 2 (*ve schip*) lines, run; 3 (*bedrag*) amount; **belopen** 1 walk (along, down, up) [a path, road]; walk on [a much walked-on carpet]; *het is niet te ~* it is not within walking distance; *door een storm ~ worden* be overtaken by (be caught in, encounter) a gale; *schade ~* sustain damage; *met bloed ~ ogen* bloodshot eyes; 2 (*bedragen*) amount to, run into [thousands of pounds]
beloven 1 (*toezeggen*) promise; (*plechtig*) vow; *niet gauw iets ~* be chary of making promises; *ik beloof het je,* (*ook*) it's a promise; *zie ook* gouden; 2 (*doen verwachten*) promise, bid fair [to become a great man, to be a success]; *het belooft een prachtige dag te worden* it promises to be ...; *dat belooft veel goeds voor onze plannen* that augurs (promises) well for ...; *veel ~,* (*ve leerling, bijv*) show great promise, be very promising; *de oogst belooft veel* (*niet veel*) the crops are very promising (unpromising); *zich heel wat plezier ~* promise o.s. a good time; *zich veel ~ van* set great hopes on [s.t.]; *dat belooft wat!, a*) there'll be trouble (*sl:* ructions)!; *b*) that's quite promising!; *weinig goeds ~d* unpromising; 3 (*verzekeren*) promise; *je zult er spijt van hebben, dat beloof ik je* you will regret it, I promise you
belroos erysipelas, St Anthony's fire
bels: *tot ~* be ringing you
Bels Belgian; **Belsazar** Belshazzar
belt 1 rubbish dump, (refuse, ash) tip; 2 hummock
beluchten aerate, air, ventilate; **beluga** id
beluisteren listen (in) to [a broadcast]; overhear [a conversation]; catch, detect [a change of tone]; *is dagelijks te ~* [the programme] can be heard daily; (*med*) auscult(ate)
belust: *~ op* eager for, keen on, bent on, longing for; *zie ook* begerig; *een op schandaaltjes ~ publiek* a scandal-loving public
belvédère belvedere
bemachtigen (*verwerven*) get hold of, get (lay) one's hands on [a copy], acquire [a diploma], secure [a seat, an order], snap up [the best seats], capture [trade]; (*in zijn macht brengen*) capture, seize, take possession of, make o.s. master of [a town]; (*wederrechtelijk*) usurp [the throne]
bemalen drain [by means of mills]
bemannen man [a ship, trench, fort, satellite], crew [a lifeboat], staff [an office], garrison [a fortress]; *onvoldoende bemand* undermanned; **bemanning** crew, ship's company; (*ve vesting*) garrison; *voltallige ~,* (*ve schip*) complement [have a complement of 700 men]; (*het bemannen*) manning, staffing; **bemanningslid** crew member, crewman
bemantelen cloak, veil, disguise, palliate, gloss over [a fact], [use a pack of lies to] cover [it] up
bemensen staff, man; *vgl* bemannen
bemerkbaar perceptible, noticeable, observable; **bemerken** perceive, observe, notice, find [he finds he has forgotten it] (*aan* by, from); **bemerking** observation, remark
bemesten manure, dung, dress, fertilize; **bemesting** 1 manuring, etc; 2 manure
bemeten dimensioned; *royaal ~* of ample dimensions; spacious; *~ op* designed for, capable of holding
bemiddelaar intermediary, mediator, go-between; **bemidde|laarster, -lares** mediatrix, go-between; **bemiddeld** in easy circumstances, well-to-do, well-off, *~ man,* (*ook*) man of means
bemiddelen (*geschil*) adjust, settle; (*~d optreden*) mediate, intercede; **bemiddeling** mediation, intercession; *door ~ van* through, through the agency (kind offices) of; **bemiddelingscommissie** mediation (conciliation) committee (*of:* board); **bemiddelingspoging** mediatory effort; **bemiddelingsvoorstel** compromise (*of:* conciliatory) proposal (*of:* offer)
bemieterd 1 crackers; 2 blasted
bemind loved, beloved, much liked; (*zich*) *~ maken* endear (o.s.) [*bij* to: his good nature endeared him to everyone], make (o.s.) liked (loved) [*bij* by]; **beminde** (well-)beloved, lover; **beminnaar** lover [of music]; **beminnelijk** lovable, amiable, ingratiating; **beminnelijkheid** lovableness, amiability; **beminnen** love, like, be fond of
bemodderen muddy, cover with mud, bemire; *bemodderd,* (*ook*) mud-stained
bemoederen mother
bemoedigen encourage, cheer [a cheering smile], hearten [a heartening sight], buoy up; *weinig ~d* hardly encouraging [the results gave us little encouragement]
bemoeial busybody, meddler, (*fam*) Paul Pry, Nos(e)y Parker
bemoeien: *zich ~ met* concern o.s. with [the finances], mind [mind your own business!]; (*inz ong*) meddle with, in [other people's business], interfere in, with; *zich met de politiek gaan ~* engage in politics; *zich met de zaak gaan ~* step in, take action (a hand), take the matter up, take the matter in hand; (*fam*) put one's oar in; *de rector zou zich er niet mee moeten ~* the headmaster ought not to interfere; *ik bemoei me niet met*

zulke lui I won't have anything to do with ...; *zich overal mee* ~ have a finger in every pie; *zich helemaal niet met politiek* ~ leave ... severely alone; *zich met niemand* ~ keep o.s. to o.s.; *waar bemoei je je mee?*, (*ook*) what business (what concern) is that of yours?, what is that to do with you?; **bemoeienis** 1 exertion, trouble, pains; (*inmenging*) meddling, interference; *door zijn* ~ through his good offices; 2 competence; *geen* ~ *met iets hebben* have nothing to do with (not be involved in) s.t.; **bemoeiing** *zie* bemoeienis 1

bemoei|lijken hinder, thwart, cross, hamper; interfere with [it interferes (visitors interfere) with my work]; *iem* ~, (*ook*) throw obstacles in a p.'s way; **-lijking** thwarting, etc; opposition, obstruction; impediment; **-ziek** meddlesome, interfering; **-zucht** meddlesomeness

bemonsteren sample

bemorsen soil, (make) dirty

bemost moss-grown, mossy

ben basket; *zie verder* mand

benadelen hurt, harm, injure [a p.], be injurious to [health], be prejudicial to [a p.'s interests], (*achterstellen*) disadvantage [an employee]; (*jur*) aggrieve, prejudice [rights]; *zich benadeeld voelen* feel injured (had, done); *voor miljoenen benadeeld worden* be made to lose (*toekomst:* stand to lose) millions [by ...]; *de benadeelde*, (*jur*) the aggrieved person; **benadeling** harming, etc; injury, prejudice [*van* to]

benaderen 1 (*zich wenden tot*) approach; *moeilijk te* ~, (*ook*) inaccessible; 2 (*ongeveer bepalen*) estimate, compute roughly, approximate [numbers, etc], get near; *benaderde waarden* approximations; 3 (*beslag leggen op*) confiscate, seize; **benadering** 1 approach; approximation; *een* ~ *van de volmaaktheid* an approach to perfection; *vgl* benaderen; *bij* ~ *approximately; niet bij* ~ nowhere near; 2 confiscation, seizure

benadrukken emphasize, stress, underline, underscore

benaming name, denomination, [official] designation, appellation; *verkeerde* ~ misnomer

benard critical, perilous; *in ~e omstandigheden* in distress, in great (*of:* desperate) straits, in straitened circumstances; *~e tijden* hard (*of:* trying) times, times of distress; **benardheid** distress, embarrassment

benauwd 1 (*beklemd*) tight in the chest [my chest feels rather tight], oppressed; (*om te stikken*) stifling, choking; *het* ~ *hebben* feel bad; 2 (*drukkend*) close, sultry, muggy; (*bedompt*) close, stuffy, frowsty, poky [a poky little room]; 3 (*nauw*) tight; (*angstig*) timid, afraid (*alleen pred*); anxious [moments, face, feeling]; bad [dreams]; *het iem* ~ *maken* make it hot for a p.; *een ~e overwinning* a narrow win; *zie verder* bang, beklemd, benard; **benauwdheid** 1 (*op de borst*) tightness of the chest; 2 (*vd atmosfeer*) closeness, sultriness, frowst; 3 (*angst*) fear, anxiety; *in de* ~ *zitten*, (*knel*) be in a tight corner, (*rats*) be in a (blue) funk; *vgl* benauwd; **benauwen** oppress, weigh down, frighten; **benauwend** oppressive; **benauwing** oppression

bende 1 gang, set, pack [of thieves, etc], band [of robbers, soldiers], troop [of children], body [of armed men]; *een ruwe* (*goddeloze*) ~ a rough (godless) crew; 2 mass(es) [masses of money, a mass of mistakes]; *de hele* ~ the whole lot (*of:* bunch); 3 mess; *wat een ~!* what a mess!; *de ene* ~ *na de andere*, (*sl*) one snafu after another; **bende|hoofd**, **-leider** gang-leader

beneden I *bw* below, down; (*in huis*) downstairs, down; (*rivier*) downstream; (*mar*) down below; ~ *wonen* live on the ground-floor; *naar* ~ *gaan* go downstairs; fall, decline, go down; (*mar*) go below; (*naar*) ~ *komen* come down(stairs), descend; *zie verder sam met* ne(d)er; *naar* ~ *wijzen* point downwards; ~ *aan de bladzijde* (*trap*) at the foot (*of:* bottom) of the page (the stairs); *10de regel van* ~ line 10 from the bottom; *zie beneden*, (*ook*) see at foot; *hier* ~ here below; *op 16-jarige leeftijd, of daar* ~ at the age of sixteen, or under; *zie verder* onder; II *vz* under [under five pounds, a girl under twelve, under (the) average height], below [below Cologne, below the value, below cost-price], underneath, beneath; *tegen* $\frac{1}{3}$ ~ *de kostende prijs* [sell] at a third off cost-price; ~ *de wind* downwind; *dat is* ~ *me* that is beneath me; ~ *mijn waardigheid* (*aandacht*) beneath my dignity (notice); ~ *het oorspronkelijke* (*de eisen*) *blijven* fall short of the original (the requirements); *hij acht het* (*niet*) ~ *zich te* ... he is above [asking advice] (not above [eavesdropping]); *het* ~ *zich achten geld aan te nemen* disdain to accept ...

beneden|buur ground-floor (*of:* downstairs) neighbour; **-dek** lower deck; **-dijks** at the foot of the dike; **-eind** lower end, bottom [of the table]; **-hoek** [left-, right-hand] bottom corner; **-huis** ground(-)floor (flat), lower half of a house; **-kaak** lower jaw; **-kamer** downstairs (*of:* ground-floor) room; **-loop** lower course, lower reaches [of the Rhine]

Beneden-Rijn Lower Rhine

beneden|stad lower town, old town; **-ste** lowest; lowermost, undermost, bottom [the bottom row]; **-strooms** downstream (from); **-verdieping** ground floor; **-waarts** I *bw* downward(s); II *bn* downward

Benedenwinden Leeward Islands; **benedenwinds** (to) leeward; *~e eilanden* Leeward Islands; **benedenwoning** ground-floor flat

benedictie benediction; **benedic|tijn**, **-tines** Benedictine (monk, nun); **Benedictus** 1 [St] Benedict; 2 (*deel vd mis*) id

bene|dijen bless; **-fice**: *ter* ~ *van* for the benefit of; *zie ook* benefiet; **-ficiant** beneficiary; **-ficie** 1 benefice; 2 *aanvaarden onder* ~ *van inventaris* accept under benefit of inventory; **-fiet** benefit [match, night, performance]

benemen take away [a p.'s breath, appetite, etc], take [a p.'s life]; *zich het leven* ~ take one's (own) life, make away with o.s.; *iem de lust* ~ *in* set a p. against, spoil a p.'s pleasure in; *deze ervaring beneemt me de lust om het weer te doen* leaves me in no mind (mood) ...; *iem de moed* ~ discourage (dishearten) a p., damp a p.'s courage; *het beneemt hun de moed om hun plicht te doen* it discourages them from doing ...; *het benam hem al zijn moed* it sapped all his courage; *het uitzicht* ~ obstruct the view; *iem de woorden* ~ render a p. speechless

benen I *bn* bone; II *ww* leg it; **benenwagen**: *met de* ~ *gaan* hoof it

benepen 1 (*verlegen*) diffident; *het kwam er* ~ *uit* he spoke very timidly; *een* ~ *stemmetje* a small (timid) voice; *met* ~ *hart* with a faint heart; 2 (*kleinzielig*) small-minded, petty, small; 3 (*klein*) confined, poky [little room], cramped; skimpy, scanty [dress]; pinched [face, smile]; *we wonen* (*zitten*) ~ we are pinched (cramped) for room; ~ *zitten,* (*ook*) have no elbow-room; **benepenheid** diffidence, small-mindedness, etc

beneveld 1 foggy, misty, hazy; (*ve oog*) dim; (*vh verstand*) (be)muddled, clouded; 2 (*dronken*) fuddled, muzzy; **benevelen** 1 befog [the mind], cloud [a p.'s judg(e)ment], dim, obscure; 2 (*door drank*) fuddle, bemuse

benevens (together) with, besides, along with, in addition to, added to

Bengaals Bengal, Bengali (*ook de taal*); ~ *vuur* Bengal light(s); **Bengalees** *zn & bn* Bengalese (*ook zn mv*), Bengali; **Bengalen** Bengal; *vgl* Bangladesj

bengel 1 bell; 2 (*klepel*) clapper; 3 (*persoon*) rascal, pickle, naughty boy; **bengelen** 1 (*luiden*) ring; 2 (*slingeren,* (*ook*) *laten* ~) dangle, swing; *vgl* bungelen

benieuwd: ~ *zijn* be curious (*sterker:* anxious) to know (to hear, etc), wonder; ~ *naar* curious about, curious to know, interested to hear [the result, etc]; *ik ben* ~ I wonder (*of* if, whether)

benieuwen: *het zal me* ~*!* I wonder!; *vgl* benieuwd: ik ben ~

benig bony, osseous

benijdbaar enviable; **benijden** envy [I envy you, I envy your strength, I envy you your strength], be envious of; *door allen benijd worden,* (*ook*) be the envy of all; **benijdenswaardig** enviable; **benijd|er, -ster** envier; *zijn benijders,* (*ook*) those envious of him

benjamin youngest (and favourite) child (darling); ~ *af* no longer the baby; **Benjamin** id

benodigd [everything] wanted, necessary [equipment], [all] required; **benodigdheden** requisites; requirements, necessaries [of life], [travel] needs; (*theat*) properties, props; (*voor gas, elektr licht, enz*) fittings

benoembaar qualified for appointment [as president], eligible [for the presidency]; **benoembaarheid** eligibility; **benoemd**: ~ *getal* concrete number; **benoemde** appointee, nominee, person appointed; **benoemen** appoint [*in, voor een betrekking* to a post; *bij de staf* to the staff], nominate; set up [a committee]; (*zinsdelen*) parse; ~ *naar* name after; *iem* ~ *tot commandant* appoint a p. (to be) commander; *vgl* aanstellen 1; **benoeming** appointment [to a post, as a professor], nomination; (*als officier*) commission; *vgl* aanstelling; **benoemingsbrief** letter of appointment; **benoemingscommissie** selection committee

benoorden (to the) north of, northward of

bent band [a band of artists], set, clique; **bentgeest** esprit de corps, communal spirit; **bentgenoot** fellow-, brother-artist

benul notion [have no notion of it]

benutt(ig)en utilize, avail oneself of, make the most of, make use of, turn to account; (*sp*) convert [a penalty], put away [a chance]; *niet* ~ fail to ..., *vgl* verknoeien

B en W afk van *Burgemeester en Wethouders,* (*vglb*) Mayor and Aldermen

benzedrine id, amphetamine; **benzeen** benzene

benzine id; (*brandstof*) petrol, motor-spirit; (*Am*) gas, gasoline; *loodvrije, normale, super* ~ lead-free, regular, super (grade) (*Br ook:* two-, four-star) petrol (*Am:* gas); *ongekraakte loodvrije* ~, (*Am*) white gas; *we kwamen zonder* ~ *te staan* we ran out of petrol; *zie ook* innemen

benzine|bom petrol bomb; **-leiding** petrol pipe(s); **-meter** petrol gauge; **-pomp** petrol pump; **-station** petrol (filling, petrol service) station; **-tank** petrol tank

benzoë benzoin; **benzol** id, benzene

beo myna(h), mina

beoefenaar practitioner [of medicine], votary [of an art, of golf], student [of a language, an art]; ~ *der natuurwetenschappen* scientist; ~ *ve sport* sportsman, -person, -woman [this sport has few active participants]; **beoefenen** cultivate [a science, music], follow, practise [a profession], ply [one's trade], practise [virtue], pursue [studies, sport], study [a language], go in for [sports]; **beoefening** practice, study, cultivation, pursuit [of Oriental studies]; *in* ~ *brengen* put into practice, practise

beogen have in view (in mind, at heart), aim at, contemplate; *het beoogde plan* the intended plan; *het had niet het beoogde resultaat,* (*ook*) it did not work (as expected), (*fam*) it didn't produce the goods

beoordelaar(ster) judge, critic, reviewer [of a book, etc]; **beoordelen** judge [persons, institutions, etc]; judge of [the size of ..., etc]; assess [persons, the possibilities]; (*boek, enz*) review, criticize; evaluate [a proposal]; (*schoolwerk, enz door cijfer*) mark [papers]; ~ *naar* judge by; *verkeerd* ~ misjudge; *iets voor zichzelf* ~ judge a thing for oneself; *men moet de zaak op zichzelf* ~ the matter must stand (*of:* rest) on its (own) merits (must be judged according to its merits); *hij dat kan dat het best* ~ he is the best judge (of that); **beoordeling** judg(e)ment, appreciation; criticism, review; assessment [of the results]; (*v pers*) [performance] appraisal; (*v schoolwerk*) mark(ing); *dat staat ter* ~ *van de voorzitter* this is (with)in the discretion of ...; **beoordelingsfout** misjudg(e)ment, error of judg(e)ment

beoorlogen make (*of:* wage) war on (upon, against), fight; *elkaar* ~*de staten* warring states

beoosten (to the) east of, eastward of

bepaalbaar definable, determinable

bepaald I *bn* 1 (*stellig, vast*) positive, absolute [refusal], definite [answer], well-defined [purpose], distinct [preference], strict [orders]; ~ *lidwoord* definite article; 2 (*vastgesteld*) fixed [at the hour fixed; a fixed number, sum], appointed [on the appointed day], stated [at stated hours], given [in a given space of time], specified [amount]; *als hierboven* ~ as provided above; *het bij de wet ~e* the provisions of the act; 3 (*aangewezen*) certain [a certain person; for certain reasons]; *in dat ~e geval* in that special (particular) case; *de verhoging blijft niet beperkt tot een ~e streek* the increase is not confined to any one area; *vgl* bepalen; II *bw* positively, etc; quite [impossible; I quite dread it]; *hij krijgt de betrekking* ~ he is sure to get ...; [*ik weet het*] ~ for certain; ~ *aardig van je* really nice of you; *hij is* ~ *lelijk* he is positively (downright) ugly; ~ *afgrijselijk* simply (just) horrible; ~ *nodig* absolutely necessary; ~ *onaangenaam* distinctly disagreeable; ~ *waar* decidedly true; *niet* ~ not exactly [ill, a compliment, clever]; *het is niet ~ een sieraad,* (*ook*) it is hardly an ornament; *zonder ~ ziek te zijn* without being actually (positively) ill; *zie ook* vooral; **bepaaldelijk** specially, specifically, expressly [for that purpose], particularly [for you], pointedly; **bepaaldheid** 1 definition; 2 definiteness, etc

bepakken pack, load; **bepakking** [full] kit

bepalen 1 (*vaststellen*) fix [a price: *op* at], fix, appoint [a day], settle, agree (up)on [terms], decide on (*omschrijven:* define) [one's attitude *houding*], assess [damages: *op* at], decide, determine [what shall be done]; (*vooruit* ~) stipulate (arrange) beforehand; *de vergadering op zondag* ~ fix on Sunday for the meeting, fix the meeting for ...; *zijn gedachten ~ tot* fix (concentrate) one's mind on; (*enkel*) *om de gedachten te* ~ for instance (merely as a basis for discussion); *hij kon zich tot niets* ~ he couldn't settle down to anything; 2 (*beperken*) confine; *de schade bepaalde zich tot het dak* the damage was confined (restricted) to ...; *wat ons denken bepaalt* what conditions our thinking; *zich ~ tot* confine (restrict) o.s. to [a few remarks]; 3 (*berekenen*) determine [a weight, the velocity of ...], find, ascertain [the latitude of ...]; 4 (*regelen*) arrange, determine [prices are determined by supply and demand; genetically determined]; (*omschrijven*) define, (*nader ~, ook tlk*) qualify, modify; 5 (*voorschrijven bij wet, contract*) provide, lay down [by this Act it is laid down that ...]; (*ve wet*) ordain [the law ordains that ...], prescribe [the age prescribed by law]; **bepalend** determining, etc; modifying [words]; definite [article *lidwoord*]; *vgl* bepalen; **bepaling** 1 (*het bepalen*) fixing, etc, ascertainment, determination, definition; (*definitie*) definition; (*nadere* ~) modification; 2 (*voorschrift*) regulation, prescription; (*ve contract, enz*) stipulation, clause, condition, (*ve wet*) provision; *zie ook* beding; 3 (*gramm*) adjunct; (*woord*) modifier

bepantseren armour; *bepantserd,* (*ook*) armour-plated

bepeinzen meditate on, ruminate on, muse on, ponder (on, over)

beperken 1 limit, set bounds to, confine; qualify [a statement]; keep [a fire] within bounds; keep down [expenses]; *zich ~ tot* confine (restrict) o.s. to; *het onderzoek ~ tot Londen* confine (narrow down) the inquiries to ...; *tot een minimum* ~ minimize, reduce (cut down) to a minimum; 2 (*besnoeien*) curtail, restrict [rights], reduce, cut down, retrench [expenses]; **beperkend** restrictive [measures]; *~e bepalingen* restrictions; *zonder ~e bepalingen,* (*ook*) without any strings; (*sterk*) *~e maatregel,* (*ook*) clampdown; *een ~e uitwerking* a cramping effect; **beperking** limitation [*ook v pers:* he knows his limitations], restriction, constraint; curtailment, retrenchment; [arms] reduction; [endorse a statement without] qualification; [credit] squeeze; ~ *van het consumentenkrediet* restrictions on consumer credit; ~ *van het kindertal, zie* geboorten~; **beperkt** limited [means, number, edition, service, in a limited sense; *ook v verstand:* he is rather limited]; restricted [access]; reduced [visibility]; narrow [mind, views in the narrower sense]; confined [space; my remarks are confined to these], *~e aansprakelijkheid* limited liability; *zeer ~e dienst* skeleton (train) service; ~ *houdbaar* perishable; ~ *leverbaar* in short supply; **beperktheid** limitation, narrowness; *vgl* beperkt

beplakken paste over, plaster [a wall with placards]; (*v binnen*) line; **beplanken** plank, board

beplanten plant [an area with trees]; *zie ook* bebouwen; **beplanting** 1 planting; 2 plants; (*aanleg*) plantation

bepleisteren plaster (over); *wit* ~ stucco; *vgl* berapen; **bepleistering** plaster(ing)

bepleiten plead [a p.'s cause with ... *iems zaak bij* ...], advocate, champion [a cause], argue [one's case], stand up for [one's rights]; *iems zaak* ~, (*ook*) hold a brief for a p.; **bepleiter** pleader, advocate, champion; **bepleiting** pleading, advocacy

beploegen plough; **bepoederen** powder; **bepotelen** 1 paw; 2 soil; **bepoten** plant; set [with flowers]

bepraten 1 (*praten over*) talk about, talk over [talk a thing over, talk over a thing], discuss; *vgl* bespreken; 2 (*overhalen*) talk [a p.] over (*of:* round), prevail (up)on, persuade, get round [a p.]; *iem ~ iets* (*niet*) *te doen* talk a p. into (out of) doing s.t.; *zich laten* ~ (allow o.s. to) be persuaded; *zie ook* overhalen

beproefd (well-)tried [troops, courage, recipe], well-tested [principles], trusty [friend, sword], approved [remedy, method], seasoned [soldiers]; *zie ook* beproeven & zwaar; **beproeven** 1 (*proberen*) try, endeavour, attempt; 2 (*op de proef stellen*) try, (put to the) test; *beproeft alle dingen: behoudt het goede* prove all things; hold fast that which is good (*1 Thess. 5:21*); *zie ook* proberen; 3 (*met ziekte, enz*) visit; afflict; **beproeving** trial [he is a trial to himself and others], ordeal, tribulation, affliction

bepruikt periwigged, bewigged

beraad deliberation, consideration; *in ~ staan* be in two minds, be deliberating [*of* whether]; *het in ~ houden* think it over, consider the position; *in ~ nemen* consider, take into consideration; *tijden van ~* time for reflection; *zie ook* rijp; **beraadslagen** deliberate [*over* on]; *~ met* consult with, confer with; *er wordt over beraadslaagd* it is under consideration; **beraadslaging** deliberation, consultation; **beraden** I *ww zich ~* think it over, consider; (*v besluit veranderen*) change one's mind, think better of it; *zich ~ op, over* (re)-consider [a decision]; II *bn* well-considered, deliberate [opinion]; (*vast~*) resolute; **beradenheid** deliberateness, etc, *vgl* beraden; deliberation, resolution

beramen 1 devise, contrive [plans, means]; (en)-compass [the destruction of ...]; concert [measures]; lay, concoct [a plot]; plot [a man's destruction]; plan [an excursion]; *vooraf beraamd* premeditated; 2 (*schatten*) estimate [*op* at]; **beraming** 1 plotting, etc; 2 (*raming*) estimate

berapen render, (*ruw*) rough-cast

berber berber (tapestry, carpet); **Berber** id

berberis barberry

berceau 1 (*prieel*) bower, arbour; 2 (*booggang*) pergola, covered walk; **berceuse** 1 cradle-song, lullaby; 2 rocking-chair, (*fam*) rocker

berd board; *iets te ~e brengen* broach a subject, raise a point, bring a matter up; *argumenten te ~e brengen* bring up (bring forward, adduce) arguments; **berebijt** bear-baiting

berechten 1 (*gerechtelijk behandelen*) try [rebels, a case *rechtszaak*]; 2 (*uitspraak doen in*) adjudge, adjudicate [a case]; 3 (*kerk*) administer the last sacraments to; **berechting** 1 (*jur*) trial, adjudg(e)ment, adjudication; 2 (*kerk*) administration of the last sacraments

beredderen arrange, put (set) in order; settle (up) [an estate *boedel*]; **beredderin**g 1 arrangement; 2 (*drukte*) fuss, ado

bereden mounted [police]; *~ paard* broken(-in) horse

beredeneerd reasoned [opinion, action, conclusion], annotated [catalogue]; *~ man* man of sound judg(e)ment; **beredeneren** discuss, argue (out), reason out

beredruif bearberry

beregenen rain (up)on; sprinkle, spray; **beregeningsinstallatie** sprinkler system

beregoed (*sl*) terrific, fantastic, super; **berehap** minced meat and onion rings; **berehuid** bear's skin, bearskin

bereid ready, prepared, disposed, willing; *~ en in staat* willing and able [to ...]; *~ houden* keep (hold) ready (in readiness); *zich ~ verklaren* agree [to do s.t.]; **bereiden** prepare [meals, the way, etc]; brew [punch, tea]; dress, curry [leather]; manufacture; give [a p. a kind reception, a surprise]; *zich ~, zie* voor~; *de weg ~ (voor), (fig)* pave the way (for); **bereider** preparer, dresser, etc; **bereidheid** *zie* bereidwilligheid; **bereiding** preparation, manufacture, dressing; **bereidingswijze** method of preparation, process of manufacture; **bereids** already; **bereidvaardig** ready, willing; **bereidvaardigheid** readiness, willingness; **bereidverklaring** (written) agreement; **bereidwillig** ready, willing, cooperative

bereik reach, range; *binnen (boven, buiten) het ~ van* within (above, beyond, *of:* out of) the reach of [keep away from children]; *binnen het ~ van de stem* within earshot; *binnen uw ~* within your reach (grasp), [a price] within your means; *zulke drank kwam zelden binnen zijn ~,* (*ook*) such liquor seldom came his way; *onder het ~ der geweerkogels* (*kanonnen*) *zijn* (*komen*) be (come) within rifle-range (range of the guns); **bereikbaar** attainable, reachable, within [easy] reach; (*v persoon*) accessible; *ben je telefonisch ~?* can you be rung up?, can I get you on the phone?; *~ worden* (*voor*) come within reach (of); **bereikbaarheid** attainableness

bereiken reach [one's destination, a compromise, middle age], attain [one's object, a result, the age of 50], touch [the price of £300], attain to [power], gain [the opposite bank, one's object], achieve [a certain effect, nothing], effect [one's purpose]; *de brief bereikt me zeker,* (*ook*) the ... is sure to find me; *op die manier* (*met vloeken*) *bereik je niets* that way you get nowhere (nothing is achieved by swearing); *met geld bereik je alles* money talks; *hij heeft bereikt dat de kwestie nu wordt onderzocht* he has succeeded in getting the question investigated; *hij was niet te ~* he could not be got at (be reached by phone, etc); *gemakkelijk te ~ per trein, enz* within easy reach of train, tram and bus [*zo ook:* all the theatres are within easy reach of this hotel]; *hij is gemakkelijk te ~,* (*benaderbaar*) he is easy of access

bereisd (much-, widely-)travelled [man], much-frequented [country]; **bereizen** travel [the globe], travel across [Spain]; navigate [the seas]; *heel Italië ~* travel all over Italy; *vgl* afreizen

berejong bear-cub, bear's cub

berekenbaar calculable; **berekend** 1 *~ op* calculated for [50 persons, effect], designed for [20 pupils]; *(niet) ~ voor zijn taak* (un)equal to, (not) up to one's task; *hij bleek ~ voor zijn taak,* (*ook*) he rose to the occasion; 2 charged; *het te veel* (*te weinig*) *~e* the overcharge (undercharge); 3 calculated [charm]; *zie ook* berekenen; **berekenen** 1 (*uitrekenen*) calculate, compute [*op* at], figure (out), find [the amount; *bereken x* find x]; *hoe bereken je dat?,* (*ook*) how do you make that out?; *zeer zuinig* (*scherp*) *berekend* [our prices are] cut very fine; *scherp berekende prijzen,* (*ook*) sharp prices; 2 (*in rekening brengen*) charge; *iem te veel ~* overcharge a p.; *emballage wordt niet berekend* no charge is made for packing; **berekenend** (*fig*) calculating; **berekening** 1 calculation, computation; figuring [he did some figuring on the paper]; *volgens ruwe ~* on a rough calculation; *huwelijk uit ~* marriage of convenience; *uit ~ handelen* have an eye to the main chance; *zie ook* war: in de ~ sturen; 2 charge; *vgl* berekenen

bereklauw 1 (*plant*) hogweed, cow parsnip; 2 *zie* berehap; **berekuil** bearpit; **berelul** (*sl*) 1 croquette; 2 minced-meat sausage; **beremuts** bearskin (cap), busby; **bereoor** (*plant*) bear's ear; **beresterk** as strong as a horse (an ox)

berg 1 mountain; mount [Mount Etna]; *~en hoog* mountain-high, mountains high, mountainous [seas]; *~ op, ~ af* up hill and down dale; *ik zie er als een ~ tegen op* I shudder to think of it, I am dreading it; *zijn **haren** rezen te ~e* his ... stood on end; *het deed zijn haren te berge rijzen* it made his ... stand on end (rise); *als de ~ niet tot **Mohammed** komt, ...* if the mountain will not come to Mahomet, [M must go to the mountain]; *de ~ heeft een **muis** gebaard* the mountain was delivered of (produced, brought forth) a mouse; *~en **verzetten*** move mountains; *zie ook* gouden; 2 pile, stack [of papers], heap [of trouble]; *een ~ van bezwaren* a mountain of difficulties (objections); *vgl* 1 hoop; 3 (*med*) cradle cap

berg|achtig mountainous; **-af** downhill (*ook fig*)

bergamot bergamot(-pear)

berg|beklimmer mountaineer, (mountain) climber; **-beklimming** mountaineering, (mountain) climbing; **-bewoner** mountain dweller; **-blauw** lapis lazuli; **-bruin** umber; **-dal** mountain valley, dale; *nauw ~* glen; **-eend** sheldrake

bergen 1 (*plaatsen*) put, store; (*opslaan*) store, warehouse; *waar hij het alles (zijn eten) bergt is een raadsel* where he puts it all is ...; *veilig geborgen* safely stowed (away), in safe stowage; *hij is geborgen* he is *a*) (*veilig*) out of harm's way; *b*) (*verzorgd*) provided for; *c*) (*'binnen'*) a made man; 2 (*wrakgoederen*) salve, salvage; (*slachtoffers*) rescue, save; (*lijk*) recover; (*zeil*) take in; *schip en lading ~* save ship and cargo; *wrakgoederen ~*, (*ook*) recover salvage; *zich (zijn lijf) ~* save o.s. (one's skin), get out of the way (out of harm's way); 3 (*bevatten*) hold, contain, accommodate [the room can accommodate 500 persons]; 4 (*onderdak verlenen*) accommodate, put up [I can't put them all up]; *zie ook* opbergen

Bergen (*Ned, Noorwegen*) id; (*België*) Mons

bergengte narrow pass, defile

berger salvor (*ook schip*), salvage operator; (*onwettig*) wrecker

bergforel char; **berggeel** yellow ochre; **berggeit** chamois

berggeld salvage (charges, money)

berghelling mountain slope, mountainside

berghok shed; **berghout** (*mar*) wale, bend

berghut mountain hut, mountain refuge; **bergiep** wych-, witch-elm

berging 1 storage; (*mar*) salvage; 2 boxroom, storeroom; shed; **bergingsbedrijf** salvage company; **bergingskraanwagen** breakdown lorry (vehicle, truck), (*Am*) crane truck; **bergingsmaatschappij** salvage company; **bergings|-schip, -vaartuig** salvage vessel; **bergingswerk** salvage operations

bergkam mountain ridge

bergkamer utility room

bergketen mountain range; **bergkristal** rock crystal, rhinestone; **bergland** mountainous country; highlands; **bergleeuw** mountain lion, puma, cougar

bergloon salvage (charges, money)

bergmassief massif; **bergmeer** mountain lake; (*klein*) tarn

bergmeubel (storage) cabinet

bergnimf mountain-nymph, oread; **bergop** uphill; **bergpas** mountain pass, col

bergplaats depository, repository; (*rommelkamer*) lumber room, boxroom; (*loods, stalling*) shed; *zie ook* bergruimte & geheim

Bergrede Sermon on the Mount; **bergrood** red ochre; **bergrug** mountain ridge

bergruimte storage (space, room; capacity); *zie ook* bergplaats

bergschoen mountaineering boot; **Bergschot** (Scottish) Highlander

berg|spoor (*geol*) spur; **-spoorweg** mountain railway; **-sport** mountaineering; **-stelsel** mountain system, mountain chain; **-storting** landslip, landslide, rockslide; **-streek** mountain(ous) district; **-stroom** mountain stream, torrent; **-top** mountain top, (mountain) peak; (*ve bepaalde berg*) summit; **-volk** mountain-tribe; **-wand** mountainside; (*steil*) bluff, rock face; **-weide** mountain pasture; **-ziekte** mountain (*of:* altitude) sickness; **-zout** rock salt

beriberi beri-beri

bericht news [no news is good news], tidings; (*een ~, ~je*) piece (*of:* item) of news (of information), news item; (*krante~*) paragraph, newspaper report; (*kennisgeving*) notice, intimation, communication, message; (*handel ook*) advice, [market] report; *algemene ~en* general intelligence; *binnen- (buiten)landse ~en* home (foreign) news; *laatste ~en* latest news, (*in krant*) stop-press news; *~ van aankomst* advice (notice) of arrival; *~ van ontvangst* acknowledg(e)ment of receipt; *~ van verscheping* advice of shipment; *~en van verhindering*, (*vergadering*) apologies (for absence); *~ brengen* bring word; *heb je goede ~en van je oom?* have you good news of ...?; *~ ontvangen* receive news [*omtrent* about, of], get (have) word, hear [from a p.]; *er kwam ~* word came [*ervan* of it; *dat* that]; *~ sturen (zenden)* send word; *stuur ons spoedig ~*, (*ook*) let us hear from you soon; *volgens alle ~en* [he is] by all reports [...]; **berichten** inform, let [a p.] know, send word, report; (*handel ook*) advise; (*kennisgeven van*) give notice of; *iem iets ~* inform a p. of s.t.; *gelieve ons te ~, of ...* kindly inform us (let us know) if ...; *men bericht uit S* it is reported from S; *zoals reeds bericht is in onze kolommen* as already reported in ...; *zie ook* ontvangst; **berichtgever** informant [my informant]; [our Paris] correspondent; (*verslaggever*) reporter; **berichtgeving** news service, (media) coverage; *objectieve ~* objective reporting

berijdbaar practicable, passable; (*voor rijdier of fiets, ook*) ridable; **berijden** ride [a horse], ride (drive) over [a road]; *een paard goed ~* sit a horse well; *Silver Blaze, bereden door B*, (*bij wedren*) Silver Blaze, B up (ridden, mounted by B), B riding; **berijd|er, -ster** rider, horse(wo)man

berijmen rhyme, turn into rhyme(d verse); *berijmde psalmen* rhyming version of the psalms; (*in Eng*) metrical psalms; **berijming** rhyming, rhymed version; **berijpt** covered with hoar--frost; (*v vruchten*) pruinose [peaches]

beril 1 beryl; 2 beryllium; **berillium** beryllium

berin she-bear, female bear

berispelijk reprehensible; **berispen** rebuke, reprimand, reprove, blame, chide, reprehend, censure [*wegens* for]; **berisping** rebuke, reproof, reprimand, [a fatherly] talking-to

berk(eboom) birch; **berkehout** birch-wood; **berken** *bn* birch [wood, a birch chair]; **berkerijs** birch(-rod)

Berlijn Berlin; **Berlijner** Berliner; **Berlijns** Berlin; *~ blauw* Prussian blue; *~ zilver* German silver

berm (grass) verge [of a road]; (*hellend*) bank; (*versterkingskunst*) berm; *zachte ~* soft shoulder; **bermlamp** bumper light, spotlight

bermpje groundling

bermprostitutie kerbside prostitution; **bermsloot** infiltration drain; **bermtoerisme** roadside picknicking

bermuda(broekje) Bermuda shorts, Bermudas

Bern Bern(e); **bernag(i)e** (*plant*) borage

Bernard Bernard; *zie ook* Sint-Bernard; **Bernardina** id, Bernardine; **Bernardus** Bernard

Berner Oberland Bernese Alps

beroemd famous, celebrated, renowned, illustrious; *~ wegens zijn noordpooltocht* [Mr S] of arctic fame; *~ worden,* (*ook*) achieve (*plotseling:* spring into) fame; **beroemdheid** celebrity, fame, renown, illustriousness; *een ~* a celebrity, (*theat, enz*) a star; **beroemen**: *zich ~ op* boast (of), take a pride in, glory in, pride o.s. on; (*bluffen op*) boast (*of:* brag) of

beroep 1 (*algem*) occupation, calling; (*ambacht, bedrijf*) trade; (*zaak*) business; (*gestudeerd, vrij ~*) profession [*ook:* the oldest profession]; *in zijn ~* professionally [he is successful]; ***van*** *~* by profession (occupation, trade, calling); ***zonder*** *~* [Mr A] of no occupation; (*van zijn geld levend*) (of) independent (means); 2 (*beroeping v predikant*) call, invitation [accept (get, receive) a call, an invitation]; 3 (*~ op iem,* (*ook*) *hoger ~*) appeal; *een ~* ***doen*** *op* (make an) appeal to; invoke; call on [a p.('s purse)]; throw o.s. on [a p.'s mercy, indulgence, etc]; (*op de kiezers*) go (*of:* appeal) to the country; (***hoger***) *~ aantekenen* give notice of (lodge an) appeal; ***in*** *~ gaan tegen* (*van*) *een vonnis* appeal against a conviction; *in hoger ~ gaan* appeal to a higher court, appeal against a sentence (a decision), move for a new trial; *in hoger ~* [sentenced, acquitted, quash a sentence] on appeal; *de zaak zal in hoger ~ behandeld worden in mei* the appeal will be heard in May; *er is geen hoger ~ mogelijk* the decision of the Court is final, there is no appeal against this decision; *het vonnis werd in hoger ~ vernietigd,* (*ook*) the appeal was upheld; **beroepen** 1 call [a minister to (the pulpit of) ...]; *~ worden naar ...,* (*ook*) receive a call to ...; 2 *zich ~ op* appeal to [a p., a p.'s sense of justice, a higher court], refer to [the terms of the agreement, a p's own words], plead [one's innocence]; 3 *hij was niet te ~, a*) he was out of earshot; *b*) he was too deaf to hear me; **beroepengids** trade directory; (*telef*) yellow pages; **beroepenvoorlichting** careers guidance; **beroepmatig** professional(ly); by way of profession; **beroeps** [turn] professional (soccer player, soldier, etc), pro; **beroepsbegeleidend**: *~ onderwijs* day release; **beroepsbevolking** working population; (*econ*) labour force; **beroepsbezigheid** professional duty

beroepschrift appeal

beroeps|code professional ethic; **-deformatie** professional disability; **-diplomaat** career diplomat; **-geheim** professional secret (confidence); **-groep** occupational group; **-halve** by virtue of one's profession, [I only see him] professionally; **-keuze** choice of a profession (of a career, of employment); *bureau voor ~* vocational guidance bureau; **-keuzeadviseur** careers advisory officer; **-leger** regular army; **-militair** regular (soldier); **-officier** regular officer; **-onderwijs** [lower, intermediate, higher] vocational education; **-opleiding** vocational (*of:* professional) training; **-oriëntering** vocational guidance; **-rijder** professional (skater, cyclist); **-risico** occupational hazard; **-speler** professional (player, actor, etc), (*fam*) pro; **-verbod** *Berufsverbot*; **-voorlichting** careers guidance; **-ziekte** occupational (*of:* industrial) disease

beroerd miserable, nasty [smell, taste], [I think it] horrid, rotten [business, weather], beastly [weather; it's beastly cold]; *~e boel* awful nuisance, rotten business; *het ~e ding* the beastly thing; *die ~e kerel* the confounded fellow; [*ik had*] *een ~e overtocht* an awful crossing; *in een ~e toestand* in a devil of a state, in a mess; *dat is het ~e ervan* that's the awful part of it; *hij is de ~ste nog niet* he is not a bad chap (not the worst of them); *het is ~ voor hem* it is rough on him; *ik voel me ~* I feel out of sorts (*of:* rotten); *hij is te ~ om een vinger uit te steken* he is too lazy to scratch himself; *hij is nooit te ~ om te helpen* he is always willing to help; *~ genoeg!, zie* jammer; *zie ook* afschuwelijk; **beroerdigheid** misery

beroeren stir, perturb, disturb, convulse [a country]; **beroering** trouble, disturbance, perturbation [of the mind], agitation, unrest, commotion; (*sterker*) [her mind was in a] turmoil; *hevige ~* cataclysm, upheaval; convulsion; turbulence; *alles was in ~* everything was in a state of commotion; *in ~ brengen, zie* beroeren; **beroerling** bastard; **beroerte** 1 (apoplectic) fit, (paralytic) stroke, seizure; *een ~ krijgen* have a stroke, be seized by (struck with) apoplexy; *hij kreeg bijna een ~,* (*v boosheid, enz*) he almost had (threw) a fit; *ik schrok me een ~,* (*fig*) it gave me an awful turn; it nearly gave me heart failure; 2 *~n,* (*onlusten*) troubles

beroeten smoke [glass]

berokkenen cause; *iem verdriet ~* give a p. pain, cause a p. sorrow; *zie ook* moeite, enz

berooid beggarly, shabby, seedy, (*fam*) down

and out; *~e beurs* (*schatkist*) empty purse (treasury); **berooidheid** beggarliness, etc

berookt smoked [glass]; smoke-stained, smoky

berouw repentance; (*zwak*) compunction; (*diep*) contrition; *~ hebben over* (*van*) repent (of), regret, feel sorry for; *het ~ komt nooit te laat* (*komt steeds te laat, komt na de zonde*) it is never too late to mend (repentance always comes too late); *zonder ~* unrepentant [*over zijn handelen* of his action]; **berouwen**: *het berouwt mij* I repent (of) it, I regret it, I feel sorry for it; *dat zal je ~!,* (*bedreiging*) you'll be sorry for that; **berouwvol** repentant, contrite, penitent, remorseful

beroven (*alg*) rob [a p. (of his money), a place of its beauty]; (*ontnemen, ontdoen van*) deprive [of life, power]; bereave [of life, hope; bereft of her only son]; do [a p.] out of [his job]; rifle [a mail-bag, etc (of its contents)]; strip [a p. of his clothes, etc]; denude [of rights]; despoil [of armour, ornaments]; defraud [a p. of his rightful share]; *de schatkist ~* defraud the inland revenue; *iem* (*zich*) *van het leven ~* take a p.'s (one's own) life; *van zijn verstand beroofd* deprived of one's reason; *van al zijn schoonheid beroofd,* (*ook*) shorn of all its beauty; **beroving** robbery, deprivation

berrie stretcher, litter; (*lijkbaar*) bier

berserker berserk(er); *~ woede* berserker rage

berst, enz *zie* barst, enz; **Bertha** id; **Bertrand** id, Bertram; **Bertus** Bert, Albert

berucht notorious [*wegens* for], disreputable, [a house] of ill fame, disorderly [house]; **beruchtheid** notoriousness, notoriety

beruiken smell at, sniff at

berusten: *~* ***bij***, (*v stukken, enz*) be deposited with; *vgl* berusting; (*v rechten, enz*) be vested in; *de beslissing berust bij mij* the decision rests (*of:* is) with me; *het daarbij laten ~* let the matter rest there, leave it at that; *~* ***in*** resign o.s. to [one's fate], submit to [the will of God], acquiesce in, reconcile o.s. to; *~* ***op*** rest (be founded, based) on; be due (attributable) to [a mistake, a false notion]; **berustend** resigned [to one's loss *in ...*]; **berusting** 1 acquiescence, resignation, quietism; 2 keeping; *de stukken zijn onder mijn ~* the documents are in my hands (keeping, custody)

beryl(lium) id

bes 1 berry; (*aalbes*) (red-, white-, black)currant; 2 *zie* besje; 3 (*muz*) B flat; **besachtig** baccate

beschaafd 1 (*ontwikkeld, v goede smaak, enz*) cultivated [reader, usage]; educated [man], cultured [voice], refined [face, character, manners, language]; *~ man,* (*ook*) man of culture; 2 (*welgemanierd*) well-bred, refined, polite; *in ~e kringen* in polite society; 3 (*vs barbaars*) civilized; *naar de ~e wereld terugkeren* return to civilization; *zie ook* ABN; **beschaafdheid** refinement, polish, good breeding, good manners, culture

beschaamd ashamed [*over* of; *soms attr:* an ashamed look]; (*verlegen, met ~e kaken*) abashed, shamefaced; *~ maken* (*doen staan*), *zie* beschamen 1; *~ staan* be ashamed, *zie ook* schamen: zich ~; **beschaamdheid** shame, shamefacedness

beschadigd damaged; *door zeewater ~* sea-damaged; **beschadigdheid**: *vrij van ~,* (*verzekering*) free of particular average, f.p.a.

beschadigen damage [goods, health, persons] injure [a p.'s reputation]; (*~ & ontsieren*) deface; **beschadiging** damage, injury

beschaduwen shade, overshadow

beschamen 1 put to shame, shame, confound; embarrass [her kindness embarrassed him]; 2 disappoint [a p.'s hopes], betray [a p.'s confidence]; *beschaam me niet* (*in mijn verwachtingen*), (*ook*) don't let me down; **beschamend** shameful [treatment, performance], humiliating [defeat]; **beschaming** 1 confusion, shame; 2 disappointment; *vgl* beschamen

beschaven 1 (*eig*) plane; 2 (*fig*) polish, refine [manners], civilize [savages]; **beschaving** 1 [an ancient] culture, civilization; 2 [(people of] culture, refinement, polish; **beschavingsgeschiedenis** history of civilization, social history

bescheid 1 answer, reply; *iem ~ doen* pledge a p., reply (respond) to a p.'s toast; *~ geven* give an answer, send word; *~ weten* know the facts; 2 (*officiële*) *~en* (official) documents, records

bescheiden I *bn* modest [*ook fig:* a modest fortune, estimate], retiring, unassuming, unpretending, unpretentious, unobtrusive; *naar mijn ~ mening* in my humble opinion; *een ~ poging* a discreet attempt; *wat gokken op ~ schaal* a little mild gambling; *~ protesteren* enter a mild protest [against s.t.]; II *ww* 1 (*ontbieden*) summon, send for; 2 (*toedelen*) allot; **bescheidenheid** [I say so in all] modesty; unpretentiousness; *met alle ~,* (*ook*) with all (due) deference; **beschenken** *zie* begiftigen; **bescheren** *zie* beschoren

beschermeling(e) protégé(e); ward; **beschermen** protect (*ook econ; voor, tegen* from, against), shield, screen, shelter [from the wind, etc], save [a p. from himself], keep [o.s. from starvation]; patronize [the arts]; *~de kleur* protective colouring; *~de rechten* protective duties; *~d stelsel* protection(ism), protectionist system; *beschermd,* (*ook*) sheltered [life], scheduled [building], conservation [area], heritage [coast *kustgebied*]; *zie ook* stadsgezicht; **beschermengel** guardian angel; **beschermer** protector; (*voorwerp, ook*) [ankle, shin] guard; (*weldoener, enz*) patron [of the arts]; **beschermgeest** tutelary spirit, (good) genius; **beschermheer** patron; **beschermheerschap** patronage; **beschermheilige** patron(ess), patron saint, tutelary saint; **beschermhoes** [chair] cover; [record] sleeve; (*v boek*) slip-case; **bescherming** protection; (*beschutting, ook*) shelter, cover [*voor* from]; (*steun*) patronage; *~ zoeken tegen bommen* take cover from bombs; *iem in ~ nemen* take a person under one's p. (*fam:* wing), shield a person; *onder ~ van* under cover of [the night], under the auspices of [HM the King]; *zie ook* B.B.; **beschermkap** guard; **beschermlaag** protective layer (*techn:* coating); (*tegen etsing, kleuring, enz*) resist; **be-**

schermvrouwe patroness
bescheten (*lett*) shitty; (*fig*) funky; (*verwaand*) snooty; *er ~ afkomen* get a raw deal; *~ kijken* look silly; *er ~ uitzien* look seedy
bescheuren: *zich ~* split one's sides (with laughter); *hij* (*het*) *was om je te ~* he (it) was a scream
beschieten 1 fire (up)on (*of:* at), bombard, shell, pound [pounded by artillery]; 2 (*bekleden*) line; (*met hout*) board [a boarded roof], wainscot, plank; *met eikehout beschoten* panelled in oak
beschieting bombardment, shelling
beschijnen shine (up)on, light up; *door de zon beschenen* sunlit [fields]
beschijten: *zich ~* shit o.s.; *zie ook* bescheten
beschikbaar available, at a p.'s disposal (command); *beschikbare last,* (*luchtv*) disposable lift; *zich ~ houden* be on stand-by; *~ komen* become available; [the money will] be forthcoming; *~ stellen* place [s.t., o.s.] at a p.'s disposal, make available; **beschikbaarheid** availability
beschikken (*regelen*) arrange, manage, order, see to [one's affairs]; decree [Fate had decreed otherwise]; *de mens wikt, God beschikt* man proposes, God disposes; (*on*)*gunstig* ***op*** *een verzoek ~* grant (refuse, deny) a request; *~* ***over***, *a*) have at one's disposal (command), have the disposal of, command [a majority in Parliament, considerable resources *middelen*], possess [great courage]; decide [a p.'s fate]; *vgl* beschikking; *b*) (*bij testament*) dispose of [property by will]; **beschikker** arranger; disposer [God is the disposer of all blessings]; *de ~ over leven en dood* the dispenser of life and death; **beschikking** 1 disposal, command; ***ter*** *~ staan* be available; *ter ~ stellen van iem* place (put) at a p.'s disposal; *zijn huis ter ~ stellen* (*voor een concert, enz*) lend one's house [for ...]; *zie ook* terbeschikkingstelling; *dat is te uwer ~* that is at your disposal; *zich ter ~ houden van* hold o.s. at the disposal of; *de ~ hebben over* have at one's disposal (command); *de ~ krijgen over,* (*ook*) be made free of; *zie ook* beschikken: ~ over; 2 (*regeling*) arrangement; 3 (*besluit*) decree; *~ der Voorzienigheid* dispensation of Providence; *een bijzondere ~ der Voorzienigheid* a special providence; *verdere ~en afwachten* await further orders (instructions); ***bij*** *~ van* by order [of the Dean of St Paul's]; **beschikkingsbevoegdheid** dispositive power
beschilderen paint (over); *met de hand ~* hand-paint; *zie ook* brandschilderen; **beschildering** painting; decoration
beschimmeld mouldy [bread], mildewed [canvas], musty [smell, wine, books]; **beschimmelen** get (grow, go) mouldy (mildewed), mildew
beschimpen abuse, call names, taunt, jeer (at), scoff (rail) at; **beschimping** abuse, scoff(ing), jeering, taunt(s)
beschoeien face, (*met damwand*) sheet-pile, (*met steen*) revet [a dike, a river bank]; timber [a mine-shaft, a trench]; **beschoeiing** facing, sheet-piling, revetment; timbering
beschonken drunk, tipsy, intoxicated; **beschonkenheid** intoxication, drunkenness, etc
beschoren: *zulk geluk was mij nooit ~* such good fortune never fell to my lot; *dat lot is mij ~* such is my fate; *hem was maar een kort leven ~* it was not granted to him to live long
beschot 1 (*afscheiding*) partition; 2 (*bekleding*) wainscot(ing); 3 (*opbrengst*) yield, produce, [yield an abundant] crop
beschouwelijk contemplative, speculative
beschouwen 1 (*houden voor*) consider, regard; *~ als* consider, regard as, look (up)on as, take for, hold [the revolution was held to be inevitable]; *als niet geschreven ~* disregard [a letter]; *als verloren ~* give up for lost; 2 (*beoordelen*) consider; *anders* (*in een ander licht*) *~* take another view of, think otherwise; (*alles*) *wel beschouwd* after all, all things considered, as a matter of fact, taking one thing with another; *op zichzelf beschouwd* taken by itself; *op zichzelf ~* treat [each case] on its merits; *zie ook* achteraf & kant; 3 (*bekijken*) look at, contemplate, view; **beschouwend** *zie* beschouwelijk; **beschouwer** looker-on, spectator, contemplator; **beschouwing** 1 (*het bekijken*) contemplation; *bij nadere ~* on closer inspection (*of:* examination); *buiten ~ laten* leave out of consideration (*of:* account), leave aside; *dit kan voor ons betoog buiten ~ blijven* this is immaterial to our argument; *in ~ nemen* contemplate, consider; 2 (*bespiegeling*) speculation, contemplation; reflection; (*verhandeling*) dissertation, review; (*opmerking*) observation [observations about art]; (*opinie*) view [of life], way of thinking; *algemene ~en,* (*parl*) general debate; *zie ook* treden; **beschouwingswijze** view
beschreeuwen: *te ~ zijn* be within shouting distance, within hail; *zie ook* beroepen
beschreid tear-stained [face]
beschrijven 1 (*schrijven op*) write on [one side only]; (*geheel*) write all over; *dicht beschreven* closely written [sheets]; 2 (*schetsen*) describe, set out [in detail]; (*meetk*) describe, construct; *een boedel ~* draw up an inventory; *onjuist ~* misdescribe [goods for sale]; *de auto beschreef een complete cirkel op de weg* the car turned a complete circle in the road; *een baan om de zon ~* (describe an) orbit round the sun; *moeilijk te ~* nondescript [individual]; **beschrijvend** descriptive [poetry, geometry]; **beschrijving** description; *op ~ verkopen* sell to specification; **beschrijvingsbiljet** (*voor belasting*) return (*of:* assessment) form; **beschrijvingsbrief** *zie* convocatie 2
beschroomd timid, diffident, bashful, shy
beschuit: *een ~* a (Dutch) rusk
beschuldigde: *de ~*(*n*) the accused; **beschuldigen** accuse [*van* of], charge [*van* with], tax [*van* with], incriminate; (*inz v staatsmisdaad*) impeach [*van* of]; (*gerechtelijk*) indict [*van moord* for murder; *ook fig:* the Government was indicted by ...], arraign; *beschuldigd worden van,* (*ook*) stand accused of; **beschuldigend** accusatory; **beschuldiger** accuser; **beschuldiging** accusation, charge; indictment; impeachment; *vgl* beschuldigen; *op ~ van dronkenschap* [he was before the Court] on a charge of ...; *een ~ tegen*

iem inbrengen bring a charge against a p.

beschutten shelter, screen [*voor de wind, hitte, enz* from ...], protect [*voor, tegen* from, against]; shade [a light, one's eyes]; *beschut* sheltered [locality, spot, workshop]; **beschutting** [seek, take, find] shelter, protection, cover; *onder ~ van de kust* under the lee of the land

besef 1 (*begrip*) notion, idea, sense; *geen flauw ~* [have] not the faintest notion of [s.t.]; *iem brengen tot het ~ van zijn verantwoordelijkheid* bring (*of:* rouse) a p. to a sense of his responsibilities; *elk ~ van verantwoordelijkheid ontbreekt* any sense of responsibility is lacking; 2 (*bewustzijn*) consciousness, realization, awareness; *buiten ~* unconscious; *zie ook* bewustzijn; **beseffen** realize, appreciate, be aware of [the magnitude of one's task], be alive to [the fact that ...]; *voor ik het besefte,* (*fam*) (the) first thing I knew ...

besje (*vrouwtje*) old woman, granny, (old) crone; **besjeshuis** (*hist*) home (almshouse) for old women; **besjoemelen** fool, trick, cheat [a p.]

beslaan 1 cover [with leather, etc], mount [with silver, etc], hoop [a cask], set, stud [with nails], shoe [a horse; a pole with iron], tip [a cane, a walking-stick], sheathe [the bottom of a ship]; furl [a sail]; *je zou hem in goud ~* he is worth his weight in gold; 2 square [timber]; 3 mix [mortar]; 4 (*ruimte*) take up, occupy [room]; fill [a whole page]; *500 bladzijden ~* contain (run to) 500 pages; 5 (*v glas*) mist (steam) over (up); become dimmed (steamed, blurred), get dim; *de ramen waren beslagen,* (*ook*) the windows were steamed up; (*dof worden, v metaal*) tarnish; *doen ~* steam, dim [the windows], blur [the rain blurred my glasses]; 6 *het koude water laten ~* take the chill off the cold water; *zie ook* beslagen

beslag 1 (*ve vuurwapen, kerkboek, kast, enz*) mounting; (*ve album, ook*) clasps; (*ve deur*) iron-, metalwork; (*ve vat*) bands, hoops; (*ve paard*) (horse)shoes; (*ve wiel*) tyre; (*ve stok*) tip, ferrule; (*ve doodkist*) fittings; (*ve schoen*) tips, rubbers; (*ve schip*) sheathing; (*op tong*) fur, coating; *met ijzeren* (*koperen, zilveren, metalen*) *~* iron-studded [door], iron-shod [pole], brass-bound [chest], silver-mounted [casket], metal-faced [door]; *zie ook* kistbeslag; 2 (*voor gebak*) batter, [cake] mixture; (*brouwerij*) mash; 3 (*vee*) livestock; 4 (*~legging*) seizure, attachment, distraint, distress; sequestration [of one's income]; (*op schip*) embargo; *~ **leggen** wegens huurschuld* distrain for rent; *~ leggen op* monopolize [the conversation]; (*jur*) attach, seize, distrain on [a p's goods], levy a distraint (distress) on; sequestrate [a p.'s income]; put (lay) an embargo on [a ship]; (*zich toeëigenen*) annex; *er werd ~ op de meubelen gelegd* the brokers (the bailiffs) were put in; *~ op iem leggen,* (*fam*) book a p. [for dinner, etc]; *~ leggen op iems tijd* trespass (make great demands) on ...; *er wordt veel ~ op mijn tijd gelegd* I have many calls on ...; *in ~ **nemen*** take up [room, much of a p.'s time; one side of the room was taken up with books], take [it took me all day], occupy [too much space], command, arrest, engross [attention]; (*jur*) impound [a p.'s passport]; *door de bank in ~ genomen* repossessed [motor-car, residence]; *vgl ook boven: ~* leggen op; *het neemt je al de tijd in ~* it's a full-time job; ... *wordt in ~ genomen door ...,* (*ook*) [this part of the boat] is given over to [machinery]; (*geestelijk*) *geheel in ~ genomen door,* (*ook*) preoccupied with [one's plans]; 5 settlement; *de zaak haar ~ **geven*** clinch the business; *de zaak **heeft** (**krijgt**) (spoedig) haar ~* the matter is (will soon be) settled

beslagen *zie* beslaan; (*ve paard*) shod; (*v glas*) steamed, steamy, blurred; (*v metalen*) tarnished, dull; (*vd tong*) furred, coated; (*ve muur*) sweating; *met ijzer, enz ~, zie* beslag; *goed ~ zijn in* be well versed in, conversant with, a good hand at; *zie ook* ijs; **beslaglegging** *zie* beslag 4

beslapen 1 sleep on; *zich erop ~* sleep on (*of:* over) it; *het bed was niet ~* the bed had not been slept in; 2 sleep with [a woman]

beslechten settle [a dispute]; make up [a quarrel]; **beslechting** settlement

besliskunde decision theory; **beslissen** decide [a question, a match, a p.'s fate], determine; (*door rechter, voorzitter, enz, ook*) rule [a p. out of order]; (*scheidsrechterlijk, ook*) arbitrate (on, upon); *~ over* decide (on); *~ ten gunste* (*ten nadele*) *van* decide for (against); *~ ten gunste van de eiser* find for the plaintiff; *zie ook* besluiten; **beslissend** decisive [take the decisive step], final, conclusive, deciding [goal, vote]; critical [stage *stadium*], crucial [the crucial moment]; *van ~e betekenis* of crucial importance; *~e factor* determining factor; *~e stem* casting vote; **beslissing** decision, determination; (*ve rechter, voorzitter, enz, ook*) ruling; *een ~ nemen* make (come to, take) a decision; *de ~ overlaten aan* leave the decision to; **beslissingsbevoegdheid** discretionary powers; **beslissingswedstrijd** final match; play-off

beslist decided [success, answer, speak in a decided tone], firm, resolute, peremptory; manifest [lie]; *het antwoord was ~ ontkennend* the answer was an uncompromising negative; *~ laatste voorstelling* positively last performance; *~ waar* absolutely true; *~ zeker* dead certain; *ik weet het ~* I know it for a fact; *~* (*niet*)*!* definitely (not)!; *ze mag het ~ niet weten* she must never know; **beslistheid** decision, determination, resolution, peremptoriness

beslommering care, trouble, worry

besloten 1 (*v viswater, terrein, vergadering*) private; *~ jacht-, vistijd* close season; *~ gezelschap* private party, intimate circle, select group; *~ terrein,* (*ook*) precinct; *~ uiterste wil* sealed will; *~ vennootschap,* (*vglb*) private company, close(d) company (*Am:* corporation); *bij ~ water* when the canals (rivers) are frozen up (over); *in ~ zitting,* (*jur*) [hear a case] in camera, in private; 2 resolved, determined, decided; *ik ben ~,* (*ook*) my mind is made up; *zie ook* besluiten & vastbesloten; **beslotenheid** 1 privacy; shelter; 2 resoluteness, determination

besluipen stalk [deer, etc], steal (up)on (*ook fig*)

besluit 1 (*einde*) conclusion, termination, close, end; ***tot*** ~ in conclusion, to conclude (wind up, finish up) with, finally, [some cream] to top up with; *tot een ~ brengen* bring [the matter] to a close; 2 (*slotsom*) conclusion; 3 (*beslissing*) resolution, resolve, decision, determination, (*ve vergadering*) resolution, (*vd overheid*) decree; *zie ook* koninklijk; *een ~* ***nemen*** form (make, come to) a resolution (a decision), take a decision; (*ve vergadering*) pass (adopt) a resolution; *een ~ trekken* draw a conclusion; *dit bracht hem* ***tot*** *het ~ om heen te gaan* this decided him to leave; *tot een ~ komen* arrive at (come to, reach) a decision (conclusion), make up one's mind; ***volgens*** *~ der vergadering* by resolution (of the meeting)

besluiteloos irresolute, undecided, weak-kneed, wavering, (*fam*) shilly-shallying; **besluiteloosheid** irresolution, indecision, wavering, (*fam*) shilly-shallying

besluiten 1 (*in-, omsluiten*) enclose, contain; 2 (*eindigen*) end, conclude, round off, wind (*of:* end) up [*met* with]; *de muziek besloot* ***met*** *het volkslied* the band wound up with the national anthem; *om mee te ~, zie:* besluit: tot ~; 3 (*een besluit nemen*) resolve, decide, determine; *~* ***te*** *gaan* resolve (decide, determine) to go (on going); *ik heb besloten deze te nemen,* (*ook*) I've decided on this one; *zie ook* besloten; *wij moeten ~* we must make up our minds; *ik kan er niet* ***toe*** *~* I cannot bring myself to do it; *~* ***tot*** decide (determine) on [certain measures, a line of conduct]; *dat deed mij ~* that decided me; 4 (*een gevolgtrekking maken*) conclude, infer [*uit ... tot* from ... to]; *wat besluit je* ***uit*** *zijn woorden?* what do you conclude from his words?; **besluitvaardig** resolute, decisive; **besluitvaardigheid** resolution, decision; **besluitvorming** decision-making

besmeren (be)smear, daub over [with paint], spread [with butter]; butter (*dik:* plaster) [bread]

besmet 1 infected [with a virus]; 2 contaminated, polluted, soiled, tainted; 3 black; *~ verklaren* black; *~te goederen,* (*bij werkstaking*) black(ed) goods; *~te arbeid* blackleg job (labour); *~te lading,* (*jur*) contraband; *vgl* besmetten

besmettelijk contagious, infectious, catching (*alle ook fig:* laughter and sorrow are catching); communicable [diseases]; *deze japon is zeer ~* this dress shows the dirt easily; **besmettelijkheid** infectiousness, contagiousness

besmetten infect (*ook fig*); contaminate [milk, air, water]; pollute [water, children's minds, etc]; taint [meat, the mind]; *besmet verklaren, a)* (*ziekte*) declare [a port] infected; *niet langer besmet verklaard* out of quarantine; *b)* (*staking*) black [a ship, goods]; **besmetting** infection, contagion, taint, contamination, pollution; **besmettingshaard** focus of infection, nidus

besmeuren besmear, soil, stain; besmirch [a p.'s memory]

besmuikt furtive, quiet, sneaking, sniggering

besnaren string; *fijn* (*grof*) *besnaard* finely (coarsely) strung; **besneeuwd** snow-covered, -clad [trees], -capped [mountain], snowy [roofs]

besnijden 1 cut down, whittle [a stick]; (*met snijwerk*) carve; *fijn* (*scherp*) *besneden trekken* finely cut (clear-cut, clean-cut, chiselled) features; 2 (*godsd*) circumcise; **besnijdenis** circumcision

besnoeien 1 lop [trees], prune [fruit trees, roses, shrubs]; trim, clip [hedges]; 2 (*beperken*) cut down, retrench, curtail [expenses]; whittle down, curtail [rights, salaries]; dock [wages]; encroach on, infringe [a p.'s rights]; cut down [a report]; **besnoeiing** lopping; pruning [*ook fig:* pruning of the social services]; curtailment, retrenchment, cut [wage cuts, cuts in education, in a literary work]; *vgl het ww*

besnuffelen sniff (at), smell at, (*fig*) pry into

besode|mieterd 1 crazy; *ben je ~?* are you plumb crazy (stark staring mad)?; 2 punky, rotten; **-mieteren** (*fam*) do the dirty on, swindle

besogne affair, job, (piece of) work, occupation

besommen 1 (*belopen*) amount to; 2 (*opbrengen*) bring in, realize, fetch; (*visserij*) gross [£4000]; **besomming** (*visserij*) grossing(s)

bespannen 1 span [with one's fingers]; 2 string [a bow, violin, racket]; *opnieuw ~* restring; 3 harness [a horse to a wagon]; *met ossen ~* drawn by oxen; *met 2 paarden ~ landauer* two-, pair-horse landau; **bespanning** 1 stringing [of a racket]; 2 set [of carriage horses], team [of cart-horses, oxen]

besparen save [*aan krachten* in strength; save a p. time, trouble, labour, money; save on railway fares], economize [on food, etc]; *het bespaart een chauffeur* it saves a ...; (*behoeden voor*) spare [spare me that indignity, be spared much sorrow]; *zich de moeite ~* save (*of:* spare) o.s. the trouble; **besparing** saving (*aan* in), economy; *ter ~ van kosten* to save expenses

bespatten splash, (be)spatter

bespeelbaar playable (*ook v terrein, bal & tegenstander*), fit for play; **bespelen** play (on) [an instrument], touch [a lyre, piano, flute], kplay on [a billiard-table], play over [a golf course], play (in) [a theatre], play (up)on [a p.'s weakness, emotions, one's audience]; *niet te ~* [the tennis court was] unplayable; **bespeler** player, performer; *vaste ~,* (*theat*) resident company

bespeuren perceive, discover, descry, (e)spy, detect [a theft], sense [danger, discord]

bespieden 1 spy on, watch; *laten ~* set a watch on, have [a p.] watched (shadowed); 2 discern; **bespieder** spy, (*minder ong*) watcher

bespiegelen speculate, reflect, ponder [*over* on]; contemplate; *een ~d leven* a contemplative life; *een ~d opstel* a reflective essay; *~de wijsbegeerte* speculative philosophy; **bespiegeling** speculation, contemplation, reflection; *~en houden* speculate [*over* on]; **bespioneren** *zie* bespieden

bespoedigen accelerate, hasten, push [things] on, speed up [payment], hurry forward, expedite [the execution of an order], precipitate [a catastrophe]; **bespoediging** acceleration, speeding up, etc, [airmail] speed-up; **bespoelen** wash

bespottelijk ridiculous, ludicrous, preposterous; *~ maken* ridicule, hold up to ridicule (derision), deride; *zich ~ maken* make a fool of o.s.; *voor een ~ lage prijs* at a ridiculously low price

bespotten ridicule, mock, deride, sneer at, scoff at, flout; **bespotter** mocker, scoffer; **bespotting** 1 (*spot*) ridicule, derision; *aan de ~ prijsgeven* hold up to ridicule (derision, mockery); 2 (*iets bespottelijks*) mockery, travesty [the high-speed train became a mockery, the trial was a travesty (a mockery) of justice]

bespraakt *zie* wel~; *hij is niet erg ~* he is a poor talker; **bespreekbaar** [all topics are] discussable, open to discussion; [seats are] bookable; [America's position is] negotiable; **bespreekbureau** (*ve theat*) box-office; **bespreekgeld** booking-fee; **besprek** *zie* bespreking 1

bespreken 1 speak (talk) about, talk [things] over, discuss; ventilate [grievances]; 2 review [a book briefly]; *de zaak wordt thans druk besproken,* (*ook*) the question is very much to the fore; *ik kan die kwestie niet met u ~,* (*ook*) I cannot go into ... with you; 3 (*afhuren, enz*) book, engage, secure, reserve [seats, etc], retain [a barrister]; *alle plaatsen* (*hotels*) *waren lang vooruit besproken* all ... were booked up well ahead; *zie ook* bespreekbaar, besproken & passage; **bespreking** 1 discussion, conversation, talk [talks between France and England]; *in ~ brengen* open the discussion on, (*inbrengen*) raise [a question], moot [a subject]; *in ~ komen* come up for discussion; *met iem in ~ zijn* be having discussions (be negotiating) with a p.; *in ~ zijn* be under discussion (negotiation); 2 meeting, consultation; *in ~ zijn,* (*v pers*) be in a meeting, be busy; 3 (*boek~*) review, (*kort*) notice; 4 (*plaats~*) booking

besprenkelen (be)sprinkle, spray [with liquid]; dust, dredge [with sugar, etc]; (*met wijwater*) asperse; **besprenkeling** (be)sprinkling, aspersion

bespringen spring (leap, pounce) (up)on [the cat pounced on the rat]; (*mil*) assault, assail; (*dekken*) cover

besproeien water [flowers, streets], sprinkle; irrigate [land]; moisten [with tears]; **besproeiing** watering, etc; irrigation [works]; **besproken** *zie* bespreken & veel~

bespuiten squirt [with water], spray [plants, insects, etc]; play (up)on [a fire]

besseboompje currant bush

bessemer: *~ peer* Bessemer convertor; *~ ijzer* (*staal*) Bessemer iron (steel)

bessendragend bacciferous, berry-bearing; **bessenetend** baccivorous, berry-eating; **bessengelei** currant jelly; **bessenjenever** blackcurrant gin; **bessenwijn** currant wine; **bessesap** (red) currant juice; **bessestruik** currant bush

best I *bn* best; (*uitstekend*) excellent [coffee], very good; (*vriend, enz*) dear; *het is mij ~* I don't mind; *~e hond!* good dog!; (*mijn*) *~e kerel!* my dear fellow!; *mijn ~e man,* (*echtgenoot*) my dear husband; *zijn ~e kleren, zie* zondags; *in de ~e jaren van zijn leven* in the prime of (his) life; II *bw* best; very well; *hij schrijft het ~* he writes best; *deze zin kan het ~ worden weggelaten* this ... had better be left out; *niet al te ~* (very) poor(ly), indifferent [sleep very indifferently]; *het ziet er niet ~ uit* it does not look very promising; *hij ziet er niet ~ uit* he does not look well; *zijn hoed zag er niet al te ~ meer uit* his hat was the worse for wear; *hij kan het er ~ mee doen* he can manage quite well with (on) it; *wil je niet? ~!* won't you? all right!; *ik zou ~ willen* I would not mind; *hij wil het ~ doen* he is very willing to do it; *het kan ~ zijn* it may well be; *het is ~ mogelijk* it is quite possible, very likely, quite on the cards; *het is ~ wel moeilijk* it is not at all easy, quite hard; *zie ook* 1 goed & tijd; III *zn* best; advantage; *hij is de ~e van het hele stel* the best of the bunch; *het ~e van de oogst* the pick of the crop; *zijn ~* ***doen*** do one's best; *je kunt niet meer dan je ~ doen* you can only do your best; *zijn ~ doen om op tijd te zijn* make an effort to be in time; *zijn uiterste ~ doen* do one's (exert o.s. to the) utmost, try one's hardest, use every effort [*om te* to], (*fam*) do one's level best; ***het*** *~e!* all the best!, good luck (to you)!; *het ~e ermee,* (*bij ziekte*) I hope you'll soon be well again; I wish you a speedy recovery; *ik wens u het ~e* I wish you every happiness (the best of luck, all the best); *het ~e* ***hopen*** hope for the best; *dat zal het ~e zijn* that will be (the) best (thing, plan); *het zou het ~e zijn, als ...* it would be best if ...; ***als*** *de ~e,* ***tegen*** *de ~e* [he could argue] with the best of them, [I can beat eggs] with anybody (I'm second to none in ...ing), [he is as brave] as the next man; *zij is zo schrander als de ~e* she is as clever as they make them; *dat kan de ~e* ***overkomen*** (*gebeuren*) that may happen to the best of us; *doe dit, dan ben je* ***een*** *~e* do it, there's a dear (a good fellow); ***op*** *zijn ~* at one's best [at this time the country is at its best]; (*sp*) be in (on) top form; (*op zijn hoogst*) [pay 21 p. in the pound] at best; at most [forty at most]; ***ten*** *~e geven* give [a song], offer [an opinion, a remark]; *Mej S zal iets ten ~e geven* Miss S will give us (will oblige (us) with) a song, etc; *de mening, die hij ten ~e gaf* the view which he put forward; *ten ~e keren* turn out for the best; *God zal alles ten ~e wenden* God will order everything for the best; ***voor*** *je eigen ~* for your own good, in your own interest; *zie ook* bovenst, enz

bestaan I *ww* 1 exist, be [there is no reason why ...], be in existence; *~ in* consist in; *~ uit* consist (be composed, be made up) of; *~ van* live on, subsist on [Marken subsists on sightseers]; *er heeft nooit iets tussen ons ~* there was never anything between us; *niet ~,* (*ook*) be non-existent; *dat kan niet ~* that is impossible; *hoe bestaat het!,* (*fam*) would you ever!, fancy!; *deze gewoonte bestaat nog* this ... is still observed, still survives, still obtains [barter still obtains there]; *niet meer ~* exist no longer, be extinct; *de enige(n) die nog ~* the only ones in existence; *de aardigste man* (*de grootste schelm*) *die er bestaat* the nicest man living (the greatest rascal going); *het feit blijft ~* the fact remains; ***goed*** (***nauwelijks***) *kunnen ~* have a comfortable (precarious) existence; *zie ook* rondkomen; 2 be related; *elkaar in den* ***bloede*** *~* be blood-relations; 3 ***iets*** *~* venture (up)on (attempt) s.t.; *hij heeft het ~ om* ... he has ventured to ..., he has had the nerve (has dared) to ...; *zie ook* na, plan, enz; II *zn* 1 being, existence; *wat een ~!* what a life!; *het honderdjarig ~ van* [commemorate] the hundredth anniversary of; 2 (*broodwinning*) livelihood, subsistence; *behoorlijk ~* decent living; *hij heeft een royaal ~* he is doing quite well (for himself); *zie ook* leiden & strijd; **bestaanbaar** possible; *~ met* consistent (compatible) wit; **bestaanbaarheid** possibility; compatibility, consistency; **bestaand** existing; *nog heden ~e* extant to this day; *al het ~e* all that is

bestaans|middel means of support (of subsistence); **-minimum** [live at, above, below] subsistence level; **-recht** right to exist; **-zekerheid** subsistence

bestand I *zn* 1 [twelve-year] truce; 2 stock; [data] file; [library] holdings; II *bn: ~ tegen* proof against [temptation, etc], (*opgewassen*) a match for, equal to; [boats] able to stand up against [severe weather]; *tegen kogels, vuur, het weer, roest, inbrekers, motten ~* bullet-, fire-, weather-, rust-, burglar-, mothproof; *het is ~ tegen bleken* it will stand bleaching; **bestanddeel** element, ingredient, component (part), constituent (part), item; **bestandenlijst** (*comp*) directory

besteden spend [money, time] [*aan* on], lay out [money] [*aan* on], give, devote [attention to s.t.], give up [the afternoon is given up to games]; *de **tijd** zo goed mogelijk ~* make the most (the best) of one's time; *veel zorg ~ **aan*** bestow much care on; *een grap is aan hem goed besteed* he can appreciate a joke; *een concert (goede raad) is niet aan hem besteed* ... is thrown away (wasted) on him; *het geld zou beter besteed zijn geweest ...,* (*ook*) the money would have been better employed [in buying ...]; *een uur aan zijn toilet ~* spend ... over one's toilet; *slecht (goed, nuttig) ~* make bad (good) use of; **besteding** spending

bestedings|beperking credit squeeze, (policy of) retrenchment, investment restrictions; **-pakket** total spending; **-politiek** spending policy

besteedbaar disposable [income]

bestek 1 (*ruimte*) compass, space; *veel in een klein ~* much in a small compass; *in (een) kort ~* in a nutshell; *buiten (binnen) het ~ van* outside (within) the scope of [this work; a discussion would be outside our scope]; 2 (*ve bouwwerk, enz*) (builder's) specification; 3 (*tafelgerei*) cutlery, tableware, knives and forks; *44-delig ~* 44--piece cutlery set [6 each table knives, forks, dessert knives, forks, spoons, soupspoons, teaspoons, and two tablespoons *serveerlepels*]; 4 (*mar*) reckoning, position; *het ~ opmaken,* (*mar*) determine the ship's position; *gegist ~,* (*mar*) position by dead reckoning

bestekamer (*vero*) convenience, privy, toilet

bestekbak cutlery tray

besteken: *~ met* stick with, set with

bestel 1 management; *op uw ~* by your order; *Gods ~* divine (*of:* God's) ordinance, dispensation of Providence; 2 (*inrichting vd staat, enz*) polity; [the monetary, the hospital] system; [the social] order; *het heersende ~* the establishment; 3 (*drukte*) fuss, to-do

bestel|auto delivery van; **-baar** deliverable; **-biljet** order form, order sheet; **-boek** order book; **-bon** order form; **-busje** minivan; **-dienst** (parcels) delivery service

bestelen rob; rifle; *zie ook* beroven

bestelformulier order form; **bestelgoed** (express) parcels; **bestelkaart** order form

bestellen 1 (*een bestelling geven*) order [*bij* from], place an order for [*bij* with], give an order for; 2 (*ontbieden*) order (ask) round, send for [the plumber], order [a taxi]; 3 (*reserveren*) reserve, book [rooms, a hotel]; *zie verder* bespreken; 4 (*bezorgen*) deliver [letters, etc]; 5 (*regelen*) order, arrange; *zie ook* aarde; **besteller** (*brieven~*) postman, letter-carrier; (*ve winkel*) delivery man, carman, vanman; [pizza] delivery rider; (*kruier*) porter; **bestelling** 1 order; *iem een ~ doen* give a p. an order; *nieuwe sloten zijn in ~* new locks are on order; *op ~* [made] to order, custom-[built, made], customized; *volgens ~* as per order; *~en doen bij* place orders with; *grote ~en op speelgoed* large orders for toys; *bij een ~ van ...* when ordering ...; 2 (*bestelde goederen*) articles (goods) ordered; 3 (*post~*) delivery; *twee ~en per dag* two deliveries a day; *zie ook* uitvoeren, enz; **bestelloon** delivery fee, carrier's fee, porterage; **bestelwagen** (delivery) van

bestemmeling addressee; **bestemmen** 1 destine, intend, mark out [marked out for the supreme command]; *een dag ~ voor* fix (set apart, appoint) a day for; *naar Amerika bestemd,* (*ve schip*) bound for America; *bestemd voor afbraak,* (*ve schip*) consigned to the breakers; [*zet een kruisje in*] *het daarvoor bestemde hokje* the appropriate box, the box provided; *bestemd voor predikant (advocaat)* intended for the Church (the Bar); *te bestemder tijd* at the appointed time, in due course; *voor mij bestemd* [a present, remark, etc] intended (meant) for me [*zo ook:* they were meant for each other]; 2 (*aan-, toewijzen*) set apart, earmark [money for ...], appropriate [£2000 for technical education], allocate [money to ...]; **bestemming** 1 [leave for an unknown] destination; *plaats van ~* (place of) destination; *met ~ naar* [passengers] (bound) for, with destination [London]; 2 use, purpose; *een ~ geven aan* find a use for; 3 (*lot*) destiny, fate, lot; **bestemmingsheffing** earmarked levy; **bestemmingsplan** development plan; zoning scheme; **bestemmingsverkeer**: *alleen ~* access only

bestemoer (*vero*) granny, grandam

bestempelen stamp; *~ met de naam van* style, name; *~ als,* (*ook*) label (as) [an Impressionist]; *tot leugenaar ~* brand (as) a liar

bestendig 1 (*duurzaam*) lasting, constant, durable; permanent [secretary], standing [committee]; *als 2e lid v sam* -resistant; vgl bestand: *~ tegen*; 2 (*stabiel*) stable, steady, steadfast [character]; (*vh weer*) settled; (*ve barometer*) set fair; 3 *zie* gestaag; **bestendigen** continue [import duties, a p. in office], perpetuate [the state of things]; **bestendigheid** durability, constancy, continuousness, settled state, steadiness; **bestendiging** continuance, continuation, perpetuation

besterven die [the words died (away) on his lips]; *laten* ~ hang [meat]; *bestorven vlees* (well-)hung meat; *dat (woord) ligt in zijn mond bestorven* that (word) is always on his lips; *neen, al moet ik het ook* ~ not if I die for it; *hij bestierf (het) van schrik* he nearly died of fright (nearly jumped out of his skin); *zie ook* bestorven

bestevaar (*vero*) grand(d)ad; old man, old fellow

bestiaal bestial; **bestialiteit** bestiality; **bestiarium** bestiary; **bestier**, enz *zie* bestuur, enz

bestijgbaar climbable, scalable, accessible; **bestijgen** mount [a horse, bicycle, ladder, the throne], ascend [a mountain, the throne], accede to [the throne], climb [a mountain, a wall], scale [a wall], go into, climb up, mount [the steps]; **bestijging** ascent, mounting, etc; *de* ~ *van de Mount Everest*, (*ook*) the conquest of M.E.; *zie ook* troons~; **bestje** old woman; *zie* besje

bestoken harass [the enemy], press [a p.] hard (ply a p.) [with questions, etc], [pirates] infest [the coast], shell [a fortress]

bestormen storm, rush, assault [a fortress]; bombard, besiege [with requests, letters, etc]; pelt [with questions]; *de bank werd bestormd* there was a run on the bank; **bestorming** storming, rush, assault; run [on a bank]

bestorven 1 widowed; *jong* ~ recently widowed; (*soms*) orphaned; 2 *zie* besterven

bestoven 1 covered with dust, dusty; 2 sprayed; 3 (*plantk*) pollinated; *vgl* bestuiven

bestraffen punish, chastise; (*berispen*) reprimand, scold; **bestraffing** punishment, chastisement; reprimand, scolding

bestralen shine (up)on; (*ook med & v voedsel*) irradiate; (*med ook*) x-ray; **bestraling** irradiation; (*med*) radiotherapy, radiation (treatment), (x-)ray treatment

bestraten pave; **bestrating** (*abstr & concr*) paving; (*concr ook*) pavement

bestrijden 1 fight (against) [*ook fig:* fight unemployment, smallpox], combat [a view, proposal, disease], prevent [dandruff]; 2 (*betwisten*) contest, dispute, controvert; oppose [a proposal, a claim]; defray, bear, cover, meet [expenses]; *krachtig* ~ put up a vigorous fight against, offer stout resistance to; **bestrijder** fighter, adversary, opponent; **bestrijding** fight [*van* against], fighting, combating; contest [*van* with]; defrayal [of the cost]; [noise, smoke] abatement; **bestrijdingsmiddel** insecticide, pesticide, herbicide, fungicide, etc

bestrijken 1 pass one's hand (a magnet, etc) over; spread (over), cover, (be)smear, coat [*met* with]; 2 cover; (*v geschut*) cover, sweep [the road was swept by machine-guns], rake, enfilade; (*ve fort*) command [the surrounding country]; *het verslag bestrijkt een enorm terrein* the report covers (ranges over) ...

bestrooien (be)strew [with flowers], (be)sprinkle [with sand, sugar], dredge, dust [with flour, pepper, etc], powder, sugar; (*met grind*) gravel

bestuderen study, (*onderwerp, enz, ook*) read up; *vlijtig* ~ pore over; *zijn gezicht was het* ~ *waard* his face was quite a study; **bestudering** study

bestuiven I *tr* 1 (cover with) dust, powder; (*met vergif, enz*) spray [swarms of locusts]; 2 (*plantk*) pollinate; II *intr* get dusty; **bestuiving** (*plantk*) pollination

besturen govern, rule, run [a country, etc], manage, administer [an estate, affairs], run, conduct [a business]; steer [a ship], pilot, fly [an aeroplane], drive [a car, a carriage], guide [a horse, a p.'s hand], control [a process], direct [a p.'s thoughts]; **besturing** direction, management, steering, etc; *dubbele* ~ dual control; **besturingssysteem** (*computer*) operating system

bestuur 1 (*regering*) government, rule; (*inz Am*) administration; (*beheer*) management, administration, direction, control; *goddelijk* ~ divine guidance; 2 (*~ders*) board (of managers, of management), management, managers; corporation [of a town], committee [of a club], executive [of a party], (board of) governors, governing body [of a school]; *in het* ~ *zitten* (*benoemen*) be on (be appointed to) the committee, on (to) the board; *plaatselijk* ~ local government, (*concr*) local authorities (authority); *zie ook* bewind; **bestuurbaar** manageable, navigable, steerable; *~bare ballon* dirigible (balloon); **bestuurder** 1 governor, director, manager, administrator, principal; 2 (*ve vliegt*) pilot; (*ve voertuig*) driver; (*ve tram, enz, ook*) motorman; **bestuurlijk** administrative [problems], managerial [level]

bestuurs|ambtenaar government official, civil servant; **-apparaat** administrative machinery; **-college** governing board; **-functie** administrative (managerial) position (task); **-kamer** committee room, boardroom; **-kunde** management science; **-lid** board (committee) member, member of the board (committee, executive); **-raad** governing council; **-recht** administrative law

bestuurster 1 manageress, directress, administratrix, governess; 2 (*ve vliegt*) (woman) pilot; (*ve auto*) (woman) driver

bestuurs|vergadering board (*of:* committee) meeting; **-vorm** form of government (of administration); **-wetenschappen** administrative sciences; **-zetel** seat on the board

bestwil good; *om (voor) uw* ~ for your good; *leugentje om* ~ white lie

besuikeren sugar; *ben je besuikerd?* are you nuts?

bèta beta [particle, ray, rhythm]; **bèta-afdeling** (*v school*) science side

betaalautomaat automatic debit point, automated teller machine, ATM

betaal|baar 1 affordable, reasonably priced; 2 payable [*op zicht* at sight; *aan toonder* to bearer]; ~ *stellen* make payable, domicile, domiciliate; **-baarstelling** domiciliation; **-briefje** pay-warrant; **-cheque** bank cheque

betaald *zie* betalen; **betaaldag** 1 payday; 2

quarter day (*in Eng 26 maart, 24 juni, 29 sept, 25 dec*); *zie ook* vervaldag; **betaal-en-haal clausule** cash and carry clause

betaal|kaart girocheque; **-meester** paymaster; **-middel** means of payment, circulating medium; *wettig* ~ legal tender; *~en,* (*ook*) currency; **-pas** cheque (guarantee) card; **-rol** pay-roll, -sheet; **-televisie** pay (*of:* subscription) television

bètablokker beta-blocker; **bèta-faculteiten** (faculties of) science and medicine

betalen pay [one's rent, a bill, a p., the driver; (*ook*) the taxi], pay for [goods, one's lodgings, a ticket, a p.'s education], pay off [the taxi-driver; *ook: ten volle* ~ pay off a debt], defray [expenses], meet [expenses, one's debts], [I had to] pay up; *hij kon geen auto* ~ he could not afford a car; *hij kan niet* ~ he cannot meet his commitments, is insolvent; *wie zal dat ~?* who is to foot the bill?; *de zaak betaalt* ***goed,*** (*is lonend*) the concern pays well; *ze ~ goed* (*zijn goed van ~*) they pay well; ***laten*** ~ charge; *te veel laten* ~ overcharge; (*sl*) rush [they rushed us ten pounds a night]; *zich door de vijand laten* ~ be in the enemy's pay; *betaal* ***op!*** pay up!; ***slecht*** ~ underpay [workers]; *hij is slecht* (*langzaam*) ***van*** ~ he is a bad (slow) payer; ***vooruit*** *te* ~ payable in advance; *zie* vooruitbetalen; *met een pond zou het ruim* ***betaald*** *zijn* a pound would be ample; *iem iets betaald zetten* pay a p. back (out) [for s.t.], get even with a p., get one's own back; (*briefkaart*) *met betaald antwoord* reply prepaid (reply postcard); *betaalde vakanties,* (*ook*) holidays with pay; *een betaalde deskundige* a hired expert; *betaald,* (*onder rekening*) paid, (payment) received; *de laagst betaalden* the lowest paid; *zie ook* elektronisch; **betalend** fee-paying [pupil], fare-paying [passenger]; *~e lading,* (*ve vliegt*) payload; *~e logé* paying guest, PG; *bed voor ~ patiënt* pay bed; *~ patiënt* pay-bed patient; **betaler** payer; **betaling** payment; *~en doen* make payments; *tegen contante* ~ cash down; *tegen ~ van* (up)on payment of; *ter ~ van* in payment of; *~ op 1 maand met 5% korting* 5 per cent for one month; *~ op 1 maand zonder korting* one month net; *zie ook* staken

betalings|balans balance of payments; **-bewijs** 1 proof of payment; 2 (*kwitantie*) receipt; **-condities** terms (of payment, of settlement); **-mandaat** pay warrant; **-opdracht** payment order; **-termijn** 1 instalment; 2 (*jur*) term of payment; *~ een maand* payment within one month; **-verkeer** transfer of payments; **-voorwaarden** *zie* -condities

betamelijk becoming, seemly, fit(ting), decent, proper; *zij heeft geen gevoel voor wat ~ is* she has no sense of the proprieties; **betamelijkheid** propriety, decency; **betamen** become, befit, be becoming (proper, seemly, fit)

betasten feel [all over], finger, grope; (*ruw, fam*) paw; (*med*) palpate; (*genitalia, sl*) feel up; *onzedelijk ~,* (*jur*) indecent assault; *iem helemaal ~,* (*ook*) frisk a p. [for arms, etc]

bètawetenschap (exact) science

bete: *~ broods* morsel (*of:* mouthful) of bread

bête stupid, silly

betegelen tile [a floor, the bathroom wall], pave [the floor] (line [the wall]) with tiles

betekenen 1 (*beduiden*) mean, signify; stand for [what Christmas really stands for; what does 'a.m.' stand for?]; *wat moet dat* (*alles*) *~?* what does it all mean?, what's the meaning of this?; *dit betekent een stap vooruit* this is a step forward; *dit betekent een gevaar voor ...* this constitutes a danger to ...; *ieder, die iets betekent* everybody who is anybody; *de adel heeft nog iets te ~* the nobility still stands for s.t.; *weinig ~d* unimportant, of no consequence; *het heeft* ***niets*** *te* ~ it does not matter, is no matter (of no consequence, of no moment); (*ook*) never mind!, don't mention it!; *dat betekent niets,* (*ook*) that's easy enough, it doesn't amount to anything; *de voordelen betekenen niets in vergelijking met de nadelen* the advantages are nothing compared with ... (*evenzo:* what is it compared with what I went through?); *wat betekende Hecuba voor hem?* what was Hecuba to him?; *het heeft niet veel te ~* it does not amount to (isn't anything) much; *wat zei ze? niet veel te ~* nothing much; *onze rust had niet veel te ~* we hadn't much of a rest; *als criticus* (*als literator*) *betekent hij niet veel* he is not much of a critic, he is of no importance as a man of letters; *hij betekent* ***nogal*** *wat* (***niets***) he is a man of some consequence (a nobody); *dat betekent nogal iets* (*is nogal veel gevergd*), (*fam*) that's rather a tall order; 2 (*voorspellen*) spell [these clouds ... rain; it ...s ruin to our hopes], forebode, portend, betoken; 3 (*vol tekenen*) cover with drawings; 4 (*jur*) serve [a writ, subpoena, summons (*dagvaarding*) (up)on a p.]; **betekening** (*jur*) service [of a writ], legal notice; *zie ook* betekenen

betekenis 1 meaning, sense, signification; acceptation [of a word] *dat heeft voor mij geen ~* that means (is) nothing to me; 2 (*belang*) significance, importance, consequence, moment; (*steeds*) *in ~ toenemen* assume (ever) growing importance; *man van ~* man of note (of mark); *grote ~ krijgen* come to be of great importance; *dat is van weinig* (*geen*) *~* that counts for little (is of no account); *niet van ~, zie* noemenswaard; *zie verder* belang, gewicht, zin; **betekenisleer** semantics, semasiology; **betekenisvol** significant; important

betel id; **betelen** cultivate; *vgl* bebouwen

betel|noot betel nut, areca nut; **-palm** areca

betengelen lath; **betengeling** lathing

bête noire id, pet aversion

beter I *bn & bw* 1 better; *de een is niets ~ dan de ander,* (*ook*) there is nothing to choose between them; *de volgende keer ~!* better luck next time!; *hij is een ~ leven begonnen* he has reformed, turned over a new leaf; *je* ***doet*** (*deed*) *~* (*met*) *te gaan* you had better go, would do better to go; *ik had ~ gedaan* (*met*) (*er beter aan gedaan*) *te blijven* I had better have stayed, I should have done better to (have) stay(ed); *je kunt niet ~ doen dan te gaan* you cannot do better than go; *ik kan het niet ~ doen* [your work is excellent,] I can't improve (up)on it; *doe het eens ~!* beat that (beat me at that) if you can!; *het ~ doen (dan een ander),* (*ook*) go one better; *het* (*het werk*) ***gaat*** *nu* ~ it is going better now; *ik* ***geef*** *het voor* ~ it's only a suggestion; *hij* ***heeft*** *het ~ dan* ... he is better off (in a better position) than ...; *het* ***is*** *~ dat je gaat* you'd better go; *misschien is het maar ~ zo* perhaps it's just as well; *de leerling kon ~ zijn* the ... might do better; *het zou ~ zijn, dat hij dood was* (*als hij een vrouw had*) he would be better dead (married); *het was ~ geweest, dat de vergadering niet had plaatsgehad* (*dat hij dood was gegaan*) the ... had better not have taken place (he'd better have died); *ik hoop dat jij het ~ zult* ***krijgen*** *dan je ouders* I hope you will have a better life of it than ...; *dat* ***maakt*** *de zaak niet* ~ that doesn't mend matters; *het maakt zijn humeur niet* ~ it does not improve his temper; *zie verder* verbeteren; *het* ***staat*** *wat ~ met hem, a*) he is a little better; *b*) his affairs are looking up; *oud genoeg om ~ te* ***weten*** to know better; *ik weet wel* ~ I know better (than that, than to do such a thing, etc); *ik weet nu wel ~,* (*ook*) I am wiser now; *hij wist niet* ~ he didn't know any better; *ik weet niet ~ of hij is weg* to the best of my belief (for all I know) he is gone; ~ ***worden*** get better, improve; (*helen*) mend [with time]; *het zou nog ~ worden* something better was to follow; *de zaken worden* ~ things are looking up; *ik ben er niet ~* ***op*** *geworden* the treatment (etc) has not done me any good; *uw kansen zullen er niet ~ op worden* your chances will not improve; *alsof het* (*de toestand, enz*) *daar ~* ***van*** *werd* as if that made it any better, as if that helped matters; *word ik er beter van?* do I get anything out of it?; *zul je daarom er ~* ***aan toe*** (*~ af*) *zijn?* will you be the better for it?; ***des te*** *~* (*zoveel te ~*) so much the better, that's all to the good; *om hem* (*des te*) *~ gade te slaan* the better to observe him; 2 (*minder ziek*) better; *de patiënt is ~* (*maakt het ~*) the patient is better, (*hersteld*) is well again, is (has) recovered; *aan de ~e hand zijn* be on the mend, be getting better, be on the way to recovery; *wat ~?* [how is your headache?] any better?; ~ ***maken,*** (*gezond*) make [a p.] well (again); ~ ***worden,*** (*herstellen*) get well (again), recover; *hij is snel ~ geworden* he has recovered quickly; II *zn:* ***het*** *~e is de vijand van het goede* let well alone; *ik verlang* ***niets*** *~s* (*dan* ...) I desire nothing better (than ...); *daar ik niets ~s te doen had,* (*ook*) for want of anything better to do; *hij vond niets ~s te doen dan haar te beledigen* the best he could do was ...; *hij heeft wat ~s te doen,* (*fam*) he has other fish to fry; *zie ook* zeggen; **'beteren** get (become) better, improve [in health]; (*v patiënt, ook*) recover (one's health); *zijn leven* ~ better one's life; *zich* ~ mend one's ways, reform, turn over a new leaf; *God betere* (*het*)*!* [and then] to cap it all (*ergernis:* dammit) [he had the cheek to ...]; *aan de ~de hand* on the mend, *zie* beter I.2

be'teren tar

beterschap improvement, change for the better; amendment; recovery; *~ beloven* promise amendment, promise to behave better in future (to turn over a new leaf); *~!* I hope you will soon be well again; I wish you a speedy recovery

beteugelen check, restrain, curb [one's fury], control [one's passions], keep in check, have [an epidemic, o.s.] in hand, put down, quell [a riot]; **beteugeling** restraint, curb(ing), check(ing), repression

beteuterd taken aback, nonplussed, crestfallen; *~ kijken,* (*ook*) look dismayed

Bethanië Bethany; **Bethlehem** id

betichten: *iem van iets* ~ accuse a p. of s.t., charge (*of:* tax) a p. with s.t., impute s.t. to a p.; **betichting** accusation, imputation

betijen: *laat hem* (*het*) ~ let (*of:* leave) him alone (let it sort itself out)

betimmeren 1 line with wood, board, wainscot, panel; *met eikehout betimmerd* oak-timbered [house]; 2 *iems licht* ~ obstruct the lights of a p.'s house; (*fig*) stand in a p.'s light; *licht, dat niet betimmerd mag worden* ancient light(s); **betimmering** wainscot(ing), boarding, panelling

beting (*mar*) bitt (*meestal mv:* bitts)

betingelen lath; **betingeling** lathing

bêtise id

betitelen 1 (en)title, style, address; *hij werd betiteld als gouverneur* he had the title of (was addressed as, styled) governor; 2 *zie* bestempelen; **betiteling** style

betjak trishaw; **Betje** Betty, Bess; *zie* Tante

betoeterd dazed; *ben je ~?* are you crazy?

betogen 1 demonstrate, argue, contend; *de noodzakelijkheid ~ van,* (*ook*) urge the necessity of; 2 hold (take part in) a demonstration; march [for peace]; **betoger** demonstrator; **betoging** demonstration; (*pol, enz, fam*) demo; *een ~ houden, zie* betogen 2; **betomen** *zie* beteugelen

beton concrete; *gewapend* ~ reinforced concrete, ferro-concrete; *voorgespannen* ~ pre-stressed concrete; **betonbouw** concrete construction

betonen 1 (*nadruk geven*) accent, (*vooral fig*) accentuate; 2 (*tonen*) show [kindness, one's gratitude, courage], extend [sympathy *medeleven*], manifest [one's joy]; *zich een man* ~ prove o.s. a man; *zie ook* hulde

betonie (*plant*) betony

betonijzer reinforcement rods (mesh, strips)

betoning 1 accent; 2 *zie* betoon

betonmixer truck mixer, transit mixer; **betonmolen** concrete mixer

betonnen I *ww* buoy; II *bn* concrete

betonning buoyage (*ook concr*)

betonplateau (*luchtv*) concrete area, (concrete) apron, tarmac; **betonrot** crumbling concrete; **betonschaar** hand shears; **betonwerker** concreter, concrete worker

betoog 1 (*uiteenzetting*) argument(ation), disquisition, dissertation, [a scholarly] discourse; *dat behoeft geen* ~ that needs no argument; 2 (*bewijsvoering*) demonstration; **betooggrond** argument; **betoogkracht** argumentative power, demonstrative (conclusive) force; **betoogtrant** argumentation

betoon demonstration, show [of respect], display

[of courage]; manifestation [of ill-will]; ~ *van vreugde* rejoicing(s)

betoverd enchanted, spellbound; *vgl* betoveren; **betoveren** bewitch, cast a spell on (*of:* over), enchant, charm; (*fig ook*) fascinate; *een ~de glimlach* a bewitching smile; *~de schoonheid* ravishing beauty; *ze zag er ~d uit* she looked bewitching (enchanting)

betovergroot|moeder great-great-grandmother; **-vader** great-great-grandfather

betovering enchantment, spell, fascination, glamour [the glamour of town-life]; *iem onder zijn ~ brengen, zie* betoveren

betraand tearful, wet with tears, tear-stained [face], tear-filled [eyes]

betrachten practise [virtue, economy]; exercise [restraint, the greatest care]; show [mercy]; do [one's duty]; **betrachting** practising, practice; discharge [of one's duty]

betrappen catch, detect; (*onverhoeds*) catch [a p.] napping; *iem op een fout ~* catch a p. out, fault a p.; *iem op heterdaad ~* take a p. in the (very) act, catch a p. red-handed; *iem op diefstal ~* catch a p. stealing; *iem op een leugen ~* catch a p. out (detect a p.) in a lie; *zichzelf op iets ~* catch o.s. doing s.t.; *als ik je er weer op betrap* if I catch you at it again; *betrapt worden,* (*ook*) be found out

betreden tread (on), set foot on, enter; *de kansel ~* go up into the pulpit; *de planken ~* tread the boards (the stage); *~ weg* beaten path; *niet ~* do not walk on (enter); *zie ook* pad

betreffen concern, touch, affect, relate to; *wat mij betreft* as for me, for my part, for myself; I, for one; so far as I am concerned; *dit wat hem betreft* so much for him; *wat het water betreft* [we are all right] for water; [*de streek heeft weinig aan te bieden*] *wat natuurschoon betreft* in the way of scenery; *wat geld betreft,* (*ook*) moneywise; *waar het zijn eer betreft* where his honour is concerned; *dit betreft u* this concerns you; *die beschrijving betreft ...,* this ... applies to ...; *het betreft een wetsovertreding* it's a case of infringement of the law; *wat dat betreft, enz, zie* aangaan 8; *~d, ~de, zie aldaar*; **betreffend** *bn* 1 (*bedoeld*) [the word, the matter] in question (under consideration, concerned), relative [the relative act *wet*], [questions] relating to this (matter), relevant [the relevant passage]; 2 (*rakend*) concerning, regarding, about [the war]; [the issue] in question; *vgl* ~e & des~; **betreffende** *vz* concerning, regarding, with regard (respect) to, relative (pertinent) to, in respect of, on [a report on the matter]

betrekkelijk relative [pronoun, etc], comparative; *in ~e eenvoud* in comparative (relative) simplicity; *dat is ~* that depends; [isn't that splendid?] in a way; *~ klein* comparatively (relatively) small; *het liep ~ goed van stapel* it went off well, all things considered (*fam:* it ..., considering), comparatively speaking; *vgl* betreffende; **betrekkelijkheid** relativity

betrekken I *tr* 1 (*huis, enz*) move into [a house, camp], take (enter into) possession of [a house], go into [winter-quarters]; *een huis ~,* (*ook*) move (settle) in, take possession; *zie ook* aanvaarden & wacht; 2 *goederen ~* obtain (get, order, procure) goods [*van, uit* from]; 3 *iem ~ bij* (*in*) draw (drag) a p. into [the conversation], involve [America] in [European affairs], implicate a p. in [a crime, etc]; *ze probeerden de regering er in te ~* they tried to implicate the ...; *iem in rechten ~* sue a p., bring an action against a p.; II *intr* (*vd lucht*) become overcast (*of:* cloudy), cloud over; (*vh gelaat*) fall [his face fell]; *zie ook* betrokken; **betrekking** 1 (*verhouding*) relation; *~ hebben op* refer (relate) to, have reference to, have a bearing on, bear (touch) (up)on; *buitenlandse ~en* foreign relations (*België:* affairs); *alle ~en afbreken,* (*ook*) sever all ties; ***in*** *~ staan tot* have (maintain) relations with; *in vriendschappelijke ~ staan tot* be on friendly terms with; *zich met iem in ~ stellen* get in(to) touch with a p.; ***met*** *~ tot* in relation to, with regard (respect) to, in respect of, with (in) reference to, relating to, [cautious] about [investments]; 2 (*ambt, enz*) post, position, place, job; (*ve dienstbode*) situation; ***in*** *~* (*bij*) employed (by); *aan een ~ helpen* place; *vgl* helpen; 3 *~en,* (*bloedverwanten*) relations

betreuren regret; (*sterker*) deplore, lament, bewail; (*een dode*) mourn for (*of:* over); *een verlies ~* mourn a loss; *er zijn geen mensenlevens te ~* no lives were lost; *ik betreur het dat ...* I regret (am sorry) that ...; *de betreurde dode* the dear departed; *het is* (*zeer*) *te ~ dat ...* it is a pity (a thousand pities) that ..., it is a matter for regret that ...; *zie ook* treuren; **betreurenswaard(ig)** regrettable, deplorable, lamentable

betrokken 1 (*vd lucht*) cloudy, overcast; (*vh gelaat*) clouded, (*door pijn, enz*) drawn; *er ~ uitzien* look pinched [her face had a pinched look]; 2 concerned; *de ~ persoon* the person concerned (*of:* in question); *de ~ autoriteiten* the authorities concerned, the proper authorities; *de ~ leeftijdsgroep* the relevant age-group; *~ zijn bij* be concerned in, be a party to, be mixed up with [a plot, etc], be involved in [a bankruptcy, etc]; *~ raken bij,* (*ook*) get caught (*of:* mixed) up in; *financieel ~ zijn bij* have a financial interest in [a theatre]; *erbij ~ zijn,* (*bij misdaad, enz, ook*) be in it [we are all in it]; *er zijn honderden arbeidsplaatsen bij ~* hundreds of ... are involved; 3 [emotionally] engaged, committed; *vgl* betrekken; **betrokkene** 1 (*ve wissel*) drawee; 2 *~n* parties involved; *zie ook* betrokken 2: de ~ persoon; **betrokkenheid** involvement (*bij* in), participation, commitment

betrouwbaar reliable, trustworthy, dependable [person], bankable [promise]; **betrouwbaarheid** reliability, trustworthiness; **betrouwbaarheidsrit** reliability trial (test, run); **betrouwen** I *ww zie* vertrouwen (op) & toevertrouwen; II *zn* trust

betten bathe, dab [one's eyes, etc]

betuigen testify [that ..., one's faith, etc], certify, attest, declare [that ...], bear witness to, attest to [the truth of], protest [one's innocence], express [regret, sympathy *deelneming*], profess [friendship]; *zijn dank* ~ tender (*of:* express) one's (best) thanks; **betuiging** expression, protestation, declaration, attestation, profession; *vgl* betuigen

betuttelen 1 patronize; 2 find fault with

bet|weetster, **-weter** one who always knows better, know-all, wiseacre; **betweterig** argumentative, pedantic; **betweterij** pedantry

betwijfelen doubt, question, call in question, have one's doubts about; *dat betwijfel ik,* (*ook*) I have my doubts; *dat valt te* ~ that is doubtful (questionable)

betwistbaar contestable, challengeable, disputable [point, etc], debatable [point, ground], questionable [honesty], open to question; ~ *punt,* (*ook*) moot point

betwisten dispute [the truth, every inch of ground, the validity of ...], contest [a p.'s right, seat in Parliament], challenge [a right, the validity of a contract], impugn [a statement], resist [a claim], call [a statement] in question; (*ontkennen*) deny; *iem de prijs* (*de overwinning*) ~ dispute the prize, etc with a p.; contend with a p. for ...; *ik betwist niet, dat hij talent bezit* I do not deny him talent; *dat laat ik mij niet* ~ I won't be argued out of that; *betwist punt* point in dispute (at issue)

beu: *ik ben er* ~ *van* (*ben het* ~) I am tired (sick) of it, disgusted (fed up) with it

beugel bow, brace, clip, ring, strap; (*bevestigings~*) mounting (fixing) bracket; [wire] clip; (*ve geweer*) trigger-guard; (*ve sabel*) (sword-)guard; (*ve hangslot*) shackle; (*ve zaag*) frame; (*ve fles*) wire stoppleholder, clasp; (*ve mand, gieter, enz*) handle; (*ve beurs*) clasp, frame; (*ve riem*) chape; (*ve tram*) (contact-)bow; (*ve kompas*) gimbals (*mv*); (*voor been*) calliper (splint); (*voor gebit*) brace(s); (*stijg~*) stirrup; (*ve turnpaard*) pommel; *dat kan niet door de* ~ that won't do, cannot pass muster; **beugelfles** swing-top bottle; **beugelklem** G-clamp; **beugelriem** stirrup leather; **beugelsluiting** swing stopper; **beugeltas** chatelaine-bag; **beugelzaag** hacksaw

beuk 1 beech; (*nootje*) beech-nut; 2 (*ve kerk: hoofd~*) nave, (*zij~*) aisle; 3 *de* ~ *erin!* get stuck in!; *de* ~ *in de prijzen* slash the prices; **beukeboom** beech (tree); **beukehout** beech (wood)

beukelaar buckler

beukemast beech-mast

1 beuken *ww* beat, batter, pound [the walls of a town], hammer [on the door, at the keys of the typewriter], bang; (*met vuisten*) pummel, pound; (*vd golven*) lash, pound, buffet, dash against; *stokvis* (*vlas*) ~ beat stockfish (flax); *zie ook* los

2 beuken I *bn* beech(en); II *zn* beech

beukenbos beech-wood; **beukenoot(je)** beech-nut; *~s,* (*als varkensvoer*) beech-mast; **beukvaren** beech-fern

beul 1 executioner, (*voor ophangen, ook*) hangman, (*voor onthoofding, ook*) headsman; 2 (*fig*) tyrant, brute, bully; **beulen** slave

beuling sausage; *zie ook* bloed~

beulshand: *door ~(en) sterven* be executed

beun *zie* kaar; **beunen** moonlight

beun|haas 1 (*knoeier*) bungler; 2 (*wie liefhebbert*) dabbler; 3 (*zwartwerker*) moonlighter; 4 (*effectenbeurs*) outside broker; **-hazen** 1 bungle; dabble [in politics, etc]; 2 moonlight; **-hazerij** 1 bungling; dabbling; 2 moonlighting

beuren 1 lift (up); 2 receive, take [money]

1 beurs *bn* over-ripe, rotten-ripe

2 beurs *zn* 1 purse; *je* ~ *of je leven!* stand and deliver!, your money or your life!; *in zijn* ~ *tasten* put one's hand in one's pocket; *met gesloten beurzen betalen* settle on mutual terms; *ga met uw* ~ *te* ***rade*** consult your purse, let your purse be your master; *een* ***ruime*** ~ [have] a long purse; *uit een ruime* ~ regardless of expense; ***voor*** *iedere beurs* (presents, etc) to suit all purses; 2 (*studie~*) scholarship, exhibition, grant; studentship; (*postgraduate & Sch*) bursary; ***uit*** *een* ~ *studeren* have a (study) grant, be an exhibitioner (a foundationer; *vooral Sch:* a bursar), be on the foundation; *zie ook* dingen; 3 (*gebouw*) Stock Exchange; (*buiten Eng dikwijls*) Bourse [on the Berlin Bourse]; ***op*** *de* ~ on 'Change (Change), in the House; *naar de* ~ *gaan* go to (*of:* on) 'Change (Change); *ter beurze van heden* at today's Exchange; *op de* ~ *speculeren* speculate on the Stock Exchange

beurs|belasting tax on Stock Exchange dealings; **-bericht** (stock) market report; **-blad** financial paper; **-fondsen** Stock Exchange securities; **-genoteerd** listed [company, security]

beursheid over-ripeness

beurs|index (Stock-Exchange) index; **-klimaat** mood of the market; **-makelaar** stockbroker; **-notering** Stock Exchange quotation(s), official list; *in de* ~ *opnemen* admit to a quotation in the official list; *de* ~ *aanvragen* apply for an official quotation; **-onderneming** listed company; **-polis** exchange policy; **-speculant** stockjobber; **-student** student with a grant; scholar, exhibitioner, foundationer; (*vooral Sch*) bursar; **-vakantie** bank holiday; **-waarde** (current) rate of the day, market value; *~n* stocks and shares; **-zaken** (Stock) Exchange business (transactions, operations)

beurt turn; (*ve kamer*) (weekly) turn-out; (*ve auto*) [full, small] service; *een* ~ *geven, a*) do, turn out [a room], give [a room] a turn-out (a cleaning); *b*) give [a pupil] a turn; *mijn* ~ *kwam* my turn came, it came to my turn; *zijn* ~ *afwachten,* (*ook*) take one's place in the queue; *jij maakte daar een goede* ~ you scored a good mark there; *wie is* ***aan*** *de ~?* whose turn is it?, who is next?; *ik ben aan de* ~ it is my turn, I am next; *jij komt ook aan de* ~ your turn will come too; ~ ***om*** ~, *om ~en* turn and turn about, by turns, in turn, alternately, in rotation; *om de* ~ *iets doen* take turns in doing s.t. (at s.t.); ***op*** *uw* ~ in your turn; *ieder op zijn* ~ *horen* hear everyone in (his) turn; *op hun* ~ [see patients] in the order of their arrival; *hij verkocht ze op zijn* ~ *aan mij* he in turn ...; *het viel mij* ***te*** ~ it fell to my share (*of:* lot) (to me); ***voor*** *zijn* ~ [speak] out of (one's) turn; **beurtdienst** (*v schepen*) regular service; **beurtelings** [he was] in turn [actor and playwright]; *zie ook*

beurt: ~ om ~
beurt|gezang alternate singing; (*kerk*) antiphonal singing, antiphon(y), responsory; (*canon*) catch; **-schip** trading barge (on regular route); **-schipper** skipper (of a trading barge); **-vaart** regular (goods) service; **-vaartadres** consignment note; **-zang** *zie* beurtgezang
beurzensnijder cutpurse
beuzelaar(ster) trifler, dawdler; **beuzelachtig** trifling, fiddling, trivial, paltry; **beuzelachtigheid** triviality, paltriness; **beuzelarij** 1 trifle; 2 (*snuisterij*) gewgaw, kickshaw(s); **beuzelen** trifle, fiddle; **beuzeling** *zie* beuzelarij 1; **beuzelpraat** twaddle, idle talk, nonsense, balderdash; **beuzelwerk** trash, rubbish
bevaarbaar navigable; **bevaarbaarheid** navigableness, navigability; **beval** *ovt v* bevelen
bevallen 1 please, suit; (*voldoen*) give satisfaction; *bevalt het je hier?* do you like it here?, do you like living here?; *het bevalt me hier vrij goed* I quite like the place; *hij* (*het artikel*) *beviel uitstekend* he (the article) gave every satisfaction; *het bevalt hem slecht* it is not at all to his liking; *zie ook* aanstaan; 2 be confined [*van* of]; ~ *van,* (*ook*) be delivered of, give birth to [a son]; *ze moet* ~ she is about to have a baby (to be a mother); *ze moet in maart* ~ she is expecting in March; **bevallig** graceful, charming, comely; **bevalligheid** charm, grace; **bevalling** confinement, delivery, childbirth; *pijnloze* ~ painless childbirth, (*met gedeeltelijke narcose*) twilight sleep; *zware* ~, (*fig*) [he made] very heavy work [of it]
bevangen seize [be seized with trembling, fear], overcome [sleep overcame him], come over [a sense of loneliness came over him], (*fam*) get [the cold got him]; ~ *door slaap* (*de hitte*) overcome with sleep (by the heat); **bevangenheid, bevanging** 1 (*vd kou*) chill; (*door de warmte*) heat-stroke; (*ve dier*) founder; 2 (*verlegenheid*) constraint, embarrassment
bevaren I *ww* navigate, sail [the seas]; II *bn* ~ *matroos* able(-bodied) seaman; (*fam*) old tar
bevattelijk 1 (*pers*) intelligent, teachable; 2 (*zaak*) intelligible, clear, lucid; **bevattelijkheid** 1 intelligence, teachability; 2 intelligibility, lucidity, clearness; **bevatten** 1 (*inhouden*) contain, hold [the world holds no nobler woman; *ook: kunnen ~:* the church holds 200 people]; run to [400 pages]; comprise; (*o.a.* ~) include [a biography of ...]; 2 (*begrijpen*) comprehend, grasp; **bevatting** comprehension, grasp; **bevattingsvermogen** comprehension, mental (intellectual) grasp
bevechten 1 fight (against); 2 gain [the victory]
bevederd feathered; (*v jonge vogels*) fledged
beveiligen protect, safeguard [our interests against ...], shelter [*tegen* from], secure [*tegen* against]; *een met signalen beveiligde oversteekplaats* a signal-controlled crossing; **beveiliging** 1 protection, shelter; safety; *onder* ~ *van de nacht* under cover of the night; 2 (*concr*) safety (*of:* protective) device; (*aan machine*) guard; *zie ook* bewaking; **beveiligingsklep** safety valve
bevel 1 (*order*) command [*over* of], order; (*vooral jur, ook*) injunction (*ook: uitdrukkelijk* ~); (*dicht*) behest; (*~schrift*) warrant; ~ *tot aanhouding* warrant (of arrest), commitment warrant; ~ *tot beslaglegging* warrant of distress; ~ *tot huiszoeking* search warrant; ~ *geven* give orders; ***op*** ~ *van* at (by) the command of, by order of [the police], on [the minister's] orders; *op zijn* ~, (*ook*) at his bidding; *op* ~ *van de dokter* by (under) doctor's orders; *op* ~ [talk, murder, etc] to order; *op hoog* ~ by order, (*koninklijk* ~) by royal command; 2 (*gezag*) command; *het* ~ *voeren* be in command [*over* of]; *het* ~ *op zich nemen* take (assume) (the) command; *het* ~ *overnemen* take over (the) command; ***onder*** ~ *van* under the command of; *zie ook* commando
bevelen 1 order, command, charge; (*vero*) bid; *wie heeft hier te ~?* who gives orders here?; *zie ook* gelasten; 2 commend [one's soul to God]; *Gode bevolen!* God be with you!
bevelhebber commander; **bevelhebberschap** command(ership); **bevelschrift** warrant; *zie ook* bevel; ~ *tot betaling* pay-warrant; **bevelseconomie** command economy; **bevelslijn** line of command; **bevelvoerder** commander; **bevelvoerend** commanding, [officer] in command
beven tremble [with fear, etc], shiver [with cold], shudder [with horror], shake, quake [with fear, cold], dodder [with old age], quiver [a voice quivering with emotion]; (*vd stem, ook*) quaver; ~ *bij de gedachte* tremble at the idea; *over zijn hele lichaam* ~ tremble all over (in every limb, in one's shoes), (*fam*) be all of a tremble; ~ *als een riet(je)* (*een espeblad*) tremble like a leaf; ~ *voor* tremble before [a p.]
bever (*dier, bont, stof*) beaver; **bevergeil** castor; **beverhoed** beaver hat, beaver
beverig trembling, tremulous, quavering, quavery [voice], shaky [hand(writing)], doddering [old man], wobbly [writing], tottery [legs]
bever|nel: *kleine* ~, (*plant*) pimpinel, burnet saxifrage; **-rat** coypu; **-woning** (beaver's) lodge
bevestigen 1 (*vastmaken*) fix, fasten, attach [*aan* to], secure; 2 (*versterken*) fortify [a town], consolidate [one's power, the empire, (*mil*) one's position, friendship], cement [bonds, an alliance]; 3 (*bekrachtigen*) affirm, corroborate, bear out [a statement, a forecast], confirm [a rumour]; *een brief* (*telegram*) ~ confirm a letter (telegram); *zie ook* ontvangst; *de uitspraak werd door het Hof bevestigd* the judge's finding was upheld by the higher court; *uitzonderingen* ~ *de regel* exceptions prove the rule; *onder ede* ~ affirm (up)on oath; 4 (*predikant*) induct, institute [*in een plaats* to a living]; (*ouderlingen*) ordain; *nieuwe lidmaten* ~ confirm new members of the Church; **bevestigend** affirmative, confirmatory [information]; ~ *antwoorden* answer in the affirmative, affirmatively; **bevestiging** 1 fastening (*ook concr*); fixing, securing; 2 fortification, consolidation, cementing; 3 affirmation, corroboration, confirmation; *ter* ~ in confirmation; 4 induction; ordination; *vgl* bevestigen; **bevestigings-** 1 fix-

ing [screw], attachment [point]; 2 confirmatory, confirmation [note]

bevind: *naar ~ van zaken* according to circumstances, as you may think fit; *handel naar ~ van zaken,* (*ook*) use your judg(e)ment

bevinden find; *in orde ~* find correct (in order); ***zich** ~, a*) (*op een plaats zijn*) be [in London]; *de vloeistof bevindt zich in een buisje* the fluid is contained in a tube; *daaronder ~ zich* among them are, they include; *b*) (*in een toestand* (*merken te*) *zijn*) be [in difficulties, in danger], find o.s. [when I woke up I found myself in my bed; he found himself close (up)on the enemy]; *de positie waarin het parlement zich bevindt* the position in which Parliament finds itself; *zich in de noodzakelijkheid ~ te ...* be under the necessity of ...ing; *zich wel ~* be (doing, feeling) well; *ik bevind mij er wel bij* it agrees well with me; **bevinding** 1 experience; 2 (*v commissie, enz*) finding [the findings are embodied in a detailed report]; *wij vergeleken onze ~en* we compared notes

beving 1 trembling; 2 (*vrees*) trepidation

bevingeren finger; **bevissen** fish [a stream]; **bevitten** cavil at, find fault with; **bevlagd** beflagged [houses, streets]; **bevleesd** fleshed

bevlekken soil, spot, stain, blot [paper]; (*fig ook*) blemish [beauty], besmirch [a p.'s honour], defile, pollute; *met bloed bevlekt* bloodstained

bevliegen fly [the ocean routes]; **bevlieging** caprice, whim, fit; *hij kreeg een ~ om ...* the fancy took him (the whim seized him, he had a sudden impulse) to ...; *als hij een ~ krijgt* when the fit is on him

bevloeien irrigate; **bevloeiing** irrigation

bevloeren floor; **bevloering** flooring

bevlogen inspired, enthusiastic

bevochtigen moisten, damp, wet, moisturize, (*lucht*) humidify; **bevochtiger** moistening (wetting) agent; (*sponsje, enz*) damper; (*lucht~*) humidifier; **bevochtiging** moistening, etc, humidification; **bevochtigingsmiddel** wetting agent

bevoegd (*door ambt, recht, enz*) competent [judge, court], (*door examen, bekwaamheid, enz*) qualified [candidate], (*gemachtigd*) authorized, entitled; *de ~e autoriteiten* the competent (proper) authorities; *volledig ~* fully qualified (*Am:* credentialed) [teacher]; *zich ~ achten te* think o.s. entitled (qualified) to; *van ~e zijde* [learn] on good authority, from an authoritative source; *tot oordelen ~* fitted (in a position) to judge; **bevoegdheid** 1 competence, competency, qualification, authority; *binnen de ~ van* within the competence (*of:* discretion) of; *zijn ~ verwerven* qualify; *zijn ~ ontnemen* remove [a doctor] from (strike ... off) the register; *zie ook* buiten; 2 power [the manager was given power to ...]

bevoelen feel, handle, finger, grope; *vgl* betasten

bevolken people, populate; **bevolking** 1 population; 2 (*handeling*) peopling

bevolkings|aanwas growth of population, population growth; **-bureau** register (registry, registrar's) office; **-cijfer** population figure; **-dichtheid** population density; **-explosie** population explosion; **-groep** group (section) of the population [a neglected section ...], [the Turkish] community; **-onderzoek** screening test [for breast cancer]; **-register** (parish) register; (Central) Register of Population; **-rubber** native rubber; **-statistiek** population (*of:* registrar's) returns

bevolkt [densely, sparsely] populated; *dicht ~,* (*ook*) populous

bevoogden keep in tutelage; patronize

bevoordelen benefit [a p.], advantage, show favour to [relatives], favour [favoured above others]; *zichzelf* (*trachten te*) *~* seek one's own advantage; **bevooroordeeld** prejudiced, bias(s)ed, [speak] with prejudice; **bevoorraden** supply, provision; **bevoorrading** supply, provisioning; **bevoorrechten** privilege [the privileged classes, a privileged few], favour; **bevoorrechting** privilege, favouring; *stelsel van ~* favouritism

bevorderaar(ster) promoter, furtherer, patron [of art, etc]; **bevorderen** promote, foster, further, advance [a cause, trade, science], help along (on, forward) [a work]; benefit, be beneficial to [health]; stimulate [the appetite], aid [digestion], lead to [tooth decay], (*krachtig*) boost [sales]; (*in rang*) promote, prefer; (*leerling*) move up; *tot kapitein bevorderd worden* be promoted captain (to a captaincy); (*niet*) *bevorderd worden,* (*school*) go up (stay down); *bevorderd tot heerlijkheid* promoted to Glory; **bevordering** promotion, advancement; furtherance; (*in rang*) promotion, preferment; (*school*) promotion; *vgl* bevorderen; *ter ~ van* for the benefit of [one's health], for the furtherance of [our interests]; **bevorderlijk**: *~ aan* (*voor*) conducive (beneficial) to; *~ zijn aan,* (*ook*) conduce to, make for [peace]

bevrachten charter; (*laden*) load; **bevrachter** charterer, freighter; **bevrachting** chartering

bevragen 1 *te ~ bij* apply to, inquire of; *te ~ alhier* inquire within; 2 question

bevredigen appease, satisfy [hunger, etc], gratify [one's desires, a p.'s whims], indulge [one's passions], satisfy, conciliate [a p.], pacify [a country]; (*bevrediging geven*) satisfy, give satisfaction; *moeilijk te ~* hard to please; *zichzelf ~* masturbate; **bevredigend** satisfactory; **bevrediging** satisfaction, gratification, appeasement; pacification; *vgl* bevredigen *en zie* zelf~

bevreemden: *het bevreemdt mij* I am surprised at it; *het bevreemdt mij, dat hij ...* I am surprised he ...; *het bevreemdde mij ... te vinden* I wondered (was surprised) at finding ...; *het bevreemdt mij van hem* it surprises me in him; **bevreemdend** surprising; **bevreemding** surprise, astonishment

bevreesd afraid; *~ voor* afraid of [ghosts], apprehensive of [danger]; (*bezorgd*) afraid (apprehensive) for; **bevreesdheid** fear, apprehension

bevriend friendly [nation], on friendly terms, intimate; *~e firma* business connection; associated company; *~ zijn* (*raken*) *met,* (*ook*) be (get) friendly with; ~ *worden* become friends; ~ *worden met* make friends with

bevriezen freeze (*ook v rekeningen, saldi, enz*), congeal; (*doodvriezen*) freeze to death; (*met ijs bedekt worden*) freeze (be frozen) over (up); (*v aardappelen, enz*) become frosted; (*doen, laten*) ~ freeze; *zie ook* bevroren; **bevriezing** freezing (over), congelation

bevrijden free [from, of], deliver [from], rid [of the malaria mosquito]; (*in vrijheid stellen*) set free, set at liberty, release, liberate; (*redden*) rescue; (*v sociale beperkingen, enz*) emancipate [women, slaves]; *zich uit een netelige situatie* ~ extricate o.s. from ...; *zich ~ van, bevrijd raken van* get rid of, rid (free) o.s. from; *bevrijde slaven* freed slaves; *ik voel me bevrijd van een last* I feel relieved of a burden; **bevrijder** deliverer, liberator, rescuer; **bevrijding** liberation, deliverance, release; rescue; emancipation; **bevrijdingsbeweging** liberation movement; **bevrijdingsoorlog** war of liberation; **bevrijdingstheologie** liberation theology

bevroeden 1 (*inzien*) understand, realize; 2 (*vermoeden*) suspect, divine

bevroren frozen [ground, meat; assets, credits], frosty [road], frost-bitten [nose], frosted [potatoes, wheat, window-panes], frozen-up [water-pipes]; *de rivier is* ~ the river is frozen over

bevruchten impregnate, fecundate, fructify; (*plantk*) fertilize; **bevruchting** impregnation, fecundation, fructification; fertilization; *kunstmatige* ~ artificial insemination, (*reageerbuis~*) in-vitro fertilization; *wederzijdse* ~ cross-fertilization

bevuilen dirty, soil, befoul; *zie ook* nest; *zich* ~ dirty o.s., get o.s. into a mess

bewaakster guardian, etc; *vgl* bewaker

bewaarder keeper, custodian, guardian; (*huis~*) caretaker; (*gevangen~*) warder; *~ der hypotheken* recorder of mortgages; **bewaarengel** guardian angel; **bewaargever** depositor, bailor; **bewaargeving** deposit, custody, bailment

bewaarheiden confirm [a rumour, suspicion], verify [a prediction, suspicion], corroborate, bear out [a statement]; *zich ~, bewaarheid worden,* (*ve voorspelling, enz, ook*) come true, materialize; *aan hem wordt bewaarheid* he illustrates the truth of ...

bewaarkluis safe deposit vault; **bewaarmiddel** preservative; **bewaarnemer** depositary, bailee; **bewaarplaats** storehouse, depository, [furniture] repository; (*voor kinderen*) day nursery, crèche; **bewaarschool** kindergarten

bewaken (keep) watch over, guard, watch [the house was being watched], monitor; *laten* ~ set a watch over; **bewaker** keeper, attendant, caretaker; (security) guard; guardian [of our interests]; (*cipier*) warder; **bewaking** guard(ing), watch(ing), security, monitoring; [intensive heart] care; *onder ~ van twee agenten* in the custody (in charge, in the charge) of ...; **bewakingsafdeling** guard and security department; **bewakingsdienst** security firm

bewallen wall in (round), circumvallate

bewandelen walk (on, upon, over), walk in [God's ways]; follow [the prescribed course]; *de gerechtelijke weg* ~ go to law, take legal proceedings; *zie ook* pad

bewapenen arm; **bewapening** armament; **bewapeningswedloop** arms race

bewaren 1 keep [a present, silence, a secret, the peace, the apples with (*bij*) the potatoes], treasure up [pleasant memories], maintain [secrecy, one's gravity, independence], keep up [appearances, standards], preserve [one's dignity, world peace, the memory of ...]; (*opslaan*) store; *dezelfde snelheid* ~ keep up the same speed; *deze appels laten zich niet* ~ these ... won't keep; *slechts enkele fragmenten zijn bewaard gebleven* only ... have been preserved; *hij is hier goed bewaard* he is quite safe (out of harm's way) here; 2 (*opzij leggen*) save, put by [money against a rainy day]; 3 (*door inmaak*) preserve; 4 (*beschermen*) protect, defend, save [*voor* from]; *een streng* (*zorgvuldig*) *bewaard geheim* a closely guarded secret; *God* (*de hemel*) *beware me!* God (Heaven) forbid!; *God beware!, bewaar me!* good(ness) gracious!; *fruit **tegen** rotten* ~ keep fruit from rotting; *bewaar me **voor** mijn vrienden!* save (preserve) me from my friends!; **bewaring** keeping, preservation, custody; (*opslag*) storage; *in ~ geven* deposit [one's bag at the station, money with (*of:* at) a bank], place in safe-keeping; *het werd mij ter ~ toevertrouwd* it was entrusted to my keeping; *in ~ hebben* have in one's keeping, hold in trust; *in ~ nemen* take charge of; *iem in verzekerde ~ nemen* take a p. into custody; *een som in gerechtelijke ~ stellen* pay a sum into court

bewasemen breathe (up)on, dim, steam; **bewassen** 1 do the washing for [a p.]; 2 wax; 3 *zie* begroeien & begroeid

bewateren irrigate, water; **bewatering** irrigation, watering

beweeg|baar movable; **-baarheid** movability; **-grond** *zie* beweegreden; **-kracht** motive power, prime mover; **-lijk** 1 mobile [mouth, features]; 2 (*levendig*) lively, mercurial [the mercurial Frenchman]; agile, nimble [mind]; 3 (*onrustig*) fidgety; 4 (*licht geroerd*) susceptible; 5 (*beweegbaar*) movable; **-lijkheid** mobility; liveliness; susceptibility; *vgl* beweeglijk; **-reden** motive, ground, inducement

beweerdelijk ostensible, alleged, pretended

bewegen I *tr* 1 (*eig*) move, stir; waggle (*of:* wiggle) [one's ears]; *~de delen* moving parts; ***zich*** ~ move, stir [not a leaf stirred], (*verroeren*) budge [don't ...]; *zich om zijn as* ~ revolve round its axis; *zich op en neer ~,* (*ve zuiger*) work up and down; *zich in hoge kringen* ~ move in fashionable circles; *zich ~ op het gebied van* be active in (the field of), be concerned with; *hij weet zich te* ~ he knows how to behave; *hij weet zich niet te ~,* (*ook*) he has no manners; 2 (*roeren*) move, stir, affect; *zie ook* traan; 3 (*ertoe brengen*) induce; *iem ~ te* ... induce (prevail (up)on, bring, get) a p. to ..., make a p. ...; II *intr* move, stir, budge; *zie* *ook* I: zich ~; **beweging** 1 motion, movement, stir; action [liberty of action]; (*natuurk*) motion; (*met hand, enz*) motion; (*lichaams~*) exercise; ~ *nemen* take exercise; ***in*** ~ *brengen* set going, set in motion, start, actuate [the fan is actuated by a small motor]; stir [the case stirred the whole country; stir public opinion]; *in* ~ *houden* keep going, keep in motion; *in* ~ *komen* begin to move, start; *in* ~ *krijgen* get (set) going; *zich in* ~ *zetten, zie* in ~ komen; *de stoet zette zich in* ~ the procession moved off; *in* ~ *zijn* be moving, be in motion, be on the move, [she is always] on the go; ***uit*** *eigen* ~ of one's own accord (free will, volition); ..., *zei hij uit eigen* ~ [I'll do it,] he volunteered; 2 (*opwinding*) commotion, excitement; (*drukte*) bustle; (*gedoe*) business; *de hele stad is in* ~ all ... is in commotion; *de wereld is in* ~ the ... is in a state of flux; 3 (*partij~*) movement; **bewegingloos** motionless

bewegings|apparaat locomotive apparatus; **-leer** kinetics, kinematics, motion study; (*communicatief*) kinesics; **-oorlog** war of movement; **-verschijnsel** motory phenomenon (*mv:* -ena); **-vrijheid** freedom of movement; **-wetten** laws of motion; **-zenuw** motor (motorial) nerve

bewegwijze|ren signpost; **-ring** signposting

beweiden graze

bewenen weep for, mourn for (*of:* over) [a p.], mourn [a loss], deplore, lament, bewail; (*dicht*) weep

beweren 1 assert, contend, maintain, claim [I don't claim to be a saint, this is claimed to be foolproof], profess [to know all details]; *ik zou niet willen* ~ ... I should not like to say ...; *horen wat hij te* ~ *heeft* hear what he has to say; *hij heeft weinig te* ~ he has little to say for himself; *hij beweert maar wat* he is talking through his neck; *te veel* ~ overstate one's case; *dit is te veel beweerd* this is saying too much; *telkens als ik iets beweer* whenever I make a statement; *wat ik beweer, is* ... my point is ...; *dat is juist wat ik beweer* that's the very point I'm making; 2 (*nog te bewijzen*) allege; *de beweerde belediging* (*inbreker*) the alleged insult (burglar); *zijn beweerde vader* his reputed father; 3 (*voorgeven*) pretend, make out [not so poor as he makes out]; **bewering** assertion, contention, allegation; *vgl* beweren

bewerkelijk laborious [piece of work, way *manier*], toilsome, hard to run; *de tuin is erg* ~ the garden needs (takes) a lot of looking after

bewerken 1 (*bearbeiden*) till, cultivate, work, farm [land]; hammer, beat [iron]; tool [leather]; process [raw materials], work on [the material on which he had to work]; work up [a subject]; (*machinaal*) machine; (*voor de pers*) edit [an author's works], compile [statistics], write up [an item of news into an interesting article]; (*opnieuw*) rewrite, revise [a dictonary]; work out [a plan, an ideal]; (*met zorg*) elaborate; (*verwerken*) work up [materials]; (*vervaardigen*) manufacture [goods]; (*vormen*) fashion, model; *bewerkte artikelen,* (*vs grondstof*) finished articles; *bewerkt* ***naar*** adapted from [the French; a novel adapted from a play]; ~ ***tot*** work up (make) into, write up into; ***voor*** *het orkest* ~ arrange for orchestra, orchestrate; *voor de film* ~ adapt [a story] for the screen, film [a play]; *voor de omroep* (*schoolgebruik*) ~ adapt for broadcasting (for (use in) schools); *voor het toneel* ~ adapt for the stage, dramatize [a novel]; 2 (*ranselen*) belabour; *iem* (*met zijn vuisten*) ~ work a p. over; 3 (*beïnvloeden*) (set to) work on [a p.], use one's influence with, operate (up)on, manage, ply [a p. with arguments, with gin]; manipulate [a p., the press, the market, public opinion]; prime, tamper with [witnesses], canvass [voters, a constituency, a district], lobby [MP's]; (*omkopen, fam*) fix, square, get at [a p.]; 4 (*veroorzaken*) cause, effect, bring about, work [a p.'s ruin], contrive [a p.'s escape]; *wat heb je erdoor bewerkt?* what have you achieved by it?; *hij wist te* ~ *dat het gedaan werd* he managed (contrived) to get it done; *zie ook* bewerkstelligen

bewerker 1 cultivator; 2 author [of the trouble, etc], originator, prime mover [of the war]; architect [of one's own downfall]; 3 editor, adapter, reviser, compiler; *vgl* bewerken; **bewerking** 1 tillage, cultivation; working; process(ing); manufacture; machining; 2 compilation; revision, [stage] adaptation, dramatization, [dramatic] version [of a novel]; (*muz*) arrangement, orchestration; (*ve roman voor film*) film (*of:* screen) version; (*rek*) operation; *in* ~ in preparation; 3 manipulation; canvassing; 4 (*afwerking*) [a box of excellent] workmanship; *vgl* bewerken; **bewerkingsteken** operator; **bewerkingstijd** process(ing) time; **bewerkstelligen** bring about, achieve, accomplish, effect [one's escape], effectuate [a change in procedure], compass [the downfall of the government], work [miracles], work out [one's own salvation]; **bewerkster** *zie* bewerker; **bewerktuigd** organic; organized; **bewerktuiging** 1 organization; 2 implementation

bewesten (to the) west of, westward of

bewieroken 1 (in)cense; 2 (*fig*) praise (*of:* laud) to the skies, adulate; **bewieroking** 1 (in)censing; 2 (*fig*) adulation

bewijs 1 proof, (piece of) evidence; *bewijzen geven* (*leveren*) *van* furnish (produce, adduce) proof (evidence) of, prove, demonstrate; *het* ~ *leveren,* (*ve bewering, enz*) make out one's case; *concreet* ~ material proof; *een doorslaand* ~ *leveren van* furnish conclusive proof of; *het is aan u om het* ~ *te leveren* the onus of proof rests with (falls on) you; *met bewijzen aantonen* demonstrate; *niet het minste* ~ not a shred of proof (of evidence); ***ten*** *bewijze waarvan* in proof (support, witness, testimony) whereof (of which); 2 (*het bewijzen*) demonstration; 3 (*~grond*) argument; 4 (*blijk*) evidence, mark [of respect], token; 5 (*~stuk*) certificate, voucher, piece of evidence, chit; (*ve dokter*) medical certificate; ~ *van deelgerechtigdheid* bonus share; ~ *van goed gedrag* certificate (*abstr:* evidence) of good character; ~ *van lidmaatschap* certificate of membership, membership card; ~ *van Nederlanderschap* certificate of

Dutch nationality; ~ *van ontvangst* receipt; ~ *van oorsprong* (*herkomst*) certificate of origin; ~ *van toegang* admission ticket; 6 *~je* trifle; *zie ook* ~stuk, aandeel, enz

bewijs|baar demonstrable, provable, capable of proof; **-baarheid** demonstrability; **-exemplaar** *zie* bewijsnummer; (*v schrijver*) author's copy; **-grond** argument; **-kracht** conclusive (demonstrative) force; **-last** burden (*of:* onus) of proof [the onus of proof rests with you], onus probandi; **-materiaal** evidence; *nieuw* ~ fresh material; **-middel** proof; **-nummer** (*ve krant*) references (*of:* voucher) copy; **-plaats** reference, (documentary) evidence (*ook: ~en*), instance, [earliest] record, passage quoted in support, authority; (*bijb*) proof text; **-stuk** 1 supporting document, (documentary, material) evidence; (*v betaling, enz*) voucher; (*v eigendom*) title-deed; 2 (*jur*) exhibit, piece of evidence; **-voering** argumentation

bewijzen 1 (*de juistheid van iets*) prove, demonstrate; establish, make out [one's claim]; substantiate, make out, make good [a charge, statement, claim]; *zich* ~ prove o.s.; *dat bewijst, dat hij* [*gelijk heeft, enz*] that proves him (to be) [right, etc], proves that he is ...; *hij bewees, dat hij er rijp voor was* he proved himself ...; *je bewijst zelf, dat je fout zit* you are wrong on your own showing; ~ *dat hij het gedaan heeft,* (*ook*) bring the charge home to him; *het te ~ punt* (*zonder meer*) *als bewezen aannemen* beg the question; *niet bewezen* not proved, not made out; (*jur in Sch*) not proven; *te ~, zie ook* bewijsbaar; 2 (*betonen*) show [kindness, gratitude, esteem], pay [attentions to: he paid her attentions], render [a service], confer [a favour, benefit] (up)on, do [a p. honour, a favour, a service], extend [a favour] to; *zie ook* 2 eer, enz

bewijzering signposting

bewilligen: ~ *in* grant, concede [a p.'s demands], consent (agree, accede) to, acquiesce in; **bewilliging** consent, acquiescence; *Koninklijke* ~ Royal Assent [to a bill], (*tot verlening van rechtspersoonlijkheid*) certificate of incorporation

bewimpelen disguise; *zie* verbloemen

bewind government, administration; *het ~ voeren* hold the reins of government; *het ~ voeren over* rule; *aan het ~ zijn* (*blijven*) be (continue) in power (*of:* office); (*weer*) *aan het ~ komen,* (*ve ministerie*) come into (return to) power; (*ve vorst*) come to the throne; *zie ook* regering; **bewindhebber** manager, administrator, director; **bewinds|man**, **-persoon**, **-vrouw(e)** (cabinet) minister, member of government; **bewindvoerder** *zie* bewindhebber; (*faillissement*) trustee, receiver (in bankruptcy)

bewogen moved [*tot tranen* to tears], affected; ~ *zijn met* pity, feel pity for; ~ *tijden* stirring (troubled, eventful) times; **bewogenheid** emotion, compassion, concern

bewolken cloud over (*of:* up), become cloudy (*of:* overcast); **bewolking** clouds; *zware laaghangende* ~ thick low cloud; **bewolkt** clouded, cloudy [*beide ook fig:* a clouded (cloudy) expression], overcast; **bewolktheid** cloudiness

bewonderaar(ster) admirer; **bewonderen** admire; **bewonderenswaard(ig)** admirable; **bewondering** admiration [*voor* for, of]; *uit ~ voor* in admiration of

bewonen inhabit, live (*of:* dwell) in [the room is not lived in], occupy, reside in; *in de bewoonde wereld terugkeren* come back to civilization; **bewoner** (*ve stad, land*) inhabitant, (*vs bezoeker*) resident; (*ve huis*) inmate, occupant, occupier, tenant; (*ve kamer*) occupant; (*v zee, woud, enz*) denizen [the denizens of the jungle]; *aan de ~ van dit pand,* (*adres*) The Occupier; **bewoning** (in)habitation, occupation; **bewoog** *ovt v* bewegen

bewoonbaar (in)habitable, (*fam*) liv(e)able; **bewoonbaarheid** (in)habitableness, liv(e)ableness, habitability; **bewoonster** *zie* bewoner

bewoorden word, put into words, express; **bewoording(en)** wording, terms, phrasing; *in gebiedende bewoordingen vervat* peremptorily worded; *in gepaste bewoordingen* in appropriate terms, fittingly expressed

bewust 1 conscious [actions, etc]; [ecologically, socially] aware; ~ ***maken*** *van* alert to; *zich ~* ***zijn*** *van* be conscious (aware, sensible) of, be awake (alert) to [dangers], be alive to [one's responsibilities], appreciate [the gravity of one's words]; *zich van geen kwaad ~ zijn* not be conscious of having done any wrong; *zich ~* ***worden*** *van het feit, dat ...,* (*ook*) wake up (come alive, be alerted) to the fact that ...; *ik werd het mij ~* I became conscious (sensible) of it, it came home to me, it was borne in (up)on me, it dawned (*plotseling:* flashed) (up)on me; 2 (*bw: met opzet*) knowingly [make a false declaration]; ~ *of onbewust zondigen* sin wittingly or unwittingly; 3 [the letter, etc] in question

bewuste|loos unconscious, insensible, [the blow laid him] senseless; *volkomen* ~ in a dead faint; *half* ~ semi-conscious; *iem ~ slaan* knock a p. out (senseless), stun a p.; **-loosheid** unconsciousness

bewust|heid consciousness, awareness, (full) knowledge; *met* ~ knowingly, consciously, wittingly; **-wording** becoming conscious (aware), awakening of [national etc] consciousness; **-wordingscampagne** awareness campaign

bewustzijn consciousness, awareness, (full) knowledge; *bij zijn* ~ conscious; *buiten* ~ unconscious; *in het ~ van mijn onschuld* in the consciousness of my ...; *het ~ verliezen* lose consciousness, pass out; *weer tot ~ komen* recover (regain) consciousness; **bewustzijnsgraad** level of awareness; **bewustzijnsveranderend** psychedelic; **bewustzijnsvernauwing** restricted awareness

bezaaid (*her*) semé(e) [*met* of], powdered [with fleurs-de-lys]; **bezaaien** sow, seed; (*fig*) sow, (be)strew, stud [studded with stars, islands], dot [dotted with flowers], litter [a table littered with papers]; ~ *met gras* (*tarwe*) seed to grass (wheat); *met sterren bezaaid* star-spangled

bezaan 1 (*mar*) miz(z)en; 2 ~(*leer*), (*vglb*) roan; **bezaansmast** miz(z)en-mast; **bezaansschoot**: *de ~ aanhalen,* (*borrelen*) splice the mainbrace

bezadigd sober-minded, staid, cool-headed, level-headed, thoughtful, steady, sedate, dispassionate [views]; *meer ~e leiders,* (*ook*) more moderate leaders; **bezatten** *zie* bedrinken

bezegelen seal [*ook fig:* his fate is sealed), put (set) the seal (up)on [a p.'s success]; cement [a friendship]

bezeilen sail [the seas]; *er is geen land* (*haven*) *met hem te ~* there's no doing anything with him; *een goed* (*slecht*) *bezeild schip* a good (bad) sailer

bezem broom, (*v twijgen*) besom; *nieuwe ~s vegen schoon* a new broom sweeps clean; *de ~ erdoor halen* (*met ~en keren*) make a clean sweep (of); **bezemen** sweep; *iem de deur uit ~* turn a p. out; **bezemheide** common heath, ling; **bezem|steel**, **-stok** broomstick, -handle; **bezemwagen** sag waggon; *in de ~ belanden* give up, drop out

bezending consignment; *de hele ~* the whole lot; (*sl*) the whole caboodle

bezeren hurt, injure; *zich ~* hurt o.s.

bezet 1 (*v plaats*) taken [is this seat taken?], engaged; *de zaal was goed* (*slecht*) *~* there was a good (thin, poor) attendance; *geheel ~,* (*ve hotel, enz*) full up; *de kerk was tot de laatste plaats ~* the church was filled to the last seat [to capacity, every seat was filled]; *goed ~te schouwburg* well--filled house; *dicht ~* [the benches were] packed; 2 (*v persoon*) busy; (*v persoon, tijd, enz*) occupied, engaged; *ik ben zeer ~* my time is very much taken up; *ik ben* (*vanavond*) *~* I have an engagement (*fam:* am booked, fixed up) for tonight, am otherwise engaged, have an engagement elsewhere; *ik ben de hele week ~* I am tied up all the week; *al mijn avonden zijn ~* are booked up; *druk ~te dag* very full (*of:* crowded) day; 3 set, stuck [with pearls, diamonds], [diamond-] studded; 4 (*mil*) occupied, under occupation; *ze hielden de stad ~* they held the town; *door de Duitsers ~te landen* German-occupied countries; 5 *de rol is goed ~* the part is well filled; *de rollen zijn goed ~* there is a good (*of:* strong) cast; *een goed ~ orkest* a beautifully balanced orchestra; 6 *na ~te tijd* after closing-time, after hours; 7 (*telec*) [the line is] busy, engaged

bezeten possessed [by the devil]; obsessed [by a fixed idea]; *als een ~e* [go on] like one possessed, like mad (a madman); *als ~en* like mad(men); **bezetenheid** demoniacal possession, madness

bezetsel facings; **bezetten** 1 take [seats], set [a chessboard with pieces, a ring with jewels], line [a road with trees], occupy [a town, university building], garrison, man [the posts, the frontier], cast [a play, the parts of a play], fill [an office, a vacancy], hold [a post, a university chair]; 2 (*mar: omwoelen*) serve [a rope]; *zie ook* bezet; **bezetter**: *de ~,* (*1940-45, enz*) the occupying power

bezetting 1 occupation [of a town], (*manschappen*) garrison; *een ~ leggen in* garrison [a town]; (*bedrijfs-, enz*) work-in, sit-in; 2 filling [of an office]; 3 (*theat*) cast [of a play]; (*ve orkest*) strength; complement [a total complement of 120]; (*personeels~*) staffing, (*v bedrijf*) workforce

bezettings|graad load factor; **-leger** army of occupation, occupying force(s); **-staking** stay-in (sit-down) strike; **-troepen** *zie* -leger

bezettoon (*telec*) engaged tone

bezichtigen (have a) look at, view, look round [a town; *fam:* do a town (the sights)], inspect, go over, see (over) [a house]; *te ~* on view, on show; (*handel*) on view; **bezichtiging** view, inspection; *ter ~* [be] on view, on show, [send] for inspection; **bezichtigingsbriefje** order to view

bezie berry; *zie ook* bes

bezield 1 (*levend*) animate [nature]; 2 (*levendig*) animated, inspired [orator], impassioned [language]; *met één geest ~* united in spirit; *met de edelste voornemens ~* actuated by the most honourable intentions; *het werk is met deze geest ~* the work is infused with this spirit; **bezielen** inspire, inspirit, animate, imbue [with the spirit of ...]; *wat bezielt je toch?* what ever has come over you (has got you, possesses you)?, (*fam*) what's biting (bitten) you?; **bezielend** inspiring [music, leadership], stirring [song], swinging [tune], rousing [speech]; **bezieling** animation, inspiration

bezien *zie* bezichtigen; *het staat te ~* it remains to be seen; *dat staat nog te ~,* (*ook*) I have my doubts; *zie ook* bekijken, beschouwen & zicht

bezienswaardig worth seeing (looking at); **bezienswaardigheid** object (place) of interest; showplace; (*mv ook*) [the] sights [of London], (local) places of interest

bezig busy, engaged, occupied; (*druk*) *~* (hard) at work [*met iets* on s.t.], (hard) at it; *hij is ~ alcoholist te worden* he is in process of becoming an alcoholic; *hij was weer ~* he was at it again; *~ zijn* ***aan*** (***met***) *iets* be at work (engaged, employed) on s.t., work at s.t. have a thing in hand, be doing [a room, geometry, etc], be occupied in [writing]; *~ met het bouwen van een kerk* engaged in building ...; (*druk*) *~ met pakken* (busy) packing; *~ een onderzoek in te stellen* (busy) making inquiries; *~ met het laatste gerecht* engaged on the last course; *lang ~ met* [she was] a long time over [her toilet]; *nu ik er toch mee ~ ben* while I am about it, while I am on the subject; *wij zijn ~ met uw jas* your coat is in hand; *ze is ~ in de huishouding* she is attending to her household duties; *zie ook* ~houden; **bezigen** use, employ

bezigheid 1 occupation, employment, business; *zijn* (*dagelijkse*) *-heden* his (daily) pursuits, his work; *ik heb -heden* I am engaged, my time is taken up; 2 (*het bezig zijn*) busyness; **bezigheidstherapie** occupational therapy

bezighouden keep [a p.] at work (*of:* busy); hold, engage [a p.'s attention]; (*prettig*) *~* amuse, keep [the children] amused, entertain; *die gedachte hield mij* (*mijn geest*) *bezig* this ... exercised me, occupied my mind; *zich ~ met* occupy (*of:* busy) o.s. with [one's letters, etc], be employed in [reading], be engaged in [teaching], engage in [trade], go about [one's business]; *hoe hou je je ... bezig?* what do you do with yourself all day?; *zie ook* bemoeien

bezijden beside, at the side of; *dat is ~ de waarheid*

that is beside the truth

bezingen sing (of), celebrate (in song)

bezinken 1 settle (down); *doen ~* precipitate [a sediment], deposit [silt]; 2 (*fig*) [let one's arguments] sink (*of:* soak) in (into a p.'s mind), [let a remark] take effect; **bezinkingssnelheid** sedimentation rate; **bezinkput** (*op olieterrein*) settling-tank; **bezinksel** deposit, sediment, (*v wijn, enz*) lees, dregs, (*v koffie*) dregs, grounds; (*chem*) precipitate

bezinnen reflect; *bezint eer gij begint* look before you leap; (*v gedachten veranderen*) change one's mind, think better of it; *zonder zich een ogenblik te ~* without a moment's thought (consideration); *zich op iets ~* reflect on s.t., consider s.t. (carefully); *de regering moet zich eens goed ~* the government must do some hard thinking; **bezinning** reflection; *nadere ~* double take; *tot ~ komen* come to one's senses; *zijn ~ verliezen* lose (take leave of) one's senses, lose (*niet verliezen:* keep) one's head; *tot ~ komen* (*brengen*) come (bring) to one's senses (*komen, ook:* sober up; *bracht plotseling:* [her voice] brought him up sharp); **bezinningsperiode** cooling-off period, time for (further) reflection

bezique id

bezit possession; (*eigendom*) property; (*jur*) tenure; (*v aandelen, enz*) holding(s) [his wheat holdings]; (*vs schulden*) assets; (*fig ook*) asset [a valuable asset; the greatest asset of the party]; ***in** het ~ zijn van* be in possession (be possessed) of [all the facts, etc], be in the possession of [the castle was in the possession of ...], enjoy [fairly good health]; *zie ook* geestvermogens; *wij zijn* (*kwamen*) *in het ~ van uw brief* we are in receipt of your letter; *in het ~ geraken* (*komen*) *van iets* come into possession of, obtain (get, gain) possession of s.t.; *het huis ging over in het ~ van N...* the house passed into the ownership of ...; *het raakte in mijn ~* it came into my hands; *hij kwam in het ~ van ...* he came into [his mother's money], entered (up)on [his estate]; *ik ben in het gelukkige ~ van ...* I am fortunate in having ...; *in ~ nemen* take possession of; *iem in het ~ stellen van* put a person in possession of; ***uit** het ~ stoten* (*van*) dispossess (of), oust (from, of); *een El Greco uit Nederlands ~* from a Dutch collection; **bezitloos** unpropertied; **bezitneming** occupation, occupancy; (*wederrechtelijk*) usurpation; **bezitsaanmatiging** usurpation; **bezitsrecht** ownership, right of possession; tenure right(s) [natives may sell their tenure rights]; **bezitster** proprietress, owner; **bezittelijk** possessive [pronoun]; **bezitten** possess, own, have; be worth [a million pounds]; *zie ook* bezit: in het ~ zijn van; **bezittend** propertied, property-owning, moneyed; *niet ~d* unpropertied [classes]; **bezitter** owner, possessor, proprietor; holder [of the cup, the trophy]; *zie ook* zalig; **bezitterig** possessive; **bezitting** property (*ook: ~en*), possession; (*landgoed*) estate, property; (*ve rijk*) possession, colony; *~en,* (*vs schulden*) assets; *zijn ~en,* (*roerende goederen, 'spullen'*) his (personal) effects, his belongings; *~en hebben* have (own) property

bezoarsteen bezoar

bezocht: *druk ~* well-attended, crowded [meeting; there was a good attendance], much frequented [place]; *slecht ~* poorly attended [meeting]; *een* [*door kunstenaars enz*] *veel ~e plaats* a haunt [of artists, etc]; *zie ook* bezoeken

bezoden sod, turf

bezoedelen stain, soil; sully [a p.'s name], tarnish [one's reputation], bespatter [with mud], besmirch [a p.'s honour]; defile, pollute, contaminate; *~ met,* (*ook*) imbrue [one's hands, sword, etc] in [crime, blood, etc]; **bezoedeling** staining, etc, *vgl* bezoedelen; defilement, pollution, contamination

bezoek 1 visit [*aan Londen* to London]; (*kort en vormelijk*) call; (*ve school, enz*) attendance [at school, at a meeting; a large (small) attendance (of visitors)]; *herderlijk ~* pastoral visitation; *geen ~* no visitors; (*bij sollicitatie*) canvassing disqualifies (will be a disqualification); *een ~ afleggen* (*brengen*) pay a visit (a call) [*bij* to], (make a) call [at the Foreign Office]; *ik kom je morgen een ~ brengen* I will come and see you tomorrow; *een ~ beantwoorden* return a visit (a call); *~ ontvangen* receive visitors; *wij ontvangen heden geen ~* we are not at home to-day; ***op** ~ zijn* (*komen*) be (come) on a visit (visiting) [*bij* to]; (*even aankomen*) drop in [*bij* on], (*langskomen*) drop by; *dank u **voor** uw ~* thank you for coming (for calling); *hij kwam voor een zesdaags ~* he arrived on a six--day visit; *zie ook* visite; 2 (*personen*) visitors, company [there is company], (*fam*) people [have people]; **bezoekdag** (*in inrichting*) visiting day; (*thuis*) at-home (day); **bezoeken** 1 visit [*ook v ziekte, enz:* be visited with (by) the plague], pay a visit to, go to see, call (up)on [a p.], call at [a p.'s house]; *zie ook* bezoek: op ~ komen; 2 (*bijwonen*) attend [church, school, a meeting, lecture, etc]; (*veelvuldig*) haunt [auction rooms]; 3 (*v geesten*) haunt; (*beproeven*) afflict, try, (*bijb*) visit [the sins of the parents are visited on the children]; *zie ook* bezocht; **bezoeker** 1 visitor [*van* to, of], caller, guest; 2 (*kerk, schouwburg, concert*) church-, theatre-, concert-goer; (*geregeld*) frequenter, patron [of theatres, etc]; *aantal ~s,* (*ook*) attendance, (*betalend*) gate [at a soccer match]; **bezoeking** [the Black Death was a] visitation, trial [you're a trial to me], affliction; **bezoekrecht** visiting rights; **bezoekregeling** visiting arrangement; **bezoekster** visitor, etc; *vgl* bezoeker; **bezoek|tijd, -uur** visiting hour(s)

bezoldigen pay; *door mij bezoldigd,* (*ook*) in my pay; **bezoldiging** pay, salary, stipend; *de ~ der zonde is de dood* the wages of sin is death

bezondigen: *zich ~* sin [*jegens God* against God]; (*aan iem*) wrong [a p.]; (*aan iets*) be guilty [of calumny, etc], perpetrate [jokes, puns]; *daar zal ik mij niet aan ~* I will jolly well keep off it; *hij bezondigt zich niet aan optimisme* optimism is not one of his failings

bezonken (*fig*) well-considered [opinion], mature [thoughts]; **bezonnen** level-headed, steady, staid, sedate, sober-minded; **bezonning** insolation

bezopen 1 boozed, plastered, soused; 2 (*fig*) crackpot [idea], ludicrous [sight], [you're] daft, crackers, off your nut

bezorgd 1 anxious [look], apprehensive, uneasy, concerned [air *voorkomen;* speak in a concerned voice]; ~ *voor* anxious (uneasy) about, solicitous about (for), apprehensive for, jealous of [one's good name], considerate of [others]; ~ *zijn voor,* (*ook*) fear for [a p.'s life]; ~ *over* concerned at [the life he leads], for [your safety]; *zich ~ maken over* worry (fret, be troubled) about; *je hoeft je er niet ~ over te maken* you need not let it worry you; *maak je niet ~* don't worry; 2 (*goed*) ~ *zijn* be well provided for, well off, left comfortably off; (*opgeborgen*) out of harm's way; (*getrouwd*) settled; **bezorgdheid** anxiety, uneasiness, concern, apprehension, solicitude [out of solicitude for him], misgiving

bezorgen 1 (*verschaffen*) procure [a p. a thing, a thing for a p.], get [a p. a place, a job, it gets my house a bad name], find [I'll find you the money, a job, somewhere to live], gain, win [it won him many friends, fame, speedy promotion], earn [it earned for him the nickname of ...]; cause, give [the police a lively time], put [a p.] to [a lot of trouble]; *iem een baantje ~,* (*fam*) fix a p. up with a job; *zichzelf een complex ~* bring a ... (up)on o.s.; *zie ook* fonds, enz; 2 (*bestellen*) deliver [parcels, etc at a p.'s house; meat is brought to the door]; *zal ik het laten ~?* would you like it to be delivered?; 3 (*zorgen voor*) attend to, effect [insurance]; *Meneer K kan uw passage ~* Mr K can arrange for your ...; *zie ook* bezorgd, druk, enz; **bezorger** 1 deliverer, delivery man, etc; bearer [of a letter, etc]; [baker's, etc] (rounds)man; 2 (*ve tekst*) editor; **bezorging** delivery [of letters, etc]

bezuiden (to the) south of, southward of

bezuinigen economize [*op* in, on], retrench (expenses), reduce (curtail, cut down) expenses, skimp; (*in de staat, enz, fam*) make cuts; *waar*(*op*) *kan bezuinigd worden?* where can a saving be effected?; *niet verder kunnen ~* be down to the bone; **bezuiniging** economy, retrenchment, cut(s) (in expenditure); *~en tot stand brengen* effect (achieve) economies (savings), economize; *afschaffen* (*aan de dijk zetten*) *ter ~,* (*fam*) axe; **bezuinigingsmaatregel** economy measure

bezuipen: *zich ~* fuddle o.s.; *zie verder* bedrinken

bezuren suffer (smart, pay) for [s.t.]

bezwaar 1 objection, difficulty, (*gewetens~*) scruple; *~* ***hebben*** *tegen* object to, take exception to; *hebt u er ~ tegen, als ik rook?* do you mind if I smoke (my smoking)?; *maar ik heb ~ tegen* ... but I draw the line at ...; *bezwaren hebben* (***maken***) raise (make, lodge) objections, have one's scruples, make difficulties, demur (to, at); *op bezwaren stuiten* encounter difficulties; 2 charge; ***buiten*** *~ van 's Rijks Schatkist* without cost to the State; 3 (*schaduwzijde*) disadvantage, drawback [the plan has its drawbacks]; **bezwaard** 1 weighted, loaded [with lead]; burdened [with guilt, debts]; [feel] oppressed; *met ~ gemoed* with a heavy heart, with a troubled conscience; *zich ~ gevoelen te* ... scruple to ..., have scruples about ...ing; *ik voel er mij over ~* it weighs (up)on me, it lies on my conscience; *ik voel mij ~ door* ... I feel embarrassed by [his generosity]; *ieder die zich ~ acht door een belastingaanslag* any person aggrieved by any assessment; 2 (*met hypotheek*) encumbered (with a mortgage), mortgaged [*zeer ~* heavily mortgaged]; *~ eigendom,* (*jur*) onerous property; *zie ook* bezwaren; **bezwaarde** 1 objector; 2 fiduciary heir; **bezwaarlijk** I *bn* hard, difficult; II *bw* with difficulty, [I can] hardly [believe it], [I could] not very well [comply with his request]; **bezwaarschrift** petition, notice of objection; (*tegen belasting*) appeal [from assessment]; *tengevolge van een ~ werd zijn verkiezing ongeldig verklaard* he was unseated on petition

bezwadderen (*fig*) besmirch, bespatter [a p.'s fair name]; **bezwalken** stain, sully, tarnish, cast a slur on [a p.'s name]; **bezwangerd** laden (filled, heavy) [with odours, smoke]; (*met rook, ook*) smoke-filled

bezwaren 1 weight, load; (*vooral fig*) burden; *de maag ~* lie heavy on the stomach; *het gemoed, enz ~* weigh (lie, lie heavy) on the mind (one's conscience); *het geheugen ~* burden the memory; *dat bezwaart mij te veel* (*kan er niet af*) I cannot afford it; *ik wil hem niet nog meer ~* I won't make it worse for him than it is; 2 (*belemmeren*) handicap; 3 (*met hypotheek*) encumber (with a mortgage), mortgage; *zie ook* bezwaard; **bezwarend** aggravating [circumstances], incriminating [evidence], damaging [facts, statements]; *~de voorwaarden* onerous terms

bezweek *ovt van* bezwijken

bezweet perspiring, sweating [with sweating brow], in a perspiration (a sweat); *geheel ~* bathed in perspiration, (*fam*) all of a sweat

bezwendelen swindle, cheat, diddle

bezweren 1 (*onder ede bevestigen*) swear [I swear it, I swear that ...], swear to [it], make oath, take (swear) an oath [that ...]; 2 (*smeken*) adjure, conjure [kən'dʒuə]; 3 (*bannen*) exorcize, lay [a ghost, a storm]; charm [snakes]; allay [a storm, panic, tumult]; ward off [danger]; (*oproepen*) conjure ['kʌn(d)ʒə] up, raise [spirits]; **bezwering** 1 swearing; 2 adjuration; 3 exorcism; *vgl* bezweren; **bezwerings|formule**, **-formulier** incantation, charm, spell

bezwijken succumb [*aan zijn wonden, enz* to one's wounds, a disease]; succumb, yield [*voor de overmacht, verleiding* to superior numbers, to temptation]; die [*aan koorts* of fever]; sink, give (way), break down, collapse [*onder een last* beneath (under) a load; the ice, his strength, gave way]

bezwijmen faint (away), swoon; **bezwijming** swoon, faint, fainting-fit

b.g. afk van *begane grond* ground floor; **b.g.g.** afk van *bij geen gehoor* if no answer, ...; **b.h.** bra

bi 1 bi(sexual); 2 *zie* bie; **biais|band**, **-lint** bias binding; **biatlon** biathlon

BIB afk van *Bank voor Internationale Betalingen*

Bank of (for) International Settlements
bibber(atie): *de* ~ the shivers, the shakes; **bibberen** shiver [with cold], tremble, shake [with fear]; *zie ook* beven & (t)rillen; **bibberfactor** wind-chill factor; **bibberig** shivery, trembling, quivering [voice]
bibelot knick-knack
biblio|bus mobile library, (*Am*) bookmobile; **-fiel** bibliophil(e); **-graaf** bibliographer; **-grafie** bibliography; **-grafisch** bibliographic(al); **-logie** bibliology; **-maan** bibliomaniac; **-manie** bibliomania; **-thecair** library [work]; **-thecaresse**, **-thecaris** librarian; **-theconomie** library administration; **-theek** [public, university, private, special] library; **-theekwetenschap** librarianship, (*Am*) library science
biblist id, biblical (*of:* bible) scholar; **biblistiek** biblical studies
bibs bottom, seat
bicarbonaat bicarbonate [of soda], hydrogen carbonate; **biceps** biceps; **biconcaaf** biconcave; **biconvex** id; **bicultureel** bicultural
bidbankje prayer desk, prie-dieu; **biddag** day of prayer
bidden 1 pray, say one's prayers; (*vóór of na maaltijd*) say grace; *het onzevader* ~ say the Lord's Prayer; *tot God* ~ pray to God; *God* ~ *om* pray (to) God for ...; *ik bid de Hemel, dat* ... I pray to Heaven that ...; *er werd gebeden* (*om vrede, voor de koning*) prayers (for peace, for the King) were offered in the churches; *~de roofsprinkhaan* praying mantis; 2 (*smeken*) pray, beseech, implore; (*ve hond*) beg; *na lang* ~ (*en smeken*) after a good deal of entreaty; *ik bid u te* ... I pray you to ...; *hij laat zich niet* ~ he does not need much pressing (need to be asked twice); 3 (*v roofvogel*) hover; **bidder** 1 prayer; 2 (*aanspreker*) undertaker's man
bidet id; **bidon** water bottle; **bidonville** shanty town
bidprentje 'In Memoriam' card; **bidsnoer** rosary; **bidsprinkhaan** praying mantis; **bidstoel** prie-dieu (chair); **bidstond** prayer meeting; (*tijdens oorlog, enz*) intercession service
bie: *niet zo* (*bijster*) ~ nothing to be proud of
bieb library
biecht confession; *te* ~ *gaan* go to confession [she had been to confession], confess; *bij de duivel te* ~ *gaan* seek help from the wrong person; ~ *horen* hear confession; ~ *spreken* confess; *iem de* ~ *afnemen*, (*fig*) put a p. through his catechism; **biechteling** confessant, penitent; **biechten** confess, take (go to) confession; **biechtgeheim** seal of confession; **biechtstoel** confessional (chair, stall, box); **biechtvader** (father) confessor
bieden 1 offer [money, one's arm], afford [a fine view], present [no difficulty]; *iem de hand* ~ hold out one's hand to a p.; [*hardnekkig*] *weerstand* ~ offer, put up [a stubborn] resistance, resist; *zie ook* aanbieden, hoofd, enz; 2 (*op verkoping*) bid [a price]; ~ *op* (make a) bid for; *meer* (*minder*) ~ *dan iem* outbid (underbid) a p.; **bieder** bidder; **bieding** bid(ding); **biedkoers** 1 buying rate; 2 rate of exchange; **biedprijs** offered price
bief *zie* biefstuk; **biefburger** beefburger; **bieflap** steak; **biefstuk** fillet steak (*vd haas*), rumpsteak
biels (wooden) sleeper(s), (*Am*) tie
bier beer, ale; *~tje* [have a] beer [a few beers]; *bitter* ~ bitter; **bierazijn** malt vinegar, alegar; **bierblikje** beer can; **bierbrouwer** (beer-)brewer; **bierbrouwerij** brewery; **bierbuik** potbelly (*ook pers*); **biergist** brewer's yeast; **bierglas** beer-glass; **bierhuis** beerhouse [keeper]; **bierkaai**: *het is vechten tegen de* ~ it's labour lost, it's fighting a losing battle; **bierkan** tankard, pewter pot; **bierkelder** beer-cellar; **bierkroes** *zie* bierpul; **bierpomp** beer engine (*Am:* pump); **bierpul** beer-mug, tankard; **biertapperij** *zie* bierhuis; **bierviltje** beer mat, drip-mat
bies 1 (bul)rush; *zijn biezen pakken* (pack up and) clear out, hook it, make o.s. scarce; 2 (*op kleren*) piping, facing; (*op gebak*) piping; (*rand*) border; (*sierlijn*) ornamental line (stripe); *met rode biezen* piped with red; **bieslook** chive(s)
biest beestings, (*wtsch*) colostrum
biet beet; (*rode* ~) beetroot [as red as a beetroot], (*Am*) red beet; (*snij~*) chard; (*voeder~*) mangel, mangold; *geen* ~ damn-all; *mij(n) een* ~ (I) couldn't care less; **bietebauw** bogey, ogre; **bietekroot** (red) beetroot; **bietencampagne** beet-lifting (season); **bietenstroop** beet syrup
bietsen (*sl*) 1 (*bedelen*) cadge; 2 (*klaplopen*) sponge, lig; 3 (*inpikken*) pick up, scrounge
bietsuiker beet sugar
biezen I *bn* rush; ~ *kistje*, (*Exod. 2:3*) ark of bulrushes; ~ *stoel* rush-bottomed chair; II *ww* pipe [a cake, dress], stripe; **biezonder** *zie* bijzonder
bifocaal bifocal; *vgl* dubbelfocusbril
bifurcatie bifurcation
big young (little) pig, piglet, pigling
bigamie bigamy; **bigamist(e)** bigamist
bigarreau id
biggekruid (*plant*) cat's-ear; **biggelen** trickle; *de tranen* ~ *haar over de wangen* tears trickle down her cheeks; **biggen** *ww* 1 farrow, cast pigs; 2 *erdoorheen* ~ elbow (work) one's way through
bigot bigoted; **bigotterie** bigotry
1 bij *zn* bee; *de ~tjes en de bloemetjes* [know about] the birds and the bees
2 bij I *vz* 1 (*plaats, situatie*) by, near, with; ~ *Londen* near London; ~ *het venster* at (by, near) the window; *kom* ~ *mij* come to me; *ik ben net* ~ *u geweest* I've just been round to see you; *hij woonde* ~ *hen* he lived with them, at their house; *ik had iem* ~ *me* I'd got someone with me; ~ *het vuur zitten* sit by (beside) the fire; *een stoel* ~ *het vuur trekken* draw a chair (up) to the fire; *doe het kaartje* ~ *de bloemen* place (put) the card with ...; *de beschrijving* ~ *de tekening* the description accompanying ...; *leg je bagage* ~ *die van* ... place (put, lay) your luggage with that of ...; *de slag* ~ *Waterloo* the battle of W; *we zijn verzekerd* ~ *Lloyd* we ... at Lloyd's; ~ *het leger, enz* in the Army, the Navy, the artillery; ~ *de Romeinen* with the Romans; ~ *Shakespeare* in S; *butler* ~ *Lord A* butler to ...; *hij is* (*iets*) ~ *de douane* he

is (something) in the Customs; *werkzaam zijn ~ een firma* be (work) with a firm; *hij is ~ de Times* he is on the T; *je bent niet met je gedachten ~ je werk* your mind is not on ...; *zie ook* spoor; *ik heb geen geld (lucifers) ~ mij* I have no money with (*of:* about) me (no match on me); *een overjas ~ zich hebben* carry an overcoat; *~ de hand* [take a p.] by the hand; 2 (*tijd*) during [a conversation I had]; *~ mijn bezoek* during (on the occasion of) my visit; *~ mijn bezoek aan het museum* when visiting the ...; *~ een kop thee* [discuss the matter] over a cup of tea; *~ zijn werk* [fall asleep] over one's work; *~ dag (nacht)* by day (night); *~ avond* in the evening, at night; *~ uw volgend bezoek* on your next visit; *~ zijn dood* at his death; *~ zijn leven* during his life(time); *~ achten* nearly (close on, upon) eight (o'clock), getting (going) on for eight; *~ de zestig* close on sixty; 3 (*omstandigheid*) with, in, at, on; *~ mijn ontbijt* [I take tea] with my breakfast; *~ een oostelijke wind* with ...; *~ het oversteken* in crossing; *~ koud weer* in ...; *~ de tweede poging* at the second attempt; *~ het scheiden* at parting; *~ deze woorden* at these words; *~ ontvangst (zijn aankomst, terugkeer)* on receipt (his arrival, return); *er zijn twee partijen ~ een verzekering* there are two parties to ...; *~ deze plannen (moet men erop letten ...)* when making these plans ...; *~ het spelen* while playing; 4 (*vergelijking*) to, by; *dat is niets ~ wat ik weet* that is nothing to what I know; *zes voet lang ~ vijf breed* six feet long by ...; *~ Duitsland is Nederland klein* in comparison (as compared) with ...; *zie ook* af, konijn, spin, enz; 5 (*met behulp van, door*) by [proclamation, gaslight]; *er niets ~ winnen (verliezen)* gain (lose) nothing by it; *geld verliezen ~ een transactie* lose money over a ...; *~ haar eerste man* [a child] by her first husband; *~ God (de Hemel, enz)* by God (Heaven, etc); *~ God is alles mogelijk* all things are possible with God; [*niet genoeg licht*] *om ~ te zien* to see by; *~ de radio* [dance] to ...; *zie ook* gelegenheid, mond, noemen, vergissing, enz; 6 (*distributief*) by, in; *~ honderden* by (*of:* in) hundreds, by the hundred; [they went there] in their hundreds; [*ze kwamen*] *~ een en twee tegelijk* in ones and twos; *~ het gewicht, het dozijn, het pond* [sell] by weight, the dozen, the pound; *~ de week* [take a room] by the week; 7 (*ondanks:*) *~ al zijn rijkdom is hij niet gelukkig* with all his riches he ...; 8 (*in geval van:*) *~ ongelukken* in (the) case of accidents; *~ niet-slagen* in the event of failure; *~ (nauwkeurig) onderzoek* on (a close) examination; *~ deling door 5* when divided by 5; *~ de minste storing zou de kabel vallen* with the least disturbance ...; 9 *ik dacht ~ mijzelf* I thought to myself; II *bw hij was er ~,* (*tegenwoordig*) he was present, was there; *er waren twee dokters ~* there were two doctors in attendance; *als er niemand ~ is* when nobody is by; *wees blij, dat je er niet ~ bent* you're well out of it; *een bedankje was er niet ~* not (never) so much as a thank-you (a word of thanks); *wij zijn er ~,* (*fig*) we're in for it, we're for it [wiə'fɔrit], the game is up; *ze was er met haar gedachten niet helemaal ~* she had only half her mind on it; [*twintig is*] *er dichter ~* nearer the mark; *er het eerst ~ zijn* get in first; *er wat ~ verdienen* add to one's income, make a little on the side; [*zij prees hem*] *waar hij ~ was* to his face; *de* ***boeken*** *zijn niet ~* the ... are not up to date; *hij is ~* he is with it; *hij is* ***goed*** *~* he has his wits about him; *hij is goed ~ in dat vak* he is well up (*fam:* well clued up) in that subject; *ik ben nog niet ~* I am still behind [with my work, rent, etc]; *ze is weer ~(gekomen)* she has come round; *zie verder* kas, kunnen, zitten, enz

bijaccent secondary accent; **bijaldien** if, in case; **bijbaantje** sideline, additional job; (*'s avonds*) *een ~ hebben,* (*fam*) moonlight; **bijbal** epididymis; **bijbedoeling** ulterior motive (design, purpose); (*pol ook*) hidden agenda; *hij heeft een ~,* (*ook*) he has an axe to grind; *met de ~ dat ...* with the implication that ...; **bijbehorend** associated [material], accompanying [instructions], companion [volume], belonging to it (them, etc); *met ~e ...* [chairs with sofa, dress with hat, notepaper with envelopes] to match; *~e,* (*ve kous, enz*) [its] fellow, twin

bijbel Bible; [the socialists'] bible; [a large, heavy] tome; *zie ook* zweren; **bijbelboek** book of the Bible; **bijbelgeleerde** Bible- (biblical) scholar; **bijbelgenootschap** Bible-society; **bijbelkennis** scriptural knowledge; **bijbelkritiek** biblical criticism; **bijbelleer** scriptural doctrine; **bijbellezing** Bible reading; **bijbelplaats** scriptural passage, text (from the Bible); **bijbels** biblical, scriptural; *~e geschiedenis* sacred history

bijbel|spreuk biblical text; **-taal** biblical language; **-tekst** Scripture-text; **-uitlegger** expounder of Scripture, (biblical) exegete, exegetist; **-uitlegging**, **-uitlegkunde** (biblical) exegesis; **-vast** (well-)versed in Scripture; **-woord** 1 scriptural passage; 2 Holy Scripture

bij|benen keep up (keep pace) with; *zie* bijhouden 2; **-bestellen**, enz *zie* nabestellen, enz; **-betalen** pay extra (in addition, the difference); **-betaling** additional (extra) payment; **-betekenis** secondary (additional) meaning, connotation; **-betrekking** sideline; *zie* -baantje; **-blad** 1 supplement, extra sheet; 2 (*ve tafel*) (extra) leaf

bij|blijven 1 keep pace (keep up) with [a p.], keep abreast of [current developments], keep updated; *die bijnaam bleef hem bij* that nickname stuck; 2 stay in mind; *het zal mij altijd ~* it will stick in my mind (remain with me) for ever; *het is me goed bijgebleven* it has remained clearly in my memory; *de woorden bleven hem bij* stuck in his memory; *een refrein, dat iem bijblijft* a haunting chorus; **-boeken** enter, book up to date, write up, post up

bijbol (*plantk*) clove

bijbouwen build on, add (on) [a wing]

bijbrengen 1 bring forward, produce [proofs], adduce [reasons, arguments], cite [instances]; 2 (*uit flauwte*) bring round (*of:* to); 3 (*inprenten*) instil [a notion] into, convey to [a p.]; *iem iets ~* impart [knowledge, etc] to a p.

bijcirkel epicycle
bijdehand smart, bright, sharp, quick-witted; (*euf*) cheeky; **bijdehandje** sharp child, etc; **bijdehands:** ~ *paard* near horse; **bijdetijds** 1 modern; 2 up-to-date, trendy, happening
bijdoen add; (*bij verkoping*) throw in; **bijdraaien** 1 (*v pers*) come round; 2 (*mar*) heave to, bring to; *bijgedraaid*, (*mar*) hove to
bijdrage contribution (*in alle bet*); *~n leveren voor* contribute to [a newspaper]; *zie ook* eigen; **bijdragen** contribute [to a fund, a magazine, a p.'s happiness, towards the cost of maintenance], tend [this fact tends to make his position difficult], make [for success, for clarity of ideas], conduce [to success]; *veel ~*, (*ook*) go a long way (go far) [towards bringing peace]; ~ *voor pensioen, zie* storten; **bijdruk** reimpression
bijeangel bee-sting; **bijecel** bee-cell
bijeen together, [Parliament is] sitting
bijeen|behoren[1] belong together; **-blijven** remain (stick) together; **-brengen** bring together (*ook fig:* bring the two sides together), get together, raise [money, an army], accumulate [evidence, wealth], collect [money, one's thoughts], muster [sufficient forces]; (*met moeite*) scrape together [money, etc]; *zie ook* bijeenleggen & bijeentrommelen; **-drijven** drive (herd) together, round up [cattle, criminals]; **-garen** gather [riches], glean [facts], amass [wealth]; **-gooien** throw together, lump together, jumble up; **-houden** keep together; **-komen** 1 meet, come together, collect, assemble; (*in groten getale*) congregate; *weer ~*, (*parl*) reassemble; 2 (*bij elkaar passen*) go [well, badly] together, match; **-komst** meeting, conference, assemblage, assembly, gathering, rally; **-krijgen** get together, raise [£200]; **-leggen** put together; (*samen*) club [money] together; pool [tips *fooien*]; **-nemen** take (put) together, gather (tuck) up [clothes]; *alles -genomen* all things considered, take it (taking it) all in all; **-rapen** scrape (rake, scramble) together, gather (together), collect; *-geraapt zootje* scratch collection (team, crew, etc); *zie ook* moed & kracht; **-roepen** call [Parliament] (together); (*vergadering*) call, convene, convoke, summon; **-roeping** calling [of Parliament]; convocation, summons; **-scharrelen** scratch (scramble) up [a dinner], scrape (rake) together [money]; **-schrapen** scrape together, hoard up, scratch up; **-sprokkelen** gather together; **-trommelen** drum up [supporters]; **-voegen** join together, unite, combine; **-zamelen** gather, collect; **-zetten** put (place) together; **-zijn** be together; (*vh parl*) be sitting, be in session; (*ve congres, enz*) be meeting; **-zoeken** collect, gather, get together
bijeffect side effect
bijen|arend honey-buzzard; **-brood** bee-bread; **-eter** bee-eater; **-houder** beekeeper, apiarist, (*Am*) beeman; **-huis** apiary, bee-house; **-kap** bee-veil; **-kast** frame hive; **-koningin** queen bee; **-korf** beehive; **-orchis** bee-orchid; **-stal** apiary, bee-shed; **-teelt** apiculture, bee-keeping; **-volk** (swarm of) bees; **-was** beeswax; **-wolf** bee-eater; **-zwerm** swarm of bees

1 *Zie voor sam met* bijeen *ook die met* samen

bijfiguur subordinate figure; (*theat*) supporting actor; **bijgaand** enclosed, annexed; ~ *schrijven* accompanying letter; *~e stukken* enclosures; ~ *een foto* attached is a photograph; **bijgebouw** annex(e), outhouse, outbuilding; **bijgedachte** (further, extra) implication; *zonder ~n* without ulterior motives; **bijgelegen** adjacent, adjoining, contiguous; **bijgeloof** superstition; **bijgelovig** superstitious; **bijgeluid** extra(neous) noise, (secondary, parasitic) noise [of a gramophone], mush [of radio]; **bijgenaamd** (sur)-named, called; (*inz spotnaam*) nicknamed; **bijgerecht** side dish, entremets
bijgeval I *bw* by any chance, perhaps; *als je hem ~ ontmoet* if you happen (*of:* chance) to meet him; *zie ook* toevallig; II *vw* if, in case [anything should happen]
bijgevolg in consequence, consequently
bijgewas catch crop; **bijgieten** add, pour in; **bijgoochem** runner, stooge, cat's paw
bijhalen bring near; bring in [Dutch engineers to ...]; call in [a doctor]; bring (drag) [a p. ('s name)] in (into it); (*bij deling*) bring down; *er veel getuigen ~* produce many witnesses; *goed ~*, (*ve kijker*) magnify well
bijharken rake up; **bijhebben** carry; *zie* zeil
bijhorigheid 1 extra, accessory; 2 *zie* bijfiguur & bijzaak
bijhouden 1 (*glas, enz*) hold (reach) out; 2 (*iem, iets*) keep up (keep pace) with (*ook fig*); *hij is niet bij te houden* there is no keeping up with him; 3 keep, do [the books, the accounts], keep [a diary, etc] posted up, post (write) up [the books]; 4 keep up [one's English, etc]; *iets ~* keep one's hand in at s.t.
bijkaart 1 (*in atlas*) inset(-map); 2 [six trumps and a nice] supporting hand
bijkans almost, nearly; *zie ook* bijna
bijkantoor branch-office; (*post*) sub-office; **bijkeuken** scullery, back-kitchen; **bijklank** overtone; **bijkleur** accidental colour; **bijkleuren** tint, touch up (with colour); (*fig ook*) enhance; **bijklussen** do odd jobs on the side; (*zwart*) ~ *in de avonduren* moonlight; **bijknippen** trim [a hedge, beard, etc]; **bijkok** undercook
bijkomen 1 (*reiken*) get at, reach; (*inhalen*) catch up; make up arrears; *dat woord komt er het dichtst bij* that word is the nearest equivalent; *hoe kom je erbij?* what are you thinking of?, who (*of:* what) ever put that idea into your head?; *hoe kom je er toch bij hem Jim te noemen?* what ever makes you call him Jim?; 2 (*bijgevoegd worden*) be added, be extra; (*aankomen*) put on flesh (weight), gain [two pounds]; *daar komt nog bij* what's more, furthermore; *dat moest er nog ~!* that crowns (would crown) everything!, that would be the last straw!, what next (I wonder)?, [I did not do it on purpose] I should think not!; *er kwam longontsteking bij* pneumonia supervened; 3 (*uit flauwte*) come round (*of:* to), regain

consciousness; (*na operatie, ook*) come out of the anaesthetic; (*'bijdraaien'*) come round; 4 (*bijpassen*) match; *dat komt er goed bij* is a good match; *het is niet even goed, maar het komt er dicht bij* it ... but it runs it close; **bijkomend** attendant, incidental, accidental, adventitious [circumstances], minor [incidents]; extra [charges], incidental [expenses], additional [items]; ~ *artikel* substitute, something similar; ~*e overweging* additional consideration; ~*e verdiensten* fringe benefits; **bijkomstig** accidental; subordinate; accessory; ~*e vertoning* side-show; *zie ook* bijkomend; **bijkomstigheid** accidental circumstance, incidental matter, secondary consideration

bijkrediet supplementary appropriation

bijl axe, (*klein, voor één hand*) hatchet; (*dissel*) adze; *met de botte* ~ *te werk gaan* act crudely and insensitively; *er met de brede* (*grove*) ~ *inhakken*, *a*) spend money freely; *b*) go at a p., lay about one; *de* ~ (*het* ~*tje*) *erbij neerleggen* chuck it, (*uit de zaken gaan*) shut up shop, (*bij staking*) down tools; *ik heb al lang met dat* ~*tje gehakt* I am an old hand at it; *voor de* ~ *gaan*, (*fig*) be (in) for it; **bijl**. afk van *bijlage* enc(l)

bijladen recharge [a battery]

bijlage enclosure, annex(e), appendix

bijlange: ~ (*na*) *niet* not nearly, not by a long way (*of*: chalk)

bijlappen 1 patch up; 2 *iem er* ~ cop a p.; 3 pay, make up [the difference]

bijlbrief builder's certificate

bijlbundel fasces (*mv*); **bijldrager** lictor

bijleggen 1 (*bijvoegen*) add [to ...]; *ik moet er geld* ~ I am a loser by it, lose on it; *op beide hotels moest bijgelegd worden* both ... were losing money; 2 (*beslechten*) settle [a dispute], arrange, mend, make up [a quarrel, difference]; *het* ~ make it up; (*overijld, tijdelijk, enz*) patch it up; 3 (*mar*) lie to; **bijlegging** settlement [of a dispute]

bijles extra (private) lesson (tuition), coaching; ~ *Frans geven* coach in French

bij|leveren 1 include [an instruction manual]; 2 supply [a missing part, spares]; **-lichten**: *iem* ~ give a p. a light; **-liggen** remember vaguely, have an impression; *er ligt me iets van bij* I seem to remember s.t. of it; it runs in my mind [that ...]

bijlo (*hist*) in faith

bijloper super(numerary), underling; *hij is maar een* ~ he doesn't count

bijltjesdag day of reckoning

bijmaan mock moon, paraselene

bij|maken 1 make to match; 2 make (again) specially, remake; **-mengen** mix [with ...], mix in, add [to ...]; **-menging**, **-mengsel** admixture

bijna almost, nearly, all but [he all but cried], next to [nothing, nobody, no money], close on [£500], little short of, next door to [a miracle, miraculous]; ~ *altijd* nearly always; ~ *niet* hardly, scarcely; ~ *niets* (*niemand, geen, nooit, nergens*) hardly anything (anybody, any, ever, anywhere); ~ *niets* (*nooit*), (*ook*) almost nothing (never); ~ *geen wind*, (*ook*) almost no wind; *hij was* ~ *gedood*, (*ook*) he came near (to) being killed; *hij had het* ~ *gekregen*, (*ook*) he just missed getting it

bijnaam surname; (*spotnaam*) nickname, so(u)briquet; (*in beide bet*) by-name, epithet

bijna-botsing near miss; (*luchtv, ook*) air miss

bijnier adrenal, suprarenal (gland, body, capsule); **bijomstandigheid** accidental (attendant) circumstance; **bijoogmerk** *zie* bijbedoeling; **bijoorzaak** contributory (secondary) cause

bijou jewel, gem, trinket, bijou; **bijouterieën** jewel(le)ry; **bijouteriekistje** jewel-, trinket-box (*of*: case)

bij|paard near-horse; (*handpaard*) led horse; **-passen** 1 pay in addition (extra, the difference), make up the deficiency; 2 match; *met* ~*de pantalon* with matching trousers (... to match); **-plaatsen** add [chairs, a second aerial]; **-planeet** satellite, secondary planet; **-plussen** help out (with public money); **-praten** catch up on each other's news; **-produkt** by-product, spin-off; **-punten** 1 trim [a beard]; 2 sharpen [a pencil]; **-regelen** (re)adjust; **-regenboog** secondary rainbow; **-rekenen** include, add; *zie ook* meerekenen; **-rijder** relief driver, driver's mate; (*sport*) co-driver; **-rivier** tributary (stream), affluent, feeder; **-rol** supporting role; **-schaduw** penumbra, partial shadow; **-schaven** plane, smooth; **-schenken** pour on, add; fill (top) up [a glass]; refill [a teapot]; **-schikken** draw near, draw (pull) up one's (a) chair, draw up to the table; **-schilderen** 1 touch up, retouch; (*huis*) give a lick of paint; 2 paint in [trees, etc]

bijscholing supplementary training, (*v leraren*) in-service training, INSET [courses, day]; **bijscholingscursus** refresher (*of*: updating) course

bijschrift inscription, motto, legend; (*kanttekening*) marginal note; (*tekst bij plaatwerk*) letterpress, (*onder foto, enz*) caption; (*naschrift*) postscript; **bijschrijven** 1 (*bijvoegen*) add; 2 (*posten, enz*) enter (up); write up, post up [the books, a diary]; credit [an account *op een rekening*]; **bijschrijving** amount credited; **bijschuiven** I *tr* draw (pull) up [one's chair]; II *intr zie* bijschikken

bij|slaap 1 (sexual) intercourse, copulation, coition; 2 bedfellow; **-slag** 1 extra allowance, [war] bonus; 2 extra charge, supplement; **-slepen** drag in; *zie ook* haar; **-sloffen**: *iets* (*kunnen*) ~ keep up with s.t.; **-sluiter** information (instruction) leaflet, package insert; **-smaak** funny taste (flavour); *het heeft een* ~ it has a taste

bij|spelen play [a heart, etc]; **-spijkeren** 1 put in a few nails; 2 (*fig*) pick up, be progressing; (*het achtertallige*) make up [arrears, one's rent]; *zie ook* bijwerken; **-springen**: *iem* ~ come to a p.'s aid (help), help a p. out, come to the rescue; (*door zedelijke steun, ook*) keep a p. in countenance; *hij sprong bij met £ 100* he chipped in with ...

bijstaan assist, render assistance to, help, succour, stand by; **bijstand** assistance, aid, help, relief; (*sociale*) social security; *geestelijke* ~ ministrations; *rechtskundige* ~ (*aanvragen*) (apply for a certificate of) legal aid; *verdrag van wederzijdse* ~ mutual assistance pact; ~ *verlenen* render

(lend) assistance; *zie ook* ~suitkering; **bijstandsmoeder** income-supported mother; **bijstandsuitkering** income support; **bijstandswet** (*vglb*) Social Security Act
bijstellen modify [a plan]; (*techn*) (re)adjust; **bijstelling** modification, adjustment; (*gramm*) apposition
bijster I *bn: het spoor ~ zijn* have lost one's way, be on the wrong track; (*fig*) be (all) at sea; (*v honden*) be off the scent, be at fault; *het spoor ~ raken* lose (be thrown off) the scent; II *bw* exceedingly [happy], extremely [cold]; *niet ~* ... not particularly ..., (*Am & Sch*) not overly
bijstorten make an additional payment [of £5]; **bijstorting** additional payment
bijsturen 1 (*mar*) allow (correct) for drift; 2 (*fig*) (re)adjust, make (small) corrections (to)
bijt hole (cut in the ice)
bijtanken 1 fill up (with petrol, etc); 2 (*fig*) get up to date [on s.t.]
bijteken (*muz*) accidental; **bijtekenen** (*mil*) re--enlist, re-engage, sign on [for another term, for another five years]; **bijtellen** add; (*meetellen*) count in
bijten bite (*ook ve bijtmiddel, enz*); (*ve scherp vocht*) sting; *het bijt in de keel, op de tong* it sears your throat, burns the tongue; *de vis wou niet ~* would not bite; *hij wou niet ~* he would not swallow the bait; *dat bijt elkaar niet* they don't clash; ***in*** *een appel ~* bite (into) an apple; *in het stof* (*zand*) ~ bite the dust, (*ve ruiter*) be thrown; *~ **naar*** snap at; *~ **op*** bite [one's nails, lips], clench [one's teeth], gnaw, nibble [a pencil], champ [the bit]; ***van*** *zich **af** ~* show fight; *zij weet van zich af te ~* she knows how to hold her own, (*fam*) she has a tongue of her own, can stand up for herself, gives as good as she gets; *zie ook* toebijten; **bijtend** 1 biting, caustic, corrosive; 2 (*fig*) biting, caustic, trenchant, cutting, mordant [sarcasm]; *~e scherts* sarcasm; **bijtgraag** apt to bite
bijtijds 1 (*vroeg*) in good time, betimes; 2 (*op tijd*) in (good) time
bijtmiddel mordant, caustic, corrosive
bijtoon 1 by-tone, harmonic, overtone; 2 (*tlk*) secondary stress, medium stress
bijtreden back, support
bijtrekken 1 draw (pull) up [a chair]; take in [another field], add [a field to one's own]; 2 (*ve kijker*), *zie* bijhalen; 3 (*mbt humeur*) come round; (*mbt kleur*) regain colour; *dat trekt wel bij* it (the spot, etc) will hardly show; *het weer trekt bij* the weather is picking up
bijtring teething-ring
bijv. afk van *bijvoorbeeld* eg, for instance, for example
bijvak subsidiary (ancillary, minor) subject
bijval approval, approbation, applause; ~, (*in kranteverslag*) cheers; *~ vinden* meet with (a p.'s) approval; (*ve toneelstuk*) catch on; *geen ~ vinden,* (*ook*) fall flat; *deze theorie vindt algemeen ~* finds general favour; **bijvallen**: *iem ~* back a p. (up), support a p., take a p's side; *zie ook* invallen; **bijvalsbetuiging** applause (*ook: ~en*)
bijvegen sweep up [the hearth]
bijverdienen: *een beetje ~* make a little on the side; **bijverdienste** extra earnings; (*aanvullend*) supplementary income; *vette ~n* (*emolumenten*) good pickings
bijverschijnsel side-effect [of a drug]
bijverven *zie* bijschilderen; **bijvijlen** file (*ook fig*)
bijvoeding (baby's) supplementary feeding (nourishment)
bijvoegen add [I've nothing to add]; subjoin [remarks], annex, append [the copy of a letter]; (*insluiten*) enclose; **bijvoeging** addition; *onder ~ van* adding, enclosing; **bijvoeglijk** adjectival; *~ naamwoord* adjective; **bijvoegsel** addition, supplement, appendix, appendage
bijvoet (*plant*) mugwort; **bijvoetwol** moxa
bijvoorbeeld for instance, for example, say [in house-building], [Goethe] for one; (*afk*) e.g.
bijvorm by-form, collateral form, variant
bijvrouw secondary wife, concubine
bijvullen fill up [a glass, a petrol tank], replenish [a pipe, a petrol tank, the stove], refuel [a car, plane], top up [a battery, a glass]
bijwagen 1 (*ve tram*) trailer, second carriage; 2 (*fig*) second fiddle; *hij is een ~ van Piet* he lets P take him in tow; **bijweg** by-road, by-path
bijwerk 1 extra (*of:* outside) work; 2 (*versiering*) ornamentation; (*ve schilderij*) accessories
bijwerken 1 (*schilderij, enz*) touch up, retouch; 2 (*boek*) bring up to date; 3 (*koopmansboeken*) write (post, enter) up; (*dagboek*) write up; update [a directory]; 4 make up [arrears of work]; coach [backward pupils]; **bijwerking** (*med*) side effect(s); **bijwijf** (*hist*) concubine
bijwijlen once in a while, now and then, at times
bijwonen be present at, witness [an incident]; attend [divine service, a lecture]; *zo iets heb ik nooit bijgewoond* I never saw (heard) the like (of it); *ik heb het bijgewoond dat hij de kat schopte* I've known him kick the cat
bijwoord adverb; **bijwoordelijk** adverbial [use]
bijwortel (*plantk*) adventitious root; **bijzaak** (matter) of secondary importance, subordinate (accessory) matter, side-issue, side-show, [that is but a] detail; *geld is ~* is no object, does not count; *katoen is ~* cotton is grown as a side-line
bijzettafel occasional table; **bijzetten** 1 place (nearer); place [a domino]; 2 (*lijk*) inter, entomb, lay to rest, place [in a vault]; 3 set [a sail]; 4 (*toevoegen*) add; *kracht* (*klem*) ~ emphasize, punctuate, reinforce [a remark with ...], press [a demand], lend (add) force (*of:* weight) to [an observation], enforce [one's decisions], add volume to [the sirens added volume to the welcome]; *een feest leven ~* be the life and soul of a party; 5 *hij heeft niet veel bij te zetten, a*) he is as weak as water; *b*) he has no resources; *zie ook* luister, zeil, enz; **bijzetteugel** bearing-rein; **bijzetting** interment, committal, deposition
bijziend near-, short-sighted, myopic; **bijziendheid** near-, short-sightedness, myopia
bijzijn: *in het ~ van* in the presence of, [how can you say so] in front of [the girls], before [the whole

company]; **bijzin** (subordinate) clause; **bijzit** concubine, mistress, kept woman

bijzit(s)ter (*ve rechter*) assessor; (*examen*) assistant examiner; **bijzitterschap** assessorship; **bijzon** mock sun, parhelion

bijzonder I *bn* 1 (*speciaal*) particular [a particular friend of mine], special [case, favour, train]; *Gandhi was een ~ man* an extraordinary (an exceptional) man; *een ~e postzegel* a special stamp; *~e school* independent school; *~ teken* special character, symbol; *~ verlof* (*wegens ziekte of sterfgeval*) compassionate leave; *iets ~s* s.t. special (unusual); *niets ~s* nothing particular, nothing much [happened]; *het* (*hij*) *is niet veel ~s* it (he) is nothing out of the common, (*fam*) nothing to write home about, not up to much, no great shakes; *er was weinig ~s te bespreken* ... there were few things of importance ...; *in het ~* in particular, particularly; 2 (*niet openbaar*) private [school, interests]; *~e leerstoel* privately endowed chair; 3 (*eigenaardig*) peculiar, strange; 4 (*afzonderlijk*) particular, individual; II *bw* 1 particularly, etc; *vgl het bn*; 2 (*buitengewoon*) uncommonly, exceedingly, singularly [ugly]; over [not over well, over pleased], (*inz Am*) overly; *niet ~ geleerd* not much of a scholar

bijzonderheid 1 (*abstr*) particularity; (*concr*) particular, detail, special feature; *-heden zullen volgen* particulars to follow; *tot in de kleinste -heden* down to the smallest detail; *zie ook* afdalen; 2 (*eigenaardigheid*) peculiarity

bik I *zn* chippings; (*grof*) rubble; II *bn* keen [on]

bikhamer scaling (chipping) hammer

bikini id

bikkel jackstone, knucklebone; **bikkelen** 1 play at jacks (at dibs); 2 go all out; **bikkelhard** (as) hard as nails; *vgl* keihard; **bikkelspel** (game of) jacks, dibs

bikken 1 chip [a wall, stone], scrape [a boiler, ship's bottom]; dress [a millstone]; 2 (*eten, fam*) tuck in; *zij hebben niets te ~* they are starving

biksteen 1 grit(stone); 2 *zie* bik I

bil buttock; *~len* bottom, (*fam*) bum, (*Am*) buns; (*ve dier*) rump; (*ve schip*) buttock; *een kind voor de ~len geven* spank a child; *wie zijn ~len brandt, moet op de blaren zitten* as you make your bed, so you must lie on it; *met de ~len bloot komen* take the lid off; *zien wie de blankste ~len heeft* see who is the real Simon Pure; *van ~ gaan,* (*sl*) have it off

bilabiaal bilabial; **bilateraal** bilateral

Bileam Balaam

bilhamer (millstone) dresser

bilharzia 1 schistosome, id; 2 (*ziekte*) schistosomiasis, bilharziasis

bilinguïsme bilingualism

biljard (*10^{15}*) million billion; (*Br hist*) thousand billion (*nu* 10^{12})

biljart I *zn* 1 (*spel*) billiards; *~ spelen* play (at) billiards; *partij* (*spel*) *~* game of billiards; 2 (*tafel*) billiard table; II *attr* billiard; **biljartbal** billiard ball; (*mv ook, sl*) ivories; *zo kaal als een ~* as bald as a coot; **biljartband** cushion; **biljartbok** cue-rest, bridge, (*fam*) jigger; **biljarten** play (at) billiards, have a game of billiards; **biljarter** billiard(s) player; **biljartkeu** billiard cue; **biljartlaken** billiard cloth; **biljartspel** billiards; **biljartzak** billiard pocket

biljet 1 (*kaartje*) ticket; 2 (*bank~*) note, (*Am*) bill; 3 (*aanplak~*) poster; (*strooi~*) handbill; *door ~ten aankondigen* bill [an actor, a performance]

biljoen 1 (*slechte munt*) debased currency; (*muntmetaal*) billion; 2 (10^{12}) million million, trillion, (*Br soms nog*) billion (*nu meestal* 10^9)

bille|badje bidet; **-koek** spanking, smacking

billen dress [millstones]; **billet-doux** id

billijk fair [treatment, judgment], just, equitable, reasonable [wishes], moderate [price]; *niet meer dan ~* only fair; *om ~ te zijn tegenover haar* to do her justice, to give her her due, in justice to her; *het is niet ~ tegenover* ... it is not fair on [her], not playing the game with [the public]; *zie ook* eerlijk; **billijken** approve (of); *om redenen die ieder zal kunnen ~* for ... which everybody will appreciate; *een eis ~* admit (acknowledge) the justice of a demand; **billijkerwijze** in fairness, in justice; **billijkheid** fairness, equity, justice, reasonableness, moderateness; *vgl* billijk; *uit ~ tegenover* in fairness (justice) to; **billijkheidsgrond**: *op ~en* on grounds of fair play; **billijkheidshalve** *zie* billijkerwijze

bilnaad perineum; **bilstuk** rump

bilzekruid (*plant*) henbane

bima bema, bima(h); **bimbam** ding-dong

bimetaal bimetal; bimetallic strip

bimetallisme bimetallism

binair binary; *~ cijfer* (*getal, stelsel*) binary digit (number, notation)

binationaal with two nationalities

binden 1 bind [a book, a prisoner, sheaves], bind [people] together; tie [a ribbon, one's shoes, a goat to a post], tie up [a bag, parcel, prisoner]; (*met riem, ook*) strap; (*met touw, ook*) rope; *iem de handen ~* tie a p.'s hands (*ook fig*); *er is niets dat mij bindt* (*waardoor ik mij gebonden acht*) nothing binds me; *de kleine bindt me zo* Baby is such a tie (on me); ***zich*** *~* bind (commit, pledge) o.s. [to ...], tie o.s. down [to a policy]; *zie ook* gebonden & verbinden; *~* ***aan*** tie [a horse] to [a tree]; tie [the pound] to [gold]; tie [a p.] down to [a certain course]; *zijn mensen aan zich ~* engage the loyalties of one's employees; *iem iets* ***op*** *het hart ~* enjoin s.t. on a p.; ***tot*** *een pakje gebonden* tied up in a bundle; 2 (*muz*) slur; 3 (*mil*) contain; 4 (*dik maken, worden, v saus, enz*) thicken; 5 (*chem*) combine with, form a compound with; **bindend** binding [*voor* (up)on]; (*vonnis, jur*) absolute; **binder** binder; **binderij** bindery; **bindgaren** string, packthread; **binding** tie, [atomic, chemical, psychological, personal] bond; (*psych, ook*) bonding; [father, mother] fixation; (*textiel*) weave; **bindmiddel** 1 cement; (*v pers*) bond; 2 (*voor verven, geneesmiddelen, enz*) binder, binding agent, vehicle; (*voor sausen, enz*) thickening (agent); 3 (*voor ingewanden, enz*) styptic; **bindrijs** osier

bind|sel 1 band(age); 2 (*mar*) seizing; **-sla** cos lettuce; **-spier** ligament; **-steen** bondstone, bonder; **-ster** binder; **-teken** 1 hyphen; 2 (*muz*) bind, tie; **-touw** string; (*v schoven*) binder twine; **-vlies** conjunctiva; **-vliesontsteking** conjunctivitis; **-weefsel** connective tissue; **-weefselontsteking** phlegmon

bingelkruid (*plant*) (dog's) mercury

bingo (*spel & uitroep*) id; (*inz om geld*) house(!)

bink (he-)man; *populaire ~* bit of a lad; *eindeloze ~,* (*sl*) hunk

binnen I *vz* within [three days; my reach; too narrow limits; the enemy within our gates]; inside [the walls]; *~ het uur* within (inside [of]) an hour, [do the distance] in less than an hour; *~ een uur na zijn komst* within an hour of ...; *~ een uur nadat hij was opgenomen* [he died] within an hour of being admitted to hospital; II *bw* in [is Mr A in ?; ask him in; what time have you to be in?; the train, steamer, is in]; inside [come (step) inside]; [enquire] within; *~ in* inside; *hier ~* in here; *~!* come in!; *hij is ~, a*) he is in(doors); *b*) he is a made man, has made his pile; *c*) (*ingerekend*) he has been pinched; ***naar*** *~ gaan* (*komen, enz*) go (come, etc) in; *naar ~!* in with you!; *naar ~ krijgen, zie ~*krijgen; *naar ~ slaan,* (*ve vlam*) flash back; *naar ~ slaan* (*werken*), (*v eten*) bolt [one's bread and butter], wolf down, gobble down, dispatch, polish off, put away; (*met tegenzin*) force down [food]; *zich* ***te*** *~ brengen* recall, recollect; *zie ook* roepen; *het schoot me te ~* it suddenly came (back) to me; *het wil me niet te ~ schieten* I cannot hit (up)on it, I cannot think of it now; *daar schiet me iets te ~* that reminds me; ***van*** *~* inside, [the door was locked] on (*of:* from) the inside, [the sound came] from within; *ik ken het huis van ~* I know the inside of the house; *van ~ en van buiten* inside and out, [he knows the town] inside out; *ik ken hem* (*de zaak*) *van ~ en van buiten* I know him (the business) like the back of my hand (know the ins and outs of the business); *vochtig van ~ en bouwvallig van buiten* damp within and ruinous without; *van ~ naar buiten* [the door opens] outwards

binnen|baan[1] 1 inside lane; (*v planeet*) inside orbit; 2 indoor track (tennis court, skating rink, etc); **-bad** covered (indoor) swimming-pool; **-bak** 1 liner; 2 *zie* -bad; **-bal** bladder; **-band** (inner) tube; **-bekleding** lining; **-blijven** keep (stay) indoors, keep one's room; **-bocht** inside bend; **-boords** inboard; **-brand** indoor fire, house-fire; **-brengen** bring (take, carry, hand, gather) in; (*schip*) bring (take) into port; **-deur** inner door; **-diameter** inside diameter; bore; **-dijk** inner dike; **-dijks** (lying) on the landside of the dike; **-door**: *~ gaan* take a short cut; **-dringen** I *tr* penetrate (into); break into [a house]; force one's way into; enter by force; (*met gedrang*) crowd into; invade [a country; enter [the bullet entered his heart]; II *intr* force (*of:* push) one's way in; *het ~ van Rusland in Azië* the intrusion of Russia into Asia; **-druppelen** trickle in; come trickling in; **-gaan** enter, go in; go into [the house]; turn in [he turned in here]; enter into [the new world]; *~ bij* go into [Mrs A's], turn into [a jeweller's]; *even ~* look in [at a saleroom]; **-gaats** inland; **-goed** (*ve sigaar*) filler; **-grenzen** innner frontiers [of the Benelux, the EEC]; **-halen** fetch (bring) in; gather (in), get in [the crop(s)]; pocket, rake in, net, scoop up [profits]; land [a big fish, a contract]; *zie ook* inhalen & buit; **-haven** 1 inner harbour; 2 inland port; **-hoek** interior angle; **-hof** inner court; **-houden** keep [a p.] in; retain [food], keep [food] down; **-huis** (domestic) interior (*ook schilderstuk*); **-huisarchitect** interior designer (and decorator); **-in** inside; **-kamer** inner room; (*Matth. 6:6, enz*) closet; **-kant** inside, inner side; **-koer** *zie* -hof; **-komen** come in (*ook ve trein, boot, vliegt, post, geld:* there is nothing coming in), walk in, enter; get in [through the window]; (*ve trein ook*) draw (pull) in; (*ve boot ook*) come (drop) into port; *wanneer moet de trein naar Londen ~?* when is the London train due in?; *laat hem ~* let him come in, show (ask, have) him in; *hij mocht niet ~* he was not allowed in; *kom*(*t*) *binnen!,* (*op kermis*) walk up!; **-komend** incoming [train, mail]; *binnengekomen schepen, personen, enz* arrivals; **-komertje** introductory (opening) remark; **-komst** entrance, entry, coming in; **-kort** before long, fairly soon, presently, shortly, at an early date; **-krijgen** get down [food]; get in [debts]; *water ~* swallow water, (*ve boot*) make (ship) water; **-kruipen** creep in(to); **-land** interior, inland; *naar het ~ gaan* go inland, go up country; *in binnen- en buitenland* at home and abroad; **-lands** inland [postcard, navigation]; interior; internal [policy]; home [trade, consumption; domestic [flight, quarrels]; *zie ook* inlands; *B~ Bestuur* (Indian) Civil Service; *~ nieuws* home news; *~e oorlog* civil war; *~ verkeer* inland communication; *~e zaken* home affairs; *zie ook* minister(ie); **-laten** let in, show in (*alleen v pers*), admit; **-leiden** usher (take) in; **-lijn** (*telef*) house line, inside line; **-loods** river-pilot; **-loodsen** pilot [a ship] into port; **-lopen** 1 run (walk) in(to a house, etc); (*aanlopen*) drop in [at the pub, (up)on a p.]; 2 (*ve trein*) run (draw) in (into the station); (*ve schip*) put in (into port); 3 (*fam*) make one's pile; **-maat** inside (interior) dimension; **-meer** inland lake; **-meisje** parlourmaid; **-muur** inner wall; **-oor** inner ear; **-opname** studio recording; indoor shot, shooting; **-pagina** inside page; **-passer** inside calliper; **-plaats** courtyard; **-planeet** inferior planet; **-plein** inner court; **-pretje** secret amusement; **-rijden** ride (drive) in(to ...); (*ve trein*), *zie* binnenlopen; **-rijm** internal rhyme; **-roepen** call in; **-rukken** march in(to a town, etc), move in; **-scheepvaart** inland navigation; **-schip** river vessel, (*ook mv*) river craft; canal boat; (*aak*) barge; **-schipper** master of a river vessel; bargemaster

binnenshuis indoors; **binnenskamers** (*fig*) in private; **binnenslands** in the country

1 *Voor sam met* binnen *zie ook* in...

binnenslepen drag in(to the room, etc), (*schip*) tow in(to port); **binnen|sluizen**, **-smokkelen** smuggle (in), run [goods, guns]
binnensmonds [swear] under one's breath, inwardly; ~ *spreken* mumble; **binnensport** indoor sport(s); **binnenst** *bn* inmost, inner(most); ~ *buiten* inside out; **binnenstad** inner town, town centre, centre of the town, city (centre); *naar (in) de* ~, (*Am*) [go] down town; **binnenstappen** step (*of:* walk) in(to the room, etc)
binnenste *zn* inside, interior; (*diep*) *in zijn* ~, *in het* ~ *van zijn hart* in his heart (of hearts), in his inmost soul, at the back of his mind, deep down (in his heart), down under [he knew how it was], [he cursed] inwardly; *ik kan in zijn* ~ *lezen* I can read him like a book; *het* ~ *der aarde* the bowels of the earth; ~ *buiten* [turn] inside out; **binnenstijds** before one's time, before the set time
binnen|stomen steam into port (the river); **-stormen** rush (dash, burst, bounce) in(to the room); **-stromen** (*ook fig*) stream (flow, pour, surge) in(to ...) [orders are pouring in]; *het binnenstromen* incursion [of water]; **-stromend** inrushing [water]; **-stuiven** *zie* binnenstormen; **-tijds** *zie* binnenstijds; **-treden** I *ww* enter; II *zn zie* binnenkomst; **-trekken** *zie* binnenrukken; **-vaart** inland navigation; **-vallen** 1 drop in [*bij iem* on a p.]; invade [a country]; 2 (*ve schip*) put in(to port); *-gevallen schepen* arrivals; **-veld** (*sp*) infield; **-vering** spring interior, interior springing; *met* ~ interior-sprung [mattress]; **-verlichting** interior lighting; (*v auto*) courtesy light; **-vetter**: *hij is een* ~, (*vglb*) he is a dark horse; **-visser** inland fisherman; **-waaien** blow in (*ook fig: bij iem* on a p.); **-waarts** I *bw* inward(s); II *bn* inward; **-wacht** inner circle; **-wateren** inland waterways, canals and rivers; **-weg** short cut, by-road; **-werk** inside work; internal (interior) parts; (*ve horloge*) works; (*ve piano, enz*) interior (work), mechanism; (*ve sigaar*) filler; **-werks** [3 ft] in the clear, inside (measurement); **-wippen** pop in [*bij* on]; **-zak** inside pocket; **-zee** inland sea; **-zeilen** sail in(to port); **-zijde** inside, inner side; **-zool** insole
binocle (pair of) binoculars, opera-glass(es), binocular; **binoculair** binocular [microscope]
binomium binomial; ~ *van Newton* binomial theorem
binst 1 during; while; 2 meanwhile
bint tie-beam, joist
bio|bak container for organic waste; **-chemie** biochemistry; **-cide** id; **-conversie** bioconversion; **-energetica** bioenergetics; **-fysica** biophysics; **-gas** biogas [plant]; **-genese** biogenesis; **-geografie** biogeography; **-graaf**, **-grafe** biographer; **-grafie** biography; **-grafisch** biographical
bio-industrie factory farming, intensive agriculture; **biokip** battery hen; **biologeren** cast a spell on [a p.], mesmerize, fascinate; **biologie** 1 biology; 2 mesmerism
biologisch biological [clock, control, father, shield, warfare]; (*zonder kunstmest, enz*) organic [vegetables]; ~ *afbreekbaar* biodegradable; *~e wetenschappen*, (*ook*) life sciences; **biologisch-dynamisch** biodynamic; **bioloog** biologist
bio|magnetisme animal magnetism; **-massa** biomass; **-materiaal** biomaterial; **-mechanica** bioengineering; **-medisch** biomedical; **-metrie** biometrics
bionica bionics; **bionisch** bionic; **bionomie** bionomics; **biopsie** biopsy; **biopt** biopsy (specimen); **bioritme** biorhythm
bios (*fam*) pictures; **bioscoop** cinema, pictures, movies, (*fam*) flicks; *zie ook* film; **bioscooporgel** cinema organ; **bioscoopvoorstelling** cinema (film, picture, *Am:* movie) show
bio|sfeer biosphere; **-techniek** ergonomics; **-technologie** biotechnology; **-tisch** biotic; **-toop** biotope; **-wetenschappen** life sciences
bipatride person with dual nationality; **bipolair** bipolar; **bips** bottom, seat
Birma Burma; **Bir|maan(s)**, **-manen** Burmese
bis 1 encore; 2 (*noot*) B sharp
bisam 1 musk; 2 musk-rat; **bisam|bont**, **-rat** musk-rat, musquash
Biscaje Biscay; *Golf van* ~ Bay of Biscay
biscuit 1 biscuit(s), (*Am*) cookie(s); (*niet zoet*) cracker(s); *~je* biscuit; 2 (*porselein*) biscuit (ware), bisque
bisdom diocese, bishopric
biseksualiteit bisexuality; **biseksueel** bisexual
biskwie *zie* biscuit; **bismut** bismuth
bisschop bishop; (*drank ook*) mulled wine; **bisschoppelijk** episcopal [dignity]
bisschops|ambt episcopate, -pacy; **-mijter** mitre; **-staf** crosier, crozier; crook; **-zetel** 1 see [the see of York]; 2 bishop's throne, cathedra
bissectrice bisector
bissen repeat (a class); **bisseren** 1 encore [a song]; 2 recall [a singer]
bistouri bistoury; **bistro** id
bit (*comp, techn, v paard*) id; *zie ook* gebit
bits snappish, snappy, acrimonious, tart [reply]; acidulous [remark]; sharp [tongue; answer sharply]; **bitsen** snap; **bitsheid** snappishness, etc, acrimony, acerbity; **bitsig** *zie* bits
bitter I *bn* bitter [draught *drankje*, pill (*ook fig*), almonds, taste; cold, tears; truth, hatred, enemy; tone, words; earnest, complaints, quarrel, disappointment, experience, etc; to the bitter end; be bitter with a p.]; ~ *beetje* trifle, pittance; *~e armoe* (*noodzaak*) dire poverty (necessity); ~ *als gal* (as) bitter as gall; *dit maakte hem* ~ this turned him sour; II *bw* bitterly, etc, *vgl het bn;* ~ *wenen* weep bitterly, cry one's heart out; ~ *koud* bitter(ly) cold; ~ *weinig* next to no(thing), precious little [comfort]; III *zn* bitters; *een glaasje* ~, *een ~tje* a (glass of) gin and bitters (*mv:* two gins and bitters), an aperitif, a cocktail; *zie ook* borrel-
bitter|aarde magnesia; **-appel** bitter apple, bitter gourd, colocynth; **-bal** small round croquette
bitteren have gins and bitters; *zie verder* borrelen
bittergarnituur savoury snacks (served with drinks); **bitterheid** bitterness; (*fig ook*) acrimo-

Voor sam met binnen *zie ook* in...

ny; **bitterkers** garden cress; **bitterkoekje** macaroon (biscuit); **bitterlijk** bitterly; **Bittermeren** Bitter Lakes; **bittertafel**, enz *zie* borreltafel, enz; **bittervoorn** bitterling; **bitterwortel** bitterwort; **bitterzoet** bittersweet [thoughts]; (*plant, ook*) woody nightshade; **bitterzout** Epsom salt(s), magnesium sulphate

bitumen id; **bitum(in)eren** bituminize; **bitumineus** bituminous [coal, paint, road]

bivak bivouac; *een ~ opslaan* lay out a bivouac; *zie ook* tent; **bivakkeren** bivouac; **bivakmuts** balaclava (helmet)

bivalent divalent, id; **bivalve** id

bizar bizarre, grotesque, eccentric, (*fam*) over the top, OTT; **bizarrerie** id, eccentricity

bizon 1 (American) bison (*ook mv:* a herd of bison), buffalo; 2 (European) bison, wisent

bizonaal bizonal

B-kant flip side [of a record]

bl. afk van *bladzijde* p

blaadje 1 leaflet; (*thee~, enz*) leaf; 2 (*ve samengesteld blad*) leaflet, foliole; (*bloem~*) petal; 3 (*papier*) sheet, (*bedrukt*) leaflet; (*krant*) paper, (*min*) [a Society] rag; (*presenteer~*) salver, tray; *het ~ is gekeerd* the tables are turned; *bij iem in een goed ~ staan* be in a p.'s good books, be well in with a p.; *bij iem in een goed ~ trachten te komen* make up to a p.; *bij iem in een slecht (kwaad) ~ staan* be in a p.'s bad (black) books; *zie ook* blad

blaag (young) scapegrace, brat

blaam 1 blame, censure, reproach; *een ~ aanwrijven (werpen op)* cast a slur on, reflect on; *hem treft (op hem rust) geen ~* no blame attaches to him; *iem (zich) van alle ~ zuiveren* exonerate a p. from all blame (exculpate o.s., clear one's character, clear one's (good) name), vindicate a p.; 2 (*smet*) blemish, reproach [it is a reproach to the district]; *zie ook* ridder

blaar 1 blister (*ook op verf, enz*); (*~tje*) vesicle; *blaren trekken* raise blisters, blister the skin; *voeten met blaren* blistered feet; 2 (*bles*) blaze; **blaarkoppen** black-and-white-faced cattle; **blaartrekkend** raising blisters, epispastic, vesicant, vesicatory; *~middel* vesicant, vesicatory

blaas 1 (*anat, enz*) bladder; 2 (*in water, glas, enz*) bubble; 3 (*op verf, enz*) blister

blaas|balg (pair of) bellows; **-brander** bench torch; **-ham** ham-cured loin; **-instrument** wind instrument; *de (houten, koperen) ~en, (ook)* the (wood-, brass-)wind(s); **-je** 1 (*in lichaam*) vesicle; (*blaar*) blister; 2 (*insluiting*) inclusion, occlusion; (*lucht, enz*) bubble; *vgl* blaas; **-jeskruid** bladderwort; **-kaak** windbag, gasbag; **-kaken** brag, gas; **-kakerij** bragging; **-kapel** wind (*koper:* brass) band; **-ontsteking** inflammation of the bladder, cystitis; **-orkest** wind (*koper:* brass) band; **-pijp** blowpipe; (*ve glasblazer, ook*) blow-tube, blowing-iron; (*voor erwten*) peashooter; *~je, (ademtester)* breathalyser, (*Am*) drunkometer; **-poepen**: (*troep*) ~ German band; **-poot** thrips; (*minder juist*) thrip; **-roer** blowpipe, -gun, -tube; **-steen** vesical calculus, stone in the bladder; **-test** breath test; **-varen** bladder fern; **-vlam** oxyhydrogen flame; **-vormig** bladder-like, vesicular; **-wier** bladderwrack, -kelp; **-worm** bladder worm

blabla blah(-blah), claptrap

blad 1 (*ve boom, boek, bladveer*) leaf; (*papier, metaal*) sheet; (*v gras, roeiriem, zaag*) blade; (*ve lepel*) bowl; (*ve tafel, was-, werktafel*) top, (*uittrekbaar, v schrijftafel, enz, inleg~*) leaf, (*neerhangend*) flap; (*krant*) (news)paper, publication; (*thee~, enz*) tray; (*presenteer~*) tray, salver; (*attr ook*) foliate [ornament, scrolls]; *veranderen (omdraaien) als een ~ aan een* ***boom*** become another man; *alleen ~* ***maken*** run to leaf [rather than to flower]; *geen ~ voor de* ***mond*** *nemen* not mince matters (one's words), call a spade a spade; ***in*** *het ~ komen (schieten), ~eren krijgen* come (burst) into leaf, put forth leaves; *in het ~ zijn* be in leaf; ***van*** *het ~ spelen (zingen)* play (sing) at sight (from notes, prima vista); *het van het ~ lezen (zingen)* sight-reading (-singing); 2 (*Z-Ned*) tongue

bladaarde leaf-mould; **bladachtig** leaf-like, leafy, foliaceous; **bladdeeg** puff pastry

blad|der(en) blister; **-derig** bladdery, blistering

bladerdak (roof of) foliage, canopy of leaves; **bladerdeeg** puff pastry; **bladeren**: *in een boek ~* glance through a book, turn over (riffle through) the leaves (the pages) of a book; **bladerig** 1 leafy; 2 (*v gebak, gesteente, enz*) flaky; (*geol, ook*) laminated; **bladerkrans** chaplet of leaves; **bladerkroon** crown of a tree; **bladerloos** leafless; **bladerrijk** leafy; **bladertooi** foliage

blad|goud 1 gold leaf (*of:* foil); 2 (*klatergoud*) Dutch gold (*of:* metal); **-groen** leaf-green, chlorophyll; *~korrel* chlorophyll granule; **-groente** (green) vegetables; **-hark** lawn rake; **-ijzer** sheet-iron; **-knop** leaf-bud; **-koninkje** yellow-browed warbler; **-koper** sheet-copper, -brass; **-lood** sheet-lead; **-luis** greenfly, blackfly, aphis, aphid; **-maag** *zie* boekmaag; **-metaal** metal foil; **-moes** mesophyll; **-mos** moss; **-muziek** sheet music; **-neus** leaf-nose(d bat); **-oksel** leaf-axil; **-plant** leaf-, foliage-plant; **-rand** margin (of a leaf); **-rank** leaf-tendril; *met ~en* foliate [scroll]; **-roller** tortrix; **-rups** canker-worm; **-schede** leaf-sheath; **-schijf** leaf-blade, lamina; **-selderij** celery; **-spiegel** type page; writing area; text area, text space; **-stand** arrangement of leaves, phyllotaxis; **-steel**, **-stengel** leaf-stalk, petiole; **-stil**: *het was ~* not a leaf stirred, there was a dead calm; **-tabak** leaf-tobacco; **-thee** whole-leaf tea; **-tin** tinfoil; **-veer** leaf spring; **-verliezend** deciduous; **-versiering** leaf-work, foliage; **-vormig** leaf-shaped; **-vulling** filler, stop-gap; *het is maar ~* it's mere padding; **-wachter** catchword; **-wesp** leaf-wasp, sawfly; **-wijzer** 1 bookmark(er); 2 index, table of contents; **-zijde** page [open your book at page 5]; **-zilver** silver leaf; **-zink** sheet-zinc

blaffen bark [*tegen* at; *ook fig*]; (*bassen*) bay; *hij blaft harder dan hij bijt* his bark is worse than his bite; *tegen de maan ~* bay the moon; *~de honden bijten niet* barking dogs seldom bite; **blaffer**

1 (*ook fig*) barker, yelper; 2 (*index*) register; 3 (*sl*) gun; **blafhoest** barking cough

blaken burn; (*vd zon*) blaze; (*schroeien*) parch, scorch; ~ *van* glow with [patriotism, health]; **blakend** (*ook*) ardent; *in ~e gunst* in high favour; *in ~e welstand* in the pink (of health), in radiant (robust, rude) health, (*fam*) alive and kicking

blaker sconce, flat candlestick; **blakeren** scorch, burn, parch; *de zon blakert de velden* the fields are blazing in the sun; *door de zon geblakerd* sun-baked [fields]; *geblakerd,* (*ook*) charred [remains]; *zie ook* blaken

blamabel blam(e)able; **blamage** disgrace, gaffe, s.t. to one's discredit; **blameren** bring discredit (up)on, discredit; *zich* ~ compromise (*of:* disgrace) o.s., lose face

blancheren blanch [almonds, vegetables, metal]

blanc-manger blancmange

blanco blank [cheque]; *~-accept* blank acceptance; *~-krediet* blank (*of:* open) credit; ~ *laten* leave blank; *~-endossement* blank endorsement; *in ~ endosseren* endorse in blank; *in ~ opgemaakt* drawn up (made out) in blank; *in ~ verkopen* sell short [he sold short 1000 shares]; ~ *stem* abstention; ~ *stembiljet* blank voting-paper; ~ *stemmen* abstain (from voting), send in a blank (an unmarked) paper; ~ *strafblad* clean (police) record, clean sheet (slate); ~ *volmacht* blank power of attorney; *nog ~ zijn* have an open mind, be undecided; **blanda** (*Ind*) Dutchman, white (man)

blank I *bn* 1 white [cream, snow, lily, paper], clear [enamel, glass, skin], plain [oak], natural [cane, wood], bright, uncoated [metal], bare [wire]; (*vd huid*) white [her white arms], fair [complexion], (*v pers, ook*) fair-skinned; ~ *ras* white race; *~e slavin* white slave; (*blinkend*) bright; (*fig*) pure; *het ~e wapen* cold steel; *de ~e sabel* the naked sword (*met ..., ook*) [driven away] at the point of the sword); ~ *schuren* scour; 2 unrhymed; *~e verzen* blank verse; 3 under water; *het land staat ~* the land is flooded; II *zn* (*domino*) blank; **blanke** white (man, woman); *~n* whites; **blanketsel** face powder; **blanketten** 1 powder; 2 (*fig*) whiten; **blankheid** whiteness, fairness, purity; **blankvoorn** roach

blaren 1 blister; 2 *zie* blèren

blasé id; *er ~ van zijn* be fed up with it

blas|femeren blaspheme; **-femie** blasphemy

blaten bleat

blauw I *bn* blue [*van de kou* with cold]; ~ *bloed* blue blood; *~e boon,* (*fig*) ounce of lead; *~e haai* blue shark; *~e knoop* temperance society badge, (*Am*) blue ribbon; (*plantk*) devil's bit (scabious); *hij is van de ~e knoop* he has taken the pledge (is a teetotaller); *een ~e maandag* a very short time; *iem een ~ oog slaan* give a p. a black eye, black a p.'s eye; *~e plek(ken krijgen)* bruise; *~e regen* wistaria; *~e scheen, zie* blauwtje; *~e zone* blue zone; *de zaak ~ ~ laten* leave the matter there, let the matter rest; *zie ook* druif & wimpel; II *zn* blue [dressed in blue, the blue of the sky; (*ook: ~ aardewerk & porselein*)]; *zie ook* Berlijns; **blauwachtig** bluish; **Blauwbaard** Bluebeard

blauwbekken: *staan ~* stand in the cold; **blauwbes** bilberry, whortleberry; **blauwblauw** *zie* blauw I; **blauwboek** bluebook; *~je* pamphlet; **blauwborstje** bluethroat; **blauwdruk(ken)** blueprint; **blauwen** I *tr* blue [linen, steel]; II *intr* 1 become blue; 2 (*opdoemen*) loom (up); **blauweregen** wistaria

blauw|gras blue grass; **-grijs** bluish grey; **-groen** bluish green, cyan; **-heid** blueness; **-hout** logwood; **-keeltje** blue-throat; **-kous** bluestocking; **-maanzaad** poppy seed; **-mees** *zie* pimpelmees; **-ogig** blue-eyed; **-sel** (washing) blue; **-steen** *zie* azuursteen; **-tje** 1 (*vlinder*) blue; 2 *een ~* (*laten*) *lopen* get (give) the mitten, be turned (turn) down; **-verven** dye blue; *zie* heksen; **-vos** blue fox; **-zucht** cyanosis; *lijdende aan ~,* (*ook*) cyanotic; **-zuur** Prussic acid

blazen 1 blow [one's tea, a trumpet, glass; *ook v wind, walvis, enz*]; sound; *zie ook* appèl, enz; (*ve kat*) spit, swear; (*ve locomotief*) snort; *twee keer ~,* (*op trompet, enz*) give two blasts; *iem iets in het oor ~* whisper s.t. in a p.'s ear; ~ *op* blow (breathe on) [one's food], blow, sound [a whistle], blow (on), sound, wind [the horn]; *hoog van de toren ~* brag; *laten ~* breathalyse [a driver]; *moeten ~,* (*ook*) have to take a breath(alyzer) test; *willen ~ en het meel in de mond houden* try to do the impossible; *beter hard ge~ dan de mond gebrand* it is better to be safe than sorry; *het is uitkijken* (*weglopen, enz*) *ge~* we (etc) shall have to look sharp (make off, etc); *zie ook* bus; 2 (*damspel*) huff; **blazer** 1 blower (*ook: mijnspleet*); (*zwaar ademend persoon*) grampus; 2 (*jasje*) id; *de blauwe ~s* the officials

blazoen blazon; **blazoeneren** (em)blazon

bleef *ovt van* blijven

bleek I *bn* pale, pallid, wan, (*verbleekt*) faded; *zo ~ als een doek* (*de dood*) as white as a sheet, deathly pale; ~ *worden* (go, get, grow, turn) pale; ~ *zien* look pale; ~ *van woede* white with fury; II *zn* 1 bleaching; 2 bleach(ing)-field, -ground, -green; 3 bleaching linen; III *ww ovt van* blijken

bleek|aarde absorbent clay, fuller's earth; **-gezicht** pale-face; **-heid** paleness, pallor; **-jes** palish; **-middel** bleach(ing agent), Javel water; decolorant; **-neus** pale child (person); **-poeder** bleaching powder; **-scheet** 1 paleface; 2 colourless affair; **-selderij** celery; **-veld** *zie* bleek II.2; **-vos** light bay (horse); **-wangig** pale-cheeked; **-water** bleach; **-zucht** chlorosis, greensickness; **-zuchtig** chlorotic

blei white bream

bleken bleach, whiten; **bleker** bleacher

blende id; **blender** id

blèren 1 squall, bawl, howl, blare [the band blared]; 2 (*blaten*) bleat

bles 1 blaze, (*kleine*) star; 2 blazed horse, horse with a blaze

blesseren injure, wound; **blessure** injury, wound; **blessuretijd** (*sp*) stoppage (extra, injury) time

bleu I *bn* 1 timid, bashful, shy; 2 pale blue; II *zn* novice; **bleuheid** timidity, bashfulness, shyness

bliek 1 (*blei*) white bream; 2 (*sprot*) sprat
bliep 1 (*geluid*) bleep; 2 (*elektr*) blip; **bliepen** 1 bleep; 2 blip; **blies** *ovt van* blazen
blieven like, care for [sprouts]; *zie* believen *& vgl* alstublieft, wablief
blij(de) *bn & bw* glad [looks, news, tidings; I am glad to ..., that ...], happy [day, event; be happy to ...], joyful, joyous, pleased; *ik ben er ~ om (mee)* glad of (happy, pleased with) it; *iem ~ maken* make a p. glad; *de kinderen eens ~ maken* give the children a treat; *~ te moede* in a happy mood; *~ toe!* and a good thing too!; *zie ook* boodschap, mus, verwachting, enz
blijde *zn* (*hist*) 1 ballista; 2 (*lepel~*) mangonel; 3 trebuchet, -cket
blijdschap joy, gladness, happiness [*over* at]
blijeindend (*hist*) with a happy ending; *~ treurspel* tragi-comedy
blijf: *geen ~ weten met* not know what to do with [s.t.]; **blijf-van-mijn-lijfhuis** home for battered women and children
blijgeestig, enz *zie* blijmoedig, enz; **blijheid** gladness, joy(fulness)
blijk token, mark [of gratitude, respect], sign [of interest]; *~ geven van* give evidence of, evidence, demonstrate, manifest; show [courage]; reflect [great optimism]; betray [fear]; register [surprise, boredom]; *ten ~e waarvan* in witness whereof
blijkbaar I *bn* apparent, obvious, evident; II *bw* apparently, etc, *vgl* I; **blijken** appear, be (become) evident (obvious, apparent); *het blijkt, dat* ... it (so) happens that ...; *het bleek mij, dat* ... I found that ...; *dat moet nog ~* that still has to be proved; *dat zal spoedig ~* we shall soon see; *dat blijkt aldoor* that shows all the time; *~ te zijn* turn out (prove) to be [a good teacher]; *een hinderpaal (onwaar) ~ te zijn* prove (to be) an obstacle (untrue); ***doen** ~ van* give evidence of; ***laten** ~* show, betray [one's ignorance], let [it] appear; (*fam*) let on [he knows more than he lets on; don't let on to him that ...]; *hij liet (er) niets (van) ~, (ook)* he gave no hint of it, he gave no sign; (*fam*) he kept it dark; *~ **uit*** appear (be apparent) from; *uit alles blijkt dat* ... everything goes to show that ...; **blijkens** (as appears) from
blijmoedig cheerful [a cheerful giver], joyful, merry, jovial; **blijmoedigheid** cheerfulness, joviality, joyfulness, mirth; **blijspel** comedy
blijven 1 (*ergens*) stay (*meest v pers*), remain; (*fam, v pers*) stop [with a p., to (for) dinner, a few days in London; I'm not stopping]; (*~ logeren, wonen, enz*) stay on [John is staying on, all the others are going]; (*inz Am*) stop over; *nog wat ~* stay a little longer, stay on for a bit; *hij bleef langer dan ons lief was* he outstayed his welcome; *hij bleef (even) praten* he stayed for a chat; *ik ben blij dat ik er gebleven ben, (in een baan bijv)* I am glad I hung on; *blijf je vannacht?* are you staying the night?; *blijf je lang?* are you making a long stay?; *het is er en het blijft er* it has come to stay; *de televisie blijft* TV has come to stay; *aan het toestel ~* stand by; ***waar** blijft het ontbijt?* where is breakfast?; *waar is hij (mijn hoed) (toch) gebleven?* what (whatever) has become of him (of my hat; wherever has my hat got to)?; *waar blijf je?* what keeps you? [I wonder what can be keeping him]; *waar ben je zo lang gebleven?* where have you been all the time?; *waar ben ik gebleven?, (in verhaal, enz)* where was I?, what was I saying?; *waar zijn we gebleven (met lezen)?* where did we get to?; *waar je gebleven bent* where you left off; *waar blijf je nou (met je verhaal)?, (iron)* so what?; *waar blijft het geld?!* where does the money go?; *tot het einde ~ van* sit out [the concert]; 2 (*in een toestand*) remain [young, a p.'s friend, I remain yours truly ...], continue [friends, the weather continued fine], stay [single *ongetrouwd*], keep [serious, quiet]; go [unanswered, undiscovered]; *goed ~, (v eetwaren)* keep; 3 (*overblijven*) remain, be left; *2 van de 5 blijft 3* 2 from 5 leaves 3; *er blijft mij geen andere hoop dan* ... I have no hope left but ...; *er blijft nog veel te doen* much remains to be done; *niets bleef hem bespaard* he was spared nothing; 4 (*omkomen*) perish, fall, be killed, be left [on the field of battle]; 5 (*uitblijven*): *hij blijft lang (weg)* he is a long time (in) coming (back); 6 (*doorgaan met*) continue ...ing, continue to, go on ...ing, keep (on) ...ing [he kept looking at me]; (*maar steeds*) *~ zitten (wachten, hopen, enz)* go on sitting (waiting, hoping, etc); *zie verder* liggen, nablijven, zitten, enz; 7 *~ eten (koffiedrinken)* stay for (to) dinner (lunch); *~ leven* live (on) [to a ripe old age]; *in leven ~* stay alive; *zie ook* hangen, enz; 8 *~ **bij*** stay (remain) with [a p.]; abide (stand) by [what one has said], stick (adhere) to [one's decision], persist in [one's refusal]; attend to [one's work]; *zie ook* mening, enz; *bij de zaak ~* keep (stick) to the point; *hij blijft erbij, dat* ... he persists in saying (he maintains) that ...; *het blijft er dus bij, dat* ... so it is agreed that ...; *en daarbij bleef het* and there the matter rested; *het bleef bij materiële schade* there was only ...; *maar het bleef niet bij brievenschrijven* but the matter did not end with ...; *alles bleef bij het oude* things went on just as they were; *zie ook* laten; *dat blijft **onder** ons, a)* don't let it go any further; that is strictly between ourselves; *b)* it won't (shan't) go any further; ***op** het voetpad ~* keep to the footpath; *dus dat blijft (bepaald) op dinsdag?* so Tuesday stands?; *zie ook* afblijven, enz, *& vgl* blijvend; **blijvend** lasting [impression, evidence, peace], enduring [value], fast [colour], permanent [abode, teeth], standing [arrangement], abiding [he has an abiding place in our hearts]; *~e belasting* dead load; *ons product heeft zich een ~e plaats verworven* our ... has come to stay; *een geschenk van ~e waarde* a lasting present; **blijver** stayer; **blijvertje**: *het kind is geen ~* the child will not live long, is not long for this world
1 blik look, gaze; (*vluchtig*) glance, glimpse; (*heimelijk*) peep; *een ~ slaan (werpen) in (op)* (throw, cast, take a) glance at, (*heimelijk*) steal a glance at; *een ~ toewerpen* throw (cast) (*haastig:* shoot) a glance at, throw (cast, give) [a p.] a look; *begerige ~ken werpen op* cast covetous eyes (up)on; *zijn*

scherpe ~, (ook fig) his keen eye; *iem met een heldere ~* man of quick discernment; *bij de eerste ~* at first sight; *in één ~* at a glance, with one look; *hij overzag het gehele toneel met één ~* he took in the whole scene at a glance; *zie ook* afwenden, ruim, verruimen, enz

2 blik 1 (*metaal*) tin(-plate); 2 (*vuilnis~*) dustpan; 3 (*~je*) tin [of salmon], can [of beer]; *een oud ~je* an old tin can; *vlees in ~* tinned (*Am:* canned) meat

blikbrood tin-loaf; **blikgroenten** tinned (*inz Am* canned) vegetables

blikken I *ww* 1 look, glance; 2 (*knipogen*) wink, blink; *zonder ~ of blozen* unblushingly, without blushing, without a blush, without batting an eyelid; II *bn* tin; *~ dominee* tinpot preacher

blikkeren sparkle, flash; **blikkerig** tinny [sound]; **blikopener** tin-opener, can-opener; **blikschaar** (pair of) plate-shears; (*klein*) tinsnips; **blikschade** bodywork damage

bliksem lightning; *de ~s van het Vaticaan* (*van Jupiter*) the thunders of the Vatican (the thunderbolts of Jupiter); *arme ~* poor devil; *hete ~* apples and potatoes stewed and served hot; *~ (nog an toe)!* damn it!; ***als** de ~* like blazes, like (greased) lightning, like a house on fire; ***door** de ~ getroffen* struck by lightning; *als door de ~ getroffen* thunderstruck; ***naar** de ~ gaan* go to pot (to the dogs, west); *wéér f100 naar de ~,* another ... down the drain; *loop naar de ~!* go to blazes!; ***wat** ~!* what the blazes!; *zie ook* donder, drommel & moer

bliksem|actie lightning action (operation); **-afleider** lightning-conductor, (*ook pers*) lightning-rod; **-bezoek** lightning visit; **-buis** fulgurite; **-carrière** lightning career

bliksemen 1 flash, lighten; (*vd ogen, enz*) flash; *het bliksemt* there's a flash of lightning; 2 (*smijten*) smash; chuck; 3 (*vallen*) drop, smash, crash

bliksem|flits flash of lightning; **-inslag** lightning-strike; **-licht** (*vuurtoren & vero fot*) flashlight; **-oorlog** blitzkrieg

bliksems I *tw ~!* damn!, hang it!, the deuce!; II *bw* devilish, deucedly [clever]; *~ gauw, (sl)* like greased lightning; *~ veel geld* a hell of a lot of money; III *bn* devilish, deuced, infernal; (*sl*) bloody [the bloody fool!]

bliksem|schicht flash of lightning; thunderbolt; **-slag** 1 stroke of lightning; 2 thunderclap; **-snel** with lightning speed, quick as lightning (as thought); **-snelheid** lightning speed; **-straal** flash (streak) of lightning, lightning flash; *als een ~ uit een heldere hemel* like a bolt from the blue, [the news fell] like a bombshell

blikskater(s) *zie* bliksem(s)

blik|slager tinsmith, whitesmith; (*rondtrekkend*) tinker; *~(s) zie* bliksem(s); **-slagerswerk** tinware; **-vanger** (*in etalage, enz*) eye-catcher; **-veld** field of vision; **-verruimend** broadening one's horizons; **-voedsel** tinned food; **-werk** tinware; **-werker** tin-plater

blind I *zn* shutter; II *bn* blind [*van* with; (*ook fig:*) blind fury, prejudice; love is blind], sightless; *zo ~ als een mol* as blind as a bat; *~ maken* blind (*voor* to); *zich ~ staren op* have [an idea] on the brain, be obsessed by ...; *ik heb er mij ~ op gestaard* (*gekeken*) I've pored my eyes out; *~ worden* go blind; *~e bocht* blind corner (bend); *~e darm* caecum, (*fam*) blind gut; (*onjuist voor: wormvormig aanhangsel*) (vermiform) appendix; *~e deur* blind door; *~(e) gehoorzaamheid* (*geloof*) implicit (blind) obedience (faith); *~e kaart* blank map, skeleton map; *~e klip* sunken (submerged) rock; *~e muur* blind (blank) wall; *een ~ paard kon er geen schade doen* the room was bare of furniture; *~e passagier* stowaway; *~e steeg* blind alley; *~ toeval* mere chance; *~ typen* touchtype; *~ venster* blind (sham) window; *~e vinken* beef (*of:* veal) olives; *~e vlek* blind spot; *~ werktuig* blind tool [in a p.'s hands]; *~ **aan** één oog* blind in (of) one eye; *~ **voor*** blind to [a p.'s faults, the beauties of nature]; *zie ook ~e*; III *bw* blindly; *zie ook ~elings*; *~ vliegen* fly blind

blinddoek blindfold, bandage (in front of the eyes); (*fig*) blind; *een ~ voorbinden, zie ~en*; **blinddoeken** blindfold; (*fig*) hoodwink; *geblinddoekt, (ook)* blindfold; **blinddruk** (*in boek*) blind impression; (*op band*) blind tooling; *in ~, (ook)* (tooled) in blind

blinde blind man, blind woman; (*kaartspel*) dummy; *in het land der ~n is éénoog koning* in the country of the blind the one-eyed man is king; *whist met de ~* dummy whist; *met de ~ spelen* play with a dummy, have dummy for a partner; *in den ~* blindfold, at random, blindly; **blindedarmontsteking** appendicitis; **blindedarmoperatie** append(ic)ectomy; **blindelings:** *~ [te werk gaan]* [go at it] blindly, [vote] with one's eyes shut; [obey, trust a p.] implicitly; *zie ook* blinde: in den ~; **blindeman** blind man; *~netje* [play at] blindman's buff; **blindenbibliotheek** library for the blind; **blindengeleidehond** guide-dog, (*Am*) seeing-eye dog; **blindeninstituut** institute for the blind, blind institution; **blindenschrift** writing (*of:* type) for the blind, Braille, raised type; **blindenstip** raised dot; **blindenstok** white stick; **blinderen** 1 armour; *geblindeerde trein* armoured train; 2 face [brick with stone]; **blindganger** unexploded shell; **blindgeboren** born blind; **blindheid** blindness; *met ~ geslagen* struck (smitten) with blindness, struck blind; **blindklinktang** riveting pliers; **blindslang** 1 blind snake; 2 (*hazelworm*) slow-worm; **blindtypen** touch-type; **blindvliegen** I *ww* fly blind; II *zn* blind flying; **blindweg** blindly

blink *zie* glans & schoensmeer; **blinken** shine, glitter, gleam; *eksters houden van alles wat blinkt,* magpies are fond of anything bright; *te ~ staan, (fam)* have egg on one's face; **blinker** (*vissp*) spoon (bait); **blinkerd** white dune

blister(verpakking) bubble (*of:* blister) pack

blits hip, trendy, flashy, glitzy, hype; *de ~ maken* steal the show; **blo** *zie* blode

bloc: *en ~* id, [buy, sell] in the lump, [admit 14 new members] in a body, [reject demands] in their entirety; **blocnote** notepad, writing-, scribbling-, tear-off pad

blode bashful, timid; *beter blo(de) Jan dan do(de) Jan* better safe than sorry; discretion is the better part of valour

bloed 1 blood; ~ *in de urine* haematuria; *nieuw* ~, (*fig*) fresh blood, [infuse] new blood [into a business]; *het ~ kruipt waar het niet gaan kan* blood is thicker than water; *kwaad ~ zetten* stir up bad blood (ill feeling); *iems ~ sneller doen kloppen* make a p.'s heart beat faster; *je haalt iem het ~ onder de nagels vandaan* you'd try a saint; *hij beet zijn lip* ***aan*** *~, zie:* bloeden: tot ~s toe; *dat zit* ***in*** *het* ~ that runs in the blood, it is in my (etc) blood, it is part of my character; *zie ook* bestaan; ***van*** *adellijk ~ zijn* be of noble blood (*of:* extraction), (*fam*) have blue blood in one's veins; *prinsen van den ~e* princes of the blood (royal); *zie ook* baden, koel *en vgl sam met* dood *en* loei; 2 (*sukkel*) simpleton

bloed|aandrang congestion, rush of blood [to the head]; **-achtig** bloodlike, haematoid; **-alcoholgehalte** blood alcohol level; *een te hoog ~ hebben* (*ook*) be over the limit; **-appel** blood orange; **-arm** anaemic; **-armoede** anaemia; **-armoedig** anaemic; **-baan** bloodstream; **-bad** (wholesale) slaughter, bloodshed, carnage, massacre, shambles, bloodbath; *een ~ aanrichten* make a slaughter, massacre (butcher) the inhabitants of a place; **-bank** bloodbank; **-beeld** blood picture; **-beuling** *zie* -worst; **-bezinking** blood sedimentation; **-blaar** blood blister; **-broeder** blood brother; **-doorlopen** bloodshot [eyes]; **-dorst** thirst for blood, blood-lust, bloodthirstiness; **-dorstig** bloodthirsty, sanguinary; **-dorstigheid** *zie* bloeddorst; **-druk** [take a p's] blood pressure; (*te*) *hoge* (*lage*) ~ high (low) blood-pressure, hypertension (hypotension) [*met* ... hyper-, hypotensive]; **-druppel** drop of blood; **-eigen**: *zijn ~ kinderen* his own flesh and blood; *mijn ~ broer* my very own brother

bloede|loos bloodless; **-loosheid** bloodlessness

bloeden bleed (*ook fig:* my heart bleeds); (*v verf*) bloom(ing); *erg* ~ bleed freely (profusely); *hij zal ervoor* ~, (*geldelijk*) he shall pay (*boeten, ook:* suffer) for it; *iems neus aan het ~ slaan, zie* bloedneus; *uit de neus* (*aan het voorhoofd*) ~ bleed at (*of:* from) the nose (from the forehead); *hij doet alsof zijn neus bloedt* he acts dumb, pretends ignorance; *met ~d hart* with a bleeding heart; *tot ~s toe* till it bleeds, till the blood comes (starts, runs); **bloeder** (*med*) bleeder; **bloederig** bloody; *een ~ verhaal* a blood-and-thunder story; **bloederziekte** haemophilia

bloed|gang [pass at] breakneck speed; **-geld** blood-money, price of blood; **-getuige** martyr; **-gever** (*bij bloedtransfusie*) blood donor; **-groep** blood group; *de ~ bepalen* blood-typing, -grouping; **-hard** immensely hard (fast); whacking [blow]; **-heet** sweltering, broiling; **-hond** 1 bloodhound; 2 bloodthirsty person

bloedig bloody, sanguinary, bloodstained [hands, battlefield], gory [locks]; *~e ernst* bitter (deadly) earnest; *een ~ incident* an incident involving bloodshed; *~e tranen schreien* shed tears of blood; ~ *werken* toil (and moil); *zijn ~ gespaarde geld* his hard-earned savings; **bloeding** bleeding, haemorrhage; **bloedje**: *~s* (*van kinderen*) poor little things; *attr zie* bloed-

bloed|kleurstof haemoglobin; **-klonter** clot of blood, bloodclot; **-koek** mass of clotted blood, coagulum; **-koraal** red coral; **-lichaampje** [red, white] blood corpuscle; **-lijn** strain; **-link** extremely chancy, dicey; **-mooi** gorgeous, stunning [blonde]; **-neus** bloody (bleeding) nose; *iem een ~ slaan* blood a p.'s nose; **-onderzoek** blood test; **-plaatje** thrombocyte, blood platelet; **-plakkaat** bloody edict; **-plasma** (blood) plasma; **-proef** blood-test; **-prop** blood clot

Bloedraad Council of Blood, Blood Tribunal, Bloody Council; **bloedrijk** sanguineous; **bloedrood** blood-red, scarlet; **bloedschande** incest; **bloedschendig** incestuous; **bloedschuld** blood guilt(iness); **bloedserieus** deadly serious; **bloedserum** blood serum; **bloedsinaasappel** blood orange; **bloedsomloop** [lesser and greater] circulation (of the blood); *moeilijkheden bij de ~* circulatory difficulties

bloed|spiegel concentration [of calcium, etc] in the blood; **-spoor** 1 trail of blood; 2 trace of blood; **-spuwing** spitting of blood, haemoptysis; **-steen** bloodstone, haematite; **-stelpend** (*middel*) styptic; **-stollend** blood-curdling [stories]; **-stolling** coagulation (of the blood); **-stolsel** blood clot; **-storting** *zie* bloeduitstorting & bloedvergieten; **-stroom** bloodstream; **-suikerspiegel** blood glucose level; **-telling** blood count; **-transfusie** blood transfusion; **-uitstorting** extravasation of blood, (*in de hersenen*) cerebral haemorrhage; **-vat** blood vessel; **-vatenstelsel** vascular system; **-vergieten** bloodshed; **-vergiftiging** blood poisoning, pyaemia, sepsis; **-verlies** loss of blood; **-verwant(e)** (blood) relation, relative, kins(wo)man; (*mv ook*) kinsfolk; **-verwantschap** blood-relationship, consanguinity; **-vete** blood feud; **-vin** *zie* bloedzweer; **-vlag** red flag; **-vlek** bloodstain; **-vocht** plasma; **-warmte** [keep at] blood heat; **-wateren** haematuria; (*bij vee*) red water; **-wei** serum; **-worst** black pudding, (*Am*) blood-sausage; **-wraak** vendetta, blood feud, blood revenge; **-ziekte** blood disease; **-zuiger** (*ook pers*) leech, bloodsucker; *~s aanleggen* apply leeches; **-zuiverend** (*ook: ~ middel*) abstergent, depurative; **-zweer** boil; **-zweet** bloody sweat

bloei blossom (*inz ve vruchtboom*), flower, bloom; (*het bloeien*) flowering, florescence; (*fig*) flourishing (prosperous) condition (period), prosperity; bloom, flower [of youth]; *tweede ~* second bloom(ing); ***in*** (*volle*) *~ staan* be in (full) bloom (blossom, flower); *in de ~ der jaren* in the prime of life, in the flower of one's age; *in de volle ~ van haar jeugd* in the full flush of youth; ***tot*** *~ brengen* bring to prosperity; *tot ~ komen* become prosperous, reach perfection; **bloeien** bloom, flower; (*inz ve vruchtboom*) blossom; (*fig*) flourish, prosper, thrive; **bloeiend** (*ook*) [lilies] in bloom; (*fig ook*) flourishing, prosperous; *laat ~e* *plant* late flowerer; **bloeikolf** spadix; **bloeimaand** May; **bloei|periode**, **-tijd** flowering-time, blossom-time, florescence; (*fig*) flowering(-time), hey-day, palmy days; **bloeiwijze** [definite, indefinite] inflorescence

bloem 1 flower; *~pje* little flower, floweret, floret; *~etje* [bring a] bunch of flowers; *de ~etjes buiten zetten* paint the town red, go (out) on a (be on the) spree, live it up; *de ~ van de ridderschap* the flower (pick, choice, élite) of knighthood; *~en op de ruiten* ice flowers; *de ~en stonden op de ruiten* the windows were frosted over; *geen ~en* (*op verzoek*) no flowers (by request); *met ~en versierd* flowered; *retorische ~en* flowers of rhetoric, flowers of speech; 2 (*v meel*) flour; *~ van zwavel* flowers of sulphur

bloemaarde fine mould; **bloemachtig** flower-like; **bloembak** flower box, planter; (*buiten het raam*) window box; **bloembed** flower-bed; **bloembekleedsels** perianth; **bloemblad** petal; **bloembodem** receptacle, torus; **bloembol** (flower-)bulb; *zie ook* bollenkweker, enz; **bloemdek** perianth; **bloemdragend** phanerogamic, phanerogamous; **bloemegeur** scent (fragrance, perfume) of flowers

bloemen|corso flower (floral) parade; **-feest** floral fête; **-hulde** floral tribute(s); **-mand** flower-basket; **-markt** flower-market; **-meisje** flower-girl; **-pracht** wealth of flowers; **-rand** flower-border; **-spuit** plant spray; **-stander** flower-stand, ped(estal); **-teelt** flower culture, floriculture; **-tentoonstelling** flower-show; **-winkel** florist's (shop)

bloemetje *zie* bloem; **bloemgodin** goddess of flowers, Flora; **bloemhof** flower-garden; **bloemhoofdje** capitulum, flower-head; **bloemig** floury, mealy [potato]; **bloemist** florist; **bloemisterij** florist's; flower nursery

bloem|kelk calyx; **-kever** flower-beetle; **-knop** flower-bud; **-kool** cauliflower [ear]; **-krans** wreath (chaplet) of flowers, floral wreath; *zie ook* bloemslinger; **-kroon** corolla; **-kweker** flower grower, floriculturist; **-kwekerij** 1 (*vak*) floriculture; 2 (*zaak*) flower grower's (business); **-lezen** anthologize; **-lezing** anthology; (*als titel, ook*) analecta; **-perk** flower-bed; **-pot** flowerpot; **-riet**: (*Indisch*) ~ canna; **-rijk** flowery, (*fig ook*) florid; **-rijkheid** floweriness, floridity; **-ruiker** bouquet, nosegay; **-schede** spathe; **-scherm** umbel; **-schikken** flower arranging; **-schikkunst** (art of) flower arrangement, floral art; **-slinger** garland of flowers; **-steel**, **-stengel** flower-stalk, peduncle; **-stuk** 1 (*bij feest, enz*) bouquet, floral tribute; (*op tafel*) flower arrangement; 2 (*schilderij*) flower-piece, -picture; **-tuil** 1 bunch of flowers, bouquet; 2 (*bloeiwijze*) corymb; **-versiering** floral decoration; **-zoet** sugary

bloes blouse; (*v jongen*) shirt; **bloesem(en)** blossom, bloom, flower; **bloesje**, **bloeze** *zie* bloes

blohartig faint-hearted; **bloheid** bashfulness, timidity

blok 1 (*hout, steen, huizen, ve schavot, bij spoorw, log persoon*) block; (*meubel, ook*) cube; (*hout, ook*) log; (*brandhout*) billet; (*luchtv*) chock [*de ~ken wegnemen* withdraw the chocks]; *~je*, (*bouillon, kaas, enz*) cube, square; *aan* (*in*) *~jes snijden* dice [potatoes]; ***voor*** *het ~ zetten* put [a p.] on the spot; *voor het ~ zitten* be up against it; 2 (*mar*) pulley-block; 3 (*lood, tin*) pig; 4 (*aan been*) clog, hobble; 5 (*speelgoed*) (building-) block, brick; 6 (*wisk*) parallelepiped; 7 (*straftuig*) stocks; *in het ~ sluiten* put in the stocks; *zij was voor hem een ~ aan het been* she was a drag on him; 8 (*pol*) [Central European] bloc, block; 9 (*schooltaal*), *zie* ~cursus; **blokboek** block book; **blokcursus** intensive course; **blokdruk** block-print(ing); **blokfluit** recorder; **blokhak** platform heel; **blokhoofd** civil defence warden; **blokhuis** 1 blockhouse (*ook mil*), loghouse; 2 (*spoorw*) signal-box; **blokhut** log-cabin; **blokkaas** Dutch loaf (Edam)

blokkade blockade; *door de ~ heensluipen* run the blockade; **blokkadebreker** blockade runner

blokken 1 swot [for exams], plod, grind away [*op* at]; *~ op een vak* mug up a subject; 2 (*bij spoorw*) block; **blokkendoos** *zie* bouwdoos; **blokker** swot; **blokkeren** 1 blockade [a port]; block [the roads were blocked]; 2 (*banksaldo, enz*) block, freeze; 3 (*v wielen*) lock; *niet-~d* ABS, anti-lock [brakes]; 4 (*typ*) turn [(for) a letter]

blok|letter block letter; *in ~s*, (*op formulier, enz, ook*) please print; **-pak** brick (pack); **-patroon** tile design; **-schaaf** smoothing-plane; **-schema** block-diagram; **-schrift** block letters, block-writing; **-signaal** block signal; **-stelsel** block system; **-uur** double period, double hour [of maths]; **-wachter** signalman

blom *zie* bloem

blond fair, light, blond (*vr* blonde: a blonde girl); **blonde** blonde (lace); **blonderen** bleach; **blondharig** fair-haired; **blondheid** fairness, lightness; **blondine** blonde, fair-haired (fair-complexioned) girl; **blonk** *ovt van* blinken

bloodaard coward, faint-heart

bloot I *bn* 1 bare [arms], naked [body], revealing [dress], bald [facts]; *blote sabel* naked (*of:* drawn) sword; ***met*** *blote hals*, (*ve dame*) in a low dress; *met blote rug*, (*ve jurk*) bare-backed; *met het blote oog* with the naked (unaided) eye; *met* (*op*) *blote voeten* barefoot(ed); ***onder*** *de blote hemel* in the open (air); *iem* ***op*** *zijn blote knieën danken* thank a p. on one's bended knees; *op het blote lijf dragen* wear next the skin; *zie ook* hoofd: uit het ~; 2 (*enkel*) mere, bare; *blo(o)t(e) formaliteit* (*toeval, vermoeden*) mere form (chance, suspicion); *de blote gedachte* the mere (bare, very) thought [makes me shudder]; II *bw* 1 merely, barely; *~ met de bedoeling om te* ... for the mere purpose of ...ing; 2 *~* (*paard*)*rijden* ride bareback; III *zn* flesh, nudity; (*in tijdschrift, enz, sl*) cheesecake

bloot|geven: *zich ~*, (*schermen & fig*) lay o.s. open [to criticism]; (*alleen fig*) show one's weak side (*of:* point), commit o.s.; *zich niet ~*, (*fig ook*) be non-committal; *zonder zich bloot te geven* [answer] non-committally, in a non-committal manner; **-heid** nakedness, bareness, nudity; **-je**: *in*

zijn ~, (fam) starkers; **-leggen** *(ook fig)* lay open (bare), expose [foundations], bare [one's soul], uncover [the soil, a secret]; *zijn zaak ~* state one's case; *zijn plan ~* unfold one's plan; **-liggen** lie bare, lie open [*voor* to], be exposed (to view)
blootshoofds bare-headed, with bared head(s)
blootstaan: *~ aan* be exposed (liable) to; **blootstellen** expose; *zij stelden hun leven (voortdurend) bloot* they carried their lives in their hands; *zich ~ aan* expose o.s. to [danger, derision], lay o.s. open to [criticism, derision, a charge]; **blootstelling** exposure [to]; **blootsvoets** barefoot(ed); **blootwol** skin-wool
blos *(verlegen, enz)* blush; *(v emotie)* flush; *(gezond)* bloom; *een ~ aanjagen* flush
blotebillengezicht 1 pudding face; 2 *(fig)* sight
bloterik 1 nudist; 2 (backless) sun-frock
blouse blouse; *(ve jongen)* shirt
blozen blush [with shame; blush like a beetroot], flush [with excitement], colour (up); *doen ~* flush; *~ over zijn gedrag* blush at one's conduct; *~ tot over de oren* blush (*of:* colour) up to one's ears (eyes, temples); *zie ook* blikken; **blozend** blushing, flushing, *vgl* blozen; ruddy, florid, rosy [face]
blubber 1 *zie* bagger; 2 *(ve walvis)* id
bluf brag(ging), boast(ing), bounce, braggadocio, big talk; *(sl)* swank, tall talk; **bluffen** brag, talk big, boast, *(sl)* swank; *~ op* brag (boast) of; **bluffer** braggart, boaster, swaggerer; *(sl)* swanker; **blufferig** bragging, boastful; **blufferij** *zie* bluf; **blufpoker** brag; *~ spelen, (fig)* engage in brinkmanship
blunder id; *zie ook* bok & flater
blus|apparaat *zie* blusser; **-apparatuur** fire-fighting equipment; **-boot** fireboat; **-emmer** fire bucket; **-gereedschap** fire(fighting) appliances; **-middel** fire extinguisher
blussen 1 extinguish *(ook fig van ijver, enz)*, put out; 2 *(kalk)* slake, slack; 3 *(dicht)* quench; 4 *(oproer)* quell; **blusser** extinguisher, fire(-fighting) appliance; **blussing** extinction
blut(s) *bn* on the rocks, hard up, broke; *(na spel)* cleaned out; *iem ~ spelen* clean a p. out
bluts *zn* dent; *(buil)* bruise; **blutsen** dent; bruise
blz. afk van *bladzijde* p(age); **BNP** afk van *bruto nationaal produkt* GNP, gross national product
boa boa; *(bont, ook)* (fur) necklet; **boa-constrictor** boa constrictor
bob [two-, four-man] bob
bobbel 1 *(op vloeistof)* bubble; 2 *(bult)* lump, swelling, *(op ijs)* hummock; **bobbelen** bubble; **bobbelig** lumpy, bumpy, hummocky [ice]
bobben *(sp)* bob(sleigh); **bobber** id
bobber(d) squab, podge
bobijn bobbin; *zie* klos(-); **bobine** ignition coil
bobo league boss, bigwig
bobslee bob(sleigh, -sled); **bobsleebaan** bob(sleigh) run; **bobsleeën** bobsleigh
bochel hump, hunch; *(ook pers)* hunch-, humpback
bocht 1 *(ve weg, rivier, enz)* bend [dangerous bend, take a bend], turn(ing), curve, crook [of the arm]; *(baai)* bay; bight [of Heligoland]; *(ve touw)* bight, *(in uitgespannen touw)* slack; *(ve slang)* coil; *(voor vee)* paddock; *~ van Guinea* Gulf of Guinea; *in de ~ (touwtje) springen* skip; *voor iem in de ~ springen* take a p.'s part; *zich in allerlei ~en wringen, (ook fig)* squirm, wriggle; *zie ook* draai; 2 *(rommel)* (bad) stuff, trash, rubbish; *(drank, ook)* rot-gut; **bochtaanwijzer** *(luchtv)* turn indicator; **bochten** round up [cattle]; **bochtig** tortuous, winding, sinuous; **bochtigheid** tortuosity, sinuosity
bockbier bock (beer)
bod bid, offer; *een ~ doen* make a bid [*of* for]; *het eerste ~ doen* start the bidding; *een ~ doen naar, (ook fig)* make a bid for; *een hoger ~ doen* make a higher bid, increase a bid; *een hoger ~ doen dan, (ook)* outbid [a p.]; *~ in overweging, (op huis, enz)* under offer; *het ~ op het laatste moment verlagen* gazunder; *u is **aan** ~* bidding is with you; *twee aan ~!* I have two bids; *aan ~ komen, (fig)* get (have) one's turn; come up for consideration
bode 1 (company) messenger *(ook fig)*; *per ~, (bericht)* by special messenger; *de beste ~ is de man zelf* if you want a thing done well, do it yourself; 2 *(ren~)* runner, courier; 3 *(vrachtrijder)* carrier; 4 *(dienst~)* servant; 5 *(gemeente~, enz)* beadle, porter; *(gerechts~)* usher; *(post~)* postman; **bodedienst** parcels (delivery) service
bodega id
bodem 1 *(ve vat, zee enz)* bottom; [ocean] floor; *(v taart, enz)* base; *haast de ~ van het vat zien, (fig)* scrape the bottom of the barrel; *een ~ inzetten, zie* bodemen; *de ~ **inslaan*** stave in [a cask]; *(fig)* frustrate, ruin [a p.'s plans], dash [a p.'s hopes, expectations etc]; *(fam)* knock [a plan, etc] on the head; *mijn hoop werd de ~ ingeslagen* my hopes were reduced to zero; *de beker **tot** de ~ leegdrinken* drain the cup to the last drop (the dregs); 2 *(grond)* soil *(ook fig:* a fertile soil for disease), ground; *vaste ~ onder de voeten hebben, (fig)* be on firm ground; *op hechte ~* on firm ground, on a safe foundation; 3 *(gebied)* territory, soil [native soil, on foreign soil]; 4 *(schip)* ship, bottom; *zie ook* dubbel; **bodembedekker** *(plant)* ground cover; **bodemen** bottom; **bodemerij** bottomry
bodem|kunde soil science, pedology; **-loos** bottomless, abysmal; *een -loze put* a bottomless pit; **-moeheid** 1 soil exhaustion; 2 soil sickness; **-onderzoek** soil exploration; **-pensioen** basic pension; **-prijs** minimum price; **-sanering** soil decontamination; **-schatten** mineral (natural) resources; **-verheffing** (surface) relief, relief of the land; **-vorming** *(geol)* pedogenesis
Bodenmeer: *het ~* Lake Constance
bodybuilder body builder, muscleman
boe *(schrikaanjagend)* bo(h)!, boo!; *(min)* pshaw!, *(walging)* ugh!, pah!, bah!; *~ roepen (tegen)* boo [a p.]; *hij weet van ~ noch ba* he doesn't know chalk from cheese; *hij zegt ~ noch ba* he never opens his mouth; *hij durft geen ~ of ba te zeggen* he wouldn't say bo(o) to a goose; *zonder ~ of ba te zeggen* without more ado
Boedapest Budapest

Boeddha Buddha; **boeddhabeeld** Buddha; **boeddhisme** Buddhism; **boeddhist** Buddhist; **boeddhistisch** Buddhist(ic, -ical)

boedel estate, property, movables; *een ~ beheren* administer an estate; *zie ook* failliet

boedel|afstand cession; **-beheerder** trustee; **-beschrijving** inventory; *vgl* beneficie; **-lijst** inventory; **-redder** executor, administrator; **-scheiding** division of an estate (of property); **-uitzetting** eviction; **-verdeling** *zie* -scheiding

boeën boo

boef scoundrel, villain, criminal; (*gevangene*) convict, jail-bird, (*sl*) lag; *~je* guttersnipe, young tough; **boefachtig** knavish, scoundrelly

boeg bow(s), prow; (*roeier*) bow; (*ve paard*) shoulders, chest; ***over** dezelfde ~ liggen* stand on the same tack; *het over een andere ~ gooien* (*wenden*) change one's tack, (*fig ook*) try another tack, change one's policy (one's tactics, the subject), shift one's ground, set to work differently; *heel wat werk **voor** de ~ hebben* have a lot of work on hand (in front of one); *we hebben nare tijden voor de ~* we have ... before us (ahead, ahead of us); *ik heb drie mijl voor de ~* I have three miles to go; *klip voor de ~* rock ahead; *zie ook* schot

boeganker bower(-anchor); **boegbeeld** figurehead; **boeggolf** bow-wave; **boeglijn** bowline; **boegseerlijn** towline, -rope; **boegseren** tow; (*fig*) pilot [a p.]; **boegspriet** bowsprit; [walk the] greasy pole; **boegstuk** (*kanon*) bow chaser

boei 1 (*meestal mv; voet~*) fetters, shackles; (*hand~*) handcuffs, (*sl*) darbies; (*fig*) fetters, shackles, chains; *in de ~en slaan, de ~en aandoen* put (clap) in irons, (*hand~*) handcuff; *in de ~en van de winter* in the grip of winter, frost-bound; *zijn ~en verbreken* break (burst) one's chains (fetters); 2 (*baken*) buoy; *door ~en aanwijzen* buoy [a navigable channel]; *met een kleur als een ~* as red as a beetroot, blushing like a peony; **boeien** fetter, shackle, put in irons; handcuff; *zie ook* boei; (*fig*) captivate, enthral(l), fascinate, grip [the reader, the audience]; arrest [a p.'s eye]; *de aandacht ~* grip (hold, rivet, arrest) the attention; *geboeid,* (*ook*) spellbound; **boeiend** (*fig*) captivating, enthralling, gripping [drama]; compelling [preacher]; absorbing, fascinating [novel, lecture]; *zie ook* spannend; **boeienkoning** escapologist, escape artist; **boeier** boyer

boek book (*ook fig:* the book of Nature; *ook onderdeel van boek*); quire [of paper]; *~je* little book, booklet; *het ~ der boeken* the book of books; *boek van de film* (*tv*) film (TV) tie-in; *voor mij een **gesloten** ~* a closed (a sealed) book to me; *een ~je over iem **opendoen*** show a p. up, tell things about a p.; ***spreken** als een ~* speak like a book (by the book); *dat spreekt als een ~* that is a matter of course, goes without saying; ***buiten** zijn ~je gaan* exceed (go beyond) one's powers (authority); *dat is buiten zijn ~je* that is not (within) his province, does not come within his sphere; *een post **in** de ~en* an item on the books; *bij iem in een slecht ~je staan* be in a p.'s black books; ***op** zijn ~je* [he has many offences] to his record; ***uit het ~je*** [a] textbook [operation], [a goal] from the book; ***te** ~ staan als* be known (reputed) as, be reputed to be, pass for; *hij stond te ~ als eigenaar van de wagen* he was the registered owner of the car; *te ~ staan voor* (*een waarde van*) ... stand (appear, figure) in the books at (a value of) ...; (*on*)*gunstig te ~ staan* have a good (bad) name, be well (ill) thought of; *iets te ~ stellen* set down, commit to paper, put (place) on record, record; **boekaankondiging** book-notice; **boekachtig** bookish, booky

boekanier buccaneer; **Boekarest** Bucharest

boek|band[1] binding (of a book); **-beoordelaar** reviewer, critic; **-beoordeling** (book) review, criticism, (*kort*) notice; **-beschouwing** review of books; **-beslag** mounting, clasps; **-bespreking** (book) review; **-binden** *zn* bookbinding, bookbinder's trade; **-binder** bookbinder; **-binderij** 1 *zie* boekbinden; 2 bindery, bookbinding establishment, bookbinder's shop; **-blok** text block, body of a (the) book; **-deel** volume [speak volumes]; *in vier kloeke -delen* in four weighty (hefty) tomes; **-druk** (*vs plaatdruk*) letterpress printing; **-drukken** printing; **-drukker** printer; **-drukkerij** printing office (house, establishment); **-drukkunst** (art of) printing, typography; **-drukpers** printing press

boeke|bon book token; **-legger** bookmark(er)

boeken 1 enter (in the books); book [an order]; *op iems credit ~* pass (place) to the credit of a p.'s account; *op nieuwe rekening ~* carry (carry forward) to new account; *geboekt staan* stand in the books [at a value of ...]; *zie ook* naam; 2 (*fig*) score [a success], produce [results], record [losses]; 3 (*sp*) give a booking

boeken|beurs[2] book fair, book mart; **-gek** bibliomaniac; **-geleerdheid** *zie* boekgeleerdheid; **-hanger** hanging shelf (shelves); **-kast** bookcase; **-kenner** bookman; **-kennis** *zie* boekgeleerdheid; **-kraam** bookstall; **-liefhebber** booklover, bibliophil(e); **-lijst** booklist, list of books; **-maker** writer of pot-boilers; **-mens** bookish person; **-molen** revolving bookcase; **-plank** bookshelf; **-rek** bookshelves, book-rack; **-schrijver** writer of books; **-stalletje** bookstall; **-standaard**: *draaibare ~, zie* -molen; **-standertje** book-rest; **-steun** book-end; **-taal** bookish language; **-tas** school bag; (*op rug*) satchel; **-vriend** *zie* -liefhebber; **-week** week of the book; **-wijsheid** *zie* boekgeleerdheid; **-wurm** book--worm (*ook fig*)

boekerij library, [rare] book-room

boeket 1 bouquet (*ook v wijn*), nosegay; 2 apotheosis; **boeketreeksheldin** Mills-and-Boon heroine

boek|formaat[3] format; **-geleerdheid** book--learning; **-geschenk** gift (*of:* presentation) book; **-handel** 1 book-trade; 2 bookseller's

1 *Zie voor sam met* boek *ook* boeke(n)...

2 *Zie voor sam met* boeken *ook* boek(e)...

3 *Zie voor sam met* boek *ook* boeke(n)...

(shop), bookshop; *via de* ~ [order] through a bookseller; **-handelaar** bookseller; **-houden** I *ww* keep the books; (*in huishouden*) keep accounts; II *zn* bookkeeping; *enkel* (*dubbel, Italiaans*) ~ single-entry (double-entry) bookkeeping; **-houder** bookkeeper, accounts clerk; (*ve rederij*) managing owner; (*mar*) purser; **-houding** 1 bookkeeping, accountancy; 2 accounts department; **-houdkundig** accounting [period]; **-houdsysteem** accounting system

boeking 1 entry, booking; 2 (*sp*) booking; *vgl* boeken; **boekjaar** financial year

boek|kunde *zie* -wetenschap; **-maag** third (part of) stomach (of ruminants); (*wtsch*) omasum; **-omslag** book cover; **-pens** *zie* -maag; **-rol** scroll, roll; **-schrift** book hand; **-staven** put on record, record, chronicle; **-verkoper** bookseller; **-verkoping** book auction, book sale; **-verzamelaar** book collector; **-verzameling** collection of books; **-vink** chaffinch; **-vorm**: *in* ~ [be published] in book-form; **-waarde** book value, balance-sheet value; **-weit(en)** buckwheat; **-werk** 1 book; 2 work; 3 volume, (*lijvig*) tome; **-wetenschap** bibliology, book science; **-winkel** bookshop; **-winst** book (*of:* paper) profit; **-worm** bookworm (*ook fig*)

boel 1 *zie* boedel; 2 (*massa*) lot; *een* (*hele*)~ (quite) a lot, a whole lot, lots, heaps, any amount [of ...], no end [of ...]; *een ~ geld* (*mensen*) a lot (lots, loads) of money (of people); *een ~ tijd* heaps of time; *een ~ kwaad doen* do a lot of harm; *zich een* (*hele*)~ *beter voelen* feel heaps better; *een ~ last bezorgen* give a lot of trouble; *een ~ te doen hebben* have lots to do; 3 (*bedoening, rommel*) caboodle, mess; de ***hele*** ~ the whole show (*of:* concern), [a pound for] the whole lot; *de hele ~ staat me tegen* I am sick of the whole business; *een **mooie** ~* a precious mess, a pretty kettle of fish; *een **saaie** ~* a slow affair (business); *een **vuile*** ~ [make] a mess; [the place was] a pigsty; *een **woeste** ~* a bear-garden; *ik heb nog nooit zo'n woeste* (*dolle*) *~ gezien* I never saw such goings-on; *de ~ de ~ **laten*** let everything go hang; quit; *de ~ **verraden*** give away the whole thing (*of:* show), (*sl*) squeak, squeal; *zie ook* boeltje, opscheppen, war, enz

boeldag auction-day, (public) sale

boeleren commit adultery, whore

boel|goed (furniture put up for) public sale; **-huis** auction-room; (*verkoping*) auction-sale

boelijn bowline

boeltje: *zijn* ~ his traps, his belongings; *zijn ~ erdoor lappen* run through one's property; *zijn ~ pakken* pack up (one's traps); *armoedig* ~ shabby affair; **boem**! bounce!, bang!

boeman bogey(-man), bugaboo, bugbear, ogre

boemel 1 spree; *aan de ~ zijn* be on the (out on a) spree (on the razzle(-dazzle), (*sl*) out on the batter), have one's fling, go the pace; 2 *zie* boemeltrein; **boemelaar** reveller; (*ongunstiger*) rake, rip; **boemelen** 1 *zie* boemel: aan de ~ zijn; 2 knock (*of:* loaf) about; 3 (*in trein*) potter (along), travel by slow train; **boemeltrein** slow (*of:* stopping) train, (*Am*) accommodation train

boemerang boomerang

boender scrubbing-brush, scrubber; **boenen** scrub, rub, polish; **boenwas** beeswax

Boeotië Boeotia; **Boeo|tiër**, **-tisch** Boeotian

boer 1 (*landbouwer*) farmer, (*vero*) husbandman; (*arme of onontwikkelde* ~) peasant; (*buitenman*) countryman, rustic; (*pummel*) boor, yokel, peasant; *~tje van buiten* country cousin; *de ~en,* (*ook*) the farming community; *de ~ opgaan* go on (the) tramp, go on the road [for customers, etc]; (*bij verkiezing*) go on the stump; *wat een ~ niet kent, dat* (*vr*)*eet* (*dat lust*) *hij niet* I know what I like and I like what I know; 2 (*in kaartspel*) knave, jack; 3 (*oprisping*) belch, (*fam*) burp; *een ~ laten, zie* ~en; 4 (*Z-Afr Boer*) Boer

boerde fabliau

boerderij farm(house); **boeren** 1 farm; *goed* (*slecht*) ~ manage (one's affairs) well (badly), get on (*of:* do) well (badly); 2 (*een boer laten*) belch, bring up wind, (*fam*) burp

boeren|arbeid farm-work; **-arbeider** farm-labourer, -hand, -worker; **-bedrieger** confidence man, con-man; **-bedrijf** farming, husbandry; **-bedrog** swindle, humbug; **-bond** farmers' association (*of:* union); **-bont** 1 earthenware with traditional floral decoration; 2 checked gingham; **-boter** farm(house) butter; **-bridge** Oh hell!; **-brood** farmhouse loaf; **-bruiloft** country wedding, peasant's wedding; **-dans** country (peasant, rural) dance; **-dochter** farmer's daughter; **-dozijn** baker's dozen, 13; **-dracht** country dress, peasant costume; **-erf** 1 farmyard; 2 *zie* -hoeve; **-fluit** *zie* herdersfluit & janboerenfluitjes; **-hengst** lout; **-herberg** village inn; **-hoeve**, **-hofstede** farm(stead), farmhouse, homestead; (*kleine*) smallholding; **-jasmijn** mock orange, syringa; **-jongen** country lad; peasant boy; *~s* brandy and raisins; **-kaas** farmhouse cheese; **-kaffer** *zie* -kinkel; **-kar** farm cart; **-kermis** country fair; **-kers** penny-cress; **-kiel** (peasant's) smock; **-kinkel** yokel, clodhopper, (country) bumpkin; **-knecht** farm-hand; **-knoop** granny (knot); **-kool** (curled, curly) kale, kail; **-leenbank** agricultural loan-bank, rural bank, land bank; **-leven** farmer's (*of:* country) life; **-lul**, **-lummel** *zie* -kinkel; **-meid** farm-girl; **-meisje** country lass; *~s* apricots and brandy; **-mens** countryman, peasant (woman)

Boerenoorlog Boer War

boeren|opstand peasant revolt (*of:* rising); **-paard** farm-horse, shire (horse); **-plaats** *zie* -hoeve; **-pummel** *zie* -kinkel; **-schuur** barn; **-sjees** gig; **-slimheid** 1 mother wit; 2 innate shrewdness; **-stand** agrarian class, (*hist*) peasantry; **-trien** lump of a girl; **-verstand** mother wit, natural (native) wit; *daar kan ik met mijn ~ niet bij* that's too hard for me, I'm much too simple-minded for that; **-volk** country people; **-vrouw** countrywoman, peasant woman; **-wagen** farm wag(g)on; **-werk** farm-work; **-woning** farm-

Zie voor sam met boek *ook* boeke(n)...

house; **-wormkruid** tansy; **-zoon** farmer's (peasant's) son, young farmer (peasant); **-zwaluw** (common, barn, chimney) swallow

boerin 1 farmer's wife; 2 woman farmer; 3 peasant (*of:* country) woman; 4 lumpish woman

boernoes burnous(e); **Boeroendi** Burundi

boers boorish, rustic, countrified; *~e manieren,* (*ook*) country manners; **boersheid** boorishness, rusticity; **boert** (broad) joke, jest, pleasantry, bantering; **boerten** joke, jest, banter; **boertigheid** coarse (broad) humour

Boetaan(s) Bhutanese; **Boetan** Bhutan

boete (*straf*) penalty; (*in geld*) fine, penalty, forfeit; (*boetedoening*) penance; *~ betalen* pay a fine; *een ~ opleggen* impose a fine; *iem een ~ van £ 100 opleggen* fine a p. (mulct a p. in) £100; *£ 100 ~ krijgen* be fined £100; *~ oplopen* incur a fine; *op deze overtreding staat ~* trespassers are liable to a fine; *op ~ van* on (under) p. of; *~ doen* do penance; **boetedoening** penance, penitential exercise, expiation; **boetekleed** penitential garment, hairshirt, white sheet (*ook fig:* stand in a white sheet); **boeteling(e)** penitent; **boeten** 1 *~ (voor)* atone for, suffer for [s.t.], expiate [a crime, sins]; *voor zijn vergissingen ~* pay for one's mistakes; *je zult ervoor ~* you shall pay (*of:* smart) for it; *hij zal je er voor laten ~* he'll take it out of you; *zijn verraad met zijn leven ~* pay for one's treachery with one's life; 2 (*netten, enz*) mend, repair; 3 (*lusten, enz; vero*) gratify; **boetepreek** 1 penitential sermon; 2 tiresome talking-to

boetiek boutique

boet|predikatie penitential sermon; **-prediker** preacher of penitence; **-psalm** penitential psalm

boetseerder modeller; **boetseerklei** modelling clay; **boetseerkunst** (art of) modelling; **boetseerwas** modelling wax; **boetseren** model

boet|vaardig penitent, contrite, repentant; **-vaardigheid** penitence, contrition, repentance

boeven|bende pack of thieves; **-pak** 1 prison clothes; 2 pack of thieves; **-streek** (piece of) knavery; **-taal** thieves' slang, flash language; **-tronie** hangdog (*of:* gallows) face; **-wagen** prison van, Black Maria

boezelaar apron

boezem 1 bosom, breast; *de vrouw* (*het kind*) *van zijn ~* the wife of his bosom (the child of his heart); *de hand in eigen ~ steken* dive into (search) one's own heart (bosom); *in* (*uit*) *de ~ der vergadering* [opposition arose] from the (body of the) hall, from the floor of the conference; *verdeeldheid in eigen ~* division in the camp; 2 (*vh hart*) auricle; 3 (*zee~*) bay; 4 (*ve polder*) 'boezem': system of reservoirs for superfluous polder-water

boezemland land draining into a 'boezem'; **boezemvriend(in)** bosom friend, crony; **boezemvriendschap** intimate friendship

boezeroen (workman's) blouse; *Jan B~* the common man, (*iron*) the horny-handed sons of toil

bof 1 (*plof*) thud; 2 (*gelukje*) piece (*of:* stroke) of luck, fluke; *op de ~* at random, at haphazard; *dat is een ~* that's lucky; 3 (*ziekte*) mumps, parotitis; *de ~ hebben* have mumps; **boffen** have (a run of) luck, be in luck('s way), back (pick) a winner; *ik bofte* my luck was in; *hij boft altijd* everything turns up trumps with him, he always turns up trumps; **boffer** lucky dog; (*gelukje*) *zie* bof; **bofkont** lucky dog

bogaard orchard

bogen: *op,* (*terecht trots zijn op*) glory in, boast [great painters]; (*pochen op*) boast of

bogerd orchard

Boheems Bohemian; **Bohemen** Bohemia; **Bohemer** Bohemian; **bohémien(ne)** Bohemian; **bohémiensleven** bohemianism

bok 1 (he-, billy-)goat; (*gems, antilope, enz*) buck; *eropzitten als een ~ op de haverkist* be as keen as mustard; *ouwe ~* dirty old man; *de ~ken van de schapen scheiden* divide (separate) *a*) the sheep from the goats; *b*) the men from the women; *zie ook* bokje; 2 (*nors mens*) crosspatch; 3 (*hijstoestel*) gin, derrick; (*mar*) sheers; 4 (*vuur~*) firedog, andiron; 5 (*gymn*) buck; *~springen* vault(ing); (*haasje-over*) play at leapfrog; *~ staan* give a back; 6 (*ve rijtuig*) (driving-)box; 7 (*schraag*) trestle; (*bilj*) rest, jigger; 8 (*flater*) blunder, (*fam*) bloomer; (*bij examen, enz*) howler; *een ~ schieten* make a blunder, etc

bokaal beaker, cup, goblet, (*vol*) bumper; (*pot*) jar; (*kom*) bowl

bok|achtig goaty [smell]; *zie ook* bokkig; **-bier** bock (beer); **-je** 1 kid; 2 (*vogel*) jacksnipe; 3 (*krukje*) stool; **-kebaard** *zie* boksbaard; **-keblad** local rag; **-keleer** kid, buckskin

bokken 1 sulk, be in the sulks; 2 (*v paarden*) buck

bokkepootje tar brush; **bokkepruik**: *hij heeft de ~ op* he is in the sulks (in a bad temper), he's got a mood on; **bokkesprong** caper; *~en,* (*ook*) antics; *~en maken* cut capers; (*fig*), *zie* sprong: kromme sprongen maken; **bokkewagen** goat-cart; *zie ook* span; **bokkig** surly, churlish, bearish; **bokkinees** queer (rough, surly) chap

bokking (*vers*) bloater; (*gerookt*) red herring

bokkinghang herring hang; **bokkingrokerij** smokehouse

boksbaard 1 goat's beard (*ook planten*); 2 (*ve man*) goatee

boks|bal punchball; **-beugel** knuckle-duster

boksdoorn matrimony vine, boxthorn

boksen box; *het ~* boxing, pugilism; *in elkaar ~* knock together, fix; *het voor elkaar ~* fix it; *zie ook* opboksen; **bokser** 1 boxer (*ook hond*), pugilist, prize-fighter; (*fam*) bruiser; 2 (*handelaar*) cut-price trader

boks|gala boxing gala; **-handschoen** boxing glove; **-ijzer** knuckle-duster; **-kunst** (art of) boxing, ringcraft; **-partij** boxing-match, prize-fight, pugilistic contest

bokspoot goat's foot, (*fig*) Pan, satyr; *met -poten* goat-footed

boksprijs (*sl*) cut price, knockdown price

bokspringen vaulting; **boksvoet** *zie* bokspoot

bokswedstrijd *zie* bokspartij

boktor longicorn (beetle)

bol I *zn* 1 ball, sphere, globe; (*meetk*) sphere; (*ve lamp*) globe; *~letje* globule; *zie ook* half; 2 (*ve* *hoed*) crown; *hoed met hoge* ~ high-crowned hat; 3 (*hoofd*) nut; *een knappe* ~ a clever fellow; *het scheelt hem in zijn* ~ he is off his rocker, crazy, barmy; *uit de* (*uit zijn*) ~ *gaan* get ecstatic, get off [*over* on]; *iem de* ~ *wassen* carpet a p.; 4 (*ve plant, thermometer*) bulb; 5 (*kom*) bowl; 6 (*brood*) round loaf; II *bn* (*ve lens, enz*) convex; (*~staand, ve zeil, zak, enz*) bulging; *~le wangen* chubby (plump) cheeks; ~ *staan,* (*ve zeil, enz*) belly, bulge; ~ *stoppen* fill [a hole] proud

bolachtig (*plantk*) bulbous; *zie ook* bolvormig; **bolbliksem** ball (globular) lightning, fireball; **bolbuis** bulb-tube

bolder (*mar*) bollard, bitt; **bolderen** rumble

bolderik (*plant*) corn-cockle

bolder|kar, -wagen wooden handcart

boldriehoek spherical triangle; **boldriehoeksmeting** spherical trigonometry

boleet boletus; **bolero** (*muz & jasje*) id

bolgewas bulbous plant; **bolheid** convexity, rotundity; **bolhoed** bowler (hat)

bolide 1 id, fireball; 2 racing car

Boliviaan(s) Bolivian; **Bolivië** Bolivia

bolk (*vis*) 1 whiting; 2 *zie* steenbolk

bollebof 1 boss; governor; 2 swell, toff; 3 police commissioner; 4 judge; 5 prison governor; **bolleboos** adept, high-flyer [in mathematics], (*fam*) brainbox, dab [*in* at]; ~ *in het pianospelen* crack pianist; *daarin is hij geen* ~ he is no hand (a poor hand) at it

bollen 1 swell (out); (*ve zeil*) belly (out), bulge; 2 run, go, move

bollenkweker bulb-grower; **bollenkwekerij** bulb-farm; **bollenstreek** bulb-growing area, [the] bulbfields; **bollenteelt** bulb-growing (industry); **bollenveld** bulbfield

Bologna id; **Bolognees** Bolognese (*ook mv*)

boloppervlak spherical surface; surface of a sphere; **bolplant** bulbous plant; **bolrond** 1 globular, spherical, bulbous, bulb-shaped; 2 convex; **bolsector** spherical sector; **bolsegment** spherical segment

bolsje|wiek Bolshevik, (*fam*) Bolshy, -ie; **-wisme** Bolshevism; **-wist(isch)** Bolshevist

bolstaand bulging, bellying [sails]; blown [can]

bolster 1 shell, husk; *gladde pit in ruwe* ~, *ruwe* ~ *blanke pit* [he is a] rough diamond; 2 (*peluw*) id; **bolsteren** shell, hull, husk

bolton (*mar*) spherical buoy

bolus 1 (*aarde*) bole, bolus; 2 (*pil*) bolus, ball; 3 (*gebak, vglb*) Chelsea bun

bol|vorm spherical shape; **-vormig** spherical [triangle], globular, bulb-shaped; **-vormigheid** *zie* bolvorm; **-wangig** chubby(-cheeked); **-werk** rampart, bastion; (*fig*) bulwark, stronghold [of conservatism, etc]; **-werken**: *het* ~ bring (pull) it off, manage; **-wortel** bulbous root

bom I *zn* 1 bomb; (*euf*) device; *de* ~ *is gebarsten* the bomb has burst, the storm has broken, the fat is in the fire; *zie ook* inslaan; 2 whopper; *zure* ~ large pickled gherkin; 3 (*ve vat*) bung; 4 bluff-bowed fishing-boat; 5 *een* ~ *geld* lots (pots, oodles, a mint) of money, a bomb; II *tw* ~*!* bang!, boom!; **bomaanslag** bombing, bomb attack; **bomaanval** bombing-attack, -raid

bombam ding-dong!; **bombammen** (*ve pers*) ring the bell(s); (*ve klok*) ring out

bombardement bombardment, (*lucht~, ook*) bombing; **bombarderen** shell, bomb(ard); (*inz uit vliegt*) bomb; (*fig*) bombard; *iem* ~ *tot voorzitter* pitchfork a p. into the chair; **bombardier** id; **bombardon** (*muz*) id

bombarie noise, tumult, fuss; ~ *maken,* (*opscheppen*) throw one's weight about; **bombarieschopper** noisy fellow; **bombast** id, rant, fustian; *stuk* ~, (*pers*) windbag; **bombastisch** bombastic (*bw:* -ally), ranting, high-falutin(g), magniloquent

bombaynootje cashew (nut)

bombazijn(en) bombazine, fustian

bombrief letter bomb

bomen 1 (*boot*) punt, pole, quant; 2 (have a) chat; (*fam*) (spin a) yarn; have a (ponderous) discussion; jaw; **bomenrij** row of trees

bomgat bung-hole; (*ve toren*) sound-hole; **bomijs** cat-ice; **bominslag** bomb hit (burst, blast); **bommelding** bomb alarm (alert, warning); (*inz vals*) bomb scare; **bommen** boom; *het kan me niet* ~*!* (a) fat lot I care!, I should worry!, (*wat het kost*) blow (the expense)!

bommen|last bomb load; **-richtkijker** bombsight; **-ruim** bomb bay; **-tapijt**: *een* ~ *leggen* carpet bombing; **-werper** 1 bomb-thrower; 2 (*vliegt*) bomber

bomschuit *zie* bom I.4; **bomtrechter** bomb crater; **bomvol** chock-full, crammed, [the hall was] packed, chock-a-block [with fans]; **bomvrij** bomb-, shell-proof; *zie ook* schuilplaats

bon 1 ticket, voucher, check; [book, record] token; 2 (*in winkel*) coupon; 3 (*voor levensmiddel*) coupon; *op de* ~, (*v levensmiddel*) rationed; *van de* ~ off the ration, derationed; 4 (*bekeuring*) ticket; *iem een* ~ *geven, op de* ~ *zetten* (*fam: slingeren*) book a p., give a p. a ticket; vgl bekeuren

bona fide id, in good faith

bonboekje coupon-book, (*distributie*) ration-book

bonbon id, sweet, chocolate; **bonbonnière** id

bond 1 alliance, league, confederacy; 2 (*staten~*) confederation, (*v Austr staten*) Commonwealth; 3 (*vak~*) [trade] union, association; 4 *ovt van* binden; **bondgenoot** ally, confederate, associate; **bondgenootschap** alliance, confederacy

bondig terse [style], concise, succinct; *zie ook* kort; **bondigheid** terseness, etc, *vgl* bondig; concision, compression

bonds|coach national coach; **-dag** federal legislature; (*Duitsl*) Bundestag; **-elftal** (unofficial) national eleven; **-hotel** listed hotel; **-kanselier** Federal Chancellor; **-kas** union funds; **-kist** ark of the covenant; **-ploeg** national team; **-regering** federal government; **-republiek** federal republic; **-rijwielhersteller** official repairer (appointed by the cyclists' union); **-staat** federal state

bonekruid savory; **bonenmeel** bean-meal; **bonensoep** bean-soup; **boneschil** bean-pod; **bo-**

nestaak beanpole (*ook fig*); **bonestro** haulm
bongerd orchard; **bongo** (*trommel & dier*) id
bonhomie id, geniality; **bonhomme** simple soul
boni 1 surplus; 2 bonus; **Bonifacius** Boniface
bonificatie 1 indemnification; 2 bonus; (*sp*) time bonus; **bonis**: *hij is een man in* ~ he is a well-to-do man, his bread is well buttered; **bonisseur** runner, (*brutaal*) tout
bonje rumpus; ~ *maken* kick up a rumpus
bonjour good morning etc; (*bij heengaan*) good-bye; **bonjouren**: *iem eruit ~en* bundle a p. off, chuck a p. out, shoo a p. out of the house
bonk 1 (*bot*) bone; 2 (*homp*) chunk, lump; *één ~ zenuwen* [she is] a bundle of nerves; 3 (*knol*) jade, screw; 4 (*pers*) lump(ish fellow); (*oude zee~*) old salt, shellback; **bonken** crash, bump; ~ *op* bang (on) [a door], thump, pommel; **bonker** short jacket; **bonkig** bony, scraggy
bonmama grandma; **bon-mot** bon mot, witticism, witty saying; **bonne** nursery governess, (*fam*) nannie; **bonnefooi**: *op de* ~ at haphazard, at random, [start a business] speculatively, on spec; *ik kom maar op de* ~ I just come on the off-chance; **bonpapa** grandpa
bons 1 thump, bump, thud; *de ~ geven* give [a p.] the sack (boot), (*Am*) the air; (*een minnaar*) jilt, throw over; *de ~ krijgen* be sacked, get the sack (boot); ~*!* bang!; 2 bigwig, big shot, [party, union, league] boss
bont I *bn* parti-, party-, multi-, many-coloured; gay [dress]; variegated [colours]; spotted [cow, dog]; piebald, pied [horse]; motley [crowd, group]; (*ve gevel, enz*) gaudy, (*sl*) jazz(y); *~e kraai* hooded crow, (*Sch*) hoodie (crow); *één ~e kraai maakt nog geen winter*, (*vglb*) one swallow does not make a summer; ~ *programma* varied programme; *~e rij* ladies and gentlemen arranged in couples (seated alternately); ~ *vee*, (*ook*) magpie cattle; *~e was* coloureds, coloured laundry (wash); *iem ~ en blauw slaan* beat a p. black and blue; *je maakt het* (*nu wordt het*) *te* ~ you are (that is) going too far; *zie ook* bekend; II *zn* 1 fur; *~je* fur collar; *haar* ~ her furs; *met ~ gevoerd* fur-lined; 2 print(ed cotton); *Brabants* ~ checked gingham; **bontbekpluvier** ringed plover; **bonten** fur [collar], furry [material]
bont|gekleurd gay-coloured; *zie verder* bont; **-gevlekt** spotted, variegated; **-goed** (cotton, linen) prints; **-handelaar** furrier; **-heid** variegation; **-hoed** fur hat; **-jas** fur coat; **-kleurig** *zie* bontgekleurd; **-kraag** fur collar; **-laars** pony-skin boot; *~je* fur bootee; **-mantel** fur cloak; **-muts** fur cap
bon ton id 1 good breeding (style, manners), the fashion; 2 fashionable society
bont|werk furriery, fur goods; **-werker** furrier
bonus id; **bonusaandeel** bonus share
bon-vivant bon vivant, gourmand
bonze 1 (*priester*) id; 2 *zie* 2 bons
bonzen 1 (*beuken*) thump, bump; *op de deur* ~ bang at (hammer on, thump) the door; 2 (*kloppen*) throb, thump, pound, drum [the blood drummed in his temples]; 3 (*klappen*) bump; *tegen iem* (*een lantaarnpaal*) *aan* ~ bump (up) against (barge into, run up against, run into) a p. (a lamp-post); *met zijn hoofd tegen de stoep* ~ bang one's head on ...; **bood** *ovt van* bieden
boodschap 1 (*bericht*) message; *een blijde* ~ good news; *de blijde* ~ the glad tidings, the gospel; *kleine* (*grote*) ~, (*kindertaal*) [do] number one (number two); *zijn hond heeft een grote ~ op onze stoep gedaan* his dog has fouled our front steps; *een ~ achterlaten* leave a message, leave word [*bij* with]; *een ~ brengen* bring word, take a message; *een ~ sturen* send word; *daar heb ik geen ~ aan* that's no concern of mine (none of my business), I have nothing to do with that; *er kwam een ~, dat* ... word came that ...; *zwijgen is de* ~ mum is the word; *oppassen is de ~!* keep your weather-eye open!, be careful!, (*fam*) keep your eyes skinned!; 2 (*opdracht*) errand; *een ~ doen* go on (do) an errand; *~pen*, (*het gekochte*) purchases, *de ~pen* the shopping; *~pen doen*, *a*) (*lopen*) run (go) errands; *b*) shop, be (go out, do some) shopping [she always does the shopping]; *om een ~ sturen* (*zijn*) send (be out) on an errand; **boodschappen** *ww* announce, send (bring) word
boodschappen|dienst 1 messenger service; 2 answering service; **-jongen** errand boy, messenger; **-karretje** shopping trolley, shopper; **-lijstje** shopping list; **-mand** shopping basket; **-net** string (shopping) bag; **-tas** shopping bag, carrier-bag, shopper; **-wagentje** shopping trolley, shopper
boodschapper messenger
boog 1 (*wapen*) bow; *de ~ spannen* bend (draw) the bow; *de ~ kan niet altijd gespannen zijn* all work and no play makes Jack a dull boy; *zie ook* pijl; 2 (*bk, v wenkbrauwen, hemel, enz*) arch; *halve* ~ semicircular arch; (*ve cirkel & elektr*) arc; 3 (*bocht*) curve, bend; 4 (*muz*) bind, tie; 5 *ovt van* buigen
boog|bal (*sp, hoog*) lob, (*kort*) chip; **-brug** arch(ed) bridge; **-gewelf** arched vault; **-graad** degree of arc; **-lamp** [electric] arc lamp, arc light; **-lassen** arc weld(ing); **-licht** *zie* -lamp; **-passer** callipers, calliper compasses; **-raam** arched window; **-schieten** *zn* archery; **-schot** bow-shot; **-schutter** archer, bowman; *De B~*, (*astron*) Sagittarius; **-schuttersvereniging** archery (*of:* toxophilite) society
boogsgewijze archwise; **boogvenster** arched window; **boogvormig** arched, arc-shaped
boom 1 tree; (*jong ~pje*) sapling *de ~ der kennis* (*des goeds en des kwaads*) the tree of knowledge (of good and evil); ~ *des levens* tree of life; *een kerel als een* ~ a great strapping (a stalwart) fellow; *door de bomen het bos niet zien* not see the wood for the trees; *de bomen groeien niet tot in de hemel* there are natural limitations to everything; *een ~ valt niet met de eerste slag* an oak is not felled with one blow; ***hoge** bomen vangen veel wind* people in the highest positions are the most exposed (to criticism, etc); *van de hoge ~ teren* throw one's money about; *het gaat van de hoge* ~ there's (seemingly) no end of it (of the

money, etc); ***oude*** *bomen verplant men niet* old people should not be uprooted; *~pje* ***verwisselen***, (*fig*) change one's meaning (one's views), shift one's allegiance; *je kan de ~* ***in*** go to blazes; *een ~ opzetten, zie* bomen 2; *zie ook* kat, vrucht, enz; 2 (*afsluit~*) bar, barrier; (*haven~*) boom; *met een ~ sluiten* bar; (*maststok*) boom; (*ploeg~, wevers~*) beam; (*v kippen*) perch; (*dissel*) pole; (*ve lamoen*) shaft; (*ve ladder*) stile; (*vaar~*) punt(ing)-pole, quant; (*zeil~*) boom; 3 (*Ind*) custom-house

boom|achtig tree-like, arborescent; **-agaat** tree agate; **-bast** (tree) bark; **-chirurg** tree surgeon; **-cultuur** arboriculture; **-diagram** tree (diagram); **-gaard** orchard; **-grens** tree line, timberline; **-groep** clump of trees; **-hut** tree house; **-kano** dugout (canoe); **-kever** May-bug, cockchafer; **-kikker** tree frog, tree toad; **-klever** nuthatch; **-kruin** treetop, crown; **-kruiper** treecreeper; **-kunde** dendrology; **-kweker** (tree) nurseryman, arbor(icultur)ist; **-kwekerij** (*het kweken*) arboriculture; (*tuin*) tree nursery; **-lang** extremely tall; **-leeuwerik** woodlark; **-loos** treeless; **-luis** tree louse, plant louse; **-marter** pinemarten; **-nimf** tree (*of:* wood) nymph, (hama)dryad; **-pieper** tree pipit; **-pje** *zie* boom; **-rijk** wooded; well-timbered; **-schaar** tree pruner; **-schors** (tree) bark, rind; **-slang** tree snake; **-stam** tree-trunk, bole; **-stamkano** dugout canoe; **-steen** dendrite; **-stomp**, **-stronk** tree-stump; **-tak** branch, bough (of a tree); **-valk** hobby; **-varen** tree-fern; **-zaag** pruning saw; **-zwam** bracket fungus

boon bean; *grote* (*roomse, tuin*)*~* broad bean; (*gedroogde ~: wit*) haricot (bean), (*bruin*) red kidney-bean, French bean; *ik ben een ~ als het niet waar is* I'm a Dutchman (I'm blest) if ...; *~tje komt om zijn loontje* his (etc) chickens come home to roost; *heilig ~tje* (plaster) saint; *geen heilig ~tje* [he is] no saint; *zijn eigen ~tjes doppen* [he can] look after himself (his own interests), take care of number one; ***in*** *de bonen zijn* be at sea (in a muddle; *gek:* off one's trolley); *zie ook* blauw

boor 1 (*omslag~*) brace-and-bit; (*dril~, ook frees van tandarts*) drill; (*voor rots*) borer; (*met horizontaal handvat*) gimlet, (*grote avegaar*) auger; 2 (*chem*) boron

boord 1 (*rand*) border [of a garment, carpet, flower-bed], bank [of a river, etc], brim; *zie ook* zoom; 2 (*hals~*) collar; (*ve hemdsmouw*) wristband; *staande* (*liggende, dubbele*) *~* stand-, stick-up (turn-down, double) collar; *~ met omgeslagen punten* butterfly-collar, wing-collar; *de witte ~en* the white-collar workers; 3 (*ve schip, enz*) board; ***aan*** *~* on board, on board ship, on shipboard; *~ aan ~* board and board; *aan ~ van* ... on board [the QE, a plane, bus, train]; *aan ~ gaan* go on board (aboard), (*zich inschepen*) embark; *aan ~ gaan van* board [a vessel, bus]; *aan ~ hebben* (*nemen, zijn, enz*) have (take, be, etc) on board; *aan ~ hebben,* (*ook*) carry [a doctor]; *aan ~ klampen* board [a ship], waylay [a p.]; *kom mij daar niet mee aan ~,* (*lastig vallen*) don't bother me with that; (*wijsmaken*) that won't go down with me; *kom me niet met de politiek* (*je spookgeschiedenissen*) *aan ~* don't come politics (your ghosts) over me; *kom me niet met je onzin aan ~* none of your nonsense, please!, don't try that stuff on me!; ***binnen*** *~* inboard; ***buiten*** *~* outboard; *buiten ~ brengen* lower [the gangway, a boat]; *de lading steekt buiten ~* juts out; ***over*** *~* overboard; *zie verder* overboord; ***van*** *~ gaan* go ashore, (*zich ontschepen*) disembark; *de bemanning van ~ halen* bring off the crew; *zie ook* vrij

boordband galloon; **boordcomputer** on-board computer; (*ve auto, enz*) cruise control; **boordeknoopje** collar-stud; **boorden** border, edge, hem, lace; **boordevol** full to the brim, brimfull, full (filled) to overflowing; *~letje* bumper; **boordlint** galloon; **boordroeien** rowing (*vs:* sculling); **boordschutter** airgunner; **boordsel** edging, facing, lacing; **boordtelefoon** on-board telephone; **boordvrij** free overside (f.o.s.); **boordwerktuigkundige** (*luchtv*) flight engineer, air-mechanic

booreiland (marine) drilling platform, oil rig; **boorgat** bore(hole); **boorhouder** (drill) chuck; **boorijzer** bit; **boorinstallatie** drilling rig; **boorkever** borer, deathwatch; (*schorskever*) bark beetle; **boorkop** (drill) chuck

boorling new-born child

boor|machine boring machine, drill; *zie ook* hand~; **-meel** bore-meal, -dust; **-mossel** stone-borer; **-omslag** brace; **-platform** *zie* -eiland; **-put** bore(hole); **-schaaf** rebate (rabbet) plane; **-sel** borings; **-standaard** drill stand

boort (*diamantslijpsel*) bort

boortoestel boring (drilling) apparatus; **boortol** (electric) handdrill; **boortoren** (drilling) derrick, drilling-frame

boorwater boracic (boric) lotion; **boorzalf** boracic ointment; **boorzuur** boric acid

boos I *bn* 1 (*nijdig*) angry, cross, (*inz Am*) mad; *erg ~* in a dreadful temper; *boze bui* fit of anger, (outburst of) temper [she was in one of her tempers]; *~ kijken* look black (as black as thunder); *~ maken* make angry, anger [a p.], (*fam*) put (get) a p.'s back (*sl:* monkey) up; *zich ~ maken, ~ worden* get angry, lose one's temper, (*fam*) get one's back up; *niet gauw ~ worden* be slow to anger; *~* ***op*** angry with; *~ op zichzelf* angry (out of humour) with o.s.; *~* ***om*** (***over***) angry at, angry about; *zie ook* nijdig; 2 (*slecht, kwaadaardig*) bad, evil, wicked, malicious; *boze geest* (*tong*) evil spirit (tongue); [*met*] *het boze oog* [*aanzien*] [cast] the (an) evil eye [(up)on]; *boze hond* vicious dog; *boze invloed* malign influence; *boze praatjes* scandal; *boze stiefmoeder* wicked stepmother; *de boze wereld* the wicked world; *~ wijf* shrew, virago; *boze ziekte* malignant disease; *de* ***boze*** the Evil One; ***uit*** *den boze* fundamentally wrong, bad (wrong) in principle; *vergelijkingen zijn uit den boze* comparisons are odious; II *bw* angrily, wickedly, etc; *vgl bn;* (*bijb*) evilly; *zie ook* bedoelen; **boosaardig** malicious, malevolent, ill-natured; sinister [smile]; vicious [snarl]; malign [influences]; (*ziekte*) malignant; **boosaardigheid** malice, malevolence; malignity; **boosdoen(st)er** evil-, wrongdoer, malefactor, -tress; **boosheid** anger, wickedness, malignity; *vgl* boos; **booswicht** evildoer, bad lot

boot 1 boat, steamer; *~je* small (little) boat; *in de (redding)boten gaan* take to the (life)boats; *iem in de ~ nemen,* (*sl*) take the mickey out of a p.; *met de (per) ~ gaan* go by boat; *de ~ is aan* the boat is in; (*fig, fam*) the fat is in the fire; *de ~ afhouden,* (*fam*) *a*) refuse to commit o.s., play for time; *b*) be disloyal, break faith; *buiten, uit de ~ vallen, a*) contract (opt, drop) out; *b*) lose one's place, drop out; 2 (*halssieraad*) brooch, pendant; clasp [of a necklace]; **bootgelegenheid**: *per eerste ~* by first available boat; **boothals** boat-neck [sweater]; **boothuis** boathouse; **bootjesschommel** swingboat; **bootlengte** boat's length; **bootsgezel** sailor; **bootshaak** boathook; **bootsman** boatswain, bo's'n, bo'sun, bosum; *~netje,* (*dierk*) waterboatman; **bootsmansfluitje** boatswain's whistle, boatswain's call; **bootsmansmaat** boatswain's mate; **bootsvolk** (ship's) crew; **boottocht** boat trip; **boottrein** boat train; **bootvluchtelingen** boat people; **bootwerker** docker, dock labourer

borax id; **boraxzuur** boric acid

bord 1 plate; (*plat*) dinner plate; (*diep*) soup plate; (*houten*) trencher; 2 (*karton, enz*) board; 3 (*voor aankondigingen, schaak~, enz*) (notice, chess, etc) board; (*school~*) (black-, green-, white-) board; (*huur~je, enz*) (notice) board, sign; (*~je bij plant, enz*) tally, label; *de ~jes zijn verhangen* the tables are turned, the positions are reversed; *~en meedragen,* (*betoging, enz*) carry placards; *een ~ voor de kop hebben* be brazen-faced

Bordeaux id; *rode b~* claret; *b~rood* wine(-coloured), claret(-coloured), burgundy; *~se pap* Bordeaux mixture

bordeel brothel, bawdy-house, whorehouse, house of ill fame; **bordeelhoud(st)er** brothel-keeper; *-houdster,* (*ook*) [the] madam; **bordeel|schuiver, -sluiper** brothel creeper; *~s,* (*schoenen, vglb*) suede shoes, sneakers

borden|doek tea towel, tea cloth; **-kwast** dish-mop; **-rek** plate-rack; (*in keuken, ook*) drainer; **-warmer** plate-warmer; **-wisser** (*school*) eraser

borderel statement, list, memorandum, docket; (*formulier*) form; **bordes** (flight of) steps

bordpapier(en) pasteboard, cardboard; **bordspel** board game

borduren embroider (*ook fig:* the story is freely embroidered *erg geborduurd*); (*fig ook*) romance; **borduur** 1 *zie* boordsel & borduursel; 2 kerb(stone)

borduur|der embroiderer; **-gaas** canvas; **-garen** embroidery thread; **-lap** sampler; **-naald** embroidery needle; **-patroon** embroidery pattern; **-raam** embroidery frame; **-sel** embroidery; **-steek** embroidery stitch; **-ster** embroiderer; **-werk** embroidery; **-wol** crewel; **-zijde** embroidery silk

boreaal boreal; **boreling** new-born child, baby

boren bore [wood, a hole, a tunnel], drill [metal, a hole], sink [a well, a shaft], drive, burrow [a tunnel]; tunnel [wireworms tunnel into the stems of plants]; (*door~*) pierce, perforate; core [apples]; *~ naar* bore (drill) for [oil]; *zich ~ in* penetrate into; *het vliegtuig boorde zich diep in de grond* the plane struck deep into ...; *een schip in de grond ~* sink a ship; *zie verder* grond 3 & neus

borg 1 (*pers*) surety, guarantee, guarantor; (*jur*) bail, bailsman, surety; *~ blijven (staan, spreken, worden, zich ~ stellen*) become (stand) surety; (*jur*) go bail [for a p.; *voor £ 2000* in £2000]; *~ worden voor,* (*ook*) guarantee [a p. for £1000]; *~ staan voor iem (iets),* (*fig*) answer for a p. (s.t.); *daar sta ik je ~ voor* I'll go bail for that; *zie ook* instaan; 2 (*zaak*) security, guarantee, -ty, pledge, (*jur*) bail; *~ stellen* give security, give bail; *hij mocht (moest) een ~ stellen van £ 2000* he was allowed bail (had to find surety) in £2000; 3 (*krediet*) credit, (*fam*) tick; *op de ~ kopen, zie* borgen 2; 4 (*techn*) keeper; 5 castle, stately home; 6 hog; 7 *ovt van* bergen; **borgen** 1 give credit, (*fam*) (give) tick; 2 buy on credit, (*fam*) (buy on, go on) tick; 3 (*techn*) secure, lock

borg|ketting safety chain; **-moer** locknut; **-plaat** locking plate; **-ring** retaining ring; **-spreking** suretyship; **-steller** surety; **-stelling, -tocht** security, guaranty, (*jur*) bail; *onder ~ op vrije voeten gelaten worden* be admitted to (be released on) bail; *zie ook* persoonlijk & *vgl* zakelijk; **-veer** spring clip; (*rond*) circlip

boring 1 boring, etc; *vgl* boren; *~en doen,* (*naar petroleum, enz*) make borings; *~en,* (*ook*) drilling operations [for iron, etc]; 2 (*concr*) well; 3 (*ve cilinder*) bore

borium boron; **borneren** limit, curtail

borrel 1 drink, (*fam*) shot; tot, nip [of whisky, rum]; (*Ned inz vaak*) gin; (*inz Sch*) dram; *zie ook* ophebben; *iem op de ~ vragen* ask a p. round for drinks; 2 (*luchtbel*) bubble

borrel|en 1 (*v water, enz*) bubble; 2 have a drink; **-fles** gin bottle; **-garnituur** savoury snacks (served with drinks); **-glaasje** spirit glass; **-hapje** savoury snack; **-nootje** salted nut; **-praat** twaddle, (stuff and) nonsense; **-tafel** habitués' table (in continental club or café); **-tijd, -uur** cocktail time; **-zoutje** salty (savoury) biscuit

borst 1 breast (*ook fig*), bosom; (*~kas*) chest; (*vrouwen~*) breast; (*~ ve dier als voedsel*) brisket, breast; (*ve kleed*) breast; (*ve overhemd*) front; (*ve schort*) bib; *een kind de ~ geven* give a child the breast, suckle (breast-feed) a child; *een hoge ~ (op)zetten* throw (thrust) out one's chest; (*fig ook*) throw one's weight about; (*zich*) *de ~ nat maken* pull one's socks up, brace o.s.; *~ vooruit!* chest out!; *het kindje is* ***aan*** *de ~* the baby is breastfed; *aan de ~ leggen* put [baby] to the breast; *iem aan zijn ~ drukken* press a p. to one's bosom; *het* ***op*** *de ~ hebben* suffer from congestion of the chest (from asthma), (*fam*) be chesty; *zich op de ~ slaan* strike one's breast; *het stuit me* ***tegen*** *de ~* it goes against the grain with me; ***tot aan***

de ~ up to the breast, breast-high; ***uit*** *volle* ~ at the top of one's voice, [sing] lustily; ***van*** *de* ~ *zijn* (*komen*), (*ve kind*) be off (come off) the breast; *heel wat werk* ***voor*** *de* ~ *hebben* have a lot of work on one's hands (*of:* to get through); 2 lad, youth; *een flinke* ~ a strapping lad

borst|ademhaling pectoral respiration; **-ader** thoracic vein; **-amputatie** mastectomy; **-beeld** bust; (*op munt*) effigy; **-been** breastbone, sternum; **-beklemming** tightness of the chest; **-crawl** (Australian, front) crawl

borstel brush; (*ve varken, enz*) bristle; **borstelachtig** *zie* borstelig; **borstelen** brush, give [one's hair] a brush; *zie ook* af~; **borstelgras** matgrass; **borstelig** bristly, bristling; (*biol*) hispid; **borstelrups** hairy caterpillar; **borstelschijf** brush-wheel; **borstelwerk** brushware; **borstelworm** chaetopod

borst|glas *zie* -pomp; **-harnas** breastplate, cuirass; **-holte** chest (*of:* thoracic) cavity; **-hoogte** breast height; *op* ~, (*ook*) breast-high; **-kanker** breast cancer; **-kas** chest, thorax; **-kind** breastfed child; **-klier** mammary gland; **-kruis** pectoral cross; **-kwaal** chest trouble (complaint); **-lap** chest protector; (*bij joden*) breastplate; **-onderzoek** chest (*vd borsten:* breast) examination; (*röntgen*) breast screening; **-plaat** 1 (*mil*) breastplate, cuirass; 2 badge (worn on the chest); 3 (*lekkers, vglb*) fondant, fudge; **-pomp** breast pump, breast reliever; **-poot** (*dierk*) thoracic leg; **-rok** (under)vest, singlet; **-slag** (*zwemmen: schoolslag*) breaststroke (*anders:* butterfly; crawl); **-speld** brooch, breast pin; **-spier** pectoral muscle; **-stem** chest voice; **-stuk** 1 (*ve harnas*) breastplate; 2 (*ve dier, als voedsel*) breast, brisket; 3 (*ve insekt*) thorax; 4 (*v kleding*) breast; 5 (*ve schermer*) fencing pad, plastron; **-toon** chest note; **-verwijder** chest expander; **-vin** pectoral fin; **-vlies** pleura; **-vliesontsteking** pleurisy, pleuritis; **-voeding** breast feeding; ~ *geven* (*krijgen*) breastfeed (be breastfed); **-wand** chest wall; **-wering** parapet; (*mil ook*) breastwork; **-wervel** thoracic vertebra (*mv:* -brae); **-wijdte** chest measurement; **-zak** breast pocket

bos 1 (*bundel*) bunch [of keys, asparagus, violets, feathers], bundle [of sticks, straw, hay], truss [of straw]; (*haar*)~ shock (of hair); ~(*je*) tuft [of hair, moss, grass]; wisp [of straw]; *bij ~jes* by the handful; *zie ook* haar~; 2 (*bomen*) wood(s), forest; *iem het ~ insturen* send a p. off with a flea in his ear, fob a p. off; *~je* grove, spinney; (*v struiken*) bush, thicket

bos|aanplant 1 afforestation; 2 (*concr*) forest reserve; **-achtig** woody, wooded; **-anemoon** wood anemone; **-beheer** woodland management; forest administration; *zie ook* staats~; **-bes** (*blauw*) bilberry, whortleberry; (*rood*) cowberry; **-bewoner** forest dweller, woodsman, forester; **-bouw** forestry, sil-, sylviculture; **-bouwschool** school of forestry, forestry school; **-brand** forest fire; **-cultuur** *zie* -bouw; **-duif** wood pigeon; *kleine* ~ stockdove; **-duivel** mandrill; **-god** sylvan deity, faun; **-godin** wood nymph; **-grond** woodland soil

Bosjesman Bushman

bos|kat wild cat; **-land** woodland; **-landschap** woodland scenery; **-meester** (*slang*) bushmaster; **-mens** 1 bush native; 2 orang-utan; **-mier** wood ant, red ant; **-muis** field mouse, wood mouse; **-neger** (*Westindisch*) maroon

Bosnië Bosnia; **Bosniër**, **Bosnisch** Bosnian

bosnimf wood nymph; **bosopzichter** forester; **bospartij** woodland scenery, wood

bospeen bunched carrots

Bosporus: *de* ~ the Bosp(h)orus

bos|rank traveller's joy, old man's beard; **-recht** forest laws; **-rietzanger** marsh warbler; **-rijk** wooded, woody; **-ruiter** (*vogel*) wood sandpiper

bosschage grove, spinney

bosseleren emboss

bostel draff, (brewer's) grains

Boston id (*ook spel*); (*bewoner*) *van* ~ Bostonian

bos|uil tawny owl; **-viooltje** hedge violet, wood violet; **-wachter** forester, forest keeper, (forest) warden, (*Am*) (forest) ranger; **-wachterij** forestry area; **-weg** forest road (track); **-wet** forest law; Forestry Act; **-wezen** forestry

bot I *zn* 1 (*vis*) flounder; *hij weet de ~ te gallen* he can manage; 2 (*knop*) bud; 3 (*been, mv ook: lichaam*) bone [I feel it in my bones]; *veel in zijn ~ten slaan* eat (drink) a lot; 4 end of a rope; ~ *geven* pay out [a rope]; *zie verder* ~vieren; 5 ~ *vangen* meet with a refusal, (*iem niet thuis vinden, falen*) draw (a) blank, (*bij roeien*) catch a crab; *ik ving ~ aan zijn hotel* I drew blank at his hotel; 6 *~je bij ~je leggen* club together, pool (one's) money; II *bn* 1 (*stomp*) blunt, dull; ~ *maken* (*worden*) blunt, dull; 2 (*dom*) dull, obtuse; 3 (*ronduit, lomp*) blunt; flat, point-blank [refusal]; *bw* (*ook:* botaf) *zie* ~weg

botanica 1 botany; 2 botanist; **botanicus** botanist; **botanie** botany; **botanisch** botanical; **botaniseertrommel** botanical case, vasculum (*mv:* -la); **botaniseren** botanize; **botanist** id

botel bo(a)tel; **botenhuis** boathouse; **botenverhuurder** boatman

boter butter; (*fam: margarine*) marge; *echte* ~ creamery butter; *met ~ besmeren* butter; *met* ~ buttered [toast]; ~, *kaas en eieren* (*~-melk-kaas*) *spelen* play (at) noughts and crosses (*Am ook:* tic-tac-toc); *het is ~ aan de galg* (*gesmeerd*) it's all so much labour in vain; ~ *bij de vis* pay down on the nail; ~ *op zijn hoofd hebben* live in a glass house; *er de ~ uit braden* have a good time; *zie ook* geil, neus, enz; **boterachtig** buttery; **boterberg** butter mountain; **boterbloem** buttercup; *gulden* ~ goldilocks; **boterbriefje** 1 bill; 2 marriage lines (*of:* certificate); *zijn ~ halen* get spliced; **boterdoek** butter muslin

boteren 1 butter [bread]; 2 make butter, churn; *de melk wil niet* ~ the butter won't come; *het wil niet* ~ I am making no progress (no headway), (*tussen hen*) they don't hit it off; **boterfabriek** creamery, dairy, butter factory; **boterham** (slice of, some) bread (and butter) [his job meant his bread and butter]; *afgelikte* ~ promiscuous woman, scrubber; *~men meenemen* take sandwiches along; *~men snijden* cut bread and butter; *een goede ~ verdienen* earn a good wage; *hij eet er geen ~ minder om, a)* it makes no difference to him; *b)* he couldn't care less; *vgl* droog *& zie ook* aankleden, beleggen, tevredenheid, enz; **boterhampapier** greaseproof (*of:* sandwich) paper; **boterhamtrommeltje** sandwich box; **boterhamworst** (*vglb*) luncheon meat

boter|karn butter churn; **-koek** (*vglb*) shortbread; *~je* butter biscuit; **-koeler** butter cooler; **-letter** 1 *zie* banketletter; 2 (*sl*) boob(y); **-mals** beautifully tender; **-melk** buttermilk; **-olie** cooking oil; **-peer** beurré; **-sla** cabbage lettuce; **-spaan** butter scoop, butter pat; **-staaf** *zie* banketstaaf; **-tje**: *het is ~ tot de boom* everything in the garden is lovely (*of:* rosy), there isn't a rift in the lute; **-ton**, **-vat** butter tub, (*of:* cask); **-vet** butterfat; **-vis** gunnel, butterfish; **-vlootje** butter dish; **-waag** weighhouse (for butter); **-zacht** as soft as butter; (*fig*) unreliable [figures], dicey; **-zuur** butyric acid

botheid 1 bluntness, enz; *vgl* bot II; 2 dul(l)ness

Botnië Bothnia; **Botniër** Bothnian; **Botnisch** Bothnian; *~e Golf* Gulf of Bothnia

botsautootje dodgem (car), bumper car; **botsen** strike, dash, bump (up) [*tegen* against], impinge [*tegen* on], cannon [*tegen* against, into]; *ik botste tegen hem aan* I knocked into him; *zie ook* botsing: in ~ komen met; **botsing** collision (*ook fig*), [air, car] crash, [train] smash; impact; clash [of two armies; of interests]; *in ~ komen met* collide with, come into collision with; (*eig, ook*) run (crash, dash) into [another car]; (*fig v belangen, wensen, enz, ook*) clash (conflict) with [we always clash on that subject], impinge on [the interests of ...], run foul of [the law]

botskop Atlantic right whale; **Botswana** id

bottel 1 aggregate fruit; [rose] hip; 2 (*Z-Afr*) bottle; **bottelaar** bottler; **bottelarij** bottling room; (*mar*) store room; **bottelbier** bottled beer; **bottelen** bottle; **bottelier** butler (*in Eng tevens hoofdbediende*); (*op schip, in club, enz*) steward; **bottelroos** downy rose

botten bud

bottenkraker 1 chiropractor; 2 osteopath

botter fishing boat; (*vglb*) seiner

botterik dunce, blockhead, noodle

bottine (lace-up, button-)boot, half-boot; (*met elastiek*) elastic-sided boot

botulisme botulism

botvieren: *een touw ~* pay out a rope; *zijn hartstochten* (*grillen*) *~* give rein (the reins, loose, a loose) to one's passions (whims); **botweg** bluntly, [refuse] point-blank, flatly; *iets ~ ontkennen,* (*ook*) give a flat denial

bouclé id

boud bold; *dat is wat te ~ gesproken* that's putting it too strongly; **bouderen** pout, sulk

Boudewijn Baudouin, Baldwin

boudoir boudoir; (*dicht*) (lady's) bower

boudweg boldly; **bouffante** muffler

bougainville (*plant*) bougainvillea

bougie 1 (*kaars & med*) id; 2 (*ve motor*) spark(ing) plug; **bougiesleutel** plug spanner

bouilloire (tea) boiler; kettle and stand; **bouillon** id, broth, beef tea; (*voor soepbereiding*) stock; **bouillonblokje** beef (*of:* bouillon) cube; **bouillontablet** stock cube

boulevard id, esplanade; (*aan zee, ook*) (sea)front

boulevardblad (*vglb*) tabloid; **boulevardjournalistiek** sensational journalism; **boulevardpers** yellow (*erger:* gutter) press

bouquet id

bourbon, **Bourbon** id; **Bourbons** *bn* Bourbon

bourdon id; **bourgeois(ie)** id

bourgogne (*wijn & kleur*) burgundy; **Bourgogne**, **Bourgondië** Burgundy; **Bourgondiër** Burgundian; **Bourgondisch** Burgundian; flamboyant [personality]; *~ kruis* St Andrew's cross; *de ~e tijd* the age of Burgundy; *een ~e maaltijd* a lavish dinner

bout 1 bolt; (*hout*) pin; (*los ijzer in strijk~*) heater; (*soldeer~*) iron; *hij kan me de ~ hachelen* he can drop dead; 2 (*algem ve dier*) quarter; (*schape~*) leg (of mutton); *~(je)*, (*ve vogel*) drumstick

boutade sally; **boutique** id; **bouvier** (*hond*) id

bouw 1 building, erection, construction (*ook ve zin*); (*samenstel*) structure [of the atom], frame; build [of the body]; (*ve drama, enz*) framework; *de ~* the building trade; *tenger* (*krachtig, prachtig*) *van ~* of slight (powerful, magnificent) build, slight etc in build; 2 (*het be-, verbouwen*) cultivation, culture; (*verbouw, ook*) growth

bouw|bedrijf 1 building trade (industry); 2 building contractors, builders, construction firm; **-begroting** builder's estimate; **-blok** building block (brick); **-boer** arable farmer; **-commissie** building committee (for planning new buildings); **-dok** dry dock; **-doos** 1 box of bricks, of (building) blocks; (*mechanisch*) construction box (*of:* kit); 2 *zie* bouwpakket

bouwen 1 build [a house, nest, ship, bridge, an engine, empire], (*ineenzetten*) construct, (*oprichten*) erect; *op zand ~* build on sand (*ook fig*); *in het buitenland* (*Groot-Brittannië*) *gebouwd* foreign (British) built; *goed gebouwde vrouw* fine figure of a woman; *een krachtig gebouwd lichaam* a well-knit frame; *zie ook* bouw: van ~, & hoogte; 2 (*verbouwen*) grow, cultivate; 3 *zee ~* plough the sea(s); *goed zee ~* be a good sea-boat; 4 *op iem* (*iets*) *~* rely on a p. (a thing); (*ook*) build (*of:* bank) (up)on it (a promise, etc); *iem op wie men kan ~* a tower of strength; **bouw- en woningtoezicht** (*vglb*) (local authority) surveyor's department; **bouwer** builder; **bouwerij** 1 building trade; 2 building site

bouw|fonds building society; (*Am*) building and loan association; **-gereedschap** builder's equipment; **-grond** *zie* -land & -terrein; **-heer** 1 builder; architect [of the universe]; 2 principal (for whom a house etc is being built); **-hout** timber; **-jaar** date (year) of building (of construction, of manufacture); *Volvo, ~ 1992* 1992 Volvo; **-kas** building society; **-keet** site hut; **-knecht** farmhand; **-kosten** building (construction) costs (expenses), cost of construction; **-kunde** architecture; **-kundig** architectural; ~ *ingenieur* constructional engineer; **-kundige** building expert; architect; **-kunst** architecture; [Hadrian's wall is a remarkable feat of] engineering; **-land** arable (agricultural) land, farmland; **-maatschappij** (property) development company; **-markt** home centre; **-materialen** building materials; **-meester** architect; master builder; *zie ook* -heer; **-muur** structural wall; **-ondernemer** (building) contractor, builder and contractor; **-opzichter** building inspector, clerk of (the) works; **-orde** [Doric, etc] order; *zie ook* -stijl; **-pakket** (construction, assembly, do-it-yourself) kit; *als* ~ in kit form; **-plaat** 1 cut-out; 2 fibre-, wallboard; **-plaats** building site, construction site; **-plan** (*ve stad*) building plan; (*ve huis*) plan; **-politie** building inspectors; **-premie** building subsidy; **-promotie** property development; **-put** (building) excavation, excavated area; trench; **-rijp**: ~ *maken* prepare [a site]; **-sel** structure; **-skelet** (steel) building frame (*of:* skeleton); **-som** 1 sum contracted for; 2 (total) building costs; **-speculant** speculative builder; **-steen** 1 building stone (brick); 2 (*fig*) building block; (*mv fig*) materials; **-stijl** (style of) architecture, architectural style, style of building; *zie ook* -orde; **-stoffen** (*ook fig*) materials; **-stop** building freeze; **-subsidie** building grant; **-tekening** construction drawing; **-terrein** building site (plot); *als* ~ *verkopen* sell in building plots; **-toezicht** building inspectors; surveyor's department; **-trant** *zie* bouwstijl; **-vak** 1 builder's trade; 2 building trade, construction industry; 3 building trades' holiday; **-vakarbeider**, **-vakker** building worker, construction worker; building trades operative; **-val** ruin(s); **-vallig** tumbledown, ruinous, ramshackle, rickety [bridge]; dilapidated (*ook fig*); **-valligheid** ruinous condition, decay, dilapidation; **-vereniging** building society; **-vergunning** building licence, building permit; [site with] planning permission; **-verordening** building by-laws, building regulations, building code; **-werf** building site; **-werk** 1 building, edifice, structure; 2 constructional work; 3 (*ve orgel*) swell

boven I *vz* (*hoger dan, ook fig*) above [water, sea level, Cologne, suspicion, the law, marry above one's station]; (*loodrecht* ~) over [the door, one's head, the fire, the mantelpiece, hold one's hand over one's eyes, hover over the town]; (*meer dan*) over [ten pounds, military age]; [live] beyond [one's means]; *zie ook* benevens; ~ *en behalve, zie* buiten 2; *hij is* ~ *de 40* he is over (turned) forty; *de kamer* ~ *ons* the room overhead; ~ *de storm uit* above the storm; *verstandig* ~ *zijn leeftijd* wise beyond one's years; ~ *iem staan* be over a p.; *zie ook* plaatsen, stand, theewater, enz; II *bw* above; [hold the stone of the ring] uppermost; on high, aloft, on top; (*in huis*) upstairs; (*Ind*) (up) in the hills, up country; *daar* ~ up there; (*in de hemel*) on high; *dit* ~*!* this side up!; *zoals ik* ~ *opmerkte* as I observed above; ~ *wonen* live upstairs; ~ ***aan*** *de bladzijde* (*trap*) at the top of the page (stairs); ~ ***op*** on the top of [a bus, the wall; *ook fig:* a long march on top of a hard day's work]; *zie ook* ~op; ~ *op elkaar* one on top of the other; ~ *op de kachel zitten* sit over (*of:* on top of) the fire; *de kerk stond* ~ *op de heuvel* the church topped the hill; ***als*** ~ as (stated) above; ***naar*** ~ up(wards), uppermost; (*meer*) *naar* ~ higher up [the river, etc]; *naar* ~ *brengen* bring up; ***te*** ~ *gaan* exceed [£200], surpass, beat [everything], transcend [a beauty which transcends them all]; baffle [the imagination]; *het karwei gaat mijn krachten te* ~ the job is beyond me; *alle beschrijving te* ~ *gaan* defy (beggar) description, be beyond words; *zie ook* begrip, enz; *te* ~ *komen* surmount, overcome, rise above, rise superior to [difficulties], get over [difficulties, a shock], survive [a shock, misfortunes], [we'll] outlive [such tittle-tattle], outgrow [one's reputation for stubbornness], recover from [a blow, an illness], live down [sorrow, etc], retrieve [losses]; *de moeilijkheden te* ~ *komen,* (*ook*) win through; *hij is het te* ~ he has got over it, has overcome the difficulty; *hij is zijn ziekte nog niet geheel te* ~ he has not quite shaken off his illness; *de moeilijkheden te* ~ *zijn,* (*ook*) be out of the wood; *zo iets zijn we te* ~ we have outgrown (grown out of) that sort of thing; ***van*** ~*, a*) [it is black] at the top; *zie ook* ~op; *b*) [all blessings come] from above; [seen] from above, from on top; *c*) from upstairs; *3de regel van* ~ third line from the top; *van* ~ *naar beneden* from the top downward(s), [read] downward(s); *van* ~ *tot beneden* from top to bottom; from top to toe, from head to foot; *zie verder de sam*

boven|aan at the top (upper end), [start] at (from) the top; at the head [of the table]; ~ *op hun program* in the forefront of their programme (*of:* platform); ~ *staan* be at the head (the top) [of the list], head (*of:* top) the list, come first [in a p.'s esteem], be at the top [of the medical profession], hold the record; **-aangehaald** above-cited; **-aanzicht** plan; top view; **-aards** supermundane, supernatural, heavenly; **-achterkamer** top-floor back (room); **-af**: *van* ~ from above, from the surface (the top); [begin] at the top; **-al** above all; [I like it] above (*of:* of) all things; ~ *in deze tijd* at this time above all others; ~ *in L* in L above all places; **-arm** upper arm; **-arms** overarm [throw, bowling]; *het zat er* ~*s op* there was a flaming row; **-bedoeld** (referred to) above; **-been** upper leg, thigh; (*v paard*) gaskin; **-blad** top; (*v muziekinstr*) soundboard, belly; **-bouw** 1 superstructure; 2 (*school, vglb*) upper school; **-brengen** take (carry) up [a p.'s dinner, etc]; bring up [bitter memories]; **-buren**: *de* ~ the people upstairs; **-dek** upper deck, main deck; **-deur** upper (part of a) door

bovendien besides, what's more, moreover, in addition; [little food, and poor food] at that; then [and then, it's no concern of mine]; *en er is* ~ *het voordeel ...,* (*ook*) and there is the added advantage ...

boven|dorpel, **-drempel** lintel; **-drijven** float on the surface; (*fig*) prevail, predominate; *~de partij* ruling party; **-druk** (*v bloed*) maximum (*of:* systolic) pressure; **-eind(e)** upper end; (*ve tafel*) head; **-gedeelte** upper part (end); **-gemeld**, **-genoemd**, **-gezegd** above(-mentioned), aforesaid; *het bovengenoemde* (*jur*) the premises; **-gistbier** real ale, real beer; **-gistend** top-fermenting; **-goed** *zie* -kleren; **-greep** overhand grip; (*turnen*) overgrasp; *in* (*met*) *de ~* overhand; **-grens** upper limit; **-grond** topsoil; *eigenaar van de ~,* (*mijnb*) owner of the surface rights; **-gronds** overground [*vs* underground] railway; elevated [railway *luchtspoorweg*]; high-level [railway, platform, bridge]; overhead [wires, cable, system]; *~e kruising* flyover back of the hand; *de ~ hebben* (*krijgen*) have (get) the upper hand [*over, op* of]; **-halen** bring up, produce; **-hands** overarm [throwing]; **-helft** upper half; **-hoek** [left-, right-hand] top corner; **-houden** keep above (water); **-huis** 1 upper part of a house; 2 upstairs flat (*of:* house); **-in** at the top

boven|kaak upper jaw; **-kamer** upstairs room; *het scheelt hem in de ~* there is something wrong (he is weak) in his upper stor(e)y, he has bats in the belfry; **-kant** upper side, top (side); *voor* (*aan, van*) *de ~ van de markt* upmarket [goods]; **-kast** (*typ*) upper case, cap(ital)s; **-kies** upper molar; **-kleding** *zie* -kleren; **-kleed** upper garment; **-kleren** upper (*of:* outer) clothes, outer wear; **-komen** 1 come up(stairs); *laat hem ~* show (ask, send) him up(stairs), (*fam*) have him up; 2 (*boven de grond*) come up; 3 (*in vloeistof*) rise (come) to the surface (the top), emerge; (*ve walvis, duikboot*) (break) surface; *zijn betere natuur* (*oude argwaan*) *kwam boven* his better nature asserted itself (his old suspicion surged up); **-kruising** flyover; **-laag** upper (*of:* top) layer, superstratum; **-lader** toploader; **-laken** top sheet; **-land** upland, highland; *de ~en,* (*ook*) the hills; **-lander** highlander; **-lands** upland; **-last** deck cargo; **-leer** upper leather, uppers; **-leiding** overhead line (wires, system), contact wire; **-lichaam** upper (part of the) body; **-licht** 1 skylight; window over a door, (*waaiervormig*) fanlight; 2 (*aan plafond*) ceiling light; **-liggen** be on top (*ook fig*); **-liggend** (*techn*) overhead [camshaft]; **-lijf** *zie* bovenlichaam; *~je,* (*kleding*) top; **-lip** upper lip; **-loop** upper course, upper reaches [of the Thames]; **-lucht** upper air; **-maats** oversize(d) [ears], outsize [clothes]; **-mate** exceedingly, beyond measure, extremely; **-matig** I *bn* extreme; II *bw zie* -mate

Bovenmeer: *het ~* Lake Superior; **bovenmeester** headmaster; **bovenmenselijk** superhuman; **bovenmest** topdressing; **bovennationaal** supranational; **bovennatuurlijk** supernatural; **bovenom** round the top

bovenop on (the) top [my hair is getting thin on top], at the top; *er ~* [he did not see it till he was almost] on top of it; *met een vlag er ~* surmounted (topped) by a flag; *zie ook* boven (op); *er weer ~ brengen* (*helpen*), (*patiënt*) pull (bring) through; (*maatschappelijk*) set [a p.] on his feet again, put [our industries] on their feet again; *het reisje zal hem er ~ brengen* the trip will set him up, set him right again; *dat bracht hem er* (*maatschappelijk*) *~* that was the making of him; *er weer ~ komen,* (*ve patiënt*) pick up, pull through; (*financieel, enz*) pull through, retrieve one's losses; *de patiënt kwam er spoedig weer* (*geheel*) *~* the ... made a rapid (a good) recovery; *hij zal er niet weer ~ komen* he is not likely to live; *hij is er weer ~* he is all right again, has got over it; *het ligt er duimdik ~* it sticks out a mile

bovenover over (*of:* along) the top; **bovenraam** upper (upstairs) window; **bovenrand** upper edge; **Boven-Rijn** Upper Rhine; **bovenslagmolen** overshot mill; **bovenslagrad** overshot wheel

bovenst upper(most), topmost, top [drawer, button, etc]; *een ~e beste* a real friend; *het ~e* the upper part, the top; *zie ook* plank

boven|staand *zie* -gemeld; *het ~e* the above; **-stad** upper (part of the) town; **-standig** (*plantk*) superior; **-ste** *zie* bovenst; **-stem** treble; **-strooms** upstream [of Arnhem]; **-stuk** upper (*of:* top) part; **-tallig** supernumerary, surplus; **-tand** upper tooth; **-titel(en)** (*theat*) surtitle; **-toon** overtone; *de ~ voeren* predominate [the sense of duty predominated in her]; (*ve persoon*) rule the roost, play first fiddle

bovenuit: *overal ~ steken* rise (*of:* tower) above everything; *zijn stem klonk overal ~* his voice was heard above everything

boven|venster *zie* -raam; **-verdieping** upper stor(e)y (*of:* floor), top floor; *zie ook* -kamer; **-vermeld** *zie* -gemeld; **-vlak** upper surface; **-voorkamer** top-floor front (room); **-waarde** upper value; **-waarts** I *bw* upward(s); II *bn* upward; **-water** 1 surface water; 2 upper water(s) [of a river]; 3 (*molen*) overshot (water); 4 (*sluis*) upper water; **-waterschip** surface craft (*ook mv*); **-wijdte** chest (width); **-wind** upper wind; **-winds** (to) windward; *de B~e Eilanden, de Bovenwinden* the Windward Islands; **-woning** *zie* -huis 2; **-zijde** upper side; **-zinnelijk** transcendental, supersensual

bovist (*plantk*) puffball

bowl 1 (*kom*) id; 2 (*drank*) (claret, cider, etc) cup; (*inz met alcohol*) punch; **bowlen** bowl; **bowling** 1 (tenpin) bowling; 2 bowling alley; **bowlingbaan** bowling alley

box 1 (*baby~*) (play)pen; (*ve paard*) (loose) box; (*garage*) box, lock up; 2 (*camera*) box camera; 3 (*luidspreker*) speaker; *zie ook* ~calf & postbus; **boxcalf** box calf; **boxengarage** lock-up garage(s); **boxer** (*hond*) id

boycot(actie) boycott; **boycotten** boycott

boze *zie* boos I.2

braad|aal spitchcock; **-kip**, **-kuiken** roasting-chicken, broiler; **-oven** Dutch oven, roaster; **-pan** casserole; **-rooster** gridiron, grill; **-slee** roaster, roasting tin; **-spit** (roasting-)spit; **-spitdraaier** turnspit; **-stuk** roasting-joint; **-vet** cooking fat, frying fat; (*afgedropen*) dripping; **-worst** German sausage

braaf honest, good, virtuous; (*iron*) good [don't be so terribly good]; *brave vent* honest fellow; *de brave John Hull* honest ...; *brave jongen* (*ziel*) good boy (soul); *een brave burger* a worthy citizen; *die brave* (*oude*) *mensen* those good (dear old) people; *een ~ meisje* a respectable (*of:* good) girl; *~ drinken* drink hard; *~ oppassen* behave well; *~ schreeuwen* cry lustily; *hij doet ~ zijn werk* he does his work as a good boy; *zie ook* Hendrik; **braafheid** honesty, integrity, probity

braak I *zn* 1 (*inbraak*) burglary, housebreaking, break-in; *zie ook* diefstal; 2 (*werktuig*) brake; II *bn* fallow; *~ leggen* leave fallow; *~ liggen* lie fallow (waste) (*ook v kennis, enz*); *er ligt nog een groot terrein ~* there is still a large unexplored field

braak|bal (*ve roofvogel*) pellet; **-jaar** year of rest; **-land** fallow (land); **-loop** diarrhoea, (*Aziatische*) cholera; **-middel** emetic; **-noot** vomit nut, nux vomica; **-sel** vomit; **-wortel** ipecacuanha, (*fam*) ipecac

braam 1 blackberry; *bramen zoeken* [go] blackberrying; 2 (*v metaal*) burr; 3 (*vis*) (Ray's) bream

braambes blackberry, bramble; *~sen gaan zoeken* go blackberrying; **braambos** blackberry bush; *het brandende ~,* (*bijb*) the burning bush; **braamsluiper** (*vogel*) lesser whitethroat; **braamstruik** blackberry bush, bramble (bush)

Brabander Brabantine; **Brabant** id; **Brabants** Brabant(ine)

brabbelaar(ster) jabberer; **brabbelen** jabber, talk gibberish (*of:* double Dutch); **brabbeltaal** jabber, gibberish, double Dutch

bracelet id; *zie ook* boei; **bracht** *ovt van* brengen

braden *tr & intr* roast [on a spit], bake, roast [in an oven], grill [on a gridiron], broil [on a fire or gridiron], fry [in a pan], (*knetterend*) frizzle; *liggen te ~* be baking (roasting) [in the sun]; *gebraden rundvlees* roast beef; *zie ook* duif, uithangen, enz; **brade|rie, -rij** street fair

Brahma id; **brahmaan** Brahmin, -man; **brahmaans** Brahmanic; **brahmanisme** Brahminism; **brahmapoetra** (*kip*) Brahma; (*rivier*) Brahmaputra

braille(druk) braille (printing), raised type; **brailleren** braille; **brailleschrift** braille, raised type

brak I *zn* 1 (*hond*) beagle; *jacht met ~ken* beagling; 2 (*jongen*) brat, urchin, little rogue; II *bn* brackish, saltish, briny; III *ww ovt van* breken

braken 1 *tr & intr* vomit, throw up, belch [flames, etc]; (*moeten*) ~ be sick; *ze braakte de hele pop eronder* she was sick all over the doll; *vgl* overgeven & spuwen; 2 leave [land] fallow; 3 *tr* break, brake [flax, etc]

brallen brag, boast; *vgl* snoeven

bram 1 (*flinke vent*) brick; 2 (*druktemaker*) swanker, swankpot; *zie ook* uithangen; **Bram** Abraham, (*fam*) Abe; **bramen** (de)burr [metal]

bramsteng topgallant-mast; **bramzeil** topgallant (sail)

brancard stretcher; *per ~ vervoerde* stretcher case

branche 1 line (of business); sector (of industry); 2 (*filiaal*) branch (establishment); **branchevervaging** diversification (in retail trading)

brand 1 fire, (*grote*) conflagration; (*uitslaande*) blaze;*~!* fire!; *er is ~* there is a fire; *de ~ erin steken,* (*pijp*) light up; *~ stichten* raise fire; ***in** ~ staan* be on fire (afire, ablaze); *in ~ raken* (*vliegen*) catch (take) fire, catch alight, burst into flames, (*ontbranden*) ignite; *in ~ steken* set on fire, set alight, set fire to, fire, (*doen ontbranden*) ignite; *in de ~ zitten* be in a scrape; ***uit** de ~ helpen* help out of a scrape; 2 (*~stof*) fuel; 3 (*branderig gevoel*) prickly heat; 4 (*uitslag*) eruption; 5 (*in koren*) blight, (black) rust, smut

brand|alarm fire alarm, fire call; **-assurantie** *zie* -verzekering; **-baar** combustible, (in)flammable; **-baarheid** combustibility, (in)flammability; **-blaar** blister raised by burning; **-blus-** *zie sam met* blus; **-bom** incendiary (bomb), firebomb; **-brief** letter pressing for money, support, etc; **-deur** 1 fireproof door; 2 (*nooddeur*) emergency door

brandebourgs frogs; **brandemmer** fire bucket

branden I *intr* burn (*ook v lamp, gezicht, vraag, zon, enz*), be on fire; (*fel*) blaze; (*ve brandnetel*) sting; *het gas wil niet ~* the gas won't light; *benzine brandt gemakkelijk* petrol ignites easily; *het geld brandt hem in de zak* the money is burning a hole in his pocket; *~ **op** de tong* burn (on) the tongue; *het brandt hem op de tong om het te zeggen* he is burning (itching, dying) to tell it; (*niet zo*) *gebrand zijn op* be dead (not all that) keen on; *~ **van*** burn with [impatience], be aflame with [excitement]; *~ van nieuwsgierigheid* die of curiosity; *~ van verlangen om te ...* be burning (dying) to ...; II *tr* 1 burn [one's hand, wood, lime, charcoal]; *~ aan* burn [one's mouth] with [hot food]; *jij brandt je,* (*bij spel*) you are getting warm; *de haard ~* have a fire; *zie ook* vinger, water, vooruit~, weg~, enz; 2 (*brandmerken*) brand [a criminal, sheep]; 3 (*zengen*) scorch; singe [one's hair]; scald [with hot liquid]; cauterize [a wound]; 4 distil [strong drinks]; roast [coffee]; stain [glass]; bream [a ship]; **brandend** 1 burning; lighted [match, candle]; [with his clothes] alight; *~ heet* sweltering [day], burning (*of:* roasting) hot [day], scalding hot [coffee]; *~e hitte* torrid heat; *~ vraagstuk* burning question; *~ van nieuwsgierigheid* dying with curiosity; *zie ook* branden; 2 seething [waves]; 3 ardent [desire]; **brander** 1 (*v gas, enz*) burner; 2 distiller; 3 fireship; **branderig** 1 (*smaak, enz*) burnt; *het smaakt* (*ruikt*) *~* it has a burnt taste (smell); 2 (*gevoel*) burning, tingling; 3 (*koren*) smutty, smutted; **branderij** 1 distillery, still; 2 *zie* kalk~, koffie~, enz; **brandewijn** brandy; *~ op kersen* cherry brandy

brand|gang (*in bos*) fire lane; (*Am*) firebreak; **-gans** barnacle (goose); **-gevaar** 1 fire risk, risk of fire, fire danger; 2 danger from fire(s), fire hazard; **-gevaarlijk** flammable, liable to catch fire; *~ pand* firetrap; **-gevel** fire wall; **-glas** burning-glass; **-granaat** incendiary shell; **-haar** sting(ing hair); **-haard** *zie* haard; **-helder** *zie* -schoon; **-hout** 1 (piece of) firewood; 2 (*fig*) rubbish,

trash; [the team was] a disgrace; *zie ook* mager; **-ijzer** (*om te merken*) branding-iron
branding breakers, surf, broken water
brand|kast safe, strongbox; **-kastkraker** safe-breaker, -cracker, (*met explosieven*) safe-blower; **-klok** fire bell; **-kluis** *zie* kluis; **-kraan** fire hydrant; **-ladder** fire ladder, fire escape; **-lucht** smell of burning, burnt smell; **-meester** fire brigade officer, fire officer; **-melder** fire alarm; **-merk** brand, stigma; **-merken** brand; (*fig ook*) stigmatize; **-middel** caustic; **-muur** fireproof wall; **-netel** stinging nettle; **-oefening** (*houden*) (do, hold a) fire drill; **-offer** burnt-offering, holocaust; **-paal** stake; **-plek** burn; (*door vloeistof*) scald; **-polis** fire policy; **-preventie** fire prevention; **-punt** focus (*mv ook:* -ci; *ook wisk, & fig:* a focus of sedition, etc); *in een ~ verenigen* focus; **-puntsafstand** focal length; **-raam** stained-glass window; **-schade** damage (*geldelijk:* loss) by fire, fire damage (loss); **-schatten** lay under contribution, hold to ransom; **-schatting** (levy of a) contribution, levy; **-scherm** safety curtain, fire curtain; **-schilder** enameller; **-schilderen** enamel; (*glas*) stain; *gebrandschilderde ramen* stained-glass windows; **-schilderwerk** enamel(ling); **-schip** fire ship; **-schoon** 1 spotless, speckless, immaculate, as bright as a new penny; scrupulously clean, (*ook fig:*) squeaky clean [house, politician]; 2 (*fig*) quite sober; wholly innocent, blameless; **-schot** fireproof bulkhead; **-singel** firebreak, fireguard, fire line; **-slang** fire hose; **-spiegel** burning-mirror; **-spiritus** methylated spirit, meths; **-spuit** fire engine; (*drijvend*) fire float, (river) float; **-spuitgast** fireman; **-stapel** (funeral) pile; (*voor lijk*) pyre; *op de ~ sterven* die at the stake; **-stichter** incendiary, fire raiser, arsonist, (*fam*) firebug; **-stichting** arson, fire-raising, incendiarism; **-stof** fuel [cell, consumption, injection, tank]; [wood] firing; *fossiele ~fen* fossil fuels; *van ~ voorzien* fuel [a car, an argument]; **-trap** fire escape; **-veilig** fireproof; **-verf** enamel; **-vertragend** fire-retardant; **-verven** enamel; **-verzekering** fire insurance; **-verzekeringsmaatschappij** fire insurance company; **-vlak** focal plane; **-vlek** *zie* -plek; **-vrij** fireproof, fire-resistant; *~ maken* (render) fireproof; **-waarborg** *zie* -verzekering; **-wacht** fire watch; (*pers*) fire watcher; (*Am*) firewarden; **-weer** fire brigade, (*Am*) fire department
brandweer|auto fire engine; **-commandant** *zie* commandant; **-greep** fireman's lift; **-kazerne** fire station; (*hoofdkazerne*) (general) headquarters of the fire brigade; **-man** fireman; (*inz Am*) firefighter; **-post** fire station
brandwerend fire preventing, fire retardant, fire resisting; **brandwezen** fire service; **brandwond** burn; (*door vloeistof*) scald; *erge ~en krijgen,* (*ook*) be badly burnt (scalded); **brandzalf** ointment for burns and scalds
branie I *bn* bold, daring; II *zn* 1 daring; (*ong*) swank, swagger; 2 (*pers*) daredevil; (*opsnijder*) swank; (*hele 'meneer'*) swell; *de ~ uithangen* throw one's weight about; **branieachtig** swanky; **branieschopper** show-off, swank(pot)
bras (*mar*) brace; **brasem** bream; **braspartij** orgy, (drunken) revel, riot, carouse, debauch
brassard id, armlet
brassen 1 carouse, revel; 2 (*mar*) brace, square the sails to the wind; **brasser** carouser, reveller
bravade bravado, swagger, bluff; **braveren** defy, face [death]; **braverik** goody-goody
bravissimo id; **bravo** I *zn* id (*pers mv:* -os; *uitroep:* -oes); II *tw* bravo!, well done!, hear, hear!
bravoure 1 bravura; 2 *zie* bravade; **bravoure-aria** bravura (air), aria di bravura; **bravourestuk** 1 (*muz*) bravura; 2 tour de force, (*sl*) stunt
brazielhout Brazil wood; **Braziliaan(s)** Brazilian; **Brazilië** Brazil
BRD afk van *Bundesrepublik Deutschland* FRG, Federal Republic of Germany
breccie breccia, rubble (stone); **Brechtje** Bridget
breed broad [shoulders, brim, street, ribbon, grin, outline], wide [river, street, mouth, forehead]; *een 3 voet brede tafel* a table three feet broad (wide); *het meer is 3 mijlen ~,* (*ook*) 3 miles across; *een ~ geweten, brede blik, zie* ruim; ***in** brede trekken schetsen* trace in broad outline; *in den brede over een onderwerp uitweiden* discourse (up)on a subject at large; *zie ook* ~voerig; *zij hebben **het** niet ~* they are in straitened circumstances (not very well off); ... *maar het evenmin ~ had* ... but did not roll in plenty either; *die het ~ heeft laat het ~ hangen* the rich may spend as they please; *zie ook* opgeven
breed|beeld wide-screen [film, projection, television]; **-denkend** broad-minded; **-gebouwd** square-built; **-gerand** broad-brimmed; **-geschouderd** broad-shouldered, square-built; **-getakt** spreading; **-heid** (*ook fig*) breadth, width, scope; **-sprakig** prolix, verbose, wordy, (*en vervelend*) long-winded; **-straler** wide beam (fog) headlight
breedte breadth, width (*beide ook als 'baan' van stof*); (*aardr*) latitude; *dubbele ~,* (*ve stof*) double width; *in de ~* broadwise; *op 51° (noorder-, zuider)breedte* in lat. 51° (N, S); *over de hele ~ van de bladzij* [printed] right across the page; *ter ~ van* ... the width of [my hand], [five feet] in width
breedte|cirkel parallel of latitude; **-graad** degree of latitude; **-investering** capital widening; **-richting** widthwise (crosswise) direction
breed|uit: *ze ging ~ zitten* she spread herself out over her seat, she sprawled on the sofa; **-voerig** I *bn* circumstantial [report], detailed; wide [discussion]; ample [treatment]; II *bw* at (full) length, in detail, fully, at large; **-voerigheid** fulness (of detail); **-werpig**: *~ zaaien* (sow) broadcast
breefok square foresail
breek|baar breakable, fragile, brittle; *~!* fragile! [handle with care]; *breekbare voorwerpen,* (*ook*) breakables; **-baarheid** fragility, brittleness; **-ijzer** crowbar, crow, (*inz ve inbreker*) jemmy; **-punt** breaking point; **-schade** breakages; **-spanning** breaking strain
breeuwen caulk [a ship, a seam]; **breeuwer** caulker; *mijn vader was geen ~* I'm not having

you do my work for me
breeveertien: *de ~ opgaan* go on the streets
breidel bridle; (*fig ook*) curb, check; *een ~ aanleggen, zie* ~en; **breidelen** bridle, curb, check, put a curb (up)on; **breidelloos** curbless, unbridled
breien knit; *zie ook* gebreid; **breier** knitter
breigaren knitting-yarn; **breikatoen** knitting-cotton; **breimachine** knitting machine
brein brain, intellect; *het ~ zijn achter* mastermind [a robbery]; *zie ook* opkomen
breinaald knitting needle, (*inz dik, v hout*) knitting pin
brein|baas brainy type; **-breker** brain-teaser
brei|patroon knitting pattern; **-pen** *zie* -naald; **-ster** knitter; *de beste ~ laat wel eens een steek vallen* it's a good horse that never stumbles
breitschwanz broadtail
breiwerk knitting; **breiwol** knitting-wool, (*fijne ~*) fingering (wool); **brekebeen** bungler, blunderer, duffer, bad hand [*in* at]
breken I *tr* 1 break [a glass, one's arm, neck, word, a fall, a p.'s power, pride, heart, resistance], fracture [a bone]; *betalen wat men breekt* pay for breakages; *zie ook* hoofd, nek, enz; 2 refract [light]; 3 (*verbrijzelen*) smash, shatter; II *intr* 1 break (*ook v wolken, golven, hart*), be (get) broken (shattered), go to pieces; (*v hart*) burst; (*ve touw, enz, ook*) part; (*knappen, ook ve touw*) snap [in two]; ***door*** *de vijand* (*de wolken*) ~ break through the enemy (the clouds); *het was, alsof er iets in hem brak* something snapped (with)in him; ~ ***met*** break with [a p., the past, a tradition]; give up, discontinue [a policy]; *met zijn verleden ~*, (*ook*) put one's past behind one; *zie ook* sleur; ***uit*** *de gevangenis ~* break (out of) prison (*of:* jail), break out; 2 (*vh oog*) grow dim, glaze; 3 (*v licht*) be refracted; **breker** breaker (*ook golf*); **breking** (*natuurk*) refraction; (*tlk*) breaking; **brekingshoek** angle of refraction; **brekingsindex** refractive index
breksie (*geol*) breccia, rubble (stone)
brem 1 (*pekel*) brine, pickle; *zo zout als ~, zie* ~zout; 2 (*plant*) broom; **Bremen** id
bremraap broomrape, (*grote ~*) chokeweed
brems horsefly, gadfly
bremstruik broom
bremzout as salt as brine
brengen 1 (*algem, naar de spreker*) bring [what brings you here?; an hour's walk brings us to the place; his invention brought him fame]; 2 (*vd spreker af*) take [a letter to the post; take him my card, a message, the ink]; see [a lady home, to the station, on board, to her seat, as far as the road]; drive [a p. to drink, despair]; land [it will land you in prison, in difficulties]; put [one's hand to one's forehead]; present [a variety show]; 3 (*over~*) carry, convey [goods, passengers] || *het* ***ver*** *~*, (*in de wereld*) go far, go a long way; (*in een taal*) attain great proficiency in a language; *een knap gezicht brengt het ver op het toneel* good looks go a long way on the stage; *zie* verder; *iem ~ waar men hem wil hebben*, (*fig*) bring a p. to the point; *iem* ***aan*** *het weifelen ~* make a p. waver; *het bracht me aan het denken* it set me thinking; *iem* ***ertoe*** *~ te* ... get (induce) a p. to ...; lead a p. to [believe ...], bring a p. to [see his error]; *wat bracht je ertoe het te doen?* what made you do it?; ***met*** *zich ~* bring (in its train, along with it); involve [great expense]; *dat brengt het totaal* ***op*** *vijftig* that brings the total up to 50; *dat brengt mij op mijn onderwerp* that brings me to my subject; *ik bracht hem* (*het gesprek*) *op dat onderwerp* I got him on to that subject, brought the conversation round to ...; *het gesprek op iets anders ~* give a new turn to the conversation; ~ ***over*** bring [misery, etc] on [a p.]; *dat brengt mij* ***tot*** *mijn tweede punt* that leads me to ...; *tot een tweede woning heb ik het nog niet gebracht* I don't run to a holiday cottage as yet; *hij bracht het tot kapitein* he rose to the rank of captain; *hij zal het nooit tot iets ~* he'll never get anywhere; *zie ook* bed, idee, trein, enz
breng(st)er bearer; *met ~ dezes* [send answer] by bearer
bres breach; (*meer algem*) gap; *in de ~ springen* (*op de ~ staan, zich in de ~ stellen*) *voor*, (*ook fig*) step into (stand in, throw o.s. into) the breach for; *een ~ slaan* (*schieten*) *in iems financiën* make a hole in a p.'s finances; **Bretagne** Brittany
bretels braces; (*inz Am*) suspenders
Breton id; **Bretons** *bn & zn* Breton
breuk 1 (*barst*) crack, flaw, burst; 2 (*med, v been, arm, schedel*) fracture; *eenvoudige* (*dubbele*) ~, (*v been, enz*) simple (compound) fracture; (*ader~*) rupture (of a blood-vessel); (*ingewands~*) rupture, hernia; *een ~ hebben* (*krijgen*) be ruptured; *zich een ~ lachen* laugh fit to burst; *zie ook* beklemd, enz; 3 breach [in dike]; 4 (*geol*) fault, fracture zone; 5 (*wisk*) fraction; 6 (*handel*) [free from] breakage; 7 (*fig*) rupture [between friends, with his father], split, break [with tradition]; cleavage, rift [in the Cabinet]; [diplomatic] break; *het is tussen hen tot een ~ gekomen* it has come to a rift (a split) between them
breukband truss; **breuklijn** (*geol*) line of fracture, (*ook fig*) fault-line; **breukoperatie** herniotomy; **breuksteen** rubble (stone); **breukstreep** (*recht*) bar, stroke, horizontal line; (*schuin*) solidus, virgule; **breukvastheid** breaking strength; **breukvlak** (*geol*) fault plane
breve [apostolic, papal] brief, breve; **brevet** certificate, brevet, patent; (*luchtv*) (pilot's) licence, (flying) ticket; ~ *van onvermogen* proof of (one's) incompetence; **brevetteren** certify, certificate, license; **breviatuur** 1 abbreviation; 2 epitome; **brevier** (*gebedenboek*) breviary; (*typ*) brevier
bridge id; **bridgen** play bridge
brief letter, epistle; packet [of pins, needles]; *~je* note (*ook bankbiljet*); (*fam, ook*) chit [I'll give you a chit to Mr A]; *ik geef het je op een ~je, dat* ... you may take it from me that ...; *~ volgt*, (*in telegramstijl*) writing, (*op briefkaart*) letter follows (to follow, following); *brieven met volledige inlichtingen aan de Heer* ... write fully, Mr ...; *per ~* by letter
brief|bom letter bomb; **-geheim** privacy of let-

ters; **-hoofd** letterhead; **-kaart** postcard; **-omslag** envelope; **-opener** paperknife; **-ordner** [A4 lever arch] file; **-papier** *zie* postpapier; **-port** 1 postage; 2 letter rate; **-schrijver** letter-writer; *anonieme ~,* (*ook*) poison pen; **-stijl** epistolary style; **-vorm** epistolary form; *roman in ~* epistolary novel; **-wisseling** correspondence; *~ houden* carry on (keep up) a correspondence [*met* with], [they still] correspond

Briel: *Den ~,* **Brielle** id, The Brill

bries breeze; *licht ~je* cat's paw; *er kwam een flinke ~* the wind freshened up; **briesen** (*ve leeuw*) roar, (*ve paard*) snort; *~ van woede* fume and fret

brieven|besteller postman; **-boek** 1 (*kopieboek*) letter book; 2 (*met modellen*) manual of letter-writing, letter-writer; **-bus** 1 letter box, (*Am*) mailbox; 2 (*op straat, in Eng*) pillar box, postbox; **-busreclame** (*per post*) direct mail; (*concr*) mailshot; **-busvervuiling** junk mail; **-post** mail, post; **-tas** 1 letter case; 2 wallet

brieveweger letter balance

brigade brigade; *zie ook* vliegend; **brigadecommandant** brigadier; **brigadegeneraal** brigadier (general); **brigadier** police sergeant; *zie ook* verkeers~

brigantijn brigantine; **Brigitta** Brigitta, Bridget

brij 1 porridge; *zie ook* kat; 2 mush, (*fig*) pulp; **brijachtig** pulpy, pappy; **brijen** 1 (*v aardappelen*) go mushy; 2 *zie* brouwen II; **brijig** pulpy, pappy, mushy; **brijn** brine; *zie ook* brem 1

brik 1 (*schip*) brig; 2 (*rijtuig*) break, (*klein*) wagonette; 3 (*steen*) brick; 4 (*pak*) brick (pack)

briket (coal) briquette

bril (pair of) glasses (spectacles; *fam:* specs); (*stof~*) goggles; (*WC-~*) seat; (*sp: o-o*) pair of spectacles; *twee ~len* two pair(s) of spectacles; *een ~ dragen* wear glasses, etc; *zijn ~ erbij opzetten,* (*fig*) look more closely at it; *iem een ~ opzetten* hoax a p.; *iets door een rooskleurige* (*donkere, Duitse, enz*) *~ bekijken* look at (*of:* view) a thing through rose-coloured (dark, German, etc) spectacles; **brildrager** person wearing glasses (spectacles), (*scherts of min*) four-eyes; **bril|duiker, -eend** golden-eye

briljant I *bn* brilliant; II *zn* (brilliant-cut) diamond, (*techn*) brilliant; *~en ring* diamond ring

brillantine brilliantine; **brille** brilliance

brilledoos spectacle case, glasses case; **brilleglas** [bifocal] spectacle lens; **brillekoker** *zie* brilledoos; **brillen** wear glasses; **brillen|maker, -slijper** optician

brilleren shine, excel

brillestang bow; **brilmontuur** glasses frame; (*Am*) frames; **brilschans** lunette; **brilslang** cobra; **brilstand** *zie* bril (*sp*)

brink (*vglb*) village green; **brio** id, spirit

brisant: *~e springstof* high explosive, HE; **brisantgranaat** high-explosive shell

Brit Briton; (*fam*) id

brits 1 plank bed, wooden bed; 2 bottom, behind

Brits British; *zie ook* eiland & rijk I; **Brittan|je, -nië** Britain

brocante curio's; **broccoli** id

broche brooch; **brocheren** 1 stitch, sew [books]; 2 figure [materials]; **brochette** id, skewer; **brochure** pamphlet, brochure, leaflet

broddelaar(ster) bungler, botcher; **broddelarij** *zie* broddelwerk; **broddelen** bungle, botch; **broddelwerk** bungling, botch(-work)

brodeloos without means of support; *~ maken* throw out of employment, reduce to poverty; *de nieuwe wet maakte hem bijna ~* the new act brought him almost below the breadline

broed brood, hatch; (*vissen*) fry; *een ~ eieren* a clutch (of eggs), a sitting; **broedblad**[1] (*plant*) bryophyllum; **broedcel** brood cell; **broedei** hatching-egg, egg for sitting

broeden I *intr* brood, sit (on eggs) [the hen is sitting, a sitting bird]; (*zitten te*) *~ op,* (*fig*) brood on [revenge, etc], hatch [evil designs]; II *tr* (*fig*), *verraad* (*onheil*) *~* brew treason (mischief); *het ~,* (*ook*) incubation; *zie ook* broeien

broeder 1 (*broer*) brother (*mv:* -s); *alle mensen zijn ~s* alle men are brothers; *volle, halve ~* full brother, half-brother; *~s van dezelfde ouders* brothers german; *~s van dezelfde vader* brothers on the father's side; *~s van de dezelfde moeder* brothers on the mother's side, brothers uterine; 2 (*medelid ve gild, vrijmetselaars, enz*) brother (*mv:* brethren); *~s* (*in het geloof*) brethren; (*fig:*) *hij is de ware ~ niet* he isn't Mr Right; *zwakke ~s* weaker brethren; *zie ook* broer; 3 (*orde~*) brother, friar; (*in ridderorde*) companion; 4 (*verpleger*) male nurse; 5 *zie* broedvogel

broeder|dienst 1 brotherly service, kind turn; 2 *vrijstelling wegens ~* exemption owing to one's brother's service; **-gemeente** (community of the) Moravian (*of:* United) Brethren, Moravian Church; **-hand**: *de ~ reiken* extend (hold out, stretch out) the hand of fellowship [to ...]

broederij [chicken] hatchery

broeder|liefde brotherly (fraternal) love; **-lijk** brotherly, fraternal; *~ omgaan met* fraternize with; **-moord(er)** fratricide; **-schap** fraternity, brotherhood; (*genootschap, ook*) community, fellowship, sodality; *~ sluiten met* fraternize with

broedersdochter niece; **broederskind** nephew, niece; **broederszoon** nephew; **broedertrouw** fraternal loyalty; **broedertwist** quarrel between brothers

broed|hen, -kip brood-hen, breeder, [good] sitter; **-machine** incubator, brooder, hatcher; **-plaats** breeding place (ground), (*v vis*) spawning bed, [fish] hatchery; (*fig*) hotbed [of crime]

broeds broody; *de kip is ~,* (*ook*) the hen wants to sit; **broedsel** *zie* broed; **broedstoof** incubator; **broedtijd** breeding season; **broedvogel** nesting bird

broei (*v hooi*) heating; **broeibak**[2] hotbed, (cold, *warm:* heated) frame, forcing-bed; **broeien** I *intr* 1 *zie* broeden I; 2 (*hooi, enz*) heat, get heated (hot); 3 *het broeit in de lucht* the air is sultry; *er*

1 *Zie voor sam met* broed- *ook* broei...
2 *Voor sam met* broei *zie ook* broed...

broeit een onweer a (thunder)storm is gathering (brewing); 4 (*fig*) brew; *er broeit iets* there is s.t. (some mischief) brewing, there is s.t. in the wind (on foot); *er broeit een opstand* there is a ... brewing; II *tr* scald [a pig]; *kinderen te veel* ~ keep (clothe) ... too warm; *zie ook* broeden II; **broeiend**: ~ *heet* broiling (hot); ~ *hooi* heated hay; **broeierig** close, sultry, sweltering [heat]; **broeiing** (*v hooi, enz*) heating; **broeikas** greenhouse [effect, gas], hothouse; *terrein met ~sen* forcing-ground; **broeinest** hotbed [of crime, disease, etc]

broek 1 (*lang*) (pair of) trousers; (*sl*) bags; (*Am*) pantaloons, (*fam*) pants; (*korte mans~*) (pair of) breeches, (*pof~*) plus fours; (*jongens~, sport~*) shorts, knickers; (*span~*) tights; (*slappe*) slacks; (*onder~*) (pair of) drawers, pants; *de vrouw heeft de ~ aan* the wife wears the pants; *iem de ~ uitvegen* put a p. on the carpet; *een proces* ***aan*** *zijn ~ krijgen, a*) have an action brought against one, be taken to law; *b*) lose an action; *iem* ***achter*** *de ~ zitten* keep a p. up to the mark, on his toes; *het* ***in*** *zijn ~ doen* be doing it in one's pants [with fear], (*sl*) shit oneself; ***voor*** *de ~ geven* spank [a child]; *voor de ~ krijgen* be spanked; *zie ook* broekje & dun; 2 (*ve kanon*) breech; 3 (*ve paardetuig*) breeching; 4 (*drasland*) marsh(y land), swamp; 5 (*reddingstoestel*) breeches buoy; **broekachtig** marshy, swampy; **broekeman** small boy; **broekhoest** fart; windiness; **broekje** 1 knickers, panties; 2 *jong* ~ youngster, (*eigenwijs*) whippersnapper; **broekland** marsh(y land); **broekpak** trouser suit, slack suit, (*Am*) pantsuit; **broekriem** belt; *de ~ aanhalen* tighten one's belt; **broekrok** culotte(s); **broeksband** waistband; **broekspijp** trouser leg; *omgeslagen ~en* turn-ups; **broekstof** trousering; **broekveer** bicycle clip; **broekzak** trouser(s) pocket, breeches pocket; *dat is ~ vestzak* it is robbing Peter to pay Paul

broer brother; *zie* broeder; *~tje* little brother; *een ~tje zijn van,* (*fig*) be twin brother (a near neighbour) to; *zijn kleine ~tje* his baby brother; *daar heb ik een ~tje aan dood* I detest it, that's my pet aversion; *het is ~tje en zusje* it is six of one and half a dozen of the other

broes (*ve gieter*) rose

brok piece, bit, morsel, fragment, lump; *de pap zat vol ~ken* the porridge was lumpy (full of lumps); *overgeschoten ~ken* scraps, odd bits; *hij kreeg een ~ in zijn keel,* (*fig*) he felt a lump (felt a lump rise) in his throat; *één ~ zenuwen* [he is] a bundle of nerves; *~ken maken* blunder, muck (mess) things up; (*met auto, enz*) smash up [cars]

brokaat brocade

brokkelen crumble; **brokkelig** crumbling, crumbly, friable, brittle; [his speech was a] disjointed [affair]; **brokkeligheid** friability; **brokken** break [bread into milk, etc]; *zie ook* melk; **brokkenmaker** accident-prone person; **broksgewijze** bit by bit, piecemeal; **brokstuk** fragment, piece, scrap; *~ken van oude liederen* snatches (scraps) of old songs

Voor sam met broei *zie ook* broed...

brom (*radio & tv*) hum; *een ~ in hebben* be tight

brom|bas bombardon, bourdon; **-beer** grumbler; **-fiets** moped; **-fietser** moped rider

bromide id; **bromium** bromine

brommen 1 (*ve insekt*) hum, buzz; 2 (*ve persoon*) growl [*op* at], grumble [*over* at], grouse; (*mompelen*) mutter; (*radio, tv, enz*) hum; *wat ik je brom* take my word for it; *Onze Lieve Heer hoort hem ~* he tries not to show his vexation (etc); 3 (*'zitten'*) do time; *een week ~* 'do' a week; 4 (*bromfietsen*) ride a moped; **brommer** *zie* brombeer, bromfiets & bromvlieg; **brommerig** grumpy, grumbling, cross; **brompot** grumbler; **bromtol** humming top; **bromtoon** buzz; (*elektr*) hum; **bromvlieg** bluebottle, blowfly

bron 1 (*in bodem*) well, [hot, mineral] spring; (*ve rivier*) source; 2 (*fig*) source, spring, fountain(head), origin, cause; (*wtsch*) authority, source; ~ *van bestaan* means of living; ~ *van inkomsten* source of income (of revenue); *we vernemen uit goede* (*geloofwaardige, gezaghebbende*) ~ we learn from a reliable (well-informed, authoritative) source, we have it (it is reported) on good (reliable, the best) authority; **bronader** (*ook fig*) wellhead, fountainhead; **bronbelasting** tax deducted at source; **bronbemaling** well-pointing

bronchiaal bronchial; **bronchie** bronchus (*mv:* -chi), bronchial tube; **bronchitis** id; **bronchoscopie** bronchoscopy

bron|gas marsh gas; **-heffing** *zie* bronbelasting

bronnen|materiaal source material; **-studie** original research, study of original sources

brons bronze; **bronsperiode** *zie* bronstijd

bronst oestrum, (*Am*) estrum; (*v mann dier*) rut; (*v vr dier*) heat; **bronsten** rut; **bronstig** (o)estrous, rutting, at rut; on heat

bronstijd Bronze Age, bronze period

bronsttijd rutting season (time); (o)estrus

brontaal source language; **bronvermelding**: *met* (*zonder*) ~ *overgenomen uit* reproduced (reprinted) with(out) acknowledgement from; **bronwater** spring (spa, mineral) water

bronzen *bn & ww* bronze; ~ *kunstvoorwerp* bronze; ~ *tijdperk* Bronze Age

brood (*stofnaam*) bread; *een ~* a loaf (of bread); *zie ook* broodje; *ons* ***dagelijks*** ~ our daily bread, one's bread and butter; *geef ons heden ons dagelijks ~* give us this day our daily bread; *hij ziet er geen ~ in* he does not think it will pay; *de honden lusten er geen ~ van* it is too outrageous for words; *gesneden ~,* (*fig*) *zie* koek; *het ~ des levens* the bread of life; *~ op de plank* the first necessities of life; *zijn ~ op het water werpen* cast one's bread upon the waters; *hij* ***eet*** *zijn eigen ~* he is his own master; *wiens ~ men eet, diens woord men spreekt,* (*vglb*) you've got to go where your bread is buttered; *zijn ~* ***hebben*** make a living; *hij heeft goed zijn ~* he is comfortably off; *zich het ~ uit de* ***mond*** *sparen* stint o.s.; *iem het ~ uit de mond stoten* take the bread out of a p.'s mouth; *zijn ~* ***verdienen*** make a living, earn one's bread and butter; *een* *eerlijk stukje ~ verdienen* turn an honest penny; *iem* **aan** *een stuk ~ helpen* put a p. in the way to earn his bread and butter (a living); *de mens zal* **bij** *~ alleen niet leven* man shall not live by bread alone; *hij doet het* **om** *den brode* he does it for a living (to keep the pot boiling); *ik zal het hem* **op** *zijn ~ geven* I'll make him pay for it; *alle dagen krijg ik dit op mijn ~* this is thrown in my teeth every day

brood|bak breadbasket; **-bakker** baker; **-bakkerij** 1 baker's business, bakery; 2 bakehouse, bakery; **-beleg** (*vglb*) sandwich filling; **-boom** bread-fruit tree; **-deeg** (bread) dough, bread paste; **-dronken** over-excited, rowdy, intoxicated; **-dronkenheid** exuberance, rowdiness, devilment; **-heer** employer, master

broodje roll; *als warme ~s* [sell, go] like hot cakes; *zoete (platte) ~s bakken* eat humble pie, sing small, (*bij, tegenover iem*) soft-soap [a p.]; *onderwijs geven is mijn ~* teaching is my bread and butter; *zijn ~ is gebakken* he has it made; **broodjes|winkel**, **-zaak** bakeshop, sandwich bar

brood|korf breadbasket; *iem de ~ hoger hangen* put a p. on short allowance; **-korst** breadcrust, crust (of bread); **-kruim(els)** breadcrumbs; *de ~els steken hem,* (*vglb*) he's getting too big for his boots; **-maaltijd** (*vglb*) cold lunch; **-mager** (as) lean as a rake (a lath), gaunt, skinny, scraggy; **-mand** breadbasket; **-mes** breadknife; **-nijd** professional (trade) jealousy; **-nodig** much-needed [holiday], highly necessary; *ik heb het ~* I need it badly; **-nuchter** as sober as a judge, completely sober; **-pap** bread and milk, bread sop; (*med*) bread poultice; **-plank** breadboard; **-roof** depriving [a p.] of his livelihood; **-rooster** toaster; *automatische ~,* (*ook*) pop-up toaster; **-schrijver** hack (writer), penny-a-liner, literary hack, writer of potboilers; **-schrijverij** penny-a-lining, potboiling; **-soep** panada; **-stengels** grissini; **-suiker** loaf sugar; **-trommel** breadbin; **-vorm** bread tin; **-vrucht** breadfruit; **-winner** breadwinner; **-winning** (means of) subsistence, livelihood; *een goede ~* a good business; *het is zijn ~* it's his bread and butter; **-wortel** yam; **-zaag** bread slicer

broom bromine; **broomkali** bromide of potassium; **broomvergiftiging** bromism; **broomzilver** bromic silver; **broomzuur** bromic acid; **broomzuurzout** bromate

broos I *bn* 1 (*eig*) *zie* bros; 2 (*fig*) frail [health], fragile [glass, relationship], brittle [glass, friendship], delicate [health, china *porselein*]; II *zn* (*toneellaars*) buskin; **broosheid** 1 (*eig*) *zie* brosheid; 2 (*fig*) frailty, fragility, brittleness

bros crisp [biscuits, toast]; brittle [glass]; friable [stone]; **brosheid** crispness, etc; *vgl* bros

brosse: *haar en ~* crew cut, (*fam*) shaving-brush hair

brouilleren set at variance, embroil [one p. with another]; *zich ~ met* embroil o.s. with; *gebrouilleerd zijn* have fallen out, be on bad (no longer on speaking) terms; **brouillon** rough draft

brouwen I *tr* brew [beer], mix [a bowl of punch]; (*fig*) brew [mischief, treason, etc], hatch [a plot]; II *intr* speak with a burr, burr one's r's; **brouwer** brewer; **brouwerij** brewery, brewhouse; *leven in de ~ brengen* make things hum, make things lively, liven things up; *er kwam leven in de ~* things came to life, things began to move; **brouwersgild** brewers' company (*of:* guild); **brouwersknecht** brewer's man, drayman; **brouwerspaard** dray horse; **brouwerswagen** (brewer's) dray, dray cart; **brouwketel** brewing copper; **brouwkuip** brewing vat (tub); **brouwsel** brew, concoction; (*fig*) concoction, stew [of calumny]

brr! ugh!

brug 1 bridge (*ook mar & tandheelkunde*); *steile ~* humpback(ed) bridge; *over de ~ komen* pay up, come across; (*sl*) fork out, cough up; *royaal over de ~ komen* come down handsomely; 2 (*loopplank*) gangway; 3 (*gymn*) parallel bars; *~ met ongelijke leggers* asymmetric bars; *zie ook* ho, slaan; **brugbalans** (platform) weighing machine, platform scales (balance); **brugdek** 1 roadway, deck (slab); 2 (*mar*) bridge deck; **brugfunctie** bridging function; **Brugge** Bruges

bruggebouwer bridge builder (*ook fig*); **bruggehoofd** 1 abutment (of a bridge); 2 (*mil*) bridgehead; (*strand~*) beachhead; **bruggeld** (bridge) toll; **bruggenbouw** bridge-building, bridging; **brugger** first-former; **brugjaar** intermediate year; first year (of secondary school); **brugklas** first form (of secondary school); **brugleuning** (bridge) railing; (*v steen*) parapet

Brugman: *hij kan praten als ~* he has the gift of the gab, can talk the hind legs off a donkey

brugoefeningen parallel bar work; **brugpijler** pier, pillar; **brugreling** (*mar*) bridge rail; **brugwachter** bridge keeper

brui: *de hele ~* the whole show (*of:* concern); *er de ~ aan geven* chuck it (the thing), throw it up, throw up the whole thing, jack it in

bruid bride; *~ des Heren* bride of Christ; **bruidegom** (bride)groom

bruids|bed bridal bed, nuptial couch; **-boeket** bridal (*of:* wedding) bouquet; **-dagen** 1 period when the banns are up, days between notice of marriage and wedding; 2 (days of) courtship; *de ~en zijn voorbij,* (*fig*) the honeymoon is over; **-geschenk**, **-gift** wedding present; **-goed** 1 (*uitzet*) trousseau; 2 a bride's personal property; (*hist*) paraphernalia; **-japon** wedding dress, bridal gown; **-jonker** (*vd bruid*) bridal (bride's) page; (*vd bruidegom, vglb*) best man, usher; **-koets** bridal carriage, wedding coach; **-meisje** bridesmaid; **-nacht** wedding night; **-paar** bride and (bride)groom, bridal couple; **-schat** (marriage) portion, dowry; **-sluier** 1 bridal veil; 2 (*pl, o.a.*) baby's (babies') breath; **-stoet** wedding procession; **-suikers** wedding sweets; **-taart** wedding cake; **-tranen** (*drank*) hippocras; **-vlucht** nuptial flight

bruigom (bride)groom

bruik|baar 1 (*nuttig*) serviceable, useful; (*geschikt*) usable; *~ plan,* (*ook*) workable plan; 2 (*v pers*) employable; **-baarheid** serviceableness,

etc, *vgl* -baar; utility; **-leen** 1 deposit; 2 (permanent, long-term) loan; *in* ~, *zie* leen: in ~, te ~
bruiloft wedding, marriage feast; (*dicht*) nuptials; ~ *vieren* (*houden*) celebrate a wedding; *het is alle dagen geen* ~ life is not all beer and skittles; *25-, 50-, 60-jarige* ~ silver, golden, diamond wedding; *koperen, briljanten, platina* ~ 12½, 65, 70 years' wedding anniversary
bruilofts|dag wedding day; **-dicht** *zie* -gedicht; **-feest** wedding feast; **-gast** wedding guest; **-gebak** wedding cake; **-gedicht** nuptial song, epithalamium; **-kleed** wedding dress; (*v vogels*) breeding dress; **-maal** wedding breakfast; **-taart** wedding cake
bruin I *bn* brown [bear, race, sugar]; (*rood~, ve paard*) bay; *~e beuk* copper beech; ~ *café* old-time café (with brown interior); ~ *bakken*, ~ *braden* brown [meat]; *het nogal* ~ *bakken*, (*fam*) lay it on rather (thick); ~ *worden* (*door de zon*) tan; *zie ook* boon; II *zn* brown; *de ~e* the bay horse; *B~*, (*de beer*) Bruin; *dat kan B~* (*de ~e*) *niet trekken* I (we, etc) cannot afford it; *~tje*, (*ook*) brunette; *zie ook* licht
bruinachtig brownish; **bruinbrood** brown bread, wholemeal bread
bruineerstaal burnisher, burnishing iron; **bruinen** I *tr* (make) brown, (*huid, ook*) bronze, tan; *door de zon gebruind* sunburnt; II *intr* (become, get, grow) brown; (*huid, ook*) tan, bronze; **bruineren** 1 burnish, brown; 2 *zie* bruinen
bruin|gebakken browned [toast]; **-geel** brown(ish)-yellow; **-harig** brown-haired; **-kool** brown coal, lignite; **-ogig** brown-eyed; **-oog** brunette; **-rood** brown(ish) red; **-steen** manganese (dioxide), pyrolusite; **-vis** porpoise; **-werker** 1 (*homo*) brownie hound; 2 (*vleier*) brown-nose
bruis foam; (*op dranken*) froth; (*fijne waterdeeltjes van fontein, enz*) spray; *zie ook* schuim; **bruisen** 1 (*v gazeuse dranken, enz*) fizz, sparkle, effervesce; 2 (*vd zee*) seethe, roar; (*ve beek*) bubble, brawl; 3 (*v bloed*) rush, seethe; 4 (*fig*), ~ *van woede* seethe with rage; *~de geestdrift* fervid enthusiasm; **bruispoeder** effervescent powder, bicarbonate; **bruistablet** effervescent tablet
brulaap 1 howler (monkey); 2 bawler; **brulboei** whistling buoy; **brul|kikker**, **-kikvors** bullfrog; **brullen** roar [at a p.; *vh lachen* with laughter]; (*ve roerdomp*) boom
brunch(en) brunch; **brunette** brunette; **Brunswijk** Brunswick
Brussel Brussels; **Brusselaar** inhabitant (native) of Brussels; **brusselen** live a flamboyant life; **Brussels** Brussels; *~e kant* Brussels lace; ~ *lof* (Brussels) chicory, (*inz Am*) endive, witloof; *~e spruitjes* Brussels sprouts
brutaal I *bn* impudent, impertinent, insolent, brash, brazen(-faced), barefaced [falsehood]; audacious, daring [thief, robbery]; (*minder sterk*) forward, saucy, cheeky, pert [servant girl]; *nogal* ~ *van hem* rather cool of him; *wat ~!* the cheek of it!, of all the nerve!; *zo* ~ *als de beul* as bold as brass; *hij was zo* ~ *om* ... he had the cheek (sauce, front, face, nerve, gall) to ...; ~ *zijn tegen*, *zie* brutaliseren; *niet* ~, *alsjeblieft* none of your cheek; *zijn werk is een brutale kopie van het mijne* his ... is a barefaced reproduction of mine; *een ~ mens heeft de halve wereld* audacity pays; II *bw* impudently, etc; ~ *antwoorden* talk back, give back-answers; *zo* ~ *mogelijk* with the coolest cheek; (*het*) ~ *volhouden* brazen (face) it out; *zich er* ~ *doorheen slaan* put a bold face on the matter, brazen it out; **brutaaltje** saucy imp; (*meisje*) saucebox; **brutaalweg** coolly, barefacedly
brutaliseren: *iem* ~ sauce (cheek) a p., give a p. sauce; bully a p.; *ik laat mij door hem niet* ~ I won't put up with his cheek, I won't be bullied by him; **brutaliteit** impudence, insolence, effrontery, assurance; (*fam*) cheek, sauce, gall; (*Am*) attitude; *dat is een* ~ a piece of cheek (of impudence); *de* ~ *hebben om* ... have the front (face, cheek, gall, nerve) to ...
bruteren gross up; **bruto** gross [income, profit, weight]; ~ *voor netto* gross weight for net; ~ *nationaal produkt* gross national product, GNP
bruusk brusque, abrupt, blunt, off-hand; **bruuskeren** snub, treat cavalierly (brusquely); **bruuskheid** brusqueness, abruptness, bluntness, brusquerie; **bruut** I *bn* brute, brutish; ~ *geweld* brute force; II *zn* brute, bully, yob(bo)
BTW VAT (Value Added Tax)
bubbelbad 1 bubble bath; 2 whirlpool, jacuzzi
bubs (*fam*) lot, caboodle
bucolisch bucolic; **buddleia** id
budget id; *zie ook* begroting; **budgetbewaking** budgetary control; **budgettair** budgetary; **budgetteren** budget (for)
buffel 1 buffalo; 2 (*fig*) (regular) bear, churl; **buffelachtig** churlish, bearish; **buffelen** 1 *zie* afranselen; 2 *zie* schransen; **buffelhuid** buffalo hide; **buffelleer** buff; **buffelpoel** buffalo wallow
buffer id (*ook fig*); **bufferen** buffer; **bufferstaat** buffer (state); **buffervoorraad** buffer stock
buffet 1 (*meubel*) sideboard; 2 (*tapkast*) bar; 3 (*in station enz*) refreshment bar, buffet; 4 (*op partij*) buffet; **buffetbediende** bartender, barman; **buffethouder** barkeeper; **buffetjuffrouw** barmaid; **buffetloper** sideboard cover
bugel bugle; **bühne** stage
bui 1 shower [of hail, rain, etc]; (*wind- en regenvlaag*) squall; (*wolk*) (storm) cloud; *droge* ~ dry moment, dry spell; *maartse* ~ April shower; *voor de* ~ *binnen zijn* be in before the rain; *de* ~ *zien hangen* (*aankomen*), (*fig*) see what's coming; *een* ~ *krijgen* be in for a shower; *het is maar een ~tje* it's only spitting; 2 (*stemming*) mood; (*aanval v hoesten, lachen*) fit; (*gril*) whim, freak; *een luie* (*boze*) ~ a lazy fit (a fit of anger); *bij ~en* by fits and starts; ***in*** *een goede* (*slechte*) ~ *zijn* be in a good (bad) humour; *in een driftige* ~ in a fit of temper; *ze had een kwade* ~ she was in a bad temper, in a pet, in one of her tantrums (moods)
buidel 1 bag, pouch; 2 (*ve dier*) pouch; 3 (*beurs*) purse, pouch; *een dikke* ~, (*fig*) a long purse; *zie ook* zak: in de ~ tasten; **buidelbeer** koala, Aus-

tralian bear; **buideldas** bandicoot; **buideldier** marsupial (animal); **buidelmees** penduline titmouse; **buidelmol** marsupial mole; **buidelrat** opossum (rat); **buidelwolf** zebra wolf

buig|baar flexible, pliable, pliant; (*gramm*) declinable; **-baarheid** flexibility, pliability, pliancy

buigen I *tr* bend [the knee, head, a stick, a p. to one's will], bow [the knee, head, shoulders, etc]; diffract [rays *stralen*]; *het hoofd ~,* (*fig*) give in, submit; (*fam*) knuckle under; *iems wil ~* bend (bow) a p.'s will; *~ en strekken* flex and extend [the limbs]; ***zich*** *~,* (*ve pers, takken, enz*) bend, bow; (*bukken*) stoop; (*ve rivier, enz*) curve, make a bend; (*zich vernederen*) stoop; (*zich onderwerpen*) submit, yield; *zich ~ over* devote one's attention to, go into [a problem]; *zich ~ voor* bow (submit) to [a p., public opinion, a demand, the inevitable], bow before [a p.]; II *intr* bend, bow; (*een buiging maken*) bow [*voor* to]; *zie verder* zich ~; *goedkeurend ~* bow approbation; *~ en kruipen* cringe and crawl; *~ of barsten* bend or break; *om de hoek ~* turn (round) the corner; *~d de kamer uitgaan* bow o.s. out (of the room); *zie ook* gebogen; **buiger** (*buigspier*) flexor; **buiging** 1 bend, curve; *zie ook* bocht; 2 (*groet*) bow; (*diepe ~*) obeisance; (*revérence*) curts(e)y; [*iem*] *een ~ maken* make [a p.] a bow, drop [a p.] a curtsy; 3 (*vd stem*) modulation, inflexion; 4 (*gramm*) (in)flexion; 5 (*stralen*) diffraction; 6 (*med, meetk*) flexure

buigingsleer accidence; **buigingsuitgang** inflectional ending, inflection; **buigingsvorm** inflectional form, inflection

buig|pees flexor tendon; (*vd knie*) hamstring; **-spanning** bending stress; **-spier** flexor; **-tang** (pair of) pliers; **-zaam** 1 flexible; (*ook fig*) supple, pliant; 2 (*fig*) yielding, of a yielding disposition; **-zaamheid** flexibility; suppleness, pliancy

buiig showery, unsettled, gusty, squally

buik 1 belly (*ook ve fles, spier, enz*), stomach; (*volkst*) paunch; (*~holte*) abdomen; *pijn in zijn ~ hebben* have stomachache; *zijn ~ inhouden* hold in one's stomach; *van zijn ~ een* ***afgod*** *maken, zijn ~ dienen* (*zalven*) make a god of one's belly; *zijn ~* ***vasthouden*** *van het lachen* hold one's sides with laughter; *ik heb er mijn ~* ***vol*** *van* I am fed up with it, I've had my bellyful of it; *het zijn twee handen* ***op*** *één ~* they are hand and (*of:* in) glove; *op zijn ~ liggen* lie on one's stomach, lie face downwards;; 2 (*ve ton, enz, ook*) bulge; 3 (*natuurk*), *~en en knopen* ventral segments and nodes; 4 (*deel ve zeil*) bunt; (*bolstaand zeil*) belly; *zie ook* ~je; **buikademhaling** abdominal respiration; **buikband** (*v pers*) abdominal belt; (*ve paard*) belly band; **buikdans** belly dance; **buikdienaar** belly worshipper; **buiken** belly (out), bulge; **buikgordel** *zie* ~band; **buikgording** (*mar*) buntline; **buikgriep** gastroenteritis, gastric (*of:* stomach) flu; **buikholte** abdomen, abdominal cavity; **buikig** paunchy, corpulent; **buikje** 1 (*dikke buik*) [get a] corporation, [develop (a) middle-aged] spread; 2 (*maag*) stomach; (*fam*) tummy; *zijn ~ vol eten* eat one's fill

buik|kramp colic; **-landing** (*luchtv*) belly (pancake) landing; **-loop** diarrhoea; (*fam*) the trot(s); (*v vee*) scouring; **-operatie** abdominal operation; **-pijn** stomach (belly, *fam:* tummy) ache, abdominal pain; *~ hebben* have a pain in one's inside; (*fig*) be worried; **-potig** gast(e)ropodous; *~ dier* gast(e)ropod; **-riem** belly-band, girth; *de ~ aanhalen,* (*fig*) tighten one's belt; **-rommeling** rumbling (in the bowels); **-schild** abdominal shield; **-speekselklier** pancreas; **-spek** belly; **-spier** abdominal (*of:* stomach) muscle; **-spreken** I *zn* ventriloquy, -quism; II *ww* ventriloquize; **-spreker** ventriloquist; **-tyfus** enteric (fever), typhoid (fever); **-vin** pelvic fin; **-vlies** peritoneum; **-vliesontsteking** peritonitis; **-wand** abdominal wall; **-zenuw** abdominal nerve; **-ziek** (*ve vrucht*) rotten-ripe, sleepy [pear]; **-zijde** ventral side; **-zwammen** gasteromycetes; **-zwemmen** breaststroke swimming

buil 1 (*gezwel*) lump, swelling; *zich een ~ vallen,* (*fig*) have a bad bargain; *daar kun je je geen ~ aan vallen* you can't go wrong over that; 2 (*ve stoomketel bijv*) bulge; 3 [tea]bag; 4 (*meelzeef*) bolter, bolting machine (*of:* mill); **builen** 1 bolt; 2 (*ve stoomketel bijv*) bulge; **builenpest** bubonic plague

buis 1 (*pijp*) tube, pipe, conduit; *door buizen leiden* pipe [water]; 2 (*ve kachel*) flue; (*hoed*) stovepipe; 3 (*radio~*) valve, tube; (*tv*) tube, screen; *op de ~* on the box (the telly); 4 (*anat*) duct; 5 (*ve granaat*) fuse; 6 (*kleding*) jacket; 7 herring boat; 8 unsatisfactory mark; *een ~ krijgen* fail

buis|baby test-tube baby; **-kool** white-headed cabbage; **-lamp** tubular lamp; **-leiding** system of pipes, piping; (*voor petroleum*) pipeline(s); **-verlichting** strip lighting; tubular lighting; **-vormig** tubular, tube-shaped; **-water** spray

buit booty, loot, spoil(s), prize; (*sl*) swag; *hele ~,* (*ve jager*) bag; *~ maken* capture, seize, carry off as a prize; *de ~ binnenhalen,* (*fig*) gather in the harvest, (*fam*) collect

buitelaar(ster) tumbler; **buitelen** tumble, roll, fall head over heels; **buiteling** tumble, purler; (*ve fiets, paard*) spill; (*acrobatische toer*) somersault; *een ~ maken, a*) turn a somersault; *b*) take a tumble

buiten[1] I *vz* 1 outside (of) [the town, Scotland], outside [my competence], out of [danger, school-hours, sight, a mile out of London, a fish out of water], beyond [my reach, my power]; *~ de school* [teachers'] out-of-school (extra-mural) [activities]; *~ zijn inkomen gaan* exceed (go beyond) one's income; *zie ook* boek & II: te buiten; *ik was ~* ***mijzelf*** *van toorn* (*verrukking*) I was beside myself with anger, was mad (fumed) with rage (could not contain myself for joy); *er ~* ***blijven****, zich er ~* ***houden*** keep out of it, stand aside; *de Pers er ~ houden* keep the Press out; ***laat*** *haar er ~* leave her out of it; *ik sta ~ alles* I am out of everything; *~ mij* ***om*** without my knowledge, unknown to me, [he sent in a report] over my

1 *Zie behalve de volgende uitdrukkingen de woorden, die met* buiten- *een bepaling vormen*

head; ~ *iem om handelen* go behind a p.'s back; 2 (*behalve*) except, but, beyond; besides; *zie ook* behalve; ~ *en behalve* over and above [his commission, what I told you, etc]; ~ *en behalve de onkosten* exclusive of expenses; 3 (*zonder*) without [doubt, etc]; ~ *haar bestond niets voor hem* she meant the world to him; *ik* ***kan*** *niet* ~ *hem* I cannot do without him; *ik kan er niet* (*slecht*) ~ I cannot (afford to) do (can ill afford to do) without (it); *zie ook* schuld; II *bw* [come, play, sit, wait] outside, out of doors, outdoors, out [sit out in the garden], [picnic] in the open; (*niet in de stad*) in the country; *hij mag niet* ~ *komen* he is not allowed out (of doors); *alles* ~ everything must go; *een dagje* ~ a day in the country; *het hooi is nog* ~ the hay is still out; *de hond* ~ *laten, zie* uitlaten; *ga jij maar* ~ *spelen,* (*min*) you go back to your toys; ***naar*** ~ *met hem!* turn (*fam:* chuck) him out!; *naar* ~ *gaan, a*) go outside, go out of the house; *b*) go into the country, go out of town; *c*) (*ve reddingboot*) put out (to sea), put off; *naar* ~ *snellen* run outside; *naar* ~ *volgen* follow [a p.] out; *naar* ~ *brengen* take [the chairs] out, lead [a p.] out [of the house], publish [a proposal]; *naar* ~ *opengaan* open outwards; *optreden naar* ~ act in public, public action(s); *zijn voeten naar* ~ *zetten* turns one's toes out; *met zijn tenen naar* ~ with his toes pointed out; *alle grenzen* ***te*** ~ *gaan* exceed all bounds; *zijn bevoegdheid te* ~ *gaan* exceed one's powers (duties), go beyond one's commission; *zich te* ~ *gaan* indulge in excesses, drink (eat) too much; *zich te* ~ *gaan aan* indulge too freely (over-indulge) in, (*aan de drank*) drink to excess; ***van*** ~ [black] outside, [locked] on the outside, [as seen] from the outside; *hulp* (*invloeden*) *van* ~ outside help (influences); *van* ~ *komen, a*) come from the outside; *b*) come from the country (the provinces); *van* ~ *kennen* (*leren, opzeggen*) know (learn, say) by heart (by rote); *ik ken Amsterdam* (*het boek*) *van* ~ I know ... inside out; *zie ook* binnen & boer; III *zn* 1 country seat (house); 2 countryside; 3 *zie* ~speler

buiten|aards: ~ (*wezen*) extraterrestrial; ~ *wezen,* (*ook*) alien; **-af** on (*of:* from) the outside; ~ *gelegen* outlying [districts]; *van* ~ outside [help, influences], [hear] from an outsider; **-antenne** outdoor aerial; **-baan** 1 outside track; 2 outside lane; **-baarmoederlijk** extra-uterine; ~*e zwangerschap* ectopic pregnancy; **-bad** *zie* zwembad; **-band** tyre, outer case (cover); **-beentje** 1 by-blow; 2 misfit, odd man out; **-bekleding** outer covering; **-bocht** outside bend (curve); **-boord(s)** outboard [motor]; *zie verder* boord; **-boordskraan** (*mar*) sea-cock; **-deur** 1 outer door; 2 front door, street door; **-dien** besides, moreover; **-dienst** field organization; **-dijk** outer dike; **-dijks** outside the dike(s); **-echtelijk** born out of wedlock; extra-marital [affair]; **-gaats** outside, off the harbour (the entrance), in the offing; **-gemeen** I *bn* uncommon, extraordinary, exceptional, out of the common; superlative [skill]; II *bw* (*ook*) extremely [difficult], phenomenally [acute], [she enjoyed herself] to the top of her bent; **-gerechtelijk** extrajudicial; **-gewesten** outlying districts; (*hist buitenbezittingen, Ind*) Outer Provinces; **-gewoon** *zie* -gemeen; ~ *gezant* ambassador (*of:* envoy) extraordinary; ~ *hoogleraar* professor extraordinary; *-gewone leerstoel* extraordinary chair; *school voor* ~ *onderwijs* special school; *zie ook* achterlijk: ~e kinderen; *-gewone uitgaven* extra expenses, extras; *-gewone vergadering* extraordinary (*of:* special) meeting; *niets* ~*s* nothing out of the common (out of the ordinary); **-goed** country seat; **-grenzen** external frontiers [of the EC]; **-haven** outer harbour; **-hoek** (*meetk*) exterior angle; (*ve oog bijv*) outer corner; **-hof** outer court; **-huis** country house, cottage; **-issig** strange, eccentric; **-issigheid** eccentricity, oddity, fad; **-kansje** stroke (piece, bit) of (good) luck, godsend, windfall; *ik had een* ~ a bit of luck came my way, I came in for a windfall; **-kant** outside, exterior; outskirts [of a town, etc]; *het zit maar aan de* ~ it's only on the outside; *schoonheid zit maar aan de* ~ beauty is but skin-deep; **-kerkelijk** non-church [organizations]; **-kerkelijke** non-church member; **-lamp** *zie* buitenlantaarn; **-land** foreign country (countries); *in* (*naar*) *het* ~, (*ook*) abroad; *zie ook* -slands; *de relaties van onze firma met het* ~ our foreign relations; *naar het* ~ *vertrekken* leave for abroad; *uit het* ~ from abroad; *in het* ~ *gemaakt* (*gebouwd*) foreign-made (-built); *in het* ~ *wonend, werkend* (*persoon*), (*ook*) expatriate; **-lander** foreigner; **-lands** foreign [trade, products, etc], overseas [postal rates]; out-of-country [students]; external [loan, debt], exotic [plants], [news] from abroad, [a trip] abroad; *zie ook* minister(ie); **-lantaarn** outside (outdoor, porch) lantern (*of:* light), outdoor [detector] flood(light); **-leven** 1 open-air (outdoor) life; 2 country life; **-lid** non-resident member; **-loods** sea pilot; **-lucht** 1 open air; *in de* ~ *slapen,* (*ook*) sleep out; 2 country air; fresh air; **-lui** country people; **-man** countryman; *zie ook* -speler; **-mate**, **-matig** *zie* bovenmate, bovenmatig; **-mens(en)** *zie* -man & -lui; **-model** non-standard; non-regulation [uniform]; ~ *artikelen* off-sizes

Buiten-Mongolië Outer Mongolia

buiten|muur outer wall; **-om** [go] round the town, etc; **-op** (*brief*) outside; **-opname** (*film*) exterior; **-parochie** out-parish; **-passer** outside callipers; **-patiënt** out-patient; **-plaats** country seat, place; *je noemt maar een* ~ say whatever (name) comes to mind; **-planeet** outer (exterior) planet; **-poort** outer gate; **-post** outpost (*ook fig:* the farthest outposts of the Empire); (*in kol*) out-station; **-proportioneel** out of proportion, disproportionate; **-rand** outer edge; **-school** open-air school; **-schools** out-of-school [activities]

buitenshuis out of doors, outdoors, out of the house; ~ *eten* dine (eat, take one's meals) out;

Zie behalve de volgende uitdrukkingen de woorden, die met buiten- *een bepaling vormen*

~ *slapen* sleep out; **buitenslands** in foreign parts (*of:* countries), abroad
buiten|sluiten 1 lock [a p.] out, shut out [light, etc]; 2 (*fig*) exclude, shut out; *zie ook* uitsluiten & uitgesloten; **-sluiting** *zie* uitsluiting; **-sociëteit** (*vglb*) country club; **-spel** (*sp*) offside [spring the offside trap]; **-speler** (*sp*) [right, left] winger; **-spiegel** side mirror, (*op spatbord*) wing mirror; **-sporig** extravagant, excessive, inordinate; *~e prijs* exorbitant (prohibitive, fancy) price; *tegen de ~e rente van 60%,* (*ook*) at the extortionate rate of 60 per cent; ~ *drinken* drink to excess; **-sporigheid** extravagance, exorbitance, excessiveness; **-sport** outdoor (field) sport(s)
buitenst outer(most), outmost, exterior
buiten|staander outsider; **-tarief** exterior tariff; **-tekstplaat** full-page plate; **-temperatuur** outside temperature; **-tijds** out of season, out of hours; *zie ook* tussentijds; **-verblijf** country house (seat, residence); **-waarts** *bw* outward(s); **-wacht** advanced post, outpost; *ik heb het van de* ~ I heard it from an outsider; **-wand** outer wall; **-weg** country road; **-wereld** outer (outside) world, general public; **-werk** 1 (*mil*) outwork, advanced work; 2 outdoor (out-of-door) work; **-werks** [4 ft] outside measurement; **-wettelijk** unofficial, supplementary; **-wijk** suburb; (*mv ook*) outskirts [of a town]; **-zak** outside pocket; **-zijde** outside; **-zintuiglijk** extrasensory [perception]; *~e beïnvloeding* telekinesis
buitgeld prize money; **buitmaken** *zie* buit
buizen fail, be ploughed; **buizennet** [gas, water] mains; **buizenpost** pneumatic post
buizerd buzzard
bukken I *intr* (*zich*) ~ stoop, bend down; (*duiken*) duck; ~ *voor* bow to (before), submit (yield) to; *gebukt gaan onder* be bowed (weighed) down by [cares], labour under [difficulties], groan under [heavy taxation]; II *tr* bend [one's head]
buks 1 (small-bore) rifle; 2 (*plant*) box; **buksboom** box tree; **bukshout(en)** boxwood
bukskin buckskin
bul 1 (*stier*) bull; 2 [papal] bull; [university] diploma; 3 *zie* bullen
bulder|aar, -bast blusterer; **bulderen** 1 (*v wind, kanon, enz*) roar; (*v wind, ook*) bluster; (*v kanon, zee, enz*) boom; 2 (*ve pers*) roar (*ook:* with laughing), bellow, boom, bluster, storm, thunder; *'neen!' bulderde hij* 'no!' he roared (thundered, bellowed); ~ *tegen* storm at; **bulderlach** guffaw, booming laugh; **bulderlachen** guffaw
buldog bulldog
Bulgaar(s) Bulgarian, (*hist*) Bulgar; **Bulgarije** Bulgaria; **bulhond** bulldog
bulkartikelen bulk (goods); **bulkboek** book in newspaper format
bulken 1 low, bellow, moo; 2 (*v pers*) bellow, howl; ~ *van het geld* roll (*of:* wallow) in money, have money to burn, be stinking rich
bullebak 1 bully, browbeater; 2 *zie* boeman; **bullebijter** 1 bulldog; 2 (*fig*) bully
bullen things, effects, belongings; (*kleren, ook*) togs
bullepees bull's pizzle
bulletin bulletin; **bulletineren** post up [news]
bulster bolster
bult 1 lump, bump, bulge; 2 (*bochel*) hump, hunch; *zie ook* lachen; **bultenaar** hunch-, humpback; [Richard] Crookback; **bultig** lumpy [bed]; (*gebocheld*) hunch-, humpbacked; **bult|os, -rund** 1 bison; 2 zebu; **bultzak** straw mattress
bumper id; (*Am ook*) fender; *op iems ~ zitten,* (*fig*) tailgate a p.
bun (fish-)well, trunk
bundel bundle [of clothes, sticks, etc]; sheaf [of banknotes, letters, arrows]; wad [of banknotes]; volume, collection [of poems, essays]; shaft, band, beam [of light]; **bundelen** 1 (*artikelen, enz*) bring together, collect [in one volume]; 2 coordinate [research programmes, efforts]; rally, unite, concentrate [forces]; **bundelpijler** clustered column
bunder hectare: 2.471 acres
bungalow id; **bungalowpark** holiday village; **bungalowtent** bungalow (frame) tent
bungelen dangle, swing (to and fro); *het bungelt er maar wat bij,* (*fig*) it is a mere appendage
bunker 1 id; 2 (*mil*) pillbox; blockhouse; [U-boat] pen; **bunkeren** 1 coal, oil, bunker; 2 gorge, stuff o.s.; **bunkerhaven** coaling station; **bunkerstation** bunkering (*of:* fuel) station
bunsenbrander Bunsen burner
buntgras grey hair-grass
bunzing polecat, fitchew
bups lot, bunch
burcht castle, citadel, stronghold; *een vaste ~,* (*fig*) a stronghold sure [is our God]; a tower of strength; **burchtheer** lord castellan; **burchtvoogd** castellan, warden (of a castle); **burchtvrouwe** chatelaine
bureau 1 office, bureau; (*compagnies~*) orderly room; (*politie~*) (police) station; (*in hotel*) reception desk (*of:* office); 2 (*schrijf~*) writing table (*of:* desk); **bureauambtenaar**[1] office clerk, official; **bureauchef** chief (*of:* head) clerk, desk manager; **bureaucraat** bureaucrat; **bureaucratie** bureaucracy, officialdom (*coll*), officialism (*abstr*); (*fam*) red tape; **bureaucratisch** bureaucratic (*bw:* -ally); **bureaulamp** desk lamp; **bureaulist** money-taker; (*schouwburg, ook*) box-office clerk; (*station*) booking clerk; **bureau-ministre** kneehole (*of:* pedestal) writing-table; **bureauredac|teur, -trice** copy editor
bureel *zie* bureau; **burelist** *zie* bureaulist
buren *ww* look in (up)on one's neighbours; **burengerucht** breach of the peace, breaking the peace, [cause a] nuisance by noise, [make a] disturbance
buret burette
burg castle, stronghold, citadel; *zie ook* burcht
burgemeester 1 mayor; (*Ned, Duitsl, Vlaanderen*) burgomaster; (*City of London, en enkele grote steden*) Lord Mayor; (*Sch*) provost (*soms:* Lord Provost); *B~ en Wethouders* Mayor and

1 *Zie voor sam met* bureau- *ook* kantoor...

Aldermen; 2 (*vogel*) glaucous gull; **burgemeesterlijk** mayoral; **burgemeestersambt** mayoralty; burgomaster's office; **burgemeestersbuik** corporation; **burgemeesterschap** mayoralty

burger 1 citizen; (*poorter*) burgher; *~s en studenten* town and gown; *dat geeft de ~ moed* that's what cheers one up; 2 *zie* burgerkleren; 3 (*niet-edelman*) commoner; (*niet-mil*) civilian; 4 *zie* ~man; **burgerbevolking** civilian population, citizenry; **burgerdeugd** civic virtue; **burgeres** citizeness; **burgergezin** (lower) middle class household; *deftig ~* upper middle class household; **burgerij** 1 commonalty, middle classes, ordinary people; *de kleine ~* the lower middle classes; 2 citizens; **burgerjuffrouw** (lower) middle-class woman; **burgerkeuken** plain cooking (cookery); **burger|kleding, -kleren** plain (*of:* civilian) clothes; (*mil sl*) civ(v)ies; *in ~, (mil, mar, ook)* in mufti; *agent in ~* plain-clothes (police)-man; **burgerkoning** citizen king (*in het bijzonder:* Louis Philippe); **burgerkost** plain fare; **burgerkroon** civic crown

burgerlijk 1 (*vd staatsburger*) civil, civic; *~ jaar* civil year; *~ leven* civil life; *~ recht* civil law; *~e staat* marital (civil) status; *~e stand* registration service, civil registration, registration of births, marriages and deaths; (*bureau vd ~e stand*) registrar's (register, registry) office; *zie ook* ambtenaar; *~e aansprakelijkheidsverzekering* third-party insurance; *~e waardigheid* civic dignity; *~ wetboek* civil code; 2 (*vd burgerstand*) middle-class, bourgeois [mentality, prejudices]; (*in ong zin*) [be hopelessly] middle-class, non-U; *de ~e beleefdheid* common politeness; 3 (*niet-mil*) civil(ian); *~ ambtenaar* civil servant; (*niet-kerkelijk:*) *~ huwelijk* civil marriage, register-office wedding; **burgerlijkheid** bourgeois (middle-class) mentality, commonness, provinciality

burger|luchtvaart civil aviation; **-lui** middle-class people; **-maatschappij** civilian society; *na vijf jaar dienst kwam hij terug in de ~,* after ... he returned to civilian life; **-man** member of the (lower) middle classes; *kleine ~* petty bourgeois; *de gewone ~* the ordinary citizen; **-mansfatsoen** common decency; **-oorlog** civil war, civil strife; **-pakje** (*mil*) civvies; **-personeel** non-military personnel; **-plicht** civic duty; **-pot** plain fare; *het koken van een ~* plain cooking; *die een ~ kan koken* plain cook; **-recht** civil (civic) right(s), citizenship; (*ve stad*) freedom [of a city]; *het ~ verkrijgen, (fig)* become current; *het ~ verlenen* enfranchise [a p.]; (*ve stad*) admit to the freedom [of a city]; *zijn ~(en) verliezen* forfeit one's civil rights [he was deprived of his civil rights]; **-rechtelijk** statutory; *zie* wettelijk; **-schap** citizenship; **-schapsrechten** rights of citizenship, civil liberties; **-school**: *Hogere B~,* (*hist, vglb*) secondary modern school; (*Am*) high school; **-stand** middle class(es), commonalty; *deftige* (*kleine*) *~* upper (lower) middle classes; **-vader** burgomaster; **-vliegtuig** civil (aero)plane; **-volk** [the] masses, common people; **-wacht** (*organisatie*) citizen (civic, civil) guard, citizen militia, (*inz Am, vglb*) Crime Watch; (*vaak ong*) vigilantes; **-woning** middle-class house; **-zin** civic (*of:* public) spirit

burg|graaf viscount; **-graafschap** viscountship, viscount(c)y; **-gravin** viscountess; **-heer**, enz *zie* burchtheer, enz; **-wal** (castle) moat

burijn burin, graver; **burlesk** burlesque

burnoe, burnu burnous(e), (*Am*) burnoose

burrie (hand-)barrow, bier; **bursaal** grant-holder

bus 1 (*brieven-, armen-, peper-, stem~, enz*) box; (*koffie, thee*) canister; (*cacao, enz*) tin; (*grote, voor gedroogde vruchten, voor verf, enz*) drum; (*inmaak~*) tin, can; (*ve wiel*) box; (*om stok*) ferrule*dat **sluit** als een ~* it fits exactly; (*fig*) it all fits together beautifully, it all fits in, that's watertight (airtight); ***in** de ~ blazen* put one's hand in one's pocket; ***met** de ~ lopen* (*rondgaan*) make a collection; *een brief **op** de ~ doen* post a letter; *vlees **uit** de ~* tinned meat; *laten we afwachten wat er uit de ~ komt* let's await the result; 2 (*loop*) barrel; 3 (*techn*) bush; (*elektr*) socket, jack; 4 (*autobus*) bus; (*voor lange afstanden*) coach; (*VW-, enz*) *~je* minibus

bus|baan bus lane; (*Am*) busway; **-brood** tin-loaf; **-chauffeur** bus (coach) driver; **-conductrice** bus conductress, (*fam*) clippie; **-dienst** bus service; **-groente** tinned vegetables; **-halte** bus stop; **-hokje** bus shelter; **-kruit** gunpowder; *hij heeft het ~ niet uitgevonden* he will not set the Thames on fire; *opvliegen als ~* be very touchy (irascible); *zie ook* kruit; **-lichting** collection; **-lijn** bus route; **-opener** tin-opener; **-personeel** bus crew(s); **-rit** bus ride

bussel bundle; **bussen** (*techn*) bush [a hole]

bussluis car barrier; **busstation** bus station; **bustaxi** minibus taxi; taxi bus sharing service

buste bust; **bustehouder** bra(ssière); **bustier** id

bustocht(je) bus trip, coach outing; **busverbinding** bus connection

butaan, butagas butane; (*vglb*) Calor Gas

buts(en) dent; **butskop** Atlantic right whale

buur neighbour; *een goede ~ is beter dan een verre vriend* a near neighbour is better than a distant cousin; *als goede buren leven* be on neighbourly terms; *de buren,* (*ook*) the people next-door

buur|jongen neighbour's son, boy next-door; **-kind** neighbour's child; *de ~kinderen* the children next-door; **-land** neighbour(ing) country, neighbour; **-lieden, -lui** neighbours; **-man** neighbour, man next-door; *al te goed is ~s gek* all lay load on the willing horse; **-meisje** neighbour's daughter, girl next-door; **-praatje** gossip; *een ~ houden* gossip; **-schap** *zie* buurt; *goede ~* good neighbourhood, neighbourliness; (*goede*) *~ houden* be on neighbourly terms; **-staat** neighbour state

buurt 1 (*omgeving*) neighbourhood (*ook de mensen*), vicinity, locality; *hier ergens **in** de ~* somewhere (a)round here, somewhere hereabouts; *toevallig in de ~ zijn* happen to be about; *een boerderij in de ~,* (*ook*) a nearby farm; *een temperatuur in de ~ van 100°* a ... in the region of 100°; *in de ~ blijven* remain near at hand (in the neighbourhood); *blijf een beetje in de* ~ don't go far; *in de* ~ *van* in the neighbourhood of, (*rondom*) round about; *blijf* ***uit*** *zijn* ~ don't go near him, give him a wide berth; *ver uit de* ~ far off; 2 (*wijk*) quarter, district; (*gehucht*) hamlet; *bij jullie* ***in*** *de* ~ [any houses to let] your way?; *een jongen uit de* ~ a local boy; **buurtbewoner** local (resident); **buurtbezoek** 1 district visit(ing); 2 visit of (to) neighbours; **buurtbezoek(st)er** district-visitor; **buurtbus** (*vglb*) country bus; **buurten** visit one's neighbours; *komen* ~ drop in for a chat

buurt|huis community centre; **-preventie** neighbourhood watch; **-schap** hamlet; **-spoor** local railway, branch line; **-vereniging** residents' association; **-verkeer** local service; **-wacht** neighbourhood watch; **-werk** community work; **-winkel** local shop

buurvrouw neighbour('s wife), woman next-door

bv afk van *bijvoorbeeld* e.g., for instance, for example; **BV** *zie* besloten: B~ Vennootschap; **BVB** afk van *bijzondere verbruiksbelasting* special consumer tax; **BVD** afk van *Binnenlandse Veiligheidsdienst* Internal Security Service, (*vglb*) MI5

byte id; *halve* ~, (*4 bits*) nibble, nybble

Byzantijn Byzantine; **Byzantijns** Byzantine; (*fig*) sycophantic, cringing; **byzantinisme** sycophancy, toadyism; **byzantinologie** byzantinology; **Byzantium** id

BZ afk van *Buitenlandse Zaken* the Foreign Office

Ccc

c (the letter) c; **C** (*noot, Romeins cijfer*) C; **c., ca.** c, circ., circa, about, abt

caban 1 cape; 2 poncho

cabaret cabaret; **cabare|tier, -tière** cabaret performer (*of:* artist)

cabine 1 (*ve vrachtauto, enz*) cab(in); 2 (*luchtv*) cabin; 3 [listening] booth; (*v bioscoop*) operating-box; 4 [bathing-]cabin

cabochon id; **cabretleer** kid(-leather); **cabriolet** id, convertible; **cacao** cocoa

cacao|boom cocoa-tree, cacao (tree); **-boon** cocoa bean; *halve* ~ cocoa nib; **-boter** cocoa butter, cocoa fat; **-poeder** cocoa

cachelot cachalot, sperm whale

cachemir cashmere, kerseymere [shawl]

cache-nez comforter, muffler; **cache-pot** flowerpot cover; **cache-sexe** G-string

cachet 1 (*voorwerp*) seal, signet; 2 (*merk, distinctie*) cachet, stamp, impress; *een zeker* ~ *hebben* (*verlenen*) have (give) a (certain) cachet (tone, distinction); *zijn* ~ *drukken op, zie* stempel

cachot lock-up, (punishment) cell, (*sl*) clink

cactaceeën, cacteeën cactaceous plants, cactus family; **cactus** cactus; **cactusachtig** cactaceous; **cactusdahlia** cactus dahlia

cadans cadence, lilt; rhythm

cadeau present; (*in winkel, ook*) free gift, gift article; *iem een* ~ *geven* make a p. a present; *iem iets* ~ *geven* make a p. a present of s.t., give a p. s.t. for a present; *oom heeft me een stereo* ~ *gegeven* uncle has treated me to ...; *wij geven één blik* ~ *bij* ... we give away free one tin with ...; ~ *krijgen* get as a present; *ik heb het* ~ *gekregen* I had it given me; *die vent geef ik je* ~ I can do without that fellow; you can keep him; *het niet* ~ *krijgen* have to work (hard) for it; *ik zou het niet* ~ *willen hebben* I would not have it as a gift; *geschikt voor* ~, (*ook*) gift [book; *ook:* ~ *gegeven boek*]; presentation [watch, book, etc]; *vgl* geschenk(-); **cadeaubon** gift coupon; **cadeauzegel** trading stamp

cadens (*muz*) cadenza; **cadet** cadet; (*sp*) junior; **cadettenschool** military school (*of:* college)

cadmium cadmium [cell, sulphide, yellow]

café (*zonder vergunning*) café, coffee house, coffee bar; (*met vergunning, vglb*) public house, (*fam*) pub; **cafébezoeker** café-goer; **café-chantant** (*buiten Eng*) id; **caféhouder** café proprietor; **cafeïne** caffeine; **cafeïnevrij** decaffeinated, (*fam*) decaf; **café-restaurant** id, eating café; **cafetaria** cafeteria; **cafetière** id, coffee-maker

cahier exercise-book; (*met schrijfvoorbeelden*) copy-book; **caissière** (girl, woman) cashier

caisson 1 id, ammunition-wa(g)gon; 2 (*waterbouw*) id; **caissonziekte** caisson disease, decompression sickness, (*fam*) the bends

cake (madeira, (*zonder boter:*) sponge) cake

Cala|brië Calabria; **-briër, -brisch** Calabrian

calami|teit calamity; **-teus** necessitous

calcineren calcine; **calcium** calcium

calculatie calculation; **calculator** 1 id (*pers & apparaat*); 2 (*handel & industrie, inz begroting*) quantity surveyor, (*inz na*~) cost accountant; **calculeren** calculate, compute; cost [a project]

calèche id, calash; **Caledonië** Caledonia, Scotland; **Cale|doniër, -donisch** Caledonian

caleido|scoop kaleidoscope; **-scopisch** kaleidoscopic (*bw:* -ally)

calembour pun, play (up)on words; **calendae** calends; *ad calendas Graecas* at (on) the Greek calends; **calico(t)** calico

Californië California; **Californiër** Californian; **Californisch** Californian

calorie id, caloric unit; **caloriearm** low-calorie; **calorierijk** high-calorie [food, diet]; **calorimeter** id; **calorisch** caloric

calque tracing; transfer(-picture); **calqueerpapier** tracing-, transfer-paper; **calqueerplaatje** transfer(-picture); **calqueren** trace, calk

Calvarie [Mount] Calvary

Calvijn Calvijn; **calvinisme** Calvinism; **calvinist(e)** Calvinist; **calvinistisch** Calvinistic(al)

camaraderie id; *zie ook* kameraadschap; **camarilla** id, cabal, clique, junta

Cambodja Cambodia, Kampuchea; **Cambrië** Cambria, Wales; **Cam|briër, -brisch** Cambrian

camee cameo; **camel(l)ia** camellia; **camera** id;

~ *obscura* id; **cameraderie** *zie* camaraderie
cameraman id; **cameraploeg** camera crew, camera team; **camerawagen** camera crane; **camion** lorry, (*inz Am*) truck
camou|flage id; (*ve schip, ook*) dazzle-painting; **-fleren** camouflage, disguise
campagne 1 campaign (*ook fig*); (*fig ook*) drive [clean stage drive, drive to stop smuggling]; *een ~ voeren* conduct (run) a campaign [*tegen* against]; 2 (*ve fabriek, enz*) (working-)season; 3 (*mar*) poop
campanologie campanology; **campanula** id, bell-flower
campêchehout Campeachy wood, logwood
camper id; **camping** camp(ing) site, camping ground; **campus** id
Canada id; **Canadees** *bn & zn* Canadian
canaille 1 rabble, mob, riff-raff, scum; 2 (*man*) scoundrel; (*vrouw*) vixen
canapé 1 sofa, settee; 2 (*hapje*) id
canard id, false report, hoax; **Canarisch**: *de ~e Eilanden* the Canaries, the Canary Islands
cancel(en) cancel; **candela** (*natuurk*) id, new candle; **candelaber** candelabrum (*mv:* -bra); **canderen** candy; **canna** (*plant*) canna; **cannabis** id
canne|leren channel, flute, groove; **-lure** flute; *~s,* (*ook*) channelling, fluting, fluted work
canon id (*in alle bet*); (*erfcijns, ook*) rent-charge; ground-rent; (*muz ook*) catch; round; **canoniek** canonical; ~ *recht* canon law; **canonisatie** canonization; **canoniseren** canonize; **canonist** id; **canope** Canopic jar (urn, vase)
cantate cantata; **cantharel** chanterelle; **canticum** canticle; **cantilene** cantilena; **cantille** purl, wire ribbon, gold stitchery; **canule** cannulla
canvas id; *tegen het ~ gaan* be knocked down (*afdoend:* out); **canvassen** canvas
cao, CAO collective (labour) agreement; **cao-overleg** collective bargaining
caoutchouc id, India rubber
capabel able [to], capable [of]; *niet ~,* (*dronken*) drunk and incapable; **capaciteit** 1 capacity, ability; *op volle ~* [work] at full capacity (*of:* pressure); 2 (*vermogen*) power, power output; *van hoge* (*geringe*) ~ high- (low-)powered [diesel engine]; 3 (*inhoud*) capacity; (*ve zaal, schouwburg*) seating capacity; 4 (*elektr*) capacitance, capacity
cape id; **capella**: *a ~, zie* a-capella
capil|lair capillary; **-lariteit** capillarity
capitonneren pad [a padded cell], stuff
Capitool *zie* Kapitool; **capitulatie** capitulation; **capituleren** capitulate (*voor* to)
cappa hood; **Cappadocië** Cappadocia
caprice id, whim, freak; (*muz*) capriccio, caprice; **capricieus** capricious, whimsical; **capriool** caper; *capriolen maken* cut capers
capsule id; (*ve fles ook*) bottle-cap, (lead) cap
captatie [on] location; **capteren** receive; **captie**: *~(s) maken,* (*aanmerkingen*) raise an objection (objections), find fault; (*chicanes*) chicane; (*tegenstribbelen*) resist, jib
capuchon capuchin; (*kap ook*) hood
cara afk van *chronische aspecifieke respiratorische aandoeningen* COLD, CNSLD: chronic obstructive (*resp:* non-specific) lung disease
Caraïbiër Carib; **Caraïbisch** Caribbean (*ook: ~ gebied, ~e Zee*)
caram|bola (*vrucht*) id; **-bolage**, **-bole** cannon; **-boleren** cannon, (*fig ook*) rebound
caravan (touring) caravan, (*Am*) house trailer; *vgl* sta~; **caravanpark** caravan park (*of:* site), (*Am*) trailer park
carbid carbide; **carbol** carbolic acid (solution), carbolic lotion; (*fam*) carbolic; **carbolineren** creosote; **carbolineum** (coal-tar) creosote; **carbolzuur** carbolic acid
carbon carbon; **carbonaat** carbonate; **carboniseren** carbonize; **carbonpapier** carbon paper
Carboon Carboniferous
carbu|rateur carburettor, -ter; **-ratie** carburation; **-rator** *zie* -rateur; **-reren** carburet
carci|nogeen carcinogenic; **-noom** carcinoma
cardanas cardan shaft, (*v auto*) propeller shaft, (*fam*) prop-shaft; **cardanisch** cardan [mount, suspension]; **cardankoppeling** universal joint; **cardanophanging** cardan suspension
cardio|gram id; **-loog** cardiologist, heart specialist; **-vasculair** cardiovascular [disease]
carga cargo; **cargadoor** ship-broker; **cargalijst** manifest; **cargo** id; (*schip*) cargo boat
Cariben Caribbees; **Caribisch** Caribbean
cariës caries; **carieus** carious
carillon carillon, chimes; **carillonneur** id
caritatief charitable [institution]
carnaval Shrovetide; (*viering*) carnival [procession, season, song]; *vgl* vastenavond; **carnet** id
carnivoor carnivore (*mv ook:* -vora)
Carolina Caroline; **Carolus** Charles
caro|teen, **-tine** carotene, -tin
carpoolen carpool
Carrarisch: ~ *marmer* Carrara(n) marble
carré square; (*zich*) *in ~ opstellen* form into (form up in) square, line up in square formation
carrière career; ~ *maken* make a career, make one's way in the world; *zijn ~ mislopen* miss (mistake) one's vocation; *mogelijkheid om ~ te maken* career potential; **carrièrisme** careerism; **carrièrist(e)** careerist
carrosserie coachwork, (motor-)body, bodywork; **carrousel** 1 merry-go-round, roundabout, (*Am*) carousel; 2 (*projector & luchtv*) carousel; 3 (*techn*) turret [lathe]
carte: *à la ~* id; *iem ~ blanche geven* give a p. carte blanche (a free hand, an open mandate, full discretion)
carter (*boven~*) crankcase; (*onder~*) (oil) sump
Cartesiaans Cartesian; *zie ook* duiker; **Car|thaags**, **-thager** Carthaginian; **Carthago** Carthage
carto|fiel cartophilist; **-graaf**, **-grafe** cartographer; **-grafie** cartography; **-grafisch** cartographic(al); *~e afdeling* map department; **-gram** id; **-theek** card index, card file
cartouche id; **cascade** id; **cascara** cascara (sa-

grada)
casco hull [of a ship], body [of a motorboat, car]; **cascoverzekering** insurance on hull and appurtenances (on bodywork [of a car])
caseïne casein; **casimir** cashmere, kerseymere [shawl]; **casino** id (*mv* -os); (*brood*) sandwich-bread; **Caspar(us)** Jasper
cassatie cassation, reversal of judgment, quashing, appeal; ~ *aantekenen, in ~ gaan* give notice of appeal
cassave cassava, manioc; **casselerrib** cured (salted) rib of pork
casseren 1 (*vonnis*) cancel, quash, reverse; 2 (*mil*) cashier, strike off the Army list; **casserole** id
cassette 1 (*voor geld*) cash-box; (*voor juwelen, enz*) casket; (*met messen, enz*) canteen [of cutlery]; (*schrijf~*) writing-desk; 2 (*band-, videorecorder*) cassette [deck, recorder, tape]; 3 (*fot*) [110, 126, super-8] cartridge, [35mm, single-8] cassette; 4 (*voor boek, v karton*) slip-case; *3 dln in ~* 3 vols boxed; 5 (*bk*) coffer; **cassettenplafond** coffered ceiling
cassière (girl, woman) cashier
cassis blackcurrant drink
castagnetten castanets; **castigeren** 1 (*tuchtigen*) castigate, chastise; 2 (*boek*) expurgate, bowdlerize; **Castiliaan(s)** Castilian; **Castilië** Castile
castorolie castor-oil
cas|traat 1 castrated person, eunuch; 2 (*zanger*) castrato (*mv* castrati); **-tratie** castration; **-treren** 1 castrate, cut, (*dier ook, mannetje*) geld, neuter, (*wijfje*) spay, (*vogel*) caponize; 2 zie castigeren 2
casu: *in ~* in this case (instance); ~ *quo* in a given case, where appropriate; *zie ook* eventueel
casuaris cassowary; **casueel** casual, accidental; remarkable; *dat is ~!,* (*fam*) (just) fancy that!; **casuïst** casuist; **casuïstiek** casuistry; **casus** case; ~ *belli* id; **casuspositie** facts of the case
catabolisch catabolic; **catabolisme** catabolism; **cata|clysma**, **-clysme** cataclysm; **catacombe** catacomb; **catadroom** catadromous
Catalaan(s) Catalan; **catalepsie** catalepsy
catalogiseren catalogue; **catalograaf** cataloguer; **catalogus** catalogue, (*Am ook*) catalog; *centrale ~* union catalogue, consolidated catalogue; *systematische ~* classified catalogue
catalogusprijs list-price; **catalogustitel** catalogue entry; **Catalonië** Catalonia
catamaran id; **cataract** id
catarraal catarrhal; **catarre** catarrh
catastrofaal catastrophic; **catastrofe** catastrophe, (*fig*) [business] meltdown
cate|cheet catechist; **-chese** catechesis; **-chetisch** catechetic(al); **-chisant(e)** confirmation candidate, catechumen; **-chisatie** confirmation class(es); **-chiseren** catechize; **-chismus** 1 catechism; 2 (*r-k*) *zie* catechisatie
cate|gor(i)aal categorial; **-gorie** category; **-gorisch** categorical (*bw:* -ally); *~e imperatief* categorical imperative; **-goriseren** categorize
Catharina Catherine; **catharsis** id
cathedra id; *ex ~* id, authoritatively; *zie ook* katheder; **catheter** id; **catheteriseren** catheterize
Cato 1 (*Romein*) id; 2 (*meisje*) Cathy
Caudijns Caudine; *~e passen* Caudine Forks
causaal causal; **causaliteit** causality; **causaliteitstheorie** theory of causation; **causatief** causative
causerie id, talk [*over* on]; *een ~ houden* give a talk; **causeur** conversationalist
cauteriseren cauterize; **cautie** bail, security, caution money; ~ *stellen* give bail; (*hand*) give a guarantee; **cautioneren** stand bail for
cavalcade id; **cavalerie** 1 tanks; 2 (*paarden*) [light, heavy] cavalry, horse; **cavalerieregiment** 1 tank regiment; 2 (*hist*) cavalry regiment; **cavalerist** 1 tank soldier; 2 (*hist*) cavalryman, trooper, horse-soldier; **cavalier** 1 id, horseman; 2 id, gallant; 3 (*op bal*) partner
cavia cavy, guinea-pig; **cavitatie** cavitation
cayennepeper Cayenne pepper, cayenne
cd, CD afk van *compact disc* id; **CD-speler** CD player; **Cecilia** id, Cecily
cedel *zie* ceel; **cedent** assignor
ceder cedar; **cederboom** cedar (tree); **'cederen** cedar
ce'deren 1 cede, assign; 2 (*zwichten*) yield
cederhout cedar (wood); *~en* cedar
cedille cedilla
ceel 1 certificate; 2 (*ve veem*) (dock-, warehouse-) warrant; *op ~ verkopen* sell on stored terms; 3 (*lijst*) list; *een hele ~* quite a string
ceintuur belt, sash, scarf; **ceintuurbaan** circular railway
cel 1 cell (*ook fig:* communist cells); *zie ook* celstraf; 2 (*telef*) (call-) box, kiosk; 3 (*muz*) cello
celauto prison-van; **celdeling** cell division; (*asexuele reproductie*) fission
Celebes id, (*Ind*) Sulawesi
celebrant id, officiant, officiating priest; **celebreren** celebrate; *de mis ~* celebrate mass; **celebriteit** celebrity
celesta id, celeste; **celestijn(er)** Celestine
celibaat celibacy; **celibatair** celibate, bachelor
celkern (*biol*) (cell) nucleus (*mv:* nuclei)
cellist(e) (violon)cellist; **cello** id
cellofaan cellophane
cellulair cellular [prison, telephone; (*biol*) immunity]; *~e opsluiting* solitary confinement
celluloid id; **cellulose** id
celplasma cell protoplasm
Celsius id, centigrade; *zie ook* graad
cel|stof cellulose; **-straf** solitary confinement; **-vocht** cytoplasm; **-vormig** celliform, cellular; **-wagen** prison van; **-wand** cell-wall; **-weefsel** cellular tissue
cembalist(e) id, harpsichordist
cement id; **cementatie** cementation; **cementen** I *bn* cement [floor]; II *ww* cement; **cementeren** 1 cement; 2 case-harden [metal]
cement|fabriek cement works; **-ijzer** 1 reinforcement; 2 reinforced concrete; **-molen** 1 cement-grinding mill; 2 cement mixer; **-raam** base course, plinth; **-tegel** concrete flooring-tile

cenotaaf cenotaph
censeren 1 (*achten*) deem, assume; 2 (*berispen*) censure; **censor** id, licenser [of plays, the press]; *door de handen van de ~ gaan* pass the censor; *van de ~* censorial [the censorial blue pencil]
censureren censor; **census** id; **censuur** 1 censorship; *~ instellen* impose (a) censorship; *onder ~ staan* be subject to censorship; *onder ~ stellen* censor; 2 (*berisping & kerk. straf*) censure
cent (Dutch, American) cent; *~en* [here's your] coin; [have you got the] cash?; (*fam*) [the] shekels [don't matter]; (*salaris, sl*) screw; *~en hebben* have tin (brass); *om de ~en* for the (sake of the) money; *een aardige ~ verdienen aan* make a pretty penny out of; *ik heb* ***geen*** *~* I'm penniless, I haven't a penny to bless myself with (to call my own, to my name); *het is geen ~ waard* it's not worth a (red) cent, not worth twopence; *het kan me geen ~ schelen* I don't care twopence; *geen ~ minder* not a penny less; *geen ~je pijn* no trouble (problem) at all; *ik geef geen ~ voor zijn kansen* I don't give a penny for his chances ***op*** *de ~(en) zijn* look after the pennies; *iem* ***tot*** *(op) de laatste ~ betalen* pay a p. to the last penny; *ik vertrouw hem* ***voor*** *geen (rooie) ~* I don't trust him farther than I see him; *ze bleef* ***zonder*** *een ~ achter* she was left penniless; *zie ook* doodblijven, duit, enz
centaur id; **centaurie** (*plant*) centaury
centenaar hundredweight (*112 Eng ponden*)
centenbakje collection plate; **centenkwestie** 1 (*veel*) money matter, matter of LSD; 2 (*weinig*) chicken feed, peanuts
centerboor centre-bit, -drill; **centeren** centre
centi|are centiare; (*evenzo:* centigramme, -litre, -metre); **-graad** (*100ste deel ve rechte hoek*) grade; **-gram** centigramme; **-liter** centilitre
centime id; **centimeter** 1 centimetre; 2 measuring tape, tape-measure
centraal central; *~ staan* be paramount; *~ antennesysteem* community aerial (*of:* antenna) system; *~ station* central station; *centrale verwarming* central heating; *met c.v.* centrally heated; *inrichting voor c.v.* central-heating apparatus
centrale 1 (*elektr*) power (generating, electricity) station; 2 (*telef*) (telephone) exchange; 3 (*verenigings~*) central council, federation; 4 (*verkoopsorganisatie*) [milk] marketing board; **centralisatie** centralization; **centraliseren** centralize; **centreren** centre (*ook techn*); *zich ~ rond* centre on (*of:* round)
centri|fugaal centrifugal [force, machine, pump]; **-fuge** id; (*was~*) spin-drier; (*v boterfabriek*) separator; **-fugeren** centrifuge; spin-dry; separate; *vgl het zn*; **-petaal** centripetal
centrisch centric; **centrum** (town, city) centre; *het C~* the Centre (Party); *zie ook* middelpunt; **centrumspits** (*sp*) striker
centurie century; **centurio** centurion
ceramiek ceramics, ceramic art; **ceramisch** ceramic; **ceramist** ceram(ic)ist (*alle ook* ker-)
Cerberus id (*ook fig*); **cerebraal** cerebral [fever]; (*ve kunstwerk, enz*) (unduly) intellectual
ceremonie 1 ceremony; 2 *zie* plichtpleging; **ceremonieel** *bn & zn* ceremonial; **ceremoniemeester** master of ceremonies (MC); (*om toosten aan te kondigen bij officiële maaltijd*) toastmaster; **ceremonieus** ceremonious, formal; **Ceres** id
certificaat certificate; *~ van aandeel* share certificate [*aan toonder* to bearer; *op naam* registered]; *~ van beschadiging* certificate of damage; *~ van oorsprong* certificate of origin; **certi|ficeren, -fiëren** certify
cervela, cervelaatworst saveloy
cervix id; **cervixstrijkje** cervical smear
ces (*muz*) C flat; **cesium** caesium [clock]
cessie cession, abandonment; **cessionaris** assign, cessionary; (*zeeverzekering*) abandonee
cesuur caesura; **cetaceeën** cetaceans
Ceylon id; (*staat*) Sri Lanka; **Ceylons, Ceylonees** Ceylonese, Sin(g)halese
cfk afk van *chloorfluorkoolwaterstof* CFK (chloro-fluorocarbon)
chagrijn 1 chagrin, vexation; (*stuk*) ~ sourpuss, misery, curmudgeon; 2 shagreen [leather]; **chagrijnig** chagrined, cantankerous, sullen, cross
chaise gig, id; **chaise-longue** chaise longue, couch; **chalcedo(o)n** chalcedony
Chaldea id; **Chaldeeër** Chaldean, Chaldee; **Chaldeeuws** Chaldaic, Chaldee
chalet id; **chalonstok** staff, (*Am*) rod
Cham Ham; *van ~* Hamitic
chambree barrack-room; **chambreren** bring to room temperature; *gechambreerd* at room temperature, chambré
chamois id; **chamotte** fireclay
champagne id (*ook kleur*); **champagnecider** champagne-cider; **champagnecoupe** champagne glass; **champagnekoeler** champagne bucket (*of:* cooler); **champie** bubbly, fizz, (*sl*) champers; **champignon** mushroom; *~s zoeken* gather mushrooms, go (be) mushrooming
changeant I *bn* shot(-coloured); II *zn* shot silk
Chanoeka Hanukah
chanson|nier, -nière (cabaret) singer
chan|tabel open to blackmail; **-tage** blackmail; *door ~ brengen tot* blackmail [a p.] into; *~ plegen jegens* blackmail; **-teren** blackmail; **-teur** 1 blackmailer; 2 singer; **-teuse** id, singer
chaoot chaotic person; **chaos** id, welter; **chaotisch** chaotic (*bw:* -ally)
chapeau! (*fam*) hats off!, well done!; **chapeau bas** [come, go] hat (*of:* cap) in hand; *~ spelen tegenover* be hat (*of:* cap) in hand to
chapelle ardente id, chapel of rest
chaperon(ne) chaperon; **chaperonneren** chaperon; (*v heer ook*) squire [a lady]; *iem ~,* (*fam*) play gooseberry
chapiter chapter; (*fig*) subject; *een ander ~* [that's] another story; ***op*** *het ~ brengen* bring on the carpet; *om op ons ~ terug te komen* to return to our subject; *iem* ***van*** *zijn ~ afbrengen* put a p. off his subject; *van ~ veranderen* change the subject
chaptaliseren chaptalize
charade id; **charcuterie** (*vglb*) delicatessen
charge id; *een ~ uitvoeren* (*tegen*) charge [the

crowd]; *à ~, zie* getuige; **chargé d'affaires** id; **chargeren** 1 charge; 2 (*overdrijven*) overact (*ook tr:* overact a part), overdraw [the picture], exaggerate, lay it on thick
charisma id; **charismatisch** charismatic; **charitatief** charitable; **charivari** 1 (*sieraden*) (bunch of) charms; (bunch of) seals; 2 (*herrie, enz*) id
charlatan id, quack, mountebank, humbug; **charlatanerie** charlatanism, charlatanry, quackery; **charleston** id; *de ~ dansen, ~nen* charleston; **Charlotte** id
charmant charming [young man, manners, smile]; **charme** charm; *uiterlijke ~,* (*ook*) glamour; **charmeren** charm; **charmeur** charmer, Prince Charming; (*fam*) glamour boy; **charmeuse** (*stof*) id; **chartepartij** charter-party; **charter** id; **charteren** 1 charter; 2 (*fam*) engage
chartreuse id; **Charybdis** id
chasseur 1 (*in hotel*) page-boy, buttons, (*fam*) bell-boy, bell-hop; (*in Fr hotel*) id; 2 (*dameshoed*) (lady's) bowler(-hat)
chassidisch Chas-, Has(s)idic; **chassidisme** Chas-, Has(s)idism; **chassied** Chas-, Has(s)id
chassis 1 id (*ook ve auto*), frame; 2 (*fot*) (dark) slide; **chatelaine** id (*alle bet*)
chauffage (central) heating; **chaufferen** drive (a car); **chauffeur** id, (car, taxi, etc) driver; *auto zonder ~* self-drive car; *auto met ~* chauffeur-driven car; **chauffeursplaats** driving-seat; **chauffeuse** id, woman driver
chauvi|nisme chauvinism; (*extreem, inz Engels ~*) jingoism; **-nist** id, jingo; **-nistisch** chauvinist(ic), jingoish, jingoist(ic)
checken check, verify
chef 1 chief; (*patroon*) employer, principal, (*fam*) boss; (*directeur*) manager; *~ van de (generale) Staf* Chief of (the General) Staff; *~ van dienst der explotatie,* (*spoorw*) traffic manager; 2 (*1ste bediende*) chief (*of:* head) clerk; (*ve afdeling: ~ de bureau*) office manager, department head; 3 (*station*) stationmaster; 4 (*kok*) chef; **chef-boekhouder** head clerk; **cheffin** (shop) manageress; **chef-kok** head chef
chelatie chelation [therapist]; **chelatiemiddel** chelating agent; **cheleren** chelate
chemicaliën chemicals; **chemicus** (analytical) chemist, analyst; **chemie** chemistry; **chemisch** chemical [bond, engineering, industry, toilet, warfare]; *~ reinigen* dry-clean; **chemisette** id
chemokar mobile collecting point for chemical waste; **chemotherapie** chemotherapy
chenille id
cheque id; **chequeboek** cheque-book; **chequerekening** drawing-account
chertepartij charter-party
cherub(ijn) cherub (*mv ook:* -bim); **cheviot** id
chevron id, stripe; **chiasme** chiasmus
chic I *bw* smart, stylish [shoes], fashionable [quarter], chic, dressy [man], swagger, (*fam*) posh [hotel], (*overdreven*) chichi, (*volkst*) classy; *een chique beweging,* (*v feest, enz*) a dress affair; II *zn* smartness, etc, chic; *de ~* the fashionable world, the beau monde

chicane chicane(ry); (*sp*) id; **chicaneren** chicane, find fault; **chicaneur** chicaner; **chicaneus** captious; **chiffonnière** chiffonier, (*hoog*) tallboy
chignon id; **chijl** chyle; **chijm** chyme
chi-kwadraatproef chi-square test
Chileen(s) Chilean; **Chili** Chile; **chiliade** chiliad; **chiliasme** chiliasm; **chiliast** id; **chilipoeder** chilli (powder); **chilisalpeter** Chile (*of:* cubic) saltpetre; **chilisaus** chilli (sauce)
chimaera chimera
chimpansee chimpanzee; (*fam*) chimp
China id; **Chinees** I *zn* Chinese, Chinaman; (*min*) Chinaman, (*min sl*) Chink; *de Chinezen* the Chinese; *gaan eten bij de ~, chinezen* go to a Chinese restaurant; *zie ook* raar; II *bn* Chinese; China [tea]; (*in sam*) Chino-, Sino- [Japanese, etc]; *Chinese kool, a*) Chinese cabbage, pe-tsai cabbage; *b*) pak-choi cabbage; *Chinese muur* Chinese wall [of prejudice]; **Chinezenwijk**: *de ~* Chinatown
chip id; *~s* (potato) crisps, (*Am*) potato (*of:* Saratoga) chips; **chipkaart** smart card, chip card
chique *zie* chic
chiromantie chiromancy, palmistry; **chiropodie** chiropody, pedicure; **chiropractor** id; **chiropraxie** chiropractic; **chirurg** surgeon; **chirurgie** surgery; **chirurgijn** (*hist*) surgeon; **chirurgisch** surgical [instruments, operations]
chitine chitin
chloor chlorine; **chloor|achtig, -houdend** chlorous; **chloorkalk** chloride of lime, bleaching powder; **chloraal** chloral; **chlor(er)en** chlorinate; **chloroform** id; **chloroform(is)eren** (put under) chloroform; **chlorofyl** chlorophyll; **chlorose** chlorosis
chocola chocolate, cocoa; *ik kan er geen ~ van maken* I can't make head or tail of it; **chocolaatje** chocolate; (*fam*) choc; **chocolade** *zie* chocola; **chocoladehagel(slag)** chocolate vermicelli; **chocoladekleurig** chocolate (coloured); **chocolademelk** (drinking) chocolate, cocoa; **chocoladereep** bar (*of:* stick) of chocolate; **chocolaterie** chocolate shop, confectioner's
choke(n) choke
cholera [Asiatic, European] cholera; **cholerisch** choleric; **cholesterol** id
choquant shocking; **choqueren** shock
choreo|graaf, -grafie choreographer, -phy
chrestomathie chrestomathy, selection
chrisma chrism; **christelijk** Christian, christianly; *~e leer* Christianity; **christelijkheid** Christianity
christen Christian; **christen-democraat** Christian Democrat; **christendom** Christianity; **christenezielen**! Christ!; **christenheid** Christendom; **christenmens** Christian; **christenziel**: *geen ~* not a soul
Christiaan Christian; **Christin** Christian (woman); **Christina** Christina, (*fam*) Chris(sy); **Christoffel** Christopher; **Christus** Christ; *de ~* the Christ; *na ~* after Christ, AD; *vóór ~* before Christ, BC; **Christusbeeld** 1 image of Christ; 2 (*kruisbeeld*) crucifix; **Christusdoorn** 1 (*plant*) crown-of-thorns, Christ's thorn; 2 (*boom*) honey

locust
chromaatgeel chrome yellow; **chromatiek** chromatics; **chromatisch** chromatic; **chromatograaf** chromatograph; **chromatografie** chromatography; **chromo** id; **chromolithografie** chromolithography; **chromosoom** chromosome
chroniqueur chronicler; **chronisch** chronic (*bw:* -ally); ~ *lijder* chronic (sufferer); **chronograaf** chronograph; **chronografisch** chronographic; **chronogram** id; **chronologie** chronology; **chronologisch** chronological; **chronometer** chronometer; **chronometrie** chronometric
chroom 1 chromium; 2 *zie* ~leer; **chroomgeel** chrome (yellow); **chroomleer** chrome leather; **chroomzuur** chromic acid
chrysant(hemum) chrysanth(emum)
chute (para)chute
c.i. afk van *civiel ingenieur* CE, civil engineer
ciborie ciborium; **cicade** cicada; **Cicero** id; **cicerone** id, guide; **Ciceroniaans** Ciceronian
cichorei (*in beide bet*) chicory; **cider** id
cigarette id; *zie* sigaret; **cigarillo** id
cijfer figure, digit; (*op klok*) numeral; (*v beoordeling*) mark; (*in geheimschrift*) cipher; *een ~ geven,* (*op werk*) mark [papers, pupils]; *een laag ~ geven* mark low; *in ronde ~s* in round figures; *~ der eenheden, tientallen, enz* units figure, tens figure, etc; **cijferboekje** (*ve leraar*) mark(s) book; **cijfercode** numerical code; **cijferen** figure, calculate, compute; do sums; **cijferkunst** arithmetic; **cijferlijst** mark(s) list, list of marks; **cijfermateriaal** [supporting] figures, numerical data; **cijfermatig** numerical; **cijferschrift** 1 numerical notation (*ook in muz*); 2 (*geheimschrift*) cipher, code; *in ~ overbrengen* (en)code, encipher [a message]; **cijferslot** combination lock; **cijferwerk** figuring, arithmetic
cijns tribute, tribute-money; tax; **cijnsbaar** tributary
cilinder 1 cylinder [block, capacity *inhoud,* press]; 2 (*in muziekdoos, enz*) barrel; 3 (*hoed*) top-hat
cilinderbureau roll-top desk; **cilinderprojectie** cylindrical (*of:* Mercator('s)) projection; **cilinderslot** cylinder lock, safety lock; **cilin|dervormig, -drisch** cylindrical, cylindriform
cimbaal cymbal; **cimbalist(e)** cimbalist
cineast(e) film-maker, film-operator, -producer; scenario-writer; **cinefiel** 1 cineast(e), cinema enthusiast; 2 film-loving; **cinema** id; *zie* bioscoop; **cinemascoop** Cinemascope, wide-screen [camera]; **cinematografie** cinematography
cingel (*r-k*) cingulum; **cinnaber** cinnabar
cipier jailer, gaoler, warder, turnkey
cipres cypress [wood]
circ., circa circa [500 BC], about, abt, approximately, roughly [200 pages]; **circadiaans** circadian [rhythm]; **Circassië** Circassia
circuit 1 [closed, printed, short] circuit; 2 racing-track, (*Am*) motordrome; *zie ook* rotonde; 3 [tennis, night club] circuit; [drug] ring; [Hague] circles; *het zwarte* (*zwartgeld*) ~ the black economy; *zie ook* grijs
circu|lair circular; **-laire** circular (letter); *~s zenden aan* send circulars to, circularize; *~ kredietbrief* circular letter of credit; **-latie** circulation; *in ~ brengen* put in(to) circulation; *in ~ komen* go into circulation; *aan de ~ onttrekken* withdraw from circulation, call in [a book], recall; **-latiebank** bank of issue, note-issuing bank; **-latiemiddel** circulating medium, currency; **-leren** circulate; *laten ~* send round [letters], circulate, put about [news, rumours]
circum|boreaal circumboreal; **-cisie** circumcision; **-ferentie** circumference; **-flex** id; **-scriptie** circumscription; **-spect** id
circus id (*ook fig*), ring; **circusnummer** circus act (turn)
cirkel circle; *~tje* circlet; *zie ook* kring, vicieus, enz; **cirkelboog** arc of a circle; **cirkeldiagram** pie chart; **cirkelen** circle; (*ve vogel, ook*) wheel; *vgl* om~; **cirkelgang** circular course; cycle; *zie* kringloop; **cirkellijn** circular line; **cirkelmaaier** rotary mower; **cirkelredenering** circular argument (reasoning); **cirkelvlak** plane of a circle; **cirkelvorm** circular shape; **cirkelvormig** circular; **cirkelzaag** circular (power) saw
cirrhose cirrhosis (of the liver); **cirrus** id (*mv:* cirri) [cirrus clouds]
cis (*muz*) C sharp; **cisalpijns** cisalpine
ciseleerwerk chased work, chasing; **ciseleren** chase, emboss; **ciseleur** chaser; **cissus** id, kangaroo vine
cisterciënzer Cistercian; **cisterne** cistern
citaat quotation, (*fam*) quote; *begin ... einde ~* quote ... unquote; **citadel** citadel
citatie (*dagvaarding*) citation, summons; **citeertitel** short title [of an Act, a book]; **citer** cither(n), cittern, zither; **citeren** 1 cite; (*woordelijk*) quote; *ik citeer,* (*ook*) quote, unquote; 2 (*dagvaarden*) cite, summon(s); **cito** quickly, immediately
citroen lemon; (*grote*) citron; *een hete ~* a hot lemon; *zie ook* ~tje
citroen|boom lemon tree, citron (tree); **-geel** I *bn* citrine, lemon-yellow, -coloured; II *zn* citrine, lemon-colour; **-kleurig** lemon-coloured; **-kruid** southernwood; **-limonade** (*siroop*) lemon syrup; (*drank*) lemon drink; **-melisse** (*plant*) balm; **-olie** oil of citron; **-pers** lemon squeezer; **-schil** lemon-peel; **-tje** 1 brimstone (butterfly); 2 (*vogel*) icterine warbler; 3 *een ~* a lemon-brandy; **-vlinder** brimstone (butterfly); **-zuur** citric acid; **-zuurzout** citrate
citronella citronella (grass; oil)
citrus id; **citruspers** lemon squeezer; **citrusvrucht** lemon (fruit)
cityvorming loss of residential function (of a town centre); **civet** id; **civetkat** civet(-cat)
civiel 1 civil; *~e actie, zie ~e* zaak; *~e dienst* civil service, (*aan boord*) catering staff; *~ effect* professional qualification (conferred by university degree, etc); *~e lijst* civil list; *~e partij* party in a civil suit; *zich ~e partij stellen* bring a civil suit against a p.; *~ recht* civil law; *~e zaak* civil suit, civil action; *hof voor ~e zaken* civil court; *in ~,*

zie burgerkleren; 2 (*billijk*) moderate, reasonable [price]; ~ *behandelen* treat [a p.] fairly (decently); **civiel-ingenieur** civil engineer; **civielrechtelijk** civil [action, suit]; **civieltechnisch** civil engineering [works]; **civiliseren** civilize, humanize; **civisme** good citizenship

claim id, right; *een* ~ *leggen op* lay claim to, claim; (*fig*) make [heavy] demands on; **claimen** claim [damages, rights, a bombing], lay claim to [an estate]; **claimrecht**: *met* ~ cum rights; *zonder* ~ ex rights; *het* ~ *uitoefenen* exercise one's right to subscribe; **clair-obscur** chiaroscuro, clear-obscure; **clairvoyant**, enz *zie* helderziend 2, enz

clandestien clandestine, secret [newspaper], illegal [slaughtering], illicit [trading], [bootleg] whiskey

claque 1 (*hoed*) opera-, crush-hat; 2 (*claqueurs*) claque; **claqueur** id; **Clara** Clare, Clara

claris Clare; ~*sen* Poor Clares

classi|caal classical; *classicale vergadering, vglb:* diocese meeting; (*in presbyteriaanse kerk*) presbytery; **-cisme** classicism; **-cistisch** classicist; **-cus** classicist; **-ficatie** classification; **-ficeren** 1 classify, class; 2 (*v schepen*) clean, scrape [ship's walls, tanks, etc]

classis id (of Protestant parishes in Holland)

claus (*theat*) 1 speech; 2 (*wacht*~) cue

claustrofobie claustrophobia; **claustrofoob** claustrophobic

clausule clause, proviso, stipulation; **clausuleren** make (put in) provisos

clavecimbel harpsichord; **clavecinist** harpsichordist; **claviatuur** keyboard; **clavichord(ium)** clavichord

claxon klaxon, motor-horn; **claxonneren** sound the (one's) horn; **clearing** (*fin*) id, transfer

cleistogaam cleistogamous; **clematis** id

Cle|mence, -mens Clement; **clement** lenient, clement, merciful; ~ *behandelen,* (*ook*) let down lightly (gently); **clementie** leniency, clemency, mercy, indulgence; *zich* (*iem*) *in de* ~ *van het Hof aanbevelen* throw o.s. on the mercy (recommend a p. to the clemency) of the Court; *ik roep uw* ~ *in voor* ... I ask your indulgence for ...; **Clementina** Clementine; **clementine** id; **Clementius** Clement

clere|sie, -sij clergy; *de oud-bisschoppelijke* ~, (*vglb*) the Jansenists; **clerus** clergy

cliché 1 (stereotype) block (*of:* plate), process block, (*soms*) id; 2 (*fig*) id, hackneyed phrase; (*als bn*) id, stereotyped [ideas]; **clicheren** stereotype, engrave

cliënt(e) 1 (*Rome & v advocaat*) client; 2 (*klant*) customer, client; **cliën|teel, -tèle** clientele, customers, connection; *vgl* klandizie

clignoteur indicator (light), flasher

climacterium climacteric; **climax(en)** climax

clinicus clinician

clip [ear, film, hair, paper, video] clip

clitoris id, (*sl*) clit; **clivia** id, amaryllis

cloaca id; **cloqué** seersucker

closet water-closet, WC; *droog* ~ earth-closet; **closetbril** toilet seat; **closetpapier** toilet-paper [roll]; **closetpot** toilet pan, toilet bowl

clou (outstanding) feature [of an exhibition, etc], chief attraction, (essential) point [of a story]

clown id; *voor* ~ *spelen* play the clown, clown it

club club [champion, song]; ~*je* club, party, set; **clubfauteuil** easy chair, armchair; **clubhuis** 1 clubhouse, pavilion; 2 community centre

cluster 1 (*eig*) id; 2 [research, etc] group

Co. afk van *company*; **coach(en)** coach

coadjutor (bishop-)coadjutor; **coaguleren** coagulate; **coalitie** coalition [government, etc]

coassistent (*Br*), *junior* ~ medical student on clinical attachment, *senior* ~ (pre-registration) house officer; (*Am*) intern(e); **co-assuradeur** co-insurer; **coaxiaal** co-axial [cable, connector, plug, socket]

cobra id; **cocaïne** cocaine [addict], (*sl*) snow, coke; **coccus** id (*mv:* -ci); **cochenille** cochineal

cockpit id; (*v lijnvliegtuig*) flight deck; **cocktail** cocktail [dress, hour, party, table]; **cocktailbar** cocktail lounge; **cocktailprikker** cocktail stick

cocon cocoon

code (*in beide bet*) id; (*cijfer*~) cipher; *in* ~ *overbrengen* encode; **codebericht** code (coded) message; **coderen** (en)code; **codewoord** code word

codex id (*mv:* codices); **codicil** id

codicologie codicology; **codificatie** codification; **codificeren** codify

coëducatie coeducation, mixed education

coëfficiënt coefficient; **coelacant** coelacanth

coëxistentie coexistence

cognac brandy, cognac

cognossement *zie* connossement

cohabiteren have (sexual) intercourse; **coherent** id; **cohesie** cohesion; **cohort(e)** cohort

coifferen: *iem* ~ dress a p.'s hair; *erg gecoiffeerd zijn met* be enormously bucked with; **coiffeur** id, hairdresser; **coiffeuse** 1 id, woman hairdresser; 2 toilet-table; **coiffure** 1 id, head-dress, style of hairdressing, hairdo; 2 hairdresser's

coïnci|dentie coincidence; **-deren** coincide

coïteren copulate; **coïtus** coitus, coition

cokes coke

col 1 polo-neck, rollneck, cowl collar; 2 id, pass

colbert jacket; **colbertkostuum** lounge suit

Coliseum Colosseum, Coliseum

collaborateur collaborator, collaborationist

collage id; **collaps** collapse

collateraal collateral; **collatie** collation (*alle bet*); **collatierecht** advowson; **collationeren** 1 collate, check; 2 (*telef*) repeat; **collator** 1 (*kerk*) patron; 2 (*data, enz*) id

collectant collector, canvasser [for charities]; (*in kerk*) sidesman; **collecte** collection; (*aan uitgang*) retiring collection; (*gebed*) collect; *een* ~ *houden* make a collection, (*fam*) send (pass) the hat round; *zie ook* huis; **collectebus** collecting-box; (*kerk*) offertory box; **collectemoeheid** (*vglb*) compassion fatigue; **collecteren** collect, make a collection; **collecteschaal** collection-plate; **collecteur** state lottery-office keeper; **collectezakje** offertory-bag, collecting-bag

collectie collection; **collectief** I *bn* collective

[agreement, bargaining, farm, noun, ownership, responsibility, security, unconscious]; *collectieve arbeidsovereenkomst* collective labour agreement; II *zn* 1 [writers'] collective, [owners'] cooperative; 2 collective (noun)

collec|tioneren collect; **-tioneur** collector; **-tiviseren** collectivize [farms]; **-tivisme** collectivism; **-tivist(isch)** collectivist; **-tiviteit** collectivity; **-tor** [solar] collector; **-trice** *zie* -teur

collega colleague; ~ *Pieterse* my (respected) colleague, (Mr) ...; *mijn* ~, (*ook*) my fellow journalist (musician, etc); **collega-schrijvers**, enz, fellow authors, etc

college 1 (*lichaam*) college [of cardinals, etc], board; ~ *van B&W* Court of Mayor and Aldermen; ~ *van Bestuur,* (*univ*) Governing Body, Board of Governors; ~ *van Regenten* Board of Trustees; 2 (*aan univ*) lecture, course (of lectures), (*werk~*) class; *de ~s zijn begonnen* term has started; ~ *geven* lecture [*over* on; lecture twice a week], give (a course of) lectures, give a lecture; *zijn ~s hervatten* resume one's lectures; ~ *lopen* attend (the) lectures (a course of lectures); 3 *zie* scholengemeenschap; **collegegeld** tuition (university, lecture) fee(s); **collegezaal** lecture-room, (*amfitheater*) lecture theatre

collegiaal fraternal [greetings], amicable [relations], loyal [attitude], [act] as a good colleague; *-giale rechtspraak* jurisdiction by court of justice; **collegialiteit** loyalty (to one's colleagues), (*Am*) collegiality; **colli** (*mv*) *zie* collo

collie id; **collier** necklace; **collisie** collision, conflict; (*jur*) conflict of laws; **collo** package, case, bale

collocatie collocation

collodium collodion; **colloïdaal** colloidal; **colloïde** colloid

colloquium id; ~ *doctum,* (*vglb*) university entrance examination; **collotypie** collotype

colofon colophon; **colofonium** rosin, colophony; **colombine** Columbine

colonnade id, portico; **colonne** column [of trucks]; *zie ook* vijfde

coloradokever Colorado beetle

colora|turen, **-tuur** (*muz*) coloratura, grace-notes; **coloratuursopraan** coloratura soprano

Colos|senzen Colossians; **-seum** id, Coliseum

colpor|tage (book-)hawking, door-to-door sales; (*inz telef*) cold call; **-teren** hawk (about), sell in the streets; (*fig ook*) spread, retail [news, lies]; **-teur** id, canvasser, (book-)hawker

coltrui polo-neck (pullover), rollneck (sweater), (*Am*) turtle-neck (sweater)

columbarium id; **Columbia** (*staat*) Colombia; **Columbiaan(s)** Colombian

coma id; **comateus** comatose

combattant combatant

combi estate (car), (*Am*) (station) wagon; **combikaart** combined ticket; **combikast** fridge-freezer; **combinatie** 1 combination; 2 (*syndicaat*) combine, [drug] ring; **combinatieslot** combination lock; **combinatietang** engineer's (*of:* combination) pliers; **combinatiewagen** estate car, (*Am*) station wagon; **combination** (*hemdbroek*) combinations, (*Am*) union suit; **combine** 1 combine (harvester); 2 collusion; (*Am*) combine; ~ *maken* collude; **combineren** combine

comédienne id

comestibles id, provisions; (*fijne eetwaren*) delicacies, delicatessen; *handelaar in* ~ provision dealer; **comestibleswinkel** delicatessen (shop)

comfort 1 id; 2 (*v hotel, enz*) conveniences; **comfortabel** comfortable, commodious [house]

comité committee; *en petit* ~ with only a few intimate friends, in a small group, privately; **comité-generaal** Committee of the Whole House; *in ~ (over)gaan* go into Committee

commandant commander; (*ve vesting, enz*) commandant; (*gezagvoerder*) master, captain, commander; (*vd brandweer*) chief fire officer, (*Am*) fire chief; **commandement** (*mil*) [the London] command; **commanderen** command, order, be in command of; *de vrouw commandeert* calls the tune; *ik laat me niet* ~ I won't take orders from anybody, won't be dictated to; *hij commandeert mij maar* he orders me about; *commandeer je hond en blaf zelf* (*fam*) I don't take orders from you; *~de officier* Commanding Officer (CO), Officer Commanding (OC), Officer in Command; **commandeur** commander; **commanditair:** ~ *vennoot* limited partner; *~e vennootschap* limited partnership; **commando** 1 (word of) command; *het ~ voeren* (*over*) be in command (of); *het ~ overnemen* take over command; *op* ~ [talk, etc] to order; 2 (*troepenafdeling*) command; (*speciale eenheid*) commando

commando|brug navigating-bridge, control platform; **-post** (*mil*) command post; **-staf** baton, staff of office; **-toren** conning-tower

comme il faut id; *zie ook* netjes *bn*

commensaal 1 boarder, lodger; 2 (*biol*) commensal

commentaar commentary [*op* on], comment; ~ *leveren op* comment (up)on; ~ *overbodig* comment is superfluous (needless); *van ~ voorzien,* (*tv, enz*) voice over; **commentaarstem** (*tv-achtergrond~*) voice-over; **commentariëren** comment (up)on; **commentator** id, [political] analyst; **commenteren** comment (up)on

commercialisering commercialization, commodification; **commercie:** (*de*) ~ commerce; **commercieel** commercial; *-ciële radio, tv* sponsored (*of:* commercial) radio, TV; **commère** id

commies 1 custom-house officer, exciseman; (*te water, hist*) tide-waiter; 2 (*ve departement, enz*) clerk; **commiesbrood** army bread; **commissariaat** commissionership; (*ve maatschappij*) directorate, directorship; **commissaris** 1 commissioner; 2 (*ve maatschappij*) director; ~ *zijn van* be on the board of [a company]; 3 (*v politie*) superintendent of police, (*vglb*) Chief Constable; 4 (*der Koningin*) Queen's Commissioner, provincial governor; 5 (*v orde*) steward; 6 (*ve sociëteit, enz*) steward

commissie 1 (*personen*) committee, board; ~ *van*

advies advisory body (*of:* committee); ~ *van beheer* board of control; ~ *van onderzoek* committee of inquiry; (*Am*) fact-finding committee; ~ *van ontvangst* reception committee; ~ *van toezicht* board of visitors (of supervisors), visiting committee; *in de* ~ *zitten* be (serve) on the committee (the board); 2 (*opdracht, enz*) commission; *in* ~, *a*) [send goods] on consignment, [sell] on commission (on sale or return); *b*) by proxy; *als ik lieg, dan lieg ik in* ~ if ... I do so on good authority; 3 (*bestelling*) order; 4 (~*loon*) commission; **commissieboek** order-, consignment--book; **commissiegoederen** goods on consignment, consigned goods; **commissieloon** commission; **commissionair** 1 commission--agent, -merchant; ~ *in effecten* stockbroker; 2 (*kruier*) commissionaire, porter; **commissoriaal**: ~ *maken* refer to a committee; **committent** principal

commode chest of drawers; (*hoog*) tallboy

commodore (*mar*) id; (*luchtv*) air commodore

communaal communal (ownership); **communautair** communal [affairs], Community [legislation, problems], EEC [policy, measures]; **commune** id

communi|cant id; **-catie** communication; **-catief** communicative [skills *vaardigheden*]; **-catiemedia** media (of communication); **-catiemiddel** means of communication (*ook mv*); **-catiestoornis** 1 failure in communication(s); 2 misunderstanding; **-ceren** communicate (*beide bet*)

communie (Holy) Communion; *zijn* ~ *doen* receive one's first Holy Communion; **communiebank** altar-, communion-rails; **communietafel** communion-table

communiqué id, news release

communisme communism; **communist** id; **communistisch** communist(ic)

Comoren Comoros; **comp**. afk van *compagnie* co., Co., company; **compaan** comrade, pal

compact id; ~ *disc* id

compagnie company; **compagniesbureau** orderly room; **compagniescommandant** company commander

compagnon partner, business associate; *vgl* vennoot; **compagnonschap** partnership

comparant appearer, party; *getrouwe* ~ regular attendant; **comparatief** comparative; **comparatist** comparat(iv)ist; **compareren** appear; **comparitie** 1 appearance; 2 meeting; **compartiment** compartment

compassie compassion; **compatibel** compatible; **compatibiliteit** compatibility

compen|dium (*wet & fot*) id; **-sabel** capable of being compensated, (*Am*) compensable; **-satie** compensation; **-satieslinger** compensation-, compensating-pendulum; **-seren** 1 (*opwegen tegen*) compensate, counterbalance, offset; 2 (*vergoeden*) make good [a loss], compensate [a p.] for s.t.; *een* ~*de toeslag* a compensating bonus; 3 (*vereffenen*) set off [one thing against another], compensate, balance [one thing with another]; *elkaar* ~ balance out

compe|tent id; (*jur ook*) cognizant; *zijn* ~*e portie* his rightful share; **-tentie** competency, [exceed one's] remit; (*jur ook*) cognizance; **-teren** be due; **-titie** 1 competition; 2 (*sp*) league

competitiestand league table; **competitiewedstrijd** league game, league match

compilatie compilation; **compilator** compiler; **compileren** compile

compleet complete, full; (*fig ook*) utter [failure]; downright [scandal]; regular [downpour]; (*bw*) clean [forgotten]; utterly [indifferent to things]

comple|ment id; **-mentair** complementary [colours]; **-mentshoek** complementary angle

complet (*kostuum*) ensemble; **completen** compline; **completeren** complete

complex I *zn* 1 id; hang-up [on sex]; *een* ~ *hebben, ook* be hung up; 2 block (of buildings), [building, industrial] complex; II *bn* id; **complexie** constitution, nature; **complexiteit** complexity

compliantie compliance; **complicatie** complication; **compliceren** complicate

compli|ment 1 id (*ook iron:* you can tell him, with my compliments, that ...); ~*en thuis* remember me to all at home; *een* ~ ***afsteken*** pay a compliment; ***doe*** *hem mijn* ~*en* give him my compliments, my compliments to him (*ook iron*); (*doe*) *mijn* ~*en aan uw broer* (give) my regards (respects) to your brother; *iem zijn* ~ ***maken*** (*over*) pay a p. a compliment (on), compliment a p. (on); *ik maak je mijn* ~ my compliments to you!; *te veel* ~*en maken* strain courtesy; *zie ook* regenen; ***zonder*** (*meer*) ~*en* without ceremony, unceremoniously, without more ado, offhand; 2 ~*en*, (*franje*) fallals; **-menteren** compliment [a p. (up)on s.t.]; **-menteus** complimentary

component id; **componeren** compose; **componist(e)** (musical) composer

composiet (*plant*) composite (plant); **compositie** composition; **compositiefoto** Identikit picture, photofit (picture); **compositorisch** compositional; **compositum** compound

compost compost [bin]; **composteren** compost

compote id, stewed fruit

compressie compression; **compressie|kamer, -ruimte** 1 compression chamber; 2 (*v motor*) combustion chamber; **compressor** id; **comprimeren** compress

compro|mis compromise; ~ *van averij grosse* average-bond; **-mittant** compromising; **-mitteren** compromise, commit; *zich* ~ compromise (commit) o.s.; *gecompromitteerd zijn* be under a cloud; ~*de situatie* compromising situation

comptabel responsible, accountable; **comptabele** finance officer, comptroller, bursar; **comptabiliteit** 1 (*rekenplichtigheid*) accountability; 2 (*vak*) accountancy, accounts; 3 (*instelling*) audit--office; 4 (*afdeling*) accountancy department; **comptabiliteitsambtenaren** commissioners of audit

computer id; *vertrouwd(heid) met de* ~ computerate (-racy); **computergestuurd** computer controlled, computerized; **computeriseren** compu-

terize
computer|kraker hacker; **-kunde** computer science, computing, computation; **-netwerk**: *plaatselijk* ~ local area network, LAN
con amore id, with devotion
concaaf concave; **concaaf-convex** concavo-convex
concentratie concentration [camp]; **concentratievermogen** powers of concentration; **concentreren** concentrate [troops, one's attention, etc], focus [one's thoughts, attention], fix [one's mind]; *zich* ~ concentrate [on a subject], put one's mind [to a project]; *zijn hoop -treerde zich op* ... his hopes (were) centred in (on) ...; **concentrisch** concentric (*bw:* -ally)
concept 1 (*begrip*) id; 2 (*ontwerp*) (rough, first) draft (*of:* copy); **concept-contract** draft contract; **conceptie** conception; **conceptkunst** conceptual art; **concept-reglement** draft regulation; **conceptueel** conceptual; **concept-wetsontwerp** draft bill
concern id, company, enterprise
concert 1 id; (*solo*) recital; 2 (*muziekstuk*) concerto; **concertbezoeker** concert-goer; **concerteren** give a concert; **concertmeester** leader (of an orchestra); (*Am*) concertmaster; **concerto**, **concertstuk** concerto; **concertvleugel** concert grand (piano); **concertzaal** concert hall
concessie concession, grant, charter; (*ve autobus enz*) licence, franchise; (*mijn*~) claim; ~ *aanvragen* apply for a concession; *een* ~ *doen* make a concession; ~ *verlenen* grant a concession; **concessief** concessive; **concessiehouder**, **concessionaris** concessionaire, concessionary
conciërge caretaker, hall-porter, doorkeeper, janitor, concierge, (*ve school*) school porter
conciliair conciliar; **conciliant** conciliatory, conciliating; **concilie** council
concipiëren draft, conceive [a plan, method]
conclave conclave
concluderen conclude, infer [*uit* from]; **conclusie** conclusion, inference; finding; *een* ~ *trekken* draw a conclusion (an inference) [*uit* from]; *tot een* ~ *komen* arrive at (come to, reach) a conclusion
concordaat concordat; **concordantie** concordance; **concorderen** agree, harmonize
concours match, competition; ~ *hippique* horse-show; *vgl* spring~
concreet concrete [proposals, etc]; tangible [results, etc]; **concretiseren** concretize; *een plan* ~ produce a definite (detailed) plan; **concreto**: *in* ~ in actual fact, in the concrete
concubinaat concubinage, cohabitation; **concubine** id
concur|rent I *zn* competitor, rival; II *bn* ~*e crediteuren* unsecured (ordinary) creditors; ~ *zijn*, (*bij faillissement*) rank pari passu; **-rentie** competition, rivalry; ~ *aandoen* enter into competition with, compete with; **-rentiebeding** competition clause; **-rentiepositie** competitive position; **-rentievervalsinhg** unfair competition; **-reren** compete [*met* with]; *niemand kan hiertegen* ~, (*ook*) nobody can touch this; *concurrerend*, (*ook*) competitive [price], rival [firm]
condens 1 condensate; *zie voor sam* condensatie...; 2 condensed milk; **condensaat** condensate; **condensatie** condensation; **condensatiestreep** (*ve vliegtuig*) vapour (condensation) trail; **condensatiewater** water of condensation; **condensator** 1 condenser; 2 (*elektr*) capacitor; **condenseren** evaporate, condense [condensed milk]; **condensor** condenser
conditie 1 condition, (*mv ook*) terms; *zie ook* voorwaarde; 2 (*toestand*) condition, state; *in goede* (*slechte*) ~, (*v goederen, enz*) in good (bad) condition; *in* (*goede*) ~, (*sp*) in (good) form (condition, shape); *in uitstekende* ~, (*sp*) in splendid form (condition), at the top of one's form; *in slechte* ~, (*sp*) in poor condition, out of condition (form); *om in* ~ *te blijven* [take long walks] in order to keep (o.s.) fit (*of:* in condition); *uit* ~ *raken*, (*sp*) go off form; **conditietraining** fitness training, keep-fit exercises; **conditionalis** conditional; **conditioneel** 1 (*voorwaardelijk:*) *-nele acceptatie* qualified acceptance; 2 (*fysiek, inz sp:*) ~ *beter* better conditioned, in better condition (shape); **conditioneren** 1 stipulate, condition; 2 condition; *zie ook* geconditioneerd
condole|ance, **-antie** condolence; **condoleantiebrief** letter of condolence; **condoleantieregister** register of mourners (of attendants); **condoleren** condole; *iem* ~ condole with a p. [*met* on], express one's sympathy, sympathize [with a p. in his loss]; *ik condoleer je* you have my sympathy, accept my sympathies
condominium id; **condoom** condom, sheath, (*fam*) Durex; **condor** id
conducteur (*ve trein, tram, bus*) conductor; (*ve trein, vero*) guard; (*ve goederentrein*) trainman; (*bestuurder*) driver; **conductrice** conductress; (*op bus, fam*) clippie
conduite|lijst, **-staat** 1 conduct-roll, -sheet, (*fam*) track record; 2 (*mil*) confidential report
confectie ready-made (ready-to-wear) clothing (clothes), (*fam*) off-the-peg [suit], reach-me-downs; **confectiekleding** ready-made clothes; **confectiepakje** ready-made suit, (*fam*) suit off the peg
confederaal confederative; **confederatie** confederation, confederacy
conference 1 id; 2 one-man show; **conferencier** 1 compère, (*Am*) emcee; 2 entertainer; **conferentie** 1 [hold a] conference, parley, (*fam*) palaver; 2 discussion, meeting; **confereren** consult (together), confer (together), hold a conference; ~ *met* ... *over* consult (confer) with ... on; ~ *op afstand* teleconference
confessie 1 confession; 2 (*gelofte*) vow; **confessioneel** 1 confessional; (*v school, enz*) denominational, (*enigszins ongunstig*) sectarian (*ook zn*); 2 orthodox; **confetti** id
confidentie confidence; *een* ~ *doen* make a confidence [to a p.]; **confidentieel** confidential; (*boulevardpers, ook*) kiss-and-tell [interviews]
configuratie configuration; **configureren** con-

figure; **confirmatie** confirmation; **confirmeren** confirm; **confiscatie** confiscation, seizure; **confiserie** confectioner's (shop); **confiseur** confectioner, pastry-cook; **confisqueerbaar** confiscable; **confisqueren** confiscate, seize; **confiture** conserve; *~en* candied fruit; **confituur** jam

conflict id, dispute; *in ~ komen met* come into conflict with, conflict (*of:* clash) with, come up (find o.s. up) against; **conflicteren** conflict [*met* with]; **conflictmodel** confrontation strategy; **conflictueren** conflict [*met* with]; **conflictueus** conflictive, conflictory

conform in accordance with, in conformity with; *voor kopie ~* conformable to the original; [of which] this is a true copy; **conformeren**: *zich ~* conform [*aan* to]; **conformisme** conformism; **conformist(isch)** conformist; **conformiteit** conformity

confrater colleague; confrère; (*jur*) [my] learned friend, [his] brother counsel; **confrère** id; *zie* confrater

confrontatie confrontation, [final] showdown; **confronteren** confront [*met* with]

confucianisme Confucianism; **Confucius** id

confusie confusion; **confuus** confused, abashed, taken aback

congé id, dismissal; *zijn ~ geven* dismiss, send packing, (give the) sack, give [a p.] his congé (his marching orders), fire [the cook], (*sl*) give the boot; *hij kreeg zijn ~* he was sacked (sent packing), got the sack (his congé, *sl:* the boot)

congeniaal congenial; **congenitaal** congenital [blindness, idiot]; **congestie** congestion; **congestiepunt** bottleneck; **conglomeraat** conglomeration; (*inz geol*) conglomerate; **congreganist** (*r-k*) congregationist; **congregatie** congregation

congres conference, [world] congress; *het* (*Am*) *Congres* Congress; **Congreslid** (*Am*) member of Congress, Congressman; **congresseren** hold (take part in) a conference (a congress); **congressist** conference (congress) member, delegate

congruent congruent; *~e figuren,* (*ook*) duplicates; **congruentie** 1 (*wisk*) congruency; 2 (*gramm*) agreement, concord; **congrueren** correspond; agree; (*wisk*) be congruent

conifeer conifer; **conisch** conic(al), tapered [pin]

conjectuur conjecture

conjugatie conjugation; **conjugeren** conjugate

conjunctie conjunction (*alle bet*); **conjunctief** subjunctive; **conjunctivitis** id; **conjunctureel** cyclical [fluctuations, unemployment; cyclically sensitive]; **conjunctuur** 1 conjuncture; 2 (*handel*) state of the economy, tendency (condition, trend) of the market, business outlook; *opgaande ~* upswing, upward movement (trend), revival in trade, (*sterk*) boom; *dalende ~* downswing, recession, decline, slump; **conjunctuurgolf** trade [*of:* business] cycle

connectie connection, -xion; *zij had uitstekende ~s* she was excellently connected; *veel ~s hebben,* (*handel*) have a large connection

connossement Bill of Lading, B/L [*over* ... for ..., covering ...]; **connotatie** connotation

conrector vice-principal, deputy headmaster, senior master; **consacreren** consecrate

consciëntie conscience; *in ~* in all conscience; **consciëntieus** conscientious, scrupulous

conscript id; (*Am*) inductee; **conscriptie** conscription; **consecratie** consecration; **consecreren** consecrate

consecutief consecutive; **consensus** id

consent 1 id; 2 (*verlofbrief*) permit, licence

consequent consistent; **consequentie** 1 (*gevolg*) (logical) conclusion, consequence; 2 (*beginselvastheid*) consistency

conserva|tie conservation, preservation; **-tief** *bn & zn* conservative; (*bn ook*) unprogressive; **-tisme** conservatism; **-toir**: *~ beslag* garnishee; *~ beslag leggen op* garnishee [a p.'s salary]; **-tor** id, keeper, custodian, curator [of a museum]; **-torium** school (college, academy) of music; (*inz Am*) conservatory; (*niet-Eng*) conservatoire

conserveermiddel preservative; **conserven** preserves; **conservenfabriek** canning-factory, cannery; **conserveren** preserve, keep; (*in blik*) tin, can; *goed geconserveerd,* (*ook v pers*) well preserved; **conserveringsmiddel** preservative

conside|rans preamble; **-ratie** [treat a p. with great] consideration, [show a p. much] deference; *~ hebben* make allowances [*met iem* for a p.]; exercise leniency (mercy) [towards]; *met ~,* (*ook*) considerately; *uit ~ voor* in deference to, out of consideration for; *zonder* (*enige*) *~* without more ado

consignataris consignee; **consignatie** consignment; *in ~* [send] on consignment; (*jur*) [give] in consignation; **consignatiegever** consignor; **consignatienemer** consignee; **consigne** 1 instructions, orders; 2 (*wachtwoord*) password; **consigneren** 1 consign; 2 (*mil*) confine to barracks [troops are standing by in the barracks]

consistent id; **consistentie** consistency, -tence; **consistentvet** hard grease

consistorie consistory, vestry; **consistoriekamer** vestry; **consistorium** (*r-k*) consistory

console 1 id, bracket, (*v steen, ook*) corbel, (*lang*) cantilever; 2 (*tafeltje*) console (table); 3 (*apparaat*) id

consoli|datie consolidation; **-deren** consolidate

consommé id, beef-tea, broth, clear soup

consonant id

consorten confederates, associates; *en ~,* (*ook*) and company, & Co, [you] and your likes; **consortium** id, syndicate

constant id, stable, steady; consistent [quality]; (*ve pers, ook*) firm [friend], staunch [ally], loyal; *hij liet mij ~ in de steek* he was forever letting me down; **constante** constant; **constantheid** constancy; **Constantia** Constance; **Constantijn** Constantine; **Constantinopel** Constantinople; **constateren** ascertain; establish [a truth, a p.'s guilt]; put [a fact] on record, state; find, note [a deficit of £5m]; (*ziekte*) diagnose [ten cases of smallpox], confirm [foot-and-mouth disease]; *de dood* ~ certify death, testify to a p.'s death; ... *zo constateerde men in de pers* it was observed in the papers ...; *we moeten* ~ *dat* ... we have to accept the fact that ...; **constatering** statement, finding; diagnosis; confirmation; observation

constellatie 1 configuration, set-up [under the present set-up renewal is almost impossible], state of affairs; 2 (*sterrenbeeld*) constellation

consternatie consternation

constipatie constipation; *aan* ~ *lijden* be constipated; **constiperen** constipate [the bowels]; *geconstipeerd*, (*ook*) costive

constituante constituent assembly; **constitueren** constitute; *zich* ~, (*tot commissie, enz*) constitute themselves; ~*de vergadering* constituent assembly; **constitutie** constitution; (*ve persoon, ook*) [his whole] make-up; **constitutief** constituent; **constitutioneel** constitutional

constructeur design engineer, designer; **constructie** 1 construction, structure; 2 [an innovative] arrangement; [a theoretical] construct; 3 (*het construeren*) construction, design; **constructiebankwerker** constructional fitter

constructiebureau drawing office

constructief 1 constructive [remarks; drawing]; 2 structural [elements, timber]

constructie|fout fault in construction, faulty design; [the bridge collapsed owing to a] structural defect; **-staal** steel girders; **-tekening** construction (working, engineering, design) drawing (*of:* plan); **-werkplaats** engineering shop (*of:* works)

constructivisme constructivism; **construeren** 1 (*samenstellen*) construct [a sentence, an argument; a bridge; a triangle], engineer; 2 (*bedenken*) make up, imagine; 3 (*ontleden*) construe [a sentence; a p's remarks]

consul 1 id; 2 (local) representative; **consulaat** consulate; **consulair** consular [invoice, etc]; **consulent** 1 adviser, counsel; 2 clergyman having the care of a vacant parish; 3 advisory expert, consultant; *zie ook* belasting~; **consul-generaal** consul general

consult consultation; *in* ~ *roepen*, (*med*) take into consultation; call in in consultation; *iem in* ~ *roepen*, (*ook*) call in a consultant, seek a second (another) opinion; **consultant** id (*in beide bet*); **consultatie** consultation; **consultatiebureau** health centre; ~ *voor* (*aanstaande*) *moeders* maternity centre, antenatal clinic; ~ *voor zuigelingen* infant welfare centre; **consultatief** consultative; **consulteren** consult; *een dokter* ~, (*ook*) take medical advice, see a doctor [about ...]; **consulterend** advisory; ~ *geneesheer* consulting physician, consultant

consument(en) consumer [credit, electronics, organization, policy, research]; **consumentenbond** consumers' association; **consumentenprijs** retail price; **consumentisme** Consumerism; **consumeren** consume

consumptie 1 (*verbruik*) consumption; *voor* ~ *geschikt* fit for consumption, edible; *in* ~, (*handel*) duty paid; 2 (*genuttigde*) food [the food and cellar are good], fare, drink(s), refreshment(s); **consumptieaardappel** eating potato; **consumptieartikelen** *zie* -goederen; **consumptiebedrijf** catering industry; **consumptief** (*inz Am*) consumptive; *-tieve belasting*, (*vglb*) goods and services tax; *voor -tieve doeleinden* [produced] for consumption; ~ *krediet* consumer credit; *uitgaven in de -tieve sfeer* consumer expenditure; *-tieve technieken* catering technology; **consumptiegoederen** [basic] consumer goods, consumables; *(niet-)duurzame* ~ consumer (non-)durables; **consumptieijs** ice-cream; **consumptiemaatschappij** consumer society; **consumptiemelk** liquid (*Am:* fluid) milk, drinking milk; **consumptietent** refreshment (drinks, coffee) stall

contact contact, touch; liaison; *in* ~ *komen met* contact; ~*en leggen* make contacts; ~ *maken*, (*ook*) establish a rapport [with]; (*zakelijk*) liaise; *zie ook* aanraking & contacten; **contactadres** contact address; **contactadvertentie** (*vglb*) personal ad(vertisement), personal notice; **contactafdruk** contact print; **contactarm** lacking social skills; ~ *persoon* social isolate; **contactdoos** power point, plug point, (wall) socket; (*Am*) (wall) outlet; **contactdraad** contact-wire

contact|(er)en contact [one's lawyer]; (*informeel contacten opbouwen*) network; **-lens** contact lens; **-lijm** contact adhesive; **-man** contact (man); **-mijn** contact-mine; **-persoon** 1 contact (*ook med*); 2 person to be contacted; **-punt** 1 terminal; 2 (*auto, enz*) point; **-sleutel** ignition key; **-slot** starter lock; **-sport** contact sport; **-stop** plug (connector)

contactueel contactual; interpersonal; social; *met goede -ele eigenschappen* getting on well with others, well-socialized; (*werving*) has excellent rapport; *vgl* communicatief

contactweerstand contact-resistance

container 1 id; *in (standaard)~s vervoeren* containerize [cargo]; 2 (*afvalbak*) skip; [bottle] bank

container|schip (all-)container ship; **-wagen** (*spoorw*) container wagon (*Am:* truck)

contaminant id; **contaminatie** contamination; **contamineren** contaminate

contant cash; *à* ~ [sell] for cash (down), for ready money, cash in hand; *prijs à* ~ cash price; ~ *met 2% korting* cash less 2 per cent; *2% voor* ~ 2 per cent for cash; ~ *zonder korting* net(t) cash; ~ *betalen* pay cash, pay money down, pay on the nail; ~ *tegen documenten* cash against documents; *extra* ~ prompt cash; ~*e betaling* cash payment; ~*e waarde* market value; ~*e zaken* ready money transactions; ~ *geld*, ~*en* (hard) cash, ready money, specie; [*£ 20*] *aan* ~*en* in cash

conté 1 conté(-crayon); 2 charcoal

contemplatie contemplation; **contemplatief** contemplative

contemporain contemporary

content content [with life]; contented [smiles]; *niet* ~, (*ook*) discontented [with one's job]

contentieus contentious, controversial

conter- *zie* contre-; **contestant** id; opposition-

ist; **contesteren** contest; oppose
context context [of words in a Statute; the social context]; **contextueel** contextual [meaning]
contigu contiguous; **contiguïteit** contiguity
conti|nent id; **-nentaal** continental [shelf *plat*]
contingent I *zn* id, quota, proportion; II *bn* id; **contingenteren** impose quotas [on, for grain imports]; restrict, apportion; **contingentering** 1 quota system; 2 quota restrictions
continu continuous [industry, operation, process]; *hij klaagt* ~ he is forever complaining; **continuarbeid** shift work; **continuatie** continuation; **continubedrijf** 1 continuous working plant, continuous industry; 2 continuous working (operation); **continueren** continue [(with) a project; continue unbroken]; *een tijdelijke aanstelling* ~ renew a temporary appointment (a p's tenure of an office); **continuïteit** continuity [of thought, of fuel supplies); **continuüm** [the space-time] continuum
conto account; *à* ~ on account; *op zijn* ~ [with two victories] to his account; *op iems* ~ *schrijven* hold a p. accountable for [the defeat]; ~ *finto* pro forma invoice
contour id, profile; *de ~en van een plan* [sketch] the outlines of ...; **contourscherpte** (*fot*) acutance
contra I *bn & bw* 1 contra, against; 2 (*jur, sp*) versus, v; II *zn* id; **contrabande** contraband (goods); **contrabas** double-bass [player], contrabass, (*fam*) bass fiddle; **contrabezoek** *zie* contravisite; **contraboek** customer's book; **contraceptie** contraception; **contraceptief** I *bn* contraceptive [devices *middelen*, pills]; II *zn* (~ *middel*) contraceptive; **contraceptioneel** *zie* -ceptief I; **contraceptivum** contraceptive
contract id, agreement; (*leer~*) articles (of apprenticeship), indentures; *een* ~ *aangaan* (*sluiten*) enter into (make, conclude, fix) a contract; *bij* ~, *zie:* ~uel; *bij* ~ *aangenomen* articled [clerk]; *op* ~ by contract, on a contract; *volgens* ~ according to contract; **contractant** contracting party; **contractbreuk** breach of contract; **contracteren** 1 (*overeenkomen*) contract; *~de partijen* contracting parties; *gecontracteerd* contract [price], [the salary] contracted for; 2 (*aannemen*) put under contract, engage, (*inz sp*) sign on [players]
contrac|tie contraction; **-tueel** contractual; *zich* ~ *verbinden* bind o.s. by contract; ~ *verbonden zijn aan* be under contract to; **-tuur** contracture
contradans contredanse; country dance; **contradictie** contradiction; **contradictio in terminis** contradiction in terms; **contraduik** reverse dive; **contra-expert** (*vglb*) second opinion; **contra-expertise** countercheck; **contrafagot** double bassoon; **contragewicht** counterweight; counterpoise
contraheren contract; **contra-indicatie** contra-indication; **contrair** contrary (to)
contra|merk 1 countermark; 2 (*theat, enz*) (pass-out) check; **-mine** (*handel*) bears; *in de* ~ *zijn, a*) be contrary, be in opposition, disagree with everything; *b*) (*handel*) speculate for a fall, sell short; **-mineur** bear, speculator for a fall; **-moer** check-, back-, lock-nut, safety nut; **-monster** counter (*of:* reference) sample; **-post** (*handel*) contra; **-prestatie** *zie* tegenprestatie; **-produktief** counterproductive; **-punt** counterpoint; **-puntisch** contrapuntal; **-puntist** id; **-reformatie** Counter-Reformation; **-revolutie** counter-revolution
contra|rie contrary; *juist* ~ just the other way about; *zie ook* Jantje; **-riëren** thwart, cross
contrasigneren countersign; **contraspionage** counterespionage
contrast id; *een groot* ~ *met* a great contrast to
contrastekker extension jack (*of:* socket)
contrasteren contrast [*met* with]; **contrastief** contrastive [colouring, analysis]; **contrastrijk** (*fot*) contrasty; **contrastvloeistof** contrast medium; **contrastwerking** contrast
contratenor counter-tenor; **contravisite** return call, return visit; *een* ~ *brengen* return a call
contrecœur: (*à*) ~ half-heartedly; **contrefort** 1 (*v schoen, enz*) counter, stiffener; 2 (*steunmuur*) counterfort, buttress
contrei part, region
contri|buabel *zie* belastbaar 1; **-buant** contributor; **-bueren** contribute; **-butie** 1 (*als lid*) subscription; 2 (*belasting*) contribution, tax
controle check [*op* on], supervision; inspection [of tickets]; *iem* (*iets*) *onder* ~ *houden* keep a check on a p. (keep s.t. in control); *de bal onder* ~ *brengen*, (*sp*) control the ball; *doorlopende* ~, (*v boekhouding*) continuous audit; *door de* ~ *gaan* pass through the entrance gate (the (ticket-)barrier); ~ *uitoefenen op*, *zie* controleren; (*attr ook*) watchdog [committee, function]; **controlecijfer** check digit; **controleerbaar** verifiable
controle|groep control group; **-kamer** control room; **-klok** time-clock; **-lamp** pilot light; **-lijst** tally sheet; **-post** (*sp*) control-point; (*mil*) checkpoint; *de* ~ *bereiken* check in
controleren check [a p., a statement], verify [accounts, etc], (*ve accountant*) audit [accounts]; examine, inspect [tickets, the books]; supervise; monitor [radio transmission]; *behoorlijk* ~ keep a proper check on; *~d geneesheer* medical officer [of the Company]; **controleur** 1 controller, checker, inspector; (*v kaartjes*) ticket-inspector, -collector, checker; 2 (*Ind*) district officer, collector, deputy-commissioner
controverse controversy; **controversieel** controversial; **conus** cone
convalescent *bn & zn* id; **convectie** convection; **convector** id, convection (convector) heater; **convenabel** becoming, suitable, fit; **convenant** covenant, accord, agreement [on acceptable levels of pollution]; **conveniëren** suit, be convenient to (for); **convent** id; *zie ook* conventie; **conventie** convention; **conventikel** conventicle; **conventioneel** conventional [ideas, weapons]; **conventueel** (*r-k*) conventual
convergent id; **convergentie** convergence [zone]; **convergeren** converge; *~d* converging [lens], convergent [series]

conversabel conversable; **conversatie** 1 conversation; 2 (social) intercourse; **conversatieles** conversation lesson; **conversatiezaal** [hotel] lounge; **converseren** 1 converse; make conversation [with]; 2 (*omgaan*) associate [*met* with]
conversie conversion; **conversielening** conversion-loan; **converteerbaar**: *-bare effecten* conversion (convertible) stock; **converteren** convert [*in* into]; **convertibel** convertible [currencies]
convex id; **convex-concaaf** convexo-concave
convocaat *zie* convocatie 2; **convocatie** 1 convocation; 2 notice (convening a (the) meeting); **convocatiebiljet** *zie* convocatie 2; **convoceren** convene, convoke; **convoluut** 1 bundle, sheaf [of papers]; 2 composite volume; 3 (*med*) convolution
convulsie convulsion; **convulsief** convulsive
coöperatie 1 (*abstr*) cooperation; 2 (*lichaam*) cooperative; *vgl het vlg*; **coöperatief** cooperative [attitude, person, (building) society, stores]; **cooperator** cooperator; **coöpereren** cooperate [*met* with]; **coöptatie** co-op(ta)tion; **coöpteren** co-opt
coördi|naten coordinates; **-natennet** grid; **-natenstelsel** [astronomical, Cartesian, polar] coordinate system; **-natie** coordination; **-nator**, **-natrice** coordinator; **-neren** coordinate
co-ouder co-parent
copieus copious [meal], abundant, plentiful
coproductie co-production
coprofaag coprophagous; **coprofiel** coprophilous, -lic; **coprolagnie** coprolagnia; **coprolalie** coprolalia; **coproliet** coprolite, (*med*) coprolith
copromotor co-supervisor of a doctoral dissertation
copula id; **copulatie** copulation; (*plantk*) splice graft(ing); **copuleren** copulate; (*plantk*) splice-graft
copyright id; *zie* auteursrecht; **cordiaal** cordial
cordon id (*ook ve ridderorde*); *zie ook* kordon; ~ *bleu* id (*alle bet*); **corduroy** id, cord; (*fijn*) needlecord; ~ *broek* corduroys; **coreferent** referee
Corinthe Corinth; **Corinthiër** Corinthian; **Corinthisch** Corinthian; *~e spelen* Isthmian games
cornage (*v paard*) roaring
Cornelia id; **Corneli(u)s** Cornelius
corner (*handel & sp*) id; (*sp ook*) corner kick (*hockey:* hit); *de bal ging* ~ the ball went into corner
cornet (*mil & muz*) id; **cornet-à-piston** id, cornopean; **Cornwall(is)** Cornwall; *van* ~ Cornish
corona id (*mv ook:* -nae); **coronair** coronary [artery, bypass, care, thrombosis]
corporatie corporate body, corporation; *als* ~ [act] in a corporate capacity; **corporatief** corporative [State]; **corporeel** corporal
corps corps (*mv:* id), body (*ook v wijn*); (student) society; ~ *leraren* teaching-staff; ~ *diplomatique* id, diplomatic corps; *en* ~ in a body; **corps|lid**, **-student** student society member, (students') union member
corpulent stout, corpulent, obese; (*fam*) tubby; **corpulentie** corpulence, stoutness, obesity
corpus body; [linguistic] corpus; ~ *delicti* id
correct id; ~ *handelen,* (*ook*) do the correct thing; **correctheid** correctness; **correctie** correction; **correctief** corrective; **correctielak** correcting fluid; **correctietekens** proofreaders' (printers', (proof-)correction) marks; **correctietoets** correction key; **correctievloeistof** correcting fluid; **correctioneel** correctional; **corrector** (proof *of:* printer's) reader, corrector; **correctrice** correctrix
correlatie correlation [coefficient]; *in ~ staan, brengen, zie* correleren 1, 2; **correlatief** correlative; **correleren** 1 correlate; 2 (*in correlatie brengen*) show (establish) a correlation (between)
correspon|dent(e) correspondent; (*ve krant, ook*) stringer; **-dentie** [conduct the] correspondence; **-dentieadres** mailing address, accommodation address; **-dentiekaart** (*niet Br & Am*) correspondence card; **-dentieschaak** correspondence chess; **-deren** 1 (*schrijven*) correspond [*met* with], be in correspondence; *we ~ geregeld* we are regular correspondents; *~d lid* corresponding member; 2 (*overeenkomen*) correspond [*met* to], agree, conform [*met* with]; (*v treinen, enz*), *zie* aansluiting hebben
corridor id
corrigendum id; **corrigeren** correct (*ook: berispen, straffen*); adjust [an error in the accounts]; read [proofs], proof-read; mark [papers, proofs]; set [a p.] right
corroderen corrode; **corrosie** corrosion; **corrosief** corrosive; **corrosiviteit** corrodibility
corrumperen corrupt [manners, youth; power corrupts]; **corrupt** id; **corruptie** corruption
corsage corsage, spray; **corselet** cors(e)let
Corsica id; **Corsicaan(s)** Corsican
corso [flower] parade, pageant
cortex id; **corticoïde** corticoid; **corticosteroïde** corticosteroid; **cortison** cortisone
corvee 1 household chore(s); (*kamp, enz*) orderly duty; (*mil, inz straf~*) fatigue(-duty); (*troep*) fatigue(-party); (*Am, straf~*) KP, kitchen police; 2 (*heel karwei*) tiring job, chore, unending drag; **corveeër** orderly
coryfee leading exponent, star (performer) [etc]
cosecans cosecant; **cosinus** cosine; **cosmetica** cosmetics; *zie* kos-; **costu|mier**, **-mière** id, costumer; (*theat*) wardrobe master (mistress); **cotangens** contangent; **coterie** id, clique; **cothurn(e)** buskin, cothurnus; **cotillon** id; **cotoneaster** id
couchette id, bunk, (sleeping-)berth; **coulance** courtesy, consideration; **coulant** accommodating, considerate, obliging, generous; *~e voorwaarden* reasonable terms
coulisse side-scene, -wing, movable scene, coulisse; *achter de ~n* behind the scenes (*ook fig*), in the wings, [step back] into the wings; **couloir** lobby; **counter** id; **counteren** 1 (*sp*) counter; 2 (*afslaan*) frustrate
coup id, stroke, move; **coupage** blending [wine]; **coup d'état** id, coup; **coup de théâtre** id, sensational trick (*of:* surprise); **coupe** 1 (*snit*) cut;

(hair)style; 2 (*glas*) id; (*schaal*) cup; 3 (*biol*) section; **coupé** 1 (*ve trein*) compartment; (*ook*) [travel in the same] carriage; *halve ~,* (*ve trein*) coupé; 2 (*rijtuig, auto; ook: coupeetje*) brougham, coupé; **couperen** 1 (*kaartspel*) cut; 2 (*staart, enz*) dock; 3 (*in toneelstuk*) cut, make cuts; 4 (*afkappen*) preclude [further questioning]; cut short [a p.'s excuses]; 5 blend [wine]
couperose rosacea
coupeur cutter(-out), tailor's cutter; **coupeurskamer** cutting-out room; **coupeuse** *zie* coupeur
couplet stanza, stave; (*tweeregelig*) couplet
coupon 1 id (*cadeau-,* (*ook*) gift-coupon); 2 (*stof*) remnant, cutting; **couponbelasting** coupon tax; **couponblad** coupon-sheet; **couponboekje** coupon-, ticket-book; **couponring** rubber band
coupure 1 cut [in film, etc]; excision; 2 (*v effecten, enz*) denomination
cour 1 court; 2 (*ten hove*) *zie* receptie
courage id, pluck, spirit; *~!* cheer up!, never say die!, thumbs up!
courant I *bn* current, marketable; *~e maten* stock sizes; *niet ~e maten* off-sizes; II *zn* 1 *Nederlands ~* Dutch currency; 2 (news)paper, journal; *zie verder* krant & *sam met* krant; **coureur** racing driver (motorist, motorcyclist, cyclist)
courgette id, (*Am*) zucchini
courtage brokerage, (selling) commission, [house agent's] fee
courtisane courtesan; **courtoisie** courtesy
coûte que coûte at all costs, at any cost
couture id; **couturier** id, fashion designer, dressmaker
couvade id, man-childbed; **couvert** 1 envelope; *onder ~* under cover; 2 (*op tafel*) place setting, cover [a dinner of ten covers]; **couveuse** incubator; **couveusekind** premature baby
cover 1 (*omslag*) id, [book] jacket, [record] sleeve; 2 (*muz*) cover (version); **coveren** 1 retread [tyres]; 2 cover [a news story]; 3 (*muz*) cover
cowboy id (*ook fig*); **cowboyfilm** western (picture); **c.q.** afk van *casu quo*
crack (*sp & kristallijne cocaïne*) id
crapaud low-seat easy chair; (*rond*) tub chair
craquelé crackle(-china, -glass, -ware); (*in verf*) craquelure
crawl(en) crawl; **crawlslag** crawl stroke
crayon id; *in ~* in crayon(s), in chalk; **crayontekenaar** crayonist, pastellist
creatianisme creationism, fresh creation theory; **creatie** creation (*alle bet*); **creatief** creative (*ook euf:* creative accountancy); **creationisme** creationism, anti-evolutionism, Christian fundamentalism; **creativiteit** creativeness, creativity; **creatuur** 1 creature; 2 (*min*) critter
crèche id, day (*of:* public) nursery; [seal] sanctuary; **credenstafel** credence (table)
credit id; *in iems ~ boeken, zie ~*eren; **crediteren**: *~ voor* pass (place) to a p.'s credit (to the credit of a p.'s account), credit a p. with; **crediteur** creditor; *~en,* (*bkh*) accounts payable; **crediteurenrekening** creditor account; **creditnota** credit note; **creditpost** credit entry, entry on the credit side; **creditsaldo** credit balance; **creditzijde** credit side; **credo** id (*mv:* -os)
creëren create (*in alle bet*); **crematie** cremation; **crematorium** id, crematory
crème I *zn* cream [*ook fig:* the cream of the military riders]; *~ de la ~* id; II *bn* cream(-coloured)
cremeren cremate; **Cremona** id (*ook de viool*)
cremortart cream of tartar
creoline creolin
creolisering creolization; **creool** Creole; **creools** *bn & zn* creole; **creoolse** Creole; **creooltaal** creole
creosoot creosote; **creosoteren** creosote
crêpe 1 id, crepe [dress, paper, rubber, tape], crape; *~ de Chine* id; 2 (*flensje*) id, crepe [Suzette]
crepeergeval desperate case; **creperen** die (miserably), (*sl*) pop off (the hooks), croak; *~ van de pijn* suffer an agony of pain
crêperie id, creperie, pancake house
cresc., **crescendo** id; **Cresus** Croesus
cretin id; **cretinisme** cretinism; **cretonne** id; **criant**: *~ vervelend* deadly dull
cricket id; **cricketen** play cricket; **cricketer** id; **cricketveld** cricket-ground, -field
crime bane, worry; *het is een ~* it's more than flesh and blood can bear; *die speedboten zijn een ~* those speedboats are a disaster; *~ passionel* id, crime of passion; **criminaliseren** criminalize; **criminalist** id, criminal lawyer; **criminaliteit** criminality; (*de*) *kleine ~* petty crime; **crimineel** 1 criminal [anthropology, law]; *uit de criminele sfeer halen* decriminalize [cannabis]; 2 (*fig*) horrible, outrageous; enormous; *~ vervelend* (*koud*) deadly dull (perishing cold); *~!* great!; **criminologie** criminology; **criminoloog** criminologist
crinoline id
crisis id (*mv:* crises), critical stage (moment, point), turning-point; (*attr*) crisis [centre, intervention, situation, talks, team]; *de zaken hebben een ~ bereikt* things have come to a crisis (a head); *de Kerk maakt een ~ door* the ... is in a critical situation; *hij is de ~ te boven,* (*ve patiënt, enz*) he has turned the corner; **Crispijn** Crispin
criterium 1 criterion (*mv:* -ria), (acid) test; benchmark; 2 (*sp*) id; **criticaster** id; **criticus** critic; (*vitter*) faultfinder; **critiseren** criticize; **Croesus** id
croquant crisp; **croque-monsieur** toasted sandwich; **croquet** (*sp*) id; **croquetje** croquette, rissole; **croquetten** play croquet
cross cross-country (race); **cross-auto** stock car; **cross-cultureel** cross-cultural; **crossen** autocross (cyclo-cross, motocross) racing; **crosser** cross-country racer; **crossfiets** cyclo-cross bike, BMX bike; **crosspass** cross; **crossrijden** stock-car racing
croupier id; **croûton** crouton
cru I *bn* crude; blunt; cruel; II *zn* id, [first, fifth] growth
cruciaal crucial; **cruciferen** cruciferae; **crucifix** id; **crudités** id, salad (of raw vegetables)
crustaceeën crustacea(ns); **crux** id
cryobiologie cryobiology; **cryochirurgie** cryo-

surgery; **cryogeen** cryogenic
crypt(e) id; **cryptisch** cryptic
crypto-communist id; **cryptofoon** scrambler; **cryptogaam** cryptogam; **cryptograaf** cryptographer; **cryptogram** 1 id; 2 cryptic crossword; **cryptologie** cryptography, cryptology; **cryptoloog** cryptographer, cryptologist
c. s. afk van 1 *cum suis* et al; 2 *cum sociis* & co
csardas czardas
Cuba id; **Cubaan(s)** Cuban; **Cubaanse** Cuban
cuisinier caterer; **cul-de-sac** id, blind alley
culinair culinary; *~e vakschool* catering school
culmi|natie culmination; **-natiepunt** culminating-point (*ook fig*); **-neren** culminate (*ook fig*)
culpoos culpable [homicide]
cult cult [book, hero, figure, writer]; **cultisch** cultic; **cultivar** id; **cultivator** id; **cultivéparel** cultured pearl; **cultiveren** cultivate [land, people, a beard, friendship, hobby, the mind, the soil]; refine [one's language, manners]; educate [one's taste]; *zie ook* gecultiveerd
culture plantation, estate; *zie ook* cultuur; **cultureel** cultural [activities, anthropology, barbarism, desert, differences, diversity, events, minorities, studies]; **cultus** cult, (*r-k, ook*) id; **cultuur** 1 (*verbouw*) cultivation, culture; *in ~* under cultivation; *in ~ brengen* bring into cultivation, put under the plough; 2 (*v bacteriën*) culture; 3 (*beschaving*) culture, civilization
cultuur|barbaar philistine; **-bezit** cultural heritage; **-drager** great (leading) mind, formative influence; **-geschiedenis** history of civilization; **-gewas** *zie* -plant; **-goed** (cultural) heritage; **-grond** cultivated (cultivable) land; **-historicus** cultural historian; **-historisch**: *uit ~ oogpunt* from a cultural-historical point of view; **-overdracht** transmission of culture; **-plant** cultivated plant; **-schok** culture shock; **-taal** civilized language, language of civilization, standard language; **-techniek** land development, agricultural engineering; **-technisch**: *~e werken* land development projects; **-volk** civilized nation
cum *vz* id; *zn zie ~* laude; (*een*) *~ krijgen,* (*Br*) get a first; *~ annexis* with appurtenances, (*fam*) with all the trimmings; *~ dividend* id; *~ grano salis* id (*fam:* cum grano), [take] with a pinch (a grain) of salt; *~ laude* [graduate, pass] with credit (distinction, first class honours); (*Am*) (summa, magna) cum laude, with honors; *~ suis* et al, and others (*niet:* a.o.!), and supporters, and family; *zie ook* consorten
cuma|rien, -rine coumarin, cumarin
cumulatie cumulation; (*v ambten*) plurality, pluralism; **cumulatief** cumulative; *~ preferent aandeel* cumulative preference share; **cumuleren** cumulate; **cumulus** id
cunni|linctus, -lingus id
Cupido Cupid; **cupidootje** cupid, love
Curaçao id (*ook likeur*); **curare** id, curari
curatele guardianship, custodial care; *onder ~ staan* be in ward (under guardianship, under tutelage); (*fam*) be under close supervision, have one's wings clipped; *onder ~ stellen* make [a person of unsound mind] a ward of court, put [a p.] in ward, place [a p.] under guardianship, appoint a guardian over [a p.]; **curatief** curative [medicine]; **curator** 1 guardian; 2 (*museum, enz*) curator, custodian; 3 (*in faillissement*) trustee in bankruptcy; liquidator; (*rechter-commissaris*) (official) receiver; *onder het beheer ve curator komen* go into receivership; (*voorafgaand aan faillissement*) administrator; *onder het beheer ve curator komen* go into receivership (into administration); 4 (*gymnasium, univ; vglb*) governor, trustee; **curatorium** (*vglb*) board of control (of governors, of trustees)
cureren cure; **curettage** (dilatation and) curettage; **curette** id; **curetteren** curette
curie (*r-k*) Curia
curieus curious (*ook v boek: erotisch*), odd, queer; (*fam*) rum; **curiositeit** curiosity, curio; *artistieke ~en* articles (objects) of virtu, bric-à-brac; **curiosum** (*mv: -sa*) rarity; *curiosa,* (*erotische boeken*) id; *zie ook* curiositeit
curriculum id, (*mv:* -la); *~ vitae* id, cv, CV
cursief 1 in italics, italicized; 2 *zie* ~letter; **cursiefje** (gossip, etc) column; **cursiefletter** italic (letter) (*mv:* italics)
cursist student; course-member, -participant
cursiveren italicize, print (put) in italics; *ik cursiveer* (the) italics (are) mine, my (own) italics, emphasis added
cursor id; **cursorisch** cursory; **cursus** 1 course (of study), curriculum; [evening] classes; 2 school year; *driejarige ~* three years' course; *een ~ volgen* take classes [in cookery, etc], take a course [of first aid]; **curulisch**: *~e stoel* curule chair (seat)
curve id; (*grafische voorstelling, ook*) graph; **curvimeter** curvometer
custard custard (powder); (*vla*) id; **custardpudding** custard
custode catchword; **custos** 1 keeper, custos, custodian; 2 (*bladwachter*) catchword; **cv** 1 central heating [boiler, system]; 2 CV, curriculum vitae
cyaan 1 cyanogen; 2 (*kleur*) cyan; **cyaankali** potassium cyanide; **cyaanwaterstofzuur** hydrocyanic acid; **cyanide** id; **cyanose** cyanosis
cybernetica cybernetics
cyclaam cyclamen; (*alpenviooltje, ook*) sowbread
Cycladen: *de ~* the Cyclades
cyclamaat cyclamate; **cyclame(n)** *zie* cyclaam
cyclisch cyclic [compounds, flowers, permutations], cyclical; **cycloïde** cycloid; **cyclometer** id; **cyclonaal** cyclonic; **cycloon** cyclone
cycloop cyclop(s) (*mv:* cyclopes, -ops, -opses); **cyclopisch** cyclopean, -pian
cyclostyle(ren) cyclostyle; **cyclotron** id; **cyclus** cycle; **cylinder**, enz *zie* cilinder, enz
cy|nicus cynic; **-nisch** cynic(al); **-nisme** cynicism
cypers Cyprian; *~e kat* tabby (cat); **cypres** cypress; **Cyprioot** Cyprian, Cypriot(e); **Cyprisch** Cyprian, Cypriot(e); **Cyprus** id
cyrillisch Cyrillic [alphabet, script]
cyste cyst; **cystenaaltje** potato eelworm; **cysti-**

tis id; **cystoscopie** cystoscopy
cytologie cytology
czaar, **Czech**, enz *zie* tsaar, Tsjech, enz

Dd*d*

d (the letter) d; **D** D (*ook noot en Romeins cijfer*); *D-kruis* D sharp; *D-mol* D flat

daad action, act, deed; move [one of the first moves of the new government]; (*roemrijke*) achievement, exploit; *de ~ bij het woord voegen* suit the action to the word; *tot daden overgaan* proceed to action; *daden spreken beter dan woorden* actions speak louder than words; *een man van de ~* a man of action; *zie ook* betrappen & omzetten; **daadkracht** energy, [lack of] initiative; **daadwerkelijk** actual

daags I *bw:* (*des*) ~ by day, in the daytime; ~ *daarna* the next day, the day after; ~ *tevoren* the day before; *eenmaal* (*5 gulden*) ~ once (five guilders) a day (daily, per diem); II *bn* daily, per diem [allowance]; *~e kleren* everyday (weekday, workaday) clothes; *voor ~* for ordinary wear

daalder (*hist*) dollar; *zie ook* klap; **Daan** Dan

daar I *bw* 1 there; here [they come; here's Bob; here we are again]; ~(*ginds*) over there; *dáár moet je wezen!* that's where you should be (would want to be), that's the place to be (to go to); *zo, bèn je ~?* ah, here you are!; *ben je ~?* are you there?; *ben 'jij ~?* is that 'you?; *wie praat ~?* who's that talking?; *~ ben ik warempel mijn horloge kwijt* if I haven't lost my watch!; *ik ben ~ (een beetje) gek!* I'm not that stupid!, catch me!; *~ ging de deur open* then the door opened; *zie ook* gaan; *ze kreeg me ~ tweelingen* she went and had twins; *~ had je lelijk kunnen vallen* you might have had a bad fall then; *het einde is nog niet ~* the end is not yet (in sight); ... *is weer ~* [Christmas] is here again, has come round again; *~ en ~* at (to) such and such a place; *tot ~* as far as that; *van ~* from there; ..., *~ niet van* ... to be sure; admittedly, ...; [*hij blaft,*] *~ is het een hond voor* that's dogs (what dogs are 'like); 2 (*d'r, er*) there; *vgl* er; II *vw* as, because; since; *~ hij ziek was, kon hij* ..., (*ook*) being ill ...

daar|aan (*aan+vnw*) by that [we see], from that; *zie ook* hebben; **-aantoe**: *dat is tot ~* let that pass; **-aanvolgend** next, following; **-achter** behind it (that); **-beneden** 1 under it; 2 down there; *zie verder* beneden; **-benevens** *zie* -nevens; **-bij** 1 near it; 2 *zie* -nevens; *~ komt nog, dat* ... add to this that ..., besides, what is more, ...; *~ moet men bedenken* ... in doing so one should remember ...; *zie ook* laten, enz; **-binnen** within, in there; **-boven** 1 over (*of:* above) it; 2 up there; *van vijf gulden en ~* of five guilders and upwards; *16 jaar en ~* boys aged 16 years and upwards (and over); **-buiten** outside (it); *op de beurs of ~* on change or off; *zie ook* buiten: *er ~*; **-door** 1 through that (this, it, there); 2 by that, by these means; thereby; *zonder te zien dat hij ~* ... without seeing that by doing so ...; *zie ook* daarom; **-enboven** besides, moreover; **-entegen** on the contrary, on the other hand [I maintain]; [he might tell] and (but) then again [she might not want him to]; **-even** just now; **-gelaten** *zie* -laten; **-ginder**, **-ginds**, **-ginter** over there; out there (*bijv in Australië*); **-heen** there, (*vero*) thither; **-in** in it (that, this, there); **-langs** by (past) it, by (along) that road, etc; **-laten**: *dat zullen we maar ~* we will leave it at that, drop it; *dit -gelaten* apart from this, putting this aside; (*nog*) *-gelaten, dat* ... let alone that ...; *-gelaten of men* ... whether or not [one accepts this thesis]; **-me(d)e** with that [he left us]; by that [he means]; *zie ook* uit

daar|na after that, next, then; [dinner, and dessert] to follow; *de zondag ~* the Sunday after; *kort ~* shortly after; *wat hij ~ zou doen* [he looked round] for what he would do afterwards (next); **-naar** [copy it, judge] by that, [look] at that, [much demand] for that (it); *~ handelen* act accordingly; *vgl* 2 naar; **-naast** beside (by the side of, next to) it; (*bovendien*) besides; **-net** just now; **-nevens** besides, over and above that; **-om** therefore, for this (that) reason, hence, on that account, that's why [I can't come]; *waarom? wel, ~* why? well, just because; well, I won't, that's why; *maar ~ kun je toch wel met hem dansen?* but surely that's no reason for not dancing with him?; **-omheen** around it, about it; **-omtrent** 1 thereabouts; 2 as to (concerning) that; **-onder** 1 under it (that), underneath; 2 among them; **-op** 1 (up)on it (that); 2 (up)on (after) that, thereupon; *zie ook* daarna; **-opvolgend** next, following; *~e regens* subsequent rains; **-over** 1 over (across) that (it); 2 about (concerning) that, on that point

daar|straks just now, a while ago; **-tegen** against that; **-tegenover** 1 [the house] opposite, facing it (that, them); 2 *zie* -entegen; **-toe** for that (it), to that end, for that purpose; *~ is het gekomen* it has come to that; *de ~ dienende maatregelen* the appropriate measures; **-tussen** between (them), in between, among them; *vgl* tussen; **-uit** out (of that), from that; **-van** 1 of that; 2 from that; *zie ook* niets; **-vandaan** 1 (away) from there; 2 therefore, hence; **-voor** 1 for that (purpose); *~ zijn ze* that's what they are for; *~ zijn we hier* that's what we're here for; 2 [he was punished] for it; 3 (*tijd*) before that; *enige jaren ~* some years previously; 4 (*plaats*) in front of it (that, them); **-zo** there; **-'zo** *zie* -even

daas *bn* 1 dazed; 2 daft; woolly-minded

daas(vlieg) horse-fly, cleg

da capo id; *een ~* an encore; **dacht** *ovt v* denken

dactylisch dactylic; **dactylus** dactyl

dadaïsme Dadaism; **dadaïst** Dadaist

dadel 1 (*vrucht*) date; 2 (*boom*) date (palm)

dadelijk I *bn* immediate; *~e levering,* (*ook*) prompt delivery; II *bw* immediately, directly, at once, this instant, on the instant, right (straight) away; *hij wist zo ~ niets te zeggen* he did not know what to say on the spur of the moment; ~ *in het begin* right at the beginning (the start); ~ *van het begin af,* ~ *al* right away from the start, at the outset, from the first; ~ *opzegbaar,* (*handel*) withdrawable at call; *zie ook* onmiddellijk & straks

dadelijkheden [come to] blows

dadelpalm date palm; **dadelpruim** persimmon, sharon fruit

dader(es) doer, perpetrator, author; (*ve misdaad*) offender, culprit; (*vs medeplichtige*) principal; *vgl* kerkhof; **dading** compromise, settlement

dag day; (*binnenwerkse maat*) clear; *~!, a*) hello!; *b*) goodbye, (bye-)bye!; *de ~ der dagen* [Christmas Eve,] the day of days; *de ~ daarna* the day after, the next day; *de ~ te voren* the day before, the previous day; ~ *en nacht* [work] night and day; *een ~je uit* (*naar buiten*) a day out (in the country); *wat voor ~ is het?, welke ~ hebben we?* what day of the week is it?, what day is it today?; *hij wordt een ~je ouder* he is getting on; *het wordt* ~ day is breaking; ***alle*** *~en* every day; ***de*** *~ hebben* be on duty; (*één*) ***dezer*** *~en,* (*toekomst*) one of these (fine) days, (*verleden*) the other day, lately, recently; ***goeden*** *~!,* (*bij komen of gaan*) good day!, (*bij gaan, ook*) goodbye!; *goeden ~ zeggen* say good day (goodbye) to [a p.], bid (give) [a p.] good day, bid [a p.] goodbye; *goede ~en hebben, a*) be in easy circumstances; *b*) have a pleasant time of it; *zeg eens ~ tegen* ... say 'How do you do?' to ...; *hij had* ***betere*** *~en gekend* he had seen better (had fallen on evil) days; *de* (*ge*)***hele*** ~ all day (long), the whole day; (*ge*)*hele ~en* (for) whole days, for days together; *elke ~ heeft* ***genoeg*** *aan zijn eigen kwaad* sufficient unto the day is the evil thereof; *het was een* ***grote*** *~ voor hem,* (*ook*) he had a field day; *de ~ des* ***Heren*** the Lord's day; *de* ***jongste*** ~ Doomsday, the Day of Judgment, the Last Day; *er zal een ~* ***komen*** *dat* ... there will come a day when ...; *het is* (*wordt*) ***kort*** ~ time is running out fast (is getting short); *de* ***oude*** ~ old age; (*fam*) AD, [suffer from] Anno Domini; ***prijs*** *de ~ niet voor het avond is,* (*vglb*) there's many a slip 'twixt the cup and the lip; *het is morgen* ***vroeg*** ~ we have to get (be) up early tomorrow morning; *~* ***aan*** *~* day by day; *aan de ~ brengen* bring to light; *aan de ~ komen* come to light, emerge [two facts have emerged so far]; (*v gesteente, ook v karaktertrek, enz*) crop out; *het komt altijd aan de ~* murder will out; *zie ook* voor de ~ komen; *aan de ~ leggen* display [courage, advanced ideas], manifest, evince [affection, curiosity, interest]; ***bij*** ~ by day, in the daytime; *bij de ~ leven* live by the day (from day to day); *~* ***in*** *~ uit* day in (and) day out; *in onze ~en* in our time; *in de laatste ~en* during the last few days, of late, lately; *in vroeger ~en* in former days, in olden times; *3 voet in de ~* 3 feet in the clear; ***met*** *de ~ erger worden* get worse day by day (every day); ***om*** *de andere ~, zie* ander; *om de drie ~en* every third day; *later* ***op*** *de ~* later in the day; *op de ~ af* to the day; *midden op de ~* in broad daylight; *op een goeie* (*mooie*) ~ one fine day; *op mijn oude ~* in my old age; *op zekere ~* one (fine) day; ***over*** *~, zie* over~; *heden* ***ten*** *~e* in our time, nowadays; *ten ~e van* in the days of; ***tot*** *op deze ~* to this day; *het onderwerp* (*boek, enz*) ***van*** *de ~* the topic (book, man) of the day; (*ook*) current [topics, fiction]; *van ~ tot ~* from day to day; *van de ~ een nacht maken* turn day into night; *van de ene ~ op de andere* from one day to the next; ***voor*** *~ en dauw* before daybreak, [be up, rise] with the lark; *gevraagd ..., voor ~ en nacht* wanted ..., sleep in; *voor de ~ brengen* bring out, produce, turn out [he didn't turn out much]; *voor de ~ halen* take out [one's watch], produce [the cards], get out [a gun]; pull (dig) out [10p pieces]; (*plotseling*) whip out [a revolver]; *zie ook* opdiepen (*fig*) & ophalen; *voor de ~ komen* appear, turn up, make one's appearance; (*v gebreken, enz*) become apparent [the defect made itself apparent], show; (*ve vos*) break cover; (*met cadeau, enz*) produce [a present]; (*met idee, enz*) come out (up) [with an idea], come forward [with a scheme], put forward [a proposal], advance [a theory], weigh in [with an argument], trot out [old commonplaces]; (*plotseling*) spring [a question, a surprise] on a p.; *hij kwam er niet mee voor de ~,* (*ook*) he kept it back; *openlijk voor de ~ komen* come out into the open; *het best voor de ~ komen* show up best; *netjes voor de ~ komen* present a good appearance; *voor de ~ ermee!,* (*zeg op*) out with it!, (*fam*) cough it up!, spit (trot) it out!

dag|afschrift statement; **-blad** daily (paper); *de ~en,* (*ook*) the daily press; **-bladartikel** newspaper-article; **-bladpers** daily press; **-bladschrijver** journalist, newspaper writer; **-blind** day blind; **-blindheid** day blindness; **-boek** diary, journal; (*bkh*) daybook; **-boekschrijver** diarist; **-boot** day-boat; **-bouw** opencast mining; **-brander** bypass (burner), pilot flame, pilotjet; **-cirkel** diurnal circle; **-deel** (morning, afternoon, night) shift, [work four] mornings, afternoons or evenings; **-dief** idler, dawdler; **-dienst** 1 (*ve boot, enz*) day-service; 2 *~ hebben* be on day-duty; **-dieven** idle (away one's time); **-dieverij** idling

dagelijks I *bw* every day, daily; II *bn* daily [bread, routine], everyday [occurrence, use]; workaday [life]; (*inz ve hemellichaam*) diurnal [rotation of the earth]; *~e behoeften,* (*ve koopman*) current needs; *~ bestuur, a*) (*lichaam*) executive (committee), (*v gemeente*) municipal executive, mayor and aldermen; *b*) (*handeling*) day-to-day management; *~e toelage,* (*ook*) per diem (allowance); *~e order,* (*mil*) *zie* dagorder; *~ verbruik* everyday consumption; *~e zonde,* (*r-k*) venial sin

dagen I *tr zie* dagvaarden; II *intr* dawn; *het daagt* day is breaking (dawning); **dag-en-nacht-evening** equinox [*voorjaars-* vernal equinox, *najaars-* autumnal equinox]; **dageraad** dawn (*ook fig:* the dawn of life), daybreak

dagge dagger, poniard

dag|geld 1 *zie* -loon; 2 (*Beurs*) call-money, day-to-day money; **-gelder** day labourer; **-geldle-**

ning loan on call; **-hit** *zie* -meisje & hit; **-jesmensen** (day) trippers; **-kaart** day ticket; **-koers** day's quotation, day's rate of exchange; **-leerling** day-boy; **-lelie** day lily; **-licht** daylight; *bij ~* by (in) daylight; *in het volle ~* in broad daylight; *dat kan het ~ niet verdragen* (*zien, velen*) it will not bear the light of day, (*fam*) it is not on the level; *in een helder ~ stellen* throw a flood of light (up)on; *in een ander ~ stellen* put a different face (complexion) (up)on; *in een (on)gunstig ~ stellen* put in a favourable (an unfavourable) light; *in een verkeerd ~ stellen* misrepresent; **-loner** day labourer; **-loon** day's (daily) wages; **-mars** day's march; **-meisje** daily help, (*fam*) daily; **-opening** (*radio, vglb*) thought for the day; **-opvang** day centre; **-orde** order of the day, programme, agenda; **-order** routine order, order of the day; *bij ~ vermeld worden* be mentioned in general orders; **-pauwoog** peacock butterfly; **-ploeg** day-shift; **-recreant** tripper; **-regen**: *het wordt een ~* it's settling in for a wet day; **-register** day-book, journal; **-reis** day's journey; **-retour** day-return; **-scholier** *zie* leerling; **-school** day-school; **-schotel** plat du jour, (*fam*) today's special; **-schuw** *zie* lichtschuw; **-slaper** (*vogel*) nightjar; **-sluiting** (*radio, vglb*) closedown (and a thought at bedtime); **-taak** day's work; full-time job; *halve* (*onvolledige*) ~ half-time (part-time) job; **-tekenen** date; *vgl* dateren; **-tekening** date; **-tocht** day('s) excursion; *~je* day trip; **-vaarden** summon(s), cite, subpoena, serve a subpoena on; **-vaarding** summons, citation, subpoena, warrant to appear, writ; **-verblijf** day-care centre; (*ziekenhuis, enz*) day room; **-verdeling** division of the day, timetable; **-verpleegster** day nurse; **-vlinder** (diurnal) butterfly; **-waarde** marketable value; **-wacht** (*mar*) morning watch; **-werk** 1 daily work; 2 day's work; [*als je dat alles wou doen,*] *had je wel ~* you'd have your work cut out for you; **-werker** day labourer; **-winkel** lock-up shop

dahlia dahlia

Daja(as), **Dajak(ker)**, **Dajaks** D(a)yak

dak roof; *een ~ boven zijn hoofd hebben* have a roof over one's head; *met een rood* (*plat, enz*) *~,* (*ook*) red- (flat-, etc) roofed; *open ~* (*ve auto*), *zie* schuifdak; *zilveren* (*gouden, papieren*) *~* mortgage; *er is* (*teveel*) *~ op het huis* we are not by ourselves; ***door** het ~ gaan* go through (hit) the roof, blow one's top; ***onder** ~ brengen, a*) cover in, roof (in, over) [a house]; *b*) put up [a friend], accommodate [a p.], house [one's car in a garage]; *we werden bij hen onder ~ gebracht* they took us in; *onder ~ zijn,* (*beschermd*) be under cover [during a storm, etc]; (*binnen*) be well off, be a made man; *ik wil niet langer onder één ~ met hem wonen* I will no longer live under the same roof with him; ***op** zijn ~ geven* (*krijgen*) give (get) what for, give (get) a sound trouncing; *dat krijg ik op mijn ~* they'll lay it at my door; *iem iets op zijn ~ schuiven* fasten s.t. [a crime, etc] (up)on a p.; *je zult me daar ineens vijf soldaten op je ~ gestuurd krijgen* fancy being saddled with ... (having ... thrown on your hands) all of a sudden; *ga op het ~ zitten!* go to blazes!; ***uit** zijn ~ gaan* get ecstatic, get off [*over* on]; ***van** de ~en prediken* proclaim (preach, shout) from the housetops

dak|balk roof-beam; (*mv ook*) rooftimbers; **-bedekking** roofing; **-bint** tie-beam; **-dekker** roofer; (*met riet of stro*) thatcher; (*met pannen*) tiler; (*met lei*) slater; (*met dakspanen*) shingler; **-drop**, **-druip** 1 eavesdrop; 2 (*dakrand*) eaves; **-goot** gutter; **-je** circumflex (accent); *zie* dak & leien; **-kamertje** attic, garret; **-kapel** dormer; **-leer** roofing felt; **-lei** roof(ing)-slate; **-licht** skylight; **-look** houseleek; **-loos** roofless, homeless; **-loze** homeless person, waif; *-lozen,* (*ook, inz Am*) bag people; *zie ook* asiel; **-lozenwijk** cardboard city; **-pan** roof(ing)-tile, (pan)tile; **-pansgewijs** [overlapping] like roof(ing) tiles, (*biol*) imbricate(ly); **-raam** *zie* -venster; **-rand** (*onderste*) eaves; **-reclame** sky-sign; **-riet** thatch; **-ruiter** 1 roof-turret; 2 ridge-beam; **-schild** roof-face; **-spaan** shingle; **-spar** rafter; **-stoel** truss, roof trestle; **-stro** thatch; **-tuin** roof-garden; **-venster** dormer (window), skylight; **-vilt** roofing felt; **-vorst** ridge of a (the) roof; **-woning** penthouse

dal valley; (*dicht*) vale, dale; (*klein houtrijk ketel~*) dell; (*nauw*) glen; *~ der schaduw des doods* valley of the shadow of death; **dalen** go down; (*vliegtuig, enz*) descend; alight [on the sea]; (*zon*) sink, go down; (*barometer, water, temperatuur*) fall, drop; *in het graf ~* sink into the grave; (*stem*) sink, drop; (*avond, duisternis*) close in, descend; (*prijs*) fall, go down, drop, (*snel*) slump [the franc slumped]; ease [the rate eased to 4%]; (*fig*) sink [in a p.'s estimation]; *doen ~* bring down [prices]; *laten ~* lower (drop) [one's voice]; *de uitvoer is* (*£ 35m*) *gedaald* exports are down (by £35m); **dalgrond** high peat soil; **daling** descent, fall, drop, decline, slump; *vgl het ww; de ~ van het ledental* the falling off in the number of members

dalles poverty, misery

Dalmatië Dalmatia; **dalmatiek** dalmatic; **Dalmatiër** Dalmatian; **Dalmatiner** Dalmatian; **Dalmatisch** Dalmatian; *~e hond* Dalmatian

Daltonmethode Dalton plan (system, method)

daluren off-peak hours

dalven 1 traipse (about); 2 beg, cadge

dalweg t(h)alweg, valley line

dam 1 dam, dike, embankment; causeway; (*in rivier*) weir, (*op grote schaal, in Nijl, enz*) dam, barrage; *een ~ opwerpen tegen* cast up a dam against, arrest the course of, check; *zie ook* hek & schaap; 2 (*penant*) pier; 3 (*in ~spel*) king; *een ~ halen* crown a man, go to king

Damascener: *~ staal* Damascus steel; *~ kling* (*zwaard*) Damascus blade; **damasceren** damascene; **Damascus** id; **damast** damask; **damastbloem** rocket, dame's-violet; **damasten** damask; **damastpruim** damson

dambord draughtboard, (*Am*) checkerboard

dame 1 lady, gentlewoman; *een ~* (*niet*) *passend* (un)ladylike; *~s,* (*opschrift*) ladies; 2 (*bij dans,* *aan tafel, enz*) partner; ~ *van gezelschap* (lady-) companion; *vergezeld van hun ~s,* (*ook*) accompanied by their womenfolk; 3 (*sp*) queen; ~ *halen,* (*schaaksp*) queen a pawn

dames|blad women's magazine; **-fiets** lady's (bi)cycle (bike); **-handtasje** *zie* -tasje; **-kapper** ladies' hairdresser; **-koor** female choir; **-roman** Mills and Boon novel; **-tasje** lady's bag, handbag; **-verband** sanitary towel; **-vest** cardigan; **-zadel** 1 (*paard*) [ride] side-saddle; 2 (*fiets*) lady's saddle

damhert fallow deer (*ook mv*); *jong* ~ fawn; *mannetjes*~ buck; *wijfjes*~ doe

dammen play at draughts, (*Am*) at checkers; **dammer** draught-player, (*Am*) checkers-player

Damocles id [the sword of Damocles]

damp vapour, steam, smoke, fume; **dampen** steam, smoke; puff (away) at one's pipe (cigar)

dampig 1 vaporous, vapoury, hazy, misty; 2 (*kortademig, v paard*) broken-, short-winded, pursy; **dampigheid** vaporousness, etc; broken-windedness, pursiness

damp|kring atmosphere; **-kringslucht** atmospheric(al) air; **-meter** vaporimeter; **-spanning** vaporipressure; **-vorming** vaporization

dam|schijf draughtsman; (*Am*) checker; **-spel** 1 (game of, at) draughts, (*Am*) checkers; 2 draughts(men) and board, draught-board and men; **-wand** sheet-pile wall, sheet-piling

dan I *bw* then; (*onvertaald*): *verlies ik, ~ verlies ik* if I lose, I lose; [*als hij het zegt,*] ~ *is het waar* it is true; [*doe het,*] ~ *ben je een beste meid* there's (that's) a dear (girl); *en jij ~?* what about you?; *deze rat ~ had het erg arm* this rat, as I was saying, was very poor; ~ *ook* consequently, accordingly, therefore; *ik vind ~ ook* ... in fact, I think ...; *zie ook* ook; *kom ~ toch* do come; [*zij leven,*] *zo niet in weelde, ~ toch zonder vrees voor de toekomst* if not in plenty, then without fear of ...; [*hij hielp alleen mij,*] *en ~ nog niet eens van harte* and that half-heartedly; [*het zal om te beginnen een heel karwei zijn,*] *en* (*waar zijn we*) ~ *nòg* and even so; II *vw* (*na comparatief*) than; *ik weet niet of hij ziek is, ~ wel* ... I don't know whether he is ill, or ...; [*ik weet te veel,*] ~ *dat jij me dat aan kunt praten* for you to talk me into that

Danaïden [the vessel of the] Danaides

dancing: *een* ~ a dance-hall

dandy id, fop; **Daniël** Dan(iel)

danig I *bn* thorough, tremendous; *een ~e honger hebben* be awfully hungry; II *bw* thoroughly, tremendously; dreadfully [cold]; badly [hurt]; ~ *het land hebben aan* heartily detest [s.t.]; *zich ~ vergissen* (*weren*) be sorely mistaken (give a good account of oneself, exert o.s. to the utmost); *iem ~ de waarheid zeggen* tell a p. off properly; *zie ook* deerlijk

dank thanks, acknowledgement; *mijn ~!* (my best) thanks!; *veel ~!* many thanks!, thanks very much!, thanks ever so much!, (*Am*) thanks a lot!; *geen ~, zonder ~* you're welcome!; don't mention it!; [thank you so much!] not at all!; that's quite all right; *en dat is mijn ~ ervoor* and this is my reward, and that's all the thanks I get; *zijn ~* ***betuigen*** express (tender) one's thanks; *de voorzitter werd de ~ der vergadering gebracht* a vote of thanks was passed to the chair; *ik heb er geen ~ van gehad* small (little, *iron:* much) thanks I got for it (for my pains); *wij zijn hem grote ~ (ver)schuldig(d)* we owe him a great debt of gratitude; ~ ***zeggen*** return (give, render) thanks; *vriendelijk ~ zeggen* tender one's best thanks [to ...]; *ik zeg er u ~ voor* I thank you for it; *God* ***zij*** ~ thank God; ~ *zij uw steun* thanks to your support; *dat is* (*helemaal*) ~ *zij jou* it is (all) your doing; ***in*** ~ *aanvaarden* accept gratefully; (*niet*) *in ~ afnemen* be grateful for (not receive well); *hij nam het u niet in ~ af* he took it ill of you; *in ~ ontvangen* (*terug*) received (returned) with thanks

dank|baar grateful, thankful (*ook v taak, rol, enz*), rewarding [task]; **-baarheid** gratitude, thankfulness; *uit* ~ in gratitude [*jegens* to]; **-betuiging** expression (vote, letter) of thanks, acknowledgement; *onder* ~ with thanks; **-dag** thanksgiving day; **-dienst** thanksgiving service; ~ *voor het gewas* harvest festival (service)

danken 1 thank, give (render, return) thanks; *dank u, a)* (*bij aanneming*) thank you; *b)* (*bij weigering*) no, thank you; thank you, no; ['may I offer you a cigar?'] 'thank you, I don't smoke'; *ik dank* not for me, thanks; *dank u zeer* thank you (thanks) very much, thank you so much, many thanks, much obliged to you; *dank je* thanks!, (*fam*) ta!; *dank je wel* thanks very much (*ook iron*), (*fam*) ta ever so; *ik zou je ~, dank je wel, daar dank ik voor* thank you for nothing; *hem vragen? ik zou je ~!* ask him? no, thank you!, I am not taking any, thanks; *ik zou je ~ om* ... I'm blessed if I would ...; *ik dank ervoor om* ... I'm not going to ..., I decline to ...; *niet(s) te ~, zie* dank: geen ~; *zie ook* gastvrijheid; 2 (*aan tafel*) say grace; 3 (*te danken hebben*) owe [s.t. to a p.]; be indebted to [a p. for s.t.]; *dat dank(t) je de koekoek* (*drommel*)*!* you bet!; *je hebt het aan jezelf te ~* you have yourself to thank for it, you may thank yourself for it, you have only yourself to blame; *dat heb ik aan u te ~,* (*d.w.z. te wijten*) I have to thank you for that; *waar heb ik dat aan te ~?* what have I done to deserve this?; *het was te ~ aan* ... it was owing (due) to ...

dank|offer thankoffering; **-woord** word (speech) of thanks; **-zeggen** *zie* dank; **-zegging** thanksgiving; *zie ook* -betuiging; **-zij** thanks to

dans dance; *~je,* (*fam*) hop; *de ~ openen* open the ball, lead off; *de ~ ontspringen* get off scot-free; (*op het nippertje*) escape by the skin of one's teeth, have a narrow escape; *ten ~ leiden* lead (*of:* take) out, lead on to the floor; **dansclub** dance-, dancing-club; **danse macabre** id, dance of death; **dansen** dance (*ook ve bootje, enz*); *een kind op zijn knie laten ~* dandle a child on one's knee; *er werd gedanst* we (they) had a dance, there was dancing; *gaan ~* take the floor; *zie ook* hart, pijpen, enz; **danser** dancer; **danseres** (girl-, woman-)dancer; *zie ook* dansmeisje; **danseuse** 1 id, ballet-dancer; 2 partner

dans|feest dance; **-gelegenheid** dancehall; **-groep** dance group; **-instituut** school of dancing; **-kunst** (art of) dancing; [drama,] dance [and opera]; **-leraar** *zie* -meester; **-les** dancing-lesson, dance-class; **-lokaal** dancing-room; **-marieke** majorette; **-meester** dancing-master, dance-teacher; **-meisje** (*Ind*) dancing-girl, nautch-girl; **-muziek** dance-music; **-partij** dance, dancing-party, (*fam*) hop; **-pas** dance-step; **-schoen** pump, dance-, dancing-shoe; **-school** dance-, dancing-school; **-vloer** dance-, dancing-floor; **-zaal** 1 ballroom; dancing-saloon; 2 dancehall

Dante id; (*in de stijl*) *van* ~ Dantean, Dantesque

Danzig id

dapper brave, gallant, valiant, stout-hearted; ~ *ventje* plucky little fellow; *zich* ~ *houden* behave (bear up) bravely; (*zich verweren*) offer a stout resistance, make a gallant stand; ~ *vechten* put up a gallant fight; *hou je* ~*!* never say die!, keep your tail up!; ~ *schreeuwen* shout lustily (vociferously); *zie ook* moedig; **dapperheid** bravery, valour, gallantry, prowess

dar drone; **Dardanellen**: *de* ~ the Dardanelles

darm 1 intestine; gut; ~*en*, (*ook*) bowels, entrails; *blinde* ~, (*eig*) caecum, (*fam*) blind gut; (*meestal*) appendix; *dikke* (*dunne*) ~ large (small) intestine; *nuchtere* ~ jejunum; *twaalfvingerige* ~ duodenum; 2 tube

darm|been ilium, iliac bone; **-bloeding** intestinal hemorrhage; **-catarre** enteritis; **-flora** intestinal flora; **-kanaal** intestinal canal; **-kronkel** ileus; (*knoop*) volvulus; **-ontsteking** enteritis; **-scheel** mesentery; **-snaar** (cat)gut string; (*stofnaam*) catgut; **-vernauwing** intestinal obstruction; **-wandbreuk** (incomplete) hernia

darren mess about, work (wander) aimlessly

dartel playful, frisky, sportive, frolicsome, rollicking; skittish [horse, woman]; wanton [child, mood]; *zo* ~ *als een veulen* as frisky as a lamb; **dartelen** frolic, gambol, sport, frisk, rollick, dally; **dartelheid** playfulness, etc

darwinisme Darwinism; **darwinist(isch)** Darwinian, Darwinist

das 1 (*strop*~) tie, (*Am*) necktie; (*sjaal*) scarf; (*wollen* ~) comforter, muffler; *dat deed hem de* ~ *om* that settled his hash, cooked his goose, did for him; 2 badger

dashboard id, (*Br*) fa(s)cia

dashond dachshund; **daslook** ramson(s), bear's-garlic; **dassehol** badger's burrow (earth, lodge, set(t), hole)

dasspeld scarf-, tie-pin; *vgl* das 1

dat I *aanw vnw* that; *wat zijn* ~*?* what are they (those)?; ~ *zijn de vleugels* those are ...; *ben jij* ~*?* is that you?; ~ *is* ~, ~ *hebben we* (*weer*) *gehad* that is that, so much for that; *het is* (*hij is*) *niet* (*je*) ~ it's (he's) not all that marvellous; ~ *is het 'm juist* that's just it; ~ *doe je niet!* you'll do nothing of the sort; *Mijnheer A?* ~ *ben ik zelf* that's me; *hoe weet je* ~*?* how do you know?; *acht uur?* ~ *is het nog niet* it's not that yet; ..., *maar wat zou* ~*?* ..., but what of that?; ~ *dacht ik,* ~ *zou ik denken* I should think so; ~ *zei* (*dacht, verwachtte*) *ik al* I said (thought, expected) as much; *griep, en* ~ *in juni* flu in June, if you please; ..., ~ *wel* ..., all the same, for all that; II *betr vnw* that, which; *vgl* die; III *vw* that (*dikwijls onvertaald:* I know he was there; how old do you think he is?); *op de dag,* ~ ... on the day that (*of:* when) ...; *zo slecht geschreven* ~ *het onleesbaar was* so badly written as to be illegible; *en kwaad* ~ *hij was!* and wasn't he angry, just!, he was wild!

data data [bank, communications, pen, processing, protection]; **datatypist(e)** keyboard operator, keyboarder; **dateren** date; *gedateerd 9 mei* dated (under (the) date, bearing date) May 9(th); *gedateerd circa 1600* dated to about 1600; *dat boek is nogal gedateerd* that book is rather dated; *vroeger* ~ antedate; *later* ~ postdate; *dat dateert van eeuwen her* (*30 jaar geleden, 1200*) that dates back for many centuries (dates 30 years back; dates back to, dates from 1200)

datgene that; ~ *wat* that which; **datief** dative

dato: (*onder*) ~ dated; zie dateren; *3 maanden na* ~ three months after date, three months later

dattum: *van* ~ [he was sacked for, only thinks of] you-know-what

datum date; *welke* ~ *hebben we vandaag?* what's the date today, what's today's date?; *de brief draagt geen* ~ the ... is not dated (is undated); ~ *postmerk* date as postmark; *van gelijke* (*van jonge*) ~ of even (of recent) date; *zonder* ~ undated; **datumgrens** date-line; **datumstempel** date-stamp

dauphin id; **dauphine** dauphiness

dauw dew; **dauwachtig** dewy; **dauwbraam** dewberry; **dauwdroppel** dewdrop; **dauwen** I *ww: het dauwt* the dew is falling; *het heeft sterk gedauwd* there has been a heavy dew; II *zn* dew-fall; **dauwpunt** dew-point; **dauwtrappen** go out into the country in early morning (on certain spring days); **dauwworm** 1 (*pier*) dew-worm, earthworm; 2 (*ziekte*) ringworm

d.a.v. afk van *daaraanvolgende* following, next

daveren boom, thunder, shake; ~*de toejuiching*(*en*) thunders of applause; *doen* ~ shake [cheers shook the building]; *de rede werd* ~*d toegejuicht* the ... was cheered to the echo, brought the house down; *de zaal daverde van het lachen* the ... resounded (rang, rocked) with laughter; *een* ~*d succes* (*fiasco*) a roaring success (colossal flop); ~*de ruzie* flaming row

daviaan Davy (lamp), safety lamp

David id, Dave; **davidster** Star of David

davits (*mar*) id

dazen jaw, gas, blether, talk rot

d.c. afk van *da capo* DC

d.d. afk van *de dato, zie* dateren: gedateerd

DDR (*hist*) GDR, German Democratic Republic

de the; *3 gulden* ~ *duizend* a (per) thousand; *hij is dè man* he is *the* man; *het is dè tabak* it is *the* tobacco

debâcle 1 debacle; 2 (*'krach'*) crash, smash; ruin, collapse, cataclysm

deballoteren blackball; **debarkeren** disembark

debat debate, discussion; *het ~ sluiten* close the debate, apply the closure; *in ~ treden met* enter into argument with; *voorstellen het ~ te sluiten* move the closure; *zie ook* discussie; **debating-club** debating society; **debatteren** debate, discuss; *~ over* debate (on), discuss; *daar valt over te ~* that is a matter of debate, opinions may differ on that
debet debit; (*door overdisponeren*) overdraft; *~ en credit,* (*bkh*) Dr(s) and Cr(s), debtor(s) and creditor(s); *ik heb een ~ bij de bank* I have an overdraft at ..., I have overdrawn my account with ...; *£ 200 in iems ~ boeken* debit a p.'s account with £200 (£200 against a p.'s account, £200 to a p.); *ik ben er niet ~ aan* I am not guilty of it, I am not to blame for it; **debetnota** debit-note; **debetpost** debit entry; *debet- en creditposten* debits and credits; **debetsaldo** debit-balance, balance due; **debetzijde** debit side
debiel backward, mentally defective
debiet 1 sale; *een groot ~ hebben* command (find) a ready market, meet with a ready sale, sell readily; 2 flow (rate); **debitant** retail dealer, retailer; **debiteren** 1 *we hebben u voor het bedrag gedebiteerd* we have debited you with the amount; *voor de kosten moet zijn rekening gedebiteerd worden* the cost is to be debited (charged) to his account; *vgl* debet; 2 sell; (*in het klein*) retail; *aardigheden ~* crack jokes [*over* on]; *hij debiteerde een grap,* (*ook*) he delivered himself of a joke; **debiteur** debtor; *~en,* (*bkh*) accounts receivable; **debiteurenrekening** debtor account
deblokkeren release (unblock) [an account]
Debora Deborah; **debouché** outlet, market, opening; **deboucheren** debouch
debutant(e) debutant(e); (*vrouw ook, fam*) deb; **debuteren** make one's début (one's first appearance, one's bow); (*in de wereld*) *~,* (*ve jong meisje*) come out; **debuut** debut, first appearance (before the public); *zijn ~ maken, zie* debuteren
decaan dean; *zie ook* school~ & studenten~
decade id
decadent id; **decadentie** decadence
decaf decaffeinated coffee
decagram decagram(me) (*evenzo:* decalitre; decametre)
decalcomanie decal, transfer
decanaal decanal; **decanaat** (*ambt, ambtsperiode*) deanship; (*r-k: ambt, gebied, woning*) deanery
decanteren decant; **decatlon** decathlon
december December; **decemvir** id (*mv ook:* -viri); **decemviraat** decemvirate; **decennium** decade, (*soms*) id (*mv:* -ia)
decent id; **decentie** decency
decentralisatie decentralization, devolution; **decentraliseren** decentralize
deceptie disappointment, disillusionment
decharge discharge; *te uwer* (*onzer*) *~* to your (our) discharge; *hem werd ~ verleend, zie* dechargeren; *zie ook* getuige; **dechargeren** discharge; *hij werd gedechargeerd* he obtained his discharge, was relieved of all responsibility; *iem voor een bedrag ~* credit a p. for an amount

deciare id; **decibel** id
decideren decide; *zie ook* gedecideerd
decigram decigram(me); **deciliter** decilitre; **decimaal** I *bn* decimal; *-male breuk* decimal (fraction); *~ stelsel* decimal system; II *zn* decimal place; *tot in 5 -malen* [correct, calculate] to 5 places of decimals (decimal places); **decimaal|-punt, -teken** decimal point; **decimeren** decimate; **decimeter** 1 (*maat*) decimetre; 2 (*lineaal*) rule(r)
decla|matie declamation, recitation; **-mator** reciter; **-matrice** (lady) reciter, diseuse; **-meren** recite, declaim, (*ong*) mouth, spout [poetry]
decla|rant id; **-ratie** declaration; (*douane~*) (customs) entry; (*kosten~*) statement of expenses, voucher; **-ratiebasis**: *op ~* [expenses will be reimbursed] on presentation of an account; **-reren** declare; (*goederen, ook*) enter; (*uitgaven*) claim [expenses]; *iets te ~?* anything to declare?; *in consumptie ~* release for home consumption; *zich* (*zijn liefde*) *~* declare o.s. (one's love), propose (to a girl)
declasseren: *gedeclasseerd* declassé(e); *gedeclasseerd worden* lose caste
declinatie 1 (*ve ster*) declination; 2 (*ve kompas*) declination, variation; 3 (*gramm*) declension
declinatiehoek angle of declination
declineren 1 decline; 2 (*iem: door handeling*) slight, (*door woorden*) belittle
decoderen decode
decolleté décolleté, décolletage, low-necked dress; **decolleteren**: *zich ~* wear (a) low(-necked) dress(es); *zie ook* gedecolleteerd
deconfiture failure, collapse
deconstructionisme deconstructionism
decor: ~(*s*) scenery, décor; **decorateur** decorator, ornamental painter; (*theat*) scene-painter, scenic artist; **decoratie** 1 decoration; 2 decoration, order of knighthood, cross, star; 3 (*theat*) scenery; **decoratief** I *bn* decorative; II *zn* scenery; **decoratieschilder** *zie* decorateur; **decoreren** decorate; (*met ridderorde, ook*) confer an order of knighthood (up)on; **decorontwerp** set (setting, scenic) design; **decorontwerper** stage (set, scenic) designer; **decorum** id; *het ~ in acht nemen* observe the proprieties (the decencies)
decoupeerzaag jigsaw
decreet decree, enactment
decrescendo id
decreteren decree, ordain, enact
dédain disdain, contempt, hauteur
dedicatie dedication
deduceren deduce, infer; **deductie** deduction, inference; **deductief** deductive; **deed** *ovt v* doen
deeg dough; (*gerezen*) sponge; (*v gebak*) paste; **deegachtig** doughy; **deegrol(ler)** rolling-pin
1 deel 1 board, plank; 2 (*dors~*) threshing floor
2 deel 1 part, [happiness had not been his] portion; *~tje,* (*natuurk*) particle [accelerator]; *dat is een essentieel ~ van mijn werkzaamheden* that is part and parcel of my job; *neem 3 delen suiker, 6 meel* take 3 parts of sugar, 6 of flour; *een ~ van de weg lopen* walk part of the way; *~ **uitma-***

***ken** van* form part of; *in allen (genen) dele* in every respect (not at all, by no means); *iem **ten** ~ vallen* fall to a p.'s share (*of:* lot), fall to a p. [this colony fell to France]; *hem viel een hartelijke ontvangst ten* ~ he was accorded a hearty ...; *ten dele, **voor** een* ~ partly; *zie ook* deels; *voor een groot* ~ to a great extent, largely; *voor het grootste* ~ for the most (the greater) part; *het grootste ~ van het land,* (*ook*) most of the country; *zie ook* ~nemen; 2 (*aandeel*) share [get one's share, I've had my share], (*sl*) [you've had your proper] whack; *geluk zij uw ~!* good luck attend you!; *ik **heb** er geen ~ aan* (*in*) I am no party to it (I have no share in it); 3 (*afdeling*) section; 4 (*boek~*) volume; *roman **in** 3 delen* three-volume novel, (*fam*) three-decker; **deelachtig**: ~ *zijn* (*worden*) participate in, share; ~ *maken* impart to; *de hemelse zaligheid ~ worden* enter (up)on the joys of Heaven

deel|baar divisible [*door* by]; *3 is ~ op 9* 3 goes into 9, 9 is divisible by 3; ~ *getal* composite number; **-baarheid** divisibility; **-betrekking** 1 part-time job; 2 shared job; **-certificaat** subject certificate; **-gebied** subdivision, subarea, subsector; **-genoot** sharer, partner; (*handel*) partner, (business) associate; ~ *maken van een geheim* confide a secret to; **-genootschap** partnership; **-gerechtigd** entitled to a share; **-gerechtigdheid** title (*of:* right) to a share; *zie ook* bewijs; **-hebber** *zie* -genoot

deelname *zie* deelneming; **deelnemen**: ~ *aan* take part in, participate in, join in [a game, war, the conversation], enter [a competition], be a party to [a plot], partake of [a meal], sit for [junior students are not allowed to sit for this examination]; *zie ook* meedoen; ~ *in, zie* delen in; **deelnemend** sympathetic, sympathizing; **deelnemer** 1 participant [in a plot], participator, partner; 2 (*vergelijkend examen, wedstrijd*) competitor; (*examen, wedstrijd*) entrant; (*wedstrijd*) contestant; (*paard*) runner; **deelneming** 1 participation [*aan* in]; (*aan wedstrijd*) entry; 2 (*medegevoel*) sympathy [in a loss], compassion, commiseration; *betuiging van* ~ condolence(s), expression of sympathy; *iem zijn ~ betuigen* condole with a p. [on a loss]; ~ *tonen* show sympathy; **deelnemingsformulier** entry (enrolment) form

deels partly [pay partly in money, partly in goods], part [it's part cause and part effect of the catastrophe], partially; ~ *verguld* parcel gilt; ~ *door drinken,* ~ *door spelen* what with drinking and gambling; **deelsom** division sum, [do a] sum in division; **deelstaat** federal state; **deeltal** dividend; **deelteken** diaeresis; (*rek*) division sign, double point; **deeltijd**: *in* ~ part-time; **deeltijds** part-time [job, student, work]; **deeltijdwerk** (*ook*) job sharing; **deelverzameling** (*wisk*) subset; **deelwoord** [present, past] participle

deemoed humility, meekness, submissiveness; **deemoedig** humble, meek, submissive, chastened [mood]; **deemoedigheid** *zie* deemoed; **deemoediging** humiliation, mortification

Deen Dane; **Deens** Danish; *~e dog* (Great) Dane; **Deense** Danish woman, [she is a] Dane

deerlijk sad, pitiful, pitiable, piteous, miserable; ~ *gewond* badly wounded; ~ *teleurgesteld* grievously disappointed; *zich ~ vergissen* be very much (greatly) mistaken, make a profound mistake

deern lass; *~tje* lassie; **deerne** hussy

deernis pity, commiseration, compassion; ~ *hebben met* have (take) pity on; **deerniswaardig** pitiable; **deerniswekkend** pitiful, pathetic

defai|tisme defeatism; **-tist(isch)** defeatist

defect I *zn* id, deficiency, hitch; (*in constructie*) fault; ~ *aan de motor* breakdown of the engine, engine-trouble; II *bn* faulty [valve, connection], defective [brake], out of (working) order, broken-down [car]; ~ *raken* get out of order, break down, go wrong; **defectief** defective [verb]

defensie defence; **defensief** defensive; *in het* ~ on the defence; ~ *optreden* be on the defensive; *zie ook* dringen II

deficiënt deficient; **deficiëntie** deficiency; **deficit** id, deficiency

defilé 1 (*engte*) defile; 2 (*mil*) march-past; (*luchtv*) fly-past; ~ *langs de baar* procession past the bier

defi|leerpunt saluting-base, -point; **-leren** march (*of:* file) past (*ook:* ~ *langs*), defile; (*luchtv*) fly past; *langs de kist* ~ file past the coffin; *de troepen -leerden voor de Koning* the King took the salute

definiëren define; *niet gemakkelijk te* ~ not easily definable, elusive; *niet te* ~ indefinable; **definitie** definition; *per* ~ by definition; in the nature of things; **definitief** definitive, definite [result, answer], final [settlement], permanent [appointment], [the decree nisi becomes] absolute

defla|tie deflation; ~ *tot stand brengen in* deflate [the currency]; **-tionistisch** deflationary [policy]

deftig 1 stately [building, bearing], grave [as grave as a judge], dignified, solemn [style, language]; fashionable [dress, house, people, school, part of the town], high-class [school], aristocratic [quarter], distinguished [air], [people] of high rank, of gentle birth; (*meestal iron*) genteel; ~ *gezin* well-to-do family; ~ *doen* give o.s. airs; 2 respectable; decent; **deftigheid** stateliness, fashionableness, smartness; dignity; (air of) distinction; (*meestal iron*) gentility

degel (*typ & v schrijfmachine*) platen

degelijk I *bn* sound [argument, reasoning, judge], substantial [house, meal] thorough [knowledge], solid [argument, house, citizen], sterling [man, character, qualities], steady [character], conscientious [housewife]; *ver van* ~ [her knowledge is] very sketchy; ~ *geleerde* sound (thorough, profound) scholar; II *bw* soundly, etc; *wel* ~ really, positively, [he did it] right enough; *het geld is er wel* ~ the money is there all right; *ik meen het wel* ~ I do mean it; *maar hij hield wel ~ stil* but stop he did; **degelijkheid** soundness, thoroughness, solidity, sterling character, reliability

degen sword; (*scherm-*) épée; *de ~ (de ~s) kruisen* cross (measure) swords [*met* with]; (*fig ook*) have a passage of arms; *de ~ opsteken* (*trekken*) put up (draw) the sword

degene he, she, the one; *~n* those [who ...]
degeneratie degeneration, degeneracy; **degenereren** degenerate (*ook med*)
degen|knop pommel; **-koppel** sword-belt; **-krab** king-crab; **-slikker** sword-swallower; **-stok** sword-stick, sword-cane
degradatie degradation; (*Am*) demotion; (*mil*) reduction to the ranks; (*mar*) disrating; (*sp*) relegation; **degraderen** degrade; (*Am*) demote; (*mil, enz*) reduce to the ranks; [the police-inspector was reduced to constable]; (*mar*) disrate; (*sp, intr*) be relegated; *niet ~,* (*ook*) stay up
degressief degressive
degusteren 1 taste; 2 relish
dehydreren dehydrate
deinen heave, roll, sway; **deining** 1 swell, (back)-wash; 2 (*fig*) stir, excitement
deinzen 1 shrink (back); 2 (*mar*) gain sternway
deïsme deism; **deïst** deist; **deïstisch** deistic
dejeuner lunch(eon); **dejeuneren** (have) lunch
dek 1 cover; 2 horse-cloth, blanket; 3 bedclothes; 4 (*mar*) deck
dekaan dean; *zie verder* decaan, decanaal, enz
dekbalk deck-beam; **dekbed** duvet, (*Br ook*) continental quilt, (*Am ook*) comforter; (*echt dons*) eiderdown (quilt); **dekblad** (*plantk*) bract; (*ve sigaar*) wrapper
deken 1 blanket, (*ve paard, ook*) (horse-)cloth; *onder de ~s, zie* wol: onder de ~; *samen onder één ~ liggen,* (*fig*) play into each other's hands, be hand and (*of:* in) glove; 2 (*persoon*) dean; doyen [of ambassadors]; **dekenaal** *zie* dekanaal
dekenkist blanket chest
dek|geld stud fee, service fee; **-glaasje** (*ve microscoop*) cover-glass; **-hengst** 1 (breeding-)stallion, studhorse; 2 (*pers*) stud; **-huis** deckhouse
dekken I *tr* 1 (*beschutten*) cover; (*huis*), (*met pannen*) tile, (*met lei*) slate, (*met stro, riet*) thatch; (*sauveren*) screen, shield [a p.]; *de aftocht ~* cover the retreat; *de tafel ~* lay (*of:* set) the table, lay the cloth; *zijn raadsheer ~* cover one's bishop; *gedekt door goud,* (*ook*) [banknotes] backed by gold; ***zich*** *~* secure o.s. [against loss], shield (screen) o.s. [behind others]; (*mil*) take cover [from the gunfire]; *zich gedekt houden,* (*fig*) keep in the background, keep a low profile, (*fam*) lie low; *hou je gedekt,* (*ook*), *a*) be on your guard; *b*) keep calm; *zich gedekt opstellen* keep (place o.s.) under cover; *gedekt zijn tegen verlies* be secured against loss(es); 2 (*merrie*) cover, serve; 3 (*onkosten*) cover, defray; (*assurantie*) cover; (*tekort, schade*) cover, make good; 4 (*sp*) mark [one's opponent]; 5 (*schilderk*) scumble; II *intr* (*de tafel ~*) *zie* I; *~ voor het ontbijt* (*avondeten, enz*) lay breakfast (supper, etc); *~ voor de thee* set tea [in the drawing-room]; *er werd* (*was*) *gedekt voor 5 personen* the table was (dinner, tea, etc, was) laid for five; *voor nog iem ~* lay another place
dekker roofer, thatcher, etc; *zie* dak~
dekking 1 cover (*ook mil*), shelter, protection, guard; (*balsp*) marking; (*boksen*) guard; *~ zoeken* seek (take) cover [from enemy fire]; 2 (*fin*) cover; *~ zenden,* (*handel*) provide funds; *ter ~ uwer kosten* to cover your expenses, for your reimbursement; *zonder ~,* (*handel*) uncovered, without funds; 3 (*v dieren*) service; **dekkingsfout** (*sp*) marking failure; **dekkingsmiddel** [dedicated, earmarked] revenue source; **dekkingsplan** financial scheme
dek|kleed 1 (horse-)cloth, cover; 2 (*mar*) boat cover; tarpaulin; **-kleur** body-colour, scumble; **-knecht** (*mar*) deck-hand; **-laag** upper layer; covering; (*verf*) top coat, finishing coat; (*mijn, enz*) overburden; **-lading**, **-last** deck cargo; **-lat** (*sp*) crossbar; **-lei** roofing-slate; **-mantel** cloak; (*fig ook*) mask, disguise, colour; front [for unlawful business], stalking-horse; *onder de ~ van* under the cloak of, under (the) cover (colour) of; **-naam** alias, pseudonym; **-officier** deck (*of:* warrant) officer
dekolonisatie decolonization; **dekoloniseren** decolonize
dek|passagier deck passenger; **-personeel** (*mar*) deck-crew, -hands; **-riet** thatch; **-schaal** (covered vegetable, potato) dish, tureen; **-schild** wing-case, wing-sheath, elytron; **-schuit** dump barge
deksel cover, lid, top [of a basket, etc]; (*te*) *~!* the deuce!, christ!; *wat ~!* what the dickens!; **deksels** *zie* deksel: (te) ~! & drommels
dek|servet (*vglb*) place mat; **-steen** (*ve muur, enz*) covering slab, capstone, coping-stone; *dekstenen,* (*ve muur*) coping; **-stier** breeding-bull, studbull; **-stoel** deck-chair; **-stro** thatch; **-stuk** (*ve zuil*) abacus; **-veren** (wing-, tail-)coverts; **-verf** body-colour, scumble; **-vrucht** cover crop; **-zand** coversand; **-zeil** tarpaulin, tilt
del 1 (*slons*) slut, slattern; 2 dune valley
delegatie delegation; **delegeren** delegate [a person, a task]; assign [a right, a debt]
delen 1 (*verdelen*) divide (into [parts]); *in tweeën ~* divide in two; split [the difference *het verschil*]; *eerlijk ~!* share and share alike!; *gelijk* (*op*) *~* share alike; *de derde plaats ~* tie for third place (*met* with); *een gedeelde derde plaats bezetten* tie in third place; 2 (*rek*) divide; (*op school*) do division; *20 ~* ***door*** *5* divide 20 by 5; *5* ***op*** *20 ~* divide 5 into 20; 3 (*meedoen*) share [a p.'s views], [I cannot] subscribe to [this view]; *een kamer ~ met,* (*ook*) double (up) with; *~* ***in*** participate in, share (in) [a triumph, the spoils *buit*]; *ik deel in uw smart* I sympathize with you in your grief; *doen ~ in* share [one's good fortune] with; *iets ~* ***met*** share s.t. with; *zie ook* gelijk; **deler** 1 divider; 2 (*rek*) divisor; 3 sharer; *zie ook* gemeen
deletie deletion
delfstof mineral; **delfstoffelijk** mineral; **delfstoffenkunde** mineralogy; **delfstoffenrijk** mineral kingdom
Delfts I *bn* Delft; II *zn ~* (*aardewerk*) delft(ware)
delgen discharge, pay off, clear off, wipe out, extinguish, amortize [a debt]; redeem, call in [a loan]; **delging** discharge, payment, extinction, amortization; redemption; *vgl* delgen; **delgingsfonds** sinking-fund
deliberatie deliberation; **delibereren** deliberate

[*over* on], debate [whether ...]
deli|caat 1 delicate [health, situation], ticklish [affair]; 2 (*lekker*) delicious; **-catesse** delicacy (*alle bet*); **-catessenzaak** delicatessen; **-cieus** delicious
delict offence, delinquency, (*Sch & Z-Afr*) delict;
Delila Delilah
deling 1 division; 2 (*verdeling*) partition [of Poland]; 3 (*biol*) [reproduction by] fission
delinquent id, offender
delirium id; ~ *tremens* id, (*fam*) DT, the DT's
deloyaal disloyal; **Delphi** id, Delphos; **Delphisch** Delphic [oracle], Delphian
delta delta [ray, rhythm, wing]; **Deltaplan** Delta scheme; **deltaspier** deltoid (muscle); **deltavleugel** 1 delta wing; 2 hang-glider; **deltavliegen** hang-gliding; **deltavormig** deltoid; **Deltawerken** Delta works
delven dig [a grave, potatoes], quarry [slate], extract [ore *erts*], mine [coal]; **delver** digger
demagnetiseren demagnetize
dema|gogie demagogy; (*ong*) demagoguery; **-gogisch** demagogic; **-goog** demagogue
demarcatielijn line of demarcation
demarche démarche, step, representation
demar|rage breakaway; **-reren** break away
demaskeren unmask; **demasqué** démasqué
dement demented; **dementeren** 1 deny (officially); 2 grow demented; **dementi** démenti, denial, repudiation, disclaimer; **dementie** dementia
demi 1 *zie* ~-saison; 2 pint (of beer)
demi-finale semifinal(s)
demilitarisatie demilitarization; **demilitariseren** demilitarize
demi-mondaine id, demi-rep; **demi-monde** id
demineraliseren demineralize
demi-reliëf mezzo-relievo, demirelief
demi-saison spring- (summer-, autumn-, *Am:* fall-)overcoat (*of:* topcoat)
demissie dismissal; *zie ook* ontslag; **demissionair**: *het kabinet is* ~ is under (has tendered its) resignation; *het ~e kabinet* the outgoing Cabinet
demo id; **demobilisatie** demobilization, (*fam*) demob; **demobiliseren** demobilize, (*fam*) demob
demo|craat democrat; **-cratie** democracy; **-cratisch** democratic (*bw:* -ally); **-cratiseren** democratize; **-cratisering** democratization; **-graaf** demographer; **-grafie** demography; **-grafisch** demographic; **-logie** demology
demon id
demonetiseren demonetize
demo|nie (demonic) possession; **-nisch** demoniac(al), demonic; **-niseren** demonize
demon|strant demonstrator; **-stratie** demonstration; (*vertoning, ook*) exhibition, display; **-stratief** demonstrative [behaviour, pronoun], ostentatious [lifestyle], pointed [manner; she pointedly turned her back on him]; **-stratiepartij** (*sp*) exhibition (game); **-streren** demonstrate; (*vertonen, ook*) display, exhibit, show
demontabel easily dismantled; take-apart; knockdown [furniture]; **demontage** dismantling, etc; *vgl* -teren; **demonteren** 1 dismantle [machinery, a mine], demount, dismount [a gun], take apart, disassemble [machinery], remove [a machine part], strip (down) [an engine]; 2 (*bom, mijn*) deactivate, defuse, disarm
demoralisatie demoralization; **demoraliseren** demoralize
demotisch demotic
demotivatie 1 lack of incentive; 2 demotivation, discouragement; **demotiveren** demotivate, discourage; *~d,* (*ook*) disincentive [effect]
dempen 1 (*sloot, enz*) fill in (up); 2 (*oproer*) quell, stamp out, put down, crush; 3 (*licht*) subdue, dim, soften; 4 (*geluid*) deaden, muffle [a muffled sound], (*inz muz*) mute; (*muz*) damp; (*verzwakken*) attenuate; *met gedempte stem* in a subdued (muffled, hushed) voice, in an undertone; 5 absorb, cushion [a shock]; (*natuurk*) damp [an oscillation, a wave]; 6 *de vuren* ~ quench (extinguish) the fires, damp down the furnaces; **demper** 1 (*techn*) damper (*ook v piano*), shock absorber; 2 (*muz*) mute, sordino; 3 (*v vuurwapen*) silencer; (*uitlaat~*) silencer, (*Am*) muffler; **demping** filling up, extinction, etc; *vgl* dempen
demysti|ficeren, -fiëren demystify
demythologiseren demythologize
den pine(-tree); *grove* ~ Scots pine; *vgl* spar
denappel pine cone
denationaliseren denationalize, (*inz industrie, enz*) privatize
denaturaliseren denaturalize
denatureren denature [alcohol]
denazificeren denazify
denderen rumble, shake; *het resultaat is niet bepaald ~d* the result is not exactly overwhelming
dendriet (*geol, med*) dendrite; **dendrochronologie** dendrochronology; **dendrologie** dendrology
Denemarken Denmark; **Den Haag** The Hague
denier id
denigreren denigrate, disparage, slight, belittle; *~d,* (*ook*) scornful, opprobrious
denim id
denivelleren increase differentials; *de inkomens* ~ reverse the equalization of incomes
denkbaar imaginable, conceivable, thinkable; *het is niet ~ dat* ... it is unthinkable that ...; **denkbeeld** idea, notion; (*mening, ook*) view [on art, etc], opinion; *ik kan er mij geen ~ van maken* I cannot form an idea of it; *zie ook* idee; **denkbeeldig** imaginary, hypothetical [put a hypothetical case *een ... stellen*], fictitious, illusory; *het gevaar is niet ~ dat* ... there is a real danger that ...; *~e ontdekking* (*vondst*) mare's nest
denkelijk probable; *zie ook* waarschijnlijk
denken 1 think; (*even*) ~, (*fam*) have a think (*zo ook:* have a long, a hard think); *terdege* ~ do some hard thinking; *ik dacht het je gezegd te hebben* I thought I (had) told you; *om zo iets ook maar te ~!* the very idea (of it)!; *de grootste lafaard, die men zich kan* ~ the greatest coward imaginable; *dàcht ik het niet!* just as I feared!, I knew it!; *dat feit **geeft** te* ~ that fact sets one think-

ing, gives one food for thought, is enough to make us think; ***zich** ~, zie* zich voorstellen *b*); *denk u op een eilandje* imagine yourself on ...; *dat laat zich* (*gemakkelijk*) ~ that may be (easily) imagined; *denk eens **aan**!* just think of that!, just fancy (that)!, only think!; ~ *aan* think of; *zie ook* ~ om; *zij dacht aan geen kwaad* she thought no harm; *ik* (*men*) *moet er niet aan* ~ I cannot bear to think of it (it doesn't bear thinking of); *laten we er niet meer aan* ~ let's forget about it; *hij dacht helemaal niet aan haar* (*er ... aan*) he never gave her (it) a thought; *nu ik eraan denk* now I come to think of it; *denk aan mij* remember me; *daar dacht ik juist aan* that's what I had in mind (*zo ook:* he was the person I had in mind just now); *ik dacht er niet aan dat het zondag was* I did not realize it was Sunday; *ze kan alleen maar aan kleren* ~ she cannot think of anything but clothes; *ik denk er niet aan* (*het te doen*) I'll do nothing of the kind; I should not dream of (doing) it; I have not the slightest intention of doing it; *geen ~ aan!* (it is) out of the question!; *ik denk er niet aan om te* ... I have no idea of ...ing; ***zonder** te ~,* (*ook*) [act] unthinkingly; *zonder te ~ aan,* (*ook*) without a thought for (unmindful of) [her own safety]; *zie ook* vallen; ***doen** ~ aan* make [a p.] think of; (*herinneren aan*) remind [a p.] of, recall [s.t.], be reminiscent of; *het doet aan toverij* ~ it savours of magic; *niets dat deed ~ aan roof* [there was] no suggestion of robbery; ***bij** zichzelf* ~ think to o.s.; ~ ***in** geld* think (in, in terms of) money; ~ ***om*** think of; remember [the latchkey]; mind [the step, paint, baby, fire, eggs]; [I'll] bear [you] in mind; *denk erom!* remember!, mind!; *denk erom dat je om acht uur klaarstaat* (*dat je goed ontbijt*) mind you are ready by eight (be sure you have a good breakfast); *denk erom te schrijven* mind and write; *denk erom wat je zegt!* be careful what you are saying!; *vóór we erom ~,* (*ook*) [he'll be here] before we know where we are; ~ ***over*** think about (on, upon, of), think [it, the matter] over; *zie ook* ~ aan; *erover ~ te* ... think of ...ing; *hij dacht erover, zelfmoord te plegen* he contemplated suicide; *er anders over* ~ think otherwise; *er net zo over* ~ be of the same way of thinking; *je moet er niet te licht over* ~ you shouldn't regard it too lightly; ~ ***van*** think of [I don't know what to think of it], say to [what do you say to a walk?]; *ik weet niet, wat ik ervan* (*van hem*) *~ moet,* (*ook*) I ... what to make of it (of him); 2 (*v plan zijn*) intend [to go], think of [going]; (*verwachten*) expect, think [I never thought he'd do it]; *zie ook* mening: in de ~ verkeren; *wat denk je te doen?* what do you intend (mean) to do?; *wat denkt hij te bereiken?* what does he expect to achieve?; *ik had gedacht, dat hij meer verstand had,* (*ook*) I'd have given him credit for more sense; *dan men zou ~,* (*ook*) [he has more gifts] than one would give him credit for; *... zou ik* ~ [you'll see enough of her] I should imagine; ***dat** dacht ik al* I thought as much; [*ken je hem?*] *dat zou ik ~!* rather!, you bet!, I should think I did!, I should jolly well think so!; *zie ook* of: en ~!; *dat kun je net ~!* catch me (at that)!, not I (he, etc)!, not likely!, not much!; *ik zou ~, dat* ... I am inclined to think that ...; *dat had ik niet van hem gedacht* I would never have believed it of him; *zie ook* mijn; **denkend** thinking, rational [being], intelligent; **denker** thinker; *~tje* food for thought

denk|fout wrong inference, [make an] error in reasoning, logical error; **-gewoonte**, **-kader** habit of thought, way of thinking; **-kracht** mental capacity, brain-power; **-patroon** pattern of thought, way of thinking; **-proces** mental process; **-raam** 1 mental capacity; 2 pattern of thought; **-sport** (art of) puzzle-, problem-solving; (*rubriek*) brain-teasers; **-tank** think-tank; **-vermogen** thinking-faculty, intellectual capacity; **-wereld** (way of) thinking; **-werk** headwork; **-wijze** way of thinking (of thought); **-wolk(je)** (*fam*) balloon [in a strip cartoon]

denneappel pine cone; *vgl* sparappel; **denneboom** pine tree; **dennegroen** pine branches; **dennehars** pine resin; **dennehout** pine wood; **dennekegel** pine cone; **dennenaald** pine needle; **dennenbos** pine wood, pine forest; **dennenscheerder** pine weevil; **dennepijlstaart** pine moth; **dennesnuitkever** pine weevil; **denneuil** pine beauty

denominatie denomination; **denominatief** denominative; **denotatie** denotation

densi|meter id; **-teit** density; **-tometer** id

dentaal I *bn* dental; II *zn* dental (consonant, sound)

denudatie denudation; **denuderen** denude

deodo|rans, **-rant** deodorant, anti-perspirant; (*in roller*) roll-on; **deodoriseren** deodorize

depanneren put back on the road, repair

departement department; (*regerings~, ook*) Office; *zie ook* ministerie; **departementaal** departmental; **departementsambtenaar** departmental officer, civil servant

depêche dispatch, telegram, message

depenaliseren decriminalize [abortion]

dependance 1 (*gebouw*) annex(e); 2 (*afdeling*) (local) branch; **dependentie** dependence

depersonaliseren depersonalize (*beide bet*)

deplorabel deplorable, lamentable

depolariseren depolarize

depolitiseren depoliticize

depolymeriseren depolymerize

deponent 1 depositor; 2 (*jur*) id; **deponeren** 1 put down, place; (*geld, aandelen, enz*) deposit [with, at a bank]; pay in [money], pay [money into a bank]; (*documenten*) file, lodge; 2 (*merk*) register, have registered; (*wettig*) *gedeponeerd handelsmerk* registered trademark; 3 (*jur: onder ede verklaren*) depose, make a deposition, testify

deport backwardation

depor|tatie deportation; (*hist*) transportation [to Australia]; **-teren** deport; (*hist*) transport

deposant depositor; **deposi|taire**, **-taris** depositary; **depositie** 1 (*jur*) deposition; 2 (*neerslag*) deposit; **deposito** deposit; *in ~* on deposit; *gelden in ~ nemen* receive money on deposit, receive deposits; *~ met* (*zonder*) *voorafgaande opzegging*

deposit at notice (at call)
deposito|bank 1 commercial bank; 2 (*hist*) deposit bank; **-bewijs** receipt of deposit; **-rekening** deposit account; **-rente** deposit rate
depot 1 id (*ook mil*), [petrol] dump; 2 (*bewaring*) [legal *wettelijk*] deposit; (*v publikaties, ook*) copyright deposit; *in ~ geven, zie* deponeren; 3 (*sediment*) [throw a] deposit; 4 (*filiaal*) branch (establishment); **depotbibliotheek** deposit (*of:* copyright) library; **depotfractiebewijs** trust unit; **depothouder** branch manager
deppen dab; **depper** pad
depre|ciatie depreciation; **-ciëren** depreciate
depressie depression (*ook fig*); (*weerk ook*) trough of low pressure; (*econ ook*) recession, slump; **depressief** [feel] depressed, dejected; (*psych*) [manic] depressive; **depri** depressed, dejected (person); **deprimeren** depress, dishearten; **deprimerend** depressing, disheartening
deprivatie deprivation; **deprivatiseren** deprivatize; **depriveren** deprive
deprofessionaliseren deprofessionalize
deprogrammeren deprogramme
deputaat deputy, delegate; **deputatie** deputation; **deputeren** depute
der 1 (*van de*) of (the) [the king of beasts, the rigour of the times]; -'s, -s' [in God's name, the churls' god]; 2 (*van haar*) her; 3 (*van hen*) their; 4 (*daarheen*) [here and] there, [hither and] thither
deraillement derailment; **derailleren** go (run) off the rails (lines, metals, track), be (get, become) derailed, derail, jump (leave) the rails; (*fig*) go off the rails, go wrong; *doen ~* derail; **derailleur** id
derangeren (put to) inconvenience, put out; *zie ook* storen
derde I *telw* third [person, gear *versnelling*, world, the third of July]; *ten ~n male* for the third time; *~ been(tje)*, (*sl*) middle (*of:* third) leg; *~ oksel*, (*sl*) slit; *Derde Rijk* Third Reich; II *zn* 1 third (part); *een ~* a, one third [of a pound]; *twee* (*drie, enz*) *~* two (three, etc) thirds; *voor twee ~ gevuld*, (*ook*) two thirds full; 2 third person, (*inz jur, enz*) third party [insurance, risk]; *~n*, (*ook*) outside organizations, etc; *vertel het niet aan ~n* don't let it go farther; *zie ook* ten, maal, stand, verzekeren, verzekering
derde|deel third (part); **-graads** third-degree [burns]; **-graadskromme** curve of the third degree; **-half** two and a half; **-jaars** *bn* third-year [undergraduate, student]; **-machtsvergelijking** cubic equation, (algebraic) equation of the third degree; *vgl* macht; **-machtswortel** cube root
derdendaags: *~e koorts* quartan fever (*of:* ague); **derderangs** third-rate; **derdewereldland** Third World country
dereguleren deregulate
deren 1 hurt, harm, injure; *dat deert niet* there is no harm in that; 2 grieve, touch; *het deert mij niet* it is no concern of mine; *wat niet weet, wat niet deert* what the eye doesn't see the heart doesn't grieve about; *zie ook* schelen & oog
dergelijk such(like), similar, like; *een ~e ontwikkeling* some such development; *en ~e* and suchlike, and the like, [talk of dogs] and things; *iets ~s* something (anything) like it; *iets ~s heb ik nooit gezien* I never saw the like (anything like it, such a thing, anything of the sort); *in ~e geest* in a like spirit; *vgl* verwant
derhalve therefore, so, consequently
deri|vaat derivative, derivate; **-vatie** 1 derivation; 2 (*afwijking*) deviation; **-vatief** derivative
dermate in such a manner, to such a degree, to such an extent, so much
dermatitis id; **dermatologie** dermatology; **dermatoloog** dermatologist
derogeren derogate [*aan* from]
derrie 1 clayey peat; 2 (*vuil*) muck
derrière (*fam*) id, behind, b(ot)t(o)m
dertien thirteen; *zie ook* ambacht, dozijn *& vgl* met, enz; **dertienavond** Twelfth Night; **dertiende** *bn & zn* thirteenth [year]; *vgl* 1 mijn 1, enz; **dertienjarig** *vgl* jarig
dertig thirty; *de jaren ~* the thirties [of last century]; *vgl* dik, in, rond III, enz; **dertiger** person of thirty (years), thirtysomething; *de ~ jaren* the thirties; *vgl* 1 goed I.5; **dertigjarig** *vgl* jarig; **dertigste** *bn & zn* thirtieth; **dertigtal**: *een ~, a*) thirty; *b*) about thirty, some thirty [members]
derven 1 lack, be deprived of, lose; 2 abstain from; **derving** lack, privation, loss
derwaarts thither; *zie ook* herwaarts
derwisj dervish
1 des (*muz*) D flat
2 des of (the); *zie ook* avond, daags, enz; *~ te beter* (*erger, meer*) so much the (all the) better (worse, more); *hoe meer* (*beter, enz*) ..., *~ te meer* (*beter, enz*) the more (better, etc) ... the more (better, etc); *~ te meer, omdat* ... the more so as ...; *ze werkte ~ te beter, omdat zij ... was* she worked all the better for being in love
desa (*Ind*) village; **desahoofd** village headman
desalniettemin nevertheless, nonetheless, for all that, notwithstanding all that, despite it
desastreus disastrous [floods, results], calamitous [floods]
desavoueren repudiate, disavow [an agent], disown; **desavouering** repudiation, disavowal
desbetreffend [questions] relating to this (matter), [the matter] in question, [the authorities] concerned, relative [the relative act *wet*], relevant [the relevant passage]; *zie ook* betreffend; **desbevoegd** competent; **desbewust** conscious (of it), [utter false coin] wittingly
descendant (*astrologie*) Descendant; **descendent** *zn* descendant; **descendentie** descendence
descriptief descriptive [writing; grammar]
deseksualiseren desexualize
desem leaven(ing), yeast; **desemen** leaven
desensi|biliseren, **-tiseren** desensitize [a patient, film]
deserteren desert (the colours); **deserteur** deserter; **desertie** desertion
desespereren despair
des|gelijks likewise; **-gevallend** where required; **-gevorderd** on demand; **-gevraagd** if required,

if necessary; ~ *verklaarde hij* when (*of:* on being) asked he ...; **-gewenst** if required; *u kunt* ~ ... if you (so) desire (if you like) you may ...
deshabillé dishabille, undress
desideratum id (*mv:* -rata)
desillusie disillusion(ment); **desillusioneren** disillusion
des|infectans disinfectant; **-infecteren** disinfect [a wound, the toilet]; vgl ontsmetten; **-infectie** disinfection; **-infectiemiddel** disinfectant
desinformatie disinformation
des|integratie desintegration; **-integreren** desintegrate
des|interesse lack of interest, indifference; **-interesseren**: *zich* ~ *in* take no interest in, be (remain) indifferent to
desinvesteren disinvest
deskun|dig expert [advice, judgment, opinion; be expert at, in, on teaching *mbt, inzake, op het gebied van*]; informed [criticism]; **-dige** expert [at, in, on]; (*bij examen, vglb*) external examiner; **-digheid** 1 expertise; 2 [lack of] professional competence; **-doloog** self-styled expert
desniet|tegenstaande, **-temin** *zie* desalniettemin
desnoods if necessary, if need be, in case of need, at need, in an emergency, at a pinch
desocialisatie desocialization
desolaat 1 (*verlaten, ontredderd*) desolate; *-late boedel* insolvent estate; 2 (*diep bedroefd*) disconsolate, forlorn
desondanks all the same, in spite of it (this, etc), nevertheless, for all that; *vgl* desalniettemin
desorder disorder; **desorganisatie** disorganization; **desorganiseren** disorganize
desoriëntatie disorientation
desoxyribonucleïnezuur de(s)oxyribonucleic acid, DNA
despecialisatie despecialization
desperaat desperate, despairing; **desperado** id
despoot [a benevolent] despot; **despo|tiek**, **-tisch** despotic (*bw:* -ally); **despotisme** despotism
dessa (*Ind*) *zie* desa
dessert id, sweet (course); **dessertlepel** dessert-spoon; **dessertvork** dessert-fork
dessin design, pattern, draft, drawing; **dessinateur** pattern designer; **dessineren** pattern
dessous underlying reasons, hidden motives
destabiliseren destabilize
destaliniseren destalinize
destijds [the views held] at the (that) time, [cars were rare] in those days, at one time, [when they settled here] originally; *de ~e naam van Oslo* the then name of ...; **destil-** *zie* distil-
destinatie destination; **destineren** destine
destructie destruction; **destructiebedrijf** carcass destructor plant; **destructief** destructive [criticism, destillation, a destructive nature]; **destructivisme** destructivism; **destructor** id
desurbanisatie deurbanization
desverkiezende if desired; if so inclined; **desverlangd** if desired, [passes to be shown] on request; **deswege** on that account, for that reason, therefore
detaboeëren lift the taboo from, break down the taboo on
detachement detachment, draft; **detacheren** 1 second [to another branch, school]; *gedetacheerd,* (*ook*) (placed, put) on secondment; 2 (*mil*) detach, detail, draft [to another unit]; *gedetacheerd zijn,* (*ook*) be on detachment; *bij een ander wapen* ~ attach (second) [an officer] to another arm; **detachering** 1 secondment; 2 (*mil*) detachment, detail(ing); attachment, secondment; *vgl* detacheren
detail 1 detail [the full details; a good eye for detail]; *en* ~, *in ~s* in (great) detail; *in ~s treden* go (enter) into detai(s); 2 (*handel*) retail; *en* ~ by retail, [sell] retail
detail|handel 1 retail trade; 2 *zie* -zaak; **-kritiek** detailed criticism; **-kwestie** question of detail; **-leren** 1 detail, specify; *zie ook* gedetailleerd; 2 describe in detail; **-list** retailer; **-onderzoek** detailed (in-depth) investigation (examination); **-opname** close-up, detail (shot); **-prijs** retail price; **-punt** point of detail; **-tekening** detail(ed) drawing; **-verkoop** retail sale; **-zaak** retail business (shop, *Am:* store)
detecteren detect; **detectie** detection; **detectielus** detector loop; **detectiepoort** detector gate; **detective** 1 id, (*fam*) sleuth, tec, (*Am sl*) dick; *particulier* ~ private inquiry agent; 2 (*boek*) detective (crime) novel; **detectiveroman** detective novel, crime novel, (*fam*) whodunit; **detectiveverhaal** detective (crime) story; **detector** id
detentie 1 detention, custody; 2 (*jur*) custody
deter|gens, **-gent** detergent
determi|nant id; **-natie** determination; **-natief** determinative; **-nator** (*tlk*) determiner; **-neren** I *tr* determine; (*plantk*) identify; II *intr* botanize; **-nisme** determinism
detestabel detestable; **detesteren** detest
detineren detain, remand in custody
deto|nabel detonative, explosive; **-natie** detonation, explosion; **-nator** id; **-neren** 1 detonate, blow up, explode; 2 be out of tune; 3 (*fig*) be out of keeping (of tune, of place); *een ~de figuur* an incongruous figure [in that company]
detoxificatie detoxification [centre]; **detoxificeren** detoxify
detriment id; *ten ~e van* to the detriment of
deugd virtue; (good) quality; good thing; *lieve ~!* good heavens!; *de ~ loont zichzelf* virtue is its own reward; *dat doet me ~, ik heb er ~ aan* I'm glad of that, it does my heart good; *zie ook* deugdelijkheid, 2 eer, goedmaken, nood, pad, enz
deugdelijk I *bn* 1 sound [advice, argument], reliable [article]; valid [argument, proof]; substantial [meal], conclusive [proof]; thorough [work]; (*Am ook*) honest [liquor]; *geen enkele ~e reden* not a single solid reason; ~ *bewezen* proved up to the hilt; 2 (*duurzaam*) durable, [stuff] that wears well; II *bw* soundly, etc; *vgl* I; extremely [noticeable]; absolutely, positively [right]; **deugdelijkheid** soundness, reliability, durability,

thoroughness, good quality; validity; *vgl* deugdelijk; **deugdzaam** virtuous; ~ *blijven* keep to the straight and narrow; ~ *leven* live honestly; **deugdzaamheid** virtuousness, virtue; honesty

deugen 1 *niet* (*willen*) ~, *nergens voor* ~ be good for nothing, be no good (at anything), be a good-for-nothing (boy, fellow, etc), be a ne'er-do-well; (*fam*) be a bad lot; 2 *niet* ~, (*v dingen*) be good for nothing, be no good; *dat werk deugt niet* (*fam: deugt voor geen cent, geen meter, enz*) that ... will not do, is not up to the mark (is nbg, no bloody good); 3 ~ ***voor*** be good (fit) for; *je deugt niet voor leraar* you will never do for a teacher, will never make a good teacher; *wat voor de een deugt, deugt nog niet voor de ander* one man's meat is another man's poison; **deugniet** good-for-nothing (fellow, boy, girl); ne'er-do-well, rogue; *kleine* ~ little rascal (rogue, scamp)

deuk dent [in a hat, etc], dint; (*fig*) blow [to one's prestige]; *ik lag in een* ~, (*fam*) I was in stitches (with laughter); **deuken** 1 dent, indent; 2 get dented (dinted); **deukhoed** soft felt hat, trilby (hat), Homburg (hat)

deun 1 (*ook: deuntje*) air, tune; song; *vgl* liedje; *een ~tje huilen* have a cry; 2 tiresome jingle, tune the old cow died of

deur [double, folding, glass, louvre, revolving, sliding] door; *daar is de ~!* there's the door!; *dat doet de ~ dicht* (*toe*) that clinches (settles) it; that is the last straw, (*fam*) puts the lid on; *zie ook* neus; *een open ~ intrappen* hammer on (at) an open door; *de ~ open laten voor* leave the door open to [negotiations]; *de ~ openzetten voor* open the door to [all kinds of abuses]; *de ~ sluiten voor* close the door to [a settlement], on [further negotiations]; *de ~ uitgaan* leave the house, go out of doors; *ik kom de ~ niet uit* I never go out, always keep indoors; *iem de ~ uitzetten* (*uitgooien*) turn (*fam:* chuck) a p. out, show a p. the door; *de ~ uit!* out with you!; *iem de ~ wijzen* show a p. the door; ***aan*** *de* ~ [stand, knock] at the door; *aan de ~ wordt niet gekocht* no hawkers [and no circulars]; *aan* (***buiten***) *de ~ zetten* throw (*fam:* chuck) out; *buiten de ~ eten* (*houden*) eat (keep) out; *buiten de ~ staan wachten* be waiting outside, cool one's heels; ***door*** *de* ~ [he poked his head] through the door; *door de ~ naar binnen gaan* enter by (through) the door; *ze kunnen niet meer door één* ~ they can no longer be in the same room together; ***in*** *de* (*open*) ~ *staan* stand in the door(way); ***met*** *gesloten ~en* behind closed doors, in camera, in private; *met de ~ in huis vallen* get down to business at once, plunge into the matter; *niet direct* ***naast*** *de* ~ not exactly on the doorstep; *zijn vinger* (*een voet*) ***tussen*** *de ~ krijgen* catch one's finger (get a foot) in the door; *dat staat ons* ***voor*** *de* ~ that is in store for us; *een hongersnood staat voor de* ~ a famine is staring us in the face; *zie ook* aanstaande, link, platlopen, enz

deur|bel doorbell; **-collecte** house to house collection, (*kerk*) retiring collection; **-dranger** door-closer; **-gat** doorway; **-ketting** door chain; **-klink** door-latch; door-handle; **-klopper** door-knocker; **-knop** doorknob, door-handle; **-kozijn** doorframe; **-kruk** doorknob, door-handle; **-mat** doormat; **-opening** doorway; *de heer A, staande in de* ~ Mr A, framed in the doorway; **-plaat** 1 finger-plate; 2 (*naamplaat*) doorplate; **-post** doorpost; **-sleutel** latchkey; *zie* huissleutel; **-stijl** doorpost; **-stopper**, **-tegenhouder** doorstop; **-telefoon** Entryphone; **-vleugel** door-leaf; **-waarder** bailiff, sheriff's officer, process-server; (*in rechtszaal*) usher, crier; **-waardersexploot** summons; (*dagvaarding*) subpoena; warrant of execution; **-wachter** porter, doorkeeper

deutel treenail wedge

deuterium id; **Deuteronomium** Deuteronomy

deuvel dowel; **deuvik** spigot; **deuviken** tap (draw) through the spigot

deux-pièces two-piece (suit, costume)

devaluatie devaluation, depreciation; **devalueren** devaluate, devalue [the rouble by ten per-cent; the tournament was devalued through cancellations]

deveine a run of bad luck

deviant id; **deviatie** deviation; (*v kompas*) deflection, deviation; **deviationisme** deviationism; **deviëren** deviate

devies motto, device; (*her*) device, charge

deviezen 1 foreign bills, foreign paper; 2 foreign currency, foreign exchange; **deviezenbank** authorized bank; **deviezenbeperking** exchange control; **deviezenhandel** foreign exchange market; **deviezensmokkel** currency smuggling

devitaliseren devitalize

devolutie devolution; **devolveren** devolve [(up)on the Vice-President; on another heir; to the local authorities]

devoot devout, pious; **devotie** 1 devotion, piety; *Moderne Devotie* Devotio Moderna, Modern Devotion; 2 worship, veneration [of saints]; **devotionalia** objects of devotion

dewelke (*vero*) (the) which

dewijl (*vero*) inasmuch as

dextrine dextrin; **dextrose** id

deze this, (*zelfst*) this one, (*mv*) these (ones); (*de laatstgenoemde*) the latter; ~ *en gene* [I heard it from] various people; ~ *of gene* one or other; *als ~ of gene er naar vraagt* if anybody asks; ~ *of gene idioot* some idiot; *bij* (*door*) *~n* herewith, hereby; *in ~n, te ~n* in this (matter); *na* (*voor*) *~n* after (before) this; *de 2e ~r* the 2nd of this month; *zie ook* brenger, dag, schrijver, enz

dezelfde the same; *dit is* ~ this is the same (one); ~(*n*) [these are] the same (ones); *zie ook* precies

dezer *zie* deze; **dezerzijds** on this side; ~ *zullen wij alles doen* ... on our part we shall do everything ...; ~ *antwoord* [please await] our answer; *~e bezwaren* objections on our part

dezulke(n) such; *derzulken* of such [is the Kingdom of Heaven]

D.G. afk van *Dei gratia* id, by the grace of God

d.h.z. afk van *doe het zelf* DIY

d.i. afk van *dat is, dit is* ie, viz

dia 1 [colour] slide (*of:* transparency); 2 diameter
dia|beet, -bete diabetic; **diabetes** id; **diabeti|ca, -cus** diabetic; **diabetisch** diabetic
diabolisch diabolic(al); **diabolo** id
diachronie diachrony; **diachronisch** diachronic [linguistics]
diaconaal diaconal; **diacones** deaconess; **diaconie** church welfare board; (*hist*) poor-relief board
diacritisch diacritic (*ook: ~ teken*); **diade** dyad
diadeem diadem
diaduplicator slide copier
diaeresis di(a)eresis
diafaan diaphanous; **diafonie** diaphony
diafragma diaphragm, (*fot ook*) stop; **diafragmeren** (*fot*) stop down
diagnose diagnosis; *de ~ stellen van* diagnose [TB]; **diagnosticus** diagnostician; **diagnostiek** diagnostics; **diagnostisch** diagnostic; **diagnostiseren** diagnose [measles, the ills of society]
diagonaal *bn & zn* diagonal; **diagonaalband** cross-ply tyre; **diagonaalsgewijze** diagonal(ly)
diagram diagram; (*grafiek*) graph, chart, (*wisk ook*) [Venn] diagram; **diagrammatisch** diagrammatic (*bw:* -ally)
diaken deacon; **diakones** deaconess
diakritisch diacritic (*ook: ~ teken*)
dialect dialect [atlas, geography]; **dialectica** dialectic(s); **dialecticus** dialectician; **dialectiek** dialectic(s); **dialectisch** 1 (*v dialect*) dialectal; 2 (*v dialectiek*) dialectic(al); **dialectologie** dialectology; **dialectoloog** dialectologist
dialoog dialogue; *in ~vorm* in the form of a dialogue; **dialysator** dialyser (*Am:* -zer); **dialyse** dialysis; **dialyseren** dialyse (*Am:* -ze)
diamagnetisch diamagnetic; **diamagnetisme** diamagnetism
diamant diamond; *ruwe* (*ongeslepen*) *~* rough diamond (*ook fig*); **diamantair** 1 diamond cutter; 2 diamond merchant; **diamantbewerker** diamond cutter; **diamantboor** diamond-drill; **diamantdruk** diamond (type)
diamant|en *bn* 1 diamond; 2 (*zeer hard*) adamantine; **-houdend** diamond-bearing, diamondiferous; **-klover** diamond-splitter, -cleaver; **-letter** diamond (type); **-naald** diamond stylus; **-slijper** diamond cutter; (*in engere zin*) diamond polisher; **-slijperij** diamond-cutting establishment; **-spaat** adamantine spar; **-uitgave** diamond edition; **-werker** diamond cutter
diameter id; (*ve cilinder, ook*) bore; *in ~* [ten feet] in diameter, [ten feet] across; **diametraal** diametral; (*ook fig*) diametrical; *~ tegenover elkaar staan* be diametrically opposed, (*v pers, ook*) be poles apart; **Diana** id
diapositief diapositive, (positive) transparency, (*ingeraamd*) slide; **diaprojector** slide projector; **diaraampje** slide mount, slide frame
diarree diarrhoea; (*bij vee*) scour; *aan de ~ zijn* have diarrhoea; *vgl* dun
diaserie slide set
diaspora id
diastase 1 (*chem*) id; 2 (*med*) diastasis
diatheek slide library
dia|thermaan diathermanous, diathermic; **-thermie** diathermy; **-tomee** diatom
diatonisch diatonic [scale]
dichotomie dichotomy
dicht I *bn* 1 (*deur, enz*) closed, shut; (*gordijnen, ook*) drawn; (*auto, enz*) closed; (*ve kraan*) off; *hij is zo ~ als een pot* he is as close as an oyster; *de paraplu wil niet ~* the umbrella won't shut (up); *zij knoopte haar mantel ~er vast* she buttoned her coat closer; 2 (*niet lek*) tight; 3 (*~ opeen*) dense [population, forest, crowd], compact [mass], thick [wood, crowd, fog (*zeer ~* dense fog), hair], close [writing, order, texture]; II *bw* densely [populated], thickly [planted], closely [written]; *~ bijeenstaand* close-set [eyes]; *~* ***bij*** near [home, the truth], close to [the church], close (up)on [twenty]; *~ bij het vuur zitten* hug the fire; *zie ook* kust; *dat is ~er bij de waarheid, er ~er bij,* (*fig*) that is nearer (to) the mark; *~(er)bij komen* draw near(er); *~er komen bij* draw nearer to; *sta er niet zo ~ bij* don't stand so close; *zie ook* ~bij & naderbij; *dit komt er het ~st bij* this is the nearest approach to it; *~* ***op*** close (up)on; *iem ~ op de hielen zitten* be close (up)on a p.'s heels; *~ op elkaar* tight-packed; *~er* ***tot*** *elkaar komen* draw closer (nearer to each other); III *zn* poetry; (*ge~*) poem; *~ en ondicht* prose and poetry
dicht|ader poetic vein; **-bevolkt** densely populated; **-bij** close by, close at hand, near (at hand); *van ~* at close quarters, close to (up); *van te ~* [don't look at it] from too close; (*~zijnd*) nearby [noises; a nearby territory]; *zie ook* 1 dicht & nabij; **-binden** tie up; **-bundel** volume of poems (of poetry); **-doen** close, shut [the door], draw [the curtains]; *zie ook* deur, oog, oogje, enz; **-draaien** turn off [a tap]; *de oliekraan ~* cut off oil supplies; **-duwen** push to, shut
1 dichten make verses, write poetry (verses)
2 dichten (*toemaken*) stop (up), seal (up), close, fill (in, up); seal (close) [a dike]
dichter poet; **dichteres** poetess; **dichterlijk** poetic [feeling, language; licence *vrijheid*], poetical [works]; **dichterschap** life (work) as a poet
dicht|gaan shut, close; (*ve wond*) close, heal up; **-genootschap** poetry society; **-gooien** slam [a door, book], bang [a door], fill in [a grave]; **-groeien** (*ve wond*) close, heal up; **-heid** density, compactness, closeness; *vgl* 1 dicht; (*inz ve dikke vloeistof*) consistency; **-houden** keep [one's mouth, eyes, shop] shut, keep [one's ears] closed (stopped up); **-klappen** 1 slam [door], shut up, snap together [one's book], snap shut [lid]; 2 (*intr, v pers*) become inhibited, (*fam*) dry up; **-knijpen** squeeze; *de neus ~* hold (pinch) one's nose; *zijn ogen ~* screw up one's eyes; *zie ook* keel; **-knopen** button (up); **-kunst** (art of) poetry, poetic art; **-maat** metre; *in ~* in verse; **-maken** close, stop [a hole]; screw up [a coffin]; fasten, button up; *zie ook* sluiten; **-metselen** brick up, wall up; **-naaien** sew up [a hole], stitch up [a wound]; **-plakken** seal (up) [a letter], stick (*of:* gum) down [an envelope]; *waar de wereld met*

kranten dichtgeplakt is at the back of beyond; **-regel** verse; **-schroeien** sear [meat]; **-schroeven** screw up (down); **-schuiven** slide to, close, draw [the curtains]; **-slaan** I *tr* bang [a desk], slam [the door] (shut); bung up [a p.'s eye]; II *intr* slam (to); (*v pers*) become inhibited, (*fam*) dry up; **-slibben** silt up; **-smijten** *zie* -gooien; **-soort** kind of poetry; **-spijkeren** nail up (down); board up [a window]; **-stoppen** plug, stop up [a hole]; **-stuk** poem; **-trant** poetic style; **-trappen** kick [the door] to; **-trekken** pull [the door] to (*of:* shut, close), draw [the curtains]; **-vallen** fall (*in het slot:* click) shut; **-vorm** form of poetry; *in ~* in verse; **-vouwen** fold up; **-vriezen** freeze (be frozen) over (*of:* up), freeze solid; **-waaien** blow (be blown) shut; **-werk** poetical work, poem

dicotyl dicotyledon(ous plant)

dictaat dictation; lecture notes; (*~cahier*) notebook; *op ~ schrijven* write from dictation; *~ maken* take (down) notes; **dictafoon** dictating machine, Dictaphone

dicta|tor id; **-toriaal** dictatorial [behaviour, power, regime]; **-torschap**, **-tuur** dictatorship

dictee dictation; **dicteermachine** dictating machine; **dicteersnelheid** (at *op*) dictation speed; **dicteren** dictate; **dictie** diction; **dictionaire** dictionary; **dictum** id

didac|ticus lecturer in education; didactician; **-tiek** didactics; **-tisch** didactic (*bw:* -ally)

die I *aanw vnw* that, (*mv*) those; the [here's the old coat you asked for *hier heb je ...*]; *~ Brown, enz,* (*min*) that Brown (fellow), that actress girl, that anarchist (painter, etc) fellow (*of:* chap); *~ staking is een erstige zaak* this strike is ...; *je broer? ~ is uitgegaan* he has gone out; *~ met de zwarte jas aan* the one in the black coat; *met alle gevolgen van ~n* with all the consequences (of that); *hij was een genie, ~ Low* he was a genius, was Low; (*evenzo:* he could ..., could H, etc); *Mijnheer, enz ~ en ~* Mr So-and-So; *~ of ~ stad* some town or another, a given town; *~ ...!* these women!, these English!; *~ ben ik* that's me, I am he; *zie ook* 1 goed I.1; II *betr vnw* who, which, that; *hij was altijd de eerste* (*laatste*) *~ naar huis ging* he was always the first (last) to go home; *overtuigd vrijgezel ~ hij was* confirmed bachelor that he was; *gehoorzame man, ~ hij was* [he sat down] like the dutiful husband he was

Diederik Theodoric, Thierry, Derrick, Derek

dieet diet [kitchen], regimen; *~ houden, op ~ zijn* be on a diet, diet o.s.; *op ~ stellen* put on a diet; (*attr*) dietary, dietetic; **dieetleer** dietetics; **dieetwinkel** health-food shop

dief 1 thief (*ook aan kaars*); *met dieven moet men dieven vangen* set a thief to catch a thief; *houdt de ~!* stop thief!; *'houdt de ~!' roepen* raise the hue and cry; *als een ~ in de nacht* as a thief in the night; *wie eens steelt is altijd een ~* once a thief, always a thief; *het is ~ en ~jesmaat* dog does not eat dog, rogues don't split on each other; *een ~ zijn van eigen portemonnee* rob one's own purse; *zie ook* gelegenheid; 2 (*plantk*) side shoot [pinch out side shoots regularly]; *vgl* zuiger

dief|achtig thievish; **-je-met-verlos** prisoner's base; **-jesmaat** *zie* dief; **-stal** theft, (*met bedreiging of geweld*) robbery, (*met braak*) burglary; (*jur hist*) larceny, (*met braak*) housebreaking; *letterkundige ~* plagiarism, piracy; *zie ook* lijf

diegene he, she; *~n* those [who *die*]

Diemensland: *Van ~* Tasmania

diemit dimity; **diemiten** dimity

dienaangaande with respect (reference) to that, as to that; on that head (point, question, etc)

dienaar 1 servant; *~ des Woords* minister of God's (Holy) Word; *de dienaren der Kroon* the ministers of the Crown; *uw dienstwillige* (*dienstvaardige, onderdanige*) *~* your obedient servant; *uw ..., XYZ* yours faithfully (obediently), XYZ; *uw ~* your servant [Ma'am]; 2 (*buiging*) bow; *een ~ maken,* (*hist*) make (scrape) a leg

dienares(se) 1 servant; 2 (*fig*) handmaid [education, the handmaid of religion]; 3 (*buiging*) curts(e)y; *een ~ maken,* (*hist*) drop a curts(e)y

dienbak (dinner) tray, dumb waiter; **dienblad** (dinner) tray, (*kleiner*) salver; **diender** constable, (*sl*) cop(per); *dooie ~* dull dog; *zie ook* stil

dienen I *tr* serve [God, a master, one's country]; *de mis ~* serve at mass; *zie ook* heer; *op deze manier worden uw belangen het best gediend* your interests will be best served in this way; *God heeft mij geroepen* ***om*** *anderen te ~* to minister to others; *om u te ~* at your service!; *waarmee kan ik u ~?* what can I do for you?, (*in winkel, ook*) can I help you?; *het geluk diende hem* fortune favoured him, his luck was in; ***daarmee*** *ben ik niet gediend* that is (of) no use to me; *iem* ***van*** *antwoord ~, a*) answer a p.; *b*) give as good as one gets; *iem van raad* (*advies*) *~* advise a p.; *daarvan* (*van uw opmerkingen, grappen*) *ben ik niet gediend* none of that for me! (keep your remarks for those who want them; none of your jokes!, I don't want your jokes); *zie ook* gemak, heer, enz; II *intr* 1 be in the armed forces, serve [*bij de artillerie* in the ...]; 2 serve [as a footman, butler, etc], be in (domestic) service [*bij* with]; *gaan ~* go (out) to service, go into service; *gaan ~* ***bij***, (*ve dienstbode*) take service with; 3 (*nuttig, bestemd, enz zijn*) serve; *ijs* (*wind*) *en weder ~de* weather permitting; *~* ***als*** (***tot***, ***voor***) serve as (for); *dit dient als* (*tot*) *kurk* this does duty as (for) a cork; *laat hem dat tot waarschuwing ~* let that be a warning to him; *deze dient* ***om*** *u te berichten ...* this is to inform you ...; ***ter*** *vergelijking diene dat ...* for the sake of comparison it may be pointed out that ...; *nergens* ***toe*** (*tot niets*) *~* be of no use, serve no useful purpose, be no good; *waartoe zou het ~?* what's the good (the use) of it?; *waartoe dient deze klep?* what is the purpose of this valve?; 4 (*behoren*) need; *het dient te gebeuren* it needs to be done; *je dient te gaan* you should (ought to) go; *zij dient te luisteren,* (*lit*) it behoves her to listen; *zij ~ genoemd te worden* they call for mention; 5 (*ve rechtszaak*) come up, be down for hearing

dienluik service hatch, serving-hatch

dienovereenkomstig accordingly

dienst 1 (*instelling, functie*) service (*ook: tak van ~:* consular, educational, foreign, secret, social service, etc); (*tak van ~, ook*) [audit, horticulture, legal, management, planning] division; (*op brief*) OHMS (On Her [His] Majesty's Service); (*inz gemeentelijk*) [cleansing, housing, public works] department; (*functie*) duty [he took duty for me]; ~ ***hebben*** be on duty (on call); *geen ~ hebben* be off duty; *20 jaar ~ hebben* have twenty year's service; ***buiten*** ~, (*v pers*), *a*) off duty; *b*) retired [governor, major, etc]; (*ve lift*) out of use; (*ve bus*) private; (*ve schip*) laid up; *buiten ~ stellen*, (*schip*) scrap, (*tijdelijk:*) lay up, moth-ball [a cruiser]; (*bus, enz*) take out of service; ***in*** ~ *komen* take up one's post (one's appointment), enter (up)on one's duties; enter a p.'s service (employment); *in ~ nemen* engage, take [a p.] on; *weer in ~ nemen* reinstate [strikers]; *in ~ stellen* put into service (into use), press into service; (*inz oorlogsschip*) (put in) commission; *vgl* 3; *in ~ treden, zie boven:* in ~ komen; *bij mij in* ~ in my service (my employ); *in ~ van*, (*ook*) in the pay of (employed by) [the Government]; *in ~ zijnde (oorlogs)schepen* ships in commission; *in en door de* ~ [an accident arising] out of and in the course of one's employment; *gezant in gewone (buitengewone, algemene)* ~ ordinary ambassador (ambassador extraordinary, at large); *zie ook* kamerheer; ... *van* ~ on duty; 2 (*baan, inz ve dienstbode*) place; *in ~ zijn*, (*ve dienstbode*) be in service, (*zonder ~ zijn*) be out of employment; *de ~ **opzeggen***, give a month's notice (warning); *de ~ is haar opgezegd* she is under notice (to go); 3 (*nuttige handeling, hulp, bediening*) service; *Commissie van Goede D~en* [UN] Commission of Good Offices; *iem een ~ **bewijzen** (**doen**)* render (do) a p. a service, do a p. a good turn; *iem een slechte ~ bewijzen* do a p. a disservice (an ill service); *hij heeft zijn partij voortreffelijke ~en bewezen* he has given his party yeoman service; ~ ***doen*** function [the driver also functions as conductor], do duty [that coat did duty on festive occasions], serve [this one might serve as well]; *deze jas heeft me veel ~ gedaan* has done me long and loyal service; *dat heeft zijn ~en gedaan* it has served its turn; *~ doen als* serve for (as), do duty for (as) [a sack did duty for curtain]; act as [interpreter]; *de ene ~ is de andere **waard*** one good turn deserves another; (*de*) ~ ***weigeren***, (*ve motor, enz*) miss, cease working; *zijn benen weigerden hun* ~ his legs refused their office; ***in*** *~ stellen van* press into the service of, harness [science to creative fancy], dedicate, devote [one's energies to the environment]; ***ten*** *~e van scholen* for the use of schools; *de faciliteiten die hun ten ~e staan* the facilities (that are) at their service; *ten ~e stellen van* put [one's knowledge, etc] at the service (disposal) of; *het is* ***tot*** *uw* ~ it is at your service; *tot uw ~!* don't mention it, (you are) welcome; (*dat is*) *alles tot je ~, maar* ... (that's) all very well, but ...; ***van*** *~ zijn, a*) be of use; *waarmee kan ik u van ~ zijn?, wat is er van uw ~?* what can I do for you?; *kan ik u van ~ zijn?* can I be of any use (of service) to you?; *wij zullen u gaarne van ~ zijn* we shall be happy to oblige you; *b*) be on duty;; 4 (*godsd*) service; *de ~ doen*, (*ve predikant*) officiate; *een ~ houden* hold a (religious) service; *onder de (kerk)~* during the service; *tot de heilige ~ toegelaten worden* take (be admitted) to holy orders; 5 (*mil*) service; *officier van* ~ duty officer; ***in*** *~ gaan, ~ **nemen**;* (*mil*) enter the service (the army), enlist (*opnieuw:* re-enlist), take service, join (go into) the army, etc, (*fam*) join up; *in ~ zijn*, (*mil*) *zie* onder ~ zijn; ***onder*** *~ gaan, zie* ~ nemen; *onder ~ zijn* be in the army, serve with the colours; *hij was twee jaar onder* ~ he did military service for two years; *de ~ **verlaten*** retire; leave the army; (*ve officier, ook*) be gazetted out (of the army); (*met pensioen*) be pensioned off; ***uit*** *de ~ gaan, zie* de ~ verlaten; *uit de ~ ontslaan*, (*mil*) discharge from the services

dienst|aanvaarding entrance (up)on one's duties; **-auto** official car (vehicle); **-baar** 1 in service; 2 ~ *aan* subservient to; ~ *maken* subjugate [a nation]; ~ *maken aan* make subservient to; *dienstbaren* servants, (*min*) menials; **-baarheid** servitude, bondage; **-betoon** service(s) rendered; helpfulness; [public] welfare; **-betrekking** relation between master and servant; (*dienst*) employment, service; **-bode** (maid)servant, domestic (servant); *zie ook* meid & bediende; **-bodenvertrek** servants' hall (quarters); **-brief** official letter; **-doend** (*v wacht, beambte, enz*) on duty; (*aan het hof*) [lord, etc] in waiting; (*v geestelijke, ambtenaar*) officiating; (*waarnemend*) acting; **-doener(ij)** *zie* -klopper(ij)

dienstencentrum social services centre; **dienstenpakket** package of services; **dienstensector** service (*of:* tertiary) industries; **dienstenverkeer** international exchange of services; **dienster(tje)** waitress

dienstgebouw service building; **dienstgeheim** official secret; **diensthebbend** *zie* -doend; **diensthond** police dog; patrol dog; **diensthoofd** head of division (of branch, of department), head of [medical, etc] services

dienstig serviceable, of service, useful, expedient; suitable; ~ *voor* conducive (instrumental) to [your welfare]; ~ *achten* deem useful, think fit; **dienstigheid** serviceableness, usefulness

dienst|ijver professional zeal; **-ingang** 1 staff entrance; (*opschrift*) staff only; 2 trade(smen's) entrance; **-jaar** 1 year of service; *hij heeft 40 dienstjaren*, (*ook*) he has been in office for forty years; 2 (*boekjaar*) financial (*of:* fiscal) year; **-kleding** uniform, livery, service dress; **-klopper** stickler for regulations and discipline, martinet; (*ook*) an over-zealous constable, a fussy official; **-klopperij** stickling for regulations and discipline; **-knecht** (man)servant; **-lift** service lift; **-maagd** (maid)servant, (*bijb*) handmaid; **-mededeling** staff announcement; **-meid** (maid)servant; **-meisje** (house) maid; (*fam, vglb: 'hitje'*) slavey; **-neming** enlistment; **-ontduiker** shirker; **-order** order; **-personeel** domestic staff; **-pistool**

service pistol; **-plicht** National Service, compulsory (military) service, conscription; *algemene ~* general conscription; **-plichtig** liable to (military) service; *van ~e leeftijd* of military age; *~e* National Serviceman, conscript; **-plichtigheid** liability to (military) service; **-plichtontduiker** (*Am*) draft dodger; **-regeling** timetable, schedule; *uittreksel uit de ~* derivative timetable; **-reglement** (service) regulations; **-reis** official journey; *meneer A is op ~* Mr A is away on official business; **-rooster** duty roster; **-ruimte** staff room, (*trein, enz*) staff compartment; **-stempel** official stamp; **-tableau** duty roster; **-tijd** time (length, term) of service; (*ambtsperiode*) term of office; (*mil*) (period of) military service; *~ geldig voor pensioen* pensionable service; *zie ook* -uren; **-trap** service stairs (staircase); **-uren** hours of attendance (of business), [during, out of] office hours; **-vaardig** obliging, eager to oblige; *te ~* officious; *van Uwe Genade de ~e XYZ* Your Grace's obedient servant XYZ; *zie ook* dienaar; **-vaardigheid** obligingness, eagerness to oblige; *te grote ~* officiousness; **-vak** department, branch of the service; **-verband** [permanent, temporary] employment; (*inz Br*) tenure [his tenure expires in May]; **-verlenend**: *~e bedrijven* service industries; **-verlening** service(s); (*als straf*) community service; *veroordeling tot ~* community-service order; **-vervulling** discharge of one's duties; *bij behoorlijke ~* on approved service; **-voorwaarden** conditions of service; **-weigeraar** conscientious objector, (*fam*) CO, conchy; (*Am*) draft resister (evader, dodger); **-weigering** refusal to obey orders, wilful disobedience; (*mil*) refusal of (military) service (of duty); (*uit principe*) conscientious objection; (*te velde*) disobedience in the field; **-willig(heid)** *zie* -vaardig(heid) & dienaar; **-woning** official residence

diensvolgens accordingly, consequently

dientafeltje dumb waiter

dien|tengevolge therefore, in consequence, as a consequence, as a result; **-volgens** *zie* diens...

dienwagentje (dessert-, tea-)trolley

diep I *bn* deep [water, cupboard, forest, insight, sigh, voice, colour, mourning, sleep, sorrow, indignation, secret, silence, (*sp*) field], profound [*meest fig:* darkness, mystery, sympathy, interest]; *~er maken* (*worden*) deepen; *~e buiging* low bow; *~ geheim,* (*ook*) close (strict) secret; *z'n ~ste geheimen* one's innermost secrets; *~e minachting* sovereign contempt; *in ~e gedachten* deep in thought; *in het ~st van mijn ziel* [I believe] in my heart of hearts; *uit het ~st van mijn hart* [thank you] from the bottom of my heart; *zie ook* diepe; II *bw* deeply [deeply moved, breathe deeply], profoundly [unhappy, etc], low [bow low, he had fallen very low], far [penetrate far into the wood]; [*het schip*] *ligt zes voet ~* draws six feet of water; *het zit niet ~ bij hem* it's all on the surface; *~ in de schuld* deep(ly) in debt; *~ in de vijftig* well on in the fifties; *tot ~ in de nacht* (till) far (late, well) into the ...; *het werd ~ geheim gehouden* it was kept a close secret; III *zn* 1 (*vaarwater*) canal; (*vaargeul*) channel; 2 (*diepe plaats, zee*) deep

diepbedroefd deeply afflicted, (profoundly) distressed, broken-hearted; **diepblauw** deep blue; **diepboor** deep drill; **diepdruk** gravure

diepe (*v zwembad*) deep end, (*afzonderlijk bad*) swimmers' pool; *iem* (*zomaar*) *in het ~ gooien* throw a p. in at the deep end; **diepen** deepen

diep|gaand searching [inquiry, questions], profound, thorough, in-depth [investigation], penetrating [study], deep-lying [difference], radical [changes], [investigation] in depth; **-gang** 1 draught; *20 voet ~ hebben* draw twenty feet (of water); *met grote* (*geringe*) *~* heavy- (shallow-) -draught [vessels]; 2 (*fig*) depth; *met veel, met weinig ~,* (*ook*) profound [thinker], shallow [TV programmes]; **-gevoeld** heartfelt [thanks]; **-geworteld** deep-rooted; **-gravend** *zie* -gaand; **-lader** low loader; **-liggend** deep-set [eyes], deep-seated [causes, feelings], deep-lying [characteristics]; **-lood** sounding-lead, deep-sea lead, plumb-line; **-stekend** deep-drawing [ship]

diepte 1 depth (*ook fig*); *op grote ~* at great depth; *uit ~n van ellende, uit de ~n,* (*Ps. 130*) out of the depths; 2 (*zee, enz*) [the creatures of the] deep

diepte|bom depth-charge; **-interview** in-depth interview; **-investering** capital deepening; **-lijn** depth contour; **-meter** echo sounder; **-pass** through pass, deep pass; **-psychologie** depth psychology; **-punt** low(est) point, (all-time) low, nadir; *zijn ~ bereiken,* (*ook*) reach rock-bottom; **-roer** diving rudder; **-scherpte** (*fot*) depth of focus; **-structuur** deep structure

diep|vries 1 [put meat, a plan into] deepfreeze; 2 freezer; 3 frozen food; *vgl* vries-; **-vriesgroente** frozen vegetables; **-vrieskast** upright freezer; **-vrieskist** chest freezer; **-vriesprodukten** frozen food; **-vriezen** deep-freeze; **-vriezer** (deep) freezer; **diepzee-** deep-sea [diving, research]

diepzinnig deep [principles, thinker, a deeply thoughtful look], profound [argument, reasoning, remark, thinker], abstruse [theory], recondite [ideas, knowledge]; **diepzinnigheid** depth, profundity, abstruse-, recondite-, thoughtfulness

dier *zn* animal [man is a political, a social animal], beast [of burden, of prey; the king of beasts], [a dog is a dumb] creature; (*redeloos ~*) brute; (*troetel~*) pet; *~tje,* (*microscopisch*) animalcule; (*lief*) pet; *elk ~tje zijn pleziertje* everyone (each) to his taste; *zie ook* beest, lekker & recht I.1; **dierage** virago, vixen; **dierbaar** dear, beloved; cherished [memories]; fond [remembrance]; *onze dierbaren* our dear (*of:* loved) ones, our nearest and dearest; *~ maken* endear; **dierbaarheid** dearness

dierehuid animal skin

dieren|aanbidding animal worship; zoolatry; **-arts** (*Br*) veterinary surgeon, (*Am*) veterinarian, (*fam*) vet; **-asiel** animals' shelter; **-bescherming** protection of animals; *vereniging voor ~* (Royal) Society for the Prevention of Cruelty to Animals, (R)SPCA; *wet op de ~* Protection of Animals Act; **-beschrijving** zoography; **-beul** tormentor of animals; **-bevrijder** animal liberatonist; **-bevrijdingsfront** animal liberation front; **-dag** October 4th, 'World Animals' Day'; **-epos** beast-epic; **-fabel** beast-fable; **-geografie** zoogeography; **-gevecht** animal fight; **-liefde** love of animals; **-liefhebber** animal lover; **-mishandeling** cruelty to animals; **-opzetter** taxidermist; **-park** zoo; **-pension** pets' home; (*inz honden*) (boarding) kennel(s); **-riem** zodiac; **-rijk** animal kingdom; **-temmer** (wild animal) tamer, trainer; **-tuin** zoo, zoological garden(s); **-verzorger** (animal, zoo) keeper; **-voeding** pet food(s); **-vriend** animal-lover; **-wereld** animal world; **-winkel** pet shop

diëresis diaeresis

dierevel animal skin

dier|gaarde zoo(logical garden); **-geneeskunde** veterinary science (*of:* medicine); **-geneeskundig** veterinarian, vet; *~e, zie* dierenarts; **-geografie** zoogeography; **-kunde** zoology; **-kundig** zoological; **-kundige** zoologist; **-lijk** animal [food, heat, magnetism, courage, fear, instinct]; bestial, brutal, brutish [lusts]; *het ~e in de mens* the animal nature of man, the beast; **-lijkheid** bestiality, brutality; **-mens** brute; **-proef** animal experiment; *vrij van -proeven* animal-free, cruelty-free; **-soort** animal species (*ook mv*); **-verzorger** *zie* dieren-

1 dies therefore; *en wat ~ meer zij* and so on, etc

2 dies *zie* dies natalis

diesel id (*alle bet*)

diesel|elektrisch diesel-electric; **-en** after-burn; *zie* na~; **-motor** diesel engine (*of:* motor); **-olie** diesel oil (*of:* fuel); (*voor wegvervoer, Br*) derv; **-trein** diesel train; **-wagen** diesel railcar

dies natalis (*vglb*) Founder's (Founders') day, (*Oxford*) Commemoration(-day)

dië|(te)tiek dietetics; **-tisch** dietetic(al); **-tist(e)**, **-tologe**, **-toloog** dietician, -titian

diets: *iem iets ~ maken, zie* wijs 2; **Diets** 1 (mediaeval) Dutch; 2 (*soms*) Middle Dutch

dievegge (female) thief; (*winkel~*) shoplifter

dieven *ww* pilfer, thieve, (*fam*) pinch

dieven|bende gang (*of:* pack) of thieves; **-hol** thieves' den; **-klauw** security bolt; **-lantaarn** dark lantern, bull's eye; **-pad**: *op het ~* out stealing; **-poeder** fingerprint powder, (*fam*) dust [*ook ww:* dust a jewel box for fingerprints]; **-poortje** detector gate; **-taal** 1 cant, thieves' Latin, flash language; 2 (*iron*) jargon; **-tronie** crook's face; **-wagen** *zie* gevangenwagen

dieverij theft, robbery, thievery, thieving

diezelfde that same; *vgl* dezelfde

diffameren defame

different id

differen|tiaal differential; **-tiaalquotiënt** (first) derivative; **-tiaalrekening** (differential) calculus; **-tiatie** differentiation; **-tieel** differential; *-tiële rechten* differential (*of:* discriminating) duties; **-tiëren** differentiate [*tussen* between]; *gedifferentieerd onderwijs* individual tuition

difficiel difficult

diffractie diffraction

diffunderen diffuse; **diffusie** diffusion; **diffuus** diffuse [light, reflection; growth; speech, style, writer]

difte|rie, **-ritis** diphtheria

diftong diphthong; **diftongeren** diphthongize

digereren digest; **digestie** digestion; **digestief** I *bn* digestive [enzymes, system, biscuits]; II *zn* digestant

diggel potsherd; *aan ~en slaan* smash to bits (to fragments, to smithereens)

digi|taal digital [clock, computer, recording, watch]; **-taline** digitalin; **-talis** id; **-taliseren** 1 (*computer*) digitize; 2 (*med*) digitalize

dignitaris dignitary; **digressie** digression

dij thigh; **dijbeen** thigh-bone, (*wtsch*) femur; **dijenkletser** side-splitting remark (joke, etc), side-splitter, (absolute) scream; slapstick comedy; **dijharnas** cuisses (*mv*)

dijk 1 dyke, dike (*beide ook: sloot*); bank, dam, embankment; (*zee~*) sea wall, sea front; (*verbindings~*) causeway; (*overlaat*) weir; *aan de ~ zetten* (give the) sack, send packing, give a p. his marching orders, (*Am*) walking papers; (*ter bezuiniging, fam*) axe; *zie ook* zode; 2 (*fam*) whopper; *een ~ van een* a whopping big [house], a cracking good [match], a terrific [film]; **dijkbestuur** dyke board, dyke authority; **dijk|breuk**, **-doorbraak** dyke-, damburst, breach in a dyke; **dijken** dyke; **dijker** dyker; *zie ook* eten

dijk|geld dyke rate(s), tax levied for dyke maintenance; **-graaf** dykereeve, chairman of polder board; **-leger** dyke watch; **-lichaam** body of a (the) dyke; **-plicht** dyke maintenance duty; **-plichtig** charged with (rateable for) dyke maintenance; **-raad** dyke board (member), dyke authority (member); **-rechten** 1 dyke regulations; 2 dyke rates; **-schouw** inspection of dykes; **-val** dyke subsidence; **-voet** toe of the dyke; **-wacht** 1 dyke-watch; 2 dyke warden; **-werker** dyker, dyke-worker; **-wezen** (construction and maintenance of) dykes

dijn [mine and] thine, [meum et] tuum

dijstuk 1 leg (of mutton); 2 (*ve harnas*) cuisse

dik I *bn* 1 thick [book, coat, line, lips, soup, weather]; *3 duim ~,* (*ook*) 3 inches in thickness; *in een rij van 3 ~* three deep; *~ke letter, zie* vet; 2 (*groot, ruim*) big [tears, panic]; *een ~ke 40* forty odd, [he is] forty something; *een ~ke 5 gulden* five guilders odd; *een ~ke 10 mijlen* a good ten miles; *~ uur* good hour; *~ke voldoende* easy pass; *~ke vrienden* great (close, fast, firm) friends; *het zijn ~ke vrienden* they are very thick (as thick as thieves), hand in (and) glove; 3 (*log, moeilijk te hanteren*) bulky [folio]; weighty, hefty [tome *boekdeel*, fellow *kerel*]; 4 (*dicht*) thick [hair, fog], dense [fog]; *~* ***worden***, (*v mist*) thicken; 5 (*ve pers, ook ve boek, enz*) fat [woman, volume], (*zwaarlijvig*) stout; (*mollig*) plump [girl, cheeks], chubby [child]; (*kort en dik*) podgy; (*opgezet*) swollen [cheeks, eyes]; *~ke buik* paunch, big belly, pot-belly, (*fam*) corporation; *~ke huid* thick skin (*ook fig*); *~* ***worden*** grow (run to) fat, put on flesh, fill out; 6 (*geklonterd*) curdled [milk], clotted [cream]; *zie ook* darm, room, woord, enz; 7 (*opgewonden, boos*) excited; *zich ~ **maken*** get excited (about), make heavy weather (of); *maak je niet ~,* (*sl*) keep your hair (*of:* wool, shirt) on; II *bw* thickly, densely; well over [a hundred guilders]; *~ lopen* be thick on the ground; *~ tevreden* very well satisfied; *~ voldoende* more than enough (sufficient); *~ **doen*** swank, swagger; *hij heeft er ~ **aan** verdiend* he has made a big profit on it; *hij **zit** ~ **in** de schulden* he is over head and ears in debt; *hij zit er ~ in* he has money to burn; *het zit er ~ in* it is quite on the cards; *alles was ~ in orde* everything was shipshape; *ze is ~ in de tachtig* she is well into her eighties; *~ **onder** de sneeuw* (*het stof*) thick in snow (with dust); *het er ~ **op leggen*** lay it on thick(ly) (*of:* with a trowel), pile it on; overstate [a case]; *er ~ op **liggen*** be laid on thick(ly); *het ligt er ~ op* it's quite obvious (leaps to the eye, is as plain as day, as the nose on your face); III *zn* thick [of the arm, etc], grounds [of coffee]; *door ~ en **dun** gaan* go through thick and thin; *door ~ en dun met iem meegaan* go with (stand by) a p. through thick and thin; *door ~ en dun meegaand* thoroughgoing [supporter]

dik|achtig thickish; **-bil** double-muscled; **-buik** pot-belly; (*als scheldnaam*) fat-guts; **-buikig** big-, pot-bellied, corpulent, paunchy; **-doener** swank(pot), swanker; **-doenerig** swanky, pompous; **-doenerij** swagger, swank, pomposity; **-hoofdig** thick-headed; **-huid** pachyderm; **-huidig** thick-skinned (*ook fig*), pachydermatous; *~ dier,* (*ook*) pachyderm

dikke-darmontsteking colitis; **dikkerd** *zie* -zak; **dikkop** 1 thick-skull; 2 *zie* stijfkop; **dikkopje** 1 (*vlinder*) skipper; 2 (*kikkervisje*) tadpole; **diklippig** thick-, blubber-lipped

dikte thickness, fatness, etc; *vgl* dik; (*v plaatijzer, glas, enz*) gauge; *een ~* a swelling, lump; *twee ~n,* (*ve stof*) two thicknesses; **dikwangig** chubby-cheeked; **dik|werf, -wijls** often, frequently; *we ontmoetten elkaar ~,* (*ook*) we saw a lot of one another; *zie ook* vaak; **dikzak** big fellow, (*fam*) fatty, (*min sl*) fatso (*beide vooral aanspr*); (*volkst*) fats, fat-guts; *korte* (*kleine*) *~* podge, humpty-dumpty, roly-poly; **dildo** id

dilemma id [be in an awkward dilemma], (*fam*) catch-22; *voor een ~ staan* (*stellen*) be (place [a p.]) in (on the horns of) a dilemma

dilettant(e) dilettante (*mv:* -ti), amateur; **dilettantentoneel** amateur theatricals; **dilet|tanterig, -tantisch** dilettantish, amateurish; **dilettantisme** dilettantism, amateurishness

diligence (stage-)coach; *van de ~* coaching [days, period]

diligent id, active, vigilant; **diligentie** diligence

dille (*plant*) dill

diluviaal diluvial; **diluvium** id

dimen|sie dimension; **-sioneren** dimension

dimlicht dipped headlights; **dimmen** dip [the headlights]; (*fam*) take it easy, cool it; **dimmer** id

dimorf dimorphic, dimorphous; **dimorfie** dimorphism

dimschakelaar dipswitch; **Dina** Dinah

diner dinner (party); *officieel ~* public dinner, (official) banquet; *iem een ~ aanbieden* entertain a p. to dinner, dine a p.; **dineren** dine [at home, out], have (be, sit at) dinner; *~ met soep, een lamsbout, enz* dine on soup, off a leg of lamb, etc; *zie ook* eten

ding 1 thing, (*fam*) affair [this wooden affair, a huge affair, her handbag was an expensive affair]; *dat is een goed ~* that's a good thing; *het is een heel ~* it's no easy matter, it's a job [to understand him]; *het is me een ~,* (*gekke geschiedenis, enz*) it's a pretty business!; *ik zou er een lief* (*mooi*) *~ voor geven* (*overhebben*) *om* ... I would give my ears (my right hand) to ...; *ik heb eens over de ~en nagedacht* I've been thinking things over; *zie ook* drie & dingsigheidje; 2 (*meisje*) thing [a poor, bright, stupid thing]; *aardig, schattig ~* pleasant, sweet little thing

dingen 1 *~ naar* compete for [a post, prize, etc], stand for [an office, a scholarship *beurs*], bid for [a larger share of ...]; (*vero*) sue for [a girl's hand]; 2 haggle, higgle, bargain; **dinges** whatsitsname, whatshisname, whatshername, wossname; thingummy; *Meneer D~* Mr So-and-So, Mr What's his name; **dingetje** little thing; *zie ook* ding; **dingsigheidje** gadget, contraption; trifle

dino id; **dinosaurus** dinosaur; **dinotherium** dinothere

dinsdag Tuesday; **dinsdags** I *bw* on Tuesdays, (*Am*) Tuesdays; II *bn* Tuesday

diocees diocese; **diocesaan** *bn & zn* diocesan; **diocese** id; **Diocletianus** Diocletian

diode id

dionysisch Dionysian; **Dionys(i)us** id

diop|taas dioptase; **-ter** 1 (*eenheid*) id; 2 (*kijkspleet*) aperture; **-trica** dioptrics; **-trie** diopter; **-triek** dioptrics; **-trisch** dioptric

diorama id; **Dioscuren** Dioscuri

dioxide id; **dioxine** dioxin; **dioxyde** dioxide

dip id

diploma certificate (of qualification); (*getuigschrift*) diploma; (*v lidmaatschap*) member's ticket, membership card; (*hist*) id; *een ~ verwerven als* ... qualify as [a stenographer]; *zonder ~('s)* unqualified, uncertified; **diplomaat** diplomat(ist); **diplomaten|koffertje, -tas** attaché case

diplo|matie diplomacy, [be in the] diplomatic service; **-matiek** I *bn* diplomatic (*bw:* -ally); *langs ~e weg* through diplomatic channels; II *zn* diplomatics, diplomatology; **-matisch** *zie* -matiek I; **-meren** certificate; *zie ook* gediplomeerd

diplopie diplopia

dipool dipole (aerial)

dippen dip; **dipsaus** dip

dipsomanie dipsomania

diptera dipterous insects, Diptera

diptiek diptych

direct I *bn* direct [communication, evidence, taxes, train]; immediate [cause, neighbourhood, plans, reply, superior *chef*]; *vgl* onmiddellijk; *~e* *levering* prompt delivery; *~e uitzending* live broadcast, direct transmission; *rechtse* (*linkse*) *~e,* (*sp*) straight right (left); II *bw* 1 (*meteen*) directly, immediately, at once, right away, from the word go; *zie ook* dadelijk; 2 (*rechtstreeks*) direct [from the manufacturer]; 3 *niet ~,* (*niet precies*) not exactly [tactful]

directeur (*ve fabriek, zaak, bank, schouwburg, enz*) manager; (*toneel-, opera-, enz, proefstation*) director [of research]; (*maatschappij*) managing director; (*postkantoor*) postmaster; (*gevangenis, Eng Bank*) governor; (*school*) headmaster, principal; (*ziekenhuis, dierentuin, begraafplaats*) superintendent; (*museum, bibliotheek*) director, curator; *zie ook* dirigent; **directeur-generaal** director-general, general manager, general managing director; (*ve Ministerie, vglb*) (Permanent) Under-Secretary of State; **directie** management (*abstr & concr*), board (of directors, of management), directorate, managing (governing) board, executive; **directief** I *zn* directive; II *bn* directive [group]; leading [remark]

directie|kamer boardroom [a boardroom power struggle]; **-keet** site hut, site office; **-lid** board member, member of the board (of directors, of management); **-secretaris** executive secretary; **-taak** executive (managerial) duties (position)

directioneel board, executive; **directoire** knickers, pants; **Directoire** Directory; **directoraat** (*functie & lichaam*) directorate; (*functie, ook*) director-, managership, etc (*vgl* directeur); **directoraat-generaal** (*functie*) director-generalship; (*lichaam*) board (of governors, etc); *D~ voor de Wetenschappen,* (*vglb*) Science Branch (of the Department of Education and Science); **directrice** directress; (*ve zaak*) manageress; (*school*) headmistress, principal; (*ziekenhuis*) matron(-in-chief), superintendent

dirigeerstok (conductor's) baton; **dirigent** conductor, (*v koor*) choirmaster; **dirigeren** 1 direct; *~d officier van gezondheid 1ste* (*2de, 3de*) *klas* surgeon colonel (lieutenant colonel, major); 2 (*orkest*) conduct; **dirigisme** id, state (economic) planning; **dirigistisch** dirigiste [approach, etc]

Dirk Derrick, Derek, Thierry [I, Count of Holland]; **dirkjespeer** yellow diamond pear

1 dis (*muz*) D sharp

2 dis table, board; *'s Heren ~* the Lord's table

disagio discount; *~ doen* be at a discount [of 10%]

discant descant, treble

discipel disciple; **disciplinair** disciplinary; *~ straffen* take disciplinary action against; **discipline** id; *commissie van ~* disciplinary board (*of:* committee); **disciplineren** discipline; **disco** id

disco|bar discotheque; **-fiel** discophil(e); **-grafie** discography; **-muziek** disco (music)

discon|teren discount; **-tering** *zie* disconto

discontinu discontinuous; **discontinueren** discontinue; **discontinuïteit** discontinuity

disconto discount; (*bank~*) bank rate, (*Am*) discount rate; *particulier ~* cash (*of:* settlement) discount; *in ~ geven* (*nemen*) sell (buy) at a discount; **discontobank** discount bank; (*bij huurkoop*) finance house; **discontovoet** discount rate, market rate of discount

discotheek record library

discount(zaak) discount store, cash-and-carry

discours conversation

dis|crediet *zie* -krediet; **-crediteren** discredit

discreet 1 (*bescheiden*) modest; 2 (*kies*) considerate, tactful, delicate; 3 (*geheimhoudend & wisk*) discreet; **discrepantie** discrepancy; **discretie** 1 modesty; 2 considerateness; 3 discretion; *de ~ in persoon* [she is] the soul of discretion; *~ verzekerd* privacy guaranteed; *vgl* discreet

discrimi|natie discrimination; *positieve ~* (*van vrouwen*) positive (*of:* reverse) discrimination, (*Am*) affirmative action; **-natoir** discriminatory; **-neren** discriminate [*tegen* against]; *~ van gehandicapten* ableism; *~ van ouderen* ageism

disculperen exculpate; *zich ~* justify (vindicate) o.s.

discus disc, disk; (*sp*) id

discussiant discussant; **discussie** discussion, debate [*over* on], argument; *~ gesloten* this discussion must now close, this debate, correspondence, etc is now closed; *in ~ treden met* enter into discussion with; *ter ~* [be, come, put] up for debate; *punt van ~* topic of (for) discussion, talking point; point at issue; *zonder ~* [the bill passed through the House] undiscussed; *zie ook* debat; **discussienota** *zie* discussiestuk; **discussiëren** discus; **discussiestuk** document for discussion, discussion document, (*vglb*) working paper

discusvis discus; **discuswerper** discus thrower, discobolus

discutabel open to question, debatable [point]

discuteren discuss [a subject *over* ...], argue [a point with a p.; about (over) money]

disfunctie dysfunction; **disfunctioneel** dysfunctional; **disfunctioneren** malfunction

disgenoot fellow-guest; *de disgenoten* those at table, the guests

disharmonie disharmony, discord

diskette id, floppy (disk); **diskettestation** disk drive

diskrediet discredit; *in ~ brengen* discredit [*bij* with], bring into discredit (disrepute), bring discredit on, disparage; *in ~* discredited, under a cloud; *in ~ geraken* become (get) discredited, fall into discredit [*bij* with]

diskwalificatie disqualification; **diskwalificeren** disqualify [a p. from driving, a p. for having custody of an animal]

dislocatie dislocation; **disloqueren** dislocate

dispache average statement (adjustment); *de ~ opmaken* state (adjust) the average; **dispacheur** average adjuster

disparaat dissimilar; **disparaatheid** dissimilarity, disparity; **dispariteit** disparity

dispensatie dispensation; **dispenseren**: *~ van* dispense (exempt) from

dispereren dispair

disper|gens dispersant; **-geren** disperse; **-sie** dispersion

displezier annoyance, vexation

disponeren: ~ *over* collect [an amount]; ~ *op iem voor* draw on a p. for [an amount]; *zie verder* beschikken & gedisponeerd; **disponibel** available, at command, at one's disposal; **dispositie** 1 disposition, disposal; *zie ook* beschikking; 2 (*geldopneming*) withdrawal
disproportie disproportion; **disproportioneel** disproportional
disputatie *zie* dispuut 1; **disputeren** dispute, argue [(about, over) a question], debate [(on) a subject]; *over dat punt valt te* ~ the point is arguable; **dispuut** 1 dispute, disputation, argument, (*fam*) spar; 2 (~*gezelschap*) debating society
dissel 1 pole; 2 (*bijl*) adze; **disselboom** pole; (*lamoen*) (pair of) shafts; **disselen** adze
dissenter id, nonconformist
dissertatie 1 thesis (for a doctorate) (*mv:* theses), (doctoral) dissertation; *zie ook* proefschrift; 2 (*verhandeling*) dissertation; **disserteren** write a dissertation
dissident id; **dissidentie** dissidence
dissimi|latie dissimilation; **-leren** dissimilate
dissimuleren dissimulate
disso|ciatie dissociation; **-ciëren** dis(as)sociate
disso|nant I *zn* discord, dissonance; (*fig*) jarring (discordant) note; II *bn* id, discordant; **-neren** (*ook fig*) be dissonant, jar
distaal distal
distantie distance; *zie ook* afstand
distantiëren: *zich* ~ *van* dis(as)sociate o.s. (distance o.s.) from [an action, an opinion]; keep aloof from [one's inferiors]
distel thistle; **distelpluis** thistle-down; **distelvink** goldfinch; **distelvlinder** painted lady
distichon distich
distil|laat distillate, -lation; **-lateur** distiller; **-latie** distillation, distillment; **-leerderij** distillery; **-leerketel** still; **-leerkolf** receiver [of a still]; **-leertoestel** still; **-leren** distil, (*Am*) distill [water, gin, meaning from a p's words]
distinctie distinction, (*fam*) [have] class
distinctief I *bn* distinctive; II *zn* badge, mark, distinction, (*mil*) (rank) insignia
distingeren distinguish
distorsie distortion, (*med*) sprain
distractie distraction, absent-mindedness
distribueren 1 distribute; ration [food]; 2 (*radio & tv*) rediffuse, relay [programmes]; **distributie** 1 distribution; [food] rationing; 2 (*radio & tv*) rediffusion, radio (TV) relay; **distributieapparaat** distribution system; **distributiebedrijven** distributive trades; **distributiekaart** ration-card; **distributiekantoor** food office
district id; *zie ook* kies~; **districtenstelsel** constituency voting system
dit this; ~ *werk*, (*in recensie*) the present work; ~ *zijn mijn boeken* these are ...; ~ *en dat* [talk of] this and that; [swear by] all that is holy; ~*jes en datjes* all sorts of things (remarks, excuses), trifles; [talk about] one thing and another
dithyram|be dithyramb; **-bisch** dithyrambic
ditmaal this time; *zie ook* keer: deze ~
dito ditto, do; (*sl*) same here!; **dittografie** dittography; **dittum** *zie* dattum
ditzelfde this same (thing, etc)
diurese diuresis; **diureticum** diuretic
divagatie divagation; **divageren** divagate
divan 1 (*rustbank*) id, ottoman, couch; 2 (*raad*) id; **divanbed** divan bed
diver|gent id; **-gentie** divergence; **-geren** diverge; ~*d* divergent [lens, opinions, series]
divers 1 various, several, sundry; 2 diverse, varied [interests]; **diversen** sundries; (*rubriek*) general, miscellaneous; **diversie** diversion; **diversificatie** diversification; **diversi|ficeren, -fiëren** diversify; **diversiteit** diversity; **diverteren** divert; **divertimento** id; **divertissement** id
dividend id; *met* (*zonder*) ~ cum (ex) div; *het* ~ *passeren* pass the (a, its) dividend, pay no dividend; *zie* voorstellen, enz; **dividendbelasting** tax on dividends; **dividendbewijs** dividend coupon; **dividendmandaat** dividend warrant; **dividendstop** dividend limitation
divina|tie divination; **-torisch** divinatory
divisie division; (*sp ook*) league; (*typ*) en-rule, dash; **divisiecommandant** divisional commander
Djakarta Jakarta; **djati** teak; **djatiboom** teak (tree); **djatihout** teak(wood)
d.m.v. afk van *door middel van* by means of, through; **do** (*muz*) do, doh
dobbe pool; **dobbel** *zie* dobber 1
dobbelaar dicer, gambler; **dobbelbeker** dice-box; **dobbelen** (play) dice, gamble; *laten we erom* ~ let us throw for it; **dobbelspel** game of (at) dice, dice-playing, dicing, gambling; **dobbelsteen** dice (*mv:* dice); (*fig*) cube [cubes of bread], (*in mv*) dice [cut bread into dice]; *in* ~*tjes snijden*, (*ook*) dice [carrots], cube
dobber 1 (*ve hengel*) float; *een harde* (*kwade, zware*) ~ *hebben* be hard put (to it) [to explain ...]; 2 (*boei*) buoy; **dobberen** bob (up and down), dance, drift about; *op zee* ~ toss on the seas; (*fig*) fluctuate; *zie ook* schommelen; *tussen hoop en vrees* ~ hover between hope and fear
docent teacher, master, (university, college) lecturer, (*Am*) assistant professor; *deze leraar is een goed* ~ this master is a good teacher; **docentenkamer** staff room, (staff, teachers') common room; **doceren** teach
doch but, yet, still
docht I *zn* thwart, (rowing-)bench; II *ww: ovt van* dunken
dochter daughter; ~*tje* little (small, baby) daughter; *zie ook* jonge~ & ~maatschappij
dochter|kompas repeater compass; **-lief** (the self-willed, etc) young miss [refused to listen]; **-maatschappij** subsidiary (daughter) company
dociel docile
doctor doctor; (*graden verschillen per universiteit; algemeen doctoraat* (*vglb: meestal geen theologie, rechten & medicijnen*) Doctor of Philosophy, PhD, DPhil); ~ *in de godsdienstwetenschappen* Doctor of Divinity, DD; *rechten* Laws, LLD; *medicijnen* Medicine, MD; *wisen natuurkunde* Science, DSc; *letteren*

Literature, DLitt; *muziekwetenschappen* Music, DMus; *technische wetenschappen* Science in Engineering, DSc(Eng)

doctoraal I *bn* (*ve doctor*) doctoral [dissertation]; *doctorale fase* final (2 or) 3 undergraduate years; II *zn* (*ook: ~examen*) examination for the 'drs' degree, (first) degree examination; **doctoraal-student** undergraduate; **doctoraat** doctorate, doctor's degree; *vgl* doctor; **doctorandus** candidate for a doctorate; *vgl* doctor, dra 2 & drs; **doctorandussentaal** gobbledygook; **doctoreren** *zie* promoveren

doctorsbul doctoral diploma; **doctorsgraad** *zie* doctoraat

doctrinair doctrinaire, doctrinarian; **doctrine** id

docudrama id; **document** id; *~en tegen accept* (*betaling*) documents against acceptance (payment); *officiële ~en,* (*ook*) official records

documen|tair: *~e wissel* document(ary) draft; *~e* (*film*) documentary (film); **-talist** id; **-tatie** documentation; **-teren** document [an article, one's research]; *zich ~ over* research [a subject fully, inadequately]; **-tering** documentation

document|tas document wallet; **-verschaffing** document delivery

dod|aars little grebe, dabchick; **-degras** timothy(-grass); **-derig** 1 dozy, drowsy; 2 *zie* doddig; **-dig** sweet, lovely, cute

dode dead man (woman); *de ~,* (*ook*) (the) deceased; *de ~n* the dead; *van de ~n niets dan goed* nothing but good should be said of the dead; *1500* (*aan*) *~n en gewonden* 1500 killed (*of:* dead) and wounded; *het aantal ~n en gewonden* the number of casualties; *er waren geen ~n,* (*bij ongeluk*) there was no loss of life

dodecaëder dodecahedron; **dodecafonie** dodecaphony; **Dodecane|sos, -sus** Dodecanese Islands, the Dodecanese

dodekop colcothar; **dodelijk** I *bn* deadly [blow, earnest, poison, precision, silence, weapon], mortal [fear, agony, wound], fatal [accident, disease, injury], killing [disease], lethal [dose, effect *uitwerking,* poison, weapon]; *ongeluk met ~e afloop* [road, motoring, traffic] fatality; II *bw* mortally, fatally [wounded, injured]; *ze is ~ van het kind* she adores ...; *~ verliefd* desperately in love; *~ verongelukt* killed [in a plane crash]; *~ verschrikt* frightened to death; *~ vervelend* deadly dull; *zie ook* vervelen *& vgl* moordend

dodemanskruk (*in trein*) dead man's handle

doden 1 kill (*ook fig:* kill time); (*verheven*) slay; 2 (*fig*) mortify [the flesh]

doden|akker God's acre, graveyard; **-boek** Book of the Dead; **-cel** condemned cell; **-cijfer** *zie* -tal; **-dans** dance of death, danse macabre; **-herdenking** commemoration of the dead; (*dag, Br*) Remembrance Sunday (*of:* Day), (*Am*) Memorial Day; **-huis** ossuary; **-lijst** death-roll; **-mars** dead march, funeral march; **-masker** death-mask; **-mis** office of the dead, requiem mass; **-rijk** realm of the dead; **-rit** suicidal drive (ride); **-spiraal** death spiral; **-sprong** salto mortale, daring (death-defying) leap; **-stad** city of the dead, necropolis; **-stoel** (front) passenger seat, (*Am*) death seat; **-tal** death-roll, death-toll, (number of) casualties (victims); **-wake** vigil for the dead, death-watch

doder killer; **doding** 1 killing; 2 mortification [of the flesh]

dodo (*walgvogel*) [as dead as the] dodo

doe! 1 hello!; 2 bye!; **doeal** factotum

doedel *zie* ~zak; **doedelen** I *ww* 1 play the bagpipe(s), skirl; 2 tootle; II *zn* 1 skirl; 2 tootle; **doedelzak** bagpipe, (bag)pipes; **doedelzakspeler** (bag)piper, bagpipe player

doeg!, **doeh**! 1 hello!; 2 bye!

doe-het-zelf do-it-yourself, DIY [shop]; **doe-het-zelver** do-it-yourselfer, DIY enthusiast, hobbyist

doehoeg!, **doei**! 1 hello!; 2 bye!

doejong dugong

doek 1 (*het ~*) cloth, linen; (*schilders~, schilderij*) canvas; (*zeil, zeilen*) sail(s), canvas; (*het witte ~*) screen; (*theat*) curtain; *open ~je* applause during performance; *het ~ is gevallen* the curtain has fallen [*ook fig:* on his career]; *zie ook* gordijn, *& zie* vlaggen~, enz; 2 (*de ~: keuken~, enz*) cloth; (*omslag~*) shawl, wrap; (*lap*) rag [on one's finger]; (*luier*) napkin; *zo wit als een ~* as white as a sheet; *hij had zijn arm in een ~* he had (he wore) his arm in a sling; *uit de ~en doen* explain, reveal, disclose; *een ~je voor het bloeden* a mere blind, mere eyewash; *er geen ~jes om winden* (*hangen*) not mince matters, speak out, speak in plain terms, put it baldly, make it clear [that ...]; *om er maar geen ~jes om te winden* not to put too fine a point (up)on it; *zonder er ~jes om te winden,* (*ook*) [she said so] bluntly; *zie ook* hals~, enz; **doekboom** cloth-beam; **doekspeld** brooch

doel 1 (*mikpunt, ook fig*) target, butt; 2 (*eindpunt*) goal, destination; 3 (*veldsp*) [open] goal; *schot voor open ~* easy success; *schot in eigen ~* own goal (*ook fig*); 4 (*oogmerk*) aim, object, end (in view), purpose, goal, target, design; objective; *wat is het ~ van uw reis?* what is your destination?; *het enige ~,* (*ook*) the be-all and end-all [of life]; *het ~ heiligt de middelen* the end justifies the means; *het is voor een goed ~* for (in) a good cause; *een ~ beogen* (*najagen*) have an object (an end) in view; *zijn ~ bereiken* attain (gain, secure, achieve) one's end (object); *zijn ~ missen,* (*ook fig*) miss one's mark (one's aim) [the remark failed of its purpose]; *zijn woorden misten hun ~ niet* his ... went home; *zich een ~ stellen* set a goal for o.s.; *het ~ treffen* hit the mark; *zijn ~ voorbijstreven* overshoot the mark, defeat one's own object (*of:* end); *wie het ~ wil, moet de middelen willen* you cannot make an omelette without breaking eggs; *zie ook* middel; ***met*** (***tot***) *dat ~* for that purpose, to that end, with that object; *met het ~ om te ...* with a view to (with the aim of, for the purpose of) ...ing; *zie ook* oog; *recht* ***op*** *het ~ afgaan* go (come) straight to the point; *zich* ***ten*** *~ stellen te ...* make it one's target to ..., set out to ...; *dat had hij zich ten ~ gesteld* this task he had set himself; *deze vereniging heeft* ***tot*** *~ ...* the aims of this society are ...; *voor dat ~, zie boven:* met dat ~; *zie ook* bedoeling

doel|aanwijzend final [clause *bijzin*]; **-bewust** purposeful, purposive, of set purpose; intentional [act, foul *overtreding*]; determined [effort]; *vgl* bewust; **-bewustheid** purpose, singleness (fixity) of purpose; **-bord** (*basketbal*) backboard; **-einde** end [apply public money to private ends], purpose [for business, tax purposes, a multi-purpose tool], object, aim; *vgl* doel

doelen I *ww*: ~ op aim at; (*fig ook*) allude to; *dat doelt op mij* that is a hit at me (is meant for me); *waar ik op doel, is* ... what I am driving (getting) at is ...; II *zn* shooting-range, butts

doel|gebied goal area; **-gemiddelde** goal average; **-gericht** (*psych*) goal-directed; *zie verder* -bewust; **-groep** target group, (intended) audience; **-lat** crossbar; **-lijn** goal line; **-loos** 1 aimless, purposeless; ~ *rondlopen* walk about aimlessly, idly; 2 (*nutteloos*) useless, pointless [strikes]; ~ *voortleven,* (*ook*) drift on; *het -loze van,* (*ook*) the pointlessness of; **-loosheid** aimlessness, etc; *vgl* -loos; lack of point; **-man** (*sp*) goalkeeper, (*fam*) keeper; ~ *zijn* keep goal; **-matig** effective [measures], fit for the purpose, appropriate, suitable, answering its purpose, efficient, practical; (*ve gebouw, ook*) functional; **-matigheid** appropriateness, suitability, efficiency; functionality; **-mond** goalmouth; **-paal** (goal)post [hit the post]; **-punt** goal [lead by two goals to nil]; *vgl* afkeuren, doel, enz; **-punten** score, make (score, kick) a goal; **-puntloos** goalless [draw]; **-puntmaker** (goal) scorer; **-saldo** goal difference; **-schop** goal-kick; **-stelling** objective, aim [war aims], goals [of education]; **-taal** target language; **-trap** goal-kick; **-treffend** effective [help], efficient, efficacious, to the purpose; *het ~e van* ... the effectiveness (efficacy, efficiency) of ...; **-verdedig(st)er**, **-vrouw**, **-wachter** *zie* -man; **-wit** target, object [of criticism, fury, ridicule]; *gemakkelijk* ~ sitting duck (target); **-zuivering** (*sp*) clearance (kick)

doemdenken doomwatch; **doemdenker** doomster, doomwatcher, prophet of doom

doemen doom; *ten ondergang gedoemd* [our civilization is] doomed; (*reeds van te voren*) *gedoemd tot mislukking* (fore)doomed to failure; *hij was gedoemd nooit voet aan land te zetten* he was fated (destined) never to set foot on land; **doemenswaardig** condemnable, damnable; **doemvonnis** doom, sentence of condemnation

doen I *ww* 1 do (*ovt* did, *v dw* done) [do a p. a service, eight miles in one minute, one's hair, etc], make [a discovery, request, journey], take [a step, walk], put [it in your pocket], ask [a question]; *dat doet men* (*eenvoudig*) *niet* it (simply) isn't done; *een kamer* ~ do (turn out, do out) a room; *ik heb* ***niets*** *gedaan,* (*ook: geen kwaad*) I have done nothing; *hij kan mij niets* ~ he can do nothing to me; *hij heeft je nooit iets gedaan* he has never done you any harm; *het* [*schilderij*] *doet me niets* it does not appeal to me, leaves me cold; *zij doet* (*met hem*) *wat ze wil* she has it all her own way (with him); *zie ook* 9; *het doet je* ***wat*** it does things (something) to you, it gets you, somehow; ***wat*** *heb je hem gedaan?* what have you been doing to him?; *zie ook* gedaan; *wat moet ik ~?,* (*beginnen*) what is to be done?, what am I to do?; *wat zullen we ~?,* (*uitvoeren*) what shall we do with ourselves?; *wat ~ we nu?,* (*zullen, moeten we* ~) what do we do now?, where do we go from here?; *ze wist* (*v angst, enz*) *niet wat ze deed* she hardly knew what she was doing; *hij weet* (*van verveling*) *niet wat hij ~ zal* he does not know what to do with himself; *hij wist wel wat hij deed* he knew what he was about; *doe maar wat je niet laten kunt* suit yourself; *wat doet hij* (*voor de kost*) (*wat is zijn vak*)*?* what does he do for a living?, what is his job (profession)?; *wat doet dat boek hier?* what is that book doing here?; *je hebt het beloofd, maar nu ook ~!* you ... but be sure you do it now!; *zie ook* 9 & boodschap, 1 goed II, enz; 2 *met* ***het****: het om het geld* ~ do it for the money; *hij kan het goed* ~ he is comfortably off; *hij kan het* (*financieel*) *niet* ~ he cannot afford it; [*dat beetje extra*] *doet het hem* makes all the difference, is the reason why; *het geld doet het hem niet alleen* money is not everything; *hij deed het,* (*lapte het*) he managed it, (*fam*) he (*van machine, enz* it) did the trick; *de mixer doet het niet* (*meer*) the ... doesn't work (any more); *zo'n argument doet het altijd* such an argument always works; *die bloemen ~ het goed* those flowers *a*) are thriving; *b*) look very nice; *wat doet het buiten?* what's the weather like?; what's it like outside?; *ik kan het er niet zonder* ~ I cannot do without (it); *je zult het er mee moeten* ~ you'll have to make do with it; *daar kan ik het mee* ~ that will do; *daar kun je het mee ~,* (*iron*) put that in your pipe and smoke it; *hij kan het me* ~ he can go to blazes; *hij doet het erom* he does it on purpose; *ik doe het* (*lekker*) *toch niet,* (*ve kind*) shan't; *zie ook* 4; 3 ***bergen, steken****, enz:* put [it in your pocket]; stick [a stamp on the envelope]; *doe het weer in de fles* return it to the bottle; 4 *met* ***te****: de jongen* ***geeft*** *me heel wat te* ~ the boy gives me a lot of trouble; *ik geef het je te* ~ sooner you than me, it's a pretty daunting task; ik ***heb*** *veel te* ~ I have a good deal to do (on my hands); *heb je veel te ~?* are you very busy?; *het* ***is*** *niet te* ~ it's an impossible job; *een dagje naar A'dam is nog wel eens te* ~ a ... is not too expensive; *wat is daar te ~?* what is going on there?; *om* ***iets*** *te ~ te hebben* [study French] for something to do; ***niets*** *te ~ hebben* be at a loose end; *er is niets te ~,* (*in zaken*) there is nothing doing; *er is niets aan te* ~ it can't be helped, nothing can be done about it; *hij had het er erg* ***mee*** *te* ~ he was extremely concerned over it; *om mee te ~ te hebben* [a difficult man] to deal with; *ik wil er niets mee te* ~ (*mee* ***van*** *doen*) *hebben* I will have nothing to do with it; *ik heb* ***met*** *je te* ~ I am sorry for you (*zo ook:* he was extremely sorry for himself); *ik wil niets met hem te ~ hebben* I will have nothing to do with him, I'll have no truck with him; *anders krijg je met mij te* ~ or you'll have to deal with me;

het is hem alleen ***om*** *het geld te* ~ he only does it for the money; *het is mij om mijn geld te* ~ it's my money I want; *het is mij erom te* ~ my object is [to get my money]; *is het je daarom te ~?* is that your little game?; *daarom is het je te* ~ that's what you're up to; *het is maar om honderd gulden (één week) te* ~ it's a matter of a hundred guilders (one week) only; *daarom is het niet te ~, (dat is niet de zaak)* that is not the question (the point); *zie ook* staan; *er is veel* ***over*** *te* ~ there is a great to-do about it; 5 ***ter vervanging van een ww****: hij werkt korter, dan jij ooit gedaan hebt* he ... than you have ever done; [*ik ga eerst ontbijten;*] *dat zou ik maar niet* ~ I wouldn't; *zal ik het hem zeggen, of wil jij het ~?* shall ... or will you?; 6 *met* ***onbep wijs****:* make [a p. laugh, believe s.t.], set [a p. thinking], lead [a p. to believe]; *zie ook* gelden, weten, enz; 7 *met* ***er****: dat doet er niet(s) toe* that does not matter (does not make the slightest difference); (*dat heeft er niets mee te maken*) that is neither here nor there; *het geld doet er niet toe* money is of no account; *zie ook* 4; 8 ***kosten****: wat doet de koffie vandaag?* what is the price of coffee today? *wat doet dit huis (deze kamer)?* what is the rent of this house? (how much is this room?); *het doet £ 8000 per jaar* it is £8000 a year; *deze (peren, enz) ~ 30p* these are 30p; 9 *met* ***voorzetsels****, enz: ~* ***aan*** go in for [sport, spiritualism, etc], indulge in [sunbathing]; *wat aan het Latijn* ~ put some time in on Latin; *zij ~ nog aan Sinterklaas* they still go in for St Nicholas celebrations; *er meer aan* ~ give more time to it; *ik doe niet meer aan* ... I have given up [dancing, etc]; *aan de politiek gaan* ~ take to (engage in) politics; *aan Engels gaan* ~ go in for (take up) English; *hij is katholiek, maar hij doet er niet meer aan* he is a Roman Catholic, but he has left off practising; *hij deed aan het verzamelen van porselein* he was something of a collector of china; *je (men) moet er iets aan* ~ you must do s.t. (s.t. ought to be done) about it; *iets aan zijn fiets* ~ do something to one's bicycle; *wat kan ik eraan ~?* what can I do?, how am I to help it?; *er is niets aan te* ~ it can't be helped; *ik kon er niets aan ~, (moest wel)* I could not help myself (help it); *daar kan ik niets aan* ~ I can't help it; *zie ook* helpen; *hij gaat niet, als ik er iets aan kan* ~ if I can help (prevent) it; ~ ***alsof*** make as if (as though) [he made as if he wanted to ...], pretend (feign, affect) to [cry; she either did not see him, or affected not to], make a pretence (a show) of [reading], make believe [to read]; *hij deed alsof hij wou gaan* he made as if (as though) to leave; *doe alsof je thuis bent* make yourself at home; *hij doet alsof hij gek is* he acts dumb; *doe net (als)of ik er niet ben* don't take any notice of me, don't worry about me; *je doet* ***beter*** *maar meteen te gaan* you had better go at once; *zie ook* beter: ~ doen; ***erbij*** ~ add; *hoe kunnen ze het* ***ervoor*** *~?* how can they do it at that price?; *ik doe het ervoor* I'll be glad to do it on those conditions; ***goed*** *~, zie* 2 goed 1; ~ ***in*** deal in [coffee, etc]; *doet u ook in sigaren?, (ook)* do you keep (*of:* stock) cigars?; *hij doet in zeep (olie, enz, ook)* he is in the soap (oil, etc) line; *je doet* ***maar*** please yourself, do as you please; *zie ook* 1; *hij doet* ***maar zo*** he is only shamming (making believe, pretending), it is only make-believe on his part; *daar kan hij het* ***mee*** ~ that is one (a smack) in the eye for him; *wat doet ze* ***met*** *haar tijd?* what does she do with her time?; *ze kan met hem ~ wat ze wil* she has him (he is) in her pocket, she holds him in the hollow of her hand; *met een gulden kan men niet veel* ~ a guilder does not go far; *ik moet het met mijn jas nog een jaartje* ~ my coat will have to last for another year; *hoe lang doe je met een blik cacao?* how far does a tin of cocoa go?; *wat heb je met mijn auto gedaan?, a) (kapot)* what have you done to my car?; *b) (zoek)* what ... with my car?; *zie ook* 4 & gedaan; ~ ***om****, zie* 4; *zie ook* school I: op ~ doen; *hoe lang heb je er* ***over*** *gedaan?* how long has it taken you?; ***vreemd*** ~ behave oddly; *doe* ***wel*** *en zie niet om* do right and fear no man; ~ ***zonder****, zie* 2; *zie ook* lief, verstandig, enz; II *zn* doing(s); *ons ~ en laten* (all) our doings (actions); *er is geen ~ aan* it's no go; *zijn gewone* ~ his usual way of life; *hij is niet in (is uit) zijn gewone* ~ he is not himself; *iem uit zijn gewone ~ brengen* put a p. out, upset a p.; *het is het oude* ~ it's the old story; *in goeden* ~ well-to-do, well (comfortably) off; *in slechten* ~ badly off; *voor zijn* ~ [he spoke very well,] for him; *zij was erg opgewonden voor haar* ~ she was, for her, very excited; **doende** doing; *al ~ leert men* practice makes perfect, live and learn; *zie ook* bezig; **doener** doer; **doeniet** do-nothing, idler; **doenlijk** practicable, feasible, doable; **doenlijkheid** practicability, feasibility

doerak scamp, skunk, beast; **doerian** durian

does 1 poodle; 2 shower nozzle, (*v sproeier*) rose

doetje silly (woman), softy, simpleton

doe-vakantie action holiday

doezel 1 stump; 2 doze, drowse; **doezelaar** stump; **doezelen** 1 stump; 2 doze, drowse; **doezelig** 1 drowsy, dozy; 2 (*vaag*) fuzzy, blurred

dof I *bn* 1 dull [colour, metal, sound]; lack-lustre, dim [eye, glow]; dead [surface, gold, copper]; muffled [sound]; matt [colour, finish *afwerklaag*]*; ~fe slag* dull thud; *~grijs* dull grey; *~ worden (maken)* tarnish, dull; 2 (*lusteloos*) dull; dumb [misery *ellende,* despair]; II *zn* 1 (*bons*) thud; (*duw*) push; 2 (*ve japon, enz*) puff

doffer cock-pigeon; **dofheid** dullness, dimness, lack of lustre; **dofslag** 1 thud, wallop; 2 robbery

doft thwart, (rowing-)bench

dog mastiff, bulldog; *Duitse* ~ Great Dane

doge doge; **dogeschap** dogate

dogger 1 cod-fisher; 2 (*schip*) dogger; **Doggersbank** Dogger Bank; **dogkar** dogcart

dogma id; **dogmaticus** dogmatist; **dogmatiek** 1 dogmatics, dogmatic theology; 2 dogma; **dogmatisch** dogmatic (*bw:* -ally); **dogmatiseren** dogmatize; **dogmatisme** dogmatism

dok 1 dock; *drijvend* ~ floating dock; 2 (*muz*) jack

doka dark-room

dokgelden dock-dues, dockage; **dokken** 1 dock,

put (go) into dock, dry-dock; 2 fork out [a pound]; *zie* op~
doksaal (*scherm*) rood-screen, (*galerij*) rood-loft
dokter doctor, physician, medical man (adviser); (*fam*) medico; *zie ook* huisarts; *onder ~s handen zijn* be in the doctor's hands, under medical treatment; *zijn eigen ~ zijn,* (*ook*) doctor o.s.; *~tje spelen* play doctors and nurses (hospitals); *zie ook* consulteren, studeren, enz; **dokteren** (*ve dokter*) doctor, practise (as a doctor); *~ aan,* (*fig*) tinker at, with [a clock, the computer], patch up
dokters|advies medical advice; **-assistente** (*med*) doctor's assistant; (*ontvangst*) medical receptionist; **-attest** doctor's (*of:* medical) certificate; **-gang**: *het is geen ~* it's easy to call again; **-jas** white overall; **-rekening** doctor's (*fig:* stiff) bill; **-roman** doctor novel; **-verklaring** *zie* -attest; **-voorschrift**: *op ~* on (medical) prescription; *zie ook* recept
dokwerker dock-labourer, docker
1 dol *zn* thole(-pin)
2 dol *bn* 1 (*gek*) mad; (*dwaas*) foolish, crazy, daft; *zie ook* ~zinnig; *~le hond* mad dog; *~le inval* mad scheme; *~le klucht* roaring farce; *~le pret* rollicking fun; *~le pret hebben* have lots of fun; *~le streek* mad trick, monkey-trick; *het is ~ druk geweest* life has been one mad rush; *~ gelukkig* deliriously happy; *~ verliefd* head over heels (desperately, madly) in love, infatuated; *door het ~le heen zijn* be delirious (wild) [with joy, etc]; *door het ~le heen redeneren* lose all sense of proportion; *~ maken* drive mad; *~ worden* run mad; *~ worden op* go mad on [polo]; *het is om ~ te worden* it's enough to drive you mad; *~* ***op*** *iem zijn* be mad on (*of:* about) a p., be crazy about a p., dote on a p.; *~ op iets zijn* be very fond of s.t., be mad (*of:* keen) on s.t., adore [cats, plays]; *overdreven ~ op muziek* (*dansen*) music-(dancing-)mad; *wat zijn ze er ~ op!* how they love it!; 2 (*ve kompas*) whirling; 3 (*ve schroef*) stripped, drunken; *de schroef is ~,* (*ook*) the screw does not bite; *zie* ~draaien; 4 (*opgewonden*) frantic, wild, mad; rabid [hate, hunger]; *~le drift* frenzy; *~* ***van*** *opwinding* agog with excitement; *~ van vreugde* (*woede*) delirious with joy (mad with rage)
dolappel thorn-apple; **dolblij** overjoyed, as pleased as Punch; **dolboord** gunwale, gunnel
dol|draaien 1 strip (the thread of) [a screw], overturn [a nut]; *vgl* 2 dol 3; 2 (*fig*) get out of control; *iem ~* drive a p. crazy; *-gedraaid,* (*ook*) in a state; **-driest** foolhardy, reckless, daredevil [rider]; *~e kerel* daredevil; **-driftig** 1 hot-headed; 2 furious; lunatic; **-driftigheid** 1 hot-headedness; 2 fury, frenzy, lunacy
dolen wander (about), roam, rove, ramble; *~de ridder* knight errant; **dolerend**: *~e kerk* (Dutch) Nonconformist Church; *~e dominee* dissenting minister; *een ~e* a (Dutch) dissenter
dolf *ovt van* delven; **Dolf** Adolph(us)
dolfijn dolphin; **dolfinarium** dolphinarium
dol|gelukkig deliriously happy; **-graag** [accept] most eagerly; *~ willen, lusten* be mad keen [on going; on apricots; be dying to go]; *ik zou ~ willen* [will you come too?] I'd love to; *ik mag haar ~* I am very fond of her; **-heid** 1 madness, frenzy; 2 lark(s), (mad) prank(s); **-huis** madhouse
dolichocefaal dolichocephalous
dolik (*plant*) darnel
dolk dagger, poniard, dirk, stiletto; *vgl* ~stoot; **dolkmes** dagger-knife
dolkomisch wildly funny; *iets ~* a scream; **dolkop** madman, madcap
dolk|steek, **-stoot** stab [in the back]
dollar dollar [area, rate, sign]; (*biljet*) dollar bill; $\frac{1}{4}$ ~ quarter; $\frac{1}{10}$ ~ dime; **dollarcent** (American) cent
dollekervel 1 (*eig*) cowbane; 2 rough chervil; 3 hemlock
dolleman madman, madcap; **dollemanspraat** mad (wild) talk; *het is ~* it's sheer madness to talk like that; **dollemanswerk** piece of folly, sheer madness; **dollen** I *intr* romp, lark [with the dog]; II *tr* 1 pole-axe [an ox]; 2 (*sp*) fool [an opponent]; **dolletjes** [that's] super; *wat ~!* what fun!
dolman id; **dolmen** id
dolomiet dolomite; *de D~en* the Dolomites
dolzinnig mad, frantic, hare-brained [scheme], wildcat [speculation, expedition, notions]; *~e onderneming* wild-goose chase; *zie ook* dol; **dolzinnigheid** madness, frenzy
1 dom *zn* 1 (archi)episcopal church, cathedral (church), [York] Minster; 2 (*stoom~*) (steam-) dome; 3 (*titel*) Dom
2 dom *bn* stupid [*in* at], dull, dense; (*fam*) dumb [a dumb thing to say], thick [as thick as two short planks *oliedom*]; (*onnozel*) simple, silly, daft; *door ~ geluk* by sheer luck (a mere fluke); *je hebt ~ gedaan* you've been stupid; *hij is te ~ om voor de du(i)vel te dansen, zo ~ als het achtereind van een varken* he is too stupid for words, as stupid as they make 'em (as they come); *hij is niet zo ~ als hij lijkt* he is not such a fool as he looks; *dat is nog zo ~ niet* there's some sense in that; *~ houden* keep ignorant; *zich ~* (*van de ~me*) *houden* act dumb, pretend innocence; *dat is het ~me ervan* that's the stupid part of it
domaniaal domanial [estates *goederen*]
dombo (*sl*) dumbo
domein domain (*ook fig:* the domain of science; it is out of my domain); crown land, demesne, (*in Br*) Crown Estate; *publiek ~* public property
domeinbestuur management of crown lands; (*in Br opgedragen aan*) the Crown Estate Commissioners; **domeingronden** domain lands
domesticeren domesticate [wild animals, plants]
domheer canon, prebendary; **domheerschap** canonry, canonship
domheid 1 stupidity, dullness; 2 (*domme streek*) stupid trick, stupid thing (to do), stupidity
domicilie domicile (*ook ve wissel*); *~ van afkomst* domicile of origin; *~ van onderstand* place of settlement; *~ kiezen* choose one's domicile
domiciliëren domicile, (*ve wissel, ook*) make payable; *gedomicilieerd zijn te ...* be domiciled at ...; *gedomicilieerde wissel* domiciled draft
domina clergywoman, woman minister; *vgl* do-

minee
dominant I *bn* id; II *zn* (*biol, muz*) id; (*schilderk*) dominant colour; **dominantie** dominance
dominee clergyman, rector, vicar; (*fam, soms min*) parson; incumbent [of the parish]; (*niet-anglicaans*) minister (of religion); (*als aanspreekvorm*) rector, vicar; (*fam, vooral mil*) padre; ~ (*J*) *Smith* (the) Rev J(ohn) Smith; (*volkst*) (the) Rev Smith; *er ging een ~ voorbij* there was a lull in the conversation; ~ *worden* go into the Church (the ministry); *hij moet ~ worden* he is intended for the Church; **domineeachtig** parsonical; **domineese** clergyman's, etc wife; **domineesland** (nation characterized by) self-satisfied parochialism; *in ~* among the righteous; **domineesvrouw** clergyman's (etc) wife
domineren I *tr* dominate, lord it over; *~de moeder* possessive mother; II *intr* 1 (pre)dominate; 2 play (at) dominoes
domini|caan, **-caner** (*monnik*) Dominican, Black Friar; **dominicanes(se)** Dominican nun; **Dominicus** Dominic
domino domino [effect, theory]; (*spel*) dominoes
domino|ëffect domino (*of:* knock-on] effect; **-ën** play (at) dominoes; **-spel** 1 (game of) dominoes; 2 set of dominoes; **-steen** domino (tile)
dom|kapittel (dean and) chapter; **-kerk** *zie* 1 dom
domkop block-, thick-, dunderhead, ignoramus; [you] stupid!; **dommekracht** 1 jackscrew, (screw) jack; 2 (*pers*) hulk
dommel doze; *in de ~ zijn* be in a doze, be dozing
domme|len doze, drowse; (*v kleuren*) merge; **-lig** dozy, drowsy; (*v kleuren*) merging; **-ling** doze
dommerik *zie* domkop; **dommigheid** blunder, stupidity; **domoor** *zie* -kop
dompelaar 1 (*vogel*) diver; 2 (*ve werktuig*) plunger; 3 *elektrische ~* immersion heater; 4 (*pers*) oaf; duffer; **dompeldoop** baptism by (total) immersion; **dompelen** 1 plunge [*ook fig:* in (*of:* into) darkness, mourning, sorrow], immerse, dip, duck; 2 wander; 3 be ailing, in trouble; **dompeling** immersion; **dompelpomp** immersed pump
dompen extinguish, put out [a light]; **domper** 1 extinguisher; *de ~ zetten op* damp down [their joy], put a damper on [a p.'s spirits]; 2 (*fig*) obscurant(ist); **dompergeest** obscurantism; **dompig** 1 close, stuffy; 2 hazy, misty
domproost dean
dompteur (wild animal) tamer, trainer
domsticht diocese
domweg thoughtlessly; *er was ~ geen plaats,* (*fam*) there simply was no room
don don, Don [Carlos]; **doña** id, Doña [Clara]
donaat 1 (*r-k*) donat(e); 2 (*boek*) Donat, Donet; **donataris** donor; **donateur** (*schenker, schenkster*) donor; (*van vereniging*) supporter; **donatie** donatio; **donatrice** *zie* donateur; **Donau** Danube; **Donau|landen**, **-staten** Danubian states
donder 1 thunder (*ook v geschut*); *wat ~ wil je toch?* what the dickens (the devil) do you want?; *daar kun je ~ op zeggen* you bet!, you can put your shirt (bet your life) on it; *naar de ~ gaan* go to the dogs; *het helpt geen ~,* (*volkst*) it's nbg (no bloody good); 2 body; *arme ~* poor devil, poor wretch; *op zijn ~ krijgen,* (*fysiek, ook: een pak ...*) get a good hiding, (*ook: verliezen*) get plastered, take a beating, (*fysiek & mondeling*) get a proper dressing down, (*mondeling*) get a roasting, (*verliezen*) get stuffed; *geen ~* damn all, not a damn thing, [he does] not [care, give] a damn; *zie ook* donderen; **donderaal** loach; **donderaar** 1 (*dondergod; ook fig: schetteraar*) thunderer; 2 (*kweller*) bully
donder|beestje thrips; **-bui** thunder-shower, thunderstorm; **-bus** blunderbuss; **-dag** Thursday; *zie ook* wit; **-dags** I *bw* on Thursdays; II *bn* 1 Thursday; 2 (*fam*) *zie* donders
donderen I *intr* 1 thunder (*ook v geschut, waterval, enz*); *het dondert* it is thundering; *hij keek of hij het in Keulen hoorde ~* he stared like a stuck pig, in utter bewilderment; 2 (*uitvaren*) thunder [*tegen* against], hector, fulminate, storm; (*vd kansel*) preach hell and damnation; 3 (*vallen*) tumble [down the stairs], drop, smash; 4 *het is ~, a*) they're at loggerheads; *b*) the fat is in the fire; *dat dondert niet(s), kan geen donder schelen* he (etc) should care; *wat dondert dat?* who cares?; II *tr* 1 rag, bully; 2 (*gooien*) fling, pitch, hurl, chuck; **donderend** thundering, thunderous [applause]; *met ~e stem,* (*ook*) in a voice of thunder
donder|god god of thunder, Donar, Thor; (*Jupiter*) (the) Thunderer; **-jagen** bully; rag; *zie ook* zaniken; **-kop** thunderhead; **-kruid** ploughman's spikenard, fleawort; **-lucht** thundery sky; **-pad** 1 (*zee~*) father-lasher; (*rivier~*) miller's thumb; 2 *zie* kikkervisje; **-poeder** fulminating powder; **-preek** fire-and-brimstone sermon
donders I *tw* the devil, the deuce!; II *bw* deucedly, confoundedly [difficult], [you know it] darn(ed) [well], [a] thundering [good lawyer], (*Am*) doggone; III *bn* deuced, thundering [liar], darned [fool], (*Am*) doggone; *het ~e ding* the blamed (blasted) thing; *die ~e jongens* those blasted boys; *de hele ~e zo* the whole blooming lot; **donderslag** thunderclap, peal of thunder, thunderbolt; *vgl* bliksemstraal; **donderspeech**: *een ~ houden,* (*vglb*) lay down the law; **donder|steen**, **-straal** 1 handful, (*kind*) [a regular] pickle, [a cheerful] little blighter; 2 plucky little devil; **donderwolk** thunder-cloud; **dong** *ovt van* dingen
Don Juan id, gay Lothario, lady-killer
donker I *bn* dark [beer, colour, night; *ook fig:* dark days], obscure; (*somber*) gloomy, dull [weather]; dusky, dark-skinned [races]; swarthy [man: *~ uitziend*]; (*akelig*) murky; (*fig ook*) [the outlook is] black; *helemaal ~,* (*ook*) [the house was] all in darkness; *~e kamer,* (*fot*) dark room; *~ maken* (*worden*) darken; *het wordt ~* it's getting dark; *het ziet er ~ voor hem uit* it's a dark outlook for him, things look black for him; *zie ook* maan; II *bw* darkly; *~ kijken,* (*boos*) look black, (*somber*) look gloomy; *zie ook* inzien; III *zn* dark, darkness; (*somber*) gloom; *bij* (*voor, na*) *~* at (before, after) dark; *in het ~* in the dark; *tegen ~* towards nightfall, at dusk; *zie ook* duister, kat, enz

donker|achtig darkish; **-blauw**, enz, dark-, deep-blue, [-red, etc]; **-blond** mousy, dark blond(e); **-bruin** dark-, deep-brown; ~ *vermoeden* shrewd (sound) suspicion; **-heid** darkness, obscurity; **-te** *zie* donker III

donkey (*mar*) donkey engine; **donkeyketel** donkey boiler

donna id

donor [sperm] donor; **donorcodicil** donor card

Don Quichot Don Quixote; **donquichotachtig** quixotic; **donquichotterie** quixotism, -try

dons down, fluff; **donsachtig** downy, fluffy; **donsdeken** duvet, continental quilt, eiderdown; (*Am*) comforter; **donshaar** down(y hair); **donzen** down, downy, fluffy; ~ *deken, zie* donsdeken; **donzig** downy, fluffy

dood I *bn* dead (*ook v vingers, enz*); ~!, (*tegen hond*) die!; *zo* ~ *als een pier* as dead as a doornail (as mutton); ~ *of levend* dead or alive; ~ *van de slaap* dead sleepy; *hij* (*het lieve vaderland, enz*) *is nog lang niet* ~ there's life in the old dog yet; *een dooie boel* a dull affair; ~ *gat* (*ve plaats*) dead-and-alive place; ~ *getij, zie* doodtij; ~ *gewicht* dead weight; *in de dode hand* in mortmain, in (the) dead hand; *dode hoek,* (*mil*) dead angle (space, ground); (*luchtv*) blind spot; (*auto*) blind area; ~ *kapitaal* dead capital; *dooie diender* dry stick; *dode letter* [this law is a] dead letter; *dode punt* dead point, dead centre; *op het dode punt zijn,* (*fig*) be at a deadlock; *op het dode punt brengen* bring to a deadlock, deadlock [the conference]; *iets van het dode punt afbrengen* break the deadlock; ~ *spoor* dead-ended siding; *op* ~ *spoor raken,* (*fig*) come to (reach) a dead end; *dode talen* dead languages; ~ *vlees* proud flesh; *dode vulkaan* extinct volcano; ~ *water* dead water; *de Dode Zee* the Dead Sea; *iem* ~ ***ergeren*** drive a p. up the wall; ~ ***verklaren*** send [a p.] to Coventry, ostracize, boycott; (*ve dokter*) certify dead; ***zich*** ~ *drinken* (*zuipen*) drink o.s. to death; *zich* ~ *houden* sham dead; *zich* ~ *lachen* die with (of) laughing, be tickled to death; *ik lach me* ~ *als* ... I'll laugh my head off if ...; *zich* ~ *schrikken* be frightened to death, jump out of one's skin; *zich* ~ *werken* work o.s. to death; ***op*** *sterven* ***na*** ~ as good as (all but) dead; ***voor*** ~ *liggen* lie like one dead; *voor* ~ *laten liggen* leave [a p.] for dead; *zie verder de sam* & dode, have, vervelen, enz; II *zn* death; *dat zal je* ~ *zijn* it will be the death of you; *als de* ~ *zijn voor* be mortally afraid of; *de* ~ *ligt hem op het gezicht* the seal of death is in (*of:* on) his face; *de* ~ ***aandoen*** be the death of; *de een zijn* ~ *is de ander zijn* ***brood*** one man's meat is another man's poison; *de* ~ *maakt allen* ***gelijk*** death is the great leveller; *hij ziet er uit als de* ~ *van* ***Ieperen*** he looks like death; *het is er de* ~ *in de* ***pot*** it's the deadest hole on the face of the earth; *de* ~ ***sterven*** die the death; *de* ~ *voor het vaderland sterven* die (lay down one's life) for ...; *duizend doden sterven* die a thousand deaths; *een langzame* ~ *sterven* die by inches; *een natuurlijke* ~ *sterven* die a natural death; *een zachte* ~ *sterven* die without a struggle; *de* ~ ***vinden*** meet (come by) one's death; *zijn* ~ *in de golven vinden* find a watery grave; *hij heeft er de* ~ *aan* ***gezien*** he hates it like death; *de* ~ ***zoeken*** seek one's death, court death; ***bij*** *de* ~ *van* at the death of; ***in*** (***na***) *de* ~ in (after) death; *na de* ~ *van de vader geboren* (*van de schrijver uitgegeven*) posthumous [child, works]; ***om*** *de* (*dooie*) ~ *niet* not on your life; ***op*** *iems* ~ *wachten* wait for dead men's shoes; ***ten*** *dode opgeschreven zijn* be doomed (to death), be a dead (a doomed) man, (*fam*) be done for; *ten dode toe vervolgen* pursue to the death, hound to destruction; ***ter*** ~ *brengen* put to death; *trouw* ***tot*** *in de* ~ true till death; ***uit*** *de* ~ *verrijzen* rise from the dead; *zie ook* kind, ongeval, veroordelen, zwart, enz

dood|af *zie* doodop; **-arm** as poor as Job (as a church mouse), poverty-stricken; ~ *worden* be ruined; **-bed** deathbed; **-bedaard** quite calm, as cool as a cucumber; **-bidder** undertaker's man, mute; **-bijten** bite to death; **-blijven** remain dead, be killed [*op de plaats* on the spot, outright]; *hij blijft dood op een halve cent* he grudges every penny; *op een kleinigheid* ~ stumble at a trifle; **-bloeden** bleed to death; (*fig*) blow over, fade, die a natural death, [allow an affair to] peter out; **-doener** 1 knockdown (*of:* sledgehammer) argument, clincher; 2 crushing remark, squelch; **-drukken** squeeze (*of:* crush) to death, squash [a mosquito]; **-eenvoudig** perfectly simple; *zie ook* -gemakkelijk; **-eerlijk** dead honest; **-eng** scary, terrifying; **-enkel** very occasional; *een ~e keer* once in a blue moon; (*bij uitzondering*) [we see] the odd [robin, but it's mostly sparrows]; **-ergeren** *zie* dood I; **-eter** *zie* -vreter

dood|fluiten kill [a game] (with the whistle); **-gaan** die, (*fam*) peg out; (*v honger*) starve (to death); *laten* ~ kill [the hero in the last chapter]; *daar ga je niet dood van* (*aan*) it won't kill you; *ik ga liever gewoon dood* not for me, thanks; **-geboren** stillborn (*ook fig*), [the child was] born dead; *het boek was een* ~ *kindje* the book fell stillborn from the press; **-gemakkelijk** dead easy, as easy as falling off a log (as ABC); **-gemoedereerd** *zie* -leuk; **-gewoon** I *bn* perfectly common; run-of-the-mill, common or garden [schoolmaster]; *een* ~ *verslag* a perfectly ordinary report; *als iets* ~*s* [he looks on it] as all in the day's work; II *bw* simply; **-goed** [she is] good to a fault [she wouldn't hurt a fly]; **-gooien** 1 stone, kill; 2 (*fig*) bombard [with questions], deluge, inundate, swamp; *ze gooien je dood met souvenirs* it's souvenirs wherever you go; **-graver** 1 grave-digger; 2 (*kever*) burying-beetle, sexton(-beetle); **-hongeren** starve (to death); *zie* verhongeren

dood|jammer [it is] a great pity, a thousand pities; **-kalm** *zie* -bedaard; **-kist** coffin, (*Am*) casket; *drijvende* ~ floating coffin; **-klap** 1 deathblow, fatal blow, [the fire was the] final blow; 2 smashing blow; *iem een* ~ *geven* knock a p. cold; **-kloppertje** death-watch (beetle); **-knuffelen** 1 kill with kindness; 2 embarrass; **-knuppelen** club to death; **-lachen**: *zich* ~ die (choke, split) with laughter, laugh o.s. silly; *het is om je dood te lachen* it's an absolute scream; **-leuk** coolly;

calmly; blandly; **-liggen** overlie [a child]; *lig dood!*, (*tegen hond*) die!; **-lopen** 1 (*v pers*) walk, run [o.s., a p.] off one's (his) legs, feet; 2 (*ve straat, enz*) come to a dead end, end in a blind alley; *~de weg* dead-end road, cul-de-sac; (*op bord*) no through road; 3 (*ve onderneming, enz*) peter out, come to nothing; *zie ook* vastlopen; **-maken** kill, (*sp ook*) trap [the ball]; **-moe** dead tired, worn-out [by dancing *van het* ...]; *zie ook* doodop; *ik word ~ van die grappen van je* those jokes of yours make me sick, I'm sick to death (sick and tired) of ...; **-normaal** perfectly normal (ordinary); **-nuchter** 1 completely sober, as sober as a judge; 2 *zie* -leuk; **-ongelukkig** utterly wretched; **-onschuldig** as innocent as a lamb; **-op** dead tired, (completely) done in, fagged (out), dead-beat, dog-tired; **-rijden** 1 knock down and kill; *zich ~* get o.s. killed in a car crash; 2 ride [a horse] to death

doods deathly, deathlike, dead [silence], dead-and-alive [place]

doods|akte death certificate; **-angst** 1 pangs of death; 2 (*fig*) mortal fear, agony of terror; *in ~*, (*ook*) in white terror; **-attest** death certificate; **-baar** bier; **-bang** mortally (deadly) afraid, terrified [*voor* of, at], [be] in mortal fear (terror); *~ maken* scare to death [with tales of Hell]; **-bed** deathbed; **-beenderen** human bones; (skull and) crossbones; **-benauwd** 1 (*eig*) suffocating; 2 (*fig*) *zie* -bang; **-benauwdheid** *zie* -angst; **-bericht** 1 obituary (notice), In Memoriam; 2 death notice (*of:* announcement); **-bleek** [he went] deathly (deadly) pale, pale as death, dead white; **-ceel** *zie* -akte

doodschamen *zie* schamen; **doodschieten** shoot [a p., o.s.] (dead), shoot and kill; **doodschop** nasty (mighty) kick; **doodschoppen** kick to death; **doodschouw** *zie* lijkschouwing; **doodschrikken** *zie* dood I; **doodsdrift** death urge; **doodsengel** angel of death; **doodserieus** deadly serious

doods|eskader death squad; **-gerochel** death-rattle, ruckle; **-gevaar** danger of life, deadly peril, mortal danger; *in ~ verkeren* be in danger (in peril) of one's life; **-heid** deadness, deathliness; **-hemd** shroud, winding-sheet; **-hoofd** death's-head, skull; **-hoofdaapje** death's-head monke; **-hoofdvlinder** death's-head moth

doodsimpel dead simple, open-and-shut [case *geval*]; [it's] as easy as falling off a log

doods|kleed 1 shroud, winding-sheet; 2 (*baarkleed*) pall; (*fig*) pall, shroud; **-kleren** grave-clothes; **-kleur** livid colour, deadly pallor; **-klok** passing-, funeral-bell, (death-)knell; **-kloppertje** deathwatch (beetle); **-kop** death's-head, skull; **-kreet** death cry

doodslaan kill (*ook:* the wallpaper kills the furniture), strike dead, beat to death, swat [a fly], silence [a p. by a sharp retort]; *zij trachtte hem dood te slaan met* ... she flung [her social position] at him; *al sla* (*sloeg*) *je me dood* not for the life of me; *zie ook* halfdood; **doodslag** homicide, manslaughter; **doodslaken** shroud, winding-sheet; **doodsmak**: *een ~ maken* come a cropper; **doodsmakken** plunge to one's death; **doodsnood** agony (of death), death-struggle; **doodsoorzaak** cause of death; **doodspelen** play to death; **doodspuiten** 1 give a fatal injection (to); 2 kill [bugs, plants] by spraying

doods|schouw post-mortem, autopsy; **-schrik** mortal fright, the fright of one's life; *iem een ~ op het lijf jagen* frighten a p. out of his wits (senses, life); **-slaap** sleep of death; **-snik** last gasp; **-strijd** death-struggle, agony of death; (*ve walvis*) (death) flurry; *een zware ~ hebben* die hard; **-stuip** spasm of death; final convulsion

dood|steek (*ook fig*) death-blow (*voor* to), finishing stroke; *zie ook* genadeslag; **-steken** stab to death; **-stil** stock-still, (as) still as death, [all was] deadly (deathly) quiet, [sit in a corner] as quiet as a mouse; *~ worden* fall silent [a hush fell on (*of:* over) the room]; **-straf** capital punishment, death penalty; *daarop staat de ~* it is punishable by death; *de ~ krijgen* be sentenced to death; *de ~ ondergaan*, (*ook*) pay the last penalty

doodsverachting contempt of death; **doodsverlangen** death wish; **doodsvijand(in)** mortal (deadly) enemy; **doodswade** *zie* -kleed; **doodszweet** sweat of death, death-sweat

dood|tij 1 neap (tide); 2 (*tussen eb en vloed*) slack water; **-trappen** kick (*onder de voet:* trample) to death; **-vallen** fall (drop) dead; (*ve hoogte, ook*) fall to one's death; *val dood!* drop dead!; *ik mag ~ als* ... cross my heart (and hope to die) if ...; *verzoeken dood te vallen*, (*sl*) give [a p.] the V-sign; *zie ook* -blijven; **-vechten**: *zich ~* fight to the death; **-verf** dead colour; **-verklaren** *zie* dood I; **-verklaring** boycott, ostracism; **-verlegen** at one's wit's end, completely at a loss [what to do, for s.t.]; **-vermoeid** dead tired, tired to death; **-verven** (*eig*) dead-colour; *hij wordt met die betrekking gedoodverfd* he is generally thought to be the favourite candidate; *iem als de dader van iets ~* attribute s.t. to a p., lay s.t. at a p.'s door; *gedoodverfd als Premier* tipped as Premier (for the Premiership); **-vissen** over-fish(ing); **-vonnis** sentence of death, death-sentence; (*bevel tot voltrekking van ~*) death-warrant; *het ~ is over hem uitgesproken* he lies under sentence of death; **-vreter** drone, idler, loafer; *hij is een ~* he is eating his head off; **-vriezen** be frozen (freeze) to death; *zie ook* vriezen; **-werken** *zie* dood I; **-wond** mortal (fatal) wound; *dat is geen ~* it won't kill you; worse things happen; **-ziek** 1 dangerously (critically) ill; 2 sick to death, sick and tired; *~ worden van, a*) catch one's death by [going out] (of, from [cold]); *b*) be sick to death of; *je wordt er ~ van, a*) you'll catch your death by it; *b*) it makes you sick to death; *vgl* doodmoe; **-zonde** mortal (deadly) sin; *het is ~* it is a downright shame (is downright sinful); **-zwak** extremely weak, as weak as water; **-zwijgen** ignore, take no notice of [criticism], hush up [an act of negligence]

doof 1 deaf; *zo ~ als een kwartel* as deaf as a post; *Oostindisch ~ zijn, zich ~* ***houden*** sham deaf-

(ness), pretend not to hear; ~ ***aan*** *één oor* deaf of (in) one (an) ear; *aan dat oor is hij* ~ he won't hear of it; ~ ***van*** *het geraas* deafened by the noise; ~ *zijn* ***voor*** be deaf to [advice, etc]; ~ *blijven voor* turn a deaf ear to [entreaties]; *zie ook* dove & muzikaal; 2 (*fig*) dead; *dove kool* dead coal; *dove vingers* dead fingers

doof|blind deaf-blind [person]; **-geboren** born deaf, pre-lingually deaf; **-heid** deafness; **-pot** extinguisher; *iets in de* ~ *stoppen* hush up (cover up, smother up) a thing, keep it dark; *politiek van de* ~ cover-up policy; **-stom** deaf and dumb; **-stomheid** deaf-mutism; **-stomme** deaf-mute [two deaf-mutes]; **-stommeninstituut** institution for the deaf and dumb

dooi thaw (*ook fig*); *zie ook* invallen

dooie (*sl*) couch potato

dooien thaw [it is thawing; the snow thaws]; *het begon te* ~ the thaw set in, the frost broke

dooier yolk; *met dubbele* ~ double-yolked [egg]; **dooiervlies** yolk-bag, -sac

dooiweer thaw

dook I *zn* (*techn*) dowel; II *ww: ovt van* duiken

dool|hof (*ook fig*) labyrinth (*ook vh oor*), maze, (*v straatjes en steegjes*) warren; **-weg** wrong way, wrong track; *op de* ~ *geraken* go astray

doop (*ook ve schip, klok, enz*) baptism, christening; (*ve schip, ook*) naming; *de* ~ *toedienen* (*ontvangen*) administer (receive) baptism; *ten* ~ *houden,* present at the font; (*fig*) present to the public, inaugurate; *door de* ~ *opgenomen worden in* be baptized into [the Church]

doop|akte, **-attest(atie)** certificate of baptism; **-bediening** baptism; **-bekken** (baptismal) font; **-belofte** baptismal vows; **-boek** baptismal register, parish register; **-ceel** certificate of baptism; *iems* ~ *lichten* bring out a p.'s record, show a p. up; **-formulier** order of baptism; **-getuige** sponsor, godparent; **-heffer** godfather; **-hefster** godmother; **-hek** baptist(e)ry screen; **-jurk** christening robe, baptismal robe; **-kapel** baptist(e)ry; **-kind** godchild; **-kleed** *zie* -jurk; **-lid**: ~ *worden van* be baptized into [the RC church]; **-moeder** godmother; **-naam** Christian name, baptismal name; **-plechtigheid** christening (baptismal, *ve schip ook:* naming) ceremony, baptism; **-register** *zie* -boek; **-sel** (Holy) baptism

doopsgezind(e) Baptist; (*inz Ned*) Mennonite

doopsuiker sweets offered at baptism; **doopvader** godfather; **doopvont** (baptismal) font; **doopwater** baptismal water, water of baptism

door I *vz* 1 (*plaats*) through [look through the window] (*ook fig:* pass through many hands; be through one's examination); ~ *geheel Engeland* throughout England; ~ *de stad dwalen* roam about the town; ~ *het rode licht heen rijden* jump the red light; 2 (*tijd*): ~ *alle eeuwen heen* throughout the ages; ~ *de week* on weekdays; *het ene jaar* ~ *het andere* one year with another; 3 (*oorzaak, middel*) by [be killed by one's enemy, send by post, perish by the sword], through [make mistakes through ignorance, pay through a bank], by dint of [hard work]; (*wegens*) on account of, for [I can't see for the fog], from [lack of space]; ~ *te lezen* by reading; ~ *wie is dat* (*geschreven*)? who's that by?; ~ *hem heb ik de stad leren kennen* thanks to him I ...; *zie ook* elkaar; II *bw* through; *ik* ***ben*** *het boek* ~ I have finished (got through) the book; *de tand is* ***er*** ~ the tooth is through; *hij is er* ~ he has got through, he is through, (*sp ook*) he is away; *de wet is er* ~ the bill has been passed; *hij* ***heeft*** *je* ~, (*fam*) he has got your number; *de* ***hele*** *nacht* (*zijn hele leven, het hele concert*) ~ all through the night (his life, the concert), throughout the night, etc; *het hele jaar* ~, (*ook*) all the year through (*of:* round); *de hele wereld* ~ all over the world, all the world over; *we liepen* ***steeds*** *maar* ~ we walked on and on; ***al*** ~, *zie* aldoor; ~ ***en*** ~ thoroughly, [English, Welsh] through and through [know a p. (Paris, etc) through and through], out and out, [he is] downright [stupid], radically [wrong], [know a p.] inside out, like a book; *ik ken hem* (*Napels, enz*) ~ *en* ~, (*ook*) like the back of my hand; *iem* ~ *en* ~ *vertrouwen* trust a p. implicitly; ~ *en* ~ *een dame* a thorough lady, a lady to the fingertips; ~ *en* ~ *eerlijk* (*gek, goed*) honest to the core (an absolute fool; kind to a fault); ~ *en* ~ *nat, zie* doornat; ~ *en* ~ *een schurk* an out-and-out scoundrel; ~ *en* ~ *slecht* thoroughly bad; ~ *en* ~ *verkleumd* chilled to the bone; *zie ook* kunnen, enz

door|aderd veined; **-'bakken** *bn: goed* (*slecht*) ~ *brood* well-(slack-)baked bread; **-bellen** phone [a message] through; **-berekenen** pass on (along) [the charges to the customers], recharge; *-berekende kosten* oncharged expenses; **-berekeningsclausule** escalator clause; **-betalen** continue [a p.'s salary]; **-bijten** bite through; bite (hard); *niet* ~, (*ve vis*) nibble; (*fig*) stick at it; **-bijter** sticker; **-bladeren** turn over the leaves of, run over, glance (cursorily) at, leaf (riffle) through [a book], (*al lezend*) browse through; **-blazen** blow through; **-bloeding** blood supply [to the heart muscle *vd hartspier*]; **-borduren** ~ *op* embroider on, elaborate [a plan, theme]; **-boren** bore through, perforate, pierce; **-'boren** run through, transfix [with a bayonet, etc], stab [with a dagger], gore [with the horns], riddle [with bullets], drill through [the window-pane was drilled clean through], tunnel [a mountain], (*in alle richtingen*) honeycomb; *met zijn blikken* ~ transfix with one's looks, look daggers at; *~d, zie* doordringend; **-boring** perforation; tunnelling; transfixion; *vgl het ww*; **-braak** 1 (*ve dijk*) [dam]-burst; (*v water*) breaking through; (*mil, pol, sp*) breakthrough [of the enemy's lines, a political breakthrough, score from an unexpected breakthrough]; (*tennis*) (service) break; 2 (*plaats van* ~) breach; **-braden** roast well (*of:* thoroughly); **-branden** I *intr* burn on; burn [day and night]; II *intr & tr* 1 burn through; (*ve elektr lamp*) blow; 2 (*v vuur*) draw up; **-breken** I *tr* break, snap [a stick] (in two), break through [the enemy], run [the blockade]; *vgl* verbreken; II *intr* 1 (*dijk, zweer*) burst; (*dijk, ook*) break; 2 (*v pers: wtsch,* *sp, enz*) break through; (*zon*) break (burst) through, come out; 3 (*tanden*) *zie* -komen; **-'breken** break [a deadlock, the sound barrier], break down [a taboo], break through [a barrier]; **-brengen** spend [one's holidays, the night], pass [the time], run through, (*sl*) blue [one's money]; *zijn leven ~ met anderen te helpen* spend one's life (in) helping others; *hoe heb je de dag doorgebracht?* what did you do with yourself to-day?; *de tijd met nietsdoen ~* idle away one's time; **-brenger** spendthrift, wastrel, waster; **-buigen** bend; (*door verzakking*) sag; **-connossement** through Bill of Lading

door|dacht well-considered, well-thought out; **-dansen** go on dancing; wear out [one's soles] with dancing; dance through [the night]; **-dat** because [he did not have enough time], through [not having had enough sleep], owing to [their being sold in sealed tins]; **-denken** think (well), reflect; **-'denken** consider, think out; *zie ook* doordacht; **-denkertje** subtle (sly, indirect) remark; **-deweeks** weekday, workaday [clothes]; *~e dag* (*avond*) weekday (weeknight); **-dien** as, because, since; **-doen** *zie* -halen 2 & -schrijven; **-douwen** push ahead (forward, on); push [a plan] through; **-douwer** go-getter, pusher; (*in verkeer*) road-hog; **-draaien** 1 keep on turning (running), go on; *zich er ~* get through somehow; (*verder draaien*) wind on [the film]; 2 (*stukdraaien*) break (by turning); (*draad*) strip; *de schroef draait door* the ... doesn't bite; *vgl* doldraaien; 3 squander, blue [money]; (*boemelen*) be on the spree, make a night of it; *-gedraaid* [feel] fagged out, knackered; 4 (*op veiling*) destroy [vegetables not fetching minimum price]; **-drammen** go (keep) on [about s.t.]; **-draven** trot on; (*fig*) talk at random; run on [how you run on!]; *hij was weer aan het ~,* (*ook*) he was off again; **-draver** person whose tongue runs away with him; **-drenken** soak [with rain], steep [*met* in: steeped in nationalism]; **-drijven** drive [a proposal] through, (*met geweld*) force [a bill] through; *zijn zin ~* have (it all) one's own way; *zie ook* -zetten; **-drijver** headstrong person; **-drijverij** obstinacy; **-dringbaar** penetrable [by the eye, etc], permeable, pervious [to heat, water, etc]; **-dringbaarheid** penetrability, permeability, perviousness; **-dringen** penetrate; (*doorsijpelen*) ooze through, filter through; *~ in* penetrate into [a country, a secret], press [far] into [enemy territory], enter into [the spirit of a poet], push out into [the unknown]; *~ tot* penetrate as far as; (*vd stem, ook*) carry [to every part of the hall]; *het drong tot hem door, dat* it dawned (*plotseling:* flashed) on him that; *de ernst ervan drong tot hem door* came home to him; *het was niet tot hem doorgedrongen* it had not sunk in (into his mind), he had not taken it in; *wat hij zei, drong niet tot mij door* did not register; *het lawaai drong tot mij door* the noise came to my ears; *hij drong tussen hen door* he pushed his way between them; **-'dringen** penetrate, pierce, permeate, pervade; leaven [a whole generation with his ideals]; *iem van iets ~* impress [a fact, the necessity of s.t.] on a p., bring [s.t., the truth, etc] home to a p., rub [a thing] in; *dit moet het publiek ~ van het feit, dat* ... this should bring home to the public the fact that ...; **-dringend** piercing [cold, eyes, look, cry], penetrating [smell], searching [look, wind], permeating [fluids, light]; (*alles ~*) pervading, pervasive [spirit] eye; **-dringingsvermogen** (*ve kogel, enz*) penetration, penetrative power; **-drongen** *zie* door'dringen; *~ zijn van* be deeply convinced of, be impressed with, be fully alive to [the importance of ...], be imbued with [the necessity of ...]; **-drukken** 1 press (squeeze, push) through; 2 go on printing; 3 (*papier*) mackle; *de bladzij is doorgedrukt* the type shows through (the page) [there is showthrough on nearly every page]; *doorgedrukt linoleum* inlaid linoleum; 4 push through; *een maatregel* (*er*) *~* steamroller (*Am ook:* railroad) a measure through; **-drukstrip** blister pack, foil strip; **-duwen** push through

dooreen together, pell-mell, higgledy-piggledy, in confusion; *~ genomen* on an average, one (thing, year, etc) with another; *zie ook* elkaar: door ~; **dooreenstrengelen** intertwine; **dooreenvlechten** interlace; **dooreenweven** interweave; *zie verder de hoofdwoorden*

dooreten eat on, continue one's meal; **doorfietsen** cycle (*of:* pedal) along; (*fam*) carry on, keep it up; **doorfokken** line-breeding

doorgaan 1 go (*of:* walk) on; *de trein gaat door, a*) the train does not stop here; *b*) the train goes straight through, it is a through train; *de voorste rijtuigen gaan door* the front coaches will go forward [to Glasgow]; *ga door!* go on!, (*fam*) carry on!; (*loop heen*) go on!, get along with you!; *het kon zo niet* (*blijven*) *~* it couldn't last; *~* ***met*** continue with [the medicine], carry on with [one's work], proceed with [the sale, the programme]; (*doorzetten*) go through with [a plan, etc], see [a plan] through; *niet verder met de zaak ~* proceed no further in the matter; *~ met* (*te*) ... keep (continue) ...ing; *het gaat maar door met regenen* it keeps on raining; *~* ***naar,*** (*ook*) go through to [the next round]; ***op*** (***over***) *de zaak* (*het punt*) *~* pursue the subject, press the point, (*telkens herhalen*) [don't] rub it in; (*tot vervelens toe*) flog [a good idea] to death; 2 (*gaan door*) go (pass) through [the garden], go through [life], go over [a museum]; *rekeningen, enz ~* go through (over) accounts (a lesson, etc); *de lijst snel weer ~* run through it again; *onder een ladder ~* pass under ...; *hij ging de kamer een paar maal door* he took a turn or two about the room; 3 (*ve zweer*) burst; 4 *er van ~* go off, make off, cut and run, make a dash for it; run away [with another man], (do a) bolt; dash away [in a motor-car]; (*'met de noorderzon'*) abscond, take French leave, decamp; *het paard ging er vandoor* the horse bolted (ran away with him); *ik ga er vandoor,* (*ga heen*) I am off; 5 (*plaatshebben*) come off, [the strike, the concert, the marriage will not] take place, go through [the scheme, the divorce goes through], stand [the arrangement stands]; *de koop, enz, gaat niet* (*wel*) *door* the sale (bet, ball, wedding, etc) is off (on); *niet ~,* (*ve wedstrijd*) be scratched (cancelled, abandoned) [owing to bad weather, etc]; *gaat de conferentie door?* is the conference (still) on?; *gaat A's examen woensdag door?* does A's exam stand for Wednesday?; *het plan gaat niet door* the plan falls through; ***er** ~,* (*wet*) pass, (*motie*) be carried, (*v beide*) go through; 6 (*steek houden*) [the rule does not always] hold (good); *zie ook* gelden; 7 ~ ***voor*** pass for [one's brother, a rich man], pass as [old enough to pass as my grandfather], go (pass) by the name of, be reputed [to be rich]; *laten ~ voor* pass off as (for); *zich laten ~ voor* pass o.s. off as (for), pose (masquerade) as [a widow]

door|gaand (*algem*) general [rule]; (*aanhoudend*) continuous; (*spoorwegen*) through [carriage, passenger, ticket, traffic, train]; *geen ~ verkeer,* (*ook*) access only; **-gaans** generally, usually; **-gang** 1 passage; (*door menigte, ook*) lane, corridor; (*onder spoorbaan, enz*) underpass; (*tussen banken*) aisle, gangway; *nauwe ~* bottleneck; *geen ~!* no thoroughfare!; 2 transit [of Venus, etc]; 3 ~ *hebben* (*vinden*) take place [the match will not take place, is off]; **-gangshoogte** headroom; [low bridge] height [9 feet]; **-gangshuis** 1 refuge, asylum, shelter; 2 temporary place of stay; **-gangskamp** transit camp; **-gecomponeerd** through-composed, non-strophic; **-geefkast** cupboard functioning as serving hatch; **-geefluik** 1 service (*of:* serving) hatch; 2 (*fig*) transfer point; **-gefourneerd** 1 fully paid; 2 (*fig*) double-distilled [scoundrel]; **-gelegen** *zie* -liggen; **-gestoken** *zie* ¹doorsteken; **-geven** 1 pass [the salt, the bottle], pass [a message, etc] on [*aan* to], pass down [an order], hand [the letter] on [*aan* to]; 2 (*radio, enz*) relay [a programme]; 3 *~!,* (*spelletje*) pass it on, neighbour!; *woordje ~* Chinese whispers; **-gewinterd** dyed-in-the--wool [schoolmaster]; seasoned [traveller]; **-graven** dig through, tunnel [a mountain]; (*landengte*) cut, pierce; **-groeid** 1 (*plantk*) perfoliate; 2 *zie* -regen; **-gronden** fathom [a p.'s character], penetrate [a scheme], get to the bottom of [a secret], see through [a p., his plans]; **-hakken** cut (through), cleave, split; *zie* knoop

doorhalen 1 (*ergens ~*) pull through; 2 (*woord, enz*) strike (cross, scratch) out, cancel, delete, run through; *door te halen wat niet verlangd wordt* please cross (strike) out what does not apply, delete as necessary, delete if not applicable; 3 *er ~,* (*iem, duchtig*) haul over the coals, trounce; (*boek, enz*) criticize harshly, slate; *een verkiezingskandidaat* (*wetsontwerp*) *er ~* carry a candidate (a bill, pilot a bill through Parliament); **doorhaling** deletion, crossing out [five crossings out]; **doorhebben** see through; *hij heeft je* (*het*) *door,* (*fam*) he has got your number, he is up to your tricks (the penny has dropped)

doorheen through; *ik ben er juist ~,* (*door correspondentie, enz*) I am just through [with it, the letters, etc]; *ik moet er ~* I must get through; *~ het verhaal* all through the story; *zich er ~ slaan* break through, force one's way through; (*fig*) win through, scrape through, carry it off, make the best of it; (*er ~scharrelen*) muddle through; *er ~ zitten* be knackered; *zie ook* 2 dol, doorkomen, enz

door|jagen hurry (rush) on; *er ~* run through [one's property, money]; (*sl*) blue [money]; *een wetsontwerp er ~* rush (hurry, race) a bill through; **-kiesnummer** direct line, in-dialling number; **-kiezen** (*telec*) dial direct; direct dialling; **-kijk** vista; **-kijkblouse** see-through blouse; **-kijken** look (glance) through (*of:* over), go through [accounts], run (one's eye) over, skim (glance) through [a book]; **-kijkspiegel** two-way mirror; **-klieven** cleave (in two); cleave, wing [the air], breast [the waves, wind], cleave, plough [the waves]; (*v geluid*) rend the air; **-klinken** 1 ring (out), resound, reverberate [throughout the building; (*fig*) round the world]; 2 be heard; *in zijn woorden klonk geen spijt door* his words betrayed no regret; **-kneed** expert [negotiator]; *~ in* well-versed in, steeped in [French literature]; *zijn ~heid in* his intimate acquaintance with, thorough knowledge of; **-knippen** cut (through), snip (through); **-knoopjurk** button-through dress; **-komen** 1 get through [the crowd, difficult times, an examination], pass [an exam], live through [the winter], tide over [a difficult period]; *hiermee zal ik de winter wel ~* this will carry me through the winter; *er is geen ~ aan* it is impossible to get through; *er ~,* (*door menigte, examen, ook ve wetsontwerp*) get through, (*door examen, ook*) pass, (*door ziekte*) pull through, survive; *er net ~* scrape through (an exam); *het radioprogramma kwam slecht door* the radio programme came through badly; 2 pass by, pass through; (*vd zon*), *zie* -breken; (*v tanden*) come through, erupt; *zijn tandjes komen door,* (*ook*) he is cutting his teeth; **-komst** passage [of a runner]; reception [of a radio station]; transit [of a satellite]; **-krijgen** 1 get [a pupil] through (an examination); 2 (*er*) ~ get down [food], pull [a patient] through, put [a scheme] across, carry [a motion]; 3 (*ontvangen*) get, receive [a message]; 4 (*doorzien*) see through [a person, his motives]; *vgl* -hebben; **-kruisen** 1 traverse (in all directions); cross [a p.'s mind]; scour, range [the seas, woods]; 2 (*dwarsbomen*) thwart, (*fam*) stymie [a p.'s plans]

door|laat culvert; **-laatbaar** permeable [soil]; **-laatpost** (*mil*) checkpoint; **-lappen** *zie* -jagen II; **-laten** let through, let [a p.] pass, pass [a candidate], transmit [light]; *geen water ~,* (*stof*) be waterproof, (*schoenen*) be watertight; (*geen*) *water ~,* (*vd bodem*) be (im)pervious to water; *licht ~d* translucent; *geen geluid ~* be soundproof; *doorgelaten worden,* (*v goederen*) pass the customs; **-lekken** *zie* -sijpelen; **-leren** study on, continue one's studies; **-leven** live on, go on living; **-'leven** live (pass) through; *weer ~* live [one's school-days] over again, relive; *een doorleefd verhaal* a vivid story; **-leveren** resell (promptly); **-lezen** I *tr* read (right *helemaal*) through, peruse; II *intr* go on reading, read on; *maar al* ~ read on and on; **-lichten** 1 X-ray [a patient]; 2 make careful examination of [a situation], investigate [a company], screen [an applicant]; (*fam*) vet [a document]; **-lichting** 1 radioscopy, radiography, X-ray examination; 2 examination, investigation, screening; **-lichtingsapparaat** fluoroscope; **-lichtingswagen** radiography van; **-liggen** become bedsore, contract (get) bedsores; *doorgelegen plek* bedsore, pressure sore, (*med*) decubitus ulcer; **-loop** passage

'doorlopen 1 go (walk, run) on [*tot* as far as]; ~*!* move on (pass on, pass along), please!; 2 *wat* ~ mend one's pace; *flink* ~ step out, keep up a stiff pace; 3 ~ *onder* pass under [the bridge]; *het schrift loopt door onder het zegel* the writing continues under the seal; 4 (*ve molen*) run away; 5 (*v kleuren*) run; 6 (*lopen door*) go (walk, run) through, walk down [a street]; traverse; *zie ook* doorgaan 2; 7 (*schoenen*) wear through; *zijn voeten* ~ get footsore; 8 *zie* doorkijken

door'lopen 1 *zie* 'doorlopen 6; 2 pass through [a school], complete [the full course]; 3 *zie* doorkijken

door|lopend continuous, non-stop [programme], running [commentary, fire of interruptions]; ~*e kaart* season-ticket; ~ *krediet* revolving credit; ~*e polis* open (*of:* floating) policy; ~ *recht van toegang* standing right of entry; ~ *nummeren* number consecutively; ~*e* (*regel*)*nummering* through (line) numbering; ~ *ruzie hebben* keep up a running quarrel; *zie ook* voortdurend; **-lopers** (*schaatsen*) speed skates, fen-runners

door|luchtig illustrious; *Uwe Doorluchtige Hoogheid* Your Serene Highness; **-luchtigheid** illustriousness; *Uwe ~, zie* doorluchtig; **-maken** go (pass) through [a crisis, etc], experience; *wat hij doorgemaakt heeft* [remember] what he has been through; *zie ook* -leven; **-mengen** mix through, mix with; **-meten** (*elektr*) continuity testing; **-midden** in two, in half, [tear it] across; *zie ook* middendoor

doorn thorn, prickle, spine; (*ve mes, enz*) tang; ~ *in het oog* thorn in the (my, etc) flesh, (*lelijk gebouw, enz*) eyesore; **doornachtig** thorny, spinous; **doornappel** thorn-apple

doornat wet through, soaking (wet), soaked, drenched (to the skin)

doornemen take [a passage] through, go through [the mail], go over [a lesson], discuss [one's plans]

doornenkroon crown of thorns; **doornhaag** thorn-hedge; **doornhaai** spine shark, spiny (*of:* spiked) dogfish; **doornig** thorny (*ook fig*); spinous [fins]; **Doornik** Tournai; **Doornroosje** the Sleeping Beauty; **doornstruik** thorn-, bramble-bush; **doornuitsteeksel** spinous process

doornummeren number consecutively, number through

doornzaad hedge parsley

'door|ploegen 1 go on ploughing; 2 plough through [a book]; 3 pass on [profits]; **-'ploegen** plough [*ook fig:* plough the sea; a face ploughed (*of:* scored, furrowed) with wrinkles]; **-praten** I *intr* go on talking, talk on; II *tr* discuss [a matter] fully, canvass [a subject], argue [a question] out; **-prikken** 1 prick, puncture (*ook fig:* puncture a p.'s self-importance); (*met lancet*) lance [an abscess]; 2 (*fig*) prick (burst) [the bubble of his pretence]; explode [a myth, a claim]; 3 (*telec*) relay; **-regen** streaky [bacon], marbled [meat]; **-regenen** 1 keep on raining; 2 rain through; *het dak regent door* the roof lets in the rain; *het regent hier door* the rain is coming through (in); **-reis** passage (journey) through; *op mijn* (*je*) ~ on my way through, [I'll stay a few days in Paris] en route, [buy clothes in Paris] as you pass through; **-reisvisum** transit visa; **-reizen** 1 pass (travel) through; *de hele nacht* ~ travel all night; 2 travel all over [Europe]; **-rekenen** calculate [the effects of the new tax laws]; **-rijden** 1 ride (drive) on; (*na wachten bij verkeerssein*) go; (*na ongeluk*) drive on (fail to stop), hit and run [a hit-and-run driver]; *zie ook* rijden; 2 *wat* ~ ride (drive) faster; 3 ride (drive) through [the village]; 4 gall [a horse]; *zich* ~ get saddle-sore; *zich doorgereden hebben* be saddle-sore; **-rijhoogte** headroom, clearance, headway, maximum vehicle height; **-rit** passage; **-roeien** row on; (*stud*) carry on [celebrating, studying, etc] without sleep; **-roeren** stir (in), mix (in) [well]; **-roesten** rust through; **-roken** smoke (through, thoroughly)

door|schemeren glimmer through, filter through [ground glass]; *hij liet* ~ *dat* ... he hinted that ...; **-scheuren** tear, rend (to pieces, in two); *zie ook* dwars; **-schieten** 1 go on shooting (firing); 2 shoot through (*ook v bal, enz*); (*v groente*) bolt; (*fig*) go too far; **-'schieten** 1 riddle [with bullets]; 2 interleave [a book]; **-schijnen** shine (show) through; **-schijnend** translucent; diaphanous [dress]; see-through [dress]; **-schrappen** strike (cross, scratch) out, cancel, delete, run through; **-schrijven** 1 write on; 2 carbon copy; **-schuiven** 1 put off [decisions]; 2 pass [problems] on [to someone else]; (*intr*) move on (along); **-seinen** transmit; **-sijpelen** ooze (filter, seep) through, percolate; trickle down; (*ve dak*) let in water; *het* ~ seepage

doorslaan I *tr* 1 drive [a nail] through; punch [metal, leather]; break through, pierce [a wall]; 2 (*op schrijfmachine*) x out [a line]; *zie ook* doorschrappen; 3 (*in tweeën slaan*) knock in two; (*kapot*) smash [a window-pane]; beat up [eggs]; *zijn geld er ~, zie* doorjagen; *zich er ~, zie* doorheen; II *intr* 1 (*doordraven*) run on; *te ver* (*naar de andere kant*) ~ over-react; 2 (*ve paard*) break into a gallop; 3 (*ve balans*) dip; *de* ***balans*** *doen* ~ tip the scales; turn the scale [*ten gunste van* in favour of]; 4 (*v papier*) blot, run; (*ve muur*) sweat; 5 (*ve schroef, motor*) race; (*v wielen*) skid, race; *mijn remmen sloegen door* my ... would not take (hold); 6 (*ve zekering*) blow (out); *doorgeslagen zekering* blown fuse; *er is een zekering doorgeslagen,* (*ook*) the light has fused (the fuse is gone); *toen sloegen bij hem alle stoppen door,* (*fig*) then he blew all his fuses; 7 (*bij verhoor*) blab, (*fam*) spill the beans, (*sl, inz Am*) sing; **doorslaand** resounding [success]; ~ *bewijs* proof positive; *zie ook* bewijs; **doorslag** 1 (*ve brief*) carbon copy, carbon; 2 (*v balans*) turn (tip) of the scale, overweight; *de ~ geven* turn the scale (the balance); clinch (decide) it, settle the matter (it); 3 (*drevel*) punch; (*opruimer*) drift(pin); 4 *in ~, zie* doorsnede; 5 (*vergiet*) colander, strainer; **doorslaggevend** decisive [advantage, argument], conclusive [proof]; **doorslagpapier** copying paper

door|slapen sleep on; sleep through [the night]; **-slijten** wear through; **-slikken** swallow (down); (*met wat water*) wash down [a pill]; **-sluizen** pass on; **-smeerbeurt** lubrication; **-smelten** (*elektr*) *zie* -slaan 6; **-smeren** lubricate

door|sne(d)e section; (*wisk*) intersection; *zie ook* dwars~ & overlangs; *in ~,* (*eig*) in section; (*fig*) on an average; **-sneemonster** bulk sample; **-sneeprijs** average price; **-snijden** cut (through), cut in two; **-'snijden** intersect, cross, traverse; (*in alle richtingen, ook*) criss-cross; **-snijdend** piercing, penetrating; **-snuffelen** rummage [*in* among], forage in, ransack, hunt through [every corner]; **-spekken** lard; (*fig ook*) interlard, intersperse; **-spelen** 1 play on; 2 play through [the night]; *het hele stuk nog eens ~* play (take) the whole piece through (*of:* over) again; 3 pass on [information, a request, (*sp*) the ball]; **-spitten** review, scrutinize, (*fam*) vet; **-spoelen** rinse [a tube, linen], flush [the toilet, a drain *riool*], wash down [one's food]; **-spreken** *zie* -praten; **-staan** (*vd wind*) (continue to) blow hard; **-'staan** stand [a shock, the test (*proef*), the enemy's fire, an attack, a siege, cold, criticism], pass [a test], sustain [a siege, an attack], bear [criticism, examination], endure [pain], survive [all perils], pull through [an illness, danger], ride out (weather) [the storm, crisis]; *wat hij ~ heeft* what he has gone through; *de vergelijking kunnen ~ met* bear (stand) comparison with; **-stappen** *zie* 'doorlopen 2; **-steek** short-cut; **-steken** pierce [ice, etc], open, cut [dykes], prick [a blister], (*met lancet*) lance [an abscess], clean [a pipe], tuft [a mattress]; (*route*) take a short-cut; (*fijnmaken*) mash, (*door zeef*) strain; *doorgestoken kaart* put-up job, got-up thing, fiddle, plant; **-'steken** stab, run through, pierce; **-stoot** (*bilj*) follow, run-through (stroke); **-stoten** push (thrust) through; (*bilj*) run through, play a follow; **-stralen** shine through; *zie ook* -schemeren; **-'stralen** light up, irradiate, illuminate; **-strepen** *zie* -schrappen; **-stromen** flow (run, stream) through; move on; proceed [to a university course]; **-stroming** flow [of traffic]; move-on; **-stroomschema** flow chart, flow-sheet; **-studeren** continue one's studies; (*boek*) *zie* -werken; **-sturen** *zie* -zenden; **-tasten** act with decision, take (strong) action (a strong line); *zie* -zetten; **-tastend** I *bn* drastic [measures], energetic (*fam:* go-ahead) [man], vigorous; sweeping [reforms]; II *bw* energetically, drastically, etc; **-tastendheid** energy, thoroughness; **-timmerd:** *goed ~* substantially built [house], solid [piece of work], well-constructed [argument], sound [building, report]

Doortje Dolly, Doll, Dora

door|tocht march through, [demand free] passage, transit; *recht van ~* right of way; *zich een ~ banen* force one's way through; **-trappen** 1 (*kapot trappen*) kick to pieces; 2 (*op fiets*) pedal on; **-trapt** unmitigated, consummate, thorough-paced, double-dyed, out-and-out, arrant [villain, scoundrel]; **-traptheid** cunning, craft; **-trek** (*tekening*) tracing; *zie ook* -reis; **-trekken** 1 (*door opening trekken*) pull through; 2 (*stuk trekken*) pull to pieces (in two); 3 extend (*meetk:* produce) [a line]; extend, carry forward, carry further; pursue [the comparison further]; 4 go (march) through [the streets], traverse [the desert]; *het hele land ~* go all over the country; 5 trace [a drawing]; 6 (*WC*) flush; **-'trekken** pervade, imbue, soak, saturate; *zie ook* -trokken; **-trekker** transmigrant; (*vogel*) passage migrant; **-trekking** (*ve weg, enz*) extension; **-treklaken** (*onder zieke*) drawsheet; **-trokken** soaked [with water, alcohol, etc], imbued [with Scotch ideas], steeped [in romance, science], leavened [with humour]; *van vooroordelen ~* steeped in prejudice; **-vaart** passage; **-vaarthoogte** (*ve brug*) (clear) headway, clearance; **-vallend:** ~ *licht* transmitted light; **-varen** pass (sail) through [a canal]; pass [under a bridge]; (*verder ~*) sail on; **-vechten** fight on; *zich er ~* fight one's way through; **-verbinden** connect [with], put through [to]; **-verbinding** through connection; **-verkopen** resell, onsell; **-verwijzen** refer (elsewhere, to [a specialist]); **-vlechten** interweave, intertwine, interlace; **-vliegen** fly through [the air, the street], rush through [a book]; **-vlooien** go over with a fine-tooth comb; **-voed** well-fed; **-voer** transit; (*elektr*) feedthrough; **-voeren** convey (*of:* pass) [goods] in transit; carry [a reform] through; support, sustain [a role, character]; *te ver ~* push [one's principles] too far, carry [modesty] to excess

doorvoer|goederen transit goods; **-handel** transit trade; **-haven** transit port; **-kamp** transit camp; **-rechten** transit duties

door|vracht through freight; *goederen in ~* through goods; *in ~ verzenden* forward in through freight; **-vreten** eat through [s.t.]; **-waadbaar** fordable; *doorwaadbare plaats* ford; **-waaien** blow through; *zich laten ~* go for (get, have) a blow, [go for a walk to] blow the cobwebs away; **-waden** wade through, ford; **-waken** watch through [the night]; **-wandelen** I *intr* walk on; II *tr* walk through, walk all over [a place]; **-was** (*plant*) hare's ear; **-weekt** soaked, sopping, sodden, soggy, waterlogged [fields]; **-weken** soak, steep; **-werken** I *intr* work on, go on with one's work; [*het proces*] *heeft nog niet ver genoeg doorgewerkt* has not gone far enough yet; [*deze gevoelens*] *zullen ongetwijfeld ~ in het milieubeleid* will no doubt carry over into ...; II *tr* work through [a book], finish; *laten ~* put [a pupil] through [a book]; *zich er ~* work one's way through; **-'werken** elaborate; interweave, work [with gold, etc]; *zie ook* -wrocht; **-weven** interweave (*ook fig*); **-woelen** root up; **-worstelen** struggle through [difficulties]; struggle (wade, work one's way) through [a book], wrestle with [a book]; **-wrocht** elaborate; **-zagen** I *tr* saw through; II *intr* saw on; *iem ~, a)* question a p. closely; *b)* keep on bothering a p.; *zie ook* zagen; **-zakken** 1 (*ve muur, telegraafdraad, enz*) sag; 2 (*ve pers*) give at the knees; (*ve knie, enz*) give, sag [my ankle gave under me]; *doorgezakte knie* (*voeten*) football knee (fallen arches); 3 (*luchtv*) pancake (*ook: doen ~*); 4 (*zich bedrinken*) booze, drink to excess; **-zakking** sag; **-zaklanding** (*luchtv*) pancake landing; **-zenden** send on, forward (on), transmit, redirect [a letter]; **-zetten**: *iets ~* carry (see put) a thing through, go through with a thing (a plan, etc), press [an attack], push on [a work], assert [one's will]; (*volharden*) persevere, press on, see it through (*of:* out), go the whole hog; *de ziekte zette niet door* did not develop further; **-zetter** pushful (go-ahead) man; (*fam*) go-getter; sticker; **-zettingsvermogen** perseverance; **-zeuren** keep whining; *zie ook* zeuren; **-zeven** riddle [with bullets]; **-zicht** penetration, discernment, perspicacity, insight; **-zichtig** transparent (*ook fig:* pretext, etc), clear [glass, *vs matglas*], thin [excuse, disguise]; *het is nogal ~, (fig)* it's a bit obvious; **-zichtigheid** transparency (*ook fig*); **-zien** *zie* -kijken; **-'zien** see through [a p., his designs, tricks, disguise], read [a p.] aright, size up [a p.]; *ik doorzie hem,* (*ook*) I've got his number all right, I can read him like a book; **-zijgen** *zie* filtreren; **-zitten** (*paardesp*) do sitting trot; (*broek*) wear through the seat of one's trousers; *zich ~,* (*op zadel*) get saddle-sore; **-zoeken** search [a house, pocket], rummage, ransack [a room], go through [a p.'s pockets], scour [a district], beat, comb [the woods for a criminal], comb out [the London underworld]; **-zonkamer** [a house with a] through lounge; **-zweten** sweat through, transude; **-zwikken** sprain [an ankle] (severely)

doos 1 box, case; *~je* [cigarette] carton; (*blik*) can; *zwarte ~,* (*luchtv*) black box; *de wereld* ***in*** *een ~je* the ... in a nutshell; ***uit*** *de oude ~* old, antiquated; old-time [stories]; *hij ziet er uit alsof hij uit een ~je kwam* he looks as if he came out of a bandbox; *zie ook* Pandora; 2 (*TV, Eng*) (goggle) box, (*Am*) idiot box; 3 (*WC*) lav(atory), loo; 4 (*gevangenis*) [be in] quod, stir, jug; *in de ~ zitten,* (*ook*) be doing time; *iem in de ~ stoppen* clap a p. in prison (in jug); *de ~ ingaan* go into clink, get time, get a stretch; **doosvrucht** capsule

dop 1 (*ve ei, noot*) shell; (*v zaden*) husk; (*ve erwt, boon*) pod; ***in*** *de ~,* (*fig*) budding [lawyer, etc], ... in the making, ... in embryo, embryo [poet, etc]; *hij is pas* ***uit*** *de ~* he is still wet behind the ears; *kijk uit je ~pen!* look where you're going!; 2 (*deksel*) lid, cover; (*ve vulpen, flacon, enz*) cap, top; (*ve floret*) button; 3 (*hoed*) bowler (hat), (*hoge*) topper; *~je,* (*dameshoed*) cloche (hat)

dope id; **dopeling** child (person) receiving baptism; **dopen** 1 baptize, christen; (*schip, klok, enz; ook: een bijnaam geven*) christen; name [a ship]; (*in-*) dip; (*soppen*) sop [bread in milk]; water [milk, etc]; *hij werd Jan gedoopt* he was christened (by the name of) John [*naar* after]; 2 (*chem, elektr*) dope; **doper** baptizer; *Johannes de Doper* John the Baptist; **dopers** baptist

dop|erwt green pea; **-heide** (cross-leaved) heath; *grauwe ~* bell heather; **-hoed** *zie* dop 3

doping drug(s), drug-taking, doping [control]; *~ toedienen* drug; **dopingcontrole** doping control; **dopingtest** dope (*of:* doping) test

dop|luis scale insect; **-moer** cap (box, blind) nut

doppen 1 shell [beans, peas, eggs, nuts]; *zie ook* boon; 2 (*groeten*) raise one's hat; 3 *zie* dopen 1;

doppers *zie* doperwt

dopsleutel (*techn*) socket spanner (*of:* wrench)

dor 1 dry [wood], barren [land], arid [desert]; *~re streken,* (*Am*) barrens; 2 (*fig*) dry, arid, barren [subject]; 3 (*verdord*) withered (*ook ve arm, enz*)

Dora Dora, Dolly, Doll; **dorade** (*vis*) dorado

dorado El Dorado; **doren** *zie* doorn

dorheid dryness, barrenness, aridity; *vgl* dor

Doriër Dorian; **Dorisch** 1 (*van Doris*) Dorian, Doric; 2 (*muz*) Dorian; 3 (*bk, tlk*) Doric

dorknoperij bumbledom

dormitorium dormitory; **dormobiel** Dormobile

Dorothea id, Dorothy, (*fam*) Dolly, Dot

dorp village [centre, fête, idiot, pump, school]; *op een ~* in a village; **dorpachtig** *zie* dorps

dorpel threshold; *zie ook* drempel

dorpeling villager; **dorper** 1 (*hist*) villein; 2 (*fig*) boor; **dorps** 1 village-like, countrified, rural [society], rustic [charm]

dorps|bewoner villager; **-gemeenschap** village community; **-gemeente** rural parish; **-genoot** fellow villager; **-heer** squire; **-hoofd** village headman; **-huis** village social centre; **-plein** (*vglb*) village green; **-politiek** (*fig*) petty politics; **-straat** village street, (*hoofdstraat*) main street

dorren wither

dors 1 (*jonge kabeljauw*) torsk; 2 (*dorsvis*) hake

dorsaal dorsal [fin]

dorsen thresh; *hooi ~, zie* stro: ~ dorsen); **dorser** thresher; **dorsmachine** threshing-machine

dorst I *zn* thirst (*ook fig*); *~ hebben* (*krijgen*) be (get) thirsty; *~ naar* thirst for (after) [glory, blood, etc]; II *ww: ovt van* durven; **dorsten**: *~ naar* thirst for (after) [blood], be thirsty for [peace]; **dorstig** thirsty; *~ werk* thirsty work; **dorstigheid** thirst(iness); **dorst|lessend**, **-stillend** thirst-quenching; **dorstverwekkend** causing thirst; (*fam*) thirsty [work]

dorsvlegel flail; **dorsvloer** threshing-floor

Dorus Theo(dore), Ted(dy)

dos attire, dress; (*dicht*) raiment

doseren dose; *gedoseerde vergelding* graduated retaliation; **dosering** dosage; **dosis** dose (*ook fig*), quantity; (*v drug*) line; *te grote ~* overdose; *te kleine ~,* (*soms*) underdose; *een kleine* (*grote*) *~ gezond verstand* [it needs] a modicum (a large dose, measure) of (common) sense

dossen 1 attire, dress; 2 (*tooien*) deck

dossier id, file [have, open, keep a file on all suspects; put facts on file]; **dossierdiploma** diploma specifying courses taken and results achieved; **dossiermap** file

dot 1 knot [of hair, etc], tuft [of grass, moss, hair], dollop [of cream, jam, mash(ed potatoes)]; *een ~ gas geven* step on it; *een ~ geld* a mint of money; *een ~ watten* a cotton swab; 2 love, darling; *een ~ van een hoed (kind)* a dream, love of a hat (a perfect pet); *wat een ~(je)!* what a (little) dear (darling)!; *zie ook* snoes

dotatie donation; **doteren** *zie* begiftigen

dotter(bloem) marsh marigold, kingcup

dotteren (*med*) balloon angioplasty

douairière dowager

douane 1 custom-house, [the] Customs; 2 customs officer

douane|beambte customs (custom-house) officer; **-kantoor** custom-house; **-loods** customs shed; **-papieren** customs documents; **-rechten** customs duties, customs; **-unie** customs union; **-verklaring** customs declaration; **-versluiting**: *onder ~* under customs seal

douanier customs (custom-house) officer

doublé 1 gold-plated work; 2 (*bilj*) doublet

doubleren 1 (*bilj, bridge*) double; 2 (*klas*) repeat a class, stay down; (*functie*) double up [ambulances doubling up as mini-buses]; (*theat, enz*) double [a part]; 3 (*kaap*) double; 4 (*voeren*) line

doublet id; (*dubbel exemplaar*) duplicate, double(t); **doublure** 1 (*theat*) understudy; 2 duplication; 3 (*in boek*) id

douceur(tje) 1 douceur; 2 (*fooi*) gratuity, tip, perquisite; 3 (*ter omkoping*) bribe; (*sl*) backhander, kickback

douche shower(-bath); (*inz med*) id; *koude ~,* (*fig*) disillusionment; *een koude ~ geven* disillusion [a p.], throw cold water [on a p.'s zeal]

douchebak shower base; **douche|cabine, -cel** shower (cubicle); **douchekop** 1 shower head; 2 (*broes*) shower nozzle; **douchen** (have, take a) shower, (*inz med*) douche

douw *een ~ krijgen,* (*fam*), *a*) suffer a setback; *b*) be reprimanded (*mil:* punished); *zie verder* duw; **douwen** shove; *zie* duwen

dove deaf person; *nieuws voor ~n* headlines for the deaf; *dat heb je aan geen ~ gezegd* I'll make a note of that; *voor ~n preken* preach to deaf ears

dove|kool dead coal; **-man**: *hij klopte aan ~s deur* his words (his proposal, etc) fell on deaf ears; **-mansoren**: *preken voor ~* waste one's breath; *dat is niet aan ~ gezegd* I'll take you up on that

doven 1 extinguish, put out, black out, switch (*of:* shut) off (*half:* dim) [the lights of a motor-car]; (*as*) quench; 2 (*met as dekken*) damp down [a fire]; 3 (*dempen*) deaden [sound]

dovenetel (red, spotted, white) dead-nettle; *gele ~* yellow archangel; **doventolk** signer; **dovig** somewhat deaf; *vgl* hardhorig

doxaal *zie* doksaal; **doyen** id

dozijn dozen; *een, twee, verscheiden, enz ~ (boeken)* one, two, several, etc dozen (books); *enige ~en (boeken)* some dozens (of books); *~en boeken* dozens of books; *een paar ~* a couple of dozen; *bij het ~ (bij ~en) verkopen* sell by the dozen (in dozens); *zo gaan er dertien (gaan er geen twaalf) in een ~* they are ten a penny (are quite fantastic)

Dr id; **d'r** *zie* daar I, er 2, 1 haar I & hun I

dra 1 (*lit*) soon, before long; 2 afk van *doctoranda; dra X,* (*vglb*) Mrs (Miss, Ms) X, MA (MSc, LLM, etc)

draad 1 thread (*ook in glas, enz, van schroef en fig:* ~ of life, etc); (*metaal~*) wire; (*vezel*) fibre, filament; (*ve peul*) string; (*in elektr lamp*) filament; (*telef*) [get a p. on the] line; *een ~,* (*ook*) a length of thread; *de draden uit een wond halen* take the stitches out; *hij heeft geen* ***droge*** *~ aan het lijf* he has not a dry thread (*of:* stitch) on him; ***elke*** *dag een ~je is een hemdsmouw in het jaar* many a little makes a mickle; *de draden van iets in* ***handen*** *hebben* hold the clue to s.t.; *geen ~ aan iem* ***heel*** *laten* not leave a rag on a p. (*ook fig*); *er bleef geen ~ heel van de verklaring* the statement was torn to rags, not a thread of the statement remained; *de ~* ***kwijt*** *raken (zijn)* lose (have lost) the thread (of the story, etc); *een ~ in de* ***naald*** *steken* thread a needle; *de ~ van het gesprek (de gedachtengang) weer* ***opvatten*** take up (resume) the thread of the ...; *dat loopt er als een* ***rode*** *~ doorheen* that runs through it like a (continuous) thread; ***aan*** *een zijden ~ hangen* hang by a thread, hang in the balance; ***tegen*** *de ~* against the grain; *hij is altijd tegen de ~* he is a cross--grained sort of chap; ***tot*** *op de ~ versleten* worn to a thread, threadbare; ***van*** *draden voorzien* wire; ***voor*** *de ~ ermee!* shoot!, speak up!, let's have it!; *met iets voor de ~ komen* come out with s.t.; 2 (*richting van houtvezels*) grain; 3 (*ve mes, schaats, enz*) wire-edge

draad|bank draw-bench; **-borstel** wire brush; **-gaas** wire netting; **-glas** 1 wire-glass, wired glass; 2 filigree glass; **-harig** wire-haired [terrier]; *~e hond,* (*ook*) wire-hair; **-kabel** wire-cable, -ropeg; **-loos** wireless [telegraphy, telephony]; *~ telegraferen* radio; *~ bestuurd* remote-controlled; **-maaier** grass trimmer; **-mandje** wire basket; **-nagel** wire-nail; **-omroep** rediffusion; **-ontspanner** (*fot*) cable release; **-schaar** wire-cutter; **-spanner** turnbuckle; **-tang** pliers; **-trekken** wire-drawing, cold drawing; **-trekkerij** wire-drawing mill; **-versperring** (barbed) wire fence; **-vormig** thread-like; **-werk** wire-work; (*fijn, v goud, enz*) filigree; **-wier** conferva; **-worm** threadworm, nematode

draagbaar I *zn* stretcher, litter; II *bn* 1 portable [altar, goods, radio], movable [altar]; 2 bearable [pain, life]; 3 wearable [clothes]

draag|baarheid portability, mobility; **-balk** supporting beam, girder; **-band** strap, belt; (*voor arm*) (arm) sling; **-doek** [carry a baby in a] sling; **-golf** (*telec*) carrier wave; **-juk** yoke; **-kabel** (*elektr*) messenger wire; **-karton** carry-home pack; **-koets** palanquin, -keen; **-koord** lanyard; **-korf** pannier; **-kracht** 1 bearing-power; (*ve schip, brug, enz*) carrying capacity; 2 [financial] strength, [tax-bearing] capacity, ability (to pay); 3 (*ve vuurwapen*) range; 4 (*vd stem*) carrying-

-power, range; *zie ook* -wijdte; **-krachtig** financially sound, able to pay, well-off; *de minder ~en* the financially weak; **-lijk** I *bn* tolerable, endurable; (*tamelijk, ook*) passable, so-so, fair; II *bw* tolerably, passably; **-loon** porterage; **-moeder** surrogate mother; **-moederschap** surrogacy, surrogate motherhood (mothering); **-muur** supporting wall; load-bearing wall; **-plaats** (*tussen 2 rivieren, bijv*) portage; **-raket** carrier rocket; **-riem** (carrying-)strap; (*ve officier*) Sam Browne (belt); **-stoel** (*hist*) sedan (chair); (*Ind, enz*) palanquin, -keen; (*ve zieke*) carrying-chair; (*vd paus*) gestatorial chair; **-stok** carrying-pole; **-tas** carrier (bag); **-verband** sling; **-vermogen** (load-)carrying (*of:* load-bearing) capacity; *zie ook* -kracht; **-vlak** 1 (load-)bearing surface, base; (*ve vliegt*) aerofoil; 2 basis, support (*ook fig*); **-vleugel(boot)** hydrofoil; **-wijdte** 1 range [of a gun]; 2 import [of a p.'s words]; scope [of a decision]; **-zak** baby carrier; **-zeel** strap

draai turn; (*ve touw*) turn, twist; (*ve weg, enz*) [dangerous] bend, turn(ing), curve; *iem een ~ (om de oren) **geven*** give a p. a box on the ear(s), box (cuff) a p.'s ears; *er een ~ aan geven, (fig), a)* pass [the matter] off [adroitly]; *b)* give it a twist, misrepresent it; *zijn ~ **hebben*** be in high feather, be as pleased as Punch; *een ~ **maken*** make (take) a turn [to the right]; (*om eigen as*) slew (*ook: doen maken:* slew the boat round); *de ~ te kort* (*te wijd*) ***nemen*** take too short (too wide) a bend (turn), take the turning too sharply (too widely); *zijn ~ nemen, (fig)* change front, make a (complete) change of front; *zijn ~ vinden* settle down

draai|baar revolving [bookcase, hat-stand]; *vgl* draaien *en de sam met* draai-; **-bank** [bench, centre, turret, watchmaker's] lathe; **-beitel** lathe tool, turning-chisel; **-boek** (*ve film*) scenario (*ook fig: uitgewerkt plan*); (shooting) script; **-bord** 1 (*op kermis, enz*) spinner; 2 (*v roulette*) spinning-wheel; **-brug** swing (*of:* swivel) bridge; **-cirkel** turning circle; **-deur** revolving door

draaien I *intr* 1 turn; (*om as of middelpunt, ook*) revolve, rotate; (*op of om pen*) pivot [a pivoting gate]; (*op scharnier*) hinge; (*snel*) spin (round); (*in cirkel, spiraal*) gyrate, whirl; (*ve stoel, boekenmolen, enz*) swivel; (*ve motor*) run; (*kronkelen*) turn, wind; (*vd wind*) shift, (*met de zon*) veer, (*tegen de zon*) back; *zitten te ~* wriggle, fidget [on one's chair], be fidgety; (*ve film*) be showing, be on; (*ve grammofoonplaat*) play, turn; *een tol laten ~* spin a top; *~de beweging* rota(to)ry motion; *mijn **hoofd** draait* my head swims, my brain reels; ***met** zijn ogen ~* roll one's eyes; *hij zat te ~ met een potlood* he sat fiddling with ...; *met ~de motor* with the engine running; *~ **om*** turn (revolve) on [an axis]; *alles draait hierom* everything turns (hinges, pivots) on this, this is the crux of the whole question; *de hele zaak draait erom of ...* the whole issue is whether ...; *de huishouding draait om hem* the household revolves round him; 2 (*fig*) equivocate, prevaricate, hedge, fence, shilly-shally, yo-yo; *er **omheen** ~* beat about the bush, hedge, wriggle, equivocate, prevaricate; 3 (*ve bedrijf, fabriek, enz*) run, be in production; *zie ook* wind; II *tr* 1 turn [a wheel, wood, ivory, etc]; traverse [a gun]; roll [pills]; wind [a piece of string round s.t.]; twiddle [a knob]; (*in elkaar*) twist [a rope, wire, the stem of a glass, two wires together]; *kapot ~* overwind [one's watch]; *het zo ~, dat ...* represent things in such a way that ...; ***zich** ~* turn [to the right, etc]; twist [to free o.s]; *zich eruit ~* wriggle out; 2 show [a film]; play [a record]; (*telef*) dial [a number]; *zie ook* orgel, gedraaid, enz; **draaier** 1 turner [in ivory, etc]; 2 (*fig*) shifty person, prevaricator; 3 (*wervel*) axis; **draaierig** dizzy, giddy; **draaierigheid** dizziness, giddiness; **draaierij** 1 turnery, turner's business; 2 (*fig*) shuffling, shift(s), prevarication, equivocation, fencing, hedging; *met ~en omgaan, zie* draaien I.2

draai|gewricht pivot joint; **-hals** wryneck; **-hek** 1 swing-gate; 2 (*tourniquet*) turnstile

draaiing 1 turn(ing); rotation [on an axis], revolution [round the sun]; 2 (*duizeligheid*) giddiness; **draaiingsas** axis of rotation

draai|kever whirligig (beetle); **-kolk** whirlpool (*ook fig*), eddy, swirl, vortex; **-kont** 1 fidget; 2 twister; **-konten** *zie* draaien I.2; **-konterij** shilly-shallying, yo-yoing, equivocation; **-kruis** turnstile; **-kruk** 1 crank; 2 (*~je*) revolving stool; **-ladder** (*bij brand*) turntable ladder; **-licht** revolving light; **-lier** hurdy-gurdy; **-molen** round-about, merry-go-round; **-molenverkeer** roundabout (gyratory) traffic; **-moment** (*techn*) torque, twisting-moment; **-orgel** street organ; (*draagbaar*) hand-organ; **-plateau** revolving tray, lazy Susan; **-punt** turning-point; pivot, centre of rotation; **-raam** casement (window); **-schijf** 1 (*spoorw*) turntable, traverse-table, traverser; 2 (potter's) wheel; *op de ~ gemaakt* made on the wheel, wheel-made [pottery]; 3 (*telef*) dial; **-spiegel** swing-glass, cheval glass; **-spil** capstan; **-spit** (roasting) spit; **-spoel** moving coil [speaker, voltmeter]; **-stel** (*ve treinwagen*) truck, bogie; **-stoel** 1 swivel (*of:* revolving) chair; 2 (*ve horlogemaker*) turn-bench; **-stroom** 1 *zie* -kolk; 2 (*elektr*) rota(to)ry current, three-phase current; **-stroommotor** rotary-current motor; **-tafel** (*ve grammofoon*) turntable; **-tol** 1 (spinning-, peg-) top; 2 (*fig*) weathercock; **-toneel** revolving stage; **-torretje** whirligig (beetle); **-trap** spiral staircase; **-vleugel** rotary wing; **-vuur** revolving light; **-werk** turnery (ware), turner's work; **-ziekte** staggers, sturdy, gid

draak 1 dragon; *gevleugelde ~,* (*her*) wyvern; *de ~ steken met* poke fun at, make fun of; 2 (*theat*) blood-and-thunder play; 3 odious person; *een echte* (*oude*) *~* a perfect horror, an old terror (fright)

drab dregs, lees, sediment; **drabbig** turbid, thick, muddy; **drabbigheid** turbidity, thickness, muddiness

drachme 1 (*gewicht*) drachm, dram; 2 (*Griekse munt*) drachma; (*Oudgriekse munt*) drachm(a)

dracht 1 (*kleder~*) dress, costume, garb, [summer] wear; 2 (*last*) load, charge; 3 (*draagwijdte*) range [of a gun]; 4 (*zwangerschap*) gestation; *honden van één* ~ dogs of the same litter; 5 (*ve wond*) matter, discharge, pus; 6 ~ (*stok*)*slagen* sound thrashing; **drachtig** with young; in foal; in calf; in lamb; in pig; (*ve teef*) in pup; **drachtigheid** gestation (period); **drachtlijn** *zie* lastlijn

draconisch Draconian, Draconic

draderig stringy [beans, meat, syrup], ropy [liquid]; **draderigheid** stringiness, ropiness; **dradig**, enz *zie* draderig, enz

draf 1 trot; *in* ~ at a [brisk, quick, full] trot; *in ~ brengen* (*zetten*) bring (put) to the (a) trot; *op een ~(je)* at a trot (a run); *het op een ~ zetten* break (strike) into a trot; 2 (*varkensvoer*) swill, hogwash; **drafsport** trotting (races)

dragant 1 (*plant & gom*) tragacanth; 2 (*plant*) sea buckthorn; **dragee** dragée; (*med*) coated tablet; **dragelijk** *zie* draaglijk

dragen 1 bear [a weight, fruit, sorrow, the marks of ..., a name, date, inscription, loss, the cost, responsibility; the trees are bearing, the ice bears]; *je draagt je **jaren** met ere* you carry your years well, you wear well; *de gevolgen* ~ take the consequences; *moedig* ~ bear up against [misfortunes], face [illness] courageously; *ik kan het niet **langer** ~,* (*uithouden*) I cannot bear it any longer; *wapens ~,* (*soldaat zijn*) bear arms; 2 (*schragen*) support; *de koepel wordt door 4 pijlers gedragen* four piers carry the dome; (*niet-*)*~de muur* (non-)load-bearing wall; *~de waarde* contributory value; 3 (*aan het lichaam*) wear [clothes, spectacles, a ring, beard, a cheerful expression, a worried look, the crown; a sword]; carry [s.t. from one place to another, one's hat in one's hand, one's head high, one's arm in a sling]; *niets om hier **bij** te* ~ nothing to wear with it; *deze stof blijft goed **in** het* ~ this stuff wears well; *niet te ~,* (*v kleren*) unwearable; 4 (*bij zich hebben*) carry [a stick, a parcel, fire-arms, money; I never carry a watch]; *die koffer draagt ongemakkelijk* this ... is awkward to carry; 5 (*ve wapen, stem*) carry [the rifle, his voice, does not carry far]; *dit **geweer** draagt 1000 m,* (*ook*) this gun has a range of ...; 6 (*ve wond*) fester, discharge [matter], run, suppurate; 7 (*drachtig zijn*) *zie* drachtig; *de koe draagt 9 maanden* the cow goes with young for nine months; *zie ook* hand, schuld, wapen, enz; **drager** 1 bearer (*ook bij begrafenis & ve brancard*), carrier, porter; 2 (*med*) carrier, vector; 3 (*techn*) support [of a painting], [film] base; 4 (*fig*) exponent [of a principle]; *de taal is de ~ der gedachte* language is the vehicle of thought

dragline id; **dragoman** id (*mv:* -mans, -men)

dragon 1 sword-knot; 2 (*plant*) tarragon

dragonder 1 dragoon; *zie ook* vloeken; 2 (*manwijf*) virago; **dragonnade** id

drainage drainage (system), draining; **drainagegebied** catchment area, drainage area (basin); **draineerbuis** drain(age)-pipe; **draineren** drain; **drainering** drainage, draining; drains

drake|bloed 1 (*plant*) wood dock; 2 (*kleurstof*) dragon's blood; **-bloedboom** dragon-tree; **-kop** dragon's head (*ook plant*); **-rig**: *een ~ stuk, zie* draak (*theat*); **-tanden** dragon's teeth

dralen 1 tarry, linger, delay; 2 (*treuzelen*) dawdle, dally; *zonder* ~ without (further) delay; **dralend** hesitating(ly)

drama id [contemporary drama; a journey full of drama]; (*stuk, ramp*) tragedy

drama|tiek drama, dramatic art; **-tisch** dramatic (*bw:* -ally); (*aanstellerig*) theatrical; **-tiseren** dramatize; **-tisering** dramatization; **-turg** dramaturge, dramatist; **-turgie** dramaturgy

drammen whine, go on (and on) [*over* about]

drang pressure [of public opinion], urgency, impulse, impulsion, [inner] urge, craving [*naar liefde* for love]; ~ *naar eenheid* urge to(wards) unity; *onder de ~ der omstandigheden* under (the) stress (by stress) of circumstances; *zie ook* aandrang; **dranger** door-closer; **dranghek** crush-barrier

drank drink, beverage; *~je* drink; potion; (*med*) medicine, mixture, draught; (*voor dier*) drench; *sterke* ~ strong drink, spirits, hard liquor, (*Am*) liquor; *aan de ~ zijn* be addicted to liquor, be given to drink, (*fam*) be on the drink; *aan de ~ raken* take to drink(ing); *van de ~ af,* (*ook*) [go] on the wagon; *zie ook* invloed & staan: laten ~

drank|bestrijder temperance advocate; **-bestrijdersvereniging** temperance society; **-bestrijding** temperance movement, prohibitionism; **-fles** spirit-bottle; *~je* medicine-bottle, (medicine-)phial; **-fuif** bottle party; (*Am, inz bierfuif*) keg party; **-gebruik** use of alcoholic drinks, consumption of alcohol; **-handel** liquor trade; **-misbruik** excessive drinking; **-offer** drink-offering, libation; **-orgel** drunken swab (*of:* sot), soak; **-smokkel** liquor-smuggling, (*Am sl*) bootlegging; **-verbod** prohibition; *voorstander van* ~ prohibitionist; **-vergunning** licence to sell alcohol(ic beverages), liquor licence; **-vrij** teetotal; **-wet** licensing-act; **-winkel** wine (and spirit) merchants, (*Br*) off-licence, (*Am*) liquor store; **-zucht** dipsomania, addiction to drink; **-zuchtig** given to drink(ing), dipsomaniacal; **-zuchtige** dipso(maniac), alcohol-addict

draperen drape; **draperie** 1 drapery, hangings; 2 draw-curtain; **drapering** 1 draping; 2 hangings

dras I *zn* mire, marshy land; II *bn zie* drassig; **drasland** marshland, marshy land, swamp; **drassig** marshy, swampy, spongy, soggy, squelchy, miry; **drassigheid** marshiness, etc

drastisch drastic (*bw:* -ally), radical [measure], sweeping [change]

draven trot (*ook v pers*); **draver** trotter; **draverij** trotting match, (*Am*) harness race

dravik (*plant*) brome

dreef I *zn* alley, lane, avenue; (*veld*) field, pasture, (*dicht*) mead; *hij was goed* (*prachtig*) ***op*** ~ he was in good (great, fine, brilliant, excellent) form, had got into his stride; *uitstekend op ~,* (*ook*) at the top of one's form; *niet* (*erg*) *goed op* ~ (somewhat) out of form, off form; *op ~ komen* get into one's stride (the swing of one's work), get one's hand in, get going; *een dag waarop men niet op ~ kan komen* an off-day; *iem op ~ helpen* give a

p. a start (*fam:* a shove-off), help a p. on; II *ww: ovt van* drijven

dreg drag, grapnel, grappling-iron; **dreganker** grapnel; **dreggen** drag, trail, creep [*naar* for]; *er werd gedregd tot ...* dragging-operations were carried out till ...; **dreghaak** grapple, drag-hook; **dregnet** drag-net, trawl

dreigbrief threatening letter; (*om geld af te persen*) blackmailing letter; **dreigement** threat, menace; **dreigen** threaten (*ook fig:* the cliff threatens to fall, it threatens to be an expensive undertaking), menace; *iem ~ met* threaten a p. with [death, etc]; *met de dood* (*boete, enz*) *~* threaten death (a fine, etc) [he threatened suicide; the Premier threatened a dissolution]; *met de vinger ~* shake one's finger at; *er dreigt een onweer* a (thunder)storm threatens; *hij dreigt te zullen aftreden* he threatens to resign; *~ erin te vallen* be in imminent danger of falling in; **dreigend** threatening [clouds, circumstances], menacing; lowering [sky], imminent [danger], impending [misfortune], looming [disaster], (*lit*) minatory; *de ~e menigte,* (*ook*) the ugly mob; *een ~e houding aannemen* adopt a threatening (menacing) attitude, (*fam*) get ugly; (*woest*) *~,* (*ook*) glowering [eyes]; **dreiging** threat, menace

dreinen 1 whine [*om* for], pule [a puling child]; 2 (*dial*) *zie* treiteren; **dreiner** whiner, puler; **dreinerig** whining, etc

drek muck, dung, dirt, filth, ordure, excrements; droppings [of beasts and birds]; (*slijk*) mire, dirt; *voor sam zie* mest; **drekkig** mucky, dirty, miry

drektor dung beetle

drempel 1 threshold (*ook fig:* on the threshold of manhood), doorstep; *hij komt bij mij niet weer over de ~* he shall never cross my threshold again, shall darken my door(s) no more; *vgl* platlopen; 2 (*boven~*) lintel; 3 (*ve sluis*) sill; (*zandbank in havenmond*) bar; (*vd zeebodem*) rise; **drempelverhogend** inhibiting, discouraging [participation], offputting; **drempelverlagend** encouraging [participation], inviting, improving accessibility; **drempelvrees** initial reluctance [to enter, see the boss, etc], threshold fear; **drempelwaarde** threshold value

drenkeling 1 drowning person; 2 drowned person; 3 [resuscitate an] apparently drowned person; **drenken** water [cattle, etc]; (*vd regen, bloed, enz*) drench; (*in iets*) steep, soak, imbue

drentelaar saunterer, lounger; **drentelen** saunter, lounge; **drentelgang** saunter, lounge

drenzen, enz *zie* dreinen, enz; (*v regen*) drizzle

dresseren train [animals], teach [a dog] tricks; break (in) [horses]; drill, coach [pupils]; (*paard*) break to the rein (*of:* saddle); *gedresseerd* trained, performing [dogs, etc]; *goed gedresseerd* [her dog, child, husband is] very well disciplined

dresseur trainer, horse-breaker; **dressoir** sideboard, (kitchen) dresser; **dressuur** training, etc; (*paard*) dressage; *zie ook* dresseren

dreumes toddler, (little) mite, tiny tot, nipper

dreun 1 roar(ing), boom, drone, rumble; shaking; (*bij lezen, enz*) singsong, drone, chant; *op dezelfde ~* in the same monotone; 2 (*sl*) *zie* opstopper; *geef hem een ~!,* (*fam*) sock him one!; **dreunen** (*vd donder*) rumble, roar; (*v geschut*) boom, roar; (*v ramen, enz*) shake; (*bij lezen, enz*) drone; *doen ~* shake; *het ~ zie* dreun

dreutel 1 (tiny) tot, toddler, nipper; 2 bungler; **dreutelen** dawdle

drevel 1 nail punch; (*voor metaal*) drift(pin); 2 (*houten pen*) dowel; **drevelen** 1 punch, drift; 2 dowel

dribbel 1 dribble; 2 *zie* ~aar 1; **dribbelaar(ster)** 1 toddler; (*kind ook*) toddle; 2 (*sp*) dribbler; **dribbelen** 1 toddle, trip; 2 (*sp*) dribble

drie three; (*bij dobbel- & kaartspel ook*) trey [the trey of hearts]; *twee ~ën* two threes, (*dobbelspel*) two treys; *alle goeie dingen bestaan in ~ën* third time lucky, three for luck; *het werk in ~ën doen* do ... in three stages; *tussen ~ partijen* three-cornered [fight]; *vgl* ~hoeks- & ~zijdig, *en* aan, 2 bij 10, delen, met, rijden, regel, trein, vouwen, zetten

drie|achtste three eighths; *~ maat* three-eight (time); **-armig** three-armed; **-baansweg** three-lane road; **-banden** (play) three-cushion billiards; **-benig** three-legged; **-blad** trefoil; **-bladig** trifoliate, three-leaved; **-bond**: *de Driebond,* (*hist: Duitsl, Oostenr, Ital*) the Triple Alliance; **-daags** three days'; **-dekker** 1 three-decker; 2 (*vliegt*) triplane; **-delig** three-piece [suit]; three-volume [novel]; three-part [serial]; tripartite [agreement; leaf]; (*muz*) triple [time]; **-dik** threefold, treble, three-ply; *vgl* -dubbel; **-dimensionaal** three-dimensional, 3-D, solid; **-distel** carline (thistle); **-draads** three-ply [rope, etc]; (*elektr*) three-wire [system]; **-dubbel** treble [dose], triple [line of soldiers], double-dyed [fool], threefold; *je moet er ~ voor betalen* you must pay for it three times over; *zie ook* dubbel; **-één** triune; **-éénheid** trinity; (*soms*) triad; *de* (*Heilige*) *D~* the (Holy) Trinity; **-éénheidsleer** Trinitarianism triune; **-ënigheid** trinity

drieër|hande, -lei of three sorts

drie|fasig three-phase [engine]; **-gestreept** (*muz*) thrice-marked; *vgl* eengestreept; **-helmig** (*plantk*) triandrous; **-hoek** triangle; (*teken~*) set square, triangle; (*vorm*) delta [connection, wing]; **-hoekig** triangular, trigonal, three-cornered

driehoeks|gesprek three-cornered discussion; **-meting** trigonometry; **-transactie** three-way transaction, triangular deal; **-verhouding** triangular love affair, [the] eternal triangle; **-verkiezing** three-cornered election [contest, fight]

drie|hoevig three-hoofed; **-hokkig** trilocular; **-honderdjarig** tercentenary; *~ bestaan, ~e gedenkdag* tercentenary; **-hoofdig** three-headed [serpent]; *~e armspier* triceps (muscle); **-hoog** three (*Am:* four) floors up, on (in) the third (fourth) floor; **-jaarlijks** triennial; **-jarig** *zie* jarig; (*ook*) triennial [period]; **-kaart** tierce; **-kant(ig)** three-sided, trilateral, three-cornered [hat], triangular; **-klank** 1 (*taal*) triphthong; 2 (*muz*) triad; *harmonische ~* common chord; **-kleppig** trivalvular; **-kleur** [the Dutch, Belgian, French, etc] tricolour; **-kleurendruk** three-colour print-

(ing); **-kleurig** three-colour(ed); *zie ook* viooltje
Driekoningen(feest) Epiphany, Twelfth Night
drie|kroon triple crown, tiara; **-kwart** 1 three fourths; three quarters of [a mile]; (*voor*) ~ three parts [empty, drunk, etc]; three-quarter(s) [full], [it has] three-quarters [ruined you]; ~ *idioot* next door to an idiot; ~*jas* three-quaarter length coat; 2 innocent, slowcoach; 3 (*rugby*) three-quarter; **-kwartsmaat** three-four (time); **-ledig** 1 three-fold, tripartite; three-barrelled [question]; 2 (*wisk*) trinomial; **-lettergrepig** trisyllabic; ~ *woord* trisyllable; **-letterwoord** four-letter word; **-ling** 1 (set of) triplets [they are (he is one of) triplets]; (*een der drie*) triplet; 2 triple-barrelled rifle; **-lobbig** three-lobed, trilobate; **-loops** triple-barrelled; **-luik** triptych; **-maal** three times [daily]; (*vero & lit*) thrice; *zie ook* maal, scheepsrecht, enz; **-maandelijks** I *bw* quarterly, every three months; II *bn* quarterly, three-monthly (*ook zn:* ~ *tijdschrift*); **-maands** three months old, three-months'; **-man** triumvir (*mv ook:* -viri); **-manschap** 1 trio, (*fam*) threesome; 2 (*regering*) triumvirate; **-master** three-master; **-motorig** triple-engined; **-pas** trefoil [arch]; **-poot** *zie* -voet; **-puntslanding** (*luchtv*) three-point landing; **-regelig** of three lines, three-line; ~ *vers* triplet; **-riemsgalei** trireme
Dries Andy, Andrew
drie|slagsmaat triple time; **-slagstelsel** three-course rotation; **-snarig** three-stringed; **-span** team of three (horses, oxen); three-horse carriage; **-sprong** three-way junction, (road-)fork; (*fig*) *zie* tweesprong; (*paardensp*) treble (combination); (*atletiek*) triple jump
driest audacious, impudent
drie|stal three-legged stool, tripod; **-star** asterism; **-stemmig** for three voices, three-part [song]
driestheid audacity, impudence
drie|strengs three-ply [cord]; **-stuiversroman** shocker, penny dreadful, (*Am*) dime novel; **-tal** (number of) three, trio, triad, threesome; *een* ~ *dagen* three days; **-talig** trilingual; **-tallig** ternary; *vgl* tientallig; **-tand** three-pronged, -tined fork, trident; **-tandig** 1 three-pronged, -tined; 2 (*biol, plantk*) tridental, tridentate; **-tenig** three-toed; ~*e meeuw* kittiwake (gull); ~*e zandloper* sanderling; **-tonner** three-tonner; **-trapsraket** three-stage rocket; **-versnellingsnaaf** three-speed gear; **-vingerig** three-fingered; **-vlakshoek** trihedral angle; **-voet** 1 tripod (*ook ve camera*); 2 (*treeft*) trivet; 3 three-legged trestle; **-voetig** three-footed, three-legged; **-voud** 1 multiple of three; 2 treble; *in* ~ *opgemaakt* drawn up in triplicate; **-voudig** threefold [champion], triple [crown], treble [chance]; tripartite [pact *verdrag*], [copy] in triplicate; *zie ook* verbond; **-voudigheid** triplicity; **-vuldig** *zie* -voudig
Drievuldigheid Trinity [Sunday ~*sdag*]
drie|waardigheid trivalency; **-weg** *zie* -sprong; (*attr*) three-way [cock *kraan,* plug, speaker, switch], three-point [switch]; **-werf** thrice, three times; (*attr*) threefold, triple; **-wieler** tricycle; *berijder van* ~ tricyclist; **-zijdig** three-sided, trilateral, tripartite [treaty], three-cornered; **-zitsbank** three-seater settee
drift 1 (*opvliegendheid*) passion, (hot) temper, [words spoken in] heat; *in* ~ in a fit of passion, [act] in hot blood; *in* ~ *raken, zie* driftig 1: ~ worden; *hij is zijn* ~ *geen meester* he cannot keep his temper; 2 (*hartstocht*) passion [evil passions]; 3 (*drang*) impulse, [sexual] urge, [reforming] zest, (*psych*) [sex] drive; 4 (*haast*) haste, precipitation; 5 (*kudde*) drove [of oxen], flock [of sheep], flight [of geese]; (~*recht*) *zie* weiderecht; 6 (*mar*) leeway, drift; (*in zee*) drift(-current); (*v wolken*) scud, drift; *op* ~ *gaan,* (*mar*) break adrift; **driftbui** (fit of) temper, tantrum; **driftig** 1 (*v aard*) quick-, hot-tempered, passionate, irascible, choleric, hasty; (*boos*) in a passion, angry, hot [answer hotly]; ~ *worden, zich* ~ *maken* fly into a passion, lose one's temper; *zie ook* bui; 2 (*haastig*) hasty, hurried; 3 (*mar*) adrift; ~ *worden,* (*mar*) break adrift; **driftigheid** passionateness, irascibility, quick (hot) temper; **drift|kikker**, **-kop** spitfire, hothead; *zijn* ~ *van een vrouw* his spitfire (of a) wife
drift|recht *zie* weiderecht; **-stroom** drift
drijf|anker sea-anchor, floating anchor, drogue; **-as** (drive) shaft; (*auto, enz*) propeller shaft; (*spoorw, enz*) driving-axle; **-beitel** chasing-chisel; **-gas** propellant; **-haard** refining-furnace, -hearth; **-hamer** chasing-hammer; **-hout** driftwood; **-ijs** drift-(drifting, floating) ice; **-ijzer** driving-bolt; **-jacht** *zie* klopjacht; **-kracht** motive (moving, driving) power; (*fig ook*) driving-force, moving spirit, drive, dynamic force; *van* ~ *voorzien* power; **-kunst** chasing(-art); **-mest** semi-liquid manure, slurry; **-nat** soaked, soaking (sopping) wet; **-net** drift-net; **-riem** driving-belt, -band; **-schaal** floating bowl; **-stang** connecting-rod; **drijfsteen** float-stone; **-til** trembling bog; **-tol** whipping-top; **-veer** moving-spring, mainspring; (*fig ook*) spring [the springs of his actions], incentive, (actuating) motive; **-vermogen** buoyancy; **-want** drift-net; **-weefsel** (*plantk*) floating tissue; **-werk** 1 chasing, chased work; 2 (*ve mach*) driving-gear; **-wiel** driving-wheel; **-zand** quicksand(s), shifting sand(s)
drijven I *intr* 1 float [on (in) the water, in grease, in the air], swim [in butter, on the surface], drift [with the current, down the river, ashore, the clouds drifted westward]; *zie ook* wiek; 2 (*nat zijn*) be soaking (sopping, wringing) wet; *de vloer dreef van het bloed* swam in (with) blood; *ik drijf* (*van het zweet*) I'm dripping with sweat; 3 (*in godsdienst, enz*) fanaticize, be a fanatic (a zealot); II *tr* 1 drive [cattle to market, a p. to despair]; drive, propel [a machine]; whip [a top]; (*sp*) dribble [the ball]; ***door*** *stoom gedreven* driven (propelled, worked) by steam, steam-driven; *elektrisch gedreven* electrically driven (operated); 2 (*bedrijven*) carry on, conduct, run [a business]; 3 (*dringen*) drive, impel; ***iem*** ~ drive (urge) a p. on; (*jachten*) hurry (hustle, rush) a p.; *de* ***prijzen*** *in de hoogte* ~ force up prices; *de zaken* (*het*) *te*

ver ~ (*zo ver ~ dat ...*) carry (*of:* push) things too far (to such lengths that ...); *de voorzichtigheid zo ver ~ dat ...* carry precaution to such a point that ...; *nu drijf je het te ver,* (*ook*) now you're going too far; ***door*** *edele beginselen* (*een innerlijke drang, nieuwsgierigheid*) *gedreven* prompted (actuated) by noble principles (impelled by an inner urge, actuated by curiosity); *zie ook* aan~, handel, nauw, uiterste, enz; 4 chase, emboss [metals];
drijvend 1 floating [crane, point *komma*]; drifting [mine]; adrift [on the ocean]; [remain] afloat; ~ *houden* buoy up; *zie ook* brandspuit, dok, enz; 2 moving [spirit], driving [force]; **drijver** 1 (*v vee*) driver, drover; (*jacht*) beater; 2 (*v metalen*) chaser, embosser; 3 (*ve vliegtuig, visserij, v lampje, enz*) float; 4 (*fig*) zealot, fanatic; (*bekrompen* ~) bigot; **drijverij** zealotry, fanaticism, bigotry
dril 1 (*stof, boor & africhting*) drill; 2 (*gelei*) (meat) jelly; **drilboor** drill; **drillen** 1 drill [recruits, pupils, etc]; (*voor examen*) coach, cram; 2 (*boren*) drill; **drilmeester** 1 drill-sergeant; 2 (*fig*) crammer; **drilschool** cramming-school
dringen I *intr* push, (*ve menigte ook*) crowd, throng, hustle, jostle; *niet ~!* don't push!, no pushing, please!; *er werd vreselijk gedrongen* there was a terrible crush; *de tijd dringt* time presses; ~ ***door*** pierce, penetrate (through); (*door menigte, enz*) force (push, elbow) one's way through, squeeze through [the crowd, etc]; ~ *in, zie* binnendringen; *zie ook* nood; II *tr* push [a p. aside], crowd [crowded into a corner], press, hustle, jostle; (*fig*) urge [a p. to action], force [a p. on to the defence]; ***zich*** ~ *in* insinuate (*of:* worm) o.s. into a p.'s favour (confidence, etc); *zie ook* gedrongen; **dringend** urgent [request, telegram], pressing [business, invitation, need], acute, crying, dire [need]; ~ *nodig hebben* be in urgent need of; ~ *verzoeken* request earnestly (urgently)
drinkbaar drinkable, (*soms*) potable; *gemakkelijk* ~ quaffable [wine]; **drinkbaarheid** drinkableness; **drinkbak** (*ve paard*) water(ing) trough; (*ve hond, enz*) drinking bowl (trough); **drinkbeker** cup; (*lit*) goblet, beaker; *laat deze ~ aan mij voorbijgaan* let this cup pass from me
drinkebroer tippler, toper, soak; (*fam*) boozer
drinken I *ww* drink; (*met kleine teugjes*) sip; (*met grote teugen*) quaff; (*aan de drank zijn, ook*) be given to drink(ing); *wat* ~ have a drink; *zwaar* ~ drink deep (hard); *te veel* ~ drink to excess; *wat wil je ~?* what are you having?, (*fam*) what's yours?; *een glas wijn* ***met*** *iem ~,* (*ook*) join a p. in a glass of wine; ***onder*** *de tafel* ~ drink unter the table; ***op*** *iemand*(*s gezondheid*) ~ (*met ...*) drink (to) a p.'s health (in champagne, in a glass of port), drink to a p., toast a p.; *ik stel voor op de bruid* (*op de heer K*) *te* ~ I (I'll) give you the bride (I propose Mr K's health); *op onze nadere kennismaking* ~ drink to our further acquaintance; ~ *op de ondergang van* drink confusion to; *ik drink op je succes* here's to your success!; *daar moeten we op* ~ we must have a drink on this; *zie ook* tempelier; II *zn* 1 drinking; 2 (*concr*) drink(s), beverage; *dat is geen* ~ (*niet te* ~) that is not fit to drink
drinkensbak *zie* drinkbak; **drinker** [a hard, heavy, moderate] drinker; *vgl* drinkebroer
drink|fles water bottle; **-fonteintje** drinking fountain; **-gelag** drinking bout, carouse, carousal; **-geld** tip; **-glas** drinking glass; (*zonder voet*) tumbler; **-hoorn** drinking horn; **-kan** tankard; **-kroes** (drinking) mug; **-lied** drinking song; **-plaats** watering place, watering hole; **-schuitje** (*voor zieke*) spouted cup, feeding-cup; **-trog** water(ing) trough, cattle trough; **-water** drinking water [supply]; *geen ~!* water unfit for drinking
droedelen doodle
droef sad [day, duty, moment, sight]; melancholy [duty, song]; afflicted [parents]; ~ *peinzend* wistful [look]; ~ *te moede* in low spirits, cast down; *door droeve noodzaak* by dire necessity
droef|enis sorrow, grief, affliction, distress; **-geestig** melancholy, mournful, sad; ~ *peinzend* wistful; **-geestigheid** melancholy, mournfulness, sadness; **-heid** sadness, sorrow [*over* at]
droeg *ovt van* dragen
droes 1 (*kwade*) glanders; (*goedaardige*) strangles; 2 *zie* drommel; **droesem** dregs, lees, sediment; **droesemig** dreggy, turbid, thick
droevig 1 sad, sorrowful; 2 (*beklagenswaardig*) sad, pitiful [sight], sorry [present a sorry spectacle]; *zie ook* bedroefd & ridder
drogbeeld illusion, phantom
droge 1 dry land, dry spot; *op het* ~ on dry land; *op het ~ brengen* land; *op het ~ zitten* be stranded (*ook fig*); *zie ook* schaap, enz; 2 (*pers*) *zie* droogkomiek & droogpruim; **drogen** I *tr* dry [one's hands on a towel], wipe (dry); (*fruit*) dry; (*kunstmatig*) dehydrate; *gedroogde kokosnoot* desiccated coconut; II *intr* dry; **drogenaaldets** dry-point, etching in dry-points; **droger** drier, dryer
drogeren drug, administer stimulants to [a racing cyclist]; **drogerij** 1 drying-house, -room; 2 dried herb, dye, colour, chemical; **droget** drugget; **drogist** chemist, druggist; **drogisterij** chemist's, druggist's shop
drogman dragoman (*mv:* -mans, -men)
drog|reden sophism, fallacy; **-redenaar** sophist
drol 1 turd; [dog's] droppings; 2 droll person
drom crowd, throng, multitude; *in ~men* in droves
dromedaris dromedary
dromen dream; (*fig ook*) moon; *lopen te* ~ moon about; *je droomt* you are dreaming; *wie had dat kunnen* ~ who could have dreamt of such a thing; *ik kan het wel* ~ I know it backwards; *dat heb je gedroomd* you've been imagining things; (*dat*) *had je gedroomd!* not on your life!, forget about it!; *vgl* droom; **dromenland** dreamland; **dromer** dreamer; **dromerig** dreamy; far-away, -off [look]; **dromerij** reverie
drommel deuce; *arme* ~ poor devil (wretch); *wat ~!* confound it!, dash (hang) it all!; *om de ~ niet!* bless me no!, not on your life!; *om de ~ niet slecht* by no means bad; *laat hij naar de ~ lopen!* blast him!; *de ~ hale hem* (*het*)*!* the deuce take him (it)!; *zie* duivel, *en vgl* donder & drommels; **drom-**

mels I *tw ~!* the devil!, the deuce!; *~ nog (an) toe* hang it all; II *bw ~ heet* confoundedly (damnably, darn) hot; *ik zal het hem ~ goed aan het verstand brengen* I'll jolly well make him understand; III *bn* dratted, blasted, confounded; *die ~e jongen!* drat the boy!; *vgl* donders

drommen crowd (together), throng, swarm [out of the gates]; **drong** *ovt van* dringen

dronk I *zn* drink [a drink of water], draught; *hij heeft een kwade (goedaardige) ~ over zich* he is quarrelsome (extremely cordial) when drunk; *een ~ instellen op* propose (give, call) a toast to, toast [each other's sovereigns]; *zie ook* drinken op; II *ww: ovt van* drinken; **dronkaard, dronkelap** drunkard, soak; **dronkeman** drunk

dronkemans|gebed: *een ~ doen* count one's (last) money; **-partij** (*jool*) drunken frolic; (*ruzie*) drunken brawl; **-praat** drunken talk

dronken drunken (*alleen attr*), drunk, intoxicated, inebriated, tipsy, the worse for drink, (*fam*) tight; *~ van vreugde* drunk (intoxicated) with joy; *~ worden van* get drunk, etc on [one glass, brandy, etc]; *iem ~ maken (voeren)* make (get) a p. drunk, etc [*met* on gin]; *zie ook* stom~

dronkenschap drunkenness, inebriety, intoxication; *in z'n ~* in his drunken fit [he said things]

droog dry [climate, cow, cough, humour, sherry, subject, etc; *ook: zonder drankverkoop*]; (*dor*) arid (*ook fig*); (*vh weer, ook*) fine [there were 200 fine days in the year]; *erg ~* dry as dust [book, writer]; *droge batterij* dry battery; *~ brood, (in beide bet)* dry bread; *hij verdient geen ~ brood* he doesn't earn enough to live on; *daar zit geen ~ brood in* it won't keep body and soul together; *~ closet* earth-closet; *droge min* dry-nurse; *met droge ogen* with dry eyes, dry-eyed; *droge opmerking, (ook)* wry remark; *droge stoom* dry steam; *een droge vent* a dull fellow, a dry stick; *droge waren* dry goods; *zie ook* maat; *~ warm weer* fine and warm weather; *het zal wel ~* ***blijven*** the weather will hold, the rain will hold off, it will keep fine; *~* ***worden****, (ve stroom)* run dry, dry up; (*ve koe & door drankverbod*) go dry; *zo ~* ***als*** *kurk (zand)* as dry as dust (a bone), bone-dry; *hij is nog niet ~ achter de* ***oren*** he is still wet behind the ears; *zie ook* droge, zand, enz

droog|automaat tumble drier, spin-drier; **-bloeier** (*inz*) autumn crocus; **-bloem** cudweed; **-boeket** bouquet of dried flowers; **-doek** tea-towel; **-dok** dry-dock, graving-dock; *vgl* dok 1 & dokken 1; **-je**: *op een ~* with nothing to drink; **-jes** drily, dryly, with dry humour; **-kamer** drying-room; **-kap** drier; **-kloot** bore; **-koken** boil dry; **-komiek** (*bn ook: droogkomisch*) drily humorous (person); **-leggen** 1 drain [land, bogs], reclaim [the Zuider Zee]; 2 (*drankverkoop verbieden in*) make dry; **-legging** 1 drainage, draining; reclamation; making dry; *vgl* -leggen 1; 2 (*verbod drankverkoop*) prohibition; **-lijn** clothes-, washing-line; **-lopen** run dry, dry up; **-maken** 1 dry; 2 *zie* -leggen 1; **-makerij** reclaimed marshland; **-making** *zie* -legging 1; **-malen** *zie* -leggen 1; **-middel** siccative; **-molen** collapsible airer; **-oven** drying kiln; **-parasol** collapsible airer; **-pruim(er)** dry stick, old stick; (*vrouw, ook*) dry piece of goods; **-raam** drying frame, drying rack; **-rek** airer, clotheshorse; **-scheerder** cloth-shearer; **-scheren** 1 shear cloth; 2 dry-shave; **-schuur** drying shed; **-staan** be dry (*ook v koe*), [the car, river has] run dry; *~d* dry, dried-up [cow]; **-stempel** embossed stamp; **-stoppel** *zie* -pruim

droog|te 1 dryness, drought; 2 shoal, sandbank; **-toestel** drying apparatus, desiccator; **-trommel** tumble drier, spindrier; **-voer** dry feed; **-voets** dry-shod; **-weg** *zie* -jes; **-zolder** drying loft; **-zwemmen** 1 practise swimming-strokes out of the water, land drill; 2 (*fig*) rehearse, do a dry (a dummy) run; **-zwierder** spin-drier

droom dream (*alle bet*); *dromen zijn bedrog* dreams are lies; *in dromen verzonken zijn* be lost (*dicht:* cradled) in dreams, (*wakend*) be in a daydream, be daydreaming; *iem uit de ~ helpen* undeceive (disabuse) a p., open a p.'s eyes

droombeeld phantasm, vision, illusion; **droomgezicht** vision; **droomhuis** dreamhouse; **droomuitleg|ger, -ster** interpreter of dreams; **droomwereld** dream-world

droop *ovt van* druipen; **drop** 1 liquorice, licorice; *~je, (ruitvormig teken)* lozenge; 2 (*drup*) drop, bead [of perspiration]; (*het druppelen*) drip; *van een ~je (drupje) houden* be fond of a drop; *zie ook* druppel, regen; 3 (*erop*) *zie* op II *bw*: erop; **droppel**, enz *zie* druppel enz; **droppen** 1 *zie* druppelen; 2 drop (off); **drops** id; **dropsteen** *zie* druipsteen; **dropwater** liquorice-water

drossaard (high) bailiff, sheriff; **drossaardschap** bailiwick, shrievalty; **drossen** run away, dash off, desert; **drost** *zie* drossaard

drs *zie* doctorandus; *drs X, (vglb)* Mr X, MA (MSc, LLM, etc)

drug id; **druggebruiker** drug taker; **drugshandelaar** drug dealer (trafficker), pusher; **drugsverslaafde** drug addict

druïde druid; **druïdenvoet** pentagram

druif 1 grape (*ook knop*); *blauwe (witte) ~* black (white) grape; *blauwe ~jes* grape hyacinth; *de druiven zijn zuur* the grapes are sour; [cry] 'sour grapes'; *druiven van distelen lezen* gather grapes from thorns; 2 *rare ~* queer cuss; *fijne, lekkere ~* [you're a] nice one; **druifhyacint** grape hyacinth; **druifluis** phylloxera

druil 1 (*mar*) driver; 2 (*~oor*) mope

druilen mope, pout; (*vh weer*) drizzle, mizzle

druilerig moping, mopish; (*vh weer*) sullen, drizzling, mizzling; weeping [sky]

druiloor mope; **druilorig** moping, mopish

druipdroog drip-dry; **druipen** 1 drip [*van bloed* with blood]; (*ve kaars*) run, gutter; *~ van het zweet, zie* drijven; *~ van medegevoel, (iron)* ooze sympathy; *mijn kleren ~* my ... are dripping; *het geld druipt hem door de vingers* money slips (runs) through his ...; 2 (*vero: zakken*) be ploughed [in an exam]; **druiper** (*med*) clap

druip|kaars drip(ping) candle; **-kant** eaves; **-lijst** drip-moulding, dripstone; **-nat** dripping (wet), soaked; **-neus** 1 running nose; 2 (*pers*) sniveller; *een ~ hebben* run at the nose, snivel; **-plank** draining-board; **-staarten**: *~d weglopen,* (*ook fig*) go off with one's tail between one's legs; **-steen** sinter (deposits); (*hangend*) stalactite; (*staand*) stalagmite; **-steengrot** stalactitic (stalagmitic) cavern; **-vet** dripping

druisen roar, swish

druiveblad vine-leaf; **druivebloed** grape-juice; **druivemoer** (wine-)marc

druiven|kas vinery; **-kwekerij** 1 grape-culture, viniculture; 2 (*concr*) grapery; **-oogst** vintage, grape-harvest; **-pers** winepress; **-pluk** vintage; **-plukker** vintager, grape harvester; **-schaar** grape scissors; **-tros** bunch of grapes

druive|pit grape-pip (seed, stone); **-sap** grape-juice; **-suiker** grape-sugar, glucose, dextrose; **-ziekte** vine disease

druk I *bn* 1 (*vol beweging*) busy [scene, street, spot, traffic, day, time, practice *praktijk*], bustling, lively; heavy [traffic]; (*~ bezocht*) much frequented [resort, shop]; (*levendig*) lively, brisk [trade, conversation], close [in close conversation]; (*vol*) crowded [meeting, week]; (*bedrijvig*) bustling [woman]; *wegens ~ke bezigheden* [resign] owing to pressure of work; *~ gebruik maken van* make much use of; *een ~ leven hebben* lead a strenuous life; *in de ~ke tijd* in the height of the season; *~ke tijden* times of pressure; *~ke uren,* (*aan station, enz*) rush (peak) hours; *het is me hier te ~* there is too much noise for me here; *~ke zaak* well-patronized shop; *het is hier niet ~* there is little doing here; *het ~* ***hebben*** be busy; (*ve winkel*) do a good business; *het ~ hebben met schrijven* be busy writing; *het te ~ hebben met schrijven om te praten* be too busy writing to ...; *ze hebben het er ~ over* it is the general topic of conversation; *zich* (*niet*) *~* ***maken*** get excited, worry, trouble oneself (remain calm, unruffled) [*over* about]; *maak je* (*daarover*) *niet ~* don't bother (about it); *het zich niet ~ maken* take things easy; 2 (*zenuwachtig ~*) fussy, fidgety; 3 (*v versiering, kleuren, enz*) loud, obtrusive, fussy, gaudy, jazz(y); II *bw* [talk] busily, animatedly, etc; *~ aan het schrijven* writing busily; *ze waren zo ~ aan het spelen* they were so absorbed in their game; *~ bezig* very busy; *~ bezig met* actively engaged in; *~ in gesprek* in close conversation, deep in talk; *een van de ~st bereden lijnen ter wereld* one of the most intensively used railway lines ...; *~ bezochte vergadering* well-attended meeting; *er werd ~ gestemd* there was a large poll, the polling (voting) was heavy; *~ gevraagd* (*verkocht*) *worden* be in great demand (find a brisk sale); *zie ook* baasje; III *zn* 1 pressure [atmospheric, high, low pressure, a pressure of three atmospheres, a pressure of the hand; *ook fig:* mental pressure, financial pressure], weight, burden [of taxation], strain [on the nerves], squeeze [of the hand]; *~ uitoefenen op* bring pressure to bear (up)on, put (exert) pressure on; ***onder*** *hoge ~* [work, live] at high pressure; *onder de ~ der ...* under the stress of [circumstances], under the pressure of [necessity]; *iem onder ~ zetten* put pressure on (pressure) a p.; (*fam*) lean on [a p., the BBC]; 2 (*drukkend gevoel, onderdrukking*) oppression; 3 (*v boek*) print(ing), (*uitgave*) edition; *onveranderde ~* [second] impression; *grote* (*kleine*) *~* large (small) print (*of:* type); *een vel ~s* a sheet; *100 blz ~s* 100 pages of print; ***in*** *~* [see one's name] in print; *in ~ geven* have [a work] printed, publish; *in ~ verschijnen* appear (in print), be published; ***voor*** *de ~ bezorgen* see [a book] through (prepare [a book] for) the press, edit

druk|bel push-bell; **-doenerig** ostentatiously busy, swanky; **-fout** misprint, printer's error, typographic(al) error, typo, error of the press; **-foutenduiveltje** printer's imp; **-inkt** printer's (printing-)ink; **-kajuit** (*luchtv*) pressure cabin

drukken I *tr* 1 press, squeeze; *iems hand ~* press (squeeze) a p.'s hand; *iem de hand ~* shake hands with a p.; *iem* ***aan*** *zijn hart* (*borst*) *~* press (fold) a p. to one's heart (breast); *zie ook* aan~; *iem* ***in*** *zijn armen ~* clasp (press) a p. in one's arms, embrace (hug) a p.; *iem geld in de hand ~* slip money into a p.'s hand; *de hoed in de ogen ~* pull one's hat over one's eyes; *iem iets* ***op*** *het hart* (*gemoed*) *~* impress (urge, enjoin) s.t. (up)on a p.; *iem* ***tegen*** *de muur ~* press (pin) a p. against the wall; *de markt ~* depress the market; *de prijzen ~* depress, send (force) down prices; (*v belasting, enz*) weigh (heavy) (up)on; *zie ook* voetstap, enz; 2 (*fig*) oppress [this thought oppressed him]; (*v zorgen, enz*) weigh (heavy) (up)on, lie heavy on, weigh (up)on a p.'s mind [the responsibility weighed upon his mind]; 3 (*boek, katoen*) print; *het boek wordt gedrukt* is in the press (at press), is being printed; *duizend exemplaren ~* print (run off) a thousand copies; (*niet*) *geschikt om gedrukt te worden* (not) fit to be printed [the joke is unprintable]; II *intr* press; (*knellen*) pinch; ***zich*** *~* shirk, dodge; *~* ***op*** press [a button], stress [a syllable]; *deze wet drukt zwaar op de armen* this law bears (presses) hard (heavily) (up)on ...; *zie verder* I

drukkend heavy, burdensome, onerous [taxes], (*sterker*) crushing [taxation]; oppressive [feeling, heat], (*zwoel ook*) close, sultry, muggy

drukker 1 (*boek-, katoen~*) printer; *zie ook* drukknop; *naar de ~ gaan* (*zenden*) go (send) to press; *bij de ~ zijn* be in the press; 2 *zie* drukknoop & drukknop; **drukkerij** printing office (*of:* works), (*Am*) printshop; (*katoen~*) printing shop

drukkers|gezel journeyman printer; **-jongen** printer's devil; **-patroon** master printer

druk|king 1 pressure (*ook med & fig*), weight; 2 oppression; **-knoop** press-stud, -button, snap-fastener, popper; **-knop** push-button; (*ve bel, ook*) bell-push; **-kunst** (art of) printing, typography, typographic art; **-letter** (printing) type; (*vs schrijfletter*) roman letter, print-letter, printed character; *~s svp* please print; **-meter** pressure gauge; **-middel** lever, [use various] means of exerting pressure

druk-op-de-knop push-button [warfare]

druk|papier press-paper; **-pers** (printing) press; *zie* vrijheid; **-proef** (printer's) proof(sheet);

-raam (*fot*) press-frame; (*typ*) chase; **-rol** press-roller; **-schakelaar** pressure switch; **-schrift** (*drukletters*) printhand; (*tekst*) letterpress, printed matter; **-sluiting** *zie* -knoop

drukte 1 (*herrie*) bustle, to-do; *zie ook* herrie; (*opwinding*) excitement, stir; 2 (*last*) trouble, bother; 3 (*ophef*) fuss, pother; *waar is al die ~ over?* what is all this fuss about?; *veel ~ **maken*** make a great fuss (*of:* to-do) [*over* about: she likes to be fussed over; *fam ook:* make a great song about]; *veel ~ om niets* much ado about nothing; (*kouwe ~*) swank; (*zenuwachtige ~*) flurry; *zie ook* omslag & ophef, zie ald; 4 (*in zaken*) rush (pressure, press) of business; *tijden van ~* times of pressure; (*aan station, bij uitverkoop, enz*) rush; **druktemaker** 1 noisy (rowdy) fellow; 2 swaggerer

druktoets push-button [telephone]; **drukverband** compress; **drukvorm** (printing-)form(e); **drukwerk** printed matter; [it looks like] print; *tarief voor ~* printed paper rate; *ongeadresseerd* (*handels*)*~* junk mail

drum id; **drumband** marching band; **drummen** drum; **drumstel** drum kit, drum set, drums

drup *zie* drop; **druppel** drop, drip [a drop on the tip of her nose]; (*fam*) spot [a spot of whisky]; *~s,* (*medicijn*) drops; *~tje* droplet; *er valt een enkele ~* it is spitting (with rain); *een ~(tje) drinken* have a drop of drink; *het is een ~ aan de emmer* (*in de zee*) it is a drop in the bucket (the ocean); *de ~ die de emmer doet overlopen* the last straw; *op elkaar lijken als twee ~s water* be as like as two peas (in a pod); *de gestage ~ holt de steen uit* constant dropping wears away the stone

druppelaar, druppelbuisje dropper; **druppelen** drop, drip, trickle [the tears trickled down her cheeks]; dribble [the teapot dribbled at the spout]; **druppelflesje** dropper bottle; **druppelgelijkrichter** (*auto*) trickle charger; **druppelinfusie** intravenous drips; **druppelsgewijs** drop by drop, in (by) drops; (*fig*) by driblets; *~ binnenkomen,* (*v nieuws, enz*) trickle in; **druppelteller** [medicine bottle with] dropper; **druppelvanger** drip catcher

drupsje acid drop; **drussen** *zie* drammen

druus Druse

dryade dryad, wood nymph

Ds: *~ Smith* (the) Rev(erend) J(ohn) Smith, (the) Rev Mr Smith

D-trein (international) express train

duaal dual; **dualis** dual (number); **dualisme** dualism; **dualistisch** dualistic; **dualiteit** duality

dubbel I *bn* double [door, flower, eagle, standard]; dual [aim, carriageway, role]; double-fronted [house]; *~e besturing* dual control(s); *een ~e betrekking hebben* have two jobs; *~e bodem* false bottom; (*fig*) double bottom [a double-bottomed remark]; *vraag met ~e bodem* loaded question; *titel met ~e bodem* title with a hidden (an additional) meaning; *~e breuk* double hernia; *~e briefkaart* reply postcard; *~e deur,* (*ook*) folding door(s); *een ~ leven leiden* lead a double life (a Jekyll and Hyde existence); *~e naam* double (double-barrelled, hyphenated) name; *~e punt* colon; *~ raam* double-glazed window; (*het buitenste raam*) storm window; *de ~e som* double the sum; *~ spel spelen* play a double game, play double; *~ spoor* double track; *~ twee,* (*roeien*) double sculls; *helft van ~ woonhuis* semi-detached residence; *zie ook* boekhouden; II *bw* doubly [be doubly welcome]; *~ zo duur* double the price; *wie spoedig geeft, geeft ~* he gives twice who gives quickly; (*de dingen*) *~ zien* see (things) double; *hij verdient het ~ en dwars* he richly (more than) deserves it; *~ op* [that is] doing the same thing twice; *~ gedistilleerd* double distilled; III *zn* (*bridge*) double; *~e,* (*doublet*) duplicate, double, doublet; *het ~e* double the sum, twice the amount, etc; *het ~e daarvan* [the weight is] double that; *~ of quitte* double or quits

dubbel|besluit twin-track decision; **-brekend** double-refracting [crystals]; **-dekker** double-decker [boat, bus, train]; (*luchtv*) biplane; **-dik** double-size (-thickness); thick [glass]

dubbelen double; (*film, enz*) dub; (*schip*) sheathe; (*sp*) lap; *zie ook* doubleren

dubbel|focusbril bifocal glasses, (*fam*) bifocals; **-fout** (*tennis*) double fault; **-ganger** double; [a Fergie] lookalike; (*geestverschijning, ook*) doppelgänger, wraith, fetch; **-gebeid** double-distilled; (*fig*) double-dyed; **-glas**: *van ~ voorzien* double-glaze; **-hartig** two-faced, -tongued; *~ mens* double-dealer; **-hartigheid** double-dealing, duplicity

dubbeling (*ve schip*) sheathing

dubbel|koolzuur: *-zure soda* sodium bicarbonate, bicarbonate of soda, (*fam*) bicarb; **-koolzuurzout** bicarbonate; **-kruis** patriarchal cross; (*muz*) double sharp; **-loops** double-barrelled (shotgun); **-mol** (*muz*) double flat; **-opname** double exposure; **-parkeren** park double, double-park; (*het*) *~* double parking; **-polig** bipolar; **-rol** double (role); **-schaduwigen** amphiscians; **-schroef** twin-screw [steamer]; **-slaan** double (up); *zie ook* tong; **-spel** (*sp*) double(s); (*golf*) foursome; (*honkbal*) double play; **-spion** double agent; **-spoor** double(-line) track; twin-track [recorder]; *van ~ voorzien* double-track; **-ster** double star, binary star; **-tal** double number, two

dubbel|tje ten-cent piece; *de ~s,* (*sl*) the tin; *op de ~s passen* take care of the pence; *voor een ~ op de eerste rang* (*rij*) *willen zitten* want all the frills without the expense; *zie ook* kant & omkeren; **-tjeskwestie** question of money

dubbel|tonig two-tone; **-vouwen** double (up), fold in two; **-werkend** double-acting, -action; **-zien** *zn* double vision, diplopia; **-zinnig** ambiguous; backhanded [compliment]; (*ook: verdacht*) equivocal; (*onkies*) indelicate, indecent, [a joke] involving a double entendre; **-zinnigheid** ambiguity, equivocalness, equivocality; (*onkiesheid*) double entendre, double-meaning; **-zout** double salt

dubben 1 be in two minds, brood [over], worry [about]; 2 (*film, enz*) dub; (*met bekendere stem*) voice over; **dubiëren** stand in doubt; **dubieus** doubtful, dubious; questionable [practices]; **du-**

bio: *in ~ staan* waver, hesitate
dubloen doubloon
duchten dread [danger], [there is nothing to] fear
duchtig I *bn* sound, thorough, strong; II *bw* soundly etc; [be] heavily [beaten], [abuse a p.] roundly, [fight, etc] like a good one, with a will; *iem ~ afranselen* give a p. a sound thrashing; *ik gaf er hem ~ van langs* I gave it him hot and strong; *zie ook* danig & flink
duel id [*op de degen* with swords], single combat; **duelleren** (fight a) duel [with pistols]; **duellist** id
dueña, duenna id, governess, chaperon
duet id; **duetzanger** duettist
duf musty, fusty, stuffy, frowzy; nosy [hay]; (*fig*) musty [old books], fusty [ideas], [this job's making me] stale; (*sloom*) dull, dense
duffel(s) duffel, duffle
dufheid mustiness, etc; *zie ook* duf
duidelijk clear, plain; distinct [pronunciation]; broad [hint]; (*evident*) obvious [mistake]; patent [violation]; (*uitdrukkelijk*) explicit; (*~ omschreven*) clear-cut [proposal]; *zo ~ als tweemaal twee* as plain as the nose on your face; *het is mij niet ~* it's not clear to me, I am not clear about it; *het werd hem ~* it dawned (up)on him; *het is zonder meer ~* it needs no explaining; *hoe moeten we dit aan de gewone man ~ maken?* how are we to get it across to the man in the street?; *om het maar eens ~ te zeggen* to put it quite plainly; *dit bewijst vrij ~* this goes far to prove; *hij toont ~ aan, dat* ... he makes it clear that ...; *~ schrijven* write clearly, distinctly; (*v inhoud*) write clearly, lucidly; **duidelijkheid** plainness, clarity; *vgl* duidelijk; *aan ~ niets te wensen laten* be crystal clear, quite explicit; **duidelijkheidshalve** for the sake of clearness (clarity), for clearness' sake
duiden I *intr ~ op* point to; *zijn vlucht duidt op schuld* his flight argues guilt; *dat duidt op mij* that is meant for me; *~de op,* (*ook*) indicative of; *zie ook* wijzen; II *tr* interpret; zie kwaad, euvel, enz
duiding interpretation
duif pigeon; (*minder gewoon & pol*) dove [doves and hawks]; *jonge ~* squab; *de gebraden duiven vliegen je* (*vliegen niemand*) *in de mond* it's the land of plenty (if you won't work you shan't eat); *onder iems duiven schieten* poach on a p.'s preserves; **duifkruid** small scabious
duig stave; *het plan viel* (*lag*) *in ~en* the plan fell through, miscarried, collapsed, came to nothing (had fallen through); **duighout** clapboard
duik dive; *even een ~ nemen* go for (have) a dip; *uit de ~ halen,* (*luchtv*) pull out of the dive
duik|bommenwerper dive-bomber; **-boot** sub(marine); (*Duitse*) U-boat; **-bootjager** submarine chaser, (*fam*) sub-chaser; **-bril** diving goggles; **-eend** diving duck
duikelaar diver; (*duif*) tumbler; *zie ook* sloom; *~tje* tumbler; **duikelen** 1 (*buitelingen maken*) turn somersaults, somersault; (*ve vliegt*) loop the loop; (*tuimelen*) tumble, fall head over heels; 2 (*duiken*) dive; (*fig*) come to grief; **duikeling** *zie* buiteling; **duiken** 1 dive [*naar* for] (*ook fig:* dive into a new project], dip, duck, plunge, take a plunge (a header); (*sport~*) skin-dive; (*in een onderwerp*) explore, delve into; 2 (*zich buigen*) duck; (*weg~*) huddle [into one's coat]; *ineengedoken* hunched (huddled) (up), doubled up, hunched [over one's work]; (*weg*)*gedoken* ensconced [in an easy chair]
duiker 1 diver; (*vogel*) diver, diving-bird; *Cartesiaans ~tje* Cartesian devil (*of:* diver); 2 (*onder dijk, enz*) culvert; **duikereend** diving duck; **duikerhelm** diving-helmet; **duikerklok** diving-bell; **duikerpak** wetsuit; diving-dress, -kit, -suit; **duikersluis** culvert; **duikpak** wetsuit; **duikplank** diving board (*of:* platform), springboard; *hoge ~* highboard; **duiksport** diving; **duikvlucht** (*luchtv*) (nose)dive, (*aangedreven*) power dive
duim 1 thumb; *~en draaien* twiddle one's thumbs (*ook fig*); *iem **onder** de ~ hebben* (*houden*) have (hold) a p. under one's thumb [*ook:* he is under my thumb], keep a tight hand over a p.; *hij kan **op** zijn ~ fluiten* he may whistle for it; ***tussen** ~ en vinger* between finger and thumb; *iets **uit** zijn ~ zuigen* make up (trump up, invent, fabricate) a story; 2 (*maat*) inch; 3 (*haak*) hook; **duimbreed** inch [one inch thick]; *geen ~ wijken* not move (budge, give) an inch, not yield an inch of ground; **duimdik** inch-thick [snakes]; *zie ook* dik II: er ~ op liggen; **duimeling** thumb-stall; **duimelot** thumb-stall; **duimen** 1 suck one's thumb; 2 *voor iem ~,* (*vglb*) keep one's fingers crossed; **duimendik** *zie* duimdik; **duimendraaien** twiddle one's thumbs (*ook fig*)
duim|greep thumb index; **-kruid** (*geld*) palm-oil; *iem ~ geven* grease (oil) a p.'s palm; **-leer** thumbstall; **-pje** 1 (little) thumb; *ik ken het op mijn ~* I have it at my fingers' ends (finger-ends, fingertips), I have it (the story, etc) pat, I have [all the regulations] off by heart; *zie ook* klein~; 2 (small) hook; **-schroef** thumbscrew; *iem de duimschroeven aanleggen* put on the thumbscrews, (*fig*) put the screws on; **-spijker** thumb-tack; **-stok** (folding pocket-)rule; (*v 1 voet*) foot-rule; **-zuigen** 1 thumb-sucking; 2 romancing, making things up
duin dune; **duinafslag** dune erosion; **duindoorn** sea buckthorn; **duinenrij** range of dunes; *zie ook* zeereep; **duin|gras, -helm** *zie* helm
Duinkerken Dunkirk
duinpan dip, hollow in the dunes; **duinpieper** tawny pipit; **duinroos** burnet rose, Scotch rose
Duins the Downs [Battle of the Downs]
duinval dune slip; **duinwater** spring water (drawn from the dunes); **duinwaterleiding** waterworks (drawing its water from the dunes)
duist slender foxtail
duister I *bn* 1 dark [night, future], obscure [style, etc]; (*schemerig*) dim [eyes dim with tears, burn dimly]; (*pikdonker*) murky; 2 (*somber*) gloomy; 3 (*fig*) abstruse [pronouncement], gloomy [outlook], mysterious [business], shady [practices], sinister [intentions, motives]; II *zn* dark; *iem in het ~ laten* keep a p. in the dark; *in het ~ tasten* grope in the dark, be in the dark [*omtrent* about,

as to]; *zie ook* donker & hullen; **duisterheid** obscurity (*ook fig:* a poem full of obscurities), darkness, gloom; **duisterling** obscurantist; **duisternis** darkness (*ook fig:* deeds, the powers of darkness), dark, obscurity; *het invallen van de* ~ dusk, nightfall

duit (*vglb*) farthing, (*hist*) doit; *de ~en* the dibs (brass, tin); *geen rooie ~ geven* not give a brass farthing; *hij heeft geen rooie* ~ he hasn't got a penny to bless himself with; *een ~ in het zakje doen* contribute one's mite, put in a word, put (shove) in one's oar; *een flinke ~ kosten* cost a tidy penny; *hij verdient er een aardige ~ aan* he makes an excellent thing out of it; *hij is erg op de ~en* he is always after money; *vgl* cent

duitblad frog-bit; **duitendief** moneybags

Duits German; *~e biefstuk* minced steak; *~e dog* Great Dane; *~e drukletter* black letter, Gothic type; *~e herder* Alsatian, (*Am*) German shepherd; *~e staande* German pointer; *zie ook* komma & rijk I; **Duitse** German (woman, lady, girl); **Duitser** German; **duitsgezind(e)** pro-German, Germanophil; **Duitsland** Germany

duive|drek pigeon-dung; **-ëi** pigeon-egg; **-gat** pigeon-hole; **-kater** 1 (kind of) Christmas bread; 2 ~(*s*) *zie* drommels; **-kervel** fumitory

duivel devil, the Evil One; (*fam*) Old Nick, Old Harry; fiend; *des ~s* [such things are] of the devil, [he was] furious; *de ~ en zijn moer* the devil and his dam; *arme* ~ poor devil (wretch); *kleine ~,* (*kind, ook*) little demon; *alle ~s!* the devil!, confound it!; ***hoe*** (***waar**, **wat**, **wie***) *~?* how (where, what, who) the devil?; *wie de ~ aan **boord** heeft moet met hem varen* needs must whom the devil drives; *de ~ **hale** hem!* the deuce (the devil) take him!; ***maak** de ~ niet zwarter dan hij is* give the devil his due; *daar **mag** de ~ wijs uit worden* the devil take me if I can make head or tail of it; *als je van de ~ **spreekt**, dan trap je op zijn staart* talk of the devil and he is sure to appear (*of:* and his horns will appear); talk of an angel and you hear the flutter of its wings; *de ~ **speelt** ermee* the devil (the deuce) is in it; *de ~ **in** hebben* (*krijgen*) have (get) one's monkey up, be (get) wild; *hij had de ~ in,* (*ook*) his blood was up; *de ~ is in hem gevaren* the devil is in him, he is like one possessed; *loop **naar** de ~!* go to the devil (to hell, to blazes)!, be hanged to you!; *hij mag naar de ~ lopen* he may go to the devil; to the devil with him!, blast him!; *iem naar de ~ wensen* wish a p. in hell; ***om** de ~ niet, zie* drommel; *zie ook* biecht, dom & duvel; **duivelaanbidder** diabolist, devil worshipper; **duivelachtig** devilish, fiendish, diabolical; **duivelarij** devilry, devilment

duivel|banner exorcist; **-banning** exorcism; **-bezweerder** exorcist; **-bezwering** exorcism

duivelen *zie* duvelen; **duivelin** she-devil

duivels I *bn* devilish, diabolical, fiendish; *die ~e jongens!* drat the boys!; *een ~e kerel* a devil of a fellow; *een ~ lawaai maken* make a devil of a noise; *een ~ gezanik* a confounded bother; *~ maken* infuriate; *~ zijn* (*worden*) have (get) one's dander up; *je zou er ~ van worden* it's enough to provoke a saint; II *bw* devilish(ly), deuced(ly) [pretty]; (*wel*) *~!* the devil!; ~ *veel last veroorzaken* cause a (the) devil of a lot of trouble; *vgl* drommels & donders

duivels|advocaat devil's advocate; **-brood** toadstools; **-drek** asafoetida; **-ei** immature stinkhorn; **-kind** child of the devil, limb (of Satan), imp; **-kunst** black magic (art), sorcery, devilry; **-kunstenaar**, **-kunstenares** 1 sorcerer, -ress; 2 (*handig pers*) wizard; **-naaigaren** (*plantk*) dodder; **-rit** hellride; **-toejager** factotum; *zie* duvels-; **-werk** devilish work, a devil of a job; **-tje** little devil, imp; *zie* duveltje; **-verering** diabolism, devil-worship

duivemelk pigeon's milk

duiven|hok pigeon-house, -loft, pigeonry, dovecot(e); **-houder** pigeon fancier; **-melker** pigeon fancier (breeder, flyer); **-plat** pigeon-loft; **-post** pigeon-post; **-slag** *zie* -hok; **-sport** pigeon flying, pigeon racing; **-til** *zie* -hok; **-vlucht** 1 flight of pigeons; 2 *zie* -hok

duivin hen pigeon

duizelen grow (get) dizzy (giddy); *het duizelt mij* my head swims, my brain reels; *ik duizel van al die cijfers* my head is in a whirl with all those figures; *je verhaal doet me* ~ your story staggers me; **duizelend** dizzy, giddy; **duizelig** dizzy, giddy; *het maakte me* ~ it made my head spin; ~ *worden* turn (feel, *fam:* come over) giddy; **duizeligheid** dizziness, giddiness, swimming of the head; **duizeling** dizziness, vertigo, dizzy spell; **duizelingwekkend** dizzy(ing), giddy [height]; (*fig*) [a] staggering [number]

duizend a (one) thousand, (*fam:* thou); *vgl* 2 bij 10, de, uit, tegen, enz; (*in getallen, ook*) K [a 95K house *een huis van £ 95,000*]; *~je* thousand-guilder note (*Am:* bill); ~ *pond* (*Am: dollar*), (*sl*) [twenty] grand; *de ~ en één verschillen* the thousand and one points of difference; *~en en ~en* thousands upon thousands [of insects]; *hij is er een* (*is een man*) *uit ~(en)* he is one in a thousand; *zie ook* lopen, enz; **duizendblad** milfoil, yarrow

Duizend-en-één-nacht: *de* ~ the Arabian Nights(' Entertainments), the Thousand and One Nights

duizend|erlei of a thousand kinds; **-guldenkruid** centaury; **-jarig** of a thousand years, millennial; *het ~ rijk* the millennium; **-knoop** knotgrass, knotweed; **-koppig** 1 thousand-headed; 2 innumerable [multitude], immense [crowd]; **-kunstenaar** wizard; *hij is een* ~ he can do anything he puts his hand to; **-maal** a thousand times; ~ *dank* (*pardon*) a thousand thanks (pardons); **-poot** centipede; **-schoon** sweet william; **-ste** *bn & zn* thousandth; *één-~ inch* (a) one-thousandth of an inch, one thou (*mv ook:* thou); **-tal** thousand; **-voud** multiple of 1000; **-voud(ig)** I *bn* thousandfold; II *bw* a thousandfold; **-werf** a thousand times

dukaat ducat; **dukatengoud** standard gold; **dukaton** ducatoon

dukdalf dolphin, mooring-buoy (-post)

dulcimer id; **dulcinea** id

duldbaar bearable; **duldeloos** unbearable
dulden 1 (*pijn*) bear, endure, suffer; 2 (*iem, sekte, enz*) tolerate [he is tolerated more than desired]; *hij wordt hier slechts geduld* he is here on sufferance; *deze regering wordt slechts geduld* this ... exists only on sufferance; 3 (*behandeling, enz*) stand, put up with; *geen uitstel* ~ brook no delay; *hij kan geen tirannie* ~ he is impatient of tyranny; 4 (*toestaan*) allow
dumbo id, bubblehead, (*Am*) airhead
dumdum dumdum (bullet), soft-nosed bullet, expanding bullet
dump 1 id; 2 (Army) Surplus Stores; **dumpen** dump; **dumpprijs** dumping price; **dumpwinkel** *zie* dump 2
dun thin [board, beer, blood, hair, beard, air], slender [waist, stem], rare, tenuous [atmosphere], scanty [hair]; slim [volume]; ~ *bier, zie* dunbier; ~*ne bevolking* thin (*of:* sparse) population; ~*ne darm* small intestine; ~ *laagje* thin layer; dusting [of powder]; film [of dust, ice, mist, oil]; ~ *papier* thin paper, flimsy (paper); ~*ne soep* clear soup, (*waterachtig*) thin (*of:* washy) soup; *zijn rede was* (*uiterst*) ~ his speech was not up to much (was extremely thin); *dat is* ~, (*gemeen*) that is mean; *zie ook* dunnetjes; *aan de* ~*ne zijn* have the trots (diarrhoea); *het zal hem* ~ *door de broek lopen* he'll be sorry; *het liep hem* ~ *door de broek* he shit himself, was shit-scared; ~ *bevolkt* thinly (sparsely) populated (settled); ~ *smeren* spread [butter] thin(ly); ~ *toelopen* thin down, taper; *genieën zijn* ~ *gezaaid* geniuses are scarce (thin on the ground); ~*ner worden,* (*v mist*) thin
dunbier thin (*of:* small) beer; **dundoek** 1 bunting; 2 flag, colours; **dundruk** thin-paper (india-paper) [edition]; **dunharig** thin-haired; **dunheid** thinness; rarity, tenuity [of the air]; scarcity; *vgl ook* dun; **dunhuidig** thin-skinned
dunk 1 opinion; *een hoge* ~ *hebben van* have a high opinion of, think highly (no end, the world) of [a p., o.s.]; *een hoge* ~ *hebben van zichzelf* (*als schaakspeler, schilder, van zijn Engels, ook*) fancy o.s. (at chess, as a painter, fancy one's English); *een geringe* ~ *hebben van* have a low (poor) opinion of [human nature]; *te veel* ~ *van zichzelf krijgen,* (*fam*) get above o.s.; *een slechte* ~ *hebben van,* (*ook*) think badly of; 2 (*sp*) id; **dunken** 1 *mij dunkt* I think; it seems to me; *wat dunkt u daarvan?* what do you think of it?; 2 (*sp*) dunk
dunlippig thin-lipped; **dunnen** I *tr* thin [a tree, the ranks], thin out, cull [plants], single [turnips]; II *intr* thin; *gedunde gelederen* depleted ranks; **dunnetjes** I *bw* thinly; *zijn godsdienst zit er* ~ *op* religion sits lightly on him; *het* ~ *overdoen* go through it again; (*weer proberen*) have another try (another go); II *bn* rather thin; so-so; [his grammar is] shaky; [it's] a poor show; *zie ook* dun; **dunschiller** potato peeler; **dunsel** 1 thinnings; 2 young lettuce
duo duo, duet; ~ *rijden* ride pillion
duo|baan shared job; **-bed** dual bed; **-decimaal** duodecimal [system]; **-decimo** id (*ook fig: heel klein*), 12mo (*spreek uit als* duodecimo, *of* twelvemo); *in* ~, (*ook*) in twelves; **-passagier** pillion rider (passenger); *als* ~ *rijden* ride pillion; **-zitting** pillion (seat); *vgl* duo
dupe id, victim; *hij werd er de* ~ *van* he had to suffer for it, had to stand the racket (pay the bill, *fam:* carry the baby); **duperen** disappoint, let [a p.] down, fail [a p.], upset a p.'s plans; (*bedriegen*) dupe; *ik ben erg gedupeerd door het uitvallen van die trein* I am greatly put out by the withdrawal of that train
duplex id, double; **duplicaat** duplicate; **dupliceren** 1 duplicate; 2 rejoin; **dupliek** rejoinder
duplo: *in* ~ in duplicate; *in* ~ *opmaken* draw up in duplicate, duplicate
dur (*muz*) major; **durabel** *zie* duurzaam; **duraluminium** id; **duratief** durative
duren last [it will last my time]; continue [the storm continued all night]; go on [that cannot go on for ever; it has gone on long enough]; (*in stand blijven, ook*) endure [as long as British prestige endures]; (*in onpersoonlijke uitdrukkingen*) be [it was long before he came; it may be weeks before ...]; *deze appels kunnen niet* ~ these apples will not keep; *de tentoonstelling zal tien dagen* ~, (*ook*) the ... will extend over ten days; *het spel duurt 90 minuten* the game is of 90 minutes' duration; *dat zal nog wel tien* ***jaar*** ~ that is ten years ahead; *het duurde* ***lang*** *voor de brief af was* writing the letter took a long time; *duurt het lang voor het ontbijt klaar is?* is breakfast going to be long?; *wat duurt het lang* (*voor je komt, enz*) what an age you are!; *het duurde niet lang of hij kwam* (*of er werd een aanbod gedaan; of hij bemerkte* ...), (*ook*) he (an offer) was not long in coming (he was not slow in perceiving ...); *het zal lang* ~ *voor ik het weer probeer* I won't try it again in a hurry; *het duurt mij te lang* it is too long for my liking; *zolang als het duurt* while it lasts, (*iron*) while it should last; *voor zolang als het duurt,* (*fam*) for the duration; *met de trein reizen duurt veel langer* travelling by train takes much longer; *langer* ~ *dan,* (*ook*) outlast [his grief did not outlast the spring]; *wat duurt dat een* ***tijd****, voor je je hoed op hebt!* what a time you are putting on your hat!; *het zal mijn tijd wel* ~ it will last (out) my time; *het zal nog één* ***uur*** ~ *voor het oude jaar om is* the ... still has one hour to run
durf pluck, daring, nerve, guts; **durfal** daredevil; **durfniet** coward; **durven** dare [I dare not (daren't) go; he dares (to) go; he does not dare (to), dare not, daren't go; does he dare (to), dare he go?; *vt:* he did not dare (to) go, dared (*vero:* durst) not go]; *ik durf beweren* I venture to say; *ik durf zweren* I'll swear; *dat zal hij niet* ~ *beweren* he won't have the face to (wouldn't dare) say so; *dat durf ik niet zeker zeggen* I couldn't say for certain; *jij durft!* you've got a nerve, (*brutaliteit, ook*) you've got plenty of cheek; *hoe durf je!* how dare you!; *je moet maar* ~*!* of all the nerve!; *als je durft!* if you dare!; *durf!* be bold!; *zie ook* aan~
dus (*bijgevolg*) so, consequently, therefore, then [then it is settled that ...?]; (*aldus*) thus; **dusdanig** I *bn* such; II *bw* in such a way (manner), so

duster housecoat
dusver(re): *tot* ~ so far, thus far, up to now, hitherto; *zie ook* heden: tot ~; *tot* ~ *is het in orde* so far so good
dut 1 nap, snooze, doze; *in de* ~ *raken* doze off; *een (zijn)* ~*je doen* take (have) a nap (a snooze, forty winks, (*fam*) a bit of shut-eye); 2 doubt, uncertainty; *uit de* ~ *helpen* undeceive [a p.]; **dutten** doze, snooze, (take a) nap; *hij zit te* ~, (*fig*) is dreaming (wool-gathering)
1 duur *zn* duration [of the war, etc]; currency (term) [of a contract]; lifetime [during the lifetime of the present Parliament], life [the life of a passport is ten years]; *op den* ~ in the long run; *van lange* (*korte*) ~ of long (short) duration, long-(short-)lived; (*reeds lang bestaande*) of long standing; *zie ook* rust
2 duur I *bn* dear [money, shop, year; bread is dear, life is dear in Belgium]; [cigars, doctors, dresses, hotels, seats are] expensive; big [words]; costly [our costly law-courts]; (*in het gebruik*) wasteful [heater]; *het vlees is weer* ~*der* meat is up (has gone up) again; *te* ~ overpriced; *te* ~ *worden* [our goods will] price themselves out of the market; *een dure les*, (*fig*) a dearly bought lesson; *een dure liefhebberij* an expensive hobby; *hoe* ~ *is dat?* how much is it?; *dat komt nogal* ~ it comes rather expensive; *het is onze dure plicht* it is our bounden duty; *een dure eed zweren* swear a solemn oath; (*de wat*) ~*dere soorten* up-market lines; II *bw* dear(ly); ~ *bevochten* hard-won [peace]; ~ *doen* show off; *het kwam hun* ~ *te staan* it cost them dear(ly); ~ (*ver*)*kopen* (*betalen*) buy (sell, pay) dear; *zijn leven* ~ *verkopen* sell one's life dearly
duurkoop dear (at the money); **duurloop** endurance run; **duursport** endurance sport; **duurte** expensiveness; ~ *en schaarste* dearth; **duurte|-bijslag**, **-toeslag** cost-of-living allowance
duurzaam durable, lasting [peace; the peace did not last]; [stuff] that wears well; (*v stof, ook*) hard-wearing; ~ *bouwen* build for permanence; ~ *zijn*, (*v stof*) wear well; *zie ook* consumptiegoederen; **duurzaamheid** durableness, durability, [guaranteed for] hard wear
duvel 1 devil; 2 body; *op zijn* ~ *geven* (*krijgen*), *a*) give (get) a hiding; *b*) tell (be told) off; *zie verder* duivel, drommel & duveltje; **duvelen** 1 bully, rag; 2 (*vallen*) tumble [down the stairs], drop, smash; 3 (*gooien*) fling, pitch, hurl, chuck; **duvelstoejager** factotum, handyman, dogsbody; *als* ~ *werken* devil [for a barrister]; **duveltje** 1 little devil, imp; ~ *in een doosje* jack-in-the-box; *als een* ~ *uit een doosje* like a jack-in-the box; 2 small cooking stove; 3 sharp child; *zie ook* dondersteen
duw push; (*por*) thrust, poke, shove; ~*tje*, (*met elleboog*) nudge; *een* ~*tje geven*, (*met elleboog*) nudge [a p.]; *zie ook* stoot(je); **duwbak** pushed barge, tug-pushed dumb barge (lighter); **duwboot** pusher (tug); **duwen** push; thrust [s.t. into a p.'s hand]; shove [it down]; cram [one's hat firmly on one's head]; *opzij* ~, (*ook*) elbow aside; *de menigte opzij* ~ elbow one's way through the crowd; *niet* ~*!* don't push!; *zie ook* stoten
duwvaart push tow navigation, pushing
D.V. afk van *Deo volente* id, God willing, under God; **dv.** *zie* dienstvaardig; **dw.** *zie* dienstwillig
dwaal altar-cloth
dwaal|begrip misconception, erroneous idea, false (*of:* mistaken) notion, fallacy; **-geest** erring spirit, heretic; **-leer** false doctrine, heresy; **-licht** will-o'-the-wisp, jack-o'-lantern, ignis fatuus; **-spoor** wrong track (way, path); *op een* ~ *zijn* be on the wrong track; *op een* ~ *brengen* lead astray; (*fig ook*) put [a p.] off the scent; *op een* ~ *geraken* go astray (*ook fig*); **-ster** planet, wandering star; **-weg** *zie* -spoor
dwaas I *bn* foolish [grin, remark], silly [face, idea, mistake], absurd [idea, suggestion], daft [thing to say], inept [attempt, remark]; *wees nu niet* ~ don't be silly (absurd, an ass); *ik was zo* ~ *om te* ..., (*ook*) I was fool enough to ...; *je bent* ~ *dat je het doet* you are a fool to do it; *des te dwazer van je!* the more fool you!; *hij was zo* ~ *zich te verbeelden* ... he fondly imagined ...; *zie ook* aanstellen, gek, onderneming, enz; II *zn* ass, (*fam*) silly; *een grote* ~, (*fam*) a prize fool; **dwaasheid** folly, foolishness, absurdity; (*handeling, enz*) piece of folly
dwalen 1 wander (*ook v gedachten, enz*), ramble, roam, rove, stray [his eyes strayed about the room]; (*doelloos*) stravaig; 2 (*in dwaling verkeren*) err; ~ *is menselijk* to err is human; *zie ook* dolen & weiden; **dwaling** error, mistake; *in* ~ *verkeren* be in error, labour under a mistake; *iem uit zijn* ~ *helpen* undeceive (disabuse) a p.; *de* ~*en zijns weegs inzien* see the error of one's ways; *rechterlijke* (*gerechtelijke*) ~ miscarriage of justice, judicial error
dwang compulsion, coercion, constraint; *onder* ~ [act] under compulsion (coercion); (*inz jur*) under duress
dwang|arbeid (*jur*) penal servitude, hard labour; forced labour; **-arbeider** forced labourer; **-bevel** warrant, writ; enforcement order; (*voor belastingen*) distress warrant; **-buis** straitjacket; **-maatregel** coercive measure, (*pol ook*) sanction; **-matig** obsessive [hatred]; compulsive [action, gambling]; **-middel** means of coercion; **-nagel** agnail, hang-nail; **-neurose** obsessive-compulsive disorder (*of:* neurosis), obsesssional neurosis; **-opvoeding** corrective training; **-positie** (*bridge*) squeeze; *in een* ~ *brengen* squeeze; (*fig*) *in een* ~ *verkeren* have one's hands tied, have a situation forced (up)on one; **-som** recognizance; **-voeding** forced feeding; ~ *geven* force-feed; **-voorstelling** obsession, fixed idea; **-zet** (*schaaksp*) forced move
dwarrel whirl(ing); **dwarrelen** whirl (round), flutter [fluttering leaves]; **dwarreling** whirl(ing); **dwarrelwind** whirlwind, tornado
dwars transverse, diagonal; (*fig*) cross-grained, fractious, perverse, wrong-headed, mulish, pig-headed, contrary; *een* ~ *mens* a crosspatch; *iem de voet* ~ *zetten, iem* ~ *zitten, zie* ~bomen; *dat zit me* ~ it worries me, it's (preying) on my mind;

~ *oversteken* cross [the street], cut (straight) across [a field]; ~ *van Dover* abreast of Dover; ~ *door ... heen,* ~ *over* ... (right, straight) across ...; ~ *doorsnijden* cut (right) across; ~ *doorscheuren* tear [a letter] across; ~ *op* transversely to, across; *zie* boeg, dubbel, voet, enz

dwars|as lateral axis; **-balk** crossbeam, joist, transverse beam; (*her*) fesse; **-bank** cross-bench; **-besturing** (*luchtv*) lateral control; **-beuk** transept; **-bomen** cross [a p.('s plans, wishes)], thwart, frustrate [a p.]; **-dal** transverse valley; **-door** straight (*of:* right) across; **-doorsnede** cross-section, transverse-section; **-draad** (*weverij*) weft, woof, filling; **-draads** cross-grained; **-drijven** *zie* -bomen; (*fam*) be contrary; **-drijver** *zie* -kop; **-drijverij** contrariness, pig-headedness, perverseness, cussedness; **-fluit** (German) flute, transverse flute; **-gestreept** striped [muscle]; **-heid** (*fig*), *zie* dwarsdrijverij; **-helling** transverse slope; (*v weg, enz*) bank, superelevation; (*luchtv*) bank; (*scheepsbouw*) side-launching yard, transverse slipway; **-hout** cross-beam; **-kijker** spy, (*fam*) snooper; **-kop** crosspatch, cross-grained fellow; **-koppig** *zie* dwars (*fig*); **-laesie** spinal cord lesion; (*ziektebeeld*) paraplegia; **-lat** cross-lath; (*sp*) crossbar; **-liggen** be contrary (obstructive); **-ligger** (*spoorw*) sleeper; (*fig*) obstructionist; (*sp*) crossbar; **-over** 1 across, athwart; 2 (*aan de overkant*) across the road; **-scheeps** athwartships; [wind] abeam, on the beam; **-schip** (*ve kerk*) transept; **-schot** (*mar*) bulkhead; **-snede** cross-section; **-spier** transverse muscle; **-stang** crossbar; **-steeg** side alley; **-steek** cross-stitch; **-straat** side-street; *een paar dwarsstraten noemen* mention a few examples (cases) at random; **-streep** cross-line, transverse line, crossbar, (*v pen*) cross-stroke; **-strooms** athwart the stream; **-stuk** cross-piece

dwars|te: *in de* ~ across, athwart; **-verbinding** lateral link(age); **-weg** crossroad; **-wind** cross--wind; (*mar, luchtv*) beam-wind; **-zee** beam-, cross-sea; **-zitten** *zie* dwars & dwarsbomen

dwaselijk foolishly, absurdly

dweep|ster *zie* dweper; **-ziek** 1 (*fel*) fanatic(al); 2 enthusiastic (*bw:* -ally); **-zucht** fanaticism

dweil 1 (floor)cloth; (*stok*~) mop; (*mar*) swab; 2 (*wijf*) slut; (*zuiplap*) soak; (*waardeloos persoon*) nerd, (*Am*) dweeb; **dweilen** wash [floors], mop, swab [the deck]; *langs de straten* ~ gad about; *zie* boemelen & *vgl* vloer; **dweilstok** mop-, swab-stick

dwepen 1 enthuse; ~ *met* be enthusiastic (gush, enthuse) about, be passionately fond of, rave about, be mad on (about) [Bach, a woman], think all the world of, idolize [a p.]; *zij dweept met Shaw,* (*ook*) she is a Shaw fan; 2 (*in godsd, enz*) be fanatical, be a fanatic; ~*d* fanatic(al)

dweper 1 enthusiast; ~*s met Shaw* Shaw devotees; 2 fanatic, zealot, bigot; **dweperij** 1 extravagant enthusiasm, [the Byron] cult; 2 fanaticism

dwerg 1 (*kabouter & astron*) dwarf [Snow-white and the seven dwarfs; a red, white dwarf]; 2 (*mensje*) pygmy, pigmy; manikin, midget

dwerg|achtig dwarfish, pygmean, stunted; **-boom** dwarf-tree, stunted tree; **-eik** dwarf-oak; **-gors** little bunting; **-groei** dwarfism, nanism; **-hert** chevrotain; **-hondje** miniature, toy dog; **-muis** harvest-mouse; **-poedel** pygmy poodle; **-ras** toy breed; **-valk** merlin; **-vlas** allseed; **-vleermuis** pipistrelle; **-volk** dwarf people, (tribe of) pygmies

dwinge|land tyrant, bully; **-landij** tyranny

dwingen I *tr* force [a p. (o.s.) to do (into doing) s.t.], compel, constrain; (*door geweld*) *iem* (*tot iets*) ~ coerce a p. [Ulster cannot be coerced], force a p.'s hand; *iem tot betaling* (*gehoorzaamheid*) ~ enforce payment (obedience); *tot gehoorzaamheid* ~, (*ook*) compel obedience; *hij laat zich niet* ~ he won't yield to force; *zo iets laat zich niet* ~ force is of no use in such matters; *zie ook* gedwongen; II *intr* (*ve kind*) whine, pule; ~ *om* whine (cry) for; **dwingend** coercive [force], compelling [reason], cogent [argument], imperative [task]; **dwingerig** troublesome, insistent;

dwong *ovt van* dwingen

d.w.z. afk van *dat wil zeggen* i e, that is (to say)

dynamica dynamics; **dynamiek** dynamic(s); **dynamiet** dynamite; *met* ~ *vernielen* dynamite; **dynamisch** dynamic [period, personality, pressure]; (*v pers, ook*) dynamical; **dynamo** id (*mv:* -os); **dynamometer** id

dynast id; **dynastie** dynasty; **dynastiek** dynastic (*bw:* -ally)

dys|art(h)ria, **-artrie** dysarthria

dys|enterie dysentery; **-enterisch** dysenteric

dys|femisme dysphemism; **-forie** dysphoria

dysfunctie dysfunction

dyslect, **dyslec|tica**, **-ticus** dyslectic, -xic; **dyslectisch** dyslexic; **dyslexie** dyslexia

dys|pepsie dyspepsia, -pepsy; **-plasie** dysplasia

dystopie dystopia, malplacement

dystrofie dystrophy; **dystrofisch** dystrophic

E*e*

e (the letter) e; **E** E (*ook noot*)

e.a. afk van *en andere(n)* and others, and other things, etc, et al (*de afk* a.o. *is vastelandsengels*)

eau: ~ *de cologne* eau de Cologne, Cologne water, cologne; ~ *de toilette* toilet water, id; ~ *de vie* id, brandy

eb(be) ebb(-tide), reflux; *het is* ~ the tide is out, it is low tide; ~ *en vloed* ebb and flow, low tide and high tide, flux and reflux

ebbe|boom ebony (tree); **-hout(en)** ebony

1 ebben *bn & zn* ebony (*hout & kleur*)

2 ebben *ww* ebb, flow back; *het water is aan het* ~ the tide is going out, is on the ebb

eboniet(en) vulcanite, ebonite

ebstroom ebb-tide; *vgl* stroom

ecarté écarté; **ecarteren** I *intr* play at écarté; II *tr* discard, cast aside
ecclesiastisch ecclesiastical; **ecclesiologie** ecclesiology
ECG id, electrocardiogram
echappement escapement
echaufferen heat; *zich* ~ work o.s. up, get steamed-up [over nothing]
echec check, rebuff, repulse, setback, failure, flop; (*v regering, enz*) defeat, reverse; ~ *lijden* meet with a rebuff; (*v regering, enz*) be defeated
echelon (*mil & geleding*) echelon; *en* ~ in echelon; **echelonneren** line up [problems]
echo echo; (*op scherm*) blip; **echobeeld** double image; **echocardiogram** echocardiograph
echo|ën (re-)echo, reverberate; (*nazeggen*) echo [a p's words]; **-encefalogram** echoencephalograph; **-foon** echo sounder; **-gedicht** echo verse; **-grafie** echography; (*med*) *zie* -scopie
echo|ïsch echoic (*bijw:* -ally) [memory]; **-kamer** echo chamber; **-lalie** echolalia; **-lokalisatie** echolocation, sonar; **-lood** echo sounder, depth recorder; **-praxie** echopraxia, -praxis; **-put** echoing well; **-scopie** ultrasound scan, ultrasonography; **-virus** id
echt I *bn* 1 genuine [Java coffee, document, breed *ras*], real [silk, diamonds, her hair is not real, a real flirt], authentic [documents], thorough [a thorough mess], thoroughgoing [snob], regular [hero, scamp, townspeople], true(-born) [Dutchman], [his room was a] proper [pigsty]; ~ *geld,* (*veel*) real (*heel veel:* serious) money; *het ~e toneel* (*drama*) the legitimate theatre (drama); *een ~e Tory* (*Schot*) a true-blue Tory (a Scot to the backbone); *kindergeweertjes? welnee, ~e!* ...? no, the real thing!; *het ziet er uit als* ~ it looks like the real thing, (*Am*) like the real McCoy; *~e boter* honest-to-goodness butter; *dat is* ~, (*leuk*) top-hole, first-rate, ripping; 2 (*wettig*) legitimate [child]; II *bw* really; ~ *boos* downright angry; *het is ~ waar* it's really true; *het is ~ gebeurd* it's a true story; *ik meen het* ~ honestly, I mean it; *dat is ~ iets voor hem, a*) that is just like him; *b*) that is the very thing for him; III *zn* marriage, matrimony, wedlock; *in de ~ treden, zich in de ~ begeven* enter the married state, enter into matrimony; *in de ~ verbinden* join in matrimony
echt|breekster adulteress; **-breken** commit adultery; **-breker** adulterer; **-breuk** adultery
echtelieden married people; *de* ~ the married (wedded) couple, the marriage partners; *A en B,* ~ A and B, husband and wife; **echtelijk** conjugal, matrimonial, connubial, marital; *de ~e staat* the married (marital, wedded) state, (the holy estate of) matrimony, wedlock; *zie ook* huwelijks-
echten legitimate, legitim(at)ize [a child]
echter however, nevertheless, yet
echt|genoot husband, spouse; *vgl* echtelieden; **-genote** wife, spouse, [his] lady
echtheid genuineness, authenticity, legitimacy; *vgl* echt; *de ~ bewijzen van,* (*ook*) authenticate
echt|paar married couple; *het ~ X* Mr and Mrs X; **-scheiden** divorce; **-scheiding** divorce; ~ *aanvragen* sue (bring a petition) for a divorce, start (institute) divorce proceedings, file a divorce suit, seek a divorce; *hij weigert in ~ toe te stemmen* he refuses to give her a divorce
echtscheidings|aanvrage divorce petition, application for (a) divorce; **-grond** ground for divorce; **-proces** divorce suit, divorce case
echt|verbintenis, -vereniging marriage, matrimonial alliance; *25-jarige* ~ silver wedding; **-vriend(in)** spouse
eclat éclat; *veel ~ maken* make a great stir (*fam:* a splash); **eclatant** (*schitterend*) brilliant; (*opzienbarend*) sensational, startling; resounding [succes]
eclec|ticus eclectic; **-tisch** eclectic (*bw:* -ally)
eclips eclipse; **eclipseren** I *tr* eclipse (*ook fig*); II *intr* abscond, decamp; **eclipskleed** (*ve vogel*) eclipse plumage; **ecliptica** ecliptic
eco|logie [human] ecology; **-logisch** ecological; ~ *gezien* ecologically; **-loog** ecologist
econometrie econometrics; **econometrist** econometrician; **economie** 1 economics; political economy; *geleide* ~ command (*of:* controlled) economy; *vgl* plan~; 2 (*zuinigheid*) economy; **economisch** economic [problems, geography, affairs, etc]; (*zuinig, zuinig werkend*) economical; *~e aspecten* [the] economics [of dictionary making]; *~e snelheid* economic(al) speed; ~ *werkend* efficient; **economiseren** economize; **economist** (political) economist; **econoom** economist; (*in klooster*) procurator, procuratrix
eco|sfeer ecosphere; **-systeem** ecosystem; **-tax** id
ecru id
ectoplasma ectoplasm
ecu, ECU ECU
eczeem eczema; *vochtig* ~ weeping eczema
e.d. afk van *en dergelijke(n)* and such, etc
Edam id; **edammer:** ~ (*kaas*) Edam (cheese)
Edda id; **Eddy** id, Ned(dy)
edel noble [animal, character, lord], precious [metals, stones]; inert [gases]; *niet-~ metaal* base metal; *de ~e delen,* the vital parts [of the body]; (*scherts*) the private parts; *de ~en* the nobility, the nobles, (*Br, ook*) the peers [of the Realm]
edel|aardig noble-minded; **-achtbaar** worshipful; *-achtbare,* (*aanspr*) Your Worship, Your Honour, my Lord; *zijn -achtbare* His Lordship; **-gas** inert gas; **-geboren** of noble birth; **-gesteente** precious (gem)stone; **-heid** nobleness, nobility; *Uwe E~* Your Honour; **-hert** red deer; **-knaap** page; **-lieden** *mv v* -man; **-man** nobleman, noble; **-marter** pine marten; **-moedig** generous, magnanimous; **-moedigheid** generosity, magnanimity; **-smeedkunst** jeweller's art, jewellery; **-smid** worker in precious metals, gold- and silversmith, jeweller; **-staal** stainless steel; **-steen** precious stone, gem(stone), jewel; *kenner* (*slijper*) *van -stenen* lapidary; *met -stenen bezet* jewelled; **-vrouw** noblewoman, noble lady; **-weiss** id
Eden (the Garden of) Eden, Paradise
edict id, decree

edik (*bijb*) vinegar; **Edinburg** Edinburgh
editie edition (*ook fig:* a younger edition of his father); (*ve krant, ook*) issue; **Edmond** Edmund
edoch however, yet, still, but; **Eduard** Edward
educatie [adult, further, higher] education; *zie ook* opvoeding & onderwijs; **educatief** educational [experience, toys]
eed [Bible, dying, solemn] oath; *de ~ afleggen* take the oath; *de ~ afleggen in handen van* be sworn (*bij ambtsaanvaarding:* sworn in) by; *de ~ afnemen* administer the oath to, swear [a witness], (*bij ambtsaanvaarding*) swear [a p.] in; *zijn ~ breken* break one's oath; *een ~ doen* swear (take) an oath; *ik doe er een ~ op, dat ...* I will take my oath that ...; *ik zou er een ~ op kunnen doen* I could swear to it; *mij werd een ~ opgelegd* I was put on (my, I was placed under) oath; ***onder** ede bezweren* (*verklaren, getuigenis afleggen*) swear (declare, give evidence) on oath; *onder ede staan* be on (one's, be under) oath
eed|aflegging taking an (the) oath; **-afneming** administration of an (the) oath, swearing-in (*vgl* eed); *zie* beëdiging; **-breekster**, **-breker** perjurer; **-breuk** perjury, breach of oath, violation of one's oath; *~ plegen* commit perjury, break one's oath; **-formule** form of oath; **-genoot** confederate; **-genootschap** confederacy, [the Swiss] confederation
Eefje Eve, Eva, Evie, Eveline
EEG 1 afk van *Europese Economische Gemeenschap* (European) Common Market, EEC; 2 id, electroencephalogram
eega(de) spouse
eek|hoorn [red, grey, flying] squirrel; (*N-Am*) *gestreepte ~* chipmunk; **-hoornnest** squirrel's nest, drey; **-hoorntjesbrood** cep(e), squirrel's bread
eelt callus, callosity, horny skin; **eelt(acht)ig** callous, horny; **eeltigheid** callosity; **eelt|knobbel**, **-plek** callus, callosity; (*v grote teen*) bunion
een I *lidw* an (*voor klinker*), a (*voor medeklinker*); *een Nero* a Nero; *~ dertig* some (*of:* about) thirty; II *telw* (*ook: één*) one; *ene Smith* one Smith; *twee enen* two ones; *ik ken er ~ die ...* I know of someone who ...; *man en vrouw zijn ~* husband and wife are one; *hij is er niet ~ om weg te lopen* he is not one to ...; *niet ~ op de duizend* not one man in a thousand; *bloemen van één kleur* flowers of a single colour; *~, twee, ... drie!* one, two, three (and away)!; here goes!, ready, steady, go!; *het* (*in*) *~, twee, drie doen* do it in two twos, before you can say Jack Robinson; *dat gaat niet zo ~ twee drie* it can't be done just like that (on the spur of the moment), it is not so simple a matter; *dat is er ~* (*punt, succes, enz*) *voor jou* that's one up to you; *~ en **al** gehoor* all ears (*zo ook:* all eyes, smiles, attention); *~ en al zenuwen* [he is] a bundle (mass) of nerves; *~ en al verwaandheid* a mass of conceit; *~ en al eenvoud* [she is] simplicity itself; *in huis is het ~ en al feest* in ... all is festivity; *het ~ en **ander*** something, [I know] a thing or two [about it]; one thing and another; *het* (*de*) *~ of ander* something (some one) or other; one or other [of his friends, of these books]; *het ~ of andere boek* some book (or [an]other); *de ~ of andere dag* some day; *het ~ of het ander* [either stay or go on,] one or the other; *noch het ~, noch het ander* neither one thing nor the other; *het ~ met het ander* [I've spent £100] one way and another; *zo met het ~ en ander* what with one thing and what with another [the day passed pleasantly enough]; *~ en ander tegen de prijs van ...* all this at the price of ...; *de ~ de ander, zie* elkander; *van het ene deel van het land naar het andere* from one part of the country to another; *van de ene dag op de andere* from one day to the next; *met Mevr. S aan de ene arm en Mevr. P aan de andere* with Mrs S on one arm and Mrs P on the other; ***op** ~ stellen,* (*wisk*) set at unity; *op ~ **na*** [all] except one, [the last] but one; ***tot** ~ worden* become (grow into) one; *zij zijn **van** ~ leeftijd* (*grootte*) they are of an age (a size); *~ **voor** ~* one by one, one at a time; *zie ook* woord, zijde, enz
een|akter one-act play, one-acter; **-armig** one-armed; **-baar** single; **-bes** herb Paris; **-bladig** one-leaved; (*ve bloemkrans*) monopetalous, gamopetalous; (*ve kelk*) monophyllous; **-bloemig** uniflorous; **-broederig** (*plantk*) monadelphous; **-cellig** unicellular, one-celled, single-celled [organism], single-cell [protein]
eend duck; *jonge ~, ~je* [the ugly] duckling; *lelijke ~,* (*auto*) 2 CV; *wilde ~* wild duck, mallard; *wat ben je een ~!* what a goose you are!; *vreemde ~ in de bijt* stranger, intruder, outsider
eendaags one-day, day [return, trip]; once daily
eendachtig 1 duck-like; 2 silly, stupid, asinine
eendags|bloem (Virginian) spiderwort, tradescantia; **-kuiken** day-old chick; **-vlieg** ephemeron (*mv ook:* ephemera), ephemera (*mv:* -ras), ephemerid, mayfly; (*fig*) nine days' wonder, flash in the pan
eende|bier Adam's ale; **-bout(je)** leg (*of:* wing) of a duck; **-ëi** duck's egg; **-jacht** duck-shooting (*Am:* -hunting)
eendekker monoplane; (*bus*) single-decker
eende|kroos duckweed, duck's meat; **-kuiken** duck chick, duckling
eendelig one-part; one-piece [swimsuit]; single-volume [dictionary]; **eendelijk** lonely, deserted, derelict; dismal
eendemossel goose barnacle
eenden|bijt duck hole; **-kom** duck pond; **-kooi** (duck) decoy; **-planken** (*mil*) duck-boards; **-roer** fowling-piece; **-vijver** duck pond
eender alike, the same; *het is mij ~* it's all one (*of:* all the same) to me; *~ welk* no matter which
eendesnavel duck's bill
eendimensionaal one-dimensional (*ook fig*)
eendracht concord, union; *~ maakt macht* union is strength; united we stand, divided we fall; **eendrachtig** I *bn* united, unanimous; II *bw* unanimously, in concord, hand in hand, as one man; *~ samenwerken,* (*ook*) pull together
eenduidig unequivocal, unambiguous; **eenduidigheid** unequivocalness, unambiguousness
eendvogel duck; *zie ook* eend & schot

eeneiig: *~e tweeling* identical (uniovular, monovular, monozygotic) twins
eenentwintigen (*sp*) vingt-et-un, pontoon, (*vglb*) blackjack
eenfasig single-phase [current]; **eengestreept** (*muz*) once-marked, once-accented, (*Am*) one-lined [octave]; **eengezinswoning** (small) family house (dwelling); **eenhandig** one-handed
eenheid 1 (*maat, in getallen, strategische ~, enz*) unit; *mobiele ~* riot police; 2 (*wisk*) (*de*) ~ unity; 3 (*het één zijn*) [party] unity, oneness [with nature]; *een zekere ~ van denken* a certain agreement of thought; *tot een ~ maken* unify; *dramatische eenheden* dramatic unities [of time, place and action]
eenheids|gedachte desire for unity; **-lading** unit load; **-prijs** 1 unit price; 2 uniform price, flat rate; **-staat** unitary state; **-worst**: *ergens (een) ~ van maken* treat everyone (everything) uniformly
een|helmig (*plantk*) monandrous; **-hoevig** one-hoofed; **-hoofdig** (*vh staatsbestuur*) monarchical; (*anders*) one-head [system, management]; *~e regering* monarchy; **-hoog** one floor up; **-hoorn** unicorn; **-hoornig** one-horned, unicornous; **-hoornvis** narwhal, unicorn (whale), sea-unicorn; **-huizig** (*plantk*) monoecious
eenieder everyone
eenjarig one-year [course]; of one year, one year old; yearling [colt, stallion, heifer]; *~ dier* yearling; *~ kind* one-year-old; *~e (plant)* annual
eenkamerflat one-room (*Am:* efficiency) apartment
een|kennig shy, timid; **-kennigheid** shyness, timidity
eenklank 1 (*muz*) unison; (*fig*) harmony; 2 (*klinker*) monophthong
een|kleppig univalve; **-kleurig** unicoloured, solid coloured, of one colour; monochromatic [light, painting], self-coloured [cattle, dress, flowers]; **-lettergrepig** monosyllabic; *~ woord* monosyllable
een|ling 1 individual; 2 (*alleenstaande*) solitary (unattached) person, freelance, (*fam*) lone wolf, loner; **-lobbig** *zie* -zaadlobbig
eenloopsgeweer single-barrelled rifle
eenmaal 1 [we're only young] once; 2 (*te eniger tijd*) [you will agree with me] one day; *~ is geen maal* first try doesn't count; *~, andermaal, derdemaal* going, going, gone; once, twice, for the last time; *~ en andermaal* repeatedly; *als we maar ~ het Kanaal uit zijn* (*je maar ~ mijn vrouw bent*) when once we are out of ... (when you are once ...); *het is nu ~ zo* [it is lamentable, but] there it is; it cannot be helped; *ik haat nu ~ de zee* I just hate the sea; *ze was nu ~ zo* that's the way she was; *jongens zijn nu ~ jongens* boys will be boys; *zie ook* anders; *zoiets wordt nu ~ ruchtbaar* such things do get about; *het moet nu ~ gebeuren* there's no getting out of it
eenmaking integration
eenmalig once-only [grant, offer], one-off [operation, event, a one-off lump sum of ...], non-recurrent [allowance], disposable [lighter], non-returnable [bottle], single [performance], one-way [pack]
eenmannig (*plantk*) monandrous; **eenmansgat** (*mil*) foxhole; **eenmanswagen** single-manned bus (tramcar); **eenmanszaak** one-man business; (*kleinerend*) one-horse show
eenmaster single-masted vessel; **eenmotorig** single-engine(d) [plane]; **eenogig** one-eyed; **eenoog** one-eyed person; *zie ook* blinde
een-op-een one-to-one [correspondence, ratio, teaching]
eenoudergezin single-parent family (household)
eenparig I *bn* unanimous [approval, decision, vote]; *~e beweging* uniform motion; II *bw* unanimously, of one accord, by common consent, [declare] with one voice; [they were in white gloves] to a man; *~ versneld* (*vertraagd*) uniformly accelerated (decelerated, retarded); *men is ~ van oordeel, dat* ... there is a consensus of opinion that ...; *zij prijzen hem ~* they unite in praising him; **eenparigheid** unanimity, uniformity
eenpersoons one-man [canoe], single [accommodation, bed, bedroom]; *~ hut* single(-berth) cabin; *~ vliegtuig* single-seater
eenre: *ter ~* [party] of the one (of the first) part
eenregelig one-(single-)line, of one line
eenrichtings- one-way [street, traffic]
eens I *bw* 1 (*eenmaal*) once; *dat is ~ maar nooit weer* never again; *~ voor **al*** once (and) for all; (*eenmaal extra:*) (*nog*) *~ **zoveel*** as much (many) again, twice as much (many); *~ zo groot* twice as large, as large again; 2 (*tijd: in het verleden*) once; *een ~ beroemd man* a once-famous man; *de ~ zo sterke man* the man who used to be so strong; (*op een keer*) once, one day; (*in sprookjes*) once upon a time [there was ...]; (*in de toekomst, en in sprookjes verteld door Adam & Eva*) one day [there will be ...]; *~ op een dag* (*avond, enz*) one day (evening, etc); *zij moest het toch ééns horen* she had to hear it some day; 3 (*toonloos*) just [just come here; just get me some cigars]; *ik heb de eieren nu ~ gebakken* I've fried the eggs for a change; ***als** je nu ~ ging slapen* suppose you go to sleep now; ***hoor** ~, Jan* I say, John!; *kijk nu **toch** ~* look at that now!; 4 (*zelfs:*) even; *hij bedankte mij **niet** ~* he did not so much as (did not even) thank me, he never once thanked me; *en niet ~ zo ver van Londen* and not so far from London either; *zie ook* eenmaal, nog, enz; II *bn het ~ zijn* agree, be at one [*met* with]; (*onder één hoedje spelen*) be hand and (*of:* in) glove (with each other); *ik ben het **met** u ~,* (*ook*) I am of your way of thinking, I am [entirely, altogether] with you; *ik ben't niet met hem ~,* (*ook*) I disagree (don't see eye to eye) with him, differ from him (in opinion); *daarmee kan ik het niet ~ zijn* I cannot subscribe to that; *ik ben het met mijzelf niet ~* I am in two minds about it; I am not sure in my mind [whether ...]; *vgl* instemmen; ***daarover** zijn we het allen* (*volmaakt*) ~ (up)on that we are all agreed, we are in complete agreement on that; *men is het er algemeen over ~ dat* ... there is gener-

al agreement that ...; *daarover is men het* ~, (*ook*) that is common ground; *we zijn het erover eens dat* ... we are agreed that ...; *daarover moeten allen het wel* ~ *zijn* there can be no two opinions (minds) about that; *u zult het met mij* ~ *zijn, dat* ... you'll agree that ...; *zie ook* geleerde; *het* ~ ***worden*** come to an agreement (to terms); *het* ~ *worden over een plan* agree (up)on a plan; *we konden het op dat punt niet* ~ *worden* we could not agree on that point; *het* ~ *worden met zichzelf* make up one's mind; III *vw* ~ (*dat*) once, as soon as

eenschelpig univalve (*ook:* ~ *dier*)

eens|deels: *eensdeels ..., anderdeels* partly ..., partly; for one thing ..., for another; **-denkend** of one mind; **-gezind** unanimous, at one, in harmony; united [family]; solid [the nation is solidly behind him]; concerted [action]; **-gezindheid** unanimousness, unanimity, harmony, [working-class] solidarity; **-klaps** suddenly, all at once, (all) of a sudden; **-luidend** of the same tenor [*met* as]; uniform [*met* with]; ~ *afschrift* true copy; *voor* ~ *afschrift* I certify this to be a true copy [of ...]; ~ *boeken* book in conformity

een|snarig one-stringed; **-span** one-horse carriage; **-steensmuur** single-brick wall

eenstemmig 1 unanimous; *vgl* -parig; 2 (*muz*) for one voice; ~ *gezang, a*) monody; *b*) (*lied*) unison singing (song); ~ *zingen* sing in unison; **eenstemmigheid** 1 unanimity, agreement, consensus (of opinion); 2 (*muz*) monody

eentalig mono-, unilingual

eentje one; *jij bent me er* ~*!* you 'are a one!, you're a nice one!; *er* ~ *nemen* (*pakken*) have a drink (a drop), have one (a quick one); *neem er nog* ~ have another; *hij gaf me er* ~ *op mijn oog* he caught me one in the eye; *op* (*in*) *mijn* ~ all by myself; *op zijn* ~ *handelen* play a lone hand, go it alone; *zie ook* alleen

eentonig 1 monotonous, drab, humdrum [routine]; 2 single-tone [motor horn], monotone [singing]; **eentonigheid** monotony, monotone; drabness [of modern life]

een-tweetje (*voetbal*) wall-pass, one-two

een|vormig uniform; **-vormigheid** uniformity

eenvoud 1 simplicity, plainness, homeliness; ~ *is het kenmerk van het ware* simplicity is the hallmark of truth; *in alle* ~ [he was buried] without any ceremony; 2 naivety, innocence, artlessness, simplicity; *in* ~ *des harten* in singleness of heart

eenvoudig I *bn* simple [subject, style, taste, dress, manners, person], plain [food, meal, man, the plain truth], homely [fare], frugal [meal], homespun [philosophy]; *een daad van* ~*e beleefdheid* an act of common politeness; *zie ook* breuk; *in* ~*e bewoordingen* in plain terms; *zie ook* enkelvoudig; II *bw* simply [dress simply; it simply isn't true; it's simply awful], plainly; *ik doe het* ~ *niet* I just won't do it [*zo ook:* I just can't; I just dote on it; it's just plain theft]; ~ *een belediging* [it's] nothing short of an insult; **eenvoudigheid** *zie* eenvoud; **eenvoudigheidshalve** for the sake of simplicity; **eenvoudigweg** just, simply; *zie ook* eenvoudig II

eenwaardig (*chem*) mono-, univalent

eenwieler unicycle

eenwording unification, integration

eenzaadlobbig monocotyledonous; ~*e plant* monocotyledon

eenzaam 1 solitary [walk, life], lonely [road, it is lonely here]; *-zame opsluiting* solitary confinement; *zich* ~ *voelen* feel lonely; *hij leeft erg* ~ he leads a very solitary life; 2 (*afgezonderd*) retired, secluded [spot, life], isolated [spot], sequestered [nook], unfrequented [road]; 3 (*verlaten, doods*) desolate; **eenzaamheid** solitude, solitariness, loneliness; seclusion, retirement, privacy; desolation; **eenzaat** solitary, recluse

een|zelfde 1 one and the same; 2 a similar [fate], such another [idiot]; **-zelvig** withdrawn, retiring; ~ *worden,* (*ook*) be driven in on o.s.; ~ *persoon* loner, bad mixer; **-zelvigheid** 1 solitariness, self-containment, retiredness; 2 identity

eenzijdig 1 one-sided [view; look at a thing one-sidedly]; unilateral [disarmament; the contract was unilaterally cancelled]; lop-sided [education]; ~*e akte* unilateral deed, deed-poll; 2 (*partijdig*) bias(s)ed, partial, ex parte [statement]; **eenzijdigheid** one-sidedness, partiality

1 eer I *bw zie* eerder; II *vw* before

2 eer *zn* honour, credit; ~ ***aandoen*** (***bewijzen***) honour, do honour to, do [a p.] honour [you do me great honour, the honour you're doing me], pay tribute to; *een diner* (*alle*) ~ *aandoen* do (full) justice to a dinner; *iem alle mogelijke* ~ *aandoen,* (*fam*) do a p. proud; *zijn familie* (*zijn naam*) ~ *aandoen* be a credit to one's family (live up to one's name); *dat doet u* (*uw smaak*) ~ *aan* it does credit to you (your taste); *doe mij de* ~ (*aan*) *te* ... do me the honour to ...; *goddelijke* ~ ***bewijzen*** pay divine honours (to); *de laatste* ~ *bewijzen* render (pay) the last honours (to); *iem de* ~ ***geven*** *van* credit a p. with [another's work]; *zichzelf er de* ~ *van geven* take credit to o.s. for it; *ik moet Bristol alle* ~ *geven voor* ... I must give (hand) it to B for ...; ~ *van zijn werk* ***hebben*** get credit for a fine job, have done a creditable job; *daar heb je* ~ *van* that's to your (that does you) credit, that reflects honour (credit) on you; *de* ~ *hebben te* have the honour to; *ik heb de* ~ *u te berichten* I beg to inform you; *ik heb de* ~ *te zijn uw dienstwillige* ... I am, Yours respectfully, ...; *ik heb niet de* ~ (*u te kennen*) you have the advantage of me; *met wie heb ik de* ~*?* may I beg your name?; *de* ~ *aan zich* ***houden*** accept (take) the consequences [and resign]; ~ ***inleggen*** *met* gain honour (credit) by; *je legt er geen* ~ *mee in* it does you no credit; *hij* ***kreeg*** *er de* ~ *van* he got the credit of it; *de* ~ ***redden***, (*sp*) score a consolation goal; *er een* ~ *in* ***stellen*** *te* make it a point of honour to, consider it an honour to, take a pride in ...ing; *hij stelde er een* ~ *in,* (*ook*) he prided himself on it; *ere wie ere* ***toekomt*** honour to whom honour is due; *het zal mij een* ~ ***zijn*** I shall be honoured (by it); *ere zij God* glory to God; *je bent* ***aan*** *je* ~ *verplicht te* ... you are in honour bound to ...; ***in*** *alle* ~ *en deugd* in honour and decency; *in ere* *houden* honour, keep up [a tradition]; *iems aandenken in ere houden* hold a p.'s memory in esteem, keep a p.'s memory green, cherish a p.'s memory; *zich* ***met*** *ere kwijten van* acquit o.s. with honour (with credit, honourably, creditably) of; *met ere een plaats innemen tussen* ... hold one's own among ...; *met militaire ~ begraven* bury with military honours; *zie ook* dragen; *naar ~ en geweten* to the best of my knowledge, in good conscience; ***op*** *mijn ~* (up)on my honour; (*fam*) honour bright!; (*sl*) honest Injun!; ***te*** *zijner ~* in his honour; ***ter*** *ere van deze dag* in honour of the day; *acceptatie* (*betaling*) *ter ere* acceptance (payment) for honour; *het zij* ***tot*** *zijn ~ gezegd* to his honour be it said (spoken); *het strekt u tot ~* it does you credit, redounds to your honour, reflects honour (credit) on you; *het strekt ... tot ~* it is to the credit of ...; *zie ook* aanrekenen, behalen, na, nageven, tasten, enz

eer|baar 1 honourable [intentions, motives]; 2 virtuous, chaste, modest, good [a good girl]; **-baarheid** virtue, chastity, modesty; *aantasting* (*aanranding*) *der ~* indecent assault; *openbare schennis der ~* indecent exposure, gross indecency; **-betoon** (mark of) honour, homage; *vol ~* full honours; **-bewijs** (mark of) honour, homage; *militaire eerbewijzen* military honours, compliments [no compliments are paid]

eerbied respect, regard, veneration, reverence; *met alle ~ voor* with all respect for; *uit ~ voor* out of respect (consideration) for, in deference to [his wishes]; **eerbiedig** respectful, reverent, reverential, dutiful, deferential; (*vroom*) devout; *zie ook* afstand; **eerbiedigen** respect; (*iems wensen, enz, ook*) defer to; (*naleven, ook*) observe [the law]; **eerbiedigheid** respect; (*godsd*) devotion; **eerbiediging** respect, deference; observance; **eerbiedshalve** out of respect; **eerbiedwaardig** respectable [motives], venerable [age, building, priest]; time-honoured [customs]; **eerbiedwekkend** imposing

eerder I *bn* earlier, former, prior; II *bw* before, [I've heard of it] before now; sooner, rather; *~ in deze maand* earlier this ...; *hoe ~ hoe liever* (*beter*) the sooner the better; *~ meer dan minder* rather more than less; *~ te hoog dan te laag* rather too high than ...; *het neemt ~ toe dan af* it increases, if anything; *je zou mij toch ~ geloven dan hem* surely you would believe me sooner than him; *hij zal het ~ krijgen dan* ... he is more likely to get it than ...; *hij zal het ~ doen, als je* ... he will do it more readily if you ...; *niet ~ dan* not before [May], only [then]; *vgl* eerst & *zie* liever

eergevoel sense of honour; *het ging tegen zijn ~ in* (*te* ...) it wounded his pride (to ...); **eergierig** ambitious; **eergierigheid** ambition

eergister- [the night, etc] before last; **eergisteren** the day before yesterday

eerherstel rehabilitation

eerlang before long, shortly

eerlijk I *bn* honest [man, dealings, truth], honourable [man, intentions], fair [fight, chance, it is my fair share]; straightforward (square) [dealing]; *~ en open,* (*fam*) upfront; *een ~e beoordeling* a fair-minded appraisal; *~ is ~* fair is fair; *zo ~* ***als*** *goud* as honest as the day, (as) straight as a die, (as) true as steel; *~* ***blijven*** (*d.w.z. niet meer stelen of inbreken*) keep (go) straight; *~* ***duurt*** *het langst* honesty is the best policy; *geef hem een ~e* ***kans*** give him a fair chance; *~* ***spel*** fair play; *dat is geen ~ spel* that's not playing the game, not cricket; *een ~* ***stukje*** *brood verdienen* turn an honest penny; *dat zou niet ~* ***zijn*** *tegenover u* that would not be fair to you; *~ zijn tegenover zichzelf* be honest (candid) with o.s.; II *bw* honestly, etc; *we worden niet ~ behandeld* we're not getting a fair deal; *alles gaat ~ toe* everything is above-board, is fair and square; *zorgen, dat alles ~ toegaat* see fair play; *~ handelen,* (*ook*) play fair, act straight, play the game [*tegenover* by]; *~ gezegd* honestly (speaking) [I don't know], to tell the (honest) truth; *het moet ~ worden gezegd dat* ... it must be said, in fairness, that ...; *~ de kost* (*een ~ stuk brood*) *verdienen* make an honest living (turn an honest penny); *het ~ menen met iem* have the most honourable intentions with a p.; *~ met iem omgaan* play straight with a p.; *~ spelen* play fair, play straight; *~* (*waar*)*!* really (and truly)!, (*sl*) honest Injun!; *~* (*waar*)*, ik weet het niet* honestly (and truly) I don't know; I don't know! honest, I don't; *~ de waarheid zeggen* tell the honest truth

eerlijk|heid honesty, fairness, probity, decency; **-heidshalve** in (all) fairness [I have to add]

eerloos infamous, dishonourable; **eerloosheid** infamy; **eerroof** defamation (of character); **eerrovend** defamatory; **eerrover** defamer

eershalve for honour's sake

eerst I *bn* first; (*voornaamste, ook*) chief, leading [men, families, papers], first-class [firms], foremost [authorities], prime [minister, meridian], premier [hold one of the premier posts], senior [surgeon, medical officer]; [the] early [Christians, phase *stadium*], [one of the] earliest [voyages to India]; *de ~e(n),* (*v twee*) the former; (*v meer*) the first(-named); *vgl* ~genoemd; *als ~e* (*aan*)*komen* (*de ~e zijn*) arrive (be) first; *hij is de ~e van de klas* he is at the top of the class, is top-boy, (*vd school*) head-boy; *hij zou de ~e zijn om het toe te geven* he would be the first to ...; *dat is het ~e wat ik hoor* that's the first thing I hear; *de ~e april* the first of April; *de ~e de* ***beste*** the first man (you meet), the next man [I see, etc], the first comer, any man [will tell you that]; *hij is de ~e de beste niet* he is not just anybody; *de ~e de beste gelegenheid* [take] the first (the earliest possible) opportunity; *~e bediende* chief (*of:* head) clerk; *~e bod,* (*ook*) opening bid; *de ~e christenen* the early Christians; *de ~e dagen, a*) the first days; *b*) *zie* ~volgend; *~e* ***hulp*** (*bij ongelukken*) first aid; *de mannen van de eerste hulp* the first-aid men; *~e hulp verlenen* render first aid; *zie ook ben:* ~ehulp-; *~e levensbehoeften* necessaries of life; *de ~en zullen de* ***laatsten*** *zijn* the first shall be the last; *de ~e maanden van het jaar* the opening months of the year; *van het ~e ogenblik af* from the first; *~e redevoering* maiden speech; *~e reis,* (*ve schip*) maiden voyage; *~e steen* foundation stone; *de ~e* ***tijd*** [we are fully engaged] for some time to come; at first ..., for some time ... [nothing much happened]; *~e uitgaven* initial expenses (*of:* outlay); ***in*** *het ~* at first; ***ten*** *~e* first(ly), in the first place. first off; *ten ~e ..., ten tweede,* (*ook*) for one thing ..., for another; ***voor*** *het ~* for the first time; *het is voor het ~ dat ik het hoor* that is news to me, this is the first I've heard of it; *voor het ~ doen* (*gebruiken, enz*), (*ook*) originate [a phrase, process]; *zie ook* gezicht, plaats, enz; II *bw* 1 first(ly); *die het ~* ***komt****, het ~ maalt* first come, first served; *zij sprak het ~* she spoke first, was the first to speak; *ik zal dit morgen het* (*aller*)*-~ doen* I shall do this first thing in the morning; *van ~ af* from the first; 2 (*in het ~*) at first; *het is kouder dan ~* it is colder than it was; *dat moet ~ nog blijken* that remains to be seen; 3 (*pas, slechts*) only [the barony was created only in 1980; the practice was only abolished in 1830]; *we zijn ~ vanmorgen begonnen* we did not begin until (we only began) this morning; *hij is ~ gisteren getrouwd* he was married as recently as yesterday; *ik kwam ~ om 2 uur thuis* I did not come home until two o'clock; *~ toen ik sprak* not until I spoke [did he move]; *toen ~, ~ toen* not until then, only then [did he come]; *nu begrijp ik ~ hoe* ... only now do I understand how ...; *als ik maar ~ in L ben* when once I am in L

eerst|aanwezend senior [officer, etc]; *~e,* (*ook*) Commanding Officer, CO; **-beginnende** beginner, tiro, tyro; **-daags** one of these days

eerste|dagenveloppe first-day cover; **-graads** first-degree [burns, (*Am*) murder]; *~ leraar* fully qualified teacher; *~ vergelijking* linear (*of:* simple) equation, equation of the first degree; **-graadsbevoegdheid** full teaching qualifications; **-hands** first-hand [information]

eerstehulp|dienst ambulance service; **-doos, -kist** first-aid box; **-post** first-aid post; **-verlening** first aid

eerste|jaars(student) first-year student, freshman, fresher; **-kamerlid** senator; *vgl* kamer; **-klas** first-class [compartment, restaurant, people, ticket; travel first class]; first-rate [beer, performance]; *~ patient,* (*vglb*) private patient; **-klasser** 1 first-former; 2 (*sp, al naar de indeling*) first-(second-, etc) divisionist; **-lijns** frontline [medical aid], primary [care]; **-ling** first-born (child); (*ve dier*) firstling; (*bijb, meestal mv*) first-fruits; (*fig*) first-fruit(s) [of his genius], firstling

eerstens first, in the first place

eersterangs first-rate, first-class

eerst|geboorte primogeniture; **-geboorterecht** right of primogeniture, birthright; **-geboren** first-born; **-geborene** first-born; **-genoemd** first(-named, -mentioned); *de ~e,* (*v twee*) the former; (*twee & meer, ook*) the first (one); **-komend** *zie* -volgend; *de ~e* the first comer; **-volgend** next, following; *de ~e dagen* the next few days; *de ~e drie jaar,* (*ook*) the three years next following; *de ~e trein* the next train due

eertijds formerly, in former times

eervergeten lost to all sense of honour, devoid of honour

eerverleden [the week] before last

eerverlies (*hist*) corruption of blood

eervol honourable [deed, peace, person]; [retire, suffer defeat] with honour; *de Koningin heeft ~ ontslag verleend aan* ... the Queen has accepted the resignation of ...; *~le vermelding* honourable mention; *een ~le vermelding krijgen,* (*mil*) be mentioned in dispatches; *niet ~, zie* on~

eervorig [the week, year] before last

Eerw(aarde) Reverend; *de ~ Heer J Smith* the Rev J(ohn) Smith; *~ Heer,* (*aanspr*) Sir; *~ Moeder* Mother Superior; *Uw ~* Your Reverence

eerwaardig venerable [scholar, ruins], time-honoured [custom, institutions]; **eerwaardigheid** venerableness

eerzaam respectable; (*ve vrouw, ook*) modest

eerzucht ambition; **eerzuchtig** ambitious, aspiring

eerzuil commemorative column

eest oast(-house), (drying) kiln; **eesten** kiln-dry

eet|appel eating apple; **-baar** (*smakelijk*) eatable; (*te eten*) edible, fit for human consumption; *zie ook* vogelnest; **-baarheid** edibility; **-bak** *zie* etensbak; **-café** café with meals service, eatery; **-gelegenheid** eating place, restaurant; **-gerei** tableware, plates and cutlery; **-gewoonten** eating habits; (*wat men eet*) food habits, diet; **-hoek** 1 dinette, dining area; 2 dining set; **-huis** eating-house, eatery; **-kamer** dining room (furniture); **-kamerstoel** dining (room) chair; **-keteltje** (*mil*) mess-tin, canteen; **-keuken** kitchen-diner; **-lepel** (*grote*) soupspoon; (*kleine*) dessertspoon; (*med*) tablespoon(ful) (*Ned 15 ml, GBr 14,2 ml, Am 14,8 ml*); *vgl* bestek 3; **-lust** appetite; *~ hebben* (*geven*) have (give) an appetite [they've all got good appetites]; *een gezonde ~ hebben* have a healthy (hearty) appetite; *geen ~ hebben* have no appetite, be off one's food (*fam:* one's feed); *de ~ opwekken* whet the appetite; *iem de ~ benemen* put a p. off his food; *de ~ kwijtraken* lose one's appetite, (*fam*) go off one's food; *de ~ opwekkend* appetizing; **-partij** feed; **-servies** dinner set (*of:* service); (*Am*) dining ensemble, dinnerware; **-stokje** chopstick; **-tafel** dining table; **-tent** eatery; **-waar, -waren** eatables, food(s), provisions, victuals, foodstuffs; **-zaal** dining hall (*of:* room); (*mil, mar*) mess(room); (*mar*) dining saloon; (*in klooster; soms in 'college'*) refectory

eeuw 1 [the 19th] century; *in de vorige ~* (in the) last century; *van de 18de ~* eighteenth-century [London]; *door alle ~en heen* throughout all ages, [his words ring] down the centuries (*of:* ages); 2 (*lang tijdvak*) age [the golden age; the age of Queen Anne]; *ik heb je in geen ~(en) gezien* I have not seen you for ages (*fam:* for yonks)

eeuweling centenarian; **eeuwenlang** I *bn* age-long [enmity]; II *bw*: *~ heeft men gedacht* ... for centuries (on end) it was thought; **eeuwenoud** centuries(-)old, age-old [customs]

eeuwfeest centenary (celebration); *tweede, derde, vierde ~, enz* bi-, tri-, quadricentenary (celebration), etc

eeuwig eternal [complaints, life, optimist, the eternal triangle]; perpetual [edict, snow; her perpetual nagging]; perennial [youth; the perennial joke about the mother-in-law], undying [friendship], [grant us life] everlasting; *ten ~en dage, voor ~* for ever, for all time (eternity), [the picture will remain in Holland] in perpetuity; *tot mijn ~e spijt* to my lasting regret; *een ~e tijd* [stay] an unconscionable time; *zie ook* rust; ***bw**: hij loopt ~ dat liedje te zingen* he is forever (endlessly) singing that song; *~ en altijd, altijd en ~* forever, everlastingly; *het is ~ jammer* it's a thousand pities; *'eeuwig jeugdig', (persoon, enz, ook)* evergreen; *wat duurt dat ~ lang (wat blijf je ~ lang weg, enz)!* what a time you are (you've been ages!); [(*zo ook, fam:*) he's lived here for yonk(er)s]

eeuwig|durend eternal, perpetual, etc; *zie* eeuwig; **-heid** eternity; *de ~ ingaan* pass into eternity; *een ~ (weg)blijven zie* eeuwig: *~ lang; in der ~ niet, nooit in der ~* not (never) in a month of Sundays; *ik heb je in geen ~ gezien, zie* eeuw; *tot in ~* to all eternity; *zie ook* eeuwig: voor ~; *van ~ tot ~ (tot amen)* world without end, for ever and ever

eeuwjaar secular year; **eeuwwisseling** [at the] turn of the century

efemeer ephemeral; **efemeride** 1 (*biol*) ephemera (*mv:* -ae & -as); 2 (*astron*) ephemeris (*mv:* -ides); **efemerisch** ephemeral; **Efese** Ephesus; *van ~* Ephesian, of Ephesus; **Efeziër** Ephesian

effaceren efface; **effe** *zie* 2 effen

effect 1 effect; (*sp, v bal*) (top, back) spin, (*bilj*) side; *dat had geen ~* that was ineffectual; *~ hebben (sorteren), (ook)* be effective, [the sanctions begin to] bite; *het tegengestelde ~ hebben (sorteren), (ook)* be counterproductive; *op het ~ werken, ~ najagen* strain after effect; *op ~ berekend* calculated for effect; *civiel ~* (professional) qualification (conferred by a university degree, etc); 2 *zie* effecten; **effectbejag** straining after effect, claptrap; **effecten** stocks (and shares), securities; (*in sam*) stock-

effecten|beurs [on the] stock exchange, (*buitenland, ook*) Bourse; **-bezit** stockholding; **-handel** stockjobbing; stockbroking, stockbroker's business; **-handelaar** stock (and share) dealer, stockjobber, market maker; **-houder** stockholder; **-kantoor** stockbroker's office; **-koers** price of stocks; **-makelaar** stockbroker; **-markt** stock market; **-rekening** stock account

effectief I *bn* effective, useful, efficacious; *in effectieve dienst* on active service (*of:* duty); *effectieve kracht* effective power; *~ vermogen* brake horsepower, BHP; *effectieve rang, (mil)* substantive rank (*zo ook:* substantive major, etc); II *zn* (*mil*) effective; **effectiviteit** effectiveness; **effectueren** effect [a sale]; execute [an order]

1 effen 1 smooth, level, even; (*v stoffen*) plain, unpatterned, unfigured; (*v kleur*) plain, uniform [black, grey], (*inz natuurlijk*) self-coloured; *een ~ gezicht* [crack jokes with] a straight (an impassive, a poker) face; *~ maken* smooth; 2 uneventful; 3 (*ve rekening*) settled; *~ maken* settle; *op zijn ~, (fig)* quits; fit; in good order; *zie* even

2 effen 1 just [just get me a brush, it's just after ten]; *wacht ~* (just) wait a moment (a bit, (half) a minute, (half) a sec); *was ik ~ blij, dat ik ...* was(n't) I glad I ...; *was dàt ~ een harde slag!* some blow, that!; *maar ~ £ 200* a cool £200; *ik moet ~ weg* I just have to go a minute; *a(l)s 't ~ kan* if poss(ible); *is me dàt ~ wat* now there's a fine kettle of fish; *zie verder* even II.2

effenaf simply, absolutely

effenen level, smooth (down, over, out), make even; *het pad ~ voor* smooth (pave) the way for; *zie ook* ver~; **effenheid** smoothness, evenness; **effening** levelling, etc; **effentjes** *zie* 2 effen & even II.2

efficient id; **efficientie** efficiency

effigie [burn a p. in] effigy

efoor ephor

eg harrow; **EG** afk van *Europese Gemeenschap* EC, European Community; *voor sam vgl* euro-

egaal smooth, level, even; *de lucht was ~ grauw* the sky was a uniform (solid) grey; *het is mij ~* it's all the same (all one) to me; **egalisatiefonds** exchange equalization fund; **egaliseren** level, smooth; *zie* effenen; **egalitair** egalitarian

egard(s) regard(s), attention(s), consideration; *met de nodige ~s behandelen* show deference [to a p.]; **Egeïsch** Aegean [Islands, Sea]

egel hedgehog

egelantier sweet-briar, eglantine

egelboterbloem spearwort; **egelskop**: (*grote*) ~ (branched) bur-reed; **egelstelling** (*mil*) hedgehog; **egelvis** globe-, puff-, swell-fish, puffer

egge harrow; **eggen** harrow

EG-jargon Eurobabble, -jargon, -speak; *vgl* euro-

egocentrisch egocentric (*bw:* -ally), self-centred; **egoïsme** egoism, selfishness; *ziekelijk ~* egomania; **egoïst** egoist, self-seeker; **egoïstisch** egoistic(al), selfish; **egotistisch** egotistical, self--centred; **egotrip(pen)** ego-trip

Egypte Egypt; **Egyptenaar** Egyptian; **Egyptisch** Egyptian [darkness]; **egyptologie** Egyptology; **egyptoloog** Egyptologist

E.H.B.O. first aid [diploma, post]; *vgl* eerstehulp; **E.H.B.O.-(st)er** first-aider

1 ei *tw* indeed!, ah!

2 ei *zn* 1 egg; (*wtsch, dierk*) ovum (*mv:* ova); (*plantk*) ovule; *~tje, (dierk)* ovule; *het ~ van Columbus* the egg of Columbus; *een zacht (gekookt) ~tje, (fig)* a piece of cake, a walkover, (*Am*) a cinch; *beter een half ~ dan een lege dop* half a loaf is better than no bread; *het ~ wil wijzer zijn dan de hen* teach your grandmother to suck eggs; *als een kip die haar ~ niet kwijt kan* like a cat on hot bricks (on a hot tin roof); *zijn ~ niet kwijt kunnen* be unable to say what one wants (to express o.s.); *zijn ~ gelegd hebben* have made one's point; *zij lijken op elkaar als het ene ~ op het andere* they are as like as two peas (in a pod); *met een ~ zitten* be in a quandary; *een ~tje te pellen hebben* have a bone to pick [with a p.]; *als op*

~eren lopen tread (walk) warily; *~eren voor zijn geld kiezen* make the best of a bad job (bargain); *zie ook* zoeken; 2 (*~ ve vent*), (*fam*) wimp, wet; (*Am*) dweeb

eiber stork

eicel germ-cell, ovum

eiderdons eider(down); **eider|eend, -gans** eider (duck)

eidetica eidetics; **eidofoor** Eidophor

eidooier (egg-)yolk

eier|brood brioche; **-dans** egg-dance; **-dooier** (egg-)yolk; **-dop** eggshell; **-dopje** egg-cup; **-eten**: *dat is het hele ~* that's all there's to it; **-klopper, -klutser** egg-beater, egg-whisk; **-koek** 1 (*vglb*) sponge cake; 2 omelet(te); **-koker** egg-boiler; **-kolen** ovoid coal(s), ovoids; **-leggend** egg-laying, oviparous; **-lepeltje** egg--spoon; **-levendbarend** ovoviviparous; **-lijst** ovolo (moulding), egg and dart, egg and anchor, egg and tongue (moulding); **-lopen** (*volksfeest*) egg-and-spoon race; **-mijn** egg-market; **-plant** egg-plant; **-pruim** egg-plum; **-rekje** egg-rack, egg-stand; **-schaal** eggshell [china *porselein*]; **-snijder** egg-slicer; **-stok** ovary; **-struif** 1 (contents of broken) egg; 2 omelette; **-tikken** crack(ing) eggs together; **-warmer** egg-cosy; **-wekker** egg-timer; **-zwam** chanterelle

Eiffeltoren Eiffel Tower

eigeel yellow (of an egg), (egg-)yolk

eigen I *bn* 1 own; private [grave, carriage, car, girls with private incomes]; personal [observation]; (*vd ~ partij*) friendly [bombing, fire]; *hij heeft een ~ huis* (*wil, enz*) he has a house (a will, etc) of his own; *hij kent zijn ~ **belang*** he knows (on) which side his bread is buttered; *~ **bijdrage*** personal contribution; (*v recept, vglb*) prescription charge; *zijn ~ **dood** sterven* die a natural death; *voor* (*tot*) *~ **gebruik*** for one's private use, apply [money] to one's own use; *zijn ~ **huis*** his own house; *~ **teelt*** home-grown [tobacco]; *~ **weg*** private road; *ze gingen ieder hun ~ weg* they went their respective (separate) ways; *dit zijn haar ~ **woorden**,* (*ook*) these are her very words; *zij is een ~ **zuster*** (*nicht, enz*) *van ...* she is own sister (cousin, etc) to ...; 2 (*aangeboren*) innate, natural; (*eigenaardig*) peculiar; *die glimlach is hem ~* that is his own special smile; *zoals honden ~ is* [the dog made up to him] as dogs will; *is dit u ~ of aangeleerd?* is this natural to you or acquired?; *het lachen is de mens ~* (*~ aan de mens*) laughing is peculiar to man; *met de hem ~ moed* with the courage so characteristic of him; *~ **aan*** [defects] inherent in [the system]; [diseases] proper to [the tropics]; 3 (*vertrouwelijk*) familiar, intimate; *~ bedankt* family hold back; *zich ~ **maken*** acquire [a manner, language], contract [a habit], get conversant with, master, pick up [a language]; *we maakten ons hun gewoonten spoedig ~,* (*ook*) we soon fell into their habits; (*zeer*) *~ zijn **met** iem* be on (the most) intimate terms with a p.; *zeer ~ met elkaar,* (*ook*) [be] very thick (together); 4 (*gewend*) at home; *ik **ben** hier al ~* I am already at home here; 5 (*eenkennig*) shy; 6 (*zelfde*) same; *op de ~*(*ste*) ***dag*** (on) the very (the (very) same) day; *zie ook* gelijk, naam, persoon, enz; II *zn* own; *de liefde tot het ~e* love of one's own; *mijn, je, enz ~,* (*fam*) my-, yourself, etc; *op je ~ wonen* live on one's own; *van ~*(*s*) naturally

eigenaar owner [of a book, an estate, etc], proprietor [of an estate, a hotel]; *van ~ veranderen* change hands; *verandering van ~* change of owner(ship); **eigenaar-bewoner** owner-occupier, OO

eigen|aardig peculiar, singular; *op zijn ~e manier* [he cut up his bread] in a way he had; *het heeft iets ~s,* (*ook*) there is s.t. curious (*nog iets ~s* another curious thing) about it; **-aardigheid** peculiarity, (*vooral geestelijke*) idiosyncrasy; *hij heeft zijn eigenaardigheden,* (*ook*) he has his oddities

eigenares (woman) owner; proprietress; *vgl* eigenaar; **eigenbaat** egoism, selfishness; **eigenbelang** self-interest; *uit ~* from interested motives; **eigenbouw** home-built [racing car]

eigendom property; *uit huizen bestaand ~* house property; *het ~ van ...,* (*ook*) owned by ..., [British] owned; *het ~ worden van ...* pass into the ownership of ..., pass to [his son]; *iets tot zijn ~ maken,* (*fig*) make something one's own; *gebouwde en ongebouwde ~men* real estate; **eigendomsbewijs** title-deed; **eigendomsoverdracht** transfer of property; **eigendomsrecht** proprietary right(s), ownership, title [the title remains in the seller], tenure; (*ve boek*) copyright

eigendunk (self-)conceit; **eigendunkelijk** *zie* -machtig; **eigenen**: *zich ~ voor, zie* geschikt: *~ zijn voor*

eigen|erfde freeholder; **-gebakken** home-baked (-made); **-gebrouwen** home-brewed; **-geërfde** freeholder; **-gemaakt** home-made; **-gerechtig** self-righteous; self-opinionated; self-willed, wilful; **-gerechtigheid** 1 self-righteousness; self--will; 2 act of wilfulness; **-gereid** arbitrary [behaviour], self-willed, refractory [persons]; **-gesponnen** homespun; **-gewicht** nett weight; **-handig** with one's own hand, [written] in one's own hand(writing), autograph(ic); (*op brief*) by hand; *~ geschreven brief* (*stuk*) autograph (letter, document), holograph (letter, document); *door de Koning ~ geschreven* in the King's own handwriting; **-heid** (cultural, etc) identity, special character, individuality, singularity; **-liefde** self-love, love of self, amour propre

eigenlijk I *bn* proper [fraction *breuk;* sense *betekenis*]; real [name, reason]; *de ~e roman* (*City*) the novel (City) proper; *het ~e Griekenland,* (*ook*) Greece properly so called; II *bw ~* (*gezegd*) properly (strictly) speaking, really, basically; *dat is het, waarvoor ik ~ kom* that's what I really came for; *wat voer je nu ~ uit?* what are you doing actually?; *wat weten we er ~ van?* what do we know of it after all?; *wat wil je ~, dat ik doe?* what exactly do you want me to do?; *wat is een limoen ~?* just what is a lime?; *wat moet je hier ~?* what are you here for anyway?; *~ moest het niet nodig zijn* in theory it should not be necessary; *~ deed hij* *niets verkeerds* in point of fact he did nothing wrong; ~ *niet*, (*ook*) hardly [I can hardly say I like it; it's hardly fair]; *ik kan het toch ~ niet doen* I can't very well (I can hardly) do it; ~ *vreselijk* dreadful when you come to think of it

eigen|lof *zie* -roem & lof; **-machtig** arbitrary, high-handed; ~ *optreden*, (*ook*) take matters into one's own hands; **-machtigheid** arbitrariness, high-handedness; **-naam** proper name; (*tlk*) proper noun; **-roem** self-praise [is no recommendation *stinkt*], self-advertising, blowing one's own trumpet; **-schap** quality [of persons; (*ook: goede ~*) he has many (good) qualities; *zie* hoedanigheid], property [of things: the properties of mercury, of the circle, of matter *de stof*], attribute [of God, persons, things]; (*vereiste ~*) qualification; (*rek*) law, rule; *goede ~pen*, (*ve paard, enz*) points; **-soortig** sui generis, unique; **-standig** 1 independent; 2 native; **-tijds** contemporary, modern, up-to-date, present-day [English]; **-tijdsheid** contemporariness, modernity; **-waan** (self-)conceit, overweening conceit; conceitedness; **-waarde**: *gevoel van ~* self-respect, self-esteem; sense of one's own dignity; *een overdreven gevoel van ~ hebben* overrate one's own importance; **-wijs** 1 opinionated, (*fam*) pig-headed, bloody-minded; *kinderen zijn zo ~* children always think they know better; *stuk ~* clever-clogs, wise guy; 2 cute [a cute little hat]; **-wijsheid** (self-)conceit, conceitedness; **-willig** I *bn zie* -zinnig; II *bw* voluntarily, of one's own free will; **-zinnig** self-willed, obstinate, wilful, headstrong, wayward, wrong-headed; (*fam*) pig-headed; **-zinnigheid** self-will, obstinacy, wilfulness, waywardness, (*fam*) pig-headedness

eik oak

eike|blad oak leaf; **-bladsla** oak-leaf lettuce; **-boom** oak tree; **-gal** oak apple, oak gall; **-hakhout** oak scrub; **-hout** oak(wood); **-houten** oak; **-kroon** crown of oak(leaves); *Orde van de ~* Order of the Crown of Oak

eikel 1 acorn; 2 (*anat*) glans (penis); 3 (*sl*) oaf; **eikeldopje** acorn cup; **eikeldragend** glandiferous; **eikelen** (*sl*) drivel, blether; **eikeloof** oak-leaves; **eikelvormig** acorn-shaped, glandiform; **eikemos** oak moss; **eiken** oak; **eikenbos** oak-wood, (*groot*) oak forest, (*~je*) oak grove

eike|schors oak-bark; *gemalen ~* tan; **-stam** oak-trunk; **-tak** oak-branch; **-varen** oak-fern

eilaas, eilacie alas, alack-a-day, lackaday

eiland island (*ook fig:* an island of peace); (*dicht & met [Britse] eigennaam, meestal v kleine ~en*) isle [this sceptred isle; the Isle of Wight, the Scilly Isles; the island of Java, the Hawaii Islands]; *~je* islet; *de Britse ~en* the British Isles; *op een ~* [live] on (*groot ook:* in) an island; *we zitten hier niet op een ~* there are other people in the world *zie* boor~, wind, enz

eilandbewoner islander; **eilandengroep** group of islands, archipelago; **eilandenrijk** (*Japan*) island empire; (*Indonesië*) archipelago; **eilander** islander; **eilandgebied** island territory; **eilandperron** island platform

eileider oviduct; (*in zoogdieren*) Fallopian (*of:* uterine) tube; **eilieve** (*vero*) pray

eind 1 (*slot*) end, termination, conclusion, close; ending [a happy ending]; *dat is het ~e*, (*fam*) the ultimate, out of this world; *het ~ van mijn bemoeiingen was een weigering* my exertions resulted in a refusal; *~ **goed**, al goed* all is well that ends well; *aan alles **komt** een ~* there is an end to everything, all good things come to an end; *er scheen geen ~ aan de tocht te komen* the journey seemed interminable; *eindelijk kwam er een ~ aan* at last it came to an end; *daar moet een ~ aan komen* that must stop; *het ~ (j)e zal de **last** dragen* we'll see what we'll see; *het ~ van het **liedje** was dat* ... the end (the upshot) of it was that ...; *een ~ **maken** aan* put an end (put a stop, put paid) to, make an end of, end [one's life], cut short [a p.'s career], terminate [the partnership], bring [a campaign] to a close (a conclusion), (bring to a) stop, put down [abuses], break up [a party]; *een ~e **nemen*** come to an end; *zal dat gezeur dan geen ~e nemen?* shall I never hear the last of it?; *praten dat ze doen* (*brutaal dat hij is*), *daar is het ~ van **weg*** they keep on talking endlessly (there is no limit to his cheek); *ik **zie** er het ~e niet van* I see no end to it; *zie ook* 5; *we zijn nog niet **aan** het ~e* the end is not yet; ***in** (**op**) het ~* in the end, at last; *op het ~ van* at the end of [April], [it was] late [July]; *op het ~ van de 14de eeuw*, (*ook*) late in the 14th century; *op een ~e lopen, zie beneden:* ten ~e lopen; ***te** dien ~e* to that end, for that purpose, with that end in view; ***tegen** het ~e*, (*vh leven bijv*) latterly; *tegen het ~e van mei* towards (by) the end of May; ***ten** ~e* [his troubles are] at an end; *ten ~e te* in order to; *ten ~e brengen* bring to a conclusion (an end, a close), go through with; *ten ~e lezen* read (right) through [the book]; *ten ~e lopen* draw to a close, come to an end, (*ve contract, enz*) expire; *mijn geduld loopt* (*is*) *ten ~e* my ... is wearing thin (is at an end, exhausted); *ten ~e raad* [I'm] at my wits' (wit's) end; *ten ~e toe* [they will disagree] to the end; *de zaak werd **tot** een goed ~e gebracht* the affair was carried to a happy (successful) conclusion; *tot het ~e* (*toe*) till the end; *tot het ~e der tijden* to the end of time; *hoor mij aan tot het ~e* hear me out; *de zaak tot het ~ toe doorzetten* see the thing through; *tot een ~ komen* come to an end, terminate; ***van** het ene ~ tot het andere* from end to end; ***zonder** ~* without end; endless [chain, labour], *schroef zonder ~*, (*ook*) worm; interminable [discussions]; 2 (*uiteinde*) extremity, end; tail [the tail of the procession]; *de ~jes aan elkaar knopen*, (*fig*) make both ends meet; *zijn ~je vasthouden* stick to one's point (one's text); ***aan** het andere ~ van de wereld* [live] at the back of beyond, on the edge of the world, [the place is almost] off the map; *aan het langste* (*kortste*) *~ trekken* have the best (get the worst) of it; (*kortste, ook*) draw the short straw (tegenover *from*); *je hebt het **bij** het rechte ~* you've got it right, you have hit the mark; *je hebt het bij het verkeerde ~* you've got hold of the wrong end of the stick;

bij het verkeerde ~ aanpakken tackle [a problem] at (from) the wrong end; 3 (*dood*) [it made me think of my] (latter) end; *hij voelde zijn ~e naderen* he felt his end drawing near; *lelijk* ***aan*** *zijn ~ komen* come to a bad end; *het loopt met hem* ***op*** *een ~* his end is drawing near, he (the patient) is sinking fast; 4 (*stuk*) piece [of wood, of string], length [of rope, of string]; *~je* [fag, cigar] end; [cigarette] stub, butt; [pencil] stub, stump; *~je kaars* bit of candle, candle-end; *~(je) touw* piece (*of:* length) of string (*dik:* of rope), (*ter afranseling*) rope's end; *een klein ~je,* (*afstand*) a short distance; *het huis staat een ~ van de straat* the ... stands back from the street; *een ~ verder* a little way further; 5 (*afstand, tijd*) distance, way; [the final] stretch; *ze kon ~en (ver) lopen* she could walk long distances; *een ~(je) met iem oplopen* walk part of the way with a p.; *een* ***heel*** *~* quite a long way; *een heel ~ over tienen* well after ten; *daarmee kom ik een heel ~* it will go far to pay (towards paying) my expenses (to pay for my journey, etc), it will go a long way; *een heel ~* (*weg*) a long way (off); *ik ben al een heel ~ in dat boek* I am quite a way through ...; *een heel ~ in januari* [we are] well into January; *een heel ~ in de 60* [he is] well into (well on in) the sixties, well over 60; *hij stak een heel ~ boven hen uit* he towered head and shoulders above them; *een ~* ***weegs*** [accompany a p.] part of the way, for a stretch; *een ~* ***weg*** *kletsen* talk (chatter, jaw) away; *zie ook* stuk

eindaccent final accent; **eindbedrag** total (amount), sum total; **eindbeslissing** final decision (say); **eindbestemming** (ultimate) destination; *dit is G, ~ van deze trein* this is G, this train terminates here; **eindcijfer** final figure, result; (*v optelling*) (grand) total; (*school*) final mark; **eindconclusie** final (*uiteindelijk:* ultimate) conclusion; **einddatum** final (last, closing) date; **einddiploma** (school-)leaving certificate, diploma; **einddoel** final (ultimate) object (aim, goal); **einde** *zie* eind; **eindejaarsgeschenk** Christmas present; New Year's gift; **eindejaarstoelage** New Year (*of:* Christmas) bonus

eindelijk I *bw* at last, at length, in the end, finally, ultimately; *~ en ten laatste* at long last; *zie ook* nu; II *bn* ultimate

eindeloos 1 endless, unending, infinite, interminable; *het duurde ~ voordat hij kwam* it took ages before he came, he took ages to come (an interminable time in coming); 2 (*sl*) super; *zie ook* bink; **eindeloosheid** endlessness, infinity

einder horizon

eindexamen (school-)leaving exam(ination), final examination; *vgl* examen

eindfase final phase (stage); *vgl* eindstadium

eindig finite [number, universe], terminal [fraction *breuk*]; **eindigen** I *intr* end, finish, terminate, [now I must] conclude, come to an end (a conclusion), stop [we'll stop now], end up [she ends up thus]; *in het juist geëindigde jaar* in the year just completed; *de zitting eindigde,* (*ook*) the session broke up; *~ als onderkoning* end up Viceroy; *~* ***in*** end (terminate) in [a point, etc]; *~* ***met*** end in [death, defeat], wind (finish, end) up with [a song]; *~ met* ... end (up) by [saying ..., by opposing each other]; *de opstand eindigde met de omverwerping van de regering* the uprising resulted in the overthrow of ...; *~* ***op*** *een klinker* end in a vowel; *hij eindigt, waar hij begonnen is,* (*ook*) he has come full circle; II *tr* end [one's life], finish [one's work], close, conclude [a letter], terminate [a contract]; **eindigheid** finiteness

eindindruk final impression (judgment)

eind|klank final sound; **-klassement** (*sp*) final (overall) ranking; *plaats in het ~* final placing; **-lijst** final list; (*school*) examination results; **-medeklinker** final consonant; **-meet** *zie* -streep; **-oogmerk** ultimate aim; **-oordeel** final judg(e)ment, conclusion; **-oorzaak** final cause; **-paal** limit, bound, goal; (*bij wedstrijd*) winning-post; **-produkt** final (end-)product, finished article; **-punt** end, farthest point; (*ve spoorw, enz*) [railway, tram, bus] terminus; *is dit het ~?* is this as far as we go?; *dit is het ~ van deze trein* this train terminates here; *~!,* (*bus, tram*) all change, please!; **-rapport** final report; (*school*) end-of-year report; school-leaving report; **-redacteur** (*vglb*) chief editor; **-redactie** final editing; **-reductie** final drive ratio; **-regeling** final settlement; **-resultaat** final (end, net) result, upshot, [the] sum total [is that ...]; **-rijm** end-rhyme; **-ronde** final round; **-saldo** final (*einde ve periode:* closing) balance; **-signaal** (*sp*) final whistle (hooter, etc); **-spel** endgame; **-sprint**, **-spurt** final sprint; **-stadium** final stage(s); (*dodelijk*) terminal phase; *kanker in het ~* terminal cancer; **-stand** final score (result), close-of-play score; **-standig** (*plantk*) terminal; **-station** terminus, terminal station; (*fig ook*) final goal, end of the line; **-streep** (*sp*) [cross the] finishing line, [go through the] finish; *de ~ halen,* (*ook fig*) be successful, make it; *de ~ niet halen,* (*fig*) [the bill will] not get through; *vgl* kloppen; **-strijd** final(s)en goals [of an educational programme]; **-termijn** *zie* -datum; **-tijd** finishing time; **-uitslag** final result(s), final (*uit meer dan één beurt, partij, enz:* aggregate) score; **-vonnis** final sentence, final judg(e)ment; **-wedstrijd** final (match); (*om beker*) cup final; **-zitting** closing session [of a congress], winding-up session

eirond oval, egg-shaped

eis demand, claim; *export is een dringende ~* ... is an urgent necessity; (*gestelde ~, voor examen, enz, meestal mv*) requirement, (*voor toelating, ook*) qualifications for entrance, entrance qualifications; (*tot echtscheiding, enz*) petition; (*vh Openbaar Ministerie*) sentence demanded by the Public Prosecutor (*bestaat niet in Eng*); *de ~en van het verkeer* (*van het moderne drama*) the exigencies of traffic (of the modern drama); *~ tot schadevergoeding* claim for damages; *iems ~* ***afwijzen,*** (*jur*) find against a p., nonsuit a p.; *van zijn ~* ***afzien*** waive one's claim; *een ~* ***instellen*** bring (file, put in) a claim [*tot* for], bring an action [*tegen* against]; *een ~ instellen tegen iem*, (*jur ook*) sue a p. [*tot* for]; *~en* ***stellen*** make demands; *hoge ~en stellen* make high demands [*aan* (up)on], pitch one's demands high; *hoge ~en aan iems betrouwbaarheid stellen* exact a high standard of reliability; *de ~* ***toewijzen***, (*jur*) enter (give) judg(e)ment for the plaintiff, find for the plaintiff; *aan de ~en* (*des tijds*) ***voldoen*** come up to the requirements (meet modern standards); ***naar*** *de ~* properly, as (is, was) required; *naar de ~en des tijds* in accordance with modern standards, up-to-date; *zie ook* ontvankelijk, ontzeggen, pakket, enz

eïs (*muz*) E sharp

eisen demand [*van* of, from], require [*van* of], claim [damages from], take [time], call for [the cases call for separate consideration]; *herstel ~* demand reparation; *het vraagstuk eist dringend de aandacht* the problem is clamouring for attention; *u eist heel wat* yours (*of:* that) is a tall order; *dit eiste veel mensenlevens* this caused heavy loss of life; *zie ook* vergen; **eisenpakket** list of demands; **eiser(es)** (*jur*) plaintiff, prosecutor (prosecutrix); (*vooral jur*) claimant, suitor; (*bij echtscheiding*) petitioner

eivol crammed, packed [hall]; [the train was] chock-full, chock-a-block

eivorm oval, egg-shape; **eivormig** oval, egg-shaped, oviform, ovoid

eiwit 1 (*ve ei*) egg-white, white of egg, glair, albumen; 2 (*proteïne*) protein; (*albumine*) albumin; **eiwitachtig**: *~e stof* albuminoid; **eiwitarm** low-protein; **eiwithoudend** albuminous; **eiwitrijk** high-protein [diet]; **eiwitstof** *zie* eiwit 2; **eiwitten** *ww* glair

ejacu|laat semen, ejaculate; **-leren** ejaculate

e.k. *zie* eerstkomend; **EK** European championship

ekster magpie; **eksteroog** corn; *iem op zijn eksterogen trappen* tread on a p.'s corns; *zie ook* likdoorn

el (Dutch) ell; (*bijb*) cubit; (*Engelse ~*) yard (*91,4 cm*); (*maatstok, vglb*) yardstick; *bij de ~ uitmeten* measure by the yard

elan élan, dash, impetuousness

eland elk; *Noordamerikaanse ~* moose(-deer); (*Z-Afr*) eland

elastici|teit elasticity; **-teitsgrens** elastic limit

elastiek I *zn* (*ook: ~je*) (piece of) elastic, rubber band, elastic band; II *bn* elastic; **elastieken** elastic; **elastiekspringen** bungee jumping; **elastisch** elastic [band, concept, conscience], springy [step, sword]; **Elckerlijc** Everyman

elders elsewhere; *ergens ~* somewhere else; *nergens ~* nowhere else; *overal ~* everywhere (anywhere) else; *naar ~* [go] elsewhere; *zie ook* onderbrengen

eldorado id

electie election; **electoraal** electoral; **electoraat** electorate (*beide bet*)

elefantiasis elephantiasis

elegant elegant [clothes, lady, manners, solution], graceful, stylish, smart [smartly dressed]; **elegantie** elegance, grace(fulness)

elegie elegy; **elegisch** elegiac

elektra 1 electricity (supply); 2 electrical goods

elektricien electrician

elektriciteit electricity [bill, cable, company, grid, meter, supply]; *door ~ ontleden* electrolyse

elektriciteitsdistributiebedrijf power-distribution company; **elektriciteitsnet** (power, electricity) grid; **elektriciteitsproduktiemaatschappij** (power-)generating company

elektri|ficatie electrification; **-ficeren** electrify

elektrisch electric [blanket, chair, current, field, generator, light, railway, shock, wiring], electrical [apparatus, appliances, engineering, an electrical fault, an electrically powered tool, electrically charged]; [cook] with electricity; *zie ook* bedrijf & centrale

elektriseren electrify, (*fig ook*) galvanize; **elektrisering** electrification

elektrocardiogram electrocardiogram, ECG

elektrode electrode

elektrodynamica electrodynamics; **elektrodynamisch** electrodynamic; *~e luidspreker* moving coil speaker

elektro-encefalogram electroencephalogram, EEG

elektroforese electrophoresis

elektrofysiologie electrophysiology

elektrokar electric trolley (truck, cart)

elektrokuteren electrocute; **elektrokutie** electrocution

elektro|lyse electrolysis; **-lyt** electrolyte

elektro|magneet electromagnet; **-magnetisch** electromagnetic [brake, lens, switch, wave]; **-magnetisme** electromagnetism

elektrometer electrometer

elektromonteur electrician, electrical fitter

elektromotor electric motor; **elektromotorisch** electromotive [force]

elek|tron electron; **-tronenbuis** (electron) tube, valve; **-tronenflits** electronic flash(-gun); **-tronenmicroscoop** electron microscope

elektro|nica electronics; **-nicus** electronic engineer; **-nisch** electronic [components, data processing, ignition, mail, music, shopping]; *~ betalen* electronic funds transfer (at point of sale), (*Br*) EFTPOS, (*Am*) EFT; *~e voorraadbewaking* electronic point of sale (system), EPOS

elektroschoktherapie electroshock (electric shock, electroconvulsive) therapy

elektroscoop electroscope

elektro|technicus electrical engineer; **-techniek** electrical engineering; **-technisch** electrotechnical; *~ ingenieur* electrical engineer; **-technologie** electrotechnology, -technics

elektrotherapie electrotherapeutics, electropathy

elektrotypie electrotype, -typing

element 1 id; (*meubilair*) unit; (*bouw~*) id, component; (*fig ook*) spirit [discontented spirits]; *zich* (*niet*) *in zijn ~ voelen* be in one's element (be out of one's element, feel out of it, feel lost); 2 (*elektr*) [wet, dry] cell; (*v pickup*) cartridge; **elementair** elementary, basic; *~ leerboek* elementa-

ry textbook, primer; **Eleonora** Eleanor
ele|vatie elevation; (*r-k*) Elevation (of the Host); **-vatiehoek** (angle of) elevation; **-vator** id, hoist
elf I *zn* 1 (*geest*) elf (*mv:* elves); *~je* fairy; 2 (*sp*) *zie* elftal; II *telw* [number] eleven; *~ mei* the eleventh of May, May eleven(th); *bij elven* coming on for (close on) eleven; *vgl* met; **elfde** I *bn* eleventh; II *zn* eleventh (part); *ter ~r ure* at the eleventh hour
elfen- elfin [feet], fairy [queen, ring]; **elfenbankje** bracket fungus
elfendertigst: *op zijn ~* at a snail's pace; *hij doet alles op zijn ~* he ... in a slow and roundabout way; *zie ook* gemak: op zijn ~
elf|hoek hendecagon; **-hoekig** hendecagonal; **-jarig** *vgl* jarig; **-meterstip** penalty spot, [score from the] spot; **-stedentocht** [Frisian] eleven-towns skating-race
elft shad
elf|tal 1 (number of) eleven; 2 (*sp*) eleven, team, side; **-talcommissie** selection committee; **-tallig** undecimal; *vgl* tientallig; **-uurtje** [have one's] elevenses; **-voud** multipe of eleven; **-voudig** elevenfold
elger eel-spear; **Elia** (*I Kr. 8:27*) Eliah; (*I Kon. 17:1*) Elijah; (*Matth. 11:14*) Elias; **Elias** id
elideren elide
eliminatie elimination; **elimineren** eliminate (*ook in wisk*), cut out
elisie elision
elitair élitist; **elitarisme** elitism; **elite** élite, smart set, rank and fashion, best people, top people; **eliteregiment** crack regiment; **elitisme** elitism
elixer elixir
Eliza id; **Elizabeth** id; *van (Koningin) ~* Elizabethan; **Elizabethaans** Elizabethan [age, poetry]
elk 1 (*bijvoegl*) every [he comes here every day], (*willekeurig*) any [he may come any day]; (*~ afzonderlijk*) each; 2 (*zelfst*) everyone, everybody, anyone, anybody, each; [they cost a penny] each, apiece; *vgl* 1 *& zie ook* ieder, iegelijk & wil
elkaar, **elkander** each other, one another; *~ zenuwachtig maken* get on each other's (one another's) nerves; ***aan*** *~* [glue, stick, weld, etc] together; *ik kan de stukjes niet aan ~ krijgen* the pieces won't join (won't fit); *aan ~ leggen* lay end to end; *aan ~ zetten* set [the tables] together (*of:* one to another); *vgl de sam met* aaneen; ***achter*** *~* behind (after) each other (one another); [they lined the pavement six] deep; *achter ~ de kamer in- (uit)gaan* file into (out of) the room; *achter ~ lopen* walk in single (*of:* Indian) file; *zie ook* achtereen; ***bij*** *~* together; *zij nam haar rokken bij ~* she gathered her skirts; *deze woorden worden* ***door*** *~ gebruikt* are interchangeable, are used indifferently; *door ~* [everything was lying] in a heap (*of:* higgledy-piggledy), [they were sitting about] just anyhow; *door ~ genomen* (*gerekend*) one (one year, etc) with another, on an average; *door ~ gooien* jumble up, make hay of [one's papers]; *door ~ halen* (*haspelen*) mix (*of:* jumble) up; *door ~ mengen* mix through; *door ~ schudden* shake up; give [a p.] a [good] shaking; *door ~ geschud worden,* (*in rijtuig*) be jolted (to pieces); *door ~ spreken* speak together (at the same time); *hun handen* ***in*** *~ leggen,* (*ten huwelijk*) join their hands; *in ~ zetten* put together; assemble [parts of a motorcar], stack [plates *borden*], (*vlug*) knock together [a play], run up [a fire-escape]; *iem in ~ slaan* (*trimmen*) beat a p. up; *het stuk* (*de avond*) *zat goed in ~* the play was well made (the evening was well organized); *ik snap niet hoe de zaak in ~ zit* I cannot get the hang of the business; ***met*** *~* together; *ze hadden met ~ nog geen shilling* they could not muster a shilling between (among) them; *zij kochten het huis met* (***onder***) *~* between them (*v twee of meer*), among them (*v meer*); *getallen onder ~ zetten* place one figure below the other; ***na*** *~* after each other, one after another, [they arrived] within [a few minutes] of each other; *10 dagen na ~ verzonden* shipped 10 days apart; *3 jaar na ~* 3 years in succession; ***naast*** *~* side by side, abreast, in juxtaposition; *naast ~ plaatsen,* (*ook*) juxtapose; ***onder*** *~* [they were talking] among themselves; *zie ook boven:* met ~; ***op*** *~* one on top of the other, on top of each other; *ik ken ze niet* ***uit*** *~* I don't know them apart, I don't know one from the other (which is which); *uit ~ gaan* separate, (*met ruzie*) split up, (*als vrienden*) part [(as) friends]; *het kan uit ~ worden genomen* it can be taken to pieces; *zie ook de sam met* uiteen-; *ze hebben niets* ***van*** *~* they have nothing in common, are absolutely unlike; *van ~ gaan* separate, part (company); *ver van ~* [his eyes were] wide apart; *met zijn knieën van ~* his knees apart; *dat is* ***voor*** *~* that is settled; *ik heb het voor ~* I've planned (thought) it all out
elkeen everybody, everyone
elle|boog elbow (*ook v kachelpijp, enz*); *de ellebogen vrij hebben* have elbow-room; *de ellebogen erdoor hebben* be out at elbows; *met de ellebogen werken* use one's elbows, fight (push) one's way up; show Type A behaviour; *achter de ~, zie* mouw: achter de ~; *zie ook* stoten; **-maat** 1 ell, yard; 2 tape-measure; (Dutch) yardstick
ellende misery, distress, woe(s), wretchedness; wretched business; *de ~ van de oorlog* the miseries of war; *geen ~ vóór de tijd* it's no use meeting trouble half-way; *zie ook* dof & ellendig; **ellendeling** wretch, villain; **ellendig** miserable [day, living conditions], wretched [the wretched story; feel wretched]; (*fam*) rotten [have a rotten time, feel rotten], awful; *het ~e was, dat* ... the mischief (the trouble) was that ...; *~ aan zijn eind komen* come to a miserable end, die miserably; *vgl* beroerd; **ellendige** *zn* (poor) wretch; **ellendigheid** misery, wretchedness
ellenlang (many) yards long; (*fig*) lengthy, enormous, sesquipedalian [words], long-drawn out [stories], diffuse [letters]
elle|pijp ulna; **-stok** (*vglb*) yardstick; **-waar** drapers' goods, soft goods
ellips 1 (*figuur*) ellipse; 2 (*gramm*) ellipsis (*mv:* -ses), ellipse; **elliptisch** elliptic(al)
elm(u)svuur: (*sint-*)~ St Elmo's fire
elocutie elocution; **eloquent** id; **eloquentie** elo-

quence; **eloxeren** anodize
elpee LP, long-playing record
elpen|been, **-benen** (*vero*) ivory
els 1 (*priem*) (brad)awl; 2 (*boom*) alder
Els(je) Elsie; **Elseneur** Elsinore; **Elysium** id; **Elyzees** Elysian [fields]; **Elzas**: *de* ~ the Alsace, Alsatia; **Elzas-Lotharingen** Alsace-Lorraine; **Elzas|ser**, **-sisch** Alsatian
elzeboom alder (tree); **elzehout** alder wood; **elzen** *bn* alder; **elzenbos** alder brake; **elzeprop** alder cone
Elzevier Elzevir; **Em.** *zie* eminentie & emeritus
email enamel; ~ *artikelen* enamel(led) ware; **emailleeroven** enamelling stove; **emailleren** enamel
emanatie emanation
emanci|patie emancipation; **-peren** emancipate
Emanuel id
emballage packing; **emballeren** pack (up); **emballeur** packer
embargo id; *onder ~ leggen* embargo, lay (put) an embargo on, place under (an) embargo; *het ~ opheffen* raise (remove, lift) the embargo; *~ tot donderdag 21 oktober, 12.00 uur,* (*pers*) embargoed until (not to be released before) 12 noon, Thursday, October 21st
embarkeren embark [troops]
embarras du choix embarras de richesses (de choix)
embleem emblem; (*op auto*) badging; *zie ook* beeldmerk; **emblema** emblem; **emblematisch** emblematic(al)
embolie embolism; **embolus** id
embonpoint id, plumpness, stoutness
embouchure id; **embrasse** tie-back, curtain loop
embryo id; **embryologie** embryology; **embryoloog** embryologist; **embryonaal** embryonic, *in het -nale stadium* [the scheme is still] in its embryonic stage, in embryo
emelt leatherjacket
emendatie emendation; **emenderen** emend
emeritaat superannuation; *zijn ~ aanvragen* apply for (*of:* seek) superannuation; *tijdens zijn ~* after his retirement; **emeritus** id, retired; *~ predikant* pastor emeritus; *~ Prof. Strong* Em. Prof. Strong
emfatisch emphatic; **emfaze** emphasis
emfyseem (pulmonary) emphysema
emigrant emigrant; **emigratie** emigration; **emigré** émigré; **emigreren** emigrate
Emile id; **Emilia**, **Emilie** Emily
eminent id, outstanding; **eminentie** eminence; *Zijne* (*Uwe*) *E~* His (Your) Eminence
emir emir; **emiraat** emirate
emissie emission [of particles, smoke]; (*handel*) issue; **emissie|bank**, **-huis** issuing house; **emissiekoers** price of issue; **emittent** issuer; **emitteren** emit [light, noxious fumes]; (*handel*) issue
Emmaüsgangers men of Emmaus
emmer bucket, pail; *iem een ~ koud water over het lijf gieten,* (*fig*) pour cold water on a p.'s joy (enthusiasm, etc); *het regent alsof het met ~s uit de lucht valt* it is coming down in buckets, it is raining cats and dogs; *alsof je een ~ leeggooit* pots and pots of it; *zie ook* druppel; **emmerbaggermolen** multi-bucket ladder dredger; **emmeren** (*fam*) ya(c)k, chatter, waffle, twaddle; **emmerketting** bucket (elevator) chain; **emmerpomp** stirrup-pump
emoe emu
emolumenten perquisites, fringe benefits, (*fam*) pickings, extras, (*sl*) perks
emotie emotion, excitement, stir; **emotionaliteit** emotionalism, emotionality; **emotioneel** emotional; **emotioneren** emotionalize, disturb, affect (emotionally); *geëmotioneerd reageren* react emotionally
empathie empathy; *~ voelen* empathize; **empathisch** empathic
empire Empire [furniture, style]
empiricus empiric, empiricist; **empirie** empiricism; **empirisch** empiric(al); **empirisme** empiricism; **empirist** empiricist
emplacement [station-, goods-]yard; (*voor kanon*) [gun-]emplacement
emplooi employ, employment; (*theat*) part; *zonder* (*vast*) *~* unemployed; **employé** employee, assistant, clerk; **employeren** employ
EMS afk van *Europees Monetair Stelsel* EMS, European Monetary System
EMU afk van *Economische en Monetaire Unie* EMU, Economic and Monetary Union
emulgator emulsifier; **emulgeren** emulsify; **emulsie** emulsion
en and [miles and miles, mile upon mile]; (*in rek & chem*) plus; *èn ... èn ...* both ... and ...; *en/of* and/or; *en(ne),* ... and, eh, ...; *er zijn dichters ~ dichters* there are poets and poets; *en?* well?; *~, ga je mee?* well, are you coming?; *~ wat dan nog?, ~ wat zou dat?* so what?; *zie ook* maar, nu, of 6, toch, enz
enakskind Son of Anak, giant
en bloc [sell, buy] in the lump; [vote against it] en masse (*of:* in a body)
encadreerband passe-partout; **encadreren** 1 frame; 2 (*mil*) enrol(l) [recruits]
encanailleren: *zich ~* keep low company, cheapen oneself
encaustiek encaustic
encefalitis encephalitis; **encefalogram** encephalogram; **enclave** id
encli|se, **-sis** enclisis; **enclitisch** enclitic
encore id; **en corps** in a body
encycliek encyclical (letter)
encyclo|pedie (en)cyclop(a)edia; *een wandelende ~* a walking encyclop(a)edia; **-pedisch** (en)cyclop(a)edic; **-pedist** encyclop(a)edist
end id; *zie* eind; **endeldarm** rectum
endemie endemic (disease); **endemisch** endemic
en dépôt 1 on deposit; 2 in stock; **en détail** 1 in detail; 2 [sell] retail
endo|cardiaal endocardial; **-crien** endocrine, ductless [gland]; **-dontie** endodontics; **-gamie** endogamy, marrying(-)in; **-geen** endogenous; **-scopie** endoscopy

endossant endorser; **endossement** endorsement; **endosseren** endorse; (*fig*) pass [a question] on [to ...]
endotherm endothermic
ene a, an, one, a certain; *zie verder* 1 & 2 een
enema id (*mv ook:* -mata)
enenmale: *te*(*n*) ~ entirely, altogether, absolutely, utterly
energetisch energetic
energie energy [balance, conservation, crisis, saving, supply, energy-conscious], push, drive, go; power; *hij heeft veel* ~, (*ook, fam*) he has plenty of go in him, is full of go
energie|bedrijf 1 power company; 2 (*centrale*) power station; **-bron** power source, source of energy; **-drager** fuel
energiek energetic (*bw:* -ally), dynamic, vigorous [action], (*vaak ong*) pushing; ~ *persoon,* (*fam*) live wire
energie|verbruik power (energy) consumption; **-voorziening** power supply; **-zuinig** energy efficient, low-energy
enerlei of the same kind (*of:* sort); *zie ook* eender
enerveren excite; ~*d,* (*ook*) nerve-(w)racking
enerzijds on the one side; ~ ... *anderzijds* on the one hand ... on the other
en face 1 (in) full face; 2 face to face; **en famille** [live] as a member of the family; **enfant terrible** id; little (*of:* holy) terror; **enfin** 1 ~, *ga door* well, go on; *maar* ~ but there; 2 (*kortom*) in short, in fine
eng I *bn* 1 (*nauw*) narrow, (*nauwsluitend*) tight; (*besloten*) intimate [circle]; ~*e poort,* (*bijb*) strait gate; ~*e blik* narrow view; *in* ~*ere zin* in a narrower (a more restricted) sense; ~ *behuisd zijn* be cramped (pinched) for room; 2 (*griezelig*) creepy, weird, eerie, scary; *een* ~*e vent, zie* engerd; *waar je* ~ *van wordt* [a story] that gives you the creeps; II *zn zie* es 3
engagement 1 id [*met* to]; 2 (*geëngageerdheid*) commitment; **engageren** engage; (*een advocaat, ook*) brief; *zich* ~ become engaged [*met* to]; *geëngageerde schrijver* committed writer
engel angel (*ook fig:* an angel of a child); ~*tje* (little) angel; (*op schilderij*) love; **engelachtig** angelic (*bw:* -ally), cherubic, seraphic; **engelachtigheid** angelic nature
Engeland England, (*dicht*) Albion
engelbewaarder guardian angel
engelen|bak (upper) gallery; (*de personen*) the gods, the gallery; **-geduld** patience of an angel, angelic patience; **-groet** angelic salutation; **-haar** tinsel; **-koor** 1 choir of angels, angelic choir; 2 (*bk*) angel choir; **-kopje** cherub's head; **-leer** angelology; **-rei** *zie* -koor 1; **-schaar** host of angels; **-stem** angel's voice
engelin angel; **Engelina** Angelina
engels angelic
Engels English; ~*en* English people, Englishmen, -women [they are English]; *de* ~*en* the English; *het* ~ English; *zuiver* ~ pure English, the King's (Queen's) English; *de* ~*e Bank* the Bank of England; ~(*e*) *drop* liquorice all-sorts; ~ *gras* thrift, sea-pink; ~*e hoorn* English horn, cor anglais; ~*e Kerk* Church of England (C of E), Anglican Church; *lid van de* ~*e Kerk,* (*ook*) Anglican, churchman, churchwoman; (*ook*) [she was] Church of England; ~ *leer* moleskin; ~*e naad* French seam; ~*e pleister* court plaster; ~*e sleutel* monkey-wrench, shifting spanner; ~*e vlag* British (national) flag, Union Jack; ~*e wissel* cross points; ~*e ziekte* rachitis, [the] rickets (*daaraan lijdend* rickety); ~ *zout* Epsom salt(s), magnesium sulphate; **Engelse** Englishwoman; *zij is een* ~ (*het zijn* ~*n*), (*ook*) she is (they are) English; **Engelsman** Englishman (*ook:* he is English); **Engeltje** Angelina
engeltjesmaakster 1 (infanticidal) baby-farmer; 2 abortionist; **engelwortel** angelica
engerd creep, horror, horrible (horrid) fellow; *hij is een* ~, (*ook*) he gives you the creeps; **engerling** white grub; **enghartig** narrow-minded; **engheid** narrowness, tightness
en gros [sell] wholesale; ~ *en en détail* wholesale and retail; ~ *handelaar* (*prijs, zaak*) wholesale dealer (price, business); ~ *prijs,* (*ook*) trade price
engte narrow(s); (*zee*~, *ook*) strait(s); (*berg*~) defile; (*land*~) isthmus; (*ve weg, v geest*) narrowness; *vgl* nauw III; **engtevrees** claustrophobia
enharmonisch enharmonic
enig *bn* 1 (*zonder 2de*) only [child], sole [heir], one [his one hope; the one blot on this beautiful landscape]; *iets geheel* ~*s* s.t. entirely unique; ~ *in zijn soort* unique of his (its) kind (*ook:* it's the only book etc of its kind); *de* ~*e* the only man (woman), the only one; *daarin is hij* (*zijn zij*) *de* ~(*st*)*e*(*n*) *niet,* (*ook*) in this he is (they are) not singular; *het* ~(*st*)*e dat ik weet* (*waaraan hij denkt*) the only thing I know (all he thinks about); 2 (*ongeëvenaard*) unique; (*prachtig*) marvellous; *een* ~*e kans,* (*ook*) the chance of a lifetime; *het is* ~ it is wonderful; II *bw* 1 simply; ~ *en alleen* simply and solely; 2 wonderfully, marvellously, uniquely [beautiful]; *wat* ~(*jes*)! how marvellous!; III *vnw* some [give me some money, some books], any [have you any money, any books?, without any trouble], a few [books]; *te* ~*er tijd, a*) [if you should need it] at any time; *b*) [I will need it] at some time (or other); ~*en zeggen* some (people) say; *nogal* ~*e*(*n*), *zie* enkele(n)
eniger|hande, **-lei** of some kind (sort); **enigermate** to some extent, in some degree, in a (*of:* some) measure; **enigerwijze** in some way (or other), in any way
eniggeboren only-begotten; **enigheid** union, unity, unanimity; **eniglijk** solely
enigma id, puzzle; **enigmatisch** enigmatic, puzzling; **enigst** *zie* enig I
enigszins 1 somewhat, in some degree (measure), slightly, distantly (remotely) [it distantly resembles a bluebell]; [can you play? - I can] after a fashion; [he was] a bit of (something of) [a dandy]; (*fam*) [I am] sort of [responsible for her]; *het is* ~ *een tegenvaller* it's a bit of a disappointment; ~ *ongeduldig,* (*ook*) with a touch of impatience [he said ...]; 2 (*ook maar* ~) at all [if it is

at all possible]; *als hij er ook maar ~ om gaf* if he cared at all; *als hij het ~ kan vermijden* if he can possibly (at all) avoid it; *alle ~ belangrijke factoren* all factors of any importance
enjambement enjamb(e)ment; **enjamberend**: *~e versregel* unstopped (run on) line; **enk** *zie* es 3
1 enkel *zn* ankle; *tot de ~s* up to the ankles, ankle-deep [in snow, etc], ankle-length [skirt; skirts are ankle-length]
2 enkel I *bn & telw* 1 single [flower, sheet, thread, track, width]; *geen ~ huis* not a single house; *een ~ deel van Dickens* an odd volume of Dickens; *~ geld* (small) change; *een ~e handschoen* an odd glove; *geen ~e kans* no chance at all, not the slightest chance; *een ~ ogenblikje (regeltje, woord)* just a moment (line, word); *nog een ~ woord* just another word; *één ~ woord(je)* [may I say] just one word?; *~e reis* single (*Am:* one-way) journey, (*kaartje*) single (ticket); *drie ~ (tweede) Groningen* three (second class, *Br:* standard) singles to G., please; *met de ~e uitzondering van* ... with the solitary (sole) exception of ..., the one exception being ...; 2 (*weinig, enige*) a few [hours], one or two; *een ~e maal, (soms)* occasionally, on occasion, once in a blue moon; *~e tijd* a (short) while [later]; *in ~e uren, (ook)* in a matter of hours; *nogal ~e(n)* quite a few, a good (*fam:* a tidy) few; *met ~e Chinezen, (ook)* [Americans] with a sprinkling of Chinese; *zie ook* keer, spoor, enz; II *zn: ~en* some few; III *bw* simply, only, merely; *~ en alleen* simply and solely
enkelband [a torn] ankle ligament
enkelbandsysteem single-system recording
enkeldakstent single tent
enkelgewricht ankle (joint)
enkeling individual; *slechts een ~ bereikte de eindstreep* only one or two reached the finish
enkelsokje ankle sock, (*Am*) anklet
enkel|spel single(s); **-spoor** single track; **-tje** single (ticket); **-voud** singular (number); *in ~* [most paintings only exist] in single copies (in a single copy); *in het ~* in the singular, singular [noun]; **-voudig** 1 (*vs meervoudig*) singular [noun, verb]; *~e kamer* judge sitting alone; 2 (*vs samengesteld*) simple [fraction, leaf, sentence, tenses]
Enkhuizer: *de ~ (almanak), (vglb)* Old Moore('s Almanac); *dat is er een uit de ~* that is a chestnut
en masse id
enne: ~ ... and eh ...
enorm enormous; *het is ~ belangrijk* it's immensely (extremely, tremendously) important; **enormiteit** enormity
en passant in passing, by the way; (*schaaksp*) id; *iets ~ doen, (ook)* take s.t. in one's stride; **en petit comité** *zie* comité; **en plein public** publicly, in public; **en profil** in profile
enquête (official) inquiry, (opinion) poll, (election) survey; (*jur*) hearing; *parlementaire ~* parliamentary inquiry; *een ~ instellen (houden)* set up (hold, conduct) an inquiry [*naar* into]; **enquêtecommissie** inquiry (*of:* fact-finding) committee, board of inquiry; **enquêteformulier** questionnaire; **enquêteren** (conduct a) poll; **enquê|teur, -trice** pollster
en route id, on the road, between the wheels
ensceneren stage, stage-manage; (*fig*) fake [a burglary]
ensemble id (*ook kostuum, muz, enz*), whole; general effect
ent graft
entablement entablature
entameren begin [a task]; broach, approach [a subject], take [the matter] up
enten 1 (*plantk & fig*) graft [*op* (up)on]; 2 (*dierk*) inoculate
entente: ~ (*cordiale*) id; *de E~* the Entente
enter 1 grafter; 2 (*dier*) yearling
enteren 1 board [a ship], (*met enterhaak*) grapple; 2 waylay, buttonhole [a p.]; **enterhaak** grappling-iron, grapnel; **entering** boarding
enteritis id; **entertainen** entertain
enthousiasme enthusiasm, keenness; **enthousiasmeren** kindle with enthusiasm, enthuse [students]; **enthousiast** I *zn* enthusiast, devotee; (*fam*) [football, jazz] fan; II *bn* enthusiastic (*bw:* -ally), keen; (*fam*) wild [*over* about]; *zich ~ tonen, (fam)* enthuse; **enthousiasteling** enthusiast, freak, bug, buff
enting (en)grafting
entiteit entity
entloot graft
entomo|logie entomology; **-loog** entomologist
entourage id, surroundings
entozoön entozoon
entr'acte id, interval, wait (between the acts); (*fig*) interlude
entrain spirit, dash; **entrainement** training establishment; **entraineren** carry along (away) [an audience]
entrecôte id; **entre-deux** 1 centrepiece; 2 (*v kant, enz*) insertion; 3 interval
entree 1 (*het binnenkomen*) entrance, entry; *zijn ~ maken* enter; (*fig*) make one's debut; 2 (*ingang*) entrance; (*vestibule*) (entrance-)hall; 3 (*geld*), *zie* ~geld; *~ betalen* pay for admission; *~ heffen* charge for admission; *~ vrij* admission free; 4 (*recht van toegang*) entrée [he has no entrée there]; 5 (*voorspijs*) entrée; **entreebiljet** ticket (of admission); **entreegeld** admission (money), entrance fee; (*als lid*) entrance fee; *gezamenlijke ~en, (sp)* gate(-money, -receipts); (*theat*) box-office takings; *zie ook* recette; **entreeprijs** price of admission, admission price
entrefilet newspaper item; (*fam*) paragraph
entremets id, dessert, sweet
entre nous between you and me
entrepot: (*particulier*) ~ (private) bonded warehouse; *in ~ opslaan* (store in) bond; *in ~ verkopen* sell in bond; *goederen in ~* bonded goods, goods in bond; *in ~ geleverd New York* bonded terms NY; **entrepreneur** id
entresol entresol, mezzanine (floor)
entrijs graft, scion
entropie entropy
entspleet graft; **entstof** inoculum; (*koepok~*)

vaccine (matter)
envelop(pe) envelope; **envelopperen** enclose (put) in an envelope
enz, **enzovoort(s)** etc, et cetera, and so on, and so forth; ~, ~ etc, etc; and so on and so forth
enzym enzyme; **enzymologie** enzymology
e.o. 1 ex officio; 2 afk van *en omstreken* and environs (surroundings)
Eoceen Eocene; **eoliet** eolith
eolisch aeolian; **eolusharp** Aeolian harp
eosine eosin(e); **Eozoïcum** Eozoic
epacta epact
epateren amaze, shock, dumbfound, stagger
epaulet epaulet(te); (*ve lakei*) shoulder-knot
epenthese epenthesis
epibreren take care of, fix
epicentrum (*geol*) epicentre
epicurisch epicurean; **epicurist** epicurean; (*gastronoom*) epicure; **epicuristisch** epicurean
epidemie epidemic; **epidemiologie** epidemiology; **epidemisch** epidemic (*bw:* -ally)
epi|dermis id; **-diascoop** epidiascope; **-didymis** id (*mv:* -mides); **-duraal** epidural
epiek epic (poetry)
epi|fiet epiphyte; **-fyse** 1 epiphysis; 2 epiphysis (cerebri), pineal gland; **-goon** epigone (*mv ook: -ni*)
epi|graaf epigraph; **-gram** id; **-grammaticus** epigrammatist; **-grammatisch** epigrammatic
epilatie depilation; **epilator** id; **epileerpincet** depilator
epilep|sie epilepsy; **-ticus**, **-tisch** epileptic
epileren depilate
epiloog epilogue
episch epic; ~ *gedicht* epic (poem)
episcoop episcope; **episcopaal(s)** episcopal, episcopalian; **episcopaat** episcopacy
episode episode; incident [only an incident in the conflict]; **episodisch** episodic
epistel epistle; (*vervelend, ook*) screed; **epistemologie** epistemology; **epistolair** epistolary [genre, style]
epi|taaf, **-tafium** epitaph; **epitheel** epithelium; **epitheton** epithet; **epizoën** epizoa
eponiem eponym
epoque epoch; ~ *maken* mark an epoch; make history; **epoquemakend** epoch-making
epos epic, epopee
epoxyde epoxide; **epoxyhars** epoxy, epoxide resin
eppe (*plant*) smallage, wild celery
equator id; **equatoriaal** equatorial
equilibrist id, rope-walker, acrobat
equinox id; **equinoxiaal** equinoctial
equipage 1 (*rijtuig*) id, carriage; 2 (*mar*) ship's company, crew; **equipagemeester** (*mar*) boatswain; **equipe** (*sp*) team, side; **equiperen** equip
equivalent id; (*ook*) counterpart [the French 'juge d'instruction' has no counterpart in the English system of justice]; ~ *aan* equivalent to
er 1 there; *we zijn* ~, (*na reis*) we're there; *de kersen zijn* ~ cherries are here; *ik heb* ~ *nog drie* I have three left; *ik heb* ~ *nòg drie* I have three more; *ik heb* ~ *geen* I haven't any; ~ *zijn* ~, *die* ... there are those who ...; *wat is* ~? what is it?, what's the trouble?; *is* ~ *iets?* is anything the matter?; *nu ben ik* ~, (*ik heb het*) I've got it; *we zijn* ~ *nog niet*, (*niet uit de moeilijkheden*) we are not yet out of the wood; *je hoefde alleen maar ..., en dan was je* ~ you only had to ... and that would be that; *de dokter was* ~ *nog niet geweest* had not yet been; ~ *ging niemand voorbij* nobody passed; ~ *werd geen schade aangericht* no damage was done; ~ *werd verondersteld, dat* ... it was supposed that ...; ~ *werd die avond gedanst* there was dancing that night; 2 *zie* daar, 1 haar & hier
era id
eraan, enz *zie* aan: er ~, enz, *en de sam met* aan-, enz; **erachten**: (*vero:*) *mijns* ~*s* in my opinion
Erasmiaans Erasmian
erbarmelijk pitiable, pitiful, lamentable, miserable, wretched, rotten [roads], poor [excuse]; **erbarmen** I *ww zich* ~ *over* have mercy (*of:* pity) on, compassionate; *Heer, erbarm U onzer* Lord, have mercy upon us; II *zn* pity, compassion
ere honour; *zie ook* 2 eer
ere|ambt honorary post; **-avond** gala night; (*ve acteur*) benefit (night); **-baantje** *zie* -ambt; **-begraafplaats** war cemetery; **-blijk** mark of honour; **-boog** 1 triumphal arch; 2 *zie* haag *b*); **-burger(es)** (woman) freeman; **-burgerschap** (honorary) freedom [of a city]; *hem werd het* ~ *der stad aangeboden* he was admitted to (presented with, offered) the freedom (he was made free) of the city; **-code** code of honour
erectie erection
ere|degen sword of honour; **-dienst** (public) worship; **-divisie** premier (*of:* honour) league; **-doctoraat** honorary doctorate (*of:* degree); **-gast** guest of honour; **-haag** lane; *vgl* haag 2
ereis just [just come here]!; *er was* ~ once upon a time there was
erekruis cross of honour; **erelid** honorary member; **erelidmaatschap** honorary membership; (*Br ook*) (honorary) freedom (of a society) [he was made free of the society *hij kreeg het* ~]; **erelijst** roll of honour; (*sp*) performance record; **ereloon** fee; **eremedaille** medal of honour; **eremetaal** insignia
eremiet hermit; **eremitage** hermitage
eren honour, (*sterker*) revere; *wie het kleine niet eert, is het grote niet weerd* if you don't value small things you are not worthy of greater things
ere|palm palm (of honour); **-penning** (commemorative) medal [awarded the Gold Medal of the Society]; **-plaats** seat of honour; *de* ~ *innemen*, (*fig*) have pride of place; **-podium** rostrum; **-poort** triumphal arch; **-post** *zie* -ambt; **-prijs** 1 prize, award; 2 (*plant*) speedwell, veronica; **-rond(j)e** lap (round) of honour; **-sabel** sword of honour; **-saluut** salute; *een* ~ *brengen* [we] salute [these pioneers]; **-schot** salute; **-schuld** debt of honour; **-teken** mark of honour; (*ordeteken*) badge of honour; ~*s*, (*ook*) decorations and honours, insignia; **-titel** title of honour, honorary (honorific) title; **-tribune** grandstand; **-veld** war

cemetery; **-voorzitter** honorary president; **-voorzitterschap** honorary presidency; **-wacht** guard of honour; **-wijn** wine drunk in honour of the occasion; (*vglb*) loving-cup [the loving-cup circulated]; **-woord** word of honour; (*inz mil*) [break one's] parole; *op mijn* ~ on my word, on my honour, word of honour!, (*fam*) honour bright!, (*sl*) honest Injun!; *op zijn* ~ *vrijgelaten* set free on parole; **-zaak** affair of honour; point of honour; **-zetel** seat of honour; **-zuil** commemorative column; **-zwaard** sword of honour

erf yard, farmyard; (*Ind, enz*) compound; *huis en* ~ premises; *der vaderen* ~ our native soil; *ieder is baas op zijn eigen* ~ a man's house is his castle

erfadel hereditary nobility; **erfbezit** hereditary property; **erfbezitter** hereditary owner; **erfdeel** portion, inheritance, heritage; *moederlijk* ~ maternal portion; *vaderlijk* ~ patrimony; *zijn* ~ *krijgen* come into one's own; **erfdienstbaarheid** easement; **erfdochter** heiress

erfelijk hereditary, heritable, transmissible [defects]; *~e belasting* hereditary taint, hereditary transmission; *zie ook* belasten; **erfelijkheid** 1 heritability; (*v titel, enz*) hereditariness; 2 (*biol*) heredity; **erfelijkheidsleer** genetics

erfenis [the laws of] inheritance, [our national, cultural] heritage, [receive a] legacy (*ook fig:* a legacy from the past); **erfenisjager** legacy hunter

erf|factor hereditary factor; **-genaam** heir [to, of, a p.; to property]; *rechtmatige* ~ heir apparent; *vermoedelijke* ~ heir presumptive; *wettig* ~ heir-at-law; **-gename** heiress; **-gerechtigd** heritable; **-goed** inheritance, heritage, estate; *vaderlijk* ~ patrimony, patrimonial estate; **-huis** 1 house of a deceased person (where the public sale of his effects takes place); 2 sale by auction; ~ *houden* sell by auction; **-laatster** testatrix; **-land** hereditary land; **-later** testator; (*v vast goed ook*) devisor; **-lating** bequest; (*concr ook*) legacy; **-leen** hereditary fief, allodium; **-oom** uncle from whom one expects a legacy; **-opvolging** succession; **-pacht** 1 (tenure by) long lease, hereditary tenure; *in* ~ *hebben* (*afstaan, nemen*) hold (let out, take) on long lease; 2 (*de som*) *zie* ~canon; **-pachtcanon** rent-charge, ground-rent; fee-farm; **-pachtcontract** long-lease contract; **-pachter** long leaseholder; **-prins(es)** hereditary prince(ss); **-recht** 1 law of succession; 2 (*recht om te erven*) right of succession; 3 (*erfelijk recht*) hereditary right; **-rente** (perpetual) rent-charge

erfscheiding boundary (between two properties)

erf|schuld hereditary debt; **-smet** hereditary taint; **-stadhouder** hereditary stadtholder; **-stelling** testamentary disposition; ~ *over de hand* entail; **-stuk** heirloom; (*fam*) cast-off; **-tante** *vgl* -oom; **-vijand(in)** hereditary enemy; **-vijandschap** hereditary enmity; **-vorst(in)** hereditary monarch; **-zonde** original sin

1 erg (*natuurk*) erg, ergon

2 erg I *bn* bad; (*ve zieke ook*) ill, poorly; *is het zo ~?* is it so serious?; *dat is al te* ~ that's too bad, that's beyond a joke; *het wordt te* ~ it's getting beyond a joke; *al* ~ *genoeg* quite bad enough; *zo* ~ *zal het wel niet zijn* it won't be as bad as all that; *het is niet* (*zo*) ~ it does not (really) matter; *zo* ~ *als het maar kan* [protectionism] with a vengeance; *ik vind het niet* ~ I don't mind; *het is heel* ~ *om arm en ziek te zijn* it's a terrible thing to be ...; *~er* worse; *het wordt steeds ~er* it is getting worse and worse; *het zou nog ~er worden* worse was to follow, there was worse to come; *des te ~er* so much the worse, worse luck, more's the pity; *het had ~er kunnen zijn* it could have been worse; ***ergst*** worst [prepared for (tell me) the worst]; *de ~ste belediging*, (*ook*) the crowning insult; *het ~ste is, dat* ... the worst of it is that ...; *het ~ste is voorbij*, (*ook*) the corner has been turned; *op zijn ~st* (at the) worst, [bureaucracy] at its worst; *in het ~ste geval* at worst, if the worst comes to the worst; II *bw* badly [treat a p. badly, badly damaged, I need it badly], [suffer] severely, very [bad, much, etc]; [she trembled] very much; *het bloedde* ~ it bled freely; ~ *mishandeld* cruelly maltreated; ~ *nalatig* grossly negligent; *heb je zo* ~ *het land aan hem?* do you hate him as much as that?; *zijn das had* ~ *veel van de jouwe* his tie looked very much like yours; ***niet*** ~ [are you hurt?] not much; *het komt niet* ~ *te zien* it doesn't show much; *niet* ~ *schitterend* [the outlook is] none too bright; *hij is er* ~ ***aan toe*** he is in a bad way; *hij* ***maakt*** *het te* ~ he is going too far; *maak het niet te* ~ don't be too hard (up)on him, (*overdrijf niet*) don't overdo it, draw it mild; III *zn zonder* ~, *a*) unintentionally, unthinkingly; *b*) without malice, meaning no harm; *hij had er geen* ~ *in* he was not aware of it; *voor ik er* ~ *in had, lag ik er*, (*ook*) before I knew where I was, I ...

ergdenkend suspicious; **ergdenkendheid** suspiciousness, suspicion

ergens 1 somewhere (*ook:* ~ *naar toe:* let's go somewhere), anywhere (did you see him anywhere?); (*Am ook*) some place, any place; *hier* ~ [there must be a farm] somewhere near; *waar heb je het* ~ *gelegd?* whereabouts did you put it?; ~ *waar we rustig kunnen praten* [let us go] where we can talk quietly; ~ *mee belast zijn* be responsible for doing s.t.; *hij vraagt nooit* ~ *om* he never asks for anything; *zie ook* anders; 2 (*in enig opzicht*) somehow

ergeren (*kwaad maken*) annoy, vex, spite [he does it to spite you], mortify; (*aanstoot geven*) scandalize, shock, give offence; ***zich*** ~ be offended (vexed, annoyed) [with a p., at s.t.], be irritated [by s.t.], take offence [*aan* at], be scandalized (shocked), fret; *zij ergerde de mensen in het dorp* she caused a scandal in the village; *hij ergert zich al over niets* the slightest thing puts his back up; *deze uitdrukking ergerde hem* he took offence at this expression; ***mens***, *erger je niet*, (*fam*) keep your hair on; (*spel*) ludo; *zie ook* dood

ergerlijk 1 annoying, provoking, vexatious, aggravating, exasperating; 2 (*aanstootgevend*) offensive (language), scandalous, outrageous, shocking [shockingly dirty]; *het ~e ervan is* ... the outrageous (annoying, etc) part of it is ...; **ergerlijkheid** 1 vexatiousness; 2 offensiveness; *vgl* ergerlijk

ergernis 1 (*aanstoot*) scandal, offence; (*onaangenaamheid*) annoyance, vexation, exasperation, aggravation, irritation ; ~ *geven, zie* ergeren; *tot grote ~ van* to the great scandal (annoyance) of; 2 (*doorn in het oog*) thorn in one's side (*of:* flesh)

ergo therefore; (*meestal scherts*) ergo

ergo|meter ergograph, id; **-nomie** ergonomics, biotechnology, human engineering; **-therapie** occupational therapy

erica id, heath

Eriemeer: *het ~* Lake Erie; **Erik** Eric

erin *zie* in *en de sam met* in-; **Erin** id

erkend acknowledged [expert, leader], recognized [authority, fact], approved [method], accepted [leader, priciples], [the] accredited [achievements of acupuncture]; *algemeen ~e feestdag* public (legal, official, statutory) holiday

erkennen 1 acknowledge [the authority of the court], recognize [a new state; (*openlijk*) avow [one's errors]; *een vordering ~* allow a claim; ***niet*** ~, (*ook*) disown [one's son, one's signature], repudiate [one's debts]; ***ontvangst*** ~ acknowledge receipt [*van* of]; *zie ook* erkend; 2 (*toegeven*) admit [admitted facts], grant, allow, own, confess [guilt, etc]; *ik erken, dat ik verslagen ben, uw verwijt verdiend heb* (*ongelijk heb*) I admit (that) I'm beaten (own, acknowledge myself beaten), own to deserving your reproach (to being wrong); *ik erken, dat ik nieuwsgierig ben* I confess to being inquisitive; *ik erken, dat ik zeer teleurgesteld ben* I confess to a feeling of profound disappointment; ~ *bang te zijn voor* ... confess to (having) a dread of ...; *en laat me ~, nog heel wat meer* and, be it admitted, a great deal more; *naar hij zelf erkent* on his own confession, by his own admission; **erkenning** acknowledg(e)ment, recognition; admission [of a fact, etc]; *ter ~ van* in recognition of [his merits]; *vgl* erkennen

erkente|lijk grateful, thankful; **-lijkheid** gratitude, thankfulness; **-nis** *zie* erkenning & (*vero*) -lijkheid; *tot ~ komen van* see, realize

erker (*hoekig*) bay window; (*rond*) bow window; (*v bovenverdieping*) oriel (window); **erkerkamer** bay-, bow-windowed room

erlangen obtain, acquire, gain [admission]

erlangs, enz *zie* langs: er ~, enz

Ernes|tina, **-tine** Ernestine; **Ernestinus**, **Ernst** Ernest; (*fam*) Ern(ie)

ernst earnest(ness), seriousness, gravity [of the situation]; *in* (*volle, alle*) ~ in (real, sober, deadly) earnest, in all seriousness, joking apart; *ik meen het in ~* I am serious, I mean business; *het is hem geen ~* he is not in earnest; *dat meen je niet in ~* you don't (really) mean it; *het in ~ opnemen* take it seriously; *het wordt nu ~* it is getting serious now, matters are taking a grave turn

ernstig serious [illness, accident, case, matter, person, candidate], serious-minded [person], grave [condition, fears; be seriously, though not gravely ill], severe [illness, severely wounded]; (~ *en deftig*) grave [as grave as a judge]; ~ *gezicht* grave face; *een ~ gezicht zetten* look grave, put on a solemn face; *het is helemaal niet ~* it is not anything serious, (*fam*) (there are) no bones broken; *het niet ~ nemen met* palter (trifle) with; *zie* inzien; **ernstigheid** *zie* ernst

eroderen erode

erogeen erogenous

er|om, **-onder**, **-op**, enz *zie* om, onder, op: er ~

Eros id; **eroscentrum** sex centre

erosie [soil] erosion

erotica id; **erotiek** eroticism, sex; **erotisch** erotic (*bw:* -ally); **erotogeen** erogenous [zone]; **erotomaan** erotomaniac; **erotomanie** erotomania

erratisch erratic [blocks]; **erratum** id (*mv:* -ta)

erts ore; **ertsader** mineral vein, lode; **ertshoudend** ore-bearing; **ertslaag** ore-deposit; **ertsrijk** rich in ore; **ertswinning** ore mining; **ertszeef** jig

ertussendoor in between, through; [it can be done] as we go along

erudiet erudite; **eruditie** erudition

eruit *zie* uit *en de sam met* uit-

eruptie eruption; **eruptief** eruptive [rocks]

ervandoorgaan decamp, run off, clear off

ervaren I *ww* experience; discover; *hij ervoer tot zijn schade* he found out to his cost; II *bn* experienced, expert, skilled, practised [teacher]; ~ *in,* (*ook*) versed in; **ervarenheid** skill, experience

ervaring experience (*in* of); *een man met veel ~* a man of much experience; *uit* (*eigen*) ~ from (one's own) experience; *zie* ondervinding; **ervarings-** experiential [world], empiric(al) [fact, datum *gegeven*]; **ervarings|leer**, **-wetenschap** experimental science

erven I *zn* heirs; *de ~ Van Nelle* Van Nelle Heirs; II *ww tr* inherit [*van* from], come into [the earldom, property, everything], succeed to [a title]; *wat ~* come into a little money; *ze heeft wat geërfd,* (*ook*) she's been left s.t.; III *ww intr* inherit [*van* from]; come into money

erwt pea; **erwtedop** pea-pod; **erwtenblazer** peashooter; **erwtensoep** pea-soup; **erwtenteller** 1 bore; 2 cheese-paring person, penny-pincher

erysipelas id; **erytheem** erythema; **erytrocyt** erythrocyte

es 1 (*muz*) E flat; 2 ash (tree); 3 (*land*) common arable, (*vglb*) mark; (*hist*) open field [system]

esbattement farce

escadrille (*luchtv*) flight; **escadrillecommandant** flight lieutenant

escalatie escalation; **escaleren** escalate

escapade id; **escapisme** escapism

escarpe (e)scarp

eschatologie eschatology; **eschatologisch** eschatological

escort(e), **escorteren** escort; **escouade** squad, sub-section

Esculaap 1 Aesculapius; (*fam*) medico (*mv:* -os); 2 (*e~teken*) staff of Aesculapius, (*oneig*) cadu-

ceus; **Escuriaal** Escurial, Escorial
esdoorn (*familie*) maple; *gewone* ~ sycamore (tree, wood)
eskader, **eskadron** squadron
Eskimo id (*ook schrift & taal*); **eskimohond** Eskimo dog, husky; **Esopus** Aesop
esoterisch esoteric (*bw:* -ally)
esp aspen
espadrille id; **espagnolet** espagnolette, French-window fastener
espalier id; **esparcette** (*plant*) sainfoin
espartogras esparto (grass), Spanish grass
espeblad aspen-leaf; **espeboom** aspen; **espen** *bn* aspen
esperantist Esperantist; **Esperanto** id
esplanade esplanade
espresso|(koffie), **-machine** espresso
esprit id; ~ *de corps* id, corporate spirit
essaai assay [balance, office, weight]; **essaaieren** assay; **essay** id; **essayeur** assayer; **essayist** id; **essayistisch** essay-like
esseboom ash-tree; **essehout** ash(-wood); **essehouten**, **essen** ashen
essence id
essenootje ash-key
essentialia essentials; **essentie** essence; **essentieel** essential; *een* ~ *punt* an essential (point); *van* ~ *belang* of vital importance; *het essentiële* the essence [of religion], the essential part, the quintessence, the gist [of the matter]
esstelsel open field system; **Est** Estonian
estafette 1 dispatch-rider, estafette; 2 *zie* ~loop, -rit; **estafette|loop**, **-rit** relay (team, team pursuit) race; **estafettestokje** baton
ester id
estheet aesthete; **esthetica** aesthetics; [an] aesthetic [of criticism]; **estheticienne** beautician; **estheticus** aesthetician; **esthetiek** *zie* esthetica; **esthetisch** aesthetical
Estland Estonia; **Est|lander**, **-lands** Estonian
estrade platform, estrade, dais; **estrik** floor-tile
estuarium estuary
etablissement 1 establishment; 2 (building) complex; *zie ook* marine~
etage stor(e)y, floor; (*als afzonderlijke woning*) flat; (*met bediening*) service flat; (*laag*) tier, level, layer; **etagebed** bunk-bed; **etagebewoner** flat-dweller; **etagepand** block of flats; **etagère** id, whatnot, bracket; **etagetaart** 1 tiered cake; 2 tree cake; **etagetransport** multi-tier transport; **etagewoning** 1 (*één etage*) flat; 2 (*het geheel*) block of flats, apartment-house, mansions
etalage 1 (*het raam*) shop-, show-window; 2 (*uitstalling*) (window) display; ~*s kijken* window-shop(ping); **etalagediefstal** (*door stukslaan van venster*) smash-and-grab raid; **etalagekast** showcase; **etalagepop** (window) dummy, mannequin; (*Am ook*) lay figure; **etalageverpakking** dummy (package); **etalagist** window-dresser; **etaleren** I *ww tr* display [articles, learning, one's attractions], (*overdreven*) show off [one's accomplishments], advertise [one's opinions], parade [one's knowledge, wealth]; II *ww intr* dress (shop-)windows; III *zn het* ~ window-dressing; **etaleur** window-dresser
etappe 1 (*rustpunt*) halting-place, stage; (*v voorraden*) depot; (*wielersp*) staging post; 2 (*afstand*) stage, lap; (*ve vliegtuig, fam, ook*) hop, leg [cover 800 miles in the first leg]; *in* ~*n* [travel] by (easy, short) stages; **etappedienst** supply service, supply department; **etappeverbindingen** lines of communication; **etappewedstrijd** (*wielersp*) cycling stage race
état-major (the vessel's) staff, commissioned officers on board a naval vessel
etc id; **et cetera** id, etcetera; (*ook zn mv:* etceteras)
eten I *ww tr* eat; II *ww intr* eat; (*aan tafel*) dine; *driemaal daags* ~ take three meals a day; *al gegeten?* had your dinner?; *wat* ~ *we?* what's (what is there) for dinner?, what are we going to have for dinner?; (*gauw*) *wat* ~ have a snack; (*fam*) get a spot of dinner (lunch, food, etc); *laten we even wat* ~ let's have something to eat; *we* ~ *om 7 uur,* (*ook*) dinner is at seven; ***flink*** (*weinig*) ~ make a good (a poor) meal; *al gegeten en* ***gedronken*** *hebben,* (*fig*) have had (more than) enough, be thoroughly sick (of things, etc); *je eet daar heel* ***goed*** the food is very good there; (*fam*) they do you very well there; *er goed* (*slecht, eenvoudig*) *van* ~ eat (*fam:* feed) well (badly, simply); *goed kunnen* ~ have a good appetite; *hij eet uit je* ***hand*** he eats out of your hand; *te* ***veel*** ~ eat too much, (*zich ziek* ~) overeat; ***warm*** ~ have a hot meal; *zie ook* lekker; *zich dik* ***aan*** *iets* ~ eat one's fill of something; *zij at bijna niets aan het ontbijt* she ate hardly any breakfast; *ik eet nooit veel aan de lunch* I never eat much lunch; *ik eet* ***bij*** *mijn oom* I dine at my uncle's; *kom bij ons* ~*!* come and have dinner with us!; *ik kan* ***met*** *hem* ~ *en drinken* we get on very well together; *mensen* ***te*** ~ *hebben* (*verwachten*) have (expect) people to dinner; *hij is hier te* ~ he is here to dinner; ***uit*** ~ *gaan* dine out; ~ *als een wolf* (*dijker, enz*) eat like a wolf (a horse); *zie* om 8 & oor; *zie ook* III; III *zn* (*kost*) food, fare; [horseflesh is good] eating; (*fam*) grub; (*maal*) meal, dinner, supper; ~*tje* small dinner-party; ~ *voor drie bestellen* order dinner for three; *het* ~ *is er goed* the food (the cuisine) is good there, (*fam*) they do you well there; *dat is* ~ *en* ***drinken*** *voor hem, hij laat er* ~ *en drinken voor staan* it is meat and drink to him (~ *en drinken voor hem, ook:* all in the day's work for him); *dat is* ***geen*** ~ that is not fit to eat; ~ ***geven*** feed [the ducks]; *de hond zijn* ~ *geven* give the dog his dinner; *het* ~ ***klaar*** *maken* prepare dinner, cook the dinner; *de tafel stond vol* ***lekker*** ~ the table was full of good things to eat; *hij houdt veel van* (*lekker*) ~ he is fond of his food (of good food); *dit is mijn lekkerste* ~ this is my favourite dish; *de zieke krijgt weer* ***trek*** *in* ~ is getting his appetite back; ***onder*** (***na, voor***) *het* (*den*) ~ during (after, before) dinner (the meal); *zich kleden voor het* ~ dress for dinner; ***te(n)*** ~ *vragen* ask to dinner; *het* ***zonder*** ~ *stellen* go without one's dinner; *zie ook* stuk: ~ (vr)eten

etens|bak(je) feeding trough, feeder; **-bel** dinner bell; **-bord** dinner plate; **-drager** (*vglb*) dinner pail; **-gek** foodie; **-kast** store cupboard; (*voor brood, enz*) pantry; (*voor vlees, enz*) larder; **-lucht** smell (*of:* odour) of cooking; **-resten** leftovers; **-tijd** meal-, dinner-time; **-uur** dinner-hour; **-waar** food(stuff)
eter eater; *hij is een flinke, slechte ~* a large (great, big) poor (small) eater; **eterij** food, eatables; (*fam*) eats, grub; (*sl*) nosh
eterniet(en) eternite, asbestos cement
et|gras, **-groen** aftermath
ethaan ethane; **ethanol** id, (ethyl) alcohol; **etheen** ethene
ether id; *in de ~*, (*radio*) on the air(waves); **etherisch** ethereal; *~e olie* essential oil; **etherpiraat** pirate radio (transmitter, station); **etherreclame** radio and TV commercials; **ethervervuiling** pollution of the airwaves
ethica ethics; **ethicus** ethicist; **ethiek** 1 ethics; 2 [professional] ethic
Ethiopië Ethiopia; **Ethio|piër**, **-pisch** Ethiopian
ethisch 1 ethical; 2 (*gramm*) ethic [dative]
ethologie ethology; **ethos** id
ethyl ethyl [alcohol]; **ethyleen** ethylene
etiket label (*ook fig:* party label); (*met touwtje*) tag; **etiketteren** label
etiologie aetiology
etiquette id; *tegen de ~ zijn* be contrary to etiquette, be a breach of good manners
etmaal 24 hours' day, 24-hour period, natural day, (space of) 24 hours
etniciteit ethnicity; **etnisch** ethnic [areas, groups, minorities]; *~ geweld,* (*vglb*) communal violence
etno- ethno[centric (*bw:* -ally), -cide, -history, -linguistics, -methodology, -musicology, etc]
etno|graaf ethnographer; **-grafica** ethnographic(al) objects, [a collection of] non-Western art; **-grafie** ethnography; **-grafisch** ethnographic(al); **-logie** ethnology; **-logisch** ethnologic(al); **-loog** ethnologist
Etrurië Etruria; **Etru|riër**, **-risch** Etrurian, Etruscan; **Etrusk(isch)** Etruscan
ets etching; **etsen** etch; **etser** etcher
ets|grond etching-ground, varnish; **-kunst** (art of) etching; **-naald** etching-needle; *droge ~* dry-point; **-pers** copperplate press; **-plaat** (zinc, copper-, etching) plate; **-water**, **-zuur** etching solution, etchant, mordant
ettelijke several, some, quite a few
etter 1 matter, discharge, pus; 2 (*persoon*) twerp, pain in the neck; **etterachtig** purulent; **etterachtigheid** purulence; **etterbak** *zie* etter 2; **etterbuil** 1 abscess, boil, gathering; 2 *zie* etter 2; **etterdracht** discharge of pus; **etteren** 1 suppurate, fester, ulcerate, run; 2 (*fig*) bellyache; 3 mess (about) [with], work [at]; **ettergezwel** *zie* -buil 1; **etterhaard** septic focus; **etterig** purulent; **ettering**, **ettervorming** suppuration; **etterwond** suppurating wound; **etterzak** cyst
etude study; (*muz*) étude
etui [card-, spectacle-]case, [spoons in a handsome] container
etymo|logie etymology; **-logisch** etymological; **-logiseren** etymologize; **-loog** etymologist
eucalyptus id; **eucalyptusolie** eucalyptus oil, oil of eucalyptus
eucharistie eucharist; **eucharistieviering** celebration of the Eucharist; **eucharistisch** eucharistic (*bw:* -ally)
Euclides Euclid; **Euclidisch** Euclidean
eudiometer id
eufemisme euphemism; **eufemistisch** euphemistic (*bw:* -ally)
eufo|nie euphony; **-nisch** euphonic (*bw:* -ally)
eufoor euphoric (*bw:* -ally)
euforbia euphorbia
eufo|rie euphoria; **-risch** euphoric
eufotisch euphotic (*bw:* -ally)
Eufraat Euphrates
eugenese eugenics; **eugenetica** 1 (*eugenese*) eugenics; 2 (*beoefenaarster der eugenese*) eugenist; **eugeneticus** eugenist; **eugenetiek** eugenics; **eugenetisch** eugenic (*bw:* -ally)
Eugenius Eugene
eulogie eulogy; **eulogist** id, eulogizer
eunuch id
Euratom id; **Eura|ziër**, **-zisch** Eurasian
euregio European region straddling (a) national border(s)
eureka id; **euritmie** (*Steiner*) eurhythmy; (*Dalcroze*) eurhythmics; (*med*) eurhythmia
eurocentrisch eurocentric; **eurocheque** id; **eurocommunist** Eurocommunist; **eurocontainer** Eurobin, (*fam*) wheelie bin; **eurocraat** Eurocrat; **Eurodollar** eurodollar; **euroﬂes** Eurobottle; **Euromarkt** Common Market, (*fin*) Euromar(ke)t
Europa Europe; **europacentrisch** eurocentric; **Europarlement** European Parliament; **europarlementariër** Euro-MP, Member of the European Parliament, MEP; **Europeaan** European, (*fam*) Euro; **europeaniseren** Europeanize
Europeeër European; **Europees** European [Commission, Community, Council, Court of Justice, Coal and Steel Community, Currency Unit, Investment Bank, Recovery Programme]; **Europoort** (the) Europo(o)rt (area); **Eurotunnel** id; **euroverpakking** Euro-pack; Eurocontainer; **Eurovisie** Eurovision
Eustachiaans Eustachian [tube *buis*]; **Eustachius** Eustace; **Eustatius**: *St-~* id
euthana|seren practise (carry out) euthanasia on; **-sie** [active, passive] euthanasia, mercy killing
eu|trofisch, **-troof** eutrophic (*bw:* -ally)
euvel I *zn* evil, fault; (*misstand, ook*) abuse; *hij gaat aan dat ~ mank* he is given to that fault; *aan het zelfde* (*aan het andere*) *~ mank gaan* suffer from the same defect (err on the other side); II *bn* ill; *de ~e moed hebben* have the nerve (gall, cheek, audacity, impudence) [to ...]; *~ duiden* (*opnemen*) take ill (amiss, in bad part), resent; *duid het mij niet ~* don't take it ill of me (hold it against me); **euveldaad** evil deed, wrongdoing, mis-

deed, crime; **euvelmoed** wantonness, insolence
e.v. afk van *en volgende; bl. 52 e.v.* p(p) 52 f(f), sq(q)
Eva Eve; *dochter ~'s* daughter of Eve
EVA afk van *Europese Vrijhandelsassociatie* Efta, EFTA, European Free Trade Association
evaaskostuum birthday suit; *in ~*, (*ook*) in the altogether (the nude)
evacuatie evacuation; **evacué(e)** evacuee; **evacueren** evacuate [a town, wounded soldiers, etc; (*natuurk*) a flask]
evalu|atie evaluation; (*achteraf, ook, fam*) post-mortem; **-atief** evaluative; **-eren** evaluate
evangeliarium [the Egmond] gospels
evangelie gospel; *het E~ naar Mattheus* the Gospel according to St Matthew, St Matthew's Gospel; *neem zijn woorden niet aan als ~* don't take his words as (*of:* for) gospel; *tot het ~ bekeren* evangelize; *het ~ prediken* preach the gospel
evangelie|bediening ministry; **-dienaar** Minister (*of:* preacher) of the gospel; **-prediker** preacher of the gospel, evangelist; **-verspreiding** propagation of the gospel; **-woord** gospel
evangelikaal evangelical; **evangelisatie** evangelization; **evangelisch** evangelic(al); **evangeliseren** evangelize; **evangelist** 1 id, Gospel writer; 2 id, evangelizer
evaporeren evaporate
evasie evasion; **evasief** evasive
Eveline Eveline, Evelyn
even I *bn* even; *~ of on~* odd or even; II *bw* 1 equally, as [it is equally useful to boys and girls; as useful to ... as to ...]; *~ lang* (*hoog, wijd*) of the same length (height, width); *ze zijn ~ groot,* (*hebben dezelfde lengte*) they are of a size, (*beide zijn groot*) are equally tall; *we zijn ~ oud* we are (of) the same age, of an age; *in een ~ groot aantal* in an equal number (in equal numbers); *~ rijk als Rothschild* as rich as ...; *~ goed, zie* evengoed; *hij heeft het altijd ~ druk* is always very busy; *alles is er ~ zindelijk* everything there is spotlessly clean; 2 (*eventjes*) just; *haal me ~ een fles wijn* just get me a ...; *wacht ~* (just) wait a moment (a bit, half a minute); *~ wachtte hij, toen ...* one moment he ...; *dit moet ~ worden gezegd* this has to be said; *als ze het maar ~ vermijden kunnen* if they can possibly avoid it; *was ik ~ blij, dat ik niets gezegd had!* was(n't) I glad I ...; *was dát ~ een harde slag!* some blow, that!; *~ in de 40* [he is] in the early forties, (*v effecten*) in the low forties; *~ over de 20* just over twenty; *~ daarna* (*later*) shortly after, presently; *ik kwam er maar ~ aan* I scarcely (only just) touched it; *maar ~ £ 200* a cool £200; *een schadevergoeding van maar ~* ... damages to the tune of ... (of no less than ...); *een lading van maar ~ 30 ton* to (in) the order of 30 tons; III *zn het is mij om het ~* it is all the same (all one, quite immaterial) to me; *om het ~ wat* no matter what
evenaar 1 equator; 2 tongue [of a balance]
evenals (just) as, (just) like; *hij, ~ andere kooplieden ...* he, in common with other merchants ...; *zie ook* zoals
evenaren equal, be a match for, come up to (the level of); *bijna ~* run hard (*of:* close); *niet te ~* unapproachable
evenbeeld image, (exact) likeness, (very) picture, (precise) counterpart; (*fam*) [he is] the very (*of:* the dead) spit [of his father]
eveneens (just) as well, too, also, likewise
evenement event
even|goed *bw* (just) as well, [it will answer the purpose] equally well; [able to use both hands] alike; [he has lost but] all the same [he wants more; but he wants more] just the same, for all that; [thank you] anyway; *je bent ~ schuldig als hij* you are just as guilty as (no less guilty than) he; **-hoevigen** artiodactyls; **-knie** equal, (com)peer; **-matig** proportional; *~ deel* aliquot part; **-mens** fellow-man; **-min**: *~ als* no more than, not any more than, as little as; *ik slaagde niet en hij ~* I did not succeed, nor (*of:* no more) did he; *er is ~ een excuus voor ...* neither (nor) is there any excuse for ...; *ze kon niet schrijven en kon evenmin lezen* she could not write, and equally could not read; **-naaste** fellow-man; **-nachtslijn** equator, equinoctial (line)
even|redig proportional, proportionate, commensurate; *~ aan* proportionate (proportional, in proportion) to, commensurate with (*of:* to); *~e bijdrage* pro rata contribution; *~e vertegenwoordiging* proportional representation; *de straf behoort ~ te zijn aan het misdrijf* the punishment should fit the crime; *recht* (*omgekeerd*) *~ met* directly (inversely) proportional to; *de 4de ~e zoeken van* find a 4th proportional to; **-redigheid** proportion; (*wisk*) ratio; *zie ook* verhouding
eventjes just, (for) a moment; *zie ook* even II.2
eventualiteit eventuality, contingency
eventueel I *bn* (any) possible [in order to repress possible disorders], potential [buyers]; eventual [an eventual aggressor, his eventual return to the Cabinet]; *eventuele onkosten worden vergoed* any expenses will be made good; *eventuele klachten indienen bij ...* complaints, if any, to be lodged with ...; *bij eventuele levering* in the event (in case) of delivery; *verzekering tegen eventuele verliezen* accidental loss insurance; II *bw* possibly, etc; *vgl het bn; indien hij ~ mocht komen* if (by any chance) he should come; *indien de maatschappij ~ mocht weigeren* if, for any reason, the company should decline; *mocht dit ~ het geval zijn* if such should be the case; *u kunt ~ betalen in ponden* you may, if necessary (if desired), pay in sterling
evenveel as much, as many; the same amount (number); *ik zal altijd ~ van je houden* I shall always love you the same; **evenvingerig** *zie* tweehoevig; **evenwaardig** equivalent, equal; **evenwel** however, yet, still, nevertheless
evenwicht balance, equilibrium, poise; *in ~* in equilibrium, well-balanced, poised; *gebrek aan ~* imbalance; *gevoel van ~* sense of balance; *het* (*z'n*) *~ bewaren* keep one's balance; *in ~ brengen* bring into equilibrium (balance), make [income and expenditure] balance, balance [the budget]; *uit het ~ brengen* unbalance, throw out of balance

(into imbalance); throw [a p.] off his balance; *het ~ herstellen* redress (restore) the balance (*ook fig:* of the world, etc); *het ~ herkrijgen* recover (regain) one's balance; *in ~ houden* balance, keep in equilibrium, keep well balanced; *het ~ verliezen* lose one's balance (*ook fig*), overbalance; *zijn ~ kwijt zijn* be off one's balance; *het niet in ~ zijn van de internationale betalingsbalansen* the disequilibrium in international balances of payments; *zie ook* staatkundig

evenwichtig well-(*of:* evenly) balanced, balanced [diet], steady; (*fig ook*) level-headed; **evenwichtigheid** balance, poise

evenwichts|balk balance beam; **-gevoel** sense of balance; **-klap**, **-klep** (*ve vliegtuig*) aileron; **-kunstenaar** equilibrist; **-leer** statics; **-orgaan** balance organ; **-stoornis** disturbance of equilibrium; **-toestand** equilibrium

evenwijdig parallel [*aan, met* to, with]; *~e lijn* parallel (line); **evenwijdigheid** parallelism

evenzeer as much, equally; alike [it demoralizes alike the givers and receivers]; *~ als* as much as, no less than

evenzo likewise, similarly; [do] the same; *~ doen,* (*ook*) follow suit; *~ rijk als* as rich as; **evenzogoed** *bw* 1 (just) as well, equally well [he might as well have killed you]; 2 all the same, just the same, nonetheless

ever wild boar

evertebraat invertebrate

everzwijn wild boar

evident id, obvious; **evidentie** obviousness

evocatie evocation; **evocatief** evocative; **evoceren** evoke

evolueren 1 evolve; 2 swing (about, round); revolve; 3 move, appear, act; **evolutie** evolution; manoeuvre; **evolutieleer** theory of evolution, evolutionism; **evolutionair** evolutionary; **evolutionist** id

evoqueren evoke; **Evriet** (modern) Hebrew

ex ex [ex-Premier], former, late, one-time [chancellor], old [lag *boef*]; *~ aequo* joint [winners], jointly [second]; *ex art. 461* under Section 461; *~ BTW* VAT excl(uded), exclusive of VAT; *~ dividend* id; *~ schip* ex ship; *~(-echtgenote)* ex(-wife)

exact id, precise, strict; *~e wetenschappen* (exact) sciences

ex aequo joint [winners; finish, rank joint second]; *~ aankomen, eindigen, enz,* (*ook*) tie for first, etc place

exaltatie exaltation; **exalteren** exalt, elate

examen examination, (*fam*) exam; *een ~ afnemen* examine; *over drie weken zal het ~ worden afgenomen* in three weeks the examination will be held; *een ~ afleggen* take (sit, undergo) an examination; *~* ***doen*** sit for (an, one's) examination, take one's (an, the) examination; *~ doen* (*en slagen*) pass an examination; *heb je wel eens een ~ gedaan?* have you ever been up for an examination?; *zich aan een ~ onderwerpen* go in for an examination; *voor zijn ~ slagen, zakken* pass, fail (one's examination); *een ~ overdoen* resit (retake) an examination

examen|bevoegd admissible (to an, the exam); **-commissie** examining board, board of examiners; **-doel** assessment target; **-eis** examination requirement; **-geld** examination fee; **-kandidaat** *zie* examinandus; **-klas** upper sixth (form); **-opgaaf** examination paper; **-pakket** (selection of) examination subjects; **-stof** syllabus (for an examination); **-vrees** examination fright; **-werk** examination paper(s)

examinandus examinee, candidate; **examinator** examiner; **examineren** examine [*in* (up)on]; *hij wordt geëxamineerd,* (*is onder het mes*) he is under examination

exarch id; **exarchaat** exarchate

Exc. *zie* excellentie

excava|teur, **-tor** excavator, digger, dragline

excellent id; **excellentie** excellency; *Zijne* (*Uwe*) *E~* His (Your) Excellency; **excelleren** excel

excelsior id

excentriciteit eccentricity, crankiness; **excentriek** I *bn* eccentric (*bw:* -ally), odd; *~ persoon, zie* ~eling; II *zn* eccentric; **excentriekeling** eccentric, crank, faddist, freak; **excentriekstang** eccentric rod; **excentrisch** eccentric (*bw:* -ally)

exceptie exception, (*jur ook*) demurrer, bar; *een ~ opwerpen,* (*jur*) put in a demurrer, demur [*tegen* to]; **exceptioneel** exceptional

excerperen make an abstract of, epitomize; **excerpt** abstract

exces excess; (*mbt geld*) extravagance; **excessief** excessive; extravagant

exclamatie exclamation; **exclameren** exclaim

exclave id

exclusie exclusion; **exclusief** exclusive; (*v produkten & diensten, ook*) upmarket; (*in hotel, enz*) excluding service charges, tips extra; *~ onkosten* exclusive of charges; *~ emballage* packing extra; **exclusivisme** exclusivism, exclusiveness; **exclusiviteit** exclusiveness

excommunicatie excommunication; **excommuniceren** excommunicate

excrement id; **excretie** excretion

excursie excursion, outing, (field) trip, [nature] ramble

excusabel excusable; **excuseren** excuse; *ook:* excuse [a p.] from attendance; *excuseer de vraag* pardon the question; *zich ~* excuse o.s., send (plead) an excuse; *ze heeft gevraagd haar te willen ~* she has asked to be excused, (*fam*) she has begged off

excusez le mot pardon (*of:* excuse) my French

excuus excuse, apology; *~ maken* apologize, make (offer) an (one's) apology (one's apologies); *ik vraag u ~* I beg your pardon; *~ Truus* token woman

executabel executable, enforceable; **executant** id, performer; **executeren** execute [a criminal]; (*wegens schulden*) sell a p.'s goods under execution; (*hypotheek*) foreclose [a mortgage]; **executeur** executor; *~ testamentair* executor, -trix (of a will); **executie** execution; (*ve hypotheek*) foreclosure; *bij ~ laten verkopen* sell under execution; *verkoop bij ~,* (*ook*) distress selling (sale); **execu-**

tief executive; **executiepeloton** firing squad; **executieve** 1 executive; 2 regional government; **executiewaarde** liquidation value; **executoir** executory; **executoriaal**: *-riale verkoop* distress sale, sale under distress, compulsory sale; ~ *beslag leggen op iems bezittingen* (*wegens schuld*) levy execution against a p. (for debt); **executrice** executrix (*mv:* -trices)
exegeet exegete; **exegese** exegesis; **exegetisch** exegetic(al)
exempel (moral) example, exemplum (*mv:* exempla); (*schrijfexempel*) copy-book heading
exemplaar [a splendid] specimen (*ook v pers*), sample; (*ve kunstprodukt*) example; (*ve boek, enz*) copy, (*inz Am*) exemplar; (*ve wissel*) via; **exemplair** exemplary [punishment]; **exemplarisch** exemplary [treatment]
exequatur id
exerceren *tr & intr* drill; **exercitie** drill, practice; **exercitiepatroon** blank (cartridge); **exercitieveld** parade ground
exhalatie exhalation; **exhaleren** exhale
exhiberen exhibit; **exhibitionisme** exhibitionism, (*seksueel, ook*) indecent exposure; **exhibitionist** id; **exhibitum** 1 (date-stamped) document, exhibit; 2 date stamp
exhumatie exhumation; **exhumeren** exhume
exil(ium) (place of) exile
exis|tentialisme existentialism; **-tentialist** id; **-tentialistisch** existentialist; **-tentie** existence; **-tentieel** existential; **-teren** exist
exit id; **ex jure** *zie* rechtens
ex-libris bookplate, id
exobiologie astrobiology, exobiology
exodus id; (*fig ook*) trek [to the seaside], haemorrhage [of members]
ex off., **ex officio** id, by office, in virtue of one's office
exogamie exogamy, marrying(-)out; **exogeen** exogenous; **exoniem** exonym
exoot exotic
exorbitant exorbitant
exor|ciseren exorcize; **-cisme** exorcism; **-cist** id
exosfeer exosphere; **exosmose** id, exosmosis
exo|terisch exoteric; **-therm** exothermal, -mic
exotica id; **exotisch** exotic; **exotisme** exoticism
expander id; **expanderen** expand
expansie expansion; **expansief** 1 expansive; 2 (*econ*) expansionary; **expansiepolitiek** expansionist policy, policy of expansion; **expansievat** expansion tank
expediënt 1 (*redmiddel*) expedient; 2 (*bevrachter*) forwarding (shipping) clerk; **expediëren** forward, dispatch, ship; **expediteur** forwarding (*of:* shipping) agent, (*Am*) freight agent; **expeditie** 1 (*tocht*) expedition; 2 *zie* onderneming; 3 (*verzending*) forwarding, shipping; ~ *van de goederen bezorgen* forward the goods; 4 (*ve akte*) copy [of a deed]
expeditie|firma forwarding (shipping, (*Am:* freight) agency; **-kantoor** forwarding office; **-leger** expeditionary force; **-onderneming** parcels delivery company; forwarding business (firm, agency); (*Am*) express company
experi|ment id; **-menteel** experimental [artist, farm, methods, physics]; **-menteren** experiment
expert id; (*verzekering*) assessor, surveyor; **expertise** 1 assessment, survey (report); 2 surveyor's certificate; **expertiseren** (*verzekering*) survey; **expertsysteem** expert system
expiratie expiration; **expiratorisch** expiratory; **expireren** expire
expletie suppletion
explicateur explicator; **explicatie** explanation; **expliceren** explain, explicate; **expliciet** explicit; **expliciteren** make explicit, state explicitly; **explicitering** explicitation; **expliqueren** explain, explicate
exploderen explode
exploi|tabel paying, workable, remunerative; **-tant** licensee; proprietor; (*Am*) operator [of a store]; **-tatie** working [of a mine, railway], (*ook: uitbuiting*) exploitation; *in* ~ in working order, in operation; *in* ~ *brengen* put into operation, open (up) [a mine, an oil well]; *maatschappij tot* ~ development company [of oil fields; estate d c (*ve bouwterrein*)]; *in eigen* ~, *zie* beheer
exploitatie|kapitaal working capital; **-kosten** working expenses, running (operating) costs; **-maatschappij** operating company; **-overschot** return; **-rekening** trading-, revenue-account, working account; **-winst** operating (trading) profit
exploiteren exploit [oilfields, mines, etc; *ook ong:* a p.], run [a railway, etc], operate [an air service]; trade on [a p.'s forgiving nature], grind down [the workers]
exploot 1 writ; ~ *van gijzeling* writ of attachment; ~ *van executie* writ of execution; *iem een* ~ *betekenen* serve a writ (up)on a p.; 2 (*sp*) feat
explorabel explorable; **explorateur** prospector; **exploratie** exploration, (*mijnb, ook*) prospecting; **exploratief** exploratory, -tive
explosie explosion, blast, detonation; **explosief** I *bn & bw* explosive(ly); II *zn* explosive; **explosiemotor** internal combustion engine
expo id; **exponent** id, index; **exponentieel** exponential [equation, growth]; **exponeren** 1 expose; 2 expound
export export [agent, article, company, earnings, figures, market, restrictions, surplus, trade]; *zie voor sam ook* uitvoer; exportation [of corn to Asia]; **exporteren** export; **exporteur** exporter; **exportvergunning** export licence; **exportvolume** volume of exports
exposant exhibitor; **exposé** id, exposition; **exposeren** exhibit (*ook intr*); **expositie** 1 (*tentoonstelling*) exhibition, show; 2 (*uitstalling*) exhibit; 3 (*theat, muz*) exposition
ex post facto after the event, (*fam*) by hindsight
expres I *bn* express; *~se bestelling* express delivery; *~se brief* express, express delivery letter; II *bw* expressly [I came expressly to see you], intentionally, on purpose, purposely; III *zn* express (train); **expresgoed** express goods; *als* ~ *verzenden* send express; **expresse** 1 express, special

messenger; 2 (*mbt post*) *zie* expres I; (*op brief*) express; *per* ~ [send] by special messenger, by express post; **expresselijk** *zie* expres II
expressie expression; **expressief** expressive; **expressievakken** arts and crafts subjects (at school); **expressionisme** expressionism; **expressionist(isch)** expressionist
expressis verbis in so many words
expressiviteit expressiveness
exprestrein express (train); **expresweg** (*vglb*) clearway
expulsie expulsion
exquis exquisite
extase ecstasy, rapture(s); *in* ~ in ecstasies, in an ecstasy; ~ *veroorzakend* mind-blowing [drugs]; *in ~ brengen* throw into ecstasies; *in ~ geraken* go into raptures (ecstasies) [over s.t.]; *in ~ zijn*, (*ook*) rave (be ecstatic) [*over* about, over]; **extatisch** ecstatic(ally)
ex-tempore I *bw* extempore, impromptu; II *zn* extempore speech (etc), impromptu
extensie extension; **extensief** extensive; **extensiveren** make (more) extensive, scale up, expand; **extensivering** scaling up; expansion
exterieur exterior
extern non-resident; ~*e* (*leerling*) day pupil; ~ *onderwijzer* non-resident master; **externeren** banish, expel
exterritoriaal extraterritorial
extra I *bn* id [extra dividend], special [offer], added [responsibility]; ~ *blad* (*editie*) (extra) special edition; ~ *kosten* extra (additional) charges; ~ *port* surcharge; ~ *telefoon*(*toestel*) extension telephone; ~ *trein* special (train); ~ *voeding* supplementary food; ~ *vracht* excess fare, extra fare; *zie ook* tarra; II *bw* id [an extra long cigar, make a point extra clear]; [she had done it] specially [well]; (*sp*) [have a man] over; ~ *fijn* extra fine, superfine; *hij heeft er ~ onder te lijden* it affects him more than others; III *zn* id [no extras]; ~ *belasting* (*op hoge inkomens*) surtax; *extraatje* extra, windfall, bonus
extract id [of beef, etc; from a book], excerpt [from a book]; *zie ook* uittreksel; **extractie** extraction; **extraheren** extract, excerpt
extralegaal exceeding legal requirements
extraneus external candidate, outsider
extraordinair extraordinary
extraparlementair [government] without a parliamentary majority (or party commitment); ~ *kabinet*, (*vglb*) caretaker government, government of all the talents
extrapo|latie extrapolation; **-leren** extrapolate
extra-uterien extrauterine
extravagant id; **extravagantie** extravagance
extravert I *bn* extrovert(ed); II *zn* extrovert
extreem extreme; **extremis** *zie* in ~; **extremist** extremist; **extremistisch** extremist; **extremiteit** extremity
extrinsiek extrinsic
extrovert I *bn* extrovert(ed); II *zn* id
extrusie extrusion
exuberant id; **exuberantie** exuberance
ex-voto ex voto, votive offering
Ezechiël Ezekiel
ezel (jack)ass (*ook v pers*), donkey (*scherts ook v pers*); (*sl*) [a coster's] moke; (*ve schilder*) easel; *zo dom als een* ~ as stupid as an owl; *een ~ stoot zich geen tweemaal aan dezelfde steen* once bit(ten) twice shy; **ezelachtig** asinine, (*fig ook*) stupid, [be] ass [enough to ...]; *sta me niet zo ~ aan te gapen* don't stare at me like a stuck pig; *wat heb je je ~ aangesteld!* what an ass you have been making of yourself!; **ezelachtigheid** asininity, stupidity
ezelen drudge, work like a horse; **ezelin** she-, jenny-ass; **ezelinnemelk** ass's milk
ezelsbrug(getje) (*vglb*) aid to memory, memoria technica, mnemonic; **ezelsdom** asinine, stupid; **ezelshoofd** (*mar*) cap; **ezelskop** ass's head; (*fig*) dunce, blockhead; **ezelsoor** ass's ear, donkey's ear; (*ve boek*) dog('s)-ear; *ezelsoren maken in* (dog's-)ear [a book]; *een boek vol ezelsoren* a dog('s)-eared book; **ezelsrug** (*boog*) ogee (arch); **ezelsstamp**: *de ~ krijgen*, (*fam*) get the sack; (*sp*) be left out of the squad; **ezelsveulen** (*fig*) (stupid) ass; **ezelwagen** donkey-cart
Ezra id

f (the letter) f; *f, f* afk van *florijn zie* fl; afk van *forto* f(orte); **F** F; ~*-kruis* F sharp; ~*-mol* F flat
fa (*muz*) fa; **fa**. afk van *firma* Messrs
faag phage
faalangst fear of failure
faam fame, reputation, repute
faas 1 chisel edge, bevel; 2 (*her*) fesse
fabel fable; (*verzinsel ook*) fiction, fabrication; (*attr ook*) fabled [beings, creatures]; **fabelachtig** fabulous [wealth, a fabulous party], fantastic [a fantastic sum, swimmer]; **fabeldichter** fabulist; **fabeldier** fabulous (*of:* mythical) creature (animal); **fabelen** 1 fable; 2 (*fig*) romance; (*kletsen*) twaddle; **fabelleer** mythology
fabricage manufacture, [mass] production; **fabricagekosten** cost of manufacture, manufacturing costs; **fabricatie** 1 *zie* fabricage; 2 (*angl*) fabrication, concoction; **fabriceren** manufacture, produce; (*fig*) fabricate [lies], concoct, cook up [a story]
fabriek factory, mill, works, (manufacturing) plant; *in de* ~, (*ook*) on the shop floor; **fabrieken** (*in elkaar zetten*) knock together
fabrieks|aardappelen industrial potatoes; **-arbeid(st)er** factory (*of:* industrial) worker; **-baas** foreman, overseer; **-boter** creamery butter; **-chef** factory manager; **-directeur** factory manager; **-eigenaar** factory owner, mill-owner; **-entrepot** bonded factory; **-gebouw** factory

(building); **-geheim** trade secret; **-goed** manufactured goods; **-hal** factory building, machine shop, (*werkplaats*) (work)shop; **-installatie** (factory) plant; **-meisje** (female) industrial worker; (*min*) factory girl; **-merk** trademark; **-nijverheid** manufacturing industry; **-opzichter** factory inspector; **-prijs** manufacturer's (cost) price, factory price; **-schip** factory ship; **-stad** manufacturing town; **-terrein** factory site (*of:* premises); **-wet** factory act

fabrikaat 1 (*vervaardiging*) manufacture; make [a car, pistol of French make]; *geheel Brits* ~ British-made throughout; *van eigen* ~ home-made; 2 (*produkt*) product, line; **fabrikant** 1 [aircraft] manufacturer; [mass] producer; ~ *van,* (*ook*) ... makers of [fishing tackle; who are the makers?]; 2 factory owner, mill-owner

fabu|leren fantasize; **-leus** fabulous, fantastic; *vgl* fabelachtig

façade id; **face-à-main** lorgnette

face-lift(en) (*ook fig*) face-lift

facet id, aspect [of an affair]; **facet(ten)oog** compound eye

fâcheux troisième: ~ *zijn* play gooseberry

faciaal facial; **facie** (*fam*) phiz, (*sl*) mug

faciel facile, pliant; **faciliteit** facility; [tax] concession

facsimile, facsimileren facsimile

facteur postman, postal worker; (*mil*) postal orderly

factie faction; **factisch** factual; **factitief** factitive

factoor factor, agent; **factor** id; *in ~n ontbinden* factorize [a number]; **factoranalyse** factor analysis; **factorij** 1 trading station (*of:* post), factory; 2 factory ship

factotum id, handyman

factum (accomplished) fact; given; act

factureren invoice [for goods supplied]; **facturist** invoice clerk; **factuur** 1 invoice [*over* of, for]; (*rekening*) bill; *30 dagen na dato* ~ thirty days from date of invoice; 2 workmanship; **factuurboek** invoice book

facul|tair faculty [policy]; **-tatief** optional, facultative; *iets ~ stellen* make s.t. optional

facul|teit 1 faculty; 2 (*rekenk*) factorial; **-teitsbestuur** faculty board; **-teitsraad** faculty council

faecaal faecal; **faecaliën, faeces** faeces

Faeröer Fa(e)roes, Fa(e)roe Islands; (*bewoner, taal*) *van de* ~ Fa(e)roese

faëton phaeton; **fagocyt** phagocyte

fagot bassoon; **fagottist** bassoonist

faience 1 id; 2 glazed tiles

failleren fail, become (a) bankrupt, go bankrupt; (*fam*) go smash, be smashed; **failliet** I *zn* 1 bankruptcy (*ook fig:* the bankruptcy of the communist system, moral bankruptcy]; *zie* faillissement; 2 (*pers*) bankrupt; II *bn* bankrupt; *~e boedel* (*massa*) insolvent('s) (*of:* bankrupt's) estate; ~ *gaan, zie* failleren; ~ *doen gaan,* (*ook*) bankrupt [a p.]; ~ *verklaard worden* be adjudged (adjudicated) bankrupt; **faillietverklaring** adjudication in bankruptcy, adjudication (order); **faillissement** bankruptcy, failure; ~ *aanvragen* file one's petition (in bankruptcy), present a bankruptcy petition [against o.s., a firm], petition a firm's bankruptcy; *~aanvragende crediteur* petitioning creditor; **faillissementsaanvrage** petition (in bankruptcy)

fait accompli id, accomplished fact; *iem voor een ~ stellen* place a p. before (present a p. with) a fait accompli; **faits divers** miscellaneous news (items); **faits et gestes** actions, doings

faki(e)r fakir

fakkel torch; (*gas~*) flare; *de ~ aan anderen overdragen* hand on the torch [of science, etc]; **fakkeldans** torch-dance; **fakkeldrager** torch-bearer; **fakkellicht** torchlight [procession *optocht*]

falangist Falangist; **falanx** phalanx; *een aaneengesloten ~ vertonen,* (*fig*) show a united front

falbala flounce, furbelow

falen 1 (*mislukken, ontbreken, tekortschieten*) fail [the plan, his courage failed; my memory fails me; failing health]; *niet* (*nooit*) *~d* unfailing, unswerving [devotion]; *zonder* ~ without fail; 2 (*het mis hebben*) make a mistake; 3 (*missen*) miss; *een nooit ~d schutter* a dead shot

falie mantle; *iem op z'n ~ geven* dust a p.'s jacket, pitch into (tear a strip off) a p.; **faliekant** totally [wrong]; ~ *uitkomen* go wrong, go awry; *het plan kwam* (*helemaal*) ~ *uit,* (*ook*) the plan misfired (completely)

faling failure

Falk|landeilanden, -lands Falkland Islands, Falklands

fallisch phallic; **fallisme** phalli(ci)sm; **fallocentrisch** phallocentric; **fallocratie** phallocracy; **fallus** phallus

falsaris forger, falsifier, counterfeiter

falset falsetto (*mv:* -os)

falsi|ficaat falsification; **-ficatie** falsification; **-ficeren, -fiëren** falsify [the truth, a theory]

fameus I *bn* 1 (*veelbesproken*) famous, [his] celebrated [wealth]; (*ong*) notorious; 2 (*groot*) enormous [it's enormous!], capital, stunning, glorious, grand, fabulous [riches]; II *bw* enormously; [we got on] famously; *we hadden ~ veel plezier* we had a high old time (of it)

familiaal I *bn* familial; *-ale hulp* mothers help; (*Am*) homemaker; *-ale verzekering* third-party insurance; II *zn* estate car, (*Am*) (station) wagon; **familiaar** familiar [expression, etc], informal [party]; *een ~ praatje* a free-and-easy chat; *hij is wel wat* ~ he is rather free; *~ omgaan met* be familiar (on familiar terms) with, hobnob with; *kom ~ bij ons eten* come and take pot luck; **familiair** 1 *zie* familiaar; 2 (*med*) familial [disease]; **familiariteit** familiarity; *zich ~en veroorloven* take liberties

familie (*geslacht & gezin*) family; (*~leden*) relations, relatives; *de ~ is gewaarschuwd,* (*bij ongeluk*) next of kin have been informed; *mijn ~(leden)* my relations (*fam:* people, friends); *iems ~ en vrienden,* (*ook*) one's kith and kin; *de ~ Smith* the Smith family, the Smiths; *wat voor ~ is hij* (*is hij ook* ~) *van je?* what relation is he (is he any relation) to you?; *ik ben* ~ *van hem* I am related to him, he is a relation of mine; *we zijn verre* ~ we are distant relations (distantly related); *van goede* ~ of good family, of good birth, well-born, well-connected; *van je* ~ *moet je het maar hebben* trust your relatives to do you a bad turn, more kin than kind; *zie* zitten

familie|aangelegenheid family affair; **-band** family tie; **-berichten** (notices of) births, marriages and deaths; **-bescheiden** family papers; **-betrekking** family connection, family relation; relationship, kindred; *zie ook* -lid; **-bezit** family property (possessions); (*in*) ~ family-owned [company]; **-bezoek**: *op* ~ *gaan* (~ *krijgen*) go to visit (get a visit from) one's relatives; **-drama** domestic drama; **-feest** family celebration; **-gebrek** familial defect; **-gelijkenis** family likeness; **-goed** family estate; **-graf** family grave, family vault; **-hotel** private (residential) hotel; **-kring** family (*of:* domestic) circle; **-kunde** genealogy; **-kwaal** family complaint; *het is een* ~ it runs in the family; **-lid** member of the (a) family; (*bloedverwant*) relative, relation; (*bij begrafenis*) family mourner; **-naam** surname (*niet v adellijke familie*), family name; **-omstandigheden**: *wegens* ~ for family reasons, (*overlijden*) owing to bereavement; **-pension** private boarding-house; **-raad** family council; **-roman** domestic novel; **-schandaal**: (*verborgen*) ~ skeleton in the cupboard, family skeleton; **-stuk** 1 family piece, heirloom; 2 family portrait; 3 (*scherts*) old faithful; **-trek** family trait; **-trots** family pride, pride of family; **-vennootschap** private company; **-vete** family feud; **-wapen** (family) coat of arms [the arms of English families]; *een* ~ *voeren* bear arms; **-zaak** 1 family affair (*of:* matter); 2 family business; **-ziek** over-fond (excessively fond) of one's relations

fanaal 1 ship's lantern; 2 signal light, beacon

fanaat I *bn* fanatical; II *zn* [health food, soccer] fanatic; [computer, health, film] freak; **fanaticus** fanatic; **fanatiek** fanatical (*bw:* -cally); **fanatiekeling** enthusiast; *zie* fanaat II; **fanatisme** fanaticism

fancy-fair bazaar; **fandango** id

fanfare 1 fanfare (*ook fig:* announced with much fanfare), flourish; 2 brass band; **fanfarekorps** brass band

fantaseren I *intr* romance, indulge in fancies, fantasize; (*muz*) improvise, play extempore; II *tr* invent, make up, dream up [a story]; *hij fantaseert maar,* (*ook*) his imagination runs (is running) away with him; **fantasia** id; **fantasie** 1 (*droombeeld*) [a sexual] fantasy; (*verbeeldingskracht*) [the novelist's] fancy, [lack] imagination; *rijk aan* ~ imaginative; *dat is* ~, (*verzonnen*) that is fanciful (*uit de lucht gegrepen:* a mere fabrication); (*attr*) fancy [dress, prices, waistcoat], fantasy [world]; 2 (*muz*) fantasia; (*orgel*~) voluntary

fantasie|artikelen fancy goods; **-loos** unimaginative; **-rijk** imaginative; **-stof** fancy suiting

fantasma phantasm; **fantasmagorie** phantasmagoria

fantast id, dreamer, visionary; **fantastisch** fantastic (*bw:* -ally); visionary [ideas]; fancy [prices]; (*sl: gaaf*) crucial; *ze* (*een actrice bijv*) *is* ~ she is terrific; ~*e verhalen,* (*ook*) wild stories; ~*!,* (*sl*) brill(iant)!, wicked!

fantoom 1 phantom; 2 (*model vh lichaam*) manikin; **fantoombeleving** phantom limb; **fantoompijn** phantom limb pain

farao Pharaoh [ant]; **faraorat** mongoose

farce 1 id, piece of low comedy; 2 stupid joke; 3 (*vulsel*) forcemeat, stuffing; **farceren** stuff; **farceur** id; joker

farde 1 loose-leaf notebook; 2 folder; 3 carton (of cigarettes)

farizeeër Pharisee, (*fig ook*) hypocrite; **fari|zees, -zeïsch** Pharisaic(al), hypocritical; **farizeïsme** Pharisaism

farma|ceut 1 (pharmaceutical) chemist; 2 pharmacology student; **-ceutica** pharmaceutics; **-ceutisch** pharmaceutical; **-cie** 1 pharmacy; 2 *zie* apotheek

farmaco|gnosie pharmacognosy; **-kinese** pharmacokinetics; **-logie** pharmacology; **-logisch** pharmacological; **-pee** pharmacopoeia; [the National] Formulary; **-theek** first-aid kit

faro (*bier, spel*) id

Färöer Faroe Islands, Faroes; *zie* Faeröer

farynx pharynx

fasces id; **fascinatie** fascination; **fascine** id; **fascineren** fascinate; *zie ook* boeien; ~*d* fascinating, intriguing

fascisme Fascism; **fascist** fascist (*Ital:* Fascist, *mv ook:* -ti); **fascistisch** Fascist; **fascistoïde** semi- (quasi-)Fascist

fase phase; stage [of an illness]; *eerste* (*tweede*) ~, (*univ*) undergraduate (postgraduate) course of studies; **faseren** phase; *gefaseerd invoeren* (*afschaffen*) phase in (out); **fasisch** phased

fat dandy, fop, swell; (*Am*) dude (*vrouw:* dudine)

fataal fatal [accident, effect, mistake, wound; it was fatal to our plans, to his career]; lethal [dose of a drug]; **fatalisme** fatalism; **fatalist** id; **fatalistisch** fatalistic (*bw:* -ally); **fataliteit** fatality

fata morgana id, mirage

fatsoen 1 (*vorm*) fashion, form, shape, make, (*v kleren*) cut; ***uit*** *zijn* ~ [a hat hopelessly] out of shape; 2 (~*lijkheid*) decency; *zijn* ~ *houden* behave oneself; *zijn* ~ *ophouden* keep up appearances; ***met*** (*goed*) ~ decently, with (in) decency [as soon as he could with (in) decency go], very well [I can't very well do it]; *hij is erg* ***op*** *zijn* ~ he is a great stickler for the proprieties; ***voor*** *zijn* ~ for decency's (for form's) sake; *voor zijn* ~ *moest hij wel meedoen* in common decency he had to join them; *zie ook* grabbel; 3 (*goede manieren*) (good) manners, decorum, good breeding; *hij kent geen* ~ he is without a sense of decency; **fatsoeneren** fashion (*tot* into), shape, lick [a resolution] into shape, model, remodel [she had her nose remodelled]; (*ve hoed*) block; *opnieuw* ~ re-block [a hat]; **fatsoenlijk** decent [fellow, girl, clothes, shop; he is a decent (sort of) chap], respectable [people, respectably dressed], good [girl]; *zij komen ~ voor de(n) dag* they keep up proper appearances; *de ~e armen* the deserving (the honest) poor; *~e armoede* decent (genteel) poverty, shabby gentility; *hij is een ~e kerel* he is a decent (sort of) chap; *je moest zo ~ zijn het voor je te houden* you ought to have the decency (the grace) to ...; **fatsoenlijkheid** respectability, decency; **fatsoenshalve** for decency's sake, in decency; *zie* fatsoen: met ~, voor zijn ~; **fatsoensrakker** (self-appointed) moral censor

fatterig foppish, dandified; **fatterigheid** dandyism, foppishness; **fattig** *zie* fatterig

fatum fate; **fatwa** fatwa(h)

faun id; **fauna** id, [the] wild life [of Peru]; **faunistisch** faunal

fausset falsetto (*mv:* -os)

fauteuil easy chair, armchair; (*theat*) id, stall; *~s de balcon* dress circle

faveur favour; *ten ~e van* in favour of; *~tje* windfall; **favorabel** favourable; **favoriet** favourite, (*fam*) fave; **favoriseren** favour

fax fax [mail, number, post]; **faxen** fax

fazant [cock, hen] pheasant

februari February

federaal federal; **federaliseren** federalize; **federalisme** federalism; **federalist** id; **federalistisch** federalist(ic); **federatie** federation; **federatief** federative; **federeren** federate

fee fairy; *de ~ën,* (*ook*) the good people; *zie* weldoen; **feeachtig** fairylike, sylphlike; **feeënland** Fairyland, faerie; **feeërie** (*theat*) fairy scene; **feeëriek** fairylike [illumination], enchanting

feeks virago, battleaxe, termagant, vixen, shrew

feest party; celebration; function; fête (*meestal buitenshuis*), feast (*vooral kerkelijk*), festival (*ook kerkelijk*), festivity; *~je* party, celebration, [Sunday-school] treat; (*dronken ~ & iron: een waar ~*) bender; *het zal me een waar ~ zijn* it will be quite a treat to me; *het is morgen ~* we're having a party (there's a celebration) tomorrow; *dat ~ gaat niet door,* (*fam*) not (bloody) likely!, you've got another think coming on that one

feest|artikelen party goods; **-avond** festive evening; **-bundel** anniversary (memorial) volume, festschrift; **-commissie** organizing-committee; **-dag** (public) holiday, day of rejoicing, feast-day (*vooral kerkelijk*), (*Am*) fête-day, fest(iv)al day; (*kerkelijk, ook*) holy day; *zie ook* nationaal & erkend; *zon- en ~en* Sundays and public holidays; *kerkelijke ~en,* (*ook*) feasts of the Church; *veranderlijke ~en* movable feasts; **-diner** celebration dinner; **-dronk** toast; **-drukte** festivities

feeste|lijk festive, festal; *~ onthalen* entertain, fête; *dank je ~!* no, thank you!, not on your life!; *zie ook* stemming; **-lijkheid** festivity, merrymaking, (*mv: ook*) rejoicings; **-ling(e)** *zie* feestvarken

feest|en celebrate, feast, make merry; **-ganger** partygoer; **-gedruis** (sound of) revelry; **-genoot** (fellow-)guest; **-gewaad** festive attire; **-lied** festive song; **-maal** feast, banquet; **-neus** 1 false nose; 2 *zie* feestnummer; **-nummer** gay spark, merrymaker, partygoer; **-rede** (main, principal) speech of the day (the evening); **-redenaar** official (principal) speaker; **-roes** flush of excitement, ecstasy; **-stemming** [in] festive mood; **-tent** marquee; **-tijd** festive season; **-varken** hero of the feast, guest of the evening, guest of honour; **-verlichting** gala (festive) illumination; **-vierder** reveller, merry-maker, partygoer; **-vieren** celebrate, feast, make merry; **-viering** celebration, feasting, merrymaking; **-vreugde** merrymaking; (*luidruchtig*) revelry; **-wijzer** programme of festivities; **-zaal** hall (room) for parties, receptions, etc

feil 1 (*gebrek*) fault; *'de vriend, die mij mijn ~en toont'* [save me from] the candid friend; 2 (*misslag*) mistake, error; **feilbaar** fallible, liable to error; **feilbaarheid** fallibility, liability to err; **feilen** make a mistake (a slip), err; **feilloos** faultless

feit fact; *het ~ bekennen* confess the fact; *het is* (*blijft*) *een ~* it is (remains) a (*of:* the) fact [that ...]; *we staan voor het ~* there is no help for it, we have no alternative; *in ~e* in fact; **feitelijk** I *bn* actual, real, de facto [the de facto government], moral [a moral impossibility]; II *bw* practically [the same], virtually, morally [it is morally impossible], for all practical purposes, to all intents and purposes [he reigned as a king], in point of fact, as a matter of fact, in fact, in effect; **feitelijkheid** fact; act of violence; **feitenkennis** knowledge of facts, factual knowledge; **feitenmateriaal** data, facts

fel fierce [heat, wind, fire, cold, struggle, competition], sharp [competition, contest, frost, struggle], heated [discussion]; keen [competition, frost, wind], vivid [colour, flash of lightning], harsh, glaring [light]; *hij is er ~ op* he is (dead) keen on it; *iets ~ afkeuren* denounce s.t. passionately; zie ook tegen; **felheid** fierceness

felicitatie congratulation, message of congratulation, (*met iems verjaardag*) birthday greetings; *dat is een ~ waard* that is a matter for congratulation; **felicitatiebrief** letter of congratulation; **feliciteren** congratulate, offer congratulations [*met* on], wish [a p.] joy [*met* of], wish [a p.] (good) luck; *zich ~,* (*ook*) pat o.s. (give o.s. a pat) on the back, hug o.s. [*met een bof* over a piece of luck]; *ik feliciteer je,* (*ook*) you have my congratulations; (*wel*) *gefeliciteerd!* congratulations [*met* on]!, (*alleen v verjaardag*) many happy returns (of the day)!

felien feline; **Felix** id

fellah id (*mv:* -een, -s); **fellatie** fellatio(n)

feloek (*vaartuig*) fellucca

felsen bead, seam; **felsrand** flange

femelaar(ster) canter, sniveller, hypocrite; **femelachtig** canting, sanctimonious; **femelarij** canting, snivelling; **femelen** cant

feminien feminine; **feminiseren** feminize; **feminisme** feminism; Women's Lib; **feminist(e)** feminist; **feministisch** feminist(ic)

fenacetine phenacetin

fenegriek (*plantk*) fenugreek

Fenicië Phoenicia; **Feni|ciër**, **-cisch** Phoenician

feniks phoenix
fenol phenol; **fenologie** phenology
feno|meen phenomenon (*mv:* -mena); **-menaal** phenomenal; **-menologie** phenomenology
fenotype phenotype
fenyl|alcohol phenyl alcohol; **-ketonurie** phenylketonuria; **-zuur** phenol, carbolic acid
feodaal feudal; **feodalisme** feudalism, feudal system; **feodaliteit** feudality; **Ferdinand** id
ferm (*vd markt*) firm, steady; *zie verder* flink
fermate (*muz*) fermata
ferment id; **fermentatie** fermentation; **fermenteren** ferment
fermette converted farmhouse
fermoor(beitel) ripping-chisel
fernambukhout brazil(-wood)
feromoon pheromone
fertiliseren fertilize; **fertiliteit** fertility; *hoge ~* fecundity
fervent fervent, ardent [adherent, admirer, nationalist]; **ferventie** fervency, ardency
fes (*muz*) F flat
festijn feast, banquet
festival id; **festiviteit** festivity
festo(e)n festoon; **festonneren** 1 festoon; 2 buttonholing
fêteren fête, make much of [a p.]; (*onthalen, ook*) wine and dine [a p.]
fetisj fetish; **fetisjdienst** fetishism; **fetisjisme** fetishism; **fetisjist** fetishist; **feuda-** *zie* feoda-
feuilleté(deeg) puff pastry
feuilleton serial (story, novel); (*lit of wtsch artikel*) id; *als ~* [appear] in serial form, serially; *als ~ uitgeven* serialize [a novel]; *als ~ verschijnen* be serialized; **feuilletonist** serialist
feut fresher; **fez** id (*mv:* fezzes)
f-gaten (*in viool, enz*) f(f) holes
fiasco id (*mv:* -os), failure, collapse [of a scheme], (*fam*) [he (it) is a] fizzle (a wash-out, a damp squib), [the book (singer, dinner) was a complete] frost, flash in the pan, [the piece, book, meeting was a] flop; (*Am*) turkey; *~ maken* make (turn out) a fiasco, be (prove) a (complete) failure, break down, fall flat, misfire [the plan misfired]
fiat id, sanction, authorization; *~!* done!, that's a bargain!; *~ drukken!* press!; *zijn ~ geven op, zie* fiatteren; **fiatteren** sanction, authorize, attach one's fiat to, (mark) OK [an order]; (*typ*) sign (mark, pass) for press
fiber fibre [optics]; **fiberglas** fibreglass; **fibrilleren** fibrillate; **fibrine** fibrin; **fibroom** fibroma
fiche 1 (*speelschijfje*) counter, marker, fish, chip; 2 (*kaartje*) (index) card, slip; *op ~s brengen* enter on slips, card-index; 3 (*elektr*) plug; **ficheren** card-index
fichu 1 id, neckerchief; 2 *hij is ~* he's had it
fictie fiction; **fictief** fictitious, fictive; *fictieve winst* imaginary profit; **fictionaliseren** fictionalize; **fictionaliteit** fictional character; **fictioneel** fictional
ficus rubber plant
fideel jolly, jovial; *fidele vent* jolly good fellow, (regular) sport, sportsman, brick, trump, [he is the] right sort
fideï-commis entail; **fideliteit** joviality, jolliness; **fidibus** spill, pipe-light; **Fidji** *zie* Fiji
fiduciair fiduciary [currency, etc]; **fiducie** trust, confidence; *niet veel ~ hebben in* not take much stock in [an undertaking]
fiedel fiddle; **fiedelen** fiddle
fielt scoundrel, villain; **fieltachtig** scoundrelly, rascally; **fieltenstreek** piece of villainy; **fielterig** *zie* fieltachtig; **fielterij** villainy
fier proud, high-spirited, -hearted; **fierheid** pride, high-spiritedness, high spirit; **Fietje** Sophy
fiets (bi)cycle, (*fam*) bike; *zie ook* rijwiel; (*vs motorfiets*) push-bike, pedal cycle; *per ~* on one's bicycle, by bike; *wat heb ik nou aan mijn ~ hangen?*, (*fam*) what's up now?, what on earth (what the dickens) is happening now?
fiets|band bicycle tyre (*Am:* tire); **-benodigdheden** bicycle-accessories; **-cross** cyclo-cross
fietsen cycle, bike; *wat gaan ~* go (for) a bicycle ride; (*fam*) go for a spin (on one's bicycle); *ik fietste van ...*, (*fam*) I biked it from ...; *mijn fiets is ~*, (*fam*) my bike is gone; *ergens doorheen ~*, (*fam*) thwart, stymie [a p.'s plans]
fietsen|bergplaats, **-bewaarplaats** (bi)cycle shed (*of:* store); **-dief** bicycle thief; **-handelaar** cycle dealer; **-hok** (bi)cycle shed; **-maker** (bi)cycle repairer; **-rek** bicycle stand; **-stander** 1 bicycle stand; 2 jiffy (kick, prop) stand
fiets|er (bi)cyclist; *woest ~* scorcher; **-ergometer** bicycle ergometer; **-kaart** cycling map; **-ketting** bicycle chain; **-lamp**, **-lantaarn** (bicycle) (head)-lamp; **-mandje** handlebar basket; **-pad** cycle--track, -way; (*aanliggend*) (bi)cycle lane; **-pomp** (bi)cycle pump, inflator; **-slot** (bi)cycle lock; **-tas** saddlebag, (*klein*) toolbag, (*dubbel*) pannier bag; **-taxi** trishaw; **-tocht** cycling tour; *een ~je gaan maken* go for a bicycle ride (for a spin on one's bicycle)
fig *zie* figuur(lijk); **figuraal** figural
figurant(e) 1 walk-on, supernumerary (actor), walking gentleman (lady), (*inz massa~*) extra; (*fam*) super; 2 (*fig*) dummy, (mere) cipher, puppet, passenger, onlooker; **figurantenrol** 1 walk(ing)-on (non-speaking) part, walk-on; 2 spectator's role; **figuratie** figuration; **figuratief** figurative; **figureren** figure, pose [*als* as]
figuur figure (*in alle bet*); (*in drama, enz*) character; (*meetk ook*) diagram; pattern [in embroidery]; (*fam: persoon*) chap, type, fellow; *een aardig ~tje* a pretty figure; *het ~, dat hij sloeg* [I'll never forget] the figure he cut; *een goed* (*mooi, slecht, droevig, gek*) *~ slaan* (*maken*) make (*fam:* cut) a good (fine, poor, sorry, foolish) figure, make a good showing; *hij sloeg geen mooi ~*, (*ook*) he didn't shine; *een prachtig ~ slaan*, (*ook*) put up a great show; *een tamelijk goed* (*een slecht*) *~ slaan* make a fair (a poor) show, show up rather well (badly) [*naast* beside]; *een ~ als modder slaan* cut a sorry figure; *iem een mal* (*gek*) *~ laten slaan* make a p. look silly, let a p. down; *zijn ~ redden* save one's face; *zie ook* verlegen

figuur|dansen figure-dancing; **-knippen** decoupage; **-knipsel** decoupage; **-lijk** figurative; **-naad** dart; **-raadsel** picture-puzzle, rebus; **-rijden** figure-skating; **-zaag** fretsaw; **-zagen** I *ww* do fretwork; II *zn* fretwork, fretsawing; **-zwemmen** synchronized swimming

Fiji Fiji [Islands]; **Fijiër**, **Fijisch** Fijian

fijn 1 fine [rain, hair, sand, point, gold, taste]; ~ *afgewerkt* highly finished; *~e gereedschappen* (*instrumenten*) precision tools (instruments); *een ~ gehoor* a fine ear; *een ~ gezichtje* a delicate face; *~e kam* [go over s.t. with a] fine-tooth comb; *zijn ~e manieren* his fancy manners; *~e neus,* (*fig*) keen (quick) nose, subtle sense; *~e onderscheiding* nice (subtle) distinction; *~e opmerking* shrewd remark; *~ schrift* close writing; *~ stemmetje* small voice; *~ verschil* subtle difference; *~e was* fine (delicate) fabrics; ***het** ~e ervan* [he knows] the rights (the ins and outs) of it; *het ~e van de grap* the essence of the joke; *het ~e van de zaak te weten komen* (*weten*) get to the root of (have the low-down on) the matter; *zie ook* fijnigheden & punt: de fijne ~jes; 2 (*heerlijk*) delicate [food, fruit], lovely [a lovely pear, day], [that's] great; nice [to see you again]; (*sl*) ripping, smashing, marvellous; (*uitgelezen*) exquisite, choice [wines]; (*chic*) smart [how smart you look!]; *er ~ uitzien,* (*ook*) look a swell; *~!* fine!, lovely!, capital!, great!; *niet zo ~!* not too good!; *zich ~ amuseren* enjoy o.s. no end, have a ripping time; *dat is ~* that's a bit of all right; *een ~ heer,* (*iron*) a nice specimen (*of:* sort); 3 (*femelend*) sanctimonious; *zich ~ voordoen,* (*huichelen*) play the saint; *~e kerk* orthodox church; *~e roomse* strict Roman Catholic; *~e zus* bigot; ***een** ~e,* (*iron*) a precisian; *de ~en,* (*Sch*) the unco guid

fijn|aard (*Z-Ned*) slyboots; **-afstelling** fine adjustment; **-besnaard** finely(-)strung; **-besneden** finely-cut [features]; **-gebouwd** slight [figure], slightly built, small-boned; **-gevoelig** 1 sensitive; delicate, finely(-)strung; 2 tactful, (*ong*) touchy; **-gevoeligheid** 1 sensitiveness, delicacy; 2 tact(fulness), (*ong*) touchiness; **-hakken** cut small, mince, chop up (finely); **-heid** 1 fineness, delicacy; (*ve onderscheiding*) nicety; 2 (*in godsd*) piety, godliness; sanctimony; *vgl* fijn

fijn|igheden niceties, tricks [know the tricks of the trade]; **-kauwen** masticate; **-kloppen** break, pound, crush (up); **-knijpen** squeeze to bits (to powder), crush (up); (*fig, v pers*) hug; **-korrelig** fine-grain(ed); **-maken** pulverize, crush (up), break up [food], mash [bananas]; **-malen** grind (down, up, to pieces); (*kauwen*) masticate; **-mazig** fine-meshed; **-mechanisch** precision [engineering, component]; **-proever** gourmet; (*fig*) connoisseur; **-regelen** fine-tune (*ook fig*); **-schaaf** shave; **-snijden** cut up fine (*of:* small); **-spar** spruce (fir); **-stampen** mash [potatoes], pulverize, pound; **-straal** (*plant*) fleabane; **-te** fineness; **-tjes** smartly, cleverly; [smile] subtly; with fine irony; **-wrijven** rub down, pound, pulverize, powder; **-zinnig** 1 sensitive; 2 subtle

fijt whitlow

fik 1 pooch, doggie; *zie ook* hondje & portie; 2 (*sl*) fire, blaze; *in de fik* [be, set] ablaze; **fikken** I *zn mv* (*fam*) paws; *blijf af met je ~* keep your paws off; II *ww* (*sl*) burn, blaze; **fikkie** *zie* fik & portie; **fiks** 1 *zie* flink; 2 fixed [stare]; 3 upright, erect; **fiksen** fix (up)

filan|troop philanthropist; **-tropie** philanthropy; **-tropisch** philanthropic (*bw:* -ally)

filatelie philately; **filatelist** philatelist; **filatelistisch** philatelic

fil d'écosse lisle thread

file 1 id, queue, string [of taxis], (*bij stremming*) tailback [of cars], (traffic) jam; *zie ook* queue; 2 (*bestand*) id

fileet fillet; **fileren** fillet [fish; filleted haddock]

filet 1 fillet [of beef], undercut, tenderloin; *filet américain* steak tartar(e), tartar(e) steak; ~ *van schelvis* filleted haddock; 2 (*ornament, enz*) fillet; **filetknoop** netting loop; **filetwerk** filet, netting

fileverkeer single-file (lane) traffic; **filevorming** traffic jam(s), tailback(s)

fil|harmonie philharmonic (orchestra); **-harmonisch** philharmonic; **-helleen** philhellene

filiaal I *bn* filial [affection, duty]; II *zn* branch (office); (*ve bank, ook*) affiliation; **filiaalbedrijf** multiple shop, chain store; **filiaal|chef**, **-houder** branch manager; **filiatie** filiation, descent

filigraan filigree; **filigraanpapier** watermarked paper; **filigrain** filigree; **filigram** papermark, watermark; **filigrein** filigree

Filippenzen Philippians; **filippica** philippic; **Filippijnen**: *de ~* the Philippine Islands, the Philippines; **Filippijns** Filipino, Philippine [Sea]; **filippine** philop(o)ena, philippine, -na, (*Am*) fillipeen; **Filippino** Filipino (*mv:* -s); **Filips** Philip; *~ de Schone* Philip the Fair

filister philistine; **Filistijn** Philistine; *naar de ~en* wrecked, lost, down the drain

film 1 [black-and-white, daylight, colour reversal] film; 2 (*bioscoop~*) [silent, documentary, cinema] film, motion picture [industry], (*sl*) flick, movie; *zie ook* bioscoop; (*eig het doek*) screen [stories written for the screen]; *zie ook* sprekend, zwijgend; 3 (*laagje*) id [a film of oil; the water was filmed over with oil *er lag* ...]

film|acteur, **-actrice** film-, screen-actor, -actress; **-archief** film library; **-artiest** *zie* -acteur; **-beeldje** frame; **-bewerking** screen (*of:* film, cinema) version [of a novel]; *een ~ maken,* (*ook*) adapt [a novel] for the screen; **-camera** cine-camera, film (*Am:* movie) camera; **-censuur** *zie* -keuring; **-drager** film base; **-druk** screen process, silk-screen printing

filmen film, shoot; *niet te ~!* incredible!, absurd!

filmer 1 filmer; 2 film-maker; **filmfragment** (film) clip; **filmgevoeligheid** film speed; **filmhuis** art cinema; **filmindustrie** motion-picture industry; **filmisch** filmic; **filmjournaal** newsreel; **filmkeuring** 1 film censorship; 2 (*commissie*) board of film-censors; **filmkit** film cement; **filmkunst** cinematographic art; **filmliga** film society; **filmmuziek** film music; **filmografie** filmography; **filmoperateur** film-operator, cam-

eraman; projectionist; **filmopname** shot; (*het opnemen*) shooting; *een ~ doen* take a moving picture [*van* of], (*fam*) shoot a film (a scene); **filmotheek** film library
film|pakchassis (*fot*) film-pack adapter; **-projector** film pojector; **-rechten** film rights [of a novel]; **-rol** 1 role (*of:* part) in a film; 2 film reel, film spool, reel of film; (*rolletje*) film roll; **-ster** film (*inz Am:* movie) star; **-strip**, **-strook** film strip; **-studio** film studio; **-versie** *zie* -bewerking; **-voorstelling** film showing; **-zaal** film theatre; **-zetsel** film type; **-zetten** filmset(ting); **-zon** camera floodlight
filo|grafie philography; **-logie** philology; **-logisch** philological; **-loog** philologist
filomeel philomela, nightingale
filosoferen philosophize; **filosofie** philosophy (*alle bet*); **filosofisch** philosophic(al); **filosoof** philosopher
filter [air, coffee, oil, sediment, water] filter, [coffee] percolator, [tea] strainer; (*vd waterleiding*) filter-bed; (*elektr, fot*) filter; **filteren** I *tr* filter [smoke], percolate [coffee]; II *intr* filter [sunlight filtered through the curtains]; **filterpot** percolator; **filtersigaret** filter (tip), filter-tipped cigarette; **filterzakje** (coffee) filter
filtraat filtrate; **filtratie** filtration; **filtreerdoek** filtering-cloth; **filtreerkan** (*vglb*) percolator; (*hist*) biggin; **filtreerkoffiepot** coffee percolator; **filtreerpapier** filter paper; **filtreren** filter, filtrate, strain, percolate; **Fin** Finn
finaal total, complete [failure]; final [decision]; *finale uitverkoop* closing down sale; *~ onmogelijk* absolutely (utterly) impossible; *ik vergat het ~* I clean forgot it
finale 1 id; (*sp*) final(s); *halve, kwart, achtste ~* semifinal(s), quarter final(s), last sixteen; 2 (*bk*) finial; **finalist** id; **finaliteit** finality
financieel financial [financially independent], pecuniary, monetary; *~ wetsontwerp* money bill; *-ciële commissie* committee of ways and means; *de -ciële kant ervan* the money side of it; *de -ciële wereld* the world of finance; *zie ook* geldelijk; **financieel-economisch** financial economic
financiën 1 (*geldmiddelen*) finances; 2 (*financiewezen*) finance; *zie ook* minister(ie); **financier** id; **financieren** *tr & intr* finance [a newspaper, etc], fund [an experiment], back [a Broadway production]; (*fam*) bankroll; (*meestal ong*) financier
financiering (*ook*) credit facilities; **financierings|bank**, **-maatschappij** finance company; **financieringstekort** financing deficit; (*vd overheid*) (public sector) borrowing requirement, PSBR
financiewezen finance, financial system
fine: *ter ~ van consideratie en advies* for consideration and advice (advice and report); **fineer** veneer (*ook: ~bladen, ~hout*); **fine fleur** fine flower [of the aristocracy], [the] pick of the bunch; **fineren** 1 (*opleggen*) veneer [wood, furniture]; 2 (*lamineren*) laminate; 3 refine [gold, etc]
finesse nicety [know the -ties of entertaining]; id, subtlety; *~s*, (*ook*) the finer points, [know] the ins and outs; *tot in de ~s* down to the minutest detail(s)
fingeren feign, simulate [illness], sham [ill]; fake (*opzetten:* stage) [a robbery]; *zie ook* gefingeerd
fini(to) finished
finjol Finn (dinghy); **Finland** id; **Finoegrisch** Finno-Ugrian; **Finoegristiek** Finno-Ugrian studies; **Fins** Finnish; (*inz tlk*) Finnic; (*in sam ook*) Finno(-Russian, -Swedish)
fint (*vis*) twaite (shad); **FIOD** (*vglb*) Fraud Squad
fiool phial; *fiolen laten zorgen* let things drift; *de fiolen des toorns uitstorten* pour out the vials of wrath [*over* upon]
firma firm, concern, house; *onder de ~ ...* [carry on business] under the style of ...; *de ~ H. & Co* the firm of H. & Co, (*inz adres*) Messrs H. & Co
firmament id, sky; *zie ook* uitspansel
firmanaam firm, style, company name; **firmant** partner; *zie ook* oudste, enz; **firmastempel** company stamp
fis (*muz*) F sharp
fiscaal I *bn* fiscal; *~ jurist* tax lawyer; *~ loon* taxable income; *~ recht, a*) fiscal (*of:* tax) law; *b*) revenue tax; II *zn* (*mil*) Judge Advocate; **fiscaliseren** render taxable; **fiscalist** tax specialist; **fiscaliteit** 1 fiscal system; tax legislation; 2 taxability
fiscus: *de ~* the Inland Revenue, the Exchequer, the Treasury, (*fam*) the tax man
fistel fistula, sinus; **fistelachtig** fistulous
fit id; *ik voel me nog niet helemaal ~* I'm not feeling quite up to scratch yet
fitis (*vogel*) willow warbler
fitter [electrical, gas] fitter; *water~* plumber
fitting (*hulpstuk*) id; (*lamphouder*) lampholder, (lamp) socket; (*v lamp*) (screw) base, (*Br*) bayonet (fitting)
fixatie (*psych*) fixation; **fixatief** fixative; **fixeer** (*fot*) fixer; **fixeerbad** fixing-bath; **fixeermiddel** fixative; **fixeerzout** fixing-salt; **fixeren** 1 fix (*ook fot*); *iem ~* fix a p. with one's eyes, (*onbescheiden*) stare at a p.; *op geld gefixeerd* obsessed with money; 2 (*psych*) fixate; **fixum** fixed sum (salary)
fjeld id; **fjord** fiord, fjord
fl afk van *florijn* id, (*bank*) FL; (Dutch) florin, guilder; *fl 90* fl 90, FL 90, guilders 90
flabberen flap, flutter
flacon bottle, flask; (*reukflesje*) scent-bottle; *op de ~, zie* fles
fladderak lemon brandy
fladderen [flags] flutter, flap, flit; hover [round a p.]; stream, flow [her hair flowed behind her]
flagellant id
flageolet id; *~tonen* flageolet notes, harmonics
flagrant id, glaring, notorious; *en ~ délit* in the very act, [catch a p.] red-handed; *in ~e tegenspraak* in flat contradiction
flair id, [business, political] acumen
flakkeren flicker, waver
flambard slouch hat, wideawake (hat)
flamberen flambé(e); **flambouw** torch; **flamboyant** id
flamingant Flamingant, nationalist Fleming

flamingo flamingo (*mv:* -os); **flamoes** cunt

flanel 1 flannel; 2 (*~letje*) flannel vest, flannel shirt, singlet; **flanelachtig** flannelly; **flanellen** flannel; *~ broek* flannel trousers, flannels

flaneren stroll, lounge, saunter, laze about the streets; **flaneur** lounger, idler, flâneur

flank id, side; *rechts* (*links*) *uit de ~* to the right (left) about; *met vieren uit de ~* in columns of four; *met tweeën uit de ~* in file; *in de ~ aanvallen* take in flank, attack in (*of:* on) the flank

flankaanval flank attack; **flankbeweging** flanking movement; **flankdekking** flank protection; **flankeren** flank; *~d vuur* flanking fire; **flankeur** guide, flanker

flansen 1 *zie* samen~; 2 (*gooien*) chuck, dash

flap I *zn* 1 slap, blow, box [on the ear]; 2 (*gebak*) turnover; 3 (*ve boekomslag*) id; 4 (*fam*) (bank-)note; II *tw* flop!; *~! zei de deur* bang! went the door; **flapdrol** (*plat*) dead loss, drip; **flaphoed** *zie* flambard; **flapkan** lidded jug, tankard; **flapoor** large (sticking-out) ear, [dog's] floppy ear; **flappen** flap; *er uit ~* blurt out; *het flapte neer* it came flop down; **flappentap** cash dispenser; **flaptekst** blurb; **flapuit** blab(ber)

flard rag, tatter; fragment; *~en ve gesprek* snatches of a conversation; *aan ~en* in rags, in tatters, [he left with his reputation] in shreds; [tear] to rags (to shreds, to ribbons)

flat id, (*Am*) apartment; *~je* flatlet, small flat; *zie ook* ~gebouw; **flatbewoner** flat-dweller; (*Am*) apartment-dweller

flater blunder; (*fam*) howler; *zie* begaan

flatgebouw block of flats, flat (building); (*Am*) apartment building, apartment-house; **flatneurose** flat (*Am:* apartment) neurosis

flats (*schoenen*) id, flatties

flatteren flatter; *de balans ~* cook (doctor) the balance-sheet; *geflatteerde foto* (*overwinning*) flattering photo (win); *je portret is geflatteerd* the photo flatters you; *zie* opsieren; **flatteus** flattering; becoming [dress, hat]

flatulentie flatulence; **flatwoning** *zie* flat

flauw 1 (*smakeloos, geesteloos, ook fig*) insipid [remarks, anecdotes], vapid [conversation], [the beer tastes] flat; (*ve grap*) silly, mild, feeble, poor [joke], pointless [anecdote]; (*kleingeestig*) [he is] no sport; *dat is ~ van je* I think that's horrid (beastly) of you; *aan de ~e kant zijn,* (*ve grap*) verge on silliness; (*v voedsel*) be a bit tasteless; 2 (*niet helder*) dim [light, outline, idea, memories], remote [resemblance], faint [colour, idea, murmur]; *ik heb er geen ~* ***idee*** (*begrip*) *van* I have not the faintest (remotest, *fam:* foggiest, haziest) idea (notion) of it, (*fam*) I haven't the foggiest; *ik had er een* (*geen*) *~* ***vermoeden*** *van* I had an (no) inkling of it; 3 (*zwak*) weak, faint, half-hearted [effort], languid [interest]; wan [smile]; (*vd markt*) dull, flat, weak, inactive; *ik werd* (*voelde me*) *~* I was taken (I felt) faint; (*zich ~ voelend*) faint [*van honger* with hunger]; *ik voel me wat ~* I'm a bit peckish; *ik ben er ~ van* I'm fed up with it; *er zich ~ van* ***bewust*** *zijn* be dimly conscious of it; *~* ***liggen*** be in a swoon; **flauwekul** [talk] nonsense, rubbish, [a load of] codswallop; *geen ~* deadly serious; **flauwerd**, **flauwerik** 1 silly (fellow); 2 (*bangerd*) mollycoddle, milksop

flauw|hartig faint-hearted; **-hartigheid** faint-heartedness; **-heid** insipidity, faintness, weakness, silliness, etc; *vgl* flauw; **-iteit** insipid (silly) joke; **-lijn**: *met ~en,* (*papier*) ruled faint (feint); **-lijnen** *ww* faint-(feint-)rule; **-te** swoon, fainting-fit, faint; *een ~ krijgen* swoon, faint, have a fainting-fit; **-tjes** dimly [visible], [breathe] faintly; **-vallen** faint, swoon, fall into a swoon, pass out; (*ve boord*) wilt; *flauwgevallen* fainted [girl]; **-zoet** sweetish

flebitis phlebitis; **fleboliet** phlebolith; **flebologie** phlebology

flecteren inflect; *~de taal* inflectional language

flectie (in)flection

fleemkous, **fleemster** cajoler, coaxer

fleer (*klap*) box on the ear

flegma phlegm, impassiveness; (*ong*) stolidity; **flegmaticus** stoic; (*ong*) cold fish; **flegma|tiek**, **-tisch** phlegmatic (*bw:* -ally), impassive; (*ong*) stolid

flemen cajole, coax, wheedle; (*ong*) fawn; **flemer** cajoler, coaxer; (*ong*) fawner; **flemerij** cajolery, coaxing; (*ong*) fawning

flens flange; **flensje** crêpe, thin pancake

flenter 1 splinter, shiver, sliver; *~tje* thin slice, shave, [the last] wafer [of soap]; 2 (*stof*) *zie* flard

fleppen 1 fuck; 2 booze; **fleps** flat, feeble, faded

fles bottle; (*met zuurtjes, enz*) glass jar; *dubbele ~* magnum; *~je* (small) bottle; (*voor azijn, enz*) cruet; *zie ook* half; ***met*** *de ~ grootbrengen* bring up on the bottle (*of:* by hand); *met de ~ grootgebracht,* (*ook*) bottle-fed; *samen een ~ drinken* split a bottle; ***op*** *~sen doen* (*trekken, op ~ brengen*) bottle [beer, wine]; (*trekken, ook*) con, diddle; *op ~sen* bottled [ale, lemonade]; *op de ~ gaan,* (*sl*) go to pot, go west, go bust, go phut, go to smash; *hij houdt veel van de ~* he is fond of (addicted to) the bottle, is fond of a drop; *zie ook* knappen; **flesjeswaterpas** water-level; **fleskind** *zie* flessekind; **flesopener** bottle opener

flessebier bottled beer; **flesseborstel** bottle-brush; **flessegas** bottle(d) gas; **flessehals** bottleneck (*ook fig*); **flessekind** bottle-baby, bottle-fed child; **flessemelk** bottled milk

flessen swindle; *je bent geflest* you've been had

flessen|keldertje cellaret; **-mand** bottle-basket, wine-cradle; (*op wieltjes*) wine-carriage; **-post** bottle post, message-in-a-bottle; **-rek** bottle-rack; **-trekker** swindler; **-trekkerij** swindling, swindle

flesse|stander (*om fles te laten rondgaan*) coaster; **-voeding** 1 bottle feeding; 2 (*pap*) formula

flets 1 dull, lacklustre [eyes]; dim [light]; pale; wishy-washy [colour]; 2 (*verlept*) faded (*ook van pers*); wilted [flowers]; (*ve pers ook*) off-colour; *~ worden,* (*v bloemen*) wilt; **fletsheid** dullness, dimness, pallor

fleur 1 prime, bloom, flower, heyday; *in de ~ van het leven* in the prime (bloom) of life; *in volle ~* in full bloom; *nog in zijn volle ~* still going strong;

de ~ is eraf the bloom is off; 2 open double hook (with rod, reel, & fishing-line); **fleurig** 1 blooming; 2 lively, merry, cheerful; **fleurigheid** 1 bloom; 2 liveliness
flexibel flexible; **flexibiliseren** make flexible, relax; **flexibiliteit** flexibility
flexie (in)flection; **flexuur** flexure, fold
flibustier (*rover & rede*) filibuster
flierefluiter 1 good-for-nothing, irresponsible person; 2 womanizer
flik 1 chocolate drop; 2 (*smeris*) cop(per), fuzz
flikflak back flip, flip-flop
flikflooien coax, cajole, fawn on [a p.], flatter; **flikflooier** flatterer, coaxer, cajoler, fawner; **flikflooierij** coaxing, cajolery, fawning
flikken manage, pull (bring) off [he pulled it off nicely]; *iem iets (een kunstje) ~* put one over on a p.; *dat flik je me niet weer* don't you try that again
flikker 1 caper; 2 (*plat*) blighter; 3 (*min*) homo, pansy, gay; 4 (*plat*) body; *iem op z'n ~ geven* give a p. a good hiding; 5 *geen ~* not a damn (bloody) thing; *hij weet er geen ~ van,* (*fam, ook*) he hasn't a clue; *er deugt geen ~ van* it's no bloody good (nbg); **flikkeren** 1 flicker [a flickering candle], twinkle [twinkling (winking) stars]; glitter, glint; *de straatlantaarn ~de zwakjes* the ... feebly glimmered; 2 (*vallen*) drop, crash; 3 (*smijten*) chuck; 4 matter; *dat flikkert niet* that doesn't matter; 5 sod; **flikkering** flicker(ing), twinkling, glittering, gleam, glint; **flikkerlicht** flickering light; (*ve auto*) flashing light; (*flikkervuur*) flash-light
flink I *bn* 1 (*lichamelijk*) fine [boy, woman], comely [woman], vigorous, robust, stalwart; (*energiek*) energetic, pushing, competent, efficient, capable [servant]; (*~ in de huishouding*) managing [woman, housewife]; (*kranig*) plucky, spirited; *~e houding,* (*fig*) firm attitude; *~e meid* strapping girl; *met een ~e pas* [trot, go, etc] at a good round pace; *zie* II: ~ doorstappen; *~e slag* (*tik, draf*) smart (sharp) blow (tap, trot); *een ~e vent* an excellent (a fine, stout) fellow; *hij is nog ~* he is still hale and hearty (still going strong); *wees eens ~* pull yourself together; *~ zo!* that's the stuff (to give them)!; 2 (*aanzienlijk*) considerable [quantity], substantial [sum, increase, building, meal, volume *boekdeel*], handsome [reward], goodly [number], good-sized, sizable [garden]; *~e bestelling* considerable (substantial, fair-sized) order; *~e bui* sharp shower; *~e dosis* stiff (generous) dose; *~e maaltijd* good, square meal; *~e portie* liberal helping; *~e prijs* stiff (*nogal ~:* stiffish) price; *~e slok* [take a] stiff pull [at one's glass]; *~e wandeling* [take a] good walk; 3 (*degelijk*) thorough [scolding *uitbrander,* lesson *lesje*], sound [thrashing *pak ransel*]; II *bw* vigorously, energetically; [beat a p.] soundly, [wash it] thoroughly; [work] away (hard, with a will); *het ~ schoonmaken (uitborstelen, omspoelen)* give it a good clean (brush-out, swill); *zijn kapitaal ~ aanspreken* make inroads on one's capital; *~ betalen* pay handsomely; *~ doorstappen* walk along briskly (at a round, brisk, steady pace), step out well; *~ eten* make a good meal; *iem ~ de waarheid zeggen* give a p. a piece of one's mind; *~ optreden tegen iem* deal firmly with a p., be firm with a p.; *iem ~ aan de kaak stellen* show a p. up properly; *~ vooruitgaan* make substantial progress; *doe de ketel ~ vol* fill the kettle up well; *zich eens ~ wassen* have a good wash
flinkerd 1 strapping fellow; 2 fine chap; 3 whopper; **flinkgebouwd** strapping [girl, fellow], robust; **flinkheid** thoroughness, push, spirit, nerve; **flinkweg** openly, [speak] roundly
flinter *zie* flenter; **flinterdun** wafer-thin
flintglas flint glass; **Flip** Phil, Pip
flip|flop id; **-kant** flip side, B-side; **-over** flip chart; **-pen** 1 (*mbt drugs*) freak out; 2 (*afknappen*) fail [a failed student; fail a course *op* ...]; *~ op* get fed up with, become allergic to
flipper 1 (*in ~kast*) id; 2 pintable; **flipperen** play pinball; **flipperkast** pin-table, (*Am*) pinball machine
flirt id; **flirten** flirt, (*vooral v man*) philander; *~ met* chat up [a girl]
flits 1 arrow, dart; 2 flash (of lightning); 3 (*fig*) flash [(news)flashes from the sporting world], [TV] highlight; **flitsblokje** flashcube; **flitsen** flash; *~d, (sl)* glitzy; *een ~de loopbaan* a dazzling career; *een ~de partij* a lively game; **flitser** flash(-gun); **flitslampje** flash bulb; **flitstrein** high-speed train
flodder 1 dirt, mire, mud; 2 (*vrouw*) dowdy, slattern, frump; 3 *losse ~* blank (cartridge); **flodderbroek** baggy trousers, slacks; **flodderen** 1 hang loosely, flap, flutter; 2 flounder (*of:* splash) through (*of:* in) the mud; 3 pet, coax; **flodderig** floppy [tie], sloppy [dress], baggy, sagging
flodder|jurk sloppy dress; **-madam** showily dresses (tarted up) female; **-muts** full-bottomed lace cap; **-werk** sloppy work, bungling
floep (*ve fles*) pop!; (*in water*) flop!, plop!; **floepen** flash (by, on *voorbij, aan*), snap
floer velvet; **floers** 1 (black) crape; (*fig*) veil [of night], mist [of tears]; 2 nap [of velvet]
flonkeren sparkle, twinkle; **flonkering** sparkle, sparkling, twinkling; **flonkerster** twinkling star; (*fig*) luminary; **floot** *ovt van* fluiten
flop(pen) flop; **floppy** floppy (disk), diskette
flora id; **Flora** id; **floraal** floral [motif]; **floralia** 1 id; 2 flower show
Florence id; **Florentijn(s)** Florentine
floreren 1 flourish, prosper; *de zaak (zaken) doen ~* make things hum; 2 cut a dash
floret 1 foil, fencing-sword; 2 (*zijde*) *zie* floszijde
Florida id; *Straat ~* the Florida Channel
florijn florin; *vgl* fl; **Floris** id, Florence
florissant 1 flourishing, prospering; 2 favourable, bright, healthy [outlook, prospects]; **floristiek** floristics
floss dental floss; **flossen** floss (one's teeth)
floszijde floss silk, filoselle
flotatie (froth) flo(a)tation; **flotteur** ball-cock
flottielje flotilla
flousje feeble joke (remark, excuse)
flouw (*net*) flue; **flox** phlox

fluctuatie fluctuation; **fluctueren** fluctuate
fluïdum (*spiritisme*) ectoplasm, aura
fluim phlegm; (*fam*) gob; *een ~ van een vent* a squirt; **fluimen** (*opgeven*) expectorate
fluisteraar(ster) whisperer; **fluistercampagne** whisper(ing) campaign; **fluisteren** whisper; *iem iets in het oor ~* whisper s.t. in a p.'s ear; *er werd gefluisterd,* (*ook*) word got round, rumour had it [that ...]; *~d,* (*ook*) in a whisper, in an undertone, under one's breath; *half ~d* [speak] in a half-whisper; *hardop ~d* in a stage whisper; **fluister|-galerij, -gewelf** whispering-gallery, -dome
fluit 1 flute (*ook slank wijnglas & ~schip*); *~je* whistle, (*ve vogelaar*) bird-call; *~je van een cent* doddle, cinch, piece of cake; *hij weet er geen ~ van* he doesn't know a thing about it; *vgl* flikker 5; 2 (*pijp*) fife; 3 (*penis*) dick; 4 (*~brood*) French loaf; **fluitconcert** 1 flute concerto; 2 catcalls; *vgl* uitfluiten; **fluiteend** widgeon; **fluitekruid** (*plant*) cow parsley, wild chervil; **fluiten** whistle (*ook v wind, kogel, locomotief, enz; ook op fluitje*); (*ve vogel*) flute, pipe; (*op fluit*) flute, play (on) the flute; (*uitfluiten*) hiss; (*ve kogel ook*) whiz, zip; (*v wind, kogel, ook*) pipe; (*op fluitje ook*) blow (*of:* sound) a (one's) whistle; *hij floot,* (*ook*) he gave a whistle; (*om*) *iem* (*een hond*) *~* whistle (for) a p. (a dog); *een wedstrijd ~,* (*fam*) ref a match; *hij kan ernaar* (*naar zijn geld*) *~* he may whistle for it (for his money); *en dan kun je ernaar ~* [they borrow your money] and then you can say good-bye to it; *iem laten ~* leave a p. out in the cold; **fluitenier** whistle-blower, ref(eree)
fluiter 1 whistler; 2 (*vogel*) (wood)warbler
fluitglas flute
fluitist 1 flautist, (*Am*) flutist; 2 ref(eree)
fluitketel whistling (tea-)kettle; **fluitregister** (*ve orgel*) flute-stop; **fluitschip** flute, fluyt; **fluitsignaal** whistle signal; (*sp*) [the final] whistle; **fluitspeler** flute-player; *zie ook* fluitist; **fluittoon** whistle, whistling tone; (*korte*) b(l)eep
fluks quickly, immediately
fluor fluorine; **fluorescentie** fluorescence; **fluorescentielamp** fluorescent lamp; **fluoresceren** fluoresce; **fluoride** id; **fluorideren** fluoridate
flut 1 slops; 2 *zie* flutt(er)ig; **flutt(er)ig** rubbishy, trashy [novel], crummy [book, idea]
fluviatiel fluvial, fluviatile; **fluviometer** id
fluweel velvet; *op ~ zitten* be on velvet, have it made; **fluweelachtig** velvety (*ook fig:* tone, manner); **fluwelen** velvet; *zie ook* handschoen; *~ tong* silken (honeyed) tongue
fluwijn stone-, beech-marten
flux de bouche [have a great] flow of words (of language), [have] the gift of the gab
FM id, VHF (*Very High Frequency*)
fnuiken: *iems macht ~* clip a p.'s wings; *iems trots ~* put down a p.'s pride; **fnuikend** fatal (*voor* to)
fobie phobia (*voor* about); **fobisch** phobic [fear, hatred
focaliseren focus; **focus** id; **focuss(er)en** focus
foedraal (umbrella-, spectacle-)case, casing, sheath [of the colours *vaandel*], cover, (revolver) holster
foef (*~je*) dodge, trick; (*fam*) wheeze, gimmick, [an extra] tweak; (*smoesje*) (mere) pretext; *hij probeerde dat ~je* he tried to come that dodge [*bij mij* over me]; **foefelen** 1 (*verlakken*) cheat; 2 (*verprutsen*) bungle; 3 (*weg~*) stash; 4 pet; cajole
foei (for) shame!, fie!, shame on you!; **foeilelijk** as ugly as sin, ugly in the extreme
foelie 1 (*v muskaat*) mace; 2 (*achter spiegel of edelsteen*) (tin)foil
foeliën tinfoil, (quick-)silver; **foeliesel** (tin)foil
foerage forage, provisions; **foeragegeld** forage allowance; **foerageren** forage; **foerier** quartermaster-sergeant
foet (*student*) fresher
foeteren 1 (*uitvaren*) storm, rage; 2 (*mopperen*) grumble [*op* at]
foetotomie embryotomy
foetsie (*sl*) gone
foetus id, fetus
foe yong hai foo yo(o)ng, foo (fu) yung
foezel fusel oil; **foezelen** cheat, swindle; **foezelolie** fusel oil
föhn 1 id; 2 hair dryer; **föhnen** blow-dry
fok 1 foresail; 2 (*fam, bril*) specs, goggles (*beide mv*); 3 (*kweek*) breed; **fokdier** breeding animal, breeder; **fokhengst** (breeding) stallion, stud-horse, sire; **fokkebras** forebrace; **fokkemast** foremast; **fokken** breed, rear, raise; **fokkenist** foremastman; **fokker** breeder; (*v vee*) stock-breeder; **fokkera** foreyard; **fokkerij** 1 [horse-, poultry-, pig-]breeding; (*v vee*) cattle-, stock-breeding; 2 (*v vee*) stock-farm; (*v varkens*) pig-farm
fokkeschoot foresheet; **fokkestag** forestay; **fokkezeil** foresail
fok|materiaal breeding stock; **-merrie** brood-mare, breeding mare; **-premie** 1 breeding bonus; 2 (*iron*) child benefit; **-schaap** breeding ewe; **-stier** breeding bull; **-vee** breeding cattle, breeding stock; **-vereniging** breeders' association
fol. id, fo; *zie ook* folio
folder leaflet, brochure, circular, pamphlet, id
foliant folio(-volume), [a heavy] tome
folie foil; *plastic ~* cling film; **foliëren** foliate
folio id; *in ~* in folio, (in) folio; *ezel in ~* consummate (unmitigated, prize) ass; *gek in ~* arrant (*of:* prize) fool; **folioformaat** folio size; **foliopapier** foolscap; **foliovel** folio; **Folkert** Fulke
folklore id; **folklorist** id; **folkloristisch** 1 folklor(ist)ic; 2 olde worlde
follikel follicle
folteraar torturer, tormentor; **folterbank** rack; **folteren** (*eig & fig*) put on (*of:* to) the rack, torture; (*fig*) torment; *~d* excruciating, agonizing [pains]; racking [headaches]; **foltering** torture, torment; (*fig ook*) agony; **folterkamer** torture chamber; **folterwerktuig** instrument of torture
fond 1 bottom; *à ~* thoroughly; *au ~* [he is a kind man] at bottom, basically; 2 [black spots on a yellow] (back)ground; 3 (*sp*) long (*halve ~:* medium) distance; **fondament** 1 foundation; 2 (*achterste*) bottom (btm), fundament; **fondant** 1 id; 2 clear enamel; 3 bitter chocolate; **fondement**

zie fondament; **fondering** foundation

fonds 1 (*uitgevers~*) (publisher's) list; (*reserve~, enz*) fund; (*zieken~, enz, vglb*) the National Health; 2 (*kapitaal*) funds; *~en,* (*effecten*) securities, stock(s), funds; *~ bezorgen* (*fourneren*) send cover, provide funds, provide with security, place [a p.] in funds; *geen* (*voldoende*) *~ aanwezig* no effects, no funds, R D, refer to drawer; *zijn ~en rijzen,* (*ook fig*) his stock is rising; **fondsartikelen**: *onze ~* the works published by us, the works on our list; **fondscatalogus** publisher's catalogue, publisher's list; **fondsdokter** (*vglb*) National Health doctor; **fondsenbeurs**, enz *zie* effectenbeurs, enz; **fondskapitaal** original stock; **fondslijst** 1 *zie* -catalogus; 2 stocklist; **fondspatiënt** (*vglb*) National Health patient; **fondsrestanten** publisher's remainders

fondue id

foneem phoneme; **fone|matisch**, **-misch** phonemic; **foneticus** phonetician; **fonetiek** phonetics; **fonetisch** phonetic (*bw:* -ally); **foniatrie** phoniatrics; **foniek** phonology and phonetics

fonkelen sparkle, scintillate; (*v ogen*) sparkle [with excitement], twinkle [with amusement], flash [with anger]; **fonkeling** sparkling, sparkle, scintillation; **fonkelnieuw** spick-and-span (new), bran(d)-new

fonografie 1 sound recording; 2 phonography; **fonogram** phonogram; **fonologie** 1 phonology; 2 phonemics; **fonoscoop** phonoscope; **fonotheek** sound library

fontanel 1 (*anat*) fontanel(le); 2 (*med*) issue

fontein fountain; *zie ook* springen; **fonteinkruid** pondweed; **fonteintje** 1 fitted basin, hand-, (small) wash-basin, handwash; 2 drinking fountain, (*v vogel*) fountain; **fontenel** *zie* fontanel

fooi tip, gratuity; (*fig*) trifle, pittance; *de ober* (*£ 5*) *~ geven* tip the waiter (£5); *geen ~en* no gratuities, please; *zie ook* bonnefooi; **fooienpot** staff gratuities pool; **fooienstelsel** tipping system

foon phon; **foor** fair

fopartikel joke; **foppen** fool, hoax, gull; (*bedriegen*) cheat, take in; *we zijn gefopt* we've been had (taken for a ride); *weer gefopt!* had again!; **fopper** hoaxer; **fopperij** hoax, trickery; **fopsigaar** trick cigar; **fopspeen** comforter, (baby)soother, dummy; **fopzwam**: (*eetbare*) *~* (amethyst) deceiver

force majeure id, superior force, circumstances beyond one's control; (*in connossement*) Act of God

forceps forceps (*mv:* id); (*ook*) a pair of forceps

forceren force [o.s., a p.; a door, lock; a smile; plants], force [the window] open, burst [the door], overtax [o.s., one's strength], (over)strain [one's voice]; *de dingen ~* force the issue; *we hoeven het* (*de zaak*) *niet te ~* there's no need to force the pace; *zie ook* geforceerd

forel (*ev & mv*) trout; **forelkwekerij** trout farm, trout hatchery; **forelschimmel** trout-coloured horse

forens commuter, non-resident; **forensenplaats** dormitory town; **forensisch** forensic; **forensisme** [the need to discourage] commuting, non-residence; **forenzen** commute

forfait 1 lump sum; 2 fixed deduction; 3 default; **forfaitair**: *~ bedrag* lump sum

forma: *in optima ~* in due form; *pro ~* for form's sake; *pro ~ factuur* pro forma invoice

formaat size, format; (*fig*) stature; *groot ~* commercial size; *klein ~* note size; *van groot ~* large-sized; (*fig*) of large stature; *een schrijver van ~* a writer of stature; **formaatzegel** stamped paper

formaldehyde id, methanal

formaline formalin

forma|liseren formalize; **-lisering** formalization; **-lisme** formalism; **-list** id; **-listisch** formalistic (*bw:* -ally); **-liteit** formality, (mere) form; *zekere ~en vervullen* go through (complete, comply with, perform) certain formalities

formatie 1 formation (*ook geol & mil*); *in ~* [fly] in formation; (*mil eenheid*) unit; 2 (*personeelssterkte*) establishment; *boven de ~* supernumerary to the establishment; *buiten de ~,* (*mil*) off the strength; 3 (*muz*) band, group; **formatieplaats** established (*Am:* tenured) post; **formatieplan** establishment; **formatievliegen** formation flying; **formatteren** format

formeel I *bn* 1 formal [command, person, protest, request]; *iets ~ ontkennen* formally deny s.t.; *~ is de zaak wel in orde* as to form (technically) matters are correct; *~ bezwaar* objection on formal grounds (on grounds of form); *~ recht* procedural law; 2 (*volslagen*) fully-fledged; downright, flat [refusal; refuse flatly], clean [it means a clean break]; *~ gek* utterly crazy; II *zn* (*bk*) falsework

formeren 1 form [a government], create; 2 form up [into a line]; **formering** formation, creation

formica id

formidabel formidable [enemy, lady, question, voice]

formulair formulaic [poetry]; **formule** formula (*mv ook:* -lae); **formuleren** formulate [one's ideas, policy, reply], word [a contract carefully], phrase [one's ideas badly]; *zoals hij het zeer juist formuleert* as he aptly puts it; *vgl* her~; **formulering** formulation, wording, phrasing, [an unfortunate] way of putting things; *vgl* formuleren

formulier 1 form, blank; 2 (*kerkelijk*) formulary; *~ van de Ziekentroost* service for the visitation of the sick; **formuliergebed** collect

fornuis cooker, kitchen-, cooking-range; **fornuiskachel** cooking stove

fors robust, big, stalwart, hefty [fellows], strong [wind, voice], large, massive [figure, forehead], loud [voice], bold [letters, handwriting], vigorous [language], forceful [style], smart, lusty [blow]; *~e greep* firm grip; **forsgebouwd** square-built, strongly-built; **forsheid** robustness, strength, vigour

forsythia id

fort 1 (*versterking*) fort(ress); (*v zand*) sandcastle; 2 (*sterke punt*) forte, strong point; *dat is mijn ~ niet,* (*ook*) that is not my long (my strong) suit

forte (*muz*) id; **fortepiano** id; **forte-piano** id
forti|ficatie fortification; **-ficeren** fortify
fortissimo (*muz*) id; **forto** forte
fortuin fortune; ~ *maken* make a fortune [*in suiker* in (out of) sugar]; *zijn ~ maken (zoeken)* make (seek) one's fortune; *je ~ is gemaakt* you're a made man; *zie ook* toelachen; **fortuinlijk** lucky; *~ zijn* be in luck; *niet ~ zijn* be out of luck, have bad luck; **fortuintje** 1 small fortune; 2 piece of good fortune, windfall; **fortuinzoek(st)er** fortune-hunter, adventurer (-ress)
Fortuna id, Fortune
forum 1 (*plaats*) id (*mv:* forums) (*ook fig:* a forum for public discussion); 2 (*~discussie*) id [a forum on education]; (*radio, enz*) panel (discussion)
fosfaat phosphate; **fosfaatvrij** phosphate-free, no-phosphate; **fosfeen** phosphene
fosfor phosphorus; **fosforescentie** phosphorescence; **fosforesceren** phosphoresce; **fosforiet** phosphorite; **fosforigzuur** phosphorous acid; **fosforisch** phosphorescent; **fosforiseren** phosphoresce; **fosfornecrose** phosphor necrosis; (*fam*) phossy jaw; **fosforzuur** phosphoric acid; *-zure meststoffen* phosphatic fertilizers
fosgeen phosgene
fossiel *bn & zn* fossil (*ook v pers*); **fossiliseren** fossilize, be (become) fossilized
foto photo (*mv:* photos), photograph, [he took her] picture; *op de ~ komen, a)* get photographed; *b)* get into the picture
foto|album photo album; **-artikelen** photographic materials; **-behang** tapestry wallpaper; **-bureau** photo(graphic) agency; **-cel** photocell, photoelectric cell, electric eye; **-finish** photo finish; **-fobie** photophobia; **-geen** (*biol*) photogenic; **-geniek** photogenic; **-graaf** photographer; **-graferen** photograph [a building], take photographs [of people]; *zich laten ~* have one's picture (one's photograph) taken; *goed ~, a)* be a good photographer; *b)* (*zich goed laten ~*) photograph well; **-grafie** 1 (*kunst*) photography; 2 *zie* foto; **-grafisch** photographic (*bw:* -ally); *~ atelier* photographer's studio; **-grammetrie** photogrammetry; **-gravure** photogravure; **-handelaar** photographic dealer; *vgl* fotozaak; **-hoekje** photo corner; **-journalist** photojournalist, press photographer; **-kopie** photocopy; **-kopieerapparaat** photocopier; **-kopiëren** photocopy; **-materialen** photographic materials; **-mechanisch** photomechanical; **-meter** photometer; **-metrie** photometry; **-micrografie** photomicrograph; **-model** photographer's model; **-montage** photomontage, composite photograph (*of:* picture)
foton photon; **fotonica** photonics
foto|pagina picture-page; **-reportage** photo reportage; **-rolletje** film roll; **-sessie** (*voor de media*) photo call, (*Am*) photo opportunity; **-stander** photo frame; **-synthese** photosynthesis; **-technisch** phototechnical; **-therapie** phototherapy, -therapeutics; **-toestel** camera; **-troop**, **-tropie** phototropic, -pism; **-typie** phototype; **-zaak** photographer's (shop), photo dealer's, camera shop; **-zetten** photo-, filmset; (*Am*) phototypeset
fouilleren search, frisk [a p. for arms, etc]
foulard id, silk neckerchief; **fourage** *zie* foerage
fourneren furnish, put up [the money]; *volgefourneerde aandelen* (fully) paid-up shares; *zie ook* fonds & fineren 1; **fournissement** call; **fournituren** haberdashery, [tailor's, seamstress's, etc] requisites; *zaak in ~* haberdasher's (shop)
fourragères shoulder-knots
fout I *zn* mistake, error, lapse; (*gebrek*) defect; (*moreel & bij wedstrijd*) fault; *vol ~en,* (*ook*) flawed; *geen mens is zonder ~en* no-one is perfect; *een ~ begaan, in de ~ gaan* make a mistake, commit an error, (*fam*) slip up; *grove ~* blunder; *een grove ~ maken* blunder; *de oude ~ maken* fall into the old mistake (error) [of supposing ...]; *persoonlijke ~,* (*wtsch*) personal equation; *~ op ~ maken* pile up blunder (up)on blunder; *er is geen systeem, waarmee geen ~en gemaakt kunnen worden* no system is foolproof; *zie ook* vol; II *bn* wrong [answer, solution], faulty [reasoning]; *hij was ~,* (*1940-45*) he collaborated; *~e boel* bad business; *~e voorlichting,* (*ook*) misinformation; *~ gaan* (*lopen*) go wrong; *~ zitten* be (in the) wrong
foutenanalyse error analysis; **foutenmarge** margin of error; **fouteren** do (s.t.) wrong
foutief wrong, faulty; *vgl* fout
fout|lijn (*honkbal*) foul line, baseline; **-loos** faultless, perfect, without blemish; **-melding** error message; **-parkeerder** illegal parker; **-vracht** dead freight; **-zet** wrong (false) move
foyer id, lobby; **fr.** *zie* franco & freule
fraai fine, pretty, handsome; well-formed, elegant [proof]; *dat staat je ~,* (*iron*) that's nice of you!; *zie* mooi; **fraaiheid** prettiness, beauty; **fraaigheid** fine thing; *het was een gedwongen ~* it was a case of must; it was Hobson's choice; *dergelijke fraaiigheden* such rubbish; **fraaitjes** prettily, nicely; (*iron*) properly
fractaal fractal; **fractie** 1 (*breukdeel*) fraction; *een ~ lager* a fraction lower, fractionally lower; *een ~ van een seconde* a split second; *vgl* onderdeel; 2 (*pol*) (parliamentary) party; section [a small section of the Labour party]; **fractieleider** leader of parliamentary party
fractioneel fractional; **fractioneren** fractionize; (*chem*) fractionate; **fractuur** fracture
fragiel fragile; **fragiliteit** fragility
fragment id; *zie ook* brokstuk; **fragmentarisch** fragmentary, patchy [account, knowledge, novel], bitty [conversation, film], sketchy [treatment of a problem]; **fragmentatiebom** fragmentation bomb, splinter bomb; **fragmenteren** fragment, (*Am*) fragmentize
frak dress coat
framboesia id, yaws; **framboos** raspberry
frambozenjam raspberry jam; **frambozenlimonade** 1 (*siroop*) raspberry syrup; 2 (*drank*) raspberry drink, (*met koolzuur*) raspberry pop; **frambozenuitslag** framboesia, yaws; **frambozerood** raspberry (colour); **frambozesap** rasp-

berry juice; **frambozestruik** raspberry canes
franc id; **Française** Frenchwoman, French lady; **franchise** id; **Francisca** Frances; **franciscaan** Franciscan; **franciscaner**: ~ *monnik* Grey Friar, Franciscan friar, Minorite; **franciscanes** Franciscan nun; **Franciscus** Francis; **franc-maçon** freemason; **franc-maçonnerie** freemasonry
franco 1 (*per post*) post-paid, postage-paid; 2 (*v goederen*) carriage paid; *niet* ~ carriage forward; ~ *boord* free on board, FOB; ~ *emballage* packing free; ~ *huis* free domicile, free destination; ~ *lichter* free overside; ~ *pakhuis* free warehouse; ~ *spoor* free rail; ~ *station* free station; ~ *wagon* free on rail, FOR (on truck(s), FOT); ~ *vracht* carriage paid; ~ *wal* free on quay
francofiel Francophil(e); **francofoob** Francophobe; **francofoon** Francophone
franc-tireur id, guer(r)illa; **frangipane** id
franje fringe, edging; (*fig*) [the rest is mere] frills, flounces and furbelows, trimmings; **franjepoot** phalarope; **franjestaart** bristletail
frank I *bn* frank, free, bold; ~ *en vrij* frank and free; II *zn* (*munt*) franc; *zijn* ~ *valt* the penny drops
Frank (*persoons- & volksnaam*) id
frankeer|kosten postage [of a letter], carriage [of a parcel]; **-machine** postage meter; **-waarde** postal value; **-zegel** postage stamp
Frankenland Franconia
frankeren prepay; (*postzegel opplakken*) stamp [a letter]; *gefrankeerd* post(age) paid; *onvoldoende gefrankeerd* insufficiently stamped, under-stamped, -franked; **frankering** prepayment; ~ *bij abonnement*, (*op krant, enz*) (postage) paid
Frankfort id; **frankforter** frankfurter; **Frankisch** Frankish; **Frankrijk** France
Frans 1 (*taal*) French; *de* ~*en* the French; *tien* ~*en* ten Frenchmen; *in het* ~ in French; ~*e titel* half-, bastard-title; *manier* (*voorliefde*) *voor wat* ~ *is* Gallomania, predilection for things French; *zich er met een* ~*e slag van afmaken* give it (the room, etc) a lick and a promise, do it in a slapdash manner, be rather haphazard about it; *met de* ~*e slag gedaan* perfunctory; *daar is geen woord* ~ *bij* that's plain speaking (language, English); *zie ook* Frans-; 2 (*naam*) Francis; *een vrolijke* ~ a live wire, a (bright) spark, a bit of a lad, a playboy
Frans- Franco- [German, American, Prussian, etc]; **Franse** Frenchwoman, French lady; **fransgezind** pro-French, Francophil; ~*e* Francophil
Fransje (*meisje*) Fanny; (*jongen*) Francie; *zie ook* Frans; **franskiljon** Flemish Francophil
Fransman Frenchman; **Fransoos** Frenchy, Frog(gy); **Frans|sprekend**, **-talig** French-speaking [Belgium], Francophone [Africa]
frappant striking [similarities]; **frappé**: *champagne* ~ iced champagne; **frapperen** 1 (*treffen*) strike; 2 ice [wine]
frase (high-sounding) phrase; (*muz*) phrase; (*holle*) ~*n* (hollow) phrases, empty talk; **fraseologie** phraseology; **fraseren** phrase; **fraseur** phrasemonger, windbag
frater 1 (*rk*) (lay) brother, friar; 2 (*vogel*) twite; **fraterhuis** friary; **fraterniseren** fraternize; **fraterniteit** fraternity
frats caprice, freak, grimace, antic, quirk, whim; *rare* ~*en* crazy tricks; **fratsenmaker** buffoon, clown
fraude fraud; ~ *plegen, zie* frauderen; **frauderen** practise (commit) fraud; **fraudeteam** fraud squad; **fraudeur** fraudster, fraudulent operator, swindler; **frauduleus** fraudulent [bankruptcy]
frazelen prattle; sing softly; murmur
freak id; **freaken** freak (out)
freatisch phreatic
Frederik Frederick; **Frederika** Frederica
frees (*kraag & werktuig*) fraise; (*werktuig*) milling cutter, (*landbouw*) rotary cultivator; **frees|bank**, **-machine** milling-machine
fregat frigate; **fregatvogel** frigate (bird)
frêle frail, delicate [figure]
Fremdkörper foreign body, alien element
frenalgie phrenalgia; **frenesie** frenzy; **frenetiek** frenetic; **frenologie** phrenology
freon id
frequent id; **frequentatief** frequentative; **frequenteren** 1 frequent [night clubs]; 2 associate, mix, rub shoulders (*met* with); **frequentie** frequency, rate (of occurrence); **frequentiemodulatie** (*radio*) frequency modulation, FM
frère (et) compagnon: ~ *zijn met iedereen* be hail-fellow(-well-met) with everybody
fresco fresco [painting, painting in fresco]; *al* ~, *in* ~ alfresco
fresia (*plant*) freesia
fret 1 (*dier*) ferret; 2 (*muz*) id; 3 *zie* ~boor; 4 (*eten*) nosh; **fretboor** gimlet, (*groter*) (twist) auger; **frett(er)en** ferret; **fretzaag** fretsaw
Freudiaan(s) Freudian [slip *vergissing*]
freule 'Freule', unmarried noble lady; ~ *R*, (*vglb*) the Honourable Miss R
frezen mill; (*grond*) cultivate
fricandeau id; **fricassee** id
frictie friction [clutch, coupling]; **frictiewerkloosheid** frictional unemployment
Frida Freda
friemelen fumble, fiddle [*aan, met* with]
fries (*stof & in bk*) frieze
Fries *zn & bn* Frisian; ~ *bont* Frisian (cotton) prints; ~*e ruiters* chevaux-de-frise; ~ *vee* Friesians, (*Am*) Holsteins; **Friesland** id
friet(en) *zn* (*fam*) chips, French fries
frieten *ww* french-fry
Friezin Frisian (woman)
frigide frigid; **frigiditeit** frigidity
frik pedagogue; (*vrouw*) schoolmarm
frikadel (*hist*) minced-meat ball; **frika(n)del** minced-meat sausage
frikk(er)ig schoolmistressy, -masterish
fris I *bn* fresh [air, breeze, complexion, flower]; refreshing [drinks], cool [morning, weather], fit [feel very fit]; *met* ~*se kleur* (~ *gezicht*) fresh-complexioned (-faced); *zo* ~ *als een hoen*(*tje*) as fresh as a rose (as a daisy, as paint); *gezond en* ~ hale and hearty; *iem* ~*se moed geven* put fresh courage into a p.; *met* ~*se tegenzin* without (any) enthusiasm; *minder* ~, *niet geheel* ~ [the other party's

motives, too, are] not all that edifying (blameless, untainted); *vgl* onfris, lekker, *& zie ook* lever; II *zn zie* frisdrank

frisbee id; **frisbeeën** play frisbee

frisdrank soft drink

frisé frizz(l)y [hair]; **friseer|ijzer, -tang** crisping-, curling-iron, -tongs; **friseren** friz(z), frizzle, crisp, crimp, curl; **friseur** hairdresser

frisheid freshness, coolness

frisist Frisian scholar; **frisistiek** Frisian studies

frisjes somewhat fresh; *het is ~, (ook)* there is a nip in the air, it's nippy (chilly)

frisling young (wild) boar

frissen *(ijzer)* refine, puddle

frisuur hairstyle

frit frit(t)

frites *(fam)* chips, French fries; **friteuse** (deep fat, deep) fryer; **Frits** Fred; *(als Duitse naam)* Fritz

fritten I *ww* French-fry; II *zn* French fries; **frituren** deep-fry

frituur|mandje fryer basket; **-pan** deep (fat) frying pan, chip pan; **-vet** deep fat, frying fat

fritvlieg frit fly

frivolité tatting; *~ maken* tat; **frivoliteit** frivolity; **frivool** frivolous

fröbelen tinker; **fröbelschool** *(hist)* kindergarten

frommelen rumple, crumple, fumble; **frommelgoal** fumbled goal

frondeel browband, front band

frons(el) wrinkle, *(afkeurend)* frown, *(dreigend)* scowl; **fronsen** knit, knot, pucker, wrinkle [one's forehead, one's (eye)brows]; *zijn voorhoofd (wenkbrauwen) ~, (ook)* frown, *(dreigend)* scowl; *zie ook* gefronst

front front *(alle bet)*; *(ve gebouw ook)* façade, frontage; *(~je, halfhemdje, ook, fam)* dick(e)y; *met het ~ naar de straat* fronting (on, towards) the street; *met het ~ naar het Zuiden* with a southern aspect *(of:* frontage); *van ~ veranderen, (ook fig)* change front; *voor het ~ komen* stand *(of:* step) forward; *~ maken* (turn to the) front; *~ maken naar* front (to, towards), face; *~ maken tegen* front [the enemy, etc]; **frontaal** frontal; head-on [collision *botsing;* collide head-on]; **frontaanval** frontal attack; **frontbalkon** *(theat)* dress circle

fronti|spice, -spies frontispiece

front|lijn, -linie front line [state]; **frontloge** front-box; **fronton** id, pediment; **frontpagina**: *de ~ halen* make front-page news; **frontverandering** *(ook fig)* change of front; **frontvorming** *(weerk)* frontogenesis

frotté terry (cloth); **frott(er)en** scrub

frou-frou cream wafer

fructivoor frugivorous (animal); **fructose** id, fruit sugar

fruit fruit; *(attr)* fruit; *zie ook sam met* vrucht, vruchten; **fruitareaal** area (acreage) under fruit; **fruitautomaat** fruit machine; **fruitben** fruit-basket; **fruiten** 1 fry; 2 play the fruit machine; **fruithandel** fruit trade; **fruithandelaar** fruiterer; **fruitig** fruity

fruit|kweker fruit grower; **-kwekerij** fruit farm(ing); **-mand** fruit basket; **-markt** fruit market; **-mesje** fruit knife; **-schaal** fruit dish (stand, bowl); **-stalletje** fruit stall; **-venter** fruit hawker, coster(monger); **-verkoper** fruit seller, fruiterer; **-vlieg** fruit fly; **-winkel** fruiterer's (shop), fruit shop

frul 1 trinket, fallal; 2 *(pers)* dead loss; tart

frullen, frunniken fumble, fiddle

frustratie frustration; **frustreren** frustrate

frutje modicum; trifle; **frutsel** trinket; **frutselen** fumble, fiddle; **Frygisch** Phrygian

f-sleutel bass clef, F clef

fuchsia id; **fuchsine** id

fuga fugue; **fugue** *(psych)* id

fuif party, spree, celebration, jollification; *(fam)* bash, binge, *(sl)* beano; *een ~ geven (houden)* throw (have) a party; **fuifnummer** gay spark, partygoer

fuik bow-net, fish-trap, eel-basket, -pot, -trap; *in de ~ lopen* go into the net, fall into the trap, be (en)trapped; **fuikwerking** funnel action

fuiven celebrate, have a party, *(sl)* have a blow-out, be (go) on the binge, junket; *iem ~* feast a p. [*op* with], entertain, treat (to); **fuiver** partygoer, merrymaker, reveller

full-prof fulltime professional

fulminant fuming; **fulmineren** fulminate [*tegen* against], thunder [*tegen* against, at]

fumarole *(geol)* id

functie function; *in ~ zijn* be in function (in office); *een nieuwe ~ aanvaarden* take up a new appointment; *een verantwoordelijke ~* a responsible position; *in ~ treden* enter (up)on one's duties; *de ~ van gastheer vervullen* officiate as host; *in zijn ~ van* in his capacity as (of)

functie|analyse job analysis; **-leer** function theory; **-omschrijving** job description, job specification; **-waardering** job ranking

functio|nalisme functionalism; **-naliteit** functionality; **-naris** official, [the new] office-holder; *(ook min)* functionary; **-neel** functional [disease]; established [chair *ordinariaat*]; **-neren** 1 function [the propeller no longer functioned], work; 2 *(fungeren)* act, officiate [*als* as]; **-neringsgesprek** staff appraisal

fundament 1 foundation; 2 *(achterste)* bottom (btm), fundament; **fundamentalist** id; **fundamenteel** fundamental, basic [agree on basic points]

fundatie foundation; **funderen** 1 lay the foundations of [a building], found [on solid rock], build [on sand, on piles]; *~ op, (fig)* base on; *goed gefundeerd* well-founded [view]; 2 fund [a debt]; **fundering** 1 founding; 2 foundation(s); 3 *(v schuld)* funding

funest fatal, disastrous

fungeren: *~ als* act (officiate) as, perform the duties of; **fungerend** deputy, acting [chairman]

fungicide id

funiculaire funicular *(of:* cable) railway

furie fury *(ook fig)*; *als een ~ tekeergaan* rampage

furieus furious

furore id, enthusiastic admiration; ~ *maken* create a furore, make a big hit [in a play]
fusee swivel; **fuseearm** spindle arm
fuselage id, body [of an aeroplane]
fuselier fusilier; (*hist Ned Ind*) private
fuseren fuse; (*handel*) merge; **fusie** fusion, amalgamation; (*handel*) merger, takeover
fusillade 1 id; 2 (*het fusilleren*) shooting; **fusilleren** shoot (down), execute by firing squad
fusioneren *zie* fuseren
fust 1 cask, barrel; *wijn op* (*bier uit het*) ~ wine in (beer drawn from) the wood; 2 pack(ag)ing; *slecht* ~ frail packing; *zie ook* leeg; **fustage** packing; **fustein** fustian
fut spirit, push (and go), go, zip, energy; *de ~ is er bij hem uit* he has no go (kick) left in him, is completely knackered (washed-out); *er zit geen ~ in hem* there is no spirit (spark, life) in him; *er zit nog genoeg ~ in hem,* (*ook*) there's life in the old dog yet; *vol* ~ full of go
futiel futile, frivolous [complaints]; **futiliteit** futility, frivolity, triviality
futloos 1 pithless, spineless; 2 knackered; *vgl* fut
futselaar(ster) trifler, fumbler; **futselarij** trifling, fiddling; **futselen** trifle, fiddle; **futselwerk** trifling work
futurisme futurism; **futurist(isch)** futurist; **futurologie** futurology; **futuroloog** futurologist; **futurum** future
fuut (*vogel*) (great crested) grebe
fylogenese phylogeny, phylogenesis
fysica physics; **fysicus** physicist
fysiek I *bn* physical [examination, violence, (*sp*) tackle]; *dat is ~ onmogelijk* that is a physical impossibility; II *zn* physique, physical structure
fysio|gnomie(k) physiognomy; **-logie** physiology; **-logisch** physiological [saline]; **-loog** physiologist; **-nomie** physiognomy; **-therapeut** physiotherapist; **-therapie** physiotherapy, (*fam*) physio, (*Am*) physiatrics
fysisch physical [anthropology, geography, therapy], physics [laboratory]
fyto|pathologie phytopathology; **-patholoog** phytopathologist; **-plankton** phytoplankton

Ggg

g (the letter) g
gaaf 1 sound [wood, fruit, teeth]; whole, entire, intact, perfect [antique, specimen; game *partij*], flawless [character, gem, performance]; 2 (*onwijs*) ~, (*sl*) super, wicked, crucial, ace, (*Am*) awesome; **gaafheid** soundness, etc; *vgl* gaaf; *morele* ~ moral integrity; **gaafranding** (*plantk*) entire
gaai 1 jay; 2 (*houten vogel*) popinjay; *naar de ~ schieten* shoot at the popinjay; 3 stupid, dolt; **gaaike** (*ve vogel*) mate
gaal (*in breiwerk, enz*) ladder; *galen vertonen* (*krijgen*) ladder
gaan 1 (*voortbeweging*) go; pass [the wheel passed over his head; pass through the country]; move [to the door]; *ik ga* I am going, I am off, I'll be moving; *we ~,* (*de trein, enz vertrekt*) we are moving, we're off; ***daar** ~ we!* off we go!; *daar gaat mijn hoed* (*de trein*)*!* there goes my hat (the train)!; ***hoe** ~ we?, hoe zullen we ~?* how do we go?; ***laten** we ~* let us be off; *hij liet hem ~,* (*zond hem weg*) he dismissed him; *ik zie hem **liever** ~ dan komen* I prefer his room to his company; *ik **moet** ~* I must be going (must go, must say goodbye now); 2 (*vergaan, verlopen:*) *het gaat met een dier als met een mens* it is with a beast as with a man; *het is mij net zo* (*heel anders*) *gegaan* it was just the same with me (I fared quite differently); *het gaat hem bijzonder* he is getting on swimmingly; *het gaat hem **goed*** (*slecht*) he is doing well (badly), things are going well (badly) with him; *het gaat goed* (*slecht*) *met de zaken* (*de patiënt*) things are (the patient is) in a good (bad) way, the business is doing well; *het gaat goed met de nieuwe leerling* the ... is shaping well; *het gaat niet erg goed met hem* he isn't doing any too well; *gaat het goed met de baby?* is ... doing well?; *het ga je goed!* good luck to you!; *als alles goed gaat,* ... if all goes well, ...; *zo gaat het goed!* that's the way (the style)!; ***hoe** gaat het?* how are you?, how are you getting on?, how goes it?; *hoe gaat dat liedje?* how does that song go?; *hoe gaat het met je broer?* how is your brother?; *hoe gaat het met hem* how is he doing?; *hoe gaat het met de zaken?* how is business?; *het gaat **nogal*** middling!, pretty fair!; *het gaat **slecht** in de handel* trade is bad; ***zo** gaat het* (*in de wereld, in het leven*) such is life; that's the way of the world; 3 (*activiteit*) go (*v bel, fluit, klok, radio, de tijd, enz:* the doorbell keeps going all day; there goes the gong); *de telefoon ging* the telephone went (rang); *de fluit ging* the whistle went (blew, sounded); *mijn **horloge** gaat goed* my watch goes well (keeps good time); *gaat die klok goed?* is that clock right?; *hij **liet** zijn oog over het papier ~* he ran his eye over the paper; *hij liet zijn vingers over de letters ~* he passed his fingers over the letters; *daar gaat **ie**!* here goes!; *daar ga je!* here goes!, here's to you!; *zich **laten** ~* let o.s. go, speak (launch) out freely; *het gaat **niet*** it can't be done; I cannot manage it; *het ging niet* (*op*) it (the plan, etc) didn't work; *ik vrees, dat het niet zal ~* that it will not be possible; *dat gaat zo niet* (*langer*) that won't do, that will never do; it's no go, this cannot go on any longer; *het zal niet ~!,* (*iron*) nothing doing (thank you)!; ['I'll come in';] 'I don't think you will'; 4 (*met infinitief:*) *hij gaat een zaak beginnen* he is going to set up in business; *daarna ga ik bekijken* ... then I will go on to consider ...; *iem ~ bezoeken* go to see (go and see) a p.; *wanneer je erover gaat denken* when you come (begin) to think of it; *~ eten* go and dine; *~ halen* go and fetch; *je zult het ~ haten* (*ervan ~ houden*) you'll

come to hate (to love) it; *ga je klaar maken* go and get ready; *het gaat regenen* it is going to rain; ~ *roeien* go (out) rowing, go for a row; ~ *trouwen* get married [she is getting married at Christmas]; *men is ze* ~ *vieren als feestdagen* they have come to be observed as holidays; ~ *vissen* go (out) fishing; ~ *wandelen* go for a walk; *ga je wassen* go and wash; *ga het zoeken* go and find it; 5 (*het goed, enz doen*) go; *het* ***stuk*** *ging heel goed* the play went very well; *het artikel gaat* (*niet*) the article sells well (does not sell); *het zal zeker* ~ it is sure to catch on; 6 (*met voorz & bijw:*) *zijn geld ging* ***aan*** *zijn neef* went to his nephew; *het gaat me aan het hart* it makes my heart bleed; *al zijn geld gaat aan boeken* goes in books; *hij ging* ***bij*** *de marine* he joined the navy; *dat gaat* ***boven*** *alles* that beats everything, there is nothing like it (nothing to beat it); *er gaat niets boven een glas wijn* there is nothing like a glass of wine; *dat gaat bij mij boven alles* that comes first with me; *de eer gaat boven alles* honour comes before everything; *zijn spaarduiten gingen* ***eraan*** his savings went; *zie ook* aan; *het boek ging* ***erin*** (*bij het publiek*) went down (with the public); *er* ~ *400 man* ***in*** *de zaal* (*vier man in de auto, 12 liter in de emmer*) the hall will hold (accommodate, seat) ... (the car, the pail holds ...); *het boek gaat niet in de tas* the ... will not go in the bag; *in de politiek* ~ take up politics; *mijn auto ging juist* (*ging rakelings*) ***langs*** *de vrachtauto* my car just cleared (just grazed) the lorry; *zij ging* ***met*** *een ander* she went out with another chap; *met de QE* ~ sail in the ...; *zie ook boven:* 2; *ga even* ***naar*** *de overkant om sigaren* just slip across for cigars; *de boot gaat naar A* the ... is bound for A; *waar gaat deze weg naar toe?* where does this road go (lead) to?; *waar gaan we naar toe?,* (*fig*) what are we coming to?; *het gaat* ***om*** *uw eer* (*uw belangen*) your honour is (interests are) at stake (in question); *het gaat om het leven* (*om zijn leven*) it is a matter of life and death (with him); *waar gaat het om?,* (*spel*) what are you playing for?; *het gaat erom, of* ... the issue is whether ...; *daar gaat het om,* (*bij verkiezing, enz*) that's the point (at issue); *waar het om gaat* the issue at stake; *daar gaat het niet om* that's not (that is beside) the point; *het gaat hier niet om ...,* (*ook*) we are not concerned here with ...; *het gaat er mij alleen om, dat je* ... all I want is that you ...; *het gaat er maar om of* ... what matters is whether ...; *als het om ... gaat* if it is a question of ...; *de tijd waar het om ging* [he was in L at] the time in question; (*helemaal*) *niet begrijpen, waar het om gaat* miss the point (entirely); *4 gaat 3 maal* ***op*** *12* 4 into 12 goes three times; *6 op 5 gaat niet* 6 into 5 will not go; *6 op 13 gaat 2 keer, blijft 1* 6 into 13 goes twice and one over; *hoeveel maal gaat 5 op 10?* how many times does 5 go into 10?, how many fives make ten?; *er* ~ *er 10 op een pond* ten of them go to a pound; ***over*** *Amsterdam* ~ go via (by way of) ...; *het boek gaat over* ... the book tells about (is concerned with) ...; *waar gaat het over?* what is it about?; *over het pakhuis* (*de kleine kas*) ~ be in charge of the warehouse (control the petty cash); *zij gaat over het huishoudelijk personeel* she supervises the ...; *Dr N ging over hem* Dr N attended him, he was Dr N's patient; ***tot*** *Utrecht* ~ go as far as ...; *ik wil tot 12 pond* ~ I will go to £12; *het gaat* ***tussen*** *hem en mij* the choice is between him and me; *ga mij* ***uit*** *het gezicht* get out of my sight; *het oude handwerk gaat er uit* the ... is on its way out; *de kurk gaat niet* ***van*** *de fles* the cork will not come out; *dit schilderij ging* ***voor*** ... this picture went for [£9500]; *zie verder* doorgaan, gerucht, heen, hoe, liggen, slapen, enz

gaande going; on foot [there is a movement on foot to ...]; [something evil is] afoot; (*her*) passant; *de* ~ *en komende man* comers and goers; *er is een oorlog* ~ there's a war on; *wat is er* ~*?* what is the matter (going on)?; *daar is iets* ~ there is s.t. the matter (s.t. on, s.t. in the wind); ~ *houden* keep [the pumps, etc] going, *de aandacht* ~ *houden* hold (engage) the attention, keep the interest alive; *het gesprek* ~ *houden* keep the conversation going, keep up the conversation, keep the ball rolling; ~ *maken* set [machinery, things] going, set in motion; (*opwekken*) work up, stir [a p.'s pity], rouse, provoke [a p.'s anger]; **gaanderij** gallery; *zie* galerij; **gaandeweg** little by little, by degrees, gradually; [his work improved] as he went along; **gaanpad** pavement, (*Am*) sidewalk

gaans: *een uur* (*een kwartiertje*) ~ an hour's (a quarter of an hour's) walk

gaap yawn; **gaapziekte** gapes

gaar 1 done, cooked; *goed* ~ *stoven, enz* do [the meat] well; *te* ~ overdone; *te* ~ *koken* overcook; *goed* ~ well(-)done; *niet* ~ underdone; (*v pap, rijst*) not cooked enough; *precies* ~, (*v vlees*) done to a turn; 2 (*fig*) wide-awake, [be] all there, (*sl*) fly; *een gare kerel* a knowing one; *hij is niet helemaal* ~ he is half-baked (half-witted, crack-brained), he is not all there; *halve gare* softy, zany; 3 (*v leer*) dressed; 4 (*v textiel*) threadbare; 5 (*v vermoeidheid, enz*) [feel] done (up)

gaard(e) garden; *zie ook* gard

gaarkeuken (cheap, low-class) eating-house, soup-kitchen

gaarne willingly, readily, gladly; *ik zal* ~ *vragen beantwoorden* I shall be pleased (happy) to ...; *uw antwoord* ~ *tegemoet ziende,* ... looking forward to (receiving) your reply (to hearing from you), ...; *zie verder* graag *bw*

gaas 1 gauze, [mosquito] netting; (*verband*)~*je* gauze (dressing); 2 (*v stoffering, boekbinden*) scrim ; 3 (*metaal*~) *gauze;* (*kippe*~) wire netting; (*fijn*) small-mesh wire netting

gaasachtig gauzy; **gaasdoek** cambric; **gaasvleugelig** lace-, net-winged, neuropterous; ~*en* neuroptera; **gaasvlieg** lace-wing(ed) fly

gaatje (little) hole; (*v fluit, enz*) ventage, (finger-)hole; (*merk v dier*) punch-mark [in the right ear]; *zie ook* gat; **gaatjesbo(a)rd** pegboard; **gaatjesstoel** cane chair; **gaatsteen** air-brick

gabardine id, gaberdine

gabber mate, pal, chum; chap, bloke

Gabriël Gabriel

gad Christ, my (*of:* good) God
gade husband; wife; (*m & v*) consort, spouse; ~ *en kroost* wife and family
gader: *te* ~ together; **gaderen** *zie* garen 1
gadeslaan watch, observe [developments closely], regard [with pleasure]
gading liking [this is to my liking]; *dat is niet van mijn* ~, (*ook*) it doesn't suit me (my requirements), that won't serve me (my turn), that is not in my line (to my taste); *is er iets van uw* ~ *bij?* is there anything you fancy?; *alles is van zijn* ~ nothing comes amiss to him, all is grist that comes to his mill; *zie ook* allemans~
gadsie, **gadver** *zie* gad & gatsie; **gaf** *ovt van* geven
gaffel (*algem*) fork; (*2-tandige vork*) two-pronged fork; (*hooivork*) pitchfork; (*mar*) gaff; (*v Neptunus*) trident; **gaffelbeen** *zie* vorkbeen; **gaffelbok** prong-buck; **gaffeldissel** (pair of) shafts; **gaffelen** 1 pitch [hay], fork; 2 (*eten*) nosh; **gaffeler** prong-buck; **gaffelschoener** fore-and-aft schooner; **gaffelvormig** forked; **gaffelzeil** gaff sail, trysail
gage salary; (*v scheepsvolk*) pay
gagel (*plant*) (sweet) gale, bog-myrtle
gaggelen gaggle; **Gaia** id
gaillarde galliard; **gajes** rabble
gakken (*v ganzen*) honk; (*snateren*) gabble
gal 1 bile; (*fig*) gall; *de* ~ *loopt hem over* his blood is up; *de* ~ *doen overlopen* stir up a p.'s bile; *zijn pen in* ~ *dopen* dip one's pen in gall; *zijn* ~ *uitspuwen* vent one's spleen (gall), spit one's venom [*over iem* on a p.]; 2 (*bij paard, enz*) (wind-)gall; 3 (oak) gall, gallnut
gala 1 (*feest*) id; 2 *zie* ~kleding; *in* ~ in (full) gala, in full dress, in state
galaavond gala night; **galabal** formal ball
galabia id, gallabiyah
galachtig bilious; (*fig ook*) choleric; **galachtigheid** biliousness; (*fig ook*) choler, spleen
galactiet galactite; **galactisch** galactic [halo, nebula]; **galactose** id
gala|dag gala day; **-degen** dress sword; **-diner** (state) banquet; **-kleding**, **-kostuum** gala dress, full dress, robes of state, (full) state dress
galant I *bn* gallant; II *zn* intended, fiancé; **galanterie** 1 gallantry; 2 ~*ën* fancy goods (*of:* articles)
galantine id
galappel oak-apple, gall-nut; **Galaten** Galatians; **Galatië** Galatia; **Galatiër** Galatian
galauniform full dress (uniform); **galavoorstelling** gala (state) performance
galblaas gall-bladder
galei galley (*ook typ*); *tot de* ~*en veroordelen* send to the galleys; **galeiboef** galley slave; **galeiproef** galley proof, slip proof; **galeistraf** (forced labour in) the galleys
galerie art gallery [owner, manager]; **galerij** gallery (*ook mil, theat, v kerk & mijn*); (*Ind ook*) veranda(h); (*ve flat*) access balcony; (*loopbrug, enz*) walkway; catwalk; **galerij|flat**, **-woning** deck access flat; **galerist** art gallery owner (manager)
galg 1 gallows, gallows-tree, gibbet; *rijp voor de* ~ ripe for the gallows; *de* ~ *ziet hem uit de ogen* he has a gallows face, a hanging look; *aan de* ~ *sterven* (*helpen*) die on (bring to) the gallows; *daar staat de* ~ *op* it is a hanging affair; *hij groeit op voor* ~ *en rad* he will end on the gallows; *zie ook* boter; 2 (*mv: bretels*) braces, (*Am*) suspenders
galgang gall-duct, -pipe, biliary duct
galge|aas, **-brok** gallows-bird; **galgehumor** grim (sardonic, gallows) humour; **galgemaal** last meal, farewell dinner; **galgen** (*spel*) (play) hangman; **galgetronie** gallows-face, hangdog look
Galicië Galicia; **Gali|ciër**, **-cisch** Galician
galigaan (*plant*) galingale
Galilea Galilee; **Gali|leeër**, **-lees** Galilean
galjoen galleon; **galjoot** gal(l)iot
galkanaal *zie* galgang; **galkoorts** bilious fever
gallen 1 (*ververij*) gall; 2 take the gall-bladder out [of a fish]; *zie ook* bot I.1; 3 be in the dumps
gallicisme gallicism; **Gallië(r)** Gaul
gallig *zie* galachtig & gallisch
gallisch galled; *ik word er helemaal* ~ *van* it gets my goat; **Gallisch** Gallic [cock]; Gaulish [language]; **gallofiel** Gallophil(e); **gallofobie** Gallophobia; **gallomaan** Gallomaniac; **gallomanie** Gallomania
galm 1 boom, (booming) sound; 2 resonance, (*in kerk, enz*) echo; reverberation; **galmbord** sound(ing)-board, (*in kerktoren*) louvre-board
galmei calamine
galmen sound, resound, (re-)echo, reverberate; (*v klok, ook*) peal; (*ve persoon*) bawl; **galmgat** sound-hole, (*in kerktoren*) louvre-hole, bell louvre(s), (*zonder galmborden*) belfry window
gal|mijt gall-mite; **-mug** gall-fly; **-noot** gallnut, gall-apple; **-notezuur** gallic acid
galon lace, braid, galloon, (*koord*) piping; **galonneren** (trim with) lace [a laced coat], braid, (*met koord*) pipe
galop 1 gallop; *korte* ~ canter; *in* ~ at a gallop; *in volle* ~ (at) full gallop; *in korte* ~ at (in) a canter; *het paard in* ~ *brengen* (*zetten*) put the horse into a gallop; 2 (*dans*) galop; **galoppade** gallopade; **galopperen** 1 gallop; *laten* ~ gallop [a horse]; 2 (*v dansers*) galop
galsteen gallstone, bilestone; *vgl* vergruizer
galsterig rancid; **galsterigheid** rancidity
galva|nisch galvanic; **-niseren** galvanize (*ook fig*); electroplate; **-nisme** galvanism
galvano electrotype
galvano|caustiek galvanocautery; **-meter** id; **-plastiek** galvanoplasty, electrotyping, electroforming; (*voorwerp*) electrotype; **-therapie** galvanotherapy; **-typie** electrotyping
gal|wesp gall wasp; **-ziek** bilious; **-ziekte**, **-zucht** bilious complaint; **-zuur** bile acid
gamba, **gambe** (viola da) gamba
Gambia (The) Gambia
gambiet gambit; **gambir** gambier
gameet gamete
gamel (*mil, mar*) mess-tin; (*groot*) dixie
gamelan (*Ind*) id

gamma 1 (*letter*) id; 2 (*toonladder*) scale, gamut (*ook fig:* run the whole gamut of human experience); (*fig ook*) range [of colours, possibilities, products]; **gammadeeltje** gamma particle; **gammastraal** gamma ray; **gammastraling** gamma radiation; **gamma-uiltje** gamma, Y-moth; **gammawetenschappen** social sciences
gammel crazy, shaky, ramshackle
gander id
1 gang (*ve huis, enz & onderaards*) passage; (*ve gravend dier*) tunnel; (*ve gebouw en trein*) corridor; (*vestibule*) hall; (*aan boord*) alleyway, companionway; (*steeg*) alley; (*in mijn*) gallery, level; (*mar: huid-, plaat~*) strake; (*anat*) duct, canal
2 gang 1 (*wijze v lopen*) walk, gait; *kwalijk* ***ter*** *~ zijn* move (walk) with difficulty; 2 (*beweging, snelheid, vaart*) pace, speed; *~* ***hebben*** (*mar*) have way on; *de stoomboot had niet genoeg ~ meer* had not sufficient way left on her; *een goede ~ hebben,* (*ve paard*) have good action; *hij* ***maakte*** *~ bij het einde van de weg* he put on a spurt at the end of the road; *er* ***zit*** *~ in* things are moving, (good) progress is being made; *er zit geen ~ in* there is no go in it; ***aan*** *de ~ blijven* keep going (moving); *zie ook* gaande; *aan de ~ brengen* set (get) [a watch] going, start (up) [an engine], touch off [a storm of protest], spark (off) [a riot]; *het* (*de zaak*) *aan de ~ brengen* start the ball rolling; *weer aan de ~ brengen* re-start [the wheels of industry]; *iem aan de ~ brengen,* (*lachen, enz*) set a p. off (laughing, etc); *aan de ~ gaan* set to work; *aan de ~ helpen* start a p. [in business, in life], set a p. up in business, give a p. a start in life; *iem weer aan de ~ helpen* set a p. on his legs again; *de zaak aan de ~ houden* keep things going, ticking over, keep the ball rolling; *het gesprek aan de ~ houden* keep the conversation alive; *hij wou aan de ~ komen* he wanted to get a start in life; *ik kon niet aan de ~ komen* I could not get going; *ik kon de motor niet aan de ~ krijgen* I could not get the engine started; *aan de ~ maken, zie:* aan de ~ brengen; *toen raakte het aan de ~,* (*nl de ruzie*) then it got going; *aan* (*de*) *~ zijn,* (*ve pers*) be at work; (*ve vergadering*) be on; (*ve motor*) be running; (*ve campagne, verhaal, enz*) be under way; *onderhandelingen zijn aan de ~* negotiations are in progress; *het seizoen is nog maar een week aan de ~* the ... is only a week old; *de voorstelling is al aan de ~* the performance is now on; *wat is er aan de ~?* what's up?; *ze zijn weer aan de ~ geweest* they have been going it (have been at it) again; *wat er in Genève aan de ~ is* what is going on at ...; *er ~* ***achter*** *zetten* get things moving, push things on; *alles is* ***in*** *volle ~* everything is in full swing; *het seizoen was in volle ~* was at its height; *in ~ schieten* start up; *weer* ***op*** *~* [the engine] is in working order again; (*goed*) *op ~* [things are] (well) under way; *op ~ brengen* get going; *op ~ komen* get under way; *zie ook* aan de ~;; 3 (*schermen*) pass; 4 (*loop; verloop v ziekte, enz*) course; *~ der gesprekken* trend of conversation; *~ van zaken* course of things (*handel:* of business); *de gewone ~ van zaken* the usual course (of events), the usual procedure, [vary] the routine; *zijn eigen ~* ***gaan*** go one's own way, follow one's own devices, live (*of:* lead) one's own life (in one's own way), suit oneself; *ga uw ~!* do as you please!, have it your own way!, you are welcome!, (*tartend*) do your worst!, (*na u!*) after you!; [*mag ik ...?*] *ga je ~!* please do!, feel free!, be my guest!; (*meestal: gaat ...*) (*ve winkelier die klant uitlaat*) thank you; *ga gerust uw ~,* (*ook*) carry on, don't mind me; *ze ging zo rustig haar ~* she went on her way so quietly; *alles gaat zijn gewone ~* things are going on as usual (life continues normally); *iem zijn ~* ***laten*** *gaan* let a p. have his way, give him his head, give him a free run, let him follow his bent; *laat hem zijn ~ gaan,* (*ook*) let him (be); *hij laat de zaken hun ~ gaan* he lets things take their course; 5 (*loop, tocht*) [it saves me a] journey; *zijn* ***laatste*** *~ doen* go to one's grave; *iem op zijn laatste ~ begeleiden* attend a p.'s funeral; *ik wil u die ~* ***sparen*** I will spare you that journey; 6 (*mar*) tack; *zie ook* 1; 7 (*gerecht*) course; 8 *~en,* (*handelingen*) [no news could be obtained of his] movements; *iems ~en* (*laten*) ***nagaan*** watch a p.'s movements, dog a p. (have a p. watched, set a watch on a p.); **gangbaar** current [coin, words, article], sal(e)able [article]; customary, normal [method]; *~ zijn,* (*ook*) pass current; *niet meer ~* out of date; **gangbaarheid** currency; **gangboord** gangway; **Ganges** id
gangetje 1 (narrow) passage(way), alley(way); 2 jog-trot; *het gaat zo'n ~* things are jogging on pretty well (not too well); *het gewone ~ volgen* go on in the old way, continue on the old lines; *met een rustig ~* at an easy pace; **ganggesteente** gangue; **gangkast** hall cupboard
ganglion id
gang|maken pace; **-maker** pacer, pacemaker, pacesetter, (*fig ook*) leading spirit, life (and soul) (of the party); **-making** pacemaking; *met ~* paced; *zonder ~* unpaced; **-pad** footpath; (*tussen stoelen, enz*) gangway; (*in kerk*) aisle
gangreen gangrene; **gangreneus** gangrenous
gang|spil capstan; **-steen** (*mijnb*) gangue; **-ster** id, gunman; **-sterbende** (robber, etc) gang; **-werk** driving-gear, -train; **-wissel** gear change, gearbox, changing gear
ganja id
gannef swindler; (*scherts*) (little) rascal (rogue); **ganneven** *zie* gappen
gans goose (*mv:* geese) (*ook fig*); *zie ook* wild; *~je* little goose (*ook fig*), gosling; *Moeder de G~* Mother Goose; *als de ganzen achter elkaar* in single file
gans(elijk) I *bn* whole [the whole week, etc], all, entire; *zie verder* geheel & hart; II *bw* wholly, entirely; absolutely; *~ niet mooi* by no means (not at all) pretty; **Ganymedes** Ganymede
ganze|bek goose-bill; **-bloem** ox-eye (daisy); **-bout** leg (*of:* wing) of a goose; **-ëi** goose-egg; **-kuiken** gosling; **-leverpastei** goose-liver paste, pâté de foie (gras)
ganzen|bord (royal) game of goose; **-borden**

play the game of goose; **-hagel** goose-shot; **-hoed(st)er** goose-herd; *-hoedster, (ook)* goose--girl; **-mars**, **-pas** single (*of:* Indian) file (*in de ~* in ...); **-roer** fowling-piece, shotgun
ganze|pen *zie* ganzeveer; **-rik** 1 gander; 2 (*plant*) cinquefoil, potentilla; **-veer** 1 goose-quill; 2 quill (pen); **-voet** (*plant*) goosefoot (*mv:* -s)
gapen 1 (*geeuwen & v afgrond*) yawn; (*opzettelijk & v mond, wond, enz*) gape; *~de afgrond* yawning abyss; *~de wond* gaping wound; 2 (*dom kijken*) gape; **gaper** 1 yawner, gaper; 2 (gaping head as) chemist's sign; 3 (*dierk*) gaper, clam; **gaperig** yawning; **gaping** gap, hiatus, lacuna (*mv:* -nae); *een ~ aanvullen* fill up a blank (a gap)
gappen pinch, nick, swipe; (*kleinigheden*) filch, pilfer, sneak; **gapper** pilferer
garage id; *in de ~ zetten* garage [the car]; **garagehouder** garage proprietor; **garagist** 1 garage proprietor (manager); 2 motor mechanic
garanderen guarantee [delivery, a product], warrant [a product]; *ik garandeer je dat hij niet weerkomt* I warrant you that he won't return; *gegarandeerd krimpvrij* warranted not to shrink
garant guarantee, guarantor; *~ staan voor* guarantee (*ook fig:* a good performance); *zich ~ stellen voor,* (*lett*) guarantee, warrant, vouch for, stand surety for; **garantie** guarantee [a five-year guarantee, it is still under guarantee, the guarantee has expired], (*inz schriftelijk*) [a twelve months'] warranty, (*inz jur*) guaranty; security [against bad times]; *met ~* guaranteed, warranted
garantie|bewijs guarantee, warranty; **-fonds** guarantee-fund; **-syndicaat** underwriting syndicate; *lid ve ~* underwriter; **-termijn** guarantee (*of:* warranty) period; **-verdrag**: (*onderling*) ~ pact of mutual guarantee; **-voorwaarden** terms of guarantee
garbanzo id, chickpea
gard(e) 1 rod; 2 (*keuken~*) (wire) whisk
garde guard(s); *koninklijke ~* Royal Guards, Household Troops
garde-meuble furniture repository
gardenia id
garde-officier officer of the Guards; **garderegiment** Guards regiment
garderobe wardrobe; (*theat, enz*) cloakroom
garderobejuffrouw cloakroom attendant
gardiaan guardian; **gardist** guardsman
gareel collar, harness; (*ve paard*) horse-collar; *in het ~* in harness; *altijd in het ~ lopen* be always in harness; *in hetzelfde ~ lopen* be yoked together; *in het ~ spannen* (*houden*) set [a p.] to work (make [a p.] toe the line); *ik ben de hele dag in het ~ geweest* I had my nose to the grindstone all day
garen I *zn & bn* thread, yarn; (*naaigaren*) cotton; *~ en band* haberdashery; *getwijnd ~* twine; *wollen ~* woollen yarn, [a ball of] wool; *iem in zijn ~ krijgen* ensnare a p.; *~ handschoenen* (*kousen*) thread (yarn, lisle) gloves (stockings); *zie ook* spinnen; **II** *ww* 1 (*ver~*) gather, collect; 2 (*gaar worden*) get fully cooked; **garen-en-bandwinkel** haberdasher's (shop); **garenklos** spool, reel, bobbin (of sewing thread, cotton, silk, etc)
garf sheaf; *in garven binden, zie* garven
gargouille gargoyle
garnaal shrimp; (*steur~*) prawn; *garnalen vangen* shrimp, prawn; *een geheugen* (*verstand*) *als een ~* [he has] a memory (a mind) like a sieve; *een ~ heeft ook een hoofdje,* (*vglb*) the worm will turn
garnalen|broodje shrimp roll; **-cocktail** prawn cocktail; **-vangst** shrimping, prawning; *zie ook* garnaal; **-visser** shrimper, (*ook boot*) prawner
garneersel trimming; **garneren** trim [a garment, a dish], garnish [a dish]; **garnering** trimming; (*mar*) dunnage; **garnituur** 1 set [of jewels]; (*ve kleed*) trimming; (*ve schotel*) trimmings, garniture, accessories; 2 assortment, set; *tweede ~* second choice (rate)
garnizoen garrison [commander, duty, town]; *~ leggen in* garrison [a town]; *in ~ leggen* garrison [soldiers at P]; *in ~ liggen te P* be in garrison (be garrisoned) at P
garstig rancid; **garstigheid** rancidity
garven sheave, sheaf, bind into sheaves
gas id; (*aard~*) natural gas; (*auto~*) LPG; *~je* gas ring; *er is geen ~ in het huis* gas is not laid on in ...; *door ~ verlicht* gas-lit; *door ~ bedwelmen* (*doden*) gas; *~ geven* (*auto*) open (out, up) the throttle, step on the gas; *meer ~ geven* give more gas, accelerate, (*fam*) step on it (on the gas); *minder ~ geven, ~ terugnemen* throttle down (*of:* back); (*fig*) ease up; *vol ~ geven* give full throttle; *met vol* (*half*) *~ lopen* run at full (half) throttle; *zie ook* ~mengsel, ~pedaal, koken, enz
gas|aansteker gas lighter; **-aanvoer** gas supply; **-achtig** gaseous; **-afsluiter** obturator; **-afzuiging** fume extraction; **-arm** gas bracket; **-bedrijf** gas industry; [local] gas board; gasworks; **-bel** 1 gas bubble; 2 (natural) gas reservoir; **-beton** aerated (cellular, gas) concrete; **-brander** gas burner; gas jet; **-buis** *zie* -pijp
Gascogne Gascony; **Gascogner** Gascon
gascokes gas-coke
gasconnade gasconade
gas|dampen gas fumes; **-dicht** gastight; **-doorlatend** gas-permeable [lens]; **-draad** gas (*of:* pipe) thread, BSP; **-druk** gas pressure; **-fabriek** gasworks; *man van de ~* gasman; **-fitter** gas fitter; **-fles** gas cylinder (*kort:* bottle); **-fornuis** gas cooker; **-geiser** gas water-heater; **-gestookt** gas-fired [boiler]; **-gevuld** gas-filled [lamp, shock absorbers]; **-gloeilicht** incandescent gaslight; **-haard** gas fire; **-houder** gasholder, gasometer; **-kachel** gas stove, gas fire, gas heater; **-kamer** 1 (*ve ontsmettingsinrichting*) fumigator; 2 (*voor verstikking*) gas (*of:* lethal) chamber; **-kastje** gas meter cupboard; **-kolen** gas coal; **-komfoor** gas ring, gas cooker; **-kousje** gas mantle; **-kraan** gas tap; *de ~ stond* (*geheel*) *open* the gas was turned (full) on; **-lamp** gas lamp; **-lantaarn** gaslight, gas lamp; **-leiding** 1 (*hoofdleiding*) gas main; 2 (*in huis*) gas pipes; **-lek** escape of gas, gas leakage; **-licht** gaslight; **-lucht** smell of gas, gassy smell; **-masker** gas mask; **-mengsel** (*auto*) [lean, rich] mixture; **-meter** gas meter; **-motor** gas engine; **-net** gas grid; **-ohol** id; **-olie** diesel oil;

-oline id; **-ontlading** gas-discharge [tube], electric discharge [lamp]; **-oven** 1 gas oven; 2 (*in dierenasiel*) lethal chamber; **-pak** gas-proof suit; **-pedaal** accelerator (pedal)

gaspeldoorn furze, gorse; (*inz Sch*) whin

gas|pijp 1 gas pipe; 2 (*hoofdbuis*) gas main; 3 (*tussen straat en huis*) service pipe; **-pit** 1 gas nozzle; 2 gas jet; (*gasarm*) gas bracket; (*brander*) gas burner; **-sen** *ww* fumigate [ships], gas [rats]; **-slang** gas tube (*techn:* hose); **-stel** gas cooker

gast guest (*ook parasiet*), visitor (*beide ook v hotel*); (*sl*) chap, type, bloke; (*theat*) guest actor, actress, performer; (*ere~*) guest of honour; *~en*, (*sp*) visitors, visiting team; (*vero & ZN*) journeyman; *iems ~* (*bij iem te ~*) *zijn* be a p.'s guest; *te ~ gaan*, (*smullen*) do o.s. well; *te ~ gaan aan* feast (up)on; *zie ook* ongenood; **gastarbeid** migrant (*of:* foreign) labour; **gastarbeider** guest worker, (im)migrant worker; *~s* foreign labour; **gastcollege** guest lecture; **gastdirigent** guest conductor; **gastdocent** visiting (*of:* guest) lecturer; **gastenboek** visitors' book; (*ve hotel*) hotel register; **gasteren** 1 guest; 2 star, be starring

gastgezin host family; **gastheer** host; *de gulle ~* the giver of the feast; (*ve parasiet*) host, (*plant, ook*) host-plant; (*mv, sp*) home club, home team; **gasthoogleraar** visiting professor; **gasthuis** 1 hospital; 2 (*voor ouderen*) home (for the aged and infirm); **gasthuismeester** superintendent of a hospital; **gasthuismoeder** matron of a hospita; **gasthuisvader** *zie* gasthuismeester; **gastland** host country; *~ zijn voor* host [the Olympics]; **gastlidmaatschap** special membership; **gastmaal** feast, banquet, entertainment

gastoestel gas appliance; *zie ook* gaskomfoor; **gastoevoer** gas supply

gastoptreden guest appearance (*of:* performance); **gastplant** epiphyte

gastrisch gastric [fever]; **gastritis** id

gastro-enteritis gastroenteritis

gastrol 1 guest performance; 2 star part; *vgl* gasteren

gastronomie gastronomy; **gastronomisch** gastronomical; **gastronoom** gastronome; **gastroscopie** gastroscopy

gastschrijver (*univ*) writer in residence, literary fellow; **gastspreker** guest speaker

gasturbine gas turbine

gastvoorstelling guest performance, guest production; *~en geven* guest; star; **gastvrij** hospitable; **gastvrijheid** hospitality; *~ verlenen* give (extend) hospitality; *dank voor uw ~* thank you for having me; **gastvrouw** hostess (*alle bet*)

gas|vergiftiging [death by] gas poisoning; **-verlichting** gas lighting; **-verwarming** gas heating; **-vlam** gas flame, gas jet; **-vormig** gasiform, gaseous; **-vorming** gasification; **-vrij** gas-proof [shelter]; **-zinker** underwater gas main

gat 1 hole, opening, gap, aperture; (*in dijk, ook*) breach; (*in weg*) (pot-)hole, (*door water, ook*) wash-out; (*zee~*) *zie aldaar; hij heeft een ~ in zijn hand* he spends money like water; *~ in de markt* gap in the market; *hij heeft ~en in de kousen* (*mouwen*) he is out at heels (elbows); *het schip heeft een ~ gat onder de waterlijn* the ship is holed below ...; *iem het ~ van de* ***deur*** *wijzen* show a p. the door; *daar is het ~ van de deur!* there's the door!; *een ~* ***eten*** *in* make a hole in [the pudding]; *~en* ***krijgen***, (*ve kous, enz*) wear (go) into holes; *een heel ~* ***maken*** *in* [tobacco and beer] make a big hole in [his income]; *een ~* (*gaten*) *maken in* hole [the wall]; *een ~ in de dag* ***slapen*** sleep far into the day; *de storm* ***sloeg*** *~en in de dijken* the storm breached the dikes; *hij sloeg* (***sprong***) *een ~ in de lucht van verbazing* (*van blijdschap, van kwaadheid*) it took away his breath (he jumped for joy, jumped out of his skin); *een ~* ***stoppen*** stop a gap (*ook fig*); *een ~ maken om een ander te stoppen* rob Peter to pay Paul; *het ~ uitgaan* depart; die; *hij is niet voor één ~ te* ***vangen*** he knows more than one trick; has more than one string to his bow; *ik* ***zie*** *er geen ~ in* I am up against a blank (brick, stone) wall, I don't see a way out (of the difficulty); *zijn schoenen, enz* ***zitten*** *vol ~en* his shoes, etc are in holes (full of holes); *hij heeft het* ***in*** *de ~en* he has noticed it, (*fam*) has twigged it; *ik had hem gauw in de ~en* I had soon found him out, had soon sized (summed) him up; *houd hem in de ~en!* keep your eye on him!, watch him! (*zo ook:* he needs watching), don't trust him out of your sight!; *in de ~en krijgen* get sight of, spot, twig [s.t.]; get wind of [s.t.]; *in de ~en lopen* attract notice; *het begint in de ~en te lopen dat hij ...* people are getting wise to the fact that he ...; 2 (*achterste*) bottom, btm; (*fam*) backside; (*sl*) bum; (*plat*) arse; *vgl* kont; 3 (*krot*) hole; (*dorpje, enz*) (dog-)hole, dump

gaten *ww* hole, perforate

gatenkaas Swiss cheese; **gatenplant** monstera, Swiss cheese plant; **gatenzaag** hole saw

gatlikker arse-licker, lickspittle, toady

gatsie, gatver Christ, dammit, dash it (all)

gauchisme left radicalism; **gaucho** id

gaufreerijzer goffer(ing iron); **gaufreren** goffer

gaul|lisme Gaullism; **-list** Gaullist

gauw I *bn* quick, swift; *hij was me te ~ af* was too quick (was one too many) for me; II *bw* quickly, swiftly, [suspect a p. too] readily; (*spoedig*) soon, before long; easily [satisfied; laugh easily]; *~ wat!* be quick!, look sharp!, look alive!; *ga nou ~!*, (*fam*) come off it!; *dat geeft ~ een gevoel van teleurstelling* that tends (is apt) to give ...; *ik pieker niet ~* I don't brood easily; *ik kom ~ terug* I'll be back soon, I won't be long; *hij vergeeft niet ~* he is slow to forgive; *hij zal hier* ***zo*** *~ niet weer komen* he won't come here again in a hurry; *hij wist zo ~ niet wat hij zou zeggen* he did not know what to say on the spur of the moment; *~er* ***gezegd*** *dan gedaan* [it's] easier said than done; **gauwdief** sneak thief, pickpocket; **gauwdieverij** sneak thievery, pickpocketing; **gauwerd** sharp fellow; **gauwigheid**, **gauwte** 1 quickness, swiftness; *in de ~* in a hurry, hurriedly; *in de ~ vergat hij zijn portefeuille* in the rush he ...; *zie ook* gauw; 2 (*handigheid*) knack

gave gift (*ook fig:* have the gift of poetry), donation; bounty [the bounties of Nature]; *de ~ van het woord hebben* have the gift of speech; *man van grote ~n* highly gifted man; *zijn ~ om de mensen voor zich in te nemen* his faculty of (gift for) ingratiating himself with people; *~n (aalmoezen) uitdelen* dispense charity
gaviaal gavial; **gavotte** gavotte
gazel(le) gazelle; **gazelleogen**: *met ~* gazelle-eyed
gazen gauze [curtains, dressing], net [curtain, dress, veil]
gazet newspaper, daily
gazeus aerated, effervescent, carbonated [drinks], fizzy [lemonade]; **gazeuse** carbonated soft drink, (*fam*) pop
gazon lawn, green, (green)sward; **gazonmaaier** lawn mower; **gazonprikker** lawn aerator; **gazonsproeier** lawn sprinkler
gazpacho id; **ge** *zie* gij
geaard 1 (*elektr*) earthed, grounded; 2 (*v aard; in sam*) natured, disposed, tempered; **geaardheid** nature, disposition, temper
geabonneerd(e)[1] *zie* abonneren & abonnee
geaccidenteerd (*v terrein*) broken [ground]
geacheveerd finished, perfected, sophisticated
geacht esteemed, respected; *~e Heer* Dear Sir; *de ~e afgevaardigde voor ...* the honourable member for ...; *mijn ~e collega,* (*rechtszaal*) my learned friend
geaderd veined [hands, leaves, marble, wood]
geadresseerde addressee; (*v goederen*) consignee
geaffaireerd busy
geaffecteerdheid affectation, affectedness
geaggregeerde 1 adjunct; 2 fully qualified teacher; **geagiteerd** agitated, flustered, fluttered, [be] in a flutter; **geallieerd** allied; *de G~en* the Allies; **geamuseerd** amused [smile], [watch] in an amused way, [listen] with amusement; **geanimeerd** animated [conversation]
geappeld dapple-grey, dappled
gearmd arm in arm, with arms locked (*of:* linked)
gearriveerd settled, made; **gearticuleerd** 1 articulated [sounds]; 2 (*jur*) set out; **geassocieerde** associate, partner; **geautomatiseerd** automated, automatic; **geavanceerd** advanced [ideas, techniques], sophisticated [techniques], progressive [ideas]
gebaar gesture (*ook fig*), gesticulation; [patriotism is something more than a] flourish ; *mooi ~,* (*fig*) fine (graceful, handsome) gesture, beau geste; *breed ~* expansive gesture; *met een breed ~* [he dismissed the subject] cavalierly; *gebaren maken, zie* gebaren
gebaard bearded
gebabbel (*onschuldig*) prattle; (*in ongunstiger bet*) chatter, tittle-tattle, gossip
gebak pastry, cake(s); *~je* pastry (*ook: ~jes*), tart(let), (fancy) cake; **gebakdeeg** paste
gebakkelei tussle, scuffle, scrap
gebakken *zie* bakken 1 & gebeiteld

1 *Zie voor niet opgenomen deelwoorden de ww*

gebakschaal cake dish; **gebakstel** cake plate and side (*of:* tea) plates, (*vglb*) tea set
gebaren 1 gesture, gesticulate [with one's arms], motion [a p. into the room]; 2 sham; *van niets ~* keep mum; **gebarenkunst** mimic art; **gebarenspel** 1 gestures, gesticulation; 2 mime, dumb show; **gebarentaal** sign (*of:* gesture) language; *~ gebruiken, in ~ spreken* sign
gebas bay(ing)
gebazel empty talk, waffle, (*fam*) hot air
gebbetje (*fam*) joke, lark
gebed prayer; (*voor & na maaltijd*) grace; *het ~ des Heren* the Lord's prayer; *een ~ doen* say a prayer; *zijn ~(en) doen* say one's prayers; *in ~ zijn* be at one's prayers (*of:* devotions); *zie ook* gedachtig; **gebedenboek** prayer book
gebedsgenezer faith healer; **gebedsriem** phylactery; **gebedsverhoring** answer to prayer
gebeente bones (*ook stoffelijk overschot*); *wee je ~!* [you'll do it right, or] I'll know the reason (why)!; *verkleumd tot op het ~* chilled to the bone
gebeft with bands, banded; *~e lijster* ring ouzel
gebeid distilled (over juniper berries)
gebeier chiming, ringing
gebeiteld: *hij zit daar ~* he has it made there; *dat zit ~* that's a cert (all tied up); **gebekt** beaked; *ze is goed ~* she has the gift of the gab, she has a well-oiled tongue; *zie ook* vogel; **gebelgd** incensed, offended [*over iets* at s.t.], huffed; *~ zijn over,* (*ook*) resent
gebergte chain of mountains, mountain range, [the Berwyn] Mountains; **gebergtevorming** mountain building
gebeten bit(ten); *~ zijn op* have a grudge (a spite) against, owe [a p.] a grudge; *zie ook* hond
gebeteren: *ik kan het niet ~* I cannot help it
gebeurde: *het ~* what has (had) happened, the incident, occurrence, (*ongelukkig*) mishap
gebeuren I *ww* happen, chance, come about, come to pass, occur; (*lit*) befall; *het moet ~* it has to be done; *zo iets gebeurt meer* such things will happen; *er gebeurt hier niets* nothing ever happens here; *er is niet veel gebeurd* there have been hardly any developments; *de dag ging voorbij zonder dat er iets gebeurde* the day passed uneventfully; (*voor*) *als er eens iets mocht ~* just in case; ***wat*** *zij zegt, gebeurt* what she says goes; *wat er ook gebeurt* whatever happens (may happen), come (*of:* happen) what may, come hell or high water; *wat gebeurd is, is gebeurd* what is done, is done; it is no use crying over spilt milk; ***zal*** *het weldra ~?* is it to come about (*of:* off) soon?; *hij zei, het zou niet ~* he put his foot down; *dat zal me niet meer ~* you won't catch me at it again; *en wat zal er vandaag ~?* and what's the programme for to-day?, what's on (for) to-day?; *wat is er* ***met*** *u gebeurd?* what has happened to you?; *voor hij wist wat er met hem gebeurde* before he knew where he was; *ik zal wel zorgen dat er niets met haar gebeurt* I will keep her out of harm's way; *het is met hem gebeurd,* (*fam*) he's had it; *zie ook* best III; II *zn* event, happening(s); activity, -ies, goings-on

gebeurlijk possible; *dat zijn ~e dingen* such things are possible; **gebeurlijkheid** contingency, possibility, eventuality; **gebeurtenis** event, occurrence; *blijde ~,* (*ook van bevalling*) happy event; *een nationale ~* a national occasion; *het is een hele ~* it is quite an event; *de jongste ~sen* recent happenings; *de loop der ~sen afwachten* watch events, wait and see

gebeuzel trifling, toying, fiddle-faddle

gebied 1 (*aardr*) territory [of a state], dominion; [the flooded] area; belt [corn-belt, cotton-belt, etc]; *op Frans ~* in (on) French territory, on French soil; 2 (*rechts~*) jurisdiction; *het ~ voeren* be in authority, have authority [*over* over]; 3 (*bereik*) range; 4 (*fig*) domain [the domain of trade], territory, province, field, department, sphere, scope; *~ der letteren* domain (*of:* republic) of letters; ***op** dit ~ is hij zonder weerga* in this field (domain) he is unrivalled; *deskundige op het ~ van* ... expert on ...; *de vooraanstaande personen op ieder ~* the ... in every walk of life; *op verstandelijk ~* in the sphere of the intellect; *vragen op belasting~* income tax queries; *dat behoort niet **tot** mijn ~* that is outside my province, is out of (beyond) my sphere

gebieden order, command, direct; *stilte ~* order (*of:* call for) silence; *wat uw plicht gebiedt* what your duty dictates; *de waarheid gebiedt te zeggen* ... the honest truth must be told ..., I am in all honesty compelled to say ...; *geboden,* (*ook*) advisable; *de grootste voorzichtigheid blijft geboden* the greatest caution should be exercised

gebiedend commanding (peremptory) [tone], imperative [necessity], compelling [look, reason], vital [necessity]; (*vooral van pers*) imperious; *~e wijs* imperative (mood); *~ noodzakelijk* imperative, essential; **gebiedenderwijs** imperiously, authoritatively; **gebieder** ruler, lord, master

gebiedsdeel territory

gebiedster 1 ruler, lady; 2 (*lit*) beloved

gebiesd piped, bordered

gebint crossbeams, tiebeams; (*bint*) truss

gebit 1 [a good set of] teeth; *zie ook* kunst~; 2 (*ve toom*) bit; **gebitbeschermer** gumshield; **gebitketting** curb; **gebitsregulatie** orthodontics; **gebitsverzorging** dental care

geblaard blistered

gebladerte foliage, leaves

geblaf bark(ing); *vgl* gebas & gekef

geblesseerde injured person (player, etc)

gebloemd flowered [dress, silk, etc]

geblokkeerd blocked [road], blockaded [port], frozen [assets], locked [brakes, wheels], turned [letter]; **geblokt** 1 chequered, check [cloth]; 2 sturdy [chap]

gebluf boasting, brag(ging), tall talk

gebocheld hunch-, humpbacked; *~e* hunch-, humpback; (*hist*) [Richard] Crookback

gebod order, command, injunction; (*goddelijk*) commandment; *de tien ~en* the ten commandments, the Decalogue; *de ~en aflezen* (*stuiten*) proclaim (forbid) the banns; *zij staan onder de ~en,* (*kerk*) they have had their banns published, (*burgerlijke stand*) notice of their marriage has been given; **gebodsbord** mandatory sign

geboefte riff-raff, rabble

gebogen bent (crooked) [back, stick], bowed [figure], arched [nose], curved [blade, mirror]

gebonden 1 (*niet vrij*) tied; *~ zijn,* (*fig*) be committed (to s.t., to do s.t.); *aan handen en voeten ~* bound hand and foot; *niet aan tijd ~* not tied for time; 2 (*ve boek*) [leather-, linen-]bound; 3 (*dik*) thick [sauce, soup], creamy; 4 (*v warmte*) latent; 5 (*v stijl*) poetic; *zie ook* binden; **gebondenheid** lack of freedom; thickness; latency; *vrijheid in ~* freedom in restraint

geboomte trees, timber

geboorte 1 (child)birth; *bij de ~* at birth; *ze stierf bij de ~ van een zoon* she died in giving birth to a son; (*van*) *voor de ~* ante-, prenatal [care]; (*van*) *na de ~* post-natal; *een Brit van ~* a Briton by birth, British-born (*zo ook:* London-, Turkish--born, etc); *van hoge* (*lage*) *~* of high (low) birth; *van zijn ~ af aan* [dumb] from birth, from one's birth (up); *nog in de ~,* (*fig*) *zie* wording: in ~; 2 (*bk, ve gewelf*) skewback

geboorte|adel nobility by birth; **-akte, -bewijs** certificate of birth, birth certificate; **-dag** birthday; **-datum** date of birth, DOB; **-grond** native soil; **-huis** birthplace; **-jaar** year of [a p.'s] birth; **-krik** calving jack (*of:* aid); **-land** native country (land; *zo ook:* his native Scotland), homeland

geboorten|beperking *zie* geboortenregeling; **-cijfer** birth rate; **-golf** baby boom; *na-oorlogse ~* post-war bulge; **-overschot** excess of births over deaths, natural increase in population; **-regeling** birth control, family planning; **-register** birth register, register of births; **-statistiek** (*ook mv:*) statistics of birth, birth returns

geboorteplaats birthplace, place of birth, native town (city, village, etc); **geboorterecht** birthright; **geboortestad** native town, home town; **geboorteuur** hour of [a p.'s] birth; **geboortig**: *~ uit H* born at (in) H, a native of H; born of [a noble family]

geboren born; *een ~ dichter* a born poet, a poet born; *~ uit een blanke moeder* borne by (born of) a white mother; *een ~ Engelse* [she is] an Englishwoman (English) by birth; *Mevrouw K, ~ H* Mrs K, née H (whose maiden name was H, formerly Miss H, *fam:* Miss H that was); *~ Hagenaar* native of The Hague; *hij is ~ in 1900* he was born in ...; *ik ben hier ~ en getogen* I was born and bred in this place; *er werd hun een dochter ~* a daughter was born to them; *uit dit huwelijk werd Jan ~* from this marriage ... was born; *een ~ idioot* a congenital (a born) idiot; *~ luilak* born idler; *weder ~ worden* be born again; *hij is ~ tot heersen* he is a born ruler; ... *moet nog ~ worden* ... is not born yet, is still unborn

geborgen [know o.s. to be] safe, [feel] secure; **geborgenheid** [sense of] security

geborneerd narrow-minded [people], narrow [views]; *zie ook* gezichtskring

geborrel 1 bubbling [of water]; 2 (*drinken*) tippling
gebouw building; (*ook fig*) structure, edifice; (*fig*) [the social] fabric; [*de conciërge*] *woont in het* ~ lives on the premises, lives in; **gebouwd** built; **gebouwencomplex** building complex
Gebr: ~ *J* J Bros
gebraad roast (meat); **gebrabbel** gibberish, jabber, gabble; **gebral** bragging, boasting
gebrand burnt; ~*e amandelen* roasted (burnt) almonds; ~ *glas* stained glass; ~ *zijn op* be keen (be hot) on (*sterker:* mad about); *vgl* branden
gebras feasting, revelry, debauchery
gebreid knitted; ~*e goederen* knitted goods, knitwear, (*kousen & ondergoed*) hosiery; *met de hand* ~ hand-knitted
gebrek 1 (*tekort: gemis*) want, lack [*aan* of: there is no lack of criticism, of interest]; (*schaarste*) shortage, shortness [*aan* of], (*vooral* ~ *aan levensmiddelen*) dearth [a time of dearth; *ook:* dearth of labourers, etc]; deficiency [a deficiency of teachers], want, lack; (*armoede*) want, indigence; (*lichamelijk*) defect; ~ ***hebben*** (***lijden***) be in want, suffer want, starve; ~ *hebben aan* be in want of, go short of; *groot* ~ *hebben aan* be hard up for; *aan niets* ~ *hebben* want for nothing; *de bodem heeft* ~ *aan kalk* the soil is deficient in lime; ~ *aan ruimte hebben* be cramped (pinched) for room; *zij lijden aan alles* ~ they are short of everything, are destitute; ~ ***krijgen*** *aan* run short of; ***bij*** ~ *aan* for want (for lack) of; *bij* ~ *aan bewijs* for lack of evidence; *bij* ~ *aan beter* for want of something better; *bij* ~ *daaraan* failing that; *bij* ~*e van* in default of, in the absence of, failing [an answer, a successor, etc]; ***door*** (***uit***) ~ *aan* for lack (want) of, [fail] from lack of [goodwill]; 2 (*tekortkoming*) failing [virtues and failings; their greatest failing is their lack of cleanliness], fault, defect, shortcoming; (*in wet, enz*) defect, flaw; [*het portret toont hem*] *met al zijn* ~*en* warts and all; *een* ~ *aan de machine* a defect in the machine; *de* ~*en van de oude* ***dag*** the infirmities of old age; ***in*** ~*e blijven* fall short, not come up to the mark; fail [*te* to], (*te verschijnen, schulden te betalen, enz*) default; *niemand bleef in* ~*e* no one held back; *hij bleef niet in* ~*e te* ... he was not slow to ..., was not backward in [doing likewise]; *de organisatie bleef in* ~*e* the ... fell short; *in* ~*e stellen* hold liable, put (declare) in default; *in* ~*e zijn* be in default; **gebrekkelijk** infirm, crippled; *zie ook* gebrekkig; **gebrekkig** 1 defective [eyesight, pronunciation, apparatus], insufficient (deficient) [packing], faulty [English, material, principle, expression], poor [argument, English, writing], [his] imperfect [English], vicious [style]; ~*e voordracht* halting delivery; ~ *Engels spreken* speak broken English; *zich* ~ *uitdrukken* express o.s. badly; 2 (*pers*) deformed, crippled, lame; (*v ouderdom*) decrepit, infirm; *een* ~*e* a cripple; **gebrekkigheid** defectiveness, deformity, etc
gebrild (be)spectacled; ~*e zeeëend* surf-scoter

Zie voor niet opgenomen deelwoorden de ww

gebrod(del) bungling, botch(-work)
gebroed brood (*ook fig*); (*ve vis, ook*) fry; *het jonge* ~, (*fig*) the small fry
gebroeders: *de* ~ *F* the F brothers, the brothers F; (*als firma*) F Bros; **gebroedsel** *zie* gebroed
gebroken broken; fractured [rib]; (*door smart*) heartbroken; ~ *Engels* broken English; ~ *getal* fractional number, fraction; ~ *dak* curb (*of:* mansard) roof; ~ *hartje*, (*plant*) bleeding heart, dicentra; *met* ~ *stem* in a broken voice, with a break in one's voice; ~ *wit* broken white, off-white
gebrom 1 buzz(ing), murmur; (*radio*) hum; 2 (*ve hond*) growl(ing); (*ve pers*) grumbling [*over* at, about], growling [*op* at], growl [of anger], grunt [of approval]; *zie ook* brommen
gebronsd bronzed [face]
gebruik 1 use [of one's arms, legs, instruments, medicine, coffee, tobacco]; (*verbruik*) [unfit for human] consumption; ~ ***maken*** *van* make use of, use [one's authority], avail o.s. of [an offer, an opportunity], take advantage of [the occasion], exploit [a situation], utilize [the forces of nature], enlist [the services of ...], command [you may command me], exercise [a right]; *er werd een druk* ~ *gemaakt van revolvers* guns were freely used; *een goed* ~ *van iets maken* put a thing to good use, make good use of a thing, turn a thing to good account; *er het juiste* ~ *van maken* put it to the right (to its proper) use; *een slecht* ~ *maken van* make bad use of, put to a bad use, misuse; *slecht* (*verkeerd*) ~ misuse [of one's talents]; ***buiten*** ~ out of use; *buiten* ~ *raken* go (drop) out of use, fall into disuse; *buiten* ~ *stellen* put out of use; *buiten* ~ *gestelde begraafplaatsen* disused burial-grounds; ***door*** (***in***) *het* ~ [learn to swim] by practice; ***in*** ~ in use; *de lift is weer in* ~ the lift is working again; *dagelijks* (*algemeen, voortdurend*) *in* ~ in daily (general, constant) use; *in* ~ *komen* (*nemen*) come (put) into use; *niet langer in* ~, (*ook*) disused; ***ten*** ~*e van* for the use of [schools, etc]; ***voor*** *dagelijks* ~, (*v kleren*) for everyday wear; (*alleen*) *voor uitwendig* ~ for outward application, external use only; *zie ook* vrij; 2 (*gewoonte*) usage, practice, custom, habit; *joodse* ~*en* Jewish observances; *zoals* ~ *is onder* ... as is the practice among ...
gebruikelijk usual, customary; *op de* ~*e wijze* in the usual way (manner); ~*e breuk* proper fraction; **gebruikelijkheid** usage
gebruiken 1 use [books, instruments, a p.'s name, one's time well], employ [instruments, servants], make use of, exercise, (*lit*) utilize [one's talents]; *ik* ***kan*** *het niet* (*niet meer*) ~ I have no use (no further use) for it; *ieder, die het kan* ~ anybody who has a use for it; *zo goed mogelijk* ~ make the most of [one's time, etc]; *ik kan je hier niet* ~ I cannot have you here; *ik kan het nog wel eens* ~ I'll find a use for it sooner or later; *hij kan wel een extra portie* ~, (*aan tafel*) he can do with an extra helping; *hij kan van alles* ~ all is grist that comes to his mill; *ik zou best wat geld* (*een nieuwe jas, enz*) *kunnen* ~ I could do with ...; *kunt u ook een tuinman* ~? can you do with a gardener?; 2

(*verbruiken*) consume; take [food, medicine, one's meals, sugar in one's tea], drink [alcohol], have [breakfast, lunch, etc], partake of [a nice little dinner], eat [one's dinner]; ***wat*** ~ have some refreshments; *wat wil je ~?* what are you going to (what will you) have?, (*fam*) what's yours?, what shall it be?; *vraag mijnheer T wat hij ~ zal* take Mr T's order; ask Mr T what he is going to have; *wat zal mijnheer ~?* what can I get you, please?; *ik gebruikte gauw wat* I snatched a hasty breakfast (supper, etc); *hij gebruikt nooit sterke drank* he never touches drink; *zie ook* gebruikt; **gebruiker** 1 user; *zie ook* drug~; 2 (*verbruiker*) consumer; **gebruikers(on)vriendelijk** user-(un)friendly; **gebruikmaking** use, utilization; *met* (*onder*) ~ *van* using [every means]

gebruiks|aanwijzing directions (instructions) for use, usage (*of:* operating) instructions; *hij is iem met een* ~ he needs careful handling; **-artikelen** *zie* -goederen; **-duur** useful life; **-goederen** consumer goods; *duurzame* ~ consumer durables; **-grafiek** (applied) commercial art, commercial graphics,; **-klaar** ready for use; ready-to-eat [food]; ready [meal]; convenience [foods]; **-vee** productive (live)stock; **-voorwerp** utensil; implement; **-waarde** useful (functional, practical, utility) value; **-wagen** utility vehicle

gebruikt used [car, cup, match]; second-hand [car]; spent [bullet]; *niet meer* ~ disused [church]; *te veel* ~ overworked [word], overused [banknotes]; **gebruind** sunburnt, (sun-)tanned

gebruis 1 effervescence; 2 seething, roaring

gebrul roaring, howling, roars [of laughter, the roar of a football crowd]

gebukt bowed (down); ~ *gaan onder* be weighed down by

gebulder boom(ing), roar(ing)

gebuur neighbour

gecharmeerd charmed; ~ *zijn van* be (greatly) taken (be smitten) with; **gecijferd** numerate

geclausuleerd with provisos, with conditions (strings) attached

gecommitteerde delegate; (*bij examens*) external examiner

gecompliceerd complicated; *~e breuk* compound fracture; **gecompliceerdheid** complexity; **geconcentreerd** concentrated [attack, effort, gunfire, orange juice], [work] with (great) concentration

geconditioneerd 1 stipulated; 2 conditioned [reflex]; *goed* ~ in good (order and) condition

geconfedereerd confederated; *de G~en,* (*Am hist*) the Confederate States, the Confederacy

geconfirmeerd confirmed [bank credit]

geconsigneerde consignee

gecorseerd full-bodied [wine]

gecultiveerd cultivated; cultured [circles, pearls]; (carefully) nurtured [scruffiness]

gedaagde defendant; (*vooral bij echtscheidingsproces*) respondent

gedaan done; (*in akten, enz*) given [this 8th day of May]; *dat moet nu maar eens ~ zijn* that should be the end of it, I want to hear no more about it; *het is niets ~* it's no good (no go, *sl:* a wash-out); *het is niets ~ **met** hem* he is a failure; *het is met hem ~* he is done for (*of:* finished), it's all over (*of:* up) with him; *het is met je spelletje ~* it's all up with your little game; *het is* (*helemaal*) *met mijn geluk* (*bij spel, enz*) ~ my luck is out; *het is met de rust ~* goodbye to peace and quiet(ness)!; ~ ***geven*** give the sack, (*tijdelijk*) lay off; ~ ***krijgen*** get the sack; (*bij werkstaking*) be locked out; *hij kan alles van haar ~ krijgen* she will do anything for him; *ik kan niets van hem ~ krijgen* I have no influence over (*of:* with) him, I cannot get anything out of him [*zo:* she can get anything out of him]; *hij kreeg het ~* he brought it off, managed it; *gedane **zaken** nemen geen keer* what is done cannot be undone, it is no use crying over spilt milk; *zie ook* rusten

gedaante shape, figure, form; *in* (*onder*) *de ~ van* in the shape of; *in menselijke ~* in human shape; *in elke ~ en vorm* in every shape and form; *zich in zijn **ware** ~ vertonen* show o.s. in one's true colours (character) [*zo:* this shows him in his true colours]; *van ~ veranderen* change one's shape; *van ~* (*doen*) *veranderen,* (*ook*) metamorphose; *zie ook* aanzien I.1; **gedaante|verandering**, **-verwisseling** metamorphosis (*mv:* -ses), transformation, transfiguration

gedaas hot air, twaddle

gedachte 1 thought [*aan* of], idea, notion; *~n zijn tolvrij* thought is free; *waar zijn je ~n?* what are you thinking of?; *daar had ik geen ~ op* I did not suspect that, I had no idea of it; *haal je zulke ~n niet in het hoofd* don't entertain such thoughts; *zijn ~n hebben bij* keep one's mind on [one's job]; *zijn ~n waren bij iets anders* (*heel ergens anders*) his thoughts were elsewhere (were miles away); *zijn ~n niet bij elkaar hebben* be absent-minded, be wool-gathering; *zijn ~n laten gaan over* think about, give one's mind to, give thought to, turn over in one's mind, consider; *zijn ~n gingen terug naar die dag* his mind went back (his thoughts returned) to that day; *in welke richting de ~n gaan* which way their minds are working; *zijn ~n verzamelen* collect one's thoughts; *hij glimlachte **bij** de ~* ... he smiled to think ...; ***in** ~n,* (*in de geest*) [I am with you] in thought, in the spirit; *het kwam hem in de ~ dat* ... it occurred to him that ...; *iem iets in de ~n brengen* put a p. in mind of s.t.; *dat heeft me **op** de ~ gebracht* that first suggested the idea to me; *wie* (*wat*) *heeft je op die ~ gebracht?* who (what) put that notion into your head (made you think so)?; 2 (*herinnering*) memory; *met dit **in** ~n* with this (idea) in mind; *houd dat in ~* bear that in mind, remember that; *het **uit** de ~n zetten* put (*of:* get) it from (*of:* out of) one's mind; *zie* afzetten: van zich ~; *nooit uit zijn ~n* [it was] always uppermost in his thought; 3 (*nadenken*) thought, reflection; (*in ~n verzonken*) absorbed (buried, lost, wrapped) in thought, deep in thought, preoccupied, (*fam*) in a brown study; 4 (*mening*) opinion; *ik had betere ~n van u* I had a better opinion of you; *iem* ***tot*** *andere ~n brengen* make a p. change his mind; *iem tot betere ~n brengen,* (*ook*) bring a p. to a better frame of mind; *tot andere ~n komen* change one's mind; ***van*** ~(*n*) *veranderen* change one's mind; *van ~n wisselen over* exchange views on, discuss; *zie ook* bepalen, hinken, idee, opkomen, enz

gedachteloos thoughtless, unthinking, unreflecting; absent-minded; **gedachteloosheid** thoughtlessness; absent-mindedness; **gedachtengang** train (line, trend) of thought, line of reasoning; *volgens deze ~,* (*ook*) on this reasoning; **gedachtengoed** philosophy, stock of ideas, mental attitudes; **gedachtenis** 1 (*abstr*) memory, remembrance; *ter ~ van* [a statue] in memory of, to the memory of; *te zijner ~* in memory (in remembrance) of him; *zaliger ~* of blessed memory; 2 (*concr*) memento, souvenir, keepsake; **gedachtenismis** (*r-k*) anniversary (requiem) mass; *maandelijkse ~* month's mind

gedachten|kring range of ideas, way of thinking, attitude of mind; **-lezen** thought-, mind-reading, telepathy; **-lezer** thought-, mind-reader, telepath(ist); **-loop** *zie* -gang; **-overbrenging** thought-transference, telepathy; **-spinsel** figment of the imagination; **-sprong** sudden jump in a train of thought, mental leap, leap of the imagination; **-streep** dash; **-wending** turn of thought; **-wereld** range of ideas, way of thinking, realm of thought; **-wisseling** exchange (interchange) of thoughts (views, ideas); **-wolkje** balloon

gedachtig mindful (of); *wees mij*(*ner*) ~ remember me [in your prayers]

gedateerd dated; **gedecideerd** decided, resolute; *een ~e weigering* a flat (an uncompromising) refusal; **gedecideerdheid** resolution, decisiveness, [act with] decision; **gedecolleteerd** [women] in low(-necked, -cut) dresses, décolleté(e); **gedecoreerd** decorated (*ook v aardewerk*)

gedeeld (*her*) (party) per pale; *zie ook* smart

gedeelte part, portion, section, instalment; (*aandeel*) share; *een heel klein ~,* (*ook*) a fraction [of the true value]; *een mooi ~ van Edinburgh* a pleasant (an attractive) district (part) of E; *~n uit een boek* excerpts from a book; *de lagere ~n van de rivier* the lower reaches of ...; *elke volgende 250 g of ~* each extra 250g or part thereof, each additional 250g or fraction (thereof); *bij ~n afbetalen* pay in (*of:* by) instalments; *de roman zal bij ~n geplaatst worden* the ... will be inserted in instalments, will appear in serial (form); *voor het grootste ~* for the most (the greater) part

gedeeltelijk I *bn* partial [eclipse]; *ter ~e afdoening* in part-payment; II *bw* partly, in part, [open] part-way; *~ gemeubileerd* semi-furnished; *zie ook* deels

gedegen native [gold, silver, etc]; ~ *zink* virgin spelter; *zie ook* degelijk

gedegenereerd(e) degenerate

gedeisd quiet; *zich ~ houden* keep a low profile

Zie voor niet opgenomen deelwoorden de ww

gedekt 1 laid [table]; 2 secured [creditors]; (*kaartspel, enz*) guarded; (*sp*) marked; *niet ~* unguarded; unmarked; *~e kleuren* subdued colours; *~e nasaal* covered nasal; *~e r* supported r; *zie verder* dekken & gedeisd

gedelegeerde delegate [*bij de Verenigde Naties* to ...]; (*bij examen*) external examiner

gedender roar [of traffic], rumble, thunder

gedenkboek memorial volume; (*mv:*) annals, records; **gedenkbundel** commemoration (memorial) volume, miscellany; **gedenkcedel** (*bijb*) phylactery; **gedenkdag** anniversary; commemoration day, day of commemoration

gedenken remember (*ook:* in one's last will, prayers; *ook:* remember the Sabbath day); commemorate; *iem in liefde ~* keep a p.'s memory green; *zie ook* bedenken 3

gedenk|naald obelisk; **-penning** commemorative medal; **-plaat** memorial (commemorative) tablet (plaque); **-raam** memorial window; **-rol** annals, record; **-schrift** memoir; **-spreuk** apophthegm, aphorism; **-steen** memorial stone (*of:* tablet); **-stuk** memorial, monument; **-teken** monument, memorial; **-waardig** memorable; **-waardigheid** memorability, memorableness; *-heden* memorabilia; **-zuil** commemorative column

gedeponeerd registered [trademark]

gedeporteerde deportee

gedeprimeerd depressed, disheartened

gedeputeerde 1 deputy, delegate; 2 Member of the (*College van*) *G~ Staten* Provincial Executive; 3 (*soms*) Member of Parliament

gederangeerd 1 deranged, not in one's right mind; 2 out of sorts

gedesequilibreerd unbalanced; **gedesillusioneerd** disillusioned [at, about, with *over*]; **gedesinteresseerd** indifferent [*in* to], uninterested [in]; **gedesoriënteerd** disorien(ta)ted

gedetailleerd I *bn* detailed [account], in-depth [study]; II *bw* (*zeer*) ~ in (great) detail, with (much) detail

gedetineerde (trial, remand) prisoner, detainee

gedicht poem; *~en schrijven,* (*ook*) write poetry

gedienstig obliging, attentive; *al te ~* officious, too obliging; *een ~e geest* some obliging person; **gedienstige** servant(-girl); **gedienstigheid** obligingness; (*te grote*) officiousness

gedierte 1 animals, beasts; 2 (*ongedierte*) vermin; 3 (*één dier*) animal, creature, brute

gedijen 1 prosper, thrive, flourish [*van* on]; *~ ten koste van* batten on; *gestolen goed gedijt niet* ill-gotten goods never prosper; 2 *zie* strekken tot

geding 1 lawsuit, action, case; *in kort ~ beslissen* settle [a case] summarily (in Chambers; *Am:* in short order); *in kort ~ gaan* apply for immediate judgment; 2 (*fig*) quarrel; 3 issue; *in het ~ zijn* be at stake (at issue); *in het ~ komen* become involved; *in het ~ brengen* bring up

gediplomeerd certificated [midwife, etc], qualified [expert, nurse, teacher], trained [nurse], registered [nurse], chartered [accountant]; *~ zijn* be (fully) qualified

gedisponeerd 1 disposed [*te* to]; *goed* (*slecht*) ~ in good (bad) form; *er niet toe* ~ not in the mood for it; *niet* ~ indisposed; 2 predisposed [*tot* to]
gedistilleerd I *zn* spirits, strong liquor; *handelaar in wijn en* ~ wine and spirit merchant; II *bn* distilled
gedistingeerd refined [features], refined-looking, distingué, distinguished; *zij is niet* ~ she has no style; **gedistingeerdheid** distinction
gedocumenteerd documented [report]; documentary [evidence; bill *wissel*]
gedoe 1 (*druk*) bustle; 2 (*mal, mondain*) doings, goings-on; 3 (*gezanik*) bother; 4 (*bedoening:*) *het hele* ~(*tje*) the whole concern, the whole show
gedogen tolerate, permit, suffer, allow
gedonder 1 (peals of) thunder; 2 bother, trouble, fuss; *dat* ~! blast the fellow (etc)!; *daar heb je het* ~ the fat is in the fire!; *er komt vast* ~ *van* there's sure to be a fuss over it; **gedonderjaag** bother(ation), carry-on
gedoogzone area where prostitution, etc is tolerated
gedraai 1 turning; (*op stoel, enz*) wriggling, fidgeting; 2 (*fig*) shiftiness, shuffling, twisting, evasion (of the truth)
gedrag (*zedelijk*) conduct; (*optreden, manieren*) behaviour, demeanour, deportment, bearing; *van goed* ~ well-conducted, -behaved; *getuigschrift van goed* (*zedelijk*) ~ certificate of good character; *daar ga je met je goeie* ~, (*fam*) that's all the thanks you get; I might have saved myself the trouble; **gedragen** I *ww: zich* ~ behave, conduct o.s.; *zich goed* ~ behave well; (*vooral ve kind*) behave (o.s.) [behave yourself!, behave!]; *zich voor de gelegenheid* (*op z'n best*) ~ be on one's best behaviour; *zich netjes* ~ (*in gezelschap*) be on one's best behaviour; *zich slecht* ~ misbehave (o.s.); *zich beter gaan* ~ mend one's ways; *zich* ~ *naar, zie* schikken; II *bn* 1 lofty [style, etc], solemn [tone]; 2 worn [clothing]; **gedragingen** *zie* gedrag
gedrags|cijfer (*Am*) citizenship mark; **-code** code of conduct; **-lijn** line of conduct (of action, of policy), course (of action), policy; *zijn* ~ *bepalen* decide (up)on one's line of conduct, etc; *een zekere* ~ *volgen*, (*ook*) take (adopt) a certain line (course); **-regel** rule of conduct, maxim; *zie ook* -lijn; **-therapie** behaviour therapy; **-wetenschap** behavioural science
gedrang crowd, throng, crush, squash [what a squash!], [there was no] crowding, scramble [for seats], rush [to the exit]; *in het* ~ *komen* get in among the crowd; (*fig*) get into a corner (a tight place); *het godsdienstonderwijs komt in het* ~ religious instruction is going to suffer, it will be (go) at the expense of religious instruction
gedreun drone, din, shaking, etc; *vgl* dreunen; *het* ~ *van de machine* the thud of the engine
gedreven 1 chased, embossed; 2 impassioned, ardent, fervent [feminist], committed [socialist], inspired [artist]

Zie voor niet opgenomen deelwoorden de ww

gedrieëen: ~ *gingen ze* (*we*) *op weg* the three of them (of us) set out
gedrocht monster, monstrosity, freak (of nature)
gedrochtelijk monstrous, misshapen; **gedrochtelijkheid** monstrosity (*ook concr*)
gedrongen: ~ *gestalte* thick-set (squat, stocky) figure; ~ *stijl* terse style; *we zaten nogal* ~ it was rather a squeeze; *zich* ~ *voelen te* ... feel impelled to ...; *zie* dringen; **gedrongenheid** (*ve pers*) compact build; (*v stijl*) terseness
gedruis noise, rush, roar
gedrukt 1 printed [book, circuit, cotton]; *als* ~ copperplate [writing], [look] like print; 2 (*somber*) dejected, depressed, low(-spirited); (*handel*) depressed, dull; *ijzer was* ~, *maar wordt williger* iron was dull, but is looking up; **gedruktheid** dejection, depression, dullness; *vgl* gedrukt
geducht I *bn* formidable [opponent], redoubtable; (*vero & scherts*) doughty [opponent]; (*enorm*) tremendous, enormous; ~ *pak slaag* sound thrashing; *het maakte zijn naam* ~ it made his name feared; II *bw zie* duchtig; **geduchtheid** formidableness
geduld patience, forbearance; *een ogenblik* ~! one moment, please!; ~ *hebben* (*oefenen*) have (exercise) patience, be patient; *ik heb geen* ~ *meer, mijn* ~ *is op* I have come to the end of my patience, my patience is at an end (is exhausted); *ik heb* (*helemaal*) *geen* ~ *meer met hem* I have lost (all) patience with him; *u moet nog wat* ~ *met hem hebben* you should be patient (bear) with him for a while yet; ~ *overwint alles* patience overcomes all things; *zijn* ~ *raakte op* his patience was wearing thin; *hij verloor zijn* ~ he lost patience; *dat deed hem* (*helemaal*) *z'n* ~ *verliezen* that put him out of (all) patience; **geduldig** patient; *het papier is* ~ anything can be put on paper; **geduldigheid** patience, forbearance
gedupeerde [war damage] victim
gedurende (*een tijd lang*) for [ill for three weeks, for a year], over [stay over the weekend]; (*tijdens*) during [during his whole life, during the night (*of:* overnight) some rain fell]; ~ *de hele dag* all through (throughout) the day
gedurfd daring [performance, her daring dress, daringly dressed], risky, risqué [dress, jokes], provocative [film]
gedurig I *bn* continual, incessant; ~(*e*) *evenredigheid* (*produkt*) continued proportion (product); II *bw* continually, incessantly, time and again
geduvel *zie* gedonder; **gedver** *zie* gatsie
gedwee submissive, subdued, meek, docile; ~ *worden*, (*ook*) come (meekly) to heel; *zo* ~ *als een lam* as meek as a lamb; **gedweeheid** meekness, submissiveness; **gedweep** *zie* dweperij
gedwongen enforced [holiday, idleness], forced [gaiety, laugh, smile, sale, loan], compulsory [sale], constrained [manners], laboured [gaiety], strained [mirth], twisted [smile]; ~ *arbeid* forced (compulsory, conscript) labour; ~ *landing, zie* noodlanding; ~ *voeding* forcible feeding, force-feeding; ~ *glimlachen* smile forcedly, force a smile; *zie ook* dwang: onder ~; **gedwongenheid**

[a feeling of] constraint, forcedness
geëerd [widely] honoured, [generally] esteemed; *Uw ~e order* your valued order; *~e, (vero)* favour
geef: *dat is te ~* that's dirt-cheap; *ik zou het niet te ~ willen hebben* I wouldn't have it at (even as) a gift; *(soms:)* I wouldn't give it house-room; *dat is ook niet te ~!* that's not exactly giving it away; *zie ook* heb; **geefster** giver, donor
geëigend appropriate, suitable
geel I *bn* yellow [card, fever, peril]; *~ worden* yellow; *de bladeren worden ~* the leaves are turning; *zie ook* groen; II *zn* yellow; (*ve ei, ook*) yolk, (*sp ook*) yellow card; yellow jersey
geel|achtig yellowish; **-bek** fledg(e)ling; **-borstje** icterine warbler; **-bruin** yellowish brown, tan; fawn(-coloured); **-filter** yellow filter; **-gieter** brass-founder; **-gieterij** brass-foundry; **-gors** yellowhammer, yellow bunting; **-hout** yellow-wood, fustic; **-ijzersteen** yellow iron-ore; **-koper(en)** brass; **-sel** yellow (dye); **-tje** 1 (*bankbiljet*) 25-guilder note; 2 (*vogel, vlinder, enz*) yellow; **-vink** 1 serin; 2 (*goudstuk*) yellow-boy; **-wit** off-white; **-zucht** jaundice; **-zuchtig** jaundiced
geëmailleerd enamelled; *~e goederen* enamel ware; **geëmancipeerd** emancipated, liberated [woman]; **geëmotioneerd** 1 excited; 2 emotional
geëmployeerde employee
geen 1 (*bijvoeglijk*) no, not a [not a bird sang, this is not a busy street, not a minute later], not any, not [he doesn't know French; the garrison was not a hundred strong]; *het is ~ afstand* it's no distance; *ze zou ~ vrouw geweest zijn, als* ... she would have been less than woman if ...; *er was ~ betere* [she was a good mother,] none better; *de auto kwam, maar ~ Jan* the car came, but no John; *hij was ~ Nelson* he was no Nelson; 2 (*blote ontkenning:*) *hij heet ~ Piet* he isn't called Peter; *dat is ~ Engels* (*~ voetballen, enz*) that is not English (not football, etc); *dat kost volstrekt ~ inspanning* that does not entail any exertion (at all); 3 (*zelfst*) not one, none, not any; *~ van hen* (*beiden*) neither (of them); *~ van hen* (*allen*) none (not one) of them; *ik ken ~ van hen* I don't know any (*van twee:* either) of them; *~ van beide staat mij aan* I like neither; *zie ook* einde, enz
geëndosseerde endorsee
geeneens not so much as, not even, not once
geëngageerd 1 engaged (to be married) [*met* to]; 2 [socially] committed, concerned, involved
geenszins by no means, not at all, (in) no way, nowise
geep garfish; **geer** gore, gusset
geërfde landowner
Geertje Gerty; **Geertrui(da)** Gertrude
geervalk gerfalcon
1 geest (*zandgrond*) id
2 geest 1 (*vs lichaam*) spirit; *de Heilige ~* the Holy Spirit (*of:* Ghost); *vliegende ~* ammonia; *~ van zout* spirits of salt; *de ~ **geven*** breathe one's last; (*vero*) give up the ghost; *de ~ is* (*wel **ge***)***willig**, maar het vlees is zwak* the spirit is willing, but the flesh is weak; 2 (*met betrekking tot denken, waarnemen, willen*) mind; ***door** de ~ gaan* pass through one's mind; *ik zal in de ~ bij u zijn* I shall be with you in (the) spirit; *gehoorzamen naar de letter en **naar** de ~* obey in letter and in spirit; *de armen **van** ~* the poor in spirit; ***volgens** de ~ van de wet* according to the spirit of the law; ***voor** de ~ komen* come (*plotseling:* spring, leap) to one's mind; *haar beeld kwam hem voor de ~* her picture rose up before him; *voor de ~ roepen* (*brengen*) bring (call) to mind; *weer voor de ~ roepen* recall [names, etc]; *het roept mij mijn vorig bezoek weer voor de ~* it brings back to me my previous visit; *het staat mij nog duidelijk voor de ~* it is distinctly present to my mind (stands out clearly in my memory); 3 (*geestigheid*) wit; 4 (*persoon*) spirit [noble spirits], mind [the greatest minds]; *een grote ~* an intellectual giant; *hoe groter ~, hoe groter **beest*** great men have great faults; 5 (*aard, karakter*) spirit, genius [of a language, a law]; *de ~ van de tijd* the spirit of the times; *~ van verzet* spirit of revolt; *er heerst een goede ~ in de klas* there is a happy atmosphere ...; *tegenwoordigheid van ~* presence of mind; *als de ~ **vaardig** wordt over hem, als hij de ~ krijgt* when the mood is on him, when the spirit moves him; *het is geheel **in** de ~ van ...* it is quite in the spirit of ...; *in dezelfde ~* [he spoke] to the same effect, in the same strain; [her answer was] in the same vein (*of:* strain); *de meeste antwoorden waren in de ~ van ...* most answers were on the lines of ...; *dit, of woorden in die ~* this, or words to that effect; *de ~ waarin het gedaan wordt* the spirit in which it is done; 6 (*onstoffelijk wezen*) spirit, ghost, spectre; *boze ~en* evil spirits; *hij zag er uit **als** een ~* he looked like a ghost; *zie ook* letter, oproepen, zweven, enz
geest|dodend soul-destroying [routine]; deadly [monotony]; dull, monotonous; *~ werk,* (*ook*) drudgery; **-drift** enthusiasm; *in ~ brengen* enrapture, throw into ecstasies; *in ~ komen* (*geraken*) become enthusiastic, (*fam*) enthuse; **-driftig** enthusiastic (*bw:* -ally), rousing [welcome]; [he was cheered] to the echo; **-drijver** fanatic, zealot; **-drijverij** fanaticism, zealotry
geestelijk 1 (*onstoffelijk*) spiritual, immaterial [beings]; 2 (*verstandelijk*) intellectual, mental; (*mbt de geest*) spiritual; (*cultureel*) cultural [life]; *hij heeft de ~e ontwikkeling van iem van 11 jaar* his mental age is 11; *~ voorbehoud* mental reservation; (*zich*) *~ voorbereiden,* (*ook*) psych up; *~e vader* spiritual father; *~ welzijn* spiritual welfare; *~e zaken* spiritual affairs; 3 (*kerkelijk, niet-wereIds*) spiritual, ecclesiastical; sacred [songs], religious [orders]; (*vd geestelijkheid*) clerical [robes; garb *gewaad*], ecclesiastical, sacerdotal [office *ambt*]; *~e bijstand* ministration; *~e rechtbank* ecclesiastical (*of:* spiritual) court; *~e staat* holy orders, clerical state; **geestelijke** minister of religion, cleric, [Anglican] clergyman, [RC] priest; *~ worden* go into the Church, take (enter into)

holy orders, enter the ministry; **geestelijkheid** clergy; *de ~,* (*ook*) the cloth; **geesteloos** spiritless, insipid, dull, vapid; **geesteloosheid** dullness, insipidity

geesten|banner exorcist; **-banning** exorcism; **-bezweerder** 1 necromancer; 2 exorcist; **-bezwering** 1 necromancy, conjuring up of spirits; 2 exorcism; **-leer** pneumatology; **-rijk**, **-wereld** spirit world, invisible world

geestes|arbeid intellectual work; **-beschaving** culture; **-gaven** intellectual gifts (powers), mental faculties; **-gesteldheid** mentality; mental make-up; **-houding** attitude of mind, mind-set; **-kind** brainchild, child of (one's) brain; **-leven** cultural life; **-oog** mind's eye; **-produkt** brainchild, product of (one's) brain; **-richting** 1 attitude of mind; 2 intellectual movement; **-storing** mental disorder; **-toestand** state of mind, mental state; *zijn ~* the state of his mind; **-wetenschap**: *de ~pen,* (*vglb*) the humanities; **-ziek** mentally ill (disordered); **-ziekte** mental illness (disorder, disease)

geestgrond geest

geestig 1 witty, smart [answer, a smart little hat]; *een ~ man* a wit; *het ~e, zie* ~heid; 2 humorous

geestigheid 1 wit, wittiness; *ik zie de ~ van de grap niet* I don't see the point of the joke, I don't see where the joke comes in; 2 (*aardigheid*) witticism, quip, wisecrack

geest|kracht strength of mind, fortitude; **-rijk** 1 (*ve pers, enz*) witty; 2 spirituous; *~e dranken* spirituous liquors, strong drinks, (ardent) spirits; **-verheffend** noble, sublime; **-vermogens** (mental) faculties; *in het volle bezit* (*genot*) *zijner ~* in full possession of his (mental) faculties; *zijn ~ waren gestoord* his mind was disturbed; **-verruimend** mind-blowing, psychedelic; **-verrukking** ecstasy, rapture, exaltation, trance; **-verschijning** apparition, phantom; (*even voor of na iems dood*) wraith; **-vervoering** *zie* -verrukking; **-verwant** I *bn* congenial; II *zn* kindred (congenial) spirit; (*aanhanger*) supporter, adherent; **-verwantschap** like-mindedness, affinity of spirit (of mind), [they are] of a similar cast of mind; **-vol** *zie* -rijk

geeuw yawn; **geeuwen** (give a) yawn; **geeuwerig** yawning; **geeuwhonger** binge eating, bulimia

geëvacueerde evacuee

geëvenredigd proportional; *goed* (*beter*) *~* well-(better-)balanced [programme]; *zie verder* evenredig; **geëxalteerd** highly strung, overstrung, over-excited, overwrought; **gefaseerd** phased [withdrawal], in phases

gefemel cant(ing)

gefingeerd fictitious [name, story], feigned [name], made-up [name, story], sham [invoice], bogus [address], faked [burglary]; *~e factuur* pro forma invoice

gefladder flutter(ing), flitting; **gefleem**, **gefliflooi** coaxing, fawning, wheedling; **geflikker** 1 twinkling, twinkle, glitter(ing), flash(ing), sparkle, sparkling; 2 *zie* gedonder; **geflirt** flirtation; **gefluister** whisper(ing); **gefluit** whistling; (*v vogels*) warbling, fluting [of the blackbird]; (*in theater, enz, vglb*) catcall(s); *zie* fluiten

geforceerd forced [march, smile], contrived [ending], strained [atmosphere, laugh, manner]

gefortuneerd wealthy, rich, [man] of means

gefrankeerd post-paid; stamped [envelope]

gefriemel fumbling, fiddling

gefronst frowning [face]

gefundeerd funded [debt]; *goed ~* well-(-)founded, well(-)grounded; **gefundenes Fressen** 1 grist to a p.'s mill; 2 windfall

gegadigde interested party; (*bij koop*) intending (would-be, prospective) purchaser (buyer); (*bij inschrijving*) intending subscriber; (*sollicitant*) applicant, candidate

gegageerd (*mil*) discharged; **gegarandeerd** 1 guaranteed, warranted; 2 definitely; *zie* stellig

gegeneerd embarrassed, ill at ease; **gegeneerdheid** embarrassment

gegeven I *bn* given [a given number, at a given moment]; *~ de lengte, zoek de breedte* given the length, find the breadth; *~ overvloed van tijd kan ik* ... given plenty of time I can ...; *in de ~ omstandigheden* in (under) the circumstances; *zich aan zijn ~ woord houden* stick to one's word, be as good as one's word; *zie* geven; II *zn* datum (*mv:* data); (*inz wisk*) given; theme [of a play]; [supporting] fact; *~s,* (*ook*) information; **gegevenheid** fact, datum; **gegevensbestand** data file; **gegevensverwerking** data processing

gegiechel giggling, titter(ing), snigger(ing)

gegier scream(ing), yell(ing)

gegijzelde hostage

gegil scream(ing), yell(ing)

geglaceerd 1 glazed [cardboard, paper, calico]; 2 (*v gebak*) iced, frosted; 3 (*v vruchten*) candied, crystallized [fruits]; *~e kastanje* marron glacé

gegleufd grooved, fluted

gegniffel sniggering, tittering

gegoed well-to-do, well(-)off, in easy circumstances; *~e stand* moneyed (propertied) classes; *de meer ~en* the better-off; *zijn minder ~e vrienden* his less well-to-do friends; **gegoedheid** wealth, affluence, easy circumstances

gegolfd waving, wavy, undulating [ground, hair]; corrugated [iron, glass, paper]; (*plantk*) corrugated; (*v bladrand*) sinuate

gegomd gummed [envelope]

gegons buzz(ing), hum [of insects], whirr [of wheels, wings]; **gegoochel** (*ook fig*) juggling, legerdemain, hocus-pocus

gegooi: *daar heb je het ~ in de glazen* now the fat is in the fire (there will be the devil to pay)

gegoten cast [iron], moulded [candles], mould--made [glass]; *de jas zit als* (*aan het lijf*) *gegoten* the coat fits him like a glove (to a T)

gegrabbel scramble, scrambling, grabbling

gegradueerde 1 graduate; 2 (*mil, officier*) officer, (*onderofficier*) NCO; **gegrinnik** chuckle, chortle

gegroefd 1 (*biol, delfstk & techn*) grooved, striat-

ed, scored, channelled; 2 (*ve zuil*) fluted; 3 (*vh gelaat*) lined, furrowed
gegrom snarl(ing), growl(ing), grumbling
gegrond 1 well-founded, -grounded, just; good [hopes of recovery, reason for joy], sound [reasons], educated [guess], strong [motive], reasonable [doubt]; *zonder ~e redenen* [I can't discharge him] without proper cause; 2 (*verf*) primed; **gegrondheid** soundness, justness, justice
gehaaid sharp, knowing, deep [he is a deep one]
gehaast hurried; *~ zijn* be in a hurry
gehaat [make o.s.] hated, detested
gehakketak bickering, wrangling, squabbling
gehakt mince, minced meat, (*runder~*) minced beef; (*als vulling*) forcemeat; (*varkens~*) sausage meat; *bal ~, a*) meatball; *b*) (*sl*) meatball, (*Am ook*) schmuck; *~ van iem* (*iets*) *maken* make mincemeat of a p. (make a hash of s.t); **gehaktbal** meatball; **gehaktmolen** mincing machine, (meat) mincer, (*Am*) meat grinder
gehalte (*algem*) quality, standard; (*v goud, enz*) (degree of) fineness, alloy; strength [of beer, of a solution *oplossing*]; (*normaal ~ van alcohol*) proof [above, below proof]; *zie ook* alcohol~; (*water-, eiwit-, enz*) percentage [of water etc]; *arsenicum~* [the] arsenic content [of the soil]; *zie ook* vet~, enz; *innerlijk ~* intrinsic value [of table-talk]; *goud van een ~ van 950* gold of 950 thousandths fine; *van het zelfde ~ als,* (*fig*) of a piece with; *gezelschap van het slechtste ~* of the worst sort; *erts* (*olie, genoegens*) *van laag ~* low-grade ore (oil, amusements)
gehandicapt handicapped, disabled [person; good access for the disabled, the Disabled Winter Olympics *voor ~en*]; *zie ook* onthand
gehannes messing (fumbling) around
gehard tempered [steel]; toughened [windscreen]; [hydrogenated] fat; (*fig*) hardened [*tegen* against], hardy; seasoned, battle-tried [soldiers]; *~ tegen pijn* inured to pain; **gehardheid** temper; (*fig*) hardiness, inurement
geharnast in armour, armoured; (*fig*) strongly-worded [answer], strong [language]
geharrewar bickering(s), squabble(s)
gehaspel 1 (*geknoei*) bungling, botching; 2 *zie* geharrewar; 3 trouble
gehavend battered, dilapidated; [his clothes were] in rags; tattered [books]; *erg ~* [the vessel was] badly battered [*of:* damaged]; *zijn reputatie was deerlijk ~* his ... was in shreds; *door de oorlog ~* war-torn [Yugoslavia]
gehecht: *~ aan* attached to, (*sterker*) devoted to [one's children, each other]; *zij zijn bijzonder aan elkaar ~,* (*ook*) they are a devoted couple; *hij is ~ aan goede vormen* he is a stickler for good manners; **gehechtheid** attachment, devotion
geheel I *bn* whole, entire, complete, integral; *~ getal* whole number, integer; *~ Engeland* (*Londen*) all (*of:* the whole of) England (London); *de gehele natuur* all (*of:* the whole of) Nature; *de gehele wereld* all the (the whole) world; *de gehele dag* all day, the whole day; *gister* (*morgen*) *de gehele dag* [I was out (shall be out)] all day yesterday (tomorrow) [*zo ook:* I didn't sleep all last night]; *zijn gehele bestaan* [these things made up] the whole of his life; *het gehele jaar open* open all the year (round); *over het gehele land* all over the country; *de gehele stad* the whole town; *de gehele stad spreekt ervan,* (*ook*) it is all over the town (*of:* place); *de gehele Shaw* [read] the whole of Shaw, [buy] the complete works (a complete set) of Shaw; *hij kent gehele passages van buiten* he knows entire passages by heart; *gehele stukken vlees* large pieces of meat; *met ~ mijn hart* with all my heart; *zie ook* heel; II *bw* wholly, entirely, completely, quite [different], all [all alone; all in white]; full [leather binding]; *~ en al* altogether, entirely, quite, utterly; *~ of gedeeltelijk* in whole or in part; *~ de Uwe* yours sincerely; *~ wol* (*zij, enz*) all-wool, -silk, etc [underwear]; *~ gekleed* fully dressed; *zie ook* helemaal; III *zn* whole; *de cilinder vormt één ~ met* the ... is integrated with; *het land als ~* the country as a whole; *zeven **in** het ~* seven in all; *in het ~ niet* (*niets*) not (nothing) at all, not a bit of it; *het duurde vier jaar in het ~* it lasted altogether four years; *het in zijn ~ inslikken* swallow it whole; *in zijn ~ drukken* print in full; *het artikel in zijn ~ aanhalen* quote the paper in its entirety; *het huis in zijn ~ verplaatsen* move the house bodily; *de huid was er in z'n ~ afgekomen* the skin had come off complete; *in hun ~ of gedeeltelijk* [read good authors] in whole or in part; *de zaak in haar ~ beschouwen* look at the matter as a whole; ***over** het ~* (up)on the whole, in the main
geheelonthouder total abstainer, teetotal(l)er; *~ worden,* (*fam*) take the pledge; **geheelonthoudersvereniging** temperance society; (*v jongelieden in Eng*) Band of Hope; **geheelonthouding** total abstinence (abstention), teetotalism
geheid (*fam*) firm(ly); certain [goal]; [it's] a dead cert; decidedly [wrong]
geheiligd hallowed, sanctified, sacred
geheim I *bn* secret [door, drawer, treaty, meeting; *ook op brief*]; occult [science]; hidden [designs, feelings]; (*ongeoorloofd*) clandestine [marriage, sale of strong drinks]; illicit [still *distilleerinrichting*]; underground [organizations]; *zie ook* ~zinnig; *~e agenda* hidden agenda; *~e agent* secret agent; *~e bergplaats* secret compartment (cabinet); *~e handelingen* hole-and-corner proceedings; *~e politie* secret police; *~e Raad* Privy Council; *~e stemming* secret voting, voting by ballot; *~ telefoonnummer* ex-directory (unlisted, *fam:* ex-d) telephone number; *~e zender,* (*radio*) secret transmitter; (***diep***) *~ blijven* remain a (dead) secret; *het ~ **houden*** keep it (a) secret [*voor* from], keep it close (*of:* dark); *~ gehouden* [bound for an] undisclosed [destination]; II *zn* secret, mystery; *publiek ~* open secret; *een ~ bewaren* keep (*of:* guard) a secret; *geen ~en voor iem hebben* have no secrets from a p.; *iem het ~ mededelen* let a p. into the secret; *een ~ openbaren* reveal a secret; ***in** het ~ zijn* be in the secret; *in het ~*

in secret, in secrecy, secretly, on the quiet; *zie ook* inwijden, verklappen; **geheimdoenerij** secretiveness; **geheimenis** mystery; **geheimenisvol** mysterious

geheim|houdend secretive, secret, close; **-houding** secrecy, privacy; ~ *in acht nemen* maintain secrecy; *iem* ~ *opleggen* (*laten zweren*) enjoin secrecy (up)on a p., swear a p. to secrecy [he was sworn to the strictest (closest) secrecy]; **-schrift** cipher, cryptography; **-schrijver** (*hist*) (private) secretary; **-taal** secret language; **-zegel** privy seal; **-zegelbewaarder** Lord (Keeper) of the Privy Seal, Lord Privy Seal; **-zinnig** mysterious [*met iets* about s.t.], dark [..., she added darkly]; cryptic [retort], [his] uncanny [sixth sense]; ~ *doend* mysterious, secretive; **-zinnigheid** mysteriousness, mystery; (*heimelijkheid*) secrecy

gehelmd helmeted

gehemelte 1 (*in mond*) [hard, soft, cleft *gespleten*] palate; 2 (*ve troon*) canopy; **gehemelte|klank, -letter** palatal (sound, letter); **gehemelteplaat** (dental) plate; **Gehenna** id

geheugen I *zn* [bad, good; random access] memory, remembrance; *sterk* ~ strong (retentive, tenacious) memory; *een slecht* ~ *voor namen hebben, vgl* onthouden 3; *het ligt* (*mij*) *nog vers **in** het* ~ it is (still) fresh in (my) memory; *iets in het* ~ *prenten* imprint s.t. on the memory; *zie* bedriegen, garnaal, memorie, opslag, enz; II *ww zie* heugen; **geheugenis** *zie* heugenis

geheugen|kunst, -leer mnemonics; **-plaats** storage location; **-ruimte** storage capacity, [run out of] memory; **-steuntje** aid to memory, mnemonic aid; reminder; **-stoornis** temporary (partial) amnesia; **-verlies** loss of memory, amnesia

gehik hiccup(ing), hiccough(ing)

gehinnik neighing, whinny(ing)

gehoor 1 (*het horen, ~vermogen*) hearing, sense of hearing; *goed* (*fijn*) ~ good (quick) ear; *absoluut* ~ absolute (perfect) pitch; *geen muzikaal* ~ *hebben* have no ear for music, be tone-deaf; ***buiten*** ~ *van* out of hearing of; ***in*** *het* ~ *liggen* appeal to (be easy on) the ear; ***op*** *het* ~ *opschrijven* write down from hearing; *op het* ~ *spelen* play by ear; ***ten*** *gehore brengen* play [a sonata], present [a cantata, a radio play]; *scherp **van*** ~ sharp of hearing; 2 (*aandacht*) *geheel* ~ *zijn* be all ears; ~ ***geven*** *aan* listen to [a p.'s advice]; respond to [an appeal, a call for help]; answer [the call of duty]; accept [an invitation]; follow [the dictates of one's heart]; comply with [a request]; *ik **kreeg** geen* ~, (*telefoon*) I could not get through; there was no answer; (*bij kloppen*) I could not make myself heard, failed to get any answer, could not make anyone hear; ~ ***vinden*** get a response; *mijn klacht vond* (*geen*) ~ my complaint was listened, attended to (was ignored; fell on deaf ears); *hij **weigerde*** *mij* ~ he would not listen to me; 3 (*audiëntie*) audience; *zie ook* audiëntie; 4 (*hoorders*) audience, auditory, hearers, (*in kerk*) congregation; *een welwillend* ~ [he was sure of] an appreciative (a sympathetic) hearing; 5 (*geluid*) [a disagreeable] sound

gehoor|aandoening affection of the ear; **-apparaat** hearing-aid, ear-appliance, deaf-aid; **-beentje** auditory ossicle; **-drempel** threshold of audibility, auditory threshold; **-gang** auditory (*of:* acoustic) meatus (duct, canal); **-gestoord** hearing-impaired, deafened; **-grens** limit of audibility (of hearing)

gehoornd horned

gehooroefening ear-training; *een* ~ an ear-training exercise; **gehoororgaan** organ of hearing, auditory organ; **gehoorsafstand** hearing distance; *op* (*binnen*) ~ [be] within earshot, within hearing (distance); *buiten* ~ out of hearing, out of earshot

gehoor|scherpte keenness of hearing; **-steentje** ear-stone, otolith; **-verlies** loss of hearing, hearing loss (*of:* impairment); **-vlies** eardrum; **-zaal** 1 auditorium, concert hall; 2 audience chamber

gehoorzaam obedient, dutiful; ~ *aan de wet* law-abiding; **gehoorzaamheid** obedience, dutifulness; *tot* ~ *brengen* bring (reduce) to obedience; *zie ook* opzeggen; **gehoorzamen** I *tr* obey; II *intr* obey, be obedient; ~ *aan* obey [a call], be obedient to; *niet* ~, (*tr & intr, ook*) disobey; *~d aan* in obedience to

gehoorzenuw auditory (*of:* acoustic) nerve

gehorig noisy [houses]; *dit huis is erg* ~, (*ook*) you hear everything in this house

gehouden: ~ *te* bound to, obliged to; *ik acht mij* ~ *te* ... I think myself bound (think it my duty) to ...; *niet* ~ *zijn aan een aanbeveling* not be bound to act (up)on a ...; **gehoudenheid** obligation

gehucht hamlet

gehuichel hypocrisy, dissembling; **gehuicheld** feigned, pretended, sham

gehumeurd: *goed, slecht* ~ good-, ill-humoured (-tempered); *wat ben je slecht ~!* what a temper you are in!; **gehuwd** married; *~e staat* married state; *~en* married people (persons); *voor ~en,* (*ook*) married [quarters]

gei (*mar*) clew line; **geien** clew (up)

geigerteller Geiger counter, GM counter

geijkt: *~e maten* legally stamped measures; *~e methode* time-honoured (traditional) method; *~e uitdrukking* (*term*) accepted (set) expression, stereotyped (stock) phrase; *de ~e vraag* the invariable question

geil 1 horny, randy, raunchy, lascivious, lecherous, lustful, lewd, goatish; *zo* ~ *als boter* as horny as a hoot-owl; 2 (*v bodem, plant, groei*) rank; **geilaard** lecher; **geilen** le(t)ch [after, for *op*]; **geilheid** 1 lasciviousness, salacity, lechery, lust; *vgl* geil; 2 rankness

geïmproviseerd improvised, extemporized, impromptu; makeshift [dinner], scratch [meal]

gein (*fam*) 1 fun; *~tje* (little) joke; prank; *geen ~tjes!* no funny business!; 2 high jinks; **geinen** joke; ~ *over* make fun of; **geinig** funny [remark], fun [person, it's fun to win], cute [little hat]; **geinlijn** (*Am*) dial-a-joke; **geinponem** funny-face; joker

geïntegreerd integrated [circuit, whole], solid state [amplifier]; **geïnteresseerd** interested, involved, concerned [*bij* in]; *~e, zie* gegadigde; **geïnterneerde** internee; **geïntimeerde** defendant
geiser geyser; (*v bad, ook*) gas (water-)heater
geisha id; **geisslerse buis** Geissler tube
geit (she-)goat, nanny(-goat); *~je* kid, little (*of:* young) goat; *zie ook* vooruit
geite|baard goat's beard (*ook plant*); **-blad** honeysuckle; **-bok** billy-goat; **-breier** duffer; **-haar** goat's hair; **-kaas** goat's milk cheese; **-leer** goatskin; **-melk** goat's milk
geiten|fuif hen-party; **-hoed(st)er** goatherd; **-melker** (*vogel*) nightjar, goatsucker
geitesik goat's beard; (*v man*) goatee; **geitevel** goatskin; **geitewollen** goat's wool [socks]
geitouw (*mar*) clew line
gejaag 1 hunting; 2 (*fig*) hurry(ing), hustle, drive
gejaagd 1 hunted; *blik als van een ~ dier* hunted look; 2 (*fig*) agitated, flurried, fluttered, flustered, nervous; [life is so] rushed; *~ maken* flurry, fuss, put [a p.] in a flutter; **gejaagdheid** agitation, flurry, flutter, fluster
gejakker scramble, etc; *zie* jakkeren; **gejammer** lamentation(s), wailing(s), moaning(s); **gejank** yelping, whining, whine; **gejoel** shouting, cheering; (*honend*) jeering; **gejok** 1 (*liegen*) fibbing; 2 (*dicht: scherts*) bantering, joking; **gejouw** hooting, boos, jeering, catcalls
gejubel, **gejuich** cheers, (burst of, bursts of) cheering, shouts, shouting, exultation, jubilation
gek I *bn* 1 (*krankzinnig*) mad, frantic, crazy, crack-brained, (*fam*) cuckoo, (*sl*) batty, loony; *zich ~* ***houden*** sham madness; *je zult me nog ~* ***maken*** you'll drive me mad (silly) next; *iem ~ maken,* (*ook*) drive a p. to distraction (*fam:* up the wall); *~* ***worden*** go (run) mad; *je wordt er ~ van* it is maddening, it's enough to drive one mad (silly, to distraction); *ik word ~ van de kiespijn* this toothache is driving me crazy; *tot ~ wordens toe* [love a p.] to distraction; ***alsof*** *hij ~ was* [he looked] as if he had taken leave of his senses, [he ran, shouted] like mad; ***ben*** *je ~?* are you mad (crazy, (*fam*) cuckoo?); *ik ben daar ~* I'm not as stupid as all that; *~ van vreugde* mad with joy; 2 (*dwaas*) foolish, mad, silly, wild [stories]; (*koddig*) funny; *dat wordt te ~* it's getting a bit too much; *hij is ~ dat hij zo iets doet* he is a fool to do such a thing; *dat is* ***al te*** *~, te ~ om* ***los*** *te lopen* that is too ridiculous (too absurd) for words (for anything); *te ~,* (*sl*) fantastic; *ik heb er mij half ~ naar* ***gezocht*** I am half crazy with looking for it; *hij is lang* ***niet*** *~* he is no fool; *dat is nog* ***zo*** *~ niet* there's some sense in what you say, there's something in that; *hij is niet zo ~ als hij er uitziet* he is not such a fool as he looks; 3 (*vreemd*) queer, funny, odd, (*fam*) rum(my); *op de ~ste plaatsen* in the most unlikely places; *hij* (*het*) *heeft een ~ke smaak* he (it) has a funny taste; *dat is een ~* ***geval*** (*zaakje*) it's an awkward affair (business); (*sl*) a rum go; *het ~ke van het geval is ...* the strange (funny) part of it is ...; ***het is*** *~, maar hij schijnt te menen ...* strangely enough, he seems to think ...; *het is ~ hoe een kopje thee je opknapt* it is curious (funny) how a ... does you good; *het zou er ~* ***uitzien*** *als de trein al weg was* it would be rather awkward (we should be in a fix) if ...; ***zo*** *iets ~s* [did you ever see] such a funny thing?; 4 (*gesteld*) *hij is al te ~* ***met*** *zijn jongen* he is too fond of (dotes on) his boy; *hij is ~* ***op*** *dat meisje* he is madly in love with that girl; *~ op dansen* mad on dancing; 5 (*erg*) very; *niet zo ~ veel,* (*fam*) not all that much; *zie ook* dol, vreemd, figuur, enz; II *bw* madly, etc; *niet ~ duur* (*veel, enz*) not all that expensive (much, etc); *zie ook* mal, opkijken, toegaan; III *zn* 1 (*krankzinnige*) mad(wo)man, lunatic, (*sl*) loony; (*idioot*) idiot, half-wit; 2 (*dwaas*) fool; (*mode~*) fop; *lopen* (*rijden, enz*) ***als een*** *~* run (ride, etc) like mad; ***één*** *~ kan meer vragen dan tien wijzen kunnen beantwoorden* fools ask questions that wise men cannot answer; ***iedere*** *~ heeft zijn gebrek* everybody has his faults; *de ~ken krijgen de* ***kaart*** fools have fortune, fortune favours fools; *het is* ***van*** *de ~ke(n)* it's absurd (too silly for words); *de ~* ***scheren*** (*steken*) *met,* ***voor*** *de ~ houden* poke fun at, make fun (game, sport) of, make a fool of [a p.], (*fam*) pull a p.'s leg, kid [a p.], take a rise (*fam:* the mickey) out of a p.; (*bedriegen*) fool [a p.]; *zij hield hem* (*haar minnaar*) *voor de ~* she played fast and loose with him; *voor ~ lopen* look ridiculous [wearing a fur hat in summer]; *iem voor ~ laten lopen* send a p. on a fool's errand; *voor ~ spelen* play the fool; 3 (*schoorsteen~*) cowl, turn-cap; *een ouwe ~* an old fool; *zie ook* buurman
gekakel cackle, cackling; (*fig ook*) chit-chat, tittle-tattle
gekanker grouching(s), moaning(s), grousing(s)
gekant: *~ tegen* [be] set against, opposed to
gekanteeld crenellated, embattled, battlemented
gekarteld 1 crenate(d) [leaf]; 2 milled [coin]; knurled [cap, knob, handle]
gekef yelping; (*ook v pers*) yapping(s)
gekend well-known; *zie verder* kennen
gekerm moans, moaning, lamentation(s)
gekeuvel chat(ting), chit-chat
gekheid 1 (*dwaasheid*) folly, foolishness, madness, (tom)foolery; 2 (*scherts*) joke(s), joking; (*pret*) fun, lark(s); *~!,* (*onzin*) nonsense!; *wat is dat voor ~?* what nonsense is that?; *het is* ***geen*** *~,* (*dwz ernstig genoeg*) it's no joke, no laughing matter; *zo'n erfenis is geen ~* such a legacy is not to be sneezed at; *geen ~!* no funny business!; *~* ***maken*** joke, lark [with the dog]; *jij maakt er maar ~ van* you are just fooling; *alle ~ op een* ***stokje*** (all) joking apart, (*Am*) all kidding aside; *~* ***uithalen*** play pranks (tricks); *hij kan geen ~* ***verdragen*** he cannot take (stand) a joke; *ik* ***versta*** (*d.w.z. permitteer*) *geen ~* I'll stand no nonsense [*van* from]; ***uit*** *~* for (in) fun; ***zonder*** *~* putting all jokes aside, joking apart; *zie ook* gekkigheid & grap
gekibbel squabbling, bickering(s); **gekietel** tick-

ling, titillation; **gekift**, **gekijf** quarrelling, bickering(s), wrangling, wrangle(s); **gekir** cooing
gekke-koeienziekte mad cow disease, BSE
gekken joke, jest; *met iem ~* make fun of a p.
gekkendag All Fools' Day; **gekkengetal** (the number) eleven; **gekkenhuis** madhouse, bedlam (*ook fig*); (*Am*) booby hatch; **gekkenmat** fool's mate; **gekkenpraat** (stuff and) nonsense; **gekkenwerk** madness, folly, (*fam*) a mug's game; **gekkerd**, **gekkie** silly; **gekkigheid**: *wat is dat voor ~?* what sort of nonsense is that?; *uit* (*van*) *louter ~* out of (for) sheer devilment (mischief); **gekkin** fool
gekko gecko
geklaag complaining, lamentation(s); moaning [the gentle moaning of the pines]; (*bij dode*) wailing(s); **geklak** (*v klompen*) click-clack
geklap 1 clapping [of hands]; (*ve zweep*) cracking; 2 (*fig*) prattle, tittle-tattle
geklater splash(ing), splash-splash
geklauwd clawed; unguiculate; (*her*) armed
gekleed dressed [in black; she went dressed like a man]; (*vero*) clad; *ze kwamen ~* they came dressed for the occasion (appropriately dressed; in formal, morning, evening dress) *~ om uit te gaan* dressed to go out; *keurig ~,* (*ook*) perfectly turned out; *het staat ~* it is very smart; *geklede jas* frock-coat; *~ kostuum* formal dress
geklep 1 (*ve klok*) tolling, clanging; 2 *zie ~per*; **geklepper** (*ve ooievaar*) (bill-)clattering; (*v hoeven*) clatter(ing), clip-clop; (*v vleugels*) flapping
geklets 1 smacking, banging; 2 (*kletspraat*) twaddle, rot, jaw, rubbish
gekletter clashing, clanging, clattering
gekleurd coloured; *sterk ~* highly coloured [pictures, stories]; *hij stond er ~ op,* (*fam*) he looked pretty silly, he had egg on his face; *~e bril* tinted glasses; *~ glas* stained glass, coloured glass; *~e platen* colour plates
geklikklak clatter(ing), clash(ing), clicking [of heels]
geklingel jingle, tinkling, tinkle; **geklink** clink
gekloft 1 togged up, natty; 2 intimate, thick; 3 smart, wideawake; **gekluisd** vaulted over
geknars (*ve scharnier, enz*) grating; (*v tanden*) gnashing; (*ve wiel, ook*) grind(ing); crunch [of steps on the gravel]; jar
geknetter crackling, crackle; ping-ping [of rifles]; sputtering [of melted butter, of a candle]
geknikt (*biol*) geniculate
geknipt: *~ voor* cut out for [a teacher]; cut out (made, meant) for [one another]; *dat is als voor mij ~* that is just the thing for me; *zie ook* kort
geknoei 1 bungling, botching; 2 (*gekonkel*) intriguing, plotting, scheming, jobbery; *zie ook* knoeierij
gekorven: *~ dieren* insects; *~ nagels* jagged nails; *zie verder* kerven
gekostumeerd (*ve pers*) in costume; *~ bal* fancy(-dress) ball; *~e optocht* pageant
gekrabbel 1 scratching; 2 scribbling; [I can't read your] scrawl; **gekrakeel** wrangling, bickering(s), squabbling; **gekras** 1 scratching; (*ve grammofoon, ook*) surface noise; 2 croaking [of ravens], screeching [of owls]
gekroesd crisp(ed), frizz(l)y, frizzled, woolly
gekromd curved, bent, bowed, hooked [nose], stooping [shoulders]
Gekruisigde: *de ~* the Crucified
gekruist 1 crossed [arms]; *met ~e benen* cross-legged; *~e beenderen,* (*op grafzerk, piratenvlag*) cross-bones; 2 cross-bred; (*van ~ ras*) cross-breed (cross-bred); **gekruld** curled, curly, (*fijn*) crinkly, (*met tang*) crimped [hair]
gekscheren joke, banter, jest; *~ met* make fun of; *zonder ~* joking apart, in (sober) earnest; *het is geen ~* it's no joke; *hij laat niet met zich ~* he will stand no nonsense; **gekte** 1 craze; 2 craziness
gekuifd crested [waves, birds], tufted [birds]; *zie ook* aalscholver
gekuip intriguing, intrigues, plotting, scheming
gekuist 1 chaste, pure; (*v stijl, enz, ook*) chastened; 2 (*ve boek*) expurgated, (*overmatig*) bowdlerized
gekunsteld artificial, affected, mannered [style]; laboured [gaiety]; **gekunsteldheid** artificiality, mannerism
gekwaak croak(ing) [of frogs], quacking [of ducks]; (*fig*) cackling, chattering
gekwalificeerd qualified [personnel, majority]; skilled [trades]; **gekwartileerd** (*her*) quartered
gekwetste wounded (injured) person; *er waren 30 ~n* 30 were wounded (injured), there were 30 casualties; **gekwispel** (tail-)wagging
gel (*chem*) id
gelaagd layered, stratified [rock]; laminated [glass]; **gelaarsd** booted; *~ en gespoord* booted and spurred; *de ~e kat* Puss in Boots
gelaat countenance; face (*ook fig:* the face of capitalism); *iems ~ aanschouwen* see a p. face to face, see a p. in the flesh; *zie ook* lezen; **gelaatkunde** physiognomy; **gelaatkundige** physiognomist
gelaats|hoek facial angle; **-kleur** complexion; *met een donkere* (*frisse*) *~* dark-(fresh-)complexioned; **-massage** facial massage; **-spier** facial muscle; **-trek** feature, lineament; **-uitdrukking** facial expression, [his sour] aspect; **-zenuw** facial nerve
gelach laughter, laughing
geladen (*fig*) full of suppressed anger; *de stemming was ~* the atmosphere was explosive (tense, charged with tension, emotion); *een ~ idealist* a committed (ardent) idealist
gelag score; *het is een hard ~* (*voor je*) it is hard lines (on you); *het ~ betalen* pay the score, foot the bill; (*fig*) pay the piper
gelagerd 1 supported (on bearings); *vijfmaal ~e krukas* five-bearing camshaft; 2 stored, stacked
gelagkamer taproom, (*fam*) tap
gelambrizeerd wainscoted, dadoed
gelamenteer lamentation(s), whining, whimpering; **gelande** landholder (in a polder)
gelang: *al naar ~* depending on [one's premisses]; *naar ~ van* in proportion to, according to; *naar*

~ *van zaken* (according) as circumstances may require; *naar* ~ (*dat*) according(ly) as, as [I'll give you money as you want it]; *naar* ~ [everything was] in proportion, in keeping

gelasten order, direct, charge, instruct; *hem werd gelast het veld te verlaten* he was ordered off (the field); *iem* ~ *het huis te verlaten* order a p. out of the house; **gelastigde** delegate, deputy, proxy

gelaten resigned, uncomplaining; **gelatenheid** resignation; quietism

gelatine gelatin(e); **gelatineachtig** gelatinous; **gelatinepudding** jelly

gelauwerd laureate; *~e dichter* poet laureate

gelazer 1 bother, trouble; *daar begint het* ~ now the fat is in the fire; *dat geeft maar* ~ that'll only get us a lot of flak; 2 fuss, moaning, [I can't stand his perpetual] bellyaching

geld money; *~en* moneys, monies; *toegestane* (*aangevraagde, uitgetrokken*) *gelden* appropriations; *je* ~ *of je leven!* your money or your life!, (*hist*) stand and deliver!; *vals* ~ bad money, base coin; *ik heb geen* ~ *voor een postzegel* (*een taxi*) I haven't the price of a postage stamp (taxi); *het* ~ *voor een tuinman uitsparen* save the cost of a gardener; *kinderen half* ~ children half price; ~ *is bij hen* ***alles*** money (the almighty dollar) is everything with them; *met* ~ *bereik je alles* money talks; ***goed*** ~ *naar kwaad* ~ *gooien* throw good money after bad; *het* ~ ***groeit*** *me niet op de rug* I am not made of money; *daar is* (*een hoop*) ~ *mee te* ***verdienen*** there is (a lot of) money in it; ~ *als* ***water*** *verdienen* coin money, make money hand over fist; *vgl* uitgeven; *iem die* (*iets waarmee men*) ~ *als water verdient* money-spinner; *honderd gulden* ***aan*** ~ a hundred guilders in cash; *mensen* ***met*** ~ people with money, moneyed people; *het is met geen* ~ *te betalen* it's worth its weight in gold; *met heel weinig* ~ *beginnen* start on a shoestring; *zie ook* smijten; ***te*** *~e maken* turn (convert) into money, realize; ~ *slaan* ***uit*** make money out of; *man* ***van*** ~ man of means (of substance); *zie ook* bulken; *het is voor geen* ~ *te koop* money will not buy it; *voor geen* ~ (*van de wereld*) [I would] not [have him here] at any price, not for (all) the world; *ik zou me voor geen* ~ *met hem willen vertonen* I would not be seen dead with him; *voor* ~ *of goede woorden* for love or money; ***zonder*** ~ without money, penniless, impecunious; *zie ook* balk, grof, groot, klein, kloppen, rollen, toestaan, Zwitser, enz

geld|adel, **-aristocratie** moneyed aristocracy; **-automaat** cashpoint, cash dispenser, (*Am*) cashomat; **-bedrag** amount, sum of money; **-belegging** investment; **-beugel** purse; **-boete** fine; **-buidel** moneybag, purse; **-dorst** thirst (*of:* lust) for money; **-duivel** demon of money, mammon; money-grubber; **-eenheid** monetary unit, currency unit

geldelijk monetary [loss, reward, transaction, offer], pecuniary [difficulties, advantage], financial [support, difficulties, worries]; (*ook*) money [troubles, the money side of it]; *alles van de ~e kant beschouwen* measure everything in terms of money; ~ *getroffen worden* suffer financially

gelden 1 (*van kracht zijn, opgaan*) be in force, be operative, be valid, obtain, apply, hold (good); *die bepaling geldt in dit geval niet* that provision does not apply in this case; *zulke redeneringen* ~ *niet bij mij* such arguments do not weigh (*of:* count) with me; *deze regel geldt zonder uitzondering* this rule holds good (obtains) universally; *wat hij zegt, geldt* what he says goes; *zijn aanspraken* (*invloed, rechten*) ***doen*** (*laten*) ~ assert one's pretensions (influence, rights) [*bij* with]; *zijn invloed doen* ~, (*ook*) make one's influence felt; *dat* ***laat*** *ik* ~ I grant (admit) that; ***zich*** (*weer*) *doen* ~ assert (reassert) o.s. (itself), make itself felt, come into play; *ervaring doet zich* ~ experience tells; *dat geldt ook* ***van*** *de anderen* the same applies to (holds good with regard to, goes for) the others; ~ (*opgaan*) ***voor*** apply to [that applies only to our country], hold (good) for; ~ (*doorgaan*) *voor* be said to be, be considered (to be), rank as; *dat geldt zowel voor Engeland als voor Duitsland,* (*ook*) that is true both of England and Germany; *dat geldt ook voor jou* that also goes for you; *zijn smaak geldt voor goed* is considered (accounted) good; *de beurs geldt voor één jaar* the scholarship is tenable for one year; *zie ook* stem; 2 (*tellen*) count; *dat geldt niet* that does not count; *6 geldt als voldoende* 6 ranks as a pass-mark; *dat geldt mij meer dan schatten* that counts with me more than treasures; *hij geldt* ***voor*** *niets* he counts for nothing; 3 (*betreffen*) concern; *wie geldt* ***het****?* who(m) is it meant for (aimed at)?; *het geldt mijn eer* (*mijn leven*) my honour (my life) is at stake; *zie ook* betreffen; *het geldt hier snel te handelen* quick action is called for here; **geldend** valid, ruling, current, received, prevailing; *de algemene ~e opinie* (*gewoonte*) the (generally) received opinion (custom); *de thans ~e prijzen* current prices, the prices now prevailing

Gelderland G(u)elderland, Guelders; **Gelders** Guelders; **Geldersman** native of G(u)elderland

geld|gebrek want of money, lack of funds, impecuniosity; ~ *hebben* be short of money (of cash); *zie ook* geldverlegenheid; **-gever** 1 lender; 2 backer, sponsor; **-handel** banking (business); **-handelaar** money-dealer, banker

geldig valid [for all values; *volgens de wet* in law], operative; *slechts* ~ *voor de dag van afgifte* available (valid) on the day of issue only; *zie ook* gelden: ~ voor; *niet meer* ~ [the passport is] out of date; ~ *maken, verklaren* make, declare valid, validate; *de schuld werd* ~ *verklaard* the debt was allowed to stand; *het contract* (*besluit, enz*) *is niet* ~ the contract (decree, etc) cannot stand; *zie ook* kracht: van ~; **geldigheid** validity; currency [of a timetable]; (*v kaartjes*) availability; *onderlinge* ~ interavailability [of railway and bus tickets]; **geldigheidsduur** *zie* -heid; **geldigverklaring** validation [of a contract], recognition [of a diploma]

gelding validity; **geldingsdrang** 1 assertiveness, desire to assert o.s.; 2 (*psych*) aggression

geld|kas till; cash-box; **-kist** strongbox, money-box, coffer; *~je* cash-box; **-klopper** money-grubber; **-koers** rate of exchange; **-kraan**: *de ~ dichtdraaien* refuse further credit (loans, subsidies); **-kwestie** money matter, [it's a] question of money; **-lade** till, cash-drawer; **-lening** loan; **-magnaat** financial magnate, moneybags; **-makerij** *zie* -winning; **-markt** money (*of:* stock) market; **-middelen** pecuniary resources, means, finance(s); **-nemer** borrower; **-nood** *zie* -gebrek & -schaarste; **-omhaling** collection; **-omloop** circulation of money; **-ontwaarding** 1 inflation; 2 devaluation; **-politiek** monetary policy; **-prijs** money prize; **-sanering** *zie* -zuivering; **-schaarste** scarcity (dearth, stringency, tightness) of money; **-schepping** creation of money; **-schieter** money-lender; **-smijterij** throwing money down the drain; **-som** sum of money; **-soort** kind of money, coin, [foreign] currency; **-stroom**: *eerste, tweede, derde ~* direct, indirect, third party (*of:* private contract) funding; **-stuk** coin

gelds|waarde money-value, value in money, [currency or other forms of] monetary worth; **-waardig**: *~e papieren* papers of value, securities; *~e artikelen* monetary articles

geld|verkeer [international] finance; **-verlegenheid** financial difficulties, money problems; *in ~ verkeren,* (*ook*) be hard pressed, be hard up (for money), be pushed for money; **-verlies** loss of money; **-verspilling** waste of money; **-voorraad** supply of money, money supply; *te grote ~* glut of money; **-wereld** world of finance; **-wezen** finance, monetary matters; **-winning** money-making (business); *het is een ~* they are coining money; **-wisselaar** 1 money-changer; 2 (*apparaat*) change-giver; **-wolf** money-grubber; **-zaak** money-affair, -matter; **-zending** remittance; **-zorgen** money-troubles, -worries; **-zucht** lust for money; **-zuchtig** money-grubbing, mercenary; **-zuivering** currency (monetary) reform

geleden ago; (*ve punt in het verleden gerekend*) before, previously, [I had seen him a week] earlier; *korte tijd ~,* (*ook*) a short time since; *een jaar ~ was hij* ... this time last year he was ...; *het is lang ~, dat* it is a long time (past), it is a long time since [I saw him last]; *het is 10 jaar ~ dat hij stierf* it is ten years since (it was ... ago that) he died; *hoe lang is dat ~?* how long ago is that?; *heel kort ~* quite recently; **gelederen** *zie* gelid

geleding 1 (*biol*) articulation, joint; 2 (*ve harnas, enz*) joint; 3 (*vd kust*) indentation; 4 (*personen*) echelon; *in al zijn ~en,* (*fig*) in all its branches, throughout the rank and file

geleed articulate(d), jointed [stalk, tail]; (*vd kust*) indented; *~ dier,* (*ook*) articulate; *gelede bus* articulated bus; **geleedpotig** arthropodal, -dous; **geleedpotigen** arthropods

Zie voor niet opgenomen deelwoorden de ww

geleend: *het ~e* [repay] the loan; *zie ook* pronken

geleerd learned [journal, man, name, word], scholarly [journal, production, work], academic [circles]; *de ~e wereld* the learned world, the world of learning, (*natuurwetenschap*) the world of science; *hij is ~ in het Grieks* a good Greek scholar; *dat is mij te ~* that is beyond me (beyond my comprehension); *hij spreekt mij te ~* he talks (his talk goes) over my head; **geleerde** scholar, man of learning, (*natuurwetenschap*) scientist, (*fam*) egghead; (*Hindoes & scherts*) pundit; *wie moet beslissen, als de ~en het niet eens zijn?* who shall decide when doctors disagree?; **geleerdheid** learning, erudition

gelegen 1 situated [*aan een weg* on a road], lying; *een slecht ~ kerk* an ill-sited church; *~ zijn in, zie* liggen in; 2 convenient, opportune; *te ~er tijd* (*ure*) in due time, in good season; *het **is** zo ~* it's like this, it's this way; *hoe is het daarmee ~?* what about that?; *ik weet niet hoe de zaken ~ zijn* I ... how matters stand; *dat **komt** mij nu niet ~* it does not suit me now, it is not convenient to me now; *komt dat ~?* is that (willthat be) convenient?; *zie ook* 1 pas 6: van ~ komen; *er is mij veel **aan** ~ u te overtuigen* I am anxious to convince you; *er is (mij) veel aan ~* it is of great importance (to me); *daar is niets aan ~* it does not matter; it is of no consequence; *er was ons niet veel aan ~* we did not feel strongly on the matter; *aan hem was niet veel ~* (a) good riddance of bad rubbish; *ze lieten zich weinig aan mij ~ liggen* they paid little attention to (took little notice of) me

gelegenheid 1 occasion; (*gunstige ~, kans*) opportunity, chance, opening; *ruim ~* ample scope [to show your ability]; *de ~ **biedt** zich **aan** (doet zich voor), a*) the opportunity offers (presents itself); *b*) the occasion arises; *ruimschoots ~ (aan)bieden voor discussie* give ample scope for discussion; *het meer biedt uitstekende ~ (aan) om te vissen en te zwemmen* the lake affords excellent fishing and bathing; *de ~ **aangrijpen*** seize (take, avail o.s. of) the opportunity [of doing, to do], take occasion (time) by the forelock; *men moet de juiste ~ aangrijpen* time and tide wait for no man, (there is) no time like the present; *~ **geven*** give (afford) an opportunity, enable; *~ **hebben*** have (an) opportunity; *weinig ~ hebben* have little opportunity; *~ **krijgen** (**maken**, **vinden**)* get (make, find) an opportunity [*om te* to]; *de ~ laten **voorbijgaan*** allow the opportunity to slip by, let the opportunity slip; *als de ~ zich voordoet* as occasion offers; ***bij** ~* on occasion, occasionally; *stuur het me bij ~ terug* return it at your convenience; *bij ~ van* on the occasion of [his silver wedding]; *bij die ~ had ik geen ~ om* ... on that occasion I had no opportunity to ...; *bij de eerste ~* at (on) the first opportunity; *bij elke ~* on every occasion, on all occasions; *bij feestelijke gelegenheden* on festive occasions; *bij voorkomende ~* when opportunity offers, when occasion arises; ***in** de ~ stellen* give (afford) an opportunity, enable; *in de ~ zijn te* be in a position to, have an (the) opportunity to, be able to; *ik deed het **op***

eigen ~ unaided, off my own bat, on my own hook; *op eigen ~ reizen* travel on one's own (independently); ***per** eerste* ~ [send] at the earliest opportunity; ***ter** ~ van* on the occasion of; ***voor** de* ~ [written] for the occasion; 2 (*plaats, ruimte, voorziening*) place, accommodation, convenience, facility; (*café, enz*) place, [a high-class] establishment, (*sl*) watering-hole; *zekere* ~ convenience, WC; ~ *om zich te wassen* (*kleden*) washing (dressing) accommodation; *mooie ~ om te schaatsen* fine place for skating; *prachtige ~ voor het golfspel* excellent golfing facilities; *er is ~ voor sport* provision is made for games

gelegenheids|bezoek informal (occasional, unplanned, chance) visit; **-dichter** occasional poet; **-drinker** occasional drinker; **-gedicht** occasional poem; **-gezicht** [with a] countenance (expression) to suit (well suited to) the occasion; **-kleding** formal dress; **-koopje** bargain; **-wetgeving** ad hoc legislation; **-woord** nonce-word; **-zegel** special (*of:* commemorative) stamp

gelei (*vruchten~*) jelly; preserve; (*dierlijk*) jelly; *paling in* ~ jellied eel(s); **geleiachtig** jelly-like, gelatinous, viscous

gelei|biljet, **-brief** (*spoorw*) waybill; (*douane*) permit; (*vrijgeleide*) safe-conduct; **geleibuis** conduit(-pipe); **geleid** guided [missile *projectiel;* tour]; *zie ook* economie

geleide attendance, guard, care, protection; (*mil, enz*) escort; (*v vloot*) convoy; *hij bood haar zijn ~ aan* he offered to accompany her (to see her home); ***onder*** ~ under escort; *onder sterk* ~ under a strong guard; *onder ~ van* [children] under the care (*Am:* in charge) of [an adult]; ***ten*** ~ preface, foreword; *zie ook* leiding

geleide|baken warning sign; (*mar*) leading light; **-biljet** waybill; **-brief** covering letter, covering note; **-hond** guide-dog, (*Am*) seeing-eye dog

geleidelijk I *bn* gradual; II *bw* gradually, by degrees, little by little; ~ *afvoeren, opheffen, enz* phase out; **geleidelijkheid** gradualness; *langs lijnen van ~ zie* geleidelijk II

geleiden lead, conduct, accompany, escort, attend; (*mil*) escort; (*vloot*) convoy; (*natuurk*) conduct [heat, electricity]; (*techn*) guide; *naar tafel* ~ take [a lady] in (hand ... down) to dinner; *zie ook* altaar, economie; **geleidend** conductive [layer, metal], conductible; **geleider** leader, guide, conductor; (dog-)handler; (*natuurk*) conductor; *slechte* ~ non-conductor; (*techn*) guide

geleiderail 1 check rail, guard rail; 2 guide rail; 3 crash barrier; **geleidestraal** (*luchtv*) beam; **geleiding** leading, conducting, etc; (*natuurk*) conduction [of heat, etc]; (*concr*) (electric) wiring; *zie ook* leiding; **geleidingsvermogen** conductivity; **geleidraad** [copper] conductor; **geleidster** leader, guide; **geleiëngel** guardian angel; **geleigeest** attendant spirit

gelen I *tr* (make) yellow; II *intr* (get, turn) yellow

geleren gel; **gelet** *zie* letten

geletterd literary, lettered, [man] of letters; educated; literate; **geletterde** man of letters, literary person; educated person; *~n,* (*ook*) literati

geleuter waffle, drivel, twaddle

gelid 1 (*gewricht*) joint; 2 (*mil*) rank (*ook fig*), file; *voorste* (*achterste*) ~ front (rear) rank; ***in** het ~ gaan staan* fall in, line up; *in enkele* (*dubbele*) *gelederen* in single (double) file(s); *zich in ~ opstellen* draw up; *in het ~!* line up!; *in het ~ blijven* keep rank(s); *voorste ~,* (*fig ook*) leading edge; *in de voorste gelederen van de beweging* in the forefront of the movement; *de gelederen sluiten* close ranks; *de gelederen verbreken* break rank(s); ***uit** het ~ treden* leave the ranks, fall out; *uit de gelederen voortkomen,* (*ve officier*) rise from the ranks; *zie ook* gesloten; 3 (*bijb*) generation

gelidknoop (*plantk*) node

geliefd dear, beloved, well-liked (*bij* by, of), popular [*bij* with, among]; *niet erg* ~ not liked very much (not too popular); *hij was overal* ~ he was a favourite everywhere; *zijn ~ hoekje* his favourite corner; *zijn ~e plan* his pet (*of:* cherished) scheme; *zie ook* trek: in ~; **geliefde** sweetheart, dearest, love, beloved, [his] lady-love, [her] lover

geliefhebber dilettantism, amateurism, dabbling [in poetry, etc]; **geliefkoosd** favourite, cherished; **gelieven** I *zn* lovers; II *ww* please; *gelieve mij te berichten* kindly (*of:* please) inform me; *u gelieve te betalen* you are requested (please be kind enough) to pay; *ik zal wachten tot het hem gelieft* (*mij te helpen, enz*) I'll wait his pleasure; *wat hij geliefde te noemen ...* what he chose (*of:* was pleased) to call ...; *hij geliefde mij niet te geloven* he was pleased not to ...

gelig yellowish; **geligniet** gelignite

gelijk I *bn* 1 (*niet verschillend*) equal, identical, similar, alike; [a] like [amount]; *~ en gelijkvormig, zie* congruent; ~ *spel* draw; *vijftien ~,* (*sp, enz*) fifteen all; *zichzelf ~ blijven* be consistent (with o.s.); *het **is** mij* ~ it is all the same (makes no difference) to me; *zij zijn ~ in jaren* (*van grootte*) they are of an age (of a size); *de **klok** is niet* ~ the clock is not right; *zie ook* ~gaan; *jullie mannen zijn allemaal* ~ you men are all alike, all (just) the same; ~ (*spel*) ***maken****,* (*sp*) draw (level), equalize [at 7-7]; ~ *maken* (*op het zelfde peil brengen*), (*ook*) level up; *zie verder* ~maken; ~ ***aan*** equal (identical, similar) to; *10 min 4 is* ~ (*aan*) *6* ten less four equals six; ***in** ~e mate* equally, in the same degree; ***onder*** *overigens ~e omstandigheden* other things being equal; ~ (*onder ~e condities*) *beginnen* start on a level; ***op** ~e wijze* in the same way (manner); *de gevallen zijn niet ~, zie* ~staan; ***van** ~e datum* of same (*of:* even) date; ~ *van humeur* even-tempered; 2 (*effen*) even [teeth], smooth [lawn], level [country] ; ~ *zijn met,* (*ook sp*) be level with; ~ *met,* (*ook*) flush (even) with [the ground, etc]; *de deur is geheel ~ met de muur* the door fits flush into the wall; II *bw* 1 [divide] equally, [dressed] alike; [she treated all men] the same, similarly [stupid]; ~ (*op*) *delen* (share and) share alike, (*v 2 pers, ook*) go fifty-fifty, divide (*of:* share) the profits etc fifty-fifty (on a fifty-fifty basis); ~ *als* just as; ~ *denken* think alike; ~ *op gaan* keep up (with each other), (*sp*) be level pegging; 2 (*meteen; prompt*) at the same time, simultaneously; straightaway; ~ *aankomen*, (*ook*) arrive together; ~ *toen ik binnenkwam* as soon as I came in; *als je dat doet verlies je* ~ if ... you lose at once (straightaway); 3 (*even ver, enz*) [draw, finish, keep] level; III *zn* right; *iem* ~ ***geven***, *a*) declare that a p. is right, agree with a p., be of a p.'s opinion, bear a p. out; (*fam*) back a p. up; *b*) decide in a p.'s favour, put a p. in the right; *ik geef je* ~, (*ook*) I think you are right; ~ ***hebben*** be right, be in the right; *hij wil altijd* ~ *hebben* he always wants to carry his point (to be right); *hij is overtuigd van zijn eigen* ~ he is ... of being in the right; *je hebt* (*groot*) ~ *met dat te zeggen* you are (quite) right in saying so (to say so); *daar heb je* ~ *aan* you are right there; ~ *heb je!* right you are!; *hij* ***kreeg*** ~ he (was) proved (to be) right; *iets* ***in*** *het* ~ *brengen* set a thing to rights; *in het* ~ *stellen*, *zie* ~ geven; *dat* (*de uitkomst, enz*) *stelde haar in het* ~ that (the event, etc) put her in the right, justified her; ***van*** *'s* ~*en!* (the) same to you!; *zie ook* insgelijks; IV *vw* as [do it as I have shown you]; (*fam*) like

gelijkaardig similar; **gelijkbenig** isosceles [triangle]; **gelijkberechtigd** *zie* -gerechtigd; **gelijkbetekenend** of like meaning, synonymous; **gelijkdelend**: ~ *erfrecht* gavelkind

gelijke equal; [you will not find his] peer (*ook:* equal); *zijns* ~*n*, (*ook, min*) the likes of him; *het heeft zijns* ~ *niet*, (*ook*) it is not to be equalled; *als* ~(*n*), *zie* voet: op ~ van gelijkheid; **gelijkelijk** equally, evenly [divided], [divide] in equal shares; *zie ook* gelijk II; **gelijken**: ~ (*op*) resemble, look like, be like; *dit is een goed* ~*d portret* this photo is very like (is a good likeness); *zie verder* lijken; **gelijkenis** 1 resemblance [*met, op* to], likeness [to ...], similarity; (*bijb: afbeelding*) likeness; *zie ook* vertonen; 2 (*parabel*) parable

gelijker|wijs, -wijze likewise

gelijk|gaan keep good time; *gaat uw horloge* ~? is your watch right?, have you got the right (correct, exact) time?; *mijn horloge gaat* ~ *met de radio* my watch is correct (right) by ...; **-gerechtigd** equal, coequal [partners]; ~ *zijn*, (*ook*) rank equally; **-gerechtigdheid** *zie* rechtsgelijkheid; **-gericht**: *mensen met* ~*e belangstelling* people with common interests; **-gestemd** (*fig*), **-gezind** like-minded, of one mind; **-hebberig** opinionated, disputatious, self-righteous; **-heid** equality; (*gelijkenis*) similarity; (*eenvormigheid*) sameness; (*v oppervlak, enz*) smoothness, evenness; *zie ook* voet; **-heidprediker** leveller, egalitarian; **-hoekig** equiangular; **-klinkend** *zie* gelijkluidend; **-knippen** trim; **-komen** (*sp*) draw level, equalize; ~ *met* come (*of:* catch) up with; **-lastig**: ~ *zijn*, (*mar*) be on an even keel; **-lopen** 1 *zie* -gaan; 2 run parallel [*met* to]; 3 be level; **-lopend** 1 keeping good tim 1 (*klank*) homophonous [words], *e;* 2 (*v lijnen, enz*) parallel; 3 level; **-luidend(muz)** homophonic; 2 (*betekenis*) homonymous [words]; 3 (*inhoud*) [agreement] of (the) same (of even) tenor (and date), identical [answer]; ~ *afschrift* true copy; *zie ook* eensluidend; **-maken** 1 equalize [*aan* to, with]; (*sp*) draw level, equalize, level the score(s); 2 (*effenen*) level [the ground], smooth; *met de grond* ~ raze to the ground, level to (with) the ground; ~ *aan*, (*brengen op het peil van*) level up (down) to; *het Schots gebruik* ~ *aan het Engels* bring Scottish practice into line with English; **-maker** (*sp*) equalizer; **-making** equalization; levelling; **-matig** equable [temperature, climate], uniform [motion], steady [pressure]; even [temperature, tint, light distribution, speak in even tones], equal; *een* ~ *humeur* an even temper; **-matigheid** equableness, equability, uniformity, evenness; **-moedig** equanimous, even-tempered; **-moedigheid** equanimity, evenness of temper; **-namig** of the same name; (*v breuken*) having the same denominator; (*elektr*) similar, like [poles]; *zie ook* pool; ~ *maken* reduce [fractions] to the same denominator; **-richten** align [particles]; rectify [a current]; **-richter** rectifier [circuit]; **-richting** [half-, full-wave] rectification; **-schakelen** 1 co-ordinate [with ...]; standardize; 2 bring into line, treat equally (badly), conform; **-slachtig** homogeneous [polynomial *veelterm*]; **-slachtigheid** homogeneity; **-soortig** similar, (a)like; **-soortigheid** similarity, likeness; **-spanning** direct (DC) voltage; **-spel** (*sp*) draw; **-spelen** (*sp*) draw [at 3-3], tie [3-3]; *Liverpool en Everton speelden gelijk* Liverpool and Everton drew (their match); *Liverpool speelde gelijk met Everton* Liverpool drew with (to) Everton; **-staan** be equal [*met* to], be level (on a par, on a level) [*met* with]; (*sp fam*) be level pegging; ~ *met*, (*ook*) be tantamount (equivalent) to, amount to [an affront]; *de gevallen staan niet gelijk* the cases are not on all fours; **-standig** (*wisk*) homologous [sides]; **-stellen** put on a par (on a level, on the same footing) [*met* with], equate, identify; give equal status [with], give equal treatment [to], (*maatschappelijk, enz*) emancipate; **-stelling** equal treatment [of men and women]; emancipation; parity [of two currencies; demand parity of status, pay, treatment]; **-stoten** joggle [cards]; **-strijken** smooth; **-stroom** direct (*of:* continuous) current, DC; **-stroommotor** direct-current (DC) engine; **-teken** equal(s) sign, sign of equality; **-tijdig** I *bn* simultaneous, synchronous; contemporary [writers]; II *bw* simultaneously, concurrently, [arrive] at the same time; **-tijdigheid** simultaneousness, simultaneity, synchronism; **-trekken** 1 straighten [curtains]; 2 level up [incomes, scores]; **-vloers** 1 on the ground floor, on the entrance floor, on ground (street) level; ~*e kruising* level intersection, (*Am*) grade crossing; *het* ~ the ground floor; 2 on the same floor; 3 (*fig*) plain, homely, pedestrian [style]; **-vormig** of the same form, similar [figures]; *gelijk en* ~ equal and similar, congruent, identical; **-vormigheid** conformity, similarity; *gelijk- en* ~ congruence, identity; **-waardig** equivalent [*aan* to];

[diploma's] of the same value; [candidates] of equal merit; equal [opponents], [they are] evenly matched; **-waardigheid** equivalence, equality; **-zetten** set [the clock, one's watch] [*met de radio* by the radio], put (set) [one's watch] right; (*met elkaar*) synchronize [clocks]; **-zijdig** equilateral [triangles]; **-zijdigheid** equalness; **-zwevend**: *~e temperatuur,* (*muz*) equal (*of:* even) temperament

gelijmd: *~ papier* sized paper

gelik licking, lapping; (*fig*) toadyism; **gelikt** 1 highly finished, polished; 2 (*al te glad*) slick

gelinieerd ruled [paper]

gelisp(el) lisping, lisp

gelobd lobed, lobate; (*ve blad*) sinuate

geloei (bel)lowing; roar(ing), booming (*ve misthoorn*); *vgl* loeien

gelofte vow, (solemn) promise; *de ~ afleggen,* (*r-k*) take the vow; *een ~ doen* make a vow; **geloftegift** ex voto, votive offering

geloken closed, shut; **gelokt** [long, raven, silver]-tressed, -haired, with [fair] tresses

gelood leaded [petrol]

geloof belief, faith, credit; (*godsd*) faith, belief, persuasion, religion; (*~sbelijdenis*) creed; *~, hoop en liefde* faith, hope and charity; *een blind ~* [have] blind (implicit) faith [in a p.'s honesty]; *~ **aan*** faith (belief, trust) in; *het ~ kan **bergen** verzetten* faith will remove mountains; *~ **hechten*** (*schenken, slaan*) *aan* believe, give (attach) credence (credit) to; *geen ~ hechten aan,* (*ook*) discredit [a rumour, statement]; *~ **stellen** in* trust, put faith in; *van zijn ~ **vallen*** lose one's faith; *~ **vinden*** find credence; ***op** goed ~ aannemen* take (up)on trust; *zie ook* artikel

geloofs|artikel article of faith (of religion); **-belijdenis** confession (profession) of faith, [the Athanasian, the Socialist] creed, [his political] credo; *vgl* belijdenis; **-bezwaren** religious scruples; **-brieven** 1 credentials, letters of credence; 2 documentary proof of one's election; **-daad** act of faith; **-dwang** compulsion in matters of faith; **-formulier** creed; **-gemeenschap** religious community; **-genoot** co-religionist; **-geschil** religious controversy; **-getuige** martyr; **-ijver** religious zeal; **-leer** dogmatics, religious doctrine; **-leven** religious life; **-onderzoek** test (*of:* trial) of faith; **-overtuiging** religious conviction; **-punt** point of doctrine, doctrinal point; **-rechter** inquisitor; **-regel** rule of faith; **-richting** denomination; **-twist** religious dispute; **-verkondiging** preaching (propagation) of the faith; **-vertrouwen** (religious) faith; **-vervolging** religious persecution; **-verzaking** apostasy; **-vrijheid** religious liberty (freedom); **-zaak** matter (question) of faith

geloofwaardig credible [account, story], reliable [person, account], plausible [account], colourable [imitation]; [a witness] of credit; *klinkt dat ~?* does that ring true?; *zie ook* bron

geloofwaardigheid credibleness, cred(ibility), reliability; (*bij de jeugd*) street cred

geloop running (to and fro), coming and going

geloven believe (*ook:* one's eyes, etc), credit; (*v mening zijn*) think, believe; *niet ~,* (*ook*) disbelieve (*tr & intr*); *~ dat iem dood is,* (*ook*) believe a p. (to be) dead; *ze kon haar ogen niet ~,* (*ook*) she could not credit her senses; *dat moet je zien om het te ~* it has to be seen to be believed; *hij kon maar niet ~ dat ...* he could not bring himself to believe ...; *hij gelooft alles* he will swallow anything; *geloof dat maar* you may take my word for it; *geloof maar, dat hij een handige kerel is* give him credit for being a clever fellow; ***doen** ~* make [a p.] believe, bring [a p.] to believe; [he is not so stupid as you want to] suggest; *geloof **gerust**, dat hij slim is* you may take it for granted that ...; *dat geloof ik **graag**!* I should think so!, I dare say!, I can well believe it; ['I don't like the word'] 'I dare say not'; ***niet** te ~* unbelievable; *je kunt me ~ of niet* believe me or not; *zie ook* ongelofelijk; *hij gelooft het **wel*** he does not trouble his head about it; he takes things (*of:* everything) for granted; *het verder wel ~* leave it at that; *~ **aan*** believe in [God, ghosts]; *je moet eraan ~,* (*fig*) you are in for it now; *mijn horloge* (*auto, enz*) *moet eraan ~* my watch (car, etc) will have to go; *~ **in*** believe in; *zie ook* woord

gelovig believing, pious; (*kerks*) religious; *de ~en* the faithful, the believers, the worshippers; *de overleden ~en,* (*r-k*) the faithful departed

gelovigheid faithfulness, piety

gelui ringing, tolling; *vgl* luiden

geluid sound [the sound of voices, make a sound, a sound recording]; (*inz ongewenst, onbestemd*) noise; *allerlei ~en* various noises; *een ander* (*een optimistisch*) *~ laten horen* strike a different (an optimistic) note [*zo ook:* make encouraging, sympathetic noises]; *zie ook* klank & toon

geluid|arm noiseless, silent; **-dempend** soundproof(ing), sound-reducing, muffling, acoustic [material]; **-demper** sound absorber, sound suppressor; (*muz*) mute; (*ve motor*) silencer, (*Am*) muffler; (*ve vuurwapen*) silencer; **-demping** (*ve huis, enz*) soundproofing; **-dicht** soundproof; **-loos** soundless

geluids|archief sound archive; **-band** magnetic (sound recording) tape; **-barrière** sound barrier; **-camera** sound camera; **-cassette** audiocassette; **-demper** *zie* geluid-; **-film** sound-film, (*fam*) talkie; **-golf** soundwave; **-hinder** noise nuisance (interference, pollution); *bestrijding van ~* noise abatement, noise control; **-ingenieur** sound engineer, audio-engineer; **-installatie** public address system; (*thuis*) audio system; **-leer** acoustics; **-muur** 1 *zie* -barrière; 2 baffle wall; **-opname** 1 sound recording, audiotape; 2 (*film*) sound record; **-overlast** *zie* -hinder; **-scherm** acoustic fencing; **-signaal** sound (*of:* acoustic) signal; **-snelheid** speed of sound; **-spoor** soundtrack; (*amateurfilm*) stripe; **-technicus** audio engineer; **-trilling** acoustic (*of:* sound) vibration (oscillation); **-versterker** audio amplifier; **-vervuiling** noise pollution;

-volume volume of sound; **-wagen** recording van; **-wal** baffle bank, noise baffle; **-wand** 1 acoustic wall; 2 *zie* -wal
geluid|vrij soundproof; **-werend** soundproof (*ook:* ~ *maken*); **-wering** 1 soundproofing; 2 noise baffle; **-zoeker** sound-locator
geluier idling, laziness
geluimd: *goed* ~ good-humoured, in a good humour; *erg goed* ~ in high feather; *slecht* ~ in a (bad) temper, out of humour; *wat is hij slecht* ~*!* what a temper he is in!; *ik ben er niet naar* ~ *om* ... I am not in the mood to ...; *zie ook* gestemd
geluk (*gevoel*) [domestic] happiness, (*sterker*) felicity, bliss; (*door omstandigheid*) fortune; (~*kig toeval*) (good) luck, good fortune; (*succes*) success; ~*je* piece of (good) luck, stroke of good fortune, windfall, godsend; *wat een* ~*!* what a piece of luck!; *wat een* ~*, dat ze niet thuis was* what a mercy she was ...; *zijn* ~ ***beproeven*** try one's luck (fortune); *een hoefijzer* ***brengt*** ~ a horseshoe brings good luck; *het* ~ ***diende*** *hem* his luck was in; good fortune attended him; ~ ***hebben*** be in luck, be fortunate; *ik had het* ~ *te* ... I had the good fortune to ...; *het liefste meisje, dat ik het* ~ *gehad heb te ontmoeten* the sweetest girl it has been my lot to meet; *het* ~ ***is*** *met de dommen,* (*vglb*) [have] beginner's luck; *het* ~ *is met de stoutmoedige* fortune favours the bold; *het is een* ~ *bij een ongeluk,* (*vglb*) it's an ill wind that blows nobody any good; it's a blessing in disguise; *het was een* ~ *voor me dat* ... luckily for me [the train was late], it was well (*of:* lucky) for me that ...; *zie ook* gelukkig dat; *je mag nog van* ~ ***spreken****, dat* ... you may think (*of:* count) yourself lucky that ... (thank your stars that ..., congratulate yourself that ...); *je mag van* ~ *spreken* (*dat je er niets mee te maken hebt*) you are well out of it; ~ ***wensen****, zie* gelukwensen; *dat is meer* ~ *dan* ***wijsheid*** it is more by luck than (by) judg(e)ment, more luck than skill; *meer door* ~ *dan wijsheid,* (*ook*) through no virtue of his own [he found ...], more through luck than through anything else; ***bij*** ~ by chance, as luck would have it, by (great) good fortune; *bij louter* ~, (*ook*) by a mere fluke; ~ ***ermee****!* best of luck with it!; ***op*** *goed* ~ (*af*) at random, randomly, at a venture; hoping for the best; *een selectie op goed* ~ a random selection
gelukaanbrenger bringer of good luck, mascot
gelukken succeed; *zie verder* lukken
gelukkig I *bn* 1 (*fortuinlijk*) fortunate; (*door toeval*) lucky [Sunday is a lucky day for me]; (*voorspoedig*) prosperous [voyage]; happy [days]; ~*e afloop* happy issue (ending); *de* ~*e bezitter* the lucky possessor; ~ *toeval* lucky (happy) chance, fluke; ~ *voorteken* good omen; ~*!* thank goodness!; *en maar* ~ *ook!* and a (jolly) good thing (*of:* job) too!; ~ *dat hij* ... (a) good job (good thing) he ...; ~ ***zijn****,* (*boffen*) have (good) luck, be in luck; *we zijn zo* ~*, Mej B als spreekster te hebben* we are fortunate in having Miss B ...; [*als ze er achter komen*] *dan is hij nog niet* ~, (*fam*) he'll be for it; *hij was* ***de*** ~***e*** he was the lucky man; *de* ~*e loopt alles mee* nothing succeeds like success; 2 (*blij tevreden*) happy [marriage, thought, he is as happy as the day is long]; *zich* ~ *voelen met iets* feel happy about s.t.; 3 (*welgekozen*) felicitous [terms *bewoordingen*]; *een minder* ~ *zinswending* [that is] not a happy turn of phrase; II *bw* fortunately, happily; luckily, as luck would have it; **gelukkigerwijze** *zie* gelukkig II
geluks|bode bearer of good news; **-dag** lucky (happy) day, red-letter day; **-getal** lucky number; **-godin** goddess of fortune, Fortune; **-hanger** (*aan armband, enz*) charm; **-kind** fortune's favourite, spoilt child of fortune, (*fam*) lucky dog; *hij is een* ~, (*ook*) he was born with a silver spoon in his mouth; **-nummer** lucky number; **-poppetje** mascot; **-spel** game of chance (of hazard); **-spinnetje** money spider, money-spinner; **-ster** lucky star; *zijn* ~ *rijst* his star is in the ascendant; **-stoot** fluke, lucky hit; **-telegram** greetings telegram; **-vogel** *zie* -kind
geluk|wens congratulation; *mijn* ~*en!* (you have) my congratulations [*met* on]; **-wensen** *ww* congratulate [*met* on], offer one's congratulations, wish [a p.] good luck (happiness); **-zalig** blessed, blissful, euphoric; *het verblijf der* ~*en* the abode of the blessed; **-zaligheid** bliss, blessedness, beatitude, euphoria; **-zoeker** fortune-hunter, adventurer; **-zoekster** adventuress
gelul (*plat*) [a load of] balls, bull, crap, shit
geluw (*Z-Ned*) yellow, yellowish
gemaakt 1 ready-made [clothes]; 2 affected, prim, mincing [speech, gait], niminy-piminy; ~*e glimlach* simper; ~*e nederigheid* sham humility; ~*e vrolijkheid* artificial (forced) gaiety; ~ *lachen* (*spreken*) laugh (speak) affectedly; ~ *spreken,* (*ook*) mince one's words; **gemaaktheid** affectation, primness
gemaal 1 consort (*vooral in titels:* prince consort), spouse; 2 (*het malen*) grinding; 3 (*accijns, hist*) duty on flour; 4 (*machine*) pumping engine; (*gebouw*) pumping station; 5 (*gezeur*) bother, worry
gemachtigde proxy, assignee, deputy, attorney; (*ve postwissel, enz*) endorsee
gemak 1 (*behaaglijkheid*) ease, comfort; (*gemakkelijkheid*) ease, facility; ***met*** ~ with ease, easily; *met* ~ *winnen,* (*ook*) win hands down; (*rennen & fig*) have a walkover, win in (at) a canter, romp in (*of:* home); *iem met* ~ *verslaan* beat a p. hands down (at, in, a canter); ***op*** *zijn* (*dooie*) ~ at (one's) ease, (*zonder haast*) at one's leisure, leisurely, [win] hands down (*ook: met* ~); *zich* (*niet*) *op zijn* ~ *voelen,* (*ook*) feel (un)comfortable; *doe het op uw* ~ take it easy, take your (own) time (over it); *op zijn* ~ *reizen* travel by easy stages; *op zijn* ~ *lopen* stroll; *hij zette zich op zijn* ~ *in zijn stoel* he settled down comfortably in his chair; *op zijn* ~ *gesteld zijn, van zijn* ~ *houden* be fond of taking things easy; *iem op z'n* ~ *stellen* put (set) a p. at his ease, make a p. feel at home, make a p. comfortable; ***voor het*** ~ to simplify matters [let's assume that ...]; 2 (*gerief*) comfort, convenience, facility; (*heimelijk* ~) convenience, loo, privy; *van*

moderne ~ken voorzien fitted (out) with modern conveniences (appliances, comforts), labour-saving [house]; *huis met vele ~ken,* (*ook*) commodious house; ~ *van betaling* easy terms; *het* ~ ***dient*** *de mens* why not take the easy way; ***hou*** *je ~!, a*) compose yourself!, (*sl*) keep your hair on!; *b*) stay where you are; *zijn ~* ***nemen*** take one's ease, make o.s. comfortable; *voor mijn* ~ [a telephone] for my convenience

gemakkelijk easy [sum, problem, life, posture, carriage, steps]; commodious, labour-saving [house], convenient [operation *bediening*], handy; comfortable [bed, coat]; [those signposts are] practical; ~ *baantje* easy (light, (*fam*) cushy) job; *~e betalingsvoorwaarden* easy terms (of payment); *~e buit* easy prey; *~e houding* comfortable position; ~ *leven* easy (soft) life; *~e regeling* convenient arrangement; *~e stoel* comfortable (easy) chair; *u zult* ~ ***begrijpen*** you will readily understand; *het* ~ ***hebben*** have an easy time of it; *ze* ***is*** *lang niet* ~ she is a difficult person, is not easy to get on with; *hij is wat* ~ he takes things easy, is (an) easygoing (man); *haar hoofd is wat ~er* her head is a bit easier; *het is zo ~ als wat* as easy as ABC (as winking, as falling off a log); *het is ~ te vinden* (*bereiken*) it is easy to find (within easy reach); *de toestand ~er* ***maken*** ease the situation; *het zich ~ maken, a*) (*zijn gemak nemen*) make o.s. comfortable, make things easy for o.s., take things easily; *b*) *vgl* hij is wat ~; *het is* ***niet*** ~, (*ook*) it's no easy matter; *dat is niet ~ te overtreffen,* (*ook*) that takes some beating; *ze is niet ~ te begrijpen* she takes some understanding; *het was niet ~ haar te sussen* she took some soothing; *hij* ***spreekt*** ~ he is a ready (fluent) speaker; *we spreken zo ~ over het leren van een taal* we talk casually about learning a language; *hij* ***werd*** (*haalde*) ~ *no 1* he was an easy first; *dat wordt ~ misverstaan* it is apt (liable) to be misunderstood (liable to misconstruction); *vgl* licht II.2; ~ ***zitten***, (*v pers*) be comfortably seated, be comfortable; *zit je ~?* are you comfortable?; (*ve kledingstuk*) be an easy fit, be comfortable; *zie ook* omgang, zeggen, enz

gemakkelijkheid ease, facility, easiness, comfortableness, commodiousness, convenience

gemakshalve for convenience(' sake); **gemaks|voeding**, **-voedsel** convenience food(s); **gemakzucht** laziness, indolence; **gemakzuchtig** lazy, indolent; *hij is* ~ he likes taking things easy, doesn't like to exert himself

gemalied mailed

gemalin consort, spouse

gemanierd *zie* wel~ & gemaniëreerd; **gemaniëreerd** mannered, affected [style]; **gemaniëreerdheid** mannerism; **gemankeerd** would-be, [a politician] manqué; **gemarineerd** marinaded, pickled, soused [herrings]

gemartel 1 torturing, tormenting; 2 *zie* getob

gemaskerd masked; ~ *bal* masked ball

gematigd moderate [temperature, man, drinker, principles, language], moderate-minded [people], middle-of-the-road [beliefs, taste], measured [in measured terms], temperate [zone *luchtstreek*]; *de ~en* the moderates; **gematigdheid** moderation; temperance, sobriety

gematteerd matt(ed) [gold]; powdered [cigar]; frosted [glass]

gember ginger; **gemberbier** ginger beer (ale, *fam:* pop); **gemberkoek** gingerbread; *~je* ginger biscuit (nut, snap)

gemeen I *bn* 1 (*gemeenschappelijk*) common, joint; (*grootste*) *gemene* ***deler*** highest common factor; (greatest) common divisor (*of:* measure); (*kleinste*) *gemene* ***veelvoud*** (least) common multiple; ~ *goed,* (*bezit*) common property; (*niets*) ~ ***hebben*** (*met*) have (nothing) in common (with); *zich iets ~ maken* make o.s. familiar with s.t.; 2 (*algemeen*) common, public, general; *de gemene* ***zaak*** the public cause; *gemene zaak maken met* make common cause with, throw in one's lot with; 3 (*gewoon*) ordinary, common, usual; *de gemene man, zie* gewoon; ~ *soldaat* private (soldier); 4 (*slecht, lelijk*) bad, vile [colour, road, weather; write a vile hand], beastly (foul) [weather], nasty [smell]; (*min, laag*) low, mean, base, sordid, dirty [trick], foul [murder], scurvy [behaviour]; (*vals*) vicious [dog]; *gemene dief* low-down thief; ~ *goedje* vile (nasty, filthy) stuff; *ik kan zijn gemene poot niet lezen* I can't read his ghastly scrawl; *gemene slag* backhander, foul blow; *gemene snee* nasty cut; ~ *spel* foul play, [play a] low-down game; *gemene streek* shabby (dirty, scurvy, low-down) trick; *een gemene vent* a skunk, a rotter; *het* ***is*** ~ it's a (beastly, rotten) shame, it's a rotten thing to do, it's a dirty trick; *dat is ~ van je* it's horrid of you; 5 (*plat, vuil*) obscene, scurrilous [writings], filthy [talk]; *gemene taal* scurrilous (filthy, offensive) language; II *bw* meanly, etc; beastly, perishing(ly) [cold]; *iem ~ behandelen* treat a p. shabbily, (*fam*) do the dirty on a p.; (*eig Am*) hand a p. a dirty deal; III *zn het* ~ the rabble, the mob, (*scherts*) the great unwashed

gemeend 1 intentional [insult]; 2 sincere [words]

gemeengoed common property; *deze woorden zijn* ~ these words are common coin; **gemeenheid** meanness, shabbiness, beastliness, etc; shabby trick; filthy talk, scurrility; **gemeenlijk** usually, commonly, as a rule; **gemeenplaats** commonplace, platitude, tag, bromide, cliché

gemeenschap 1 (*het gemeen-hebben*) community [of interests]; ~ *van goederen* community of goods; *in ~ van goederen trouwen* marry in community of property (on equal terms); *buiten ~ van goederen* [marry] under the separate estate arrangement; 2 (*omgang*) intercourse; *vleselijke* ~ sexual intercourse, intimacy [with patients]; ~ ***hebben*** *met* have (sexual) intercourse (relations) with; 3 (*verbinding, betrekking*) connection, connexion, communication; *alle ~ verbreken* break off all communication, (*met iem*) break with a p. altogether; 4 (*maatschappij, enz*) community [useful members of the community; the Europe-

an Community]; *de ~ der Heiligen* the communion of saints; 5 (*België*) (federal) state
gemeenschappelijk I *bn* common [friend, staircase, action, the Common Market], joint [action, effort, report], shared [responsibility]; *~ beheer* communal management; *~ bezit* collective (communal) ownership, (*bezitting*) common property; *~ gebed* corporate prayer; *~ gezang* community singing; *~e keuken* communal kitchen; *~ leven* community life; *het gaat voor ~e kosten* the expenses are borne in common; *~e muur* party-wall; *voor ~e rekening* on (*of:* for) joint account; II *bw* commonly, (con)jointly, [have s.t.] in common, [act] together; **gemeenschappelijkheid** community [of interests]
gemeenschaps|executieve regional executive; **-geest** communal sense, public spirit; **-geld** public money (funds); **-gevoel** *zie* -geest; **-leven** community life, [individual and] corporate life; **-raad** regional parliament; **-school** state school; **-zin** *zie* -geest
gemeenslachtig of common gender
gemeente (*burgerlijk*) (civil) parish, local authority, [apply to, work for the] (local) council; municipality; (*kerkelijk*) parish; [the priest and his] charge, [the Catholic] community [in Ludlow]; (*het gehoor*) congregation; *de goe~, zie* goegemeente & parochie
gemeente|administratie local government; **-ambtenaar** local government (municipal, parish) official; **-architect** municipal (city, town) architect; **-arts** medical officer (of health); **-bedrijven** public works (department); **-belasting** (local, town, parish) rates; **-bestuur** city (town) council, local authority; **-bode** (*vero*) (parish) beadle; **-fonds**: *bijdrage uit het ~,* (*vglb*) rate support grant; **-garantie** local authority mortgage guarantee; **-grond** council land; **-huis** town (city) hall, council offices, (*soms*) civic centre; **-kas** municipal treasury, civic chest; **-lid** parishioner; **-lijk** municipal [affairs, buildings, rubbish dump]; council [services], corporation [buses]; **-obligaties** corporation bonds; **-ontvanger** city (town, municipal) treasurer; **-pils** Adam's ale; **-politie** local, city police; **-raad** (*zonder de burgemeester*) town (city, municipal) council; (*Br*) (non-)metropolitan district council, (*Londen*) borough council; (*landelijk*) parish council, (*vergadering*) parish meeting; (*met de burgemeester*) (municipal) corporation; *zie ook* raad; **-raadslid** town (city) councillor, common councillor; (*Br*) district (*London:* borough, landelijk: parish) councillor; **-raadsverkiezing** municipal (local) election; **-reiniging** municipal cleansing department; **-school** local authority school; **-secretaris** (*vglb*) town clerk, (*in kleine plaatsen*) clerk of the council; **-verordening** (local) by-law; **-wapen** town (city, municipal) arms; **-wege**: *van ~* by authority (of the local council); [a grant] from (the) local funds, on the rates; **-werken** public works (department); *directeur van ~* municipal (city, town, borough) surveyor; **-wet** Local Government Act; **-woning** council house (flat); **-zegel** municipal seal
gemeenzaam familiar, intimate; *gemeenzame uitdrukking* familiar (*of:* everyday) expression; *zich ~ maken met,* (*ook*) familiarize o.s. with; **gemeenzaamheid** familiarity, intimacy
gemeld above-mentioned, above
gemêleerd mixed [crowd]
gemelijk peevish, morose, cross, sullen, fretful
gemenebest commonwealth [the (British) Commonwealth of Nations; the Commonwealth of Independent States, of Australia], republic
gemenerik nasty character (piece of work)
gemengd mixed [bathing, blood, company, crowd, doubles, farm(ing), feelings, forest, marriage, number], miscellaneous [collection, news], assorted [sweets]; *~e commissie* joint committee; *~ koor* mixed choir; [for] mixed voices; *~e lading* general cargo; *~e polis* endowment policy; *~e school* mixed (*of:* co-educational) school; *~e verzekering* endowment insurance; *zie ook* gevoelen
gemenigheid 1 *zie* gemeenheid; 2 (*~je*) mean (dirty, shabby) trick; 3 bad language; **gemeniteit** *zie* gemenigheid
gemest: *het ~e kalf,* (*bijb*) the fatted calf
gemeubileerd furnished [apartments]; *~ verhuren* (*te huur*) let (to be let) furnished; *~e boterham* ham (cheese, etc) sandwich
gemiddeld I *bn* average [number, price], mean [time]; *van ~e lengte* (*grootte*) [man] of medium height, medium-sized; II *bw* on (an) average; *~ opbrengen* (*bedragen, wegen, enz*) average [10p, 5 pounds; the wind averaged 80 mph]; *~ twee hazen per dag schieten* average two hares a day; *~ neerkomen op* ... average out at ...; **gemiddelde** [above the] average; *het ~ nemen* strike an average; *rekenkundig ~* (arithmetic) mean, average
gemie(te)r bother, fuss, botheration; **gemijmer** musing, meditation, reverie; **gemijterd** mitred
geminatie gemination
gemis lack [*aan* of], want; miss [feel the miss of a p.'s presence]; deprivation, loss; *een ~ vergoeden* supply (fill up) a want
gemma gem; (*plantk*) id; **gemme** gem
gemodder 1 muddling, bungling; 2 trimming
gemodereerd moderate(d)
gemoed mind, heart; *in ~e* [recommend] earnestly, inwardly [convinced], [ask] in all conscience; *zijn ~ schoot vol* he was deeply moved; *de ~eren kwamen in beweging* (*waren verhit*) feeling ran high; *die vraag houdt vele ~eren bezig* that ... exercises many minds; *zie ook ook* hart, luchten & werken
gemoedelijk kind(-hearted), good-natured, genial, jovial; *~ gesprek* heart-to-heart talk; **gemoedelijkheid** kind-heartedness, good nature, geniality, joviality; good-natured, easy-going disposition; **gemoedereerd** *zie* doodleuk
gemoeds|aandoening emotion; **-aard** disposition, temper; **-beweging** emotion; **-bezwaar** *zie* gewetensbezwaar; **-gesteldheid** temper, disposition, attitude (*of:* frame) of mind; **-leven**

inner life; **-rust** tranquillity (*of:* peace) of mind, inward peace; **-stemming** frame of mind, mood; **-toestand** state of mind

gemoeid: *mijn leven* (*toekomst, enz*) *is ermee ~* my life (future, etc) is at stake, the prestige of the country (a sum of £600) is involved; *daar is de hele dag* (*veel geld*) *mee ~* it will take the whole day (a lot of money); *er zijn 3 jaar mee ~ om de tunnel te voltooien* the tunnel will take ... to complete; *alsof zijn leven ermee ~ was* as if his life depended on it

gemotiveerd 1 reasoned [conclusions]; *een ~ verzoek indienen* apply, stating reasons; 2 well-motivated, [study] with a will

gems chamois [buck]; **gemsleer** shammy, chamois (leather)

gemunt 1 (*v geld*) coined; *~ geld* specie; 2 *~ op* aimed at; *zij hebben het op u* (*uw geld*) *~* they are aiming at you (are after your money); *hij heeft het altijd op mij ~* he has got his knife into me (is always down on me, has it in for me); *dat was op mij ~* that was meant (intended) for me

gemutst: *goed* (*slecht*) *~* in a good (bad) temper (humour); *ik ben niet ~ om te werken* I am not in the mood for work, don't feel like work(ing)

gemzeleer *zie* gemsleer

gen (*biol*) gene

genaakbaar accessible, of easy (easy of) access, get-at-able; **genaakbaarheid** accessibility

genaald (*v grassen*) awned

genaamd named, called; *Willem ~,* (*ook*) William by name, of the name of William

genachtzeggen say goodnight (*fam:* nighty-night)

genade (*goddelijke ~*) grace; (*barmhartigheid*) mercy; (*begenadiging*) pardon; *grote* (*goede*) *~!* good gracious!, good grief!, I'll be blessed!, my!; *goeie ~, kerel!* man alive!; *Uwe ~* your Grace; *een kunstenaar bij* (*van*) ***Gods*** *~* an artist with a God-given talent; *door Gods ~* by the grace of God; *iem weer in ~* ***aannemen*** receive a p. back into favour; *iem ~* ***betonen*** (*verlenen, schenken*) pardon a p.; *de vijand* ***gaf*** *geen ~* the ... gave no quarter; *zich* ***overgeven*** *op ~ of on~* surrender at discretion, make an unconditional surrender; *hij gaf zich over op ~ of on~,* (*ook*) he cast (threw) himself on (the mercy of) his enemies; *~ voor* ***recht*** *laten gelden* temper justice with mercy; *ik* ***vond*** *geen ~ in zijn ogen* I found no favour in his eyes; *hij is* ***zonder*** (*kent geen*) *~* he is without (knows no) mercy; *overgeleverd* (*prijsgegeven*) *zijn* ***aan*** *de ~ van* be at (be left to) the mercy of [a p., the waves], be abandoned to the tender mercies of; ***om*** *~ smeken* (*roepen*) pray (cry, cry out) for mercy; ***uit*** *~* as an act of grace; ***van*** *iems ~ afhangen* be dependent on a p.'s good graces; *zie ook* gratie

genade|brief letter of pardon; **-brood** charity; *~ eten* live on charity; **-daad** act of grace; **-gift** (gift of) grace; **-kruid** hedge hyssop; **-leer** doctrine of grace; **-loos** ruthless, merciless; **-middel** means of grace; *de ~en der Kerk* the (last) sacraments; **-oord** place of pilgrimage; **-schot** coup de grâce; **-slag** finishing stroke, death-blow, final (fatal) blow, knock-out (blow); *de ~ geven,* (*ook*) torpedo [the conference]; *dat gaf hem de ~* that finished him (off), (*fam*) settled his hash; **-stoel** mercy seat; **-stoot** *zie* -slag, **-troon** *zie* -stoel; **-verbond** convenant of grace

genadig 1 (*v God, enz*) merciful, gracious; *~e hemel!* merciful Heaven!; *God zij mij ~!* God have mercy upon me!; *wees hem ~* have mercy on him, be merciful to him; *er ~ afkomen* get off (escape) cheaply (easily, lightly); *iem ~ behandelen* let a p. down gently (lightly); 2 (*neerbuigend*) gracious, (*minder gunstig*) condescending

genadig|heid condescension; **-lijk** mercifully, graciously; *~ verlenen* vouchsafe [an audience]

genageld (*her*) unguled, armed

genaken I *tr* approach; II *intr* draw near, approach; *moeilijk te ~* difficult of access

gênant embarrassing, awkward

genas *ovt van* genezen

gendarme id; **gendarmerie** id

gene that, the former; *deze ... gene* the latter ... the former; *deze beweert dit, ~ dat* one maintains this, another that; *aan ~ zijde* on the other side; *aan ~ zijde van de rivier* (*het graf*) beyond the river (the grave, the tomb); *zie ook* deze

gêne embarrassment

genealogie genealogy; **genealogisch** genealogical; **genealoog** genealogist

Geneefs Genevan

genees|heer physician, doctor, medical practitioner, (*fam*) medical man; *controlerend ~* medical officer; *zie ook* arts; *~-directeur* medical superintendent; **-kracht** healing (*of:* curative) power; **-krachtig** healing, curative, therapeutic [effect]; medicinal [herbs, springs]; *~e eigenschappen* curative (healing) properties; **-kruid** medicinal herb; **-kunde** [forensic, internal] medicine, medical science; *student* (*in de*) *~* medical student; **-kundig** medical [journal]; *~ onderzoek, a*) medical examination, (*fam*) medical; *b*) (*wetensch*) medical research; *~ onderzocht worden* be medically examined; *~e bijstand* medical aid; *~e dienst,* (*mil*) Royal Army Medical Corps, (*gemeentelijk*) public health department, local board of health; *GGD-arts* medical officer of health; *~ toezicht* Health Authorities; **-kundige** physician, medical practitioner; **-kunst** *zie* -kunde; **-lijk** curable, remediable; **-middel** remedy, medicine, drug; (*fam*) physic; *zie ook* kwaal; **-middelleer** pharmacology; **-wijze** therapy, treatment; *alternatieve ~n* alternative medicine

genegen inclined, disposed, minded [to do s.t.]; *ik ben hem ~* I am favourably (kindly) disposed towards him; *ik ben ertoe ~,* (*ook*) I am ready (willing) to do it; *de goden waren hem ~* the gods were kind (to him); **genegenheid** affection, attachment, inclination; *~ hebben voor* feel (have) affection for, have a warm place (corner) in one's heart for; *~ opvatten voor* take a liking to; **geneigd**: *~ te* (*tot*) inclined (disposed, given) to;

(*meestal tot iets verkeerds*) prone to [error, mischief]; *men is ~ te denken* ... people are apt to think ... (... *te vergeten,* (*ook*) it is apt to be forgotten); *ik ben ~ te denken* ... I am inclined (tempted) to think ...; **geneigdheid** inclination, proneness, propensity

genen|bank gene bank; **-therapie** gene therapy

generaal *bn & zn* general; *-rale bas* thorough bass; *-rale repetitie* dress rehearsal; *-rale staf* general staff; *-rale volmacht* full proxy; *zie ook* repetitie; **generaal-majoor** major-general; **generaalschap** generalship

generale dress-rehearsal; **generalisatie** generalization; **generaliseren** generalize; **generalissimus** generalissimo; **Generaliteit** States General

generatie generation; **generatief** generative [grammar]; **generatiekloof** generation gap; **generatiewisseling** (*biol*) alternation of generations; **generator** id; (*gas~*) gas producer; **generatorgas** producer gas

generen 1 inconvenience, incommode, be in the way (of); *geneer ik* (*u*)? am I in your way?; *zich ~* feel embarrassed, be shy; *geneer je niet* (*voor mij*) make yourself at home, don't be shy (don't mind me); *geneer u niet het aan te nemen* you needn't feel embarrassed about accepting it; *ik zou me dood ~* I'd die of shame; *zich ~ te* ... hesitate to ..., be shy of ...ing; *zich niet ~ te,* (*ook*) not scruple to; 2 (*vero*): *zich ~* earn one's livelihood

genereren generate; (*radio*) oscillate

genereus generous [gesture, friend, offer]

generfd nerved, nervate

generiek, generisch generic (*ook: ~ medicijn*)

generlei no kind (no sort) of [danger], [allow] no [contradiction] of any sort; *van ~ waarde* of no value what(so)ever; *op ~ wijze* in no way

generositeit generosity

genese genesis; **genesis, Genesis** id

genet 1 (*paard*) jennet; 2 (*kat*) id

genetica 1 genetics; 2 geneticist; **geneticus** geneticist; **genetisch** genetic (*bw:* -ally); *~e identificatie* genetic fingerprinting; *~e manipulatie* genetic engineering

genetkat (*ook het bont*) genet

geneugte pleasure, delight, joy

geneuzel silly twaddle

Genève Geneva; (*bewoner*) *van ~* Genevan, Genevese; *zie ook* 1 meer

genezen I *tr* cure [*iem van* ... a p. of ...]; restore [a p.] to health; heal [wounds]; *die moeilijke tijd had hem van die gekheid ~* that ... had knocked the nonsense out of him; II *intr* recover [*van een ziekte* from an illness], get well again, regain one's health, be restored to health; (*ve wond*) heal (up), close; *ik ben* (*ervan*) *~,* (*fig*) I am cured (of it); *~d* (*middel*) curative; **genezing** [effect a] cure, recovery [process], healing [of a wound]

geniaal highly gifted, brilliant [a brilliant young man]; *~ man* (*geniale zet*) man (stroke) of genius; *~ zijn in* ... have a genius for ...; *iets ~s, een geniale trek* [have] a touch of genius; **genialiteit** genius

Zie voor niet opgenomen deelwoorden de ww

genie 1 (man of) genius; 2 military engineering; *de ~* the (Royal) Engineers; **geniekorps** corps of (military) engineers; **genieofficier** engineer officer

geniep: *in het ~* on the sly, by stealth, furtively, stealthily; **genieperd** sneak; **geniepig** I *bn* sneaky, sneaking; *~e streek* underhand trick; II *bw* sneakingly, in an underhand (a hole-and-corner) way, on the sly; **geniepigerd** sneak; **geniepigheid** sneakiness

geniesoldaat engineer

geniet|baar enjoyable; **-baarheid** enjoyableness

genieten I *tr* enjoy [life, advantages, privileges, confidence, esteem]; relish [the beauties of Keats]; *een goede opvoeding ~* receive a good education; *salaris ~* receive (draw) a salary; *nauwkeurige aandacht ~* receive close attention; *zie ook* gezondheid; II *intr* enjoy o.s.; have a good time; *~ van* enjoy [a concert, ball, trip]; *zoveel mogelijk ~ van* make the most of [one's holiday]; *hij genoot als nooit te voren* he had the time of his life; **genieting** enjoyment; (*genot, ook*) pleasure

genietroepen engineers; **genist** (military) engineer; *inz:* engineer officer

genitaal genital; **genitaliën** genitals

genitief genitive

genius id (*mv:* genii); *goede ~* good genius

genocide id

genodigde person (*mv ook:* those) invited, guest; (*fam*) invitee; *alleen voor ~n* (by) invitation only

genoeg enough, sufficient(ly); *~ voor allen* enough to go round; *meer dan ~* more than enough, enough and to spare; *~!* enough!; *~ daarvan!* enough of this (of that)!; *dat is ~,* (*ook*) that will do; *zeg maar als het ~ is,* (*bij inschenken*) say when; *de naam zegt al ~* the name speaks for itself; *ik ben niet deskundig ~ om* ... I am not enough of an expert to ...; (*geen*) *doktoren* (*geld*) *~* (not) enough doctors (money); *de schuld was* (*al*) *groot ~* it was a large enough debt (to pay); *de plaats is veilig ~,* (*ook*) it's a safe enough place; *zonderling ~* oddly enough [he was not there]; *ik **had** papier ~ voor het hele jaar* I had paper enough to last me through the year [*zo ook:* it lasted me about a fortnight]; *ik had er ruim ~ aan* it was plenty (more than enough) for me; *ik had ~ te doen met alles weer op zijn plaats te zetten* I had enough to do putting ...; ***aan** zichzelf ~ hebben* be self-sufficient; *ik heb er ~* ***van*** (*~ van hem*) I've had enough of it (of him), (*fam*) I am fed up (I'm through) with it (with him; *Am:* I've had it with him); *ik heb er schoon ~ van* I'm heartily sick of it; *ik heb ~ van de radio,* (*ook*) no more radio for me; *hij keek, tot hij er ~ van had,* (*ook*) he gazed his fill; *~ van iem* (*iets*) *krijgen* get enough of ..., tire (weary) of ..., get bored (*fam:* fed up) with ...; *boeken waar je nooit ~ van krijgt* books that never pall; **genoegdoening** satisfaction, reparation; *~ eisen* demand satisfaction [*voor* for]; *ter ~ van, zie* genoegen

genoegen pleasure, joy, delight; liking; satisfaction; *zie ook* plezier; *de ~s des levens,* (*ook*) the sweets of life; *veel ~ **doen*** (*geven*) give (afford) great (much) pleasure; *om hem ~ te doen* to please (oblige) him; *het doet mij ~ te* ... I am glad (pleased) to ...; *je zou me een ~ doen als je die deur dicht deed* I'll thank you to shut ...; *wil je mij het ~ doen me te schrijven* (*te bezoeken*)*?* will you do me the favour of writing (of a visit)?; *wil je mij het ~ doen?* will you do me the pleasure (the favour)?; *het zal me een waar ~ zijn* I shall be only too delighted; *zijn ~ **drinken*** (*eten*) drink (eat) one's fill; *~ **geven**, zie boven:* ~ doen; wij ***hebben*** *het ~ U te berichten* ... we have the pleasure of (have pleasure in) informing you ...; *ik heb niet het ~* (*U te kennen*) I haven't the pleasure; *~ **nemen** met* be content with; *daar neem ik geen ~ mee* I won't put up with it; *~ **scheppen** in* take (a) pleasure (delight) in, delight in; *het ~ is aan mij* the pleasure is mine; ***met*** ~ with pleasure; [come and have lunch with me] I shall be delighted; (*examen*) (pass with) credit, good (pass), clear pass; *met alle ~* with the greatest pleasure; *met veel ~ voldoe ik aan uw verzoek* it gives me great pleasure to comply with your request; *de goederen waren **naar** ~* the ... were satisfactory; *ik hoop dat alles naar je ~ is* I hope everything is to your liking; *de zaak werd naar ieders ~ geschikt* the ... was settled to the satisfaction of everyone; *wij hopen u naar ~ te hebben ingelicht* we trust that the above information will meet your requirements; ***ten*** *~ van* ... to please ...; *ten* (***tot***) *~ van* to the satisfaction of; *zie ook boven:* naar ~; ik zie tot mijn ~, dat ... I am pleased to see that ...; *tot ~!* good-bye! I hope we shall meet again; ***voor*** *zijn ~, zie* plezier; **genoeglijk** pleasant, agreeable, enjoyable; **genoeglijkheid** pleasantness, etc; **genoegzaam** sufficient (*bw:* -ly); **genoegzaamheid** sufficiency

genoemd: *de ~e* (*persoon*) the person mentioned (*of:* in question); (*jur*) (the) said person

genoom genome

genoot I *zn* fellow, companion, associate, partner; II *ww: ovt van* genieten

genootschap society, association; **genoot|schappelijk**, **-schaps-** of a (the) society (association), society-, club-

genot 1 joy, pleasure, delight; (*het genieten*) enjoyment, delectation [for your delectation we now present ...]; *in het volle ~ van zijn vermogens* in full possession of his faculties; *het is een ~ naar hem te luisteren* it is quite a treat to ...; *onder het ~ van een glas bier* over a glass of beer; 2 (*vruchtgebruik*) usufruct; **genotmiddel** (*tabak, wijn, enz*) stimulant; **genotvol** delightful, enjoyable

genotype id

genotziek pleasure-loving; **genotzoeker** pleasure-seeker; **genotzucht** love of pleasure, self-indulgence; **genotzuchtig** pleasure-seeking

Genoveva Geneviève, Genevieve, Genoveva

genre style, genre, kind; (*in de kunst*) genre [painter]; **genregroep** conversation piece; **genrestuk** genre piece, painting of incident

genst (*plant*) genista, broom

gent gander; **Gent** Ghent

gentherapie gen therapy

gentiaan (*plant*) gentian

Genua Genoa; **Genuees** *zn & bn* Genoese

genus (*biol*) id; (*tlk*) gender

geocentrisch geocentric (*bw:* -ally); **geode** id; **geodesie** geodesy; **geodetisch** geodetic (*bw:* -ally), geodesic (*bw:* -ally)

geoefend practised, trained [ear, soldier], expert [skier], semi-skilled [worker]; *~ in* practised (trained) in; **geoefendheid** *zie* bedrevenheid

geo|fysica geophysics; **-fyt** geophyte; **-gnosie** geognosy; **-graaf** geographer; **-grafie** geography; **-grafisch** geographic(al)

ge-o-h wittering; (a load of) bull

geolied oiled; *goed ~* well-oiled [machine, organization]; *~ doek* oilcloth; *~ papier* oil-paper; *zie ook* oliën & smeren

geo|logie geology; **-logisch** geological; **-loog** geologist; **-magnetisch** geomagnetic; **-mechanica** geomechanics, rock and soil mechanics; **-metrie** geometry; **-metrisch** geometric(al); **-morfologie** geomorphology; **-nomie** mathematical geography

geoogd looped; **geoorloofd** lawful, allowed, admissible, permissible; *~ middel* lawful means

geopend: *het ~e venster* the open(ed) window; *~ verklaren* declare open; *~ van* ... hours of opening ...; *dagelijks ~* open daily; *~ voor het publiek* open to the public

geopolitiek 1 geopolitics; 2 geopolitical

George id; **Georgië** Georgia; **Georgiër** Georgian

geo|statica geostatics; **-stationair** geostationary [orbit, satellite]; **-technisch** geotechnical; **-thermisch** geothermal [energy, gradient]

geouwehoer wittering; (a load of) bull

geowetenschap geoscience

gepaard in pairs (couples), coupled, by twos, two and (*of:* by) two; *het gaat ~ met* ... it is attended (accompanied) by [grave dangers], it involves [great expense]; *grotere produktie ~ met een betere prijs* a larger output coupled with ...; *dit verlangen ging ~ met een gevoel* ..., this ... was allied to a feeling ...; *de gevaren, die met deze huwelijken ~ gaan* the dangers that attend (the dangers attendant on) these ...; *oorlog en de daarmee ~ gaande gruwelen* war and its attendant horrors; *met die liefde voor de zee gaat een grote liefde voor zijn land ~* with that love of the sea goes ...; *zie ook* vergezeld; **gepaardhoevigen** (*biol*) artiodactyls, odd-toed ungulates

gepakt packed; *~ en gezakt* ready for the journey; *zie ook* pakken; **gepantserd** armoured [car, knight, train], armour-clad; *~e vuist* mailed fist; *~ tegen* steeled against; **gepareld** pearled, beaded [rim]; *~e gerst* pearl barley; **geparenteerd** related [*aan* to]; *ik ben aan hem ~,* (*ook*) he is a relation of mine; **gepassioneerd** passionate [interest, speech, woman], ardent, enthusiastic [skater], impassioned [plea]

gepast becoming, fit(ting), proper, suitable, seemly, apt, apposite [remark]; ~ *geld, zie* afgepast; ~*e maatregelen* appropriate measures
gepastheid fitness, propriety, becomingness, seemliness, suitableness, suitability, [the] aptness [of the name]
gepatenteerd proprietary, patent [articles, medicines]; (*fig*) arrant [liar]
gepeins meditation(s), reflection(s), reverie, brooding; *in ~ verzonken* absorbed (wrapped) in thought, lost in meditation, in a brown study
gepensioneerde recipient of (a) pension; retired [major, etc]; (old age) pensioner
gepeperd 1 peppered, peppery; 2 (*fig*) peppery [speech], caustic [style, writings], tall, steep [price]; 3 (*pikant*) highly seasoned (spiced) [dish], spicy [anecdote]
gepeupel mob, populace, rabble, riffraff
gepikeerd piqued, nettled, sore [*over* at]; *enigszins* ~ [reply] with mild pique; *gauw ~ zijn* be touchy (huffy, apt to take offence); **gepikeerdheid** pique
geplaatst: ~ *kapitaal* subscribed capital; ~*e spelers*, (*tennistoernooi*) seeded players
geplogenheid habit, custom, usage, practice
geporteerd: ~ *zijn voor* be in favour of, be taken with [an idea], be interested in [abolishing price control]; **geposeerd** steady, sedate; ~*e leeftijd* mature age; ~*e foto* posed photograph
gepraat tittle-tattle, talk; *er zou ~ van komen* it would set people talking
gepresseerd pressed (for time), in a hurry
geprikkeldheid irritation; *vgl* irritatie, -teren
geprofeste (*r-k*) professed Brother (Sister, Father); **gepromoveerde** holder of a doctor's degree (of a doctorate)
gepronk ostentation, showing-off, parade [of learning]
geprononceerd I *bn* pronounced [features, ideas]; *een ~e mening hebben over*, (*ook*) hold strong views on, feel strongly about; II *bw* positively, downright [bad]
geproportioneerd [well-, ill-, badly, nicely) proportioned; *slecht* ~, (*ook*) out of proportion
gepruikt bewigged, periwigged
gepruil pouting, sulkiness
gepunt pointed; jagged; spiked; sharpened
geraakt (*fig*) offended, nettled, piqued, irritated, [feel a bit] sore [*over* at], huffy, (*fam*) miffed; *enigszins* ~ [reply] with a touch of temper, in a huff, irritably; *zie ook* gepikeerd & licht~
geraaktheid pique, irritation
geraamte skeleton; (*fig ook*) frame(work), carcass [of a ship, a building], shell [of a building], fuselage [of an aircraft]; *een levend* (*wandelend*) ~ a living (walking) skeleton, a mere skeleton
geraas din, noise, hubbub, roar; ~ *en getier* storming and raging, cursing and swearing
geraaskal raving(s); **gerabbel** gabble
geraden advisable; *het is je* ~ (*het te doen*) you'd better (do it); *ik acht het* ~ I think it advisable; *het zou niet ~ zijn om* ... it would be bad policy to ...
geraffineerd refined (*ook fig:* cruelty, etc); exquisite [torture]; subtle [play a subtle game]; sophisticated [equipment]; scheming, cunning, wily [person]; ~*e schurk* thorough-paced (double--dyed) villain; ~*e leugenaar* arrant liar; *die meest ~e vorm van vleierij* [she asked his advice,] that subtlest form of flattery; ~ *uitgedacht* ingeniously contrived; **geraffineerdheid** cunning, craftiness, wiliness, subtlety, sophistication
geraken get, arrive, attain; *in gesprek* ~ fall into conversation; *onder dieven* ~ fall among thieves; *bij iem in de gunst* ~ win a p.'s favour; *te water* ~ fall into the water; *tot zijn doel* ~ attain one's end; *tot eer* (*macht, bloei*) ~ attain (come) to honour (power, prosperity); *zie ook* gezelschap
geramd *zie* gebeiteld
gerammel clanking, rattling, rattle, clatter
gerand edged, bordered; (*ve munt*) milled
geranium id
gerant manager; **Gerard** id
geratel rattling, rattle
gerbera id; **gerbil** id; **Gerda** id
gerecht I *bn* just, righteous, condign [punishment], due [receive the due reward of one's deeds]; *de ~e straf doen ondergaan* bring to justice; II *zn* 1 (*jur*) court of (justice), tribunal; *voor het ~ brengen* (*slepen*) bring [a p.] (in)to court (to trial); have [a p.] up, take [a matter] (in)to court (take a p. to court over s.t.); *voor het ~ dagen* summon (to appear in court); *zich aan het ~ overleveren* give o.s. up to justice; *voor het ~ verschijnen* appear in court; 2 (*spijs*) course [dinner of five courses, five-course dinner]; [a delicious] dish
gerechtelijk judicial [murder; Joan of Arc was judicially burnt]; legal [adviser; take legal steps]; ~*e geneeskunde* medical jurisprudence, forensic medicine; ~*e verkoop* judicial sale; *iems bezittingen ~ laten verkopen* sell a p. up; *iem ~ vervolgen* proceed against a p., enter (bring) an action (take, start, institute proceedings) against a p.; *zie ook* dwaling; **gerechtig** just; *zie* gerecht I
gerechtigd qualified [to teach], entitled [to a pension]; *ik acht mij ~ zo iets te zeggen* I consider myself entitled (warranted) to say (justified in saying) so; *niet-gerechtigd* disqualified [player]; ~*en* authorized persons, ~*en tot een nalatenschap* persons entitled to an estate
gerechtigheid justice
gerechts|bode usher, sherriff's officer; **-dag** court day; **-dienaar** *zie* politieagent; **-gebouw** courthouse; **-hof** court (of justice); *Hoog Militair G~*, (*Br vglb*) Courts-Martial Appeal Court; **-kosten** costs, legal charges (expenses); **-plaats** place of execution; **-zitting** session (of the court)
gerechtvaardigd justified, warranted, justifiable [demands, pride], righteous [anger], legitimate [claims, it's legitimate to ask ...]
geredekavel logic-chopping; **geredelijk** readily
geredeneer arguing, (*fam*) argufying
gereed ready [to go, for a journey]; (*af*) finished [product], done; (*ve huis*) ready for occupation;

gerede aftrek vinden find a ready sale; *gerede betaling* cash payment; ~ *geld* ready money; *meest gerede partij* first party to act; *ik ben ~, a*) (*voor*) I am ready [for]; *b*) (*met*) I have finished, I am through (with it); *zie ook* klaar

gereed|heid readiness, [military] preparedness; *in ~ brengen* (get, make) ready, prepare; **-houden** hold [one's ticket, the fare] in readiness, have ready; *kaartjes ~!* all tickets ready, please!; *zich ~* hold o.s. ready (in readiness), stand by [troops stand by in their barracks]; **-komen** 1 get (be) done (finished); 2 get ready; *zie ook* klaarkomen; **-leggen**, **-liggen** *zie* klaarleggen, -liggen; **-maken** prepare, get ready; *zich ~* prepare, get ready, make ready [for use]

gereedschap (*ook: ~pen*) tools, instruments, implements, utensils; (*stuk ~*) tool, instrument, etc

gereedschaps|bak, **-kist** toolbox, toolchest; **-schuurtje** tool shed; **-tas** tool kit; **-werktuig** machine tool

gereed|staan, **-zetten** *zie* klaarstaan, -zetten

gereformeerd reformed [one holy, reformed Church]; (*geloofsrichting, nu*) Calvinist(ic); (*inz 16e-19e eeuw*) (Dutch) Reformed [Church]

gereformeerde (orthodox) Calvinist

geregeld regular [hours, visits], orderly [existence], fixed [schedule]; scheduled, routine [maintenance]; *in ~e banen leiden* regularize; ~ *baden* habitual bathing; ~ *denken* think connectedly (rationally, consecutively); ~ *gevecht* stand-up fight; *een ~ huishouden* a well-regulated household; *~e toevoer* constant supply [of water]; *~e veldslag* pitched battle; *hij komt ~ te laat* he is constantly late

gerei [fishing, shaving] tackle, [steering] gear, [coffee] things, implements, utensils

gerekt: (*lang*) ~ long-drawn(-out) [tone, negotiations], protracted [hearing *verhoor;* dispute], long-winded [speech]; lengthened [vowel]

gerektheid protractedness, protraction, long-windedness; **gerekwireerde** *zie* gedaagde

gerel jabber, gabble, cackle

geremd (*psych*) inhibited

'geren *ww* I *intr* slant; (*ve rok*) flare; II *tr* gore

ge'ren *zn* running (to and fro)

gerenommeerd famous, renowned; well-known, noted, well-established [business]

gereputeerd well-reputed; celebrated

gereserveerd reserved, uncommunicative, reticent [*omtrent* (up)on], remote [in his remote way]; *~e plaats* reserved (booked) seat; *een ~e houding aannemen* hold (keep) aloof, hold back

gereserveerdheid reserve, aloofness

gereutel 1 (*ve stervende*) death-rattle, ruckle; 2 (*geleuter*) rot, drivel, twaddle

geriater geriatrician; **geriatrie** geriatrics; **geriatrisch** geriatric [hospital, medicine, patient]

gerib(bel)d ribbed [cloth, etc], corrugated [glass, cardboard], scored [binding *boekband*], knurled [knob]

gericht I *bn* 1 (*radio, enz*) directional [wireless; transmitter *zender;* aerial *antenne; ook:* beam aerial], beamed [transmission], direct [reflection]; 2 (*ve activiteit*) with a specific purpose in mind, addressed [to], directed [towards], targeted [at, towards]; ~ *schieten* shoot to kill; *~e vragen* [the information was elicited by] carefully selected questions; II *zn*: *het jongste* (*laatste*) *G~* the last Judg(e)ment, the Judg(e)ment Day, Doomsday; *tegen God in het ~ treden* enter into judg(e)ment with God; **gerichtheid** 1 (*radio*) selectivity; 2 (*algem*) directedness

gerief convenience, comfort, accommodation; *ten gerieve van* for the convenience (*of:* use) of

geriefelijk convenient, commodious, comfortable [house]; ~ *gelegen* (*ingericht*) conveniently situated (arranged); **geriefelijkheid** convenience, accommodation; *-heden,* (*ook*) facilities; *de -heden des levens* the comforts (amenities) of life

geriefhout timber; **gerieve** *zie* gerief

gerieven accommodate, oblige [*met* with]; *om de reizigers te ~* to meet the convenience of ..., to suit ...; *kan ik u daarmee ~?,* (*ook*) will it be of service (of use) to you?

gerijm(el) rhyming, versifying

gerijpt rip(en)ed, mature(d), ripe [cheese]

gerikketik ticking, tick-tock, tick-tick

gerimpeld wrinkly, crinkly; *zie* rimpelig

gering small, scanty, trifling, slight [not the slightest idea, effect], narrow [majority], minor [defect]; *uiterst ~* minute [quantity]; *de verliezen* (*in veldslag*) *waren ~* the casualties were few (light); *daar moet je niet ~ over denken* that is no small matter; you should not make light of that; *een ~e **dunk** hebben van* have a poor (low) opinion of; *~e kans* faint (slender, slim, remote) chance; ***geen** ~e verlichting* no small relief; *geen ~e prestatie* no mean achievement; *in geen ~e mate* in no small measure; *het **~ste** herinnerde hem aan haar* the slightest thing ...; *zie ook* minst

gering|achten *zie* -schatten; **-heid** smallness, scantiness; **-schatten** hold cheap, have a low opinion of, disparage, depreciate; **-schattend** disparaging(ly), slighting(ly), derogatory [remark]; **-schatting** depreciation, disdain; *met ~ spreken over* speak slightingly of

gerinkel, **gerinkink** jingling, clank [of chains], clink, chinking [of glass], tinkle [of a bell], [sabre-]rattling

geritsel rustling, rustle; *zie ook* geruis

Germaan Teuton, (ancient) German; **Germaans** Germanic, Teutonic; **Germanië** Germania; **germanisme** Germanism; **germanist** Germanist, German(ic) scholar; **germanistiek** Germanic studies; **germanium** id; **germanofiel** germanophil(e)

gerochel 1 (*het opgeven*) expectoration; 2 (*doods~*) (death-)rattle, ruckle; 3 (*ve pijp*) gurgling; **geroddel** (*kwaadsprekerij*) backbiting; (*onschuldig*) gossip, tittle-tattle;; **geroep** calling, shouting, calls, shouts, cries; **geroepen**: ~ *zijn* (*zich ~ voelen*) *te* ... be (feel) called (up)on to ...; **geroezemoes** buzz, bustle, din, hum [of voices];

(*sterker*) hurly-burly; **geroffel** roll [of the drum], ruffle
gerokt (*ve vrouw*) skirted; (*ve heer*) *zie* rok: in ~; (*plantk*) tunicated [bulb]
gerommel rumbling; *zie* rommelen; **geronk** snoring, snorting, drone, roar, etc; *vgl* ronken
geronnen curdled [milk]; clotted [blood]; *~ bloed*, (*ook*) gore; *zie ook* winnen
geronto|cratie gerontocracy; **-logie** gerontology; **-theek** old people's home
geroutineerd experienced [typist], practised, seasoned [traveller]; *een ~e* an old hand [at it]
Gerrit Gerard; (*ekster*) magpie, (*kraai*) crow
gerst barley
gerste|bier barley beer; **-brood** bannock; **-korrel** 1 barleycorn; 2 (*stof*) huckaback; 3 (*breisteek*) moss stitch; 4 (*strontje*) stye; **-nat** 1 (barley) beer; 2 barley water; **-water** barley water
gerucht 1 rumour, report; *een los ~* a mere rumour, mere hearsay; *het ~ gaat* (*loopt*) *dat* ... there is a rumour (abroad), it is rumoured (reported, noised abroad), the story goes, rumour has it that ...; *ik weet het* ***bij*** *~e* I have it by (from) hearsay (on hearsay evidence); *in een* ***kwaad*** *~ staan* be in bad repute (*of:* odour); *zie ook* wolf; 2 (*geluid*) noise; *~ maken* make a noise (*ook fig:* make a noise in the world, cause a stir); ***klein*** *~(je), zie* kleintje; **geruchten|machine**, **-molen** rumour mill; **geruchtmakend** sensational, dramatic, notorious
geruim [some] considerable [time]; *het zal ~e tijd van te voren worden aangekondigd* ample notice will be given of it
geruis noise; rustle, rustling [of a dress, trees, rain], rushing [of water], swish [of a skirt, of silk], tingling [in the ears]; (*med*) murmur; (*ve grammofoonplaat*) surface noise; **geruisloos** silent, noiseless; [drop a plan, leave] quietly
geruit checked, chequered; *~ pak* check(ed) suit; *~e stof* [blue] check; *Schots ~ goed* tartan
gerust easy; (*rustig*) quiet, calm, peaceful; *~, hij komt wel* he'll come all right, he is sure to come; *~ geweten* clear (*of:* easy, good) conscience; *ik* ***durf*** *~ beweren* ... I don't hesitate to say [that he is wrong]; *je* ***kunt*** *het ~ nemen* you are welcome to take it; *hij* ***mag*** (*voor mijn part*) *~ zijn hals breken* he is quite welcome to break his neck, he may break ... and welcome; *je kunt* (*men kan*) *~ zeggen, dat* ... you may safely say (it is safe to say) that ...; *laat hem ~ gaan* you may safely let him go; *~!* certainly!, yes, indeed!; *wees daar maar ~* ***op*** make yourself (your mind) easy on that point; *hij is er niet ~ op* he is not happy about it; *je kunt er ~ op zijn dat* ... you may rest assured that ...
gerust|heid peace of mind, security, calm; [a sense of] assurance; *met ~* quietly, confidently; **-stellen** reassure [a p.], put (set) [a p.'s mind, heart] at ease (at rest), ease [a p.'s mind]; *stel u gerust!* make yourself (your mind) easy about that (on that score); **-stellend** reassuring [news], [a] soothing [thought]; **-stelling** reassurance, comfort, relief; *een grote ~* [it is a] great comfort (relief) [to me]
ges (*muz*) G flat
geschaard chipped, jagged; *zie* scharen
geschal flourish [of trumpets], ringing sound(s), shouts
geschapen created; *tot heersen ~* born to rule [be a born ruler]; *zo* ***staat*** *het ermee ~* this is how things stand; *het staat slecht met hem ~* he is in a bad way; *al het ~e* all created things (creation)
gescharrel hankypanky; *vgl* scharrelen
geschater peals (burst, roars) of laughter
gescheiden (*v man of vrouw*) divorced; *een ~ paar* a divorced couple; *ze leeft ~ van haar man* she lives apart from ...; *~ man* (*vrouw*) divorcee; *zie verder* scheiden
gescheld abusive language, abuse
geschenk present, gift; *gratis ~* free gift; *hij gaf* (*bood*) *het mij ten ~e* he made me a present of it, gave it me as a present, presented me with it; *~ des hemels* godsend, gift from the gods, [be] heaven-sent; *vgl* cadeau; **geschenkabonnement** gift (complimentary) subscription; **geschenkverpakking** gift wrapping; *in ~* gift-wrapped
geschept hand-made, mould-made [paper]
geschetter blare, flourish [of trumpets]; (*fig*) rant(ing), bragging
geschied|boeken, **-bronnen** annals, records
geschieden happen, occur, take place; come to pass; *Uw wil geschiede* Thy will be done; *het kwaad is nu eenmaal geschied* the mischief is done; *zie ook* gebeuren *& vgl* recht I.2: ~ doen
geschiedenis [ancient, medieval, modern] history; (*verhaal*) story, tale; *daar is een ~ aan verbonden* thereby hangs a tale; *dat is een* ***andere*** *~* that's another story; *het is een* ***beroerde*** *~* it's a nasty business, a bad job; *de* ***hele*** *~*, (*boel*) the whole concern; *dat is de hele ~* that's all there is to it; *het is een* ***lange*** *~* it's a long story; *een lastige ~* an awkward affair; ***mondeling*** *overgeleverde ~* oral history; (*dat is*) *een mooie* (*gekke, rare*) *~!* a fine carry-on!, here's a curious (a rummy) business!, fine doings these!; *een* ***onverkwikkelijke*** *~* an unsavoury business; *het is* (*weer*) *de* ***oude*** *~* it's the old story (over again); *dat behoort* ***tot*** *de ~* that is (a matter of) history now, that is a thing of the past; **geschiedenisleraar** history master
geschied|kunde history; **-kundig** historical; **-kundige** historian; **-schrijver** historian, historiographer; **-schrijving** historiography; **-verhaal** historical narrative; **-vervalsing** historical falsification; **-vorser** historian
geschift (*fig*) crackers, daft, nuts, dotty, barmy
geschikt 1 (*schappelijk*) decent [a decent sort of chap], all right [is he all right?]; obliging, polite; 2 (*passend*) fit, proper, suitable [for presents]; suited [to, for, the purpose], appropriate [for, to the occasion], eligible [candidates]; (*bekwaam*) able, capable; *~ om te eten* fit to eat, fit to be eaten; *een ~ persoon voor dat baantje*, (*ook*) a likely person for that job; *~ ogenblik* appropriate (opportune) moment; *~e tijd* convenient time; ~

Zie voor niet opgenomen deelwoorden de ww

voor onze behoeften suited to (for) our wants; ~ ***maken***, (*ook*) fit [a p. for s.t.]; ~ ***zijn*** *voor*, (*ook*) make [the house would make an excellent sanatorium; he would make a splendid soldier]; *dat is ~ voor mijn doel* (*mijn beurs*) that suits my purpose (my purse), that will serve my purpose; *ik ben niet ~ voor zo iets* (*niet ~ om iets te vragen*) I am no good at that sort of thing (at asking for things); *was niet ~ om onze zenuwen te kalmeren* [the remark] did not tend to soothe our nerves

geschiktheid 1 fitness, suitability; ability, aptitude, capability; 2 obligingness; *vgl ook* geschikt

geschil difference, quarrel, controversy, dispute; *een ~ hebben met*, (*ook*) be at odds with; *zie ook* beslechten

geschillencommissie arbitration board

geschilpunt point (question) at issue, (controversial) issue, moot point, point of difference

geschimmeld grey [horse]

geschitter glitter, sparkle, lustre

geschoeid (*r-k*) calced [Carmelites, etc]; **geschoold** trained, practised, schooled; ~ *arbeider* skilled worker; *~e arbeid*(*ers*) skilled labour

geschoren: *hij zit er lelijk mee ~* he is saddled with it, has it on his hands; *zie ook* knippen

geschreeuw cries, shouts, shouting, outcry; *veel ~ en weinig wol* much ado about nothing, much noise and small effect

geschrift writing; [ancient] document; *bij ~e* [spread racism] by published writings; *in ~e brengen* commit to paper, put in writing; *in woord en ~* through the spoken and the written word

geschubd scaled, squamous, with scales, scaly [anteater]

geschut artillery, guns, ordnance; *zie ook* bedienen, grof, enz

geschut|brons gun-metal; **-koepel** (gun-)turret; **-park** artillery park; **-poort** porthole; **-stelling** gun position; **-toren** (gun-)turret; **-vuur** gunfire

gesel scourge (*ook: bezoeking*), lash, whip; *de ~ Gods* [Attila,] the scourge of God; *de ~ der satire* the lash of satire; **geselaar** 1 scourger; 2 flagellant; **geselbroeder** flagellant; **geselen** flog, cane, whip, flagellate; (*fig*) scourge, lash [lashed by the critics, the storm]; **geseling** flogging, etc; flagellation; **geselkoord** lash; **geselmonnik** flagellant; **geselpaal** whipping-post; **geselroede** scourge, rod, lash; **geselstraf** flogging, whipping, lashing

geserreerd terse [style]; **gesitueerd** situated [on the top of a hill]; *goed, enz,* ~ [well-, better] circumstanced (situated); *de beter ~en* the better off

gesjacher bartering, haggling, chaffering; traffic [in titles, etc]; **gesjochten**: *een paar ~ jongens*, (*fam*) a couple of down-and-outs; *nou ben je ~*, (*fam*) now you're for it; **gesjoemel** manipulation [of the election results *met* ...], fiddling [the books]; jiggery-pokery, trickery

geslaagd successful [campaign, joke, etc]; *~e* successful candidate; *aantal ~en* number of passes

1 geslacht 1 (*familie, enz*) race, family [spring from a noble family], lineage; *het ~ der Habsburgers* the Hapsburg family; *uit een Frans ~* [come] of French stock; 2 (*generatie*) [from generation to] generation; *het opkomende ~* the coming generation; *het volgende ~* the next generation; 3 (*biol*) genus (*mv:* genera); *het menselijk ~* the human race, mankind; 4 (*orgaan*) genitals, privy parts; [male] member; 5 (*sekse*) [male, female] sex, (*ook tlk:* masculine, feminine, neuter] gender; *het schone ~* the fair sex; *zie ook* zwak

2 geslacht: [*accijns op*] *het ~* [duty on] slaughtered (butchered, butcher's) meat

geslachtelijk sexual; **geslachtkunde** genealogy; **geslachtkundige** genealogist; **geslachtloos** 1 sexless, asexual; 2 (*tlk*) genderless

geslachts|boom family tree, genealogical tree, pedigree; **-cel** gamete; **-chromosoom** sex chromosome; **-daad** sexual act; **-delen** genital organs, genitals, privy parts; **-drift** sex urge, sexual instinct (drive, desire, appetite); **-gemeenschap** sexual intercourse, [have] sex [with], (*euf*) intimacy [took place]; **-hormoon** sex hormone; **-kenmerk** sexual characteristic; **-klier** sex(ual) gland, gonad; **-leven** sex(ual) life; **-naam** 1 family name, surname, patronymic; 2 (*biol*) generic name; **-orgaan** sex(ual) organ, (*mv ook*) genitals; **-register** genealogical register; **-rijp** sexually mature; **-rijpheid** puberty, sexual maturity; **-tafel** genealogical table; **-uitgang** (*tlk*) gender-marking suffix; **-verandering** sex change [operation]; **-verkeer** sexual intercourse (*of:* relations), sex, (*euf*) intimacy; **-verwantschap** genetic affinity; **-wapen** family (coat-of-)arms; **-ziekte** venereal disease, VD

geslagen beaten [gold]; wrought [iron]; *zie ook* hond & gezworen 1

geslenter lounging, sauntering, hanging about [shops *langs etalages*]

geslepen whetted, sharp(ened); (*fig*) astute, sly, cunning; ~ *glas* cut glass; ~ *vent* knowing one, sly dog, sharp customer; *hij is erg ~* he's a deep one; **geslepenheid** astuteness, slyness, cunning

gesloten 1 closed [circuit, deposit, motor-car, profession, shop], shut, (*op slot*) locked; ~ *enveloppe* (*inschrijvingsbiljet*) sealed envelope (tender); *in ~ formatie* in close formation; ~ *gelederen* serried (closed) ranks; ~ *huis,* (*geen kenbare winkel*) private premises (*evt:* postal and by appointment only); ~ *jachttijd* close season; ~ *klinker* close(d) vowel; ~ *orde* close order; *ik verklaar onze werkzaamheden voor ~* I declare our proceedings terminated; *zie ook* beurs, boek, deur, enz; 2 (*fig*) uncommunicative, secretive, close [he is very close about it], close-tongued, reticent [about one's business], tight-lipped, reserved; ~ *als het graf* as silent as the grave, as close as an oyster

geslotenheid closeness, reticence

gesluierd 1 veiled; 2 (*fot*) fogged, foggy

gesmeed: ~ *ijzer* wrought iron

gesmeek supplication(s), entreaty, -ties, pleading

gesmeerd greased [bearings]; buttered [rolls]; *het gaat als* (*loopt*) ~ it goes swimmingly (smoothly), runs on (oiled) wheels; *als de ~e bliksem* like greased lightning; *de machine gaat* ~ the machine is running smoothly; **gesmolten** melted [butter], rendered [fat], molten [lead]

gesnap tittle-tattle; small talk; (*ve kind*) prattle

gesneden cut; ~ *beeld,* (*bijb*) graven image; ~ *ham* sliced ham; ~ *kater* gelded (tom)cat; ~ *steen* carved stone; *zie ook* koek *& vgl* snijden

gesnoef boast(ing), brag(ging), tall talk; **gesnopen** twigged; **gesoebat** coaxing, begging; **gesol** dragging about, fooling about [with ...]

gesorteerd assorted [goods], graded [apples, eggs, etc]; *ruim* ~ *zijn* have a large range (assortment) [*in* of], be well stocked

gesp buckle, clasp

gespan team [of horses]

gespannen stretched, bent; *zie ook* spannen; tense [cord, muscles; *ook fig:* situation *toestand*]; tight [rope, the coat is too tight under the arms], (*mar*) taut; ~ *toestand,* (*ook*) (state of) tension; ~ *verhoudingen* strained relations; *met* ~ ***aandacht*** [listen] with rapt (close) attention, [watch a p.] intently; *in* ~ ***verwachting*** in keen (*of:* on tiptoe(s) with) expectation; *de verwachtingen waren hoog* ~ expectations ran (were pitched) high; *zij staan op* ~ ***voet*** relations are strained between them, (*sterker*) they are at daggers drawn; *mijn* ***zenuwen*** *waren* ~ my nerves were on edge

gespartel thrashing, sprawling, floundering (about)

gespen buckle; (*met riem*) strap

gespierd muscular, brawny; forceful [style, language]; **gespierdheid** muscularity; (*fig*) forcefulness; **gespikkeld** speckled [eggs], spotted [bird, dog, tie], mottled [wallpaper]; **gespleten** *zie* splijten; **gespletenheid** (*fig*) cleavage, dichotomy, schizoid character; **gespoord** spurred

gesprek conversation, talk; discussion; *het* ~ ***brengen*** *op* turn (switch) the conversation on to, lead (bring) the conversation round to (*op iets anders:* change the conversation, the subject); *een* ~ ***voeren*** hold (carry on) a conversation; *hij was de enige, die het* ~ *voerde* he did all the talking, monopolized the conversation; ~ ***door*** *de telefoon* talk (conversation) on (over) the phone, phone conversation; ***in*** ~ [Mr A is] engaged; (*telef*) number engaged; *in ~-toon* engaged signal; *minimum 25 ct* ***per*** *lokaal* ~ minimum 10p for local calls; *zie ook* aanknopen, druk, gaande, mengen, enz; **gesprekkenteller** (*telef*) call checker (*of:* recorder); **gesprekkosten** call charges; **gesprekscentrum** forum for discussions; **gespreksgroep** discussion group; **gespreksleider** panel chairman; *optreden als* ~ chair a discussion; **gesprekspartner** interlocutor; party to a discussion; **gespreksronde** discussion round; **gespreksstof** subject (*onderwerp:* topic) for conversation (discussion); **gesproken** spoken [language]; ~ *boek* talking book

gespuis riff-raff, rabble, scum [of the earth, of society], vermin

Zie voor niet opgenomen deelwoorden de ww

gestaag steady [rain; it rained steadily], continual, constant, settled; ~ *vooruitgaan* make steady progress; *zie ook* druppel; **gestaagheid** steadiness, constancy; (*volharding*) perseverance; **gestadig** *zie* gestaag

gestalte figure, stature, shape, size, build; (*concreet*) figure, shape; *klein van* ~ short in stature; *hij had een prachtige* ~ he was a fine figure of a man; ~ *geven aan,* (*ook*) fashion, shape; ~ *krijgen* take shape

gestamel stammer(ing); (*het ~de*) stammerings

gestand: *zijn woord* (*belofte*) ~ *doen* keep (live up to, fulfil, stick to) one's word (promise), redeem (honour) one's pledge

geste gesture (*ook fig*); *zie ook* gebaar

gesteente 1 (precious) stone(s); 2 stone, rock(-formation); *het vaste* ~ the solid (the live) rock, bedrock; 3 monument, tomb

gestel constitution, system, frame; *hij is sterk* (*zwak*) *van* ~ he has a strong (weak) constitution

gesteld: ~, *dat ik* ... suppose (supposing) I ...; *de ~e* ***machten*** the constituted authorities, the powers that be; *de over u ~e machten* the authorities set over you; *goed* ~ well-worded, -phrased, -written [letter, article]; *de aan deze subsidie ~e voorwaarden* the conditions governing this grant; *binnen de ~e tijd* within the time specified (set, appointed); *het ~e in art 1* the provisions of ...; *zo is het* ***ermee*** ~ that's how matters stand; *hoe is het* ~ *met ...?* how is it with ...?; *hij is er zeer* ***op*** ~ *om te gaan* he is very much set (very keen) on going; *op zijn familie* ~ fond of one's relations; *erg op geld* ~ keen on money; *op de vormen* (*op zijn waardigheid*) ~ *zijn* stand on ceremony (on one's dignity), be a stickler for etiquette; *men was niet langer* ~ *op zijn aanwezigheid* his ... was no longer appreciated; *zie ook* stellen & taak; **gesteldheid** state, condition, constitution, [his physical] make-up, [his bodily] temperament; ~ *van de bodem* character (nature) of the soil; *bepaling van* ~, (*gramm*) predicative adjunct

gestemd tuned; (*fig*) disposed; ~ *zijn voor* (*tot*) be in the vein (mood) for; *gunstig* ~ *zijn tegenover iem* (*de regering*) be favourably disposed to (towards) a p. (be sympathetic to ...); *al naar hij* ~ *is* as the mood takes him; *zie ook* geluimd

gesternte constellation, star(s); *gelukkig* ~ [born under a] lucky star

gesticht I *zn* institution, establishment, building, edifice; asylum, home, hospital; *liefdadig* ~ charitable institution; II *bn zie* stichten; *allesbehalve* ~ *zijn over* be far from pleased (be annoyed) at

gesticulatie gesticulation; **gesticuleren** gesticulate; **gestiek** gestures

gestoelte seat, chair, pew; *zie ook* spreek~

gestoffeerd [apartments] with curtains and carpets, semi-furnished [rooms], upholstered [furniture]; (*fig*) furnished

gestoken excised [decoration], chip-carved [panels]; ~ *scherp* absolutely sharp [image]

gestommel bumping (noise)

gestoord demented, mentally disordered, deranged, (*fam*) crazy, [he is] nuts; *daar word ik*

~ *van* it drives me up the wall; *zie verder* storen
gestort 1 paid-up [capital]; 2 bulk [cargo *lading*]
gestrafte punished person; (*mil*) defaulter
gestreept striped; (*wtsch*) striate(d); (*muz*) *zie* een~, enz; **gestrekt** stretched; *~e hoek* angle of continuation, straight angle; *in ~e galop* (*draf*) at full gallop (trot); **gestreng**, enz *zie* streng, enz; **gestrikt** (be)ribboned; *zie* strikken
gestudeerd university educated; ~ *man*, *~e* university man, graduate
gesuf day-dreaming, dozing; **gesuis** buzz(ing); singing [in one's ears]; sough [of the wind]
gesukkel 1 indifferent health; *chronisch* ~ invalidism; 2 trudging, plodding
gesyndikeerde union member; **get** *zie* gatver
getaand tanned, tawny, bronzed
getab|baard, -berd robed, in robes
getakt branched; forked [lightning]
getal number; *in groten ~e* in great numbers, [arrive] in (great) force; *in groten ~e voorkomen*, (*ook*) abound; *ten ~e van dertien* to the number of (numbering) thirteen, thirteen in number; [houses spring up] at the rate of [600 a year]; *ik zou geen ~ kunnen noemen* [the number was large, but] I couldn't put a figure on it; *zie ook* rond I.2
getalenteerd talented
getallenleer theory of numbers; **getallen|magie, -mystiek** numerology; **getallenreeks** sequence; **getallensymboliek** numerology
getalm procrastination, lingering, loitering, dawdling
getalsmatig numerical(ly); **getalsterkte** numerical strength; *volledige ~*, (*ook*) (full) complement; *van groter ~* numerically superior [*dan* to]; **getalwaarde** numerical value
getand toothed, notched, jagged; (*ve wiel, enz*) cogged, toothed; (*ve blad*) dentate, serrate(d)
getapt (*fig*) popular [*bij* with]; *zie* tappen
geteisem riff-raff
getekend 1 (*ve dier*) [beautifully] marked, [brown] with [yellow] markings; 2 lined [face]; 3 disfigured, marked [by disease, for life]; *zie verder* tekenen; **Gethsemane** id
getier noise, clamour; *zie ook* geraas
getij(de) tide; *getijden*, (*kerk*) hours; *hoog* (*opkomend, laag, afgaand, dood*) ~ high (incoming, low, outgoing, neap) tide; *aan de getijden blootgesteld* tidal [portion of a river]; *het ~ waarnemen*, **op** *het ~ letten* take time by the forelock; *elk vist op zijn ~*, (*vglb*) every dog has his day; *hij vist op elk ~* all is fish that comes to his net; *zie ook* baken & tij
getijdegolf tidal wave; (*hoog, in riviermond*) bore; **getijdenboek** (Book of) Hours; **getijdenenergie** tidal energy (power)
getijgerd with tiger-stripes, striped like a tiger
getij|haven tidal harbour; **-meter** tide-gauge; **-rivier** tidal river; **-sluis** tide-lock, -gate; **-stroom** tide-race; **-tafel** tide table
getik (*ve klok, houtworm, enz*) ticking, tick; (*met vinger, enz*) tapping, rapping; (*v breinaalden*) click(ing); **getikt** (*fig*) crackers, daft, nuts, dotty, barmy, off one's trolley; **getiktak** tick-tick, tick-tock
getimmerte structure, building
getingel tinkling, [the] ting-ting [of the bell]
getintel sparkling, sparkle, twinkling; (*v koude*) tingling
getiteld (*pers*) titled; (*boek, enz*) entitled
getjilp chirp(ing), twitter(ing), cheep; **getjingel** *zie* getingel; **getob** 1 (*gezwoeg*) toiling, drudgery; 2 (*zorgen*) worry, bother; (*zwaar*) agony
getogen *v dw van* tijgen; *geboren en ~* born and bred
getouw (*weef~*) loom; *zie ook* touw: in ~, op ~
getraind (well-)trained [athlete, body], practise
getralied (cross-)barred, grated, latticed; *zie ook* tralie & traliehek
getrappel stamping, trampling, tramp; *zie ook* hoef~
getrapt stepped [drill, pulley]; *~e steekproef* nested (*of:* multi-stage) sample (sampling); *~e verkiezingen* elections at two (or more) removes (*of:* by indirect vote), double elections
getrest braided [livery]
getreuzel dawdling, lingering, loitering, dilly-dallying; **getrippel** tripping
getroebleerd (mentally) disturbed, troubled in mind; *een beetje ~* a bit cracked, slightly touched
getroffene [aircrash, earthquake, flood] victim
getrokken *zie* trekken; *~ loop* rifled barrel; *met ~ loop* rifle-barrelled
getroost comforted; *de dood* (*zijn lot*) ~ resigned to death (to one's fate); **getroosten**: *zich veel moeite ~* spare no pains, go to great pains; *zich ongemakken* (*ontberingen*) ~ rough it (put up with privations); **getroubleerd** *zie* getroebleerd
getrouw faithful [*ook fig:* translation, memory; portrait], true, loyal, devoted, reliable, trusty, exact [copy]; *~e parafrase* close paraphrase; *~ blijven aan zijn beginselen* remain true to one's ...; *~ naar het leven* true to life; *~ tot in de dood* faithful until death; *zie ook* trouw; **getrouwe** faithful follower, supporter; *oude ~* old stand-by, old stalwart, faithful retainer; **getrouwheid** faithfulness, fidelity [to the original], loyalty, reliability; **getrouwheidskaart** (*vglb*) charge card
getruct *zie* truqueren; **getsie** *zie* gatver
getto ghetto; **gettovorming** ghettoization
getuige I *zn* 1 (*de ~*) witness [*bij een huwelijk, een overeenkomst* to a marriage, an agreement]; (*toeschouwer, ook*) bystander; (*getuigenisaflegger, ook*) deponent; (*bij duel*) second; *stomme* (*stille*) *~n* mute evidences; *~ à charge* witness for the prosecution (for the Crown) ; *~ à decharge* witness for the defence; ***als*** *~* (*onder*)*tekenen* witness [a document]; *als ~ voorkomen* go into the witness box, (*Am*) take the stand; ***ten*** *~ waarvan* in testimony whereof; *iem* ***tot*** *~ roepen* call a p. to witness; (*in rechtszaal, ook*) put a p. in(to) the (witness) box, (*Am*) on the stand; *~* ***zijn*** *van* wit-

Zie voor niet opgenomen deelwoorden de ww

ness, be a witness of (to); 2 (*de* ~) (character) reference; *ik heb goede ~n van u gegeven* I've given you a good character; *van uitstekende ~n voorzien* [cook] with excellent references; II *vz* (as) witness; ~ *de vele reacties* [the idea found much response,] (as) witness (as was shown, proved by) the many reactions

getuige-deskundige expert witness

getuigen I *tr* ~, *dat* ... testify (attest, depose) that ..., say in evidence that ...; *ik kan ~, dat hij daar geweest is* I can testify (attest, depose, bear witness) to his having been there; *jij kunt ~, dat ik de waarheid geproken heb* you can bear me out; II *intr* appear as a witness, give evidence; (*godsd*) testify, bear testimony; *zoals de geschiedenis van de school getuigt* as is witnessed by ...; ~ ***tegen*** give evidence against, testify against; *de feiten ~ tegen hem* the facts are against him; ~ ***van*** testify (attest, bear witness, bear testimony) to, speak of [suffering, a refined taste], speak well for [this speaks well for his honesty], argue [this argues a firm grasp of the facts], show [inventiveness], bespeak [patience]; ***voor*** *iem* ~ testify in a p.'s favour; *dat getuigt voor u* that speaks (tells) in your favour, speaks well for you

getuigenbank witness box, (*Am*) witness stand

getuigenis [sworn] evidence, testimony; (*schriftelijk*) deposition [100 depositions have been taken *afgenomen*]; ~ ***afleggen*** give evidence, (*in rechtszaal, ook*) go into the (witness) box, (*Am*) take the stand; ~ *afleggen van* bear witness (testimony) to, testify (depose) to; *gij zult geen* ***valse*** *~ spreken tegen uw naaste* thou shalt not bear false witness against thy neighbour; *een* ***welsprekend*** *~ zijn van* be eloquent of; **getuigenverhoor** examination of (the) witnesses; **getuigenverklaring** (statement of) evidence, deposition, testimony; **getuigschrift** [school] certificate; testimonial, attestation; *zie ook* gedrag; (*ve dienstbode*) [be dismissed without a] character

getver, enz *zie* gatver; **getweeën** *vgl* gedrieën

geul channel, gully

geur fragrance, perfume, scent, odour, smell, flavour (*geur en smaak*); (*v wijn, ook*) bouquet; *~tje* scent, perfume; (*fig ook*) flavour; *er is een ~tje aan*, (*fig*) it stinks; ~ *van heiligheid* odour of sanctity; ~ *maken* cut a dash, make a splash; *iets in ~en en kleuren vertellen* tell s.t. circumstantially (in great detail); **geuren** smell, give forth scent (perfume); (*opscheppen*) swank, cut a dash; ~ *met* show off, parade [one's talents], sport [a gold watch-chain], flaunt [one's happiness before one's friends]; (*fam*) flash (about) [one's money in front of a p.]; *hij geurt ermee, dat hij zulke boeken leest* he boasts about reading ...; *leerling, enz, waarmee men 'geurt'* prize pupil, etc; **geurig** fragrant, odorous, aromatic [coffee], sweet-smelling, sweet(-scented), odoriferous; **geurigheid** *zie* geur; **geurloos** odourless; *vgl* reukloos; **geurmaker** braggart, swaggerer, swank; **geurmakerig** swanky; **geurmakerij** swank

Zie voor niet opgenomen deelwoorden de ww

geus 1 (*hist*) Beggar; Protestant; 2 (*techn*) pig [of metal]; 3 (*mar*) jack; **geusstok** jackstaff

geuzen|naam (honorary) sobriquet, honorific; **-vlag** Beggars' flag (orange, white, sky blue)

gevaar danger [*voor het publiek, de scheepvaart; van brand* to the public, to navigation; of fire], [fire] risk, peril [the perils of the sea], [fire, health] hazard; ~ *geweken!*, (*luchtaanval*) all clear! [sound the all clear (signal)]; ~ ***lopen*** incur risks (a risk); ~ *lopen om te* ... run the risk of ...ing; *er is geen ~ bij* there is no danger; ***buiten*** *~ zijn* be out of danger (*fam:* out of the wood); ***in*** ~ in danger, in jeopardy; *in ~ brengen* endanger, put in danger, put at risk, imperil, jeopardize [a p.'s life]; *daarmee zou hij zijn uitkering in ~ brengen* that way he would risk his benefit; ***met*** *~ van zijn leven* at the risk (peril, hazard) of his life; *met groot ~ voor hemzelf* at great risk to ...; ***op*** *~ af van u te vervelen* at the risk of boring you; *daar is geen ~* ***voor*** there is no danger (no fear) of that

gevaarlijk dangerous [crossing, play; dangerously ill], perilous, risky, hazardous [waste *afval*]; *vgl* gevaar; (*mil sl*) unhealthy [corner]; ~ *voor* dangerous to [health]; *~e onderneming* dangerous undertaking, risky affair; *~e zone* danger zone (*of:* area); *~e plek*, (*verkeer, enz, ook*) black spot; *zie ook* heer; **gevaarlijkheid** dangerousness, etc, danger; **gevaarsbord** danger sign, (*verkeersbord*) warning sign

gevaarte colossus, monster; *een kolossaal ~*, (*fam*) [the sideboard was] a huge (vast) affair

gevaarvol hazardous, perilous

geval 1 case; *drie ~len van pokken* three smallpox cases; *het tegendeel is het ~* the contrary is the case (the fact); *laat ons dit ~ stellen* let us put this case; *een concreet ~* a concrete instance; *het ~ wilde* chance would have it; *zie ook* toeval; *dit is het ~ met de meeste mensen* this is the case with most people; *dat is met mij ook het ~* it's the same with me, I am in the same position; *lastig ~* problem case; [we're up against a] bit of a problem (poser, tricky case), [he is a] nuisance; ***bij*** ~ by any chance; *zie* bijgeval; ***in*** *geen ~* under no circumstances, by no means, on no (not on any) account [don't on any account ...]; *in allen ~le, in elk* (*ieder*) ~ at all events; at any rate, in any case, anyhow, anyway; *in elk ~ bedankt* [I don't need your help, but] thanks all the same; *in negen van de tien ~len* in nine cases out of ten; *in ~, zie* ingeval; *in het ergste ~* at (the) worst, if the worst comes to the worst; *in ~ van oorlog* in (the) case of (in the event of) war; *zie ook* nood; *in voorkomende ~len* should the case (matter, need) arise; ***van*** *~ tot ~* [decide] as each case arises, in each individual case; ***voor*** *het ~ dat de politie hem wou spreken* in case the police ...; *ze droeg een badpak voor het ~ dat het bootje zou omslaan* she wore ... in case of a spill; ***ten*** *~le van* for the sake of; 2 (*ding*) affair; *het hele ~(letje) is versleten* the whole contraption is worn out; *wat heeft ze nu voor een raar ~ op haar hoofd*, (*fam*) what a strange affair (contraption) she's ...

gevallen 1 *ww* (*lit*) happen; *het zich laten ~* put

up with it; 2 *v dw van* vallen: fallen; *de ~en* the fallen, (*mil*) those killed in action; *herdenking der ~en* commemoration of the dead; **gevallig** pleasing, agreeable

gevang *zie* ~enis; **gevangen** caught; captive, imprisoned; *zich ~ geven* give o.s. up (as a prisoner), surrender; *zie verder de sam*

gevangen|bewaarder warder, (prison) officer, jailer, (*inz Am*) (prison) guard; **-bewaarster** wardress, (*inz Am*) (female prison) guard

gevangene prisoner [make four prisoners], captive; (*in gevangenis*) inmate, (*langdurig*) convict; **gevangenhouden** detain, keep in prison, keep (hold) [a p.] (a) prisoner; **gevangenhouding** detention; **gevangenis** prison, jail, gaol, (*Am ook*) penitentiary; *de ~ ingaan* go to prison (to jail); *het zal je in de ~ brengen* it will land you in prison; *in de ~ stoppen* (*werpen, zetten*) clap (put throw) into prison, commit to prison, jail [a p.]; *uit de ~ breken* break prison (jail)

gevangenis|boef jailbird, convict; (*sl*) old lag; **-kleren** prison clothes; **-predikant** prison chaplain; **-psychose** prison psychosis, Ganser syndrome; **-straf** imprisonment, confinement; *tot ~ veroordelen* sentence to prison [be sentenced to 10 days in gaol]; *een ~ van tien jaren* a term of imprisonment of ...; **-wezen** 1 prison system; 2 (*theorie*) penology

gevangen|kamp prison camp; **-maken** take captive, capture; **-nemen** arrest, apprehend; (*mil*) take prisoner (captive), capture; **-neming** arrest, apprehension, capture; *bevel tot ~* committal to prison; **-poort** gatehouse; **-schap** imprisonment, confinement, captivity; **-wagen** prison van, police van; (*fam*) Black Maria; (*Am*) patrol van; **-zetten** put in (into) prison, commit to prison, imprison, gaol, jail; **-zetting** imprisonment; **-zitten** be in prison (in jail)

gevankelijk: ~ *wegvoeren* carry off (as) a prisoner (prisoners), lead captive

gevaren|driehoek (breakdown, reflectng) warning triangle; **-zone** danger zone (*of:* area)

gevat ready-(quick-, sharp-)witted, quick (good) at repartee, clever, smart; *~ antwoord* witty (clever, ready) retort, repartee, smart answer; *hij is zeer ~,* (*ook*) he has a ready wit; *~ ventje* sharp little boy; **gevatheid** ready wit, smartness, quickness at repartee, quick- (sharp-)wittedness

gevecht fight, battle, combat, action [killed in action, go into action], engagement, encounter; *buiten ~ stellen* put out of action, (*fam & bokser*) knock out; (*soldaat*) disable; *zie ook* man & strijd

gevechts|bommenwerper fighter-bomber; **-eenheid** fighting unit; **-groep** task force; **-handeling** action; *~en* fighting, hostilities; **-houding** fighting attitude; **-klaar** ready for battle, fighting-fit; *~heid* combat readiness; **-kruiser** battle cruiser; **-pak** battle dress; **-sterkte** fighting strength; **-terrein** battleground; **-toren** (*mar*) turret; **-troepen** combat troops; **-uitrusting** [full] battle kit; combat equipment; **-vliegtuig** fighter, combat aircraft (plane); (*Am*) pursuit plane; **-waarde** fighting power, effectiveness; **-wagen** 1 tank; 2 armoured car (vehicle); **-zone** combat zone, battle zone

gevederd feathered [friends]; **gevederte** feathers, plumage

geveerd 1 sprung; spring-loaded; 2 (*ve blad*) pinnate (*even* abruptly; *oneven* odd); 3 *zie* gevederd

geveinsd pretended [modesty, sympathy], feigned [friends], assumed [indifference], false [modesty], hypocritical [words]; **geveinsdheid** hypocrisy

gevel façade, front; **gevelbreedte** frontage; **geveldriehoek** pediment

gevelingschotten (*mar*) shifting boards

gevel|lijst cornice; **-spits** gable; **-steen** 1 stone (memorial, etc) tablet; 2 facing brick; **-toerist** cat burglar; **-top** gable; **-trapjes** corbie-steps, (crow-)stepped gable

geven 1 (*schenken, verschaffen*) give (*ook van koe:* she knew to a gill what each cow gave), present with; spare [a penny for the guy]; afford, yield, produce; (*geur, warmte, enz*) give out; (*verlenen*) bestow, confer, grant; *iem lunch geven* entertain a p. to lunch, (*fam*) lunch a p.; (*kaartsp, tr & intr*) deal; *verkeerd ~* (make a) misdeal; *jij moet ~* it is your deal, the deal is with you; *wie geeft?* whose deal is it?; *geef mij het zuiden van Frankrijk maar* give me the south of France (for my money); *wie spoedig geeft, geeft* ***dubbel*** he gives twice who gives quickly; ***eens*** *gegeven blijft gegeven* a gift is a gift; *het is niet iedereen* ***gegeven*** *om* ... it is not given to everyone to ...; ***God*** *geve* would to God!; *God* (*de Hemel*) *geve, dat we hem gauw weerzien* God grant that we may ...; *God geve hem succes!* God grant him success!; *ik geef het* ***gewonnen*** I give it up; *zich gewonnen ~* own (admit) o.s. beaten, accept (admit) defeat, throw in the sponge, knuckle under; *zich niet gewonnen ~,* (*ook*) hang on; *dat moet ik u gewonnen ~* you are right there; *wie geeft wat hij* ***heeft****, is waard dat hij leeft* the Lord loveth a cheerful giver; *zijn* ***leven*** *~* lay down one's life; *ik wou het niet voor* ***minder*** *~* I would not let it go (part with it) for less; ***mag*** *ik u wat aardappels ~?* may I help you to some potatoes?; *~ en* ***nemen*** give and take; *men moet ~ en nemen,* (*ook*) there must be give and take [*zo ook:* the give and take of life; use a little give and take]; *geef mij* ***nog*** *een glas bier,* (*ook*) let me have another glass of beer; *zie ook* woord; *ik* ***zou*** *heel wat willen ~ om te weten* ... I would give a good deal to know ...; *zie ook* ding; ***zich*** *~ aan* give o.s. to [study], throw o.s. into [one's work]; *zich ~,* (*toegankelijker worden*) unbend, expand, come out of one's shell; *zijn betrekking* ***eraan*** *~* give (throw, chuck) up one's post (job); *zijn zaken eraan ~* go out of (retire from) business; *de sigaren eraan ~* cut out cigars; *ik geef niet veel* ***voor*** *zijn kansen* I don't rate his chances very highly; 2 (*ten beste geven:*) *zijn* ***oordeel*** *~* state one's view; een ***teken*** *~* make a sign; (*onderwijzen*) teach [French]; *wat wordt er gegeven?,* (*theat*) what is on? [Hamlet is on; there's a film on called ...]; 3 (*ertoe doen*) matter; *dat geeft **niet(s)**, (doet er niet toe)* that doesn't matter; never mind!, (*fam*) no bones broken!; *het geeft **niets*** it is no use (no good, of no avail); *het geeft niets om te schrijven* it is no good writing, there is no use in writing; *het geeft niet, of je (je vader) al zegt* ... it's no use (no good) your (your father) saying ...; *protesten ~ niets* protests are of no avail; *de kuur heeft mij niets gegeven* I've had no benefit from (I'm none the better for) my cure; *dat geeft niet veel* that is no good; *zie ook* helpen; ***wat** zal dat ~?* what will be the end of it (all)?; *wat geeft het, of men er over praat?* what's the good of talking about it?; *wat geeft het?* what's the use (the good)?; *maar wat geeft (wat zou) dat nu?* but what of that?; *wat geeft een politieagent in zo'n geval?* what good is a policeman in such a case?; 4 (*oordelen:*) *ik gaf haar niet meer dan 30 (jaar)* I put her down at no more than thirty; *ik gaf hem (de zieke) niet meer dan een week* I gave him no more than a week (to live); *zie ook* schatten op; ***in (uit)** ~*, (*sp*) give [a ball, player] in (out); 5 (*veroorzaken:*) *dat zal wat ~!* there'll be trouble (*fam:* ructions); *dat geeft **te** denken* it makes you think; *ik geef het je te doen* it's almost impossible; 6 *~ **om*** care for; *veel (weinig, niets) ~ om* care a great deal (little) for, set much (little, no) store by, make much (little, nothing) of; *veel ~ om*, (*ook*) hold dear; *niets ~ om* not care for [wine], think nothing of [such a walk], hold [life] cheap; *wie geeft er wat om, of* ... who cares if ...?; *hij geeft om niets* he cares for nothing; *ze gaf niet om de regen* she did not mind the rain; *zie ook* denken, eentje, gegeven, geest, langs, voorbeeld, enz; **gever** giver, donor; (*v bloed, orgaan*) donor; (*kaartsp*) dealer

geverseerd well-versed, experienced, practised

gevest hilt

gevestigd established [reputation]; domiciled [in Britain]; *~e belangen* vested interests; *~e mening* fixed (firm) opinion; *~e orde van zaken* constituted order of things; Establishment; *~e zaak* (old-) established business, going concern

gevierd celebrated [actor], fêted

gevierendeeld (*her*) quarterly, quartered

gevind finned; (*plantk*) pinnate(d)

gevingerd fingered; (*plantk*) digitate [leaves]

gevit fault-finding, cavilling, carping

gevlamd flamed [tulip], flamboyant; grained [beautifully grained wood]; watered [silk]; **gevleesd** fleshy, plump; *de ~e duivel* the devil incarnate; **gevlekt** spotted [hyena, orchid, skin], stained [clothes]; (*bont ~*) mottled [skin], variegated; **gevleugeld** winged; (*wtsch*) alate(d); *~e mier* antfly; *het ~e paard* the winged horse, Pegasus; *~ wild* game birds; *~ woord* winged word

gevlij: *iem in het ~ zien te komen* worm one's way (manage to get) into a p.'s good graces, play (make) up to a p., butter a p. up

gevoeg: *zijn ~ doen* ease nature, relieve o.s.

gevoeglijk decently, properly, appositely; *je zou ~ kunnen gaan* it would be quite in order for you to go; **gevoeglijkheid** decency, propriety, appositeness

gevoel (*~szin*) feeling, touch; (*gewaarwording*) feeling, sensation; (*niet-lichamelijk ~, ook*) [a matter of] sentiment; *ik **heb** zo'n ~ dat* ... I have a feeling that ...; *een ~ hebben alsof men moet braken* feel one is going to vomit; *geen ~ hebben in zijn voeten*, (*v kou, enz*) have no feeling in ...; *zij had zelf ook dikwijls dat ~*, (*ook*) she often felt that way (the same way) herself; *ik **ken** dat ~* I know what it feels like; *~ **van** warmte* sensation of warmth; (*besef*) sense; *~ van wat goed (verkeerd) is* sense of what is right (wrong); *een vals ~ van veiligheid* a false sense of security; *~ **voor** het schone (humor)* sense of beauty (humour); ***met** ~ spreken* speak feelingly; ***naar** mijn ~ drijft hij het te ver* I cannot help feeling that he carries it too far; ***op** het ~* [judge, know, etc] by the feel (of it), [knit] by feel; *hij vond de weg op het ~* he groped (felt) his way; *zacht op het ~* soft to the touch; *zie ook* gevoelen

gevoeld: *~e behoefte* [supply a] felt want

gevoelen I *zn* feeling [receive news, a book, with mixed feelings], sentiment, opinion, sense [represent the sense of the country, of the meeting]; *dat zijn mijn ~s* those are (*scherts:* them's) my sentiments; *met gemengde ~s ontvangen worden* get a mixed reception; ***naar** zijn ~* in his opinion, to his mind, to his way of thinking; ***van** ~ zijn dat* ... be of (the) opinion that ...; II *ww* feel; *zie* voelen

gevoelig 1 (*vatbaar voor gewaarwordingen*) sensitive; (*v persoon, ook*) feeling, susceptible; *~ **voor*** susceptible to [pain, cold, criticism, an affront], accessible, susceptible to [praise], sensible of [your kindness], appreciative of [an offer]; *~ zijn voor*, (*ook*) appreciate [a p.'s attentions]; 2 (*pijnlijk*) tender, sensitive [skin, feet]; delicate [point, the matter is delicate *ligt ~*]; *~e klap* smart (sharp) blow; *~e koude* bitter cold; *~e les* sharp lesson; *~(e) nederlaag (verlies)* heavy defeat (loss); *een ~e nederlaag lijden* suffer a severe setback; *~e plek* tender spot; *hij raakte mij op een ~e plek*, (*fig*) he touched me on the raw; *zie ook* snaar; *hij gaf het paard een ~e tik met de zweep* he flicked ... sharply with the whip; 3 (*aanmerkelijk*) substantial; 4 (*lichtgeraakt*) touchy, sensitive [to criticism]; *op dat punt is hij ~* he is very touchy on that point, it is a sore point with him; *wees niet zo ~* don't be so thin-skinned; *de zaak ligt ~* it is a sensitive matter; 5 (*ve instrument*) delicate, sensitive [scales *weegschaal*, meter]; (*fot*) sensitive, sensitized [film, paper]

gevoeligheid sensitiveness, sensitivity, sensibility, tenderness; *vgl* gevoelig; *iems ~ ontzien (kwetsen)* spare (hurt, wound) a p.'s feelings (sensibilities, susceptibilities); **gevoelloos** unfeeling, callous; impassive; insensible [*voor pijn, schande* of pain, to shame]; (*ve lichaamsdeel*) numb; *zie ook* gevoel; *~ maken, zie* verdoven; **gevoelloosheid** unfeelingness, callousness; insensibility

gevoels|kwestie matter (question) of sentiment; **-leven** inner life, emotional life; **-matig** instinctive; *~e reactie,* (*fam*) gut reaction; **-mens** (wo)man of feeling, emotional person; *overdreven ~* sentimentalist; **-temperatuur** sensible temperature; **-waarde** emotional value [of a word]; **-zenuw** sensory (sensorial) nerve; **-zin** sense of feeling (touch), tactile sense

gevoelvol full of feeling, tender, [speak] feelingly

gevogelte birds, fowls, [game and] poultry

gevoileerd veiled [ladies, voice]; (*wazig*) dim, hazy; (*fot*) fogged

gevolg 1 (*ve persoon*) train, suite, retinue, following; 2 (*resultaat, enz*) consequence, result, outcome; (after-)effect [of an illness]; (*goed ~*) success; *geen nadelige ~en ondervinden van* be none the worse for [one's adventure]; *de ~en zijn voor jou* (you must) take the consequences; *~* ***geven*** *aan* accept [an invitation], carry out [a plan], grant (comply with) [a request]; *geen ~ geven aan een bevel* refuse to comply with (carry out) an order; *~ gevende aan* in response to [an invitation]; *zie ook* ingevolge; *werkloosheid* ***als*** *~ van de kolenstaking* unemployment consequent on ...; *en als ~ daarvan onderbreking van de treindienst* [the flooding of the track] and consequent interruption of ...; *zie ook* bijgevolg; ***met*** *goed ~* successfully, with success; *met als ~* ... resulting in ...; ***ten*** *~e hebben* bring on, bring in its train, be the cause of [a p.'s death], result in [loss, etc]; *ten ~e van* in consequence of, as a result of; *ten ~e daarvan,* (*ook*) in consequence, as a result [he cancelled his plan]; ***zonder*** *~,* (*resultaat*) without success, unsuccessful(ly); **gevolgtrekking** conclusion, deduction, inference; *tot de ~ komen dat* ... arrive at (reach) the conclusion that ...; *~en maken* draw conclusions [*uit* from]; *voorbarige ~en maken* jump to conclusions

gevolmach|tigd having full powers; *~ minister* minister plenipotentiary; **-tigde** proxy, attorney; (*v regering, enz*) plenipotentiary

gevorderd advanced [season, level], late [hour]; *op ~e leeftijd* at an advanced age, [be] well on in years; **gevorkt** forked, (bi)furcate(d); **gevraagd** (*v waren*) in request, in demand; *zie ook* vragen & koop; **gevreeën** (*fam*) *v dw van* vrijen; **gevreesd** dreaded [disease], [make o.s.] feared

gevrij love-making, billing and cooing; (*fam*) cuddling, (heavy) petting, necking

gevuld full [bosom, figure, lips]; [chocolates] with filling; (*ve pers*) well-covered, plump; *~er worden* fill out; *goed ~e beurs* well-lined purse; *met ~e zitting* upholstered [chair]; *zie ook* vullen

gewaad attire, garment(s), garb, dress, robe [of state], [church] vestment

gewaagd risky, hazardous [enterprise]; (*fam*) chancy; equivocal, risqué [expression, story], suggestive [joke], daring [décolleté]; *~e gissing* bold guess; *zie ook* gedurfd & wagen; **gewaagdheid** riskiness, etc; daring

gewaand supposed; pretended, feigned

gewaarworden become aware of, notice, perceive, experience; (*te weten komen*) find out; *zonder dat iem er iets van gewaar wordt* without anyone being (any) the wiser; **gewaarwording** sensation, perception, feeling

gewag mention; *~ maken van* make mention of, mention, report; *er wordt ~ gemaakt van* ... there is some talk of ...; *maak er geen ~ van* do not speak about it (mention it); *er wordt geen ~ gemaakt van verliezen* no ... are reported; *de honden maakten ~* the ... gave tongue; **gewagen** mention, report; *~ van* mention, make mention of; *niet ~ van,* (*ook*) be silent of (as to, about, on)

gewapend armed [conflict, forces, magnet, neutrality, robbery, soldier, etc]; live [shell, bomb]; armour-plate [glass]; *~e bandiet, enz* gunman; *~e vrede* armed peace, armed truce; *zie ook* beton & wapenen; **gewapenderhand** by force of arms

gewas vegetation, growth; (*oogst*) crop(s), harvest; (*plant*) plant; (*uitwas*) excrescence

gewast waxed; *~e taf* wax-taffeta, oil(ed) silk

gewaterd watered [silk]

gewatteerd quilted [cover *boekband*], padded; *~e deken* quilt, quilted coverlet

gewauwel twaddle, drivel, waffle, rot, rigmarole; *sentimenteel ~* sentimental slush, slip-slop

geweeklaag lamentation(s), wailing(s); **geween** weeping

geweer rifle; (*jacht~*) gun; *over het ~!* slope arms!; *presenteer het ~!* present arms!; *schouder het ~!* shoulder arms!; *zet af het ~!* order arms!; ***in*** *het ~ zijn, a*) be up in arms; *b*) be active; *in het ~ komen, a*) stand to (arms); *b*) take up arms, take action; *in het ~ roepen* call to arms; *de wacht kwam in het ~* the guard turned out; ***naar*** *het ~ grijpen* take up arms

geweer|kolf rifle butt; **-lade** stock; **-loop** rifle barrel; **-maker** gunsmith, gunmaker; **-riem** rifle sling; **-schot** rifle-shot, gunshot; **-slot** gun-lock; **-vuur** rifle-fire

gewei 1 (pair of, set of) antlers, horns; *met een ~* antlered; *~ met twaalf takken* twelve-tined antlers; 2 (*geweide*) intestines, entrails; 3 (*uitwerpselen*) droppings

geweld (*kracht*) violence, (brute) force; (*lawaai*) noise, hubbub, din, racket; *~* ***aandoen*** do violence to [one's conscience], violate [the law], stretch, strain [the meaning of a word, one's conscience, the law, the truth]; *zichzelf ~ aandoen* restrain o.s.; *~* ***gebruiken*** use force, use violence; ***met*** *~* by (main) force, by violence, forcibly; [resist force] by force; [come downstairs] noisily; *met ~ van wapenen* by force of arms; *hij wil er met alle ~ heen* he is (quite) determined to go there, insists on going there; *de zaak met* (*alle*) *~ tot een beslissing brengen* force the issue, force a solution

geweld|daad act of violence, outrage; *openlijke gewelddaden* open violence; **-dadig** I *bn* violent [die a violent death]; II *bw* violently, by violence; **-dadigheid** (act of) violence, outrage; (*harde misdaad*) thuggery; **-delict** violent offence

geweldenaar 1 superman, go-getter, whizz-kid; 2 tyrant, usurper; **geweldenarij** tyranny, usurpation; **geweldfilm** slasher (film, *Am* movie), [video] nasty; **geweldig** vehement, violent, powerful, mighty, enormous, huge [a huge slice of ham], prodigious [pressure], tremendous, terrific [explosion], phenomenal [attendance]; (*vreselijk*) dreadful(ly), terrible, -bly, awful(ly); *~!,* (*fam*) terrific!, super!, (*jeugdsl*) wicked!; *niet zo ~,* (*fam*) not so hot; *ik heb er een ~e afkeer van* I loathe it, I hate it like poison

geweld|loos non-violent; *zie verder* lijdelijk; **-loosheid** non-violence; **-misdrijf** crime of violence, (*jur ook*) assault (and battery); **-pleging** (unlawful personal) violence

gewelf vault(ing), arch, dome, (arched) roof; *~ des hemels* vault (*of:* canopy) of heaven, firmament; **gewelfboog** vaulted arch

gewelfd vaulted, arched, domed [forehead]; (*ve weg*) cambered [road]

gewend accustomed; *~ zijn aan* be used (accustomed) to; *niet ~ aan,* (*ook*) unused to; *~ zijn te ...* be in the habit of ...ing; *hij is niet veel ~* he is not used to the ways of the world; *hij is hier nog niet ~* he does not feel at home here yet, has not yet settled down; *vgl* gewoon; **gewennen** I *tr* accustom, habituate [*aan* to]; *aan ontberingen ~* inure to hardships; *aan het zadel ~* break [a horse] to the saddle; II *intr ~ aan,* (*zich ~ aan*) accustom o.s. to, get accustomed (used) to, grow familiar with; *zie ook* wennen; **gewenning** habituation, [it takes some] getting used to

gewenst 1 (*verlangd*) desired, wished for; *het ~e* the desired thing (etc); 2 (*wenselijk*) desirable, advisable; *hoe ~ zou het zijn ...* what a desirable thing it would be ...; **gewenstheid**: *de ~ van ...* the desirability of ...

gewerveld vertebrate (*ook zn: ~ dier*)

gewest region, district; (*provincie*) province; *betere ~en* the abode of the blessed; *naar betere ~en gaan* be called to higher spheres, (*fam*) go to glory

gewestelijk 1 regional, provincial; 2 dialectal

geweten conscience; *kwaad ~* bad (guilty) conscience; *ruim ~* elastic conscience; *rustig ~* easy conscience; *een rein* (*zuiver*) *~* a good (clear) conscience; *omwille* (*ter wille*) *van het ~* for conscience' sake; *zijn ~ werd wakker* (*begon te spreken*) his conscience awoke (pricked him); *gekweld* ***door*** *het ~* conscience-stricken; *ik kan het niet* ***met*** *mijn ~ overeenbrengen* I cannot reconcile it to (square it with) my conscience; *met zijn ~ op goede voet blijven* keep on good terms with one's conscience; ***op*** *zijn ~* [he has s.t.] on his conscience (*zo ook:* I won't have that on my conscience); *heel wat op zijn ~ hebben,* (*ook*) have much (*fam:* a lot) to answer for; *zie ook* 2 eer

gewetenloos unscrupulous, unprincipled, heartless [fraud]; **gewetenloosheid** unscrupulousness, etc, lack of scruple

gewetens|angst pangs (qualms) of conscience; **-bezwaar** (conscientious) scruple, conscientious objection; *zonder ~* without a qualm; *vrijstelling wegens -bezwaren,* (*ook*) exemption on grounds of conscience; **-bezwaarde** conscientious objector; **-conflict** moral conflict; **-dwang** moral constraint; **-geld** conscience money; **-nood** moral dilemma; **-onderzoek** examination of conscience, searching of hearts; **-vol** conscientious; **-vraag** 1 soul-searching question; (*fam*) poser; 2 question (matter) of conscience; **-vrijheid** freedom (liberty) of conscience; **-wroeging** qualms (pangs, twinges) of conscience, compunction(s), heart-searching, remorse; *door ~ gekweld* conscience-stricken; **-zaak** matter of conscience

gewettigd justified, legitimate [hope]

geweven woven; *~ stoffen* textiles, (textile) fabrics; **gewezen** late, former, ex-, past [president]

gewicht weight (*ook ve klok*); (*fig ook*) importance, moment; (*v slachtvee: levend*) live weight, weight on the hoof, (*schoon aan de haak*) dressed weight; *soortelijk ~* specific gravity; *~* ***dragen,*** (*ve renpaard*) carry weight; *goed* (*slecht*) *~* ***geven*** give good (full) weight (short weight); *hun namen* ***hebben*** *het meeste ~* their ... carry most weight; ***hecht*** *geen ~ aan zijn woorden* do not attach any importance (*of:* weight) to his words; *veel ~ hechten aan,* (*ook*) make much of [the fact that ...]; *~* ***heffen*** lift weights; *zie* ~heffen; (*veel, geen*) *~ in de* ***schaal*** *leggen* carry (much, no) weight; *geen ~ in de schaal leggen,* (*ook*) cut no ice; *zijn ~ in de schaal werpen,* (*fig*) throw one's weight into the scale; ***bij*** *het ~ verkopen* sell by weight, by the pound; *weer* ***op*** *zijn ~ komen* recover one's lost weight; *man* ***van*** *~* man of consequence; (*fam*) heavyweight, bigwig, big bug (shot, noise); *een zaak van groot ~* a matter of great weight (importance, moment); *zie ook* belang; *haar mening is van ~* her ... carries weight; *van meer ~ zijn dan* outweigh; *spreken op een toon van ~* speak portentously; **gewichtheffen** weightlifting; **gewichtheffer** weightlifter

gewichtig important, momentous, weighty; (*~doend*) pompous, consequential, self-important; *~ doen* give o.s. airs, behave importantly; (*fam*) put it on (a bit)

gewichtig|doend *zie* gewichtig; **-doenerij** display of self-importance, pomposity; **-heid** importance, weight; pomposity; *vgl* gewichtig

gewichtloos(heid) weightless(ness)

gewichts|deel part by weight; **-eenheid** unit of weight; **-klasse** (*sp*) weight; **-manco** deficiency in weight, short weight; **-stelsel** system of weights; *het Britse ~* avoirdupois; **-toename** weight increase, gain in weight; **-verlies** loss of weight

gewiekst knowing, sharp, smart, (*sl*) fly; *een ~e* a knowing one, a deep one; **gewiekstheid** slyness, sharp-wittedness, smartness, (*fam*) nous

gewijd consecrated [earth], sacred [history, poetry, music], hallowed [spot], devotional [music]

gewijsde judg(e)ment entered; *het vonnis is in kracht van ~ gegaan* sentence has been entered

gewild 1 (*in trek*) in demand (request, favour), run after, much sought after, popular; *een ~ blad* a popular paper; 2 (*gemaakt*) affected, laboured,

studied; ~ *geestig* studiously (would-be) witty, intended to be humorous
gewillig willing, ready, tractable, docile; *zie ook* geest; *zich ~ overgeven* surrender with a good grace; *~ het oor lenen aan* lend a ready ear to
gewilligheid willingness, readiness, docility
gewin gain, profit; (*v bijen*) take [of honey]; *vuil ~* filthy lucre; *het eerste ~ is kattegespin* first winnings don't count; **gewinnen** win, gain; (*bijb*) beget [children]; *zie verder* winnen; **gewinzucht** love of money, covetousness
gewis I *bn* certain, sure; *dat is een ~se dood* that is certain death; II *bw* certainly, surely, to be sure; *zie ook* zeker; **gewisheid** certainty, certitude
gewoel bustle, stir; (*menigte*) crowd, throng
gewogen weighted [average *gemiddelde*]; *zie verder* wegen
gewold woolly; **gewolkt** clouded, cloudy
gewond wounded, injured [person]; *~en,* (*ook*) injured, casualties
gewoon I *bn* 1 (*gewend*) accustomed, used [*te* to], habituated; *zoals hij ~* ***was*** as was his wont, [he stared in front of him] as his habit was; *dat was men niet van hem ~* that was an unusual thing with him; *~ zijn te,* (*ook*) be in the habit of ...ing; *het is heel ~ dat kinderen op straat spelen* it is quite normal for children to play in the street; *~* ***raken*** (*worden*) *aan* get used (accustomed) to, grow familiar with; 2 (*gebruikelijk*) usual [the usual hour]; customary, accustomed [his accustomed corner]; (*niet on- of buitengewoon*) ordinary [an ordinary boy, year; ordinary people, members], common [mistake, soldier, cold *verkoudheid*], plain [fare *kost;* plain and illustrated postcards; plain and milk chocolate; stained and plain glass]; (*ordinair*) common [people]; *neus ~,* (*signalement*) ordinary nose; *gewone aandelen* ordinary (*Am:* common) shares, equities; *gewone breuk* vulgar fraction; *de gewone burger* the average citizen; *~ hoogleraar* (full) professor; *~ gezant* ambassador in ordinary; *de gewone lezer* the general reader; *de gewone man* the common man, the man in the street; *gewone pas* quick march (step, time); *in de gewone pas marcheren* march at the quick; *het gewone publiek* the general public; *een heel ~ zakenman* just an ordinary businessman; (*scherts*) a common or garden businessman; *~ schrift,* (*vs stenografie*) longhand; *in ~ schrift,* (*ve telegram*) in clear (*vs:* in cipher); *meer* (*beter*) *dan ~* above the common; *~* ***doen,*** (*ook*) behave naturally; ***iets*** *heel ~s* nothing out of the common; (*fam*) nothing to write home about; *zie ook* doen II, gewend, soldaat, enz; II *bw* commonly, [behave quite] ordinarily; simply [I simply cannot think now]; *zie ook* ~weg
gewoon|heid (*alledaagsheid*) commonness; *zie ook* gewoonte; **-lijk** usually, generally, ordinarily, habitually, as a rule; *als ~* as usual; *ze was niet zoals ze ~ was* she was not her usual self
gewoonte 1 (*algem gebruik*) [ancient, national] custom, usage, use, (customary) practice; *zie ook* ouder~; *een ~ worden* become a habit, grow into a custom (habit); *als* ***naar*** *~, volgens ~* as usual, according to custom, by custom; *het is hier* ***niet*** *de ~* it is not the custom (the use, customary) here, (*is* ***tegen*** *de ~* is contrary to custom); 2 (*persoonlijk*) habit, custom, practice; *zijn slordige ~n,* (*ook*) his slovenly ways; (***attr***) habitual [criminal, drinker, drunkard, liar]; *de ~* ***hebben*** *te ...* have a habit (a way) of ...ing; *het* ***is*** *alles ~* it's all a matter of habit; *het is een ~ van hem* (*is* ***tegen*** *zijn ~*) it's a custom (habit) with him (is contrary to his habit); *er een ~ van* ***maken*** *te ...* make it a rule to ..., make a habit (a practice) of ...ing, (*geleidelijk*) get (fall) into the habit of ...ing; *~ is een tweede* ***natuur*** custom (use, habit) is a second nature; *het is* ***niet*** *mijn ~ om te liegen* I am not in the habit of lying; (*louter*) ***uit*** *~* from (out of) (sheer) habit, from (sheer) force of habit; 3 (*aanwensel*) habit; trick [he has tricks that remind me of his dad]; *hij* ***heeft*** *de ~ met zijn vingers op de tafel te trommelen* he has a trick of drumming with ... on the table; *zie ook* aannemen 2
gewoonte|dier creature of habit; **-drinker**, enz *zie* gewoonte 2 *attr*; **-getrouw** according (faithful, true) to custom; [he ordered a beer] as his habit was [he had his habitual beer]; **-recht** customary law; **-vorming** (*psych*) habit formation
gewoon|tjes plain, everyday, ordinary; **-weg** downright, perfectly [wonderful]; just [I just don't know what to do; this is just not possible]; *ik ben ~ doornat* I am simply soaked; *het was ~ een janboel* it was a regular mess; *hij brulde ~ van het lachen* he simply roared with laughter
geworden [your letter has] come to hand; *ik zal het u doen ~* I'll send it you, let you have it; *laat hem ~* let him have his way; *ik kan er niet mee ~* I cannot get on with it (manage it)
geworteld [deeply, firmly] rooted; *zie ook* in~
gewricht joint, articulation
gewrichts|band ligament; **-holte** joint-cavity, socket; **-knobbel** condyle; **-ontsteking** arthritis; (*vh vlies*) synovitis; **-reumatiek** 1 acute rheumatism, rheumatic fever; 2 (*chronisch*) rheumatoid arthritis; **-vocht** synovia(l fluid); **-ziekte** articular disease
gewrocht I *zn* production, creation, work, handiwork; II *ww* made, created, produced; *~ door* the work of [God's hand]
gewroet 1 rooting, burrowing; 2 (*fig*) toil, drudgery; 3 (*fig*) intrigues, underhand manoeuvres, schemings
gewrongen tortuous [reasoning, style]; disguised [handwriting]; **gewulf** *zie* gewelf
gezaagd sawn [timber]; (*plantk*) serrate, *dubbel ~* serrulate [leaf]
gezag authority, power, prestige; *het ~* the authorities; *zijn stem heeft ~* his voice carries weight; *zijn ~ doen gelden* put one's foot down; *het ~* ***voeren*** (be in) command; *het ~ voeren over* command, be in command of; ***met*** *~* with authority, [speak] authoritatively; ***op*** *~ aannemen* take on trust; *op ~ van ...* [we have it] on the authority of ...; *op eigen ~* on one's own authority, arbi-

trarily, (*fam*) off one's own bat; *een man* ***van*** ~ an authority [on Greek]

gezaghebbend authoritative; *in ~e kringen* in influential (leading) circles; *op ~e toon spreken* speak authoritatively; *zie ook* bron; *~en* authorities; **gezaghebber** 1 manager, administrator, director, person in charge; 2 (person in) authority

gezags|crisis breakdown of authority (of law and order); **-drager** (person in) authority; **-getrouw** law-abiding; **-man**: (*streng*) ~ authoritarian; **-orgaan**: *het Hoge G~* the High Authority; **-vacuum** power vacuum

gezagvoerder 1 (*mar*) master, (sea) captain, commander, master mariner; (*luchtv*) captain; *oudste ~ (der maatschappij)* commodore; *als ~ varen* be in command; 2 (person in) authority

gezakt (*in zakken*) bagged; (*bij examen*) failed, (*sl*) ploughed; *zie ook* afwijzen & gepakt

Gezalfde: *de ~ des Heren* the Lord's Anointed

gezaligden: *de ~* the blessed, the blest

gezamenlijk I *bn* complete [the complete works of S], total, aggregate [amount], joint [effort, owners; for their joint use], united [forces], collective [responsibility], combined [efforts]; *~(e) actie (optreden)* concerted (joint, united) action; *~ gezang, zie* samenzang; *voor ~e kosten* at joint expense; *voor ~e rekening* for (on) joint account; *~ werk* teamwork (*ook op wtsch gebied*); II *bw* completely, etc; *vgl het bn;* together, [go] in a body; *~ en* ***hoofdelijk*** *aansprakelijk* jointly and severally liable, collectively and individually responsible; *~ optreden* act in concert

gezang 1 (*het zingen*) singing; (*kwelen*) warbling; 2 (*lied*) song; (*kerk~*) hymn; *het ~ van een vogel* (bird)song, (*kort*) (bird)note; **gezang|boek**, **-bundel** hymn book, hymnal

gezanik 1 bother(ation), fuss; 2 nagging, chuntering

gezant envoy, (*v lagere rang*) minister resident; (*algemeen*) minister; (*pauselijk*) apostolic nuncio (*v lagere rang:* internuncio); (*afgezant*) envoy, ambassador, (*geheim*) emissary; *buitengewoon ~ en gevolmachtigd minister* envoy extraordinary and minister plenipotentiary; *de Britse ~ in IJsland* the British (*formeel:* Her Britannic Majesty's) Minister to Iceland; *de IJslandse ~ bij het Engelse Hof* (*te Londen*) the Icelandic Minister to the Court of St James's (to Great Britain, in London); **gezantschap** 1 legation, embassy, mission; 2 (*ambt*) envoyship, etc; *vgl* gezant; **gezantschapsgebouw** legation; **gezantschapsraad** councillor to a (the) legation

gezapig easy-going, complacent, apathetic, lax [person]; sluggish [stream, rain]

gezegd (*bovengenoemd*) said, above(-said, -mentioned); *Simon, ~ Petrus* Simon, called Peter; *de eigenlijk ~e roman* the novel proper; **gezegde** 1 saying, expression, phrase; (*uitspraak*) dictum; *bekend ~,* (*ook*) household word; 2 (*gramm*) predicate; **gezegdezin** subject complement clause

Zie voor niet opgenomen deelwoorden de ww

gezegend blessed; *~ met* blessed with [worldly goods]; *daar is hij mee ~,* (*iron*) good luck to him!; *zij verkeert in ~e omstandigheden* she is in the family way, is in an interesting condition; *in de ~e ouderdom van ...* [die] at the good (the ripe) old age of ...; *zie ook* aandenken

gezeggen: *zich laten ~* be docile, be open to good advice, listen (be amenable) to reason; *zich niet laten ~* refuse to listen to reason; **gezeglijk** docile, obedient, biddable, amenable to discipline; **gezeglijkheid** docility, obedience

gezeik 1 crap, nonsense; 2 *zie* gezanik

gezel fellow, companion, mate; (*handwerks~*) journeyman [butcher, etc], [plumber's] mate, workman, working printer (carpenter, etc)

gezellig (*v pers*) companionable, convivial, sociable, (*fam*) chummy, matey; (*ve vertrek, enz*) pleasant; (*intiem*) cosy, snug; (*pratend, enz*) chatty [person, letters]; *~e omgang* social intercourse; *~ levende dieren* social (gregarious) animals; *de mens is een ~ dier* man is a social animal; *~e avond* pleasant evening; *~ avondje,* (*muziek, enz*) social evening, (*fam*) social; *~e bijeenkomst* social gathering, (*fam*) social, get-together; *hij is 'n ~e baas,* (*ook*) he is good company; *het is ~ om samen uit te gaan* it's fun to go out together; *zie ook* baas; *het was erg ~,* (*na bezoek*) thank you for a delightful evening; *je bent allesbehalve ~* you are precious poor company; *we dronken een ~ glaasje* we enjoyed a drink together; *~ hoekje* cosy corner, snuggery; *een ~ tehuis* a happy home; *~ vertrek* snug room, snuggery

gezel|ligheid companionableness, sociability, conviviality, chumminess; (*ve vertrek, enz*) snugness, cosiness; *huiselijke ~* home (*of:* fireside) comfort(s); *ik heb ~ nodig* I want fellowship (companionship); *voor de ~* for company; **-ligheidsdier** [man is a] social animal; **-ligheidsvereniging** social club; **-lin** companion

gezelschap company, society, party [of friends]; (*theat, enz*) company, troupe; *dit doorluchtige ~* this august assemblage; *zijn ~ waard zijn* be good company; *hij vermeed alle ~* he kept (himself) to himself; *kwade ~pen* ***bederven*** *goede zeden* evil communications corrupt good manners; *iem ~* ***houden*** keep (bear) a p. company; ***in*** *~* ***van*** in the company of, in company with; *in goed ~* [if I am wrong, I'm erring] in good company; *in slecht ~ geraken* fall (get) into bad company (among bad companions); *niet* ***van*** *het ~ zijn* [I shall] not be of the party; *juffrouw van ~, zie ~*sdame

gezelschaps|biljet (cheap) party ticket; **-dame** (lady-)companion [to an old lady]; **-dier** pet

Gezelschapseilanden Society Islands

gezelschapsleven social life; **gezelschapsspel** (round) game, board game, party game

gezet corpulent, stout, portly; (*gedrongen*) thick-set, stocky; (*vast*) set [times], definite, fixed; regular [read the Bible regularly]; *van ~te leeftijd* of mature age; *~(te) onderzoek (studie)* close examination (study); *~ denken* think intently; *zie ook* gesteld, taak & zetten

gezeten seated; settled; *vgl* zitten; *~ zijn* be seated;

be mounted [on a fine horse]; ~ *boer* (*burger*) substantial farmer (citizen); ~ *man* man of substance
gezetheid 1 corpulence, stoutness; 2 regularity; *vgl* gezet; **gezeur** bother(ation); [the story is just] drivel; **gezever** 1 slavering; 2 drivel
gezicht 1 (*het zien*) sight; (*het vermogen*) (eye)-sight; *hij* ***verloor*** *zijn* ~ he lost his (eye)sight (the use of his eyes); *vgl* 2; ***op*** *het* ~ [play, sing] at sight; *op het* ~ *van* at sight of; *op het eerste* ~ at first sight, at the first blush (glance); on the face of it [it seems probable]; ***uit*** *het* ~ out of sight; *uit mijn* ~*!* out of my sight!; *uit het* ~ *verdwijnen* disappear (vanish) from sight; *uit het* ~ *verliezen* lose sight of; *uit het* ~ *verloren* lost to sight (to view); 2 (*gelaat*) face; ~*je* (pretty) face; (*mbt de uitdrukking*) countenance; (*lit*) visage; (*uitzicht v persoon*) [I don't like his] looks; ***hou*** *je* ~*!*, (*fam*) shut up!, hold your tongue!; *zijn* ~ ***redden***, (*fig*) save one's face; ~*en* ***trekken*** pull (make) faces [*tegen* at]; *een gek* (*zuur*) ~ *trekken* make a wry face, make a grimace; *hij trok een lang* ~ he pulled (made) a long face; *zijn* ~ ***verliezen***, (*fig*) lose face; *een vrolijk* (*ernstig*) ~ ***zetten*** put on a cheerful (serious) face; *iem vlak* ***in*** *zijn* ~ *kijken* look a p. full (*of:* straight) in the face; *ik lachte hem in het* ~ *uit* I laughed in his face; *iem in zijn* ~ *prijzen* praise a p. to his face; *ik zei het hem in zijn* ~ I told him so to his face; *iem een slag* (*klap*) *in het* ~ *geven, in het* ~ *slaan* give a p. a slap in the face (*ook fig*), slap (smack) a p.'s face; *het was me, alsof ik een klap in het* ~ *kreeg* it was like being hit in the face; ***met*** *een onschuldig* ~ with an air of innocence; *iem op zijn* ~ *geven* tan a p.'s hide; *op zijn* ~ *krijgen* get a licking; [*wou je dat?*] *op je* ~*!* not on your life!; *op zijn eerlijk* ~ [they lent him £50] on the strength of his honest appearance; *iem* ***van*** ~ *kennen* know a p. by sight; 3 (*wat men ziet*) view, [a sad] sight; (*uitzicht*) [a beautiful] view, prospect; *het was géén* ~ it was (he looked, etc) a perfect sight; ***aan*** *het* ~ *onttrekken* hide from view; blank out; ***in*** *het* ~ *van* in sight (view) of; *in het* ~ *komen* come in(to) sight (*of:* view), (*op zee & fam in algem zin*) heave in sight [another pedestrian hove in sight]; *in het* ~ *krijgen* get (catch) sight of, sight [land, a sail]; *in het* ~ *zijn* be (with)in sight; *iem in het* ~ *staan* block a p.'s view; ~ ***op*** *Amsterdam* view of ...; 4 (*visioen*) vision; ~*en* ***zien*** see visions, see things
gezichts|afstand[1] 1 (*scherp*) focusing distance; 2 (*ver*) range (of vision), [within] sight, view; **-as** visual axis; **-bedrog** optical illusion; **-beeld** visual image; **-bepalend** vital to [one's, the party's] image (to the townscape); **-einder** horizon, skyline (*aan de* ~ on the skyline); *dat ligt buiten onze* ~ that is beyond our ken (our horizon); **-gehandicapt** visually handicapped; **-hoek** optic (visual, viewing) angle, angle of vision; (*fig*) point of view; **-kring** (intellectual) horizon, ken; *zijn* ~ *uitbreiden* extend (widen) one's horizon, broaden one's mind; *beperkte* ~ restricted outlook; *zie ook* -einder; **-lijn** visual line, line of sight; **-orgaan** organ of sight; **-punt** point of view, viewpoint, aspect; *uit een ander* (*medisch*) ~ *bezien* view [life] from a different angle (from the angle of medical science); **-scherpte** visual acuity; **-veld** field (range) of vision, visual field; **-verlies** (*fig*) loss of face; ~ *lijden* lose face; **-vermogen** (eye)sight, visual faculty (*of:* power); **-zenuw** optic nerve; **-zintuig** organ of sight

1 *Zie voor samenst. met* gezichts- *ook* gelaat(s)-
Zie voor niet opgenomen deelwoorden de ww

gezien 1 visa; *voor* ~ *tekenen* visa; (*boven handtekening*) seen by me; *voor* ~ *houden* take as read, wash one's hands of; *het mag* ~ *worden* it is worth looking at; 2 esteemed, respected; *hij is hier zeer* ~, (*ook*) he is highly thought of here; *zeer* ~ *onder* very popular with [his friends]; 3 (*wegens*) in view of [our low prices], considering [what followed]; 4 (*aangezien*) considering that [this was the third time]; *zie verder* zien
gezin family, household; *uit een groot* ~ *komen* come from (of) a large family; *het* ~ *bestaat uit 3 personen* they are three in family, there are three in the family
gezind disposed, inclined; [democratically, evangelically] minded; *iem gunstig* (*goed*) ~ *zijn* be kindly disposed (well-disposed) towards a p.; *hij is mij slecht* (*vijandig*) ~ he is ill-disposed (hostile) towards me; **gezindheid** disposition, inclination; (*godsd*) religious conviction, persuasion; **gezindte** denomination, sect, persuasion
gezins|bedrijf family business; **-beperking** family planning; **-bijslag** child benefit; **-bijstand** family credit; **-fles** family size bottle; **-hoofd** 1 head of the (a) family; 2 householder; **-hulp** home help; **-leven** family life, home life; **-pak** family pack; **-planning** family planning; **-uitbreiding** addition to the family; **-verband** 1 family ties; 2 family life; *in* ~ as a family; **-verpleging** boarding out [of mental patients, orphans, etc]; **-verzorgster** home help; (*Am*) homemaker; **-zorg** home help
gezocht 1 (*in trek*) in (great) demand, in request, (much) sought after, in vogue; 2 (*gemaakt*) laboured, affected; (*ver*~) far-fetched, recherché; (*verzonnen*) got-up [pretext]; **gezochtheid** 1 (great) demand; 2 affectation; far-fetchedness
gezoem buzz(ing), hum(ming)
gezond healthy [man, constitution, sleep, etc]; well [a well woman]; sound [argument, judgement, principle; on a sound basis]; (*gaaf*) sound [fruit, teeth]; (*geestelijk* ~) sane; (*heilzaam*) healthy [climate, house], healthful, health-giving, salubrious [climate]; (*v spijs, drank*) wholesome [food; *ook fig:* advice, outlook on life, punishment]; (*pred van persoon*) in (good) health, well; *hij redeneert* ~ his reasoning is sound; ~ *denkbeeld* sound idea; ~*e eetlust* healhty (hearty) appetite; ~*e kijk op het leven* sane outlook on life; ~*e maag* good stomach; ~*e taal spreken* talk sense; ~ *verstand* common sense; *zo* ~ ***als een vis*** as fit as a fiddle, as sound as a bell; ~ ***bidden*** cure by prayer; ~ ***blijven*** keep well, keep fit; ~ ***houden*** keep [the body] in health; ~ ***maken*** restore to

health, cure, make [a p.] well (again); *hij is* ***niet*** *erg* ~ he is in poor (indifferent) health; ~ *en* ***wel*** safe and sound, alive and well; *weer* ~ ***worden*** recover (one's health), get well again; *die* ***zaak*** *is* ~ that's all right, that's OK; ~ ***naar*** *lichaam en geest* sound in body and mind; ~ ***van*** *geest* healthy-minded; ~ *van lijf en leden* sound in wind and limb, able-bodied

gezondbidden cure by prayer; *het* ~ faith-healing; **gezondbidder** faith-healer

gezondheid health; healthiness [of a climate]; soundness; saneness, sanity; *vgl* gezond; *slechte* ~ ill-health; ~ *van oordeel* soundness (sanity) of judg(e)ment; *hoe is het met zijn ~?* how is his health?; *een goede* (*uitstekende*) ~ *genieten* enjoy good health, be in excellent health; *op iems* ~ *drinken* drink a p.'s health; (*op je*) *~!* here's luck!, here's to you!, to your good health!, here's your very good health!, cheers!; *vgl* prosit; ***voor*** *zijn* ~ for the sake (the benefit) of his health; *slecht voor de* ~ bad for (injurious to) (the) health

gezondheids|attest certificate of health; **-commissie** board of health, (public) health committee; **-dienst** (public) health service, health authorities; (*mil*) Royal Army Medical Corps; *arts van de* ~ (civil) medical officer; **-halve** for the sake of one's health; **-kunde** [social] (health and) hygiene; **-leer** hygiene, hygienics; **-organisatie** health organization; **-pas** (*mar*) bill of health [*schoon* clean; *vuil* foul]; **-redenen** reasons (considerations) of health, health reasons, on the ground of ill-health; **-toestand**: (*algemene*) ~ state of (public) health, health conditions; **-verklaring** health certificate; **-zorg** 1 health care; *openbare* ~ public health, public hygiene; 2 hygiene, sanitation

gezondmaking reconstruction [of the country's finances]

gezouten salt [butter, beef, fish], corned [beef], salted [herring]; strong [language]; (*pred*) salted

gezusters: *de* ~ *W* the W sisters

gezwam drivel, hot air, vapourings, tosh; *hol, leeg* ~ meaningless garbage; **gezwel** swelling, growth, tumour; **gezwets** 1 drivel; 2 boasting

gezwind swift, quick, rapid; *met ~e pas* (*spoed*) at the double; **gezwindheid** quickness, rapidity, swiftness, celerity

gezwoeg toil(ing); (*saai*) drudging, drudgery

gezwollen swollen [cheek, ankle, river]; (*fig*) bombastic, stilted, turgid, inflated [style]

gezworen 1 sworn [friend, enemy, translator]; 2 dependable; **gezworene** juror, jury(wo)man; *de ~n,* (*ook*) the jury

GGD, GG & GD Municipal Health Service

Ghana id; **Ghanees** Ghanaian

ghettoblaster id; **gibberen** giggle; **gibbon** id

Gibraltar id; (*fam*) Gib; (*ook*) the Rock

gibus opera hat, crush hat

gids (*pers*) guide; (*boek*) guide(book), handbook; *een* ~ *van Londen* a guide to ...; **gidsen** guide; **gidsfossiel** index fossil

Zie voor niet opgenomen deelwoorden de ww

giebel giggler; **giebelen, giechelen** giggle, titter, snigger; **giechelig** giggly

giek 1 (*boot*) gig; 2 (*zeilboom*) boom; (*zwaaiarm*) jib, boom

gier 1 vulture; 2 (*gil*) scream, screech; 3 (*mar*) sheer; 4 (*mest*) liquid manure, slurry; **gierachtig** vulturine [birds]; **gierbrug** flying bridge

gieren 1 scream [with laughter], screech [screeching brakes, tyres]; (*v varkens*) squeal; (*v wind*) whistle, howl; *hij deed ons voortdurend* ~ *van het lachen* he kept us in screams of laughter; *het probleem loopt ~d uit de hand* the ... is getting thoroughly out of hand; *zie ook* gillen; 2 (*mar, luchtv*) yaw, sheer; 3 manure, dress (*of:* feed) with liquid manure

gierig avaricious, stingy, niggardly, mean, close-fisted, miserly; **gierigaard** miser, skinflint; **gierigheid** avarice, miserliness, stinginess, meanness, niggardliness; *zie ook* zuinigheid

gierpont flying ferry; rope-, wire-ferry

gierput manure pit, slurry pit

gierst millet

gier|valk ger-, gyrfalcon; **-zwaluw** swift, martlet

giet|beton cast concrete; **-blaas** blowhole; **-bui** downpour, pouring rain; **-cokes** foundry coke

gieteling 1 pig of iron; 2 (*vogel*) blackbird

gieten 1 pour; *het giet* (*vd regen*) it is pouring; 2 cast [bells, a statue, iron]; found [guns, bells, glass]; mould [candles]; *in een* (*andere*) *vorm* ~ (re)mould [one's thoughts]; *zie ook* gegoten

gieter 1 watering can, (*Am*) sprinkling can; 2 founder, caster, moulder; **gieterij** 1 foundry; casting (moulding) shop; 2 casting, founding

giet|gal flaw; **-gat** sprue(-gate); **-hars** moulding resin; **-ijzer** cast iron; **-kroes** crucible; **-lepel** casting ladle; **-mal** moulding jig; **-sel** 1 pour; 2 casting; **-staal** cast (*of:* crucible) steel; **-stuk** casting; moulding; **-vorm** (casting) mould, matrix (*mv:* matrices); **-werk** cast work; **-zand** casting sand

gif poison, (*dierlijk & fig, ook*) venom; (*smetstof*) virus, toxin; ~ *spuwen,* (*fig*) spit venom

gif|beker poison(ed) cup; **-belt** toxic waste dump; **-blaas** poison bag; **-drank** poisoned draught; **-gas** poison gas; **-groen** bilious green; **-grond** polluted (contaminated) soil; **-kikker** 1 hothead, spitfire; 2 poisonous fellow; **-klier** poison gland; **-lozing** dumping of toxic waste; **-meng(st)er** poisoner; **-slang** poisonous (venomous) snake

gift 1 (*gave*) present, gift, donation, gratuity, contribution; (*in kerk*) offering; (*dosis*) dose; 2 *zie* gif; **gift-** (*vergift-*)*, zie sam met* gif-

giftand (poison) fang

giftbrief deed of gift

giftig poisonous, venomous, toxic [waste *afval*]; *~e pijlen,* (*ook fig*) poison(ed) arrows; (*fig*) venomous, virulent [remark]; *ik werd* ~ I saw red, was furious; *zie ook* vergiftig; **giftigheid** toxicity, poisonousness, venomousness, virulence

gif|vrij non-poisonous; **-werend** antitoxic; **-wijk** housing estate built on polluted soil

gigahertz id

gigant giant; (*fig ook*) jumbo, colossus
gigantisch gigantic, giant, colossal
gigolo id
gij (*ev & mv*) you, (*dicht*) ye; (*ev: dicht*) thou
gijl ferment; **gijlen** ferment
gijlieden you; *vgl* jullie
gijn gin; **gijpen** (*mar*) gybe, (*Am*) jibe
Gijs Bert(ie); **Gijsbertus** Gisbertus
gijzelaar 1 (*wegens schuld*) prisoner for debt; 2 hostage; (*oneig*) *zie* gijzelhouder ; **gijzelen** 1 imprison for debt; 2 kidnap, hijack; **gijzelhouder** kidnapper; hijacker; **gijzeling** 1 imprisonment for debt; 2 hijack(ing); hostage-taking; (*met politiekordon*) siege; *in ~ houden* hold hostage; **gijzelnemer** *zie* gijzelhouder
gil yell, shriek, scream, [give a] squeal
gild(e) guild, corporation, craft; (*in de City*) City (*of:* livery) company; **gildebrief** charter; **gildebroeder** member of a guild; **gildehuis** guildhall; **gildemeester** guild master, warden of a (the) craft; **gildepatroon** patron saint [of painters, etc]; **gildepenning** medal (*of:* badge) of a guild; **gildeproef** masterpiece; **gildewezen** (everything relating to, system of) guilds
gilet id; **gilettemesje** (razor-, *eig:* Gillette) blade
gillen yell, shriek, scream, howl; *het is* (*jij bent*) *om te ~* it is (you are) a (perfect) scream; *de kinderen gilden om het hardst* were yelling their hardest (their heads off); *vgl* gieren; **giller** scream, hoot
Gilles Giles
ginder *zie* ginds I; **ginds** I *bw:* (*daar*) ~ over (up) there, yonder; ~ *bij de deur* over by the door; ~ *bij de rivier* down by the river; ~ *in Egypte* [he died] out in Egypt; *wel hier en ~!* well, I'll be blowed!; II *bn* yonder, (*dicht*) yon; ~ *huis* the house over there; *aan ~e kant* on the other side, over the way, across; *aan ~e kant van,* (*ook*) beyond [the river]; **ging** *ovt van* gaan
gingang gingham; **ginnegappen** giggle, snigger; **ginst** genista, broom
gips gypsum; (*gebrand*) plaster (of Paris); *zie ook* ~verband; **gips|afdruk**, **-afgietsel** plaster cast; (*ve dode*) death mask; **gipsbeeld** plaster (of Paris) figure (*of:* image); **gipsbeen** leg in plaster; **gipsen** *bn & ww* plaster; **gipskartonplaat** plasterboard; **gipskruid** gypsophila; **gipsmodel** plaster cast; **gipsornament** stucco ornament; **gipsplaat** plasterboard; **gipsverband** plaster (of Paris) bandage (dressing, casting); *een ~ aanleggen* dress (place, put) in plaster (of Paris); **gipsvorm** plaster mould
giraal giro [payments]; ~ *geld* deposit money
giraffe id; **giraffehals** giraffe('s) neck
girandole id
gireren transfer, remit (by giro)
giro id, credit transfer
giro|afrekening giro statement; **-bank** clearing (*of:* transfer) bank; **-betaalkaart** giro payment card; **-biljet** giro form; **-cheque** id, giro; **-dienst** giro service; (*Br*) National Giro(bank); **-kantoor**: (*centraal*) ~ giro centre; **-kompas** gyro compass; **-maat** cashpoint; (*Br vglb*) (LINK card) cash machine; **-maatpas** cash card; (*Br vglb*) Girobank LINK card
Girondijn(s) Girondist
giro|nummer (giro, Girobank credit) account number; **-overschrijving** (bank) giro transfer; **-pas** giro guarantee card, cheque card; **-rekening** giro (*Br:* Girobank) account; **-storting** giro inpayment [form ~*skaart*]; **-verkeer** giro (*of:* credit) transfer, (bank) clearing
1 gis (*muz*) G sharp
2 gis guess; *op de ~* by guess; *raming op de ~* gues(s)timate; ~ *in het wilde* wild guess
3 gis 1 bright, fly; 2 chancy, hazardous
gisant id, (recumbent, reclining) effigy
gispen blame, censure, castigate; (*onbarmhartig, van pers*) scarify; **gisping** blame, censure, castigation, scarification
gissen guess, conjecture, divine; *naar iets ~* guess (make a guess, *fam:* have a shot) at a thing; *men kan ~ hoe dat afliep* the result may be easily conjectured; *zie ook* bestek; **gissing** guess, conjecture; (*schatting*) estimation; *naar ~* at a guess, at a rough estimate; *het zijn* (*allemaal*) *maar ~en* it is (all) mere guesswork (*of:* speculation)
gist yeast; **gisten** ferment, work, rise; *laten ~* ferment; *aan het ~,* (*fig*) [the minds are, the town is] in a ferment
gister *zie* gisteren; **gisteravond** last night, yesterday evening; **gisteren** yesterday; *ik was ~ de hele dag thuis* I was at home all day yesterday; ~ *voor* (*over*) *een week* yesterday week; *ik herinner het me als de dag van ~* as if it was (happened) yesterday; *ik ben niet van ~* I was not born yesterday, know how many beans make five, haven't just fallen off a Christmas tree; *de Telegraaf van ~* yesterday's T; **gister|middag**, **-morgen**, **-nacht** yesterday afternoon, morning, night
gisting fermentation, ferment (*beide ook fig*); *in ~, zie* gisten: aan het ~; **gistingsproces** fermentation process; **gist|middel**, **-stof** ferment; **gistvlokken** yeast flakes
git jet
gitaar guitar; **gitaarspeler** guitar-player; **gitarist** guitarist
gitten (made of) jet; **gitzwart** jet-black [hair], (as) black as jet
glaasje (little) glass; (*fam*) peg [of whisky]; (*ve toverlantaarn & microscoop*) slide; *bij een ~* over a glass; *van een ~ houden* like (be fond of) a drop; *hij heeft te diep in het ~ gekeken* he has had a glass (a drop) too much (had one too many); *een ~ pakken* have a quick one; *zie ook* afscheid
glacé kid(-leather), glacé kid; ~*s* kid gloves; **glacéhandschoen** kid glove; **glacéleer** *zie* glacé; **glacépapier** glazed paper; **glaceren** glaze [pottery, paper]; ice, frost [cakes]; candy, crystallize [fruits]
glaciaal glacial [period, look]; **glaciologie** glaciology; **glacis** id (*ev & mv*)
glad I *bn* 1 smooth [surface, skin, sea, tongue, style], sleek [hair, skin], plain [ring]; bald [tyres]; (*gewiekst*) clever, cunning, cute, long-headed [a long-headed fellow]; slick [salesman]; ~*de band* bald tyre; ~*de boot* racing boat, racing shell; ~*de*

jas shiny coat; *~de jongen* smoothie; *~de loop* smooth-bore barrel; *~de ring* plain (gold) ring; *~de schedel* shiny top; *~de spier* unstriped (plain) muscle; *~ van tong* smooth-tongued, -spoken [he has a glib (smooth, oily, ready) tongue]; *~de vogel* slippery customer; *~ voorhoofd* smooth (unwrinkled) brow; *dat is* ***nogal*** *~* that goes without saying, is a matter of course; 2 (*glibberig*) slippery [floor, road, surface], greasy [pitch *speelveld*]; (*bij vorst, ook*) icy [roads]; *het is ~ buiten* it is slippery out(side); *de wegen zijn plaatselijk ~* there are icy patches on the roads; *zie ook* spiegelglad, aal, glibberig, ijs, enz; II *bw* smoothly, smooth; [cut off] clean; *~ lopen* run smooth(ly), go slick [the machine goes very slick]; *het* ***gaat*** *hem ~* ***af*** it comes easy to him; *het gaat hem nog niet ~ af* he has not got the knack of it yet, he has not yet got his hand in; *de woorden ~ achter elkaar* ***opzeggen*** say the words straight off (the reel); *ik ben het ~* ***vergeten*** I have clean forgotten it; *~* ***verkeerd*** altogether wrong; *het* ***zat*** *hem niet ~* he got nowhere, [he tried flattery, but] it didn't (wouldn't) wash (with me); *dat zal je niet ~ zitten* you're not going to get away with that, (*het van mij te weten te komen, enz*) you won't get any change out of me; *zie ook* gladaf, mis & stapel

gladaf [refuse] flatly

gladakker 1 pariah dog; 2 (*oude knol*) screw; 3 (*gemene vent*) scoundrel, rascal; 4 (*leperd*) sly dog, slyboots, slick customer

glad|boenen polish; **-borstelen** brush (down), smooth (down); **-dekschip** flush-deck ship

gladden polish, sleek; **gladdigheid** *zie* gladheid

gladekker *zie* gladakker

gladgeschoren clean-shaven; **gladharig** sleek-, smooth-haired; **gladheid** smoothness (*ook van taal, enz*); slipperiness; *denk om de ~* be careful, it's slippery out(side); **gladhout** 1 sleeking-stick, polisher; 2 French-polished wood

gladiator id; **gladiool** gladiolus (*mv:* -li)

glad|janus slyboots, slick customer, smoothie; **-jes** *zie* glad; **-loop(sgeweer)** smooth-bore; **-maken** smooth, polish; **-schaaf** smoothing-plane; **-schuren** *zie* schuren; **-strijken** smooth (out, down), sleek down [hair]; iron out [a crease, differences]; (*korenmaat*) stroke [a bushel]; (*ve vogel, ook*) plume, preen [its feathers]; *gladgestreken* level [spoonful]; **-vijl** smoothing-file; **-weg** [confess] readily; [I have] clean [forgotten it]; **-wrijven** polish

glans gloss [of hair, a hat, collar, silk], lustre [of eyes, metals], glitter [of gold; a peculiar glitter in a p.'s eyes], shine, sheen; (*fig*) lustre [of his name], [with royal] splendour, brilliancy; (*poetsmiddel*) polish; *verblindende ~* glare; *zachte ~* gleam; *~ van genoegen* flush of pleasure; *een ~ van genoegen lag op zijn gelaat* his face shone with joy; *hij slaagde met ~* he passed with flying colours (with distinction); *zijn ~ verliezen* lose its lustre, tarnish; *vgl ~*loos

glans|foto glossy photograph; **-karton** glazed cardboard; **-loos** lustreless, lack-lustre [eyes]; **-periode** heyday [the heyday of his life, his power], golden age; **-plaat** (*fot*) ferrotype plate; **-punt** acme, height, crowning event, highlight, high(-)spot [of the fête], hit [of the day], shining glory [of the museum], (outstanding) feature [of the exhibition], (*fam*) star turn; **-rijk** glorious, brilliant, resplendent, radiant; *~ succes* signal (smashing) success; *het ~ afleggen* fail signally (*of:* gloriously); *zie ook* glans: hij slaagde met ~; **-rijkheid** resplendence, splendour, brilliancy; **-rol** (*theat*) star part; **-steen** polishing-stone; **-verf** gloss(y) paint

glanzen I *intr* shine, gleam, shimmer [shimmering silk], glisten; II *tr* glaze [cloth, leather, a photo, picture], brighten, furbish [metals], polish, gloss [textiles]; *~d haar* glossy (sleek) hair; *~d papier*, (*fot*) glossy paper (*afdruk daarop:* glossy print)

glanzig glossy, shining

glariën 1 glitter, glint; 2 stare glassily

glas glass; (*ruit*) (window-)pane; (*ve lamp*) chimney; (*ve bril*) glass, lens; (*mar*) bell [*drie glazen* three bells]; *~ water* glass of water; *zijn eigen glazen ingooien* spoil one's own chances, ruin one's own case; ***achter*** *~ zetten* glaze [a picture]; ***bij*** *een ~ wijn* over a glass of wine; ***onder*** *~* [grown] under glass; *vgl* ruit *en zie ook* gegooi, lood

glas|aal elver; **-achtig** glassy, glass-like, vitreous; *~ lichaam*, (*vh oog*) vitreous humour; *~ vlies* hyaloid membrane; **-bak** bottle bank; **-bewerker** glazier; **-blazen** I *ww* blow glass; II *zn* glassblowing, glassmaking; **-blazer** glassblower, glassmaker; **-blazerij** glassworks; **-blazerspijp** blowpipe; **-bouw**, **-cultuur** glass(house) cultivation (culture), greenhouse horticulture; **-diamant** paste diamond; **-dicht** glazed; **-draad** 1 glass fibre; glass filament; 2 fibreglass; **-elektriciteit** vitreous (positive) electricity; **-fabricage** glass production; **-fabriek** glassworks; **-fiber** fibreglass; **-gal** glass gall, sandiver; **-gordijn** net curtain, lace curtain; **-groen** bottle green; **-handel** glazier's; **-hard** (*fig*) as hard as nails; hard, incontrovertible [fact]; [refuse] flatly; **-helder** (as) clear as glass (as crystal), crystal clear (*ook fig:* his exposition was crystal clear); [a voice] as clear as a bell; **-hengel** [hollow, solid] glass rod

glas-in-loodraam leaded light (window); *vgl* brandschilderen

glas|jaloezie window-ventilator; **-kraal** glass bead; **-kroos** waterwort; **-kruid** pellitory (of the wall), wallwort; **-lichaam** vitreous humour [of the eye]; **-liniaal** glazier's rule

glasnost id

glas|oog 1 wall-eye; 2 *zie* glazen; **-oven** glass-furnace; **-parel** 1 artificial pearl; 2 glass bead; **-plaat** sheet of glass; (*fot, enz*) glass plate; (*v kopieermachine*) document plate; (*tafelblad*) glass top, (*afdek~*) glass cover; **-raam** window(-frame); **-ruit** (window-)pane; **-schade** broken glass; (glass) breakage; **-scherf** fragment of glass, piece of broken glass, glass splinter; (*mv ook*) splintered (shivered) glass; **-schilder** stained-glass artist; **-servies** glass(ware) set, set of glasses; **-slijper** glass grinder; **-snijder** glass cutter; **-splinter** *zie* -scherf; **-verzekering** plate-

-glass (window-glass) insurance; **-vezel** 1 glass fibre (*of:* filament); 2 (*stof*) glass fibre, fibreglass; **-vezeloptiek** fibre optics; **-vlies** (*vh oog*) hyaloid (membrane); **-vlinder** clearwing; **-waren** glassware, glass(work); **-werk** 1 *zie* -waren; 2 glazing [of a building]; **-wol** glass wool, spun glass; **-zetter** glazier

glauberzout Glauber('s) salt(s)

glazen (of) glass, glassy; ~ *deur* glazed door, glass door; ~ *koets* glass coach; ~ *oog* glass eye; *wie in een ~ huisje woont, moet niet met stenen gooien* people who live in glass houses should not throw stones; **glazendoek** glass-cloth; **glazenier** stained glass artist; **glazenkast** 1 glazed (*of:* display) cabinet; 2 glasses cupboard; **glazenmaker** 1 glazier; 2 (*insekt*) dragonfly; **glazenwasser** window-cleaner (*ook instrument*)

glazig glassy, (*v ogen, ook*) glazed [expression]; ~ *worden* glaze (over); (*v aardappel*) waxy

glazuren glaze [bricks, paper, pottery]; *geglazuurd aardewerk* vitreous china; **glazuur(sel)** glaze, glazing; (*v tanden*) enamel; (*op gebak*) (sugar) icing, frosting; **gleed** *ovt van* glijden

gletsjer glacier; **gletsjerbeek** subglacial stream; **gletsjerdal** glaciated valley; **gletsjerijs** glacial ice; **gletsjerpoort** glacier snout; **gletsjerspleet** crevasse; **gletsjertong** valley glacier

gleuf 1 groove; (*lange opening*) slit [of a letter-box], slot [of a slot-machine, CD-player]; (*voor horlogeglas*) bezel; 2 (*min sl*), *a*) slit; *b*) broad

gleufhoed Trilby hat, trilby

glibberen slither [in the mud], slip; **glibberig** slithery, slippery [road, character], greasy [road], slimy [fish]; **glibberigheid** slitheriness, etc

glijbaan slide; [water] chute; *vgl* -goot; **glijbank** (*in giek*) sliding seat, slide(r); **glijboot** planing boat, (surface) skimmer, hydroplane (motor-boat); **glijcontact** sliding contact

glijden (*op glijbaan, enz*) slide; (*ve boot, gedaante, slang, vogel enz*) glide; (*v vogel, ook*) soar; (*uit-, af~, enz*) slip; (*ve vliegt*) plane, glide; *het gleed mij* ***door*** *de vingers* it slipped through my fingers; *hij liet het* ***in*** *zijn zak ~* he slipped it into his pocket; ***over*** *... (heen) ~* skate over [a difficulty, a subject]; pass lightly over [a p.'s bad points; a smile passed over his face]; *hij liet zijn blik ~ over ...* he let his look travel over ...; *de mantel gleed* ***van*** *zijn schouders* the cloak slipped from his shoulders; *zich van het paard laten ~* slip off one's horse; *hij liet zich van de helling ~* he slid down the slope; *zie ook* kleed; ***glijdende*** *(loon)schaal* sliding scale (of wages); *~de werktijd* flex(i)time

glijder (*fon*) continuant; **glijgoot** channel, chute; **glijlager** journal (bearing); sleeve bearing; **glijmiddel** lubricant; **glijoogje** glider; **glijplank** skid; **glijvlucht** glide, volplane; (*v vogel*) soaring, gliding flight

glimkever glow-worm, firefly; **glimlach** [a broad, proud, radiant] smile; *domme, eigenwijze ~* smirk; *~je* half-smile, faint smile; **glimlachen** smile [*tegen* at, on; *over* at]; *tegen iem ~,* (*ook*) give a p. a smile; *zonder zelfs maar te ~* unsmilingly; *~d naar binnen kijken* smile in at the window; *~d te kennen geven* smile [one's thanks, appreciation]; **glimlamp** glow lamp

glimmen glimmer [glimmering ashes]; shine [his face shone from soap, with excitement, pleasure], gleam [his teeth gleamed], glisten [with perspiration], glow [with pride]; *zijn pak glom* his suit was shiny (at the seams); **glimmend** shining [boots], shiny [nose, sofa, trousers]

glimmer mica; **glimmeraarde** micaceous earth; **glimmerlei** mica(ceous) schist (*of:* slate)

glimp glimpse [catch a glimpse of the Queen]; gleam [of hope], glimmer [of understanding]; *een ~ van spot* a touch of mockery; *een ~ van waarheid geven aan* give (lend) some colour to [*zo ook:* it might be said with some colour]; **glimpieper** wide boy; **glimworm** glow-worm, firefly

glinsteren glitter, glisten, sparkle, twinkle, glint; *zie* glimmen; *~d,* (*ook*) shiny; iridescent; **glinstering** glitter(ing), sparkle, sparkling, glint

glioom glioma (*mv ook:* -mata); **glip** slit, split

glippen slip [my foot, my bicycle slipped]; *door de vingers ~* slip through one's fingers; *een gelegenheid laten ~* let an opportunity slip (through one's fingers); *de teugels laten ~* drop the reins

glissen glide, slip; **glit** litharge

globaal I *bn* rough; broad [survey]; *een globale raming (berekening) maken* make a rough estimate (calculation); II *bw* roughly, etc; in the gross; ~ *bekijken* take an overall view of; ~ *genomen* taking it roughly, broadly, (roughly) speaking, in the aggregate, [educated men] in the mass; ~ *£ 1000* roughly £1000; **globaliseren** rough out [a plan]; **globaliter** roughly; **globe** id, sphere

gloed glow, blaze (*ook fig:* a blaze of colour); (*fig*) ardour, [speak with great] fervour, fire, warmth, verve; *in ~* aglow; *in ~ geraken over zijn onderwerp* warm (up) to one's ...; **gloednieuw** brand-new; **gloedvol** [give a] glowing [account of ...], colourful [scene], warm [his warm baritone]; *~le bewoordingen* [in] glowing terms

gloeidraad filament

gloeien I *intr* glow, be red-hot; (*fig*) glow, be aglow [her eyes were aglow], [her ears began to] burn, tingle; ~ ***van*** glow with [enthusiasm], burn (blaze, be ablaze) with [indignation]; II *tr* make red-hot (white-hot); (*uit~*) anneal; **gloeiend** I *bn* glowing, etc; red-hot [iron, lava, anger], burning [sand], broiling [heat], live [coals], ardent [love]; *een ~e hekel hebben aan* loathe [a p., a thing, getting up early; *aan iem, ook:* hate a p.'s guts]; *een druppel op een ~e plaat* a drop in the ocean; *~e verontwaardiging* blazing indignation; ~ ***van*** aglow with [delight], ablaze, white-hot with [anger]; *vgl* kolen *& zie ook* spijker, enz; II *bw ~ heet* burning hot, broiling, blazing [day]; (*ve vloeistof*) scalding (piping) hot; (*v metaal*) red-hot; ~ *contant* prompt cash; *je bent er ~ bij,* (*fam*) you're in for it; *hij was ~ vervelend* he made a thorough nuisance of himself; *zie ook* land

gloeierig burning, tingling; **gloeihitte** 1 white (red) heat; 2 intense heat; **gloeiing** glowing, incandescence; **gloeikathode** hot cathode; **gloeikousje** gas mantle, incandescent mantle; **gloei-**

lamp [electric] (light) bulb, incandescent lamp, tungsten lamp; **glom** *ovt van* glimmen
glooien slope, shelve; *het land glooit zacht af naar de zee* the land shelves gently away to the sea; *een ~d landschap* a rolling countryside; **glooiing** [hill-]slope; **glooiingshoek** gradient
gloor glow; (*fig*) lustre, splendour; **gloren** glimmer; (*vd dag*) dawn, break; *zie* ochtend~
gloria 1 (*r-k*) id; 2 glory; *lang zal ze leven in de ~* happy birthday to you; **gloriazijde** gloria
glorie 1 [there it stood in all its] glory, lustre; [his son was his] pride; 2 (*nimbus*) gloria, glory; **gloriekrans** gloriole; **gloriekroon** crown of gloriole; **gloriëren** glory [in one's success]; **glorierijk** glorious; **glorietijd** heyday; **glorieus** glorious; **glorificatie** glorification
glos *zie* glosse; **glossarium** glossary; **glosse** gloss, commentary; (*spotternij*) gibe; *~n maken op* gloss [a text]; (*fig*) gloss (comment) (up)on; **glosseren** gloss [a text]; **glossolalie** glossolalia
glottis id; **glottisslag** glottal stop
gloxinia id; **glucose** id
gluipen sneak, spy, skulk; **gluiper(d)** sneak, skulk; **gluiperig** sneaking, sneaky, skulking [fellow], hangdog [look], furtive [eyes]
glunder cheerful; *een ~ gezicht* a face shining with happiness; **glunderen** smile happily, beam; *hij glunderde bij die gedachte* his face shone (beamed) at the thought
gluon id
gluren peep, peek, peer; (*ong*) leer [*naar* at]; *naar binnen ~* peep (peer, peek) in (at the window)
gluten id; **glutenbrood** bran bread, diabetic bread; **glutine** gluten; **gluton** white paste
gluurder voyeur, (*fam*) Peeping Tom; **gluurogen** *zie* gluren
glycerine glycerin(e); **glycerol** id; **glycogeen** glycogen; **glycol** id
gneis gneiss
gniffelen chuckle [*over* over, at], laugh in one's sleeve
gnoe gnu; **gnome** id, maxim; **gnomon** id; **gnoom** gnome; **gnuiven** *zie* gniffelen
goal id; *een ~ maken* make (score) a goal, score
gobelin Gobelin (tapestry)
God God; *~ de Heer* the Lord God; *~ zij* ***dank*** thank God; *van ~ noch (zijn)* ***gebod*** *weten* live without God in the world; *hij vreest ~ noch gebod* he is a godless bastard; *van ~* ***gegeven*** God-given [leader]; *grote* ***goden****!* good Heavens!, great Scott!, ye gods!; *de goden waren ons gunstig* the stars were in our favour; *ik zal het in* ***godsnaam*** *maar doen* I'll do it, though it goes against the grain; *ga in godsnaam niet* don't go for Heaven's (for goodness') sake; *ik wou in godsnaam ...* I wish to Heaven ...; *om* ***gods wil*** for God's (Heaven's) sake; *ze hebben een* ***leven*** *als ~ in Frankrijk* they live in clover; *zo* ***waarlijk*** *helpe mij ~ almachtig* so help me God; *~s* ***water*** *over ~s akker laten lopen* let things slide, let things take their (own) course; *~* ***weet*** *waar vandaan* [they came] from goodness knows where; *~* ***zal*** *me kraken!* strike me pink!; ***bij*** *~ is alles mogelijk* with God all things are possible; *zie ook* beteren, bewaren, genade, geven, ~geklaagd, minder, naast, willen
godallemachtig almighty, god-awful [racket *lawaai*]; (*wel*) *~!* well I'm damned!; **godbetere** dammit, damn it all; *zie ook* beteren; **goddank** thank God; thank heaven!, thank goodness!; *hij stierf ~ vóór ...* mercifully, he died before ...
goddelijk divine (*ook fig:* she sings divinely), godlike, sublime; *de ~e deugden* the divine virtues: Faith, Hope and Charity (*of:* Love); *het was ~* it was bliss(ful), marvellous, delicious; **goddelijkheid** divineness, divinity, godhead, -hood; **goddeloos** godless, ungodly, impious, sinful, wicked, unholy (*ook fig:* a most unholy mess), nefarious; *~ lawaai* dreadful racket; *hij kan ~ liegen* he lies shamelessly; **goddeloosheid** godlessness, impiety, wickedness
god|dom(m)e, -dorie (god)damn, damn it, (god)dammit, dash it
goden|dienst idolatry; **-dom** (heathen) gods; *het Germaanse ~* the Germanic pantheon; **-drank** nectar; **-leer** mythology; **-schemering** twilight of the gods; **-spijs** ambrosia, food of the gods; **-wereld** world of the gods, [the Greek] pantheon
godes(se) goddess; **Godfried** Godfrey, Geoffrey
godgans(elijk): *de ~e dag* the livelong day, the whole blessed day; **godgeklaagd** scandalous; *het is ~* it cries to (high) Heaven, is a crying shame; **godgeleerd** theological; **godgeleerde** divine, theologian; **godgeleerdheid** theology, divinity; **godgevallig** pleasing to God; **godheid** (*abstr*) godhead, divinity, (*concr*) deity, divinity; *de G~* the Deity, the Godhead; **godin** goddess; **godje** (*iron*) (little) tin god, tin-pot deity; **godlasterend** blasphemous; **godlof** praise be (to God); **godloochenaar** atheist; **godloochenend** atheistic (*bw*: -ally); **godloochening** atheism; **godloos** godless; **Godmens** God-man
godronrand gadrooning
gods|akker God's Acre, churchyard, graveyard; **-begrip** idea (conception) of God; **-dienst** religion; (*~oefening*) divine worship; **-diensthaat** religious hatred; **-dienstig** religious, devout, pious; **-dienstigheid** religiousness, devotion, piety; (*vaak voorgewend of dweperig*) religiosity
godsdienst|ijver religious zeal; *blinde ~* fanaticism; **-oefening** divine service; **-onderwijs** religious teaching (instruction, education); **-onderwijzer** teacher of religion, religious teacher; **-oorlog** religious war, war of religion; **-plechtigheid** religious ceremony (*of:* rite); **-twist** religious quarrel; **-vrijheid** religious freedom, freedom of religion (of worship); **-waanzin** religious mania; **-wetenschap** theology, divinity, science of religion
godsgericht, Godsgericht 1 (trial by) ordeal; 2 divine judg(e)ment, judg(e)ment of God
gods|geschenk godsend, gift from the gods; **-gezant** divine messenger; **-gruwelijk** god-awful; vgl gruwelijk; **-huis** 1 house of God, place of worship, church, temple; (*v afgescheidenen*) chapel, tabernacle; 2 charitable institution;

-jammerlijk pitiable, wretched, miserable; *vgl* jammerlijk; **-lasteraar(ster)** blasphemer; **-lastering** blasphemy; **-lasterlijk** blasphemous; *~e taal uitslaan* blaspheme; **-liederlijk** *zie* -jammerlijk & liederlijk; **-man** man of God, godly man, prophet, apostle; **-mogelijk**: *hoe is het ~, (fam)* how on earth is it possible?; **-naam** *zie* God; **-onmogelijk** I *bn* 1 absolutely impossible; 2 impossible, terrible [mess]; II *bw* not possibly, noway; *vgl* onmogelijk; **-oordeel** *zie* -gericht; **-penning** earnest-money; **-regering** theocracy; **-rijk** kingdom of God; **-spraak** oracle; **-verering** worship of God, divine worship; **-vrede** *(hist)* truce of God; political truce; **-vrucht** piety; godliness, devotion; **-wege**: *van ~* in the name of God; **-wil** *zie* God; **-wonder** absolute miracle

godver(domme) God damn it; **godveren** swear

god|vergeten God-forsaken [place], abandoned [wretch]; **-verzaker**, enz *zie* -loochenaar, enz; **-vrezend** *zie* -vruchtig; **-vrezendheid**, **-vrucht** piety, godliness, devotion; **-vruchtig** God-fearing, godly, pious, devout; **-zalig** godly; **-zaligheid** godliness; **-zijdank** *zie* -dank

1 goed I *bn* 1 good [*ook:* his good (*niet bezeerde*) hand, his good ear; this egg is not quite good]; *een ~e beloning* a liberal reward; *geen al te ~e **dag*** [the patient had] not too good a day; *zie ook* dag; *~ **Engels** spreken* speak good English, speak English well; *ze verdienen ~ **geld*** they earn good money; *~e **morgen**!* good morning!; *op een ~e morgen* one fine morning; *op een ~ **ogenblik** (moment) kan het je niets meer schelen* the moment comes (there comes a moment) when ...; *G~e **Vrijdag*** Good Friday; *G~e **Week*** Holy Week; *~ **af**, zie* af; *~ **in** de talen (in het oplossen van raadsels)* good at languages, good at puzzles; *het **gaat** nooit ~ als W erbij is* things never go right when W is there; *niets ging ~ (met hem)* nothing went right (with [*of:* for] him); *zie ook* gaan; ***heel** ~, mijnheer!* very good, Sir!; *dat **is** ~, zei Bob* good, said Bob; *is dat ~?* [I'll come at two;] will that do?; *die is ~!* that is a good one!, that's good; [make a fool of myself?] I like that!; *elke envelop is ~* any envelope will do; *het is niet ~ om te pessimistisch te zijn* it won't do (is not a good thing) to be too pessimistic; *zo is het ~* that will do; *het is ~ zo, (tegen kelner, enz)* you can keep the change; *het zou ~ zijn getuigen te hebben* it would be as well to have witnesses; *en **maar** ~ ook* [you never see it now] and a good thing (a good job) too!, and quite right too!; *het is maar ~ dat hij het niet heeft (gekregen)* he is just as well without it; *het is maar ~* it's just as well [you didn't go]; *het is (maar) ~ dat je het zegt* thank you for reminding me; *alles is ~ **met** hem* all is well with him; ***mij** ~, (ook)* I don't mind; it's all right with (by) me; *~ **om** te eten* good to eat, good eating; *wil je weer ~ **op** me zijn?* will you be friends with me again?; *ze zijn weer ~ op elkaar* they have made it up, are on good terms again; *ben ik op de ~e weg naar ...?* am I (is this) right for ...?; *~ **van** iem spreken* speak well of a p.; *hij was heel ~ **voor** me* he was very good (kind) to me; *Guinness is ~ voor u* ... is good for you; *wat ~ voor je is, (ook)* [we only want] your good; *dit pad is niet ~ voor de auto* this track is not doing the car any good; *hij is ~ voor die som* he is safe (good) for ...; *daar is de verzekering ~ voor* the insurance will take care of that; *nergens ~ voor* [he (it) is] no use for anything; *hij is er niet te ~ voor* he is not above that sort of thing; *ik acht hem er niet te ~ voor, (er wel toe in staat)* I wouldn't put it past him; *(alles) ~ en **wel*** (all) well and good, that is all very well (very nice) [but ...]; *zie ook* II; ***zo** ~ als dood* as good as (all but, nearly) dead; *zo ~ als niets (niemand, geen ervaring)* next to nothing (nobody, no experience); *hij heeft het mij zo ~ als gezegd* he as good as told me so; *zo ~ als onbezeerd, (ook)* practically uninjured; 2 *(goedaardig)* kind, good-natured; *hij was zo'n goeie vent* he was such a good sort; *die goeie ouwe!* the old dear!; *hij is **te** ~ voor deze wereld* he is much too other-worldly [he is much too nice a person to ...]; *hij was **zo** ~ niet of hij moest betalen* he had to pay, there was no help for it; *wees zo ~ mij te helpen* be so kind as (have the kindness) to help me, be good enough to help me; *wees zo ~ niet met dat mes te spelen* oblige me by not fiddling with ...; *wil je zo ~ zijn meteen te gaan?* will you please ...?; *u wilt wel zo ~ zijn ...* you will be good enough ..., you will have the goodness ...; 3 *(juist)* right [the right age for marriage], correct; 4 *(gezond)* well; *ik ben (**voel** me) niet ~ (sterk enz) genoeg (daarvoor), (ook)* I am not (don't feel) up to it; ***ben** je niet ~?, (fig)* what's wrong with you?; *je bent niet ~!, (fam)* you're crazy (nuts)!; *~ **blijven**, (v eetwaren)* [that sauce won't] keep (good), *(v bloemen)* last [the flowers will last some days]; *zijde blijft niet zo lang ~* silk does not stand wear so well; *als het weer ~ blijft* if the weather holds; *hij **maakt** het ~* he is doing well; *het vlees, enz is **niet** helemaal ~ meer* the meat (milk, etc) is slightly (a bit) off, is beginning to go off, is going off; 5 *(ruim)* good; *een ~ uur (een ~e ...)* a good hour (a good ten miles, [he looks] a good fifty-five); *een ~e tachtig pond* eighty odd pounds (*zo ook:* forty odd years, miles, etc) eighty pounds odd, upwards of eighty pounds; *hij is een ~e **dertiger*** he is turned thirty, is thirty something; *zie ook* 2 goed, bij, buurman, genade, houden 12, kant, maken, reis, tijd, trouw, werken, woord, zitten, enz; II *bw* well; *(juist)* [do a sum] right, correctly; [clean them] properly; *als je ~ kijkt* if you look carefully; *was de wond ~ uit* wash the wound thoroughly; *ik was ~ moe* I was jolly tired; *dat kan ik (toch eigenlijk) niet ~ doen* I can't very well do it [*zo ook:* I cannot very well invite ladies]; *'Ik moet je eens spreken.' '~!'* 'I want to talk to you.' 'Good!'; *~! dan heeft ze dat gezegd. Wat dan nog?* all right! so she said it. So what?; *~, hij is dom, maar ...* admittedly, he is dumb, but ...; *~ **bedoeld*** well-meant, well-intentioned; *ik **begrijp** niet ~ ...* I don't quite understand ...; *hij wordt er ~ voor **betaald*** he gets good money for it; *het ~ **doen*** do well; *je kunt het nooit ~ doen, (fam)* you can't win (at this game); *het*

~ ***hebben*** be well off; *heb je het hier niet ~?* aren't you comfortable here?; *als ik het ~ heb* if I am not mistaken; *hij **kaart** ~* he is a good card-player; *~ **komen*** come right; *het komt wel ~* it will work out (in the end); *ik kan het niet ~ **krijgen*** I can't get it right; *er ~ van **leven*** live well; *jij hebt ~ **praten*** it is all very well for you to talk (to say so); *hij **slaapt** minder ~* he sleeps indifferently; *het **smaakt** ~* it tastes good (*of:* nice); *de Australiërs **spelen** ~* the Australians play a good game; the Australians are playing very well; *ik ben niet zeker of ik het ~ **verstaan** heb* I am ... if I have heard rightly; *toen hij ~ en **wel** weg was* he had hardly left when [his wife rang]; *het kan niet anders dan ~ **werken*** it's all to the good; ***zit** (lig, enz) je ~?* are you quite comfortable?; *hij kan de dingen **zo** ~ uitleggen* he is so good at explaining things; *~ zo!, zo gaat ie ~!* that's right!, all right!, well done!, very good!, (*fam*) right ho!, that's the way!; ['I've just sold my old car for £1000.'] 'Good for you!'; *zo ~ en zo kwaad als het gaat* as best it may, as best I (you) can, somehow or other; *zo ~ ik kon,* (*ook*) [I described it] to the best of my ability; *zo ~ hij kon* [he picked up a living] as best he could; *zo ~ ik weet* to the best of my knowledge

2 goed *zn* 1 (*vs kwaad*) good [think good of your fellow-man]; *het **goede** uit iem halen* bring out the good in a p.; *men kan van het ~e te veel krijgen* one can have too much of a good thing; *het vele ~e* the many good things; *zie ook ben:* ten ~e; *ik kan niets anders dan **goeds** van haar zeggen* I have nothing but good to say about her; *iedereen heeft wel iets ~s* there is (some) good in everybody; *ze heeft veel ~s* she has many good points; *er zit nog wel iets ~s in hem* he is not all bad; *~ **doen*** do good [what good can it do?; the bath did me good]; *'n verandering zal hem ~ doen* he will be the better for a change; *anderen ~ doen* do good to others; *het ~e doen* do what is right, do the right (thing) [by a p. *jegens iem*]; *dat het je veel ~ doe!,* (*iron*) much good it may do you!; *het had hem verbazend veel ~ gedaan* it had done him all the good in the world (a world of good); *het deed zijn hart ~* it did his heart good, it rejoiced his heart; *dat zal hem ~ doen,* (*moed geven*) that will cheer (*sl:* buck) him up; *daarna kon ik geen ~ meer doen* after that I could not do anything (could do nothing) right; *ik kon geen ~ bij hem doen* he never had a good word to say whatever I did; there was no pleasing him, try as I might; *je hebt* (*er*) *~* (*aan*) *gedaan* (*met hier te komen*) you have done well (*of:* right) (to come here); *zich **te** ~ doen* do o.s. well [*aan* on]; *zich te ~ doen aan,* (*ook*) feast (up)on, tuck into [a pie]; *ik heb £ 500* (*drie maanden salaris*) *te ~* I have £500 owing to me (three months' back pay outstanding); *ik heb een brief van hem te ~* he owes me a letter; *hij had geld te ~* money was owing to him; *ik zal het geld tot morgen te ~ houden* the money may stand over till tomorrow; ***ten** ~e* (*of ten kwade*) [influence] for good (or evil); (*ook*) for good or ill [the die is cast]; *veranderen* (*verandering*) *ten ~e* change for the better; *houd het mij ten ~e* excuse me [for saying so], don't take it ill of me; if you don't mind my saying so; *het zal uw gezondheid ten ~e komen* it will do you good, it will be for the good of your health, you will feel the better for it; *zie ook* keren & *zie ook boven:* goed doen; ***voor** ~, zie* voorgoed; 2 (*bezit*) goods, property; (*land~*) estate; ***aardse** ~eren* worldly goods; *~ en **bloed*** life and possessions; (*bagage*) luggage, things, traps; (*waren*) goods, wares, stuff, commodities; (*rommel, ~je*) stuff [this stuff is worthless]; (*gerei*) things; *een waardevol ~* [healthy family life is a national] asset; *het **kleine** ~*(*je*) the youngsters, the small fry; 3 (*stof*) stuff, material; (*kleren*) things; *~je* (*spul*) stuff; *trek **je** ~ uit* take off your things; *zie ook* vuil

goedaardig 1 good-natured, kind-hearted, benignant; *een ~ mannetje* a mild little man; 2 (*v ziekten*) benign, mild [a mild form of measles]; *~ gezwel* benign (harmless, non-malignant) tumour; **goedaardigheid** 1 good(-)nature, kind-heartedness, harmlessness; 2 (*ve ziekte*) mildness, benign character, non-malignity; **goedachten** *zie* goedvinden

goedang godown

goedbloed: (*Joris*) *~, zie* goedzak; **goeddeels** for the greater part; **goeddoen** do good; *zie ook* 2 goed 1; **goeddoend** beneficent; **goeddunken** *ww* think fit (proper); *zn* pleasure; *naar ~* at will; *naar ~ van* at the discretion of; *naar zijn ~* at his discretion, as he sees fit; *handel naar ~* use your own discretion, suit yourself

goede *zie* 2 goed 1

goede|middag good afternoon; **-morgen** [wish a p. a] good morning; **-nacht** [say] good night

goeden|avond (*aankomst*) good evening; (*afscheid*) good night; **-dag** 1 good day; (*afscheid, ook*) goodbye; 2 (*wapen, hist*) mace; **-dagzeggen** 1 [Johnny, come and] say how d'you do; 2 (*afscheid*) say goodbye [to a p.]; *zie ook* dag

goederen goods, merchandise, commodities; *zie ook* 2 goed 2

goederen|beurs produce exchange; **-emplacement** goods depot; **-handel** produce (*of:* goods) trade; **-loods** goods shed, (*Am*) freight house; **-makelaar** produce broker; **-prijzen** commodity prices; **-ruil** exchange of commodities; **-station** goods station, freight depot; **-trein** goods train, (*Am*) freight train; **-verkeer** (*tussen landen*) exchange of goods; **-vervoer** goods traffic, carrying-traffic; **-vliegtuig** freight(er) plane; **-voorraad** stock (of goods), stock-in-trade; **-wagen** [open, covered] goods van (*of:* wagon), freight wagon, (*Am*) freight car; (*open, ook*) truck; (*plat*) flat wagon, (*Am*) flatcar; *gesloten ~,* (*Am*) boxcar

goederhand: *iets van ~ hebben* have s.t. on good authority (from a good source); **goedertieren** merciful, clement; **goedertierenheid** mercy, loving-kindness, clemency

goed|gebouwd well-built; **-geefs** generous, liberal, open-handed, free-handed; **-geefsheid**

generosity, liberality, open-handedness, free--handedness; **-gehumeurd** good-tempered, -humoured; **-gelijkend** good [photo], [this photo is] an excellent likeness; **-gelovig** 1 credulous, trusting, trustful; 2 orthodox; **-gelovigheid** 1 credulity, trustfulness; 2 orthodoxy; **-geordend** well-regulated [household], orderly [mind]; **-gevormd** well-shaped; **-gewicht** turn of the scale; **-gezind** well-disposed, kindly disposed [towards ...], well-affected [subjects], well-meaning; **-gunstig** kind, obliging; (*iron*) gracious(ly); *~e lezer* gentle reader; **-gunstigheid** kindness; **-hals** *zie* -zak; **-hartig**, enz *zie* -aardig 1, *enz*; **-heid** goodness, kindness; *uit* ~ out of the kindness of one's heart; *grote ~!* good gracious!, Lord bless me (us, etc)!; **-heiligman** benevolent saint (Nicholas); **-houden** *zie* houden 12

goedig good-natured, mild; *te* ~ too soft; **goedigheid** good(-)nature, mildness; softness

goedkeuren (*oordeel*) approve of, (*gezag*) approve; endorse [the action of ...]; (*rapport, notulen*) adopt; (*ve dokter*) pass [a p.], pass [a p.] (as) fit [for military service]; (*film*) pass (for public exhibition); (*vliegt*) certify as airworthy; *goedgekeurd worden,* (*ve begroting*) be agreed to; (*ve dividend*) be approved (confirmed); *koninklijk goedgekeurd worden,* (*v maatschappij, enz*) be incorporated [the Incorporated Association of Headmasters]; *~d: ~ knikken* nod approvingly, nod (one's) approval [on ...]

goedkeuring approval, approbation; (*koninklijke*) (royal) assent; (*v notulen, rapport*) adoption; (*goede aantekening*) good mark, good conduct mark; *zijn ~* ***hechten*** *aan* approve of, give one's blessing to [a scheme]; *zijn ~ onthouden* withhold (refuse) one's consent; *zijn ~ uitdrukken* express one's agreement; *ter ~ voorleggen* submit for approval; *ter Koninklijke ~ voordragen* present [a bill] for Royal Assent; *de Koninklijke ~ verkrijgen* receive the Royal Assent; *een ~ verdienen,* (*fam*) deserve a pat on the back; *zie* wegdragen

goedkoop I *bn* cheap (*ook fig:* cheap popularity, humour, success, gibe *hatelijkheid*), inexpensive; low-priced [cars], low-cost [tourist flights], cut--price [store; food, petrol], cut-rate [electricity]; *goedkope mop* cheap (feeble, poor) joke; *goedkope vlag* flag of convenience; *goedkope wijn,* (*fam*) plonk; *~ voor het geld* cheap at the money; *~ en slecht* cheap and nasty, shoddy, (*fam*) tacky; (*de wat*) *goedkopere soorten* down-market lines; *~ is* ***duurkoop*** quality pays; *dat is* ***het ~st*** *in het gebruik* that goes farthest (works out cheapest); II *bw* [buy, sell] cheap, at a low price; cheaply; *er ~ afkomen* get off cheaply; *Amerikanen kunnen goedkoper leveren dan Britten* Americans can undersell ...; **goed|koopheid**, **-koopte** cheapness

goedlachs fond of laughing, given to laughter; *hij was erg ~* it did not take much to make him laugh, he was quick to laugh; **goedleers** teachable, intelligent; **goedleven** *zie* pater

goedmaken make good, make up for, recoup (compensate for) [a loss], make [it] all right, repair [a mistake], make restitution for [a wrong], put [a wrong] right, make reparation for [everything], make amends for [past misdeeds], expiate [a crime]; *het heeft mijn dag goedgemaakt* it has saved my day; *wij kunnen de interest niet ~* we are losing on interest account; *ze kunnen de kosten nauwelijks ~* they can scarcely defray the cost (earn expenses); *het weer ~* make amends; *zijn gebreken worden meer dan goedgemaakt door zijn deugden* his faults are outweighed (more than counterbalanced) by ...; *niet meer goed te maken* irreparable [harm], irretrievable [errors]

goedmakertje cheap amends

goedmoedig good-natured, kind-hearted; **goedpraten** gloss over [a p.'s shortcomings], explain away [a mistake], excuse [a p.'s conduct]; *het is niet goed te praten* it allows of no excuse; **goedrond** straightforward, frank, candid

goeds *zie* 2 goed 1; **goedschiks** with a good grace, willingly; *~ of kwaadschiks* willy-nilly, willing or unwilling, amicably or forcibly; **goedsmoeds** (*welgemoed*) [be] of good cheer, cheerful; **goedspreken**: *~ voor* make o.s. answerable (go bail) for

goedvinden I *ww* think fit (*of:* proper); (*goedkeuren*) approve of; *hij vindt alles goed* anything will do for him; *als u het goedvindt* if you agree; *als je moeder het goedvindt* if your mother does not mind, will let you (go, etc); *ik vind het ~ dat hij het geld krijgt* I shall be content for him to get the money; *hij moet het maar ~* if he does not like it, he will have to lump it; II *zn* consent; [I leave it to your] discretion; *met wederzijds ~* by mutual agreement (consent); *naar ~* at pleasure; *handel naar ~* use your discretion; *met* (*zonder*) *uw ~* with (without) your permission

goedwillend well-meaning [citizens], well-intentioned; benevolent [man]; **goedwillig** willing; **goedwilligheid** willingness

goedzak kind soul; (*sul*) softy

goegemeente: *de ~* the common herd, the community at large, the general public

goeie! (*fam*) 1 'bye!, 'morning!, etc; 2 goodness!; 3 well done!, good for you!; **goeiemorgen**! (*fig*) goodness gracious!; *jawel, ~!* that's what you think!; *~ dokter!* well I never!; *zie voor de begroetingen met* goeie(n)- *die met* goede(n)-; **goeierd** good-natured (person); **goeiig** good-natured, mild

goelag Gulag; **goelasj** goulash

goelijk good-natured

goeling (*Ind*) Dutch wife; **goeni** gunny [bag, sack]; **goeroe** guru

goesting appetite, inclination; [eat one's] fill

goj(im) goy, goyim

gok gamble; (*beursslang*) nap; (*fam*) *het is een ~* it's taking a chance; it's a toss-up; *~je* [have a] (tiny) flutter, (*Am*) [take a] flyer; *de ~ wagen* take the chance; *iets op de ~ doen* do s.t. on the off--chance [that ...]; **gokautomaat** gambling machine; **gokbaas** gaming boss; **gokkantoor** betting shop; (*ong*) bucket shop; **gokken** gamble; (*sl*) plunge; *ik gok erop dat het waarde heeft* I take a chance on its value; **gokker** gambler,

punter; (*sl*) plunger; **gokkerij** gamble, gambling; **gokspel** game of chance; **goktent** gaming-house
gold *ovt van* gelden
golf 1 wave, (*groot*) billow, surge, (*lang en zwaar*) roller; ~ *bloed* stream of blood; *op de korte* ~, (*radio*) [reception] on the short wave, in the short-wave band; short-wave [reception]; 2 (*inham*) gulf, bay; 3 (*spel*) golf; ~ *spelen* (play) golf
golf|baan golf course, golf links (*ev & mv*); **-bad** surf pool; **-band** (*radio*) waveband; **-berg** top (crest) of a wave; **-beweging** wave (*of:* undulatory) motion, undulation; **-breker** breakwater, groyne; **-club** golf club; **-dal** wave trough, trough of the sea
golf|en (play) golf; **-front** wavefront; **-geklots** dash of the waves; **-geleider** (*natuurk*) waveguide; **-ijzer** corrugated iron; **-jongen** caddie; **-karton** corrugated fibreboard; **-kruin** crest (*of:* ridge) of a wave; **-lengte** wavelength (*ook fig*); **-lijn** waving (wavy) line; (*natuurk*) waveline; **-meter** (*elektr*) wavemeter; **-pijp** waveguide; **-plaat** corrugated iron (asbestos, plastic, etc)
golfsgewijs in waves, wave-like
golf|slag wash (dash) of the waves; *zie ook* kort; **-slagbad** surf pool; **-snede** serrated edge; **-spel** (the game of) golf, golfing; **-speler** golf player, golfer; **-staat** Gulf state; **-stok** golf club (stick)
Golfstroom Gulf Stream; **golfterrein** golf course; **golftheorie** wave theory, undulatory theory; **golftrein** wave train; **Golgotha** id
goliardisch: ~*e gedichten* goliardic poetry, goliardery; **Goliath** id
golven 1 wave, undulate; 2 gush, flow; **golvend** waving [grass], wavy (flowing) [hair], undulating (rolling) [field, landscape], billowing [hills], surging [crowd]; **golving** waving, undulation
gom 1 gum; (*vlak*~) Indiarubber, [ink, pencil] eraser; *Arabische* ~ gum arabic; 2 *zie* gommie; **gomachtig** gummy; **gomboom** gumtree, Indiarubber tree; **gomelastiek** Indiarubber; **gomelastieken** (India)rubber [ball, etc]; **gomhars** gum resin; **gommen** 1 gum; 2 rub (out)
gommenikkie, gommie gosh, by gum
gonade gonad
gondel gondola; (*ve luchtschip ook*) nacelle; **gondelier** gondolier; **gondellied** barcarole, gondolier's song
gong id; (*huisbel*) chime; **gongslag** gong-beat
goniometer id; **goniometrie** goniometry; **goniometrisch** goniometric(al)
gonje gunny [bag, sack]
gonokok gonococcus (*mv:* -ci); **gonorrhoe** gonorrh(o)ea
gonzen hum, buzz, drone, whirr; *mijn oren* ~ my ears are buzzing (singing); ~ *van bedrijvigheid* be a hive of activity; ~ *van (de) geruchten* be buzzing with rumours
goochelaar(ster) conjurer, -or, magician, illusionist, (*inz jongleur & fig*) juggler; **goochelarij** conjuring, magic; juggling; **goochelen** conjure, do, perform (conjuring, magic) tricks; juggle [with balls, figures, words, (*sp*) juggle the ball];
goochelkunst 1 art of conjuring; [handbook for, of] magic; 2 ~(*je*), *zie* -toer; (*fig ook*) illusion; **goocheltoer** conjuring (magic, juggling) trick; *het is geen* ~ it needs no magic
goochem knowing, smart, wide-awake; **goochemerd** slyboots, knowing one
gooi throw, cast; (*naar doel, ook*) shy; *een* ~ ***doen*** *naar* have a shot (a shy) at; (*fig ook*) make a bid for [power]; *hij doet een goede* ~ *naar de betrekking* he stands a good chance of getting ...; *ergens een (goede)* ~ *naar doen,* (*ook*) have a (good) run for one's money; ***ga*** *je* ~*!* do as you please!
gooien fling, throw, cast, pitch [*naar* at]; (*fam*) chuck; (*naar doel, ook*) shy; (*sp ook*) deliver [the ball]; *jij* ***moet*** ~ it is your throw; ***met*** *de deur* ~ slam (bang) the door; *met de dingen* ~ throw things; *iem* ~ *met* pelt a p. with [snowballs, rotten eggs], fling (throw, pitch) s.t. at a p.; ***door elkaar*** ~, *zie* elkaar; *het* ~ ***op***, *a*) turn the conversation on (*plotseling:* switch on to) [politics]; *b*) put it down to ...; *er een schep geld* ***tegenaan*** ~ spend pots of money on it; ***ertussen*** ~ interject [a remark], throw in [a(n) (occasional) question]; *zie ook* balk, hoofd, papier, smijten, enz
gooi-en-smijtfilm knockabout (slapstick) comedy film, custard-pie (comedy); **gooier** thrower
goor (*onfris*) dingy; frowzy [a frowzy looking shop]; sallow [face]; (*onsmakelijk, enz*) nasty; (*vuil*) grimy [hands], grubby [face, shirt], filthy [bastard, language, liar]; **goorheid** dinginess, etc
goospenning earnest-money
goot I *zn* (*dak*~, *straat*~) gutter; (*straat*~, *ook*) drain; (*dak*~, *ook*) spout; (*schud*~, *enz*) chute; *iem uit de* ~ *oprapen* take a p. out of the gutter - race, flume; II *ww: ovt van* gieten; **gootgat** sink-hole; **gootpijp** (rain)water pipe; **gootsteen** 1 (kitchen) sink; *iets door de* ~ *spoelen* pour s.t. down the ...]; 2 slab; **gootsteenbakje** sink tidy; **gootsteenontstopper** plunger; **gootwater** 1 gutter-water; 2 (*thee, enz*) slops
gordel [corn, green, leather, safety, waistline] belt, waistband, girdle; (*lit & fig, ook*) zone; (*v forten*) circle, ring, girdle; *onder de* ~ [hit] below the belt (*ook fig*); **gordeldier** armadillo; **gordelriem** belt, girdle; **gordelroos** shingles
gorden gird; *zich ten strijde* ~ gird o.s. for the fight
gordiaans: *de* ~*e knoop* [cut] the Gordian knot
gordijn curtain; (*theat, ook*) act drop; (*rol*~) blind; (*bed*~*en*) curtains, (bed-)hangings; *met* ~*en behangen* (*afsluiten*) curtain (off); *er is geen* ~ *voor het raam* the ... is uncurtained; *het* ~ *ophalen* (*neerlaten*) pull up (let down, pull down, drop) the blind, (*theat*) raise (drop) the curtain, (*het sein ertoe geven*) ring the curtain up (down); *het* ~ *gaat op voor ... (en vertoont ...),* (*theat*) the curtain rises on ...; *het* ~ *valt* the curtain drops, falls, (*theat: doek*) curtain, act drop; **gordijnkap** pelmet; **gordijnrail** curtain rail, curtain track; **gordijnroede** curtain rod (pole); **gordijnstof** curtain(ing) material, curtaining; **gordijnvuur** curtain fire, barrage
gording 1 (*balk*) purlin; 2 (*mar: buik*~) buntline
gorgel throat; **gorgeldrank** gargle; **gorgelen** 1

gargle; 2 (*v vogel*) warble; **gorgelwater** gargle
gorgo(ne) gorgon; **gorilla** (*aap & man*) id
gors 1 (reed) marsh; 2 (*vogel*) bunting; *zie ook* geel-, grauw-, sneeuw~
gort 1 groats, grits; (*parel~*) pearl barley; 2 (*varkensziekte*) measles; **gortebrij**, **gortepap** barley gruel; **gortig** (*v vlees*) measly; *je maakt het* (*dat is*) *al te ~* you are (that is) going (much) too far
GOS afk van *Gemenebest van Onafhankelijke Staten* CIS, Commonwealth of Independent States; **Gosen** Goshen; **goser** bloke
gossie(mijne)!, enz, (by) golly!, by gum!, gosh!
goteling 1 pig of iron; 2 (*ketel*) copper
Goten Goths; **Gotenburg** Gothenburg; **gotiek** Gothicism, Gothic (style); **gotisch**, **Gotisch** Gothic; *~e letter* black (Gothic) letter
gotspe chutzpah; **gouache** id
goud gold; *het witte, zwarte, bruine ~* hydroelectricity, coal, peat; *het is al geen ~ wat er blinkt* all that glitters (glistens, glisters) is not gold; *een hart van ~* a heart of gold; *dat is ~ waard* it is worth its weight in gold; *voor geen ~* not for love or money; *zie ook* bekronen, goudeerlijk, gouden, wit, enz
goud|achtig goldlike, like gold, golden; **-ader** gold vein (lode), vein of gold; **-agio** premium on gold; **-appel** golden pippin; **-bad** (*fot*) gold toning bath; **-blad** gold leaf, gold foil, leaf-gold; **-blond** golden; **-brasem** gilthead; **-brokaat** gold brocade; **-brons** I *zn* gold powder, gilded bronze; II *bn* bronze(-coloured), ormolu; **-bronsartikelen** ormolu; **-bruin** golden brown, auburn; **-dekking** gold-backing, -cover(age); **-delver** gold-digger; **-draad** gold wire, (*gesponnen*) gold thread; **-druk** gold printing; **-eerlijk** completely (utterly) honest
gouden gold [coin, ring], (*inz fig*) golden [age, calf, hair, handshake, parachute, wedding]; *~ bergen beloven* promise the earth; *~ bril* gold-rimmed spectacles; *G~ Gids,* (*vglb*) Yellow Pages; *de ~ koets* the gilded coach; *gouwe ouwe* golden oldie; *~ standaard* [be on, go off, abandon the] gold standard; *~ tor* rose beetle, rose chafer; *~ vaatwerk* gold plate; *zie ook* greep; **goudenregen** 1 (*plant*) laburnum; 2 (*vuurwerk*) golden rain
goud|erts gold ore; **-fazant** golden pheasant; **-galon** gold lace; **-geel** gold-coloured, golden [corn]; **-gehalte** gold content, fineness [of coins]; **-geld** gold coin, gold; **-gerand**: *~e waarden* gilt-edged stock (*of:* securities); **-glit** (gold) litharge; **-graver** gold-digger; **-haantje** 1 (*vogel*) goldcrest; 2 (*insekt*) leaf beetle; *er uitzien* (*blinken*) *als een ~* be dressed up to the nines; **-houdend** gold-bearing, auriferous; **-kever** garden chafer, bracket-clock; **-kleurig** gold-coloured; **-klomp** nugget of gold; **-koorts** gold-fever; **-korrel** grain of gold; **-kust** Gold Coast; **-laag** (*geol*) auriferous formation; **-lak** (*bloem*) wallflower; **-laken** gold cloth, cloth of gold; **-lakens** cloth-of-gold; *~e fazant* golden pheasant; **-land** (*fig*) eldorado; **-leer** gold leather; **-makreel** dorado; **-merel** golden oriole; **-mijn** gold mine; (*fig*) gold mine, mine of wealth; *een ~ vinden,* (*fig*) strike oil, (*Am ook*) strike lucky; *een echt ~tje* a regular money-spinner; **-obligatie** gold-bond; **-pletter** gold-beater; **-pluvier** golden plover; **-prijs** price of gold; **-punt** gold-point; **-regen** (*vuurwerk*) golden rain; **-renet** golden rennet; **-reserve** gold reserve
Gouds Gouda [cheese]; *een ~e pijp* a long clay (pipe), a churchwarden
goudsbloem marigold
goud|schaal gold-scales, -balance; *zijn woorden op een ~tje wegen* weigh every word, pick one's words; **-schuim** *zie* goudglit; **-smid** goldsmith; **-staaf** gold bar (*of:* ingot); **-stempeling**: *met ~* blocked in gold; **-stof** gold dust; **-stuk** gold coin; **-veil** (*plant*) golden saxifrage; **-veld** gold-field; (*mv ook*) gold-diggings; **-vink** 1 bullfinch; 2 wealthy person, lover, etc, (*sl*) fat cat; **-vis** goldfish; (*fig*) rich heiress; **-viskom** fish-globe, -bowl; **-vlieg** greenbottle; **-vlies** gold-beater's skin; **-voorraad** gold-stock(s), gold-holding [of the Bank of England]; **-vos** (*paard*) light bay; **-werk** gold-work, goldsmith's work; **-wesp** ruby-tail wasp; **-winning** gold-mining; **-wolf** jackal; (*fig*) money-grubber; **-zand** gold-sand, auriferous sand; **-zoeker** gold-digger; **-zucht** greed for gold
goulash id
gourmand go(u)rmand; **gourmandise** sweetmeat; **gourmet** id; **gourmetstel** (*vglb*) raclette set; **goût** id
goûteren like, approve, find to one's taste
gouvernante 1 (*in gezin*) (nursery) governess, (*fam*) Nanny, nanny; 2 (*landvoogdes*) governess
gouverne|ment government; **-menteel** governmental; **-ments-** *zie ook* regerings-; **-mentshotel** government house; **-mentsorder** (*vglb*) Order in Council
gouverneren govern; **gouverneur** governor; (*ve vesting, ook*) commandant; (*onderwijzer*) tutor; (*commissaris der Koningin, vglb*) Lord Lieutenant; **gouverneur-generaal** governor-general
gouw district, canton, region
gouwe: *stinkende ~* celandine, swallowwort
gouwenaar long clay, churchwarden
Govert Geoffrey, Godfrey; **govie** (*vis*) gudgeon, goby; **gozer** bloke, guy
graad 1 (*verdeling ve hoek, enz, thermometer*) degree; *12 graden Celsius* 12 degrees Celsius (centigrade), 12° C; ***bij*** *0 graden* at zero; ***in*** *graden verdelen* graduate; ***op*** *105 graden lengte en 53 graden breedte* in longitude 105, latitude 53; *zie ook* nul; 2 (*rang*) degree (*ook academisch,* (*ook*) different degrees of perfection, etc); rank, grade; (*mar*) rating; *alle graden* ***doorlopen*** pass through all the ranks; *een ~* ***halen*** graduate, get (take) one's degree; *de ~ van MA halen* proceed (to the degree of) MA; *een ~(je) beter* a degree better; *een ~je boven u* a cut above you; *in hoge ~* to a high degree (*fam:* to a degree); *in de hoogste ~* [he is vain] to the last degree, (*fam*) to a degree; *tot* (*in*) *zekere ~* to a certain degree, in (*of:* to) some degree); 3 (*v verwantschap*) degree, remove; *neef in de*

tweede ~ cousin twice removed
graadboog protractor; **graadmeter** 1 graduated scale; 2 (*fig*) gauge; **graadmeting** measurement of a degree of latitude; **graadverdeling** graduation, degree scale; *met* ~ graduated
graaf (*Engelse*) earl, (*buitenlandse*) count [Earl Beatty, Count Bentinck]
graafmachine *zie* excavateur; **graafpoot** (*bijv ve mol*) digging claw
graafschap 1 earldom; countship; *vgl* graaf; 2 (*Eng provincie*) county, shire; *de ~pen om Londen* the Home Counties
graafwerk digging, excavation(s); **graafwesp** digger (wasp)
graag I *bn* hungry [look, stomach]; eager [look]; II *bw* gladly, readily, willingly; ~ *of* ***niet*** (you may) take it or leave it; *~!* with pleasure!, yes, please!, [Another cup of tea?] Thank you!; ~ *gedaan!* you're welcome!; ***wat*** (*heel*) *~!, van harte ~!* with all my heart, with the greatest pleasure, I shall be delighted; *ik doe het* ~ I like to do (doing) it; *hij* ***zou*** *het zo ~ hebben* he wants it so badly; *ik zou het ~ weten* I should like to know; *ik zou het zo ~ willen* I do so wish it, I want it so much; *ik zou hem ~ willen ontmoeten* I should be glad to meet him; *ik zou toch zo ~ gaan* I should love to go; *hij zou niet ~ willen, dat zijn vrouw erheen ging* he would not care for ... to go there; *hij zou niet ~ die schrijver zijn* he would not be ... for anything; *ik zal het je ~ geven* (*afstaan, enz*) you're welcome to it; *ik laat de beslissing ~ aan u* (*over*) I'm quite content to leave the decision to you; *ik erken ~* ... I frankly (freely, willingly) admit ..., I am willing to admit ...; *het hondje bijt* ~ the dog is given to biting; *zie ook* geloven & mogen; **graagheid**, **graagte** eagerness, appetite; *met ~ aannemen* accept eagerly
graaien grabble, grub, rummage; (*inpikken*) grab; ~ *naar* grab at
graal (Holy) Grail; **graalridder** Knight of the Round Table; **graalroman** romance of the Holy Grail, Grail romance
graan corn, grain; *zie ook sam met* koren-; *granen* cereals; *een ~tje pikken* have a quick one; *een ~tje meepikken* get one's share, get into (in on) the act
graan|beurs corn exchange; **-bouw** corn-growing; **-elevator** corn elevator; **-etend** granivorous; **-factor** corn-factor; **-gewassen** cereals; **-handel** corn-trade; **-handelaar** corn-dealer, corn-chandler; **-kever** corn-weevil; **-korrel** grain of corn; **-pakhuis** grain warehouse, granary, silo; **-schuur** granary; **-silo** *zie* silo; **-vrucht** caryopsis; **-zolder** corn-loft; **-zuiger** (corn) elevator
graat 1 (*berg~*) crest; 2 fish-bone; *hij is niet zuiver* ***op*** *de ~* he is not altogether reliable; ***van*** *graten ontdoen* bone; *van de ~ vallen, a*) lose flesh; *b*) faint; *c*) have a roaring appetite
graatachtig bony [fish]; **graatbalk** hip-rafter; **graatrib** groin; **graatspar** hip-rafter
grabbel: *geld te ~ gooien* throw money to be scrambled for; *te ~ gooien,* (*zijn geld, fig*) make ducks and drakes of one's money; (*zijn eer*) throw away one's honour, prostitute one's honour [for the sake of money]; (*zijn fatsoen*) throw decorum to the winds
grabbelen scramble [for pennies], grabble [in ...]; **grabbelton** lucky dip (bag, tub), bran-tub
Gracchen: *de* ~ the Gracchi
gracht 1 (*stads~, enz*) canal; 2 (*verdedigings~*) moat, ditch; **grachtengordel** ring of canals
graciel gracile; **gracieus** graceful, elegant
gradatie gradation
gradenboog protractor
graderen graduate [salt]; **gradiënt** gradient
graduale (*r-k*) gradual; **gradueel** 1 [difference] in degree; 2 gradual [increase]
gradueren 1 (*in graden verdelen*) graduate; 2 (*een graad verlenen*) confer a degree (up)on, (*Am*) graduate
graecisme Gr(a)ecism
graecus Greek scholar, Grecian
graf grave; (*verheven*) tomb, sepulchre; *zie ook* heilig; *hij graaft zijn* ***eigen*** *~* he is digging his own grave; *hij nam het* ***geheim*** *met zich in het ~* he carried the secret to his grave, the secret died with him; *het ~ maakt allen* ***gelijk*** Death is a great leveller; *een ~ in de* ***golven*** *vinden* find a watery grave; *er* ***loopt*** *iemand* (*een hondje*) *over mijn ~* somebody is walking over my grave; *hij zou zich in zijn ~* ***omkeren*** he would turn in his grave, it is enough to make him turn in his grave; *een* ***stilte*** *als van het ~* the silence of the tomb; *hij staat met de ene* ***voet*** *in het ~* he has one foot in the grave; *iem in het ~* ***volgen*** follow a p. to the grave; *aan gene* ***zijde*** *van het ~* beyond the tomb; ***aan*** *het ~* at the graveside, at the grave; *rede aan het ~, zie* ~rede; ***ten*** *grave dalen* sink into one's grave; *zie ook* ~waarts; *ten grave slepen* carry off; *zie ook* zwijgen
grafdelver gravedigger; **grafdief** grave-robber
grafeem grapheme
grafelijk of a count (an earl); like a count (an earl); [his] earl's [robes]; *~e waardigheid* countship; earldom, earlship; *vgl* graaf & graven-
graffiguur effigy
graffito id (*mv:* -ti), scratch-work
grafgiften grave furniture, burial goods; **grafheuvel** grave-mound, burial mound; (*hist ook*) barrow, tumulus (*mv:* -li)
graficus graphic artist; **grafiek** 1 graphic art; graphics; 2 (*wisk*) graph, diagram
grafiet graphite, plumbago, black lead; **grafietolie** graphited oil
grafisch graphic (*bw:* -ally); *de ~e vakken* the printing trade; *~e voorstelling* graph, diagram, graphic representation
grafkamer burial chamber, sepulchral chamber; **grafkelder** burial vault, family vault, tomb; **grafkrans** funeral wreath; (*gedenk~*) memorial wreath; **grafkuil** grave; grave pit; **graflegging** interment, sepulture [of Christ]; **grafmonument** funerary monument, tomb
grafo|logie graphology; **-logisch** graphological [report]; **-loog** graphologist, handwriting expert

graf|rede funeral oration, graveside speech; **-schender** desecrator of a grave (of graves); **-schennis** desecration of a grave (of graves); **-schrift** epitaph; **-steen** tomb-, gravestone; (*staand*) headstone; **-stem** sepulchral voice; **-teken** funerary monument; **-tombe** tomb; **-urn**, **-vaas** funeral urn; **-waarts** gravewards; ~ *geleiden* follow to the grave; **-zerk** tomb-, gravestone
1 gram *zn* gram(me)
2 gram I *bn* wroth, wrathful; II *zn* [one's] proper share; *zijn ~ halen* get one's own back, square the account, get even
gramatoom gram atom, gram-atomic weight
gramcalorie (gram) calorie; **gramequivalent** gram equivalent, gram-equivalent weight
grammatica grammar; **grammaticaal** grammatical; **grammaticus** grammarian; **grammatisch** grammatical [grammatically correct]
grammoedig wrathful, incensed
grammofoon gramophone; (*Am*) phonograph; *zie ook* 2 bij 8 & opnemen; **grammofoonnaald** stylus; (*hist*) gramophone (*Am:* phonograph) needle; **grammofoonplaat** gramophone (*Am:* phonograph) record, disc
grammolecule gram molecule, gram-molecular weight
Gram-negatief Gram-negative [bacteria]
gramschap anger, wrath, ire; **gramstorig** angry, wrathful; **gramstorigheid** *zie* -schap
granaat 1 (*vrucht*) pomegranate; 2 (*mil*) shell; (*hand~*) grenade; *met granaten bestoken* shell; 3 (*steen*) garnet; **granaatappel** pomegranate; **granaatboom** pomegranate(-tree); **granaatkartets** shrapnel shell; *~en,* (*ook*) shrapnel; **granaatscherf** shell-splinter; **granaatsteen** garnet; **granaattrechter** shell-hole, -crater; **granaatvuur** shellfire; **granaten** *bn* garnet [necklace]
grande (*Spanje*) grandee; **grandeur** id
grandioos grandiose; (*fam*) marvellous
grand-seigneur grand seigneur, swell; *de ~ spelen* put on lordly airs
graniet granite; **granietachtig** granitic; **granieten** granite; **granietrots** granitic rock; **granietsteen** granite
granu|latie granulation; **-leren** granulate (*ook ve wond*); **-leus** granular, granulous; **-loma** id
grap joke, jest, pleasantry; *~je* (little) joke; *een ~,* (*ook*) a bit of fun; *~pen maken* make jokes, joke; *dolle ~* lark; *dure ~, duur ~je,* (*fig*) expensive business (luxury); *uitgehaalde* (*niet vertelde*) *~* practical joke; (*mystificatie*) hoax; *~pen vertellen* crack jokes; *hij zit vol ~pen* he is full of fun; *hij houdt van een ~je* he must have his little joke; *hij kan wel tegen een ~* he can take a joke; *dat is* ***geen*** *~*(*je*) it's no joke (no picnic); *dat is geen ~ meer* that is past (is getting beyond) a joke; *geen ~pen!* none of your jokes!, none of that!; *dat zou me een* (***lelijke, mooie***) *~ wezen,* (*iron*) that would be a nice to-do (a pretty how-d'ye-do); *het mooiste van de ~ was* the best of it was ...; *hij* ***maakt*** *~jes* he is joking; *hij maakte er een ~*(*je*) *van* he made fun of it; *jawel, maak er maar een ~je van!* you and your little jokes!; *het was* ***maar*** *een ~* it wasn't meant seriously; ***tegen*** *een ~*(*je*) *kunnen* be able to take a joke; *een ~* ***uithalen*** play a joke; *die ~pen moet je met mij niet uithalen* don't play those tricks on me; ***uit*** (***voor***) *de ~* for fun, in fun, in sport, in play, for the fun of it (of the thing); *ik zei het maar uit de ~* I was only joking; *zie ook* aardigheid & afmaken; **grapjas**, enz *zie* grappenmaker, enz; **grappen** joke; **grappenmaker** joker, wag; **grappenmakerij** 1 joking, larking on; 2 stupid business, foolish (irresponsible) action, lark; **grappig** funny, droll, comic, amusing, facetious; *ik zie het ~e ervan niet* I don't see where the joke comes in; *het ~ste was dat ...* the funny thing about it (the funniest part of it) was that ...; *wat ~!* what fun!, how amusing!; how fascinating!; **grappigheid** facetiousness, fun
gras grass [please keep off the grass]; *~sen* grasses, gramineae; *~je* blade of grass; *met ~ begroeid* grass-grown, grassy; *je moet er geen ~ over laten* ***groeien*** don't let the grass grow under your feet; *we lieten er geen ~ over groeien, maar kochten ze direct* we lost no time in getting them; *iem het ~ voor* ***voeten*** *wegmaaien* cut the ground from under a p.'s feet; *zie ook* groen
gras|aartje spikelet, spike; **-achtig** grassy, grass-like; (*wtsch*) gramineous, graminaceous; **-baan** 1 grass-track [racing]; 2 (*tennis*) grass court; **-bloem** daisy; **-boerderij** dairy farm; **-boter** grass-butter; **-duinen** browse; *~ in* browse in [a library, a book], browse among [books, antiquities]; **-etend** herbivorous, graminivorous; **-gewassen** graminaceous plants; **-groen** grass-green; **-grond** *zie* -land; **-halm** blade of grass; **-hark** lawn rake; **-kalf** grass-fed calf; **-kantmaaier** lawn edger; **-klokje** harebell, (*Sch*) bluebell; **-lam** grass-lamb; **-land** grassland, (*wei*) pasture(-land), (*hooi*) meadow; *tot ~ maken* lay down [land] to grass; **-linnen** grass cloth; **-maaier** 1 (*pers*) grass-mower; 2 [hand, electric, motor] (lawn) mower; **-maand** April; **-mat** grass, turf; (*luchtv*) grassed surface; **-mus** whitethroat; **-oogst** hay-crop; **-parkiet** budgerigar; **-perk** lawn, grass-plot, greensward; **-pieper** meadow pipit; **-rand** grass border; (*langs weg*) grass verge; **-rijk** grassy; **-schaar** (pair of) garden shears; **-scheut**, **-spriet** blade of grass; **-tapijt** grassy carpet, turf; **-trimmer** grass trimmer, strimmer; **-vanger** grass box; **-veld** field of grass, lawn, greensward; *zie ook* -perk; *tot ~ maken* grass over; **-vlakte** area of grass, prairie; **-zode** turf, sod
gratekut scrawny girl (woman)
graterig bony [fish]
gratie 1 (*bevalligheid, gunst*) grace; *bij de ~ Gods* by the grace of God, by divine right (and authority); *koningschap bij de ~ Gods* divine right of kings; ***in*** *de ~ zijn bij* be in favour with; *weer in de ~ komen bij iem* get into a p.'s good books again, be reinstated in (regain) a p.'s favour; *bij de meisjes in de ~ zijn* be popular with the girls; *bij iem* ***uit*** *de ~ geraken* get into a p.'s bad (*of:*

black) books, lose favour with a p.; *uit de ~ zijn* be out of favour [*bij* with], be in disgrace, be under a cloud; 2 (*kwijtschelding v straf*) pardon, (*jur*) free pardon; (*vd doodstraf*) reprieve; ~ ***verlenen*** (grant a free) pardon; (*vd doodstraf*) reprieve [a p.]; *verzoek* ***om*** ~ petition for mercy; *de jury beval de misdadiger aan* ***voor*** ~ the jury recommended the criminal to mercy

gratië|ren, -ring pardon

gratificatie extra pay, bonus, gratuity

gratig bony [fish]

gratineer|pan, -schaal gratin dish; **gratineren** cook (au gratin)

gratis I *bn* id, free (of charge); (*fam*) for free; ~ *bijvoegsel* (*exemplaar, monster*) free supplement (copy, sample); give-away [puzzle, etc]; courtesy [bus]; II *bw* id, without (free of) charge, [be admitted] free; ~ *admissie verlenen,* (*jur*) certify for legal aid

gratuit gratuitous [contract; insult, remark]

grauw I *bn* grey, gray [morning, sky], ashen [face]; (*vuil*) grimy [hands]; (*fig*) drab [existence], dim [past]; *zie ook* goor & grijs; *~e erwten* yellow peas; (*pakje in*) ~ *papier* brown paper (parcel); *zie ook* ~schildering, klauwier, enz; II *zn* 1 (*gepeupel*) rabble, mob; 2 (*snauw*) snarl, growl; **grauwachtig** greyish, grizzly

grauwak (*geol*) wacke

grauwbruin grey(ish) brown

Grauwbunderland The Grisons

grauwen 1 snarl, growl; 2 grey

grauw|geel grey(ish) yellow; **-gors** corn bunting; **-heid** greyness; **-schildering** grisaille; **grauwsluier** (grey) haze, mist, fog; **-tje** donkey; (*fam*) Neddy; (*sl*) moke; **-vuur** firedamp

gravamen id (*mv:* -mina)

graveel gravel, stone, calculus; **graveelsteen** (urinary, renal) calculus, (urinary) stone

graveer|beitel burin, graver; **-der** engraver; **-ijzer** *zie* -beitel; **-kunst** (art of) engraving, engraver's art; **-naald** , **-stift** engraving needle, graver; **-werk** engraving

gravel 1 (*kiezel*) id; 2 *zie* steengruis; *op ~,* (*tennis*) on clay; **gravelbaan** (*tennis*) clay court

graven dig [a hole, a canal, peat; *naar goud* for gold], sink [a mine, a well], cut [ditches, trenches, canals], excavate [a large hole, trench]; (*v konijnen, enz*) burrow; (*fig*) delve [into the archives, the past]; *hij graaft niet diep* he (his mind) is rather shallow; *zie ook* kuil

Gravenhage: *'s-~* The Hague; **gravenhuis** line of counts; **gravenkroon** earl's (count's) coronet; **graventitel** title of earl (count), [get an] earl's title; *vgl* graaf

graver digger, delver, etc; *vgl* graven

graveren engrave [on copper, etc]; sink [dies *stempels*]; (*in*)*gegraveerd* engraved [coat of arms]

graverij 1 digging; 2 dig, excavation

graveur 1 engraver; 2 (*v munten*) die-sinker

graviditeit gravidity; **gravimeter** id; **gravimetrie** gravimetry

gravin (*Br & buitenlands*) countess

gravitatie gravitation, gravity; **graviteit** gravity; **graviteren** gravitate

gravure [line, stipple, tone; copperplate, steel, wood] engraving, (engraved) print

grazen graze, feed; *iem te ~ nemen, a*) pull a p.'s leg, rag a p.; *b*) haul a p. over the coals; give a p. a sound thrashing; **grazer** id; **grazig** grassy

greb(be) furrow, trench

greep I *zn* 1 (*het grijpen*) grip, grasp, clutch; (*turnen*) grasp; (*handvol*) handful [of nuts]; *een gelukkige* (*een gouden*) ~ *doen* make a lucky hit, strike lucky; *hier en daar een* (*een willekeurige*) ~ *doen* choose, pick out examples (an example) at random; *een ongelukkige* ~ an unlucky shot; *een stoute* ~ a bold stroke; *God zegen de ~,* (*vglb*) let's trust to luck; *zijn ~ op het publiek verliezen* lose one's hold on the public; *in zijn ~ hebben* have in one's grip (*inz fig:* (with)in one's grasp); *een ~ in de zak doen* dive into one's pocket; *hij deed er een ~ naar* he made a grab at (a dive for) it, snatched at it; ~ *naar de macht* bid for power; (attempted) coup; *een ~ uit de collectie* a choice from ...; *een ~ uit de geschiedenis* extracts from history; 2 (*handvat*) grip, handle, hilt [of a sword]; (*ve geweer*) small of the butt (of the stock); (*ve pistool*) pistol grip, butt; (*ve zeis*) snath(e); 3 (*werktuig*) (manure) fork; 4 (*handigheid*) knack; 5 (*muz*) touch; II *ww: ovt van* grijpen

greepplank (*muz*) fingerboard

gregoriaans 1 Gregorian; *~e stijl* Gregorian (*of:* New) Style; 2 (*~ gezang*) Gregorian chant, plainchant, plainsong; **Gregorius** Gregory

grein 1 grain; 2 (*stof*) camlet; 3 (*~tje*) grain; *geen* ~ not a grain, not an atom [of truth], not a shred (tittle, scrap, rag) [of evidence], not a spark (a scintilla) [of jealousy, hope, shame]; *er is geen ~tje verschil tussen hen* there is nothing to choose between them, they are as like as two peas; *geen ~tje verstand* not a particle (grain) of (common) sense; *als hij een ~tje eergevoel heeft* if he has a grain of honour in his composition; *zonder een ~tje trots* without an ounce of pride; **greinen** I *ww* granulate; II *bn* (of) camlet; **greineren** granulate; **greinig** granular, rough

gremium (influential) group of experts

grenadier id; **grenadine** id (*stof & drank*)

grendel bolt (*ook ve geweer*); *de ~ erop doen* (*schuiven*) shoot (draw) the bolt; **grendelen** bolt; *van binnen* ~ bolt [the door] on the inside

greneboom Scotch fir; **grenehout** fir, deal, pine(wood); *Amerikaans* ~ pitch pine; **grenen** (red) deal, pine(wood)

grens (*grenslijn, -punt, ook fig*) limit; (*vooral mv*) bound [his joy knew no bounds]; (*scheidslijn*) dividing line; (*v land, landgoed enz*) boundary; (*v stad, ook*) [city] limits; (*vooral mv*) confine(s) [of civilization]; (*zoom*) border, margin; (*staatkundige ~*) frontier (*ook fig:* the frontiers of knowledge); [we had no trouble at the] border; *natuurlijke ~* natural boundary; *er zijn grenzen* there are limits; *nu is de ~* ***bereikt*** that's the limit; *grenzen* ***stellen*** *aan* set bounds (limits) to; *geen grenzen stellen aan het te betalen bedrag* put no limit on ...; *daar* ***trek*** *ik de ~* I draw the line (I stick) at that; *men moet de ~ ergens trekken* one has to draw the line somewhere; ***aan** de ~* on the frontier; *aan de stadsgrenzen* on the outskirts of the city, at the city boundary; ***binnen** de grenzen der mogelijkheid* within the bounds of possibility; *binnen enge grenzen* within narrow limits (bounds); *binnen zekere grenzen* [true] within (certain) limits, [keep] within certain bounds; *het dispuut binnen zekere grenzen houden* limit the scope of the ...; *dat gaat alle grenzen te **buiten*** that exceeds (is beyond) all bounds; *buiten de grenzen van de wet* beyond the pale of the law; *het is (net) **op** de ~, (fig)* it is (just) on the (border)-line; *op de ~ van* on the verge of [madness], on the borderline of [imbecility]; ***over** de ~ zetten* conduct to the frontier, put across (*of:* over) the frontier, deport; *een aardig mondje over de ~ spreken* speak a foreign language fairly well

grens|bedrijf (*econ*) marginal undertaking; **-beeld** term(inal figure); **-bewaker** frontier guard; **-bewoner** frontier inhabitant; (*inz tussen Eng & Sch*) borderer; **-commissie** boundary commission; **-conflict** 1 border clash; 2 frontier (boundary) dispute; **-correctie** frontier readjustment; **-document** travel document; **-gebied** border(land), border region, confines, marginal area; **-geval** borderline case; **-incident** border incident; **-kantoor** frontier custom-house; **-land** borderland; **-lijn** line of demarcation, boundary line, frontier line; (*scheidslijn*) dividing line; **-overgang** border crossing (point), checkpoint; **-overschrijdend** cross-frontier [traffic], transfrontier [broadcasting]; **-overschrijding** crossing (of) the border (frontier); **-paal** boundary post, landmark; **-plaats** border (frontier) town; **-rechter** (*voetbal*) linesman; (*rugby*) touch judge; (*tennis*) line judge; **-rivier** boundary river; **-scheiding** line of demarcation; **-station** frontier station; **-steen** boundary stone, landmark; **-streek** border (region); **-teken** landmark; **-verkeer** frontier traffic; **-verleggend**: *~ onderzoek* research at (*of:* thrusting back) the frontiers of knowledge; **-vlag** (*sp*) boundary flag; **-vlak** interface; **-waarde** limit; (*econ*) marginal value; **-wacht(er)** frontier guard; **-wijziging** modification (*verbetering:* rectification) of the frontier, frontier modification (rectification)

grenzeloos boundless, limitless, unlimited, unbounded, illimitable; *~ vervelend* utterly boring

grenzen: *~ aan* border [Germany], abut on [the river], adjoin [the road]; (*fig*) border (verge) (up)on [the ridiculous, despair, etc] (*ook:* his skill is little short of miraculous); ***aan** elkaar ~, (v kamers, tuinen, enz)* be adjoining (adjacent); *zijn land grenst aan het mijne* his estate adjoins mine; *Nederland grenst ten oosten aan Duitsland, (ook)* Holland is bounded on the east by ...

grep(pel) trench, (field) drain, ditch

greppelen trench, ditch

gresbuis earthenware pipe

Greta id, Margaret, Maggie

gretig eager, desirous, greedy, avid [reader]; *zie ook* toehappen; **gretigheid** eagerness, greediness, avidity; **Grevelingen** Gravelines

gribus 1 slum; 2 ruin(ous house)

grief 1 grievance [air one's grievances]; (*fam*) grouse; *een ~ hebben tegen* have (nurse) a grievance against; 2 (*krenking*) offence, wrong; 3 (*bezwaar*) objection

Griek Greek; **Griekenland** Greece; **Grieks** I *bn* Greek; (*vooral v kunst*) Grecian; *~e, ~-orthodoxe, ~-katholieke kerk* Greek (Orthodox, Eastern) Church; *~-Romeins* Gr(a)eco-Roman [wrestling]; II *zn* Greek

griel (*vogel*) stone curlew

griend 1 (*waard*) holm; (*met rijshout*) willow coppice, osier-bed; 2 (*dolfijn*) blackfish, pilot whale, caa'ing whale; **griendhout** osiers, willow shoots, wicker

grienen snivel, blubber, blub, whine, whimper

griep influenza, (*fam*) flu; *~je* touch of flu; *zie ook* buik~ & ~erig; **griepen** (*sl*) gripe; **grieperig**: *ik voel me wat ~* (I think) I've got a bit of a cold coming on

gries 1 grit; 2 semolina; **griesmeel** semolina [pudding]

griet 1 (*vis*) brill; 2 (*vogel*) godwit; 3 (*vrouw*) dame, baby, bit (piece) of skirt, bird; *grote g~!* good grief!; *~je* (*sl*) broad, chick

Griet(je) Meg(gy), Peg(gy), Margery, Marjory

grieven grieve, hurt, gall; *hij voelde zich gegriefd* he felt aggrieved; *het griefde mij diep* it cut me to the heart (to the quick); **grievend** grievous [wrong *onrecht*], mortifying [failure], cutting [criticism]; *iem ~ bejegenen* cut a p. to the quick

griezel 1 (*pers*) creep, horror; 2 (*wezen*) bogey, terror; 3 wee bit; 4 *zie* rilling; *een ~ hebben van* have a horror of; **griezelen** shudder, shiver; *iem doen ~* give a p. the creeps, make a p.'s flesh creep, set a p.'s teeth on edge; *zie ook* huiveren

griezelfilm horror film, slasher (film, *Am:* movie); **griezelig** creepy, gruesome, grisly, scary, weird, (blood-)curdling; *hij is ~ knap* he is uncannily clever; **griezelstrip** horror comic, H-comic; **griezelverhaal** blood-curdling (creepy, horror) story

grif promptly, readily; *dat zal ~ gebeuren* that is sure (*of:* bound) to happen; *~ toegeven* admit readily (freely); *er ~ in toestemmen* agree to it like a shot; *~ van de hand gaan* sell readily (*of:* like hot cakes)

griffel 1 slate-pencil; 2 (*plantk*) graft

griff(el)en (en)grave, impress; *het staat in mijn geheugen (geest) gegrift* it remains stamped on my memory, has (en)graved (impressed) itself (is indelibly printed) on my mind

griffie office of the clerk; *zie ook* griffier; *een document ter ~ deponeren* file a document; *het voorstel werd ter ~ gedeponeerd, (fig)* the proposal was shelved; **griffier** clerk (of the court), recorder, registrar; (*1ste Kamer*) Clerk of the Parliaments; (*2de Kamer*) Clerk of the House; (*Kantongerecht, vglb*) Clerk of the Peace

griffioen griffin; **griffoen** 1 (*vogel*) griffin; 2 (*hond*) griffon; **griffon** id

grift slate-pencil; **grifweg** promptly, readily; *zie ook* grif; **grijnen**, enz *zie* grienen

grijns sneer, grin, grimace; *zelfvoldane ~* smirk; **grijnslach** sneer, sardonic smile; grin; **grijnslachen** sneer, grin; **grijnzen** sneer, grin, (make a) grimace

grijp griffin; (*fig*) *zie* ~gier; **grijparm** tentacle; **grijpemmer** grab(-bucket)

grijpen seize, catch, grasp, grip [a p.'s hand, the audience were gripped by the music], clutch, grab, snatch, lay hold of; *hij voelde zich gegrepen,* (*fam*) he felt had; ***in*** *elkaar ~, zie* ineen~; *iem in de ziel ~* touch a p. to the quick; *~* ***naar*** clutch (grab, snatch, make a grab) at, reach (out) for [one's hat; *zie ook* zwaard & wapen]; ***om*** *zich heen ~,* (*v vuur, ziekte, enz*) spread [the fire spread rapidly]; *je hebt ze maar* ***voor*** *het ~* they are as common as dirt, are there for the asking; *zulke kandidaten zijn niet voor het ~* such ... do not grow on every bush (*of:* hedge); *de ... liggen voor het ~* the ... are up for grabs; *de boeken voor het ~ hebben* have the ... to one's hand (ready to hand); *hij had ze maar voor het ~* he found them ready to hand; *ze denken, dat ik het geld maar voor het ~ heb* they ... that I am made of money; *zie ook* keel

grijp|er 1 grab(-bucket); 2 gripper; (*tang*) tongs; **-gier** (*'haai'*) kite, vulture, hawk, shark; **-graag** grabbing [hands]; **-lijnen** (*voor drenkelingen*) beckets; **-staart** prehensile tail; **-stuiver** 1 extra; *hij heeft er een aardige ~ aan* it's earning him a nice bit on the side; 2 trifle, flea-bite; *voor een ~* [I bought it] for a song; 3 *~s,* (*sl*) paws, claws; **-teen** prehensile toe; **-vogel** 1 griffin; 2 *zie* lammergier; 3 (*fig*) *zie* grijpgier

grijs grey (*ook fig:* grey literature, the grey economy), gray, grey-headed; (*v ouderdom, eerwaardig*) hoary; *grijze beer* grizzly (bear); *het grijze circuit, a*) (*vglb*) the grey market; *b*) the exploitation of pensioners; *de grijze oudheid* remote antiquity; *het grijze verleden* the dim (hazy) past; *het te ~ maken* go too far; *~ worden, zie* grijzen; **grijsaard** grey-haired man, old man; **grijsachtig** greyish, grizzly [beard]; **grijsbok** (*Z-Afr*) grysbok; **grijsheid** 1 greyness; 2 (*ouderdom*) old age; **grijskop** grey-head; **grijzen** grey, get (go, become) grey; **grijzend** greying, grizzled; [hair] shot with grey; **grijzig** greyish

gril caprice, whim, crotchet, fad, quirk, freak (*ook fig:* of fate, etc), vagary (*ook:* of the weather, etc), whimsy, fancy; *een ~ van het noodlot* a trick of fate

grill id; *zie ook* ~oven; **grillade** grill(ed meat, fish); **grille** grill(e); **grill(er)en** grill

grillig whimsical, capricious, fanciful, crotchety, faddy, fantastic (*bw:* -ally), fickle, wayward, flighty, freakish, fitful [weather]; (*ook*) freak [weather, (thunder)storm]; *de ~e bewegingen van de markt* the erratic movements of the market

grilligheid whimsicalness, whimsicality, capriciousness, etc; *zie ook* gril

grilloven rotisserie; **grillspies** spit

grimas grimace, wry face; *~sen maken* make grimaces, pull faces

grime make-up; **grimeren** make up (*ook: zich ~*); **grimeur** make-up artist (and hair stylist)

grimlach bitter smile; malicious grin; **grimmen** 1 (*vero*) be angry; 2 (*grommen*) grumble; *de honger grimt hun tegen* hunger stares them in the face; **grimmig** grim; sullen; furious; **grimmigheid** grimness; fury

grind [a stretch of] gravel; (*grof, inz op strand*) shingle; *met ~ bedekken* gravel; **grindkuil** gravel pit; **grindpad** gravel(led) path (walk); **grindweg** gravel(led) road

grinniken (*genoeglijk*) chuckle, chortle; (*giechelen*) snigger; **grint**, enz *zie* grind, enz

grip 1 id; *zie ook* greep & vat; 2 (*film*) camera assistant

grisaille id; **Griselda** id

grissen snatch, grab; (*gappen*) pinch, pilfer

grit id; **gritstralen** sandblast

groef groove; flute [in a column]; (*in molensteen*) furrow, flute, trench; (*rimpel*) furrow; II *ww: ovt v* graven; **groefschaaf** grooving-, fluting-plane

groei growth; *hij is nog in de ~* he is still growing [a growing boy]; *op de ~ gemaakt* made to allow for growing; *attr, zie* groeikern

groeien grow [you've grown; nothing is growing yet]; *zich voelen ~,* (*fig*) increase one's self-respect; *iemand* ***boven*** *het hoofd ~* outgrow a p.; (*fig*) get beyond a p.'s control; *hij zal spoedig* ***in*** *deze kleren ~* he'll soon fill out these clothes; *ergens* ***overheen*** *~* outgrow (grow out of) s.t.; ***uit*** *elkaar* (*naar elkaar toe*) *~* grow apart (closer); *uit zijn kleren ~* outgrow (grow out of) one's clothes; *er zal nooit een genie uit hem ~* he'll never make a genius; *zie ook* geld, kracht & verdrukking

groei|fonds growth share (*of:* stock); **-hormoon** growth hormone; **-hypotheek** graduated payment mortgage; **-kern** growth centre (*zo ook:* growth industry, market, university, enz), centre of development; **-koorts** (*vglb*) growing pains; **-kracht** growing power, capacity for growth, vitality; **-plaats** habitat; **-punt** (*biol*) growing point; **-stof** growth substance; **-stuipen** growing pains; **-voet** growth rate; **-zaam** favourable (to vegetation); *~ weer* growing weather

groen I *bn* green (*ook: milieubewust*); (*her*) vert; (*fig ook*) fresh, inexperienced; *in haar ~e jeugd* in her (green and) salad days; *~e erwten* green peas; *~e haring* fresh (*of:* white) herring; *~e kaart* green card, International Motor Insurance Card; *het ~e licht geven, het licht* (*sein*) *op ~ zetten* give the go-ahead (the green light, the all-clear, the clear signal); *~e zeep* soft soap; *het werd me ~ en geel voor de ogen* my head was swimming, everything swam before my eyes; *zo ~ als gras* as green as grass (*ook fig*); II *zn* 1 (*kleur*) green; 2 (*planten*) greenery, green, verdure; 3 (*pers*) newcomer, novice, greenhorn, Johnny Raw; tenderfoot, (*Austr*) new chum; (*univ*) freshman, (*fam*) fresher; **groenachtig** greenish; **groen|-bemester, -bemesting** green manure, -ring; **groenblauw** greenish blue, peacock blue; **groenblijvend** evergreen [shrub]; *~e plant* evergreen; **groene**: (*radicale*) ~ (deep, dark) green; *G~n* [the] Greens, Green Party; **groenen** 1 grow (become) green; 2 make green; **groenend** virescent; **groengebied**, **-gordel** green belt; **groenhart** greenheart; **groenheid** greenness; **groenig** greenish

Groenland Greenland; **Groenlander** Greenlander; **Groenlandvaarder** whaler; (*schip, ook*) Greenlandman

groen|ling greenfinch; **-lopen** be a freshman, be ragged; **-pootruiter** greenshank; **-steen** greenstone; **-strook** 1 green belt; 2 grassy verge

groente (green) vegetables, greens, greenstuff; (*fam*) veg (*mv:* veges); (*als toekruid*) pot-herb(s); *een ~* a vegetable; *twee ~n* two vegetables, (*fam*) two veg

groente|bed vegetable plot (patch); **-boer** greengrocer; **-burger** veg(gi)eburger; **-kweker** market gardener, (*Am*) truck gardener (farmer); **-la** crisper, salad drawer; **-markt** vegetable market; **-schaaf** vegetable slicer; (*vierkant*) box grater; **-snijder** vegetable shredder; **-soep** vegetable soup, julienne; **-tuin** kitchen garden; **-winkel**, **-zaak** greengrocer's (shop), greengrocery business

groen|tijd noviciate, -tiate, freshmanship; **-tje** *zie* groen II.3; **-vink** greenfinch; **-voe(de)r** green food (*of:* stuff), grass-fodder; fodder, forage [plants]; **-voorziening** trees and shrubsand greensand; **-zone** green belt

groep group, cluster [of trees, stars, houses], clump [of trees], batch [of recruits], body [of men], panel [of experts]; (*elektr huisleiding*) branch circuit; *~(je)*, (*ook*) knot [of persons, trees]; *bij ~en, zie* ~sgewijze; *in ~jes van twee of drie* in twos and threes

groepagedienst groupage (joint-cargo) system

groepen group; **groeperen** group; *zich ~* group themselves, centre [my happiest memories centre round this place]; **groepering** group(ing); faction

groeps|belang sectional interest; **-commandant** (*politie*) district superintendent; (*mil*) file-leader; **-dynamica** group dynamics; **-geest** group loyalty; **-gesprek** 1 group discussion; 2 (*telec*) conference call; *een ~ voeren*, (*ook*) (audio-, tele-, video)conferencing; **-gewijze** in groups, [be admitted] in batches; **-leider** group leader; **-praktijk** (*med*) group practice; **-reis** group travel; **-seks** group sex; **-verband**: *in ~* [travel] in (as) a group; **-werk** 1 (social) groupwork; 2 teamwork

groet greeting, salute, salutation; *een ~ brengen* give a salute; *een ~ zenden* send greetings; *met vriendelijke ~en* kind(est) regards; *de ~en **aan** ...* remember me (kindly) to ..., give my love (my kind remembrances) to ...; *vriendelijke ~en, ook van J* J joins with me in kind regards, kindest regards in which J joins; *~en (een ~) wisselen* exchange greetings (a word of greeting); (*jawel,*) *de groeten!*, (*fam, iron*) not on your life; *zie ook* compliment

groeten greet, salute, bow, take off one's hat (to), (*fam*) pass the time of day; *ik ken hem net goed genoeg om hem te ~*, (*een knikje te geven*) I only know him to nod to; *groet uw zuster hartelijk van mij* remember me kindly to your sister, give my kind regards (*fam:* my love) to your sister; *hij **laat** u ~* he sends you his compliments, wishes to be remembered to you, (*fam*) sends his love; ***gegroet*** good-bye!, so long!; *wees gegroet, Maria* hail, Mary; *ik groet je (hoor)!*, (*iron*) (a very) good day to you!; *zie ook* terug~

groeve (*kuil, mijn*) pit; (*steen~*) quarry; *zie ook* groef & graf; **groeven** *ww* groove, score

groezelig dingy, grubby, dirty; **groezeligheid** dinginess, etc

grof coarse [bread, gravel, linen, face, features, language], rude [remarks, you're most abominably rude, treat a p. rudely], rough [towel], gross [abuse, sensuality, carelessness, inattention], big [lie], crass [stupidity, ignorance], profound [ignorance, mistake], glaring [error], broad [humour, joke], abusive [letter], earthy [jokes]; *grove den* Scotch fir, pine; *grove fout* gross (bad) mistake, blunder; *~ geld betalen* pay through the nose; *~ geld verdienen* earn (make) big money, coin money; *~ geld verteren* spend money like water, spend lots of money; *~ geschut* heavy guns (artillery, ordnance); *met ~ geschut beginnen* start throwing one's weight about; *grove hagel* buckshot; *grove kerel* coarse(-grained) fellow; *grove ketterij* rank heresy; *~ liegen* lie shamelessly; *~ spelen* play high; *grove stem* harsh (*niet ong:* deep) voice; *grove suiker* granulated sugar; *grove taal*, (*ook*) [use] bad language; *met grove trekken* coarse-featured; *het **te** ~ maken, zie* bont

grof|dradig coarse-threaded; (*v hout, enz*) coarse-grained; **-gebouwd** big-boned, large-limbed; **-grein** grogram; **-heid** coarseness, etc; *-heden* [say] rude things, [make] rude remarks; **-korrelig** coarse-grained; **-smederij** 1 blacksmith's workshop; 2 ironworks; **-smid** blacksmith; **-vezelig** coarse-fibred; **-weg** roughly [five-six thousand pounds]; **-wild** big game; **-zinnelijk** voluptuous, lewd

grog grog; (*met suiker*) toddy; *een ~(je)* a grog; **grogstem** throaty voice

grol antic, gag; *zie ook* gril

grom 1 guts; 2 (*gegrom*) growl, snarl; **grommen** 1 gut [a fish]; 2 growl, snarl [*tegen* at], grumble; (*vd donder*) growl, rumble; **grommig** grumpy, grumpish, snarly; **grompot** grumbler, growler

grond 1 (*aarde*) ground, earth; (*met het oog op de aard*) [poor, rich] soil; (*ondergrond*) *wit op zwarte ~* white on a black field; ***vaste** ~ onder de voeten hebben* be on firm (*fig ook:* on sound) ground; *~ **winnen** (verliezen)* gain (lose) ground; ***aan** de ~ zetten*, (*luchtv*) set [an aircraft] down; *aan de ~ houden* ground [aircraft]; ***boven** de ~* above ground; *het was 20 voet boven de ~* there was a drop of twenty feet to the ground; *hij had wel **door** de ~ willen zinken* he felt he could sink through the floor (into the earth); *het was alsof ik door de ~ zonk* I was dumbfounded; *de vaas ging **naar** de ~* the ... crashed (to the ground);

onder** de* ~ [hide] underground, under ground; (*dood*) below ground, under ground [she had buried three husbands]; *de geweren op de ~ leggen* ground arms; *op de ~ vallen* (*gooien*) fall (throw) to the ground (floor); *op Belgische ~, zie* grondgebied; ***te** ~e gaan* go to (w)rack and ruin [to pieces, *fam:* to the dogs], (*ve pers, ook*) go under, perish; *te ~e liggen aan, zie* grondslag; *te ~e richten* ruin, wreck; ***tegen** de ~ gooien* throw to the ground (floor); knock down; pull [a house] down; *hij ligt tegen de ~* he is down; *zie ook* slaan; ***tot** de ~ toe afbranden* be burnt to the ground; ***uit** de ~ verrijzen* spring out of the ground; *uit de ~ van mijn hart* from the bottom of my heart; ***van** de koude ~* open- (outdoor-)grown [strawberries]; (*fig*) twopenny (-halfpenny) [poet], [a politician] of a sort, of sorts; shallow [philosophy]; *van de ~ komen,* (*luchtv*) become airborne; (*fig*) get off to a good start; *nooit van de ~ komen,* (*fig*) never get off the ground, be bogged down; *van de ~ krijgen* get off the ground; *iets weer van de ~ ophalen* begin again at the very beginning (from the bottom up); 2 (*land, terrein*) land [own a great deal of land]; (*bouw-*) site [site and building]; *stuk ~* plot; 3 (*bodem vd zee, enz*) bottom, [sea-]floor; (*vloer*) floor; *ik kon geen ~ **vinden I had got (was) beyond my depth; *ik **voel** ~* I feel (touch) ground, I am (with) in my depth; *ik voel geen ~* I am out of my depth; ***aan** de ~ lopen* (*raken*) run aground; *aan de ~ zitten* be aground; (*fig*) be in low water; *aan de ~ zetten,* (*mar*) run aground, beach; *in de ~ boren* sink, send to the bottom; (*fig, ook: de ~ in boren*) annihilate, crush [a p.], cut to pieces, slate [a book], see off, scupper [a rival plan]; *in de ~ zeilen* (*lopen*) run down [a steamer]; 4 (*grondslag*) ground, [a rumour without] foundation; (*motief*) ground [the grounds of my decision], reason; *~en,* (*v wetenschap*) elements, fundamentals, rudiments, ABC; (*v onderwijs*) [good] grounding; *de ~en van hoger beroep* the grounds of appeal; *er is **goede** ~* om te geloven ... there is good reason to believe ...; *de ~ (de ~en) **leggen**, zie* ~slag; *het **mist** alle ~* it is without any foundation; *er is een ~ van **waarheid** in* it has a basis of truth; ***met** ~* with (good) reason; *zie ook* gelijkmaken; ***op** goede ~* [act] on good grounds; *op goede ~en berusten* be well founded; *ik geloof het op goede ~* I have good grounds for my belief, believe it on good grounds; *op ~ van* on the ground of, on account of [ill health]; (*krachtens*) on the strength of, in (by) virtue of; under [article 15]; *protesteren op ~ dat* ... protest on the ground (the score) that ...; *op die ~* on that ground, on that account; *zijn krediet staat op solide ~* his ... stands on firm ground; ***van** alle ~ ontbloot, **zonder** enige ~* without any grounds (*of:* foundation), [the rumour is] utterly baseless; 5 (*kern*) ***in** de ~* essentially, fundamentally; *in de ~ is hij eerlijk* he is honest at bottom (at heart); *in de ~ kennen* know thoroughly; *in de ~ tegengestelde meningen* fundamentally opposite views; *in de ~ van de **zaak*** to all intents and purposes, fundamentally [the position has not changed], basically

grond|aas ground-bait; **-achtig** earthy [taste], muddy; **-akkoord** fundamental chord; **-bedrijf** (estate) development corporation; **-beginsel** basic (*of:* root) principle, fundamental; *~en,* (*v wetenschap, enz*) elements, rudiments; **-begrip** fundamental (*of:* basic) idea; **-belasting** (*vglb*) land-tax; **-bestanddeel** fundamental part (ingredient); **-betekenis** original meaning; **-bewerking** tillage; **-bezit** landed property; (*wijze van ~*) land tenure [in Java]; *zie ook* groot~; **-bezitter** landed proprietor, landowner, landlord; *de ~s* the landed class; **-blad** basal leaf; **-boor** earth-drill; **-boring** soil drilling; **-deining** ground-swell; **-dienst** (*luchtv*) *zie* -organisatie; **-eigenaar** *zie* -bezitter; (*bij erfpacht*) ground-landlord; **-eigendom** landed property; **-eigenschap** axiom

grondel gudgeon; *kleine ~* spotted goby; **grondelen** (*ve eend*) up-end; **grondeling** *zie* grondel

grondeloos bottomless, unfathomable; abysmal [ignorance]; **grondeloosheid** unfathomableness, bottomless depth

gronden *ww* 1 base, found, ground [*op* on]; *hierop grond ik mijn mening* I found (base) my opinion on this; 2 (*grondvesten*) found, lay the foundations of; 3 (*grondverven*) ground, prime

grond|erig earthy [taste]; **-fout** basic error; **-gebied** territory; *op Belgisch ~* on (in) Belgian territory, on ... soil; **-gebruiker** land-user; **-gedachte** root (basic, underlying) idea; **-gesteldheid** 1 soil condition; 2 nature of the soil; **-getal** base [ten]; **-houding** (fundamental) attitude

grondig 1 (*eig*) earthy, muddy [taste]; 2 (*fig*) thorough [scholar, knowledge, investigation, he knows it thoroughly], profound [investigation], intimate [knowledge], radical [cure], searching [examination], exhaustive [inquiry, search]; *de zaak ~ onderzoeken,* (*ook*) probe (*of:* sift) the matter to the (very) bottom; **grondigheid** thoroughness, profoundness, etc

grond|ijs ground ice; **-kleur** 1 ground colour, priming colour; 2 (*primaire kleur*) primary colour; **-kredietbank** land mortgage bank; **-laag** 1 first layer; 2 (*verf*) priming coat, undercoat; **-lasten** (*vglb*) land tax; **-legger** founder; **-legging** foundation, establishment; **-lijn** (*meetk*) base; **-lucht** earthy smell; **-mechanica** soil mechanics; **-onderzoek** soil analysis; **-oorzaak** root (first, basic, original) cause; **-organisatie** (*luchtv*) ground organization; *chef van de ~* ground engineer; **-pacht** ground rent; **-papier** lining paper; **-personeel** (*luchtv*) ground staff; **-plan** ground plan; **-recht** 1 fundamental law; 2 fundamental right; **-regel** principle, maxim, ground rule; **-salaris** basic salary

grond|slag foundation(s), groundwork; basis [of negotiations]; nucleus [for a fund]; *zie ook* -salaris, *en zie* grond(en); *de ~ leggen van* (*tot, voor*) lay the foundation(s) of; *dat legde de ~ tot zijn fortuin* that was the beginning (the foundation) of ...; *op hechte ~ plaatsen* place on a firm footing;

wat ligt eraan ten ~? what is at the root of it?; *dit beginsel ligt aan de zaak ten* ~ this ... underlies (lies at the root of) the matter; (*eraan*) *ten ~ liggend* underlying [conditions]; **-slagenonderzoek** fundamental research

grond|soort (type of) soil; **-sop** dregs, grounds; **-speling** ground clearance; *met grote ~* high--clearance; **-steen** cornerstone; **-stelling** (*ve leer*) tenet; (*wisk*) axiom; *zie ook* hoofdbeginsel & stelregel; **-stof** raw material, element; **-taal** 1 parent language; 2 original language; **-tal** base [ten]; **-tekst** original text; **-toon** 1 keynote, fundamental (tone); 2 (*fig*) keynote, ground-note, prevailing tone; **-trek** characteristic feature, groundwork; **-troepen** ground forces; **-verf** ground colour, primer, priming, first coat; **-verven** prime, ground; **-verzakking** subsidence; **-verzet** earth moving; **-vesten** I *zn* foundations; *op zijn ~ doen schudden* rock (shake) [society] to its foundations (roots, depths); II *ww* found, lay the foundations of; **-vester** founder; **-vlak** base; **-vorm** primitive form (*of:* type); **-waarheid** fundamental (basic) truth; **-water** groundwater, subsoil water; **-waterstand** water table, groundwater level; **-werk** earthwork; **-werker** navvy; **-wet** (written) constitution, fundamental law; **-wetswijziging** revision (amendment) of the constitution; **-wettelijk** constitutional [government]; **-wettig** constitutional; **-wettigheid** constitutionality; **-woord** radical (word); **-zee** ground swell; **-zeil** groundsheet

Groningen id; **Groninger**, enz *vgl* Amsterdammer, enz; **groos** *zie* groots 2

groot I *bn* 1 (*uitgestrekt*) large; (*zeer uitgestrekt*) vast; (*omvangrijk*) big, large; *een hele grote pad* a great big (ugly) toad; *driemaal zo ~ als een voetbal* [a ball] three times the size of ...; *vrij ~ aantal* goodish number; *een vrij ~ plantsoen* sizable public gardens; *een grote B* a capital B; *het* ***grootste*** *deel van* the greater (the best) part of [the way]; the bulk of [our exports]; *zie ook* deel; *iets* ***groots*** something great (grand, noble, sublime); *grote* ***cirkel*** great circle; *grote eter* big eater; *het grote geld* serious money, the big money; *grote hitte* (*koude*) intense heat (cold); *~ lezer* great reader; *hij is geen ~ lezer,* (*ook*) he is not much of a reader; *~ licht* (*ve auto*) full (undipped) headlights; *de grote lijnen van het plan* the broad lines of ...; *grote mars* maintop; *de grote massa* the masses; *het grote publiek* the public at large; *de Grote Oceaan* the Pacific (Ocean); *G~ Oosten* Grand Lodge; *grote ra* mainyard; *de ~ste snelheid van de auto is* ... the car has a top speed of ...; *een ~ uur* a good hour, upwards of an hour; *een ~ verschil* a great (wide) difference; *er is grote vraag naar* ... there is a heavy demand for ...; *~ want* main rigging; *grote weg* high road; *de grote wereld, a*) the fashionable world, Society, (*fam*) the upper ten (thousand); *b*) the world at large; *je hebt ~* ***gelijk*** you are perfectly right; *~ en* ***klein*** great (big) and small, high and low; *te ~* ***leven*** live beyond one's means; ***in*** *het ~* [buy] in bulk; *in het ~ en klein* [sell] wholesale and retail; *alles in het ~ doen* do everything on a large scale; *~* ***met*** *elkaar zijn* be great friends; 2 (*lang*) tall [of stature]; high [when you were three you were so high]; *hoge hakken maken je groter* high heels add to your height; *grote man* tall man; *grote mast* mainmast; *~* ***worden,*** (*ve kind*) grow up, shoot up, grow into a (wo)man; (*lang worden*) grow tall; *groter worden, zie ook* aangroeien; 3 (*volwassen*) grown(-up); *grote kinderen* grown--up children; *grote mensen* grown-ups; *als grote mensen spreken moeten kinderen zwijgen* children should be seen and not heard; *je bent al een grote jongen* you're already a big boy [you're big enough now to ..., the boys are getting so big that ...]; 4 (*veel indruk makend*) great; *~ man* great man; *de grote mogendheden* the Great Powers; (*fig*) great, big [the biggest fool ever born]; (*groots*) grand; *grote* (*voorname*) *lui* grand folk; *de groten van Spanje* the (Spanish) grandees; *de groten van het voetbal* the football greats; 5 (*op grote schaal*) large [the largest employers, a large shareholder], big [one of the biggest landowners]; 6 (*ter waarde van*) for, to the value of; *een cheque ~ £ 50* a ... for £50; *zie ook* boon, getal, 1 hoop, klok, oog, operatie, woord, groothouden, enz; II *zn* (*oude munt*) (Dutch) groat; *pond ~* pound Flemish

groot|aalmoezenier Grand (*of:* Lord High) Almoner; **-achtbaar** worshipful; **-bedrijf** big industry; **-beeld** large-screen [TV]; **-bek** 1 braggart; 2 (*vogel*) toucan; **-boek** ledger; *~ der nationale schuld* register of Government stock; **-brengen** bring up, rear, raise [a large family], nurture; *met de borst* (*fles*) *~* breast-feed (bottle-feed)

Groot-Brittannië Great Britain

groot|doen put on airs, swagger; (*fam*) swank; **-doener** braggart, swaggerer; (*fam*) swanker; **-doenerij** swagger, (*fam*) swank; **-edelachtbaar** most worshipful; **-grondbezit** landownership on a large scale; **-grondbezitter** large landowner; *~s* landed gentry; **-grutter** grocery chain; **-handel** wholesale trade; (*concr*) wholesale house; **-handelaar** wholesale dealer, merchant, (*fam*) wholesaler; **-handelsprijs** wholesale price; **-hartig**, enz *zie* -moedig, enz; **-heid** 1 greatness, magnitude; *~ van ziel* magnanimity; 2 (*persoon*) man of consequence; (*fam*) bigwig, big pot; 3 (*wisk*) quantity [unknown quantity; *ook fig*]; **-heidswaanzin** megalomania, self-aggrandizement; *lijder aan ~* megalomaniac; **-hertog** grand duke; **-hertogdom** grand duchy; **-hertogelijk** grand-ducal; **-hertogin** grand duchess; **-hoeklens** (*fot*) wide-angle lens; **-houden**: *zich ~* bear up, put a good (a brave) face on it (on a bad business); *zie ook* houden 12: zich goed ~; **-industrie**: *de ~* the big (major) industries, big industry; **-industrieel** captain of industry, big industrialist

grootje granny, grannie; *maak dat je ~ wijs!* tell that to the marines!; *je ~!* bosh!; *naar zijn ~* bust, wrecked

groot|kanselier Lord (High) Chancellor; **-kapi-**

taal: *het* ~ the moneyed interest, high finance; **-kruis** grand cross; **-macht** superpower; **-machtig** almighty; (*scherts*) high and mighty; **-maken** make great, be the making of; (*prijzen*) praise, laud; **-mama** grandma(m)ma; **-meester** grand master; **-meesterschap** grand-mastership; **-metaal** iron and steel industry; **-moeder** grandmother; **-moederlijk** grandmotherly; **-moederschap** grandmotherhood; **-moedig** magnanimous, high-minded, generous; **-moedigheid** magnanimity, generosity; **-mogol** Great (Grand) Mogul; **-officier** (*dignitaris*) Grand Officer of the Queen's (King's) Household; (*lid v orde, vglb*) Knight (Dame) Commander; **-oor** (*vleermuis*) long-eared bat; **-ouders** grandparents; **-papa** grandpapa, grand-(d)ad

groots 1 grand, grandiose, august, majestic, noble, ambitious [an ambitious programme], spectacular; 2 (*trots*) proud, haughty

groot|schalig large-scale; **-schaligheid** largeness of scale; **-scheeps** I *bw* [live, do things] in grand style, on a large scale; *het* ~ *doen,* (*ook*) launch out; II *bn* princely, grand; ambitious [attempt], all-out [effort], large-scale [enterprise]; **-schrift** text hand, large hand

groot-seminarie seminary

grootsheid grandeur, majesty, grandiosity; (*trots*) pride, haughtiness

groot|spant (*mar*) main frame; **-spraak** boast-(ing), bragging, bravado, tall talk; **-sprakig** grandiloquent, bombastic (*bw:* -ally), boastful; **-spreken** boast, brag; **-spreker** braggart, boaster; **-stedelijk** metropolitan [centre]; **-steeds** of a large town (city)

grootte size, bigness, greatness, tallness, extent, magnitude; (*lengte ve pers*) height; *het heeft de* ~ *van* ... it is the size of ...; ***op*** *ware* ~ life-size, full-sized, full (actual) size; ***ter*** ~ *van* [half] the size of [rats]; *zij zijn* ***van*** *dezelfde* ~ they are (of) the same (are of a) size; *van de eerste* ~ [a star, blunder] of the first magnitude; *van behoorlijke* ~ fair-sized; **grootteorde** order of magnitude

groot|vader grandfather; **-vaderlijk** grandfatherly; **-vaderschap** grandfathership, -hood; **-vee** cattle; **-verbruik** large-scale use (consumption); **-verbruiker** large user, bulk consumer; *voor ~s,* (*ook*) for institutional use; **-vizier** grand vizier; **-vorst** grand duke; **-vorstendom** grand duchy; **-vorstin** grand duchess; **-waardigheidsbekleder** high dignitary; **-winkelbedrijf** multiple (store, shop), chain store; **-zegel** Great Seal; **-zegelbewaarder** Keeper of the Great Seal; **-zeil** mainsail, main course

gros 1 (*12 dozijn*) gross; 2 gross, mass, main body [of an army], bulk; *het* ~ *der mensen* the common herd, the ordinary run of people; *zie ook* en-gros

groslijst list of candidates; **grosse** engrossment, engrossed document; **grosseren** engross

grossier wholesale dealer, wholesaler; **grossierderij** wholesale business; **grossieren** (sell) wholesale; ~ *in blunders* (*leugens, titels*) commit one blunder (tell one lie, collect one title) after another; **grossiershuis** wholesale house (*of:* firm); **grossiersprijs** wholesale (*of:* trade) price

grosso modo by and large, [calculate] roughly

grot grotto, cave, cavern; **grotbewoner** cave--dweller

grote *zn zie* 2 groot 3 & boodschap; **grotelijks** greatly, largely, to a high degree, to a great extent; **grotendeels** for the greater (the most) part; ~ *afhangen van,* (*ook*) depend largely (up)on (... was based in large part on)

grotesk grotesque, fanciful; **groteske** grotesque

grotonderzoeker spel(a)eologist, spelunker; **grotwerk** grotto-, rock-work; rough-cast

grovelijk rudely, coarsely, grossly

grozen be proud of s.t., show off

grrr (*knorren, v varkens*) oink

gruis grit; (*geol*) [rock-]waste; (*v kolen*) slack, coal-dust, breeze; *in* ~ *vallen* be smashed to bits

gruiskool slack, coal-dust; **gruisthee** fine tea, siftings (of tea), fannings

gruizel fragment, splinter, sliver; **gruizelementen** *zie* gruzele...; **gruizelen** pulverize, pound, bray; **gruizen** bruise, kibble [maize, etc], pound [salt]

grup manure gutter, drain; **grupstal** tie-stall

grut 1 (*tw*) law(s)!, Lord!; 2 *het kleine* ~ the small fry; 3 *zie* grutten; **grutten** groats, grits; *vgl* gort

gruttenmeel barley flour; **gruttenteller** penny--pincher; **grutter** 1 corn chandler; 2 petty-minded penny-pincher; **grutterswaren** corn chandler's wares

grutto (*vogel*) black-tailed godwit

gruwel 1 (*daad*) atrocity, horror [the horrors of war]; 2 (*gevoel & wat afschuw wekt*) horror, abomination; *dat is mij een* ~ I abhor it; 3 (water-)gruel; **gruweldaad** atrocity; **gruwelen** *zie* gruwen; **gruwelijk** horrible, atrocious, abominable, terrible; *ik heb er een ~e hekel aan* it gets me (gets my goat); **gruwelijkheid** horribleness, atrocity; (*concr*) horror, atrocity; **gruwelkamer** chamber of horrors; **gruwelstuk** atrocity; (*toneelstuk*) thriller; **gruwelverhaal** terror story; **gruwen** shudder [*bij* at]; ~ *van* abhor; **gruwzaam** horrible

Gruyère Gruyère; **gruyèrekaas** Gruyère cheese

gruzelementen: *aan* ~ [knock] (in)to smithereens, [smash] to atoms (pieces, fragments), [fall] into shivers, [the boat was smashed] to matchwood

g-sleutel treble clef, g-clef; **g-snaar** g-string

guano guano; **Guatemala** id; **Guate|malaan(s)**, **-malteek(s)** Guatemalan; **guds** *zie* guts

Guelf Guelph; **Guelfisch** Guelphic

guerrilla 1 guer(r)illa (warfare); 2 (*pers*) guer-(r)illa

guichelheil (*plant*) (scarlet) pimpernel, shepherd's glass

guilloche, **guillocheerwerk** guilloche; **guillocheren** adorn by rose-engine turning, chequer; *het* ~ engine-turning; *geguillocheerd* engine--turned; **guillo|tine**, **-tineren** guillotine

Guinea, **Guinee** Guinea; **Guinees** Guinean; ~

biggetje guinea-pig; **guinje** guinea; **guipure** id
guirlande garland, wreath, festoon, swag, [paper] chain
guit wag, [little] rogue; **guitachtig** *zie* guitig; **guitenstreek** roguish trick; **guitig** roguish, arch; **guitigheid** roguishness, archness
gul I *bn* 1 (*hartelijk, open*) cordial, genial; open(-hearted), frank; *~le lach* breezy laugh; 2 (*vrijgevig*) open-handed, generous, liberal; 3 (*mul*) loose [sand]; II *zn* (*vis*) codling
guldeling golden pippin
gulden I *zn* guilder, Dutch florin; II *bn* golden; *~ boterbloem* goldilocks; *~ snede* golden section; *G~ Sporenslag* Battle of the Spurs; *G~ Vlies* Golden Fleece; *zie ook* middelmaat: gulden ~
guldengetal golden number; **guldenroede** (*plant*) golden rod, woundwort
gulhartig *zie* gul I.1,2; **gul(hartig)heid** 1 cordiality, geniality; open-heartedness, frankness, openness; 2 open-handedness, generosity, liberality; *vgl* 2 gul
Gulik Juliers
gulp 1 fly [in trousers]; 2 gush [of blood, water]
gulpen gush, pour (forth), spout
gul|uit, -weg frankly, openly
gulzig gluttonous, greedy, voracious; *~ eten,* (*tr & intr*) gobble; *zij aten ~ hun boterham* they bolted (wolfed down) their bread and butter
gulzigaard glutton, gourmand; **gulzigheid** gluttony, greed(iness), voracity
gum *zie* gom; **gummi** (India)rubber
gummi|band rubber tyre (*Am:* tire); **-laarzen** gumboots, rubber boots, (*Am*) gums; **-overschoenen** galoshes; **-stok** (rubber) truncheon, [policeman's] baton; **-zwabber** squeegee
gunder *zie* ginder
gunnen 1 (*toewijzen*) allow, grant, award; *de **levering** (aanbesteding) ~ aan* award the contract to; *een **order** ~ aan* place an order with [a firm]; 2 (*niet misgunnen*) not grudge, not envy; *ik gun het je, het is je **gegund*** you are welcome to it; (*alleen iron*) much good may it do you; *hij gunt mij het **licht** in mijn ogen niet* he begrudges me everything; *ze gunt **zich** geen ogenblik rust* she does not allow herself a moment's rest; *niet ~, zie ook* mis~; **gunning** allotment [of shares], award [of a contract]; **gunningskoers** price of allotment
1 gunst *tw: ~ (nog toe)!* good(ness) gracious!, fancy (that) now!
2 gunst *zn* favour; (*handel*) favour, patronage, support, custom, goodwill; *iem een ~ **bewijzen*** do a p. a favour, bestow a favour (up)on a p.; *~en bewijzen* accord favors; ***in** iems ~ trachten te geraken* ingratiate o.s. (curry favour) with a p., make up (cotton up) to a p.; (*zeer*) *in de ~ komen bij* find (great) favour with, (*fam*) get on the right side of; *weer in de ~ komen* come back into favour [he was received again into the king's favour]; *in de ~ herstellen* restore to favour; *in de ~ staan bij iem* be in a p.'s good books (good graces); *in hoge ~ staan bij iem* be in high favour with a p., stand high in a p.'s favour; ***naar** de ~ dingen van* court (the favour of); *iem **om** een ~ verzoeken* beg a favour of a p.; ***ten** ~e van, a)* in favour of; *b)* (*fin*) to the credit of; *de prijzen bewogen zich ten ~e van kopers* prices moved in favour of buyers, showed a downward tendency; ***uit** de ~ geraken* fall out of favour, fall into disfavour [*bij* with]; *uit de ~ zijn* be out of favour [*bij* with], be in disfavour (in disgrace); **gunstbejag** currying favour; **gunstbetoon** mark(s) of favour; **gunstbewijs** (mark of) favour; **gunsteling(e)** favourite
gunstig favourable, propitious, auspicious; *~ gelegen* conveniently (favourably) situated; *al naar de gelegenheid ~ is* as opportunity serves; *het geluk (lot) was ons ~* fortune favoured (smiled on) us; *in het ~ste geval* at (the) best; *~e voorwaarden* favourable terms; *bij ~ weer* weather permitting; *~ **stemmen*** propitiate; *~ gestemd jegens* favourable to, in favour of; *iems woorden zo ~ mogelijk **uitleggen*** put the best construction on a p.'s words; *zich ~ **voordoen*** make oneself agreeable; **gunstkoopje** bargain, special offer; **gunsttarief** reduced rate (fare)
gup(je) (*vis*) guppy; (*pers*) (little) squirt
gust barren; (*geen melk gevend*) dry; **Gust** Gus
Gusta Augusta; **Gustaaf** Gustavus, Gustave
gut! good gracious!, gosh!
guts gouge; (*voor lineoleumsnede*) lino-cutter
gutsen 1 gush, spout [blood spouted from the wound], swirl [the rain swirled down]; 2 (*uitholen, -steken*) gouge
guttapercha gutta-percha; **guttegom** gamboge
gutturaal guttural
guur raw, bleak, inclement, rough; **guurheid** rawness, bleakness, inclemency, roughness
Guus *zie* Gustaaf & Gusta; **Guyaans** Guyanan; **Guyana** id; **Guyanees** Guyanese
gvd goddam
gym 1 (*gymnastiek*) gym; 2 *zie* gymnasium; **gymmen** do PT; **gymnasiaal** grammar-school [education]; *~ onderwijs* classical teaching; *met ~e opleiding* grammar-school educated; **gymnasiast** grammar-school pupil; **gymnasium** (*vglb*) (secondary) grammar school; **gymnast** id; **gymnastiek** gymnastics (*ook fig:* intellectual gymnastics); (*fam*) gym, PE (physical education), PT (physical training)
gymnastiek|leraar gym(nastics) instructor (master), PE (PT) instructor; **-lokaal** *zie* -zaal; **-schoen** gym shoe, plimsoll, pump; **-vereniging** gymnastic (athletic) club; **-zaal** gymnasium, drill-hall
gymnastisch gymnastic; *~e toer* gymnastic feat
gymnastiseren do (practice) gymnastics
gymnosperm id
gympje, gymschoen *zie* gymnastiekschoen
gynaecologie gynaecology; **gynaecologisch** gynaecological; **gynaecoloog** gynaecologist
gyroscoop gyroscope; **gyrostatisch** gyrostatic

Hh*h*

h (the letter) h; *zie ook* weglaten
H afk van *Heilig(e)* St, (*inz r-k*) S
ha hectare; **ha**! ha!, oh!, ah!
haag hedge, hedgerow; (*v personen*) [form a] lane, [pass between a] double line [of drummers], [under an] archway [of swords]; *Den H~* The Hague; *zie ook* levend; **haagappel** haw; **haagbeuk** hornbeam; **haagdoorn** hawthorn; (*wit*) whitethorn; **haageik** holm-oak; **Haags** (of The) Hague; (*fig*) pretentious, la-di-da; **haagwinde** great bindweed, bellbine
haai I *zn* shark; (*fig ook*) kite, vulture, hawk; *je bent voor de ~en* it's all up with you, you've had it; *naar de ~en gaan* go to the bottom, go to Davy Jones's locker; *~en op de kust, zie* kaper; II *bn* (*sl*) fly; **haaiachtig** shark-like; (*wtsch*) squaloid; **haai(e)baai** shrew, termagant, scold; **haaietand** 1 shark's tooth; 2 triangular road marking [at major road]; **haaievel** sharkskin; **haaievin** shark-fin [soup]; **haaiig** sharp(-tongued), tart; bossy
haak 1 hook [boat-, fish-hook, etc]; (*v stok & paraplu*) crook; (*ve venster, enz*) hook, hasp, clasp; *haken en **ogen*** hooks and eyes; (*fig*) difficulties; squabbles, bickerings; *met haken en ogen aaneenhangen* be patched together; ***aan** de ~ slaan* hook [a fish, a customer]; *zich aan de ~ laten slaan* get hooked; *schoon aan de ~ woog het beest 400 pond* the dressed carcass weighed (*ook:* the ox dressed) ...; *schoon aan de ~,* (*v pers*) in one's birthday suit; *zie ook* gewicht; *het weer **in** de ~ brengen* put it right, set it to rights, square it; *het is niet in de ~* it is not as it should be; *er is iets niet mee in de ~* there is something wrong (fishy) about it; 2 (*winkel~*) square; (*teken~*) T-square; (*zet~*) composing-stick; (*ve fiets*) (lamp-)bracket; (*telef*) hook, cradle; *de telefoon weer op de ~ leggen* replace the receiver (on its cradle); (*kapstok~*) peg, (coat) hook; (*steeksleutel*) picklock; 3 *~(je),* (*insluitingsteken*) (round ( ), square [ ], pointed *of* angle⟨ ⟩) bracket; (*rond, ook*) parenthesis (*mv:* -theses); (*accolade:* {}) brace; *~ openen* (*sluiten*) opening (closing) bracket; ***tussen** ~jes* in brackets, in parentheses; (*fig, ook: tussen twee ~jes*) by the way, in passing, incidentally; *maar dat is tussen twee ~jes* but that is by the way; *passage tussen ~s* parenthesis
haak|bek (*vogel*) pine grosbeak; **-bus** (h)arquebus; **-garen** crochet yarn (cotton, thread); **-je** *zie* haak 3; **-naald** crochet needle (*of:* hook); **-neus** hooknose, aquiline nose; **-patroon** crochet pattern; **-pen** *zie ~*naald
haaks I *bn* square(d); II *bw* square(ly); *~ staan op* be at right angles to; (*fig*) be diametrically opposed to; *hou je ~* take care of yourself
haaksleutel picklock; **haakster** crochet worker; crocheter; **haakvormig** hooked, hook-shaped; **haakwerk** crochet(ing)
haal 1 (*aan touw, sigaar, enz*) pull; (*met touw, ook*) tug, haul; 2 (*met pen*) stroke [downstroke, upstroke], dash [by one dash of the pen *met één ...*]; (*met klauw*) scratch; 3 run; ***aan** de ~ gaan* take to one's heels; (*sl*) do a bunk; *zij ging met ... aan de ~* she ran off (eloped, bolted) with ...; *aan de ~ zijn* be on the run; 4 (*schoorsteen~*) (pot-) hanger, chimney crook
haalbaar attainable, realizable, feasible; (*financieel*) affordable; *-bare kaart* winner; (*fig*) workable (realistic) proposition; **haalbaarheid** feasibility [study *onderzoek*]; **haalbij** worker (bee); **haalmes** draw-knife
haam 1 hames (*mv*), collar; 2 (*net*) draw-net; **haamhout** splinter bar; **haamkussen** collar pad
haan 1 cock; *~tje* young cock, cockerel; (*voor tafel*) broiler, chicken; (*fig*) young fighting-cock, little spitfire; *zijn ~ **kraait** koning* he is (the) cock of the walk, he has it all his own way; *daar kraait geen ~ naar* nobody will be (any) the wiser; *zonder dat er een ~ naar kraait* [you may ...] and no questions asked; *de **rode** ~ laten kraaien* set fire to a house, etc; *hij is ~tje de **voorste*** he is (the) cock of the walk (the ringleader); *zie ook* uithangen; 2 (*ve geweer*) cock, hammer; *de ~ **overhalen*** cock a gun; *met geheel* (*half*) *overgehaalde* (*gespannen*) *~* at full (half) cock; **haanpal** safety catch
1 haar I *bez vnw* her, *mv:* their; *de* (*het*) *hare* hers, *mv:* theirs; *zie ook* mijn; II *pers vnw* her, *mv:* them; *dit is van ~* this is hers (theirs)
2 haar *zn* hair (*ook v plant*); (*hoofd~, fam, ook*) [lose one's] thatch ; (*huid met ~*) coat; *rood ~* red (ginger) hair; *zie ook* rooie; *ben je een ~tje **bedonderd*** (*niet lekker*)? are you stark staring mad?; *hij is geen ~(tje) **beter** dan jij* he is not a whit (not one jot) better than you; *je **groeit** door je ~* you're getting thin on top; *ik heb er **grijze** haren van gekregen* it has turned my hair grey; *geen ~ aan iem **heel** laten* not leave a rag on a p.; *hij trok zich de haren uit het **hoofd*** he tore his hair; *er is geen ~ op mijn hoofd dat er aan denkt* I should not dream of doing such a thing; *hij had spijt als haren op zijn hoofd* he was as sorry as could be; *het **scheelde** maar een ~* it was touch and go (a near thing, a close shave), he had a hair's-breadth escape; *het scheelde geen ~ of ...* he was within an ace of [getting killed], he came perilously near to [marrying her]; *het scheelde geen ~, of ik had hem geraakt* (*gevonden*) I just missed hitting (finding) him; *hij heeft ~ op de **tanden*** he has a tongue of his own; *zijn **wilde** haren verliezen* sow one's wild oats, settle down; *elkaar **in** de haren* (*het ~*) *zitten* be at loggerheads; *elkaar in het ~ vliegen* fly at each other; *het er **met** de haren bijslepen* drag (*of:* lug) it in by the head and shoulders; *alles **op** haren en snaren zetten* leave no stone unturned, move heaven and earth, carry things to extremes; (*tot*) *op een ~* to a hair (a nicety, a T); ***tegen** het ~ in strijken* stroke against the hair; (*fig*) rub [a p.] up the wrong way; *zie ook* berg, doen, krenken, enz

haar|achtig hairlike; **-bal** hairball; **-band** 1 *zie* -lint; 2 hairband, fillet, headband; **-barstje** (*in porselein*) hair(line) crack; *vol ~s maken* (*worden*) craze; *met ~s* crazed; *porselein met ~s* crackle(-china, -ware); **-borstel** hairbrush; **-bos** tuft of hair; (*al het haar*) mop (*of:* shock) of hair; *met een ruige ~* shock-headed; **-breed(te)** hair('s)-breadth; **-buisje** capillary (vessel)

haard 1 (*open*) hearth, fireplace, fireside; (*kachel*) stove; (*techn soms*) furnace; ***bij** de ~, in het hoekje van de ~* by (at) the fireside; ***eigen** ~ is goud waard* there is no place like home; 2 (*fig*) hotbed [of cholera, of sedition]; seat [of trouble]; 3 (*ziekte~*) nidus, focus; (*brand~*) seat (of the fire); (*aardbevings~*) (seismic) focus, centre

haard|hekje fender; **-ijzer** (*rand*) fender; (*vuurbok*) firedog, andiron; **-kleedje** hearth-rug

haar|doek (horse) haircloth; **-dos** (head of) hair; *haar rijke ~* her wealth of hair; **-dracht** hairstyle

haardrand fender

haardroger hairdryer; **haardroogkap** hood hairdryer

haard|scherm firescreen, stove screen; **-stede** fireside; *zij vochten voor ~n en altaren* they fought for their hearths and homes (for home and country); **-stel** (set of) fire-irons; **-stoel** fireside chair; **-vegertje** hearth-brush; **-vuur** open fire

haar|fijn I *bn* as fine as a hair; (*fig*) subtle, fine-spun [distinctions], minute; II *bw* minutely, [tell s.t.] in great (in exact) detail; **-grens** hairline; **-groei** hair growth, growth of hair; **-groeimiddel** hair restorer; **-kam** haircomb; **-kloven** split hairs, quibble; **-klover** hairsplitter; casuist; **-kloverij** hairsplitting, quibbling; casuistry; **-knippen** *zn* haircutting; *~ £ 8* haircut £8; *~, mijnheer?* haircut, Sir?; **-krul** curl of hair; **-kruller** (heated, heat-retaining) roller; **-krulset** hair setter; **-krultang** hair styling (*of:* curling) tong; (*kroes*) hair crimper; **-kunde** trichology; **-lak** hair set, hair spray

Haarlem id; **Haarlemmer** I *bn* Haarlem; II *zn* native (inhabitant) of Haarlem

haar|lijn(tje) hairline; **-lint** hair ribbon; **-lok** lock of hair; **-mos** hair moss; **-mug** St Mark's fly; **-net(je)** hairnet; **-pijn** hangover; [have, get up with, it gives you] a head; **-rook** peat smoke; **-roos** dandruff; **-scheiding** parting (of the hair); **-scherp** clear-cut [division], razor-sharp [analysis], dead sharp [image]; **-scheurtje** hair(line) crack; *zie* -barstje; **-speld** hairpin; *platte ~* hair-grip; (*verschuifbaar*) *~je* (hair) slide; **-speldbocht** hairpin (bend, turn); **-spoeling** hair colouring; **-stijl** hair style; **-stilist** hair stylist; **-stuk(je)** hairpiece, toupee (wig); **-tangetje** (pair of) tweezers; **-tooi** headdress, coiffure; **-uitval** hair loss; **-vat** capillary; **-verf** hair dye; **-versteviger** hair conditioner, setting lotion; **-vilt** fur felt; **-vlecht** plait, braid (of hair); (*hangend, ook*) pigtail; (*vals*) switch; **-wassing** shampoo; **-water** hair lotion, hair tonic; **-wild** furred game; **-worm** threadworm, hairworm; **-wortel** (*anat*) hair root; (*plantk*) root hair; **-zak(je)** 1 hair tidy; 2 (*anat*) (hair) follicle; **-zeef** hair sieve

haarzelf herself, (*mv*) themselves; *vgl* zichzelf

haarzijde hairside [of hides, parchment]

haas hare; (*fam*) puss; (*sp*) pacemaker; *jonge ~, ~je* leveret, young hare; *zie ook* biefstuk & osse~; *zo bang als een ~* as timid as a hare; *als een ~* (*de hazen*) in a hurry, with no time lost; *hij ging er van door als een ~* he was off like a shot; *wat een ~!,* (*bangerd*) what a coward!; *hij is het ~je,* (*fam*) he is for it, he has had it; *mijn naam is ~,* (*fam*) it's nothing to do with me; *~ vreten,* (*sl*) get the wind up

haasfilet tenderloin; **haasje-over** [play (at)] leap-frog; **haaskarbonade** loin chop

haast I *zn* haste, speed; (*te grote ~*) hurry; *~ **hebben*** be in a hurry (in too much of a hurry to ...); *verschrikkelijk veel* (*vliegende*) *~ hebben* be in a tearing (a dreadful) hurry; *het heeft niet zo'n haast* there is no great (no particular) hurry; ***in** ~* in haste, in a hurry; *in grote ~,* (*ook*) post-haste; *in zeven ~en* in (too much of) a hurry; *er **is** ~ bij* (*mee*) there is no time to be lost, the matter cannot wait (is urgent); *er is geen ~ bij* there is no hurry (about it); *er is ~ bij de machines* we are in a hurry for the ...; *~ **maken*** make haste, hurry up; *~ maken met* speed up [production], hurry up [dinner], press on with [an order]; *geen ~ maken met* be in no hurry to [go], take one's time in [replying]; *hoe **meer** ~, hoe minder spoed* more haste less speed; *~ **zetten** achter iets* push ahead with s.t., urge matters on; *waarom **zo'n** ~?* what's the hurry?, why (all) the hurry?; *zie ook* inder~; II *bw* almost, nearly; *kom je ~?* are you never coming?; *ben je ~ klaar?, a*) are you nearly ready?; *b*) have you nearly finished?; *ik kreeg ~ een ongeluk* I nearly had an accident; *ik had het ~ gedaan* I came near doing it; *zie ook* bijna

haasten hurry [a p.]; *iem te veel ~* push a p. too much; ***zich** ~* hasten, make haste, hurry; *haast je wat!* hurry up!, be quick!, look sharp (alive, *fam:* slippy)!; *zonder* (*zich*) *te ~* unhurried [breakfast]; *ik **laat** me niet ~* I am not going to be rushed (hurried); *haast u **langzaam**!* take your time!; *haast je maar **niet*** don't hurry, take your time; *haast-je, **rep**-je* [away we went] helter-skelter, in a tearing hurry; *zie ook* gehaast

haastig I *bn* hasty, hurried, speedy; *~e spoed is zelden goed* more haste less speed; II *bw* hastily, hurriedly, in a hurry; *~ wat eten* snatch a hasty dinner (etc); *~ ontbijten* hurry through one's breakfast; *~ getrouwd, lang berouwd* marry in haste, repent at leisure; **haastigheid** hastiness, hurry; **haast|klus**, **-werk** 1 urgent work, rush job; 2 hasty (skimped) work

haat hatred [*tegen* of, for]; hate; **haatdragend** resentful, vindictive; *hij is niet ~* he bears no malice; **haatdragendheid** resentfulness, vindictiveness, rancour; **haat-liefdeverhouding** love-hate relationship

habbekra(t)s trifle; *zie* krats

haberdoedas *zie* labberdoedas

habijt (monk's) habit, frock

habitat id; **habitué** id, frequenter, regular visitor (customer); **habitueel** habitual; **habitus** id

Habsburg Hapsburg, id; **Habsburger** Hapsburger, id
hachee stew, hash, hashed meat
hachelen eat; *je kan me de bout ~* go to blazes
hachelijk critical, precarious, perilous, desperate [position]; *wij verkeren in ~e omstandigheden* we are in deep waters; **hachelijkheid** precariousness, critical state; **hachje** life, skin; *hij schoot er het ~ bij in* it cost him his life; *zijn ~ redden* save one's bacon (one's skin); *bang zijn voor zijn ~* be anxious to save one's skin
haciënda hacienda; **had** *ovt van* hebben
Hades id; **hadith** Hadith
hadj id, hajj; **hadji** id, hajji
Hadrianus Hadrian; **haema-** *zie* hema-
haf lagoon; **haft** mayfly; **hage-** *zie ook* haag-
hagedis lizard
hagel 1 hail; hailstone; *een ~ van stenen* a shower of stones; 2 (*jacht~*) shot; *schot ~* volley of shot; **hagelbui** hailstorm, shower of hail; *vgl* hagel; **hagelen** hail; *het hagelde kogels op de vijand* volleys of shot (showers of bullets) came down on ...
hagel|korrel 1 hailstone; 2 pellet (*of:* grain) of shot; **-nieuw** spick new; **-patroon** shot-cartridge; **-schade** hail(storm) damage, damage caused by hail; **-slag** 1 hailstorm; 2 *zie* -schade; 3 (*lekkernij, vglb*) hundreds and thousands; *chocolade ~* chocolate strands (*of:* vermicelli); **-snoer** (*in ei*) balancer, (*wtsch*) chalaza (*mv:* -zae); **-steen** hailstone; **-toren** shot tower; **-wit** (as) white as snow, snowy white
Hage|naar, -nees inhabitant of The Hague
hage|prediker hedge-priest, -parson; **-preek** hedge-sermon; (*de bijeenkomst*) field conventicle
hagiograaf hagiographer; **hagiografie** hagiography; **hagioscoop** squint, hagioscope
hai hi; **haie**: *zich 'en ~' opstellen* form a lane; *vgl* haag; **haïk** hai(c)k; **haiku** id
Haïti Haiti; **Haïtiaan(s)** Haitian, Haytian
hak 1 heel; *~je,* (*sp*) back-heel; *met hoge ~ken* high-heeled [shoes]; *~ken zetten* (new-)heel [shoes]; *het heeft niet veel* ***om*** *(de) ~ken* it isn't up to much; *iem* ***op*** *de ~ nemen* ridicule a p.; *zie ook* hiel, sloot; 2 (*werktuig*) hoe, pickaxe, pick, hack; 3 (*houw*) cut; *iem een ~* ***zetten*** put a spoke in a p.'s wheel, play a p. a nasty trick; spite a p.; 4 *van de ~ op de* ***tak*** *springen* jump from one subject to another, ramble (from one subject to another), (*fam*) wander all over the place; *...de brief, toespraak* rambling (desultory) letter, address
hak|bal (*sp*) back-heel; **-band** (*ve schaats*) heelstrap; **-beitel** mortise chisel; **-bijl** hatchet; (*ve slager*) chopper, cleaver; **-blok** chopping-block; **-bord** chopping-board
haken I *tr* (*vast~, enz*) hook, hitch [a horse to a tree]; (*handwerkje*) crochet; (*beentje lichten*) trip (up); II *intr* 1 (*blijven ~*) catch; *hij bleef met zijn voet (jas) daarin ~* he caught his foot (coat) in it, his foot (coat) caught in it; *~* ***naar*** hanker after, crave for, yearn for (after); 2 (*handwerken*) crochet; **hakenkruis** swastika, (*inz bk*) fylfot
hakgewricht (*ve paard, enz*) hough, hock
hakhout coppice, copse; **hakig** hooked
hakkebord 1 (*muz*) dulcimer; (*fig*) bad piano; 2 (*mar*) taffrail; **hakkelaar** stammerer; **hakkelen** stammer, stutter, flounder, stumble [in one's speech]; **hakkelig** stammering, faltering, stuttering
hakken cut (up), hew, hack, chip, hash, mince [meat]; (*kloven*) cleave, chop; *in kleine stukjes ~* chop up; *in de pan ~* cut up, cut to pieces; *hij zit altijd op mij te ~* he is always down on me, has his knife into me, is always getting at me; *zie ook* in~ & spaander
hakkenbar heel bar
hakkenei ambler, ambling horse
hakkepoffen chug; **hakketakken** 1 bicker, wrangle, squabble; 2 nag, pick at [a p.]
hakleer heel-leather; (*ve schaats*) heelstrap
hak|machine mincing (chopping) machine, mincer; **-mes** chopper, cleaver, chopping knife
hakpees hamstring, hock tendon; *de ~ doorsnijden* hamstring; **haks** shin (of beef), shank
haksel chopped straw, chaff; **hakselaar** straw-, chaff-cutter; field chopper; **hakselen** chop
hakstuk heel-piece; **hakvruchten** root crops
hal 1 (entrance, market, sports) hall; covered market; *centrale ~,* (*in gebouw*) (main) concourse; (hotel) lobby; 2 frost (patch); *eeuwige ~* permafrost; **halali** (*jachtkreet*) tally-ho
halen 1 (*laten komen*) fetch, go for, get [the doctor]; (*dokter, politie, ook:*) call in [the doctor, the police]; *we halen er een mannetje bij* we'll have a man in [to do the repairs]; ***door elkaar*** *~* mix up; 2 (*ergens vandaan halen*) collect; recover [a body from the river]; *ze werd iedere dag gehaald en gebracht* she was fetched and delivered every day; *word je gehaald?* is anybody coming for you?; *vgl* af~; ***ga*** *je moeder ~* go and find (fetch) your mother; *hij ging hulp ~* he went for help; *haal mij een* ***glas*** *bier* get me a glass of beer; *een* ***kind*** *~* deliver a child (with forceps); ***laten*** *~* send for; (*buitenshuis*) *eten laten ~* send out for a meal; *van de* ***trein*** *~* meet [a p.] at the station, meet a p.'s train; *ze haalt het* ***bij*** *de kruidenier* she gets it from ...; ***naar*** *zich toe ~* rake in [money], sweep (gather) in [the winnings]; *haal niet alles naar je toe* don't grab; ***uit*** *de zak ~* take out [one's watch]; *de waarheid uit iem ~* elicit the truth from (*trekken:* drag ... out of) a p.; *vgl* trekken & voordeel; *zoveel mogelijk uit zijn vakantie ~* make the most of (get the most out of) one's holiday; *iem uit zijn werk ~* drag a p. away from his work; *geld* ***van*** *de spaarbank ~* withdraw money from the savings bank; *waar haal je het* ***vandaan****?* how did you get it into (how did it enter) your head?; *waar heb je je uitspraak vandaan gehaald?* where did you pick up ...?; *waar zal ik het geld vandaan ~?* where shall I find the money?; 3 (*trekken*) draw (run) [a comb through one's hair], pull [a chair towards one]; (*theat*) raise (draw) the curtain; *er moest (vijfmaal) voor hem (de acteur) gehaald worden* he got (had) a curtain-call (*fam:* a curtain) (five curtain-calls); 4 (*verkrijgen*) get [good

marks *cijfers*], obtain [a certificate *akte*]; *een diploma ~ in* ... take a diploma in ...; *zie ook* graad; *~ wat er te ~ is* take all one can get; *hij ziet altijd of er **iets** voor hem te ~ is* he is always on the look-out for pickings; *er is hier **niets** te ~* there is nothing to be got here; *een hoge **prijs** ~* fetch a high price; 5 (*vergelijkbaar zijn*) compare [*bij* with]; *dat haalt er niet **bij*** that cannot compare with it [there is nothing to compare with skiing], cannot touch it, is not a patch (up)on it; *niemand haalt bij hem* there is no one to touch him; *daar haalt niets bij* nothing touches that; *dat haalt niet bij wat ik zag* that is nothing to what I saw; *hij haalt niet bij u* he cannot hold a candle to you, you beat him hollow; *wat uiterlijk aangaat haalt ze niet bij haar zus* she is not in the same street with (is not a patch on) ... for looks; 6 (*bereiken*) fetch (*ook muz:* he can't fetch the top notes); make [the front page]; *zal hij het ~?,* (*ve zieke*) will he pull through?; *hij haalt de morgen niet* he will not live out (*of:* through) the night, will not last till morning; *hij haalt de tachtig nog wel* he'll live to be eighty yet; *de bus kon de **helling** niet ~* the bus could not take the incline; *hij haalde **net** de 6 voet* he touched six feet [*zo ook:* the car touched 120 mph]; *onze kandidaat haalde het net* our ... scraped (squeezed) through; *het vliegtuig haalde het net* the plane barely made it; *hij haalt 180 **pond*** he scales at 180 pound, turns (tips) the scale at ...; *de **post** (de **trein**) ~* catch the post (the train) [he just made the 8.15]; *zie ook* bed, bij-, door-, uithalen, drommel, enz

half half; semi-[barbarian, circle, oriental, savage, be semi-conscious]; (*ve huis*) semi-detached [villa, cottage]; *het* (*zijn*) *halve rijk* half the (his) empire; *halve bol* hemisphere; *een ~ broodje, flesje* a small loaf, half-bottle; *een* (*Ned*) *~ flesje melk,* (*vglb*) a (pint) bottle of milk; *~ Europa* half E; *voor halve dagen* half-time [pupils]; *drie en een halve el* three yards and a half, three and a half yards; *~ elf* half past ten, (*fam*) half ten; *3 minuten voor* (*over*) *~ elf* 27 minutes past ten (to eleven), (*ook*) three minutes to (past) the half-hour; *halve eindstrijd* semi-final(s); *~ geld, zie ben:* halve prijs; *omstreeks ~ juli* about the middle of July; *halve kost* partial board; *~ lachend, ~ schreiend* half laughing, half crying; between a laugh and a cry [he said ...]; *in het halve licht* in the half-light; *halve maan, zie* halvemaan; *halve maatregelen* half measures; *~ pension* half-board; *tegen de halve prijs, voor ~ geld* at half-price, [travel] half-rate, half-fare, [be admitted] half-price; *~ rijp* half ripe; *de ogen* (*het boek*) *~ sluiten* half(-)close the eyes (the book); *halve storm, zie* waaien; *wie de halve tijd werkt* half-timer; *halve toon* semitone; *halve waarheid* halftruth; *halve waarheden vertellen,* (*ook*) be economical with the truth; *geen ~ werk doen* not do things by halves; *zie ook* keren; *hij heeft maar een ~ woord nodig* he needs no more than a hint; ***~ klaar** met* half-way through [one's dinner]; *de maaltijd was ~ geëindigd* the ... was half-way through; *~ ontloken* half-blown; ***niet** ~ zo veel* not half so much (many); *niet ~ lang genoeg* not half long enough; *niet ~ zo goed als* ... not half (not nearly) so good as ...; *je weet niet ~ hoe ik me voel* you little know how ...; ***~ slaan*** strike the half hour; *het slaat juist ~* the half-hour is just striking; *de klok slaat heel en ~* the ... strikes the (full) hours and the half hours; *ik heb het maar ~ **verstaan*** I did not understand more than half of it; *dat is me maar ~ naar de zin, ik **vind** het maar ~* (~) I only half like it, can't say I like it, find it only so-so; ***~ en ~** beloven* as good as promise; *ik had ~ en ~ zin om, dacht er ~* (*en ~*) *over om* ... I had half a mind to ..., half thought of ...ing; *ik dacht* (*hoopte*) *zo ~ en ~* I rather thought ... (I sort of hoped ...); *al ~ en ~ besloten hebben* have more or less decided; ***~ om** ~* ['how shall I mix them?'] 'half and half'; *zie ook* verstaander *&* ~-om-~

half|aap half-ape; **-acht** half past seven, (*fam*) half seven; **-bakken** half-baked (*ook fig*); **-bloed** I *zn* half-breed, -blood, -caste; II *bn* half-bred, half-blooded; **-broer** half-brother; **-cirkelvormig** semi-circular; **-donker** *zn* semi-darkness, half-dark(ness), twilight, dimness; **-dood** half dead [*v moeheid* with fatigue; a half-dead animal]; *iem ~ slaan* half kill a p., thrash a p. within an inch of his life; *zich ~ lopen* run (walk) o.s. off one's legs, nearly kill o.s. with running; **-door**: *~ snijden* cut half through; **-dronken** half drunk, half-seas-over; **-droog** semi-dry [white wine]; **-duister** *zie* -donker; **-edelsteen** semi-precious stone; **-fabrikaat** semi-manufactured article; **-gaar** 1 half-done, half-baked; 2 (*fig*) half-baked, dotty; **-gare** halfwit; **-geleider** semiconductor [technology]; (*attr ook*) solid-state [components]; **-geschoold** semi-skilled; **-god** demigod; **-godin** demigoddess; **-half** [it's only] so-so; **-hard** half-hard; **-heid** half-heartedness, irresolution, shilly-shallying; **-hemdje** front, dickey; **-hoog** half-length; *~ laarsje* half-boot; **-houtverbinding** half-to-half joint; **-jaar** six months, half a year; **-jaarlijks** I *bn* half-yearly, semi-annual; II *bw* every six months; **-je** 1 half a glass (loaf, etc); 2 (*vero*) half-cent; *zie verder* half; **-kleinbeeld** half-frame; **-klinker** semivowel; **-leer** half (*hoeken niet van leer:* quarter) leather (calf, etc); *in ~ gebonden* half(quarter)-bound; *-leren band* half(quarter)-binding; **-linnen** half-linen; (*ve boekband*) half(quarter)-cloth; **-luid** in an undertone; **-maandelijks** I *bn* fortnightly [paper], semi-monthly; II *bw* every fortnight; **-naakt** half-naked; **-om**: *een broodje ~* salt beef and liver roll

half-om-half 1 beef-and-pork mince; 2 half and half [mixture of curaçao and bitters]

half|rond I *zn* hemisphere; II *bn* hemispherical; **-schaduw** penumbra; **-slachtig** 1 half-bred, mongrel [breed, dog]; (*fig ook*) half-hearted [measures], half-fledged [protectionist], half-way [measures]; *~ te werk gaan,* (*pol*) fudge and mudge; 2 (*amfibisch*) amphibious; **-slachtigheid** half-heartedness, indecision, irresolution; **-slag** 1 (*ve klok*) the half-hour; 2 (*fig*) half-breed, half-bred, mongrel; *zie ook* -slachtig & -was; **-sleets**, **-sleten** half-worn, second-hand; **-speler** half-back; **-steensverband** stretcher-bond; **-stok** [the flag was flying] (at) half-mast; ~ *vieren* half-mast; **-vasten** mid-lent; **-vet** (*typ*) semi-bold, black-faced [type]; **-vleugeligen** hemiptera; **-vocaal** semivowel; **-vol** [fill] half-full; semi-skimmed [milk]; **-waardetijd** (*natuurk*) half-life; **-was** I *zn* improver, apprentice; II *bn* 1 immature; 2 half-grown; **-wassen** half-grown; **-weg** half-way [house]; **-wekelijks** I *bn* half-weekly; II *bw* twice a week; **-wijs** half-witted; **-wijze** halfwit; **-zacht** semi-boiled [egg]; (*fig*) half-baked [policies]; **-zuster** half-sister; **-zwaargewicht** (*boksen*) light heavyweight

halitose halitosis, bad breath

halleluja hallelujah, alleluia

hallo (*ook bij telef*) hello!, hullo!

halluci|natie hallucination; ~*s hebben*, (*ook*) see (be seeing) things; **-neren** 1 hallucinate, see things; 2 delude, daze; **-nogeen** hallucinogen(ic)

halm [corn-]stalk, blade [of grass, of corn]; **halma** id; **halmstro** threshed stalks, straw; **halo** id

halofyt halophyte; **halogeen** halogen [headlights, lamp]; **halogeneren** halogenate

hals neck (*ook van fles, enz*); tack [of a sail]; (*onnozele*) ~ mug, simpleton; *iem de ~ afsnijden* cut a p.'s throat; *de ~ breken* break one's neck; *dat zal hem de ~ breken* that'll be his undoing; *met open ~* open-necked [shirt]; *iem* ***om*** *~ brengen* kill a p.; (*sl*) do a p. in; *iem om de ~ vallen* fall (up)on a p.'s neck, throw one's arms (o.s.) round a p.'s neck; *zich iets* ***op*** *de ~ halen* bring s.t. on o.s., incur [debts, a p.'s displeasure], catch [a cold]; *je weet niet, wat je je op de ~ haalt* you don't know what you are letting yourself in for (*evenzo:* let o.s. in for no end of worry); *iem een probleem op de ~ schuiven* shove a ... on to a p., (*Am*) pass the buck; *iem de verantwoordelijkheid op de ~ schuiven* saddle a p. with ...; *~* ***over*** *kop vallen* fall head foremost (headlong, head over heels) [into a pit]; *~ over kop vertrekken* (*trouwen; naar het ziekenhuis brengen*) leave helter-skelter, dash off (rush into marriage; rush [a p.] to hospital)

hals|ader jugular (vein); **-band** 1 collar; 2 neckband; **-berg** (*hist*) hauberk; **-brekend** breakneck; *met ~e vaart* at breakneck speed; **-doek** neckerchief, scarf; **-gerecht** 1 criminal justice; 2 criminal court; **-ketting** necklace, necklet; (*keten*) collar; **-klier** jugular gland; **-kraag** collar; (*geplooide*) frill, (*hist*) ruff; (*ve harnas*) gorget; **-kwab(be)** (*v vee*) dewlap; (*ve varken, enz*) wattle; **-lengte** neck-length; *met een ~ winnen* (*verslaan*) win (beat) by a neck; **-lijn** neckline; **-misdaad** capital crime (*inz fig:* offence); *geen ~* no hanging matter; **-recht** (*hist*) 1 criminal jurisdiction; 2 execution; **-slagader** carotid (artery); **-snoer** necklace, necklet; **-starrig** obstinate, stubborn, headstrong, stiff-necked, wilful; **-starrigheid** obstinacy, stubbornness, wilfulness; **-stuk** (*ve kledingstuk*) neck-piece; (*ve geslacht dier*) neck of beef (of mutton), scrag(-end) of mutton

halster halter; *de ~ strijken* slip the halter; **halsteren** halter

halswervel cervical vertebra (*mv:* -brae); **halswijdte** collar size; **halszaak** *zie halsmisdaad*; **halszenuw** cervical nerve

halt halt, stop; (*commando*) halt!; *~! wie daar?* halt! who goes there?; *~ commanderen* call a halt; *~ houden* (*maken*) make (call) a halt, halt; *~ laten houden, a*) *tr* halt; *b*) *intr* call a halt; *een ~ toeroepen* call to a halt; halt [a development]

halte stopping-place, [get off at the next] stop; [railway] halt, wayside station; *volgende ~!* next stop, please!

halter (*kort*) dumbbell; (*lang*) barbell; **halterjurk**, **-truitje** halterneck

halvarine low-fat margarine; **halve** *zie* half

halve|lings more or less, vaguely; **-maan** half-moon, crescent; (*vestingbouw*) demilune; (*broodje*) crescent; croissant; **-maanvormig** crescent(-shaped), half-moon shaped [window]

halveren halve, divide into halves (into two equal parts); bisect [an angle, plane, etc]; **halverhoogte**: *ter ~* halfway up; **halveringstijd** (*natuurk*) half-life; **halverwege** I *bw* [we are now] halfway (through, down, across); II *bn* halfway through [the interview] (along [the dike], between [A and B], to [the Hook], etc), midway between [A and B]; **halverwind** (*mar*) having the wind on the beam; **halvezolen** *ww* half-sole; **halvezool** 1 half-sole; 2 half-wit, dumbo

halzen (*mar*) wear (*v t & v dw* wore)

ham id; **hamamelis** wych-, witch-hazel

Hamansfeest Purim; **Hamburg** id; **Hamburger** I *bn* (of) Hamburg; II *zn* Hamburger, Hamburg man; *h~* id; *vegetarische h~* veg(gi)eburger

hamei portcullis

hamel wether; **hamelvlees** mutton

hamer hammer; (*houten, ook*) mallet; *tussen ~ en aanbeeld* between the devil and the deep (blue) sea, in a scrape; *onder de ~ brengen* bring to (under) the hammer, put up to (for) auction; *onder de ~ komen* (*gaan*) come (go) under the hammer, be put up to (for) auction, come up for sale; **hamerbaar** malleable

hameren hammer [*op de deur* at the door]; (*ve specht*) drum; *zie ook* aanbeeld; *op iets blijven ~* keep on about s.t.; *door ~ harden* hammer-harden; *iets erin ~* hammer s.t. home

hamer|haai hammer-head(ed shark), hammer-fish; **-slag** 1 stroke of a hammer, hammer-blow; 2 hammer-scale, iron-dross; *afgewerkt in ~* hammered [surface]; **-steel** handle of a hammer; **-stuk** item of business dealt with as a formality (passed on the nod); **-teen** hammer toe; **-vis** *zie* -haai; **-werpen** throwing the hammer

ham|ster hamster; **-steraar** (food-)hoarder; **-steren** hoard; *het ~* (food-)hoarding, panic-buying

hamvraag crucial question; *de ~* the sixty-four (thousand) dollar question

hand hand [his hand was against every man]; (*~schrift*) hand(writing); *het was zijn ~* the writing was in his hand, it was his hand(writing), (*fam*) his fist; *~je* ***contantje***, (*fam*) down on the nail, (in) cash; *zeg maar* ***dag*** *met het ~je* forget it; *hij mag zijn ~en* ***dichtknijpen*** he may count himself lucky; *je ~* ***erop***! your hand (up)on it!; *ik gaf er hem de ~ op* I gave him my hand (up)on it, we shook hands on it; *ik* ***gaf*** (*drukte*) *hem de ~* I gave him my hand, shook hands with him; *zij gaven* (*schudden*) *elkaar de ~* they shook hands, shook each other by the hand; *elkaar de ~ geven* (*om een keten te vormen*) link hands, make a (human) chain; (*met*) *de ~ over het* ***hart*** *strijken* strain (*of:* stretch) a point [*ter wille van u* on your behalf]; *de ~* ***erin*** (*de ~ in het* ***spel***) ***hebben*** have a hand in it (in the game), have a finger in the pie, be in it (*zo ook:* I'll have no hand in it); *hij heeft* ***er*** *een ~je* ***van*** *om* ... he is apt to ..., he has a trick (way) of ...ing; *een ~je* ***helpen*** give (lend, bear) a hand; *hij had een ~je meegeholpen bij de inbraak* he had taken a hand in the burglary; *de ~* ***houden*** *aan* enforce [rules]; *je moet er de ~ aan houden* you must keep a strict hand (up)on it, keep it up; *de ~ boven de ogen houden* shade one's eyes with one's hand; *iem de ~ boven het hoofd houden* support a p., back a p. up; shield (screen) an offender; *de ~en* ***ineenslaan***, (*eig*) strike one's hands together; clasp one's hands; (*fig*) join hands, band together; *de* ***laatste*** *~ leggen aan* put the finishing (final) touches to [one's work]; *de ~* ***leggen*** *op* lay hands on; *de politie legde de ~ op hem,* (*ook*) the police put their hands on him; *ik wil er mijn ~ niet toe* ***lenen*** I won't have a hand in it; *de ~* ***lezen*** read one's palm; *veel ~en maken* ***licht*** *werk* many hands make light work; *de ~* ***lichten*** *met, zie* lichten; *de ~en uit de* ***mouwen*** *steken* put one's shoulder to the wheel, take off one's coat to it, buckle to; *geen ~ voor* ***ogen*** *kunnen zien* be unable to see one's hand before one's face (in front of one); *ik* ***draai*** *er mijn ~ niet voor* ***om***, *a*) I don't care a rap (for it), it leaves me cold; *b*) I think nothing of it; *de ~en tegen iem* ***opheffen*** raise one's hands against a p.; *ik wil er mijn ~ voor* ***opsteken*** I will take my oath on it; *stemmen door de ~en op te steken* vote by show of hands; laat uw ***rechter*** *~ niet weten wat uw linker doet* let not thy right hand know what thy left hand doeth; *zij* ***schonk*** *haar ~ aan* ... she gave her hand to ...; *een goede* (*mooie*) *~* ***schrijven*** (*~ van schrijven hebben*) write a good (beautiful) hand; *de ~ aan zichzelf* ***slaan*** lay violent hands (up)on o.s., die by one's own hand; *de ~ aan de ploeg slaan* put one's hand to the plough; *de ~en* ***staan*** *hem verkeerd* he can't manage, hasn't got the knack; *mijn ~ staat er niet meer naar* my hand is out; *met ~ en* ***tand*** *verdedigen* defend tooth and nail; *~en* ***thuis*** hands off; *zijn ~en thuis houden* keep one's hands off [other people's property]; *nooit een ~* ***uitsteken*** never do a stroke (of work); *ik steek geen ~ uit* I won't stir (lift, raise) a finger [to help him]; *aan ~en en* ***voeten*** *gebonden* bound hand and foot; *op ~en en voeten* [go, creep] on all fours; *ik had mijn ~en* ***vol*** I had my hands full [*aan* with], I had my work cut out (for me); *hij had er de ~en aan vol om* ... he had his work cut out (had quite a job) to [stop her], it was as much as (it was all) he could do to [keep his men within bounds], (*zo ook:* the police had a busy time keeping the crowd back); *ik heb mijn ~en vol aan hem* he is a handful, I have my work cut out with him, he gives me no end of trouble; *~en vol geld* [he spent] loads (lots) of money; *iem de* ***vrije*** *~ laten* (*de ~en vrijlaten*) leave (give, allow) a p. a free hand; *de ~en niet vrij hebben* not have a free hand, not have one's hands free, (*niet geheel*) have one hand tied behind one's back; *uit de vrije ~* free-hand [drawing], off-hand [shot]; *als de ene ~ de andere* ***wast*** *worden beide schoon,* (*vglb*) one good turn deserves another; scratch my back and I'll scratch yours; *ik wil er mijn ~ niet onder* ***zetten*** I won't put my hand to it; ***aan*** *iems linker ~* [sit] on a p.'s left (hand); *aan de ~ van deze cijfers* (judging) from (in the light of, with the help of, on the basis of) ... [it may be stated ...]; *iem iets aan de ~ doen* put s.t. in a p.'s way, suggest s.t. (a means, a remedy) to a p., put a p. in the way of doing s.t., throw out a hint (a suggestion) to a p., put a p. on to [a good dentist, a good thing]; *~ aan ~ gaan* go hand in hand (*ook fig*); *zijn fiets aan de ~ hebben* wheel one's bicycle; *wat heb je nu aan de ~?* what are you doing now?; *hij heeft veel* (*andere*) *zaken aan de ~* he has many (other) irons in the fire; *te veel aan de ~ hebben* have too much on hand; *iets aan de ~ hebben* have problems; *iem aan de ~ hebben* be detained by a p.; *aan de ~ houden* hold by the hand; *wat is er aan de ~?* what's up?, what's doing?, what's the trouble?; *er is iets aan de ~* there is s.t. in the wind (*of:* going on); *is er iets met zijn gezondheid aan de ~?* is there anything the matter with ...?; *er is niets aan de ~* there is nothing wrong (no problem); *aan de betere ~, zie* beter; *iets* ***achter*** *de ~ hebben* have s.t. up one's sleeve (in reserve, to fall back on), have a second string to one's bow; *achter de ~ houden* keep in hand; ***bij*** *de ~ hebben* hold by the hand; (*fig*) have at hand, have handy; (*bezig zijn met*) be engaged on; *het zo plaatsen, dat men het vlak bij de ~ heeft* place it ready to hand; *een geschiedschrijver moet altijd een kaart bij de ~ hebben* a historian ... at his elbow; *ik heb dit vaker bij de ~ gehad* I am an old hand at this; *bij de ~ nemen* take by the hand; *bij de ~ zijn, a*) be at hand, be handy, be about; *b*) (*gewiekst*) *zie* bijdehand; *vlak bij de ~* near (close) at hand; *vroeg bij de ~ zijn* be up (be astir) early; *iem die* (*altijd*) *vroeg bij de ~ is* an early riser; *hij is nog niet bij de ~* he is not stirring yet; ***in*** *~en,* (*op brieven*) by hand; *in de eerste* (*tweede*) *~,* (*handel*) in first (second) hand; *met de hoed* (*een camera*) *in de ~* hat (camera) in hand; *een kind een boek in ~en geven* put a book into a child's hands; *hij heeft uw leven in zijn ~* he holds your life in the hollow (the palm) of his hand; *ik heb het niet alleen in de ~* it's not entirely up to me; *de partij* (*vast*) *in ~en hebben tot* ... have the refusal of the parcel till ...; *een markt in ~en hebben* control a market; *de politie heeft de zaak in ~en* the ... have the case in hand; *in de ~ houden* have [matters] under control; *in eigen ~ houden* keep control over; *~ in ~ gaan* go hand in hand with; *tijdig in ~en komen* come to hand in due time; *in ~en krijgen,* (*een order*) secure an order; (*een boek*) light (*toevallig:* chance) (up)on a book [he would read anything he could get hold of]; *in andere ~en overgaan* change (pass into other) hands; *in ~en der regering overgaan* pass under Government control; *elkaar in de ~en slaan* [buyer and seller] slap hands; *in ~en stellen van* refer [a matter] to [a committee]; place [the case] in the hands of [the police]; *iem iets in de ~en stoppen* foist (*of:* palm) s.t. off (up)on a p.; *hij laat zich gemakkelijk wat in de ~en stoppen* he is easily cheated; *iem een fooi in de ~ stoppen* slip a tip into a p.'s hand; *in verkeerde* (*in slechte*) *~en vallen* fall into the wrong (into bad) hands; *in ~en van de vijand* (*de politie*) *vallen* fall into the enemy's hands (get into the clutches of the police); *gebied in ~en van de vijand* enemy-held territory; *het boek viel mij in ~en* the ... came my way; *in de ~ werken,* (*iets*) promote, facilitate; (*iem*) play into the hands of; *elkaar in de ~ werken* play into each other's hands; *de macht moet in één ~ zijn* the power should be in one hand; *in ~en van Duitse firma's* [this business is largely] in the hands (in the control) of ...; *de zaak kan in geen betere ~en zijn* the ... cannot be in better hands; *in goede* (*veilige, de beste, slechte*) *~en zijn* be in good (safe, capable, bad) hands; *zie ook* schoon; ***met*** *beide ~en aangrijpen* jump at [a thing, a proposal]; (*ook*) grasp the offer (take the opportunity) with both hands; *met ~en vol weggooien* spend [money] like water; *met de ~en over elkaar zitten* be idle; *met de ~* by hand, hand-[made, feed, etc]; *met de ~ gemaakt* (*geschreven, geschilderd, enz*) hand-made (-written, -painted, -decorated, etc) [*zo ook:* hand-sewn, -woven, etc], made (etc) by hand; *zie ook* eigenhandig; *met de ~en in het haar zitten* be at one's wit's (wits') end, be at a loss what to do; *zie ook* hart, leeg, schoot, zacht; *zij kan hem* **naar** *haar ~ zetten* she knows how to manage him; *iem naar zijn ~ zetten* bend a p. to one's will; *alles naar zijn ~ zetten* have it all one's own way; *zie ook* dingen; *niets* **om** *~en hebben* have nothing to do, be at a loose end, [I] have (got) nothing on [at the moment]; *om haar ~ vragen* propose to her; zie huwelijk: ten ~; ***onder*** *de ~* meanwhile, in the mean time, incidentally; [he may die] on your hands; *onder ~en hebben* have [a task] in hand, be engaged on [a task], be at work on [a picture]; *onder ~en nemen,* (*zaak, persoon*) take in hand; *zie ook* ter ~ nemen; *iem onder ~en nemen,* (*ook*) take a p. to task, give a p. a good talking-to, call (*of:* haul) a p. over the coals; *hij moet eens goed onder ~en genomen worden,* (*ook*) he wants a good talking-to; *onder ~en zijnde werken* works being performed (carried out); *zie ook* dokter; ***op*** *eigen ~* on one's own account (responsibility, initiative); *iem op de ~en dragen* worship a p.; *iem erg op de ~en zien* watch a p. closely; *op ~en zijn* be near at hand, be imminent, be drawing near; *zie* aanstaande; *ik heb hem* (*hij is*) *op mijn ~* I have him (he is) on my side; *~* ***over*** *~* [*lose money*] *hand over hand, hand over fist; het misbruik nam ~ over ~ toe* the ... gained ground (rapidly), spread (gradually), became rampant; ***ter*** *~ nemen* take [a task] in hand, put [an order, the work, repairs] in hand, take [the matter] up; *ter ~ stellen* hand [a p. something, s.t. to a p.], deliver [s.t.] into a p.'s hands; *om* ***uit*** *de ~ te eten* [these apples are pleasant] to eat [are good eating apples]; *uit de eerste* (*tweede*) *~* (at) first (second) hand [first-hand (*ook:* inside) information, buy second-hand]; *uit de eerste ~,* (*ook*) [I've got it] straight from the horse's mouth; *de dingen uit de eerste ~ bestuderen* study things at first hand; *de beweging loopt* (*hem*) *uit de ~* the ... is getting out of hand (out of his control); *uit de ~ verkopen* sell by private contract (*of:* treaty); *zie ook* koop; *uit de ~en der justitie blijven* keep on the right side of the law; *uit de ~ gemaakt, enz, zie boven* met de ~; *uit ~en geven* part with, give over; *iem werk uit ~en nemen* take work off someone's hands; *hij is mij uit de ~ gevallen* he has fallen short of my expectations; *zie ook* eten; ***van*** *de ~ doen* dispose of, sell, part with; *het van de ~ doen* the disposal (disposition) of [goods]; *dat gaat hem goed* (*flink*) *van de ~* he is handy (quick, a quick hand) at it; *duur van de ~ gaan* sell at high prices; *goed* (*vlot, vlug*) *van de ~ gaan,* (*v waren*) sell well (rapidly, like hot cakes); *het werk gaat vlug van de ~* the ... is getting on well, is proceeding smoothly; *van de ~ in de tand leven* live from hand to mouth, lead a hand-to-mouth life (existence); *van de ~ wijzen* refuse, reject, (*zwakker:*) decline [a request, an offer], dismiss [an appeal *beroep*]; turn down [a proposal, etc]; repudiate [a theory]; *onder dankzegging van de ~ gewezen* declined with thanks; *van ~ tot ~* from hand to hand; *van dezelfde ~* [a picture] by (from) the same hand; *van hoger ~* [orders] from above, from the government, on high authority; *bevel van hoger ~* superior orders; ***voor*** *de ~ komen* come handy, [seize whatever may] come to hand; *alles wat hem voor de ~ komt* [he takes] everything that comes his way; *voor de ~ liggen* go without saying, be self-evident (obvious, natural); *voor de ~ liggend* obvious [comments]; *de meest voor de ~ liggende gevolgtrekking* the most plausible inference; *voor de ~ zitten,* (*kaartsp*) have the lead, play first; *zie ook* buik, omhoog, enz

hand|appel eating apple, eater; **-arbeider** manual worker (labourer); **-bagage** hand-luggage (*Am:* -baggage); **-bal** handball; **-ballen** play (at) handball; **-baller** id; **-bediening** manual operation (control); *met ~* manually operated, hand-controlled (-operated); **-beenderen** bones of the hand; **-bel** handbell; **-bereik** [within, out of] (hand's) reach; **-beweging** motion (*of:* wave) of the hand, gesture; (*ve hypnotiseur en goochelaar*) pass; *met een ~ beduidde hij mij te gaan zitten* he motioned me to a chair; **-bibliotheek** reference library; **-boeien** handcuffs, manacles; *zie ook* boei; **-boek** manual, handbook, textbook;

-boog longbow, hand-drawn bow; **-boogschutter** archer; **-boor** gimlet; **-boormachine** hand drill, wheelbrace; *elektrische* ~ electric drill, (domestic, cordless) power drill; **-breed(te)** hand's breadth; *zie ook* duimbreed; **-doek** towel; (*op rol*) roller-towel; *ruwe* ~ Turkish towel; *stof voor ~en* towelling; **-doekrek** towel rail(s); (*staand*) towel rack, towel horse; **-druk** [golden] handshake; *een ~ wisselen* shake hands; *met een ~ bezegelen* shake hands on

handekenskruid marsh orchid

1 handel (*ve machine*) handle

2 handel 1 (*bedrijf*) trade [*op, met China* with China], commerce, business; [stock exchange] trading; (*vaak ong*) traffic [in women, drug traffic, white slave traffic]; (*zaak*) business; *~tje* business; lot; *een ~tje maken van* commercialize; *zie ook de sam met* -handel; *~ drijven* carry on trade, trade; *zie ook* handelen; ***in** de ~* on the market; *in de ~ brengen* place (put) (up)on the market, bring out, launch, market, release (for publication, to the trade); *in de ~ gaan, a*) (*pers*) go into business; *b*) (*zaak, ook: komen*) come into (be put on) the market, be released, etc (*vgl in ... brengen*); *niet in de ~* not supplied to the trade; (*ve boek*) (printed) for private circulation (for members) only; ***uit** de ~ nemen* take off (the market), withdraw; 2 (*waar*) merchandise; 3 (*fam: bedoening, troep*) caboodle, affair, business; 4 (*gedrag:*) *~ en wandel* [his] conduct (life, dealings, manner of living); *eerlijk zijn in ~ en wandel* lead an upright life

handelaar merchant, dealer, trader; trafficker; (*in narcotica*) pusher; *vgl* handel

handelbaar tractable, manageable, docile [person, animal]; workable [materials]; *zie ook* handig 2 & hanteerbaar; **handelbaarheid** (*v pers*) tractability, manageabiltiy, docility; (*v zaak*) workability; [added for] handling, (easy) manipulation; **handeldrijvend** trading, commercial, mercantile; **handelen** 1 (*te werk gaan*) act; *~ **over*** treat of, deal with; *~ **overeenkomstig** (naar) zijn belofte* act up to one's promise; *~ **volgens** iems raad* (*een besluit, instructies*) act on a p.'s advice (a decision, instructions); *~d optreden* take action; *zie ook* believen; 2 (*handel drijven*) trade [*met iem* with a p.; *met* (*op*) *een land* with a country], deal, carry on business (*of:* trade); *~ **in*** deal (trade, *ong:* traffic) in; *vgl* handel *en zie ook* voorkennis

handeling action (*ook in drama*), act, operation; *een verslag van zijn ~en* a report of his doings; *~en van het Aardrijkskundig Genootschap* Transactions (Proceedings) of the Geographical Society; *~en der Staten-Generaal* Official Parliamentary Reports; (*vh Eng parlement*) Hansard; *H~en der Apostelen* Acts of the Apostles; *zie ook* plaats

handelmaatschappij trading company

handels|aangelegenheid business (trade) matter (affair); **-agent** commercial agent; **-akkoord** [bi-, multilateral] trade agreement, commercial treaty; **-artikel** article of commerce, commodity; **-attaché** commercial attaché, trade commissioner; **-balans** balance of trade, trade balance; **-bank** joint stock (commercial, deposit) bank; **-belang** commercial (trade, business) interest; **-belemmeringen** barriers to trade, trade barriers (restrictions); **-bericht** commercial report, market report; (*voor Londen*) City article; *~en,* (*ook*) commercial intelligence; **-betrekkingen** commercial relations, trading contacts; **-correspondentie** commercial correspondence; **-editie** commercial edition; *als ~ verschenen* commercially published; **-firma** *zie* -huis; **-gebied:** *op ~* in the domain of trade; **-geest** commercial spirit; (*ong*) commercialism; **-gewassen** plants grown for commercial purposes; **-haven** commercial (mercantile, trading) port; **-huis** 1 business house, firm; 2 business premises; **-ingenieur** business economist; **-kamer** 1 Chamber of Commerce; 2 commercial court; **-kantoor** business office; **-kennis** (knowledge of) commercial practice; **-krediet** trade credit; **-kringen** trade circles, commercial circles; **-luchtvaart** commercial aviation; **-maatschappij** trading company; **-magnaat** merchant prince, business tycoon; **-man** businessman; **-merk** trademark (*ook v pers;* (*wettig*) *gedeponeerd* registered); *Wet op de ~en* Merchandise Marks Act; (*naam*) brand (name); **-missie** trade mission; **-naam** trade name; **-nederzetting** trading post (station); **-onderneming** commercial undertaking (enterprise), trading (business) concern; **-onderwijs** business education; **-oorlog** 1 tariff war; 2 trade war; **-overeenkomst** trade (*of:* commercial) agreement; **-papier** commercial paper; **-partner** trading partner; **-politiek** I *zn* commercial policy; II *bn* commercial [aim, purpose]; **-prijs** trade price; **-recht** commercial (trade) law; **-rechtbank** commercial court; **-register** commercial register; **-reiziger** (commercial) traveller, sales rep(resentative), (*Am*) (traveling) salesman; **-rekenen** commercial accounting; **-relatie** 1 business contact; 2 *zie* -betrekkingen; **-stad** trading town; **-statistiek** trade return(s) (statistics) (*ook mv*); **-tekort** trade deficit; **-term** business term; **-traktaat** commercial treaty; **-transactie** business transaction; **-uitgave** trade edition; **-vaartuig** merchant (*of:* trading) vessel, merchantman; **-verdrag** commercial treaty; **-vereniging** trading company; **-verkeer** 1 trade, (*vaak ong*) traffic; 2 commercial transportation; **-vlag** *zie* koopvaardijvlag; **-vloot** mercantile marine, merchant fleet; **-vrijheid** freedom of trade; **-waar** commodity; (*ook: -waren*) merchandise; **-waarde** commercial (*of:* salable) value; **-weg** trade route; *langs de ~* by way of trade; **-wereld** commercial world, business community; **-wet** commercial law; **-wetboek** commercial code; **-wetenschappen** commercial science; **-wissel** trade bill; **-zaak** 1 (*bedrijf*) business, business concern; 2 commercial affair

handelwijze procedure, proceeding, way of acting, method, policy

handenarbeid 1 manual labour (work); 2 handicraft; **handenbinder** [Baby is such a] tie; **hand-**

en spandiensten personal service and carriage; *iem ~ bewijzen* aid and abet a p.; **handenwerk** manual work; **handenwringen** wringing (one's) hands; *~d* desperate(ly), in despair

hand|exemplaar desk copy; author's copy; **-galop** hand-gallop, (hand-)canter; **-garen** 1 sewing thread; 2 handspun yarn; **-gebaar** gesture; *zie* -beweging; **-geklap** clapping, applause, [slow] handclap; **-geklokt** timed by hand; **-geknoopt** handknotted [carpet]; **-geld** earnest (money), handsel; (*mil hist*) King's (Queen's) shilling (bounty); **-gemaakt** hand-made, made by hand; **-gemeen** I *bn: ~ worden* come to blows, close (in) [*met* with], come to close quarters (to grips) [with an assailant]; *~ zijn* be at grips (at close quarters) [*met* with]; II *zn* hand-to-hand fight, mêlée, scuffle; **-geschilderd** handpainted [porcelain]; **-geschreven** handwritten, manuscript; **-getouw** hand loom; **-gevormd** handmoulded [brick]; **-granaat** (hand) grenade, Mills bomb; **-greep** 1 grip, grasp; (*handvat*) handle; (*v instrument*) (hand)grip; (*v hengel, ook*) butt; *de -grepen vh geweer* rifle drill; 2 (*kunstgreep*) knack; (*truc*) trick, dodge; **-habiliteit** manual skill; (*ve goochelaar*) legerdemain, sleight of hand

handhaven maintain [discipline, order, rights], uphold [the law, a decision, one's honour], live up to, make good [one's reputation], assert [one's independence], vindicate [rights]; (*met kracht*) enforce [laws]; *zich ~* hold one's own; *olies handhaafden zich* oils were supported (sustained, maintained); *zich weten te ~* maintain one's position; *iem in zijn ambt ~* continue a p. in office; **handhaving** maintenance, preservation [of order]

handicap id; disability

handig 1 (*vaardig*) handy, deft [blow], clever [with one's hands], skilful, adroit, dext(e)rous, expert [*in* at], nimble [with one's fingers; (*ook*) nimble fingers], (*fam*) slick; *~ zijn in,* (*ook*) be a good hand at; *het ~ aanleggen* set about it cleverly; *~ gedaan,* (*ook*) neatly done; *hij heeft het ~ gedaan* he has made a good (a nice) job of it; *op ~e wijze wist hij zijn vrouw weg te krijgen* he manoeuvred his wife out of the way; 2 (*hanteerbaar*) handy [volume, sailing vessel], useful [gadget]; *~ gelegen* conveniently situated; **handigheid** handiness, adroitness, dexterity, etc; *een ~je* a knack

handjegauw I *zn* 1 (*vechter*) (little) bantam; 2 (*gapper*) pilferer; II *bn* (*diefachtig*) light-fingered

handje|klap, **-plak**: *~ doen* (*spelen*), *a*) clap hands; *b*) bargain, haggle; *c*) be hand in glove, be in league [*met* with]; **handjesgeven** handshaking(s), handshakes; **handjesgras** Bermuda grass; **handjevol** handful

hand|kar barrow, handcart, pushcart; **-koffer** small case; (*plat*) suitcase; *plat ~tje* attaché case; **-kus**: *een ~ geven, tot de ~ toegelaten worden* kiss hands, kiss the king's, etc hand; **-lang(st)er** 1 (*'werktuig'*) tool, creature, henchman; 2 (*medeplichtige*) accomplice, confederate; *~sdiensten bewijzen* aid and abet; 3 (*v metselaar*) hodman; **-leiding** (operating) manual, guide; instruction booklet; *~ voor gebruik* directions (instructions) for use; **-lezen** palmistry, ch(e)iromancy; **-lezer** palmist, ch(e)iromancer; **-lichting** (restricted *beperkte*) emancipation; *~ verlenen* declare (pronounce) of age; **-lijnen** lines of the hand [the life, head and heart lines]; **-lijnkunde** ch(e)iromancy; **-lijst** (*ve trap*) handrail; **-maaier** hand mower; **-matig** manual; **-molen** handmill; **-nervig** palmate; **-omdraai** moment; *in een ~* in no time (at all) [it won't take me a minute]; **-oplegging** laying on (imposition) of hands; **-opsteken** [vote by, the motion was carried by] (a) show of hands; **-paard** led horse; **-palm** palm of the hand; **-peer** eating pear; **-pers** hand press; **-pomp** hand pump; **-reiking** assistance, help; [offer the committee a] helping hand; [it is only meant for an] aid; **-rem** [pull, release the] handbrake; **-rug** back of the hand

hands id, hand-ball (*aangeschoten* accidental)

handschoen glove; (*pantser-, rij-, scherm-, sport-, werk~*) gauntlet; *de ~ opnemen* take up the gauntlet (the cudgels) [*voor* for]; *iem de ~ toewerpen* throw down the gauntlet, hurl defiance at a p.; *met de ~ trouwen* marry by proxy [*zo ook:* proxy wedding]; *met fluwelen ~en aanpakken* handle with kid (*of:* velvet) gloves; **handschoenenkastje** (*ve auto*) glove compartment

hand|schrift 1 manuscript; 2 handwriting, [write a vile] hand; **-schriftelijk** manuscript [tradition *overlevering;* volume of poems]; **-schroef** hand vice; **-slag** slap with the hand; *het met* (*op, onder*) *~ beloven* slap hands (up)on it; **-spaak** handspike; **-spiegel** hand mirror, hand glass; **-stand** id; **-tas** handbag; (*met spiegeltje, enz*) vanity bag

handtastelijk: *~ worden* become aggressive (violent); paw [a girl, woman]; **handtastelijkheden** [they came to] blows, physical violence; pawing; *geen ~!* hands off!; *zie ook* handgemeen

hand|tekenen freehand drawing; **-tekening** signature; [under the royal] sign manual; *~en verzamelen* collect autographs; *zie* zetten; **-tekeningenjager** autograph hunter; **-vaardigheid** 1 manual dexterity, manipulative skill; 2 handicraft(s); **-vat(sel)** handle (*ook fig*), grip, (*neervallend*) drop-handle; (*v fiets*) handle(bar grip), (hand)grip; *met zilveren ~* silver-handled [cane]; *vgl* -greep; **-vest** charter [of the United Nations], covenant [of the League of Nations]; **-vleugelig** cheiropterous; **-vol** handful; *een ~ geld* [it cost me] a lot of money (*fam:* an arm and a leg); **-vormig** hand-shaped; (*plantk*) palmate; **-vuurwapen** small arm, hand-gun; **-warm** lukewarm, hand-hot

hand|werk 1 trade, (handi)craft; 2 (*vs machinaal werk*) handwork; [these cigars are] handmade; 3 (*~kunst*) needlecraft; *nuttige* (*fraaie*) *~en* plain (art) needlework; *~je* piece of fancy-work (needlework); **-werken** *ww* do needlework; **-werker** handworker, manual labourer (worker)

handwerks|gezel journeyman, workman, hand; **-gilde** craft-guild; **-lieden**, **-lui** *mv v* -man; **-man** artisan; (*voor fijner werk*) artificer

hand|werktuig hand-tool; **-wiel** handwheel;

-wijzer finger-, sign-, guide-post; **-wissel** 1 change of hands; 2 manually operated points (*Am:* switch); **-woordenboek** concise (*of:* desk) dictionary; **-wortel** carpus; **-wortelbeentje** carpal (bone); **-zaag** handsaw; **-zaam** 1 (*ve pers*) manageable, tractable; 2 (*hanteerbaar*) handy; (*vh weer*) fine; **-zetter** hand compositor

hanebalk purlin, collar-beam; *onder* (*in*) *de ~en* in the garret, at the top of the house; **haneëi** yolkless egg; **hanegekraai** cockcrow(ing); **hanekam** 1 cock's comb (*ook plant*); 2 (*haardracht, enz*) Mohican, (*Am*) Mohawk; **hanengevecht** cockfight(ing); **hanenmat** cockpit; **hanepoot** 1 (*eig*) cock's foot; 2 (*plant, o.a.*) panic(-grass); 3 *-poten,* (*schrift*) scrawl (*ook: -poten schrijven*); **hanespoor** cockspur; **hanevoet** (*plant*) crow-foot

hang 1 tendency, leaning; 2 (*rokerij*) smoke--house, [herring] hang; **hanga(a)r** id, (aircraft) shed; **hangborst** pendulous breast; **hangbrug** suspension bridge; **hangbuik** potbelly; **hangbuikzwijn** potbellied pig

hangen I *intr* hang [*aan* ... on, against, from the wall], be suspended [*aan* from: a lamp was suspended from the ceiling]; (*ve bloem, oogleden, lip, enz, ook*) droop; (*leunen*) loll [don't loll on that desk]; II *tr* hang, suspend; *gehangen worden* be hanged, [that fellow 'll] swing; *hij hangt,* (*fig*) he's for it; *zie ook ben:* ~ aan; *het onderzoek hangt nog* the enquiry is still pending; *zie ook* ~d; ***blijven*** ~ stick; *ik ben daar blijven* ~ I got hung up (stuck) there; *er is weinig van blijven ~,* (*fig*) very little of it has stuck (to him, me, etc); *de geur van een sigaret blijft* ~ the ... lingers; *een beetje van de laster blijft altijd* ~ some of the mud will always stick; *zie ook ben: ~ aan; het hoofd* (*de oren*) ***laten*** ~ hang one's head (ears); *de hond liet zijn staart* ~ the ... had his tail down, hung its tail; *de bloemen laten de kopjes* ~ the ... are drooping (their heads); *ze liet haar hand* (*buiten de boot*) *in het water* ~ she trailed her hand (her hand trailed) in the water; *ik laat me* (*ik* ***mag***) *~ als* ... I'll be hanged if [I can make head or tail of it]; *met ~ en* ***wurgen*** by the skin of one's teeth; *tussen ~ en wurgen* between the devil and the deep (blue) sea; *het is tussen ~ en wurgen* it's a ticklish affair; ~ ***aan*** hang on [a nail, the peg *kapstok; fig:* a p's lips, words]; (*fig*) cling to [a p., old customs, etc], be (very much) attached to [a house, etc]; *blijven ~ aan* catch (be caught) in (on); *hij bleef met zijn jas aan een spijker* ~ his coat caught in (on) a ...; *blijf niet aan de letterlijke betekenis* ~ don't stick to the literal sense; *ik ben aan dat huis blijven* ~ I got stuck with the house; *aan elkaar* ~ be attached to each other; *zij ~ erg aan elkaar* they are quite wrapped up in each other; *zie ook* aaneen~; *hij hangt aan geld* he is always after money; *hij hangt erg aan de letter van de wet* he is a great stickler for (sticks to) the ...; *dat hangt ons* ***boven*** *het hoofd* that is hanging over our heads; *zijn oor hing* ***erbij*** his ear was almost hanging off; ~ ***over*** hang over, overhang [trees overhanging the road]; *over het vuur* ~ crouch over the fire; *staan te ~, zie* om~; *zie ook* Barbertje, draad, klok, enz

hangend(e) hanging [gardens], drooping [eyelids, moustache]; pendulous [breasts, cheeks, flowers]; [the case is still] pending, sub judice, in abeyance, (*slepende*) dragging on; [he has four cases] outstanding [against him]; *het proces bleef maar ~e* the suit hung fire; *~e kwesties* pending issues; *~e het onderzoek* pending the inquiry; **hang- en sluitwerk** [door, window] fasteners, fastenings

hanger 1 (coat-, dress-)hanger; 2 (*aan halssnoer, enz*) pendant; (*in oor*) (ear-)drop; 3 (*mar*) sling

hangerig drooping, listless, limp, languid

hang|ijzer pot-hook; *dat is een heet* ~ it's a ticklish affair, a sore subject (point); **-kamer** mezzanine room; **-kast** wardrobe; (*Am*) clothes closet; **-klok** hanging (*of:* wall) clock; **-lamp** hanging--lamp, pendant lamp; **-legkast** *zie* -kast; **-lip** hanging lip; **-map** suspension file; **-mat** hammock; **-oor** 1 lop-ear, drooping ear; 2 (*sukkel*) booby, mug; 3 (*tafel*) gatelegged (*of:* Pembroke) table, drop-leaf table; **-op** bag-cheese; (*vglb*) curds; **-partij** (*sp*) adjourned game; **-plant** hanging plant; **-slot** padlock; **-snor** drooping moustache; **-stelling** cradle; **-wang** hanging (baggy, pendulous) cheek; **-wieg** hanging cradle

hanig 1 quarrelsome, snappy, waspish; 2 macho

hannes blockhead, juggins; **Hannes** *zie* Hans

hannesen mess about; *zie* prutsen, treuzelen, zaniken; **Hannover** Hanover; **Han|noveraan, -novers** Hanoverian (*ook paard*)

Hans Jack; *domme* ~ Simple Simon; *grote* ~ bigwig, big pot, big noise, panjandrum; *~ en Grietje* Hansel and Gretel; **Hansje** 1 Jack; *wat ~ niet leert, zal Hans niet kennen* it is hard to teach an old dog new tricks; 2 Jane; **Hansje-mijn--knecht**: *voor ~ spelen* fetch and carry

hansop (child's) sleeping suit

hansworst buffoon, clown, jack pudding, merry andrew, Punch(inello); **hansworsterij** buffoonery, clownery, clowning

hanteerbaar manageable; *gemakkelijk* ~ easy to handle, manoeuvrable; *vgl het vlg*; **hanteren** handle, operate, ply, work [a gun], wield [a weapon]; *gemakkelijk te ~,* (*ook*) easy in operation; *moeilijk te* ~ unwieldy, unmanageable; **hantering** handling, manipulation

Hanze Hanse(atic League); **Hanze|aat, -atisch** Hanseatic; **Hanzestad** Hanse(atic) town; **Hanzeverbond** *zie* Hanze

hap 1 (*het happen*) bite; 2 (*portie*) bite, morsel, bit, mouthful; *~je* snack; (*mv ook*) finger food; *een ~je eten* [have] a snack, [get] a spot of food (dinner, etc); *lekker ~je* titbit; *het is me een ~je!* a nice job, I am sure!; *in één* ~ at one bite, at one swallow; *dat is een grote ~ uit mijn inkomen* that makes a big hole in ...; *hij weet er een ~ en een snap van* he has a smattering of it [of English, etc]; *in een ~ en een snap* just like that, in a jiffy; *ouwe* (*nieuwe*) *~,* (*mil sl*) old (new) mob

haperen (*bij het spreken*) falter, stammer; (*ve machine*) not function properly, miss [the engine missed], come to a standstill (every now and then), hesitate, stick; *haar stem haperde* her voice broke, there was a break in ...; *er hapert iets aan* there's a hitch somewhere, there is something wrong (with ...); *het gesprek haperde* the ... hung (*of:* flagged); ***zonder*** ~ without a hitch; *vgl* ontbreken; **hapering** hitch; (*bij het spreken*) hesitation; [there was a] break (halt) [in her voice]

hapjespan small saucepan; **hapklaar** ready to eat; ~ *amusement* light entertainment; *-klare brokjes* bite-size chunks

haplo|grafie haplography; **-logie** haplology

happen bite; ~ *naar, a)* snap at [a cat]; *b)* gasp for [breath]; ~ *in* bite (into); *een stuk uit het brood* ~ bite a piece out of the loaf; (*fam*) *hij hapte niet* he did not rise to the bait; **happig** eager [for], keen [on]; *hij is erg ~ op* he is (very) keen on it; (*om te spelen*) as keen as mustard [to play]; *hij was niet erg* ~ he was none too keen; **happigheid** eagerness; **hapsnap** bitty, ad hoc, snap [decision]

haptonoom haptonomist; **harakiri** hara-kiri, happy dispatch; **harceleren** harass [the enemy]

hard I *bn* hard [*ook fig:* action, blow, currency, face, fate, features, heart, judge, law, loan, necessity, TV picture, struggle, times, treatment, voice, water, winter, worker], harsh [measures, sentence *vonnis*], hard-boiled [egoist], keen [frost], solid [rock, figures *cijfers*], rigid [plastics], real [facts, figures], tough [fight, struggle]; loud [voice, crash], glaring [colours], high-contrast [film, picture], stern [facts, necessity, reality], uncharitable [judg(e)ment, feelings]; ~ ***gekookt*** hard-boiled [eggs]; *hij heeft een* ~ ***hoofd*** he is thick-headed (*dom*); pig-headed (*koppig*); *ik heb er een ~ hoofd in* I have my doubts about it (about the results); ~ ***maken*** provide firm evidence for, support with hard facts (figures), substantiate [a claim]; make [s.t.] stick; *zich ~ maken voor* go all out for, go to town on; *de band was ~ (zo ~ mogelijk)* ***opgepompt*** the tyre was blown up to full pressure; *~e* ***woorden*** hard (harsh) words; *er zijn enkele ~e woorden gevallen* there have been some hard words said; ~ ***worden*** harden; (*v kalk, enz*) set; ~ ***in*** *de mond* (*bek*) hard in the mouth, hard-mouthed [horse]; ***om*** *het* ***~st*** *met elkaar lopen* (*fietsen, enz*) race each other [I'll race you home]; *ze schreeuwden om het ~st* they shouted at the top of their voices, shouted their loudest; ***te*** ~ *rijden* speed; *het gaat* ~ ***tegen*** ~ it is a tug of war between them, a ding-dong battle; ~ ***van*** *de vorst* hard with frost, frost-bound; *het is* ~ ***voor*** *mij* it is hard lines (is hard, *fam:* rough) on me; *~ zijn voor zichzelf* be hard on o.s.; *zie ook* ~vallen, verantwoorden, enz; II *bw* 1 [blow, freeze, rain, work (a p.), the water is boiling] hard; [rain] heavily; *zo ~ mogelijk,* (*ook*) [work, pull] one's hardest; 2 (*luid*) [don't talk so] loud; (*spreek wat*) *~er!* speak up; 3 (*snel*) fast; *ik liep ~ door* I walked on quickly; *~er!,* (*sneller*) faster!; ~ *vooruitgaan* make great progress, get on fine; *zo ~ mogelijk rijden* drive (ride) at top speed, (at) full pelt, flat out, as hard as one can (*of:* can go); *hij reed zo ~ hij kon,* (*in auto, ook*) he was getting every ounce out of his car; *rijd* (*loop*) *zo ~ als je kunt* drive (run) for all you are worth; 4 (*hevig*) [doubt] greatly, very much; *ik denk er ~ over om te ...* I have a good mind to ...; *het was ~* ***nodig****, dat het gedaan werd* it badly needed doing; *je zult je geld ~ nodig hebben* you will need every penny of your money; *hij is ~ ziek* he is very ill

harddraven run (in a trotting match); **harddraver** 1 (*Am ras*) Standardbred; 2 (fast) trotter, trotting horse; (*in telgang*) pacer; **harddraverij** 1 harness racing; trotting; pacing; 2 harness race; trotting match; pacing match

harden harden, temper [steel], steel [one's nerves, o.s. against s.t.], cure [plastics]; *ik kon het niet langer* ~ I could not stand (*fam:* stick) it any longer; *die stank is niet te* ~ that stench is unbearable

harder 1 (*vis*) lesser grey mullet; 2 (*stof*) hardener

hardgeel glaring yellow; **hardglas** hardened glass; **hardhandig** hard-handed, rough, drastic, violent; **hardhandigheid** hard-handedness, etc; **hardheid** 1 hardness, etc; *vgl* hard; *een politiek van* ~ a policy of toughness; 2 hardship; **hardheidsclausule** hardship clause

hard|hoofdig obstinate, headstrong; **-hoofdigheid** obstinacy; **-horend**, **-horig** dull (hard) of hearing, deafened; **-horigheid** hardness of hearing; **-hout(en)** hardwood; **-huidig** hard- (*fig:* thick-)skinned; *~en* sclerodermi, -derms

hard|leers slow of understanding, dull, unteachable, a slow learner; **-leersheid** dul(l)ness, etc; *vgl* hardleers; **-lijvig** constipated, costive; **-lijvigheid** constipation, costiveness

hardlopen I *ww* run, race; II *zn* running; **hardloper** runner, racer; (*op korte afstand, man & paard*) sprinter; (*boot*) fast sailer; *~s,* (*schaatsen*) speed skates; *~s zijn doodlopers* easy does it; more haste, less speed; **hardloperij** foot-race

hardnekkig obstinate [person, disease], dogged [person, resolution *vastberadenheid*], stubborn [fight, cold *verkoudheid*], persistent [cough, bronchitis, rumour, drizzle, heat]; ~ *weigeren* refuse doggedly; ~ *weerstand bieden* offer a stubborn (tough) resistance; **hardnekkigheid** obstinacy, stubbornness, persistency

hardop loud, aloud; ~ *bidden* (*denken*) pray (think) aloud; *zeg het* ~ say it out loud

hard|rijden race; (*op de schaats*) speed-skating [champion *kampioen in het* ~]; **-rijder** speed--skater, racer; **-rijderij** skating match (race)

hard|soldeer high-melting solder; **-solderen** braze; **-steen** freestone, ashlar; **-stenen** freestone, ashlar; **-stikke** *zie* hartstikke

hardvallen be hard (up)on [a p.]; *het valt me hard er weg te gaan* it's a great wrench to leave ...; *val hem niet te hard,* (*ook*) don't bear too hardly (up)on him, don't blame him too much

hardvochtig hard(hearted), harsh, heartless, unfeeling, callous; **hardwerkend** hardworking

hardzeilen *zn* sailing match, regatta; yacht-racing; **hardzeiler** 1 racing yachtsman; 2 racer, racing yacht

harem harem, seraglio

haren I *ww* 1 whet [a scythe]; 2 *zie* uitharen; II *bn* hair [shirt]

harent: *te* ~ at her (*mv:* their) house; **harenthalve** for her sake; **harentwege**: (*van*) ~ in her name; **harentwil**: *om* ~ for her sake; **harerzijds** on (*of:* for) her part

harig hairy, hirsute, pilose, pilous; **harigheid** hairiness, pilosity

haring 1 herring; (*gezouten en gerookt*) kipper; *ik wil er ~ of kuit van hebben* I want to get to the bottom of it, I want to know how matters (how I) stand; *zo dicht gepakt als ~ in een ton* packed like sardines in a tin; *zijn ~ braadt daar niet* he is not wanted there; 2 (*ve tent*) (tent-)peg

haring|buis herring-boat; **-graat** herringbone (*ook in bk; zie ook* visgraat); **-grond** herring ground; **-haai** porbeagle, mackerel shark; **-kaken** *zn* (gutting and) curing of herrings; **-koning** King of the herrings: *a*) ribbon fish; *b*) rabbit fish; **-logger** herring drifter; **-sla** Russian herrings; **-vangst** 1 herring catch; 2 herring fishery; **-vijver** (*scherts*) North Sea; *grote ~,* (*Atl Oceaan*) herring pond; **-visserij** herring fishery; **-vloot** herring fleet

hark rake; *zo stijf als een ~* as stiff as a poker; (*stijve*) *~,* (*fig*) stick (of a fellow), gawky [girl]

harken rake; **harkerig** stiff, wooden

harkkeermachine acrobat rake

harlekijn harlequin, buffoon; (*vlinder*) harlequin (magpie, gooseberry) moth; (*speelgoed*) jumping jack; **harlekijneend** harlequin; **harlekijnspak** motley; **harlekinade** harlequinade

harmonie 1 harmony; *in* ~ in harmony, in keeping [*met* with]; *~ der sferen* harmony (*of:* music) of the spheres; 2 military band; **harmonieleer** theory of harmony, harmonics; **harmonieorkest** military band; **harmoniëren** harmonize, go [*met* with]; *goed ~,* (*ook*) agree (go) well together; *~ met,* (*ook*) chime with [pictures chiming with his sombre fancy], tone with [the wallpaper], be in (*niet* ~ be out of) step with [society]

harmonieus harmonious

harmonika concertina; (*mond~*) harmonica

harmonika|bed fold-up bed; **-gaas** diamond mesh wire netting; **-map** expanding file; **-wand** accordion wall, folding partition

harmonisatie harmonization; **harmonisch** (*welluidend, overeenstemmend*) harmonious; *~e* (*toon*) harmonic tone, [the third] harmonic; **harmoniseren** harmonize; **harmonium** id

harnachement harness (and saddlery)

harnas armour; (*borst~*) cuirass; *een* ~ a suit of armour; *iem in het ~ **jagen*** put a p.'s back up, (*sl*) rile a p.; (*tegen zich*) antagonize a p.; *ze tegen elkaar in het ~ jagen* set them against one another, set them by the ears; **harnasmannetje** (*vis*) bullhead, miller's thumb; **harnassen** armour; *zich ~ tegen* arm (o.s.) against

harp 1 harp; 2 (*zeef*) riddle; 3 (*sluiting*) (bow) shackle; (*schalm*) coupling link; **harpbout** shackle; **harpen** (*ziften*) riddle; **harpenist** *zie* harpist; **harpij** 1 harpy; 2 (*vogel*) harpy (eagle); **harpist(e)** harpist, harp-player, harper

harpoen, **harpoeneren** harpoon; **harpoengeweer** whaling gun; **harpoenier** harpooner; **harpoenkanon** *zie* -geweer

harpspeelster *zie* -speler; **harpspel** harp-playing; **harpspeler** harpist, harp-player

harpuis resin, spar varnish; **harpuizen** pay (*ovt & v dw:* payed), resin [a boat]

harrejasses yuck; *zie* jasses

harrewarren bicker, wrangle, squabble

hars resin; (*inz viool~*) rosin, colophony; **harsachtig** *zie* harshoudend & harsig

harses nut; *gebruik je ~* use your loaf; *zie verder* hersens & kop

harshoudend resiniferous [tree]; **harsig** resinous [wood, smell]

harst sirloin

hart heart; (*kern*) heart (*ook v kool*), core; *zie ook* harten; *het ~je van Afrika* the heart of ...; *wat je ~je maar **begeert*** [buy] anything you set your heart on; *hij **brak** zijn moeder het ~* he broke his mother's heart; *zijn ~ **danste** van vreugde* his heart danced (leapt, leapt up) with joy; *mijn ~ **draaide** ervan om in mijn lijf* it turned my stomach, it gave me such a turn; *~ en **hand** schenken* give hand and heart; *hij **heeft** geen ~* he has no heart; *hij heeft het ~ op de rechte plaats* he has his heart in the right place; *heb het ~ niet te ...* don't you dare to ...; *daar heb jij het ~ niet toe* you have not the nerve (*fam:* the guts) to do it; *hij heeft een ~ van goud* (*van steen*) he has a heart of gold (of stone, of flint); *hij heeft ~ voor de zaak* his heart is in the business; *zijn ~ **klopte** hem in de **keel*** he had his heart (his heart was) in his mouth [*het deed zijn ~ ... kloppen* it brought his heart into his mouth]; *zijn ~ aan iets **ophalen*** eat (drink, etc) to one's heart's content, eat (drink, have, etc) one's fill [of s.t.]; *zijn ~ **op**(**vr**)**eten*** eat out one's heart; *zijn ~ is niet in **orde**, zie ben:* hij heeft het *aan* zijn ~; *iems ~ **stelen*** steal (away) a p.'s heart; *hij heeft* (*draagt*) *het ~ op de **tong*** he wears his heart on his sleeve; *iems ~ **veroveren*** win a p.'s heart; *waar het ~ **vol** van is, loopt de mond van over* what the heart thinks (from the fulness, out of the abundance of the heart) the mouth speaks; *ze kon niet spreken omdat haar ~ zo vol was* she ... because of the fulness of her heart; *een ~ **vormen*** (*v kool, enz*) heart (up); *haar ~ is nog **vrij*** she is still fancy-free; *in* (*het*) *~je* (*van de*) ***winter*** in the dead (the depth) of winter; *het ~je van de zomer* (*van het seizoen*) the height of summer (of the season); *zijn ~ **zetten** op* set one's heart on; *het gaat me **aan** mijn ~* it hurts (grieves) me [to disappoint you]; *hij heeft het aan zijn ~* he has a heart (condition), has heart-trouble; *dat ligt mij na aan het ~* it is near to my heart (*het naast aan het ~* nearest (to) my heart); *wat haar het naast aan het ~ lag,* (*ook*) the things that touched her most nearly; *zie ook* drukken; ***in** zijn ~ weet hij* ... in his heart (of hearts) he knows ...; *in zijn ~ altijd een Forsyte* ever a F at heart; *in zijn ~ is hij een goeie kerel* he is a ... at heart (at bottom); *in zijn ~ toch wel houden van* have a sneaking fondness (love) for; *in haar ~ houdt zij nog van hem* she still has a soft spot (in her heart) for him; *hij zegt wat er in zijn ~ omgaat* he speaks his mind freely, speaks as his heart dictates; *in ~ en **nieren*** to the backbone; ***met*** *~ en ziel* [apply o.s. to one's task] heart and soul; *zich met ~ en **ziel** aan de zaak geven* throw one's heart and soul into the ...; *hij is er niet met ~ en ziel bij* his heart is not in it; *een man **naar** mijn ~* a man after my own heart; *het was* (*werd*) *mij bang **om** het ~* my heart was heavy (my heart sank); *zich lichter om het ~ voelen* feel easier in one's mind; *~ **op** ~* centre to centre; *met de hand op het ~ kan ik verklaren* ... I can lay my hand on my heart and say ...; *met de hand op het ~* [do you mean it?] (*fam*) cross my heart; *iem iets op het ~ binden* (*drukken*) impress (enjoin) s.t. on a p., urge a p. to ...; *op het ~* I have [s.t.] on one's mind; *zeg, wat je op het ~ hebt* say what is on your mind, get it off your chest; (*sl*) cough it up; *ik heb gezegd, wat ik op het ~ had,* (*ook*) I've had my say; *ik kon het niet **over** mijn ~ krijgen* I had not the heart (could not find it in my heart) (to do it), I could not bring myself to do it; *zie ook* hand; ***tegen*** *zijn ~* unwillingly; ***ter*** *~e nemen* take [a warning, a lesson] to heart, heed [a warning]; *uw belangen gaan* (*uw welzijn gaat*) *mij ter ~e* I have your interests (your welfare) at heart; *die woorden kwamen **uit** zijn ~* (*waren mij uit het ~ gegrepen*) those ... came (straight) from his (were quite after my own) heart; *uit het ~* [a cry] from the heart; *uit* (***van***) *ganser ~e* heartily, from the heart, with all [my, etc] heart [we wish with all our hearts ...], [sympathize] whole-heartedly [with ...], [thank you] from the bottom of my heart; *het van ~e doen* put one's heart into it; *hij doet het werk niet van ~e* his heart is not in the job; *jong van ~* young in heart; *het moet me van het ~, dat* ... I have to confess ..., I can't help observing ...; *zie ook* 2 goed 1: ~ doen, grond, pak, rein, snijden, stilstaan, toedragen, uitstorten, vasthouden, enz

hart|aandoening heart condition; (*plotseling*) heart attack; **-aanval** heart attack; **-ader** great artery, aorta; (*fig, v verkeer, enz*) artery; *in de ~* (*trachten te*) *treffen* strike (aim) at the heart [of trade, etc], deal a mortal blow; **-afwijking** heart condition; **-beklemming** 1 *zie* -kramp; 2 oppression of the heart; **-bewaking** coronary care [unit]; **-boezem** [left, right] auricle (of the heart); **-brekend** heartbreaking, heart-rending (*bw:* -ly); *~ snikken,* (*ook*) sob one's heart out; **-centrum** heart clinic; **-chirurg** cardiac (*of:* heart) surgeon; **-chirurgie** cardiac (*of:* heart) surgery; **-dood** cardiac death

hartebeest hart(e)beest

harte|bloed heart('s) blood, life-blood; **-dief** darling, love, pet, angel; **-kreet** cry from the heart; **-lap** *zie* -dief; **-leed** (heartfelt) grief, heartbreak, heartache; **-liefje** *zie* -dief

hartelijk hearty [approval, welcome], cordial [reception, smile], affectionate [child, embrace], warm [congratulations], warm-hearted [woman]; *hij schudde mij ~ de hand* he shook me warmly by the hand; *~ lachen* laugh heartily; *hij laat u ~ groeten* he sends his kindest regards (his love); *met ~e groeten,* (*onder brief*) with kind regards, yours sincerely; *overdreven ~* effusive; **hartelijkheid** cordiality, heartiness, warmth; cordial manner; **harteloos** heartless; **harteloosheid** heartlessness; **hartelust**: *naar ~* to one's heart's content; to the top of one's bent; *naar ~ lachen* have a good laugh; *de vogels zongen naar ~* the ... sang their hearts out

harten (*kaartsp*) hearts [are trumps]; *één ~* one heart; **harten|aas**, **-boer**, enz, ace, jack (*of:* knave), etc of hearts; *vgl* klaveren-; **hartenbreker** charmer, breaker of hearts; **hartenjagen** (*kaartsp*) hearts

hart- en vaatziekten cardiovascular diseases

hartepijn *zie* -leed; **hartevreter** curmudgeon; **hartewens** heart's desire, fondest wish; *alles ging naar ~* everything went off as hoped for (splendidly, according to plan)

hartgeruis (heart, cardiac) murmur(s)

hartgrondig I *bn* heartfelt, whole-hearted, cordial; II *bw* whole-heartedly, cordially, from the bottom (*of:* depth) of one's heart, full-out; *ze verfoeide hem ~* she cordially detested him; *zich ~ vervelen* be bored stiff; **hartig** (*zout*) savoury, salt and piquant; (*flink, krachtig*) hearty [meal, drink]; *een ~ woordje* a word in season; a heart-to-heart talk; **hartigheid** savouriness

hart|infarct heart (*med:* myocardial) infarction, coronary thrombosis, heart attack, (*fam*) coronary; **-kamer** [left, right] ventricle (of the heart); **-klacht** heart complaint; *~en, zie* -kwaal; **-klep** valve of the heart, heart (*of:* cardiac) valve; (*ve pomp*) suction valve; *ziekte vd ~pen* valvular disease (of the heart); **-klop** heartbeat; **-klopping** palpitation (of the heart), heart flutter(ing); **-kramp** angina (pectoris); **-kuil** pit of the stomach; **-kwaal** heart condition, [have] heart disease, heart trouble; (*fam*) a heart; **-lap** *zie* hartedief; **-lijn** 1 centre line; 2 (*handlijn*) heart line; **-longmachine** heart-lung machine; **-massage** cardiac massage; **-operatie** heart operation, [undergo] cardiac surgery; **-patiënt** heart patient, cardiac; **-punt** (*techn*) centre point; **-roerend** heart-rending; touching, pathetic (*bw:* -ally); **-schelp** cockle; **-schild** (*her*) inescutcheon

hartsgeheim 1 secret of the heart; 2 (most) intimate secret; **hartshoorn** *zie* hertshoorn

hartslag heartbeat, pulsation of the heart; **hartspecialist** heart specialist; **hartsterkend** tonic, bracing; **hartsterking** *zie* -versterking

hartstikke utterly [crazy]; *~ bedankt* thanks a lot; *~ donker* pitch dark; *~ dood* stone dead; *~ gek* stark staring mad; *~ goed* (*lekker, leuk, mooi, enz*) fantastic, smashing, terrific

hartstilstand cardiac arrest; **hartstimulator** (cardiac) pacemaker

hartstocht passion [a burning passion; passions ran high *laaiden hoog op*]; **hartstochtelijk** passionate [love letter], impassioned [protest], keen [horsewoman, motorcyclist]; *~ veel houden van* have a passion for

hartstreek region of the heart, cardiac region

hartsvanger hanger, cutlass
hartsvriend(in) bosom friend
hart|tonen cardiac sounds; **-transplantatie** heart transplantation, heart transplant (operation); **-vergroting** enlargement (dilatation, hypertrophy) of the heart, cardiomegaly; **-verheffend** exalting, ennobling, elevating, sublime; **-verlamming** heart failure, heart seizure, paralysis of the heart; **-veroverend** ravishing, entrancing; **-verscheurend** heart-rending, poignant [scenes], agonizing [cry]; *zie ook* -brekend; **-versterkend** stimulating, encouraging, invigorating; **-versterking** cordial, refresher; (*sl*) reviver, bracer, pick-me-up; **-vervetting** fatty degeneration of the heart, [death was due to] (a) fatty heart; **-verwarmend** heart-warming; **-vlies** endocardium; **-vliesontsteking** endocarditis; **-vormig** heart-shaped, cordiform, cordate; **-zakje** pericardium; **-zeer** heartbreak, heartache, (heart-felt) grief; *ik zal er geen ~ van krijgen* it won't break my heart; *van ~ sterven* die of a broken heart; *van ~ verteren* eat one's heart out, pine away with grief; **-ziekte** heart disease; **-zwakte** cardiac weakness
hasj hash; **hasjhond** sniffer dog; **hasji(e)sj** hashish, hasheesh, Indian hemp
haspel (hose-)reel; spool; **haspelaar** 1 reeler, winder; 2 (*knoeier*) bungler; 3 (*kibbelaar*) bickerer; **haspelarij** *zie* gehaspel; **haspelen** 1 reel, spool, wind; 2 (*knoeien*) bungle, (*Br fam*) muck about; 3 (*kibbelen*) bicker, wrangle; **hassebassen** *zie* harrewarren; **hassebassie** tot [of gin], dram
hat-eenheid (small) housing unit for up to two people, (*vglb*) bachelor flat
hatelijk spiteful, malicious, invidious, nasty, snide [remarks], ill-natured, odious, hateful; **hatelijkheid** spitefulness, malice, spite; *een ~* a gibe (snide remark, taunt), a (nasty) dig
haten hate; *zie ook* pest; **hater** hater
hatsekiedee, enz, bang, crash, wham; **hatsjie**, **hatsjoe** atishoo; **hattrick** hat trick
hausse rise, (*snel & sterk*) [stock market, car sale] boom; *à la ~ speculeren* speculate for a rise, bull
haussier bull, bull operator
hautain haughty; **haute**: *~ couture* id, high fashion; *~-couture kleding*, (*vglb*) Design Wear; *~ cuisine* id, cordon bleu (high class) cooking; *la ~ finance* high finance; *la ~ nouveauté* the latest fashion; *~ volée*, *zie* chic; **hauteur** id, haughtiness
haut-reliëf haut relief, high relief
hauw (*plantk*) silique, siliqua; *~tje* silicle
havanna, **Havanna** Havana (*ook sigaar*)
have property, goods, [live, dead] stock; *~ en goed* goods and chattels; **haveloos** ragged [beggar], scruffy tramp], shabby [clothes, interior]
haven harbour, port; (*sluis~*) dock(s); (*~stad*) port; (*vooral fig*) haven; *de ~ van Dover* Dover harbour; *veilige ~*, (*fig*) haven of safety (of refuge); *in behouden* (*veilige*) *~* safe in port, bring [the agreement] safely into port; *een* (*de*) *~ binnenlopen* (*binnenvallen*) put (drop) into port; *weer naar de ~ terugkeren* put back (return) to port; *zie* inklaring, enz; **havenarbeider** docker; (*Am*) longshoreman; **havenbedrijf** 1 port (harbour, dock) installations; 2 [municipal] port administration; 3 dock industry; **havenbestuur** port authorities, (dock and) harbour-board; **havendam** mole
havenen handle roughly, ill-treat, batter, mess (up); *zie ook* gehavend
haven|geld dock (port, harbour) dues; **-hoofd** jetty, pier, mole; **-kantoor** port administration (harbour master's) office; **-kom** basin; **-meester** harbour master; (*luchtv*) airport manager; **-plaats** *zie* -stad; **-schap** Port Authority; **-stad** port, (sea)port town; **-staking** dock strike; **-werken** 1 docks; 2 harbour works; **-werker** *zie* -arbeider; **-wijk** dock(s) area, dockland
haver oats; *van ~ tot gort kennen* know [a p., a thing] inside out
haver|brood oaten bread; (*dun & hardgebakken*) oatcake; **-gort** (oat) groats; **-gras** oat grass; **-kist** oat bin (chest); *zie ook* bok; **-klap** trifle; *om de ~* forever, all the time; *om de ~ boos worden* get angry at the merest trifle; **-meel** oatmeal; **-mout** rolled oats; (*pap*) oatmeal porridge; **-stro** oat straw; **-veld** oatfield; **-vlokken** oatflakes; **-zak** oat bag; (*ve paard*) nosebag
havezate (*vglb*) manorial farm
havik goshawk; (*pers*) hawk; **havikachtige** hawk; **havikskruid** hawkweed; **haviksneus** hooknose, aquiline nose; *met ~* hooknosed
HAVO higher general secondary education
Hawaï Hawaii; **Hawaïaan(s)** Hawaiian
hazardspel game of hazard (of chance)
hazedistel sow (*of:* milk) thistle, hare's lettuce; **hazehart** chicken-heartedness, (*pers*) chicken; **hazejacht** 1 hare shooting; 2 (*met windhonden*) (hare) coursing; **hazelaar** hazel(nut tree); **hazelaars|bos**, **-hout** hazelwood; **hazeleger** form (of a hare)
hazelhoen hazel grouse
hazelip harelip
hazel|katjes hazel catkins, (*fam*) lamb's tails; **-muis** dormouse; **-noot** (hazel)nut; (*dessert~*) filbert; (*grote*) cobnut; (*boom*) *zie* hazelaar; **-struik** hazel bush; **-worm** blindworm, slowworm
haze|pad: *het ~ kiezen* take to one's heels, show a clean pair of heels; **-peper** jugged hare; *~ zonder haas* Hamlet without the Prince; **-pootje** (*plant*) haresfoot (clover); **-prent** prick of a hare; **-slaap** cat-nap, snatch of sleep; **-spoor** *zie* -prent; **-sprong** shin-bone (and splint-bone) of a hare's hind leg; **-wind** greyhound; *kleine ~* whippet; *Russische ~* borzoi, Russian wolfhound; *Afghaanse ~* Afghan hound
H-bom H-bomb
HBS (*hist*) (Secondary) Modern School
HD afk van *heupdysplasie* HD (hip dysplasia)
he, **hè** dear me!, oh (what a pity); heigh-ho! [sighed Nicolas]; eh?, (*mar*) ahoy!; *aardige kerel, ~?* nice fellow, what?; *~! die is goed*, (*Am*) gee, that's good!; *vgl* hee
HEAO afk van *Hoger Economisch en Administra-*

tief Onderwijs (College of) Economics and Business Administration; **hearing** *zie* hoorzitting

heb: *voor de ~ of voor de geef?* for keeps or to be given away again?; *het gaat om de ~* it's the money that matters

hebbe|ding thingummy; *~etje* gadget; **-lijk** reasonable, tolerable; **-lijkheid** habit, idiosyncrasy, peculiarity, trick; *de ~ hebben om de mensen aan te staren* have a way of staring at people

hebben I *ww* 1 have; *hij heeft 50.000 pond per jaar,* (*ook*) he is worth £50,000 a year; *we ~ de behanger* (*in huis*) *gehad* we've had the ... in; *ik heb geen telefoon* I am not on the ...; *heb je het al lang?,* (*de pijn, enz*) have you had it long?; *voor zacht weer moet je het zuiden van Frankrijk ~* for mild weather give me ... (every time); *morgen zul je het ~* tomorrow you'll get it; *~ of niet?* take it or leave it!; *ik had nog* (*tijd, enz*) *tot morgen* I had until ...; *wie heeft, die wordt* ***gegeven*** unto every one that hath shall be given; *het* ***goed*** (*slecht, beter*) *~* be well (badly, better) off; *ze ~ het moeilijk* they are in difficulties; *heb je het warm?* are you warm?; *ik heb thee* ***graag*** *sterk* I like tea strong; ***hadden*** *we maar ....!* if only we had [more money!]; oh, for [a flask of wine!]; ***hier*** *heb je het geld* here is the money; *hier heb je het!* here you are!; *hij heeft* ***iets*** (*waar hij over piekert*) there is s.t. (s.t. is preying) on his mind; *het heeft iets van ...* (*in zich*) it savours of [jealousy, magic]; *~ is ~,* ***krijgen*** *is de kunst* possession is nine points of the law; *honden moet ik hier* ***niet*** *~* I'm not having dogs here; *ik* ***wil*** *mijn geld ~* I want (I insist on getting) my money; 2 (*te pakken*) have; *nu heb ik je* (*gesnapt, vastgezet*) I have you now, I've got you; caught you this time!; *ik heb het,* (*ben er*) I've got it, I have it; *daar had ik hem* (*te pakken*) I had him there; 3 (*tijd:*) *hoe* ***laat*** *heb je het?* what time do you make it?; *ik heb het tien uur* I make it ten; *we ~ nu de 18e* we are now at the 18th; *we ~ nu april* this is April; 4 (*zijn:*) ***daar*** *heb je bijv ...* take ...; *wie ~ we daar?* who(m) have we here?; *daar heb je het al, heb ik het je niet gezegd?* there you are!, didn't I tell you? (what did I tell you?) *ziezo, dat ~ we weer gehad* well, that's that (that's finished with); *daar had je nu eens een man, die ...* here was a man who ...; 5 (*toestaan*) have [I won't have it, I'm not having it]; *ik wil niet ~, dat je zulke dingen zegt* (*dat je de hele dag niets uitvoert*) I won't have you saying such things (doing nothing all day); *ik zou voor geen geld willen ~* (*had voor geen geld gewild*) *dat dit gebeurde* I would not have (wouldn't have had) this happen for the world; *ik wil niet ~, dat erover gesproken wordt* I won't have it spoken about; 6 (*verdragen*) bear, stand [I can't stand that noise]; *ik* ***kan*** *niet ~ dat hij er zijn neus voor ophaalt* I cannot bear to see him turning up his nose at it; *dat kan ik nog niet ~* I am not up to it yet; *dat speelgoed kan heel wat ~* those toys can stand rough treatment; *het kan nog best een kleurtje ~* it will be all the better (nicer, etc) for a spot of colour; 7 (*spreken, enz*) see; ***moet*** *je mijnheer D hebben?* do you want to see Mr D?; *ik moet hem dadelijk ~,* (*spreken*) I must see him directly; *dit is de man, die ik moet ~* this is my (the) man; *iemand moet je ~,* (*er wordt naar je gevraagd*) you're wanted || *van* ***heb-ik-jou--daar*** prodigious [blow, noise, speed, head of hair], [he can play the piano] like nobody's business; ***wat*** *heb je daar?* what's that you've got there?; *wat heb* (*scheelt*) *je?* what is the matter with you?, what's worrying (biting) you?; *grote hemel!, wat zullen we nu ~!* good Heavens!, what's happening now? (what on earth's wrong?); *wat wilt u ~?,* (*in bar bijv*) what would you like?; *je weet nooit wat je* ***aan*** *hem hebt* you never know where you are with him; *het aan het hart ~* have heart trouble; *wat heb je daar aan?* what use is it to you?, what is the use (the good) of it?; *ik heb er niets* (*meer*) *aan* it's of no use to me (I have no further use for it); *wat heeft hij aan kleren?, a*) what has he got in the way of clothes?; *b*) what use are ... to him?; *ik heb het* ***bij*** *mij* I've got it with me; *een zoon bij haar eerste man* [she had] a son by her first husband; *ik wist niet* ***hoe*** *ik het had* (*wat ik eraan, aan hem had*) I did not know what to make of it (of him); *hoe heb ik het nou met je?* I cannot make you out; *ik heb het* ***in*** *de rug* I've got back trouble; *hij moet* ***met*** *de zweep ~* he wants the whip; *we moeten haar* ***op*** *de thee ~* we must have her to tea; (*zulke lui,*) *daar heb ik het niet op* I don't care for that sort of thing (people); *het ~* ***over*** talk about (of); talk [finance, horses]; hold forth on [all kinds of subjects]; *daar ~ we het niet over* that's not the point; *nu we het er toch over ~* as we are on the subject; *waar had ik het ook weer over?* what was I saying (going to say)?; *zij heeft iets over zich, dat de anderen missen* there is something about her that ...; *we ~* ***te*** *gehoorzamen* there is nothing for it but to obey; *ik heb er niets* ***tegen*** I don't mind; *ik heb niets tegen je* I have nothing against you; *ik had het tegen ...* I was talking to ...; *zie* tegen; *hij had het* ***van*** *een vriend* (*gehoord*) he had it from a friend; [*mijn dochter is muzikaal, maar*] *dat heeft ze niet van mij* she doesn't get it from me; *het heeft er iets* (*niets*) *van* it is somewhat (nothing) like it; *niets van elkaar ~* be as like as chalk and cheese; *hij had weinig van een Puritein* he had little of the Puritan about him; *ze moeten het van de haringvangst hebben* they depend on the herring trade; *van je familie moet je het maar ~* trust your relatives (to let you down, etc); *dat heb je ervan* now you see what happens; *ik moet er* ***niets*** *van* (*niets van hem*) *~,* (*fig*) I'll have none of it, I won't have anything to do with it (with him), I have no use for it (for him); *dank je wel! ik moet er niets van ~,* (*fam*) thanks! I'm not having any, not for me, thanks!; *van die Pop Art moet ik niets ~!* none of your ... for me!; *ik moet niets meer van de tropen ~* no more tropics for me!; *ik moet niets van vleermuizen ~* I positively dislike bats; *van je grappen moet ik niets ~* I don't want your jokes; *zie ook* ophebben: ~ met; *ik moet er niets meer van* (*niets meer van hem*) *~* I have no further use for it (for him); *hebt u £ 40* (*een*

ogenblikje, enz) ***voor** mij?* can you spare me £40 (a minute, etc)?; *zie* dat, 1 goed II, enz; II *zn zijn hele ~ en houden* all his belongings, his all, all his worldly goods
hebberig *zie* hebzuchtig
hebbes! bingo!, got it (you, etc)!, gotcha!
hebraïcus Hebraist; **hebraïsme** Hebraism
Hebreeër Hebrew; **Hebreeuws** Hebrew; **Hebriden** Hebrides; **Hebridiaan(s)** Hebridean, -dian
hebzucht greed, cupidity, covetousnes; **hebzuchtig** greedy, grasping, covetous, acquisitive
hecatombe hecatomb
hecht I *zn* heft; II *bn* firm, solid [wall], strong [vessel, family ties], staunch [friendship], well-knit [frame]; **hechtbolletje** (*ve vlieg*) suction-pad; **hechtdraad** (*med*) suture, ligature (thread)
hechten (*vastmaken*) attach, fasten, affix [*aan* to]; (*nieten*) staple; (*wond*) stitch, suture, sew up; *de dokter hechtte de wond,* (*ook*) the ... put in a stitch (a few stitches); (*blijven zitten*) adhere, stick; *~d vermogen* adhesive capacity (power, strength); *~ **aan*** attach [importance, different meanings] to; (*fig ook*) cherish [accuracy]; be a believer in, believe in [fresh air, early rising]; *zie ook* gehecht, gewicht, waarde, enz; *zeer aan het decorum* (*de traditie*) *~,* (*ook*) [be] strong on the proprieties (a stickler for tradition); *ik hecht er niet aan* I set no great store by it, attach no great value to it; ***zich** ~ aan* get attached to, attach o.s. to; *de betekenis, die hij aan mijn woorden hechtte,* (*ook*) the meaning he placed on my words; *de handtekeningen zijn aan het verzoekschrift gehecht* the ... have been appended to the petition; **hechtenis** custody, detention; *in ~ nemen* (place under) arrest, apprehend, take into custody; *in ~ houden* detain, keep under restraint; *in ~ zijn* be under arrest (in custody); *in ~ laten nemen* give into custody; *uit de ~ ontslaan* release from custody; *hij werd veroordeeld tot 21 dagen hechtenis ~* he was ordered 21 days' detention; **hechtheid** solidity, firmness, strength; **hechthout** laminated wood; **hechting** 1 stitch [six stitches were put in(to) the wound], suture; 2 adhesion
hecht|naald stitching needle, surgical needle; **-pleister** sticking (adhesive) plaster; **-rank** tendril, clasper; **-tang** stapler; **-wortel** clinging root
hectare hectare; **hectisch** hectic
hectograaf hectograph; **hectogram** hectogram(me); **hectoliter** hectolitre; **hectometer** hectometre; **Hector** id
heden to-day; *tot op ~* up to the present, up to the time of writing; *onze verliezen tot op ~ zijn ...,* (*ook*) our losses to date are ...; *~ ten dage* nowadays; *zelfs nog ~ ten dage,* (*ook*) even in this day and age; *van ~ aan* from this day forward; *de krant van ~* today's paper; *het ~* the present; *~ (nog toe)!* good gracious!; *zie ook* vandaag
heden|avond this evening, tonight; **-daags** I *bw* nowadays; II *bn* modern, present, [the English girl] of today, present-day [girls, Russia, morals], modern-day [miracles], contemporary, current [literature, usage]; **-middag** this afternoon; **-morgen** this morning; **-nacht** *zie* vannacht; **-ochtend** this morning
hedonisme hedonism; **hedonist** hedonist; **hedonistisch** hedonistic; **hedsjra** hegira, hejira
hee I say!, hey!, hi! [you there!]; *~, vind je dat?* really, do you think so?
heel I *bn* 1 (*gaaf*) whole, entire [bear the entire weight; the ancient glass is still entire]; complete, unbroken, [the egg was] intact; (*weer*) *~ maken* make whole, repair; 2 (*onverdeeld*) whole [number]; all, the whole of [London]; *de hele dag, ~ de dag* all (the whole) day; *gister de hele dag* (*nacht*) all day yesterday (all last night); *hele dagen* [spend] whole days [in A], [work] full time; *voor hele of halve dagen* full or part time; *ik ken de hele man niet* I don't know him from Adam; *een wanhoop, dat hele project van jullie* an utter mess, that project of yours; *hele noot* semibreve; *dubbele hele noot* breve; *door ~ Europa* throughout (all through, all over) Europe; *hele koloniën vogels* whole ... of birds; *de hele beschaafde wereld* the whole (of the) ... world; *de hele zomer lang* throughout the summer; 3 (*groot*) quite a [number], quite some [crowd]; *een ~ aantal jaren later* a good many years after; *een* (*Ned*) *~ brood* a large loaf (*vglb:* a half-quartern loaf); *je bent al een hele dame* (*meid*) you're quite a lady (woman); *een hele tijd* quite a time, [be back] well [before tea], [I had not seen him] for ages; *de hele tijd* all the time; (*gedurende*) *hele uren* for (whole) hours together; *zie ook* geheel, door, eind 5 & hart; II *bw* quite, very [old]; *een ~ klein aantal* a very small number; *~ vroeg* very (quite) early; *~ wel* very (quite) well; *~ en **al*** entirely, quite, altogether; *~ **anders*** quite different; *je weet het ~ **goed*** you ... very (perfectly, full) well; *een ~ goeie auto* a perfectly good car [for its age]; *~ **veel*** a great many [books], a great deal of [money], [since then] quite a lot [has happened]; *~ **wat** aardiger dan jij,* (*fam*) a jolly sight (lots) nicer than you; *~ wat moeite doen* take a lot of trouble; *~ wat meer* a good deal (good many) more; *we hadden ~ wat gedronken* we had drunk quite a bit; *... en dat is ~ wat ...* and that is quite something; *dat is al ~ wat* that is a great step forward; *zie ook* geheel, helemaal, anders, enz;
heelal universe
heel|baar healable, curable; **-huids** escape unharmed, [come out of it] unscathed, without injury, without a scratch; **-kracht** healing (curative) power; **-kruid** medicinal herb; **-kunde** surgery; **-kundig** surgical [instruments, treatment]; **-kundige** surgeon; **-kunst** surgery; **-meester** (*vero*) surgeon; *de grote H~* the Great Healer; *zachte ~s maken stinkende wonden* desperate cases call for desperate remedies
heeltijds full-time [job]
heelvlees: *goed ~ hebben* heal easily
heem (farm)yard; **heemkunde** regional geography and history, the study (knowledge) of local lore; **heempark** *zie* -tuin; **heemraad** (*vglb*) (member of) water (drainage, conservancy, polder) board; (*pers, hist*) dike-reeve; **heem-**

raadschap (membership of a) water board; **heemschut**: *de Bond H~, (Eng, vglb)* the National Trust (*Sch:* for Scotland); **Heemskinderen**: *de Vier ~* the Four Sons of Aymon; **heemst** marshmallow; **heemtuin** botanical garden (with a collection of native flora)

heen away; [drive, sneak, ride etc] off; *vgl* over~ & weg; *nergens ~* nowhere; *overal ~* everywhere; *ik ben door mijn voorraad enveloppen ~* I have (am) run out of ...; *zie ook* door~; *waar **gaat** u ~?* where are you going (*of:* off to)?; *waar **moet** de tafel ~?* where is the ... to go?; *waar moet dat ~?, (fig)* what are we (what's the world) coming to? (*met jou:* what are you coming to?); *waar **wil** je ~?, (fig)* what are you driving (*of:* getting) at?; *ik zie waar hij ~ wil, (ook)* I see his drift; *~ en **terug*** there and back; [take a bus] each way, both ways; *~ en terug naar K* to K and back; *jij betaalde ~, ik betaal terug* you paid coming, I'll pay ...; *zie ook* ~-en-terugreis; *hij is **ver** ~, (van zieke, dronkaard)* he is far gone; *~ en **weer*** [walk] to and fro, up and down, backward(s) and forward(s); *~ en weer bewegen (trekken), (intr)* move about; *een reis ~ en weer van hier naar B* a round trip (*zeereis:* voyage) to B; *na lang ~ en weer praten* after a good deal of talking; *zie ook* om, over-(heen), zitten, enz

heen-en-|terugreis double journey (voyage), round trip; **-weer**: *~ gaand* reciprocating [motion]; *~ geloop* (constant) coming and going; *~ gepraat* palaver, cross-talk; *krijg het ~* drop dead!

heen|gaan go away, walk off, leave, take one's departure, take o.s. off, make one's exit; *(stilletjes)* slip off; *(sterven)* pass away; *in vrede ~* depart in peace; *ik ga heen* I'm going, I'm off; *daar gaan twee dagen mee heen* it will take two days; *zijn ~, (sterven)* his passing away; *(aftreden)* resignation; *zie ook* heen; **-komen** I *ww* get away, escape; *~ door* get (make one's way) through; tide over [the difficulties]; II *zn: hij zocht een goed ~* he sought safety in flight; **-lopen** run away; *loop heen!* get along with you!; *luchtig (gemakkelijk) over iets ~* brush aside [an objection], dismiss [an idea] too lightly, scamp [one's work]; *laat niet over je ~* don't let people (your husband, etc) walk over you; *hij laat iedereen over zich ~* he has no will of his own; *zie ook* glijden: ~ over; **-reis** voyage (journey) out, outward voyage; **-weg**: *(op) de ~* (on) the way there

1 heer host, army

2 heer gentleman; *(vorst, gebieder)* lord; *(des huizes, baas)* master; *(ve heerlijkheid)* seigneur, lord of the manor; *de ~ vh dorp* the (village) squire; *(ve dame bij dans, diner)* partner; *(kaart)* king; *~tje* young gentleman; *(fatje)* swell, dandy, (young) blood; *het ~tje zijn* be in clover; *nu is hij het ~tje, (ook)* his fortune is made now; *gevaarlijk ~* ugly customer; *de H~* the Lord; *onze lieve H~* our Lord; *(iron v pers)* tin god, tinpot deity, [he thinks he's] God Almighty; *Ons-H~, (r-k)* the host; *dames en heren* ladies and gentlemen; *mijne heren* gentlemen; *deze heren, (iron)* these gentry; *Neen, ~!* No, my Lord!; *och ~!* Oh, Lord!, good heavens!; *de ~ W* Mr W; *de heren S en L* Mr S and Mr L; *(soms, v firma steeds)* Messrs S & L; *de heren W & Co* Messrs W & Co; *twee heren **dienen*** [no one can] serve two masters; *de **Grote** H~, (de Sultan)* the Grand Seignior; *grote heren* great lords; *de ~ des **huizes*** the master of the house; *in het **jaar** onzes Heren* in the year of grace, in the year of our Lord; *de **jonge** ~ S* Master S; *zo ~ zo **knecht*** like master, like servant; *~ en **meester*** lord and master [*over* of]; *zijn eigen ~ en meester zijn* be one's own master (man, woman); *(fam)* be on one's own; *de (mijn) **oude** ~* the (my) governor, the old man; *(vooral ve schooljongen)* the pater; *de heren der **schepping*** the lords of creation; ***voornaam** ~, (fam)* great swell, nob; *zie ook* dag, fijn, herejee, heerschaar, huis, kers, uithangen *& vgl* willen

heerachtig genteel(-looking); *~ type* gent

heerbaan high-road, military road; **heerban** ban, summons to arms; **heerleger** host

heerlijk 1 *(vd heer)* manorial, *(Eng ook)* seigniorial, *(Fr)* seigneurial [rights]; *~ recht, (ook)* seigniory; 2 delicious [food, smell], choice [the choicest pieces], glorious, lovely [weather, I am having a lovely time], beautiful [cakes, smell]; *dat zou ~ zijn! (fam)* that would be wonderful!; *ik zou het ~ vinden!* I'd love to (go, etc); *het is ~ zo'n vriend te hebben* it's splendid to ...; *jullie ~ landje, (iron)* your precious country

heerlijkheid 1 *(landgoed)* manor, seigniory; *vgl* heerlijk 1; 2 *(pracht)* magnificence, glory; *(gelukzaligheid)* [heavenly] bliss, glory; 3 deliciousness; *(concr, meestal mv)* [eat all kinds of] delicacies

heer|neef, -oom, -zoon *(r-k)* 1 cousin or nephew (uncle, son) in orders; reverend cousin or nephew (uncle, son); 2 His (Your) Reverence

heerschaar host; *de Heer der Heerscharen* the Lord (God) of Hosts

heerschap master, lord; *(iron)* gent; *(aanspr: volkst)* Mister!, Guv'nor!; *deze ~pen, (ook)* these gentry; *zie ook* fijn

heerschappij mastery, dominion, power, [come under British] rule, lordship, sovereignty; *elkaar de ~ betwisten* fight for the mastery; *~ voeren (uitoefenen)* rule, hold sway [*over* over]

heersen *(regeren)* rule, *(ve vorst(in) & fig)* reign, hold sway; *(ve ziekte, gewoonte, winden, enz)* prevail, be prevalent; *(woeden, ve ziekte)* be about; *~ **over*** rule [a country], hold sway over; *er heerst een meer hoopvolle stemming* a ... feeling prevails; *er heerst een lelijke geest onder de stakers* there is an ugly spirit abroad among ...; *de werkloosheid heerste algemeen* unemployment was rampant (rife, prevalent); *het ~* the prevalence [of winds, fogs, etc]

heersend prevailing [opinion, fashion, wind], prevalent [economic theories], ruling [prices], established [form of government], obtaining [the conditions obtaining in this institution]

heerser(es) ruler; **heerszucht** lust for power, ambition; **heerszuchtig** ambitious; **heerszuchtigheid** *zie* -zucht

heerweg highroad, military road

hees I *bn* hoarse, husky; II *ww ovt van* hijsen
heesheid hoarseness, huskiness
heester shrub; **heesterachtig** shrublike, shrubby; **heestergewas** 1 shrub; 2 shrubbery
heet hot (*ook v tranen, kruiderijen, gevecht, enz*); *hete luchtstreek* torrid zone; *hete tranen,* (*ook*) scalding tears; *ik word er niet ~ of koud van* I couldn't care less; *in het* ***heetst*** *van de strijd* in the thick of the fight; *~ van de* ***naald*** red-hot [news]; *~ van de* ***rooster*** piping hot; *het zal er ~* ***toegaan*** it will be hot work; *zie ook* warm, betrappen, hangijzer, vuur, enz
heet|bloedig hot-blooded; **-gebakerd** hot-, quick-tempered; *een ~ jong hervormer* a young man in a hurry; **-hoofd** hothead(ed person), firebrand; **-hoofdig** hot-headed; **-lopen** get heated (*ook fig*); **-watertoestel** (water-)heater
hef 1 dregs, lees; 2 (*uitvaagsel*) scum; *de ~fe des volks* the dregs of the population
hefbok screw jack; **hefboom** lever [of the first order *soort*]*; ordner met ~mechaniek* lever-arch file; **hefboomwerking** leverage; **hefbordes** platform lift; **hefbrug** (vertical) lift bridge, (*in garage*) [hydraulic] lift; **heffe** *zie* hef 2
heffen 1 (*optillen*) raise, lift; *zie ook* gewicht, enz; *op iem ~* drink a p.'s health; 2 (*belasting*) levy, impose [taxes, duties]; (*schoolgeld*) charge [a fee of £500]; *belastingen* (*bijdragen*) *~ van* levy taxes (contributions) on; **heffing** 1 (*fin*) levying [of taxes], imposition; *een ~ van 12%* a 12 per cent levy; *~ ineens* capital levy, [raise a] levy on capital; 2 (*metriek*) arsis, lift; **heffingsvers** accentual verse; **hefschroefvliegtuig** helicopter
heft handle, haft; (*ve zwaard*) hilt; *het ~ in handen hebben* be at the helm (in power, in control), have the whip-hand of a p.; *ik laat mij het ~ niet uit handen nemen* I am not going to give up control
heftig violent [objections, person], vehement [attack, denial], heated [debate, words; he went on heatedly], hot ['...!', he answered hotly]; (*fam*) super; **heftigheid** violence, vehemence, heat
heftruck forklift (truck), fork truck; **hefvermogen** lifting power, [a ten ton] lift, capacity
heg hedge, fence; *zie ook* haag; *over ~ en steg* up hill and down dale, across country; cross-country [race]; *~ noch steg, zie* weg: *~ noch steg*
Hegeliaan(s) Hegelian
hegemonie hegemony
heggemus hedge sparrow; **heggerank** (white) bryony; **heggeschaar** (garden, hand) shears, hedge shears; (*elektr*) hedge trimmer
hei 1 hey!, hi!, hello!, hullo!; *~, jongens, kalmte!* now boys, if you please!; *~ daar* hey there!, what ho!; 2 *zie* heide; 3 *zie* heiblok & heitoestel
heibei shrew, termagant, scold
heibel racket; row; *zie* herrie
heiblok drop (*of:* pile) hammer, ram, monkey; **heibok** floating pile-driver
heibrand heath-fire; **heidamp** peat-smoke
heide 1 (*veld*) heath, moor; 2 (*plant*) heather, heath; **heideachtig** heath(er)y; *~en* ericaceae; **heidebloem** heath bell; **heidebrand** heath(land) fire; **heidebrem** 1 dyer's-greenweed; 2 petty whin, needle furze; **heidegrond** heath(land), moor(land); **heidehoning** heather honey; **heidekruid** heather; **heideland** *zie* -grond; **heidemaatschappij** moorland reclamation society
heiden heathen (*mv ook id*), pagan; (*hist: zigeuner*) gipsy; *aan de ~en overgeleverd zijn,* (*Matth. 20:19*) be delivered to the Gentiles; (*fig*) be abandoned to the tender mercies of s.o.; **heidendom** heathenism; paganism; (*de heidenen*) heathendom; **heidens** heathen [gods, practices], pagan [deities, tribes]; (*als een heiden*) heathenish; *~ lawaai* infernal noise (din, racket), unholy row; *een ~ karwei* a devil of a job; *~ moeilijk* devilish hard, hellishly (infernally) difficult
heideontginning moorland reclamation; **heideplag** heather sod; **heide|plant**, **-struik** heather, heath; **heideveld** heath
heidin heathen (woman), pagan (woman); (*hist: zigeunerin*) gipsy (woman); *vgl* heiden
heien ram, drive [piles]; *dat staat als geheid* that is as firm as a rock; **heier** rammer
heiig hazy; **heiigheid** haziness, haze
heikel perilous, risky, chancy; **heikneuter** boor
heil welfare, good [act for the good of the country; it is for your good]; (*der ziel*) salvation; *~ U!* hail to you (to thee)!; *veel ~ en zegen in het Nieuwe Jaar* a happy New Year!; *ik zie er geen* (*niet veel*) *~ in* I don't see the good of it (see much point in it); *hij zocht zijn ~ bij het spiritisme* he resorted (had recourse) to spiritualism; *zijn ~ in de vlucht zoeken* seek safety in flight; *zijn ~ verwachten van* pin one's faith to; **heila** *zie* hei 1
Heiland Saviour; **heilbede** good wishes [for a p.'s welfare], God speed; **heilbot** halibut; **heildronk** toast, health; **heilgymnastiek** remedial (gymnastic) exercises
heilig holy [ground, joy, life, man], Holy [City, Father, Ghost, Land, Virgin], sacred [cow, duty, promise, rights, river, writings]; *de H~e Franciscus* St Francis; *~ getal* sacred number: 7; *het H~e Graf* the Holy Sepulchre; *het H~e Hart* the Sacred Heart; *het is hem ~e ernst* he is dead serious; *~ huisje, a*) wayside shrine; *b*) pub; *c*) sacrosanct belief, etc; taboo, (*fam, ook: ~e koe*) sacred cow; *als het ~e moeten er bij komt* when it gets to be a case of must; *~e oorlog* holy war, jihad, jehad; *~e overtuiging* profound (firm) conviction [be firmly convinced of s.t.]; *de H~e Schrift* Holy Writ, Holy Scripture, the Holy Bible; *de ~e waarheid, ~ waar* [it is] gospel truth; *niets is hem ~* nothing is sacred to him; *hij is nog ~* ***bij*** *zijn broer* he is a model compared with ...; *~ verklaren* canonize; *~ beloven* (*verzekeren*) promise (declare) solemnly; *zich ~ voornemen dat* ... make a mental vow that ...; *zie ook* ~e, boon, dienst, geest, maagd, olie, stoel, 1 vat 2, zweren, enz; **heiligbeen** sacrum, sacred bone; **heiligdom** 1 (*plaats*) sanctuary, shrine; *zijn ~* his sanctum (private room); 2 (*voorwerp*) relic; **heiligdomsvaart** pilgrimage
heilige saint; *hij is geen ~* he is no saint; *het H~ der H~n* the Holy of Holies; (*als*) *van een ~,* (*ook*)

saintly [face]; **heiligedag** saint's day, holyday
heiligen sanctify, hallow; keep holy [the Sabbath day]; *Uw naam worde geheiligd* hallowed be thy name; *zie ook* doel
heiligen|beeld image of a saint; (*Griekse kerk*) icon; **-dag** saint's day, holyday; **-leven** saint's life; **-verering** worship of saints, hagiolatry
heiligheid holiness, sacredness, sanctity; *Zijne H~* His Holiness; *van Uwe H~ de met de meeste getrouwheid verknochte zoon* (*dochter*) yours truly; **heiliging** sanctification, hallowing
heilig|makend (*r-k*) sanctifying [grace]; **-making** sanctification; **-schender** profaner, desecrator; **-schennend** sacrilegious; **-schennis** sacrilege, desecration, profanation; **-verklaring** canonization
heilloos 1 (*noodlottig*) fatal, disastrous; 2 (*slecht*) wicked, impious, unholy; **heilsgebeuren** Birth of Christ; **heilsleer**: *de ~* the Gospel; **Heilsleger** Salvation Army [officer]; **heilsoldaat** Salvationist; **heilstaat** ideal state, Utopia; **heilwens** congratulation, benediction; **heilzaam** salutary, beneficial, wholesome; **heilzaamheid** beneficial (salutary) influence (effect), salutariness, wholesomeness
heimachine pile-driver, pile frame
heimelijk I *bn* secret, private; (*ong*) clandestine, surreptitious; furtive [glance]; hole-and-corner [transactions], underhand [ways], sneaking [sympathy; have a sneaking idea that ...]; *~ gemak* privy; II *bw* secretly, etc, in secret, in private; *hij keek mij ~ aan,* (*ook*) he looked at me out of the corner of his eye, took a covert look at me; **heimelijkheid** secrecy, secretiveness, stealth
heimwee homesickness, nostalgia; *~ hebben* be homesick [*naar* for]
Hein Harry; *Vriend* (*Magere*) *~* Death, the Grim Reaper, Goodman Bones; *~tje Pik* Old Nick
heinde: *~ en ver*(*re*) far and near
heining fence, enclosure; **heipaal** (timber, concrete, steel) pile; **heir(-)** *zie* heer(-)
heirook peat-smoke; **heisa** I *tw* huzza; II *zn* bother, to-do; **heistelling** pile driver frame
heisteren make a to-do
heitje (*kwartje, vglb*) tanner; *een ~ voor een karweitje* a bob a job; **heitoestel** pile-driver, pile frame
hek (*omheining*) fence, paling; (*inz ijzeren*) railing(s); (*in kerk*) [choir-, etc] screen; (*toegangs~*) gate, (*~je, ook*) wicket; (*v overweg* level-crossing gate; (*bij rennen*) hurdle, fence, (*mv: sl*) sticks; (*mar*) counter; taffrail; (*achtership*) stern; *~je,* (*het teken* #) hash; *het ~ is van de* ***dam*** the fences are down, there is no stopping it now, the lid is off; *het ~* ***sluiten***, (*fig*) bring up the rear
hekel 1 (*werktuig*) hackle; *over de ~ halen, zie ~*en; 2 dislike; *een* (*enorme*) *~ hebben aan* hate, dislike (intensely); *een ~ krijgen aan* take a dislike to
hekeldicht satire; **hekeldichter** satirist
hekelen 1 hackle, comb; 2 (*fig*) criticize, berate, satirize, haul over the coals, flay, slate [an author, a book]; **hekeling** 1 hackling; 2 (*fig*) satirizing, fault-finding; **hekelschrift** satire, lampoon; **hekelzucht** censoriousness
hekgolf (*mar*) stern wave
hekkesluiter last comer; *~ zijn* bring up the rear
hekkespringer (*pers*) madcap, whippersnapper
heklicht (*luchtv en mar*) stern light
heks witch (*ook fig:* little witch); (*feeks*) vixen; *ouwe ~* hag; **heksen** practise witchcraft, work a charm; *ik kan niet ~* (*en blauwverven tegelijk*) I can't do the impossible (perform miracles)
heksen|bezem witch-, witches' broom; **-jacht** witch-hunt; **-ketel** witches' cauldron; (*fig*) [the European] cauldron; (*hels lawaai*) pandemonium; **-kring** fairy ring; **-kruid** enchanter's nightshade; **-meester** wizard, sorcerer, magician; **-proces** witch trial; **-proef** water ordeal; **-sabbat** witches' Sabbath, coven; **-toer** ticklish (tough, devil of a) job; *dat is geen ~* it's as easy as falling off a log; **-waan** belief in witchcraft; **-werk** sorcery, witchcraft; *vgl* -toer
hekserij witchery, witchcraft, sorcery
hekwerk railing(s), trellis-work, fencing; **hekwiel** stern-wheel; **hekwieler** stern-wheeler
hel I *bn* bright, vivid [a vivid green]; (*schel*) glaring, violent [his hair was a violent red], staring [red, green]; *~ gekleurd* highly (brightly) coloured; II *zn* 1 *de ~* hell (*ook fig*); *een ~ op aarde* a hell (up)on earth; *loop naar de ~!, zie* duivel; *ter ~le varen* go to hell; *voor de poorten van de ~ weggesleept* obtained (achieved) in spite of all opposition; 2 (*mar*) boatswain's store-room
hela *zie* hei 1; **helaas** alas; unfortunately [he won't listen to me]; [I often have to go there,] more's the pity!, worse luck!
held hero [of the day, hour, match, novel]; *geen ~ in ...* not much good at [figures, maths]; *zie ook* sok
helden|daad heroic deed, act of heroism, exploit; **-dicht** heroic poem, epic, epopee; **-dichter** epic poet; **-dom** heroism; **-dood** heroic death, death of a hero; *de ~ sterven* die a hero; **-feit** *zie* -daad; **-moed** heroism; **-rol** part of a (the) hero, hero's part; **-sage** heroic legend; **-tenor** id, dramatic tenor; **-verering** hero-worship; **-zang** epic song
helder 1 (*klankvol*) clear, sonorous; 2 (*v licht, enz*) clear, vivid; bright [colours, star]; luminous [star]; (*klaar*) clear [water, sky], bright [sky, eyes, day], limpid [water, air], transparent; lucid [mind, moment]; *het is ~ dag* it is broad daylight; *zijn geest is ~,* (*ve zieke*) his mind is lucid; *~ wakker, enz, zie* klaar; 3 (*duidelijk*) clear, lucid [exposition *uiteenzetting*], perspicuous [style]; (*scherpzinnig*) bright [boy]; *~ van hoofd* clear-headed; *~ betoog* clear (lucid, perspicuous) argument; *~e druk* clear print; *~ verstand* clear brain; *zo ~ als glas, zie* glas~; 4 (*zindelijk*) clean, cleanly
helder|blauw, -bruin, enz, bright blue, brown, etc; **-denkend** clear-headed, clear-thinking; **-heid** (*mbt geluid*) clearness, sonority; (*mbt licht*) brightness, luminosity (*ook tv-scherm*); (*klaarheid, ook v betoog*) limpidity, lucidity, perspicuity, transparency; (*mbt stof*) cleanness, cleanliness; *vgl* helder; *~ van gedachte* clarity of thought; **-klinkend** clear, ringing; **-ziend** 1

clear-sighted, clear-eyed; 2 clairvoyant, second-sighted; ~ *zijn*, (*ook*) be gifted with second sight; *een ~e* a clairvoyant (*vr ook:* clairvoyante); **-ziendheid** 1 clear-sightedness; 2 clairvoyance, second sight

heldhaftig heroic (*bw:* -ally); **heldhaftigheid** heroism; **heldin** heroine (*ook fig: vgl* held)

heleboel *zie* boel

helemaal entirely, altogether, all [alone, wrong; her trunk was all packed; he had all the appearance of ...]; quite, clean [I had clean forgotten it], utterly [I am utterly indifferent to it]; [what does it boil down to] after all; *hij is ~ een vreemdeling voor me* he is an utter (a perfect) stranger to me; *dat is het ~* it couldn't be bettered (is absolutely it); ~ ***aan*** *het eind* at the extreme end [of the train]; ~ ***alleen*** [the hill stands] all by itself; ***~ beneden*** (*in*) right at the bottom; ~ *boven* ***in*** *het huis* (*onder het dak*) right at the top of the house (under the roof); ~ *in Devon* way down in ...; ~ *in het noorden* right up in the north; ~ *in de hoek* in the far corner; ~ ***niet*** not at all, not a bit [like this one; he isn't a bit well, you've not changed a bit], nothing [loath]; *niet ~ verkeerd* not all (altogether) wrong; *~ niet verkeerd* not at all wrong; *niet ~ zonder gevaar* not altogether without danger; *nog niet ~ 14 jaar* not quite fourteen years old; *ik begrijp hem niet ~* I can't quite make him out; *de post is ~ niet geweest* the postman never came; *het kwam ~ niet in hem op* it never entered his head; *zij konden ons wel eens ~ niet willen leveren* they might refuse to supply us at all; *~ niet!* [they are engaged?] Engaged nothing!, not a bit!; *hij kan ~ niet zingen, enz,* (*ook*) he cannot sing (ride, etc) for nuts; *zie ook* lang: ~ niet; ~ ***niets*** nothing at all, absolutely nothing [against it]; ~ ***tot*** all the way to, right down to [the river]; ~ *tot boven* right to the (very) top; ~ ***van*** *A* [come] all the way from A; *zie ook* opnieuw, enz

1 helen receive, fence [stolen goods]

2 helen I *tr* heal, cure; II *intr* heal (up), cicatrize; *de tijd heelt alle wonden* time cures all things

Helena Helen; (*heilige*) [St] Helena

heler receiver (of stolen goods), fence

helft half; *wat is de ~ van 4?* what is (the) half of four (half four)?; *de ~ van 4 is 2* the half of four (half four) is two; *de ~ ervan is bedorven* half of it is (half of them are) bad; *ieder de ~ betalen,* (*ook*) go halves (*fam:* fifty-fifty) [*van de kosten* in the expenses]; *de* ***beste*** ~ the better half; *zijn* ***betere*** ~ his better half; *de* ***grootste*** ~ *van de tijd* [it took up] the best (the greater) part of ...; *de ~ meer* half as much (many) again; *de ~ te veel* too many (much) by half; *de ~ minder* less by half; *de ~ van de weg* half the way; *we zijn* ***op*** *de ~* (*van het boek*) we are half-way through (the book); ***tegen*** *de ~ van de prijs* at half the price, at half-price; ***tot*** *op de ~ terugbrengen* cut down [train services] by (a) half; ***voor*** *de ~* half [full of water; that only half describes it]

Helgoland Heligoland; **helhond** hell-hound, Cerberus; **heli** chopper; **Helicon** id

helidak helipad roof; **helihaven** heliport; **helikopter** helicopter; **helikopterdek** helideck

heling receiving, fencing

helio|centrisch heliocentric; **-graaf** heliograph; **-graferen** heliograph; (*fam*) helio; **-gram** id; **-gravure** id; **-scoop** helioscope; **-staat** heliostat; **-troop** heliotrope

heliport id; **helium** id; **helix** id; **Hellas** id

hellebaard halberd; **hellebaardier** halberdier

helleborus hellebore

Helleen Hellene; **Helleens** Hellenic

hellen incline, slope, slant, dip, (*zacht*) shelve; (*luchtv, mar, enz*) *zie* overhellen; *~d,* (*ook*) inclined; *~d vlak* inclined plane, (*fig ook*) [stand on a] slippery slope

hellenisme Hellenism; **hellenist** Hellenist

helle|pijn torments of hell; **-poort** gate(s) of hell, hellgate; **-vaart** descent into hell; **-veeg** shrew, scold, virago, vixen, termagant; **-vorst** prince of darkness; **-vuur** hell-fire, fires of hell

helling 1 slope, incline, dip, declivity, descent, downhill; (*ve spoorweg, enz*) gradient, (*Am*) grade; ~ *van de magneetnaald* dip of the needle; 2 (*scheepsbouw*) slip(way), slips; *op de ~,* (*fig, voor herstel*) in dock; (*in heroverweging*) under review; *de hele procedure moet op de ~* the ... will have to be looked at (overhauled), must be revised, needs rethinking; **hellingmeter** clinometer; (*luchtv*) bank-indicator; **hellingproef** hill-start; **hellingsgraad** gradient, incline, (*Am*) grade; **hellingshoek** (angle of) dip (inclination); **hellingslijn** (*geol*) line of dip

helm 1 helmet (*ook ve distilleerkolf*), steel cap, (*sl*) tin hat; (*dicht*) helm, casque; (*ve duiker*) headpiece; (*bij pasgeboren kind: met de ~ geboren*) [born with a] caul; 2 (*plant*) marram grass

helm|draad filament; **-gras** *zie* helm 2; **-hoed** sun-, pith-helmet; (*BrI*) topee; **-knop** anther; **-kruid** figwort; **-plant** *zie* helm 2; **-stok** tiller, helm; **-teken** crest

heloot helot; **help**: *lieve ~!, zie* genade: goeie ~

helpen 1 (*bijstaan*) help, aid, assist, give a hand, (*lit*) succour; (*bedienen*) attend to, serve [are you being attended to?, served?, seen to?]; (*dokter bij bevalling*) attend; (*chirurg*) operate; (*steriliseren, euf*) neuter, doctor, (*Am*) alter, (*fam*) fix [the cat]; *help!* help!; *hij helpt me goed* he is quite a help; *ik help het je hopen* I'll hope so for your sake; *iem ~ ontsnappen* help a p. (to) escape; *iem ~ opstaan* assist a p. to get up; *iem ~ trouwen* assist at a p.'s wedding; *de* ***helpende*** *hand reiken aan* extend the (a) helping hand to; *hij* ***is*** *niet meer te ~* he is past help; *hij hielp me mijn* ***jas*** *aandoen* (*uitdoen, -trekken*) he helped me on (off) with, helped me into (out of) my ...; *hij hielp mij mijn jas uitdoen* (*uittrekken*) he helped me off with (helped me out of) my coat; ***kan*** *ik ~?,* (*van dienst zijn*) can I help?, can I be of any assistance?; *waarmee kan ik u ~?* what can I do for you?; *ik kan het* ***niet*** *~* I cannot help it, it is not my fault; *kon hij het ~ dat zij* (*het meisje*) *hem gekust had?* could he help her (the girl's) kissing him?; *hij kan het niet ~, dat hij zo'n gezicht heeft* (*zo denkt, enz*) he cannot help his face (his views, etc); *ik kan* *het niet ~, maar ik kan zijn houding niet bewonderen* I am sorry, but ...; *zich* ~ help o.s.; *de dokters konden alle gewonden niet* ~ the ... could not cope with all the wounded; *ik kan er u* ***aan*** ~ I can get (procure) it for you; *kunt u mij ~ aan een lucifer?* can you oblige me with a match?; *iem aan een baantje* ~ help a p. to get a job, get a p. a job; *daar is geen ~ aan* it cannot be helped; *een jongen ~* ***bij*** *(****met****) zijn lessen* help a boy with his ...; *~ bij een operatie* assist in ...; *er* ***bovenop*** *~, zie* bovenop; de dokter hielp mij ***door*** *de tyfus (erdoor) heen* the ... saw me through the typhoid, pulled (saw) me through (it); *deze voorraad zal ons door de winter heen ~* this ... will carry us through (help us over, tide us over) the ...; *iem* ***eronder*** *~, a)* help to bury a p.; *b)* be the ruin of a p.; *iem* ***in*** *(****uit****) de jas (een rijtuig) ~* help a p. into (out of) his coat, hand a p. down from a carriage; *erin (eruit) ~* help a p. (to get) in (out); *iem uit de verlegenheid ~* help a p. out (of the difficulty); *hij zal je* ***in*** *het ongeluk ~* he will be the ruin of you; *heen ~* ***over*** help [a p.] over [the difficulties]; *zie ook* been, lijden II, onthouden, waarlijk, enz; 2 (*baten*) avail, be of avail, be of use; *dat hielp werkelijk* that really answered (did the trick); *dat helpt niet veel* that doesn't help much, that is not (of) much use; *het helpt* ***niets*** it's (of) no use (no good, doesn't help matters); *het had haar totaal niets geholpen* it had not done her the least bit of good; *dat zal* ***veel*** *~!* that'll help a lot!; ***wat*** *helpt het?* what's the use?, what is the good of it?

help(st)er assistant, helper, aid

hels hellish, infernal [noise], devilish; *een ~ lawaai, (ook)* a pandemonium, a hell of a noise; *~e machine* infernal machine; *~e steen* lunar caustic, lapis infernalis; *~e pijnen lijden, (ook)* suffer hell; *~ zijn* be in a devil of a temper, be furious; *iem ~ maken* infuriate a p.

Helve|tië Helvetia; **-tiër**, **-tisch** Helvetian

hem I *vnw* him; *Jan is '~', (spel)* is he, is it; *die van ~* his; *dat boek van ~* that book of his; *het is van ~* it is his; II *tw* ahem!, hem!, h'm!

hematiet haematite; **hemato|loge**, **-loog** haematologist; **hematoom** haematoma; **hematurie** haematuria

hemd vest (*v vrouwen, ook:* chemise), (*Am*) undershirt; shirt; ***in*** *zijn ~ staan, (fig), a)* cut a helpless (foolish) figure, have egg on one's face; *b)* be cleaned out; *iem in zijn ~ zetten (laten staan)* make a p. look silly (foolish); *het ~ is* ***nader*** *dan de rok* charity begins at home; ***tot*** *op het ~ toe nat* soaked to the skin, wet through; *iem tot het ~ toe uitkleden* strip a p. naked (*of:* to the skin), fleece (*of:* skin) a p., drain a p. dry; *ze* ***vraagt*** *je het ~ van het lijf* she turns a man inside out (she bombards you) with questions; *zie ook* lijf

hemds|boord shirt-collar; **-knoopje** (*vast*) shirt-button; (*los*) shirt-stud; **-mouw** shirtsleeve; *in zijn ~en* in his shirtsleeves; *zie ook* draad

hemel 1 (*uitspansel*) sky (*ook fig:* the political sky is clearing), firmament, heavens; (*op schilderij*) sky; *als de ~* ***valt*** *zijn we allemaal dood* if the sky falls we shall catch larks; ***aan*** *de ~* in the sky, in the heavens; *de sterren staan aan de ~* the ... are out; *hoog aan de ~* [the sun was] high in the sky (the heavens); 2 (*ve ledikant*) tester, (*inz v ~bed & wieg*) canopy; (*ve troon*) canopy, baldachin, -quin; 3 (*~rijk & H~heer*) heaven; (*goeie, lieve, mijn*) *~ (nog an toe)!* (good) heavens!, heavens above!, (my) goodness!, bless my soul!, dear me!; *al kon ik er de ~ mee verdienen* [I couldn't do it] to save my life; *~ en* ***aarde*** *bewegen* move heaven and earth, leave no stone unturned; *de ~* ***beware*** *ons* Heaven (God) forbid; *de ~ zij* ***dank*** Heaven be praised; *de ~ danken* thank one's stars; *de ~* ***weet*** *wat er kan gebeuren* Heaven (goodness) knows ...; ***in*** *de ~* in heaven; *in de ~ komen* go to heaven; *in ('s) ~s naam* for Heaven's (for goodness') sake [do not go]; *ik wou in ('s) ~s naam* ... I wish to Heaven (to goodness) ...; *wat bedoel je in ('s) ~s naam?* what on earth do you mean?; *in de zevende ~ zijn* be in (the, one's) seventh heaven (of delight); *zijn handen (ogen)* ***ten*** *~ heffen* raise one's ... to Heaven; *ten ~ zenden, (gebeden) zie* opzenden; *ten ~ varen* ascend to heaven; ***tussen*** *~ en aarde* in mid-air; *zie ook* bloot, geven, prijzen, schreien, enz

hemel|as celestial axis; **-bed** four-poster (bed), canopied bed; **-bestormer** Titan; **-bewoner** inhabitant of Heaven; **-bode** messenger from Heaven, heavenly messenger; **-bol** celestial globe; **-boog** *zie* -gewelf; **-burger** *zie* -bewoner; **-dak** *zie* -gewelf; **-dauw** dew of heaven, manna; **-dragonder** sky-pilot

hemelen *ww: (gaan) ~* go to heaven; **hemelgewelf** vault (arch, canopy) of heaven, firmament, sky; **hemelglobe** celestial globe; **Hemelheer** Lord of Heaven; **hemelheir** host of angels, celestial host; **hemelhoog** sky-high, towering (to the sky, skies); *-hoge bergen* soaring mountains; *~ prijzen* praise (laud) to the skies; *(in ong zin)* puff (cry up); *~ boven zijn collega's staan* stand (*of:* tower) head and shoulders above one's colleagues; **hemelkaart** astronomical map; **Hemelkoningin** Queen of Heaven

hemel|koor heavenly choir; **-lichaam** heavenly (celestial) body; **-poort** gate of Heaven; **-rijk** kingdom of Heaven; **-ruim** universe

hemels heavenly [our heavenly Father, heavenly bliss], celestial; *het H~e Jeruzalem* the New Jerusalem; *het H~e Rijk, (China)* the Celestial Empire

hemels|breed 1 [three miles away] as the crow flies, in a straight line; 2 wide, vast [difference]; *ze verschillen ~* they are poles apart (asunder), there is a world of difference between them; *dat maakt een ~ verschil* that makes all the difference; **-breedte** astronomical (celestial) latitude; *volgens ~, zie* -breed; **-naam**: *in ~, zie* hemel: in ('s) ~ naam

hemel|streek (*luchtstreek*) zone, climate, (*windstreek*) point of the compass; **-tergend** flagrant [offence], crying [shame; *ook:* the injustice cries to Heaven]; **-tje(lief)**! good(ness) gracious!, dear me!; **-toorts** (*zon*) lamp of heaven, orb of day; **-trans** vault of heaven; **-vaart** Ascension;

Maria H~ Assumption of the Holy Virgin
Hemelvaartsdag Ascension Day; **Hemelvader** Heavenly Father; **hemelvuur** [struck by] lightning; **hemelwaarts** heavenward, towards Heaven; **hemelwater** rain(-water)
hemeralopie nyctalopia, night blindness
hemi|cyclus hemicycle; **-sfeer** hemisphere
hemmen hem, clear one's throat
hemofilie haemophilia, (*fam*) bleeding; **hemoglobine** haemoglobin; **hemolyserend** haemolytic; **hemorroïden** haemorrhoids; **hemo|statisch**, **-styptisch** haemostatic
hemzelf himself; *vgl* zelf & zichzelf
1 hen *zn* hen; *zie ook* kip
2 hen *vnw* them; *vgl* hem I
hendel handle; **hendiadys** id
Hendrik Henry; *brave ~* paragon of virtue, goody-goody; (*plant*) Good King Henry; **Hendrika** Henrietta; **Henegouwen** Hainault
henen forth; *zie verder* heen; **heng** hinge
hengel fishing (angling) rod, rod and line; **hengelaar** angler; **hengelakte** rod licence; **hengelartikelen** fishing tackle; **hengelclub** angling club; **hengelen** angle; *~ naar* fish (angle) for [a compliment, invitations]; *zij hengelt naar hem* she is setting her cap at him (leading him on); *het ~* rod-fishing, coarse fishing, angling
hengel|kruis ansate cross; **-microfoon** boom microphone; **-roede** fishing rod; **-snoer** angling line; **-sport** angling; **-stok** fishing rod
hengsel handle, bail; (*scharnier*) hinge; *uit de ~s* [the door is] off the hinges
hengsel|korf, **-mand** hand-basket
hengst stallion, (*soms*) horse; (*min ook: 'boerenhengst'*) bumpkin; **hengsten** (*vossen*) swot
hengstveulen colt(-foal)
henna id; *met ~ verven* henna
hennegat (*mar*) helm-port
hennep hemp, cannabis; **hennepen** hemp(en)
hennep|garen hemp yarn; **-netel** hemp-nettle; **-olie** hempseed oil; **-zaad** hempseed
Hennie Hen(rietta); **Henriëtte** Henrietta
hens: *alle ~ aan dek* all hands on deck
henzelf themselves; *vgl* zelf & zichzelf
hepatisch hepatic; **hepatitis** id
heptaan heptane; **heptaëder** heptahedron; **heptagoon** heptagon; **heptameter** id; **heptarchie** heptarchy; **Heptateuch** id; **heptatlon** heptathlon; **heptavalent** id
1 her *bw: ~ en der,* (*overal*) (here, there and) everywhere, (*overal heen*) hither and thither; *van eeuwen ~* from times immemorial; *van ouds ~* (from) of old; *dateren van tijden ~* date back a long way; *hun vriendschap dateerde van jaren ~* their friendship was of long standing; *zie ook* hot
2 her *zn* (*herexamen, fam*) resit
3 her- (*voorvoegsel*) re-, again
herademen (*ook fig*) breathe again, breathe more freely; **herademing** (*fig*) relief
heraldicus armorist, heraldist, blazoner; **heraldiek** I *zn* heraldry, heraldic art; II *bn* heraldic; **heraldisch** heraldic (*bw:* -ally); **heraut** herald
her|barist herbalist; **-barium** 1 id; 2 (*boek*) herbal
herbe|bossen re(af)forest; **-bossing** re(af)forestation; **-ginnen** begin again (all over), restart; **-grafenis** reburial; **-noemen** reappoint; **-noeming** [eligible for] reappointment
herberg inn, public house (*fam:* pub), tavern; *de ~ 'de Zon'* the Sun Inn [the White Horse Inn, etc]; *logeren in de ~ 'het Schip', (ook)* stay at (the sign of) the Ship; **herbergen** lodge, house, put up, accommodate; harbour [a fugitive]
herbergier innkeeper, publican, host, landlord; *~ met vergunning* licensed victualler; **herbergierster** landlady, hostess; **herberging** accommodation, etc; *vgl het ww*; **herbergklant** pub-loafer; **herbergzaam** hospitable
Herbert id, (*fam*) Herb
herbevestigen reconfirm [a flight reservation]; **herbewapenen** rearm; **herbewapening** rearmament; **herbezinnen** *vgl* heroverwegen
herbicide id; **herbivoor** herbivore (*mv ook:* -vora), herbivorous animal
herboren born again, reborn, regenerate
herboriseren herborize, botanize; **herborist** id, botanist
herbouw rebuilding, reconstruction [of Europe]; **herbouwen** rebuild, reconstruct; **hercirculatie** recycling
Hercules id; **herculesarbeid** labour of Hercules, Herculean task; **herculeskever** Hercules (beetle); **herculisch** Herculean
Hercynisch Hercynian [Forest]
herdenken (*vieren*) commemorate; (*zich herinneren*) remember, recall (to mind); **herdenking** commemoration; remembrance; *ter ~ van* in commemoration of; *zie ook* doden~
herdenkings|- commemorative [address *rede;* medal]; *vgl* gedenk-; **-dienst** memorial (commemorative) service, service of commemoration; **-plaat** *zie* gedenkplaat; **-postzegel** commemorative (postage) stamp, [Byron] centenary stamp, [De Ruyter] tercentenary stamp
herder 1 (*schaap~*) shepherd; (*vee~*) herdsman; (*vooral in sam*) herd [cowherd, swineherd]; (*zielen~*) shepherd; pastor; *de goede H~* the Good Shepherd; 2 *zie* ~shond; **herderin** shepherdess
herderlijk pastoral [life, scene]; *~ ambt, zie* herdersambt; *~ schrijven* pastoral (letter)
herders|ambt pastorate, pastoral office; **-dicht** pastoral (poem), eclogue; **-fluit** shepherd's (*of:* oaten) pipe; **-hond** sheepdog, shepherd('s) dog; (*Duitse*) ~ Alsatian, German shepherd (dog); **-jongen**, **-knaap** shepherd('s) boy; **-leven** shepherd's life, pastoral life; **-lied** pastoral (song); **-mat** (*sp*) scholar's mate; **-roman** pastoral romance; **-spel** pastoral play; **-staf** (shepherd's) crook; (*ve bisschop*) crozier, pastoral staff; **-tasje** (*plant*) shepherd's purse; **-volk** pastoral people, herdsmen, pastoralists; **-zang** pastoral (song)
herdisconto re-discount; **herdoop** rebaptism; **herdopen** rebaptize, rechristen, rename; *vgl* dopen; **herdruk** reprint, new impression; (*herzien*) new edition; *in ~* [the book is] reprinting; **herdrukken** reprint; **herdubbel(en)** redouble

hereboer gentleman farmer
hereditair hereditary; **herediteit** heredity
herejee dear me!, good(ness) gracious!
here|miet hermit; **-mietkreeft** hermit-crab
heremijntijd *zie* -jee; **heremitage** hermitage
heren|akkoord gentleman's (-men's) agreement; **-artikelen** (gentle)men's wear, haberdashery; *handelaar in ~* (gentle)men's outfitter; **-dienst** (*ook: ~en*) statute labour, labour service, corvée; **-dubbel** men's doubles; **-enkelspel** men's singles; **-fiets** men's bicycle; **-fuif** bachelor (*fam:* stag) party; **-huis** 1 (detached, semi-detached) house, des res; 2 mansion; 3 (*ve ambachtsheer*) manor-house, hall
herenigen 1 reunite; 2 reconcile; **hereniging** 1 reunion; *de ~ van Duitsland* the reunification of Germany; 2 reconciliation
heren|kapper men's hairdresser, barber; **-kleding** menswear, (gentle)men's clothing; **-knecht** footman, gentlemen's man, (*scherts*) gentlemen's gentleman; **-kostuum** men's suit; **-leventje**: *een ~ leiden* live like a prince; **-mode** men's fashion(s); **-ondergoed** men's underwear; **-toilet** men's, gentlemens' lavatory (toilet, room, *Am:* restroom), (*fam*) gents; **-winkel** (gentle)men's outfitter, man's shop
heresie heresy
her|examen resit, re-examination; *~ doen* resit an exam; **-export** re-export; **-formuleren** reformulate, reword, rephrase, put differently
herfst autumn; (*Am*) fall; **herfstachtig** autumnal; **herfstaster** Michaelmas daisy; **herfstbladeren** autumn leaves, leaves of autumn; **herfstdag** autumn(al) day; **herfstdraden** (threads of) gossamer, autumn cobwebs; **herfstig** autumnal; *het wordt ~* autumn is setting in
herfst|kleuren autumn tints, autumn(al) colours (hues); **-maand** September; month of autumn; **-nachtevening** autumnal equinox; **-punt** autumnal equinoctial point; **-sering** phlox; **-tijd** autumn (time); **-tijloos** autumn crocus, meadow saffron, naked lady (*of:* boys); **-tinten** autumn tints; **-vakantie** autumn half term (break); **-weer** autumn(al) weather
hergebruik 1 re-use; 2 recycling; *geschikt voor ~* recyclable; **hergeven** 1 give (*kaartsp:* deal) again; 2 give back; **hergroeperen** regroup; (*pol, enz*) realign; **hergroepering** regrouping; realignment
herhaalbaar repeatable; reproducible [experiment]; **herhaald** repeated; *~e malen, zie* ~elijk
herhaaldelijk repeatedly, again and again, time and again, over and over again; **herhalen** repeat; (*telkens weer*) reiterate, say (do) over and over again; *in het kort ~* summarize, recapitulate; *zich ~* repeat o.s.; (*v ziekte, enz*) recur; *zijn woorden laten zich niet ~* his words do not bear repeating; *~d,* (*ook*) recursive; **herhaling** repetition, reiteration, recapitulation, repeat (performance); (*televisie*) action replay; (*mil*) *zie* ~soefening; *bij ~, zie* herhaaldelijk; *in geval van ~,* (*jur*) in case of a second offence; *in ~en vervallen* repeat o.s.
herhalingscursus refresher (revision) course;
herhalingsoefening revision exercise, refresher period; *~en,* (*mil*) [reservists called up for] retraining; **herhalingsteken** (*muz*) repeat
herhuisvesten rehouse, decant [people]
herijk regauge; **herijken** regauge; *zijn normen ~* reassess one's norms
herik (*plant*) charlock
herinneren 1 ***zich*** ~ remember, recollect, (re)call to mind, recall; *als ik me goed herinner* if I remember rightly (right, aright); *voor zover ik me herinner* as far as I remember, to the best of my recollection; *niet voor zover ik mij herinner* not to my recollection, not that I can remember; *we ~ ons niet, dat ...,* (*ook*) we do not remember [him visiting us], I have no recollection of [his saying so]; *ze herinnerde zich* (*totaal*) *niets,* (*ook*) her memory (mind) was a(n utter) blank; *men zal zich ~* ... it will be remembered ...; 2 ***iem*** (*aan*) *iets ~* remind a p. (put a p. in mind) of s.t. [I reminded him of where we had met]; *~ aan,* (*zonder lijdend voorwerp*) recall (to mind) [(the fact) that ...]; *ze ~ aan de tijd, dat* ... they remind one of, recall (to mind) the time when ...; *herinner mij eraan, dat ik ga* remind me to go; *heel vriendelijk, dat je me eraan herinnert* thank you for reminding me; *~de aan* ... [a story] reminiscent of ...
herinnering 1 (*het zich herinneren; ook: een ~*) recollection, remembrance, reminiscence, memory [*aan* of]; *pijnlijke ~en* painful memories; *in ~ brengen* call to mind; *ter ~ aan* in memory (in remembrance) of; 2 (*wat helpt onthouden*) reminder [*aan* of]; (*aandenken*) memento, keepsake, souvenir; *een kleine ~* a gentle reminder; *historische ~en van een plaats* historical associations of ...; *terug in de ~* down memory lane
herinnerings- *zie* herdenkings-; **herinneringsvermogen** (powers of) memory
herintreden re-enter [to a profession]
herkansing (*sp*) repêchage; (*examen*) resit
herkauwen 1 ruminate, chew the cud; 2 (*fig*) repeat (keep saying) over and over again; **herkauwend**: ~ (*dier*) ruminant; **herkauwer** ruminant; **herkauwing** rumination
herkenbaar recognizable; identifiable; **herkennen** recognize; identify [a dead body]; *iem aan zijn gang ~* know (recognize) a p. by his walk; *ik zou u niet herkend hebben* I would not have known you (again); *zich ~ in* identify with, find common ground in; *niet te ~, zie:* onkenbaar 2
herkenning recognition; **herkenningsmelodie** (*radio*) signature tune; **herkenningsplaatje** identity disc; **herkenningsteken** mark (sign, signal) of recognition; distinctive (identifying) mark; mark for identification; *als ~ draag ik* ... you will recognize me by ...
herkeuren re-examine [the rejects *afgekeurden*], retest; **herkeuring** re-examination, retest
her|kiesbaar eligible for re-election, re-eligible; *zich niet ~ stellen* not offer o.s. for (not seek) re--election; **-baarheid** re-eligibility; **-kiezen** re-elect; *niet herkozen worden,* (*ook*) lose one's seat, be unseated; **-kiezing** re-election
herkomst origin, descent, source, extraction,

provenance; **herkomstig** *zie* afkomstig
herkoop repurchase; **herkopen** repurchase
herkrijgen recover [one's health, property, one's balance, possession of one's money], regain [one's strength, one's faith], get back [one's health]; *de spraak* ~ find (recover) one's voice
herkrijging recovery, recuperation; *vgl het ww*
herladen recharge [a battery]
herleid|baar reducible; **-baarheid** reducibility
herleiden reduce (*ook in de rek*); convert [Dutch money into English, local time into GMT (Greenwich Mean Time)]; *prijzen tot goud herleid* prices in terms of gold; **herleiding** reduction, conversion; **herleidingskoers** conversion rate; **herleidingstabel** conversion table
herleven revive, return to life, live again; relive, live [life] over again; *doen* ~ revive; **herleving** revival, rebirth, renascence [of the Liberal party]
herlezen re-read, read again; **herlezing** re-reading; *bij de ~ van Uw brief* on reading your letter over again, on a second reading of ...
hermafrodiet hermaphrodite (*attr ook:* -ditic)
Herman 1 id; 2 (*hist*) Arminius; **Hermandad** id; *de* (*heilige*) ~ the police, the law; **herme** (*bk*) herm
hermelijn (*dier & bont*) ermine; (*dier in bruine zomervacht*) stoat; **hermelijnen** ermine
hermeneutiek hermeneutics; **hermeneutisch** hermeneutic(al); **Hermes** id
hermesstaf caduceus; **hermeszuil** herm
hermetisch 1 (*esoterisch*) hermetic (*bw:* -ally); 2 (*luchtdicht*) hermetic, airtight; ~ *gesloten,* (*fig*) firmly (tight) shut; **hermetisme** hermetism
hermitage id; (*wijn & museum*) Hermitage
hernemen 1 take again; resume [one's seat], reassume [his face reassumed the same expression]; (*vesting, enz*) retake, recapture; 2 (*hervatten*) resume, reply; *zich* ~ recover; pull o.s. together
herneming 1 recapture; 2 revival (*ook theat*); 3 re-start, resumption
hernhutter *zn* Moravian (brother, *mv:* brethren); **hernhutter(s)** *bn* Moravian
hernia 1 id, rupture; 2 slipped disc (disk)
hernieuwen renew, renovate; resume [old friendship]; *de aanval* ~ return to the charge; **hernieuwing** renewal
Herodes Herod; **Herodias** id
heroën heroes; **heroïek** 1 heroicism; 2 *zie* heroisch; **heroïne** heroin [addict, prostitute, traffic]; **heroïnehond** sniffer dog; **heroïsch** heroic (*bw:* -ally); **heroïseren** heroize; **heroïsme** heroism
her|openen reopen; **-opening** reopening; **-opvoeden** re-educate; **-opvoeding** re-education; **-oriënteren** reorient(ate); **-oriëntering** reorientation
heros hero, demigod
her|overen reconquer, recapture, retake, recover [from the enemy *op* ...]; **-overing** reconquest, recapture, recovery; **-overwegen** rethink; **-overweging** rethink; *in* ~ under review; **-pakken**: *zich* ~ recover, pull o.s. together
herpes id; *lijder aan* ~ herpetic; **herpetologie** herpetology
her|plaatsen re-place; reinsert [an advertisement]; **-plaatsing** (*ve advertentie*) reinsertion; ~ *wegens misstelling* amended notice; (*hulp bij*) ~, (*v personeel*) outplacement; **-planten** replant
herrie (*lawaai, opschudding*) noise, din, hubbub, hullabaloo, racket, row, uproar, pother [what is all the pother about?]; (*ruzie*) row, shindy; ~ *maken* (*schoppen*) kick up a row, raise a dust; *vgl* ruzie; **herriemaker** (*bij opstootje*) rowdy, rioter, hooligan; **herriemakerij** hooliganism, rowdyism; aggro; **herrieschopper** *zie* -maker
her|rijzen rise again, rise [from the dead]; **-rijzenis** resurrection, resurgence; **-roepbaar** revocable, repealable; **-roepbaarheid** revocability
herroepen revoke [a decree, promise], recall [a decree], repeal [laws], retract [a promise], recant [a statement], countermand [an order], reverse [a decree, decision]; *zijn woorden* ~ retract one's words, recant; **herroeping** revocation, recall, repeal, retraction, recantation; *vgl* herroepen
herschapen *v dw van* herscheppen
herschatten revalue; **herschatting** revaluation
herscheppen re-create, create again, regenerate, metamorphose, convert, transform [*tot* into]
herschepping re-creation, regeneration, metamorphosis, transformation
herschikken rearrange, reorder; redeploy [troops]; reshuffle [tasks]; reschedule [debts]; **herschikking** rearrangement, reordering, redeployment, realignment, [cabinet] reshuffle
herscholen retrain; **herscholing** retraining
herschrijven rewrite [rule]; **herschrijving** rewrite, rewriting
hersen|aanhangsel pituitary (gland, body); **-arbeid** brainwork; **-bloeding** cerebral h(a)emorrhage; **-breker** brain-teaser (-twister); **-dood** cerebral death, brain death
hersenen (*orgaan*) brain; (*massa*) brains; *grote* ~ great brain, cerebrum; *kleine* ~ little (lesser) brain, cerebellum; *zie verder* hersens
hersen|gezwel brain tumour; **-gymnastiek** mental gymnastics; quiz (programme); **-helft** [left, right] cerebral hemisphere; **-holte** 1 cerebral cavity; 2 ventricle; **-kas** *zie* -pan; **-kraker** brain-teaser (-twister); **-kronkel** 1 convolution, gyrus; 2 brain-teaser; 3 queer notion; **-kwab** lobe of the cerebrum (brain); **-letsel** brain injury (*of:* damage); **-loos** brainless; **-ontsteking** inflammation of the brain, encephalitis; **-pan** brainpan, (vault of the) cranium; skull, head [his head had been battered in]
hersens 1 (*orgaan & massa*) *zie* hersenen; *iem de ~ inslaan* brain a p., knock a p.'s brains out; 2 (*verstand & hoofd* brains; *vermoei je ~ daar niet mee* don't trouble your head about it; *hoe haalde je het* **in** *je ~?* how did you get it into your head?; *je zult het wel* **uit** *je ~ laten* (*om* ...) don't you dare (to ...)!; *hij zal het wel uit zijn ~ laten* he will think twice before doing it; *zie ook* hoofd
hersen|schim chimera, phantasm, figment of the (*of:* one's) imagination, mirage; **-schimmig** chimerical; **-schors** cerebral cortex; **-schudding** concussion (of the brain) [suffer from concus-

sion]; **-spinsel** *zie* -schim; **-spoeling** brainwashing; **-stam** brainstem; **-storing**: *plotselinge* ~ brainstorm; **-vermoeidheid** brain-fag; **-verweking** softening of the brain; **-vlies** cerebral membrane, meninx (*mv:* meninges); *week* (*hard*) ~ pia (dura) mater; **-vliesontsteking** meningitis; **-werk** brainwork; **-werker** brainworker; **-werking** working of the brain, cerebration; **-winding** convolution of the brain

herstel [trade, economic] recovery, recuperation [of the market], restoration [of law and order, the monarchy], reinstatement [in one's job], redress [of grievances]; (*v prijzen, enz*) rally, recovery; (*ve wapen bij het schermen*) recover; (*genezing*) recovery, recuperation; *men wanhoopte aan zijn* ~ his life was despaired of; *hij is voor ~ van gezondheid in Davos* he is recruiting his health in ...; ~ *van eer* rehabilitation; ~ *van huwelijksrechten* restitution of conjugal rights

herstel|baar curable, repairable, reparable, restorable, retrievable; *vgl* herstellen; **-betalingen** reparations (payments); **-dienst** repair service

herstellen I *tr* (*repareren*) mend, repair [clothes, etc]; redress [grievances, an injustice], restore [the balance *evenwicht,* the monarchy], remedy [an omission *verzuim,* an evil *kwaad*], correct, rectify [a mistake], right [a wrong], set [a wrong] right, retrieve [a loss, an error, one's fortunes], make good [the damage]; re-establish, reinstate [a p. in office, in his old rank]; reaffirm [faith in ...]; *in zijn eer* ~ rehabilitate; *men was bezig de weg te* ~ the ... was under repair; *dit type auto werd in ere hersteld* this ... came into its own again; ***zich*** ~, (*v schrik, enz*) recover o.s., pull o.s. together; recover [from ...]; *de handel herstelt zich* trade is recovering (picking up); *de markt* (*de aandelen*) *herstelde*(*n*) *zich* the market (the shares) rallied; *de chaos herstelde zich spoedig* the ... soon righted itself; II *intr* recover [from an illness]; [go to the seaside to] convalesce; *geheel* (*snel*) ~ make a full (a rapid) recovery; *geheel hersteld zijn* be quite recovered, quite well again; *98, herstel, 89* 98, sorry, 89; *herstelt!,* (*mil*) as you were!; *~de zijn* be convalescing, -scent; *~de* (*zieke*) convalescent; *ziekenhuis voor ~den* convalescent hospital

hersteller repairer, repairman; **herstelling** repair, correction, recovery, restoration, re-establishment, reinstatement; *vgl het ww*

herstellings|oord sanatorium, health resort; (*voor herstellenden*) nursing home; **-teken** (*muz*) natural (sign); **-vermogen** recuperative power; **-werk** repair work, repairs; ~ *uitvoeren* carry out (do) repairs

herstel|plan recovery plan; **-programma** rehabilitation (recovery) programme; **-toets** correction key; **-werk** *zie* ~lingswerk

herstemming second ballot

herstructureren restructure, reorganize; **herstructurering** restructuring, reorganization

hert deer (*ook mv*); (*mannetje*) stag, hart; *vliegend* ~ stag beetle; **hertebeest** hart(e)beest; **hertebok** stag, buck; **hertebout** haunch of venison; **hertegewei** *zie* gewei; **hertejacht** deerstalking (*door besluiping*); stag-hunting; *op de ~ zijn* stalk deer; hunt stags

hertelling recount [of votes]

hertenkamp deer park; **hertepastei** venison pie; **hertevlees** venison

hertog duke; **hertogdom** duchy

hertogelijk ducal; *~e waardigheid* dukedom

Hertogenbosch: *'s-~* Bois-le-Duc

hertogin duchess; **hertogshoed** ducal coronet

hertrouw [lose one's pension on] remarriage

hertrouwen remarry, marry again

hertshooi St John's wort; (*grootbloemig*) Aaron's beard; **hertshoorn** stag-horn; (*geraspt*) hartshorn; *geest van* ~ (spirit of) hartshorn; **hertshoornkever** staghorn, stagbeetle; **herts|-leer, -leren** deerskin, buckskin

hertz id (Hz), cycles per second (cps); **hertzgolven** Hertzian waves

hertzwijn babiroussa, hog-deer, Indian hog

heruitzenden 1 (*doorgeven*) relay; 2 (*opnieuw uitzenden*) rebroadcast, rediffuse

heruitzending 1 relay; 2 rebroadcast, rediffusion

hervatten resume [work], restart [work, the train service], repeat [a visit]; **hervatting** resumption [of hostilities, etc]; repetition

herver|delen redistribute [jobs, land, power]; **-deling** redistribution [of resources, wealth]; **-kavelen** reallocate [land]; reorganize [local government]; **-kaveling** reallocation; reorganization; **-kiezing** [present o.s. for] re-election; **-zekeren** reinsure; **-zekering** reinsurance

hervinden recover, find again, regain, recapture

hervormd reformed; *~e kerk* Reformed Church; **hervormde** protestant; **hervormen** reform, reshape, remodel, amend; **hervormer** reformer

hervorming 1 reform; 2 (*kerk*) reformation

hervormingsbeweging reform movement

Hervormingsdag Reformation Day (*31 okt*)

hervormingsgezind reformist

herwaarderen 1 revalue [money]; 2 reassess [the position]; **herwaardering** 1 revaluation; 2 [broad] reassessment

herwaarts hither [and thither *en derwaarts*]

herwinnen regain [control], recover [one's calm, o.s.], retake [a fort], retrieve [one's fortune, reputation]; *zilver ~ uit oude films* recycle old films for silver, recycle the silver from old films

herzien revise [a book, law, sentence *vonnis*], review [a decree], overhaul [the system needs drastic overhauling], reconsider [one's views]

herziening revision, reform [of higher education], reconsideration, review, overhaul(ing)

hes blouse, smock (frock); **Hes** Hessian

Hesiodus Hesiod; **hesp** ham

Hesperiden Hesperides; **Hesperië** Hesperia

Hessen Hesse; **hessenweg** medieval trade route; **Hessisch** Hessian; *~e mug* Hessian fly

het I *lw* the; *dit is hèt weer ervoor* this is the [ði:] weather for it; *zie ook* de; II *vnw* it; he, she, they [what fools they are!], so [he said so, I think so]; *ben jij ~, Max?* is it you, Max?, (is) that you, Max?; *ik ben* ~ it is me; *zij zijn ~ die* ... it is they

who ...; *wat is ~ vandaag?* what is today?; *vandaag is* (*gisteren was*) *~ 8 mei* today is (yesterday was) the 8th of May; *~ begon er slecht voor hem uit te zien* things were beginning to look bad for him; *dit is jè* (*van*) *hèt, hèt van jè* this is it (the thing, the last word)
hetaere hetaera, hetaira
hetelucht|kachel hot-air stove; **-kanaal** flue; **-motor** hot air motor, Stirling engine; **-verwarming** space heating
1 heten heat (up)
2 heten I *tr* 1 name, call; 2 (*bevelen*) order, tell; II *intr* be called (named); *het boek heet ...* the book is entitled ...; *hoe heet dat?* what is it called?; *hoe heet dat in het Engels?* what's that in ...?, what is the ... for that?; *hoe heet hij* what is his name?; *hij heet Max* his name is ...; *hoe heet ze van zichzelf?* what is her maiden name?; ***zoals** het heette om te ...* under colour of ...ing; *zie ook* zogenaamd; *je wordt verliefd, zoals dat heet* you ..., as the phrase goes; *het heet, dat hij ... is* (*lijdt aan ...*) he is said (reported) to be ... (to suffer from ...); *de cheque heette getekend te zijn door ...* the ... purported to be signed by ...; *ze heette nooit tijd voor bezoeken te hebben* she pretended she never had time for ...; *een jongen, Jan geheten* a boy, John by name, of the name of ...; ***wat** heet!* that's putting it mildly; ***zo waar** als ik K heet* or my name is not K; *hij heet **naar** mij* he is called after me; *zie ook* welkom
heterdaad *zie* betrappen
hetero|(fiel) hetero(sexual); **-fiet** heterophyte; **-filie** heterosexuality; **-geen** heterogeneous; **-geniteit** heterogeneity; **-nomie** heteronomy; **-seksueel** *zie* -fiel; **-zygoot** heterozygote
hetgeen what; (*na antecedent*) which
hetman id; **Hettiet, Hettitisch** Hittite
hetwelk which
hetze [Jew-]baiting, [newspaper] (smear) campaign
hetzelfde the same; *~ gebeurde weer* the same thing happened again; *van ~ materiaal* self(-covered) [belt]; *zie ook* insgelijks
hetzelve (the) same, it
hetzij: *~ ... of,* (*nevenschikkend*) either ... or; (*onderschikkend*) whether ... or; *~ het goed of fout is,* (*ook*) be it right or wrong
heug: *tegen ~ en meug* reluctantly, against one's wishes; **heugel** (*in schoorsteen*) chimney crook; (*tand~*) rack
heugen: *de tijd heugt me niet, dat ...* I don't remember the time when ...; *het heugt me* I remember; *zolang mij heugt* as far as my recollection goes; *dàt zal u ~* you won't forget that in a hurry; **heugenis** memory, remembrance; *bij* (*sedert*) *mensen~* (with)in living memory (from time immemorial); **heuglijk** 1 (*blij*) joyful [event, news], glad [tidings], pleasant; 2 (*gedenkwaardig*) memorable [evening]
heul 1 (*plant*) poppy; 2 (*duiker*) culvert; (*brug*) bridge; 3 (*troost, hulp*) comfort, aid; **heulen** be in league, collaborate [with the enemy]; **heulsap** opium
heup hip; (*ve dier*) haunch; *nieuwe ~* hip replacement; *het op de ~en hebben* be in a bad mood, be in a devil of a temper; *als hij het op de ~en kreeg* (*had*), (*ook*) [he could ...] when the fit was on him
heup|been hipbone; **-doek** loincloth; **heupdysplasie** hip dysplasia, congenital dislocation of the hip; **-fles** hip flask; **-gewricht** hip joint; **-jicht** sciatica; **-tasje** waist wallet, belt bag, (*fam Br*) bum-bag, (*Am*) fanny pack; **-wiegen** swing one's hips; **-zenuw** sciatic nerve; **-zwaai** cross-buttock
heur *zie* 1 haar; **heureka** eureka
heuris|tiek heuristics; **-tisch** heuristic (*bw:* -ally)
heus I *bn* 1 (*beleefd*) courteous, polite, obliging, kind; 2 (*werkelijk*) real; *zijn vader is een ~e 'baronet',* (*fam*) his ... is a real live baronet; II *bw* 1 courteously, etc; 2 really, truly, indeed; *het is ~ waar* it's really true; *ik weet het ~ niet* I'm sure I don't know (*zo ook:* he is sure not to do that); *~?* really?; *~* (*waar*)*!* really (and truly)!, honour bright!, honest Injun!; *ik meen het ~* I do mean it; *maar niet ~,* (*fam*) says you!, I don't think!
heusheid courteousness, courtesy, kindness
heuvel hill; [traffic] island; *~tje* hillock, knoll
heuvel(acht)ig hilly; **heuvelkling** 1 hill; 2 *zie* -rij; **heuvelland** hilly country, [the Limburg] hills; **heuvel|reeks, -rij, -rug** chain (*of:* range) of hills; **heuveltop** hilltop [fortress]
hevel siphon; **hevelbarometer** siphon barometer; **hevelen** siphon [off], draw out (*of:* off) by means of a siphon; **hevelfles** siphon; **hevelpomp** siphon pump
hevig violent [storm, pain], heavy [rains, (thunder)storm], sharp [fight], fierce, intense [heat], vehement [protest]; *~ verschrikt* terribly frightened; **hevigheid** violence, intensity, fierceness, vehemence
hexaëder hexahedron; **hexagonaal** hexagonal; **hexagoon** hexagon; **hexameter** id
HH.KK.HH. TRH, Their Royal Highnesses
HH.MM. Their Majesties
hiaat hiatus, gap, break
Hibernië Hibernia; **Hiberniër** Hibernian
hibiscus id, rose-mallow
hidalgo id; **hief** *ovt van* heffen
hiel heel (*ook ve mast, steng, kiel, & ~tje v plant*); *de ~en lichten* (*laten zien*) show a clean pair of heels, take to one's heels, turn tail; (*heengaan*) go, leave; *hij zat mij **op** de ~en,* (*ook fig*) he was at (close on, upon) my heels, ran me close; *de politie zat hem op de ~en* the police were hot on his trail (track); *hij zat No 1 op de ~en* he came off (was) a good (a close) second
hielband (*ve schaats*) heel strap; **hielbeen** heel bone; **hielbijl** palstave; **hield** *ovt van* houden
hieldraad (*ve band*) bead
hielen *ww* heel; **hielenlikker** bootlicker, toady; **hieling** (*mar*) heel; **hielp** *ovt van* helpen
hiep, hiep, hiep, hoera! hip, hip, hurrah!
hier here; *~!* (*pak aan*) here!; *~, jij!* here, you; *~ de AVRO* this is the AVRO; *~ P,* (*telef*) P speaking; *hij zal spoedig ~ zijn,* (*ook*) he'll be along

soon; *niemand ~ in de buurt* no one round here; *~ en* ***daar*** here and there, at intervals, in places; *het ~ en daar over hebben* talk about one thing and another; *van ~* from here, (*lit*) hence; *je kunt van ~ om* ... you can leave here at ...; *de dokter van ~* the local doctor; *~ te lande* in this country; *zie ook* alhier *en de sam met* hier-

hieraan to (at, by, on, etc) this; **hierachter** behind (this); (*in boek, enz*) here(in)after

hiërarch hierarch; **hiërarchie** hierarchy; **hiërar|chiek**, **-chisch** hierarchical; **hiëratisch** hieratic [writing]

hier|beneden below, down here; (*op aarde*) here below; **-bij** 1 herewith [I herewith inform you], hereby [I hereby promise], enclosed [please find], annexed; *~ komt, dat* ... add to this the fact that ...; *zie ook* daarbij & laten; 2 hard (close) by, in the neighbourhood; **-binnen** in here, inside, within (this place, these limits, etc); **-boven** up here, overhead; in Heaven; *zoals ~ gezegd* (*vermeld*) as aforesaid (said, mentioned above); **-buiten** 1 outside; 2 apart from this; **-door** 1 by (owing to, in consequence of) this, by so doing; 2 *zie* -bij 1; 3 through here; **-heen** this way, [on my way] here (down, up), [I walked (all the way)] here [from ...], (*lit*) hither; **-in** 1 in here; 2 in this (respect), on this point [he is right]; **-langs** past here; [go, pass] this way; **-me(d)e** with this [he left us]; *zie ook* -bij 1; **-na** after this, hereafter, next; (*in tekst*) *zie* -onder 1; **-naar** after this, according to this, [judging] from this; **-naast** next door; [the picture] alongside, [the] facing [illustration]; *vgl* -tegenover; **-namaals** hereafter; *het ~* the hereafter, the (great) beyond, the world to come; **-nevens** enclosed, annexed

hiero here

hiëro|glief, **-glyfe** hieroglyph; (*mv ook*) hieroglyphic(s); **hiëroglyfisch** hieroglyphic

hier|om 1 for this reason, because of this; *~ en daarom* for several reasons; *zie ook* gaan, enz; 2 *zie* ~heen; **-omheen** round this, hereabout(s); **-omstreeks** *zie* -omtrent 2; **-omtrent** 1 with regard to this; *vgl* -in 2; 2 around (just about) here, hereabout(s); **-onder** 1 below, underneath; under here, on the floor (etc) below; (*onderaan bladz*) at foot; *als ~ aangegeven* as stated below; *de ~ genoemde(n)* the undermentioned; 2 (*te midden van*) among these (them); 3 *wat versta je ~?* what do you understand (mean) by this

Hiëronymus Jerome, Hieronymus

hier|op 1 (*tijd*) (up)on this, hereupon, then; 2 (*plaats*) on (top of) this, it, etc; *zie ook* neerkomen, enz; **-over** 1 opposite, over (across) the way; 2 about this, on this (point, subject. etc), [enough] of this; **-tegen** against this; to this [it can be objected ...]; **-tegenover** 1 opposite, over the way; facing [page, illustration]; 2 (*fig*) against this; *vgl* hiertegen; **-toe** 1 for this purpose, to this end; 2 [what brought you] to this; *tot ~* thus far [and no further], so far; to this point; up to here (now, this); *tot ~ is het in orde* so far so good; **-tussen** between (among) these, (in) between; **-uit** from this [we conclude], [we depart] from here, hence [it follows]; *~ blijkt* this goes to show [that ...]; *zie ook* volgen, enz; **-van** of this, of these; as a result of this; **-vandaan** [two minutes, a mile] from here; **-voor** 1 (*ruil*) (in return, in exchange) for this; 2 (*plaats*) before (in front of) this; 3 (*tijd*) before (now, this); 4 (*reden*) [you needn't be ashamed] of this; 5 (*doel*) *zie* hiertoe; **-zo** here

hieuw *ovt van* houwen; **hieuwen** (*mar*) heave

hij he; (*zaak; ook dier, baby, enz*) it; (*schip, trein, enz, ook*) she; (*met mv begrip als antecedent, ook*) they [everyone works as hard as they can]; (*spreektaal, fam ook*) him [it's him; I'm fatter than him; he ..., and him almost 100]; *een ~ en een zij* a he and a she

hijgen (*snel ademen*) pant (*ook fig:* the panting engine); (*snakken*) gasp (for breath); *~ naar,* (*fig*) pant (*of:* yearn) for (*of:* after); **hijger** heavy breather

hijlikmaker spiced (wedding) cake

hijs 1 hoist(ing); 2 *zie* ~werktuig; *een hele ~* a tough job; **hijsarm** jib; **hijsbalk** crane; **hijsblok** lifting block, pulley block; **hijsbok** floating crane; **hijsen** 1 hoist [the sails, etc], pull up, lift; *zich in zijn jas ~* struggle into one's coat; *de vlag ~* hoist (run up) the flag; *in top ~* run up [the flag] to the top (of the flagstaff), to the masthead; 2 (*stevig drinken*) booze (up), tipple; **hijshaak** load hook, draw (*Am:* drag) hook; **hijskabel** bearer cable; **hijskooi** lift cage; **hijskraan** (pedestal, revolving, floating) crane; (*op auto, enz*) loading crane; **hijstoestel** *zie* -werktuig; **hijsvermogen** lifting capacity; **hijswerktuig** hoist, lifting tackle

hijzelf he himself; *vgl* zelf & zichzelf

hik hiccup, hiccough; *de ~ hebben* have the hiccup(s); **hikken** hiccup, hiccough; *tegen iets aan ~* jib at s.t.

hilariteit hilarity, [cause] merriment, [amid general] amusement; ~, (*in notulen, enz*) laughter

Hilda id; **hilt** id; **Himalaya** Himalayas, Himalaya Mountains; *van de ~* Himalayan

hinde hind, doe; **hindekalf** fawn

hinder hindrance, impediment, obstacle; *hebt u ~ van mijn pijp* (*het lawaai*)*?* does my pipe (the noise) bother you?; *hij heeft ~ van zijn ogen* his eyes trouble him; *zie ook* last & *vgl* hinderen

hinderen (*belemmeren*) hinder, hamper, impede; obstruct [the police]; (*last geven*) incommode, inconvenience, bother; *zie ook* storen; (*ve lichaamsdeel*) trouble; (*ergernis, verdriet veroorzaken*) annoy [his whistling annoyed me], worry [the remark worried me], trouble; (*zonder voorwerp*) hinder [you are only hindering], be in the (in a p.'s) way, make o.s. a nuisance; *iem ~ bij zijn werk* hinder (hamper) a p. in his work; *is er iets dat je hindert?* is anything troubling (bothering) you?; *er is iets dat me hindert* I am worried; *hinder ik?* am I in the way?; *dat hindert niet* that does not matter

hinderlaag ambush, ambuscade; *in ~ liggen* lie in ambush; *in ~ leggen* ambuscade; (*iem*) *een ~ leggen* lay an ambush (for a p.), lay (in) wait (for

a p.); *in een ~ lopen* (*vallen*) walk into an ambush, be ambushed; *uit een ~ aanvallen* ambush [a p.]
hinderlijk annoying, inconvenient, troublesome; *zie ook* lastig; *~ zijn, zie* hinderen
hindernis obstacle, hindrance, barrier; [strike, hit a] snag; (*paardensp*) fence; *wedren met ~sen, zie* ~ren; *wedren zonder ~sen* flat race; *zie ook* hinderpaal & nemen; **hindernisbaan** obstacle course; (*mil*) assault course; **hindernislicht** (*luchtv*) obstacle light; **hindernisren** steeplechase, obstacle (hurdle, point-to-point) race
hinderpaal obstacle, bar, impediment, hindrance, stumbling-block [*voor het onderwijs* to ...]; *-palen voor een vruchtbaar gesprek* barriers to a fruitful discussion; *iem -palen in de weg leggen* put obstacles in a p.'s way; *alle -palen overwinnen* carry all before one
hinderwet (public and private) nuisance act
Hindoe Hindu; **hindoeïsme** Hinduism; **Hindoes** Hindu; **Hindoestan**, enz *zie* Hindo-; **Hindostaans** Hindustani; **Hindostan** Hindustan
hing *ovt van* hangen
hinkelbaan hopscotch (figure); **hinkelblok** *zie* -steen; **hinkelen** hop, play (at) hopscotch; **hinkelsteen** hopping-stone; **hinken** 1 (have a) limp, walk with a limp, hobble; *op twee gedachten ~* hesitate (waver) between two opinions; *hij hinkt met één been* he has a limp in one leg, has a game leg; *het ~de paard komt achteraan,* (*vglb*) the sting is in the tail; 2 *zie* hinkelen; **hinke|pink**, **-poot** hobbler, dot-and-go-one; **hinkspel** (game of) hopscotch; **hink-stap-sprong** triple jump; hop, skip (*of:* step) and jump
hinniken neigh [*ook:* the horse gave a loud neigh]; (*zacht, vrolijk*) whinny
hippe(le)n hop; **hippie** 1 id, hippy; 2 chit (of a girl), frippet; *winkel~* shop-girl
hippisch hippic [festival]; **hippocras** id; **Hippocreen** Hippocrene; **hippodroom** hippodrome; **hippopotamus** id; **Hiskia** Hezekiah
hispanist Hispan(ic)ist
histamine id; **histogram** id
historiciteit historicity; **historicus** historian, student of history; **historie** history, story; *vgl* geschiedenis; **historiëren** historiate [historiated initials]; **historieschilder** historical painter; **historieschrijver** historian, historiographer; **historiestuk** history-piece, historical picture
historisch historical [novel]; (*van ~e betekenis*) historic [the historic meeting at V, a historic right, this historic spot, scene], epochal [events]; (*gramm*) historic [present]; *het is ~!* it's authentic!; *zie ook* optocht; **historisme** historicism
hit 1 Shetland pony, sheltie; (*zware*) cob; 2 (*dienstmeisje*) slavey, (*min*) skivvy; 3 (*slag*) id
hitlijsten [in the] charts
hitsen incite, set on; *zie ook* aan~; **hitsig** hot(-blooded); **hitsigheid** heat, hot-bloodedness
hitte heat; *in de ~ van de strijd* in the heat (the thick) of the fight; **hittebestendig** heat-proof, heat-resistant; refractory [materials]; **hittegolf** heat-wave
hittepetit chit (of a girl)
hittepuistjes summer rash
Hittiet, **Hittitisch** Hittite
H.K.H. HRH, Her Royal Highness; **H.M.** id, Her Majesty
ho ho!, stop!; (*tegen paard*) wo!, whoa!; *men moet geen ~ roepen voor men over de brug is* don't halloo before you are out of the wood; there's many a slip betwixt the cup and the lip; *~ maar* [fine words, but action?] nothing of the sort!, forget it!
hobbel knob, bump; (*fig*) hurdle, hiccup, glitch; **hobbeldebobbel** joltingly, bumpity-bump(ity); **hobbelen** rock (to and fro), toss (up and down); (*in rijtuig*) jolt; (*op hobbelpaard*) ride (on a rocking-horse); *laten ~* ride (*of:* jig) [a boy on one's knee]; **hobbelig** bumpy [road], uneven, rough; **hobbeligheid** bumpiness, etc; **hobbelpaard** rocking horse; **hobbelstoel** rocking chair
hobbezak ill-fitting dress; (*log pers*) jumbo; (*slons*) dowdy, frump
hobby id; *~'s* leisure interests; **hobbyisme** riding one's hobbyhorse; **hobbyist** id
hobo oboe; **hoboïst** oboist, oboe player
hockey id; **hockeystick** hockey stick
hocus-pocus id, hanky-panky, jiggery-pokery, mumbo-jumbo; (*goochelformule*) hey presto!
hoe how [did it happen?]; what [is he called?]; of how [you have no idea of how I suffered; I was reminded of how he had once deceived me]; as to how [I had no idea as to how it was done]; *je weet ~ Moeder is* you know what Mother is (like); *je weet niet half ~'n zin ik heb* (*~'n schoft hij is*), (*fam*) you ... how I'd like to (what a cad he is); *en ~* [he made them all look silly,] and how; *~! mijn land verraden?* what! betray my country?; *~ **eer**(**der**)* (*~ meer*) *~ beter* the sooner (the more) the better; *~ **langer** ~ beter, a*) [give me a long rope,] the longer the better; *b*) (*steeds beter*) better and better; *~ langer ~ duurder* (*meer, slechter*) dearer and dearer (more and more, worse and worse); *~ langer hij blijft, ~ beter* the longer he stays the better; *~ langer het duurt, ~ erger het wordt* the longer it lasts, the worse it gets; *~ dan **ook*** anyhow, anyway; come hell or high water [we'll finish the job]; *~ verschrikkelijk het ook is* however terrible it may be, terrible as (*of:* though) it is (may be); *~ hij ook ... wreef* rub his eyes as he would; *~ het ook zij* however that may be, be that as it may; *het ~ en **waarom*** the why(s) and (the) wherefore(s); *ik wil weten ~ of **wat*** I want to know where I am, how (where) I stand, I want a definite answer; *hij weet niet ~ of wat* he does not know what to do (*sterker:* which way to turn); *het ~ en wat weet ik niet* I do not know the rights of the case; *~* (*dat*) ***zo**?* how (why) so?, how do you mean?; *~ vraag je dat zo?* why do you ask?; *zie ook* gaan, hebben, noemen, toch, uitzien, enz
hoed (*heren*) hat; (*dames*) hat, (*zonder rand en met keelbanden*) bonnet; (*ve paddestoel*) cap, (*wtsch*) pileus; *hoge ~* top (tall, high, silk) hat; (*fam*) topper; *~en **af**!* hats off!, off with your hats!; *~en af voor ...!* hats off to ...!; *hij nam zijn ~ voor haar af* he took off (raised) his hat to her; *ik neem mijn*

~(je) voor je af, (*fig*) I take off my hat to you; *van de ~ en de* ***rand*** *weten* be well-informed (experienced), know the ins and outs; *zich een ~je* ***schrikken*** be startled out of one's wits; ***met*** *de ~ in de hand* hat in hand; (*fig*) cap in hand; ***onder*** *één ~je spelen* play into each other's hands, be hand and (*of:* in) glove [*met* with]; *onder één ~je spelen met,* (*ook*) be in league (in cahoots) with; *onder één ~je vangen* reconcile [conflicting opinions]; *hij was onder een ~je te vangen* he was in a chastened mood; *iets* ***uit*** *zijn ~ toveren* pull s.t. out of one's hat; *zie ook* rondgaan, enz

hoe|danig how, what, what sort (kind) of [people are they?]; **-danigheid** quality; *goede en slechte hoedanigheden,* (*ook*) qualities and faults, good and bad points; *zie ook* eigenschap; *in de* (*zijn*) *~ van* in the capacity of (in his capacity as)

hoede guard, care; ***aan*** *mijn ~ toevertrouwd* in my keeping (*of:* charge); *iem* ***onder*** *zijn ~ nemen* take charge of a p., take a p. under one's wing (care, protection); *onder de ~ stellen van* commit to the care of; ***op*** *zijn ~ zijn* be on one's guard [*tegen* against], be on the alert, keep one's weather-eye open, (*fam*) watch out [for pickpockets]; (*niet*) *op zijn ~ zijn* be on (off) one's guard; *op zijn ~ zijn voor,* (*ook*) be wary of [strangers], guard against [mistakes], look out for [squalls]; *maken dat iem op zijn ~ is* put a p. on (his) guard

hoededoos hatbox; (*dames~, ook*) bandbox; **hoedelint** hatband

hoeden tend, watch, keep, look after [the cattle, sheep, geese], herd [cattle, sheep]; (*be~*) guard, protect; *zich ~* ***voor*** guard against [mistakes]; *hoed u voor leugenaars* (*voor namaak*) beware of liars (of imitations); *men hoede zich ervoor om* ... care should be taken not to ...

hoeden|maakster milliner; **-maker** hatmaker, hatter; **-winkel** hat shop, hatter's (shop)

hoede|pen hatpin; **-plank** (*in auto*) rear shelf

hoeder guardian, keeper; (*vee~*) herdsman; (*ganzen~*) gooseherd; *ben ik mijn broeders ~?* am I my brother's keeper?

hoedespeld hatpin

hoef hoof; *op de ~* on the hoof; *zie ook* splijten

hoef|been (*ve paard*) coffin bone; **-beslag** 1 horse-shoeing; 2 horseshoes; **-blad** (*klein*) coltsfoot; (*groot*) butterbur; **-dier** ungulate, hoofed animal; **-getrappel** hoofbeats, tramp of horses' feet; **-ijzer** horseshoe [magnet]; *een ~ verliezen* cast (throw) a shoe; **-ijzerneus** (*dierk*) horseshoe bat; **-ijzervormig** horseshoe [arch]; **-nagel** horseshoe nail; **-slag** 1 hoofbeat, thud of hoofs; 2 (horse) track; **-smederij** (*vak*) farriery; (*werkplaats*) shoeing forge, smithy; **-smid** farrier; **-spoor** hoofprint; **-stal** shoeing shed

hoegenaamd: *~ niet* not at all; *~ niets* absolutely nothing, nothing whatever; *~ geen* ... no ... at all, no ... whatever, no ... of any description; *~ alles* anything at all; *zie ook* notie

hoegrootheid quantity, amount

hoek 1 (*wisk, natuurk, & scherpe kant of punt*) angle; *~ van inval* (*uitval*) angle of incidence (of reflection, of refraction); *scherpe* (*rechte, stompe, gestrekte*) *~* acute (right, obtuse, straight) angle; ***met*** (***onder***) *een ~ van 90°* [meet, intersect] at an angle of 90 degrees; 2 (*in kamer, v straat, oog, mond, enz*) corner; *de H~* (*van Holland*) the Hook (of Holland); *afgelegen, afgesloten ~je* nook; *~je van de haard* chimney corner, fireside; *iem* (*de tegenpartij*) *alle ~en laten zien* beat a p. (the other team) all ends up; (*verbaal*) give a p. a dressing down; ***in*** *de goede* (*verkeerde*) *~* [the wind is] in the right (wrong) quarter; *zie ook* wind; *iem in de* (*een*) *~ drijven* (*dringen*), (*fig*) drive a p. into a corner, corner a p.; ***in*** (***uit***) *alle ~en en* ***gaten*** in (from) every nook and cranny; ***om*** *de ~* round the corner; *om de ~ komen kijken* appear, [all sorts of problems will] crop up; *het ~je om gaan* snuff it, pop off, (*sl*) kick the bucket, (*Am sl*) kick off; ***op*** *de ~,* (*vd straat*) at (on) the corner; ***uit*** *welke ~* (*van het land*) *komt hij?* from what part of the country is he?; *flink* (*royaal*) *uit de ~ komen* come down handsomely; *verstandig uit de ~ komen* make a sensible remark (unexpectedly); *hij komt soms aardig* (*met een aardigheid*) *uit de ~* at times he comes out with a witty remark (joke); *fel uit de ~ schieten* flare up, cut up rough; 3 (*op de beurs*) [the oil (tobacco) share] market, section [depression in all sections]; (*Am*) [wheat] pit; 4 (*vishaak*) hook

hoekbeslag (*ve koffer of kist*) corner(s), corner piece(s); **hoeker** (*vaartuig*) hooker

hoekgraad degree of angle; **hoekhuis** corner-house; end house [of a terrace]

hoekig angular (*ook fig*), jagged [rocks]; **hoekigheid** angularity

hoek|ijzer angle iron, angle bar; **-kast** corner cupboard (cabinet); **-lijn** diagonal; **-man** (stock)jobber; **-meter** 1 goniometer; 2 (*graadboog*) protractor; 3 (*landmeten*) theodolite; **-meting** goniometry; **-pand** corner premises; **-pijler**, **-pilaar** corner pillar (column); **-plaatsje** corner seat; **-punt** angular point, vertex; **-schop** corner (kick)

hoeksgewijze diagonally

hoek|slag (*boksen*) hook; (*hockey*) corner (hit); **-snelheid** angular velocity; **-steen** cornerstone, quoin, (*fig ook*) keystone, linchpin; **-stoot** (*boksen*) hook; **-tand** eyetooth, canine tooth; **-toren** turret; **-verplaatsing** angular displacement; **-versnelling** angular acceleration; **-vulling** (*bk, boven boog*) spandrel; **-worp** (*sp*) corner (throw); **-zak** (*bilj*) corner pocket

hoela hula(-hula) [girl]; *zie ook* amme~

hoelang how long; (*tot*) *~ duurt het?* how long (till when) will it last?

hoelarokje grass skirt

hoempa 1 (*geluid, ook ~pa*) oompah; 2 (member of) German band

hoen hen, (barndoor) fowl, (*mv ook*) poultry; *~tje* chicken, pullet; *zie ook* fris

hoender|achtig gallinaceous [birds]; **-beet** henbit; **-fokkerij** poultry farm(ing); **-hof** poultry yard, fowl yard; **-hok** henhouse, chicken house, hencoop; *zie ook* knuppel; **-maag** gizzard; **-park** poultry farm; **-pest** fowl pest

hoep *zie* hoepel; **hoepel** hoop; *met de ~ spelen, zie ~en; met ijzeren ~s* iron-hooped; **hoepelbenen** bandy legs; *met ~* bandy-legged; **hoepelen** bowl a hoop, play with hoops; **hoepelrok** hoop-skirt, -petticoat, crinoline; **hoepla** (*spel*) hoopla; *~!* (wh)oops-a-daisy!, ups-a-daisy!
hoer whore, harlot, strumpet
hoera hurrah; *driemaal ~ voor de bruidegom* three cheers for the bridegroom
hoerachtig whorish
hoerageroep cheers, hurrahs; **hoerastemming** mood of jubilation, jubilant mood
hoereerder whoremonger
hoeren|buurt red-light district; **-jager** whoremonger; **-jong** 1 (*typ*) widow; 2 *zie* -kind; **-kast** whorehouse, brothel, (*Am*) cathouse; **-kind** bastard, scoundrel, (*Am*) whoresucker; **-loper** whoremonger; **-madam** madam; **-streek** filthy trick
hoereren whore, fornicate; **hoererij** fornication
hoeri houri; **hoerig** whorish
hoes (*voor stoel*) cover, dustsheet; (*voor boek*) slipcover, slipcase; (*ve grammofoonplaat*) sleeve
hoeslaken fitted sheet
hoest cough; **hoestbonbon** cough drop (lozenge); **hoestbui** coughing fit, fit (*of:* spell) of coughing; **hoestdrank** cough mixture
hoestekst sleeve note(s)
hoesten cough; *ik moet ~* (*heb last van ~*) I have a cough; **hoestmiddel** cough medicine; **hoestsiroop** cough syrup; **hoeststillend** cough-relieving, pectoral
hoeve farm(stead), homestead
hoeveel (*ev*) how much, (*mv*) how many; *~ is 2 en 2?* what do two and two make?; *~ is het?* how much?; (*tram, enz*) what's the fare?; *~ ook* however much (many); *~ hij ook van hem hield ...,* (*ook*) much as he liked him, ...; *zeg maar ~,* (*bij inschenken*) say when; *zie ook* ~ste; **hoeveelheid** quantity, amount [do a tremendous amount of work]; *in gelijke -heden,* (*ook*) [take them] in equal proportions; *in grote -heden,* (*ook*) [used] in quantities; *kopers van grote -heden* quantity buyers
hoeveelste: *de ~ hebben wij* (*is hij jarig*)*?* what day of the month is it (which date is his birthday)?; *de ~ keer is dit?* how many times does this make [have you been asking this now, etc]?; *het ~ deel ervan is dit?* what part (fraction) of it is this?; *als ~ kwam hij aan?* what was his placing?
hoeven want, need, require; *ik hoef niet te gaan* I need not go; *je zult niet ~* (*te*) *gaan* you won't need to go; *je hoeft geen jas aan* you need not wear a coat; *je hoeft hem zo iets niet te zeggen* he needs no one to tell him (there is no need for anyone to tell him) such a thing; *hij hoeft zich met mij niet te bemoeien* he has no call to meddle with me; *je hoeft geen helderziende te zijn om ...* you don't need to be a seer to ...; *hij hoefde niet lang te wachten* he had not (didn't have) long to wait; *... waar niets betaald hoefde te worden* [museums] where nothing had to be paid; *je hoeft hem maar aan te kijken om ...* you have only to look at him to ...; *hij hoeft haar maar te vragen* he can have her for the asking; *het hoeft niet* it is not necessary, there is no need; *het hoeft nauwelijks gezegd te worden* it hardly needs saying; *je hoeft me niet te zeggen ...,* (*excuus, enz*) it's no use your telling me ...; *we hoefden niet te klagen* we had no cause (did not need) to complain; ***van*** (***voor***) *mij hoeft het niet,* (*fam*) not for me, thanks!
hoever: *in ~*(*re*) how far, to what extent, [express no opinion] as to how far [this is right]
hoewel though, although; [quieter,] if [less amusing]; [he'll never know,] or will he?
hoezee hurrah
hoezeer how much; (*toegevend: ~ ook*) however much, much as [I regret it], much though [he tries]; *~ hij het ook probeerde,* (*ook*) try as he would; **hoezepoes** (*vglb*) cover girl
hof 1 (*tuin*) garden [the Garden of Eden, of Gethsemane]; 2 court; *het Engelse ~* the Court of St James's; *~ van appel* (*arbitrage, cassatie, revisie*) court of appeal (arbitration, cassation, review); *aan het ~* at court; *het ~* ***maken*** (*aan*) pay court (one's addresses, one's attentions) to, court
hof|arts court physician, physician in ordinary to the Royal Household; **-berichten** court circular; **-ceremonieel** court ceremonial; **-dame** lady (woman) in waiting; (*ongehuwd*) maid of honour; **-dichter** court poet; (*in Eng*) poet laureate; **-etiquette** court etiquette, protocol
hoffelijk courteous, urbane; **hoffelijkheid** courtesy, courteousness; *internationale ~,* (*ook*) comity of nations
hof|horig predial; **-horige** serf, predial (slave); **-houding** royal (imperial) household, court; (*fig*) princely suite, large establishment; **-je** 1 (*pleintje*) court, courtyard; 2 (*instelling*) almshouse; **-jonker** page; **-kapel** 1 court-chapel; 2 royal band (*of:* orchestra); **-kapelaan** *zie* -prediker; **-kostuum** court-dress; **-kringen** court-circles; **-leverancier** Royal Warrant holder; (by appointment) purveyor (tailor, etc) to Her Majesty the Queen (His ... the King), court dressmaker, etc; **-maarschalk** (*vglb*) Lord Chamberlain; **-meester** steward; (*in voornaam huis*) house-steward, major-domo; (*hist aan het hof*) seneschal; **-meesteres** stewardess; (*ve vliegt, ook*) air-hostess; **-meesterschap** stewardship; **-meier** mayor of the palace, major-domo; **-nar** court jester; **-prediker** court chaplain, chaplain to the King (Queen); **-stad** royal residence; **-stede** farm(stead), homestead; **-stoet** royal (imperial) train (retinue)
hog (*mar*) hog
hoge 1 (*pers*) bigwig, high-up; 2 (*sp*) highboard [diving]; **hogedrukgebied** area of high pressure, anticyclone; **hogedrukpan** pressure cooker; **hogedrukpomp** high-pressure pump; **hogelijk** highly, greatly; **hogen** *zie* ver~
hoge|priester high priest, pontiff; **-priesterambt** *zie* ...schap; **-priesterlijk** pontifical; **-priesterschap** high-priesthood, pontificate
hoger *zie* hoog
hoger|eind head [of the table]; **-hand** *zie* hand; **-huis** Upper House, House of Lords; **-op** higher up; *~ gaan, zie* beroep: in hoger ~; *~ willen* be

ambitious; **-wal** wind-side
hogeschool college; (*paardensp*) high school, haute école; *vgl* technisch *& zie* universiteit
hoge-|snelheidstrein high-speed train, HST; **-tonenluidspreker** tweeter, treble speaker
hoggen (*mar*) hog; **hoi!** hi!
hok kennel [for dogs], pen [for sheep, poultry], sty [for pigs], hutch [for rabbits, etc], cage [for wild animals], [pigeon-, hen]house; (*schuurtje*) shed; (*kamer*) den; (*gevangenis*) quod; (*v schoven*) shock [sheaves in shocks]; *~je* compartment; (*getekend, ook*) space, (*vierkant*) square, (*op formulier*) box; (*in bureau, enz*) pigeonhole; (*kamertje*) cubbyhole; *in een ~je plaatsen,* (*fig*) pigeonhole; *in ~jes verdelen,* (*fig*) compartmentalize [science]; *in ~ken zetten* shock [corn]
hokjesgeest parochialism; **hokjespeul** milk-vetch; **hokkeling** yearling (calf)
hokken 1 *bij elkaar ~* huddle (herd) together; (*in krotten*) pig (together), pig it; *hij hokt altijd thuis* he never stirs out; *bij het vuur ~* sit huddled over the fire; *~ met,* (*samenwonen, sl*) shack (up) with; 2 (*ve gesprek*) (begin to) flag, halt, hang fire; (*ve machine, enz*) *zie* haperen; *het hokt ergens* there is a hitch somewhere; *haar stem hokte* a catch came into her voice
hokk(er)ig poky; **hokvast** stay-at-home; *hij is* (*erg*) *~,* (*ook*) he is a stay-at-home
1 hol I *bn* hollow [tree, tooth, cheeks, tones, voice, words], empty [stomach, head, talk, phrases, words, title], gaunt, cavernous [apartment], concave [lens, mirror]; *~le ader* vena cava; *~le ogen* hollow (sunken) eyes; *~le stempel* female die; *~le vaten klinken* (*bommen*) *het hardst* the less sense, the more talk; *~le weg* sunken road; *~le zee* hollow sea; *de zee stond erg ~* the sea was running very hollow; *ik voel me nogal ~,* (*hongerig*) I am feeling pretty hungry; ***het*** *~le van de hand* the hollow of the hand; ***in*** *het ~le* (*het ~st*) *van de nacht* at dead (in the dead) of night; II *zn* cavern, cave; (*holte*) cavity; (*woning*) (dog-)hole; (*ve wild dier*) den, lair; (*ve vos*) hole, earth; (*ve das*) earth; (*ve konijn*) burrow; (*ve bever*) lodge; (*v dieven, enz*) den, haunt, resort; (*mar: romp*) hull, (*ruim*) hold; (*plat, v pers*) arse(-hole), (*Am*) ass(-hole); *me ~,* (*plat*) fuck all; *in zijn ~ kruipen,* (*ve das, enz*) go to earth (to ground); *uit zijn ~ komen,* (*ve vos*) break cover
2 hol *zn: op ~ gaan* (*raken, slaan*) bolt, run away; (*fig*) run wild [the younger generation is running wild]; (*ve troep paarden, vee*) stampede; (*ve stier*) run amuck; *zie ook* hollen: ~d; *zijn verbeelding is op ~* his imagination is running riot; *iem het hoofd op ~ brengen* turn a p.'s head, put notions (fancy ideas) into a p.'s head, make a p. lose his head [over someone; he completely lost his head]
hola hello!, stop!, hold on!
hol|beitel gouge; **-bewoner** caveman, cave dweller, troglodyte; **-bol** concave-convex
holderdebolder head over heels, head over ears, helter-skelter; *~ door elkaar* pell-mell
holebeer cave bear; **holebroeder** hole-nesting bird; **holemens** caveman; **holenkunde** speleology; **holenkunst** cavern art
holheid 1 hollowness, emptiness; 2 concavity; *vgl* 1 hol; **holhoornig** cavicorn
holisme holism; **holla** *zie* hola
Holland id; **Hollander** 1 Dutchman, Hollander; *Vliegende ~* Flying Dutchman; (*speelgoed*) racer, pedal-car; *de ~s* the Dutch; 2 (*papierbereiding*) id, rag engine; **Hollands** Dutch; *het ~* Dutch; **Hollandse** Dutchwoman
Holle: *Vrouw ~ maakt haar bed op* Mother Carey is plucking her geese (her chickens)
hollen run, scamper, career [the bull careered through the street]; rush, tear (into *in, binnen*); *zie ook* weg~; *het is met hem ~ of stilstaan* he always runs (in)to extremes, it is all or nothing with him; *~d paard* runaway (horse); *~de inflatie* galloping inflation; *~d achteruitgaan* go rapidly downhill
holocaust id; **Holoceen** Holocene
hologig hollow-eyed, (*v zorg, enz, ook*) haggard [face]
holografisch holograph(ic) [will]; holographic [image]; **hologram** id
hol|passer spherical callipers; **-pijp** hollow punch; **-rond** concave; **-rondheid** concavity
holsblok wooden shoe, clog
holspaat macle; **holster** id, (pistol-)case
holte cavity (*ook in het lichaam*), hollow [of the hand, etc], socket [of the eye], crook [of the arm, of the elbow]; (*kuil, kuiltje*) pit; (*diepte*) hollow; (*mar*) depth; **holtedier** coelenterate
holwangig hollow-cheeked
hom (*vocht*) milt; (*klier*) soft roe; (*vis*) milter; *met ~ en kuit, zie* huid: met ~ en haar; **hombaars** soft-roed perch (*evenzo v andere vissen*)
homeo|paat homoeopath(ist); **-pathie** homoeopathy; **-pathisch** homoeopathic (*bw:* -ally)
homerisch Homeric; *~ gelach* Homeric laughter, roar(s) of laughter; **Homerus** Homer [(even) Homer sometimes nods]
hometrainer 1 cycle roller, exercise bicycle (bike); 2 rowing machine
homileet homilist; **homilie** homily
hommel bumble-, humble-bee; **hommelen** buzz, hum; **hommeles**: *het is ~ tussen hen* they are at odds, they've had a tiff; *het wordt ~* there'll be ructions, there's going to be a dust-up (a bust-up); **hommer** milter; **homo** homo(sexual), gay [bar]; pansy, sissy; queer; **homoeo-** *zie* homeo-
homo|ërotisch homo-erotic; **-fiel** homosexual; **-filie** homosexuality; **-fobie** homophobia; **-foon** I *zn* homophone; II *bn* homophonous, (*muz*) homophonic; **-geen** homogeneous; **-genisator** homogenizer; **-geniteit** homogeneity, homogeneousness; **-graaf** homograph; **-logatie** sanction, confirmation; (*inz sp, ook*) homologation; **-logeren** sanction, confirm; (*inz sp, ook*) homologate; **-loog** homologous; **-niem** I *zn* homonym; II *bn* homonymous; **-seksualiteit** homosexuality; **-seksueel** *zn & bn* homosexual; **-zygoot** homozygote
homp lump, hunk, chunk [of cheese]
hompelaar(ster) hobbler; **hompelen** hobble,

limp, walk lame, walk with a limp; **hompelig** hobbling, limping
homvis milter; **homvocht** milt
hond dog, (*jacht~*) hound, (*min*) cur; *geen ~*, (*fig*) not a soul; *gemene ~*, (*fig*) dirty dog (hound, cur); *jonge ~* pup(py); *~je* (little) dog, doggie; *een ~je ve kind* a perfect little darling; *iem als een ~ behandelen* lead a p. a dog's life (of it); *twee ~en vechten om een **been**, de derde loopt er ras mee heen*, (*vglb*) it is good fishing in troubled waters; divide and rule; ***blaffende** ~en bijten niet* a barking dog never bites; *de ~en blaffen, de karavaan trekt verder* dogs bark, but the caravan goes on; *ik ben hier de **gebeten** ~* I can do nothing right here; *van het ~je gebeten* conceited; *er zijn meer ~jes die **Fik** heten* you're barking up the wrong tree; *veel ~en zijn der **hazen** dood* there is no fighting against superior numbers; ***kwade** ~en bijten elkaar niet* dog will not (does not) eat dog; *beter een **levende** ~ dan een dode leeuw* discretion is the better part of valour; *met **onwillige** ~en is het kwaad hazen vangen* you may lead a horse to water, but you cannot make him drink; *de ~ in de **pot** vinden* go without one's dinner, dine with Duke Humphrey; *wie een ~ wil **slaan**, vindt licht een stok* any stick to beat a dog; *er uitzien als een geslagen ~* have the tail between one's legs; *men moet geen **slapende** ~en wakker maken* let sleeping dogs lie; *komt men over de ~ dan komt men over de **staart*** if the big problem is solved, the small ones will look after themselves; *op zijn ~jes **zwemmen*** dog-paddle; *zie ook* bekend, brood, commanderen, graf, kat, moe, rood, enz
honde|baan awful (ghastly, wretched) job; **-brokjes**, **-brood** dog biscuits; **-ëtensbak** dog's bowl; **-fluitje** dog whistle; **-geblaf** barking of dogs; **-haar** dog's hair; **-hok** (dog) kennel; (*Am ook*) doghouse; **-kar** cart drawn by dogs; dogcart; **-leven** [he led (she led him) a] dog's life [he had a dog's life with her]; **-lul** (stupid) prick; **-mand** dog('s) basket
honden|asiel (lost) dogs' home; **-belasting** dog licence fee; **-brigade** police dog unit
hondeneus dog's nose; (*fig*) [have a] keen nose
honden|fokker dog-breeder, dog-fancier; **-gevecht** dogfight; **-kerkhof** dogs' cemetery; **-liefhebber** dog-lover; **-pension** (boarding) kennel(s); **-ren** greyhound (*of:* dog) race; *de ~* greyhound racing, [go to see] the dogs; **-slager** beadle, dog-whipper; **-tentoonstelling** dog show, bench show; **-toilet** dog loo
hondepenning dog-licence badge, (*Am*) dog-tag; **hondepoep** dog's mess (poop), dog dirt; **honderas** breed (of dog)
honderd a (one) hundred; *nummer ~* the W(C); *enige ~en* some hundreds (of); *~en en ~en* hundreds (up)on (and) hundreds; *één gulden **de** ~* one guilder a hundred; *al word ik ~ **jaar*** if I live to be a hundred; *wel ~ jaar kunnen worden* be booked for a century; *alles ligt **in** het ~* things are all at sixes and sevens; *alles* (*de boel*) *loopt in het ~* everything is going haywire; *alles in het ~ jagen* (*sturen*) make a mess of the whole affair; *het is ~ **tegen** één* it's a hundred to one; *vijf **ten** ~* five per cent; *~ **uit** praten* talk nineteen to the dozen, talk endlessly; *zie ook* bij 10, honderdje, enz
honderd|delig centesimal; centigrade [thermometer]; **-duizend** a (one) hundred thousand; *~en* hundreds of thousands (of); *het verlies bedraagt meer dan ~ pond* the loss runs into six figures, there is a six-figure loss; **-jarig** a hundred years old; *~ bestaan* (*feest*) centenary, centennial; *de H~e Oorlog* the Hundred Years' War; *een ~e* a centenarian
honderd|je hundred-guilder note; **-maal** a hundred times; **-man** centurion; **-ste** hundredth; **-tal** a (one) hundred; *twee ~len* two hundreds; *zie ook* honderd; **-tallig** centesimal; **-twintig** a hundred and twenty; (*voor haring, enz*) a great (long) hundred; **-voud** centuple; **-voudig** (a) hundredfold, centuple
hondevoer dog-food; **hondewacht** mid(dle) watch, midnight watch; **hondeweer** beastly weather, weather not fit to turn a dog out; **hondeziekte** (canine) distemper; **honds** currish, churlish; *~ behandelen* treat [a p.] like dirt
honds|aap (dog-faced) baboon, cynocephalus; **-brutaal** extremely impudent; **-dagen** dog days; **-dolheid** rabies; (*bij mens*) hydrophobia; **-draf** ground ivy, alehoof; **-haai** (small spotted) dogfish; **-moe** dog-tired; **-netel** white nettle; **-peterselie** fool's parsley; **-roos** dog-, briar-rose; **-ster** dog-star, Sirius; **-tand** (*plant*) dog's tooth (violet); (*tand*) canine (tooth); **-tong** (*plant*) hound's tongue; **-viooltje** dog violet; **-vot** blackguard
Honduras id; **Hondurees** Honduran
honen 1 scoff (jeer, sneer) at, taunt, flout, deride; 2 (*techn*) hone; **honend** (*ook*) scornful, derisive; '...', *zei ze ~* '...', she sneered
Hongaar(s) Hungarian; **Hongarije** Hungary
honger hunger; *~ is een scherp zwaard* hunger is sharper than the sword; *~ is de beste saus, ~ maakt rauwe bonen zoet* hunger is the best sauce; *de ~ buiten de deur houden* keep the wolf from the door; (*geen*) *~ **hebben*** (not) be hungry; *ik heb een ~ als een paard* (*wolf*) I am as hungry as a hunter; *~ **krijgen*** get hungry; *~ **lijden*** starve, go hungry; *van ~* (*doen*) ***omkomen*** starve to death; *van ~ **sterven*** die of hunger (of starvation), starve (to death), be starved to death; *zie ook* rammelen, stillen & uithongeren
hongerdood death from hunger (from starvation); *de ~ sterven* starve to death; **hongeren** hunger, be (feel) hungry; *~ naar* hunger after [righteousness], hunger for [gossip], be hungry for [knowledge]; **hongerig** hungry (*ook fig: naar* for); *een beetje ~* peckish; **hongerigheid** hungriness; **hongerkuur** starvation therapy; **hongerlap** glutton; **hongerlijd(st)er** 1 starving person; 2 poor devil; **hongerloon** starvation wages (salary); *laten werken voor een ~* exploit, sweat [sweated workers]; **hongeroedeem** hunger oedema; **hongersnood** famine; *door ~ getroffen* famine-stricken [provinces]; **hongerstaker** hunger striker; **hongerstaking** hunger strike; *in*

~ *zijn, gaan* (be, go on) hunger strike; **hongerwinter** famine winter (1944/45); **Hongkong** Hong Kong

honi(n)g honey; *iem ~ om de mond smeren* butter a p. up, soft-soap a p.; *men vangt meer vliegen met ~ dan met azijn* you'll achieve more by (get further with) kindness than severity

honing|achtig honey-like, honied, honeyed; **-bakje** (*plantk*) nectary; **-beer**: (*Maleise*) ~ sun bear, honey bear; **-bij** honeybee; **-cel** alveolus (*mv:* -li), honey(comb) cell; **-das** honey badger, ratel; **-dauw** honeydew; **-drank** mead; **-klaver** melilot; **-klier** (*plantk*) nectary, honey gland; **-koek** (Dutch) honey-cake; **-koekoek** honey guide; **-meloen** honeydew melon; **-merk** (*plantk*) honey guide, nectar guide; **-pot** honey jar; **-raat** honeycomb; **-zakje** (*ve bij*) honey bag; **-zeem** virgin honey; **-zoet** (as) sweet as honey, honey-sweet; *~e woorden* honeyed (honied) words; *op ~e toon,* (*ook*) in mellifluous accents; **-zuiger** (*vogel*) honeysucker; **-zwam** honey (*of:* bootlace) fungus

honk home, (*sp, ook*) goal; base; ~ *bereiken* get home; *bij ~ blijven* stay at home; *van ~ gaan* leave home; *ver van ~* far from home, [go] far afield; **honkbal** baseball [bat *knuppel*]; **honkloper** baserunner; **honkman** baseman; **honkslag** base hit; **honkvast** stay-at-home

honneponnig sweet, lovely; *zie* snoezig

honneur honour; *vier ~s hebben,* (*in handen*) hold four honours, (*vier punten daarmee*) have four by honours; *de ~s waarnemen* (*aan tafel*) do the honours (of the table)

honnig sweet, lovely; *zie* snoezig

honorabel honourable

honorair honorary [consul, member]

honorarium [accountant's, architect's, doctor's, lawyer's, etc] fee; [auditor's] remuneration; (*vooruitbetaald aan advocaat*) retainer; (*ve schrijver*) (author's) fee, (*per exemplaar*) royalty, royalties

honoreren 1 (*accepteren*) honour [an invitation, a credit card, promise], accept [a proposal], comply with [a request]; (*wissel*) honour (*niet ~* dishonour), meet, protect, take up [a draft]; 2 (*belonen*) pay, remunerate [an author], honour [with a prize]; **honoris causa** honorary; *iem ~ promoveren* confer (bestow) an honorary degree (up)on a p.; *doctor ~* honorary doctor

hoofd 1 head; ~ *links* (*rechts*)*!* left (right) face!; *een ~ groter* taller by a head, a head taller; *gekroonde ~en* crowned heads; *zoveel ~en zoveel zinnen* (so) many men, (so) many minds (opinions); *het ~ **bieden*** stand up to [a p., severe tests], face, brave, defy [danger, competition], bear up against [misfortune], cope with [difficulties]; *de vijand* (*hardnekkig*) *het ~ bieden* make a bold stand against the enemy (put up a stubborn defence); *zich het ~ **breken** over* rack (cudgel) one's brains about; *het ~ **kwijtraken*** lose one's head; *hij was het ~ kwijt* he had lost his head; *zijn ~ **neerleggen*** lay down one's head (*ook fig*); *ze hebben geen plaats om hun ~* (*het moede ~*) *neer te leggen* they have nowhere to lay their (weary) heads; *het ~ **omhoog** houden* hold up one's head; (*fig ook, fam*) keep one's tail up; *het ~ **opsteken*** raise one's head [*ook fig:* the rebels raised (*of:* reared) their heads again]; *mijn ~ **staat** er niet naar* I am not in the mood (the vein) for it; *zij **staken** de ~en bij elkaar* they laid (put) their heads together; *het ~ **stoten*** knock one's head [against a wall]; (*fig*) meet with a rebuff; *overal het ~ stoten,* (*ook*) be up against a blank wall; *hij **volgt** zijn eigen ~* he goes his own way, takes his own line; ***aan** het ~ staan* (*van*) be at the head (of), be in charge (of), head [a delegation]; *de man die aan het ~ staat* the man at the top; *te veel aan het ~ hebben* have too much to think of; *aan het ~ van de tafel* at the head (the top) of ...; *hij is niet wel **bij** het ~* he is off (is not right in) his head; (*sl*) off his chump (nut, rocker); *ben je niet goed bij het* (*je*) *~?* have you taken leave of your senses?; *er hangt u iets **boven** het ~* there is s.t. hanging over your head; *zie ook* groeien; *het is mij **door** het ~ gegaan* it has slipped my memory, (*sterker*) it has clean gone out of my head; *zie ook* malen; *al naar het mij **in** het ~ komt* just as the fancy takes me; *wie heeft je dat in het ~ gepraat?* who put that into your head?; *zich iets in het ~ halen, iets in zijn ~ krijgen* take (get) s.t. into one's head; *hoe krijg je het in je ~?* how did you get it into your head?; ***met** het ~ in de nek* [he stalked out] head flung back; *hij viel met het ~ vooruit* he fell headlong; *de wijn steeg hem **naar** het ~* the ... went to his head; *iem een belediging* (*beschuldiging*) *naar het ~ gooien* fling an insult in a p.'s teeth (level an accusation at a p.); *zie ook* voet: voor de ~en gooien; ***onder** een ander ~* [you'll find this word] under another heading; ***op** zijn ~ staan, zie* kop; *op zijn ~ gevallen,* (*fig*) crazy, not all there; *onze daden komen op ons eigen ~ neer* our actions come home to roost; *wat hij zei ging **over** hun ~en heen* what he said passed over (he spoke over, his talk was above) their heads; *over het ~ zien* overlook [mistakes, a fact]; ***per** ~* [five guilders] a head; *verbruik per ~* (*van de bevolking*) consumption per head (of population), per capita consumption; ***uit** ~e van* on account of, owing to, by reason of, in consideration of [his good character]; *uit ~e van zijn beroep als chirurg* in his quality as surgeon; *uit dien ~e* for that reason, on that account; *uit het ~ aanhalen* (*citeren*) quote from memory; *uit het ~ kennen* (*leren, opzeggen, zingen*) know (learn, say, sing) by heart; *hij kent die geschiedenis uit het ~,* (*ook*) he has ... by heart; *uit het ~ opzeggen,* (*ook*) repeat without book; *zomaar uit zijn* (*blote*) *hoofd* off the top of his head; *uit het ~ spreken, enz* extemporize; *sommen uit het ~ maken* do sums in one's head; *dat zal hij wel uit zijn ~ laten* he knows better than that; *iem iets uit het ~ praten* talk a p. out of s.t.; *ik kon hem dat idee niet uit het ~ praten,* (*ook*) I could not disabuse him of that idea; *zich iets uit het ~ zetten* put (get) s.t. out of one's head (*of:* mind), dismiss s.t. from one's mind; ***van** het ~ tot de voeten* from head to foot, from top to toe, [look a p.] up and down, [armed] cap-à-pie; *hij heeft geen ~* ***voor*** *studie* (*een goed ~ voor wiskunde, niet veel ~ voor jaartallen*) he has no head for study (a good head for mathematics, not much head for dates); *~ voor ~* (each) separately; *iem voor het ~ stoten* rebuff (repulse) a p.; *zie ook* bloot, buigen, hangen, kop, nek, schieten, water, enz; 2 (*persoon*) head [of a family, school, etc], chief, leader, principal; *~ der school* headmaster, -mistress, head teacher; *~ van de huishouding,* (*in school, enz*) matron; 3 (*ve brief, enz*) [printed] heading; 4 (*stroomdam*) groyne; (*haven~*) *zie aldaar*

hoofd- (*dikwijls*) principal, chief, main, leading

hoofd|aalmoezenier (*mil*) Chaplain General to the Forces; **-aanlegger** prime mover, moving spirit, chief instigator, mastermind; **-ader** 1 cephalic vein; 2 (*verkeer*) main artery; **-afdeling** principal (main) section, division; (*vh dieren-, plantenrijk*) subkingdom, phylum (*mv:* -la); **-agent** 1 general (*of:* distributing) agent; 2 (*vglb*) police sergeant; **-agentschap**, **-agentuur** general agency; **-akte** headmaster's certificate; **-altaar** high altar; **-ambtenaar** senior official; Senior, Chief, Principal [Executive, Scientific etc] Officer (*opklimmende rangorde*); **-arbeid** brainwork; **-arbeider** brainworker, thinkworker; **-artikel** leading article, leader, editorial; **-artikelschrijver** leader-writer; **-as** (*wisk*) principal axis, (*v ellips*) major axis; (*auto*) main shaft; **-band** headband, bandeau, fillet; **-bedekking** covering for the head, headgear; **-beginsel** chief (main, fundamental) principle; **-bestanddeel** main ingredient (constituent); **-bestuur** general (central) committee; national council [of a party], executive (committee) [of a society]; **-bestuurder** director-in-chief, director-general, member of the general committee; **-bewerking** (*rek*) elementary (fundamental) operation (*of:* rule); **-bewoner** main tenant; **-bezigheid** principal occupation, main pursuit; **-boekhouder** chief accountant; **-breken** racking of one's brains; *vgl* hoofd: zich het ~ breken; *het kostte veel ~(s)* it took (entailed) some hard thinking; **-brekend** perplexing [subjects]; **-bron** chief source; (*v rivier*) headspring; **-buis** [water] main; **-bureau** head office; (*v politie*) police headquarters; **-commies** principal clerk [in the Home Office]; **-commissariaat** police headquarters; **-commissaris** (chief) commissioner (of police); **-conducteur** chief (*of:* senior) conductor; **-dader** *zie* -aanlegger & -schuldige; **-dek** main deck; **-dekking** (*mil*) head-cover; **-deksel** headgear, head-covering; **-deugd** cardinal virtue; **-deur** main door (*of:* entrance); **-docent** (*univ, vglb*) senior lecturer; **-doek** headscarf, kerchief; **-doel** main object, chief aim; **-eigenschap** chief quality (property); (*wisk*) fundamental theorem; **-einde** head [of the bed, table], top [of the table]

hoofdelijk (*per hoofd*) *zie* hoofd; *~ aansprakelijk* severally liable; *zie ook* gezamenlijk; *~e akte* deed poll; *~e omslag,* (*belasting*) poll tax, capitation; *zie ook* omslaan; *~ onderwijs* individual teaching; *~ stemmen* vote by call; *~ laten stemmen* take a poll; *~e stemming* voting by call, poll; (*parl, enz*) division; *zonder ~e stemming,* (*parl, enz*) [the motion was carried] without a division

hoofdeloos headless, without a head

hoofd|figuur *zie* -persoon; **-film** feature film; **-gebouw** main (part of a) building; **-gedachte** main idea; **-geld** poll tax, head money, capitation (tax); **-geleiding** *zie* -leiding 2; **-gerecht** *zie* -schotel; **-geschil** principal difference; **-gestel** (*bk*) entablature; **-getuige** chief (*of:* principal) witness; **-groep** division; **-grond** main cause, principal argument; **-haar** hair of the head; **-huid** scalp

hoof|dig obstinate, headstrong; **-ding** heading

hoofd|ingang main entrance; **-ingeland** chief landholder (in a polder); **-ingenieur** chief engineer; **-inhoud** gist, purport, sum and substance, chief contents; **-inspecteur** chief inspector; *~ van gezondheid* chief medical officer of health, Chief MOH; *~ van politie* police superintendent; **-intendant** Quarter-Master General, QMG; **-kaas** (pork) brawn, collared head; (*Am*) head-cheese; **-kantoor** 1 head office, headquarters (building); 2 *zie* -postkantoor; **-kerk** cathedral; **-klasse** (*sp*) premier league; **-klemtoon** principal stress; **-kleur** principal colour; (*één der drie*) primary colour; **-knik** nod; **-kraan** main cock; *de ~ dichtdraaien* turn off the gas, etc at the main; **-kussen** pillow; *~tje* head-rest; **-kwartier** headquarters (*ook mv*), HQ; *groot ~* general headquarters, GHQ; *een ~* a headquarters; *in het ~* at headquarters; **-leiding** 1 general direction (management); 2 [gas, water, electric] main, main supply; *hoofd- en zijleiding* main and service pipe(s); **-letter** capital (letter); (*aan het begin, ook*) capital initial; *~ A* capital A; **-lieden** *mv v* hoofdman; **-lijn** 1 (*v spoor, telef, enz*) trunk line, mainline; *hoofd- en zijlijnen* main and branch lines; 2 *~en,* (*fig*) outlines; *plan in ~en* outline plan; *de ~en,* (*ook*) an outline [of history], [know] the basics; *vgl* -trek; **-luis** head-louse; **-maaltijd** main (*of:* principal) meal; **-maatschappij** parent company; **-macht** main body [of an army]; **-man** chief, leader; (*dorpshoofd*) headman; *~ over honderd,* (*bijb*) centurion; **-middel**: *~ van bestaan* chief (means of) support, stand-by; **-moot** main portion, principal part; **-motief** main (primary, principal) motive; main theme; (*muz*) principal motif; **-nerf** (*ve blad*) midrib; **-nummer** principal item; (*artiest*) star turn; (*sp*) main event; **-officier** field officer; **-onderscheid** main difference; **-onderwijzer(es)** head teacher; **-oorzaak** principal (main, root) cause; **-opsteller** editor-in-chief; **-persoon** principal person, principal (leading, central) figure; (*in drama, enz*) principal character, protagonist (*ook fig*), hero; *de hoofdpersoon zijn, zie* hoofdrol: de hoofdrol spelen; **-pijn** headache; (*fam*) head [have an awful (a bit of a) head]; *~ hebben* have a headache; *iem ~ bezorgen* give a p. a headache; **-plaats** 1 *zie* -stad; 2 chief town; **-planeet** primary planet; **-postkantoor** head post office; (*in Londen*) general post office, GPO; **-prijs** first prize; **-punt** main (chief, most essential) point; *het ~ van het programma,* (*ook*) the feature of the programme; *de ~en van onze overeenkomst* (*van het nieuws*) the heads of our agreement (the news headlines); **-redacteur** editor, editor-in-chief, general editor; **-regel** principal (cardinal, general) rule; (*typ*) headline; **-rekenen** mental arithmetic; **-rivier** principal river; **-rol** principal (leading) part (role); *de ~ spelen* play the lead (the leading part), be the leading man (the leading lady); (*fig*) play first fiddle, call the tune; **-schakelaar** mains switch; **-schotel** main course, principal dish, staple dish; pièce de résistance (*ook fig*); (*Am ook*) blue plate; (*fig*) staple (fare); (*fig*) main item [on the programme, etc]; **-schudden** I *ww* shake one's head; II *zn* shake of the head, [much] shaking of heads; **-schuld** 1 principal debt; 2 chief fault; **-schuldige** chief offender (culprit); *hij is de ~* the fault lies chiefly with him; **-slagader** aorta; **-som** (*vs interest & opcenten*) principal; **-stad** capital (town, city), metropolis; (*ve graafschap, Eng*) county town, (*Am*) county seat; **-stel** bridle; **-stelling** 1 (*mil*) principal position; 2 *zie* grondstelling; **-stengel** main stem; **-steun** [adjustable] headrest; (*ve auto ook*) head restraint; **-straat** main street, principal street, thoroughfare; **-streken** (*ve kompas*) cardinal points; **-studie** 1 principal study; 2 *zie* -vak; **-stuk** chapter; **-tak** main branch; **-telefoon** [lightweight 'in the ear' stereo] headphone(s), (*in oor, ook*) earphone(s), (*evt met microfoon*) headset, (*fam*) cans; **-telwoord** cardinal (number); **-thema** central theme, burden [of speech], (*muz*) principal theme; **-tijdvak** (*geol*) era; **-tooi(sel)** head-dress; **-toon** 1 *zie* grondtoon; 2 principal stress; **-treffen** principal engagement; **-trek** main (outstanding) feature, principal trait (characteristic); *~ken* outline(s), main lines; *in ~ken* in outline; *in ~ken aangeven* outline; *vgl* -lijn 2; **-tribune** grandstand; **-vak** principal subject; (*Am univ*) major; **-verdienste** 1 chief merit; 2 principal income; **-verkeersweg** main (trunk, major, arterial) road, main thoroughfare (highway *Am*); **-verkenner** Chief Scout; **-verkoudheid** head-cold; **-verpleegkundige** (ward) sister, head nurse, charge nurse, ward matron, sister in charge (of a ward); (*man*) wardmaster; **-voedsel** principal food, staple diet; **-vogel** topmost popinjay; *de ~ afschieten,* *a*) perform an extraordinary feat; *b*) make an awful blunder; **-vorm** principal form; *~en van ww* principal parts of a verb; **-vrouw** number one wife; **-wacht** main guard(-house); **-wapen** (*ve leger*) main arm; **-was** main (washing) cycle; **-weg** main road, major road, highroad; **-werk** principal work; (*mil*) main fort; (*v orgel, vglb*) great organ; **-windstreken** cardinal points (of the compass); **-wond** head-wound, head-injury; **-woord** headword, entry word; **-wortel** main root, tap-root; **-zaak** main point, main thing; *-zaken* essentials; *in ~* in the main, in substance; *in ~ juist* substantially correct; *dat is bij mij de ~* that is the first consideration (principal thing) with me; *voor hen is de ~ ...* their main concern is with ...; **-zakelijk** principally, chiefly, mainly; **-zeer** ringworm of the scalp, (*fam*) scald-head; **-zetel** principal seat, headquarters; **-zin** principal sentence, main (head-, principal) clause; **-zonde** capital sin; **-zuster** *zie* -verpleegkundige

hoofs courtly; **hoofsheid** courtliness

hoog high [mountain, oak, room, note, colour, opinion, temperature, position, post, price, rank, antiquity, latitude, politics, words], lofty [mountain, apartment, ideals], deep [snow], high-pitched [voice; roof], high-ceilinged [room]; (*in rang, ook*) high-ranking; (*lang & slank*) tall [poplar, chimney]; *~ op de poten* rangy; (*verheven*) exalted [personage, guest]; *de hoge c* [sing] the top C, the upper C; *~ wonen* live high up; *voor- (achter)kamer twee ~* two pair front (back); *vier ~* [live] four floors up, four storeys high, up four pair of stairs, four stairs up; *de man van vier ~* the man on the fourth floor; *van hoge **afkomst*** of high descent, of exalted birth; *op hoge breedte* in a high latitude; *~ en droog* high and dry; (*fig*) safe, out of harm's way; *hoge functionaris* high (senior) official; *~ **grijpen**,* (*fig*) aim high; *we hebben te ~ gegrepen* we've bitten off more than we can chew; *hij kreeg een hoge kleur,* (*ook*) his cheeks flushed deep; *~ en laag,* (*v land*) surface relief; *of je ~ of **laag** springt* whether you like it or not; *een hoge leeftijd bereiken* attain (to) a great age; *~ op het water liggen,* (*mar*) ride high; *de sneeuw ligt drie voet ~* the ... lies three feet deep; *~ **nodig**, zie* ~nodig; *in het hoge noorden* in the far (the extreme) North; *tegen hoge **prijzen*** at high (*fam:* stiff) prices; *bespottelijk hoge prijs* fancy price; *zeer hoge prijs,* (*ook*) steep price; *de prijzen worden hoger* prices are looking up (going up); *zie* prijs; *Hoge **Raad*** Supreme Court; (*Eng, vglb*) Court of Appeal; *Hoge Raad van Adel* College of Heralds; *een hoge rekening* a big bill; (*enigszins*) *een hoge rug hebben* have a (slight) stoop; *stoel met hoge rug* high-backed chair; *~ **spelen*** play (gamble) high, play deep; *de aandelen **staan** heel ~* shares are very high; *de rivier staat ~* the ... is in (full) flood; *hij achtte zich niet **te** ~ om te ...* he was not above ...ing; *dat is mij te ~* that is beyond (above) me (my comprehension), above my head; *hij staat te ~ om zich die laster aan te trekken* he can afford to ignore that ...; *een halve toon te ~ staan* be half a tone sharp; *zie ook* hemel; *~ **water**, zie* ~water; *we kregen hoge woorden* we had words [*over* over], we had a (raging) quarrel; *het hoge woord moet* (*is*) *eruit* the plain truth must be told (the truth is out); *ten laatste kwam het hoge woord eruit* at last he made a clean breast of it; *een ~ woord hebben* brag; *~ **zingen*** sing high; *dat **zit** mij nog ~* it still sticks in my throat; ***bij** ~ en bij laag* [swear] by all that is holy; ***hoger**,* (*ook*) up [sugar is up; road deaths are up by 16; the deficit is £200 up]; [*de produktie was*] *40 ton hoger dan de vorige week* 40 tons up on the previous week; *drie gulden en hoger* [prices] three guilders and upwards; *hogere ambtenaar* higher-grade civil servant; *hoger on-*

derwijs, a) higher (tertiary) education; *b*) university education; *hogere wiskunde* higher mathematics; *hoger geplaatsten* [our] betters; ***een hoge*** a bigwig (big shot, *mil:* brass hat); ***ere*** *zij God in den hoge*(*n*) glory to God in the highest; *zie ook* hoogst, hooggespannen, bevel, hoed, lopen, opgeven, toon, tijd, verwachting, vliegen, zweren, enz

hoog|aanzienlijk very distinguished; **-achten** respect, esteem highly; **-achtend**: *~, Uw* ... Yours faithfully (truly) ...; **-achting** esteem, respect, regard; **-adellijk** most noble; **-altaar** high altar; **-bejaard** aged, greatly advanced in years; **-blauw** bright blue; **-blond** reddish, golden [hair]; **-bouw** high-rise (building); **-conjunctuur** boom; **-dag** high day, feast day; **-dekker** (*vliegt*) high-wing monoplane; **-dravend** (*eig*) high-stepping; (*fig*) stilted, bombastic, high-sounding, grandiloquent, high-flown; **-dravendheid** grandiloquence; **-draver** high-stepper; **-druk** relief printing

Hoogduits High German; **hoogedel|achtbaar**, **-gestreng** (*vglb*) (Right) Honourable

hoog|eerwaard Right (Most) Reverend; **-frequent** high-frequency [current]; **-gaand** running high, heavy [sea]; *~e ruzie* flaming row; *zie ook* hoog: hoge woorden; **-geacht** highly (much) esteemed; *H~e Heer* (Dear) Sir; **-gebergte** high mountains, upper region of (the) mountains; **-geboren** high-born; (*titel, vglb*) Right Honourable; **-geëerd** highly honoured; **-geel** bright yellow; **-gekleurd** florid [face], high-coloured; **-gekwalificeerd** high-grade [personnel]; **-geleerd** most learned (*niet als titel!*); *de ~e heer Prof Dr A B,* (*op adres*) Professor A B; **-geleerde** professor; **-gelegen** high, elevated; **-geplaatst** highly placed, high-placed; **-gerechtshof** High Court (of Justice), Supreme Court (of Judicature); **-geroemd** [his] boasted [wealth], [our] vaunted [civilization]; **-geschat** highly esteemed, [our] much-prized [liberty]; **-gespannen** high [hopes]; *onze verwachtingen waren ~* our expectation ran high; *zie ook* gespannen; **-gestemd** high-pitched; (*fig ook*) high [ideals]; **-glans** high gloss [high-gloss paint], (*metaal*) high lustre; **-hartig** proud, haughty, supercilious, (*fam*) high and mighty; *op zijn ~e manier* in his hoity-toity (off-hand, cavalier) manner; **-hartigheid** hauteur, haughtiness; **-heemraad** *zie* heemraad; **-heid** highness; height; grandeur; *Zijne H~* His Highness; **-houden** uphold [authority, a p.'s honour, a tradition], maintain [a tradition, one's reputation], live up to [one's reputation], keep up [the prestige of ...], hold aloft [the Imperial banner], keep [one's head] high; **-koor** sanctuary; **-land** highland; *de H~en* the Highlands; **-lander** Highlander; **-lands** Highland; **-leraar** professor; *zie ook* universiteit; **-leraarsambt** professorship

Hooglied: *het Hooglied van Salomo* the Song of Solomon (Canticle of Canticles, Song of Songs)

hoog|lijk highly, greatly; **-lopend** violent [quarrel], flaming [row]; **-mis** high mass; **-moed** pride, haughtiness; *~ komt vóór de val* pride will have a fall, pride goes (comes) before a fall; **-moedig** proud, haughty; **-moedswaanzin** megalomania; *zie ook* grootheidswaanzin; **-mogend** high and mighty; *Hunne H~en* their High (and) Mightinesses (the States General); **-nodig** highly necessary, much-needed; *~ hersteld moeten worden* be sadly (badly, urgently) in need of repair; *het ~e* what is absolutely necessary, [furnished with] the bare necessities; *hij heeft slechts het ~e* he has barely enough to live on; **-oplopend** *zie* -lopend; **-oven** blast furnace, melting-furnace; **-polig** deep-pile; **-rood** bright red; (*v gezicht, blijvend:*) florid, rubicund; (*tijdelijk:*) flushed, as red as a turkey-cock; **-schatten** esteem (value) highly; **-schatting** *zie* -achting; **-seizoen** high season, peak (holiday) season, [at the] height of the season; *vgl* seizoen; **-slaper** high sleeper; **-spanning** high voltage [high-voltage transformer], high tension [high-tension battery]; *gevaarlijk! ~!* danger! high voltage!; (*fig*) [work under] high pressure; **-spanningskabel** high-voltage cable; **-spanningslijn** power line, high-voltage transmission line; **-spanningsmast** pylon, tower; **-spanningsnet** power grid, (*Br*) National grid; **-springen** (the) high jump

hoogst I *bn* highest, utmost, sovereign [power], supreme [joy], top [branch, prices]; *~e klas,* (*school*) top form (*of:* class); *~e versnelling* top gear; ***op*** *zijn* (*het*) ~ [the fun, the storm was] at its height; *zie ook* ten ~e *b*); ***ten*** *~e, a*) highly, greatly, extremely [pleased]; *b*) [twenty] at (the) most, at best, at the utmost, at the outside; at worst [you miss the train]; *boete van ten ~e £ 50* a fine up to (*of:* not exceeding) £50; *een bedrag van ten ~e £ 10* a maximum amount of £10; ***van*** *het ~e belang,* (*ook*) of the first (last) importance; *zie ook* woord; II *bw* highly [improper], extremely [improbable, rarely], [simple] to a degree, vitally [important]; **hoogstaand** high-principled, [man] of high moral standing; *het was een ~ debat* the ... was on a high level (of a high order)

hoogstaangeslagenen highest taxpayers

hoog|stam standard; **-stammig** of tall growth, tall; standard [cherry, rose]; *~ hout* forest timber

hoogstand long-arm balance; *~je,* (*fig*) tour de force; **hoogstbiedende** highest bidder; **hoogstdezelve** His (Her) Majesty; **hoogsteigen**: *in ~ persoon* in his own proper person, [the baron] himself (of all people, no less); **hoogstens** *zie* hoogst I: ten ~e b); **hoogstnodig** *zie* hoognodig; **hoogstwaarschijnlijk** I *bn* highly probable; II *bw* most probably (likely), in all probability (likelihood)

hoogte height [of a tower, mountain, the tide; *ook fig*], elevation; (*ve hemellichaam, ~ in de lucht, boven zeepeil, in meetk*) altitude; (*ve dak, van toon; fig: grote ~*) pitch [his fury reached such a pitch that ...]; (*v prijs, belasting*) highness; (*concr*) [the house stands on a] height, eminence, rise, elevation; *de ~ van een boord* the height (the depth) of a collar; *de zaken hadden zulk een ~* ***bereikt*** ... things had come to such a pass (such a pitch) ...; ~ *bereiken* (***verliezen***), (*luchtv*) gain (lose) height; *hij* ***heeft*** *de* ~ he is tipsy; *ik heb er geen ~ van, kan er geen ~ van* (*geen ~ van hem*) ***krijgen*** it's beyond me, it beats me (I cannot make him out); ***in*** *de ~ bouwen* build upward(s); *in de ~ gaan* rise; (*v prijzen, enz*) rise, advance, go up, look up, (*sterker*) soar [oil shares are soaring]; *de ~ doen ingaan* send up [stocks, prices]; *in de ~ steken* cry up [a novel, a person], crack up; ***op*** *dezelfde ~* at the same height; (*fig*) on a par; *het venster was op gelijke ~ met de vloer* the ... was flush (on a level) with the floor; *op de ~ van Damstraat 50* outside Number 50, ...; *vlucht op grote ~* high-altitude flight; *op één ~ zijn met* be on a par (a level) with, be up to the level of; *het bleef op dezelfde ~* it remained stationary; ***op*** *de ~* ***van*** in possession of [the facts], knowledgeable about [horses, music]; *hij is niet op de ~ van de laatste ontwikkelingen* he is not in (is out of) touch with ...; *niet op de ~ zijnd* uninformed [the uninformed reader]; *hij is goed op de ~ van dit onderwerp* he is well informed about, is well versed, well posted (up) in this ... (*geheel op de ~* knows the ins and outs of it, is well up in the matter); *hij is op de ~ van zijn tijd* he is abreast of (*of:* with) the times; ***op*** *de ~* ***blijven*** *van de ontwikkelingen* keep abreast of (*of:* with, keep pace with) ...; ***op*** *de ~ brengen* inform, post (up), fill in, put in the picture, show (put up to) the ropes; (*sl*) put wise [*van* to, about]; *met alle feiten op de ~ brengen* place [the public] in possession of all the facts; *ik zal u* ***op*** *de ~ houden* I'll keep you posted (up) [*van alle bijzonderheden* in all details; *van de loop van zaken* as to how things go], keep you informed [*wat betreft* of, as to], (*fam*) keep you in the know, keep o.s. up to date [in nuclear physics]; *om weer met het nieuws op de ~ te komen* [skim the papers] to get abreast of (with) the news again; *zich op de ~ stellen van* make o.s. acquainted (acquaint o.s.) with, ascertain [the position of affairs], inform o.s. of (about, on) [the facts]; *zie ook* op de ~ brengen; ***ter*** *~ van de tafel* [a cabinet] the height of ...; [five feet] in height; off [Dover]; ***tot*** *op zekere ~* [you are right] to a certain extent, (up) to a point, in a way; ***uit*** *de ~ behandelen,* (*zaken*) act in a high-handed manner; (*iem*) treat a p. haughtily (superciliously, cavalierly, off-handedly); *uit de ~ optreden* take a high line [*tegen* with]; (*Am*) high-hat [a p.]; *erg uit de ~ zijn* be very high and mighty; *hij is een tikje uit de ~* he is a trifle superior (*of:* uppish); *uit de ~ neerzien op, uit de ~ aanzien* look down (up)on

hoogte|grens (*luchtv*) ceiling; **-kaart** relief map, contour map; **-lijn** 1 (*meetk*) altitude; 2 (*aardr*) contour (line); **-meter** altimeter, height (*of:* altitude) recorder (*of:* gauge); **-meting** altimetry, hypsometry; **-punt** 1 (*meetk*) orthocentre; 2 height, high point, summit, acme, zenith, culmination, culminating point, pinnacle, peak [unemployment peak; the peak of production], highlight [of the season; the highlights of the match], [a TV] high-spot; high-water mark; *het ~ bereiken* culminate, reach the pinnacle [of one's fame], (*crisis*) come to a head; *de opwinding had het ~ bereikt* excitement had risen to fever-pitch, [prices reached a new high]; **-record** altitude (*of:* height) record; **-roer** elevator; (*ve duikboot*) diving-rudder; **-sprong** high jump; **-verschil** difference in height (altitude, level); **-vrees** acrophobia, fear of heights; **-werker** steeplejack; **-zon** sun lamp; *behandeling met ~* sunray (ultra--violet ray) treatment; **-zone** contour interval

hoog|tij: ~ *vieren* run riot, be rampant, reign supreme, reign unchallenged; *zie ook* -tijd; **-tijd** 1 festival, high day; 2 Holy Communion; **-tijdag** high day; **-uit** at most [40 people], [40 people] at the outside; *vgl* hoogst I: ten ~e b); **-veen** raised bog, peat-moor, moor-peat; **-verheven** lofty, sublime; **-verraad** high treason; **-vlakte** plateau, upland plain; **-vliegend** high-flying, flying high, soaring; (*fam ook*) ambitious; **-vlieger** (*duif & fig*) high-flier; *hij is geen ~* he is no genius; **-waardig** 1 venerable, eminent; *het ~e* the consecrated wafer, the host; 2 high-quality [research, steel], high-grade [cloth, oil]; **-waardigheid** (Your, His) Eminence; **-waardigheidsbekleder** dignitary; **-water** high water, high tide; (*fam*) (too) short trouser-legs; *het is ~* the tide is in; *bij ~* at high tide; **-waterlijn** flood-mark, high-water mark; **-welgeboren** (*vglb*) right honourable; **-werker** hydraulic hoist (*of:* crane), (*fam*) cherry-picker; *vgl* hoogtewerker; **-zit** raised hide (*of:* stand), high seat; **-zwanger** in the last weeks of pregnancy

hooi hay; *hij neemt te veel ~ op zijn vork* he bites off more than he can chew, has too many irons in the fire; *te ~ en te gras* in a haphazard way, at odd moments; snatchy [reading]; *zie ook* keren

hooi|berg haystack, hayrick; *zie ook* speld; **-bouw** haymaking; **-broei** heating of hay

hooien I *ww* make hay, hay; II *zn* haymaking

hooi|gaffel *zie* -vork; **-gras** hay-, mowing-grass; **-hark** hayrake; **-keerder** hay tedder; **-kist** haybox; **-koorts** hay fever; **-land** 1 hayfield; 2 meadow(land); **-maand** July; **-machine** haymaking machine; **-mijt** *zie* -berg; **-oogst** hay harvest, hay crop; **-opper** haycock; **-schelf** *zie* -berg; **-schudder** (*persoon & werktuig*) hay tedder; **-schuur** hay barn, hay shed; **-stapel**, **-tas** *zie* -berg & -opper; **-tijd** haytime, haymaking season; **-veld** hayfield; **-vork** hayfork, pitchfork, prong; **-wagen** 1 hay wagon; 2 (*spin & mug*) daddy-longlegs; (*spin, ook*) harvest spider; **-zolder** hayloft

hoon scorn, scoffing, taunt(s), jeer(s), sneer(s), derision; *zie* smaad; **hoongelach** scornful laughter, jeering laugh

1 hoop (*stapel*) heap, pile; (*menigte*) heap; crowd [of people]; (*fam*) lot [a lot of fuss about nothing, drink quite a lot, there's lots of them, lots of children], stack(s), heaps [of work]; ~ *en al* all in all; at most; *een ~ geld* heaps (a pot, pots) of money, (*sl*) [cost] a packet; *de grote ~* the masses, the common (*of:* vulgar) herd, the (common) ruck, the rank and file, the multitude, the common people; *met de grote ~ meedoen* follow the crowd; *een verwarde ~* a huddle [of old houses]; *een ~ last* [give a p.] a lot (no end) of trouble; *een ~ leugens* [tell] a pack of lies; *een ~ knapper* heaps (a heap) cleverer; ***bij** hopen* [lie] in heaps, [drop out] by the score; *geld bij hopen* heaps (*fam:* bags, oodles, pots) of money; *bij de ~ verkopen* sell in the lump; *alles* ***op*** *een ~* all in a heap; ***te*** *~ lopen* crowd (*of:* flock) together

2 hoop hope [*op herstel* of recovery], hopes; *~* ***geven*** give (hold out) hope(s); *geen* (*weinig*) *~ geven* hold out no hope (but faint hopes); *wel* (*geen*) *~* ***hebben*** *op* entertain a (no) hope of; *hij had niet veel ~* he was not very hopeful (had no great hope) [that ...]; *ik had alle* (*goede*) *~, dat ...* I had every hope (good hopes) that ...; *~* ***koesteren*** entertain (cherish) hopes; *~ doet* ***leven*** man lives by hope; *alle ~* ***opgeven*** give up (abandon) all hope; *zijn ~* ***vestigen*** *op* place (pin, set) one's hope(s) on; ***in*** *de ~ dat ...* in the hope that ...; *in de ~ verkeren, dat ...* live in hopes of ...ing, be in hopes that ...; ***op*** *~ van een schikking* in the hope of (reaching) a settlement; ***tussen*** *~ en vrees slingeren* (*dobberen*) be poised between hope and fear; ***vol*** *~ zijn op* be hopeful of [success]; *zie ook* vleien, teleurstellen

hoop|gevend hopeful [signs]; **-vol** hopeful, sanguine; (*veelbelovend*) hopeful [results], promising; *men is zeer ~ gestemd* hopes are running high

hoor 1 (*vaak onvertaald: nee ~, ik doe het niet* no, I won't); *op tijd thuis zijn, ~* mind you're home (do be home) on time; *zie* 1 horen; 2 *zie* weder~; **hoorapparaat** hearing aid; **hoorbaar** audible; *-bare frequentie* audio-frequency; **hoorbaarheid** audibility; **hoorbril** hearing glasses; **hoorcollege** lecture; **hoorder(es)** hearer, listener, auditor; *geliefde hoorders* (my) dear brethren

hoorn (*ook stofnaam, muz, voel~, v maan, v aambeeld*) horn; (*muz*) French horn, (*mil*) bugle; (*ve auto*) horn, hooter; (*v telef*) handset, receiver, (*vero*) mouthpiece; (*schelp*) shell, conch; *~ des overvloeds* horn of plenty, cornucopia; *de horens opsteken,* (*fig*) show one's teeth; *een stier nam hem op de ~s* he was tossed by a bull; *de ~ van de haak nemen,* (*telef*) lift the receiver

hoornaar hornet

hoorn|achtig horny, horn-like; **-beesten** horned cattle; **-blazer** hornblower; (*mil*) bugler, trumpeter; **-blende** hornblende; **-bloem** mouse-ear (chickweed); **-dol** stark mad; **-drager** 1 horned animal (beast); 2 (*vero*) cuckold

hoornen horn; *zie ook* montuur; **hoorngeschal** horn-blowing, flourish (of trumpets); **hoornig** horny

hoorn|ist horn(ist), horn-player; **-klaver** fenugreek; **-loos** hornless; **-schil** (*ve koffieboon*) parchment; **-schoen** (*ve paard*) coffin; **-signaal** bugle call; **-slang** horned viper; **-snavel** (*vogel*) hornbill; **-steen** hornstone, chert; **-tje** 1 (little) horn, [ice] cornet; 2 (*insekt*) hornet; **-uil** long-eared owl; **-vee** horned cattle; **-vis** triggerfish, filefish; **-vlies** cornea [transplant]; **-vliesontsteking** inflammation of the cornea, ceratitis; **-weefsel** corneous (*of:* horny) tissue

hoorspel radio play; **hoorstukje** earpiece; **hoortoestel** hearing aid; **hoorzitting** public inquiry [on traffic plans], public hearing

hoos 1 *zie* water~ & wind~; 2 ~(*vat*) bailer, baler, scoop

hop I *zn* 1 (*vogel*) hoopoe, hoopoo; 2 (*plant*) hop; (*de bellen*) hops; *~ plukken* pick hops; II *tw* gee up!; **hopakker** hop-field; **hopbel** hop-cone (*mv meestal* hops); **hopbitter** lupulin

hope *zie* 2 hoop; **hopelijk** hopefully

hopeloos hopeless, without hope, desperate; *hij is ~* (*slecht, enz*) he is quite hopeless; *de zieke is ~* the patient is past hope; *het staat ~* (*met hem*) it is all up (with him); [*het schip is*] *een ~ wrak* a wreck beyond recovery; *~ bedorven* [the dress is] past praying for; *~ vervelend* hopelessly (desperately, painfully) dull; **hopeloosheid** hopelessness; (*v pers, ook*) desperation

1 hopen heap up, pile up

2 hopen hope (for) [I hope with you that ...]; *het beste ~* hope for the best; *de gehoopte uitslag* the hoped-for result; *tegen beter weten in ~* hope against hope; *op betere dagen ~* hope for better days; *op God ~* hope (trust, put one's trust) in God; *ik hoop van niet* (*wel*) I hope not (hope so); *ik hoop het voor haar* I hope so for her sake; *zie ook* blijven 6 & men

hopje (coffee-flavoured) toffee, (*Am*) coffee candy

hopklaver nonesuch, hop trefoil; **hopman** chief, captain; (*scouting*) scoutmaster; **hoppen** hop; **hopper** 1 id; 2 (*schuit*) hopper(-barge); **hoppestaak** hop-pole; **hopplukker** hop-picker, hopper

hopsa *zie* hoepla; **hopsen** hop

hopstaak hop-pole; **hopstengel** hop-bind, -bine, -vine; **hopveld** hopfield, -garden

hor 1 (*scherm*) wire-blind, gauze blind; (*tegen muggen, enz*) wire gauze, screen; 2 (*zeef*) riddle

Horatiaans Horatian; **Horatius** Horace

horde 1 horde, troop, band; 2 (*vlechtwerk*) hurdle, wattle; 3 (*sp & fig*) hurdle [race; a hurdle in his career]; [the 80 metres] hurdles; *een ~ nemen,* (*ook fig*) clear a hurdle; **hordenlopen** hurdle (racing); **hordenloper** hurdler

hordeur screen door

horeca(bedrijf) hotel and catering industry (trade); *een ~bedrijf* a catering establishment

1 horen 1 hear; *toevallig ~* overhear; *zie ook* ver~; *moeilijk ~* be hard of hearing; *hij hoort zichzelf graag* he likes to hear the sound of his own voice; *het was een leven, dat ~ en zien je verging* the noise was deafening (was fit to wake the dead, the seven sleepers); *men hoorde hem dikwijls beweren ...* he was often heard to assert ...; *hij hoorde lopen* he heard footsteps; *ik hoorde haar nooit noemen* I never heard her mentioned; *ik hoor het lied zingen* I hear the song sung; *ik hoor hem een lied zingen* I hear him sing a song; *ik heb het ~ zeggen* I've heard it said; *ik heb het van ~ zeggen* I have it on (by, from) hearsay; *het is hier niet* ***te*** *~* it cannot be heard here; *te ~ krijgen* hear, learn, be told, be given to understand; *hij kreeg heel wat* *te* ~ he had a proper telling-off; *we kregen een mooi concert te* ~ we were given a fine concert; ***horende*** *doof zijn* pretend not to hear, sham deaf(ness); 2 (*vernemen*) hear, learn; *wat hoor ik, ...?* what's this I hear, [are you leaving us]?; *dat hoor ik nu voor het eerst* that is news to me; 3 (*aan~*) hear; *beide partijen* ~ hear both sides; *het is niet mogelijk alle getuigen te ~,* (*ook*) it ... to take all the evidence; *de Minister heeft het recht in beide Kamers gehoord te worden* the ... has a right of audience in both Houses || ***hoor*** *eens* I say; (*als protest*) look here; *hoor hem eens!* hear who's talking!, hark at (just listen to) him!; *je moet zwijgen, hoor je?* be quiet, do you hear?; *verlies het niet, hoor!* don't lose it, mind!; *het is een knappe vent, hoor!* he is a clever chap, you know (*of:* ..., he is); [*ik dacht dat de auto zou stoppen,*] *maar nee, hoor!* but no such luck; *zijn stem* ***doen*** ~ raise one's voice; *een waarschuwing doen* ~ sound a warning; *hij* ***kon*** *het niet* ~ he was out of earshot; *hij kan de waarheid niet* ~ he cannot bear to hear the truth; ***laat*** *nu en dan eens wat van je* ~ let us hear from you now and then; *niets van zich laten* ~ send no news of o.s.; *laat eens ~,* (*wat je te zeggen hebt*) let's have it; *ze lieten zich geducht* ~ they were very vocal; *een gefluit laten* ~ give a whistle; *dat laat zich* ~ there is s.t. in that, that is plausible enough, that sounds all right; (*zo* ***mag*** *ik het* ~) now you're talking (sense), that's the stuff; *ik* ***moet*** *altijd maar ~, dat ...* I am constantly having it drummed into me that ...; *hij heeft het nog jaren moeten* ~ it was years before he had heard the last of it; *wie niet ~ wil moet* ***voelen*** people who won't take advice must learn the hard way; *ik kon* ***aan*** *zijn stem* ~ I could tell by his voice; ~ ***naar*** listen to [a p., advice]; *naar alles wat men hoort* by all accounts [they ...]; *zie ook* luisteren; *ik heb* ***van*** (*over*) *je gehoord van Mevr. S* I've heard of you from Mrs S (*zo ook:* there was no news of her); *van iem ~,* (*bericht ontvangen*) have word from a p.; *hij wou er niet van* ~ he would not hear of it, would have none of it; *ik wil van geen weigering* ~ I will take no denial; *je zult er meer van* ~ you shall hear about this; *zie ook* aanhoren, eind, geluid, waarschuwing, enz

2 horen I *ww zie* behoren; II *zn zie* hoorn

horig predial; **horige** predial (slave), serf; **horigheid** serfdom, vassalage

horizon horizon, skyline; *aan de* ~ on the horizon; *dat gaat boven mijn* ~ that is beyond me, it passes my comprehension; *zijn ~ verbreden* enlarge one's view; *onder de* ~ below the horizon; (*ve schip*) hull down; **horizontaal** horizontal [projection, etc]; (*in kruiswoord*) across; *het hing* ~ it hung level; ~ *roer,* (*ve onderzeeboot*) diving-rudder; *in -tale stand komen* (*brengen*), (*vliegtuig*) flatten out; ~ *gaan,* (*fam*) lie down

hork boor

horlepijp hornpipe (*instrument & dans*)

horloge watch; *het is drie uur op mijn* ~ by my watch; *op zijn ~ kijken* (*zien*) look at (*of:* consult) one's watch; *wedstrijd tegen het* ~ time trial

horloge|bandje watch-strap; **-glas** watch-glass; **-kast** watch-case; **-ketting** watch-chain; (*châtelaine*) fob(-chain); **-maker** watchmaker

hormonaal hormonal; **hormoon** hormone

horoscoop horoscope; *iems ~ trekken* cast a p.'s horoscope (a p.'s nativity); **horoscooptrekken**: *het* ~ horoscopy

horrelvoet club-foot; *met ~(en)* club-footed

horreur horror; **horribel** horrible

hors scad; **hors concours** id, not competing; **hors d'œuvre** id; **horsmakreel** scad

horst 1 (*nest*) eyrie; 2 high ground; 3 (*geol*) id

hort jerk, jolt, push; *met ~en en stoten,* (*eig*) joltingly, jerkingly; (*fig*) by fits and starts, fitfully; *de ~ op gaan* go on a spree; *~!* gee up!; **horten** 1 jolt, jerk, shake; 2 *zie* haperen; *~d* jerky [sentences, speak jerkily], gritty, abrupt [style, sentences]

Hortensia (*pers*) id; *h~,* (*bloem*) hydrangea

hortoloog horticulturist; **hortulanus** conservator [of the botanic gardens]; **hortus** botanic(al) garden(s)

horzel horse-fly, gadfly, warble-fly, oestrum

hosanna id

hospes landlord; **hospik** medical orderly, (*Am*) medic; **hospita** 1 landlady; 2 hostess

hospitaal hospital; (*bij tehuis, enz*) infirmary; *in het ~ liggen* be hospitalized (in hospital); **hospitaallinnen** waterproof bed sheeting; **hospitaalridder** (Knight) Hospital(l)er; **hospitaalschip** hospital ship, floating hospital, (*klein*) rescue cruiser; **hospitaalsoldaat** hospital orderly; **hospitaliseren** hospitalize

hospi|tant(e) teacher-trainee, student teacher; **hospi|teren** attend classes as a teacher-trainee

hospitium 1 (*voor pelgrims, enz*) hospice; (*voor studenten, enz*) hostel; 2 teacher training

hossebossen jolt, jerk, jostle; **hossen** go jigging and singing along, jig up and down

hostie host, consecrated wafer; **hostiekelk** pyx; **hostieschoteltje** paten

hostiliteit hostility

hot (*tegen paard*) gee up!; *van ~ naar haar* (*her*) from pillar to post; ~ *en haar door elkaar* higgledy-piggledy

hotel id; ~ *Eden* the Eden Hotel; ~ *garni* apartment (residential) hotel, (*Am*) rooming house

hotelbedrijf 1 hotel industry (business, trade); 2 hotel; **hoteldebotel** 1 all at sea; 2 swept off [one's] feet; **hotelhoud(st)er**, **hôtelier** hotel-keeper, hotelier; **hotelrat** hotel thief; **hotelschakelaar** two-way switch; **hotelschip** floating hotel, bo(a)tel; **hotelschool** hotel and catering school; *hogere* ~ hotel management school; **hotelwezen** *zie* -bedrijf; (*ook*) hotels

hotemetoot I *zn* bigwig; II *bn* crackers

hotsen shake, jolt, bump; **hotsknots** awkward, clumsy; **Hottentot(s)** Hottentot

hou I *tw* stop; (*tegen paard*) wo, whoa; II *bn:* ~ *en trouw* loyal and true

houd|baar 1 tenable [fort, theory, etc], maintainable; *niet langer* ~ untenable [position]; 2 *niet -bare goederen* perishable goods, perishables; *vis is niet lang* ~ fish will not keep; *gegarandeerd een* *maand* ~ guaranteed to keep fresh for ...; *tenminste* ~ *tot* use by [use-by date], best before [...]; **-baarheid** 1 tenableness, tenability; 2 (*v eetwaren*) keeping qualities; (*in winkel, enz*) shelf (*magazijn:* storage) life; *vgl* -baar

houden 1 (*behouden*) keep [the money]; *je mag het* ~, (*ik geef het je, ook*) it's yours (you can have it) for keeps; *die naam heeft hij altijd gehouden* the name has stuck to him ever since; *dat recht houd ik aan mij* I reserve that right for myself; *vijf 'k houd er één* five carry one; *we moeten dat voor de volgende vergadering* ~ we must hold it over till ...; 2 (*vast-, tegenhouden*) hold [a p.'s hand, a pistol in one's hand]; *houd de dief!, zie* dief; *hij tilde de kan op en hield het oor in zijn hand* he ... and the handle came off in his hand; *de lijm houdt niet* the glue won't stick; *hij is niet te* ~ (*er is geen* ~ *aan*) there's no holding him (no stopping it); *hij was niet te* ~ *van woede* he was beside himself with rage; ~ *aan* be attached to [a p.]; set great store by [a p.'s advice]; insist on [declaring ...]; 3 (*dragen:*) *het ijs houdt nog niet* the ice will not bear one's weight yet; 4 (*bevatten*) hold [a pint], contain; 5 (*aan*~) keep; *rechts* ~ keep to the right; *om de zuid* ~ stand to the southward; 6 (*gestand doen*) keep [a promise, one's word]; *hij hield zijn woord,* (*ook*) he was as good as his word; 7 (*uit*~) stick; *hij kan het op die manier nog lang* ~ in this manner he can hold out a long time yet; *hoe lang houdt deze verf* (*het*)? how long will this paint last? (*zo ook:* the patient will not last much longer); 8 (*er op na* ~) keep [hens, a car, dog, pub, servant, shop], run [a shop]; (*blijven* ~) [I cannot afford to] keep [him] on; 9 (*vieren*) keep, observe [the Sabbath], celebrate; 10 (*uitspreken*) deliver [a speech, lecture], make [a speech], give [an address]; 11 (*plaats doen hebben*) hold [a meeting, sale, examination]; 12 ***zich*** ~: *ik wist niet goed hoe ik mij moest* ~ I did not quite know how to conduct myself; *zich* ***doof*** (*ziek, enz*) ~ sham (pretend to be) deaf (ill, etc); *hou je* ***goed***! keep well!, take care (of yourself)!, (*fam*) cheerio; *zich goed* ~, (*gedragen*) behave well, behave o.s.; (*zich in bedwang* ~) control o.s.; (*niet lachen*) keep a straight face, keep one's countenance; (*in verdriet, ongeluk, enz*) bear up (well, bravely), keep a stiff upper lip; (*voor zijn leeftijd*) wear well, bear (carry) one's years well; *zij houdt zich bijzonder goed,* (*in verdriet*) she is simply wonderful, (*voor haar jaren*) she is wonderful for her age; *hij kon zich niet goed* ~ he could not help laughing (crying), (*verried het*) he gave the game away; *ons elftal hield zich goed* (*slecht*) our team did well (badly), (*beter dan verwacht*) put up a better fight than was expected; *zie ook* kranig & kalm; *deze stof houdt zich goed* (*heeft zich goed gehouden*) this material wears well (has worn well); *het weer hield zich goed* the ... continued fair, held (out, up); *de mensen hielden zich* ***prachtig*** the people were splendid (there was no panic); *het schip hield zich* ***schitterend***, (*in de storm*) the vessel behaved splendidly; *daar kun je je van* ***verzekerd*** ~ you may rest assured of that; *hij houdt zich maar* ***zo*** he is only pretending (shamming), is merely putting it on; *zich* ~ ***aan*** stick to [a method], adhere to [an agreement, the terms], abide by [a decision, ruling], comply with [the rules], keep (stick to) [a term *termijn*], conform to [the due date *vervaldag*]; *zich stipt aan het programma* ~ keep strictly to the programme; *zich aan zijn woord* ~ hold (stick) to one's word; *zich aan de voordracht* ~ [the Crown is not bound to] act (up)on the recommendation; *zich aan de feiten* ~ confine oneself to facts; *ik houd mij aan* (*bij*) *de whisky* I shall stick to ...; *nu weet je, waar je je aan te* ~ *hebt* now you know where you are; *zich* ~ ***alsof***, *zie* doen 9: ~ alsof ‖ *ik houd je* ***aan*** *je belofte* (*woord*) I hold (keep) you to your promise, take you at your word; *houd dit pakje* ***bij*** *je* keep this parcel by you; *houd je bij* ... stick to [your work]; *zij kon haar gedachten niet lang bij iets* ~ she could not keep her mind on anything for long; *het* ***met*** *iem* ~, *a*) side (hold) with a p., be on a p.'s side; *b*) carry on with [other women]; *de politie houdt het met de mafia* the police are in (league) with ...; *het er* ***op*** ~ *dat* take it (assume) that; *laten we het* ~ *op de 14e* let's make it the 14th, then; *ik kan ze niet* ***uit*** *elkaar* ~ I cannot tell them apart (tell which is which, (*fam*) tell tother from which); ~ ***van*** like, be fond of, have a liking for, be partial to [a p., a thing]; *zie ook* meest & ophebben met; *ik hou heel veel van haar* I love her dearly; *ik hou niet van bloot op de buis* I don't hold with nudity on the box; *ik houd niet van halve maatregelen* (*houd er niet van te lenen*) I do not believe (am no believer) in half-measures (in borrowing); *hij hield niet van vertoon,* (*ook*) he wasn't one for show; *zich ver* ~ *van* hold (keep) aloof from [politics]; *houd het* (*enz*) *svp* ***voor*** *je* please keep it (the secret, your remarks, etc) to yourself; *ik hield mijn commentaar voor me* I kept my thoughts to myself; *houd je medelijden maar vóór je!* spare (me) your pity!; *houd dat 'Jessie' maar vóór je* [oh, Jessie!] don't Jessie me!; *mag ik het ervoor* ~ *dat je geen bezwaar hebt?* may I take it that you ...?; *waar hou je me voor?* what do you take me for?; *ik hield hem voor een gast* I took (*ten onrechte:* mistook) him for (took him to be, set him down as) a ...; *als hij de man is, waarvoor ik hem houd* if he is the man I take him to be; *ze* ~ *hem voor schuldig* (*een schurk*) they consider him (to be) guilty (they think him a rogue); *zie ook* gehouden, nahouden; afspraak, bed, beschikking, dom, enz

houder 1 [hotel] keeper; (*v effecten, wissel, enz*) holder; (*ve wissel, ook: 'nemer'*) payee; (*ve bankbiljet, brief, paspoort, enz*) bearer; (*ve record*) [the present] holder; (*vergunning*~, *ook*) licensee; 2 (*ding*) [gas]holder, [oil] container, [sticky tape] dispenser, (*pen*~) penholder

houdgreep (*sp*) hold, (*inz fig*) armlock

houding [an erect, stiff] carriage, [military] bearing; deportment, attitude, [sitting, lying] posture, position; (*pose*) pose; (*optreden*) attitude [*jegens* to(wards)], [a constrained *gedwongen*] demeanour; *een goede* ~ (*een* ~ *als een vorst*) *hebben* hold o.s. well (like a prince); *de (militaire) ~ **aannemen*** come (stand) to attention; *een dreigende ~ aannemen* assume a threatening attitude; *een gemaakte (theatrale) ~ aannemen* strike an attitude; *een kloeke ~ aannemen tegen* make a firm stand against; *hij nam de militaire ~ aan, (ook)* he drew himself up; *om zich een ~ te **geven*** to conceal his embarrassment; ***in** de ~ staan, (mil)* stand at (*ook:* to) attention; *zie ook* bepalen

houdstermaatschappij holding company

houpaardje: *een duur ~, (fig)* a white elephant

hout 1 (*stof, gewas, bos*) wood; *~je* piece (bit) of wood; (*timmer~; groot ~gewas*) timber; (*kreupel~*) underwood, brushwood, bushes; (*stuk ~*) piece of wood; *te veel ~ maken, (ve boom)* run to wood, produce too much growth; *geen ~, (sl)* bugger-all; *op een ~je (moeten) **bijten*** have little to eat; *van **dik** ~ zaagt men planken, a)* those that have plenty of butter can lay it on thick; *b)* [get] a sound thrashing; ***klein** ~ maken* make a mess of things; *tot klein ~ maken* wreck; *dat **snijdt** geen ~* that [theory] won't wash, cuts no ice, does not hold water; *uit het goede ~ gesneden* made of the right stuff; *alle ~ is geen **timmerhout*** you cannot make a silk purse out of a sow's ear; ***op** (zijn) eigen ~je* [he did it] on his own hook (off his own bat); ***over** zijn ~ gaan* go too far; ***van** het ~je zijn* be a papist; *zie ook* mager; 2 (*ve schaats, schaaf, enz*) stock; 3 *het ~, (muz)* the wood, the woodwind(s)

hout|aankap timber felling; **-aanplant** afforestation; **-achtig** woody, wood-like; **-azijn** wood vinegar; **-bestrating** wood-block pavement; **-bewerking** woodwork(ing); **-blazers** woodwinds; **-blok** wood block, log of wood, chump; **-branden** pokerwork; **-brij** wood pulp, ground wood; **-cellulose** cellulose, wood pulp; **-draaier** turner in wood; **-druk** block-printing, xylography; **-duif** wood pigeon

houten wooden, timber [cottage]; *~ broek, (preekstoel, sl)* pulpit; *zie ook* Klaas; **houterig** wooden (*ook fig*); *~ mens, (ook)* stick; **houterigheid** woodenness

hout|geest wood spirit; wood alcohol; **-gewas** wood, (*hoog, ook*) timber; **-graveerkunst** wood engraving; **-graveur** wood engraver; **-gravure** wood engraving, woodcut; **-hakker** 1 woodcutter, woodman; 2 (*pers*) lump; **-hakkersbijl** felling axe; **-handel** timber trade, wood trade; **-handelaar** timber merchant; **-houwer**: *~s en waterputters, (Jozua 9:21)* hewers of wood and drawers of water

houtig woody; **houtindustrie** wood-processing industry; **houting** (*vis*) id; **houtje-touwtje** (*jas*) duffel coat; (*sluiting*) toggle fastening

hout|kever death-watch (beetle); **-krullen** wood shavings; **-lijm** wood glue, joiner's glue; **-loods** woodshed, timber shed; **-luis** woodlouse; **-mijt** woodpile, woodstack; (*brandstapel*) (funeral) pile; **-molm** dry rot; **-opstand** standing timber; **-pap, -pulp** wood pulp; **-rijk** woody; **-ring** tree ring; **-schroef** wood screw; **-schuur** *zie* -loods

houtskool charcoal [grill, pencil]

hout|slijp groundwood, wood pulp; **-snede** (*figuur*) woodcut; **-snijder** 1 wood carver, wood sculptor; 2 woodcut artist; **-snijkunst** 1 wood carving; 2 (art of the) woodcut; **-snijwerk** wood carving; **-snip** 1 woodcock; 2 white bread, rye bread and cheese sandwich; **-soort** kind of wood; *tropische ~en* tropical woods; **-spaander** chip of wood, wood shaving; *~s (om vuur aan te maken)* wood kindlings; **-stof** (*voor papier*) wood pulp; **-teer** wood tar; **-tuin** timber yard; **-verbinding** wood joint, timber joint; **-vervoer** (*v boomstammen*) timber hauling; **-vester** forester; **-vesterij** 1 forestry; 2 forester's house; **-vezel** wood fibre; **-vezelplaat** fibreboard; **-vlot** timber raft; **-vlotter** raftsman, rafter; **-vrij** woodfree [paper]; **-vuur** wood-, log-fire; **-wagen** timber wag(g)on; **-wal** wooded bank; **-waren** woodware, wooden ware; **-werf** timber yard; **-werk** woodwork, timberwork; **-werker** worker in wood, woodworker; **-wesp** wood wasp; **-wol** wood wool; **-wolf** timber wolf; **-worm** woodworm; **-zaag** wood-saw; **-zaagmolen** sawmill, (*Am*) lumber mill; **-zager** (wood) sawyer; **-zagerij** sawmill

houvast handhold, [give a firm] grip, hold, support, purchase; (*klamp*) holdfast; (*fig ook*) mainstay, [a religious] anchorage; *geen ~ hebben, (fig)* have nothing to go by (*of:* on); *~ hebben, (fig ook)* have s.t. to hang on to

houw cut, gash; slash; **houwdegen** broadsword; (*pers*) fire-eater; **houweel** pickaxe, mattock, hack

houwen hew, cut, hack, slash; (*steen uit groeve, ook*) quarry; *zij hieuwen erop in* they laid about them; **houw-en-stootwapen** cut-and-thrust sword; **houwer** broadsword; (*pers*) hewer

houwitser howitzer

hovaardig proud, haughty; **hovaar|digheid, -dij** pride, haughtiness

hoveling courtier; **hovenier** horticulturist, gardener; **hovenieren** garden; **hovenierskunst** horticulture; **hoving** garden, park

hozen bail, bale, scoop; (*fam*) pour with rain

hs(s) MS(S), manuscript(s); **HS** afk van *Heilige Schrift* Holy Scripture; **HTS** (*vglb*) College of Technology; (*Am*) Technical College

hu ugh!, (*tot paard: aanzetten*) gee up!, (*stilhouden*) wo!, whoa!

hufter lout, boor, yokel

huge|noot, -note Huguenot

Hugo Hugh, Hugo; *~ de Groot* (Hugo) Grotius

hui whey; **Huib(ert)** Hubert, (*fam*) Bert, Bertie

huichelaar hypocrite, dissembler; *een ~ zijn, (ook)* live a lie; **huichelachtig** hypocritical, sanctimonious, canting; **huichelarij** hypocrisy, dissimulation, duplicity, sanctimoniousness; **huichelen** I *tr* simulate, feign, sham; II *intr* dissemble, play the hypocrite, sham, pretend; **huicheltaal** hypocritical language, cant

huid (*v mens of dier*) skin; (*ve dier, scherts van pers*) hide; (*met haar*) fell; (*ve schaap, geit, enz*) pelt; (*ve paard, enz*) coat; (*ve schip*) sheathing, skin, planking, [iron] plating; *~je* skin, film; *een* *dikke* (*harde, enz*) ~ *hebben,* (*ook fig*) be thick-skinned, have a thick skin (*zo ook: een donkere, rode, lichte, enz ~ hebben*); *hij verkocht zijn ~* ***duur*** he sold his life dearly; *met ~ en* ***haar*** [swallow] whole, (*fig*) lock, stock and barrel; *iem de ~* ***vol*** *schelden* heap a p. with abuse, abuse a p. roundly; *iem* ***op*** *zijn ~ geven* (*komen*), *a*) give a p. a sound hiding; *b*) take a p. to task, give a p. a good talking-to; *op zijn ~ zitten* keep after (keep pestering) [a p.], (*sp*) mark closely; *op de blote ~ dragen* wear next to (*of:* next) the skin; ***tot*** *op de ~* to the skin; *zie ook* beer, olifantshuid, enz

huid|aandoening skin disease; **-ader** cutaneous vein; **-arts** skin specialist, dermatologist

huidenverkoper fellmonger, dealer in hides

huidgang (*mar*) strake

huidig present(-day), of the present day, modern; current [prices]; *tot op de ~e dag* to this day

huid|kanker cancer of the skin, skin cancer; **-kleur** colour of the skin, skin colour; (*gelaatskleur*) complexion; **-kleuring** pigmentation (of the skin); **-klier** cutaneous gland; **-mondje** stoma (*mv:* stomata); **-ontsteking** inflammation of the skin, dermatitis; **-plooi** fold of the skin; **-schilfer** scale

huidskleur *zie* huidkleur

huid|specialist *zie* -arts; **-transplantaat** skin graft; **-transplantatie** skin-grafting; **-uitslag** (skin) eruption, rash; **-verzorging** care of the skin, skin care; **-vlek** mole; **-worm** Guinea worm; **-zenuw** cutaneous nerve; **-ziekte** skin disease; *leer der ~n* dermatology

huif (*ve kar*) tilt, hood, awning; (*ve valk*) hood; (*ve vrouw, vero*) coif; **huifkar** 1 tilt-cart, hooded cart; 2 *zie* -wagen; **huifwagen** covered (*of:* hooded) wag(g)on

huig uvula; *iem* (*van*) *de ~ lichten* cheat a p. out of his money, trick (diddle) a p.; *~-r* uvular r

huik hooded cloak; *de ~ naar de wind hangen* trim one's sails to the wind, temporize; *iem die de ~ naar de wind laat hangen* timeserver

huilbaby cry-baby; **huilbui** fit of crying; **huilebalk** cry-baby, blubberer; (*hist, bij begrafenis*) weeper; **huilebalken** whimper, whine, blubber

huilen (*ve hond, wolf, wind, enz*) howl, (*meer klagend*) whine; (*ve mens, zie ook* schreien) cry, (*verachtelijk*) howl; *eens goed ~* have a good cry; *het ~ stond me nader dan het lachen, ik kon wel ~* I felt like crying, was close to (on the verge of) tears; *het is om te ~* it's enough to make one cry (weep); *het is ~* (*met de pet op*) it's all wrong (a wretched mess); *zie ook* wolf

huilerig whining, whimpering, snivelling, tearful [in tearful tones], lachrymose

huis house (*ook vorsten~; ook gezin:* the whole house was down with influenza); home; (*handels~*) house, firm, concern; (*techn*) housing, casing; *huizen,* (*bezit, ook*) house-property; *ons aardse ~,* (*lichaam*) our earthly mansion; *~ van bewaring* remand prison; *~ en erf* premises; *~ en haard* hearth and home; *het ~ des Heren* the house of God; *heer, vrouw, zoon des huizes* master, mistress (lady), son of the house; *vier huizen van hier* (*verder*) four doors off; *men kan huizen op hem* ***bouwen*** he is thoroughly dependable; *toen was het ~ te* ***klein*** then the fat was in the fire; *huizen* ***zien****, een ~ zoeken* be house-hunting; *bij iem* ***aan*** *~ komen* visit at a p.'s house; *we komen niet bij elkaar aan ~* we are not on calling (on visiting) terms; *~ aan ~ bezorgen* distribute house to house; *~ aan ~ heeft men televisie* there is TV in every home; *behandeling* (*v patiënten*) *aan ~* home treatment; *aan ~ gewend,* (*ve hond*) house-trained; *baas* ***in*** *eigen ~* master in one's own house; *in ~ hebben* have [bread] in the house; (*fig*) have [much talent] at one's disposal (within the firm), possess [adequate knowledge], pack [a hard punch]; *daar komt niets van in ~* it'll be a wash-out; *in ~ nemen* take in [boys], receive [a child] into one's house; *in ~ zijn bij* live (lodge) with; ***langs*** *de huizen, zie ben:* van ~ tot ~; ***naar*** ~ home; *naar ~ brengen, enz, zie* thuis; *naar ~ gaan* go (make for) home; ***te*** *mijnen huize* at my house; ***uit*** *~ en hof verdreven* driven out of house and home, rendered homeless; *uit het ~ zetten,* (*gezin*) evict; *hij mag het ~ nog niet uit* he is still confined to the house; *hij is het ~ al uit,* (*fig*) he has gone out into the world; ***van*** *~ gaan* go from home, leave home; *van ~ komen* (*zijn, sturen*) come (be, send) from home; *van ~ tot ~* [sell] from house to house, from door to door [make a door-to-door collection]; [greetings] from all of us to all of you; *van ~ uit* originally; at heart, at bottom; *van goeden huize zijn* come of a good family, (*fig*) [then you need to] have what it takes; *niet verder van ~ dan L* [he had been] no farther (further) afield than L; *nu zijn we nog verder van ~* now we're even further off (further away from a solution, etc) than when we began (*en dan ..., ook:* and then we shall be even worse off); *zie ook* ~houden, ~je & kruis; **huis-aan-huis** door-to-door [collection, selling, visiting]; **huis-aan-huisblad** local advertiser, (free) local (news)paper; **huis-aan-huispost** junk mail

huis|adres home address; **-akte** certificate for private tuition; **-altaar** household (*of:* domestic) altar; **-apotheek** (domestic) medicine-chest; **-arbeid** home (domestic, cottage) industry; **-architectuur** domestic architecture; **-arrest** house arrest; (*elektronisch*) home parole; *hij heeft ~* he is confined to his house (*of:* indoors); **-arts** family doctor, GP (general practitioner); **-baas** landlord; **-bakken** home-baked; (*fig*) trite, hidebound; **-bankier** company('s) bankers; **-bediende** domestic (servant); **-bel** front-door bell; **-bewaarder** caretaker; **-bezoek** home visit(ing); (*door geestelijke*) parish (pastoral) visit(ing); *~ doen* go visiting, doorstep; **-bijbel** family bible; **-brand** household (domestic) fuel, house(hold) coal; **-brandolie** (domestic) fuel oil; **-deur** front door, street-, house-door; **-dier** (*groot*) domestic animal, (*klein*) (household, domestic) pet; *tot ~ maken* domesticate; **-dokter** *zie* -arts; **-eigenaar**, **-eigenares** house-owner; (*vs huurder*) landlord, landlady

huise|lijk (*vh huis, gezin, enz*) domestic [problems]; home [life, surroundings]; (*aan huis gehecht, gezellig, enz*) domesticated, home-loving [couple], wedded to one's home, [make the place more] homelike, (*fam*) homy; *de ~e haard* the fireside, the home; *~e kring* domestic (*of:* family) circle; *~ man* domesticated (home-loving) man, family man; *wegens ~e omstandigheden* for family reasons; *~e plichten* household duties; *~e twist* domestic quarrel; *~ werk* domestic work; (*betaald, ook*) homework; *zich ~ voelen* feel homy; *zie ook* huishoudelijk; **-lijkheid** domesticity, hominess

huis|genoot, -genote inmate; (*mede~*) housemate; *de -genoten,* (*ook*) the family; **-gezin** family, household; **-goden** household gods, gods of the hearth, Lares, Penates; **-heer** master of the house; (*vs huurder*) landlord; **-hoenders** barn-door fowls; **-houdapparaat** household appliance; **-houdboek** housekeeping book; *het ~ bijhouden* keep the accounts

huishoudelijk household [affairs, appliances *apparaten,* articles, duties, expenses, goods, utensils; for household purposes (*of:* use) *gebruik*], domestic [affairs, appliances, labour, problems, staff, utensils, work]; home [appliances, help, utensils]; *~ aangelegd,* (*v pers*) domestic, tidy and economical; *~e bezigheden* housework; *statuten en ~ reglement* constitution and rules; *~e vergadering* business meeting; *~e zaken,* (*op vergadering*) [the session was devoted to] domestic business

huishouden I *zn* (*het besturen*) housekeeping, [her capable] management; (*gezin, enz*) household, family; *~tje spelen* play at keeping house; *het ~ van de staat* the nation's housekeeping; *het ~ **doen**,* (*besturen*) run the household (the home), keep house, (*voor iem, fam, ook*) do for a p.; *het ~ bij elkaar houden* keep the home together; *een ~ van Jan Steen* an absolute shambles; ***hulp** in het ~* home help; *een ~ **opzetten*** (*beginnen*) set up house, set up for o.s.; *zij is handig **in** het ~* she is skilled in housekeeping, a good manager; *iets **voor** het ~* [my present was] something for the home; II *ww* 1 keep house [*van £ 60 per week* on £60 a week]; *er is met hem geen huis te houden* there is no doing anything with him; *zie ook* I: het ~ doen; 2 carry on; *in de provisiekast ~* make a hole in the larder; *vreselijk ~* play (wreak) havoc [*in, onder* with, among], be on the rampage

huis|houdfolie cling film; **-houdgeld** housekeeping money (*of:* allowance); *en dat ging allemaal van haar ~ af* and all that had to come out of the housekeeping; *ze kreeg £ 40 ~,* (*ook*) she got £40 to keep house; **-houdhulp** 1 home help, domestic help; 2 household appliance (*of:* utensil); **-houding** *zie* -houden I; (*fig*) [water] economy; **-houdkunde** home economics, domestic economy (*of:* science), housecraft; **-houdschaal** *zie* ...weegschaal; **-houdschool** domestic science school, school of domestic economy (science); **-houdster** 1 housekeeper; 2 *zie* -vrouw; **-houdweegschaal** household (*of:* domestic) scale(s); **-huur** rent; **-industrie** *zie* -arbeid

huisje 1 little (small) house, cottage; *zie ook* heilig & kruis(je); 2 (*privaat*) outdoor privy; 3 (*ve bril*) case; 4 (*ve slak*) shell; **huisje-boompje-beestje** complacent, middle-class; **huisjesmelker** rack-rent landlord; **huisjesslak** snail

huis|jongen (house-)boy; **-kamer** sitting-, living-room; **-kapel** 1 private chapel; 2 (*orkest*) private band; **-kapelaan** domestic chaplain [*vd koning* to the King]; **-kat** domestic cat; **-knecht** manservant; (*in livrei*) footman; (*in hotel*) boots; **-krekel** cricket (on the hearth); **-kruis** domestic affliction; *zie ook* -plaag); **-leiding** domestic pipework; (*elektr*) house-wiring; **-look** houseleek; **-man** house-husband; **-manskiesrecht** household(er's) suffrage; **-marter** beech-, stone-marten; **-meester** steward, major-domo; (*ve flat*) warden, caretaker; **-merk** own brand [products], house brand, own label; **-middel** household (domestic, family) medicine (remedy); *~tje,* (*fig*) palliative; makeshift; **-moeder** 1 mother of a family; 2 housewife; **-moederlijk** housewifely; **-muis** house mouse; **-mus** house sparrow; (*fig*) homebird, -body, stay-, stick-at-home; **-nijverheid** home industry; **-nummer** house number; **-onderwijs** private tuition; **-onderwijzer(es)** private teacher, tutor; **-orde** rules of the house, household regulations; (*ridderorde*) family order; **-orgaan** house organ (journal, magazine); **-orgel** house organ; **-personeel** domestic (household) staff; **-plaag** (*dier*) house-pest; (*vrouw*) termagant, vixen, virago; **-raad** furniture, household effects, chattels; **-regel** house rule; *~s,* (*ook*) house style; **-schilder** house-painter, decorator; **-sleutel** latchkey, house-key, front-door key; **-sloof** domestic drudge; **-stijl** 1 house style; 2 company logo; **-stofmijt** house dust mite; **-telefoon** house (tele)phone; internal (tele)phone (system); (*groot*) private (telephone) exchange; **-tiran** household (*of:* petty) tyrant; **-toe** home(wards)

huis-, tuin- en keuken common or garden [cold *verkoudheid*]

huis|uitzetting eviction; **-vader** father of a (the) family, family man, paterfamilias; (*ve gesticht*) *zie* vader; **-vesten** house, lodge, take in(to the house), put up; *gehuisvest zijn* live [we've lived here for years], reside; **-vesting** lodging, house-room, housing [of the poor], quarters; *de ~ der werkende klasse,* (*ook*) the housing-conditions of the workers; *~ verlenen* give house-room to, put [a p.] up, take in; **-vestingsbureau** (local authority) housing department; [university] accommodation office; **-vlieg** house-fly, domestic fly; **-vlijt** home crafts; **-vredebreuk** disturbance of domestic peace; **-vriend** family friend; **-vrouw** housewife, mistress (of the house); (*echtgenote*) wife; *zij is geen goed ~* she is not a good manager (not a practical woman about the house); **-vuil** household refuse; *zie* vuilnis; **-waarts** homeward(s); **-werk** house-work, household work; (*voor school*) [do, set] homework, prep; *zijn ~ moeten overdoen* have to redo one's homework;

-zegen motto (for the house), text (on, upon the wall); **-zittend** sedentary [life]; **-zoeking** house-search, domiciliary visit; (*van ~ tot ~*) house-to-house search; *machtiging tot ~* search warrant; *er werd ~ gedaan* the house was searched; house-to-house searches were made; **-zwaluw** (house-)martin
huiven hood [a falcon], canopy
huiver shudder; horror; **huiverachtig** *zie* huiverig; **huiveren** shudder [with fear]; shiver [with cold, fear, terror]; *ik huiver reeds bij de gedachte* I shudder at the very thought, shudder to think of it; *hij huiverde ervoor* he shrank from it, shied at (*of:* away from) it; *zie ook* rillen; **huiverig** shivery, chilly; *ik ben ~ het te doen* I shrink from doing it; **huiverigheid** 1 shiveriness, chilliness; 2 (*fig*) hesitation, scruple(s); **huivering** shiver(s), shudder; *zie ook* huiveren; *een ~ voer mij door de leden* I shuddered, it sent a shudder through me; I went cold all over; **huiveringwekkend** horrible
Huize: *~ Vosbergen* Vosbergen House; *zie verder* huis; **huizehoog** mountain-high, mountainous [waves], [the waves ran] mountain(s) high
huizen house, be housed, lodge; dwell, reside, live
huizenblok 1 block (of houses); 2 row of houses; **huizenkant:** *aan de ~ gaan lopen* take the inside of the pavement; **huizenkoper** home-buyer; **huizentekort** housing shortage
huizing house, premises
hulde homage, tribute; *~ brengen* (*betonen, bewijzen*), (*een vorst*) do (pay) homage (to), (*iem, iets*) pay homage (to), pay (a) tribute (to); *aan de waarheid ~ doen* pay homage to truth; *als ~ voor* in homage to, as a tribute to; *~!* bravo!; *~ aan ...!* honour to ...!; **huldebetoon** homage; **huldeblijk** tribute, testimonial
huldigen do (pay, render) homage to, do honour (to), honour [the King is to honour the hero]; believe in [a system, method], recognize [a principle]; *de opvatting ~* hold the view; *iem geestdriftig ~ bij zijn vertrek* give a p. a rousing send-off
huldiging homage, honouring
huldigingseed oath of allegiance
hulk vessel, ship; *~je* cockle-shell, -boat
hullen wrap (up), envelop, swathe [in flannel]; (*fig*) wrap [wrapped in silence, darkness, mystery], shroud [in fog, mystery], veil [veiled in secrecy]; *gehuld,* (*ook*) blanketed [in fog]
hulp help, aid, assistance; (*in nood, ook*) succour, relief; (*redding*) rescue; *medische ~* medical attendance; *~je, ~ in de huishouding* help in the house, household (domestic) help; *ze had niet veel ~ aan hem* he was not a great help to her; *iems ~* ***inroepen*** call in a p.'s aid (assistance), summon a p. to one's aid; *~* ***verlenen*** render help (assistance, aid), assist [a p.]; *iem alle ~ verlenen* give a p. every assistance (every ounce of help); *zich gereed houden om ~ te verlenen* stand by; ***om*** *~ roepen* cry (call) for help; ***te*** *~ komen* (*snellen*) come (run, hasten) to the rescue; *iem te ~ komen* (*snellen*) come (run, rush, hasten) to a p.'s assistance, help, aid, rescue); *te ~ schieten* hasten, rush to the rescue; ***zonder*** (*iems*) *~* [do s.t.] unaided, single-handed (without anybody's assistance); *zie ook* baten & eerst; **hulp-** auxiliary, ancillary
hulp|actie [earthquake, famine, flood] relief action; **-behoevend** requiring help; (*lichamelijk*) helpless, invalid; (*gebrekkig*) handicapped, crippled; (*door ouderdom*) infirm; (*behoeftig*) indigent, needy, destitute; *de ~en, a*) the infirm; *b*) the destitute; **-behoevendheid** helplessness; infirmity; indigence, neediness, destitution; *vgl* -behoevend; **-betoon** assistance, succour, relief; *zie ook* maatschappelijk & onderling; **-bron** resource; **-brug** temporary bridge
hulpeloos helpless; **hulpeloosheid** helplessness; *zie ook* hulpbehoevend(heid)
hulp|fonds relief fund; **-gebouw** temporary building; **-geroep** cry for help; **-goederen** relief goods (supplies)
hulp|je *zie* hulp & hulpkracht; **-kantoor** sub-office, branch office; **-kerk** chapel of ease; **-kracht** helper; (*tijdelijk*) temp(orary assistant, worker); *~en,* (*ook*) ancillary staff; **-kreet** cry for help; **-lijn** 1 auxiliary (*of:* artificial) line; (*muz*) ledger-line; 2 *telefonische ~* helpline; **-machine** donkey (*of:* auxiliary) engine; **-middel** aid, help, expedient, (*tijdelijk*) makeshift; *~en,* (*ook*) aids (and appliances); resources; **-motor** auxiliary engine; **-onderwijzer(es)** assistant teacher; **-organisatie** relief agency; **-personeel** emergency staff; **-ploeg** aid team; (*bij treinongeluk*) breakdown gang; **-post** first-aid post; **-postkantoor** sub-post-office; *directeur van ~* sub-postmaster; **-prediker** (*Angl Kerk*) curate; (*anders*) assistant minister; **-startkabel** jump lead; **-station** sub-station; **-stukken** [machine and] accessories; **-troepen** auxiliaries, auxiliary troops; **-vaardig** ready (willing) to help (assist), helpful; **-vaardigheid** readiness (willingness) to help (assist), helpfulness; **-verlener** 1 carer, care provider, care (*of:* social) worker; 2 relief worker; **-verlening** care; assistance; **-vraag** demand for (medical, social) aid; **-werkwoord** [modal, passive, tense] auxiliary (verb); **-wetenschap** auxiliary (ancillary) science
huls 1 container, wrapper, envelope; *strooien ~* straw cover; (*ve gloeilamp*) collar; (*v vuurwerk*) cartridge; (*ve patroon*) (cartridge-)case; *lege* (*patroon*)*~* spent cartridge; 2 (*plantk*) pod, hull, husk; **hulsel** *zie* om~
hulst holly
hum 1 hem!, humph!; 2 *zie* humeur
humaan humane
huma|niora 1 humanities; 2 (*België*) secondary education; **-niseren** humanize; **-nisme** humanism; **-nist** id; **-nistisch** humanistic
humani|tair humanitarian; **-teit** humanity
humbug id; **humeraal** amice
humeur temper, mood, humour; *zij heeft het ~tje wel* (*een verschrikkelijk ~*) she has got a (devil of a) temper; ***in*** *zijn ~* [he is] in a good temper; *in een bijzonder goed ~* [she is] in a good mood (high spirits, high feather); *weer in een goed ~* [she is] restored to good humour; *slecht in zijn ~* [he is]

in a bad (*bijzonder slecht:* a vile) temper, in the sulks, very cross; ***uit** zijn* ~ in a bad temper, put out, in a pet; *iem uit zijn ~ brengen* put a p. out, ruffle a p., rub a p. up the wrong way; **humeurig** moody, sulky, capricious

humeus humous

hummel (tiny) tot, toddler, (little) mite

hummen 1 (*hemmen*) hem; 2 (*neuriën*) hum

humor humour; *grove* ~ slapstick; **humoreske** humorous sketch; (*muz*) humoresque; **humorist** id; **humoristisch** humorous, humoristic (*bw:* -ally), full of humour; comic [paper]; **humorloos** humourless

humus vegetable mould, humus [layer], humic compost; **humusvorming** humification; **humuszuur** humic acid

hun I *bez vnw* their; *zij en de ~nen* they and theirs; *het ~ne* theirs; *zij waren met ~ tienen* there were ten of them, they were ten; *vgl ook* mijn; II *pers vnw* them

Hun id; **hunebed** id, (megalithic) chambered tomb, passage grave, gallery grave; (*met dekheuvel*) long barrow

hunkeren: ~ *naar* hanker after (for), hunger for (after), crave for, pine for [sympathy], long for [freedom, home], ache for [love], be spoiling for [a fight]; (*ernaar*) ~ *om* be aching (itching) to [go out], be dying for [a smoke]

hunnent: *te* ~ at their house; **hunnenthalve** on their behalf; for their sake(s); **hunnentwege** on their behalf, in their name; **hunnentwil**: *om* ~ for their sake(s), in (on) their behalf

hunnerzijds for (on) their part, on their side, where (as far as) they are concerned, as far as relates to them; **hup** *zie* hupsakee

huppeldepup [Mr] So-and-so, Whasisname

huppelen hop, skip, frisk

huppelkut silly girl (woman); **huppen** hop

hups 1 (*voorkomend*) obliging, courteous, kind; (*monter*) lively, brisk; 2 (*flink*) strapping [a strapping young lad]; **hupsakee** oops-a-daisy [and off you go], one-two-three [done, that's it]; **hupsheid** courtesy, obligingness, kindness

huren hire [a servant, house, piano, car, etc], rent [a house], take [a room in a hotel], engage [a servant], charter [a ship]; (*op contract*) lease [a car, house, an estate, office]; *ik heb dit huis voor twintig jaar gehuurd* I hold this house on a twenty years' lease

hurk: *op de ~en zitten, zie* hurken; **hurken** squat, sit on one's heels (*ook: gehurkt zitten*); **hurkgraf** crouched burial; **hurk-wc** squatter

husselen *zie* hutselen; **Hussiet** Hussite

hut (*klein huisje*) cottage, (*dicht*) cot; (*armoedig*) hut, hovel; (*v leem, enz*) cabin; (*v hout, Am*) shack; (*op boot*) cabin, (*Am & privé~*) stateroom; *met ~je en mutje* bag and baggage; **hutbewoner** hut-dweller, cottager; **hutkoffer** cabin trunk

hutselen mix (up), shuffle (together)

hutspot hotchpotch, hodgepodge; **huttentut** (*plant*) gold of pleasure

huur 1 (house-)rent [he owed me thirty pounds rent], [car, telephone] rental, [car] hire; (*loon*) wages; *huis **te** ~* house to let; *te ~ of te koop* to be let or sold, for sale or to let; *fietsen te ~* for hire; *schandelijk hoge ~* rack-rent; 2 (*huurtijd*) lease; *mijn ~ is a.s. jaar **om*** my lease expires (will be out) next year; *de ~ is om* the tenancy is up; *zie ook* kamer, opzeggen, enz

huur|achterstand arrears of rent [amounting to £100], rent arrears; **-auto** hire-car, hired (rented) car; **-baas** landlord; (*v matrozen*) shipping-master; **-bescherming** rent protection [act]; **-boer** tenant farmer; **-bordje** 'To Let' board (sign, notice); **-briefje** tenancy note; **-commissie** rent tribunal; **-compensatie** (*vglb*) housing benefit; **-contract** lease, tenancy agreement; **-der** hirer; renter [of a private safe]; (*ve huis*) tenant, lessee; *gemakkelijk ~s vinden,* (*v huizen*) let easily (*of:* well); **-huis** rented house; **-kazerne** tenement house; **-koop** [buy on (the)] hire-purchase [(system)], (*afk*) HP; (*Am*) instal(l)ment plan; **-leger** mercenary army; **-ling** hireling, mercenary; **-matiging** rent reduction; **-moordenaar** hired assassin, hit-man; **-opbrengst** rental; **-opzegging** 1 notice to quit; 2 notice of intention to leave; **-paard** hack; **-penning** earnest-money, handsel; *de ~en* the rental, house-rent; **-prijs** rent; **-rijtuig** hackney-carriage, cab; **-som** rent(al); **-ster** *zie* -der; **-subsidie** housing benefit; rent subvention; **-tijd** term of lease, tenancy; **-troepen** mercenary (*of:* hired) troops, mercenaries; **-voorwaarden** terms of lease; **-waarde** rat(e)able value; **-wet** rent act, landlords and tenants act; **-woning** *zie* -huis

huwbaar marriageable; (*ve vrouw, ook*) nubile; *huwbare leeftijd* marriageable age

huwelijk I *zn* (*het huwen*) marriage, wedding; (*toestand*) marriage, matrimony, wedlock; *hun hele ~ door* all their married life; *haar ~ met* ... her marriage to (with) ...; *~ bij volmacht* (*met de handschoen*) marriage by proxy; *~ uit berekening* marriage of convenience; *~ uit liefde* love match; *~ tussen verschillende stammen, families, enz* intermarriage; *een ~ **aangaan*** contract a marriage; *om een ~ aan te gaan* with a view to matrimony; *een goed* (*rijk*) *~ **doen*** marry well, make a good match (marry money, a fortune); *een ~ **sluiten**,* (*aangaan*) contract a marriage; (*tot stand brengen*) conclude (*kerk:* celebrate) a marriage; *~en worden in de hemel gesloten* marriages (matches) are made in heaven; ***buiten** ~ geboren* born out of wedlock; (*fam*) born on the wrong side of the blanket; *zich **in** het ~ begeven, in het ~ treden* enter into matrimony, marry; *haar vader gaf haar **ten** ~* her ... gave her in marriage; *een meisje ten ~ vragen* ask a girl (*plechtig:* ask for a girl's hand) in marriage, propose to a girl, (*fam*) pop the question; ***uit** een wettig ~ geboren* born in (lawful) wedlock; *kind uit haar eerste ~* child by (*of:* of) her first marriage; *zie ook* afkondigen, berekening, burgerlijk, kerkelijk, enz; II *bn: ~e staat, zie* echtelijk; *~e voorwaarden, zie* ~svoorwaarden

huwelijks: *~e staat, zie* echtelijk; *~e voorwaarden, zie* ~voorwaarden

huwelijks|aankondiging notification of marriage, wedding announcement; *zie ook* familieberichten; **-aanzoek** proposal (of marriage), offer (of marriage); *een ~ doen* propose; **-advertentie** matrimonial advertisement; **-afkondiging** public notice of marriage, (*kerk*) banns; *de ~ voorlezen* proclaim the banns; **-akte** marriage certificate; **-band** nuptial tie, marriage bond; **-bed** marriage bed, nuptial bed; **-beletsel** (*r-k*) impediment to marriage; **-belofte**, enz *zie* trouwbelofte, enz; **-bemiddelaar** *zie* -makelaar; **-bericht** *zie* -aankondiging; **-bijslag** marriage allowance; **-bootje**: *in het ~ stappen* get married; **-bureau** marriage bureau; **-consulent** marriage guidance counsellor; **-contract** marriage settlement, articles, contract; **-dicht** epithalamium; **-feest** wedding (party, feast); **-formulier** marriage service; **-gelofte** marriage vow; **-geluk** conjugal (connubial, wedded) bliss (*of:* happiness); **-gemeenschap** 1 consummation of marriage; 2 *zie* gemeenschap: ~ van goederen); **-geschenk** wedding present (*of:* gift); **-gift** marriage portion, dowry; **-god** god of marriage, Hymen; **-goed** dowry, marriage portion; **-inzegening** blessing of the Church (after civil marriage); **-kandidaat** suitor; **-knoop** marriage knot; **-leven** married life; **-liefde** conjugal (*of:* married) love; **-makelaar** marriage broker; **-markt** marriage market; **-nacht** wedding night; **-plechtigheid** marriage ceremony; **-plicht** conjugal duty; **-probleem** marital problem; **-rechten** conjugal rights; *zie ook* herstel; **-reis** [a young couple on their] honeymoon; *op de ~ zijn*, (*ook*) be honeymooning; **-trouw** conjugal fidelity; **-voltrekking** solemnization of marriage; **-voorwaarden** marriage settlement (*of:* contract); **-zegen** 1 nuptial blessing (*of:* benediction); 2 (*kroost*) offspring

huwen I *tr* marry, (*krantetaal*) wed; (*dicht*) espouse; II *intr* marry, wed; *~ met* marry, wed; *zie ook* trouwen

huzaar hussar; **huzarenmantel** dolman; **huzarensla** Russian salad; **huzarenstukje** tour de force

hyacint (*plant & steen*) hyacinth; *wilde ~* bluebell

hybride hybrid; **hybridisch** hybrid; *~ woord* hybrid; **hybridiseren** hybridize

hydra id; **hydraat** hydrate; **hydrangea** id

hydrant id; **hydraulica** hydraulics; **hydraulisch** hydraulic (*bw:* -ally); *~e pers* hydraulic (*of:* hydrostatic) press; **hydreren** hydrogenate

hydro|cefalus hydrocephalus, -ly; **-cultuur** hydroponics; **-dynamica** hydrodynamics; **-ëlektrisch** hydroelectric; **-fiel** hydrophilic; **-fobie** hydrophobia; **-foon** hydrophone; **-generen** hydrogenate; **-grafie** hydrography,; **-logie** hydrology; **-lyse** hydrolysis; **-meter** (*dichtheid*) id; (*snelheid*) flowmeter; **-sfeer** hydropshere; **-statica** hydrostatics; **-therapie** hydrotherapy, water cure; **-thermaal** hydrothermal

hydroxyde hydroxide

hyena id; **hyenahond** hyena dog

hygië|ne hygiene, hygienics; **-nisch** hygienic (*bw:* -ally), sanitary [conditions]; **-nist** hygienist

hygro|meter id; **-metrisch** hygrometric(al); **-scoop** hygroscope; **-scopisch** hygroscopic(al)

hymen id; **Hymen** id

hymne hymn; **hymnologie** hymnology

hype *zn & bn* id

hyper|bolisch 1 (*meetk*) hyperbolic; 2 hyperbolical; **-bool** 1 (*kegelsnede*) hyperbola; 2 (*troop*) hyperbole; **-gevoelig** hypersensitive; **-kritiek** hypercriticism; **-kritisch** hypercritical; **-modern** ultra-modern; **-oniem** superordinate; **-soon** hypersonic; **-tekst** hypertext; **-tensie** hypertension; **-ventilatie** hyperventilation

hypno|se hypnosis; *onder ~* in hypnosis, under hypnotic influence; **-tisch** hypnotic (*bw:* -ally); **-tiseren** hypnotize, mesmerize; **-tiseur** hypnotist, mesmerist; **-tisme** hypnotism, mesmerism

hypo (*fot*) id

hypocentrum hypocentre, ground zero

hypo|chonder hypochondriac; **-chondrie** hypochondria; **-chondrisch** hypochondriac(al)

hypo|criet I *zn* hypocrite; II *bn* hypocritic(al); **-crisie** hypocrisy

hypo|fyse pituitary (gland, body), hypophysis; **-manie** hypomania; **-niem** hyponym; **-staseren** hypostatize, -size; **-tensie** hypotension; **-tenusa** hypotenuse

hypothecair mortgage [debt *schuld;* debenture *obligatie*]; *~e schuldeiser* mortgagee; *~e schuldenaar* mortgagor

hypotheek mortgage *eerste ~ hebben op* hold a first mortgage on; ***met** ~ bezwaard* mortgaged [for £50,000]; *met zware ~ belast* heavily mortgaged, mortgaged up to the hilt; ***op** eerste ~* [lend money] on first mortgage; *geld op ~ nemen* raise money on mortgage; *zie* executeren

hypotheek|akte mortgage deed; **-bewaarder** recorder of mortgages; **-gever** mortgagor; **-houder** mortgagee; **-kantoor** mortgage registry; **-nemer** mortgagee; **-rente, -tarief** mortgage rate; **-verschaffer** mortgagee

hypothekeren mortgage

hypothermie hypothermia

hypothese hypothesis, (*mv:* -ses); **hypothetisch** hypothetic(al)

hypsometer id; **hypsometrie** hypsometry; **hypsometrisch** hypsometric(al)

hysop (*plant*) hyssop

hysterectomie hysterectomy; **hysteresis** id; **hysteri|ca, -cus** hysteric; **hysterie** hysteria; *aanval van ~* fit of hysteria, hysterics; **hysterisch** hysterical

hz afk van *hertz* cps, c/s (cycles per second)

I i *i*

i, I (the letter) i; *zie ook* punt; (*Rom cijfer*) i, I
ia (*ve ezel*) heehaw; **iaën** heehaw
iatrogeen iatrogenic
ib. ib(id).
I-balk I-beam, I-girder
ibbel frantic; *je wordt er ~ van* it drives you up the wall; **Iberië** Iberia; **Ibe|riër, -risch** Iberian
ibid., **ibidem** ibid, ibidem, ib.
ibis id
IC afk van 1 *integrated circuit* id; 2 *Intercity* id; 3 *intensive care* ICU (intensive care unit)
i.c. afk van *in casu* viz, in this case
Icarus id; **Icarusvleugels** Icarian wings
ichneumon id, mongoose; **ichneumonwesp** ichneumon fly (*of:* wasp)
ichty|ofaag ichthyophagous; **-ografie** ichthyography; **-ol** ichthyol; **-ologie** ichthyology; **-osaurus** ichthyosaurus; **-osis** id, fishskin disease
icon icon; **iconoclasme** iconoclasm; **iconoclast** id; **iconograaf** iconographer; **iconografie** iconography; **iconologie** iconology; **iconoscoop** iconoscope; **iconostase** iconostas(is); **icoon** icon
icosaëder icosahedron
id. id., do, ditto
ideaal I *bn* ideal [place, etc]; II *zn* ideal; [it was his] ambition [to ...]; *een ~ van een vrouw* (*echtgenote*) a model wife; *zijn idealen verwezenlijken*, (*ook*) realize one's ambitions; *ver ~*, (*ook*) never-never land; **ideaalbeeld** ideal(ized) picture (image, representation); **idealiseren** idealize; **idealisme** idealism; **idealist** id; **idealistisch** idealistic (*bw:* -ally); **idealiter** ideally
idee idea, (*voorstelling, ook*) notion, concept(ion), (*gedachte, ook*) thought; (*mening*) opinion; (*voorstel*) suggestion; *het ~!, wat een ~!* the idea!; *dit gedeelte* ***geeft*** *een vrij juist ~ van het geheel*, (*ook*) this ... is a fair sample (gives a fair impression) of ...; *ik* ***had*** (*helemaal*) *geen ~, dat het zo laat was* I had no idea (I never dreamt) ...; *zij had geen ~ van huishouden* she had no notion (no conception, no idea) of ...; *ik had er niet het minste ~ van* I had not the least idea (of it), I had not a notion; *zie ook* flauw; *hij had geen ~, hoe het moest* he had no notion of how ...; *ik heb zo'n ~ dat* ... I have a sort of idea (a feeling) that ...; *een* ***hoog*** *~ hebben van, zie* dunk: een hoge ~ hebben; *dat* ***is*** *een ~!* it's (quite) an idea!; [Why don't you ...?] that's a thought!; *het ~ is om te* ... the idea is to ...; *zich een ~* ***vormen*** *van* gauge (form an idea of) [conditions]; ***in*** *het ~, dat* ... thinking (under the impression) that ...; ***met*** *het ~ om te* ... with the idea of ...ing; ***naar*** *mijn ~* in my opinion (view), to my mind; *hij bracht me* ***op*** *het ~* he suggested the idea to me; *hij kwam op het ~ om* ... he hit on the idea (it, the idea occurred to him) to ... (of ...ing); *hoe kwam je op het ~?* who (what) put the idea into your head?
ideëel 1 ideal, imaginary, imagined; 2 idealistic
ideeën|bus suggestion(s) box; **-goed** stock of ideas, philosophy; **-kunst** conceptual art; **-wereld** world of ideas; conceptual world
idee-fixe fixed idea, monomania; *hij heeft een ~*, (*ook*) he has a bee in his bonnet; **ideetje**: *een ~*, (*fig*) a suspicion (a touch) [of salt]
idem idem, the same, ditto, do; *~ ~, ~ dito* ditto; (*borrel, e.d.*) same here, same again; *~ zoveel* so much (many); (*in opsomming, ook*) item [item, one table; item, four chairs; item, for man's time £... *voor arbeidsloon*]
iden (*in Rom kalender*) ides
identiek identical (*aan* with, to)
identi|ficatie identification, [provide] ID; **-ficeren** identify; *zich ~*, (*ook*) establish one's identity, give evidence of identity; *zich ~ met* identify (o.s.) with; **-teit** identity; *zijn ~ bewijzen* prove one's identity, provide identification (ID)
identiteits|bewijs identity (ID) card; **-crisis** identity crisis; **-papieren** identity (identification) papers; **-plaatje** identity disc; **-verlies** loss of identity
ideo|grafie ideography; **-grafisch** ideographic [writing]; **-gram** id, ideograph; **-logie** ideology; **-logisch** ideological; **-loog** ideologist; **-motorisch** ideomotor
idiofoon idiophone; **idiografisch** idiographic
idiolect id; **idiomatisch** idiomatic (*bw:* -ally)
idioom idiom; **idioot** I *bn* idiotic (*bw:* -ally); imbecile; (*fig*) idiotic, silly; *zie ook* gek; II *zn* idiot, imbecile; *zich als een ~ gedragen* make a perfect idiot of o.s., behave idiotically
idiopathisch idiopathic; **idiosyncrasie** idiosyncrasy; **idioterie** idiocy, inanity; **idioterig** idiotic (*bw:* -ally); **idioticon** dialect dictionary; **idiotisme** 1 idiocy; 2 (*in de taal*) idiom
idolaat: *~ zijn van* be infatuated with, idolize
idool idol; **idus** ides [of March]
idylle idyll; **idyllisch** idyllic (*bw:* -ally)
ie (*pers*) he; (*zaak*) it; **iebel** *zie* ibbel
ieder 1 (*bijvoegl*) every [eat up every crumb], (*~ afzonderlijk*) each [reply to each letter personally], (*willekeurig*) any [any fool can do that; need any help one can get]; 2 (*zelfst*) everyone, everybody [not everybody can do this]; each [told the story in his own way]; anyone [can afford that luxury]; [challenge] all comers; *vgl* 1 *& zie ook* zich
iedereen *zie* ieder 2; *hij is niet ~* he is not just anybody; *niet voor ~* not to everyone's taste
iegelijk: *een ~* everybody
iel thin; pale; meagre; *vgl* ijl I
iemand I *vnw* somebody, someone [there is someone to see you; has somebody taken my hat?]; (*willekeurig ~*) anybody, anyone [anybody might have done it; has anyone seen my hat?]; one, a man, a person; *zeker ~* somebody; *hij maakte de indruk van ~, die* ... he gave the impression of one (a person) who ...; *~ die woorden verspilt* (*die gauw opgeeft*) [she's not] one for wasting words (one to give in quickly); *~, die zo jong is* one so

young; ~ *van de 'Times'* a Times man; *zie ook* mens: een ~; II *zn* [a very pleasant] person; *een fatsoenlijk* ~ [he is] a decent sort
iemker beekeeper, apiarist; *zie verder* imker
iep elm(-tree); **iepehout** elm; **iepen** *bn* elm; **iepenspintkever** elm-bark beetle; **iepziekte** (Dutch) elm disease, die-back of elms
Ier Irishman; (*fam*) Pat; *de ~en,* (*natie*) the Irish; *enige ~en* some Irishmen; **Ierland** Ireland; (*dicht*) Hibernia, Erin, the Emerald Isle; (*de Republiek*) Republic of Ireland, Eire; **Iers** Irish; *typisch ~e uitdrukking* Irishism; **Ierse** Irishwoman; *het is een ~,* (*ook*) she is Irish
iet: ~ *of wat* somewhat; *zie* iets II & niet
iets I *vnw* something; (*willekeurig* ~) anything; *heb je ooit zo ~ gezien?* did you ever see the like of that?; *zie ook* 1 zo I.1: ~ iets; *is er ~?* is anything the matter?, (is) anything up?; *kan ik ~ voor u halen?* can I get you something [to eat]?; *ieder* (*niemand*)*, die ~ betekent* everybody (no one) who is anybody (anyone); *hij was ~ op een kantoor* he was something in ...; *dat is* (*tenminste*) ~ that is (at least) something; ~ *nieuws* something new; *is er ~ nieuws?* is there anything new?; *er is ~ mystieks in* there is a mystic touch (a touch of mysticism) about it; *hij had ~ in zijn ogen* (*zijn toon*)*, dat* ... there was that in his eyes (his tone) which ...; *net ~ voor een man!* how like a man!; [*stiekem weglopen,*] *net ~ voor jou!* just like you!; (*met nadruk:*) *beter '~ dan niets* something is better than nothing; *als er '~ is, dat ik haat* if there is one thing I hate; *als hij er '~ om gaf* if he cared at all; *zie ook* hebben: iets ~ van, zo, enz; II *bw* a little, a bit, somewhat, rather, slightly; *is hij ook ~ beter?* is he any better?; *hij is ~ beter* he is slightly better; III *zn* [a little] something; *een dom ~* [then he did] a stupid thing; *vreemd ~, het geweten* rum thing, conscience; *zie ook* ietsje
ietsepietsje, ietsje (wee) bit, (*Am*) tad; *een ~ beter* (*donkerder*) a shade better (darker); *een ~ te lang* a thought too long; *een ~ meer* a little extra; *een ~ verlegen* a trifle shy; *een ~ zout* a pinch of salt; *zie ook* iets
ietsjes, ietwat *zie* iets II & ietsje: een ~
ieze|grim 1 grumbler, surly fellow, bear; 2 (*de Wolf, soms*) Isegrim; **-grimmig** surly, bearish
iezeltje (wee) bit, (*Am*) tad
iglo igloo
igno|ramus id; **-rantie** ignorance; **-reren** ignore, cut [a p.]; brush away, brush aside [arguments]
i-grec y; **i.h.a.** afk van *in het algemeen* generally, in general; **i.h.b.** afk van *in het bijzonder* particularly, in particular, especially, esp.
ijbokking estuarine herring
ijdel vain [attempt, boast, hope, person, show], idle [hope, words], empty [boast, promises, threats]; illusive [how illusive that hope was!]; ~ *vertoon* vain show; **ijdelheid** vanity; (*vergeefsheid*) futility; ~ *der -heden* vanity of vanities [all is vanity]; **ijdellijk**: *Gods naam ~ gebruiken* take the name of God in vain; **ijdeltuit**: *een ~* a vain person; **ijdeltuiterij** frivolousness, vanity; **ijdeltuitig** frivolous, vain

ijf yew(-tree); **ijfel** (bow made of) yew
ijk ga(u)ge, stamping and verifying of weights and measures; **ijken** ga(u)ge, stamp and verify; (*techn*) calibrate; *zie ook* geijkt; **ijker** ga(u)ger; inspector of weights and measures
ijk|gewicht standard weight; **-kantoor** weights and measures office; **-maat** standard measure; **-meester** *zie* ijker; **-merk** seal; **-prijs** standard charge; **-punt** ga(u)ge, standard, (*fig ook*) benchmark, point of reference; **-signaal** calibration signal; **-wet** Weights and Measures Act
ijl I *bn* thin [wood *bos;* air], tenuous, rare, rarefied [air, gas]; *~e haring, enz* spent (*of:* shotten) herring, etc; II *zn: in aller ~* in great haste, post-haste, at top speed, hotfoot; *in aller ~ vervoeren* rush [a p. to hospital]; **ijlbode** courier, express (messenger); **ijlen** 1 be delirious, rave, wander (in one's mind), be light-headed; *zijn ~* the wandering(s) of his mind; *~de koorts* delirious fever; 2 hasten, hurry (on), speed; **ijlgoed** *zie* expresgoed; **ijlheid** thinness, rarity, tenuity; **ijlhoofdig** 1 light-headed, delirious; 2 (*onnadenkend*) empty-headed, thoughtless, rash; **ijlhoofdigheid** 1 delirium, light-headedness; 2 empty-headedness, rashness
ijlings in hot haste, hastily; *zie ook* ijl: in aller ~
ijltempo utmost speed; *in ~* post-haste, hotfoot
ijs ice; (*room~*) ice-cream, ice; *een portie ~, een ~je* an ice (cream); *blok ~,* (*pers*) iceberg; *door het ~ ingesloten* ice-bound; *goed* ***beslagen*** (*geheel onbeslagen*) *ten ~ komen* be well prepared (utterly unprepared) for one's task; *het ~* ***breken****,* (*ook fig*) break the ice; *iets dat het ~ breekt,* (*fig*) icebreaker; *zich op* ***glad*** *~ wagen* skate on thin ice; *ga niet over één* ***nacht*** ~ take no chances, keep on the safe side, look before you leap; ***in*** *~ houden* keep in cold storage (on ice); *champagne in ~* iced champagne; *zie ook* dienen II.3 & klomp
ijs|afzetting *zie* ijsvorming; **-azijn** glacial acetic acid; **-baan** (*ook kunstmatig*) skating-, ice-rink; **-bakje** ice cube tray; **-beer** white (*of:* polar) bear; **-beitel** ice pick; **-beren** do sentry-go, walk (*of:* pace) up and down; **-berg** [the tip of the] iceberg; **-bergsla** iceberg lettuce; **-bericht** ice bulletin; **-bestrijder** (*luchtv, enz*) de-icer; **-bijl** (short-shafted) ice axe; **-blink** iceblink; **-bloemen** ice (*of:* frost) flowers, frostwork, tracery of frost; **-blokje** ice cube [tray]; **-bok** ice apron; **-breker** icebreaker; **-club** skating-club
ijscoman ice-cream vendor (*of:* man)
ijsdam ice-jam, -dam; **ijsdansen** ice dancing; **ijsdek** ice-cap, -plateau; **ijsduiker** great northern diver; **ijseend** long-tailed duck; **ijselijk** horrible, terrible; (*afgrijselijk*) gruesome, ghastly; ~ *koud* dreadfully cold
ijs|emmer ice bucket; **-gang** ice drift, breaking up of (the) ice; **-glas** frosted glass; **-gors** Lapland bunting; **-heiligen** Ice Saints, Frost Saints (11-14 May, with often cold nights); **-hockey** ice hockey, (*Am*) hockey; **-houweel** (ice) pick; **-karretje** ice-cream barrow; **-kast** refrigerator, icebox, (*fam*) fridge; *in de ~,* (*fig*) in cold storage, on ice; **-kegel** icicle; **-kelder** [the place is like an]

ice house; **-klomp** lump of ice; *mijn voeten zijn net ~en* my ... are frozen stiff; **-kompres** ice-bag, -pack; **-konijn** 1 cool customer; 2 iceberg; **-korst** crust (coating, skin) of ice; **-koud** 1 icy cold, icy (*ook fig:* icy indifference), ice-cold; (*fig ook*) frosty, wintry [a wintry smile], frigid [answer frigidly]; *~ zijn,* (*ve pers*) be frozen stiff; *ik werd er ~ van* it chilled me to the bone; 2 (*fam: flegmatiek*) flegmatic, cool; *hij ging ~ op de rails liggen* he calmly went and lay down on ...; *hij bleef er ~ onder,* (*fam*) he kept his cool; *een ~e* (*-kouwe*) a cool customer; **-lade** ice cube tray

IJsland Iceland; **IJslander** Icelander; **IJslands** Icelandic; *~ mos* Iceland lichen (*of:* moss)

ijs|lolly ice(d) lolly, (*Am*) popsicle; **-machine** freezing (refrigerating) machine, freezer; (*voor kunstijs*) ice machine, (*Am ook*) ice-maker; **-massa** ice-pack; **-naald** spicule of ice, (*weerk*) ice-needle; **-pegel** icicle; **-periode** *zie* -tijd; **-plant** ice-plant; **-regen** frozen (freezing) rain, (*Am*) sleet, ice storm; **-revue** ice show; **-salon** ice-cream parlour; **-schol**, **-schots** (ice-)floe, (*klein*) ice-cake, ice pan; **-slede** ice-sledge; **-spoor** crampon; **-tijd** ice age, glacial (epoch, period); **-veld** ice-field; **-venter** ice-cream vendor (*of:* man); **-vereniging** skating club; **-vermaak** skating, etc; **-vlakte** (sheet, expanse of) ice, ice-sheet; **-vlet** ice boat; **-vloer** ice (area); **-vogel** kingfisher; (*dicht*) halcyon; **-vorming** (*luchtv, enz*) ice-formation, -accretion, icing (up); **-vos** white fox; **-vrij** I *bn* ice-free [ports], open [water]; II *zn* skating holiday; **-wafel** ice-cream wafer; **-water** ice(d) water; **-waterval** ice-fall; **-zak** ice-bag, -pack; **-zee** polar sea; frozen ocean; *de Noordelijke* (*Zuidelijke*) *IJ~* the (Ant)-arctic Ocean; **-zeilen** ice yachting, iceboating

ijver 1 (*vlijt*) diligence, industry; (*onverdroten ~*) assiduity; *met ~, zie ~*ig; 2 (*vurige ~*) [blind] zeal, ardour, fervour; **ijveraar** [religious] zealot, [health food] fanatic; advocate [of women's rights]; stickler [for punctuality]; **ijveren** be zealous; *~ voor* be zealous for, devote o.s. to [a cause]; *~ tegen* declaim against; **ijverig** 1 (*vlijtig*) diligent, industrious, assiduous, sedulous, painstaking; *~ bezig zijn met* be hard at, be intent (up)on [one's work]; *~ bezig zijn,* (*ook*) be hard at it; *de politie doet ~ onderzoek* the police are making active inquiries; *~ werken,* (*ook*) work strenuously; 2 (*vurig*) zealous, ardent; **ijverzucht** jealousy, envy; **ijverzuchtig** jealous, envious

ijzel 1 (*weersgesteldheid*) freezing drizzle (*of:* rain); (*Am*) sleet, (*zwaar*) ice storm; 2 (*resultaat*) glazed (*of:* silver) frost, glaze ice, (*op steen*) verglas, (*op weg*) black ice; (*Am*) glaze; 3 *zie* rijp

ijzelen: *het ijzelt* there is a freezing drizzle (glazed frost); (*Am*) it is sleeting, there is an ice storm; *vgl* ijzel

ijzen shudder; *~ bij de gedachte* shudder at the thought; *het is om van te ~* it makes you shudder, makes your flesh creep

ijzer iron; (*ve schaats*) blade; (*ve slede*) runner; *zie ook* hoef~; *~s,* (*boeien*) irons; *met ~ beslagen* iron-bound [chest], iron-shod [pole]; (*met spijkerkoppen*) iron-studded [door]; *men kan geen ~ met **handen** breken* you can't make bricks without straw; no one can do impossibilities; *iem in de ~s **sluiten*** put a p. in irons; ***smeed** het ~ terwijl het heet is* strike the iron while it is hot, strike while the iron is hot, make hay while the sun shines; *meerdere ~s in het **vuur** hebben* have several irons in the fire; *zie ook* gegoten, enz

ijzeraarde ferruginous earth; **ijzerachtig** iron-like, ferruginous; **ijzerbeslag** iron mounting

ijzerdraad (iron) wire; *met ~ afsluiten* wire in; **ijzerdraadschaar** (pair of) wire-cutters

ijzeren iron (*ook fig:* an iron discipline, will; the Iron Chancellor (*Bismarck*), Cross, Curtain, Gate); cast-iron [régime]; *met ~ vuist regeren* rule with a rod of iron; *~ long* iron lung, artificial respirator; *met het ~ masker* [man] in the iron mask; *~ voorraad* safety stock

ijzer|erts iron ore; **-fabriek** [an, two] ironworks; **-fabrikant** ironmaster; **-gaas** wire-netting; (*fijner*) wire gauze [of a safety-lamp]; **-garen** (waxed) thread; **-gieter** iron-founder; **-gieterij** iron-foundry; **-grauw** iron-grey; **-handel** 1 iron trade; 2 ironmonger's (shop), (*Am*) hardware store; **-handelaar** ironmonger, (*Am*) hardware dealer; **-hard** I *bn* (as) hard as iron, iron-hard; II *zn zie* -kruid; **-houdend** ferriferous, ferrous, ferruginous; chalybeate [water, spring]; **-hout** ironwood; **-kleurig** iron-coloured, iron-grey; **-kruid** verbena, vervain; **-oer** bog ore; **-oxyde** iron oxide; **-schimmel** iron-grey; **-slak** iron slag; **-smelterij** iron-foundry; **-steen** ironstone; **-sterk** 1 (as) strong as iron, (cast-)iron [constitution]; 2 A 1, excellent; **-tijd** iron age; **-vijlsel** iron filings; **-vitriool** ferrous sulphate; **-vlechter** bar-bender; **-vreter** fire-eater, [an old] war-horse; **-waren** hardware, ironware, ironmongery; **-werk** ironwork; **-winkel** *zie* -handel 2; **-zaag** metal saw, (*beugel~*) (junior, mini-) hacksaw; **-zuur** ferric acid, acid of iron

ijzig icy [look, silence, voice], as cold as ice; *zie ook* ijskoud; **ijzing** horror, shudder(ing); **ijzingwekkend** gruesome, appalling, ghastly, terrifying [heights]; *zie ook* ijselijk

ik I *pers vnw* I; *~ ben het* it's me; *ik(ke),* (*scherts*) moi; *groter dan* (*niet zo groot als*) *~* [he is] bigger than (not as big as) I am, (*fam*) bigger than (not as big as) me; *~ voor mij* I myself, I for one [do not approve of it; (*fam*) me, I don't hold with it]; II *zn: het ~* (a person's) self, the ego; *mijn tweede* (*beter*) *~* my other (better) self (nature); *zijn tweede ~,* (*partner, enz, vglb*) his better half; *zijn eigen ~* his own self; **ik-bewustzijn** self-esteem

ik-figuur first-person narrator, [the] 'I' [of the novel]; **ikheid** one's own self, individuality; **ik-tijdperk** (age of the) Me-generation; **ik-vorm** first person [a first-person novel]

ikzelf (I) myself; *vgl* zelf & zichzelf

IL afk van *intelligentie-leeftijd* MA (mental age)

Ilias Iliad

illegaal illegal [immigrants], unlawful [assembly, killing], underground [activities, guerillas]; **illegaliteit** illegality, unlawfulness; (*beweging*) un-

derground, resistance (movement); **illegitiem** illegitimate; **illegitimiteit** illegitimacy
illiciet illicit
illumi|naten illuminati; **-natie** illumination; **-neren** illuminate (*ook: verluchten*)
illusie illusion; *een ~ armer* disillusioned; *iem de ~ benemen* disabuse a p.'s mind, disillusion a p.; *zich ~s maken over* have (entertain, cherish, harbour) illusions about; *zich geen ~s maken omtrent* be under no illusion about (*of:* as to), have no illusions about; *zich valse ~s maken* live in a fool's paradise; *zie ook* 2 arm
illusionair illusionary; **illusionisme** 1 illusionism; 2 (*goochelen*) conjuring; **illusionist** id, conjurer, magician; **illusoir** illusory, illusive
illuster illustrious; **illustratie** illustration; *ter ~* in (by way of) illustration; **illustratiedruk** glossy paper; **illustratief** illustrative; **illustratiemateriaal** (*in boek*) artwork; **illustrator** id
illustreren illustrate [a book, theory; this act strikingly illustrates his meanness]; *geïllustreerd blad* picture paper, (*tijdschrift*) colour magazine; *geïllustreerde gids* pictorial guide
Illyrië Illyria; **Illy|riër**, **-risch** Illyrian
imaginair imaginary [number, quantity, profit]; **imaginatie** imagination; **imago** image; (*biol*) id
imam, iman ima(u)m
imbeciel *bn & zn* imbecile; **imbiberen** imbibe
imitatie imitation; *vgl* nabootsing & namaak; **imitatiebont** simulated fur; **imitatieleer** imitation leather, leatherette; **imitator** id, mimic, impersonator; **imiteren** imitate; (*grappig: iem*) take [a p.] off, (*ook onaardig*) mimic
imker beekeeper, apiarist, (*Am*) beeman; **imkeren** keep bees; **imkerij** beekeeping, apiculture
immanent id; **immanentie** immanence
immaterieel intangible [assets]; immaterial [spirit]; non-material [damage, value]
immens immense (*bw:* -ly), huge (*bw:* -ly)
immer ever; *voor ~* for ever; **immermeer** evermore; **immers** 1 (*toch:*) *hij was er ~?* he was there, wasn't he?; *je hield er ~ niet van?* you did not like it, did you?; *dat kon ik ~ niet weten?* how should I know?; *zie ook* toch 2; 2 (*want, namelijk*) for; *ik zeg het niet, ~, hij is mijn beste vriend* I ..., for, (as you know,) he is my best friend; *~, hoe het ook zij, ik* ... for, however it may be, I ...; *ik heb het ~ veel te druk* I'm far too busy, you know that (*of:* as you can see)
immersie immersion [lens]
immi|grant [illegal] immigrant; **-gratie** immigration [control]; **-greren** immigrate
imminent id, impending [doom], threatening
immobiel immobile; *~ maken* immobilize; **immobiliën** real estate, property; **immobiliseren** immobilize; **immobiliteit** immobility
immoraliteit immorality, moral turpitude; **immoreel** immoral
immortelle id, everlasting (flower)
immunisatie immunization; **immuniseren** immunize [against]; **immuniteit** (*ook pol*) immunity [from]; **immunodeficiëntie** immunodeficiency; **immunologie** immunology; **immunotherapie** immunotherapy; **immuun** immune [from arrest, prosecution; to, against disease, poison; to criticism, opposition]; *~ maken* make (render) immune, immunize [against]
impact id; **impacteren** impact
impasse id, blind alley; (*fig*) id, deadlock, stalemate; *zich in een ~ bevinden* be in an impasse; (*v zaken, ook*) be at a deadlock
impedantie (*elektr*) impedance; **impediëren** impede; **impediment** id
imperatief I *bn* imperative; II *zn* imperative (mood)
imperiaal I *bn* imperial; II *zn* (*ve auto, enz; baardje; munt, papier*) imperial; (*ve auto, enz, ook*) roof-rack; **imperiaalpapier** imperial (paper)
impe|riale (*fles*) Methuselah; **-rialisme** imperialism; **-rialist** id; **-rialistisch** imperialistic (*bw:* -ally), imperialist; **-rium** empire, id
impermeabel impermeable
impertinent id; **impertinentie** impertinence
implantaat implant; **implantatie** implantation; **implanteren** implant
implementatie implementation; **implementeren** implement
impli|catie implication; **-ceren** (*meebrengen*) imply; (*betrekken in*) implicate; **-ciet** implicit
imploderen implode; **implosie** implosion
imponderabel imponderable; **imponderabi|lia, -liën** imponderables
imponeren impress, (*sterk*) (over)awe; **imponerend** imposing, impressive
impopu|lair unpopular; **-lariteit** unpopularity
import 1 id; *voor sam zie* invoer; 2 (*pers*) incomer
impor|tant id; **-tantie** importance; **-teren** import; **-teur**, **-trice** importer; **-tuun** inopportune
imposant imposing, impressive, commanding
impost duty, excise duty, impost
impotent id; **impotentie** impotence
impregneermiddel impregnant, impregnating agent; **impregneren** impregnate [with polish]
impresariaat (theatre, etc) agency; **impresario** id, artiste (etc) agent, (publicity) manager
impres|sie impression; **-sief** impressive
impressio|nabel impressionable; **-nisme** impressionism; **-nist** id; **-nistisch** impressionist(ic)
impressum imprint; **imprimatur** id; *zie ook* afdrukken!; **imprimé** (cotton, etc) print
improduktief unproductive; **improduktiviteit** unproductiveness
impromptu id
improvisatie improvisation, impromptu, (*fam*) ad-lib; **improvisator** improviser, extemporizer; **improvisatorisch** extempore, impromptu, improvisational; **improviseren** improvise, extemporize, speak extempore, speak without notes; (*fam*) ad-lib; (*muz begeleiding, ook, tr & intr*) vamp; *zie ook* geïmproviseerd
impuls(ie) impulse, impulsion; (*mech*) momentum; (*elektr*) pulse; *zie ook* opwelling; **impulsief** impulsive; **impulsiviteit** impulsiveness; **impulsmoment** (*mech*) angular momentum
in I *vz* 1 (*binnen zekere grenzen*) in [the room, France, Dickens], inside [the house]; (*voor namen*

v grote steden & plaats v inwoning) in; (*voor andere plaatsnamen*) at; *ben je ooit ~ Parijs geweest?* have you ever been to Paris?; *ik ben verleden jaar ~ P geweest* I was in (went to) P last year; *~ en om Londen* in and around L; *hij **is** ~ (even, midden ~) de zestig* he is turned sixty, in his (in the early, the middle) sixties; *zij is ~ haar derde maand* she is three months gone; *~ de vijftig* [there were] fifty odd; *er **gaan** 16 ons ~ een (Engels) pond* there are 16 ounces to a pound; 2 (*overschrijding v grenzen*) into [go into the garden], inside [go inside a church]; 3 (*verkeren in een toestand*) in [be in trouble]; ***zwak** ~ (de) algebra* weak in ...; 4 (*komen in een toestand*) into [get into trouble]; *~ **stukken** snijden* cut to (*of:* in) pieces; *~ **tweeën** springen* burst in two; 5 (*tijdruimte*) in [three years, my youth], for [I have not seen him for years]; *zie verder* in casu, enz, & commissie, gaan, raad, voorbereiding, enz; II *bw* 1 (*naar binnen:*) *hij liep het huis ~* he walked into the house; ***er** ~, en gauw wat!* in you get, sharp!; *dat **wil** er bij mij niet ~* that won't go down with me; 2 (*herhaling:*) *dag ~, dag uit* day in, day out; 3 (*geliefd*) in [whiskers, poodles are in]; 4 *zie* inkomen, inlopen, enz; & tegen, tussen, enz: ~ in

inacceptabel unacceptable; **inaccuraat** inaccurate

inachtneming observance; *met ~ van* with due observance of [these rules], with due regard to [your interests]; with due allowance for, in consideration of [his age]; *met ~ van uw wenken,* (*ook*) mindful of your hints; *vgl* acht 1

inactief inactive; **inactiveren** inactivate

inade|men breathe (in), inhale, draw in; **-ming** breathing (in), inhalation, intake of (the) breath

inadequaat inadequate

inaliënabel inalienable; **inalterabel** inalterable

inauguraal *zie* -reel; **inauguratie** inauguration (ceremony); **inaugureel** inaugural [lecture, meeting, address, speech *rede*]*; -rele rede,* (*ook*) inaugural; **inaugureren** inaugurate

inbaar recoverable [debt]

inbakeren 1 swaddle [a baby]; 2 *zie* inpakken

inbakken 1 lose in weight (by baking); 2 bake in; *ingebakken* caked [dirt], innate [character], built-in [conflict]; **inbedden** embed [in rock, the mind, a sentence], incorporate [in the existing structures]; **inbedroefd** *zie* diepbedroefd

inbeelden: *zich ~* fancy, imagine; *hij beeldt zich heel wat in* he thinks a lot of (fancies) himself

inbeelding 1 fancy, imagination; 2 (*verwaandheid*) (self-)conceit, presumption

inbegrepen included; *kosten ~* inclusive of charges, charges included; *wijn ~* including wine, wine included; *alles ~* all found, no extras, [twenty pounds a week] inclusive; (*attr*) all-in [tour, an all-in rate of fifty dollars a day]; *prijs alles ~* overhead price; *emballage niet ~* exclusive of packing, packing not included (*of:* extra); **inbegrip**: *met ~ van, zie* inbegrepen

inbeitelen chisel in (into s.t.), engrave

inbeslagneming 1 seizure, attachment; (*wegens schuld, ook*) distraint, distress, execution; (*v schip*) seizure, embargo; 2 (*v tijd*) taking up [a p.'s time]

inbewaringgeving deposit; **inbewaringstelling** arrest, custody

inbezitneming taking (seizing) possession [*van* of], occupation; **inbezitstelling** putting in possession [*van* of], delivery

inbijten bite into, attack, corrode; *~d* corrosive, mordant

inbinden 1 bind [a book]; *laten ~* have [a book] bound; 2 *een zeil ~* take in a sail, shorten sail; 3 (*zich*) *wat ~* come down a peg or two, climb down, back down, draw in one's horns

inblauw intensely blue, deep blue

inblazen blow into; (*fig: in het oor blazen*) prompt, suggest [s.t. to a p.]; (*nieuw*) *leven ~* breathe (put, infuse) (new) life into, give [the old car] a new lease of life; *de storm blies het dak in* the gale blew down the roof; **inblazer** prompter, instigator; **inblazing** suggestion, prompting, instigation; *op ~ van* at the instigation of

inblij very glad, overjoyed

inblikken tin, can [meat, music]

inboedel furniture, household effects; **inboedelverzekering** content(s) insurance

inboeken book, enter

inboeten lose; *hij heeft er zijn positie bij ingeboet* it has lost him his position; *zonder aan geloofwaardigheid in te boeten* without losing (loss of) credibility, though not at the expense of ...

inboezemen inspire [love, terror, etc], strike [fear] into [a p.], strike [a p.] with [dismay *ontzetting*]; *iem liefde (ver-, wantrouwen) ~* inspire love (confidence, distrust) in a p., inspire a p. with love, etc; *argwaan ~* rouse (excite) suspicion [in a p.]; *vrees ~,* (*ook*) fill [a p.] with dread; *zie ook* belangstelling; **inboezeming** inspiration

inboorling native, aborigine, aboriginal

inboren *zie* boren & grond 3

inborst character, nature, disposition

inbouw building in, inclusion, incorporation; **inbouwen** build in [we are completely built in]; *ingebouwd* built-in [cupboard, bath, guarantee, safety], [safe] built (*of:* let, recessed) into the wall, in-built [mistrust]; inboard [motor], self-contained [aerial *antenne*]; **inbouwkeuken** fitted kitchen; **inbouwpakket** mounting kit

inbraak burglary, housebreaking, break-in; *~ en insluiping* breaking and entering; *poging tot ~* attempted burglary; **inbraakbeveiliging** burglar alarm; **inbraakverzekering** theft insurance; **inbraakvrij** burglar-proof

inbranden burn in [enamel], burn [letters, a mark] into (s.t.); (*fig*) ingrain [an ingrained habit]; *een merk, enz ~,* (*ook*) brand [cattle]; *in zijn geheugen ingebrand* [the scene was] branded into his memory; *de pijp brandt in* the pipe is burning irregularly

inbreken break into a house, commit burglary, break in [through a window], burgle a house; hack [into a computer]; *er is bij A ingebroken* A had his house broken into, A has been burgled

inbreker burglar, housebreaker, (*fam*) cracks-

man; (*comp*) hacker
inbreng contribution [to the discussion]; (*in huwelijk*) dowry, (marriage) portion; (*in zaak*) brought-in capital, (capital) contribution; input; **inbrengaandelen** vendors' (vendor's) shares
inbrengen (*eig*) bring (take) in; (*in spaarbank, enz*) deposit; *kapitaal ~* bring in capital, (*door inbrenger in NV*) sell to the company; (*buis in longen, enz*) introduce; *klachten, enz ~, zie* indienen; *de ingebrachte verdediging* the defence put forward; *hij heeft* ***heel wat*** *in te brengen* he has great personal influence, (*inz pol*) he has a lot of clout [with the government]; *je hebt hier niets in te brengen* you cannot give orders here; *vgl* melk; *~* ***tegen*** object to; bring against [even his enemies can bring nothing against him]; bring up against [it will be brought up against you afterwards]; allege [s.t.] against [a p.], urge [objections] against; *het getuigenis reeds tegen hem ingebracht* the evidence standing against him; ..., *bracht hij ertegen in* ['I do'], he countered; ['my name isn't W'], he objected; *hij had niets tegen de aanklacht in te brengen* he had nothing to say to the charge; *daar kan ik niets tegen ~, a*) I have nothing to say to that, that argument is unanswerable; *b*) I have no objection to it
inbrenger depositor; (*in NV & op veiling*) vendor
inbreuk violation, transgression, infringement, infraction [of the law]; *~ op* ... encroachment on (infringement of) [rights], invasion [of my privacy]; *~ maken op* infringe [the law, rights], encroach (up)on [rights]
inbuigen bend (curve) inward
inburgeren naturalize, acclimatize; *dit anglicisme* (*deze gewoonte*) *is nu helemaal ingeburgerd* this anglicism is now quite current (this habit has now become established); *hij is daar helemaal ingeburgerd* he feels quite at home there; *zie ook* burgerrecht
inbusbout Allen (socket head, cap) screw; **inbussleutel** hexagonal wrench, Allen key, (*fam*) hex key
incalculeren take into account, calculate in, reckon with [the possibility of rain]
incapabel incapable; (*dronken*) drunk and incapable
incar|naat, **-naten** *zie* inkarnaat; **incarnatie** incarnation; **incarneren** incarnate; *de geïncarneerde gierigheid* avarice incarnate
incasseerder [debt-]collector; **incasseren** collect; (*verzilveren*) cash [a cheque]; swallow, put up with [insults]; take [a beating]; **incassering** 1 collection; 2 cashing; *~ bezorgen van* undertake the collection of, collect [a bill]; **incasseringsvermogen** resilience, (*sp*) stamina; *hij heeft een groot ~* he can stand a few knocks, take a lot of punishment [the Chancellor has a great capacity for (political) punishment]; **incasso** collection; *ter ~ zenden* send for collection; *ter ~ geven* bank [a cheque]; *met het ~ belaste bankier* collecting banker; **incasso|bank**, **-bureau** (debt-) collecting agency; **incasso|kosten**, **-loon** collecting charge; **incassowissel** bill for collection
in casu viz, in this case
incest id; **incestueus** incestuous
incheckbalie check-in (desk, counter)
inchecken check in
inchoatief inchoative (verb)
incident incident; *het ~ is gesloten* the matter is closed; **incidenteel** incidental(ly), as occasion arises; *in -ele gevallen,* (*ook*) occasionally; **incidentie** incidence
incisie incision; **incivisme** incivism, neglect of civic duty, (*Am*) un-American activities
inclinatie inclination, dip [of the magnetic needle]; **inclinatiehoek** angle of inclination; **inclinatiekompas** dipping-compass; **inclinatienaald** dipping-needle; **inclineren** incline
includeren include; **incluis** included; **inclusief** inclusive (of); *drie gulden ~* ... including tip(s), service charge(s) included
incognito id, (*fam*) incog
incoherent id; **incoherentie** incoherence
incompati|bel incompatible; **-biliteit** incompatibility [*van humeur* of temperament]
incompe|tent id; **-tentie** incompetence
incompleet incomplete; *een ~ van 180 man* a shortage of ...
in concreto in (the) concrete, to give an actual example
inconsequent inconsistent; **inconsequentie** inconsistency; **inconsistent** id
inconstitutioneel unconstitutional; **incontestabel** incontestable; **incontinent** id
inconveniënt inconvenience; hardship; difficulty; **inconveniëren** be inconvenient, inconvenience [a p.]
incorporeren incorporate
incorrect id
incourant unsalable, unmarketable [article]; *~e maat* off-size; *~e fondsen* unlisted securities, non-quoted stocks; *~e voorraad* dead stock
incrimineren incriminate
incrus|tatie en-, incrustation; **-teren** en-, incrust
incubatie incubation; **incubatie|periode**, **-tijd** incubation period; **inculperen** inculpate
incunabel incunable, incunabulum (*mv:* -bula)
indachtig mindful of; *iem iets ~ maken* put a p. in mind of s.t., remind a p. of s.t.; *wees mijner ~,* (*vero*) remember me
inda|gen summon, cite; **-ging** summons, citation
indalen (*v foetus*) drop; *geheel ingedaald* deeply engaged
indammen dam, embank; **indampen** 1 reduce [milk] by evaporation; 2 damp, moisten [linen]
indecent id; **indeclinabel** indeclinable
indekken: *zich ~* cover o.s. [against the risk of further outbreaks], take precautions
indelen (sub)divide, class(ify), group, arrange; map out [the day as follows]; (*in lagen*) stratify; (*in graden*) graduate; (*in intelligentiegroepen*) stream [pupils]; (*in schijven*) band [pay scales, taxes]; (*inlijven*) incorporate [*bij* in, with]; post [to a unit *bij* ...]; draft [into the army]; assign [to (*bij*) the second group]; *zie ook* inlijven; **indeling** (sub)division, incorporation, grouping (etc, *vgl*

indelen); layout, geography [of the house]
indemni|satie indemnification; **-teit** indemnity
indenken: *zich* ~ imagine; *zich* ~ *in* (try to) realize [a p.'s position], enter into [a p.'s feelings], visualize; *denk je eens in* just imagine; *ik kan er mij niet* ~ I cannot grasp it; *ik kan het mij niet* ~, *dat hij dood is* I cannot make myself (bring myself to) believe that ...; *hij kon zich niet* ~ *dat er mensen waren* ... he could not conceive the possibility of there being people ...; *daar kan ik me* ~ I can understand (imagine) that; *zie ook* inleven: zich ~ & voorstellen: zich ~
inderdaad indeed, really, in (point of) fact, sure (true) enough [sure enough, there he was]; *zie ook* werkelijk
inderhaast in haste, in a hurry, hurriedly
indertijd at the time; at one time; on a previous occasion; *toen wij* ~ *deze partij kochten* at the time when we bought ...; ~ *(in de jaren 50) woonde hij hier* he used to live here (back in the 50's)
indeuken dent, indent; *vgl* deuken
index 1 (*register*) id, table of contents; ~ *van kosten van levensonderhoud* cost of living index; *van een* ~ *voorzien* index [a book]; 2 (*typ*) id, fist; 3 *zie* ~cijfer; 4 (*r-k*) id; ~ *van verboden boeken* prohibitory (expurgatory) index; *op de* ~ *plaatsen* place on the index, blacklist; **indexatie** *zie* indexering; **indexcijfer** index figure, index number; **indexeren** index(ate) [wages, pensions]; **indexering** indexing, indexation, index-linking; **indexlening** index-linked loan
India id; **Indiaan** (American, Red) Indian; *zie ook* spelen; **Indiaa(n)s** Indian; **indianenverhaal** (*fig*) wild tale; (*sterk verhaal*) tall story
indicateur: ~ *paardekracht* indicated horse-power, ihp; **indicatie** indication; **indicatief** I *zn* indicative (mood); II *bn* indicative; **indiceren** 1 indicate; 2 index
indiciën (*jur*) circumstantial evidence
Indië (*hist: Eng*) (British) India; (*Ned*) the (Dutch East) Indies, (*fam*) Dutch East; *vgl* Nederlands-Indië
indien if, in case; ~ *al* if at all; *zie ook* als
indienen bring in, introduce [a bill *wetsontwerp*], lodge [a complaint *klacht*] [*bij* with], tender, submit (hand in, send in) [one's resignation] [*bij* to], move, table, propose, hand in [an amendment, a motion], put forward [proposals]; put in [an affidavit, a reply]; (*aanklacht*) prefer a charge, level an accusation, (*magistrates' court*) lay an information [*tegen* against]; (*begroting*) present (introduce, bring in) the budget (the estimates); (*vordering*) put in a claim; (*verzoekschrift*) present a petition; (*verzoek tot echtscheiding*) file a petition for divorce; *het thans ingediende ontwerp* the bill now before Parliament; **indiening** presentation, introduction, bringing in; *vgl* indienen
indiensttreding entrance into office (*of:* (up)on one's duties), assumption of office; ~ *1 januari* duties to commence (to be taken up) on ...
Indiër Indian
indifferent indifferent [manner], neutral [equilibrium]; **indigestie** indigestion
indigo id; **indigoblauw** indigo blue
indijken dike (in), dam in, embank, reclaim [land]; **indijking** diking (in), damming in, embankment
indikken thicken [a sauce]; concentrate (*ook fig*)
indirect id; ~*e belasting* indirect tax(ation); ~*e kosten* overheads; ~*e verlichting* indirect (*of:* concealed) lighting
Indisch 1 Indian; 2 Indonesian; *hij is* ~ he has Indonesian blood; *hij praat* ~ he speaks the Dutch-Indonesian Creole; *de ~e Archipel* the Malay Archipelago; ~ *ambtenaar* Indian civil servant; **Indischgast** colonial
indiscreet id, indelicate; **indiscretie** indiscretion; **indiscutabel** 1 indisputable; 2 not open to discussion; **indispositie** indisposition
individu individual; (*ong*) [a pretty] specimen; *een gemeen* ~ a bad lot (*of:* character), (*fam*) a bad hat; *een verdacht* ~ a shady character
individu|aliseren individualize; ~*d onderwijs* pupil-centred teaching; **-alisering** individualization; **-alisme** individualism; **-alist** id; **-alistisch** individualist(ic); **-aliteit** individuality; **-atie** individuation; **-eel** individual
Indo Eurasian, half-caste; **Indo-China** id; **Indochinees** Indo-Chinese
indoctrinatie indoctrination; **indoctrineren** indoctrinate; **indoen** put in
Indo-europeaan Indo-European; **Indo-europees** Indo-European; **Indogermaans** Indo-Germanic, -European
indolent id; **indolentie** indolence
indologie Indology; **indoloog** Indologist
indommelen doze off, drop off (to sleep)
indompelen plunge (*of:* dip) in, immerse; **indompeling** immersion; *doop door* ~ baptism by immersion
Indone|sië Indonesia; **-siër**, **-sisch** Indonesian
indool indole
indopen dip in(to), immerse [in]; *zie ook* dopen
indraaien I *intr* turn into; *de bak* ~ get a stretch; II *tr* screw in(to); *hij heeft er zich lelijk ingedraaid* he has got himself into problems
indraaier (*sp*) inswinger
indrijven I *tr* drive in(to); II *intr* float in(to)
indringen enter by force, break into, penetrate (into); (*ve vloeistof*) soak in; *ik wil niet* ~ *in uw geheimen* I do not wish to pry into your secrets; *hij werd het water ingedrongen* he was hustled into the water; ***zich*** ~ intrude, obtrude o.s.; *zich bij iem* ~ force (*of:* obtrude) o.s. (up)on a p.; *zich in iems gunst* ~ insinuate (*op slinkse wijs:* worm) o.s. into a p.'s favour, ingratiate o.s. with a p.
indringend searching, penetrating; **indringer** intruder, interloper; (*ongenode gast, fam*) gatecrasher, (*bij ontvangst, enz*) freeloader; **indringerig** intrusive, obtrusive, importunate; **indringerigheid** in-, obtrusiveness, importunity; **indringing** penetration; intrusion; *vgl* indringen
indrinken drink in [the cool air], imbibe
indroevig very sad
indrogen dry up, shrivel up; shrink, lose weight
indroog very dry, bone-dry, as dry as dust

indroppelen I *tr* pour in drop by drop, instil; II *intr* drip in, dribble in
indruisen: ~ *tegen* clash with, jar with, contravene [a principle, law], conflict (be in conflict) with; run counter to [principles, public opinion, tradition]; interfere with [a p.'s interests]; be at variance with [the facts]; be contrary to [all justice], cut across [a principle, tradition]
indruk impression (*ook fig*); (*ve vinger, voet*) finger-, footprint, -mark, imprint [of a foot]; *ik krijg de ~ dat ...,* (*ook*) I gather that ...; *een ~ geven* give an idca (an inkling) [of the difficulties]; *de ~ hebben dat* have (be under) an (the) impression that; *de ~* (*trachten te*) *vermijden dat* ... (try to) avoid even the impression of ...; ~ (*geen, weinig ~*) ***maken*** make an impression (no, little impression); *die opmerking maakte* (*geen*) ~ that ... went home (fell flat); *de brief maakte geen ~ op de ontvanger* the ... failed to impress the recipient; *een gunstige ~ op iem maken* make a favourable impression (up)on a p., impress (*of:* strike) a p. favourably; *een goede ~ van iets meenemen* be favourably impressed by s.t.; *hij maakt op mij de ~* (*van*) *heel jong te zijn* he strikes me as extremely young; *hij maakte de ~ van iem, die* ... he gave the impression of (being) one who ...; *de ~ wekken* create the impression, suggest; *diep* ***onder*** *de ~* deeply impressed [*van de muziek* by ...], quite overcome [*van* with, by]; *te zeer onder de ~ om veel te zeggen,* (*ook*) too much affected to ...; *niet onder de ~* unimpressed; *onder de ~ verkeren, dat* be under the impression that ...
indrukken push in, stave in; (de)press, push [a button]; compress [a spring]; (*plat drukken*) crush, squash; (*een merk, enz*) impress, imprint; *zie ook* kop; **indruksel** *zie* indruk; **indrukwekkend** impressive, imposing [building, etc]; telling, striking [speech]; commanding [personality]; *het ~e van* ... the impressiveness of ...
indruppelen *zie* indroppelen
induceren induce; **inductie** inductance, (*vooral in sam*) induction [coil, current, heating, motor]
inductief inductive; **inductor** id
induiken dive in(to); (*fig*) immerse o.s. in [a subject]
indulgent id; **indulgentie** indulgence
industrialisatie industrialization; **industrialiseren** industrialize
industrie (manufacturing) industry; **industriearbeider** industrial worker; **industrieel** I *bn* industrial [diamond, enterprise, product, zone]; *industriële fondsen* (*waarden*) industrial shares, industrials; *industriële vormgeving* industrial design; ~ *vormgegeven* designer [offices]; II *zn* industrialist, manufacturer; *zie ook* groot~
industrie|gebied industrial area (district, zone); **-kern** industrial nucleus; **-land** industrial(ized) country; **-stad** industrial (manufacturing) town; **-terrein** industrial (*of:* trading) estate, business (*Am:* industrial) park
indutten doze off, drop off (to sleep), go off into a doze; **induwen** push (thrust, shove) in(to), ram [a cork] home
ineen together
ineen|gedoken hunched (up); *zie* duiken; **-gedrongen** close together; (*ve gestalte*) thickset; **-grijpen** interlock; (*v raderen*) gear (work) into (work on, mesh with, engage with) one another; (*fig*) dovetail, interlock, interconnect, interweave [the two problems are interwoven]
ineen|krimpen wince [under pain, at an allusion], writhe [under insult, with pain], double up [with pain], cower [(as) under a blow], shrink (together); *haar hart kromp ineen van angst* her ... tightened with fear; **-lopen** (*v vertrekken*) communicate; (*v kleuren, enz*) pass (melt, run, merge, blend) into each other; **-rollen** roll up, roll together
ineens all at once; (*zo maar ~*) [I cannot tell you] off-hand; *een bedrag* (*som*) ~ a lump sum; ~ *betalen* pay in a single (in one, in a lump) sum; *het ~ raden* guess it right off (right away)
ineen|schieten (*v planken, enz*) dovetail; **-schrompelen** shrivel (up); *zie* verschrompelen; **-schuiven** telescope (into each other) [two coaches were telescoped]; **-slaan** strike together; (*in elkaar zetten*) knock together; *zie ook* hand; **-sluiten** fit into each other, dovetail (into one another) [see how everything fits in]; **-sluitend** nested [boxes]; **-smelten** melt together, fuse; *zie ook* -lopen; **-storten** collapse (*ook fig*), topple down, fall to the ground; (*met geraas*) (come down with a) crash; **-storting** collapse, break(-up), breakdown, downfall, crash; **-strengelen** interlace, intertwine, knit [one's fingers]; **-vloeien** flow together; (*v kleuren*) *zie* -lopen; **-zakken** collapse, crumple up, buckle; (*v grond, enz*) cave in; **-zijgen** collapse
ineffectief ineffective, inefficient; **inefficiënt** inefficient; **inegaal** uneven; **inenen** (all) at once
inenten vaccinate, inoculate; **inenter** vaccinator, inoculator; **inenting** vaccination, inoculation; **inentingsbewijs** vaccination certificate
inert inert [gas]; **inertie** inertia
in extenso id, at full length, in full; **in extremis** 1 id, at the point of death; 2 at the last moment
infaam infamous, shameful; *vglb:* downright [a downright lie]; **infamie** infamy
infant infante; **infante** infanta; **infanterie** infantry, foot; **infanterist** infantryman, foot soldier; **infanticide** id; **infantiel** infantile, childish; **infantiliseren** infantilize; **infantilisme** infantilism
infarct infarct(ion)
infecteren infect (*ook fig*); **infectie** infection
infectie|gevaar risk of infection; **-haard** focus of infection, nidus; **-ziekte** infectious disease
inferieur I *bn* inferior, low-grade [flour, workers], poor [quality]; II *zn* inferior, subordinate; **inferieure** *zie* inferieur II; **inferioriteit** inferiority
infernaal infernal; **inferno** id
infertiliteit infertility; **infibulatie** infibulation
infil|traat infiltrate; **-trant** infiltrator, intruder; **-tratie** infiltration; **-treren** infiltrate
infinitesimaalrekening (infinitesimal) calculus
infinitief infinitive; **infix** id

inflatie (currency) inflation; *voorstander van* ~ inflationist; **inflatiebestrijding** combating (restraining) inflation, anti-inflationary policy; **inflatiepolitiek** policy of inflation, inflationary policy; **inflatiespiraal** inflationary spiral; **inflatietekort** inflationary gap; **inflationisme** inflationism; **inflatoir** inflationary [financing, forces]
inflexibel inflexible; **inflexie** inflection, inflexion
inflorescentie inflorescence
influenceren influence, affect; *vgl* beïnvloeden
influenza id, (*fam*) flu
influisteren whisper (in a p.'s ear), prompt, suggest
info id; **infokiosk** phone booth
informaliteit informality, inappropriateness
informant id
informateur (*pol*) politician appointed to explore the options for forming a cabinet (etc)
informati|ca info(r)matics, information science (*of:* technology); **-cus** information scientist
informatie (*ook* ~*s*) information, (*fam*) info; (*navraag*) inquiry; *numerieke* ~ data; ~*s inwinnen* make inquiries [of *bij*], ask for information; *zie* inlichting(en); **informatiebalie** information desk (counter); **informatiedrager** data carrier
informatief informative, -tory; *-tieve vraag* request for information; *een -tieve vraag stellen* ask (inquire) on a point of information
informatie|maatschappij computerized (*soms:* networked) society; **-ontsluiting** information retrieval; **-systeem** information system; **-toon** (*vglb*) number unobtainable tone; **-verwerking**: (*numerieke*) ~ data processing
informa|tisering computerization (of information); **-torisch** exploratory [discussions]; *zie ook* informatief; **-trice** information clerk (*of:* officer)
informeel informal [reception, talks]
informeren 1 inquire, make inquiry (inquiries); ~ *naar* inquire after (about); ~ *bij* inquire (make inquiries) of; 2 inform [a p., o.s. thoroughly]
infractie (*ook med*) infraction
infra|geluid infrasound; **-rood** infrared [astronomy, lamp, photography, rays]; **-soon** infrasonic; **-structuur** infrastructure
infusie infusion; **infusiediertjes, infusoriën** infusoria; **infuus** (*med*) infusion, drip
ingaan 1 (*binnengaan*) enter, go (walk, step) into [go in and out of the room]; *er* ~, (*ve artikel, enz*) catch on; *de geschiedenis* ~ go down in history; *zijn 60ste* ***jaar*** ~ enter one's 60th year; *het jaar, dat we nu* ~ the year we are entering (up)on; *de* ***wereld*** (*het leven*) ~ set out into the world; *zie ook* rust, enz; ***op*** *een voorstel* (*voorwaarden*) ~ agree to a proposal (accept terms); (*nader, verder*) *op de zaak* ~ go (further) into the matter, go (enter) into (the merits of) the case [we need not go (enter) into that now]; pursue the matter (further); (*aandringen op*) press the matter; *op een idee* ~ take up (*gretig:* jump at) an ...; *maar hij ging er niet op in* [I made a suggestion,] but he didn't respond; *op een lokmiddel* ~ rise to the bait; ~ ***tegen*** run counter to [a p.'s plans, public opinion], go against [the law, a p.'s wishes]; (*lijn*)*recht* ~ *tegen* fly in the face of [authority, public opinion]; *zie ook* indruisen; ~*de rechten* import duties; 2 (*v kracht worden*) take effect, become effective; (*v rente*) accrue [from today]; *mijn betrekking gaat morgen in* I'll enter (up)on my duties ...; *de* ***huur*** *gaat 1 mei in* the rent will run (is due) from ...; *zijn* ***ontslag*** *gaat 2 juni in* his resignation will take effect (become effective) from ...; *zie ook* ingang: ~ vinden; **ingaande**: ~ *1 mei* dating (with effect, effective) from May 1st, (as) from (as of) ...
ingang entrance, doorway, entry; access point; (*als opschrift*) way in, entrance; (*in lexicon, enz*) entry(word), headword; (*elektr*) input; *met* ~ *van heden* (as) from (as of) today; *zie ook* ingaande; ~ ***vinden*** (*bij*) find acceptance (with) [his ideas found acceptance with the public], gain currency, (*fam*) catch on [the fashion caught on]; *deze ideeën vinden langzamerhand* ~ these ... are winning through
ingangs|controle entrance (*of:* ticket) gate; **-datum** commencing date; **-signaal** input signal
ingebeeld[1] (*denkbeeldig*) imaginary [complaint *kwaal;* invalid *zieke*], fancied; (*verwaand*) (self-)conceited; **ingebeeldheid** *zie* inbeelding 2
ingeboren innate, native, inborn; *dat is hem* ~ that is innate to (*of:* in) him; **ingeborene** native
ingebrekestelling notification of default
ingebruik|name, -neming inauguration, commissioning, introduction, putting into action
ingehouden restrained [passion], pent-up, bottled-up [anger], subdued force; *met* ~ *adem* with bated breath
ingekankerd inveterate, deep-rooted [hatred]
ingeland landholder [in a polder]
ingelegd inlaid [work, linoleum, floor], tessellated [floor]; *zie ook* inleggen *&* ingemaakt
ingeleide official reception
ingemaakt 1 preserved (bottled) [peaches, vegetables], potted [beans]; (*in azijn, enz*) pickled [onions]; 2 built-in, fitted [cupboard]
ingemeen utterly base, vile
ingenaaid sewed, stitched, (*met metaaldraad*) wire-stitched [books]; ~ *etiket* sewed-in label
ingenieur (university trained) [civil, electrical] engineer; **ingenieus** ingenious [method]
ingenomen: ~ *gewicht* shipped weight; ~ *met* [greatly, highly] pleased (charmed, taken) with, (*fam*) bucked with; *met zichzelf* ~ [be, feel] pleased with o.s.; *zie ook* voor~; **ingenomenheid** sympathy; (*voldoening*) satisfaction; ~ *met zichzelf* self-complacency; *zie ook* voor~
ingénue id, artless (ingenuous) girl
ingeschapen innate, inborn, native, inherent; **ingeschoven** inset [story, episode]; **ingeschreven** inscribed [circle]; *zie* inschrijven; **ingeschrevene** [exam] candidate; (*univ*) enrolled student; (*sp*) entrant, participant; **ingesleten** inveterate [habit]
ingesloten enclosed; *door land* ~ land-locked; *door ijs* ~ ice-bound; *de* ~ *hoek* the angle con-

1 *Zie voor de niet opgenomen deelwoorden de ww*

tained (included); ~ *gelieve u aan te treffen* enclosed please find; *zie ook* inbegrepen
ingespannen I *bn* strenuous [work]; *3 weken van ~ arbeid* three strenuous weeks; II *bw* strenuously; ~ *luisteren* listen intently (*of:* hard); ~ *denken* think hard
ingesprekstoon engaged tone
ingetogen modest, retiring, quiet [live quietly]; subdued [in a subdued mood; be unusually subdued]; *streng* ~ austere; **ingetogenheid** modesty, retiring character; *strenge* ~ austerity
ingeval in case [of fire]; *mij iets overkomt* in case anything happens to me, in the event of anything happening to me; ~ *het onmogelijk is* in the event of it(s) being impossible
ingevallen hollow, sunken [cheeks, eyes, face], fallen in; *zie ook* invallen
ingeven administer [medicine to a p.]; (*fig*) suggest [a plan], prompt [an idea], dictate [measures dictated by fear]; *al naar haar gril haar ingaf* as her whim dictated, as the fancy took her; *doe wat je hart je ingeeft* follow your own inclination
ingeving inspiration, suggestion; (*fam*) [I suddenly had a] hunch; *plotselinge* ~ flash of intuition; *naar de ~ van het ogenblik handelen* act on the spur of the moment
ingevoerd informed, well-up [in]; *goed ~ zijn, (ve firma)* have a good connection, be well connected (established); *zie verder* invoeren
ingevolge 1 in pursuance of, pursuant to, in obedience to, in accordance with [your instructions], in compliance (accordance) with [your instructions], in compliance (accordance) with [your request], in response to [an invitation]; ~ *instructies van,* (*ook*) acting under instructions from; 2 as a result of
ingevroren 1 ice-bound [ship]; 2 frozen [food]
ingewand(en) bowel(s), intestines, entrails; (*fam*) [have pains in one's] inside; **ingewandsontsteking** inflammation of the bowels, enteritis; **ingewandsstoornis** intestinal disorder, bowel-trouble; **ingewandsworm** intestinal worm, helminth
ingewijd initiated, adept; ~ *zijn in het geheim* be in the secret (*fam* in the know); **ingewijde** initiate, insider; (*alleen*) *voor ~n,* (*ook*) esoteric
inge'wikkeld intricate, complicated, complex; *~e zinsbouw* involved construction; ~ *maken* [it would] complicate [the situation]; *de intrige wordt ~er* the plot thickens; **ingewikkeldheid** intricacy, complication, complexity
ingeworteld (deep-)rooted [prejudices], deep-seated [habits], inveterate [hatred], engrained [sentiments, habit; it is engrained in her]
ingezetene inhabitant, resident; *als* ~ residential [franchise, qualification *stemrecht*]
ingezonden: ~ *stuk* letter (to the editor) [*ook:* letters from readers, readers' letters]
ingezonken sunken [eyes]; *vgl* ingevallen
ingieten 1 pour in(to), (*fig ook*) infuse [new life into ...], instil; *men moet het hem met de trechter* ~ you have to drum it into him; 2 embed [insects in plastic]; **inglijden** glide (slide) in(to)
ingoed very good [man]
ingooi throw-in; **ingooien** 1 throw in(to); 2 smash [windows]; *zie ook* glas
ingraven 1 dig in; *zich* ~ dig (o.s.) in, entrench o.s.; (*v dieren*) burrow; go to ground; 2 bury
ingrediënt ingredient
ingreep intervention; *medische* ~ surgery
ingriff(el)en engrave, imprint [on the memory]
ingrijpen 1 intervene [between parties], interfere [in a p.'s affairs], take a hand, take action, [the State should] step in; (*nog*) *niet* ~ hold (stay) one's hand; *in iems gezag* ~ encroach (up)on a p.'s authority; *internationaal* ~, (*zn*) international intervention; *operatief* ~ operate, resort to an operation, (*zn*) operative intervention; *~de beperkingen* severe restrictions; *~de veranderingen* radical (sweeping, drastic) changes; 2 engage, mesh; *een ... waarop twee tandwielen* ~ a ... meshing with two wheels
ingroeien grow in(to); *~d* ingrowing [nail]
Ingvaeoons Ingvaeonic
inhaal|strook fast lane; **-verbod** overtaking prohibition; (*bord*) no overtaking; **-wedstrijd** 1 pursuit race; 2 postponed (deferred) match
inhaken hook in(to), hitch in(to); ~ *op* take up [a p.'s words, a suggestion]
inhakken cut in; ~ *op* pitch into, hit out at [the enemy], hack (away) at; *dat hakt er nogal in* that makes a hole in my pocket (income, savings)
inhalatie inhalation; **inhaleertoestel** (nose-, throat-)inhaler, (throat-)spray
inhalen 1 (*binnenhalen*) fetch in, bring in; get in, gather (in) [the crop(s) *oogst*]; take in [sails], lower [a flag], draw in [nets], (*met inspanning*) haul in [the gangway, nets], haul home [a rope]; wind in [a fishing line]; (*intrekken*) draw in; (*feestelijk* ~) receive in state; 2 (*achterhalen*) overtake, come up (draw level) with, catch up, catch up with [a runaway]; overhaul [a ship]; *geleidelijk* ~ gain on [a p.]; (~ *en voorbijgaan*) pass [on the road, at sea, etc]; 3 (*goedmaken: les, enz*) make up for [a lesson, lost time, an omission *verzuim*], recover [lost time]; (*ve vertraagde trein*) pick up [3 minutes]; *het achterstallige* ~ work off (clear off, make up) arrears; *veel* (*achterstand*) *in te halen hebben* have much ground (a great deal of leeway) to make up; *zie ook* schade & tekort
inhaleren inhale
inhalig greedy, covetous, grasping, money-grubbing; **inhaligheid** greed, covetousness
inham creek, bay, inlet; *kleine* ~ cove, recess
inhameren hammer in; (*fig*) drum (hammer, ram) [s.t.] into a p.'s head, hammer [it] home
inhangen hang in, hang [a door]
inhebben contain, hold; *rogge* ~ carry a cargo of rye; *dat zal heel wat* ~ that will be a tough job (a hard nut to crack); *zie ook* pee, enz
inhechtenisneming arrest, apprehension; *bevel tot* ~ warrant (of arrest), (warrant of) commitment
inheems native, indigenous [plants, etc], aborigi-

nal [Indians], home(-grown) [produce], endemic [disease]; *zie ook* inlands
inheien drive (*of:* ram) in
inhe|rent inherent [in *aan*]; **-rentie** inherence
inhibitie inhibition
inhoud contents [of a cask, book, letter]; (*essentiële* ~) content, substance [the substance of the speech can be summed up in two words], terms [of a settlement]; (*~sopgave*) table of contents; (*~sruimte*) capacity, content; (*ve schip*) [300 tons] burden; (*strekking*) purport, tenor; *kubieke* ~ cubic capacity (*of:* content), (solid) content; *korte* ~ abstract, summary, précis, epitome; *de rede had weinig* ~ the speech had little substance; *een brief* ***van*** *deze* ~ a letter to this effect; *van dezelfde* ~, (*ve brief*) to the same effect, (*ve wissel, enz*) of the same tenor; **inhoudelijk** as regards content; *~e veranderingen* changes in content
inhouden 1 (*bevatten*) contain, hold; *wat houdt deze bepaling in?* what is the effect of this provision?; *besef je wat deze belofte inhoudt?* do you ... what this promise implies?; *dit houdt niet in, dat* ... this does not mean that ...; *een kennisgeving ~de dat* ... a notice to the effect that ...; *we weten niet, wat de* ***toekomst*** *inhoudt* we ... what the future holds; 2 (*tegenhouden*) rein in (up, back), pull up, hold in, check [a horse], check, restrain [one's anger], repress, keep back [one's tears], hold [one's breath, fire (*mil*)]; (*voedsel*) retain [food], keep [food] down [he could keep nothing down]; (*urine*) retain; (*niet uitbetalen, korten*) stop [a boy's pocket-money], dock [a person's wages], deduct [insurance premiums]; (*verlof*) stop [her holiday was stopped], cancel; (*paspoort*) impound, withhold; (*op veiling*) withdraw, buy in; (*niet uitreiken*) reserve [the prize]; *zijn* ***paard*** ~, (*ook*) draw rein, pull up; *zie ook* 1 pas 1; ***zich*** ~ contain (restrain, check) o.s. [he was going to ..., but he checked himself], hold o.s. in; *iem een bedrag* ~ ***op*** *zijn loon* (*voor zijn verzuim*) stop (dock) an amount from a p.'s wages (for his absence); *zie ook* ingehouden; **inhouding** checking, etc; *vgl* inhouden; retention; (*v loon, enz*) stoppage, deduction
inhoudsmaat cubic measure, measure of capacity; ~ *voor droge* (*natte*) *waren* dry (liquid) measure; **inhoudsopgave** table of contents
inhout (*ve schip*) rib, frame-timber
inhouwen *zie* inhakken
inhuldigen inaugurate, install; **inhuldiging** inauguration [ceremony, speech], installation
inhumaan inhumane
inhuppelen: *de kamer* ~ skip (come skipping) into the room, skip in
inhuren hire (engage) again; renew the lease; *weer* ~ rehire, re-engage; *je hebt weer ingehuurd,* (*fig*) you have taken a new lease of life; *daar ben ik niet voor ingehuurd* that isn't my job
initiaal *bn & zn* initial; *met zijn -alen ondertekenen* initial [a report]; **initiaalwoord** acronym
initialiseren initialize
initiatie 1 initiation [ceremony]; 2 introduction
initiatief [have the (right of)] initiative; *het particulier* ~, (*bedrijfsleven*) private enterprise; *het* ~ *nemen* [*tot iets*] take the initiative [in doing s.t.]; ***op*** ~ *van* on (at) the initiative of; *op eigen* ~ *handelen* act on one's own initiative; **initiatiefnemer** originator [of the plan], initiator; **initiatiefwetsvoorstel** private member's bill
initieel initial; **initiëren** (*beide bet*) initiate
injagen I *tr* drive in(to); II *intr* rush in(to)
injecteren inject; **injecteur** injector; **injectie** injection, shot; **injectiegeweer** stun gun; **injectiemotor** fuel-injection engine; **injectienaald** hypodermic (needle); **injectiespuitje** hypodermic (syringe); **injector** id, injection-cock
inkalven cave in
inkankeren eat in(to), fester, corrode; become deeply rooted; *zie ook* ingekankerd
inkapselen enclose, wrap up, encapsulate, isolate; **inkapseling** encapsulation
inkarnaat carnation, pink; **inkarnaten** flesh-coloured, pink
inkassen set [a gem]; **inkasten** encase
inkeep notch, nick; *zie ook* inkeping
inkeer (*berouw*) repentance; (*bezinning*) introspection, searching(s) of heart; *tot* ~ *brengen* bring [a p.] to his senses, make [a p.] see the error of his ways; *tot* ~ *komen* repent; *zie ook* inkeren
inkepen notch, nick, indent, score; **inkeping** notch, nick, indentation; (*vh vizier*) V (of the back-sight); ~(*en*) *ve sleutelbaard* ward
inkeren: *tot zichzelf* ~, *a*) repent; *b*) search one's (own) heart, turn in on o.s.; **inkerven** *zie* inkepen
inkijk: [*horretjes*] *tegen de* ~ to prevent people from looking in; *je hebt* ~ your dress is gaping a bit; **inkijken** I *intr* look in; *bij iem* (*in het boek*) ~ look on with a p.; *hij liet mij bij zich* ~, (*in gezangboek*) he offered me his hymn-book to look over; II *tr* glance over [the paper], skim, dip into [a book], (*fam*) have a squint at [the catalogue]
inklapbaar collapsible [table]; **inklappen** collapse [mentally and physically; this table collapses]
inklaren clear (inwards) [ships, goods], enter [goods]; **inklaring** clearance (inwards), clearing (inwards), entry; **inklaringshaven** port of entry; **inklaringsrecht** customs clearance fee
inkleden word, put into words, clothe (couch) (in words), express; (*als monnik*) give [a p.] the cowl; (*als non*) (give the) veil; *een punt zorgvuldig* ~ frame a question carefully; *goed ingekleed,* (*ook*) well-written [story]; **inkleding** clothing, wording
inkleuren 1 colour; (*film*) colourize; 2 fill in, work out [a sketch]; **inklikken** snap (shut)
inklimmen climb in(to); **inklimmer** (*langs waterpijp, enz*) cat burglar; **inklimming** entry
inklinken (*v grond, enz*) set; *doen* ~ compact [soil]
inklokken clock in; **inkloppen** drive in [a nail]
inkoken I *tr* boil down (in), reduce (by boiling); II *intr* boil down, be boiled down
inkom admission (price)
inkomen I *ww* come in (*ook v klachten, gelden, bestellingen, enz*), enter; *zie ook* binnenkomen; *er zijn nog geen bijzonderheden ingekomen* details are not yet to hand; *ik begin er net in te komen,* (*te wennen*) I'm just getting my hand in; *deze vor-*

men komen er hoe langer hoe meer in these ... are gaining favour; *de snor komt er weer in* the ... is back again; *daar* ***kan*** *ik* ~ I quite appreciate (can quite understand) it; *daar komt* ***niets*** *van in* that's out of the question; ***inkomend*** incoming [correspondence, vessels *schepen*]; inward [cargo]; *~de rechten* import duties; II *zn* income; *behoorlijk* ~ competence; *zie ook* inkomsten; **inkomens|groep**, **-klasse** income group, income bracket; **inkomensonderzoek** means test

inkomst entry; *blijde* ~ state entry [of a sovereign]; **inkomsten** income, earnings; (*v Staat, Kerk, groot bedrijf*) revenue; ~ *uit beleggingen* unearned income; ~ *en uitgaven* receipts and expenditure, incomings and outgoings

inkomstenbelasting income tax

inkoop purchase; buying; procurement; *inkopen doen* make (one's) purchases, go shopping; *wekelijkse inkopen* [go to town for the] weekly shopping; *in- en verkoop van boeken,* (*opschrift*) books bought and sold; **inkoopboek** bought book; **inkoopcentrale** central buying organization; **inkoopprijs** cost (buying, purchase) price; *tegen* (*beneden*) ~ [sell] at (below) cost price; **inkopen** buy, purchase; (*terugkopen op veiling*) buy in; *iem* (*zichzelf*) ~ buy a p. (o.s.) in (into a business, etc); **inkoper** purchaser; (*ve zaak*) buyer, purchasing agent

inkoppen (*sp*) head [the ball] in(to goal)

inkorten shorten [a dress, a speech], curtail [a p.'s power]; *zie verder* korten; **inkorting** shortening, curtailment

inkrijgen get in; get down [one's food]; *het schip kreeg water in* the ... made water; *er* ~, (*merk, enz*) establish [a new brand]; *zie ook* duivel & pest

inkrimpen shrink, contract; (*fig ook*) dwindle [their number dwindled to 30]; *zich* (*zijn uitgaven*) ~ retrench (reduce, curtail) one's expenses, draw in; *het personeel* ~ cut down the staff

inkrimping shrinking, contraction, dwindling; curtailment, retrenchment; *vgl* inkrimpen

inkruipen creep in(to); (*misbruik, enz*) creep in

inkt ink; ~ *vermorsen* spill ink [on a subject]

inktachtig inky; **inkten** *ww* ink

inkt|gom ink-eraser; **-koker** *zie* inktpot; **-kussen** ink(ing)-pad; **-lap** pen-wiper; **-lint** (inked, typewriter) ribbon; **-pot** ink-pot, -well; **-potlood** copying(-ink) pencil, indelible pencil; **-rol** ink(ing)-roller; **-stel** inkstand; **-vis** cuttle-fish, squid; **-vlek** ink-blot; **-vraat** ink corrosion; **-zwam** ink-cap; **-zwart** inky black

inkuilen clamp (*of:* pit) [potatoes]; (*veevoeder*) pit, ensile, silo; *ingekuild veevoer* silage

inkuiling (en)silage, storage in a silo

inkwartieren billet, quarter [*troepen bij de bewoners* troops (up)on the ...]; **inkwartiering** billeting, quartering

inlaag *zie* inleg; **inlaagdijk** back dike

inlaat inlet; **inlaatduiker** inlet; **inlaatklep** inlet (intake, admission) valve; **inlaatsluis** inlet

inladen load, put on board, ship; (*mil*) entrain [troops]; (*eten*) shovel [one's food] in; *opnieuw* ~ re-ship; **inlage** *zie* inleg

inlander native; **inlands** native [fruit, oysters], indigenous [schools], home [produce], home-made [articles], home-bred [cattle], home-grown [wool, meat,] home-fed [bacon]; *zie ook* binnenlands; **inlandse** native woman

inlas (*in krant*) stop-press (news); *zie ook* inlassing; **inlassen** insert, intercalate, interpolate; sandwich [between], put on, add [a train]; (*techn*) let in, mortise; **inlassing** insert(ion), intercalation, interpolation, parenthesis

inlaten let in, admit; *een balk* (*in een muur*) ~ tail a beam in(to a wall); *zij wilden ons er niet* ~ they refused us admittance; ***zich*** ~ *met* concern o.s. (deal) with [s.t.]; consort (associate) with [a p.], mix with [the wrong people]; go in for, engage in [politics]; embark on [speculation]; meddle with, interfere with [a p.'s affairs]; *zich met een meisje* ~ take up with a girl; *ik wil er mij niet mee* (*wil mij niet met hem*) ~ I will have nothing to do with it (him); *ze liet zich niet met haar buren in* she had no dealings with her ...; *laat u er niet mee in* leave it alone; *niemand laat zich met hem in* they all fight shy of him (give him a wide berth)

inleg (*ve kledingstuk*) tuck, seam; (*ve sigaar*) filler; (*~geld*), (*voor lidmaatschap, enz*) entrance fee (*of:* money); (*in spaarbank, uitleenbibliotheek, enz*) deposit; *zie ook* inzet; **inlegblad** (*ve tafel*) extra (*of:* loose) leaf

inlegeren 1 garrison; **2** *zie* inkwartieren

inleggeld 1 entrance fee; participation fee; **2** deposit; **3** *zie* inzet; **inleggen** put in, lay in; (*geld*) deposit [money in a bank]; (*bij spel*) stake [money]; (*inmaken*) preserve [greens, eggs], (*in azijn, zout, enz*) pickle; inlay [with gold, etc], encrust [with diamonds, etc]; (*japon*) take in [a dress]; (*trein*) put on [a train]; *zie ook* 2 eer & behalen

inleg|ger depositor; **-kapitaal** invested capital; **-kruisje** panty liner; **-kunde** reading one's own ideas into another's text, eisegesis; **-raam** (*fot*) plate-carrier; **-sel** (*ve kledingstuk*) *zie* inleg; **-vel** insert, inset, supplementary sheet; **-werk** inlaid work, inlay, marquetry, mosaic; **-zool** insole

inleiden usher in, introduce; (*fig*) usher in [a new era], initiate [a p. into a society, a subject], introduce [a subject for discussion], preface [by (*of:* with) a few remarks], open [a debate]; **inleidend** introductory, preliminary, opening [remarks], propaedeutic [studies]; **inleider** initiator [of a new epoch, of a debate]; introducer; (*spreker*) speaker; **inleiding** introduction [to the study of ...], preface, preamble, exordium [of a speech], introductory remarks; speech, address; ~ *tot de klankleer* primer of phonetics

inlelijk hideous [face], unsightly [building]

inleven: *zich* ~ *in* project o.s. into [a situation, the past], identify (o.s.) with [one's role], empathize with; *zie ook* indenken

inleveren give (hand) in [work in class, names], send in, hand in [a list, books], turn in [surplus goods], deliver up [one's arms], surrender [arms, one's driving licence], present [a petition]; (*moeten*) ~ (have to) surrender part of one's salary, accept a reduction (in income, wages); *stukken ~ bij* lodge documents (papers) with; **inlevering** handing-in, etc, delivery, surrender

inlevingsvermogen empathy

inlezen read in [data]; read [a book on to tape]; *zich ~* read up [on a subject]

inlichten inform [*omtrent* on, about], enlighten [*omtrent* on], give information [*omtrent* on, about]; (*fam*) put [a p.] wise [*over* to, about]; *verkeerd ~* misinform [*over* (up)on]; *goed ingelicht* well-informed [circles]; **inlichting** information (*ook: ~en*); *een ~* an item (a piece) of information; *~en, (telef)* directory enquiries; *nadere ~en verzocht* further particulars will oblige; *~en* ***geven*** give information; *~en* ***vragen*** make inquiries, inquire [*bij* of; *omtrent* about], ask for information [*over* about]; ***voor*** *vollediger ~en wende men zich tot de uitgever* for further particulars apply to (further particulars may be had from) ...

inlichtingenbalie information desk; **inlichtingenbureau** 1 inquiry office; 2 information bureau; **inlichtingendienst** [military] intelligence (service); information department; [private] intelligence agency; *geheime ~* secret service; **inlichtingenformulier** [fill out a] questionnaire; **inlichtingsdienst** *zie* inlichtingen...; **inlichtingsofficier** intelligence officer

inliggend enclosed; **inlijsten** frame

inlijven incorporate [*bij* in, with], annex(e) [*bij* to]; (*mil*) enrol(l), enlist, (*Am*) induct; *ingelijfd worden bij, (v kleine maatschappij bij grote, ook)* be absorbed by

inlijving incorporation, annexation; enrolment, enlistment, (*Am*) induction; absorption

inloodsen pilot [a ship] into port

inloop 1 walking in; 2 open house

inlooptijd settling-in period

inlopen 1 enter [a shop]; turn into [a street]; drop in [*bij iem* (up)on a p.]; *zij liepen bij elkaar (op de kamer) in en uit* they went in and out of each other's rooms; *hij liep jaren lang bij ons in en uit* he was in and out of our house for years; *tegen elkaar ~, (v boten, enz)* collide (head on), meet (end on); (*naar binnen lopen*) bring in [mud] on one's shoes; *een* ***deur*** *~* force a door; 2 run in [an engine]; *hij is* ***zich*** *aan het ~, (sp)* he is warming up; 3 gain [3 minutes on the schedule]; ***achterstand*** *~* make up arrears; *een* ***doelpunt*** *~* take back a goal; 4 ***er*** *~* walk (fall) into the trap, rise to (take, swallow) the bait, [you'll] get caught, be had, (*sl*) cop it; (*beetgenomen worden*), (*sl*) be sold a pup; *ik liep er lelijk in* I was badly caught (out); *daar loopt niemand in* that won't fool anybody; *er al weer ingelopen!* sold again!; *hij liep erin* he fell for it, he rose to (swallowed) the bait, (*geldelijk*) he was (*of:* got) let in, he was had [*voor* £5 for ...]; *hij loopt er niet gemakkelijk in* he won't easily swallow the bait; *zie ook* inluizen; *iem er* ***laten*** *~* take a p. in; (*beetnemen, sl*) sell a p. a pup; *vgl* uitlopen

inlossen redeem [a pledge, mortgage, one's word], take out of pawn; acquit [a debt]; **inlossing** redemption

inloten draw a (student) place by lot

inlui bone-lazy, as lazy as can be

inluiden ring in; *een nieuw tijdperk ~*, (*ook*) usher in (herald, inaugurate) a new era

inluizen: *hij luisde erin*, (*fam*) he fell for it; *iem er ~, a)* play a dirty trick on a p.; *b)* make a sucker of (fool, trick, hoodwink) a p., (*Am*) sucker a p.; *vgl* inlopen 4

inmaak preservation; bottling; (*in azijn, enz*) pickling; (*het ingemaakte*) preserved vegetables; pickles; **inmaakazijn** aromatic vinegar; **inmaakfabriek** preserving-, tinning-factory, (*vooral Am*) canning-factory, cannery; **inmaakfles** preserving-bottle, -jar

inmaken preserve, bottle; (*in blik*) tin, (*vooral Am*) can; (*in azijn, zout, enz*) pickle; (*sp*) plaster, slaughter [22 to 6], murder, make mincemeat of

in memoriam id

inmengen: *er ~* mix (up) with it; *zie* mengen; **inmenging** interference, meddling, intervention

inmeten 1 lose in measuring, shrink; *het ~* loss in measuring; 2 (*ve landmeter*) measure

inmetselen brick (*of:* wall) up, immure; *ingemetselde brandkast*) built-in safe, wall safe; *ingemetselde plaquette* wall plaque

inmiddels meanwhile, in the mean time; [you will have received the money] by now

innaaien (*kledingstuk*) take in; (*boek*) sew, stitch; (*met metaaldraad*) wire-stitch; **inname** *zie* inneming

innemen 1 (*naar binnen brengen*) take in, bring in; (*gebruiken*) take [medicine, a powder]; (*ve schip*) take in [cargo, etc,] load [cargo]; (*weer*) *brandstof ~* (re)fuel, (*benzine, ook*) tank, fill up; ***kolen*** *~* (take in) coal, bunker; *de* ***riemen*** *~* ship (*of:* boat) the oars; ***water*** *~* (take in) water; *hij is goed* ***van*** *~*, (*fam*) he is fond of his grub; *vóór het ~ goed schudden* shake (the bottle) well before use; 2 (*ruimte, enz*) take up, occupy [room]; (*actief*) assume [a position]; (*betrekking*) fill [he found his job filled]; 3 (*veroveren*) take, carry, capture, reduce [a fortress]; 4 (*kaartjes, enz*) collect [tickets, work in class]; 5 (*innaaien*) take in [a dress]; (*zeilen*) furl [sails]; 6 (*bekoren*) charm, captivate, fascinate, catch a p.'s fancy; *iem* ***tegen*** *zich (tegen iets) ~* prejudice a p. against one (against s.t.), antagonize a p.; *iem* ***voor*** *zich ~* prepossess a p. in one's favour, impress a p. favourably; *zie ook* plaats, standpunt, ingenomen, enz

in'nemend taking, winning [look, smile, manner], compelling [manner], fetching [smile], pleasing, engaging, ingratiating [manners, frankness], prepossessing [appearance], attractive [girl], endearing [qualities], captivating [personality]; *niet erg ~* [she is] rather unprepossessing; **innemendheid** charm, winning ways;

inneming taking, capture, reduction [of a town]

innen collect [debts, taxes, bills], cash [a cheque]; *te ~ wissels* bills receivable; *het ~, zie* inning

innerlijk inner [life], inward [the inward eye], internal [forces], intrinsic [merit, value]; *het ~(e) van een mens* the inner man, one's inner self (nature); *de ~e mens versterken* refresh the inner man

innestelen: *zich* ~, (*med*) become implanted (embedded); **innesteling** (*med*) implantation
innig heartfelt [joy], hearty, earnest [wish], close [attachment, cooperation, the closest ties of love], fond [love], fervent [prayer]; *~e overtuiging* profound conviction; *ik heb u ~ lief* I love you dearly; *~ blij, dat* ... overjoyed that ...; *~ gehecht aan* ... devotedly attached to ...; **innigheid** earnestness, heartiness, closeness, fondness, fervour
inning 1 collection [*ter ~* for collection], cashing; *vgl* innen; 2 (*honkbal*) id; (*cricket*) innings
inningskosten collecting charges, cost of collection
innovatie innovation; **innoveren** innovate; **innoverend** innovative
inoculatie inoculation; **inoculeren** inoculate
inofficieel unofficial; **inoogsten** *zie* oogsten
inoperabel inoperable [cancer]
inopportuun inopportune
in optima forma in set form, formal [call *bezoek*]; [do a thing] in style; *debat ~* full-dress debate
inpakken 1 pack [goods, a trunk, a patient], pack up [parcels], wrap up, package; (*in balen*) bale [goods]; (*in krat*) crate; (*warm*) ~ wrap [a p., o.s.] up, muffle [a p., o.s.] up; *zie ook* verpakken; 2 (*ophoepelen*) pack (up) one's traps; *moeten ~*, (*fig*) get one's marching-orders; *pak in!* clear out!; 3 (*bedotten*) take in, fool; (*Am*) sucker; ***iem** ~*, (*ook*) put one over on a p.; (*sp*) put a p. in one's pocket; 4 *zie* inpalmen
inpalmen haul in [a rope]; *iem ~* win over (get round, rope in) a p.; *hij liet zich door haar ~*, (*fam*) he fell for her; *ze probeerde hem in te palmen* she made a dead set at him; *de winst ~* pocket the winnings; *zij trachten alles in te palmen* they try to get hold of everything; **inpalming** appropriation
inpandig integral, inbuilt [garage]
inpassen fit in; **inpekelen** salt, pickle
inpeperen pepper; *ik zal het hem ~* I'll pay him out, get even with him, take it out of him
inperken fence in, enclose; (*fig*) curtail; **inperking** curtailment
in petto in reserve, in store; up one's sleeve; (*in het verschiet*) in the offing; *iets ~ hebben*, (*ook*) have s.t. to fall back (up)on; *~ houden* keep [the names] for later use
inpikken 1 (*gappen*) pinch, snaffle; (*op de kop tikken*) pick up; (*inrekenen*) run in, (*sl*) pinch, cop; 2 *het* (*goed, verkeerd*) ~ set about it (the right, wrong way); *ik had het zo ingepikt, dat* ... I had arranged that ...; *het handig ~* wangle it
inplakken paste in [newspaper cuttings], stick in [stamps]
inplanten 1 plant; (*med*) implant, insert; (*fig*) implant; inculcate, imprint; 2 (*vestigen*) establish
inplanting planting, implantation, insertion [of a muscle]; inculcation; establishment; *vgl* inplanten
in pleno: *~ vergaderen* meet in full (*of:* plenary) session
inpluggen plug in
inpolderen reclaim, impolder; **inpoldering** reclamation
inpompen pump in; (*fig ook*) cram (in); (*sl*) swot up, mug up [a subject, facts, etc]
inpraten: *iem iets ~* talk a p. into doing (taking, etc) s.t.; *op iem ~* talk at (work on) a p.; *zich er ~* put one's foot in it
inprenten inculcate, impress [s.t. (up)on a p.], imprint, stamp [s.t. on the memory], instil [into ...], drum, drill [s.t. into the heads of ...]; (*biol*) imprint; **inprikken** (*op werk, enz*) clock in
inquisiteur inquisitor; **inquisitie** inquisition; **inquisitoriaal** inquisitorial
inramen mount [slides], frame
inregelen adjust, set, trim
inregenen rain in; *het regent in*, (*ook*) the rain is coming in (*of:* through)
inrekenen 1 rake in [the fire]; 2 (*v politie*) run (pull) in, take (round) up; (*sl*) nab, pinch
inrichten arrange, organize, manage, adapt; mount [an exhibition]; (*huis, enz*) fit up, furnish, (*fam*) fix (rig) up; *als badkamer ingericht* fitted up as a bathroom; *mooi* (*goed, wel*) *ingericht* handsomely (well-)appointed [villa, hotel, consulting-room]; *een behoorlijk ingerichte donkere kamer*, (*fot*) a properly appointed ...; *bent u al ingericht?* are you settled in yet?; ***het** zo ~ dat* ... manage (things) so that ...; *zijn **leven** ~* order (frame, manage) one's life [in one's own way]; *hij richtte zijn **onderzoek** zodanig in, dat* ... he framed his inquiries so as to ...; ***zich** ~* set up house, settle in, furnish one's house; (*in zaak*) set up in business, set up for o.s.; *zich gezellig ~* make o.s. a cosy home; *zich* (*zijn leven*) *~ **naar*** shape (adapt) one's life to [one's work]; *richt uw rede in naar uw gehoor* suit your speech to ...
inrichting 1 (*regeling*) arrangement, organization; (*samenstelling*) structure; lay-out [of the shop], (*fam*) [know the] run [of the house], [be familiar with the] geography [of the house, etc]; *de bestaande ~ der maatschappij* the existing fabric of society; *de ~ van de Staat* the polity of the State; 2 (*meubilering*) furnishing, fitting up, appointments; (*ameublement*) furniture; 3 (*toestel*) apparatus, appliance; 4 (*gesticht, instelling*) *zie ald; ~ van* (*voor*) *onderwijs* educational institution; *~en van lager en middelbaar onderwijs* elementary and secondary schools; **inrichtingswerker**: *penitentiaire ~* prison officer, warder
inrij *zie* inrit; **inrijden** 1 drive (ride) in(to); *~ tegen* crash into [a train]; *tegen elkaar ~* collide (head on); 2 (*nieuwe auto*) run in [see that the car is well run in]; (*paard*) break in; *goed ingereden* well-schooled [riding horse]
inrijgen lace in, lace tight(ly); *zich ~* lace o.s. in, lace tight(ly), pinch one's waist (in); *ingeregen*, (*ook*) nipped-in [waist]
inrijsein home (*of:* incoming) signal; **inrijwissel** facing-points
inrit entry; (*toegang*) way in, entrance; *geen ~* no entry
inroepen call in [a p., a p.'s aid], invoke, enlist [a p.'s help]; *ik roep uw toegevendheid in* I appeal

to (throw myself on) your indulgence
inroeping invocation
inroesten rust; *ingeroeste ondeugden* (*gewoontes*) deep-rooted vices (engrained habits)
inroosteren schedule [classes on Monday]
inruil 1 (part-)exchange, barter(ing); 2 (*object*) trade-in; *vgl* inruilen; **inruilen** exchange, barter [*tegen* for]; trade in [a used car]
inruilobject trade-in; **inruilwaarde** trade-in value
inruimen: *plaats* ~ make room [for a p.]; *zijn* (*Kamer*)*zetel, enz* ~ *voor* stand down for; **inruiming** standing down, etc
inrukken I *tr* march into [a town]; II *intr* break ranks, dismiss; (*v wacht, enz*) turn in; *het signaal tot* ~ *geven* beat (sound) the dismiss; *ingerukt, mars!* dismiss!, break ranks!; *ruk in!* clear out!; *laten* ~ dismiss [troops]
inschakelen switch on (in, into circuit), turn on; connect [speedometer]; engage [lowest gear]; gear [to espionage]; (*ve chauffeur*) slip (*of:* let) in the clutch; (*mach*) throw into gear; (*computer*) enable [a function]; (*inlassen*) insert; call in (the help of) [the police]; retain [an expert]; employ [a private detective]; associate [a p. with s.t. *bij iets*]; *zich* ~ *in* plug into [a network]; *zijn relaties* ~ mobilize one's connections; *een adviesbureau* ~ enlist (the services of) a firm of consultants
inschalen grade [civil servants], put on a (salary) scale
inschatten estimate, assess, consider, (*fam*) rate; *vgl* schatten & achten 2; **inschatting** estimate, -mation, judgment
inschenken pour out [a cup of tea], pour [she poured herself a cup of tea; will you pour?], pour in; *zijn glas* ~ fill one's glass; *schenk me nog eens in* pour me out another glass; *zich een slaapmutsje* ~ mix o.s. a nightcap
inschepen ship, embark; *zich* ~ embark [*naar* for], take ship (boat) [*naar* for, to]; **inscheping** embarkation; *haven van* ~ port of embarkation
inscheren (*mar*) reeve [a rope]
inscherpen: *iem iets* ~ impress s.t. (up)on (inculcate s.t. into) a p., rub s.t. into a p.
inscheuren tear, rend
inschieten 1 find the range of [a gun]; ***zich*** ~ find the range, tape [a position], (*mil ook*) bracket [the target]; *de vijand had zich op ons ingeschoten* the ... had got our range; *hij is er nog niet op ingeschoten*, (*fig*) he has not got the hang of it yet; 2 (*naar binnen*) shoot; *de bal* ~ kick (score) a goal; *hij had de bal voor het* ~ all he had to do was shoot (at goal); *de muis schoot het gat in* the mouse whisked (*of:* shot) into ...; 3 (*kapot*) shatter [windows]; 4 (*verliezen:*) ***er*** *veel geld* (*f 50*) ***bij*** ~ lose a great deal of money over it (be ... out of pocket by it); *hij schoot er het leven bij in* he lost his life in it; *ik schoot er mijn diner* (*mijn uitje*) *bij in* it cost me (I was done out of) my ...; *sport neemt zoveel tijd dat de studie er bij inschiet* sport ... that study gets crowded out (*of:* goes by the board); *zie verder* binnen: te ~ schieten; 5 (*invoegen*) insert; **inschieter** insert, supplement; **inschietschot** sighter, sighting shot
inschikkelijk accommodating, obliging, complaisant, cooperative
inschikkelijkheid obligingness, complaisance
inschikken move up, close up, sit closer
inschoppen (*deur*) kick in (open); *hij werd er ingeschopt* (*in dat baantje*) he was pitchforked into it (into the place)
inschrift inscription
inschrijfgeld enrolment (*of:* registration) fee, (*sp ook*) entry fee
inschrijven book, enrol(l), enlist, enter [for a competition, in a register]; register [luggage, names, the birth of a child, etc]; inscribe [one's name on ...]; (*bij aanbesteding*) tender [*op* for]; (*intekenen*) subscribe; ***zich*** (*laten*) ~ enter (put down) one's name, register; (*als student*) matriculate, be matriculated [at a college, in(to) London University]; (*ook*) there were nearly 1400 students enrolled during that term; (*als lid*) enrol(l) o.s. as a member; *er zijn 300 leden ingeschreven in de boeken van de club* the club has 300 names on its books; *aantal ingeschreven leerlingen* number of pupils on the roll; ***op*** *een lening* ~ subscribe to a loan; *op aandelen* ~ apply (tender) for shares
inschrijver [the lowest] tenderer, tendering firm; subscriber [to a loan]; applicant [for shares]
inschrijving (*in register*) registration [of pupils], enrolment; (*v studenten*) matriculation, enrolment; (*in boek, voor wedstrijd, enz*) entry; (*bij aanbesteding*) tender [*op* for]; (*op lening*) subscription [*op* to]; (*op aandelen*) application [*op* for]; ~(*en*) *op naam* inscribed stock; ~(*en*) *op het Grootboek* inscribed (government) stock; *verkoop bij* ~ sale by tender (entry); *bij* ~ *te koop aanbieden* put up for tender; *de* ~ *openstellen* invite subscriptions, be prepared to receive tenders; *de* ~ *wordt 1 febr gesloten* the subscription list(s) will close on ...
inschrijvings|biljet (*bij aanbesteding*) tender; (*voor aandelen*) form of application, application form; *zie ook* gesloten; **-formulier** form of tender; *zie ook* -biljet; **-koers** price of issue; **-kosten** registration fee; **-taks** (*vglb*) motor vehicle licence duty
inschuifbaar telescopic; retractable; **inschuifladder** extension ladder; **inschuiven** push in, shove in, sandwich in [I was sandwiched in between two fat people], squeeze in [I can squeeze you in somewhere]; *een beetje* ~ close up a little
inschuld debt due (*of:* payable) to the company (etc)
inscriptie inscription; **insectarium** id
inseinen brief [a p.], tip (off)
insekt insect; **insektebeet** insect bite; **insektenetend** insect-eating, insectivorous; **insekteneter** insect-eater, insectivore, (*mv ook:* -vora); **insektenkenner** entomologist; **insekten|kunde, -leer** entomology; **insektenpoeder** insect powder, insecticide; **insektenverzameling** collection of insects, entomological collection; **insekticide** insecticide; **insektivoor** (*dier*) insecti-

vore; **insektoloog** insectologist
inseminatie [artificial] insemination; **insemineren** inseminate
inseparabel inseparable
inseraat insertion; newspaper paragraph; **insereren** insert; **insertie** insertion
insgelijks likewise, in the same way (manner), similarly; [*veel succes!* -] *~!* (the) same to you!
insigne badge; *~s*, (*ook*) insignia
insigniën: *~ van een ambt* insignia of office; *~ van een orde* insignia (*of:* regalia) of an order
insijpelen ooze (filter, soak) in
insinuatie insinuation, innuendo; **insinueren** insinuate; *zich ~* insinuate o.s. [into a p.'s favour]
insisteren insist [*op* on]
inslaan I *ww* 1 (*spijker, enz*) drive in [a nail]; 2 (*stukslaan*) beat (bash, batter, punch) in, smash (in) [windows, a p.'s skull]; 3 (*inkopen*) lay in, stock [goods, provisions]; 4 (*kledingstuk*) take in; 5 (*een weg, enz*) take, turn (strike) into, turn down [a road]; *zij sloegen de wildernis in* they struck off into the wilderness; *de goede (verkeerde)* ***weg*** *~*, (*fig*) set about it the right (wrong) way; 6 (*vd bliksem*) strike [the lightning struck (the house)]; 7 (*sp*) have a knock-up; 8 (*typ*) impose [a form]; 9 (*fig*) take, [the book did not] catch on, go down [the tale went down], make a hit [the song made a hit], go home [the remark went home], sink in [the advice, the lesson sank in]; *het nieuws sloeg in als een bom* the news fell like a thunderbolt, burst like a bomb [on the meeting]; *doen ~* get (*of:* put) [a play, one's ideas] across; *de* ***grap*** *sloeg niet in* the joke fell flat (misfired); *zie ook* binnen: naar ~ slaan, bodem, hersens; II *zn* impact [of a projectile]
inslag 1 (*voorraad*) provisions, supply; 2 (*ve weefsel*) woof, weft; 3 (*in kleding*) turning; 4 (*karakter*) tendency, character, streak [of humour], [with a technical] slant (bias); *hij heeft een praktische ~* he has a practical (turn of) mind; 5 (*ve granaat*) (shell-) burst; *vernield door bliksem~* destroyed by lightning; 6 (*sp*) hit-in
inslaggaren weft yarn; **inslagspoel** shuttle; **inslagzijde** tram (silk)
inslapen 1 fall asleep, drop off (go) to sleep; (*sterven*) pass away; *laten ~* [the cat was] put to sleep; 2 live in
inslijpen 1 grind (down); *ingeslepen stop* ground stopper; 2 cut [glass]; 3 in-, engrain, inculcate [habits, ideas]
inslikken swallow; clip [one's words, letters]; *zijn woorden ~*, (*fig*) swallow one's words
insloffen run down, go to pot
insluimeren doze off, drop asleep; (*sterven*) pass away
insluipen steal (sneak, slip) in(to), (*fig*) creep in [abuses crept in (into the State)]; **insluiper** sneak-thief; **insluiping** stealing (sneaking) in; *zie* inbraak; **insluipsel** abuse that has crept in
insluiten enclose [a letter, etc], lock [a p., o.s.] in, shut in [mountains shut in the horizon], close in [closed in by a wall], surround, hem in [hemmed in by enemies], invest [a town], seal (bottle) up [the fleet, a submarine base]; (*omvatten*) include [all charges, everybody], comprise; (*meetk*) contain; *bezig zijn in te sluiten* close in on [a town]; *het land was door vijanden ingesloten* the ... was encircled by enemies; *wat sluiten deze woorden in?* what do these words imply?; *de prijs sluit alles in* the ... is all-inclusive; *Uw schrijven, ~de cheque voor £ 50* your letter covering cheque ...; *zie* ingesloten; **insluiting** locking in, etc; investment [of a town]; enclosure; encirclement [of the country by enemies]; *onder ~ van* enclosing [our invoice]; *zie ook* insluitsel; **insluitingspolitiek** policy of encirclement (of containment); **insluitplaat** (*typ*) (imposing) stone; **insluitsel** inclusion; (*geol ook*) xenolith
insluizen fit in [newcomers], incorporate
insmelten I *tr* melt in; II *intr* be reduced (*of:* lost) in melting; (*fig*) shrink, dwindle
insmeren grease, oil, smear; (*met zalf*) embrocate
insmijten fling (throw) in, smash (in)
insneeuwen snow in; *ergens ~* be (get) snowed up (in); *ingesneeuwd* snowed-in, -up, snow-bound
insnijden cut in(to), incise, score; cut back [roses]; *ingesneden* indented [coast-line]
insnijding incision; (*vd kust*) indentation
insnoeren constrict; *zie ook* inrijgen
insnuiven sniff in (up), inhale
insociabel unsociable
inso|lide, -lied (*onsterk*) flimsy, frail, un-, insubstantial; (*ve firma, belegging, enz*) unsound; (*niet oppassend*) unsteady
insol|vabel, -vent insolvent; **-ventie** insolvency
inspannen 1 [go to the stable to] put to; *de paarden (de wagen) ~* put the horses to (*of:* in); (*inz Z-Afr*) inspan; 2 (*techn*) clamp [a work piece]; 3 exert; *zijn krachten ~* exert (put forth) one's strength; *de ogen (te) zeer ~* strain one's eyes; *dit spande hem te erg in* this put too great a strain (up)on him; ***zich*** *~* exert o.s., lay oneself out; *zich tot het uiterste ~* exert o.s. to the utmost, strain every nerve; 4 institute [proceedings]
inspannend exacting, strenuous [work]; *dat is nogal ~ voor u* that is rather a strain on you
inspanning exertion(s), effort(s), [listening attentively is a great] strain; *te grote ~ van ogen (stem)* eye-, voice-strain; *het is een ~ voor mij* it's an effort for (to) me; ***met*** *~ van alle krachten* with the utmost exertion, using one's utmost endeavours; ***zonder*** *~* effortless
in spe intended, prospective, [his bride-]to-be
inspeciënt (*theat*) property and lighting manager; **inspecteren** inspect; survey [a building]; review [the Guards]; **inspecteur** inspector, superintendent; *~ van de arbeid* labour inspector; *~ der belastingen* inspector of taxes; *~-generaal* inspector general; *~ van politie* police inspector; *~ van de volksgezondheid* health inspector; **inspecteurschap** inspectorship, inspectorate
inspectie inspection; (*gebied & personen*) inspectorate; **inspectiebezoek** visit of inspection; **inspectiereis** tour (*of:* round) of inspection

inspec|toraal inspector(i)al; **-toraat** inspectorate; **-trice** (woman-)inspector; *vgl* -teur
inspelen: *zich* ~ play o.s. in; ~ *op* prepare for [the future], adapt to [circumstances], go along with [new ideas], play on [fears]; *ingespeeld raken* settle down; (*fig*) shake down (*op* with)
inspiciënt (*theat*) property and lighting manager
inspinnen: *zich* ~ (form a) cocoon
inspiratie inspiration; *een* ~ *krijgen* have an inspiration (a flash of inspiration, *fam:* a brainwave)
inspireren inspire; *geïnspireerd (dagblad)artikel* inspired article
inspraak [student] participation, [have a] say (voice) [in]; [follow the] dictate(s) [of one's heart]
inspreken 1 read [a text] on tape, record [a message]; 2 inspire [a p. with courage]; *zie ook* moed: ~ geven
inspringen 1 (*eig*) leap (jump) in(to); 2 *voor iem* ~ take a p.'s place, deputize (stand in) for a p.; 3 (*inbuigen*) bend in(ward); (*ve huis*) stand back (from the street); (*v regels*) indent; (*ve hoek*) re-enter; *het* ~, (*v regels*) indentation; *~de hoek* re-entrant angle; *~de deur* recessed door
inspuiten inject; spray [a p.'s nose with some solution]; **inspuiting** injection
instaan: ~ *voor de echtheid* (*de kwaliteit*) *van* ... guarantee (answer for) the genuineness (the quality) of ...; ~ *voor de waarheid* (*juistheid*) *van* vouch for the truth (the accuracy) of; *voor iem* ~ answer for a p., make o.s. answerable for a p.; *daar sta ik voor in* you can take my word for it; *ik sta ervoor in, dat* ... I'll guarantee that ...
instabiel unstable; **instabiliteit** instability
installateur electrician, electrical installation engineer; **installatie** 1 (*in ambt*) installation, inauguration; (*ve geestelijke vooral*) induction, institution; (*ve bisschop*) enthronement; 2 (*het inrichten*) installation; 3 (*concreet*) [electric] installation, [electric light] fittings; (*bedrijfs~*) [electric(al)] plant; *vaste* ~ fixed plant
installeren 1 instal(l), inaugurate, invest; (*geestelijke*) induct [to a living], institute; (*bisschop*) enthrone; 2 (*aanbrengen*) instal(l), (*fam*) fix up; 3 (*meubileren*) furnish; *zie* inrichten
instampen ram in, stamp in; *iem iets* ~ hammer (drum, drive, knock) s.t. into a p.'s head
instandhouden *zie* stand: in ~; **instandhouding** maintenance, upkeep, preservation, [forest] conservation
instant instant [coffee]; **instantelijk** urgently
instantie 1 instance, resort; *in eerste* (*laatste*) ~ in the first instance (in the last resort, in the final analysis); 2 (official) body, authority [military -ies]; government department
instapkaart boarding pass; **instappen** step in(to); (*in rijtuig, enz*) get in, (*bus*) get on; ~ *in* board [a bus, plane, train]; *~!* take your seats, please!, join the train now, please!, (*Am*) all aboard!; *vóór* (*achter*) ~ get on (get in) in front (at the back); (*fig*) join (in); **instapper** loafer, casual; **instaptoets** aptitude test
insteek mezzanine (room); **insteekblad** leaf [of a table]; **insteekkamer** mezzanine room; **insteekverdieping** mezzanine (floor)
insteken put in; (*elektr*) insert, plug in; (*fig, Z-Ned*) *zie* inblazen; *een draad* ~ thread a needle
insteker package insert
instelbaar adjustable; (*v lens*) focusable
instellen 1 establish, set up [a committee], institute [proceedings, a holiday, a new bishopric]; *een* ***vordering*** ~ bring (file, put in) a claim; 2 focus [a camera], tune in [radio, TV], adjust [instruments, the sights of a rifle]; ~ *op*, (*fot*) focus (on) [an object]; *zich* ~ *op, zie* inrichten: zich ~ naar; *Denemarken is in economisch opzicht op Engeland ingesteld* Denmark's economy is orientated towards ...; *ingesteld op oorlog* (*op de behoeften van toeristen*) [the industry is] geared for war (attuned, tailored to the requirements of tourists); *zie* dronk, eis, enquête, onderzoek, enz
instelling 1 institution, establishment; ~ *van liefdadigheid* charitable institution; 2 (*techn*) adjustment, alignment, setting; (*radio & TV*) tuning-in; (*fot*) focussing; 3 (*houding*) attitude [towards one's work], mindset; *vgl* instellen
instelschroef set (*of:* adjusting) screw
instemmen agree (*met* with [a p., what he says], to [a plan, proposal]), chime (fall) in with [an idea], concur [with a view], approve of [a plan], assent to [a bill *wetsontwerp*]; join in [a p.'s praise]; *men stemt algemeen in met het plan* there is general approval of the plan; **instemming** agreement; (*goedkeuring*) approval; *zijn voorstel vond geen* ~ *bij de andere leden* did not commend itself to the other members; *zie* bijval & adhesie
instigatie instigation; *op* ~ *van* at the instigation of; **instigeren** instigate
instinct id, flair; *bij* ~ by instinct; **instinctief, instinctmatig** I *bn* instinctive; (*wtsch ook*) instinctual; II *bw* instinctively, by instinct
instinken: *er* ~, *zie* stinken: erin ~, inlopen 4, inluizen: er ~; *er voor een ton* ~ be swindled out of ...; **instippen** dip in [one's brush]
institueren institute; **institutie** institution; **institutionaliseren** institutionalize; **institutioneel** institutional
instituut 1 (*abstr*) [marriage, afternoon tea, is an] institution (*ook fig:* his long service has made him quite an institution); *de Instituten,* (*jur*) the Institutes; 2 (*concr*) institute [for the blind]; (*univ, ook*) department; boarding-school; *Koninklijk* ~ *voor de Marine* Royal Naval College
instoppen 1 tuck [a p.] in (up) [in bed]; wrap [a p., o.s.] up; 2 (*inproppen*) cram in, stuff in; *er komt uit wat je er instopt,* (*comp*) garbage in, garbage out, GIGO
instormen tear (rush) in(to); ~ *op* rush (up)on
instorten I *intr* fall (tumble) down, fall in, collapse [the house, the wall collapsed]; (*v grond, put*) cave in; (*weer* ~, *van zieke*) (have a) relapse; (*door te hard werken*) crack up; *op het punt staan om in te storten* be tottering on the brink of collapse; *het was hem, alsof de hemel instortte* it was as if the whole world tumbled about his ears; II *tr* pour in(to); **instorting** collapse, falling down, etc; (down)fall [of an empire], break-up [of the

industrial system, of the coalition], collapse; relapse, set-back [of a patient]; [nervous] breakdown; *vgl* instorten
instouwen stow in
instraling 1 irradiance, irradiation; 2 external radiation
instromen stream (flow, pour, crowd, flock) in(to); **instroming** influx, inflow; **instroom** 1 inlet; 2 [student] intake
instructeur instructor, (*mil ook*) drill-sergeant
instructie instruction, (*voorschrift, ook*) direction, order; (*v vliegers enz*) briefing; (*jur*) (judicial) inquiry; (*v rechter aan jury*) charge; *met de ~ belast zijn,* (*jur*) be in charge of the case; *te zijner ~* for his guidance; *iem ~s geven,* (*ook*) instruct (direct) a p. [to ...], brief [aircrew]; *zie ook* rechter I; **instructief** instructive
instrueren instruct; brief [a barrister, aircrew]; (*jur*) prepare [a case]
instrument id (*ook jur*); (*~je, hebbedingetje*) device, gadget; *uitrusting met ~en* instrumentation
instrumen|taal instrumental; **-talis** instrumental (case); **-talist** id; **-talistisch** instrumentalist; **-tarium** (set of) instruments; (*fig*) instruments, machinery, apparatus [of government]; **-tatie** instrumentation, orchestration
instrumentenbord instrument panel; (*ve auto & vliegt, ook*) dashboard, (*Am*) dash
instrumenteren instrument, orchestrate
instrumentmaker instrument maker
instuderen practise [hymns], study [a part *rol*], rehearse [a play, scene, dance]; *ingestudeerd worden* be in rehearsal
instuif 1 (informal) party; 2 youth centre
instuiven 1 *het stuift hier in* the dust gets in here; 2 *zie* instormen
instulpen introvert, invaginate, (*inz vd darm*) be intussuscepted; **instulping** invagination, introversion, (*inz vd darm*) intussusception
insturen 1 steer in(to); 2 send in(to), send [a p.] to [his death]; *zie ook* bos, enz; **instuwen** stow in
insubordinatie (act of) insubordination
insuffen doze (drop, nod) off [over a book]
insuffi|ciënt insufficient; **-ciëntie** insufficiency
insulair insular; **Insulinde** the Malay Archipelago; **insuline** insulin
insult 1 id; 2 (*med*) injury, trauma
intact id, unimpaired, entire
intaglio id; **intar|sia, -sie** (in)tarsia
inteelt inbreeding, breeding in
integendeel on the contrary
integer incorruptible, upright
integraal I *bn & bw* integral; complete; II *zn* integral; **integraalhelm** integral (*of:* full-face) helmet; **integraalrekening** integral calculus
inte|gratie integration; **-greren** integrate; **-grerend** integral, integrant; *een ~ deel vormen van,* (*ook*) be part and parcel of; **-griteit** integrity
intekenaar 1 subscriber; 2 plotter; *vgl* intekenen
intekenbiljet subscription form; **intekenen** 1 subscribe [to, for]; *zie* abonneren & inschrijven; 2 draw in; plot (in) [places on a map]; **intekening** 1 subscription; *bij ~,* (*ve boek*) (offered) on subscription terms; *zie ook* inschrijving; 2 drawing in; plotting; **intekenlijst** subscription list; **intekenprijs** subscription (pre-publication) price
intellect id; **intellectualisme** intellectualism
intellectueel *bn & zn* intellectual [education, property], (*fam*) highbrow
intelli|gent id; bright [child, idea, student, suggestion], smart [bomb, card, house]; **-gentie** intelligence [quotient, test]; **-gentieleeftijd** mental age, MA; **-gentieonderzoek** intelligence (*of:* mental) test(s); **-gentsia** id
intendance Army Service Corps (ASC), commissariat, QMG's (Quartermaster General's) department; **intendant** id, house-steward; comptroller [of the King's Household]; manager [of an opera-house]; (*mil*) quartermaster, ASC (Army Service Corps) officer
intens intense [desire, dislike, happiness]; acute [anxiety]; **intensief** intensive [agriculture, course, study, verb]; *-sieve veehouderij* factory farming; **intensiteit** intensity; **intensiveren** intensify, step up [doping controls]; **intensivering** intensification
intentie intention; **intentieverklaring** declaration of intent; **intentioneel** intentional, [done] on purpose
inter id, among; *~ alia* id., among other things
inter|academiaal inter-university; **-actie** interaction; **-actief** interactive; **-actioneel** interactional; **-bancair** inter-bank; **-bellum** id, inter-war period; **-cederen** intercede; **-cellulair** intercellular; **-ceptie** interception; **-cessie** intercession; **-city** (*Br*) InterCity [train]; **-com** id; **-communaal** *zie* -lokaal; **-continentaal** intercontinental; **-departementaal** interdepartmental; **-dependent** id; **-dict** id [lay (*of:* place) under an interdict]; **-disciplinair** interdisciplinary, cross-disciplinary, cross-discipline [research]
interen eat into one's capital (one's stocks)
interessant interesting; *veel ~s* many interesting things (features); *~ willen zijn* show off; *het ~e zit voornamelijk in* ... the interest lies largely in ...; **interesse** interest; *zie* belangstelling; **interessent** interested person; **interesseren** interest; *zich voor iets* (*iem*) *~* be interested (interest o.s.) in s.t. (a p.); *zich voor iem ~,* (*ook*) interest o.s. on a p.'s behalf; *iem voor iets ~* interest a p. in s.t.; *het zal u misschien ~ te horen* ... you may be interested to hear ...; *geïnteresseerd zijn bij* have a (financial) stake (interest) in [a business]
interest id; *3% ~ geven* bear 3% interest, bear interest at 3%; *tegen 5% ~* at the rate of five per cent; *samengestelde* (*enkelvoudige*) *~* compound (simple) interest; *ze konden hun ~ niet goed maken* they lost on interest account; ***met*** *~ terugbetalen* return with interest (*ook fig:* he returned the blows with interest); ***op*** *~ zetten* put out at interest; *~ op ~* (at) compound interest; *zie* rente
interestrekening interest-account, (*rek*) (sums in) interest
interferentie interference; **interfereren** inter-

fere; **interferon** id; **intergewestelijk** interregional; **interglaciaal** interglacial; **intergouvernementeel** intergovernmental
interieur interior; (*schilderij, ook*) interior picture
interieurverlichting (*ve auto*) courtesy light
interieurverzorgster charlady
interim interim [dividend, measures, report], acting [manager]; *ad* ~ ad interim, pro tem; **interimaandeel** scrip (certificate); **interimair** *bn* interim; **interimaris** temp
interland international (match)
interlineair interlinear [translation]; **interlinie** line-space; (*typ*) lead; ***zonder*** ~ single-space [typing]; **interliniëren** interline; (*typ*) lead
interlocutoir: ~(*e*) *vonnis* (*beschikking*) interlocutory judg(e)ment (decree)
interlokaal inter-urban; ~ *gesprek*, (*telef*) long-distance (*Br ook:* national) call; *automatisch* ~ *telefoneren* dial direct, ring on STD
interludium interlude
intermediair intermediary (*ook bn*); (inter)medium; *door* ~ *van* through the intermediary (the medium) of; ~ *onderwijs* remedial teaching
intermediëren (inter)mediate
intermenselijk human [relations], interpersonal [contact]
inter|mezzo id (*mv* -zos & -zi), interlude; **-missie** intermission; **-mitterend** intermittent [fever]
intern 1 (*inwendig*) internal; ~*e aangelegenheden* domestic concerns; ~*e geneeskunde* internal medicine; 2 (*inwonend*) resident; ~*e leerling* resident pupil, boarder, intern(e); ~ *zijn* live in; ~*e onderwijzer* resident teacher; ~*e patiënt* in-patient; 3 (*in het bedrijf, enz*) in-house [printing, training, *typ:* correction], on-the-job [training]
internaat boarding-school, -establishment
internaliseren internalize
internationaal international; *Internationale* [Communist] International; (*lied*) id; **internationaliseren** internationalize
inter|neren intern; **-nering** internment [camp]
internist specialist for internal diseases; (*Am*) id
internuntius internuncio, *mv:* -os
inter|pellant (*niet-Br*) id, interpellator; (*Br*) questioner; **-pellatie** (*niet-Br*) interpellation; (*Br*) (asking a) question; **-pelleren** (*niet-Br*) interpellate; (*Br*) question [a minister: *over* on]; (*fig*) take [a p.] to task [*over* about]
interplanetair interplanetary
inter|polatie interpolation; **-poleren** interpolate
inter|preet interpreter, explicator; **-pretabel** interpretable; **-pretatie** interpretation, reading, version; **-pretatief** interpre(ta)tive; **-preteren** interpret [a poem; a sonata]
interpunctie punctuation [mark]; **interpungeren** punctuate
inter|regionaal interregional; **-regnum** id
interrogatief interrogative
inter|rumperen interrupt; **-ruptie** interruption
inter|seksueel intersexual; **-stellair** interstellar
intertekstueel intertextual
interuniversitair inter-university
interval id

interveniënt intervener; (*handel*) acceptor for honour; **interveniëren** intervene, (*in handel, ook*) accept for honour; **interventie** intervention [price; rate]; (*in handel, ook*) acceptance for honour (supra protest)
inter|view id; **-viewen** interview; **-viewer** id
intestaat intestate
intestinaal intestinal
inteugelen restrain [one's hatred]
intiem intimate; (*interieur, kamer*) cosy; *de* ~*e geschiedenis van* ... the inner (inside) story of ...; *de* ~*e kring* the inner circle; *zij zijn erg* ~ they are on intimate terms, on terms of intimacy, very close, (*fam*) as thick as thieves; ~ *worden* ***met***, (*ook*) get on familiar terms with; *zij waren nogal* ~ *met elkaar* they were on terms of some intimacy; ~*e vriend*, (*ook*) close friend, intimate
intijds in (good) time, in good season
intikken 1 break [a pane *ruitje*]; 2 type in; keyboard, key in; 3 (*sp*) tap in(to goal)
intimidatie intimidation; *iem door* ~ *brengen tot* browbeat a p. into; **intimidatiepoging** attempted (attempt at) intimidation
intimideren intimidate, overawe, browbeat, bully; *zich niet laten* ~ *door* stand up to
intimiteit intimacy [exchange intimacies]; *zich* ~*en veroorloven* take liberties; *ongewenste* ~*en* unwanted intimacies, sexual harassment [at work]; *vgl* intiem
intimus intimate (friend), chum; (*fam*) pal
intippelen: *er* ~ be had; *zie* inlopen 4
intocht entry; *zijn plechtige* ~ *houden in de stad* make one's solemn (formal, ceremonial, state) entry into the city
intoetsen key (in), keyboard
intolerabel intolerable; **intolerant** intolerant [*jegens, ten opzichte van* towards, of]
intomen (*paard*) curb, rein in, pull up; *zijn paard* ~, (*ook*) draw rein; (*fig*) curb [one's passions], check, restrain [a p., o.s.]; *zie ook* inbinden
intonatie intonation; **intoneren** intone
intoxicatie intoxication; poisoning
intramuraal intramural
intramusculair intramuscular
intransigent *bn & zn* id; (*bn ook*) uncompromising; **intransitief** intransitive
intrappen trample down; step on [the brake, gas], depress [the accelerator (pedal)]; kick open; *zie ook* deur; (*voetbal*) kick a goal; *er* ~ get caught; *vgl* inlopen 4 en zie trappen: erin ~
intra-uterien intra-uterine [device]; **intraveneus** intravenous [injection]
intrede entrance [upon one's office], entry [Spain's entry into the EC], advent [of spring], (in)coming [of the New Year]; *zijn* ~ *doen*, (*v winter, enz*) set in; (*ve predikant*) read o.s. in, preach one's first (one's induction) sermon; *ze deed haar* ~ *in een klooster* she entered a ...
intreden enter; enter (up)on [one's 70th year, a new year]; fall; *zie ook* stilte; spring up [a coolness sprang up between us]; (*v vorst, dooi, reactie, enz*) set in; *zijn laatste stadium* ~ enter (up)on its last phase; *de dood trad onmiddellijk in* death was in-

stantaneous; **intree** *zie* intrede
intreerede inaugural lecture (address, speech)
intrek: *zijn ~ nemen* put up [at a hotel], take up one's residence [at the palace], settle in; **intrekbaar** retractile [claws], retractable [undercarriage *onderstel*]; **intrekken** 1 (*eig*) draw in [one's head], retract [claws, etc]; 2 (*stad*) march into a town; (*huis*) move in, move into a house; *de wereld ~* go out into the world; 3 (*zijn intrek nemen*) put up [with a p.]; 4 (*ve vloeistof*) soak in; 5 (*herroepen, terugnemen*) withdraw [a bill *wetsontwerp,* motion, privilege, statement; coins from circulation], recall [a promise, an order, a book], call in [coins, banknotes], retire [bonds *obligaties*], repeal [an act *wet*], revoke [an edict, a decree], cancel [an order *bestelling,* leave *verlof*], rescind, reverse [a decision, an order *bevel*], countermand [an order *bevel*], retract [a statement]; *een rijbewijs ~* withdraw (*tijdelijk:* suspend) a driving-licence; *alle verloven ~* stop all leave; **intrekking** withdrawal, recall, repeal, revocation, cancellation, rescission, retrac(ta)tion; *vgl* intrekken 5
intrigant(e) intriguer, schemer, plotter, wire--puller; (*vr ook*) designing woman
intrige intrigue, machination, scheming, wire--pulling; (*roman, enz*) plot; *zie ook* ingewikkeld; **intrigeren** intrigue, (plot and) scheme; *dat intrigeert mij* that intrigues (puzzles) me
intrinsiek intrinsic (*bw:* -ally)
intro id; **introducé(e)** guest; **introduceren** introduce; (*in ambt, enz*) induct; (*in club, enz*) sign in [*ook:* I'll put your name down at the club]; **introductie** [letter of] introduction; (*in ambt*) induction [course, period]; (*attr ook*) introductory [offer]; *zie ook* inleiding; **introïtus** introit
intronisatie enthronement, enthronization
introspectie introspection
introvert *bn & zn* id, (*bn ook*) introverted
intubatie intubation, cannulation
intuinen: *er ~* get caught; *zie* inlopen 4
intuïtie intuition; *bij ~* by intuition, intuitively
intuïtief intuitive
intussen 1 meanwhile, in the mean time, in the interim; 2 (*evenwel*) however, all the same, nonetheless; (*ze beloven ...*) *maar ~!* but no such thing!
intypen type in [a name], keyboard, key in [a document]
inundatie inundation, flooding; flooded area
inunderen inundate, flood
invaart entrance [of a harbour]
inval 1 invasion [*in* of], irruption [*in* into]; (*vooral om te plunderen*) incursion, inroad; (*v politie, enz*) raid [on a night-club, etc]; *een ~ doen in* invade [a country]; (*v politie*) raid [a night-club]; *het is daar de* ***zoete*** *~,* (*vglb*) they keep open house there; *het lijkt hier wel de zoete ~* they seem to think we're running a hotel here; 2 (*idee*) idea, notion, thought, (*fam*) brainwave; *een gelukkige ~* a bright idea; *een wonderlijke ~* a strange whim; *zie verder* idee & ~shoek
invalide I *bn* disabled [soldiers]; *~ worden* become crippled [with rheumatism]; II *zn* disabled person (soldier, etc); *de ~n* the disabled; *als ~ naar huis gezonden worden* be invalided out; *als ~ gepensioneerd* pensioned off, invalided; **invalidentehuis** home for the disabled; **invalidenwagen** wheelchair; **invalideren** 1 invalidate; 2 become an invalid; **invaliditeit** disablement, disability
invaliditeits|pensioen, **-rente** invalidity pension; **-uitkering** invalidity benefit; severe disablement allowance; **-verzekering** continuous disability (*of:* permanent health) policy
invalkracht temp; *zie* invaller 2
invallen 1 (*vallen in*) fall (*of:* drop) in(to); 2 (*instorten*) tumble down, fall in, give way, collapse; *zijn* ***gelaat*** *was ingevallen* his face had fallen in; 3 (*v licht*) enter; *~d licht* incident light; 4 (*v vorst, dooi, enz*) set in; (*v duisternis, nacht*) fall, set in, close in, come on [night came on]; ***vóór*** *het ~ van de nacht* before nightfall; 5 (*land*) invade [a country]; (*haven*) put in(to port); 6 (*mee beginnen te zingen, enz*) join in; (*bij zang*) fall in, come in [on *bij*]; *met het refrein ~* join in the chorus; (*in de rede vallen*) cut (chip, *instemmend:* chime) in, interpose, interrupt; (*v gedachten, enz*) come into (cross) a p.'s mind, occur [the idea suddenly occurred to me]; *het viel* ***me*** *in* the idea occurred to me (crossed my mind, struck me); *hij schrijft zoals het hem invalt* he ... as the fancy takes him; he says whatever comes into his head; *~de gedachte* sudden idea; 7 (*voor iem*) deputize, substitute; *zie ook* waarnemen
invaller 1 invader, (*kort*) raider; 2 (*vervanger*) substitute, deputy, stand-in, temp(orary worker, replacement); *zie ook* vervanger
invalshoek angle of incidence; (*ve projectiel*) angle of descent; (*fig*) point of view, (line of) approach; **invalsweg** approach road, point of entry
invangen collect; intercept; catch
invaren sail in, sail into [port, the harbour]
invariabel invariable; **invariant** id
invasie [enemy, tourist] invasion
invasief invasive
inventaris inventory; (*goederen, enz, ook*) stock--in-trade; *de ~ opmaken* take stock, draw up (take, make) an inventory; *zie ook* beneficie & inboedel; **inventarisatie** stocktaking; **inventariseren** make (draw up, take) an inventory of, take stock of, inventory; **inventarisuitverkoop** stocktaking sale (clearance)
inventief inventive; **inventiviteit** inventiveness
inverdienen 1 work off [a loan]; 2 profit by earlier investment
invers inverse; **inversie** inversion
inverteren invert
inverzekeringstelling custody
investeerder investor; **investeren** invest; **investering** investment [bank, company]; **investeringskosten** capital expenditure
investituur investiture
invetten grease, oil, lubricate
invitatie invitation, (*fam*) invite; **invitatiekaart** card of invitation
invite (*bij spel*) call; **invité** (invited) guest; **invi-**

teren invite [*op, voor* to]; (*bij spel*) call
invlechten plait (weave) in; (*fig*) put in, introduce [remarks]; *anekdoten in zijn rede* ~ intersperse one's speech with anecdotes; *ingevlochten verhalen* interwoven stories
invliegen fly in(to); (*nieuw vliegtuig*) fly in, test-fly; ~ *op* fly (rush) at [the enemy]; *er* ~, (*fig*) be caught, walk into the trap, fall for a trick; *vgl* inlopen 4; **invlieger** (*luchtv*) test pilot
invloed influence; (*fam, dikw ong*) pull [he has quite a lot of pull on the city council]; (*inz pol*) clout, leverage; *man van* ~ man of influence (of weight); *al zijn* ~ ***aanwenden*** *om* use all one's influence (every ounce of influence) to ...; ~ ***hebben*** *bij* have influence with; *ik heb geen* ~ *op hem* I have no influence on (over) him; *dat heeft op hem geen* ~ that does not influence him; *de oorlog had geen* ~ *op de markt* the war did not affect the ...; *de* ~ *van de oorlog op het dagelijkse leven* the effect (impact) of the war on ...; *privézaken moeten geen* ~ *hebben op openbare* private business should not interfere with ...; *die advocaat heeft veel* ~ *op de jury* that barrister has great power with ...; ~ ***uitoefenen*** exert (exercise) an influence [*op* on]; ***onder*** *de* ~ *staan* (*komen*) *van* be (come) under the influence of; *geheel onder de* ~ *staan van*, (*ook*) be in a p.'s pocket; *onder de* ~ *van de drank* under the influence of (the worse for, *sterker:* overcome with) drink, intoxicated; (*fam*) [be] under the influence; *rijden onder* ~ drink-drive [*zo ook:* drink-driver, -driving], drive under the influence; ***van*** ~ *zijn* be of (have an) influence; *van* ~ *zijn op* influence; *zie ook* gelden & 2 goed 1: ten ~e
invloedrijk influential; *zie ook* invloed: man van ~; **invloedssfeer** sphere of influence
invloeien flow in; **invloeier** (*film*) fade-in
invocatie invocation
invochten damp (down) [the washing], moisten
invoegen insert, put in, intercalate; file (cards, slips); (*verkeer*) merge with (join in) [a stream of traffic]; **invoeging** insertion, intercalation; **invoegsel** insertion; **invoegstrook** acceleration lane; **invoelbaar** understandable; **invoelen** empathize; *zich* ~ *in* feel one's way into
invoer import [duties, restrictions], importation [of drugs]; (*de goederen*) imports; (*radio*) *zie* ~draad; (*techn*) inlet, intake, feed; (*computer*) input; **invoerartikel** import article; (*mv ook*) imports; **invoerder** importer; (*ve nieuwe methode, enz*) introducer; **invoerdraad** (*elektr*) lead-in (wire), leading-in wire; **invoeren** 1 (*uit het buitenland*) import; 2 (*nieuw systeem, machines, mode, enz*) introduce [into *in*]; set up [a custom]; (*nieuw boek op school*) adopt; *weer* ~ reintroduce, reinstate [the £50 holiday allowance is to be reinstated]; *de personen worden handelend ingevoerd* the characters are presented dramatically; *zie* ingevoerd; 3 feed [paper into a press], feed in [raw material], input [data]; **invoerhandel** import trade; **invoering** introduction; adoption; **invoerrecht** import duty; **invoerverbod** import ban [on exotic birds]
involgen indulge; give way to
involveren involve
invorderaar collector; **invorderbaar** collectable, (*ve schuld*) recoverable; **invorderen** collect; (*schulden*) recover; **invordering** collection; (*ve schuld*) recovery
invouwen fold in
invreten eat (its way) into [the sea eats its way into the land], erode, corrode
invretend corrosive (*ook:* ~ *middel*)
invreting corrosion, erosion
invriezen 1 be frozen in (up); 2 freeze (*ook: zich laten* ~*:* strawberries don't freeze well]
invrijheidstelling release, discharge
invulformulier form, blank; **invullen** 1 (*naam, datum, enz*) fill in, write in, insert; (*formulier, cheque, stembiljet, enz*) complete, fill up, fill in; *verzoeke dit formulier ingevuld terug te zenden aan* ... please return the completed form to ..., please complete this form and return to ...; *zijn naam* ~ *als* put oneself down as ...; 2 (*uitwerken*) elaborate, work out [plans, a scheme]; 3 (*uitvoeren*) implement [plans]; **invulling** filling in (up); elaboration; implementation; *vgl* invullen
invuloefening gap-filling exercise
inwaaien (*v sneeuw, enz*) blow in, be blown in; *de gevel woei in* the façade was blown in; *het waait hier in* the wind gets in here
inwaarts I *bw* inward(s); II *bn* inward
inwachten: *inschrijvingen* ~ invite tenders; *een antwoord* ~ await a reply
inwateren get soaked (with water); *ingewaterd*, (*ook*) water-bound [road]
inwegen lose in weighing out; **inweken** soak
inwendig I *bn* inner, inward, internal [resistance], interior, inside [diameter]; *niet voor* ~ *gebruik*, (*op etiket*) not to be taken; *de* ~*e mens versterken* fortify (refresh) the inner man; ~*e zending* home mission, *vglb:* Church Army; II *bw* [laugh] inwardly, internally; (*ook*) in my secret heart [I was glad]; III *zn: het* ~*e* the interior (part, parts)
inwerken 1 ~ *op* act (operate) (up)on, affect, influence; *op elkaar* ~ interact; *op zich laten* ~ saturate oneself with; 2 *er* ~, (*eten*) get down [food], (*artikel*) push [an article]; *ze heeft zich handig* (*bij die familie*) *ingewerkt* she wormed her way in very cleverly; 3 coach, train; *iem* ~, (*op een kantoor*) teach a p. the ropes, break a p. in; *als hij in zijn nieuwe baan is ingewerkt* when he has settled into (shaken down in) his new job; *zich* (*er*) ~ learn the ropes, get thoroughly acquainted with (master the details of) [a job]; *zich in een onderwerp* ~ work up a subject; **inwerking** action, influence; ~ *van het weer* weather action; **inwerkingtreding** coming into force (*of:* operation), taking effect; **inwerkperiode** settling-in period
inwerpen throw in(to); smash [windows]; insert [coins in a slot-machine]
inweven weave in(to), interweave
inwijden consecrate [a church, a bishop], ordain [a priest], inaugurate [a new building]; *een nieuw huis* ~ give a house-warming; ***iem*** ~ *in* initiate a

p. in [a plan, a science, an art], initiate a p. into [a secret, mysteries], let a p. into [a secret]; *zij werd ingewijd als lid van* ... she was initiated as a member of ...; *zie ook* ingewijd; **inwijding** consecration, ordination; inauguration; initiation; *vgl* inwijden; **inwijdingsfeest** inaugural feast; *~je, (ve huis)* house-warming (party); **inwijdingsrede** inaugural address (*of:* speech)

inwijken immigrate

inwikkelen wrap (up), cover up

inwilligen comply with, grant, satisfy, agree (accede, assent) to [a request]; *een eis ~* admit (concede) a claim (demand)

inwilliging compliance [*van* with]

inwinnen 1 gather, collect, obtain, take [information]; *inlichtingen ~ bij* apply for information to, make enquiries from; *rechtskundig advies ~* take legal advice, take counsel's opinion, seek advice from a solicitor; 2 (*typ*) get in, take back [matter]

inwippen whip in(to), whisk in(to) [the rat whisked into its hole], (*fam*) nip in

inwisselbaar convertible [paper money]

inwisselen change [banknotes]; cash, redeem [coupons]; *~ voor* (*tegen*) exchange for

inwonen (*ve dienstbode, enz*) live in; *~ bij* live (lodge) with; (*met kost*) board with; *gaan* (*komen*) *~ bij* make one's home with; move in with

inwonend: *~ assistent* intern, (*Am*) interne; *~ geneesheer* house physician, resident physician (surgeon); *zie ook* intern; **inwonende** subtenant

inwoner inhabitant, resident; (*op kamer*) lodger; *zie ook* bewoner; **inwonertal** population

inwoning, **inwoon** lodging; *ze hebben ~* they have people living with them; *plaats van ~* place of residence; *zie ook* kost

inworp 1 money inserted; *~ twee kwartjes* insert ...; 2 (*sp*) throw-in

inwortelen take (strike) root, become deeply rooted; *zie ook* ingeworteld

inwrijven rub in(to), rub; *~ met* rub with

inwrijving rubbing (in)

inwringen: *zich ~ in* worm o.s. into

inzaai (spring) sowing

inzaaien seed (*opnieuw:* reseed) [a lawn]

inzage inspection, examination, perusal [of a book]; *~ nemen van* peruse, inspect; ***ter*** *~* for inspection, on approval, (*ve catalogus, enz*) for your (kind) perusal; *ter ~ leggen* deposit for (public) inspection; *het ligt ter ~ op ons kantoor* it is open to (public) inspection (may be seen, may be inspected) at our office; *exemplaar van boek ter ~* inspection copy, examination copy; *het voorstel ligt ter ~ voor de leden* is on the table for the inspection (perusal) of members

inzagen saw in, serrate

inzake in the matter of, on the subject of, concerning, re [your letter], [he was summoned] in respect of [unpaid taxes]

inzakken collapse, sink down, sink in, give way; (*ve weg, enz*) cave in; (*ve huis, ook van prijzen*) sag; *sterk ~,* (*v prijzen*) slump; *zie ook* inzinken

inzakking collapse; slump; sinking; *vgl* inzakken

inzamelaar collector; **inzamelen** collect, gather (in); *het ~ van gelden* fund-raising; **inzameling** collection; *een ~ houden* make a collection, send (pass) the hat round

inzegenen consecrate, bless; (*ve predikant*) ordain; *kerkelijk ~* give [the marriage] a (religious) blessing; **inzegening** consecration, blessing; (*ve predikant*) ordination; *zie ook* huwelijks~

inzeilen sail into, enter [the harbour]

inzenden send in (*ook op tentoonstelling*), enter [three paintings], hand in; (*in krant*) contribute; *zijn stukken ~* send in one's papers; *sollicitatiestukken in te zenden bij* ... applications should be addressed to ...; *zie ook* ingezonden & wereld; **inzender** correspondent, contributor; sender [ten pounds is paid to the sender of every item published]; (*op tentoonstelling*) exhibitor; **inzending** sending in; contribution; entry [in competition]; (*op tentoonstelling*) exhibit; *dag van ~* sending-in day [at the RA]

inzepen soap; (*voor het scheren, ook*) lather; **inzeping** soaping; lathering; *vgl* inzepen

inzet 1 (*bij spel, enz*) stake(s); (*bij verkiezing, enz*) main issue; (*bij poker*) ante; *gehele ~* pool; *de hele ~ winnen* sweep the board, win the pool; 2 (*bij veiling*) upset-price; 3 (*bijkaartje, enz*) inset(-map); 4 (*muz*) start; attack; 5 (*overgave*) devotion, dedication, application; (*betrokkenheid*) commitment; *met ~ van alle krachten* mustering every force; **inzetbaar** available (for use, service), effective [troops]; **inzetsel** insertion; **inzetstuk** (*techn*) insert

inzetten I *tr* 1 (*ruiten, valse tanden, enz*) put in, set in; (*inlassen*) insert, let in; (*diamant*) set; 2 (*op verkoping*) start [a house at £...]; (*bij spel*) stake; 3 (*lied, enz*) strike up [a song, a march], start [a hymn, a psalm]; 4 (*actie*) launch [an attack, an offensive]; commit [troops to battle]; deploy [2800 troops to the task of earthquake relief]; muster [one's forces]; (*materieel*) put on, lay on, bring into action; *de achtervolging ~* go in pursuit; *zich* (*geheel*) *~* give of one's best; *zich ~ voor* devote (dedicate) o.s. to; *zie ook* inpompen & inspannen; II *intr* (*spel*) stake; (*muz*) strike up; (*beginnen*) set in [winter is setting in], make a [good, bad] start; **inzetter** first bidder

inzicht 1 insight [into a question], discernment; *goed ~* sound judgment; *een dieper ~* a deeper understanding; *zakelijk ~* business acumen; *zedelijk ~* moral sense; *~ krijgen in* gain an insight into; 2 (*mening*) view, opinion; *naar mijn ~* in my opinion, to my mind; *verandering van ~,* (*ook*) change of heart; 3 (*bedoeling*) aim, plan, purpose; **inzichtelijk** clear, self-explanatory; *~ maken* clarify [the report], analyse [the underlying motives]; **inzichtelijkheid** clarity, transparency

inzien I *ww* 1 glance over [a letter], skim [a report], look into; *zie ook* inkijken; 2 (*begrijpen*) see, realize, recognize, be alive to [the danger of doing nothing]; (***gaan***) *~* wake up to [the fact that ..., the truth of ...]; (*fam*) tumble to [an error]; *dat zie ik niet in* I do not see that (see it like that); *dat zie je verkeerd in* that's the wrong way of looking at it; *het ernstig* (*donker, somber*) *~* take

a grave (dark, gloomy) view of it [of things, of a p.'s condition]; *zie ook* aardigheid; II *zn: mijns ~s* in my opinion (view), to my thinking; *bij **nader** ~* on second thoughts, on reflection
inzinken 1 sink in (down), subside, give way, (*ve oever, enz*) cave in; 2 (*fig*) decline, fall off; (*handel*) sag; (*instorten*) slump [sales are slumping]; (*weer ~, van zieke*) (have a) relapse; **inzinking** 1 dip; subsidence; 2 relapse [of a patient], decline [of morality], falling off; sagging, slump; *vgl* inzinken; *totale ~* collapse, breakdown
inzitten: *wij zitten er **lelijk** in* we are in a hole (in a fix, on the spot, *Am:* in a spot); *het zit er **niet** in* there isn't a chance, it isn't any good; *hij zit er **warm**(**pjes**) in* he is comfortably off (well-heeled); *ik zit **ermee** in* I am at a loss what to do (at my wit's [wits'] end, in an awful hole); ***erover** ~* be worried (embarrassed) about it; *zie ook* zitten; **inzittenden** occupants, inmates, passengers and crew
inzoet sickly sweet
inzonderheid especially
inzoomen zoom in [on *op*]; **inzouten** salt (down)
inzuigen suck in (up), absorb, imbibe; **inzuiging** sucking-in (-up), absorption; **inzulten** pickle
inzwachtelen bandage (up)
inzwelgen swallow (up), gulp down
ion (*elektr*) id
Ionië Ionia; **Ioniër** Ionian
ionisatie ionization; **Ionisch** Ionian
ioniseren ionize; **ionosfeer** ionosphere
i.pl.v. afk van *in plaats van* instead of
ipso facto id, by that very fact
i.p.v. afk van *in plaats van* instead of; **IQ** afk van *intelligentiequotiënt* id; **Ir** *zie* ingenieur
Irak Iraq; **Irakees** Iraqi; **Iran** Iran; **Ira|niër, -nisch** Iranian; **Irene** id; **irenisch** irenic(al)
iridium id; **iris** (*plant, regenboogvlies*) id; *I~* id; *zie* lis; **iriscopie** iridology; **iriseren** iridize; **iriserend** iridescent; **iritis** id
Irokees Iroquois (*ook mv*); **iroko** id
ironie irony; *de ~ van het noodlot* the irony of fate
ironisch ironical; *~ schrijver* ironist; *het artikel was ~ bedoeld* he wrote the article with his tongue in his cheek; **ironiseren** ironize; ridicule
irratio|nalisme irrationalism; **-naliteit** irrationality; **-neel** irrational [decision; number]
irrealistisch unrealistic
irredentist(isch) irredentist
irreëel unreal, imaginary
irrelevant id; **irreversibel** irreversible
irrigatie irrigation [channel]; **irrigator** (hydrostatic) douche; **irrigeren** irrigate
irritabel irritable; **irritant** irritating, annoying, (*erg*) exasperating; **irritatie** irritation, (*erg*) exasperation; *blijkgeven van ~* show irritation, react irritably; **irriteren** irritate; (*erg*) exasperate; (*vd huid, ook*) chafe; *iem ~,* (*ook*) rub a p. up the wrong way, ruffle a p., (*sl*) get up a p.'s nose; (*onopzettelijk*) get on a p.'s nerves; *het irriteert mij,* (*fam*) it is getting under my skin, it gets my goat; *vgl* geraakt & lichtgeraakt
Isabella id; *vgl* Izabel; **ISBN** id
ischaemie isch(a)emia; **ischias** sciatica
Islam: *de ~* Islam; **islamiet** Muslim; **islamiseren** Islamize; **islamitisch** Islam(it)ic; **Ismaël** Ishmael; **Ismaëliet** Ishmaelite; **isme** ism
isobaar isobar; **isochimeen** isocheim; **isochromatisch** isochromatic; **isochroon** isochronous; **isoglosse** isogloss
isolatie 1 isolation; 2 (*elektr, warmte*) insulation; *zie ook* ~materiaal; **isolatieband** insulating (*Am:* friction) tape; **isolatiebuis** insulating conduit; **isolatiemateriaal** insulating material, insulation, -lator, -lant; (*om buis*) lagging; **isolationisme** isolationism; **isolationistisch** isolationist [policy]; **isolator** insulator
isoleer|band, enz *zie* isolatieband, enz; **-cel** isolation cell; **-hospitaal** isolation hospital
isolement isolation; **isolementspolitiek** isolationism
isoleren isolate; (*door overstroming*) maroon [the marooned towns]; (*elektr*) insulate; *met rubber geïsoleerd* rubber-insulated [cable]; **isolering** isolation; (*elektr*) insulation
iso|meer isomer; **-merie** isomerism; **-metrie** isometry; **-morf** isomorphic, -phous; **-theer** isothere; **-therm** id; **-thermisch** isothermal; **-toop** isotope; **-topie** isotopy; **-tropie** isotropy
Israël Israel; **Israë|li, -liër** Israeli; **Israëliet** Israelite; **Israëlisch** Israeli; **Israëlitisch** Israelite
Istanboel Istanbul
istmisch Isthmian [games]; **istmus** isthmus
Italiaan Italian; **Italiaans** Italian; Italo-[Greek, British, etc]; **Italiaanse** Italian woman (lady); (*ook*) Italian; **Italië** Italy; **Italisch** Italic
item I *zn* id; *een ~pje* a trifle; II *bw* item, the same, ditto, id; **iteratie** iteration; **iteratief** iterative
itinerarium itinerary
i.v.m. afk van *in verband met* in connection with, with respect to, on account of
ivoor (*kleur, stof & voorwerp*) ivory; **ivoordraaier** ivory turner; **ivoorkarton** ivory cardboard; **Ivoorkust** Ivory Coast; **ivoornoot** ivory nut; **ivoorzwart** bone black, ivory black
ivoren ivory [tower]; *~ voorwerp,* (*ook*) ivory
Ivriet (modern) Hebrew; **Izaäk** Isaac
Izabel Isabella; **izabelkleur(ig)** Isabel(la); **Izébel** Jezebel
izegrim, etc *zie* iezegrim, enz

Jj

j (the letter) j
ja yes; (*stemming, dial, zeemanstaal & vero*) ay, aye; (*wat meer is, ja zelfs*) yes [trade, commerce, yes, national honour, all are ...], indeed; *~?,* (*ongelovig*) [he'll come today;] Oh?; (*vero*) yea; *uw ~ zij ~ en uw neen, neen* let your yea be yea, and your nay, nay; *zijn ~ is mijn neen* it is my word

against his; [*is hij uitgegaan?*] *ik geloof* (*van*) ~ [has he gone out?] I think he has, I think so; *er was weinig ruimte tussen ..., ~ zo weinig, dat ...* there was little space between ..., so little indeed that ...; ~, *ik was zo verbaasd, dat ...* indeed, I was so surprised that ...; *ik ben voorzichtig,* ~ (*zelfs*) *angstvallig* I am a cautious man, indeed a timid one; *op alles ~ en **amen** zeggen* say yes to everything; ***maar*** ~, ... but well, ..., but then, ...; *een vraag **met** ~ beantwoorden* answer yes to a question, answer a ... in the affirmative; (*met*) ~ ***of nee** antwoorden* answer yes or no [just give me a straight yes or no, will you?]; *het is moeilijk de vraag met ~ of nee te beantwoorden* it is difficult to answer the ... either way; ***wel*** ~ that's right [, blame it on us]; *zie ook* jawel & jazeker

jaaglijn tow-line, -rope; **jaagpad** towpath, towing path; **Jaantje** Jane, Jenny

jaap cut, slash, gash; **Jaap** Jim, Jemmy

jaar year; *per ~, 's ~s,* [£100] a year, per annum; *ze is 10 ~* she is ten (years old); *ze is verleden maandag 10 ~ geworden* she was ten last Monday; *het is jaren geleden, dat ik ...* it's years since I ...; *de laatste 25 ~* (for) the last 25 years; *de jaren dertig, de dertiger jaren* the thirties; *~ en **dag*** a year and a day; *al* (*sinds*) *jaar en dag* for years (and years); *het **ene** ~ door het andere* one year with another; *het **hele** ~ door* all the year round, throughout the year; *~ **in** ~ **uit*** year in (and) year out; *eens in het ~* once a year; *hij is in z'n 15de ~* he is in his 15th year, going fifteen; *ik had hem in geen tien ~ gezien* I had not seen him for the last ten years; ***met** de jaren* [that will come] with the years; *~ **na** ~* year after year; *na lange jaren* after many years; *daar kunnen **nog** jaren over heengaan* (*verlopen*) it may be years before that happens; *nog geen vijf ~ na zijn dood* within five years of his death; *het ~ **nul**,* (*fig*) [in, since] the year dot; *van het ~ nul, a*) totally useless; *b*) outdated; ***om** de twee* (*drie*) ~ every other (third) year; *~ **op** ~* year by year; *op jaren komen* be getting on (in years); *vandaag **over** een ~* a year from today; ***van** ~ tot ~* [renewed] annually, from one year to the next, from year's end to year's end; year by year [he became richer]; *van mijn jaren* [he is] my age; *een meisje van 10 ~* a girl of ten (years), a ten-year old girl; *van zijn zesde ~ af* from the age of six; *kinderen van tien ~* ten-year-olds; *van 20 jaren* (*her*) [a friend] of 20 years' standing; *een reis van twee ~* a two years' journey; *van een goed ~* [wine] of a good vintage; *vandaag **voor** een ~* a year ago today; *jong voor haar jaren* young for her years; *zie ook* jarenlang, heer, laatst, nul, enz

jaar|abonnement annual (year's, yearly) subscription; **-basis**: *op ~* annualized [profit, percentage]; **-bericht** annual report; **-beurs** (trade and) industries fair; **-boek(je)** yearbook, annual; *-boeken* annals; **-boekschrijver** annalist; **-cijfers** annual return(s); **-dag** *zie* ver~; **-dicht** *zie* -vers; **-dienst** annual mass; **-feest** anniversary, annual feast; **-gang** volume [of a magazine]; [second] year of publication (of issue); (*v wijn*) vintage; *oude ~* back volume; *reeks oude ~en* back file(s); **-geld** annual allowance, annuity; (*pensioen*) pension; **-geldtrekker** 1 annuitant; 2 pensioner; **-genoot** class-mate, contemporary; **-getij(de)** 1 season; 2 *zie* -dienst; **-huur** yearly rent; **-inkomen** annual income; **-kaart** annual (season) ticket, annual pass; **-klasse** (*mil & Am univ*) class; **-kring** annual cycle; (*in boom*) annual ring; **-letter** date-letter; **-lijks** I *bw* every year, yearly, annually; II *bn* yearly, annual; **-ling** yearling; **-loon** annual pay, yearly (year's) wages; **-markt** (annual) fair; **-mis** annual mass; **-omzet** annual turnover; **-overzicht** annual review; **-ring** annual ring, tree ring; **-staat** annual returns; **-tal** (year) date, year; **-telling** era; **-vergadering** annual (general) meeting; **-vers** chronogram; **-verslag** annual report; **-wedde** (annual) salary; (*ve geestelijke*) stipend; **-wisseling**: *bij de ~* at the turn(ing) of the year

jabot id, frill

jabroer yes-man

jacht 1 (vaartuig) yacht; 2 (*op groot wild, ook vossen*) hunt(ing); (*met geweer op patrijzen, enz*) shooting; (*algem*) hunting, blood sport(s), the chase; (*fig*) pursuit [*naar rijkdom* of wealth], hunt, chase; *zie ook* ~veld; *~ naar vermaak,* (*ook*) pleasure-seeking; *korte ~* shooting; *lange ~* coursing; *de wilde ~* the wild hunt; *~ **op** grof wild* big-game hunting; *~ op waterwild* waterfowling, wildfowling; *~ op anarchisten* hunt for (round-up of) anarchists; *~ maken op* hunt [tigers, etc], give chase to [a hostile ship], pursue; (*fig*) strain after [effect], pursue [pleasure]; *~ maken op leeuwen,* (*ook*) be (*of:* go) lion-hunting; *op* (*de*) *~ gaan* go out shooting (hunting), (*vooral op vossen*) ride to hounds, (*op de lange ~*) go coursing; *op ~ zijn* be hunting (shooting), be out with the hounds (with the guns); *op ~ naar* on the hunt for (*ook fig*); *de ~ is **open*** the shooting-season has opened

jachtakte shooting-, game-licence; **jachtbedrijf**: *het ~* hunting; **jachtbommenwerper** fighter-bomber; **jachtclub** yacht-club

jachten I *tr* hurry, drive, hustle, rush; II *intr* hurry, hustle; *ik wil me niet laten ~* I won't be rushed; *het ~, zie* gejaag (*fig*)

jacht|gebied *zie* -veld; **-geweer** sporting gun, shotgun; **-gezelschap** *zie* -stoet; **-godin** goddess of the hunt (Diana); **-grond** hunting-ground; **-haven** marina, yacht haven; **-hond** (*staand*) gun dog, (*lopend*) hound; **-hoorn, -horen** hunting-horn; **-huis** hunting-, shooting-box, -lodge

jacht|ig hurried; **-kleed** hunting habit; **-liefhebber** lover of the chase, sportsman; **-luipaard** cheetah; **-mes** hunting knife; **-opziener** gamekeeper; **-paard** hunter; **-partij** hunting-, shooting-party, hunt, shoot; *vgl* jacht; **-patroon** shot-cartridge; **-recht** shooting-, hunting-right(s); **-rit** hunt; point-to-point (race); **-schotel** hotpot; **-seizoen** hunting (shooting) season; **-sneeuw** driving (drifting) snow, snowdrift; **-spin** wolf spider, hunting spider, hunter; **-stoet** hunt(ing-party), shooting-party, [the] field; **-ter-**

rein *een dankbaar* (*welkom*) ~, (*fig*) a happy hunting-ground; *zie* -veld; **-tijd** shooting-season, open season [for red deer]; *zie ook* gesloten; **-veld** hunting-field, -ground; *particulier* ~ preserve, (private) shoot(ing); *de eeuwige ~en* the happy hunting-grounds; **-vereniging** hunt, hunting-association; **-vergunning** *zie* -akte; **-vermaak** pleasures of the chase, field sports; **-vest** shooting-jacket; **-vliegtuig** fighter [pilot]; **-wachter** gamekeeper; **-wagen** dog-cart, drag; **-wet** game act; *~ten* game laws; **-wezen** *zie* -bedrijf; **-zweep** hunting-crop

jack *zie* 1 jak; **jacketkroon** jacket crown

Jacob *zie* Jakob; **Jacobse & van Es** petty criminals (crime); **Jacobus** James, Jacob; ~ *de kleine* James the less; *van ~ I & van ~ de kleine* Jacobean

jaconnet jaconet; **jacquet** morning coat, cutaway, (*fam*) tails; *in* ~ in morning dress

jade id; **jaeger** id; **Jafet** Japheth

jagen I *ww* 1 (*ook:* ~ *op*) hunt [lions, foxes, etc], shoot [hares, duck, etc], course [hares], (*besluipen*) stalk [deer], (*nazitten*) chase [one's prey, enemy, ship]; *met honden* ~ shoot over dogs, (*vooral op vossen*) ride to hounds; ***uit*** *~ gaan* (*zijn*) go (be) out shooting (hunting); *vgl* jacht; 2 (*fig*) drive, hurry (on), urge on, rush, hustle [don't hustle me!]; *iem een kogel* ***door*** *het lijf* ~ put a bullet through a p., (*sl*) plug a p.; *zich een kogel door het hoofd* ~, (*ook*) blow one's brains out; *een wetsontwerp door het parlement* ~ rush a bill through Parliament, guillotine a bill; ***naar*** *vermaak* ~ pursue pleasure; *~d naar vermaak* pleasure-seeking; *naar rijkdom* ~ hunt after riches; *de straat* ***op*** *~, zie* straat: op ~ zetten; *zijn vader joeg hem het huis* ***uit*** his ... turned him out (of the house); *de vijand het land uit* ~ drive the enemy out (of the country); ***voor*** *zich uit* ~ drive before one; *zie ook* keel, kosten, vlucht, enz; 3 (*snellen*) race, rush, tear, fly; (*vd pols, enz*) race [his pulse, his heart raced; it set the blood racing in her veins]; II *zn: het ~, zie* gejaag & jacht

jager 1 hunter [a mighty hunter before the Lord], sportsman, huntsman, gun [a party of five guns]; (*vossen~, ook*) [a keen] rider to hounds; (*mil*) rifleman; *de ~s,* (*mil*) the Rifles; ~ *op leeuwen, enz* big-game hunter; 2 (*ve schuit*) driver of a towing-horse; 3 (*zeil*) flying jib; 4 (*vliegtuig*) fighter; 5 (*haring~*) carrier; 6 *grote* (*kleine, kleinste*) *~,* (*vogel*) great (arctic, long-tailed) skua; **jageres** huntress; **jagermeester** master of (fox-)hounds (*afk:* MFH); (*pikeur*) huntsman

jagers- *zie ook sam met* jacht-; **jagerslatijn** tall story; **jagerstas** game-bag

Jaggernaut Juggernaut

jaguar id

Jah|veh, -weh Yah-, Jahveh, -weh, (*Bijb*) Jehovah

jajem gin

1 jak jacket; *iemand op zijn ~ komen, iem het ~ uitvegen* dust a p.'s jacket; (*soort blouse*) smock

2 jak (*dier*) yak

jakhals jackal; *kale* ~ beggarly fellow

jakkeren I *tr* ride [a horse] to death; overdrive [a p., an animal]; II *intr* pelt (rush, tear) along; scramble [through a programme]; *zie ook* jachten

jakkes bah!, pah!

jaknikker 1 yes-man; 2 nodding donkey, pumping unit

Jakob James; (*de aartsvader*) Jacob; *de ware* ~ Mr Right; **Jakoba** Jacob(in)a; ~ *van Beieren* Jacqueline of Hainault

jakobakannetje glazed brown jug; **jakobiet** Jacobite; **jakobijn** Jacobin [convent]; **jakobijnenmuts** red cap (of the Jacobins), Phrygian cap; **jakobijns** Jacobinic(al), Jacobin; **jakobinisme** Jacobinism; **jakobitisch** Jacobite, -bitic; **jakobs(kruis)kruid** ragwort; **jakobsladder** (*ladder & plant*) Jacob's ladder; (*techn*) chain conveyor; **jakobs|mantel, -schelp** Jacob's shell

jalappe jalap

jaloers jealous [*op* of], envious [*op* of]; **jaloersheid** *zie* jaloezie 1; **jaloezie 1** jealousy [his jealousy of you], envy; *uit* ~ out of jealousy, in envy; *ze* (*haar auto, enz*) *wekt de ~ op van alle anderen* she (her car, etc) is the envy of ...; 2 Venetian blind, slatted blind; **jaloezieband** ladder tape; **jaloeziedeur** tambour (*of:* roll-up) door; **jaloeziekast** roller front cabinet; **jaloezielat** slat

jalon levelling-staff; **jalonneren** stake out

jalousie: ~ *de métier* professional jealousy

jam id; ~ *maken van* make [cherries] into jam, jam [strawberries]

Jamaica id; **Jamaicaan(s)** Jamaican; **jamaicapeper** *zie* piment

jambe 1 iambus, iamb; *vijfvoetige rijmloze ~n* blank verse; 2 iambic poem; **jambisch** iambic

jammer I *zn* misery, distress; *de ~en* the evils [of war]; II *pred bn & tw: het is* (*meer dan*) ~ it is (more than) a pity; *het is erg* ~ (*is zonde en*) it is a great pity (a thousand pities); (*maar er is niets aan te doen*) it's too bad; *het is* (*zo*) ~ *dat* ... the pity (of it) is ...; (*het is*) ~ ***dat*** *hij er niet eerder om gedacht heeft* it's unfortunate that ...; ~ ***genoeg!*** [they are not all like you,] (the) more's the pity!; [business is pretty slow,] worse luck!; ~ *genoeg werd zijn hoop niet vervuld* sad to relate (to say) his hopes were not ...; *je kunt niet begrijpen* ***hoe*** *~ het is* you ... the pity of it; *het is ~* ***van*** *hem* (*het mooie boek*) I am sorry, he was such a nice fellow (it was such a nice book); *het is ~ van het geld* it is a pity that the money should be thus wasted; (*het is*) ~ *van,* (*ook*) (it's a) pity about [her gown, the fellow]; *het is ~* ***voor*** *hem* I feel sorry for him; it's rather hard (is hard lines) on him; ***wat*** (*hoe*) ~ (*nou*)*!* what a pity!, what a shame!

jammeren lament, wail, moan, (*fam*) yammer; (*janken*) whine; **jammerhout** (*fam*) fiddle; **jammerklacht** lamentation; **jammerlijk** miserable, woeful, wretched, pitiable, pitiful, piteous, dismal; *hij heeft ~ gefaald* he has failed signally; **jammerpoel** pool of misery

jampot jam jar

Jan John; (*fam*) Jack; *de jannen* the giants [of the racing-track, of golf]; ~, *Piet en Klaas, ~ en alleman* (every) Tom, Dick and Harry, all the world and his wife; *redenering van ~ Kalebas* silly reasoning; *~ Klaassen, a)* (*hanswors*t) merry-andrew, Jack Pudding; *b)* Punch; *~ Klaassen en Katrijn* Punch and Judy; *er voor ~ Lul* (*~ met de korte achternaam*) *bij staan* look silly; *~ Modaal* the average wage-earner; *~ met de Pet* the working man; *~ Publiek* Joe Public, John (Q) Citizen, Mr Average, the man in the street; *~ Rap en z'n maat* ragtag and bobtail, the great unwashed, the riffraff; *~ zonderland* John Lackland; *ik ben **boven** jan* I've turned the corner, I'm out of the wood; *zie ook* boezeroen, oom, enz

janboel muddle, mess, (*fam*) shambles; *een grote ~* a regular mess; **janboerenfluitjes**: *op z'n ~* in a slapdash manner; **jandoedel** gin; **jan|doppie, -dorie** by gum!, (by) gosh!, my hat!, lumme!; **jangat** duffer, mug; **janhagel** 1 mob, rabble, riffraff, ragtag and bobtail; 2 kind of biscuit; **janhen** busybody in the kitchen; **jan-in-de-zak** duff: flour-pudding boiled in a bag; (*met krenten of rozijnen*) plum-duff, spotted dog

janitsaar janizary, janissary

jank yelp, etc; *vgl* janken; (*geluidstechniek*) wow

janken 1 yelp, whine, squeal, whimper; 2 (*fam: huilen*) cry, weep; *ik* (*ze*) *kon wel ~* it was fit to cry (she was almost in tears); **janker(d)** yelper, etc; *vgl* janken

janklaassen 1 merry-andrew; 2 (*fam*) kerfuffle

janklaassenkast Punch and Judy show; *vgl* Jan

janmaat (Jack) tar, bluejacket

Janna Jane, Jenny, Joan; **janplezier** (covered) charabanc (break, brake); **Jans** Jane, Joan

jansalie stick-in-the-mud, spineless fellow; **jansaliegeest** spinelessness

jansenisme Jansenism; **jansenist** Jansenist

Jansje Janet; **jansul** noodle, booby, mug; **jantje** (*matroos*) bluejacket, (jack) tar; **Jantje** Johnnie; *wat ~ niet leert, zal Jan nooit kennen* you can't teach an old dog new tricks; *~ Contrarie* perverse (contradictious) person; *hij is altijd ~ Contrarie* he is always contrary; *~ Secuur* man of precision

jantje-van-leiden: *zich met een ~ van iets afmaken* skimp [an essay], shirk [the difficulty], brush aside [a question, etc], dismiss [a matter] lightly

januari January; *de ~maand* the month of January

Janus id; **janusgezicht** Janus face; *een ~ hebben* be Janus-faced, face both ways, be a Mr Facing-both-ways

jan-van-gent gannet

Jap id; **Japan** id; **japanlak** Japanese lacquer; **japanner** Japanese product (car, computer, etc); *zie ook* zak~; *J~* Japanese (*mv:* id), (*fam*) Jap

Japans Japanese; *~e Zee* Sea of Japan; **Japanse** Japanese woman; *ze is een ~* she is Japanese

japen gash, slash

japon dress, (*lang*) gown

japonstof dress material

jappenkamp Japanese internment camp

jardinière id, flower-stand

jarenlang I *bn* of years, year-long, [an acquaintance] of many years' standing; II *bw* for years (together), for years on end

jargon id; *ambtelijk ~* officialese, gobbledegook, -dygook

jarig (*één jaar oud*) a year old, of a year; *drie~* [child] three years old, [child] of three (years), three-year-(years-)old [child]; three-years' [war]; *drie~ bestaan* third anniversary; *een drie~ kind* (*paard*), *een drie~e,* (*ook*) a three-year-old; *ik ben vandaag ~* today is my birthday; *over zes dagen ben ik ~* I shall have (I'm having) my birthday in six days(' time); *de ~e* the birthday person (boy, girl), the person whose birthday it is

jarretel(le) [stocking] suspender, (*Am*) garter [belt]

jas coat; (*kort ~je*) jacket; *zijn ~je omkeren,* (*fig*) turn one's coat; **jasbeschermer** overcoat guard

jasmijn (*echte ~*) jasmin(e), jessamine; (*boeren~*) mock-orange, syringa, seringa; *zie ook* Kaaps

jaspand coat-tail

jaspis jasper

jassehanger coat-hanger

jassen 1 peel [potatoes]; 2 scamp, rush [one's work]; 3 play jas (a card-game)

jasses bah!, pah!, faugh!, yuck!

jaszak coat (jacket) pocket

jat (*sl*) paw; **jatten** pinch, nick; *zie* gappen

Java id; **Javaan** Javanese (*ook mv*); **Javaans** Javanese; **Javaanse** Javanese woman [she is Javanese]; **Javaas** Java(nese)

jawel yes, indeed; (*iron, ook: ~, morgen brengen*) indeed!, not a bit (of it); *hem zijn zin geven? ~!* let him have his way? indeed!; **jawoord** yes, consent; *om het ~ vragen* ask in marriage, (*fam*) pop the question; *het ~ geven* say yes; **jazeker** (yes,) certainly, yes indeed; (*iron*) *zie* jawel

jazz jazz [age, band, fan, music]

J.C. afk van *Jezus Christus* Jesus Christ

je I *pers & onbep vnw* you [will you come, John?; you can't get food here]; *elkaar met ~ en jou aanspreken* be on first names (familiar terms); *zo iets geeft ~ moed* that's what cheers one (a man) up; II *bez vnw* your; *dat is jè tabak* that's the tobacco; *jè van hèt,* (*fam*) the thing, the cat's whiskers

jee(tje) oh dear!, oh Lord! [I've spoilt it!], dear me! [look at the time!], Christ! [I've lost the key!], (Good) Lord! [how amazing!]; *ach jeetje* dear, oh dear

jegens towards, to, by [I have always done right by you]; with [be frank with a p.]

Jehova 1 Jehovah; 2 Jehovah's Witness

jekker (pea-, monkey-, pilot-, reefing-)jacket, reefer

jelui (*vero*) you (people); *zie* jullie I

Jemen (the) Yemen

jemenie, jeminee Christ!, gosh!

jenever gin, Hollands, geneva; vgl klare

jeneverbes 1 juniper berry; 2 juniper (bush, tree); **jeneverboom** *zie* -bes 2; **jenevergrog** gin-grog, gin and water; **jenevermoed** pot valour, Dutch courage; **jeneverneus** bottle-, copper-nose; **jeneverstokerij** gin distillery; **jeneverstruik** *zie* -bes 2

jengel (*geluidstechniek*) flutter

jengelen whine, whimper, pule; (*ve bel*) jingle

jennen (*fam*) badger
jenoffel pink, carnation
Jeremia Jeremiah; **jeremiade** jeremiad; **Jeremias** Jeremiah; **jeremiëren** moan, lament
Jeroen Jerome; **Jeronimus** Jerome, Hieronymus
Jeruzalem Jerusalem; *zie ook* hemels & vreemdeling
Jesaja Isaiah
jesses bah!, pah!, faugh!, yuck!; **Jet** *zie* Jetje
jethelm jet (*of:* open-face) helmet
Jetje Harriet, Hetty, Hen; *iem van jetje geven,* (*fam*) give a p. what for
jeu: *met veel ~,* (*fig*) with a lot of fuss, [tell a story] with much gusto; *~ de boules* boules, pétanque
jeugd [eternal] youth; *de ~,* (*personen*) (the) youth [protect (the) youth; modern youth; our youth]; *boeken voor de ~* juvenile books, books for young people; *de lieve ~,* (*vglb*) young hopefuls; *hier **onderwijst** men de ~* teach your grandmother to suck eggs; *de ~ moet **uitrazen*** youth (young blood) will have its fling (its way), you cannot put old heads (up)on young shoulders
jeugd|bescherming child protection; **-beweging** youth movement; **-boek** juvenile book, book for young people; **-centrum** youth centre; **-criminaliteit** youth (juvenile) crime, juvenile delinquency; **-delinquent** juvenile delinquent; **-gevangenis** detention centre, youth custody centre; (*hist*) Borstal (institution); **-herberg** (youth) hostel; **-herbergcentrale** youth hostels association, YHA
jeugdig youthful, youngish; juvenile [offender]; *op ~e leeftijd* at an early age; *~ persoon, ~e* juvenile; **jeugdigheid** youthfulness, youth, juvenility
jeugd|leider youth leader; **-liefde** youthful love; (*pers*) love of one's youth; **-puistjes** acne; **-rechter** children's court magistrate; **-sentiment** 1 youthful memories; 2 nostalgia for one's youth; **-tijdschrift** youth magazine; **-vereniging** youth club; **-werk** 1 juvenile work, (*mv ook*) juvenilia; 2 (*voor de jeugd*) youth work; **-zorg** youth welfare work
jeuïg jolly; **jeuïgheid**: *voor de ~* for the fun of it
jeuk itch, itching; *~ hebben* itch; **jeuken** itch; *mijn handen ~ om hem ...* my fingers itch to [box his ears]; *de handen ~ hem om te vechten* he is itching (spoiling) for a fight; *mijn maag jeukt* I feel a bit peckish; *zich ~* scratch o.s.; **jeukerig** itchy, itching [elbow]; scratchy [blanket]; **jeukerigheid** itchiness; **jeuking** itching
jeukmug sandfly; **jeukpoeder** itch(ing)-powder; **jeukziekte** prurigo
jeune premier juvenile lead, leading juvenile
jeunesse dorée id, gilded youth
jeuzelen whine, whimper, pule
jewelste *zie* welste
Jezaja Isaiah
jezelf yourself; (*hist*) thyself; *vgl* zelf & zichzelf
jezuïet Jesuit; (*fig ook*) sly deceiver, casuist; **jezuïetenorde** Society of Jesus, order of Jesuits; **jezuïetenstreek** sly (nasty) trick; **jezuïtisch** Jesuitical; **jezuïtisme** Jesuitism
Jezus Jesus; **Jezuskindje** Christ-child; **Jezussandalen** Jesus sandals
jg. vol; *zie ook* jaargang
jicht gout; **jichtig** gouty; **jichtknobbel** chalk-, gout-stone; **jichtlijder** sufferer from gout
jiddisch Jewish; **Jiddisch** Yiddish
jihad id, jehad
jij you; (*hist*) thou; **jijbak** (*vglb*) tu quoque; **jijen**: *~ (en jouen)* be on (over-)familiar terms [with a p.]; **jijzelf** (you) yourself; *vgl* zelf & zichzelf
jioe-jitsoe jujitsu
jippie yippee
jl. last [Sunday; May 5th last]
jò *aanspr* boy; man (*vaak onvertaald*)
Joachim id
job 1 id; 2 part-time job; **Job** id; *zie ook* 2 arm
jobsbode bringer of bad news; **jobsgeduld** patience of Job; **jobstijding** bad news; **jobstrooster** Job's comforter
jobstudent *zie* werkstudent
joch boy; *zie* jochie; **Jochem** Joachim
jochie boy, lad(die); *nee, ~!* no, sonny!, no, my son!; *het is nog maar een ~* he is only a kid
jockey id; (*fam*) jock; **jockeypet** jockey cap
jodelen, jodellied yodel
joden|buurt Jews' (Jewish) quarter, (*afgesloten*) ghetto, (*hist*) Jewry; **-dom** 1 (*leer*) Judaism; 2 (*volk*) Jewry [British Jewry], Jews; **-fooi** pittance; **-haat** anti-Semitism, hatred of Jews; **-kerk** synagogue; *het lijkt wel een ~* it's bedlam broke loose, it's a regular bear-garden; **-kerkhof** Jewish cemetery; **-kers, -kriek** winter cherry; **-lijm** 1 bitumen, asphalt; 2 (*scherts*) spittle; **-neus** Jewish (Arab, hooked) nose; **-ster** Star of David; **-streek** sly (dirty) trick; **-vervolger** Jew-baiter; **-vervolging** persecution of the Jews, Jew-baiting; (*Rusland, enz*) pogrom; **-wijk** *zie* -buurt
joderen (*med, fot*) iodize; (*chem*) iod(in)ate
jodide [silver] iodide
jodin Jewess
jodium iodine; **jodiumtinctuur** tincture of iodine; **jodoform** iodoform [cotton wool, gauze]; **jodometrie** iodometry; **joeg** *ovt van* jagen
Joegoslaaf Yugoslav; **Joego-Slavië** Yugoslavia; **Joegoslavisch** Yugoslav
joehoe yoo-hoo
joekel (*fam*) whopper
joelen shout, bawl, howl; *~de menigte* roaring crowd
joepen jump; **joepie** yippee, whoopee
joert (*tent*) yurt(a)
joetje ten guilders
jofel pleasant, splendid
joggen jog; **joggingpak** tracksuit
joghurt yog(h)urt
joh *aanspr* boy; man (*vaak onvertaald*)
Johan John; **Johanna** Jo(h)anna, Jane, Joan, Jean; **Johannes** John; *~ de Doper* John the Baptist; *het Evangelie naar ~* the Gospel according to (St) John, the Johannine Gospel
johannesbloem (large) daisy; **johannesbrood**

carob, St John's bread, locust-bean, -pod; **johanneskever** garden chafer, bracken-clock; **johannesridder** knight of St John; **johannieterorde** order of the knights of St John (*of:* of Malta)
jojo 1 yo-yo (*ook fig*); 2 (*sl, v pers*) shit; **jojobeleid** policy of shilly-shally; **jojoëen** yo-yo (*ook fig*)
jok (*vero*) joke, jest, fun; *uit ~* in (for) fun
joker id (*ook sl*), wild card; *voor ~ staan* look a fool, have egg on one's face
jokkebrok *zie* jokker; **jokken** fib, tell fibs (stories), romance; (*kaartsp*) cheat; **jokkentje** fib; **jokker** fibber, -ster, story-teller, romancer; **jokkernij** *zie* jok
jol yawl, jolly-boat; (*klein*) dinghy
jolen make merry; **jolig** jolly, merry; **joligheid** jolliness; **jolijt** joy, mirth, merrymaking, jollification
jolleman boatman, waterman
Jom Kippoer Yom Kippur [war]
Jonas Jonah; *hij is een echte ~* he was born for failure; *hij zit te kijken als ~ in de walvis* he looks like a drowned rat (like a dying duck in a thunderstorm); **jonashaai** man-eating white shark
jonassen toss [a p.] in a blanket; **Jonathan** id; *broeder ~* brother Jonathan, Uncle Sam
jong I *bn* young [*van jaren* in years; *van geest* in mind; (*ook*) that dress is too young for me]; *~e boom,* (*ook*) sapling (*~e eik, iep, enz* oak, elm, etc sapling); *~e kaas* (*wijn*) new cheese (wine); *een ~e formatie* a recent formation; *de wereld behoort aan het ~e geslacht* the world is to the young; *in mijn ~e jaren* in my young days; *hij is ~ van hart gebleven* his heart is still young; *~ trouwen* (*sterven*) marry (die) young [the poet Chatterton, who died young]; *wij zijn maar eens ~* we are only young once; *~ en oud* young and old; *~ gewend* (*geleerd*) *oud gedaan* what is learnt early is learnt well; *zie ook* ~er, ~st & datum, kleden, leeftijd, meer; II *zn* young one [three young ones]; (*ve vos, beer, enz*) cub; *~en,* (*ook*) young [a bird and its young; produce several young at a birth]; *~en werpen* litter
jonge: *~* (*~*), *zie* jongen: *~ ~*
jongedame young lady; **jongedochter** (*ongehuwde vrouw*) spinster; **jongeheer** 1 young gentleman, (*met naam*) Master [William]; 2 (*sl: penis*) willie, John Thomas; **jongejuffrouw** young lady; (*met naam*) Miss [Jane]; *oude ~* old maid
jongeling young man, youth, lad; **jongelingschap** youth, (years, age of) adolescence; (*jongelingen*) young men; **jongelingsjaren** years of adolescence (of early manhood); **jongelingsvereniging**: *christelijke ~* Young Men's Christian Association, YMCA
jongelui young people (*ook aanspr*), youths, youngsters; **jongeman** young man
jongen I *zn* boy (*ook: bediende*), lad; *haar ~, zie* vrijer; *neen, mijn ~!,* (*ook*) (*fam*) no, my son!, no, sonny!; *jonge ~* adolescent (boy); *ouwe ~!* old boy!, old fellow!, old man!, old cock!; *deze ~,* (*fam*) yours truly; *ze is net een ~* she is a regular hoyden (*of:* tomboy); *een ~ van Jan de Witt* a heart of oak, a splendid fellow; *~s zijn ~s* boys will be boys; *~, ~!* dear, dear!, my word!, (*Am*) (boy, oh) boy!; *gladde ~,* (*fam*) smart alec, wise guy; *zie ook* jongetje & ouwe~; II *ww* bring forth young (ones), litter, breed; (*in bijz geval*) calve, lamb, pig, whelp, foal; (*ve kat*) kitten; (*ve hond*) pup; (*v konijn & haas*) kindle; (*ve geit*) kid
jongens|achtig boyish [smile boyishly], boy-like [girl]; **-droom** boyish dream; **-gek** boy-crazy girl, regular flirt; **-jaren** boyhood; **-kop** (*ve meisje*) Eton crop; (*langer*) shingle, shingled (bobbed) hair; **-pak** boy's suit; **-school** boys' school; **-streek** boyish prank
jonger younger; *hij is 3 jaar ~ dan zij* he is three years younger than she, three years her junior, her junior by three years; *een ~e zoon* (*ve adellijke familie*) a younger son, a cadet; *Scipio de ~e* Scipio the younger; **jongere** *zn* young person, youth, youngster; *~en* young people; [Jesus and His] disciples; *werkende ~n* working youths; *voor de sam vgl* jeugd-; **jongerejaars** junior student
jongerenwerk youth work
jongetje 1 little (small) boy, [a two-year-old] baby boy; *verwend ~, zie* moederskindje; 2 catamite, fairy
jonggeborene new-born child, baby; **jong|gehuwden, -getrouwden** newly-married couple, newly-weds; **jonggezel** bachelor, single man
jongleren juggle [(with) balls, plates; figures *cijfers*]; **jongleur** juggler; (*hist*) id
jongmaatje apprentice; *zie ook* -mens
jongmens young man, youngster
jongs: *van ~ af* from childhood, from my (his, etc) youth up; *alsof ze er van ~ af aan gewoon was* [she went through the ceremony] as to the manner born
jongst youngest; *~e bediende* (*firmant, vennoot*) junior clerk (partner); *de ~e berichten* the latest news; *de ~e dag* the day of the Lord, the day of judg(e)ment; [until] the crack of doom; *de ~e gebeurtenissen* recent events
jongstleden last; *~ maandag* last Monday, Monday last; *de 2e april ~* April 2nd last
jonk junk
jonker (young) nobleman; [German] junker; (*land~*) (country) squire; *kale ~* impoverished nobleman; **jonkervis** rainbow wrasse; **jonkheer** Jonkheer
jonkheid youth; **jonkie** 1 youngster; 2 young, little one; 3 glass of gin; **jonkman** *zie* jongmens; **jonkvrouw** *zie* freule; (*meer algem*) maid, damsel; **jonkvrouwelijk** maidenly
jonnen allow; not mind; *zich ~* delight [in s.t.]
jood 1 Jew, Hebrew; *twee joden weten wat een bril kost,* (*vglb*) it is diamond cut diamond (Greek meets Greek); 2 *zie* jodium; **joods** Jewish [customs, faith, religion], Judaic [law]; *het ~e geloof,* (*ook*) Judaism
jool fun, [drunken] frolic, jollity, jollification; (*sl*) binge; (*studenten~*) rag; *grote ~* high jinks
joon fishing-buoy, dan
Joop Joe

joosjesthee gunpowder (tea), pearl tea
Joost Just(us); *dat mag ~ weten* goodness knows; (I'm) hanged (blowed) if I know; **Jopie** Joe
jopper pea-jacket; *zie* jekker
Jordaan: *de ~* Jordan, the (river) Jordan; **Jordaans** Jordanian; **Jordanië** (the Hashemite kingdom of) Jordan; **Jordaniër** Jordanian
Joris George, Georgie; *zie ook* goedbloed; **Josephine** id; **Josephus** id; **Josua** Joshua
jota iota; *geen ~* not an iota, not a jot
jou you; *zie* je & jouw; *die vriend van ~* that friend of yours; **jouen** (*vglb*) be on first names with; *vgl* jijen
joule id; **jour** at-home (day); *~ houden* receive, be at home; *zie* ajour
journaal 1 (*mar*) logbook; (*handel*) journal; 2 (*bioscoop*) news-reel; (*radio & TV*) [the] news; **journaliseren** journalize, enter in the journal
journalist id, pressman; **journalistiek** I *zn* [gutter, radio, sensational, TV] journalism; II *bn* journalistic (*bw:* -ally); **journalistisch** *zie* -stiek II
jouw your [cat]; (*hist*) thy; *het ~e* [it's] yours
jouwen 1 hoot, boo; *zie ook* uit~; 2 *zie* jouen
jouwerzijds on your part; **jouzelf** *zie* jezelf
joviaal jovial, genial, sporting; breezy [laugh, remark]; *een joviale kerel,* (*ook*) a jolly good fellow, a sport; **jovialiteit** joviality, geniality
joyrijden joyride; **joystick** id (*alle bet*)
Jozef Joseph (*ook fig*); *als de ware ~ maar komt* if Mr Right comes along; *zie ook* kuis; **Jozua** Joshua
Jr id; *zie* junior
ju! gee (up)!
jubel shout(s) of joy, jubilation; **jubelen** jubilate, exult, rejoice, be jubilant, be exultant, shout for joy; *~ over* exult (rejoice) at (in); **jubelend** (*ook*) jubilant, exultant
jubelfeest jubilee; **jubeljaar** jubilee year; (*joods*) (year of) Jubilee; (*r-k*) Holy Year, Jubilee; **jubelkreet** shout of joy (of rejoicing, jubilation), cheer; **jubelstemming** jubilant mood; **jubeltenen** upturned toes
jubilaris celebrator of a jubilee; **jubileren** 1 *zie* jubelen; 2 celebrate one's jubilee; **jubileum** jubilee; *25-jarig ~* silver jubilee, 25th anniversary [of his accession to office]; **jubileumuitgave** jubilee volume (edition, issue)
jucht|leer, **-leren** Russia leather, russia
Juda Judah; **judaïca** Judaica; **judaïsme** Judaism
judas id; *zie* ~venster; **Judas** id (*ook fig*)
judas|boom Judas tree; **-kus** Judas kiss; **-loon** traitor's wages, blood-money; **-penning** (*plant*) honesty; **-sen** nag, tease, needle; **-streek** act of betrayal; **-venster** judas (hole, window)
Judea id
judicieel judicial; **judicium** 1 verdict, judgment; 2 assessment, grade
judo id; **judoën** do judo; **judogi** id; **judoka** id
juf miss; *de ~,* (*kinderjuffrouw*) nurse, Nannie (*ook aanspr*); *ja ~,* (*op school*) yes, teacher; yes, Miss; **juffer** 1 young lady, miss; 2 (*insekt*) dragonfly; 3 (*bk: aanbinder*) ledger; 4 (*straatstamper*) rammer; **jufferachtig** old-maidish, prim, finical, squeamish; **jufferblok** (*mar*) dead-eye; **juffershondje** toy dog, lap-dog; *beven als een ~* tremble like a jelly, shake like a leaf; **juffertje** *zie* juffie; **juffertje-in-'t-groen** love-in-a-mist, fennel-flower; **juffie** young lady, [my fine] missie; **juffrouw** lady; *met naam,* (*ongetrouwd*) Miss (Ms, Mrs) [Brown], (*getrouwd*) Mrs [Brown]; (*bij aanspreking zonder naam*) Madam; (*in winkel, enz*) Miss; *~ van gezelschap* lady companion; *zie ook* juf, jonge~ & winkel~
Jugendstil Art Nouveau, id
juichen shout for (with) joy; cheer (*ook: ~ om, voor:* cheer a goal, the team); *zie verder* jubelen & jubel-
juist I *bn* right [your guess is right; the right time, quantity, etc], correct [definition], proper [dosage, food], precise [the precise reasons], exact [value, an exact balance], accurate [thermometer]; *de ~e* ***datum*** the right (correct) date, (*precies aangegeven*) the exact date; *het ~e woord* the right (exact, proper) word; *het heeft de ~e* ***lengte*** it is the right (correct) length; ***te ~er tijd*** at the proper time; just in time, in the nick of time; *~!* quite (so)!, exactly!, precisely!, that's it!, quite right!; ***zeer*** *~!,* (*in vergadering*) hear! hear!; *zie ook* man; II *bw* 1 (*daarnet*) just [I have just arrived], (*zo ~*) just now; 2 (*met name*) especially [in this case]; exactly; 3 (*precies:*) *~ de man, die ik hebben moet* the one (the very) man I want; *dat is ~ wat ik zoek* that's the very thing I'm looking for; *~ wat ik zei* just (exactly) what I said; *ik heb het ~ gisteren verkocht* I sold it only yesterday; ***dat*** *is het ~* that's just it, that's just the point; *~ zijn deugden* his very virtues [caused his failure]; *~* ***daarom*** for that very reason; ***waarom*** *~ hij?* why he rather than another?; *waarom nu ~ vandaag* (*~ in deze kamer*)*?* why today of all days (in this room of all places)?; *zie ook* net *bw*; 4 (*correct*) [translate, describe, etc] correctly; rightly, [guess, judge] right; *of ~er gezegd* ... or more correctly ...; 5 (*integendeel:*) *teleurgesteld? ik ben ~ blij* disappointed? I am only too glad; ... *of ~ niet?* or just the reverse?; ... *of ~ een ondeugd* ... or a vice, rather; [*weggaan?*] *wel nee, ik blijf ~* on the contrary, I ...
juistheid 1 correctness, rightness, exactness, exactitude, precision, accuracy; *vgl* juist; 2 (*terechtheid*) justness, justice [of a remark]
jujube id
juk yoke; (*bk*) crossbeam; (*ve balans*) beam; *een ~ ossen* a yoke of oxen; *het ~ afwerpen* throw (shake) off the yoke; ***in*** *het ~ spannen* put to the yoke, yoke; ***onder*** *het ~ brengen* bring under the yoke, subjugate; *onder het ~ doorgaan* pass under the yoke; **jukbeen** cheekbone, (*wtsch*) zygomatic bone; **jukboog** zygomatic arch; **jukspier** zygomatic muscle
Jules Julian, Julius
juli July; *de ~maand* the month of July
Julia id, Juliet; **Juliaan** Julian; **Juliaans** Julian; *~e tijdrekening* Julian calendar, Old Style; **Juliana** id
julienne id

Julische Alpen Julian Alps; **Julius** id
jullie I *pers vnw* you (chaps, fellows, people, (*Am*) guys); *van ~* [that's] yours; II *bez vnw* your [cat]
jumbo id; (*attr ook*) jumbo-size(d)
jumbojet jumbo (jet)
jumelage twinning [of towns, etc]
jumeleren twin
junctie junction
jungle id (*ook fig*)
juni June; *de ~maand* the month of June
junikever summer chafer
junior id; (*v broers op school*) [Smith] minor
junk 1 junkie, junky; 2 junk [bond, food]
Juno id
junta id
Jupijn, Jupiter Jupiter, Jove; *van ~* Jovian
jupiterlamp klieg light
jupon waist slip
Jura: *de ~* the Jura (Mountains)
jureren 1 judge [a contest], adjudicate; 2 act as judge
juridisch juridical, legal; *~e afdeling* legal department; *~e commissie* judicial (jurists') committee; *de ~e studie* the study of law; **jurisdictie** jurisdiction; (*rechtsmacht, ook*) competence [of the court]; **jurisprudentie** jurisprudence; (*vglb*) case law; **jurist(e)** 1 jurist, lawyer; 2 (*student*) law student; **juristerij** legal quibbling(s) (sophistry)
jurk dress, frock, (*ook v man*) gown
jury id; (*bij wedstrijd, ook*) (panel of) judges, adjudicators; *~ van aankomst* judges of finish; *lid van de ~ zijn* be on the jury
jurylid member of the jury, juror, jury(wo)man; (*bij wedstrijd*) judge; *lijst van -leden* panel
juryrechtspraak trial by jury
1 jus law; *~ docendi* right to teach; *~ promovendi* right of conferring or taking a doctor's degree
2 jus 1 gravy; 2 *~ (d'orange)* orange juice
jusblokje (*vglb*) Bisto; **juskom** gravy boat
justeerbalans adjusting balance
justement 1 exactly; 2 just now
justeren adjust; (*typ*) justify [a matrix]
justificatie justification; **justificeren** justify
Justi|niaans, -nianus Justinian; **Justinus** Justin; **Justitia** Justice; **justitiabel** justiciable
justitie (*rechterlijke macht*) judicature; (*rechtsbedeling*) administration of justice, judicature; *hof van ~* court of justice; *de ~,* (*vaak*) the law [escape from the law; *de zaak **aan** de ~ in handen geven* go to law, take the matter before the court; *aan de ~ overleveren* hand [a p.] over to the law (to the police, to justice); ***met** de ~ in aanraking komen* come into contact (*of:* conflict) with (find o.s. up against) the law; ***uit** de handen der ~ blijven* keep clear of the law; *zie ook* officier; **justitieel** judicial [*inquiry* onderzoek]
jut *zie* juttepeer; **Jut** 1 Jocelin; *kop van ~* try-your-strength machine; 2 Jutlander, Jute
jute id; **jutezak** gunny (jute, burlap) sack (*of:* bag)
Jutland id; **Jutlander** Jutlander, Jute; **Jutlands, Juts** Jutish, Jutland(ish); **juttemis** *zie* sint-~
jutten comb the beach(es); **juttepeer** (kind of) small, juicy pear; **jutter** beachcomber; **jutterij** beachcombing
Juul Jill; **Juvenalis** Juvenal
juveniel juvenile
juweel jewel, gem, (*mv ook*) jewellery, (*Am*) jewelry; (*fig ook*) [our cook is a] treasure; *een ~ van ...* a jewel of [a woman, a servant]; *een ~tje* [the painting, my secretary is] a real gem; a brilliant piece (of work); **juwelen** *bn* jewelled [bracelet], set with jewels; **juwelenkistje** jewel case (box)
juwelier jeweller; **juweliерswerk** jewel(le)ry; **juweliers|winkel, -zaak** jeweller's (shop)
juxtapositie juxtaposition

Kk*k*

k (the letter) k
ka 1 bossy woman; *kaatje* sharp (pert) young girl; 2 *zie* kade
Kaäba Caaba, Kaaba
kaag ketch, flat-bottomed boat; **kaai** *zie* kade
kaaien 1 (*gappen*) pinch; 2 (*gooien*) chuck
kaaiman cayman, caiman, alligator
kaaiwerker wharf-, quay-labourer, quay-porter, lumper
kaak 1 jaw (*ook ve bankschroef, enz; ook:* snatch a p. from the jaws of death); *met magere kaken* lantern-jawed; *zie ook* beschaamd; 2 (*wang*) cheek; 3 (*ve vis*) gill; 4 (*schandpaal*) pillory; ***aan** de ~ stellen,* (*fig*) pillory, show up, expose (to ridicule), denounce [a p.'s action]; *misstanden aan de ~ stellend* investigative [journalism]; 5 (*scheepsbeschuit*) hard tack
kaakbeen jawbone; **kaakchirurg** oral surgeon; maxillo-facial surgeon; **kaakfractuur** fractured jaw; **kaakholte** maxillary sinus
kaakje biscuit
kaakkramp lockjaw, trismus; **kaakmes** gutting-knife; **kaakslag** punch on the jaw; slap in the face (*ook fig*)
kaal 1 (*hoofd*) bald; *hij heeft een ~ hoofd,* (*ook*) he is bald-headed; *zo ~ als een knikker* (*biljartbal*) as bald as a coot; *ik heb mij ~ laten knippen* I've had my hair cut short; *zie ook* kale; 2 (*boom, muur, kamer, banken, planken, veld*) bare; (*heuvels, enz, ook*) stark; (*muur, ook*) unadorned; (*vloer, ook*) uncarpeted; (*vogel*) edged; (*kleren, karpet, enz*) threadbare, shabby; (*band*) bald [tyre]; (*onvruchtbaar*) barren [rock]; *~ vreten* eat bare, crop short; (*v rupsen*) strip [trees]; 3 (*fig*) shabby [people, present], scanty [dinner], poor, paltry [excuse *uitvlucht*]; *er ~ **afkomen*** come away empty-handed; *zie ook* bekaaid; *kale **chic*** shabby-genteel [people]; *iem geheel ~ **plukken*** pluck (fleece) a p., drain a p. dry, bleed a p. white; *zo ~ als een **rat*** as poor as a church mouse

kaal|geknipt close-cropped; **-geschoren** (*v schapen, enz*) shorn; **-heid** baldness; threadbareness, shabbiness; barrenness; *vgl* kaal; **-hoofdig** bald(-headed); **-hoofdigheid** baldness, bald-headedness; **-knippen** shave bald; **-kop** baldhead, baldpate; **-slaan** clear-fell; **-slag** clear felling, clearing; (*terrein*) clear-felled area, clearing; (*fig ook*) total clearance, complete demolition; **-tjes** (rather) shabby; *vgl* kaal 3

kaam(sel) mould [forming on beer, etc]

kaan 1 (*vaartuig*) barge, lighter; 2 (*vetkanen*) greaves, cracklings; (*fig*) windfall, bit of luck

kaap 1 cape [Cape Horn], promontory, headland; *de K~* the Cape; *K~ de Goede Hoop* the Cape of Good Hope; *K~ Hoorn,* (*ook*) The Horn; *K~ Lizard* Lizard Head (*of:* Point); 2 *ter ~ varen* go (out) privateering

Kaapkolonie: *de ~* Cape Colony; **Kaaps** Cape [wool, etc]; *~e Hollander* Cape Dutchman; *~e duif* Cape pigeon; *~e jasmijn* Cape jasmine; *~ viooltje* African violet; **Kaapstad** Cape Town

kaapstander capstan; **kaapvaarder** (*man & schip*) privateer; *K~* trader to the Cape; **kaapvaart** privateering; *zie ook* kaap 2; *K~* trade to the Cape (of Good Hope)

Kaap|verdiër, -verdisch Cape Verdean; *-verdische Eilanden* Cape Verde Islands

Kaapwolken Magellanic clouds

kaar (fish-)well, corf, tank, live box; (*in molen*) hopper

kaarde 1 (*plant*) teasel; 2 (*werktuig*) card(ing engine)

kaarde|bol teasel(-head); **-distel** (fuller's) teasel

kaarden card (tease) [wool]; **kaardmachine** carding machine; **kaardwol** carding-wool

kaars 1 candle (*ook vero lichteenheid, nu* candela), (*was~*) wax candle, (*dun*) taper; (*vet~*) tallow candle; *eindje ~* candle-end; *zo recht als een ~, zie* ~recht; ***bij** de ~* by candlelight; ***in** de ~ vliegen* burn one's wings, come to grief; *met het uitbranden der ~ verkopen* sell by the candle (by inch of candle, by candle auction); 2 (*ve kastanje*) (chestnut) candle; (*ve paardebloem*) blow-ball, dandelion head (*of: clock*), (*wtsch*) pappus; *~je blazen* blow dandelion clocks

kaarse|pit wick; **-snuiter** (pair of) snuffers

kaars|houder (*aan piano*) candle bracket; **-licht**: (*bij*) *~* (by) candlelight; **-recht** dead straight [road], [he stood] erect, bolt upright, (as) straight as an arrow (a die); **-vet** candle-grease, tallow

kaart 1 [cash, charge, cheque, credit, debit, expansion, graphics, hard, index, playing, visiting, yellow] card; (*~en van één speler*) [pick up one's] hand; *op ~ brengen* card-index; *de **gele**, enz kaart krijgen* be shown the yellow, etc card; *de ~en zijn **geschud*** the die is cast; *een **goede** (sterke, slechte) ~ hebben* have a good (strong, poor) hand; *iem in de ~ **kijken*** look at a p.'s cards; (*fig*) see through a p.'s plans, spy out a p.'s secrets; *zich in de ~ laten kijken* show one's hand, give o.s. away; *zich niet in de ~ laten kijken* play one's cards close to one's chest; *de ~ **leggen*** tell (lay, read) the cards; *iem de ~ leggen* tell the cards for a p., tell a p.'s fortune by the cards; *zijn ~en op tafel leggen,* (*ook fig*) put (lay, place) (all) one's cards on the table, show one's hand; *~ **spelen*** play (at) cards; *open ~ spelen* put (lay) (all) one's cards (up)on the table, put down one's cards; *in iems ~* (*iem in de ~*) *spelen* play into a p.'s hands; *alles op één ~ **zetten*** stake everything on one throw, put all one's eggs in one basket; *zie ook* doorsteken, haalbaar, enz; 2 (*land~, plattegrond*) map; (*weer-, zee~*) chart; *de ~ van het land kennen,* (*fig*) know how the land lies; ***in** ~ brengen* map (out) (*ook fig*); (*v klippen, enz*) chart; *niet in ~ gebracht* unmapped [country], uncharted [rocks]; *die stad staat niet **op** de ~* that ... is not in (on) the map; ***van** de ~* off the map; *vgl* 4; 3 (*toegangs-, spoor~*) ticket; *toegang* (*was*) *alleen op vertoon van ~en* admission (was) by ticket only; 4 (*menu*) (menu) card; ***van** de ~, a*) [steak is] off; *b*) (*fig: uitgeput*) finished, played out; (*in de war*) all at sea

kaartcatalogus card catalogue; **kaarten** play at cards, [lose money at] cards; **kaartenbak** card tray, card-index (box); **kaartenhuis**: *als een ~ instorten* (*ineenvallen*) collapse like a house of cards; **kaartenkamer** map room; (*mar*) chart room; **kaartenkast** 1 map cabinet; 2 [2 or 4-drawer] card cabinet; **kaartenmaker** map-maker, cartographer; **kaartgleuf** card-swipe; **kaarthouder** (*pers & voorw*) card holder; (*pers, v kredietkaart, enz*) card member; **kaarting** match at cards

kaart|je 1 (*visite~, speel~, enz*) card; *een ~ leggen* have a game of cards; *zijn ~ afgeven* leave one's card [*bij iem* on a p.]; *zie ook* visite~; 2 (*spoor~, enz*) ticket; *~s, alstublieft!* tickets, please!, (*in autobus, enz*) fares, please!; *een ~ nemen naar L* book for L, take (buy) a ticket to L; *waar moet ik mijn ~ nemen?* where do I book?; **-jesknipper** 1 (*instrument*) ticket-punch; 2 (*persoon*) ticket collector, conductor; **-kast** filing (*of:* card-index) cabinet; **-leggen** fortune-telling; *zie ook* kaart; **-legster** fortune-teller; **-lezen** map-reading; read maps; **-lezer** 1 map-reader; 2 (*elektr*) card reader; *vgl* -sleuf; **-passen** (*mar*) plot; **-register** card index; **-sleuf** (*leessleuf*) card-swipe; *door de ~ halen,* (*ook*) (s)wipe [a card] through the machine; **-spel** 1 card-game; 2 (*het spelen*) card-playing; (*spelletje*) game at (of) cards; *vgl* kaarten; 3 (*spel kaarten*) pack of cards; **-speler** card-player; *goede ~* [he is a] good hand at cards; **-systeem** card-index (system); **-tekens** conventional signs (on maps); **-telefoon** cardphone; **-verkoop** sale of tickets, ticket sale(s), booking

kaas cheese; *hij heeft er geen ~ van gegeten* it is beyond him; *van eten koken had ik geen ~ gegeten* I was not much of a cook; *hij laat zich de ~ niet van het brood eten* he can stand up (stick up) for himself (take care of himself), he knows how to keep his end up

kaas|achtig cheesy, cheese-like; **-bereiding** cheese-making; **-boer** cheese-maker, cheese-making farmer; *zie ook* -koper; **-bolletje** (*hoed*) bowler (hat); **-boor** cheese-scoop, cheese-taster;

-**doek** cheesecloth; -**handelaar** *zie* -koper; -**jeskruid** mallow; -**koekje** cheese-biscuit; -**kop** (*schn*) Dutch cheese; -**koper** cheesemonger; -**korst** rind of cheese, cheese rind; -**leb** (cheese-) rennet; -**markt** cheese-market; -**mes** cheese-cutter; *~je* cheese-knife; -**mijt** cheese-mite; -**plank** cheeseboard; -**schaaf** cheese-plane, cheese-slicer; *methode van de ~* equal-misery-all-round method; -**schaal** cheese-dish; -**soort** (kind of) cheese; -**stengels** cheese-straws, (*dikker*) cheese-fingers; -**stof** casein(e); -**stolp** cheese-cover; (*met de schaal*) cheese-dish and cover, cheese-stand; -**stremsel** rennet; -**vat**, -**vorm** chessel, cheese-mould, cheese-vat; -**wei** whey; -**wrongel** curd

Kaatje Kitty, Kate, Kit

kaatsbaan (*hist*) tennis court; (*vglb*) fives-court; **kaatsbal** handball; (*vglb*) fives-ball; (*ve kind*) (rubber) ball; **kaatsen** 1 play at ball (*vglb:* at fives); *wie kaatst moet de bal verwachten* if you get as good as you gave, don't complain; 2 (*stuiten*) bounce, (re)bound; **kaatser** handball player; (*vglb*) fives-player; **kaatsspel** (kind of) handball, palm-play

kabaai cabaya, kabaya

kabaal 1 hubbub, racket, row, hullabaloo, rumpus; *~ maken* (*schoppen*) kick up a row (a shindy); *er was een hels ~* pandemonium was let loose; 2 cabal; **kabas** bag

kabbala cabbala; **kabbalisme** cabbalism; **kabbalist** cabbalist; **kabbalistisch** cabbalistic

kabbe|len ripple, babble, lap, murmur, purl; -**ling** rippling, etc; ripple, babble, murmur, purl

kabel cable; (*mar ook*) hawser

kabelaring (*mar*) messenger

kabelbaan 1 cableway; 2 *zie* ~spoorweg; **kabelballon** captive balloon; (*als versperring*) barrage balloon; **kabelbrug** suspension bridge, (*touwbrug*) rope bridge; **kabelen** cable

kabel|exploitant cable-TV operator; -**fabriek** cable-works; -**garen** (*mar*) rope yarn; -**gat** (*mar*) cable tier, boatswain's locker; -**goot** cable tray; -**haspel** cable drum

kabeljauw cod(-fish); **kabeljauwvisserij** cod-fishery, cod-fishing

kabel|krant cable-TV newscast; -**las** cable joint; -**lengte** cable('s) length; (*lengtemaat*) cable (*meestal* $\frac{1}{10}$ *zeemijl* 185 meter; *Kon. Marine* 225 meter); -**net** 1 electric mains; 2 cable(-TV) network; -**schip** cable(-laying) ship; -**schoen** (eye, fork, hook) cable tag; -**slag**: *~ touw*(*werk*) cable-laid rope(s); -**slot** cablelock; -**spoorweg** cable-(rail)way, funicular railway, rope railway; (*meest voor goederen*) telpherage, telpher line; -**steek** cable stitch; -**telegram** cablegram; -**televisie** cable television, cable TV; -**touw** cable; -**tram** cable tram(way), cable-car; (*Am*) grip-car

kabinet (*meubel, vertrek, ministerie*) cabinet; (*kunst~*) (picture-)gallery, museum; (*v arts*) surgery; (*kamertje, vero*) closet; (*WC*) lavatory; *~je* closet, cabinet; *zie ook* ministerie; **kabinetformaat** cabinet size; **kabinetportret** cabinet portrait (*of:* photograph)

kabinets|chef (*Ned, vglb*) principal private secretary; (*Belg, vglb*) permanent under secretary; -**crisis** cabinet crisis; -**formateur** (*vglb*) premier-designate; *X is tot ~ benoemd* X has been asked to form a government (cabinet); -**kwestie**: *de ~ stellen* ask for a vote of confidence; -**order** order in council; -**raad** cabinet council, cabinet meeting; -**wijziging** cabinet reshuffle

Kaboel Kabul

kabouter (hob)goblin, elf, imp, gnome, pixie; (*goedaardige & scouting*) brownie

kabuiskool headed cabbage

kachel I *zn* stove; [electric] heater, fire; *~tje* [electric] fire, room heater; *zie ook* aanhebben; *wat in de ~ doen* put in (on) some more coal (*of:* wood), fill up the stove; *de ~ met iem aanmaken* make a p. look foolish; *zich de ~ niet laten aanmaken* refuse to be made a fool of; II *bn* (*sl*) tight, soaked; **kachelpijp** stovepipe; (*hoed*) stovepipe (hat), topper

kadaster land registry (register), register of real property; (*kantoor*) land registry office; **kadastraal** cadastral; *-trale kaart* cadastral map; *-trale opmeting* cadastral survey; **kadastreren** (*opmeten*) survey; (*inschrijven*) register

kadaver dead body, carrion; (*voor dissectie*) subject; *~ zijn* be dead drunk; **kadaverdiscipline** blind (unthinking) obedience to orders

kade (*open*) quay, (*afgesloten*) wharf; (*dijk*) embankment, dike; *~n,* (*ook*) quayage

kadee 1 whopper; (*pers*) stout chap; 2 filthy fellow; 3 (*kind*) nipper

kade|huur wharfage, quayage, quay-dues; -**lengte** quayage; -**meester** wharfinger; -**muur** quay-wall, riverside wall; *zie voor sam ook* kai-

kader 1 senior staff, (lower, middle, top) management; (*mil*) cadre; *een tekort aan ~,* (*in handel en industrie*) a shortage of trained executives (of senior staff); *hoger ~* senior (*of:* key) executives; 2 (*fig*) [legislative] framework, compass [it comes within the compass (the scope) of the treaty], plan, scheme, scope; *alle in het ~ van dit krediet getrokken wissels* all drafts drawn in accordance with the terms of this credit; *in het ~ passen* fit in with the whole (the rest, etc); 3 (*randje*) border; 4 (*bilj*) baulk; **kaderen** 1 fit (into); 2 fit in with

kader|functie executive post; -**leger** skeleton army; -**lid** [union] official; -**oefeningen** skeleton drill; -**opleiding** (*handel*) management training; -**spel** (*bilj*) baulk-line game

kaderuimte quay (*of:* wharfage) space (*of:* accommodation); *vgl* kade

kadet 1 *zie* cadet; 2 (*~je*) (bread) roll

kadi cadi, kadi

kadraai bumboat; (*pers*) bumboat man (woman); **kadraaien** bum

kaduuk clapped out, worn out; broken; (*ve pers*) knocked up

Kaenozoïcum C(a)enozoic, Caino-, Kainozoic

kaf (*v graan*) chaff; (*v andere zaden en vruchten*) husks; *~je,* (*plantk*) glume; *~ dorsen* flog a dead horse; *het ~ van het koren scheiden* separate the wheat from the chaff; *verstuiven als ~ voor de*

wind be scattered like chaff before the wind
kaffer boor, lout; **Kaffer** Kaffir; **kafferkoren** Kaffir corn; **kafferpokken** alastrim
kafir Kafir, giaour; **Kafkaësk** Kafkaesque
kaft (paper) cover, wrapper, (book-)jacket; *met harde ~* hard-bound
kaftan caftan
kaften cover [a book]; **kaftpapier** wrapping-paper, brown paper
kaïk caique; **Kaïn** Cain; **kainiet** kainite; **Kaïns|-merk, -teken** mark (*of:* brand) of Cain
kairomo(o)n kairomone
kajak kayak
kajuit (ship's) cabin; (*ve vliegt*) cabin; (*officiers-, op oorlogsschip*) wardroom; (*voor luitenants*) gunroom; *eerste ~* saloon; **kajuitbed** cabin bed
kajuits|jongen cabin-boy; **-passagier** cabin passenger; **-trap** companion ladder, companion-(way); **-venster** bull's eye
kak 1 shit, crap; 2 (*kouwe*) ~ swank; *de ~* the (would-be) élite
kakatoe cockatoo
kakebeen jawbone
kakel 1 trap; *hou je ~* keep your trap shut; 2 *zie* kakelaar; 3 (*ge~*) cackle, chatter; **kakelaar** chatterer, babbler, cackler; (*vr ook*) chatterbox, gossip; **kakelbont** gaudy, flashy, flamboyant, (*fam*) jazzy; **kakelen** cackle; (*fig ook*) chatter, gabble, rattle (on); **kakelobbes** (*vglb*) hulk, ogre; good--for-nothing; **kakelvers** farm-fresh
kakement jaws, chaps, masticators
kaken gut (and cure), gill [herrings]
kaketoe cockatoo
kaki 1 (*stof, kleur*) khaki; 2 (*vrucht*) id, Japanese persimmon; 3 foot; **kakikleurig** khaki(-coloured)
kakken shit; *te ~ zetten* make [a p.] look silly (a berk); **kakker** 1 snooty, toffee-nosed person; 2 (*bangerd*) chicken
kakkerlak cockroach, black beetle; **kakkies** feet
kakkineus la-di-da, stuck-up; **kakmadam** 1 tarted-up woman; 2 stuck-up woman
kako|fonie cacophony; **-grafie** cacography
kalamijn calamine; **kalamink** calamanco
kalanchoë kalanchoe
kalander 1 calender; 2 (*insekt*) corn-weevil
kalanderen calender
kale baldhead, baldpate, (*Am ook*) baldie
kalebas gourd; calabash [tree]; **kalefat(er)en** caulk; (*fig*) patch up; **kalegezichten** drivel
kaleidoscoop kaleidoscope
kalen grow bald; **kalend** balding
kalender 1 [Gregorian, Hegira, Julian] calendar; 2 (*derwisj*) calender; **kalenderjaar** calendar year; **kalendermaand** calendar month
kalf 1 calf (*ook van hert, enz*); *~ van een jongen* calf, booby, ninny; *het gemeste ~ slachten* kill the fatted calf; *als het ~ verdronken is dempt men de put,* (*vglb*) lock the stable door after the horse has bolted; *zie ook* gouden & sint-juttemis; 2 (*bovendrempel*) lintel; (*dwarshout*) crossbeam
kalfaathamer caulking mallet; **kalfaatwerk** oakum; **kalfat(er)en** caulk; (*fig*) patch up
kalfkoe cow in calf
kalfs|biefstuk veal steak; **-borst** breast of veal; **-bouillon** veal tea; **-gehakt** minced veal; **-gelei** veal jelly; **-karbonade** veal cutlet; **-kop** calf's head; (*fig*) blockhead; **-kotelet** veal cutlet; **-lapje** veal steak; **-leer** calfskin, calf(-leather); *in -leren band* bound in calf, calf-bound; **-oester** collop (escalope) of veal; **-oog** calf's eye; *-ogen,* (*fig*) goggle eyes, saucer eyes; **-perkament** vellum; **-rollade** round of veal, rolled veal; **-schenkel** knuckle of veal; **-schijf** fillet of veal; **-tand** calf's tooth; (*bk*) dentil; **-vel** calf's skin, calfskin; *het ~ volgen* follow the drum; **-vlees** veal; **-zwezerik** sweetbread
kali 1 (*Ind*) river; 2 (*mest*) potash; (*chem, meestal*) potassium hydroxide; (*kalium*) potassium
kaliber calibre [*ook fig:* a musician (a rogue) of his calibre], gauge [a 12-gauge shotgun], bore; (*afmeting*) size; *van klein ~* small-bore [rifle]; *zij zijn van het zelfde ~* they are of the same calibre (are of a kidney); *een man van een heel ander ~* a man of very different mould (stature); **kalibreren** calibrate; **kalibrering** calibration
kalief caliph, calif; **kalifaat** caliphate
kaliloog potassium hydroxide, caustic potash
kalisse liquorice; **kalium** potassium
kalk lime; (*geblust*) slaked lime; (*ongeblust*) quicklime; (*gebrand*) burnt lime; (*metsel~*) mortar; (*pleister~*) plaster; (*wit~*) limewash; (*koolzure ~*) chalk; (*als voedingscomponent*) calcium; *vgl* kalken; **kalkaanslag** scale, fur [the kettle is furred (up) and needs descaling]; **kalkaarde** calcareous earth; **kalkachtig** limy, calcareous; **kalkbak** hod; **kalkbranderij** lime kiln
kalken 1 (*bepleisteren*) plaster, (*berapen*) rough-cast [a wall]; (*witten*) limewash, whitewash; 2 (*bewerken*) lime [hides, the soil]; 3 (*schrijven*) chalk, pencil, (*fam*) scrawl; **kalkgroeve** limestone quarry; **kalkgrond** limy (calcareous) soil; **kalkhoudend** calcareous, calciferous; **kalklaag** (*geol*) limestone layer; **kalklicht** limelight; **kalkmelk** lime milk, milk of lime; **kalkmergel** lime marl
kalkoen 1 turkey; (*fam*) gobbler; 2 (*spijker*) stud, frost-nail; **kalkoenevlees** turkey; **kalkoens:** *~e haan* (*hen*) turkey cock (hen); **kalkoentje** (*fles*) quarter-bottle, split (c 0.2 litres)
kalk|oven lime kiln; **-put** lime pit; **-rots** limestone rock; **-sinter** calcareous sinter; **-spaat** calcite, calcspar; **-specie** lime mortar; **-steen** limestone [mountains]; **-tuf** calcareous tufa; **-water** lime water; **-zandsteen** sand-lime brick(s)
kalligraaf calligrapher; **kalligrafie** calligraphy; **kalligrafisch** calligraphic
kalm calm, quiet, cool, collected, composed, sedate, self-possessed, serene [sky, temper]; (*vd markt*) quiet, easy; *een ~e overtocht,* (*ook*) a smooth passage; *~ blijven, zich ~ houden* keep calm (cool); (*niet driftig worden, ook*) keep one's temper (*fam:* one's cool); *hou je ~!,* (*praat niet tegen*) be quiet!; *~ aan* (*dan breekt het lijntje niet*) easy does it; *~ aan doen, het ~ aanleggen* go easy, go steady; *~ worden, zie ~*eren II; *zie ook ~*pjes

& opnemen

kalmeren I *tr* calm, soothe [soothing to the nerves, a soothing influence], quiet, appease, allay [fears], pacify, tranquillize, steady [the nerves]; II *intr* calm down, regain one's composure, compose (calm, collect) o.s.; *~d middel* sedative, calmative, tranquillizer; *~d drankje* quieting draught; *~d,* (*ook*) steadying [effect]

kalmink calamanco

kalmoes sweet flag (*of:* sedge)

kalmpjes quietly, calmly; *~ aan!* steady!, steady on!, (go) easy!, easy does it!; *zie ook* kalm

kalmte calm(ness), composure, self-possession; *zijn ~ bewaren, zie* kalm: ~ blijven; *zijn ~ herkrijgen, zie* kalmeren II; **kalmtegordel** (*weerk*) doldrums; **kalmweg** coolly

kalomel calomel

kalong kalong, flying fox

kalotje skullcap, smoking-cap; (*r-k*) calotte

kalven calve; (*v grond*) cave in; (*ve gletsjer, enz*) calve; **kalverachtig** calf-like; **kalveren** *zie* kalven; **kalverliefde** calf-love

kam 1 comb; *alles over één ~* ***scheren*** lump everything together, ignore all distinctions; *allen over één ~ scheren* treat all alike, judge everybody alike, lump all together; *zie ook* fijn; 2 (*ve haan*) comb, crest; (*ve vogel, hagedis, helm, enz*) crest; *de ~ opsteken* erect (elevate) one's crest; (*fig ook*) bristle up; *iem in de ~ pikken* peck at a p.; 3 (*ve heuvel, enz*) crest, ridge; 4 (*ve rad: nok*) cam; (*tand*) cog, tooth; 5 (*ve viool*) bridge; 6 (*bananen*) hand, bunch

kameel camel (*ook het toestel*); **kameeldrijver** camel-driver; **kameel|haar, -haren** camel('s) hair; **kameelschaap** llama

kameleon chameleon; **kameleontisch** chameleon-like; **kamelot** camlet

kamen grow (turn, go) mouldy

kamenier(ster) lady's maid

kamer 1 (*vertrek*) room, chamber; *~tje* little room; (*gezellig*) cubby-hole; (*in slaapzaal, enz*) cubicle; *huis met zes ~s* six-roomed house; *zijn ~* ***houden*** keep (be confined to) one's room; *gemeubileerde ~s te* ***huur*** furnished apartments to let; *~s te huur hebben,* (*ook fig*) have apartments to let; *~s* ***verhuren***, (*ook*) take in lodgers; ***op*** *~s wonen* live in lodgings (in rooms; *fam:* in digs), (*fam*) dig [with a p.]; *op ~s gaan wonen* go into lodgings (into rooms), move into digs; (*ook*) take up one's quarters [in a quiet street]; *op mijn ~* in my room; *zie ook* beste~, bed, doen, donker, nemen, enz; 2 (*holte*) cavity; (*ve vuurwapen, torpedo, sluis, enz*) chamber; (*vh hart*) ventricle; 3 (*college*) chamber; (*jur*) court; *~ voor vakantie* vacation court; *de Eerste K~* the First Chamber (*Eng:* the Lords, the Upper House, the Second Chamber; *Am:* the Senate); *de Tweede K~* the Second Chamber (*Eng:* the Commons, the Lower House, *Am:* the House of Representatives); *was hij* (*aanwezig*) *in de K~?* was he in the House?; *K~ van Koophandel* Chamber of Commerce; *de ~* ***bijeenroepen*** (*ontbinden, openen, sluiten*) convoke (dissolve, open, prorogue) the (First, Second) Chamber; *de ~s ontbinden,* (*ook*) go (*of:* appeal) to the country; 4 (*attr ook*) indoor [game], armchair [strategist]

kameraad comrade, mate, fellow, companion; (*fam*) chum, pal; **kameraadschap** companionship, (good-)fellowship, (good-)comradeship, camaraderie; **kameraadschappelijk** companionable, comradely; (*fam*) chummy, matey, pally; *~ met elkaar omgaan* be on a familiar footing

kamer|antenne indoor aerial; **-arrest** confinement to one's room; (*met acces*) open arrest; (*zonder acces*) close arrest; *hij heeft ~,* (*fig*) he is confined to his room; **-bewaarder** usher; **-bewoner, -bewoonster** lodger; **-breed** wall-to-wall [carpeting]; (*fig*) overall, wide [agreement], general [support]; **-buks** saloon rifle; **-concert** chamber concert; **-debatten** Parliamentary debates; **-den** Norfolk Island pine; **-dienaar** valet, man; (*scherts*) gentleman's gentleman; (*ve vorst*) groom of the chamber, chamberlain; **-fiets** exercise bicycle (bike); **-fractie** Parliamentary party, [Liberal, Labour] party in the House; **-geleerde** armchair scholar, scholarly recluse; **-genoot** room-mate; **-gymnastiek** indoor gymnastics; **-heer** chamberlain (*ook van de paus*); *~ van dienst* lord (*of:* gentleman) in waiting; **-huur** room-rent

Kamerijk Cambray; **Kamerijks** Cambric

kamer|jas dressing-gown; **-koor** chamber choir; **-lid** member of the (Second) Chamber; (*in Eng*) Member of Parliament, MP; (*in Am*) Representative, Senator; *~ worden* go into (enter) Parliament (the Second Chamber); *~ voor de VVD* parliamentary representative of the VVD, VVD member; **-linde** African hemp; **-meisje** parlourmaid; (*in hotel*) chambermaid; **-muziek** chamber music

Kame|roen Cameroon; **-roens** Cameroonian

kamer|olifant fatso; **-ontbinding** dissolution of the First (Second) Chamber (*in Eng:* of Parliament); **-orgel** chamber organ; **-orkest** chamber orchestra; **-overzicht** parliamentary report; **-plant** houseplant, indoor plant; **-pot** chamber (pot); **-president** President of the First (Second) Chamber; (*in Eng*) Speaker of the House of Commons; **-scherm** draught-screen; (*scheiding*) room divider; **-temperatuur** room temperature; **-toon** diapason normal, Kammerton; **-verhuurder, -verhuurster** lodging-house keeper; **-verkiezing** parliamentary election; **-verslag** report of the parliamentary debates, (*Eng parl*) Hansard; **-verslaggever** parliamentary correspondent; **-vlieg** housefly; **-vogel** cage-bird; **-vragen**: *er werden ~ gesteld* questions were asked in the House; **-wacht** (*mil*) orderly man; **-warmte** room-heat; *benauwde ~* frowst; **-zetel** (parliamentary) seat; **-zitting** session (sitting) of Parliament (of the 1st or 2nd Chamber)

kamfer camphor [ball, ice, laurel, tree]; **kamferachtig** camphoric; **kamferspiritus** camphorated spirits, spirits of camphor

kamgaren worsted [yarn, suit]; **kamgras** dog's-tail grass; **kamhagedis** iguana
kamig mouldy
kamille camomile; (*stinkende*) stinking camomile, mayweed; **kamillethee** camomile tea
kamizool camisole
kammen comb; *vgl* kaarden; **kammossel** pecten, scallop; **kamneus** horseshoe bat
kamp 1 camp (*ook fig:* the Liberal camp), encampment; *het Chinese ~,* (*Ind*) the Chinese quarter, Chinatown; *in het ~,* (*ook*) under canvas; *de strijd in het vijandelijk ~ overbrengen* carry the war into the enemy's country (*of:* territory); *het ~ opslaan* pitch (the) camp (the tents); *het ~ opbreken* break (strike) camp; 2 (*afgepaald stuk grond*) enclosed field, lot, parcel; *bij ~en veilen* sell in lots; 3 (*strijd*) fight, combat, struggle; 4 *~ geven* give in, throw up the sponge; *hij gaf geen ~* he fought (was game) to the last
kampanje (*mar*) poop; *zie ook* campagne
kampbewoner inmate of a camp, camp inmate
kampeer|auto camper, motor home, mobile home; **-boerderij** farm campsite; **-busje** motor caravan; **-der** camper; **-terrein** camping site (ground), camp site; caravan park; **-wagen** (touring) caravan, tourer; (*Am*) house trailer
kampement encampment, camp; (*Ind*) cantonment; **kampen** fight, struggle, combat, contend (*met* with); *te ~ hebben met* have to contend with, be up against, labour under [difficulties]; *~ om* contend for [the mastery, the prize]
Kamperduin Camperdown
kamperen (en)camp, camp out; *wild ~* camp wild
kamperfoelie honeysuckle; *wilde ~* woodbine, woodbind; **kampernoelie** mushroom
kampersteur hard-boiled eggs with mustard sauce; **kamperui** *vglb:* Irish bull
kampioen champion (*ook attr:* champion boxer, skater, etc); (*fam*) champ; (*fig ook*) advocate; *de ~ van de vrijheid zijn* be the champion of liberty, champion liberty; **kampioenschap** championship [match, race]
kampketel camp-kettle, (*fam: ~tje*) billy
kampong id, village
kampplaats lists, arena (*ook fig*), battlefield, field of battle; **kamprechter** umpire; (*zwemmen*) placing judge; **kampvechter** fighter, wrestler; *zie ook* kampioen; **kampvuur** camp-fire
kam|rad cog-wheel, gear-wheel; **-schelp** scallop
kamsel combings; **kamwol** combing-wool
kan jug, jar, can, mug; (*maat*) litre; *~netje* cannikin, jug; *wie het onderste uit de ~ wil hebben, krijgt het lid op de neus* greediness punishes itself; grasp all, lose all; *je moet niet het onderste uit de ~ willen hebben* you cannot have everything; *hij wil altijd het onderste uit de ~* he drives a hard bargain; *in ~nen en kruiken* [that is all] cut and dried, [the agreement is] in the bag; **Kanaak(s)** Kanaka
kanaal 1 (*gegraven*) canal; (*natuurlijk*) channel; *het K~* the (English) Channel; 2 (*buis*) channel; duct; (*water, enz, ook*) conduit; (*in lichaam*) canal, channel; 3 (*fig*) channel [through the usual channels], conduit; *uit welk ~?,* (*fig*) through what channel?; **Kanaalboot** cross-Channel boat (*of:* ferry); **Kanaaldienst** cross-Channel service; **Kanaaleilanden** Channel Islands; **kanaalgelden** canal dues (tolls); **kanaalkiezer** *zie* kanalen-; **Kanaaltunnel** Channel Tunnel; (*fam*) Chunnel; **kanaalzwemmen** 1 Channel-swimming; 2 zapping, channel-hopping, grazing
Kanaän Canaan; *de tale ~s, a*) the language of Canaan (*Jes. 19:18*); *b*) scriptural language; *c*) goody-goody talk; *d*) Hebrew; **Kanaäniet** Canaanite; **Kanaänitisch** Canaanitic
kanalenkiezer channel selector, tuner; **kanalisatie** canalization; channelling; **kanaliseren** canalize [rivers]; channel(ize) [information]
kanarie 1 canary; *Middeneuropese ~* serin; 2 (*boom*) kanari; **kanariegeel** canary yellow; **kanariegras** canary grass; **kanariepiet** (cock) canary; **kanarievogel** canary (bird); **kanariezaad** canary seed; **Kanarische eilanden**: *de ~* the Canaries, the Canary Islands
kanaster canaster
kandeel caudle; **kandeelwijn** negus
kande|laar candlestick, candle-holder; **-laber** candelabrum (*mv:* -bra); **-laberen** trim [trees]
kandidaat 1 candidate, (*ook*) [the Liberal] nominee; (*sollicitant*) applicant; *een ~ **stellen*** nominate (put forward, *fam:* run) a candidate; *iem ~ stellen* nominate a p., put a p. up, enter a p. as a candidate; *zich ~ stellen* stand [for Liverpool, a post, etc; the present member will not stand again], put up; *~ zijn voor,* (*ook, fam*) run for [the Presidency, etc]; 2 (*hist academische graad, vglb*) bachelor; *~ in de rechten* (*letteren, medicijnen, godgeleerdheid*), (*hist vglb*) Bachelor of Law (BL), of Arts (BA), of Medicine (BM), of Divinity (BD); *~ tot de Heilige dienst* candidate for holy orders, ordinand; **kandidaat-notaris** notary working as a junior pending a vacancy, (*vglb*) notary's managing clerk; **kandidaatsexamen** (*hist vglb*) BA examination, etc; *vgl* kandidaat 2; **kandidaatstelling** nomination, adoption; *bij enkele ~ gekozen worden* be returned unopposed, (*fam*) have a walkover; **kandidatenlijst** list of candidates; **kandidatuur** candidature, candidacy, nomination; *zijn ~ stellen* apply [for a post]; **kandideren** *zie* kandidaat 1: ~ stellen
kandij candy; **kandijsuiker** sugar candy
kaneel cinnamon; **kaneelappel** sweetsop, custard apple; **kaneelbast** cinnamon (bark); **kaneelkleurig** cinnamon(-coloured); **kaneel|pijp, -stokje** stick of cinnamon
kanen 1 *ww* (*fam*) stuff o.s.; 2 *zn zie* kaan 2
kangeroe, **kangoeroe** kangaroo; **kangoeroebal** bouncing ball; **kangoeroezak** baby-sling
kanis 1 fish-basket, creel; 2 (*hoofd*) nut, block; *hou je ~!* shut your trap!, put a sock in it!
kanjer whopper, bouncer, spanker
kanker cancer; (*v planten*) canker; (*fig*) cancer [cure the cancer of unemployment], canker [drugs are the canker in our society], pest [such men are social pests], blight; *zie ook* keel~, enz; *~ hebben* have (a) cancer; **kankeraar** grouser, grumbler, bellyacher, grievance-monger; **kan-**

kerachtig cancerous, cancroid, cancriform; **kankerbestrijding** fight against cancer, cancer-control, anti-cancer campaign; **kankerbloem** *zie* klaproos, akkerwinde & plomp: gele; **kankeren** 1 cancer; (*fig*) canker; 2 (*mopperen, fam*) gouch, moan, grouse, (*sl*) chew the fat (the rag)
kanker|gezwel cancerous tumour (*of:* growth); **-lijder** cancer patient; **-pit** *zie* kankeraar; **-verwekkend** carcinogenic, -genous
kannekenskruid 1 (*inlands*) boor's mustard; 2 (*Ind*) pitcher-plant, monkey-cup
kanni|baal cannibal; **-baals** cannibalistic; **-baliseren** cannibalize; **-balisme** cannibalism
kano canoe; **kanoën** canoe; **kanoër** canoeist
kanoetstrandloper (*vogel*) knot
kanon I *zn* gun, (*minder gewoon*) cannon (*mv* id); II *bn zie* stomdronken
kanon|gebulder roar (boom, booming) of (the) guns; **-nade** cannonade; **-neerboot** gunboat; **-neren** cannonade, bombard; **-nevlees** cannon fodder; **-nier** gunner; **-schot** gunshot; (*noodsein*) distress gun; **-schotsafstand**: *op* (*buiten*) ~ within (out of) gunshot (gun range)
kanonskogel cannon-ball; **kanonslag** cannon cracker; **kanonvuur** gunfire, cannonade
kanovaarder canoeist; **kanovaren** canoe
kans (*mogelijkheid*) chance [*op* of rain, etc]; (*gelegenheid*) opportunity [of (for) promotion]; (*gevaar*) risk, hazard; (*waarschijnlijkheid*) probability; *~je* half a chance, off(-)chance; *een kleine ~*, (*ook*) an outside chance; *een klein ~je op ontsnapping* a loophole, a slender (an outside) chance of escape; *één ~ op de honderd* a hundred to one chance, a chance in a million; *de ~ is tien tegen een dat hij niet komt* the odds are ten to one against his coming; *er is geen ~ op dat hij komt* there is no chance of his coming; *er is niet veel ~ op dat er iets gebeurt* (*dat hij je ziet*) there is not much chance of anything happening (of his seeing you); *iem de ~ **geven** iets te doen* give a p. a chance of doing s.t.; *geef hem een* (*eerlijke*) ~ give him a (fair) chance; *iem een eerlijke ~ geven,* (*ook*) give a p. a run for his money; *de ~en staan **gelijk*** the chances are equal (even); it is a toss-up; *gelijkheid van ~* equality of opportunity; *gelijke ~en voor allen* equal opportunities [employer]; *er is **grote** ~ dat ...* there is a great chance that ..., the chances (the odds) are that ...; *~ **hebben*** have (stand) a chance, (*fam*) have a look-in; (*bij sollicitatie, ook*) be in the running; *hij heeft alle ~ er veel bij te winnen* he stands to win a lot by it; *je hebt geen schijn van ~* you have not the ghost of a chance (not a dog's chance; *fam:* not an earthly), you are not in (you are out of) the running; ~ (*een goede, aardige, weinig, geen ~*) *hebben om de post te krijgen* stand a chance (a good, a fair, a poor, no chance) of getting ...; *hij zou niet veel ~ hebben* he wouldn't have (*of:* stand) much of a chance; *een kwade ~ maken* (*lopen*) *om* ... run a serious risk of ...; *een prachtige ~,* (*ook*) a hundred to one chance; *allen hebben dezelfde ~* everyone stands an equal chance; *meer ~* a better chance; *waar heb ik de meeste ~ een taxi te vinden?* where am I most likely to find ...?; *wisselende ~en* swaying fortunes [of war]; *de ~ kan **keren*** things may take a turn, (the) luck may turn; *daardoor keerde de ~ van de oorlog* that turned the fortune of the war; *een ~ zoals men nooit weer **krijgt*** the chance of a lifetime (of his, etc life); *de ~ **lopen*** (*om*) *te* ... run the risk of ...ing; *de ~ **schoon** zien* see one's chance (*of:* opportunity), see one's way clear; *de ~ **waarnemen*** seize the opportunity; *een ~ ten volle waarnemen* make much (the most) of a chance; *een ~ **wagen*** take one's (a) chance; *ik **zie*** (*geen*) *~ het te doen* I see my (see no) way to do (to doing) it [*zo:* I don't see my way to comply(ing) with your request]; *ik zie er geen ~ toe* it is beyond my power, it is more than I can do; *hij zag ~ te ontsnappen* he managed (contrived) to escape; *zie ook* verkijken
kansarm underprivileged, deprived; **kansberekening** *zie* kansrekening
kansel pulpit; *van de ~ aflezen* announce from the pulpit; *de ~ verlaten* step down from the ministry; *zie ook* beklimmen & wild~
kanselarij chancery, chancellery; **kanselarijschrift** chancery script (*of:* hand); **kanselarijstijl** official style; (*scherts*) officialese
kanselbijbel (*vglb*) lectern bible; **kanselier** chancellor; **kanselrede** pulpit oration, sermon; **kanselredenaar** pulpit orator; **kansel|stijl, -taal** pulpit style; **kanselwelsprekendheid** pulpit eloquence, pulpit oratory, homiletics
kans|hebber likely candidate (winner, etc); *hij is de grootste ~* he has the best chance (of succeeding), is the favourite; **-loos** doomed; hopeless; *hij was volstrekt ~* he never had a chance, (*fam*) he didn't have a snowball's (chance in hell); **-overeenkomst** aleatory contract; **-paard** *zie* -hebber; **-rekening** theory of chances, probability calculus; calculus (calculation) of probabilities; **-rijk** likely [candidate]; *~ zijn* be well-placed for success, likely to suceed; **-spel** game of chance (of hazard)
1 kant (*weefsel*) lace; *onechte ~* imitation lace; *zijden ~* silk lace, blonde (lace)
2 kant (*rand*) side, face; *zie ook* 1 zijde; (*rand, zoom*) border, (*v water*) edge; (*oever*) bank, border; margin; (*ve afgrond*) brink; (*ve trottoir, enz, scherpe ~*) edge; (*onbeschreven rand*) margin; (*aspect*) side, aspect; *zie ook* kantje; *de mooie* (*lelijke*) ~ the sunny (seamy) side [of life]; *die ~ van de zaak is volstrekt nieuw voor me* that aspect of the matter is ...; *de zaak heeft een **andere*** (*haar **grappige***) ~ there is another (a humorous) side (aspect) to the matter; *het gesprek ging een andere ~ op* took another (a new) turn; *de andere ~ uitkijken* look the other way, look away; *de **goede** ~ boven* right side up; *het heeft zijn goede ~* it has its good side; *de goede* (*verkeerde*) *~ **opgaan*** go the right (wrong) way; *elke zaak heeft **twee** ~en* there are two sides to every question; *die* (*deze*) *~ **uit*** that way, [come] this way; *de ~ van Epping uit* [a village] out Epping way, [he walked] Epping way; *de frank ging dezelfde ~ uit* the ... followed a similar course, was going the same

way; *mijn neigingen gaan die ~ niet uit* my inclinations do not lie in that direction (that way); *hij kan nog alle ~en uit* he is still a free agent (still free to do as he pleases, still has all his options open); *daar kun je alle ~en mee uit* it will serve all sorts of purposes; *geen ~ uit kunnen* have nowhere to turn; *vgl ben:* naar alle ~en; *die ~ moet het onderwijs uit* that's the way in which education ought to develop; *dat raakt ~ noch* ***wal*** that's preposterous; ***aan*** ~ tidy; *dat is weer aan ~, (fam)* that job is done (finished with); *aan ~ doen* tidy up [a room], scrap [an old engine]; *zijn zaken aan ~ doen* retire from business; *(fam)* put up the shutters; *iets aan ~ gooien* cast (throw) a thing away; *iets aan ~ leggen* put a thing by *(of:* aside); *aan ~ zetten* swallow [one's pride], put [one's pride] in one's pocket; scrap [old ideas, prejudices]; ***aan alle*** *~en* on every side, on all sides; [lose money] on all hands; *maar aan de andere kant* ... but on the other hand ...; *hij is erg zuinig en ik ben een beetje te veel aan de andere ~* he is very tight about money, and I am a bit too much the other way; *het karpet kan aan beide ~en gebruikt worden* the carpet is reversible; *aan deze ~ van* ... at (on) this side of ...; [I met him] (on) this side of [the Strand]; *aan de ene ~ geloof ik ... aan de andere* ... on the one hand ..., on the other ...; *aan de kleine, enz ~* [my hat is] on the small (large) side; *het blijft aan de koele ~* it will remain rather chilly; *aan de ~ van de weg* at (by) the side of the road, by the wayside (roadside); ***langs*** *de ~ van het water lopen* walk by the waterside; ***naar*** *de ~ zwemmen* swim ashore; *naar de ~ uithalen (roeien)* pull in; *naar de ~ van het trottoir gaan* draw into the kerb; *ik ben naar alle ~en bezet* I am so busy I don't know which way to turn; *naar alle ~en rondzien* look in all directions; *naar alle ~en uitglijden, (fam)* slide all over the place; *het bloed spoot naar alle ~en* the ... squirted all over the place; ***op*** *zijn ~ zetten* up-end, cant [a cask]; put [boards, etc] edgeways; *iets op de ~ aantekenen* make a marginal note; *het is een dubbeltje (stuivertje) op zijn ~* it's a (mere) toss-up, it's touch and go (a gamble, *fam:* a close call); *iets* ***over*** *z'n ~ laten gaan* put up with s.t.; *hij kan het niet over z'n ~ laten gaan* he can't let it pass, pass it over; ***van*** *alle ~en* [hear s.t.] on all sides, [come] from all quarters, from every quarter, [he robbed us] right and left; *van alle ~en geeft men dat toe* it is admitted on all hands; *de zaak van alle ~en bezien* discuss (consider, study) the matter from all angles (in all its aspects); *iets van de beste (van de praktische) ~ beschouwen* put a good face on a thing (consider a thing from a practical point of view); *de antipathie kwam niet van één ~* the ... was not one-sided; *van geen ~* not in any way, in no way; *zich (iem) van ~ maken* kill o.s. (a p.), *(sl)* do (a p.) in; *ik, van mijn ~,* I on (for) my part; I, for one; I, on my side; *van moeders (vaders) ~* [grandfather, relations] on the (my, etc) mother's (father's) side, maternal (paternal) [grandfather]; *de dingen van de mooie (lelijke) ~ zien* see the bright (dark) side of things; *men kan de zaak van twee ~en bekijken* there are two sides to the question; *het mes snijdt van (aan) twee (beide) ~en* the knife cuts both ways; *mishandeling van de ~ van de politie* ill-treatment at the hands of the police; *achterdocht van de ~ van zijn vrouw* suspicion on the part of his wife; *hij ziet het leven van veel ~en* he sees life from many angles; *van welke ~ men de zaak ook bekijkt* whatever view we take of the matter

3 kant *bn* neat; ~ *en klaar* [find things] ready to hand; *(keurig in orde)* in apple-pie order

kantbeschikking apostil

kanteel battlement, crenel, crenelle

kantekleer chanticleer

kantel|bed wall-bed; **-deur** up-and-over door

'kantelen I *tr* 1 tip up, tilt, cant; 2 *(omkantelen)* turn bottom up, turn over, overturn; II *intr* topple (turn) over, overturn; *(ve schip)* capsize, turn turtle; *niet ~!* this side up!, do not tip!

kan'telen *ww* crenel(l)ate, embattle, battlement

kanteloep cantaloup (melon)

kantelraam Veelux window

1 kanten *bn* (of) lace; ~ *ondergoed, (ook)* frillies

2 kanten *ww* square; *(schuin)* cant; *(schip)* careen; *zich ~ tegen* oppose, turn against, set one's face against, resist

kant-en-klaar *zie* gebruiksklaar

kanthaak cant-hook; **kanthalf** *(sp)* wing half; **kanthout** squared timber; **kanthouwen** square [timber]; **kantig** angular, sharp-edged

kantine canteen, cafetaria; *rijdende ~* mobile canteen

kantje 1 side; *vgl* 2 kant; *(ve brief)* page, side; *de ~s eraf lopen* malinger, *(fam)* swing the lead; *het was op het ~ af, het was ~-boord)* it was a close shave, a narrow escape *(of:* squeak), a near thing, touch and go, *(fam)* a close call; *(op het ~ van fatsoen, eerlijkheid, enz)* it was sailing very near (close to) the wind [his transactions were pretty close to the wind], near the knuckle; *ze was op het ~ van onbeleefd* she was barely civil; *op het ~ af ontsnappen* escape (get off) by (with) the skin of one's teeth; *op het ~ af slagen* scrape through (an examination), get through by (with) the skin of one's teeth (by a narrow margin); *schetsen die op het ~ af zijn* daring sketches; 2 *(haring)* cran

kant|kloss(t)er lacemaker; **-kussen** lace-pillow

kantlijn 1 marginal line; *een ~ trekken* rule (draw) a margin; 2 *(meetk)* edge; **kantlijnopheffer** margin release (key)

kanton canton; **Kanton** Canton, Guangzhou

kantongerecht cantonal court; **kantonnaal** cantonal; **kantonnement** cantonment; **kantonnier** lengthman; **kantonrechter** cantonal judge

kantoor office; *je bent aan het verkeerde ~* you have come to the wrong shop, have mistaken your man, are barking up the wrong tree; ***ten*** *kantore van* at the office of

kantoor|baan office *(of:* clerical) job; **-bediende** (office) clerk, clerical employee; **-behoeften** 1 *(schrijfbehoeften)* stationery; 2 office equipment; **-boekhandel** stationer's (shop); **-gebouw** office building (*of:* block); **-opleiding** business training; **-personeel** office staff (employees, workers); **-stoel** desk chair; **-tijd** (*v personeel*) office hours; (*voor publiek*) business hours, hours of attendance; *na* ~ after business hours; **-tuin** open-plan office; **-uren** *zie* -tijd; **-vlag** house flag; **-werk** office work, office duties, clerical work; **-ziekte** sick (*of:* tight) building syndrome, TBS

kantrechten square; (*sloot, vglb*) ditch(ing); **kantschrijven** covering letter (note); **kanttekening** marginal note, side-note; (*mv ook*) marginalia; *ergens ~en bij plaatsen* add (critical) observations to s.t.; **kantwerk** lace(work); **kantwerk(st)er** laceworker, lacemaker

kanunnik canon

kaolien kaolin

kap (*algem, hoofddeksel, enz*) cap; (*ve mantel, voor hoofd & hals, van rijtuig, auto, huifkar, valk*) hood; (*ve auto, ook*) top, head [*vast* fixed head; *niet vast* drop head]; (*capuchon*) cowl, hood; (*nonnen~*) wimple; (*over automotor*) bonnet; (*ve vliegtuigmotor*) cowling, (*zitplaats*) canopy (*ook voor wasem~ e.d*); (*schoorsteen~*) cowl, cap, top; (*ve lamp*) shade; (*ve gebouw*) roof; (*ve molen*) cap, dome; (*ve laars*) top; (*ve muur*) coping; *zie ook* luifel & monnik; *onder de ~,* (*ve huis*) covered in; *een van twee onder één ~* [the house is] semi-detached; *Friese ~* gold (or silver) casque; *de ~ aannemen* take the cowl

kap|doos toilet-case, dressing-case; **-duif** jacobin

kapel 1 (*bedehuis*) chapel; 2 (*insekt*) butterfly; 3 (*muziekkorps*) band; **kapelaan** curate, chaplain; **kapelmeester** (town, military) bandmaster

kapen I *tr* 1 hijack [a plane], take over [a train]; (*ter zee*) capture; 2 (*stelen*) purloin, pinch, pilfer, filch; II *intr* 1 privateer; 2 pilfer

Kapenaar inhabitant of Cape Town

kaper hijacker; (*ter zee*) privateer, raider (*beide ook het schip*); pilferer; *vgl* kapen; (*muts*) hood; *er zijn ~s op de kust* the coast is not clear; there are competitors in the field; **kaperbrief** letter of marque (and reprisal); **kaperschip** privateer, raider

kap|gebint truss; **-gewelf** Welsh vault; **-handschoen** gauntlet (glove); **-hout** copse(-wood)

kaping hijack; [train] siege

kapitaal I *zn* 1 (*geld*) capital; (*vs rente*) principal; *van ~ voorzien* finance; *man van ~* man of capital; 2 (*letter*) capital [printed in ALL CAPITALS]; II *bn* capital; *~!* capital!; *kapitale letter* capital (letter); *kapitale beginletter* capital initial; *kapitale fout* capital error; *~ huis* substantial house; III *bw* [he is doing] capitally, [lie] shamelessly

kapitaal|afvloeiing *zie* -vlucht; **-band** (*boven*) headband, (*onder*) tailband; **-belegging** investment (of capital); **-goederen** capital goods; *belegging in ~* capital investment; **-heffing** capital levy, levy on capital; **-krachtig** financially strong, well provided with capital, substantial [company]; **-rekening** capital account; **-uitgave** capital expenditure; **-uitgifte** capital issue; **-verkeer** flow of capital, capital movements; **-vernietiging** destruction of assets (of capital); **-verzekering** endowment policy; **-vlucht** flight of capital; **-vorming** capital accumulation (formation)

kapitalisatie 1 capitalization; 2 realization; **kapitaliseren** capitalize; (*te gelde maken*) realize; **kapitalisering** *zie* -satie; **kapitalisme** capitalism; **kapitalist** capitalist; **kapitalistisch** I *bn* capitalist(ic); II *bw* capitalistically

kapiteel capital, head (of a column)

kapitein captain; (*ve schip*) captain, master; (*ve kleine koopvaarder*) skipper; *~ der infanterie* infantry captain; *~-ter-zee* (naval) captain; *zijn laatste reis als ~* his last voyage in command

kapitein-generaal (*hist*) captain-general; **kapitein-intendant** Army Service Corps (ASC) captain; **kapitein-kwartiermeester** paymaster; **kapitein-luitenant** commander; **kapiteinschap** captainship, captaincy; **kapiteinskopie** (*ve connossement*) captain's copy; **kapitein--vlieger** flight lieutenant

Kapitolijns Capitoline; **Kapitool** Capitol

kapittel chapter (*alle bet*); (*een*) *stem in het ~ hebben* have a say (in the matter); **kapittelen**: *iem ~* read a p. a lecture, lecture (reprimand) a p.

kapittelheer canon; **kapittelkerk** minster; **kapittelsgewijs** in (by) chapters; **kapittelstokje** 1 (*eig*) bible marker; 2 (*sluiting*) toggle; 3 (*snoep*) sugar stick, peppermint rock; **kapittelzaal** chapterhouse

kapje 1 (ˆ) circumflex; 2 (*ve brood*) heel; *zie verder* kap & kalotje; **kaplaars** top boot, jackboot; **kapmantel** 1 hooded cloak, capuchin; 2 (*bij het kappen*) dressing-jacket; **kapmeeuw** black--headed gull; **kapmes** chopper, chopping-knife

kapoen capon; **kapoenen** caponize

kapoeres done for; *zie ook* kapot

kapoets(muts) fur cap

kapok id; **kapokboom** kapok tree

kapoot 1 capote; 2 hood; 3 condom

kapot I *bn* broken [glasses, etc], cracked [cup], torn [coat], defective [lock], punctured [tube], [it has] gone to pieces, [it is] all to pieces, [my socks are] in holes, [the lock is] out of order, [one elbow of the jacket was] out; (*dood*) gone west; (*doodop*) knocked up, knackered; (*v verdriet*) broken--hearted, cut up; (*vd zenuwen*) frayed, [my nerves are] in rags, all to pieces; (*op de fles*) gone to smash; *helemaal ~* [his clothes were] in tatters, [the dress was] ruined; *~ aan de tenen* [slippers] gaping at the toes; *~* ***gaan*** break, go [her blouse was beginning to go in one place], go to pieces (*ook fig*), smash; (*bankroet*) go to pot, come to grief; (*doodgaan*) pop off, go west; *het ging in mijn handen ~* it came to pieces in my hands; *~* ***gooien*** smash (to pieces); *~* ***maken*** break [coal]; smash; *~* ***slaan*** smash (up); *zie ook* kort: ~ en klein; run through [one's money]; *het kopje* ***viel*** *~* the cup smashed; *zich ~* ***werken*** work o.s. to death; *~* ***van*** *vermoeidheid* worn out with fatigue; *hij was er ~ van* he was dreadfully cut up by it; *ik ben er niet ~ van* I am unimpressed; II *zn zie* ~hoed, ~jas, ~je; **kapothoed** bonnet; **kapotjas** capote, greatcoat; **kapotje** 1 condom, (*fam*) rubber; 2 (*hoed*) bonnet

kappen 1 fell, cut down [trees], chop [wood], cut [the cable], cut away [the mast]; *met z'n werk ~* chuck one's job, quit; 2 (*haar*) dress [the hair]; *zich laten ~* have one's hair done; *de pas gekapte dames* the newly coiffured ladies

kapper 1 (*inz dames~*) hairdresser, hairstylist; (*heren~*) barber; 2 feller, woodcutter, etc; 3 (*plant*) caper; **kappersschool** hairdressing school; **kapperswinkel** hairdresser's (shop)

kappertjeskool drumhead (cabbage); **kappertjessaus** caper sauce; **kaproen** hood, cap

kapsalon hairdresser's (shop), hairdressing salon

kapseizen capsize, turn turtle

kapsel hairdo, hairstyle, coiffure, haircut

kap|sjees hooded gig; **-sones**: *~ hebben* (*maken*) make a fuss; *vgl* captie; **-spiegel** dressing-table mirror; **-ster** hairdresser, hairstylist; **-stok** hat--rack, hall-stand, hat(-and-coat) stand; row of pegs; (*knop*) peg, (*haak*) coat-hook; (*fig*) peg [to hang s.t. on]; *~je* (clothes-, coat-)hanger; *aan de ~ hangen,* (*fig*) shelve [a plan]; **-stokartikel** blanket clause; **-tafel** dressing-, toilet-table

kapucijn Capuchin; **kapucijner** 1 Capuchin; *~ aap* capuchin monkey; *~ monnik* Capuchin (monk), grey (*of:* Franciscan) friar; *~ non* grey (*of:* Franciscan) nun; *~ orde* Franciscan order; 2 (*erwt, vglb*) marrowfat (pea)

kap|verbod timber-felling prohibition; *een ~ leggen op een laan, enz* prohibit the cutting down of timber; **-wieg** bassinet; **-zaag** tenon-saw

kar 1 cart; (*hand~*) handcart, barrow, (*laag*) trolley; *de ~ trekken* carry the enterprise, etc; 2 (*karvol*) cartload; 3 (*fiets, auto*) machine

karaat carat; *goud van 18 ~* eighteen carat gold, gold of 18 carats

karabijn carbine; **karabinier** carabineer

karaf (*open*) carafe; (*met stop*) decanter

karakter 1 (*teken*) character, mark, sign; 2 (*aard, biol soort, persoon*) character; *man van ~* man of character; *het heeft het ~ van ...* it is in the nature of ...; *de rede was opruiend van ~* the speech was of an inflammatory nature; *zedelijk ~,* (*ook*) moral fibre; **karaktereigenschappen** qualities of character; **karakterfout** defect of character

karakteriseren characterize; be characteristic of; **karakteristiek** I *bn* characteristic (*bw:* -ally), distinguishing [mark]; *het ~e van* the characteristic feature(s) of; II *zn* delineation, description; (*rek*) characteristic

karakter|kunde characterology; **-loos** characterless, of no character, showing lack of character; (*gewetenloos*) unprincipled; **-moord** character assassination; **-rol** character part; **-schets** character sketch, profile; **-speler** character actor; **-studie** character study; **-tekening** characterization; **-trek** trait of character, characteristic; **-vastheid** strength of character; **-vorming** character building, character formation, formation of character

karamel caramel

karaoke id; **karate** id; **karateslag** karate chop

karavaan caravan [route, track]

karavanserai caravanserai

karbeel corbel

karbies (plaited two-handled) shopping-basket

karbonade chop, cutlet

karbonkel carbuncle (*ook puist*); **karbonkelmeloen** cantaloup; **karbonkelneus** brandy (ruby, copper) nose

karbouw water buffalo, carabao

kardeel (*mar*) strand

kardemom cardamom, -mon, -mum

kardinaal I *bn* cardinal; *het kardinale punt,* (*ook*) the vital point, the root question, the crux of the question; II *zn* cardinal (*ook de vogel*)

kardinaalgetal cardinal (number); **kardinaalsbloem** cardinal flower; **kardinaalshoed** cardinal's hat; *de ~ ontvangen* be raised to the purple; **kardinaalsmuts** (*plant*) spindle tree; **kardinaalvogel** cardinal bird; **kardinalaat** cardinalate

kardoen (*plant*) cardoon

kardoes 1 poodle; 2 (*huls*) cartouche; 3 cartridge (paper); 4 roll of coins; **kareel** tile

karekiet: *kleine* (*grote*) *~* (great) reed warbler

Karel Charles, (*fam*) Charley, Charlie; *~ de Dikke* (*de Kale, de Stoute*) Charles the Fat (the Bald, the Bold); *~ de Grote* Charlemagne; *de tijd van ~ I en II,* (*Eng*) the Caroline age; **Karelië** Karelia; **Karelromans** Charlemagne romances

karet(schildpad) 1 hawksbill (turtle); 2 (*stof*) tortoiseshell

karhengst lout

kariatide caryatid

kariboe caribou

karig 1 (*schraal*) scanty [meal], meagre [wages], slender [means]; *~ gemeubileerd* scantily furnished; *zie ook* schraal; 2 (*schriel*) parsimonious; *~ met woorden* sparing of (one's) words; *ze was niet ~ met haar lof,* (*ook*) she did not stint her praise; **karigheid** 1 scantiness; 2 parsimony

karika|turiseren caricature, take off; **-turist** caricaturist; **-tuur** caricature, take-off; *een ~ maken van* caricature, take off [a p.]

Karinthië Carinthia; **Karin|thiër**, **-thisch** Carinthian

karkas carcass, carcase; (*bouwskelet, ook*) skeleton; **karkiet** *zie* karekiet

karma id

karmeliet(er) (*monnik*) Carmelite (friar); **karmelietes** Carmelite (nun)

karmijn carmine; **karmijnrood** carmine, crimson; **karmijnzuur** carminic acid

karmozijn(en), **karmozijnrood** crimson

karn churn; **karnemelk** buttermilk; **karnen** churn

karneool cornelian

karnoffelen cuddle; (*knijpen*) pinch

karnton churn

Karo|linger, **-lingisch**, **-lings** Carolingian, Carlovingian; *-lingisch,* (*ook*) Caroline [minuscule]

karonje shrew, vixen, virago, scold

karos state carriage, coach; **karot** roll

Karpaten: *de ~* the Carpathians, the Carpathian

Mountains
karper carp; **karpervijver** carp pond
karpet (square of) carpet; **karpetschuier** carpet brush, (*met lange steel*) carpet sweeper
karpoets fur cap
karren 1 cart; 2 (*fietsen*) bike, pedal
karrepaard cart-horse; **karrespoor** cart-track; **karretje** 1 little cart, etc; *zie ook* kar; (*rijtuigje*) trap; *iem voor zijn ~ spannen* get a p. to do one's work for one; *zich voor iems ~ laten spannen* become someone's tool (cat's-paw); 2 (*fiets*) bike, machine; **karrevoerder** carter; **karrevracht** cartload; **karrewiel** cartwheel
karsaai kersey
karst karst [formation, spring, window]
kart (go-)kart
'kartel notch; **kar'tel** cartel
kartelblad lousewort; **karteldarm** colon
kartelen 1 notch; (*munten*) mill; (*doppen, enz*) knurl; *gekartelde snede* serrated edge; 2 (*v melk*) curdle, run; **kartelig** notched; (*ve munt*) milled; (*ve blad, schelp, enz*) crenate(d); **karteling** milling; knurling; **kartelmes** serrated knife; **kartelrand** (*ve munt*) milled edge; (*ve flessendop e.d.*) knurled edge; **kartelschaar** pinking scissors
karteren map (out), survey; **kartering** mapping out, survey; *lucht~* aerial survey
kartets round of grapeshot, canister-, case-shot; *~en* grapeshot
karthuizer Carthusian [monk, nun, convent]
karting (go-)karting
karton 1 cardboard, pasteboard; 2 (*doos*) cardboard box, carton [of cigarettes], board container; 3 (*tekening*) cartoon; 4 (*bijkaartje*) inset(-map); **karton(nage)fabriek** cardboard (pasteboard) factory; **kartonnen** card-, pasteboard; *~ doos, zie* karton 2; **kartonneren** board, put in boards; *gekartonneerd* (bound) in boards; **kartonnering** boarding
kartouw (*hist*) cannon-royal; *zo dronken als een ~* as drunk as a lord (a fiddler)
kartuizer Carthusian [monk, nun, convent]
karveel carvel [a carvel-built boat], (*inz hist*) caravel
karwats 1 riding-whip, riding-switch, hunting-crop; *met de ~ slaan* horsewhip; 2 cat(-o'-nine-tails)
karwei job, piece of work, (*Am*) chore; *naar* (*de, het*) *~ gaan* go to (one's) work; *bezig met* (*of: op*) *het ~* [have ten men] on the job; *een hels* (*heidens*) *~* a tough job (problem); *allerlei ~tjes doen* (*opknappen*) do odd jobs, make o.s. generally useful
karwij caraway [seed]
kas 1 (*ve horloge*) (watch-)case; (*ve oog, tand*) socket; (*in ring*) bezel; 2 (*voor planten*) greenhouse, glasshouse; (*broeikas*) hothouse; ***uit** de ~, kas-,* (*ook*) forced [grapes]; 3 (*geld*) cash; (*kantoor*) cash-, pay-office; (*kassa*) cash-, pay-desk, cashier's desk; *'s lands ~* the exchequer, the coffers of the State; *de openbare ~* the public purse, [the money is to come from] public funds; *de ~ **houden*** keep the cash; *de ~ **opmaken*** cash up, make up the cash; ***aan** de ~ betalen* pay at the counter (the desk); *goed **bij** ~ zijn* be in cash (flush, flush with money, in funds); *ik ben niet* (*of: slecht*) *bij ~* I am out of cash (short of money), I am hard up (for money); *geld **in** ~* cash in hand; *zie* klein & puilen
kasba kasbah, casbah
kas|betaling cash-out; **-boek** cash-book; *zie ook* huishoudboek; **-cheque** giro-cheque for cash withdrawal; **-druiven** hothouse grapes; **-geld** till-money, cash (in hand); **-geldrekening** cash account; **-groenten** glasshouse vegetables, vegetables grown under glass
kasje: *~ gooien* (play at) dice; *iem ~ zes slaan* knock a p. senseless; *~ klote* bugger all
kasjmier cashmere [shawl], kerseymere
Kasjmir Kashmir; **Kasjmiri** Kashmiri
kasmiddelen cash (resources), cash in hand
Kasper Jasper
Kaspische Zee: *de ~* the Caspian (Sea)
kas|plant hothouse plant (*ook fig*); **-register** cash register; **-rekening** cash account
kassa 1 cash; *per ~* net cash; 2 pay desk, cash desk, cash point, [supermarket] checkout, [cinema, etc] box office; (*opschrift*) pay here; *de ~ opmaken* cash up; *~!,* (*fam*) collect!; **kassabon** receipt, sales check (*of:* slip)
kassaldo cash balance
kassei set(t), cobble(stone); **kasseien** pave
kassen set [in gold, etc]
kassian pity; *~!* poor fellow!, poor thing!; *~ hebben met* sympathize with
kassie 1 cassia [tree]; 2 *zie* kasje
kassier 1 (*kashouder*) cashier; (*ve bank, ook*) teller; 2 banker; **kassiersboekje** pass-, bank-book; **kassiersbriefje** cheque
kasstortingsformulier inpayment form; **kasstroom** cash flow; **kasstuk** 1 voucher; 2 *zie* -succes; **kassucces** box-office draw (hit, success); *een gegarandeerd ~ zijn,* (*ook*) be highly bankable
kast 1 (*algem*) cupboard, press, (*Am*) closet; (*kleer~*) wardrobe; (*linnen~*) linen cupboard; (*laden~*) chest of drawers; (*boeken~*) bookcase; (*porselein-, instrumenten-, tv-, enz*) cabinet [a china, TV cabinet, a cabinet of instruments]; (*ve piano, klok, enz*) case; (*in museum, enz*) [glass] case; *piano in ~ van notehout* piano in walnut case, walnut-cased piano; ***op** de ~ jagen* take the mickey out of [a p.], get (take) a rise out of a p.; *laat je niet op de ~ jagen* keep your shirt (your hair) on; *alles **uit** de ~ halen* make every effort; *zie ook* kastje; 2 (*horloge~*) watch-case; (*viool~*) body; 3 (*kamer*) digs; (*gevangenis*) quod, can, clink; (*bordeel*) bawdy-house; *een ~ van een huis* a barrack (barn) of a house; ***in** de ~ zetten* run in [a drunken man]; *hij zit in de ~* he is in quod, is doing time; 4 *oude ~,* (*rijtuig*) rattletrap
kastanje chestnut (tree); *tamme ~* sweet (Spanish) chestnut; *wilde ~* horse-chestnut, (*fam*) conker; *ik wil voor u de ~s niet uit het vuur halen* I am not going to pull the chestnuts out of the fire for you, I won't be made a cat's-paw of by you
kastanje|boom chestnut(-tree); **-bruin** chestnut, auburn, bay; **-kleurig** chestnut(-coloured)

kaste caste [system]
kasteel (*middeleeuws*) castle; (*in Eng ook*) country house; (*in Frankrijk*) chateau; (*burcht, ook*) citadel; (*schaakspel*) rook; *zie ook* lucht~
kasteel|heer lord of the (a) castle, chatelain; **-plein** castle yard; **-roman** (*vglb*) Gothic novel; **-vrouwe** lady of the (a) castle, chatelaine
kastegeest spirit of caste
kastekort deficit, deficiency
kastelein innkeeper, publican, landlord, licensee [of the Bull Hotel]; (*hist*) castellan; **kaste|leines, -leinse** landlady
kastenmaker cabinet-maker
kastenstelsel caste system
kastenwand wall units
kastijden chastise, castigate, punish; (*met de roede, ook*) (apply the) birch (to); (*bijb*) chasten [whom the Lord loveth, he chasteneth]; *zijn vlees ~* mortify one's flesh; **kastijder** chastiser, castigator; **kastijding** chastisement, castigation
kastje *zie* kast; (*vooral voor privégebruik*) locker; (*bed-, radio-, muziek-, enz*) cabinet; (*tv*) box; *~ kijken* view; *ze stuurden me van het ~ naar de muur* I was sent (driven) from pillar to post
kastjekijker (*sl*) couch potato; **kastlijntje** (*typ*) metal-rule; (*kort*) em-rule, (em-)dash; **kastnummer** pressmark, (*inz Am*) shelfmark
kastoor beaver, castor; **kastoren** beaver; *~ hoed* beaver (hat)
kastpapier shelf-paper; **kastrand** lace(d) paper edging
kastrol casserole, saucepan, stewpan
kasuaris cassowary
kasvoorraad cash in hand
kasvruchten hothouse fruit
kat 1 cat; (*wijfje; ook: gestreepte ~*) tabby cat; *zij is een echte ~* she is a regular cat (tiger-cat); *zo'n kleine ~!* the little tiger-cat!; *~ in het **bakkie**,* (*fam*) easy meat, child's play, a piece of cake; *de ~ de **bel** aanbinden* bell the cat; *de ~ uit de **boom** kijken* wait to see which way the cat jumps, wait for the cat to jump, sit on the fence, play a waiting game, play for safety; *er omheenlopen als de ~ om de hete **brij*** pussyfoot, be pussyfooting; *andere ~ten te **geselen** hebben* have other fish to fry; *de ~ in de **gordijnen** jagen* put the cat among the pigeons; *toen was de ~ in de gordijnen* then there was hell to pay; *leven als ~ en **hond*** lead a cat-and-dog life, live like cat and dog; *of je van de ~ of van de **kater** gebeten wordt, het blijft hetzelfde* it is six of one and half a dozen of the other; *hij **knijpt** de ~ in het donker* he is a sneak, does things on the sly; *~ en **muis** spelen met* play cat and mouse (a cat-and-mouse game) with; *als de ~ weg (van huis) is, dansen de muizen* when the cat's away the mice will play; *een ~ in het **nauw**,* (*fig*) a cornered rat; *een ~ in het nauw maakt vreemde sprongen,* (*vglb*) desperate needs lead to desperate deeds; *als een ~ in een vreemd **pakhuis*** [feel] out of one's element, like a fish out of water; *de ~ op het **spek** binden* trust the cat to keep the cream, set the fox to watch the geese; *zijn ~ **sturen*** fail to come; *maak het de ~ **wijs*** tell it to the marines!; *een ~ in de **zak** kopen* buy a pig in a poke; *een ~ in de zak,* (*ook*) a blind bargain; *zie ook* katje & gelaarsd, muizen, poes, smeer, verzuipen, enz; 2 (*standje*) reprimand; 3 (*versterkingskunst*) cavalier; 4 (*oud krijgstuig*) cat; 5 (*~ met negen staarten*) cat(-o'-nine-tails); (*mar*) cat
katachtig cat-like, feline, felid; *zie ook* kattig
katafalk catafalque
katalysator catalyst (*ook fig*); (*v motor ook*) cat(alytic) converter, catalyser
katalyse catalysis; **katalytisch** catalytic
katamaran catamaran
katapult catapult (*alle bet*); (*klein schiettuig, Am*) slingshot *met een ~ (af)schieten (beschieten)* catapult; **katapulteren** catapult
Katar Qatar, id; **Katarees** Qatari, Katari
kater 1 tom(cat); 2 hangover; [get up with a] head; *morele ~* moral hangover; 3 [be left with a] sense of disillusionment
katern quire; (*boekbinden*) section, gathering
kathaar Cathar(ist)
katheder 1 lectern; *zie ook* spreekgestoelte; 2 bishop's throne, cathedra
kathedraal cathedral (church)
kathode cathode; **kathodestraalbuis** cathode ray tube; **kathodisch** cathodic
katholicisme (Roman) Catholicism; **katholiciteit** catholicity; **katholiek** *bn & zn* (Roman) Catholic; **katholiseren** catholicize
katjang 1 peanut(s), monkey-nut(s); 2 (*min*) half-caste
katje kitten; (*ve plant*) catkin; (*meisje*) *zie* kat; *ze is geen ~ om zonder handschoenen aan te pakken* she has a tongue of her own, you'll have to watch your step with her; *in het donker (bij avond, nacht) zijn alle ~s grauw* all cats are grey in the dark
katjes|dragend amentiferous [tree]; **-spel**: *dat wordt nog ~* it is sure to end in ructions
katoen cotton; (*ve brander*) (cotton-)wick; *hem van ~ geven* buckle down (to the job); (*iem*) give a p. a hiding; **katoenachtig** cottony; **katoenbatist** cotton cambric; **katoendrukker** calico printer; **katoenen** cotton; *~ stoffen* cottons, cotton fabrics
katoen|fabriek cotton-mill; **-flanel** flannelette; **-fluweel** cotton velvet, velveteen; **-garen** cotton yarn; **-knopkever** boll weevil; **-olie** cottonseed oil; **-pit** cottonseed; **-spinnerij** cotton mill; **-struik** cotton plant; **-tje** (cotton) print; (*japon, ook*) print dress; **-waren** cottons, cotton fabrics; **-wol** wincey; **-zaad** cottonseed [oil]
katoog cat's-eye (*ook steen & reflector*)
Katrien Kate, Catherine, Cathy
katrol [fixed, loose] pulley, block; *zie ook* dronken
katrol|blok pulley block; **-schijf** (pulley) sheave
katte|bak 1 litter tray, cat's box, cat loo; 2 (*v auto, rijtuig*) dickey (seat); **-bakkorels** cat litter; **-belletje** scrawled note; **-darm** catgut; **-doorn** rest-harrow; **-drek** (*fig*), *zie* -pis
Kattegat id
katte|gejammer, -gejank 1 miao(u)wing, miauling, (*inz Am*) me(o)wing; 2 (*op viool*) scraping; **-gekrol** caterwauling; **-gespin** *zie* ge-

win; **-grit** cat litter; **-haar** cat's hair; **-kop** cat's head; (*fig, van vrouw*) cat; **-korrels** cat litter; **-kruid** catmint; **-kwaad** mischief; *hij voert* (*haalt*) *altijd* ~ *uit* he is never out of (always in, always up to) mischief; **-luikje** cat flap; **-muziek** caterwauling; (*fig*) rough music

katten 1 refuse [goods not up to sample, to see a p.]; break an agreement; *iem* ~ snap at a p., bite a p.'s head off; 2 (*mar*) cat [the anchor]

kattenasiel cat's home

katte|oog *zie* katoog; **-pi(e)s:** *geen* ~ not to be sneezed at; **-pislucht** smell of cats; **-poot** cat's paw; **-pul(t)** *zie* katapult

katterig: ~ *zijn* have a hangover (a head), (*Am*) be hung over; **katterigheid** hangover

katte|rug cat's back; (*mar*) broken backed; **-spoor** (*mar*) rider; **-sprong** caper; (*fig*) stone's throw; **-staart** 1 cat's tail; 2 (*plant*) purple loosestrife; **-staartamarant** love-lies-(a-)bleeding; **-tong** cat's tongue (*ook chocola*); **-vel** cat-skin

kattig cattish, catty; **kattigheid** catti(sh)ness

katuil *zie* kerkuil; **katvanger** catspaw; **katvis** small fry; **katwilg** osier, withy; **katzwijm** [fall into a] (brief) swoon; *het schip lag in* ~ the ship was becalmed, lay idle

Kauka|siër, -sisch(e) Caucasian; **Kaukasus**: *de* ~ the Caucasus

kauri cowrie

kauw jackdaw, daw

kauwen chew, masticate, munch; *op zijn potlood* ~ chew (on) one's pencil; *zijn woorden* ~ drawl out one's words, mumble; *daar heeft hij wat aan te* ~ that's a hard nut to crack (a tough job) for him; **kauwgom** (chewing) gum; **kauwsnoepje** chewy sweet; **kauwspier** masseter, masticatory muscle

kava id

kavalje 1 (*huis*) tumbledown house, old barrack; 2 (*schip*) old tub; 3 (*paard*) jade, screw

kavel parcel, lot, [building] plot; **kavelen** parcel out, divide up; (*berekenen*) compute; *tijd en tij* ~ trim one's sails to the wind; **kaveling** 1 parcelling out, etc; 2 lot, parcel

kaviaar caviar, caviare; **kawa** kava

kazak 1 smock overall; (*hist*) greatcoat; 2 bag; (*fig*) peel; jacket potato

Kazak Kazak(h); **Kazakkië** Kazak(h)stan

kazemat casemate

kazen 1 curdle, turn to curds, coagulate; 2 make cheese

kazerne barracks; *een* ~ a barrack(s); *een oude* ~, (*fig*) an old barrack; **kazerneren** barrack, put into (house in) barracks; **kazernewoning** tenement house, (*fam*) barrack

kazuifel chasuble

kebab id; ~ *maken van* kebab

kedive khedive; **keek** *ovt van* kijken

1 keel throat, gullet; *droge* ~ dry throat; *een droge* ~ *hebben,* (*ook*) have a thirst, have a cobweb in one's throat; *zere* ~ sore throat, strep throat; *iem de* ~ ***afsnijden*** cut a p.'s throat; *iem de* ~ ***dichtknijpen*** strangle a p.; *het kneep mij de* ~ *dicht* it caught me by the throat, I felt a tightening of my throat, my throat contracted; *een* (*harde*) ~ ***opzetten*** squeal, set up a cry, cry (scream) at the top of one's voice, yell one's head off; *zich de* ~ ***smeren*** wet one's whistle; *het* ***hangt*** *me de* ~ ***uit*** I'm sick and tired of it, I'm fed up with it (fed up to the back teeth); ***achter*** *in de* ~ *spreken* talk in a throaty (guttural) voice; *iem* ***bij*** *de* ~ *pakken* (*grijpen*) seize (grip) a p. by the throat; *bij de* ~ *hebben,* (*ook fig*) have by the throat, have a stranglehold on; *elkaar bij de* ~ *hebben* be at each other's throats; ***door*** *de* ~ *jagen* guzzle [beer]; *ik kon het niet door de* ~ *krijgen,* (*eten*) I could not get it past my gorge; *de appel* (*het woord*) *bleef hem* ***in*** *de* ~ *steken* the apple lodged (the word stuck) in his throat; *iem* ***naar*** *de* ~ *vliegen* fly at a p.'s throat; *zie ook* brok, hart, schrapen, enz

2 keel (*her*) gules

keelaandoening affection of the throat, throat-trouble, throat-affection; **keelader** jugular (vein); **keelarts** throat specialist, laryngologist; **keelband** string [of a bonnet]; chin-strap [of a helmet]; **keelgat** gullet; *in het verkeerde* ~ *schieten* go down the wrong way, (*fig ook, sl*) get up a p.'s nose; *zie ook* keel; **keelgeluid** guttural (sound); **keelholte** pharynx, throat; **keelkanker** cancer of the throat; **keelklank** guttural (sound); **keelmicrofoon** throat microphone, laryngophone; **keel-neus-oorarts** ear, nose and throat specialist, oto(rhino)laryngologist; **keelontsteking** sore throat, strep throat, inflammation of the throat, laryngitis; **keelpijn** [have a] sore throat; **keelriem** (*ve paard*) throatlatch, -lash; **keelspiegel** laryngoscope; **keelstem** guttural (throaty) voice

keen 1 (*kloof*) chap, crack; 2 (*kiem*) germ

keep 1 notch, nick, score, snick; *de* ~ *van het vizier* the V (vee) of the back-sight; 2 (*vogel*) brambling, bramble-finch

keepen keep goal, goalkeep; **keeper** (*doelverdediger*) goalie, (goal)keeper

keer 1 turn, change; *de zaken* ***namen*** *een gunstige* ~ things took a favourable turn; ***tegen*** *de* ~ (*in*) contrary; 2 (*maal*) time; *zie ook* maal; *negen van de tien* ~ nine times out of ten; *dat was de laatste* ~ *dat ik hem zag,* (*ook*) that was the last I saw of him; *wanneer wij een volgende* ~ ... when next we ...; *ik raadde het de* ***eerste*** ~ I ... at the first go; *de* ***éne*** ~ ..., *de andere* ... (at) one time ..., (at) another ...; ***één*** ~ *moet de eerste zijn* everything must have a beginning; *men hoefde hem nooit iets* ***twee*** ~ *te zeggen* he never had to be told a thing twice; *voor mijn part is hij twintig* ~ *baron* I don't care if he is a baron twenty times over; *geen* ***enkele*** ~ never once [he never once alluded to it]; *een enkele* ~ once or twice, once in a while, occasionally; *een heel enkel ~tje, een doodenkele* ~ once in a blue moon; *één enkele* ~ only once; *een* ***paar*** ~ once or twice, two or three times; ***in*** *één* ~ at one go, [swallow it] at a draught; *in* (*binnen*) *de kortste keren* in no time (at all); ***op*** *een* ~ one day (morning, etc); ~ *op* ~ time after time; ***per*** ~ [a pound] a time; ***voor*** *een* ~ (just) for once, once in a way (a while); (*voor*) *deze* ~

this time, [that's all] for now; *voor de laatste ~* for the last time; *voor deze* (*die*) *éne ~* for this (that) once, for once [he had spoken the truth]; *zie ook* gedaan & tekeergaan

keerdam weir, barrage; **keerdicht** rondeau; **keerkoppeling** reversing-clutch, reversing gear (coupling); **keerkring** tropic [of Cancer *noorder;* of Capricorn *zuider*); **keerkringslanden** [the] tropics; **keerkringsvogel** tropic bird; **keerkringszon** tropical sun turning-point, crisis; **keerpuntcommissaris** turning judge; **keersluis** sluice; **keervers** burden [of a song]; **keerwand** retaining wall; **keerweer** blind alley; **keerzijde** reverse [of a medal, etc; *ook fig:* show the reverse (side) of the medal]; (*v stoffen*) wrong side; (*fig ook*) seamy (dark) side; *alles heeft zijn ~* there is a reverse to every medal, nothing is perfect; *de medaille heeft haar ~* there's the other side of (another side to) the picture, there's another side to the coin; *aan de ~,* (*ve blad*) on the back

kees keeshond; **Kees** 1 Cornelius; *zie ook* klaar; 2 (*hist*) 'Patriot', Dutch anti-Orangeman; **keeshond** id

keet 1 salt-works; 2 shed, shanty; *een oude ~* an old barrack(s) (barn); 3 (*fam*) mess, disorder; *~ schoppen* kick up a row (a shindy)

keffen 1 yelp, yap (*ook fig*); 2 (*kijven*) squabble, wrangle; **keffer** 1 yapper (*ook fig*); 2 wrangler

keg wedge

kegel 1 [fir] cone; (*ijs~*) icicle; 2 (*sp*) skittle, ninepin; (*bowling*) tenpin; 3 alcoholic breath

kegelaar skittle-player; **kegelbaan** skittle-, bowling-alley; **kegelclub** skittle club; bowls club

kegelen 1 play at skittles (ninepins); play bowls; *een partij ~* have a game of skittles; 2 crash [to the ground]; *eruit ~* chuck out, throw out

kegel|mantel conical surface, envelope of a cone; **-snede** conic section; *de leer der ~n* conics; **-spel** (game of) skittles, ninepins; **-vlak** conical surface; **-vormig** conical, cone-shaped, (*plantk*) strobilaceous; **-vrucht** cone, strobilus

kegge wedge; **keggen** wedge (in)

kei 1 boulder; (*straat~, rond*) cobble(-stone), (*vierkant*) [granite] set(t); *iem op de ~en zetten, a*) give a p. the key of the street; *b*) (*aan de dijk*) give a p. his marching orders; *op de ~en staan, a*) be out of a job; *b*) be on the rocks; *met ronde ~en bestraat* cobbled [street]; *zie ook* ~hard; 2 (*fig*) crack (player), (*Am*) crackerjack; *zie ook* kraan

keihard as hard as nails; hard-boiled; [shout] at the top of one's voice; *vgl* hard; *de radio stond ~ aan* the ... was blaring; *~ onderhandelen, a*) *ww* drive a hard bargain; *b*) *zn* hard bargaining; *een ~e leugen* a barefaced lie

keil wedge; **keilbout** expanding bolt

keileem boulder clay

keilen 1 fling, pitch, shy [*naar* at]; 2 (*kiskassen*) play at ducks and drakes

keisteen *zie* kei; **keiweg** cobble(d) road

keizer emperor; *de Duitse ~,* (*ook*) the Kaiser; ***geef de ~ wat des ~s is*** render unto Caesar the things which are Caesar's; *waar **niets** is verliest de ~ zijn recht* you cannot get blood out of a stone; *zie ook* baard; **keizerin** empress; *~-weduwe* empress dowager; **keizerlijk** imperial; **keizerrijk** empire; **keizerschap** emperorship; **keizershof** imperial court; **keizerskroon** 1 imperial crown; 2 (*plant*) fritillary; **keizersnede** Caesarean (section)

kek smart, spry, with-it; **keker** chick-pea

kelder cellar; (*ve bank, enz*) vault; *naar de ~ gaan,* (*op zee*) go to the bottom, go to Davy Jones's locker; (*fig*) go to pot (to the dogs); **kelderen** I *tr* lay up, store (in a cellar), cellar; II *intr* (*v effecten, enz*) slump, tumble, topple, take a downward plunge; **keldergarage** basement car park; **keldergat** air-, vent-hole; (*ve kolenkelder vóór huis*) manhole; **kelderhuur** cellarage, cellar rent; **keldering** slump; *vgl* kelderen

kelder|kamer 1 room over a cellar; 2 basement room; **-kast** (*vglb*) cupboard under the stairs; **-keuken** cellar-, basement-kitchen; **-lucht** fusty smell; **-luik** cellar-flap, trapdoor; **-meester** cellarman; (*in klooster*) cellarer; **-mot** *zie* pissebed; **-ruimte** cellarage; **-tje** bottle stand, cellaret; **-trap** cellar stairs; **-verdieping** basement; **-woning** basement flat

kelen I *ww* cut the throat of, kill (off); stick [pigs]; II *bn* (*her*) gules

kelere (*volkst*) I *attr & tw* rotten, fucking [bastard]; *o, ~!* oh, fuck!; II *zn* (*krijg*) *de ~* drop dead

kelk cup, chalice; (*ve bloem*) calyx, (*mv ook*) calyces; (*ve arons~*) sheath; (*ve trompet*) bell; **kelkblad** sepal; **kelkvormig** cup-shaped, calyx-like; **kelkwijding** consecration of the chalice

kelner waiter; (*mar*) steward; **kelnerin** waitress

Kelt Celt; *Schotse ~* Gael; **Keltisch** Celtic; (*Schots ~*) Gaelic

kemel camel; (*fig*) blunder; **kemelsgaren** mohair; **kemelshaar** camel's hair; **kemelsharen** *bn* camelhair [brush]

Kempen: *de ~* the Campine

kemphaan 1 (*mannetje*) ruff; (*wijfje*) reeve; 2 (*fig*) fighting cock, (little) bantam, (*Am sl*) scrapper

kenari(boom) kanari (tree)

kenau: *een ~* a strapping woman, a battle-axe

kenbaar recognizable, knowable, distinguishable; *~ maken* make known; **kenbaarheid** recognizability, etc; **kengetal** 1 index number; 2 area code prefix

Kenia Kenya; **Keniaan(s)** Kenyan

kenleer epistemology, theory of cognition

kenmerk distinguishing mark; index [a reliable index of relationship]; (*fig*) characteristic, feature; **kenmerken** 1 (*concreet*) mark, tag, label, stamp; 2 characterize, mark, qualify; *zich ~ door* be characterized (marked) by; **kenmerkend** characteristic [*voor* of]; distinctive, outstanding, salient

kennel id, kennels

kennelijk I *bn* (*zichtbaar*) visible; (*blijkbaar*) apparent, obvious; (*herkenbaar*) recognizable; *in ~e staat* drunk and incapable, under the influence; *~ worden,* (*v baby*) begin to take notice; II *bw*

clearly, evidently
kennen know, understand, be acquainted (familiar) with; *ik ken zijn naam* (*goed*) his name is familiar to me; *ze kende geen* (*alleen maar*) *Spaans,* (*ook*) she had no (nothing but) ...; *kent u elkaar?* are you acquainted?; *mensen die ik ken* people of my acquaintance; *ken u zelven* know thyself; *ik ken je wel* I know all about you; *voor zover ik haar ken,* (*ook*) so far as my knowledge of her goes; *ik ken hem niet al val ik over hem* I don't know him from Adam; *hij wou me niet* ~ he cut me; *geen vrees* ~ know no fear; *dat ken ik!,* (*iron*) I know a trick worth two of that; *hij* ***deed*** *zich* ~ *als een goed zakenman* he proved himself to be (showed himself) ...; *hij* ***gaf*** *het mij te* ~ he intimated (signified, hinted) as much to me; *ze gaven als hun mening te* ~ ... they gave it as their view ...; *hij gaf zijn toestemming te* ~ he signified his ...; *de wens te* ~ *geven om te* ... express a wish to ...; *zij gaf me te* ~ *dat* ... she gave me to understand that ...; *zich* ***laten*** ~ show one's true (mean, etc) character; *laat je niet* ~*!* keep your pecker up!; *zich laten* ~ *aan, zie* doodblijven op; *men* ***moet*** *hem* ~ (*om hem te appreciëren, enz*) he improves on acquaintance; *zijn* ***lui*** (*mensen*) ~ know whom (who) one has to deal with, know how to deal with people; *de* ***wereld*** ~ know the world; *ik ken hem* ***aan*** *zijn stem* (*gang, schoenen, enz*) I know him by his voice (gait, shoes, etc); *men kent de man aan zijn gezelschap* a man is known by the company he keeps; *iem* ~ ***als,*** (*weten dat iem is*) know a p. for [a great leader]; *hij heeft er mij niet* ***in*** *gekend* he has not consulted me about it; *hij wordt overal in gekend* everything is referred to him; *iem alleen* ***van*** *gezicht* ~ only know a p. by sight; *zij kende geen harten van klaveren* she did not know (could not tell) hearts from clubs; *zie ook* binnen, dag, door, leren, enz
kenner connoisseur [*van* of, in], judge [*van* of], [a jazz] aficionado; authority [on Greek literature], [a good Goethe] scholar; **kennersblik**: *met* ~ with the eye of a connoisseur (an expert eye)
kennis 1 knowledge [*van* of], acquaintance [*van* with]; *technische* ~, (*fam*) know-how; *zie ook* boom; *familie en* ~*sen* kith and kin; *man van grote* ~ man of solid learning (profound erudition); *de* ~ *weer* ***aanknopen*** renew acquaintance; ~ ***dragen*** *van* be aware of, know, have knowledge (cognizance) of; ~ ***geven*** (*van*) announce [s.t.], give notice [of s.t.], notify [a p. of s.t.]; *ik heb de eer U* ~ *te geven, dat* ... I beg to inform you that ...; *zonder vooraf* ~ *te geven* [visit schools] without notice; *ik* ***heb*** *geen* ~ *aan hem* I have no acquaintance with him; *ik heb daar geen* ~ *aan, a*) I am no party to that; *b*) it isn't mine; ~ ***krijgen*** *aan* get to know; ~ *is* ***macht*** knowledge is power; ~ ***maken*** *met iem* make a p.'s acquaintance, make the acquaintance of a p.; ~ *met elkaar maken* make acquaintance; *persoonlijk* ~ *maken met* make the personal acquaintance of; *zie* aangenaam; *nader* ~ *maken met iem* cultivate a p.'s acquaintance; (*terloops*) ~ *met iem maken* pick up (strike up) an acquaintance with a p.; *met de politie* ~ *maken* fall foul of the police; *een leerling laten* ~ *maken met literatuur* introduce a pupil to literature; ~ ***nemen*** *van* take cognizance (*of:* note) of, note [the contents of a letter], consult; *met* ~ *van* ***zaken*** [speak] with (full) knowledge (of the facts, etc), with authority; *met* ~ *van zaken spreken,* (*ook*) know what one is talking about; ~ *van zaken,* (*ook*) special knowledge; *hij was tot het laatst* ***bij*** ~ he was conscious to the last; *weer bij* ~ *komen* recover one's senses, regain consciousness; *het duurde lang voor hij bij* ~ *kwam* he took a long time to come round; ***buiten*** ~ *zijn* be unconscious; *buiten* ~ *raken* lose consciousness; *zie ook* medeweten; *ik zal je met hem* ***in*** ~ *brengen* I'll introduce you to him; *met iem in* ~ *komen* make a p.'s acquaintance, get acquainted with a p.; *in* ~ *stellen met* acquaint with, inform (apprise) of; ***ter*** ~ *brengen van* bring to the notice of; *ter algemene* ~ *brengen* give public notice of; *ter* ~ *komen van* come to the knowledge of [it came to my knowledge]; 2 (*bekende*) acquaintance, friend; ~*je* female acquaintance, friend; *goede* ~ intimate friend; *veel* ~*sen* ***hebben*** have many acquaintances; *gemakkelijk* ~*sen* ***krijgen*** pick up acquaintances easily; *wij zijn* ***onder*** ~*sen* we are among acquaintances (friends); *een dichter onder mijn* ~*sen* a poet of my acquaintance
kennisgeving notice, intimation [of death], [official] notification; (*ve engagement, enz*) announcement; *voor* ~ *aannemen* note, receive [the communication was noted; the report was received]; (*v notulen, enz*) take as read (*ook fig*); *voor* ~ *aangenomen* duly noted; *hij nam de waarschuwing voor* ~ *aan* he did not attach too much value to the warning
kennisleer *zie* kenleer; **kennismaking** (making a p.'s) acquaintance; *zijn eerste* ~ *met het studentenleven* his first introduction to ...; *een toevallige* ~ a chance acquaintanceship; *bij eerste* (*nadere*) ~ on first (further, closer) acquaintance; *hun eerste* ~ their first meeting; (*vlug of vluchtig*) ~ *aanknopen* strike up an acquaintance; *ter* ~ for your kind attention; *exemplaar ter* ~ inspection copy; *zie ook* meevallen; **kennisneming** (taking) cognizance, inspection, examination, consultation; *ter* ~ for information (only); **kennisoverdracht** transfer of knowledge; **kennissenkring** [the women of his] acquaintance, circle of acquaintances; **kennistheoretisch** epistemological; **kennistheorie** *zie* kenleer
kenschets (*vglb*) profile; **kenschetsen** characterize, mark; **kenschetsend** characteristic [*voor* of]; *zie ook* -merken(d); **kenspreuk** motto
kenteken distinctive (distinguishing) mark, token, badge, distinctive; (*ve auto*) registration (*Am:* license) number; **kentekenbewijs** vehicle registration document; **kentekenen** characterize; **kentekenplaat** registration (*Am:* license) plate
kenteren turn; *het tij kentert* the tide is on the turn; *zie ook* kantelen & krengen; **kentering** turn, turning, turn of the tide (*ook fig*); (*vd moesson*) change, transition; *het was in de* ~ the mon-

soon had not broken yet; *er komt een ~ in de publieke opinie* public opinion is swinging back
kentheoretisch epistemological
kenvermogen (faculty of) cognition, cognitive power (*of:* faculty)
Kenya id; **Kenyaan(s)** Kenyan
kepen notch, nick, score, snick
keper twill; (*her*) chevron; *iets op de ~ beschouwen* examine (look at) a thing closely, look beneath the surface; *op de ~ beschouwd* on close inspection, when all is said and done, in the final analysis, basically; **keperen** twill
keperverband (*bk*) herringbone bond
kepie kepi, cap; **keppeltje** skull-cap
keramiek, enz *zie* ceramiek, enz
keratine keratin
kerel fellow, chap; (*aanspr*) old man, man [wake up, man!]; *een ferme ~* a capital (fine) fellow, a sport; *als je een ~ was* if you were half a man; *zie ook* vent & niks; (*klein*) *~tje* little fellow, little chap; *wel, ~tje!* well, my little man!
keren I *tr* 1 (*draaien, om~*) turn; *hooi ~* make (tossed) hay; *een jas ~* turn a coat; *een kaart ~* turn up a card; *een wapen tegen zichzelf ~* turn a weapon (up)on o.s.; *iets het* ***onderste*** *boven* (*het binnenste buiten*) ~ turn a thing upside down (inside out); *God zal alles ten* ***goede*** (*ten beste*) ~ God will order everything for the best; ***zich*** ~ turn (round); *zich naar rechts ~* turn to the right; *zich ~ tegen* turn against (*of:* on) [a p.], round on [a p.]; *zich ten goede* (*kwade*) ~ take a turn for the better (the worse) [*ook:* it will work out for the best]; *in zichzelf ~, zie* teruggetrokken: ~ zijn; *zich niet ~ aan, zie* storen; 2 (*tegenhouden*) stem, stop, check; *het water ~* (*bij overstroming*) stem the flood; *een kwaad ~* stem (put down) an evil; 3 (*vegen*) sweep, clean; *zie ook* bezem; II *intr* 1 turn; *zie ook* kans; (*terug~*) turn back, return; (*v wind*) *zie* draaien; *beter ten* ***halve*** *gekeerd dan ten hele gedwaald* it is better to stop half way than to persevere in an error; ***per*** *~de post* by return (of post, of mail); 2 (*uithouden*) stand, (*fam*) stick [it]; *zie ook* rug, wenden, enz
kerf notch, nick; **kerfsnede** chip-carving; **kerfstok** tally(-stick); *hij heeft veel op zijn ~* he has much to answer for, (*een aantal misdaden*) he has a number of crimes to his record; *ik wil dat niet op mijn ~ hebben* I won't have it laid at my door; **kerftabak** shag
kering (*med, van de vrucht*) version
kerk church; (*van niet-anglicaanse protestanten*) chapel; (*v methodisten, ook*) tabernacle; (*mar*) long room; *de strijdende* (*zegepralende*) ~ the Church militant (triumphant); *de* (*on*)*zichtbare* ~ the (In)visible Church; *~ en staat* church and state; *zie ook* scheiding; *de ~ gaat om 10 uur* ***aan*** (*uit*) church (divine service) begins (is over) at ten; *de ~ was uit* church was over; ***in*** *de ~ zijn,* (*voor de dienst*) be at (in) church; *ben je in de ~ geboren?,* (*bij openlaten ve deur*) where were you born? in a field?; ***na*** *de ~* after church; ***naar*** *de ~ gaan* go to church; *hij was naar de ~ geweest* he had been to church; *geregeld* ***ter*** *~ gaan* be a regular worshipper; *de ~ waar ik altijd naar toe ga* the church where I worship; *de ~ in het* ***midden*** (*van het dorp*) *laten* give and take, steer a middle course, be reasonable
kerk|appèl (*mil*) church parade; **-ban** excommunication [*grote* greater; *kleine* lesser]; **-bank** pew; **-bestuur** (*algem*) church government; (*v plaatselijke kerk*) *zie* kerkeraad; **-bezoek** church attendance, churchgoing; **-blad** church (*of:* parish) magazine; **-boek** 1 service book, prayer book; 2 church-book, church-register; **-dief** church robber; **-dienaar** verger, sexton, beadle; **-dienst** divine service
kerkekamer vestry; **kerkelijk** ecclesiastical [office *ambt*]; church [affairs, calendar]; *~e ban* (*provincie, recht, enz*) *zie* kerkban; *~(e) feest*(*dag*) church festival; *~e goederen* church property; *~ huwelijk* church (*of:* religious) marriage (*of:* wedding); *~ jaar* Church (Ecclesiastical) year; *~e landerijen* church-lands; *~e overheid* Church authorities; *~e partijen* clerical parties; *~e plechtigheid* church ceremony; *Kerkelijke Staat* Ecclesiastical (Papal) State(s), States of the Church; *~e tucht* church discipline; **kerken** *ww* (*fam*) go to church, worship, attend divine service
kerker jail, gaol; (*onderaards*) dungeon
kerkeraad (*Ned*) elders and deacons; (*Eng Staatsk*) church council; (*afgescheiden*) consistory; **kerkeraadskamer** vestry; **kerkeraadsvergadering** church council meeting, etc; *vgl* kerkeraad; **kerkerechten** (*r-k*) last sacraments; *hij ligt onder volle ~* he has had the last sacraments administered to him
kerkeren imprison, incarcerate; **kerkering** imprisonment, incarceration
kerkezakje collection bag; *met het ~ rondgaan* take up the collection, (*vglb*) pass the plate
kerk|fabriek churchwardens; **-feest** church festival; **-gang** churchgoing, going to church; (*na bevalling*) churching; *haar ~ doen* be churched; **-gang(st)er** churchgoer, chapel-goer; *vgl* kerk; worshipper; *trouw~* regular attendant at church; **-gebied** ecclesiastical jurisdiction; **-gebouw** church (building); chapel; *vgl* kerk; **-gebruik** ecclesiastical rite; *voor ~* for church use; **-genootschap** communion [Anglican and other communions], religious community; (*sekte*) denomination, sect; **-geschiedenis** church (*of:* ecclesiastical) history; **-gewaad** vestment; **-gezag** ecclesiastical authority; **-gezang** church-singing; (*lied*) hymn; **-hervormer** (church) reformer; **-hervorming** Reformation; **-hof** churchyard [*op het ~* in the churchyard], cemetery, graveyard; *de dader ligt op het ~* the cat (Mr Nobody) has done it; **-hofhoest** churchyard cough; **-klok** 1 church-bell; 2 church-clock; **-koor** (*zang*) church choir; (*bk*) choir, chancel; **-leer** church-doctrine; **-leraar** clergyman, ecclesiastic, minister (of religion); (*r-k*) Doctor of the Church; **-lied** hymn; **-meester** churchwarden; **-parade** (*mil*) church parade; **-patroon**, **-patrones** patron saint; **-plein** parvis; **-provincie** ecclesiastical province; archdiocese; **-raam**

church window; *~pjes*, (*ve glas*) [fill a glass up to the] pretty; **-rat**: *zo arm als een kerkrat* as poor as a church mouse; **-recht** ecclesiastical law, canon law; **-rechtelijk** canonistic

kerks churchgoing [public], [she is terribly] churchy; **kerkschender** sacrilegious person, desecrator of the (a) church; **kerkschennis** sacrilege; **kerkscheuring** schism; **kerkschip** 1 nave; 2 (*vglb*) hospital ship

kerk|slavisch Church Slavonic; **-stoel** *zie* bidstoel; **-tijd**: *voor* (*na, onder*) ~ before (after, during) church; **-toon** church-mode; **-toren** (church-)steeple; (*zonder spits*) church-tower; **-torenspits** (church-)spire; **-uil** (dark-breasted) barn-owl; **-vader** father (of the church), church father; **-vergadering** church-meeting, synod, convocation; **-volk** churchgoers, church-people; **-voogd** (*r-k*) prelate; (*protestants*) churchwarden; **-voogdij** (*vglb*) churchwardens; **-vorst** prince of the church, prelate; **-wet** canon law; **-wijding** consecration (dedication) of a (the) church; **-zakje** *zie* -ezakje; **-zang** *zie* -gezang

kermen moan, groan, whine; **kermes** id

kermis (fun)fair; *het was ~ te Goes* a fair was on at Goes; (*Hollandse ~, ook*) kermis; *met ~* at fair time; *het is niet **alle** dagen ~* life is not all beer and skittles; Christmas comes but once a year; *het is ~ in de **hel*** it is raining while the sun is shining; *hij kwam van een **koude** ~ thuis* he came away with a flea in his ear, he had a rude awakening; ***naar** de ~ gaan* go to the fair

kermis|bed shakedown, makeshift bed; **-ganger** visitor to a fair; **-gast**, **-klant** fairground proprietor (showman); **-kraam** (fairground) booth; **-spel** showbooth, travelling show; **-tent** (fairground) booth; **-terrein** fairground; **-volk** 1 visitors to a fair; 2 fairground showmen (show-people); **-wagen** caravan

kern kernel [of a nut], stone [of a peach], pith [of wood], heart [of a tree], nucleus [of a comet, of an atom, (*mv:* nuclei)]; (*techn*) core; (*fig*) kernel [of truth], heart [of the matter], pith, gist [the gist of his speech], essence [of his statement], nucleus [of a library, a navy]; *de ~ van het leger* the core of the army; *een ~ van **waarheid*** a germ (a grain) of truth; *dat is de ~ van de hele **zaak*** that is the kernel (the crux, the gist) of the whole matter; *tot de ~ van de zaak doordringen* get to the (very) root (heart) of the matter

kern|aandrijving nuclear propulsion; *met ~* nuclear-powered [ship]; **-achtig** pithy, terse; **-achtigheid** pithiness, terseness; **-afval** nuclear waste; **-bedrijf** key industry; **-bewapening** 1 nuclear armament; 2 nuclear arms; **-centrale** nuclear power station; **-energie** nuclear power; **-fusie** nuclear fusion; **-fysica** nuclear physics; **-gedachte** central idea; **-gezin** nuclear family; **-gezond** perfectly healthy (*v zaken, ook:* sound); (*inz van oud pers*) hale and hearty; **-hout** heartwood; **-kabinet** inner cabinet; **-kop** nuclear warhead; **-lading** 1 (*natuurk*) nuclear charge; 2 (*v wapen*) *zie* -kop; **-lis** chromosome; **-onderzoek** nuclear research; **-ploeg** (*sp*) national selection (squad); **-probleem** central problem; **-punt** crucial (central) issue, (*fam*) hot button; **-reactie** nuclear reaction; **-reactor** nuclear reactor, atomic pile; **-schaduw** inner shadow, umbra; **-splitsing** nuclear fission; **-spreuk** aphorism, apophthegm; **-stop** test ban [treaty], nuclear freeze; **-vakken** key subjects; **-vraag(stuk)** key question (problem); **-vrucht** pome; **-wapen** nuclear weapon; **-wapenvrij** nuclear-free [zone]; **-woord** key word

kerosine kerosene, id

kerrie curry powder; **kerriesaus** curry sauce

kers 1 (*plant*) cress; 2 (*boom & vrucht*) cherry; *met grote heren is het kwaad ~en eten* he needs a long spoon who sups with the devil; the weakest goes to the wall; **kersappel** Siberian crab (apple)

kerse|bloesem cherry blossom; **-bonbon** cherry liqueur chocolate; **-boom** cherry tree; **-boomgaard** cherry orchard; **-hout** cherry wood

kersenbrandewijn cherry brandy; **kersenpluk** cherry picking; **kersentijd** cherry season; **kersepit** 1 cherry-stone; 2 (*hoofd*) nob, chump

kerspel parish [church]

kersrood *bn & zn* cherry-red, cerise

Kerst [a white] Christmas; *met* (*de*) ~ at Christmas

kerst|avond (*24 dec*) Christmas Eve; (*25 dec*) Christmas evening; **-boodschap** 1 Nativity; 2 Christmas message; **-boom** Christmas tree; **-boomverlichting**: *elektrische ~* tree lights, (*Br*) fairy-lights; **-dag**: *eerste ~* Christmas Day; *tweede ~* Boxing Day, (*als 1e op zaterdag valt:*) Christmas Sunday; *in de ~en* at Christmas

kerstenen 1 christianize; 2 (*dopen*) christen; **kerstening** christianization, conversion

kerst|feest Christmas (feast); **-geschenk** Christmas present; (*vglb: nieuwjaarsfooi*) Christmas box; **-groet** Christmas greeting(s), greetings of the season; **-kind** child born at Christmas; *het K~je* the Christ-child, the Infant Jesus; **-klokken** Christmas bells; **-krans** 1 almond-filled pastry ring; 2 Christmas (door-, table-)wreath; **-lied** Christmas carol; **-man(netje)** Father Christmas, Santa Claus

Kerstmis Christmas, Xmas; Nativity; (*vooral Sch*) Yule(tide); *een witte ~* a white Christmas

kerst|morgen Christmas morning; **-nacht** Christmas night; **-roos** Christmas rose; **-stal** nativity scene; **-stemming** Christmas (*fam:* Christmassy) mood; **-ster** 1 (*ster*) Star of Bethlehem; 2 (*plant*) poinsettia; **-stronk** Christmas log cake; **-tijd** Christmas (time, season); (*vooral Sch*) Yule(tide); **-vakantie** Christmas holidays; **-week** Christmas week; **-wens**: *kerst- en nieuwjaarswensen* compliments of the season, season's greetings

kersvers quite fresh, completely new, [get the news] red-hot; (*boek*) hot from the press; *~ van de academie* fresh from the university

kervel chervil; *dolle ~* rough chervil; cowbane; hemlock; *fijne ~* bur chervil; *wilde ~* wild chervil, cow's parsley

kerven notch, carve, slash; (*lijn*) score; (*tabak*) cut; **kerver** carver; [tobacco-]cutter

ketel 1 kettle; (*was-, brouw~, enz*) copper, cauldron; (*was-, CV-, stoom~*) boiler; (*heksen~*) cauldron; 2 *zie* ~dal

ketel|bekleding boiler lagging; **-bikker** boiler scaler; **-boeter** tinker; **-dal** basin(-shaped valley), bowl, cirque; **-huis** boiler-house; **-lapper** tinker; **-maker** boilermaker; **-muziek** rough music, tin-kettling; **-ruim** (*mar*) boiler room; **-steen** scale (*ook ve stoomketel*), fur; **-trom** kettle-drum; **-vormig** (*ve dal*) basin-shaped, bowl-shaped; **-wand** boiler shell

keten chain (*ook berg~*); (*elektr*) circuit; *~en,* (*fig*) chains, bonds [of slavery], fetters; *in ~en slaan* put into chains; *zijn ~en verbreken* break (shake off) one's chains; *een ~ vormen,* (*v personen*) form a human chain; *zie ook* ketting

ketenen *ww* chain, shackle, enchain

ketengebergte mountain range

ketenwinkel chain-store, multiple shop (store)

ketjap soy sauce, soya bean sauce

keton ketone

ketsen I *intr* 1 (*ve geweer*) miss fire, misfire; 2 (*biljart*) miscue; 3 (*plat*) screw, fuck; II *tr* defeat [a proposal], turn down [a plan], blackball [a person]; **ketsschot** misfire, flash in the pan; **ketsstoot** (*biljart*) miscue

ketter heretic; *zie ook* vloeken; **ketterdom** heretics; **ketteren** rage, storm, swear; **ketterij** heresy (*ook fig*); **ketterjacht** heretic-, heresy-hunt(ing), witch-hunt; **ketterjager** heretic-, heresy-, witch-hunter; **kettermeester** inquisitor; **ketters** heretical

ketting chain; (*weverij*) warp, chain; *~ van kralen,* (*ook*) rope (*of:* string) of beads; *kettinkje,* (*ook*) chainlet; *de ~ losmaken* undo the chain, (*ve hond*) unchain the dog; ***aan*** *de ~* chained up, on the chain; *aan de ~ leggen* chain up, put on the chain; (*schip*) serve an Admiralty writ on, arrest, embargo [a ship]; ***op*** *de ~* [have (keep) the door] on the chain; *de ~ op de deur doen* chain the door; *op de ~ springen* take action

ketting|aandrijving chain drive; **-bak** chain-locker; **-blad** chain wheel; **-boek** chained book; **-botsing** multiple collision, pile-up; **-bout** coupling-pin; **-breuk** continued fraction; **-brief** chain-letter; **-brug** chain-, suspension-bridge; **-draad** warp-thread; **-formulier** continuous form; *~en* continuous (fanfold) stationery; **-ganger**: (*troep*) *~s* chain-gang; **-garen** warp-thread; **-handel** intermediary trade; **-hond** watchdog; **-kast** gearcase; **-kogel** chain shot; **-lijn** catenary (curve); **-molen** chain-pump; **-papier** fanfold paper; *scheider voor ~* burster; **-rad** chain-wheel; **-reactie** chain-reaction; **-regel** compound rule of three; **-roker** chain-smoker; **-steek** chain-, lock-stitch, figure of eight (knot); **-wiel** chain-wheel; (*klein, inz van fiets*) sprocket(-wheel); **-zaag** chain saw; **-zijde** organzine

keu 1 (*biljart*) cue; 2 *zie* queue

keuken 1 kitchen; *~tje,* (*inz in flat*) kitchenette; 2 cooking [good cooking; the cooking is excellent], [excellent] cuisine; *een koude ~* a cold meal; *de vrolijke ~,* (*spel*) breaking-up-the-happy-home booth; *er een goede ~ op na houden* keep a good table

keuken|afval kitchen garbage [disposer]; **-blok** sink unit; **-doek** kitchen-cloth, kitchen-towel; **-fornuis** kitchen-range; **-gereedschap**, **-gerei** kitchen utensils, kitchenware; **-hulp** 1 kitchen help; 2 food processor; *~en,* (*ook*) kitchen electrics; **-kast** kitchen-cupboard; kitchen-cabinet; **-machine** food processor; **-meester** head-cook, chef; **-meid** cook; *tweede ~* kitchen-maid; *gillende ~* whistling fire-cracker; **-meidenpootje** scrawl; **-meidenroman** sentimental pulp novel, (*Am*) dime novel; **-piet** *zie* janhen; **-prinses** (bossy; excellent) cook; **-rol** kitchen roll; **-trap** stepladder, steps; *~je,* (*ook*) (folding) step-stool; **-uitrusting** kitchen equipment; **-wagen** (*mil*) mobile canteen, (*Am ook*) chuck-wagon; **-zout** common salt, sodium chloride

Keulen Cologne; *~ en Aken zijn niet op één dag gebouwd* Rome was not built in a day; *waarop men naar ~ kan rijden* blunt [knife]; *zie ook* donderen; **Keulenaar** 1 inhabitant of Cologne; 2 *k~* Rhine barge (*of:* craft); **Keuls** Cologne; *~e pot* stone jar, Cologne pot

keur 1 (*keuze*) choice, selection; *een ~ van spijzen* a choice (*of:* variety) of foods; *een ruime ~ van artikelen* a varied selection of ...; *op ~* on approval; *zie ook* 1 kust; 2 (*puikje*) pick [of our forces], flower [of the nation]; (*attr, ook*) blue-riband, -ribbon; 3 (*op goud & zilver*) hallmark; 4 (*verordening*) by(e)-law; 5 (*handvest*) charter

keurbende picked men (troops); **keurcollectie** choice collection; **keurder** *zie* keurmeester

keuren (*algem*) examine, judge, try, test, assess; (*voedsel*) inspect; (*metalen*) assay; (*med*) examine; (*proeven*) taste, sample [food, wine, cigars]; *van rijkswege gekeurd* government-inspected; *geen blik* ***waardig*** *~* not deign to look at [a p.]

keurig neat, smart, tidy; exquisite [the room was furnished exquisitely], trim; *er ~ netjes uitzien* look very spruce (trim and neat, spick and span, preppy); *zij zag er ~ uit* (*als bruid*) she made a beautiful bride; *~ afgewerkt* of exquisite workmanship; *~ geïllustreerd* choicely illustrated; *~ getrouwd* decently married; *een ~ gestrikte sjerp* a meticulously tied sash; *het* ***past*** *u ~* it fits you beautifully, perfectly (to a T)

keuring [medical] examination; inspection [of food]; assay [of metals]; test(ing), tasting, etc; *vgl* keuren; **keuringsarts** medical examiner; **keuringscommissie** committee of inspection; board of (film-)censors; (*med*) medical board; **keuringsdienst** food-inspection department; **keuringseis** test requirement; approval specification

keurkamer Assay Office; **keurkorps** picked body (of men); crack (élite) regiment; **keurmeester** [food] inspector; assayer [of gold and silver]; [film] censor; (*bij tentoonstelling, enz*) judge; (*v bier*) ale-, beer-taster; **keurmerk** control mark; (*edelmetaal*) hallmark

keurs(lijf) 1 bodice, stays, corset; 2 (*fig*) shackles, trammels [the trammels of convention]; *in*

een keurslijf dwingen (*persen*) shackle, put (force) into a strait-jacket
keur|stempel, **-teken** hallmark, stamp; **-troepen** picked (élite) troops; **-vorst** elector; **-vorstelijk** electoral; **-vorstendom** electorate; **-vorstin** electress; **-vrij** [offer] on approval
keus choice, selection; (*recht van* ~) option; *een ruime* ~ a large assortment, a wide choice; ~ *uit 19 gerechten* a choice of 19 items; *de* ~ *is aan u* the choice lies (rests) with you (is yours); *er* ***blijft*** *mij* (*ons, enz*) *geen andere* ~ *over* there is no alternative, it's Hobson's choice, I have no other choice (option), (*dan te* ...) I have no choice (no option) but to ...; *dit feit* ***liet*** *mij geen* ~ this ... left me no choice (no alternative); *iem de* ~ *laten* let a p. take his choice, give a p. the option [*tussen* ... between ...], leave a thing to a p.'s choice; *een* ~ ***maken*** (***doen***) make a choice (one's selection), take one's choice; ***tweede*** ~ (*artikelen*) [factory] seconds; *de* ~ ***vestigen*** *op* fix (decide) on [such a house]; ***naar*** ~ at choice, as desired; optional [subjects *vakken*]; *naar* (***ter***) *keuze van* at (in) the option of; *dit laat u de* ~ *tussen drie mogelijkheden* this ... a choice of three possibilities (leaves three options open to you); ***uit*** *vrije* ~ of one's own free will, [I do not wear these clothes] by choice, [live in the country] from (out of) choice; ***van*** *zijn* ~ [the woman] of his choice; *iem* ***voor*** *de* ~ *stellen* put a p. to the choice, fasten the alternative (up)on a p.; *zie ook* kiezen, staan 3, enz
keutel: ~*s* [sheep's] droppings; **keutelachtig** niggling, over-punctilious; **keutelen** trifle; dawdle
keuter(boer) small farmer, crofter, cottager
keuvel cowl [of a monk], hood
keuvelaar(ster) talker; (*inz kind*) prattler; (*vrouw*) gossip; **keuvelarij** (chit-)chat; (*ve klein kind*) prattle; **keuvelen** (have a) chat; (*ve klein kind*) prattle, babble; ~*de stijl* chatty style
keuze *zie* keus & plaatselijk; **keuzecommissie** selection committee (*ook:* the selectors); **keuzeschakelaar** selector switch; **keuzevak** optional subject, (*Am & med Br*) elective
kever beetle; (*Am*) bug
kevie (wicker) cage; *naar zijn* ~ *gaan* go to kip
kezen (*plat*) screw; **Khartoem** Khart(o)um
KI afk van *kunstmatige intelligentie* AI, artificial intelligence
kibbelaar(ster) bickerer, squabbler, wrangler
kibbelarij bickering(s), wrangling, wrangle, squabble, tiff; **kibbelen** bicker, wrangle, haggle, squabble, have a tiff; **kibbeling** cod parings; **kibbelpartij** *zie* kibbelarij
kibboets kibbutz (*mv:* -im)
kicken: ~ *op* get a kick out of
KID afk van *kunstmatige inseminatie donor* AID, artificial insemination by donor
kidnappen kidnap
kiek snap(shot), shot, view; (*v dichtbij*) close-up; (*v veraf*) long-shot; *een* ~ *nemen van, zie* 1 kieken
kiekeboe bo-peep, peekaboo; (*uitroep, ook*) peep-bo! ~ *spelen* play (at) bo-peep (peekaboo)
1 kieken *ww* snap(shot), take (a snap of)
2 kieken *zn* 1 chicken; 2 chick; *het* ~ *wil wijzer zijn dan de hen* teach your grandmother to suck eggs; 3 stupid
kiekendief: (*bruine, grauwe, blauwe*) ~ (marsh-, Montagu's, hen-)harrier
kiekje *zie* kiek; **kiektoestel** camera
kiel 1 keel (*ook plantk & dicht voor schip*); *de* ~ *leggen van een schip* lay down a ship, lay down the keel; 2 (*bk*) valley; 3 (*kleding*) blouse, smock(-frock); 4 (*muz*) plectrum
kiele-kiele [it's] touch and go
kielen heave down, careen
kiel|gang garboard strake; **-halen** heave down, careen; (*straf*) keelhaul; **-linie** (*mar*) line ahead; **-vlak** (*ve vliegt*) (tail-)fin, (*inz Am*) vertical stabilizer; **-vleugel** harpsichord; **-water**, **-zog** wake (*ook fig:* follow in a p's wake), dead water, backwash; *zie ook* zog; **-zwaard** centre-board
kiem germ; ~*pje* germule; (*fig ook*) [sow, plant] seed(s) [of doubt]; *in de* ~ *smoren* nip in the bud, stifle at birth; **kiemblad** seed-leaf, cotyledon; **kiemcel** germ-cell; **kiemdodend** germicidal; **kiemen** germinate (*ook fig*), sprout, shoot; **kiemhuid** blastoderm; **kieming** germination
kiem|kracht germinal force; germinative power; **-plant** embryo plant; **-vrij** germ-free, sterile; **-wit** albumen, endosperm; **-wortel** radicle
kien keen, sharp; **kienhout** fossil wood; **kienspel** (game of) lotto
kiepauto dump truck, tipper; **kiepen** tip (up)
kieperen 1 tip (up); 2 tumble (down)
kiepkar tip-, tilt-, dumping cart
kier chink; *op een* ~ ajar; *op een* ~ *staan* (*zetten*) be (set) ajar; **kieren**: *'m* ~, (*sl*) have the wind up
kierewiet (*fam*) round the bend, crackers, w(h)acky, bonkers
kies I *zn* 1 molar (tooth), back tooth, (*fam*) grinder; *een* ~ *laten trekken* have a tooth (pulled) out; *iem een* ~ *trekken,* (*fig*) bleed a p.; *de kiezen op elkaar houden* keep one's mouth shut, keep mum; 2 (*mineraal*) pyrites; **II** *bn* 1 delicate, considerate; 2 (*teer*) delicate, tender, nice
kies|arrondissement *zie* -kring; **-baar** eligible; **-baarheid** eligibility; **-bevoegd** entitled to (the, a) vote, enfranchised, eligible for the franchise; **-bevoegdheid** right to vote, franchise; **-brief(je)** voting-, ballot-paper; **-college** electoral college; **-deler** quota (of votes needed for a seat); **-district** (*voor Tweede Kamer*) constituency; (*stedelijk* ~ *voor Tweede Kamer, ook*) borough; (*voor gemeenteraad*) ward; **-drempel** electoral threshold; **-gerechtigden** electorate; persons entitled to vote; *zie ook* -bevoegd
kiesheid delicacy, considerateness; **kiesheidshalve** from feelings of delicacy
kies|kauwen 1 toy with (dawdle over, nibble at) one's food; 2 moan; **-keurig** dainty, (over-)nice; [be] particular, choos(e)y [in the selection of one's guests], [clients have become more] discriminating; fastidious, squeamish, particular [about the company one keeps]; finical, -cky, fussy, picky; **-keurigheid** daintiness, fastidiousness, etc
kieskring polling district, constituency; **kieslichaam** constituent body; **kiesman** elector

kiespijn toothache; ~ *hebben* have toothache; *ik kan hem missen als* ~ I prefer his room to his company; *zie* lachen

kies|plicht compulsory suffrage; **-recht** suffrage, franchise; *het* ~, (*ook*) votes [for women], the [municipal, Parliamentary] vote; *algemeen* ~ universal suffrage; *van het* ~ *beroven* dis(en)franchise; *het* ~ *geven* enfranchise; *het* ~ *krijgen* be enfranchised; (*fam*) get the vote; **-rechthervorming** electoral reform; **-register** list of eligible parties; **-schijf** dial; **-stelsel** electoral (election) system; **-toon** (*telef*) dialling (*Am:* dial) tone; **-vereniging** constituency association; **-wet** electoral law, ballot act

kiet *zie* quitte; **kietel-** *zie* kittel-

kieuw gill; **kieuwboog** gill-arch; **kieuwdeksel** gill-cover; (*wtsch*) operculum (*mv:* -la); **kieuwholte** gill-opening; **kieuwpotigen** branchiopoda, -pods; **kieuwspleet** gill-slit, -cleft

kievi(e)t pe(e)wit, lapwing, green plover; *lopen als een* ~ run like a hare; **kievitsbloem** snake's head, fritillary; **kievitsei** plover's egg

kiezel 1 gravel; (*inz strand*~) shingle; 2 (*chem*) silicon; **kiezelaarde** silica, siliceous earth; **kiezelachtig** 1 siliceous; 2 (*grindachtig*) gravelly; **kiezelgrond** gravelly soil; **kiezelpad** gravel walk; **kiezelsteen** pebble; **kiezelweg** *zie* grindweg; **kiezelwier** diatom; **kiezelzand** gravel; **kiezelzuur** silicic acid

kiezen choose, select; single out [two poems for discussion]; (*tot voorzitter, afgevaardigde, enz*) elect; (*stemmen*) vote; opt [for union with England]; (*telef*) dial [a number]; *het luchtruim* ~ take to the air; *zie ook* sop & zee; *zijn woorden* ~ choose (*met zorg:* pick) one's words; *kies welke je wilt* take your pick; *u kunt* ~ *tussen deze kamer en die* you have the option of ...; *niet kunnen* ~ be spoilt for choice; *kiest B!* vote for B!; *het is* ~ *of* ***delen*** you must take it or leave it, it is one thing or the other; *hij werd gekozen* ***in*** (*voor*) *de gemeenteraad* he was elected to (*of:* (as) a member of) the town council; *iem* ***tot*** *voorzitter* ~ elect a p. chairman (president, to the chair); ~ ***uit*** choose from

kiezer 1 constituent, voter, elector; *de* (*gezamenlijke*) ~*s* the electorate; *het kabinet zal de* ~*s laten beslissen* the ... will go (appeal) to the country; 2 [channel, electronic] selector; **kiezeres** woman voter; **kiezerskorps** electorate; **kiezerslijst** (electoral) register, electoral roll, list of voters; *van de* ~ *schrappen* remove from the register; **kiezersvolk** electorate

kif(t) (*fam*) jealousy; wrangling; *dat is de* ~*!* sour grapes!; **kiften** wrangle

kijf: *buiten* ~ beyond dispute (controversy, question), beyond all argument, without (any possibility of) dispute; **kijfster** scold, quarrelsome woman; **kijf|ziek, -zuchtig** quarrelsome

kijk look, aspect; (*fig*) sidelight [on a p.'s life]; ~*je* look; (*fam*) peep [*ook fig:* a peep into a p.'s mind], squint; *een* ~*je nemen* have (take) a look; *zijn* ~ ***op*** *de zaak* his view of the matter; *zijn* ~ *op het leven* his outlook (up)on life; *het geeft een eigenaardige* ~ *op het Engelse leven* it sheds a peculiar light on ...; *hij heeft een sombere* (*bekrompen, brede, verkeerde*) ~ *op de dingen* (*de zaak*) he takes a gloomy (narrow, broad, wrong) view of things; *ik begin er* ~ *op te krijgen* I am getting my eye in, I begin to see it more clearly; *daar is geen* ~ *op* that is out of the question, that is not to be expected; ***te*** ~ *lopen met* make a show of, show off; *te* ~ *staan* (*zijn*) be on view; *te* ~ *zetten* place on view, exhibit; ***tot*** ~ see(ing) you

kijkblad scan mag; **kijkboek** coffee-table book; **kijkcijfer** rating, viewing figure; **kijkdag** show-, view-day; (*voor genodigden*) private view-day; (*voor de pers*) press-day; **kijkdichtheid** viewership figures, rating(s); *uren met de grootste* ~ peak viewing times; **kijkdoos** *zie* kijkkast

kijken look, have a look; *zie ook* zien; (*fam*) peep; (*tv*) watch, view; *niet* ~*!* you're not to look; ~ *staat vrij* a cat may look at a king; *kijk* ***eens!*** look here!; *kijk nu eens aan!*, (*verwijt, enz*) look at that now!, there now!, (*verrassing*) fancy that now!; *ga eens* ~ go and have a look (*fam:* a peep); *ik kom morgen eens* ~ I will call (drop) in tomorrow; *laat me eens goed* ~ let me have a good look at it; *hij* ***komt*** *pas* ~ he is still wet behind the ears; *iets* ***laten*** ~ show s.t.; *daar komt heel wat* ***bij*** ~ that's quite a job; *en alles wat erbij komt kijken* and everything that it involves; ***in*** *de kast* (*de spiegel*) ~ look in the cupboard (the glass); *kijk me in de ogen* look me in the eyes; ~ ***naar*** look at, have a look (*vluchtig:* a glance, *fam:* a squint, *sl:* a dekko) at; (*gadeslaan*) watch, eye; *naar de televisie* ~ watch TV; (*passen op, enz*) look after [the children], attend (look, see) to; *naar rechts noch links* ~ look neither right nor left; *ik zal er eens naar* ~ I'll give it a look; *er moet naar het slot gekeken worden* the lock should be looked (seen) to; *je deed beter eens naar een kamer te gaan* ~ (*om te zien*) you'd better see about a room; *kijk naar jezelf!* look at home!; *laat naar je* ~*!* don't be silly; ~ ***op*** look at [one's watch]; look out on [the garden]; *ik hoef niet op een paar pond te* ~ I need not look twice at every pound; *ik kijk niet op geld* money is no object with me; *iem de woorden* ***uit*** *de mond* ~ hang on a p.'s lips; *de hebzucht kijkt hem de ogen uit* his greed is written all over his face; *daar sta ik* ***van*** *te* ~*!* well, I am dashed!; *hij stond ervan te* ~ it made him sit up (and take notice); *zie ook* glaasje, klok, kwaad II, lelijk, neus, raam, enz

kijker spectator, looker-on, onlooker; (*tv*) viewer, (*mv ook*) [TV] audience; (*instrument*) (field) glasses, binoculars; telescope; (*toneel*) opera glasses; ~(*tje*)*s* peepers; *jij loopt in de* ~ you will be found out; *zich in de* ~ *spelen,* (*sp vglb*) force o.s. into the reckoning

kijkgat peep-, loop-hole; (*in celdeur, enz*) spy-, observation-hole, judas(-hole); **kijkgeld** TV-licence fee; **kijkgewoonten** viewing habits; **kijkglas** inspection window; **kijkgraag** *zie* -lustig; **kijk-in-de-pot** inquisitive person; **kijkkast** 1 peepshow, raree-show; 2 (*tv*) (goggle-)box; **kijklustig** eager to see, inquisitive; ~*en* gapers, sightseers, (*Am sl*) rubbernecks; **kijkoperatie** arthroscopy; **kijkshop** catalogue (*of:* showroom) shop; **kijkspel** *zie* -stuk; **kijkspleet** aperture; **kijkstuk** spectacular play, show-piece; **kijkuit** *zie* -gat

kijven quarrel, wrangle, brawl, altercate; *op iem* ~ scold a p.; *zie ook* twee; **kijver** wrangler, quarrelsome person; **kijverij** *zie* gekijf

kik: *hij gaf geen* ~ he didn't utter a sound

kikken: *je hoeft maar te* ~ you have only to say the word; *je moet er niet van* ~ don't breathe a word of it, keep it close

kikker 1 frog, (*wtsch*) anuran, batrachian; *kale* ~ down-and-out; *kouwe* ~ cold fish; *een* ~ *in de keel hebben* have a frog in one's throat; *zie ook* veer 1; 2 (*mar*) cleat; **kikkerbad** paddling-pool; **kikkerbeet** frog's bit; **kikkerbilletje** frog's leg; **kikkerdril** frog-spawn; **kikkererwt** chick-pea; **kikkergekwaak** croak(ing) of frogs; **kikkerrit** frog--spawn; **kikkerspog** *zie* koekoeksspog; **kikkervisje** tadpole, (*Am & dial*) polliwog

kikvors frog; *zie ook* kikker; **kikvorsman** frogman; **kikvorspak** frogman suit

kil I *zn* 1 channel; 2 (*bk*) valley; II *bn* chilly, shivery

kilheid chilliness

killen 1 kill; rough [a p.] up; 2 (*ve zeil*) flap; **killer** killer [instinct, mentality]

killig chilly, shivery

kilo id, K; **kilogram** kilogram(me); **kilohertz** kilocycle(s) per second, kilohertz, kcs; **kilojoule** id; **kiloliter** kilolitre

kilometer kilometre; *gereden ~s* mileage; **kilometerpaal** kilometre marker; (*vglb*) milestone; **kilometerteller** (h)odometer, (*vglb*) milometer; **kilometervergoeding** mileage (allowance); **kilometervreter** road-hog, road-maniac, speed--fiend, -merchant, speeder; **kilometervreterij** speeding, scorching; **kilometrage** (*vglb*) mileage

kiloperiode (*natuurk*) kilocycle, kc; **kilovolt** id; **kilowatt** id; **kilowattuur** kilowatt-hour, (BOT) unit

kilte chilliness

kim 1 (*gezichtseinder*) horizon; *verrijzen aan* (*duiken onder*) *de* ~ appear on (sink below) the horizon; (*ve schip ook in beide gevallen*) be hull down; 2 (*ve vat*) chimb, rim; 3 (*ve schip*) bilge; *lek in de* ~ [the ship is] bilged; 4 (*v blad in boek*) stub; 5 (*schimmel*) mould

Kimbren Cimbri; **Kimbrisch** Cimbric

kimduiking dip (of the horizon); **kimkiel** bilge keel; **Kimmerisch** Cimmerian [darkness]

kimono id (*mv:* -nos), housecoat

kin chin; *met de hand om de* ~ with chin cupped in hand; *iem onder de* ~ *strijken* chuck a p. under the chin; (*fig*) praise (commend, compliment) a p., (*vleien*) butter a p. up

kina quinine; **kinabast** cinchona, Peruvian bark; **kinaboom** cinchona (tree)

kinband (*mil*) chin-strap

kind child (*ook fig:* a child of his time; he is a child at business *in zaken*); (*fam*) kid(dy); (*~je*) baby (*ook fig:* he is a big baby; what a baby you are!), babe, infant; *een aardig* ~, (*ook*) a nice girl; *zij heeft drie ~eren,* (*ook*) she has a family of three (*zo ook:* a married man with no family); *met zijn vrouw en ~eren,* (*ook*) with his wife and family; *u hebt vrouw en ~eren, nietwaar?* you are a family man, aren't you?; *het* ~ *met het **badwater** weggooien* throw out the baby with the bathwater, reject the good with the bad; *een* ~ *des **doods*** [he is] a dead man; *zij is **geen** ~ meer* she is no longer a child; *het zijn geen ~eren* (*meer*) they are not children; *je hebt er geen* ~ *aan* it's no trouble at all; *hij is daar* ~ *aan **huis*** he is quite one of the family; *~eren **Israëls*** children of Israel; *wie zijn* ~ *liefheeft, **kastijdt** het* spare the rod and spoil the child; *hij heeft* ~ *noch **kraai*** he is alone in the world; *ze moet een* ~ (*van hem*) ***krijgen*** she is going to have a baby (by him); *te oud om ~eren te krijgen* past child-bearing; *ik krijg er een* ~ *van,* (*fam*) it makes me sick; *ze hebben geen ~eren tot hun **last*** they have no encumbrance(s) [married couple without encumbrance(s)]; *zo* ~ *zo **man*** the child is father of (*ook:* to) the man; *het* ~ *bij zijn **naam** noemen* call a spade a spade; *je wordt het* ~ *van de **rekening*** you will have to pay the piper (to foot the bill, carry the can, suffer); *daar ben jij een* ~ ***bij*** you are not in the same league with him, you are not a patch (up)on him; *zie ook* bij 17, met

kindeke: *het* ~ *Jezus* the Infant Jesus, the Christ--Child

kinder|achtig childish, infantile, silly; *wees niet zo* ~*!* be your age!; *wat ben je toch* ~*!* what a baby you are!; **-achtigheid** childishness, silliness; childish behaviour; **-afdeling** 1 (*winkel, enz*) children's department; 2 (*med*) paediatric ward; **-aftrek** rebate (*of:* tax relief) for children; **-arbeid** child labour; **-arts** children's doctor (*of:* specialist), paediatric physician, paediatrician; **-bad** (*in zwembad*) paddling-pool; **-bed** 1 child's bed, cot; 2 (*kraambed*) childbed; **-bescherming** child protection, child welfare, childcare; *bureau voor* ~ infant welfare centre; *vereniging voor* ~ National Society for the Prevention of Cruelty to Children; NSPCC; **-bewaarplaats** crèche, day nursery; **-bijslag** child benefit; **-boek** children's book; **-boerderij** (*vglb*) children's zoo; **-courant** children's paper; **-dagverblijf** day nursery; **-doop** infant baptism, paedobaptism; **-feest** children's party; **-fiets** child's bicycle

kinder|gebabbel child's (children's) prattle; **-gek** person doting on children; **-geld** child benefit; **-geneeskunde** paediatrics; **-goed** baby--clothes, -linen; **-hand** child's hand; childish handwriting; *een* ~ *is gauw gevuld* a child is easily made happy; (*iron*) (s)he is easily pleased

kinder|hoofdje 1 baby's head; 2 cobble-stone; **-huwelijk** child-marriage; **-jaren** (years of) childhood, infancy; **-juffrouw** nursery-governess, nurse; nanny; **-kaart** child's ticket, half ticket; **-kamer** nursery; playroom; **-kens**: *laat de* ~ *tot mij komen* suffer the little children to come unto me; **-kleding** children's clothing (clothes, wear); **-kleertjes** baby-clothes; **-kliniek** infant clinic; **-kolonie** children's holiday-camp; **-kost**

children's food, food for infants; *dat is geen ~* that is not milk for babes (not for children); **-krijgen**: *over het ~ heen zijn* be past child-bearing; **-kwaal** children's complaint

kinder|lectuur juvenile literature; **-ledikantje** cot; **-liefde** (*voor kinderen*) love of (one's) children, (*van kinderen*) filial love; **-lijk** childish (*als ve kind:* childlike) [simplicity]; (*ve zoon of dochter, ook fig*) filial [piety]; *een ~ geloof,* (*ook*) a child's faith; **-lijkheid** childlike nature, naivety; **-lokker** child molester; **-loos** childless [couple]; [die] without issue; **-meid**, **-meisje** nursemaid, nanny; **-mishandeling** child abuse, cruelty to children; **-moord** infanticide, child-murder; (*te Bethlehem*) massacre of the Innocents; **-moordenaar** child-murderer, infanticide; **-oppas** baby-sitter; child minder; **-opvang** day nursery, crèche; **-oren**: *niet voor ~ bestemd* not meant for children to hear; **-pek** meconium; **-pistooltje** toy (*of:* dummy) pistol; **-plicht** filial duty; **-pokken** smallpox; **-politie** juvenile police; **-porno** child pornography; **-postzegel** child welfare stamp; **-praat** childish prattle (*of:* talk); (*fig*) childish talk; **-psychologie** child psychology

kinder|rechtbank juvenile court; **-rechter** juvenile court magistrate; **-rijk**: *~ gezin* large family; **-rijmpje** nursery rhyme; **-roof** kidnapping, child-stealing; **-schoen** child's shoe; *nog in de ~en* (*staand*) [industry] still in its infancy; *de ~en uittrekken* give up childish things; *de ~en ontwassen zijn* be past the age of childhood; **-schooltje** infant school; **-slot** child-proof lock; **-speelgoed** children's toys; **-spel** child's play [*ook fig:* it is mere child's play (to him)]; *een ~* a children's game; **-stem** child's (childish) voice, *mv:* children's voices; **-sterfte** infant(ile) mortality; **-stoel** high chair; **-taal** child('s, children's) language, infant speech; *zie ook* -praat; **-tehuis** children's home; **-telefoon** childline, children's helpline; **-tijd** childhood, infancy; **-toeslag** child benefit; **-tuintje** child's (children's) garden; *zie ook* speeltuin

kinder|veilig childproof; **-verhaal** children's story, story for children; **-verlamming** infantile paralysis, poliomyelitis, (*fam*) polio; **-versje** nursery rhyme; **-verzorging** child care; *zie* -zorg; **-vraag** childish question; **-vriend(in)** friend of children, child-lover, children's friend; **-wagen** perambulator (*fam:* pram), baby-carriage; **-wagenkleedje** pram cover; **-weegschaal** baby balance (*of:* weighing-machine); **-wereld** children's world; **-werk** child's (children's) work; **-wet** Children Act; **-zegel** child welfare stamp; **-zegen**: *een rijke ~* a quiver full of children, a quiverful; **-ziekenhuis** children's hospital; **-ziekte** children's (*of:* infantile) complaint, childhood disease; (*fig*) growing pains, teething trouble(s); **-zitje** child's seat, child carrier seat; **-zorg** child (infant, baby) welfare (*of:* care), infant welfare work

kindlief dear child, darling (child)

kinds doting, childish, senile; [be] in one's dotage, in one's second childhood; (*sl*) gaga; *~ worden* grow childish, lapse into second childhood, (*sl*) go gaga; *in mijn ~e dagen* in my childhood

kinds|been: *van ~ af* from a child, from childhood (*of:* infancy), from the (his, her) cradle; **-deel** child's portion; **-heid** 1 childhood, infancy; *eerste ~* early childhood; *allereerste ~* babyhood; 2 second childhood; dotage; **-kind** grandchild; *~eren,* (*ook*) children's children

kindveilig childproof; **kindvrouwtje** child-wife

kinematica kinematics; **kinematisch** kinematic

kinesie physiotherapy; **kinesiologie** kinesiology; **kinetica** kinetics; **kinetisch** kinetic

kinhouder (*ve viool*) chin-rest

kinine quinine; *zie ook* kina

kink kink, hitch, twist; *er is een ~ in de kabel* there is a hitch somewhere, there is something wrong; *er kwam een ~ in de kabel* a hitch (set-back) arose (occurred)

kinkel boor, lout, clodhopper, bumpkin; **kinkelachtig** boorish, loutish

kinken clink, clank, clang

kinketting curb(-chain)

kinkhoest (w)hooping-cough

kinkhoorn whelk-shell

kinnebak(kes) jawbone, mandible

kinnesinne envy, jealousy

kin|riem chin-strap; **-steun** (*ve viool*) chin-rest

kiosk id; [railway] bookstall, newspaper stall; (*muziek~*) bandstand

kip hen, fowl, chicken; (*sl, ook meisje*) bird, chick; (*als gerecht*) chicken; *jonge ~* pullet; *~! ~!* chick! chick!, chuck! chuck!; *~, ik heb je* I have you there!, I've caught you!; *er als de ~pen* ***bij*** *zijn* be down on it in a flash, be quick to seize one's opportunity; *de ~ met de gouden* ***eieren*** *slachten* kill the goose that lays the golden eggs; *rondlopen als een kip die haar ei niet kwijt kan* walk restlessly up and down; *redeneren als een ~ zonder* ***kop*** talk through one's hat; *met de ~pen op* ***stok*** *gaan* go to bed with the sun; *je* ***ziet*** *er geen ~* you don't see a (living) soul there; *zie ook* ei & lekker

kip|auto, **-kar** *zie* kiep-

kiplekker as right as rain, as fit as a fiddle (a flea); *zie ook* lekker; **kippeborst** pigeon-breast; *een ~ hebben* be pigeon-breasted; **kippeboutje** drumstick; **kippecholera** chicken cholera; **kippeëi** hen's (chicken's) egg; **kippegaas** chicken wire, wire-netting; **kippekontje** (*haar*) duck('s) arse, DA; **kippekuur** whim, freak

kippen tip (up)

kippen|boer chicken-, poultry-farmer; **-fokkerij** 1 poultry-farming; 2 poultry-farm; **-hok** hen-house, chicken-, fowl-, poultry-house, hen-coop; **-ladder** chicken-ladder; **-loop** *zie* -ren; **-rek** hen-roost; **-ren** hen-, chicken-, poultry-run

kippepastei chicken-pie; **kippepoot** 1 (*v fiets*) kickstand; 2 (*dessin*) hound's-tooth (check), dog-tooth; **kippesoep** chicken soup; **kippetje** 1 (small) chicken; 2 (*meisje, sl*) bird, chick

kippetjes|gort, **-grutten** grits, groats; **kippetrapje** 1 chicken-ladder; 2 (*fig*) short flight of (narrow) stairs (steps); **kippevel** 1 chicken-skin; 2 (*fig*) goose-flesh [be goose-flesh all over],

goose-pimples (-skin, *Am:* -bumps); *ik krijg er ~ van* it makes my flesh creep; (*fam*) it gives me the creeps; **kippevoer** chicken-food, chicken--feed; **kippig** near-sighted, short-sighted, myopic
kipwagen tipping-wag(g)on; *zie ook* kiepkar
Kirgies Kirg(h)iz; **Kirgizië** Kirg(h)izia; **Kirgizisch** Kirg(h)iz
kirren coo; (*ve klein kind*) coo, gurgle
kirsch(wasser) id
kiskassen make (play at) ducks and drakes
kissebissen squabble, wrangle, bicker
kissen I *intr* hiss; II *tr zie* aanhitsen
kist [packing-]case; chest (bin) [of tea, rubber, etc]; (*~je*) box [of cigars]; (*dood~*) coffin, (*Am*) casket; (*vliegtuig*) kite, bus, (*Am*) ship; *~jes,* (*fam*) army boots
kistbeslag box strapping; **kistdam** coffer-dam
kisten 1 (*lijk*) (place in a) coffin; *laat je niet ~,* (*fam*) don't let yourself be sat (up)on; 2 (*dijk*) strengthen by means of a coffer-dam
kistenmaker packing-case (box-, coffin-) maker; **kisting** *zie* be~
kit 1 (*kan*) jug; (*kolen~*) coal-hod; 2 (*kroeg*) pub; (*opium~*) (opium) den; *in ~ten en kroegen lopen* frequent pubs; 3 (*vulmiddel*) lute, sealant, cement; 4 (*lijm*) cement; **kitlijm** cement, lute
kits [everything] OK; **kitsch** id, (*sl*) tack; **kitscherig** kitschy, camp, (*sl*) tacky
kittelaar 1 tickler; 2 (*anat*) clitoris, (*fam*) clit; **kittelachtig** ticklish; **kittelen** tickle, titillate; **kittelig** ticklish; **kitteling** tickling, titillation; **kittelorig** touchy, short-tempered, thin-skinned
kitten *ww* 1 lute; 2 cement; *vgl* kit 3, 4
kittig smart, spruce; *een ~ paard* spirited horse
kittigheid smart-, spruceness; (*ve paard*) spirit
kiwi id; **kJ** afk van *kilojoule* kJ
klaag|geschrei lamentation(s); **-lied** (song of) lamentation, dirge, threnody, lament; (*fig*) jeremiad; *de K~eren* the Lamentations [of Jeremiah]; **-lijk** plaintive, doleful; **-muur** Wailing Wall (at Jerusalem); **-schrift** plaint; **-stem** plaintive voice; **-toon** plaintive tone [*op een ~* in a plaintive tone]; **-zang** *zie* -lied
klaar 1 (*helder*) clear, limpid; (*duidelijk*) clear, evident; *klare cognac* brandy neat, neat brandy; *klare jenever* raw gin; *klare onzin, zie* klink~; *zo ~ als de **dag** (een klontje)* as clear (as plain) as daylight, as plain as a pikestaff (*of:* as the nose in (*of:* on) your face); *~ **wakker*** wide awake; *ik werd ~ wakker* I came fully awake; *zie ook* klare, wijn, enz; 2 (*om te beginnen*) ready; (*af*) completed, finished; (*na opleiding*) [positions will be found for them when] qualified; *ik **ben** ~, a)* I am ready; *b)* I have (am) finished (done); *ben je ~?, (is het af)* have you finished?, are you through?; *ik ben ~ met eten (schrijven)* I've finished dinner (writing); *als je ~ bent (met de lucifer)* after you (with the match); *dat is ~, ~ is **Kees*** that is finished, that is that; *en ~ is Kees!* and there you are!, and Bob's your uncle!; *alles ~ **vinden*** find everything ready (to one's hand); *we zijn **ermee** ~* we are done with it; *je bent er niet ~ mee te zeggen ...* it is not enough to say ...; *daar ben je nog niet ~ mee* you haven't heard (seen, etc) the last of that (yet); *een vrouw is nooit ~ **met** haar werk* a woman's work is never done; *ik ben nog niet ~ met hem* I have not done with him yet; ***gauw** ~ met een antwoord* prompt with an answer; *zie ook* gereed, enz
klaarblijke|lijk I *bn* evident, obvious, clear, manifest; II *bw* evidently, etc; [the evidence is false] on the face of it; **-lijkheid** obviousness, clearness
klaar|hebben 1 have ready; 2 have finished; *vgl* klaar; **-heid** clearness, clarity, limpidity; *tot ~ brengen* clear up, talk [the matter] out; think [things] out; thrash out [a problem]; **-komen** 1 (*voor iets*) get ready [for], get (be) done [she would never be done in time]; 2 (*met iets*) finish, be finished, get done [with]; (*sl: orgasme*) come; *zorg dat je klaarkomt met het pakken* get your packing over; **-krijgen** 1 get [it] ready; 2 get [it] done; *vgl* klaar; **-leggen** put [a towel] ready; lay [the fire]; (*kleren, enz*) lay out, lay ready; *alles ~,* (*ook*) put everything ready to hand; **-licht**: *het is ~e dag* it is broad daylight; *op ~e dag* in broad daylight; **-liggen** lie ready; *uw kaartjes liggen klaar* your tickets are waiting for you; **-maken** 1 get ready, prepare; dress [the salad]; cook [dinner]; mix [a salad, a grog, a brandy and soda]; make up [a bed for a p. on the floor]; coach [a p. for an examination]; *geneesmiddelen (een recept) ~* make up (dispense) medicines (a prescription); *zich ~* get ready; prepare [for departure]; 2 (*sl: bevredigen*) bring, toss [o.s.] off
klaar-overs school (crossing) patrol (*in Eng volwassenen*); **klaarschrift** [a text in] clear; **klaarspelen**: *het ~* manage (it), work it, pull (bring) it off, fix it up, do the trick; (*ook*) he performed the remarkable feat of [decoding it]; *zie ook* lappen; *het met iem ~* manage a p.; *het zelf ~* shift for o.s.; **klaarstaan** be ready (quick, not slow to *om*), be waiting; (*om hulp te verlenen, eig mar, ook*) stand by; *de tafel (het ontbijt, enz) staat klaar* the table (breakfast, etc) is laid; *voor ieder ~* be always ready to oblige everybody; *voor ieder moeten ~* be at everybody's beck and call; **klaarstomen** (*leerlingen*) cram
klaarte clarity; **Klaartje** Clara, Clare
klaarzetten place (set, put) ready, set out [cups, plates, supper, the tea-things]; lay (out) [breakfast, supper]; set [the card-table]
klaarziend clear-sighted, shrewd
Klaas Nicholas; *een houten (stijve) ~* a stick; *~ Vaak* Wee Willie Winkie; **Klaasje** Nicola
klabak bobby, copper, cop
klacht complaint (*over* about); (*wee~*) lamentation; (*aan~*) charge, accusation, complaint; *zie* aan~; **klachtenboek** complaints book; **klachtenbureau** complaints desk
klad [ink-]blot, stain, blotch, splodge, splotch, smudge; (*ruwe schets, ~je*) rough draft (*of:* copy); *een ~ op iems naam werpen* cast a slur on ...; *iem **bij** de ~den pakken* catch hold of a p., collar a p.; *hij had hem dadelijk bij de ~den* he was down on him in a moment; *de ~ **erin** brengen* spoil

things; *de ~ is erin* (*in zijn zaak*) the bottom has fallen (*of:* gone) out of his business, his business is falling off; the rot has set in; *zie ook* diskrediet; *schrijf het* ***in*** *het* ~ make a rough copy (*of:* draft)

kladblok (economy) jotter, scribbling block, (*Am*) scratch pad; **kladboek** memorandum book; *ik heb er nog wel een paar in mijn ~je staan* I could easily mention some (more) [names, etc]

kladden blot, stain; (*v papier*) blot, smudge; (*met verf, enz*) daub; (*krabbelen*) scrawl, scribble; (*handel*) undersell, undercut; **kladder** dauber; (*handel*) underseller; **kladderadatsch** total collapse; **kladderig** blotchy, splotchy, splodgy

klad|papier scribbling-paper; **-schilder** dauber; **-schilderen** daub; **-schilderij** daub; **-schrift** 1 bad (*of:* messy) handwriting; 2 rough-copy book, scribbling-book; **-schrijfster**, **-schrijver** scribbler; **-schuld** trifling debt; **-werk** rough copy; (*schilderij*) daub

klagen complain [*over* of; *bij* to; *wegens* for], make complaint; (*weeklagen*) lament, wail [for a lost child, over a dead body]; *niet gauw ~* not be one to complain; *men klaagt* (*er wordt geklaagd*), *dat* ... complaint is made (it is complained) that ...; *ik heb* ***geen*** (*reden tot*) ~ I have no cause to complain (for complaint); *ik heb niet over hem te ~* I have no complaints to make of (about) him; *ik* ***mag*** *niet ~* I mustn't grumble (complain); *zijn* ***nood*** ~ pour out one's troubles; *sterven* ***zonder*** *te ~* die uncomplainingly; *zie* godgeklaagd & steen; **klagend** plaintive; **klager** complainer; (*jur*) plaintiff, complainant; *~s hebben geen nood,* (*vglb*) those who complain are not always worst off; **klagerig** complaining, querulous

klak 1 (*slag*) thud, crack, slap; 2 (*vlak*) [ink-]blot, splotch, smudge; 3 opera-, crush-hat

klakke|lings suddenly, unexpectedly; **-loos** I *bw* suddenly, off-hand, without more ado; gratuitously, unthinkingly, rashly; *maar zo ~ aannemen* accept uncritically, swallow [an idea]; II *bn* groundless (wild) [accusation], gratuitous [lie]

klakken clack [one's tongue *met de tong*]

klam damp, moist, clammy; *zie ook* zweet

klamaai (*mar*) caulking-iron; **klamaaien** caulk

klamboe mosquito curtain, mosquito net(ting)

klamheid dampness, moistness, clamminess

klamp 1 clamp, cleat, brace, chock, lock; 2 stack, rick [of hay], clamp [of potatoes]; **klampen** clamp, cleat; *aan boord ~* board [a ship]; (*fig*) accost, buttonhole [a p.]; **klamplaag** (*bk*) bond course, header course; **klander** *zie* kalander

klandizie (*abstr*) custom, connection, patronage; (*coll*) clientele, customers; (*als deel der activa*) goodwill; *om de ~ vragen* solicit custom; *iem de ~ gunnen* place one's custom with a p.; *iem de ~ ontnemen* transfer (remove, take away) one's custom

klank [a dull] sound, ring [there was a peculiar ring in his voice, the phrase has a familiar ring]; *ijdele ~en* empty sounds, idle (empty) words; *zijn naam heeft een goede ~* he is held in high repute, enjoys a good reputation, is a [writer, etc] of distinction; *met ~* four-square; squarely; **klankbeeld** sound-picture; **klankbodem** sound-board; **klankbord** sound(ing)-board; (*v luidspreker*) baffle(-board); **klankdemper** sordine, damper, mute; **klank- en lichtspel** son et lumière

klank|figuur sonorous figure; **-film** sound-film; **-gat** (*ve viool*) sound-hole, f-hole; (*in toren*) sound-hole; **-kast** resonance-box, acoustic box, resonator; **-kleur** timbre; **-leer** phonetics; [historical] phonology; **-loos** toneless [voice]; *met -loze stem,* (*ook*) [speak] tonelessly; **-meter** sonometer; **-methode** phon(et)ic method; **-nabootsend** sound-imitative, onomatopoeic, -poetic; **-nabootsing** sound-imitation, onomatopoeia; **-rijk** sonorous, full-sounding, rich [voice]; **-rijkheid** sonority, sonorousness, richness; **-schrift** 1 phonography, phonographic writing; 2 phonetic script; **-stelsel**, **-systeem** sound (phonetic) system; **-teken** phonetic symbol; **-verandering** sound-change, sound-shift(ing); **-verschuiving** sound-shift(ing); *wet der eerste Germaanse ~* Grimm's law; **-vol** *zie* -rijk; **-wet** sound (of: phonetic) law; **-wijziging** sound-change

klant customer, client; (*fam*) punter; *rare* (*ruwe*) ~ queer (rough) customer; **klantenbinding** 1 customer relations; *aan ~ doen* keep one's customers (etc) happy; 2 registration of customers; **klantenkaart** (*vglb*) charge card; **klantenlokker** [circus] barker; **klantenservice** customer (*of:* after-sales) service

klap 1 slap, blow, smack; (*met zweep*) lash, stroke; (*knal van zweep*) crack; *in* ***één*** ~ at (with) a (one) blow, at one stroke; *de* ***eerste*** ~ *is een daalder waard* the first blow is half the battle; *de eerste ~ geven* get one's blow in first; *iem een ~* ***geven*** strike a p. a blow; (*om de oren*) give a p. a box on the ears, box a p.'s ears; slap (smack) [a child]; *een ~ in het gezicht, zie* gezicht; *je* ***hebt*** *er geen ~ aan,* (*fam*) it's no bloody use; *een lelijke ~* ***krijgen*** receive a staggering blow; (*fig*) be hard hit, get a hard knock; *de* (*meeste*) *~pen krijgen,* (*fig*) come off worst; *op de ~* ***lopen*** *zie* ~lopen; *hij* ***voert*** *geen ~* ***uit***, (*fam*) he doesn't do a stroke of work; *zie ook* molen, uitdelen, vuurpijl, vallen; 2 (*gesnap*) tittle-tattle, gossip; *ijdele ~* idle talk; 3 (*brug*) drawbridge; 4 (*vd klepperman*) rattle

klap|band blow-out, tyre-burst; **-bankje** tip-up seat; **-bes** gooseberry [bush]; **-brug** drawbridge; **-camera** folding camera; **-caravan** trailer-tent; **-deur** swing door; **-ekster** 1 great (*kleine:* little) grey shrike; 2 (*fig*) gossip; **-hek** swing gate; **-hoed** crush-, opera-hat; **-karretje** (folding) push chair; **-kauwgom** bubble gum; **-lopen** sponge [*bij iem* on a p.], cadge [*bij* from], (*sl*) lig; **-loper** sponger, cadger; **-loperij** sponging, cadging; **-muts** 1 cap with flaps; 2 (*zeil*) sky-scraper; 3 *zie* ~rob; 4 *zie* klappei; **-mutsrob** hooded seal, hood-cap

klappei gossip; **klappeien** gossip

klappen 1 smack, clap; (*met de tong*) click one's tongue; (*met de zweep*) crack a whip; (*met vleu-*

gels) zie klapwieken; (*ve band*) burst; *in* ***elkaar*** ~ collapse, give up; *in de* ***handen*** ~ clap one's hands; *naar voren* ~ open out (let down) at the front; tip forward; *hij kent het* ~ *van de* ***zweep*** he knows the ropes (has been through the mill, is an old hand); *het* ~ *van de zweep leren* learn the ropes; 2 chat; (*klikken*) tell tales, blab; *zie ook* geklap & school; **klapper** 1 (*babbelaar*) tattler; (*klikker*) telltale; 2 (*ratel*) rattle; *~s, zie* kleppers 2; 3 (*register*) (subject) index, register; 4 (*ringband*) loose-leaf file, ring file; 5 (*ve molen*) clap(per), clacker; 6 (*vuurwerk*) squib, cracker; *zie ook* ~tje; 7 coconut (tree, palm)

klapperboom coconut tree (*of:* palm); **klapperdop** coconut shell

klapperen rattle; (*ve deur, zeil, enz*) flap; (*ve ooievaar*) clatter; (*v tanden*) chatter; (*met klappers*) play (the) castanets (the bones)

klappermelk coconut milk; **klappermolen** clack(-mill); *haar tong lijkt wel een* ~ her clack goes sixteen to the dozen; **klappernoot** coconut; **klapperolie** coconut oil; **klapperpistool** toy pistol, cap gun; **klappertanden**: *hij klappertandt* his teeth chatter [*van de kou* with the cold]; **klappertje** (*ve pistooltje*) cap; **klappertuin** coconut plantation

klap|raam veelux window; **-roos** (corn) poppy; **-sigaar** explosive cigar; **-stoel** folding chair; (*in theat, enz*) tip-up seat, flap-, theatre-seat; **-stuk** 1 (*vlees*) thin flank; 2 (*hoogtepunt*) highlight, pièce de résistance, hit; **-tafel** flap-table; drop-leaf table; *~tje* folding table; **-vlies** valve; **-wieken** clap (flap) one's (its, their) wings; **-zitting** *zie* -stoel; **-zoen** smack(ing kiss), smacker

Klara Clara, Clare; **klare**: (*oude, jonge*) ~ Dutch gin, Hollands, geneva; **klaren** 1 (*zuiveren*) clear, clarify, purify, decant, fine (down); 2 (*goederen, schip*) clear; (*anker, touw, enz*) clear; *ik zal het wel* ~ I'll manage (it); *zie ook* op~

klarinet clarinet; **klarinettist** clarinettist

klaring 1 (*zuivering*) clearing, clarification, purification; 2 (*inklaring*) clearance

klaroen clarion; **klaroengeschal** clarion (call)

klas *zie* klasse; **klasgenoot** classmate, form-mate; **klaslokaal** classroom

klasse 1 (*algem*) class; (*ve school*) class, form, (*Am*) grade; (*inkomen*) bracket [the higher income brackets]; (*ve loterij*) section; (*ve begraafplaats*) class, grade; (*ve schip*) class; (*mar, v manschappen*) rating, class; *eerste* ~ *reizen* travel first class; *zie* eersteklas; *~!* super!, great!, terrific!, fantastic!, brilliant!; *een speler van* ~ a first-class player; *alle ~n doorlopen* go through all the classes; *in de* ~ in class; *voor de* ~ *staan* teach, be a teacher, (*fam*) be at the chalkface; 2 (*lokaal*) classroom

klasse|bewust class-conscious; **-bewustzijn** class-consciousness; **-boek** form (black) book; **-geest** class (caste) feeling (spirit); **-genoot** classmate, form-mate; **-justitie** class-justice; **-leraar** form-master; **-lokaal** classroom

klassement classification, [final] ranking, league table (*ook fig*)

klassenhaat class-hatred; **klassenindeling** classification; **klassenloos** classless [society]; **klassenstrijd** class war(fare), class struggle; **klassentegenstelling** class difference; **klasseonderwijzer** class-teacher, assistant teacher

klasseren class; classify; grade; (*in tabel*) rank; *zich* ~ qualify [for the next round], finish, come [first, second]; **klassering** 1 classification; 2 placing, grading, ranking

klassevertegenwoordiger (*vglb*) form captain; **klassevooroordeel** class prejudice; *behept met* ~ classist; **klassewerk** first-rate work, brilliant performance

klassiek classic(al); *~e muziek* classical music; *~e talen* classical languages; *een* ~ *werk* (*schrijver*) a classic; *de ~en* the classics; ~ *opgevoed* classically educated (nurtured); *zie ook* leraar

klassieker classic

klassikaal (whole-)class [teaching, etc]

klaterabeel trembling poplar; **klateren** (*v water*) splash, plash; (*vd donder*) rumble; *het* ~ *van de fontein* the splashing of the fountain; **klatergoud** tinsel (*ook fig*), Dutch metal; **klaterpopulier** trembling poplar

klats bang!, smack!

klauteraar(ster) clamberer; **klauteren** clamber, scramble; ~ *in* clamber (scramble, swarm, shin) up [a pole]; **klauter|mast, -paal** climbing-pole, greasy pole; **klautervis** climbing perch, anabas

klauw 1 (*ve roofdier, roofvogel*) claw; (*ve ander dier*) paw; (*ve roofvogel, ook*) talon; 2 (*tuingereedschap*) rake; 3 (*ve anker*) fluke; 4 (*techn*) jaw; (*koppel~*) claw; (*ve auto*) clutch; 5 (*fig*) clutch; (*'poot' v mens*) paw; *in de ~en van een geldschieter vallen* fall into the clutches of a money-lender; *neem je vuile ~en van mij af!* take your dirty paws off me!; *de zaak is uit de* ~ *gelopen* the matter has got out of hand; **klauwen** scratch, claw; **klauwhamer** claw-hammer

klauwier shrike; *grauwe* ~ red-backed shrike

klauwkoppeling clutch coupling; **klauwplaat** chuck; **klauwzeer** foot-rot; *zie ook* mond- en ~

klavechordium clavichord; **klavecimbel** harpsichord; **klavecinist** harpsichordist

klaver clover, shamrock, trefoil; *rode* ~ red clover, purple clover; *witte* ~ Dutch clover, white clover; *zie ook* klaveren; **klaveraas**, enz *zie* klaverenaas, enz; *een-twee-drie* ~ three-card trick; **klaverblad** 1 cloverleaf, trefoil leaf; 2 (*fig*) trio; 3 (*verkeer*) cloverleaf; **klaverbladvormig** trefoil(ed); **klaveren** clubs; **klaveren|aas, -boer, -heer, -vrouw, -zeven** ace, jack (*of:* knave), king, queen, seven of clubs; **klaverjas** (*Am*) klaberjass; **klavertje-vier** four-leaved (four-leaf) clover; **klaverzaad** clover seed; **-zuring** oxalis; *witte* ~ wood-sorrel

klavichord clavichord

klavier 1 (*toetsenbord*) keyboard; 2 piano(forte); *zie ook* piano; 3 (*in boek*) tab; 4 (*hand*) paw

klavierinstrument keyboard instrument

Klazina Nicola

kledder I *zn* 1 blob, splash; 2 slush; II *bn* soaking; **kledderen** *zie* kliederen; **kleddernat** soaking wet

kleden (*op bepaalde wijze, naar zekere mode, de kleren aantrekken*) dress, (*lit*) attire; (*het lichaam bedekken*) clothe; *iem voeden en ~* feed and clothe a p.; ***zich*** *~* dress (*ook: zich extra ~, voor diner, enz*); *zichzelf ~* dress o.s.; *zich goed ~* dress well; *zich te mooi ~* overdress; *zich jong* (*oud*) *~* dress young (old); *zich als de andere sekse ~* cross--dress; *dat kleedt u* ***goed*** that suits (becomes) you; *en moet zichzelf ~* [she earns £500 a year] and must find her own clothes; ***in*** *schone taal ~* clothe (*of:* couch) in beautiful language; *zie ook* gekleed

klederdracht [national, regional] costume, dress, attire; **kledij**, **kleding** clothes, clothing, dress, attire; (*inz van bepaalde stand*) [clerical] garb; (*lit*) raiment, apparel, garments; *vgl* kleed 2

kleding|industrie clothing industry; **-stoffen** dress materials; **-stuk** article of dress (clothing, attire), garment; **-zaak** clothes shop, [a] clothing stores, (men's) outfitters; (*dames~*) dress shop, fashion house

kleed 1 (*vloer~*) carpet; (*tafel~*) tablecloth, table--cover; (*over bok van rijtuig*) hammer-cloth; *er lag geen ~ op de vloer* the floor was uncarpeted; 2 (*kleding*) garment, garb, dress; (*japon*) dress, gown; *kleren* clothes; *het geestelijke ~* the cloth; *de kleren maken de* ***man*** fine feathers make fine birds; *zo iets gaat je niet in je* ***koude*** *kleren zitten* a thing like that gets you; *vgl* aanpakken 4; *dat raakt mijn koude kleren niet* it leaves me stone cold; *mooie kleren* fine clothes, finery; ***in*** *de kleren steken* clothe [a p.]; *hij verstopte het in z'n kleren* he concealed it about him (about his person); *met de kleren aan naar bed gaan* go to bed with one's clothes on (*of:* in one's clothes); *zie ook* kleedje

kleedcabine (changing) cubicle; **kleedgeld** dress-money, -allowance; (*mil*) clothing-allowance; **kleedhokje** (changing) cubicle

kleedje 1 (*vloer-, haard~*) rug; (*tafel~*) table-centre; 2 (*jurkje*) frock; *zie verder* kleed

kleedkamer dressing room (*ook v acteurs*); (*v rechters, enz*) robing room; (*voor sport, mijnwerkers, enz*) changing room, (*inz Am*) locker room; (*in kantoor, voor publiek in theat, enz*) cloak-room; **kleedster** (*theat*) dresser

Kleef Cleves; *hij is van ~,* (*fig*) he is tight-fisted

kleef|band sticky (adhesive) tape; **-garen** bird--net; **-kracht** adhesive strength, sticking power; **-kruid** cleavers, goose-grass; **-middel** adhesive; **-mijn** limpet mine; **-pleister** sticking- (*of:* adhesive) plaster; **-rijst** glutinous rice; **-stof** adhesive

kleer|borstel clothes-brush; **-hanger** 1 (*knaapje*) (coat-, clothes-)hanger; 2 *zie* kapstok; **-kast** 1 wardrobe, clothes press; 2 (*pers*) muscleman; **-koop**, **-koper** old-clothes man; **-luis** body--louse; **-maker** tailor; (*dames~*) dressmaker; **-makerskrijt** French chalk; **-makerskunst** sartorial art; **-makerswerk** tailoring; **-makerszit**: *in ~* [sit] cross-legged; **-mot** clothes moth; **-scheuren**: *er zonder ~ afkomen* get off with a whole skin (without a scratch, scot-free); **-schuier** clothes-brush; **-tjes** (children's, baby, doll's) clothes

klef doughy, sodden [bread], clammy, sticky

klei clay; *uit de ~ getrokken* boorish [person]; *op de ~ wonen* live in a (the) clay-district; **kleiaard-appel** clay-soil potato; **kleiaarde** *zie* -grond; **kleiachtig** clayish, clayey, argillaceous [soil]; **kleibank** clay pan; **kleiduif** clay pigeon; **klei-duivenschieten** clay-pigeon shooting, skeet (shooting); **kleien** (do) clay modelling; **klei-groeve** clay-pit; **kleigrond** clay soil; **kleilaag** clay-bed, clay-layer; **kleimasker** mud-pack

klein little (*zelden pred, behalve in de bet v jong:* when she was quite little; *in dit geval ook:* small); small (*in relatieve zin:* this little boy is small for his age; (*ook: op ~e schaal*) a small farmer, tradesman); *heel ~,* (*ook*) tiny, diminutive, exiguous [income]; (*v gestalte, ook*) short, under-sized [boy]; (*gering*) slight [mistake, misunderstanding]; (*~zielig*) small, little-minded, petty; *nogal ~* (*van gestalte*) shortish; *~(er),* (*ook*) minor [injuries, operation]; *~er,* (*ook*) less [the top figure is less than the bottom one]; *~ beetje* little bit; *~e druk* small print; *~e eter* small (poor) eater; *~ geld* (small) change, small coin; *het kost een ~e honderd gulden* it costs a little under (costs nearly) a hundred guilders; *de ~e kas* the petty cash; *~e letter* small letter, small type; (*typ, vs hoofdletters*) lower case; *de ~e lettertjes* the fine print; *de ~e man* the humble worker, the common sort; *~e onkosten* petty expenses; *~e stappen* short (*gemaakt:* mincing) steps; *een ~ uur* a little under an hour; *over een ~e week* inside a week; *~ maar* ***dapper*** small but tough, small but game; *~ en* ***groot*** great and small; *iem ~* ***houden*** keep a p. in his place; *~ doen* ***lijken*** dwarf; *zich ~* ***voelen*** feel small; *maken, dat iem zich ~ voelt* make a p. feel small; *de voorraad* ***wordt*** *~* the stock is getting low; *een steeds ~er wordende lezerskring* an ever narrowing circle of readers; ***in*** *het ~* [it is a masterpiece] in little; *de wereld in het ~* the world in a nutshell, in miniature; the microcosm; *in het ~ verkopen* retail, sell (by) retail; *zuinig in het ~e en royaal in het grote* penny-wise and pound-foolish; *in het ~ beginnen* begin (start) in a small way; ***van*** *~(s) af aan* from a little boy (girl); *er is* ***niets*** *~s* (*~zieligs*) *aan hem* there is nothing small about him; *zie ook* burgerij & kop

kleinachten, enz *zie* geringschatten, enz

Klein-Azië Asia Minor

kleinbedrijf small business; *zie ook* kleinindustrie; **kleinbeeldcamera** miniature (*of:* 35-mm) camera; **kleinburgerlijk** lower-middle-class, petit-bourgeois; *zie ook* -steeds; **kleindochter** granddaughter; **kleinduimpje** Tom Thumb; *een ~* a hop-o'-my-thumb

kleine: *de ~* the little one, the baby; *zie ook* kleintje & eren

kleineren belittle, disparage, bad-mouth; *iem ~,* (*ook*) make a p. feel (look) small; **kleinering** belittlement, disparagement

kleingeestig petty, narrow-minded; **kleingeestigheid** pettiness, narrow-mindedness

kleingeld (small) change, small coin

kleingelovig of little faith, lacking in faith;

kleingelovigheid lack of faith
kleingoed 1 (*koekjes*) all sorts; 2 (*kinderen*) small fry, youngsters; 3 (*appels, enz*) runts; 4 odds and ends; **kleinhandel** retail trade; **kleinhandelaar** retail dealer, retailer; **kleinhandelsprijs** retail price
kleinhartig pusillanimous, faint-hearted; **kleinhartigheid** pusillanimity, faint-heartedness; **kleinheid** smallness, littleness
kleinigheid trifle, small thing (matter, affair); (*onbeduidend iets, ook*) flea-bite; *zo'n ~ van 100 pond* a mere trifle of £100; *dat is me een ~* that is nothing to me; *30 mijl(en) per dag is voor hem een ~* he thinks nothing of 30 miles a day; *hij stuift op bij iedere ~* he explodes at any little thing; *technische kleinigheden* technical minutiae; *het komt op de kleinigheden aan* it's the little things that matter; *dankbaar voor kleinigheden* grateful for small mercies
klein|industrie light industry; **-kind** grandchild; **-krijgen** bring [a p.] to his knees (to heel), break [a p.'s] spirit; **-kunst** (art of the) cabaret; **-maken** cut up, cut small; (*geld*) change; *iem ~* make a p. feel small; *zie ook* -krijgen; *zich ~*, (*fig*) humble o.s.; **-menselijk** petty
kleinood jewel, gem (*beide ook fig*), trinket
kleinschalig small-scale; **kleinschaligheid** small-scale (nature); **kleinschrift** small hand
klein-seminarie preparatory seminary
kleinsteeds provincial, parochial, suburban, small-town [habits]; **kleinsteedsheid** parochialism, provincial manners, provinciality; **kleinte** *zie* kleinheid
kleintje little one, baby; *twee ~s cognac* two small brandies; *veel ~s maken een grote* many a little makes a mickle; *alle ~s helpen* every little (*of:* bit) helps; *pas op de ~s* take care of the pence (and the pounds will take care of themselves); *ik moest op de ~s letten* I had to count my pennies; *hij is voor geen ~ vervaard* he is not easily frightened (*of:* shocked); *de politie arresteerde de ~s* the ... the minnows [and let the big fish go]
kleintjes *bn & bw* submissive; [moan] softly, faintly
kleinvee small domestic animals
kleinverbruik household (domestic) use; **kleinverbruiker** domestic user
kleinzen strain
kleinzerig frightened of pain, crying out before one is hurt; (*fig*) touchy, over-sensitive; *ik ben erg ~*, (*ook*) I'm a coward about pain; *niet ~ zijn* be brave, be a brave little fellow; *wees niet zo ~!* don't be a mollycoddle!; **kleinzerigheid** touchiness, oversensitiveness; **kleinzielig** little-, small-, petty-minded, petty [spite, quarrels, excuse]; **kleinzieligheid** little-mindedness, pettiness, smallness
kleinzoon grandson
klei|tablet, -tafeltje clay tablet; **-weg** mud track, mud road; **-werken**: *het ~* clay-modelling
klem I *zn* 1 (*vang~*) catch, (man-)trap; (*tegen konijnen, enz*) gin-trap; 2 (*instrument*) clip, clamp, holdfast; 3 (*elektr*) terminal; 4 (*moeilijkheid*) scrape; (*geducht*) ***in*** *de ~ zitten* (*raken*) be in (get into) a tight place, a fix, a scrape, a cleft stick; ***uit*** *de ~ raken* get out of a tight corner, get out of a hole; 5 (*nadruk*) stress, accent, emphasis; ***met*** *~ van redenen* with forceful arguments, forcibly; *met veel ~ spreken* speak with great emphasis, speak emphatically; *met ~ betogen* urge; *zie ook* nadruk; 6 (*mond~*) lockjaw; (*v paarden*) stag-evil; II *bn: ~ raken* jam; get stuck [in the doorway]; *~ zitten* be jammed, seized, stuck; (*fig*) *vgl* I.4
klemband 1 spring-back binder; 2 clamping strap; **klemblokje** (*elektr*) terminal block; **klembord** clipboard; **klemhaak** holdfast, benchhook; **klemmap** clip binder
klemmen I *tr* pinch, jam [one's finger in the door], pin [pinned beneath a car]; (*techn*) clamp; clip; *op elkaar ~* clench, set [one's teeth], tighten [one's lips]; *aan zijn hart ~* clasp (press) to one's heart; II *intr* (*ve deur*) stick, jam; (*ve betoog*) be conclusive
klemmend (*fig*) forcible, convincing, conclusive, cogent [argument]; urgent, pressing [question]
klemordner (*met hefboommechaniek*) lever-arch file; **klemrijden** force into the kerb; **klemschroef** clamping-screw; (*elektr*) terminal (screw); **klemspanning** (*elektr*) terminal voltage; **klemtoon** stress, accent; *zie ook* nadruk; **klemtoonteken** stress-mark, accent; **klemvast**: *de bal ~ hebben* have the ball firmly in one's hands; **klemvoetig** hoofbound
klep 1 (*in machine, v schelp, vrucht, hart, enz*) valve; (*ve hoorn, enz*) key; 2 (*ve zak, tafel, tas, enveloppe, val, brievenbus, enz*) flap; 3 (*ve molen*) clapper, clack; 4 (*ve vliegt*) flap; 5 (*ve pet*) peak; (*ve vizier*) leaf; 6 (*ve kachel*) damper; 7 (*mond*) [shut your] trap
klepel 1 (*ve bel*) clapper, tongue; *zie ook* klok; 2 (*ve ooievaar*) bill
klephoorn key-bugle, key-trumpet
kleppen 1 clatter (*ook van ooievaar*), clapper; 2 (*ve klok*) toll; (*ve brandklok, ook*) clang; 3 chatter, jaw; **klepper** 1 watchman; 2 (*ratel*) rattle; *~s* (rattle-)bones, castanets, clacks; 3 (*paard*) steed; **klepperen** clapper, rattle; (*ve ooievaar*) clatter; **klepperman** watchman; **kleppertje** (*insekt*) death-watch (beetle); **klepstoter** (*v motor, ben*) tappet; (*boven*) bucket, push-rod
kleptomaan kleptomaniac; **kleptomanie** kleptomania
klepvizier leaf-sight; **klepzitting** valve seat
klere (*volkst*) I *attr & tw* rotten, fucking [bastard]; *o, ~!* oh, fuck!; II *zn* (*krijg*) *de ~* drop dead
klerelij(d)er effing bastard
kleren clothes, clothing; *zie* kleed 2 & kleding
kleri|kaal *bn & zn* clerical; **-kalisme** clericalism
klerk clerk; *eerste ~* chief (*of:* head) clerk
klesse|bes *zie* kletskous; **-bessen** chatter, gossip
klets 1 (*slag*) smack, crack [on the head], slap [in the face]; *~!* smack!, bang!; 2 (*~koek*) rubbish, piffle, twaddle, (tommy-)rot, bunkum, tosh, balderdash; 3 odds and ends; **kletsen** 1 (*met de zweep*) crack [the whip]; 2 (*vd regen*) splash, swish (down); 3 (*smijten*) pitch, dash, heave; 4

(*praten*) jaw, chatter, gossip; (*onzin praten*) talk rubbish, talk through one's hat; *zie ook* nek; **kletser** twaddler; (*babbelaar*) chatterer; **kletserij** twaddle, hot air; **kletsica** *zie* klets 2

klets|koek *zie* klets 2; **-kop** 1 scald-head; 2 (*koekje, vglb*) ginger-snap; **-kous** chatterbox, rattle, tittle-tattler; **-majoor**, **-meier** 1 twaddler; 2 chattering fool; **-nat** wet through, soaking (wet), soaked to the skin, sopping; **-praat** small talk, (idle) gossip; (*-koek*) *zie* klets 2; **-tafel** club table; **-verhalen** rubbishy tales

kletteren (*v wapens, enz*) clang, clash; (*vd regen, enz*) patter, pelt, sheet (down)

kleumen feel chilled, be frozen, shiver; **kleums** chilly [person]

kleun swipe, sock; **kleunen** hit out hard; fight; *ernaast* ~ be well wide of the mark

kleur 1 colour (*ook van pers:* healthy colour, he never had any colour); (*tint*) hue; (*her*) tincture; (*gelaats~*) complexion; *zie ook* gelaats~; *~tje* colour, tint; *ze had een ~tje* she looked slightly flushed; *~en*, (*als symbool, ve ridder, enz*) colours; (*uit verfdoos*) paints; *nieuwe dessins en ~en* new designs and colour(ing)s; ***alle** ~en van de regenboog* all the colours of the rainbow; *welke ~ **heeft** haar haar?* what colour is her hair?; *het had de ~ van azaleas* it was the colour of ...; *ze had een ~ van opwinding* she was flushed with excitement; *~ **houden*** be fast-dyed; *een ~ **krijgen*** colour (up), flush, go red in the face [he went all red]; *hij kreeg een ~*, (*ook*) the colour rose to his cheeks; *zij voelde, dat ze een ~ kreeg* she felt herself flushing; *in welke ~ wil je het geschilderd hebben?* what colour do you want it to be painted?; *van ~ verschieten* change colour; 2 (*kaartsp*) suit; *~ **bekennen*** follow suit; (*fig*) show one's colours (hand); *~ **verzaken*** revoke; 3 (*muz*) colour, timbre; 4 (*fig*) colour, complexion, [the political colour (complexion, allegiance) of a newspaper]; ***van** ~ veranderen*, (*pol*) change sides

kleuraanpassing protective colouring; **kleurbad** (*fot*) toning-bath; **kleurboek** painting-book, colouring-book; **kleurdoos** paintbox, box of paints; **kleurecht** colourfast, fast-dyed; **kleurechtheid** colourfastness

kleuren I *tr* colour; (*preparaat*) stain; (*fot*) tone; *te sterk ~* overcolour, overdraw, overpaint [the picture]; *zie ook* gekleurd; II *intr* colour, flush; *~ bij* [the shoes] tone with [the dress]; *met daarbij ~de bloemen* with ... to match, with matching ...; *zie ook* kleur: een ~ krijgen

kleuren|blind colour-blind; **-blinde** colour-blind person; **-blindheid** colour-blindness; **-dia** colour transparency, colour slide; **-druk** colour-print(ing); *prent in ~* chromo(-lithograph), colour-print; **-film** colour film; **-foto** colour photo(graph); **-gamma** colour range; **-kaart** colour-, tint-card; **-leer** chromatics; **-litho(grafie)** chromolithograph(y), chromo; **-plaat** colour plate; **-pracht**: (*bonte*) ~ riot (feast, blaze, wealth) of colour(s); **-schema** colour scheme; **-spectrum** chromatic spectrum; **-spel** play of colours, iridescence; **-televisie** colour television, CTV

kleur|filter colour-filter; **-fixeerbad** toning and fixing bath; **-gevoel** colour sense, sense of colour; **-gevoelig** colour-sensitive; orthochromatic [plates]; **-houdend** fast-dyed

kleurig many-coloured, colourful [garments], gay; **kleuring** colouring, coloration

kleur|krijt coloured chalk; **-ling(e)** 1 coloured person (man, woman); 2 (*niet-blanke*) Coloured; **-lingenvraagstuk** colour problem; **-loos** colourless (*ook fig*), achromatic; (*fig, ook*) drab [life]; **-loosheid** colourlessness, achromatism; drabness; *vgl* -loos; **-middel** *zie* -stof; **-plaat** colouring-picture; **-potlood** colour-pencil; **-rijk** richly coloured, colourful [scene]; **-schakering** shade (of colour), nuance, hue, tinge; **-schifting** (chromatic) dispersion

kleur|sel colouring; **-shampoo** colour rinse shampoo; **-spoeling** rinse; **-stelling** colour scheme; **-stof** colouring-matter, pigment; **-toon** hue; **-vast** colourfast, fast-dyed; **-versteviger** colour rinse; **-weergave** colour rendition; **-zin** chromatic sense; **-zweem** tinge, colour cast

kleuter tot, toddler, kid(dy), nipper; **kleuterafdeling** (*ve school*) infants' department; **kleuterbad** paddling-pool; **kleuter|klas**, **-school** kindergarten, nursery class (school); **kleuterleidster** (*vglb*) infant (school) teacher; **kleuterzorg** baby-care; *zie* kinderzorg

kleven I *intr* cling, stick, adhere [*aan* to], cleave [my tongue cleaves to my palate]; *er kleeft bloed aan dat geld* it is blood-money; *er kleeft een smet aan het geld* the money is tainted; *zie ook* aan~; II *tr* stick; **kleverig** sticky [fingers, *ook fig*], viscous, gluey, gooey, glutinous, gummy, tacky; **kleverigheid** stickiness, viscosity

klewang (single-edged short) sabre

kliederen (make a) mess; **kliederig** messy

kliek 1 clique, junta, coterie; 2 (*v eten*) *zie* klieken

klieken leavings, left-overs, scraps, odds and ends; **kliekgeest** cliquism; **kliekjes** *zie* klieken; **kliekjesdag**: *het is vandaag ~* we have yesterday's left-overs today

klier gland; (*attr*) glandular [secretion]; *~ van een vent* pain (in the neck), twerp, creep; **klierachtig** glandular; **klieren** pester; be a pest, make a nuisance of o.s.; **klierig** annoying, beastly

klieven cleave [the waves, the air]; *de golven ~*, (*ook*) breast, plough the waves

klif cliff, bluff

klik (*mar*) backpiece(s) of the rudder; (*ve uurwerk*) warning; (*met tong, geluid*) click; *~ken en klakken* belongings; **klikken** 1 click [a button; the camera clicked]; *het klikte meteen tussen hen* they clicked at once; 2 (*ver~*) tell tales; (*sl*) squeal, peach; (*school*) split, sneak; *van iem ~* tell (up)on a p., (*sl*) peach (split) (up)on a p.; *het ~*, (*ook*) [cure a p. of] tale-bearing; **klikker** *zie* klikspaan

klik|klak click-clack; **-klakken** go click-clack

klikspaan telltale, talebearer, sneak

klim climb; *een ~ van een uur* an hour's climb; *dat is een hele ~* it's a stiff climb, a bit of a climb

klimaat climate; **klimaatbehandeling** 1 clima-

totherapy; 2 air-conditioning; **klimaatgordel** climatic zone; **klimaatregeling** air-conditioning; **klimaatverandering** climatic change
klimatiseren air-condition; **klimatologie** climatology; **klimatologisch** climatic (*bw:* -ally)
klimbaars *zie* klautervis; **klimboon** runner (bean); **klimgeit** (*wielersp*) mountain goat; **klimijzer** climbing-iron; **klimmast** *zie* -paal
klimmen I *ww* climb, mount, ascend, go up; *de nood klimt* the distress is increasing; *de zon klimt* ***aan*** *de hemel* the sun rises in the sky; ~ ***in*** climb (up) [a tree], swarm (*of:* shin) up [the mast]; *in de pen* ~ take up one's pen, write to the papers (etc); *ergens in* ~ take a matter up; ***over*** *een muur* ~ get over (scale) a wall; ***uit*** *een rijtuig* ~ descend from a carriage; II *zn: een uur* ~ an hour's climb; *met het* ~ *der jaren* as we advance in years, with advancing years
klimmend climbing; *~e belangstelling* growing (increasing) interest; *~e leeuw,* (*her*) lion rampant; **klimmer** climber; *zie ook* klimplant; **klimming** climbing, ascension; *rechte ~,* (*astron*) right ascension; **klimnet** climbing net
klimop ivy; *met ~ begroeid* ivy-covered
klimopstaf (*v Bacchus*) thyrsus
klim|paal climbing-pole, greasy pole; **-partij** *zie* klim; **-pijp** (*in gasfabriek*) ascension pipe; **-plant** climbing plant, climber, creeper; **-poot** *zie* -voet; **-rek** climbing frame, monkey bars; (*wandrek*) wall bars; (*v planten*) (wall) trellis; **-roos** climbing rose, rambler (rose); **-snelheid** (*ve vliegt*) rate of climb; **-spoor** *zie* -ijzer; **-touw** climbing-rope; **-vis** *zie* klautervis; **-voet** climbing (scansorial) foot; **-vogel** scansorial bird, climber; (*mv ook*) scansores
kling 1 blade, sword; *over de ~ jagen* put to the sword; 2 sandhill, dune
klingel bell; **klingelen** tinkle, jingle; **klingeling**! ting-a-ling!, ting-ting!
kliniek clinic; **klinisch** clinical [detachment, look, style; medicine, training; clinically dead]
klink 1 (*ve deur*) latch, catch; (*kruk*) handle; *op de ~ doen* latch; *van de ~ doen* unlatch; *de deur is op de ~* the ... is on the latch; 2 (*elektr*) plug; 3 (*ve kous*) clock; *sokken met ~en* clocked socks; 4 (*v grond*) compaction
klinkbout rivet; **klinkdicht** sonnet
klinken I *intr* sound, ring; (*hard metaalachtig*) clang; (*met glazen*) clink (touch, click) glasses [*op* to; *ook:* they clinked their glasses to the bride and bridegroom; he clinked his glass with ...]; *dat klinkt* ***goed*** *(vreemd, heel anders)* that sounds well (strange, quite different); ***vals*** (*echt*) *~,* (*ve munt, ook van woorden, enz*) ring false (true); *zijn stem klinkt oprecht,* (*ook*) there is a ring of sincerity in his voice; *de uitdrukking klinkt bekend* (*ouderwets*) the phrase has a familiar ring (there is an old-world ring about the phrase); *het klinkt als een onmogelijk verhaal* it sounds a fishy story; *het zal u vreemd in de* ***oren*** ~ it will sound strange to you; *er klonk een* ***schot*** a shot rang out; *zie ook* in~ & klok; II *tr* 1 rivet, clinch; nail [Christ was nailed to the Cross], chain [Prometheus was chained to a rock]; 2 (*v grond*) be compacted
klinkend resounding [slap, speech], resonant [voice], ringing [laugh], (high-, fine-)sounding [titles, words], sonorous [phrases], sound [arguments]; *~e munt* hard cash, specie
klinker 1 vowel; 2 (*pers*) [the Eiffel Tower is the work of the] riveter; 3 (*steen*) clinker, brick
klinkerweg brick-paved road
klinket wicket
klink|hamer riveting-hammer; **-klaar** pure [butter, gold]; *klinkklare onzin* sheer (downright, rank, arrant) nonsense, pure rubbish, absolute bosh (*of:* rot), stuff and nonsense; **-klank** jingle(-jangle); 'words, words, words!'; **-nagel** rivet
klip I *zn* rock, crag, shelf, reef; (*fig*) rock, snag; *blinde ~* sunken rock; ***op*** *een ~ (de ~pen) lopen* strike a rock, run on (to) the rocks [their marriage is on the rocks]; ***tussen*** *de ~pen door zeilen* steer clear of the rocks; ***tegen*** *de ~pen aan (op),* [lie] shamelessly, prodigiously; [eat, drink] immoderately; [work] for all you are worth; II *bn ~ en klaar* absolutely clear; **klipachtig** rocky, iron-bound [coast]; **klipdas** hyrax, (*Z-Afr*) dassie, rock-rabbit; **klipgeit** chamois
klipklap clitter-clatter
klip|per (*schip*) [tea] clipper; **-pig** *zie* klipachtig
klipvis dried cod; **klipzout** rock salt; **klipzwaluw** salangane
klis 1 bur; (*~kruid*) burdock; *aan iem hangen als een ~* stick to a p. like a bur (a leech, a limpet), (*fam*) freeze on to a p.; 2 bunch; (*haar, enz*) tangle; **kliskruid** burdock; **klisma** *zie* klysma
klissen *ww* 1 be (*of:* get) tangled; 2 catch (red-handed); 3 stick (together)
klisteren administer an enema
klit *zie* klis; **klitsklats** flip-flap!, slish and slash!
klitten: *aan elkaar ~* stick (hang) together
klittenband barbed tape, Velcro
KLM id: Royal Dutch Airlines
klodder clot, blob, dab; dollop [of jam]; **klodderen** (make a) mess, mess about; (*met verf*) daub
kloek I *zn* clucking-hen, mother-hen; II *bn* brave, stout, manly, bold; substantial [volume *boekdeel*]; *een ~e kerel* a fine upstanding (stalwart) fellow; *zie ook* flink; **kloekhartig** stout-hearted, brave, valiant, bold; **kloekhartigheid** bravery, valour, boldness, fortitude; **kloekheid** bravery, courage, boldness; **kloekmoedig** *zie* -hartig
kloet punting pole; **kloeten** punt
kloffie togs
klojo twit, berk; (*klootzak*) shit
1 klok I *tw* cluck!; *~, ~!,* (*v water, enz*) gurgle, gurgle!, glug-glug!; II *zn zie* kloek I
2 klok *zn* 1 (*uurwerk*) clock; (*bel*) bell; *de ~ staat op tien uur* the clock is pointing to ten; (*om, te*) *~ke zeven* at seven o'clock (*ook:* at seven sharp); *kunnen ~* ***kijken*** be able to tell the time; *hij heeft de ~ (het ~je) horen* ***luiden****, maar hij weet niet waar de klepel hangt* he has heard something about it, but has no real knowledge of the matter; *de ~* ***rond*** *slapen* sleep the clock round; *het is werken, wat de ~* ***slaat*** work is the order of the day; *het* ***aan*** *de grote ~ hangen* noise (blaze, spread) it

abroad; (*ook*) wash dirty linen in public; *een stem **als** een* ~ a voice as clear as a bell; *die* (*dat*) *klinkt als een* ~ a resounding [slap], a slap-up [dinner, wedding]; *dat klinkt als een* ~ that is splendid (capital, first rate, A 1); ***met** de* (*wijzers van de*) ~ *mee* clockwise; *tegen de* (*wijzers van de*) ~ *in* anticlockwise, (*Am*) counterclockwise; ***op** de* ~ *af* to the minute, [in six minutes] by the clock; *hij is een man **van** de* ~ he is always on time; *alles ging **volgens** de* ~ everything went like clockwork; *zie ook* zomertijd; 2 (*stolp*) bell glass; (*chem, enz*) bell jar; (*ve luchtpomp*) receiver

klokbeker bell beaker [culture]; **klok- en hamerspel** (*sl: genitaliën*) (crown, family) jewels; **klokgelui** bell-ringing, chiming; (*voor dode*) tolling; **klokgevel** Dutch (bell-shaped) gable; **klokhuis** core; *het* ~ *uit een appel halen* core an apple

klokje 1 little clock; (*horloge, sl*) ticker; ~ *van gehoorzaamheid* bedtime, time to start, etc; *zie ook* klok; 2 (*bloem*) campanula, bellflower; (*gekweekt*) Canterbury bell; 3 quick one; *zie* neutje

klokkast clock-case; **klokke** *zie* 2 klok 1; **klokkegalg** bell-cage, belfry; **klokkeluider** bell-ringer

klokken 1 (*geluid*) cluck, chuck; (*ve kalkoen*) gobble; (*ve vloeistof*) gurgle, glug; 2 (*tijd*) clock [thirty seconds for the lap *ronde*]; time [a race]

klokken|gieter bell-founder; **-gieterij** bell-foundry; **-huis** bell-chamber, belfry

klokkenist carillonneur

klokken|kamer *zie* -huis; **-maker** clockmaker; **-spel** 1 chimes, peal (of bells), carillon; 2 (*instrument*) Glockenspiel; 3 (*sl: genitaliën*) (crown, family) jewels; **-speler** carillonneur

klokke|reep bell-rope; **-stoel** bell-cage, belfry; **-toren** bell-tower, belfry; **-touw** bell-rope

klok|luider bell-ringer; **-metaal** bell-metal; **-reep** bell-rope; **-rok** flared skirt; **-slag** stroke of the clock; *met* ~ *van twaalf* on the stroke of twelve, at twelve sharp; *hij was er op* ~ he was there on the stroke (of the hour); *het eten werd op* ~ *opgediend* meals were served on the tick; **-slot** dial lock; **-spijs** bell-metal; *dat gaat erin als* ~ they simply lap it up; **-uur** full (60-minute) hour; **-vormig** bell-shaped; **-winde** bindweed

klom *ovt van* klimmen

klomp 1 (*klont*) lump; ~*je* pat [of butter]; *zie ook* vlees~; 2 (*schoeisel*) clog, wooden shoe; *iets met de* ~*en* (*kunnen*) *aanvoelen* need no hint to understand s.t.; *met de* ~*en op het **ijs** komen* rush headlong into a business, butt in; *nou **breekt** mijn* ~*!* Good Lord! what next, I wonder!; 3 ~ *goud* nugget of gold; ~ *ruw ijzer* (*lood*) pig of iron (lead)

klompen|dans clog-dance; **-maker** clog-maker

klompvis sunfish; **klompvoet** club foot

klonen clone; **klonk** *ovt van* klinken

klont clod [of earth], daub [of paint]; (~*je*) lump [of sugar, etc], pat, knob [of butter], dollop [of mayonnaise]; *zie ook* klaar

klonter clot [of blood], dab [of mud, etc], lump [in porridge, etc]; **klonteren** clot, curdle, become lumpy, coagulate; **klonter(acht)ig** clotted, lumpy [sauce]

klontjessuiker lump-, cube-sugar

kloof I *zn* 1 cleft, chasm, fissure, gap, rift; 2 (*in de huid*) chap; *met kloven in de handen* with chapped hands; 3 (*fig*) cleft, rift, gap, cleavage [between two countries], split [in the Cabinet], gulf; *er ligt een* ~ *tussen hen* there is a gulf fixed between them; *de* ~ *overbruggen* (*verbreden*) bridge (widen) the gulf; II *ww* 1 *ovt van* kluiven; 2 *ZN ovt van* klieven; **kloof|bijl, -hamer** riving (cleaving, splitting) hammer

klooi duffer; botcher; **klooien** 1 drivel; 2 mess about, fool around, idle

kloon clone; **kloos** gob [of molten glass]

klooster religious house; (*mannen*) monastery; (*vrouwen*) nunnery; (*meestal vrouwen*) convent; *in een* ~ *gaan* go into a monastery, etc, enter into religion

klooster|achtig cloistral, monastic, conventual; **-balsem** friar's balsam; **-broeder** friar; (*lekebroeder*) lay brother; **-cel** monastery (convent) cell; **-gang** cloister; **-gebouwen** conventual buildings; **-gelofte** monastic vow; *de* ~*n afleggen* take the vows; **-gewaad** monastic dress; **-kerk** conventual (monastic) church; **-leven** monastic (convent) life; **-lijk** *zie* -achtig; **-ling** religious (*mv:* id), monk; nun; **-mop** large medieval brick; **-naam** name in religion; **-orde** monastic (religious) order; **-overste** superior; **-regel** monastic rule; **-school** convent-school; **-tafel** (*vglb*) refectory table; **-wezen** monasticism; **-zuster** nun

kloot 1 ball, sphere, globe; 2 (*aan mast*) truck; 3 (*plat*) bastard; *zie ook* klote(n) & ~zak 2

kloot|hannesen make a nuisance of o.s.; **-hommel** *zie* -zak 2; **-jesvolk** rabble, populace; **-zak** (*plat*) 1 scrotum; 2 bastard, shit(head)

klop knock, tap, rap; throb [of the heart]; *iem* ~ *geven* whack (whop, lick) a p., give a p. a good drubbing (licking); (*lelijk*) ~ *krijgen* be (soundly) beaten, get the worst of it, be worsted; ~, ~*!* rat-(-a)-tat!; *zie ook* klap; **klopboor** hammer drill; **klopgeest** poltergeist; **klophamer** 1 mallet; 2 chasing hammer; **klopjacht** battue, beat(-up), drive; (*fig*) round-up; *een* ~ *houden* beat a wood, beat up game; **klopje** (*hist*) beguine

klop|kever death-watch (beetle); **-klop** [the] clip-clop [of horses' feet]; **-partij** fight, affray, scuffle, scrap, rough-and-tumble, bout of fisticuffs

kloppen 1 (*op deur, enz*) knock, tap, rap [at the door]; pat [a child on the head]; tap [a p. on the shoulder]; break [stones, coke]; beat [carpets]; beat up, whip [eggs]; (*v bloed*) pulse [in one's veins]; (*vh hart, normaal*) beat, (*bonzen*) throb, palpitate, thump [*van aandoening* with emotion]; (*ve motor*) knock; *het deed zijn hart sneller* ~ it set ... beating faster; *zie ook* warm; *zijn pols begon sneller te* ~ his pulse quickened; *hij klopte **met** het potlood op de tafel* he tapped his ... on the table; *de as **uit** de pijp* ~ knock the ashes from (out of) one's pipe; *deuken eruit* ~ hammer out dents; *iem geld uit de zak* ~ part a p. from his money, make a p. contribute (etc); *er geld uit* ~ make money out of it; *er **wordt** geklopt* there's a knock (at the door); *binnen **zonder** ~!* please walk in!; 2 (*klop geven*) beat, (*zwaar*) hammer [the other team]; *op de streep geklopt worden* be beaten at the post; *vgl* klop; 3 (*wekken*) knock [a p.] up; 4 (*overeenstemmen*) tally, fit (in), be on all fours [*met* with]; *dit klopt met de feiten* this fits the facts; *zie ook ben;* ***dat*** *klopt* that tallies (fits, adds up); *dat* (*je uitleg*) *klopt niet* ***met*** ... that does not square (tally, fit in) with [what I said]; your explanation does not fit [the facts]; *de verklaringen ~ niet,* (*ook*) the statements do not match each other; *dat klopt met zijn gedrag* it is of a piece with his conduct; *zijn kas klopt altijd* he is never a penny out

klopper 1 (*ve deur*) knocker; 2 (*bij jacht*) beater; 3 (*porder*) knocker-up

klopping (*vh hart*) beat(ing), pulsation; (*sterker*) throb(bing), palpitation; **kloptor** death-watch (beetle); **klopvast** antiknock [petrol]

kloris 1 dolt, blockhead, (*Am*) sad sack; 2 beau

klos 1 (*ook: ~je*) bobbin, reel, spool; *hij is de ~,* (*sl*) he's for it; 2 (*blok*) chock; 3 (*elektr*) coil

kloskant bobbin-lace; **klosklos** clippety-cloppety, [the clogs went] clipper-clapper; **klossen** *ww* 1 bobbin [yarn]; 2 (*lomp stappen*) stump, clump [down the stairs]; **klossenrek** creel

klote(n) (*plat*) shit; (*attr*) beastly [remark, weather], rotten [thing to say]

kloten *ww* (*plat*) piss (mess) about (around)

kloterig 1 (*zeurderig*) whiny; 2 (*klungelig*) bungling; 3 (*rottig*) shitty; 4 (*dwaas*) stupid

klots (*biljart*) kiss, click

klotsen 1 (*v golven*) dash, splash; *het ~,* (*ook*) the lapping [of the waves]; 2 (*biljart*) kiss, click

kloven (*algem*) cleave, split; (*hout, ook*) chop; (*diamant*) cleave, divide, split; *gekloofde handen* chapped hands; **klovenier** (*hist*) (h)arquebusier; **klover** cleaver, chopper, splitter

klucht 1 farce (*ook: grap*); 2 (*patrijzen*) bevy

kluchtig farcical, funny, droll, comical

kluchtigheid farcicalness, drollery, fun

kluchtspel farce, low comedy

kluif 1 knuckle of pork (of beef), bone (to pick); *'t is een* (*hele*) ~ it's a formidable task (a lot to take on); *lekker ~je,* (*fig*) nice job to do; 2 (*fam: hand*) mitt, paw; *vgl* klauw 5

kluifhout jib-boom

kluis 1 hermitage, cell; 2 (*ve bank*) strongroom, vault, safe-deposit; *~je* steel box, [luggage] locker; 3 (*mar*) hawse-hole; **kluisgat** hawse-hole

kluister fetter, shackle; *~s,* (*fig ook*) trammels; *zie ook* boei; **kluisteren** fetter, shackle; hobble [a horse, an elephant]; (*fig, ook*) trammel; *aan het bed gekluisterd* chained to one's ..., bedridden

kluit 1 (*vogel*) avocet; 2 clod, lump; pat [of butter]; *uit de ~en schieten* shoot up; *hij* (*zij*) *is flink uit de ~en gewassen* he (she) is a fine upstanding (a strapping) fellow (girl); *iem met een ~je in het riet sturen* put (*of:* fob) a p. off with fair promises (fair words, *fam:* soft sawder); *op een ~je* in a heap; 3 (*fam*) caboodle; **kluitenbreker** clod--crusher; (*eg*) brake; **kluit(er)ig** cloddy

kluiven pick [a bone]; gnaw, nibble [*aan* at]; *daar valt wat aan te ~, zie* kluif: 't is een ~

kluiver (*zeil*) jib; **kluiverboom** jib-boom

kluizenaar hermit, recluse, anchorite

kluizenaars|hut hermit's cell, hermitage; **-kreeft** hermit-crab; **-leven** hermit's life, solitary life

klungel 1 rag, trash; 2 (*pers*) bungler; (*Am*) sad sack; **klungelaar** bungler; **klungelen** 1 bungle (one's work); 2 tinker, fiddle (mess) about; **klungelig** bungling, clumsy

kluns oaf, blockhead, (*Am*) clunker; **klunzen** mess about

klus 1 clutch, amount, number, lot [of money]; 2 [big, tough] job, chore; **klusje** 1 (*fam*) party, group; 2 (small) job; *~s* odd jobs; **klusjesman** odd-job man, handyman; **klussen** do odd jobs; *zie ook* bij~

kluts clutch; *zie* klus 1; *de ~ kwijtraken* lose one's head (one's bearings), get rattled (flurried); *iem de ~ doen kwijtraken* put a p. out (out of countenance); *de ~ kwijt zijn* be at sea (all abroad, at a loss, out of one's depth, in a state)

klutsei beaten-up (whisked, whipped) egg

klutsen beat up, whisk, whip [eggs]

kluut avocet

kluwen ball [of wool]; jumble, tangle [of players]

klysma enema; **km/u** afk van *kilometers per uur* kph (kilometres per hour)

knaagdier rodent

knaak (Dutch) two-fifty piece

knaap 1 lad, boy, fellow; (*edelknaap*) page; 2 (*groot exemplaar*) big fellow, whopper; 3 hat stand; (*~je*) (coat-)hanger; 4 (*dommekracht*) jack

knabbelen nibble, gnaw, peck [*aan* at]; *~ aan,* (*ook*) nibble [the grass, some chocolate], munch [biscuits, nuts]; (*v water*) eat away [the land]

knäckebröd crispbread

knagen gnaw (*ook fig*); *~ aan* gnaw (at); (*fig*) gnaw at, prey (up)on [a p.'s mind, rest]; (*vh geweten*) [his conscience began to] prick [is your ... pricking you?]; **knaging** gnawing; *~en van het geweten* pangs (twinges, pricks) of conscience

knak crack, snap; *~!* crack!, snap!; *zijn gezondheid* (*de handel*) *kreeg een ~* his health (trade) received a set-back; *een ~ geven* deal a blow to

knakken crack, snap, break; (*de gezondheid*) injure, impair, (*sterker*) break [his health is broken], shatter; *de mast knakte* (*af*) the mast snapped (off); *zijn vingers laten ~* crack one's fingers; *de stengel is geknakt* the stalk is broken; *de stok is geknakt* the ... has a crack

knakker type, fellow; **knakworst** frankfurter

knal I *zn* 1 pop [of a cork], bang [of a tyre], [sonic] boom; detonation, explosion; report, crack [of a gun], peal [of thunder]; 2 (*sl: klap*) crack, clout; II *bn* screaming [yellow]; (*fam*) [the party was] smashing; **knalbonbon** cracker; **knaldemper** silencer; (*Am*) muffler; **knaleffect** stage-effect; **knalerwt** banger; **knalfuif** smashing party, (*wild*) rave-up; **knalgas** oxyhydrogen; **knalgeel** screaming (bright) yellow; **knalgoud** fulminating gold; **knalkwik** fulminate of mercury

knallen (*ve geweer, enz*) crack, bark [the bark of a pistol]; (*ve schot*) ring out; (*ve kanon*) bang; (*ve kurk*) pop; (*ve zweep*) crack; *de auto knalde*

tegen een boom the car smashed bang into ...; *~de ruzie* flaming row
knaller (*fam*) smash(-hit); stunt [price]; **knalpatroon** detonator; **knalpoeder** fulminating powder; **knalpot** silencer; (*Am*) muffler; **knal|-sein, -signaal** detonating signal, detonator; **knalsucces** smashing success; **knalzilver** fulminating silver; **knalzuur** fulminic acid
1 knap *zn* crack, snap; *~!* crack!, snap!
2 knap I *bn* 1 (*lichamelijk*) handsome, good-looking, personable, comely; *een ~pe man (vrouw)*, (*ook*) a fine figure of a man (woman); *zij wordt er niet ~per op* she is losing her (is going off in) looks; 2 (*bekwaam*) clever, able, capable, (*Am*) smart; (*met hersens*) brainy; *~ artikel* capable (clever, able) article; *~ werk* smart work; *daar is hij ~ (helemaal niet ~) in* he is pretty good (a poor hand) at it; *hij is ~ in het Grieks* he is well up in Greek, a good Greek scholar; 3 (*uiterlijk*) neat, spruce, smart; *~pe burgermensen* respectable middle-class people; 4 (*krap*) tight; II *bw* 1 (*bekwaam*) cleverly, etc; *dat heb je ~(jes) gedaan* you've managed it cleverly, you've made a nice job of it; 2 (*nogal*) rather; *hij was ~ vervelend* he was pretty tiresome; 3 (*net, prettig*) neatly, tidily; *~jes voor de dag komen* be respectably dressed
knaphandig deft, skilful; **knapheid** 1 good looks; 2 cleverness, skill; **knapjes** *zie* knap II.3; **knapkers** white-heart (cherry), bigarreau
knappen I *intr* 1 crack; *doen ~* crack [one's fingers, one's joints]; 2 (*ve touw, veer, enz*) snap; (*ve band*) burst; 3 (*v vuur*) crackle; II *tr* crack; *een fles ~* crack (put away) a bottle; *een uiltje ~* take a nap (*of:* forty winks); **knappend** crackling [fire], crisp [biscuit, toast]; **knapper** *zie* knapkers; **knapperd** clever fellow; **knapperen** crackle; **knapperig** crisp [toast], crunchy [biscuits]
knapzak knapsack, haversack
knar (*dom persoon*) dumbo; (*vrek*) miser, skinflint, curmudgeon; *ouwe ~* old fog(e)y, old geezer
knarsen creak, grate [a grating voice]; (*~d over iets gaan*) grind [grinding wheels], crunch [the wheels crunched the gravel]; (*v groente, enz*) be gritty; *op de tanden ~, zie* knarsetanden; **knarsetanden** gnash (grind, grit) one's teeth
knaster canaster (tobacco)
knauw (gnawing) bite; *een lelijke ~ krijgen* (*beschadigd worden*) get badly damaged; (*geestelijk*) be hit pretty hard; *zie verder* knak & knauwen
knauwen I *intr* gnaw [*aan* at], munch, mumble; II *tr* 1 (*beschadigen*) injure, damage, bruise; 2 (*mishandelen*) maul, knock about; 3 (*afmatten*) knock up
KNAW afk van *Koninklijke Nederlandse Akademie van Wetenschappen* Royal Netherlands Academy of Arts and Sciences
knecht (man-)servant, [baker's] man, [plumber's] mate; (*huis~*) footman; (*heren~*) valet, man; (*op boerderij*) farm-hand; (*sp*) domestique; *~je* page-boy, buttons; (*inz Am*) bellhop, -boy; **knechten** enslave; oppress; **knechtschap** servitude
kneden knead; (*fig ook*) mould, fashion; **kneedbaar** 1 kneadable; 2 (*fig*) plastic [mind], mouldable, pliable, malleable; **kneedbom** plastic bomb; **kneedmachine** kneading-machine, dough-mixer; **kneedtrog** kneading-trough
kneep I *zn* 1 pinch(-mark); (*v boek*) hinge, groove; 2 (*fig*) dodge, trick, catch [there's a catch in it], wrinkle; *de knepen (de fijne ~jes) kennen* know the knack of it, know the ropes, know the tricks [of the trade *van het vak*]; *daar zit 'm de ~* there's the rub (the catch), that's where the shoe pinches; II *ww: ovt van* knijpen
knekel bone; **knekelhuis** charnel (house), ossuary; **knekelman** skeleton; Death
knel: *in de ~ zitten* be in a hole (in a tight place, a scrape); *zie verder* klem
knellen I *tr* 1 pinch, squeeze; *zie ook* klemmen; 2 (*fig*) oppress; *~d*, (*fig*) oppressive, irksome; II *intr* pinch; *zie ook* schoen
knelpunt bottleneck, main sticking point
knerpen (s)crunch; **knersen** *zie* knarsen
knetter *zie* ~gek; **knetteren** crackle (*ook v radio*), sputter; (*vd donder*) crash; *het ~, zie* geknetter
knettergek (*fam*) crackers, raving (barking, stark staring) mad
kneu 1 (*vogel*) linnet; 2 *ouwe ~* old fog(e)y
kneukel knuckle
kneus 1 bruise; 2 *zie* kneusje; **kneusje** 1 (*pers*) reject [of society], misfit, loser; 2 (*zaak*) [factory] reject; cracked egg; bruised fruit; (*auto*) wreck
kneuswond contusion, bruise
kneuteren 1 (*ve vogel*) warble, carol; 2 (*mopperen*) grumble; **kneuterig** 1 snug [we sat snugly together]; 2 hidebound, self-satisfied
kneuzen bruise (*ook v fruit:* bruise easily), squash; (*med*) contuse; *zaad ~* crush seed; *zich ~* get bruised; *gekneusd ei* cracked egg
kneuzing bruise; (*med*) contusion; *inwendige ~en* internal injuries
knevel 1 (handlebar) moustache; (*ve kat, enz*) whiskers; 2 (*mondprop*) gag; 3 (*handboei*) handcuff; 4 (*stokje*) toggle; **knevelaar** (*afzetter*) extortioner; **knevelarij** extortion; **knevelbout** swing-bolt; **knevelen** 1 (*met prop*) gag; 2 (*binden*) pinion, truss up, truss [a p. hand and foot]; 3 (*fig*) oppress; extort money from; *de pers ~* muzzle (gag) the press; **knevelverband** tourniquet
knibbelaar(ster) higgler, haggler; (*vrek*) pincher; **knibbelarij** higgling, haggling, cheeseparing; **knibbelen** 1 haggle, higgle; 2 play at spillikins (*knibbelspel*)
knickerbocker (pair of) knickerbockers, (*Am ook*) knickers
knie knee (*ook v broek; ook: gebogen ijzer, enz*); *er zitten ~ën in je broek* your trousers are baggy at the knees; *de ~ buigen voor* bow (bend) the knee to; ***door** de ~ën gaan* knuckle under; ***met** ~ën* baggy-kneed [trousers]; *hij had zijn handen **om** zijn ~ën geslagen* he sat with his knees clasped, was nursing his knees; *iets **onder** de ~ hebben* have a perfect command of (be proficient in) s.t.; *onder de ~ krijgen, zie* meester worden; ***op** de ~ hebben*, (*ook*) nurse [a child]; *zie ook* rijden; *op je ~ën!* down on your knees!; *iets **over***

de ~ breken break s.t. across one's knee; *over de ~ leggen* take across one's knee; ***tot** aan de ~ën* knee-deep, up to one's knees; *zie ook* zakken
knie|band (*anat*) knee ligament; *vgl* -pees & kruisband; **-beschermer** knee-pad, -guard; **-boog** *zie* -holte; **-broek** knickerbockers (*fam:* knickers), knee-breeches; **-buiging** (*voor altaar*) genuflexion; (*ve vrouw*) curts(e)y; (*gymn*) knee--bending; *een ~ maken,* (*ter verering, ook*) genuflect; **-dicht** impromptu poem; **-gewricht** knee--joint; (*techn*) toggle joint; **-hefboom**, **-hevel** toggle (lever); **-holte** back (*of:* hollow) of the knee; **-kous** knee-stocking; **-laars** knee-length boot; **-lap** (*ve werkman*) knee-pad
kniel|bank *zie* bidbankje
knielen kneel [*voor* to, before]; *vgl* knieval; *geknield* kneeling, on one's knees
knielkussen hassock, kneeler, kneeling-pad
kniepees hamstring
knier hinge [of a door]
kniereflex knee-jerk, patella reflex
knieschijf kneecap, knee-pan, (*wtsch*) patella
kniesoor mope, curmudgeon, [a] chronic grumbler; *maar wie daarop let is een ~* but never mind that, better leave well alone
kniestuk 1 knee-piece; 2 (*portret*) three-quarter(s length); 3 (*techn*) elbow; **knietje** 1 (*zetje*) knee; 2 (*sportknie*) cartilage trouble; 3 (*techn*) elbow--joint; **knieval** prostration; *een ~ voor iem doen* throw o.s. at a p.'s feet, go down on one's knees before a p.; **knieverband** (*bk*) toggle-joint; **knievers** impromptu poem
kniezen mope, fret [*over* about], brood [*over* on], sulk; **kniezer** *zie* kniesoor; **kniez(er)ig** fretful
knijp 1 (*kroeg*) pub; 2 *zie* knel; **knijpbriefje** three--cornered note; **knijpbril** pince-nez
knijpen 1 pinch, nip; *iem **in** de arm* (*de wang*) *~* pinch a p.'s arm (cheek); *iem in de neus ~* tweak a p.'s nose; *als het knijpt* (*en weer knijpt*) at (*Am:* in) a pinch, when it comes to the push; *zie verder* kat, nijpen, spannen & rats: in de ~; 2 throttle [the air intake]; 3 (*afzetten*) pinch (squeeze) money from (out of); 4 (*mar*) hug (keep close to) the wind
knijper 1 pincher (*ook: vrek*); 2 (*klem*) (clothes) peg, clip, fastener; 3 (*ve kreeft*) pincer; 4 pince--nez; **knijperig** 1 (*gierig*) stingy, mean; 2 (*kleinzielig*) hidebound, narrow-minded; **knijpfles** squeeze bottle; **knijprem** calliper brake; **knijptang** (*groot*) pincers, (*klein*) nippers
knijter whopper; (*attr*) whopping; **knijzen** see, twig, understand; *geknijsd?* see?, got it?
knik 1 (*hoofd~*) nod; 2 (*knak*) crack; 3 (*in staaldraad, enz*) bend, kink, twist; 4 (*klei*) ferruginous clay; **knikkebenen** give at the knees; **knikkebollen** nid(dle)-nod(dle)
knikken 1 nod; *ja ~* nod yes; *neen ~* shake one's head; *toestemmend* (*goedkeurend*) *~* nod assent (approbation); 2 bend; (*v metaal*) buckle; *mijn knieën knikten* my knees gave way (shook); *met ~de knieën lopen* shamble; *zie ook* knakken
knikker marble; (*grote*) taw; (*albasten*) ally; *kale ~* bald pate; *het is* (*gaat*) *niet om de ~s, maar om* (*het recht van*) *het spel* it is not a matter of pence, but of principle; *er is iets* (*er is stront*) *aan de ~* s.t. is the matter (they are having a bust-up)
knikkeren play (at) marbles; *eruit ~* chuck out [a p.]; **knikkerspel** game at (of) marbles
knip 1 (*met schaar*) cut, snip; *~, zei de schaar* snip went the scissors; *~, ~!* snip, snip!; 2 (*gaatje*) punch-hole [in a ticket]; 3 (*met vinger en duim*) fillip, snap; *het* (*hij*) *is geen ~ voor de neus waard* it (he) is not worth a button (straw); 4 (*val*) trap, snare, spring; 5 (*sluiting*) catch; (*ve deur, ook*) spring-bolt; (*ve raam, ook*) sash-fastener; (*ve armband*) snap, spring-catch; (*ve boek*) clasp; (*ve beurs*) [silver] snap
knipbeugel clasp, snap-frame [of a purse]; **knipbeurs** snap-purse; **knipmes** clasp-knife; (*groot*) jackknife; *buigen als een ~* bow (low) from the waist, make a deep bow, bow and scrape; **knipmuts** mob-cap; **knipogen** blink (one's eyes), wink; *~ tegen* wink at [a p.]; **knipoogje** wink, twinkle; *iem een ~ geven* give a p. a (the) wink, wink at a p.; (*sl, v meisje*) give a p. the glad eye;
knippatroon paper pattern
knippen I *tr* 1 cut [the hair], (*wat bijknippen*) trim [the hair, beard, a hedge]; cut, pare, trim [one's nails]; cut out [a dress]; clip [coupons]; clip, punch [tickets]; *kaartjes ~,* (*gaatje*) punch, (*knip uit rand*) clip tickets; *~ en scheren,* (*fig*), *a*) maintenance, service, servicing; *b*) take [a p.] apart; ***kort** geknipt haar* close-cropped hair; *zich **laten** ~* have a haircut; *zie ook* haar~, kort & geknipt; 2 (*vangen*) trap, (*fam*) nab, pinch [a thief]; *een **vogel** ~* trap (snare) a bird; 3 (*kieken*) snap; II *intr* 1 (*v oogleden*) flicker; 2 (*v ogen*) blink [her eyes blinked against the light]; ***met** de ogen ~* blink (one's eyes), wink; 3 snap; *met de vingers ~* snap one's fingers
knipperbol 1 (Belisha) beacon; 2 orange juice and sherry; **knipperen** *zie* knippen II; (*met de koplampen*) flash [the headlights]; *hij stond met de ogen te ~,* (*fig*) he couldn't believe his eyes; *zonder met de ogen te ~* unblinking; **knipperflits** strobe (light); **knipperlicht**: (*rood*) *~* flashing (red) light (beacon), (red) flasher
knip|plaat cut-out; **-sel** cutting, clipping [file]; **-selkrant** press cuttings (clippings) bulletin; **-tang** 1 wire-cutter(s); nippers; 2 (ticket-)punch; **-tor** click beetle, skipjack, snapping beetle; **-vlies** nictitating membrane, third eyelid
knisperen, **knisteren** rustle, crackle, swish
KNMI afk van *Koninklijk Nederlands Meteorologisch Instituut* Royal Dutch Meteorological Institute, Dutch weather service
KNO-arts ENT (ear nose and throat) specialist, otorhinolaryngologist
knobbel 1 bump (*ook: schedel~ & buil*); knob, knot; (*plantk & med*) tubercle; 2 (*aanleg*) aptitude, talent; *zijn oriëntatie~ is zeer ontwikkeld* his bump of locality is highly developed; *vgl* talen~; **knobbelig** knotty [fingers], gnarled, gnarly [hand], knotted, knobb(l)y; **knobbeligheid** knottiness, etc; **knobbeljicht** chronic gout; **knobbelzwaan** mute swan

knobelen (*vglb*) toss up
knock-out id; ~ *slaan* knock out
knoedel 1 dumpling; 2 (*haar*) knot of hair; *~tje* bun
knoei *zie* klem: in de ~ & knauw; **knoeiboel** mess, muddle, hash; (*bedriegerij*) swindle; *zie ook* knoeierij & knoeiwerk
knoeien 1 (*morsen*) make a mess; 2 (*broddelen*) bungle, muddle; ~ ***aan*** mess (muck, monkey) about with [a TV set]; tinker with; 3 (*bedrieglijk*) swindle, cheat; ~ ***met*** tamper with [food, a contract, accounts, etc], rig [votes], fix [a dope test], fudge [figures]; ~ *met rekeningen, enz,* (*ook*) manipulate (*fam:* cook) accounts, etc; 4 (*beschadigen*) damage; ***iem*** ~ injure (*of:* harm) a p.; *zulk werk knoeit je* such work takes it out of you
knoeier 1 bungler, muddler, botcher; 2 (*bedrieger*) cheat; **knoeierig** bungling, messy; **knoeierij** 1 mess, bungle, bungling, etc; *vgl* knoeien; 2 [political] jobbery, corruption, machinations, intrigues, corrupt practices, [vote] rigging; 3 (*geldelijk*) malversation(s); (*Am pol*) graft; **knoeipot** messy child; **knoeister** *zie* knoeier; **knoeiwerk** bungling (shoddy) work, (piece of) bungling, bungle, botch
knoe(pe)rt whopper; *een ~ van een karper* a whopping big carp; **knoest** knot; **knoest(er)ig** knotty, gnarled, gnarly
knoet 1 knout; 2 (*haar*) bun; **Knoet** Canute
knoflook garlic [butter, press]
knok *zie* knook; **knokig** knuckly, bony
knokkel knuckle; **knokkelkoorts** dengue
knokken fight; *iem* ~ lick [a p.]; **knokpartij** fight
knokploeg strong-arm gang
knol (*plantk, aardappel, enz*) tuber, (*ve krokus*) corm; (*raap*) turnip (*ook horloge*); (*paard*) jade, screw; (*in kous*), (*fam*) potato [in one's stocking]; *iem ~len voor **citroenen** verkopen,* (*fam*) sell a p. a pup; *zich geen ~len voor citroenen laten verkopen* not let the wool be pulled over one's eyes; **knolachtig** tuberous; **knolamaniet** death cap; **knolbegonia** tuberous begonia; **knolboterbloem** kingcup; **knolgewas** tuberous plant; **knollentuin**: *in zijn* ~ [he is] in high feather, as pleased as Punch; *zie ook* nopje; **knolraap** *zie* koolraap; **knolradijs** turnip radish; **knolselderij** celeriac, turnip-rooted celery; **knolvormig** tuberiform; **knolzwam** amanita
knook bone, knuckle; *hij heeft sterke knoken* he has strong bones, he is strong-boned
knoop 1 (*in touw & mar*) knot; *zie ook* lopen; *halve* ~ thumb knot, overhead knot; *platte* ~ reef knot, square knot; *de ~ des huwelijks* the marriage tie; *de ~ **doorhakken*** cut the Gordian knot; *een ~ **leggen*** tie a knot; *een ~ in zijn zakdoek leggen* tie a knot in one's ...; *zie ook* 5; *een ~ **losmaken*** undo a knot; ***vol** knopen* knotted [cord]; *daar **zit** 'm de* ~ there's the rub, that's the difficulty; ***in** de ~ zitten* be tangled (in a tangle, *verkeer:* jammed up, in a jam), (*met zichzelf*) be all mixed up; ***uit** de ~ halen* unravel [one's bootlaces]; 2 (*aan kleding, enz*) button; (*boordeknoop, enz*) stud; ***achter** de knopen hebben,* (*eten*) have [a good meal] under one's belt; (*drank*) have got a (one's) skinful [of beer, etc]; ***met** één* (*twee*) *rij*(*en*) *knopen* single-(double-)breasted [coat]; 3 (*plantk*) node, joint; 4 (*astron, geluidsleer*) node; 5 (*vloek*) expletive, oath; *er een ~ op **leggen*** rap out an oath (an expletive); **knoopgras** knot-grass; **knoopkruid** knapweed; **knooplijn** (*astron*) nodal line; **knoopnaald** netting-needle; **knooppunt** 1 [road, rail] junction; [Utrecht is a railway] centre; 2 (*astron & fig*) nodal point; **knoopsgat** buttonhole [scissors, stitch]; (*ve boord, enz*) stud-hole; **knoopsluiting** button fastening; **knoopwerk** (*handwerken*) tatting
knop 1 knob; (*ve deur*) knob, handle; (*kapstok*) peg; (*ve stok*) knob, head, top; (*ve zadel, degen*) pommel; (*ve trekhaak*) towball; (*aan punt ve schermdegen, ve tafelbel*) button; (*ve geweergrendel*) bolt-head; ***naar** de ~pen,* (*fam*) [be] wrecked, lost, [go] down the drain; 2 (*ve elektr bel, enz*) button, push; (*v elektr licht*) switch; 3 (*ve plant & fig*) bud; ***in*** ~ in bud; *in ~ komen* (come into) bud; *een schoonheid in de* ~ a budding beauty; 4 *zie* knoop; **knopbies** bog-rush
knopehaakje button-hook
knopen 1 tie, knot, button; *iets in zijn oor* ~ make a (mental) note of s.t., bear in mind; *vgl* knoop; 2 net [a purse], make [fishing-nets]
knoppen *ww* bud
knor 1 (*ge~*) grunt; (*geluid, ook ~ ~*) oink; *~ren krijgen* get a scolding; 2 cartilage, gristle; 3 (*studententaal*) non-member of students' corps
knorhaan gurnard, gurnet
knorren 1 (*ve varken*) grunt; 2 (*vd maag*) rumble; 3 (*brommen*) grumble, growl; ~ *op* scold; **knorrepot** grumbler, grouser; **knorrig** grumpy, peevish, testy, crusty, grumbling, growling; **knorrigheid** peevishness, testiness, etc
knot 1 knot, skein [of yarn], tuft [of hair]; 2 (*vogel*) knot
knots I *zn* 1 club, bludgeon; (*gymnastiek*) Indian club; 2 (*kanjer, enz*) whopper; 3 (*bult*) lump; II *bn zie* ~gek & ~goed; **knots-boem** wham; **knotsdrager** (*her*) wild man; **knotsgek** crazy, crackers, bananas; **knotsgoed** terrific, great, fantastic; **knotssprietig** clavicorn; ~ *insekt* clavicorn (*mv ook:* -nia); **knotsvormig** (*inz biol*) club-shaped, claviform, clavate
knotten (*boom*) head, top; (*wilg*) pollard, poll; (*kegel, enz*) truncate; (*vleugel*) clip (*ook fig:* clip a p.'s wings); *geknotte boom* pollard; *geknot vogeltje,* (*her*) martlet; *zie verder* fnuiken
knotwilg pollard(ed) willow
knudde (*fam*) a flop, a wash-out
knuffel hug, cuddle; **knuffeldier** cuddly toy (animal); **knuffelen** cuddle, hug; *elkaar ~,* (*ook*) bill and coo; **knuffelziekte** kissing disease
knuist fist; *hij heeft ~en aan zijn lijf* he is a tremendous worker; *als ik hem ooit in mijn ~en krijg* if ever I get hold of him (get him into my clutches)
knul 1 (*vent*) fellow, chap, guy; (*lomperd*) lout; ~ *van een vent* awkward fellow, gawk, silly mug; *haar* ~ her boy-friend; *lekker ~letje* fine little chap; 2 (*sul*) booby, dolt, duffer, mug; (*homo*)

bimboy; **knullig** doltish, awkward, gawky
knuppel 1 cudgel; *een ~ in het hoenderhok gooien* put the cat among the pigeons; 2 (*ve vliegt*) (joy-)-stick; 3 *zie* knul; *zo'n ~!* what a lout!
knuppelen cudgel; **knuppel|rijm, -vers** doggerel (rhyme); **knuppelweg** corduroy road
knurf(t) 1 bastard; 2 nit(wit)
knus I *bn* snug, cosy, (*fam*) comfy; II *bw* snugly, cosily; **knusjes** snugly, cosily
knutselaar amateur carpenter, etc, handyman
knutselen potter, do some carpentering, etc, DIY, do it yourself; *~ aan* tinker with [the TV set], fiddle with [a bicycle]; *in elkaar ~* rig up, knock together; *graag ~* like doing things with one's hands; **knutselwerk** 1 handicraft; tinkering; 2 fiddly (pernickety) job
koala id; **Koba** Jemima
kobalt cobalt; **kobaltblauw** cobalt blue
kobold id, (hob)goblin
Kobus Jim(my), Jem(my); **kocht** *ovt van* kopen
koddebeier 1 gamekeeper, park-keeper; 2 cop(per); **koddig** droll, comical; **koddigheid** drollery, comicality
koe cow; *koeien van letters* huge (oversize) letters; *men noemt geen ~ **bont**, of er is een vlekje aan* (there is) no smoke without fire; *men kan nooit weten hoe een ~ een **haas** vangt* you never know your luck, you never can tell; *de ~ bij de **horens** pakken* take the bull by the horns, grasp the nettle; *haal geen **oude** koeien uit de sloot* don't rip up old sores, don't dig (*of:* rake) up the past (rake over old ashes, old coals), let bygones be bygones; *oude koeien,* (*ook*) ancient history, water under the bridge; *over **~tjes** en kalfjes praten* talk (chat) about one thing and another (about nothing in particular), talk (up)on trivial subjects; *gepraat over ~tjes en kalfjes* small talk; *zie ook* heilig & waarheid
koebeest[1] cow, beast; **koeboom** cow-, milk-tree; **koebrugdek** (*mar*) orlop (deck)
koedoe koodoo
koehandel wheeling and dealing; [political] barter, horse-trading; **koehandelaar** wheeler-dealer; **koeherder** cowherd, cowman
koeiedrek cow-dung; **koeiegekte** mad cow disease; **koeiekop** cow's head; **koeieletter** oversize letter; **koeiendrijver** (cattle) drover
koeie|oog cow's eye; (*plant*) oxeye; **-stal** cowshed; **-vanger** cowcatcher; **-vla** cow-pat
koeioneren bully, dragoon, badger
koek gingerbread; (*gebak*) cake; (*fig*) cake [of blood, etc]; (*onzin*) twaddle; (*bille~*) [give a p.] what for; *erin gaan **als** (gesneden) ~, a)* be readily accepted (easily learned, very popular); *b)* sell like hot cakes; *dat is **andere** ~* that is a different kettle of fish (another matter); *~ en **ei** (en **deeg**)* [they are] as thick as thieves, hand and (*of:* in) glove [*met:* with]; *dat is **gesneden** ~* that is as easy as falling off a log, as easy as pie, mere child's play [*voor* to]; ***oude** ~* [that is] ancient history; *alles voor **zoete** ~ opeten* (*aannemen, slikken*) swallow everything
koekalf cow-calf; **koekamp** cow-pasture
koekbakker confectioner, pastrycook; **koekbakkerij** confectioner's (shop); **koekebakker** bungler; **koekeloeren** look absently, sit and stare
koeken cake, coagulate; **koek-en-zopie** refreshment stall (on the ice); **koekepan** frying-pan, frypan; (*klein & Am*) skillet; **koekhakker** bungler; **koekje** (sweet) biscuit; (*Am*) cookie; *een ~ van eigen deeg* payment in kind, a leaf out of one's own book; **koekjestrommel** biscuit tin
koekoek 1 cuckoo; *het is met hem altijd ~ één zang* he is always harping on the same string; *dat haal (dank) je de ~!* I daresay!, you bet!; *zie verder* duivel; 2 (*dakkapel*) dormer (window); (*dakraam*) skylight; **koekoeksbloem** 1 ragged robin, cuckoo gillyflower; 2 bachelor's buttons; **koekoeksei** cuckoo's egg; (*fig*) source of trouble (brought on o.s.); **koekoeksjong** (*fig*) cuckoo in the nest; **koekoeksklok** cuckoo clock; **koekoeksspog** cuckoo spit, frog-spit
koel cool (*ook fig*); *~ onthaal* cool (cold, chilly, frosty) reception; *~ staan tegenover* be cool towards (about) [the idea]; *~e wind* fresh wind; *in ~en **bloede*** in cold blood; *het **hoofd** ~ houden,* (*fig*) keep (one's head) cool, keep one's cool, keep a level head; *het **wordt** ~er* it is getting cooler (fresher, chilly)
koel|apparaat *zie* -inrichting; **-bak** cooler; **-bloedig** I *bn* cold-blooded, cool(-headed); II *bw* coolly, in cold blood; **-bloedigheid** cold-blooded- (-headed)ness, sang-froid; **-blok** radiator; **-box** cool box, cooler; **-cel** refrigerator, cold storage container, freezer; **-element** ice-pack; **-emmer** ice bucket, ice pail
koelen I *tr* cool, refrigerate, (*sterk*) chill; (*in ijs, ook*) ice [wine]; *zijn woede* (*enz*) *~* vent one's rage (anger, resentment, etc; *aan* (up)on); *zijn wraak* (*gemoed*) *~ aan* wreak vengeance (up)on; II *intr* cool (down) (*ook v vriendschap, enz*); (*vd wind*) freshen up; *zijn ijver begon te ~* his ... began to slacken (to flag); **koeler** 1 [wine] cooler; refrigerator; 2 condenser; **koelheid** coolness; (*fig ook*) coldness
koelhuis cold store, cold-storage building; **koelhuisboter** storage (cold-stored) butter; **koelhuiseieren** chilled (cold-stored) eggs
koelie coolie; *werken als een ~* work like a black
koeliewerk (*fig*) drudgery, donkey-work
koeling 1 cooling; 2 cold storage; (*in winkel*) cold shelves
koel|inrichting, -installatie refrigerator, refrigerating-plant; cooling unit; condenser; *met ~* refrigerated [vessel]; **-kamer** cold-storage chamber; (*in brouwerij*) chilling-room; **-kast** refrigerator, (*fam*) fridge, (*Am*) icebox; *zie* ijskast; **-mantel** water-jacket, cooling jacket; **-middel** refrigerant, coolant; **-oven** annealing-furnace; **-pakhuis** cold-storage warehouse; *in ~ opslaan* cold-store; **-rib** cooling fin; **-ruimte** chilling-space; cold storage room; **-schip** refrigerator ship; **-systeem** cooling system, refrigeration

1 *Zie voor sam met* koe- *ook die met* vee-

system; **-tas** picnic cooler, cool bag, cool box
koelte coolness, cool [of the evening]; *flauwe* (*lichte, matige*) ~ slight (gentle, moderate) breeze; *koeltje* gentle breeze
koel|techniek refrigeration; **-technisch** refrigerative; **-tjes** coolly, coldly; **-toren** cooling tower; **-vat** cooler; **-vitrine** cold shelves; **-vloeistof** coolant; **-wagen** refrigerator truck (*spoor:* van, *Am:* car); **-water** cooling-water; **-weg** coolly, coldly; **-zeil** wind-sail
koemelk cow's (cows') milk; **koemest** cow-dung, cow-manure
koemis koumiss
koen bold, daring; **Koen(raad)** Conrad
koenheid boldness, daring
koepaard piebald (horse)
koepel 1 dome, cupola; 2 (*prieel*) summerhouse; 3 (*organisatie*) umbrella (organization)
koepel|dak dome(-shaped roof); **-gewelf** dome(-shaped vault); **-kerk** domed church; **-organisatie** umbrella (organization); **-oven** cupola (furnace); **-venster** bow window; **-vormig** dome-shaped, domed
koepokinenting vaccination; **koepokken** cowpox; **koepokstof** vaccine (lymph)
koer 1 (inner) court, (court)yard; playground; 2 toilet, loo; **Koerd** Kurd; **Koerdistan** Kurdistan
koereiger cattle egret; **koeren** coo
koerier courier; *koninklijke* ~, (*hist*) King's Messenger
koers 1 (*richting, loop*) course (*ook fig:* the new course in politics), direction; (*mar, bij laveren*) tack; (*beleid*) policy; ~ *afzetten* (*bepalen*), (*mar*) plot (lay out) a course; *een nieuwe* ~ *inslaan,* (*ook fig*) embark on a new course; *een geheel nieuwe* ~, (*ook*) quite a new departure; ~ ***houden*** *naar de kust* (*naar het zuiden*) head (stand) for (towards) the coast, stand (head) south; *de* ~ ***kwijt*** *zijn* (*raken*) be (get) off one's course; *van* ~ ***veranderen,*** (*ook fig*) change tack; ~ ***zetten*** *naar* steer (shape) a (one's) course for, set course for, make (head) for; ***uit*** *de* ~ *raken* get off-course; 2 (*v effecten*) price, quotation; (*wissel~*) rate (of exchange); ~ *van uitgifte* price of issue; ***tegen*** *de* ~ *van* at the rate (*of:* price) of; 3 (*v munten*) circulation; ***buiten*** ~ *stellen* demonetize; 4 [cycle, horse] race; *zie* paarden~ & wieler~
koersbericht market report; **koersblad** list of quotations, stock-exchange list; **koersbord** (*spoorw*) destination board; **koersdaling** fall in prices; depreciation of currency values
koersen *zie* koers 1: ~ houden & ~ zetten; *naar de kust, naar zee* ~ stand in (from the sea), stand out (to sea)
koers|herstel market recovery; **-houdend** standing-on [vessel]; (*handel*) steady, firm; **-index** (stock exchange) index; **-lijn** rhumb-line; **-lijst** stock-list; *zie ook* beursnotering; **-notering** (market) quotation; **-schommeling** (price, market) fluctuation; **-schrijver** (*mar*) course recorder; **-verandering** change of course (*ook fig*); *plotselinge* ~ right-about turn, U-turn, change of front, volte-face; **-verbetering**, **-verhoging** advance, improvement (in prices), rise in the exchange; **-verlaging** fall (in prices; in the exchange); **-verlies** loss on (*of:* by) exchange; **-verloop** movement of prices; **-verschil** difference in price; **-waarde** exchange value; market price [of shares]
koeskoes 1 (*gerecht*) couscous; 2 (*dier*) couscous, spotted phalanger; **koeskoezen** mash
koest: ~*!* quiet!, down!, hush!; *zich* ~ *houden* keep quiet (close, mum), lie low, (*fam*) lie doggo
koestal cow-house, -shed, byre
koesteren cherish [children, plants, a design, grudge, hope], entertain [admiration, a hope, desire, suspicion], foster [feelings], nurse [an idea, feelings, hopes, a grievance], nourish [evil designs], harbour [evil thoughts, a grievance], hug [a prejudice], coddle [a person]; *vrees* ~ fear, entertain fears [for a p.'s safety]; *twijfel* ~ have doubts [I have my doubts about it]; *ik koester het voornemen* I intend, it is my intention; *hoge verwachtingen* ~ pitch one's expectations high; *zie ook* wrok; *een* ~***d*** *vuurtje* a cosy fire; ***zich*** ~ bask; (*in de zon, ook*) sun o.s.; (*fig*) bask (sun o.s.) [in the admiration of ...]
koet coot
koeteren jabber, talk gibberish
koeterwaals gibberish, double Dutch
koets coach; *uit de* ~ *vallen* come back (*of:* down) to earth; **koetsen** *ww* couch; **koetshuis** coach-house; **koetsier** coachman; **koetspoort** carriage entrance; **koetswerk** bodywork, coachwork
koevoet crowbar; **Koeweit** Kuwait, -weit
koffer trunk, box; (*hand~*) handbag, bag, portmanteau, case; (*platte*) suitcase; (*plat ~tje*) attaché case; (*bed*) sack; *met iedereen in de* ~ *duiken* have a roll in the hay with anyone, sleep around
koffer|bak *zie* -ruimte; **-dam** coffer-dam; **-grammofoon** portable gramophone (*Am:* phonograph); **-ruimte** (*v auto*) boot, luggage locker; (*Am*) baggage compartment, trunk; **-schrijfmachine** portable (typewriter); **-vis** coffer-, trunk-fish
koffie 1 coffee; ~ *verkeerd* white coffee; *een* ~ a (cup of) coffee; *twee* ~ two coffees; ~ *zonder melk* coffee without milk, black coffee; ~ *drinken* take coffee, (*lunchen*) lunch; ~ *zetten* make coffee; *op de* ~ *komen,* (*fig*) come away with a flea in one's ear, catch it; 2 cold lunch; *na de* ~ after lunch
koffie|bar coffee bar, café; **-blad** 1 coffee leaf; 2 coffee tray; **-boon** coffee bean, coffee nib; **-brander** coffee roaster; **-branderij** coffee-roasting factory; **-broodje** glazed currant roll, Danish pastry; **-dik** coffee grounds; *zo helder als* ~ as clear as mud; ~ *kijken* [it is] mere guesswork, speculation; *je hoeft niet in het* ~ *te kijken om ...* no clairvoyance is needed to ...; **-extract** coffee essence, extract (*of:* essence) of coffee; **-filter** coffee-percolator, coffee-filter; **-huis** café, coffee house; *zie ook* café; **-kamer** refreshment room; coffee room; **-kan** coffee-pot; **-kleurig** coffee-

Zie voor sam met koe- *ook die met* vee-

-coloured; **-kopje** coffee-cup; **-kraampje** coffee stall, pull-up; **-krans** coffee circle; **-lepel** dessert spoon; **-maaltijd** (cold) lunch; **-melk** evaporated milk; **-molen** coffee-mill, -grinder; **-pluk** coffee-harvest, -crop; **-pot** coffee-pot; **-praatjes** (*vglb*) tea-table gossip; **-room** single cream; **-stalletje** coffee stall, pull-up; **-stroop** (*vglb*) caramel; **-surrogaat** ersatz coffee; **-tafel** 1 cold lunch; 2 coffee table; **-tent** coffee stall; **-tuin** coffee plantation; **-uur** lunch hour; **-veiling** coffee auction; **-zetapparaat** coffee maker, cafetière; **-zetmachine** coffee machine

kog (*mar hist*) [Hansa] cog

kogel 1 (*ve geweer*) bullet; (*ve kanon & techn*) ball; *~tje* pellet; *de ~ geven* (*krijgen*) shoot (be shot); *tot de ~ veroordelen* sentence to death by shooting; *de ~ is door de kerk* the die is cast; *iedere ~ heeft zijn bestemming* every bullet has its billet; *zie ook* jagen; 2 (*ve paard*) fetlock (joint); (*ve slachtdier*) round [steak]; **kogelafsluiter** ball valve; **kogelamarant** globe amaranth; **kogelas** ball-bearing; **kogelbaan** 1 trajectory, path of projectile; 2 (*techn*) ball-track, -race; **kogelbloem** globe-flower; **kogeldiertje** globe animalcule; **kogeldistel** ball-, globe-thistle; **kogelen** throw, pelt; (*sp*) slam [the ball into the net]

kogel|flesje marble (*of:* round) stopper bottle; **-gat** bullet-, shot-hole; **-gewricht** (*ook techn*) ball(-and-socket) joint; **-lager** ball-bearing; **-pen** ballpoint (pen); **-ring** ball-race; **-rond** spherical, globular; **-slingeren** (throwing the) hammer; **-stoten** I *ww* put the shot; II *zn* putting the shot, shot-put(ting); **-ton** spherical buoy; **-vanger** butt; **-vis** sunfish; **-vormig** spherical, globular; **-vrij** bulletproof; **-wond** bullet-wound, shot-wound

kogge (*mar hist*) [Hansa] cog

kohier valuation (*of:* assessment) list

kohl id, eyeblack; **kohort(e)** cohort

1 kok (man-)cook; (*hoofd ve kokszaak*) caterer; *eerste ~* chef; *wij eten van de ~* we are having a hot meal delivered; *het zijn niet allen ~s, die lange messen dragen* the cowl does not make the monk; *te veel ~s bederven* (*verzouten*) *de brij* too many cooks spoil the broth

2 kok (*med*) coccus

Kokanje: *land van ~* land of Cockaigne (Cockayne); **kokanjemast** greasy pole

kokarde cockade; **kokardebloem** gaillardia

koken 1 boil [water, eggs], cook [food]; (*voor de keuken zorgen*) do the cooking; (*fig, ook van de zee*) seethe, boil; (*v woede, ook*) fume, chafe; *deze aardappels ~ gemakkelijk* (*laten zich makkelijk ~*) these ... cook well (are good cookers); *water ~,* (*gewoonlijk*) boil the kettle; *het water kookt* the kettle is boiling; *mijn* ***bloed*** *kookte* my blood boiled (was up); *het deed mijn bloed ~* it made my blood boil; *inwendig ~,* (*ook*) smoulder; *water kookt* ***bij*** *100°* water boils at 100°; *~* ***op*** cook by (with) [gas, electricity, etc]; *~* ***van*** *verontwaardiging* boil (seethe) with indignation; *zij kookt* ***voor*** *mij* she does my cooking; 2 (*mar*) caulk [seams]; **kokend(heet)** boiling (scalding, piping) hot

koker 1 (*kooktoestel, vooral in sam*) boiler, cooker; 2 (*doos*) case, sheath, socket; [cardboard] container, cylinder, tube; (*tunnelbuis*) tube; (*pijl~*) quiver; (*stort~*) chute; *zie ook* sigaren~, enz; *dat komt niet uit zijn eigen ~* that was not his own idea; **kokerbrug** tubular bridge; **kokeren** encase, sheathe

kokerij cooking; [sugar] boilery; *zie ook* kok

kokerijschip (*walvisvangst*) factory ship

koker|juffer caddis; **-lijn** pencil silhouette; **-rok** tube skirt; **-vrucht** follicle; **-worm** tube-, pipe-worm; **-zien** tunnel vision

koket 1 coquettish; 2 smart; **kokette** coquette, flirt; **koketteren** coquet, flirt, philander; *~ met,* (*fig*) coquet with, toy with [an idea, etc]; show off, parade [one's wealth]; **koketterie** coquetry, flirtation(s), flirting

kokhalzen retch, heave, keck, (*Am*) gag [*tegen* at]; *het deed me ~* it made my gorge rise (turned my stomach); **kokinje** (*vglb*) bull's eye

kokkel cockle; **kokkelkorrels** Indian berries

kokker(d) whopper, spanker; (*neus*) conk

kokkerellen cook; **kokkie**, **kokkin** cook

kokmeeuw black-headed gull

kokos 1 grated coconut; 2 coconut fibre; (*in sam*) coco

kokos|boom coco(nut) tree; **-boter** coconut butter; **-makron** coconut macaroon; **-mat** coco(nut) mat(ting); **-melk** coconut milk; **-noot** coconut; **-olie** coconut oil; **-palm** coco(nut) palm; **-vet** (hard) coconut-oil; **-vezel** coco(nut) fibre; (*mv ook*) coir; **-vlees** coconut (flesh, kernel)

koks|jongen cook's (*mar:* galley) boy; **-maat** cook's mate; **-mes** chef's (cook's) knife; **-muts** chef's cap; **-zaak** catering business

kol 1 star (on a horse's forehead); 2 (*heks*) witch, sorceress

kola cola, kola (tree); **kolanoot** cola (kola) nut

kolbak busby, bearskin

kolbijl pole-axe; **kolchoz** kolkhoz

kolder 1 (*ziekte*) (blind) staggers; *hij heeft de ~ in de kop* he is in a mad fit; 2 (fantastic, frivolous) nonsense; 3 (*hist*) (leather) jerkin; **kolderen** be seized with the staggers; *hij koldert* he is crackers; **kolderfilm** slapstick comedy; **kolderiek** nonsensical, crazy; **kolderverhaal** nonsense story

koleire anger, rage, fury

kolen coal, coals; *op hete ~ zitten* be on tenterhooks; *vurige ~ op iems hoofd stapelen* heap coals of fire (up)on a p.'s head; *K~- en Staalgemeenschap* Coal and Steel Community; *zie ook* innemen

kolen|ader coal seam; **-bak** coal-box, coal-scuttle; **-bekken** coal measure, coalfield, coal basin; **-boer** coalman, coaler; **-brander** charcoal-burner; **-damp** carbon monoxide (fumes), coal-fume(s); **-dampvergiftiging** carbon monoxide poisoning; **-drager** coal-heaver; **-emmer** coal-scuttle; **-front** coalface; **-gas** coal gas; **-gestookt** coal-fired [boiler, power-station]; **-gruis** coal-dust; **-handel** coal-trade; **-handelaar** coal-dealer; **-haven** coaling-port; **-hok** coal-house, coal-shed, -hole; **-kelder** coal-cellar,

-hole; **-kit** coal-hod, coal-bucket; **-laag** coal-bed, -seam, -stratum; *blootgelegde ~* coalface; **-man** coalman, coaler; **-mijn** coal-mine, colliery, coal-pit; **-mijnwerker** collier; **-ruim** coal-hold, bunker; **-schip** collier, coaler; **-schop** coal-shovel, coal-scoop; **-schuur** coal-shed; **-station** coaling-station; **-stook** coal-fired CH system; **-tip** coal-tip, coal-hoist; **-wagen** coal-truck; (*ve locomotief*) tender; **-winning** coal-mining; **-zeef** coal-screen; **-zwart** boneblack

kolere *zie* kelere & keleire

kolf 1 bat, club; (*vh kolfspel*) 'kolf'-stick; *de ~ naar de bal werpen* throw the helve after the hatchet; 2 (*geweer~*) butt(-end); 3 (*fles*) flask; (*distilleer~*) receiver; 4 (*bloei~*) spadix; **kolfbaan** mall; **kolfbal** 'kolf'-ball; **kolfje**: *dat is een ~ naar mijn hand* that is meat and drink to me, just the thing (the very thing) for me; **kolfplaat** butt-, heel-plate; **kolfspel** game of 'kolf'

kolgans white-fronted goose; **kolhamer** pole-axe

kolibrie humming-bird

koliek colic; **koliekpijn** gripes

kolk 1 (*gat*) pot-hole, pool; 2 (*afgrond*) abyss, gulf; 3 (*sluis~*) chamber; 4 (*straat~*) gully-hole; 5 (*draai~*) eddy, whirlpool; 6 (*lucht~*) (air-) pocket; **kolken** whirl, eddy, churn; **kolkenzuiger** gully-sucker; **kolkgat** pot-hole

kollen pole-axe [cattle]

kolofonium colophony

kologen goggle eyes

kolokwint colocynth, bitter-apple, -gourd

kolom column, pillar; (*in grafiek*) bar; (*in matrix*) file; *zie ook* zuil; **kolomboormachine** drill press; **kolomhoofd** column heading; **kolomkachel** cannon-stove; **kolom|nist**, **-schrijver** columnist; **kolomtitel** *zie* -hoofd

kolonel colonel; **kolonelsbewind** (military) junta; **kolonel-vlieger** group captain

koloniaal I *bn* colonial; *koloniale waren* groceries; II *zn* colonial soldier; **kolonialisme** colonialism; **kolonialistisch** colonialist

kolonie colony (*ook:* the Dutch colony in London), settlement; *zie ook* straf~; **kolonisatie** colonization; **kolonisator** colonizer; **koloniseren** colonize, settle; **kolonist** colonist, settler; (*op onontgonnen terrein in Am, of Austr schapenweider*) squatter

koloriet colo(u)ration, colouring

kolorist colo(u)rist

kolos colossus

kolossaal colossal, gigantic, huge; *-sale leugen,* (*sl*) whopping (whacking, thumping) lie; *-sale onwetendheid* monumental ignorance; *-sale oogst* bumper crop; *-sale* (*prijs*)*vermindering* sweeping (drastic) reduction, slashing cut(s); *een -sale taak* a stupendous task; *zie ook* reusachtig

kolsem (*mar*) ke(e)lson

kolven 1 *zie* afkolven; 2 play (at) 'kolf'

1 kom *zn* 1 basin, bowl; (*was~*) wash-basin; *~metje* cup, bowl; 2 (*~vormige diepte, bassin*) basin; (*in terrein*) *zie* laagte; 3 (*ve gewricht*) socket; 4 built-up area; *de ~ van de gemeente* the central part of the town (village); *zie ook* bebouwd

2 kom *tw* come (on, along)! [let's go]; *~, bèn je daar?* ah! here you are!; *~, dat is gedaan!* there now! that's done; *~, ~!,* (*sussend, enz*) come, come!, now, now!, there, there!; *~, ~!,* (*ach wat!*) come on!, come (on) now!; *maar ~!* but there!; *och ~!, zie* och

komaan *zie* 2 kom; **komaf** (*fam*) descent, origin; *van goede ~* of good family; *van hoge ~* high-born; *van lage ~* low-born; *zie ook* afkomst

kombaars sailor's blanket; (*voor kamp & mil*) ground sheet

kombuis caboose, (cook's) galley

komediant(e) 1 (comedy) actor, actress; comedian (*vr ook:* comedienne); (*hist*) strolling player; 2 (*fig*) comedian, play-actor, -actress, person putting on an act

komedie 1 (*stuk*) comedy, play; (*gebouw*) theatre, playhouse; ***naar** de ~ gaan* go to the theatre (the play); 2 (*fig*) play-acting; *wat een ~!* what a farce!; *het **is** alles* (*louter*) *~* it is all sham (pure comedy, make-believe); *~ **spelen*** act; *ze speelt maar ~* she is only (play-)acting (acting a part, pretending); **komediespel** 1 theatrical performance; 2 (*blijspel*) comedy; 3 (*fig*) *zie* komedie 2; **komediespeler** *zie* komediant; **komediestuk** (stage-)play

komeet comet; *omhoogschieten als een ~* rocket [to stardom], shoot up like a rocket

komen I *ww* come; (*ook*) call [call tomorrow; he called at my office]; *ik kom niet weer,* (*ve dokter bijv*) I shan't call again; *de dokter kon niet ~,* (*ook*) the ... was unable to attend; *de tijd is gekomen, dat er iets moet gebeuren,* (*ook*) the time has arrived that ...; *ze kwam nooit buiten* she never went outside (out of doors); (***met inf:***) *~ aanrijden* come riding (driving) along; *aan komen hijgen, hinken, enz* come panting, limping, etc along; *~ bezoeken* come and see, come to visit; *~ feliciteren* come to congratulate; *~ halen* come for; *~ logeren* come and stay; *hij kwam mij verwelkomen* he came to welcome me; *kom hier zitten* come and sit here; *toen hij kwam **te** sterven* when he came to die; *hij kwam te vallen* he happened to fall, he fell; (*fig*) he died; *ik kwam naast hem te zitten* I happened to sit next to him; *we kwamen te spreken over ...* we came to speak of ...; *zie ook* 2 kom; *ik kom **al*** (I am) coming!; ***dat** komt geleidelijk* (*door oefening*) that comes gradually (with practice); *dat komt nogal **duur*** that comes rather expensive; ***er** komt iem* someone is coming, there is someone coming; *~* (*komt*) *er nog meer?* are (is) there any more to come?; *er kome wat wil!* come what may!; *er komt regen* we are going to have rain; *zij was er of zij kwam er* she was always to be found there; *als deze wet er komt* if this bill goes through; *hij komt er nooit* he'll never get there; *hij komt er wel* he will make good (succeed); *~ en **gaan*** come and go; *er was een druk ~ en gaan* there was much coming and going; *dat komt wel **goed*** it will be all right; *kom je nu **haast*** (*kom je nou nooit*)*?* aren't you ever (are you never) coming?; *kom jij eens **hier*** you step (come) this way; ***hoe** kwam dat?* how did it come about?; *hoe kom jij hier?* how do you come to be here?; *hoe kwam het dat hij gewond werd?* how did he come to be injured?; *maar hoe er te ~?* but how to get there?; *hoe kom ik daar* (*bij het station, enz*)*?* how do I get there (to the station, etc)?; *hoe komt het dat ...?* how is it that ...?, (*fam*) how come [he isn't here?]; *hoe komt het dat ...,* (*ook*) what is making [the car jerk so]?; *hoe ben je het te weten gekomen?* how did you come (get) to know it?; *hoe kwam dat kapot?* how did it come to be broken?; *het einde* (*de tijd*) ***is*** *nog niet* ***gekomen***, the ... is not yet; *Kerstmis is weer gekomen* Christmas has come round (is here, is with us) again; ***laten*** ~ send for [the doctor, goods], call in [the doctor], order [goods; can I order you a cup of tea?]; summon [a p.]; *laat hem beneden* ~ have him down; *thuis laten* ~ have [her] home [from hospital]; *laten ~,* (*v buiten*) have [one's meals] sent in, [the prisoner can] have [food] in; *laat hem maar ~!* let him come!; *ik had het niet zover moeten laten* ~ I ought not to have let things go so far; *haar kindje* ***moest*** *in mei* ~ her baby was due in May; *is het zo* ***ver*** *gekomen?* has it come to this?; *het is ver gekomen* things have come to a pretty pass; *zie ook* ver; ***zo*** *komt het dat* ... so it comes (about) that ...; that is how [I came to know him]; *dat komt zó* this is how; *hoe kwam hij* ***aan*** *het geld?* how did he come by (how did he get) the money?; *er eerlijk aan* ~ come by it honestly; *hij kan niet aan het geld komen, voor hij meerderjarig is* he cannot touch (get at) the money before ...; *na zijn dood komt het landgoed aan zijn neef* after ... passes to his nephew; *hoe is zij aan haar manieren* (*dat boek, enz*) *gekomen?* where did she pick up her manners (that book, etc)?; *hoe ben je eraan* (*aan het bericht, enz*) *gekomen?* how did you come (get) to know it?; *hoe ben je aan dit bedrag gekomen?, a*) how did you come by this amount?; *b*) (*door berekening*) how did you arrive at this amount?; *aan een baantje* ~ get (find, *fam:* land) a job; *een manier om aan goedkope arbeidskrachten te* ~ a means of obtaining cheap labour; *daar kom ik zo aan toe* I'm coming (getting around) to that; *zie ook* kost, *enz; ik kom* ***achter*** *zijn streken* I am getting to know his tricks; *achter de waarheid* (*de feiten*) ~ get at (find out) the truth (the facts); *erachter* ~ get to the bottom of it; ~ ***bij*** come to, arrive at [an inn, etc]; *ik kon niet bij hem* ~ I could not get near him; *ik kon niet bij die plank* ~ I could not get at (reach) that shelf; *hoe kwam je erbij?* how did you come to think of it (to do that), what put that (idea) into your head?; *hij kwam bij zijn vader in de zaak* he joined his father in the business; *je moet dadelijk bij moeder* ~ mother wants you right away; *kom in de lounge bij me* join me in the lounge; *kom vanavond bij mij* come round to my place, come to me this evening; *ik zal morgenochtend dadelijk* ~ I'll be round (the) first thing tomorrow morning; *de kat probeerde bij de kanarie te* ~ the cat tried to get at ...; *de kleuren ~ niet bij elkaar* the colours don't match; *het tapijt kwam goed bij de meubelen* the carpet went well with ...; *zie verder* bij~; ***door*** *een examen* ~ get through (an examination); *zijn tenen ~ door zijn sokken* his toes are showing (sticking) through ...; *we kwamen door Dover* we passed through ...; *het komt alles door u* it is all owing (due) to you, it's all your doing; *het komt alles door uw weigering om ons te helpen* it is all through (owing to) your refusal to help us; *het komt allemaal doordat ik lui ben* it all comes of my being lazy; *zie ook* door~; ***in*** *het huis* ~ come into (enter) the house; *hij kon niet in het huis* ~ he could not get into the house; *je kunt nu niet in H* ~ there is no getting to H now; *hoe ver ben je in dat boek gekomen?* how far have you got in that book?; *kom in mijn armen* come to my arms; *in de hemel* ~ go to heaven; *hij komt in de beste kringen* he moves in the best circles; *zie ook* in~; ***met*** *twee pond kom je een heel eind* two pounds will go a long way; *met dat soort praatjes kom je er niet* that ... won't get you anywhere; *hij kwam* (*aan*) *met een raar verhaal* he came up with ...; *hij kwam onmiddellijk* ***na*** *u,* (*ook*) he followed in your wake; *hij kwam* ***naar*** *mij toe* he came up to me; ~ ***om*** come for; *kom daar nu eens om,* wherever would you find that (can you get it at that price, etc) now?; *daar hoef je bij mij niet om te* ~ you needn't come to me for that; *zie ook* leven; *bij A* ***op*** *de hoofdweg* ~ join the main road at A; *ik kan niet op zijn naam* (*de uitdrukking*) ~ I cannot think of (hit on) his name (the expression); *ik kwam op het denkbeeld ...* the idea struck me ...; *het komt op 25 p per persoon* it comes to (works out at) 25p a head; *om op ons onderwerp* (*de man zelf*) *te* ~ to come to our subject (the man himself); *op een onderwerp* (*de politiek, enz*) ~ get on to a subject (politics, etc); *van het ene onderwerp kwam men op het andere* the conversation drifted from topic to topic; *hun gesprek kwam op de politiek* their conversation turned to (*kwam geleidelijk op* drifted to) politics; *hoe kwamen jullie daarop?* how did that question arise between you?, how did you get around to that question?; *hij komt op mijn terrein,* (*fig*) he trespasses (up)on my province; *er kwam een vreemde uitdrukking op zijn gezicht* a strange look crept into ...; *de geest kwam* ***over*** *mij* the spirit moved me; *er kwam een gevoel van rust over mij* there came a sense of peace (up)on me; *zie ook* lip; *zij kon er niet* ***toe*** ~ she could not bring herself to (do) it; *ik kom er niet toe om een boek te lezen* I cannot find time to ...; *het zal daar niet toe* ~ it won't come to that; *hoe kwam u ertoe zich mevrouw R te noemen?* how did you come to (what made you) ...; *ze kwam ertoe hem te verachten* she came to despise him; *kom* ***tot*** *mij* come to me; *ik kwam weer tot mijzelf* I came to myself (my senses) again; *we zijn nog maar tot de C gekomen* we've only got as far as C; *het kwam tot vechten* it came to fighting; *het water kwam tot mijn mond* the ... reached my mouth; *het haar komt niet tot de schouders* the ... hangs short of the shoulders; *tot een accoord* (*een besluit*) ~ come to (arrive at) ...; ~ ***tussen*** come (in) between [husband and wife]; *komt de zieke wel* **uit** *zijn bed?* does the patient leave his bed?; *kom daaruit!* come out of that!; *twee mannen kwamen uit de lift* two men emerged from the lift; *die wens komt mij uit het hart* that wish comes from my heart; *uit* (**van**) *L komen* come (hail) from L; *dat woord komt uit* (*van*) *het Latijn* that word is derived from Latin; *van een goede familie* ~ come of a good family; *daar komt niets van* nothing will come of it, (*sl*) that's a wash-out; (*geen sprake van*) it is out of the question; *er kwam nooit iets van het plan* the ... never came off (never materialized); *van werken komt nu niets* it is impossible to do any work now; *daar komt voorlopig niets van* that's off for the present; *van haar lessen was niets gekomen* her ... had gone by default; *als er* (*ooit*) *iets van komt*, (*als het gevolgen heeft*) if anything results; (*als het gebeurt*) if ever it comes to anything; *er kwam nooit iets van* it never came to anything; *wat er ook van komt* (*kwam*) come what may (might); *dat komt ervan, jò!* you may thank yourself for it, my boy!; *dat komt van je mopperen* that's what comes of your grumbling; *er zou niets dan last van* ~ nothing but trouble would come of it; *van die reis is nooit iets gekomen* that trip has never materialized; *om vijf uur van zijn werk* ~ get off work at five; *zie ook* daar, eerst, Jozef, ver, enz; II *zn: een voortdurend* ~ *en gaan* a perpetual coming and going; *mijn* ~ *en gaan* my comings and goings [*zo ook:* there were many comings and goings of visitors]; **komend** coming; *de ~e week* next week; *het ~de jaar* next year, the coming year; *in de ~e jaren,* (*ook*) in (the) years to come; *de ~e en gaande man* anyone who happens to be there; *zie ook* toe~

komfoor gas-ring, spirit stove, brazier

komiek I *bn zie* komisch; II *zn* (low) comedian, funny-man; **komiekeling** clown, funny-man

komijn cum(m)in; **komijnekaas** cum(m)in cheese; **Kominform** (*hist*) Cominform; **Komintern** (*hist*) Comintern

komisch comical [hat, situation], droll [person, remark]; comic [actor, song, relief]; *het ~e van iets inzien* [I don't] see where the joke comes in

komkommer cucumber; **komkommer|broeibak, -raam** cucumber-frame; **komkommerschaaf** cucumber-slicer; **komkommertijd** dull (silly, slack, dead) season

komma comma; (*in breuk: in Eng punt*) decimal point; *drie* ~ *twee* (*3,2*) three point two (3.2); *nul* ~ *twee* (nought) point two; *nul* ~ *nul* absolutely nothing; *drijvende* ~ floating point; *Duitse* ~ virgule; **kommabacil** comma bacillus

kommaliewant (*mar*) (mess-room) crockery, mess-kit (-traps, -utensils)

kommaneuker nit-picker; **kommapunt** semicolon; **kommavlinder** comma butterfly

kommer distress, trouble, cares, affliction, sorrow, grief, misery; ~ *en kwel* distress and misery

kommer|lijk 1 needy, indigent; 2 worried, wretched; **-loos** carefree, free from care; **-nis** worry, wretchedness; **-vol** distressful, distressed [in distressed circumstances], wretched

kompaan associate, henchman

kompas compass; *op* ~ *varen* (*vliegen*) steer by compass; **kompasbeugel** gimbals; **kompasdoos** compass box; **kompashuisje** binnacle; **kompasnaald** compass needle; **kompasroos** compass card, thumb-card; **kompasstreek** point of the compass

kompel miner

komplot plot, intrigue, conspiracy; **komplotteren** (lay a) plot, conspire; **komplotteur** plotter, conspirator

kompres I *bn* compact, close; *~se druk* close (compressed, huddled, crowded) type, solid printing; ~ *gedrukt* closely printed, printed solid, closely packed [pages]; ~ *zetten* set solid; II *zn* compress, pledget; *warm* ~ fomentation

komsa: *van* ~ terrific, gigantic [uproar]

komst coming, arrival; advent [the advent of the Normans, of spring]; ~ *op de troon* accession (to the throne); *op* ~ *zijn* be coming, be at hand [great changes are at hand]; be on the way [another child is on the way]; be in the offing; (*spoedig*) be imminent [there's a storm imminent]; *er is regen op* ~ it is going to rain; *het voorjaar is op* ~, (*ook*) spring is stirring

komvormig bowl-, basin-shaped

kon *ovt van* kunnen

kond: ~ *doen* notify; ~ *maken* make known

kondschap information, intelligence, notice; *op* ~ *uitgaan* make a reconnaissance; **kondschapper** messenger

konfijt preserves; **konfijten** preserve, candy

kongeraal conger-eel

Kongo Congo; **Kongolees** Congolese

kongsi(e) 1 combine, ring, trust; 2 clique

konijn [domestic, wild] rabbit; (*vero*) cony; (*fam*) bunny; *op ~en jagen* shoot rabbits, rabbit, go rabbiting; *het is bij de ~en af,* (*fam*) it's too bad for words; **konijnehok** rabbit hutch; **konijnehol** rabbit burrow; **konijnejacht** rabbit-shooting; (*met fret*) ferreting; **konijnen|berg, -park** (rabbit) warren; **konijnepluim** rabbit's tail; **konijnevel** rabbit-skin; (*bont*) cony

koning king (*ook in kaart-, schaak-, kegelspel*); *de K~ der Koningen* the King of Kings; *de* ~ *der dieren* the king of beasts; *K~ Winter* Jack Frost; *koninkje* kingling, kinglet, petty king; *de drie ~en* the three Kings, the three Magi; ~ *van de poon,* (*vis*) red mullet; *K~en,* (*bijb*) [the First (Second) Book of] Kings; *hij was de* ~ *te rijk* he was as pleased as Punch; *de klant is* ~ the customer is always right; *zie ook* haan

koningin queen (*ook in kaart- & schaaksp & v bijen*); *regerende* ~ queen regnant; *als een* ~ *heersen,* (*fam*) queen it; *een* ~ *halen,* (*schaaksp*) queen a pawn; **koningin-moeder** queen mother, (*fam*) queen mum; **koninginnedag** Queen's Day; the Queen's Birthday (celebrations); **koninginnenbrood** 1 Swiss roll; 2 royal jelly; **koninginnepage** swallow-tail(ed butterfly); **koninginnesoep** cream of chicken soup; **koningin-regentes** queen regent; **koningin-weduwe** queen dowager, dowager queen

koningsadelaar *zie* -arend; **koningsappel** pomeroy; **koningsarend** royal eagle; **koningsblauw** royal blue; **koningschap** kingship, royalty

konings|gezind royalist; **-gezinde** royalist; **-gezindheid** royalism; **-gier** condor; **-huis** royal house; **-kaars** (*plant*) great mullein; **-mantel** 1 royal mantle; 2 (*vlinder*) Camberwell Beauty; **-moord** regicide; **-moordenaar** regicide; **-slang** boa (constrictor); **-tijger** royal tiger; **-titel** title of king, regal title; **-troon** royal throne; **-varen** royal fern; **-vis** sun-fish; **-vleugel** (*schaaksp*) king's side; **-vogel** king-bird; **-water** aqua regia; **-zeer** king's evil, scrofula

koninklijk royal, regal, kingly, kinglike; *~ besluit* Order in Council, Royal Warrant, [by] Royal Decree; *~e houding* kinglike (kingly) bearing; *het K~e Huis* the Royal House(hold); *de ~e weg bewandelen* steer a straight course; *van ~en bloede* of royal blood, of the blood royal; *hij leeft ~* he lives like a king (a lord); *een ~e maaltijd* a regal repast; *iem ~ onthalen* entertain a p. royally; *de K~e* (*Ned Petr Mij*) the Royal Dutch

koninkrijk kingdom; *het ~ der hemelen* the Kingdom of Heaven

konkelaar(ster) intriguer, schemer, plotter; **konkelarij** plotting, intriguing, scheming, machination(s); **konkelefoezen** 1 *zie* konkelen; 2 exchange confidences (in an audible whisper); **konkelen** plot (and scheme), intrigue

konstabel 1 gunner; 2 chief docks security officer

Konstantinopel Constantinople; **Konstanz** Constance

kont arse, bum, (*Am*) ass; *ergens zijn ~ in* (*uit*) *draaien* wriggle into (out of) s.t.; *iem in de ~ kruipen* toady to a p.; *zijn ~ niet kunnen keren* have no room to swing a cat in; *de zaak ligt op zijn ~* the ... is on its beam ends; *iem een ~je geven* give a p. a leg-up

konter|feiten portray, picture; **-feitsel** portrait, likeness; **-foort** (*hielstuk*) counter

kontjongetje catamite; **kontlikker** arse-licker; **kontzak** hip-pocket

konvooi convoy; **konvooieren** convoy; **konvooiloper** customs broker; **konvooischip** convoy(-ship)

koof cove

kooi 1 (*vogels, roofdieren, enz*) cage; (*schapen*) pen, fold; (*eenden*) (duck-)decoy; *in een ~ opsluiten* cage [birds, etc], pen [sheep]; 2 (*mar*) berth, bunk; *naar ~ gaan* turn in, (*sl*) go to kip; 3 (*sp*) goal; (*cricket*) nets; 4 (*typ*) quoin; **kooibed** bunk bed; **kooieend** decoy duck; **kooien** (en)cage [a bird]; fold (in) [sheep]; decoy [wildfowl]

kooiker decoy man; **kooikershondje** decoy dog

kooiverbinding buckyball, fullerene

kooivogel cage-bird

kook: *aan de ~ brengen* (*komen*) bring (come) to the boil; *water aan de ~ brengen,* (*ook*) boil the kettle; *aan* (*van*) *de ~ zijn* be on (off) the boil; *bijna aan de ~* near the boil; *van de ~ zijn,* (*fig*) be emotionally upset, all at sea; *van de ~ raken,* (*sl*) go spare

kook|beitel caulking chisel; **-boek** cookery book, (*Am*) cookbook; **-cursus** cookery course (class); *zie ook* cursus; **-fornuis** cooking-range, cooker, (*Am*) cookstove; **-gelegenheid** [room with] cooking facilities; **-gereedschap**, **-gerei** cooking utensils; **-hitte** boiling-heat; **-kachel** cooking-stove; **-ketel** boiler, cauldron; **-kunst** culinary art, cookery, art of cooking; **-pan** saucepan; (*v steen*) casserole; **-plaat** hotplate; (*ve fornuis*) hob; **-punt** boiling-point; **-sel** boiling; **-ster** cook; **-toestel** cooking-apparatus, cooker; **-wekker** kitchen timer

kool 1 coal [*doof* dead; *gloeiend* live]; (*houts~*) charcoal; (*chem*) carbon; *met een zwarte ~ getekend* in bad repute; (*bij iem*) [be] in a p.'s black books; *zie ook* kolen; 2 (*plant*) cabbage; *de ~ en de geit* (*willen*) *sparen* run with the hare and hunt with the hounds, try to please everybody; *het is allemaal ~* it's all gammon, all spoof; *groeien als ~* grow very fast, shoot up; *iem een ~ stoven* play a p. a trick; *zie ook* Chinees, sop, enz

kool|achtig 1 carbonaceous; 2 cabbage-like; **-akker** cabbage-field, -patch; **-booglamp** arc lamp; **-borstel** (carbon) brush; **-dioxyde** carbon dioxide; **-draad** (carbon) filament; **-druk** 1 carbon printing; 2 [a] carbon print; **-drukpapier** pigment-paper; **-gas** coal-gas; **-gewassen** brassicaceous plants; **-hydraat** carbohydrate; **-mees** great tit; **-monoxyde** carbon monoxide [poisoning]; **-oxide** carbonic oxide; **-palm** cabbage-tree, -palm; **-raap** swede, Swedish turnip, (*Am*) rutabaga; *~ boven de grond, zie* koolrabi; **-rabi** kohlrabi, turnip-cabbage; **-rups** cabbage-caterpillar, -worm; **-schaaf** vegetable-shredder; **-sla** (salad of) sliced cabbage; coleslaw; **-spits** carbon(-point), crayon; **-stof** carbon; **-stofchemie** organic chemistry; **-stofhoudend** carbonaceous, carboniferous; **-stofverbinding** carbon compound; **-stronk** cabbage-stalk, -stump; **-teer** coal tar; **-tje-vuur** (*plant*) pheasant's eye; **-vis** coley, coalfish, green cod; **-waterstof** hydrocarbon; **-witje** cabbage butterfly; cabbage white; **-zaad** rapeseed, colza; (*plant*) (oilseed) rape; **-zaadolie** rape oil, colza oil; **-zuur** carbon dioxide [snow], carbonic acid; (*in mijn*) chokedamp; **-zuurhoudend** aerated [bread, waters], carbonated (*niet ~* noncarbonated) [drinks]; **-zuurzout** carbonate; **-zwart** coal-black, raven-black

koon cheek

koop bargain, purchase; *een goede ~* ***doen*** make a good bargain; ***op*** *de ~ toe* into the bargain, to boot, [with a radio] thrown in (for good measure); *een ~* ***sluiten*** strike (close) a bargain; *de ~ is gesloten* it is a bargain; ***te*** *~* [house] for sale, [books] on sale; *te ~ staan* be (up) for sale; *het huis is* (*staat*) *te ~,* (*ook*) the house is in (on) the market; *te ~ zetten* put up for sale; *zie ook* huur; *weten wat er in de wereld te ~ is* know what is what (*ik wil weten wat er* ... I want to see life); *te ~ aanbieden* (*hebben*) offer (keep) for sale; *te ~ gevraagd* wanted to purchase [a house and garden]; *het is te ~ tegen geschatte waarde* it will be disposed of at valuation; *uit de hand te ~* for sale by private contract, to be sold privately; *te ~ hebben,* (*ook*) have in plenty; *te ~ lopen met* cry [oranges, fish]; (*fig*) show off (parade, air) [one's learning]; (*met zijn rijkdom, ook*) flaunt (make a display of) one's wealth; (*met zijn gevoelens*), (*ook*) wear one's heart (up)on one's sleeve; *zij loopt met haar grieven te koop* she hawks her grievances about; *we zitten te ~* we have not drawn the curtains

koop|akte title-, purchase-deed, deed of purchase; **-avond** shopping night, late-night shopping [on Friday]; **-brief** *zie* -akte; *~je,* (*ve makelaar: voor koper*) bought note; (*voor verkoper*) sold note; (*voor beiden*) contract note; **-ceel** *zie* -akte; **-contract** contract of sale (of purchase), sale contract; **-flat** owner-occupied flat; (*Am*) condo(minium) (*zowel gebouw als afz flat*); **-graag** eager to buy (to spend money), addicted to buying; **-handel** commerce, trade; *zie ook* handel & kamer; **-huis** owner-occupied house

koopje bargain, (*fam*) [make a] good buy, (*Br*) snip; (*duur ~*) bad bargain; *daar heb je een ~ aan* that's a (great) bargain; *het zou me een* (***lelijk***) *~ wezen* it would be a regular sell, a bad bargain; *iem een ~* ***leveren*** (*bezorgen*) sell a p. a pup; *wel, jij hebt me een ~ geleverd!* you've let me in for something! (*waarom heb je* ... why did you let me in for such a thing?); ***ook*** *een ~!,* (*iron*) what a sell!; ***op*** *een ~* on the cheap; *op ~s uit zijn* be (out) bargain-hunting; **koopjes|jaagster**, **-jager** bargain-hunter, -seeker, shopaholic

koop|kracht (*ve pers & geld*) purchasing-, buying-power; (*ve pers, ook*) spending-power, spending-capacity; **-krachtig** with great purchasing-power; **-lieden** *mv van* koopman; **-lust** inclination to buy; *er was weinig ~* there was little animation among buyers, consumer interest was minimal; *de ~ houdt aan* the demand continues; **-lustig** eager (willing) to buy; **-lustige** shopper, bargain hunter

koopman merchant, dealer; (*straat~*) street-seller, hawker; *~ worden* go into business, become a merchant; **koopmansbeurs**[1] produce exchange; [the Amsterdam] Stock Exchange; **koopmansboek** account-book; **koopmanschap** 1 trade, business; *~ drijven* carry on trade; *dat getuigt van weinig ~* that does not show much business acumen; 2 business sense; 3 merchandise; **koopmansfamilie** [a wealthy] merchant family; **koopmansgoederen** merchandise

koop|overeenkomst *zie* -contract; **-penningen** purchase money; **-prijs** purchase price, buying price; **-som** purchase money; **-sompolis** single-premium assurance policy

koop|vaarder *zie* koopvaardijkapitein & -schip; **-vaardij** merchant service, mercantile marine; *bij de ~, ter ~* [officers] in the merchant service, etc; *wet op de ~* Merchant Shipping Act

koopvaardij|kapitein captain of a merchantman, merchant captain; **-schip** merchantman, merchant-, trading-vessel; **-vlag** merchant flag; *de Britse ~* the red ensign; **-vloot** mercantile (merchant) marine, merchant fleet (navy)

koop|vrouw tradeswoman; (*op straat*) street-seller; **-waar** merchandise, commodity; **-woede** buying mania; **-woning** *zie* -huis; **-ziek**, **-zucht** *zie* koopgraag(te)

koor 1 (*zangers, ook vogels*) choir, (*in het oude drama*) chorus; (*vs solo*) chorus; *in ~* [sing] in chorus; [cry out] in (a) chorus; 2 (*deel v kerk*) chancel, choir; **koorbank** choir-stall

koord 1 cord, (thick) string, (thin) rope; *~je* bit (piece, length) of string; *de ~en van de* ***beurs*** *in handen hebben* hold the purse-strings; *op het strakke ~* ***dansen***, (*lett*) walk (perform, dance on) the tightrope; *hij moest op het slappe ~ komen* he had to show his paces; *iem op het slappe ~ laten komen* put a p. through his paces; 2 (*koordfluweel*) corduroy; **koorddansen** tightrope walking (dancing); **koorddanser(es)** tightrope walker (dancer)

koorde (*meetk*) chord

koor|dirigent choirmaster; **-gestoelte** choir-stalls; **-gezang** choral song, choral singing; (*in school, enz*) combined singing; **-hek** choir-screen, rood-screen; **-hemd** surplice; **-kap** cope; **-knaap** chorister, choirboy; **-leider** 1 leader of the chorus; 2 choirmaster; *vgl* koor; **-mantel** cope; **-stoel** choir-stall

koorts [yellow] fever; (*vooral malaria~*) ague; *ik* ***heb*** (*de*) *~* I have (a, the, a touch of) fever, am in a fever; *je* ***jaagt*** *me de ~ op het lijf* you frighten the life out of me; *zie ook* anderdaags

koortsaanval attack of fever, fever-fit; **koortsachtig** feverish [speed]; (*fig ook*) hectic, frenzied [haste], [his] fevered [fancy]; **koortsachtigheid** feverishness; **koortshitte** fever-heat (*ook fig*); **koortsig** feverish, in a fever; **koortsigheid** feverishness; **koortsmiddel** febrifuge; **koortsstillend** *zie* -werend; **koortsthermometer** clinical thermometer; **koortsuitslag** cold sore; **koortsverdrijvend** *zie* -werend; **koortsvrij** free from (of) fever; **koortswerend** febrifugal; *~ middel* febrifuge

koor|zang *zie* -gezang; **-zanger** (*in kerk*) chorister

koos *ovt van* kiezen; **Koos** 1 Jim(my), Jem(my), James; 2 (*v*) Jemima; **Koosje** Jemima

koosjer kosher [restaurant, etc], [the meat was not] ritually prepared; *het is niet ~,* (*fig*) that business is not quite kosher, there's something fishy about ...; *~ snijden* porge

koosnaam pet name, term of endearment

koot knuckle-bone; (*ve paard*) pastern; *~je,* (*ve vinger*) phalanx (*mv:* phalanges)

kootbeen knuckle-bone; (*wtsch*) astragalus

kop 1 (*kom*) cup, bowl; (*med*) cupping-glass; *een ~je* (*vol*) *thee* a cup(ful) of tea; 2 (*maat*) litre; 3 head (*ook op bier, enz, v granaat, schip, speld, spijker, torpedo, zweer*); (*fam*) pate, headpiece; (*ve pijp*) bowl; (*ve boek, ook*) top edge; (*ve vos, ook*) mask; (*fig*) head [he uses his head before deciding]; (*boven krantenartikel*) headline (*over de*

1 *Zie ook de sam met handels-*

hele breedte: banner headline); (*ve vliegt*) head, nose; (*ve golf*) crest; (*wolk*) thunderhead; *~pen,* (*personen*) [manned with fifty] hands, [with twenty] souls [on board]; *~pie, ~pie* clever chap (remark, etc); *lief ~je* pretty face; *~je krauw!* scratch a poll!, scratch my head!; *~* ***dicht****!, ~ houden!* shut your trap!; *de ~pen bij* ***elkaar*** *steken* lay (our, their) heads together; *mijn ~* ***eraf****!* I'll eat my hat (first); *zijn ~* ***ervoor*** *houden, de ~ ertegenin zetten* brave it out, face things bravely; *hij heeft een* ***goede*** *~, er zit een goede ~ op* he has a good head on his shoulders, has his head screwed on properly; *de ~* ***indrukken*** put down, suppress [a rebellion], squash [a scandal, report], knock [a rumour, an opinion] on the head, dispose (knock the bottom out) of [an argument, a rumour], crush [an idea, attempt], scotch [a rumour, a lie], stamp out [a revolt]; *iets dadelijk de ~ indrukken* nip a thing in the bud; *een ~(je)* ***kleiner*** *maken* behead; *het zal hem zijn ~* ***kosten*** it will cost him his head; *dat kan je de ~ niet kosten* it won't cost you an arm and a leg, it won't break you; *~* ***op****!* keep your chin (your pecker) up!; *er kwam een ~ op de* ***puist*** the boil came to a head, gathered head; *ik kan er ~ noch* ***staart*** *aan vinden* I can make neither head nor tail of it; *met ~ en staart, zie* huid en haar; [*verhaal*] *zonder ~ of staart* without either head or tail; *het anarchisme* ***stak*** *de kop op* anarchism reared its (ugly) head; *hij heeft een* ***stijve*** *~* he is stubborn; *zijn ~* ***tonen*** be obstinate; *van een ~* ***voorzien****,* (*in krant*) head; *hij kreeg een ~ als* ***vuur*** he went brick-red, blushed scarlet; *~pen* ***zetten*** cup [a patient]; *elkaar* ***bij*** *de ~ hebben* (*krijgen*) be at (fall to) loggerheads; *wat heeft hij in vredesnaam nu weer bij de ~?* what on earth has he got hold of this time?; *een probleem bij de ~ nemen* tackle a problem; ***met*** *de ~ tegen de muur lopen* run one's head against a stone wall; *met de ~ in de wind,* (*ve vliegt*) with her head on to the wind; *met een ~ erop* heaped [measure, spoonful]; *iem* ***op*** *zijn ~ geven* punch a p.'s head; *zie verder* langs: ervan ~ geven, krijgen; *we zullen ze op de ~ geven,* (*bij het spel*) we'll lick them; *iem op zijn ~ slaan* hit a p. over the head; *al gaat hij op zijn ~ staan* [I won't do it] whatever he may do; *de wereld staat* (*helemaal*) *op de ~* the world has turned topsy-turvy, is upside down; *iets op de ~ tikken,* (*kopen*) pick up, snap up [an old edition]; (*gappen*) nab, pinch, collar; *op zijn ~ zetten* turn upside down; *iem op de ~ zitten* sit (up)on a p., squash (boss) a p.; *zich op de ~ laten zitten* allow o.s. to be sat (up)on [*door* by], take things lying down; *laat je niet op de ~ zitten* don't be bullied; *op de ~* (*af*) exactly, precisely, flat; ***over*** *de ~ gaan* go broke, fold [the company folded]; *over de ~ slaan* topple over, overturn, turn a somersault; (*ook*) somersault [the car somersaulted]; *over de ~ schieten* come a cropper; *ik had me voor de ~ kunnen slaan* I could have kicked myself; *zie ook* hoofd, Jut, klein, schieten, enz

kopal copal

kopbal (*voetbal*) header; **kopborststuk** cephalo-thorax; **kopek(e)** copeck

kopen buy (*ook in kaartsp*) [*van* of, from], purchase; *ik koop altijd bij hem* (*in die winkel*) I always deal with him (at that shop); *boeken voor z'n geld ~* buy books out of (with) one's money; *iem een cadeau ~* buy a p. a present; *~ met geleend geld* buy on borrowed money; *iem* (*zich*) ***eruit*** *~* buy a p. (o.s.) out; **Kopenhagen** Copenhagen

koper 1 buyer, purchase; 2 (*metaal: rood & element*) copper, (*geel*) brass; 3 *zie* ~blazers

koperachtig coppery, cupreous; brassy; **koperblazers** brass; **koperblik** thin sheet-copper; **koperdiepdruk** (photo)gravure; **koperdraad** copper-, brass-wire; **koperdruk** 1 copperplate printing; 2 (*resultaat*) copperplate

koperen I *bn* copper; brass; *geen ~ cent* not a brass farthing; *een ~ hemel* a copper sky; *~ bruiloft* 'copper wedding' (*lett vertaling: in Eng niet gevierd*); *zie ook* ploert; II *ww* copper

koper|erts copper ore; **-geld** coppers, copper coin; **-gieterij** copper-foundry; brass-works; **-goud** similor; **-gravure** 1 copperplate; 2 (*afdruk, procédé*) copper engraving; **-groen** verdigris; **-houdend** (*chem*) cupric, cuprous; (*vd bodem*) copper-bearing, cupriferous; **-kies** copper-pyrites; **-kleurig** copper-, brass-coloured; brazen [sky]; **-lazuur** lazurite, lapis lazuli; **-legering** copper alloy; **-mijn** copper-mine; **-nikkel** cupro-nickel; **-plaat** sheet-copper; **-poets** brass polish; **-roest** verdigris; **-rood** I *bn* copper-red, -coloured; II *zn* copperas; **-slager** coppersmith, brazier; **-stuk** copper (coin); **-vijlsel** copper-, brass-filings; **-vitriool** copper-vitriol, blue vitriol; **-waren**, **-werk** copper-, brass-ware; **-wiek** (*vogel*) redwing; **-zuur** cupric acid

kopglas cupping-glass; **kopgroep** leading bunch

kopie 1 copy, duplicate; (*v muz opname*) dubbing; (*getrouwe ~, inz door de kunstenaar zelf*) replica; *zie ook* conform; 2 *zie* kopij

kopieboek letter-book

kopieerapparaat (photo)copier, (photo)copying machine; **kopieerinkt** copying-ink; **kopieerinrichting** (photo)copying centre; **kopieerpapier** copying paper; **kopieerpotlood** copying(-ink) pencil; **kopiëren** copy; (*muz opname*) dub; (*akte*) engross [a deed]

kopiist copyist, copying-clerk, transcriber

kopij copy; **kopijrecht** copyright; *het ~ verzekeren* copyright [a book]; *het ~ van dit boek is verzekerd* this book has been duly copyrighted, copyright (reserved), ©; *het ~ van het boek is verstreken* the book is out of copyright (*nog niet verstreken* in copyright); **kopijvoorbereider** sub-editor; (*Am*) copy-editor, (*krant*) copyreader

kopje (*Z-Afr*) id; *zie verder* kop; **kopjeduikelen** turn head over heels, turn somersaults (a somersault); *iem doen ~* send a p. head over heels; **kopje-onder**: *~ gaan* take a header, get a ducking; *hij is ~ geweest* he has had a ducking; **kopje-over**: *~ doen, zie* kopjeduikelen

kop|klep overhead-valve [engine]; **-laag** 1 (*bovenste*) top course; 2 (*kopse*) header course; **-lamp** headlight, headlamp; **-lastig** (*mar*) down by the head; (*ve vliegt*) nose-heavy; **-lengte**: *het paard* *won met een* ~ won by a head; **-letter** (*typ*) ascender; **-licht** headlight; **-loos** acephalous; (*fig*) brainless; **-loper** front runner; ~ *zijn* be in the lead; **-lozen** acephala; **-man** leader

koppel 1 (*riem*) [sword-]belt, (*ve officier, ook*) Sam Browne (belt); leash [for hounds]; 2 (*paar*) couple [of hounds, of eggs; a married couple], brace [of pistols, of partridges], yoke [of oxen]; (*troep*) covey [of partridges], herd [of cattle], bevy [of larks *leeuweriken,* of quails *kwartels*]; 3 (*techn*) torque; **koppelaar(ster)** 1 matchmaker; 2 (*strafbaar*) procurer (*vrouw:* procuress, bawd), pimp, pander; **koppelarij** 1 matchmaking; 2 (*strafbaar*) procuration, pimping; **koppelbaas** labour-only sub-contractor, labour broker, (job) agent, gangmaster; **koppelband** coupling-strap; **koppelbout** coupling-pin

koppelen I *tr* couple [dogs, railway-carriages, people]; dock [space-craft]; *gekoppelde zuil,* (*bk*) clustered pillar; join [words]; *zie ook* vast~; II *intr* couple [the instinct to couple was always at work in her], make a match [she was matchmaking again]; (*strafbaar*) procure, pimp, pander

koppeling 1 coupling, joining, linkage; *zie ook* koppelen; 2 (*concr*) coupling, joint, (*ve auto, ook*) clutch [pedal]; *de* ~ *verbreken* throw a machine, etc out of gear

koppel|koers (*mar*) compound course; **-letter** ligature; **-net** (*elektr*) (National) Grid; **-riem** 1 (*mil*) *zie* koppel; 2 *zie* -band; **-stang** coupling-rod; (*tussen spoorwagens*) draw-bar; **-teken** hyphen; **-transactie, -verkoop** tie-in sale; package deal; **-wedstrijd** Madison race; **-werkwoord** copula, linking verb; **-woord** copulative, link-word

koppen 1 poll, decapitate; 2 (*voetbal*) head [the ball]; 3 (*koppen zetten*) cup [a patient]; **koppensnellen** 1 (go) head-hunting; 2 make (look for) victims; 3 glance through the headlines; **koppensneller** head-hunter

koppermaandag printers' Monday; (*vglb*) wayzgoose (*mv:* -gooses)

koppie *zie* kop; ~, ~*!* clever chap (remark, etc)

koppig obstinate, headstrong, dogged; (*v drank*) heady; **koppigaard** 1 obstinate person; 2 go-getter; **koppigheid** 1 obstinacy, doggedness; 2 (*v drank*) headiness

koppijn headache; **koppositie** lead(ing position); **koppotig**: ~ *dier,* ~*e* cephalopod

kopra copra

koprol forward roll, somersault, [do a] head-over-heels

kops: ~ *hout* end grain; ~ *gezaagd* cut across the grain; **kopschuw**: *iem* ~ *maken* head a p. off, frighten off; ~ *worden* fight shy (*voor* of); **kopspiegel** bowl reflector [lamp]; **kopspijker** hobnail, (tin-)tack; **kopsprong** header; **kop-staartbotsing** shunt, rear-end collision, (*meervoudig*) concertina crash; **kopstation** terminus, terminal station; **kopsteen** header, bonder, bond-, through-stone; **kopstem** falsetto, head voice; **kopstoot** header; *iem een* ~ *geven* butt (one's head into) a p.; **kopstuk** headpiece; (*pers*) big man, boss [the bosses of the medical profession], captain [of business, finance], giant [the giants of the press], [a Liberal] standard-bearer, [the society's] leading light; (*krant*) head-rules; *alle* ~*ken,* (*ook*) all the big noises (shots); *zie ook* stijfkop; **Kopt** Copt

koptelefoon headphone(s), earphone(s), headset; **Koptisch** Coptic

kopvoorn chub; **kopwit** head margin; **kopzak** (*ve paard*) nosebag; **kopzee** head-sea; **kopziekte** (*v vee*) grass-tetanus; **kopzorg** worry; *een* ~ *minder* one headache less

kor dredge-net

koraal 1 (*stof*) coral; (*kraal*) bead; (*attr ook*) coralline [sponge, structure]; 2 (*zang*) chorale, choral; (*pers*) chorister

koraal|achtig coralline (*ook zn:* ~*e*), coralloid; **-bank** coral reef; **-boom** coral tree; **-dier** coral animal, coral polyp, coral zoophyte; **-eiland** coral island; **-gezang** choral singing; (*Gregoriaans*) plainsong; **-mos** *zie* koralijn; **-muziek** choral music; **-poliep** *zie* -dier; **-rif** coral reef, (*ringrif*) atoll; **-rood** coral (red), coralline; **-steen** corallite; **-visser** coral-fisher, -diver; **-visserij** coral-fishing, -fishery

Koraalzee Coral Sea; **koraalzwam** coral fungus; (*oranje*)*gele* ~ goatsbeard; **koralen** *bn* coral [lips, necklace], coralline; **koraliet** corallite; **koralijn** coralline, coral-moss

Koran Koran, Alcoran, Alkoran; *van de K~* Koranic [law]; **korbeel** corbel

kordaat bold, resolute, firm, plucky; ~ *optreden tegen* deal firmly with

kordelier cordelier

kordon cordon, chain, line [of police]; *een* ~ *trekken om* post (draw, throw) a cordon round [troops cordoned off the district]; **kordonsteek** overcast stitch; **Korea** id; **Koreaan(s)** Korean

koren corn; (*inz Am*) grain; *dat is* ~ *op mijn molen* that is grist to my mill

koren|aar ear of corn; **-akker** *zie* -veld; **-beurs** corn exchange; **-blauw** cornflower blue, azure; **-bloem** cornflower, bluebottle; **-brander** distiller; **-halm** cornstalk, (*Am*) grainstalk; **-kalander** corn weevil; **-koper** corn-factor, corn-dealer, corn-merchant, corn-chandler, (*Am*) grain dealer, etc; **-maat** corn-measure; *zie ook* licht 2; **-mijt** corn-stack; **-molen** flour-mill; **-roos** poppy; **-schoof** sheaf of corn (of wheat, etc); **-schuur** granary (*ook fig*); **-veld** cornfield, (*Am*) grainfield; **-wan(ner)** *zie* wan(ner); **-worm** grain weevil, corn weevil; **-zolder** corn-loft, granary

korf I *zn* 1 basket, hamper; 2 (*bijen~*) hive; 3 (*bij examen*) plough; *een* ~ *krijgen* get the mitten, be turned down; (*bij examen*) be ploughed; II *ww: ovt van* kerven; **korfbal** [play] korfball; **korffles** wicker bottle; (*grote*) carboy, demijohn; **korfgevest** basket-hilt; **Korfoe** Corfu

korhoen black grouse (*mv* id), black game (*mv:* id), (*haan*) black-cock, (*hen*) grey-hen

koriander coriander

korist chorus-singer; **koriste** chorus-girl

kornak mahout; **kornalijn** cornelian
kornet cornet (*alle bet*); **kornetbief** corned beef; **kornetmuts** cornet; **kornettist** cornet(t)ist
kornis cornice
kornoelje cornel(-berry); *gele* ~ cornelian cherry
kornuit comrade, crony, companion; (*bij drinkpartij, ook*) boon (*of:* pot) companion; (*ve dief, enz*) confederate
koroester North-Sea oyster
korporaal corporal; **korporaalschap** corporal's rank; **korporaalsstrepen** corporal's stripes
korps corps (*mv:* id); (*typ*) body; **korpsgeest** esprit de corps, corporate spirit; **korpsgrootte** (*typ*) type size; **korpus** corpus; (*lichaam*) body, anatomy, [he has no fear in his] composition
korre dredge-net
korrel 1 (*~tje*) grain; pellet, granule; *geen ~(tje)* not a grain; *met een ~tje zout* with a pinch (a grain) of salt; *zie ook* hagel~; 2 (*op geweer*) bead, foresight; *op de ~ nemen* draw a bead on, target; (*fig*) make a butt of [a p.]; **korrelen** granulate, grain; (*kruit*) corn; **korrelhagel** graupel; **korrelig** granular; gritty [substance]; **korrelsneeuw** graupel; **korrelsuiker** granulated sugar; **korrelvormig** granular
korren trawl, dredge
korset corset, (pair of) corsets (*vero:* (of) stays); (*als*) *in een ~ opsluiten* corset; **korsetbalein** busk; **korsetlijfje** camisole; (*Am*) corset-cover
korst (*algem*) crust; (*brood*) crust; (*kaas*) rind; (*op wond*) scab; *zachte ~,* (*v brood*) kissing-crust; *met een dikke ~,* (*ook*) thickly incrusted; *zie ook* pastei; **korstdeeg** puff (*of:* short) pastry (*Am*) paste; **korsten** crust; **korstgebak** puff pastry
korstig crusty; **korstigheid** crustiness
korstmos (crustaceous) lichen
kort short, brief; *het is ~ dag* time is getting short; *~ geheugen* [have a] short memory; *~e golfslag* choppy sea; *~ papier* short bills; *~e rokken* short skirts; *~ spel,* (*sp*) short passing; *~e(re) weg* short cut (*ook fig:* believe in short cuts); *~ daarna* shortly after; *~ geleden* a short time ago, the other day; *~ na* (*voor*) *mijn aankomst* shortly after (before) my arrival; *~ op de poten* low-set; ***korter** maken* (*worden*) shorten; *de dagen worden ~er* the days are drawing in; *~ en **bondig*** short but (and) to the point, concise, succinct, terse; [write, speak] briefly and to the point; (*kortaf*) curt [reply]; *~ en bondig, jij gaat!* in short, you go!; *~ en **dik*** thick-set, squat, dumpy; *om ~ te **gaan**, om het* (*een lang verhaal*) *~ te maken* in short; to make (to cut) a long story short, to put it shortly (briefly), the long and the short of it is ...; *~ **geknipt*** close(ly) cropped, -clipped [hair, moustache], closely cut [nails], close-clipped [hedge]; *zie ook* knippen; *~ en **goed**, zie* ~om; *iem ~ **houden**, a*) (*geldelijk*) keep a p. short (of money), keep a p. on short allowance; *b*) keep a tight hand over a p.; [*een hond*] *~ aan de riem houden* keep [a dog] on a short lead; *alles* (*de boel*) *~ en **klein** slaan* smash everything to atoms (to smithereens), smash things up; *~ maar **krachtig*** short and to the point; short and sweet; ***maak** het ~* keep (make) it short, let it be short; ***binnen** ~* shortly, before long; ***in** het ~* in brief, briefly, in short; [put it] in a nutshell; ***na** ~er of langer tijd* sooner or later; *twee keer ~ na elkaar* twice within a short time; ***sedert** ~(e tijd)* recently, lately; *verscheiden voeten **te** ~* [the ladder was] short by several feet; *er is een gulden te ~* there is a guilder short; *de bocht te ~ nemen* take the corner too close; *iem* (*zichzelf*) *te ~ **doen*** do a p. (o.s.) an injustice; *zich te ~ doen,* (*ook*) commit suicide; *zich te ~ gedaan voelen, a*) feel cheated; *b*) feel frustrated; *hij heeft me nooit een cent te ~ gedaan* he's never done me out of a penny; *iems verdiensten te ~ doen* detract (derogate) from a p.'s merits; *de waarheid te ~ doen* strain the truth; *zie ook* verkorten; *te ~ **komen*** be [four guilders, a man, etc] short, be short of [staff, sleep]; (*inz sp*) be no match [for]; *tijd te ~ komen* be pressed for time; *ik kom woorden te ~* I lack words [to express my thanks]; *aan iets te ~ komen, a*) be a (the) loser by s.t.; *b*) fall short; *ik kom er geld bij te ~* I have lost money (am out of pocket) over it; *je zult er niet bij te ~ komen* you'll be no loser by it; *hij is in zijn leven veel te ~ gekomen* he has suffered much deprivation; *te ~ **schieten** in* be lacking (deficient) in [courtesy, energy, one's duty], fail (be remiss) in [one's duty], fall short in; *daarin schiet zij te ~* that is where she fails; *mijn krachten schoten* (*mijn geheugen schoot*) *te ~* my strength (memory) failed (me); *zijn vreugde was ~ **van** duur* his ... was short-lived; *~ van stof* brief; *tot **voor** ~* until recently, until lately; *zie ook* broek, geding, inhoud, kortaangebonden, enz
kortaangebonden short-tempered; *zie ook* aanbinden; **kortademig** short of breath, short--winded, -breathed; (*ve paard*) broken-winded; **kortademigheid** shortness of breath, short--windedness; **kortaf** short [*tegen iem* with a p.], curt [to a p.; answer curtly], [his manner was] abrupt, blunt; **kortarmig** short-armed; **kortbenig** short-legged; **kortbij** nearby
korte-afstand- short-distance [race, runner, skater]; short-range [missile]; short-haul [road transport]; **kortebaanwedstrijd** short-distance skating match; **kortegolfzender** short-wave transmitter; *zie ook* golf; **kortelas** cutlass
kortelijk briefly, shortly; **korteling** (*bk*) putlog, -lock; **kortelings** 1 recently, lately, the other day; 2 (*dial*) shortly, soon
korten 1 shorten [a rope, a p.'s life, the way]; (*zeil*) take in, shorten; (*haar, enz*) trim, (*heel kort*) crop [the hair]; clip [the wings]; *de tijd ~* beguile (while away, shorten) the time, make the time pass; *de dagen* (*nachten*) *~* are closing (drawing) in (getting shorter); 2 (*loon, enz*) deduct from, cut down, dock [a p.'s wages; he docked us £10 from our wages]
korte-termijn short-term [forecast, planning, policy]; **korthalzig** short-necked; **kortharig** short-haired [terrier]
kortheid shortness [of memory, etc], conciseness, brevity, briefness, succinctness; **kortheidshalve** for briefness' sake, for the sake of brevity, [Ben-

jamin, called Ben] for short
korthoornvee short-horned cattle
korting reduction, deduction; (*overeengekomen*) discount; (*voor beschadiging, te late levering, enz*) allowance; (*op grote partij, aftrek van belasting, enz*) rebate; ~ *voor contant* cash discount; ~ *aan wederverkopers* trade discount; *betaling op 1 maand zonder* ~ one month net; *betaling op 1 maand met 2%* ~ 2 per cent for one month; *met een* ~ *van 25% op de uitgeversprijs* at a discount of 25p in the pound off publisher's price; terms: ¼ off (published prices); *zie ook* contant
kortingkaart reduced-fare pass; (*Br trein*) railcard; **kortingzaak** discount shop (house)
kortjan jackknife; **kortlopend** short-term [credit]; **kortom** in short, in brief, in fine, in a word; **kortparkeerder** short-term parker
Kortrijk Courtrai
kort|schedelig short-headed; (*wtsch*) brachycephalic; **-schildkever** rove beetle; **-schrift** shorthand; **-sluiten** short-circuit; **-sluiting** short-circuit(ing) [due to a short-circuit]; (*fam*) [have a] short; (*fig*) misunderstanding, communication breakdown; ~ *veroorzaken* create (cause) a short-circuit; ~ *maken in* short-circuit; **-staart** bobtail; **-staarten** dock (the tail of); **-stondig** of short duration, short, short-lived; **-stondigheid** shortness, brevity
kortswijl fun, sport, banter
kortvleugelig short-winged
kortweg in short, shortly, briefly, summarily [dismissed *afgewezen*]
kortwieken clip the wings (of); *iem* ~ clip a p.'s wings; *zie ook* fnuiken
kortzichtig short-sighted; (*fig ook*) purblind, myopic; **kortzichtigheid** short-sightedness, etc, myopia; **kortzichtwissel** short(-dated) bill, bill at short sight
korund corundum
korven put into a basket; hive [bees]
korvet corvette; **korvijnagel** (*mar*) belaying-pin
korzelig grumpy, crabbed, cantankerous, crusty, snappy
kosmetiek cosmetic, make-up; **kosmetika** cosmetics; **kosmetisch** cosmetic (*ook fig*)
kosmisch cosmic [radiation, rays]; ~ *stof* cosmic (*of:* star) dust; **kosmografie** cosmography; **kosmologie** cosmology; **kosmonaut** astronaut, [Russian] cosmonaut; **kosmo|poliet, -politisch** cosmopolitan; **kosmos** cosmos
kossem dewlap
kost food, fare, victuals, board; living, livelihood; *halve* (*volle*) ~ partial (full) board; ~ *en inwoning* board and lodging (*of:* residence), bed and board (*of:* keep); *goede degelijke* ~ good, substantial food; *dat is oude* ~ that is an old story (ancient history); *zware* ~ heavy food; (*fig*) strong meat [the Premier's words were rather strong meat for the French]; *de* ~ ***geven*** feed [a p.]; (*zijn ogen*) keep one's eyes open, look (*of:* have all one's eyes) about one; *zijn ~je is* ***gekocht*** he is a made man; ~ *voor* ***kinderen***, (*fig*) *zie* kinderkost; *de* ~ ***verdienen*** earn one's bread and butter (one's keep, one's board), earn a livelihood, make (earn) a living; *de* ~ *verdienen door kamers te verhuren* maintain o.s. by letting rooms; *hij is zijn* ~ ***waard*** he is worth his salt; *iem* ***aan*** *de* ~ *helpen* put a p. in the way of making a living; *aan de* ~ *komen, zie: de* ~ *verdienen;* (*ook*) [how does he] live?; (*op de een of andere manier*) pick up a living (a livelihood); (*eerlijk*) earn an honest living; *hij is bij W* ***in*** *de* ~ he boards at W's (with W) [I board here]; *in de* ~ *nemen* take in as a boarder; *werken* ***voor*** *de* ~ [have to] work for a living [what does he do for ...?]; *zie ook* baat, koste(n), enz
kostbaar (*veel kostend*) expensive [war; dress, jewellery]; (*erg duur*) costly, (*waardevol*) valuable [time, life, books], precious [stones, possession]; (*rijk, weelderig*) sumptuous [dinner]; *de tijd is* ~ time is precious; **kostbaarheid** expensiveness, etc; *-heden* valuables
kostbaas landlord
koste: *ten* ~ *van mij* [he amused himself] at my expense; *ten* ~ *van uw leven* at the cost of your life; *ten* ~ *van alles* at all costs; *ten* ~ *gaan van* be at the expense of (to the detriment of) [the environment]; *ten* ~ *leggen aan* spend [money, time, care] on, lay out [money] on
kostelijk exquisite [food, wine], splendid [weather], magnificent [view], glorious [a glorious time], delightful [caricature]; (*sl*) top-hole [a top-hole idea]; *een* ~ *staaltje van* ... a priceless illustration of ...; *hij is ~!, a*) isn't he priceless!; *b*) *zie* die is ~!; ***die*** *is ~!* that's a good one!, that's rich!; *wij amuseerden ons* ~ we enjoyed ourselves enormously, (*fam*) we had a high old time of it; **kostelijkheid** exquisiteness, magnificence
kosteloos I *bn* free [school, places in schools, seats, days at a museum], gratis; rent-free [house]; II *bw* gratis, free of charge; *ik nam hem* ~ *in huis* I gave him free board and lodging; *zie ook* gratis & pro deo
kosten I *zn* (*wat iets kost*) cost; (*ve aantekening, enz*) fee; (*gerechts-*) costs; (*uitgaven*) expense(s), expenditure, outlay; (*in rekening gebrachte uitgaven*) charges; ~ *van vervoer* cost of carriage; *de* ~ *bedragen £ 2* the cost amounts (runs) to £2; ~ ***maken*** incur expenses; *grote* ~ *maken* go to great expense; *grote* ~ ***meebrengen*** entail a great deal of expense; ~ *noch* ***moeite*** *sparen* spare neither trouble nor expense; ***in*** *de* ~ *veroordeeld* (*verwezen*) *worden* be ordered to pay costs, have costs given (awarded) against one; ***op*** *eigen* ~ at one's own expense; *op jouw* ~ at your expense; *het gaat op mijn* ~ I bear the cost (the expense); (*bij trakteren*) I'm paying, (*fam*) it's on me; *iem op* (*hoge*) ~ (*zozeer op* ~) *jagen* put a p. to (great, such) expense; *op zijn* ~ *komen* make good one's expenses, recoup (o.s.); *op* ~ ***van*** *ongelijk* on condition that the loser shall pay; *op* ~ *van de Staat, zie* rijkskosten: op ~; ***zonder*** (*protest*)~, (*handel*) without charge(s), WC; II *ww* cost; *wat kost dit?* how much is this?, what price is this?, what do you charge for this?; *het koste wat het wil* [the fort must be held,] cost what it may, at any price, at any cost, at all costs, whatever the cost; *het*

kon me mijn ***betrekking*** *(leven) ~ als ik nu ging* it's as much as my place (life) is worth to go now; *vliegen kost* ***geld*** flying takes money; *dat kost veel (een bom) geld* it comes expensive, it runs into (runs away with) a lot of money; *het kostte hem zijn* ***leven****, enz* it cost him his life (his head, the sight of his eyes); *het kostte* ***mensenlevens*** it caused (heavy) loss of life; *het kostte me veel* ***moeite*** it gave (cost) me a great deal of trouble; *het kostte hem moeite te vertrekken (te zwijgen; de huur te betalen, zijn ogen open te houden)* he found it hard (it was a wrench to him) to leave the place; it cost him an effort to be silent; he was hard put to it to pay the rent; it was all he could do to keep his eyes open; *beleefd zijn (proberen) kost* ***niets*** it costs nothing to be polite (to try); *de verpakking kost niets* there is no charge for packing; *het kost* ***tijd*** it takes time [it took us two days; the story took some time in the telling]; *~**de** prijs, zie* kostprijs; *zie ook* kop

kosten-batenanalyse cost-benefit analysis

kosten|berekening calculation of expenses; *(vd kostprijs)* costing; **-besparing** economy, saving, cost reduction; **-bewaking** cost accounting, cost control; **-dekkend** self-financing; *~ werken* cover one's costs; **-derving** loss of income; **-peil** level of costs; **-plaats** cost centre; **-raming** estimate of the cost; **-teller** *(telef)* (customer's) private meter; **-verhoging** cost inflation

koster sexton, verger, sacristan; **kosterij** sexton's (verger's) house

kost|gang(st)er boarder; *~s houden* take in boarders; *een dure ~* a big eater; *onze lieve Heer heeft rare ~s, (vglb)* what queer people one meets in the world; **-geld** board; **-huis** boarding-house; **-juffrouw** landlady; **-leerling** boarder; *halve ~* day-boarder; **-prijs** [at *tegen*] cost price, [at] (prime) cost; **-prijsberekening** costing; **-school** boarding-school; *grote ~* public school

kostumeren costume; *(zich) ~* dress up; *zie* gekostumeerd

kostuum *(ve vrouw)* costume, suit; *(ve man)* suit (of clothes); *(voor gekostumeerd bal)* fancy dress; **kostuumnaaister** dressmaker; **kostuumpop** dress-stand, dummy; **kostuumstof** suiting; **kostuumstuk** costume piece *(of:* drama)

kostwinner breadwinner, wage-earner; **kostwinnersvergoeding** separation allowance; **kostwinning** livelihood

kot hovel; [sheep] cot(e), pen; [pig] sty; [dog] kennel; [student] digs; *in't ~ zitten* be in quod

kotelet cutlet, chop; **koter** youngster

kots *(plat)* sick; **kotsen** puke, spew, cat; *ik kots ervan* it makes me sick; **kotsmisselijk**: *ik ben er ~ van, (fig)* I am sick to death of it

kotter cutter; *als ~ opgetuigd* cutter-rigged

kotteren bore

kou cold; *korte strenge ~* cold snap; *~ in de handen (voeten)* chilblained hands (feet); *~ in het hoofd* cold in the head, head-cold; *~ op de borst* cold on the chest; *~ op de maag* stomach chill; *~ vatten* catch (a) cold (a chill); *er is geen ~* ***aan*** *de lucht* there isn't the slightest danger, nothing the matter; vgl vuiltje & wolk; *wat doe je* ***in*** *de ~?, (vglb)* well, you let yourself in for it; why stick your neck out?; *in de ~ laten staan, (fig)* leave out in the cold; ***tegen*** *de ~* against the cold, [a drop of gin] to keep the cold out; **koubeitel** cold chisel

koud cold *(ook fig)*; *~e luchtstreek* frigid zone; *niet te ~ water* water with the chill off; *zie* emmer; *ik ben ~ een uur thuis* I ... hardly an hour; *hij is* ***er om*** *~* he is done for; *ik* ***heb*** *het ~* I am cold; *dat* ***laat*** *(schilderijen laten) mij ~* it leaves (pictures leave) me cold; *het zou me gewoon ~ laten, (ook)* I should not turn a hair; *het viel me ~ op het* ***lijf*** it gave me a shock, it made me go cold all over; *iem ~* ***maken****, (fig)* do a p. in; *hij* ***werd*** *~* he grew (went) cold; *ik word er ~ van* it makes me go cold all over; *[een luxe,] daar word je ~ van!* it strikes you dumb!; *zie ook* drukte, grond, heet, kleed, enz.

koudbloedig cold-blooded *(ook fig)*; **koudbloedpaard** underbred horse; **koud|breukig, -bros** cold-short

koude(-) *zie* kou(-)

koudgetrokken *(techn)* cold-drawn, -worked; **koudheid** coldness

koud|jes I *bn* coldish; **II** *bw* coldly; **-makend** cooling; *~ mengsel* freezing mixture; **-slachter** *zie* vilder; **-vuur** gangrene, mortification; *door ~ aangetast worden* gangrene, mortify; *door ~ aangetast* gangrenous, gangrened; **-waterinrichting** hydropathic (establishment), *(fam)* hydro; **-waterkuur** hydropathy, cold-water cure; **-watervrees**: *aan ~ lijden, (fig)* shiver on the brink

kou|front cold front; **-golf** cold wave; **-kleum** chilly person; *een ~ zijn* be sensitive to cold, feel the cold; *zitten te ~en* sit shivering

kous 1 stocking; *~en, (handel)* hose; *en daarmee was de ~ af* and that was that, and that was the end of the matter; *met de ~ op de kop thuiskomen* come away with a flea in one's ear (with empty hands); ***op*** *zijn ~en* in one's stockings [he stands six feet in his stockings], in one's stocking(ed) feet; **2** *(techn)* sleeve, tubing; **3** *~(je)* (lamp-) wick; *(gloei-)* (gas) mantle; **4** *(mar)* thimble

kouseband garter; *Orde (Ridder) van de K~* Order (Knight) of the Garter; **kousenbroek 1** body-stocking; **2** tights; **kousenwinkel** hosier's (shop); **kousevoet** stockinged foot [*op ~en* in his ... feet]; *vgl* kous

kousjer kosher; *zie* koosjer

kout chat, (small) talk; **kouten** talk, chat; *hij kan gezellig ~, (ook)* he is good company

kouter 1 talker; **2** arable; **3** *(ve ploeg)* coulter

kouvatten *zn* [owing to a] cold, chill

kouwelijk chilly, sensitive to cold

kozak Cossack; **kozakkenlaarzen** Russian boots

kozen caress, fondle; talk sweet nothings

kozijn 1 window-frame; *(vensterbank)* window-sill, window-ledge; **2** cousin

k.p. afk van *kiloperiode* kc, kilocycle

kraag 1 collar, *(v bont, enz)* tippet, *(hist: geplooide ~)* ruff; *(v vogels, enz)* ruff; *~je* collar(et, -ette); *iem* ***bij*** *de ~ pakken* collar a p., seize a p. by the collar; *hij heeft een stuk* ***in*** *zijn ~* he is tipsy (well-

-oiled); 2 (*ve buis, enz*) flange, shoulder
kraageend harlequin duck; **kraagmerel** ring ouzel; **kraagsteen** corbel, truss
kraai 1 crow; *zwarte ~* carrion crow; *zie ook* bont, kind; 2 (*aanspreker*) undertaker's man
kraaiachtig(e) corvine
kraaien crow (*ook ve kind*); *zie ook* haan, enz
kraaienest crow's nest (*ook mar*); **kraaienmars**: *de ~ blazen* pop off, peg out, go west, snuff it; **kraaiepoot** (*nagel*) caltrop, crow's-foot; *~jes,* (*bij ooghoek*) crow's-feet; **kraaiheide** crowberry
kraak 1 crack, cracking; *er is geen ~ of smaak* (*geen ~, smaak of heerlijkheid*) *aan* it just has no taste at all (it tastes like nothing); (*fig*) it is neither fish, flesh nor good red herring (neither fish nor flesh); 2 break-in, burglary; *een ~ zetten,* (*sl*) crack a crib; 3 (*v huis, enz*) squat; 4 (*luchtv*) crash; 5 (*hist schip*) carack
kraak|actie house-squat; **-amandel** soft-shelled almond; **-been** cartilage; gristle; **-beenachtig, -benig** cartilaginous [fish], gristly; **-helder** *zie* -zindelijk; **-installatie**: *katalytische ~* catalytic cracker (cracking plant), cat cracker; **-net** *zie* -zindelijk; **-pand** squat; **-porselein** (*eig*) kraak porcelain; (*fijn porselein*) eggshell china; *zo teer als ~* as brittle as glass, extremely fragile; **-proces** (*olie-industrie*) cracking process; **-stem** grating (rasping) voice; **-zindelijk** scrupulously (spotlessly, studiously, squeaky) clean, spotless, speckless; **-zindelijkheid** scrupulous (spotless) cleanliness
kraal 1 bead; 2 (*bk*) bead(ing); 3 (*dorp, veeperk, enz*) kraal; (*Am*) corral; **kraallijst** beading, bead moulding; **kraaloog(je)** beady eye; **kraaltjes** (*v suiker*) hundreds and thousands
kraam 1 booth, stall, stand; *~pje* stall; *dat komt niet in zijn ~ te* ***pas*** that does not suit him (his purpose, convenience, book, card); *het kwam in haar ~ te pas dat te zeggen* it suited her interests to say so; 2 confinement; *vgl* ~bed
kraam|afdeling maternity ward ; **-bed** childbed; *in het ~ liggen* lie in; *in het ~ sterven,* (*ook*) die in childbirth; **-been** white leg, milk leg; **-bezoek** visit(ors) to the mother of a new baby; **-heer** father of the new baby; **-inrichting** maternity home (hospital); **-kamer** delivery room; **-kind** new-born child; **-kliniek** maternity hospital; **-verpleegster** maternity (*of:* obstetric) nurse
kraamvrouw woman in childbed, mother of newly-born child
kraamvrouwen|afdeling maternity (*of:* lying--in) ward (*of:* department); **-kliniek** maternity hospital; **-koorts** puerperal fever; **-uitkering** maternity allowance; **-zorg** maternity care
kraan 1 (*water~, enz*) tap, cock, (*Am*) faucet; 2 (*hijstoestel*) crane, derrick; *drijvende ~* floating crane; 3 (*vogel*) crane; 4 (*persoon*) dab hand; (*Am*) crackerjack; *een ~ in het rekenen, enz* a dab hand (expert) at sums; **kraanarm** (crane-)jib; **kraanbalk** cat-head; **kraanboom** crane-post; **kraandrijver** crane driver; **kraangeld** cranage; **kraanleertje** tap washer; **kraanoog** *zie* braaknoot; **kraantjes|kan, -pot** coffee urn; **kraanvogel** (common) crane; **kraanwagen** breakdown lorry, (*Am*) crane truck
krab 1 crab(-fish); 2 scratch; **krabbedieven** nab, pinch; **krabbekat** scratch-cat
krabbel 1 (*schrift, enz, ~tje*) scrawl, scribble; (*tekening*) thumbnail (sketch, caricature); (*willekeurig*) doodle; 2 (*schram*) scratch; **krabbelaar(ster)** 1 scrawler; 2 scratcher; **krabbelarij** *zie* krabbelschrift; **krabbelbriefje** scribble, scrawl
krabbelen 1 *tr & intr* scrawl, scribble; (*willekeurig*) doodle; 2 *zie* krabben; *weer overeind ~* scramble up; *zie ook* achteruit~; **krabbelig** scrawled, scrawly, scribbling, crabbed [writing]
krabbelpootje [write a] niggling hand; **krabbelschrift** scrawl(s), scribble, cramped (niggling) writing
krabben 1 scratch; (*met klauw, ook*) claw; (*ve paard*) paw; (*ve anker*) drag [the anchor drags, the ship is dragging her anchors]; (*schrapen*) scrape; *zich achter de oren ~* scratch one's head; 2 (*zwoegen*) drudge, slave
krabber 1 scratcher; [ice] scraper; 2 drudge
krabbescheer (*plant*) water soldier; **krabbetje** 1 small crab; 2 scratch; 3 (*vlees*) spare rib
krabpaal scratching post
krabvormig crab-like, cancriform
krach 1 [stock market] crash; collapse; 2 bust-up
kracht strength (*meestal passief*), force (*actief:* collect one's strength to strike with force; a most potent force in history), vigour (*lichamelijke of geestelijke ~*), power [of lightning]; (*vd wind, enz*) force, intensity; (*ve geneesmiddel, enz*) potency, efficacy, strength [the strength is out of it]; goodness (all the goodness of the meat is lost); (*persoon*) employee; *we verliezen in hem een goede ~* we ... a good man (worker); *zijn ~en* ***beproeven*** *aan* try one's hand at; *zijn ~en* ***bijeenrapen*** (*verzamelen*) summon up all one's strength, brace o.s. [for a new beginning]; *hij* ***gaf*** *er al z'n ~en* (*zijn beste ~en*) *aan* he gave all his energies (gave of his best) to it; *God geeft ~ naar kruis* God tempers the wind to the shorn lamb; ***halve*** *~!,* (*mar*) ease her!; *halve ~ vooruit* (*achteruit*)*!,* (*mar*) half speed ahead (astern)!; *zijn ~en* ***herkrijgen*** recover one's strength; *de wind* ***kreeg*** *de ~ van een storm* the wind reached gale force; ***volle*** *~!,* (*mar*) let her go!; *zie ook ben:* met volle ~; *het* ***vonnis*** *heeft geen ~* the sentence cannot stand; *~ van* ***wet*** *krijgen* acquire the force of law; *zijn ~en* ***wijden*** *aan* devote one's energies to; *ik kon geen ~ zetten* I could not get a purchase; *zie ook* bijzetten, inspannen, enz; *dat is* ***boven*** *mijn ~en* that is beyond my strength (too much for me); *boven zijn* (*financiële*) *~en leven* live beyond one's means, overspend (o.s.); ***in*** *de ~ van zijn leven* in his prime, in the prime of life; *zie ook* toenemen; ***met*** *~ aanpakken* set about [a problem] with gusto, get down to [it]; *hij ontkende met ~ de beschuldiging* he stoutly (emphatically) denied the charge, denied it vigorously; *met ~ weerstand bieden* resist strenuously; *met alle ~* [work] with might and main, with a will; *met volle ~* [the radio was going] at full blast; *met volle ~ doorstomen* steam on at full speed;

(*met*) *volle ~ vooruit* full speed ahead; *zie ook ben:* op volle ~; ***op*** *~en komen* regain one's strength, recuperate, get fit; *op ~ zijn,* (*sp*) be in good shape; *op eigen ~* [the vessel is going on to R] under her own power; (*ook fig*) under one's own steam; *op halve ~ werken* work at half pressure; *op volle ~ werken* work at (*of:* to) full capacity (at full pressure, at full strength), go all out; ***uit*** *~ van, zie* krachtens; *uit ~ der gewoonte* by (from, through) force of habit; *uit zijn ~ groeien* grow too fast for one's strength; ***van*** *~ zijn,* (*ve wet, prijzen, enz*) be operative, be in force; *de vóór de staking van ~ zijnde voorwaarden* the terms obtaining before ...; *de benoeming is van ~ voor de tijd van 5 jaar* the appointment will run for five years; *zijn veto is niet van ~* his veto is inoperative; *van ~ blijven* remain in force (in operation); *de offerte blijft van ~ tot ...* the offer holds (good) till ...; *de uitnodiging blijft van ~* the invitation stands; *van ~ worden* come into force, take effect, become operative, (*v verzekering*) attach; *van ~ doen* (*laten*) *worden* bring into effect (operation); *van die ~ ben ik niet* I am not that sort; *hij is zelf ook een beetje van die ~* he is a little in that line himself; *van dezelfde ~ als de andere argumenten* of a piece with ...

kracht|bron source of power (of energy), power plant, power unit; **-centrale** power station

kracht|dadig energetic (*bw:* -ally), vigorous; effectual, efficacious; **-dadigheid** energy, vigour; efficacy

krachteloos powerless, impotent, effete; (*ve wet, enz*) invalid; (*ve handtekening*) inoperative; *~ maken,* (*wet, besluit, enz*) invalidate, make null and void, annul, nullify, stultify; **krachteloosheid** powerlessness, impotence; invalidity

krachtens in (*of:* by) virtue of [my office *ambt*], (up)on the strength of, under [this act *wet,* his will *testament*]; *zie ook* volgens

krachtenveld field of force

krachtig strong [man, protest, wind], powerful [language, battery, magnet, grasp, poison], robust [health], forceful [personality, style], potent [drug], high [wind], strengthening, nourishing [food], rich [broth, soup], full-bodied [wine], vigorous [effort, attack, language, ring the bell vigorously], all-out [effort, offensive], cogent [arguments], strenuous [effort], stout [resistance], energetic [protest], lusty [stroke], forcible [language, express o.s. forcibly]; *~e trekken* strong features; *~ gebouwd* strongly(-)built; *zie ook* kracht: met ~

kracht|installatie (electric) power plant, power unit; **-kabel** (high-)power cable; **-lijn** (*magneet*) line of force; **-meter** dynamometer; **-meting** (*fig*) trial of strength, tug-of-war [between ...], showdown [between management and the unions]; **-overbrenging** power transmission, transmission of power (of energy); **-patser** bruiser, muscleman; **-prestatie** (*ve motor, enz*) power-output; **-proef** trial of strength; *aan een ~ onderwerpen* submit to a severe trial

krachts|besparing conservation (saving) of strength (of energy); **-eenheid** unit of force, dynamic unit; **-inspanning** effort, exertion

kracht|sport sport demanding great physical strength (weightlifting, tug-of-war, wrestling, etc); **-station** power-station; **-stroom** power current; **-term** strong phrase, expletive; *~en,* (*ook*) strong language; **-toer** feat of strength, tour de force; (*sl*) stunt; **-training** weight training; **-veld** field of force; **-verspilling** waste (dissipation) of energy; **-vertoon** display of strength; **-voedsel** body-building food; **-voe(de)r** concentrate(s); **-werktuig** prime mover

krak crack; *~!* crack!; **Krakatau** Krakatoa

Krakau Cracow; (*inwoner*) *van ~* Cracovian

krakeel quarrel, wrangle, squabble

krakeend gadwall

krakelen quarrel, wrangle, squabble

krakeling cracknel; (*zoute*) pretzel

kraken I *intr* crack; (*ve trap, schoenen, enz*) creak; (*v zand, grind, enz*) (s)crunch; (*v sneeuw*) crackle, (s)crunch; *het* ***vriest*** *dat het kraakt* there is a sharp (stiff) frost; *~de stem* grating voice; *een ~de stoel* a creaky chair; *~de* ***wagens*** *lopen het langst* the cracked pitcher goes longest to the well; II *tr* 1 crack [nuts; *ook techn:* petroleum]; (*comp*) hack; *een flesje ~* crack a bottle; *een huis ~* squat (in, on) a house; *zie ook* noot; 2 (*vernielen*) wreck; 3 (*afmaken*) slate, (*Am*) slash [a book, an author]

kraker 1 cracker; 2 (*ve huis*) squatter; (*comp*) hacker; 3 (*sl*) smasher; 4 slashing review; **krakerig** creaky [chair, voice]; **kraking** squat

krakkemikkig ramshackle; **krakken** crack

kralen I *ww* bead, sparkle, pearl; II *bn* of beads, beaded, bead [fringe *franje*]

kralenrand (*bk*) bead(ing)

kram staple, cramp(-iron); (*ve boek*) clasp

kramer pedlar, hawker, cheapjack; **kramerij(en)** cheapjack goods; **kramerslatijn** dog Latin; **kramiek** currant loaf

krammat mat of brushwood, etc, fascine work

krammen cramp, clamp; (*porselein*) rivet, wire

kramp cramp, spasm; *~ krijgen* (*in zijn been*) be seized with cramp (get (a) cramp in one's leg)

kramp|aanval fit (*of:* attack) of cramp; **-achtig** spasmodic (*ook fig:* efforts; *bw:* -ally), convulsive (*ook fig:* laughter), cramping [pains]; *zich ~ vasthouden* hold on like grim death, cling convulsively; (*fig*) cling [to an idea] with desperate tenacity; **-stillend** antispasmodic (*ook: ~ middel*)

kramsvogel fieldfare; **kramwerk** *zie* krammat

kranig clever, smart, dashing, spirited; (*dapper*) plucky, bold, game; *~ schutter* (*speler, enz*) crack shot (player, etc); *~ spreker* powerful speaker; *een ~e vent* a first-rate fellow, a fine fellow; *~ voor de* ***dag*** *komen* make (put on) an excellent (fine) show; *zich ~* ***houden*** put up a brave fight, behave splendidly, give a good account of o.s., keep one's end up; bear up bravely (against fate); *hij* ***weert*** *zich nog ~* there is still fight in the old dog

krank *zie* ziek; **krankjorum** (*sl*) crazy, bonkers

krankzinnig insane, mad, crazy, lunatic (*meestal zn:* a lunatic); *~ worden,* (*ook*) go out of one's mind, go mad; *iem ~ verklaren* certify a p. (insane); *het is (in één woord)* ~ it is (sheer) madness; **krankzinnige** lunatic, madman, madwoman; *zie ook* bezetene; **krankzinnigengesticht** mental hospital (*of:* home); **krankzinnigen|verpleegster**, **-verpleger** mental nurse; **krankzinnigheid** insanity, lunacy, madness, craziness

krans 1 wreath, garland, crown [of flowers], chaplet; ~ *van forten* (*voorsteden*) ring of forts (suburbs); 2 (*plantk*) whorl; 3 *zie* kransje; **kransen** wreathe, garland; **kransje** 1 (*personen*) circle, club; 2 chocolate (etc) ring; **kranslijst** cornice; **kransslagader** coronary (artery); *vgl* coronair; **kransstandig** (*plantk*) verticillate(d)

krant (news)paper; (*min*) rag; (*film*) newsreel; *wandelende* ~ newsmonger; *hij is aan een* ~ on a newspaper, on the press; *in de* ~ *staan* (*komen*) be in (get into) the paper(s); **kranteartikel** newspaper article; **krantebericht** newspaper report, (newspaper paragraph (*fam*) par; **krante-eigenaar** newspaper proprietor; **kranteknipsel** press-cutting, newspaper cutting; **krantekop** newspaper headline; *zie ook* kop 3; **krantelezer** newspaper reader

kranten|bezorger newspaperman, newsboy; **-hanger** newspaper rack; **-jongen** newsboy, paper-boy; **-kiosk** newspaper kiosk, news-stand; **-kioskhouder** newsagent; **-loper** *zie* -bezorger; **-man** 1 newspaperman, journalist; 2 *zie* -bezorger; **-papier** newsprint, [wrapped in] newspaper; **-rek** newspaper rack; **-verkoper** news-vendor; **-wijk** paper round

kranteschrijver journalist; **krantetaal** newspaper language, journalese

krap I *zn* 1 (*meekrap*) madder; 2 (*ve boek*) clasp; 3 (*varkensrib*) spare rib; II *bn* (*& bw*) narrow(ly), tight(ly) [the coat is tight under the arms, money, the market is, times are, tight], sparing(ly), scanty (scantily); *het kan er maar* ~(*jes*) *in* it is a tight fit; *erg* ~ ***berekenen*** cut [the price] very fine; *zij* ***hebben*** *het* ~(*jes*) they are in straitened circumstances, they just manage to rub along; *iem* ~ ***houden***, *zie* kort; ~ ***meten*** (*wegen*) give barely enough; *we* ***zitten*** ~ we are cramped (pinched) for room, have no elbow-room; (*in het geld, bij kas*) we are short of (strapped for) cash; *dat is* ~ ***aan*** that is barely enough; (*vd tijd*) that is cutting (running) it fine; **krapjes** *zie* krap; **krapte** (*schaarste*) scarcity; (*v geldmarkt*) stringency, tightness

1 kras *zn* scratch; *er komen gauw ~sen op* it soon scratches

2 kras I *bn* 1 (*ve pers*) strong, vigorous, robust, (*vooral van oud pers*) hale and hearty; *een ~se zeventiger* a well-preserved man of seventy; *hij is nog* ~ *voor zijn leeftijd* he has worn well; 2 (*ve maatregel*) strong, drastic; *~se brief* strong (strongly worded) letter; *~se uitdrukking* strong expression; *een* ~ *staaltje* a glaring example; ~ *verhaal* tall story; *dat is* ~ that beats everything, that's the limit; *dat is al te* (*nogal*) ~ that is a bit thick (a bit steep); II *bw* strongly, etc; *dat is* ~ ***gesproken*** (*gezegd*) that's coming it strong; ~ ***optreden*** take a strong (stiff) line; *het* ~ ***zeggen***, (*fam*) pitch it strong

kras|lot scratch ticket, scratch card; **-pen** scriber

krassen 1 scratch, scrape; *op de viool* ~ scrape the violin (the fiddle); *het krast mij in de oren* it grates (jars) on my ...; *ingekraste initialen* scratched initials; 2 (*vd stem*) grate; (*ve uil*) hoot; tu-whit, tu-whoo; (w)hoop, screech; (*ve papegaai*) screech; (*ve raaf*) croak; (*ve kraai, roek*) caw

krasser 1 (*voorwerp*) scraper, scratcher; 2 (*op viool*) (gut-)scraper; **krasserig** scratchy

krasvast scratch-resistant

krat 1 crate; 2 (*ve wagen*) tailboard

krater crater; **kratermeer** crater lake; **kratervormig** crater-shaped, crater-like, crateriform

krates (*fig*) hunchback

kraton palace and grounds in Java

krats (*fam*) mere trifle, [bought it for a] song

krauw scratch; *zie ook* kop; **krauwel** garden fork, weed(ing)-fork; **krauwen** scratch

krediet [blank, limited, unlimited] credit; (*fam*) cred, (*fin*) tick; *~en* credits; ~ *geven* give (allow) credit (*fam:* tick); *een* ~ *openen* open a credit; *op* ~ *kopen* buy on credit (*fam:* on tick)

krediet|bank credit bank; **-beperking** 1 credit squeeze; 2 surcharge for delayed payment; **-bewaking** credit control; **-brief** letter of credit, L/C; **-gever** lender; **-instelling** credit bank; **-kaart** credit card; **-nemer** borrower; **-papier** credit instrument; **-stelsel** credit system; **-uitbreiding** expansion of credit; **-uren** in-service training hours; **-waardig** solvent, (financially) sound, credit-worthy; **-waardigheid** solvency, soundness, credit-worthiness

kreeft (*rivier~*) crawfish, crayfish; (*zee~*) lobster; *de K~*, (*astron*) Cancer; **kreeftdicht** palindrome; **kreeftegang**: *de* ~ *gaan* go backward, go downhill; **kreeftenfuik** lobster-pot; **kreefteschaar** claw of lobster; **kreeftskeerkring** tropic of Cancer; **kreeftvers** palindrome; **kreeg** *ovt van* krijgen

kreek creek

kreet cry, scream, shriek, shout, whoop [of triumph]; (*loze* ~) slogan, catchword, buzz-word, (*Am*) fuzzword

kregel 1 peevish, petulant; *zo'n vent maakt me* ~, (*sl*) such a fellow gets my goat (gets under my skin); *zie ook* nijdig; 2 (*pittig*) spirited, game; ['...', she said] with spirit; **kregelheid** 1 peevishness, petulance; 2 spiritedness, gameness; **kregelig** *zie* kregel

kreits (*vh oude Duitse Rijk*) district

krek (*fam*) exactly, precisely, just

krekel (house-)cricket; **Krelis** Cornelius; *Boer* ~ Farmer Hodge; **Kremlin**: *het* ~ the Kremlin

kreng 1 carrion; 2 (*fig, fam*) rotter, nasty piece of work; (*vr*) bitch; *dat kleine ~!* the little beast!, the little perisher!; *dat gierige ~!* the stingy brute!; *dat* ~ *loopt weer niet*, (*ve horloge bijv*) the beastly thing won't go; **krengen** careen [a ship]; **krengerig** beastly, nasty, bitchy

krenken offend, injure [a p.'s health, reputation], hurt, wound [a p.'s pride]; *zich* ***gekrenkt*** *voelen* feel hurt (offended, aggrieved); *diep gekrenkt*, (*ook*) outraged, cut to the quick; *hij voelt zich erdoor gekrenkt* he feels sore (hurt) about it; *zijn geest is gekrenkt* his mind is unhinged; *gekrenkte trots* wounded pride; *geen **haar** op uw hoofd zal gekrenkt worden* not a hair of your head shall be touched (harmed); **krenkend** injurious [words], offending, insulting; **krenking** injury, hurt, offence; (*vh verstand*) derangement

krent 1 (dried) currant; *zonder ~en* plain [cake]; *de ~en in de pap,* (*fig*) the gilt on the gingerbread; 2 (*fam*) [he was just sitting on his] bum; 3 miser, skinflint, cheapskate; **krenteboompje** 1 (*amelanchier*) serviceberry; 2 (*ribes*) mountain berry

krenten *ww* thin [grapes]; *het ~* [grape-]thinning

krentenbaard herpes; **krentenbol** currant bun; **krentenbrood** 1 currant bread; 2 currant loaf, loaf of currant bread; *~je* currant bun; **krentenkakker** *zie* -weger; **krentenkoek** currant cake; **krentenweger** cheese-paring person, miser; **krenterig** mean (about, *of:* with, money), niggardly, stingy, near; *~e beperkingen* niggling restrictions; **krenterigheid** mean-, niggardli-, stinginess, etc

krep *zie* krip; **krepijzer** crisping-iron; **kreppen** crisp

Kreta Crete; **Kreten|zer, -zisch** Cretan

kretologie slogan-mongering, (*Am*) sloganeering

kreuk(el) crease, wrinkle, pucker, ruck; **kreukelaar** wrecked car; **kreukelen** crease, rumple, crumple, wrinkle, pucker (up), ruck up, get crumpled; get wrecked; **kreukelig** (c)rumpled, creased, wrinkled; **kreukelzone** crumple zone; **kreuken** *zie* kreukelen; **kreukherstellend** crease-resistant; **kreukvrij** crease-resisting

kreunen groan, moan

kreupel lame [*aan een been* of (*of:* in) one leg]; *hij is* (*loopt*) *~* he is lame, limps [with the left leg], walks with a limp, has a limp (in his walk); (*enigszins, erg*) has a slight, a bad limp; *~ **maken*** lame; *~ **worden*** go lame; *~e verzen* doggerel; *een ~e* a lame person, a cripple; **kreupelbos** thicket, underwood, underbrush, coppice, brushwood, spinney; **kreupelen** limp; *vgl* kreupel

kreupelheid lameness; **kreupelhout** *zie* -bos; **kreupelrijm** doggerel (rhyme)

krib(be) 1 (*voerbak*) manger, crib; 2 (*slaapplaats*) crib, cot; 3 (*dam*) jetty, groyne; *zie ook* achterste

kribbebijter crib-biter; (*fig ook*) crosspatch; **kribbe|bijtster, -bekat** scratch-cat; **kribbig** peevish, testy, fretful, querulous, petulant; **kribwerk** fascine work

kriebel itch(ing); *ik kreeg er de ~ van* it got on my nerves; **kriebelen** 1 *intr* tickle, itch; *tr* tickle; 2 *zie* krabbelen 1; **kriebelhoest** tickling cough

kriebelig 1 tickling, itching; (*fig*) nettled [*over* at]; *je wordt er ~ van* it gets on your nerves, it gets your dander up; 2 *zie* krabbelig

kriebeling tickling, itching; **kriebelmugje** sandfly; **kriebel|pootje, -schrift** crabbed hand(writing); **kriebelziekte** ergotism

kriegel *zie* kregel 1

kriek black cherry; *zie ook* lachen; **kriekeboom** black-cherry tree

krieken chirp; *bij het ~ van de dag* at peep of day, at the crack (the first streak) of dawn

kriel 1 small potatoes, etc; (*kinderen, enz*) small fry; *een* (*kleine*) *~* a pigmy, a whipper-snapper; 2 *zie* ~hen; 3 (*viskorf*) creel; **krielen** *zie* krioelen

krielhaan bantam cock, dwarf cock; **kriel|hen, -kip, -tje** bantam (fowl), dwarf hen

krieuwelen *zie* krioelen & kriebelen

kriezeltje crumb, bit; *zie ook* greintje

krijg war; *zie verder* oorlog & strijd

1 krijgen make (*of:* wage) war

2 krijgen get [money, nothing, a reward, etc], receive [an answer, a letter, a reward, a good education], be given [a certificate, a reward], catch [a cold, the thief], have [can I have my dinner now?, she was going to have a baby], come in for [one's share, blows, a scolding], be shown [the yellow card]; (*verkrijgen*) acquire [riches, a knowledge of painting], obtain [dyes from the barks of trees]; *hij krijgt zijn inkomen uit ...* he derives his income from ...; *ik heb het gekregen* I had it given me; *je kunt het wel van me* (*cadeau*) *~* I can give it to you; I can let you have it; *je krijgt het morgen* you'll have it tomorrow; *zijn ogen kregen een glazige uitdrukking* took on a glazed expression; *ze ~ **elkaar*** they get married (in the end); *hij kreeg er mij **ertoe** het te doen* he got me to do it, (*door vleierij*) he coaxed me into doing it; *ik kreeg het **gedaan*** I got it done; *ik krijg het **koud*** I am getting cold; ***longontsteking** ~* fall ill with (develop) pneumonia; *hij kreeg 3 **maanden*** (*gevangenisstraf*) he got three months; (*bij examen*) he was referred for three months; *een **ongeluk** ~* meet with an accident; *we ~ **sneeuw*** we shall have (we are in for, it looks like) snow; *ik kon hem niet te **spreken** ~* I could not get hold of him; ***wat** ~ we nu?* what are we in for now?, (*fig*) what next?; *wat* (*hoeveel*) *krijgt u van me?* what (how much) do I owe you?, how much is it?; *ik krijg wat van die vent,* (*fam*) that fellow gets my goat (drives me up the wall); *je krijgt er wat van, zoals hij ...,* (*fam*) it (proper) gets you, the way he ...; *ik **zal** hem **wel** ~!* I'll have him yet!, I'll teach him!; *hij kreeg het **zijne*** he came by his own; ***te** ~* [it is not] to be had, [there are hardly any houses] going; *eten was voor geen geld te ~* food was not to be had at any price, for love nor money; *het boek is niet meer te ~* the book is out of print; *u kunt deze appels ~ **tegen** f 3 de kilo* you can have these apples at ...; *ik kon niets **uit** hem ~* I could get nothing out of him; *ik kreeg het met moeite uit hem* I wormed it out of him; *ik kreeg mijn beurs uit de zak* I took my purse out of my pocket; *ik krijg er hoofdpijn **van*** it gives me a headache; *zie ook* blad, dorst, genoeg, 1 goed 2, langs, doorkrijgen, meekrijgen, presenteerblad, enz

krijger warrior; **krijgertje** 1 (game of) tag, tig; *~ spelen* play tag (touch, tig); 2 gift, giveaway

krijgs|artikelen[1] articles of war; **-banier** banner of war; **-bende** band of soldiers; **-daad** warlike

1 *Zie ook de sam met* oorlogs- *en* strijd-

deed (exploit, achievement); **-dans** war dance; **-dienst** military service; *voor de ~ aanwijzen* conscript; **-eer** military honours, [march out with] the honours of war; **-geschiedenis** military history; **-geschreeuw** war-cry, -cries; **-gevangen** [take] captive; **-gevangene** prisoner of war, POW; **-gevangenschap** captivity; **-haftig** warlike, martial, soldierly; **-haftigheid** valour, prowess, soldierly spirit, warlike appearance; **-heer** warlord; **-hof** (*Belg; Br vglb:*) Courts-Martial Appeal Court; **-kans** chance(s) of war; *de ~ doen keren* turn the fortunes of war (the tide of battle); **-kas** war-chest, military chest; **-knecht** soldier; **-kunde** *zie* -kunst; **-kundig** military; **-kundige** military expert; **-kunst** military science, art of war; **-leus** battle-cry, slogan (*ook fig*); **-lied** war-song; **-lieden** warriors, soldiers; **-list** stratagem; **-macht** (armed, military) force; *de (nationale) ~* the armed forces; **-makker** fellow-soldier, brother-officer; **-man** warrior; **-manseer** military honour; **-overste** general; [mighty] captain, [Chinese] warlord; **-plan** plan of campaign; **-raad** 1 (*vergadering*) council of war; 2 (*mil rechtbank*) court-martial (*mv:* courts-martial, (*fam*) court-martials); *voor de ~ roepen* court-martial; *~ te velde* drumhead court-martial; **-recht** military law; **-roem** military glory (fame); **-school** military academy; *hogere ~*, (*vglb*) staff college; **-spel** war-game, mimic warfare; **-tocht** (military) expedition, campaign; **-tucht** military discipline; **-verrichtingen** military operations; (*roemrijke daden*) warlike deeds; **-vertoon** sabre-rattling; **-volk** soldiers, [the] military, soldiery; **-werktuig** implement of war; **-wet** martial law; *de ~ afkondigen* proclaim martial law; *in W is de ~ afgekondigd* W is under martial law; **-wetenschap** military science, science (theory) of war

krijs(en) scream, shriek, screech, cry; (*ve meeuw, papegaai, enz, ook*) squawk

krijt 1 (*om te schrijven*) chalk; (*om te tekenen*) crayon, chalk; *~je* piece of chalk; *zie ook* balk; *ik sta bij hem **in** het ~* I am in his debt; ***met** dubbel ~ schrijven* charge double, overcharge; *met ~ tekenen* crayon, draw in chalks (in crayons); 2 (*geol*) cretaceous (period, system); 3 (*strijdperk*) lists; *in het ~ treden* enter the lists, (*fig ook*) take up the cudgels [for a p.]; **krijtaarde** cretaceous earth; **krijtachtig** chalky

krijten 1 cry, weep; wail; 2 chalk [a (billiard-)cue]

krijt(st)er crier, cry-baby

krijt|gebergte chalk-hill(s); **-grond** chalky soil

krijt|laag layer of chalk, chalk-bed; **-mergel** chalk-marl; **-poeder** powdered chalk; **-rots** chalk cliff; **-streep** 1 chalk line; 2 pinstripe [suit]; **-tekening** chalk (crayon) drawing; **-wit** I *zn* chalk-dust; II *bn* as white as chalk, chalk-white, [look] ashen

krik 1 *~!* crack!; 2 (*vijzel*) (screw-)jack

krikkemik 1 (*hijswerktuig*) jack, hoist; 2 (*beuzelarij*) trifle; **krikkemikkig** rickety

krikken make love, screw; *zie ook* op~

Zie ook de sam met oorlogs- *en* strijd-

krikkrak! crack!; **krikkrakken** (go) crack

krill id; **Krim**: *de ~* The Crimea; **Krimoorlog** Crimean War

krimp I *bn* crimp; *~ snijden* crimp [fish]; II *zn* 1 (*krimping*) shrinkage, contraction; (*geen*) *~ geven* (not) give (*of:* cave) in, yield, climb down; 2 (*gebrek*) want; *ze **hebben** geen ~* they are well off, they don't need to stint themselves

krimpen I *intr* 1 (*ve stof*) shrink; 2 (*vd wind*) back; 3 (*v pijn*) writhe [with pain]; II *tr* shrink

krimpfolie shrink-foil, shrink-wrapping; *in ~ verpakken* shrink-wrap; **krimping** shrinkage

krimpkabeljauw, *enz* crimped cod, etc

krimpvrij unshrinkable, non-shrink(able), shrinkproof

kring 1 circle, ring [around the moon]; (*ve ster*) orbit; (*om zon of maan*) halo; *~etje* circlet, ring; *de vogels **beschreven** ~en boven het water* the birds circled (wheeled) over ...; *~etjes **blazen*** blow (send out, puff) smoke-rings (rings of smoke); (*blauwe*) *~en onder (om) de **ogen*** (dark) rings (shadows) under (round) one's eyes; ***in** een ~ gaan staan* form a circle; *in een ~etje ronddraaien* (*redeneren*) argue (reason) in a circle; 2 (*fig*) circle [financial circles, etc]; (*v invloed*) sphere, orbit; *het boek werd in ruime ~ gelezen* the book was widely read; *de ~ waarin zij verkeert* the set (*of:* circle) in which she moves; *de **hoogste** ~en* the highest circles, the upper walks of life; *meisjes **in** (**uit**) haar ~* girls in her set, (*fam*) of her crowd; *het gerucht loopt in zekere ~en, dat ...* it is rumoured in some quarters that ...; *in alle ~en* in all walks (every walk) of life, at all levels of society; 3 (*wijk, enz*) district, area; 4 (*elektr*) [tuned, closed] circuit

kringelen curl, coil, wreathe; **kringgrep** ring-ditch; **kringloop** circular course, orbit; (*fig*) circle, cycle [things move in cycles]; **kringloopglas** recycled glass; **kringloopproces** cycle, cyclical process; **kringsgewijze** circularly; **kringspier** sphincter; **kringvormig** circular

krinkel crinkle; **krinkelen** crinkle

krioelen swarm; *het krioelt hier van muizen* the place is swarming (infested, teeming, overrun, crawling, alive) with mice

krip crape; **krippen** I *bn* (of) crape; II *ww* crape

kris 1 (*wapen*) id, creese; 2 *bij ~ en kras zweren* swear by all that is holy; *hij ontkende bij ~ en kras ...* he stoutly denied ...; **Kris** Chris, Kit

kriskras criss-cross; **kriskrassen** criss-cross, scratch

krissen (stab with a) kris (creese)

kristal crystal (*ook ~werk*)

kristal|achtig crystalline; **-glas** crystal glass; **-helder** crystal-clear, (as clear as) crystal; **-kunde** crystallography; **-len** crystal(line); **-lens** crystalline lens; **-lijn** crystalline [structure]; **-lisatie** crystallization; **-liseren** crystallize; *gekristalliseerde vruchten* crystallized fruits; **-lografie** crystallography; **-loïde** crystalloid; **-rooster** crystal lattice; **-stelsel** crystal system; **-structuur** crystal structure; **-suiker** granulated sugar; **-vormig** crystalloid; **-vorming** crystallization; **-water** water of crystallization; **-werk** crystal-

(-ware)
kritiek I *zn* criticism [*op* of]; (*literatuur, ook*) critique, review, notice; (*kunst, ook*) critique; *ze is altijd vol* ~ she is always finding fault; *beneden alle* ~ below criticism, beneath contempt; ~ (*uit*)-*oefenen* (*op*) criticize, pass (a) criticism on, level (a) criticism against (at); *de* ~, (*coll*) the critics; II *bn* 1 critical, crucial; *het ~e van zijn positie* the critical character of ...; *de toestand komt in een ~ stadium* is coming to a head; 2 critical, discriminating [listener]; **kritiekloos** uncritical [admiration], undiscriminating
kritisch critical [analysis, comment, study; age; point, temperature]; ~ *gestemd tegenover* critical of [a proposal]; *zeer* ~, (*ook*) censorious; *~e snelheid,* (*luchtv*) stalling speed
kritiseren criticize; (*afkeurend, ook*) censure; (*boek*) review; (*scherp*) slate
Kroaat Croat(ian); **Kroatië** Croatia; **Kroatisch** Croatian
krocht crypt, cavern
krodde (*plant*) charlock, wild mustard; *witte* ~ common penny-cress
kroeg public house, pub; (*stud*) (students') union; *de ~en aflopen* pub-crawl; **kroeg|baas, -bazin** public-house keeper; (*baas, ook*) publican; **kroegentocht** pub-crawl [go pub-crawling]; **kroeghoud(st)er** *zie* kroegbaas; **kroegjool** students' drinking-bout; **kroeglopen**: *het* ~ pub-crawling; **kroeglopen** pub-loafer, -crawler
kroelen cuddle; make love
kroep croup; *valse* ~ spurious croup
kroepoek prawn crackers
kroes I *zn* 1 (*drink~*) mug, cup; 2 (*smelt~*) crucible; II *bn* crisp(ed), frizz(l)y, frizzled, woolly, fuzzy, curly [hair]; **kroesharig** woolly-haired; **kroeskarper** crucian (carp); **kroeskop** curly(-head), fuzzy-head; **kroesziekte** (*plantk*) curl; **kroeze|len, -lig** *zie* kroezen, kroes; **kroezen** friz(z), crisp, curl, crimp; **kroezig** *zie* kroes
krokant crisp, crunchy; **kroket(je)** croquette
krokodil crocodile; (*fam*) croc; **krokodilleklem** crocodile (*of:* alligator) clip; **krokodilleleer** crocodile (leather); **krokodilletranen** [shed] crocodile tears
krokus crocus; **krokusvakantie** spring half-term (holiday)
krollen (cater)waul; **krols** in (on, at) heat
krom crooked [back, fingers, street], bent [back], curved [line], hooked [nose]; (*krom getrokken*) warped; ~ ***van*** *het lachen* doubled up with laughing; *~me benen, zie* o-benen & x-benen; *met ~me benen, zie* ~benig; *een ~ en verdraaid geslacht* a crooked generation; *~me sabel* curved sword, sabre, scimitar; *~me taal* bad English (Dutch, etc), gibberish; *~me tenen krijgen* feel highly embarrassed; *zich ~ werken* work one's fingers to the bone; *zie ook* lachen, sprong, enz
krom|baanvuur curved (*of:* high-angle) fire; **-bek** kidney-bean; **-bekstrandloper** curlew sandpiper; **-benig** with crooked legs; (*met o-benen*) bandy-, bow-legged; (*met x-benen*) knock--kneed; **-buigen** bend (double); **-groeien** grow crooked; **-hals** 1 wryneck; 2 (*plant*) bugloss; 3 (*retort*) retort; **-heid** crookedness; **-hoorn** crum-, krummhorn, cromorne; **-hout** knee(-timber); **-liggen** pinch (o.s.), pinch and scrape, go short [to buy shoes]; **-lijnig** curvilineal, -linear; **-lopen** 1 (*ve pers*) (walk with a) stoop; 2 (*ve weg, enz*) be crooked, curve
kromme 1 (*pers*) hunchback; 2 (*lijn*) curve; graph
krommen *tr & intr* curve, bow, crook, bend
krommes hollowing-knife; **kromming** bend, curve, winding, turn; curvature [of the earth]; **kromneus** hook-nose(d person)
kromp *ovt van* krimpen
krompasser calliper compasses, callipers; **krompraten** talk double Dutch, murder the King's English; (*ve kind*) lisp, babble; **kromsluiten** tie [a p.] hand and foot; **kromspreken** *zie* -praten; **kromstaf** crosier, crozier; crook
kromte *zie* kromheid & kromming; **kromtrekken** warp, become warped; (*v metaal, asfalt, enz*) buckle; **kromzwaard** scimitar, falchion
kronen crown [a p. king *tot koning*]; *zie ook* be~
kroniek chronicle; *de K~en,* (*bijb*) the Chronicles
kroniekschrijver chronicler
kroning coronation [ceremony, day, oath, etc], crowning
kronkel 1 twist(ing), coil; ~ *in de darm, zie* darm~; 2 (*wtsch*) torsion; 3 (*in touw, geest, hersens*) kink
kronkeldarm ileum
kronkelen (*ook: zich* ~) wind, twist, meander; (*ve slang*) squirm, wriggle; turn in and out, twist and turn; *een beekje kronkelde door het dal* a brook wound its way through the valley; **kronke|lend, -lig** winding, twisting, twirly(-whirly), tortuous, meandering, sinuous; **kronkeling** *zie* kronkel; *~en van de darmen* (*hersenen*) convolutions of the intestines (brain); **kronkelpad** winding path; *vgl* -weg; **kronkelredenering** tortuous reasoning; **kronkelweg** winding road; crooked (tortuous) path (*ook fig*); *langs ~en gaan,* (*fig*) follow devious ways (paths)
kroon 1 crown (*ook fig; ook munt; ook v kies & diamant*); (*adellijke* ~) [ducal] coronet; (*ve boom*) top; *de K~* the Crown; *de ~ van zijn levenswerk* the crown of his life's work; *de ~* ***neerleggen*** resign the crown, abdicate (the throne); *iem de ~* ***opzetten*** put the crown on a p.'s head; *dat zette de ~ op alles* that crowned all (was the crowning touch); *dat zet zijn verdiensten de ~ op* that is his crowning merit; *dat* ***spant*** *de* ~ that caps (tops) everything; (*fam*) that takes the cake (the biscuit); *hij spande de* ~ he bore (carried off) the palm; *naar de ~* ***steken*** rival, vie with, run [a p., etc] hard; 2 (*licht~*) chandelier, lustre; 3 (*bloem~*) corolla; 4 (*ve hoef*) coronet
kroon|blad (*plantk*) petal; **-docent** (Crown-appointed) professor; **-domein** crown (*of:* royal) demesne, crown-land, estate of the Crown; **-duif** crown(ed) pigeon; **-eend** red-crested pochard; **-getuige** chief witness for the Crown (the prosecution); **-glas** crown glass; **-goed** *zie* -domein; **-jaar** jubilee year; **-juwelen** crown jewels; **-kandelaar** *zie* kroon 2; **-kolonie** crown-colony;

-kurk crown cap; **-lid** Crown-appointed member; **-lijst** cornice; **-luchter** *zie* kroon 2; **-moer** castle nut; **-prins** crown prince, prince royal; **-prinses** crown princess, (*vglb*) princess royal; **-raad** Crown Council; (*vglb*) Privy Council; **-rad** crown wheel; **-rand** (*ve paardehoef*) coronet; **-steentje** connector; **-tje** 1 (*adellijk*) coronet; 2 (*ve vrucht*) eye, nose; **-tjeskruid** milkweed; **-tjespen** crown pen; **-vormig** crown-shaped

kroop *ovt van* kruipen

kroos (*eende~*) duckweed; **kroosje** bullace

kroost issue, offspring, progeny; *zonder ~ na te laten* [die] without issue, issueless

kroot beet(root)

krop 1 (*ve vogel*) crop, gizzard, maw; *dat steekt hem in de ~* that sticks in his gizzard; *een ~ opzetten* puff o.s. up; 2 (*~gezwel*) goitre; 3 (*v sla, kool, enz*) head; *vgl* ~sla; **kropaar** (*plant*) cocksfoot (grass); **kropachtig** goitrous [swelling]; **kropader** jugular (vein); **kropduif** pouter (pigeon); **kropgezwel** goitre, bronchocele

kroppen 1 cram [geese, etc]; 2 (*v sla, enz*) heart (up), (form a) head; *vgl* ver~

kropper *zie* kropduif; **krop|salade, -sla** cabbage-lettuce; *een krop sla* a (head of) lettuce

krosti breaded mincemeat sausage

krot hovel, slum dwelling; **krotopruiming** slum clearance; **krottenbuurt** slum (area), slums; **krottenwijk** shanty town; **krotwoning** slum dwelling

krozig [a pond] covered with duckweed

kruid herb; (*genees~*) herb(al) medicine, medicinal herb, simple; *er is geen ~ voor gewassen* there is no cure for it; *er is geen ~ voor hem gewassen* he is past (*of:* beyond) recovery; *zie ook* dood II; **kruidachtig** herbaceous; **kruidboek** herbal

kruiden season, spice; (*fig ook*) add spice to; *sterk gekruid* highly seasoned (flavoured, spiced); (*fig*) spicy [stories]; **kruidenaftreksel** decoction of herbs; **kruidenazijn** spiced (*of:* medicated) vinegar; **kruidenbitter** bitters; **kruidenboter** herb-butter; **kruidenbuiltje** bouquet garni; **kruidendokter** herb-doctor

kruidenier grocer; **kruideniersgeest** narrow-mindedness, bourgeois mentalit; **kruideniers-politiek** narrow-minded policy; **kruideniers-waren** groceries; **kruideniers|winkel, -zaak** grocer's (shop), grocery shop

kruidenlezer herbalist; **kruidenthee** herb-tea; **kruidentuin** (medicinal) herb garden; (*voor keuken*) kitchen-garden; **kruidenwijn** spiced wine; **kruidenzoeker** herbalist; **kruiderij** spice(s), condiment(s), flavouring(s), seasoning(s); **kruidig** spicy, spiced; **kruidje-roer-mij-niet** sensitive plant; (*fig*) touchy person; **kruidkaas** spiced cheese; **kruidkenner** *zie* -kundige; **kruidkers** cress; **kruidkoek** spiced gingerbread; **kruidkundige** (medical) botanist, herbalist; **kruidnagel** clove; **kruidnagelolie** oil of cloves; **kruidnoot** 1 nutmeg; 2 *zie* pepernoot; **kruidvlier** dwarf elder

kruien 1 wheel; trundle (push) a wheelbarrow; 2 (*v ijs*) drift, break up; (*ve rivier*) be full of drift-ice; *het ~* ice-drift, break-up; **kruier** 1 (*eig*) barrow-man; 2 (*hist*) (luggage) porter; **kruiersloon** porterage

kruik stone bottle, jar, pitcher; *warme ~* hot-water bottle; *de ~ gaat zo lang te water tot ze breekt* the pitcher goes so often to the well that it comes home broken at last; *zie ook* kan

kruikeblad (*plant*) yellow water-lily

kruim crumb; (*fig*) [the] cream

kruimel crumb; *geen ~*, (*fig*) not a crumb

kruimelaar(ster) (*fig*) *zie* pietlut; **kruimelarij** cheese-paring; **kruimeldief** petty thief; **kruimeldiefstal** petty thieving, petty theft

kruimelen crumble; **kruimelig** crumbly; (*v aardappelen*) mealy, floury; **kruimeltaart** [apple] crumble, (*inz Am*) streusel cake; **kruimelvegertje** crumb-brush; **kruimig** *zie* kruimelig

kruin 1 (*ve berg, dijk, hoofd*) crown, top; (*ve weg*) crown [drive on the crown of the road]; (*ve boom*) top; (*ve golf*) crest; 2 tonsure; *zie ook* hoofd

kruinschering tonsure

kruip creep; **kruip-door-sluip-door** thread-(the-)needle; **kruipelings** creeping, crawling

kruipen 1 creep (*ook v plant*), crawl; (*v tijd*) drag, crawl; *op handen en voeten ~* go on all fours; 2 (*kruiperig zijn*) cringe [*voor* to, before], truckle [*voor* to], crawl, grovel, bow and scrape; (*fam*) kotow [*voor* to]; **kruipend** creeping, etc; *~ dier* reptile; *~e plant* creeper; **kruiper** toady, cringer, lickspittle; **kruiperig** cringing, fawning, servile, abject, obsequious

kruiperij toad-eating, toadyism, cringing

kruipertje wild barley, wall-barley; **kruiperwt** dwarf-pea; **kruipolie** (*met grafiet:* graphited) penetrating oil; **kruippakje** playsuit; **kruipruimte** crawl space; **kruipspoor** crawler lane; **kruipstroom** creepage current; **kruipwilg** creeping willow

kruis 1 cross; *iem het **heilige** ~ nageven* be glad to be rid of a p.; *~ of **munt*** heads or tails; *het **Rode** K~* the Red Cross (Society); *een ~ **slaan*** cross o.s., make the sign of the cross; ***aan** het ~ slaan* nail to the cross, crucify; *aan het K~* [die] on the Cross; ***over** ~, zie ~*elings; *zie ook* kracht; 2 (*muz*) sharp; *~en en **mollen*** sharps and flats; 3 (*ve dier*) croup; (*ve paard, ook*) crupper; (*ve mens*) crotch; (*ve broek*) seat, slack; ***in** het ~ getast,* (*fam*) [feel] offended, huffed; 4 (*ve anker*) crown; 5 (*fig*) [bear one's (own)] cross(es), [have to bear (carry) a heavy] burden; affliction, trial, [spring-cleaning is a] nuisance; *elk **huis**(**je**) heeft zijn ~(je)* there is a skeleton in every cupboard

kruis|afneming descent from the Cross; **-arceren** cross-hatch; **-arcering** cross-hatch(ing); **-balk** 1 (*bk*) crossbeam; 2 (*v kruis*) crossbar; **-band** 1 (postal) wrapper; *onder ~* under wrapper; 2 (*anat*) cruciate ligament [of the knee]; **-beeld** crucifix, rood; **-bek** (*vogel*) crossbill; **-berg** (Mount) Calvary; **-bes** goosberry (bush); **-bessevla** gooseberry fool; **-bestuiving** cross-pollination; **-bevruchting** cross-fertilization, allogamy; **-bladig**: ~ *walstro* crosswort; **-bloem** 1 milkwort; 2 (*bk*) finial; **-bloemig** cruciferous; *~e plant,* (*ook*) crucifer; *~en,* (*ook*) cruciferae; **-boog** 1 crossbow, arbalest; 2 (*bk*) groined arch; **-boogschutter** arbalester; **-dagen** rogation days; **-distel** eryngo, sea-holly; **-dood** death on the cross; **-doorn** *zie* -bes; **-draad** (*ve kijker*) reticle, spider('s) line; **-drager** crucifer, cross-bearer; **-elings** crosswise, crossways

kruisen I *tr* 1 cross [one's arms, animals, plants, breeds]; (*dieren, enz, ook*) interbreed; (*planten, ook*) cross-fertilize; *de brieven kruisten elkaar* the letters crossed (each other); 2 (*kruisigen*) crucify; *zich ~* make the sign of the cross, cross o.s.; *het vlees ~* mortify the flesh; II *intr* cruise [in the Channel]; *zie ook* degen, pad & gekruist

kruiser cruiser; (*jacht*) (cabin, motor) cruiser

kruisgang 1 cloister; 2 (*r-k*) *zie* kruisweg; **kruisgewelf** cross-vault, groined roof; **kruisgewijs** *zie* kruiswijs; **kruisheer** Crutched Friar; **kruishout** 1 cross-beam; *het ~,* (*v Christus*) the Cross; 2 (*techn*) marking gauge

kruisigen crucify; *zie ook* kruisen; **kruisiging** crucifixion; **kruising** 1 (*v dieren en planten: abstr*) cross-breeding, hybridization; (*concr*) cross, hybrid; 2 (*v wegen*) crossing, crossroads; 3 (*bk*) crossing; **kruisje** 1 crosslet; *een ~ maken* cross o.s.; *een ~ zetten,* (*als handtekening*) make one's mark; *er staan vier ~s,* there are four (small) crosses, (*geschreven, ook*) four Xes; *hij is aan zijn vierde ~ bezig* he is in his thirties; *zie ook* kruis & rug; 2 (*in broekje*) gusset

kruis|kerk cruciform church; **-kop** Phillips head; **-koppeling** u(niversal) joint; **-kopschroef** Phillips screw; **-kopschroevedraaier** Phillips screwdriver; **-kozijn** cross-bar window (-frame); **-kruid** groundsel; **-ling** cross, hybrid; **-mast** mizzen-mast; **-net** square net; **-paal** turnstile; **-pand** (*bk*) crossing; **-peiling** cross-bearing, fix; **-pen** (*mar*) gudgeon; **-punt** 1 (point of) intersection, crossing, cross-over; 2 (*knooppunt*) [railway-]junction; **-raam** cross-bar window; **-rad** turnstile; **-rak** (*zeilsp*) windward leg; **-raket** cruise missile; **-ridder** knight of the Cross; **-riem** crupper; **-sleutel** four-way wrench; **-snarig** overstrung; **-snede** crucial incision; **-snelheid** cruising speed; **-spin** cross-, diadem-, garden--spider; **-standig** decussate; **-steek** cross-stitch; **-teken** sign of the cross; **-tocht** 1 (*hist*) crusade; *een ~ voeren* (carry on a) crusade [for women's rights, against smoking]; 2 (*ve schip & vliegt*) cruise; **-vaan** banner of the cross; **-vaarder** crusader; **-vaart** crusade (*ook fig*); **-verband** 1 (*metselwerk*) cross-bond; 2 (*med*) cross-bandage; **-vereniging** home health care society

Kruisverheffing Exaltation of the Cross, Holy Cross day (*14 sept*); **kruisverhoor** cross-examination; *een ~ afnemen* cross-examine, cross--question; **kruisverwijzing** cross-reference; **Kruisvinding** Invention of the Cross (*3 mei*)

kruis|vormig cruciform, cross-shaped; **-vuur** cross-fire (*ook fig*); **-weg** 1 [a] crossroad(s) (*zie* tweesprong); 2 (*r-k*) Way (*of:* Stations) of the Cross; *de ~ bidden* make (do) the Stations (of the Cross); **-werk** home care, home health care work; **-wijs**, **-wijze** crosswise, crossways; **-wissel** cross points, scissors (diamond) overcrossings; **-woord** 1 (*puzzel*) crossword; 2 word from the Cross; **-woordraadsel** crossword (puzzle)

kruit powder, gunpowder; *~ en lood* powder and shot; *zijn ~ drooghouden* keep one's powder dry; *verschiet al je ~ niet ineens* always keep a last shot in the locker; *hij heeft al zijn ~ verschoten* he has shot his bolt, is at the end of his tether (his resources); *zie ook* bus~ & los

kruitdamp (gun)powder smoke; (*fig*) [when the] smoke (of battle) [had cleared *was opgetrokken*]

kruitfabriek ordnance (munitions) factory

kruitvat [a political] powder keg

kruiwagen (wheel)barrow; *achter een ~ lopen* trundle (push) a wheelbarrow; *~s,* (*fig*) [have] friends at court, connections, [obtain a post through] influence, [he got the job by] patronage, influential backing; *hij kreeg het baantje door ~s,* (*ook*) he was pitchforked into the place

kruizemunt spearmint; (*oneig*) mint

kruk 1 (*ve kreupele*) crutch; 2 (*ve deur*) handle; 3 (*ve vogel*) perch; 4 (*ve machine*) crank; 5 (*zit~, ~je*) stool; 6 (*knoeier*) bungler; 7 (*fysiek*) crock

krukas crankshaft; **krukboor** auger, wimble

krukken 1 go on crutches; *wat zit-ie weer te ~* how clumsily he's doing it; 2 (*sukkelen*) be ailing

krukkig 1 ailing; 2 clumsy

krul 1 (*algem*) curl; *~letje,* (*ook*) ringlet; *lange ~len* corkscrew curls; 2 (*hout~*) shaving (*meestal mv*), chip; 3 (*met pen*) flourish, quirk, twirl; (*versiering*) scroll; 4 (*plantez iekte*) curl; 5 (*urinoir, vglb*) loo

krulandijvie curled endive; **krulborstel** styling-, curling-brush; **krulhaar** curly (*met fijne krulletjes:* crinkly) hair; **krulijzer** curling-, crimping--iron, (hair-)curler; **krulle|bol**, **-kop** curly-head

krullen I *tr* curl; (*haar, ook*) crimp, crisp, friz(z); II *intr* curl; *een kind met ~d haar* a curly-haired child; **krullenjongen** carpenter's apprentice; *zie ook* duvelstoejager; **kruller** roller, curler; **krulletter** flourished (*of:* swash) letter; **krullig** curly; **krulpruik** curled wig; **krulspeld** roller, curler; **krulstaart** 1 curly tail; 2 pig; **krultabak** shredded tobacco; **krultang** styling-, curling-tong; **krulversiering** scrollwork; **krulziekte** curl

krummel crumb

kryoliet cryolite

ks, **ksh**!, **kst**! shoo!

KTV afk van *kleurentelevisie* CTV

kuberen cube; **kubiek** I *bn* cubic [foot, etc]; *~e maat* cubic measure; *zie ook* inhoud; II *zn* cube; *in het ~ verheffen* cube [a number]; *2 voet in het ~* 2 feet cube; **kubiekwortel** cube root

kubisme cubism; **kubist** cubist; **kubistisch** cubist

kubus cube; **kubusvlak** cube-face; **kubusvormig** cubical, cubic-shaped

kuch 1 (dry) cough; 2 *zie* commiesbrood

kuchen 1 cough; 2 give a cough, hem; **kuchhoest**: *droge ~* hacking cough

kudde herd [of cattle, swine, elephants], flock [of sheep, goats]; (*voortgedreven*) drove [of cattle]; (*fig*) common herd; *de geestelijke en zijn* ~ the pastor and his flock

kuddedier (*fig*) herd-animal; **kuddegeest** herd-instinct

kuier stroll; **kuieren** stroll, saunter; **kuierlatten** pegs, pins; *de* ~ *nemen* take to one's legs

kuif (*ve mens*) forelock; (*ve vogel*) tuft, crest; *in zijn* ~ *gepikt* [feel] offended; **kuifduiker** Slavonian grebe; **kuifeend** tufted duck; **kuifleeuwerik** crested (tufted) lark; **kuifmees** crested tit(mouse)

kuiken 1 chick(en); 2 (*fig*) dolt, nit, ninny

kuil 1 pit (*ook voor aardappelen*), hole; (*in bed*) hollow; (*in wegdek*) pothole; *~tje*, (*in kin, enz*) dimple; *~tjes in de wangen hebben* have dimpled cheeks; *hij viel in de ~, die hij voor een ander gegraven had* he was caught in his own trap (hoist with his own petard); 2 (*mar*) waist; 3 (*ve net*) cod(-end); (*net*) trawl (net)

kuildek well-deck [vessel]; **kuilen** put [potatoes] in pits, ensile, ensilage, silo; **kuilvisserij** trawl fishing, trawling; **kuilvoer** (en)silage

kuip tub, barrel; (*gist-, verf~, enz*) vat; *ik weet welk vlees ik in de ~ heb* I know who I am dealing with, I have his (your) number

kuipbad tub-bath

kuipen 1 tub [butter], barrel; 2 (*kuipen maken*) cooper; 3 (*fig*) intrigue, scheme

kuiper 1 cooper; 2 (*fig*) intriguer; **kuiperij** 1 cooperage, coopery; 2 (*fig*) intrigue, machination(s)

kuiphout staves; **kuipstoel** bucket seat

kuis I *bn* chaste, pure; *~e Jozef* Joseph, (*sl*) holy Joe; II *zn* cleaning; **kuisboom** chaste tree, agnus castus; **kuisen** chasten, purify; (*reinigen*) clean; (*ve boek, enz*) expurgate, (*overmatig*) bowdlerize

kuisheid chastity [belt], purity; *gelofte van* ~ vow of chastity; **kuisvrouw** charlady, -woman

kuit 1 (*ve been*) calf; 2 (*ve vis*) spawn, roe; *vrouwelijk* ~ (hard) roe; *mannelijk* ~ soft roe, milt; ~ *schieten* spawn; **kuitbeen** splint-bone, (*wtsch*) fibula; **kuitbroek** knee-breeches; **kuitendekker** long-tailed coat; **kuitenflikker** (cross-)caper; *een ~ slaan* cut a caper; **kuitenparade** legs on parade, display of legs, leg-show, -business

kuiter spawner

kuitlaars calf-length boot; **kuitspier** calf (*of:* sural) muscle

kukel 1 intellect; 2 (*sl*) bawler

kukeleku cock-a-doodle-doo; (*fam*) eyewash

kukelen tumble [down the stairs, into a ditch]

kul nonsense, rubbish; **kulas** (*ve kanon*) breech

kulkoek 1 silly joke; 2 *zie* kul; **kullen** fool; cheat

kummel 1 (*komijn*) cum(m)in; 2 (*karwij*) caraway; 3 (*likeur*) kümmel

kunde knowledge, learning; *vgl* kundig(heid)

kundig clever, able, capable, skilful, expert; (*fam*) knowledgeable; ~ *in* versed (well up) in; *hij is ter zake* ~ he is an expert; **kundigheid** skill, knowledge, learning; *kundigheden,* (*ook*) acquirements, attainments, accomplishments

kunne sex; *zie ook* sekse

kunnen I *ww* (*slechts in o t t & o v t*) can, may, could, might 1 (*in staat zijn:*) *hij kan heel aardig* (*koppig, enz*) *zijn* he can be very nice (obstinate, etc); *hij was er bij, dus hij kan het weten* he ... so he ought to know; ***dàt** kan ik ook* two can play at this game; *hij kan **goed** brieven schrijven* he is good at writing letters; *ze kan goed koken* she is a good cook; *we ~ **niet** begrijpen hoe ...* we are at a loss to understand how ...; *ik kan niet inzien ...* I fail to see ...; *ik kan niet meer* I am done (knocked) up, I am all in, I cannot carry on; *ik kan niet verder* I cannot go on; *hij kan **niets*** he can do nothing, does not know anything; *hij kon **soms** dagen achtereen verdwijnen* he would disappear for days together; *ik kan **verklaren** ...* I am in a position to state ...; *hij rende* (*luisterde, enz*) ***wat** hij kon* he was running (listening, etc) for all he was worth; *ik had hem **wel** ~ vermoorden* I could have wrung his neck; *ik kan wel wachten* I can afford to wait; *ik troostte hem **zo** goed ik kon* I ... as best I could; *ik help je zoveel ik kan* I'll help you all I can; *ik kan **er** niet **bij*** I cannot reach it (get at it); (*fig*) it is beyond me, it beats (defeats) me; *hij kan de trap niet **op*** he can't get up the stairs; *daar kan ik niet **tegen op*** that beats me, that is too much for me; *je kunt niet tegen hem op* you are no match for him; *zoveel patiënten dat de dokters er niet tegen op kunnen* so ... that the doctors cannot cope with them; *zie ook* aan~, op~, doen 9, in, tegen, weten, enz; 2 (*mogelijk zijn:*) *dat kan niet* that is impossible, that cannot be; *dat kan zo niet langer* this can't go on, things cannot go on like that; *dat kan later wel* there's no hurry for that; *dat kan een andere keer even goed* another time will do as well; *de boeken ~ wel in de tas* the ... will go in the bag; *zo rood* (*in zijn schik*) ***als** het **maar** kan* [your nose is] absolutely brick-red ([he was] as pleased as can be); *de vertaling kon **beter*** (*had beter gekund*) the ... is not as good as it could be (might have been better); ***hoe** kon je dat toch doen* (*zeggen, enz*)*!* how on earth could you do (say, etc) it!, how could you (possibly do it)!; *hoe kon ik weten ...?* how was I to know ...?; ***moet** ~* ought to be OK (acceptable); (*fam*) we can stretch a point; see nothing, hear nothing; *ik kan **wel** laat thuiskomen* I may come home late; *ze kon wel, en ze kon ook wel niet komen* she might, or might not come; *het **zou** ~, dat ik meer moet hebben* I might want ...; *het kan **zijn**, dat mijn smaak niet de uwe is* my taste may not be yours; 3 (*mogen:*) *je kunt nu gaan* you can go now; *dat had je mij wel ~ zeggen* you might have told me; *hij kan zijn geld wel houden* he can keep ...; *dat kan ermee **door*** that'll do; *dat kan er niet mee door* that cannot pass (pass muster), that's no go; *zie ook* anders, doen 9, gaan, tegen, weten, enz; II *zn* ability, capability, -ties, capacities; *beneden zijn ~ werken* fall short

kunst 1 art; ~ *en ambacht* arts and crafts; *~en en wetenschappen* arts and sciences; *meer geld voor de ~* more ... for the (performing and fine) arts; *zie ook* beeldend, enz; 2 (*kunstje*) trick [with cards, etc; does your dog know any tricks?]; (*kunstgreep*) trick, knack; (*toer*) trick, feat; *~en,* (*fratsen*) whims, tricks; *~jes* ***doen*** (*vertonen*) do (perform) tricks, (*ve hond, enz, ook*) go through its tricks; *~jes laten doen* put [a dog] through its tricks (performance); *het* ***is*** *een klein* (*koud*) *~je om* ... it's easy enough to ...; *dat is geen ~, daar is geen ~ aan* it's no great feat, there's nothing clever in that; *zie ook* doodgemakkelijk; *dat is juist de ~* that's the big point, that's the whole secret; *dat ~je* ***ken*** *ik* I know a trick worth two of that; *hij* ***verstaat*** *de ~ om te* ... he knows how to ..., has a knack of ...ing; *zie ook* flikken

kunst- (*vs natuur-*) artificial, synthetic, man-made

kunst|aardewerk art pottery; **-aas** artificial bait; **-academie** academy of art(s); **-arm** artificial arm; **-been** artificial leg; **-beschermer** patron of art (of the arts); **-bloem** artificial flower; **-broeder** brother-, fellow-artist; **-criticus** art critic; **-draaier** (ivory-)turner; **-druk** art paper

kunsteloos artless, naïve, unsophisticated; **kunsteloosheid** artlessness, naïveté

kunstenaar artist(e); **kunstenaarschap** 1 artistry, artistic skill; 2 artistic calling; **kunstenares** artist(e); **kunstenmaker** 1 acrobat; (*goochelaar*) juggler; 2 clown; attitudinizer; **kunst- en vliegwerk** (*hist*) stage machinery; *iets met ~ doen* do a thing somehow (*of:* by hook or by crook)

kunst|fotograaf art photographer; **-galerij** art gallery; **-gebit** denture, (dental) plate, false teeth; **-genootschap** art society; **-genot** artistic enjoyment (*of:* joy); **-geschiedenis** art history, history of art; **-gevoel** artistic feeling; **-gewrocht** product of art; **-gras** artificial turf; **-greep** trick, knack, artifice, sleight; *de kunstgrepen van zijn vak kennen* know the tricks of the trade; **-handel** 1 art trade, dealing in works of art; 2 picture-, print-shop; **-handelaar** art dealer; **-hars** plastic; (synthetic) resin; **-historicus** art historian, historian of art; **-historisch** art-historical; **-honing** synthetic honey

kunstig ingenious, clever; **kunstigheid** ingeniousness, etc, artifice

kunst|ijs artificial ice; **-ijsbaan** ice-rink; **-kabinet** art gallery, collection of works of art; **-kenner** art connoisseur, connoisseur of art, art expert; **-koper** art dealer; **-kring** art-club; *~en* [in] art circles; **-kritiek** art criticism; **-le(d)er** leatherette, imitation leather; **-licht** artificial light; **-lichtfilm** tungsten (type) film; **-liefhebber** art-lover; **-lievend** art-loving; *~ lid* non-acting member; **-long** iron (plastic) lung; **-maan** (earth) satellite; **-marmer** imitation marble; **-matig** artificial [insemination, intelligence], synthetic [diamond, ruby]; *~e ademhaling toepassen* apply artificial respiration; *~ opgezet* trumped-up [charge, plot]; **-matigheid** artificiality; **-mest** (artificial) fertilizer(s), artificial manure; **-middel** 1 artificial means, expedient; 2 (*trucje*) art (*meestal mv:* all the arts of which she was mistress); **-minnaar**, **-minnend** *zie* -liefhebber, -lievend; **-moeder** foster-mother, artificial mother; **-museum** art gallery; **-naaldwerk** art needlework; **-nier** artificial kidney, kidney machine; **-nijverheid** applied art, industrial art, industrial design, arts and crafts; **-oog** artificial eye; **-opvatting** conception (theory) of art, [Poussin's] artistic creed; **-produkt** art-product, work of art; **-regel** rule (canon) of art; **-rijden** circus-, trick-riding; (*op de schaats*) figure-skating; **-rijd(st)er** circus-, horse-, trick-rider, equestrian (*vr:* equestrienne); (*op de schaats*) figure-skater, ice-skater; **-rijk** artistic; **-schaats** figure-skate; **-schaatsen** figure-skate, -skating; **-schat** art-treasure; **-schilder** painter, artist; **-school** art school, school of art; **-stof** synthetic (material); **-stofbaan** (*sp*) synthetic track, (*tartan*) tartan track ; **-stuk** masterpiece; (*kranig stukje*) (clever) feat, stunt; **-taal** 1 artificial language; 2 technical language; **-tand** artificial tooth; **-tentoonstelling** art exhibition; **-term** technical term; **-uitleen** art library; **-vaardig** skilful, clever; **-vaardigheid** (artistic) skill, craft, cleverness; **-veiling** art sale; **-verzameling** art collection; **-vezel** synthetic (*of:* man-made) fibre; **-vlees** (*vglb, merk*) Quorn; **-vlieg** fishing-fly; **-vliegen** I *zn* stunt-flying, aerobatics; II *ww* stunt; **-voorwerp** art-object, objet d'art; **-vorm** 1 artistic form; 2 art form; **-waarde** artistic value; **-weg** (metalled) road, highway; **-wereld** world of art; **-werk** 1 work of art; artefact; 2 (*bk*) (engineering) construction; **-wol** artificial (*of:* synthetic) wool; (*uit lompen*) shoddy; **-woord** technical term; **-zaal** art gallery; **-zijde** rayon; **-zin** artistic sense (*of:* judgment); **-zinnig** artistically(-)minded, artistic; *would-be ~* arty(-crafty); **-zwemmen** synchronized swimming

kuras cuirass; **kurassier** cuirassier

kuren *zie* kuur 2: een ~ doen

kurhaus hydropathic, pump room

kurk cork; *de ~ waarop de zaak drijft* the mainstay; *iets onder de ~ hebben* have drinks in the house; *zie ook* droog & smaken

kurkachtig corky; **kurkdroog** bone-dry; *zie ook* droog; **kurkebreien** French knitting; **kurkeik** cork tree, cork oak

kurken *ww & bn* cork; **kurkengeld** corkage

kurketrekker corkscrew; (*krul*) corkscrew curl

kurkparket cork flooring

kurkuma turmeric

kurkzeil linoleum

kus kiss; **kushandje** blown kiss; *een ~ geven* blow (send, waft, throw) a kiss (to) [she blew him a kiss], kiss one's hand to

1 kussen *ww* kiss; *iem vaarwel* (*welterusten*) *~* kiss a p. good-bye (good night); *elkaar ~,* (*ook*) kiss; *zie ook* roede & zoenen

2 kussen *zn* cushion; (*bed~*) pillow; *~tje* (little) cushion; (*om stoten op te vangen*) pad; (*lekkernij*) bull's eye; *op het ~ komen* come (get) into office; *op het ~ zitten* be in office

kussenblok bearing(s); **kussengevecht** pillow-fight; **kussenovertrek** cushion-cover; **kussensloop** pillowcase, -slip; **kussenvormig**: *~e vertekening* pincushion distortion

1 kust: *te ~ en te keur* in plenty, galore; *ze zijn er te ~ en te keur* there are plenty (there is a wide choice) of them; *je kunt te ~ en te keur gaan* you can pick and choose

2 kust coast, shore; (*attr, vaak*) coastal; *de ~ is veilig* (*schoon, vrij*) the coast is clear; *aan de ~* on the coast; *langs de ~* coastwise [traffic]; *naar de ~* [row] in to shore; *onder de ~* [lie] inshore; *onder de ~ blijven, onder de ~ varen* skirt (*dicht onder:* hug) the coast; *op de ~ zetten* beach [a vessel]; *van de ~* [a few miles, the wind blew] off shore; *voor de ~* offshore [islands; the oilfield lies 26m offshore]

kust|batterij coastal (*of:* shore) battery; **-bewoner** inhabitant of the coast; **-erosie** coast(al) erosion; **-gebied** littoral, coastal area; **-handel** *zie* kustvaart; **-licht** coast(ing) light; **-lijn** coastline; **-plaats** coastal place, seaside town; **-station** (*radio*) shore station; **-streek** coastal district (*of:* region); **-strook** coastal strip (belt); **-vaarder** (master of a) coasting-vessel, coaster; **-vaart** coastal navigation, coasting (*of:* coastwise) trade; **-verdediging** coastal defence; **-verkeer** coastwise traffic; **-verlichting** coast(ing) lights; **-visser** inshore fisherman; **-visserij** inshore fishery, coast-fishing; **-vlakte** coastal plain; **-vuur** lighthouse; **-wacht** coastguard (service); **-wachter** coastguard; **-wateren** coastal waters; **-zoom** seaboard

kut (*plat*) cunt; *~!* shit!; (*attr*) beastly, bloody, fucking; *~ met een rietje* (*met peren*) bugger all; a wash-out; *het slaat als ~ op Dirk* it is totally irrelevant; **kutkammen** drivel; get het up; **kutlikken** eat pussy; (*fig*) kiss a p.'s arse; **kutsmoesje** thin excuse; **kuttekop** shithead; **kuttig** shitty

kuub cubic metre

kuur 1 whim, caprice, freak; *boze kuren* tantrums; (*ve paard*) vice; *geen kuren, alsjeblieft* none of your little tempers, please; *vol kuren,* (*ve paard*) vicious, tricky; 2 (*genees~*) cure; course [of penicillin]; *een ~ doen* take a cure; take a course of medicine (of waters); **kuuroord** 1 (*badplaats*) spa; 2 health resort

kwaad I *bn* 1 (*slecht*) bad [not a bad idea], ill, evil, wicked; *kwade betaler* bad payer, defaulter; *op een kwade dag* one ill-fated day; *de kwade dag uitstellen* postpone the evil day; *~ geweten* guilty conscience; *een kwade kans maken* run a heavy risk [of losing]; *kwaaie meid* mischievous girl; *het kwade oog* the evil eye; *kwade praktijken* malpractices; *kwade schulden* bad debts; *te kwader ure* in an evil hour; ***geen** kwaaie vent* [he's] not a bad chap; *dat is lang **niet** ~* that is not bad at all, (*fam*) not so dusty; *hij is niet zo ~ als hij afgeschilderd wordt* (*zich voordoet*) he is not so black as he is painted (his bark is worse than his bite); 2 (*boos*) angry [*op* with], (*fam, inz Am*) mad [*op* at s.t., with a p.]; *iem ~ **maken*** make a p. angry; *zich ~ maken, ~ **worden*** get angry, get one's back up, get into a passion; *~ **zijn*** be angry [*op* with]; 3 (*kwaadaardig*) malignant [disease], vicious, nasty [dog]; *zie ook* bloed, bui, pier, tong, trouw, wijf, enz; II *bw* badly; *~ **kijken** naar* scowl at; *het te ~ **krijgen*** break down, be overpowered by one's emotions; *zie ook* menen; III *zn* 1 (*het slechte*) evil, wrong; *het kleinste ~* the lesser evil; *een maatschappelijk ~* a social evil; *~ **denken** van* think evil (ill, badly) of; *zonder dat iem er ~ van denkt* (*er ~ in ziet*) without anybody thinking anything of it; *hij kon geen ~ **doen*** (*bij haar, enz*) he could do nothing wrong; *wie ~ doet, ~ vermoedt* evil be to him who evil thinks; *het ~, dat hij gedaan heeft* the mischief he has done; *je hebt ~ gedaan* you've done wrong; *het **kan** geen ~* it can do no harm, there's no harm in it; *kies van **twee** kwaden altijd het minste* of two evils always choose the least (less, lesser); *ik **weet** geen ~ van hem* I don't know anything against him; *invloed* (*macht*) *ten goede of **ten** kwade* influence (power) for good or evil; *invloed ten kwade,* (*ook*) malign, influence; *ik duid het u niet ten kwade* I don't take it ill of you, I don't blame you; *ten kwade veranderen* change for the worse; ***van** ~ tot erger vervallen* go from bad to worse; *zie ook* steken, vergelden, enz; 2 (*nadeel, letsel*) harm, injury, wrong; *ik **bedoel** geen ~* (*niets ~s*) I mean no harm; *dat* (*hij*) *zal je geen ~ **doen*** that (he) will do you no harm; *zijn zaak ~ doen door ...* injure one's cause by ...; *iets ~s in de **zin** hebben* be up to no good, mean mischief; *zie ook* kwaaie

kwaad|aardig 1 ill-natured, malicious, fierce, mischievous, spiteful [remarks], vicious [dog]; 2 (*med*) malignant, virulent; **-aardigheid** malice, malignity, ill-nature, spite, viciousness; (*ve ziekte*) malignancy, virulence; **-denkend** suspicious; **-doener** evil-doer, malefactor; **-heid** anger; **-schiks** unwillingly, with a bad grace; *zie* goedschiks; **-spreekster** *zie* -spreker; **-spreken** talk scandal, backbite, throw (sling) mud; *~ van* slander, malign, speak ill of; **-sprekend** slanderous, backbiting, scandalous [a scandalous tongue]; **-spreker** backbiter, detractor, slanderer, scandal-monger, mudslinger; **-sprekerij** backbiting, scandal(-mongering), mudslinging; **-willend**, **-willig** malevolent, ill-disposed, malignant; *~e verlating* desertion; *~en* rebels; **-willigheid** malevolence, ill will; foul play

kwaaie: *aan hem heb je een ~* he is a tough nut to crack; *zie verder* kwaad; **kwaaiigheid** anger

kwaal complaint, disease, ailment, trouble, disorder; *kwalen,* (*ook*) infirmities [of old age], [social] evils; *het middel is erger dan de ~* the remedy is worse than the disease; *~tje* minor ailment

kwab 1 lobe; 2 (*ve koe*) dewlap; *zie ook* hals~; **kwabaal** burbot, eel-pout; **kwabbe** *zie* kwab; **kwabbig** flabby, pendulous [cheeks]

kwadraat *bn & zn* square; *x ~* x square(d); *in het ~ verheffen* (raise to a) square; *een ezel in het ~* a consummate ass, a prize idiot, a double-dyed fool; *zie* vierkant

kwadraatgetal square number; **kwadraatwortel** square root; **kwadrant** quadrant

kwadrateren square; **kwadratisch** quadratic [equation]; **kwadratuur** quadrature; *~ van de cirkel* quadrature (squaring) of the circle; *de ~*

van de cirkel zoeken try to square the circle
kwadrofonie quadrophony
kwajongen 1 mischievous (naughty) boy, urchin; 2 adolescent (boy), youngster; *bij jou vergeleken is hij nog maar een* ~ compared with you he is a nobody; **kwajongensachtig** boyish, mischievous; **kwajongensstreek** boyish prank (trick), monkey trick, practical joke
kwak 1 (*slag*) thud, thump, bump, flop; ~*!* flop!, smack!; 2 (*klodder*) blob, clot, dab, dollop; ~*je,* (*sl*) come; 3 (*ve eend*) quack!; (*ve kikvors*) croak!; 4 (*vogel*) night-heron
kwaken 1 (*kikkers*) croak; (*eenden*) quack; 2 (*fig*) quack; **kwaker** Quaker, member of the Society of Friends, Friend
kwakkel 1 (*vogel*) quail; 2 *aan de* ~ *zijn, zie* ~en; **kwakkelen** be ailing (sickly); *een* ~*de gezondheid hebben* be in indifferent (delicate) health; (*vh weer*) be fitful; **kwakkelwinter** fitful (uncertain, sluggish) winter
kwakken I *tr* pitch, hurl, dump, slap (down); *hij kwakte me plof op de vloer* he flung me with a smack on ...; II *intr* bump, come down with a thud
kwakzalven (play the) quack; **kwakzalver** quack (doctor); (*fig*) quack, charlatan, mountebank; **kwakzalverij** quackery; **kwakzalversmiddel** quack medicine (remedy)
kwal jellyfish; *het is een* ~ *van een vent* he's a revolting specimen
kwalifi|catie qualification; (*betiteling, ook*) designation, description, characterization; **-catiewedstrijd** qualifier; **-ceren** qualify (*ook: zich* ~*:* qualify for the second round); ~ *als* call [a p. a fool]; style, term, describe (qualify) as
kwalijk 1 ill; ~*e zaak* disgraceful affair; ~ ***nemen*** take ill (amiss, in bad part), resent [an intrusion]; *hij nam het mij* ~ he took it ill of me; *hij nam het zeer* ~ he took it very much amiss; *ik neem het u niet* ~ I don't blame you (for it) (*zo ook:* can you blame her?); *het is hem niet* ~ *te nemen* you can't blame him; ***neem*** *me niet* ~ I beg your pardon; excuse me; (I am) sorry; so sorry; *neem me niet* ~ *dat ik je stoor, maar ...* sorry to trouble you, but ...; *neem me niet* ~ *dat ik te laat kom* excuse me being late; *neem me niet* ~*, maar ...* forgive me (forgive me for saying so, forgive my saying so), but ...; ~ *verholen* ill-concealed [vexation]; *zie ook* gang, gedijen, varen; 2 (*nauwelijks*) hardly, scarcely; *zie ook* bezwaarlijk; **kwalijkgezind** *zie* kwaadgezind; **kwalijkriekend** evil-smelling, malodorous; *zie ook* stinkend
kwalitatief qualitative
kwaliteit quality; (*aard, ook*) character; (*bekwaamheid, ook*) capacity; (*handel*) quality, grade [medium grades]; *in zijn* ~ *van ...* in his capacity of (as) ...; **kwaliteitsartikel** quality article (product); **kwaliteitsbeheersing** quality control; **kwaliteitskrant** quality paper
kwalm dense smoke; **kwalmen** smoke
kwam *ovt van* komen
kwanselaar barterer; **kwanselarij** bartering
kwanselen barter, haggle
kwansuis for form's sake; ostensibly; *ik schreide* ~ I pretended to cry
kwant chap, fellow; *zie ook* klant
kwantificeren quantify; **kwantitatief** quantitative; **kwantiteit** quantity
kwantum quantum; (*hoeveelheid, ook*) quantity
kwantumorder bulk order
kwark curd(s), curd cheese, fromage frais, quark
kwarktaart cheesecake
kwart 1 quarter, fourth part; ~ *over drie* (a) quarter past (*Am:* after; *voor:* to, *Am:* of) three; *een* ~ *mijl* (*miljoen, enz*) a quarter of a mile (million, etc), (*ook*) a quarter mile (million, etc); *één en een* ~ *minuut* (*mijl*) a minute (a mile) and a quarter; *twee en een* ~ *duim* two and a quarter inches; *ze is voor een* ~ *Frans* she is a quarter French; *de fles is voor een* ~ *vol* the ... is quarter full; *zie ook* driekwart; 2 (*noot*) crotchet; 3 (*interval*) fourth
kwartaal quarter (of a year), three months; (*v school, enz*) term; *per* ~*, zie* ~sgewijs; **kwartaalblad** quarterly; **kwartaalcijfers** quarterly balance; **kwartaalrekening** quarterly account; **kwartaalsgewijs** quarterly, every three months
kwartair (*geol*) quaternary
kwarteeuw quarter of a century, quarter-century; **kwarteindstrijd** (*sp*) quarter-final
kwartel quail; *zie ook* doof & vet; **kwartelkoning** corncrake, landrail; **kwartelslag** call of the quail
kwartet quartet(te); **kwartetten** play happy families
kwartfinale quarterfinal(s)
kwartiel quartile
kwartier 1 quarter-hour, quarter (of an hour); *zie ook* kwart; *de klok slaat de* ~*en* the clock strikes the quarters; *vijf* (*zeven*) ~ an hour and a quarter (three quarters), one and a quarter hour(s) (one and three-quarter hours); *drie* ~ three quarters of an hour; ***vrij*** ~*,* (*school*) recess, break; *zie ook* academisch & speel~; 2 (*stadswijk, her, vd maan, genade*) quarter; ***eerste*** (***laatste***) ~ first (last) quarter; *in haar eerste* ~ [the moon is] in (*of:* at) its (the) first quarter; *geen* ~ ***geven*** (***vragen***) give (ask for) no quarter; 3 (*mil*) quarters, billet(s); ~ ***maken*** prepare quarters
kwartier|arrest confinement to barracks (CB); ~ *hebben* be confined to barracks; **-maker** quartermaster, billet-master; **-meester** paymaster; (*mar*) quartermaster; (*mar*) leading seaman; **-muts** forage-, fatigue-cap; **-slag** quarter chime
kwartijn quarto
kwartje 25 cent piece, 25 cents
kwartjesvinder con(fidence) man, sharper
kwartnoot crotchet, (*Am*) quarter note
kwarto quarto; *in* ~ in quarto, (in) 4to
kwarts quartz; **kwartsglas** quartz glass, vitreous silica; **kwartsiet** quartzite; **kwartsklok** quartz clock
kwartslag quarter turn
kwartslamp quartz lamp
kwassie(hout) quassia, bitterwood
kwast 1 (*ve schilder, enz*) brush; *een* ~*je geven* give

[a house] a lick (a coat) of paint; *nodig een ~je moeten hebben* need a fresh coat of paint; 2 (*sieraad*) tassel; 3 (*in hout*) knot; 4 (*pers*) fop, twerp, (young) pup(py); 5 (*citroen~*) lemon squash
kwasterig foppish, dandified; **kwasterigheid** foppishness; **kwastig** knotty, gnarled
kwatrijn quatrain
kwebbel chatterbox; **kwebbelen** chatter, cackle, jaw
kwee 1 quince; 2 *zie* kween 2; **kweeappel** quince
kweek couch(-grass), twitch; **kweekbed** seed-plot, -bed; **kweekboom** sapling; **kweekgras** *zie* kweek; **kweekplaats** nursery (*ook fig*); *zie ook* broeinest; **kweekreactor** breeder reactor; **kweekschool** (*hist*) (teacher) training-college; (*fig*) nursery; **kweektuin** nursery (garden); **kweekvijver** fry pond; (*fig*) nursery
kween 1 barren cow; 2 hermaphrodite; 3 old crone
kweepeer quince; **kweet** *ovt van* kwijten
kwek chatterbox; *hou je ~!* shut your trap!; *~ ~,* (*eend*) quack quack; (*kikker*) croak croak
kwekeling (*algem*) pupil; (*onderwijs*) teacher-trainee, student teacher
kweken grow [plants], cultivate [plants, feelings], breed [animals, hatred, suspicion, distrust], foster [goodwill], work up [hatred, a custom *clientèle*], beget [a sense of beauty], accumulate [a supply]; *gekweekt* cultivated [plant]; *gekweekte parel* culture(d) pearl; *gekweekte rente* accrued interest; **kweker** grower [of roses], nurseryman, nursery-gardener; **kwekerij** 1 nursery(-garden); 2 (*v vis*) hatchery
kwekkebek chatterbox; **kwekken** *zie* kwaken
kwel 1 *zie* kwelwater; 2 misery; *zie* kommer
kwelder salting(s), mud-flat(s), marsh
kwelduivel tormentor, tease(r)
kwelen warble, carol
kwelgeest tormentor, tease(r)
kwellen 1 harass, torment, torture, vex, tease, annoy, worry [that thought worries me], pain [a pained expression, look]; *zijn hersens ~* cudgel (rack) one's brains; *die gedachte kwelt me,* (*ook*) exercises my mind, is (preys) on my mind; *er is iets dat hem kwelt* he has s.t. on his mind; *kwel er u niet mee* don't worry yourself (your head) about it; *door reumatiek gekweld* troubled (afflicted) with rheumatism; *door vrees* (*zorgen*) *gekweld* haunted with fear (care-ridden); *een ~d probleem* an agonizing problem; *~de zorgen* pressing cares; 2 (*v water*) seep
kweller tormentor, tease(r)
kwelling vexation, trouble, torment
kwelwater percolating water, seepage (water)
kwel|ziek, **-zucht** *zie* plaagziek, -zucht
kwestie question, matter; issue [fresh issues are demanding a solution]; (*twist*) quarrel; *er is ~* (*sprake*) *van dat* ... there is talk (some idea) of ...; *de ~ van vertrouwen stellen* ask for a vote of confidence; ***geen** ~ van* that's out of the question, not a bit of it, (*fam*) no way!; *de* (*zaak **in***) *~* the point in question (at issue); *dat **is** de ~ niet* that is not the question; *dat is eigenlijk de ~ niet* that is a little off the point; *de ~ is* ... the point (fact) is ...; *als er ~ is van geld* when it comes to money; ***buiten** ~* beyond (all) question, without question; *buiten ~ stellen* rule out; *een ~ **van** tijd* a question of time; *het is een ~ van smaak* (*geld, enz*) it's a matter of taste (money, etc)
kwestieus questionable, doubtful
kwets (dark purple) plum
kwets|baar vulnerable; **-baarheid** vulnerability
kwetsen 1 injure, wound, hurt; (*vruchten*) bruise; 2 (*fig*) wound [a p.'s pride], hurt [a p.'s feelings], offend [a p.]; *gekwetste majesteit* offended majesty; *zich gekwetst voelen* take offence
kwetsing 1 *zie* kwetsuur; 2 (*fig*) offence, hurt; **kwetsuur** injury, wound, hurt; *zie ook* wond
kwetteren (*ve vogels*) twitter, chirp, chatter; (*ve pers*) chatter
kwezel(aar) 1 pietist; 2 *zie* sul; **kwezelachtig** bigoted, sanctimonious; **kwezelarij** sanctimoniousness, pietism; **kwezelen** cant, talk goody-goody
kwibus fop, prig; *rare ~* queer fish; *zie ook* kwast
kwidam: *rare ~* queer fish
kwiek spry, nimble, dapper, bright, sprightly, alert; *een ~ hoedje* a smart little hat
kwijl slaver, slobber; **kwijle|babbel**, **-bal** twerp
kwijlen 1 slaver, slobber, dribble, run at the mouth; 2 drivel; **kwijlerig** smarmy
kwijnen (*ve pers*) languish, pine (away), droop, linger (on); (*ve plant*) droop, wither, wilt; (*ve gesprek*) drag, flag, languish; (*v handel, gesprek, enz*) flag, languish; *beginnen te ~,* (*ve pers, ook*) fall into a decline, sicken; **kwijnend** languishing, etc; *~e gezondheid* failing health
kwijt: *ik ben mijn geld* (*goede naam, enz, mijn bril*) *~* I have lost my money (good name, etc; I have mislaid my glasses); *hij is zijn verstand ~* he is off his head; *ik ben zijn naam ~* I forget his name, I cannot think of his name now; *ik was blij, hem ~ te zijn* I was glad to be rid of him; *hem* (*dat*) *zijn we gelukkig ~* good riddance to him (it); *ik ben hem liever ~ dan rijk* I prefer his room to his company; *hij zei niet meer dan hij ~ wou* (*wezen*) he kept his own counsel
kwijten pay, discharge, settle [a debt]; *zich ~ van* acquit o.s. of [a task, duty], discharge [a duty, one's obligations]; **kwijting** discharge; (*ve schuld, ook*) payment; *ter algehele ~ van* in full settlement of; *~ verlenen* discharge
kwijtraken (*verliezen*) lose; (*in ontlasting*) pass out [a worm]; (*afkomen van*) get rid of [a p., goods, one's cold]; [I could not] shake (throw) off [my cold, that feeling, my pursuers]; *met een wandeling ~* walk off [one's depression]; *hij was haar helemaal kwijtgeraakt* he had lost all trace of (all touch with) her; *ik wist hem kwijt te raken* I shook him off; *de TV raken we niet weer kwijt* TV has come to stay; *slechte gewoonten raakt men moeilijk kwijt,* (*ook*) bad habits will cling; *zie ook* kluts
kwijt|schelden remit [taxes, a debt, punishment], forgive [sins, a debt]; *iem zijn schuld* (*straf*) *~* let a p. off his debt (punishment); *de*

huur (*een gevangenisstraf*) *werd hem kwijtgescholden* he had ... remitted; **-schelding** remission [of sins, of a debt], amnesty, (free) pardon; (*v zonden, ook*) absolution; **-schrift** receipt

kwik I *zn* 1 mercury [barometer, poisoning]; *hij heeft ~ in zijn lijf, is als ~* he is like quicksilver; 2 *zie* ~je; II *bn zie* kwiek

kwikchloride mercury chloride

kwikdamplamp mercury-vapour lamp

kwikje: *~s en strikjes* fal-lals, finery, fineries

kwikken *zie* foeliën

kwik|kolom mercury column, column of mercury; **-ontladingslamp** mercury discharge tube; **-oxyde** oxide of mercury; **-staart** wagtail; **-thermometer** mercury thermometer; **-zalf** mercurial (*of:* blue) ointment; **-zilver** *zie* kwik I.1; **-zilverachtig** like quicksilver, mercurial; **-zuil** column of mercury

kwinkeleren warble, carol

kwinkslag witticism, jest, joke, quip; *hij probeerde er zich met een ~ af te maken* he tried to laugh it off

kwint fifth; **kwintaal** (*100 pounds*) quintal; (*100 kg*) metric quintal

kwintappel bitter apple, colocynth

kwintencirkel circle of fifths

kwintessens quintessence, pith (*of:* gist) of the matter

kwintet quintet(te); **kwis** quiz

kwispedoor spittoon, (*Am ook*) cuspidor(e)

kwispel brush, tuft; (*wijwaterkwast*) sprinkler

kwispelen: (*met de staart*) ~ wag (the tail); **kwispelstaarten** wag the tail; *het* ~ tail-wagging

kwissen quiz

kwistig lavish, liberal, unsparing [*met* of], (*sterker, vaak ong*) prodigal [*met* of]; *~ in het geven van* ... lavish in giving ...; *met ~e* ***hand*** *schenken* give with a lavish hand, lavish [bounties, etc] on [a p.]; *in ~e overvloed* in profusion; **kwistigheid** lavishness, liberality, prodigality

kwitantie receipt; **kwiteren** receipt

kyaniseren kyanize; **kyfose** kyphosis

kynologenclub kennel club; **kynoloog** dog-fancier

KZ-syndroom concentration camp syndrome

L l *l*

l (the letter) l; (*afk*) litre(s); **L** (*Romeins cijfer*) L

la 1 (*lade*) drawer; *zie ook* laatje; 2 (*muz*) la

laadbak 1 (*mar*) (hopper) barge; 2 (loading) platform (body); 3 container; **laadboom** derrick; **laadbord** pallet; **laadbrief** bill of lading; (*Am*) waybill; (*v agent*) shipping order; **laadbrug** (transporter) loading-bridge; **laad- en losdagen** lay-days

laad|goot cargo chute (shoot); **-haven** port of loading, loading port; **-hoofd** hatch; **-kist** container; **-klaar** ready to load; **-klep** (*mar*) (loading) ramp; (*auto*) tailboard; **-lijn** Plimsoll mark (*of:* line), load line; **-pan** priming-pan; **-perron** loading-platform; **-plaats** loading-berth; **-reep** cargo-chain; **-ruim** cargo-hold; **-ruimte** cargo-space, tonnage; *zie ook* -vermogen; **-schop** mechanical shovel; **-station** *zie* benzinestation; **-steiger** landing-stage; **-stok** ramrod, rammer; **-vermogen** carrying (cargo, loading, *elektr:* charging) capacity; (*mar ook*) dead-weight capacity, burthen; **-vloer** load-bed

1 laag *zn* 1 layer, stratum (*mv:* strata: the lowest strata of society), bed; (*dun, v steenkool*) seam; (*stenen in muur*) course; (*ve weefsel*) ply; (*v verf, enz*) coat, coating; (*v ijs*) sheet; *~je* film [of dust, ice, etc], thin layer; *met een ~ stof* [bottles] encrusted with dust; ***in*** *lagen* in layers, layered, stratified [rocks]; *in alle lagen der maatschappij* at all levels of society; *zie ook* laagje; 2 *de* ***volle*** ~ [give the enemy] a broadside; *hij gaf mij de volle ~*, (*fig*) he gave me a terrific broadside; 3 (*hinderlaag*) ambush, snare, trap; *iem lagen leggen* lay snares for a p.

2 laag *bn* low; (~ *van verdieping*) low-pitched [room]; (*fig*) low, base, mean, vile; foul [murder]; *lage* (~ *uitgesneden*) *japon* low(-cut, -necked) dress; *lage stem, a*) deep voice; *b*) low-pitched voice; ~ *sujet* vile creature; ~ *zingen* sing low; *de lage a* [sing] the lower A, the bottom A; ~ ***houden*** keep down [expenses]; ~ ***neerzien*** ***op*** look down (up)on; *een lage* ***opinie*** *hebben van* have a poor opinion of; ~ *van* ***prijs*** low-priced; *buitengewoon ~* ***stellen*** cut [the price] extremely fine; ~ ***uitsnijden*** cut low; *zie ook* vliegen, enz; ***lager*** lower, inferior; *lagere beambten* (*ambtenaren*) lower-grade civil servants, minor officials; *zie ook* lagereind, enz; *lager onderwijs* (*lagere school*) primary (elementary) education (school); junior school; *maatschappelijk lager* lower in the social scale (on the social ladder); *de prijzen zijn lager,* (*ook*) prices are down; *zie ook* noteren; *lager stellen* reduce [the price]; (*iets*) shade [the price] somewhat; *zijn eisen lager stellen* lower one's demands; ***laagst*** lowest; *zie ook* onderst; *het ~ste punt bereiken,* (*v prijzen, enz*) touch bottom, bottom out; ***op*** *zijn ~st* at (its) lowest

laag-alcoholbier low-alcohol beer, lab; **laag-bij-de-gronds** low [humour], coarse, crude

laag|bouw low-rise (building); **-drempelig** accessible; no specialist knowledge required; **-frequent** low- (*of:* audio-)frequency [amplifier]; **-gelegen** low-lying [areas]; **-geschoold** semi-skilled [work]; **-gespannen** (pitched) low; **-hangend** low [clouds]; **-hartig** base, vile, mean; **-(hartig)heid** baseness, meanness; **-land** lowland; **-seizoen** off-season

laagsge|wijs, -wijze in layers, in strata; (*geol, anat*) stratoform; *-wijze indeling* stratification

laagspanning low tension; **laagstaand** inferior [breed, work], low [character, sun]; **laagstammig** dwarf

laagte 1 lowness [of prices, etc], low level; 2 (*lage*

plaats) depression [in the ground], dip, hollow; *in de ~*, (*ook*) down below
laagterecord low record; [an all-time] low
laag|tij *zie* -water; **-veen** peat-bog; bog-peat; **-vlakte** low-lying (lowland) plain; **-vliegend** (*luchtv*) low flying; (*fam*) hedge-hopping; **-vormig** stratiform, stratified, in layers; **-water** low water, low tide [*bij ~* at low tide]; *het is ~* the tide is out; **-waterlijn** low-water mark; **-weergave** bass response; **-wolk** stratus (*mv:* strati)
laai: *in lichter ~e* in a blaze, ablaze
laaien blaze, flare, flame; *~ van verontwaardiging* burn (blaze) with indignation
laakbaar reprehensible, blameworthy, deserving of blame, objectionable
laan avenue; *~tje* alley; *ik heb hem de ~ uitgestuurd* I've sent him packing, packed him off, sent him about his business, fired him; *hij moest de ~ uit* he got the boot (the sack)
laars boot; *hoge ~* jack-boot; *~je* lady's boot; (*halve laars*) half-boot; *een stuk in zijn ~ hebben* be tight (tipsy, fuddled); *aan zijn ~ lappen* ignore [a warning], flout [orders]; *hij lapt het aan zijn ~* he does not care a bit, he snaps his fingers at it; *dat lap ik aan mijn ~*, (*sl*) (a) fat lot I care!; *je weet er geen ~ van*, (*fam*) you don't know a thing (the first thing) about it; *het kan hem geen ~ schelen*, (*fam*) he doesn't care a rap (a damn); **laarzeknecht** boot-jack; **laarzenmaker** bootmaker
laat late; *nogal ~* rather late, latish; *een late Pasen* a late Easter; *wegens het late uur* owing to the lateness of the hour; ***beter** ~ dan nooit* better late than never; ***hoe** ~ is het?* what's the time?, what time (what o'clock) is it?; *hoe ~ heb jij het?* what time do you make it?; *ik wil weten hoe ~ het is* I want to know the time, (*fig*) how matters stand (the land lies); *kijken* (*vragen, zeggen*) *hoe ~ het is* look at (ask, tell) the time; *kijk eens hoe ~ het al is!* look at the time!; *ik vroeg een werkman, hoe ~ het was*, (*ook*) I asked the time of a workman; *hoe ~ eten we?* what time do we dine (is dinner)?; *o, **is** het zo ~?*, (*fig*) so that's how things are?; *daar **kom** je wel wat ~ mee aan* it is rather late in the day to say so; *je verontschuldiging komt wel wat ~* your apology is rather late in the day (rather tardy); ***wat** is het al ~!* how late it is!; *~ **in** het voorjaar* (*de 14de eeuw, op de middag*) in the late spring (14th century, afternoon); *tot ~ in de avond* till late at night; *tot ~ in de nacht* (until) late into (far into) the night; ***op** de late avond* late in the evening; *~ op een avond* late one night; *~ op de dag* late in the day; *boete voor **te** ~ komen* fine for late attendance; *door te ~ komen* [time lost] through late arrival; *te ~ zijn* (*komen*) (*over tijd*) be late; (*bijv om iem nog levend te zien*) be too late; *te ~ zijn voor het eten* (*voor school*) be late for dinner (for school); *vóór het te ~ is* before it is too late; *ze was een minuut te ~ voor de trein* she missed the train by a minute; *ze kwamen uren te ~ thuis* they were hours late in getting home; *de trein is 5 minuten te ~* the ... is five minutes late (overdue, behind schedule); *de trein vertrok een uur te ~* the ... was an hour late in starting; *zie ook* laatst & later
laatbekken bleeding-basin
laatbeurs towards the close; **laatbloeiend** late-flowering; **laatbloeier** late developer
laatdunkend conceited, overweening; **laatdunkendheid** conceitedness, etc; self-conceit, arrogance
laatje (little) drawer; *geld in het ~ brengen* bring in money, be a money-maker (money-spinner)
laatkoers selling rate
laatkomer latecomer
laatkop cupping glass; **laatmes** fleam
laatst I *bw* (*onlangs*) lately, the other day; *zie ook* onlangs; II *bn* (*volgorde*) last, (*tijd*) latest, last; *het ~e huis in de straat*, (*ook*) the end house in ...; *het ~e stadium*, (*ook*) the final stage [of a disease]; *een ~e sigaar* [have] a final cigar; *de ~ **aangekomene*** the latest comer; *de ~e **berichten*** the latest reports; *de ~e **dagen** (weken, jaren) van zijn leven* the last (the closing) days etc of his life; *ik ben er de ~e dagen* (*weken, jaren*) *niet geweest* I ... the last few days, etc; *in de ~e jaren* in the last few years, of recent years; *in de ~e jaren van zijn leven*, (*ook*) in his declining years; *ik heb hem* (*in*) *de ~e **tijd** niet gezien* I have not seen him of late (lately, recently, latterly); *van de ~e tijd* recent [his recent successes]; *~e **nieuws*** stop-press news; *het ~e **nummer*** the current issue [of a periodical]; *in een van de ~e nummers* in a recent issue; *in de ~e **oorlog*** in the last war ; *de ~e **stuiver** afpersen* extort the uttermost penny; *het ~e **stuk***, (*sp*) the home stretch; *hoe laat gaat de ~e **trein** naar L?* what time is the last train to L?; *de ~e **uitvindingen** hebben het bewezen* the latest discoveries have ...; *zijn ~ **wens***, (*vóór zijn dood*) his dying wish; *zijn ~e **werk***, (*vóór zijn dood*) his last work, (*jongste*) his latest (most recent) work; *hij is **de laatste** om zoiets te zeggen* he would be the last man (person) to ...; *de ~en zullen de eersten zijn* the last shall be first; *de ~e(n)*, (*~genoemde(n)*), (*v twee*) the latter; (*v meer*) the last(-named, -mentioned); *het is **het laatste** wat ik zou doen* it's the last thing I should do; ***in** het ~ van november* late in N, at the end of N, [it was] late N; *in het ~ kwam hij toch nog* in the end he did come; *morgen **op** zijn ~* tomorrow at (the) latest (at the outside); *het loopt met hem op het ~* his end is drawing near; *op het ~, **ten** ~e* at last, in the end; *ze loopt op het ~* she is getting near her time; *ten ~e*, (*in de ~e plaats*) lastly, last, in the last place; *ten langen ~e* at long last; ***tot** het ~* to (till) the last; ***voor** het ~* for the last time; [he kept the peach] to the last; *zie ook* 2 eer, woord, enz
laatstelijk last, finally, lastly; **laatstgeboren** last-born, last (*ook zelfst:* her last was a boy); **laatstgenoemd** last-named, -mentioned; *vgl* laatst: de laatstgenoemde(n); **laatstleden** *zie* jongstleden; **laattijdig** late; belated
lab afk van *laboratorium* id
Laban: *vee van ~* scum (of the earth)
labbekak coward, milksop; **labberdaan** salt cod
labberdoedas: *iem een ~ geven* hit a p., give a p. a wallop, sock a p. in the eye, sock him one

labberen (*v zeilen*) flap; **labberkoelte** breath of air, slight air; **labberlottig** sloppy
label (tie-on) label; **labelen** label
labeur 1 (heavy) labour; 2 farm(ing)
labiaal labial; **labiaalpijp** (*orgel*) labial pipe, flue-pipe; **labiaat** *zn & bn* labiate
labiel unstable [equilibrium, mind], (*chem*) labile
labiodentaal labiodental; **labium** (*muz*) lip
laborant laboratory worker (chemist, technician); **laboratorium** laboratory; (*fam*) lab
laboreren labour; ~ *aan* labour under [a disease, delusion, mistake]
labrador, **Labrador** id [a Labrador retriever]
labyrint labyrinth; **labyrintisch** labyrinthine
Lacedaemonië Lacedaemon; **Lacedae|moniër**, **-monisch** Lacedaemonian
lach laugh, laughter; (*glim~*) smile; (*inwendige ~*) chuckle; *~je* little laugh, half laugh; half smile; *in de* (*een*) ~ *schieten* burst into a laugh, burst out laughing, give a (sudden) laugh; *zie ook* slap
lachbui fit of laughter; **lachduif** laughing-dove
lachebek giggly girl
lachen laugh; (*glim~*) smile; *inwendig* ~ chuckle; *luid* ~ laugh aloud (out loud); *hij lachte eventjes* he gave a little laugh; ~ *is gezond* laugh and grow fat (care killed the cat); ***zich*** *dood* (*kapot, rot, krom, slap, ziek, een aap, bult, kriek, ongeluk, tranen, enz*) ~, *barsten* ***van*** *het* ~ split one's sides with (die of) laughing, double up with laughter, laugh fit to kill o.s., be in fits (of laughter), laugh till the tears come; *ik lach me dood om je* you'll be the death of me; ~ ***als*** *een boer die kiespijn heeft* laugh on the wrong side of one's face (mouth); *nu was het hun* ***beurt*** *om* (*om mij*) *te* ~ now they had the laugh of me; *iem* ***doen*** ~ make a p. laugh; *hij deed ons voortdurend* ~ he kept us laughing; *ik kon mijn* ~ *niet* ***houden*** I could not help laughing; ***laat*** *me niet* ~, (*fam*) you're making me laugh, how absolutely ridiculous; *wie het* ***laatst*** *lacht, lacht het best* he laughs best who laughs last; ***wie*** *lacht daar?* who is that laughing?; *in* ***zichzelf*** ~ laugh to o.s., laugh inwardly; *hij maakte ons* ***aan*** *het* ~ he set us off laughing, he raised a laugh; *ik lach* ***erom*** (***ermee***) I don't care a bit, (*fam*) (a) fat lot I care!; ~ ***om*** laugh at, laugh over; *we lachten erom,* (*ook*) we had our laugh over it; *ik moet altijd om hem* ~ he always makes me laugh; *het is* (*niet*) ***om te*** it's ridiculous (it's no laughing matter); *er is niets om te* ~ there is nothing to laugh at; ~ ***tegen*** *iem* smile at a p.; *zie ook* dood, schudden, uitbarsten, vuist
lachend smiling, smiley [face *smoeltje*], laughing [eyes]; **lacher** laugher; *hij had de ~s op zijn hand* he got the audience with him by amusing them; *~tje,* (*fam*) ridiculous suggestion (etc); **lacherig** giggly
lach|gas laughing-gas; **-lust** inclination to laugh, risibility; *de* ~ *opwekken* raise a laugh, provoke (move to) laughter; *ik kon mijn* ~ *niet bedwingen* I was unable to restrain my amusement; **-meeuw** black-headed gull; **-salvo** burst of laughing, explosive laughter; **-spiegel** distorting mirror; **-spier** risorius muscle; *op de ~en werken* raise a laugh, tickle a p.'s fancy; **-stern** gull-billed tern; **-stuip** convulsion(s) of laughter; **-succes** comic success (hit); **-wekkend** ridiculous, ludicrous, laughable; **-ziek** given to laughing, giggly
laconiek laconic (*bw:* -ally); easygoing; **laconisme** laconism, laconicism
lactaat lactate; **lactase** id; **lactatie** lactation
lactometer id; **lactose** id
lacto-vegetariër lacto-vegetarian
lacune gap, lacuna (*mv:* -ae), vacancy; *zie ook* leemte
ladder (*ook fig & in kous*) id [get one's foot on the ladder, the social ladder]; (*in kous, ook*) run; (*ve wagen*) rack; *bovenaan op de maatschappelijke ~ staan* (*de top van de ... bereiken*) be at (reach) the top of the tree (*of:* ladder) (*lager op ...,* (*ook*) lower in the social scale); **ladderauto** *zie* ladderwagen; **ladderen** (*ve kous*) ladder
ladder|vrij run-resist [stockings]; **-wagen** 1 (*vd brandweer*) turntable ladder fire-engine; (*Am*) hook and ladder, ladder truck; 2 (*boerenwagen*) rack-wag(g)on; **-wedstrijd** ladder (tournament); **-zat** soaked, soused, blind drunk
lade 1 drawer; (*geld~, winkel~*) till; 2 (*geweer~*) stock; **ladelichten** *zn* till-robbing
laden I *tr* (*schip*) load, lade; (*wagen*) load; (*vuurwapen*) load, charge; (*accu, enz*) charge (*ook fig:* the charged atmosphere); *opnieuw* ~ recharge [a battery]; *een grote verantwoordelijkheid op zich* ~ shoulder a heavy responsibility; *zie ook* zwaar; II *intr* load, take in cargo
ladenkast chest of drawers; (*hoog*) tallboy; **ladenlichter** till-robber
lader loader, (*elektr*) charger
lading (*ve schip*) cargo; freight; (*ve wagon, enz*) load [visitors came in busloads]; (*elektr & vuurwapen*) charge; *inkomende* (*uitgaande*) ~ inward (outward) cargo; *pas aangekomen ~en* recent arrivals; ~ *innemen* take in cargo, load; *de* ~ *aanbreken* break bulk; *in* ~ *liggen* be (in) loading; *zonder* ~ *terugkomen* return empty (light, in ballast); *de volle ~, zie* laag: de volle ~; **lading|controleur**, **-meester** loading-clerk, tally-clerk; **ladingskosten** shipping-charges; **ladingsplaats** 1 loading-berth; 2 port of loading
Ladinisch Ladin; **laesie** lesion
laf 1 (*flauw*) insipid (*ook fig*); 2 (*vh weer*) muggy; 3 (*lafhartig*) cowardly, spineless, faint-hearted, craven [fears], abject [surrender]; (*sl*) funky; ~ *en gemeen,* (*vero*) dastardly; *~fe praat* empty talk; *zich* ~ *gedragen,* (*ook*) show the white feather; **laf|aard**, **-bek** coward
lafenis refreshment, comfort, relief
lafhartig *zie* laf; **lafhartigheid** cowardice, cowardliness, pusillanimity; **lafheid** 1 insipidness, insipidity; 2 *zie* lafhartigheid
lag *ovt van* liggen
lagedrukgebied area of low pressure
lager I *zn* 1 lager (beer); 2 (*techn*) bearing(s); II *bn zie* 2 laag
lagereind lower end, bottom [of the table]
lageren 1 (*techn*) support; 2 (*opslaan*) stack, store

lagerhand: *aan de ~ van* on the left of [the host]
Lagerhuis House of Commons, Lower Chamber (House); *in het ~* in the Commons; **Lagerhuislid** Member of Parliament, MP
lagerwal (*mar*) lee-shore; *zie ook* wal
lage-tonenluidspreker woofer
lage-tonenregelaar bass control
lagune lagoon; **lahar** id, mud-flow
laissez-aller id; **laissez-faire** id; (*in pol, enz*) (policy of) drift; **laissez-passer** id
lak 1 (*zegel~*) sealing-wax; (*op brief, wijnfles*) seal; (*vernis~*) lacquer, lac; varnish; (*~verf*) enamel, (*v auto*) [a scratch in the] paintwork; 2 (*smet*) slur, stain; *zie ook* smet; *allemaal ~* all humbug, all eyewash; 3 *ik heb ~ aan hem* I don't care a rap for him; *ik heb er ~ aan,* (*fam*) (a) fat lot I care, (I) couldn't care less
Lakadiven: *de ~* the Laccadives
lakei footman, lackey; (*smalend*) flunkey
1 laken *ww* blame, censure, find fault with; *te ~, zie* laakbaar
2 laken *zn* 1 (*stof*) cloth; *met groen ~ bedekt* baize--covered [door]; *hij kreeg van het zelfde ~ een* ***pak*** he got the same treatment (punishment) [*het was* ... it was the same story all over again; 2 (*bedde~*) sheet; (*tafel~*) cloth; *stof voor* (*bedde*)*~s* sheeting; *de ~s* ***uitdelen*** rule the roost (roast) [*hij* ... he's the boss]; 3 (*fig*) sheet [of snow, etc]
lakenfabrikant clothier, cloth-manufacturer; **lakengilde** Drapers' Company; **lakenhal** cloth hall; **lakenhandelaar** clothier, cloth-merchant, woollen draper; **lakens** cloth; *er de ~e bril bij opzetten* look closely (at s.t.)
lakenswaard(ig) reprehensible, blameworthy
lakenvelder (*ook: -veldse koe*) sheeted (*of:* belted) cow; **lakenzak** sheet sleeping-bag
Lakkadiven: *de ~* the Laccadives
lakken 1 (*met vernislak*) lacquer, japan, varnish; (*met lakverf*) enamel [white enamelled garden furniture]; 2 (*brief, wijnfles, enz*) seal; **lakker** japanner, varnisher; **lakleer** patent leather
lakmoes litmus [paper]; **lakmoesproef** litmus (*fig ook:* acid) test
lakooi stock(-gillyflower)
laks lax, slack, indolent, flabby, supine
lakschoenen patent leather shoes, dress shoes; (*fam*) patent leathers
laksheid laxity, laxness, slackness, indolence, supineness
lakspuit spray gun; **lakstempel** wax stamp; **lakverf** enamel (paint); **lakvernis** lacquer; **lakwerk** japanned goods, lacquered ware (*of:* work), lacquer(s); (*het lakken*) japanning; *zie ook* lak 1; **lakzegel** wax seal
lala: *het is maar ~* it's but so-so
lallen speak thickly
1 lam *zn* lamb; *~metje* (little) lamb, lambkin, baa--lamb; *het Lam Gods* the Lamb of God; *zo mak als een ~* as quiet as a lamb; *als een ~ ter slachting geleid* like a lamb to the slaughter; *~meren krijgen* (*werpen*) lamb; *zie ook ~*mertijd
2 lam *bn* 1 paralysed, paralytic, palsied; (*ve toets*) dumb; (*ve schroef*) *zie* dol; *zijn beide benen zijn ~,* (*ook*) he is paralysed in both legs; *mijn arm is ~ van het pakjesdragen* my arm is numb from ...; *de veer is ~* the spring won't work; *~* ***slaan*** beat [a p.] to a jelly, knock the stuffing out of a p.; paralyse, cripple [trade, industry]; *hij stond als ~ geslagen* he stood like a man stricken helpless; *zich ~* ***werken*** work one's fingers to the bone; *een ~me* a paralytic; 2 (*lamlendig, naar*) tiresome, awkward; *zie ook* beroerd; *dat ~me geld!* this wretched money!; *dat is een ~me* ***geschiedenis*** here's a pretty (an awkward) business; *~me* ***kerel***, *zie* ~meling; *het ~me* (*~ste*) *is* ... the worst of it is ...
lama 1 (*dier, stof*) l(l)ama; 2 (*priester*) id
lamaïsme lamaism; **lamaklooster** lamasery
Lambert(us) Lambert; **lambertsnoot** filbert
lambiek Lambic
lambrekijn lambrequin; (*her ook*) mantling; (*ve ledikant, ook*) valance; **lambrizeren** wainscot, panel; **lambrizering** wainscot, panelling, dado; *met een eikehouten ~,* (*ook*) panelled in oak
lamé id
lamel(le) lamella (*mv:* -lae); **lamelleren** laminate
lamentabel lamentable; **lamentatie** lamentation; **lamenteren** lament
lamheid paralysis, palsy; *met ~ slaan, zie* 2 lam
laminaat laminate; **laminair** laminar [flow]
lamineren laminate
lam|leggen paralyse; *zie ook* verlammen; **-lendig** (*akelig*) [feel] wretched; *zie ook* 2 lam, lammenadig 2 & laks; **-lendigheid** *zie* laksheid
lamme 1 (*de ~*) lame person, paralytic; *de ~ die de blinde leidt* [a case of] the blind leading the blind; 2 (*het ~*) *zie* 2 lam 2; **lammeling** 1 wretched (rotten) fellow, rotter; 2 dead loss;
lammenadig 1 *zie* -lendig; 2 (*futloos*) spiritless
lammeren lamb; **lammergier** lammergeyer, bearded vulture; **Lammert** Lambert
lammertijd lambing season (time); **lammertjesnoot** filbert; **lammetjespap** gruel
lamoen (pair of) shafts, thills
lamp 1 id; *naar de ~ rieken* smell (*of:* reek) of the lamp (the midnight oil); *tegen de ~ lopen* get caught, cop it; 2 (*gloei~*) bulb; 3 (*radio*) valve, (*Am*) tube; **lampeglas** lamp-chimney; **lampekap** lampshade; **lampekousje** 1 (*pit*) wick; 2 (*gloeikousje*) mantle; **lampenist** lamp-man, -boy
lampenkoorts stage-fright; **lampepit** wick
lampet|kan (water-)jug, ewer; **-kom** wash basin
lampfitting (*houder*) lamp-holder; (*aan lamp*) base, [screw, bayonet] fitting
lampion Chinese lantern; **lampionplant** Chinese lantern; **lampionvrucht** winter-cherry
lamprei lamprey
lampvoet lamp base; **lampzwart** lamp-black
lamsbout leg of lamb; **lamsgebraad** roast lamb; **lamskotelet** lamb chop
lamslaan *zie* 2 lam
lamsoor (*plantk*) sea lavender
lamstraal *zie* lammeling
lamsvel lambskin; **lamsvlees** lamb; **lamswol**

lamb's wool
lamzak (*plat*) *zie* lammeling; **lamzalig** miserable, wretched
lancaster (*stof*) Lancaster (*of:* American) cloth
lancastergordijn Lancaster blind
lanceerapparaat launcher; **lanceerbasis** launching site; **lanceerbuis** (*ve torpedo*) launching tube; **lanceerinrichting** launching gear; **lanceer|plaats, -platform** launching site, launch(ing) pad; **lanceerprijs** introductory price; **lanceren** launch [a torpedo, rocket, plan, new fashion, an enterprise, offensive]; start [a rumour]; put forward [an idea]; **lancering** launching; (*v raket, ook*) lift-off, blast-off
lancet lancet; **lancetvisje** lancelet; **lancetvormig** lancet-shaped, lanceolate [leaf]
lancier lancer; *de ~s,* (*vero*) (*dans*) the lancers
land 1 (*vs water*) land; *hij* ***heeft*** *het ~* he is annoyed, is in the dumps, has the blues; *hij had het ~ als een stier* he was thoroughly disgruntled; *ik heb er het ~* ***aan*** I hate it, (*het stuit me tegen de borst, ook*) it goes against the grain with me; *aan alles het ~ hebben* be fed up with everything; *ik heb er gloeiend het ~ aan* I detest it, I hate it like poison, it is my pet aversion; *ik heb er het ~ aan hem te vragen* I hate asking him (to ask him); *ik heb het ~ aan mezelf* I am annoyed with myself; *ik heb het ~ aan de vent* I hate (dislike) the fellow, I cannot stand (*of:* stick) him; *het ~ hebben* ***over*** be (feel) vexed (annoyed) at (about); *er* ***is*** *geen ~ meer* ***achter*** it is at the back of beyond (at the end of nowhere), it's miles (away) from anywhere; *het ~* ***krijgen*** get annoyed (vexed) [*over* at]; *ik kreeg er het ~ aan* I took a dislike to it; (*fam*) it gave me the hump; *iem het ~* ***opjagen*** rub a p. up the wrong way; (*fam*) rile a p.; ***aan*** *~* [go] ashore; *aan ~ komen* land, reach the shore; *aan ~ zetten* put on shore (ashore); ***door*** *~ ingesloten* land-locked; ***naar*** *~* to the shore; ***over*** *~ reizen* travel by land, overland; ***te*** *~ en te water* (*ter zee*) by land and sea, afloat and ashore; *strijdkrachten te ~* land forces; *te ~ komen, zie* belanden; *van ~ steken, zie ook* wal; *zie ook* bezeilen, stad, enz; 2 (*staat*) country, (*deftiger*) land; (*platte~*) country; *het ~ van* ***belofte****, beloofde ~* the promised land; *'s ~s* ***wijs****, 's ~s eer* when in Rome do as the Romans do; *zijn naam is* ***door*** *het hele ~ bekend* his ... is a household word, is known throughout the length and breadth of the country; *de winter* (*de haring*) *is* ***in*** *het ~* winter has come in, is here (herrings have come in); *in het ~ met verlof* [be] home on leave; *ver het ~ in* far up-country; ***op*** *het ~* [live] in the country, [work] on the land; *bij ons* ***te*** *~e* in our country, with us; ***uit*** *welk ~ komt u?* what country are you from?, what nationality are you?; *zie ook* zetten; *een meisje* ***van*** *het ~* a country girl; *voor rekening van den Lande* Government paid, at Government expense; 3 (*stuk ~*) field; *~je* piece of ground; 4 (*grond, grondbezit*) [own a great deal of] land, estate(s); 5 (*streek*) country; 6 (*fig*) land [he is still in the land of the living]; *het ~ der* ***dromen*** (*der* ***verbeelding***) dreamland (the realm of fancy)

landaanwinning land reclamation; **landaard** 1 national character; 2 (*nationaliteit*) nationality; **landadel** landed nobility; **landarbeider** farm worker, agricultural labourer
landauer landau; **landaulet** landaulet(te)
landbasis (*luchtv*) shore-base; *met ~* shore-based [aircraft]; **landbewoner** countryman (*mv:* country folk, country people); **landbezit** landed property; (*wijze van bezit*) land tenure [in Java]; **landbezit(s)ter** landowner, landed proprietor (*vr:* proprietress)
landbouw arable farming; (*en veeteelt*) agriculture, husbandry; *zie ook* minister(ie)
landbouw|areaal (total) agricultural area; **-bank** agrarian bank; **-bedrijf** 1 farm (enterprise), agricultural enterprise (industry, holding); 2 agriculture, ploughland (*of:* arable) farming; **-consulent** agricultural expert (adviser)
landbouwend agricultural [population]
landbouwer farmer, agricultur(al)ist
landbouw|gereedschappen agricultural implements; **-gewas** crop (plant); **-grond** agricultural (*of:* farming) land; **-hogeschool** *zie* -universiteit; **-huishoudkunde** (rural) home economics; **-industrie** agribusiness; **-kredietbank** agricultural credit bank; **-kunde** agriculture, agricultural science, agronomy; **-kundig** agricultural; **-kundige** agriculturist, agronomist; **-machines** farm machinery; **-produkten** agricultural (*of:* farm) produce; **-proefstation** agricultural experiment(al) (*of:* research) station; **-schap** Agricultural Board; **-school** agricultural school; **-tentoonstelling** agricultural show; **-tractor, -trekker** farm tractor; **-universiteit** agricultural university, university of agriculture; **-werktuig** agricultural implement; *~en* agricultural equipment
landdag 1 (*parl*) diet; *zie ook* Pools; 2 (*ve pol partij, enz*) convention; **landdier** land animal; **landdrost** bailiff, sheriff; (*Z-Afr*) landdrost; **landedelman** country nobleman; **landeigenaar** landed proprietor, landowner; **landeigendom** landed property, real estate
landelijk 1 rural; (*dikw boers*) rustic; pastoral [scene]; *tot de ~e elite behorend* tweedy; 2 national [daily *dagblad,* committee, élite], countrywide, nationwide [interest]; **landelijkheid** rurality; rusticity
landen I *intr* land, disembark, go ashore; (*luchtv*) land, descend, come to earth, touch down; (*op water*) alight, land; II *tr* land [a fish, a plane], disembark [passengers]
landengte isthmus, neck of land; **landenploeg** national team; **land- en volkenkunde** geography and ethnography; **landenwedstrijd** international (match); **land- en zeemacht** Army and Navy
lande|rig bored, in the dumps, disgruntled, out of sorts, listless; *het maakt je ~* it gives you the hump; **-righeid** the blues (dumps), listlessness; **-rijen** landed property (*of:* estates); farmlands
land|genoot, -genote (fellow-)country(wo)man, compatriot; *-genoten,* (*in den vreem-*

de) [British] nationals [in China, etc]; **-goed** country seat, (landed) estate, property; **-graaf** landgrave; **-graafschap** landgraviate; **-gravin** landgravine; **-grens** 1 land-frontier; 2 *zie* landsgrens; **-haai** (*uitzuiger v zeelui*) land-shark; **-heer** 1 landowner, landed proprietor; 2 (*vs pachter*) landlord; **-hoeve** farm; **-honger** land-hunger; **-hoofd** land-abutment, abutment pier; **-huis** country house; *~je* cottage; **-huishoudkunde** rural economy; **-huishoudkundige** rural economist; **-huisjesstof** casement cloth; **-huur** land-rent; **-ijs** ice sheet, ice cap

landing landing, disembarkation; (*ve vliegt*) descent, landing, touchdown

landings|baan (*ve vliegt*) runway; **-baken** landing-beacon; **-boot** landing craft; **-brug** gangway; **-gestel** (*ve vliegt*) undercarriage, landing-gear; **-klep** (*ve vliegt*) (trailing edge) flap; **-licht** 1 runway light; 2 (*v vliegt*) landing-light; **-mast** (*ve luchtschip*) mooring-mast; **-plaats** landing-place; (*drijvend*) landing-stage; **-snelheid** (*ve vliegt*) landing-speed; **-strook** airstrip; **-terrein** landing-ground, -area; **-touw** mooring-rope; **-troepen** landing-forces; **-vaartuig** landing-craft

landinrichting land use; **landinwaarts** inland, up-country; **landje|pik**, **-veroveren** (*fig vglb*) beggar-my-neighbour

land|jonker (village) squire; **-juweel** (*hist*) dramatic contest; **-kaart** map; **-kaartformaat** double spread; **-klimaat** continental climate; **-krab** land-crab; (*fig*) landlubber; **-leger** land-forces; **-leven** country life, rural life; **-lieden** country-people, -folk; **-loopster**, **-loper** vagabond, vagrant, tramp; (*Am*) hobo; **-loperij** vagrancy, vagabondage, wandering; **-macht** land-forces; **-mail** overland mail; **-man** *zie* buitenman & landbouwer; **-meetkunde** geodesy; **-merk** landmark; **-meten** surveying; **-meter** surveyor; (*rups*) looper, geometer; **-metersketting** surveying-chain, Gunter's chain; **-mijn** (*mil*) land-mine; **-nummer** (*telec*) country code; **-ontginner** reclaimer (of land); **-ontginning** land reclamation

landouw field, pasture, region

land|paal boundary post (*of:* mark), frontier; **-pacht** land-rent; **-rat** landlubber; **-reis** journey by land, overland journey (trip); **-rente** land-tax, land revenue; **-rit** cross-country ride; **-rot** landlubber; **-route** overland route

lands|advocaat 1 (*hist*) *zie* raadpensionaris; 2 government attorney; **-belang** national interest

landschap landscape (*ook schilderij*); scenery [imposing scenery *een indrukwekkend ~*]; region, district; **landschappelijk** of the landscape; **landschapsarchitect** landscape gardener; **landschapschilder** landscape painter (*of:* artist), landscapist; **landschapspark** (*vglb*) national park; **landschapsplan** landscaping scheme; **landschapsschoon** scenic beauty

landscheiding boundary

landschildpad land-tortoise

lands|deel region, province; **-dienaar** public servant; **-grens** national frontier, border; **-heer** sovereign lord, ruler of the country; **-heerlijk** sovereign; **-kind** native, child (son) of the soil; **-knecht** lansquenet; **-lieden** (fellow-)-countrymen; **-man** (fellow-)countryman; *wat is hij voor een ~?* what country does he come from?; **-regering** national (*of:* central) government; **-taal** 1 vernacular (language), mother tongue; 2 national language

landstorm (*hist Br vglb*) Home Guard; **landstreek** part of the country, region, district, quarter; **landstrijdkrachten** land-forces

lands|verdediging national defence; **-vrouw(e)** [our] sovereign lady; **-zaak** national cause

land|tong spit (tongue, neck) of land, headland; **-vast** *zn* (*mar & v luchtschip*) mooring-rope; **-verhuizer** emigrant; **-verhuizing** emigration; **-verkenning** [make a good] landfall; **-verraad** (high) treason; **-verrader** traitor (to one's country); **-verschuiving** landslide, -slip; **-volk** country-people; peasantry; **-voogd** governor (of a country), viceroy; (*Ind*) governor-general; **-voogdes** 1 governess (of a country); 2 (*vrouw vd landvoogd*) vicereine; **-voogdij** governorship; **-waarts** landward(s); ~ *in* inland; **-wacht** (*1940-45*) Quisling militia; **-weer** (*hist*) militia; (*vglb*) territorial army; **-weerman** (*hist*) militiaman, (*vglb*) territorial; **-weg** 1 country road, lane; 2 overland route; **-wijn** local wine, country wine; **-wind** land breeze; **-winning** land reclamation; **-zaat** native; **-ziek** homesick; **-zijde** landside

lang 1 (*lengte, afstand*) long; *3 mijlen ~*, (*ook*) three miles in length; *nogal* (*vrij*) *~* longish [a longish ride]; (*v gestalte, enz*) tall [person, grass]; *hij is 6 voet ~* he is six feet high (tall), (*met zijn schoenen aan*) he stands six feet in his shoes; *~e **as**,* (*v ellips*) major axis; *~e **broek*** long trousers (pants); *een ~ **gezicht**,* (*fig*) a long face, a face as long as a fiddle; *een ~ gezicht zetten* pull a long face; *~e **hond*** greyhound; *~ **papier*** long bills, long paper; *~ **geen** honderd* far short of a hundred; *hij is ~ geen slechte vent* (*geen gek*) he is not a bad fellow at all (far from being a fool); ***~ niet, bij** ~e* (*na*) *niet* not nearly [so old as you], not by a long way (*fam:* [they are not the worst] by a long chalk, a long shot); *je hebt het bij ~e na niet geraden* your guess is wide of the mark (is altogether wrong); *~ niet allen* (*allemaal*) not nearly all, by no means all; *het is ~ niet kwaad* not at all bad; *~ niet groot genoeg* far from big enough; *hij is ~ niet zo rijk* not nearly (nothing like, not anything like) so rich; *~ niet zoveel als ik nodig had* nothing like what ...; *~ niet zo goed als ...*, (*ook*) far from being so good as ...; *ze was ~ niet meer wat ze geweest was* she was not a patch on what she had been; *hij viel zo ~ hij was* he measured his length on the ground; *het is zo ~ als het breed is* it is as broad as it is long, it is six of one and half a dozen of the other; 2 (*tijd*) long, a long time, [it won't satisfy him] for long; *~e uren werken* work long hours; *dat doe je niet ~ achter elkaar* you can't do that for any length of time; *hij is **al** ~ dood (weg)* he has been dead (gone) a long time; *je had al ~ in bed moeten liggen* you should have been in bed long ago; *ben je hier al ~?* have you been here long?; *die hervorming had al ~ moeten plaatshebben* the reform is long overdue; *iem die al ~ klant is* a customer of long standing; *~ **bezig** zijn over iets* be long over s.t.; *hij (succes) **blijft** ~ uit* he (success) is long in coming; *wat ben je ~ uitgebleven!* what a time you have been!; *hij bleef ~er dan ons lief was* he outstayed his welcome; *iets ~ en **breed** bespreken* discuss a thing at great length; *ik kan **geen** uur ~er wachten* I cannot wait another hour; ***hoe** ~ zal je het **nog** verdragen?* how much longer are you going to stand it?; *~ zal hij **leven**!* long life to him; (*toezang, vglb*) for he's a jolly good fellow; *een **tijd** (een jaar) ~* for a time (a year); *10 jaren ~* for a period of 10 years; *zijn leven ~* all his life; *men praatte er **uren** ~ over* they talked about it by the hour (for hours together); *de avonden **vallen** mij ~* the evenings drag with me; *is de tijd je ~ gevallen?* have you found the time long?; *de tijd viel hun ~* time hung heavy on their hands; *~er **worden**, zie* lengen; *ik heb hem **in** ~ (in ~e jaren) niet gezien* I have not seen him for years (for a long time, (*fam*) for yonks); *we zijn er nog ~ niet, (ook fig)* we have a long way to go; ***op** zijn **langst** kan het tot morgen duren* at the furthest (utmost, outside) it can only last till tomorrow; *~ **van** stof* long-winded; *zie ook* doen, hoe, jaar, maken, meer, tand, vinger, enz

lang|aanhoudend long-continued [unrest]; **-armig** long-armed; **-been** 1 long-shanks; 2 (*spin*) daddy-long-legs; 3 *zie* -pootmug; 4 (*ooievaar*) stork; **-bek** (*vogel*) long-bill; **-benig** long-legged, long in the leg; **-dradig** long-winded, tedious, prolix; **-dradigheid** long-windedness, prolixity; **-durig** long [war], lasting [friendship], long-established [relations], lengthened, prolonged [stay, absence], protracted [it is going to be a protracted affair], lengthy [business], long-standing [rivalry], long-term [agreement, sentence *vonnis*], long-time [friends]; **-durigheid** length, long duration

lange-afstand(s)- long-distance [bomber, flight, march, race, runner]; **langebaan**- long-distance [race, skater]; **langetermijn**- long-term [forecast, planning, policy]

lang|gehoopt long hoped-for; **-gerekt** elongated [face, figure]; long-drawn (out) [tone, negotiations], protracted [hearing *verhoor*]; *zie ook* -durig; **-gevreesd** long-dreaded; **-gewenst** long wished-for; **-hals** long-necked person (*of:* bottle); **-halzig** long-necked; **-harig** long-haired; **-jarig** of long standing, of many years' duration; **-lauf(en)** langlauf, cross-country skiing; **-levend** long-lived; **-levendheid** longevity; **-lopend** long-term [credits]

langoest spiny lobster, langouste

langoor long-ear(s); donkey, hare, rabbit

langorig long-eared

langoureus languorous; **langoustine** id

langparkeerder long-term parker

langpoot 1 long-legged person; 2 (*hooiwagen*) harvestman; 3 *zie* langpootmug; **langpootmug** daddy-longlegs, crane-fly

langs 1 (*in de lengte, richting van*) along [houses along the road]; *hier ~, alstublieft* this way, please; *planken ~ de muren* boards round the walls; *~ een andere weg* [return] by another route; *~ de hele weg* all along the road, the whole (entire) length of the road; *er staan bomen ~ de weg* the road is bordered by trees; ***dicht** ~ de kust varen (~ de huizen lopen)* hug the coast (the houses); 2 (*voorbij*) [drive, hurry, ride] past; *~ mijn huis* [he came, etc] past my house; *~ **elkaar** heen praten* talk (be) at cross-purposes; *~ elkaar heen leven* live separate lives; ***er** ~ gaan* pass (by); overtake; *hij **komt** hier dikwijls ~* he often passes (comes) this way; ***lopen** (varen, enz) ~* skirt [the wood, the coast], pass along; *hij **praatte** ~ mij heen tegen haar* he talked across me to her; ***achter** (**voor**) het paard ~ gaan* pass behind (in front of) ...; ***bij** iem ~ gaan (komen), zie* aangaan; *even ~ lopen bij iem* drop in on a p.; ***onder** een ladder ~* [go] under a ladder; *ik gaf hem er **van** ~* I gave him what for, let him have it, gave it him, laid into him [with a whip, etc], gave him a sound thrashing; *geef ze er ongenadig van ~!* give them hell!; *hij kreeg er van ~* he got it hot, got what for, caught it properly; 3 via

langsboord alongside

langschedelig long-headed, dolichocephalic

langsdoorsnede longitudinal section

langslaper late riser, lie-abed

langsligger (*ve vliegtuig*) longeron

langsnavel long-bill

langsom: (*van*) ~ ever [more]; **langsrichting** longitudinal direction; *in de ~* longitudinally

langspeelplaat LP, long-player, long-play(ing) record

langsscheeps fore and aft

lang|staart long-tail; **-staartig** long-tailed; **-staartje, -staartmees** long-tailed tit

langst|levend longest-lived; surviving [spouse *echtgenoot*]; **-levende** longest liver, survivor

langs|verband (*techn*) stringer; **-zij** alongside

lang|uit (at) full length; *hij viel ~ op het ijs* he measured (stretched) his length on the ice; **-verbeid, -verwacht** long-expected, long looked-for; **-vezelig** long-staple [cotton]; **-vingerig** 1 long-fingered; 2 (*fig*) light-fingered; **-vleugelig** long-winged; (*wtsch*) longipennate; **-voetig** long-footed; (*wtsch*) longiped; **-werpig** oblong [form]; *~ rond* oval; **-wijlig** *zie* -dradig

langzaam slow (*ook fig*), tardy, lingering; *langzame betaler* slow payer; *een langzame dood sterven* die by inches; *langzame verlamming* creeping paralysis; *~ maar zeker* slow but (and) sure; *zeer ~* dead slow; *~ vooruit (achteruit), (mar)* easy ahead (astern); *~ **aan**!* easy!, steady!; *zo ~ aan* gradually; by and by, before long; by now; *~ aan, dan breekt het lijntje niet* easy does it; *vgl* langzamerhand; *langzamer gaan rijden (werken, enz)* slow down, slack off, slacken speed, ease up; *langzamer laten gaan* slow down [the car]; ~ (*rij-*

den)! drive (go) slowly!; ~ *te werk gaan* go slow; ~ *spreken* speak slow(ly), (*gewoonte*) be slow of speech; *zie ook* haasten
langzaam-aan-actie go-slow strike; **langzaamheid** slowness, tardiness; **langzamerhand** little by little, by degrees, by and by, gradually; ~ *ging het slechter* (*beter*) *met hem* little by little he took a turn for the worse (gradually he improved); *het water zal nu wel* ~ *koken* the ... will be boiling by now; *ik word het* ~ *beu* I'm getting (beginning to get) tired of it; *hij zal het nu* ~ *wel weten* he will know it (must have got the point) by now; *zo* ~ *moeten we een vervanger zoeken* we shall have to find a replacement before long
langzichtwissel long(-dated) bill
lankmoedig long-suffering, patient; **lankmoedigheid** long-suffering, -sufferance, patience
lanoline lanolin
lans lance; *een* ~ *breken met* break a lance with; *een* ~ *breken voor* break a lance for, stand up for; *zie ook* vellen
lansier lancer; **lansknecht** lansquenet
lantaarn lantern [fish, wheel, slide *plaatje*]; (*ve dak, ook*) skylight; (*fiets-, straat~*) lamp; *grote ~ en weinig licht* big in body, but weak in brain; *die moet je met een ~(tje) zoeken* they don't grow on (the) bushes, they are few and far between; ~ *van Aristoteles* Aristotle's lantern
lantaarn|drager lantern-bearer; (*insekt*) lantern fly; **-opsteker** lamplighter; **-paal** lamppost, lamp standard; street light; **-vis** lantern fish
lanter|fant *zie* ~er; **-fanten** loiter, idle, loaf, lounge (about); **-fanter** loiterer, idler, loafer
lanterlu (*kaartsp*) loo; **Laocoön** id, Laocoon
Laodicea id; **Laodiceeër** Laodicean
Laos id; **Lao|tiaans, -tisch** Laotian
lap 1 piece [of cloth, meat, skin], length [of cloth]; (*afgeknipt*) cutting; (*afgescheurd*) rag, tatter; (*restant*) remnant; (*op kledingstuk*) patch; (*om te wrijven, enz*) cloth; (*zeem*) shammy; *~pen,* (*bij opruiming*) remnants, odd lengths; (*knipsels*) clippings; (*zeer*) *~je* bandage, rag [on one's finger]; *een ~je van 25* a twenty-five guilder note; *iem* ***voor*** *het ~je houden* make fun of a p., pull a p.'s leg; ***gezicht*** *van ouwe ~pen* sour face; *de ~pen* ***hangen*** *erbij* it is in rags (in tatters); *het werkt op hem als een* ***rode*** ~ *op een stier* it is a red rag to him, it's like a red rag to a bull; *alle ~pen* ***uithangen***, (*mar*) spread every bit (crowd every stitch) of canvas; *de jas zat* ***vol*** *~pen* the ... was full of patches; ***op*** *de ~pen gaan* go on the razzle; *zie ook* afvliegen; 2 *~(je) grond* patch (plot) of ground, piece of land, (*met aardappelen, enz*) potato patch, etc; 3 (*vlees*) slice; (*bak~, runder~je, enz*) steak; 4 (*klap*) slap [in the face], box [on the ears]; 5 (*ronde*) lap; **Lap** Lapp, Laplander
laparoscoop laparoscope
lapel id
lapidair lapidary [style, etc]; **lapidarist** lapidary
lapis: ~ (*lazuli*) (lapis) lazuli
lapje *zie* lap; **lapjeskat** tortoiseshell (cat)
Lap|land id; **-lander** id; Lapp; **-lands** Lappish
lapmiddel makeshift, palliative, stopgap; **lapmiddelpolitiek** policy of tinkering
lappen 1 patch, piece, mend; cobble, patch (up) [shoes]; (*met zeem*) shammy [windows]; *zie ook* laars; 2 (*fig*) manage (it); *hij lapt* ***het*** *hem wel* he'll manage it, he'll do the trick, he is sure to bring (pull) it off, he'll get there; *het 'm prachtig* ~ get there with both feet; *wie heeft me* ***dat*** *gelapt?* who let me in for this?, who played me that trick?; *dat heb je 'm vlug gelapt* that's pretty quick work; *dat heb ik 'm goed gelapt, hè?* not a bad job, eh?, (*Am*) how's that for high?; *dat zal hij me niet zo gauw weer* ~ he won't do that again in a hurry; *iem erbij* ~ blow the whistle on a p.; *erdoor* ~, *zie* doorjagen: er ~; 3 (*sp*) lap [an opponent]; 4 (*fam*) collect (money), have a whip-round
lappenboek rag-book; **lappendag** remnant-day; **lappendeken** 1 patchwork quilt; 2 (*fig*) patchwork; **lappenmand**: *in de* ~ *zijn* be on the sick-list, be under the weather, be crocked up; **lappenpop** rag doll; **lappenschijf** cloth wheel; **lapper** patcher; (*schoen~*) cobbler; **Laps** Lapp
lapsus lapse, slip; ~ *calami* (*linguae, memoriae*) id; slip of the pen (the tongue, the memory)
lapwerk patchwork (*ook fig*); *zie ook* -middel; **lapzalf** quack remedy; **lapzwans** wet, drip
lardeerpriem larding-pin, -needle; **lardeer|sel, -spek** lard; **larderen** lard
larf larva
larie(koek) stuff and nonsense, flummery, flapdoodle, humbug, [it's all] moonshine, [a load of] codswallop; *larie!* fiddlesticks!
lariks larch
larmoyant tearful, plaintive, lachrymose, whimpering, weepy
larve larva (*mv:* -vae), grub; *~n voortbrengend* larviparous; *attr* larval [state]
laryngaal laryngeal; **laryngitis** id; **laryngoscoop** laryngoscope; **larynx** id
las I *zn* 1 (*hout*) joint; (*metaal*) joint, weld, seam, (*schuin*) scarf; (*film*) splice; (*plastic*) seal; 2 *zie* ~plaat; II *ww: ovt van* lezen; **lasapparaat** welder; **lasbaar** weldable; **lasbrander** welding torch; **lasbril** welding goggles; **lasdoos** (*elektr*) junction-box; **lasdraad** electrode
laser laser [angioplasty, beam, printer, surgery]
laskaar Lascar
lasnaad weld; **lasplaat** (*v rails*) fish-plate
lassen (*ijzer*) weld; (*hout*) joint, scarf; (*met zwaluwstaart*) dovetail; (*met tap en gat*) tenon, mortise; **lasser** welder
lasso id, lariat; *met een* ~ *vangen* lasso, rope
lasstaaf welding (*of:* filler) rod
last 1 (*vracht*) load, burden; (*lading*) load, (*ve schip*) cargo; *de* ~ ***breken***, (*mar*) break bulk; 2 (*maat*) 30 hectolitres; (*haring*) 14 barrels; (*scheeps~*) 2 tons; *een schip van 200* ~ a ship of 400 tons' burden; 3 (*wat drukt*) burden [of taxation], weight [on one's mind], load [on one's shoulders]; (*hinder*) trouble, [the noise] nuisance, bother; *iem* (*veel*) ~ *bezorgen* (*aandoen*) give a p. (a great deal of) trouble, put a p. to (great) inconvenience; ~ *veroorzaken* cause (give, make) trouble, make o.s. a nuisance [to everybody]; *ik*

heb ~ van mijn rug my back is troublesome (is troubling me); *heb je hier ~ van muizen?* are you bothered with mice here?; *zie ook* hinder; *ik heb geen ~ van hen* they don't give me any trouble; *zorg dat men geen ~ van je heeft* don't be a nuisance (make a nuisance of yourself); *hij heeft ~ van duizelingen* he is liable (subject) to fits of dizziness; *heb je ~ van mijn sigaar?* does my cigar bother you?; *hij had er een hoop ~ mee* he had a lot of trouble with it; *je* ***krijgt*** *~ met die jongen* that boy will give you trouble; *daar krijg je ~ mee* (*van*) it will get you into trouble; *hij is een ~ voor* ***zichzelf*** *en zijn ouders* he is a burden to himself and his parents; *toen was Leiden* (*Holland*) ***in*** *~,* (*fig*), *a*) then there was the devil to pay; *b*) now we (they) were in a fix; *gebogen* ***onder*** *de ~ der jaren* bowed down under the burden of years; *hij was zijn moeder* ***tot*** *~* he was a burden on his mother; *hij maakte haar het leven tot een ~* he made her life a burden; *ik ben u toch niet tot ~?* I am not in the way, I hope?; *meer tot ~ dan tot hulp* more hindrance than help; 4 charge; *~en* rates and taxes, charges; *hij zit op zware ~en* his expenses are very high; ***ten*** *~e komen van* be chargeable to; *ten ~e van het Rijk* (*de gemeenschap*) *komen,* (*ook*) become a public charge; *de belasting komt ten ~e van de verhuurder* the tax is borne by the landlord; *ten ~e van de gemeente komen,* (*ook*) be chargeable to the rates, come (up)on the parish; *onkosten* (*komen*) *te uwen ~e,* (*handel*) charges are for (will be debited to) your account; *hij legde het mij ten ~e* he charged me with it, laid it to my charge (at my door); *zie ook* kind; 5 (*opdracht*) instruction(s), order, command, (*jur*) injunction; *~* (*instructies*) ***geven*** give instructions, instruct; (***in***) *~* ***hebben*** *te ...* be charged (instructed) to ...; *~* ***krijgen*** receive instructions, be instructed; *de boedel aanvaarden* ***met*** *alle ~en* accept the estate with all its encumbrances; ***op*** *~ van* by order (the orders) of; *zich kwijten* ***van*** *zijn ~* acquit o.s. of one's obligations

lastarm (*ve weegschaal*) weight arm; **lastbrief** mandate; **lastdier** beast of burden, pack-animal; **lastdrager** porter; **lastendruk** [increasing, reducing the] burden of taxation (on the taxpayer, tax burden); **lastenverzwaring** increased burden of taxation, (*Am ook*) tax hike

laster calumny, slander, backbiting; *een aanklacht indienen wegens ~* bring an action for defamation of character; **lasteraar(ster)** slanderer, calumniator, defamer, backbiter, mudslinger; **lastercampagne** smear campaign; **lasteren** slander, calumniate, defame, vilify, backbite, cast aspersions on; *God ~* blaspheme (God); **lastering** slander, calumny, vilification; (*gods~*) blasphemy; **lasterlijk** slanderous; defamatory [statement]; (*gods~*) blasphemous; **lasterpraatje** (piece of) scandal; *~s* scandal, malicious gossip; **lasterschrift** (defamatory) libel; **lastertaal** slanderous (defamatory) language; **lastertong** slanderous tongue; (*pers*) scandalmonger; *~en beweren ...* scandal has it ...

last|ezel pack-donkey; (*fig*) drudge, (*Am*) packhorse; **-geld** tonnage, duty per ton; **-gever** principal; **-geving** instruction(s), commission, mandate; **-hebber** mandatary, agent

lastig 1 (*netelig*) ticklish, delicate [question, position], trying [position], knotty [point]; *~ als je wat krijgt* [alone in the house?] awkward if you get an illness; *dat is het ~e van het geval* that's the awkward part of it; *~* ***vallen*** trouble (*met* about) importune, worry, badger [*om* for], annoy; pester [he was always pestering her to marry him], press [his creditors are pressing him]; (*euf*) harass, molest [women]; (*door vrouw op straat*) solicit [a man]; *ik zal u daarmee niet ~ vallen* I'll not bother you about that; *~* ***worden*** become troublesome, make a nuisance of o.s.; 2 (*ongelegen*) inconvenient, awkward [such a call is awkward in the middle of your work]; *haar vriendelijkheid was werkelijk ~* her ... was really embarrassing; 3 (*moeilijk*) difficult, hard; embarrassing [position]; *een ~* ***geval*** a difficult (*of:* hard) case; *ze zullen het haar niet ~* ***maken*** they won't make it difficult for her; *zijn schuldeisers maakten het hem ~* his creditors pressed him hard; *een ~e* ***vraag***, *a*) a difficult question, poser, teaser; *b*) an awkward (embarrassing, a delicate) question; 4 (*veeleisend*) exacting, hard to please; 5 (*vervelend*) annoying; (*moeilijk te regeren*) difficult, troublesome [child], problem [child]; *een ~e kerel* a troublesome fellow; *~e leeftijd* awkward age; *de kleine* ***is*** *nogal ~ vandaag* baby is rather fractious today; *wat ben je ~!* what a bother (*of:* nuisance) you are!; *ze is ~,* (*ook*) she is bothersome

last|lijn load line; **-paard** packhorse; **-pak** handful; **-post** nuisance, bore; (*ve pers, ook*) [he, she, is a bit of a] handful; **-punt** (*ve hefboom*) weight

lat 1 lath; (*doellat*) crossbar; (*v jaloezie*) slat, lath; *aan de ~ten hangen,* (*fig*) be on the rocks; *op de ~ kopen* buy on tick; *zie ook* mager; 2 (*sabel, sl*) skewer

latafel table with drawer; *zie ook* ladenkast

laten 1 (*toelaten*) let, permit, allow [she allowed him to lead her from the room; have you allowed the stove to go out?; he allowed himself to be persuaded]; (*vero*) suffer; *iem* ***tijd*** *~* give (allow) a p. time; *dat laat* ***zich*** *niet ontkennen* there's no denying that; *zich ~ leiden* let o.s. be guided; *hij laat zich niet overtuigen* there is no convincing him; *het laat zich gemakkelijk verklaren* it is very easily explained; *het laat zich goed lezen* it reads well; *hij liet zich niet troosten* he would not be comforted; *het laat zich niet vertalen* it cannot be translated; *het laat zich niet beschrijven* it is indescribable, it beggars (defies) description; *zijn gedrag laat zich niet verontschuldigen* his ... admits of no excuse; *de lamp ~* ***branden*** leave the lamp burning; *ik heb mijn paraplu bij u ~* ***staan*** I left my umbrella at your house; *hij liet het* (*een opmerking*) ***vallen*** he dropped it, let it fall (let fall a remark); *ik heb me ~* ***vertellen*** I am told; *laat meneer* ***in*** *mijn kamer* (*boven*) show the gentleman into my room (up); 2 (*onderstellen*) let [let ABC be any triangle]; 3 (*in een toestand ~, ergens*

~) leave [leave things as they are; leave it here]; *het ~ voor wat het is* leave the matter there, let it rest; *iem ver* ***achter zich*** ~ leave a p. far behind, outdistance (outstrip) a p.; ***waar*** *zal ik het ~?* where shall I put it?; *waar heeft hij het geld gelaten?* what has he done with the money?; *waar hij dat alles (nl zijn eten) laat, is een raadsel* where he puts it all is ...; *men liet hem* ***zonder*** *hulp* he was left to his own resources; 4 (*ophouden met*) stop, leave off; *het drinken (roken)* ~ leave off (give up) drinking (smoking), cut out the drink (smoking); *het roken ~,* (*ook*) [he cannot] keep from smoking; *ik kan het niet* ~ I cannot help it; I cannot break myself of the habit; *je kunt het net zo goed ~ (ze waardeert het toch niet)* you might just as well not, ...; *hij liet het daar niet* ***bij*** he did not stop at that; *we zullen het hierbij* ~ we'll leave it (let it go) at that; *we kunnen het hierbij niet* ~ the matter cannot rest here; *laat* ***dat***! stop it!, don't!; ***doe*** *wat je niet ~ kunt* (go ahead) if you really must, just as you please, do your worst; *laat* ***maar***, (*het hoeft niet*) don't trouble; *dat zal je wel* ~ you'll do nothing of the kind; *laat dat praten* stop talking; 5 (*verzuimen*) omit, help, forbear; 6 (*zorgen, dat iets gebeurt*) have, make, cause, get; (*opdracht geven*) order, command, tell, (*vero*) bid; *ze zullen hem ~ betalen* he will be made to pay; (*ter opwekking*) let [let us go on]; *laat ons bidden* let us pray; *laat hij maar oppassen* he'd better look out; *~ we niet vergeten* ... let's not forget ...; *laat hij nu ook Piet heten!* (what) if he too wasn't called ...; ***~ gaan (halen, komen, staan)****, zie* gaan, enz; *een huis ~* ***bouwen*** have a house built; *we zullen A ons huis ~ bouwen* we'll have A build our house; *laat het dadelijk* ***doen*** get it done at once; ***~ maken*** have ... made [where do you have your clothes made?]; (*repareren*) have ... repaired; *het bad* ***~ vollopen*** fill the bath; ***~ vragen*** send to inquire (to ask); *ze lieten hem in de tuin* ***werken*** he was set to work in the garden; *ik zal het je* ***~ weten*** I'll let you know, send (write) you word; *Shakespeare laat Hamlet* ***zeggen*** ... S makes (has) H say ...; *dat laat ik me door jou niet zeggen (toevoegen)* I won't take that sort of talk (of remark) from you; ***~ zien*** show; produce [a ticket]; *ik liet hem het museum zien* I showed him over the ...; *laat eens zien, wat wou ik zeggen* let me see, what ...?; *iets moeten ~ zien,* (*fig*) have to put up a good show; 7 (*overlaten*) *ik kan het u ~* ***voor*** *£ 5* I can let you have it for £5; 8 (*laten gaan*) (*ader~*) bleed; (*vero*) let blood; *een* ***wind*** *~, er een ~ vliegen* break wind; *een* ***zucht*** ~ heave a sigh; *zie ook* begaan, hoofd, horen, leven, wel *bn,* werken, zitten, enz

latent latent [aggression, feelings, heat, infection], dormant [abilities], potential [energy]

later I *bn* later; *in ~e jaren* in after years; *op ~e leeftijd* at an (a more) advanced age; *maar het wordt ~,* (*ook*) but time is getting on; II *bw* later; (*naderhand*) afterwards, later on, subsequently; *even ~* by and by, presently; *maar daarvan ~* but of that later; *ik kom hier ~ nog op terug* I shall come back to this point; *zie ook* laat

lateraal lateral

Lateraan Lateran; *verdrag van -ranen* Lateran Treaty (*of:* Pact); **Lateraankerk** Lateran (basilica); **Lateraans**: *~e Concilies* Lateran Councils

latertje: *dat wordt een ~* it will be late before we are finished (we get home, the party is over, etc)

latex latex [emulsion, paint]

lathyrus (*pronkerwt*) sweet pea; (*wild*) vetchling

latierboom stable-bar

latifundiën latifundia

Latijn Latin (*ook pers*); *dat is ~ voor me* that is Greek to me; *aan het eind van zijn ~* at the end of his tether; **Latijnen** Latins; **Latijns** Latin [alphabet, language, America]; *~e school,* (*hist*) grammar school; **latijnzeil** lateen

lati|niseren latinize; **-nisme** Latinism; **-nist** Latinist, [a good] Latin scholar; **-niteit** Latinity

latitude id; **latitudinaal** latitudinal

latoen latten

lat-relatie: *ze hebben een ~* they are living apart together

latrine id

latten 1 *ww & bn* lath; 2 live apart together

lattenbodem slatted base; **latuw** lettuce

latwerk lath-work, lathing; (*inz voor leibomen*) trellis; (*hekwerk*) lattice

lau nothing, little; *~ loene* no go, nothing doing

laudanum id; **laudatio** laudation, laudatory address; **lauden** lauds; **Laura** id; **laureaat** (poet) laureate; **Laurens** Law-, Laurence; **Laurentia** id

laurier laurel, (*inz culinair*) bay

laurier|bes laurel berry; **-blad** laurel-leaf, (*inz culinair*) bay-leaf; **-boom** laurel (tree), bay (tree); **-kers** cherry-laurel; **-roos** oleander

lauw tepid, lukewarm; (*fig meest*) lukewarm, half-hearted

lauwer laurel [branch], bay (*meestal mv*); *~en behalen* reap laurels; *op zijn ~en rusten* rest on one's laurels (one's oars); **lauweren** crown with laurels; (*hist*) laureate; **lauwerkrans** laurel wreath; **lauwerkroon** crown of laurel

lauwhartig lukewarm

lauwheid, **lauwte** tepidness, tepidity, lukewarmness, half-heartedness; *vgl* lauw

lava id; **lavaglas** obsidian, vitreous lava

lavas lovage

lavastroom lava-stream, -flow

laveloos (*fam*) soaked, sloshed, sodden (with drink), blotto

lavement enema; *een ~ zetten* administer an enema [to a p.]; **lavementspuit** enema(-syringe)

laven refresh; (*fig*) comfort, assuage; *zich ~* refresh o.s., slake (*of:* quench) one's thirst

lavendel lavender [blossom, oil, water]

laveren tack (about), beat (up) against the wind; (*fig*) tack, shift, steer a middle course

lavet lavette; **laving** refreshment

lawaai noise, din, tumult, uproar, hubbub, hullabaloo, racket; (*kouwe drukte*) showing off; *hels ~* pandemonium; *zie* herrie

lawaaidoofheid boilermaker's disease

lawaai|(er)ig noisy, uproarious [laughter], tumultuous [welcome]; knockabout [performance, play, comedian], rough-and-tumble [farce]; ~*heer* bounder; **-maker** noisy person; (*opschepper*) show-off; **-overlast** noise nuisance; **-saus** thin gravy; **-vervuiling** noise pollution

lawine avalanche, snow-slip; **lawinegevaar** avalanche risk; **lawinereactie** avalanche breakdown

laxans, **laxatief**, **laxeer|drank**, **-middel** laxative, opening medicine, aperient; **laxeerpil** purgative pill; **laxeren** purge, open the bowels; **laxerend** laxative, aperient; **laxisme** laxism

lazaret lazaret(to); **lazarus** leper; ~ *zijn,* (*sl*) be stinking drunk, be blotto; *zich het l~ schrikken,* (*plat*) be frightened to death; **Lazarus** id; **lazarusklep** (*hist*) leper's clapper

lazer (*plat*) body; *op zijn ~ geven* (*krijgen*) give (get) a hiding; **lazeren** 1 *tr* chuck, hurl; *intr* drop, fall, tumble [down the stairs]; 2 make a fuss; **lazerij** (*plat*) 1 body; 2 *zie* ge~; **lazerus** *zie* lazarus

lazuren azure; **lazuur** lazulite; **lazuurblauw** azure; **lazuursteen** lapis lazuli

LCD-scherm LCD (screen)

leb(be) rennet; **lebberen** lap, sip, lick (up); **lebbes** *zie* leblazer; **lebenzym** rennin; **leblazer**: *zich het ~ praten* (*schrikken, werken*) talk one's head off (be scared stiff, work o.s. to death); **lebmaag** abomasum, proper stomach

lecithine lecithin

lector (*univ*) reader [in biochemistry]; (*r-k*) id; (*uitgeverij*) publisher's reader; **lectoraat** readership; **lectrice** (woman) reader [to the Queen]

lectuur reading; reading-matter; literature [on Madeira]; *prettige ~* agreeable reading [the report makes pleasant (cheerful, dismal) reading]; *ik zoek wat ~* I am looking for something to read; **lectuurbak** (*vglb*) magazine rack

ledemaat limb, member (of the body); *achterste* (*voorste*) *ledematen* hind- (fore-)limbs; *zie ook* lid

leden|lijst list of members, membership roll; **-pop** lay figure, dummy (figure), manikin; (*fig*) puppet, figurehead; **-tal** membership (figures) [the membership is 800]; **-vergadering** general meeting; **-werving** membership recruitment

leder *zie* 1 leer; **lederachtig** leathery; **lederen** leather; **ledergoed** *zie* -waren; **lederhuid** corium; *zie* onderhuid; **lederkarper** leather-carp; **lederschildpad** leather-turtle, leatherback; **lederwaren** leather goods, leather articles, leatherware; **lederwerk** leatherwork

ledig 1 (*nietsdoend*) idle; 2 *zie* leeg; **ledigen** empty; **lediggang** idleness; **lediggang(st)er** idler; **ledigheid** 1 idleness; ~ *is des duivels oorkussen* idleness is the parent of vice, the devil finds work for idle hands to do; 2 emptiness; *vgl* leeg

ledikant [single, double] bed(stead); *~je,* (*voor kind*) cot; **ledikantgordijn** bed-curtain; **ledikanthemel** canopy, tester

lee waist; *het op zijn ~ hebben* be in a tantrum

leed I *zn* 1 (*smart*) grief, affliction, sorrow, distress; *het **doet** mij ~* it grieves (pains) me; *het doet me ~ dat* ... I am sorry (I regret) that ...; 2 (*letsel*) harm, injury, hurt; II *bn: met lede ogen, a*) with regret; *b*) with envious eyes; III *ww ovt v* lijden; **leedvermaak** malicious pleasure (at the misfortune(s) of others), unholy glee; **leedwezen** regret; *met ~* with regret; *tot mijn ~* to my regret; *tot mijn ~ moet ik zeggen* ... I regret (am sorry) to say ...

leefbaar 1 pleasant to live in, liv(e)able [surroundings]; 2 viable; **leefbaarheid** 1 liv(e)ability, amenities [of an industrial area], bearable living conditions; 2 viability; **leefeenheid** family unit, household; **leefgemeenschap** 1 commune; 2 [monastic] community; **leefklimaat** social climate; **leefmilieu** environment; **leefnet** keep net, live net; **leefregel** regimen, diet, rule of life; *de dokter heeft mij een ~ voorgeschreven* I am under doctor's orders; *zie ook* dieet

leeftijd (*ouderdom*) age; (*levensduur*) lifetime; ***boven** de ~,* (*bijv om half geld te betalen*) over age; ***op** de ~ van* at the age of; *op jonge ~* at an early age; *op latere ~* in later life; *op ~ komen* be getting on, get on (advance) in years (life); *op mijn ~* at my age, at my time of life; *een man op ~* an elderly man; ***van** dezelfde ~* [they are] of an age, (of) the same age; *personen van dezelfde ~* contemporaries; *toen ik van jouw ~ was* when I was your age; *klein* (*jong, oud*) ***voor** zijn ~* small (young, old) for one's age (*of:* years); (*voor*) *alle ~en,* (*film*) U (for universal exhibition) [a U film]; *zie ook* hoog, houden 12, mannelijk, uitzien; **leeftijdgenoot** contemporary, coeval, person of one's own age; **leeftijdsdiscriminatie** ageism; **leeftijdsgrens** age-limit; *heengaan wegens het bereiken van de ~* be superannuated; **leeftijds|groep**, **-klasse** age-group; **leeftijdsopbouw** age structure, age distribution; **leeftijdsverschil** age difference, age gap, disparity in age

leef|tocht provisions, victuals; **-wijze** manner (way, mode, style) of life, [adapt one's] lifestyle

leeg 1 empty; (*mar, ook*) [return] light; (*~staand, ook*) unoccupied, vacant [house]; (*~gelopen*) flat [battery, tyre]; (*uitgeput*) exhausted [battery, exchequer *staatskas*]; *~e band,* (*ook*) flat; *~ fust* empties, empty barrels (cases); *een ~e plaats achterlaten, zie* leegte; *~e tijd* spare (leisure) hours (time); *mijn vulpen is ~* my ... is dry; *met ~e **handen*** [return] empty-handed; *met een ~e **maag*** [go to school] on an empty stomach; *zie ook* huls; 2 (*fig*) empty [head, life, words], vacant [place]; *voor sam zie ook* ledig

leeg|branden be burnt out (gutted); **-drinken** empty, drain; **-eten** clear [one's plate]; **-gewicht** unladen weight; (*ve vliegt*) empty weight; **-gieten** empty (out); **-goed** *zie* leeg: ~ fust; **-halen** clear out; (*plunderen*) loot, rifle [a safe]; strip [a company] of its assets (*als zn:* asset-stripping); **-hoofd** half-wit, nitwit, brainless person; **-hoofdig** empty-headed, brainless; **-loop** 1 idle time, idling [of a machine]; 2 emptying [of churches], drift away [from villages], exodus [of players from the club]; **-lopen** 1 [the room begins to] empty, empty itself [the bottle (the cask) emptied itself], become empty; (*ve band*) go flat, go down; *laten ~,* (*band, ballon, enz*) deflate, let the wind out of [a tyre]; (*het bad*) drain; 2 (*niksen*) idle (about), loaf; **-loper** idler, loafer; **-maken** empty; clear [a dish]; **-melken** milk dry (*ook fig*); **-plunderen** loot, rifle; **-pompen** (*vloeistof*) pump dry, drain (dry); (*gas*) exhaust; **-staan** stand (be) empty, be unoccupied (uninhabited); **-stand**: *er is veel ~* many houses (flats, etc) are standing empty

leegte emptiness; (*fig ook*) blank, void; *zijn dood liet een ~ achter* left a gap; **leegverkoop** closing-down sale; **leegzuigen** suck dry, suck out, drain

leek layman (*ook fig*); *de leken* the laity; (*fig*) the uninitiated; *in rechtskwesties ben ik een ~* where the law is concerned, I am only a layman; *de ontwikkelde ~* [a book for] the educated layman

leem loam, clay, mud; **leemachtig** loamy, clayey; **leemgroeve** clay pit; **leemgrond** loam(y soil); **leem|kuil**, **-put** clay pit

leemte gap, flaw [in the law], hiatus, void, blank, lacuna (*mv:* -nae); *een ~ aanvullen* fill up a gap (void, hiatus), supply a want; *er is één ~ in zijn betoog* there is one flaw in his argument

leen 1 loan; ***te** ~ hebben* have borrowed [s.t.], have the loan of [s.t.]; *ik bood hem deze boeken te ~ aan* I offered him the loan of ...; *te ~ geven, in ~ afstaan* lend, grant the loan of; *in ~ afgestane collectie* loan collection; *te ~ krijgen* get (obtain) the loan of, get [s.t.] on loan; *te ~ vragen* ask for the loan of; 2 (*feodaal*) fief, feudal tenure; ***in** ~ hebben* hold in fee

Leen 1 Nell(y), Helen, Maud; 2 Len(nie)

leenbank [agricultural] loan bank; (*hist*) pawnbroker; **leenbezitter** feudal tenant; **leenbrief** bill of enfeoffment

Leendert Leonard, (*fam*) Len(nie)

leen|dienst feudal service; **-goed** feudal estate (*of:* holding), fief; **-heer** feudal lord, liege lord; **-hof** court-leet, court-baron; **-houder**, **-man** vassal, (feudal) tenant; **-manschap** vassalage; **-manstrouw** allegiance, fealty; **-moeder** surrogate mother; **-plicht** feudal duty; **-plichtig** liege; **-recht** 1 feudal law; 2 right of investiture; 3 (public) lending right; 4 lending fee; **-roerig** feudal; **-roerigheid** feudality; **-spreuk** 1 metaphor; 2 motto, device; **-stelsel** feudal system, feudalism; **-tjebuur**: *~ spelen* borrow (right and left); **-vergoeding** lending fee; **-vertaling** loan translation, calque; **-vorst** feudal prince; **-vrouw** liege lady; **-woord** loanword

leep cunning, sly, shrewd, deep; **leepheid** slyness, cunning; **leepogig** bleary-eyed; **leepoog** bleared eye

1 leer leather; *van ~ trekken* draw the sword; set to, let fly, hit out, wade in (*tegen iem:* pitch into, round on a p.); *~ **om** ~* tit for tat, blow for blow; *voor sam zie ook* leder-

2 leer ladder

3 leer 1 (*les*) lesson; *laat dit je tot ~ zijn* let this be a lesson to you; 2 (*~stelsel*) doctrine; *zuiver in de ~* sound in the faith; 3 (*theorie*) theory; 4 (*het leerling zijn*) apprenticeship; ***in** de ~ doen bij* (bind) apprentice to; *in de ~ zijn* serve one's apprenticeship [*bij* with]; *in de ~ gaan* (*zijn*) *bij* be apprenticed (articled) to; *wat kookkunst betreft zou je bij haar in de ~ kunnen gaan* in the matter of ... you could learn a thing or two from her

leerachtig leathery

leerbegrip principle, element, dogma

leerbereider leather-dresser, currier

leer|boek textbook, lesson-book, manual; *eerste ~je* primer; **-contract** indentures, articles (of apprenticeship); **-dicht** didactic poem

leerdoek leather-cloth, imitation leather

leer|doel attainment target; **-film** educational film; **-gang** course (of instruction); (educational) method; *zie ook* -plan; **-gast** apprentice; **-geld** apprenticeship fee; tuition fee; *ik heb ~ betaald,* (*fig*) I've learned by (bitter) experience; **-gierig** studious, eager to learn; **-gierigheid** studiousness; **-graag** *zie* -gierig; **-jaar** year's course, [1st, etc] form, class; [he was the first of his] year; **-jaren** *zie* -tijd; **-jongen** apprentice; **-kracht** teacher, master, instructor

leerling (*algem*) disciple, pupil; (*school*) pupil, student; (*leerjongen*) apprentice [to a grocer, *bij* ...]; (*in opleiding*) trainee; **leerlingcontract** *zie* leercontract; **leerlingstelsel** apprentice system; **leerling-verpleegster** student nurse, enrolled nurse

leerlooien tan; **leerlooier** tanner; **leerlooierij** 1 tanning; 2 (*zaak*) tannery

leer|machine teaching machine; **-meester** teacher, master, tutor, preceptor; **-meesteres** teacher, mistress; *zie ook* ondervinding; **-methode** teaching method; **-middelen** educational materials (equipment); **-moeilijkheden**: *met ~* mentally subnormal; (*vakt*) learning disabled [child]; (*IQ 50-70*) moron; **-overeenkomst** indentures; **-plan** curriculum (*mv:* -la), syllabus (*mv:* -bi, -buses); **-plicht** compulsory education; **-plichtig** of school age, (*soms*) schoolable; *~e leeftijd* school age; **-proces** learning process; **-rede** homily; **-rijk** instructive, informative, informing, improving [book]; **-school** (*algem*) school [of discipline, of adversity]; (*inz*) demonstration (*of:* practice) school (attached to a training-college); *een harde ~ doorlopen* learn in a hard school; **-stellig** dogmatic (*bw:* -ally), doctrinal; **-stelling** tenet; (*kerkelijk, ook*) dogma; **-stelsel** [theological] system; **-stoel** (professorial) chair [*voor het Duits* of German]; **-stof** subject-matter of teaching, subject(s) for tuition; **-stuk** dogma, doctrine, tenet; **-tijd** time to learn, pupil(l)age; (*ve leerjongen*) (term of, years of) apprenticeship, period of training; *zijn ~ uitdienen* serve one's apprenticeship (one's articles) [*bij* with]

leer|tje thong, strap; (*ve schoen*) tongue; (*ve kraan, enz*) washer; **-touwen** curry (*of:* dress) leather; **-touwer** currier, leather-dresser

leervak subject (of instruction); **leerwerk** 1 learning by rote, rote learning; 2 leatherwork; **leerwijze** method of teaching; **leerzaam** 1 instructive; *zie* -rijk; 2 teachable, studious; **leerzaamheid** 1 instructiveness; 2 teachableness, studiousness

lees|apparaat (*voor microfilms e.d.*) reader; *zie ook* lezer; **-baar** 1 (*naar inhoud*) readable, worth reading; 2 (*v schrift, druk, enz*) legible, readable; (*niet gespiegeld*) right-reading; **-baarheid** readableness; legibility; [machine] readability; **-beurt** turn to read; (*ve spreker*) lecturing engagement, lecture; *vgl* spreekbeurt; **-bibliotheek** circulating (*of:* lending) library; **-blind** alexic, dyslexic, word-blind; **-blindheid** alexia, dyslexia, word-blindness; **-boek** reading-book, reader; **-bril** reading-glasses; **-drama** closet play (*vs* acting play); **-gezelschap** *zie* -kring; **-glas** reading-glass; **-honger** *zie* -woede; **-kabinet**, **-kamer** reading-room, library; **-kop** read(ing) head; **-kring** reading circle; **-kunst** art of reading; **-lamp** reading-lamp; **-lessenaar** reading-desk; **-map** *zie* -portefeuille; **-mis** low mass; **-museum** public reading-room; **-oefening** reading-exercise; **-onderwijs** instruction in reading, reading-lessons; **-pen** wand; **-portefeuille** portfolio of periodicals (etc, circulating by subscription); **-schrijfkop** read-write (*of:* combined) head; **-sleuf** (*voor magneetstrook*) card-swipe; **-stof** reading matter; **-stuk** 1 fragment (passage, piece) for reading; 2 *zie* -drama

leest 1 (*ve mens*) figure, waist; *slanke* ~ slender waist; 2 (*schoen~*) last; (*om de vorm te bewaren*) (boot-)tree; *schoenmaker, blijf bij je* ~ cobbler, stick to your last; every man to his trade; *schoeien **op** de ~ van* model (up)on (after); *op* (*dezelfde*) *een andere ~ schoeien* cast in the same (a different) mould; *op dezelfde* (*op conservatieve*) *~ geschoeid* organized on the same (on conservative) lines

lees|tafel reading-table; **-teken** punctuation mark, stop; **-toon** tone, intonation (in reading); **-vaardigheid** reading ability (skill); **-voer** reading matter; **-wijzer** bookmark(er); **-woede** mania (passion, craze) for reading; **-zaal** reading-room; *openbare* ~ public library

leeuw lion; *~tje,* (*hond*) lion-dog; *iem voor de ~en gooien* throw a p. to the lions; **leeuwaapje** lion-monkey, silky marmoset; **leeuwachtig** lion-like, leonine

leeuwe|aandeel *zie* -deel; **-bek** 1 lion's mouth; 2 (*plant*) snapdragon, (*eironde & spies~*) fluellen, -lin; **-deel** lion's share; *het ~ in het gesprek hebben* do most of the talking

Leeuwehart: *Richard* ~ Richard the Lion-hearted (Lion-heart, Coeur de Lion)

leeuwe|jacht lion-hunt(ing); **-klauw** lion's paw; (*plant*) lady's mantle, lion's foot; **-kuil** lion's den; **-moed** a lion's courage; *vol* ~ lion-hearted

leeuwentemmer lion-tamer, -trainer

leeuwerik (sky)lark

leeuwestaart lion's tail; **leeuwetand** lion's tooth (*ook plant*); **leeuwewelp** lion's cub (*of:* whelp); **leeuwin** lioness

leewater synovia, synovial fluid; (*als ziekte*) synovitis; (*fam*) [have] water on the knee

lef pluck, grit, guts, bottle, nerve; (*airs*) swank; *als je* (*het*) *~ hebt!* if you (don't you) dare!; **lefdoekje** breast-pocket handkerchief; **lef|gozer**, **-schopper** show-off, swank

leg lay; *aan de* ~ in lay; *goed aan de ~ zijn* be in good laying-condition; *de kip is van de* ~ the hen has stopped laying

legaal legal, lawful, legitimate

legaat 1 legacy, bequest; *een ~ krijgen* come in for a legacy; 2 (*vd paus*) legate

legalisatie legalization; **legaliseren** legalize, make valid; **legalisme** legalism

legataris legatee; **legateren** *zie* vermaken 3

legatie legation, embassy; **legato** id

legbatterij (laying, hen) battery; **legboor** ovipositor; **legbord** shelf; **legbuis** oviduct

legen empty

legenda *zie* legende; **legendarisch** legendary

legende legend (*ook v munt, kaart, enz*); (*ve kaart, ook*) key, reference; (*fig*) myth; *volgens de* ~ legend has it [that Arthur will return]; **legendevorming** mythologizing

leger 1 army; (*vero*) host; (*fig*) host, army [of photographers]; *het ~,* (*ook*) the military; *L~ des Heils* Salvation Army; 2 bed; (*ve haas*) form; (*ve wild dier*) lair; (*ve wolf*) haunt

leger|aanvoerder commander-in-chief; warlord (*soms min*); **-arts** army medical officer, army doctor; **-bed** camp-bed; **-bende** band of soldiers; **-bericht** army-bulletin; **-commandant** commander-in-chief; **-dag** field day; **-dienst** military service; **-district** command

'legeren 1 encamp [troops]; 2 (*v koren, enz*) lodge, flatten, lay; *zich* ~ encamp; *de vijand legerde zich om de stad* the enemy sat down before the town

le'geren alloy

'legering 1 encampment; 2 quarters; 3 (*v koren*) lodging, flattening; **le'gering** alloy

leger|kamp army camp; **-korps** army corps; **-leiding** army command; **-macht** armed forces; **-oefeningen** army exercises, [large-scale] manoeuvres; **-onderdeel** army-unit; **-plaats** camp, encampment; *heidense* ~ Celtic field; **-predikant** army chaplain; **-schaar** host; **-stede** couch, bed; **-trein**, **-tros** (army) baggage, impedimenta

leges legal charges (*of:* dues), fee(s)

leggen lay (*ook van kippen:* laying hens), put, place; (*sp*) throw, knock out, lay out, stretch out; (*elektr*) connect [to earth], apply [a voltage to]; *~ bij* put [these papers] with [the others]; *~ in* read [a certain meaning] into [words], throw [a note of agony] into [the music], put [one's life into [one's poetry]; *~ op* put [a penny] on [the price]; *een pleister* (*zalfje*) *~ op* apply a plaster (an ointment) to; *zie ook* beslag, kaart, kiel, nadruk, enz

legger 1 (*pers*) layer; 2 (*vloerbalk*) joist; (*ligger*) ledger; (*v brug*) girder; (*v gymn brug*) bar; (*v spoorw*) sleeper; (*luchtv*) [wing] spar; 3 (*register*) register; (*ve krant, enz*) file; (*voorbeeld*) exemplar; 4 (*standaardmaat*) standard; (*maat voor arak, enz*) leaguer; 5 *zie* leghen

leghen layer, laying-hen; **leghorn** (*kip*) Leghorn

legio legion; *hun aantal is* ~ their number (name) is legion; *~ ...* a host of [subjects], no end of [people, books]; **legioen** legion [the Legion of Honour]; (*menigte*) host; (*sp*) fans; **legionair** legion-

ary; (*v Vreemdelingenlegioen, enz*) legionnaire; **legionairsziekte** legionnaires' (-naire's) disease
legislatief legislative; **legislatuur** legislature
legitiem legitimate; *~e (portie), (Sch)* legitim, bairn's part; **legitimatie** legitimation; **legitimatiebewijs** identification papers, identity card, ID; **legitimeren** legitimate; *zich ~* prove one's identity, produce evidence of identity, provide ID; **legitimist** id; **legitimiteit** legitimacy
legkaart *zie* -puzzel; **legkast** (linen-)cupboard, cupboard with shelves; **legkip** *zie* -hen; **legpenning** medal; **legpuzzel** jigsaw (puzzle); **legsel** clutch [of eggs]
leguaan 1 iguana; 2 (*mar*) pudd(en)ing
leguminoos leguminous plant
lei I *zn* 1 slate (*ook schoolleitje*); *vgl* ~steen; *een schone ~ hebben* (*met ... beginnen*) have (start with) a clean slate (*of:* sheet); 2 avenue; 3 (*Hawaï*) id; II *ww ovt van* leggen; **leiachtig** slaty
leiband leading-string(s); *aan de ~* in leading--strings; *hij loopt aan de ~ van zijn vrouw* is tied to his wife's apron strings
leibedekking slate roofing, slating
leiboom espalier (tree), wall-tree, fan-trained tree
leidak slate(d) roof; **leidekker** slater
leiden lead [a p., a party, a bad life, the conversation], conduct [a campaign, business, meeting, an investigation, the service], manage [a business], guide [a p.'s steps, a boy's natural instincts, a missile], usher [a p. upstairs], direct [a work, project, etc], train [plants]; (*sp*) lead, be in the lead; *zie ook* presideren & voorzitten; *het onderzoek ~*, (*ook*) be in charge of the investigation(s); *een ellendig* (*eenvoudig*) ***bestaan*** *~* lead a miserable (simple) existence; *zich* ***laten*** *~ door* be guided by, go by [one's feelings, judg(e)ment]; *hij liet zich door vooroordeel ~* he was swayed by prejudice; ***verkeerd*** *geleid* misdirected [genius]; *onze weg leidde* ***door*** ... our way led through ...; *iem door de menigte ~* shepherd a p. through the crowd; *iets ~* ***langs, via*** ... channel s.t. through ...; *~* ***naar*** lead to(wards) [this road leads to P], steer [a p., the conversation] towards; *~* ***tot*** lead to [a discovery, a good result, high words], induce [a critical habit of mind]; *wat tot dit toneel leidde* what led up to this scene; *tot niets ~* lead nowhere, [arguments that] serve no purpose; *zie ook* leidend, & baan, tuin, verzoeking, enz
Leiden id; *zie ook* Jantje & last
leidend leading; *~ beginsel* guiding (ruling) principle; *~e positie,* (*ook*) executive position (post) [in a business]; **leider** leader [of a party, etc; of revolt], [spiritual, tourist] guide, conductor, person in charge [of operations], [branch, business] manager; (*ve reisgezelschap, ook*) courier; (*ve cabaret, enz*) compère; *vgl* leiden; **leiderschap** leadership; **leiderspositie** leading position
leiding 1 duct; (*water~, enz*) (conduit-)pipe(s), service-pipe(s), (*hoofd~*) main(s), (*huis~*) delivery pipe, *~en* piping, *opgaande ~* up service; (*elektr*) line, lead; (*telef, enz*) cable, (*hoofd~*) [cable] pipeline; *zie ook* licht~; *elektrische ~ aanbrengen in* wire [a house]; 2 conduct [of the war], [under my] guidance, [follow a p.'s] lead, [aspire to the] leadership, direction [under the direction of], management [of a company], *vgl* leiden; [be in] control; *~ der zaken* conduct of affairs; *iem van de ~* someone in authority; *~ geven aan* manage [a company], direct [a project], conduct [a meeting], give guidance to [juveniles], lead [the conversation]; *P gaf zijn ploeg de ~* P put his team into the lead (ahead); *vgl het vlg; de ~* ***hebben*** have (be in) control, be in charge [*bij, van* of], mastermind [a campaign], (*sp*) be in the lead, (*rennen, ook fig*) make the running; *de ~ (op zich)* ***nemen*** take the lead, take charge (command, control); (*ve onderzoek*) take charge of the investigation(s); ***onder*** *~* conducted [tour], guided [visit]; *onder ~ van* under the leadership (management, guidance, etc) of; (*kerk*)*dienst* (*orkest*) *onder ~ van* service (orchestra) conducted by
leiding|gevend executive [ability *capaciteiten,* staff *personeel*], supervisory [staff], managerial [position], [person] in charge; **-net** mains (*of:* piping) system; (*elektr*) wiring (system); (*telef, kabel*) network; **-schema** circuit (*of:* wiring) diagram; **-water** tap-water, mains water
leidmotief leitmotiv, -tif
leidraad guide, key, guiding principle; guideline
Leids (of) Leiden; *~e fles* Leyden jar; *~e kaas* cummin cheese
leidsel rein; **leidsman** guide, mentor, leader; **leid|star, -ster** guiding star, lodestar; **leidster** *zie* leider; **leidsvrouw** 1 woman in charge; *vgl* leider; 2 guide
leien slate; *het gaat van een ~ dakje* it is plain sailing; *alles ging van een ~ dakje* everything went smoothly, swimmingly, like clockwork; **leigroeve** slate-quarry; **leikleur** slate-colour; **leikleurig** slate-coloured
leilinde lime espalier; **leiplaat** (*techn*) baffle--plate; **Leipzig** id
leisteen slate [mountain, quarry]; shale [oil]
lek I *bn* leaky; (*ve fietsband*) punctured; *zo ~ als een zeef* as leaky as a sieve (as a basket); *de kan is ~*, (*ook*) the jug will not hold water, leaks; *~ zijn,* (*ve schip*) make water; (*ve dak, schoenen*) be leaky, let in the water; II *zn* leak, leakage; (*in fietsband*) [have a] puncture; (*gaslek*) leak(age), escape (of gas), fault [in a geyser]; *een ~ stoppen* stop a leak (*ook fig*); *het schip kreeg een ~* the ... sprang a leak, was holed [by a rock]
lekbakje drip-cup; **lekdoek** filtering-cloth
lekebroeder lay brother; **lekenoordeel** layman's opinion; **lekenorde** lay order; **lekenrechtspraak** lay justice; **lekenstand** lay status; *de ~,* (*pers*) laymen; **lekezuster** lay sister
lekhoni(n)g virgin honey
lekkage leakage, leak; (*vergoeding voor ~*) leakage, allowance for drainage
lekken 1 leak [like a sieve], have a leak, be leaky, drip; (*ve schip*) make water; *de dijk lekt* water is filtering through the dike; 2 (*laten uit~*) leak [information to the press]; 3 (*likken*) lick (*ook v vlammen*); *~de vlammen* licking (lambent, lapping) flames

lekker (*v eten, enz*) nice, delicious, good, palatable, tasty, (*soms*) toothsome; (*vh weer*) nice; (*ve geur*) [smell] nice, sweet; (*kieskeurig*) dainty, nice, fastidious; ~ *hapje* titbit; *een ~e jas* a comfortable coat; *een ~e jongen, een ~ dier,* (*iron*) [you're] a nice one!; ~ *gefopt!* had you there!; *het ~ste voor het laatst bewaren* keep the best till the last; ***dank** je ~!, ik doe het ~ **niet**!* nothing doing!, thank you for nothing!, not me, thank you!; *~!* serve you (him, her) right!; *ik **ben** (voel me) niet* ~ I am out of sorts (not myself), don't feel quite the thing (quite fit, up to the mark), feel a bit below par, am a bit under the weather; *je bent niet ~!,* (*sl*) (you're) nuts!, you're crazy!; *ik ben zo ~ als kip* I am as right as rain (as a trivet); *ben je daar niet ~ mee?* aren't you pleased with it?; *~ **eten**, a*) enjoy one's meal; *b*) have an excellent dinner; *geld uitgeven aan ~ eten* spend money on good eating; *veel van ~ eten en drinken houden* be fond of good living; *ik heb ~ **geslapen*** I've slept well, I've had a nice sleep; *iem ~ **maken*** rouse expectations in a p., make a p.'s mouth water [for a thing]; (*vleien, sl*) butter a p. up; *het **smaakt*** ~ it tastes nice; *~ **vinden*** enjoy; *~ is maar een **vinger** lang* 'short and sweet'; *het is hier ~ **warm*** it is nice and warm here; ~ *zitten,* (*v kleding, stoel, enz*) be comfortable [are you sitting comfortably?]; *dat zit me niet ~,* (*fig*) I'm not pleased with that, I'm uneasy about it; ~ ***zoet*** nice and sweet; ~ ***zwart*** good and black; *zie ook* lekkers

lekkerbek gourmet, foodie, epicure; *~je* fried fish fillet; **lekkerbekken** feast, have a tuck-in; **lekkerheid** daintiness, deliciousness, niceness; **lekkernij** titbit, delicacy; **lekkers** sweets, sweetmeats, goodies; *het is* (*me*) *wat ~!,* (*iron*) a nice job!, a fine to-do!; **lekkertje** sweet; **lekkertjes** *vgl* lekker

leksteen filtering-, dripstone; **lekstroom** leakage current; **lekvrij** leakproof

lel 1 (*vh oor*) lobe; (*v pluimvee*) wattle, gill; (*huig*) uvula; 2 (*klap*) clout; 3 (*iets groots*) whopper; 4 (*vod*) rag, tatter; 5 (*slet*) slut

lelie lily [consider the lilies of the field, *bijb*], (*her*) flower-de-luce; *witte ~* white lily, Madonna lily

lelieachtig lily-like, liliaceous; **lelieblank** lily-white; **lelietje(-van-dalen)** lily of the valley

lelijk (*v uitzien*) ugly [monster, building; *v pers: foei~*], (*Am*) homely [features]; (*fig*) ugly [rumour, omen, practice, sea], nasty [taste, habit, blow, cut, accident, fellow], bad [I've got a bad cold, be badly burnt, burn one's fingers badly, smell bad, a bad habit]; *hij was ~ geschrokken* he had a nasty fright; *dat is ~, nu kan ik mijn sleutel niet vinden* that's awkward, I cannot ...; *een ~ **gezicht** trekken* make a wry face (a grimace); *~ **kijken*** look displeased; (*naar iem*) frown [at a p.], (*erger*) scowl [at a p.], give [a p.] an ugly look; *~ staan te kijken* get a nasty surprise; *zo ~ als de **nacht*** (as) ugly as sin; *dat **treft*** ~ that's awkward; *hij zei een ~ **woord*** he said a bad word; ~ ***worden,*** (*ve pers*) go off in one's looks; *dat **ziet** er ~ **uit**,* (*fig*) that looks ugly; *zie ook* uitzien, *en* inzitten, steek, enz

lelijkerd ugly fellow; (*fig*) nasty piece of work, ugly customer; **lelijkheid** ugliness, plainnesss

lellebel slut; **lellen** (*fam: slaan*) clout

lemen I *bn* loam, mud [wall, floor, hut]; ~ *voeten* feet of clay; II *ww* loam

lemma id, headword, entry (word)

lemmer *zie* lemmet; **lemmet** blade; *met één* (*twee*) *~(en)* single- (double-)bladed [knife]

lemming id

lemoen 1 (*vrucht*) lime; 2 (*lamoen*) (pair of) shafts

lemur id; **Lena** id, Helen, Nell(y)

lende loin; *~n(en), a*) lumbar region, small of the back; *b*) waist(line); **lendeader** lumbar vein; **lendebiefstuk** sirloin steak; **lendendoek** loincloth; **lendenkussen** small cushion, support (for the back); **lendepijn** lumbar pain, lumbago; **lendestreek** lumbar region, small of the back; **lendestuk** saddle [of mutton], sirloin [of beef]; **lendewervel** lumbar vertebra (*mv:* -brae)

lenen 1 (*te leen geven*) lend [a p. money, money to a p.]; (*Am*) loan; *het **oor** ~ aan* lend (an) ear (one's ears) to, give ear to, incline one's ear to; *gewillig het oor ~ aan* lend a willing ear to; *ik wil **mij** er niet toe ~* I will not lend myself to it; *het leent **zich** goed* (*uitstekend*) *voor het doel* it lends itself well (admirably) to the purpose; 2 (*te leen krijgen*) borrow [money from, of a p.], have the loan of [one's neighbour's lawn-mower]; (*rek*) borrow; *links en rechts ~* borrow right and left; *geld ~ op* lend (borrow) money on [securities]

lener 1 lender; 2 borrower; *vgl* lenen

leng 1 ling; 2 (*mar*) sling; 3 rope (*in bier*)

lengen *tr & intr* lengthen; (*intr ook*) grow longer; *de dagen ~,* (*ook*) the days are drawing out; *de avonden ~,* (*ook*) the days are drawing in; *zie ook* aan~; **lenging** lengthening

lengte length; (*ve pers*) height, size, [a p. of diminutive] stature, [a man of your] inches; (*geografische ~*) longitude; *het heeft dezelfde ~ als ...* it is the same length as ...; ***door*** (***in***) *~ van tijd* in course of time; *in de ~* [three metres] in length; [place, saw] lengthwise, lengthways, longitudinally; *in zijn volle ~* (at) full length; *zie ook* languit; *hij richtte zich op in zijn volle ~* he drew himself up to his full height; ***over*** *de* (*hele*) *~ van* [the wire runs, the room goes] the length of the house]; ***ter*** *~ van* the length of [my thumb], [five feet] in length; ***tot*** *in ~ van dagen* for many years to come; *het moet **uit** de ~ of uit de breedte* it must be found (*of:* managed) somehow

lengte|as longitudinal axis, lengthwise axis; **-cirkel** meridian, circle of longitude; **-doorsnee** longitudinal (lengthwise) section; **-draad** longitudinal thread; **-ëenheid** unit of length; **-graad** degree of longitude; **-maat** linear (*of:* long) measure, longitudinal measurement; **-richting** longitudinal (lengthwise, linear) direction; *in de ~* lengthways, -wise, longitudinally

lenig [keep o.s.] supple, lithe, limber; pliant [leather]; ~ *maken* limber (up); **lenigen** relieve, alleviate, assuage, mitigate, ease; **lenigheid** suppleness, litheness; pliancy; **leniging** relief, alleviation, mitigation, assuagement

lening loan; *een ~ sluiten* contract (negotiate) a loan; *een ~ tot stand brengen* float a loan; *een ~ uitgeven* (*plaatsen; verstrekken*) issue (place; make) a loan; *zie ook* uitschrijven; **leningslimiet** [raise the] borrowing powers; *hun ~ bedraagt* ... their borrowing powers extend to ...
leninisme Leninism; **leninist(isch)** Leninist
lens I *zn* 1 [hard, soft, gas-permeable] lens; *zie ook* loep; 2 *zie* luns; II *bn* empty, dry; *de pomp is ~* the pump sucks; *het schip ~ pompen* (*houden*) free the ship from water, empty the bilges (keep the ship free from water); *ik ben ~* I am cleared out; *iem ~ slaan* knock a p. senseless (*of:* silly)
lensdop lens cap; **lenskap** lens hood; **lensopening** (lens) aperture, (*diafragma*) diaphragm, stop; *de ~ verkleinen* stop down
lenspomp bilge-pump
lensvormig lens-shaped, lenticular
lenswater bilge(-water)
lente spring (*ook fig:* the spring of life)
lente|achtig springlike; **-bloem** spring flower; **-bode** harbinger of spring; **-bui** spring (*dicht:* vernal) shower; **-dag** spring day, day in spring; **-feest** (*vglb*) May Day festivities; **-klokje** spring snowflake; **-maand** [the third of] March; **-nachtevening** vernal equinox; **-punt** vernal equinoctial point; **-teken** vernal sign [of the zodiac]; **-tijd** springtime; (*dicht*) springtide; **-weer** 1 spring weather; 2 springlike weather
lento (*muz*) id
lenzen 1 (*leegmaken*) empty; 2 (*voor top en takel*) scud (under bare poles)
lenzenstelsel lens system
Leonard(a) id; **Leonora** id; **Leopold** id; **Leopoldsorde** Order of Leopold
lepel 1 (*eet-, thee~(tje), enz*) spoon; (*om te scheppen*) ladle [soup-, sauce-ladle; *maar: mosterd-, zout-, jus~, ~ in theebusje* spoon]; *~(vol)* spoonful; *ieder uur een ~,* (*fig*) [administered] in small doses; *zie ook* pap~; 2 (*oor*) ear [of a hare]
lepel|aar spoonbill; **-bek(eend)** shoveller; **-blad** bowl of a spoon; (*plant*) scurvy-grass; **-boor** spoon-auger; **-diefje** (*plant*) shepherd's pouch
lepelen spoon (up) [one's soup]; ladle; *vgl* lepel
lepel|vol spoonful; **-vormig** spoon-shaped
leperd slyboots, shrewd fellow; *hij is een ~,* (*ook*) he is a deep one
lepidopterist id
lep|lazarus, -lazer *zie* lazarus & leblazer
leppen sip, lap, lick (up); (*techn*) lap
lepra leprosy; **lepralijder** leprosy patient; **lepreus** leprous; **leproos** leper; **leprozerie** leper hospital
leptosoom *bn* leptosomic
leraar (assistant) master, (school)teacher; *hij is een goed ~* he is a good teacher; (*predikant*) minister; *~ in de klassieke talen* classics master
leraarsambt, leraarschap 1 mastership; 2 teaching profession; 3 (*godsd*) ministry; **leraarskamer** masters' room, common room, staff room; **leraarsvergadering** staff meeting
leraren *ww* 1 teach; 2 sermonize; **lerarenkorps** teaching staff; **lerarenopleiding** teacher training (college); **lerares** (woman) teacher, (secondary) schoolteacher (schoolmistress); *vgl* leraar
1 leren *bn* leather; (*ook fig:*) [as tough as] leather; *zie ook* zak
2 leren *ww* 1 (*onderwijzen*) teach; *de ervaring leert* ... experience shows ...; *niet te ~* unteachable [boy]; *iem ~ **lezen*** teach a p. (how) to read; *vgl ook* 2; *ik **zal** je wel ~!* I'll teach you!; *ik zal je ~ me voor de gek te houden* I'll teach you to make a fool of me!; *dat zal de **tijd** ~* time will show (*of:* tell); 2 (*kennis opdoen*) learn; *hij heeft weinig geleerd,* (*onderwijs gehad*) he has had but little schooling; *uit dit voorbeeld kunnen we veel ~* this ... holds many lessons for us; *~ **kennen*** get acquainted with, get (come, learn) to know; *naarmate ik hem beter leerde kennen* as I came to know him better; *leer mij ze kennen!,* (*iron*) don't I know them!; *~ **lezen*** learn to read; *vgl ook* 1; *iets **van** iem ~* learn s.t. from (of) a p.; *om het op te ~* [a piano] to learn on; *zie ook* doende, enz
lering instruction; (*veel*) *~ trekken uit* learn (many lessons) from [one's mistakes]; *zie ook* catechisatie
les lesson; *gedurende* (*in, onder*) *de ~* in class, during lessons (the lesson); *~ **geven*** give lessons [in French, on the flute]; *goed* (*uitstekend*) *~ geven* be an efficient (an excellent) teacher; *iem een ~je geven* teach a p. a lesson; *~ **krijgen*** have lessons; *iem de ~ **lezen*** lecture a p., rate a p. [soundly *duchtig*], haul (call) a p. over the coals; *~ **nemen*** take lessons [*bij* from, with; *in* in]; *zijn ~ **opzeggen*** say one's lesson; *laat dit u een ~ **zijn*** let this be a lesson to you; *niet **bij** de ~ zijn* be inattentive (daydreaming, off one's guard)
lesauto learner car
les|ba, -bi lesbian; **lesbianisme** lesbianism; **lesbienne** lesbian; **Lesbiër** Lesbian; **lesbisch** lesbian; *L~* Lesbian; **lesbo** lesbian; **Lesbos** id
lèse-majesté id, lese-majesty
lesgeld tuition (fee); **lesgeven** *zie* les; **leslokaal** classroom; **lesmateriaal** educational material; **lesrooster** timetable
lessen 1 quench, assuage [thirst]; slake [thirst; lime]; 2 take (give) [driving, flying] lessons
lessenaar desk, reading-, writing-desk; **lessenaarsdak** lean-to roof
lessing quenching, etc; *vgl* lessen 1
lest *zie* laatst; *ten lange ~e* at long last; *~ best* the last is the best; [... and,] last but not least: ...
les|toestel *zie* -vliegtuig; **-uur** lesson, (40-minute) period; **-vliegtuig** (flight, jet) trainer; **-vlucht** instruction-flight; **-wagen** learner car
Let (*Letlander*) Lett; **letaal** lethal
lethar|gie lethargy; **-gisch** lethargic (*bw:* -ally)
Lethe id; **Letje** Letty; **Letland** Latvia; **Letlands, Lets** Lettic, Lettish, Latvian
letsel injury, [receive no] hurt, harm, damage; *ernstig ~ bekomen* sustain (suffer) severe injury (injuries); *geen ~ bekomen,* (*ook*) take no harm; *iem ~ toebrengen* do a p. (an) injury; *ernstig* (*zwaar lichamelijk*) *~ toebrengen* inflict grievous bodily harm [on a p.]; *zonder ~,* (*ook*) with a whole skin, unharmed

letten 1 *let wel!* mark (you)!, mind (you)!, now observe ...; ~ ***op*** pay attention to [a p.'s words]; mind, attend to [one's business]; observe [what is going on]; watch [the clock]; look after [the children]; *meer op kwaliteit dan op kwantiteit* ~ look more to quality than to quantity; *op zijn woorden* ~ be careful (cautious) in one's speech; *er werd niet op zijn smeekbede gelet* his prayer went unheeded; *ze* ~ *meer op hun zak dan op hun kwaliteit* they study their pockets more than ...; *let op wat ik zeg* mind what I say; mark my words; *let op het handelsmerk* look out for the trademark; *er zal vooral op stiptheid gelet worden* punctuality is the first (prime) consideration; *niet* ~ *op*, (*ook*) disregard, neglect; *gelet op* considering; *zie ook* salaris; ***zonder*** *op de tijd* (*de kosten*) *te* ~ heedless of time, regardless of expense; *zonder te* ~ *op de wensen van* ... without regard to the wishes of ...; *niet* ***lettende*** *op* unmindful (heedless) of; 2 prevent; ***wat*** *let me, of* ... what prevents (is to prevent) me from ...ing; *wat let me, of ik doe het*, (*ook*) I'll do it for two pins

letter 1 id, character; *grote* (*kleine*) ~ big (small) letter; *de* ~ *van de wet* the letter of the law; *zie* hangen; *zich aan de* ~ *houden* stick to the letter; *met grote* ~*s* [written] in big letters; *de kleine* ~*tjes* the fine (the small) print; *schrijf hem even een* ~*tje* just drop him a line; ***naar*** *de* ~ [obey, enforce the law] to the letter; *naar de* ~ *en naar de geest* in letter and spirit; *zie ook* dood & klein; 2 (*in drukkerij*, ~*type*) type, fount; ***met*** *duidelijke* (*kleine, vette*) ~ *gedrukt* printed in clear (small, bold) type; 3 ~*en* literature, letters; *faculteit der* ~*en* Faculty of Arts; *de fraaie* ~*en* belles lettres; ***in*** *de* ~*en studeren* study literature (arts)

letterbak type-case; **letterdief** plagiarist; **letterdieverij** plagiarism; ~ *plegen* plagiarize; **letteren** I *ww* mark, letter; II *zn zie* letter 3

letter|gieter type-founder; **-gieterij** type-foundry; **-greep** syllable; **-grootte** type size; **-hoogte** type height; **-kaart** (*ve oogarts*) letter-chart; **-kast** type-case; **-keer** anagram; **-knecht** literalist, verbalist; **-knechterij** literalism, verbalism, letter-worship; **-korps** type body; **-kunde** literature; **-kundig** literary; *zie ook* literair; **-kundige** literary (wo)man, (wo)man of letters; **-lievend** literary [society]; **-lijk** I *bn* literal [interpretation, meaning, text, translation]; (*woordelijk*) verbatim [report]; II *bw* literally, [follow instructions] to the letter; *hij kwam* ~ *om van honger* he was literally starving; ~ *iedere nacht* every single night; **-lijn** (*typ*) baseline; **-omzetting** metathesis; **-proef** type specimen; **-raadsel** word puzzle; **-roof** *zie* -dieverij; **-schrift** alphabetic(al) writing; **-slot** letter-lock; **-snijder** letter-cutter, type-cutter; **-soort** type(face); **-specie**, **-spijs** type-metal; **-tang** (embossing) tape printer; **-tape** embossing tape; **-teken** character; **-type** (type)-face; **-vers** acrostic; **-verspringing** metathesis; **-wijs:** ~ *in iets zijn* be versed in s.t.; *iem* ~ *maken* post a p. up; (*eig Am, fam*) put a p. wise; **-wisseling** metathesis; **-woord** 1 acronym; 2 (*comp*) alphabetic word; **-zetsel** letterpress; **-zetten** compose, set up type; *het* ~, (*ook*) typesetting; **-zetter** compositor, typesetter; **-zetterij** composing-, case-room; **-zifterij** hair-splitting, quibbling

Lettisch Lettic, Lettish, Latvian

leugen lie, falsehood; *grote* (*grove*) ~ big (thumping) lie, gross falsehood; ~*tje* fib, story; *onschuldig* ~*tje*, ~(*tje*) *om bestwil* white lie; *een kolossale* ~, (*sl*) a whopping (thumping) lie, a whopper; *het zijn allemaal* ~*s* it's all lies; ~*s verkopen* tell lies; *al is de* ~ *nog zo snel, de waarheid achterhaalt haar wel* truth will out; *van* ~ *en bedrog leven* live by one's wits; *zie ook* aaneenhangen & omgaan

leugenaar(ster) liar; *zie ook* uitmaken

leugen|achtig lying [rumour], mendacious, untruthful; (*v zaken ook*) false, untrue; **-achtigheid** mendacity, untruthfulness, falseness; **-beest** habitual (consummate) liar; *jij* ~*!* you liar!; **-campagne** lying campaign; **-detector** lie detector; **-profeet** false prophet; **-taal** lies; **-zak** *zie* -beest

leuk 1 (*bedaard*) cool, dry; (*kalmpjes*) calmly, (quite) coolly, without more ado; *hij nam het heel* ~ *als vanzelfsprekend aan* he coolly took it for granted; *hij hield zich* ~ he did not let on, seemed to know nothing; *zie ook* dood~; 2 (*grappig*) amusing, funny, jolly, droll; (*typisch*) quaint [china teacups]; *die is* ~*!* that's a good one!; *hij is werkelijk* ~ he is quite amusing; *het* ~*ste is* the best thing of all is [that ...]; 3 (*prettig*) nice, pleasant; *verbazend* ~ [I thought it] great fun; *dat zou niet erg* ~ *zijn* that would not be much fun; *dat was een* ~*e tijd* life was good fun then; ~*e dingen* fun things [to do]; *we hebben* ~ *verkocht* sales have been quite decent

leuk(a)emie leukaemia

leukerd: *een* ~ a droll fellow; *jij bent een* ~*!* you're a nice one!; **leukheid** coolness, dryness; fun

leukjes coolly, drily

leukocyt leucocyte; **leukodermie** leucoderma; **leukopenie** leucopaenia; **leukoplast** 1 (*plantk*) id; 2 sticking plaster, (*Am*) adhesive tape; **leukorroe** leucorrhoea; **leukose** leucosis

leukweg coolly, drily

leunen lean (*ook fig:* lean heavily on Dante), recline [*op* on; *tegen* against]; *met de ellebogen op de tafel* ~ lean (*of:* prop) one's elbows on the table; *met de rug tegen de muur* ~ lean one's back against the wall; *leun niet tegen het hek* keep clear of the gate; **leuning** rail, guard-rail; (*trap*~) banisters, hand-rail; *vgl* trap~; (*ve stoel, enz*) back, arm, (elbow) rest; (*ve brug*) parapet; **leun(ing)-stoel** armchair, easy chair; (*Am*) elbow-chair; **leunstokje** (*ve schilder*) maulstick

leurder hawker, peddler; **leuren** hawk; ~ *met* hawk [goods, gossip, ideas] (about, around), peddle [drugs, rumours]; **leurhandel** street trade

leus watchword, (rallying-)cry, slogan, device, motto; (*kreet*) buzzword; *afgezaagde* ~ tag; *mooie leuzen* fine phrases; *voor de* ~ for show, for form's sake, as a make-believe, as a blind

leut 1 fun; *voor de* ~ for fun; 2 (*fam*) coffee

leuteraar (*kletser*) twaddler, driveller; **leuteren** 1 (*kletsen*) twaddle, drivel; 2 (*vero: talmen*) daw-

dle, loiter; *zie ook* treuzelen; **leuterkoek** twaddle, nonsense; **leuterkous** chatterbox, twaddler; **leuterpraat** piffle, drivel; **Leuven(s)** Louvain
leuver (*mar*) cringle, hank; **leuze** *zie* leus
Levant id; **Levantijn** Levantine; *l~*, (*wind & schip*) Levanter; **Levantijns, Levants** Levantine
leven I *zn* 1 (*bestaan*) life; *het ~ weer van voren af aan* ***beginnen*** begin life over again; *een nieuw ~ beginnen* begin a new life, make a new start in life, start life afresh, turn over a new leaf; *zijn ~* ***geven*** lay down one's life [for one's country]; *ik zou er mijn ~ voor willen geven* I would give my life for it; *een ~tje* ***hebben*** *als een prins* live in clover, live like a prince, live the life of Riley; *het ~* ***laten*** lose (lay down) one's life; *laat hem het ~* spare his life, let him live; *het ~* ***schenken*** (*aan*), *a*) give birth to; *b*) grant [a p.] his life; ~ ***voelen***, (*ve zwangere vrouw*) quicken, feel quickening; ***zolang*** *er ~ is, is er hoop* while there is life, there is hope; ***bij*** *~ en welzijn* if I am (we are, etc) spared, God willing, DV; ***in*** *~ ...* [Mr S] late [rector of A]; *in ~ blijven* [he is not expected to] live; *om in* (*het*) *~ te blijven* [hardly enough] to keep body and soul together, to support life (existence); *in* (*het*) *~ houden* keep alive; *nog in ~ zijn* be still alive; *in het ~ roepen* call into existence (into being), call forth, create; *zie ook beneden:* van zijn ~; *iem* ***naar*** *het ~ staan* be out for a p.'s life; ***om*** *het ~ brengen* make away with, kill; *om het ~ komen* perish; *de bemanning van 5 koppen kwam om het ~* the crew of 5 were killed; *zie ook* gaan; *strijd* ***op*** *~ en dood* war to the death (*of:* knife), life-and-death struggle; *hij zweeft* ***tussen*** *~ en dood* he is at death's door, his life hangs in the balance; ***uit*** *het ~ gegrepen* taken from life; *voor het ~*, (*fam*) for dear life, like one o'clock; *zie ook* afbrengen, beroven, blootstellen, brouwerij, gemoeid, inblazen, lief, waagschaal, enz; 2 (*levenstijd*) life(time); *daar heeft hij zijn ~* ***lang*** *genoeg aan* it will last him a lifetime; ***bij*** *zijn ~* during his life, in his lifetime, in life; ***tijdens*** *zijn ~, zie* bij zijn ~; *hij was nooit* ***van*** *zijn ~ meer verbaasd geweest* (*geschrokken*) he had (it gave him) the surprise (the shock) of his life; *je krijgt een pak slaag, zoals je nooit van je ~ gehad hebt* you'll get the thrashing of your life; *nooit van mijn ~* never in all my life (in all my born days), [I shall never do it again] so long as I live; *heb je* (*ik*) *ooit van je* (*m'n*) *~!* well, I never!, did you ever!, well, I declare!; *hij had* (*kreeg*) *een les* ***voor*** *zijn ~* he had a lesson for life; *voor zijn ~ benoemd worden* be appointed for life [he holds his office for life]; 3 (*animatie:*) *nieuw ~ brengen in* (*inblazen*) put (breathe) new life into; *er komt meer ~ in de zaken* business is picking up; *de woorden begonnen ~* (*voor hem*) *te* ***krijgen*** the words began to come alive *er* ***zit*** *geen ~ in hem* there is no life (go) in him; *er zit nog ~ in hem* there's life in the old dog yet!; 4 (*wijze van leven:*) *het ~ is goedkoop in Z* living is cheap in Z; *het is* ***geen*** *~* it's no life; *dan heb je geen ~* then life is not worth living; *een druk ~* ***hebben*** lead a busy life; *hij heeft geen ~* he leads a dog's life; *een zwervend* (*los, slecht*) ~ ***leiden*** lead a wandering (loose, bad) life; *een los*(*bandig*) (*al te vrolijk*) *~ leiden* go the pace; *hij houdt van een goed ~* he is fond of good living; *in het ~ zijn*, (*ve prostituée*) be on the game; 5 (*werkelijkheid:*) ***naar*** *het ~ getekend* drawn from (the) life; *getrouw naar het ~ tekenen* (*schilderen, beschrijven*) draw (portray, describe) to the life; 6 (*levensbeschrijving*) life [Boswell's 'Life of Johnson']; 7 (*het levende vlees*) the quick; *in het ~ snijden* cut to the quick; ***tot*** *in het ~* [cut one's nails] to the quick; 8 (*lawaai*) noise, bustle, tumult, hubbub, racket; ~ ***maken*** make a noise; II *ww* live; *al wat leeft* all living things; *een portret dat leeft* a lifelike portrait; ***als*** *eerlijk man ~* live the life of an honest man; *als vrijgezel ~ en sterven* live and die a bachelor; *hij* ***doet*** *de astronomie* (*voor ons*) *~* he makes ... come alive; *hij kan* ***goed*** *~* he is comfortably off; *hij zal niet* ***lang*** (*geen jaar*) *meer ~* he has not long (has less than a year) to live; *lang zal hij ~!* long life to him!, long may he live!; *ze zongen: lang zal hij ~!*, (*vglb*) they sang, 'For he's a jolly good fellow'; *~ en* ***laten*** *~* live and let live; ***leve*** *de koning!* long live the King!; *leve de republiek!* up the republic!; *leve de vriendschap!* friendship for ever!; *leve de vrijheid!* three cheers for liberty!; *zij ~* ***matig*** they lead sober lives; *wel, inbrekers* ***moeten*** *ook ~* well, burglars must live; *hij heeft* ***sterk*** (***zwaar***) *geleefd* he has burnt the candle at both ends; ***zo waar*** *als ik leef!* as I live!; *wie dan leeft, wie dan* ***zorgt*** care killed the cat; sufficient unto the day is the evil thereof; *alles leeft* ***aan*** *hem* he is full of life; *deze wens leeft* ***bij*** *ons allen* we are unanimous in wanting (hoping for) this, we all cherish this desire; *we zullen* ***ermee*** *moeten* (*leren*) *~* we shall have (to learn) to live with it; ***op*** *zichzelf ~* live by o.s.; ***van*** *zijn rente* (*inkomen, kapitaal*) *~* live on one's means (income, capital); *hij leeft* (*van het geld*) *van zijn vrouw* he lives on his wife('s money); *de advocaten ~ van onze ruzies* lawyers live by our ...; *hij leeft er goed van* he lives well; (*fam*) he does himself well; *daar kan ik niet van ~* I cannot live on that, it won't keep me; *ze leeft van £ 4000 per jaar*, (*ook*) she exists on ...; *van liefdadigheid ~* subsist on charity; *de kaas leeft van de maden* the ... is alive (crawling) with maggots; *het leeft hier van de muizen* the place is alive (overrun) with mice; ***volgens*** *zijn beginselen ~* live up to one's principles; *~* ***voor*** live for [one's work, children]; *zie ook* aalmoes, brood, 2 hoop, voet, enz
levenbedreigend life-threatening [situations]
levend (*attr & pred*) living [animal, language, water, not a living soul]; (*v vee, ook*) [cattle] on the hoof; (*alleen attr van dier, scherts van pers*) live [lion; a real live queen]; (*alleen pred*) alive; *iems nagedachtenis ~ houden* keep a p.'s memory alive (green); *~ dood* dead alive; *~ begraven*, (*ook fig*) bury alive; *~e beelden* living pictures, tableaux vivants; *~e haag* quickset (hedge); *de ~e natuur* the living (biological) world; *~e talen* modern languages; *de ~en en de doden* the quick and the dead; *~ worden* come to life; (*plotseling*) spring to life; *zie ook* afbrengen, have, lijf

levendbarend viviparous
levendig lively [person, description, scene, colour], sprightly [nature], vivacious [person], vivid [colour, light, imagination], bright [eyes], brisk [conversation, trade], animated [discussion], graphic [description], keen [take a keen interest in ...]; *hij was zeer ~,* (*ook*) he was very much alive; *zijn herinneringen ~ houden* keep one's memories green; *hij gevoelt dat ~* he is keenly alive to it; **levendigheid** liveliness, etc, vivacity, animation
levendmakend vivifying, quickening
leven|gevend life-giving [sleep]; **-loos** lifeless [body], inanimate [nature]; **-loosheid** lifelessness; **-maker** noisy person
levens|adem breath of life; **-ader** fount(ain) of life; **-avond** evening (sunset) of life [the evening of his life]; **-baan** career, course of life; **-beginsel** 1 principle of life; 2 philosophy of life; **-behoefte** necessity of life; *de eerste ~n* the bare necessities (of life); *ze schijnen geen hogere ~ te hebben dan ...* they seem to have no higher aspiration than ...; *zie verder* -benodigdheden; **-behoud** preservation of (one's) life; **-belang** vital interest; **-benodigdheden** necessaries (necessities) (of life); **-bericht** biographical notice; (*ve pas gestorvene*) obituary (notice); **-beschouwelijk** ideological [conflicts]; **-beschouwing** 1 ideology; 2 *zie* -opvatting; **-beschrijver** biographer; **-beschrijving** biography; [candidates send in a] curriculum vitae, CV, (*Am*) resume, résumé; *eigen ~* autobiography; **-boek** book of life; **-boom** 1 arbor vitae; 2 (*in Eden*) tree of life; **-cyclus** life cycle; **-dagen** days of (one's) life, lifetime; [for the rest of my] natural life; *al mijn ~* [I never saw such things in] all my born days; *wel, heb ik van mijn ~!, zie* leven 1; **-delict** crime against life; **-doel** aim of life, [our] aim in life; **-draad** thread of life; *zijn ~ werd afgesneden* his life was cut short; **-duur** duration (*of:* term) of life; (service, working) life [of a vacuum cleaner], lifetime; *vermoedelijke ~,* (*stat*) expectation of life; *korte ~* [our] span of life; *lange ~* longevity; *een korte* (*lange*) *~ hebben* be short-(long-)lived; *met lange ~* long-life [battery]; **-echt** lifelike, true to life; **-elixer** elixir of life; **-ervaring** knowledge (experience) of life; **-geesten** vital spirits; *de ~ weer bij iem opwekken* resuscitate a p.; *zie ook* wijken; **-geluk** happiness (in life); **-gemeenschap** (*biol*) biotic community; **-genieter** epicure(an), hedonist; **-genot** enjoyment of life; **-geschiedenis** 1 life history, life story; 2 *zie* -beschrijving; **-gevaar** peril (danger) of life, mortal danger, life hazard; *er is ~ aan verbonden* it involves risk of life; *in ~ zijn,* (*ook*) stand in peril of one's life; *met ~* at the peril (risk, hazard) of one's life; **-gevaarlijk** perilous, involving risk of life, [be in a] critical [condition], [that thing is] a menace; (*fig, sp*) deadly [accuracy, shot]; *~e plaats* death-trap; *met een ~e snelheid* at breakneck speed; **-gezel(lin)** companion of one's life, partner in life, (help)mate; **-groot** life-size(d), as large as life; *meer dan ~* larger (bigger) than life; **-grootte** life-size; **-houding** attitude to life; **-jaar** year of one's life; **-kracht** vital strength (energy, power, force), vitality; life force; **-krachtig** full of life, vigorous; *zie ook* -vatbaar; **-kunst** art of living; **-kwestie** question (matter) of life and death, vital question; **-lang** [imprisonment] for life, lifelong, life [imprisonment]; *met ~e premiebetaling* whole-life [assurance]; *vonnis van ~e gevangenschap* life sentence; *tot ~ veroordeelde* person under a life sentence; (*sl*) lifer; **-last** burden of life; **-leer** philosophy of life; **-licht** light (of day); *het ~ aanschouwen* see the light (of day); **-lied** sentimental ballad, tear-jerker; **-lijn** line of life; **-loop** course of life [the course of his life], career (record); (*op schrift*) curriculum vitae, CV; **-lot** fate; **-lust** animal spirits, zest for living (for life); *vol ~ zijn,* (*ook*) bubble over with life; **-lustig** enjoying life, full of life (of animal spirits), sprightly; **-middelen** food(s), foodstuffs, provisions, victuals; **-middelenbedrijf** 1 food industry; 2 (*zaak*) food shop (*Am:* store), grocery; **-moe** tired (weary) of life, life-, world-weary; **-moed** courage to face life, [it gave him a new] zest for existence; *nu had hij ~* he now felt that life was worth living; **-moeheid** weariness of life; **-omstandigheden** living conditions, circumstances in life, conditions of life; **-onderhoud** subsistence, livelihood; *kosten van ~* cost of living, living expenses; **-opvatting** view of life, outlook (up)on life, philosophy (of life); **-overtuiging** philosophy of life; **-pad** *zie* -weg; **-partner** *zie* -gezel(lin); **-peil** *zie* -standaard; **-ruimte** (*ve volk*) living space; **-sap** sap (of life); (*fig ook*) lifeblood; **-schets** biographical sketch; **-sfeer** walk of life; *persoonlijke ~,* (*jur*) privacy; **-standaard** 1 (*peil*) standard of life (living), living-standard; 2 (*kosten*) cost of living; **-stijl** lifestyle, style of living; **-strijd** battle (struggle) of life (*vgl:* struggle for life *strijd om het bestaan*); **-taak** life's work, life's task; **-teken** [give a] sign of life; **-vatbaar** viable, capable of living; **-vatbaarheid** viability, vitality; **-verrichtingen** vital functions; *leer der ~* physiology; **-verwachting** life expectancy; **-verzekering** life assurance (insurance); *een ~ sluiten* take out a life policy, insure one's life; **-verzekeringskantoor** life office; **-verzekeringsmaatschappij** life (assurance) company; **-verzekeringspolis** life policy; **-voorwaarde** 1 necessity of life; 2 (*fig*) vital condition; **-vorm** [primitive] life-form, form of life; **-vraag** vital question, question of life and death; **-vreugde** joy of living, enjoyment of life; **-wandel** life, conduct; **-weg** path of life; *op uw ~* [I wish you much success] in your career; **-werk** life's work; **-wijs** *zie* -wijze; **-wijsheid** worldly wisdom; **-wijze** manner of life, way of living; **-zee** ocean of life
levenwekkend life-giving, vivifying
lever liver; *het aan de ~ hebben* have a (touch of) liver, be liverish; *iets op de ~ hebben* have s.t. on one's mind; *fris van de ~* frankly, straight from the shoulder; **leveraandoening** liver complaint, [have] liver trouble

leverancier supplier, furnisher, purveyor, [ask your] dealer; (*voor leger & vloot*) [army, navy] contractor; (*v eetwaren*) caterer; (*inz aan de deur*) tradesman (*mv ook* -people); *ingang voor ~s* tradesmen's (*ve zaak:* delivery) entrance; **leverantie** supply, delivery; [L had all the] catering; *zie ook* klandizie; **leverbaar** deliverable; available [for immediate delivery]; *beperkt ~ zijn* be in short (limited) supply; *dooreen ~ zijn,* (*v effecten*) rank pari passu; *goed leverbare kwaliteit* fair merchantable quality; *zie verder* verkrijgbaar

leverbot liver-fluke; **leverbotziekte** liver-rot

leverdatum date of delivery

leveren supply, furnish, provide, produce [evidence]; (*afleveren*) deliver [the goods, good work]; *groothandelaars wilden* (*aan*) *hem niet ~* wholesale dealers would not supply him; *op ceel geleverd* stored terms; *in entrepot geleverd* bonded terms; *kunt u mij dat artikel ~?* can you supply me with that article?; *het ~* manage; *hij zal* ***het 'm*** *wel ~, enz, zie* lappen; ***stof*** *~ tot* give rise to [all kinds of rumours]; *goed* ***werk*** *~* turn out (turn in) good work; *hij is geleverd* he is lost (done for); *zie ook* bewijs, slag, verkopen, enz

levering (*af~*) delivery; (*algem*) supply; *op ~* [sell] for future (*of:* forward) delivery, [sell] forward; (*Effectenbeurs*) for the account; *prijs op ~, voor ~ op termijn* forward price

leverings|condities terms of delivery; **-contract** delivery-contract, supply-contract; **-prijs** delivery price; (*inclusief alle kosten*) delivered price; **-termijn**, **-tijd** delivery time, lead time; *~ 21 dagen* allow ... for delivery; *overschrijding van de ~* delivery failure; **-voorwaarden** terms of delivery

lever|kaas liver pâté; **-kleurig** liver-coloured; **-kruid** 1 hemp agrimony; 2 agrimony; **-kwaal** liver complaint; **-mos** liverwort; (*blad-*) scale-moss; **-ontsteking** inflammation of the liver, hepatitis; **-pastei** liver-paste (pâté); **-steen** hepatite

levertijd *zie* leveringstijd

lever|traan cod-liver oil; **-worst** liver sausage, (*Am*) liverwurst; **-ziekte** liver disorder

Levi id; **leviet** Levite; *de ~en lezen* lecture [a p.]

leviraat levirate [marriage]; **levitatie** levitation

Leviticus id; **levitisch** Levitical

lexi|caal lexical [meaning]; **-caliseren** lexicalize; **-cograaf** lexicographer; **-cografie** lexicography; **-cografisch** lexicographical; **-cologie** lexicology; **-con** id, vocabulary

lezen 1 glean [ears], pick [hops], gather [grapes, flowers, simples]; ***vijgen*** *van distelen ~,* (*bijb*) gather grapes of thorns; 2 read [*ook:* music, the future]; (*elektr*) scan [bar-codes]; (*geregeld*) ~ take in [a newspaper]; [*een opknapper,*] *lees* (*men leze*) *wrak* ..., i.e. a wreck; *hij leest* ***alles*** he is an omnivorous reader; *ik* ***kan*** *het niet ~,* (*ook*) I cannot make it out; *het* (*niet*) *kunnen ~ en schrijven* (il)literacy; *een jas die kan ~ en schrijven* a coat that has done sterling service; *het* ***laat*** *zich goed ~* it reads very well, is (makes) good reading (*evenzo:* the report makes pleasant, unpleasant, dismal, etc reading); *de druk laat zich goed* (*aangenaam*) *~* the print is easy on the eye; *het laat zich ~ als een roman* it reads like a novel; *het stuk laat zich beter ~ dan spelen* the piece reads better than it acts; ***in*** *de bijbel ~ wij* it says in the Bible; *in iems hart ~* read a p.'s heart; *er iets in ~* (*dat er niet in ligt*) read s.t. into it; *zich in slaap ~* read o.s. to sleep; *je leest* ***over*** *zo iets heen* these things escape you (in reading); *hij zat rustig* ***te*** *~,* (*fam*) he was having a quiet read; *het stond duidelijk op ieder gelaat te ~* it was written large on every face [guilt was written on his face]; (*niet*) *te ~, zie* (on)leesbaar;; *ik lees hier****uit*** *dat* ... I read this to mean ...; *hij houdt niet* ***van*** *~,* (*ook*) he is not a reading man; *zie ook* 1 mis, regel, enz

lezenaar reading-desk; (*op tafel, bijv*) bookrest; (*in de kerk*) lectern; **lezenswaard(ig)** *zie* leesbaar; **lezer** 1 gleaner, gatherer; 2 reader; scanner; *vgl* lezen *& zie* kaart~; **lezeres** (*vero:* fair) reader

lezers|kring readership [of a newspaper], audience [of a report]; **-publiek** reading public

lezing 1 (*het lezen*) reading (*ook ve wetsvoorstel*); 2 (*voor~*) lecture, (*ve gedicht bijv*) reading; *een ~* ***houden*** read a paper, deliver (give) a lecture, lecture [*over* on; *voor* to]; give a reading [from one's own works]; *~en houden,* (*ook*) give a course of lectures; 3 (*wijze van voorstellen*) version [he gave an entirely different version of it];

lezingentournee lecture tour

liaan liana, liane; **liaison** id; **liane** id, liana

lias (*voor papieren*) file; *L~,* (*gesteente*) Lias

liasseren file

Liba|nees, **-nese** Lebanese; **Libanon**: *de ~* (Mount) Lebanon; (*staat*) (the) Lebanon

libel 1 id, lampoon; 2 (*insekt*) dragonfly; 3 (*waterpas*) spirit-level; **libellettrie** pulp writing; **libel|list**, **-schrijver** libeller, lampooner

liberaal liberal; **libera|lisatie**, **-lisering** liberalization [of trade]; **liberalisme** liberalism; **liberalist** liberalist; **liberalistisch** liberalist(ic); **liberaliteit** liberality

Liberiaan(s) Liberian; **Liberië** Liberia; **Libe|riër**, **-risch** Liberian

libero sweeper, id

libertair libertarian; **libertijn(s)** libertine

libidineus libidinous; **libido** id

Libië Libya; **Libiër**, **Libisch** Libyan

libratie libration

libret|tist id; **-to** id (*mv:* libretti), book (of words)

licentiaat licentiate; **licentie** licence; (*sp*) permit; *in ~ gebouwd* built under licence; **licentiehouder** licensee

lichaam body (*ook fig:* legislative body, etc), frame; *vaste, vloeibare en gasvormige lichamen* solids, liquids and gases; *onderzoek aan het ~* body search; *naar ~ en geest* (*ziel*) [weak] in body and mind; *op het ~ verborgen* [he had a gun] concealed about (*of:* on) his person; *over zijn hele ~* [tremble] all over; *zie ook* openbaar, enz

lichaams|arbeid physical labour; **-beweging** (bodily) exercise; **-bouw** build, stature, physique [a fine physique, of poor physique]; **-deel** part of the body, limb, member; **-functies** bodily functions; **-gebrek** physical defect; **-gestel** constitution, frame, system; **-geur** scent; (*onaangenaam*) body odour, b.o.; **-hoek** solid angle; **-houding** [an erect, uncomfortable] posture; [a proud, an upright] bearing, carriage; **-kracht** bodily (physical) strength; **-lengte** height; **-oefening** physical exercise, physical education; **-sap** body fluid, tissue fluid; **-taal** body language, kinesics; **-verzorging** personal hygiene; **-vocht** body fluid, tissue fluid; **-warmte** animal heat, body heat, heat of the body; **-zwakte** bodily weakness, debility

lichamelijk 1 bodily [pain, defect]; physical [development, disabilities, education, effort *inspanning*, examination *onderzoek*, strength]; corporal [punishment] *~e oefening*, (*het oefenen*) physical education (training); (*één oefening*) physical exercise; (*zwaar*) *~ letsel* (grievous) bodily harm; 2 (*stoffelijk*) corporeal, material; **lichamelijkheid** 1 corporality; 2 body awareness

licht I *bn* 1 (*niet donker*) light, light-coloured, bright; *~e kant, zie* ~zijde; *~ worden* get light; 2 (*niet zwaar*) light [diet, task, step, blow, infantry, music, sleep(er), work; as light as a feather]; mild [beer, cigar, tobacco]; *~e lectuur* light reading; *~e maaltijd* light meal, snack; *~e vrouw* light (wanton) woman; *~* ***in*** *het hoofd* giddy, light-headed; *~* ***van*** *gewicht* light in weight; *zie ook* hand, hart, maan, wegen, enz; 3 (*gering*) slight [wound, headache, frost, drizzle, shock]; II *bw* 1 lightly, slightly; *het valt ~ te begrijpen* (*laat zich ~ begrijpen*) it is easily understood; *zulke mensen* ***denken*** *~ over een mensenleven* human life means little to such people; such people make light of human life; *~* ***opvatten*** make light of, pass lightly over [one's work]; *hij vatte het leven nogal ~ op* he took life rather casually, was easy-going; 2 (*gemakkelijk*) easily; *zij wordt ~ boos* she quickly gets (it doesn't take much to make her) angry; *het wordt ~ eentonig* it tends to become monotonous; *zulke dingen vergeet men ~* (*gebeuren ~*) such things are apt to be forgotten (are apt [*of:* liable] to occur); *~ rijden* do rising trot; *zie ook* allicht, lichtelijk & misschien; III *zn* light (*ook boven deur, enz*); *~ op, 7.53 nm* lighting-up time 7.53 pm; *groot ~*, (*pers*) shining light, luminary; (*auto*) full headlights; *~ en schaduw, ~ en bruin*, (*ve schilderij*) light and shade (*ook fig*); *er* ***brandde*** *geen ~* the place (the house) was in darkness; *~* ***brengen*** *in* lighten [the darkness, the gloom]; let in some light (up)on [a business *zaak*]; *~* ***geven*** give light; *zijn antwoord gaf niet veel ~* his answer was not very illuminating; *er* ***komt*** *een beetje ~* (*in de duisternis*), (*fig*) we (I) can see daylight (the end of the tunnel); *~* ***maken*** strike a light, light up, turn (*of:* switch) on the (electric) light [let's have the light(s) on]; *toen* ***ging*** *mij een ~* ***op*** a light dawned (broke in, burst) (up)on me; (*fam*) that rang the (*of:* a) bell; *zijn ~ bij iem* ***opsteken*** go to a p. for information; *zijn ~ laten* ***schijnen*** *op* give one's views on [a problem]; *het ~* ***verdragen*** stand the light; *iem ~* ***verschaffen***, (*fig*) enlighten a p.; *~* (*meer, een nieuw, een schel ~*) ***werpen*** *op* throw (shed) light (more, a new, a vivid light) on; *wat een eigenaardig ~ werpt dit op sport!* what a sidelight on sport!; *het ~* ***zien*** (*ook van boek*) see the light; *ik zie ~*, (*fig*) I see (day)light; *er helemaal geen ~ in zien* be up against a blank (brick, stone) wall ; *er* ***zij*** *~* let there be light; ***aan*** *het ~ brengen* bring to light, reveal, make known, elicit [the fact that ...]; (*door opgraving*) unearth; *aan het ~ komen* come to light; ***in*** *het ~* [put it here] in the light; *in het ~ geven* give to the world, publish, bring out [a book]; *je staat jezelf* (*mij*) *in het ~* you are standing in your own (in my) light; *in het ~ stellen* throw light (up)on, elucidate; *iets in het juiste ~ stellen* put s.t. in the proper light; *in een ander enz ~ stellen, zie* daglicht; *in dat ~ gezien* viewed (looked at) in that light; *in het ~ van deze feiten* in the light of (*Am:* in light of) these facts; *zijn ~* ***onder*** *een* ***korenmaat*** *zetten* hide one's light under a bushel; ***tegen*** *het ~ houden* hold against (up to, to) the light; ***tussen*** *~ en donker* in the twilight, between two lights; *ga mij* ***uit*** *het ~* stand out of my light; ***zonder*** *~* [cycle] without a light; *zie ook* bij 8, gunnen, enz

licht|baak beacon(-light); **-bak** 1 illuminated sign; 2 (*fot, enz*) light box, light screen; 3 (*jacht*) dazzle-light; **-beeld** (lantern) slide; **-beuk** clerestory; **-blauw** light (*of:* pale) blue; **-blond** light(-coloured); **-boei** light-buoy; **-boog** electric arc, voltaic arc; **-brekend** refractive; **-breking** refraction of light; **-bron** light source, source of light; **-bruin** light-brown; *met ~e ogen* hazel-eyed, with hazel(-brown) eyes; **-brulboei** light-and-whistle buoy; **-bundel** pencil (shaft, beam) of light; **-cel** photocell; **-claxon** headlamp flasher; **-dicht** light-tight [bag, tank]; **-druk** phototype, photoprint; **-echt** light-fast, fast(-dyed), fadeless; **-eenheid** light-unit, lumen

lichtekooi light-o'-love, prostitute, wanton, woman of easy virtue; **lichtelaaie** *zie* lichterlaaie; **lichtelijk** faintly [amused], mildly [surprised], slightly [embarrassed]; *zie ook* 1 licht II

1 lichten (*dagen*) dawn; (*vd zee*) phosphoresce; (*weerlichten*) lighten; (*bij~*) light [a p.]; *het ~* phosphorescence [of the sea]

2 lichten 1 (*optillen*) lift, raise [one's hat]; *het* ***anker*** *~* weigh anchor; *iem van het* ***bed*** *~* lift a p. from his bed; *de* ***hand*** *~ met* scamp [one's work, lessons], give [a thing] a lick and a promise, palter with [the truth]; *een* ***schip*** *~*, (*omhoogbrengen*) raise a ship, (*deels lossen*) lighten a ship; *zie ook* voet; 2 (*ledigen*) empty (*illegaal:* rifle) [a parking meter]; *de* ***bus*** *~* collect the letters, clear the (pillar-)box; 3 (*op de been brengen*) raise [an army]

lichtend shining [a shining example]; (*vd zee*) phosphorescent; *~ punt* (*voorwerp*) luminosity; *een ~de ster*, (*fig*) a shining (*of:* bright) light

lichter (*vaartuig*) lighter, (*motorloos*) dumb barge; *vervoeren* (*vervoer*) *per ~* lighter (lighterage); **lichtergeld(en)** lighterage

lichterlaaie: (*in*) ~ in a blaze, ablaze

lichterloon lighterage; **lichterman** lighterman; **lichterschip** lighter

licht|flits flash (of light); **-gas** coal-gas; **-gebouwd** (s)lightly built; **-geel** light (*of:* pale) yellow; **-gelovig** credulous, gullible; **-gelovigheid** credulity, gullibility; **-geraakt** touchy, thin-skinned, quick to take offence, huffy, irritable, spiky

licht|gestalte 1 luminous (radiant) form; 2 (*vd maan*) phase; **-gevend** luminous [dial *wijzerplaat,* paint]; **-gevendheid** luminosity; **-gevoelig** light-sensitive, photosensitive; **-gewapend** light-armed; **-gewicht** lightweight; **-gewonde** minor casualty; **-grijs** light-grey; **-groen** light (*of:* pale) green; **-hartig** happy-go-lucky, easy-going [fellow]; *zie ook* luchthartig; **-heid** lightness, easiness

lichting 1 levy, draft [of an army]; *de ~ 1993* the 1993 class, the class of 1993; 2 collection [of letters]; 3 (*ve schip*) raising; *vgl* lichten

licht|installatie lighting equipment; **-inval** incidence of light; **-jaar** light-year; **-jes** 1 (*luchthartig*) airily, [take it] lightly; 2 *zie* lichtelijk; **-kabel** electric-light cable; **-kever** firefly, glowworm; **-kogel** Very light, (parachute) flare, star shell; **-koker** lighting-shaft; **-krans** luminous circle; (*om zon*) corona; (*om hoofd*) halo; (*om persoon*) aureole, nimbus, glory; **-kroon** *zie* luchter; **-leiding** (*buitenshuis*) lighting-main(s); (*in huis*) electric-light (electrical) wiring; **-mast** lamp standard; **-matroos** ordinary seaman, O.S.; **-meter** photometer, exposure meter; **-mis** (*pers*) libertine, rake, debauchee

Lichtmis Candlemas

licht|net electric(-light) mains, lighting-system; **-opstand** lantern-tower; **-orgel** colour organ; **-pen** light pen; **-pistool** Very pistol, flare pistol; **-punt** 1 luminous point, point of light; 2 (*elektr*) connection; bulb; 3 (*fig*) ray of hope, [the one] bright spot; *het enige ~,* (*ook*) the one redeeming feature; **-reclame** illuminated advertising (advertisement, -ments); (*op dak ook*) sky-sign; **-rood** light-red, pink; **-scherm** shade, screen; **-schip** lightship; **-schuw** shunning (afraid of) the light, (*med, enz*) lucifugal, -ous, (*abnormaal*) photophobic; (*ong*) shady [elements]; **-schuwheid** photophobia; **-signaal** light-signal, flash; *een ~ geven* (*met*) flash [one's headlights]; **-sluis** light trap; **-spoorammunitie** tracer (ammunition, bullet, shell); **-stad** City of Light, Paris; **-sterkte** intensity of light, luminous intensity; (*in kaars, nu in candelas uitgedrukt*) candlepower; *een ~ van 100 kaars* 100 candlepower; **-stip** dot of light, luminous spot; **-straal** 1 ray (*of:* beam) of light; 2 (*fig*) ray of hope; **-streep** streak of light; **-stroom** stream of light; (*natuurk*) luminous flux; **-therapie** phototherapy, light-cure, -treatment; **-vaardig** rash, inconsiderate, thoughtless; *zo iets moest men niet ~ beweren* such allegations should not be made lightly; **-vaardigheid** rashness, enz, levity; **-val** incidence of light; **-voetig** light-footed, nimble; **-wachter** lighthouse keeper; **-zijde** [look on the] bright side; **-zinnig** frivolous, flighty, flippant [remarks]; (*ongunstiger*) wanton [woman]; **-zinnigheid** frivolity, flightiness, levity, flippancy; wantonness

lictor id

lid 1 (*vh lichaam*) limb; (*ve vinger, teen*) phalanx, (*mv:* phalanges); (*vingergewricht*) finger-joint; (*roede*) member; (*v insekt, voelhoorn, enz*) articulation; (*ve stengel*) internode; *weer **in** het ~ zetten,* (*med*) reduce; *iets* (*de mazelen*) ***onder** de leden hebben* be sickening for s.t. (the measles); ***over** al zijn leden beven* tremble in every limb; *zijn arm is **uit** het ~* his arm is out of joint, is dislocated; *uit het ~ vallen* dislocate [one's arm] by a fall; 2 (*v club, enz*) member ; *de vereniging **heeft** 200 leden,* (*ook*) the ... has a membership of 200, has 200 names on its books; *~ **worden** van* join [a club, society]; *zie ook* kamerlid; *~ **zijn** van,* (*ook*) serve (be) on [a committee]; 3 (*ve wetsartikel*) paragraph, subsection; 4 (*ve vergelijking*) term; 5 (*gewricht*) joint; 6 (*deksel*) lid [of the eye]; 7 (*graad v verwantschap*) degree, generation; ***tot** in het vierde ~* to the fourth generation

lidcactus crab (*of:* Christmas, (*Am*) Thanksgiving) cactus; **lidgras** couch-grass; **Lidia** Lydia

lidkaart membership card; **lidmaat** (church-)-member; **lidmaatschap** membership; *het ~ kost £ 10* the membership fee (the subscription) is £10; **lidmaatschapskaart** membership card; **lidstaat** member state; **lidsteng** (*plant*) mare's tail; **lidwoord** article

liebaard (*her*) lion

lied song; (*kerk~*) hymn; (*ve minstreel*) lay; *~je* song, ditty, [street-]ballad; *een **ander** ~je zingen,* (*fig*) change one's tune, sing another song (tune); *het **eind** van het ~je* the end of the matter; *het eind van het ~je was dat ...* the upshot was that ...; *hij zong zijn **hoogste** ~* he sang away to (his) heart's content; *het is het **oude** ~je* it's the old (the same) song (over again); *het ~je van **verlangen** zingen* look for excuses for staying up a bit longer; **liedboek** book of songs, song-book

lieden people, folk; *zie ook* mens(en)

lieder|lijk 1 dissolute, debauched, raffish, abandoned; *een ~e vent* a debauchee; *~e taal* low talk, obscene language; 2 miserable, wretched; *zie* vervelen; **-lijkheid** dissoluteness, debauchery

liedertafel glee-, singing-club, choral union

liedjeszang(st)er (ballad-, folk-)singer

lief I *bn & bw* 1 (*bemind*) dear, beloved; *lieve Nora!* dear Nora!, Nora darling!; *mijn lieve kind!* my dearest (darling) child!; *lieve God!* dear God!; *zie ook* hemeltje~; *Onze Lieve Vrouwe* Our Lady, the Virgin Mary; *haar ~ste bezit* her most treasured possession; *zijn ~ste werk* his favourite work; *meer dan me ~ **is*** more than I care for; *meer malen dan me ~ is* more times than I care to count (to remember); *als je leven je ~ is* if you value your life; *om het lieve **geld*** [work] for the sake of the money; *om de lieve **vrede*** for the sake of peace; anything for a quiet life; 2 (*beminnelijk, innemend*) dear [she is a dear thing *schepseltje*], sweet [girl, voice], amiable; (*aardig*) nice [people];

(*vriendelijk*) kind; ~ *willen zijn*, ~ ***doen*** set out (go out of one's way) to be agreeable; *een* ~ ***hoedje*** a sweet hat; *een* ~ ***huisje*** a charming little house; *je bent me een lieve* ***jongen***!, (*iron*) you're a fine fellow (a nice one)!; *de lieve* ***lange*** *dag* the livelong day; *toen had je het lieve* ***leven*** *gaande* then the fat was in the fire; *lieve* ***naampjes*** pet names, endearments; *lieve* ***woorden*** soft words; *het is verbazend* ~ ***van*** *je* it is awfully sweet (nice) of you; *ze was erg* ~ ***tegen*** *hem* she was very sweet to him; 3 (*begeerd*) *mijn ~ste hoop* (*wens*) my fondest hope (wish); *het* ***voor*** ~ *nemen* put up with it, make shift with it; *hij was net zo* ~ ... he'd just as soon [be dead; be in prison as out]; *zie* ding, heer, liever, liefst, enz; II *zn* 1 (lady-)love; *zie* liefje; 2 ~ *en* ***leed*** joys and sorrows; *in* ~ *en leed* (in) rain or shine, for better for worse

liefdadig charitable, beneficent; *het geld is bestemd voor een* ~ *doel* the money goes to charity; **liefdadigheid** charity, beneficence; *van* ~ *leven* live on charity

liefdadigheids|bazaar *zie* bazaar; **-concert** charity concert; **-genootschap** charitable (benevolent) society; **-instelling** charitable institution, charity; **-postzegel** charity (postage) stamp (*niet in Eng en Am*)

liefde love [*voor* of, for, to, towards]; (*naasten~, ook*) charity [charity covers a multitude of sins]; *zijn* ***eerste*** ~ his first love; ~ *zoekt* ***list*** love will find a way; ***oude*** ~ *roest niet* old love lies deep; ***met*** ~ with (the greatest) pleasure; *de* ~ ***tot*** *God,* ***voor*** *de kunst* the love of God, of art; ***uit*** ~ for (out of, from) love; *huwelijk uit* ~ love-match; *uit* ~ *trouwen* marry for love; *zie ook* geloof

liefde|blijk proof of love, love-token; **-dienst** act of love, kind service, kindly office; **-drank** love-potion, philtre; **-gave, -gift** charity, alms, charitable gift; **-godje** love, cupid; **-knoop** love-knot; **-leven** love-life; **-loos** loveless, uncharitable, unfeeling, hard-hearted; **-maal(tijd)** love-feast, agape; **-pand** pledge of love, love-token; **-pijl** Cupid's shaft; **-rijk** loving, affectionate

liefdes|affaire love affair; **-avontuur** amorous adventure, romance; **-betrekking** love-intrigue, amour, relationship, love-affair; **-betuiging** profession (protestation) of love; **-brief** love letter; **-carrousel** kerb crawling; **-daad** sex act; **-drank** love potion, aphrodisiac; **-geschiedenis** 1 love-story; 2 love-affair, affair of the heart, romance; **-intrige** *zie* -betrekking; **-spel** love-making; **-verdriet** pangs of love; disappointed love; **-verklaring** declaration (of love), proposal; *hij deed haar een* ~ he proposed to her

liefdevol loving, full of love; **liefdewerk** work of charity, charitable deed; *~-oud-papier*, (*fam*) voluntary work; **liefdezuster** sister of charity (of mercy); **liefelijk** lovely, charming, sweet; **liefelijkheden** (*iron*) *zie* hatelijkheid; **liefelijkheid** loveliness, etc; charm

liefhebben love; **liefhebbend** loving, affectionate; *de ~e moeder*, (*ook*) the fond mother; *uw ~e* ..., yours affectionately ..., your loving ...

liefhebber lover [of books], devotee, votary [of golf, etc], amateur, aficionado; (*bij verkoping*) (intending) buyer; *geen ~s*, (*ook*) no takers

liefhebberen: ~ *in* dabble in, amuse o.s. with [politics, etc], play at [painting, diplomacy]

liefhebberij favourite pursuit, hobby; *er bestaat grote* ~ *voor* it is greatly sought after; *uit* ~ [paint, etc] as a hobby, for the love of the thing; *het is een* ~ *te zien* ... it is a (real) treat to see ...; *dure* ~ expensive hobby (luxury)

liefhebberijtoneel amateur (*of:* private) theatricals; (*vereniging*) amateur dramatic club

liefheid sweetness, amiability; **liefje** darling, pet, dearest; (*beminde*) sweetheart; (*bijzit*) kept woman, mistress; **liefjes** sweetly; ~ *doen* (*uit berekening*) soft-soap [a p.]; **liefkozen** fondle, caress, stroke; **liefkozing** caress, endearment, blandishment; **lieflijk** lovely, charming, sweet

liefst I *bn zie* lief; II *bw* rather; for (by) preference (choice), preferably; *ik zou* ~ *blijven* I should prefer to stay; *ik zou hem* (*het*) ~ *zien vertrekken* I'd like to see the back of him; *welke heb je het ~?* which do you like best (do you prefer)?; ~ *niet* rather not; *schadeloosstelling van maar* ~ *£ 20.000* damages to the tune of £20,000; *en maar* ~ *te middernacht* and that at midnight; *maar* ~ *tachtig* no fewer than eighty

liefste lover; sweetheart; [my] love, dearest

lieftallig sweet, winsome, attractive; **lieftalligheid** sweetness, etc; amiability

liegbeest habitual (consummate) liar; *jij ~!* you liar!

liegen lie, tell lies; (*kaartspel*) cheat; *hij liegt* (*het*) he lies, is a liar; *het is* (*alles*) *gelogen* it's a lie (all lies); *hij liegt* ***alsof*** *het gedrukt is* (*dat hij zwart ziet, barst*) he is a terrible liar, he tells lies till he is black in the face (he lies in his teeth); *als ik lieg, lieg ik in* ***commissie*** I've told you the story just as it was told to me; *met een* ***effen*** *gezicht* ~ lie with a straight face; *maar* ***nou*** *lieg ik* [a nice young man,] I don't think; *hij trachtte zich* ***eruit*** *te* ~ he tried to lie himself (his way) out of it (out of the difficulty); *ik wil er niet* ***om*** ~ I won't tell a lie; *dat liegt er niet om* that's quite something (is telling him all right, etc); *de voorbeelden die hij aanhaalt* ~ *er niet om* the ... are of no uncertain kind

Lien Lina, Carrie

lier 1 (*muz*) lyre; (*draai~*) hurdy-gurdy; *de L~*, (*astron*) Lyra; *de* ~ *aan de* ***wilgen*** *hangen* hang one's harp on the willows; 2 (*werktuig*) winch; 3 (*boom, vero*) larch; *branden* ***als*** *een* ~ burn like matchwood; *het ging als een* ~ it went like a house on fire (like one o'clock)

lierdicht lyric (poem); **lierdichter** lyric poet

liereman 1 organ-grinder; 2 hurdy-gurdy player

liëren ally (*aan, met* to, with)

lier|vogel lyre-bird; **-vormig** lyre-shaped, lyrate

lies 1 groin; 2 (*plant*) float-grass

liesbreuk inguinal rupture (*of:* hernia)

Liesje Lizzie, Lizzy; *vlijtig* ~ Busy Lizzie

lieslaars wader; **liesstreek** groin

lieveheersbeestje ladybird

lieveling darling, dear, pet, favourite; (*fam*) honey; [teacher's] blue-eyed boy; *jij bent een ~, (iron)* you are a nice one
lievelings- favourite [pursuit, occupation, book, poet, dish; study, work]; pet [animals, lamb]
lievelings|dier, -kind, enz (*ook*) pet
lievemoederen: *daar helpt geen ~ aan* there is no help for it, that cannot be helped
liever I *bw* rather, sooner [I'd sooner die]; *ik heb dit ~* I like this better [*dan* than], prefer this [*dan* to]; *ik heb de mijne ~ warm* I prefer mine warm; *ik wil nu ~ niemand zien,* (*ook*) I don't feel like seeing anyone just now; *ik wou ~ blijven dan heengaan,* (*ook*) I would rather stay than otherwise; *ik zou veel ~ willen, dat je weigerde* I'd much rather you refused; ... *~ **dan** ...,* (*ook*) [go to the cinema] in preference to [the theatre]; *hij wilde ~ sterven dan ...* he preferred to die rather than [pay; than that any harm should befall her]; *ik slaap nog ~ op straat* (*dan zo iets te doen*) I'll sleep in the street first; [*zal ik het raam opendoen?*] *~ **niet*** better not; *ik ga ~ niet, wil ~ niet gaan* I had rather not go; *daar wil ik ~ niet van horen* I (should) prefer not to hear anything about it, I don't want to hear about it; *zou je nu niet ~ gaan? ik wou ~ niet* hadn't you better go now? I'd rather not; *ik wil* (*verlang, wens*) ***niets** ~* I ask for (I'd like) nothing better; [*ik zou in Utrecht willen wonen,*] *of, **nog** ~, in Zeist* or, even better, at ...; II *bn zie* lief
lieverd darling, etc; *vgl* lieveling; *het is me een ~je!* (s)he isn't half a handful!; **lieverig** saccharine
lieverkoekjes: *~ worden niet gebakken,* (*vglb*) if you do not like it, you may lump it; **lieverle(d)e**: *van ~* gradually, by degrees, little by little
lievevrouwebedstro woodruff
lievig saccharine; **lievigheid** endearment; *-heden, (iron)* (gentle) amenities
life (*levend, direct*) live; **liflafje** dainty
lift id; (*inz Am*) elevator; (*goederen~, ook*) (luggage] hoist; *in de ~ zitten* be improving (making progress, on the way up); **liftbediende** lift-attendant, liftman; **liften** hitch(hike), thumb a lift; **lifter** hitchhiker; **liftkoker** lift-shaft, -well; **liftkooi** lift-cage
liga league
ligament id; **ligatuur** (*med, muz, typ*) ligature
ligbad bath; **ligboxenstal** cubicle stall; **ligdagen** lay-days; **ligfiets** (prostrate; supine) recumbent (bicycle); **liggeld** harbour-, dock-dues (*of:* -charges), port-charges, anchorage (dues); (*overliggeld*) demurrage
liggen 1 lie; *lekker ~* nestle [in a chair, among leaves]; *lig je goed?* are you comfortable?; 2 (*gelegen zijn: ve stad, enz*) be situated, lie, stand; *de tuin ligt noord-zuid* the ... bears north and south; *de zaak ligt gunstig* (*moeilijk*) the position is favourable (the matter is tricky); *zoals het wetsontwerp daar ligt, lijdt het aan ...* as it stands the bill suffers from ...; 3 (*passen*) suit [the part (*rol*) does not suit him]; *ze ~ elkaar niet* they don't get on (together)|| ***blijven** ~* remain; remain in bed; (*tot later*) *blijven ~* stand over, [many advertisements must] be held over [till tomorrow]; *het artikel bleef ~* the ... was crowded out; *blijf ~* don't get up; *de sneeuw zal niet blijven ~* the snow won't lie; ***gaan** ~* lie down; (*wegens ziekte*) take to one's bed; *even gaan ~* have a lie-down; *de wind ging ~* the ... dropped, died (went) down, fell, (*kort*) lulled; *het stof ging ~* the dust settled; *achterover gaan ~* lie back; *ik **heb** het geld ~* I have the money ready; ***laten** ~* [you may] leave [the fat]; *laat dat ~* leave it; *hij heeft het lelijk laten ~* he has made a bad job of it; *de stad ligt **aan** een rivier* the ... is situated (lies) on a river; *waar ligt het aan?* what's the cause of it?; *aan wie ligt het?* who is to blame?; *het ligt aan hem* it is his fault, (*fam*) it is all along of him; *het zal aan mij niet ~* it won't be my fault (if we don't succeed, etc); it won't be for want of trying; *niet als* (*voor zover*) *het aan mij ligt* not if I can help it (as far as I am concerned); *vgl* afhangen (van); *als het alleen daaraan ligt* if that is all; *de schuld ligt **bij** hem* the ... lies with him; *~ **in*** lie in [the difference lies in this; the reason lies in his character]; *in bed* (*in het ziekenhuis*) *~* be in bed (in hospital); *zie ook* bedoeling; *hij ligt* (*kwam te ~*) ***met** griep* he is laid up (went down with) with flu; *hij lag met de ellebogen op de tafel* he leant his ... on the table; *het kasteel ligt **op** een hoogte* the ... stands on a height; *dit vertrek ligt op het zuiden* this ... has a southern (south, southerly) aspect, faces south, looks to(wards) the south; *de klemtoon ligt op de laatste lettergreep* the stress is on ...; *~ **te** luisteren* lie listening, lie and listen; *wel, het geval lag **ertoe*** well, there it was! the milk was spilt; *hij lag **uit** het raam* he leant out of ...; *je ligt eruit bij hen,* (*fam*) you have forfeited their good opinion; *er ~ angstige tijden **voor** ons* there are anxious times ahead (of us); *de vijand lag voor de stad* the ... lay before the town; *zie ook* aard, vol, weg, zaniken, enz
liggend lying; recumbent [posture], reclining [nude]; *~e boord* turn-down collar; *~ geld* ready money; *~e leeuw,* (*her*) lion couchant
ligger (*ve brug*) girder; *zie verder* legger
ligging situation [of a country, etc], position, sitting, (*Am*) location; lie [of the land, of the chalk-beds]; (*fig*) position, view(s), outlook; (*ve auto*) road holding; **lighal**: [*draaiende*] *~* [revolving] (garden-)shelter; **ligkuur** rest-cure
ligniet lignite
lig|plaats (*ve schip*) berth, mooring; *een ~ geven* berth [a ship]; *een ~ innemen* take up a berth, berth; *van ~ veranderen* shift one's berth; **-rijtuig** couchette car; **-steun** front support; *een ~ doen* do a press-up; **-stoel** reclining-, lounge-chair, (*canvas*) deckchair; **-stro** bedding litter
Ligurië Liguria; **Ligu|riër, -risch** Ligurian
liguster privet; **ligusterpijlstaart** privet hawk-moth
ligweide sunbathing lawn
lij lee; *aan ~* on the lee-side, [put the helm] alee, to leeward; *aan ~ je roer!* up (with the) helm!
lijboord lee-side
lijde|lijk passive; *~(e) gehoorzaamheid* (*verzet*)

passive obedience (resistance); *iets ~ aanzien* stand (idly) by; **-lijkheid** passiveness, passivity

lijden I *ww* 1 suffer [pain, cold, hunger, thirst]; (*doorstaan*) endure, bear, stand; *hevige pijn ~*, (*ook*) be in an agony of pain; *een verlies ~* sustain (suffer) a loss; *het meubilair **heeft** veel te ~* the ... takes a lot of punishment; *zijn fiets had erg geleden* his ... had suffered severely; *hij had* (*zijn kleren hadden*) *niet geleden door het ongeluk* he was (his clothes were) none the worse for the accident; *~ **aan*** suffer from [a disease, one's heart], be ill with [typhoid fever], be down with [flu]; *aan een waanvoorstelling ~* labour under a delusion; *erg ~ aan*, (*ook*) be a martyr to; (*schade*) *~ **door*** suffer by; *~ door* (*onder*) *de oorlog* suffer from the war; *~ **naar** lichaam en geest* suffer in body and mind; *~ **onder*** suffer from [a sense of injustice]; (*nadeel ondervinden*) suffer by, be a sufferer by [the recession]; *zijn gezondheid leed er onder* it seriously affected his health; *te ~ hebben **van*** suffer from; *zie ook* schipbreuk, uitstel, enz; 2 ***mogen*** *~* like; *ik mag ~, dat hij een blauwtje loopt* I'd like to see him come a cropper; *zij mogen elkaar niet ~* there is no love lost between them; *dat **kan** niet ~* I cannot afford it; II *zn* suffering(s); *het ~ van Christus* the Passion (of Christ); *iem uit zijn ~ helpen* (*verlossen*), (*door te doden*) put a p. out of his misery (his pain); ***na** ~ komt verblijden* after rain comes sunshine; **lijdend** suffering; (*gramm*) passive; *~e partij* losing party; *~ voorwerp* direct object; *~e vorm* passive voice

lijdens|beker cup of bitterness (sorrow); *de ~ tot de bodem ledigen* drink the cup of bitterness (the bitter cup) to the dregs; **-geschiedenis** 1 (*v Christus*) Passion; 2 (*fig*) tale of woe; *zie ook* lijdensweg; **-kelk** *zie* lijdensbeker; **-week** Passion Week, Holy Week; **-weg** 1 way of the Cross; (*fig*) [his life was one long] martyrdom; 2 [the journey became a] road to Calvary

lijder sufferer, patient; **lijdzaam** patient, meek, submissive; **lijdzaamheid** patience, meekness; *zijn ziel in ~ bezitten* possess one's soul in patience

lijf body; (*ve japon*) bodice; *~ en rok*, (*ve japon*) body (*of:* bodice) and skirt; *~ en goed* [security of] person (*of:* life) and property; *kom me niet **aan** mijn ~! zie ben:* van het ~; *hij had geen hemd* (*geen kleren*) *aan het ~* he had not a shirt (no clothes) to his back; *ik bezit niets dan wat ik aan het ~ heb* I own nothing but what I stand up in; *hij ondervond het aan den lijve* he found it to his cost; *ze voelden de oorlog aan den lijve* the war was brought home to them; *aan den lijve onderzoeken* search [a p.]; *diefstal aan den lijve* robbery from the person; *~ aan ~ boksen* infighting; *hij heeft geen vrees **in** z'n ~* he has no fear in his composition; *in levenden lijve* in the flesh, as large as life; *pijn in het ~ hebben*, (*fig*) be worried; *zie ook* buikpijn; ***met** ~ en ziel* body and soul; *niet veel **om** het ~ hebben* be of little importance; *het heeft niet veel om het ~*, (*ook*) there is not much in it, it isn't anything (doesn't amount to) much, it comes to very little; *iem **op** het ~ vallen* fall (drop in) (up)on a p., land on a p., take a p. unawares; *iem met iets op het ~ vallen* spring s.t. (a surprise, etc) on a p.; *iem een schrik* (*de stuipen*) *op het ~ jagen* give a p. a fright (send a p. into fits); *zich de dood op het ~ halen* (*van de kou*) catch one's death (of cold); *de rol is hem op het ~ geschreven* the ... fits him like a glove, was simply made for him; *beven **over** zijn gehele ~* tremble in every limb (all over); *iem **te** ~ gaan* go for a p., pitch (wade) into a p.; *iem **tegen** het ~ lopen*, (*fig*) run across a p., (*ook lett*) run up against (run, bump into) a p.; *ik liep hem vlak tegen het ~* I bumped right into him; *blijf me **van** het ~* don't touch me!, keep off!, hands off!; *zich iem van het ~ houden* keep a p. at arm's length; *zie ook* bergen, draad, gezond, enz

lijfarts personal physician, physician in ordinary, court physician; **lijfblad** favourite paper; **lijfdeuntje** favourite song (ditty, tune); **lijfeigene** serf; **lijfeigenschap** bondage, serfdom; **lijfelijk** bodily; *~ aanwezig* present in the flesh; *zijn ~e broeder* his own brother; *een ~ mens* a physical person; **lijfgarde** lifeguard, bodyguard; **lijfgoed** body-linen, wearing-apparel; **lijfje** bodice; **lijfjonker** page; **lijfknecht** valet, servant, [his] man; **lijflinnen** body-linen; **lijfrente** (life-)annuity; *zie ook* uitstellen; **lijfrentetrekker** annuitant

lijfsbehoud preservation of life; *op ~ bedacht* anxious to save one's life; **lijfsdwang** imprisonment for debt; **lijfsgevaar** danger of life; *zie ook* levensgevaar; **lijfsieraad** personal ornament; **lijfspreuk** device, motto, (favourite) maxim; **lijfstraf** corporal punishment; **lijfwacht** life-, bodyguard, minder

lijgierig (*mar*) leewardly

lijk 1 corpse, dead body; (*anat*) subject; *zo wit als een ~* as white as a sheet; *over mijn ~* over my (dead) body; *over ~en gaan* be wholly ruthless; *voor ~ liggen* be dead drunk; 2 (*ve zeil*) leech; 3 (*lege fles*) dead man

lijkachtig cadaverous; **lijkauto** (motor-)hearse; **lijkbaar** bier; **lijkbezorger** undertaker, (*Am*) mortician; **lijkbezorging** 1 undertaking; 2 disposal of the dead; **lijkbidder** undertaker's man; **lijkbleek** pale as death, deadly (deathly) pale; **lijkbus** *zie* lijkurn; **lijkdicht** funeral poem; **lijkdienst** funeral service; **lijkdrager** bearer; **lijkegif(t)** ptomaine

lijken 1 (*gelijken*) resemble, look (be) like; *dit portret lijkt helemaal niet* (*lijkt heel goed*) this ... is not a bit like [you, etc] (is very like); *het lijkt maar zo* it only seems so; *het lijkt wel port* it looks like port; *dat lijkt nergens **naar*** (*naar niets, er niet naar*) that is absolutely hopeless (completely useless); *daar lijkt het wel* (*wèl*) *naar* that's what it looks like (it does look like it); *~ **op*** look (be) like, resemble; *waar lijkt het op?* what is it like?; *dat lijkt er helemaal niet op* that is not a bit like it; *het* (*hij*) *lijkt enigszins* (*vrij veel*) *op* ... it (he) is not unlike (rather like) ...; *u lijkt veel op uw vader* you are very like (greatly resemble) your ...; *je enen ~ te veel op zevens* your ones are too like sevens; *het lijkt precies* (*te veel*) *op een gevangenis* it looks for all the world like (is too much like) a ...; *dat begint erop te* ~ that's better; that's something like it at last; *niets dat op een veer leek* [there was] no semblance of a ...; [*hij slagen?*] *het lijkt er niet op!* ... not a bit of it!; *zie ook* alsof, sprekend, enz; 2 (*schijnen*) seem, appear, look (to be); *het lijkt wel, dat hij* ... it would appear that he ...; *het lijkt wel alsof ik niets anders te doen heb dan* ... one would think I had nothing to do but ...; *het lijkt, **of** het gaat vriezen* it looks like freezing; 3 (*aanstaan*) suit, please; *dat lijkt **hem** niet* he does not like it, it does not suit him

lijken|berover tomb-, grave-robber; **-beroving** tomb-robbing; **-dief** body-snatcher; **-huisje** mortuary; **-pikker** body-snatcher; **-roof** 1 body--snatching; 2 tomb-robbing

lijketouw (*mar*) bolt-rope

lijk|kist coffin; (*Am ook*) casket; **-kleed** 1 (*over de kist*) pall; 2 *zie* -wade; **-kleur** livid (cadaverous) colour; **-koets** hearse, funeral car; **-krans** funeral wreath; **-laken** *zie* -wade; **-maal** funeral meal; **-mis** Requiem Mass; **-offer** funeral sacrifice; **-opening** *zie* -schouwing; **-oven** crematorium; **-plechtigheid** funeral ceremony; (*mv ook*) exequies, funeral rites; **-rede** funeral oration; **-roof** body-snatching; **-schennis** violation of the dead (of a dead body); **-schouwer** coroner; **-schouwing** post-mortem (examination), autopsy; (*gerechtelijke*) (coroner's) inquest [on a p., into a p.'s death]; ~ *houden over* sit on [the body]; **-staatsie** *zie* -stoet; **-stijfheid** rigor (mortis); **-stoet** funeral procession (cortège); **-urn** funeral (*of:* cinerary) urn; **-verbranding** cremation; **-verstijving** rigor mortis; **-wade** shroud, winding-sheet; **-wagen** *zie* -koets; **-wit** white as death (as a sheet); **-zak** body-bag; **-zang** dirge, funeral song

lijm (*inz plantaardig*) gum; (*kleefstof*) adhesive; (*hout-*) glue; (*synthetisch*) glue, (liquid) cement; (*vogel~*) birdlime; **lijmachtig** gluey, glutinous

lijmen 1 glue; (*stevig*) bond [wood to metal]; (*papiermakerij*) size; 2 (*fig*) patch (up) [a split in the Cabinet]; *iem* ~ rope a p. in, talk a p. over; 3 (*bij het spreken*) (speak with a) drawl

lijmerig 1 sticky; 2 drawling [speech]; *vgl* lijmen 3

lijm|stok lime-twig; **-tang** cramp; **-verbinding** glued (*of:* adhesive) joint; **-verf** distemper; **-vlakken** mating surfaces; **-water** size

lijn 1 (*streep*) line; *~en **trekken** op* rule [paper]; *de bal ging over de* ~ the ball went out, (*zijlijn*) into touch, (*doellijn*) behind; 2 (*spoor-, tram-, bus~*) line; ~ *3* route three, number three tram (bus); *die ~ is opgeheven* (*vervallen*) that service has been taken off; 3 (*bloed~*) line; *afstammelingen in de rechte* ~ lineal descendants; 4 (*koord, draad*) line, string, cord, rope; *zie ook* linie; *kalm aan, dan **breekt** het ~tje niet* easy does it; *met een **zacht*** (*zoet*) *~tje* with kind words, by gentle measures [I coaxed him into doing it]; *zie ook* langzaam; *iem **aan** het ~tje hebben* (*houden*) have (keep) a p. on a string, (*houden, ook*) keep a p. dangling, (*bedrieglijk*) string a p. along; *aan de ~ houden* keep [a dog] on the lead (leash); *blijft u aan de ~?,* (*telef*) hold on (hold the line), please!; 5 (*fig*) line; *de grote* (*algemene*) *~en* the main (general) lines [of a policy]; *opgaande, stijgende* (*neergaande, dalende*) *~,* (*fig*) upward (downward) tendency (trend); *de ~ van de minste weerstand* (*volgen*) (take) the line of least resistance; *ze doet aan de slanke ~* she is weight-watching (slimming); *dat mag ik niet eten vanwege de ~* I can't eat that: I have to watch my figure (my calories); *één ~ **trekken*** pull together, present a common front; *één ~ trekken met,* (*ook*) stand in with, line up with [the railwaymen lined up with the miners]; *geen vaste ~ **volgen*** follow no definite policy; *dat ligt niet **in** mijn ~* that is not in my line; *in de eerste ~* first-line [bombers, etc]; *in grote ~en* in broad outline; *in ~ stellen* line up [a team]; ***op** één ~ met* in line with; *op één ~ staan met,* (*fig*) be on a par (a level) with, be on all fours with; *op één ~ stellen* put on a level, bracket together [with]; *op één ~ stellen met,* (*ook*) rank [a p.'s works] with ...; *op één ~ opstellen* line up [soldiers, etc]; ***over** de hele ~* [score] all along the line, all-round [improvement]; *de toestand over de hele ~* the overall situation

lijnbaan ropewalk, ropery; **lijnboot** liner; **lijncliché** line-block; **lijndienst** regular (scheduled) service; **lijndraaier** ropemaker

lijnen 1 rule, line; 2 slim, watch one's weight

lijnfunctie line function; **lijnfunctionaris** line executive (functionary)

lijnkoek linseed-, oilcake; **lijnolie** linseed oil

lijn|opzichter (*spoorw*) track-watchman, -walker; **-perspectief** linear perspective; **-recht** (dead) straight, perpendicular, diametrical; ~ *staan tegenover* be diametrically opposed to; ~ *in strijd met* in flat contradiction with, in flat opposition to [the law]; ~ *ingaan tegen* cut right across [a p.'s preconceptions]; **-rechter** (*sp*) linesman; **-slager** ropemaker; **-stuk** (*wisk*) line segment; **-tekenen** linear (*of:* geometrical) drawing; **-tekening** line-drawing; **-toestel** *zie* -vliegtuig; **-trekken** slack, go slow; (*sl*) swing the lead, scrimshank; **-trekker** slacker, shirk(er), skulk(er), (*sl*) lead-swinger, scrimshanker; **-trekkerij** slacking, shirking, ca'canny (policy), go-slow policy; **-verbinding** (*radio*) landline (connection); **-vliegtuig** (air)liner; scheduled plane; **-vlucht** scheduled flight

lijnwaad linen

lijnwerker (*telef*) line(s)man, wireman

lijnwerp- line-throwing [gun, appliance]

lijnzaad linseed; (*zaai~*) flax-seed

lijs slowcoach; *lange* ~ long china vase; (*pers*) maypole; **Lijs(bet)** Lisbeth, Lizzie

lijst 1 list, register, roll; (*v artsen, sprekers*) panel; ~ *van werkzaamheden* timetable; ***op** de ~ plaatsen* (place on the) list; schedule; (*voor evt plaats*) place on the waiting-list; *no 3 op de ~* third down on the list; *zie* monumenten~ & schrappen; 2 (*omlijsting*) frame; (*rand*) edge, border; (*kroon~*) cornice, moulding; ***in** een ~ zetten* frame [a pic-

ture]; *passen in de ~ van,* (*fig*) fit in with; **lijstaanvoerder** 1 person heading party's list of election candidates; 2 (*sport*) leader; ~ *zijn* head the league table; **lijsten** frame [a picture]; **lijstenmaker** frame-maker, picture-framer
lijster thrush; *grote* ~ missel-thrush; *zwarte* ~ blackbird; *als een* ~ [sing] like a lark
lijsterbes mountain-ash berry, rowan(berry); (*boom*) mountain ash, rowan (tree)
lijsttoneel proscenium arch (theatre); **lijsttrekker** *zie* -aanvoerder; **lijstwerk** framework; (*bk*) moulding(s)
lijvig corpulent; voluminous [document], bulky, fat, substantial [volume]; viscous [paint], thick [syrup]; **lijvigheid** corpulency, voluminousness, bulk(iness); (*v verf*) body
lij|waarts leeward; **-zeil** studding-sail, stunsail
lijzig drawling
lijzijde lee-side; *aan* ~ alee; *zie ook* lij
lik 1 lick; *iem een* ~ *geven* give a p. a blow; ~ *op stuk geven* give tit for tat; ~ *uit de pan, zie* veeg; *een ~je slagroom* a dab (spot, *groter:* blob) of cream; 2 (*nor*) clink, cooler
likdoorn corn; **likdoornpleister** corn-plaster
likeur liqueur; *~tje* [have a] liqueur; **likeurbonbon** liqueur chocolate, liqueur dragée; **likeurglaasje** liqueur-glass, (*fam*) liqueur-tot; **likeurkeldertje** cellaret; **likeurstel** liqueur-stand
likhout polishing-, sleeking-stick
likke|baard gourmet, gourmand, epicure, gastronome; **-baarden** lick one's lips (*of:* chops) [lick (*of:* smack) one's lips over a scandal]
likken 1 lick (*ook van vlammen*); (*op~*) lap; *iem* ~ soft-soap a p., lick a p.'s shoes (boots), toady to, soft-sawder a p.; *zijn baard ~, zie* likkebaarden; 2 (*glad maken*) sleek, polish; **likkepot** electuary; (*het potje zelf*) gallipot; **likker** licker; (*fig*) lickspittle, toady; **likkerij** toadyism, soft soap, soft sawder, blarney; **likmevestje** (*fam*) *zie* niks: van ~; **liksteen** 1 sleeking-stone; 2 mineral (*of:* salt) lick, mineral block
likwidatie, enz *zie* liquidatie, enz
lil (meat-)jelly, gelatine
lila *zn & bn* lilac; *zacht* ~ lavender
lillen quiver, shake, palpitate, dither
Lilliput id; **lilli|putachtig**, **-puts**, **-putter** Lilliputian; **Lilly** id, Lilian
limbisch limbic [system]
limbo id; **Limburg** id; **Limburger** id; **Limburgs** Limburg(er) [cheese]; *~e klei* loess
limiet limit; (*op veiling*) reserve (price, figure); *aan een ~ binden* bind (*of:* tie) to a limit; *een ~ stellen* fix a limit; **limitatie**: *opdracht met ~,* (*handel*) stop(-loss) order; **limitatief** limitative; **limiteren** limit
limmetje sweet lime; **limoen** lime
limonade lemonade; ~ *gazeuse* aerated (*fam:* fizzy) lemonade; *zie ook* frambozen~, enz
limonadesiroop lemon cordial
limousine id; **Lina** id, Carrie; **lindaan** lindane
linde lime (tree), linden (tree); **lindebloesem** lime-tree blossom; **lindeboom** *zie* linde; **lindehouten**, **linden** limewood; **lindenlaan** lime-(-tree) avenue
lineair linear [expansion]
linea recta straight, as the crow flies; ~ *gaan naar,* (*ook*) make a bee-line for
lingerie id; (women's) underwear, (*fam*) undies
lingua franca id (*mv ook:* linguae francae)
linguïst linguist; **linguïstiek** linguistics; **linguïstisch** linguistic (*bw:* -ally)
liniaal ruler; *met de ~ trekken* rule [lines]
liniatuur ruling
linie line; *mannelijke* ~ male line, spear side; *vrouwelijke* ~ female line, distaff side; *de ~ passeren* cross the line; *zie verder* lijn
linieregiment line regiment; **liniëren** rule; **linieschip** ship of the line, line-of-battle ship; **linietroepen** troops of the line
link I *bn* 1 sly, cunning, crafty; 2 chancy; *zo ~ als een looien deur* extremely chancy; II *zn* id; *een ~ leggen* link [two facts]
linken 1 cheat [a p.]; 2 link [facts]
linker left (*ook in pol*); left-hand [side, road, etc]; (*ve paard, rijtuig, enz, in links verkeer*) near [hind leg, front wheel, side], (*ve auto, enz, ook*) nearside [back light; move into the nearside lane]; ~ *beneden- (boven)hoek* bottom (top) left-hand corner; **linkerarm** left arm; (*ve ruiter ook*) bridle-arm; **linkerbeen** left leg; *met het ~ uit bed stappen,* (*fig*) get out of bed on the wrong side
linkerd sly (crafty) devil, deep one
linker|hand left hand; *laat uw ~ niet weten wat uw rechter doet,* (*bijb*) let not thy left hand know what thy right hand doeth; *huwen (huwelijk) met de* ~ marry with the left hand (left-handed marriage); *twee ~en hebben* be all (fingers and) thumbs; **-kant** left(-hand) side; (*ve auto, enz*) [the car was hit on the] near side; *vgl* linker; **-vleugel** left wing (*ook in pol*); *lid van* (*sp: speler op*) *de* ~ left-winger; **-zijde** *zie* -kant; (*pol*) the Left
linkmichel 1 crafty devil; (*ong*) wheeler-dealer; 2 joker
links I *bn* left-handed; (*fig ook*) gauche, maladroit, awkward; (*fam*) cack-handed; (*pol*) left, leftist, left-wing [ideas]; *zie ook* ~e; II *bw* to (on, at) the left; [eat, write] left-handed; (*fig*) clumsily, awkwardly; *naar* ~ [turn] left; *iem ~ laten liggen* ignore a p., give a p. the cold shoulder (the go-by); ~ *binnen (buiten),* (*voetbal*) inside (outside) left; *vgl verder* rechts; **linksachter** left back; **linksaf** to the left; **linksbenig** (*sp*) left-footed; **linksbuiten** outside left, left wing(er); **linksdraaiend** (*natuurk*) laevorotatory; **linkse** 1 (*pol*) leftist, lefty; *de ~en,* (*ook*) the Left (wing, wingers); 2 (*sp*) left; **linkshandig** left-handed [person]; *~e,* (*fam*) southpaw; **linksheid** left--handedness; (*fig ook*) gaucherie, awkwardness; **linksig** leftish; **linksisme** leftism; **linksmidden** left midfielder; **linksom** to the left; anticlockwise, (*Am*) counterclockwise; (*mil*) left turn!; **linkspoot** (*sp*) left-footer; **Linnaeus** id; *van* ~ Linnaean
linnen linen (*ook: ~goed*); *in ~,* (*ve boek*) in cloth; ~ *band* cloth binding; ~ *stoffen* linens; *op* ~ linen--mounted; **linnengoed** linen; **linnenkast** linen-

-cupboard; **linnenpers** linen-press
linoleum id; (*fam*) lino [tile]; **linoleumsnede** linocut; **linoleumsnijden** lino-cutting
linolzuur linoleic acid; **linotype** id; (*fam*) lino
lint ribbon; tape; *door het ~ gaan,* (*sp*) breast the tape; (*fig*) lose one's cool, blow one's top; *~je* ribbon (*ook ve orde*); (*fam*) order (of knighthood)
lint|aal elver; **-bebouwing** ribbon building (*of:* development); **-gordijn** fly curtain; **-gras** reed grass; **-jesregen** (*fam*) Birthday Honours List; **-vormig** (*plantk*) ligulate; **-worm** tape-worm; **-zaag** band-, belt-, ribbon-saw
linze lentil; **linzenkooksel** (*bijb*) mess of pottage
lip id (*ook ve wond, orgelpijp, enz & plantk*); (*ve anker*) bill; (*techn, ook ~je*) lug, tag; *de ~* ***laten hangen*** pout, hang one's lip [*ook:* her lip drooped]; ***aan*** *de ~pen brengen* place (raise) [the glass] to one's lips; *aan iems lippen hangen* hang (up)on a p.'s lips (*of:* words); *zich* ***op*** *de ~pen bijten* bite one's lips; *het lag haar op de ~pen* she had it on (at) the tip of her tongue, she had it on her lips [to say ...]; *op aller ~pen* [his name is] on all (everyone's) lips; *geen woord* (*geen druppel*) *kwam* ***over*** *zijn ~pen* not a word (not a drop) passed his lips; *een ~je trekken* make a lip
Liparisch: *de ~e Eilanden* the Lipari Islands
lipbloem labiate; **lipbloemig** labiate; **lipklank** labial (sound); **liplap** half-caste, half-breed; **lipletter** labial (letter); **liplezen** *ww* lip-read; *zn* lip-, speech-reading
lipogram id; **liposuctie** liposuction
lippenbeer sloth-bear; **lippendienst** [do, give, pay] lip-service [to ...]; **lippenglans** lip-gloss; **lippen|rood, -stift** lipstick; **lippenzalf** lip-salve; **lippijp** (*ve orgel*) flue-, lip-pipe
lipssleutel Yale key; **lipsslot** Yale lock, cylinder lock
lipsynchroon lip sync(h) [shooting, dubbing]; *~ opnemen, enz* lip-sync(h)
lipvis wrasse; **lipvormig** lip-shaped, labial
liquefactie liquefaction
liquida liquid; **liquidateur** liquidator; **liquidatie** winding-up, [be in, go into] liquidation; (*beurs*) settlement; *bevel tot ~* winding-up order; **liquidatiedag** settling-day; **liquidatieuitverkoop** winding-up (*of:* closing-down) sale
liquide liquid [capital, assets *middelen*]
liquideren I *tr* wind up [a business], liquidate; II *intr* go into (be in) liquidation; **liquiditeit** liquidity [preference *voorkeur,* ratio *quote*]; **liquiditeitspositie** liquidity
lira, lire (*Ital munt*) lira (*mv:* lire, liras)
lis 1 (*plant*) flag, iris; *gele ~* yellow flag; 2 loop; *zie* lus; **lisdodde** reed mace, cat's-tail; **lisgras** ribbon-grass
lisp(el)en lisp, speak with a lisp; **lisper** id
Lissabon Lisbon; (*inwoner*) *van ~* Lisbonian
list ruse, trick, wile, guile, artifice, stratagem; *~en en lagen* devices, designs; **listig** sly, cunning, crafty, wily, subtle; *een ~ ding* [she is] a sly puss; *een ~ komplot* a deep-laid plot; *op een ~e manier,* (*ook*) in an artful manner; **listigaard** slyboots; **listigheid** slyness, cunning, subtlety
litanie litany (*ook fig:* a litany of woes)
litchi lychee, li(t)chi, lichee
liter litre [bottle, measure, pack]; (*ca*) quart
literair, literarisch literary [agent, criticism, executor, historian, prize]; **literator** literary (wo)man, (wo)man of letters; **literatuur** literature [read up the literature of (*over*) a subject]
literatuur|geschiedenis history of literature, literary history; **-lijst** reading list, list for further reading; **-onderzoek** review of the literature; **-opgave** 1 bibliography, list of works consulted (cited); 2 list of works for further reading; **-studie** 1 (*vd lit*) study of literature; 2 (*over de lit*) literary study; 3 *zie* -onderzoek; **-wetenschap** theory of literature, literary theory; *algemene* (*vergelijkende*) *~* general (comparative) literature
lithium id; **litho** id
lithograaf lithographer; **lithograferen** lithograph; **lithografie** lithography; [a] lithograph; **lithografisch** lithographic (*bw:* -ally); **lithopoon** lithopone; **lithosfeer** lithosphere
litoraal littoral [zone]
litotes id, meiosis; **Litouwen** Lithuania; **Li|touwer, -touws** Lithuanian
litrage capacity (in litres)
lits-jumeaux twin bed(s)
litteken scar, cicatrice; **littekenvorming** scarring, scar formation, cicatrization
litterair, enz, *zie* literair, enz
littoraal littoral [zone]
liturgie 1 liturgy; 2 (*boek*) prayer book; **liturgiek** liturgics; **liturgisch** liturgical [drama, hymns, vestments]
Liverpool id; (*inwoner*) *van ~* Liverpudlian
living 1 living-room; 2 (*bestaan*) id
Livius Livy; **Livorno** id, Leghorn
livrei livery; (*jag, v dier*) coat; **livrei|bediende, -knecht** footman (in livery); **livreirups** *zie* ringrups; **Lize** Lizzie, Lizzy, Liza; **llano** id
lob 1 (*kwab; v blad*) lobe; 2 (*zaad~*) cotyledon; 3 (*boogbal*) id; **lobberen** sit loosely, hang loose, (*slordig*) be floppy (sloppy); **lobberig** *zie* lobbig
lobbes big stupid fellow; *een goeie ~* a big good-natured chap (dog)
lobbesachtig good-natured but rather stupid
lobbig 1 (*v pap, enz*) (rather) thick; 2 (*v kleren*) loose, floppy, sloppy
lobby 1 id, lounge, foyer; 2 (*pol*) id; (*gesprek*) (private) lobbying; **lobbyen** lobby; **lobbyist** id
lobelia id
loboor 1 lop-ear; 2 lop-eared dog (*of:* hog)
lobotomie lobotomy; *een ~ uitvoeren* perform a lobotomy; (*inz Am*) lobotomize
lobvormig lobate
loc loco(motive)
locatie [film on] location, site, [a new Post Office] siting; **locatief** locative
loco 1 spot, on spot; *~ station* free station; *~ Liverpool* ex warehouse Liverpool; *in ~* [investigations] on the spot; *~ verkopen* sell for immediate delivery; 2 (*med*) generic drug

loco- acting, deputy [mayor, burgomaster]
loco|goederen spot goods; **-markt** spot market
locomobiel traction-engine; **locomotief** (locomotive) engine, locomotive; ~ *en tender* (*in één*) tank engine; **locomotieflloods** engine-shed
loco|preparaat generic drug; **-prijs** spot price
lodderig drowsy, sleepy [eye]; **lodderigheid** drowsiness
1 loden (*stof*) id
2 loden I *bn* lead, leaden; (*fig*) leaden; ~ *dak,* (*ook*) leads; *met ~ schoenen, zie* lood; II *ww* 1 (*met schietlood*) plumb; (*mar*) sound, plumb, heave the lead, take soundings; 2 (*plomberen*) lead [goods]; 3 (*in lood zetten*) lead [windows]
lodereindoosje (*hist*) scent-box
Lodewijk Lewis; Louis [XIV, etc]
loding (*mar*) sounding, cast of the lead
loebas 1 boor; scoundrel; 2 *zie* lobbes
loeder (mean) skunk, beast, bastard
loef luff; *de ~ afsteken* get to windward of (*ook fig*); *iem de ~ afsteken,* (*ook*) take the wind out of a p.'s sails, score off (go one better than) a p.; **loefgierig** (*mar*) griping, weatherly; **loefwaarts** *zie* loever; **loefzijde** weather-side
loei swipe; *een ~ van een* ... a whopping (big, great, etc) ...; (*attr, fam*) tremendously [crowded, hard, hot]; **loeien** (*ve koe*) moo, low; (*ve stier*) bellow; (*vd wind, vlammen, enz*) roar, (*ve sirene*) wail; (*ve misthoorn*) boom; **loeier** *zie* loei
loempia (Chinese) egg-roll, spring roll
loens having a cast in the eye; ~ *zien, zie* loensen
loensen have a cast in one's eye
loep magnifying glass, magnifier, hand-lens, pocket-lens; *onder de ~ nemen,* (*fig*) scrutinize
loepzuiver (internally) flawless
loer (*valkerij*) lure; *op de ~ liggen* lie in wait, lie (be) on the look-out; *iem een ~ draaien* play a p. a nasty trick, do the dirty on a p., do a p. in the eye
loeren peer, leer, spy, pry; ~ *op* lie in wait for; *op een gunstige gelegenheid ~* be on the watch for one's opportunity
loe|res, -ris noodle, booby
loeven luff; **loever(t)**: *te ~* to windward, on the weather-beam
lof 1 praise, commendation, eulogy; ***eigen*** ~ self-praise, self-advertising; *eigen ~ stinkt* self-praise is no recommendation; *ik heb niets dan ~ voor* ... I have nothing but praise for ...; *zijn eigen ~* (*de ~ van zijn vriend*) *verkondigen* (*uitbazuinen*) blow one's own trumpet, sound (sing) one's friend's praises; ***boven*** *alle ~ verheven* beyond all praise; ***met*** *~ slagen* pass with credit, graduate with distinction; *zie ook* cum: ~ laude; *hij spreekt van hen met grote ~* he speaks highly of them, speaks of them with high praise (*of:* in high (the highest) terms); *zie* toezwaaien; 2 (*r-k*) benediction; 3 *zie* loof & Brussels; **lofbazuin** *zie* loftrompet
lofdicht laudatory poem, panegyric; ~ *op,* (*ook*) poem in praise of
loffelijk laudable, commendable, praiseworthy; ~ *spreken over* speak in terms of praise (in flattering terms) of; *zie ook* lof: met ~
lof|gezang, -lied hymn (*of:* song) of praise, paean; (*r-k*) canticle; (*aan God, ook*) doxology
Lofodden: *de ~* the Lofoten (Islands)
lofrede laudatory oration, panegyric, eulogy; **lofredenaar** eulogist, panegyrist; **lofspraak** praise, eulogy, encomium; **loftrompet**: *de ~ steken over* sound (sing) the praises of; *zijn eigen ~ steken,* (*ook*) blow one's own trumpet; **loftuiting** *zie* -spraak; **lofwaardig** *zie* loffelijk
lofwerk (*bk*) leaf-work, (ornamental) foliage
lofzang *zie* -lied
1 log *bn* unwieldy, unmanageable, heavy, lumbering, ponderous, cumbersome; *met ~ge tred binnen* (*boven*) *komen* lumber (come lumbering) in (up)
2 log *zn* log (*snelheidsmeter & logaritme*)
logarit|me logarithm; **-mentafel** logarithmic table(s); **-misch** logarithmic [scale]
logboek logbook
loge [freemasons'] lodge; (*in schouwburg*) box
logé(e) guest; *betalend ~* paying guest
logeerbed spare bed; **logeergast** guest, visitor; **logeerkamer** spare (bed)room, guest-room, visitor's room; **logement** inn, (cheap) hotel; *zie ook* herberg; **logementhouder** innkeeper
logen I *ww* soak (*of:* steep) in lye, lye, lixiviate; II *zn* lie; *zie* leugen; **logenstraffen** give the lie (to), belie [hopes, etc; your actions belie your words], falsify [a prediction, expectations], live down [one's past; the false notion that ...]
logeplaats box-seat
logeren stay, (*fam*) stop; *iem ~* put a p. up, accommodate a p.; ~ *bij iem* stay with a p. (at a p.'s house); *blijven ~* stay the night; *uit ~ zijn bij* be on a visit to; *wij ~ bij tante* (*bij vrienden, in een hotel*) we are staying at my aunt's (with friends, at a hotel); *ik heb een vriend te ~* I have a friend staying (with me)
loggen heave the log, pay out the log-line
logger lugger, drifter; **loggerzeil** lug(sail)
loggia id; **logheid** unwieldiness, etc; *zie* 1 log
logica logic; **logicisme** logicism; **logie** ology
logies accommodation, lodging(s), [seek new] quarters; (*mar*) living quarters; ~ *met ontbijt* bed and breakfast
logisch logical, rational [think rationally]; *dat is nogal ~* that is only logical (pretty obvious), that goes without saying; *scherp ~e redenering* close reasoning; *het ~e* [I felt] the logic [of it]
logischerwijs logically
logisticus logistician
logistiek 1 logistics; 2 (*wisk*) symbolic logic
loglijn log-line
logo|(gram) id; **-grief** logogriph; **-pedie** speech therapy; **-pedist** speech therapist
lok lock, curl; (*op voorhoofd*) quiff
lokaal I *zn* room, hall; (*school*) classroom; II *bn* local [authorities *overheden*]
lokaalspoorweg district railway, light railway; **lokaaltrein** local (train); **lokaalvredebreuk** illegal entry (and occupation)
lokaas bait, allurement, lure, decoy, bribe

lokaliseren 1 (*beperken*) localize; 2 (*plaats bepalen van*) locate; **lokaliteit** 1 (*plaats, omgeving*) locality; 2 (*lokaal, enz*) room, hall, premises
lokartikel loss-leader; **lokduif** decoy-, stool-pigeon; **lokeend** (*ook fig*) decoy (duck)
loket (*in loketkast*) pigeonhole; (*in kluis*) (safe-deposit) box, safe, locker; (*in station*) ticket-office; (*kaartenbureau*) booking-, ticket-office; (*ve schouwburg*) (box-office) window, (*kassa*) box--office; (*ve postkantoor*) counter, desk; ***aan** het ~, (ve kantoor)* at the counter, [pay, etc] across (*of:* over) the counter; *de bank sloot haar ~ten, (fig)* the ... closed its doors; **loketambtenaar** *zie* lokettist; **loketkast** set of pigeon-holes; **loketkluis** safe-deposit; **lokettist** ticket- (booking-, counter-)clerk; *vgl* loket
lokfluitje bird call, bird whistle
lokken (al)lure, entice, decoy, tempt; *iem naar een plaats (uit huis) ~* lure a p. to a place (from home); *de zonneschijn lokt hen naar buiten* the ... lures them forth; **lokkertje** carrot, bait; (*sl*) come-on
lokkig curled, curly
lokmiddel lure, bait, enticement, temptation, inducement; **lokroep** call(-note); (*fig*) call [the call of the wild]; **lokspijs** *zie* -aas; **lokstem** tempting (*of:* siren) voice, lure; **lokster** temptress; **loktoon** call-note; **lok|vink, -vogel** decoy; (*fig*) decoy (duck)
lol (*fam*) (fine) fun, lark(s); *verbazend veel ~ hebben* have a wonderful (smashing) time; *wat hadden we een ~!* what fun we had!; *ze zijn aan het ~ maken (trappen) geweest* they have been on the spree; ***voor** de ~* for fun, in fun, for a lark; *zie ook* ~letje, jool & pret; **lolbroek** joker
lollarden Lollards
lollen 1 (*schreeuwen*) bawl; (*ve kat*) caterwaul; 2 (*gekheid uithalen*) lark; **lolletje** lark, spree; *zo'n leven is geen ~* such a life is no joke (no picnic)
lollig jolly, funny; *zie ook* grappig
lolly (*snoep*) lollipop, lolly
lom (*vis*) torsk
Lombard id; **Lombardije** Lombardy; **Lombardisch** Lombard(ic)
Lombok id; *l~* cayenne, capsicum
lommer 1 shade; 2 foliage; **lommerachtig** shady, shaded
lommerd pawnbroker's (shop), pawnshop; (*sl*) pop-shop; ***in** de ~* at the pawnbroker's, in pawn; (*sl*) in pop, at my (his, etc) uncle's, at the three (gilt) balls; **lommerdbriefje** pawn-ticket; **lommerdhouder** pawnbroker
lommerig, lommerrijk shady, shaded, leafy
lomp I *zn* rag, tatter; *in ~en (gekleed)* in rags, in tatters, tattered [man, coat]; II *bn* 1 (*plomp*) ponderous, unwieldy; 2 (*onbehouwen*) ungainly; 3 (*vlegelachtig*) rude, churlish; 4 (*onhandig*) clumsy, awkward, lumpish; **lompen** *ww: ik laat me niet ~* I am not to be fooled
lompen|koopman ragman, rag-and-bone man, dealer in rags; **-proletariaat** lumpenproletariat
lomperd, lomperik boor, lout, churl; **lompweg** rudely, bluntly
lom-school special school
Londen London; **Londenaar** Londoner, London man; **Londens** London
lonen pay, repay [it will repay study, the trouble]; *het loont de moeite niet* it is not worth while (worth the trouble); *het zal de moeite ~ te ...,* (*ook*) it will pay you (us, etc) to ...; *God lone het u!* God reward you for it!; **lonend** paying, remunerative, rewarding, profitable; *niet ~* unremunerative; *~ zijn, (v werk)* pay; *~e winst* working-profit
long lung; *~en, (ve dier als voedsel)* lights; *goede ~en* good lungs (*ook: goede stem*); **longaandoening** pulmonary affection, affection of the lungs; **longarts** lung specialist; **longblaasje** (pulmonary) alveolus (*mv:* -li), air sac; **longbloeding** pulmonary haemorrhage
longe lunge, id; **longeren** lunge
longi|tude longitude; **-tudinaal** longitudinal
longkanker lung cancer; **longkruid** lungwort, pulmonaria; **longkwab** pulkmonary lobe
Longobard id; **Longobardisch** Longobardic
longontsteking [double] pneumonia; **longpijp** 1 bronchus (*mv:* -chi); 2 *zie* luchtpijp
longroom (*mar*) wardroom
longslagader pulmonary artery; **longvis** lungfish; **longziekte** lung disease
lonk ogle, (amorous) glance; *een ~ toewerpen, zie* lonken: ~ naar; **lonken** ogle; *~ naar* ogle, make eyes at [a p.]
lont fuse, (slow) match, touchpaper; (*ve granaat*) fuse; *de ~ in het kruit steken (werpen), (fig)* spark things off; *~ ruiken* smell a rat, scent danger
lontstok linstock
loochenaar(ster) denier; **loochenbaar** deniable; **loochenen** deny, disavow; **loochening** denial, disavowal
lood 1 lead; (*diep~*) (sounding-)lead, plummet, plumb; (*schiet~*) plumb-line; (*plombeerloodje*) lead seal; *~ in blokken* pig-lead; *zie* kruit; *het is ~ om oud **ijzer*** it is six of one and half a dozen of the other; *het ~ **uitwerpen**, (mar)* heave the lead; ***in** ~ gevatte ruitjes* lead(ed) lights; *ramen met glas in ~* leaded windows; *in het ~, (typ)* in type; ***met** ~ in de schoenen* with leaden feet, leaden-footed; ***uit** het ~* [one inch] out of plumb, out of the perpendicular; *uit het ~ geslagen, a)* bewildered, perplexed; *b)* unbalanced; 2 (*vero gewicht*) decagram(me); *zie ook* loodje
lood|foelie lead-foil; **-gieter** plumber; **-gieterswerk** plumber's work, plumbing; **-glans** galena; **-glit** litharge, protoxide of lead; **-grijs** lead-grey; **-houdend** plumbiferous [rock], leaded [petrol]
loodje *zie* lood; *~s, (aan hengelsnoer)* split shot; *het ~ leggen* get the worst of it; *hij heeft het ~ moeten leggen* it was too much for him; *de zwakste legt het ~* the weakest goes to the wall; *onder het ~ leggen* pigeon-hole [a document, plan, etc], shelve [a request]; *de laatste ~s wegen het zwaarst* it is the last straw that breaks the camel's back
loodkleur lead-colour, leaden hue; **loodkleurig** lead-coloured, leaden, livid; **loodkruid** plumbago, leadwort; **loodlijn** perpendicular (line); (*mar*) sounding-line; *een ~ oprichten, neerlaten*

erect (raise), drop (let fall) a perpendicular; **loodmenie** *zie* menie; **loodmijn** lead-mine; **loodrecht** perpendicular (*op* to); vertical [ascent]; sheer [cliffs rise sheer from the water]; ~ *op de weg* at right angles to the road

loods 1 shed; (*vliegtuig~*) hangar; (*open, tegen huis, enz aangebouwd*) lean-to; 2 (*mar*) pilot

loodsballon pilot-balloon; **loodsboot** pilot-boat; **loodsdienst** pilot-service, pilotage

loodsen pilot [a ship into port; *ook fig:* pilot a bill through Parliament]; (*fig ook*) steer [a p. (in)to ...]; shepherd [all passengers into ...]

loods|geld pilotage (dues); **-kantoor** pilotage office; **-kotter** pilot-cutter, -boat; **-mannetje** pilot-fish; **-schipper** senior pilot

loodsuiker sugar of lead, plumbic acetate

loodsvlag pilot flag, (*klein*) pilot jack; **loodswezen** pilotage

lood|verf lead-paint; **-vergiftiging** lead-poisoning; **-vrij** unleaded, lead-free [petrol]; **-wit** white-lead [paint, works]; **-zwaar** (as) heavy as lead, leaden [feet, sky]

loof foliage, leaves; (*afstervend*) haulm; **loofboom** deciduous (non-coniferous) tree; **loofhout** 1 deciduous trees; 2 hardwood; **loofhut** tabernacle; **Loofhuttenfeest** Feast of Tabernacles; **loofrijk** leafy; **loofwerk** leaf-work, (ornamental) foliage

loog I *zn* 1 lye, lixivium; 2 ologist; II *ww ovt van* liegen; **loogachtig** alkaline, lixivial; **loogkruid** (prickly) glasswort, saltwort; **loogwater** lye; **loogzout** alkali(ne salt)

looien tan; **looier** tanner; **looierij** 1 tannery, tan-yard; 2 tanner's trade; **looiersboom** sumach; **looistof** tannin; **looizuur** tannic acid

look I *zn* (*genus*) allium; (*prei*) leek; *zie verder de sam*; II *ww ovt v* luiken; **look-zonder-look** jack-by-the-hedge, garlic mustard, hedge garlic

loom slow, [feel] heavy; (*mat*) languid; (*vh weer*) muggy, close, oppressive; (*vd markt*) inactive, dull, featureless; *met lome schreden* with dragging steps, leaden-heeled; **loomheid** slowness, etc; (*matheid*) languor, lassitude, lethargy

loon [basic, daily, guaranteed, gross, minimum, net] wage, [good, low, weekly] wages, [holiday, sick, take-home] pay; (*beloning*) reward; (*verdiende ~*) earnings; (*fig*) deserts; ~ ***trekken*** draw wages; *je hebt je* ***verdiende*** ~ it serves you (*fam:* serve you) right; *hij kreeg zijn verdiende ~* (*~ naar werken*) he got what he deserved (his deserts, his due), he deserved all he got; *het ~ der* ***zonde*** *is de dood* the wages of sin is death; *zie ook* arbeider & menswaardig

loon|actie campaign for higher wages; **-arbeid** wage-work, hired labour; **-arbeider** wage-labourer; **-bederver** blackleg, scab, rat; **-bedrijf** contracting firm; **-belasting** income tax, PAYE (pay as you earn); **-bescherming** pay protection; **-beslag** attachment of (distraint on) wages; **-derving** loss of wages (of income); **-dienst** paid employment; *in ~ zijn,* (*ook*) be on the payroll; **-dorser** threshing contractor; **-drukker** jobbing printer; **-eis** wage demand, pay claim; **-geschil** wage-dispute, -conflict; **-grens** 1 wage-limit; 2 income qualification (for social security purposes); **-kosten**, **-lasten** labour cost(s), cost of labour; **-lijst** pay-roll, wages sheet; **-maatregel** government intervention in wages; **-matiging** wage-restraint; (*euf*) wage flexibility; **-normen** basic wage-rates; **-overeenkomst** wage(s)-agreement, (*fam*) pay deal; **-plafond** wage-ceiling; **-politiek** wages policy; **-prikkel** wage incentive; **-raad** wage(s)-board; **-regeling** wage scheme, regulation of wages; **-ronde** round of wage claims (settlements), (*fam*) wage hike; **-schaal** scale of wages, wage scale, pay scale; *zie* glijdend; **-slaaf** wage-slave; **-som** (total) wage bill; **-staat** wage(s)-sheet; **-staking** wages-strike; **-standaard** wage-level, wage-rate, rate of pay; **-stop** wage-freeze, pay-pause; **-strijd** wage-war; **-strookje** pay slip, wage slip

loonsverhoging rise (advance) in wages, wage-(pay-) increase; **loonsverlaging** reduction of (fall in) wages, wage(s)-cut

loon|toeslag wage supplement; **-trekkend** wage-earning, -paid; *niet ~* unwaged; **-trekker** wage-earner, (*Am*) wageworker; **-verschil** (wage) differential; **-werk** job-work, contract work, custom work; **-werker** jobber, contract (custom) worker; **-zakje** pay (wage) packet (*ook fig*), pay envelope; **-zetter** jobbing compositor

loop 1 (*gang v pers & dier*) walk, gait; (*v dingen*) course [of nature, events, river]; drift (trend) [of events]; (*het lopen, aanloop, muz*) run; (*buik~*) diarrhoea; *de ~ der gebeurtenissen,* (*ook*) the march of events, [await] events (developments); *de ~ der prijzen* the trend of prices; *de ~* ***hebben,*** (*ve winkel*) have the run; *het recht moet zijn ~ hebben* the law must take its course; *de ziekte* ***neemt*** *z'n ~* the disease is running its course; *zie ook* recht I.2; *hij liet zijn gedachten de* ***vrije*** ~ he gave his thoughts free play, let his ... range at will; *de zaken de vrije ~ laten* let things (events) take their course; *ze liet haar tranen de vrije ~* she gave free rein to ...; ***in*** *de ~ van de week* (*der jaren, der tijden, van het gesprek*) in the course of the week (of years, of time, of the conversation); *in de ~ der jaren,* (*ook*) over the years, as the years pass by; ***op*** *de ~ gaan,* (*ve paard*) bolt, (*ve pers*) take to one's heels, cut and run, bolt; *op de ~ gaan voor* run away from; *op de ~ zijn* be on the run; (*zoek zijn*) be gone; *hij heeft er een paar op de ~* he has a screw loose; 2 (*ve vuurwapen*) barrel; ***met*** *dubbele ~* double-barrelled [shotgun]

loop|afstand [within] walking distance; [a considerable] distance to walk; **-baan** 1 career; *een ~ beginnen* start (embark) (up)on a [literary, an academic] career; *zijn ~ beginnen,* (*ook*) start life [in the Royal Engineers]; *het begin van zijn ~* his start in life; 2 (*ve hemellichaam*) orbit

loopbaanadviseur careers adviser (*of:* officer); **loopbaanbegeleiding** career guidance; **loopbaanbeleid** career planning

loop|been (*ve vogelpoot*) shank, tarsus; **-borstel** (*mil*) pull-through; **-brug** 1 footbridge; 2 (*mar, naar de wal*) (shore) gangway, (*overlangs*) catwalk, fore-and-aft bridge; **-deur** wicket (gate); **-eend** runner duck; **-graaf** trench; *de -graven verlaten* (*voor de aanval*) go over the top; **-graafmortier** trench-mortar; **-gravenoorlog** trench-war(fare); (*fig*) protracted dispute; **-hek** *zie* -rek

loopje 1 (short) run; *het is maar een kort* ~ it is but a short distance; 2 (*muz*) run, roulade; 3 (*foefje*) dodge, trick; *een* ~ *met iem nemen* make fun of a p., pull a p.'s leg

loop|jongen errand (*of:* messenger) boy; ~ *spelen* run errands; **-kat** (travelling) crab; **-kever** ground-beetle; **-kraan** travelling (overhead) crane; **-lamp** inspection lamp; **-neus** running (runny) nose; **-nummer** (*sp*) track event; **-overslag** (*gymn*) walkover; **-pad** aisle, gangway, walkway; **-pas** trot, jog(-trot), double-quick (time); *in de* ~ *marcheren* march at the double, at double-quick time; ~*!* double-march!; **-plank** (foot) plank; (*mar*) gangplank, (*breed*) gangway; **-rek** 1 playpen; 2 walking frame, walker, zimmer

loops in (on, at) heat, rutting; **loopsheid** heat

loop|stal cubicle stall; **-tijd** (*ve wissel, contract, enz*) currency, term, tenor; (*ve order*) lead time; *lening met lange* ~ long-term loan; **-vlak** working (running) surface; (*ve autoband, enz*) tread; (*ve kogellager*) race; **-vogel** courser, walker, cursorial bird; (*mv ook*) cursores; **-vuur** brush fire; **-werk** 1 (*techn*) wheelwork; 2 tape deck; **-wiel** (*ve voertuig*) running wheel; (*vóór*) leading wheel, (*achter*) trailing wheel

loor: *te* ~ *gaan* be (*of:* get) lost

loos 1 (*leeg*) hollow [nut]; 2 (*onecht*) blind, blank, dummy [door, wall]; false [alarm, bottom, keel]; hollow, idle, empty [gesture]; *loze knop* blind bud; 3 (*listig*) sly, cunning, crafty; *zie ook* slim; 4 *er is iets* (*mee*) ~ something is the matter (up, wrong); *wat is daar* ~*?* what's going on there?

loosgat outfall

loosheid slyness, craftiness, cunning

loospijp waste-pipe

loot shoot, cutting; (*fig*) scion, offspring

lopen I *ww* walk, go; (*hard* ~) run; (*v trein, schip, rivier, weg, bergketen, hek om huis, contract, wissel, vers, tranen, bloed, kraantje, bad, neus, ogen, wond, zin, enz*) run; (*v ogen ook*) water; (*v machine, enz*) run, go; (*ve trein, ook*) travel [75 miles]; *op en neer* ~ *in* ... pace [the room]; *te zwak om te* ~ [the patient is] too weak to get about; *we moesten* ~, (*ook*) we had to foot it; *maar het is anders ge*~ but things worked (panned) out differently; *och* ***loop****!, loop* ***heen****!* go (get) along with you!, go on!, come now!; [Father Christmas?] nothing!; you're telling me!; *de* ***auto*** *liep 70 mijlen per uur* the car did 70 miles an hour; *de fiets* (*het mechaniek*) *loopt lekker* the bicycle runs (the mechanism works) smoothly; *het schip loopt 10 knopen* the ship runs (goes, logs) 10 knots; *de klok loopt goed* (*slecht*) the ... goes well, keeps good (bad) time, is a good timekeeper; *de klok loopt 10 dagen* (*loopt niet*) the ... goes for ten days (is not going); ~ *en* ***draven*** run about; *het moet al* ***gek*** ~*, of* ... it would be surprising if [you didn't pass your exam]; ***goed*** ~ run well; (*hand*) do very nicely, sell well; *goed* ~*d* well-written [story]; well-patronized [shop]; fast-selling [article]; ***harder*** ~ *dan* outrun; *we zullen* (***het***) *maar* ~ we'll walk (it); *je kunt het* ~ it is within walking distance; *zien hoe het loopt* await events (developments); *de ruzie liep* ***hoog*** (*op*) the quarrel ran high; *de twee treinen liepen* ***in*** *dezelfde richting* the ... were travelling in the same direction; *het loopt in de duizenden* it runs into thousands (into four figures); *zie* in~; ***laten*** ~ let [criminals] go; lay on [extra buses]; *laat hem* ~, (*begaan*) let (leave) him alone; *laat hem maar* ~, (*hij is een knappe vent*) no need to worry about him, ...; *laat hem maar* ~, *hij redt het wel* leave it to him to manage it; *de zaken maar laten* ~ let things slide; *een kans laten* ~ pass up a chance; *de straat loopt* ***langs*** *de bank* the ... passes the bank; *de weg loopt langs het bos* the road skirts the wood; ~ *met*, *vgl* venten; *de wind liep* ***naar*** *het oosten* the ... shifted to the east; *waar loopt dit pad naar toe?* where does this path lead to?; *de kust loopt naar het noorden* the ... trends (towards the) north; *het loopt naar* (*tegen*) *vieren* it is getting (going) on for (coming up to) four o'clock; *hij loopt naar de dertig* he is getting (going) on for thirty, is rising thirty; *hij loopt hard naar de dertig* he is well on the way to thirty; *het loopt hard naar de winter* winter is closing in (up)on us; ~ ***om*** go (walk, run) round [the house]; *de planeten* ~ *om de zon* the ... revolve round the sun; *hij liep om de hele tuin heen*, (*ook*) he made a complete circuit of the ...; *de kelner liep de hele tijd om ons heen* the ... hovered round us all the time; *om het probleem heen* ~ skirt the issue; ***op*** *een klip* ~ run on to (strike) a rock; *het gesprek liep* ***over*** *allerlei onderwerpen* the ... ran on all kinds of subjects, ranged over a variety of topics; *waarover loopt het?* what is it about?; *het verhaal loopt over die tijd* the tale concerns that period; *de perioden waarover de betalingen* ~ the ... over which the payments extend; *de collectie liep over een lange periode* the collection covered ...; *de trein loopt over Utrecht* the train runs via ...; *de zolder loopt over de hele lengte van het huis* the attic runs the length of the house; *over iem heen* ~ walk over (trample on) a p.; *hij laat over zich heen* ~ he is a doormat; *hij liep* (*met zijn hoofd*) ***tegen*** *de deur* he banged his head against the door; ~ *tegen, zie* ~ naar; *de boeten* ~ ***van*** *10 tot 40 pond* the fines range from £10 to £40; *zie ook* aan~, heen~, in~, gevaar, risico, scheef, vanzelf, wandelen, enz; II *zn: het is een uur* ~ it is an hour's walk; *het op een* ~ *zetten* take to one's heels; (*op de loop gaan*) *zie* loop

lopend running [expenses, contract, etc]; current [week, year, month, expenses, etc]; ongoing [research]; ambulant [patient]; ~*e* ***band*** conveyor(-belt), belt-conveyor; assembly line, production line; *produktie aan de* ~*e band* flow production; *aan de* ~*e band gemaakt*, (*ook fig*) turned out on the assembly line; ~ *buffet* stand-up buffet, buffet meal, fork supper; ~*e dagen*, (*handel*) running days; ~*e golf*, (*natuurk*) travelling wave; ~*e me-*

ter, enz, zie strekken II; *~e ogen* (*oren*), running (runny, discharging) eyes (ears); *~e orders* outstanding orders; *~ **patiënt**,* (*ook*) out-patient; *~e rekening* current account, running account; *~ schrift* running hand, current handwriting; *~e schulden* running (current) debts; *~ souper zie ~* buffet; *~e titel* open entry; *~ tijdschrift* current(ly received) periodical; *zich als een ~ vuurtje verbreiden* spread like wildfire; *~e waarde* current value; *~ want* running rigging; *~ water* running water; *~e wissel* running bill; *~e wond* running sore; *~e **zaken** afdoen* settle current affairs (business), deal with matters outstanding; (*ve aftredend kabinet*) carry on for the time being

loper 1 runner (*ook ve slede, & hard~, koerier, renpaard, bovenste molensteen*); 2 (*bank~, enz*) messenger; (*kranten~*) newsboy; (*ve bakker, enz*) roundsman; *zie ook* loopjongen; 3 (*sleutel*) master-, pass-, skeleton-key; 4 (*schaaksp*) bishop; 5 (*trap~, enz*) [stair-]carpet; *zonder ~* uncarpeted [stairs]; (*tafel~*) table-centre, -runner; 6 (*poot*) pad [of a hare]

lor rag; *het is een ~* it is trash (rubbishy stuff); *een ~* (*van een vent*) a dud, a good-for-nothing fellow; *het kan me geen ~ schelen* I do not care a straw, a rap, a hang, a (tinker's) cuss; *hij weet er geen ~ van* he doesn't know a thing about it

lorgnet (pair of) pince-nez, (pair of) eye-glasses, double eye-glass, folders

lorgnon (*face-à-main*) lorgnette

lori 1 (*vogel*) lory; 2 (*aap*) loris

lork(eboom) larch

lorre Polly

lorrenboer rag-and-bone man, (*Am*) junkman

lorrie 1 trolley, truck, lorry; 2 *zie* lori 1 & lorre

lorrig trashy, rubbishy, paltry

lorum: *in de ~,* (*in de war*) at sea; (*dronken*) tight, tipsy, mellow

1 los *zn* (*dier*) lynx

2 los *bn* 1 (*niet vast*) loose [board, cocoa (not in tins), page, horse, knot, material, milk (*vs* bottled milk), screw, stone, tea, thread, tooth], loose, unset [diamond], [his tie, the parcel, the catch of the window was] undone, [your collar is] unbuttoned, [his shoelace was] unfastened, detachable [cover, roof, collar, cuffs], false [lining], movable [pulley]; (*ve wild dier*) at large; *er was* (*hij had*) *een knoop* (*van zijn jas, enz*) *~* he had a button undone; *~ rijden,* (*op fiets*) ride with both hands off the handlebar; *~se **boord*** separate collar; *~se grond* loose soil; made earth, made ground; *met ~ kruit schieten* fire blanks; *~se lading* bulk cargo; *~se patroon* blank (cartridge); *~se plank,* (*in kast, enz*) movable shelf; *~se rib* floating rib; *~se zitting,* (*ve stoel*) loose (drop-in) seat; *alles wat ~ en **vast** is* he steals whatever he can lay hands on; *~ zweefrek* flying trapeze; *~**ser** maken* loosen [a knot, girth, the soil]; *zie ook* ~maken; 2 (*afzonderlijk*) loose [papers, they are sold loose], single [copies *afleveringen*], (*losstaand*) detached [house]; (*~ gelegd*) loose-laid [carpet tiles]; *~ bijgeleverd* supplied separately; *drukken met ~se **letters*** printing with movable types; *~se locomotief* light engine; *~ onderdeel* accessory, spare; *~ **van*** apart from [these considerations]; *~ van vooroordelen* free from prejudice; *~ van elkaar* [*kwamen zij tot dezelfde conclusie*] independently; *het probleem staat ~ van* the ... lies outside [the present conflict]; *zie ook* ~laten, ~raken, schroef, enz; 3 (*v gebak, brood*) light, spongy; 4 (*op zichzelf staand*) detached [sentences], stray [notes, remarks], disconnected [remarks]; *~se **arbeider*** casual labourer (*mv ook:* casual labour); *~se beweringen* loose allegations; *~se bloemen* cut flowers; *in ~se dienst* in casual service, on a free-lance basis; *~se feiten* isolated facts; *~ geld* loose cash (change); *~ gerucht* floating rumour; *op ~se gronden* [maintain] on flimsy grounds, [assume] gratuitously; *op ~se gronden rusten* be ill-founded; *uit* (*met*) *de ~se **hand*** free-hand [drawing]; (*fig*) effortlessly; *~*(*se*) *karwei* casual work; *~se opmerking* flippant remark; *~se praatjes* loose talk, [this is not] hearsay; *~se stijl* easy (fluent) style (*vgl* loose style *slordige stijl*); *~se tuinman* jobbing gardener; *~se wenken* stray hints; *~ weer* unsettled weather; *~ **werk*** (*werkman, werkvolk*) casual work (labourer, labour); 5 (*slap, ook v zeden*) loose [conduct, life (*zie ook* 1 leven), morals], fast [man, girl, life], slack; *~ in de **mond** zijn* have a loose tongue, be indiscreet; *uit de ~se **pols*** off the cuff; *met ~se **teugel*** [ride] with a loose rein; 6 (*uitverkocht*) sold out; 7 (*sp*) *~!* go!, play!, let go!, [one, two, three and] away!, (*boksen, enz*) break!; *ze zijn ~,* (*wedstrijd, enz*) they're off; 8 ***erop** ~!* at them (him, it)!; *erop ~ **beuken*** pound (hammer) away [at the door]; *erop ~ **blazen**,* (*ve orkest*) be at full blast; *erop ~ dampen* puff away; *er maar op ~ **kopen*** buy things recklessly; *erop ~ **leven*** live from hand to mouth, be a happy-go-lucky fellow, (*boemelen*) go the pace, live it up; *erop ~ **praten*** talk away (sixteen to the dozen); *erop ~ **schieten*** blaze (fire) away; *erop ~ **slaan*** hit out freely; *erop ~ **werken*** study (peg, work, *sl:* slog) away; *erop ~ **zingen*** sing lustily

losbaar redeemable; *losbare obligaties* stock drawn for redemption

losbandig dissolute, dissipated, licentious, fast, loose, profligate, riotous [living], lawless

losbandigheid debauchery, dissoluteness, dissipation, licentiousness, etc, [increase of] licence

los|barsten break [the storm broke], break out, burst (forth), explode; *er barstte een applaus los* there came a burst of applause; **-binden** unbind, untie, undo [a knot, etc]; **-bladig** loose-leaf [note-book, album]; (*plantk: ve kelk*) polysepalous; (*ve kroon*) polypetalous; **-bol** loose liver, libertine; **-branden** 1 blaze away; 2 burn loose; (*fig*) tear apart, separate; **-breken** 1 break loose [the dog (the prisoner) has broken loose], break [the airship broke from its mooring-mast], break away, break prison; 2 *zie* -barsten & uitbarsten; **-ceel** customs bond note; **-dagen** discharging-days; **-doen** *zie* -binden, -maken, enz; **-draaien** untwist, unscrew [an electric bulb], twist off, loosen [a screw]; **-gaan** get (come, work) loose (unstuck); (*ve plank, enz*) start; (*ve strik, enz*) come undone (untied, unfastened); ~ *op* go (rush) at, make a dash at; **-geld** 1 ransom (money); *er wordt 5000 pond ~ voor hem geëist* he is being held to ransom for ...; 2 landing-charges; **-gespen** unbuckle; **-gooien** cast off [a rope, boat], slip [a cable]; *de kabels ~,* (*ook*) cast off; **-haken** unhook, unhitch; **-hangen** hang loose; *met ~d haar* with her, etc hair loose; *met ~de* (*verwarde*) *haren* (with) dishevelled (hair); *zie ook* los; *~de monocle* dangling eye-glass; **-haven** port of discharge, unloading port; **-heid** looseness; ease, fluency; *vgl* los; (*v zeden, ook*) laxity

los|jes 1 loosely; 2 (*luchtig*) lightly; 3 (*lichtzinnig*) casual; **-knopen** 1 untie; 2 unbutton; **-komen** get loose, be released, be set free; (*fig*) let o.s. go, get going [he's an amusing chap when he gets going], unbend, expand, (begin to) lose one's reserve (shyness); (*ve vliegtuig*) get off the ground, (*sl*) unstick; *de regen komt niet los* the rain is holding off; *de tongen kwamen los* tongues became loosened; **-kopen** ransom, buy off (out), redeem; **-koppelen** 1 uncouple, throw out of gear, disconnect, disengage; (*onder het rijden*) slip [a railway-carriage]; 2 slip, unleash [hounds]; 3 (*fig*) isolate, dissociate, tackle [a problem] in isolation [from ...]; **-krijgen** get loose; undo [the door, a knot, shoe]; (*verkrijgen, fam*) wangle [a few days' leave]; *ik kon de schroef niet ~* I could not get the screw undone; *geld van iem ~* get (squeeze) money out of a p., (*sl*) touch a p. for money; *geld zien los te krijgen* try to raise money (*fam:* to raise the wind)

los|laten 1 let (turn) loose, unchain, (un)loose(n), unleash [the dog], set free, release; liberalize [prices]; (*iets, iem*) ~ let go (of a thing, a p.), abandon, relinquish [the key], loose hold of [the bridle], let go one's hold; *zie ook* gouden; *laat los!* let go!; *laat me los!* let go of me!; *hij liet haar hand los* he let go (of) her hand; *iets ~,* (*fig*) let on; *hij liet niets los* he did not let out anything, did not give anything away, was very reticent [*tegenover mij* to me], he kept his (own) counsel; *niet ~,* (*ook fig*) hang on; *de gedachte liet me niet los* the thought haunted (obsessed) me, I could not get the idea out of my head; *de hond ~ op* set the dog at; 2 (*losgaan, niet houden*) come off (loose, unstuck, untied, etc), peel off; **-liggend** loose [leaf, tile]; **-lijvig** loose (in the bowels); **-lijvigheid** looseness of the bowels, loose bowels, loose motions; **-lippig** loose-tongued, indiscreet, blabbing; **-lippigheid** indiscretion; **-loon** landing-charges; **-lopen** 1 be at liberty (at large), (*v dieren*) run free; *~d,* (*niet gebonden*) unattached; (*ve hond*) stray; *dat zal wel ~* that is sure to come right; *zie ook* gek; 2 work loose

los|maken loose [a dog]; undo [the bolt, one's coat]; undo, untie [a knot]; unbutton [one's coat]; unfasten [one's coat, collar], unhook [a bra]; unlace [one's boots]; take (let) down [one's hair]; disengage [one's arm]; loosen [one's collar]; dislodge [a stone]; unlock [one's capital]; *zie ook* ketting, tong & losweken; *de spieren ~* limber up; ~ *van* detach from; unlink (*of:* divorce) [the pound] from [gold]; *zich ~* disengage (free, release, extricate) o.s., shake o.s. free; *zich ~ van* dissociate o.s. from [a policy], break away from [a federation, the Church], disengage o.s. from [the poet could not disengage himself from the statesman], cut o.s. adrift from; *zie ook* afscheiden: zich ~; *ik kan me niet ~ van dat idee* I cannot get away from that idea; *zich van zulke denkbeelden ~* disabuse o.s. (one's mind) of such ideas; *ik kon me dagen lang niet ~ van die melodie* I could not get the tune out of my head for days on end; **-making** loosening, dissociation, etc

los|perron unloading platform; **-peuteren** pick loose, pick apart, unpick, undo, unravel; (*fig*) *zie* -wurmen; **-plaats** discharging berth; **-praten**: *een bijdrage* (*vijftig pond*) *bij iem ~* persuade a p. to contribute (touch a p. for fifty pounds); **-prijs** *zie* -geld 1; **-raken** get loose (detached), loosen, come loose (undone, untied, unstuck, etc), work loose; (*ve schip*) *zie* losslaan; (*v ijs*) break up; *stukken cement raakten los* pieces of ... dislodged; *de tongen raakten los* (the) ... were loosened (unloosed); *zie ook* -gaan; **-rijden** (*wielersp*) *zie* lossen 4; **-rukken** *zie* -scheuren; *zich ~* tear o.s. away, wrench o.s. (break) free [from a p.'s grasp]; *zie verder* -scheuren

löss loess

losscheuren tear (pull) loose (free), sever; *zich ~* tear o.s. away (free), break away (free), wrench o.s. free [from one's friends], shake (fling) o.s. free; **losschroeven** unscrew, loosen

lossen 1 (*schip*) unload, discharge; (*lading*) unload, land; *beginnen te ~* break bulk; 2 (*wapen*) discharge, fire; (*schot*) fire; 3 (*pand*) redeem; (*gevangene*) ransom; 4 (*wielersp, overg*) break away from [an opponent]; (*onoverg*) fall behind

losser unloader, etc; *vgl* stuwadoor; **lossing** discharge, unloading, landing; redemption; *vgl* lossen; **lossingskosten** landing charges

los|slaan I *tr* knock loose (open); II *intr* (*ve schip*) break adrift; *zie ook* los; **-snijden** cut loose; (*gehangene*) cut down; *zie ook* opensnijden; **-springen** spring open (loose); **-staand** detached [house]; **-stevenen**: ~ *op* bear down (up)on; **-stormen**: ~ *op* rush (up)on, charge [the enemy]; **-tijd** time for unloading; **-tornen** unsew, rip (open), unrip, unpick; **-trekken** tear (pull) loose; ~ *op* go at, go for [a p.], march (up)on [a town]; **-trillen** vibrate loose

los-vast finger-tight [bolt]; *~e verkering hebben* have a budding relationship

los|weg loosely, lightly; **-weken** soak off, unglue; (*door stoom*) steam open [a letter]; **-werken** I *tr* work loose, disengage; II *intr* work loose [the ring worked loose]; *zich ~* disengage o.s., release o.s.; **-werpen** *zie* -gooien; **-wurmen** extricate; (*fig*) extract [money, an answer], *geld bij iem ~,* (*ook*) squeeze money out of a p.; **-zinnig** frivolous, flippant; **-zinnigheid** frivolity, levity; **-zitten** be loose; *de knoop zit los* the button is coming off

lot 1 (*nood~*) fate, fortune, destiny; (*levens~*) lot;

zijn ~ is niet te benijden his lot is not an enviable one; *men liet hem **aan** zijn ~ over* he was left to his fate, he was left to sink or swim; ***volgens** het ~ aanwijzen, zie* loting: bij ~; *zie ook* gunstig; 2 (*loterijbriefje*) (lottery) ticket; (*prijs*) prize; ~ *waarop een prijs valt* winning number; *een ~ uit de loterij **trekken**,* (*fig*) draw a lucky number, back a winner; 3 (*kavel*) lot; **loteling** conscript

loten draw (cast) lots; ~ *om* draw (cast) lots for, draw for; raffle for [a goose]; ballot for [seats]

loterij lottery, [our Christmas] draws; (*om gans, enz*) raffle; (*fig*) [life is a] gamble; **loterijbriefje** lottery ticket; **loterijlening** lottery loan; **loterijwet** lotteries act

lotgenoot partner (companion) in misfortune (adversity), fellow-sufferer; **lotgevallen** adventures, fortunes, vicissitudes, ups and downs

Lotharingen Lorraine; **Lotha|ringer, -rings** Lotharingian; **Lotharius** Lothair

loting drawing of lots, ballot, draw; *bij ~ aanwijzen* assign by lot; *bij ~ toewijzen* allot [shares] by ballot

lotion 1 (*wassing*) shampoo; 2 (*vloeistof*) (beauty, body, hair, setting, etc) lotion, toilet water

Lotje Charlotte, Lotty; *hij is van l~ getikt,* (*fam*) he has bats in the belfry (is barmy, nuts, crazy)

lotsbedeling lot; **lotsbeschikking** fate, lot; **lotsbestemming** destiny; **lotsverbetering** improvement in one's lot; **lotsverbondenheid** solidarity [with working-class ideals]; **lotswisseling** vicissitude, turn of fate

lotto 1 bingo; *de ~* (bingo) lottery; 2 (*spel*) id

lotus id, lotos; **lotusbloem** lotus (flower); **lotusboom** lotus tree; **lotushouding** lotus position

louche sinister, nasty, shady

loupe magnifying-glass; *zie* loep

louter mere [coincidence], pure [chance], sheer [negligence]; *het was ~ een ongeluk* it was a pure accident, just simply an ...; *uit ~ medelijden* [weep] for very pity; ~ *uit gewoonte* from sheer force of habit; *de ~e waarheid* the bare (the naked) truth; *zie ook* toeval & uitsluitend; **louteren** purify, refine; (*fig ook*) chasten; **loutering** purification, refining, chastening

louvredeur louvre (louver) door

louw nothing, little; ~ *loene* no go, nothing doing

louwmaand January

loven praise [a p., God, a work to the skies *hemelhoog*], commend, (*sterker*) eulogize, extol [a p., a p.'s virtues, work], glorify [God]; *haar werk voor het milieu valt te ~,* (*ook*) her ... is highly laudable; *vgl* loffelijk; ~ *en bieden* higgle, haggle, bargain; *~d* laudatory [remark]; *zich ~d uitlaten over* speak favourably (well) of, commend, (*sterk*) extol

lover foliage; *~tje* spangle, paillette, sequin; *zie ook* loof

loxodroom rhumb line, loxodromic line (curve, spiral)

loyaal loyal; **loyalisme** loyalism; **loyaliteit** loyalty; **loyaliteitsverklaring** pledge of loyalty

lozen drain off (away) [water]; void, evacuate [excrements], pass [urine]; discharge [oil from a ship]; dump [nuclear waste at sea, a p. on the UN *naar de VN*]; (*ve rivier, polder, enz*) empty, drain [into the sea]; *iem ~,* (*ook*) get rid of a p.; **lozing** draining, drainage; passing, voidance, evacuation, emptying, discharge, [nuclear waste] disposal; *vgl* lozen

LPG afk van *liquefied petroleum gas* id

LS afk van *Lectori Salutem* Dear Sir or Madam

lubben 1 castrate, geld; 2 gut [fish]; 3 ensnare, rope in, shanghai [a p. for a job]; **lubberen** sit loosely, hang loose, ruffle; (*slordig*) be floppy (sloppy)

Lucanië Lucania; **Lucanus** Lucan

Lucas Luke; *vgl* evangelie

lucerne (*plant*) id

lucht 1 [want a change of] air; *gebakken ~* hot air; *geen ~je bewoog zich* there was not a breath of air; *geen ~ krijgen* be unable (get no room) to breathe; *zij was ~ voor hem* he ignored her; *zijn hart* (*gemoed*) *~ **geven*** give vent to (relieve, vent) one's feelings, unbosom o.s.; *het hangt nog in de ~* it is still in the air; *de ~ **ingaan**,* (*ve vliegt*) take (to) the air, go up (into the air); (*radio & tv*) go on the air; *een ~je **scheppen*** get a breath of (fresh) air, air o.s.; *de politie schoot in de ~* the ... fired in(to) the air; *in de ~ vliegen* blow up, be blown up, explode; *in de ~ laten vliegen* blow up, blow sky-high; ***in** de ~ zijn,* (*ve vliegt*) be up [for two hours]; (*ve zender*) be on the air; *botsing in de ~* mid-air collision, (*bijna*) air miss; *verandering zit tegenwoordig in de ~* change is in the air nowadays; *zie ook* gat & open; *dat is **uit** de ~ gegrepen* that is without any foundation, utterly unfounded, a mere fabrication; *uit de ~ komen vallen* drop (fall) from the skies, appear out of the blue (*of:* from nowhere); *hoe kom jij zo uit de ~ vallen?* where do you spring (have you sprung) from?; *bomaanslagen zijn niet **van** de ~* bombings are rife; 2 (*uitspansel*) [a clouded] sky; ***aan** de ~, zie* hemel, kou, onweer, vuiltje, wolk; 3 (*reuk*) smell, scent [give scent to a police dog]; *er is een ~je **aan*** it smells; (*fig*) there is s.t. fishy about it; *ik **kreeg** er de ~ van* I got wind of it

lucht|aanval air-attack, (*Am*) air-strike, (*inz massaal*) air-raid; **-acrobaat** 1 stunt-flyer; 2 trapeze artist; **-acrobatiek** 1 stunt flying, aerobatics; 2 trapeze work; **-afweer** anti-aircraft defence; *zie ook sam met* afweer; **-alarm** air-raid warning, alert; **-ballon** (air-)balloon; **-band** pneumatic tyre; **-basis** air-base; **-bed** (inflatable) air-bed, air mattress, (*drijvend*) beach mattress; **-bel** air-bubble; **-belwaterpas** spirit-level; **-bescherming** air-raid precautions, ARP; **-bevochtiger** humidifier; **-bezoedeling** air pollution; **-blaas** air-bladder; *~je* air bubble; **-bombardement** aerial bombardment; **-boog** flying buttress; **-boot** inflatable boat (dinghy); **-brug** 1 high-level (*of:* elevated) bridge; 2 (*luchtv*) airlift; **-buis** air-pipe, air-tube; (*ve insekt*) trachea (*mv:* tracheae); **-buks** airgun, air-rifle; **-bus** airbus; **-corridor** airlane; **-defilé** fly-past; **-dicht** airtight, hermetic (*bw:* -ally); **-doelraket** anti-aircraft missile (*of:* rocket);

-doop aerial baptism; (*v vliegt*) maiden flight; **-droog** air-dry; **-druk** 1 atmospheric pressure; 2 air-pressure; (*bij ontploffing*) blast; **-drukboor** pneumatic drill; **-drukgeweer** airgun; **-drukrem** air brake

luchten air, ventilate; (*fig ook*) vent, give vent to; *ik kan hem niet ~* (*of zien*) I hate the sight of him, I can't stand him at any price; *zijn geleerdheid* (*kennis*) ~ air (show off, parade) one's learning (knowledge); *zijn gevoel* (*gemoed, hart*) ~ give vent to (relieve) one's feelings, unburden one's soul (mind); *zijn grieven ~* ventilate (air) one's grievances; *een kamer ~* air a room

luchter 1 candelabrum (*mv:* -bra); 2 (*lichtkroon*) chandelier, lustre

lucht|eskader air squadron; **-fietser** fantast; **-fietserij** fantasizing; **-filter** air-filter; **-foto** aerial photograph, air photo, air view; **-gat** 1 air-hole, vent(-hole), ventilator; 2 (*luchtv*) air-hole, air-pocket; (*in mijn*) airway; 3 (*ve insekt*) stigma (*mv ook:* -mata); **-geest** sylph; **-gekoeld** air-cooled [motor, engine]; **-gesteldheid** 1 condition of the air, atmosphere; 2 climate; **-gevecht** air-fight, (*v jagers*) dogfight; **-gezicht** 1 skyscape; 2 aerial view [of the castle]; **-hartig** light-hearted; *zie ook* luchtig; **-hartigheid** light-heartedness; **-haven** [Schiphol] airport

luchtig airy [room, dress, tread, mood, contempt]; light [cake]; jaunty [walk, manners]; *~ opvatten* make light of, treat [the matter] light-heartedly; *zich ~ van de zaak afmaken* dismiss the matter lightly; ..., *zei hij ~(jes)* ..., he said airily; *zie ook* lichthartig & luchthartig; **luchtigheid** airiness, lightness

luchtinlaat air inlet (intake, vent, feedpipe)

lucht|kamer air-chamber; (*in ei*) air-cell; **-kanaal** air-channel, -duct, -passage; airway [to help breathing]; **-kartering** aerial survey(ing); **-kasteel** castle in the air [build castles in the air], pie in the sky; **-klep** air-valve; **-koeling** air cooling; *met ~* air-cooled [engine]; **-koker** air-, ventilating-shaft, air-duct, funnel; **-kolk** air-pocket, -hole; **-kussen** air-cushion, -pillow; **-kussenmaaier** hover mower; **-kussenvoertuig** hovercraft; **-laag** layer of air; *de hogere -lagen* the upper strata (of the atmosphere); **-landingstroepen** airborne troops; **-ledig** I *bn* void of air, exhausted (of air); *~ maken* exhaust, evacuate; *~e buis* vacuum tube; *~e ruimte* vacuum; II *zn* ((*ook*) *~e*) vacuum; **-leiding** air-piping, air-line; (*elektr*) overhead wires; **-lijn** airline; **-macht** air force; **-matras** air-mattress; **-meter** aerometer; **-net** aerial(s); (*net van luchtlijnen*) air network; **-oorlog** air war(fare), aerial warfare; **-penseel** air brush; **-perspomp** air-condenser; **-pijp** windpipe, trachea; **-pijpaandoening** tracheal affection; **-pijpontsteking** tracheal inflammation, trachitis; **-pijpsnede** tracheotomy; **-pijpvertakkingen** bronchial tubes; **-piraat** sky-jacker, air pirate; **-pomp** air-pump; (*perspomp*) blower; **-port(o)** airmail rate; **-post**: (*per*) ~ (by) airmail; **-postblad** aerogramme; (*fam*) air-letter; **-postzegel** airmail stamp; **-recht** air law; **-reclame** sky-sign; **-reis** aerial voyage, air-voyage, air trip; **-reiziger** 1 aeronaut, balloonist; 2 air-traveller, -passenger; **-rem** vacuum-, air-brake; **-reus** jumbo; **-rooster** ventilator; **-ruim** atmosphere, air; [French] airspace; *gebruik van het ~* overflight (air transit) facilities; **-schip** airship, dirigible; (*klein, niet stijf*) blimp; **-schommel** aerial swing; **-schrift** sky writing; **-schroef** airscrew; **-schutter** air-gunner; **-sluis** air-lock; **-spiegeling** mirage, fata morgana; **-spoorweg** elevated (overhead, aerial) railway; **-sprong** caper, gambol; hop in the air; **-storingen** (*radio*) atmospherics, statics, strays; **-streek** climate, [temperate] zone; **-strijdkrachten** air-forces; *het wapen der ~* the air arm; **-stroming** air current; **-stroom** air-stream, (*sterk*) blast (rush) of air; **-toevoer** air supply, supply (access) of air; *zie ook* -inlaat; **-torpedo** aerial (air-)torpedo; **-vaart** aviation, aeronautics, air navigation; *Ministerie van Luchtvaart,* (*mil*) Air Ministry; (*burger*) Ministry of Aviation

luchtvaart|geneeskunde aviation medicine; **-kundig** aeronautic(al); **-maatschappij** airline (company); *zie ook* KLM; **-recht** air law; **-techniek** aeronautical engineering; **-tentoonstelling** aircraft exhibition; (*met demonstraties*) air-show

lucht|vaartuig aircraft (*mv id*); **-vaartwet** Civil Aviation Act; **-verbinding** airlink; (*geregeld*) air route; **-verdediging** air-defence; **-verheveling** atmospheric phenomenon; **-vering** air (*of:* pneumatic) suspension; *matras met ~* airsprung mattress; **-verkeer** air traffic; **-verkeersleiding** air traffic control; **-verkenning** air reconnaissance; **-verontreiniging** air pollution; **-verschijnsel** atmospheric phenomenon; **-verversing** ventilation; *met ~* ventilated; **-vervoer** air (aerial) transport; **-vloot** air-fleet; **-vochtigheid** [absolute, relative] humidity; **-vormig** aeriform; **-vracht** air freight; **-waardig** airworthy; **-waardigheid** [certificate of] airworthiness; **-wacht** air surveillance; **-wapen**: *het ~* the air-arm; **-weerstand** air resistance, air drag; **-weg** 1 (*door de lucht*) air route, airway; 2 (*voor de lucht*) air passage; 3 (*in mijn*) airway; 4 *~en,* (*anat*) bronchial tubes; **-weger** aerometer; **-wortel** aerial root; **-zak** 1 (*luchtv*) air-pocket, -hole; 2 (*ve luchtschip*) ballon(n)et; **-ziek** airsick; **-ziekte** airsickness; **-zuiger** (*paard*) wind-sucker; **-zuiging** (*luchtv*) backwash; **-zuiveringsinstallatie** air purification plant

Lucianus Lucian

lucide lucid; **luciditeit** lucidity

Lucie Lucia, Lucy

lucifer match; **Lucifer** id; **lucifersdoosje** matchbox; **lucifershoutje** [break like a] matchstick; *in elkaar vallen als* (*versplinteren tot*) *~s* collapse like (splinter to) matchwood; **luciferskop** match-head; **lucifersstokje** matchstick

lucratief lucrative; **Lucretia** id, Lucrece

lucullisch Lucullian [feast]; **Lucullus** id

ludiek whimsical, playful, (*soms*) ludic

lues id; **luguber** lugubrious, sinister
1 lui *zn* people, folk; *zeg, ~!* (I) say, folks!; *zie ook* mens(en)
2 lui *bn* lazy, idle; *een ~ leventje leiden* lead an easy life; *~e stoel* easy chair; *~ liggen (hangen, enz)* lounge, laze, loll [in a chair]; *hij is liever ~ dan moe* he was born tired
luiaard 1 lazybones, sluggard; 2 (*dier*) sloth, ai; **luibakken** *zie* luieren
luid I *bn* loud; II *bw* loud(ly); *spreek ~er* speak louder, speak up please; *~(e) klagen* complain loudly; *met ~e(r) stem* in a loud voice; **luide** *zie* luid II
1 luiden *ww* I *intr* 1 (*ve klok*) ring, peal, sound; (*kleppen*) toll; 2 (*ve brief, enz*) read [a telegram reading: ...], run [the letter runs as follows]; *zijn antwoord luidt gunstig* his ... is favourable; *de geschiedenis luidt als volgt* the story is as follows; *het telegram luidde,* (*ook*) the ... said; *zoals de wet nu luidt* as the law now stands; *zoals de uitdrukking luidt* as the saying is; *een wissel ~d in ponden* a draft expressed in sterling; II *tr* ring, peal; (*kleppen*) toll; *iem ten grave ~* toll a p.'s knell
2 luiden *zn mv* people, folk; *de kleine ~* the common sort; *zie ook* mens(en)
luidens according to
luidkeels at the top of one's voice, [laugh] loudly
luidklok (church) bell
luidop loud, aloud, [announce] loudly; **luidruchtig** clamorous, tumultuous, noisy, boisterous, loud; *~e vrolijkheid* noisy hilarity; **luidruchtigheid** clamorousness, etc
luidspreker (loud)speaker [box, housing]
luier nappy, napkin, (*Am*) diaper; **luierbroekje** baby pants; **luiereczeem** nappy rash
luieren (be) idle, loaf, laze (about), lounge (about, around)
luiermand 1 baby-linen basket; 2 (*kleertjes*) (outfit of) baby-clothes, layette, baby-linen
luierstoel lounge-chair, easy chair
luifel penthouse [roof]; (*boven ingang ve hotel, enz*) [glass] awning, [glass] porch; (*deur~*) canopy; (*tent~*) awning
luiheid laziness, idleness, sloth; (*geestelijke*) (*ook*) accidie; *zie ook* ledigheid
luik 1 (*ve raam*) shutter; *de ~en waren ervoor* (*afgenomen*) the shutters were up (down); *met de ~en ervoor* shuttered [windows]; 2 (*mar*) hatch; *de ~en sluiten,* (*mar*) batten down the hatches; 3 (*valluik*) trapdoor; 4 (*ve triptiek, enz*) panel
Luik Liege, Liège
luiken close; shut; **Luikerwaal(s)** Walloon
luikgat (*mar*) hatchway
luikhoofd (*mar*) (hatch-)coaming
luilak lazybones, sluggard; (*techn*) idle wheel; *jij ~!* you lazy thing!; **luilakken** *zie* luieren
luilekkerland (land of) Cockaigne, (*vglb*) never-never land
luim 1 (*stemming*) humour, temper, mood; *in een goede ~ zijn* be in a good temper (humour); *in een slechte ~ zijn* be in a bad temper (humour), be out of humour; 2 (*gril*) caprice, whim, freak, crotchet; 3 (*vs ernst*) humour, fun; **luimig** 1 facetious; 2 (*nukkig*) capricious; **luimigheid** facetiousness, etc; humour
luipaard leopard
luis 1 louse (*mv:* lice), (*sl*) crawler; *zie ook* teerton; 2 plant louse; *zie* blad-, dop-, schild~, enz
luister lustre, splendour; *~ bijzetten* add lustre (*aan* to), (*met muziekkorps, enz*) add to the proceedings
luisteraar(ster) listener; *onopgemerkte ~* fly on the wall; *zie ook* luistervink
luisteren listen [*naar* to]; (*radio*) listen (in); *staan ~* eavesdrop; *dat luistert* ***nauw*** it requires the greatest care, it's tricky work; *dat luistert niet zo nauw,* (*ook*) that isn't over-particular; *~* ***naar*** *de naam van Boy* answer to the name of Boy; *hij luisterde niet naar mijn raad,* (*ook*) he turned a deaf ear to my advice; *naar het roer ~* respond to (answer) the helm; *de vergadering luisterde gretig naar hem,* (*ook*) he had the ear of the meeting; *ingespannen naar elk woord ~* hang on every word; *men wilde niet naar hem ~* he could not obtain a hearing; *er werd niet geluisterd naar haar uitleg,* (*ook*) her ... went unheard; *~* ***of*** *men ook voetstappen hoort* listen for ...; *zie ook* oor
luister|geld radio [and TV] licence fee; **-post** (*mil*) listening post; **-rijk** brilliant, glorious, splendid; **-spel** radio (*of:* wireless) play; **-toets** listening comprehension test; **-vaardigheid** listening comprehension; **-vergunning** radio licence; **-vink** eavesdropper; (*radio*) listener(-in); *vgl* luisteraar; **-vinken** *ww* eavesdrop
luit 1 lute; 2 *zie* luitenant
luitenant lieutenant; *eerste ~* lieutenant; *tweede ~* second lieutenant; **luitenant-admiraal** admiral; **luitenant-generaal** lieutenant-general; **luitenant-kolonel** lieutenant-colonel; (*vliegdienst*) wing commander; **luitenantsplaats** lieutenancy, lieutenant's commission; **luitenant-ter-zee** (*1ste kl o.c*) lieutenant-commander, (*j.c*) lieutenant; (*2de kl*) sub-lieutenant; **luitenant-vlieger** flying officer
luitist(e) lutenist
luitjes people, folk; *de oude ~* the old folks; *zie verder* mens(en)
luit|speelster, -speler lute-player, lutenist
lui|wagen (long-handled) scrubbing-brush; **-wammes** *zie* -lak; **-wammesen** *zie* luieren
luizen *ww* louse; *zie ook* inluizen
luizen|baan cushy job; **-bos** 1 shock of hair; 2 tramp, (*Am*) hobo; **-kam** fine-tooth (small-tooth) comb; **-kruid** lousewort; **-leven**: *een ~(tje) leiden* lead the life of Riley; **-markt** rag (*of:* old clothes) market; flea market
luizepoot match; **luizestreek** lousy trick
luizig lousy, (*fig ook*) scabby [you scabby liar!]
luk: *~ of raak* hit or miss, at random, at haphazard
Lukas Luke; *vgl* evangelie
lukken succeed; *niets lukt hem* nothing succeeds with him; *alles lukte hem* he succeeded in everything, he carried all before him; *het* (*kunstje*) *lukte niet* it (the trick) did not come off; *de foto lukte goed* the photo came out well; *het lukte hem* he succeeded [*te* ... in ...ing], he was successful; *het*

is eindelijk gelukt at last our efforts have been successful; *het lukte mij binnen te komen,* (*ook*) I managed to get in; *het lukte hem niet* he failed [*te* ... to ...]; *het lukte haar goed* (*niet*), (*fam*) she made a (good) job (a bad job, a poor job) of it; *dat zal je niet ~!* you won't get away with that; (*mij beet te nemen, enz*) you won't get any change out of me; *gelukt* successful [plan]

lukraak I *bw zie* luk; II *bn* haphazard [remark], random [example], wild [guess]

lul 1 prick, cock, (*inz Am*) dick; 2 (*pers*) prick, shit, sod; *ouwe ~* old coot; *L~ de behanger, slappe ~, ~letje rozewater* wally; **lulhannes** 1 twaddler; 2 wally; **lulkoek** crap, bull(shit); **lullen** waffle, talk nonsense; *uit z'n nek ~* talk through one's neck; **lullepotje** jaw; **lullig** [it looks so] stupid, wet [excuse]; shitty [thing to do]; *doe niet zo ~* don't be such a wet (such a jerk); **lulverhaal** piece of crap (bull, bullshit)

lumbaal lumbar [region]; **lumbaalpunctie** lumbar puncture, spinal tap

lumen (*natuurk*) id; **luminantie** luminance; **luminescentie** luminescence; **lumineus** luminous, bright [idea]; *~ idee,* (*ook*) [he had a] brain-wave; **luminisme** Luminism

lummel 1 lout, clodhopper, lubber, gawk; 2 (*ijzeren pen*) swivel-bolt; **lummelachtig** loutish, lubberly, gawky; **lummelen** laze (about), hang [about street corners], loll, lounge; **lummelig** *zie* lummelachtig

Luna id; **lunair** lunary

lunapark amusement park

lunch id, luncheon; **lunchconcert** lunchtime concert; **lunchen** (eat, have, take) lunch; *mee uit ~ nemen* lunch [a p.]

lunch|pakket packed lunch; **-pauze** lunch(time)-break; **-room** snackbar, café, tearoom, teashop; (*Am*) id; **-tijd** lunchtime, the luncheon hour

lunet lunette

luns linchpin

lupine lupin(e)

lupus lupus [patient]

lurken 1 suck audibly; 2 (*drinken*) slurp; 3 (*pruttelen*) gurgle

lurven: *bij de ~ pakken* collar, grab [a p.]

lus 1 (*voor knoop, enz*) loop; *de ~ vliegen* loop the loop; 2 (*v touw*) noose; 3 (*ve jas, kussensloop, enz*) tag; (*ve laars, in tram, enz*) strap; 4 (*mar*) slip-knot, running noose; **lusfilm** (film) loop; **lushanger** (*in tram*) straphanger

Lusiaden: *de ~* the Lusiads; **Lusitanië** Lusitania; **Lusitaniër** Lusitanian

lust 1 (*genot*) delight; *het is een ~ hem te zien werken* it's a treat (a pleasure) to see him work; *het **is** een ~ om te zien, een ~ voor de ogen* (*voor het oog*) it is a feast for the eyes, a sight to see, a treat to look at it; *dat het een ~ is* [work, etc] with a will, [sing] lustily, [talk French] like one o'clock; *de ~en wensen, maar niet de **lasten*** want the pleasures without the problems (the profits without the expense); *werken is haar ~ en haar **leven*** working is the breath of life to her; *wel, een mens zijn ~, een mens zijn leven* everyone to his liking; *hij deed zijn werk* ***met*** *~ en ijver* he did his work with a will, put his whole heart into it; 2 (*verlangen*) desire, mind; (*eet~*) appetite; *~* (*grote, geen ~*) ***hebben*** (***voelen***) *om te* ... have a mind (a good mind, no mind) to ..., feel like [writing, bed, doing it], [I don't] care to [go]; *ik heb er bijzonder veel ~ in* I have a particular (*fam:* an extra special) liking for it; *~* ***krijgen*** *in* take a fancy (a liking) to, *plotseling ~ krijgen om* ... be seized with a desire to ...; *zie ook* bekruipen; *~* ***tot*** *werken* zest for work; *zie ook* zin 4; 3 (*zinnelijke*) lust, appetite, desire, passion

lusteloos listless, languid, apathetic, (*& sentimenteel*) lackadaisical; (*vd markt*) dull, flat, listless; **lusteloosheid** listlessness, apathy, languor, dullness

lusten like, fancy; *ik lust geen eten* I have no appetite, do not fancy my food; *ik lust niet meer* I can't eat any more; *als je het niet lust, dan laat je het maar staan* if you don't like it you can leave (*fam:* lump) it; *hij lust er wel eentje* he is fond of a drop; *ik lust er wel tien zoals hij,* (*fam*) let them all come!; *zo lust ik er nog wel een,* (*iron*) tell me another; *ik zou wel een glas bier ~* I could do with a glass of beer; *dat je ze nog lang mag ~!,* (*vglb*) here's long life to you!; ***het*** *lust mij niet te* ... I have no mind to ...; *hij zal* ***ervan*** *~* I'll give it him, he'll catch it; *iem ervan laten ~* give a p. a bad time, lead a p. (no end of) a dance

luster lustre; *zie* lustre 1

lustgevoel 1 feeling of delight; 2 (feeling of) lust

lusthof pleasure garden

lustig merry, cheerful; *~ zingen* (*schreeuwen*) sing (cry) lustily; *de vogels zongen ~,* (*ook*) the birds were in full song; *hij ging ~ aan het werk* he set to work with a will; *het ging maar ~ voort,* (*iron*) it went on merrily; **lustigheid** cheerfulness, merriment, gaiety; **lustmoord** sex-murder; **lustmoordenaar** sex-murderer; **lustobject** sex object; **lustoord** delightful (pleasant) spot; **lustprieel** bower

lustre 1 id, chandelier; (*ve piano*) sconce; 2 (*stof*) id

lustrum id; (*mv:* -ra, -rums); (*univ*) fifth (10th, 15th, etc) anniversary; **lustrumfeest** lustral feast; (*univ*) quinquennial celebration

lustwarande pleasure garden, (*vero*) pleasance

lusvlucht (*luchtv*) looping the loop

lutheraan Lutheran; **lutheranisme** Lutheranism; **luthers** Lutheran

luttel little; (*mv*) few; *zie ook* weinig

luur *zie* luier; *iem in de luren leggen* take a p. in, bamboozle a p.; *hij laat zich niet in de luren leggen* he is too old a bird to be caught with chaff

Luva afk van *Luchtmacht Vrouwenafdeling* WRAF (Women's Royal Air Force)

luw sheltered; (*zacht*) mild; **luwen** (*vd wind*) abate, fall, die down; (*v opwinding, enz*) die down, subside; (*v ijver*) flag; (*v vriendschap, enz*) cool (down); *de toestand is aan het ~* things are quiet(en)ing down (getting quieter); *het zal wel ~,* (*fig*) it is sure to blow over; **luwte** lee, shelter;

in de ~ van under the lee of [the wood, etc]
lux 1 (*natuurk*) id; 2 *zie* luxe; 3 light
luxaflex venetian blind(s)
luxatie luxation, dislocation
luxe luxury; (*attr ook*) de luxe [car, hotel], fancy [box, goods]; *geen* (*overbodige*) ~ no luxury, badly needed; *een nieuwe auto zou geen ~ zijn* we could do with a new car; **luxeartikelen** fancy articles, luxury goods; **luxeauto** private car, limousine; **luxebrood** fancy bread; *~je* fancy roll; **luxehut** state cabin (*of:* room), de luxe cabin; **luxeleven** life of luxury; *een ~tje leiden* live in the lap of luxury
Luxem|burg Luxembourg; **-burger** inhabitant of Luxembourg; **-burgs** Luxembourg
luxepaard 1 riding-horse; 2 sinecurist; **luxepostpapier** fancy notepaper; **luxeprobleem** embarras de richesses; **luxe-uitgaaf** édition de luxe, de luxe edition; **luxe-uitvoering** de luxe model; **luxezaak** fancy-goods business, luxury-goods shop
luxueus luxurious, sumptuous, luxury [hotel]
luzerne (*plant*) lucerne
lyceum id; (*vglb*) grammar school, (*Am*) high school
lychee id, litchi
Lydië Lydia; **Lydiër**, **Lydisch** Lydian
Lyme: *ziekte van ~*, (*~-arthritis*) Lyme disease
lymf lymph; **lymfatisch** lymphatic; **lymfe** lymph; **lymfeklier** lymph node; **lymfevat** lymph(atic) vessel
lynchen lynch; **lynchwet** lynch-law
lynx id
Lyon Lyons; **Lyonees** *zn & bn* Lyonnese
lyra glockenspiel, (*mil*) id
lyriek lyric poetry; **lyrisch** lyric(al)
lysergamide lysergic acid diethylamide, LSD
lysimeter id; **lysine** id; **lysol** lysol

Mm*m*

m (the letter) m; afk van *meter(s)* m, metre(s)
M M (*ook Romeins cijfer*)
ma mum; (*Am*) mom
1 maag stomach; (*fam*) tummy; (*ve dier ook*) maw; *zes hongerige magen* six hungry mouths; *een goede ~ hebben* have a good digestion; *zich de ~ volstoppen* gorge; ***in** de ~ brengen* ingest [food]; *iem iets in zijn ~ stoppen* (*splitsen*), (*fig*) palm s.t. off on a p.; *daar zit ik mee in m'n ~* it puts me in a quandary; *werken met een lege ~* work on an empty stomach; *zie ook* leeg, oog, overladen, streek: van ~, zwaar, enz
2 maag kinsman, kinswoman; *vrienden en magen* kith and kin
maagbloeding gastric h(a)emorrhage, h(a)emorrhage of (from) the stomach
maagcatarre gastritis, gastric catarrh
maagd maid(en), virgin; (*dierenriem*) Virgo; *de Heilige M~* the (Holy) Virgin; *de Maagd van Orleans* the Maid of Orleans
maagdarm|catarre gastro-enteritis; **-kanaal** alimentary canal, (*med*) gastrointestinal tract; **-specialist** gastro-enterologist
maagdelijk virginal, maidenly, virgin [forest, snow, birth]; **maagdelijkheid** virginity
Maagdenburg Magdeburg; *~er halve bollen* Magdeburg hemispheres
maagden|honig virgin honey; **-palm** periwinkle; **-peer** virgin; **-roof** rape, ravishment; **-vlies** hymen; **-was** virgin wax, bee-glue, propolis
maagdom maidenhead, -hood
maag|holte *zie* -kuil; **-kanker** stomach cancer, cancer of the stomach; **-klacht** *zie* -kwaal; **-kramp** stomach-cramps; **-kuil** pit of the stomach; **-kwaal** stomach-complaint; **-lijder** gastric patient; **-middel** stomachic; **-mond** cardia, upper orifice of the stomach; **-ontsteking** inflammation of the stomach, gastritis; **-operatie** stomach operation, operation on the stomach; **-pijn** stomach-ache; (*fam*) tummy-ache; **-pomp** stomach-pump; **-sap** gastric juice; **-sapklier** peptic gland
maagschap kindred, kinship, consanguintity; (*concr*) kinsfolk
maag|slijmvlies stomach lining; **-sonde** stomach-tube; **-sterkend** (*middel*) stomachic; **-stoornis** stomach upset (disorder), gastric disturbance; **-streek** (epi)gastric region; **-vlies** stomach-lining, coat of the stomach; **-vliesontsteking** gastritis; **-zuur** 1 gastric acid; 2 (*maagklacht*) heartburn, acidity of the stomach; **-zweer** stomach (*of:* gastric) ulcer
maaidorser combine (harvester)
maaien mow [grass], cut [grass, corn], reap [corn]; *omver ~* mow down [enemies]; (*fig*) sweep [over the ball; a vase off a stand], flail [one's arms above one's head]; *pas gemaaid gras* fresh-cut grass; *zie ook* zaaien; **maaier** mower, reaper; **maaikant** [concrete] edging; **Maaike** May
maaimachine mowing-machine; (*voor koren*) reaping-machine, reaper, harvester; (*voor grasperk*) lawn-mower; **maaitrekker** riding mower; **maaiveld** surface (level), ground level
maak: *in de ~ zijn* be in the making [another system is in the making], (*reparatie*) be under repair; *ik heb een jas in de ~* I am having a coat made; *hij heeft een nieuw boek in de ~* he has ... on the stocks
maak|baar *vgl* haalbaar; **-loon** charge for (cost of) making; **-sel** make, manufacture; **-ster** maker; **-werk** work made (turned out) to order (*ook fig*); (*min v boek, enz*) journeyman work
maal 1 (*keer*) time; *een~, twee~, drie~, vier~, enz* once, twice, three times (*vero:* thrice), four times, etc; *twee of drie ~* two or three times; *twee en een half ~ zo groot* two and a half times as large; (*zo* (*ook*) force is mass times acceleration); *zie ook* anderhalf; *een ~ is geen ~* first time doesn't count; *2 ~ 6 is 12* twice 6 is 12; *doe het voor de*

2de ~ do it a second time; *nog vele malen na deze!* many happy returns (of the day)!; *ten enen male onmogelijk* (*uitgesloten*) utterly impossible (altogether out of the question); *zie ook* herhaald & keer; 2 (*eten*) meal; (*haastig*) snack; (*ve dier, fam ve mens*) feed; *een stevig* ~ a square meal; *zijn* ~ *doen met* dine (lunch) off [a steak]; 3 (*teken*) spot; (*moeder~*) mole; 4 (*vero: zak*) mail, post-bag

maalderij milling-business, mill

maalsel grinding

maalstokje maulstick

maalstroom whirlpool, eddy, maelstrom, swirl, vortex [*ook fig:* vortex of dissipation]; (*fig ook*) [the whirligig of time], whirl [of gaiety]

maaltand grinder, molar (tooth)

maalteken multiplication sign

maaltijd meal, repast; (*feestelijk*) banquet; (*attr ook*) main course [salad, soup]; *aan de* ~ [be] at table; *onder de* ~ during the meal; *zie ook* maal 2

maan [new, half, full] moon; *de halve* ~, (*v Turkije*) the Crescent; *zie ook* halve~; *het is donkere* (*lichte*) ~ there is no (a) moon; *het is volle* ~ it is full moon, the moon is at the full; *het was bijna volle* ~ (*juist ... geweest*) the moon was approaching (was just past) its full; *de* ~ *breekt bij hem door* his thatch is thinning; ***bij** lichte* ~ with the moon shining; ***door** de* ~ *verlicht* moonlit; ***naar** de* ~ *gaan* go to the dogs, go to pot; *laat hem naar de* ~ *lopen!* he can go to hell!; *die vent kan naar de* ~ *lopen!* confound the fellow!; *de zaak kan naar de* ~ *lopen!* the business can go hang!, blow (blast) the business!; *loop naar de* ~*!* go to the devil!; *weer 100 pond naar de* ~ another hundred pounds gone west, (gone) up the spout; *naar de* ~ *reiken* cry for the moon, attempt impossibilities; *iem naar de* ~ *wensen* wish a p. was at Timbuctoo; ***tegen** de* ~ *blaffen* bay at the moon; *zie ook* 1 wassen

maan|baan moon's (*of:* lunar) orbit; **-beschrijving** selenography; **-bewoner** inhabitant of the moon, lunarian; **-blind** moon-blind

maanbrief dunning letter

maancirkel lunar cycle

maand month; *de 15e dezer, der vorige, der volgende* ~ the 15th inst(ant), ult(imo), prox(imo); *de* ~ *juli* the month of July; *een* ~ *loon* a month's wages; *zes* ~*en lang* for (during) six months; *ze is in haar zesde* ~, (*v zwangerschap*) she is five months gone; *zie ook* krijgen

maandabonnement monthly season (ticket)

maandag 1 Monday [morning, newspaper]; ~ *houden* take Monday off; (*'s*) ~*s, op* ~ every Monday, [closed] Mondays (on Monday); *zie* blauw; 2 lunar day; **maandagsgevoel** Monday morning feeling; *een* ~ *hebben* feel Mondayish

maandbericht monthly report; **maandblad** monthly (review, magazine, publication); **maandbloeier** 1 wild strawberry; 2 monthly rose; **maandelijks** I *bw* [published] monthly, every month, once a month; II *bn* monthly; **maandenlang** months-long [illness]; [lasting] months, [absent] for months (on end); **maandgeld** monthly pay (salary, allowance); **maandkaart** monthly (season) ticket; **maandroos** monthly rose; **maandstaat** monthly return; **maandverband** sanitary towel (*Am:* napkin); **maandwedde** monthly pay (salary)

maan|eclips *zie* maansverduistering; **-fase** lunar phase; **-gestalte** phase (of the moon); **-godin** moon goddess; **-jaar** lunar year; **-kop** 1 (*plant*) poppy; 2 (*vrucht*) poppy-head; 3 (*sap*) opium; **-krans** halo round the moon; **-kring** *zie* -cirkel & -krans; **-lander** lunar (excursion) module, LEM; **-landschap** moonscape; **-licht** moonlight; **-maand** lunar month; **-schijf** lunar disc; **-sikkel** crescent (moon)

maansomloop 1 lunar revolution; 2 (*omloopstijd*) lunation; **maanstand** position of the moon; **maansteen** 1 moonstone; 2 lunar rock; **maansverandering** change of the moon; **maansverduistering** eclipse of the moon, lunar eclipse; **maanvis** moonfish; **maanvormig** moon-shaped; **maanzaad** poppy seed [poppy-seed rolls]; **maanziek** moonstruck, lunatic

1 maar I *vw* but [not Peter, but me; I'll do it, but not now]; (*maar toch*) yet [she was sad, yet relieved]; ~ *misschien heb je wel gelijk* perhaps you are right, though; ~ *ik slaap nu eenmaal licht* but then, I am a light sleeper; *ik zou graag willen,* ~ ... I would love to, but (only, except,) [there's no-one at home]; *hij probeerde het af te vegen,* ~ *zag dat het nog erger werd* he ..., only to find it getting worse; *niemand,* ~ ***dan ook** niemand* absolutely nobody; *ik begrijp het wel,* ~ ***toch**!* I ..., but all the same!; II *bw* 1 (*modaal*) just, only; *ik hoop* ~ ... I only hope ...; *hij doet* ~ he does just as he pleases; *zeg het mij* ~ you might tell me; *ga nu* ~, *a*) you may go now; *b*) you had better go now; *kom* ~ *binnen* come right in; *blijf* ~ *bij ons* (you'd) better keep with us; *stuur* ~ *niet terug wat je overhoudt* don't bother to return what is left; *geeft u* ~ *ham* ham will be all right; *hij huilde* ~ *en hij huilde* ~ he cried and he cried; *hij kwam* ~ (*steeds*) *niet* he just didn't come; *en wij* ~ *roepen* and there we were, shouting away; *en* (*zij*) *maar lachen* and all they they did was laugh their heads off; ***als** hij zijn vinger* ~ *ophief* if he so much as raised ...; *als ik* ~ *kon!* if only I could!; *als zij* ~ *gezelschap had* [she would not mind who it was] as (so) long as she had a companion; *zo'n grote boef als men* ~ *kon zijn* as big a ... as any; *zonder **ook*** ~ *op te kijken* without even looking up; ***wacht*** ~*!* (just) you wait!; ***was** ik* ~ *in E* I wish I were in E; *dat kan zo* ~ *niet beantwoord worden* such a ... can't be answered off-hand; *zo vlug je* ~ *kunt* as quickly as (ever) you can; *zoveel hij* ~ *wilde* as much as (ever) he wanted; *zodra het huis* ~ *af is* as soon as (ever) the house is finished; 2 (*beperkend*) but, only, merely; ~ *een pover resultaat* [I think it] a poor result when all is said and done; ~ ***al** te spoedig* all too soon; *we zullen* ~ *al te blij zijn* we shall be only too glad; *we kunnen* ~ ***eenmaal** sterven* we can only die once; *als ik* ~ ***even** te laat ben* if I am even a little late; ~ ***net*** only just; *het kan er* ~ *net in* there's just room for it;

*tussen ... was ~ **weinig** ruimte: zo weinig ~ dat* ... between ... was but little space: so little indeed that ...; *zie ook* even, 1 goed I.1, nee, nog, toch, enz; III *zn* but; *er is **een** (grote) ~ bij* there is a (big) but (in the question), there is a catch in it; ***geen** maren!* (but me) no buts!

2 maar *zn* 1 (*geol*) id; 2 *zie* mare

maarschalk marshal

maarschalksstaf marshal's baton

maart March; ~ *roert zijn staart* late March can be showery (and April may still bring snow)

Maarten Martin; *zie ook* pijp & Sint-~

maarts (of) March; ~ *viooltje* sweet violet, March violet; ~*e vlieg* St Mark's fly; *zie ook* bui

maas mesh; (*v breiwerk*) stitch; (*ve wet, enz*) (*ook*) loophole; *door de mazen kruipen* (*glippen*), (*fig*) slip through (the meshes of) the net, find a hole to creep out of; *door de mazen der wet kruipen,* (*ook*) circumvent the law

Maas: *de* ~ the (river) Maas, the Meuse

maasbal darning egg; **maasnaald** darning needle; **maaswerk** 1 darning; 2 (*bk*) tracery

1 maat 1 (*om te meten*) measure; *maten en **gewichten*** weights and measures; *maten voor droge* (*natte*) *waren* dry (liquid) measures; ~*je* decilitre; *goede* ~ good (full) measure; *niet de volle ~ geven* give short measure; *de ~ **liep** bijna **over**,* (*fig*) the cup nearly overflowed; *dat deed de ~ overlopen* that was the last straw; (*sl*) that put the (tin) lid on; *de ~ is **vol*** the cup is full; *de ~ vol maken* fill the cup to the brim; ***bij** de ~ verkopen* sell by measure; *met de ~, waarmede gij meet, zal u toegemeten worden,* (*Matth. 7:2*) with what measure ye mete, it shall be measured to you again; *met twee maten meten* measure by two standards, apply (use) a double standard; 2 (*afmetingen*) measure, size [of hats, gloves], dimension; (*kaliber*) gauge; *een ~je te groot* (*voor*), (*fam*) a size too big (for); *abnormaal grote ~* outsize; (*pas*)-*maten* measurements; (*inz v vrouw, fam*) vital statistics; *de ~ nemen voor een doodkist* take the measurements for a coffin; *zie ook* aanmeten; ***boven, onder** de ~* over-, undersize; ***in** hoge **mate*** in a great (large) measure, to a high degree, greatly, highly, (*fam*) to a degree; *in de hoogste mate* to the last degree, in the extreme; supremely [confident]; *in zulk een mate, dat* ... to such an extent that ...; *in geen geringe mate* in no small measure; *in meerdere of mindere mate* to a greater or less extent, in a greater or less degree, more or less; *in de mate van het mogelijke* as much as possible; *in zekere mate* in some measure; *zie ook* gelijk; ***naar** de mate van mijn krachten* according to my abilities; *naar ~* [suit] made to measure (to order), tailor-made [suit]; ***op** ~* [made] to measure, [cut] to size; *op ~ gemaakt pak,* (*ook*) bespoke suit, tailored suit; 3 (*matiging*) measure; *maat **houden**,* (*fig*) keep within bounds; *zij weten geen ~ te houden* they don't know when to stop, where to draw the line; ***met** mate* [drink] in moderation, moderately; *alles met mate* everything in moderation (in reason); 4 (*verskunst*) metre, measure; 5 (*muz abstr*) measure, time; (*muz concr*) bar; *de eerste maten* the opening bars; *de fluit was twee maten achter* the ... was two bars behind; (*goed, uitstekend*) *~ **houden**,* (*muz*) keep (good, excellent) time; *de ~ **slaan*** beat time; ***in** de ~* in time; ***op** de ~ van de muziek* in time to (with) ...; *volmaakt op de ~ dansen* dance in perfect time; ***uit** de ~* out of time

2 maat mate, comrade, companion, partner, (*fam*) chum, pal; ~*je* matey; (*bij spel*) partner; *tot ~ hebben,* (*spel*) be partnered by; *ze zijn dikke ~*(*je*)*s* they are the best of friends (as thick as thieves); *goede ~jes zijn* (*blijven*) *met* be well in (keep in) with; *hij is goede ~jes met iedereen* he is hail-fellow-well-met with everybody; *goede ~jes worden* chum up, pal up [*met* with]; *zie ook* jong~

maat|beker measuring jug, graduated beaker; ~*tje,* (*voor drank*) jigger; **-confectie** ready-made, factory-tailored (clothing); **-eenheid** unit of measure; **-gevend** authoritative, normative, standard; ~ *zijn* set a standard [for], be decisive, be indicative, count, (*jur*) [the Dutch text shall] prevail; **-gevoel** sense of rhythm; *geen ~ hebben,* (*ook*) have no ear for time; **-glas** 1 measuring-glass (beaker, cylinder), graduated glass; 2 measure; **-goederen** goods made to measure; **-houden** *zie* 1 maat 2 & 4

maatje *zie* 1 maat 2 & ma; **maatjesharing** virgin herring, (*Sch*) mattie; **maatjespeer** bergamot

maat|kleding made-to-measure clothes, custom-made clothing; **-kleermaker** bespoke tailor; **-kostuum** tailor-made (custom-made) suit; **-lat** rule, measuring staff, (*ook fig*) yardstick; **-lint** *zie* meetband; **-regel** measure; *Algemene M~ van Bestuur, vglb* Order in Council, [salary cuts by] decree; ~*en nemen* (*treffen*) take measures (steps), take action, deal with the matter; ~*en nemen voor* (*tegen*), (*ook*) provide for (against); *halve ~en* half measures; **-schap** partnership

maatschappelijk social; societal; ~ *hulpbetoon* public assistance (committee, department); ~*e dienstverlening* social services; ~ *kapitaal* nominal (authorized, registered, share) capital; ~*e vraag* societal demand; ~ *werk*(*er*) social work-(er)

maatschappij 1 (*samenleving, de* ~) society; 2 (*genootschap*) society; (*handel*) company; ~ *op aandelen* joint-stock company; ~ *van* (*dier*)-*geneeskunde* medical society (veterinary association); ~ *met beperkte aansprakelijkheid* limited liability company

maatschappij|hervorming social engineering; **-kritiek** social criticism; **-kritisch** critical of society; **-leer** 1 sociology; 2 social science, social studies; **-vlag** house-flag; **-vorm** societal form; **-wetenschap** social science; **-winkel** citizens' advice bureau

maatslag beat; **maatsoort** (*muz*) time; **maatstaf** 1 measuring-staff, -rule, -rod; 2 (*fig*) standard, gauge, measure, yardstick [money is not the yardstick of success]; *dat is geen ~,* (*ook*) that is no criterion; *naar die ~* by that standard, at that rate; *een ~ aanleggen* apply a standard (to s.t.);

maatstok 1 (*ve timmerman*) rule; (*ve schoenmaker*) size-stick; 2 (*muz*) baton; **maatstreep** graduation; (*muz*) bar(-line); **maatvast** 1 dimensionally stable; 2 (*muz*) with a good (excellent) sense of time; **maatverdeling** graduation; **maatvoering** dimensioning; **maatwerk** (goods) made to measure; (*v kleren*) bespoke tailoring; (*Am*) custom-made (clothes)

macaber macabre

macadam id; **macadamianoot** macadamia nut

macadamiseren macadamize

macaroni id; **macaronisch** macaronic

Maccabeeër Maccabee

macédoine macedoine; **Macedonië** Macedonia; (*hist*) [Philip, Alexander of] Macedon; **Macedo|niër, -nisch** Macedonian

macereren macerate

macher id; **machgetal** Mach number

Machiavelli id; **machiavellisme** Machiavel-l(ian)ism; **machiavellistisch** Machiavellian

machientje gadget, device; *als een ~* [it goes] like clockwork, like a well-oiled machine; *zie verder* machine

machinaal mechanical, automatic (*bw:* -ally); machine- [finished, glazed, translation, washable]; *~ van buiten leren* learn by rote; *~ bewerken* machine; *~ gebreid* machine-knitted [garments]; *~ gedreven gereedschappen* machine tools; *~ vervaardigd* machine-made; *~ vervaardigen* make by machine; **machinatie** machination

machine (*als beweegkracht*) engine, (*anders*) machine [aero-engine; sewing-machine]; *~s,* (*ook*) plant; (*fig*) machine; *de ~s,* (*ook*) the machinery; *met de ~ gemaakt* machine-made; *zie ook* machientje

machine|bankwerker machinist; **-bedrijf** engineering(-trade); **-bouw** engine-building; (*vak*) mechanical engineering; **-constructeur** constructional (mechanical) engineer; **-drijver** machinist; **-fabriek** engineering works; **-garen** (*voor naaimachine*) machine-cotton; **-geweer** machinegun; *met -geweren (be)schieten* machine-gun; **-kamer** (*inz sch*) engine-room; (*v fabriek*) machine room (*of:* shop); **-leesbaar** machine-readable [text]; **-loods** engine-house, -shed; **-naaister** machinist; **-olie** engine-, machine-, lubricating oil; **-park** machinery; **-pistool** sub-machine gun, Tommy gun

machinerie(ën) machinery [of bureaucracy], [the party] machine

machine|schrijven typewriting, typing; **-taal** machine (*of:* computer) language (*of:* code); **-tekenaar** engineering draughtsman; **-tekenen, -tekening** engineering drawing; **-tje** *zie* machientje; **-werkplaats** machine shop; **-zetten** mechanical (*of:* machine) composition

machinist(e) 1 (*op schip*) engineer (*eerste ~* chief engineer); (*spoor*) (engine-)driver, motorman, (*Am*) engineer; 2 (*theat*) (scene-)shifter

machismo id; **macho** *bn & zn* id

macht 1 (*gezag*) power, might, [paternal] authority; (*heerschappij*) dominion; *de ~ der* ***gewoonte*** the force of habit; *de ~ in* ***handen*** *hebben* be in power (in control); *ik* ***heb*** *geen ~ over hem* I have no power (authority, control, hold) over him; ***aan*** *de ~ komen* (*zijn, brengen*) come into (be in, lead [a party] to) power; *ik ben niet* ***bij*** *~e u bij te staan* I am not able (unable, powerless, not in a position) to assist you; *dat gaat* ***boven*** *mijn ~* it is not in my power; *~ gaat boven recht* might is right; *oorzaken* ***buiten*** *mijn ~, die ik niet* ***in*** *mijn ~ heb* causes beyond my control, over which I have no control; *hij had mij in zijn ~* he had (held) me in his power, had me at his mercy; *ze heeft hem geheel in haar ~,* (*ook*) (*fam*) she has him in her pocket; *ik heb het niet* (*het staat niet*) *in mijn ~* it is not in my power; *een machine in de ~ hebben* have control over (of) a machine; *in zijn ~ krijgen* get into one's power, get a hold on; *voor zover het in mijn ~ ligt* so far as lies in my power; ***met*** (***uit***) *alle ~* with might and main, with all one's might, [shout] at the top of one's voice, [they are at it] hammer and tongs, [he ran] for all he was worth; *de ~ verliezen* ***over*** lose control of [one's car], *hij verloor de ~ over het stuur* his car went (ran) out of control; 2 (*personen, lichaam*) power [the great powers]; *wereldlijke* (*geestelijke, wetgevende*) *~* temporal (spiritual, legislative) power; *de ~en der duisternis* the powers of darkness; 3 (*fam: massa*) power; ***een*** *~ geld,* (*fam*) a power (heaps) of money; *het heeft een ~ goeds gedaan* it has done a power of good; 4 (*wisk*) power [thirty-two is the fifth power of two, two to the power of five]; ***tot*** *de nde ~ verheffen* raise (involve, carry) to the nth power; *x tot de 5de ~* x to the fifth (power); x^2 x square(d); x^3, *x tot de derde ~* x cube(d); *zie ook* gesteld

machteloos powerless, impotent, helpless, nerveless [fingers]; *~ staan tegenover* be powerless against; **machteloosheid** powerlessness, impotence, helplessness

machtgever principal

macht|hebbende, -hebber authority, ruler, man (person) in power; (*mv ook:* those in authority)

machtig I *bn* powerful, mighty; (*overweldigend*) stupendous, tremendous; (*v voedsel*) rich; *een ~ onderscheid* [that makes] an enormous difference; *hij* ***is*** *zijn onderwerp volkomen ~* he has a thorough grasp of his subject; *hij is die taal ~* he has thorough command of that language; *hij is het Duits niet ~* he has no German; *dat is mij* ***te*** *~,* (*v verhaal, enz*) that is a bit steep; (*ik kan het niet langer aanzien*) that's more than I can bear; *het wordt me te ~* it's getting too much for me; *iets ~* ***worden*** get hold (possession) of s.t.; *bestellingen* (*een baantje*) *~ worden* secure orders (land a job); *zijn gevoel werd hem te ~* his feelings overcame him; II *bw* powerfully; *~ mooi* (*in z'n schik, enz*), (*fam*) mighty fine (pleased, etc)

machtigen authorize, empower; *gemachtigd zijn te ...,* (*ook*) have power to ...; **machtiging** authorization; (*vooral van geestelijkheid*) faculty; *~ verlenen* authorize [a p. to do s.t.]; *~ verlenen tot* authorize [payment]; **machtigingsformulier** form of proxy; **machtigingswet** enabling act

(~*sontwerp:* bill)
machtpunt (*ve hefboom*) fulcrum
machtreeks power series
machts|aanwijzer exponent, index; **-betoon** display of power; **-blok** power block; **-denken** (*vglb*) might is right; **-evenwicht** balance of power; **-middel** means of power, powerful weapon; **-misbruik** abuse of power; **-overdracht** delegation of power; **-overneming** transfer of power; **-overschrijding** *zie* -misbruik; **-politiek** power politics; **-positie** position of authority (of power)
machtspreuk dogmatic statement, knock-down argument
machts|sfeer sphere of influence; *in de ~ liggen van,* (*ook*) be controlled by; **-strijd** struggle for power, power struggle; **-verheffing** involution, raising to a (higher) power; **-verhouding(en)** relative power; *de nieuwe ~en in Azië* the new balance of power in Asia; **-vertoon** display of power; **-wellust** craving for power, lust of power; **-willekeur** arbitrary power; **-wisseling** change (transfer) of power, changeover
machtwoord authoritative utterance
macis mace [oil]
maçon freemason; **maçonnerie** freemasonry; **maçonniek** masonic; **macramé** id
macro (*computer*) id; (*in sam*) id [macrobiotic(s), -cephaly, -climate, -cosm, -economic(s), -geography, -graph, -molecule, -scopic, -sociology, -spore]; **macrolens** macro lens; **macron** id; **macroon** macaroon; **macropsie** macropsia
maculatuur printer's waste, mackle
Madagaskar Madagascar; *zie verder* Mala-
madam (*in Noord-Ned min*) married middle-class woman; (*hoeren~*) madam
made 1 maggot, grub, cheese-mite; (*visaas*) gentle; (*aars-*) seat-worm, thread-worm; 2 mead(ow); **madeliefje** daisy
madera Madeira (wine); **maderiseren** oxidize, maderize
Madoera Madura; **Madoerees** Madurese
madonna Madonna
madras madras [cotton]; **Madras** id; **Madrid** id
madrigaal madrigal
Madrileen citizen (inhabitatnt) of Madrid; **Madrileens** (of, from) Madrid, Madrilenian
maecenas Maecenas, (wealthy) patron; **Maecenas** id; **maenade** maenad, bacchante
maëstro maestro
maf I *bn* 1 slow, heavy, dull; (*vh weer*) muggy, sultry; 2 funny, crazy [hat]; 3 silly, stupid, daft, naff; II *zn*: *ik heb ~,* (*fam*) I am sleepy; **maffen** snooze; *gaan ~,* (*sl*) go off to kip, (*Am*) sack out
maf(f)ia mafia; **mafioos, mafioso** mafioso
mafje (*hist sl*) 25-cent piece, tanner
maf|kees, -ketel, -kikker duffer, dope, idiot
magazijn 1 warehouse, storehouse; (*bibliotheek*) stacks, (book)stack; (*winkel*) store(s); *in ~ hebben* have [an article] in stock; *in ~ nemen* stock [an article]; 2 (*mil, ook v geweer*) magazine
maga|zijnbediende, -zijnier warehouseman
magazijnmeester warehouse-, storekeeper
Magdalena Magdalen(e), Maud
Magellaan: *Straat van ~* Straits of Magellan; *~se wolken* Magellanic clouds
magenta id
mager 1 (*ve pers*) thin, lean; hollow, sunken [cheeks]; *~ en gespierd* wiry; *~* ***worden*** *zie* vermageren; *zo ~ als een lat* (*talhout, houtje; als brandhout*) as thin as a lath, as lean as a rake; 2 (*zonder vet*) skimmed [milk]; *~e kaas* skim-milk cheese; (*v vlees*) lean; *het ~e zowel als het vette* the lean as well as the fat; *~e kolen* lean coal(s); 3 (*fig*) meagre [meal]; lean [years]; poor [soil, yield *opbrengst*]; feeble [excuse]; zie ook schraal
magerheid, magerte thin-, leanness, etc; *vgl* mager; **magertjes** poorly; [the result was rather] thin, so-so; *vgl* mager; **magerzucht** anorexia
maggi (*vglb*) beef extract; **maggiblokje** (*vglb*) beef cube, Oxo cube; **maggiplant** lovage
magie [black, white] magic, magic art
magiër magician, magus (*mv:* magi)
magirusladder extending ladder, ladder-tower
magisch magic(al) [realism]; *~ vierkant* magic square
magister id, master
magistraal magisterial, authoritative, masterly
magistraat magistrate; **magistratuur** magistracy, magistrature; *de zittende ~* the bench
magma id
magnaat [oil, tobacco, etc] magnate, [business] tycoon; **Magna Charta**: *de ~* (the) Magna C(h)arta, the Great Charter
magneet 1 magnet; 2 (*in motor*) magneto
magneet|band magnetic tape; **-ijzer** magnetic iron; **-ijzererts** loadstone, lodestone; **-kaart** magnetic card, (*Am ook*) mag card; **-kern** magnetic core [storage (unit)]; **-kracht** magnetic force; **-naald** magnetic needle; **-ring** ring magnet; **-schijf** magnetic disc (disk) [storage (unit)]; **-steen** magnetite, lodestone; **-veld** magnetic field
magnesia id; **magnesiet** magnesite; **magnesium** id; **magnesium|lamp, -licht** magnesium (*of:* flashlight) lamp (light)
magne|tiet magnetite; **-tisch** magnetic (*bw:* -ally); *~e mijn* magnetic mine; **-tiseren** 1 magnetize (*ook fig*); 2 (*paramed*) mesmerize; **-tiseur** mesmerist; **-tisme** magnetism
magneto|chemie magnetochemistry; **-detector** magnetic detector; **-elektrisch** magnetoelectric; **-foon** tape-recorder; **-graaf** magnetograph; **-meter** id
magnetron 1 microwave (oven); 2 (*buis*) id
magnificat id; **magnifiek** magnificent, splendid
magnolia id
Magyaar Magyar; **Magyaars** Magyar
maharadja Maharaja(h); **Mahdi** id; **mahdist** Mahdi(i)st; **mah-jong** mahjong, mah-jongg; **Mahomed**, enz *zie* Mohammed, enz
mahonia id; **mahonie** *zn & bn* mahogany
mail [electronic] mail; **mailboot** mail-steamer; **maileditie** overseas edition; **mailen** mail
maillot tights
mail|papier airmail notepaper; **-zak** mailbag

maintenee kept woman, mistress; **mainteneren** keep [a woman]; **Mainz** id

maïs maize, Indian corn; (*Am*) corn; (*Z-Afr*) mealies; **maïsbrood** (*Am*) corn bread, Indian bread; **maïskoek** corn-cake; **maïskolf** maize ear; (*zonder de korrels*) corncob; (*als gerecht*) corn on the cob; **maïskorrel** seed, grain, kernel of maize, (*Am*) corn; **maïsmeel** maize flour, corn meal, Indian meal

maisonnette maison(n)ette

maïsvlokken cornflakes

maître d'hôtel id, head waiter, head steward

maîtresse mistress

maïzena cornflour, maizena

majem water

majestatisch majestic; **majesteit** majesty; *Uwe M~* Your Majesty; **majesteitelijk** majestic; **majesteitsschennis** lese-majesty; **majestueus** majestic (*bw:* -ally)

majeur major; *a ~* A major; *~ toonladder* major scale

majolica id

majoor major; (*luchtmacht*) squadron leader

majoors|plaats, **-rang** majority

major major (premise); **majoraan** marjoram

majoraat 1 (right of) primogeniture; 2 (*het erfgoed*) entailed estate; **majordomus** major-domo, *mv:* -s; **majoreren** (*bij inschrijving, enz*) majorate; **majorette** (drum) majorette; **majoriteit** majority (*beide bet*); **majuskel** majuscule

mak tame, docile, meek, gentle, tractable, manageable; (*ve paard*) quiet [as quiet as a lamb]; *hij is lang niet ~* he has a decided will of his own; he is difficult to get on with

makaron macaroon

Makassar Ujung Pandang, (*hist*) Macassar [oil]

makelaar 1 broker, house agent; *~ in assuranties* insurance broker; *~ in effecten* stockbroker; *~ in huizen* house agent; *~ in onroerend goed* (*vaste goederen*) (real) estate agent, (*Am*) realtor; 2 (*bk, in dak*) king-post; **makelaardij** broker's business, broking, brokerage; **makelaarsfirma** firm of brokers, brokerage firm; **makelaars|loon**, **-provisie** brokerage; **makelarij** *zie* -laardij

makelij make, making, workmanship

maken 1 (*vervaardigen, scheppen, vormen*) make [a coat, verses, laws, a fortune, a name, a noise, plan, journey, distinction, friends, enemies, coffee]; manufacture, produce [goods by machinery]; form [I can form no idea of his character]; mix [a grog, a lemon squash]; take [a photograph]; *dat maakt 17* that makes seventeen; *in Duitsland* (*Groot-Brittannië, enz*) *gemaakt* German- (British-, etc) made [articles]; *hij kan je ~ en **breken*** he is more than a match for you; *zij maakte staatslieden en ze brak ze* she made and unmade statesmen; *maak me niet **erger** dan ik ben* don't paint me blacker than I am; *100 pennies ~ een **pond*** a hundred pence make (go to) a pound; *dat maakt **verschil*** that makes a difference; *maak dat je **weg** komt!* make yourself scarce!, get out!; *hij heeft **zichzelf** niet gemaakt* he can't help his face (his birth, etc); *iem **tot** koning ~* make a p. (a) king; *dit maakt het schrijven tot een genoegen* this makes writing a pleasure; *wat moest je daar nu **van** ~?, (van zo'n antwoord)* what was one to make of that?; *ik kon er niets van ~* I could make nothing (couldn't make any sense) of it; *ik weet niet wat ik ervan ~ moet* I don't know what to make of it; *we hebben ervan gemaakt wat we konden* we have done the best we could; 2 (*herstellen*) repair, mend, (*fam*) fix; make [the beds]; *dat is niet meer te ~* it is beyond repair; 3 (*verkrijgen*) make [£50,000 a year]; *een **slag** (kaart, bal, 12 punten) ~* make a trick (card, ball, 12 points); 4 (*veroorzaken*) make; *iem **aan** het lachen* (*huilen*) *~* make a p. laugh (cry); *ik zal ~ **dat** hij het doet* I'll make him do it; *de brief maakte dat hij zich naar huis haastte* the ... made him (caused him to) hurry home; *~ dat iets niet gebeurt* keep s.t. from happening; *zijn houding maakte dat ik mijn zenuwachtigheid verloor* his attitude had the effect of ridding me of my nervousness; *..., maar hij maakt het er ook naar* [people don't like him], but he has only himself to blame; *hij heeft het ernaar gemaakt* he deserves all he gets; 5 (*in een toestand brengen, met bn*) make, render [a p. happy, etc]; 6 (*in een toestand zijn*) be; *hoe maak je **het**?* how are you (getting on)?; *ik maak het* (*vrij*) *goed* I am (pretty) well; *ik hoop dat je het goed maakt* I hope all goes well with you; *ze maakt het heel goed* (*in haar nieuwe betrekking, enz*) she is doing very well; *hij zal het niet lang meer ~* he won't last much longer, has not much longer to live; 7 (*verrichten, klaarspelen*) make [a visit]; do [a sum, an exercise, a translation, one's task]; ***het** ~* cut the mustard, take off; *dat kun je niet ~* you can't (possibly) do that; *maak het een beetje!*, (*fam*) come off it!; *ik zal het wel goed met hem ~* I'll make it all right with him; *hoe heb je het* (*bij het examen*) *gemaakt?* how have you done?, how did you get on?; *het heel goed ~ op school* do very well at school; 8 (*doen*) do, make; *jullie hebben hier niets te ~* you have no business here; *hij kan me niets ~* he cannot touch me; *het **heeft*** (*iets*) *te ~ **met** J* it has to do with J; *we hebben hier te ~ met ...* we are here dealing with ..., we have here [a simple case of ...]; *ik heb meer rechtstreeks met die zaak te ~* I am more immediately concerned with that matter; *ik heb slechts te ~ met de kunstwaarde* my sole concern is with the value as a work of art; *wat heeft hij ermee te ~?* where (*of:* how) does he come in?, what has that to do with him (he got to do with that)?; *daarmee heb ik hier **niet** te ~* I am not here concerned with that; *ik heb **niets met** hem te ~* I have nothing to do with him; *ik wil niets meer met hem te ~ hebben* I have done (I am through) with him; *dat heeft er niets mee te ~* that has nothing to do with it, is neither here nor there, is beside the point; *ik heb er niets mee te ~* it is none of my business; *ik wil er niets meer mee te ~ hebben* I wash my hands of it (of the whole affair); *te ~ **krijgen met*** be faced with [problems]; *dan krijg je met mij te ~* then you'll have me to deal (to reckon) with; *dat maakt niets*

uit that does not matter, that makes no difference; *zie ook* gemaakt, boos, laten, gewoonte, uit~, enz
maker maker, author, architect [of the Universe]
makheid tameness, quietness, etc; *zie ook* mak
maki lemur; **Makkabeeër** Maccabee
makke blow; (*fig*) failing, trouble
makkelijk easy; *zie* gemakkelijk
makken: *hij heeft geen cent* (*niets*) *te ~, a*) he hasn't a penny; *b*) he carries no weight
makker comrade, mate, companion; *vgl* maat 2
makkie (*fam*) easy job, doddle; *geen ~* no picnic
makreel mackerel; **makreelgeep** saury (pike), skipper
makron macron; **makroon** macaroon
1 mal *zn* (*vorm*) mould, shape, model; (*techn, ook*) pattern; (*sjabloon*) stencil(-plate); template; (*houder*) jig, fixture; (*kaliber*) gauge
2 mal *bn* foolish, mad; silly [you silly boy!]; (*met iem of iets*) fond [of ...]; *zie ook* dwaas, gek, raar, enz; *~ moertje, ~ kindje* a fond mother, a spoilt child; *de ~le leeftijd* the awkward (silly) age; *dat is een ~le* ***geschiedenis*** it's an awkward affair (a strange business); *~ doen* act silly; *zij is ~* ***met*** *de kleine* she dotes on the baby; *we hielden hem* ***voor*** *de ~* we made a fool of him, pulled his leg; *zij hield hem voor de ~,* (*in de liefde*) she played fast and loose with him; *je bent ~!, ben je ~?,* (*ook*) are you mad?, (*Am*) you're kidding!, are you kidding?
Mala|baars, -bar Malabar
malachiet malachite; **malacologie** malacology
malafide I *bn* dishonest [practices], unscrupulous [dealers]; II *bw* id, mala fide, [acting] in bad faith
malaga Malaga (wine); *~ amandelen* Jordan almonds; **Malagas|si, -sië, -siër** Malagasy
malaise (trade, industrial, mental) depression, stagnancy (slackness) in trade, slump
Malakka 1 (*land & stad*) Malacca; 2 (*schiereiland*) the Malay Peninsula
mal-à-propos I *bw* malapropos; II *zn* misunderstanding
malaria id, malarial fever; **malariamug** malarial mosquito, anopheles
Mala|wi, -wiër, -wisch Malawi
malcontenten malcontents; **Maleachi** Malachi
maledictie malediction; **Malediven** Maldives
Maleier Malay; *zo zat als een ~* (as) drunk as a lord; **Maleis** Malay(an); *zie ook* honingbeer; **Maleise** Malayan woman; **Maleisië** Malaysia
malen 1 grind [corn, coffee], mill [corn, flour *meel*]; *zie ook* eerst; 2 revolve, churn; *dat maalt mij steeds door het hoofd* it keeps running in my head; *wat maal ik erom?* what do I care?; *ik maal er geen steek om!* (a) fat lot I care!; ***aan*** *het ~* (*~de*) *zijn*(*raken*) be off one's rocker (go crazy); *zie verder* zaniken; 3 (*schilderen, vero*) paint, picture
malenger malingerer, scrimshanker; **malengeren** malinger, scrimshank
malerij mill(ing business)
malheid foolishness, folly
malheur mishap, accident
malheureus unfortunate
mali deficit; **Mali** id
malicieus malicious
malie 1 (*ve pantser*) ring [of a coat of mail] (*mv* (*ook*) ring-mail); 2 (*ve veter*) tag; 3 (*kolf*) mall, mallet; **maliebaan** mall; **maliën|hemd, -kolder** coat of mail, hauberk; **malieveld** mall
maligne (*med*) malignant
maling grind; *snelfilter of grove ~* filter fine or coarse grind; *er ~ aan* ***hebben*** not care a rap (a fig, two hoots) for it, snap one's fingers at it; *zie ook* lak; *ik heb ~ aan de grammatica!* hang (to hell with) grammar!, grammar be hanged; *iem* ***in*** *de ~ nemen* make a fool (make game) of a p., pull a p.'s leg; *in de ~ zijn* be at sea, be all abroad
mallejan timber-wagon, truck; **mallemoer** the devil's dam; *naar zijn ~* to the devil, ruined, kaput; *geen ~* damn-all; *dat gaat je geen ~ aan* that's none of your (damn) business; **mallemolen** merry-go-round, roundabout, (*ook fig*) whirligig; **mallen** romp, lark, play pranks, fool
mallepraat nonsense, stuff; **mallerd** [you] silly
malligheid foolishness, nonsense
malloot fool, scatterbrain; **mallotig** silly
malrove (*plant*) horehound
mals tender [meat], juicy [steak, titbit *hapje*], lush [grass, meadows], mellow [fruit], soft [rain]; *dat was lang niet ~* that was one in the eye for you (him, etc); *zie ook* ongezouten
Malta id; **maltakoorts** Malta fever, mediterranean fever
maltentig fastidious; **Maltezer** *zn & bn* Maltese; *~ kruis* Maltese cross; *~ leeuwtje* Maltese (dog); *~ ridder* Knight of Malta, Maltese Knight
malthusianisme Malthusianism
maltose id
maltraiteren maltreat
maluwe, malve (*plant*) mallow
malver|satie embezzlement, malversation; **-seren** embezzle, be guilty of malversation
malvezij malmsey (wine), malvoisie
mam(ma) mum, mummy, (*Am*) mom; (*inz Am ook*) momma, mamma
mammeluk Mameluke
mammie mummy, (*Am*) mommy
mammoet mammoth; *de ~,* (*fam*), *zie* ~wet
mammoet|boom sequoia; **-pomp** air-lift pump; **-tanker** (*>275.000 ton*) supertanker, (*>400.000 ton*) ULCC (ultra-large crude carrier); **-wet** Education Act (of 1963)
mammo|grafie mammography; **-gram** id
mammon: *de ~* Mammon, mammon; *de ~ dienen* serve (worship) Mammon
mams mum, (*Am*) mom
man man; (*echtgenoot*) husband; *~ en vrouw* husband (man) and wife; *zie ook* een; *~ van aanzien* man of note (of consequence); *~ van betekenis* man of importance; *~ van de daad* man of action; *~ van eer* man of honour; *~ van stand* man of rank (of fashion); *~ van de wereld* man of the world; *het leger had een ~ van hem gemaakt* the Army had made a man of him; *daar is hij de ~ niet voor* he is not the man to do it; *100 ~,* (*mil*) 100 troops; *1000 ~ voetvolk* a thousand foot; ***als***

één ~ to a man, [rise] as one man, [vote] solid(ly) [for peace], [the nation is] solidly [behind him], with one accord; *draag het als een* ~ bear it (*straf, enz: fam,* take your medicine) like a man; *als ~nen onder elkaar* [discuss things] as between one man and another, as man to man; *~nen* ***broeders*** men and brethren (brothers); *in die tijd was hij dè* ~ in ... he was the [ði:] man; *de* ***derde*** *(vierde)* ~ *zijn,* (*spel*) make a third (fourth); *mijn* ***goeie*** *~!* my good man!; *onzin, ~!* nonsense, man!; *de* ***juiste*** ~ *op de juiste plaats* the right man in the right place, (*fam*) horses for courses; *dat is* ***mijn*** ~ he is my man, he's the man for me (*fam:* for my money); *hij is er de* ~ *niet* ***naar*** *om* ... he is not one to ...; ~ *en* ***paard*** *noemen* give chapter and verse (*eisen dat ... genoemd worden* demand chapter and verse); name one's informant; *hij* ***staat*** *zijn* ~ he is able to hold his own (his ground); *het zal zijn* ~ *wel* ***vinden*** it is sure to find a buyer; *ik had mijn* ~ *gevonden* I had found (met) my match; ***wees*** *een ~!* be a man!; *een* ~ *een* ~*, een* ***woord*** *een woord* an honest man's word is as good as his bond; a bargain is a bargain; *hij is een* ~ *van zijn woord* he is as good as (he is a man of) his word; *een* ~ *van weinig woorden* a man of few words; ***aan*** *de* ~ *brengen* dispose of, sell [an article], market [one's wares; *ook fig*]; marry off, find a husband for [one's daughter], get [one's daughter] off one's hands; *het schip verging* ***met*** ~ *en muis* was lost with all hands (on board); *met* ~ *en macht* with might and main; ***onder*** *~nen* among men; ***op*** *de* ~ *af* [ask] point-blank, [talk] straight from the shoulder, direct [the sermon was simple and direct; she is a very direct woman], pointed [speech, remark], straight, home [question]; *zoveel* ***per*** ~ so much a head; ***tot*** *de laatste* ~ to a man, to the last man, (*fam*) every man Jack of them; *gevecht* ***van*** ~ ***tegen*** ~ hand-to-hand fight; ~ *voor* ~ man by (for) man

Man: *het eiland* ~ the Isle of Man; *van het eiland* ~ Manx; *bewoner* (*bewoonster*) *van het eiland* ~ Manxman (Manxwoman)

manachtig mannish, masculine [woman]

managen 1 manage; 2 fix; **manager** id; **managerziekte** stress (disease)

Manasse Manasseh

manbaar marriageable, nubile

manche (*sp*) heat; (*whist & bridge*) game

Manchester id; *m~,* (*stof*) corduroy

manchet (*los of vast*) cuff, (*vast ook*) wristband; (*v ham*) frill; (*ve glas bier*) head; *~ten,* (*boeien*) handcuffs, (*sl*) darbies; (*techn*) bush, [leather] gaiter, sleeve; **manchetknoop** (cuff-)link

manco 1 shortage; short weight (measure, delivery); *zonder* ~ *ontvangen* receive full delivery of [a parcel]; *reclame wegens* ~ claim for short delivery; 2 shortcoming, defect; **mancolijst** wants list

mand basket, hamper; (*ve lastdier, of op schouder gedragen*) pannier; *~je* basket (*ook fin*); (*spanen ~je*) punnet; *naar zijn ~je gaan* turn in; *door de* ~ *vallen, a*) (have to) own up; *b*) be shown up for what one is

mandaat 1 (*v kiezers, enz; hist vd Volkenbond*) mandate [British mandate over (in, for) Iraq]; *zijn* ~ *neerleggen* (*ter beschikking stellen*), (*Tweede Kamer, enz*) vacate one's seat, resign (one's seat); 2 (*dividend~*) dividend-warrant; (*betalings~*) pay-warrant; 3 (*volmacht*) proxy, power of attorney; **mandaatgebied** mandated territory; **mandaathouder** *zie* mandataris

mandag man-day

mandant principal, (*jur*) mandator

manda|rijn mandarin; **-rijn(tje)** tangerine (orange), mandarin(e), mandarin orange

manda|taris mandatary, -tory; **-toir** mandatory

mandefles wicker-, osier-bottle; (*groot*) demijohn; (*v gekleurd glas*) carboy

mandekker (*sp*) (man-)marker, marking defender; **mandekking** (*sp*) marking

mandement mandate; (*ve bisschop*) charge

mandenmaken basket-making; **mandewagen** wicker-, basket-carriage; **mandewerk** basket-work, basketry; **mandewieg** wicker-cradle; **mandfles** *zie* mandefles

mandi flip-flop

mandoer (*Ind*) mandoor, headman

mandoline mandolin(e)

mandragora (*plant*) id, mandrake

mandril mandrill; **Mandsjoe(-)** *zie* Mantsjoe(-)

mandvol basketful, hamperful

manege riding-school, manège

manen I *zn* mane (*steeds ev*); II *ww* 1 dun, press for payment; 2 urge, incite; *zie* aan~; **maner** dun

maneschijn moonlight; (*soms*) moonshine; *~tje,* (*fig*) bald patch; **maneuv-** *zie* manoeuv-

manga mango

mangaan manganese [bronze, ore, steel]

mangat manhole; **mangatdeksel** manhole cover

mangel 1 (*toestel*) mangle; 2 (*gebrek*) lack

mangelen 1 mangle [linen]; (*sp*) sandwich; 2 *zie* ontbreken

mangelwortel mangle(wurzel), mangold

mangga mango; **mangis(tan)** (*boom & vrucht*) mangosteen; **mango** id

mangoest mongoose; **mangrove** id

manhaft(ig) manly, manful, brave; **manhaftigheid** manliness, manfulness, bravery

maniak maniac, crank; fiend [bridge fiend, fresh-air fiend]; [film] freak, buff; [football] fan

maniakaal maniacal

manicheeër Manichee, Manich(a)ean

manicure 1 (*pers*) id, manicurist, chiropodist; 2 (*behandeling*) id; 3 (*stel voorwerpen*) manicure set; **manicuren** *ww* manicure

manie 1 mania; 2 (*rage*) rage, craze, fad, (*sterk*) mania

manier manner [good manners, teach a p. manners]; fashion, way; *zie ook* wijs 1; *~tje* (*kunstje*) knack, trick, [I know a] way of doing it; *denk om je ~en* mind your manners; *dat is zo z'n* ~ it's (only) his little way, it's a way he has; ~ *van* ***doen*** manner; *dat is geen* ~ (*van doen*) that is not the way to treat anybody (to behave); *dat is dè* (*jè*) *~!* (*fam*) that's the style!; *hij* ***heeft*** *zo zijn eigen*

~en his manners are his own; *hij* ***kent*** *geen ~en* he has no manners; *ken je geen ~en?* where are your manners?; ***met*** *eenvoudige (prettige, enz) ~en* simple- (pleasant-, etc) mannered [man]; ***op*** *die ~* in that manner (way), that way; *op die ~ zou ik nooit klaar komen, (ook)* at that rate I should ...; *op zijn ~, (ook)* [he loved her] after his fashion; *op de ~ van Rembrandt* after the manner of ...; *op alle mogelijke ~en* in every possible way; *op de een of andere ~* in one way or (an)other, somehow (or other); *hij nam het op de juiste ~ op* he took it in the proper spirit; *o, op zo'n ~* now I see what you mean; *knap, maar op een andere ~* clever, but with a difference; *op zijn eigenaardige ~* [he scowled] in a way he had

maniërisme (*kunsthistorie*) mannerism

manifest manifesto; (*scheeps~*) manifest; **manifestant** demonstrator; **manifestatie** demonstration, manifestation; **manifesteren** demonstrate, manifest, hold a demonstration; *zich ~, (ve geest)* manifest, come (get) through

Manilla Manila; **manillahennep** Manil(l)a hemp, manil(l)a; **manille** (*in kaartsp*) id

maniok manioc [meal, flour]

manipel maniple; **manipulatie** manipulation (*ook fig*); *zie ook* genetisch; **manipuleren** manipulate (*ook fig:* accounts); *gemanipuleerde balans* cooked balance-sheet

manisch manic; **manisch-depressief** manic-depressive

manitoe manitou; **manjaar** man-year

mank lame, crippled; game [a game leg]; *hij gaat ~* he is lame, limps, has a limp (in his gait); *de vergelijking gaat ~* the comparison will not hold water; *alle vergelijkingen gaan ~* no comparison goes on all fours; it is difficult to draw an exact parallel; *zie ook* kreupel & euvel

mankement defect, trouble, s.t. wrong, s.t. the matter [*aan zijn voet* with ...]

mankeren fail, be absent; *zie ook* gemankeerd, missen, ontbreken & schelen; *hij mankeerde nooit* he never failed to come, was never absent; ***wat*** *mankeert je?* what is the matter with you?, (*wat bezielt je?*) what has come over you?, what possesses (has got) you?; *ik mankeer (mij mankeert)* ***niets*** I am all right; *al wat* ***eraan*** *mankeerde* everything that was amiss [was set right]; *er mankeert een gulden aan* there is a guilder short; *daar mankeert wat aan* there is something wrong; *dat mankeerde er nog maar aan* that would have been the last straw (the crowning idiocy, etc); ***zonder*** *~* without fail; *ik zal u zonder ~ een boodschap zenden* I shall not fail to send you word

mankheid lameness; **mankpoot** (*fam*) dot-and--go-one

man|kracht manpower; **-lief** hubby; *~!* hubby dear!; **-moedig** manful, manly, bold

manna manna [from Heaven]

manneke *zie* mannetje

mannelijk 1 (*natuurlijk geslacht*) male (*ook ve bloem*); *de ~e leeftijd bereiken, op ~e leeftijd komen* arrive at (come to) manhood (man's estate); 2 (*een man eigen*) masculine [pride, nature]; 3 (*flink*) manly; 4 (*krachtig*) virile; 5 (*gramm, rijm*) masculine; 6 (*ong*) mannish [woman]; **mannelijkheid** 1 masculinity, manliness, manhood; (*het man-zijn*) maleness; 2 (*concr*) (male) member

mannen manage

mannen|gek man-mad, man-crazy [girl, woman]; nymphomaniac; **-huis** *zie* oude~; **-klooster** monastery; **-koor** male (male voice) choir, men's choral society; **-kost** (*fig*) strong meat; **-kracht** manly strength; *daar is ~ voor nodig* it takes a man's strength to do that; **-maatschappij** men's world; **-moed** manly courage; **-rol** male part; **-stem** man's voice; male voice [choir]; **-taal** manly language; *dat is ~!* that's the stuff (the talk)!, that's talking!; **-werk** man's (men's) work, [a] man's job; **-zaal** men's ward; **-zangvereniging** *zie* -koor

mannequin (dress, fashion) model, (*inz paspop*) id; *als ~ werken* model

mannetje little man, manikin; (*ve dier*) male, bull, he; (*ve vogel ook*) cock(-bird); (*theat*) type; *~ en wijfje* male and female, he and she; *~ aan ~* [stand] shoulder to shoulder; [be] elbowing each other (*ook fig*); *wel, ~!* well, my (little) man!; *daar heb ik mijn ~s voor, zie* mens; *~s maken, a)* show off, play-act; *b)* tell stories, make excuses; *c)* (*theat*) play stock parts (stereotypes); *zijn ~ staan* (be able to) hold one's own; *het ~ in de maan* the man in the moon; *zie ook* man

mannetjes|bij drone; **-eend** drake; **-ezel** jackass, he-ass; **-gans** gander; **-makerij** stereotyping (of characters); **-olifant** bull-elephant; **-putter** (*fig*) man's man, he-man; (*vrouw*) she-man; (*kraan*) ace; **-varen** male fern; **-vos** dog-fox

mannie hubby

mannin (*bijb*) woman; (*feeks*) virago

manoeuvre id (*ook fig*), evolution; *op ~* on manoeuvres; **manoeuvredag** field day

manoeuvreer|baar manoeuvrable; **-baarheid** manoeuvrability; **-ruimte** room to manoeuvre

manoeuvreren manoeuvre; (*fig ook*) wangle [he wangled his way on to the committee]; *schip, waarmee (niet) te ~ is* ship (not) under command

manometer id, steam-, pressure-gauge

mans: *hij is ~ genoeg om ...* he is man enough to ...; *hij is wat ~* he is a man's man; *hij is niet veel ~* he is not very strong; *hij is mij te ~* I am no match for him

mansarde attic (room), garret; **mansardedak** mansard (roof), curb-roof, (*Am*) gambrel roof

manschap (*mar*) crew, [officers and] ratings; *~pen, zie* manschap; (*mil*) men, manpower

manshoog man-size(d) [ferns]; **manskerel** man; he-man; **manslag** homicide, manslaughter

mans|lengte man's height; **-moeder** mother-in-law; **-oor** (*plant*) asarabacca; **-persoon** male (person), man; **-volk** menfolk

mantel (lady's) coat, jacket; (*meestal zonder mouwen*) cloak; (*v wandelkostuum*) costume coat; (*ve vogel*) mantle; (*v effecten*) mantle, warrant; (*techn*) jacket, casing, housing; (*ve kabel*) [lead] sheath; (*ve kogel*) jacket; (*om kachel*) fire-screen; *de ~ van Nelson is gevallen op Lord Beatty* Nelson's mantle has fallen on ...; *iets met de ~ der **liefde** bedekken* cover s.t. with the cloak of charity, draw a veil over s.t.; *iem de ~ **uitvegen*** give a p. a dressing-down, haul a p. over the coals; ***onder** de ~ van* under the cloak of [religion, etc]

mantel|aap, **-baviaan** hamadryas (baboon); **-dier** tunicate; **-kostuum** (skirt) suit; **-meeuw** great black-backed gull, saddleback; **-organisatie** under-cover (front) organization; **-overeenkomst** blanket (*of:* umbrella) agreement; **-pak** (skirt) suit; **-wet** consolidating act; **-zak** coat-pocket; **-zorg** volunteer aid

mantiek divination; **mantille** mantilla

mantisse mantissa

Mantsjoe Manchu; **Mantsjoerije** Manchuria

manuaal 1 (*klavier*) manual, key-, finger-board; 2 (*gebaar*) gesture

manueel manual; *manuele therapie* chiropractic

manufacturen piece-goods, drapery, draper's goods, mercery, soft goods; (*eig Am*) dry goods

manufacturen|winkel, **-zaak** drapery shop (business), draper's; **manufacturier** draper

manuscript id, (*getypt, ook*) typescript; (*theat*) script; **manuscriptologie** codicology

manusje-van-alles odd-job man, jack of all trades

man|uur man-hour; **-volk** menfolk; **-wijf** virago, coarse mannish woman; **-ziek** man-mad, mad after men; **-ziekte** nymphomania

maoïsme Maoism; **maoïst** Maoist

map file, folder; (*groot*) portfolio

maquette id, model

maquil|lage id, make-up; **-leren** make up

maquis brushwood; (*fig*) Maquis

maraboe 1 (*vogel*) marabou; 2 *zie* maraboet

mara|boet, **-bout** (*kluizenaar*) marabout

maras|kijn, **-kino**, **-quin(o)** maraschino

marathon marathon [speech, race, skating; a dance marathon]; **Marathon** id

marchanderen bargain, higgle, haggle; *er viel niet met hem te ~* he was adamant; **marchand-tailleur** clothier, cloth-merchant and tailor

marche march; **marcheren** 1 march; (*in optocht*) *door de straten ~,* (*ook*) parade the streets; *met enen ~* file; 2 run, go well; *de zaak laten ~* make a go of things; *de zaak marcheert* things are moving; everything is going well; *de zaak marcheerde niet* the business was a failure; things didn't work out quite right; the thing didn't work

marconist radio officer (*of:* operator); *de ~,* (*fam*) Sparks; **Marcus** Mark; *vgl* evangelie

mare news, tidings, report [the report goes that ...]

marechaussee (*vglb*) (member of the) military police, (royal) constabulary

maren keep raising objections, be obstructive

maretak mistletoe; *een ~* a mistletoe bough

Margaretha Margaret; (*fam*) Margery, Marjory, Mag(gy, -gie), Madge, Peg(gy)

margarine id; (*fam*) marge

marge 1 margin; *in de ~,* (*ook*) marginal; fringe [theatre group]; *zie ook* rommelen; 2 (*verschil*) difference; 3 (*effectenbeurs*) jobber's turn, turn of the market; **marginaal** marginal [tax rate]; fringe [group]; *-nale toetsing* limited (judicial) review; **marginaliën** marginalia, marginal notes, side-notes; **marginaliseren** marginalize; **margine**: *in ~* in the margin

margriet ox-eye(d) daisy, marguerite; **Margriet** *zie* Margaretha; *~ weet raad,* (*vglb*) agony column; **margrietschijf** daisywheel

Maria 1 Mary, Maria; 2 (*koekje*) Marie biscuit; **mariaal** Marian; **Mariabeeld** image of the Virgin Mary; **Maria-Boodschap** Lady Day, Annunciation Day, Feast of the Annunciation

mariage 1 (*kaartsp*) matrimony; 2 (*in kaartsp*) marriage; 3 *~ de convenance* id, marriage of convenience

Maria-Geboorte the Nativity of the Virgin Mary; **Maria-Hemelvaart** the Assumption of the Virgin Mary; **Mariakapel** Lady Chapel; **Maria-Lichtmis** Candlemas; **Marianne** id, Marian; **Maria-ontvangenis** Conception of the Blessed Virgin; **Mariaverering** worship of the Blessed Virgin; (*afgodisch*) Mariolatry; **Marie** Mary, May, Moll(y), Poll(y)

marien marine; *zie* marine II

marifoon shipping traffic radiotelephone

marihuana id, marijuana; (*sl*) grass

marimba id; **marinade** id; *vgl* marineren

marine I *zn* navy; (*attr, ook*) naval [base, officer, stores]; *hij is bij de ~* he is in the navy; II *bn* 1 marine [biology, creature, life, sediment]; 2 *zie* ~blauw

marine|begroting naval estimates; **-blauw** navy blue; **-etablissement** *zie* -werf; **-haven** naval harbour (port, base); **-instituut** naval college; **-luchtmacht** naval air-force, fleet air-arm; **-officier** naval officer, officer in the navy

marineren souse, pickle, marinate, -ade

marinevlieger naval (Navy) pilot; **marinevliegtuig** naval plane; **marinewerf** naval dockyard; **marinewezen** 1 naval affairs; 2 navy; **marinier** marine; *het korps ~s* the marine corps, the marines

marinisme (*lit*) Marinism

marionet puppet (*ook fig*), marionette; **marionettenregering** puppet government; **marionetten|spel**, **-theater** puppet-show

maritiem maritime [history, law]

marjolein (*plant*) marjoram, origan(um)

mark 1 (*grensland*) march, borderland; (*marke*) common (land); 2 (*teken*) mark, sign; 3 (*munt*) mark; *Duitse ~,* (*ook*) Deutschmark; 4 *~(je),* (*fiche*) marker, fish, counter

markant conspicuous, salient [points], outstanding [features *kenmerken*], striking [face, features *trekken*]; **marke** common (*ook: ~grond*)

markeer|pen, **-stift** marker, highlighter

marker id; (*pen, ook*) highlighter

markeren mark; (*met markeerstift, ook*) highlight; (*met etiket, enz*) tag; signpost [a route]; (*ve jachthond*) mark; *de pas ~* mark time; *gemarkeerd handgeklap* slow hand(clap)

markering mark(er), [road] marking

marketentster (*hist*) sutler

markeur (billiard-)marker
markgraaf margrave; **markgraafschap** margraviate; **markgravin** margravine; **markies** 1 (*pers*) marquess, (*inz Sch & buitenl*) marquis; 2 (*zonnescherm*) awning, (awning-)blind; (*boven hotelingang, enz*) *zie* luifel; **markiezin** marchioness; (*buitenlands*) marquise; **markizaat** marquisate
markt market; (*~plaats*) market(-place); *de ~ is afgelopen* market is over; *de ~ bederven* spoil the market, disturb the market price; (*door lage prijzen*) undersell, undercut; *een ~ vinden voor* find a market (an outlet) for; *weten waar het ~ is* catch it, get punished; ***aan*** (***op***) *de ~ brengen* put on the market, market [goods]; *aan de ~ komen* come into the market; *aan de ~ zijn* be on (in) the market; ***bij*** *het scheiden van de ~* at the end of the day; *goed* ***in*** *de ~ liggen* be in high favour (well thought of); ***naar*** *de ~ gaan* go to market; ***onder*** *de ~ verkopen* sell below market-price(s); ***op*** *de ~*, (*eig*) in the market-place; *op de ~ gooien* throw [goods] on the market, dump [one's stocks] (on the market); ***ter*** *~, zie* aan (& naar) de ~; ***van*** *de ~ verdringen* push off (oust from) the market; *hij is van alle ~en thuis* he is an all-round man, an all-rounder; **marktaandeel** market share; **marktanalyse** 1 market analysis; 2 market survey; 3 market(ing) research; **marktbericht** market-report; **marktdag** market day; **markteconomie** market economy; **markten** go to market, go marketing
markt|geld market dues, stallage, tolls; **-geschreeuw** market cries; (*fig*) quackery, charlatanry; **-gewas** cash crop; **-hal** market hall, covered market; **-koopman** market vendor, stallholder; **-kraam** market-stall, booth; **-kramer** *zie* -koopman; **-leider** market leader; **-mechanisme** market forces; **-meester** market superintendent, inspector (*of:* clerk) of the market; **-notering** 1 market price; 2 market rate (of interest: interest rate; of discount: discount rate); **-onderzoek** market research; **-plaats** 1 *zie* -plein; 2 market town; **-plein** market-place, market square; **marktpositie** 1 market situation; 2 marketing position; **-prijs** market price; **-recht** market privilege, right of holding a market; **-schreeuwer** cheapjack; **-segment** market segment; **-segmentering** (market) segmentation; **-verkenning** 1 market(ing) research; 2 market survey; **-verordening** market regulations; **-waarde** market value
marlen (*mar*) marl; **marlijn, marling** (*mar*) marline; **marlpriem** (*mar*) marline-spike
marmelade marmalade; **marmelen** marble
marmer marble; **marmerachtig** marbly, like marble; **marmerader** vein in marble; **marmeren** I *ww* marble, grain; II *bn* marble [statue]; *tafel met ~ blad* marble-top(ped) table; *~ plaat* marble slab; **marmergroeve** marble-quarry; **marmering** marbling, graining; **marmerpapier** marbled paper; **marmersoort** (type, variety of) marble; **marmersteen** marble
Marmora: *Zee van ~* Sea of Marmora
marmot 1 marmot; (*Am*) woodchuck, ground-hog; *slapen als een ~* sleep like a top; 2 (*vero, ook: ~je*) guinea-pig
marokijn morocco(-leather); **marokijnen** morocco
Marokkaan(s) Moroccan; **Marokko** Morocco
maroniet Maronite
marot (fool's) bauble; *zie ook* zot
marqué (*theat*) villain; **marron** maroon
1 mars (pedlar's) pack; (*mar*) top; (*ve oorlogsschip*) fighting-top; *grote ~* main-top; *hij heeft heel wat* (*niet veel*) *in zijn ~* he knows a lot, is very able, gifted, has a good head on his shoulders (he hasn't got much about him, hasn't got much to offer, is not very bright)
2 mars march; *~! weg!* away with you!; *op ~ zijn* be on the the march; *op ~ gaan* set out; *zie ook* inrukken & voorwaarts
Mars id; (*bewoner*) *van ~* Martian
marsbevel *zie* -order; **marscolonne** column of route; (*cavalerie*) column of march
Marseille Marseilles
marsepein(en) marzipan
mars|klaar ready to march; **-kramer** pedlar, (travelling) hawker; **-lied** marching song
Marsmannetje Martian
marsorde order of march, marching order; **marsorder** marching orders; *~s ontvangen hebben* be under marching orders; **marsroute** line of march; **marssteng** topmast; **marstempo** rate of march; **marszeil** topsail
martelaar martyr [*van de wetenschap* to science]
martelaarsboek martyrology; **martelaarschap** martyrdom; **martelaarsgeschiedenis** martyrology; **martelaarskroon** martyr's crown; *iem de ~ op het hoofd zetten* confer the crown of martyrdom on a p.; **martelares** martyr
martelarij torture, torment; **marteldood** martyrdom, [die a] martyr's death; *de ~ sterven, ook* suffer martyrdom, suffer death by torture
martelen torture, torment, put to the rack, rack [one's brains]; *een ~de gedachte* an agonizing thought; **martelgang** suffering, agony, torture
marteling torture, torment; **martelkamer** torture chamber; **martelpaal** torture post; **marteltuig** instrument(s) of torture
marter marten; **marterachtigen** mustelidae
Martha id
martiaal martial; **Martialis** Martial; **Martina** id; **Martinus** Martin; **Marva** Wren, WRNS
marxisme Marxism; **marxist(e)** Marxist, Marxian; **marxistisch** Marxist, Marxian
mascara id
mascotte mascot
mascu|lien masculine; **-linisme** masculinism; **-linist** masculist; **-linum** masculine
Maskate Muscat, Masqat
masker 1 mask, (*fig ook*) disguise; (*bij schermen*) face-guard; *iem het ~ afrukken* unmask a p.; *het ~ afwerpen* (*afdoen*) throw off (drop) the mask; ***onder*** *het ~ van vriendschap* under the cloak (the mask, a show) of friendship; 2 (*ve insekt*) larva (*mv:* larvae), grub; **maskerade** 1 masquerade,

[historical] pageant; 2 masked ball; **maskerbloem** monkey-flower, mimulus
'maskeren mask
mas'keren mask, cover, disguise, camouflage
maso|chisme masochism; **-chist(e)** masochist
massa 1 mass [the great mass of the people], crowd; body [a large body of information]; *een ~ dingen* a lot (a multitude) of things; *failliete ~* bankrupt's estate; *de (grote) ~* the masses; *zie ook* vulgus; *bij ~'s* [sell] in large quantities; *bij ~'s doden* kill wholesale; *in (bij de) ~ verkopen* sell in bulk; *in ~ geproduceerd* mass-produced; 2 (*elektr*) earth, (*Am*) ground; *aan ~ leggen, (elektr)* (connect to) earth, (*Am*) ground
massa-aanval mass(ed) attack
massaal wholesale [destruction]; massive [building, crowd, efforts, resistance, turnout *opkomst;* on a massive scale]; mass [unemployment]; bulk [sales, transport]
massa-artikel mass-produced article; **massabeweging** mass movement; **massacommunicatie** mass communication
massacre(ren) massacre
massafabricage mass production
massage id
massagetal mass number; **massagoederen** bulk goods; **massagraf** mass grave; **massalading** bulk cargo; **massaliteit** massiveness
massa|media mass media; **-mens** man in the crowd; **-moord** mass murder; **-moordenaar** mass murderer; **-ontslag** wholesale dismissal; **-produkt** mass-produced article; **-produktie** mass production; **-psychologie** crowd (*of:* mass) psychology; **-scène** (*film*) crowd (*onrustig:* mob) scene; **-sprint** massed sprint; **-werking** mass effect
masseren 1 massage (*ook manipuleren:* facts, figures, statistics), knead; 2 (*biljarten*) make a massé (shot); **masseur** id; **masseuse** id
massief I *bn* solid [gold, silver, oak table], massive [building]; *massieve band, (ve fiets, enz)* solid tyre; II *zn* massif, chain, group (of mountains)
massificatie massification
mast 1 id; (*voor elektr, enz draden*) pylon; (*gymn*) (climbing-)pole; (*bij volksfeest, enz*) greasy pole; ***voor** de ~* [be a sailor, serve] afore (before) the mast; *hij zit voor de ~, (fig)* he cannot eat any more; *alleen de ~en zijn nog boven de horizon* the ship is hull down; 2 (*varkensvoer*) id
mastaba id
mastbok pair of sheers; **mastboom** (Weymouth) pine; **mastbos** fir-wood; (*fig*) forest of masts (and spars)
mastectomie mastectomy
mastiek 1 mastic (asphalt); 2 (*Z-Ned*) putty
mastiekboom mastic(-tree)
mastklimmen climbing the (greasy) pole
mastodont mastodon
mastur|batie masturbation; **-beren** masturbate
mastworp clove hitch
1 mat *zn* 1 [door-]mat; *~je, (op tafel, enz)* table mat; *op het ~je roepen* (put on the) carpet; *zijn ~ten oprollen* pack up (one's traps), (*de zaak sluiten*) shut up shop; *op de ~ laten staan* not ask [a p.] to come in; 2 (*ve stoel*) (rush-)bottom; 3 (*vijgen~*) frail; 4 (*Sp munt*) piastre
2 mat *bn* 1 (*moe*) tired, weary, languid; 2 (*dof*) mat(t) [gold, photographic paper], dull, dead, frosted [gold]; (*v verf, ook*) eggshell [finish]; 3 (*v stijl, stem, enz*) flat; 4 (*vh oog*) dull, lacklustre; 5 (*ve klank*) dull; 6 (*v licht*) dim; 7 (*vd markt*) dull, flat, weak; 8 (*dood; schaaksp*) (check)mate; *wit geeft ~ in vier zetten* white mates (*of:* to mate) in four moves; *zie ook* schaak~; *~te kogel* spent bullet
3 mat *ww ovt van* meten
matador 1 id (*ook in kaart- & dominospel*); 2 (*fig*) past master [in ...]; *zie ook* kraan; **mataglap**: *~ zijn, worden, (Ind)* see red, go berserk
match id; *~ nul (spelen)* draw
mate [in a great, a large] measure, [to a greater or less, to a large] extent, [to a (high)] degree; *de hoogste ~ van zelfbestuur genieten* enjoy the fullest measure of self-government; *een zekere ~ van risico* a certain amount of risk; ***in** de mate van het mogelijke* as much as possible; *in geen geringe mate* in no small measure; *in meerdere of mindere mate* to a greater or less extent, in a greater or less degree, more or less; *in toenemende ~* increasingly; *in zekere mate* in some measure; *in zulk een mate, dat ...* to such an extent that ...; *alles **met** mate* everything in moderation; ***naar** de mate van mijn krachten* according to my abilities; *zie ook* 1 maat & naarmate
mateloos immoderate, unlimited
matelot boater
materiaal material(s); **materiaalkunde** materials science; **materiaalmoeheid** [metal] fatigue; **materiaalonderzoek** materials testing
materia|liseren materialize; **-lisme** materialism; **-list** id; **-listisch** materialistic (*bw:* -ally)
materie (subject-)matter; **materiedeeltje** particle of matter; **materieel** I *bn* material [damage, help, need, world]; II *zn* materials; [railway-]plant, working-stock; (*vs personeel, in leger, vloot, bedrijf*) matériel; *rollend ~* rolling-stock; *met groot (zwaar) ~* with heavy equipment
matglanzend matt(-finished); **matglas** ground (frosted) glass; (*fot*) focus(s)ing-screen; **matheid** 1 weariness, lassitude, languor; dullness, dimness, deadness; *vgl* 2 mat 1; 2 mat(t)ness, dullness; *vgl* 2 mat 2
mathematica mathematics, (*fam*) maths; **mathematicus** mathematician; **mathematisch** mathematical; **mathesis** mathematics
Mathilde Matilda
matig moderate [eater, drinker, production, price]; (*met betrekking tot eten*) frugal [meal, person], (*in drinken*) moderate, temperate, (*in eten, (ook)* abstemious; *~ succes* moderate (*of:* indifferent) success; *~ succes hebben* be moderately successful; *~ bezocht* thinly (poorly) attended; *er maar ~ mee ingenomen* not overpleased with it; *ik vind het maar ~* I don't think much of it; *zie ook* maat: met mate & schatting
matigen moderate [one's desires, one's tone],

mitigate [heat, cold, grief], modify [one's pleasure], restrain, control [o.s., one's anger]; *zie ook* gematigd; **matigheid** moderation, frugality, soberness, temperance [society], abstemiousness; *vgl* matig; **matiging** moderation, mitigation, modification; ~ *betrachten* use restraint; **matigjes** indifferent; [that film is only] so-so
matinee matinée, afternoon performance
matineus: ~ *zijn* be an early riser
matjesvlechten mat-plaiting
matkopmees willow tit
matras [foam, spring, beach] mattress
matri|archaal matriarchal; **-archaat** matriarchy
matrijs matrix (*mv ook:* matrices), mould
matrix id; **matrixprinter** (dot) matrix printer
matrone matron; (*als*) *van een* ~, *zie* ~achtig; **matroneachtig** matronly [figure]
matroos sailor; *licht* ~ ordinary seaman, OS; *vol* ~ able-bodied seaman, AB; ~*-1ste klas,* (*Br mar*) leading seaman, (*Am mar*) petty officer 3rd class
matrozen|hoed sailor hat; **-kist** sea-chest; **-kraag** sailor collar (*of:* top); **-kroeg** sailor's tavern; **-liedje** chanty, shanty, sea-song; **-muts** sailor cap, tam; **-pak** sailor suit
matse (*jodenpaasbrood*) matzo
matsen wangle, fix
mattekeesje wicker bottle; **matteklopper** carpet-beater; **matten** I *ww* 1 mat, rush; 2 *zie* matteren; II *bn* rush-bottomed, -seated [chair]
matten|bies bulrush, mat-rush; **-maker** mat-maker; **-vlechten** mat-plaiting
matteren frost [glass]; mat(t) [paint]; powder [cigars]
Mattheus Matthew; *vgl* evangelie; **Mattheuspassion** [Bach's] St Matthew Passion; **Mat|thias, -thijs** Mathias, Matthew, (*fam*) Matt
maturiteit maturity
maturiteitsexamen matriculation
matverf mat(t) paint
matwerk matting
Mauretanië Mauretania; **Mauritius** id; **Maurits** Maurice; **mauser** Mauser [pistol]
mausoleum id; **mauve** id
mauwen mew
mavo advanced elementary education
m.a.w. afk van *met andere woorden* in other words; **Max** id
maxi id; **maxillair** maxillary
maximaal I *bn* maximum, maximal, top [speed]; *maximale hoogte 4 meter* clearance 13 feet; II *bw* at most; [a fine] not exceeding [£100], [60 points out of] a maximum of [100]; *vgl* hoogst: ten ~e
maximaliseren maximize
maxime maxim
maximeren restrict, impose an upper limit on
Maximiliaan Maximilian
maximum id (*mv:* -ma); *hij staat op zijn* ~ he is at his maximum; *tot een* ~ *van* to a maximum of; **maximumaantal** maximum number
maximum-en-minimumthermometer (*ook*) self-registering thermometer; **maximumprijs** maximum price; **maximumsnelheid** maximum speed; (*wettelijk, enz*) speed limit, [drive at, slow down to] regulation speed; *overschrijding van de* ~, (*ook*) [be stopped for] speeding; *waarvoor geen* ~ *geldt* derestricted [road]
mayonaise mayonnaise
mazelen [have, get (the)] measles; *zie ook* pokken
mazen (*vglb*) darn, do invisible mending
mazout (fuel, diesel) oil
mazurka id
mazzel lucky strike, bonanza, windfall; ~ *hebben* be in luck; *vgl* ~en; *de* ~*!* cheerio!; **mazzelen** have luck, do well; get away with [s.t.]; (*soms*) fix
MBO-diploma (*Br vglb*) GNVQ, General National Vocational Qualification
m.b.t. afk van *met betrekking tot,* zie betrekking
MC: *27* ~ CB (*afk van:* Citizens' Band) radio
M.D. MD (Medicinae Doctor, Doctor of Medicine)
me me; (*fam*) (*ook*) us [give us a kiss]; *het is* ~ *te zuur* it is too sour for my liking (for me); *wat zal* ~ *dat een boek zijn!* what a book it will be!; *daar heeft hij* ~ *de ruit ingeslagen!* if he hasn't smashed ...!
ME afk van 1 *middeleeuwen* middle ages; 2 *mobiele eenheid* riot police, (*Am*) riot squad
meander(en) meander
mecanicien, meccano [air] mechanic
meccanodoos meccano set
mecenaat (art) patronage; **mecenas** Maecenas
mechanica mechanics; **mechanicus** mechanician; **mechaniek** I *zn* mechanism, action, works, [clock(work)] movement, mechanical device; II *bn* mechanical; **mechanisatie** mechanization; **mechanisch** mechanical; ~ *voortbewogen* mechanically propelled [vehicles]; clockwork [toys]; **mechaniseren** mechanize; **mechanisering** mechanization; **mechanisme** *zie* mechaniek I; (*fig, ook*) machinery
Mechelen Mechlin, Malines; **Mechels**: ~*e kant* Mechlin (lace)
medaille medal; *grote* ~ medallion; *met* ~*s behangen* bemedalled; *dit is één zijde van de* ~ this is one side of the picture; *winnaar van gouden* ~ Gold Medallist; *zie ook* keerzijde; **medailleur** medallist; **medaillon** 1 (*in lijst, enz*) medallion; 2 (*doosje*) locket; 3 (*illustratie*) inset
1 mede *zn* 1 (*drank*) mead; 2 (*meekrap*) madder
2 mede *bw* also [because ...], [in your interest,] too, as well; [they came] with me (him, etc); ~ *wegens* partly owing (due) to; (*in sam dikw*) fellow-, co-, joint
mede|aansprakelijk[1] jointly responsible (liable); **-arbeider** fellow-worker; **-assuradeur** co-insurer; **-auteur** co-author; ~ *zijn van* co-author [a book]; **-beklaagde** co-defendant; **-belanghebbende** person (*of:* party) also interested [in ...], sharer; **-beslissingsrecht** participation, co-determination; **-bestuurder** co-director; **-bewoner** fellow-resident, fellow-tenant; **-borg** joint security; **-broeder** 1 colleague; 2 fellow-man; **-burger** fellow-citizen; **-christen** fellow-Christian; **-commissaris** co- (fellow-) director;

1 *Zie ook de sam met* mee-

-dader accomplice; **-deelbaar** communicable; **-deelzaam** communicative, expansive; ~ *worden*, (*ook*) expand; **-deelzaamheid** communicativeness; **-delen** 1 communicate [name, address, diseases, light, heat, etc to ..., the fire communicated itself to the house]; impart [happiness, knowledge, one's feelings to ..., (*natuurk*) motion to ...]; (*berichten*) inform [a p. of s.t., a p. that ...], intimate [that ...]; *deel het hem voorzichtig mede* break it gently to him; *ik zal hem mijn beslissing* ~ I will let him know my decision; 2 share, participate (*in* in); **-deler** informant; **-deling** communication, information (*geen mv*), announcement; *een* ~ *doen* make an announcement (a statement); ~ *doen van* announce [s.t.], inform [a p.] of [s.t.]; *ingezonden* ~/*advertentie* advertorial; **-dingen** compete [*naar* for]; **-ding(st)er** rival, competitor, contestant; **-dinging** competition, rivalry; *buiten* ~ not competing, not for competition, hors concours; *vrije* ~ open competition; **-directeur** co-manager, joint manager; **-ëigenaar** joint proprietor (owner), part-owner; **-ëigendom** co-ownership; **-ërfgenaam** joint heir(ess), co-heir(ess); **-gebruik** joint use; **-gerechtigd** co-entitled; **-gerechtigde** co-sharer; participant; **-gevangene** fellow-prisoner; **-huurder** co-tenant; **-klinker** consonant; **-leerling** fellow-pupil; **-leven** I *ww* ~ *met* enter into the life (the spirit, etc) of, sympathize with; II *zn* sympathy; **-lid** fellow-member

medelijden I *zn* pity, compassion, commiseration; ~ *met zichzelf* self-pity; ~ *hebben met* have (take) pity on, feel pity for, feel (sorry) for, pity [a p.]; *hij had diep* ~ *met haar* his heart went out to her; *hij had* ~ *met zichzelf* he felt sorry for himself; *dat wekte mijn* ~ *op* that roused my pity (compassion), moved me to pity; ***om*** ~ *mee te hebben* pitiful, pitiable [condition], miserable [performance]; ***uit*** ~ out of pity [*met* for]; II *ww* share a p.'s sufferings

medelijdend compassionate; ~*e blik* look of pity

medelijdenswaardig, **medelijdenwekkend** piteous, pitiable, pitiful, pathetic

medemens fellow-man; *een ware* ~ a man and a brother; **medemenselijkheid** common humanity; **mede|minnaar**, **-minnares** rival

Meden Medes; *zie ook* wet

mede|officier brother officer; **-ondergetekende** co-undersigned; **-ondertekenaar** co-signatory; **-ondertekenen** add one's signature; (*ve meerdere*) countersign; **-ondertekening** co-signature; **-oorzaak** secondary (contributory) cause; **-passagier** fellow-passenger; **-plichtig** accessary [*aan* to]; *eraan* (*aan de moord*) ~ *zijn*, (*ook*) be a party to it (to the murder); **-plichtige** accomplice, associate, accessary (accessory) [to a crime], confederate; (*bij echtscheidingsproces*) co-respondent; **-heid** complicity [*aan* in]; **-redacteur** joint editor, co-editor; **-reiziger** fellow-traveller, fellow-passenger; **-schepsel** fellow-creature, -being; **-schuldig** *zie* -plichtig; **-speler** (*sp*) teammate, fellow player, (*bridge, tennis, enz*) partner; (*theat*) fellow-actor, -actress; *zie ook* speler; **-stander** supporter, partisan, partner; **-strijder** fellow-combatant, brother-in-arms; **-student** fellow-student; **-vennoot** co-partner; **-verantwoordelijk** jointly responsible; **-verantwoordelijkheid** joint responsibility; **-werker** co-worker, fellow-worker, co-operator; assistant; (*employé*) employee; (*aan krant, enz*) contributor [to a paper], [cricket] correspondent; (*bij lit werk, enz*) collaborator [*aan* in]; (*bij voorstelling*) performer; *wetenschappelijk* ~ lecturer, staff member; **-werking** co-operation, assistance, collaboration; vgl medewerken; *bereid* (*zijn*) *tot* ~ (be) co-operative; *met* ~ *van* assisted by, with the co-operation of; **-weten** knowledge; *zonder* (*buiten*) *mijn* ~ without my knowledge, unknown to me; **-zeggenschap** say (in the matter); (*in bedrijf*) (labour) co-partnership, (employees') participation; ~ *hebben* (*eisen*) have (demand) a say (a voice) in the matter

Zie ook de sam met mee-

media (*pers, radio, televisie*) id; *de* ~, (*sl*) the meeja(h), meejer

mediaal medial

mediaan 1 (*wisk*) median; 2 medium paper; 3 (*typ*) pica; **mediaanletter** (*typ*) pica; **mediaanlijn** median line; **mediaanpapier** medium paper

mediaevist medievalist; **mediaevistiek** medieval studies

mediakunde media studies

mediamiek mediumistic, psychic

mediatheek (multi)media resource centre

medicament id, medicine; **medicamenteus** medicamental, -tary; **medicatie** [prescribe, use, be on] medication

medicijn medicine; (*fam*) physic; *de* ~*en* [study] medicine; *hoogleraar* (*doctor*) *in de* ~*en* professor (doctor) of medicine; *student in de* ~*en* medical student; ~*en gebruiken, innemen* take medicine, (*inz Am*) use medication; **medicijnkastje** medicine cupboard; **medicijnkist** medicine chest, medical chest; **medicijnman** medicine man, witch-doctor; **medicijnpleister** medicinal plaster; **medicinaal** medicinal [draught, waters]; ~ *gewicht* apothecaries' weight

Medicis Medici; *van de* ~ Medicean

medicus physician, doctor, medical practitioner (attendant, (*fam*) man); (*scherts*) medico; (*student*) medical student, (*fam*) medical; *de* (*heren en dames*) *medici* the medical profession

Medië Media; **Mediër** Mede

medinaworm Guinea worm

medio: ~ *april* mid-April, in (by, about) the middle of April

medisch medical [advice, analyst, assistance, centre, examination, faculty, student, etc]; *zie verder* geneeskundig

meditatie meditation; **mediteren** meditate

medium id; (*spiritisme, ook*) psychic; *vgl* media

medusa (*kwal*) id, jellyfish; **Medusa** id

medusahoofd 1 Medusa head; 2 (*zeester*) Medusa's head

mee I *bw* [they came] with me (him, etc); also [because ...], [in your interest,] too, as well; *mag ik ook ~?* may I come too (join you, be of the party)?; *met de wind ~* with the wind behind us; *hij had alles mee* he had every advantage; *wat doen we er~?* what do we do with (*eraan:* about) it?; *zie ook* 2 mede & daar~, leven, zitten, enz; II *zn* mead

meebrengen[1] bring [a present, a friend], bring [a friend] along, bring [a warm coat] with one; (*fig*) involve [danger, delay, a general election], entail [delay, labour], carry [such a position carries heavy responsibilities], bring with it [a constant strain], carry with it [a great risk], result in, lead to [serious problems]; *je brengt mooi weer mee* you bring fine weather with you; *zijn eigen papier ~* find (bring) one's own paper; *grote onkosten ~* entail great expense [*voor mij* (up)on me]; *de aanvraag brengt geen verplichting voor u mee* involves you in no obligation

meedenken help to think, think along [with]; *als jullie mee kunnen denken* if you could help to find a solution (join in the deliberation, planning, etc)

meedoen join [in a game, etc; who'll join (in)?], take part [in a performance], take a hand [in an election, etc], compete [in a match, race]; (*aan het maatschappelijk leven, enz*) be in the swim, 'play up'; *best kunnen ~* be one of the lads; (*gaan*) *~,* (*zingen, enz*) join in; (*aan examen voor een beurs*) go in (enter) for a scholarship (exam); *niet ~,* (*aan oorlog, enz*) keep out [of the war, of the job]; *ben je van plan mee te doen?,* (*solliciteren*) do you mean to stand?; *zonder geld kun je niet ~* without money you're out of it; *hij kan ~, als het erop aankomt* he can keep his end up, if it comes to that; *hij kon niet meer ~* he was out of the running; *ik doe* (*graag*) *mee* I will join in, I'm game, I'm on; *hij heeft ook meegedaan* he has done it as well; *doe mee* take a hand, join us [in the game]; *ik doe graag mee aan elk spel* I like to have a turn at ...; *daar doe ik niet aan mee* I won't be a party to it, count me out!

mee|dogen compassion; **-dogend** compassionate; **-dogendheid** compassion; **-dogenloos** pitiless, merciless, relentless, ruthless, dog-eat-dog [competition, mentality]; **-dogenloosheid** pitilessness, etc

mee|draaien 1 rotate (*met* with); 2 work (with others); *ik draai hier al jaren mee* I've worked here for ages; **-dragen** carry (about, along); *als een last met zich ~* be bowed down by; **-drinken** drink with others; *drink je mee?* will you join me [in a drink]?; **-ërven** be joint heir(ess), come in for a share; **-ëten** stay (for) dinner; **-ëter** fellow-diner; (*in huid*) blackhead, whitehead, comedo

meegaan 1 accompany a p., go (come) with a p., come along [with a p.]; *ga je mee?* will you come (come too)?, (are you) coming?; *iem, die meegaat?* [I'm going to ...] anyone coming?; *zij zou niet meegegaan zijn als ik niet meegegaan was* she would not have come if I had not joined them; ***met** zijn tijd ~* keep pace (keep up, move) with the times; *hij gaat* (*geheel*) *met zijn partij ~* he goes (all the way) with his party; *met een voorstel ~* fall in with a proposal; *met dat voorstel kan ik niet ~* I cannot agree (subscribe) to that proposal; *ik ga met u mee, a*) I'll accompany you; *b*) I agree (I am) with you; *c*) (*spel*) I am your partner; *laat mij ~* let me come (with you); *~ tot de deur* see [a visitor] as far as the door; 2 (*bruikbaar blijven*) last [another year]; *lang ~* wear well; 3 *zie* meelopen 3; **meegaand** accommodating, yielding, pliable, pliant, complaisant; (*te ~*) compliant; **meegaandheid** complaisance, pliability, pliancy; (*te groot*) compliance

mee|geven I *tr* give, send along with; (*in huwelijk*) give as a dowry; II *intr* yield, give (way) [the bar gave, gave way a little]; *een stenen vloer geeft niet mee* there is no give in a stone floor; *zij gaf niets mee,* (*bij het optillen*) she was a dead lift; **-gevoel** fellow-feeling, sympathy; *met ~* sympathetic(ally); *zonder ~* unsympathetic(ally); **-hebben**: *we hadden de wind* (*de stroom*) *mee* we had the wind (the stream) with us; *je hebt je jeugd mee* you've got youth on your side; **-helpen** assist [*met iets* in s.t.], help [a p. with the luggage], lend a hand, make o.s. useful, [I had to] help out [at home]; **-help(st)er** assistant; **-hobbelen** tag along; **-huilen** weep for company; **-komen** come along [with a p.]; *kom mee naar binnen!* come along in!; *hij kan* (*wat mij betreft*) *~* I don't object to his coming; *zie ook* meekunnen 1

meekrap madder

meekrijgen 1 get [people] on one's side; (*ten huwelijk*) receive for one's portion, [what will she] get[?]; *ik kon hem niet ~* I could not persuade him to come; *hij kreeg de vergadering* (*zijn collega's, de Kamer*) *mee* he carried the meeting (his colleagues, the Chamber) with him; 2 get; *kan ik de kaarten direkt ~?* can I take the tickets with me (straight away)?; *hij heeft niet veel meegekregen* he has always been rather limited (in his abilities), he was never very gifted

meekunnen 1 be able to follow (to keep up with one's class, keep abreast of one's studies, to come along); 2 (*bruikbaar zijn*) last [another year]; *lang ~* wear well

meel 1 (*gemalen granen, ongebuild*) meal; (*gebuild*) flour; 2 [bone, fish, etc] meal; *zie de sam*

meelachen join in the laugh(ter), laugh too

meelachtig mealy, floury, farinaceous; **meelbes** whitebeam; **meeldauw** mildew, blight; **meeldraad** stamen; **meelfabriek** flour-mill

meeligger (*mar*) vessel on the same course, companion vessel, consort; **meelij-** *zie* medelijden-

meelkost *zie* meelspijs

meelokken coax along, entice away, cajole [into accompanying him], (*met kwade bedoelingen*) lure (away)

meelopen 1 accompany (follow) a p.; take part (in a race, etc); *ik heb al 30 jaar meegelopen* I have been in harness for thirty years; *vgl* meedraaien 2; 2 follow, hang on; 3 fall out well; *het loopt hem altijd mee, alles loopt hem mee* his luck is never out, he is always in luck; *als het hem mee-*

1 *Zie ook de sam met* mede-

loopt if he has luck, with luck (on his side) [he can do it]; *het is mij meegelopen* I have had a run of (good) luck, (*fam*) I've struck lucky; *zie ook* gelukkig; **meeloper** 1 hanger-on, (*pol*) fellow--traveller; 2 ~(*tje*), *zie* meevaller(tje)

meelpap gruel; **meelspijs** farinaceous food; (*vglb*) spoonmeat; **meeltor** meal-beetle, flour--beetle; **meeltrog** kneading-trough

meeluisteren listen in [on the phone]; (*controle, enz*) monitor [a transmission, conversation]

meelworm mealworm

meemaken witness; *veel* ~ go through a great deal [he has been through so many things]; *hij heeft de oorlog meegemaakt* he has been in the war; *hij heeft veel veldtochten meegemaakt* he has been through many campaigns; *men moet het* ~ *om het te geloven* it has to be experienced to be believed; *ik heb nooit meegemaakt dat de bus zo langzaam ging* I've never known the bus (to) go so slowly

meeneem|prijs cash-and-carry price; **-restaurant** takeaway; (*Am*) takeout, carry-out

meenemen take along with one, take [one's umbrella, etc; I cannot take you]; (*laten meerijden*) give a lift; (*begrijpen*) take on board, gather; ~ *uit wandelen* take [a p. (for, on) long] walks; *neem mij mee* take me with you, let me come; ... *om mee te nemen* [hamburgers] to take away, [meals] to take out, takeaway [meals]; *hij werd meegenomen in een politieauto* he was taken away in a ...; *een goede opinie van iets* (*iem*) ~ carry away a good opinion of s.t. (a p.); *dat is* (*alvast, mooi*) *meegenomen* that is a good start (so much to the good); *mooi meegenomen,* (*ook*) an unexpected bonus; *iets* (*gelijk, even*) ~ take s.t. in one's stride, do a thing while one is about it; *vgl* meepikken; *een artikel* ~, (*krant*) print an article; *van die lessen zullen zij niet veel* ~ they will not profit much by ...; **meenemer** (*techn*) carrier, [lathe] dog

meent common

mee|pakken snap up [a bargain]; **-pikken** 1 take in [a movie (the museum) while we're there]; *zie ook* graan; 2 understand, gather; **-praten** join (take part) in the conversation; (*mogen* ~) have a say in the matter; (*ook wat zeggen*) put in a word, (*fam*) put (shove, stick) in one's oar; *daar kan ik van* ~ I know something (a thing or two) about that; *met iemand* ~ play up to a person; **-profiteren** profit too, get one's share

1 meer *zn* lake; (*Sch*) loch; (*Ir*) lough; *het Meer van Genève* (*Galilea, het Garda*~) Lake Geneva (the Sea of Galilee, Lake Garda)

2 meer I *onbep telw* more; ~ *loon* higher pay; *steeds* ~ *geld* more and more money; *£ 3 of meer* £3 or over; ~ *kan ik niet zeggen* (*beloven, enz*) I can't say fairer than that; *wie nog* ~*?* who else?; ~ ***dan,*** (*ook*) over [for over 300 years], upward(s) of [half an hour]; *niet* ~ *dan 10* no more than ten; *40 ton* ~ *dan de vorige week* 40 tons up on (more than) the previous week; *een man* ~ ***hebben,*** (*sp*) have a man over; *hij heeft* ~ *van een winkelier dan een lord* he is more like (is more of) a shopkeeper than a lord; *het had* ~ *van een bevel* it was more in the nature of a command; *hiervan* ***later*** ~ of this more later on; ***niemand*** ~ *dan 50 gulden?,* (*op veiling*) any advance on fifty guilders?; ***onder*** ~ among other things (*personen:* others), inter alia; ***steeds*** ~ more and more; *roeien, zwemmen, en zo* ~ and the like, and all that, and (such) things; ***zonder*** ~ simply [he simply turned away]; (*zo maar*) *zonder* ~ without more ado; [this statement cannot be allowed to pass] without comment; without due consideration; *feiten zonder* ~ plain facts; II *bw* 1 (*in hogere mate*) more; ~ *dan erg* too bad for words; *dat is niet* ~ *dan billijk* (*dan mijn plicht*) that is no more than (is only) fair (my duty); *niets* ~ *of* ***minder*** *dan* nothing (*of:* neither) more nor less than; *niets* ~ *en niets minder* neither more nor less; *2 gulden per pond* ~ *of minder ...,* (*ook*) 2 guilders a pound one way or another [makes little difference]; ~ *of minder vaag* vague in varying degrees (in a greater or less degree); ***te*** ~ *daar* the more so as; *een gevaar te* ~ [every hour he stays here is] an added danger; *een aanwijzing te* ~ another indication; 2 (*veeleer*) rather; ~ *gierig dan zuinig* stingy rather than economical; 3 (*bovendien*) else, besides; *wat er* ~ *wordt voortgebracht* ... what is produced over and above this (in excess of this) ...; *wat er* ~ *wordt voortgebracht* ... what is produced over and above this (in excess of this) ...; *wat wil je* ~*?* what more do you want?; 4 (*vaker*) oftener; *steeds* ~ more and more; *dat* ***doet*** *hij* ~ he does so frequently; *ik heb het* ~ *gedaan* I've done it before; ***wel*** ~ [such criticisms have been heard] before now; *ik hoop u* ~ *te* ***zien*** I hope to see more of yo; 5 (*verder*) more, further, any longer; *hij is* ***geen*** *kind* ~ he is no longer a child; *geen woord* ~*!* not another word!; *hij heeft geen geld* ~ he has no (not any) money left; *er zit geen inkt* ~ *in mijn pen* there is no more ink in my pen; *we hebben geen aardappelen* ~, (*ook*) we're out of potatoes; *hij zal* ***niet*** *lang* ~ *blijven* he won't stay much longer; *ik dans niet* ~ I have given up dancing; *de guinea bestaat niet* ~ the ... no longer exists; *niet jong* ~ [she is] not young any more (any longer), not so young as she used to be (as she was); *het is er nu niet* ~ it is not there now; *er is* ***niets*** ~ there is nothing left; *zie* des, hoe, bieden, maken, nog, smaken, wat, enz

ME-er member of the riot police

meeraderig multi-core [cable]

meerboei mooring-buoy

meercellig multicellular; **meerdaags** [congress, journey] lasting several days

meerder greater, superior, more; *de* ~*e of mindere geschiktheid* the greater or less suitability; **meerdere** superior; (*mil*) [his] superior officer; *mijn* ~*n* my superiors, my betters; *hij moest zijn* ~ *erkennen in Jim* he had to acknowledge Jim's superiority; *wat zal ik met het* ~ *doen?* what shall I do with the surplus?; ~ *voorbeelden* several examples; **meerderen** *ww* increase, multiply; (*bij het breien*) increase; *twee steken* ~ make two

Zie ook de sam met mede-

(stitches); *zeil*~ make sail; **meerderheid** (*merendeel*) majority [elected by a majority of 40 votes], plurality; (*in bekwaamheid, enz*) superiority; *een ~ behalen* secure a majority; *een ~ van 2 tegen 1* a 2 to 1 majority; ***in** de ~ zijn* be in the (a) majority; *de motie werd **met** grote (geringe) ~ (een ~ van 22) aangenomen* was carried by a large (narrow) majority (a majority of 22); *zie* volstrekt, enz; **meerderheids-** majority [decision, interest, party, rule, shareholder, support, verdict]

meerderjarig [be] of age; *~ worden* come of age, attain one's majority; *bij zijn ~ worden* on his coming of age; *~e* major, person of full age, (*jur*) adult; **meerderjarigheid** majority, full age; *seksuele ~,* (*jur*) age of consent; **meerderjarigverklaring** (letter of) emancipation

meerekenen include (in the reckoning), count (in) [counting R there were six in all], reckon in; *reken mij maar niet mee* count me out; *we hebben vijf vingers als we de duim ~* if we count the thumb in; *emballage meegerekend* packing included; *niet meegerekend* exclusive of [packing]

meer|gegoeden: *de ~* the well-to-do (classes); **-gemeld**, **-genoemd** above-named, before-mentioned, mentioned higher up; **-gevorderd** more advanced; **-hokkig** polycarpous

meerijden drive (ride) along with a p.; (*ongevraagd, boven-, buitenop*) steal a ride, joy-ride, (*op trein, enz*) surf; *iem laten ~* give a p. a lift

meerjarenplan long-term plan

meerjarig: *~ contract* contract for more than one year, long-term contract

meerkat long-tailed monkey

meerkeuzetoets multiple-choice test

meerkoet coot; **meerkol** 1 jay; 2 coot

meer|kosten extra (additional, surplus) charges (costs); **-ledig** compound; complex; **-lettergrepig** polysyllabic; **-ling** multiple birth

meerltje (*her*) martlet

meer|maals, **-malen** more than once, frequently

meerman merman

meermanskaart (*vglb*) group ticket

meermin mermaid

meeroken passive smoking

meeropbrengst: *de wet der verminderende ~en* the law of diminishing returns

meerpaal mooring-post, bollard

meerpartijenstelsel multi-party system; **meerprijs** extra charge (cost), surcharge, supplement

meerschuim(en) meerschaum [pipe]

meerslachtig (*gramm*) having more than one gender; **meerslag** (*dammen*) multiple take

meerstemmig (*muz*) arranged for several voices (*of:* parts); polyphonic; *~ gezang, a*) part-singing; *b*) (*~ lied*) part-song; *~ zingen* sing in parts; **meerstemmigheid** polyphony

meertalig polyglot, multilingual

meertouw mooring-rope, -cable; *~en* moorings

meertrapsraket multi-stage rocket

meerval sheatfish

meervoud plural [ending, formation, suffix]; *in het ~ zetten* pluralize; **meervoudig** plural [noun]; multiple [births, correlation, injuries]; *~e kamer,* (*jur*) full court; *~ kiesrecht* plural vote (voting); *~ onverzadigd* polyunsaturated [fatty acid]; **meervoudsvorm** plural (form)

meerwaarde surplus value, added value, margin; **meerwaardigheid** [a sense of] superiority

meerzijdig multilateral

mees tit, titmouse (*mv:* -mice); *zwarte ~* coal-tit

meeslepen drag along (with one); carry along [the story carries the reader along; he carried his audience with him]; (*v water, enz*) carry (sweep) [everything] before it [he was carried (swept) out to sea by the tide]; *zijn onderwerp begon hem mee te slepen* he warmed to his subject; *meegesleept door de algemene geestdrift* carried away (swept off one's feet) by the general enthusiasm; *zij werden in zijn ondergang meegesleept* they were involved in his ruin, dragged down in his fall; *zie ook* beheersen: zich laten ~; *~d* gripping [story]

meesleuren *zie* meeslepen

meesmuilen laugh scornfully; **meesmuilend** with a wry smile

meespelen take part (join) in a game, join in; (*ve acteur*) play; (*een rol spelen*) play a part [in the negotiations]; *het spel ~* play the (another p.'s) game

meespreken *zie* meepraten; *mag ik ook een woordje ~?* may I put in a word?; *ik wil hierin ook een woordje ~* I want to have my say in this matter

meest most; (*meestal*) mostly; ***op** zijn ~* at (the) most, at the outside; *de ~ zuidelijke haven* the southernmost port; *het ~ gelezen dagblad* the most widely read newspaper; *de ~e mannen* most men; *bij de ~e kranten* in the majority of papers; *het ~e lawaai maken* make most noise; *wat ik het ~ nodig heb* what I want most; *de ~en van ons* most of us; *de ~e van onze landbouwers zijn pachters* most of our farmers are tenants; *het ~e ervan* most of it; *ik houd van deze het ~* I like this one best; *de ~ gehate (gehekelde) man,* (*fam*) (*ook*) the best hated (abused) man

meestal mostly, usually, more often than not

meestbegunstigd most-favoured; **meestbegunstiging** most-favoured-nation treatment; **meestbegunstigingsclausule** most-favoured-nation clause

meestbiedende highest bidder

meestemmen vote (with others)

meestendeels *zie* merendeels; **meestentijds** most times, mostly

meester master (*ook van gilde:* master craftsman); (*fig* (*ook*) adept [in an art]; (*spoorw*) (engine-)driver; (*mar*) first engineer; *~ kleermaker, enz* master tailor, etc; *de Meester,* (*bijb*) the Master; *hij is ~ in de rechten* he has a degree in Law; *oude ~s* old masters; *zijn **eigen** ~ zijn* be one's own master; *zich ~ **maken** van* seize [power, the King's person, control], take possession of, possess o.s. of, secure, get hold of; *zijn ~ **vinden*** (*in iem*) meet one's master (in a p.); *~ **worden***

Zie ook de sam met mede-

master [a subject, one's temper], get [a fire] under (control); *zichzelf weer (volkomen) ~ worden* get (full) control of o.s. again; *hij is zichzelf geen (niet) ~* he cannot control (restrain) himself; *zichzelf volkomen ~ zijn* have a firm grip of o.s.; *vele talen, enz ~ zijn* be master (*vr ook:* mistress) of many languages (of English); *hij is het Frans volkomen ~* he has a thorough command of French; *hij was de machine niet meer ~* he had lost control of the engine; *de stad ~ zijn* be in possession of the town [(*ook*) they are masters of the town]; *de toestand ~ zijn* be master (mistress) of the situation; *men is de toestand (de brand) ~* the situation is well in hand (the fire is under control); *ze was haar ontroering ~* she had got the better of her emotion; *(volkomen) ~ zijn in de lucht* have (complete) control (mastery) of the air

meesterachtig magisterial, pedantic; (*bazig*) masterful, imperious; **meesterbrein** mastermind [behind the robbery]; **meesteres** mistress

meester|hand master('s) hand; **-klasse** master class; **-knecht** foreman, working overseer; (*fam*) gaffer; **-lijk** I *bn* masterly; *~e zet* master stroke; II *bw* with consummate skill; **-schap** 1 mastership; mastery [his mastery of the language]; het ~ ter zee the command (mastery, control) of the sea; *zijn ~ over zijn kunst,* (*ook*) his grasp of his art; 2 (*kampioenschap*) *zie aldaar*; **-stuk** masterpiece; **-teken** maker's mark; **-titel** master's title; **-werk** masterpiece; **-zanger** mastersinger; **-zet** masterstroke

meestmogelijk as much (as many) as possible, the greatest possible

meestrijden join in the fight

meesttijds most times, mostly

meet 1 starting-line, -point; *van ~ af (aan)* from the beginning (the outset); *weer van ~ af beginnen* start afresh; 2 (*inz Z-Ned*) finishing-line

meet|apparatuur measuring equipment; **-baar** measurable; (*wisk*) rational [number]; **-baarheid** measurability; **-band** *zie* -lint; **-bereik** measuring range; **-brief** (*mar*) certificate of registry

meetellen *zie* meerekenen; *dat (hij) telt niet mee* that (he does) not count, counts for nothing; *niet meer ~,* (*ook*) drop out of the race (the picture)

meet- en regeltechniek cybernetics; **meetfout** measuring fault (error); **meetgeld** metage

meeting (mass) meeting

meet|instrument measuring instrument; **-kast** (*telec*) fault-finding apparatus, lineman's fault--finder; **-ketting** surveyor's (*of:* measuring) chain; **-kunde** geometry; **-kundig** geometric [mean *gemiddelde,* progression *reeks,* pattern], geometrical; *~e plaats* locus; **-kundige** 1 geometrician; 2 surveyor; **-lat** bench rule, measuring staff; *~je* rule; **-lijn** measuring line; **-lint** tape measure, measuring-tape; **-lood** plummet; **-loon** metage

meetrekken 1 pull too; 2 drag along; **meetronen** coax along, cajole [into accompanying him], (*met kwade bedoelingen*) lure (away)

meet|snoer *zie* -lijn; **-stok** measuring staff; **-tafeltje** plane (*of:* surveyor's) table; **-waarde** measured value; **-zender** signal generator

meeuw (sea)gull, sea mew; *~tje,* (*duif*) turbit; (*visdiefje*) tern

mee|vallen exceed one's expectations; *dat zal je ~* you'll be agreeably surprised; *het valt nog ~* it might have been worse; *het viel niet mee hem te vangen* he took some catching; *het zal u niet ~ (het te doen)* it is more difficult than you suppose, you'll have your work cut out, you won't find it easy going; *het valt niet mee om 12 uur per dag te werken* it's no picnic working ...; *bij (nadere) kennismaking valt hij mee* he improves (up)on (further) acquaintance; **-valler** piece (bit) of good luck, stroke of unexpected luck, godsend, windfall, pleasant surprise, (*fam*) turn-up; **-vechten** join in the fight; **-vieren** join in the celebration of; **-voelen**: *met iem ~* feel (sympathize) with a p.; *we voelen met hem mee,* (*ook*) our sympathies go out to him [in his loss]; *zij voelde zo met iem mee* she was so sympathetic; *ik kan met je ~* I can feel for you; **-voeren** carry (sweep) away [the flood carried (swept) away trees, etc], carry along (off), bring away (off); *zie ook* meeslepen

meewarig compassionate; **meewarigheid** compassion

mee|werken co-operate [in a scheme], assist [in a settlement], contribute [*tot* to(wards)]; (*bij lit werk, enz*) collaborate [in ...]; *de tijd werkt mee (voor ons)* time is on our side; *alles werkte mee om het feest te doen slagen* all things combined (conspired) to make the party a success; **-werkend** co-operating; *~ voorwerp* indirect object

meewind (*luchtv*) tail (*of:* following) wind

mee|zenden send along with a p. (*of:* s.t.); **-zingen** sing [in the choir]; (*met zanger*) sing along; *de menigte begon het lied mee te zingen* the crowd took up the song, joined in (the song); **-zinger** (*lied*) sing-along; **-zitten** be favourable; *als alles meezit* if all goes well; **-zoeken** join in the search

mefisto(feles) Mephisto(pheles)

mefistofelisch Mephistophelian

mega- id (10^6); **megafoon** megaphone, loud-hailer; **megahertz** megacycles (per second), mc/s, MCPS; **megaliet** megalith; **megalitisch** megalithic; **megalomaan** megalomaniac; **megalomanie** megalomania; **megaster** megastar; **megaton** id; **megawatt** id

mei May; *de ~ van het leven* the springtime of life

meiboom maypole; **meiboter** spring butter

meid 1 (*meisje*) girl, lass; *wilde ~* tomboy; *een aardige ~* a jolly girl; *nee, ~!* no, old girl!, no, (old) dear!; *doe het, dan ben je een beste ~* do it, there's a good girl; *je bent al een hele ~* you're quite a girl (woman); 2 (*dienstbode*) (maid)servant, maid, girl; *~ alleen* maid-of-all-work; *tweede ~* parlourmaid

meidag May Day (*1 mei*); day in May

meidengroep 1 women's discussion group; 2 fe-

Zie ook de sam met mede-

male band
meid-huishoudster cook-housekeeper
meidoorn hawthorn, may tree
meier 1 farmer; 2 sheriff, bailiff; 3 (*sl*) hundred-guilder note; **meieren** twaddle; **meierij** jurisdiction of a sheriff, shrievalty, bailiwick
mei|feest May Day festivities; maying; **-kers** early cherry; **-kever** cockchafer, maybug; **-koningin** May queen; **-maand** month of May
mein|edig perjured, forsworn; **-edige** perjurer; **-edigheid** perjury; **-eed** perjury; *een ~ doen* forswear (perjure) o.s., commit perjury
meisje girl (*ook dienst~*), lass; (*verloofde*) fiancée; (*fam*) sweetheart, [my, his] young lady (woman); *~ van plezier* lady of pleasure; *zie ook* meid
meisjes|achtig girl-like, girlish; **-boek** girl's book; **-dracht** girl's dress; **-gek** boy (man) who is mad about girls; **-hand** girl's hand(writing); **-jaren** girlhood; **-kleren** girl's (girls') clothes; **-naam** 1 girl's name; 2 (*ve getrouwde vrouw*) maiden name; *haar ~ weer aannemen* change back to one's maiden name; **-school** girls' school; **-stem** girl's voice; **-student** girl (*of:* woman) student, (*Am, ook*) co-ed
Meissen id; **Meissener:** *~ porselein* Dresden china
meiviering May Day celebration(s)
meizoentje daisy
mejuffrouw (*zonder naam*) Madam; (*met naam, ongetrouwd*) Miss; (*met naam, getrouwd*) Mrs; (*met naam, onbestemd*) Ms
mekaar *zie* elkaar; **mekaniek** *zie* mechaniek
Mekka Mecca; **Mekkaganger** Mecca pilgrim
mekk(er)en 1 bleat; 2 (*klagen*) bleat, whinge; *~ over* keep on (go on and on) about
melaatsheid, enz *zie* lepra, enz
melancholicus melancholic, hypochondriac
melancholie melancholy, depression (of spirits); **melancholiek** melancholy
Melanesië Melanesia; **Mela|nesiër, -nesisch** Melanesian
melange blend, mixture, mélange
melaniet melanite; **melanoom** melanoma
melasse molasses; **melat(t)i** (*plant*) zambak
melde (*plant*) orache, (*Am*) orach
melden mention, state, report [ten deaths are reported], announce; *zie ook* berichten; *iem iets ~* inform a p. of s.t. [notify the police of a crime]; *hij meldde mij, dat* ... he informed me that ...; *zich ~* report (o.s.); *zich ~ bij* report to [the police, etc]; *zich ~ (op zijn werk)* report for duty; *zich ziek ~*, (*mil, enz*) report sick; *vele gevallen worden gemeld* many cases [of smallpox, etc] are reported
meldenswaard worth mentioning
melder 1 (*toestel*) [fire] alarm, [smoke] detector; *vgl de sam*; 2 informant, notifier; **melding** 1 mention; *~ maken van* mention, make mention of, make reference to; *er werd ~ gemaakt van* ..., (*ook*) there was mention of ...; 2 (*aangifte*) report; **meldkamer** (*v politie*) incident(s) room
mêlee mêlée; **mêleren** blend [tobaccos], mix [a mixed company], shuffle [cards]
melganzevoet (*plant*) fat hen
melig 1 mealy; (*ve aardappel ook*) floury; (*ve peer ook*) woolly; 2 (*fam*) corny, dull, feeble
melioratie melioration
melis 1 loaf sugar; 2 (*plant*) balm (mint); **melisme** melisma; **melisse** (*pl*) balm (mint); **melissuiker** loaf sugar
melk milk; *een meisje met een kleur van ~ en bloed* a strawberries and cream girl; *hij heeft veel (weinig) in de ~ te brokk(el)en* he has(n't) much clout; *zie ook* overvloeien
melk|achtig milky; **-ader** lacteal vein; **-auto** milk van, milk float; **-bezorger** milk roundsman; **-bocht** milking yard; **-boer** 1 milkman; 2 dairy farmer; **-brood** milk bread; **-bus** milk churn; **-chocolade** milk chocolate; **-distel** sow thistle, milkweed; **-emmer** milk(ing) pail
melken 1 milk (*ook fig:* a p.); 2 (*bilj*) nurse (the balls); 3 (*sl*) whine; **melkeppe** milk parsley
melker milker; **melkerij** 1 dairy farm(ing); 2 (*melkhuis*) dairy; (*fabriek*) dairy factory
melk|fabriek dairy factory; **-fles** milk bottle; **-gebit** milk (*of:* deciduous) teeth; **-geefster**: *goede ~* good milker; **-geit** milk (milch) goat; **-gevend** milk yielding (giving), [she-ass] in milk; *~e koe, zie ~*koe; **-glas** milk glass, opal glass; **-inrichting** dairy (shop); **-kalf** sucking calf; **-kan(netje)** milk jug; *zie ook* -bus; **-klier** lacteal gland; **-koe** milch cow, milking (*of:* dairy) cow, [good, bad] milker; (*fig: ~tje*) [treat a p. as a] milch cow; (*sl*) gravy train; **-koker** milk boiler; **-koorts** milk fever, lacteal fever; **-kruid** sea milkwort; **-leider** milk duct; **-lijst** milk record; **-loop** milk round; **-machine** milking machine; **-meid, -meisje** milkmaid, dairy maid; **-meter** lactometer; **-muil** greenhorn, raw youth; **-opbrengst** milk yield; **-pap** milk porridge; **-plas** milk lake; **-poeder** milk powder; **-produkt** milk product; **-salon** milk bar; **-sap** milky juice; (*wtsch, plantk*) latex; (*in maag*) chyle; **-slijter** milk retailer; **-ster** milker; **-stoeltje** milking stool; **-suiker** milk sugar, lactose; **-tand** milk (*of:* deciduous) tooth; **-tijd** milking time; **-vee** dairy cattle; **-wagen** milk float
Melkweg Milky Way, Galaxy
melk|weger lactometer; **-wegstelsel** galaxy; **-wei** whey; **-winkel** dairy (shop); **-wit** milky white; **-zuur** lactic acid; **-zwavel** milk of sulphur
melodie melody, tune, air; *op de ~ van* to the tune of; **melo|dieus, -disch** melodious, tuneful
melodrama id; **melodramatisch** melodramatic (*bw:* -ally); *~e kost*, (*sl*) sobstuff
meloen melon; **meloenboompje** wintersweet
meloencactus melocactus, melon cactus
melo|maan melomaniac; **-manie** melomania
membraan membrane; (*ve grammofoon, enz*) diaphragm
memento id; *~ mori* id; **memoires** memoirs
memo|rabel memorable; **-randum** id (*mv:* -da, -dums); **-reren** 1 recall to memory; 2 mention, make mention of, note, draw attention to; **-riaal** memorandum book; diary
memorie 1 (*geheugen*) memory; *hij is kort van ~* he has a short memory; *pro ~* pro memoria; 2

(*geschrift*) memorial; ~ *van antwoord* memorandum in reply; ~ *van toelichting* explanatory memorandum (*of:* statement); **memoriewerk** (mere) matter of memory; **memoriseren** commit to memory, learn (off) by heart, memorize

men (*dikwijls vertaald door middel van de lijdende vorm; verder:* people, they, we, you, one, a man): 1 (*algemeen: de mensen*) one, people, they; ~ *zegt* it is said, people say, they say; ~ *vroeg zich af wat* ... people wondered what ...; ~ *wordt* ***verzocht*** *de voorwerpen niet aan te raken* visitors (the public) are requested not to touch the exhibits; *wat zal ~ ervan* ***zeggen****?* what will people say?; *ik doe het wat ~ er ook van zegt* I'll ... in spite of anything people may say; 2 (*een of meer ongenoemden: ze*) they; *naar ~ zegt* it is said, (as) they say; ~ *zegt, dat hij* ... he is said (reported) to ...; ~ *hoopt* (*vreest*) *dat* ... it is hoped (feared) that ...; ~ *heeft mij gezegd* I have been told; ~ *is van plan te* ... it is intended to ...; 3 (*zij die denken zoals de spreker: ik, wij, je*) one, you, we, a man; *zo iets zegt ~ niet* such things are not said; *zie ook* doen 1; ~ *zou het haast geloven* one would almost believe it; *de dood is iets wat ~ moet aanvaarden* death is something a man has (we have) to accept; ~ *kan het niet iedereen naar de zin maken* you (one) cannot please everybody; ~ *kan hen niet laten verhongeren* they cannot be allowed to starve

menage (*mil*) mess, messing; **menagegeld** messing allowance; **menagemeester** mess sergeant; **menageren** spare, be lenient to; *zich* ~ take care of o.s.; *zie ook* sparen

menagerie id; **menagetent** mess tent

menarche id

mendelen be inherited according to Mendel's laws; **Mendelisme** Mendelism

meneer (*heer*) gentleman; (*fijne heer, sl*) toff; (*heer des huizes*) master; (*met naam*) Mr; (*aanspr zonder naam*) Sir; ~ *Dinges* Mr So and So; ~ *pastoor* the (local) priest (*aanspr:* Sir), (*vero*) his (your) reverence; ~ *de Voorzitter* Mr Chairman; *mijn* (*uw*) ~, (*ve bediende*) my (your) master; *is ~ thuis?* is Mr X in?; *had ~ nog koffie gewenst?* did you want more coffee, Sir?; ~, *mag ik nu gaan?* please, Sir, may I go now?; *en wat doet ~?*, (*iron*) and what does his lordship do?; *iem met ~ aanspreken* address a p. as sir, sir (*of:* mister) a p.; *een hele* ~ quite somebody; *de krant is een* ~ papers are made by people

menen 1 (*bedoelen*) mean; *ik meen het* I am in earnest, I mean it (*zo* (*ook*) every word he said was meant), I am quite serious; *je méént het!, dat meen je niet!* you're not serious!; ***hoe*** *meent u dat?* what do you mean?; ***wat*** *meent u daarmee?* what do you mean by it?; *hij meent het* ***goed*** he means well [*met ons* by us]; *het was goed gemeend* it was meant for the best; *zij ~ het goed met ons,* (*ook*) they have our welfare at heart; *een dame, die het goed meende* a well-intentioned (well-meaning) lady; *iem, die het goed met u meent* a well-wisher [every well-wisher of the country]; *het was niet* ***kwaad*** *gemeend* no offence was meant, I (he) meant no harm; *hij meent het niet kwaad* (*met u*) he means (you) no harm; 2 (*van plan zijn*) mean, intend; 3 (*denken*) think, fancy, suppose; *dat* ***zou*** *ik ~!* I should think so!; *ik meende het u gezegd te hebben* I thought I had told you; *hij meent te zien* ... he thinks he sees ...; *soms meen ik zijn stem te horen* at times I seem to hear ...

menens: *het is* ~ it is serious (*fam:* for real); (*bij gevecht, woordenstrijd, enz*) (*ook*) the gloves are off; *het wordt* ~ it is getting serious; *het is me* ~, *zie* menen: ik meen het

meneren *zie* meneer: met ~ aanspreken

mengbaar mixable, miscible; **mengbaarheid** mixability; **mengbeker** mixer, blender; **mengeldichten** miscellaneous poems; **mengelen** mingle, mix; **mengeling** mingling, mixture; **mengelmoes** medley, jumble, mishmash, hodgepodge, hotchpotch; **mengelwerk** miscellany

mengen mix, mingle; blend [tea, coffee]; alloy [metals]; (*aanlengen*) dilute, qualify; *olie en water laten zich niet* ~ oil and water do not mix (together); ***zich*** ~ *in* meddle with [other people's affairs], get (o.s.) mixed up in [politics], interfere in [a quarrel, a p.'s affairs], join in [the conversation]; *zich ongevraagd* (*brutaal, enz*) *in iets* ~ butt in; barge in [(up)on the discussions]; *zich in alles* ~ poke one's nose into everything; *zich onder de menigte* ~ mingle with (mix among) the crowd; *zijn naam is erin gemengd* he is mixed up in it

menging mixing, mixture, blending; *zie ook* mengsel; **mengingssom** alligation sum

meng|kraan mixer tap, mix valve; **-mest** slurry; **-paneel** mixing unit, mixer; **-sel** mixture; blend [of teas]; compound; **-smering** petroil lubrication; **-taal** mixed language; **-tafel** mixing console, mixer; **-verhouding** mixing ratio; **-voer** mash; **-vorm** hybrid

menhir id

menie red lead, minium; **meniën** (paint with) red lead

menig many (a); ~ *ander* many another; ~ *jaar* many a year; *in ~ opzicht* in many ways; *hij heeft ~ glaasje van mij gehad* many is the glass he had from me; **menigeen** many a man, many a one

meniger|hande, -lei manifold, of many kinds, various; **menigmaal** many a time, often, frequently; **menigte** crowd, multitude, host, throng, great number; *in* ~ in abundance, plentifully; *zie ook* hoop 1; *psychologie van de* ~ crowd (*of* mass) psychology; **menigvuldig** I *bn* manifold, frequent, abundant; II *bw* abundantly, frequently, often; **menigvuldigheid** multiplicity, abundance, frequency; **menigwerf** *zie* -maal

mening opinion, view [on, of *over*], idea [about, on *over*]; *de ~en verschillen* opinions differ; *de openbare* ~ public opinion; *ik geef mijn ~ voor beter* I speak under correction; *zijn* ~ ***zeggen*** say (give, offer) one's opinion [*over* of, on]; (*uitkomen voor zijn* ~) speak one's mind (freely); *hij* ***hield*** *er een eigen* ~ ***op na*** he held views of his own; ***bij*** *zijn ~ blijven* hold (stick) to one's opinion; *handelen* ***in*** *de ~ dat* act in the belief that ...; *in de ~ verkeren dat* be under the impression that; ***naar***

(***volgens***) *mijn* ~ in my opinion [*zo* (*ook*) in the general opinion of the House], to my mind, to my (way of) thinking; *zie ook* bescheiden; *wij verschillen* ***van*** ~ we differ in opinion, hold different views; *van een andere ~ zijn dan* differ (in opinion) from, be of a different opinion from; *van ~ zijn dat* be of (the) opinion that, hold the view that; *men is van ~ dat* it is held that; *zij waren van ~ dat* ... they felt that ...; *zie ook* in de ~ verkeren, dat; *ik ben van uw* ~ I agree with you, I am with you; *van dezelfde ~ zijn* be of the same opinion (mind, way of thinking), hold the same view; *verschil van ~, zie* ~sverschil; *zie ook* veranderen, uitkomen, enz

meningitis (cerebro-spinal) meningitis

meningsuiting expression of opinion; *vrije* ~ freedom of speech (and the press)

meningsverschil difference (divergence) of opinion, disagreement; *daaromtrent kan geen ~ bestaan* there can be no two opinions about it

meniscus id (*mv:* -ci)

menist Mennonite [church]; **menistenblauw** azure; **menistenleugentje** white lie; **menistenstreek** sly trick; **menistenzusje** prude

mennen *tr & intr* drive

mennoniet Mennonite

menopauze menopause, change of life

mens man, human being, human; *~en* men, people; (*bezoek*) people, company, visitors; *zie ook* eten; *~je* diminutive person; (*scherts*) little bit (small piece) of humanity; ***het*** *~!* the creature!; *ga weg, ~!* get out, woman!; *zo is* ***de*** ~ such is man; *de ~ is* (*alle ~en zijn*) *sterfelijk* man is (all men are) mortal; *de* ***~en*** people; *veel ~en* many (a lot of) people; *bij ons* (*soort*) *~en is dat geen gewoonte* it is not the custom with our kind of people; *zij begrijpt* ***een*** ~ she understands a man (*fam:* a fellow); *het doet een ~ goed te ...* it does one good to ...; *een mooie tijd om een ~ uit zijn bed te halen,* (*fam*) a nice time to drag a person out of bed; *ik ben* (*ook*) *maar een* ~ I'm only human; *het is meer dan een ~ kan verdragen* it is more than flesh and blood can bear; ***als*** *~ gesproken* humanly speaking; *het* ***arme*** ~ the poor soul; *arm ~!* poor thing; *wie is* ***dat*** *~?* who is that person?; *dat ~ van het toneel* that actress person; *~,* ***erger*** *je niet,* (*spel*) ludo; ***geen*** ~ nobody, no one, [I did] not [see] a soul; *ik ben geen half ~ meer* I am knocked up (fagged out); *het is een* ***goed*** ~ she is a good soul; *we* ***hebben*** *~en te eten* we're having some people to dinner; *daar heb ik mijn ~en voor* I've got my men (*iron:* menials, underlings) for that; *we* ***krijgen*** *~en* there are visitors coming; *een ~* ***maken*** *van* make a man of; (*fam*) lick into shape; *gevangenen zijn* ***ook*** *~en* prisoners are humans the same as anyone else; *het* ***oude*** ~ the old woman (*fam:* body, party); *de oude ~ afleggen* put off the old man, put on the new man; *~* ***worden*** become human; (*bijb*) take flesh; *de ~ geworden Zoon Gods* the Incarnate Son of God; *we* ***zien*** *weinig ~en,* (*bezoek*) we see few people; ***door*** *~en gemaakt* man-made [laws]; *ik kom weinig* ***onder*** *de ~en* I do not see many people [she ought to go out and about more]; *het geld onder de ~en brengen* spend money freely; *zie ook* beschikken, inwendig, stuk, enz

mensa student restaurant (cafetaria), refectory

mensaap[1] ape, anthropoid (ape); **mensbeeld** [the] concept of man [in Stuart drama]; **mensdom**: *het* ~ (hu)mankind, humanity, personkind

mense|lijk human [being, element, error, relations, standards]; humane [person, treatment]; *de ~e natuur* human nature; *~er maken* humanize; **-lijkerwijs** humanly [it is humanly impossible]; *~ gesproken* humanly speaking; **-lijkheid** humanity

mensen|bloed human blood; **-eter** man-eater, cannibal; (*in sprookje*) ogre; **-gedaante** human shape (form); **-geslacht** human race; **-haai** man-eating shark; **-haat** misanthropy, hatred of mankind; **-hand**: *niet door ~ gebouwd* not built by the hand of man; *door ~en bewegen, enz* manhandle [the piano up the stairs]; **-handel** slave trade; **-hart** human heart; **-hater** misanthrope; hater of mankind; **-heugenis**: *bij* (*sinds*) ~ (with)in living memory (from time immemorial); **-jacht** manhunt; **-kenner** [he was no] judge of people (human nature, human character); *hij is een* ~ he knows human nature; **-kennis** knowledge of men, knowledge of (insight into) human character (nature); **-kind** human being, [every] son of man (*mv:* sons of men); *~eren!* goodness gracious! [how wonderful, how terrible]; **-leeftijd** [it lasts a] lifetime; **-leven** human life, life of man, [heavy loss of] life (lives); **-liefde** philanthropy, love of mankind, humanity; **-lijk** human body, corpse; **-massa** crowd, multitude, mass of people; **-offer** human sacrifice; **-paar**: *het eerste* ~ the first human couple; **-plicht** duty of man; **-ras** human race; *een ander* ~ a different breed of men; **-rechten** human rights; **-roof** kidnapping; **-rover** kidnapper; **-schuw** (very) shy, unsociable; **-schuwheid** shyness, fear of company; **-stem** human voice; **-verstand** human understanding; *gezond* ~ sound common sense; **-vlees** human flesh; **-vrees** fear of men, anthropophobia; **-vriend** philanthropist; **-wereld** human world; **-werk** work of man; **-wijsheid** human wisdom

Mensenzoon Son of Man

mens|heid 1 human nature, humanity; 2 mankind (*de ~*), humanity, human race; **-kunde** 1 human biology; 2 *zie* mensenkennis; **-lievend** humane, philanthropic (*bw:* -ally), charitable; **-lievendheid** humanity, philanthropy, charity; **-onterend**, **-onwaardig** unworthy of man, degrading

menstru|atie menstruation; *eerste* ~ menarche; **-atiecyclus** menstrual cycle; **-eel** menstrual [bleeding]; **-eren** menstruate

mensuraal mensural [music, notation]

mensuratie mensuration

menswaardig worthy of a human being, decent

1 *Zie voor de sam met* mens- *ook* man-

[existence]; ~ *loon* living wage; **menswetenschap** social science; **menswording** 1 incarnation; 2 origin of man(kind), anthropogenesis
mentaal mental; **mentaliteit** mentality, mental outlook, state of mind; [change of] attitude
menthol id
mentor id; **mentoraat** 1 (*functie*) mentorship; 2 (*begeleiden*) mentoring
menu id; (*spijskaart, ook*) bill of fare; *vis is van het* ~ fish is off (the menu)
menuet minuet
menugestuurd (*comp*) menu-driven [programmes]; **menukaart** menu (card)
mep slap, crack, smack, wallop, sock [on the jaw], bang, clout [on the head]; *iem een* ~ *geven* sock a p. one, *vgl* meppen; *de volle* ~ the full amount
Mephisto(pheles) id; *zie ook* mefisto(feles)
meppen catch [a p.] a crack, slap (smack, sock, clout) [a p.], lam into [a p.], swat [a fly]
mer à boire hopeless (never-ending) task
mercantiel mercantile [system]; **mercantilisme** mercantilism; **Mercator** id; **mercatorprojectie** Mercator's projection
merceriseren mercerize
merci! thank you!, thanks!, (*fam*) ta!
Mercurius Mercury; **Mercuriusstaf** caduceus
mercurochroom mercurochrome
merel blackbird
meren moor [*aan* to]; **Merenberg**: *hij is rijp voor* ~ he should be in a mental hospital (*sl:* in the bin)
merendeel: *het* ~ the greater part (number), the bulk, the majority [of people]; **merendeels** for the greater (the most) part; in the majority of cases
merengebied: *het* ~ the [Frisian] lakes
merg (*in been*) marrow; (*wtsch*) medulla; (*plantk*) pith, medulla; (*fig*) pith; *verlengde* ~ medulla oblongata; *de wind dringt door* ~ *en* ***been*** the ... cuts one to the marrow; *een door* ~ *en been gaand geluid* a strident noise; *een conservatief in* ~ *en been* a conservative to the marrow (to the backbone), an out-and-out conservative; *Engels in* ~ *en been* English to the core (to the backbone)
mergel marl; **mergelachtig** marly, marlaceous; **mergelen** marl; **mergelgroeve** marlpit; **mergelsteen** marlite, marlstone
merg|kool narrowstem(med) kale; **-lepel** marrowspoon; **-pijp** marrowbone; **-pompoen** vegetable marrow; **-straal** (*plantk*) medullary ray
meridiaan meridian [circle, altitude]
merinos merino (*mv:* -os); **merinosschaap** merino; **merinossen** *bn* merino; **merinoswol** merino wool
meristeem meristem
merite merit [judge a proposal on its merits]
meritocratie meritocracy
merk 1 (*merkteken*) mark; (*los merkje, enz*) tag; 2 (*soort*) brand [of cigars, spirits, perfume, chocolate, etc], sort, quality; *fijne ~en* choice brands; 3 (*fabrikaat*) make [of bicycle, car, etc]; 4 (*handels~*) trademark; 5 (*keur*) hallmark

Zie voor de sam met mens- *ook* man-

merkartikel name brand, proprietary brand, branded article (product, *mv ook:* goods)
merkbaar perceptible, noticeable, appreciable, marked [improvement]; *dit heeft de kans op oorlog* ~ *verminderd* this has appreciably diminished the risk of war
merkel 1 (*langsscheeps*) fore-and-after; 2 (*dwarsscheeps*) gutter-ledge
merkelijk considerable, marked
merken 1 (*ve merk voorzien*) mark [goods, linen, etc]; (*met los merkje*) tag [bottles]; (*brand~*) brand; 2 (*bemerken*) perceive, notice, observe; *ik merk beslist vooruitgang* I see (feel) decided progress; *ik heb nooit gemerkt dat hij* ... I never knew him [do it, blab, go there, etc]; ~ ***aan*** [I could] tell by [the way you ...]; *hij liet* ~ *dat het hem niet beviel* he showed (intimated) that he did not like it; *u moet niets laten* ~ don't let on, don't give yourself away; *hij liet niets* ~ he made no sign; *hij liet haar niets* ~ *van zijn hachelijke positie* he gave her no inkling of his precarious position; *zonder het te* ~ without [*zelfs maar:* even, so much as] noticing, [you could let me have £30] and never notice it
merkenbureau trademark office; **merkenlijst** list of marks; **merkenwet** Trade Descriptions Act (1968); (*hist*) Merchandise Marks Act
merk|houder trademark owner; **-ijzer** branding iron; **-inkt** marking ink; **-lap** sampler; **-loos** unbranded; ~ *artikel,* (*ook*) generic brand; **-naam** brand name; trademark; **-stift** text marker; **-teken** mark, sign, token; **-waardig** (*opmerkelijk*) remarkable, noteworthy; (*vreemd*) curious, odd, peculiar; **-waardigerwijs** oddly (strangely) enough; **-waardigheid** 1 remarkableness, curiosity, oddity, peculiarity; 2 (*concr*) curiosity; *de -heden van een plaats* the sights of a place
merlet (*her*) martlet
merlijn merlin; **Merlijn** Merlin
Mero|vinger, **-vingisch** Merovingian
merrie mare; **merrieveulen** filly (foal)
mes knife; ~(*je*) (*in houder, v machine, enz, ook*) blade; (*ve balans*) knife edge; ~*sen, vorken, enz* cutlery; *het* ~ ***snijdt*** *aan* (*van*) *twee kanten* it cuts both ways; *het* ~ *erin* ***zetten*** take drastic measures; (*ter bezuiniging*) apply the axe; *het* ~ *werd hem op de keel gezet,* (*fig*) the knife was put to his throat, a pistol was put to his head; *het* ~ *in de prijzen* (*de begroting*) *zetten* slash prices (the budget); ***onder*** *het* ~ [the patient died] under the knife; *hij zit onder het* ~, (*fig*) he is under examination (being examined)
mesalliance mésalliance, misalliance
mesalliëren: *zich* ~ marry below one
mescaline mescalin(e)
ME-schild riot shield
mesheft 1 knife handle; 2 (*dier*) razor fish, razor-shell, (*Am*) razor clam
mesigit (*Ind*) masjid, mosque
mesjoche, **mesjoege**, **mesjogge**, **mesjokke** crazy, cracked, w(h)acky, crackpot [schemes]
mesmeriseren mesmerize; **mesmerisme** mesmerism; **mesofauna** meiofauna; **meson** id

Mesopotamië Mesopotamia; **Mesopo|tamiër, -tamisch** Mesopotamian
mesosfeer mesosphere; **Mesozoïcum** Mesozoic
mespunt 1 knife-point; 2 (*in recept*) pinch; **messchede** knife case, knife sheath; **messcherp** razor-sharp (*ook fig:* criticism, wit]; **messelegger** knife-rest; **messenaanzetter** knife sharpener, tablesteel; **messenbak** knife box (tray); **messenmaker** cutler; **messenslijper** knife grinder (sharpener); **messetrekkerij** fighting with knives
messiaans Messianic; **Messias** Messiah
messing 1 brass; 2 (*ve plank*) tongue [and groove joint]
messnede 1 knife cut; 2 knife-edge; **messteek** (knife-)stab, knife-thrust, -cut
mest dung, muck, manure; (*kunst~*) fertilizer; (*drijf~*) slurry; **mestbeest** *zie* -dier; **mestbelt** dunghill; **mestdier** fatting-animal; *~en, (ook)* fatting-stock
mesten 1 (*grond*) dress, fertilize, muck, manure, (*met vloeimest*) dung; 2 (*dier*) fatten, fat, feed up; (*gevogelte, ook*) cram; *zie ook* gemest
mester fattener; **mesthok** fatting-pen; **mesthoop** dunghill, midden, muckheap
mesties mestizo (*mv:* -zos, zoes; *vr:* -za)
mest|kalf 1 fatting-calf; 2 fattened calf; **-kar** dung cart; **-kever** dung beetle; **-koe** fatting-cow; **-kuil** dung pit; **-kuur** fattening-cure; **-os** 1 fatting-ox; 2 fattened ox; **-probleem** slurry problem; **-put** dung pit; **-stof** manure; fertilizer; **-strooier** (*machine*) manure distributor, (spreader), muck spreader; **-tor** dung beetle; **-vaalt** dunghill; **-varken** porker; **-vee** fatting-cattle, -stock, store cattle; **-vork** muck fork, manure fork; **-wagen** dung cart
met I *vz* 1 (*in gezelschap van, in verbinding met*) with, along with; *prijs ... ~ 5% voor contant* price ... less 5 per cent for cash; *~ 5% toe-, afnemen* increase (decrease) by 5 per cent; *~ X, (telef)* X speaking, X here; *jij ~ je Marmite!* you and your ...!; ~ **(z'n)** *hoevelen zijn jullie? ~ z'n zessen* how many are you? we are six, there are six of us [in the car]; *we zijn thuis ~ ons zessen* we are a family of six; *~ zijn drieën als kinderen* [we were] three children; *~ z'n twintigen in het geheel* twenty all told; *~ zijn twaalven in een kamer slapen* (*aan tafel zitten*) sleep twelve in a room (sit twelve at table); *~ zijn tweeën of drieën gaan* go two or three together; *~ zijn drieën gingen we naar ...* (together) we three went to ...; 2 (*toestand:*) *~ de hoed* (*een kopje, enz*) *in de hand* hat (cup, etc) in hand; *~ de palm naar boven* [his hand rested] palm upward [on ...]; *zak ~ geld* bag of money; *hij is ~ **vakantie*** he is on holiday; 3 (*gekleed in, met ... aan, op*) in; *de man ~ de kaplaarzen* (*aan*) the man in the top-boots (*zo ook:* in spectacles, in a silk hat); *~ zijn hoed op* [speak] with one's hat on; *~ **kleren** en al* clothes and all; 4 (*tijd*) at; *~ **Kerstmis*** at Christmas; *~ het aanbreken van de dag* at daybreak; *~ Pasen 20 jaar geleden* twenty years ago come Easter; *~ de dag* every day; *~ elke dag, die voorbijgaat* [our strength is increasing] with every day that goes by; *~ de vrede werd alles anders* with the peace, it all changed; 5 (*dmv*) with [cut with a knife], in [celebrate the event in a glass of sherry]; *zie ook* drinken; *~ **handen** vol* by handfuls; *~ de **pen** geschreven* written with a pen; *~ inkt (~ potlood) geschreven, (ook)* in ink (in pencil); 6 (*per*) by [boat, bus, post, rail]; *~ de ochtendpost* by the morning post; *~ de **trein** van 5 uur* by the five o'clock train; *~ dezelfde trein reizen, (ook)* travel on the same train; *~ een rijtuig* [come] in a carriage; 7 (*ondanks:*) *~ dat **al*** yet, for all that, in spite of this; *al ~ al* altogether; II *bw* at the same time (moment)
metaal metal; (*blad~*) foil; *de ~* the metal industry; *oud ~* scrap(-metal); *geheel van ~* all-metal; (*attr ook*) metallic
metaal|achtig metallic [lustre, paint]; **-arbeider** metalworker; **-barometer** aneroid (barometer); **-bewerker** metalworker; **-bewerking** metalwork(ing); **-dekking** (*ve bank*) bullion; **-draad** metallic wire; (*ve elektr lamp*) metallic filament [lamp]; **-gaas** wire gauze, wire netting; **-gieterij** (metal) foundry; (*het gieten*) metal casting; **-glans** metallic lustre; **-houdend** metalliferous [deposits *afzettingen*]; **-industrie** metal (*of:* metallurgical) industry; **-klank** metallic ring; **-kunde** metallurgy; **-kundige** metallurgist; **-moeheid** metal fatigue; **-plaat** (*stof*) sheet metal; (*voorwerp* metal sheet (*dikker:* plate); **-schuim** dross; **-slak** slag, scoria (*mv:* -iae); **-verbinding** metallic compound; **-waren** metal goods; (*ijzer*) hardware; **-werk** metalwork; **-werker** metalworker; **-zaag** hacksaw
meta|foor metaphor; **-forisch** metaphorical
meta|fysica metaphysics; **-fysisch** metaphysical
metalen *bn* metal [box]; (*fig*) metallic [voice]
metal|liek metallic [packing]; **-lisatie** metallization; **-lisch** metallic [copper]; **-liseren** metallize; **-lofoon** metallophone; **-loïde** metalloid
metal|lurg metallurgist; **-lurgie** metallurgy; **-lurgisch** metallurgic(al)
metamorf metamorphic [rock], metamorphous
meta|morfose metamorphosis; (*geol*) metamorphism; **-morfoseren** metamorphose
metanalyse metanalysis
meta|plasie metaplasia; **-stase** metastasis; **-taal** metalanguage; **-these**, **-thesis** metathesis
meteen 1 at the same time; *koop ook ~ wat postzegels voor mij* please ... while you're about it; 2 immediately; (*zo*) ~ by and by, presently, in a minute; *tot ~!* see you later!; *ik kom ~* I shan't be long, won't be a minute; *nu ~* this minute, right away; *~ meenemen, (winkel, ook)* take away; *zo ~ raakt hij ons nog* he'll be hitting us next; next thing he'll be hitting us; *hij was ~ dood* he died (was killed) instantly
meten measure (*ook met de ogen:* measure a p. with one's eyes), gauge; *van binnen* (*buiten*) *gemeten* inside (outside) measurement; *gemeten aan ...* measured by [eternity]; *hij meet zes voet* he stands six feet [*met schoenen aan* in his boots; *met zijn schoenen uit* in his stockings]; *op de gemeten mijl* [speed trials] on the measured mile; ***zich** met iem ~* measure one's strength against a p., pit o.s.

(one's strength) against a p., try conclusions with a p.; (*in worstelwedstrijd*) try a fall with a p. (*ook fig*); *je kunt je niet met hem ~* you are no match for him; *zie ook* maat, opgewassen, enz

meteo (*fam*) met [flight]

meteoor meteor [shower, swarm]; **meteoorsteen**, **meteoriet** meteorite, meteoric stone, aerolite; **meteorisch** meteoric [dust, water]

meteorologie meteorology; **meteorologisch** meteorological; *M~ Instituut* Meteorological Office, weather bureau, weather centre; **meteoroloog** meteorologist

1 meter (*peet*) godmother

2 meter 1 (*pers*) measurer, gauger; 2 (*maat*) metre; *voor geen ~, (sl)* (in) no way, not at all; 3 (*druk~*) gauge; (*gas~, enz*) meter; *de ~ opnemen* read the meter

meteropnemer meter reader; **meterstand** meter reading; **meterton** metre-ton

metgezel(lin) companion, mate

methaan methane

methadon methadon(e); **methanol** id

methode method, plan; *een ~ volgen, (ook)* follow a procedure; **methodenleer** methodology

methodiek methodology, (science of) method

methodisch methodical [study, worker]

methodisme Methodism; **methodist** Methodist; **methodistisch** Methodist [the Methodist Church, revival]

methodologie methodology; **methodologisch** methodological; **Methusalem** Methuselah

methyl id; **methylalcohol** methyl alcohol, methanol; **methyleren** methylate

métier id, profession, trade

meting measuring, measurement; *~en doen* take measurements, (*aflezen*) take readings

metony|mia, -mie metonymy

metoop, metope metope

metrage (*vglb*) yardage, footage

metriek I *bn* metric (*bw:* -ally); *~ stelsel* metric system; *overgang op het ~ stelsel* metrication; II *zn* (*lit*) metrics, prosody

metrisch 1 (*vh metrum*) metrical [stress]; 2 metric [screw thread, tonne]; *zie* metriek I

metro underground (railway), id; (*Am*) subway

metronomisch metronomic; **metronoom** metronome; **metropoliet** metropolitan

metropolis id; **metropolitaan(s)** metropolitan; **metropool** metropolis

metrum metre

metselaar bricklayer; **metselaarsbak** hod

metselbij mason bee

metselen set (lay) bricks; build [a wall]; (*fig*) swill down one's food; *gemetselde haard* brick fireplace; **metsel|kalk, -specie** mortar; **metselsteen** brick; **metselwerk** brickwork, masonry; **metsen**, enz *zie* metselen, enz

metten matins; *donkere ~* tenebrae; *iem de ~ lezen* read a p. a lesson, lecture a p.; *korte ~ maken met* make short work of, give short shrift to; *er werden korte metten met hem gemaakt, (ook)* he had (*of:* received) short shrift

metterdaad indeed, in fact, really [heroic]; [show one's willingness] by one's actions, actively

metterhaast hurriedly, quickly

mettertijd in course of time, in due course, as time goes (went) on, with (in) time

metterwoon: *zich ~ vestigen* establish o.s., settle, come to reside, fix one's abode, take up one's residence

metworst (kind of) German sausage

meubel piece of furniture; *~en* furniture; *lastig ~, (pers)* cantankerous person, handful; *een raar ~, (fig)* a queer body (customer); *haar (paar) ~tjes* her (few) sticks (*of:* bits) of furniture

meubel|en furnish, fit up; **-magazijn** furniture store (shop); **-maker** cabinet-maker, joiner; **-plaat** blockboard; **-politoer** furniture (*of:* French) polish; **-rolletje** castor; **-stof** upholstery material, furniture fabric; **-stoffeerder** upholsterer; **-stuk** piece (*of:* article) of furniture; **-wagen** furniture van; **-was** furniture polish; **-zaak** furniture shop (store)

meubilair furniture

meubileren furnish, fit up; *zie ook* gemeubileerd; **meubilering** 1 furnishing; 2 furniture

meug: *elk zijn ~* every man to his taste (to his choice); everyone as they like best; *zie ook* heug

meuk: *in de ~ staan* be soaking; **meuken** soak

meun (*vis*) 1 (five-bearded) rockling; 2 (*oneig*) chub; **meuren** *zie* maffen & vunzen

meute pack (of hounds)

mevrouw (*met naam*) Mrs, Miss; (*zonder naam*) [a, the] lady; (*door, en tot bediende*) mistress [the mistress is resting, Sir], (*volkst*) [my, your, the] missis; (*aanspr zonder naam*) Madam, (*fam*) mum, mam, 'm [Yes 'm]; (*fam*) lady; (*tot leden der koninklijke familie*) Ma'am; *hoe gaat het met ~ (uw vrouw)?* how is Mrs B?; *is ~ thuis?* is your mistress (Mrs X) in?

Mexicaan(s) Mexican; *Mexicaanse hond, (radio)* howl; **Mexico** id

mezelf myself; *vgl* zichzelf

mezzo(sopraan) mezzo-soprano (*mv:* -os)

mezzotint(o) mezzotint

Mgr Mgr, Monseigneur, Monsignor

m.i. afk van *mijns inziens* in my opinion

miasma miasma (*mv:* -mata, -mas); **miasmatisch** miasmatic(al); **miasme** miasma

miauw miao(u)w!, mew!, (*inz Am*) meow!

miauwen miao(u)w, mew, mewl, miaul, (*inz Am*) meow

mica id; **mica-achtig** micaceous

Michaël, Michel, Michiel Michael; (*fam*) Mike; **Michielsdag** (*St-Michiel*) Michaelmas

micro 1 micro(computer); 2 microphone, mike

microbe id; **microbieel** microbial, microbic [diseases]

micro|biologie microbiology; **-cefaal** microcephalous; **-cosmos** microcosm; **-elektronica** microelectronics; **-fiche** id (*mv:* id); **-film** id; **-fonist** broadcaster, (radio) reporter; **-foon** microphone; (*fam*) mike; (*v telef, ook*) mouthpiece; *voor de ~ spreken* speak into (*of:* before) the microphone, broadcast, go on the air; **-fotografie** 1 (*v microscopisch object*) photomicrography; 2

(*verkleinde foto*) microphotography; **-golf** 1 (*radio*) microwave; 2 (*sp*) mini-golf, midget golf; **-grafie** micrography; micrographics; **-habitat** id; **-kaart** 1 (*film*) microfiche; 2 (*papier*) microcard; **-klimaat** microclimate; **-kopie** microcopy; **-korfbal** indoor korfball; **-lith** id; **-meter** id

micron id; **Micronesië** Micronesia; **Micro|nesiër**, **-nesisch** Micronesian

micro|organisme micro-organism; **-scoop** microscope; **-scopisch** microscopic(al) (*bw:* -ally); *~ klein* microscopic; **-scopist** id; **-stip** microdot; **-technologie** microtechnology; **-toom** microtome; **-vorm** microform; *in ~ vastleggen* microrecord; **-wave** microwave (oven), micro; **-waven** microwave, (*Am sl*) nuke

middag midday, noon; (*na~*) afternoon; *na de ~* in the afternoon; *rond de ~* around noon (midday); *tussen de ~* at lunchtime; *voor de ~* before noon, in the morning; *heden~, van~* this afternoon; *'s ~s, a*) at (twelve) noon, at midday; *b*) in the afternoon; *om 3 uur 's ~s,* (*ook*) at three pm

middag|breedte latitude at noon; **-cirkel** meridian; **-dutje** after-dinner nap, siesta; **-eten** *zie* -maal 1; **-hoogte** meridian altitude; **-lijn** meridian; **-maal** 1 (*hoofdmaaltijd*) dinner; *zijn ~ doen met* dine on (*of:* off) [bread and cheese]; 2 (*twaalfuurtje*) midday meal, lunch(eon); **-malen** dine, have dinner; **-pauze** lunch(time) break; midday interval (break); **-rust** afternoon (midday) rest; **-sluiting** lunchtime closing; **-uur** noon(tide); **-voorstelling** matinee; **-zon** midday (noonday) sun

middel 1 (*vh lichaam*) waist, middle; 2 means (*mv:* id), expedient, device; (*chem*) agent [soap is a cleansing agent]; (*tegen ziekte, enz*) remedy [against toothache]; *~tje,* (*kunstje*) trick, device; *het is slechts een ~, geen doel* it is only a means to an end; *de algemene ~**en*** [subsidy from] public funds; *geen eigen ~en hebben* have no private means; *al mijn ~en waren* (*raakten*) *uitgeput* I was at (came to) the end of my tether (resources); *alle mogelijke ~en in het werk stellen* try all (every) possible means; *~ van **bestaan*** means of subsistence (support, livehood); *hij heeft geen ~ van bestaan,* (*ook*) he has not the wherewithal to live; *~en ter verdediging* means of defence; *~ van **vervoer**, zie* vervoer~; ***door** ~ van* by means of; through the medium of [the press]; through [may be obtained through any bookseller]; ***met** alle ~en* using every means [to achieve his aim]; *met geen ~* in no way; *zie ook* kwaal, onbeproefd, enz

middelaar mediator; **middelares** mediatrix

middelbaar middle, medium, intermediate, mean, average; secondary [school, education]; *-bare akte* secondary school teaching certificate; *-bare opleiding* (secondary) teacher training course; *-bare tijd* mean time; *op -bare leeftijd* in middle age, in middle life; *van -bare leeftijd* middle-aged; *van -bare grootte* of medium size (*ve pers meestal:* height), medium-sized

middeleeuwen middle ages; **middeleeuwer** medi(a)eval (wo)man; **middeleeuws** medi(a)eval; *zijn denkbeelden zijn ~,* (*ook*) his ideas throw back to the middle ages

middelen *ww* average [percentages]

Middelengels Middle English

middelenwet Finance Act, Money Act

middelerwijl meanwhile; *zie* onderwijl

middel|evenredig(e) mean proportional; **-gebergte** secondary mountain chain (range); **-gewicht** middleweight; **-groot** medium(-sized); **-grootte** medium size; **-hand** metacarpus; **-handsbeentje** metacarpal

Middelhoogduits Middle High German

middelklasse middle (intermediate) class

middelkleur intermediate colour; **middelkwaliteit**: *behoorlijke ~* fair average quality, faq

Middellands Mediterranean; *~e Zee*(*gebied*) Mediterranean

middel|lang: (*op*) *~*(*e termijn*) medium-term [planning]; (*op*) *~*(*e afstand*) medium-range, intermediate-range [ballistic missile]; **-lijf** waist; **-lijk** indirect [help a p. directly and indirectly]; **-lijn** 1 diameter [3 ft in diameter; (*ook*) 3 ft across]; 2 (*middelste lijn*) middle line, (*sp*) centre line, halfway line; **-loodlijn** perpendicular bisector; **-maat** 1 medium size; 2 [not above] average; *grauwe ~* dull mediocrity; *gulden ~* golden mean; *~ versiert de straat* mediocrity is the norm; **-matig** 1 middling, moderate; 2 (*tamelijk slecht*) mediocre, indifferent, so-so; 3 (*gemiddeld*) average, medium [he was under medium height]; *een huis van ~e grootte* a medium-sized house; **-matigheid** mediocrity; **-moot** *zie* middenmoot

Middelnederlands Middle Dutch

middel|punt centre, central point; (*fig ook*) hub, pivot, central figure; *in het ~ der belangstelling staan* be the centre of interest, be in the limelight; (*in kranten*) be in the news; **-puntvliedend** centrifugal; **-puntzoekend** centripetal

middels by means of; *zie* middel 2: door ~ van

middel|schot partition; **-slag** *zie* -soort 1; **-soort** 1 medium (sort); 2 (*schrift*) half-text; **-st(e)** middle [the middle one of five sons], middlemost; *~ kolom* centre column; **-vinger** middle finger; **-voet** metatarsus; **-voetsbeentje** metatarsal

midden I *zn* middle [of the room, road, month, century], centre [of a town, country, table], midst; *het juiste ~* the happy mean; *het ~ **houden** tussen* stand midway between; *de maaltijd hield het ~ tussen ontbijt en lunch* the meal was a cross between ...; ***in** het ~ van de kamer* (*de week, juli, de winter*) in the middle of the room (the week, July, winter; (*ook*) in mid-week, -July, -winter); *het was in het ~ van de zomer,* (*ook*) it was high summer, the summer was at its height; *in het ~ van de Atlantische Oceaan* in mid-Atlantic; *in ons ~* in our midst; *in het ~ **brengen*** put forward, advance [an opinion], put in [a word], interpose; *in het ~ **laten*** leave undecided (aside), pass over (in silence); *dat laat ik in het ~* I offer no opinion on the subject; *de waarheid **ligt** in het ~* the truth lies midway (*of:* between the two), is somewhere in between; *hij liep in het ~* (*tussen twee*) he walked between them; ***op** het ~ van de dag* in the middle of the day; ***te** ~ van* in the midst of [the waves, dangers, the enemy; poverty in the midst of plenty; in the midst of life we are in death]; amidst [enemies]; *te ~ van vrienden* among friends; *één **uit** ons ~* one from among us (from our midst); *uit het ~* off-centre; II *bw ~ in de kamer* (*op de bank, de brug*) in the middle of the room (the sofa, the bridge); *~ in zijn werk* in the middle (in the thick) of his work; *~ in zijn werk sterven,* (*ook*) die in harness; *~ in de twintig* in the (in his) middle twenties; *zie boven:* in (op) het ~ van

Midden-Afrika Central Africa

middenafstandsloper middle-distance runner

Midden-Amerika Central America

Midden-Azië Central Asia

midden|berm central reserve (reservation) [in a dual carriageway]; (*Am*) median strip; **-cirkel** (*voetbal*) centre circle; **-ding** *zie* tussending; **-door** in two, in half, [tear it] across; *~ delen* bisect [an angle]; *~ gaan* go down the middle

midden-en-kleinbedrijf small and medium-sized undertakings, small businesses

Midden-Europa Central Europe; **Middeneuropees** Central European [time]

middengedeelte centre portion; **middengolf** medium wave; **middenin** in the middle (midst); **middeninkomens** middle income bracket

Midden-Java Central Java

midden|kader middle management; **-klasse** intermediate class; **-kleur** intermediate colour; **-koers** middle price; **-loop** middle course, middle reaches [of a river]; **-moot** middle group (section, bracket); (*ve vliegt*) centre section; *uit de ~,* (*ook*) (no more than) average; (*sp ook*) (the) field

middenoor middle ear; **middenoorontsteking** inflammation of the middle ear

Midden-Oosten Middle (*inz Am:* Mid-) East

midden|pad central path; (*in trein, enz*) aisle; (*in kerk*) central aisle; **-plan** (*kunsthistorie*) middle distance; **-prijs** average price; **-rif** diaphragm, midriff; **-schip** nave; **-school** school for pupils aged 12 to 16; **-spel** middle game

midden|stand (*soms*) middle classes; (*meestal*) shopkeepers, tradespeople; **-stander** shopkeeper, tradesman, retailer; **-standersbond** retail(ers') association; **-standsdiploma** retailer's (shopkeeper's) diploma

midden|steentijd middle stone age, mesolithic; **-stem** intermediate (*of:* mezzo) voice; **-stijl** kingpost; (*in raam*) mullion; **-stip** centre spot; **-stof** medium; **-strook** 1 middle lane; 2 *zie* -berm; **-stuk** middle piece; (*inz sierstuk*) centrepiece; (*op tafel, ook*) epergne; **-term** mean; **-veld** centre-field, midfield; *het maatschappelijk ~* the social and political interest groups and organizations; **-velder** midfield player, midfielder; **-vlak** middle level; **-voet** metatarsus; **-voetsbeentje** metatarsal; **-voor** (*sp*) centre forward; **-waarde** average; central (median) value

middenweg middle course (path, way; the middle course is the way of safety); *de gulden ~* the golden mean, the happy medium; *~ tussen twee uitersten* mean between two extremes; *de ~ bewandelen* adopt (steer, pursue) a middle course; *een ~ vinden* hit (up)on a compromise, strike the happy mean (medium)

midder|nacht midnight; *te ~* at midnight; *tot na ~* [the House sat] into the small hours; **-nachtelijk:** *~ uur* (the hour of) midnight, (*lit*) the midnight hour; **-nachtzon** midnight sun

mid|half (*sp*) centre-half; **-scheeps** amidship(s); **-voor** (*sp*) centre-forward; **-week** id; **-weeks** midweek(ly); **-winter** midwinter; **-zomer** midsummer; **-zwaard** (*mar*) centreboard

mie Chinese noodles; **Mie** Moll(y), Poll(y)

mielie (*Z-Afr*) mealie(s); **Mien(tje)** Minnie

mier ant; (*gevleugelde*) ant fly; *de* (*het*) *~ hebben,* (*sl*) be vexed (annoyed); *zie ook* 2 arm; **miereëi** ant's egg; **mierehonig** honeydew; **mieren** *ww* 1 go on and on [about s.t.]; 2 fiddle (about) [with s.t.]; **mierenbeer** ant bear; **mierenegel** echidna, porcupine anteater; **miereneter** anteater; **miereneuker** nit-picker; **mierenhoop** anthill; **mierenleeuw** antlion; **mierennest** ants' nest, anthill; **mierezuur** formic acid

mierik(s)wortel horse-radish

mierzoet extremely (sickly) sweet

Mies Poll(y), Moll(y)

mieter (*plat*) body; *hoge ~* VIP (Very Important Person); *geen ~* not a damn; *als de ~* like blazes; *op zijn ~ geven* give [a p.] a dressing-down; **mieteren** *zie* sode~; **mieters** (*sl*) super, terrific, great

mietje (*fam*) gay, sissy, homo(sexual), queer, pansy; **Mietje** Molly; *elkaar geen ~ noemen* speak one's mind, be honest

mieze|len, -ren drizzle, mizzle; **miezerig** 1 (*vh weer*) drizzly, dull; 2 measly, scrubby, puny, [look] off colour; *een ~ ventje,* (*ook*) a little scrub of a fellow

migraine id

migrant id; **migratie** migration; **migreren** migrate

mihoen Chinese noodles

mij (to) me; *vgl* me & hem I

Mij afk van *Maatschappij* Co, (*Am*) Cy

mijden avoid, shun, fight shy of; *het ~ van* the avoidance of

mijl (*Eng ~*) mile (*ca* 1609 metres); league (*geen vaste lengte, dikw dicht, ca* 3 miles); (*Ned ~*) kilometre; *zie ook* zee~; *afstand in ~en* mileage; *dat is de ~ op zeven* it is a roundabout way

mijlenlang mile-long [streets], [a beach] miles long; **mijlenver** for miles (and miles); *~ afstaan van* be utterly remote from; *~ weg* miles away; **mijlpaal** milestone; (*fig ook*) landmark; **mijlschaal** scale of miles; **mijlsteen** milestone

mijmeraar(ster) (day)dreamer, muser, brooder

mijmeren muse, brood, be lost in a reverie

mijme|rij, -ring musing, daydreaming, reverie

1 mijn *vnw* 1 (*bijv*) my [books]; *met, op* (*voor*) *~ tachtigste* at (before I am) eighty; *zie ook* hemel 3, inzien, enz; 2 (*zelfst*) mine; *~!,* (*bij het vinden van iets*) bags I (that)!, (*veiling*) me!; *het ~ **en dijn*** mine and thine, meum & tuum; *de ~**en*** my family (*vrouw en kinderen*), my people; *ik en de ~en* I and mine; *ik deed* **het** *~e* I did my part (my bit), pulled my weight; *daar wil ik het ~e van hebben* I want to know what is what (how matters stand); *ik denk er het ~e van* I have my own opinion about it; *ik zei er het ~e van* I had my say about it; *ik zal hem het ~e ervan zeggen* I'll tell him a thing or two; *gedenk ~er* remember me

2 mijn *zn* 1 mine, pit; 2 (*mil, enz*) mine; *de baai lag vol ~en* the bay was heavily mined; 3 Dutch auction, market

mijn|aandeel mining-share; **-bedrijf** mining industry; **-bouw** mining (industry); **-bouwkunde** mining; mining engineering; **-bouwkundig**: *~ ingenieur* mining engineer

mijnen buy at a public auction

mijnen|jager minehunter; **-legger** minelayer

mijnent: *te ~* [be, stay] at my house; [come] to my house; **mijnent|halve**, **-wege** 1 so far as I am concerned, as for me; 2 in my name; **mijnentwille**: *om ~* for my sake

mijnenveger minesweeper; **mijnenveld** minefield, mined area

mijner (*bij verkoper*) buyer

mijnerzijds on my part

mijngang mine gallery; **mijngas** firedamp

mijnheer (*heer*) gentleman; (*fijne heer, sl*) toff; (*des huizes*) master; (*met naam*) Mr; (*aanspr zonder naam*) Sir; *zie verder* meneer

mijn|hout pit-timber, -props; **-ingang** pithead; **-ingenieur** mining-engineer; **-lamp** safety-, miner's-lamp, Davy (lamp); **-onderzoeker** prospector; **-opruiming** mine (bomb) disposal [squad]; **-opzichter** mine-, mining-surveyor; **-ramp** mining-, mine-, pit-disaster; **-rechten** 1 mining-rights; 2 mining-royalties; **-schacht** mine-shaft; **-streek** mining-district, -area; **-stut** pit-prop; **-werker** miner; **-werkersziekte** pneumonoultramicroscopicsilicovolcanoconiosis, miner's disease; **-wet** mines act; mining law; **-wezen** mining; **-worm** hookworm; **-wormziekte** hookworm disease, ankylostomiasis, miners' anaemia

mijt 1 (*insekt*) mite; *rode ~*, (*op theeplant*) red spider; 2 (*stapel*) stack, pile

mijten *ww* stack (up) [hay]

mijter mitre; **mijterdragend** mitred; **mijteren** mitre; **mijtervormig**: *~ klapvlies* mitral (valve)

mijzelf myself; *vgl* zichzelf

mik 1 forked post, clothes-prop; 2 loaf; *het is dikke ~ tussen ze* they are as thick as thieves

mikado id (*mv:* -os)

mikken (take) aim [*op* at]; *~ op*, (*ook*) target [the world title]; *hoger ~* raise one's sights (*ook fig*); (*fam*) chuck [a p. out; one's cycle in the ditch]

mikmak [the whole] caboodle, [the] lot

mikpunt 1 aim; 2 (*fig*) butt, target [for ridicule, etc]; *~ van grappen* laughing-stock; *zij maakte hem tot ~* (*van haar spot*) she made a butt of him

milaan (*vogel*) kite

Milaan Milan; **Milaans**, **Milanees** Milanese

mild 1 (*vrijgevig*) liberal, generous, free-handed; *~ met* liberal (free, *sterker:* lavish) of; *met ~e hand* lavishly; 2 (*overvloedig*) plentiful, generous, rich [harvest]; 3 (*zacht*) gentle [rain], mild [criticism]; *een ~ oordeel* a lenient view

milddadig liberal, generous, free-handed; charitable; **milddadigheid** generosity, liberality; charity; **mildheid** liberality, generosity; leniency

milicien recruit, conscript

milieu id, environment, surroundings, [the social] setting; class [people of all classes]; (*attr:*) environment(al); *gevolgen hebben voor het ~* have ecological consequences

milieu|activist environmentalist, conservationist; **-bederf** (environmental) pollution (degradation); **-beheer** (environmental) conservation (control); **-belasting** 1 anti-pollution tax; 2 environmental hazard; **-beleid** environmental policy; **-beschermer** environmentalist; **-bescherming** environmental protection; **-bewust** environmentally aware, ecology-conscious, green; *niet ~*, (*ook*) ungreen; **-box** dustbin with separate sections (for segregated waste); **-deskundige** environmentalist, ecologist; **-dienst** Environmental (Health) Service; *directeur van de ~* Environmental Health Officer; **-gevoelig** environmentally sensitive [area, ESA]; **-heffing** anti-pollution levy; **-hygiëne** environmental health (care); **-kunde** ecology; **-politiek** environmentalism; **-rakker** eco-freak, eco-nut; **-verontreiniging**, **-vervuiling** *zie* -bederf; **-vriendelijk** environment-friendly, green, ecological

militair I *bn* military [service, force, police, academy]; *~e eer bewijzen* render military honours; *~ tehuis* soldiers' home; *op ~e voet inrichten* militarize [the police]; *zie ook* houding; II *zn* soldier, service-man, military man; *de ~en* the military; *100 ~*, (*ook*) 100 troops

militairement in military fashion

militant *bn & zn* id

militaria id; **militariseren** militarize; **militarisme** militarism; **militarist** militarist; **militaristisch** militarist(ic); **military** (*paardensp*) three-day event

militie 1 militia, conscript(ed) army; 2 military affairs; **militieleger** militia; **militieplichtig** liable to military service; **militieraad** deferment and exemption board

miljard billion, thousand million, (*Br soms*) milliard; **miljardair** billionaire; **miljardennota** budget

miljoen (a, one) million; *twee ~* two million(s); **miljoenennota** budget; **miljoenenrede** budget speech; *de ~ houden* open the budget

miljonair millionaire; *twee maal* (*enige malen*) *~* [be] a millionaire twice over (a multimillionaire)

mille 1 (one) thousand, thou; 2 one thousand guilders; *per* (*pro*) *~* per mil(l), per thousand, [parts] in a thousand; **millennium** id

milliampère milliamp(ere); **millibar** id; **milligram** milligramme; **milliliter** millilitre

millimeter [accurate to a] millimetre; **millimeteren** 1 (*het haar*) crop (close); *ge~d haar*, (*ook*) crew cut; 2 work out every detail; **millimeterpapier** graph paper; **millimeterverdeling** milli-

meter graduation; (*schaal*) millimeter scale
millimicron id, millimu, mμ; **milliseconde** millisecond
milt id (*ook hom*), spleen; **miltader** splenic vein; **miltontsteking** splenitis; **miltvuur** anthrax, splenic fever
Milva afk van *Militaire Vrouwenafdeling* WRAC (Women's Royal Army Corps)
mime id; **mimen** mime; **mimespeler** mime (artist); **mimicry** id, mimesis; **mimicus** mime; **mimiek** 1 mimic art, mimicry; 2 (facial) expression; **mimisch** mimic
mimi|set, -tafeltjes nest of tables, nesting tables
mimosa id; (*Austr*) wattle
1 min (*voedster*) (wet-)nurse
2 min (*liefde*) love; *zie ook* minne
3 min I *bn, bw* 1 (*weinig*) little; (*minnetjes*) [the patient is very] poorly; (*slecht*) poor, bad; *~ of meer* more or less; *dat is mij te ~* that's beneath me; *~ denken van* have a poor opinion of; *daar moet je niet ~ over denken* that's not to be sneezed (sniffed) at; *dat is nog zo ~ niet* it's not so bad; 2 (*gemeen*) mean, base, low; *zie ook* gemeen; *~ne streek* dirty trick; *dat is ~ van hem* that is mean (shabby) of him; 3 (*wisk*) minus; *~ twee* minus two; *drie ~ twee* three, take away (*of:* minus) two [is, makes one]; II *zn* 1 minus (sign); 2 minus (point, factor), negative point, disadvantage; 3 deficit; *in de ~ staan* have a deficit
Mina id, Minnie; *Dolle ~('s)* Women's Lib(eration Movement)
minachten disdain, slight, disregard, be disdainful of, hold in contempt; **minachtend** disdainful, contemptuous, scornful; **minachting** contempt [*voor* of, for], disdain [*voor* for, of, to], disrespect; *uit ~ voor* in contempt of; *ze behandelde hem met de grootste ~* she treated him like dirt (with sovereign contempt)
minaret id
minder 1 (*weiniger*) less [money], fewer [coins]; *een paar dagen ~* a few days less; *de ~e goden* the lesser gods; (*fig ook*) the small fry; *dat is ~ aardig van je* that is not very nice of you; *zie ook* belang; *~ **dan*** less (fewer) than; (*in kwaliteit, enz*) inferior to; *het woog iets ~ dan een pond* it weighed just under ...; *~ dan 3 weken na zijn dood* within three weeks of his death; *ze stierven ~ dan 3 dagen na elkaar* within three days of each other; *in ~ dan geen tijd* in less than no time; *niemand ~ dan ...* no less a person than ...; *niets ~ dan ...* nothing less than [a mockery], nothing short of [a scandal]; *niet ~ dan,* (*maar eventjes*) no less than, (*beslist niet ~*) not less than; *de winst was £ 50m ~* (*dan het vorige jaar*) the profits were less (were down) by £50m (on the year before); *kunt u het niet een gulden ~ **doen**?* cannot you knock off a guilder?; ***hoe** ~ ervan gezegd hoe beter* the less said about it the better; least said soonest mended; [*hij kan het niet horen*], ***nog** ~ zien* let alone see it; 2 (*lager, slechter*) inferior [quality]; [the patient is] worse [today]; *'t kon ~* it could be worse; not so bad; *de ~e stand* (*of: man*) the lower classes; *~ **worden*** fall off [the demand, business has fallen off], decline [his strength is declining], decrease, lessen, diminish; *hij wordt ~,* (*ook*) he is on the decline; *mijn gezicht wordt ~* my eyesight is failing; *de sneeuw wordt ~* the snow is growing (getting) less; 3 (*minder erg*) less, no matter; *ik heb niet gegeten, maar dat **is** ~* but that does not (is no, is a small) matter
minderbedeeld poor, indigent; **minderbegaafd** retarded, less gifted, backward; **minderbroeder** Franciscan, Minorite, Friar Minor
mindere inferior; *in dit opzicht is hij uw ~* in this respect he is inferior to you; *de ~n,* (*mil*) the rank and file; (*mar*) the ratings, the lower deck; *en ~n* [200 officers] and men; *200 ~n,* (*mar*) 200 ratings
minderen *ww* diminish, lessen, decrease; (*bij breien*) decrease; *zeil ~* shorten (take in) sail; *zie ook* minder: ~ worden & vaart
minderhedenvraagstuk problem of the minorities
minderheid (*in aantal*) [numerical, ethnic, religious] minority; (*in kracht, enz*) inferiority; *in de ~ zijn* be in the (a) minority; *in de ~ blijven* remain in the minority, be outvoted, be outnumbered [by 30 to 1]; *ver in de ~ blijven* be beaten hollow; **minderheids-** (*attr*) minority [government, group, interest, report]
mindering (*bij het breien*) decrease; *in ~ betalen* pay on account; *in ~ ontvangen* receive on account (*of:* in part payment); *in ~ brengen* deduct
minderjarig [be] under age; **minderjarige** minor, person under age; (*jur*) infant; **minderjarigheid** minority, nonage; (*jur*) infancy
minderwaardig inferior; poor [quality], low-grade [ore, oil]; *moreel* (*geestelijk*) *~* morally (mentally) deficient; *fysiek ~* physically unfit
minderwaardigheid inferiority [complex]; **minderwaardigheidsgevoel** sense of inferiority
mine: *~(s) maken om te ...* make a show of ...ing, offer to ...; *faire bonne ~* (*à mauvais jeu*) put a good face on it, make the best of a bad job
mine|raal *bn & zn* mineral; *rijkdom aan mineralen* mineral resources; **-raalwater** mineral water; **-ralenrijk** mineral kingdom; **-raliseren** mineralize; **-ralogie** mineralogy; **-raloog** mineralogist
Minerva id; **minetten** eat pussy
mineur 1 (*mil*) miner; 2 (*muz*) minor; *a ~* A minor; *in ~* in a minor key; (*fig*) depressed; **mineurstemming** low spirits
mini id; *vgl* minuscuul
miniaturiseren miniaturize; **miniaturist** id
miniatuur I *zn* miniature; thumbnail sketch; *in ~, zie* II; II *bn* miniature, diminutive, pocket(-handkerchief) [garden]; **miniatuurgolf** minigolf, midget golf; **miniatuurschilder** miniaturist
minibus id; **minicomputer** id, palm-top
miniem small, slight; nominal, marginal [benefits]; *vgl* minimaal & minimum; **minima** lowest income groups, [the true] minimum wage earners; **minimaal** 1 minimum, minimal; 2 at least; 3 infinitesimal(ly small); **minimaliseren** minimize; **minimalist** id
minimum id (*mv:* -ma) [*ook attr:* minimum age,

number, requirement, speed, etc]; *met een ~ risico* with a minimum of risk; *in een ~ van tijd* in less than no time; *tot een ~ terugbrengen* reduce to a minimum, minimize; *zie ook* minimaal 2; **minimumlijder** (*iron*) 1 minimum wage-earner; 2 scrimshanker, shirker; **minimumloon** minimum wage, wages floor; **minimumprijs** minimum price; (*verkoping*) reserve price

minirok miniskirt; **minirotonde** miniature roundabout; **miniseren** minimalize, reduce (to a minimum); **miniserie** miniseries

minister minister, secretary (of State); *Eerste ~* Prime Minister, Premier; *~ van Arbeid* Minister of Labour, (*in Eng*) Secretary of State for Employment; *~ van Binnenlandse Zaken* Minister of the Interior, (*in Eng*) Secretary of State for the Home Department, Home Secretary; *~ van Buitenlandse Zaken* Minister for Foreign Affairs; (*in Eng*) Secretary of State for Foreign and Commonwealth Affairs, Foreign Secretary; (*Am*) Secretary of State; *~ van Cultuur, Recreatie en Maatschappelijk Werk* Minister of Culture, Recreation and Social Work; *~ van Defensie* Minister of (*in Eng:* Secretary of State for) Defence, (*in Am*) Secretary of Defense, Defense Secretary; *~ van Economische Zaken* Minister of Economic Affairs; *~ van Energievoorziening* Minister of Energy; *~ van Financiën* Minister of Finance, Finance Minister; (*in Eng*) Chancellor of the Exchequer; (*in Am*) Secretary of the Treasury; *~ van Handel en Nijverheid* Minister of Trade and Industry; *~ van Justitie* Minister of Justice; (*in Eng, vglb*) Lord (High) Chancellor; *~ van Koloniën,* (*hist*) Minister of the Colonies; (*in Eng*) Secretary of State for the Colonies, Colonial Secretary; *~ van Landbouw en Visserij* Minister of Agriculture and Fisheries; *~ van Luchtvaart,* (*mil*) Secretary of State for Air, (*burgerlijk*) Minister of (Civil) Aviation; *~ van Maatschappelijk Werk* Minister of Social Work; *~ van Marine* Minister of Marine (of the Navy); (*in Eng*) First Lord of the Admiralty; *~ van Milieuzaken* Minister (*in Eng:* Secretary of State) for the Environment; *~ van Onderwijs en Wetenschappen* Minister of Education and Science; *~ van Oorlog* Minister of War, War Minister; (*in Eng*) Minister of Defence; *~ van Sociale Zaken* Minister for (of) Social Affairs; *~ van Staat* Minister of State; *~ van Verkeer* Minister of Transport; *~ van Volkshuisvesting* Minister of Housing; *~ van Voorlichting* Minister of Information; *~ van Waterstaat* Minister of Public Works; *~ van Welzijn, Volksgezondheid en Cultuur* Minister of Welfare, Public Health and Culture

ministerie ministry, department, Office; *vgl ook* minister; *het M~,* (*de regering*) the Cabinet; *een ~ vormen* form a government; *~ van Binnenlandse Zaken* Ministry (Department) of Home Affairs (of the Interior); (*in Eng*) Home Office; *~ van Buitenlandse Zaken* Ministry of Foreign Affairs; (*in Eng*) Foreign Office; (*Am*) State Department; *~ van Defensie* Ministry of Defence; *~ van Economische Zaken* Ministry of Economic Affairs; *~ van Financiën* Finance Department; (*in Eng*) the Treasury; *~ van Handel en Nijverheid* Department of Trade and Industry; *~ van Justitie* Department of Justice; *~ van Koloniën,* (*hist*) Department of the Colonies; (*in Eng*) Colonial Office; *~ van Landbouw en Visserij* Ministry of Agriculture and Fisheries; *~ van Marine,* (*hist*) Ministry of the Navy, Navy Office; (*in Eng*) (the Lords Commissioners of) the Admiralty; *~ van Milieuzaken* Department of the Environment; *~ van Onderwijs en Wetenschappen* Ministry of Education and Science; *~ van Oorlog,* (*hist*) Ministry of War, War Department; *het Openbaar ~* the Public Prosecutor, Counsel for the Prosecution, Prosecution Counsel; *het Openbaar M~ werd waargenomen door* ... Mr ... represented the Director of Public Prosecutions; *~ van Volksgezondheid* Department of (Public) Health; *~ van Waterstaat* Ministry of Public Works; *zie ook* luchtvaart

ministerieel ministerial; *een ministeriële commissie* a departmental committee; *ministeriële crisis* cabinet crisis

minister-president Premier, Prime Minister

ministerraad cabinet council, council of ministers; *vergadering van de ~* cabinet meeting, [today's] Cabinet

minister-resident Minister Resident

ministersbank Government bench, Treasury bench; **ministerschap** ministry; **ministerspost** ministerial post

mink id; **minkukel** fathead, twit; **minlijn** downward tendency

minnaar lover; *zie ook* liefhebber; **minnares** love, mistress; **minnarijtje** love affair, amour

minne love; *in der ~ schikken* settle amicably (by mutual agreement, *zonder rechterlijke tussenkomst:* out of court)

minne|brief love letter; **-dicht** love-poem; **-dichter** love-poet; **-drank** love-potion, (love-) philtre; **-god(in)** god(dess) of love; *-godje* cupid, love; **-kozen** make love, bill and coo, dally; **-kozerij** billing and cooing, dalliance, love-making; **-lied** love-song; **-lijk** amicable, friendly; *~e schikking* amicable settlement, settlement by agreement; *zie ook* minne: in der ~

minnen love; *zie ook* paar

minne|nijd jealousy; **-pand** pledge of love, love-token; **-pijl**, **-schicht** Cupid's shaft; **-spel** love-making; **-taal** language of love

minnetjes poorly (*ook v zieke, eetlust, enz*); [the work is] not up to much, poor stuff; poorly, shabbily [dressed]; *de patiënt voelt zich erg ~* the patient feels very low

minnezang 1 love-song; 2 (*lit*) poetry of courtly love; [the German] Minnesang; **minnezanger** minnesinger

minor id; **minoraat** ultimogeniture, borough English; **minoriet** Minorite; **minoriteit** minority; **Minotaurus** Minotaur

minpunt minus (point, factor), negative point, disadvantage

minst I *bn* 1 (*weinigst*) least [money], fewest

[books]; *wie heeft de ~e fouten gemaakt?* who has made (the) fewest mistakes?; 2 (*geringst*) least [he had least reason to complain], slightest [not the slightest chance]; *als hij maar het ~e* ***bezwaar*** *maakt* if he should object at all; ***niet*** *het* (*de*) *~e* not the least [reason], [there can be] no manner of [doubt], not one jot or tittle of [evidence], not the ghost of [a chance]; 3 (*slechtst*) worst; II *zn ik zal* ***de*** *~e* ***zijn*** I will give in (give way); *hij kon de ~e zijn* he could (afford to) make the first move; ***bij*** *het ~e of geringste* at the least little thing, on the least provocation; ***in*** *het ~ niet,* ***niet*** *in het ~*(*e of geringste*) not in the least, not at all, by no means; *als je maar in het ~ moe bent* if you are (in) the least (*of:* at all) tired; ***op*** *zijn ~* [twenty] at (the) least, a minimum of, minimally [twenty]; *op zijn ~ genomen* [it is] to say the least (of it) [improbable]; *men mag op zijn ~ verwachten dat je je excuses maakt* the least you can do is to apologize; *zie ook* minstens; ***ten*** *~e* at least; *zie* op z'n ~; III *bw* least [happy, etc]; *wat hij het ~ verwacht had* what he had least expected, the last thing he had expected

minstens at least, at the least; at the lowest computation; *hij is ~ 50, ~ 6 voet,* (*ook*) he is fifty if he is a day, six feet if he is an inch; *zie ook* minst: op zijn ~

minstreel minstrel, gleeman

minteken minus (sign), negative sign

minus id, less; *zie ook* min & minteken

minuscuul tiny, pocket-handkerchief, minuscule, pint-size(d); **minuskel** minuscule

minutieus (*ve pers*) scrupulously careful; (*v onderzoek, enz*) minute, close; *iets ~ beschrijven* give a minute description of s.t.

minuut 1 (*v tijd, graad*) minute; *het wordt met de ~ donkerder* it is getting darker every moment; *op de ~ af* [at 2.47] to the minute; [I'll be there] on the tick, on the dot; *5 minuten voor* (*over*) *half zeven* (at) 25 minutes past six (to seven); 2 (*ve document*) minute, final draft; **minuutschoten** minute-guns; **minuutwijzer** minute-hand

minvermogend poor, indigent [person]

minzaam affable, suave, bland, gracious; **minzaamheid** affability, suavity, blandness, etc; **minziek** amorous, lovesick

Mioceen (*geol*) miocene

mirabel (*pruim*) mirabelle

miraculeus miraculous; **mirakel** miracle; (*inz fig*) marvel; *voor ~ liggen, a*) lie in a swoon; *b*) be dead drunk; **mirakels** 1 miraculous; 2 confounded; **mirakelspel** miracle play, mystery

mirliton id, reed-pipe

mirre myrrh; *tinctuur van ~* tincture of myrrh

mirt(e) myrtle; **mirtebes** myrtle-berry; **mirteboom** myrtle(-tree)

1 mis *zn* mass; (*jaarmarkt*) fair; *stille ~* low mass; *zingende ~* choral (*of:* high) mass; *de ~ bijwonen* attend mass; *de ~ lezen* (*doen, opdragen*) read (celebrate, say) mass; *de ~ horen* hear mass; *naar de ~ gaan* go to mass

2 mis I *bw* wrong, amiss; *~ of* ***raak*** hit or miss; *je* ***hebt*** *het ~* you are mistaken, you are wrong; *daarin heb je het ~, dat heb je ~* that's where you're wrong; *je hebt het glad ~* you are wide of the mark (quite wrong, a long way out), you've got it all wrong; you're barking up the wrong tree; *je hebt het niet zo ver ~* you are not so far out (not far wrong); *~* ***is*** *~* a miss is as good as a mile; *het schot* (*de worp*) *was ~* the shot went wide (of the mark); *~!* bad shot!; *~ poes!* wrong (guess)!; *het is weer ~* there is something wrong again, things are wrong again [*met hem* with him]; *zie ook* hommeles; *ik hoopte ...,* ***maar*** *~* I ..., but no such luck; *hij is lang* ***niet*** *~* he is no fool, a clever chap; *dat is lang niet ~* that is not at all bad, not bad at all, that's a bit of all right, that's not to be sneezed at; *hij was ~ in zijn berekening* he was out in his reckoning; *die klap was niet ~* was no joke (no laughing matter); II *bn* wrong, bad, poor; *~se boel* sorry state of affairs

misantroop misanthrope, -thropist; **misantropie** misanthropy; **misantropisch** misanthropic (*bw:* -ally)

'misbaar *bn* dispensable

mis'baar *zn* clamour, hubbub, uproar, hullabaloo; *groot ~ maken* raise an outcry; take on terribly

misbaksel 1 (*eig: v aardewerk*) misfire; 2 (*fig*) monstrosity, monster

misbelletje sacring-bell

misbillijken disapprove of

misboek missal, mass-book

misbruik abuse [of power, etc], misuse; [penalty for] improper use; *~ van bevoegdheid* misfeasance; *~ van vertrouwen* breach of trust; ***~ maken*** *van* take (an unfair) advantage of [the opportunity], abuse [one's power, liberty], trespass (impose, presume, practise, trade) (up)on [a p.'s good nature]; *~ maken van sterke drank* drink to excess; **misbruiken** *ww* abuse [one's talents, position, a privilege], misuse [one's abilities, time]; *zie ook* misbruik: ~ maken van

misdaad crime; *zware ~,* (*ook*) felony; *zie ook* spel; **misdadig** criminal [his criminal past], [career] of crime, guilty [passion, pleasures], culpable [negligence], felonious; **misdadiger** criminal, evildoer, malefactor; **misdadigheid** delinquency; criminal character [of this plan]; *toenemende ~* rising crime

misdeeld poor, destitute; handicapped (in life), (*soms*) disinherited, dispossessed, disadvantaged, deprived; (*geestelijk*) mentally deficient (defective); (*lichamelijk*) physically deficient (defective); *~ van* deficient (lacking) in; *de ~en* the poor (destitute, deprived, disadvantaged)

misdienaar server, acolyte, altar boy; **misdienst** (celebration of) mass

'misdoen do [s.t.] wrong(ly)

mis'doen offend, do wrong, sin; *ik heb niets misdaan* I've done no wrong; *iem iets ~* do a p. (a) wrong (an injustice)

mis|dragen: *zich ~* misbehave; **-draging** misdemeanour; **-drijf** (criminal, indictable) offence, misdemeanour; (*ernstig*) felony; *zie ook* spel; **-drijven** *zie* mis'doen; **-druk** 1 (*morsvel*)

mackle, macule, spoilt sheet, spoilage, printer's waste; 2 (*boek*) reject, bad copy; **-duiden** misinterpret, misconstrue, misread
mise (*bij spel*) stake; **mise-en-page** layout; **mise-en-scène** 1 id, stage-setting, staging; 2 frame-up; *vgl* ensceneren
miserabel miserable, wretched, rotten; *zie ook* beroerd & ellendig; **misère** misery, misfortune; (*bij kaartspel*) misère; *het is weer ~* everything is going wrong again; *wat een ~* what a sad (terrible) state of affairs, what a wretched business; *in de ~ zitten* be in (great) misery; **miserere** id; **misericordia** misericord; **miserie** misery
misgaan *zie* mislopen I; **misgeboorte** abortion
misgewaad mass vestments
mis|gewas bad harvest, crop failure; **-gissen, -gokken** guess wrong; **-gooien** miss; **-greep** mistake, blunder, slip; **-grijpen** 1 (*lett*) miss one's hold (aim, target, etc), get hold of the wrong thing; 2 (*fig*) miss one's mark; blunder; **-gunnen** (be)grudge, envy [a p. s.t.]; *zie ook* gunnen: niet ~; **-hagen** I *ww* displease [it displeases me]; II *zn* displeasure
mishandelen ill-treat, ill-use, maltreat, mishandle, manhandle; batter [one's wife]; abuse, misuse [a tool]; **mishandeling** ill-treatment, maltreatment, ill-usage; **mishebben** *zie* mis 2
mishemd alb; **miskelk** chalice
miskennen misjudge, undervalue, fail to appreciate; *niet te ~, zie* onmiskenbaar; *miskend* misunderstood [genius], neglected [talent], unsung [hero]; *miskende onschuld* [an air of] misunderstood (injured) innocence; **miskenning** want of appreciation, misjudgment
miskleun blunder; **miskleunen** blunder
misklokje sacring-bell
miskocht *zie* bekocht; **miskoop** bad bargain, bad buy; **miskraam** miscarriage
misleiden deceive, circumvent, impose on, mislead, hoodwink; play [a p.] false; *zichzelf ~* deceive o.s.; **misleidend** deceptive; **misleider** impostor, deceiver; **misleiding** imposture, deception, deceit
mislopen I *intr* go wrong; (*fig*) go wrong (*of:* awry) [everything went wrong], miscarry, fall through; II *tr* miss [a p., s.t., each other]; *ik had het niet graag willen ~* I would not have missed it for anything; *zie ook* carrière
mislukkeling failure, misfit, drop-out; **mislukken** miscarry, fail; (*ve plan ook*) fall through (flat), fall to the ground; (*v onderhandelingen*) break down; *het is hem mislukt* he has not succeeded in it; *het plan mislukte totaal* was a complete failure; *de streek mislukte* the trick did not come off, failed to come off; *alles mislukte* went wrong (*of:* awry); *mislukt* unsuccessful [politician], abortive [attempt, conference]; *als onderwijzer was hij mislukt* he was a failure as a teacher; *doen ~* wreck [the conference]; **mislukking** failure, miscarriage; breakdown [of negotiations]; *totale ~* complete failure; (*fiasco*) flop
mismaakt deformed, misshapen; **mismaaktheid** deformity; **mismaken** disfigure, deform; **mismaking** disfigurement
mismoedig discouraged, disheartened, dejected; **mismoedigheid** discouragement, dejection
misnoegd displeased [*over* at, with], ill-pleased, disgruntled, dissatisfied, discontented; *~en,* (*ook*) malcontents; **mis|noegdheid, -noegen** displeasure, dissatisfaction, discontent(edness)
misoffer sacrifice of the mass
misogamie misogamy; **misogynie** misogyny
misoogst bad harvest, crop failure
mispakken *zie* misgrijpen; *zich ~* be wrong (mistaken), get [a thing] wrong
mispel 1 medlar; 2 medlar tree
misplaatst misplaced [faith], mistaken [pity], misdirected [sympathy], [be] out of place
misprijzen disapprove of, condemn; *een ~de blik* a disapproving look, a look of disapproval; *~d* disparaging(ly)
mispunt 1 (*pers*) rotter, pain, stinker; *zo'n ~!* the beast!; 2 (*bilj*) miss; *een ~ maken,* (*bilj*) miss the ball; **misraden** guess wrong
'misrekenen miscalculate, make a mistake (be out) in one's calculations; **mis'rekenen**: *zich ~* be out in one's reckoning (one's calculations); (*fam*) slip up [that's where he slipped up *daarin* ...]; **mis'rekening** miscalculation
miss beauty queen; *~ Holland* Miss Holland
missaal missal, mass-book
misschapen misshapen, deformed
misschien perhaps; maybe; *zoals u ~ weet,* (*ook*) as you may know; *het zal ~ nooit bekend worden* it may never be known; *ken je hem ~?* do you happen to know him?; *bent u ~ meneer B?* are you by any chance Mr B?
misschieten miss, miss the mark (one's aim)
misschot miss
misselijk 1 sick, queasy; *zo ~ als een kat* as sick as a dog; *je wordt er ~ van* it makes you sick (*ook fig*), it is nauseating; 2 (*fig*) sickening, disgusting, beastly, revolting, nasty [stuff *goedje*], rotten [thing to do *streek*]; *wat ~!* how rotten!, how perfectly horrid!; *zo'n winst is niet ~* such a profit is not to be sneezed at
misselijkheid nausea, sickness
missen I *tr* 1 (*niet treffen, enz*) miss [the mark, a p., the train, boat, one's way, an opportunity *kans,* one's vocation *roeping*], lose [the train, boat]; *zijn **uitwerking** ~* fail of its effect, be ineffective; (*ve toneelstuk, enz*) fall flat; *de rede miste haar* (*zijn woorden misten hun*) *uitwerking niet* the speech had a marked effect (his words went home); *goede woorden ~ hun uitwerking op hem* good words are lost (up)on him; *geen **woord** ~ van een rede* not miss a word of a speech; *een **les*** (*een dag school*) *~,* (*verzuimen*) lose a day's school; *je hebt niet veel gemist,* (*het was niet veel bijzonders*) you haven't missed much; *zie ook* doel; 2 (*het stellen zonder*) spare [money, a p.], dispense with, do without; ***kunt** u dit boek een uurtje ~?* can you spare (me) this book for an hour?; *ik kan het niet ~* I cannot do without it; *hij kan slecht gemist worden* he can ill be spared; *hij kon het geld slecht ~* he could ill afford the

money; *ze moest haar ouders erg vroeg* ~ she lost her parents very young; 3 (*kwijt zijn*) miss [one's keys, money from one's purse]; 4 (*niet hebben*) lack [wisdom, courage], be without [his father's sense of humour]; 5 (*het gemis voelen van*) miss [an old friend; he won't be missed]; *zonder het geld te* ~ [she could have helped him] and never missed the money; II *intr* miss; fail [of one's purpose]; (*sp*) give a miss; *het schot miste* the shot went wide; *dat* ***kan niet*** ~ it is bound to happen; *je kunt niet* ~ you cannot lose your way, you can't miss it; *het kan niet* ~ *of hij komt* he is sure to come; *er* ~ *er 30* thirty are missing; *er mist een knoop van je jas* your coat has a button missing

misser miss; mistake, failure, blunder

missie mission; **missie|post, -statie** mission; **missiewerk** missionary work; **missiewetenschap, missiologie** missiology; **missionaris** missionary; **missioneren** do missionary work

missive id, official letter

misslaan miss; *zie ook* bal & plank; **misslag** miss; mishit; (*fig*) error, fault

misstaan (*v kleding*) not become, not suit [a p.]; (*fig ook*) be unbecoming [a p., of a p.], misbecome [a p.]; **misstand** abuse, evil; *zie ook* kaak

misstap false (wrong) step, misstep; (*fig ook*) [moral] lapse, slip, faux pas; *een* ~ *doen,* (*eig*) *zie* misstappen; (*fig, ook: begaan*) make a false step; *zonder een enkele* ~ without putting a foot wrong; **misstappen** make a false step, miss (lose) one's footing

misstelling (typographical) error, misprint; *herplaatsing wegens* ~ amended advertisement

mist 1 fog; (*nevel*) mist; *door* ~ *opgehouden* (*ingesloten*) fog-bound; *de* ~ *ingaan,* (*fig*) come to nothing, fail, flop; *zie ook* hullen; 2 *zie* mest

mistachterlicht rear fog lamp

mistasten fail to seize (clutch, grasp) a p. or thing; (*fig*) make a mistake, blunder

mistbank fog-bank, -patch, patch of fog

mistel mistletoe; **mistellijster** missel-thrush; **misteltak** mistletoe (branch, bough)

misten be foggy, be misty; *het mist erg* there is a thick (dense) fog, it is very foggy; **mistgordijn** blanket of fog; **misthoorn** foghorn, siren; **mistig** foggy, misty; **mistigheid** fogginess, mistiness; **mist|lamp, -licht** fog-lamp, -light

mistroostig disconsolate, dejected, despondent, sick at heart; ... *zei hij* ~ ... he said sadly; **mistroostigheid** disconsolateness, dejection, despondency

mistrouwen *ww & zn* distrust, mistrust; **mistrouwig** distrustful

misvatten misunderstand; **misvatting** misunderstanding, misconception, [common] fallacy, fallacious argument

misverstaan misunderstand, misapprehend, misconstrue; *elkaar* ~, (*ook*) be at cross-purposes; **misverstand** misunderstanding, [act under a] misapprehension

misvormd misshapen, malformed, deformed, disfigured; **misvormdheid** deformity; **misvormen** deform, disfigure; **misvorming** malformation, deformation, disfigurement

miswijn sacramental wine

miswijzing (*vh kompas*) compass error, deviation (of the compass), (magnetic) declination, variation

miszeggen: *daaraan heb ik toch niets miszegd?* there's nothing wrong in what I said, is there?

miszitten be wrong, have got it wrong

mitaine mitt; **mitella** sling

mitigeren mitigate

mitochondriën mitochondria (*ev:* -ion); **mitose** mitosis

mitrailleren machine-gun

mitrailleur 1 machine-gun [fire, nest]; 2 machine-gunner; **mitrailleurpistool** machine-pistol

mits I *vw* 1 provided (that), on the understanding that; ~ *onverkocht* subject to being unsold; ~ *dezen,* (*vero*) by these presents, hereby; 2 (*inz Z-Ned*) at [£50], on [payment]; 3 (*soms*) unless; II *zn* proviso, condition; *er is een* ~ *bij* there is a condition attached; **mitsdien** consequently, therefore; **mitsgaders** (*vero*) together with

mixage mix; **mixen** mix; **mixer** id; (*apparaat ook*) blender; **mixtuur** (*med & muz*) mixture

mln afk van *miljoen* m; **MMS** (*hist*) afk van *Middelbare Meisjesschool* girls' high school

mnemonisch mnemonic

mnemotechniek mnemonics, mnemotechnics

Moab id; **Moa|biet, -bitisch** Moabite

MO-akte (secondary school) teaching certificate

mobiel mobile; ~*e belasting* live load; ~ *verklaren* mobilize; **mobilisatie** mobilization; **mobiliseren** mobilize; **mobiliteit** [horizontal, job, labour, social] mobility

mobilofoon mobile CB radiophone; **mobilofoontaxi** radio-controlled taxi

mocassin moccasin, mocassin

mocht *ovt van* mogen

modaal 1 modal; 2 (*gemiddeld*) average [income]; *Jan Modaal,* (*vglb*) the typical wage-earner, Mr Average

modaliteit 1 modality; 2 (*beding*) stipulation

modder mud, mire, ooze, sludge; (*sneeuw*~) slush; *zo vet als* ~, *zie* ~vet; *met* ~ *gooien,* (*ook fig*) fling (sling), mud [*naar* at]; *door de* ~ *halen* drag (*of:* trail) [a p.'s name] in the mud; *zie* zitten

modderaar(ster) 1 timeserver; 2 (*knoeier*) bungler; **modderachtig** *zie* modderig; **modderbad** mud-bath; **modderbank** mud-bank, -flat

modderen *zie* baggeren, schipperen & knoeien; **modderfiguur** [cut a] sorry figure; **modderig** muddy, miry, oozy, sludgy; slushy, (*en glad*) greasy; *vgl* modder

modder|kruiper loach; **-kuil** mud-hole; **-plas** puddle; **-poel** (*ook fig*) slough, quagmire; **-schuit** mud-scow, -boat; (*bij baggermachine*) hopper(-barge); *zie ook* vlag; **-sloot** muddy ditch; **-vet** extremely fat, gross, podqy [child]; **-vulkaan** mud-volcano

mode fashion, mode, style; *de* ~ *aangeven* set the fashion; ~ *worden* become the fashion; (*muz*) mode; *dat is nu de* ~ that is the fashion (the vogue, *fam;* all the rage) now; *de ~ vh ogenblik,* (*ook*) the flavour of the month (week, year); *die hoeden zijn* ***in*** *de ~* are the fashion, are in fashion; *in de ~ komen* come into fashion, come in, become fashionable; *in de ~ brengen* bring into fashion; ***met*** *de ~ meedoen* follow the fashion; ***naar*** *de ~* [dress] after (in) the fashion; *naar de nieuwste ~* after (in) the latest fashion, in the height of fashion; ***uit*** *de ~ raken* go (fall) out of fashion, go out, become old-fashioned; *uit de ~ zijn* be out of fashion

mode|artikel 1 fancy article, novelty; 2 fashion accessory; **-blad** fashion magazine; **-boek** book of fashions; **-gek** dandy, fop; **-gril** freak of fashion; **-huis** *zie* -zaak; **-kleur** fashionable colour

model I *zn* model; pattern; cut [a suit of a fashionable cut]; (*ve kunstenaar ook*) sitter; *uit z'n ~ raken* lose its shape; *~ van beleefdheid* pattern (model) of politeness; *o, jij bent een ~!,* (*iron*) oh, you're a fine one!; *alle naar één ~ gemaakt* all cut on (turned out to) a pattern; *naar ... model,* (*ook*) on [foreign] lines; *hun universiteiten nemen de onze tot ~* their ... model themselves (are modelled) on ours; *~ staan voor* serve as a model for; II *bn* 1 (*voorbeeldig*) model [landlord, mother]; [his conduct was] exemplary; 2 (*miniatuur*) model [car, train]

model|actie work-to-rule; go-slow strike; **-boerderij** model farm; **-bouw** model making; **-echtgeno(o)t(e)** ideal (model) husband (wife); **-geweer** regulation rifle; **-japon** [Paris] model dress; **-kamer** showroom; **-kleding** (*mil*) regulation dress; **-lenbureau** model agency; **-leren** model [*naar* on], mould, fashion; **-leur** modeller; **-schoen** (*mil*) regulation (*of:* ammunition) boot; **-tekenen** model drawing; **-woning** showhouse, showhome; **-zaal** showroom

modem id

modemaakster milliner; **modemagazijn** *zie* modezaak; **modeontwerper** fashion designer; **modeplaat** fashion-plate; **modepop** 1 doll, fine lady; *het was een echte ~* she seemed to have walked off a fashion-plate; 2 *zie* modegek

moderamen synodal (*of:* classical) board

moderatie moderation; **moderato** (*muz*) id

moderator id

modern modern; modernistic [theology, doctrine], modernist [movement]; **moderne** modern [the moderns], modernist; **moderniseren** modernize, bring up to date; **modernisering** modernization; **modernisme** modernism; **moderniteit** modernity

mode|show fashion (dress, mannequin) parade, dress show; **-snufje** [the latest] craze, novelty

modest id; **modestie** modesty

mode|vak fashion (business); **-vakschool** school of dress design; **-verschijnsel** fashion; **-winkel** *zie* -zaak; **-woord** vogue word; **-zaak** fashion-house; (*dames*) dress shop; (*heren*) gentlemen's outfitter's (shop)

modieus fashionable, stylish, modish

modi|ficatie modification; **-ficeren** modify

modinette dressmaker; **modisch** modish; **modiste** milliner, id

modu|lair modular [courses]; **-lariseren** modularize; **-latie** modulation; **-lator** id

module *zie* modulus; **moduleren** modulate; **modulus** 1 module, building block; 2 (*wisk*) id

modus 1 (*wisk*) mode, modal value; 2 (*taalk*) mood; 3 (*muz*) mode; 4 *~ operandi* (*vivendi*) id; *we moeten een ~ vinden* we'll have to come to some arrangement [about ...]

moduul *zie* modulus

moe I *bn* tired, fatigued, weary; *je ziet er ~ uit,* (*ook*) you look worn-out; *ik ben het* (*het lezen*) *~* I am tired of it (of reading); *ik ben ~ van het lezen* I am tired with reading; *het leven ~* weary of life; *~ in de benen* leg-weary; *zich ~ lopen* tire o.s. (out) with walking, (*sterker*) walk one's legs off; *zo ~ als een hond* dog-tired; *~* ***maken*** tire (out); *hij* ***wordt*** (*het*) *nooit ~ ernaar te kijken* he never tires of looking at it; II *zn zie* moeder & nou

moed courage, heart, spirit, nerve; *met nieuwe ~* with fresh courage; *met nieuwe ~ bezielen* put new heart into [a p.]; *al zijn ~* ***bijeenrapen*** muster up courage, summon up (one's) courage, screw up (one's) courage, pull o.s. together, take one's courage in both hands; *~* ***geven*** (*inspreken*) encourage, buoy up, put (some, fresh) heart into, hearten [a p.], (*fam*) buck [a p.] up; *zie ook* burger; *hij* ***heeft*** *de ~ niet om ...* he cannot nerve himself to ...; *ik heb de ~ niet om iemand te ontvangen* I don't feel up to seeing anyone; *ik dacht dat je meer ~ had* I thought you had more pluck; *~* ***houden*** keep (good, a stout) heart; *houd ~!,* (*ook, fam*) never say die!, keep your tail up!, keep smiling!; *de ~ erin houden* keep one's (a p.'s) spirits up, keep a p. in heart; *... om de ~ erin te houden* [I'll have a whisky and soda] to buck me up; *de ~ van zijn* ***overtuiging*** the courage of his convictions; *~* ***scheppen*** (***vatten***) take courage, take heart, pluck (muster) up courage; *de ~* ***verliezen*** (*opgeven, laten zinken*) lose heart [(*ook*) his heart failed him]; *blij* ***te*** *~e* in high spirits, (*fam*) in high feather; *je kunt je* (*in*)*denken hoe ik te ~e was* you may imagine how I felt; *zie ook* begeven & nodig

moede *zie* moe I & moed; **moedeloos** dejected, dispirited, despondent, out of heart, disheartened; *hij werd ~,* (*ook*) his heart sank; **moedeloosheid** dejection, dejectedness, despondency

moeder mother; (*aanspr*) mother, mum(my); (*ve dier, inz paard,* (*ook*) dam; (*ve gesticht*) matron; *~ de vrouw,* (*fam*) the wife, the missis (missus); *Moeder Gods* Mother of God; *~tje* little mother (*ook fig:* the girl was the little mother of the household); (*bestje*) old woman; (*aanspr*) my good woman; *~tje spelen* play at mothers; *~tje spelen over iem* mother a p.; *zie ook* gans & kant 2

moeder|aarde mother earth; **-band** 1 maternal bond; 2 master tape; **-bedrijf** parent company; **-bij** queen bee; **-binding** mother-fixation; **-blad** master; **-borst** mother('s) breast; *aan de ~ gevoed* breast-fed; **-cursus** maternity class; **-dag** Mother's Day; (*kerk*) Mothering Sunday (4th

Sunday in Lent); **-dier** 1 mother (animal), (*vee, inz paard*) dam; 2 (over-)anxious mother

moederen mother [over two infants]

moeder|gekje mammy-sick child; **-gesteente** matrix, gangue; **-hart** mother('s) heart; **-huis** 1 mother-house, mother-convent; 2 maternity ward; **-kerk** mother-church; **-klok** master-clock; **-klooster** *zie* -huis; **-koek** placenta; **-koren** ergot; **-kruid** (common) feverfew, pyrethrum; **-land** mother (home, native) country, homeland; *in het* ~ at home; **-lief** dear mother; mother, darling; *daar helpt geen* ~ *aan* there is no help for it, that cannot be helped; **-liefde** maternal love, mother(ly) love; **-lijk** motherly, maternal; *zie ook* erfdeel; **-loog** mother-lye; **-loos** motherless

Moedermaagd Virgin Mother, Holy Virgin

moeder|maatschappij parent company; **-mavo** school for secondary adult education; **-melk** mother's (*of:* breast) milk; *hij heeft het met de* ~ *ingezogen,* (*vglb*) he has learned it at his mother's knee; **-moord(er)** matricide; **-naakt** stark naked, mother-naked; **-overste** mother superior; **-plant** 1 mother-plant; 2 mother of thousands, Aaron's beard; **-recht** *zie* matriarchaat

moeders mother, mum

moederschap motherhood, maternity; *opleiden voor het* ~ train [girls] in mothercraft; **moederschapsuitkering** maternity allowance; **moederschapszorg** maternity welfare

moederschip mother (parent, depot) ship; (*v duikboten*) submarine tender; **moederschoot** 1 mother's lap; 2 (*baarmoeder*) womb

moederskant *zie* 2 kant; **moederskindje** mother's darling, mammy's boy, mollycoddle

moedersleutel master key, pass key

moedersmoeder (maternal) grandmother

moederstad (*geboortestad*) native town (city)

moeders|zijde *zie* 2 kant; **-zoontje** *zie* -kindje

moeder|taal mother (*of:* native) tongue, native language, vernacular; **-vel** *zie* -blad; **-vlek** birthmark, mole, (*wtsch*) naevus; **-vorm** matrix; **-ziel**: ~ *alleen* quite alone, [I am] on my lonesome; **-zorg** mother's (maternal) care; (*zorg voor moeders*) mother-care

moedig courageous, valiant, plucky; ~ *op zijn post blijven* stick gamely to one's post; *vgl* dapper

moedwil 1 wantonness; *uit* ~ from love of mischief, wantonly; *uit dolle* ~ from sheer devilment; 2 (*opzet*) wilfulness; *met* ~ on purpose; **moedwillig** 1 wanton; 2 (*opzettelijk*) wilful [commit wilful damage]; *zie ook* moedwil: met (uit) ~; **moedwilligheid** *zie* moedwil

moeflon moufflon; **moefti** mufti

moeheid fatigue (*ook van metalen, enz*), weariness; **moei** (*vero*) aunt

moeien trouble, annoy; *iem* ~ *in* mix a p. up in, involve a p. in; *zie ook* be~ & gemoeid

moeilijk I *bn* difficult [task, child, language; difficult to see], hard [task, lot, times; hard to believe], arduous [task], stiff [task, proposition], trying [situation], (*lastig*) troublesome [child, job]; *zie ook* benard, lastig & netelig; (~ *begaanbaar*) heavy [road]; *het* ~*e kind,* (*ook*) the problem child; *hij had het* ~ he had a rough time; ~ *werk(je)* uphill work, tough job; ~ ***doen*** make difficulties (*over* about); ~ *te* ***genaken*** difficult of access; *het* ~ ***vinden*** *te* ... find it difficult to [sell the goods], find difficulty in ...ing; II *bw* with difficulty; (*bezwaarlijk*) hardly; *zie ook* bezwaarlijk

moeilijkheid difficulty, trouble, (*fam*) headache; (*verlegenheid*) (*ook*) scrape; *dat is juist de* ~ that's the snag; ***in*** ~ *verkeren* (*zitten*) be in trouble (a scrape, a tight corner, a fix, a hole), be in hot water; *in geldelijke moeilijkheden* in financial difficulties (straits); *in moeilijkheden brengen* get [a p., o.s.] into trouble, land [a p.] in difficulties; *hij bracht zichzelf in moeilijkheden* he got himself into a mess; *in moeilijkheden geraken* get into trouble (into hot water); *iem* ***uit*** *een* ~ *helpen* help a p. out (of a difficulty); *we zijn uit de moeilijkheden* we are out of the wood

moeite (*last*) trouble, difficulty; *zie ook* last; (*inspanning*) trouble, pains, labour; *het is de* ~ ***waard*** it is worth while; *de* ~ *waard om te zien* (*naar te luisteren*) worth seeing (listening to) [if a thing is worth doing it is worth doing well]; *dat* (*die*) *de* ~ *waard is,* (*ook*) worthwhile [present, experiment]; *dank u voor de* ~ thank you very much!, sorry to have troubled you; *het is de* ~ *niet* (*waard*) don't mention it!, no trouble (at all)!, you're welcome!; *het is de* ~ (*waard*)*!,* (*iron*) don't make such a song about it!; *als het niet* ***te veel*** ~ *is* if it is not too much trouble; ~ ***doen*** take pains (trouble), try, exert o.s.; *veel* ~ *doen om te* ... take (be at) great pains to ..., lay o.s. out to ..., go out of one's way to ...; *doe geen* ~*!* don't bother (trouble)!; *je hoeft geen* ~ *te doen om me te halen* you need not trouble to ...; *vergeefse* ~ wasted effort; *vergeefse* ~ *doen* lose one's labour; ~ *doen op* take trouble with [one's lessons]; *zich de* ~ ***geven*** *om te* ... take the trouble (pains) to ..., trouble [he did not trouble to lower his voice; he scarcely troubled to conceal his surprise]; *zich een hoop* ~ *geven om* ... go to a lot of trouble to ...; *hij gaf zich* (*veel*) ~ *om de man tot bedaren te brengen* he was at (great) pains to pacify the man; *iem heel wat* ~ *geven* put a p. to (give a p.) great trouble; *geef je om mij al die* ~ *niet* don't put yourself out on my account; ~ ***hebben*** *te* ... have difficulty in ...ing, find it difficult to ...; *hij had er verbazend veel* ~ *mee* he had a lot of trouble with it; ~ *hebben met de uitspraken van* ... find it hard to stomach ...; *geen* ~ *hebben met* have no problem(s) with; *ik had grote* ~ *hem te sussen* (*niet te huilen*) I had great difficulty in soothing him, it was all (as much as) I could do to soothe him (not to cry, to keep from crying); *de grootste* ~ *hebben* (*ook*) be hard-put (to it) [to find the money]; *de* ~ ***nemen,*** *zie* zich de ~ geven; *geen* ~ ***ontzien*** spare no pains; ~ ***veroorzaken*** (***berokkenen***) give [a p.] trouble; *veel* ~ *veroorzaken* put to great pains (trouble); *dat gaat* ***in*** *één* ~ *door* [let's fix the aerial] while we're here (while we're about it); ***met*** ~ with difficulty; only just; hardly;

ze kregen met ~ hun overjassen aan they struggled into their greatcoats; *met de grootste ~ ademhalen* have great difficulty in breathing; *ik kon haar slechts met de grootste ~ bijhouden* it was all I could do to keep up with her; ***zonder*** ~ without difficulty; *zie ook* kosten & lonen

moeiteloos effortless; **moeitevol** toilsome, difficult, hard; laboured [breathing]

moeizaam laborious, tiring, fatiguing; with great difficulty; *zich ~ voortslepen* plod along heavily

moejik moujik, muzhik; **Moekden** Mukden

moeke mummy

moer 1 mother; (*ve dier, vooral paard, ook*) dam; *naar zijn ouwe ~,* (*sl*) to blazes; *geen* (*ene*) ~ not a damn, damn-all; *zie ook* ~konijn, ~vos, mal & schaften; 2 (*bezinksel*) sediment, dregs, lees; 3 (*schroef~*) nut; 4 (*veen*) peat (bog, soil)

moeras marsh, swamp, morass, bog; (*fig*) [the financial] morass [into which we are drifting]; **moerasgas** marsh-gas, methane; **moeraskoorts** malaria; **moerasland** marshland; **moeraspalm** nipa; **moerasschildpad** terrapin; **moerassig** marshy, boggy, swampy; **moerasspirea** meadowsweet; **moerasvogel** marsh-bird

moer|bei mulberry; **-beiboom** mulberry (tree)

moerbout bolt; **moeren** wreck, spoil

moer|konijn doe-rabbit; **-schroef** nut, female screw; **-sleutel** spanner, (*Am*) wrench; *verstelbare ~* wrench, adjustable spanner (*Am:* wrench)

moerstaal mother tongue; *spreek je ~* say it in (plain) Dutch (English, etc); **moervos** vixen

moes pulp, mash, jelly; stewed fruit or vegetables; *zie ook* appel~ & boerenkool; *tot ~ koken* boil to mash; *iem tot ~ slaan* beat a p. to a jelly, knock the stuffing out of a p.; **moesappel** cooking apple; **moesgroente** green (leafy) vegetables

moesje 1 (*moeder*) mummy, mammy; 2 (*op stof*) spot; (*pronkpleistertje*) beauty spot

moes|kerij market-gardening; **-kruid** pot-herb

moesson monsoon; **moest** *ovt van* moeten

moestuin kitchen garden, vegetable garden

moet spot, stain; (*indruksel*) dent, mark

moeten I *ww* 1 (*willen*) want, need *ik moet een pond suiker hebben* I want a ...; *wat moet jij* (*hier*)*?* what are you after?; *wat moet je* (*van mij*)*?* what do you want (with me)?; *wat moet dat boek hier?* what is that book doing here?; *wat moet dit voorstellen?* what is this supposed to represent?; *wat hij moest* [the servant asked] his business; [I wondered] what he was after; *moet je mij* ***hebben?,*** (*fam*) here, who are you getting at?; *ik moet niets van die moderne ideeën hebben* I don't hold with those ...;; 2 (*verplicht zijn*) be obliged (forced, compelled) to, have to; (*soms*) do [where do I sit?, what do I wear?, do I give her a present?, how do I use it?]; *hij wil niet? hij moèt!* he won't? he's got to!; (*afspraak, schikking*) be to [I am to meet him to-night]; (*in niet-samengestelde tijden*) must, should, ought to; *wel,* ***als*** *ik moet, dan moet ik* well, if I must, I must; *zie ook* nodig; 3 (*nodig, noodzakelijk zijn, behoren*) must, want, have to; *wat moet zijn, moet zijn* what must be, must be; *ik moet naar de keuken* I must be off to the kitchen; *mijn ketting moet gesmeerd* (*worden*) my ... wants (needs, is due for) oiling; *hij moet in het oog worden gehouden* he wants watching; *het huis moet nodig geverfd* (*worden*) the house badly needs a coat of paint; *je moet eens naar mij luisteren* just listen to me, will you?; *hij moe*(*s*)*t het weten,* (*behoort, behoorde*) he should (ought to) know; *moet je je moeder voor de gek houden, a*) are you trying to ...; *b*) ought you to ...; *ik moèt £ 50 hebben,* (*heb beslist nodig*) I've got to have £50; ***als*** *je moèt roken, ...* if you must smoke, [at least use the ashtray]; *als het moe*(*s*)*t* if it has (had) to be done, [there is room for 20 people] at a pinch; ***het*** *moet* there is no help for it, it cannot be helped, it has got to be done; ***hoe*** *moet het nu met ...* now what('s to be done) about ...; *hoe lang moet dit nog duren?* how long is this going to last (to go on)?; *je* ***moest*** *nu maar gaan* you had better go now; *hij moest eens een standje hebben* he ought to be talked to; *het moest niet mogen* it shouldn't be allowed; *het moest grappig klinken* it was meant to be funny; *ik moet de man* ***nog*** *zien die ...* I have yet to see the man who ...; *de* ***trein*** (*de boot*) *moet om vijf uur* ***vertrekken*** the train is due to leave (the boat is due out) at five; ***waar*** *moet het geld* ***vandaan*** *komen?* where is the money to come from?; *ik moe*(*s*)*t zijn moed* ***wel*** *bewonderen* I cannot (could not) but admire ...; *ik moest* (*wel*) *lachen* I couldn't help laughing, I had to laugh; *zulke kwesties ~ zich wel voordoen* such questions are bound to arise; *het moest wel uitkomen* it was bound to ...; *zo'n rede moet de menigte wel aangrijpen* cannot fail to stir the crowd; *je moet* ***weten*** *dat hij ziek is* he is ill, you know; *hij moet dominee* ***worden*** he is intended for the Church; *de lijst moet herzien worden* is due for revision; *je moet timmerman* ***zijn*** *om ...* it takes a carpenter to ...; *ik moet morgen* (*weer*) *in A zijn* I am due (back) in A tomorrow; *hier ~en we zijn,* (*hier zijn we waar we wezen ~*) here we are; ***wat*** *moet dat?* what's all this (about)?; 4 (*mogen*) like; *ik moet hem niet* I don't like him; 5 (*hulpww v wijze*) must, be said (supposed) to; *hij moet een knappe vent zijn* he is said to be a clever fellow; *de stad moet in brand staan* the city is reported to be on fire; II *zn: het is* ***geen*** ~ it's not a case of must; *vgl* heilig

moetje (*fam*) shotgun wedding (marriage)

moeven move off; *~!* scram!

Moezel Moselle; **moezelwijn** Moselle (wine)

moezen I *tr* mash, pulp; II *intr* (*v aardappelen*) boil to mash, get mushy

moezjiek moujik, muzhik

mof 1 muff; 2 (*aan machine*) sleeve, socket; 3 (*min voor Duitser*) (*sl*) Jerry, (*inz Am*) Kraut; (*1914-18*) Boche, Hun; *zwijgen als een ~* be silent as the grave

moffel muffle; **moffelen** 1 (*techn*) enamel, stove; 2 (*weg~*) spirit away, secrete; **moffeloven** enamelling-oven, muffle-furnace

moffenpijp (*plantk*) birthwort

Moffrika Germany, (*Am*) Krautland

mogelijk I *bn* possible; feasible; potential [customers]; ~ *voor hem* [the sort of life] possible to him; ~ *maken* make possible, enable; ***al het*** *~e doen* do all that is possible, do everything possible, do any mortal thing one can; ***alle*** *~e excuses* all possible excuses, every possible (imaginable) excuse; *alle ~e hulp* all possible (all sorts of) help; *op alle ~e manieren* in every possible way; *op alle ~e en onmogelijke plaatsen* in all likely and unlikely places; ***bij*** *~e problemen* in case of problems; *het* ***enig*** *~e* the only possible thing, the only thing possible; *het* ***grootst*** *~e aantal* the greatest possible number; *je* ***houdt*** *het niet voor ~!* what on earth next!, wonders never cease!; *het* ***is*** *best* ~ it is quite possible, it's quite on the cards; *het is best ~ dat hij de schuldige is,* (*ook*) it is quite possible for him to be the culprit; *hoe is het ~!* well, I never!, you don't say so!; *het is me niet* ~ it is impossible for me, I cannot possibly do it; *het is niet ~ dat hij het gedaan heeft* he cannot possibly have done it; *om het ~ te* ***maken*** *dat de goederen Londen op tijd bereikten* to allow for the goods to reach London in time; ***zo*** ~ if possible; *zo eenvoudig* ~ as simple as possible; *een zo nauw ~ contact* as close a contact as possible; *met de kleinst ~e kosten* at the smallest cost possible; ***zo goed*** ~ to the best of (one's) abilities, as well as circumstances will allow; *ik sukkelde zo goed ~ voort* I jogged on as best I could; ***zoveel*** ~ as much (many) as possible; II *bw zie* ~erwijs; **mogelijkerwijs** possibly; (*wellicht*) possibly, perhaps; ~ *heeft hij me gezien* he may have seen me

mogelijkheid possibility; (*mogelijke gebeurtenis*) (*ook*) eventuality; *mogelijkheden om een vak te leren* facilities ...; *mogelijkheden die in iets besloten liggen* potentialities; *het plan biedt zeker mogelijkheden* offers prospects (of success), has considerable potential; *de ~ om te emigreren* the possibility of emigrating (to emigrate); *ik kan met geen ~ zeggen waarom* I cannot for the life of me (cannot possibly) say why; *er is een kleine ~ dat* ... it's just possible that ...

mogen I *vol ww* 1 (*houden van*) like, be fond of; *ik mag hem graag* I am very fond of him, I quite like him; *zij ~* ***elkaar*** *niet* there is no love lost between them; *maar dat mag ik* ***wel*** [he is a tough customer], but I like them tough; *ik mocht hem wel* I rather liked him; 2 (*verlof, enz hebben*) be allowed (permitted); (*ott*) may; ... *Dat mag ook wel* ... ['That's a beautiful bronze.'] 'It ought to be, [I gave £900 for it']; *in de liefde mag* ***alles*** all is fair in love and war; *alles mag* anything goes, (there are) no holds barred; *je mag hier* ***niet*** *roken* you may not (*sterker:* must not) smoke here; *ik mag niet van Moeder* Mother won't let me; *dat mag niet* you can't (you're not allowed to) do that; *ik rook niet meer, mag niet van de dokter* I never smoke now, doctor's orders; *mag ik mij even verkleden?* do you mind if I change?; *ik mocht een gesprek met hem hebben* I was privileged to have a talk with him; *hij mocht het geheim niet openbaar maken* he was not at liberty to divulge the secret; *hij mocht niet gaan* he was not allowed to go; *maar dat mocht je niet* but then you shouldn't have; *het mocht niet* (*heeft niet ~*) *zijn* it was not to be; *er ~* ***zijn*** show up well, make a good impression; *die snoek mag er zijn* that pike is a beauty (a whopper); some pike, that!; *wat geven? het* ***mocht wat****!* out of the question!; (*een vriendelijke man?*) *het mocht wat!* kind indeed! the devil he is!; *eerlijk? het mocht wat* honest? not on your life; II *hulpww wat er ook* ***moge*** *gebeuren* happen what may; *hoe dat ook moge zijn* be that as it may; however that may be; *voor verdere gegevens moge worden verwezen naar* ... for further information the reader is referred to ...; *je mag wel voortmaken* you had better hurry; *het huis mag wel eens geverfd worden* the ... could do with a coat of paint; *dat mocht je echt wel weten* you really ought to know that; *ik mocht wel eens weten* ... I should like to know ...; *wie is hij? dat mag je wel vragen* who is he? who (is he) indeed!; ***mochten*** *er brieven voor me komen, stuur ze dan svp door* should any letters come for me, please ...; *mocht dat het geval zijn,* (*ook*) if so; *als je het niet mocht weten* in case you don't know; *zie ook* geluk, horen, enz

mogendheid power [the Great Powers]

mogol [the Great (Grand)] Mogul

mohair id

Mohammed id; **mohammedaan(s)** Mohammedan, muslim; **mohammedanisme** Mohammedanism, Islam

Mohikaan Ma-, Mohican (*mv* -can, -cans)

moiré I *bn* id; II *zn* id, watered silk, tabby

moireren water

mok 1 (*beker*) mug; 2 (*paardeziekte*) grapes; 3 *zie* stormvogeltje

moker (*meestal v hout*) maul; (*smids~*) sledge(hammer); **mokeren** hammer, strike (with a sledgehammer)

Mokerhei: *loop naar de ~,* (*fam*) go to blazes; *ik wou dat hij op de ~ zat* I wish he was in hell

mokka mocha (coffee)

mokkel chubby woman (child); (*sl*) chick

mokken sulk, pout, nurse a grievance

mol 1 (*dier*) mole; *zie ook* blind; 2 (*muz: verlaging*) flat; (*kleine terts*) minor; 3 (*natuurk*) mole

molaar molar

Molda|vië Moldavia; **-viër**, **-visch** Moldavian

moleculair molecular [weight]; **molecule** id

molen mill; *~tje,* (*speelgoed*) paper windmill; *hij loopt met ~tjes* he has bats in the belfry; *hij heeft een klap* (*slag, tik*) *van de ~*(*wiek*) *gehad* (*beet*), (*fig*) he has a tile off, has a screw loose; *de ambtelijke ~s malen langzaam* the mills of government grind slowly; *de ~ is door de vang* the mill runs away; (*fig*) the whole thing is a muddle; *zie ook* koren

molenaar 1 miller; 2 cockchafer; 3 (*vis*) *zie* 1 post & wijting; 4 (*vlinder*) white, miller

molen|beek mill-race; **-dam** mill-dam; **-kolk** mill-pond; **-legger**, **-ligger** bed-stone; **-paard** mill-horse; (*vrouw*) cart-horse; **-rad** mill-wheel; **-roede** sail-arm; **-steen** millstone; (*fig ook*) albatross; **-tocht** mill-race; **-trechter**, **-tremel** mill-hopper; **-vang** brake; **-vijver** mill-pond,

-pool; **-vliet**, **-water** mill-race; **-wiek** wing (sail, sweep) of a mill; *zie ook* molen
molest 1 molestation; ~ *aandoen, zie* molesteren; 2 war risk, etc; *vgl* ~risico; *vrij van ~,* (*mar*) free from capture (detention)
molestatie molestation, annoyance; **molesteren** importune, annoy [women], molest; beat up
molestrisico catastrophe risk, riot (and civil commotion) risk, war risk
molik scarecrow; **molk** *ovt van* melken
mol|kever carrion beetle; **-krekel** mole cricket
molleboon horse-bean; **mollegang** mole-tunnel, mole-track; **mollegat** mole-hole; **mollekiem** mole-trap; **mollekruid** castor-oil plant
mollen 1 kill, dispatch, do [a p.] in; 2 spoil, bust, wreck
mollenvanger mole-catcher; **mollevel** moleskin
mollig plump, chubby, soft; (*& stevig*) buxom; *met een ~ gezicht* (*~e wangen*) chubby-faced, -cheeked; **molligheid** plumpness, chubbiness, softness
mollusk mollusc
molm mould; (*turf~*) peat-dust; **molmachtig** wormeaten; **molmen** 1 moulder (away); 2 (*wormstekig worden*) get wormeaten; **molmig** wormeaten
moloch (*fig*) Moloch; **Moloch** id
molploeg mole plough; **molshoop** molehill, mole-heap; **molsla** dandelion (salad)
molteken (*muz*) flat
molton: ~ *deken* thick flannel(ette) undersheet
Molukken: *de* ~ the Moluccas; **Molukker** Moluccan; **Moluks** Molucca [Islands]
molybdeen molybdenum
mom mask; *onder het ~ van* under the cloak (mask, show, guise) of, under (the) cover of [humility]; **mombakkes** mask, false face
moment id (*ook natuurk*); (*beweging, ook*) [angular] momentum; (*koppel*) torque; **momen|taan**, **-teel** I *bn* momentary; II *bw* at the moment, for the time being, at present; **momentopname** 1 instantaneous photo(graph), snapshot; 2 (momentary) impression; **momentschakelaar** snap switch; **momentsleutel** torque wrench
mompelaar(ster) mutterer, mumbler; **mompelen** mutter [*in zichzelf* to o.s.], mumble, murmur
Momus id; **monade** monad
monarch id; **monarchaal** monarchical; **monarchie** monarchy; **monarchist(e)** id; **monarchistisch** monarchical, monarchist [propaganda]
monauraal monaural, monophonic
mond mouth (*ook v rivier, haven, oven, zak, put, vulkaan, enz*); (*v maag, buis, enz*) orifice; (*ve vuurwapen*) muzzle; *haar ~ stond niet stil* her tongue was going all the time; *heb je geen ~?* have you lost your tongue?; *~je* ***dicht****!* mum's the word!, keep mum (about it)!; *ik heb een* ***droge*** *mond* I have a dry roof to my mouth; *ze is niet op haar ~je* ***gevallen*** she has a ready tongue, has a tongue in her head; *zie ook* roeren; *een* ***grote*** *~ hebben,* (*fig*) have plenty of jaw (of sauce); *geen grote ~!,* (*sl*) none of your lip!, none of your cheek!, keep a civil tongue in your head; *een grote ~ tegen iem opzetten* cheek a p., answer back; *z'n ~* ***houden*** hold one's tongue; (*niet over iets spreken, ~je dicht*) keep one's mouth shut; *hou je ~!,* (*ook*) shut up!, dry up!; *geen ~* ***opendoen*** not open one's lips, be tongue-tied; *ze deed verder geen ~ open* she shut up tight (like a clam); *ik heb tien ~en* ***open te houden*** I have ten mouths to feed (to fill); *de ~en openhouden* keep the pot boiling; keep the wolf from the door; *iem de ~* ***snoeren*** (*stoppen*) stop a p.'s mouth, shut a p. up; *dat snoerde hem de ~,* (*ook*) that finished him; *de ~* ***vol*** *hebben van* [*ouderparticipatie, maar* ...] pay lip-service to, make a great song about; *ieder heeft er de ~ vol van* everyone is talking about it; *zijn ~* ***voorbij*** *praten* blab; let one's tongue run away with one; (*zich vergalopperen*) commit o.s. (in speaking), put one's foot in it; (*iets verklappen*) give the game away; ***bij*** *~e van* by the mouth of; *bij ~e beloven* promise by word of mouth; *leg me zulke woorden niet* ***in*** *de ~* don't put such words into my mouth; *hij gaf het mij in de ~* he put it into my mouth, he gave me my cue; *met een pijp in zijn ~* pipe in mouth, with a pipe in his mouth; *hij is ruw in de ~* he is coarse of speech; *zie ook* bestorven; *met open ~* [listen] open-mouthed; *met open ~ staan kijken* stare like a stuck pig; *hij stond met de ~ vol tanden* he had not a word to say (for himself), was completely tongue-tied; *met twee ~en spreken* blow hot and cold; *iem* ***naar*** *de ~ praten* play up to a p.; *hij legde de vinger* ***op*** *de ~* he put his finger to his lips; *~ op ~ beademing* mouth-to-mouth resuscitation, kiss of life; *ik heb het* ***uit*** *zijn eigen ~* I heard it from his own lips; *je neemt* (*haalt*) *me de woorden uit de ~* you take the words out of my mouth; *het viel mij uit de ~* it escaped me; *iets uit zijn* (*uit eigen*) *~ sparen* stint o.s. in s.t.; *het klinkt vreemd uit uw ~* it sounds strange in your mouth; *het nieuwtje ging* ***van*** *~ tot ~* the news spread (passed) from mouth to mouth; *hij zegt maar wat hem* ***voor*** *de ~ komt* whatever comes into his head; *zie ook* ~je, blad, brood, los, enz
mondain mundane, worldly-minded; fashionable [women]
mondarts oral surgeon, stomatologist; **mondbehoeften** provisions, victuals; **mondbeschermer** gumshield, mouthpiece; **monddelen** (*ve insekt*) mouth parts; **monddood** gagged; ~ *maken* gag, silence
mondeling I *bn* oral, verbal [message]; *~e afspraak* verbal agreement; ~ *examen* oral (viva voce) examination, viva (voce); *~e overlevering* oral tradition; II *zn* (*fam*) [my] oral, viva; III *bw* orally, verbally, by word of mouth
mond- en klauwzeer foot-and-mouth (disease)
mond|harmonika mouth-organ; **-harp** jew's harp; **-heelkunde** oral surgery, stomatology; **-hoek** corner of the mouth; **-holte** oral cavity, cavity of the mouth; **-hygiëne** oral hygiene; **-hygiëniste** dental (oral) hygienist
mondiaal worldwide, global, mondial
mondig 1 emancipated, mature, independent; so-

cially (politically) aware; 2 [be, come] of age
mondigheid 1 emancipation, maturity, independence; (social, political) awareness, involvement; 2 majority
monding mouth; (*ve vuurwapen*) muzzle; *zie ook* uit~
mondjesmaat scanty measure; ~ *krijgen* be on short commons; get [s.t.] in dribs and drabs; ~ *toedienen* administer by drib(b)lets
mondjevol: *een ~ Engels kennen* have a smattering of English; **mondkost** provisions; **mond-op-mond** *zie* mond: ~ op ~
mond|orgel harmonica, mouth-organ; **-prop** gag; **-spoeling** mouth-wash; **-stopper** gag; (*fig*) bribe; **-stuk** mouthpiece; (*ve muziekinstrument, ook*) embouchure; (*ve pijp, slang, enz*) nozzle; (*ve fontein, ook*) adjutage; (*ve kanon*) chase; (*ve sigaret*) tip [gold-tipped cigarette; *zonder ~* plain cigarette]; **-trommel** jew's harp; **-vol** mouthful (*ook fig:* what a mouthful!); **-voorraad** provisions; **-water** mouth-wash; **-zeer** *zie* mond- en klauwzeer
Monegask(isch) Monegasque
monetair monetary [policy]; **monetarisme** monetarism
Mongolië Mongolia; **mongolisme** (*med*) mongolism, Down's syndrome; **mongoloïde** Mongoloid; **Mongool** Mongol, Mongolian; **Mongools** Mongolian; **mongooltje** mongol, Down's child, Down's syndrome
monisme monism; **monist** id; **monistisch** monistic (*bw:* -ally)
monitor (*hagedis, in school, telec*) id; (*in school ook*) prefect; (*telec ook*) visual display unit, VDU [worker]; (*Belg univ*) student counsellor
monkelen laugh slily
monnik monk; *gelijke ~en, gelijke kappen* (what is) sauce for the goose is sauce for the gander
monnikachtig monkish, monastic
monniken|klooster monastery; **-latijn** monk(ish) Latin; **-leven** monastic life; **-orde** monastic order; **-werk** tedious drudgery; ~ *doen,* (*ook*) plough the sands; **-wezen** monasticism
monniks|kap cowl; (*plant*) monk's hood, aconite, wolfsbane; **-kleed**, **-pij** monk's habit
mono id; **monochord(ion)** monochord
monochromatisch monochromatic
monochroom monochrome, -chromous
monocle id, (single) eye-glass
monocultuur monoculture
monodie monody
monofonisch mono(phonic)
monoftong monophthong
monogaam monogamous; **monogamie** monogamy; **monogamist** id
mono|grafie monograph; **-gram** id, cipher
monokini id; **monokristallijn** single-crystal [silicon]; **monoliet** monolith; **monoloog** monologue, soliloquy; *een ~ houden* soliloquize
mono|maan I *zn* monomaniac, crank; II *bn* monomaniac(al), cranky; **-manie** monomania
mono|meer monomer; **-metallisme** monometallism; **-plaan** monoplane; **-plegie** monoplegia
mono|polie monopoly; *een ~ hebben* have (hold) the monopoly of s.t. (a monopoly in s.t.); **-poliseren** monopolize; **-polistisch** monopolistic
mono|psonie monopsony; **-rail** id; **-ski** id; **-syllabisch** monosyllabic; **-theïsme** monotheism
mono|theïst monotheist; **-theïstisch** monotheistic (*bw:* -ically)
mono|tonie monotony; **-toon** monotonous
monotype id; **monoxyde** monoxide
monseigneur id, monsignor
monster 1 monster; freak (of nature); *een ~ van een vrouw* a fright; (*attr ook*) mammoth [corporation, hotel, production, project, victory]; 2 (*handel*) sample, specimen; (*staal*) pattern; ~ *zonder waarde* sample without value; *aan het ~ beantwoorden* come up to sample; *~s trekken* draw (take) samples, sample; *op ~ kopen* buy from sample; *verkoop op ~* sale by sample; *volgens ~ zijn* be up to sample
monsterachtig monstrous; *vgl* -lijk; **monsterachtigheid** monstrousness, monstrosity; **monsterboek** pattern book, book of samples
monsteren muster, (pass in) review, inspect; *zie ook* aan~; **monstering** muster, review
monsterlijk monstrous, ghastly; ~ *groot,* (*ook*) monster [potato]; **monsterproces** mass trial
monsterrol muster roll; ship's articles
monsterverbond monstrous alliance
monstrans monstrance, ostensorium
monstrueus monstrous
monstrum, monstruositeit monstrosity
montage assembling, assembly, mounting, erecting, fitting; (*film*) id, editing; *zie ook* montering
montage|band assembly line; **-benodigdheden** fittings; **-bouw** prefabrication; **-foto** composite photograph, photomontage; (*politie*) Photofit (picture); **-hal**, **-loods** assembly hall (shop); **-tafel** (*film*) cutting (*of:* editing) table, cutting bench; **-wagen** repair van; (*v tram ook*) tower wag(g)on; **-woning** prefabricated house, prefab
montant amount
Monte|negrijn(s) Montenegrin; **-negro** id
monter brisk, lively, sprightly
monteren 1 (*machine, enz*) assemble [a motor-car], mount, set (put) up, erect, fit up, adjust; 2 (*schilderij, edelsteen, juweel*) mount; (*steen ook*) set [in gold]; 3 (*toneelstuk*) stage, get up, mount; *het stuk was goed gemonteerd* the play was well staged; 4 (*film*) edit, cut; **montering** mounting, fitting-up, erection; staging, etc; *vgl* monteren; get-up [of a play]; *zie ook* montage & uitrusting
montessori-onderwijs Montessori system of education
monteur mechanic, fitter
montuur frame, mount; (*ve steen*) setting; *met gouden* (*hoornen*) ~ gold-, horn-rimmed [spectacles]; *zonder ~* rimless [glasses]
monument id (*voor* to [Lord K]); (*gebouw, ook*) listed building
monumentaal monumental
monumentenlijst: *op de ~ plaatsen* schedule [a building for preservation]; *het huis staat op de*

~ the house has a preservation order on it, is a listed building; **monumentenzorg** (*vglb*) conservation; *Rijksdienst voor de M~*, (*vglb*) Historic Buildings and Monuments Commission

mooi I *bn* 1 (*knap, fraai*) handsome, fine, pretty, beautiful, lovely; *mijn ~e kleren* my Sunday best; *een ~ meisje* a pretty girl; *~e woorden* fine (fair) words; *wat ben je ~!* you do look smart!, how smart you look!; *zo ... dat het niet ~ meer was*, (*fam*) so ... that it was not even funny; *~* ***maken*** beautify; *~* ***zitten***, (*ve hond*) beg; *zij wordt er niet* ***mooier*** *op* she is losing her looks, is going off (in her looks); *moeders* ***mooiste*** *niet* [she is] no beauty; *er op zijn ~st uitzien* look one's best; *zie ook* uitzien, opdirken & opsieren; 2 (*goed, prettig; iron: lelijk*) fine, nice; *~ aanbod* (*cadeau*) handsome offer (present); *dat is allemaal* ***heel*** *~, maar* ... that is all very fine (very well), but ...; *~* ***met*** *iets zijn*, (*fig*) be saddled (landed) with s.t.; *daar kunnen we lang ~ mee zijn* that may be a long drawn-out business; *ik ben al drie weken ~ met die kwaal* I have been troubled with that complaint for the past three weeks; *het is* ***te*** *~ om waar te zijn* it is too good to be true; *nu nog* ***mooier***! well I never!, did you ever!, indeed!, I like that!; *kan het ~er?* can you beat that?; *het* ***mooist*** *van alles was dat* ... the best of it all was that ...; to crown all [, she did not apologize]; *maar het ~ste komt nog* but the best (the funniest) part is yet to come; 3 (*gunstig:*) *~ weer* fair (fine) weather; *~ weer spelen van andermans geld* do oneself well at somebody else's expense; ***op*** *zijn ~st krijgen ze tien gulden* they'll get ten guilders at best; *zij stelden het haar op het ~st voor* they painted her a rosy picture; *zie ook* ding, praatje, enz; II *bw* 1 (*knap, goed*) well; *daar zijn we ~ vanaf* we're well out of it; *dat heb je hem ~ gelapt* you've managed it cleverly; *ga ~ rechtop zitten* sit up nice and straight; *~ stil zitten* sit nice and still; 2 (*graad: nogal*) rather [it got to be rather late]; *je hebt de boel ~ in de war gestuurd* you've made a precious mess of it; 3 (*modaliteit:*) *~ niet* not on your life; *ze lieten hem ~ zijn nek uitsteken* they calmly left him to ...; *zie ook* praten, enz; III *tw:* *~* (*zo*)! good!, (all) right!

mooidoenerij airs and graces; *vgl* mooipraterij

mooie beauty; *wat een ~!* what a beauty!; *hij is een ~!* he is a nice one! (a precious fellow!); *wel jij bent een ~!* well, you're a beauty!; *dat is* ***het*** *~ ervan* that is the beauty of it; *daarmee zou het ~ eraf gaan* that would spoil it, would take the gilt off the gingerbread

mooi|heid beauty, fineness, handsomeness, prettiness; **-igheid** 1 *zie* mooiheid; 2 fine thing(s); **-praatster**, **-prater** flatterer, fawner, wheedler; **-praterij** flattery, blarney, (*sl*) soft sawder, soap

moois fine things; (*opschik*) finery; *dat is* ***wat*** *~!* that's a pretty business!, fine doings these!; *je zult wat ~ van mij denken* you'll have a nice opinion of me; *vgl* mooi; **mooischrijverij** fine writing

mooitjes finely, prettily; **mooiweer-** fairweather [friend, Liberals, sailor]; **mooizitten** (*ve hond*) sit (up), beg

Moor id, blackamoor

moord murder; (*sluip~*) assassination; *de ~ op ...* the murder of ...; *~ en brand schreeuwen* cry blue murder; raise a hue and cry [against ...]; *hij weet van de ~* he knows all about it, is in the secret (the plot); *stik de ~!* drop dead!; (*uitroep & attr, sl*) terrific [chap, girl], fantastic

moordaanslag [charged with] attempted murder, attempt (up)on a p.'s life

moorddadig I *bn* 1 murderous [fight, weapon, etc]; 2 (*fig*) terrible [spectacle]; terrific [noise, fun]; *zie ook* moordend; II *bw* terribly, awfully; **moorddadigheid** murderousness

moorden commit murder, kill; **moordenaar** murderer, killer; **moordenares** murderess; **moordenarij** massacre, slaughter; **moordend** murderous [climate, competition, pace; open (keep up) a murderous fire]; throttling [a throttling effect on industry]; punishing [climb, workload]; scorching [hot]; *~e concurrentie*, (*ook*) cut-throat competition

moord|geschreeuw cry (cries) of murder; **-kuil** den of cut-throats; *hij maakt van zijn hart geen ~* he wears his heart (up)on his sleeve, says whatever comes first to mind; **-lust** blood lust; **-partij** massacre, slaughter; **-toneel** scene of (a, the) murder (of massacre); **-tuig** instrument(s of murder); **-zaak** murder case; murder trial; **-zuchtig** murderous, homicidal

moorkop 1 black-headed horse; 2 chocolate éclair; **Moors** Moorish [woman], Moresque

moos (*Bargoens: geld*) tin, dosh, rhino

moot fillet [of salmon, etc], slice, cut; *aan* (*in*) *~jes hakken* chop up, slice; (*fig*) make mincemeat of [a p.]

mop 1 (*grap*) joke; (*mystificatie*) hoax; *ouwe ~* stale (well-worn) joke, chestnut; *vaste ~* regulation joke; *het was een ~* (*geen ernst*) it was a lark; *voor de ~* for a lark; *~pen tappen* crack jokes; *dat is juist de ~* that's where the fun comes in; *zie ook* grap; 2 (*steen*) brick; 3 (*koekje*) (kind of) biscuit; 4 (*inktvlek*) blot; 5 (*hond*) pug(-dog); 6 *~pen*, (*fam: geld*) tin (brass, etc; *vgl* cent); 7 *~*(*je*), (*muz*) (popular) tune; 8 *zie* moppie

mopneus pug-nose, snub nose

moppentapper wag, (regular) joker

mopperaar grumbler, grouser; **mopperen** grumble [*over* about, at, over], grouse, (*fam*) chunter; *stil voor zich heen ~* mouth curses; **mopperig** grumbling, disgruntled

moppie small girl; sweetie; **moppig** funny

mops|(hond) pug(-dog); **-neus** *zie* mopneus

moquette id

mora 1 neglect; delay; 2 *zie* more

moraal 1 (*leer, zeden*) morality; *de christelijke ~* Christian ethics; (*beginsel*) [a man without] morals; *tweeërlei* (*dubbele*) *~* double standard of morals; 2 (*les*) moral [of a fable]; *deze fabel bevat een ~* this ... carries a moral; 3 (*sp*) morale

moraaltheologie moral theology

moraliseren moralize, point a moral

moralist id; **moralistisch** moralistic

moraliteit morality; (*spel ook*) moral(ity) play

moratoir moratory; **moratorium** id; *een ~ instellen* declare a moratorium
Mora|vië Moravia; **-viër**, **-visch** Moravian; *-vische broeders* Moravian (*of:* United) Brethren
morbide morbid; **mordax** fiercely, squarely
mordicus inflexibly, adamantly, vigorously, resolutely [opposed to s.t.], [maintain s.t.] rigidly
more mora (*mv ook:* -rae)
moreel I *bn* moral; *de morele kant van de zaak,* (*ook*) the morality of the question; II *zn* morale
moreen (*stof*) id
morel morello; **morelleboom** morello-tree
morene moraine; **Morenland** (*hist*) country of the Moors: Mauritania; Ethiopia
mores: *iem ~ leren* teach a p. manners, bring a p. to heel
morfeem morpheme
morfine morphia, morphine
morfinespuitje 1 morphia injection, morphine shot; 2 morphia syringe
morfinisme morphinism, morphine addiction; **morfinist(e)** morphinist, morphine addict
morfologie morphology; **morfologisch** morphological
morganatisch morganatic (*bw:* -ally), left-handed
morgen I *zn* 1 morning; *'s ~s* in the morning; *om 10 uur 's ~s* at 10 am; *'s ~s en 's avonds* morning and evening, (*inz Am*) mornings and evenings; *de* ***hele*** *~* all morning; ***op*** *een ~* one morning; ***tot*** *~!* till tomorrow!; ***van*** *~* this morning; *van~ vroeg* early this morning; *van de ~ tot de avond* from morning till night; *zie ook* 1 goed I.1, halen; 2 (*maat*) approximately 2 acres; II *bw* tomorrow; *~ komt er weer een dag* tomorrow is another day; *~ over acht dagen* tomorrow week; *ik zal het ~ dadelijk* (*~ aan de dag*) *doen* I'll do it first thing in the morning; [*hem helpen?*] *~* ***brengen!*** [help him?] not me!, catch me!; *zie ook* zorg
morgen|avond tomorrow evening; **-dauw** morning dew; **-dienst** morning service; (*Eng kerk*) morning prayer, matins; **-gave** morning gift; **-gebed** morning prayer; **-krieken** crack of dawn; **-land**: *het ~* the East, the Orient, the Levant; **-lander** Oriental; **-lands** oriental, eastern; **-nevel** morning haze, morning mist; **-ochtend** tomorrow morning, [you'll be all right] in the morning; **-post** morning post, early mail; **-rood** red morning-sky, aurora; **-schemer(ing)** morning twilight, dawn; **-ster** 1 morning star, Lucifer; 2 (*plant*) goat's-beard; *paarse ~* salsify; 3 (*wapen*) *zie* goedendag; **-stond** early morning; *de ~ heeft goud in de mond* the early bird catches the worm; early to bed and early to rise makes a man healthy, wealthy and wise; **-vroeg** (early) tomorrow morning; **-wacht** morning watch; **-wijding** (*radio*) early morning service; **-zang** morning--song; **-zon** morning sun
morgue id, mortuary
Moriaan blackamoor; *het is de ~ gewassen* (*geschuurd*) it is lost (wasted) labour
morielje, morille morel
morinelpluvier (*vogel*) dotterel
morion (*gesteente*) id
morisk Morisco
mormel monster, freak; (*hond*) mutt
mor|monisme Mormonism; **-moon** Mormon; (*mv ook*) Latter-Day Saints; **-moons** Mormon
Morpheus id; *in ~' armen* fast asleep
morrelen 1 (*in het donker*) fumble [*aan de deur, slot, enz* at the ...; *met de sleutel* with the key]; 2 (*peuteren*) fiddle [with a gun *aan* ...]; *wat lig je toch te ~?* what are you messing about with?; *laat hem maar ~* leave him be
morren grumble, murmur, fret [*over* at]
morsdood stone-dead, as dead as a doornail (as mutton)
morse Morse [alphabet, code, key, lamp, letter, sign]
morsebel slut, slattern; **morsen** I *intr* mess (about), make a mess; II *tr* spill [milk, wine, salt], slop [water, tea]; **morsig** dirty, grimy, grubby
morsmouw oversleeve; **morspot** messy person (child); **morsring** drip-catcher
mortaliteit mortality (rate)
mortel 1 mortar; 2 grit, chippings; *te ~ slaan* smash to bits (pieces, atoms), knock into smithereens
mortelbak hod; **mortelmolen** mortar-mill
mortibus dead and gone
mortier mortar (*alle bet*)
mortierstamper pestle
mortifiant mortifying; hurtful; **mortificatie** mortification; **mortificeren** mortify
mortuarium 1 mortuary; 2 funeral parlour (*Am:* home); 3 list of benefactors; **morzel** *zie* mortel 2
1 mos (*plant*) moss; *met ~ begroeid* moss-grown
2 mos (*gewoonte*) custom
mosachtig mossy; **mosgroen** moss-green
moskee mosque
Moskou Moscow; **Moskovië** Muscovy; **Moskoviet** Muscovite
Moskovisch Muscovite; *~ gebak,* (*vglb*) madeira cake with currants; *~ gebakje* queen cake
mos|lem(s), **-lim(s)** Moslem, Muslim (*mv id*)
Mosoel Mosul
mosroos moss-rose
mossel mussel; **mosselbank** mussel-bank, -bed; **mosselkweker** mussel-farmer; **mosselvangst** mussel-fishing; **mosselzaad** seed mussels
mossig mossy: 1 mosslike [plants]; 2 moss-grown [tree]
most must
mostapijt mossy carpet
mosterd mustard [bath, gas, oil, plaster, pot, sauce, seed]; *zijn komst was ~ na de* ***maaltijd*** he came too late to be of use; *kerstkaarten na Kerstmis komen als ~ na de maaltijd* Christmas cards after Christmas fall rather flat; ***tot*** *~ slaan* smash to pulp, beat to a jelly; **mosterdzuur** piccalilli
mot 1 (*insekt*) (clothes-)moth; *de ~ zit erin* it is moth-eaten, it's got the moth in it; (*fig*) *zie* klad; *bestand tegen de ~* mothproof; 2 (*fam, ruzie:*) *~ hebben,* (*sl*) have a tiff [with a p.]; *~ krijgen* fall out [with a p.]; 3 (*turfmolm*) peat-dust; (*zaagsel*)

sawdust; **motecht** mothproof (*ook ww: ~ maken*)
motel id
motet (*muz*) id
motgaatje moth-hole
motie motion, vote; ~ *van afkeuring* vote of censure, censure vote; ~ *van dankbetuiging* (*vertrouwen*) vote of thanks (confidence); ~ *van wantrouwen* motion of no-confidence, no-confidence vote; *een ~ voorstellen, ondersteunen, intrekken, aannemen, verwerpen* introduce, second, withdraw, pass, reject (defeat) a motion
motief 1 (*beweegreden*) motive; *heimelijk ~* ulterior motive; 2 (*muz, enz*) motif, motive; 3 (*dessin*) design, pattern, [a leaf, cat, heart] motif
motivatie motivation, drive, incentive; **motiveren** 1 state one's reasons for, explain, defend, justify [one's attitude]; 2 (*aanzetten*) motivate, motive, stimulate; *zie ook* gemotiveerd; **motivering** motivation
motor 1 id; (*ve vliegt, auto*) engine; *met 1, 2, 3 ~(en)* single-, twin-, three-, (triple-)engine(d); 2 (*motorfiets*) motorcycle, -bike; *zie ook* zijspan
motor|agent police motorcyclist; **-barkas** motor-launch; **-benzine** motor-spirit; **-boot** motorboat, motor-launch; **-coureur** motorcycle racer; **-cross** motocross [racer, rider]; **-engel** pillion-girl; **-escorte** motorcycle escort, outriders; **-fiets** motor bicycle, motorcycle, (*fam*) motorbike; *zie ook* zijspan; *per ~ gaan* motorcycle; **-gondel** (*ve vliegt*) (engine) nacelle
motoriek locomotion; **motorisch** motorial; *~e zenuw* motor(y) nerve; **motoriseren** motorize [the army; motorized vehicles]; *gemotoriseerd*, (*ook*) motor [police, traffic]
motor|jacht motor-, power-yacht, cruiser; **-kap** bonnet; (*ve vliegt*) cowling; **-kast** motor-casing; **-kruiser** cabin cruiser; **-maaier** motor (lawn) mower; **-monteur** motor-fitter; **-ordonnans** despatch rider; **-pech** engine trouble; **-politie** motor- (*of:* mobile) police; **-rennen** motorcycle racing; **-rijder** motorcyclist, biker; **-rijtuig** motor-vehicle; **-rijtuigenbelasting** vehicle excise duty, VED; **-rijwiel** *zie* -fiets; **-sport** motorcycle racing; **-storing** engine trouble; **-vaartuig** motor-vessel; **-vliegtuig** (*vs zweefvliegt*) power-plane; **-voertuig** motor-vehicle; **-wagen** (*ve tram*) motor-car
motregen drizzle, drizzling (mizzling) rain, mizzle, Scotch mist; **motregenen** drizzle, mizzle
mottebal mothball
motten *ww* 1 drizzle, mizzle; 2 (*fam*) *zie* moeten
mottenzak mothproof bag
mottig 1 (*vh gelaat*) pock-marked; 2 (*vh weer*) thick; 3 moth-eaten; 4 [feel] unwell
motto id, device; *onder het ~ dat* [he took the car] arguing (claiming) that [nobody needed it anyway]; *brieven onder het ~:* ... letters marked: ...
motvlinder clothes-moth
motvrij mothproof (*ook ww: ~ maken*)
mouche *zie* moesje 2
mouilleren palatalize
moulure moulding
moussaka id
mousse id
mousseline muslin; (*zijden ~*) mousseline
mousseren effervesce, sparkle, fizz; **mousserend** effervescent, sparkling [wine], fizzy; *niet ~* still, non-sparkling
mout malt; **moutazijn** malt vinegar; **moutbrood** malt bread; **mouten** malt; **mouter** maltster; **mouterij** malt-house; **moutextract** extract of malt, malt-extract; **moutjenever** malt gin; **moutkuip** malt-steep; **moutoven** malt-kiln; **moutsuiker** maltose; **moutwijn** malt liquor
mouw sleeve; *ik kan er geen ~ aan* ***passen*** it's beyond me, I see no solution; *we zullen er wel een ~ aan passen* we'll manage somehow, find a way out; *hij* (*zij*) *heeft ze* ***achter*** *de ~* he (she) is a sly-boots, (*ve meisje*) (*ook*) a sly puss; *iem wat* ***op*** *de ~ spelden* gull (*sl:* kid) a p.; *hij laat zich alles op de ~ spelden* anything will go down with him; *hij schudt ze* (*verzen, enz*) *maar zo* ***uit*** *de ~* he just knocks (throws, dashes) them off (like anything), turns them out by the dozen; *zie ook* hand; **mouwophouder** sleeve-holder, armlet; **mouwplankje** sleeve board; **mouwstrepen** (*mil*) stripes; **mouwveger** flatterer; **mouwvest** sleeved (*of:* sleeve-)waistcoat; (*mil*) undress jacket
moven move off; *~!* scram!
moveren broach [a subject], raise [a question]; *om hem ~de redenen* for reasons of his own
moyenne average (score, speed)
mozaïek mosaic (work); **mozaïekschilderij** mosaic picture; **mozaïekvloer** mosaic floor, tessellated pavement; **mozaïekwerk** mosaic (work); **mozaïekziekte** (*v aardappelen, tabak, enz*) mosaic disease
Mozaïsch Mosaic; *~e leer* Mosaism; *~e wet* Mosaic law; **Mozambikaan(s)** Mozambican; **Mozambique** id; **Mozes** Moses; *~ en de profeten hebben*, (*sl*) have tin (dibs, dosh)
Mr (*vóór naam v meester in de rechten*) LLB, LLM (*achter de naam*); (*vóór titel v vakman*) Master [Shoemaker, Carpenter]
ms, MS afk van *manuscript* MS (*mv: mss, MSS* MSS); **MTS** Polytechnic (School)
mud hectolitre
mudvol crammed, chock-a-block (with)
muf musty, fusty; stuffy, fuggy [room, atmosphere]; stale [tobacco-smoke]; nosy [hay]; *een ~fe boel* a slow affair; **mufachtig** somewhat musty, etc
muffeldier mouf(f)lon
muffen smell musty, have a musty smell; **muffig** *zie* muf; **muf(fig)heid** mustiness, fustiness, fug; *vgl* muf
mug mosquito, gnat, midge; *de ~ uitzijgen en de kameel doorzwelgen* strain at (*eig:* strain out) a gnat and swallow a camel (*Matth. 23:24*); *van een ~ een olifant maken* make a mountain out of a molehill; **muggebeet** mosquito bite; **muggengaas** mosquito-netting; **muggengordijn** mosquito-net, -curtain; **muggenolie** insect re-

pellent; **muggeziften** split hairs (*of:* straws), niggle; *~d,* (*ook*) pettifogging [bureaucrats, lawyers]; **muggezifter** hair-splitter, niggler; **muggezifterij** hair-splitting, niggling

mui(de) gully

muil 1 (*pantoffel*) [the glass] slipper; (*zonder hiel, ook*) mule; 2 (*bek*) mouth, muzzle; (*v mens*) [shut your] trap, [punch a p. in the] face; 3 *zie* ~dier & ~ezel

muil|band muzzle; **-banden** *zie* -korven; **-dier** mule; **-dierhert** mule deer; **-ezel** hinny (*minder juist:* mule); *zo koppig als een ~* as stubborn as a mule; **-ezeldrijver** muleteer; **-korf** muzzle; **-korven** muzzle (*ook fig*), gag [the press]; *iem ~,* (*ook, fam*) stop a p.'s mouth; **-paard** mule; **-peer** box on the ear, slap in the face

muis 1 (*dier, comp, meisje*) mouse (*mv:* mice); *er komt een ~je aangelopen,* (*vglb*) this little pig went to market; *dat ~je zal een staartje hebben* this won't stop here, this won't be the end of the matter; *ik heb er een ~je van horen piepen* a little bird told me; *zie ook* muisjes & ~stil; 2 (*vd hand*) ball of the thumb; 3 (*rookvlees*) smoked fillet; 4 kidney (potato)

muis|doorn butcher's broom; **-grauw**, **-grijs** mouse-grey; **-jes** 1 sugar-coated aniseed (comfits); 2 kidneys, kidney potatoes; **-kat** mouser; **-kleurig** mouse-coloured; **-stil** as still (quiet) as a mouse; *vgl* doodstil; **-vaal** mouse-grey, -dun

muiteling *zie* muiter; **muiten** mutiny, rebel; *aan het ~ slaan* (rise in) mutiny; *het regiment was aan het ~* was in mutiny; **muitend** mutinous; **muiter** mutineer, rebel; **muiterij** mutiny, sedition; **muitziek** mutinous, seditious; **muitzucht** seditiousness, rebellious spirit

muize|gat, **-hol** mousehole; **muizekeutels** mouse droppings

muizen mouse; (*eten*) tuck in; *die kat kan goed ~* is a good mouser; *het muist (al) wat van katten komt* all cats love fish; *katjes die ~, mauwen niet* when the children are busy eating they don't chatter; **muizenest** 1 mouse-nest; 2 (*mv, fig*) *zie* muizenissen; **muizengif** rat-, mouse-poison; **muizenissen**: *~ in het hoofd hebben* have cobwebs in one's brain; *haal je geen ~ in het hoofd* don't worry; **muizentarwe** rat-poison; **muizenvalk** buzzard; **muizenvanger** mouser; **muizeoor** (*plant*) mouse-ear (hawkweed), mouse-ear chickweed, mouse-ear scorpion-grass; **muizerd** (*vogel*) buzzard; **muizestaart** (*plant*) mousetail; **muizeval** mousetrap

mul I *bn* loose [sand]; II *zn* mould

mulat mulatto (*mv:* -os); **mulattin** mulatto (woman)

mulder 1 miller; 2 (*meikever*) cockchafer

mulheid looseness, sandiness

mullah id

mulo (*hist*) advanced elementary education

multi|cultureel multicultural; **-disciplinair** multidisciplinary; **multi-etnisch** multi-ethnic

multi|factorieel multifactorial; **-functioneel** multifunctional; **-lateraal** multilateral; **-mediaal** multimedia [teaching aids]; **-miljonair** multimillionaire; **-nationaal** multinational

multi|pel, **-ple** multiple [choice, sclerosis]

multiplex 1 multi-plywood, laminated wood; 2 (*elektr*) id; **multiplicator** multiplier; **multi|pliceren**, **-pliëren** multiply; **multiraciaal** multiracial; **multivariabel** multivariate

multo multi-ring binder

mum: *in een ~ van tijd* in no time

mummelen mumble; **mummelmond** toothless mouth

mummie mummy; **mummificatie** mummification; **mummificeren** mummify; **München** Munich

munici|paal municipal; **-paliteit** municipality

munitie munitions [factory]; ammunition [depot], (*fam*) ammo; *van ~ voorzien* munition

munster(kerk) minster

munt 1 (*geldstuk*) coin; (*penning*) token; (*geld*) coin(s), [bronze] coinage, money; (*valuta*) [in English] currency; *de M~* the (Royal) Mint; *~ **slaan*** coin (mint) money, strike coins; *~ slaan uit* make capital out of, cash in on; *iem **met** gelijke ~ betalen* pay a p. (back) in his own coin, pay a p. off (out), (re)pay a p. in kind, turn the tables on a p., give a p. tit for tat; ***voor** goede ~ aannemen* swallow, believe (implicitly); *zie ook* vals, enz; 2 head; *zie ook* kruis; 3 (*plant*) mint

muntbiljet currency note, treasury note; **muntcorrectie** currency correction; **munteenheid** monetary unit

munten coin, mint; *zie ook* gemunt

munt- en penningkabinet coin and medal room, numismatic collection; **munt- en penningkunde** numismatics, study of coins and medals

munter minter; (*valse~*) coiner

muntgasmeter slot-gasmeter, prepayment meter; **muntgehalte** alloy (*of:* fineness) of coins; **munthamer** flattening-hammer

muntjak id, muntjac, barking deer

munt|kenner numismatist; **-kunde** numismatics; **-loon** mintage, seigniorage; **-materiaal** bullion; **-meester** mint-master; (*hist ook*) moneyer; **-meter** *zie* -gasmeter; **-pari(teit)** mint par (of exchange); **-pers** coining-press; **-plaatje** blank, planchet, flan; **-plaats** 1 place of minting; 2 mint; **-politiek** monetary policy; **-rand** rim (*of:* edge) of a coin; **-recht** 1 right of coinage; 2 *zie* -loon; **-salon** coin-op; **-slag** mintage, coinage; **-snoeier** clipper of coins, money-clipper; **-soort** species of coin; currency; **-specie** specie; **-stelsel** monetary system, coinage (system); **-stempel** (*voorwerp*) (coin-)die (*mv:* dies), coin-stamp; (*afbeeldsel*) stamp; **-stuk** coin; **-teken** mint-mark, mintage; **-telefoon** payphone; **-unie**: (*Latijnse*) ~ (Latin) monetary union; **-vervalsing** debasing of coins (of the coinage); **-verzamelaar** coin collector; **-verzameling** collection of coins; **-voet** standard (of coinage); **-vorm** coin-mould; **-wasserij** coin laundry; **-wet** coinage act; **-wezen** coinage, monetary system; **-zijde** reverse, tail

murik (*plant*) chickweed

murmelen murmur; (*ve beekje ook*) babble, purl
murmureren murmur, grumble
murw soft, tender, mellow; (*fig*) all-in; *~ maken* soften up; break one's spirit; *iem ~ slaan* beat a p. to a jelly (a pulp)
mus sparrow; *zich blij maken met een dode ~* foster false hopes
musculatuur musculature
museaal museological
muselaar virginal(s)
museologie museology; **museum** museum (*mv: -s*) (*in Eng niet v schilderijen*); [art-, picture-] gallery; **museumjaarkaart** annual museum pass; **museumkunde** museology; **museumstuk** museum piece
musiceren make music; *er werd wat gemusiceerd* we (they) had (there was) a little music; **musicienne** musician; **musicologie** musicology; **musicoloog** musicologist; **musicus** musician
muskaat 1 nutmeg; 2 (*wijn*)*zie* muskadel
muskaat|bloem mace; **-boom** nutmeg tree; **-druif** *zie* muskadel; **-noot** nutmeg; **-olie** nutmeg-oil, oil of mace; **-peer** musk-pear; **-roos** musk-rose; **-wijn** *zie* muskadel
muskadel (*druif & wijn*) muscat(el), muscadel
musket 1 sugar beads, (*vglb*) hundreds and thousands; 2 matchlock, musket; **musketier** musketeer; **musketon** (*haak*) snap-hook, (*ring*) snap-link
muskiet mosquito; **muskietengaas** mosquito netting; **muskietengordijn** mosquito curtain; **muskietennet** mosquito net
muskus musk
muskus|dier musk-deer; **-eend** musk-duck, Muscovy duck; **-hert** musk-deer; **-kat** civet(-cat); **-kruid** moschatel; **-os** musk-ox; **-peer** musk-pear; **-plant** musk-plant; **-rat** musk-rat, musquash (*ook het bont*); **-zwijn** peccary
müsli muesli
mussehagel small shot
mutabel mutable; **mutabiliteit** mutability
mutageen I *zn* mutagen; II *bn* mutagenic; **mutageniteit** mutagenicity
mutant id; **mutatie** 1 mutation; 2 (*in personeel, enz*) change [army changes], transfer; 3 (*vd stem*) breaking of the voice; **mutatie|leer**, **-theorie** mutation theory; **mutatis mutandis** id; **muteren** mutate
mutilatie mutilation; **mutileren** mutilate
mutje *zie* hut: ~je
muts 1 (*hoofddeksel*) cap; (*baret van kind*) tam (o' shanter); (*Schotse ~*) (*plat*) bonnet, (*smal, ingedeukt*) glengarry; *dat is er met de ~ naar* ***gooien*** that's mere guesswork; *de ~* ***staat*** *hem verkeerd* he is in a fit of the sulks; *daar staat hem de ~ niet naar* he is not in the mood (the vein) for it; *zie ook* pluim; 2 (*thee~*) tea-cosy; 3 (*netmaag*) bonnet
mutsaard, **mutserd** fag(g)ot; *zie ook* brandstapel; *dat riekt naar de ~* that smells of the fag(g)ot
mutualisme symbiosis, mutualism; **mutualiteit** 1 mutuality; 2 health insurance fund; **mutueel** mutual

muur 1 wall (*ook voetbal*); *zie ook* wand; *zo vast als een ~* as firm as a rock; *de muren hebben oren* walls have ears; *met het hoofd tegen de ~ lopen,* (*fig*) run (bang, beat) one's head against a (stone, brick) wall; *ik stuitte op een ~ van wantrouwen* I was met by a wall of suspicion; *hij zit tussen vier muren* he is in jail; *een kroket uit de ~ trekken* have a croquette from a vending machine; *zie ook* rug; 2 (*plant*) chickweed
muur|afdekking (wall-)coping; **-anker** cramp-iron, brace, wall-clamp; **-bloem** wallflower (*ook fig: ~pje*); *voor ~ spelen* be a wallflower; **-kap** (wall-)coping; **-kast** wall- (*of:* built-in) cupboard; *~je,* (*ook*) wall (hanging) unit; **-krant** wall poster; **-kruid** 1 pellitory; 2 *zie* -varen; **-kruiper** wall-creeper; **-leeuwebek** mother-of-millions, ivy-leaved toadflax; **-nachtegaal** redstart; **-peper** wall-pepper; **-pijler** pilaster; **-plaat** (*bk*) wall-plate; **-schildering** mural (painting), wall-painting; **-tegel** wall-tile; **-vak** panel of a wall, bay; **-varen** wall rue; **-vast** as firm as a rock, deep-rooted [conviction]; *~ bekneld raken* be wedged tightly; **-verf** (*saus*) distemper; (*verf*) masonry paint; **-versiering** mural decoration; **-vlakte** wall-space; **-werk** brick-work, masonry
muzak id
muze muse; *de ~n* the Muses; *de lichte ~* cabaret
muzelman Mussulman
muzentempel temple of the Muses
muziek music (*ook geschreven, gedrukte ~*); (*melodie*) tune [the tune is by ...; words by Pope, music by Handel]; (*muzikanten*) band (of musicians); *~je* (piece of) music; *als ~ in de* ***oren*** *klinken* be music to [one's] ears; ***~ maken****, zie* musiceren; *er* ***zit*** *~ in* there is plenty of go in it; there is money in it; *er zit geen ~ in* (*ook*) it offers no prospects; ***met*** *~* with the band playing; *ze brachten ons met ~ naar het station* they played us to the station; ***op*** *de ~* [dance, etc] to the music; *op ~ zetten* set to music
muziek|automaat jukebox, (*Am ook*) nickelodeon; **-avondje** musical evening; (*fam*) musical; **-blad** sheet of music; **-cassette** musicassette; **-concours** band contest; **-doos** musical (*Am:* music) box; **-feest** music festival; **-gezelschap** music(al) society (*of:* club); **-handel** music-shop; **-houder** music-rest; **-instrument** musical instrument; **-kamer** music-room; **-kastje** music-cabinet; **-kenner** connoisseur of music; **-korps** (brass) band; **-leer** theory of music; **-leraar** music-master, -teacher; **-lerares** music-mistress; **-les** music-lesson; **-lessenaar** music stand; (*v piano, enz*) music rest; **-liefhebber** music-lover, lover of music; **-lievend** music-loving; **-noot** musical note; **-onderwijs** music teaching; **-onderwijzer(es)** *zie* -leraar, -lerares; **-papier** music-paper; **-portefeuille** music-case, music-(port)folio; **-recensent** music critic; **-school** school of music; **-schrift** musical notation; **-sleutel** clef; **-stander** music stand; **-stuk** piece of music; **-tas** music-case; **-tent** bandstand; **-uitvoering** musical performance; **-vereniging** music(al) society (*of:* club); **-wetenschap**

musicology; **-winkel** music-shop
muzikaal musical; *~ zijn* be musical, have musical tastes, be fond of music; *een (geen) ~ gehoor hebben* have an (no) ear for music; *~ doof zijn* be tone-deaf; *~ verantwoord* musicianly [performance]; **muzikaliteit** musicality, musicalness; **muzikant** musician, bandsman
muzisch artistic; *~e vorming* art education
mv afk van *meervoud* pl (plural)
Mw afk van *mevrouw* Mrs, Ms
myalgie myalgia
mycelium id; **mycologie** mycology; **mycologisch** mycological; **mycoloog** mycologist
myocardinfarct myocardial infarction
myoom myoma
myoop myopic; **myopie** myopia
myriade myriad; *zijn ~n lichtjes* its myriads of (its myriad) lights; **myriagram** myriagram(me); **myrialiter** myrialitre; **myriameter** myriametre
mysterie mystery; **mysteriespel** mystery; **mysterieus** mysterious; *de zaak werd nog mysterieuzer* the mystery deepened
mysticisme mysticism; **mysticus** mystic
mystiek I *bn* mystic(al); II *zn* mysticism; mistique
mystificatie mystification, hoax; **mystificeren** mystify, hoax
mystisch mystic(al)
mythe myth; **mythisch** mythical
mytho|logie mythology; **-logisch** mythological; **-loog** mythologist; **-manie** mythomania
mytylschool school for handicapped children
myxomatose myxomatosis; **myxoom** myxoma

Nn*n*

n (the letter) n; **N** afk van *noord(en)* N (North)
na I *vz* after [he came after me, after dinner, after eight o'clock]; on [on receipt, on arrival]; *het was ~ 12 uur (na de middag)* it was past midday; *3 minuten ~ zes, zie* over; *~ u!* after you!; *~ dezen* after this (time, date), [ten years] hence, later, from now; *de grootste stad ~ Londen* next to London, after London, except London; *~ Shakespeare mag hij Byron het liefst* next to Shakespeare (after Shakespeare) he likes ... best; *onmiddellijk ~ de verkiezingen (ook)* on the morrow of the elections; *tot ~ Pasen, (ook)* [stay] over Easter; *zie ook* binnen & elkaar; II *bw* near, *(dichterlijk)* nigh; *de kinderen zijn mij allemaal even ~* are all equally dear to me; *~ aan de wal* close to the quay; *dat betreft mij **even** ~ als iem anders* that touches me as nearly as anybody; *~ **verwant** zijn, elkaar ~ bestaan* be closely related; *allen **op** één ~* all except one; *de grootste stad op L ~, zie* I; *een jaar op een week ~* a year less a week; *op drie maanden ~ is hij zeventig* he is three months short of seventy; *op enkele seconden ~* ... [it's now ten o'clock,] bar a few seconds; *de kamer was leeg op M ~* the room was empty but for M; *op dat ~* that excepted; *op één ~ de jongste* the second youngest (*evenzo:* the second strongest person; the third richest; the fourth largest); *op één ~ de laatste (volgende)* the last (next) but one; *op twee ~ de eerste* the first but two; *op één ~ de eerste, (bij wedstrijd, sollicitatie, enz)* the runner-up; *op één stem ~ had hij zijn zetel verloren* he was within a vote of losing his seat; *op een enkele uitzondering ~* with a single exception; *hij weet op geen miljoen ~ hoe rijk hij is* he does not know to a million what he is worth; *kom hem vooral niet **te** ~, (fig)* be careful not to offend him; *dat is (was) mijn eer te ~* I have my pride; *J niet te ~ gesproken* with all due deference to J; *krijgen we nog iets ~?* is there anything to follow?; *vgl* toe; *wat room ~* [have] some cream to finish (to top) up with; *zie ook* hart, voor, enz
naad seam *(ook v timmerwerk, enz)*; *(wel~)* weld; *(anat: v wond)* suture; ***uit** de naden barsten* burst at the seams; *zich uit de ~ lopen, (fam)* run (walk) o.s. off one's legs; *het ~je van de kous weten* know the ins and outs (the rights) of the matter; **naadloos** seamless, weldless; *vgl* naad; *~ aansluiten op, (fig)* fit (fit in, mesh) perfectly with
naaf nave, hub; *(ve luchtschroef)* (propeller) boss
naafdop hub-, axle-cap; **naafrem** hub-brake
naaibank sewing frame; **naaicursus** sewing-class; **naaidoos** work-, sewing-box
naaien I *ww* 1 sew [a button onto a shirt]; *(wond)* sew up, stitch, suture; *ze zat te ~ aan een japon* she was sewing at a dress; 2 *(neuken)* screw; *zich genaaid voelen, (fig)* feel screwed; II *zn* sewing, needlecraft
naai|garen sewing-cotton, -thread; **-gerei** sewing-things, sewing-kit; **-katoen** sewing-cotton; **-kransje** hen party; **-machine** sewing-machine; **-mand** work-basket; **-necessaire** housewife ['hʌzif]; **-sel** 1 sewing; 2 *(steken)* stitching; **-ster** needlewoman, sewing-woman, seamstress, dressmaker; **-werk** sewing(-work), needlework; **-zakje** housewife; **-zijde** sewing-silk
naakt I *bn* naked, bare *(ook fig:* facts, rocks, etc), nude [(sun)bathing, beach, model, photograph, scene, swimming]; [bathe, be taken] in the nude; *naar het ~(model)* [draw, studies] from the nude; *~e slak* slug; *de ~e waarheid* the bare (naked, plain, stark) truth; *(zich) ~ uitkleden* strip to the skin, strip naked *(ook: uitschudden)*; II *zn* nude
naakt|bloeier naked lady (ladies); *vgl* herfsttijloos; **-cultuur** naturism; **-figuur** nude; **-heid** nakedness, nudity; **-holler** streaker; **-loopster**, **-loper** 1 nudist, naturist; 2 exhibitionist; **-loperij** 1 *zie* -recreatie; 2 exhibitionism; **-recreatie** nudism, naturism; **-slak** slug; **-strand** nudist (nude) beach; **-zadig** gymnospermous; *~e plant* gymnosperm
naald needle *(ook magneet-, graveer-, denne-, kristal~, obelisk)*; *(ve grammofoon)* stylus; *zij kan goed met de ~ omgaan* she is a good needlewoman, is good with the needle; *door het oog van een ~ kruipen* have a narrow (a hair's breadth)

escape, get off by the skin of one's teeth; **naaldboom** needle-leaved tree; **naaldbos** pine forest; **naaldenkoker** needle-case

naald|hak stiletto (heel), spike heel; **-hout** needle-leaved trees (*of:* timber); (*vglb, hout:*) softwood, (*bomen:*) conifers; **-kantwerk** needle-lace, needle-point (lace); **-klep** needle valve; **-lager** (*techn*) needle-bearing; **-scherp** as sharp as a needle (*ook fig*); **-vakken** needlework; **-vis** needle-, pipe-fish; **-vormig** needle-shaped, aciform; **-werk** needlework

naam name (*ook reputatie*); *de ~ Smith* the name of Smith; *haar eigen ~* her maiden name; *de ~ van haar man,* (*ook*) her married name; (*ve boek*) title; *hoe is uw ~?* what is your name?; *zijn ~* ***geven*** give one's name; (*veel*) *~* ***hebben*** have a great reputation; *een goede* (*slechte*) *~ hebben* have a good (bad) name, stand in good (bad) repute [*bij* with]; *de ~ hebben van ...* have the name (reputation) of being ..., have a name for being ...; *hij heeft de ~ een eerlijk man te zijn,* (*ook*) he has a name for honesty; *ik wil er de ~ niet van hebben* I won't have it said of me; *het mag geen ~ hebben* it isn't worth mentioning; *~* ***krijgen*** (***maken***) make a name (for o.s.), make one's name (one's mark), win distinction; *je ~ is gemaakt* your name is made; *zijn ~* ***zetten*** *onder* put (set, sign) one's name to; *zijn ~ zetten in het gastenboek* sign one's name in the ...; ***bij*** *zijn ~, zie ook* noemen & kind; ***in*** *~* in name, nominal(ly); *in ~ van* in the name of [the King, the law]; *zie ook* God; ***met*** *~ en toenaam noemen* mention by name; *hij heeft je niet met name genoemd* he did not mention your name; *zie ook* name; *bekend staan* ***onder*** *die ~* go (pass) by (under) that name; *ze trouwde onder een valse ~* she was married under a false name; *schrijven onder de ~ van* write in (under) the name of; *het artikel verscheen onder mijn ~* appeared under (over) my name; *het gaat onder uw ~* is done in your name; *onder de ~ van vriendschap* under a show of friendship; ***op*** *mijn ~ gekocht* bought in my name; *op zijn ~* [have 30 novels] to one's name; *op eigen ~* in one's own name; *de rekening staat op haar ~* the ... stands in her name; *boeken op ~ van* enter to (against); *overbrengen op de ~ van* transfer to the name of; *cheque op ~* order cheque; *vrij op ~* no law costs, no legal charges; ***te*** *goeder ~* (*en faam*) *bekend staan* have (enjoy) a good reputation, be in good repute (standing), be well-reputed; *te goeder ~ bekend staand,* (*ook*) (highly) reputable [firm]; *te slechter ~ bekend staand* disreputable [person], ill-reputed [neighbourhood]; *het huis staat* ***ten*** *name van P* the ... stands in the name of P; *zeg hem dat* ***uit*** *mijn ~* from me, in my name; *uit ~ van* in the name of, on behalf of [Mr N]; *iem* ***van*** *~ kennen* know a p. by name; *van ~* distinguished, noted [persons], [papers] of standing, [men of] repute; ***zonder*** *~* without a name, nameless; anonymous; *zie ook* name

naam|bekendheid (*vglb*) name recognition, consumer awareness (of brand name, etc); **-bord** (*ve schip, station, enz*) name-board; (*langs winkelfront*) fa(s)cia; *~*(*je*) nameplate, door-plate; (*bij plant*) plant-marker; **-christen** nominal Christian, Christian in name only; **-cijfer** monogram, cipher, initials; **-dag** name-day; saint's day; **-dicht** acrostic; **-feest** *zie* -dag; **-geno(o)t(e)** namesake; **-geving** 1 naming, name-giving; 2 nomenclature; **-heilige** patron saint; **-kaartje** (visiting-)card; (*handel*) business card; **-kunde** study of names, onomastics; **-lijst** list of names, register; (*v juryleden, verzekeringsartsen, enz*) panel; **-loos** nameless, anonymous; *-loze vennootschap* limited liability company (*minder juist:* limited company); *omzetten in een -loze vennootschap* go public; *zie ook* NV & nameloos; **-plaat** nameplate, door-plate; **-rol** *zie* -lijst; **-stem** preference vote; **-stemming** roll-call (vote); **-stempel** 1 stamp; 2 stamped signature

naams|verandering change of name; **-verwisseling** change of name, confusion of names

naamtekenen sign; **naamval** case [nominative, genitive, dative, accusative]; **naamvalsuitgang** case ending; **naamvers** acrostic; **naamwoord** noun; **naamwoordelijk** nominal; *~ deel van het gezegde* nominal (part of the) predicate

naäpen ape, mimic, imitate; **naäper** aper, mimic, imitator, (*inz kind*) copycat; **naäperij** aping, imitation, mimicry

1 naar *bn* 1 unpleasant, disagreeable; (*sterker*) hateful [people], horrible, horrid, odious [woman], abominable [habit, etc]; dismal [sound]; nasty [smell, taste, fellow]; nasty, wretched [weather]; 2 (*triest*) dreary; (*bedroefd*) sad; (*onlekker*) unwell, bad; *je wordt er ~ van* it makes you sick; *hij is er ~ aan toe* he is very poorly, is in a bad way; *zich ~ schrikken* (*lachen*) be frightened out of one's wits (laugh fit to burst); *zie ook* akelig

2 naar I *vz* to [go to London]; towards (*in de richting van*); for [leave for Paris; thirst for gold]; at [fly at a p.'s throat; throw a stone at a p.]; of [smell of tobacco]; after [after Byron; named after (*Am* for) his father]; from [called Pegleg Pete from his wooden limb]; (*volgens*) according to [expectation, plan]; in [my opinion, in all probability]; by [all accounts], to [work to a drawing]; *zie verder* volgens; *~ boven* upstairs, up(wards); *~ huis* home; *de bus ~ Windsor* the Windsor(-bound) bus; *schilderen ~* paint from [nature, living models]; *~ al wat ik hoor, is het ...,* (*ook*) from all accounts it is ...; *~ ik meen* as I believe; *dat is* ***er*** *~* that depends; *maar het is er dan ook ~* [he can do it in one hour,] but don't ask how; *het is een goed pak, maar de prijs is er dan ook ~ ...,* but the price matches the quality; *daar is hij niet de man ~* he is not that sort (of man); he is not one to ...; *zie ook* lijken, oordelen, uitzien, waarheid, enz; II *vw* as; *~ men zegt* it is said, as they say; *~ wij vernemen* as we learn, it is reported that ...; *~ men hoopt* [information which,] it is hoped [will ...]; *al ~, zie* gelang: naar ~

naardien whereas, since

naargeestig gloomy, melancholy, dreary, dismal [place]; **naargeestigheid** melancholy, gloom,

dreariness
naargelang 1 as; 2 in proportion; *zie* gelang
naarling(e) beastly (odious) person
naarmate according as, (in proportion) as [you earn more as you learn more]
naarstig industrious, diligent, assiduous, sedulous; **naarstigheid** diligence, industry, assiduity, sedulity
naast I *vz* next (to) [the room next to mine], beside, by the side of; ~ *mij,* (*ook*) at my side, by my side; next-door to [live next-door to a chapel]; alongside (of) [a ship; *ook fig:* work alongside a p.]; *het wordt gebruikt* ~ it is used along with, alongside (of); *de sigaren staan* ~ *je* the ... are at your elbow; ~ *God* next to God, under God; ~ *zijn betrekking werkt hij nog mee aan een krant* besides (in addition to) his regular work he ...; ~ *dit voordeel* ... beside this advantage ...; *er* (*vierkant*) ~ [that remark is] (quite) beside (is wildly off) the mark; *er volkomen* ~ (*zitten*) (be) completely on the wrong track; *er* ~ *grijpen* miss the bus; *er* ~ *staan* (*zitten*) be left out in the cold; *zie ook* elkaar; II *bw* nearest; *hij* (*be*)*staat mij het* ~ he is nearest to me; *zijn schot ging* ~ his shot went wide, he shot wide; *zie ook* hart; III *bn* next, next-door, nearest; *hij is er tien jaar* ~ he is ten years out; ~*e bloedverwant* nearest relation, next of kin; ~*e buurman* next-door neighbour; ~*e medewerker* immediate colleague; *de* ~*e toekomst* the near future; *de* ~*e weg* the shortest (nearest) way; *ieder is* ***zichzelf*** *het* ~ near is my shirt, but nearer is my skin; charity begins at home; *hij is er de* ~*e* ***toe*** he has the first claim to it, it concerns him most of all; ***ten*** ~*e bij* approximately, about, something like; *ten* ~*e bij tussen 500 en 550 pond,* (*ook*) roughly between ...; *ik denk* ***voor*** *het* ~ ... I am inclined to think ...
naastbestaande next of kin (*ook mv*), nearest relation; **naastbijgelegen** nearest; **naaste** fellow-man, -creature, neighbour; *vgl* naast; **naast-elkaar-plaatsing** [form words by] juxtaposition
naasten nationalize, take over [taken over by the County Council], transfer to the State, expropriate; (*door gemeente*) municipalize; (*verbeurdverklaren*) seize, confiscate
naastenliefde love of one's neighbour (of one's fellow men), neighbourly love
naastgelegen 1 nearest; 2 (*aangrenzend*) adjacent; **naasthoger** next higher; ~*e overste* direct superior
naasting nationalization, take-over, expropriation; seizure, confiscation; *vgl* naasten
naastkomend next, subsequent, following; **naaststaande** *zie* naastbestaande & naaste; **naastvolgend** *zie* naastkomend
naatje: *dat is* ~*!* (it's a) dead loss!
na-avond latter part of the evening
nababbelen *zie* napraten; **nabauwen** repeat like a parrot, parrot; *iem* ~, (*ook*) imitate (mimic) a p.'s way of talking; **nabauwer** (poll-)parrot
nabeeld after-image, incidental image; **nabehandeling** after-treatment, follow-up treatment; **nabericht** epilogue, postscript; **nabeschouwing** retrospect, review, summing up; **nabespreking** review; debriefing; post-mortem; **nabestaande** relation, relative, next of kin (*ook mv*)
nabestellen give a repeat order (for), order a fresh supply (of), repeat an order, reorder; **nabestelling** repeat (order), reorder; **nabetalen** pay afterwards; **nabetaling** subsequent payment; **nabetrachting** retrospect, review, summing up; **nabeurs** the Street, Street dealing, Street market; (*Am*) Curb (Kerb) market; **nabeurskoersen** street prices; **nabewerken** finish
nabij near [the town, be quite near], [be] near at hand, close by (to) [the river], [he is] close by; *de tijd is* ~ *dat* ... the time is (near) at hand when ...; *het Nabije Oosten* the Near East; *de* ***dood*** ~ at death's door; *de hongerdood* ~ next door to (on the verge of) starvation; *hij was het* ***schreien*** ~ near crying; ***van*** ~ from close by, from quite near, [watch a p.] at close range (*of:* quarters), [look at it] closely; *van* ~ *kennen* know intimately; *van* ~ *onderzoeken* inspect at close quarters; *het raakt mij van* ~ it concerns me nearly (closely)
nabijgelegen neighbouring, adjacent, nearby
nabijheid nearness [of death], neighbourhood, vicinity, proximity; *in de* ~ nearby; *in de* ~ *van* near [London]; *zie ook* buurt; **nabijkomen** approach; (*fig*) approach, approximate to, run [a p.] close; *niem kwam hem nabij,* (*ook*) no one touched him; *dat komt de betekenis nabij* that approaches the sense; *het Italiaans komt het Latijn het meest nabij* Italian is the nearest approach to Latin; **nabijkomend** approaching, similar; *vgl* bijkomend; *de meest* ~*e stof* the material that comes nearest (to it); **nabijopname** close-up; **nabijzijnd** nearby [street lamp]; forthcoming [festival]
nablijven stay (remain) behind; (*school*) stay in (after school), be kept in; *het* ~ detention; *nog wat* ~ stay a little longer; **nablijver** pupil kept in (after school-hours)
nabloeden continue bleeding; **nabloeding** secondary haemorrhage
nabloei second flower(ing), second blossom(ing); **nabloeien** flower later (a second time); ~*d*(*e roos*) remontant; **nabloeier** late flowerer; (*fig*) epigone; **nablussen** damp down [after a fire]
nabob id
nabootsen imitate, copy [a p.'s voice]; (*uit spotternij*) mimic, take off; (*techn*) simulate; **nabootser** imitator; mimic; [flight] simulator; **nabootsing** imitation; mimicry, take-off; simulation; *zie ook* kopie; **nabranden** 1 continue burning; 2 (*ve schot*) hang fire; **nabrander** 1 hang-fire; 2 (*techn*) after-burner; **naburig** neighbouring, nearby; (*aangrenzend*) adjacent; **nabuur** neighbour; **nabuurschap** neighbourhood, vicinity; *goede* ~ good neighbourliness
nacht night; ~ *en dag* night and day, day and night; *de hele* ~ all night (long) the whole night; *de gehele* ~ *durend* all-night [session]; *de* ~ *van zaterdag op zondag* Saturday night; ***goede*** ~*!* good night!; *een goede* (*slechte*) ~ *doorbrengen*

have a good (bad) night; *de ~ brengt **raad*** night brings counsel, good counsel comes overnight; *de ~ der **tijden*** the dim past, [lost in] the mists of antiquity; *het **wordt** ~* night is setting in (coming on), it is getting on towards night; ***bij** ~* by night, in the night(-time); *bij ~ en ontij* at unseasonable times; ***gedurende** (**in**) de ~* during (in) the night, overnight; ***'s nachts*** at (by) night; ***vannacht**, (afgelopen ~)* last night; *(komende ~)* to-night; *van de ~ een dag maken* turn night into day; *zie ook* diep, enz

nacht|arbeid night-work; **-asiel** night-shelter; **-bel** night-bell; **-blind** night-blind; **-blindheid** night-blindness, nyctalopia; **-boot** night-boat; **-braken** turn night into day, burn the midnight oil; *(met pretmaken)* make a night of it; **-braker** one who turns night into day; *(pretmaker)* night-time reveller, fly-by-night; **-club** night club; **-dienst** 1 *(ve boot, enz)* night-service; 2 night-duty; *~ hebben* be on night-duty (nightshift); **-dier** nocturnal animal (creature)

nachtegaal nightingale; *Hollandse ~* Dutch nightingale, frog

nachtelijk 1 nocturnal [visit], night [attack, sky, singers]; *~ duister* darkness of night; *~e stilte* silence of the night; *in de ~e uren* at night(-time), during the night; 2 *(elke nacht plaatshebbend)* nightly

nacht|evening equinox; **-eveningspunt** equinoctial point; **-gewaad** night attire; **-gezang** *(r-k)* nocturn; **-gezicht** 1 nocturnal vision; 2 *(schilderij)* *zie* nachtstuk; **-goed** nightthings (clothes); **-hemd** nightshirt; **-hok** *(v kippen)* (hen-)roost; *(in dierentuin)* night-house; **-huis** *(mar)* binnacle; **-jager** night-fighter; **-japon** nightgown, nightdress; *(fam)* nightie; **-kaars** bedroom candle; *als een ~ uitgaan* fizzle out (like a damp squib); **-kastje** pedestal (cupboard), bedside cabinet; **-kijker** night glasses; **-kluis** night-deposit; **-kus** *zie* -zoen; **-lampje** night-lamp, night-light; **-leven** night-life; **-lichtje** night-light; **-lijst** (hotel) register; **-logies** (night's) lodging; **-maal** *zie* Avondmaal; **-merrie** *(ook fig)* nightmare, incubus; **-mis** midnight mass; **-muts** nightcap

nacht|pauwoog emperor moth; **-permissie**: *~ hebben* have an extension of licence for the night; **-pitje** 1 floating wick, float; 2 *(fig)* night-bird; **-ploeg** nightshift [*bij de ~* on the nightshift]; **-pon** *zie* -japon; **-portier** night porter; **-post** night mail; **-raaf** 1 night heron; 2 *(fig)* night-bird; **-redacteur** night editor, night sub-editor; **-reiger** night heron; **-reis** night-journey, overnight journey; **-rust** night's rest; *het zal hem niet veel ~ kosten* it won't keep him awake at nights

nacht|schade nightshade; **-schel** night-bell; **-schone** *(plant)* four-o'clock, marvel of Peru; **-schuit** night-boat; *met de ~ komen* be late; bring stale news; **-slot** double lock; *op het ~ doen* double-lock; **-sok** bed-sock; **-spiegel** 1 looking-glass; 2 chamber(-pot), jerry; **-stuk** 1 *(schilderij)* night-piece, nocturne; 2 *(muz)* nocturne; **-tafeltje** *zie* -kastje; **-tarief** off-peak tariff; **-tijd** night-time; **-trein** night-train; **-uil** 1 screech-owl; 2 *(vlinder)* night-moth

nacht|veiligheidsdienst night security service; **-verblijf** accommodation for the night, lodging-place, [the price of a] night's lodging; **-verpleegster** night nurse; **-viooltje** dame's violet; **-vliegen** night-flying; **-vlinder** 1 night-moth; 2 *(fig)* night-bird, fly-by-night; **-vlucht** night flight, *(fam)* red-eye; **-vogel** night-bird *(ook fig)*; **-voorstelling** *(ve film)* late-night showing; **-vorst** night frost, groundfrost (at night); **-wacht** night watchman; *de Nachtwacht (v Rembrandt)* the Nightwatch; *zie ook* hondewacht; **-wake** night watch *(in alle betek)*; **-waker** night watchman; **-wandelaar** *zie* slaapwandelaar; **-werk** night-work; *er ~ van maken* stay up (work) late; *het werd ~* the job lasted well into the night; **-zoen** goodnight kiss; *een ~ geven* kiss [a p.] goodnight; **-zuster** night-nurse; **-zwaluw** nightjar

nacijferen 1 check, verify [an account]; 2 work out [the cost]

nacompetitie play-offs; **nadagen** evening of one's life, declining years; *de romantiek was in haar ~* romanticism was past its prime

nadar(afsluiting) crush-barrier

nadat after; *~ hij gesproken had vertrok hij* (after) having spoken, ...; *ze kwam, maar niet dan (maar pas) ~ ze eerst meer geld had gekregen* she came, but not until (but only after) she had first ...

nadeel 1 disadvantage, handicap; *ik weet niets **in** zijn ~* I know nothing to his discredit, against him; *zijn leeftijd was in zijn ~* his age counted against him; *in het ~ zijn* be at a disadvantage; ***ten** nadele van* at the expense (cost) of, to the prejudice (detriment) of [nothing was known to his detriment]; *niem kon iets te zijnen nadele zeggen* nobody could say anything against him; ***tot** uw eigen ~* to your disadvantage (detriment, cost); 2 *(schaduwzijde)* drawback, demerit; 3 *(schade)* injury, hurt, harm; *(geldelijk)* loss; *~ toebrengen, zie* benadelen; *zie ook* schade

nadelig injurious [to health], prejudicial, hurtful, harmful, ill [effects], disadvantageous, detrimental [*voor* to]; *~ gevolg* adverse effect; *een ~e vrede* a disadvantageous peace; *~ werken op* be detrimental (prejudicial) to, affect adversely (unfavourably); *zie ook* saldo

nademaal whereas, since

nadenken I *ww* think [*over* about], reflect [*over* (up)on], consider, take thought; *erover ~* think about it, think it over; *als je er goed over nadenkt* when you come to think of it; *ik heb behoorlijk over de zaak nagedacht, (ook)* I've given the matter due consideration; *als de mensen maar wilden ~* if people would only stop to think; *zie ook* denken; II *zn* reflection, [accepted without much] thought; ***bij** ~* on consideration (reflection); ***tot** ~ brengen* set a p. thinking; *tot ~ stemmen* give food for thought, make one pause, set [a p.] thinking; *tot ~ stemmend* thought-provoking [speech]; *na een ogenblik **van** ~* after a moment's reflection; ***zonder** ~* without thinking, unthinkingly; **nadenkend** thinking, thoughtful, pensive; **nadenkertje** (*vglb*) brainteaser

nader I *bn* 1 nearer, shorter; 2 (*uitvoeriger*) further; *~e bijzonderheden* (*inlichtingen*), ***iets*** *~s* further particulars (information, news); *bij ~ inzien* on reflection, (up)on further consideration; on second thoughts; *bij ~ onderzoek* on closer investigation; ***tot*** *~ aankondiging* (*order*) until further notice (orders); II *bw* nearer; afterwards, later on; *~ aanduiden* (*aangeven*) specify; *een ~ te bepalen datum* a date to be fixed (announced, set, arranged); *~ bezien* consider in more detail; *~ op iets ingaan* enter into detail(s); *zie ook* ingaan; *~ leren kennen* get better acquainted with; *iets ~ onderzoeken* make further inquiries; *~ schrijven* write further particulars, write again; *daarover spreken we ~* we'll talk about that later on; *~ uiteenzetten* explain more fully

naderbij nearer, closer; *het van ~ bezien* look at it more closely

naderen I *intr* approach, draw near, come on; II *tr* approach, draw near to, near, come up to; *niet te ~* unapproachable; *bij het ~ van, zie* nadering; *~d, (ook)* oncoming [car]

naderhand afterwards, later on; **nadering** approach; *bij de ~ van* at the approach of

nadezen from now; *zie* na I: ~ dezen

nadien since

nadienen: *zes jaar blijven ~* sign on for another six years; **nadienst** (follow-up) service

nadieselen after-burn(ing); (*Am*) after-run, run on; dieseling

nadir id

nadoen: *doe hem na* do as he does; *doe me dat eens na!* match that if you can!, (*Am*) how's that for high?; *zie verder* nabootsen

nadorst after-thirst; **nadragen**: *iem iets ~* hound a p. on account of s.t.

nadruk 1 (*klem*) emphasis, accent, stress; *de ~ leggen op, (eig)* accent, stress; (*fig*) stress, lay (put the) stress (emphasis) on, emphasize, accentuate, underline, highlight; (*te veel*) overstress, over-emphasize [a point]; *met ~* emphatically; 2 (*ve boek*) reprint; (*ongeoorloofd*) pirated (spurious, surreptitious) edition, (*ook het nadrukken:*) piracy; *~ verboden* copyright, all rights reserved; *~, in welke vorm ook, verboden* no part of this work may be reproduced in any form

nadrukkelijk I *bn* emphatic, express, pointed, positive; II *bw* emphatically, expressly, pointedly, positively; **nadrukken** 1 reprint; 2 (*ongeoorloofd*) pirate; *vgl* nadruk 2; **nadrukker** piratical printer (publisher), (literary) pirate; (*geoorloofd*) reprint publisher

nafta naphtha; **nafta|leen, -line** naphthalene, -lin(e)

nagaan 1 (*volgen*) follow; (*in het oog houden*) keep track of [a p., of what is going on]; (*nasporen*) trace [a fugitive, the beginnings of the drama]; take stock of [the past, the situation]; (*v politie*) dog, shadow, watch; *iem laten ~* have a p. watched; *het is onmogelijk na te gaan wie de schrijver is* it is impossible to trace the writer; *voor zover ik kan ~* as (so) far as I can ascertain (determine, gather, make out); *zie ook* gang; 2 (*toezien op*) keep an eye on, look after; 3 (*onderzoeken*) check, examine, verify [an account], go through, go over, run over [accounts, a list of names; he ran over in his mind every possible explanation]; (*nauwkeurig*) peruse [a paper]; *de gebeurtenissen van zijn leven nog eens ~* retrace the events of one's life; 4 (*bedenken*): *als ik dat alles naga* if (when) I consider all that; 5 (*zich voorstellen*) imagine, fancy; (*dat*) *kan, moet je ~!,* just imagine; (*iron*) catch me at that!, not likely!; (*dat spreekt vanzelf*) obviously!; 6 (*ve uurwerk*) *zie* nalopen

nagalm reverberation, resonance, echo; **nagalmen** reverberate, resound, echo

nagapen gape (*of:* stare) after

nageboorte afterbirth, placenta

nageboren posthumous

nagedachtenis memory, remembrance, commemoration; *gewijd aan de ~ van* sacred to the memory of; *ter ~ van* in memory of; *zie ook* gedachtenis; **nagekomen** late [result]; stop-press [news]; (*ve connossement, enz*) accomplished

nagel 1 nail (*ook spijker*); (*klink~*) rivet; *de ~s zitten er nog in* the scratch-marks are still visible; *een ~ aan zijn doodkist* [it is] a nail in his coffin; *geen ~s hebben om zijn gat te krabben* not have a penny to call one's own; *zie ook* bijten, bloed, spijker, enz; 2 (*kruid~*) clove; 3 (*ve bloemblad*) claw

nagelbed nail-bed, -matrix; **nagelbijten** I *ww* bite one's nails; II *zn* nail-biting; **nagelbijt(st)er** nail-biter; **nagelbloem** gillyflower; **nagelbol(len)** allspice, pimento; **nagelborstel** nailbrush; **nagelen** nail [Jesus was nailed to the Cross]; *aan de grond genageld* [stand] rooted to the ground (the spot), transfixed

nagel|garnituur manicure set; **-gat** nail-, rivet-hole; **-kaas** (Frisian) clove cheese; **-knipper** (pair of) nail-clippers; **-kruid** avens; *knikkend ~* water avens; **-lak** nail polish (varnish); **-nieuw** brand-new; **-olie** oil of cloves; **-riem** nail-rim, cuticle (of the nail); **-schaartje** (pair of) nail- (*of:* manicure) scissors; **-schuier** nail-brush; **-vast** fastened with nails; (*aard-en-~*) clinched and riveted; *wat ~ is* fixtures; **-vijl** nail-file; (*v karton*) emery-board; **-vlek** nail-speck; (*aan de nagelwortel*) lunula; **-vlies** nictitating membrane; **-wortel** root of a (the) nail

nagemaakt imitation, counterfeit, spurious; forged [cheque, etc], (*fam*) faked [banknotes, diamonds]; artificial [flowers]; sham [jewels]; *~e schildpadsoep* mock turtle soup; *vgl* namaak

nagenieten: *~ van iets* enjoy s.t. in retrospect, enjoy the afterglow of s.t.

nagenoeg almost, nearly, all but [done], next to [impossible], pretty much (well, nearly) [the same]; **nagenoemd** undermentioned

nagerecht dessert

nageslacht: *het ~* posterity; *zijn ~* his descendants (posterity, progeny, issue, offspring)

nageven: *iets ~* finish up (wind up, conclude) with

s.t.; *iem iets ~,* (*ong*) tax a p. with s.t., impute s.t. to a p.; (*tot zijn eer*) give a p. credit for s.t.; *dat moet ik hem* (*tot zijn eer*) ~ I'll say that (that much) for him, (*fam*) I must hand that to him
nagewas after-growth; **naglans** afterglow, reflected glory; **nagras** aftergrass, aftermath
naheffing balance [of tax] payable
naherfst latter part of (the) autumn, late autumn
nahooi aftermath, aftercrop (of hay)
nahouden (*school*) keep in (after hours); *er op* ~ have [ideas of one's own], hold [a view, peculiar ideas]; keep [articles for sale, bad company, a cat, servants]; *er een vaste vertegenwoordiger op* ~ employ a regular salesman; *wij houden er geen auto op na* we don't run (keep) a car; *iem iets* ~, *zie* nageven (*ong*)
naïef naïve, naive, artless, ingenuous; (*ong, ook*) credulous, innocent; (*kunst, ook: naïeve schilder*) primitive, naïve, naive; **naïeveling(e)** innocent
naijleffect (*vglb*) knock-on effect; **naijlen** hurry (hasten) after; (*techn*) lag; **naijling** (*techn*) lag
naijver 1 emulation; 2 (*ong*) jealousy, envy
naijverig 1 emulous; 2 (*ong*) jealous, envious [*op* of]
naïveteit naïveté, naïvety, naivety, artlessness, ingenuousness
najaar autumn; (*Am*) fall; **najaarsopruiming** autumn sale(s); **najaarsweer** autumnal weather
najade naiad, water nymph
najagen I *ww* chase, pursue [an animal, a criminal]; (*fig*) chase [shadows], pursue [pleasure]; *de hond joeg een haas na* was coursing a hare; *een kogel* ~ send a bullet after; *zie ook* effect; II *zn* pursuit; **najager** pursuer; **najaging** pursuit
nakaarten 1 hold a post-mortem, discuss might-have-beens, be wise after the event; 2 *zie* napraten 2; **naken** approach, draw near
nakend starkers; **nakie**: *in zijn* ~ starkers
nakijken 1 look after; *iem het ~ geven* frustrate a p. in his hopes, outsmart a p.; *het ~ hebben* be left standing; 2 look (go) over [one's lessons]; (*aandachtig*) peruse [a document]; 3 (*opzoeken*) look up, check [a date]; 4 correct [exercises], mark [papers], revise (read) [a proof]; look (see) to [the lock should be looked (seen) to]; overhaul, go over [a car]; *zich laten* ~ have a medical examination (check-up, *fam:* have a medical); *je moet je hoofd eens laten* ~ you need your head examined; *zie ook* nazien & onderzoeken
naklank echo (*ook fig*), resonance; **naklinken** echo, resound, continue to sound, reverberate [in one's ears, memory]
nakome|ling(e) descendant; **-lingschap** posterity, progeny, offspring, [she died without] issue
nakomen I *intr* follow, come later on; join a p. later; II *tr* 1 follow, come after [a p.]; 2 keep, fulfil, perform, redeem, make good [a promise]; observe [rules]; live up to, fulfil [one's pledges]; meet, discharge, honour [one's obligations]; obey [orders]; fulfil, perform [a contract]; comply with, fulfil [conditions]; *het ~ van een verplichting* the fulfilment of an obligation; *bij het niet ~ waarvan* ... failing which ...; *zie ook* naleven & nagekomen; **nakomer** 1 successor, descendant; 2 latecomer, late arrival; (*achterblijver*) straggler; **nakomertje** late arrival, afterthought; **nakoming** fulfilment, performance; observance; compliance [with the provisions of an act]; *vgl* nakomen *& zie ook* niet-~
nakroost progeny, offspring, issue
nakuren follow a regimen (after illness)
nalaten 1 (*bij overlijden*) leave (behind) [he left his money to the poor]; *heel wat* (*veel geld*) ~, (*fam*) cut up well; *nagelaten werken* posthumous works, literary remains; *nagelaten betrekkingen* survivors; 2 (*sporen, enz*) leave (behind); 3 (*in gebreke blijven*) omit [doing, to do], fail [he never failed to come]; 4 (*verzuimen*) neglect [one's duties]; *wij zullen niets ~ om* ... we shall leave nothing undone to ...; 5 (*ophouden met*) leave off, desist from; 6 *ik kon niet ~ te zeggen* I could not help (forbear, refrain from, omit) saying
nalatenschap estate; (*erfenis*) inheritance
nalatig neglectful, negligent, careless, remiss; ~ *in het vervullen van zijn plicht* neglectful of one's duty; *~e betaler* bad (slow) payer; **nalatigheid** [culpable, gross, contributory] negligence, carelessness, remissness; (*plichtverzuim*) dereliction of duty; **nalating** omission
naleven live up to [a principle], fulfil, perform [a contract], observe [the regulations], comply with [certain conditions]; *zie ook* nakomen
naleveren deliver subsequently, repeat
naleving performance, fulfilment, observance
nalezen 1 read over, peruse; 2 (*herlezen*) read again, re-read; 3 glean [ears, a field]; **nalezing** 1 reading over, perusal; 2 re-reading; 3 (*concr*) gleanings; addenda
nalichten: *het ~ van de zee* afterglow
naloop [have a great] following
nalopen I *tr* 1 (*ook fig*) run after; *een meisje* ~ run after (hang round, hang about, philander with) a girl; *de vrouwen* ~ run after women, womanize (*iem die vrouwen naloopt* womanizer); *ze moet hem de hele dag* ~ (*om hem te bedienen*) she must fetch and carry for him; 2 check, inspect; *ik kan niet alles* ~ I cannot attend to everything; II *intr* (*ve uurwerk*) lose [two minutes a day]; (*achter zijn*) be [two minutes] slow; **naloper** follower; *vgl* nalopen; **nam** *ovt van* nemen
namaak imitation, counterfeit, forgery; (*attr:*) bogus [bishop], simulated [fur], dummy [articles, pistol]; (*slechte*) ~ ersatz; *wacht u voor* ~ beware of imitations; *het is* ~, (*ook*) (*fam*) it's a fake; *zie verder* nagemaakt; **namaaksel** *zie* namaak
namaals (here)after
namaken imitate, copy; counterfeit [coins], forge, fake [banknotes, a signature]; *zie ook* nagemaakt; **namaker** imitator, forger, counterfeiter
name: *met ~, a*) particularly, notably; *b*) (*namelijk*) namely, viz; *iem bij, met ~ noemen* mention a p. by name; *ten ~ van* in the name of; *te zijnen* ~ [the house is, stands] in his name; *zie ook* naam
namelijk 1 (*voor opsomming*) namely, to wit, viz (*afk van* videlicet; *uitspraak meestal* ['neimli]),

that is; 2 (*redengevend*) for, because; *ik had hem ~ gezegd* ... for I had told him ...; *we dachten ~* ... the fact (point) is that we thought ...
nameloos nameless, unutterable, unspeakable, ineffable, untold [misery]; *zie ook* naamloos
Namen Namur
namens in the name of, on behalf of; [tell him] from me; *ik spreek ~ allen,* (*ook*) I speak for all
nameten measure (again), check the measurements; **Namibië** Namibia
namiddag afternoon; *des ~s* in the afternoon; *om 4 uur des ~s,* (*ook*) at four pm; **namiddag-** *zie* middag-; **nanacht** latter part of the night
nandoe rhea
naneef descendant
nanisme dwarfism, nanism; **nanking** nankeen
nano- (*10-⁹*) id [nanometre, nanosecond]
nansoek nainsook; **Nantes** id
naogen eye, watch, follow with one's eyes
naoogst aftercrop
naoorlogs post-war [prices], after-war [period]
nap (drinking-)cup, bowl, basin, porringer; *~je,* (*plantk*) cupule; (*ook*) cup [of an acorn]; *zie ook* zuignap(je)
NAP afk van *Normaal Amsterdams Peil* Normal Amsterdam Level, Ordnance Datum
napalm id; **Napels** I *zn* Naples; II *bn* Neapolitan
napijn (painful) after-effect(s)
napjesdragend cupuliferous
napluizen investigate, sift; *vgl* uitpluizen
napluk aftercrop; **naplukken** glean
Napoleon id; *n~,* (*baard*) imperial; (*munt*) napoleon; **Napoleontisch** Napoleonic
Napolitaan(s) Neapolitan
nappa(leer) nap(p)a
napraat: *ik wil er geen ~ van hebben* I don't want it talked about; **napraten** 1 parrot, repeat, echo [a p.('s words)]; 2 reminisce; *nog een beetje ~* have a talk (a chat) after the others have gone (after the show, etc); **naprater** parrot; **napraterij** parroting; **napret** amusement after party (after practical joke, etc)
nar fool, jester
nar|cis (*wit*) narcissus (*mv ook:* -ssi), (*geel*) daffodil; **-cisme** narcissism; **-cistisch** narcissistic
narcolepsie narcolepsy; **narcose** narcosis, anaesthesia; *zie ook* verdoving; *onder ~* under an anaesthetic; *onder ~ brengen, zie* narcotiseren; **narcoticabrigade** drugs squad; **narcoticum** narcotic, anaesthetic; (*mv ook*) drugs; **narcotisch** narcotic; *~ middel* narcotic, drug, (*fam*) dope; *handel(aar) in ~e middelen* drug (*fam:* dope) traffic (dealer, peddler); **narcotiseren** anaesthetize; **narcotiseur** anaesthetist; **nardus** (spike)nard
narede epilogue; **nareizen** travel after, follow (round); **narekenen** 1 check, verify; 2 (*uitrekenen*) reckon up, calculate; *zie ook* vinger
nargileh narghile(h), nargile(h), hookah
narigheid misery; *zie ook* akeligheid
narijden ride (drive) after; *iem ~,* (*fig*) keep a p. up to his work
naroepen 1 call after; 2 (*uitjouwen*) hoot (at)
narrenkap fool's cap, cap and bells; **narrenpak** fool's dress, motley; **narrig** peevish, cross; **narrigheid** peevish-, crossness
narwal narwhal
nasaal *bn & zn* nasal; **nasaleren** nasalize
naschilderen copy; **naschok** after-shock
nascholen retrain; **nascholing** refresher course
naschreeuwen 1 cry (shout) after; 2 (*uitjouwen*) hoot (at)
naschrift postscript; **naschrijven** 1 copy; 2 (*spieken*) crib; 3 (*plagiaat plegen*) plagiarize [an author, a work]; **naschrijver** copier, plagiarist
naseizoen late season
nasi 1 (boiled) rice; 2 afk van *~ goreng* fried rice
nasibal fried rice ball
naslaan 1 look up [a word], look out [a train]; read (turn) up [a subject]; consult, refer to [a dictionary]; verify [a quotation]; *om na te slaan* for reference; *ter vergemakkelijking van het ~* to facilitate reference; 2 counterfeit [coins]
naslagwerk reference work (*of:* book), work (book) of reference
nasleep train; aftermath [the aftermath of a neglected cold, of the war]; *een lange ~* a long train of (serious) consequences; *de ziekten die een ~ zijn van de winter* the ailments that follow in the wake of winter; **naslepen** I *tr* drag along, drag after one; II *intr* drag (*of:* trail) behind
nasmaak after-taste, taste, tang; *het heeft een bittere* (*lelijke*) *~,* (*ook fig*) it leaves a bitter (nasty, bad) taste (in the mouth)
nasnede aftergrass, aftermath; **nasnuffelen** pry into [secrets, etc]; search [a place]; rummage [a p.'s pockets]; fumble among [papers]
naspel 1 (*theat*) afterpiece; 2 (*muz*) postlude, (concluding) voluntary; 3 (*liefde*) afterplay; 4 (*fig*) aftermath, sequel; **naspelen** 1 play [a piece of music] after a p.; (*op het gehoor*) repeat by ear; 2 *een kleur ~* return one's partner's lead; *ruiten ~* return diamonds; *in een andere kleur ~* lead another suit; 3 *welk stuk wordt nagespeeld?* what is the afterpiece?
naspeuren track, trace, investigate; **naspeuring** tracking, etc, investigation; **nasporen** *zie* naspeuren; **nasporing** investigation, inquiry; *~ naar* search for [the missing airman]; (*wetenschappelijke*) *~en doen* undertake (carry out) research [into ...]
naspreken: *iem ~* repeat a p.'s words; (*gedachteloos*) parrot a p.; (*nabauwen*) mimic a p.('s voice);
nasprokkelen glean
nastreven pursue [an object *doel*]; strive after, aspire to [power, etc]; emulate [a p.]; *zie ook* najagen
nastukje afterpiece; **nasturen** *zie* nazenden
nasynchroniseren (*film*) dub
nat I *bn* wet (*ook: met vrije drankverkoop*); (*vochtig*) damp, moist; *~!* wet paint!; *zo ~ als een poedel* like a drowned rat; *het was ~* (*weer*) it was wet (a wet day); *~ van de regen* wet with the rain; *~ **maken*** wet; *het ~te **strand*** the foreshore; *~te **waren*** liquids; *langs de ~te **weg**,* (*techn*) by wet process; *zie ook* borst, maat, vinger, enz; II *zn*

wet, liquid; (*waarin iets gekookt is, v oesters, enz*) liquor; (*vlees~*) gravy; (*kook~ v beenderen, groenten, enz, voor soep*) stock; *voor ~ te bewaren!* keep dry!; *hij lust zijn ~je en zijn* ***droogje*** he is fond of his food and (his) drink; *zie ook* pot~, enz; *de Natten,* (*Z-Afr*) the Nationalist party

natachtig wettish, damp

natafelen linger at (the dinner) table

nataliteit birth rate

nateelt after-crop

natekenen 1 copy; 2 draw, delineate

natellen count over (again), check; *zie ook* vinger

nathals toper, tippler, soak; *het zijn nathalzen* they are a thirsty lot

natheid wetness, dampness, moistness

natie nation; *de gehele ~ omvattend* nation-wide; *de ~,* (*joden*) the Race; *een van de ~,* (*fam*) a Jew

nationaal national; *-nale feestdag* national (*of:* public) holiday; *~ bestaan* (*bewustzijn*) (sense of) nationhood; **nationaal-socialisme** National Socialism, Nazi(i)sm; **nationalisatie** nationalization; **nationaliseren** nationalize, bring under public ownership; **nationalisme** nationalism; **nationalistisch** nationalist(ic); **nationaliteit** nationality; *personen van Britse ~* (*in den vreemde*) British nationals; **nationaliteitsbeginsel** right of self-determination; **nationaliteitsbewijs** national registration certificate; **nationaliteitsgevoel** national feeling

nativisme nativism; **nativiteit** birth-rate

natrappen (*sp*) late tackle; (*fig*) kick a p. when he is down; **natrekken** 1 travel (march) after, follow; 2 (*overtrekken*) trace, copy; 3 (*nagaan*) check (out), verify, follow up [clues]

natrium sodium; **natriumbicarbonaat** sodium bicarbonate, baking soda; **natriumlamp** sodium-vapour lamp

natron(loog) caustic soda, sodium hydroxide

natten wet, moisten; **nattig** damp, wettish; **nattigheid** wet (*ook: regen*), damp, wetness; *~ voelen* smell a rat, sense danger

natura: *in ~, a*) (*niet in geld*) in kind; *b*) (*naakt*) in nature's garb; **naturaliën** 1 natural products; 2 (*zeldzaamheden*) natural curiosities; **naturalisatie** naturalization; **naturaliseren** naturalize; grant certificates of naturalization; *zich laten ~* take out letters of naturalization (naturalization papers); **naturalisme** naturalism; **naturalist** id; **naturalistisch** naturalist(ic) (*bw:* -istically)

naturel I *zn* native, aborigine; II *bn* natural [leather]; **naturisme** naturism; **naturist(e)** naturist; **naturopaat** naturopath; **naturopathie** naturopathy, nature cure

natuur 1 (*aard*) nature; *dergelijke naturen* such natures; *het is bij hem een tweede ~ geworden* it has become second nature with (to) him; *de ~ gaat* ***boven*** *de leer* nature is stronger than nurture; ***tegen*** *de ~* against nature, contrary to nature; ***van*** *nature* naturally, by nature; 2 (*landschap & omgeving*) (natural) scenery [the scenery is wonderful here], [the] countryside; *de gehele ~* all nature; ***in*** *de vrije ~* in the country; *zie ook* ~staat; ***naar*** *de ~ getekend* drawn from nature

natuur|aanbidder nature worshipper; **-bad** lido; **-beheer**, **-behoud** conservation, nature conservancy; **-beschermer** conservationist; **-bescherming** protection of nature, nature conservation; **-beschermingswet** Nature Protection Act; **-boter** dairy butter; **-dienst** nature worship; **-drift** instinct; **-filosofie** natural philosophy; **-gebied** nature area, (*beschermd*) nature reserve, wildlife area; **-geneeswijze** naturopathy, nature-cure; *inrichting voor ~* naturopathic (nature-cure) establishment; **-getrouw** true to nature (to life); *~ weergeven* reproduce faithfully; **-godsdienst** natural religion; **-historisch** natural history [museum]; **-ijs** natural ice; **-kenner** naturalist; **-kennis** natural science; **-keus** natural selection; **-kind** child of nature; **-kracht** force of nature, natural force; **-kunde** physics, (natural) science

natuurkunde|leraar, **-lerares** science (physics) master (mistress); **natuurkundig** physical; **natuurkundige** physicist, natural philosopher; **natuurliefhebber** nature-lover

natuurlijk I *bn* natural [behaviour, child, history, logarithm, number, person, size, etc]; *het ~ verstand* common sense, mother wit; *het is een ~e zaak* a matter of course, it is quite natural; *een ~e dood sterven,* (*ook*) die from natural causes; *het is* (*heel*) *~ dat hij weg wil* he (quite) naturally wants to go; *op de ~e grootte geschilderd,* (*ook*) painted life-size; *het ~e, zie* ~heid; II *bw* of course; (*op ~e wijze, overeenkomstig de natuur*) naturally; *het gaat hem ~ af,* (*fam*) it comes natural to him

natuur|lijkerwijze naturally, of course; **-lijkheid** naturalness, simplicity, artlessness

natuur|mens natural man; *zie ook* -vriend; **-monument** nature reserve; (*Vereniging tot Behoud van*) *N~en* Society for the Promotion of Nature Reserves; (*vglb*) Nature Conservancy Council; **-onderzoeker** naturalist, natural scientist; **-pad** nature trail; **-produkt** natural product, (*mv ook*) natural produce; **-ramp** natural disaster, catastrophe; **-recht** 1 natural right; 2 natural law; **-reservaat** [forest, game, nature] reserve, [bird, wildlife] sanctuary; **-rijk** kingdom (*of:* realm) of nature; **-schoon** natural (scenic) beauty, beautiful scenery; *plekje ~* beauty spot; **-staat** state of nature; natural state; **-steen** natural stone; **-studie** nature study; **-talent** 1 natural talent, gift; 2 (*pers*) natural(ly gifted person); **-verschijnsel** natural phenomenon (*mv:* -mena); **-voeding** wholefood; **-volk** primitive people (*of:* race); **-voortbrengsel** *zie* -produkt; **-vorser** naturalist; **-vriend** nature-lover; **-wet** law of nature, natural law; **-wetenschap** (*ook mv*) natural science, science; **-woud** primeval (virgin) forest; **-zijde** natural (*of:* real) silk

nauplius id (*mv:* -ii)

nautiek nautical science, science of navigation; **nautilus** id; **nautisch** nautical

nauw I *bn* 1 (*smal*) narrow; *~e ingang,* (*ve straat, enz, ook*) bottleneck (entrance); *~e ruimte,* (*ook*) confined space; 2 (*~sluitend*) tight [boots]; 3 (*fig*) close [ties, acquaintanceship, co-operation, contact]; 4 (*~lettend*) strict; *~ van geweten* scrupulous, conscientious; II *bw* 1 narrowly; *~ zitten* sit close; *~ verwant* closely related; *~ voeling houden met* be closely in touch with; ***het ~ nemen**, ~ kijken* be very particular; *het niet ~ nemen met* play fast and loose with [public opinion], trifle (*of:* palter) with [the truth], be lax in [matters of faith]; *hij neemt het zo ~ niet,* (*met zijn werk, enz*) he is very easygoing (not very fussy); *hij neemt het niet zo ~* (*met zijn geweten*) he has no (conscientious) scruples; *het komt* (*luistert, steekt*) *heel nauw* it requires great care (precision, a very delicate touch); 2 (*nauwelijks*) scarcely; III *zn* narrows; (*zeeëngte ook*) strait(s); *het Nauw van Calais* the Straits of Dover; ***in** het ~ zijn* (*zitten*) be in a scrape, in a fix, in a (tight) corner, be hard pressed; *iem in het ~ brengen* (*drijven*) press a p. hard, drive a p. into a corner, corner a p., drive a p. to the wall; (*in gevecht, ook*) bring a p. to bay; *in het ~ gedreven, maar pal staande* [stand] with one's back to the wall; *zie ook* kat

nauwelijks scarcely, hardly [(*ook*) a bare fifty yards away]; *~ had hij ... of* scarcely (hardly) ... when, no sooner ... than; hardly [a day passes] but [we receive inquiries]

nauwgezet scrupulous [care], conscientious, painstaking; *pijnlijk ~* meticulous; (*stipt op tijd*) punctual; *hij voerde zijn opdracht ~ uit* he carried out his instructions religiously; **nauwgezetheid** scrupulousness, etc; punctuality

nauwheid narrow-, tightness, enz; *vgl* nauw

nauwkeurig accurate, exact, correct, precise; close [watch, follow, question, read a paper closely], narrow [watch a p. narrowly]; *~ omschrijven,* (*ook*) detail; *~ onderzoek* close examination, searching inquiry; *~ toezicht houden* keep strict watch; *~ tot op een millimeter* correct to (to within) a ...; *op een dag of twee ~,* (*ook*) give or take a couple or days; *zie ook* decimaal; *tot een stuiver ~* to the nearest penny; **nauwkeurigheid** accuracy, exactness, exactitude, precision

nauwlettend *zie* nauwgezet & nauwkeurig; *~e aandacht* close (minute) attention; **nauwnemend** particular; *vgl* nauw I; **nauwsluitend** close-, tight-fitting, clinging [dress]; **nauwte** defile, narrow pass; (*op zee*) strait(s), narrows; *zie ook* nauw II; **nauwziend** particular; *vgl* nauw I

nav afk van *naar aanleiding van* in connection with, with reference to, referring to

Navar|ra Navarre; **-rees** *bn & zn* Navarrese

navel id (*ook sinaasappel*), (*fam*) belly (*of:* tummy) button; (*v zaad*) hilum; *op zijn ~ staren* contemplate one's navel; **navelader** umbilical vein; **navelbandje** umbilical bandage; **navelbreuk** navel rupture, umbilical hernia; **navelkruid** navelwort; **navelsinaasappel** navel orange; **navelstaren** navel-gazing; **navelstreng** umbilical cord; (*plantk*) funiculus, funicle; **navelzwijn** peccary

navenant [the price is high] in proportion, [everything is] in keeping; commensurately, proportionately [high]; *het effect was ~* [the campaign was ill thought-out, and] the effect was according (was in keeping with that)

naverbrander afterburner

navertellen retell, repeat; *hij zal het niet ~,* (*fig*) he won't live to tell the tale

naverwant closely related; *~(e)* relation; **naverwantschap** relationship

navigabel navigable; **navigatie** navigation; *Akte van N~* Navigation Act; **navigatielichten** navigation lights, running lights; **navigator** id; **navigeren** navigate

navlooien check meticulously; **NAVO** afk van *Noordatlantische Verdragsorganisatie* North Atlantic Treaty Organization, NATO

navoelen: *ik kan dat niet ~* I cannot share that feeling

navolgbaar imitable; **navolgen** 1 (*eig*) follow; 2 (*vervolgen*) pursue; 3 (*nadoen*) follow, imitate; *iem ~,* (*ook*) take a leaf out of a p.'s book; **navolgend** following, undermentioned; **navolgenswaardig** worth imitating (following); **navolger** follower, imitator; **navolging** imitation; *in ~ van* in imitation of, after [Rembrandt]; *ter ~ dienen* serve for a model

navordering additional claim; (*belasting*) additional assessment

navorsen investigate, inquire into, search (into), explore; sift [a story]; **navorser** investigator; **navorsing** investigation, exploration; (*wetenschappelijke*) *~en* researches

navraag (further) inquiry; ***bij** ~* on inquiry; *~ **doen** naar* inquire (make inquiries) about (after); *dat kan geen ~ **lijden*** that will not stand (*of:* bear) a close inquiry; **navragen** inquire, make inquiries

navrant distressing, heart-rending, harrowing

navullen refill; **navulling** refill (bottle, pack)

naweeën 1 afterpains; 2 (*fig*) evil consequences (effects), after-effects [the after-effects of the party], aftermath; *~ van de oorlog* post-war ills, aftermath of the war; **naweide** aftergrass

nawerk extra (follow-up) work; **nawerken** 1 work after (school-)hours, work overtime; 2 *lang ~* make itself felt long after; *zijn invloed werkt nog na* his influence still lingers; **nawerking** (after-)effect(s)

nawijzen point at (after); *zie ook* vinger

nawinter latter part of (the) winter

nawoord postscript, epilogue, afterword

nazaat descendant

Nazarener Nazarene, Nazarite; **Nazareth** id

nazeggen repeat [an oath (after a p.)], say after [a p.]; *dat kan je mij niet ~,* (*fig*) that is more than you can say; *zie ook* nageven

nazenden send (on) after [a p.], [I'll] send on [your washing], forward (on); re-direct [letters]; *~ svp* please forward; *zich de brieven laten ~* have one's letters forwarded

nazetten pursue, chase; *iem ~,* (*ook*) give chase

nazi Nazi

nazien 1 look after, follow with one's eyes; (*bij verlaten vd kamer, ook*) watch [a p.] out; 2 (*nagaan*) examine, go through, look over (through); check [an account], (*ve accountant*) audit [ac-

counts]; (*voor reparaties*) overhaul [a ship, car]; *bij het ~ van onze boeken* on looking through our books; 3 (*corrigeren*) correct; *zie ook* nakijken
nazingen sing after [a p.], echo [a song]
nazisme Nazi(i)sm; **nazisysteem**: *het ~* Nazi(i)sm
nazitten pursue, chase, chivy; *een gevoel alsof men nagezeten wordt* a hunted feeling; *zie ook* narijden: iem ~
nazoek research; **nazoeken** look (read) up, examine, research [s.t.]
nazomer latter part of (the) summer, late summer; *mooie ~* St Martin's (*of:* St Luke's) (little) summer, (*oorspr Am*) Indian summer
nazorg after-sales service, product support; (*ve zieke, enz*) aftercare, follow-up care
NB 1 NB (nota bene); 2 N(orth) lat(itude); *zie ook* breedte; **n.Chr**. afk van *na Christus* AD (Anno Domini) (*meestal voor het jaartal*)
Neandertaler Neanderthal (man)
neb bill, beak; *zie ook* sneb
nebbisj bless their hearts, poor things
Nebucadnezar Nebuchadnezzar (*ook wijnfles*)
necessaire toilet-, dressing-, travelling-case, holdall; (*naai~*) housewife
necrofilie necrophilia; **necrologie** necrology; obituary (notice); **necroloog** necrologist; **necromantie** necromancy; **necro|polis**, **-pool** necropolis; **necrose** necrosis; **necrotisch** necrotic
nectar id; **nectariën** nectaries; **nectarine** id
Ned Ct afk van *Nederlands courant* Dutch Currency
neder down; *zie voor de meeste sam* neer-
Nederduits Low German; *~-Hervormd* Dutch Reformed [Church]
nederig humble, modest, lowly; *~e hoogmoed* mock modesty; **nederigheid** humbleness, humility, modesty, lowliness
nederlaag defeat, overthrow; *de ~ lijden* be defeated (worsted), lose the day; *een verpletterende ~ lijden* (*toebrengen*) suffer a crushing defeat (inflict a ... [on the enemy])
Nederland The Netherlands, Holland; *de ~en,* (*ook*) the Low Countries; **Nederlander** Dutchman, Netherlander; (*officieel*) Netherland(s) subject; **Nederlanderschap** Dutch nationality; **Nederlands** I *bn* Dutch, Netherlands; *de ~e Antillen* the Netherlands Antilles; *de ~e Bank* the Bank of the Netherlands; II *zn* Dutch, Netherlandish; **Nederlands-Indië** the Netherlands (East) Indies, (*officiële naam*) Netherlands East India; *zie ook* Indië; **Nederlandstalig** Dutch-speaking [Belgians]; **Neder-Oostenrijk** Lower Austria; **Neder-Rijn** Lower Rhine; **Nedersaksen** Lower Saxony; **Nedersaksisch** (*taal*) Low Saxon
neder|wiet Dutch(-grown) cannabis; **-zetting** settlement, (*handels~*) trading-post, -station
Ned Herv afk van *Nederlands-Hervormd & Nederduits-Hervormd* Dutch Reformed [Church]
nee I *bw & tw* no; *~ **maar**!* oh, I say! [look at that now!]; the idea!, now really!, you don't say so!; ['poor C is dead'] 'no!'; why [, it's John!]; *maar ~!* but no!; *~ **toch**!* not really!, you don't (can't) mean it!, surely not!; ***wel*** *~* oh no!, certainly not!; *~ zeggen* say no, refuse; *daar zeg ik geen ~ op* I won't say no to that; (*met*) *~* (*be*)*antwoorden* answer in the negative; *~ moeten verkopen* have to report an article out of stock; II *zn* no; *mijn ~ staat tegenover uw ja* my word is as good as yours
neef cousin; (*oom-, tantezegger*) nephew; *ze zijn ~ en nicht* they are cousins; *een ~ die schilder is* an artist cousin; *zie ook* vol; *~je,* (*mug*) gnat
neefschap cousinship; **neeg** *ovt van* nijgen
neen no; *zie* nee
neep 1 pinch; *in de ~ zitten* be in a fix; 2 (*plooi*) goffer; 3 *ovt van* nijpen
neer down
neer|buigen I *tr* bend down; II *intr* (*ook: zich ~*) bend (bow) down; **-buigend** condescending, patronizing; **-buigendheid** condescension; **-dalen** descend, come down; (*ve vliegt, ook*) land (*ook op water*); (*doen*) *~ op,* (*ve kogelregen, scheldwoorden, enz*) shower down (up)on; **-daling** descent; **-draaien** wind down [a car-window], turn down [a wick]; **-drukken** press (weigh) down; (*fig ook*) depress; **-duwen** push (press, thrust) down; **-gaan** go down; *~de beweging* downward movement; **-gang** decline, downturn [in business]; **-gooien** throw (fling, *fam:* chuck) down; throw [an opponent]; shoot [refuse *afval*], throw (*fam:* chuck) up [one's post], *de boel* (*het bijltje*) *erbij ~,* (*fam*) chuck it; (*bij staking*) down tools [*zo* (*ook*) the mutineers downed arms]; **-haal** downstroke; **-hakken** cut down; **-halen** 1 fetch down; let (draw) down [a blind]; haul down [a flag]; strike [a sail]; pull down [a wall]; bring down [an aircraft]; *~ tot* reduce to the level of; 2 (*afkammen*) run down; **-hangen** (*intr*) hang down, droop [a drooping moustache, drooping branches]; **-hurken** squat (down); **-kijken** *zie* -zien; **-klappen** fold down(wards), collapse; **-knallen** shoot (down); **-knielen** kneel down
neerkomen come down, descend; (*met geweld*) come crashing down [the chimney crashed into the road]; alight [the bird alighted on the roof]; (*ve vliegt, ook*) land (*ook op zee*); *doen ~* bring down [a bag on a p.'s head]; *alles komt **op** hem neer* he has to do (look after) everything, everything falls on his shoulders; *het komt alles op mijn zere been neer* I shall be the one to pay for it all; *daar komt het op neer* that is what it comes (down) to (amounts to), it boils down to that, that's the long and the short of it; (*fam*) that's about the size of it; *het betoog* (*vraagstuk*) *komt hierop neer ...* the gist of the argument is ... (the problem resolves itself into this, narrows down to this); *de hele geschiedenis komt ten slotte hier op* (*op hetzelfde*) *neer* the whole affair boils (comes) down to this (to the same thing); *erop ~d dat ...* [a letter] to the effect that ...
neerkrabbelen scribble down; **neerkwakken** *zie* -smakken
neerlan|dica, **-dicus** student (teacher) of Dutch;

neerlandisme Dutchism, Hollandism; **neerlandistiek** (academic) study of Dutch; Netherlandic (Dutch) studies

neerlaten let down [gangway], lower [window]; *zie ook* loodlijn; *zich* ~ let o.s. down [by a rope]; *de gordijnen zijn neergelaten* the blinds are down (are drawn)

neerleggen lay (put, (*sp*) bring) down, put [where am I to put those books?]; *in een contract* ~ embody in a contract; *zijn* ***ambt*** ~ resign (lay down) one's office, resign (office), relinquish [one's post]; *zijn* ***beginselen*** ~ *in* embody one's principles in a work; *de resultaten zijn neergelegd in een rapport* the ... are set down in a report; *het commando* ~ resign command; *de* (*voorzitters*)***hamer*** ~ vacate the chair; *een* ***hert*** (***iem***) ~ shoot (kill, bring down) a deer (a p.); ***iem*** ~, (*boksen, enz*) floor a p., knock a p. out; *de* ***kroon*** (*regering*) ~ abdicate (the crown), vacate the throne; *de* ***praktijk*** ~ retire from practice; *een* ***som*** *geld* ~ deposit (*sl:* plank down) a sum of money; *de* ***wapens*** ~ lay down arms (*of:* one's arms); *het* ***werk*** ~ stop work, (*fam*) knock off; (*staken*) strike, (*fam*) down tools; ***naast*** *zich* ~ put [advice, etc] on one side, ignore, disregard; ***zich*** ~ lie down; *zich erbij* ~ put up with it, resign o.s. to it, acquiesce in it [in a decision]; *zie ook* hoofd

neer|liggen lie down; **-maaien** mow down; **-pennen** jot down, scribble; **-pleuren** chuck down; **-ploffen** I *tr* dump down; II *intr* plump down, flop down [into a chair]; **-poten** (*fam*) set (put) down; *vgl* -zetten; **-sabelen** cut down, sabre, put to the sword; **-schieten** I *tr* shoot (down), gun down, bring down [an aircraft, a bird], knock over [rabbits]; (*fam*) down [an aircraft]; II *intr* dash down, dart down, (*ve roofvogel, enz ook*) pounce, swoop down [*op* (up)on]; **-schrijven** write (take) down

neerslaan I *tr* strike down, knock down, fell [a p.]; beat down, crush, quell [an insurrection, a coup]; (*oogst door regen, enz*) lay, flatten, beat down; cast down, lower [one's eyes]; turn down [one's collar]; let down [the hood of a carriage], slam down [the lid of a box]; (*chem*) precipitate; (*ontmoedigen*) dishearten; *ze sloeg de ogen neer,* (*ook*) her eyes fell; *neergeslagen* downcast [eyes]; *iem de ogen doen* ~ stare a p. down (*of:* out of countenance), face, outface a p.; *de regen heeft het stof neergeslagen* the ... has laid the dust; II *intr* fall down, be struck down; (*chem*) be precipitated, precipitate; (*in een laagje*) deposit; *~de kap,* (*ve auto*) drop head

neerslachtig dejected, down-hearted, depressed, despondent, low(-spirited), in low spirits; **neerslachtigheid** dejection, low spirits, depression of spirits

neerslag 1 (*muz*) downbeat; 2 (*bezinksel*) sediment, deposit; (*v roet, enz*) deposit; 3 (*atmosferisch; chem: het neerslaan*) precipitation; (*chem: stof*) precipitate; [radioactive] fall-out; 4 (*fig*) result(s), effect; *een ervaring die haar* ~ *vond in* ... which found concrete shape in ...; *voor zover die hun* ~ *vinden in* ... as far as they are reflected in ...; **neerslaggebied** drainage (*of:* catchment) area (*of:* basin)

neer|smakken I *tr* plump (bang) down, dump (down); II *intr* fall flop [on the floor]; **-smijten** fling down; **-steken** stab (to death); **-stormen** tear (rush) down; **-storten** I *tr* fling down; II *intr* fall down; topple down [the chimney toppled down]; plunge down, crash [the plane crashed]; *zie ook* storten; **-strijken** I *tr* smooth (down) [one's hair]; II *intr* settle (perch, alight) [on a branch]; **-tellen** pay; **-transformeren** (*elektr*) step down; **-trappen** kick down; tread (trample) down; **-trekken** pull (draw) down, draw [a veil]; **-tuimelen** tumble down; **-vallen** fall down, drop; (*ve vliegt ook*) crash; *ik val er bijna bij neer* I am ready to drop; *hij viel er bijna bij neer,* (*ook*) he nearly dropped in his tracks; *iem laten lopen* (*werken*)*, tot hij er bij neervalt* walk (run, work) a p. off his legs (*of:* feet); work a p. to death; *dood* ~ drop down dead; **-vellen** fell, strike down, (*fam*) down [a p.]; **-vliegen** fly down [*op* on]; **-vlijen** lay down; *zich* ~ lie down, nestle (down) [in an armchair]; **-waaien** be blown down; **-waarts** I *bw* downward(s); II *bn* downward; *~e slag,* (*ve zuiger*) downstroke; **-werpen** throw down; *zich* ~ throw o.s. down; **-zetten** set (put) down; plant [one's feet firmly]; (*kalmeren*) soothe; (*op zijn plaats zetten*) put down; *zich* ~ sit down, (*op zijn gemak*) settle down, ensconce o.s. [in a big armchair]; (*zich vestigen*) settle; (*theat*) create [a part]; **-zien** look down [at the plain]; (*laag*) ~ *op,* (*fig*) look down (up)on, look down one's nose at; **-zijgen**, **-zinken** sink down; **-zitten** sit down

neet 1 nit; *kale* ~ down-and-out; (*soms*) baldhead; 2 *zie* ~oor; 3 *zie* 1 niet; **neetoor** crosspatch

nefast pernicious, wicked

nefralgie nephralgia; **nefriet** nephrite; **nefritis** nephritis; **nefrologie** nephrology

neg edge; (*v weefsel*) selvage, -edge; (*bk*) reveal

negatie negation; *met* ~ *van,* (*ook*) in disregard of; **negatief** negative (*in alle betek, ook zn*); *negatieve pool* negative pole, cathode; ~ *beantwoorden* answer in the negative; ~ *beoordelen* judge unfavourably; *de rekening staat* ~ is overdrawn (in the red); **negatieveling** person who is always negative, caviller; **negativisme** negativism; **negativist** negativist

negen nine; *alle* ~ *gooien* throw all nine; *vgl* bij 7, met & keer; **negende** ninth (*ook zn*); *ten* ~ in the ninth place, ninthly

negen|doder (*vogel*) 1 *zie* klapekster; 2 *zie* klauwier: grauwe ~; **-hoek** nonagon; **-hoekig** nonagonal; **-jarig** *vgl* jarig; **-maal** nine times; **-maands** nine-months [child]; **-oog** 1 (*vis*) lamprey; 2 (*bloedvin*) furuncle, carbuncle; **-proef** casting out the nines; **-tal** nine, nonary; **-tallig** nonary; *vgl* tientallig; **-tien** nineteen; **-tiende** nineteenth

negen|tig ninety; **-tiger** nonagenarian; **-tigjarig** *vgl* jarig; *~e, zie* -tiger; **-tigste** ninetieth (*ook zn*); **-voud** multiple of nine; **-voudig** ninefold

neger black (person), Negro

negerachtig Negroid, Negro-like
'**negeren** bully, hector, dragoon
ne'geren (*pers*) cut, ignore, give the cold shoulder; (*zaak*) ignore, disregard [advice, opinions], brush aside [a question, protest], take no notice of; *totaal* ~ cut [a p.] dead
Neger-Engels 1 Black English (Creole); 2 (*Suriname*) Sranan (Tongo); **negerhaat** negrophobia
Neger-Hollands 1 Black Dutch (Creole); 2 (*Guyana*) Berbice Dutch; **negerij** *zie* negorij
negerin black woman, Negress
ne'gering ignoring, cutting, etc
neger|koren millet; **-lied** (*godsd*) (Negro) spiritual; **-ras** Negro (Negroid) race; **-schip** slaver; **-slaaf** black slave; **-slavin** black slave (woman); **-wijk** black town (district); **-zoen** (*fam*) chocolate éclair
negge edge; (*v weefsel*) selvage, -edge; (*bk*) reveal
negligé morning dress, undress, négligé
negligeren neglect; ignore
negorij (*fig*) (dog-)hole, (*Am*) one-horse town (burg)
negotiant trader; **negotie** 1 trade; 2 (*waren*) (pedlar's) wares; **negotiepenning** trade-coin; **negotiëren** negotiate
negride Negroid; **negril** Negrillo
negrito Negrito; **negroïde** *bn & zn* Negroid
negus 1 (*vorst*) Negus; 2 (*drank*) id
Nehemia Nehemiah
neigen I *tr* bend, bow, incline [one's head]; *zijn* ***oor*** *~ naar* incline one's ear to, give ear to; II *intr de dag neigt ten einde* the day is declining (drawing to a close); *de* ***zon*** *neigt ter kimme* the sun is declining; *naar links ~,* (*pol*) lean to the left; *zie ook* geneigd, nijgen & overhellen
neiging inclination, leaning [*tot* towards; musical, socialist, conservative leanings], proclivity [vicious, miserly proclivities], propensity [to extravagance, for gambling], predisposition, bent, tendency [upward, downward tendency of prices; democratic tendencies], disposition [*tot* to], trend [the trend on the Stock Exchange]; *het menselijk lichaam heeft de ~ nu en dan niet goed te fungeren* the ... has a way of occasionally getting out of order; *~ gevoelen om* feel inclined to; *een ~ vertonen,* (*ook*) be apt (liable) [to be quarrelsome], tend [his shoulders tend to droop]; *een dalende ~ vertonen,* (*v prijzen*) tend downward
nek nape (*of:* back) of the neck; *hij heeft een* ***dikke*** ~ he's rather snooty; ***stijve*** ~ stiff neck; *een stijve ~ krijgen van het kijken,* (*ook*) get a crick in one's neck with staring; *iem de ~* ***breken*** break a p.'s neck; *dat breekt hem de* ~ that will be the ruin of him, he will come to grief over it; *iem de ~* ***omdraaien*** wring a p.'s neck; *een plan de ~ omdraaien* kill a plan; *~* ***aan*** *~* neck and neck; *iem* ***in*** *de ~ zien* diddle (do) a p., do a p. in the eye; *het hoofd in de ~ werpen* toss (fling back) one's head, bridle up; *zie ook* hoofd: met het ~ in de nek; *iem* ***met*** *de ~ aanzien* give a p. the cold shoulder, cold-shoulder a p.; *iem* ***op*** *zijn ~ zitten* be on a p.'s back; [*als* ...] *dan krijg je hem op je ~* he'll be down on you; ***over*** *zijn ~ gaan* be (get) sick [of s.t.]; ***uit*** *zijn ~ kletsen* (*plat: lullen*) talk through the back of one's neck, talk bullshit; *zie ook* voet
nek-aan-nekrace neck and neck race; **nekhaar** hair at the nape of the neck; *vgl* nek: uit zijn ~
nekken kill, break the neck of, (*sl*) do [a p.] in; smash [a glass]; *dat heeft hem genekt* that has broken him; *dat zou de autoindustrie ~* that would give the knock-out blow to the motor-industry; *de doktersrekeningen nekten ons* it was the ... that floored us; *zie verder* nek: de ~ breken
nekkramp cerebro-spinal meningitis (*of:* fever), (*fam*) spotted fever; **neklap** havelock; **nekschot** shot in the back of the neck; **nekslag** (*eig*) rabbit-punch; (*inz fig*) death-blow, knock-out blow; *de ~ geven,* (*ook*) finish [a p.], torpedo [an argument], give the final blow [to the old system], blow [the old system] sky-high; **nekspier** neck (*of:* cervical) muscle
nekton id
nekvel [seize by the] scruff of the neck
nel (*kaartsp*) nine of trumps; **Nel** Nell
nematode id
nemen take (*ook: kieken*), help o.s. to [a sandwich], have [a drink]; take in [the milk, bread]; take out [a patent, policy, season-ticket]; (*dam-, schaakspel*) take, capture; (*voor film*) shoot [a scene]; *een hoek* (*hek, alle hindernissen*) ~ take (negotiate) a corner (fence, all the obstacles); *hij nam* ***als*** *model* ... he took for his model ...; *de dingen zo ~ als ze zijn* take things as they are (as one finds them) [you must take me as I am]; *je moet het ~ zoals het valt* you must take the rough with the smooth; *neem het* ***geval*** ... take the case ...; *nog een* ***glas*** ~ have another glass; ***iem*** (*ertussen*) *~,* (*fam*) have a p. on, take the mickey out of a p.; *zich genomen voelen* feel one has been taken in, feel had; *met die auto word je genomen* you're being had over that car; *dat neem ik* ***niet***, (*fam*) I won't stand for it (have it, put up with it), I'm not having that; ***plaatsen*** (*kamers*) ~ book seats (rooms); *een* ***slag*** ~ take a trick; *een* ***vesting*** (*loopgraaf*) ~ take (carry) a fortress (a trench); *iem* ***bij*** *de arm* ~ take a p. by the arm; *iets* ***op*** *zich* ~ take s.t. (up)on o.s. (*of:* one), undertake to do s.t., shoulder [a burden], take on [a stiff job]; *zie ook* verantwoordelijkheid; ***tot*** *zich* ~ take [food], adopt [a child]; *het er goed* ***van*** ~ do o.s. well (proud), live well; *we ~ het er eens van* we are doing ourselves well, are launching out a bit, are going it, are having a good time; *zie ook* advocaat, bijeen~, dienst, tijd, enz
nemer taker; (*koper*) buyer; (*ve wissel*) payee
Nemesis id
neo|classicisme neoclassicism; **-darwinisme** neo-Darwinism; **-fiel** neophiliac; **-fiet** neophyte; **-gotiek** Gothic Revival; **-klassiek** neo-classical; **-lithisch** neolithic; **-logisme** neologism, neology; (*woord, ook*) (recent, new) coinage; *~n vormen, gebruiken* neologize
neon neon [lamp, light, sign, tube]
neonatologie neonatology
neon|buis neon tube; **-reclame** neon sign;

-**verlichting** neon (*buis-, ook:* strip) lighting
neoplasma neoplasm; **neopreen** neoprene; **neoteen** neotenous; **neotenie** neoteny
nep (*fam*) [it's] a swindle; *allemaal* ~ [it's] bogus (a sham, not genuine, a hoax)
Nepal id; **Nepalees** Nepali (*ook taal*), Nepalese
nepbom hoax bomb
nepotisme nepotism
neppen (*sl*) sting, clip; **neptent** (*sl*) clip joint
neptunisch (*geol*) Neptunian; **Neptunus** Neptune; **Neptunusfeest** crossing-the-line ceremony; **Nereïde** Nereid
nerf rib, vein, nerve; (*v leer, hout*) grain
nergens nowhere; *hij geeft ~ om* he cares for nothing; *dat dient ~ toe* that's (of) no use; *~ goed voor* good for nothing; [such behaviour is] quite uncalled-for; *hij was* (*bleef*) ~ he was nowhere; *zonder tekst is hij* ~ he is lost without ...; *hij kon ~ naar toe gaan* he had nowhere to go; *dat slaat ~ op* that makes no sense (of any sort); *~ van weten* know nothing (of the matter); *zie ook* deugen, dienen II, 1 goed I.1, heen & lijken
Nergenshuizen nowhere, Timbuctoo
nering trade, retail trade; (*klandizie*) custom; *gedwongen* ~ captive market; *zie verder* klandizie, tering; **neringdoende** tradesman, shopkeeper; *~n,* (*ook*) tradespeople
Nero id (*ook fig*); (*als*) *van* ~ Neronian
nerts (*vglb*) mink [coat]
nervatuur nervation, venation; **nerveus** nervous; (*fam*) nervy; **nervig** veined [leaf]; **nervositeit** nervousness
nest 1 nest (*ook rovers-, broei~, stel pannen, enz*); (*roofvogel~, ook*) aerie, eyrie; *~en uithalen* go (bird's-)nesting; *zijn eigen ~ bevuilen* (be)foul one's own nest; ***in** de ~en zitten* be in a fix (a cleft stick); ***naar** zijn ~ gaan,* (*sl*) go to kip; (*Am*) sack out; *zie ook* bed; ***uit** een goed ~ komen* come of (a) good stock; 2 (*jongen*) nest [of kittens], litter [of pups]; 3 (*stadje*) hole, dump; 4 (*vod*) rag; (*mv: prullen*) trash, rubbish; 5 (*meisje*) minx, chit (of a girl), unbearable (impossible) girl
nestblijver nidicolous bird; **nestei** nest-egg
nestel 1 lace, aiguillette, (tagged) shoulder-knot; 2 (*veter*) lace; 3 (*metalen punt*) tag
nestelen nest, build, build (make) a nest; *zich ~,* (*fig*) ensconce o.s., settle down [in an armchair]; *zich ~ tegen* nestle up to (close to), snuggle against; **nesteling** 1 (*vogel*) nestling; 2 (*het nestelen*) nesting; (*med*) implantation [of the ovum], nidation
nest|haar first hair, down; -**holte** nesting cavity; -**kastje** nest(ing)-box; -**keus**: *de eerste ~ hebben* have the pick of the litter; -**kuiken** chick, nestling; (*fig: jongste kind*) nestling
Nestor id (*ook fig*), Father [of the House of Commons, etc], doyen
nest|plaats nesting-place; -**veren** first feathers; -**vliedend** nidifugous [birds]; -**vogel** nestling; -**vol** nestful; -**zittend** nidicolous [bird]
1 net *zn* 1 net (*ook voor haar, fruit, tennis, v spin, enz*); (*om luchtballon*) rope netting; (*voor boodschappen*) net bag, string bag; (*ve wagon*) rack; *een ~ **uitwerpen*** cast a net; *zijn ~ten ver uitwerpen,* (*fig*) cast one's net wide; ***achter** het ~ vissen* miss the bus; *ze heeft hem **in** haar ~ten gevangen* she has netted him, has trapped him, has got him into her toils; *de bal in het ~ slaan,* (*ook*) net the ball; 2 (*kaart~, elektr.* ~) grid [the National Grid]; (*~werk*) network, [the first accident on this] system; (*TV ook*) channel [one, two]; [electric] main(s); [telephone] system
2 net I *bn* 1 (*proper*) tidy [keep your clothes tidy], clean; (*v aard*) cleanly; (*er aardig uitziend*) neat, smart, spruce, trim; 2 (*fatsoenlijk*) decent, respectable [neighbourhood, people], nice [girl, people]; *~te manieren* good manners; *zie ook* netjes; II *zn* fair copy; *in het ~ schrijven* copy fair, make a fair copy of; III *bw* 1 neatly, decently, etc, *vgl I*; 2 (*zojuist*) [I saw him] just now; *het is ~ vanmorgen aangekomen* it arrived only this morning; *zie ook* zoëven; 3 (*precies*) just, exactly, precisely; *zie ook* precies; *~ een vogelverschrikker* [you are] for all the world like a scarecrow; *~ goed!* serve [him, etc] right; *kun je ~ denken* not a bit of it, you've got another think coming; *~ geraden!* right first time!, you've hit it!; *~ **als** jij* just like you, [I work with my hands] (the) same as you; *~ als gewoonlijk* just as usual; *~ **even** slecht* [mine is] just as bad; *dat is ~ **gepast*** it's the exact amount; *~ **iets** goedkoper* marginally cheaper; *~ iets meer verdraagzaam* just that bit more tolerant; *hij ontsnapte **nog** ~* (*aan het gevaar*) he escaped by the skin of his teeth; *ik weet het **nog zo** ~ niet* I'm not so sure; [*ik kwam*] *~ **op tijd*** in the nick of time; *hij kwam ~ **te laat** voor de trein* he just missed his train; *~ **toen** hij kwam* just when he came; *dat is ~ **wat** ik nodig heb* that is the very thing I want; *dat is ~ wat* (*iets*) *voor hem, a*) that is the very thing for him; *b*) that is just like him; *ik heb het ~ **zo** gedaan* exactly (precisely) like that; *~ zo goed als* ... every bit as good as ...; *men zou ~ zo goed kunnen zeggen* ... one might just as well say ...; *~ zo een* just such another; *zie ook* lief & 1 maar: ~ net
Net Netty
net|aansluiting mains connection; -**bal** netball
netel nettle; **netelachtig** urticaceous; *~e* urticacea; **netelcel** nematocyst; **neteldier** coelenterate; **neteldoek** muslin; **netelig** 1 (*lastig*) thorny, knotty, ticklish, tricky [affair]; vexed [question]; 2 (*hachelijk*) critical, invidious [position]; **netelkoorts** nettle rash; **netelorgaan** nematocyst; **netelroos** nettle rash
netenkam fine-tooth (small-tooth) comb
netheid neatness, tidiness, spruceness, cleanness; cleanliness; respectability; *vgl* 2 net I.1
nethemd string vest; **netje** 1 (hair-)net; *zie ook* 1 net; 2 (*ondergoed*) *zie* nethemd; **Netje** Netty
netjes I *bw* 1 [write, dress] neatly; *~ bedacht* neatly (cleverly) contrived; *~ gezegd* neatly put; 2 (*zindelijk*) cleanly, trimly [kept lawns]; 3 (*fatsoenlijk*) [behave] properly, nicely; *~ eten* eat nicely; *~ handelen* do the proper thing; II *bn dat is niet ~,* (*niet betamelijk*) that is bad form, not done; (*onfatsoenlijk*) improper, not right; (*niet eerlijk*) not

fair, (*sl*) not cricket; *niet ~ van je* not nice of you, you can't do that; *hij is erg ~ op zijn boeken* (*kleren*) he is very careful with ...; *zie ook* 2 net I.1 & gedragen
netjesgoed cellular cloth
netkous net stocking; **netmaag** reticulum, honeycomb bag; **netmeloen** cantaloup(e), musk melon; **netnummer** area code (prefix), (*Br ook*) national code; **netschakelaar** mains switch
netschrift 1 fair copy; 2 fair-copy book
netspanning mains voltage; **netstroom** mains current
netten (*bevochtigen*) wet, moisten, sprinkle
nettenboet(st)er net-mender, -repairer; **nettenbreier** net-maker; **nettenknopen** net; **nettenknoper** net-maker
netto net(t) [amount, price, etc]; *~ binnen 3 maanden* three months net(t); *~ contant* net(t) cash
nettoestel mains set
nettogewicht net(t) weight; **nettoloon** (*ook*) take-home pay; **nettoopbrengst** net(t) proceeds; **nettoresultaat** net(t) result; **nettowinst** net(t) (clear) profit
netversperring (*mar*) boom defences; **netvleugelig** net-, lace-winged, neuropterous; *~en* neuroptera; **netvlies** retina; **netvliesontsteking** retinitis; **netvoeding** mains supply; (*apparaat*) mains (power) unit, mains adaptor, power pack; **netvormig** retiform, reticulate(d); **netwerk** network, netting; *via een ~ verbinden* network; **netwerkbeheerder** supervisor
neuken: ~ (*met*) bonk, fuck, screw; *potje ~* nookie
neum id
neuraal neural; **neuralgie** neuralgia; **neurasthenicus** neurasthenic; **neurasthenie** neurasthenia; **neurasthenisch** neurasthenic
Neurenberg Nuremberg; **Neurenberger** I *zn* Nuremberger; II *bn* Nuremberg; *~er schaar* lazy tongs; **Neurenbergs** Nuremberg
neuriën hum; (*als tegen klein kind*) croon
neuritis id
neurochirurgie neurosurgery; **neurologie** neurology; **neuroloog** neurologist; **neuroma** id (*mv ook:* -mata); **neuron** neuron(e); **neuronaal** neuronal; **neuroom** *zie* neuroma; **neuroot** neurotic; **neuropaat** neuropath; **neuropathie** neuropathy; **neuropathisch** neuropathic; **neurose** neurosis; **neuro|tica**, **-ticus**, **-tisch** neurotic
neus nose (*ook ve schip, enz*); (*ve schoen*) toecap; (*ve buis, blaasbalg*) nozzle, nose; (*ve dakpan*) hook, knob, nib; (*ve geweerkolf*) heel; (*ve schaaf*) handle; *~je*, (*ve vrucht*) eye, nose; *schoen met een brede ~* broad-toed shoe *hij doet alsof zijn ~* ***bloedt*** he acts dumb; *een goede* (*fijne*) *~* ***hebben*** have a good nose [*voor* for]; *hij heeft een fijne ~ voor zo iets* he has a nose (a flair) for that sort of thing; *een lange ~* ***maken*** *tegen* make (pull) a long nose at, cock a snook at; (*eig Am*) thumb one's nose at; *de ~* ***ophalen*** sniff; *de ~ ophalen* (*optrekken*) *voor* turn up one's nose at, sniff at (*voor alles, fam:* be a bit sniffy); *wie zijn ~* ***schendt****, schendt zijn aangezicht*, (*vglb*) it's an ill bird that fouls its own nest; *zijn ~ in alles* ***steken*** put (poke, thrust, stick) one's nose into everything, pry into everything, (*fam*) be a Nos(e)y Parker; *zijn ~* ***stoten*** meet with a rebuff; *de neuzen* ***tellen*** count noses; *hij ziet niet* ***verder*** *dan zijn ~* ***lang*** *is* he can't see past the end of his nose; *zijn ~* ***volgen*** follow one's nose; *dat gaat je ~* ***voorbij*** that (she, etc) is not for (such as) you, you've had it, you may whistle for it; *een* ***wassen*** *~* an empty (a mere) formality; *de ~ in de* ***wind*** *steken* hold (stick) one's nose in the air; *het ~je van de* ***zalm*** the pick of the bunch, the cream; *dat zal ik jou niet* ***aan*** *de ~ hangen* that would be telling; *dat heb ik hem niet aan zijn ~ gehangen* I haven't let him in on (put him wise to) that; *iem* ***bij*** *de ~ hebben* (*nemen*) pull a p.'s leg; *iem bij de ~ leiden* lead a p. by the nose; *iem iets* ***door*** *de ~ boren* do (*of:* diddle) a p. out of s.t.; *iets* ***in*** *de ~ krijgen* get wind of s.t.; *zo* ***langs*** *zijn ~ weg* [he said it] in a casual (in the most casual sort of) way, apropos of nothing; *hij moet overal* ***met*** *de ~ bij zijn* he wants to see everything that is going on; *met de ~ in de boeken zitten* be with one's nose in the books; *met zijn ~ in de boter vallen* be in luck, come at the right moment; *iem met zijn ~ op de feiten drukken* bring home the facts to a p., make a p. face the facts; (*vlak*) ***onder*** *zijn ~* right under his (under his very) nose; *het iem onder de ~ wrijven* throw it in a p.'s teeth, rub it in (into a p.); *hij keek* ***op*** *zijn ~* he looked crestfallen (blank, foolish, stumped, dismayed), got a nasty surprise; ***tussen*** *~ en lippen* (*door*) [remark] in passing, casually, [do a job] in (at) odd moments; *het komt me de ~* ***uit*** I'm fed up to the teeth with it; *de deur* ***voor*** *iems ~ dichtdoen* shut (slam) the door in a p.'s face; *iem iets voor de ~ wegnemen* take s.t. from under a p.'s nose; *het staat* (*vlak*) *voor je ~* it's right under (*of:* in front of) your nose
neus|aap nose-ape, -monkey, nasalis, proboscis monkey; **-amandel** adenoids; **-bad** nasal douche; **-been** nasal bone; **-beer** coati(-mondi, -mundi); **-bloeding** nosebleed; *een ~ hebben* have a nosebleed, bleed from the nose; **-catarre** nasal catarrh; **-gat** nostril; **-geluid** nasal sound (*of:* twang); **-haar** hair in the nostrils; **-holte** 1 nasal cavity; 2 nasal passage; **-hoorn** rhinoceros, (*fam*) rhino; **-hoornkever** rhinoceros beetle; **-hoornvogel** hornbill
neus|-keelholte nasopharynx; **-kegel** nose cone; **-klank** nasal (sound); **-knijper** 1 pince-nez; 2 *zie* -nijper; **-lengte** [win by a] nose; **-letter** nasal letter; **-nijper** (*ve dier*) barnacles; **-poliep** nasal polypus; **-riem** noseband; **-ring** nose-ring; (*ve varken ook*) snout-ring; **-schot** internasal septum, partition of the nose; **-slijm** nasal mucus; **-spiegel** rhinoscope, rhinal mirror; **-spuitje** nasal syringe (*of:* spray); **-stem** nasal voice, twang; **-toon** nasal tone; **-verkoudheid**, **-verstopping** cold in the nose, nasal catarrh; **-vleugel** side (*of:* wing) of the nose; *zijn ~s trilden* his nostrils twitched (quivered); **-warmer** nose-warmer, cutty(-pipe); (*Ir*) dudeen; **-wiel** (*ve vliegtuig*) nose-wheel; **-wijs** conceited,

pert, (*fam*) cocky; **-wijsheid** conceitedness, self--conceit, priggism, priggishness, (*fam*) cockiness; **-wortel** root of the nose

neut 1 corbel, tenon, nut; 2 ~(*je*) short drink, quickie; [I'd like a] drop

neutraal neutral; (*onderwijs, school*) undenominational, non-sectarian, secular; (*pol ook*) non--aligned; (*niet oordelend*) non-judgemental; ~ *blijven* remain neutral, take no sides, sit on the fence; *een neutrale* a neutral; **neutralisatie** neutralization; **neutraliseren** neutralize; counteract [a poison]; **neutraliteit** neutrality; **neutraliteitsverklaring** declaration of neutrality; **neutrino** id; **neutron** neutron [bomb, gun, star]; **neutrum** neuter

neuzelen twaddle

neuzen nose; ~ *in* pry (*of:* ferret) into

nevel haze, (*zware*) mist (*beide ook fig*); (*astron*) nebula (*mv:* -lae); (*med, onkruidbestrijding, enz*) spray; **nevelachtig** (*ook fig*) hazy, misty, nebulous; **nevelachtigheid** haziness, etc, nebulosity; **nevelbank** mist-bank; **nevelblusser** (spray) extinguisher; **nevelbom** smoke canister

nevelen 1 be hazy (misty); 2 spray [crops]; **nevelhypothese** nebular theory; **nevelig** *zie* nevelachtig; **nevelkamer** cloud (*of:* Wilson) chamber; **nevelspuit** spray gun; **nevelster** nebulous star; **nevelvlek** nebula (*mv:* -lae)

neven *zie* naast & benevens; **nevenactiviteit** sideline; **nevenbedrijf** branch (*of:* subsidiary) business; *fruitteelt als een ~ van de tuinbouw* fruit--growing as an adjunct to horticulture; **nevenbranche** (*in zaak*) sideline; **nevendoel** secondary object; **neveneffect** side effect; **nevenfunctie** additional job, (*fam*) job on the side; **nevengeschikt** coordinate; **nevenhoek** adjacent angle; **neveninkomsten** additional income; **nevenintrige** sub-plot; **nevenkwestie** side-issue

nevens next (to); *zie* naast & be~

nevenschikkend coordinating [conjunction], paratactic [construction]; **nevenschikking** coordination, parataxis; **nevensgaand** enclosed, annexed; **nevenstaand** adjacent [figure]; **neventoestel** (*telef*) extension

Newfoundlander id; (*hond*) Newfoundland (dog); **newton** (*natuurk*) id; **NFWO** afk van *Nationaal Fonds voor Wetenschappelijk Onderzoek* National Research Fund

Niagara: *de* ~ Niagara (Falls); **Nicaragua** id; **Nicea** Nicaea; **Nicees** Nicene [Creed *confessie*]

nicht 1 (girl, female) cousin; (*oomzegster*) niece; 2 (*homofiel*) fairy; **nichtentent** gay bar; **nichterig** fairy; **Nico** Nick; **Nicolaas** *zie* Nikolaas

nicotine id; **nicotinearm** low-nicotine [cigarettes]; **nicotinevergiftiging** nicotine poisoning, nicotinism, tobacco poisoning; **nicotinevrij** non-nicotine [cigarettes]

niëlleren niello; **niëllo(werk)** niello

niemand nobody, no one, none; ~ *anders* (*minder*) *dan* none other (no less a person) than; *zie ook* anders; **niemandsland** no man's land

niemendal nothing at all; *zie ook* niets; **niemendalletje:** *een* ~ a mere nothing

niente nothing

nier kidney; *zie ook* hart, proeven & wandelend

nierbekken renal pelvis; **nierdialyse** haemodialysis, renal dialysis; **niergordel** renal support belt; **nierharst** loin of veal with the kidney; **nierkoliek** renal colic; **niermiddel** antinephritic (medicine); **nierontsteking** nephritis; **nierpijn** nephritic pain; **niersteen** 1 renal calculus (*mv:* -li), kidney stone; 2 (*delfstof*) nephrite, jade; **niersteenvergruizer** lithotripter; **niersteenvergruizing** lithotripsy, ESWL (extracorporeal shock-wave lithotripsy); **nierstuk** loin-end with kidney; **niervet** suet; **niervormig** kidney--shaped, reniform; **nierziekte** renal (nephritic, kidney) disease

niesbui sneezing fit; **nieskruid** hellebore; **niesmiddel** sternutatory; **niespoeder** sneezing--powder; **nieswortel** hellebore; **niesziekte** cat flu

1 niet (*klinknagel*) rivet; ~*je,* (*voor papieren*) staple; (*in boek*) wire stitch, wire fastener

2 niet I *bw* not; *ik zie ~ in dat ...,* (*ook*) I fail to see that ...; *ik denk van* ~ I think not; *hij kwam ~ terug,* (*ook*) he failed to return; *zijn ~-betalen* his failure to pay; ~ *beter* no better, not any better; ~ *beter, maar slechter* not better, but worse; ~ *wijzer* ***dan*** *vroeger* no wiser than before; ~ *dan met de grootste moeite kon hij* ... it was only with the greatest difficulty that he managed to ...; ~ ***dat*** *ik het nodig had* not (it wasn't) that I needed it; ~ *dat hij geen fouten heeft,* (*ook*) not but what he has his faults; *hij bedankte ons* ~ ***eens*** he did not even (did not so much as) thank us, he never thanked us; *hoe men het moet doen, en* ***hoe*** ~ how to do it and how not to; ***wat*** *zou dat ~ prachtig zijn!* how marvellous it would be!, wouldn't it be marvellous!; *zie ook* al, liever, meer, of 1, om, ook, enz; II *zn* nothing, nought; (*vero*) naught; (*in loterij*) blank; *een ~* ***trekken*** draw a blank; ***in*** *het ~ vallen bij* pale into insignificance beside; *in het ~ verdwijnen* vanish (*geleidelijk:* fade) into nothingness; *in het ~ verzinken bij* sink (pale, shrink) into significance beside, pale before; ***om*** (***voor***) ~ for nothing, gratis; [play] for love; ***te*** ~ *doen* nullify, annul, make null and void, override, set aside [a law, decree], dispose of [a theory, arguments], undo [the good results], bring to nought [an opponent's efforts], dash [a p.'s hopes]; *te ~ gaan* come to nothing (nought), perish; (*ve recht*) lapse; ***uit het*** ~ *te voorschijn roepen* call up from nothingness

niet-aanvalsverdrag non-aggression pact; **niet--alcoholisch** non-alcoholic; ~*e drank,* (*ook*) soft drink; **niet-bestaand** non-existent; **niet-betaling** non-payment; **niet-blanke** non-White; **niet-brandbaar** non-(in)flammable

nieten staple [papers, etc]; wire-stitch [books, etc]

nietes ('t)isn't; ~-*welles* no it isn't - yes it is

niet-gebonden non-aligned [nations]; **niet-geleider** (*elektr*) non-conductor

nietig 1 (*ongeldig*) [the marriage is] (null and) void; 2 (*ve pers*) puny, diminutive; 3 (*gering, on-*

betekenend) paltry [the paltry sum of £5], miserable, insignificant; *een ~ tuintje* a scrap of a garden; *een ~ vrouwtje* a wisp of a woman; *~ verklaren* declare null (null and void, void), annul [a contract], nullify [a claim]; **nietigheid** 1 nullity [of a marriage]; 2 insignificance, [man's] littleness; 3 *een ~* a mere nothing, a trifle; **nietigverklaring** nullification, annulment; *besluit tot ~*, (*inz ve huwelijk*) decree of nullity

niet-ijzermetalen non-ferrous metals; **niet-inmenging** non-intervention; **niet-jood** non-Jew, gentile; **niet-joods** non-Jewish, gentile; **niet-lezend** aliterate; **niet-lid** non-member

nietmachine wire stitch machine; (*voor papieren*) stapler

niet-metaal metalloid, non-metal; **niet-nakoming** non-fulfilment, non-observance [of the regulations], failure to comply [with the regulations], disobedience [of orders]; **niet-Nederlander** non-Dutch subject, foreign national, alien; **niet-officieel** unofficial; **niet-ontvankelijk**: *~ verklaren* nonsuit; **niet-oorspronkelijk** unoriginal, derivative

nietpistool staple gun

niet-roker non-smoker; **niet-rookcoupé** no-smoking compartment, non-smoker

niets nothing; (*totaal*) ~ [I could] not [see] a thing; *hij is ~*, (*in godsd, enz*) he belongs to no church (etc); *~ dan klachten* nothing but complaints; *~ wijzer dan tevoren* no wiser than before; *~ beters* [I had] nothing better [to do]; *~ nieuws* nothing new; *~ van* ***belang*** nothing of importance; *~* ***daarvan!*** (you'll do) nothing of the sort (kind)!, no such thing!, that is out of the question!; *zie ook ben:* er kwam ~ van; *~* ***hebben*** *aan* (*van*), *zie* hebben; *ik heb ~ geen lust om* ... I have no mind at all to ...; *waar men ~ voor heeft* [spend millions of pounds] with nothing to show for it; *het* (*dat*) ***is*** *~!* it (that) is nothing!, don't mention it!, never mind!; *dat is ~ voor mij* that is not in my line, not my kind of thing; *£ 500 per week was ~ voor haar* £500 a week was nothing to her; *het is ~ voor jou om zoiets te doen* it's not like you to ...; *het is ~ gedaan* it's no good; *er* ***kwam*** *~ van* nothing came of it, [the plan etc] came to nothing, (*fam*) (it was) no go; *het* ***lijkt*** *er ~ op* it is nothing (not anything) like it; ***of*** *het* (*maar, zo*) *~ is* without more ado; *het was ~* ***vergeleken*** *bij* ... it was nothing to ... (compared with ...), [the outside of the house] was (had) nothing to (on) [the interior]; ***om*** *~* for nothing; [play] for love; *~* ***te*** *vroeg, te hoog, te veel* none too early (soon), too high, too much (many); ***van*** *~ opkomen* rise from nowhere; ***voor*** *~* [all his lying had been] for nothing, [I would not have it] as (*of:* at) a gift; *voor ~ en niemendal* free, gratis and for nothing; *niet voor ~ was zij* ... not for nothing was she ..., it was not for nothing that she was her father's child; *iem voor ~ laten lopen* send a p. on a fool's errand; *voor ~ gaat de zon op* you can't expect s.t. for nothing; *zie ook* aan, anders, doen, keizer, maken, meer, minder, niks, staan, enz

niets|beduidend, -betekenend insignificant

nietsdoen I *zn* idleness, inaction; II *ww* idle, do nothing; **nietsdoend** idle, do-nothing; **niet-sluitend** unbalanced [budget]; **nietsnut** good-for-nothing; *die ~ van een* ... that good-for-nothing [son of his]; *de rijke ~ten* the idle rich; **nietsontziend** *zie* ontzien; **nietsvermoedend** unsuspecting; (*bw ook*) innocently; **nietswaardig** worthless, good-for-nothing; **nietszeggend** 1 meaningless, unmeaning, idle [compliment]; lame [excuse]; *een ~e titel* an empty title; 2 (*wezenloos*) vacant [stare], blank [look]

niettegenstaande I *vz* in spite of, notwithstanding; [he trusts me] for all [his jealousy]; II *vw* although, though; **niettemin** nevertheless, none the less, even so, [he is a good fellow] for all that

niet-vast non-permanent, temporary [workers]

niet-verschijning non-attendance; (*inz jur*) non-appearance; (*jur*) default; **nietwaar** *zie* 3 waar

nieuw new [friend, house, idea, life, potatoes, the New World], fresh [vegetables, herring, supply, start a fresh bottle, make a fresh start, give fresh food for thought, receive fresh instructions, find fresh evidence]; modern [history, languages, writers]; (*vd laatste tijd*) recent; (*ongewoon*) novel [a novel idea]; *de ~e president,* (*ook*) the incoming ...; *~ aangekomene* newcomer, new arrival; *het is nog ~ voor mij* (*mij nog ~*) it is still new to me; *het* ***nieuwe***, *a*) [love] the new, what is new; *b*) the novelty; *zie ook* nieuwtje; *de* ***nieuweren*** the moderns; *de* ***nieuwste*** *mode* (*modellen, berichten*) the latest fashion (models, news); *de ~ste geschiedenis* late modern history; *van de ~ste constructie* of the latest construction; *het ~ste op het gebied van* the last word in [travel comfort], the latest thing in [beachwear]; *zie ook* nieuws

nieuwaangestelden newcomers, new entrants

nieuwachtig newish; **nieuwbakken** 1 new, newly-baked; 2 (*fig*) new, newfangled [ideas]; *~ adel* mushroom nobility; **nieuwbekeerde** neophyte, new convert

nieuwbouw 1 new building, new construction; 2 newly built houses (etc); [the whole quarter is] newly built; *vgl* ~wijk; **nieuwbouwwijk** new housing estate (*of:* development)

Nieuw-Brunswijk New Brunswick

nieuweling novice, beginner, new hand, tiro, tyro, newcomer, (raw) recruit; (*univ*) freshman; *hij is een ~ in het vak,* (*ook*) he is new to the business

nieuwemaan new moon; **Nieuw-Engeland** New England; **Nieuw-Engelander** New Englander

nieuwerwets new-fashioned; (*ong*) newfangled

nieuwgeboren new-born

Nieuwgrieks Modern Greek

Nieuw-Guinea New Guinea

nieuwheid newness

Nieuwhoogduits Modern High German

nieuwigheid novelty, new departure, innovation

nieuwjaar 1 New Year [card, letter, message, present, reception]; *ik wens u een gelukkig ~* I wish you a happy New Year; 2 New Year's Day

nieuwjaars|dag New Year's Day; **-fooi** (*vglb*)

Christmas box; **-geschenk** New Year('s) gift; **-wens** New Year's greeting
nieuwkomer newcomer; **nieuwlichter** modernist, innovator; **nieuwlichterij** modernism; **nieuwmodisch** new-fashioned, fashionable
Nieuwpoort Nieuport
nieuws 1 (*berichten*) news, tidings, intelligence, information; *het ~ in een krant* the news matter in a paper; *het ~ van de* ***dag*** the day's news, the topic(s) of the day; ***geen*** *~ is goed ~* no news is good news; *er is geen ~ sinds gisteren* there is nothing new since yesterday; *dat is* ***oud*** *~* that is ancient history (stale news); ***wat*** *is er voor ~?* what('s the) news?, what's new?; 2 (*nieuwtje*) piece of news, piece of information; *er valt niets ~ te melden* there is nothing fresh to report; *dat is wat ~ voor me* that is news to me; 3 (*nieuw artikel*) novelty; ***iets*** *~* s.t. new, (*nieuwe methode, inrichting, enz*) a new departure; *iets geheel ~,* (*artikel*) the latest novelty; *er is* ***niets*** *~ onder de zon* there is nothing new under the sun; 4 ***van*** *~* (*af aan*) anew, afresh
nieuws|agentschap news agency; **-bericht** news item, news report; (*kort*) news flash; *de ~en* the news (bulletin); **-blad** newspaper; **-bode** messenger; **-brief** newsletter
Nieuw-Schotland(s) Nova Scotia
nieuws|dienst news agency; (radio) newsreel; *uitzending van de ~* newscast; **-garing** [free] gathering of news; **-gierig** inquisitive, curious [*wat betreft, naar* about]; (*sl*) nos(e)y; *~ te weten* curious (anxious, eager) to know; *ik ben ~ wat hij zal zeggen* I wonder what he will say; *zie ook* Aagje; **-gierigen** (*op straat, enz*) *zie* kijklustigen; **-gierigheid** inquisitiveness, curiosity; *uit ~* out of (from) curiosity; **-lezer** newsreader, (*TV*) newscaster; **-uitzending** news bulletin, newsreel, newscast; **-waarde** news value, newsworthiness [this item is hardly newsworthy]
nieuwtestamenticus New Testament scholar
nieuwtje 1 (*bericht*) (piece of) news; *het laatste ~* [have you heard] the latest; *als het ~* ***eraf*** *gaat* (*is*) when the novelty wears off (has worn off); 2 (*nieuwigheid*) novelty; **nieuwtjesjager** newsmonger
nieuwvorming (*tlk*) neologism; **nieuwwaarde** replacement value
Nieuw-Zeeland New Zealand; **Nieuw-Zeelander** New Zealander
nieuwzilver German silver, nickel silver
niezen sneeze; **niezerig** sneezy
Nigeriaan(s) Nigerian; **Nigerië** Nigeria
nigromantie necromancy
nihil nil, nought, nothing at all; **nihilisme** nihilism; **nihilist** id; **nihilistisch** nihilist(ic)
nijd envy
nijdas crosspatch; **nijdassig** cantankerous
nijdig angry, cross, annoyed, miffed; [go away] in a huff; (*fam*) shirty; *ze was verschrikkelijk ~* in a dreadful temper; *..., zei hij ~ ...,* he said waspishly; *iem ~ maken,* (*ook*) put a p.'s back up, rile a p., (*fan*) get a p.'s dander up; *~ worden* get angry, lose one's temper, bristle, (*fam*) cut up rough, get shirty; *zie ook* boos; **nijdigheid** anger
nijdnagel agnail, hangnail, ragged cuticle
nijgen (make a) bow, (drop a) curts(e)y [*voor* to]; **nijging** bow, curts(e)y
Nijl: *de ~* the Nile; **nijlgans** Egyptian goose; **nijlgau** nilgai, nylghau; **nijlkrokodil** Nilotic crocodile; **nijlpaard** hippopotamus, (*fam*) hippo; **nijlreiger** sacred ibis
nijnagel agnail, hangnail, ragged cuticle
nijpen pinch, nip; *het begint te ~* the pinch has come, they (etc) are feeling the pinch, the situation is getting serious; *als het nijpt* at a pinch, when it comes to the pinch; *~de kou* biting (bitter) cold
nijpend (*vd wind, enz*) nipping, biting; (*van honger*) pinching; (*van gebrek*) grinding [poverty]; *~ gebrek hebben* be in great straits [*aan geld* for money]; *het ~e gebrek aan arbeiders* the acute shortage of labour
nijptang (pair of) pincers (*klein ook:* nippers)
nijver industrious, diligent, hard-working; **nijveraar** 1 eager beaver; 2 industrialist; **nijverheid** industry (*in beide betek*); **nijverheidsonderwijs** domestic science; (*hist*) technical education; **nijverheidsschool** school for domestic science; (*hist*) technical school
nikkel nickel; **nikkel-cadmium** (*ook*) nicad [battery]; **nikkelen** *ww & bn* nickel; **nikkelmunt** *zie* -stuk; **nikkelstaal** nickel steel; **nikkelstuk** nickel (coin)
nikker 1 (*min: neger*) nigger, sambo; 2 (*watergeest*) nix (*vr:* nixie); 3 (*duivel*) fiend
Nikolaas Nicholas; *St-~,* (*vglb*) Santa Claus
niks (*fam*) nothing; (*sl*) nix [for nix; what's up? nix]; *zie ook* niets; *niet ~* [that is] quite something; *een vent van ~* a dead loss, a dud; *een leraar van ~* an absolutely rotten teacher; *een ding van ~* a wash-out, a miserable (a twopenny-halfpenny) affair; *~ ervan,* (*Br sl*) on yer bike; *~ hoor!,* (*fam*) nothing doing!; *niks geen moeite* no trouble at all; **niksen** (*fam*) do nothing, laze
nilotisch Nilotic [peoples]
nimbus nimbus (*mv ook:* -bi), halo, glory
nimf nymph; **nimfachtig** nymph-like; **nimfo|maan, -mane** nymphomaniac, (*fam*) nympho
nimmer never; **nimmermeer** nevermore; **nimmerzat** (*vogel*) tantalus
n'importe id, no matter; **Nimrod** id (*ook fig*); *zie ook* jager; **Ninevé** Nineveh; **ninja** id
niobium, nioob niobium; **nipa(palm)** nipa (palm)
nippel nipple; (*pons~*) punch
nippen sip, nip
nippertje: *op het ~* in the (very) nick of time; by the narrowest margin; *dat was net op het ~* it was a close shave (a narrow squeak); *je was net op het ~* you were in the nick of time, cut (ran) it very fine
nipt I *bw* only just; *zie ook* nippertje: op het ~; II *bn* narrow [a narrow victory]
nir|vana, -wana nirvana
nis niche (*inz beeld~*), alcove, (*bk inz*) recess
nitraat nitrate; **nitreren** nitrate; **nitreus** nitrous;

nitride id; **nitriet** nitrite; **nitro** (*in sam*) nitro [nitrocellulose, -glycerine, etc]
niveau level [a high level of achievement (of radiation); roads on two levels (at sea level); talks at government level]; ~ *hebben* show (real) quality; *op* ~ [the work is fully] up to the mark; *een voorstelling op* ~ a high-class production; *op alle* ~*s* multi-level [talks]; *gesprekken op hoog* ~ high-level talks; *bijeenkomst op het hoogste* ~ summit meeting; *zie ook* peil
niveaubewaking: *de inspectie is belast met* ~ the ... has a watchdog role (function); **niveauverschil** difference in level (*fig ook:* in standard)
nivelleerwerktuig levelling-instrument
nivelleren level, (*naar boven*) level up, (*naar beneden*) level down; equalize [incomes]
nivellering levelling, equalization
nixe nix(ie); **Nizam** id
njonja (*Ind*) Madam; Mrs
nl viz; *zie* namelijk; **nm** pm
NN: *de Hr* ~ Mr X, Mr – (*lees:* Blank, Dash)
NNO NNE, north-north-east
NNW NNW, north-north-west
no no, number; **NO** NE, north-east
Noach Noah
nobel I *bn* noble(-minded), high-minded; II *zn* (*munt*) noble; **Nobelprijs** Nobel prize [winner]
noblesse oblige id
noch: (~) *X* ~ *Y* neither X nor Y
nochtans nevertheless, yet, still
no-claimkorting no-claim discount (*of:* bonus)
noctambule noctambulist, sleepwalker
nocturne id
node 1 reluctantly, unwillingly; ~ *gaan,* (*ook*) be lo(a)th to go; ~ *missen* ill spare; 2 *van* ~, *zie* nodig
nodeloos unnecessary, needless, gratuitous; **nodeloosheid** needless-, gratuitousness
noden *ww* invite; *zie* nodigen
nodig I *bn* necessary [*voor iem, voor geluk* to (for) a p., to happiness], needful; *de* ~*e* ... the necessary ...; (*'een hoop'*) heaps of ..., a lot of ...; *hij achtte het* ~, *haar een standje te geven* he thought fit to give her a reprimand; *hij zal wel* (*weer*) *de* ~*e bezwaren maken* as is his wont (his custom), he ...; *na de* ~*e borrels* after a good many drinks; *toen de* ~*e klachten waren binnengekomen* when the inevitable ..., when people had duly ...; *zeer* ~(*e*) much-needed [reforms]; ~ ***hebben*** want, need, be in want (in need) of, stand in (have) need of, require; (*handel, ook*) be in the market for; *we hebben 500 ton* ~ we require 500 tons; *vakantie* ~ *hebben* need a holiday; *veel* ~ *hebben,* (*aankunnen*) be very extravagant; *je hebt meer tijd* ~ *gehad dan hij* it has taken you longer than him; *hij had niet lang* ~ *om* ... it did not take long for him to ...; *ik heb je diensten niet meer* ~ I can dispense with your services; *als ik je* ~ *heb, zal ik je roepen,* (*iron*) when I want your advice I'll ask for it; *jawel, ik heb je* ~, (*fam, iron*) no thank you, not a bit of it; *ik heb al mijn tijd* ~ I have no time to waste; *je hebt hier niets* ~ you have no business (to be) here; *je hebt er niets mee* ~ it's no business of yours; ~ ***maken*** necessitate; *dit maakte het* ~ *dat hij kwam* this made it necessary that he should come; *vandaag* ***niet*** ~, (*aan de deur*) not today, thank you; *ik blijf nooit thuis als het niet* ~ *is* I never stay at home if I can help it; *kerken die niet meer* ~ *zijn* redundant churches; *het is niet* ~ *dat wij het hem vertellen* there is no need for us to ...; ~ ***zijn*** be necessary, be needed; ~ *zijn voor,* (*ook*) go to [two things go to this; all the things that go to the making of a perfect holiday]; *er waren 10 jaar* ~ *om het gebouw te voltooien* the ... took ten years to complete; *er was een Nelson* ~ *om* ... it took (needed, required) a Nelson to ...; *er is moed* (*voor*) ~ *om te* ... it wants (needs, requires, takes) courage to ..., it takes a bold man to ...; *er is maar weinig* ~ *om* ... it takes but little to [cause an accident]; *blijf niet langer weg dan* ~ *is* don't be longer than you can help; *doen wat* ~ *is,* (*fam*) do the needful; *het is* ~ *het te zeggen* it needs saying; ***zo*** ~ if need be, if necessary; II *bw* necessarily; ~ *moeten* [*plassen, enz*], (*fam*) be taken short; *je moet* ~ *beter toezien* you need to look more closely; *zijn broek moet* ~ *geperst worden* his ... badly need pressing; *dat moet jij* ~ *zeggen* that comes badly from you; hear who's talking; *je moet* ~ *nog zeggen dat* ..., (*iron*) you had better not repeat (say again) that ...; *hij moet* (*ik hoef niet*) *zo* ~, (*fam*) he is in a (I am in no) hurry; *hij moest zo* ~ *z'n vader vragen, a*) he had to spoil things by asking ...; *b*) he claimed he must ask ...; *en dan moest hij zo* ~ and then he had to (go and) put his oar in; III *zn: het* ~*e* [do] what is necessary (*of:* required), the necessaries of life; *het* ***éne*** ~*e* the one thing needful; *hij heeft het* ~*e* ***op*** he has had a drop too much
nodigen invite [*op* to]; *zichzelf* ~ invite o.s.; *hij liet zich niet lang* ~ he did not require to be asked twice, didn't want pressing; **nodiging** invitation
noedel noodle
noembaar mentionable, nam(e)able
noemen 1 (*een naam geven*) name, call, term, style, denominate; ***dat*** *noem ik dankbaarheid* that's what I call gratitude; there's gratitude!; ***hoe*** *noem je dat* (*hem*)? what do you call that (him)?; *een vriend van mij, die ik* ***niet*** *zal* ~ who shall be nameless; *niet te* ~ nameless [vices]; *het diner was* (*niet*) ***wat*** *je noemt,* (*fam*) the dinner was excellent (so-so); ***zo*** *zou ik het* (*hem*) *niet* ~ I would not call it (him) that; *noemt het* ***zoals*** *je wilt* call it what you will; *iem* ***bij*** *zijn naam* ~ call a p. by his name; *de dingen bij hun naam* ~, *zie* kind; *een kind* ***naar*** *zijn vader* ~ name a child after (*Am* for) its father; *zich* ***noemende*** ... self-styled [prophet, etc]; *zie ook* genoemd; 2 (*vermelden, opnoemen*) name, mention; *noem maar een* ***dag*** name a day; *ik noem maar* ***iets***, *om maar iets te* ~ to give [you] an example, by way of illustration; *ik wil niet dat mijn* ***naam*** *genoemd wordt* I don't want my name mentioned; *ik noem geen namen* I mention no names
noemenswaard(ig) worth mentioning, [no] appreciable [change]; *geen noemenswaardig verschil,* (*ook*) no difference to speak of (worth speaking of); *niet* ~, (*ook*) [it is] nothing to speak

of, [it hurts] hardly at all, [what he knew about it was] negligible, not [damaged] to any extent
noemer denominator; *gemeenschappelijke ~* common denominator; *onder dezelfde ~ brengen* reduce to the same denominator; (*fig*) put under the same heading (into the same category); *alles onder één ~ brengen,* (*ook, fam*) lump everything together
noen noon; **noenmaal** lunch(eon), midday meal
noëpedist remedial teacher
noest I *zn zie* knoest; II *bn* diligent, industrious; *met ~e vlijt* with unwearying industry; **noestheid** diligence, industry
nog 1 (*tot nu, nog steeds*) yet [there is life in him yet]; *ik moet er ~ om lachen* I must laugh now when I think of it; *ze was ~* ***geen*** *30* not (yet) thirty; *~ geen pond* (*twintig*) not quite a pound (twenty); *~ geen jaar geleden* less than a year ago; *~* ***niet*** not yet, not just yet; *~ steeds niet* [he has] still not [come]; *ken je mij ~ niet?* don't you know me by now?; *zelfs* ***nu*** *~* even yet; ***tot*** *~ toe* up to now;; 2 (*voortdurend*) still [it is still a fortnight to Christmas]; *~* ***altijd*** still;; 3 (*te eniger tijd*) yet; [you'll pay for it yet]; *~ diezelfde avond* that very evening; *~ in de 12de eeuw* as late as the 12th century; *~ in 1988* as late (so recently) as 1988; *heb jij ~ wat gezegd?* did you speak at all?; *vgl* 4; *ik zal mijn eigen naam ~ vergeten* I'll forget my own name next [*zo ook:* he'll be wanting a subsidy next; they'll be stopping football next]; *~* ***heden*** this very day; *~* ***onlangs*** (*gisteren, enz, onlangs, enz, nog*) only the other day (yesterday, etc); 4 (*meer*) further [some further examples]; *~ een glas* (*ei, 5 minuten*) another glass (egg, five minutes); *met ~ 5% verlagen* reduce by a further 5%; *~ een* (*andere*) *schrijver* another (*sterker:* yet another, still another) author; (*wil je*) *~ thee* more tea?; *is er ~ thee* is there any tea left?; *~* ***eens*** once more; *ik heb het ~ eens gehad* I've had it happen to me before; *bomen en ~ eens bomen* trees and more trees; *~ eens zoveel* as much (many) again; *als je ~* ***enig*** *verstand hebt* if you have any sense left (at all); ***hoe*** *lang ~?* how much longer?; *hoe velen ~?* how many more?; *~* ***iemand*** somebody else; *~* ***iets*** s.t. else, s.t. more, one thing more, another thing; (*anders*) *~ iets?* anything else?; *iem ~ iets?* anybody anything more to say?; *en dan is er ~ iets* and there's another thing; *~ 'iets* (*~ één woord*) *en* ... any more of it, and ...; *~* ***maar****, ~* ***slechts*** *10 minuten, en* ... only ten minutes to go, and ...; ... *en ~* ***veel*** *meer* ... and much else besides; *~ vele malen* many more times; (*gelukwens*) many happy returns; *zend me ~ drie kisten* three more cases; *ik heb er ~* ***vijf*** I have five left; ***wat*** *nu ~?* what else?; *geef me ~ wat* give me some more; *wacht ~ wat* (*enkele minuten*) wait a little (a few minutes) longer; *heb je nòg wat gezegd?* did you say anything else (besides)?; *en wat dan ~* so what?; *zeg ~* ***één woord*** *en* ... say another word and ...; *~ één woord(je)* (yet) one word more; *~* ***zo'n*** *heethoofd* another of those hotheads; 5 (*versterkend*) still, yet, even; *~ beter* better still, still better; *~ erger* worse still, still worse; *~ rijker* still (yet, even) richer; *dat is ~* ***eens*** *een boek!* that is something like a book!, there's a book for you!, (*fam*) some book, that!; *dat waren ~ eens dagen!* those were the days!; *hij keek me ~* (*zelfs*) *niet eens aan* he never so (as) much as looked at me; *vóórdat hij ~* ***goed*** *en wel de kamer uit was* (even) before he was out of the room; *ik heb tenminste ~* ***iets*** *gedaan* I've done something at least; *~* ***maar*** [we are] only [at the beginning]; [you're] only [a youngster] yet; [she is a] mere [child], quite [a child]; *dit heeft ~* ***meer*** *betrekking op* ... this applies even more to ...; *daarom is hij ~* ***niet*** *mijn vriend* it does not follow that he is ..., that does not make him ...; *dat is ~ zo'n slecht baantje niet* it isn't a bad job at all; *en ~* ***wel*** ... and [on my birthday,] too; and [a big one] at that (to boot); *en dat ~ wel zijn vriend* and that his friend of all people; *en ~ wel vanavond* tonight of all nights (*evenzo:* at W of all places); *en dan noemden ze haar ~ wel Emmeline!* they called her Emmeline, of all names!; *en ~ wel op jouw leeftijd!* at your age, too!; *en ik was ~ wel bang dat we te laat zouden komen* and I was afraid ...; *het smaakt ~ wèl zo goed* it tastes even better; *al had ik ~* ***zoveel*** *geld* even if I had ever so much money; *al is het ook ~ zo weinig* however little it (may) be, be it ever so little
noga nougat
nogal rather, fairly, pretty, (*fam*) jolly; *~ wat ouder dan* ... rather older than ...; *hij dronk ~* he drank pretty freely; *~ warm* a bit warm; *zie ook* enkel, gaan & tamelijk
nogmaals once more, once again; **nogmaalsbrief** bread-and-butter letter
nok 1 ridge [of a roof]; *tot de ~ gevuld* packed to the very roof, filled to capacity; 2 (*ve ra*) yard-arm; 3 (*techn*) cam; **nokbalk** ridge beam, ridgepole, rooftree
nokken stop, knock off
nokkenas [overhead] camshaft; **nokpan** ridge-tile; **noktent** ridge tent; **nokvolger** tappet
nolens volens id, willy-nilly, perforce
nomade nomad; **nomadisch** nomad(ic); *een ~ leven leiden,* (*ook*) nomadize
nom de plume id, pen name
nomen (*tlk*) noun; (*romeinse naam*) id
nomenclatuur nomenclature
nominaal nominal; *nominale waarde* face value, nominal value, (*techn*) rated value; *aandelen zonder nominale waarde* no par shares, shares of no par value; *~ vermogen* rated capacity; **nominalisme** nominalism
nominatie nomination; *hij staat no 3 op de ~* he is third on the list; *op de ~ staan voor het gekkenhuis* (*om weggestuurd te worden*) be a candidate for the lunatic asylum (stand a chance of being dismissed); **nominatief** *bn & zn* nominative
nommer, enz *zie* nummer, enz
nomogram id, nomograph
nomothetisch nomothetic(al)
non 1 nun (*ook ~vlinder*); 2 (*Ind*) young lady
non-acceptatie non-acceptance
non-actief on half-pay, (*mil ook*) not serving

with the colours; *op ~ stellen* place on half-pay, retire [a civil servant, an officer]
non-alcoholisch non-alcoholic; *~e drank,* (*ook*) soft drink
nonchalance id, casualness; (*nalatigheid*) carelessness; **nonchalant** id, off-hand, casual [she resented this casual treatment]; (*nalatig*) careless
non-combattant non-combatant
non-confor|misme nonconformism, nonconformity; **-mist(isch)** nonconformist; (*Eng kerk*) Nonconformist, [he is] Free Church
nondescript id
none 1 (*r-k*) nones; 2 (*muz*) ninth; **nonet** id
non-ferro non-ferrous [metals]
non-interventie non-intervention
nonius id, vernier [graduation *verdeling*]
nonnenkap wimple, nun's coif; **nonnenkleed** nun's dress; **nonnenklooster** nunnery, convent; **nonnenorde** order of nuns, sisterhood; **nonnenschool** convent (school); **nonnetje** nun; (*eend*) smew; **nonnie** (*Ind*) young lady
non|pareille, -parel (*lettertype*) nonpareil
non plus ultra tiptop, ne plus ultra
nonsens nonsense, bosh, (*sl*) (tommy-)rot, crap; *~!,* (*ook*) rubbish!, fiddlesticks!; **nonsensicaal** nonsensical, absurd
non-valeur 1 bad debt; 2 worthless stuff; 3 (*pers*) good-for-nothing, dead loss, non-achiever, (*Am sl*) dead pigeon
nonvlinder nun
nood necessity, need, distress, want; (*~geval*) emergency; *~ **breekt** wet* necessity knows no law; *de ~ dringt* (*dwingt*) *mij* it is a matter of necessity *~ leert **bidden*** (*maakt vindingrijk*) necessity is the mother of invention; ***geen** ~!* no fear!; ***hoge** ~ hebben* be taken (caught) short; *als de ~ het **hoogst** is, is de redding* (*het meest*) *nabij* the darkest hour is before the dawn; *toen de ~ op het hoogst was* when things were at their blackest; *als de ~ aan de **man** komt, zie ben: in geval van ~; de ~* (*der tijden*) ***voelen*** feel the pinch; ***door** de ~ gedrongen* from sheer necessity; ***in** ~* [ship] in distress, [musicians] in need; *in ~ verkeren* be in distress; *in ~ verkerend,* (*ook*) distressed [ship]; *in geval van ~* at need, in case of emergency (of need), at a pinch, at a push, in an emergency, if the worst comes to the worst; *om in geval van ~ te gebruiken* [keep a second car] as a stand-by; *in de ~ leert men zijn vrienden kennen* a friend in need is a friend indeed; ***uit** ~* from necessity; *iem uit de ~ helpen* set a p. on his feet, help a p. out; ***van** de ~ een deugd maken* make a virtue of necessity; *van node hebben, zie* nodig; *zie ook* klagen
nood|adres emergency address; **-aggregaat** stand-by power unit; **-anker** sheet-anchor; **-brug** temporary bridge; **-deur** emergency-door, escape; **-doop** lay baptism; *de ~ toedienen* half-baptize; **-druft** 1 want, destitution, indigence; 2 (*voedsel*) food, provisions; **-druftig** destitute, indigent; **-fonds** distress fund; **-gang** breakneck speed; *met een ~* like a scalded cat; **-gebied** distressed (*econ:* depressed) area; disaster area; **-gebouw** temporary building; **-gedwongen** by force, perforce, from sheer necessity; *dat men ~ moet overgaan tot ...* that one is compelled to turn to ...; **-geld** emergency money; **-geval** emergency; *zie ook* nood: in geval van ~; **-graving** rescue dig; **-greep** emergency measure; **-haven** port of distress; **-hulp** 1 (*abstr*) emergency aid; 2 (*pers*) temporary (occasional) help, extra help; (*fam*) temporary; 3 (*zaak*) makeshift, stopgap; *bij wijze van ~* as a makeshift; **-kijk** (*sl*) sight, eyesore; **-klok** alarm-bell, tocsin; **-kreet** 1 call for help, SOS; 2 cry of distress
nood|landing [make a] forced (*of:* emergency) landing; (*met schade*) crash landing; *een ~ maken,* (*ook*) be forced down (forced to land); **-leugen** white lie; **-lijdend** necessitous, distressed [area *streek*]; *~e fondsen* defaulted bonds, securities in abeyance, shares out of the dividend list; *~e wissel* dishonoured bill; **-lot** fate, destiny; **-lottig** fatal [*voor* to]; ill-fated [an ill-fated day]; *een ~e afloop hebben* end fatally; **-lottigheid** fatality; **-luik** escape hatch, emergency exit; **-maatregel** emergency measure; *vgl* -oplossing; **-mast** jury-mast; **-oplossing** temporary solution, expedient; (*concr ook*) makeshift contrivance; **-peil** danger mark; **-rantsoen** emergency (*of:* iron) ration; **noodrecht** emergency powers; [appeal to] necessity; **-rem** safety-, emergency--brake; *aan de ~ trekken,* (*ook*) pull the communication cord; **-roer** jury-rudder; **-sein, -signaal** distress-signal, -call, SOS (message); **-situatie** emergency (situation); **-slachting** emergency slaughter; **-sprong** last resource; **-stal** (*hoefstal*) shoeing-shed; **-stop** emergency stop (halt); *sanitaire ~* comfort stop
nood|toestand [proclaim, declare, a] state of (national) emergency; untenable (intolerable) situation; **-trap** fire-escape; **-uitgang** emergency exit; *zie ook* noodluik; **-uitrusting** emergency kit; **-vaart** breakneck speed; **-verband** emergency dressing; (*fam*) emergency measure, makeshift solution, (*Am*) band-aid; **-verlichting** emergency lighting; **-vlag** flag of distress; **-voorziening** emergency provision (arrangement); **-vulling** (*in kies*) temporary filling; **-weer** 1 heavy weather, stress of weather; *bij ~* in (a) stress of weather; 2 self-defence; *uit ~* [act] in self--defence; **-wendig** *zie* -zakelijk; **-wet** emergency act; *door middel van een ~,* (*ook*) by special legislation; **-winkel** temporary shop; **-woning** temporary house, emergency dwelling
nood|zaak necessity [*uit ~* from ..., out of ...]; *ik zie er de ~ niet van in* I fail to see the need for it; *zonder ~* without need, unnecessarily; **-zakelijk** I *bn* necessary [a necessary evil]; *~e dingen* necessities, essentials; *het hoogst ~e* the barest necessities; *zie ook* nodig & gebiedend; II *bw* necessarily, needs, of necessity; *daaruit volgt ~ dat* it follows as a matter of course that; **-zakelijkerwijs** *zie* -zakelijk II; **-zakelijkheid** necessity; *zie ook* voordoen; **-zaken** compel, oblige, force, constrain, coerce; *zich genoodzaakt zien* (*voelen*) *te ...* be (feel) obliged (compelled, forced) to ...

nooit never; ~ *ofte nimmer* at no time, never ever; *zal het dan ~ ophouden?*, (*ook*) won't it ever end?, will it never (come to an) end?; *nog ~ gezien* never seen before; *aan mijn* (*je*) *~ niet*, (*fam*) not a bit of it, never ever; **nooitfalend** never-failing
Noor(se) Norwegian
noord [the wind is] north; ~ *ten oosten* north by east; *~ houden* steer north; *om de ~ varen* go north about
Noord-Afrika North Africa; **Noord-Amerika** North America; **Noord-Amerikaans** North American; **Noord-atlantisch** North Atlantic; **Noord-Brabant** North Brabant
noordeinde north(ern) end
noordelijk I *bn* northern; northerly [wind]; *~ste, vgl* oostelijkste; II *bw* northward(s), [further] north; ~ *van* north of; **noordeling** northerner
noorden north; *naar het ~* to(wards) the north; *ten ~ van* (to the) north of; *bewoner van het ~ van het land* northerner
noordenwind north wind
noorder northern; **noorderbreedte** north latitude; **noorderkeerkring** tropic of Cancer; **noorderlicht** northern lights, aurora borealis; **noorderling** northerner; **noorderzon**: *met de ~ vertrekken* do a moonlight flit, skedaddle
noordgrens northern border (frontier)
Noord-Holland North Holland; **Noord-Ierland** Northern Ireland; **Noordkaap** North Cape
noord|kant north side; **-kaper** grampus, orc
Noord-Nederland the Northern Netherlands
noordnoordoost north-north-east; **noordnoordwest** north-north-west; **noordoost** north-east; ~ *ten oosten* north-east by east; **noordoostelijk** I *bn* north-east(erly), north--eastern; II *bw* north-east(ward); **noordoosten** north-east; **noord|oostenwind**, **-ooster** north--east(erly) wind, north-easter
noordpool North Pole; (*gebied*) Arctic; (*attr*) arctic [expedition, explorer, regions]; **noordpoolcirkel** Arctic Circle; **noordpoolster** *zie* noordster; **Noordpoolzee** Arctic Ocean
noords northern; *~e stern* arctic tern; *~e stormvogel* fulmar (petrel); *~e winden* northerly winds, northerlies
noordster North Star, Polar Star, Polaris
noordwaarts I *bw* northward(s); II *bn* northward
noordwest north-west; ~ *ten noorden* north-west by north; **noordwestelijk** I *bn* north-west(erly); II *bw* north-west(ward); **noordwesten** north--west; **noordwester** northwester
Noordzee North Sea; **noordzijde** north side
Noorman Northman, Norseman, Dane, Viking
Noors I *bn* Norwegian [fishing vessel], Norse [sagas]; II *zn* Norwegian; [Old] Norse
Noorwegen Norway
noot 1 (*muz*) note; *hele, halve, kwart, achtste, ... vierenzestigste ~* semibreve, minim, crotchet, quaver, semiquaver, demisemiquaver, hemidemisemiquaver (*Am* whole-note, half-note, quarter-note, eighth-note, ... sixty-fourth-note); *vrolijke ~* light (comic) relief; *veel noten op zijn zang hebben* be hard to please, be very exacting; *op noten zetten* set to music; 2 (*aantekening*) note; 3 (*vrucht*) nut; (*wal~*) walnut; *dat is een harde ~* a hard nut to crack; *er zullen harde noten over worden gekraakt* there will be a dust-up (shindy, an awful row) over this; **nootcijfer** (*typ*) superior figure; **nootjeskolen** nuts; **nootmuskaat** nutmeg; **nootmuskaatrasp** nutmeg grater; **noottekens** (*typ*) superior letters and signs
nop 1 burl; *~(pen)* nap, pile; *met zware ~* deep--pile(d) [carpets]; 2 (*op jurk*) polka dot; 3 (*onder schoen*) stud; 4 *zie* noppes
nopen induce, urge, compel; *zich genoopt voelen te* ... feel obliged (compelled) to ...
nopens concerning, as to, with regard to
nopje: (*erg*) *in zijn ~s zijn* be in high feather, be in a good mood, be as pleased as Punch; (*fam*) be (enormously) bucked [*over* about, with, by]
noppen *ww* burl; **noppenzool** cleated sole
noppes (*sl*) nix; *voor ~*, (*gratis*) for free; (*vergeefs*) to no purpose, for nothing
noppig napped
nor clink, [be in] quod, [go to] choky, [be in the] cooler (*Am:* the tank); *in de ~ stoppen* shove in quod
Nora Nora(h); **norbertijn** Norbertine
Nordisch Nordic; **noren** racing skates
noria id, chain-pump; **norit** id, activated carbon
norm 1 (*eis*) requirement, standard; *aan de ~en voldoen* meet requirements; *de ~ halen* meet (come up to) the norm; 2 (*gemiddelde*) norm, rule
normaal I *bn* normal; *hij is niet helemaal ~*, *a*) he is a bit odd; *b*) (*op dit ogenblik*) he is not quite himself; *boven het normale* above normal; *beneden het normale* below normal; (*vooral med*) subnormal; *boven ~* [30 per cent] up on normal; *weer ~ worden* return to normal; II *bw* normally, as a rule, usually; III *zn* 1 (*meetk*) normal; 2 (*benzine*) regular; **normaalkaars** standard candle; **normaaloplossing** standard solution; **normaalschool** (*Belg*) college of education; **normaalspoor** standard gauge
normalisatie normalization, standardization, regulation; **normaliseren** normalize [relations, spelling]; (*standaardiseren*) standardize; (*waterbk*) regulate [a river]; **normalisering** *zie* -satie; **normaliteit** normality; **normaliter** normally
Norman|dië Normandy; **-diër**, **-disch** Norman
normatief normative; **normbesef** (*vglb*) moral code, ethic, ethos, sense of values; **normblad** standard specification; **normeren** set norms (standards) for, standardize; **norminkomen** normed income; **normoverschrijdend** deviant [behaviour]; **normvervaging** loss (erosion) of (ethical, etc) standards
Norne Norn
nors gruff, surly, grumpy, crusty; **norsheid** gruffness, surliness, etc
nortonput Norton tube well
nostal|gie nostalgia; **-gisch** nostalgic, retro
nota 1 note (*ook in diplomatie*); (*goede*) *~ nemen van* take (due) note of, note; *van zijn protest werd geen ~ genomen* his protest went unheard; 2 (*re-*

kening) account, bill; ~ *van onkosten* note of charges; 3 (*uittreksel rekening courant*) statement (of account); **notabel** notable; **notabele** notable (man, citizen), leading resident, notability, man of standing

nota bene id, take note, please note; *mijn brief, ~!* my letter, if you please!; *ze noemden haar ~ Perdita* they called her ..., of all names

notariaat 1 office of notary; 2 notary's practice

notarieel notarial; *notariële akte* notarial act; *notariële volmacht* power (*of:* warrant) of attorney

notaris notary (public), public notary; (*soms vglb*) solicitor; **notariskantoor** notary's office

notatie notation

noteboom walnut (tree); **notedop** 1 nutshell; 2 (*bootje*) cockle-shell, -boat; **notehout(en)** walnut; **notekraker** 1 (pair of) nutcrackers; 2 (*vogel*) nutcracker; **notelaar** walnut; **notemuskaat** nutmeg [grater]

noten walnut [cabinet]; **notenbalk** staff (*mv:* staves), stave; **notenbar** nut (section in a) shop; **notenboek** music-book; **notenlezen** *zn* music--reading; **notenolie** nut-oil; **notenpapier** music-paper; **notenplukken** *zn* nutting; **notenschrift** musical notation; (*op balk*) staff notation; **notenvoorbeeld** music example

noteren 1 (*aantekenen*) note down, note, jot down, make a note of, record, register; *punten ~,* (*spel*) score; 2 (*prijzen*) quote [*op* at], (*in prijslijst ook*) list; *lager* (*hoger*) ~ mark down (up) [shares, goods]; *officieel genoteerd* listed; 3 (*bestellingen*) book [orders]; **notering** 1 (*ve prijs*) quotation; 2 (*v effecten*) price; *zie ook* beurs~

notie notion; *ik heb er hoegenaamd geen ~ van* I have not got the slightest (faintest) notion of it, (*fam*) I haven't the foggiest

notificatie notification; *zie ook* kennisgeving

noti|ficeren, -fiëren notify

notitie 1 notice; *goede ~ nemen van* take (due) note of, note; *neem er geen ~ van* take no notice (of it), ignore it; *hij wil dat er ~ van hem genomen wordt* he wants to be noticed; *overdreven veel ~ van iem nemen* make a fuss of a p.; 2 (*aantekening*) note, memo, jotting; *notitiën,* (*bij veiling*) particulars (of sale); **notitieblok** notepad, memo pad, jotter; **notitieboek(je)** notebook, memorandum book; jotter

notk afk van *nader overeen te komen* to be agreed

notoir, notoor notorious

notulen minutes [may I sign these minutes as a true record?], notes [of a meeting]; *de ~ lezen* read the minutes; *de ~ goedkeuren* adopt the minutes; *de ~ zonder voorlezing goedkeuren* take the minutes as read; *de ~ arresteren* (*vaststellen*) confirm the minutes; *de ~ houden* keep the minutes; *de ~ maken* take the minutes; *in de ~ opnemen* enter in (on) the minutes; *het staat in de ~* it is in the minutes; *opmerkingen nav de ~* [minutes of previous meeting and] matters arising therefrom [not covered by any other item on this agenda]

notulenboek minute-book; **notuleren** take down, minute [a meeting], take (the) minutes; **notulist(e)** secretary (to a committee)

nou now; (*hij was goed!*) *nou!* wasn't he!; ~ ~! now now!, hoity-toity!; ~ *dan!* well then!; ~ *ja!* oh well!; ~ *moe*(*, pa krijgt tandjes*) I'll be buggered; ~, *wat wou je zeggen?* well, what were you going to say?; *nou, eh, ...* well, eh, ...; ~ *èn?* so what?, what about it?; *ik vraag me af of dit ~ wenselijk is* I ... whether this is really necessary; *zie verder* nu & of: of ik!

nouveau riche id, (*sl*) noov(e); *de nouveaux riches,* (*ook*) the new(ly) rich; **nouveauté** novelty; *~s,* (*ook*) fancy articles (*of:* goods); **nouvelle cuisine** id

nova (*astron*) id (*mv:* novae)

Nova Zembla Novaya Zemlya, id

noveen (*r-k*) novena (*mv:* -nae)

novelle 1 tale, short story, novella, novelette; 2 (*jur*) amending (amendment) bill (*of:* act)

novellist short-story writer

november November; **novene** *zie* noveen

novice id; **noviciaat** novitiate, -ciate; **noviet** freshman, (*fam*) fresher; **noviteit** novelty, new departure, innovation; **novitiaat** novitiate, -ciate, freshmanship

novum novelty, new fact (circumstance); innovation

nozem (*vero sl, ong*) teddy boy, (*fam*) ted; (*oorspr Am*) beat(nik); **nozemgriet** teddy girl

nr N°, no, number; **Ns** Nos, numbers; **NS** NS, New Style; **NSB'er** Dutch Nazi; **NT** id, New Testament

nu I *bw* now, at present; ~ *wel* [he might have been a colonel] by now, by this time; *je moest ~ eindelijk ook eens weten ...* you should know by now ...; ~ *niet* not (just) now; ~ *nog niet* not (just) yet; *wat ~?* what next?; *ik vroeg me af wat er ~ komen zou* I ... what was coming next; ~ *is het geschikte ogenblik* now is the moment; *en ~ het verhaal* (and) now for the story; *de koning ~ had drie dochters* now the king had ...; *eens op een nacht ~ ...* now, one night ...; ~, *zoals je wilt* well, please yourself; ~ ***dadelijk*** straight away; ~ *en **dan*** now and then, now and again, occasionally, at times; ~ *en dan ...* an occasional shower (visitor, smoke an occasional cigar); ~ (***eens***) ..., *dàn* (*weer*) ... now [here], now [there]; at one time ..., at another time ...; *dat heb je ~ eens mis* (*bij het rechte eind*) wrong (right) for once!; ~ ***eerst*** only now, not until (before) now; *ik voel het ~* ***nog*** I feel it (even) now; ~ *of **nooit*** now or never; ***tot*** ~ *toe* up to now, (up) till now, so far, hitherto; ***van*** ~ *af* (*af aan, aan*) from this moment, from now (on), henceforth; *drie jaar van ~* (*af*) three years hence; *zie ook* nou; II *vw* now that, now [now I come to think of it, ...]; ~ *die twee dood zijn,* (*ook*) with those two dead; III *zn het ~* the now

nuance id, shade, gradation; **nuanceren** nuance, shade; qualify; *een meer genuanceerde benadering* (*analyse*) a more differentiated (complicated, subtle) approach (a more refined analysis); *een genuanceerde beoordeling* a carefully (delicately) balanced appraisal; **nuancering** shade, nuance

Nubië Nubia; **Nubiër** Nubian; **Nubisch** Nubian

nuchter 1 *ik ben nog* ~ I have not yet breakfasted, have not had my breakfast yet; *~e darm* jejunum; *op de ~e maag* on an empty stomach; 2 ~ *kalf* new(ly)-born calf; (*fig*) greenhorn, callow youth; 3 (*niet dronken*) sober; ~ *worden* sober (up); 4 (*fig*) sober [people, truth], level-headed, matter-of-fact [person], down-to-earth [common sense], (*zonder fantasie*) unimaginative; (*onnozel*) green; *de ~e feiten* the cold (hard) facts; *met het ~e verstand* [judge of a thing] in sober reason; *iets ~ bekijken* take a realistic view of s.t.
nuchterheid (*eig & fig*) soberness, sobriety
nuchterling matter-of-fact person
nucleair nuclear; **nucleus** id
nudisme nudism, naturism; **nudist** id, naturist; **nudistenstrand** nude (nudist) beach; **nuditeit** 1 nudity; 2 nude
nuf prim (and proper) miss, prissy girl, prude
nuffig prim (and proper), prissy; **nuffigheid** primness, prissyness
nuk freak, whim, caprice, vagary; **nukkig** quirky, moody, whimsical, capricious, wayward; **nukkigheid** moodiness, whimsicality, capriciousness
nul zero, nought; (*nulpunt*) zero; (*telefoon, koersberichten, enz*) o [3305, double three o [əu] five]; (*teken* o) zero, (*lit*) cipher; ~ *komma zes* 0.6, nought point six; ~ *komma* ~ absolutely nil (nothing); *met 5 tegen ~ verslaan,* (*voetbal*) beat by five goals to nil (nothing, nought); *ze werden met 5-0 verslagen* they were beaten five-nil; ~-~, (*ook*) no score; ~ (*tegen*) *dertig,* (*tennis*) love-thirty; *hij is **een*** ~ he is a mere cipher, a nonentity, a nobody; *zijn invloed is **gelijk*** ~ his influence is nil; *het **jaar*** ~ the year one (*of:* dot); (*fig*), *zie* jaar; *hij kreeg ~ op het **rekest*** he met with a refusal, came away empty-handed (with a flea in his ear); *de thermometer **staat op** ~, twaalf graden onder* (*boven*) ~ the ... stands at zero, at twelve degrees below (above) zero; *temperaturen onder* ~, (*ook*) sub-zero temperatures; *van ~ en gener **waarde** zijn* (*maken*) be (render) null and void; **nulde** zeroth; **nulgroei** zero growth, (economic) stagnation; **nulhypothese** null hypothesis; **nullast** zero load, no-load [power]; **nullijn** 1 zero-, datum-line; 2 freeze on real incomes; **nulliteit**: *een* ~ a nullity (nothing, nobody); **nulmeridiaan** zero (first, prime) meridian; **nulnummer** (*v tijdschrift*) pilot issue; **nuloptie** zero option; **nulpunt** zero; (*v grafiek*) origin; **nulresultaat** null result
numerair numerical, numerary; **numereren** 1 number; 2 (*tellen*) enumerate
Numeri Numbers
numeriek I *bn* numerical [analysis, order, value], numeric [code, display]; *~e meerderheid* superior numbers; ~ *overtreffen* outnumber; *in ~e volgorde zetten,* (*ook*) sequence; II *bw* numerically
numero number; **numerologie** numerology
numeroteur numbering machine
numerus fixus restricted entry (regulations)
Numi|dië Numidia; **-diër, -disch** Numidian; *-disch juffertje,* (*vogel*) Numidian crane
numineus numinous
numis|maat, -maticus numismat(olog)ist; **-matiek** numismatics; **-matisch** numismatic
nummer number; (*op verkoping*) lot; (*ve handschoen, enz*) size; (*op programma*) item, number; (*in variété, enz*) act, turn; (*sp*) event; (*ve krant, enz*) [in today's] issue, number; (*ve auto*) registration (licence, index) number; *kade* (*enz*) ~ *drie* number three wharf (etc); *ze heeft ~ 9 van handschoenen* she takes nines in gloves; ~ ***één*** number one; (*school*) be (at the) top of one's class (form) [*zo* (*ook*) he is always on top; comes out on top]; (*op de lijst*) head the list; (*bij wedstrijd*) be first; ~ *twee* (*drie*) *zijn,* (*bij wedstrijd*) be second (third); ~ *twee,* (*ook*) runner-up; *een **fijn*** ~, (*iron*) a nice sort (specimen, lot); *een ~tje **maken*** have a nookie; ***oud*** ~, (*ve tijdschrift*) back number; *een ~tje **weggeven*** put on an act; put on a fine display; *iem **op** zijn ~ zetten* put a p. in his place, cut a p. down to size, tell a p. off
nummerbewijs registration certificate; **nummerbord** 1 (*elektr*) annunciator, indicator; 2 *zie* -plaat; **nummerbriefje** numbered ticket
nummeren number; *zich* ~ number (off) [from the right, number!]; *opnieuw* ~ renumber; **nummering** numbering
nummerplaat (*ve auto*) number-plate, (*Am*) license plate; **nummerschijf** (*telef*) dial, finger-plate; **nummervlinder** red admiral
nuntiatuur nunciature; **nuntius** nuncio
nurk(s) grouser, grumbler; **nurks** gruff, peevish, cross-grained; **nurksheid** gruffness, etc
nut use, utility, benefit, profit; *lasers hebben hun ~ bewezen* lasers have proved their usefulness; *het kan zijn ~ **hebben** te* ... it may be of some use to ...; *het heeft geen ~ om te wachten* no purpose is served by waiting, it's no good (use) waiting; *heeft het enig ~ het hem te vertellen?* is it any good to tell (telling) him?; *ik zie het ~ er niet van in om dat te doen* I see no point in doing that; ~ ***trekken** uit* derive profit from; (*zoveel mogelijk*) put to the best possible use; ***ten** ~te* (***tot*** ~) *van* for the good (the benefit) of; *zich ten ~te maken* avail o.s. of; turn to good account, follow up [an advantage]; *ten algemenen ~te, tot ~ van het algemeen* for the general benefit; *de Maatschappij tot N~ van het Algemeen* (*het N~*) the Society for Public Welfare; *van ~ zijn voor* be of help to; *van geen* ~ of no use [*voor mij* to me]; ***voor*** (***tot***) *niets* ~ good for nothing, no good
nutatie nutation
nutria (*dier*) coypu, id; (*bont*) id
nutriënt nutrient
nutsbedrijf [public] utility
nutteloos useless, in vain, unavailing; ~ *werk doen* plough the sands, flog a dead horse; **nutteloosheid** uselessness
nutten 1 be of use, avail; 2 *zie* nuttigen
nuttig useful (*voor* to a p., for a purpose), of use, profitable; effective [use], efficient; *~e belasting,* (*ve vliegt, enz*) payload, useful load; ~ *effect* useful effect, efficiency; ~ *gebruiken* put [one's time] to good use; *het ~ met het aangename verenigen*

combine business with pleasure; ~ *zijn voor,* (*ook*) be helpful to; *het is ~ voor mij geweest,* (*ook*) it has benefited me
nuttigen take, partake of [a meal]; *iets ~,* (*ve zieke*) take nourishment; *na het ~ van het avondeten* after taking supper
nuttigheid utility, profitableness; **nuttigheidsleer** utilitarianism
nuttiging consumption; (*deel vd mis*) Communion
NV afk van 1 *Nieuw Verbond* NT (New Testament); 2 *naamloze vennootschap* Ltd (Limited *achter naam van firma*), (*Am*) Inc (Incorporated); *zie ook* naamloos & open
nvt afk van *niet van toepassing* n/a, not applicable
NW id, North-West
NWO afk van *Nederlandse Organisatie voor Wetenschappelijk Onderzoek* Netherlands Organization for the Advancement of Research
nyctalopie hemeralopia, day blindness
nylon id; ~ *kousen,* (*ook*) nylons
nymfo|maan, -mane nymphomaniac, (*fam*) nympho
nystagmus id

Oo*o*

o (the letter) o; *~!* oh!, o!, ah!; ~, *Clara!, Clara!* Oh, please, please, Clara!; ~ *foei!* for shame!, (*iron*) fie (on, upon you)!; ~ *hemel!* o heavens!; ~ *jee!* oh dear!, dear me!; ~ *wee!* oh!; ~ *zo!* ah!, aha!; *zie ook* zo; **O** (*als afk*) E (East); **oa** afk van *onder andere(n)* among other things, inter alia; [Spain,] among others[, decided to ...]; (*geen Engelse afkorting*)
oase oasis (*mv:* oases); **Obadja** Obadiah
obat (*Ind*) medicine
obductie post-mortem, autopsy
obelisk id
o-benen bandy legs, bow legs; *met ~* bandy-legged
ober (head-)waiter; *ober!* waiter!; **Oberon** id
object 1 id, thing; 2 (*doel*) objective; (*handel, ook*) proposition, project; **objectglaasje** slide
objectie objection
objectief I *bn* objective [judge objectively]; detached [opinions]; *hij is niet ~* he is biased; II *zn* objective, object-glass, -lens, front lens; **objectiveren** objectify, objectivate; **objectivisme** objectivism; **objectiviteit** objectivity, objectiveness, detachment
objecttafel (*ve microscoop*) stage
oblaat 1 (*pers*) oblate; 2 (*hostie*) host
oblie rolled wafer; (*Am*) cruller
obligaat *bn & zn* obligato; (*bn ook*) prescribed, requisite, obligatory; (*iron*) *vgl* nodig
obligatie 1 (*verplichting*) obligation; 2 (*beurs*) debenture (bond), bond, fixed interest security; ~ *op naam* registered debenture; **obligatiehouder** debenture holder, bondholder; **obligatiekapitaal** debenture stock; **obligatielening** debenture loan; **obligatieschuld** bonded debt; **obligatieuitgifte** bond-issue
obliga|toir, -toor obligatory; **obligeren** oblige
obligo: *zonder ons ~* without prejudice, without any responsibility on our part
oblong id; **oblongformaat** oblong format; *in ~* [quarto] oblong; **obolus, obool** obol
obsceen obscene; **obsceniteit** obscenity
obscu|rantisme obscurantism; **-riteit** obscurity
obscuur obscure [magazine, person], shadowy; (*ong*) dubious [character]; ~ *kroegje* low dive; *een ~ zaakje* a doubtful (shady) business
obsederen obsess; *~d* obsessive, compulsive
obser|vatie [keep under] observation; **obser|vatiecyclus** (*Belg*) first two years of secondary education; **-vatiehuis** remand home; **-vatiepost** observation post; **-vatiezaal** observation ward; **-vator** observer; **-vatorium** observatory; **-vatrice** observer; **-veren** observe
obsessie obsession; **obsessief** obsessive
obsidiaan obsidian; **obsoleet** obsolete
obstakel obstacle; *een heel ~* [such an oil-rig is] a real colossus
obste|trica, -tricus obstetrician; **obstetrie** obstetrics; **obstetrisch** obstetric(al)
obstinaat obstinate; **obstipatie** constipation
obstructie obstruction; ~ *voeren* practise obstruction, (*Br*) stonewall, (*Am*) filibuster; ~ *voeren tegen* obstruct [a bill]; **obstructief** obstructive; **obstructievoerder** obstructor [*tegen* of], obstructionist, (*Am*) filibuster; **obstructionisme** obstructionism; **obstrueren** obstruct
ocarina id
occasie occasion; *per ~* at second-hand; *zie ook* gelegenheid & occasion; **occasion** (*koopje*) (second-hand) bargain; (*auto*) used car
occasioneel occasional, casual
occident id; **occidentaal** occidental
occlusie occlusion; **occlusief** occlusive
occult id; **occultisme** occultism
occupatie occupation; **occuperen** occupy [o.s. with s.t.]; *geoccupeerd* occupied, busy
oceaan ocean [front, liner, steamer; a drop in the ocean]; (*attr ook*) oceanic [depression], ocean-going [yacht], transoceanic [cable, flight]
oceanide Oceanid; **Oceanië** Oceania
oceanisch oceanic; *O~* Oceanian; **oceanografie** oceanography; **oceanologie** oceanology
ocelot id
och oh!; ~ *kom!,* (*verbazing*) you don't (mean to) say so!, not really!; ['H is dead, Sir.'] 'Is he now?'; (~ *wat*) oh, come!, oh, come now!, go along with you; ~ *mijnheer, mag ik ...?* please, Sir, may I ...?; ~ *arme!* poor fellow!, poor thing!
ochlocratie ochlocracy
ochtend morning; *'s ~s* in the morning; *de hele ~* all morning; *van de ~ tot de avond* from dawn to dusk; *zie voor de sam ook* morgen-
ochtend|blad morning paper; **-dienst** 1 (*kerk*)

morning service, (*Angl*) morning prayer, matins; 2 (early) morning shift; morning duty; **-gloren** daybreak, peep of day; **-gymnastiek** morning exercises; (*fam*) daily dozen; **-humeur** (early) morning mood; *een ~ hebben* get out of bed on the wrong side; **-jas** dressing-gown, (*Am*) bathrobe; **-krieken** *zie* -gloren; **-mens** person who is at his best in the morning; **-nevel** morning mist; **-spits** morning rush-hour; **-trein** early train, morning train

octaaf octave (*ook r-k en v sonnet*); **octaaffluit** piccolo; **octaan** octane; **octaangetal** octane number (*of:* rating); **octaëder** octahedron; **octant** id; (*sterrenbeeld*) Octans; **octavo** id, 8vo

octet id; **octogonaal** octagonal; **octogoon** octagon; **octool** (*muz*) octuplet; **octopus** id

octrooi 1 patent; *~ aanvragen* apply for a patent; *~ aangevraagd* patent pending; *~ nemen op* take out a patent for, patent [an invention]; *~ verlenen* grant a patent; 2 (*handelsmachtiging*) charter; 3 (*plaatselijke accijns*) octroi

octrooi|brief 1 letters patent; 2 charter; **-bureau** patent office (agency); **-eren** 1 patent [an invention], grant a patent; 2 charter; *geoctrooieerde maatschappij* chartered company; **-gemachtigde** patent agent; **-houder** patentee; **-raad** patent office; **-schrift** patent specification; **-wet** Patents (and Designs) Act

oculair I *bn* ocular; II *zn* ocular, eyepiece; **oculatie** budding, inoculation; **oculeermes** budding knife; **oculeren** bud, inoculate; **oculist** id; **oculus** id

odalisk(e) odalisque

ode id; **odeon** odeum, id (*mv ook:* odea)

odeur scent, perfume; **Odin** id

odium id

odontologie odontology

odyssee Odyssey (*ook fig*); **Odysseus** id, Ulysses

oeco- *zie* eco-; **oecumenisch** (o)ecumenical; *~e beweging* (o)ecumenism

oedeem (o)edema (*mv:* -mata); **oedemateus** oedematous; **oedipaal** oedipal, oedipean; **Oedipus** id; **oedipuscomplex** Oedipus complex

oef! phew!, whew!

oefenaar 1 trainer, etc, *vgl* oefenen; 2 lay reader (preacher, pastor); **oefenbal** practice ball; (*boksen, enz*) punchball; (*gymn*) medicine ball

oefenen I *tr* train [a p., the eye, the memory, etc], practise, exercise; (*sp*) coach; *iem ~ in* train a p. in (for, to), practise a p. in; *zich ~* train, be in training, practise; *zich in het zingen* (*op de piano*) *~* practise singing (the piano); *zie ook* geduld, enz; II *intr* practise, train

oefening practice, exercise; *een ~* an exercise; (*godsd*) prayer-meeting; *~ op de kaart,* (*mil*) war game, map manoeuvres, kriegsspiel; *~ baart kunst* practice makes perfect; *zie ook* vrij

oefeningskamp training camp

oefen|maat sparring partner; **-meester** trainer; **-partijtje** (*sp*) knock-up; **-perk** practice ring; **-plaats** practice ground; (*mil*) parade ground; **-schip** training ship; **-school** training school; (*fig*) practice ground, training; **-therapeut** remedial therapist; **-vliegtuig** training machine, trainer; **-wedstrijd** practice match, practice game

Oeganda Uganda; **Oegandees** Ugandan

oeh! bah!, yah!, pah!

oehoe eagle-owl

oei! whew!

oekaze ukase; **oekelele** ukulele, ukelele

Oekraine: *de ~* the Ukraine; **Oekrai|ner, -nisch** Ukrainian

oelama, **oelema** ulema; **Oelan Bator** Ulan Bator

oelewapper jerk, schmuck; **oempa** 1 (*geluid, ook ~pa*) oompah; 2 (member of) German band

oen ass, jerk, schmuck, nerd, nerk, (*Am*) dweeb

oenig stupid, nerdy, gormless

oenologie (o)enology; **oenoloog** (o)enologist

O en W Ministry of Education and Science

oepas(boom) upas (tree); **oeps**! oops!

oer bog ore; **oer-** 1 extremely; 2 prim(a)eval, primordial, primal; 3 primitive

Oeral: *de ~* the Urals, the Ural Mountains

oerbewoner autochthon (*mv ook:* -nes); **oerbos** 1 virgin forest; 2 prim(a)eval forest; **oerconservatief** ultra conservative; **oerdegelijk** 1 rugged, sturdy [bicycle]; 2 (*v pers*) sound, of sterling qualities; **oerdier** protozoon (*mv:* -zoa); **oerdom** boneheaded, thickheaded, as thick as two (short) planks

Oergermaans Primitive Germanic

oer|knal big bang [theory]; **-komisch** wildly funny; **-mens** prehistoric (*of:* primitive) man; **-nevel** primordial nebula; **-os** aurochs; **-oud** ancient [civilization]; **-taal** primitive language; **-tekst** original text; **-tijd** prehistoric times; **-vervelend** deadly dull; **-vorm** archetype, prototype; **-woud** prim(a)eval (virgin) forest, jungle

Oesbeek(s) Uzbek; **Oes|bekië, -bekistan** Uzbekistan

oester oyster

oester|bank, **-bed** oyster-bank, -bed, -park; **-broed** oyster-spat; **-cultuur** *zie* -teelt; **-kweker** oyster-farmer, ostreiculturist; **-kwekerij** 1 oyster-farm; 2 *zie* -teelt; **-plaat** oyster-bank; **-put** oyster-pond; **-schelp** oyster-shell; **-teelt** oyster-culture, -farming, ostreiculture; **-zaad** oyster-spat; **-zwam** oyster fungus, (*inz op tafel*) oyster mushroom

oestrogeen I *zn* oestrogen; II *bn* oestrogenic

oestrus id

oetlul shit(head), jerk, schmuck

oeuvre id, works, output

oever (*v rivier, kanaal*) bank, (*v zee, meer*) shore, (*ve meer ook*) margin; *de rivier is buiten haar ~s getreden* the ... has flooded, has overflowed its banks; *binnen haar ~s terugtreden* fall back (retreat) within its banks; **oeverbewoner** riverain, riverside resident, riparian dweller (owner, proprietor); **oeverkruid** shoreweed; **oeverloos** unlimited, endless, interminable [discussions]; **oeverloper** (common) sandpiper; **oeverpieper** rock-pipit; **oeverstaat** riparian state; **oeververbinding** cross-river, etc (road, rail) link;

oeverzwaluw sand-martin
of 1 (*nevenschikking*) or [good or bad]; *~ A ~ B* either A or B; *~ je het prettig vindt ~ niet* (whether you) like it or not; *een jaar ~ 40* some (*of:* about) forty years; *een dag ~ twee* one or two days, a day or two; *zie ook* al; 2 (*in voorwerpszin:*) whether, if; *ik vroeg hem ~ ...* I asked him if (whether) ...; *ik weet niet ~ ... ~ niet* I don't know whether it is true or not, whether the shot was accidental or otherwise; *wie weet ~ hij niet ziek is* who knows but (but that, but what) he may be ill; *en ik betwijfel het zeer òf hij wel zal gaan* [he'll not go now] and I very much doubt whether he'll go at all; *~ hij ooit terug zal komen?* will he ever come back (I wonder)?; (*je vraagt*) *~ ik het hem gezegd heb* (*~ ik getrouwd ben*)*?* have I told him (am I married)?; *de vraag ~ de gebreken ...* the question as to whether the defects ...; *~ ik wàt deed* ['did you ...?'] 'did I what?'; ..., *en ~ hij terug wou komen* [she said ...,] and would he call again?; *zie ook* twijfelen, enz; 3 (*in onderwerpszin*): *het duurde niet lang ~ ...* it was not long before ...; 4 (*in bijvoeglijke zin*): *er was niemand, ~ hij juichte de daad toe* there was nobody but applauded the deed; 5 (*in bijwoordelijke zin*): *ik zie hem nooit, ~ hij heeft een bril op* (*of hij is dronken*) I never see him without spectacles (without him being drunk); *kom niet, ~ ik moet je* (*al*) *roepen* don't come unless I call you; *zie ook* nauwelijks, enz; *hij is niet zo dwaas, ~ hij weet wat hij doet* he is not such a fool as not to know what he is about; *die tak is niet zo hoog ~ ik kan erbij* that branch is not too high for me to reach it; *~ je het prettig vindt, ~ niet,* (*toegevend*) *zie boven* 1; 6 *hou je ervan? nou, en ~!, ~ ik!* do you like it? rather!, don't I? don't I just!, and how!, (*fam*) not half!; *~ ik blij was!* was I glad!; *~ hij ook liep* (*ook rijk is*)*!* oh, he did run (*is* rich)!; 7 as if, as though; *vgl* alsof
offensief *bn & zn* offensive; *het grote ~,* (*ook, fam*) the big push; *~ en defensief verbond* offensive and defensive alliance; *~ optreden* take (assume) the offensive, open the attack
offer 1 sacrifice, offering; *een ~ brengen* make a sacrifice; *het hoogste ~ brengen* (*aan zijn land*) make the supreme sacrifice; *iets ten ~ brengen* sacrifice s.t.; 2 (*slachtoffer*) victim; *als ~ vallen van* fall a victim (*mv:* victims) to; **offerande** 1 offering, sacrifice, oblation; 2 (*deel der mis*) offertory; **offer|blok, -bus** poor-, offertory-box; **offerdier** sacrificial animal, victim
offeren 1 sacrifice (*ook intr: aan* to), offer as a sacrifice, immolate, offer (up); *aan Bacchus ~* worship at the shrine of Bacchus; 2 (*bijdragen*) make an offering [for a fund]; *hij moest heel wat geld ~* he had to pay a heavy toll
offer|gave offering; **-gebed** offertory; **-lam** sacrificial lamb, Lamb of God; **-maaltijd** sacrificial repast; **-penning** (money-)offering, mite; **-plaats** place of sacrifice; **-plechtigheid** sacrificial ceremony; **-schaal** 1 sacrificing dish; 2 (*in kerk*) offertory-plate; 3 (*Romeins*) patera
offerte offer, quotation; *een ~ doen* make an offer, quote, submit a quotation
offertorium offertory
offer|vaardig liberal; willing to make sacrifices; **-vaardigheid** liberality; readiness to make sacrifices; **-vat** sacrificial vessel; **-wijn** libatory wine
officiaal (*r-k*) official (principal); **officiant** (*priester*) id; **officie** office
officieel official, formal, state [entry], statutory [holiday *feestdag*]; regular [visiting hour]; *officiële notering, zie* beursnotering; *zij zijn ~ verloofd* they are formally engaged
officier (military, army, etc) officer; *1e, 2e ~,* (*schip*) first (chief) officer, second officer; *~ van administratie* paymaster; *~ der artillerie, enz* artillery officer, etc; *~ van de dag* orderly officer; *~ van dienst* duty officer; *~ van gezondheid* army (military) surgeon, medical officer; (*mar*) naval surgeon; *~ van Justitie* public prosecutor, counsel (*zonder lw*) for the prosecution; *~ van de wacht,* (*mar*) officer of the watch; *~en en minderen,* (*mar*) ranks and ratings
officiëren officiate
officiers|aanstelling commission; **-boekje** Army List; **-kajuit** (*mar*) wardroom; **-kantine** officers' mess; **-mes** Swiss army knife
officier-vlieger flying-officer; (*één rang hoger*) flight-lieutenant; (*één rang lager*) pilot-officer
officieus unofficial, semi-official (*bw:* -ly)
officinaal officinal, medicinal
offreren offer
offset offset [paper, press, printing]; **offsetten** offset
ofiet ophite; **ofiologie** ophiology
ofschoon (al)though, (*sterker*) even though, (*formeel*) albeit
oftal|mie ophthalmia; **-mologie** ophthalmology; **-moloog** ophthalmologist; **-moplegie** ophthalmoplegia; **-moscopie** ophthalmoscopy
ofte or; *zie ook* nooit & wel 7
ogen 1 look (*naar* at); *dat oogt niet* that doesn't look good; 2 aim (*op* at)
ogenblik moment, instant, point in time; *een ~ svp* a moment, please; (*telec*) hold on, (*fam*) hang on a moment, please!; *een ~je!* just a minute, please!; *het ene ~ ..., het andere ...* one moment ..., the next ...; *een ~ daarna* a moment after; *hij kan elk ~ komen* he may come at any moment; *hij aarzelde een ~,* (*ook*) he hesitated momentarily; ***in** een ~* in a moment, in a flash, in the twinkling of an eye, in a twinkling, before you can say Jack Robinson, in a trice; ***na** een ~ van aarzeling* after a moment's (a momentary) hesitation; ***op** het* (*dit*) *~* at present, at the moment, [I have no time] just now, (*inz Am, Sch, enz*) presently; *op dit ~ niet* [do you wish to ...?] not just now; *op het juiste ~* at the right moment; *op dit* (*kritieke*) *~* at this juncture; *op hetzelfde ~ dat* at the very moment when; *op het ~ dat ik dit schrijf* at the moment of writing; *een beslissing op het laatste ~* a last-minute decision; ***toen** het ~ kwam,* (*Am ook*) when it came time [to ...]; *hij* (*het*) *is ... **van** het ~* he is the man (it is the burning question) of the moment (the hour); *de behoefte van*

het ~ the need ~ of the present moment; *van het laatste* ~ last-minute [changes]; ***voor** het* ~ [stop] for the moment, for the present, for the time being; *zie ook* helder; **ogenblikkelijk** I *bn* momentary [impression]; immediate [danger]; II *bw* immediately, directly, instantly, on the instant, this instant, at a moment's notice
ogen|dienaar truckler; **-dienst** truckling, subservience; **-schijnlijk** I *bn* apparent, ostensible, seeming; II *bw* apparently, ostensibly, seemingly, on the face of it; **-schouw**: *in ~ nemen* inspect, take stock of, review [the situation], have a look at; **-troost** (*plant*) eyebright, euphrasy
ogief ogive; **ogivaal** ogival
ogv afk van 1 *op grond van* on account of; under [section 15]; *zie* grond; 2 *onder gewoon voorbehoud* under usual reserve
ohaën, **oh-en** jaw, gas, (*Am sl*) bull
ohm id; **ohmmeter** id; **ohms** ohmic [resistance]
oho! aha!
O-I afk van *Oost-Indië* the East Indies; **o.i.** afk van *onzes inziens* in our opinion; **o.i.d.** afk van *of iets dergelijks* or the like, or something similar
oir issue; *mannelijk* ~ male issue
oirbaar beseeming, becoming, proper, permitted
ojief ogee (arch); **ojiefschaaf** ogee-plane
okapi id
oker ochre; **okerachtig** ochr(e)ous; **okergeel** I *bn* ochr(e)ous; II *zn* yellow ochre
okido(ki) okey-doke(y)
okkernoot walnut; (*boom*) walnut(-tree)
okra id, gumbo
oksaal (*scherm*) rood-screen, (*galerij*) rood-loft
oksel 1 armpit; *derde* ~ crotch; 2 (*plantk*) axil(la)
okselblad axillary leaf; **okselfris** fresh-smelling; (*fig*) fresh (as a daisy), fit; **okselholte** armpit; **okselstuk** gusset
okshoofd hogshead; **oktober** October
OL afk van *oosterlengte* E long (East longitude)
oleaat (*chem*) oleate
oleander id; **oleaster** id; **oleïne** olein
oleografie oleograph; (*kunst*) oleography
OLH afk van *Onze-Lieve-Heer* Our Lord
olie oil; *zie ook* petroleum; *heilige* ~ holy oil, chrism; ~ *innemen*, (*ve schip*) (take in) oil; ~ *op de **golven** (in de branding) gieten* pour oil on the waters (on troubled waters); *dat is ~ in het **vuur*** that is adding fuel to the flames (fire); *hij is **in** de* ~ he is well-oiled (half-seas-over)
olieachtig oily, oleaginous; **oliebol** 1 (*vglb*) fritter; 2 (*pers*) boob(y); **olieboot** oiler; **oliebrander** oil-burner; **oliebron** oil well; **oliecrisis** oil crisis; **oliedoek** tarpaulin; **oliedom** as stupid as an owl; **oliedrukmeter** oil-pressure gauge; **olie-en-azijnstel** oil-and-vinegar frame, cruet-stand; **oliegoed** oilskins; **oliehoudend** oil-bearing [seeds, sediment, district], oleiferous, oleaginous
olie-industrie petroleum (*of:* oil) industry
olie|jas oilskin (coat); **-kan** oilcan; **-kever** oil beetle; **-kleren** oilskins; **-koek** 1 (*voor vee*) oilcake; 2 *zie* -bol; **-lamp** oil-lamp; **-leiding** oil pipe(line); **-lozing** discharge of oil; **-maatschappij** petroleum (*of:* oil) company; **-man** 1 (*op boot*) greaser, oiler; 2 (*verkoper*) oilman; **-molen** oil-mill
oliën oil, lubricate; *het* ~ oiling, lubrication
olienootje peanut, ground-nut; **oliepak** oilskins; **oliepalm** oil palm; **oliepeilstok** dipstick; **oliepit** floating wick; **olieplak** oil slick; **olieraffinaderij** oil refinery; **oliereservoir** oil-tank; **olieschokbreker** oleo shock absorber
olie|sel extreme (*of* holy) unction; *iem het laatste ~ toedienen* administer extreme unction to a p.; **-slagerij** oil-mill; **-spuit** oil-can, oiler; **-steen** oil-stone, hone; **-stoker** (*boot*) oil-burner; **-stook** oil heating (firing), oil-fired [stove, boiler]; **-suiker** oleosaccharum; **-tank** oil (storage) tank; **-ton**, **-vat** oil barrel, (*v ijzer*) oil-drum
olie|veld oilfield; **-verf** oil-colours, oil paint; *in* (*met*) ~ [portrait, paint] in oils; **-verfschilderij** oil painting, painting in oils; **-verkoper** oilman; **-verversen** oil-change; **-vlek** oil stain; (*op zee*) oil slick; **-vormend** olefiant [gas]; **-zaad** oil-seed; **-zoet** glycerine; **-zuur** oleic acid
olifant elephant; *zie ook de sam &* mug; **olifantachtig** elephantine; **olifantegeheugen** memory like an elephant; **olifantejacht** elephant-hunt; **olifantejager** elephant-hunter
olifants|been (*fig*) *zie* olifantsziekte; **-drijver** mahout, elephant-driver; **-gras** elephant grass; **-huid**: *een ~ hebben* have a skin like a rhinoceros, be thick-skinned; **-luisboom** cashew; **-papier** elephant paper; **-tand** elephant's tusk; **-voet** (*plant*) elephant's-foot; **-ziekte** elephantiasis
oligar|chie oligarchy; **-chisch** oligarchic(al)
olijf olive; **olijfachtig** oleaceous; (*ve kleur*) olivaceous; **Olijfberg**: *de* ~ the Mount of Olives, Mount Olivet; **olijfboom** olive tree; **olijfgroen** olive (green); **olijfkleurig** olive-coloured; **olijfkrans** olive wreath; olive crown; **olijfolie** olive oil, oil of olives; **olijftak** olive branch [hold out the olive branch to a p.]; **olijfvormig** olive-shaped, olivary
olijk sly, roguish, arch; '...', *zei hij* ~ '...', he said with a twinkle in his eye; **olijkerd** rogue, slyboots; **olijkheid** roguishness
olijvenhout olive (wood)
olim: *in de dagen van* ~ in the days of yore
Olivia id; **Olivier** Oliver, (*fam*) Noll
olla podrida id, olio, hotchpotch
olm 1 (*boom*) elm; 2 (*salamander*) id
olv afk van *onder leiding van, zie* leiding
OLV afk van *Onze Lieve Vrouw* BVM (Blessed Virgin Mary)
olympiade olympiad; **Olympisch** Olympian [gods, Zeus, indifference; the Duke of Marlborough, an Olympian figure]; (*sp*) Olympic [games, champions]; **Olympus**: *de* ~ Olympus
o.m. afk van *onder meer* among other things, inter alia; **O.M.** *zie* ministerie: Openbaar M~
om I *vz* 1 (*~heen*) round [the corner, sit round the table], about [the fragments flew about my ears], round about (around) [the town]; *zie ~ u (**heen**)* look about you; *ik kan ze niet ~ mij (heen) hebben* I cannot have them about me, want to have them

out of the way; ~ *de* ***noord*** *varen* (*houden*) take the northern route (sail a northerly course); 2 ~ *een uur of negen* about nine o'clock; ~ ***en bij*** in the neighbourhood of, round about, somewhere near (*of:* about) [three pounds], (round) about [fifty], [he came] at roughly (approximately) [5.45]; 3 (*tijdstip*) at [nine o'clock]; 4 (*telkens na*) every [month, etc]; ~ *de drie dagen* every three days (third day); ~ *de twee jaar* every two years (other, *of:* alternate year); ~ *de hoeveel minuten gaat er een bus?* how frequent are the buses?; *zie ook* ander, beurt, enz; 5 (*tegen, voor*): *vier ~ een* ***gulden*** four for a guilder; *zeven ~ zes* [the score is] seven to six; *zie ook* niet; 6 (*voor, wegens*) for, on account of, because of; *daar is B ~* ***jou*** B's come for you; *ze is net ~* ***suiker*** she has just gone for sugar; ***beroemd*** (*bemind*) ~ famous (loved) for; *iem prijzen ~* praise a p. for; *niet ~ mijzelf* not on my own account; *de kunst ~ de kunst* art for art's sake; *zie ook* 2 reden 2, zeep, enz; ***vragen*** (*schrijven, enz*) ~ ask (write, etc) for; 7 (*wat betreft*): ~ ***mij*** *kun je gaan* so far as I am concerned (for my part) you can go; 8 (*doel*) in order, so as [to raise the level of prosperity]; *ze liepen* (*vloekten*) ~ ***het*** *hardst* they raced each other (swore their loudest); *aardig ~* ***te*** *zien* nice to look at; *goed ~ te eten* [they are] good eating; *niet ~ te eten* not fit to eat, inedible, uneatable; II *bw* 1 (*rond*) round, about; *de hoek ~* round the corner; ~ *en ~* [we do this] turn and turn about, [red and blue] alternately; *vgl* beurt; *hij heeft* ***hem*** ~ he is tight (drunk, sozzled); *de* ***Kamer*** *is ~, a*) the House has come round (to a different view); *b*) the Opposition is in (*zo ook:* the Tories are out; Labour are in; London went Tory, radical, etc); *een* ***straatje*** ~ round the block; *een straatje ~ gaan,* (*ook*) take a roundabout way (route); (*fig*) avoid trouble; *deze* ***weg*** *is ~* this is a roundabout way; *de* ***wind*** *is ~* the ~ has turned; 2 (*voorbij*) out, over; *voordat de dag* (*week, het jaar*) ~ *is* before ... is out; *de kermis is ~* the fair is over; *de* ***tijd*** (*mijn verlof*) *is ~* time (my leave) is up; *zie ook* omgaan 4

oma grandmother, -ma, -mam(m)a, gran(ny)

omarmen embrace, (*stevig*) hug; **omarming** embrace, hug

ombazuinen[1] trumpet about, blazon abroad

omber 1 (*aardsoort*) umber; 2 (*spel*) ombre; *~en* play at ombre; **omberspel** (game of) ombre; **ombervis** maigre, bar; **ombervogel** umber, umbrette

ombinden bind (tie) round; tie [a bow] on [a cat]

omblad (*ve sigaar*) binder; **ombladeren** turn over the leaves; *in een boek ~,* (*ook*) leaf through (over) a book, skim through a book

omboorden border, edge, hem; **omboordsel** border, edging, trimming

ombouw 1 conversion; 2 (*mantel*) surround; casing; **'ombouwen** rebuild, reconstruct, convert [*tot* into]; recast [a lecture, a paragraph]; **om'bouwen** surround with buildings

ombrassen (*mar*) brace about

ombrengen 1 (*doden*) dispatch [a traitor], make away with [o.s.], kill; *de tijd ~ met* kill (the) time with; 2 *zie* rondbrengen

ombudsman id; Parliamentary Commissioner

ombuigen I *tr* bend, turn back (*of:* down); change (adjust) [a policy]; reassign [appropriations]; II *intr* bend, double up; **ombuiging** (*pol ook*) retrenchment, economies

omcirkelen encircle [a river encircled the town], circle (round) [the plane circled (round) the airfield; complete by circling the appropriate answer], ring [mistakes in red ink]

omdat because

omdijken embank, enclose by a dike

omdoen put on [a shawl]; *er iets ~* put (*of:* wrap) s.t. round it; **omdonderen** *zie* omlazeren

omdopen rechristen (*ook van schip, enz*), rename

omdraai 1 (*ve wiel, enz*) turn; 2 (*bocht*) turn, bend

omdraaien I *tr* turn [one's head, a wheel, key], turn round; twist [a p.'s arm]; *de* ***hoek*** ~ turn (round) the corner; *het* ***om en om*** *draaien* turn it this way and that; ***zich*** ~ turn round; turn on one's heel; (*in bed, enz*) turn over [on one's face, etc]; *zie ook* nek; II *intr* (*vd wind*) shift, turn, go round; (*v mening veranderen*) change one's mind, veer round, (*geheel ~*) swing round completely; *zie ook* draai: zijn ~ nemen & blad, hand, hart, (om)keren, enz; **omdraaiing** turning, rotation; reversal; *vgl* omdraaien

omdragen carry about; *met zich ~* harbour [a thought], entertain [an idea], go about with [a plan]

omduikelen turn head over heels; topple over

omduvelen topple over; knock over; **omduwen** push over, upset, knock over; **ome** *zie* oom

omega id; **omelet** omelet(te)

omen id, augury; **omflikkeren** *zie* omlazeren

omfloersen 1 muffle [a drum]; *omfloerst vaandel* draped colours; 2 (*fig*) shroud [shrouded in mist], veil [her veiled eyes]

omgaan 1 (*rondgaan*) go round, go about; *een hoek ~* turn a corner; *een mijl ~* go a mile round; *zie ook* omlopen; 2 (*v Tweede Kamer, enz*), *zie* om II; 3 (*gebeuren*) happen, take place; *er gaat* ***veel*** *om in die zaak* they do a good deal of (*sterker:* a roaring) business; *er gaat weinig* (*niets*) *om* there is little (nothing) doing [in oil shares]; *dat gaat* ***buiten*** *mij om* I have nothing to do with it; *buiten haar om schreef ik aan haar zuster* without her knowledge I ...; *wat er toen* ***in*** *mij omging* what I felt then, what was then passing in my mind; *weten wat er in de wereld omgaat* know what is going on in the ...; *wat er in de geest omgaat* the workings of the mind; 4 (*voorbijgaan*) pass; *de* ***dag*** *wou maar niet ~* it seemed that the day would never come to an end; *er gaat geen dag om, of ik zie hem* not a day passes without my seeing him; 5 (*omvallen, omslaan*) topple over, capsize; 6 ~ ***met*** associate with, go about (around) with [a p.], mix with [people], rub shoulders with [all sorts of people], (*vertrouwelijk*) be on familiar terms with, hob-nob with;

1 *Zie voor sam met om- evt ook* omver- & rond-

(*met gereedschap*) handle; *zie ook* naald; *met niemand* ~ keep o.s. to o.s.; *met* ***bedrog*** (*leugens*) ~ practise deceit (be a liar); *ze gaan* ***druk*** *met elkaar om* they see a great deal of each other; *met slecht* ***gezelschap*** ~, (*ook*) keep bad company; *met een* ***meisje*** ~ be friends with a girl, keep company with a girl, take a girl out; ***moeilijk*** *om mee om te gaan* [he is] difficult to live (get on) with; *met een* ***plan*** ~ go about (around) with a plan; *met mensen* ***weten*** *om te gaan* know how to deal with (how to handle) people; *hij weet met ... om te gaan* he knows how to manage (*of:* handle) boys (a large staff, horses, cars, etc), he has a way with animals (children, the natives); ***zeg mij*** *met wie je omgaat, en ik zal je zeggen wie je bent* tell me the company you keep, and I will tell you who you are; a man is known by the company he keeps

omgaand: *verzoeke* ~ (*per* ~*e*) *bericht* kindly reply by return (of post)

omgang 1 (*verkeer*) (social, sexual) intercourse, association, companionship; ~ *hebben met, zie* omgaan: ~ met; *de* ~ *afbreken met* break with, discontinue one's acquaintanceship with; *lastig* (*gemakkelijk*) ***in*** *de* ~ difficult (easy) to live (get on) with; *een prettig mens in de* ~ a pleasant companion; 2 (*rondgang*) round, procession; (*ve rad*) rotation; 3 gallery; **omgangsrecht** parental access, visiting rights; **omgangstaal** colloquial language (*of:* speech); *in de* ~, (*ook*) in everyday speech; *de beschaafde* ~ educated speech; *vertrouwdheid met de* ~ colloquial command of the language; **omgangsvormen** manners

omgekeerd I *bn & bw* (turned) upside down, turned-down, upturned [bucket, etc], face-down [the book was face-down on his knee], inside out, [put on one's socks] wrong side out; reverse [in a reverse order, the reverse side of a coin], [the positions are] reversed, inverted [letter, commas, order, relations; *ook ve interval*]; (*v verhouding*) inverse; *in* ~*e verhouding tot* in inverse ratio (*of:* proportion) to; ~ ***evenredig*** *zijn met* be inversely proportional to [the intensity of sound is (varies) inversely as the square of the distance]; *eerder blij* ***dan*** ~ *I was rather glad of it than otherwise;* ***en*** ~ and vice versa; ***juist*** ~ [it is] the other way round, just (quite) the reverse; ***maar*** ~ ... but on the other hand ...; *de* ~*e* ***wereld*** topsyturvydom, the world turned upside down (topsyturvy), the world in reverse; *het is de* ~ *wereld* the tail wags the dog; II *zn het* ~*e* the reverse, the contrary; the converse [of a proposition *stelling*]; (*ve getal*) the reciprocal; *eerst ..., en dan het* ~*e doen* first ..., and then reverse the process

omgelanden (*om water*) riparians

omgelegen surrounding, neighbouring

omgespen buckle on

om'geven surround, encircle; (*omhullen*) envelop, enwrap, enfold; beset [the dangers which beset us; beset with dangers, difficulties, uncertainty]; ~ *door,* (*ook*) ringed in by [walls, silence]

omgeving neighbourhood, surroundings, environs, environment, setting; (*ve pers*) surroundings, entourage, environment; *een andere* ~ a change of scenery; **omgevingslawaai** surrounding (ambient) noise; **omgevingstemperatuur** ambient temperature

'omgieten recast, refound [guns, bells]; *zie ook* overgieten

omgooien overturn [a chair], upset [an inkpot], knock over [a glass, furniture], bowl over [that wave nearly bowled me over], spill [the salt], swing round [a boat], reverse [the engine], shift [the helm], throw on [a cloak, etc]; recast [a story], reorganize [the whole timetable]; *gooi hem eens om* toss off your glass; *zie ook* roer

omgorden gird (up) [one's loins, etc]; gird on [a sword, etc]; (*fig*) gird [with strength, etc]; *zich* ~ gird o.s. [for a task]

omgraven dig up [the garden], break up [the soil]

omgrenzen bound, border; (*fig*) demarcate

omgroeien grow round; *met klimop omgroeid* ivy-grown, -clad

omhaal 1 ceremony, fuss; (*v woorden*) verbiage, verbosity, circumlocution; (*mooie* ~) (wordy) frippery; *met veel* ~ *van woorden,* (*ook*) in a roundabout way; *zonder veel* ~, *a*) straight away, right out, [tell him] to his face; *b*) without much ado, without preamble; 2 (*krul*) flourish

omhakken cut (hew) down, fell

omhalen pull down [a wall], break up [the ground], put about [a ship], shift [a sail]; *zie ook* op- & overhalen

'omhangen I *tr* put on [a shawl]; II *intr* hang (loll, mooch) about, loiter; *in cafés* ~ sit around in cafés; *op straathoeken* ~ hang about street corners; *thuis* ~ hang about the house

om'hangen hang [with tapestry], cover [a p.'s chest with medals]

omhebben have on [a shawl]; *zie ook* om

omheen (round) about; *er*~ about (*of:* round) it; *zie ook* praten & om

omheinen fence (*of:* hedge) in (*of:* round), enclose; **omheining** fence, enclosure, paling(s)

omhelzen embrace (*ook: elkaar* ~), hug; (*fig*) embrace, espouse [a cause]; **omhelzing** embrace; (*v leer, enz*) embracement, espousal

omhoog (*richting*) [move] upwards, [rise] into the air; *handen* ~*!* hands up!; *met het hoofd* ~ head erect; *het hoofd* ~*!* hold up your head!, (*fig*) keep your pecker up!; *naar* ~ up(wards); *het raam wil niet* ~ the ... will not go up; (*plaats*) on high, aloft; [the window is] up; *van* ~ from above, from on high

omhoog|brengen[1] raise [the birth-rate]; build up [a business]; **-drukken** force up; **-gaan** (*ook v prijs, enz*) rise, go up; *zie ook* stijgen; **-gooien** throw up [a coin, window]; (*zn: gymn*) high toss; **-heffen** raise, lift (up); **-houden** hold up, hold [the candle] on high; **-komen** rise, raise o.s. [in bed]; **-schieten** shoot up (*ook v prijzen*), rocket; **-schuiven** push up; **-slaan** turn up [one's eyes]; **-vallen** (*iron*) rise through lack of weight; (*vglb*)

Zie voor sam met om- evt ook omver- & rond-

1 *Zie voor de samenst. ook* op-

be kicked upstairs; **-vliegen** (*fig*) [prices] go up at a bound; **-zitten** be grounded; (*fig*) be in a fix, have a problem [with ...]
omhullen envelop, wrap round, enwrap, enclose; (en)shroud [in mystery]; **omhulsel** envelope [of a balloon], wrapping, wrapper, cover, casing; *het stoffelijk* ~ the mortal remains
omineus ominous
omissie omission; **omitteren** omit
omkaden embank; **omkaderen** box
omkantelen turn (*of:* topple) over, overturn; *zie ook* kantelen
omkappen cut (*of:* hew) down, fell
omkeer *zie* ommekeer; **omkeerbaar** reversible [coat, process, reaction]; (*ve stelling*) convertible; **omkeerbaarheid** reversibility; convertibility; **omkeerfilm** reversal film
omkegelen bowl over, bowl down
omkeren I *tr* turn [one's head, a coat, pillow], turn up [a card], turn over [a page, papers, hay, a patient in bed], turn [a glass, etc] upside down, turn [one's purse] inside out; turn [a picture] to the wall; invert [a glass, the order of words, a process], turn out [one's pockets], reverse [a motion, order, policy, the positions], convert [a proposition *stelling*]; (*omverwerpen*) subvert [the present order]; *ieder* ***dubbeltje*** ~ look twice at every penny, count the pennies (every penny); ***zich*** ~ turn (round), turn on one's heel; (*snel*) wheel (spin, whip) round; (*heftig*) fling round; (*in bed*) turn over, turn round; *zich ~ en ervandoor gaan* turn tail; *zodra hij zich had omgekeerd* as soon as his back was turned; II *intr* 1 turn back; 2 (*veranderen*) change; *vgl* blad, hart *& zie ook* graf, omgekeerd, enz
omkering turning over, inversion, reversal, conversion, subversion; *vgl* omkeren
omkiep(er)en (*fam*) 1 upset, tip over; 2 fall over
omkijk: *zie* omkijken: geen ~ hebben
omkijken look back [*naar* at], look round, look behind one; *niet ~* ***naar,*** (*fig*) take no notice of, (*niet geven om*) not care for; *ik hoef niet naar hem om te kijken* I can trust him to do his work; *je hebt er geen ~ naar* it needs no looking after; *zie ook* omzien; **omkippen** *zie* omkiep(er)en
omklappen turn (topple) over, flip (over); (*inklappen*) collapse; (*fig*) swing round, revers
om'kleden clothe [*ook fig:* with glory; clothe ideas with words], drape, invest (*ook fig*); *met redenen* ~ motivate; **omkleedsel** clothing, casing, envelope; **'omkleden** *zie* verkleden
omklemmen clasp, grasp [the sword], grip; (*omhelzen*) clasp in one's arms, hug
'omklinken (*bout*) clinch, rivet down
om'klinken clinch, rivet
omklooien mess (*sl:* fart) about (around)
om'klotsen dash against, lap round
om'knellen *zie* omklemmen
omknikkeren bowl over, send flying
omknopen tie round one, tie [a bow] on [the cat]; (*anders knopen*) tie (*of:* button) differently
omkomen 1 (*sterven*) perish [*van kou* with, from, of cold; *door eigen hand* by one's own hand]; *hij kwam om van armoede* he died of poverty; *op zijn reizen omgekomen* lost on his travels; *het aantal omgekomenen* the death-roll [is given as 150]; 2 *de hoek* ~ come (get) round the corner; 3 (*v tijd*) (come to an) end; 4 *zie* rondkomen
omkoopbaar bribable, corruptible, venal; *hij is ~,* (*ook*) he is open to bribery (bribes), has his price; **omkoopbaarheid** corruptibility, venality; **omkoopsom** bribe (money)
omkopen bribe, buy over, corrupt; suborn [a witness]; (*fam*) square, get at [the jockey had been got at], (*sl*) nobble; *iem ~,* (*ook*) grease a p.'s palm; *hij kocht mij daartoe om* he bribed me into doing it; **omko|perij, -ping** bribery, corruption [of witnesses]; subornation
omkransen wreathe
omkrijgen get on [one's collar], get down [a wall]; *er* ~ get [a cord, etc] round it; *hoe zal ik die tijd ~!* how shall I get through that time!; *om de tijd om te krijgen* [it serves] to pass the time; *'m* ~ get soaked
omkruipen creep about; (*v tijd*) drag (by), creep [how the days creep!]
omkrullen curl (up); (*vd golven*) curl over
omkuieren walk round (*of:* about); **omkukelen** topple over; **omkwakken** send crashing
omlaag below, down, down below; *naar* ~ down(wards); *zie voor sam ook* ne(d)er-; *van* ~ from below; **omlaagdrukken**[1] press down; **omlaaggaan** go down; (*ve prijs ook*) fall; *zie ook* dalen; **omlaaghouden** keep down
omladen trans-ship, tranship; **omlading** transhipment
omlazeren I *tr* knock over, send flying; II *intr* topple over
'omleggen 1 (*verband*) apply; 2 (*andersom leggen*) turn [a mattress], overturn [a boat]; deflect [a road], divert [traffic]; throw [a switch]; (*roer*) put over, shift; (*spoorwegwissel*) shift; *zich* ~ turn over; 3 (*sl*) bump off, kill [a p.]; **om'leggen** border, edge; **'omlegging** (*v weg*) diversion; **om'legsel** border, edging
omleiden divert [traffic]; **omleiding** diversion
omliggen be upset, be overturned; *~d* surrounding, neighbouring; *het ~de* the surroundings
omlijnen outline; (*scherp*) define; (*met hokje*) box [a name], (*met kringetje*) circle, ring; *scherp omlijnd* clean-cut [features], clear-cut [plan], clearly defined [notion]; **omlijning** outline
omlijsten frame; **omlijsting** frame; (*het omlijsten*) framing; (*fig*) setting [the setting of the little cottage]
omloop 1 circulation [of the blood, of money]; ***buiten*** *~ stellen* withdraw from circulation, demonetize [coins]; ***in*** *~ brengen,* (*geld*) put into circulation, circulate; utter [counterfeit banknotes]; (*gerucht*) circulate, spread; *wie bracht het verhaal in ~?* who started the story?; *in ~ zijn* be

Zie voor sam met om- evt ook omver- & rond-

1 *Zie voor sam met* omlaag- *ook* neer-

in circulation, be current; (*ve gerucht, enz*) be abroad, be in circulation, be going the rounds; *er is minder geld in* ~ there is less money about; 2 revolution [of heavenly bodies], orbit [of a satellite], circuit [of the Earth round the sun]; rotation [of a wheel]; 3 (*ve toren*) gallery; (*ve molen*) platform; 4 (*ve dier*) pluck; 5 (*fijt*) whitlow; 6 (*sp*) round

omloopsnelheid 1 (*v geld*) velocity of circulation; (*v voorraad*) turnover rate; 2 (*ve hemellichaam*) orbital velocity

omloop(s)tijd 1 time (period) of (a) revolution, cycle time; (*ve planeet*) period of orbit, sidereal period; 2 (*ve wissel*) currency

omlopen 1 (*lopen om*) walk (go, run) round [the house]; turn [a corner]; 2 (*rondlopen*) walk about; 3 *een heel eind* ~ go a long way round; *een eindje* (*straatje*) ~ go for a turn (a stroll), walk round the block; 4 (*draaien*) revolve, rotate; (*vd wind*) shift (round); (*met de zon*) veer; (*tegen de zon*) back; 5 (*ve gerucht*) be abroad, be current; 6 (*vd tijd*) pass; 7 *het hoofd loopt mij om* my head reels, my head (my brain) is in a whirl; 8 (*omverlopen*) run down [a p.], knock down, upset [a chair]

omluieren idle away one's time, loll about; **omlullen** (*fam*) *zie* ompraten; **omlummelen** loiter away one's time, loiter about

ommantelen wall (in) [a town]; **ommanteling** 1 walling (in); 2 (*concr*) walls, ramparts; (*v vliegtuigwielen*) spats

omme|gaand *zie* omgaand; **-gang** *zie* omgang 2 & 3; **-keer** 1 (complete) change, change-over [in political thought], about-face(-turn), U-turn, turnabout, sea-change; swing(-over) [of opinion]; turn [in a p.'s fate], reversal [of fortune], revolution; *een hele* ~ *brengen in* revolutionize, change the face of [the world, etc]; 2 (*omverwerping*) subversion; 3 (*reactie*) revulsion [of feeling]; **-komst** expiration, expiry; **-land(en)** surrounding country; *stad en* ~ town and province; **-lands**: *~e reis* (long and) troublesome journey

ommestaand overleaf; *het ~e* what is written (printed) overleaf; **ommetje** turn; *ze maakten een* ~ *door het plantsoen* they went for a turn in the park; *met een* ~ in a roundabout way; **ommezien**: *in een* ~ in the twinkling of an eye; *zie verder* ogenblik; **ommezijde** back; *aan* ~ overleaf; *zie* ~ please turn over, PTO, see over(leaf); **ommezwaai** *zie* omzwaai

ommuren wall in; *ommuurd* walled(-in) [garden, fortress]

omnibus id; (*~uitgave*) omnibus (edition, volume)

omnivoor omnivore; (*mv ook:* -vora)

ompalen fence in with a paling (with stakes), palisade; **ompaling** paling, palisade

ompantseren armour, sheathe [a ship]

'omplanten transplant, replant

om'planten plant all round [*met* with]

omploegen plough (up); (*door granaat, enz*) plough (*of:* churn) up

Zie voor sam met om- evt ook omver- & rond-

ompraten talk round; *hij is makkelijk om te praten* he is a soft touch

omranden border, edge, rim

omranken entwine, enlace

omrasteren rail (fence, *met ijzerdraad:* wire) in

omrastering railing, wire-netting

omreden because; ~ *van* by reason of

omreis roundabout journey; **omreizen** travel about; (*langs omweg*) go by a roundabout way

omrekenen convert, reduce, turn [*in* into]; **omrekening** conversion [factor, rate, table]

omrijden I *tr* run (knock) down [a pedestrian]; II *intr* [vehicles must] go round, make a detour; *een eindje gaan* ~ go for a drive (ride; *op fiets, in auto:* a spin; *in auto,* (*ook*) a run); *het rijdt een heel eind om* it is a long way (drive) round

omringen surround, enclose, encircle, encompass, hem in [with buildings]; (*v gevaren, vijanden, enz, ook*) beset; *zie ook* omgeven

omrit 1 detour; 2 round

omroep (*radio & tv*) broadcasting (organization, corporation); **omroepbestel** broadcasting set-up; **omroepbijdrage** radio and TV licence fee; **omroepen** (*radio & tv*) broadcast, announce; *iems naam* ~ page a p.; **omroeper** announcer; (*hist*) town (public) crier, bellman

omroep|installatie loudspeaker (public address, PA) system; **-orkest** radio orchestra; **-station** broadcasting (*of:* radio) station; **-ster** (*radio*) (woman) announcer; **-vereniging** broadcasting organization; **-wet** Broadcasting Act; **-wezen** broadcasting, the broadcasting organizations

omroeren stir [the pudding, tea, etc], agitate

omrollen I *tr* roll (bowl) over; *zich* ~ turn over; II *intr* 1 (*in gras, enz*) roll (about); 2 (*omver*) topple over

omruilen exchange; *zie ook* ruilen

omschakelaar throwover switch; commutator; **omschakelen** change over, switch over, convert [from wartime to peacetime economy]; **omschakeling** changeover [to 220 volts, to colour]

omschansen en-, intrench, circumvallate

omscharrelen potter (mess, nose) about; (*tastende*) fumble about; ~ *in* rummage (poke about) in

omscheppen remodel, transform, transfigure

omschieten shoot down; hurry round; shift

omscholen retrain; **omscholing** *zie* herscholing

omschoppen kick down, kick over [a pail]

omschrift legend, circumscription

omschrijfbaar definable; **omschrijven** 1 define [a word, the position, a p.'s duties, etc]; paraphrase [a passage]; 2 (*meetk*) circumscribe; 3 (*beschrijven*) describe; **omschrijving** 1 definition, paraphrase; circumscription; description; *vgl* omschrijven; 2 (*omslachtige manier v zeggen*) circumlocution, periphrasis

omschudden shake (up, about), agitate

omsingelen 1 surround, hem in, encircle; invest, beleaguer [a fortress]; *omsingeld door vijanden,* (*ook*) ringed round by enemies; 2 (*bijeendrijven*) round up [cattle, criminals]; **omsingeling** hemming in, encirclement [of an army]; round-up; (*ve vesting*) investment; **omsingelingspolitiek** policy of encirclement

omslaan I *tr* 1 (*omver*) knock (beat) down; 2 throw (put) on [a cloak]; wrap [a shawl] round one, wrap o.s. up in [a shawl]; 3 turn over [a leaf] [*ook:* shall I turn over for you?]; 4 (*omvouwen, enz*) turn (double) down, turn back [the page was turned back at the top], turn down [the bed(-clothes)], turn up [trousers, sleeves], tuck up [sleeves]; *een* ***spijker*** ~ clinch a nail; *omgeslagen boord* turn-down collar, (*met omgeslagen punten*) butterfly (wing, winged) collar; *omgeslagen manchet* turn-back cuff; 5 *de hoek* ~ turn the corner, round the corner; 6 (*onkosten, enz*) apportion [*over* among]; (*hoofdelijk*) divide [costs] pro rata, (*Am*) prorate; II *intr* 1 (*met iets*) lay about one, brandish a stick, etc; *hij slaat er maar raar in om* he makes rather a hash of it; 2 (*ve paraplu*) blow (be blown, turn) inside out; 3 *rechts* (*links*) ~ turn (to the) right (left); 4 (*omdraaien*) swing (turn, flip) round, reverse; (*v stemming*) turn; (*vd wind*) turn, shift; (*vh weer*) break; *vgl* omslag 7; 5 (*omkantelen*) capsize, (be) upset, turn turtle, overturn; ~ *in* turn to [grief]; *doen* ~ upset

omslachtig 1 (*langdradig*) long-winded, prolix, digressive, wordy; cumbrous (roundabout, circuitous) [system]; 2 *zie* omstandig; *~e manier* roundabout way; **omslachtigheid** prolixity; cumbrousness; circumstantiality

omslag 1 (*omhaal*) ceremony, fuss, ado; (*moeite*) trouble, [all the] (fuss and) bother; *maak geen* ~ don't stand on ceremony; *zonder veel* ~ without much ado (*of:* ceremony); 2 (*v kosten*) apportionment; (*belasting*) tax; *zie ook* hoofdelijk; 3 (*ve mouw*) cuff; (*ve kous*) turn-over; 4 (*ve tijdschrift, enz*) cover [story]; (*los*) wrapper, dust cover, dust jacket; (*ve brief*) envelope, cover; 5 *natte* ~ compress, (wet) pack; *warme* ~ (hot) fomentation, (hot) application; 6 (*ve boor*) brace; 7 (*verandering*) swing (round), reversal; break [in the weather]; (*ve pers*) about-face [in attitude, policy], U-turn; **omslagboor** brace and bit; **omslagdoek** shawl, wrap; **omslagpunt** turning point; **omslagverhaal** cover story

omslenteren loiter (saunter, lounge) about

om|slepen, -sleuren drag about

'omslingeren I *tr* 1 (*kleed*) throw on; 2 (*omver*) upset, knock over; II *intr* 1 be upset; 2 (*slenteren*) saunter about; 3 (*v boeken, enz*) lie about; *laten* ~ leave [one's things] about

omsluieren veil (*ook fig v wolken, enz*)

omsluiten enclose, encircle, surround; invest, beleaguer [a fortress]; (*math*) include [an angle]; (*omklemmen*) clasp; *door land omsloten* landlocked [country, port]

omsmelten melt down [scrap], re-melt, re-fuse

omsmijten knock down; *zie ook* omgooien

omsnellen run round [the corner]; (*v tijd*) fly

omsodemieteren *zie* omlazeren

'omspannen change [horses]; **om'spannen** span [distance, waist, etc]; (*met touwen*) rope off

omspelden pin about (*of:* round)

Zie voor sam met om- evt ook omver- & rond-

omspinnen spin round; *omsponnen kabel* covered cable

omspitten dig (up), break up

'omspoelen 1 rinse (out), swill (out), wash out, flush, give [the bottle] a rinse; 2 rewind [a film, tape]; **om'spoelen** wash, bathe [islands bathed by the sea], flow round

omspoken walk; ~ *in* haunt [a place]

omspringen 1 jump (hop, skip) about; ***met*** *iem* (*iets*) *weten om te springen* know how to manage a p. (a thing); *zij kan goed met jonge mensen* ~ she gets on well (has a way) with ...; *vrijelijk met iems geld* ~ make free with a p.'s money; *ruw* ~ *met* be rough on; 2 (*omver*) upset

omstaan (*gaan* ~) turn round; *zullen we erom ~?,* (*vglb*) shall we toss up for it?; **omstaand** 1 overleaf; 2 (*omringend*) surrounding; **omstander** bystander; **omstandig** I *bn* detailed, circumstantial [account]; II *bw* in detail, circumstantially; ~ *vertellen* retail [news]

omstandigheid 1 (*uitvoerigheid*) circumstantiality, ful(l)ness of detail; 2 circumstance [in poor circumstances]; *zijn geldelijke -heden* his financial position; ***in*** *de gegeven* (*tegenwoordige*) *-heden* in (under) the circumstances, as things are, under existing conditions; *in mijn -heden,* (*ook*) situated as I am; *in gelijke* (*gunstige, gelukkige*) *-heden verkerend,* (*ook*) similarly (favourably) placed; ***naar*** *omstandigheden* all things considered, comparatively speaking, [everything went off well] considering, [he is as well] as can be expected; *naar* (*bevind van*) *-heden handelen* act according to the exigencies of the case; ***onder*** *zekere* (*normale*) *-heden* under certain circumstances (normal conditions); *onder geen* ~ on no account; *zie ook* bekrompen, gezegend, verzachtend, enz

omstorten I *tr* upset, overturn; II *intr* (be) upset, fall (topple) over; **omstoten** overthrow, upset, push down, push over

omstralen shine (up)on, light up, irradiate

omstreden disputed, contested [area *gebied*], controversial [topic]; *veel* ~ vexed [question]

omstreeks about, in the neighbourhood of [fifty pence, five feet], around [£5 a ton]; *zo* ~ *Kerstmis* round about Christmas; *daar* ~ thereabouts; *zie ook* ongeveer & om: om en bij

omstreken surrounding country, neighbourhood, vicinity; *Bath en* ~ Bath and its environs

omstrengelen twine (*of:* wind) about, enlace, entwine, embrace; **omstulpen** turn inside out

omstuwen crowd (flock, press, swarm) round; (*met vijandige bedoelingen*) mob

omsukkelen 1 jog round (*of:* about); 2 (*ziek zijn*) be ailing; *ik heb er heel wat mee omgesukkeld* it has given me a good deal of trouble

omtogen: ~ *met* enwrapped (shrouded) in

omtoveren change (transform) by magic (as if by magic)

omtrappen kick down, kick over [a pail]

omtrek 1 (*algem*) outline, contour [of a face, etc]; (*schets*) outline; *in ~ken* in outline; *in ~ken aangeven* outline; 2 (*ve cirkel*) circumference, periphery; (*ve vlakke figuur*) perimeter; ***binnen***

een ~ van 20 mijl, a) (*cirkel~*) within a circuit of 20 miles; *b)* (*~ met straal van ...*) within a radius of 20 miles (a 20-mile radius); ***in*** ~ in circumference [(*ook*) the crater was two miles round]; 3 (*buurt*) environs, neighbourhood, vicinity; *in de* ~ in the neighbourhood, round here; *mijlen in de* ~ for miles around; *zie ook* buurt

omtrekken 1 (*omver*) pull down; 2 (*trekken om*) march round (about), (*mil*) turn, outflank, envelop [the enemy's position]; draw round [a penny to get a circle]; *~de beweging* enveloping (flanking) movement

omtrent I *bw* (*ongeveer*) about; *of daar* ~ or thereabouts; II *vz* 1 (*ongeveer, in de buurt van*) about; 2 (*aangaande*) [information, etc] about, as to, concerning, with regard to

omtreuzelen dawdle, loiter, idle

omtuimelen tumble down, topple over; (*ook:* he went toppling over, over he went)

omtuinen enclose, fence in

omturnen convert, win over, bring (cause to turn) round

omvademen encircle; (*fig*) grasp

omvallen fall (*of:* topple) over, (be) upset, overturn; ~ *van het lachen* split one's sides with laughter; ~ *van verbazing* be struck all of a heap, be bowled over; ~ *van vermoeienis* (*slaap*) be ready to drop with fatigue (sleep); ~ *van slaap,* (*ook*) be dead sleepy; *je valt om van de prijzen* the prices are simply staggering; *val om!* drop dead!

omvang 1 (*omtrek*) circumference; girth [of a tree]; compass, range [of a voice, of a musical instrument]; width [of the chest], dimension; size [of a book]; scope [of a work, an inquiry]; ambit [of an inquiry]; gamut [the gamut of human feeling]; 2 (*hoeveelheid*) bulk [goods of small bulk; I was able to shelter behind her bulk]; extent [of the damage, the disaster]; volume [the movement (his business) is growing in volume; the volume of exports, traffic]; magnitude [realize the magnitude of a task]; *een grote ~ aannemen* assume large proportions

omvangen encircle, encompass; **omvangrijk** 1 extensive [knowledge, etc], voluminous [writings]; *zie ook* veelomvattend; 2 (*lijvig*) bulky, extended [a more extended work]; **omvangrijkheid** extensiveness, great extent, etc; *vgl* omvang

omvaren 1 circumnavigate, sail round [the world], double, round [a cape]; 2 (*omver*) sail (run) down; 3 (*langs omweg*) sail [a long way] about (round); 4 (*heen en weer*) sail about

omvatten 1 close round, enclose, embrace; cup [one's chin in one's hand]; (*omspannen*) span; 2 (*fig*) include, embrace, cover, comprise [the whole subject], involve [the strike also involved the miners], take in [audio now takes in CD]; grasp [an idea]; *de hele wereld ~,* (*ook*) be world-wide in its scope; *zie ook* al-, veelomvattend

omver [knock, pull, push] down, over

omver|gooien 1 *zie* omgooien; 2 (*fig*) overthrow [the monarchy], subvert [a system, principles, etc], be subversive of [discipline, etc], refute [arguments], upset [a theory, plan]; **-halen** 1 pull down [a wall]; 2 (*fig*) *zie* omvergooien; **-lopen** *zie* omlopen 8; *elkaar ~,* (*fig*) fall (tumble) over each other [to get a job]; **-praten**: *iem* ~ bludgeon a p. into s.t., force an opinion (up)on a p.; **-redeneren** argue [a p.] down; **-rijden** run (knock) down; **-werpen** *zie* -gooien; **-werping** (*fig*) overthrow, subversion; *zie ook de sam met* om

omvlechten entwine, twine (wind) about; braid [a cable]; (*fles*) cover with wickerwork

omvliegen I *intr* fly about, fly round; (*vd tijd*) fly (by, past); II *tr* 1 fly (dash, tear) round [a corner]; 2 (*omver*) knock down, upset

omvormen remodel, transform, convert; **omvormer** converter; **omvorming** remodelling, transformation, conversion; **omvouwen** fold (turn) down (back); double [a page]; **omwaaien** I *tr* blow down; II *intr* blow down, be blown down (*of:* over), be blown off one's feet; *hij kan voor mijn part* ~ he can go to hell

omwallen wall (in, round), circumvallate; **omwalling** rampart(s), circumvallation

omwassen wash (out); (*schotels, enz*) wash up (*meestal zonder voorwerp*)

omweg roundabout (*of:* circuitous) way (*of:* route) detour; *een lange* ~ a long way about (*of:* round); ***langs*** *een* ~ [go, attain one's end] by a roundabout way, [hear s.t.] in a roundabout way, [arrange things] deviously, circuitously; *een ~* ***maken*** go out of one's way, go [far, three miles] round, make a detour (a circuit); *iem een ~ laten maken* take a p. out of his way; ***zonder*** *~en* [ask, etc] point-blank, straight out

omwenden turn (round); (*schip*) put about; *zich ~* turn (round); **omwentelen** turn (round); (*om as, ook zich ~*) revolve, rotate; *zie ook* wentelen; **omwenteling** revolution, rotation, turn; (*revolutie*) revolution; *een ~ teweegbrengen in* revolutionize [trade, etc]

omwentelings|as axis of rotation; **-lichaam** solid of revolution; **-snelheid** velocity of rotation; **-tijd** (period, time of) revolution (rotation); **-vlak** surface of revolution

omwerken 1 remodel, refashion, reconstruct; (*boek*) rewrite, recast; 2 (*grond*) dig up, plough

omwerking 1 remodelling, etc; 2 (*concr*) recast

omwerpen *zie* omgooien

'omwikkelen wrap round; **om'wikkelen** wrap round, wrap up [*met* in]

omwille: ~ *van* for the sake of; *zie* wil: ter ~le

'omwinden wind (twine, twist) round; **om'winden** entwine, wrap up (round); **omwindsel** bandage, wrapper; (*plantk*) involucre

omwisselen I *tr* change [banknotes], exchange; II *intr* alternate, change; (*onderling*) interchange; (*v plaatsen*) change places

'omwoelen 1 (*grond*) root up; (*door granaat bijv*) churn up, plough up; 2 (*door elkaar halen*) rummage (in, among)

om'woelen muffle [a bell, oars], serve [a rope]

omwonend surrounding, neighbouring

omwo|nenden, -ners neighbours

Zie voor sam met om- evt ook omver- & rond-

omwroeten root up; **omzagen** saw down
omzeilen 1 *zie* omvaren; 2 (*moeilijkheid*) get round [a difficulty], bypass [obstacles]
omzendbrief circular letter; (*kerkelijk*) pastoral letter; **omzenden** send round
omzet [the annual] turnover; (*verkoop*) sale(s), business done (transacted), volume of business, movement [the movement was of a limited character]; ***kleine*** *winst, grote* ~ small profits, quick returns; **omzetbelasting** (*BTW*) value added tax, VAT; (*Am*) sales tax; (*Eng, hist*) purchase tax; **omzetpremie** turnover premium
'**omzetten** 1 place differently; transpose [words, etc; *ook in muz*]; 2 reverse [an engine]; 3 convert [iron into steel], convert, turn [a firm into a limited liability company], translate [words into action(s)], spend [one's money on beer]; transform [heat into energy]; *in geld* ~ convert into money, realize; 4 (*handel*) turn over [one's capital]; sell; *hij zet tonnen om per jaar* his annual turnover amounts to ...; 5 (*ombuigen*) fold; 6 *de hoek komen* ~ come (racing, running, etc) round the corner
om'zetten border; set [with diamonds, etc]
omzetting 1 transposition (*ook in muz*); (*v woordorde*) inversion; 2 reversal; 3 conversion; translation; *vgl* 'omzetten
omzichtig cautious, circumspect, wary; ~ *te werk gaan* exercise caution; *zie verder* voorzichtig; **omzichtigheid** cautiousness, circumspection, wariness; **omzien** look back; look out [for another job]; *zie ook* doen: doe wel en zie niet om; **omziend** (*her*) regardant
omzitten 1 change places; 2 *gaan* ~ turn round
'**omzomen** hem; **om'zomen** border, edge, fringe, skirt
omzwaai 1 swinging round; 2 (*fig*) turn [of fortune, etc], sudden change, change of front, volte-face; (*bij verkiezing, enz*) swing; **omzwaaien** I *tr* swing (round); swing round [a corner]; II *intr* 1 swing round; (*ve auto*) swerve; (*zwenken ook*) wheel round; 2 (*fig*) make a (complete) change of front; (*v studie, beroep, enz*) change over, switch (over), transfer [from history to art]
omzwachtelen bandage, swathe; (*kind*) swaddle
omzwalken drift about, be tossed this way and that; *zie ook* omzwerven; **omzwenken** wheel (*of:* swing) round; **omzwenking** change of front; *totale* ~ volte-face; **omzwerven** wander (rove, roam, ramble) about; **omzwerving** ramble, wandering, roving, peregrination [Dickens's London peregrinations]
on: ~ *of even* odd or even
onaan|dachtig inattentive; **-dachtigheid** inattention; **-doenlijk** impassive, apathetic, stolid; **-doenlijkheid** impassiveness, apathy, stolidity; **-gebroken** unopened, unused [packet of tea, etc]; *vgl* aanbreken; **-gedaan** unmoved, untouched; **-gediend** unannounced; **-gekleed** *zie* ongekleed; **-gekondigd** unannounced; *~e controle* spot-check, random [drugs] check
onaangenaam disagreeable, unpleasant [I have no desire to be unpleasant, but I must say], offensive [smell], unappetizing [subject], unpalatable [truth, lesson, fact], unwelcome [surprise]; *het stemde mij* ~ it annoyed me, (*fam*) it got under my skin; *het onaangename ervan* the unpleasant part of it, (*van het voorval*) the unpleasantness of the incident
onaangenaamheid disagreeableness; *-heden* unpleasantnesses; *-heden krijgen* fall out [with a p., with each other]; *-heden ondervinden* have unpleasant experiences; *ik wil geen -heden veroorzaken* I don't want to cause any unpleasantness; *-heden krijgen door* get into trouble over [s.t.]
onaan|gepast maladjusted [behaviour]; **-geraakt** *zie* -geroerd; **-geroerd** untouched, intact [leave money, etc intact]; (*v spijs, ook*) untasted; *een onderwerp* ~ *laten* not touch (up)on a subject, pass it over in silence; **-gesproken** unbroached [cask], unopened [bottle]; **-gestoken** 1 (*vrucht*) sound; 2 (*onbesmet*) uninfected; 3 (*vat*) unbroached; 4 (*kaars, enz*) unlighted, unlit; **-getast** untouched, unimpaired, [your honour is] unstained; [leave a capital, sum, etc] intact; (*door ziekte, het weer, zuren, enz*) unaffected; **-gevochten** unchallenged, undisputed
onaan|lokkelijk uninviting, unattractive; **-nemelijk** 1 (*ve voorstel, enz*) unacceptable [*voor* to], prohibitive [terms]; 2 (*niet geloofwaardig*) incredible, implausible; **-nemelijkheid** 1 unacceptability; 2 incredibility, implausibility; **-raakbaar** untouchable; **-stotelijk** inoffensive, unobjectionable; **-tastbaar** unassailable (*ook fig:* unassailable truth); unimpeachable [honesty], inviolable [rights]; **-tastbaarheid** unassailability, inviolability; **-trekkelijk** uninviting, unattractive; **-vaardbaar** unacceptable [motion]; **-vechtbaar** indisputable, incontestable, unchallengeable; **-wendbaar** inapplicable [*voor* to]; **-zienlijk** 1 undistinguised; (*v stand, geboorte*) humble; 2 (*onbeduidend*) insignificant; (*ve bedrag, enz*) inconsiderable; *het verlies is niet* ~, (*ook*) the loss is considerable
onaardig unpleasant; unkind, unfriendly; *niet* ~, (*nogal goed*) not bad; *het is* ~ *van je* it is not nice of you; *hoe* ~ *van je!* how unkind of you!
onaardigheid unpleasantness, unkindness
onacceptabel unacceptable
onacht|zaam inattentive, inadvertent, careless, negligent; **-zaamheid** inattention, inadvertence, carelessness, negligence, neglect, lack of care
onaf incomplete, not finished
onafbetaald unpaid, not fully paid up [arrears]
onafgebroken I *bn* uninterrupted, continuous [stream], sustained [rifle-fire], unbroken [service], perennial [supply of water], unremitting [care], unrelieved [monotony]; II *bw* uninterruptedly, continuously, without interruption; [work five hours] without a break (non-stop)
onaf|gedaan 1 unfinished; 2 unpaid, unsettled; outstanding [debts]; 3 (*ve partij goederen*) unsold; **-gehaald** unclaimed [luggage], not called for; **-gelost** 1 (*schuld*) unpaid, outstanding; (*pandbrief, enz*) unredeemed; 2 (*wacht*) unrelieved;

Zie voor sam met om- evt ook omver- & rond-

-**gesneden** uncut, untrimmed [copy, edges]; *met ~ rand, (ook)* deckle-edged [paper]; -**gewend** I *bn* unaverted; II *bw* fixedly, steadily [look steadily at a p.]; *~ gevestigd houden op* keep [one's eyes] fixed steadily on; -**gewerkt** [leave, remain] unfinished

onafhankelijk I *bn* independent [*van* of]; sovereign [state]; II *bw: ~ van* independently of, irrespective of; **onafhankelijkheid** independence

onafhankelijkheids|beweging independence movement; -**oorlog** war of independence

onaf|losbaar irredeemable; -**scheidbaar** *zie* -scheidelijk; -**scheidbaarheid** inseparability; -**scheidelijk** inseparable [*van* from]; *~ verbonden aan, (ook)* inherent in [human nature]; -**wendbaar** not to be averted, unavoidable, inescapable, inevitable; -**wendbaarheid** inescapability, inevitability; -**wijsbaar** imperative [duty]; *-bare voorwaarde* sine qua non; -**zetbaar** irremovable; -**zetbaarheid** irremovability; -**zienbaar** (extending) beyond the reach of the eye; interminable, immense; incalculable [consequences]; -**zienbaarheid** immensity, immenseness

onager (*wilde ezel*) id; **onaneren** masturbate; **onanie** onanism; **onanist** id

onappetijtelijk unappetizing

onartistiek inartistic (*bw:* -ally)

onattent inattentive; (*voor anderen, ook*) inconsiderate; **onattentheid** inattention

onbaatzuchtig disinterested, unselfish, selfless

onbalans imbalance; *in ~*, (*techn*) unbalanced

onbarmhar|tig merciless, pitiless, uncharitable; *iem ~ afranselen* thrash a p. unmercifully; -**tigheid** mercilessness, enz; *vgl* onbarmhartig

onbeantwoord unanswered [letter]; unreturned, unrequited [love]; *~ laten* leave without reply, not reply to [a letter]; *zijn vraag bleef ~* his ... went unanswered

onbebouwd (*land*) uncultivated, untilled, waste; (*terrein*) unbuilt(-)on, vacant; *huurwaarde van ~ eigendom* site value; *belasting op ~ eigendom* rate on site value

onbecijferbaar incalculable

onbedaarlijk uncontrollable, ungovernable, inextinguishable [laughter]; *~ gelach, (ook)* convulsions of laughter

onbedacht(zaam) thoughtless, rash, inconsiderate; *zie ook* onbezonnen; **onbedachtzaamheid** thoughtlessness, enz; *zie ook* onbezonnenheid

onbedekt uncovered, bare; uncarpeted [floor]; *iem ~ iets zeggen* tell a p. openly, in plain terms

onbedenkelijk: *niet ~* rather precarious, pretty risky, *vgl* bedenkelijk

onbediend without receiving the last sacraments

onbedoeld unintentional

onbedorven unspoiled, unspoilt, innocent, unsophisticated; untainyed, sound; uncorrupted; *vgl* bedorven; **onbedorvenheid** innocence

onbedreigd (*sp*) unchallenged [winner]

onbedreven unskilful, unskilled, inexperienced, inexpert, unpractised [*in* in]; *~ in, (ook)* raw, a raw hand at [a job]

onbedrevenheid unskilfulness, inexperience

onbedrieglijk unmistakable [sign], unerring [instinct], infallible

onbedrukt plain [paper]; unprinted [leaf]; [one side of the sheet remained] blank

onbeducht undaunted, unafraid [*voor* of]

onbeduidend insignificant, trivial, trifling, twopenny(-halfpenny); *dit nummer is vrij ~, (ook)* rather thin; *~ mens* mere nobody, nonentity; *de winst is ~* negligible (*niet ~* not inconsiderable)

onbeduidendheid 1 insignificance; 2 (*concr*) triviality

onbedwingbaar uncontrollable, indomitable; irrepressible [mirth]

onbedwongen untamed, unconquered

onbegaanbaar impassable, impracticable

onbegeerlijk undesirable

onbegerig undesirous

onbegonnen: (*een*) *~ werk* an endless (hopeless) task; (*ook*) it is like looking for a needle in a haystack

onbegraven unburied, (still) above ground

onbegrensd unlimited, unbounded

onbegrepen not understood; uncomprehended

onbegrijpelijk 1 incomprehensible, puzzling, incredible [that he should fall for this]; 2 (*v woorden, enz*) unintelligible; 3 (*ondenkbaar*) inconceivable; 4 (*dom*) *zie* onbevattelijk

onbegrip lack of understanding; [he met with total (blank)] incomprehension

onbehaaglijk 1 unpleasant, disagreeable; 2 (*niet op zijn gemak*) ill at ease, uneasy, uncomfortable; *een ~ gevoel, (ook)* a feeling of discomfort; 3 (*onlekker*) out of sorts; **onbehaaglijkheid** unpleasantness, etc, discomfort

onbehaard hairless, glabrous

onbehagen discomfort, uneasiness, [political] unease; *gevoelens van ~* misgivings, qualms

onbeheerd ownerless, unowned; *het huis ~ laten* leave the house to take care of itself; *~ vaartuig, (verzekering)* derelict vessel; *~ staand* unattended [bicycle, luggage]; *de auto stond ~* the ... without anyone in charge

onbeheerst violent [demeanour], ungovernable [rage]; [she is very] temperamental; *ze begon ~ te snikken* she burst into uncontrollable sobs

onbeholpen awkward, clumsy; **onbeholpenheid** awkwardness, clumsiness

onbehoorlijk 1 unbecoming, unseemly, improper, indecent, undue [influence; be unduly late]; *het ~e van* ... the impropriety of ...; 2 (*onhebbelijk*) impertinent, rude

onbehouwen 1 unhewn, untrimmed [timber, stone]; 2 (*fig*) ungainly, unwieldy; 3 (*vlegelachtig*) rude, unmannered; *~ kerel* lout, boor

onbehuisd homeless

onbehulpzaam unhelpful, disobliging

onbekend 1 (*niet gekend*) unknown; *ons ~* unknown to us; *zijn gezicht kwam mij niet ~ voor* his face did not seem unfamiliar to me; *dat is hier ~* that is (a thing) unknown here; *~ maakt onbemind* unknown, unloved; *~e grootheid* unknown quantity (*ook fig*); *~ merk* obscure make;

de ~e soldaat the Unknown Warrior; 2 (*niet op de hoogte*): *ik ben hier* ~ I am strange (a stranger) here, I am new to this place; ~ ***met*** unacquainted with [a p., thing, fact], ignorant of [a thing, fact], unaware of [a fact]; *hij was ~ met dit soort werk,* (*ook*) that sort of work was new (strange) to him

onbekende 1 (*pers*) stranger, unknown [the, an, this unknown; the beautiful unknown; these unknowns]; 2 (*wisk*) unknown [an equation with two unknowns]; 3 *het* ~ the unknown

onbekendheid 1 (*het onbekend zijn: ve pers*) obscurity; 2 (*het niet-kennen*) unfamiliarity [*met* with], ignorance [*met* of]

onbeklimbaar unclimbable, unscalable, inaccessible

onbekommerd free from care; *zie* onbezorgd 1

onbekookt thoughtless, ill-considered, ill-digested, rash, crude, wild [schemes]

onbekrompen (*royaal*) unstinted, liberal, open-handed; (*v geest*) liberal, open-minded, broad-minded; *op ~ wijze* [spend money] freely (lavishly), [provide s.t.] without stint; ~ *leven* live comfortably; **onbekrompenheid** liberality, broadmindedness

onbekwaam 1 (*incapabel*) incapable, unable, incompetent; 2 (*onhandig*) incompetent, inefficient; 3 (*dronken*) drunk and incapable, incapably drunk; **onbekwaamheid** inability, incapacity, incapability, inefficiency, incompetence; **onbeladen** unladen, unloaded

onbelangrijk unimportant, insignificant, immaterial, of no consequence; **onbelangrijkheid** unimportance, insignificance

onbelast 1 unburdened, unencumbered; 2 (*zonder hypotheek*) unencumbered, unmortgaged; (*zonder belasting*) untaxed, *vgl* ~baar; ~ *gedeelte van het inkomen* personal allowance; (*invoer*) duty-free; 3 (*techn*) empty, without load; ~ *lopend* idling; **onbelastbaar** not liable to taxation; (*goederen*) free of (exempt from) duty, free

onbeleefd impolite, uncivil, discourteous, rude; [that is] bad manners; **onbeleefdheid** impoliteness, incivility, discourtesy, rudeness

onbelemmerd unhindered, unobstructed [view], unimpeded, unhampered, untrammelled, free; [act] without let or hindrance

onbeloond unrewarded, unrequited; *zijn arbeid bleef niet* ~ his labour did not go unrewarded

onbemand unmanned [train, satellite], ungarrisoned [fort], pilotless [plane]

onbemerkt unperceived, unnoticed, [come, go] unobserved

onbemiddeld without means, impecunious; *niet* ~, (*ook*) well off, well-to-do

onbemind unloved, unbeloved

onbemindheid unpopularity

onbeneveld unclouded [*ook fig:* eye, mind, etc]

onbenoembaarheid ineligibility

onbenoemd unappointed; ~ *getal* abstract number; *hij* (*de grootvader*) *is nog* ~ none of his grandchildren have been named after him

onbenul 1 brainlessness; 2 (*stuk*) ~ noodle, dumbo; **onbenullig** inane [person, remark], vapid [conversation], feeble [speech, story]; **onbenulligheid** inanity, vapidity; *-ligheden* inanities, nothings

onbenut unused, unutilized

onbepaald 1 indefinite (*ook in gramm*), indeterminate, nondescript, unlimited, vague [express o.s. vaguely]; ~ *vertrouwen* implicit faith; *~e wijs* infinitive; *voor ~e tijd uitstellen* postpone indefinitely; *voor ~e tijd verdagen,* (*ook*) adjourn sine die; *voor ~e tijd met verlof gaan* go on indefinite leave; 2 (*onzeker*) uncertain; **onbepaaldheid** indefiniteness, indeterminacy, vagueness

onbeperkt unlimited, boundless, unrestrained; unrestricted [submarine warfare]; ~ *houdbaar* will keep indefinitely; ~ *vol te houden* sustainable; *zie ook* onbepaald

onbeproefd untried, untested; *niets* (*geen middel*) ~ *laten* leave nothing (no expedient) untried, leave no stone unturned

onberaden thoughtless, rash, inconsiderate, ill-advised, -judged, -conceived, -considered; *een ~ huwelijk aangaan* rush into marriage; *zie ook* onbezonnen

onbereden unbroken, unridden [horse]; unmounted [troops, police]; ~ *weg* unbeaten track, unfrequented road

onberedeneerd 1 unreasoned [confidence, philosophy], unreasoning [optimism], irrational [fear, urge]; 2 *zie* onbezonnen

onbereid raw, unprepared

onbereikbaar unreachable; (*ook v pers*) inaccessible, unapproachable, (*fam*) unget-at-able; (*fig*) unattainable

onbereisbaar impracticable, impassable

onbereisd untravelled [people, country], unfrequented [country]

onberekenbaar incalculable (*ook fig*); (*ook*) [he was so] unpredictable; **onberekend** 1 unequal [*voor een taak* to a task]; 2 not charged for

onberijdbaar unrid(e)able [horse], impassable [road]

onberijmd rhymeless, unrhymed; *de ~e Psalmen* the non-metrical (prose) version of the Psalms

onberispelijk blameless, irreproachable, unimpeachable, faultless, flawless, unexceptionable, above (beyond) reproach; *hij was van ~ gedrag* he bore an irreproachable character; ~ *gekleed* faultlessly (immaculately) dressed; *~e manieren* impeccable manners

onberoerd unperturbed, serene

onbeschaafd 1 (*v pers*) ill-bred, unmannerly, uneducated, unrefined; 2 (*ve volk*) uncivilized, barbarous, savage; **onbeschaafdheid** 1 ill-breeding, unmannerliness; 2 barbarism

onbeschaamd 1 unashamed; 2 impudent, insolent, impertinent, barefaced, brazen-faced, unblushing [liar; lie unblushingly], shameless; *zie ook* brutaal; **onbeschaamdheid** impudence, insolence, impertinence (*ook:* an impertinence), effrontery, assurance; *zie ook* brutaliteit

onbeschadigd undamaged, uninjured, sound, [arrive] in good (*of:* sound) condition, intact

onbescheiden immodest, arrogant, forward; *als*

het niet ~ is te vragen if it is not a rude (indiscreet) question to ask; **onbescheidenheid** immodesty, arrogance; [an] indiscretion
onbeschermd unprotected, undefended; naked, unscreened [light]
onbeschoft rude, impertinent, insolent, impudent; **onbeschoftheid** rudeness, impertinence (*ook:* an impertinence, impertinences), insolence, impudence
onbeschreven 1 blank, not written (up)on; 2 undescribed; 3 (*ongeschreven*) unwritten [law]; *een ~ blad,* (*fig*) (a) tabula rasa; **onbeschrijf(e)lijk** indescribable, beyond description, [beautiful] beyond words; *~ grappig* too funny for words; *het is ~,* (*ook*) it defies (beggars) description; *~ veel* [do] untold [mischief]
onbeschroomd bold, undaunted, fearless, unabashed
onbeschut unsheltered, unprotected; exposed [place]
onbeslagen 1 unshod; 2 (*fig*) unprepared; *zie ook* ijs; **onbeslapen** [the bed has] not [been] slept in, [the bed was] undisturbed; **onbeslecht** *zie* onbeslist
onbeslist undecided; [problems] outstanding [between ...]; *~ spel* (*~e wedstrijd*) drawn game (match), draw, tie; *het spel bleef ~* the game ended in a draw, was drawn; *nog ~ zijn,* (*ook*) hang in the balance; **onbeslistheid** indecision
onbesmet spotless, stainless, untainted, undefiled, unblemished [honour]; uninfected [cattle]; (*bij staking*) untained [goods]
onbesneden uncircumcised
onbespeelbaar unplayable (*ook v bal & terrein*); unfit for play; **onbespied** unobserved; **onbespoten** unsprayed [fruit]
onbespreekbaar not open to discussion
onbesproken 1 (*onderwerp*) undiscussed; *~ blijven* not come up for discussion; *~ laten* not touch (up)on, pass over; 2 (*plaats*) unbooked, unreserved, free; 3 (*gedrag*) blameless [conduct, life]; *zie ook* onberispelijk
onbestaanbaar impossible; *~ met* incompatible (inconsistent) with; **onbestaanbaarheid** 1 impossibility; 2 incompatibility, inconsistency
onbestelbaar undeliverable, dead [letter]; *indien ~ gelieve terug te zenden aan ...* if undelivered (in case of non-delivery), please return to ...; *afdeling voor onbestelbare brieven* dead (*of:* returned) letter office
onbestemd indeterminate, vague; indefinable [feeling], nameless [fears]
onbestendig unsettled [weather, etc], fitful [weather], unstable, unsteady, changeable, fickle [Fortune, climate]; **onbestendigheid** unsettled state [of the weather], instability, changeability, inconstancy, fickleness
onbestorven 1 (*vlees*) too fresh; (*metselwerk*) fresh; (*verf*) tacky; 2 *~ weduwe* (*weduwnaar*) grass widow (widower)
onbestraat unpaved
onbestreden undisputed, unchallenged
onbestuurbaar unmanageable, not under control, [e, get, run] out of control, ungovernable, [get] out of hand; *-bare auto,* (*ook*) runaway car
onbesuisd rash, giddy, headlong, reckless, hot--headed; *~ fietser, enz, zie* woest
onbetaalbaar unpayable [debts]; prohibitive [price], prohibitively expensive [goods]; priceless, invaluable [services]; (*ve grap*) capital, priceless; **onbetaald** (*bedrag, enz*) unpaid; (*rekening ook*) unsettled; (*goederen*) unpaid-for [costume]; *~e rekeningen,* (*ook*) outstanding accounts
onbe|tamelijk unbecoming, unseemly, improper, indecent; *zie ook* onbehoorlijk & ongepast; **-tamelijkheid** unseemliness, impropriety, indecency; [it's a] solecism; **-tekenend** *zie* onbeduidend
onbeteugeld unbridled, unrestrained
onbetreden untrodden
onbetreurd unlamented, unwept
onbetrouw|baar unreliable, untrustworthy, not to be trusted, shady [individual]; **-baarheid** unreliability, unreliableness, untrustworthiness
onbetuigd: *hij liet zich niet ~* he acquitted himself well, kept his end up; (*aan tafel*) he did justice to the food; **onbetwijfelbaar** *zie* ontwijfelbaar
onbetwist undisputed, uncontested, unchallenged; **onbetwistbaar** indisputable, incontestable, unassailable
onbevaarbaar in-, unnavigable
onbevallig ungraceful, inelegant, ungainly
onbevalligheid ungracefulness, inelegance
onbevangen 1 unprejudiced, unbias(s)ed, open--minded, detached [observer], [approach a subject] with an open mind; *~ oordelen* keep an open mind; 2 (*vrijmoedig*) unconcerned
onbevangenheid 1 open-mindedness, detachment, impartiality; 2 unconcern(edness)
onbevaren unnavigated [seas]; *~ matroos* inexperienced (freshwater) sailor
onbevattelijk 1 (*pers*) dense, slow (of comprehension); 2 (*zaak*) incomprehensible
onbevlekt unstained, unblemished, undefiled; *de O~e Ontvangenis* the Immaculate Conception
onbevoegd unqualified [teacher]; unauthorized [use]; (*jur*) incompetent [person]; *... is ~* [this court] has no jurisdiction; *~ de geneeskunde uitoefenen* practise as a doctor without being registered; *~ verklaren* disqualify; *geen toegang voor ~en* no unauthorized person allowed to enter; *een minderjarige is ~* a minor is under a disability; **onbevoegdverklaring** disqualification
onbevolkt unpopulated, unpeopled
onbevoor|oordeeld unprejudiced, unbias(s)ed, open-minded; *~ overwegen* consider with an open mind; **-oordeeldheid** freedom from prejudice, open-mindedness; **-recht** unprivileged
onbevredigd unsatisfied
onbevredigend unsatisfactory
onbevreesd fearless, dauntless, unafraid [*voor* of], undaunted; **onbevreesdheid** fearlessness
onbevrucht unimpregnated, unfertilized [eggs]
onbewaakt unguarded (*in alle betek*); (*ook*) [in an] unthinking [moment]; *zie ook* overweg
onbeweeg|baar immovable; **-baarheid** immo-

vability; **-lijk** motionless, immovable, immobile, unyielding; **-lijkheid** immobility
onbeweend unwept, unmourned
onbewerkt 1 unprocessed, raw; 2 (*onbereid*) undressed [leather, wood]; 3 (*onversierd*) plain, unornamented
onbewerktuigd inorganic, unorganized
onbewezen unproved; (*jur, inz Sch*) not proven
onbewijsbaar unprovable, not to be proved
onbewimpeld frank, open, outspoken
onbewogen unmoved, unconcerned, impassive [face], unruffled [surface], without emotion, unemotional; uneventful [times]
onbewolkt cloudless, unclouded
onbewoonbaar uninhabitable, [declare] unfit for habitation; (*ve huis ook*) untenantable; ~ *verklaard* condemned [houses]; **onbewoonbaarheidsverklaring** declaration of unfitness for (use or human) habitation; **onbewoond** uninhabited; (*ve woning ook*) unoccupied, untenanted; ~ *eiland* desert island; ~*e winkel* lock-up shop
onbewust I *bn* unconscious [actions], unwitting [sin]; ~ *van* unaware (unconscious) of; *zich* ~ *dat* (*hoe, enz*) unaware (unconscious) that (how, etc); *het* ~*e* the unconscious; II *bw* unconsciously, unawares, [sin] unwittingly; **onbewustheid** unconsciousness
onbezet vacant [chair, post], unoccupied, empty, disengaged [chair]; (*mil*) unoccupied; *vgl* bezetten; **onbezield** inanimate, lifeless, dead; **onbezien(s)** unseen; ~ *verkocht* sold by description; **onbezocht** unfrequented, unvisited; **onbezoedeld** undefiled, unpolluted, unstained, unsmirched
onbezoldigd (*v pers & ambt*) unsalaried, unpaid; honorary [doctors in hospitals; honorary work]; ~ *penningmeester* honorary treasurer
onbezongen unsung
onbezonnen thoughtless, rash, giddy, inconsiderate, hare-brained, ill-advised, unthinking [in an unthinking moment]; *een* ~ *stap* an indiscreet step, an indiscretion; **onbezonnenheid** thoughtlessness, etc; [a youthful] indiscretion
onbezorgd 1 free from care, carefree [live a carefree life], light-hearted, unconcerned; 2 (*ve brief*) undelivered; 3 (*onverzorgd*) unprovided for; **onbezorgdheid** light-heartedness, unconcern
onbezwaard 1 (*v geweten, enz*) unburdened; 2 (*v bezit*) unencumbered, clear; **onbezweken** unflinching [courage]; unshaken [faith]
onbillijk unjust, unfair, inequitable, unreasonable; **onbillijkheid** injustice (*ook:* an injustice, injustices), inequity, unfairness, etc
onbloedig bloodless, unbloody
onblusbaar inextinguishable, unquenchable
onboetvaardig impenitent; **onboetvaardigheid** impenitence
onbrandbaar incombustible, uninflammable, non-flam(mable); ~ *maken* fireproof, flame-proof; **onbrandbaarheid** incombustibility; **onbreekbaar** unbreakable, infrangible; *zie ook* onsplinterbaar; **onbreekbaarheid** unbreakableness, infrangibility
onbruik disuse, desuetude; *in* ~ *geraken* go (drop, fall) out of use, fall into disuse; (*ve gewoonte, recht, enz, ook*) fall into abeyance, lapse; **onbruikbaar** unfit for use, useless, unusable, unserviceable; (*ve weg*) impracticable; (*ve pers*) unemployable, useless; ~ *maken* render useless; (*ook*) cripple [a TV transmitter]; **onbruikbaarheid** uselessness; impracticability; unemployability
onbuigbaar 1 inflexible; 2 (*gramm*) indeclinable
onbuigzaam inflexible; (*fig ook*) unbending, uncompromising, unyielding, rigid, intractable, stubborn; **onbuigzaamheid** inflexibility, rigidity, stubbornness, uncompromising attitude
onchristelijk unchristian; **onchristelijkheid** unchristian conduct, unchristian spirit
oncogeen oncogenic; **oncogen** oncogene
oncollegiaal disloyal (to colleagues)
oncologie oncology; **oncoloog** oncologist
oncontroleerbaar 1 unverifiable, [reports] which cannot be checked; 2 uncontrollable
ondank ingratitude, thanklessness; *mijns* ~*s* in spite of me (*of:* myself); ~ *is 's werelds loon* ingratitude is the way of the world; eaten bread is soon forgotten; *zie ook* oogsten
ondankbaar ungrateful, thankless, unthankful; ~ *werk* a thankless task; **ondankbaarheid** ingratitude, thanklessness
ondanks in spite of, despite, notwithstanding, for all [his money], in the face of [great difficulties]; *zie ook* niettegenstaande
ondeel|baar indivisible; ~ *getal* prime number; *voor* (*in*) *een* ~ *ogenblik* for a fraction of a second (in a split second); ~ *klein* infinitesimal(ly small); **-baarheid** indivisibility; (*ve getal*) primeness
ondefinieerbaar indefinable, elusive
ondegelijk unsubstantial, unsound, superficial
ondenkbaar unthinkable, inconceivable, unimaginable
onder I *vz* 1 (*plaats*) under, underneath, beneath; ~ *de brug* (*een ladder*) ***door*** [pass, go] under the bridge (a ladder); ***van*** ~ *de tafel* from under the table; 2 (*fig meestal*) under [the British flag, the city walls, Charles I, my predecessor, an insurrection under ..., work under a p., see under the article Natural History]; ~ *Amsterdam* [a village] in the immediate neighbourhood of A; ~ *5* ***pond*** (*de 50, de 40 minuten*) under £5 (fifty, forty minutes); *hij heeft de stukken* ~ ***zich*** he has the documents in his keeping; *zie ook* hand: onder ~en; 3 (*te midden van*) among, amid(st); to [he drove off to the cheers of the crowd]; ~ *hen* among them, among their number; *er is minder geld* ~ *de mensen* there is less money about; *hij vocht* ~ *de* ***Duitsers*** he ... in the German ranks; ~ ***gelach*** amidst laughter; ~ *alle* ***gevaren*** in the midst of all dangers; ~ ***ons*** [dine, etc] just among ourselves; ~ *ons* (*gezegd*) between ourselves (you and me); *het moet* ~ *ons blijven* it must not go (get) any further (than ourselves), this is (entirely) between you and me; ~ ***tranen*** with tears; ~ ***vijanden*** amid(st) enemies; ~ ***vrienden*** among friends; 4 (*tijdens*) during; ~ *het eten* at dinner, during meals; ~

schooltijd during school-hours (lessons); ~ *het lezen* while reading, [you see the scenes] as you read; ~ *het gaan* [she stooped, mopped her face] as she went; ~ *klokgelui* with the bells ringing; ~ *een glas wijn* [discuss the matter] over a glass of wine; *zie ook* ander, meer, zitten, enz; II *bw* below; *de zon is* ~ the sun is set (is down); ~ *krijgen* get under, get the better of, overcome; ~ *wonen* live on the ground-floor; *er* ~ underneath; *hoe was hij er ~?* how did he take it?; *hij bleef er vrolijk* ~ it did not affect his cheerfulness; *er ~ helpen,* (*fam*) sod up; ***naar*** ~(*en*) down, below, downward(s); ***van*** ~(*en*) [wet, etc] underneath; (*richting*) from below; *4de regel van* ~(*en*) fourth line from (the) bottom; *van ~en!,* watch out!, stand aside!; (*mar, enz*) down below!, heads below!; *van* ~(*en*) *op* (right) up from below, [learn the business] from the bottom, from the ground up; (*mil; ook fig*) [rise] from the ranks; *van* ~(*en*) *op beginnen,* (*fig*) begin (start) at the bottom (at the foot of the ladder); *hij is van* ~(*en*) *op begonnen,* (*ook*) he has worked his way up; *van* ~(*en*) *naar boven* from the bottom up (upward, upwards); *hij bekeek me van ~ tot boven* he looked me up and down; *zie ook* I.1; ***ten*** ~ *brengen* subjugate, subdue, overcome, conquer; *ten ~ gaan* founder; *vgl* 'ondergaan; ~ ***aan*** at the foot of [the stairs, letter, page], at the bottom of [the page]; ~ ***in*** at the bottom of [the basket, the cellar]; *zie ook* ~aan; **onderaan** at the bottom (*of:* foot), underneath; at the bottom of the class (table, list); (*in brief*) at foot, at the foot of the letter; *Z heeft het hele seizoen ~ gehangen,* (*sp*) Z has been in the cellar ...; *zie ook* onder II

onder|aandeel subshare; **-aannemen** subcontract; **-aannemer** subcontractor; **-aanzicht** bottom view; **-aards** subterranean, underground; **-adjudant** (*vglb*) warrant-officer; **-af** at (*of:* from) the bottom; **-afdeling** subdivision, subsection; **-arm** forearm

onder|baas foreman; **-balk** architrave; **-bedeeld** underprivileged; **-been** lower leg, (*anat*) leg; **-belichten** underexpose; **-betalen** underpay; **-bevelhebber** second in command; **-bewust** subconscious; **-bewuste** subconscious; **-bewustzijn** subconscious(ness); **-bezet** undermanned, understaffed; **-bibliothecaris** deputy librarian, sub-librarian; **-bieden** underbid; **-binden** tie (put) on [skates]; **-bootsman** boatswain's mate; **-bouw** 1 substructure, infrastructure; 2 (*ve spoorw*) road-bed; 3 (*ve lyceum*) first year (*of:* first and second years); **-bouwen** substantiate, support, back up, underpin [arguments, a theory]; *goed onderbouwd* soundly based; **-breken** break [a journey], interrupt, break in on [a p.'s thoughts, a conversation]; punctuate [a speech with cheers; sobs punctuated the evidence]; relieve [the monotony]; *de reis in A* ~ stop off (over) at A; **-breker** (*elektr*) interrupter, circuit-breaker, contact-breaker; **-breking** break, interruption, intermission, halt; **-brengen** shelter [fugitives], accommodate, put up, lodge [persons], house [persons, things]; place, class [in a category], relegate [to an index]; *elders* ~ outhouse [books]; *zich nergens* (*in categorie, enz*) *laten* ~ fit in nowhere; **-broek** (under)-pants, panties, (pair of) knickers; **-buik** (lower) abdomen; **-buiks** abdominal [pains]; **-buur** downstairs neighbour

onder|daan subject; *mijn -danen,* (*scherts: benen*) my pins; *onderdanen,* (*inz in het buitenland*) [British] nationals [in Spain]; **-dak** shelter, home, lodging, accommodation; *geen ~ hebben,* (*ook*) be homeless; ~ *verschaffen* accommodate, shelter; **-danig** submissive, humble; obsequious [he bowed most obsequiously], subservient; *Uw ~e dienaar* Yours obediently (respectfully); *de ~e dienaar spelen* bow and scrape [*voor* to]; **-danigheid** submissiveness, humility, subservience, obsequiousness; **-deel** part, component; sub-division; (*ve leger*) [army] unit; (*ve maatschappij*) branch; (*bk*) member; (*examen*) subject; head [the heads of a speech, a lecture]; branch [of a science]; fractional part [of a mile]; fraction [in a fraction of a second]; *in een ~ van een seconde,* (*ook*) in a split second; (*ve machine, enz*) [motor-]part, accessory, fitting, component; **-dehand** *zie* hand: onder de ~; **-deks** below deck(s), below; **-deur** hatch, lower half of a door; *~tje,* (*fam*) shorty

onderdirec|teur, **-trice** sub- (under-)manager, assistant manager; (*ve school*) senior master (*v:* mistress), assistant headmaster (*vr* headmistress), vice-principal

onder|doen 1 tie (put) on [skates]; 2 knuckle under (*voor* to); 3 *niet ~ voor* be a match for, hold one's own with; *voor niemand* ~ be second to (yield to) none, be behind no one [in ...]; *niet voor elkaar* ~ be well-matched; **-dompelen** immerse, plunge, dip, duck, souse; **-dompeling** immersion, plunge, dip, ducking; **-door** 1 underneath, under it (them, etc); 2 among them (the number); *dat kan er voor deze keer* ~ that may pass for this once; *zwakke leerlingen gaan er* ~ go to the wall; **-doorgang** subway; (*onder weg*) underpass; **-dorpel** bottom rail

onder|drukken oppress [a nation], suppress [a sigh, smile, an opinion, insurrection], repress, put down [a rebellion], stamp out [a rebellion], subdue [a passion], keep down [one's anger], stifle [a laugh], smother [a yawn, curse], force back [emotions, tears], choke back [tears, sobs], fight down [an impulse to ...], get under [a fire], quell, crush [a revolt]; *de menselijke natuur laat zich niet* ~ human nature will out; *niet te* ~ irrepressible [feelings]; *onderdrukt,* (*ook*) pent-up [feelings]; **-drukker** oppressor; suppressor; **-drukking** oppression, suppression; *vgl* onderdrukken; **-duiken** dive, plunge, duck, take a header; (*vd zon*) dip (*of:* sink) below the horizon; (*tijdens bezetting*) go underground, go into hiding; **-duiker** person in hiding; **-duiking** dive, plunge, header; **-duwen** push under; **-een** together, pell-mell; *zie ook* dooreen; **-einde** lower end, bottom end

onderen *zie* onder

'ondergaan 1 go down, sink; (*vd zon, enz*) set, go

down; *de dichter ging onder in de staatsman* the poet was submerged (*of:* lost) in the ...; 2 (*bezwijken*) go down [*voor* before], go under, perish
onder'gaan undergo [one's fate, a change, an operation, punishment], be subjected to [abuse, tests], suffer [humiliations], experience [a similar fate], endure [pain, etc], serve [a term of imprisonment]; *een gehele omwerking ~, (ve boek)* be entirely rewritten; *doen ~* inflict [humiliations] on [a p.], subject to [a thorough revision]; *iem een verhoor doen ~* put a p. through an examination
ondergang 1 setting [of the sun]; 2 (*fig*) (down)-fall [of an empire]; ruin, ruination, destruction; *~ en verderf* death and destruction, gloom and doom; *de ~ der wereld* the end of the world, the crack of doom; *zij* (*dat*) *was mijn ~* she (that) was the ruin of me (my undoing); *zie ook* tegemoet
ondergedeelte lower part
onder|geschikt subordinate (*ook van zin*), inferior, subsidiary [*aan* to]; *van ~ belang* of secondary (minor) importance; *~ punt* minor point; *~e rol,* (*ook fig*) subordinate (minor) part; *een ~e rol spelen,* (*fig*) play second fiddle; *~ maken* subordinate, place second [*aan* to]; **-geschikte** subordinate, inferior; (*min*) underling; **-geschiktheid** subordination, inferiority; **-geschoven** supposititious [child], spurious [charter, will]
onder|getekende: (*de*) *~* the (present) writer, the undersigned; (*scherts: ik*) yours truly, your humble servant; *ik* (*wij*) *~(n)* I (we) the undersigned; **-gistend** bottom-fermenting, lager-type [beer]; **-gisting** sedimentary fermentation; **-goed** underclothing, underclothes, underwear, (*fam, inz v vrouw of meisje*) undies; **-gordijntje** low net curtain; **-'graven** undermine, sap; **-greep** underhand grip; *in de ~* underhand; **-grens** lower limit
ondergrond underground; (*ook fig*) subsoil; (*fig*) foundation; the underlying causes [of an event]; **ondergronds** underground; *~e* (*spoorweg*) underground (railway), (*Am*) subway; *~e* (*beweging*) underground, resistance (movement); **ondergrondsploeg** subsoil plough
'onderhand *zn* 1 lower hand; 2 flat of the hand
onder'hand *bw* meanwhile
onderhandelaar negotiator; **onderhandelbaar** negotiable; **onderhandelen** negotiate [*over een punt* on a point; *over vrede* for peace], treat [for peace, with the enemy], parley; **onderhandeling** negotiation; (*onofficieel*) pourparler; (*mil*) parley; *in ~en treden, ~en aanknopen* enter into negotiations [*met* with], open (up) negotiations; *in ~ zijn met ... over vrede* be negotiating with ... for peace; *~en voeren* conduct (carry on) negotiations; *door ~ tot stand brengen* negotiate [a settlement]; **onderhandelingstafel** negotiating table
onderhands I *bw zie* ondershands; II *bn* private [treaty, contract, sale, bargain]; (*ong*) underhand [intrigues], hole-and-corner [arrangement], backstairs, behind-the-scenes [negotiations]; *~ akkoord* private arrangement; *~e worp* underhand throw
onder|havig: *het ~e geval* the case in question (before us, under consideration, in hand), the present case; *het ~e punt* the point at issue; **-hebbend** subordinate; **-heien** found on piles
onderhevig: *~ aan* liable to, subject to; *aan twijfel ~* open to question (*of:* doubt)
onderhorig dependent, subordinate, belonging [*aan* to]; **onderhorige** dependant, subordinate; **onderhorigheid** 1 dependence, subordination; 2 (*land*) dependency
onderhoud 1 (*ve pers*) maintenance, support, keep, sustenance; ***voorzien*** *in het ~ van* provide for [one's family]; (*bij scheiding*) maintenance, (*Am*) alimony; *in zijn eigen ~ voorzien* provide for o.s., be self-supporting (*ook ve land*), earn one's keep, pay one's (own) way; 2 (*ve huis, weg, enz*) upkeep; (*ve gebouw, weg, enz, ook*) maintenance; (*ve geweer, auto, enz*) care; *voor het ~ van het huis zorgen* keep the house in repair; 3 (*gesprek*) interview, conversation
'onderhouden keep under (*ook fig* er ~)
onder|'houden 1 (*in stand houden*), (*zijn familie, enz*) support, provide for, keep, maintain; (*gebouw, enz*) keep in repair; maintain [a road]; service [a car, a machine]; keep up [one's studies, one's French, friendship, a correspondence]; *iets* (*een kunst, enz*) *~,* (*ook*) keep one's hand in; *zich*(*zelf*) *~* support (keep, provide for) o.s.; ***betrekkingen*** *~ met* maintain relations with; *een* ***dienst*** *~* maintain (provide, operate) a service; *Gods* ***geboden*** *~* keep God's commandments; ***goed*** *~* ... well-kept [streets, graves], well-preserved (*slecht ~* badly kept); *het huis is goed* (*slecht*) *~* the ... is in good (bad) repair; *een* ***leger*** *~* maintain an army; *niets om het* ***leven*** *te ~* nothing to sustain life; 2 (*vermaken*) entertain, amuse; 3 (*spreken:*) ***zich*** *~ met iem* converse with a p.; *iem ~* ***over*** remonstrate (expostulate) with a p. on (about) [his behaviour], reprimand a p. for s.t.; **-'houdend** entertaining [talker, book], amusing; interesting [stories]; *hij is ~,* (*ook*) he is good company
onderhoudplichtig liable for maintenance (support, upkeep, etc; *vgl* onderhoud); **onderhoudskosten** cost of maintenance (of upkeep), maintenance costs (expenses); **onderhoudsmonteur** maintenance mechanic; **onderhoudstoelage** maintenance grant
onderhout underwood, undergrowth, brushwood
onderhuid corium, dermis, true skin; (*ve schip*) inner planking, ceiling; **onderhuids** hypodermic [injection], subcutaneous [fat(ty tissue)], [veins] under the skin; (*fig*) repressed [emotions], [live on] below the surface
onderhuis lower part of the (a) house; basement
onderhuren sub-rent; **onderhuur** subtenancy; **onder|huurder, -huurster** subtenant
onderin at the bottom (of); [stay] below
onderjurk slip, petticoat
onder|kaak lower jaw; **-kaaks-** submaxillary
onder|kant bottom, underside, lower side, under-surface; *voor* (*aan, van*) *de ~ van de markt* downmarket; **-kast** (*typ*) lower case; **-kennen**

distinguish, tell [one thing from another], discern; diagnose [a disease]; **-kin** double chin, [he had a] chin, two chins; **-klasse** (*biol*) subclass; (*sociol*) underclass; **-kleed** undergarment; **-kleren** *zie* -goed; **-knuppel** underling

onder|koelen supercool; *onderkoeld,* (*fig*) unemotional, laid-back; **-koeling** hypothermia

onderkok undercook

onderkomen I *ww* find shelter (*of:* accommodation); II *zn* shelter, lodging, bash; *zie ook* onderdak; **onderkoning** viceroy; **onderkoningin** vicereine; **onderkoningschap** viceroyalty

onder|kruipen 1 undercut, undersell [a p.]; 2 (*bij staking*) blackleg, rat, scab; **-kruiper** 1 undercutter, -seller, price-cutter; 2 (*bij staking*) blackleg, scab; **-kruiperij**, **-kruiping** 1 under-cutting; 2 blacklegging; **-kruipsel** (little) shrimp; chit [of a girl]; **-laag** substratum, foundation, undercoat(ing); **-laken** undersheet

onderlangs along the bottom, the foot (of)

onderleen mesne (arrière, sub-)fief

onder'legd: *goed ~ zijn in* be well (thoroughly) grounded (have a good grounding) in; **onder'leggen** prepare, give a [good, etc] grounding; (*typ*) underlay; **'onderleggen** lay (put) under; **'onderlegger** 1 blotting-, writing-pad; 2 (*onder karpet, enz*) underlay, [stair-]pad; 3 (*balk*) girder

onderlichaam lower part of the body, abdomen

onderliggen 1 lie under; 2 (*fig*) get the worst of it; **onderliggend** 1 underlying; 2 (*fig*) defeated, vanquished; *de ~de partij* the underdog

onderlijf lower part of the body, abdomen; **onderlijfje** (under-)bodice, camisole; **onderlijn** (*hengelsp*) cast, leader; **onderlijnen** underline

onderling I *bn* mutual; *~e verzekering* mutual insurance; *vereniging voor ~ hulpbetoon* Friendly Society, mutual aid society; *met ~ goedvinden* by mutual (common) consent; *hun ~e verhouding* their relation to one another; *hun ~e afstand* the distance between them; *~e strijd* (*binnen een groep*) in-fighting; *~e wedstrijd* inter-club contest; II *bw* (*wederkerig*) mutually; (*samen*) together, between us (you, them); *~ (on)deelbaar,* *~ (on)meetbaar* (in)commensurable; *~ beraadslagen* consult together; *~ gemeenschap hebben,* (*v vertrekken, enz*) communicate (with one another); *~ verdeeld zijn* be divided among themselves

onder|lip lower lip, underlip; **-lopen** be (get) flooded (swamped, submerged); *laten ~* flood

ondermaans sublunary; *het ~e* the sublunary world; *in dit ~e* here below

ondermaat short measure; **ondermaats** 1 undersized [fish]; 2 inferior; inadequate [reaction]

ondermaatschappij subsidiary (company)

ondermelk skim(med) milk, separated milk

ondermijnen (*ook fig*) undermine, sap; *~de activiteiten* subversive activities; **ondermijning** undermining, sapping

onderminister junior minister

onder|nemen undertake, take (up)on o.s., attempt; *te veel tegelijk ~* have too many irons in the fire; **-nemend** enterprising; **-nemer** (*econ*) entrepreneur; producer; employer; undertaker [of a task]; *zie ook* exploitant; (*bouw~*) contractor; *de ~s,* (*ook*) private enterprise

ondernemersbond employers' association

ondernemersraad council of employers

onderneming 1 undertaking, enterprise; *een dwaze ~* a wild-goose chase, a fool's errand; 2 (*waagstuk*) venture; 3 (*bedrijf*) concern; 4 (*plantage*) estate, plantation

ondernemings|geest (spirit of) enterprise; *zonder ~* unenterprising; **-raad** works council; *wet op de ondernemingsraden* employees (works) council act; **-rubber** plantation rubber

onderofficier non-commissioned officer, NCO; (*mar*) petty officer

onderom round the foot (lower part, bottom) (of); **onderonsje** 1 family party, small intimate party, a select few; (*ong*) clique; 2 private affair (discussion, etc), tête-à-tête

onder|ontwikkeld underdeveloped; **-op** at the bottom (of); *van ~* from below; **-orde** (*biol*) suborder; **-pacht** sublease; **-pachter** sublessee; **-pand** pledge, guarantee, security; *op ~ lenen* lend (borrow) on security; *in ~ geven* pledge; *zie ook* zakelijk; **-pastoor** chaplain; **-ploegen** plough back, plough in; **-rand** lower rim (*of:* edge); **-regenen** be inundated (swamped) with rain; **-richt** instruction, tuition; **-richten** 1 instruct, teach; 2 (*inlichten*) inform, apprise [*van* of]; **-richter** instructor; informant; **-richting** instruction; (*inlichting*) information

onderrok waist slip, half-slip, underskirt, petticoat

onder|schatten underestimate, undervalue, underrate; make light of [foreign competition]; *niet te ~* far from negligible, [a] very real [advantage]; **-schatting** underestimation, undervaluation

onderscheid difference; *zie ook* verschil; (*het maken van ~*) distinction, [unfair] discrimination, differentiation; ***jaren** des ~s* years of discretion; ***oordeel** des ~s* discernment, discrimination, discretion; *met oordeel des ~s* [act] discriminatingly (with discretion); *~ **maken** tussen* distinguish (discriminate, differentiate, draw a distinction) between [good and bad]; *~ maken ten voordele* (*ten nadele*) *van* discriminate in favour of (against); *geen ~ maken* make no distinction [between rich and poor]; *geen ~ makend* indiscriminate [charity]; *dat maakt geen ~* that does not make any difference; *~ maken waar geen ~ bestaat* make a distinction without a difference; *de dood maakt geen ~* death is the great leveller; *allen **zonder** ~* all and sundry, all without exception; *zonder ~ behandelen* treat without fear or favour

onderscheiden I *ww* 1 distinguish; (*onderscheid maken, ook*) discriminate; *ik kan ze niet **van** elkaar ~* I can't tell them apart, can't tell (the) one from the other (*fam:* tother from which), don't know which is which [*zo ook:* I can't tell margarine from butter; he did not know right from wrong]; ***zich** ~* distinguish o.s., make one's mark [he made no mark at school], stand out [from the rest]; *zich ~ door,* (*ook*) be distinguished by [a pointed chin], for [his writings]; ***niet*** (*nauwelijks*) ***te*** ~ indistinguishable (hardly distinguishable) [*van* from]; 2 (*onderkennen*) distinguish, discern, make out [a sail on the horizon]; (*fam*) spot; *flauw te* ~ faintly discernible; 3 (*met medaille, enz*) decorate; II *bn* different, distinct, differentiated [*van* from]; (*verscheiden*) several; (*allerlei*) various; **onderscheidenlijk** respectively; **onderscheiding** distinction [draw, make a distinction; treat a p. with distinction]; decoration; *~en op 's Konings verjaardag* Birthday honours; *~en met nieuwjaar verleend* New Year honours; **onderscheidingsteken** distinguishing mark, badge; *~s,* (*ook*) insignia; **onderscheidingsvermogen** discrimination, discernment

onder|scheppen intercept; **-schepping** interception; **-schikken** subordinate; **-schikkend** subordinating; **-schikking** subordination, hypotaxis; **-schildering** underpainting

onder|schoren, **-schragen** (*ook fig*) shore up, buttress up, (under)prop, underpin

onderschrift subscription; (*ve brief*) signature, subscription; (*ve plaat*) underline, (*tekst*) letterpress; (*ve film, foto, enz*) caption, subtitle

onderschrijven 1 sign; 2 (*fig*) subscribe to, endorse [a view, etc]

onderschuiven shove (*of:* slip) under; (*fig*) substitute surreptitiously, plant [evidence]; *zie ook* -geschoven; **onderschuiving** substitution

ondershands privately, by private contract

ondersim *zie* onderlijn; **onderslag** (*in rok*) godet

onder|slagbalk crossbeam, girder; **-slagmolen** undershot mill; **-slagrad** undershot wheel

onder|sneeuwen be snowed under; **-soort** (*biol*) subspecies; **-spannen** subtend; **-spit**: *het ~ delven* be worsted, have (get) the worst of it

onderst lowest, undermost, lowermost, bottommost, bottom [the bottom drawer, pane, etc]; *zie ook* kan

'onderstaan be flooded; **onder'staan** 1 dare, presume; 2 (*een waagstuk*) attempt

onder|staand subjoined, undermentioned, mentioned below (at foot); *volgens ~e kopie* as per copy at foot; *in het ~e* below; **-stam** rootstock; **-stand** (*vero*) [grant, receive] public (parish, Poor Law) relief (assistance); **-standig** (*plantk*) inferior; **-station** (*elektr*) substation

onderstboven *zie* ondersteboven; **onderste** *zie* onderst; **ondersteboven** upside down, wrong side up, bottom up(permost); ~ *halen* turn upside down, inside out; ~ *gooien* overthrow, upset, knock down; *ik was er helemaal* (*helemaal niet*) *van* ~ it knocked me sideways (I was not at all impressed)

onder|steek bedpan; **-steken** *zie* -schuiven

onderstel undercarriage (*ook ve vliegt*), underframe; (*ve auto*) chassis; (*draaistel*) bogie, truck

ondersteld hypothetical, suppositional [case]; ~, *dat* ... suppose, supposing (that) ...; **onderstellen** suppose, presume; *het boek onderstelt kennis van* presupposes a knowledge of; **onderstelling** supposition, hypothesis; *zie ook* ver~

onder|steunen support; (*fig ook*) succour; (*armen*) relieve; *zie ook* steunen; **-steuning** support; (*vooral armen* ~) relief; *ter ~ van* in support (in aid) of

ondersteunings|commissie relief committee; **-fonds**, **-kas** relief fund, benevolent fund; (*bij staking*) strike-fund; **-troepen** supports, troops in support; **-vuur** covering fire

onderstoppen (*bed*) tuck in; (*bk*) pack up, tamp

onderstrepen underline (*ook fig*), underscore

onderstromen be (*of:* get) flooded; **onderstroom** undercurrent, underset, undertow

onderstuiven be (*of* get) covered with dust, etc

onder|stuk bottom piece, lower part; **-stutten** *zie* -schoren; **-stuur** understeer; **-stuurman** second mate; **-tand** lower tooth; **-tapijt** underlay

onder|tekenaar signer, subscriber; signatory [to a treaty]; **-tekenen** sign; *zie ook* tekenen; **-tekening** 1 signature; (*het -tekenen*) signing; 2 (*ve schildering*) outline (preliminary) drawing; *zie ook* tekening; **-titel** subtitle, sub-heading; caption; **-titelen** subtitle [a film]

ondertoezichtstelling (*ter bescherming*) putting into care; (*na vergrijp*) putting on probation

ondertoon undertone

ondertrouw publication of the banns; notice of (intended) marriage; *vgl* ~en; *gedurende de* ~ during the time the banns are up; *~d, ...,* (*vglb*) a marriage has been arranged between ...; **ondertrouwde** bride(groom); **ondertrouwen** have the banns published [in church]; give notice of a marriage [at a register office]

ondertussen 1 meanwhile, in the meantime, by this (that) time, [scoffing at himself] the while; [tidy up] as you go along; 2 (*toch*) yet, all the same; *maar ~!,* (*er kwam niets van*) but no go!

onderuit from below, at the bottom; ~ *zakken* sag, (*breeduit*) sprawl [in one's chair]; *ik kan er niet* ~ I cannot get out of it; *je komt er niet* ~ *dat* ... you cannot get away from it (the fact) that ...; *zie ook* ~gaan & ~halen; **onderuitgaan** 1 fall over, slip, lose one's foothold; 2 faint; 3 (*fig*) slip up, fall flat on one's face, suffer defeat; **onderuithalen** trip (up), floor, bring down, (*fig ook*) flatten, pull the plug on [a p.]

onder|vangen obviate, remove [difficulties]; meet [objections, etc]; parry [a blow]; *zie ook* -scheppen & -schragen; **-verdelen** subdivide; **-verdeling** subdivision; **-verhuren** sublet, sublease; **-verzekering** under-insurance

ondervinden experience, meet with [hospitality, etc], find [difficulty], have to put up with [inconvenience], encounter [delay]; *laat ze het zelf eens* ~ give them a taste of their own medicine

ondervinding experience; *weten bij* ~ know by (from) experience; *spreken uit* ~ speak from experience; *met* ~ with experience, experienced; *zonder* ~ without experience, inexperienced; ~ *is de beste leermeesteres* experience is the best teacher (the mother of science), (*vglb*) live and learn

ondervlak base; bottom (sur)face

ondervoed underfed, undernourished; **onder-**

voeden underfeed; **ondervoeding** underfeeding, undernourishment, malnutrition

ondervoorzitter vice-, deputy-chairman, vice-president; (*Lagerhuis*) deputy-Speaker

ondervragen interrogate, question, examine, interview; (*scherp*) grill; **ondervrager** interrogator, examiner; **ondervraging** interrogation, examination

onderwaarde bottom value; **onderwaarderen** put too low a value on, undervalue [a p.'s work]; underestimate [a p.'s abilities]

onderwal bottom of a dike

onderwater- underwater [camera, photography, sports, etc]

onderwaterzetting inundation, flooding

onderweg on the (one's) way, en route, [the plan is] in the pipeline; *lang ~ zijn* be long (in) coming

onderwereld nether world, underworld; *de ~ van New York* the NY underworld, gangland

onderwerp subject (*ook gramm*), theme; topic [the topics of the day]; (*ook*) subject-matter [of a book, etc]; *naar ~en gerangschikt* classified according to subjects; *nu we het toch over dat ~ hebben* since we are on the subject; **onderwerpelijk** *zie* -havig; **onderwerpen** (*volk, enz*) subject [*aan* to], subdue, reduce [a town]; *~ **aan**, (oordeel, beslissing)* submit to, (*onderzoek, proef, behandeling*) subject to; ***zich*** *~* submit [to the law, a p.'s will], resign o.s. [to one's fate, to God's decrees]; *zich ~ aan een examen* go in (present o.s., sit) for an examination, take (sit) an ...; *ik onderwerp mij aan uw beslissing* (*mening*), (*ook*) I bow to (abide by) your decision, defer to your opinion; **onderwerping** subjection; reduction; submission, resignation (*vgl* onderwerpen); **onderwerpsontsluiting** subject analysis; subject access; **onderwerpszin** subject clause

onderwicht short weight, deficiency in weight, underweight

onderwijl meanwhile; *zie* ondertussen

onderwijs education (*~ en opvoeding*), instruction, tuition; (*schoolonderwijs, ook*) schooling; *~ geven* (*in*) teach; *bij het ~ zijn* be a teacher, be in the teaching profession; *hij had weinig* (*school*)*~ genoten* he had had (*of:* received) little schooling; *zie ook* 2 laag, enz

onderwijs|bevoegdheid qualification to teach; **-gebied**: *vooruitgang op ~* educational progress; **-inrichting**, **-instelling** educational (*of:* teaching) institution (*of:* establishment); **-kracht** teacher; **-kringen** educational circles; **-kunde** theory of education; **-kundige** educationalist; **-man** education(al)ist; **-methode** method of teaching, teaching method, educational method; **-programma** curriculum; (*voor afz student*) programme of studies; **-raad** national advisory council for education; **-televisie** educational television; **-vernieuwing** educational reform; **-wereld** scholastic world, educational circles; **-wet** education act

onderwijzen teach [persons, subjects: he teaches John history], instruct [persons]; *~d personeel* teaching staff; *zie ook* jeugd; **onderwijzer** (primary school) teacher [*in* of], schoolmaster, schoolmistress; **onderwijzeres** (woman) teacher; **onderwijzersakte** teacher's certificate; **onderwijzerskorps** [a splendid] body of teachers; **onderwijzing** instruction

onder|winden: *zich ~,* (*lit*) presume [to ...], make bold [to ...]; **-worpen** 1 subject [tribe]; *~ aan* subject (liable) to [income tax, etc], amenable to [the law]; 2 (*onderdanig*) submissive; (*berustend*) resigned; **-worpenheid** 1 subjection [of one sex to the other]; 2 submissiveness, submission; resignation

onderzaat subject

onderzeeboot submarine, underwater craft (*ook mv*); **onderzeebootjager** sub(marine) chaser; **onderzeeër** *zie* -zeeboot; **onderzees** submarine; sunken [rock]

onderzetten 1 inundate, flood; 2 (*jur*) mortgage; **onderzetter** dish-stand, (table-)mat; (*voor glas, enz*) coaster; **onderzijde** bottom, underside, lower side, under-surface

onderzoek inquiry (enquiry), examination, investigation (*naar* of, into); [opinion] poll; (*ve machine, fam ve zieke, enz, ook*) overhaul; (*wtsch, enz*) research; (*chem*) analysis; [blood] test; examination [for acids]; (*mijnb*) prospecting; *diepgaand ~,* (*ook*) [fraud] probe; *geneeskundig ~* medical examination; *uitgebreid ~* extensive survey; *~ naar de middelen* (*het inkomen*) means test; *~ **doen**, een ~ instellen* make inquiries, set up (hold, institute, make) an inquiry [*naar* into], inquire (go, look) into a matter (*vgl het ww*); *make a search* [*for microbes*]; *een gerechtelijk ~ instellen naar* hold a judicial inquiry into; ***bij*** (*nader*) *~* (up)on (closer) examination (inquiry); *de zaak is **in** ~* the matter is under investigation; ***op*** *~ uitgaan* explore; *zie ook* commissie, leiden, enz

onderzoeken examine (*ook med*), inquire (look, go) into, investigate, explore [possibilities]; test [have one's eyes (blood) tested]; (*med of techn, fam*) vet; probe [the origin of ..., motives, etc]; (*wtsch*) do (conduct) research, research [(into) a subject], make researches into; (*toetsen*) test [gold, a theory, the truth of a statement]; (*chem*) analyse; test [blood]; (*mijnb*) prospect; (*aan den lijve*) search; *nauwkeurig ~* scan, scrutinize; (*streng en vergelijkend*) screen; *onderzoekt alle **dingen** en behoudt het goede* prove all things, hold fast that which is good; *~ **op*** test (examine) [the stomach] for [heroin; the organs were tested for cyanide]; *zie ook* grondig

onderzoekend *vgl* -zoeken; (*ook*) searching [look, look at a p. searchingly], inquiring [mind]

onderzoeker examiner, investigator, research-worker, researcher; pollster; (*chem*) analyst; (*mijnb*) prospector; **onderzoeking** (*ve land, enz*) exploration; *zie verder* onderzoek

onderzoekings|journalistiek investigative journalism; **-tocht** journey (voyage) of exploration, exploring expedition, exploratory trip

onderzoeks|rechter (*niet in Eng*) investigating judge; **-werk** research work; *~ verrichten,* (*in laboratorium*) be engaged in (work (up)on) re-

search
onderzoektafel examination couch (*of:* table)
ondeskundig inexpert, amateurish; *~e behandeling* improper use
ondeugd 1 vice; 2 (*guit*) (little) rogue (rascal), mischief; *de kleine ~* the naughty little thing; *zie ook* ondeugendheid; **ondeugdelijk** unsound [food, meat, fish, etc], inferior [quality], defective [workmanship], flimsy, shoddy [materials]
ondeugend naughty (*ook scherts*), mischievous; *jij ~e jongen, ook* you bad (*of:* wicked) boy
ondeugendheid naughtiness, mischief
ondicht I *bn* leaky, not watertight; II *zn* prose
ondienst bad (*of:* ill) turn, ill service; *iem een ~ doen,* (*ook*) do a p. a disservice; **ondienstig** useless, inexpedient; *niet ~* [some help would be] useful
ondiep shallow; **ondiepte** 1 shallowness; 2 (*concr*) shallow, shoal; (*in riviermond, enz*) bar
ondier monster, brute; **onding** 1 absurdity; 2 *zie* prul
ondoelmatig inefficient, ineffective, unsuitable, inappropriate, inexpedient; **ondoelmatigheid** inefficiency, ineffectiveness, unsuitability, inappropriateness, inexpediency; **ondoeltreffend** ineffective, ineffectual, inefficacious
ondoenlijk unfeasible, impracticable; **ondoenlijkheid** unfeasibleness, impracticability
ondoordacht thoughtless, rash, ill-considered [moment], inadequately worked-out [plan]; **ondoordringbaar** impenetrable; (*voor water, enz*) impervious, impermeable [*voor* to]; *~ voor geluid* soundproof; **ondoordringbaarheid** impenetrability, impermeability; **ondoorgrondelijk** inscrutable, impenetrable, opaque; **ondoorgrondelijkheid** inscrutability, impenetrability; **ondoorschijnend** opaque; **ondoorschijnendheid** opacity; **ondoorzichtig** not transparent, untransparent, opaque; **ondoorzichtigheid** intransparency, opacity, opaqueness
ondraaglijk unbearable, intolerable, insupportable, insufferable; **ondrinkbaar** undrinkable
ondubbelzinnig unequivocal, unambiguous, unmistakable; (*v lof, enz, ook*) unqualified, whole-hearted; **ondubbelzinnigheid** unequivocalness, enz; *vgl* -zinnig
onduidelijk indistinct [pronunciation, outlines, view]; (*ve schrijver, betekenis*) not clear, unclear, (*sterker*) obscure; **onduidelijkheid** indistinctness; obscurity
ondulatie undulation [theory]
onduldbaar unbearable, intolerable
onduleren undulate; (*haar*) wave [have one's hair waved], set
onecht 1 not genuine; false [coin], spurious [coin, manuscript], unauthentic [document], imitation [diamonds]; sham, bogus, counterfeit, (*sl*) phoney; (*rek*) improper [fraction]; *vgl* namaak & vals; 2 (*ve kind*) *zie* onechtelijk; **onechtelijk** illegitimate, born out of wedlock; **onechtheid** 1 spuriousness, unauthenticity; 2 illegitimacy
onedel 1 ignoble, mean, base; *~e bedoelingen* dishonourable intentions; 2 (*v metalen*) base
oneens: *het ~ zijn met* disagree with, differ from (with) [a p.], be at issue with [a p., a policy]; *het ~ zijn over* disagree on; *ze zijn het ~* they are at issue, they disagree; *hij was het met zichzelf ~* he was unable to make up his mind, was in two minds [about it]
oneer dishonour, disgrace, discredit; *iem ~ aandoen* bring disgrace etc (up)on a p.; *zie ook* strekken; **oneerbaar** indecent, immodest; *-bare handelingen* (*voorstellen*) indecent assault (immodest proposals); **oneerbaarheid** indecency, immodesty; *vgl* eerbaarheid
oneerbiedig disrespectful, irreverent; **oneerbiedigheid** disrespect, irreverence
oneerlijk dishonest, unfair [competition *concurrentie*]; *~e praktijken* dishonest (sharp, crooked) practices; *~ spelen* cheat [at cards, etc]; **oneerlijkheid** dishonesty; **oneervol** dishonourable, discreditable [conduct]; *~ ontslaan* discharge (dismiss) ignominiously (with ignominy, in disgrace); *~ ontslag* ignominious dismissal (discharge)
oneetbaar uneatable, inedible; **oneetbaarheid** inedibility, uneatableness
oneffen uneven, rough, rugged, bumpy [road]; *~ terrein* broken ground; **oneffenheid** 1 unevenness, roughness, inequality; 2 bump
oneigenlijk 1 figurative, metaphorical; 2 improper [use of funds]; *~e breuk* improper fraction
oneindig I *bn* infinite, endless; *de O~e* the Infinite; *het ~e* the infinite; *tot in het ~e* ad infinitum, indefinitely, [smoke cigars] endlessly; II *bw* infinitely; *~ klein* infinitely small, infinitesimal(ly small); *~ lang* interminable; *~ veel gelukkiger* (*beter*) infinitely happier, (*fam*) [I feel] loads (tons) better; *~ veel kwaad* (*geld, tijd*) an infinity of harm, no end (heaps) of money (time)
oneindigheid infinity, infinitude
onengels un-English
onenig at variance, at odds, at issue; *zie* oneens
onenigheid discord, disagreement, dissension, disunity; (*mv*) quarrels, dissensions, [domestic] differences; *~ stichten* sow discord; *~ krijgen* fall out, quarrel
onereus onerous
onergdenkend innocent, unsuspecting; **onervaren** inexperienced; **onervarenheid** inexperience
onesthetisch unaesthetic; **onethisch** unethical
oneven odd; **onevenhoevigen** perissodactyls, odd-toed ungulates; **onevenredig** disproportionate, out of (all) proportion [*aan* to]; **onevenredigheid** disproportion; **onevenwichtig** (*ook fig*) unbalanced, ill-balanced, uneven; **onevenwichtigheid** lack of balance, imbalance, disequilibrium
onfatsoen indecency, impropriety; **onfatsoenlijk** indecent, improper, offensive [language]; unmannerly, rude [behaviour]; **onfatsoenlijkheid** *zie* onfatsoen
onfeilbaar infallible, unfailing, unerring, never-failing, foolproof [system]; **onfeilbaarheid** infallibility, inerrancy
onflatteus unbecoming [hat]

onfortuin misfortune; **onfortuinlijk** unlucky
onfraai unbeautiful, unlovely
onfris 1 not fresh, stale [air, egg], stuffy [room]; *~se gelaatskleur* sallow complexion; 2 (*kwalijk*) unseemly [business *bedoening*], shady [affair], unsavoury [details]; 3 (*niet gezond*) out of sorts
ong. afk van *ongeveer* approx [60], c [350 BC]
ongaar underdone, not done enough; *~ brood* under-baked (slack-baked) bread
ongaarne unwillingly, reluctantly; *~ scheiden van* be reluctant to part from; *~ zien* look with disfavour on, frown (up)on; *ik doe het niet ~* I am rather fond of it
ongangbaar (*ve munt*) not current, obsolete
ongans unwell; *zich (een) ~ eten* stuff o.s. sick (*aan* on, with)
ongast|vrij inhospitable; **-vrijheid** inhospitality
ongeacht I *bn* unesteemed; II *vz* notwithstanding, in spite of, regardless; *~ tot welke partij men behoort* irrespective of party; *~ het land van oorsprong* without regard to ...
ongeadresseerd unaddressed; *~ drukwerk* junk mail; **ongeanimeerd** lifeless [debate]; (*handel*) dull, inanimate; **ongebaand** unbeaten [road], untrodden, pathless [waste], trackless [country]; **ongebaard** unbearded, beardless; **ongebleekt** unbleached; *~ linnen* brown holland; **ongebloemd** (*ve stof*) plain; **ongeblust** unquenched (*ook fig*); *~e kalk* unslaked lime, quicklime; **ongeboeid** 1 unfettered, unchained; 2 (*zonder handboeien*) unmanacled
ongebonden 1 unbound; (*in losse vellen*) in sheets; 2 (*zonder partner*) unattached; 3 (*fig*) unrestrained; *~ stijl* prose; 4 (*losbandig*) dissolute, licentious, loose, lawless; **ongebondenheid** dissoluteness, etc, dissipation
ongeboren unborn [child]; *~ leven,* (*ook*) life in the womb; **ongebouwd** unbuilt; (*ve terrein*) unbuilt (on); **ongebreideld** unbridled, unfettered
ongebroken unbroken
ongebruikelijk 1 unusual, not customary; 2 (*ve breuk*) improper; **ongebruikt** unused, idle [capital]; *~e hulpbronnen* untapped resources; *~ liggen* lie idle, lie by; *de tijd ~ laten voorbijgaan* idle one's time away; **ongebuild** unboulted, whole [meal]; *van ~ meel* wholemeal [bread]
ongecijferd innumerate; **ongecijferdheid** innumeracy
ongecompliceerd uncomplicated, simple [problem]; simple-souled, unsophisticated [people]
ongeconditioneerd unconditional
ongecontroleerd 1 unchecked, unverified [data]; 2 uncontrolled [movements]
ongedaan undone; *niets ~ laten,* (*ook*) spare no effort; *~ maken* undo [years of work], cancel [a contract], rectify [a mistake], overrule [a decision]
ongedacht unexpected [help], unthought-of [possibilities], unimagined [horrors]
ongedagtekend, ongedateerd undated
ongedeeld 1 undivided; 2 unshared; **ongedeerd** unhurt, unharmed, uninjured, unscathed; *~ blijven* receive no hurt (injury), come to no harm
ongedekt uncovered (*ook fig:* expenses); open [credit]; unsecured [debt, loan]; dud [cheque]; fiduciary [loan *lening;* issue *uitgifte*]; naked [option]; unlaid [table]; (*sp*) unmarked [player]; (*in spel*) unguarded [pawn], (*kaart, ook*) [king] bare; *met ~ hoofd* uncovered, bare-headed; **ongedesemd** *zie* ongezuurd; **ongedienstig** disobliging
ongedierte vermin; *bestrijding van ~* pest control; *vol ~* crawling with vermin, verminous
ongedisciplineerd undisciplined; **ongedoopt** unbaptized; **ongedragen** unworn; **ongedroomd** undreamt-of; **ongedrukt** unprinted; (*katoen*) plain
ongeduld impatience; **ongeduldig** impatient [*over het oponthoud* at the delay]; *~ uitziend naar* impatient for [the day]
ongedurig 1 inconstant, restless; 2 (*onrustig*) restless, fidgety; *~ maken* fidget [a p.]; *wees niet zo ~* don't fidget, stop fidgeting; **ongedurigheid** inconstancy, restlessness, fidgeting
ongedwongen unconstrained, unrestrained, natural, casual, unselfconscious [attitude], free and easy [chat], informal [gathering], familiar [greeting], unlaboured [style], unforced [humour]; *~ zal hij het niet doen* he will only do it under compulsion; **ongedwongenheid** unconstraint, ease of manner, abandon
ongeëvenaard unequalled [*wat zuiverheid betreft* for purity], unparalleled, unrivalled, matchless, peerless [beauty]; **ongeëvenredigd** disproportionate, out of (all) proportion [*aan* to]; **ongefortuneerd** without means; **ongefrankeerd** not prepaid, unpaid, unstamped [letter]; (*opschrift*) postage due; *goederen ~ verzenden* send goods carriage forward; **ongefundeerd** unfounded, ill-based [optimism], groundless; **ongegeneerd** [his] free and easy [ways], rough and ready, unceremonious, informal, off-hand(ed); *een ~ pak slaag* a thorough hiding; **ongegeneerdheid** unceremoniousness, free and easy way(s); **ongeglansd** unglazed, mat(t) [photo]; **ongegrond** unfounded, groundless, baseless [accusation, fear], without foundation; (*ve gerucht ook*) idle
ongehard unhardened; (*staal*) untempered; **ongehavend** undamaged; (*v pers, ook*) [escape] unhurt; **ongeheveld** *zie* ongezuurd
ongehinderd unhindered, unimpeded; unhampered, unchecked, unmolested; **ongehoopt** unhoped(-)for; **ongehoord** unheard; (*fig*) unheard(-)of, unprecedented, unconscionable [an unconscionable time]; **ongehoorzaam** disobedient [to a p.]; **ongehoorzaamheid** [civil] disobedience; **ongehuwd** unmarried; *~e staat* single state, celibacy; *zie* ongetrouwd
ongein humourless affair, unfunny joke, (etc)
ongeïnteres|seerd indifferent, unconcerned, uninterested; [he participated] half-heartedly, [look on] with indifference; **-seerdheid** lack of interest
ongekamd uncombed, unkempt; **ongekend** unprecedented [prosperity]; **ongekleed** 1 undressed, unclothed; 2 in déshabillé, in dishabille, in undress; (*er niet op gekleed*) not dressed; **on-**

gekleurd uncoloured [butter, report]; plain, black and white [picture-postcard]; **ongekookt** unboiled, raw [milk, eggs]; **ongekrenkt** unhurt, unoffended [pride]; sound [mental faculties]; **ongekreukt** uncrumpled [sheets], unwrinkled, unruffled [forehead]; unviolated; unshaken [loyalty]; **ongekroond** uncrowned; **ongekuist** unchastened, unexpurgated [edition]; **ongekunsteld** artless, unaffected, simple, natural, ingenuous, homespun; **ongekunsteldheid** artlessness, simplicity; **ongekwetst** unwounded, unhurt

ongel tallow

ongelaagd (*geol*) unstratified

ongeladen 1 (*schip*) unloaded, unladen; 2 (*wapen*) unloaded; 3 (*elektr*) uncharged

ongeldig invalid, (null and) void; spoiled [ballot-paper]; ~ *maken* invalidate, render null and void, nullify; ~ *verklaren* declare (null and) void, annul; **ongeldigheid** invalidity, nullity [of marriage]; **ongeldigverklaring** annulment, nullification, invalidation

ongeleed inarticulate

ongeleerd (*les*) unlearnt, unlearned; (*pers*) untaught, unlearned, ignorant, untutored

ongelegen inconvenient, unseasonable, inopportune; *als het u ~ komt* if it is inconvenient to you; *het bezoek kwam mij ~* the visit came at an inopportune (awkward) moment; *kom ik u ~?* am I intruding?, am I in your way?; **ongelegenheid** inconvenience; *in ~ brengen* inconvenience, put to [great] inconvenience; *in geldelijke ~ verkeren* be in pecuniary difficulties; *zie ook* moeilijkheid; **ongeletterd** unlettered, illiterate, ignorant; **ongelezen** unread

ongelijk I *bn* 1 (*verschillend*) unequal [portions], different, unlike, dissimilar; *dat is ~,* (*wisselt af*) that varies; *niet ~ aan* ... not unlike ...; *~e brug, brug met ~e leggers* asymmetric bars; *~e (wed)strijd* unequal contest (match); *zie ook* pool; 2 (*ongelijkmatig*) unequal [step, temper, etc], uneven [progress, temper], patchy [fog, crop]; 3 (*oneffen*) unequal, uneven; II *bw* 1 unequally, unevenly; 2 depending on [what, how much]; III *zn* wrong; *iem ~ aandoen* wrong a p.; *~* ***bekennen*** admit o.s. to be wrong; *iem ~* ***geven****, in het ~ stellen* put a p. in the wrong, (*jur*) give judg(e)ment against a p.; *ik geef hem geen ~* I don't blame him; *~* ***hebben*** be (in the) wrong; *daarin heb je ~* there you're wrong; *totaal ~ hebben* be dead wrong, not have a leg to stand on; *zie ook* afwezig, kosten, enz

ongelijk|benig scalene [triangle]; **-heid** inequality, dissimilarity, disparity [of age, etc], difference; (*oneffenheid*) inequality, unevenness; **-matig** unequal [distribution, step, climate, style, temper], uneven [style, temper]; **-matigheid** inequality, unevenness; **-namig** 1 having different names; 2 (*breuken*) having different denominators; 3 (*elektr*) opposite; *zie* pool; **-slachtig** heterogeneous; **-soortig** heterogeneous, dissimilar, incongruous, disparate; **-soortigheid** heterogeneity, dissimilarity, incongruity; **-vloers** at separate levels; *~e kruising* two-level crossing, overpass, underpass, flyover; **-vormig** dissimilar; **-vormigheid** dissimilarity; **-waardig** of unequal value, unequal in value; **-zijdig** inequilateral; (*ve driehoek*) scalene

ongelijmd 1 unglued; 2 (*papier*) unsized; **ongelijnd** *zie* ongelinieerd; **ongelikt** unlicked; *~e beer* unlicked cub, ill-mannered brute; **ongelimiteerd** unlimited; **ongelinieerd** unruled, plain; **ongelobd** (*plantk*) acotyledonous

ongelofelijk incredible, unbelievable, past (all) belief; **ongelofelijkheid** incredibility

ongelogen *bw* really, actually, positively

ongelood unleaded [petrol]

ongeloof unbelief, disbelief; **ongeloofwaardig** undeserving of belief, implausible [stories]; unreliable [news]

ongelooid untanned, undressed, raw

ongelouterd unpurified, unrefined

ongelovig unbelieving, (*niet op godsdienstig gebied*) incredulous [*wat zulke zaken betreft* of such things]; (*ongodsdienstig*) not religious, (*ong*) irreligious; *zie* Thomas; **ongelovige** (*godsd*) unbeliever, infidel; (*niet-mohammedaan*) giaour; **ongelovigheid** 1 incredulity; 2 unbelief

ongeluk 1 (*innerlijk*) unhappiness; 2 (*door omstandigheden*) misfortune; (*het ongelukkige toeval*) ill(-)luck; (*ongeval*) accident [*overkomen aan* ... to ...], crash, casualty; (*minder erg*) mishap; *~je,* (*ve ongehuwde moeder*) slip; *een voorgevoel van een of ander ~* [have] a foreboding (a presentiment of evil); *dat was zijn ~* that was his ruin (*of:* undoing); *een ~ aan iem* (*zichzelf*) ***begaan*** do a p. (o.s.) a mischief (an injury); *ze zou een ~ aan zichzelf kunnen begaan* she might do s.t. to herself; *iem een ~ slaan* beat the daylight out of a p.; *een ~ zit in een klein* ***hoekje*** accidents will (*of:* easily) happen; *een ~* ***komt*** *zelden alleen* misfortunes never come single (singly, alone); *hij heeft een ~* ***gehad*** (***gekregen***) he has had (met with) an accident, (*iets gebroken bijv*) he has had a mishap [(*ook*) I've had an accident with the vase]; *een ~ krijgen,* (*ve ruiter, fietser, enz, ook*) come to grief; *het ~* ***wilde*** *dat ik* ... as ill(-)luck would have it, I ...; ***zich*** *een ~ eten* (*lopen, werken*) eat till one is ready to burst (walk o.s. off one's legs, work o.s. to death); *ik kan me een ~ eten aan bonbons* I'm an absolute pig about chocolates; ***bij*** *~* by accident, accidentally; *bij ~ terechtkomen in* blunder into; *dood* ***door*** *~* accidental death; ***per*** *~, zie* bij ~; *per ~ expres* accidentally on purpose; ***zonder*** *~ken* without accidents; *zie ook* ambacht, helpen, lachen, tegemoet, enz; 3 (*mispunt*) rotter, blighter; ***dat*** (*zo'n*) *~!,* (*ook*) the beast!

ongelukkig 1 (*vooral innerlijk*) unhappy [in one's children, etc]; (*diep ~*) [feel] miserable, wretched; *~e* ***liefde*** unreturned (unrequited) love; *iem ~* ***maken*** make a p. unhappy; *~* ***zijn*** *in de liefde* be crossed in love; *... en dan ben je ~,* (*fam*) ... and then you're for it, then the fat is in the fire; 2 (*door omstandigheid*) unfortunate; *dat ~e vodje papier* that unfortunate scrap of paper; (*noodlottig*) ill-fated [day]; (*door toeval*) unlucky; *als je*

~ *aan mijn pen komt, dan* ... if you dare touch ...; ~ ***genoeg***, *zie* jammer; ~ ***zijn***, (*bij spel, enz*) have bad luck, be down on one's luck; *de term is* ~ (*gekozen*) the term is unfortunate; 3 (*gebrekkig*) disabled, handicapped, crippled; *zie ook* ongeluk: iem een ~ slaan; **ongelukkige** 1 (poor) wretch; 2 (*gebrekkige*) disabled (handicapped) person; **ongelukkigerwijs** unfortunately, unhappily, by mischance

ongeluks|dag black (fatal, unlucky) day; **-getal** unlucky number; **-kind** *zie* -vogel; **-nummer** unlucky number; **-ster** evil star; **-vogel** unlucky (ill-fated) person, child of misfortune; *hij is een* ~, (*ook*) everything goes against him; *zie ook* onheils-

ongemaakt artless; *zie* ongekunsteld

ongemak 1 inconvenience, discomfort; *~ken van de oude dag* infirmities of old age; 2 (*ontbering*) hardship; 3 (*euvel*) trouble [foot-, ear-trouble], ailment; 4 (*ongedierte*) vermin; **ongemakkelijk** I *bn* 1 (*stoel, kledingstuk, enz*) uncomfortable; *een* ~ *pak slaag* a sound thrashing (beating); 2 (*ongelegen*) inconvenient; 3 (*lastig te voldoen*) hard to please; II *bw* (*ook*) soundly, roundly [abuse a p. roundly], mercilessly, unmercifully [he was unmercifully beaten]; *iem* ~ *de waarheid zeggen, zie* ongezouten; **ongemakkelijkheid** uncomfortableness, etc; **ongemakkentoeslag** additional payment for unsocial hours

ongemanierd unmannerly, ill-mannered, ill-bred, rude; **ongemanierdheid** unmannerliness, ill-breeding, rudeness

ongemarkeerd unmarked

ongematigd intemperate [speech, zeal]

ongemeen uncommon, extraordinary, out of the common, rare; *hij had een* ~ *gecompliceerd karakter* his was a singularly complex nature; **ongemeenheid** uncommonness, etc, rarity

ongemengd unmixed; *zie ook* onvermengd

ongemerkt I *bn* 1 unperceived, imperceptible; 2 unmarked [linen]; II *bw* without being perceived, imperceptibly; ~ *in moeilijkheden raken* drift into trouble; **ongemeubileerd** unfurnished

ongemoeid undisturbed; *laat mij* ~ leave (let) me alone; **ongemotiveerd** unwarranted, uncalled for, gratuitous, unmotived, motiveless, groundless; **ongemunt** uncoined; ~ *metaal* bullion

ongenaakbaar unapproachable, inaccessible; *het kasteel ziet er* ~ *uit* the castle looks forbidding; **ongenaakbaarheid** inaccessibility

ongenade disgrace; *in* ~ *zijn* be in disgrace; *in* ~ *vallen bij iem* fall into disgrace (*of:* disfavour) with a p., incur a p.'s displeasure; *zie ook* genade

ongenadig merciless, pitiless; ~ *koud* bitterly cold; *zie ook* ongemakkelijk

ongeneeslijk incurable, past recovery; ~ *ziek*, (*ook*) terminally ill; *een ~e zieke* an incurable; **ongeneeslijkheid** incurability

ongenegen 1 disinclined, unwilling, indisposed [to ...]; *helemaal niet* ~, (*ook*) nothing loath; 2 *iem* (*niet*) ~ *zijn* be ill (well) disposed towards a p.; **ongenegenheid** disinclination, indisposition; **ongeneigd** *zie* ongenegen 1

ongenietbaar 1 unpalatable, indigestible [talk] (*voor* to); 2 (*pers*) insufferable

ongenodigd uninvited [guest], unbidden, unasked; *~e gast* (*op feest*), (*fam*) gatecrasher

ongenoegen displeasure; ~ *hebben* be at variance [*met* with]; ~ *krijgen* fall out

ongenoegzaam insufficient, inadequate; **ongenoegzaamheid** insufficiency, inadequacy

ongenoemd unnamed, unmentioned, anonymous, nameless

ongenood uninvited; *zie* ongenodigd

ongenuanceerd oversimplified [comments], unsubtle, simple-minded [approach], wholesale [condemnation]; ~ *denken* simplistic thinking

ongenummerd not numbered, unnumbered

ongeoefend unpractised, untrained, undrilled, raw [recruit]; *een ~e* a raw hand; **ongeoefendheid** lack of practice, inexperience

ongeoorloofd illegal, unlawful, illicit; ~ *gebruik* (*bijv v noodrem*) improper use; **ongeoorloofdheid** unlawfulness

ongeopend unopened; **ongeordend** unarranged, disorderly; *~e concurrentie* unregulated competition; **ongeorganiseerd** unorganized; *~e* non-union worker

ongepaard unpaired; (*handschoenen, enz*) odd

ongepast 1 unbecoming, unseemly, improper, out of place, ill-timed [pleasantry]; *dat is* ~, (*ook*) that is bad manners; *niet* ~, (*ook*) not inappropriate; 2 *ze komen altijd met* ~ *geld* they never have the exact money; **ongepastheid** unseemliness, etc; impropriety (*ook:* an impropriety)

ongepeld [rice] in the husk, unhusked; *vgl* pellen; *~e rijst*, (*ook*) rough rice, paddy

ongepermitteerd 1 *zie* ongeoorloofd; 2 disgraceful, unconscionable [he was unconscionably late]

ongepijnd virgin [honey]; **ongeplaatst** unseeded [player]; uncalled, unissued [shares]; **ongeplaveid** unpaved; **ongepolijst** unpolished (*ook fig*)

ongeraden unadvisable

ongerechtigd unwarranted; ~ *tot* not entitled to

ongerechtigheid iniquity, injustice; *ongerechtigheden* iniquities; (*iron*) blemishes, faults

ongerechtvaardigd unjustified, unwarranted, unwarrantable [intervention]

ongereed unready, unprepared; *in het ongerede raken*, *a*) get lost, be mislaid; *b*) get out of order, go wrong [the wireless went wrong; (*ook*) the transmitter was put out of commission by heavy storms]; *in het ongerede brengen* disable [the plane was disabled by engine-trouble]

ongeregeld irregular [order, life, troops, at irregular hours], disorderly, rough-and-tumble [life], desultory [attendance at school, study]; *op ~e tijden*, (*ook*) at odd times (moments); *~e goederen* miscellaneous (unassorted) goods; *partijtje* (*zoodje*) ~ job lot, odd lot; *stelletje* ~, (*pers*) disorderly lot (bunch); *~e klant* chance (*of:* casual) customer; *~e troepen*, (*ook*) irregulars

ongeregeldheid irregularity; *-heden* riots, rioting, disturbances, disorders

ongerekend exclusive of, not counting, not in-

cluding; (*afgescheiden van*) apart from
ongeremd uninhibited; ~ *vrolijk* backslapping
ongerept 1 untouched, intact; unspoilt [beach]; virgin [snow, forest]; 2 (*rein*) pure, untainted, inviolate
ongerief inconvenience, trouble, hardship; *iem ~ veroorzaken* put a p. to inconvenience, inconvenience a p.; **ongeriefelijk** inconvenient [time]; uncomfortable [chair, journey, rooms], incommodious; **ongeriefelijkheid** inconvenience, discomfort
ongerijmd absurd, preposterous; *het ~e van* the absurdity of; *bewijs uit het ~e* indirect demonstration (*of:* proof); *tot het ~e herleiden* reduce to an absurdity; **ongerijmdheid** absurdity
ongeroerd unmoved, impassive
ongerust uneasy, anxious, worried, exercised (in one's mind) [*over* about]; *zich ~ maken* be uneasy etc, worry [*over* about]; **ongerustheid** uneasiness, anxiety, [there is cause for] concern, [his condition gave rise to] alarm, disquiet(ude)
ongeschikt 1 unfit [for work, for human habitation], unfitted [for the post], unsuited [to the climate, to the purpose], unsuitable; ~ *zijn voor zijn taak,* (*ook*) be a round (square) peg in a square (round) hole; ~ *maken voor* (render) unfit for, incapacitate for (from); ~ *verklaren* disqualify [for a post]; 2 (*onbekwaam*) incompetent, inefficient [teachers]; 3 (*ongelegen*) inconvenient
ongeschiktheid unfitness, unsuitability, incapacity, incompetence, inefficiency
ongeschild unpared, unpeeled, [boil potatoes] in their jackets; **ongeschoeid** unshod, shoeless; (*r-k*) discalced [Carmelites, etc]; **ongeschokt** unshaken, unmoved; **ongeschonden** undamaged, intact; (*wet, eer, enz*) inviolate, unviolated; **ongeschoold** untrained, unpractised, unschooled; unskilled [labour(er), work(er)]; **ongeschoren** unshaved, unshaven; (*schaap*) unshorn; **ongeschreven** unwritten; *het ~ recht* the unwritten law, the common law
ongeslachtelijk asexual
ongeslagen unbeaten [record; remain unbeaten]
ongeslepen unground, unsharpened; (*diamant*) uncut, rough (*ook fig:* a rough diamond)
ongestadig inconstant; unsettled [state]; fitful [the candle burnt fitfully]; *zie ook* onbestendig
ongesteeld without a handle; (*plantk*) stalkless, sessile; **ongesteld** unwell, indisposed; ~ *zijn,* (*ve vrouw*) have a period; **ongesteldheid** indisposition; (*v vrouwen*) period [pains]
ongestoffeerd unfurnished [rooms]
ongestoord I *bn* undisturbed, uninterrupted, untroubled; II *bw* uninterruptedly, without being disturbed; **ongestort** uncalled [capital]
ongestraft I *bn* unpunished; ~ *blijven* go unpunished; II *bw* with impunity; (*fam*) [commit perjury] and get away with it; *hij denkt dat hij alles maar ~ kan doen,* (*ook*) he thinks he can get away with murder; **ongestraftheid** impunity
ongestudeerd unlettered; **ongetand** smooth [edge], unperforated [stamp]; **ongetekend** unsigned; anonymous; **ongeteld** 1 uncounted; 2 untold, unnumbered, countless; **ongetemd** untamed; **ongetemperd** untempered
ongetrouw *zie* ontrouw *bn*; *een ~ beeld* an unfaithful picture
ongetrouwd unmarried, single; *~e man* bachelor; *~e vrouw* spinster; *~e oom* (*tante*) bachelor uncle (maiden aunt); *het ~e leven* single life
ongetwijfeld I *bn* undoubted; II *bw* undoubtedly, unquestionably, doubtless, no doubt, beyond question
ongevaarlijk harmless, [not altogether] without danger; *vgl* onschadelijk
ongeval accident, (*minder erg*) mishap; *uitkering bij ~* accident benefit; *dood door ~* accidental death; **ongevallenverzekering** accident insurance; **ongevallenwet** Employers' Liability Act, Workmen's Compensation Act, Industrial Injuries Act; *in de ~ lopen* draw sickness benefit; **ongevallig**: *het was hem niet ~ te horen ...* he was not displeased to hear ...
ongevederd unfeathered; *nog ~* unfledged
ongeveer about, in the neighbourhood of, somewhere about, some [10 feet, two hours], approximately [5 by 4 feet], circa [1725], something like [the tenth time]; ~ *hetzelfde* roughly (broadly) the same; *het luidt ~ als volgt* it runs something like this; ~ *8 uur,* (*fam*) eightish
ongeveinsd unfeigned, sincere; **ongeveinsdheid** sincerity
ongeverfd 1 unpainted; plain [a plain wooden table]; 2 undyed
ongevleugeld wingless; (*wtsch*) apterous
ongevoelig unfeeling, impassive; callous [remark]; ~ *voor* insensible to (of); impervious to [a p.'s rhetoric]; ~ *voor alle begrip van eer* lost to all sense of honour; **ongevoeligheid** insensibility, impassiveness
ongevraagd (*pers*) unasked, uninvited; (*zaak*) unasked (for), unsolicited, uncalled-for [advice, etc]; [he told me] without being asked; ~ *drukwerk* junk mail; ~ *inlichtingen geven,* (*ook*) volunteer information
ongewapend unarmed; (*vh oog, ook*) naked, unaided; **ongewassen** unwashed; *het ~ tuig* the great unwashed; ~ *wol* wool in the grease; *zie ook* ongezouten
ongewend unaccustomed, unused [*aan* to]
ongewenst unwanted [visitors], undesirable; ~ *persoon* undesirable; *het ~e van ...* the undesirability of ...; *zie ook* intimiteit
ongewerveld invertebrate; *~e dieren,* (*ook*) invertebrates, invertebrata
ongewettigd unauthorized, illegitimate
ongewijd unconsecrated [earth], unhallowed; (*priester*) unordained; (*muziek*) secular
ongewijzigd unaltered
ongewild 1 (*niet bedoeld*) unintended, unintentional; 2 (*waren*) not in demand; 3 (*ongewenst*) unwanted; **ongewillig** refractory, obstinate
ongewis uncertain; *in het ~se laten* keep [a p.] in the dark (guessing); **ongewisheid** uncertainty
ongewoon 1 unusual, uncommon, out of the common (the ordinary, the way), unwonted, un-

familiar, novel [experience]; *het ongewone* (*van*), *zie* ongewoonheid; 2 *zie* ongewend; **ongewoonheid** unusualness, uncommonness, novelty
ongewoonte want of practice, newness, unwontedness, unfamiliarity
ongewroken unavenged; *~ blijven* go unavenged
ongewrongen 1 undistorted; 2 natural [explanation]; **ongezadeld** unsaddled, bareback(ed) [ride bareback]; **ongezegd** [remain] unsaid; **ongezegeld** (*zonder stempel, postzegel, enz*) unstamped; (*zonder lak*) unsealed; **ongezeglijk** disobedient [child]; **ongezeglijkheid** disobedience; **ongezellig** (*pers*) unsociable, uncompanionable, poor company; (*v kamer, enz*) cheerless, dreary; *een ~e boel* a dull affair; **ongezelligheid** unsociability
ongezien 1 unseen; 2 *zie* ongeacht; *de O~e* the Unseen; *het ~e* the unseen; **ongezind** disinclined, indisposed [*om* to]; *mij niet ~* not unkindly disposed towards me; **ongezocht** 1 unsought, chance [meeting, etc]; 2 natural, unaffected
ongezond unhealthy [person, complexion, place, curiosity, climate, air], unwholesome [food, air, reading], insalubrious [atmosphere, climate], insanitary [conditions]; *~e toestand* unhealthy state of things; **ongezondheid** unhealthiness, unwholesomeness, insalubrity
ongezouten unsalted; *ik zei hem ~ de waarheid* I told him bluntly, gave it him hot
ongezuiverd unrefined, unpurified, untreated [effluent, waste]; **ongezuurd** unleavened [the Feast of the unleavened bread]
ongoddelijk ungodly; **ongodsdienstig** irreligious; **ongrammaticaal** ungrammatical; **ongrijpbaar** elusive; **ongrondwettig** unconstitutional; **ongrondwettigheid** unconstitutionality
ongunst disfavour; inclemency [of the weather]; harshness [of the times]
ongunstig unfavourable (*in alle betek*), inauspicious [sign], adverse [criticism, trade balance, report]; *~ uitziend* unprepossessing; *~ verleden* bad record; *in een ~e positie vergeleken met ...* [be] at a disadvantage as compared with ...; *analyse van het ~ste geval* worst case analysis
onguur forbidding, repulsive, unprepossessing, sinister; unsavoury [individual, story]; *een onguur type* a nasty bit of work
onhaalbaar impracticable [plans], unrealistic [targets], unfeasible [suggestions]
onhandelbaar unmanageable, intractable, unruly; **onhandelbaarheid** unmanageableness, intractability, unruliness; **onhandig** 1 clumsy, unhandy, awkward; 2 (*ve ding*) awkward to use; *~ groot* unwieldy; *hij is erg ~,* (*ook*) his fingers are all thumbs; **onhandigheid** clumsiness etc; **onhandzaam** *zie* onhandig 2
onharmonisch inharmonious
onhartelijk cool, cold [reception], unkind, without cordiality; **onhartelijkheid** unkindness, coldness, lack of cordiality
onhebbelijk unmannerly, ill-mannered, rude; *zich ~ gedragen tegenover* make oneself offensive to; *een ~e gewoonte* an objectionable habit; **onhebbelijkheid** unmannerliness, etc, *vgl* onhebbelijk; *een ~* a piece of rudeness, a rude remark
onheil calamity, disaster, mischief, evil; *de plaats des ~s* the scene of the accident; *~ stichten* make (*of:* work) mischief; *~ brengen over ons* land us in disaster
onheilbrengend calamitous, disastrous
onheilig unholy, unhallowed
onheilsbode bearer (bringer) of bad news, Jonah; **onheilspellend** ominous, sinister, ill--omened, inauspicious; **onheilsprofeet** prophet of woe (doom, evil), doomster; **onheilstichter** mischief-maker
onher|bergzaam inhospitable, desolate; **-kenbaar** unrecognizable; [changed] beyond (out of all) recognition; **-leidbaar** irreducible
onher|roepelijk irrevocable, past (*of:* beyond) recall; *~ laatste voorstelling* positively the last performance; **-roepelijkheid** irrevocability
onherstel|baar irreparable [damage, harm, loss], irremediable, irrecoverable [loss], irretrievable [ruin], past (beyond) remedy (cure, recovery, repair); **-baarheid** irreparability, irremediability
onheuglijk immemorial; *sinds ~e tijden* since (from) time immemorial, time out of mind
onheus discourteous, ungracious, unkind, disobliging
onheusheid discourtesy, ungraciousness
on|historisch unhistorical; **-hoffelijk** *zie* onheus
onhollands un-Dutch, not Dutch
onhoor|baar inaudible; **-baarheid** inaudibility
onhoudbaar untenable [*ook fig:* an untenable theory]; *-bare toestand* untenable position (situation); *het -bare van* the untenable nature of [those views]; **onhoudbaarheid** untenability
onhygiënisch unhygienic, insanitary [conditions]; **oninbaar** irrecoverable, bad [debt]
oningebonden unbound, in sheets; **oningenaaid** in sheets; unsewn; **oningepakt** unpacked; **oningesneden** (*vd bladrand*) entire [margin]; (*vd kust*) unindented; **oningevuld** blank, empty, not filled in; **oningewijd** uninitiated; *de ~en* the uninitiated, the outside public, outsiders; **oninvorderbaar** *zie* oninbaar; **oninwisselbaar** inconvertible [currencies]
onjuist incorrect, inaccurate, wrong; *~e behandeling* improper handling (treatment); *~e opvatting* misconception; **onjuistheid** inaccuracy, incorrectness; (*fout*) error
onkenbaar 1 unknowable; 2 unrecognizable; *vgl* onherkenbaar
on|kerkelijk, -kerks of no religion, irreligious
onkies indelicate, immodest; **onkiesheid** indelicacy, immodesty
onklaar 1 out of order; (*anker, touw*) foul; (*pomp*) choked; *~ worden,* (*ve machine, enz*) break down, be put out of action; *zie ook* ongereed; 2 (*niet helder, ook fig*) not clear, turbid; **onklaarheid** lack of clearness, turbidness, turbidity; **onknap:** *niet ~* rather good-looking, not unhandsome, not a bad looker; *niet ~ gedaan* done pretty well, not bad

onkosten expenses, charges; (*uitgaven*) outgoings; *af voor ~:* £ 5 charges to be deducted: £5; *~ inbegrepen* charges included; *zie ook* kosten, aftrek, enz; **onkosten|boek**, **-nota**, **-rekening** expense account; **onkostenvergoeding** expense allowance

onkreukbaar uncrushable [silk]; unimpeachable [honesty], upright [character]; **onkreukbaarheid** integrity; **onkrijgshaftig** unsoldierlike; unwarlike; **onkritisch** uncritical

onkruid weeds; *een ~* a weed; *~ vergaat niet* ill weeds grow apace, a bad penny always turns up; *~ onder de tarwe* tares among the wheat

onkuis unchaste [thoughts], indecent [language], sexually improper; **onkuisheid** unchastity, impurity; indecency

onkunde ignorance; *zuiver uit ~* from sheer ignorance; **onkundig** ignorant; *~ van* ignorant of, unaware of; *iem van iets ~ laten* keep a p. in the dark (about s.t.)

onkwetsbaar invulnerable

onland marshy ground

onlangs the other day, recently; *~ op een avond* (*een zondag*) the other evening (Sunday); *heb je haar ~ nog gezien?* have you seen her lately?

onledig: *zich ~ houden met* occupy (busy) o.s. with, be engaged in [reading, etc], be busy at (about, over, with); (*in zijn lege uren*) fill in the vacant hours with [some hobby]

onleefbaar unfit to live in

onleesbaar illegible [writing], unreadable [book, writing]; *~ maken* obliterate, (*met inkt, enz*), (*ook*) black out; **onleesbaarheid** illegibility

onlekker out of sorts, off colour, seedy; *zie ook* lekker: niet ~; **onlesbaar** unquenchable

onlichamelijk incorporeal

on|lijdbaar, **-lijdelijk** *zie* onduldbaar

onlogisch illogical; *het ~e van* ... the illogic (illogicalness, illogicality) of ...

onloochenbaar undeniable, incontestable

onlosmakelijk indissolubly

onlust: *gevoel van ~* uncomfortable feeling, sense of frustration; **onlusten** disturbances, troubles, riots; *binnenlandse ~* civil commotion

onmaatschappelijk antisocial

onmacht 1 impotence; 2 (*flauwte*) faint(ing-fit), swoon; *in ~ liggen* lie in a swoon; *in ~ vallen* faint (away), swoon, fall in(to) (go off in) a swoon; **onmachtig** impotent, powerless; (*niet in staat*) unable [to ...], incapable [of ...]

onmanoeuvreerbaar *zie* onbestuurbaar

onmatig immoderate, intemperate; *~ drinken* drink to excess (*of:* immoderately); **onmatigheid** immoderateness, intemperance, insobriety

onmededeelzaam uncommunicative

onmeedogend pitiless, merciless, ruthless

onmeetbaar immeasurable; *onderling ~* incommensurable; *~ getal* irrational (number), surd (number); **onmeetbaarheid** 1 immeasurableness; 2 (*wisk*) irrationality

onmengbaar unmixable, immiscible

onmens brute, monster; **onmenselijk** inhuman, brutal; **onmenselijkheid** inhumanity, brutality; **onmenskundig** psychologically inept, tactless

onmerkbaar imperceptible, insensible

onmetelijk immense; *~ groot* immeasurable, immense; **onmetelijkheid** immensity

onmiddellijk I *bn* immediate, prompt, instant; II *bw* immediately, directly, at once, promptly, instantly, there and then, out of hand, [killed] outright, straight away; [they may be had] at a moment's notice; *zie ook* dadelijk; *hij ging ~ aan het werk,* (*ook*) he lost no time in getting to work (*zo* (*ook*) in obeying, etc)

onmin discord, dissension; *in ~ leven* be at variance, be at odds [*met* with]; *in ~ raken* fall out

onmisbaar indispensable (for), essential (to); **onmisbaarheid** indispensability; **onmiskenbaar** unmistakable, undeniable

onmodieus unfashionable, (*sl*) naff

onmoge|lijk I *bn* impossible [task, fellow, hat]; (*fig ook*) ungodly [at an ungodly hour]; *het is mij ~* it's impossible for me; *het is mij ~ om* ... it is impossible for me to ..., I cannot see my way to [visit him]; *het ~e beproeven* (*volbrengen*) attempt (achieve) the impossible; *het ~e willen* cry for the moon; *zie ook* situatie; II *bw* not possibly [I cannot possibly go]; [I can]not for the life of me [understand ...]; *een ~ lange tijd* an unconscionable time; *op een ~ vroeg uur* at an impossibly (unconscionably) early hour; **-lijkheid** impossibility; *in de ~ verkeren* find it impossible (be unable) [to ...]

onmondig unemancipated; *zie ook* minderjarig; *~ blijven,* (*fig*) remain in (under) tutelage

onnaden|kend unthinking, thoughtless; [act] without thinking; **-kendheid** thoughtlessness

onna|speurbaar, **-speurlijk** inscrutable, unsearchable; subtle [influence]

onnatuur affectation; **onnatuurlijk** unnatural; (*gemaakt, ook*) affected; **onnatuurlijkheid** unnaturalness, affectation

onnauw|keurig inexact, inaccurate, loose [definition]; **-keurigheid** inexactitude, inaccuracy

onnavolgbaar inimitable, matchless; **onnavolgbaarheid** inimitableness, inimitability

onnederlands un-Dutch, not Dutch; **onneembaar** impregnable; **onnet** untidy; improper

onnodig unnecessary [expenditure], needless; *het ~e van* the unnecessariness of; *het maakte* ... *~* it did away with the necessity of ...; *~ te zeggen* needless to say; **onnoembaar** *zie* onnoemelijk

onnoemelijk I *bn* unnamable; unmentionable; (*talloos*) countless, numberless; *~ veel schade* untold damage; II *bw zie* oneindig

onnozel 1 silly [you silly boy!, talk silly], simple, soft(-headed), [I'm not] green, sheepish [smile sheepishly]; *een ~e 5 pond* a beggarly (paltry, measly) five pounds; *een ~ stukje kaas* a (mere) scrap of cheese; *zie je me voor ~ aan?* do you see any green in my eye?; *jij ~e!* you silly!, you stupid!; 2 (*gemakkelijk beet te nemen*) gullible; 3 (*onschuldig*) innocent, harmless; *~e hals* (*bloed*) simpleton, ninny, innocent, sucker; *zich ~ houden* act the innocent; **onnozelaar** simpleton, Simple Simon; **Onnozele-kinderendag** Innocents' Day (*28 dec*); **onnozelheid** 1 silliness, simplicity; gullibility; 2 (*onschuld*) innocence; *de vermoorde* (*verdrukte*) ~ [his attitude of] holy innocence, [represent them (him) as] holy innocents (a holy innocent); *in zijn* ~ ... in his innocence [he thought ...]

onnut I *bn* useless, needless, unprofitable, good-for-nothing; II *zn* good-for-nothing (fellow)

onofficieel unofficial, (*niet voor publikatie bestemd*) off the record

onomastiek onomastics; **onomatopee** onomatopoeia; **onomatopoëtisch** onomatopoe(t)ic

onomkeerbaar irreversible; **onomkoopbaar** incorruptible, proof against bribes, not to be bribed; **onomkoopbaarheid** incorruptibility

onomstotelijk incontrovertible, irrefutable, incontestable, cast-iron [proof]; ~ *bewijzen* prove beyond any doubt; **onomstreden** uncontested, undisputed; **onomwonden** I *bn* straightforward, frank, plain; II *bw zie* ronduit

ononderbroken *zie* onafgebroken

onontbeerlijk indispensable, essential [provisions]; **onontcijferbaar** undecipherable; **onontgonnen** uncultivated, uncleared, unreclaimed, unexploited, unworked; *zie ook* ontginnen; **onontkoombaar** inescapable, inevitable, ineluctable; **onontploft** unexploded; *~e granaat* blind (live) shell; **onontvankelijk** (*voor*) inaccessible (to), impervious (to); **onontvlambaar** non-inflammable, uninflammable, non-flam(mable); **onontvreemdbaar** inalienable; **onontwarbaar** inextricable; **onontwikkeld** 1 undeveloped; 2 (*pers*) uneducated, ignorant

onoog|lijk 1 unsightly, unpleasant to look at; 2 ragged, shabby; **-lijkheid** unsightliness, etc

onoorbaar 1 inadmissible; 2 unbecoming, unseemly; **onoordeelkundig** injudicious

onopengesneden unopened [book]

onopereerbaar inoperable [cancer]

onopgeëist unclaimed [luggage, bombing]; **onopgehelderd** unexplained [mystery]; unsolved [murders]; **onopgelost** 1 undissolved; 2 (*fig*) unsolved [crime], unsettled [problems]; **onopgemaakt** unmade [bed], undressed [hair], unmade-up [face], rough-dry [washing]; *~e (druk)proef* galley proof, slip proof; **onopgemerkt** unobserved, unnoticed, undetected; **onop|gesierd**, **-gesmukt** unadorned, unembellished, unvarnished [truth], unembroidered [record of facts], bald [statement, account], sober, plain [truth]; **onopgevoed** ill-bred; **onopgevraagd** unclaimed; (*kapitaal*) uncalled

onophoudelijk unceasing, ceaseless, incessant, unremitting [opposition]

onoplettend inattentive, unobservant; **onoplettendheid** inattention

onoplosbaar insoluble; (*fig ook*) unsolvable; **onoplosbaarheid** insolubility; **onoprecht** insincere, untruthful; **onoprechtheid** insincerity; **onopvallend** inconspicuous, unobtrusive, unspectacular, nondescript; **onopzegbaar** unbreakable [contract], non-withdrawable [credit]; **onopzettelijk** unintentional, inadvertent

onordelijk disorderly, unruly; untidy [room]; **onordelijkheid** disorderliness, unruliness; untidiness; **onordentelijk** *zie* onfatsoenlijk

onorganisch inorganic

onorthodox unorthodox

onoverbrugbaar unbridgeable; **onoverdacht** thoughtless, rash; **onoverdekt** uncovered; open-air [swimming-pool]; **onovergankelijk** intransitive; **onoverkomelijk** insurmountable, insuperable; **onoverkomelijkheid** insurmountability, insuperability; **onovertrefbaar** unsurpassable; **onovertroffen** unsurpassed, unexcelled; *hij* (*zij*) *is* ~ *in die kunst* he (she) is a past master (mistress) in (of) that art; **onoverwin(ne)lijk** invincible, unconquerable; **onoverwinnelijkheid** invincibility; **onoverzichtelijk** disordered, confused, unclear; [the situation is] far from clear; poorly organized [textbook]; ill-digested [mass of information]

on|paar, **-parig** unpaired, odd

onparlementair unparliamentary [language]

onpar|tijdig impartial, even-handed [dealings, justice], dispassionate; **-tijdigheid** impartiality

onpas: *te* ~ out of season, unseasonably; *te* ~ (*gedaan, gemaakt*) unseasonable; uncalled-for [remarks]; *een glas bier kwam niet te* ~ a ... did not come amiss, was very acceptable

onpasselijk sick; **onpasselijkheid** sickness

onpeilbaar unfathomable; **onpersoonlijk** impersonal; **onplezierig** unpleasant, disagreeable; *zie ook* onlekker; **onpoëtisch** unpoetical; **onpolitiek** 1 impolitic; 2 apolitical

onpraktisch unpractical [schoolboys], impractical, unbusinesslike; *het ~e van* the impracticality of [the proposals]; **onprettig** *zie* onplezierig

onproduktief unproductive

onraad danger, trouble; *er broeit* ~ trouble is brewing, there is s.t. brewing; ~ *bespeuren* (*merken*) take the alarm, (*fam*) smell a rat

onraadzaam unadvisable, inexpedient; **onraadzaamheid** unadvisableness, inexpediency

onrecht wrong, injustice, injury; *ten ~e* wrongly, unjustly; *iem* ~ *aandoen* wrong a p., do a p. an injustice (a wrong); **onrechtmatig** unlawful, illegal, illegitimate; wrongful [imprisonment, dismissal]; false (wrongful) [arrest]; **onrechtmatigheid** unlawfulness, illegality; **onrechtstreeks** indirect; **onrechtvaardig** unjust, unfair; *hij vindt dat hij* ~ *behandeld wordt* he thinks himself ill-used; *het ~e* the injustice [of it all]; **onrechtvaardigheid** injustice; *een* ~ an injustice; **onrechtzinnig** heterodox

onredelijk unreasonable; *een* ~ *lange tijd* an unconscionable time; *het ~e van* ... the unreasonableness of ...; **onredelijkheid** unreasonableness

onregelmatig irregular, straggling [streets], sprawling [writing], erratic [heartbeat]; ~ *gebouwd* rambling [houses, villages]; **onregelmatigheid** irregularity (*ook fin*); **onregelmatigheidstoeslag** payment for unsocial hours

onreglementair against the rules, irregular

onrein unclean, impure; **onreinheid** uncleanness, impurity; **onridderlijk** unchivalrous; (*on-*

hoffelijk) discourteous; **onrijm** prose; **onrijp** unripe [fruit], immature [ideas]
onroerend immovable; ~(*e*) *goed*(*eren*) real property, real estate, realty; (*niet-Br jur*) immovables; ~*e feestdag* immovable feast; *zie ook* makelaar
onroerende-zaakbelasting real estate tax
onrond out-of-round
onrust 1 unrest, disquiet, commotion; 2 (*ongerustheid*) uneasiness; 3 (*rusteloosheid*) restlessness, unrest; 4 (*in horloge*) balance; 5 (*pers*) fidget; **onrustbarend** alarming; **onrustig** 1 restless, unquiet, disturbed [the patient had a disturbed night]; (*v slaap*) troubled, fitful; 2 (*zenuwachtig*) fidgety; 3 (*opstandig*) turbulent, riotous; **onrustigheid** *zie* onrust; **onrust|stoker**, **-zaaier** firebrand, agitator, mischief-maker, troublemaker
1 ons *zn* hectogram(me); (*Eng*) ounce (±*28 g*)
2 ons I *pers vnw* us; *de overwinning is aan* ~ is ours; ~ *kent* ~ you can't put that across me; *vgl* hem I & *zie* II; II *bez vnw* 1 (*bijvoeglijk*) our; *zie ook* vader, enz; 2 (*zelfst*): *de* (*het*) *onze* ours; *zijn boeken en de onze* his ... and ours; *de onzen* our family (party, soldiers, men); *hij is een van de onzen* he is with us, one of our party, on our side; *vgl* mijn
onsamendrukbaar incompressible
onsamenhangend incoherent [mass, sentences, talk, speak incoherently], desultory [remarks], disconnected, rambling [story, conversation], disjointed [sentences], scrappy, bitty [talk, diary]; ~ *spreken,* (*ook*) ramble; ~ *verhaal,* (*ook*) rigmarole; **onsamenhangendheid** incoherence, disjointedness, scrappiness
onschadelijk harmless, inoffensive, innocuous; [here he is] out of mischief; ~ *maken* render harmless, scotch [a p., party, etc], disarm [a bomb]; *iem* ~ *maken,* (*doden*) make away with a p., put a p. out of the way
onschatbaar invaluable, inestimable, priceless; *van onschatbare waarde,* (*ook*) of incalculable value; **onscheidbaar** inseparable; **onschendbaar** inviolable; (*v pers*) immune; *de Koning is* ~ the King can do no wrong; **onschendbaarheid** inviolability; [the royal] prerogative; (*ve gezant, enz*) diplomatic immunity (*of:* privilege); (*ve parlementslid*) parliamentary immunity
onscherp (*fot*) blurred, out of focus, fuzzy
onschoon unbeautiful, unlovely
onschriftuurlijk unscriptural
onschuld innocence; *de vermoorde* (*beledigde*) ~ *spelen* assume an (air of) injured innocence; *in alle* ~ in all innocence; *zijn* (*iems*) ~ *bewijzen,* (*ook*) clear o.s. (a p.); *ik was mijn handen in* ~ I am perfectly innocent; *zie ook* onnozelheid
onschuldig innocent [*aan* of], guiltless, harmless [pleasure]; (*ve gezwel*) *zie* goedaardig; *zo* ~ *als een pasgeboren kind* (*een lammetje*) as innocent as a new-born babe; *de* ~*e spelen* play the innocent [*tegenover* with]
onsierlijk inelegant, ungraceful
onsmake|lijk (*ook fig*) unsavoury, unpalatable, unappetizing; **-lijkheid** unsavouriness, etc
onsolide *zie* insolide; **onspeelbaar** unplayable [ball, field; music]; unactable [play]; **onsplinterbaar** unsplinterable [glass]; *zie ook* splintervrij
onspoed adversity; *zie ook* tegenspoed
onsportief unsporting, unsportsmanlike [behaviour]; **onstabiel** unstable; **onstandvastig** inconstant; unstable [equilibrium, nature]; **onstandvastigheid** inconstancy, instability
onstelselmatig unsystematic (*bw:* -ally)
onsterfe|lijk immortal, undying, deathless; ~ *maken* immortalize; *zich* ~ *belachelijk maken* make an absolute fool of o.s.; **-lijke** immortal; *de* ~*n* the immortals; **-lijkheid** immortality; deathlessness [the deathlessness of love]
onsterk flimsy, frail, weak
onstichtelijk unedifying, offensive; **onstoffelijk** immaterial, incorporeal, spiritual; **onstoffelijkheid** immateriality, spirituality
onstuimig (*pers*) impetuous, boisterous; (*wind, zee*) tempestuous, boisterous, turbulent; **onstuimigheid** impetuosity, boisterousness, turbulence; **onstuitbaar** unstoppable
onsymmetrisch unsymmetrical, asymmetrical
onsympathiek uncongenial; not likable; *ik vind zijn houding* ~ I cannot approve of his attitude (conduct); **onszelf** ourselves; *vgl* zelf & zichzelf
ontaard degenerate; **ontaarden** degenerate [*in* into], deteriorate; **ontaardheid** degeneracy; **ontaarding** degeneration, deterioration
ontactisch impolitic, tactless
ontastbaar impalpable, intangible; **ontastbaarheid** impalpability, intangibility
ontbeerlijk dispensable; **ontberen** lack, be in want of; *ik kan het* (*niet*) ~ I can(not) do without (dispense with) it; **ontbering** privation, want, hardship; **ontbieden** send for, summon, call
ontbijt breakfast; *ik deed mijn* ~ *met een snee brood* I breakfasted on ...; **ontbijten** breakfast [*met vis* on fish], have (take) [an early] breakfast; *zie ook* eten; **ontbijtgoed** breakfast things; **ontbijtkoek** (*vglb*) Dutch honey cake; **ontbijtservies** breakfast service
ontbindbaar decomposable; (*Kamer, huwelijk, enz*) dissolvable, dissoluble; **ontbinden** 1 (*losmaken*) untie, undo; *in factoren* ~ resolve (break up, separate) into factors, factorize; 2 (*licht, lijk, enz, chem*) decompose; (*chem ook*) break down; (*rotsen, enz*) disintegrate; 3 (*krachten*) resolve [forces]; 4 (*leger, geheim genootschap*) disband; (*optocht, organisatie*) break up, dissolve; (*firma, huwelijk, Kamer*) dissolve; *zie ook* kamer; *zich* ~, (*ve commissie, enz*) dissolve, vote itself out of existence; (*v troepen, enz*) disband
ontbinding decomposition; resolution; disbandment; dissolution; *vgl* ontbinden; (*het uit elkaar vallen, ook*) disintegration [of a structure, the Coalition]; *tot* ~ *overgaan* become decomposed, decompose, decay; *in* (*vergevorderde*) *staat van* ~ in a(n advanced) state of decomposition
ontbladeren strip off the leaves, defoliate; *ontbladerd,* (*ook*) leafless [trees]; **ontbladeringsmiddel** defoliant
ontbloot bare, naked; *met ontblote hoofden* with

bared (uncovered) heads; ~ *van* destitute of, devoid of, without [means]; *van alle grond* ~ utterly unfounded; *niet* ~ *van ironie* not untinged with irony; **ontbloten** (*lichaam, ding*) bare; (*hoofd*) bare, uncover; (*zwaard*) bare, unsheathe; ~ *van* denude [a country] of [troops], strip of; **ontbloting** baring; denudation, stripping; (*jur*) indecent exposure

ontboezemen: *zich* ~ unbosom o.s., pour out one's heart [*voor* to]; **ontboezeming** effusion, outpouring

ontbolsteren shell, husk, hull; (*fig*) civilize [a p.]

ontbossen deforest, dis(af)forest; clear [land]

ontbossing deforestation, dis(af)forestation

ontbrandbaar (in)flammable, combustible, ignitable; **ontbrandbaarheid** (in)flammability, etc

ontbranden take fire, kindle, ignite; (*v oorlog*) break out; *doen* ~ kindle, ignite; *geruchten kunnen oproer doen* ~ rumours may set off riots; *in toorn* ~, *zie* ontsteken

ontbranding ignition, combustion

ontbreken (*er niet zijn*) be wanting (missing, lacking) [there is a leaf wanting; *ook:* the book wants a leaf]; *Engeland ontbrak op de conferentie* England was not present (represented) at the conference; *het ontbreekt hem* ***aan*** *geld* (*moed*) he is in want of money; he is wanting (lacking) in courage, lacks courage; *het zal u aan niets* ~ you shall want for nothing; *het ontbreekt ons aan woorden om* ... words fail us to ...; *dat ontbrak er nog maar aan!* it only needed that!, that's the last straw; (*sl*) that puts the (tin) lid on it; *het* ~ ***van*** *wegen* the absence of roads; *het* ***ontbrekende*** the deficiency, the remaining part; [pay] the balance; *het ~de bedrag*, (*ook*) the amount of deficiency; *de ~de goederen* the goods that are short; *de ~de schakel* the missing link

ontcijferen decipher; decode [a telegram]; puzzle (spell) out [a notice]; [there is a word I cannot] make out; *niet te* ~ undecipherable; **ontcijfering** decipherment; decoding

ontdaan upset, disconcerted, shaken [*van* by], bowled over; ~ (*beroofd*) *van* stripped (*of:* shorn) of [ornaments]

ontdekken discover [a country, person, thing, fact], detect [a mistake], strike [gold, oil]; (*fam*) spot [a p., thing]; (*er achter komen*) find out; *ik ontdekte dat ik mijn portemonnaie kwijt was* I found I had lost my purse; **ontdekker** discoverer; **ontdekking** discovery; *een* ~ *doen* make a discovery; *hij kwam tot de* ~ *dat ze verdwenen was* he found her gone; **ontdekkingsreis** journey (voyage) of discovery (of exploration); **ontdekkingsreiziger** explorer; **ontdekkingstocht** *zie* -reis

ontdoen: ~ *van* strip [a branch of its leaves, a p. of his clothes, etc], trim [the meat of fat]; *zich* ~ *van* part with; dispose of [a dead body]; take (*snel:* slip) off [one's coat]; divest o.s. of [one's coat, power]; unload [stocks]; *zie ook* kwijtraken

ontdooien thaw (out); unfreeze [the waterpipes]; defrost [frozen meat, the freezer]; (*fig*) thaw, come out of one's shell, melt; thaw [frozen credits]; **ontdubbelen** clear of duplicates, remove duplicates from

ont|duiken dodge [a blow, pursuer, tax, going to school, (*Am*) the draft], elude [a blow, danger, the law], evade [a blow, tax, contract, obligation, the law], get round [the rules, the law], circumvent [restrictions], go behind [a contract], shirk [one's duty, a difficulty]; *de belastingen* (*invoerrechten*) ~, (*ook*) defraud the revenue (the customs); **-duiking** evasion, elusion; defrauding

ontegensprekelijk undeniable, irrefutable, indisputable; **ontegenzeglijk** unquestionable, undeniable, incontestable

onteigenen expropriate [property, the owner], dispossess [the owner], (*Am jur*) condemn [a p.'s property]; *vgl* naasten; **onteigening** expropriation, dispossession, compulsory purchase

onteigeningswet compulsory purchase act

ontelbaar innumerable, countless, numberless, [times] without number

ontem|baar untamable, indomitable, ungovernable; **-baarheid** untamableness, indomitability

onterecht wrong, unjust, incorrect

onteren 1 dishonour; 2 (*verkrachten*) dishonour, violate, deflower, rape; 3 (*ontheiligen*) desecrate, defile; **onterend** (*ve straf*) degrading; **ontering** 1 dishonouring, degradation; 2 defloration, violation, rape; 3 desecration; *vgl* onteren

onterven disinherit; **onterving** disinheritance

ontevreden 1 discontented ~ *over* dissatisfied (displeased, discontented) with; (*mopperig*) disgruntled; 2 (*tov regering*) disaffected; *~en*, (*in de staat*) malcontents; **ontevredenheid** discontent (at *over*), dissatisfaction

ontfer|men: *zich* ~ *over* take pity on, have mercy on, commiserate; (*zich het lot aantrekken van*) (*ook*) take [a p.] up; **-ming** pity, commiseration

ontfutselen: *iem iets* ~ filch (pilfer) s.t. from a p. [my purse was spirited away]; *iem een geheim* ~ get (worm) a secret out of a p.

ontgaan escape, elude [the fact eluded me]; *zijn bitterheid ontging haar* his ... was lost (up)on her; *het verschil ontgaat me* I fail to see the difference; *aan de* ***aandacht*** ~ escape notice, elude observation; *de* ***kans*** *ontging hem* the chance slipped through his fingers, he let the opportunity slip; *het is* ***mij*** (*mijn geheugen*) ~ it has slipped my memory, escaped me (my memory); *dat is mij* (*mijn aandacht*) ~ it escaped me, I did not notice (see, hear) it, it slipped my attention; ***niets*** *ontgaat hem* nothing escapes him (his notice); *een oog waaraan niets ontging* an eye that missed nothing; *zijn* ***prooi*** *ontging hem* he was baulked of his prey

ontgassen degas; **ontgelden** pay for, suffer for

ontginnen reclaim [land], bring [land] under cultivation, open up [new land], clear [forests], exploit [a coalfield, mine], develop [oil wells, the resources of the earth]

ontginning reclamation, clearing, working, exploitation, development; *vgl* ontginnen

ontglippen slip from one's hands; (*ve zucht*) es-

cape; *hij ontglipte mij* he gave me the slip; *het woord ontglipte mij* the word slipped out, slipped from my tongue
ontgloeien begin to glow, take fire
ontgoochelen 1 disillusion, undeceive, disenchant; *zie ook* ontnuchteren; 2 *zie* ontfutselen
ontgoocheling disillusionment, disenchantment
ontgraten bone; **ontgrendelen** unbolt; **ontgroeien** outgrow, grow out of, grow away from
ontgroenen rag [freshmen] before admission to students' union
ontgronden (re)move earth from [a site]
onthaal reception [centre]; (*feest*) entertainment, treat; *gastvrij* ~ hospitable welcome; *een goed* ~ *vinden,* (*fig*) be well received; **onthalen** entertain, treat, regale, (*fam*) do [a p.] well; ~ *op* treat to [a dinner, an anecdote], regale with [a dinner], entertain with [a story], stand [a p. a supper]
onthalzen behead, decapitate
onthand inconvenienced, (*erg*) lost [feel lost without one's hearing aid]
ontharden soften; **ontharder** [water] softener
ontharen depilate; **ontharing** depilation; **ontharingsmiddel** depilatory
onthechten: *zich* ~ detach o.s.; (*r-k*) mortify o.s.
onthechting detachment; (*r-k*) mortification
ontheemd uprooted; **ontheemde** displaced person, DP
ontheffen: ~ *van* free from [cares, etc], exempt (dispense, exonerate) from [an obligation]; *iem van zijn ambt* (*verantwoordelijkheid*) ~ relieve a p. of his office (responsibility); *van het commando ontheven worden* be removed from (relieved of, superseded in) one's command; *zie ook* ontslaan & vrijstellen; **ontheffing** 1 exemption, dispensation, exoneration; (*v belasting*) remission; ~ *verlenen van* remit [taxes], exempt from [duties]; 2 (*ve ambt*) discharge, removal, supersession
ontheiligen desecrate, profane; **ontheiliging** desecration, profanation; **onthoofden** behead, decapitate; **onthoofding** beheading, decapitation
onthouden 1 *iem iets* ~ keep (withhold) s.t. from a p.; deny [his birthright was denied him]; *goedkeuring* ~, (*v dw*) consent withheld; *zie ook* ontzeggen; 2 *zich* ~ *van* abstain from [food, voting], refrain from [laughing], keep off [drink]; 3 remember [a lesson, names, etc], retain [not retain one word of what one reads], bear in mind; *twee* ~, (*optelling*) [write six and] carry two; *dat zal ik* ~*!* I'll make a note of that!; *hij kan goed* ~ he has a retentive memory; *ik kan geen namen* ~ I have a bad (a poor) memory for names, I'm bad at names; ***help*** *het mij* ~ remind me (of it); *ik zal het je helpen* ~ I'll remind you; (*fig*) I'll get even with you, just you wait!; *onthoud dat* ***wel*** don't forget that, bear (keep) that in mind
onthoudend abstinent, abstemious; **onthouder** abstainer, *zie ook* geheel~; **onthouding** abstinence, abstemiousness; continence [in sexual matters]; (*systeem van*) *periodieke* ~ rhythm method; (*ve stemming, enz*) abstention; **onthoudingsdag** day of abstinence; **onthoudingsverschijnsel** withdrawal symptom
onthullen unveil [a monument], reveal, disclose, divulge [a secret]; **onthulling** unveiling [of a statue], revelation, disclosure [of a secret], exposure [of abuses]; **onthutsen** disconcert, bewilder; **onthutst** disconcerted, dismayed, upset
ontiegelijk enormous [job]; outrageously [clever], immensely [rich]
ontij(d): *te*(*n*) *ontijde* at an unseasonable time, inopportunely; *zie ook* nacht; **ontijdig** unseasonable, untimely (*ook bw*); (*te vroeg*) premature [delivery *bevalling*]; ~ *bevallen* be confined prematurely; *tot een* ~ *einde brengen,* (*fam*) pull the plug on [a scheme]; **ontijdigheid** unseasonableness, untimeliness; prematurity
ontijz(el)en de-ice, defrost; **ontkalken** decalcify; (de)scale [pipes]; **ontkalker** decalcifier
ontkennen deny; *het valt niet te* ~ *dat* ... there is no denying (the fact) that, it is not to be (cannot be) denied that ...; **ontkennend** negative, [answer] in the negative; **ontkenning** negation, denial; **ontkenningswoord** negative word
ontkerkelijking secularization; **ontkerstenen** dechristianize; **ontkerstening** dechristianization
ontketenen unchain, unleash [energy, a storm of protest], unshackle; launch [an attack, a war]
ontkiemen germinate, sprout; **ontkieming** germination; **ontkleden** (*ook: zich* ~) undress, strip
ontkleuren I *tr* decolorize; II *intr* lose colour, pale
ontknopen untie, undo; unbutton [a coat]
ontknoping dénouement, outcome, catastrophe
ontknoppen bud; **ontkokeren** *zie* ontzuilen
ontkolen decarbonize, (*fam*) decoke [cylinders]
ontkomen escape, get off, get clear; ~ *aan* escape [one's pursuers], elude [a p.'s watchfulness]; evade [a tax]; get out of [paying in full]; *daar kun je niet aan* ~ you can't escape that (get away from that); *aan hervormingen valt niet te* ~ reforms are inescapably necessary; *zie ook* ontsnappen; **ontkoming** escape
ontkoppelen uncouple, decouple, disconnect, throw out of gear; unleash [hounds]; (*auto*) declutch, let (slip) in the clutch; (*fig*) unlink, disengage; **ontkoppelingspedaal** clutch pedal
ontkrachten enfeeble, enervate; weaken, vitiate [an argument]; **ontkroezen** unfrizz, straighten
ontkurken uncork
ontlaadsnelheid (*techn*) rate of discharge; **ontlaadstok** (*mil*) cleaning-rod; **ontlaadtang** discharging rod; **ontladen** (*schip, vuurwapen*) unload, (*schip, elektr*) discharge; (*afschieten*) discharge; ~ *raken,* (*ve accu*) run down; **ontlader** 1 unloader; 2 discharger; **ontlading** unloading, discharge; **ontladingsbuis** discharge tube
ontlasten unburden [*ook fig:* one's conscience, one's mind, o.s.]; relieve [tension; a p. of his coat, of a parcel; the curriculum of some subjects; (*afkapen*) a p. of his purse, etc]; take work off [a p.'s shoulders]; *een nieuwe brug om de oude te* ~ a new bridge to relieve ...; *hij ontlastte haar ervan* (*van de jongen*) he took it (the boy) off her hands; ***zich*** ~, (*ve rivier*) discharge (itself) [into

the sea]; (*ve wolk, onweer*) burst, break; (*ontlasting hebben*) have a motion, relieve oneself
ontlasting discharge, relief; (*stoelgang*) motion [have a motion; have two motions a day], stool, [daily] evacuation; (*uitwerpselen*) stool, motion, (human) excrement, faeces; *voor goede ~ zorgen* keep the bowels open move the bowels
ontlastingsboog (*bk*) relieving arch
ontlaten I *intr* soften, thaw; II *tr* temper, anneal
ontleden 1 analyse; 2 (*lijk, dier, plant*) dissect, anatomize; (*chem*) decompose, break up (down); 3 (*redekundig*) analyse; (*taalkundig*) parse; **ontleder** (*anat*) dissector; **ontleding** analysis; dissection; decomposition; parsing; *vgl* ontleden; **ontleedkamer** dissecting room; **ontleedkunde** anatomy; **ontleedkundig** anatomical; **ontleedkundige** anatomist; **ontleedmes** dissecting knife, scalpel; **ontleedtafel** dissecting table
ontlenen borrow (*aan* from) [borrow words from Latin, lines from Milton], adopt [words from other languages], derive [comfort, one's title, name, origin from ...], quote [a passage from a book], take [data from a report], owe (*aan* to) [the haughty look that he owes to his race]; *het ontleent z'n naam aan* ... it takes its name from ...; *een recht ~ aan* derive a right from, found a right on; **ontlening** borrowing, adoption, derivation
ontloken full-blown (*ook fig*), in full bloom
ontlokken elicit [a reply, the truth, laughter] from, draw [tears, information] from, provoke [protests] from, coax (worm) [a secret] out of
ontlook *ovt van* ontluiken
ontlopen 1 run away from, give [a p.] the slip, escape; 2 (*ontwijken*) avoid, shun; *zij ~ elkaar niet veel* they are much the same (*fam:* much of a muchness)
ontluchten bleed (off) [pipes, the radiators]
ontluiken open, expand; *vgl* ontloken; **ontluikend** (*fig*) budding [beauty, sentiments], dawning [love], burgeoning [talent]; **ontluisteren** tarnish, mar, disfigure, (*ve pers*) debunk; **ontluizen** delouse
ontmaagden deflower; **ontmagnetiseren** demagnetize; **ontmannen** castrate, emasculate; (*fig*) unman, unnerve; **ontmanning** castration; **ontmantelen** dismantle; **ontmanteling** dismantlement; **ontmaskeren** unmask; (*fig ook*) expose, show up; *zich ~* unmask; **ontmaskering** unmasking; (*fig ook*) exposure; **ontmasten** dismast
ontmengen separate; **ontmenselijken** dehumanize; **ontmenst** dehumanized, inhuman; **ontmoedigen** discourage, dishearten; *~d,* (*ook*) off-putting; *ontmoedigd,* (*ook*) dispirited, out of heart; **ontmoediging** [policy of] discouragement
ontmoeten meet (*ook: elkaar ~*), (*toevallig*) meet (with), come across [a p., word], run across [a p.], fall in with [a p.], happen (up)on [a p., thing]; (*dikwijls vijandig*) encounter [a p., an enemy, obstacles, stormy weather, opposition]; *we ~ elkaar niet vaak,* (*ook*) we don't see much of each other; *iem dikwijls ~* see a good deal (a lot) of a p.; *die **goed** doet, goed ontmoet* doing good has its reward; **ontmoeting** meeting; encounter; (*avontuur*) adventure
ontmunten demonetize; **ontmunting** demonetization; **ontmythologiseren** demythologize
ontnemen take (away) from, deprive [a p.] of [a right, chance]; *het recht tot het geven van onderwijs* (*recht op pensioen, op een rijbewijs, zijn medaille*) *werd hem ontnomen* he had his certificate taken from him (he was deprived of his pension rights, disqualified from holding a driving-licence, stripped of his medal); *zie ook* afnemen, woord, enz; **ontneming** deprivation
ontnuchteren sober, (*fig ook*) disenchant, disillusion, bring to earth (with a bump), have a sobering effect on; *ontnuchterd worden,* (*ook*) sober up (down), come down with a bump; *ontnuchterd zijn* be in a sobered mood; **ontnuchtering** disenchantment, disillusionment; *pijnlijke ~* rude awakening
ontoegankelijk inaccessible, unapproachable; impervious [to argument]; **ontoegankelijkheid** inaccessibility, imperviousness
ontoegeeflijk unaccommodating; **ontoegeeflijkheid** lack of complaisance; **ontoegevend** unaccommodating
ontoelaatbaar inadmissible, intolerable
ontoe|passelijk inapplicable, irrelevant [*op* to]; **-passelijkheid** inapplicability, irrelevance
ontoereikend insufficient, inadequate; *mijn geld was ~ voor mijn behoeften* fell short of my wants; **ontoereikendheid** insufficiency, inadequacy
ontoerekenbaar (*pers*) irresponsible, of unsound mind, unanswerable for one's actions, unaccountable; (*jur*) unfit to plead; (*daad*) not imputable; **ontoerekenbaarheid** irresponsibility; (*jur*) unfitness to plead; **ontoerekeningsvatbaar** *zie* ontoerekenbaar; **ontoeschietelijk** unresponsive, stand-offish, aloof
ontogenese ontogenesis; **ontologie** ontology; **ontologisch** ontological
ontoombaar uncontrollable
ontoonbaar unpresentable, not fit to be seen
ontpitten stone [dates]; gin [cotton]
ontplofbaar explosive (*ook: -bare stof*); **ontploffen** (*ook: doen ~*) explode, detonate; **ontploffing** explosion, detonation; bang; **ontploffingsgeluid** (*fon*) (ex)plosive
ontplooien 1 unfurl [a flag], unfold, uncase [the colours *vaandel*], break [the standard], put forth [all one's eloquence], develop [talents]; ***zich ~*** unfurl, unfold; 2 (*mil*) deploy; 3 (*fig*) unfold, expand; *gelegenheid geven om zich te ~* give full scope to [one's talents]; *grote activiteit ~* be (become) very active
ontplooiing unfurling; [the full] development [of his faculties]; (*mil*) deployment
ontpoppen: *zich ~,* (*eig*) break open the pupal case; *zich ~ als* turn out to be, reveal o.s. as; (*geleidelijk*) blossom into, blossom out as
ontraadselen unriddle, unravel, puzzle out
ontraden dissuade [a p.] from [s.t.], dissuade, dis-

courage; advise against [a plan]; *hij ontried het mij* he dissuaded me
ontrafelen unravel; **ontratten** derat
ontred|derd 1 damaged, battered, dilapidated; (*schip*) disabled; 2 (*pers*) bewildered; [he sat down] in bewilderment; **-dering** 1 disorder, confusion, [social] upheaval; 2 (*pers*) bewilderment
ontregelen 1 upset, unsettle, dislocate, disrupt, throw into confusion; 2 bring (put) [a mechanism] out of adjustment
ontreinigen sully, defile; **ontremmen** disinhibit
ontrieven deprive of s.t., put to inconvenience
ontroeren I *tr* move, affect, touch, thrill; II *intr* be moved, etc; **ontroerend** moving, etc; pathetic [story]; **ontroering** emotion
ontroester rust remover
ontrollen *tr & intr* unroll, unwind, unfurl [a banner], unfold; *zich* ~ unroll etc (itself); *iem iets* ~ pick a p.'s pocket (of s.t.)
ontromen cream, skim
ontronding unrounding
ontroostbaar inconsolable, disconsolate
ontroostbaarheid inconsolableness, disconsolateness
ontrouw I *bn* unfaithful, disloyal; *iem ~ worden,* (*ook*) break faith with a p.; (*pol ook*) rat [on one's leader]; *zijn woord ~ worden* go back on one's word; II *zn* unfaithfulness, disloyalty, infidelity, disaffection
ontroven: *iem iets* ~ rob a p. of s.t., steal s.t. from a p., deprive a p. of a chance, etc; **ontruimen** evacuate [a town], vacate [a house], clear [the park, streets, etc]; *de rechtszaal laten* ~ have the court cleared; **ontruiming** evacuation, vacation, clearing; *vgl* ontruimen & uitzetting
ontrukken snatch (away) from [snatch a p. from death], wrest (*of:* tear) from
ontschepen disembark [passengers], discharge [goods]; *zich* ~ disembark; **ontscheping** disembarkation; discharge
ontschieten slip from [a p.'s hand, etc]; escape; *het is mij ontschoten* it has slipped my memory
ontschorsen bark, strip
ontsieren deface, disfigure, mar [the play is marred by eccentricities]; **ontsiering** defacement, disfigurement [of the countryside]
ontslaan discharge [from an office], dismiss [he was dismissed (from) His Majesty's Service], cashier [an officer]; (*fam*) sack, fire; (*wegens bezuiniging*) axe; (*als overtollig*) make redundant, (*euf*) dehire, deselect, outplace; (*tijdelijk*) lay off [workmen]; discharge, release [from hospital, prison]; ~ ***van*** (*verplichting, enz*) release (absolve) from [an obligation, a promise, an oath]; *iem van een koop* (*zijn straf, een les*) ~ let a p. off a bargain (his punishment, a lesson); *iem van zijn belofte* ~ set a p. free, let a p. off; *iem van de verantwoordelijkheid* (*de moeite*) ~ relieve a p. of the responsibility (the trouble); *van rechtsvervolging* ~ discharge; ***zich*** *~ van, ontslagen raken van* get rid of; *zie ook* (on)eervol; **ontslag** discharge (*ook uit hospitaal, enz*), (*als overtollig*) [compulsory, voluntary] redundancy, (*euf*) outplacement; dismissal [from the Service]; (*vrijwillig*) resignation; release [from prison]; (*zijn*) ~ ***geven*** dismiss, discharge; (*fam*) give [a p.] the push; *zijn* ~ ***indienen*** (*aanvragen, aanbieden*) tender (hand in, give in, send in, submit) one's resignation; (*ve officier*) resign one's commission; *zijn* ~ ***krijgen*** be dismissed; (*fam*) get the sack, be sacked (fired); (*zijn*) ~ ***nemen*** resign [*uit een baan* from a post], retire; (*als lid*) resign [from the committee]; *zie ook* (on)eervol
ontslag|aanvrage resignation; **-brief** 1 (*aanzegging*) notice of dismissal; (*ve gevangene*) certificate of discharge, discharge certificate; 2 (*verzoek*) letter of resignation; **-neming** resignation; **-premie** severance pay; **-recht** right of dismissal
ontslapen pass away, expire, depart this life; *in Jezus ~ zijn* be asleep in Jesus, rest in Christ; *de ~e* the deceased, the departed; **ontslippen** *zie* ontglippen; **ontsluieren** unveil, (*fig ook*) reveal, disclose [a secret]; **ontsluiering** unveiling, revelation, disclosure
ontsluipen steal (*of:* slink) away from
ontsluiten open (*ook: zich* ~), unlock; (*fig*) open [one's heart to], unseal [one's mind], open up [new areas]; make available (accessible) [library resources]; analyse [a subject]; retrieve [information]; **ontsluiting** (*med*) dila(ta)tion
ontsmetten disinfect, decontaminate [a radioactive environment], (*met rook*) fumigate [a building]; **ontsmetting** disinfection, decontamination; **ontsmettingsmiddel** disinfectant
ontsnappen escape, get away; (*weten te* ~) make (make good, effect) one's escape; *zie ook* weten; ~ *aan* escape from [one's creditors, etc], escape [observation, death, a p.'s notice]; *zie ook* ontgaan, ontkomen, ontvallen, ontvluchten; **ontsnapping** escape, (*fam*) getaway; **ontsnappingsclausule** escape (let-out) clause; **ontsnappingsluik** (*ve duikboot*) escape hatch; **ontsnapte**: *de* ~ the escaped person; (*gevangene*) the escapee
ontsnavelen debeak [chickens]
ontspannen unbend [a bow, the mind], unstring [a bow], release, ease [a spring], unbrace [a drum], relax [muscles, etc], unclench [one's fists], ease [the tense situation]; *de haan* ~ uncock a pistol (rifle, etc); ***zich*** ~, (*v spieren, enz*) relax; (*ve vuist*) unclench; (*ve pers*) relax, unbend, (*Am sl*) mellow out, chill out; **ontspanner** (*fot*) release
ontspanning 1 relaxation (*ook fig*); 2 (*opluchting*) relief; 3 (*in pol situatie*) easing of the tension, détente; *dat gaf enige* ~ that relieved the strain (the tension) to a certain extent; 4 (*verpozing*) entertainment, recreation, diversion, relaxation; *gelegenheid voor* ~ recreational facilities
ontspanningslectuur light reading
ontsparen dissave; **ontspiegelen** eliminate surface reflection from; (*fot*) bloom, coat [a lens]
ontspinnen: *daarover ontspon zich een belangwekkende discussie* this led to an interesting discussion; **ontsporen** be derailed, run off (go off, leave, jump) the rails (the metals); (*fig*) go off the rails, go wrong; *doen* ~ derail, throw off the

rails; **ontsporing** derailment; (*fig*) slip, mistake, wrong move; **ontspringen** jump away from; (*ve rivier*) (take its) rise; *zie ook* dans; **ontspruiten** sprout, spring, bud; ~ *uit,* (*fig*) arise (spring, result, proceed) from; *zie ook* afstammen

ontstaan I *ww* arise, originate, come into being (existence), come about, develop; (*plotseling*) spring up; *doen* ~ cause, occasion, start [a fire], raise [doubt]; ~ *uit* arise (proceed, spring, originate) from; *een lijn ontstaat door de beweging van een punt* a line is generated by the motion of ...; ~ (*v dw*) *door* [misfortunes] born of [the war], [the vacancy] caused by ...; II *zn* origin, genesis, birth [the birth of the universe]

ontsteken 1 kindle, light, ignite; *in woede* ~ fly into a passion; *in woede doen* ~ incense, infuriate; *Gods toorn was tegen hen ontstoken* God's wrath was kindled against them; 2 (*ve wond, enz*) inflame; ***doen*** ~, (*wond*) inflame; **ontsteker** igniter; **ontsteking** 1 ignition; (*ve bom*) fuse; *de* ~ *verwijderen uit* defuse, disarm [a bomb]; 2 (*ve wond, enz*) inflammation; **ontstekingstemperatuur** ignition temperature, flashpoint; **ontstekingstijdstip** ignition timing

ontsteld alarmed, frightened, dismayed, [listen] in (with) dismay; **ontstelen**: *iem iets* ~ steal s.t. from a p., rob a p. of s.t.; *er werd haar een collier ontstolen* she had a necklace stolen; **ontstellen** I *tr* alarm, startle, disconcert, frighten, terrify, appal [appalling news]; II *intr* be frightened (startled), be greatly upset [by the bad news]; **ontstellend** (*ook*) fearfully [cold, expensive]; **ontsteltenis** consternation, alarm, dismay

ont|stemd 1 (*eig*) out of tune; 2 (*fig*) put out, ruffled, displeased, vexed; ~ *zijn over,* (*ook*) resent; **-stemdheid** *zie* ontstemming; **-stemmen** 1 (*eig*) put out of tune; 2 (*fig*) put [a p.] out, ruffle, displease; **-stemming** displeasure, resentment, vexation, annoyance, [arouse] feeling [among ...]

ontstentenis: *bij* ~ *van* in default of, failing [a successor]; in the absence of

ontstichten offend, give offence, shock, scandalize; **ontstichting** offence, scandal

ontstoken (*ve wond*) inflamed, angry; *vgl* ontsteken

ontstoppen 1 unplug; 2 unblock, clear [a drain]

ontstoren suppress; **ontstrijden** dispute; *iem iets* ~ dispute s.t. with a p.; *dat laat ik me niet* ~ I won't be argued out of that; **onttakelen** (*schip*) unrig, (*ook installatie, enz*) dismantle

onttogen withdrawn; *aan zichzelf* ~ in raptures

onttoveren 1 disenchant, set free from a spell; 2 *zie* ontfutselen

onttrekken withdraw [*aan* from], hide [from view], take [oxygen from the air]; *aan de ouderlijke macht* ~ remove [a minor] from parental control; *aan het oog* ~ hide (conceal) from view; ***zich*** ~ *aan* withdraw (retire) from, shirk [one's duty, responsibility], back out of [one's obligations]; *zich aan de gerechtigheid* ~ fly from justice; *we kunnen ons niet aan de indruk* ~ it is hard to avoid the impression; *zich* ~ *aan de invloed van* break away from the influence of; *Pope onttrekt zich aan een dergelijke analyse* Pope refuses to be analysed in this way; **onttrekking** withdrawal, etc; *vgl* onttrekken; **onttronen** dethrone; **onttroning** dethronement

ontucht vice, prostitution, lewdness, lechery, fornication; ~ *plegen* fornicate; *huis van* ~ disorderly house, bawdy-house; *van de* ~ *van anderen leven* live on the immoral earnings of others

ontuchtig lewd, lascivious; **ontuchtigheid** lasciviousness

ontuig 1 (*gespuis*) riffraff; 2 (*onkruid*) weeds

ontvallen fall (drop, slip) from [a p.'s hand]; *het woord ontviel me* the word escaped me, slipped out; *zich laten* ~ let out; *laat u daarover geen woord* ~ don't say a word about it; *zijn vrouw ontviel hem* he lost his wife; *de oude helden* ~ *ons een voor een* the ... are slipping away one by one; *de grondslag was eraan* ~ it had lost (come to lack) its basis

ontvangdag reception day, at-home (day)

ontvangen 1 receive; be in receipt of [parish relief, a pension]; (*in ontvangst nemen*) draw [one's salary]; take delivery of [goods]; *ontvangen van,* (*op kwitantie*) received of (*of:* from); *bijzonderheden zijn nog niet* ~ no details are as yet to hand; (*bezoeker*) receive; see [awfully good of you to see me]; *Mevr. N ontvangt elke dinsdag* Mrs N is at home (receives) on Tuesdays; *ze* ~ *veel* they entertain a good deal; *ik kan* (*wil*) *hem niet* ~ I am not at home to him; *ontvang mijn* ***dank*** (*verontschuldigingen*) accept my thanks (apologies); *zijn voorstel werd* ***gunstig*** ~ his ... was favourably received, had a favourable (*niet onverdeeld gunstig:* got a mixed) reception; *hij ontving me* ***hartelijk*** he made me cordially welcome; *Uw* ***schrijven*** ~ your letter (yours) to hand; *de vijand werd* ***warm*** ~ the ... was given a warm reception; 2 (*zwanger worden*) conceive; **ontvangenis** conception

ontvanger 1 receiver; (*ve brief, geschenk, enz*) recipient; (*v goederen*) consignee; (*bloedtransfusie*) receptor, recipient; 2 (*v belastingen*) tax (*of:* rate) collector; (*v zegelrechten*) stamp collector; *zie ook* hypotheek & gemeente~; 3 (*toestel*) receiver

ontvangerskantoor tax-(rate-)collector's office; **ontvangkamer** reception room

ontvangst (*ve brief, geld, enz*) receipt; (*ve pers*) reception; (*radio*) [have a poor] reception; ~*en* receipts, takings; *commissie van* ~ reception committee; ~ *berichten* (*bevestigen*) acknowledge receipt; *bij* (*na*) ~ on receipt [*van* of]; *in* ~ *nemen* take [orders], receive, accept; draw [one's salary, money]; (*goederen*) take delivery of, take up; (*toejuichingen*) acknowledge; *applaus in* ~ *nemen* take a bow; ~ *weigeren van* refuse to take delivery of; *een koude* ~ *hebben* meet with a cold reception; *zie ook* uitgave

ontvangst|bericht (*post*) advice of delivery; **-bevestiging**: *post met* ~ recorded delivery; **-bewijs** receipt; **-gebied** (*telec*) reception area; **-station** receiving-station; **-termijn**, **-tijd** prompt; **-toestel** receiver, receiving set

ontvankelijk susceptible, receptive, impressionable; ~ *voor* susceptible to [flattery], open (receptive) to [new ideas], alive to, amenable to; *zijn eis (het beroep) werd ~ verklaard* his claim was admitted (the appeal was allowed); *niet ~ verklaren* dismiss; **ontvankelijkheid** susceptibility, receptivity, sensitivity [to her wishes]

ontveinzen dissemble [one's satisfaction], disguise; *men kan zich niet ~ dat ...* there is no disguising the fact that ...; *zij kon zich niet ~ dat ...* she could not disguise (conceal) from herself that ...; *het geeft niet zich het feit te ~* it is no use blinking at the fact; *zich de moeilijkheden niet ~* be fully alive to (well aware of) the difficulties

ontveld stripped of the skin; abraded [shin]; grazed [elbow]; **ontvellen** skin, graze, excoriate, bark; **ontvelling** abrasion, graze, excoriation

ontvetten degrease [metal]; scour [wool, etc]; *zie ook* vermageren

ontvlambaar inflammable (*ook fig*), flammable; **ontvlambaarheid** (in)flammability; **ontvlammen** (*ook fig*) inflame, kindle; **ontvlamming** inflammation; **ontvlammingspunt** flashpoint

ontvleesd stripped of the flesh; fleshless

ontvlekken clean, remove stains from; **ontvlekkingsmiddel** stain remover

ontvlezen strip off the flesh [from]; *ontvleesd* emaciated [arm]; **ontvlieden** flee from, shun; *zijn ziel is het lichaam ontvloden* has taken wing; **ontvliegen** fly away from; **ontvluchten** escape [from prison], fly, flee; ~ (*aan*) escape [one's pursuers], fly (from), flee (from); (*wielersp*) breakaway; *het ouderlijk huis ~* run away from home; *zie ook* ontsnappen; **ontvluchting** flight, escape; (*wielersp*) breakaway

ontvoerder kidnapper, abductor; **ontvoeren** kidnap, carry off, abduct [a woman, etc], elope with [a woman]; **ontvoering** kidnap(ping), abduction, elopement

ontvolken depopulate; (*fig*) empty [schools have been emptied]; **ontvolking** depopulation

ontvoogden emancipate; **ontvoogding** emancipation; **ontvouwen** (*ook fig*) unfold (*ook: zich ~*); **ontvreemden** steal [*iem iets* s.t. from a p.], abstract; **ontvreemding** theft

ontwaarden 1 devalue; 2 cancel [a ticket]; **ontwaarding** 1 devaluation; 2 cancellation

ontwaken awake, wake up, get awake; *doen ~, zie* wekken; **ontwaking** awakening

ontwapenen disarm [*ook fig:* suspicion, etc]; *een ~de glimlach* a disarming smile; **ontwapening** disarmament [conference, talks, etc]

ontwaren perceive, descry, become aware of

ontwarren disentangle, unravel [*ook fig:* a problem], untangle [difficulties do not untangle themselves], straighten out [a tangle, a muddle]; *niet te ~* inextricable; **ontwarring** disentanglement, unravelling

ontwasemen demist; **ontwassen** *zie* ontgroeien

ontwateren drain [land]; dehydrate [crude oil]

ontwatering drainage; dehydration

ontweien disembowel, draw, paunch, eviscerate

ontweldigen wrest from; **ontwellen** spring from

ontwennen (*iem iets*) break a p. of [a habit], wean a p. from (of); (*iets*) lose the habit of, forget how to [laugh], get out of the way of [reading]; *zie ook* afwennen; **ontwenningsverschijnselen** withdrawal symptoms

ontwerp project, plan, design; (*ve document*) draft; (*ve wet*) bill; **ontwerp-akkoord** draft agreement; (*in faillissement*) scheme of arrangement; **ontwerpen** plan [a building, campaign, railway, towns], design [an engine, a picture], devise [a new costume], frame [laws], draw up, make [a plan], originate [a scheme], draft [a document, a scheme]; *speciaal ontworpen,* (*ook*) designer [clothes, flat, label]; **ontwerper** planner, projector, designer, framer [the framers of the treaty]; (*ve document*) draftsman; **ontwerp-overeenkomst** draft agreement; **ontwerp-reglement** draft regulations

ontwijden desecrate, profane, violate; **ontwijder** desecrator, profaner, violator; **ontwijding** desecration, profanation, violation

ontwijfelbaar I *bn* unquestionable, undoubted, indubitable; II *bw* unquestionably, etc, doubtless, no doubt

ontwijken dodge, evade [a pursuer, blow, question, difficulty], avoid [a lamp-post], side-step [an opponent], fence with, parry [a question]; skirt [the issue *het probleem*]; shirk [a task]; avoid, (*sterker*) shun [a p., place]; shy away from [unpleasant things], fight shy of [a p.], give [a p.] a wide berth; (*v gas*) escape; **ontwijkend** evasive [answer], non-committal [reply]; *~e antwoorden geven,* (*ook*) fence, hedge; **ontwijking** evasion

ontwikkelaar [property, photographic] developer; **ontwikkeld** 1 developed (*ook van foto*); *een sterk ~ gevoel voor humor* a keen sense of humour; 2 (*beschaafd*) educated [man]

ontwikkelen develop [the mind, character, heat, an argument, a theory, film, project, property, an algebraic form], engender, generate [heat], produce [smoke], evolve [a plan]; improve [the mind], unfold, set forth [theories]; put forth [strength]; *~ en afdrukken* process [a film]; *zich ~* develop, grow, (*snel*) burgeon [*tot* into]; *zien hoe de toestand zich zal ~* await developments; *de zaak kan zich op een interessante manier ~* there may be interesting developments; *het nieuwe instituut ontwikkelt zich goed* the ... is shaping well

ontwikkeling 1 development, evolvement, generation, production; *vgl het ww; volle ~,* (*ook*) [reach] maturity; *belangrijke positieve ~,* (*ook*) breakthrough; *tot ~ brengen* (*komen*) develop; 2 education [a man of little education, an all-round education]; *zie ook* algemeen

ontwikkelings- (*ook*) developmental

ontwikkelings|gang process of growth; progress [the progress of history]; **-gebied** development area; **-hulp** development aid; **-landen** developing countries; **-leer** theory of evolution; **-psychologie** developmental psychology; **-samenwerking** development cooperation; **-tijdperk** period of development; (*bij mensen*) adolescence; **-toestand** state (stage) of development

ontwoekeren: ~ *aan* reclaim (recover, wrest) [land] from [the sea]; *uren aan de slaap* ~ wrest hours from sleep; **ontwormen** worm [a dog]; **ontworstelen** wrest from; *zich* ~ *aan* tear o.s. (break) away from, shake off, struggle out of [bondage]; **ontwortelen** uproot, disroot, tear up (by roots); **ontwouden** *zie* ontbossen

ontwricht dislocated, out of joint; *duurzaam* ~ irretrievably broken-down [marriage]; **ontwrichten** dislocate (*ook fig*), put out [one's knee], disrupt [rail services]; **ontwrichting** dislocation (*ook fig*); (*sterker*) disruption [of society]

ontwringen wrest (force, wrench) from, wring [a confession] from

ontypisch untypical [of John]; atypical [of this species]

ontzadelen unsaddle [a horse]; unhorse, throw [a rider]

ontzag awe, respect, veneration; (*heilig*) ~ *hebben voor* stand in awe of (have a healthy respect for); ~ *inboezemen* (inspire with) awe; *in* ~ *houden* overawe [one's public]; keep [one's subjects] in awe; *van* ~ *vervuld, vol* ~ awed, awestruck

ontzaglijk awful [awfully clever], formidable [task], stupendous [blunder, difficulties], vast [crowd], tremendous [increase], immense [like a p. immensely, immensely popular]; *het heeft hem* ~ *veel goed gedaan* it has done him a world (a power) of good; *zie ook* ontzettend

ontzagwekkend awe-inspiring, majestic

ontzegelen unseal, break the seal of

ontzeggen deny [a p. genius, the right to ...], forbid [a p. the house]; *mijn benen* ~ *mij de* ***dienst*** my legs fail me; *zijn* ***eis*** *werd hem ontzegd* he was nonsuited, his claim (his suit) was dismissed; *dit* ***geluk*** *is mij ontzegd* this happiness is denied me, I am denied this happiness; *iem de* ***toegang*** ~ deny (refuse) a p. admittance; ***zich*** *alles* (*een genoegen*) ~ deny o.s. everything (a pleasure); **ontzegging** denial

ontzeilen steer clear of [a rock, difficulties]; *een klip* ~, (*fig*) avoid a pitfall

ontzenuwen 1 (*argument, enz*) refute, disprove, knock the bottom out of, rebut [evidence]; *iems argumenten geheel* ~, (*ook*) cut the ground from under a p.'s feet, (*fam*) make mincemeat of a p.'s arguments; 2 (*uitputten*) unnerve, enervate; **ontzenuwing** 1 refutation; 2 enervation

ontzet I *zn* (*ve vesting*) relief; (*ve aangevallene*) rescue; II *bn* 1 appalled [*over* at, by], horrified, [stand, be quite] aghast; 2 distorted; (*v rails*) twisted, buckled, out of alignment (*of:* gauge); *vgl* ontzetten; **ontzetten** 1 relieve [a fortress, garrison], rescue [a p. attacked]; 2 (*afzetten*) dismiss; *zie ook* afzetten; *iem* ~ *uit* deprive a p. of [his office, membership, rights], dispossess a p. of [his property, rights]; *uit de ouderlijke macht* ~ deprive of parental control; 3 (*ontzetting inboezemen*) appal, horrify; 4 put out of shape, twist, dislocate, distort; (*inz van hout*) warp; (*scheepsplaten, enz*) buckle

ontzettend appalling, terrible, dreadful, (*fam*) awful [awfully nice]; ~ *grappig* too funny for anything; ~ *veel* any amount (no end, lots and lots) of [money]; **ontzetting** 1 relief; rescue; 2 dismissal; deprivation [of civil rights], dispossession; (*ve geestelijke*) deprivation; 3 dismay, horror; *vgl* ontzetten

ontzield inanimate, lifeless

ontzien 1 (*eerbiedigen*) respect, look up to; 2 (*vrezen*) stand in awe of; 3 (*sparen*) spare [a p., no pains, no expense], save [one's clothes], consider [a p.'s feelings]; ***zich*** (*zijn gezondheid*) ~ take care of o.s. (one's health); *zich* (*niet*) ~, (*aanpakken, enz*) (not) spare o.s.; *zich niet* ~ *te* not scruple to, (*de brutaliteit hebben te*) have the assurance (nerve) to ...; *niets* ~*d* unsparing, unscrupulous, uncompromising; ruthless, callous, desperate [criminal]; *geen kosten* ~*d* regardless of expense

ontzilten desalinate, desalt; **ontziltingsinstallatie** desalination unit (*of:* plant)

ontzind frantic, mad

ontzinken sink away from; *de krachten ontzonken hem* his strength gave way; *de moed ontzonk haar* her courage failed her (oozed away), her heart sank (within her)

ontzouten desalinate, desalt; **ontzuilen** desectarianize; **ontzwavelen** desulphurize [oil]

onuit|blusbaar, **-doofbaar** *zie* onblusbaar

onuitgegeven unpublished; **onuitgemaakt** undecided, unsettled, open [an open question]; **onuitgesproken** [remain] unspoken; **onuitgewerkt** not worked out; sketchy [writings]; active [volcano]; ~*e schets* sketch; **onuitgezocht** unsorted, ungraded

onuitputtelijk inexhaustible [supply, patience, fund of stories], unfailing [good humour]; **onuitputtelijkheid** inexhaustibility

onuitroeibaar ineradicable; **onuitspreekbaar** unpronounceable; **onuitsprekelijk** unspeakable [joy], ineffable, inexpressible; (*bw ook*) too [happy] for words, [glorious] beyond words; **onuitstaanbaar** intolerable [pain], unbearable, insufferable [fellow], unendurable; *-bare vent* pain in the neck; ~ *verwaand* insufferably conceited; *vgl* uitstaan; **onuitvoerbaar** impracticable, unworkable [plan], unenforceable [contract], unfeasible; *het is* ~, (*ook*) it won't work; **onuitvoerbaarheid** impracticability; unworkability [of an agreement]; **onuitwisbaar** indelible, ineffaceable; (*elektr*) non-erasable [memory]; *-bare herinnering* imperishable memory; *-bare inkt* indelible ink; **onuitwisbaarheid** ineffaceableness, indelibility

onvaderlands(lievend) unpatriotic (*bw:* -ally)

onvast unsteady [market, hand, unsteady on one's legs, walk unsteadily], unstable, irresolute [character], infirm [will], shaky [fingers, writing], soft [ground], unsettled [weather], light [sleep], fluctuating [market], wavering [judg(e)ment], uncertain, groggy; **onvastheid** unsteadiness, instability, etc

onvatbaar: ~ *voor* insusceptible of [love], impervious (insensible) to [reason], incapable of [improvement], immune from [infection]; ~ *voor beroep*, (*jur*) unappealable; ~ *maken, zie* immuun;

onvatbaarheid insusceptibility, immunity
onveilig unsafe; [feel] insecure; *(inz mil sl)* unhealthy [place]; ~ *sein* danger signal; *het sein staat op* ~ the signal is at danger, is against us (etc); *op* ~ *zetten* put (place) [the signal] at danger; ~ *maken* make (render) unsafe, infest [the seas]; *zie ook* rijden; **onveiligheid** unsafeness, insecurity
onveraccijnsd 1 in bond; 2 *(gesmokkeld)* uncustomed
onveranderbaar unchangeable, unalterable; **onveranderd** unchanged, unaltered; *het verdere programma blijft* ~ the rest of the ... stands; *zie ook* druk II.3; **onveranderlijk** invariable, unvarying [his unvarying reply], uniform [temperature], immutable [laws of nature], unchangeable [affection], unalterable; **onveranderlijkheid** invariableness, immutability
onverantwoord 1 unjustified, unwarranted, irresponsible; 2 *(v geld, enz)* unaccounted for
onverantwoordelijk 1 *(niet aansprakelijk)* irresponsible, unaccountable (for one's actions); 2 *(onvergeeflijk)* inexcusable, unwarrantable, unjustifiable; **onverantwoordelijkheid** 1 irresponsibility; 2 inexcusableness
onverbeter|baar, -lijk 1 incorrigible [*ook fig:* an incorrigible optimist], inveterate [grumbler], past praying for; 2 *zie* onovertrefbaar
onverbidde|lijk inexorable, relentless, unrelenting; **-lijkheid** relentlessness, inexorability
onverbindend not binding, [declare a contract] void; **onverbloemd** sober, plain, unvarnished, [I told him so] in plain terms; **onverbogen** undeclined; **onver|breekbaar, -brekelijk** unbreakable, indissoluble; **onverbuigbaar** indeclinable
onverdacht unsuspected, above suspicion; *een* ~ *conservatief* a true-blue Tory; *uit ~e bron* on unimpeachable authority, from an unsuspected source
onverdedigbaar indefensible, unjustifiable
onverdedigd undefended
onverdeelbaar indivisible
onverdeeld I *bn* undivided [*ook fig:* undivided attention], undistributed [profit], whole, entire; unqualified [approval, success]; II *bw* wholly, whole-heartedly [give o.s. whole-heartedly to one's task]; ~ *gunstig* wholly (entirely) favourable; *zie ook* ontvangen 1; **onverdeeldheid** entireness; unanimity, harmony
onverdelgbaar indestructible
onverderfelijk imperishable
onverdicht 1 uncondensed; 2 true [story]
onverdiend I *bn* 1 undeserved, unmerited; 2 *(geld)* unearned; II *bw* undeservedly; **onverdienstelijk**: *niet* ~, *(ook)* not without merit
onverdorven pure, undepraved
onverdraag|lijk *zie* ondraaglijk; **-zaam** intolerant; **-zaamheid** intolerance
onverdroten unwearying, indefatigable, painstaking, unremitting [industry, efforts]
onverdund *(drank)* undiluted, neat, raw
onvereffend unsettled, outstanding [debts]
onverenig|baar incompatible [*met* with], irreconcilable [*met* to]; *(v ambten)* incapable of being held together; ~ *met, (ook)* inconsistent with; **-baarheid** incompatibility, inconsistency
onverflauwd undiminished, unabated, unabating [vigour], unflagging [energy, zeal, courage], unremitting [care, carry on unremittingly]
onvergankelijk imperishable, undying, everlasting; **onvergankelijkheid** imperishableness
onvergeeflijk unpardonable, unforgivable, inexcusable
onvergelijkbaar not to be compared; **onvergelijkelijk** incomparable, matchless, peerless, beyond (without, past) compare
onvergetelijk unforgettable, never to be forgotten [day]
onvergolden unrequited, unpaid, unrewarded
onverhaalbaar *(kosten)* irrecoverable
onverhandelbaar non-negotiable
onverhard unimproved, unmetalled [road]
onverhinderd unhindered, unimpeded
onverhoeds I *bn* unexpected, sudden, inadvertent; II *bw* unawares, unexpectedly, suddenly
onverholen I *bn* undisguised, unconcealed, open; II *bw* openly, undisguisedly, candidly
onverhoopt unexpected, unlooked (unhoped, unwished)(-)for; *indien hij* ~ *mocht* ... if, against (*of:* contrary to) expectation, he should ...; if, unfortunately, he should ...
onverhoord unheard [prayer], ungranted, [remain] unanswered; **onverhuurd** unlet, untenanted; ~ *laten staan* keep [the house] unlet
onverkiesbaar ineligible; **onverkiesbaarheid** ineligibility; **onverkieslijk** undesirable
onverklaarbaar inexplicable, unaccountable; *het is mij* ~, *(ook)* I cannot account for it; **onverklaarbaarheid** inexplicability; **onverklaard** unexplained; **onverkleinbaar** irreducible
onverkocht unsold; *mits* ~ subject to being unsold; **onverkoopbaar** unsal(e)able, unmarketable; *-bare voorraad* dead stock; *het artikel was* ~, *(ook)* the ... was a drug on the market
onverkort unabridged [edition, rights], uncurtailed; *(eisen, standpunt)* ~ *handhaven* refuse to compromise (not yield an inch) [on ...], make no concession; *vgl* onwrikbaar & verkorten
onverkrijgbaar unobtainable, not to be had; *(onbereikbaar)* unattainable; *het onverkrijgbare najagen* attempt impossibilities
onverkwikkelijk unpalatable, distasteful, sordid [a sordid affair], unsavoury [theme]
onverlaat miscreant, wretch, monster, brute
onverlet 1 unhindered, unimpeded; 2 *(ongedeerd)* uninjured; 3 *(jur)* [leave] intact; 4 *(bw)* at once
onverlicht 1 unlighted, unlit; 2 *(fig)* unenlightened [ages]; 3 *(onverzacht)* unmitigated
onvermeld unmentioned, unrecorded
onvermengd unmixed, unalloyed, unqualified, undiluted [joy, bliss]
onvermijde|lijk inevitable, unavoidable; ~ *verbonden met* inseparable from; *zie ook* schikken; **-lijkheid** unavoidableness, inevitability

onverminderd 1 undiminished [appetite], unabated [zeal]; 2 (*behoudens*) without prejudice (detriment) to, subject to
onvermoed unsuspected, unthought-of
onvermoei|baar tireless, indefatigable; **-baarheid** tirelessness, indefatigability
onvermoeid untiring [work untiringly], tireless, unwearying [energy], unwearied [researcher]
onvermogen 1 impotence, incapacity, disability, inability; ~ *om te betalen* insolvency; *in staat van* ~ insolvent; *bewijs van* ~ proof of incapacity; (*jur, vglb*) certificate of legal aid; 2 (*behoeftigheid*) indigence; **onvermogend** 1 (*machteloos*) impotent, powerless, unable; 2 (*onbemiddeld*) without means, impecunious; 3 (*behoeftig*) indigent, poor; **onvermogende** poor person [free legal aid for poor persons], (*inz bedeelde*) pauper
onvermurwbaar unrelenting, relentless, inexorable, [he was (remained)] adamant [to her entreaties], as hard as nails
onvernielbaar, **onvernietigbaar** indestructible
onverpakt unpacked; ~*e lading* bulk cargo
onverplaatsbaar immovable
onverplicht not obligatory, not compulsory; optional [subjects *leervakken*]; ex gratia [payment]
onverpoosd uninterrupted, unremitting [labour]
onverricht undone; *wij keerden ~er zake terug* we returned with nothing achieved, we returned empty-handed, had nothing to show for our pains; *honderden moesten ~er zake naar huis,* (*bij voorstelling bijv*) hundreds had to be turned away
onversaagd undaunted, dauntless, unflinching, intrepid, fearless; **onversaagdheid** dauntlessness, undauntedness, intrepidity
onverschillig indifferent [*voor* to]; reckless, devil-may-care [fellow]; ~ *evenwicht* neutral equilibrium; *het is mij* ~ it is immaterial (a matter of indifference, all the same) to me, I don't care one way or another; *hij is ons geheel* ~ he is nothing to us; *hij was haar* ~ she was indifferent to (was not interested in) him; *met een* ~ *gezicht* with a 'couldn't care less' expression; *op een ~e manier* [laugh] in an unconcerned way; ~ *voor de gevolgen* regardless (heedless) of the consequences; ~ *wie* (*waar, enz*) no matter who (where, etc); ~ *of het ... is of ...* irrespective of whether it is ... or ...; **onverschilligheid** indifference [to], unconcern, disregard [for], recklessness [of]; apathy
onverschoonbaar unpardonable, inexcusable
onverschrokken fearless; *zie* onversaagd
onverslaanbaar unbeatable
onverslapt unflagging, unremitting [zeal]
onverslijtbaar everlasting, indestructible, durable; *vrijwel* ~ hard-wearing
onversneden undiluted, unadulterated
onverstaan|baar unintelligible [*voor* to]; **-baarheid** unintelligibility, unintelligibleness
onverstand unwisdom; **onverstandig** unwise, ill-judged, ill-advised, injudicious; *het zou* ~ *zijn te* ..., (*ook*) it would be bad policy to ...; *het ~e ervan* the unwisdom (unreason) of it
onversterkt 1 unfortified, open [town]; 2 non-reinforced
onverstoorbaar imperturbable, impassive, (*fam*) unflappable; **onverstoorbaarheid** imperturbability, impassivity, (*fam*) unflappability; **onverstoord** unperturbed, unruffled; (*v stilte, enz*) undisturbed
onvertaalbaar untranslatable
onvertaald untranslated; original [novel]
onverteerbaar indigestible; *-bare bestanddelen van voedsel* roughage; **onverteerbaarheid** indigestibility; **onverteerd** undigested, unconsumed, unspent; *vgl* verteren
onvertogen indelicate, improper, indecent, unseemly; **onvertogenheid** indelicacy; indecency
onver|vaard undismayed, fearless; *zie ook* onbevreesd & onversaagd; **-vaardheid** fearlessness
onvervalst unadulterated [milk, protectionism], genuine, pure, unalloyed, unqualified, undiluted [Nazism]; real [coffee]; honest [beer]; ~ *socialisme* socialism pure and simple
onvervangbaar irreplaceable
onvervreemdbaar inalienable; (*inz van recht ook*) indefeasible; ~ *erfgoed* fee-tail; **onvervreemdbaarheid** inalienability, indefeasibility
onvervulbaar unrealizable [wishes]; **onvervuld** 1 unfilled [post], vacant [position]; 2 unfulfilled, unperformed, unaccomplished, etc; *vgl* vervullen
onverwacht 1 unexpected, unlooked(-)for; ~ *bezoek* surprise visit; *iets totaal ~,* (*ook*) a turn-up for the book(s); 2 *zie* ~s; **onverwachts** unexpectedly, unawares, [fall] without (any) warning
onverwarmd unheated, unwarmed
onverwijld I *bn* immediate; II *bw* immediately, without delay
onverwisselbaar inconvertible, unexchangeable; **onverwisselbaarheid** inconvertibility
onverwoestbaar indestructible, invincible [optimism]; **onverwoestbaarheid** indestructibility
onverzacht unmitigated
onver|zadelijk, **-zadigbaar** insatiable, insatiate
onverzadigd 1 not satiated, unsatiated, unsatisfied; 2 (*chem*) unsaturated; *meervoudig* ~ *vetzuur* (~*e olie*) polyunsaturated fatty acid (oil), polyunsaturate
onverzekerd uninsured, uncovered
onverzettelijk immovable, unyielding, inflexible, stubborn, adamant, intransigent; *een ~e,* (*ook*) a diehard; **onverzettelijkheid** inflexibility, stubbornness, obstinacy
onverzoenlijk implacable, unyielding, irreconcilable, uncompromising; *een ~e* an irreconcilable, (*pol ook*) a diehard; **onverzoenlijkheid** implacability, irreconcilability
onverzorgd 1 (*zonder middelen*) unprovided for [the unprovided-for members of the family], [he left his wife] unsupported; 2 (*ve patiënt, enz*) untended, unattended (to); 3 (*slordig*) untidy [hair]; uncared(-)for, neglected; unkempt [appearance, person, garden]; slipshod, slovenly [style]
onverzwakt unweakened; unimpaired [health]; unabated [fury, vigour]; unattenuated [signal]
onvindbaar unfindable, untraceable, not to be found; **onvoegzaam** indecent, improper

onvoldaan 1 unsatisfied, dissatisfied; 2 (*rekening*) unpaid, unsettled; outstanding [debt]
onvoldaanheid dissatisfaction
onvoldoend(e) insufficient, not up to the mark; (*ontoereikend*) insufficient, inadequate [*voor* to]; *enkel een onderzoek is ~e* mere inquiry wil not meet the case; *~e ontwikkeld,* (*ve foto*) under-developed; *woorden zijn ~e* words fail to describe it; *een ~e* an insufficient (fail) mark, a fail
onvoldragen abortive, immature; *~ vrucht* embryo; **onvoleind(igd)** unfinished, uncompleted
onvolgroeid stunted [plant]; immature [mind]
onvolkomen 1 imperfect; 2 incomplete; **onvolkomenheid** 1 imperfection; 2 incompleteness
onvolledig incomplete; elliptical [sentence], defective [verb]; part-time [job]; one-parent [family]; **onvolledigheid** incompleteness
onvolmaakt imperfect, defective; **onvolmaaktheid** imperfection, deficiency, defectiveness
onvolprezen beyond praise, matchless, transcendent; **onvoltallig** incomplete; (*ve vergadering*) lacking a quorum
onvoltooid unfinished, incomplete; (*gramm*) imperfect [tenses]
onvolwaardig *zie* minderwaardig; *geestelijk ~* mentally defective (deficient); *~e arbeidskracht* partly disabled (handicapped) worker; **onvolwaardigheid** [physical] disability, disablement; [mental] deficiency
onvolwassen half-grown, not fully grown, immature; **onvolwassenheid** immaturity
onvoorbedacht unintentional, unpremeditated
onvoorbereid unprepared, extempore, off(-) hand; [catch a p.] unawares; *zie ook* vue: à ~
onvoordelig unprofitable; *~ uitkomen* appear at a disadvantage; **onvoorspelbaar** unpredictable; **onvoorspoedig** unpropitious, unsuccessful; **onvoorstelbaar** unimaginable, inconceivable; *het is ~* it staggers belief
onvoorwaardelijk unconditional, implicit [faith, obedience, trust a p. implicitly], unquestioning [faith, obedience], unqualified [support]; *zich ~ overgeven* surrender unconditionally (without terms)
onvoorzichtig careless [talk], imprudent, incautious, unguarded [remark]; **onvoorzichtigheid** carelessness, imprudence; *een ~,* (*ook*) an indiscretion
onvoorzien unforeseen, unexpected; *~e omstandigheden* unforeseen circumstances, emergencies; *~e uitgaven* unforeseen expenditure, incidental (minor) expenses, incidentals, contingencies; *fonds voor ~e uitgaven* contingency fund; **onvoorziens** unexpectedly, unawares; *op het ~t* when (it was, is) least expected
onvrede 1 discord, dissension; *hij leeft in ~ met zijn buren* he is at loggerheads with his neighbours; 2 dissatisfaction [*met, over* with], unease [about the new abortion laws]
onvriendelijk unkind; ungracious [an ungracious reply], uncomplimentary [remarks]; [environment, ozone, user] unfriendly
onvriendschappelijk *bn* unfriendly [act *daad*]; *bw* in an unfriendly way
onvrij not free; (*inz: horig*) unfree; *het is hier erg ~* there is no privacy here; **onvrije** serf, bondman; **onvrijheid** want of freedom, constraint; lack of privacy; (*ve slaaf*) serfdom, bondage, servitude; **onvrijwillig** I *bn* not voluntary, forced, compulsory; *~ bad* [get a]ducking; II *bw* under compulsion (coercion); **onvrijzinnig** illiberal
onvrouwelijk unwomanly, unfeminine
onvrucht|baar 1 (*v land, dier, enz*) infertile, sterile, barren, unfruitful; *~ maken* sterilize [fruit flies]; 2 (*vruchteloos*) fruitless; unprofitable, arid [discussion]; **-baarheid** infertility, sterility, barrenness; fruitlessness; **-baarmaking** sterilization
onwaar untrue, false; **onwaarachtig** *zie* onwaar & onoprecht; **onwaard** *zie* onwaardig
onwaarde invalidity, nullity; *van ~ zijn* be null and void; *van ~ verklaren* declare null and void, invalidate; *zes stembiljetten waren van ~* there were six spoiled (spoilt) papers, six ballot-papers were void; **onwaardeerbaar** inestimable
onwaardig unworthy [act unworthily]; undignified [an undignified spectacle]; *hem ~* unworthy of him; *onze liefde ~* unworthy (undeserving) of our love; *een zeeman ~* unsailorly [conduct]; *zie ook* aandoen; **onwaardigheid** unworthiness
onwaarheid untruth, falsity, falsehood
onwaarneembaar imperceptible
onwaarschijnlijk improbable [excuse], unlikely [in the unlikely event that ...]; *het ~e van, zie* onwaarschijnlijkheid; **onwaarschijnlijkheid** improbability, unlikelihood, unlikeliness; **onwankelbaar** *zie* onwrikbaar; **onweder** *zie* onweer
onwedergeboren(e) unregenerate
onweer thunderstorm, storm; *er is ~ aan* (*in*) *de lucht* there is thunder in the air; (*fig ook*) there is something (some mischief) brewing; *er komt ~* there is a storm brewing; *het ~ brak los* the storm burst (*ook fig*); **onweerachtig** thundery
onweerlegbaar irrefutable, unanswerable, irrefragable, indisputable; **onweerlegbaarheid** irrefutableness, indisputability
onweers|beestje thunder fly, thrips (*mv id*); **-bui** thundershower; **-lucht** thundery sky
onweersproken uncontradicted
onweerstaanbaar irresistible, compelling [beauty]; **onweerstaanbaarheid** irresistibility
onweersvogel storm(y) petrel; **onweerswolk** thundercloud, stormcloud
onwel unwell, indisposed, ill
onwel|gevallig unwelcome, displeasing; **-kom** unwelcome; *het ~e van ...* the unwelcomeness of ...; **-levend** impolite, discourteous, ill-mannered, rude; **-levendheid** impoliteness, discourtesy, rudeness; **-luidend** inharmonious, discordant; **-luidendheid** inharmoniousness, discordance; **-riekend** evil-smellce; **-riekend** evil-smelling, malodorous; **-voeglijk** indecorous; *zie ook* onbetamelijk; **-voeglijkheid** indecorousness; **-willend** unkind, disobliging; **-willendheid** unkindness
onwennig not feeling at home, feeling out of one's element, [be] ill at ease, [feel] awkward; *het*

is voor ons allemaal nog wat ~ we haven't quite settled down yet; **onwenselijk** undesirable
onweren thunder; *het onweert* there is a thunderstorm; it is thundering
onwerkbaar unworkable [criterion]; impossible [situation]; impracticable [scheme]; *onwerkbare dagen* lay-off days; **onwerkelijk** unreal; **onwerkzaam** 1 ineffective [cure]; 2 inactive [person]
onwetend norant [*van* of]; *iem ~ laten van,* (*ook*) keep a p. in ignorance of; *iem ~ houden,* (*ook*) keep a p. in the dark; **onwetendheid** [blissful] ignorance; **onwetenschappelijk** unscientific (*bw:* -ally), unscholarly
onwetmatig unsystematic; (*jur*) illegal [act]
onwettelijk illegal; **onwettig** 1 unlawful, illegal; unauthorized; 2 (*ve kind*) illegitimate, born out of wedlock; **onwettigheid** unlawfulness, illegality; illegitimacy
onwezenlijk unreal
onwijs I *bn* 1 foolish [remark]; 2 (*fam*) crazy; II *bw* (*fam*) awfully, terribly; *~ gaaf* far out
onwijsgerig unphilosophical
onwil unwillingness, obstinacy
onwillekeurig I *bn* involuntary; II *bw* involuntarily, inadvertently, unwittingly, in spite of o.s.
onwillens unwillingly, in spite of o.s.; *zie ook* willens; **onwillig** unwilling; refractory, recalcitrant; *zie ook* hond; **onwilligheid** unwillingness; refractoriness, recalcitrance
onwis (*lit*) uncertain; *zie* ongewis
onwraakbaar unchallengeable, unimpeachable [witness, authority], unexceptionable; **onwraakbaarheid** unimpeachableness; **onwrikbaar** immovable, unshakable, (as) firm as a rock, unwavering, unswerving [loyalty], unflinching [resolution *vastberadenheid*], [stand] four-square (*ook fig*); *hij bleef ~,* (*ook*) he was adamant; **onwrikbaarheid** immovability, firmness
onyx id; **onz.** afk van *onzijdig* n (neuter)
onzaakkundig inexpert; unbusinesslike
onzacht rough, rude; (*bw ook*) none too gently; *in ~e aanraking komen met* come into sharp contact with, get a nasty blow from; **onzakelijk** unbusinesslike
onzalig unholy, wretched, disastrous [idea]; *te ~er ure* in an evil hour
onze our; *de* (*het*) ~ ours; *zie ook* ons
onzedelijk immoral, obscene [books, etc], indecent [dress, joke]; **onzedelijkheid** immorality, vice, indecency
onzedig immodest; **onzedigheid** immodesty
onzeewaardig unseaworthy; *het schip werd ~ verklaard* the vessel was condemned
onzegbaar *zie* onuitsprekelijk
onzeker 1 uncertain, doubtful, problematic; [their fate remains] in doubt, [those things are still] in the lap of the gods; *processen zijn ~e dingen,* (*ook*) lawsuits are chancy things; *alles is ~* everything is (up) in the air; ***in** het ~e laten* leave [a p.] in doubt, leave [a thing] undecided, keep [a p., a thing] in the air; *in het ~e zijn omtrent* be in uncertainty as to ...; *in het ~e zijn of* ... be doubtful whether ...; *omtrent het lot van negen mannen verkeert men nog in het ~e* nine men are still unaccounted for; 2 (*onvast*) shaky [hand], unsteady [walk, hand, steps], unsure [steps]; unsettled [weather, state of things]; 3 (*onveilig*) unsafe, insecure; 4 (*wisselvallig*) precarious [existence]; **onzekerheid** 1 uncertainty, incertitude, doubt; *een tijd van ~,* (*ook*) a time of suspense; 2 shakiness, unsteadiness; 3 insecurity; 4 precariousness; *vgl* onzeker
onzelf|standig dependent (on others); **-standigheid** dependence (on others), want of firmness
onzelfzuchtig unselfish; *zie* onbaatzuchtig
Onze-Lieve-Heer Our Lord, the Lord; *zie ook* kostganger; **onze-lieve-heersbeestje** ladybird; (*Am*) ladybug; **Onze-Lieve-Vrouw** Our Lady; **onze-lieve-vrouwebedstro** sweet woodruff; (*oneig*) lady's bedstraw
onzent: *te*(*n*) ~ at our house (place), in our country, over here, at home; **onzenthalve** 1 for our sake(s), as far as we are concerned; 2 *zie* -wege: van ~; **onzentwege:** *van ~* on our behalf, on our part; **onzentwil:** *om ~* for our sake(s); **onzerzijds** on our part; **Onze Vader** Our Father; *het onzevader* the Lord's Prayer
onzichtbaar invisible; *~ maken,* (*v mist bijv*) blot out [the landscape]; **onzichtbaarheid** invisibleness, invisibility; **onzienlijk** invisible; *de O~e* the Unseen, the Invisible
onzijdig neutral; (*gramm*) neuter; *zich ~ houden* remain neutral; *~e* (*mogendheid, enz*) neutral (power, etc); **onzijdigheid** neutrality
onzin nonsense, bosh, (tommy-)rot, rubbish, poppycock; *~ uitkramen* talk stuff and nonsense, talk rot (rubbish, drivel, tripe), talk through one's hat; *~!,* (*ook*) fiddlesticks!
onzindelijk unclean, uncleanly, dirty; *~e redenering* impure reasoning (argument); **onzindelijkheid** unclean(li)ness, dirtiness
onzinkbaar unsinkable [ships]
onzinnelijk transcendental; **onzinnig** nonsensical, absurd, senseless, insensate [jealousy]; **onzinnigheid** absurdity, nonsense
onzorgvuldig negligent; **onzorgvuldigheid** negligence
onzuiver 1 impure; 2 inexact; (*bruto*) gross; (*vglb*) pre-tax [income]; (*ve weegschaal, gewichten, enz*) incorrect; *~ beeld* false picture; *~e redenering* false reasoning; *~e waarneming* inexact observation; *~ in de leer* unsound in the faith, heterodox; 3 (*muz*) out of tune, false [note]; **onzuiverheid** impurity
ooft fruit[-tree]; *zie* fruit(-)
oog eye (*ook v naald, tak, aardappel, pauwestaart, anker, molensteen, traproede; ook: lus ve koord*); (*ve knoop*) shank; (*op dobbelsteen, enz*) pip, spot, point; (*in brood, kaas*) hole; *~je,* (*in laars, japon, enz*) eyelet(-hole); (*ve schaar*) bow; *zie ook* haak; *goede ogen hebben* have sharp eyes, have good eyesight; *heb je geen ogen?* where are your eyes?; *een ~je **dichtdoen*** (*toedoen*) turn a (the) blind eye to (*of:* on) s.t., shut one's eyes to s.t., close the other eye, wink at s.t., make allowances, strain (stretch) a point; *wat het ~ niet ziet, **deert** het hart*

niet what the eye does not see, the heart does not grieve over (about); *geen ~ toe-,* ***dichtdoen*** not sleep a wink, not get a wink of sleep; ***een-en-al*** (***geheel***) *~ zijn* be all eyes; *zijn ogen* ***gebruiken*** use one's eyes; *zie ook* kost; *iem ~jes* ***geven*** ogle (make eyes at) a p., (*sl, van meisje*) give a p. the glad eye; *hoge ogen* ***gooien****,* (*fig*) stand an excellent chance; *je ogen zijn* ***groter*** *dan je maag* your eyes are bigger than your stomach; *~* ***hebben*** *voor* have an eye for [*meer* ... girls have a keener eye for colour than boys]; *open ~ hebben voor* be (fully) alive to; *een ~je hebben op* have an eye to [a girl, etc], have designs (up)on, have one's eye on [the Premiership]; *ieder die ogen in zijn* ***hoofd*** *heeft* anyone with eyes in his head [can see ...]; *een ~je* ***houden*** *op* keep an eye on; *je kunt er geen ~ op houden* [there are so many,] you cannot keep track (*of:* count) of them; *het ~ houden op iems belangen* watch a p.'s interests; *zich de ogen uit het hoofd* ***kijken*** stare one's eyes out; *het ~ van de* ***meester*** *maakt het paard vet* the best manure is the farmer's footstep; *daardoor gingen me de ogen* ***open****, dat heeft me de ogen geopend* that has been an eye-opener to me; *zie ook* openen; *grote ogen* ***opzetten*** open one's eyes wide; *hij zette grote ogen op,* (*ook*) he stared, it made him stare (sit up); *het ~* ***slaan*** (*laten* ***vallen***) *op, a*) (cast a) look at; *b*) take an interest in, settle on; *zijn ogen* ***sluiten*** *voor* shut one's eyes to, connive at, blink [facts]; *het ~* ***wil*** *ook wat* (*hebben*) appearances also count; *hij had zijn ogen niet in zijn* ***zak*** he did not miss much; *een ~ in het* ***zeil*** *houden* keep an eye on things, keep a sharp look-out, keep one's weather-eye open; *hij heeft ogen van* ***achter*** *en van voren* he has eyes in the back of his head; *de hand* ***boven*** *de ogen houden* shade one's eyes with one's hand; *~* ***in*** *~* (*komen te*) *staan met* stand (come) face to face with; *in het ~ der wet* in the eye of the law; *in de ogen des Heren* [wicked] in the sight of the Lord; *in mijn ~* in my eyes (opinion, judg(e)ment); *in het ~ houden* keep an eye (have one's eye) (up)on [a p.], keep [a p., s.t.] in view, bear [s.t.] in mind; *houd hem in het ~,* (*in de gaten*) watch him [*goed* closely], watch what he does, keep an eye (a watch) on his movements; *in het ~ krijgen* catch (gain) sight of; (*fam*) spot; *iem* (*recht, vlak*) *in de ogen zien* look a p. (full) in the face (in the eye); *in het ~ lopen* strike the eye; *het zou te veel in het ~ lopen* it would look too marked (would be too obvious, too conspicuous, too pointed); *in het ~ lopend* flagrant [error]; *in het ~ springen* (*vallen*) strike (catch) the eye, be obvious (manifest), stand out; (*ook*) leap to the eye(s) [those advertisements simply jump at you]; *in het ~ springend* (*vallend*) conspicuous, striking [beauty], obvious, salient [points, features], marked [characteristics], glaring [mistakes, defects], eye-catching [advertisements]; ***met*** *het ~ op* in view of [the facts], in consideration of [his age], with a view (an eye) to [the future, that possibility], [take measures] against [the day when he will arrive]; *met blauwe ogen,* (*ook*) blue-eyed; *met droge ogen* [she sat] dry-eyed; *met grote ogen* [she stared at them] round-eyed, with round eyes; *met mijn eigen ogen* [I saw it] with my own eyes; *dat kun je al met een half ~ zien* you can see it with half an eye; *iem met een welwillend ~ beschouwen* look favourably (kindly) on a p.; *iem* ***naar*** *de ogen zien* toady to a p.; *hij hoeft niemand naar de ogen te zien* he is his own man; *zonder iem naar de ogen te zien* [speak one's mind] without fear or favour; *~* ***om*** *~ en tand om tand* an eye for an eye and a tooth for a tooth; *iem iets* ***onder*** *het ~ brengen* point out s.t. to a p., draw someone's attention to s.t.; remind a p. of [his duties, obligations]; *hij deed het onder mijn ogen* before my eyes (face), under my very nose (eyes); *kom mij nooit weer onder de ogen* don't let me see your face again, never let me set eyes on you again; *ik durf hem niet onder de ogen te komen* I dare not look him in the face; *wanneer deze regels je onder de ogen komen* when you read these lines; *het bericht is mij niet onder* (*de*) *ogen gekomen* has not come my way; *onder de ogen krijgen* set (*fam:* clap) eyes (up)on; *de dood, enz onder de ogen zien* face death (a difficulty, a fact, the truth, the situation), look death (facts, etc) in the face, face up to [a p., the fact, problem, danger, situation], envisage [danger, facts]; *de gevolgen onder de ogen zien,* (*ook*) face the music; *de feiten* (*het vraagstuk*) *moedig onder de ogen zien* face facts (the problem) squarely; *een en ander onder het ~ zien* take stock of the situation, review the whole affair; ***op*** *het ~* on the face of it, outwardly; *iets op het ~ hebben* have s.t. in view (in mind); *wat kan hij toch op het ~ hebben?* what can he be driving (aiming) at?; *de man die ik op het ~ heb* the man I have in mind; *hij had voor haar een betrekking op het ~* he had a situation in view for her; *zo op het ~* at first sight, on cursory inspection; *op het eerste ~* at first sight, on the face of it; ***uit*** *mijn ogen!* (get) out of my sight!; *uit het ~, uit het hart* out of sight, out of mind; long absent (seldom seen), soon forgotten; *kijk uit je ogen* have your eyes about you, keep your eyes open; look where you are going; *zie uit je eigen ogen* look with your own eyes; *ik kan niet uit mijn ogen zien* [I'm so tired] I can't keep my eyes open, I cannot see [for the dust *van het stof*]; *nu zie je het uit heel andere ogen* now you look at it in quite a different light; *de gierigheid kijkt hem de ogen uit* he has stinginess written all over his face; *zie ook* verliezen; *met dit doel* ***voor*** *ogen* with this end in view; ... *die wij voor ogen hebben* [the ideal situation] which we envisage; (*alleen*) *voor het ~* (only) for show, for the look of the thing; *het is bij hem alles voor het ~* he is all outside show; *voor ogen houden* be mindful of, keep in mind; *iem iets voor ogen houden* hold s.t. before a p., impress s.t. (up)on a p.; *zij werd haar vriendin als voorbeeld voor ogen* she was held up to her friend as an example; *het toneel dat hem voor ogen stond* the scene in his mind; *ik kon geen hand voor ogen zien* I could not see my hand in front of my face; *zie verder* afhouden, blind, bloot, naald, schaar, schamen, traan, treffen, uitsteken, vallen, vier, wrijven, enz

oog|appel 1 apple of the eye, eyeball, pupil; 2 (*oogbol*) eyeball; 3 (*fig*) the apple of one's eye; **-arts** ophthalmologist; *vgl* -heelkundige; **-bad** eye-bath; **-bal** eyeball; **-beschermer** *zie* -scherm; **-bol** eyeball; **-bout** eye-bolt; **-contact** [have] eye contact; **-druppelaar** eye-dropper; **-getuige** eye-witness; **-getuigeverslag** eye-witness account; (*sp*) running commentary; **-glas** 1 (*monocle*) (single) eyeglass; 2 (*oculair*) eyepiece, ocular; **-haartje** eyelash; **-heelkunde** ophthalmology; **-heelkundig** ophthalmological; *~e* ophthalmologist, ophthalmic surgeon, eye-surgeon; **-hoek** corner of the eye; **-holte** orbit, eye-socket; **-hoogte**: *op ~* at eye-level, on a level with one's eye

oog|jesgoed huckaback; **-kamer** chamber of the eye; **-kas** *zie* -holte; **-keuring** *zie* -onderzoek; **-klep** eye-flap; blinker, (*Am*) blinder (*ook fig*); **-kwaal** disease of the eye, [suffer from] eye-trouble; **-lap** eye-patch; **-lid** eyelid; *met zware oogleden* heavy-lidded [eyes]; **-lijder** eye patient; **-lijk** pleasing to the eye, attractive, handsome; **-luikend**: *~ toelaten* connive (wink) at, condone; *~e toelating* connivance; **-luiking** connivance; **-maat**: *een goede ~ hebben* have a correct (sure) eye; **-meetkundige** ophthalmic optician, optometrist; **-merk** object in view, design, aim, intention; *met het ~ om* with a view to ...ing; (*jur*) with intent to [hurt, etc]; **-meting** eye test(ing); **-onderzoek** eye-test, (eye)sight-test(ing); **-ontsteking** inflammation of the eye, ophthalmia; **-opslag** look, glance; *bij de eerste ~* at the first glance; *met één ~* at a glance; **-punt** 1 (*perspectief, enz*) visual point; 2 (*gezichtspunt*) point of view, viewpoint; *uit een ~ van geld* from the money point of view, [consider] in terms of money; *uit verschillende ~en bekijken* view from different angles; *uit het ~ van kunst* from an artistic point of view; *uit het ~ van zedelijkheid* from the point of view of morality; *uit militair (handels-, financieel) ~*, (*ook*) militarily, commercially, financially; **-rok**: (*harde*) *~* sclerotic (coat), sclera; **-schaduw** eye-shadow; **-scherm** eye-shade, -shield; **-sidderen** nystagmus; **-spiegel** ophthalmoscope, eye-speculum; **-spier** eye (visual, ocular) muscle; **-spuitje** eye-syringe, eye-dropper

oogst (*het oogsten, oogsttijd, opbrengst*) harvest; (*opbrengst inz*) crop(s); (*wijn~*) vintage; *de letterkundige ~ van 1894* the literary output of ...; *een goede (overvloedige) ~ opbrengen* crop well (heavily); **oogstcombine** combine harvester

oogsten reap, harvest, gather; (*fig*) reap [glory], earn [gratitude], win [distinction]; *ondank ~* get little thanks; *grote lof ~* win golden opinions; *hij oogstte daarmee de dank van* ... it earned (for) him the gratitude of ..., *vgl* zaaien; **oogster** reaper, harvester; **oogstfeest** harvest home; **oogstmaand** harvest month, August; **oogstmachine** harvester, harvesting-machine; **oogsttijd** harvest-, reaping-time

oog|tand eye-tooth, canine tooth; **-verblindend** dazzling; **-vlek** spot on the eye; **-vlies** tunic (*of:* coat) of the eye, (*hard*) cornea; **-water** eyewash, -water, -lotion; **-wenk** *zie* ogenblik; **-wit** white of the eye, sclera; (*fig*) *zie* -merk; **-zalf** eye-salve; **-zenuw** optic nerve; **-ziekte** *zie* -kwaal

ooi ewe

ooievaar stork; *de ~ heeft het gebracht* it was found under the gooseberry bush, the stork brought it, the doctor brought it in a black bag

ooievaarsbek 1 stork's bill; 2 (*plant*) cranesbill

ooievaarsnest stork's nest

ooilam ewe-lamb (*ook fig*)

ooit ever, at any time; *heb je ~ van je leven!* did you ever?; *wel heb ik ~!* well, I never!; *de opkomst was groter dan ~ (te voren)* the attendance was a record one; *die er ~ bestond, enz* the best friend (the funniest sight) ever; *hij is ~ nog kok geweest* at one time ...; *er zal ~* ... once there will be ..., there will come a time when ...; *Voltaire heeft ~ gezegd* Voltaire once said

ook 1 (*bovendien*) also, too, as well; *ik ben er ~ nog, a)* they still have me to fall back (up)on; *b)* they still have me to reckon with; *en het is ~ nog duur* and it is expensive, too; *ik wist het niet, en het kon me ~ niet schelen* I didn't know, and I didn't care, either; *hij is ~ zo jong niet meer* he is none so (none too) young either; *en hij dééd het ~* and he did (it) too; ..., *maar of hij het ~ doet?* ..., but whether he will really do it?; [*ik trachtte het mij te herinneren,*] *en ik herinnerde het mij ~* and I did remember; 2 (*evenzeer*) likewise; *en Jan ~* and John likewise, John among the rest; [*hij is ziek*] *en ik ~* and so am I; *hij is een gek, en jij ~* he is ... and so are you, and you're another; [*Ik ben blij dat* ...] *Ik ~*, (*fam*) Same here; *hij is niet ziek, en ik ~* ***niet*** he ..., nor am I; *ik weet het niet, en jij ~ niet* I ..., nor (neither) do you, nor (do) you either; *ik wist ~ niet* ... I also didn't know ...; *hij is geen genie, maar jij ~ niet* he ... but no more are you; *ze kon een kansje hebben, en ~ wel niet* she might have a chance, and again she might not; 3 (*dienovereenkomstig:*) *je kunt je* ***dan*** *~ niet verwonderen, dat* ... you cannot wonder, then, that ...; *waarom ging je (dan) ~ niet?* but then, why didn't you go?; *dat hàd (wàs, dééd) hij (dan) ~ niet* nor had (was, did) he!; *zie ook* dan; 4 (*zelfs*) even; *~ de kleinste gift* even the smallest gift; 5 (*modaal:*) *heeft hij ~ kinderen?* has he any children?; *~ brieven? ~ nieuws?* any letters? any news?; *ik krijg ~ nooit wat* I never do get anything; *wat doet hij ~ op straat?* what business has he (what is he doing) in the street?; *~ een mooi koopje!* a nice bargain, indeed!; *~ een vraag!* what a question to ask!; *~ een prettig plaatsje!*, (*iron*) a cheery place, I don't think!; *wanneer was dat (hoe heet hij) ~* ***al*** *weer?* when was that (what is his name) again?; *je bent ~* ***altijd*** *uit* you always happen to be out [when I call]; *da's óók* ***gek***! (that's) very strange indeed!; ***waarom*** *~?* why ever?; *waarom zou hij het ~ doen?* what should he do it for?; *da's óók* ***wat***! what a nuisance!; [*hij is bang voor honden,*] *en dat is ~* ***wel***

te begrijpen and that is, indeed, understandable; 6 (*versterkend:*) ***hoe*** *het ~ gaat, het moet gebeuren* it must be done, no matter how; ***waar*** *hij ~ mag zijn* wherever he may be; ***wat*** *je ~ zegt* whatever you may say, say what you like; *wat ik ~ deed* do what I would; ***wie*** *het ook is* whoever it may be; *zie ook* al, alleen, hoe, maar, wie, zijn, enz

oöliet oolite

oom uncle; ~ (*ome*) *Jan, zie* lommerd; *hoge ome* great (big) gun, bigwig, nob, big noise, VIP (Very Important Person); **oomzegger** nephew; **oomzegster** niece

oor ear (*ook van kruik, kopje, enz*); (*ve mand, enz*) handle; (*ve pan*) (bow-)handle; (*in boek*) dog's--ear; *het gaat het* ***éne*** *~ in en het andere uit* it goes in (at) one ear and out (at) the other; *iem de oren van het hoofd* ***eten*** eat a p. out of house and home; *ik ben* ***geheel*** ~ I am all ears; ~ (*geen ~*) ***hebben*** *voor muziek* have an ear (no ear) for music; *iems ~ hebben* have a p.'s ear; *wie oren heeft om te horen, die hore,* (*bijb*) he that hath ears to hear, let him hear; *ik* ***heb*** *er wel oren* ***naar*** I rather like the idea; *hij had er dadelijk oren naar* he fell in with it (with the idea) at once; *hij had er geen oren naar* he would not hear of it; *de oren* ***laten hangen*** hang one's head (one's ears); *zijn ~ te* ***luisteren*** *leggen* put one's ear to the ground [he has had his ear to the ground]; *ergens een* ***open*** *~ voor hebben* give ready ear to s.t.; *de oren* ***opsteken*** prick (up) one's ears; *zijn oren* ***sluiten*** *voor* turn a deaf ear to, close (stop) one's ears to; *de oren* ***spitsen*** prick up one's ears; (*fig ook*) strain one's ears; *ze spitsten de oren,* (*ook*) ears were cocked; *zijn oren* ***staan*** *ver van het hoofd* his ears stick out; *de oren* ***toestoppen*** stop (*of:* hold) one's ears; *hij legde zijn hand* ***achter*** *het ~* he cupped his hand behind (against, to) his ear; *zie ook* krabben; ***met*** *een half ~ luisteren* listen with half a ear; *met hangende oren,* (*fig*) crestfallen; *iem wat* ***om*** *de oren geven* box a p.'s ears, give a p. a thick ear; *iem om de oren gooien met* fling [abuse, etc] at a p.; *hij ligt nog* ***op*** *één ~* he is still in bed; *zijn hoed op één ~ zetten* cock one's hat; *met zijn hoed op één ~* his hat (tilted) over one ear; *het* (*varken*) *is op een ~ na gevild* we're on the last lap, it's all over bar the shouting; *het is mij* ***ter*** *ore gekomen* it has come to (reached) my ears; *het kwam zijn vrouw ter ore,* (*ook*) it came round to his wife; *kleuren* ***tot*** *achter de oren* colour up to one's ears; *tot over de oren in het werk* (*in de schuld*) up to one's ears (eyes, neck) in work (in debt); *tot over de oren verliefd* head over heels in love; *alleen* ***voor*** *uw ~ bestemd* [that is] in your private ear; *zie ook* aannaaien, bewegen, doof, droog, knopen, lenen, suizen, treffen, tuiten, vel, 3 wassen 1, zaniken, enz

ooraap galago; **oorader** auricular vein; **oorarts** ear specialist, aural surgeon, aurist

oorbaar beseeming, becoming, proper, permitted; **oorbaarheid** propriety, decency

oorbel earring; **oorbeschermer** earflap; **oorbiecht** auricular confession

oord region, province, place, [holiday] resort; (*munt*) *zie* oortje

oordeel judg(e)ment, opinion; *zie ook* mening; (*jur*) judg(e)ment, sentence; (*ve jury; ook ve dokter, het publiek, enz*) verdict; *zie ook* onderscheid: oordeel des ~s; *algemeen ~* consensus of opinion; *gezond ~* sound judg(e)ment; *de dag des O~s, het laatste O~* Judg(e)ment-Day, the Day of Judg(e)ment, the Last Judg(e)ment; *het was een leven als een ~* the noise was enough to raise the dead; *er ontstond een leven als een ~* pandemonium (*of:* Hell) broke loose; *zijn ~* ***opschorten****, nog geen ~ vellen* reserve one's judg(e)ment; *zijn ~* ***uitspreken*** express one's opinion [*over* on], give one's verdict [*over* on]; *een ~* ***vellen*** pass judg(e)ment [*over* on]; *ik kan er geen ~ over vellen* I cannot judge of it; *zijn ~* ***voor zich*** *houden* keep one's (own) counsel; *zich een ~ over iem* ***vormen*** sum up a p.; *dat laat ik* ***aan*** *uw ~ over* I leave it to your judg(e)ment (*of:* discretion); ***met*** *~ kiezen* choose with discernment; ***naar*** (*volgens*) *mijn ~* in my judg(e)ment (*of:* opinion), to my mind; *ik ben* ***van*** *~ dat ...* I am of (the) opinion that ...; *de rechtbank was van ~ dat ...* the Court held that ...

oordeelkundig judicious, discreet; **oordeelvelling** judg(e)ment; **oordelaar** judge

oordelen judge [*over* of]; *zie ook* oordeel: van ~ zijn; *oordeelt niet, opdat gij niet geoordeeld wordt* judge not that ye be not judged; *ik kan daarover even goed ~ als jij* I am as good a judge of that as you; *te ~* ***naar*** (judging) from [his age], [a sailor] by [the looks of him]; *~ naar de schijn* judge by appearances; *oordeel zelf* judge for yourself, use your own judg(e)ment

oor|dopje earplug; **-druppels** ear-drops; **-hanger** (pendant, drop) ear-ring, ear-drop; **-heelkunde** otology; **-holte** cavity of the ear; **-ijzer** (gold, silver) casque; **-klep** ear-flap, -protector; **-klier** parotid (gland); **-knopje** ear-ring, ear--stud

oorkonde 1 charter, deed, document, instrument, record; (*vooral mv*) muniment; 2 [illuminated] address; *ter ~ waarvan* in witness whereof

oorkondenboek cartulary, register of documents and records, roll-book

oorkussen pillow; *zie ook* ledigheid

oorkwal aurelia

oorlam drink ration, allowance of gin, dram, rum ration; *een ~ nemen* (*geven*), (*mar*) (*ook*) splice the main-brace; **oorlap** *zie* -klep

oorlel ear-lobe, -lap; **oorlepeltje** ear-pick

oorlog war, warfare; *zie ook* strijd; *de Zevenjarige Oorlog* the Seven Years' War; *de Grote Oorlog* the Great War; *grote* (*kleine*) *~* major (minor) war; *koude ~* cold war; *de ~* ***aandoen*** make (declare) war (up)on; *tot* (*de*) *~* ***overgaan*** go to war; *de ~* ***verklaren*** declare war [*aan* (up)on]; *de ~ was verklaard,* (*fig*) the gloves were off; *het recht om ~ te verklaren en vrede te sluiten* the right to resolve on peace and war; *~* ***voeren*** wage (make) war [*tegen* against, on]; *er werd ~ tussen hen gevoerd* a war was carried on between them; ***in*** *staat van ~* in a state of war; *in ~ zijn, ~ hebben* be at war [*met* with]; *de eerste jaren* ***na*** *de ~* the early post-war years; ***ten ~** trekken* go to the wars; *Groot-Brittannië vóór (na) de ~* pre-war (post--war) (Great) Britain; **oorlogen** *ww zie* oorlog: ~ voeren

oorlogs|bedrijf 1 military operations; 2 soldiering; **-behoeften**, **-benodigdheden** military stores, (am)munition(s); **-bodem** *zie* -schip; **-buit** war-booty, spoils of war; **-contrabande** contraband of war; **-correspondent** war correspondent; **-daad** act of war; **-dreiging** threat of war; **-feit** warlike deed (*of:* exploit); **-film** war--film; **-gedenkteken** war memorial; **-gerucht** rumour of war; **-gevaar** 1 danger of war; 2 danger from war; **-geweld** acts of war, force of arms; **-god(in)** war god(dess); **-graf** war grave; **-handelingen** acts of war, hostilities; **-haven** naval port; **-held(in)** war hero(ine); **-inspanning** war effort; **-invalide** disabled ex-serviceman; *de ~n,* (*ook*) the war-disabled; **-kas** war--chest; **-kerkhof** war cemetery; **-kreet** war-cry; **-macht** military forces; **-misdadiger** war criminal; **-moe(de)** war-weary; **-moeheid** war-weariness; **-molestverzekering** war-risk insurance; **-monument** war memorial; **-noodzaak** military necessity; **-pad**: *op het ~* on the warpath; **-recht** law of war; *~en* belligerent rights; **-risico** *zie* -molest; **-roem** military glory; **-rumour** tumult of war; **-schade** [insurance against] war--damage; **-schip** warship, man-of-war; **-schuld** 1 war-debt; 2 war-guilt; **-sterkte** war-strength, war-establishment, fighting-strength; *op ~* at war-strength, on a war-footing; **-stoker** warmonger; **-terrein** *zie* -toneel; **-tijd** time of war; wartime conditions; **-toebereidselen** preparations for war; **-toeslag** war-bonus; **-toestand** state of war; wartime conditions; **-toneel** theatre (*of:* seat) of war; *op dit ~* in this theatre of war; **-tuig** implements of war; **-uitrusting** war-equipment; **-veld** field of battle; **-verklaring** declaration of war; **-verleden** wartime record; **-verminkte** *zie* -invalide; **-veteraan** veteran; **-vloot** navy, fleet; **-wet** law of war; **-winst** war-profit; *het maken van ~* war-profiteering; **-winstmaker** war-profiteer; **-zuchtig** bellicose, warlike, war-minded; *~e geest* warlike (drum-and-trumpet) spirit; **-zuchtigheid** bellicosity

oorlogvoerend belligerent; *de ~en* the belligerents, the parties at war, (*partijen*) the warring factions; **oorlogvoering** conduct of (a, the) war, waging war

oor|loos earless; **-merk** (*v vee*) earmark, ear tag; **-merken** (*ook fig*) earmark; (*fin ook*) ring-fence; **-ontsteking** inflammation of the ear; (*wtsch*) otitis; **-pijn** earache; **-rand** rim of the ear, helix; **-ring** ear-ring; **-rob** eared seal; **-schelp** auricle, concha, shell of the ear; **-smeer** earwax; (*wtsch*) cerumen; **-speekselklier** parotid gland; **-spiegel** otoscope, auriscope, ear-speculum

oorsprong origin (*ook wisk*), fountain-head, source; *van ~ Fin(s)* a native Finn (originally Finnish); *het vindt zijn ~ in* it has its origin(s) in, results from; *zie ook* voortkomen uit

oorspronkelijk original, primitive, primary; *~e bewoners* original inhabitants, natives, aborigines; *hij is ~ uit Mexico* he is of Mexican origin, a native of Mexico; *in het ~e lezen* read [a book] in the original; **oorspronkelijkheid** originality

oorspuitje ear-syringe; **oorstuk(je)** earpiece; **oorsuizing** singing (ringing) in the ears, tinnitus; **oortelefoon** earphone

oortje farthing, doit; *geen ~ waard* not worth a fig (a straw, a brass farthing); *hij kijkt alsof hij zijn laatste ~ versnoept heeft* he looks blank (sheepish, like a (dying) duck in a thunderstorm)

oor|trompet ear-trumpet; **-tuiten** tingling of the ears; **-uil** long-eared owl; **-veeg** box on the ear; *iem een ~ geven* box a p.'s ears; **-verdovend** deafening; **-verscheurend** ear-splitting; **-vijg** *zie* -veeg; **-warmer** earmuff; **-was** earwax; **-watje** earplug; **-worm**, **-wurm** earwig; *hij zet een gezicht als een ~* he looks like a bear with a sore head, his face is as long as a fiddle

oorzaak cause, origin; *~ en gevolg* cause and effect; *de ~ van alle moeilijkheid,* (*ook*) the root of all the trouble; *dit was de ~, dat hij het plan liet varen* this caused him to abandon the plan; *kleine oorzaken hebben grote gevolgen* small causes produce great effects; *gelijke oorzaken, gelijke gevolgen* like produces like; *ter ~ (oorzake) van* on account of; **oor|zaakaanduidend**, **-zakelijk** causal [connection, link]; **oorzakelijkheid** causality

oorzenuw auricular nerve

oost [the wind is] east; *de O~* the East, the Orient; (*onze Oost, hist*) the Dutch East Indies; *vgl* Indië; *~ west, thuis best* there is no place like home; **Oost-Afrika** East Africa; **oostblok** Eastern bloc

Oost-Duitsland East Germany

oosteinde east end; **oostelijk** eastern, easterly; *~ van P* (to the) east of P; *~ aanhouden,* (*mar*) make easting; *~ste* easternmost [the easternmost province]; **oosten** east; *het ~* the East, the Orient; *het Verre (het Nabije) Oosten* the Far (the Near) East; *het ~ van het land* the eastern part of the country; *naar het ~ (gaand)* eastbound; *ten ~ van* (to the) east of; *zie ook* Midden-O~

Oostende Ostend; **Oostenrijk** Austria; **Oostenrijker** Austrian; **Oostenrijk-Hongaars** (*hist*) Austro-Hungarian; **Oostenrijk-Hongarije** (*hist*) Austria-Hungary, the dual Monarchy; **Oostenrijks** Austrian; (*in verbindingen*) Austro-[German, etc]

oostenwind east wind; **oosterbuur** eastern neighbour; *onze -buren* our neighbours to the east, the Germans; **oostergrens** eastern frontier; **oosterlengte** east(ern) longitude; *vgl* westerlengte; **oosterling** Oriental, Eastern(er)

oosters eastern, oriental; *de ~e kerk* the Eastern church; *~e talen* oriental languages; *kenner van ~e talen* orientalist

Oost-Europa East(ern) Europe; **Oostfries** *bn & zn* East-Frisian; **Oost-Friesland** East Friesland; **Oostgoten** Ostrogoths; **Oostgotisch** Ostrogothic; **oostgrens** eastern frontier (border)

Oost-Indië the East Indies, the Malay Archipelago; *zie ook* Oost: onze ~; **Oostindiëvaarder** East-Indiaman; **Oostindisch** East-Indian; *~e Compagnie* East-India Company; *~ geel* Indian yellow; *~e inkt* Indian ink, Chinese ink; *~e kers* nasturtium, Indian cress; *zie ook* doof
oostkant east side; **oostkust** east coast; **oostmoesson** north-east (*of:* dry) monsoon; **oostnoordoost** east-north-east; **oostpassaat** north-east trade wind; **oostpunt** equinoctial point; **Oostromeins**: *het ~e Rijk* the Eastern (Roman) Empire
oostwaarts I *bw* eastward(s); II *bn* eastward
Oostzee: *de ~* the Baltic; **Oostzeehandel** Baltic trade; **Oostzeehaven** Baltic port
oost|zijde east side; **-zuidoost** east-south-east
oot wild oat; **ootje** small o; *iem in het ~ nemen* make fun (a fool) of a p., pull a p.'s leg, chaff a p.; **ootmoed** humility, meekness, submission; **ootmoedig** humble, meek, submissive; **ootmoedigheid** *zie* ootmoed
op I *vz* 1 (*plaats*) on, upon [the roof]; at [school], in [an office]; *er zit een slot ~ de deur en dit is de sleutel* there is a lock to the door and this is the key to it; *geen vizieren ~ het geweer* no sights to the rifle; *whisky ~ wijn drinken* drink whisky on top of ...; *~ een* ***eiland*** *wonen* live in an island (*klein, ook:* on an island); *~ een eiland landen* land on an island; *zij ziet er lief uit ~ deze* ***foto*** she looks nice in (on) this photo; *~ een* ***kasteel*** [live] in a castle; *~ de* ***Keizersgracht*** [walk] in the ...; *~ de* ***preekstoel*** in the pulpit; *~ een* ***stoomboot*** on (board) a steamer; *~* ***straat*** in (*Am:* on) the street; *~* ***zee*** at sea; 2 (*tijd*) at; *~ zekere* ***dag*** (*morgen, enz*) one day, etc; *later ~ de dag* (*morgen, avond*) later in the day, etc; *dag ~ dag* day after day; *van maandag ~ op dinsdag* from monday to tuesday; *leugen ~ leugen* [tell] lie (up)on lie; *kopen ~ juli,* (*handel*) buy for July; *~ een wenk van A ging hij weg* at a nod from A he ...; *~ mijn* ***horloge****, enz* [it is three] by my watch (by the station clock); *zie ook* klok; *~ dat* ***uur*** at that hour; *~ het uur* (*de minuut, enz*) *af* to the very hour (the minute, etc); *~* ***zijn*** *achttiende* when he was eighteen [he ran off]; 3 (*omstandigheid, wijze, middel, oorzaak*) with, in; *duel ~ de* ***degen*** (*het pistool*) duel with swords (pistols); *~* ***gas*** *koken* cook with gas; *~ je gezondheid* (*je succes, enz*)*!* your health! (here's to your success, your new play, etc)!; *~ zijn* (*eerlijk, enz*) *gezicht* [engage a servant] on his face; *~ zijn* ***Hollands*** in the Dutch manner, [do things] the Dutch way, [dressed] in (after) the Dutch fashion; *hoe heet dat ~ zijn Hollands?* what is that in Dutch?; *ze zag er ~ haar* ***mooist*** *uit* she looked her prettiest; *~ de* ***muziek*** [dance] to the music; *zingen ~ de muziek van de gitaar* sing to the guitar; 4 (*verhouding*) to, in; ***één*** *~* ***de*** *vijftig* one in fifty (out of every fifty); *één telefoon ~ elke vijftig inwoners* one telephone to ... (*zo ook:* one nurse to fifty sick men; a cup of vinegar to each gallon of water; the air-pressure is a ton to the square foot); *1 ~ 12,* (*benzineverbruik*) 12 kilometres to the litre (35 mpg); *zie ook* bank, best, bevel, liggen, na, zichzelf, enz; II *bw* 1 up; *~!* up!; *bajonet ~!* fix bayonet(s)!; *het deksel wil* ***er*** *niet ~* the lid won't go on; *met een kegel er~* surmounted by a cone; *de grendel is er ~* the bolt is on; *met alles er ~ en* ***er aan*** complete with all accessories; *het is er ~ of* ***er onder*** it is kill or cure, sink or swim (with me), neck (all) or nothing; *hij* ***had*** *iets ~* he had been having something; *de zon* ***is*** *~* the sun has risen (is up); *hij is ~,* (*uit bed*) he is out of bed (up, astir, stirring); *het kleed is ~* the carpet is up; *ze hebben* ***licht*** *~* they have a light on; *~ en* ***neer*** [pace] up and down; *het dek ~ en neer stappen* pace (up and down) the deck; *het gaat ~ en neer met hem* it is up and down with him; *~-en-****top*** to the fingertips, every inch [a gentleman], all over, out and out, [satisfied] in every way; *~-en-top een aristocraat,* (*ook*) an aristocrat of aristocrats; ***verder*** *~* further on; ***vraag*** *maar ~* ask away!; *het raam* ***wil*** *niet ~* the ... will not go up; 2 (*uitgeput, fini*) finished; (*financieel*) stony(-)broke, on the rocks; (*afgeleefd*) worn out; *~ is ~* when it's gone, it's gone; ***het*** *is ~* there is nothing left; *het bier* (*geld, voedsel, de olie*) *is* (*de kolen zijn*) *~* the beer (money, food, oil, coal) has (is) run out, is finished, we are (have run) out of beer, etc; (*ve menu*) [beans] are off; ***hij*** *is ~* he is dead-beat, all in, knocked up, done (up), fagged (out), knackered, run down; *mijn klein* ***geld*** *is vrijwel ~* I've pretty well run out of change; *mijn* ***geduld*** *is ~* my ... is exhausted; *het* ***kleed*** *is ~* the carpet is worn (out); *de* ***voorraad*** *is ~,* (*ook*) the stock is exhausted
opa grandad, grand-dad, grandpa
opaak opaque
opaal opal; **opaalachtig** opalescent, opaline
opaciteit opacity; **opalen** opal
opbakken bake (again), fry (again)
opbaren place (up)on the (a) bier; *opgebaard liggen,* (*op praalbed*) lie in state
opbellen ring (up); (*telefoon ook*) call (up), phone (up), (*fam*) give [a p.] a ring (a bell, a tinkle), ring [a p.], get a p. on the phone; (*automatisch, ook*) dial [a p., a number]
opbergdoos file box; **opbergen** put away (*ook fig: gevangen zetten*), stow away, put in safe keeping, tidy away [toys], pack up, pack away; (*achter slot*) lock away, lock up; store, [he offered to] give house-room to [the few things I had]; (*in pakhuis*) store (away); (*in volgorde*) file [letters]; (*in vakjes*) pigeonhole; *veilig opgeborgen,* (*ook*) safely stowed (*ook v pers*); **opbergmap** file, folder; **opbergsysteem** filing system
opbeuren 1 lift up; 2 (*fig*) cheer (up), comfort; **opbeuring** 1 lifting up; 2 (*fig*) comfort
opbiechten confess, own up; *hij biechtte alles eerlijk op* he made a clean breast of it
opbieden: *~ tegen* bid against, make a higher bid than, try to outbid; **opbinden** bind (tie, do) up
opblaasbaar inflatable; **opblaasboot** inflatable dinghy; **opblazen** blow up (out), inflate, puff out (up) [one's cheeks]; (*brug, enz*) blow up; (*fig*) exaggerate, magnify [a matter] (out of all proportion), boost [the press boosted it into a national

crisis]; *zie ook* opgeblazen
opblijven sit (stay, wait) up [for a p.]
opbloei flourishing [of art, etc]; (economic) prosperity; **opbloeien** 1 (begin to) flourish; prosper; 2 (*fig*) *zie* opfleuren
opbod: *verkoop bij* ~ sale by (at) auction; *bij* ~ *verkopen* sell by (at) auction, auction
opboksen struggle (*tegen* against, with); *niet tegen iem kunnen* ~ be no match for a p.; *moeten* ~ *tegen* have to contend with (against)
opbollen puff up, bag, bulge (out); **opboren** bore out; **opborrelen** bubble (*of:* well) up; **opborreling** bubbling (welling) up, upwelling
opborstelen brush (up), give a brush
opbouw 1 building, erection, construction; build-up [of a programme]; (*structuur*) structure; 2 (*stichting*) edification; 3 (*bovenbouw*) upper structure; 4 (*bevordering*) advancement, promotion; **opbouwen** build up (*ook fig:* build up instead of pulling down); *weer* ~ reconstruct, rebuild; *een nieuw bestaan* ~ build a new life; **opbouwend** 1 constructive [policy; criticism]; 2 (*stichtelijk*) edifying, improving [reading]; **opbouwwerk** community work; **opbouwwerk(st)er** community (social) worker
opbranden I *tr* burn (down), consume; II *intr* be burnt (down); *hij was volledig opgebrand* he was completely burnt out
opbrassen (*mar*) brace up
opbreken I *tr* 1 (*openbreken*) break up (open); tear (take, dig, pull, (*soms:*) break) up [the street], take (pull) up [the floor], tear up [the railway track]; *de straat is opgebroken* the road is up; *opgebroken rijweg* road up; 2 (*afbreken*) take down, strike [tents]; 3 (*beleg*) raise [the siege]; (*huishouden*) break up [the household]; *zie ook* kamp; II *intr* 1 strike (break) camp, break up; (*v ijs, enz*) break up; 2 (*oprispen*) repeat; *dat zal je* (*zuur*) ~ you will suffer for it, (*bedreiging*) you shall pay for it; **opbreking** breaking up (open), etc; *vgl* opbreken; break-up [of the household, etc]
opbrengen 1 raise, carry up(stairs); *verf* ~ put on (apply) paint; *de bal* ~, (*sp*) carry the ball forward (upfield); 2 (*grootbrengen*) bring up, rear; 3 (*opleveren*) bring in [£60 a week], yield [profit]; (*bij verkoop*) realize [£100], fetch [a price, a great deal of money], command [a handsome premium]; *het zal de onkosten niet* ~ it won't defray the cost; 4 *het* ~ bring o.s., manage [to do s.t.]; *hij kon er geen belangstelling voor* ~ he could not bring himself to take an interest in it; *moed* ~ muster courage; *begrip* ~ *voor* show understanding of (sympathy for); 5 (*betalen*) pay [taxes]; *zoveel kunnen wij niet* ~ we cannot pay (*of:* afford) so much; 6 (*arresteren*) run in [a thief]; (*schip*) seize, capture; **opbrengst** (*produktie*) output, produce, outturn; (*v oogst, belasting, enz*) yield [the yield per acre; milk-yield]; (*geldelijk*) proceeds (*steeds mv*); *jaarlijkse* ~ [sell at 20 years'] purchase; **opbrengsteigendom** investment property
opbruisend 1 effervescent, sparkling; 2 (*fig*) hot-tempered, irascible; ebullient [idealism]
opbruising ebullition
op|centen, -centiemen surtax, surcharges on taxes (etc); **opcommanderen** summon
opdagen turn (*of:* show) up, come along; *weer* ~, (*ook*) pop up again
opdat (so) that, in order that; ~ *niet* that ... not, (*lit*) lest; ~ *een schikking mogelijk is zijn twee dingen nodig* for a settlement to be possible ...
opdelen divide up
opdelven dig up; *zie ook* opdiepen
opdienen serve (up), dish up; *er werd* (*is*) *opgediend* dinner was (is) served
opdiepen 1 (*sloot, enz*) deepen; 2 (*fig*) unearth, hunt (rout, ferret) out, dig up; *iets uit een zak, enz* ~ fish up s.t., fish s.t. out of a bag
opdikken bulk [paper, yarn]
opdirken trick out (up), dress up, (*fam*) prink, doll up, tart up; *zich* ~ trick o.s. out (up), dress up, (*fam*) prink (o.s. up), doll o.s. up, titivate o.s.; *opgedirkt,* (*ook*) overdressed
opdissen 1 serve (up), dish up, put on the table; 2 (*fig*) dish up [a story], serve up [scandal]; (*fam*) pitch [a tale, a yarn]
opdoeken 1 furl, make up [sails], gather up [sails, flags]; 2 (*fig*) do away with; (*zaak*) shut up shop, put up the shutters; 3 (*weggaan*) clear out, hop it
opdoemen loom (up) [a form loomed up in the darkness, dangers loomed ahead]; *het doemde op voor mijn verbeelding* it loomed before my ...
opdoen 1 (*inslaan*) lay in [a stock of ...], get in [coal for the winter]; 2 serve (up); *zie* opdienen; 3 (*opmaken*) do up [linen, one's hair]; 4 (*verkrijgen*) obtain, get; pick up [information, knowledge], gain (acquire) [experience]; (*ziekte*) contract, take, catch [a disease]; *waar heb je je Frans opgedaan?* where did you pick up your French?; *de ondervinding* ~, *dat* ... discover by experience that ...; 5 ***zich*** ~ arise; *zodra de gelegenheid zich opdoet* as soon as an opportunity offers (presents itself); *vgl* voordoen
opdoffen spruce [o.s.] up, buff [metal, leather]
opdoffer wallop, punch; *vgl* opdonder 1
opdokken (*fam*) fork (*of:* shell) out, cough up (the cash), stump up; *zie ook* afschuiven 3
opdonder 1 blow, punch, belt, wallop; *iem een* ~ *geven,* (*ook*) belt a p.; (*fig*) blow, shock, set-back; 2 midget, (*ong*) squi(r)t
opdonderen piss off; *donder op!,* (*ook*) get lost!, fuck off!, naff off!, get the hell out of here (it, this)!, (*Br*) on yer bike!; *zie ook* uitrukken
opdooi (soil instability owing to) thaw; (*opschrift*) frost damage
opdraaien turn up [the lamp, light, volume]; twist up [one's moustache, hair]; *ergens voor* ~, (*sl*) take the rap; *iem ervoor* (*voor de kosten, enz*) *laten* ~ let a p. in for it (for the cost, etc); leave all the work for some one else to do; *ik moest ervoor* ~ I had to stand the racket (to hold the baby, to carry the can); (*fam*) *zie* opgewonden
opdracht 1 (*last*) charge, commission, instruction, mandate, order, brief; ~ ***geven*** instruct, commission; ***buiten*** *zijn* ~ *gaan* go beyond one's

commission (one's remit); *ik heb* ***in*** *~ om* ... I am instructed (directed, commissioned) to ...; *het fregat had ~ om* ... the frigate was under orders to ...; *in ~ handelen* act under orders; *in ~ van* by order of, by the direction of, [built] to the order of; *in ~ van de regering* by government order; *in ~ van ... deel ik u mede* I have been instructed by ... to inform you; 2 (*taak*) task, assignment; 3 (*zending*) mission; 4 (*ve commissie*) (terms of) reference [the committee adhered rigidly to its terms of reference; broad (wide) terms of reference], remit; 5 (*ve boek, enz, gedrukt*) dedication; (*geschreven*) presentation inscription; (*v Christus in de Tempel*) presentation; (*verzonden*) *in ~ van de schrijver* with the author's compliments; **opdrachtgever** (*jur, handel*) principal; (*v advocaat, deurwaarder, enz*) client; (*klant*) customer; [building] commissioned by [...]

opdragen 1 (*naar boven dragen*) carry up(stairs); 2 (*opdienen*) serve (dish) up, put on the table; *de* ***mis*** *~* celebrate (say) mass; 3 (*gelasten*) charge, instruct, commission [a p. to ...]; *wie heeft u dat opgedragen?* who has instructed you to do this (charged you with this)?; *mij is opgedragen u te berichten* I am directed (instructed) to inform you; *ik draag het aan uw zorg op* I recommend (commit) it to your care; *de u opgedragen taak* your appointed (allotted) task; 4 (*boek, enz*) dedicate [a book to a p.]; 5 (*totaal verslijten*) wear out [a coat]

opdraven (*fig*) put in an appearance, present o.s., attend; *iem laten ~* send for a p.

opdreunen rattle (*of:* reel) off, drone [a lesson]

opdrijven force (run, send, push) up, inflate [prices]; (*effecten*) boom, bull; *examencommissies drijven hun eisen op* examining bodies are tightening up their requirements; *wild ~* start game; **opdrijving** forcing up, etc, inflation [of prices]

opdringen I *intr* press (push) on (forward), push closer; II *tr: iem iets ~* thrust (force, press) s.t. (one's opinion, attentions, etc) (up)on a p., (*sterker*) cram (ram, thrust, force, push) s.t. down a p.'s throat; impose [a policy] on a p.; *de oorlog (de kandidaat, enz) werd ons opgedrongen* was thrust (up)on us; ***zich*** *~ aan* intrude (up)on, obtrude (force, thrust, press) o.s. (up)on [a p., a p.'s company, notice], (*sterker*) inflict o.s. (up)on; *ik dring mij nooit op* I never force my company on others; *de vraag drong zich aan mij* the question forced itself on me; *reclames dringen zich aan u op* advertisements shout at you; *zij drong zich aan hem op* she threw herself at him

opdringerig obtrusive, intrusive, officious, pushy; *~e reclame* insistent advertisement; **opdringerigheid** obtrusiveness, intrusiveness

opdrinken drink, drink up, finish, empty, drink (*of:* toss) off

opdrogen dry (up); (*v stroom, bron*) dry up, run dry; **opdrogend** (*middel*) desiccative; **opdroging** drying up, desiccation

opdruk (*op postzegel*) overprint, surcharge; *postzegel met ~* overprinted (surcharged) stamp; *met ~, (ook)* [a T-shirt] printed [Will Power]; **opdrukken** 1 impress (imprint, print) on; *deze tekst was opgedrukt op de postzegel* the stamp was overprinted with this text, this text was superimposed on ...; *zie ook* stempel; 2 push up, press up; *tien keer ~, (ook)* do ten press-ups

opduikelen dig up, unearth, hunt out

opduiken I *intr* emerge; (*fig ook*) turn (crop, pop) up; *weer ~, (ve pers, vraagstuk)* re-emerge, (*ve gerucht, onderwerp*) crop up again; (*ve duiker, enz*) surface; II *tr* 1 bring up, bring to the surface; 2 dig up, unearth, hunt out

opduvel belt, wallop; **opduvelen** hook it, scram

opduwen push (up); **opdweilen** mop up; **opdwingen** *zie* opdringen II

opeen together, one (up)on (on top of) another; *zie ook* bijeen & samen

opeen|drijven drive together, round up [cattle, criminals]; **-dringen** crowd together; **-hopen** heap (pile) up, accumulate; *zich ~, (ve menigte)* crowd together; **-hoping** accumulation [of work], congestion [of traffic], [traffic] jam, congeries [of houses, stars, half-truths]; crowd, mass [of people]; (*v sneeuw*) snowdrift; **-knijpen**: *met -geknepen lippen* tight-lipped; **-pakken** pack up, pack together; *dicht opeengepakt* (tightly-) packed [the packed crowd], crowded [houses]

opeens all at once, suddenly

opeen|schuiven push (shove) together; **-staan** (*dicht*) stand (close) together; **-stapelen** pile up, stack (up); *zich ~* pile up, accumulate; **-stapeling** accumulation [of errors, mishaps]; **-volgen** succeed (follow) each other; **-volgend** successive, consecutive [for ten consecutive days]; *zie ook* achtereenvolgend; **-volging** succession, sequence [of events]

opeisbaar claimable; *zie ook* opvorderbaar; **opeisen** claim [money, luggage], demand; *alle aandacht voor zich ~* monopolize the attention

open open [carriage, country, door, face, field, house, letter, question, wound; (*ook: niet versterkt:* an open town *& ijsvrij:* an open harbour, river, winter, weather)], open-necked [shirt], unsealed [envelope], vacant [post]; (*ve kraan*) on; *~ en bloot* [carried them] openly, [it was lying there] for all to see; *het kan ~ en dicht* it is made to open and shut; *het raam wil niet ~* the window won't open; *~ met iem spreken* be open (frank) with a p.; *~* ***been*** ulcered leg; *~ dak, (ve auto)* sunshine (*of:* sliding) roof; *~ haard* open fire; *~ krediet* open (*of:* blank) credit; *in de ~ lucht* in the open (air); *~ NV* public limited company, plc; *met ~* ***ogen*** with open eyes, with one's eyes open; *~ plaats, (betrekking)* vacancy, (*~liggend*) exposed place, (*niet versterkt*) open town; *~ plek, (wond)* sore, (*in bos*) clearing, glade; *~ polis* open (*of:* floating) policy; *de ~* ***zee*** the open sea; *in de ~ zee* in the offing, on the high seas; *zie ook* arm, deur, kaart, tafel, enz

openbaar public [convenience *toilet,* life, office *ambt,* opinion, transport, worship *eredienst*]; [data] of a public nature; *openbare lagere school* (state) primary school; *openbare les, (ve lector,* *enz*) inaugural lecture; *openbare gelegenheden* places of public resort; ~ *bestuur* public government [act]; ~ *lichaam* public authority; ~ *nutsbedrijf* public utility (service); *de openbare weg* the public road, the King's highway; ~ ***maken*** make public, publish, disclose, divulge [a p.'s name], promulgate [a sentence *vonnis*], ventilate [one's grievances]; ***in*** *het* ~ in public; *spreken in het* ~, (*ook*) public speaking; *de* (*rechts*)*zaak in het* ~ *behandelen* try the case in open court; *zie ook* aanklager, ministerie, publiek, enz

openbaarheid publicity [give publicity to the speech]; **openbaarmaking** publication, disclosure, promulgation; *vgl* openbaar

openbaren reveal, disclose, divulge; *zich* ~, (*ve ziekte, enz*) (*ook*) declare (manifest) itself; *zijn geloof openbaarde zich in* ... his faith manifested itself in ...; *geopenbaarde godsdienst* revealed religion; **openbaring** revelation, disclosure; *de O*~ (*van Johannes*) the Revelation (of St John the Divine), the Apocalypse, (*fam*) (the) Revelations; *wat een* ~*!* what an eye-opener!

openbarsten burst (open) (*ook: doen* ~)

openbreken I *tr* 1 break open (*of:* in), force (open), burst [a door], prize (pry) open [a lock, a chest], crack [a safe], prize [the lid] off; 2 renegotiate [a contract]; II *intr* burst open, open

opendeurdag [hold] open house

opendoen I *tr* open; *zie ook* mond; II *intr* answer the door (bell, ring); *wil je tante* ~*?* will you open to Auntie?; *er werd niet opengedaan* there was no answer (to the bell); **opendraaien** open, unscrew; *de kraan* (*het gas*) ~ turn on the tap (the gas); **openduwen** push (thrust, shove) open

openen open [a door, meeting, credit, campaign, shop, an account, the debate, etc], open up [new fields of trade], unclench [one's fists]; *iem de* ***ogen*** ~ open a p.'s eyes [*voor* to], undeceive a p.; *het* ***park*** *werd voor het publiek geopend* the park was opened (thrown open) to ...; *het* ***seizoen*** ~ *met Hamlet,* (*ook*) lead off with Hamlet; *het* ***vuur*** ~ *op* open fire on; ***zich*** ~ open; *zie ook* weg, enz

opener id

opengaan open; come open [the purse (the door) came open]; (*ve knop, ook*) burst; (*ve deur, ook*) swing open; *de deur gaat naar binnen en buiten open* the ... opens inward and outward; *mijn hart ging voor hem open* I warmed to him, (*van vreugde*) my heart leaped with joy for his sake; *een wereld ging voor ons open* a ... opened up before us

opengewerkt openwork [stockings, basket]; [pieces executed] in openwork; exploded [drawing]; cutaway [model]; pierced [metalwork]

opengooien throw (fling) open [the door, etc]; *het raam wijd* ~, (*ook*) fling the window wide

openhalen rip (open), tear [one's hand, coat on a nail]

openhartig open-hearted, outspoken, frank, plain, plain-spoken, straight [be straight with one another]; heart-to-heart [talk]; *zie ook* rond(uit); **openhartigheid** outspokenness, frankness, candour; *vgl* -hartig

openheid openness, frankness, sincerity

openhouden keep open; hold [the door] open [for a p.]; *iems baantje voor hem* ~ keep open (save) a p.'s job for him, (*fam*) keep a p.'s job warm for him; *zie ook* mond

opening id (*ook bij schaaksp*); aperture; interstice [interstices between the teeth], gap [in a hedge]; mouth [of a bag]; ~ *van zaken geven* give full information about the state of affairs

openings|koers opening price; **-rede** opening (inaugural) address (speech); **-tijden** hours of opening (of business), visiting hours [of a museum]; **-woord** opening words (speech); **-zet** opening move, first move

openkrabben scratch open; **openkrijgen** get open

openlaten leave [a door, line, question] open; leave [the tap *kraan*] on; *ruimte* ~ leave a blank

openleggen lay open (*of:* bare) (*ook fig*); disclose [plans]; turn up [a card], lay [a card] face up; open up [a country, a new market]; **openliggen** lie open (*of:* naked) [*voor* before]; *zie ook* wereld

openlijk open, public; *zijn* ~*e bedoeling* his avowed intention; ~*e agressie* overt aggression; ~*e opstand* outright (open) rebellion; ~*e vijandschap* open enmity; *zie ook* dag

openlopen 1 burst [the door] open; 2 walk [one's feet] sore, skin [one's heels]

openlucht- open-air [museum, performance, play, restaurant, school, swimming-pool, theatre]; outdoor [classes, sports]; alfresco [lunch]

openmaken open, unlock [the door], undo [a parcel]; **openrijten** rip up (*ook fig:* old sores); tear [one's finger on a nail]; *weer* ~ re-open [old wounds]; **openrukken** tear (wrench) open; **openschaven** graze [one's knee]

openscheuren tear open, rip open; **openschuiven** push open, shove up [the window], draw back [the curtains]

openslaan open [a book], knock open; ~*de deur* folding door(s); (*tegelijk raam*) French window; ~*d raam* casement(-window); **opensluiten** unlock; **opensnijden** cut open; open [(the pages of) a book]; split [herrings]; *niet opengesneden* unopened [volume]; **open|spalken**, **-sperren** open wide, distend [the eyes, nostrils]; *opengesperde ogen* dilated eyes (*met ... ogen,* (*ook*) wide-eyed); **openspringen** burst (open), split (open); (*vd huid*) chap [chapped hands], crack [cracked lips]

openstaan be (stand) open [the door is still open to negotiations]; be vacant; (*ve rekening*) be unpaid (unsettled); *zie ook* gaskraan; *er staan me twee wegen open* there are two courses open to me [*zo* (*ook*) the only profession open to him]; *er staat mij geen andere weg open,* (*ook*) there is no alternative; ~*de rekening* unpaid (*of:* outstanding) account; ~ ***voor*** *nieuwe voorstellen* be open to new suggestions; ~ *voor zijn personeel* [a manager should] be accessible (approachable) to his staff; *zijn huis staat voor iedereen open* he keeps open house

opensteken broach [a cask]; pick [a lock]; prick

[a blister]; (*met lancet*) lance [a tumour]
openstellen open, throw open [to the public]; *zich ~ voor, zie* -staan voor; *zie ook* inschrijving; **openstelling** opening
openteren (*mar*) go aloft
op-en-top every inch [a sailor]; *zie* op II.1
opentornen rip up; **opentrappen** kick open; hack [a p.'s shin]; **opentrekken** open [a can of beans], draw (pull) back [the curtains], uncork, open [a bottle], (*sp*) spring [the offside trap]; **openvallen** 1 fall open; cut [one's knee]; 2 (*ve betrekking*) fall (become) vacant; **openvouwen** unfold, open out [a newspaper]; **openwaaien** be blown open; blow open; **openzetten** open; *de deur ~ voor misbruiken* open the door to abuses
opera 1 id; 2 opera-house
operabel operable [heart condition]; *niet ~* inoperable [cancer]
opera-comique comic opera; **operagebouw** opera-house; **operagezelschap** opera(tic) company
operateur operator; (*ve film, ook*) projectionist
operatie operation [*aan de ogen* on one's eyes]; *een grote* (*kleine*) *~* a major (minor) operation; *een ~ ondergaan wegens appendicitis* undergo an operation for ...; *na een ~* post-operative [care]
operatiebasis base for operations
operatief operative [surgery], surgical [treatment]; *~ ingrijpen* operate
operatie|gebied area of operations; **-kamer** operating theatre; **-tafel** operating table; **-terrein** (*mil*) theatre of operations; (*fig*) sphere of one's operations; **-zaal** operating theatre; **-zuster** theatre nurse
operatio|naliseren make operational; **-nalisme** operation(al)ism; **-neel** operational [research]
operawereld operatic world, world of opera
operazanger(es) opera(tic) singer
opereerbaar *zie* operabel; **opereren** operate (*ook mil*); *iem ~* operate (up)on a p.; *dit kan geopereerd worden* this is an operable case; *van kanker geopereerd* operated (up)on for cancer; *iem aan z'n maag ~* operate on a p.'s stomach
operette operetta, musical comedy
operment orpiment
opeten eat, eat up (*ook fig:* one's capital), finish (up) [one's soup]; *hij zal je niet ~* he won't eat you; *zie ook* opvreten
opfleuren *tr & intr* brighten (up), cheer up; buck up [trade is bucking up]; *zie ook* opmonteren
opflikken patch up
opflikker belt, wallop; **opflikkeren** 1 flare up, (*sterker*) blaze up; (*ve zieke*) rally; *zie ook* opmonteren; 2 (*volkst*) *zie* opdonderen; **opflikkering** flare-up (*ook fig*), flicker [of hope, life], rally
opfok breeding; **opfokken** breed, rear; (*ve motor*) tune up, soup up (*ook fig:* a souped-up version of the original film); (*fig*) work up, blow up [blown-up schemes *plannen*]
opfris|sen I *tr* (*verkwikken*) refresh, freshen (up), revive; (*kennis, enz*) rub (brush, touch, polish) up [one's English]; refresh, rub up, jog [a p.'s memory]; *je kunt je hier wat ~* you can have a wash and a brush-up here; II *intr* freshen (up); *daar zul je van ~,* (*fig*) it will make you sit up; **-sing** refreshment, [his memory received a] refresher
opgaaf *zie* opgave
opgaan 1 (*stijgen*) go up, rise; *zie* gordijn; (*vd zon*) rise; 2 (*bestijgen, gaan naar*) go up [the stairs], mount, ascend [a hill]; *de* ***straat*** (*de barricaden*) *~* take to the streets (mount the barricades); *zie ook* kant, weg, enz; 3 (*voor examen*) go in [for an examination]; 4 (*ve deling*) terminate [the division does not terminate; *zie ook* gaan op]; 5 (*opraken, verloren gaan*) run out [my money is running out]; *het meeste geld ging op aan boeken* went in books; *de pudding was helemaal opgegaan* all the pudding had been eaten; *geheel* ***in*** *de menigte ~* be lost in the crowd; *in bewondering ~* be lost in admiration; (*ve onderneming, tijdschrift, enz*) be merged (merge) [with (in) another]; *~ in* be taken up with; *hij gaat te veel op* ***in*** *zichzelf* he is too much taken up with himself, is too self-centred; *hij gaat geheel in haar* (*in zijn werk*) *op* he is entirely wrapped up in her (is absorbed in his work, is quite taken up with ..., his work is everything to him); *de schrijver gaat in zijn onderwerp op* enters fully into his subject; *geheel in elkaar ~* be all in all to (be wrapped up in, be bound up in) each other; *zie ook* vlam, enz; 6 (*aangaan*) come on; *de* ***lichten*** *gingen op* the lights went up (came on); *zie ook* licht; *er gaan stemmen op ...* voices are heard ...; *dat gaat* ***niet*** *op* that won't do [*bij mij* with me], that won't wash (won't work); *de grap* (*het plan*) *ging niet op* the joke fell flat (the plan didn't work); *die redenering gaat niet langer op* that argument will no longer serve; *zulk een excuus gaat niet op* will not hold water; *dat gaat niet in alle gevallen op* that doesn't hold (good) in all cases; *die vergelijking gaat niet op* does not stand up
opgaand rising [sun], ascending [line *linie*]; *~e decimale breuk* (*deling*) terminating decimal (division); *~ hout* (*geboomte*) forest timber, timber trees; *~ metselwerk* above-ground masonry; *open neergaande prijzen* see-saw(ing) (fluctuating) prices; *in zichzelf ~, zie* opgaan
opgang 1 (*vd zon*) rise; *op- en neergang* ebb and flow; 2 (*fig*) rise, growth, success; *~ maken* become popular, catch on [the idea caught on], [the article did not] take; *het stuk maakte veel ~* the ... made a great hit; 3 (*ve woning*) entrance; *vrije ~* direct access from front door
opgave 1 (*mededeling*) statement (*verkeerde ~* misstatement), report; (*officieel*) return(s); (*voor belasting*) return [make false returns]; *met ~ van* stating [age, details]; *zonder ~ van redenen* [dismissed] without reasons given; 2 (*taak*) task, assignment; *een hele ~* a tall order; 3 (*oefening*) exercise; 4 (*vraagstuk*) problem; (*op examen*) paper, question; *de schriftelijke ~n* the written work, the papers; 5 (*inschrijving*) entry [for a race]; 6 (*ophouden*) giving up, abandonment
opgeblazen 1 puffed [cheeks]; puffy, swollen; 2 (*fig*) puffed up, swollen [with pride], bloated, bumptious, flatulent [style]; *een ~ beschrijving* an

inflated description; **opgeblazenheid** 1 puffiness [beneath one's eyes]; bloatedness, bumptiousness, flatulence; 2 (*verwaandheid*) swelled (swollen) head
opgebruiken use up, consume, finish [the cure]
opge|dirkt, -doft, -hoopt, enz *zie de ww*
opgeheven raised, upraised, uplifted [head, hand] tilted, lifted [chin], upturned [face]; *met ~ hoofd* with head erect; *zie verder* opheffen
opgeilen turn on
opgelaten: *zich ~ voelen* feel had
opgeld 1 agio; *~ doen* be in great demand, be at a premium, be the vogue; (*fam*) be all the rage, catch on; 2 (*veiling*) mark-up
opgelegd 1 (*mar*) laid-up [ships]; 2 veneered [table]; *dat was ~* (*pandoer*) that was a cert (*Am:* a cinch); *zie ook* opleggen & taak; **opgepropt** crammed [*met* with], [the benches were] packed; **opgericht** *zie* opgeheven & oprichten
opgeruimd (*vrolijk*) cheerful, good-humoured, in high spirits; *zie verder* opruimen; **opgeruimdheid** cheerfulness, high spirits
op|gescheept, -geschikt, enz *zie de ww*
opgeschoten: *~ jeugd* young adolescents; *~ jongen,* (*ong*) overgrown (*of:* gangly) youth; *zie* opschieten
opgeschroefd inflated, bombastic, stilted; *~e vrolijkheid* forced gaiety
opgesmukt tricked out, showy, gaudy; *vgl het ww*; **opgestopt** stuffed; **opgestreken** *zie* zeil
opgetogen enraptured, overjoyed, elated [*over* at, about]; *~ van blijdschap* in a rapture of delight; *~ staan van bewondering* stand in rapt admiration; **opgetogenheid** rapture, ecstasy, elation
opgeven I *ww* 1 (*aanreiken*) hand up; (*afgeven*) hand over; ***geef** op!* hand (it) over!; 2 (*braken*) spit [blood], cough (bring, fetch) up, expectorate, (*fam*) sick up [food]; 3 (*taak stellen, enz*) set [a p. a task, a paper, lessons, homework, impositions *strafwerk*], give out [a hymn, text], ask, propose, propound [a riddle]; 4 (*vermelden*) give [one's age, a false name], (*voor belasting*) return [an increase in income; return one's income at £6000 *als*]; (*reden, condities, enz*) state, give [the reason, conditions, terms]; *een **bestelling** ~* give an order; *zij wil haar **naam** niet ~* she refuses (to give) her name; *hoog* (*breed*) *~ **van*** speak highly of, make much of, boast of; ***verkeerd*** (*te hoog, te laag*) *~* misstate (overstate, understate) [one's age, etc]; ***zich** ~* enter one's name, enter (for) [a race]; *zich ~ als lid,* (*ook*) enrol oneself as a member; *zie* aangeven, aanmelden; 5 (*laten varen*) give up [hope, the fight, a plan, a post], give over [a habit, study], scrap [a scheme], abandon [the attempt, a position], relinquish [a connection], resign [one's rights], drop [a plan], throw up [one's post], (*het roken, enz*) give up, leave off [smoking], cut out [cigars]; (*sport*) give up, abandon [at stage 14 *in de 14e etappe*]; (*schaaksp, enz, ook*) resign; (*een zieke*) give up, condemn; ***het** ~,* (*bezwijken*) give out [his strength, eyes, gave out], snap [his nerves snapped]; *mijn benen gaven het op* my legs gave out; *ik geef het op* I give it up (as a bad job); *ik geef het niet op* (*geef niet gewonnen*) I'm not going to give in, to knuckle under; *hij geeft het nooit op* he never knows (won't admit) when he is beaten; (*het*) *nooit ~, jongen!* never say die, boy!; *wij gaven het op elkaar te overtuigen* we agreed to differ; *zie ook* 2 hoop, moed, enz; II *zn: het ~* expectoration [of blood, phlegm]
opgewassen: *~ zijn tegen* be a match for [a p.], be equal (be up, measure up) to [the task]; *ik ben niet tegen hem ~* I am no match for him, cannot hold my own with him; *tegen elkaar ~ zijn* be well matched; *niet ~ zijn tegen,* (*ook*) be unable to cope with [the difficulties]; *hij toonde zich tegen de moeilijkheden ~* he rose to the occasion (the emergency, the crisis), proved himself equal to the occasion
opgewekt cheerful, buoyant (*beide ook vd markt*), genial, animated, in high spirits; *~ binnenkomen* breeze in; *hij werd ~er* his spirits rose
opgewektheid cheerfulness, high spirits, good humour, buoyancy
opgewonden excited, heated [words]; flushed [with joy]; *~ zijn,* (*ook, fam*) be worked up, be in a great state [*over* about], in a flap; *zie ook* standje; **opgewondenheid** excitement, agitation; *er heerste grote ~,* (*ook*) feeling ran high
opgezet 1 stuffed [animals]; swollen [glands, face], bloated, puffy [face]; inflated [stomach]; enlarged [liver]; *~te kleur* flush; *een ~ gevoel* full (bloated) feeling; 2 *groot ~* full-dress [debate], ambitious [programme]; 3 *~ spel* put-up job
opgezetheid puffiness, bloatedness
opgieten pour [water, etc] (up)on
opgooi toss; *de ~ winnen* win the toss
opgooien throw up, toss (up); *zullen wij erom ~?* shall we toss (up) for it?; *zie ook* balletje
opgraven dig up, dig out, unearth; exhume [a dead body]; excavate [an old town, a skeleton]
opgraving excavation, dig; (*ve lijk*) exhumation
opgroeien grow up; *~ tot* grow (up) into; *~de jeugd* teenagers, adolescents
ophaal (*ve letter*) upstroke, hairline; **ophaalbrug** drawbridge, lift-bridge; **ophaaldienst** (rubbish) collection service; **ophaalnet** square net
ophakken 1 cut (*of:* hew) open; 2 (*fig*) brag, swank, swagger; **ophakker** braggart, swaggerer; **ophakkerig** bragging, swaggering; **ophakkerij** brag(ging), swank, swagger
ophalen 1 (*omhooghalen*) draw up, pull up, raise [the blind], hoist [a flag], run up [the curtain at the theatre, a flag]; recover [a body from the river]; land [a fish]; sniff [the fresh air], inhale [smoke]; shrug [one's shoulders]; turn (wrinkle) up [one's nose: *over* at]; *het **anker** ~* weigh anchor; 2 (*inzamelen*) collect [books in class, votes, money, rent, taxes, refuse], salvage [paper]; *geld ~,* (*ook*) send the hat round; *het ~ van huisvuil* rubbish collection; *het schoolwerk ~* collect the papers; *ik zal jullie met mijn auto ~* I'll come and collect you in my car; *zie ook* afhalen; 3 (*goedmaken*) repair [a loss], make up [a loss, a deficiency];

4 (*bij wedren*) pull up; 5 (*weer* ~) revive [old differences]; resurrect [a grievance]; bring up [a memory]; *zijn* ***Frans*** ~ brush up (polish up) one's French; *een slecht cijfer* ~ improve on a poor (examination) mark; *hij kan* ***het*** *niet meer* ~ he cannot retrieve it; (*wat*) ~, (*in gezondheid, bij spel, enz*) pick up (*ook van effecten, enz:* stocks have picked up a little); *haal dat niet weer op* don't drag (*of:* bring) that (story) up again, don't rip up old sores (re-open the old wound), let bygones be bygones; *herinneringen* ~, (*ook*) indulge in reminiscences, reminisce; 6 rip (open), tear [a finger, one's coat on a nail]; *zie ook* openrijten, optrekken, grond, hart, neus, enz; **ophaler** collector

ophanden at hand, approaching, imminent

ophangen hang, hang up [*aan een spijker* on a nail], hang out [the washing], suspend [*aan het plafond* from the ceiling]; (*telefoon*) ring off, hang up, replace the receiver; *een schilderij* ~ hang (put up) a picture; *een somber tafereel* ~ *van* paint a gloomy picture of; *een verhaal* ~ spin a yarn; *hij werd opgehangen* he was hanged; *hij hing zich op* he hanged himself; *ik zal je er niet aan* ~ I won't pin you down on it; *iets aan iets* ~ make s.t. depend on s.t.; *aan die kapstok is het hele verhaal opgehangen* on this peg the whole story has been hung; **ophanging** [death by] hanging, [wheel] suspension; **ophangpunt** point of suspension

opharken rake together, rake up; (*aanharken*) rake [the garden]; *het opgeharkte* the rakings

ophaspelen reel

ophebben have on [a hat]; (*taak*) have to do; (*het eten, enz*) have eaten, have finished [one's bread and butter]; *hij heeft* ***te veel*** *op* he has had a drop too much; *hij had er al een paar* (*had al een paar glaasjes*) *op* he'd already had a few (drinks); *veel* ~ ***met*** *iem* make much (be very fond) of a p.; (*niet*) *veel* ~ *met iets* be fond of s.t. (not take kindly to [flattery]); *ik heb niet veel met hem* (*ermee*) *op* I don't care for him (for it); *ik heb niet veel op met zulke nieuwigheden* I don't hold with such innovations; *met zichzelf* ~ be pleased with o.s., fancy o.s.

ophef fuss; *maak er toch niet zo'n* ~ *van* don't make such a fuss (*fam:* a song, a song and dance) about it; *met veel* ~ with a great deal of fuss; *met veel* ~ *aangekondigd* much trumpeted [reforms]

opheffen 1 (*gewicht, hand, hoofd, enz*) lift (up), raise; (*fig*) lift [a p. out of his misery], elevate, raise [a nation]; (*ogen*) raise; (*zijn hart, enz*) lift up [one's heart, mind, soul]; *zijn hart tot God* ~ lift up one's heart to God; *zijn* ***hand*** ~ *tegen* raise one's hand against; *zie ook* opgeheven; 2 (*afschaffen, te niet doen*) abolish, repeal, abrogate [a law], remove [doubt(s), import duties], close [a school], discontinue, close (down) [a business], dissolve, suppress [monasteries], take off, lift, remove, raise [the embargo], raise [the siege, boycott, blockade], annul [a bankruptcy]; (*geleidelijk*) phase out; (*neutraliseren*) neutralize [these forces neutralize each other], cancel [each other] (out); *de* ***staking*** ~ declare (call) the strike off; *die* ***twijfel*** *werd opgeheven*, (*ook*) that doubt was set at rest; *het* ***verbod*** *op hun produkten werd opgeheven* the ban on ... was lifted (removed, withdrawn); *de* ***zitting*** *werd opgeheven* the meeting was adjourned; the Court (Parliament, etc) rose (adjourned); *zie ook* lijn 2; **opheffing** 1 lifting (up); raising; elevation; 2 neutralization, cancellation; abolition, repeal, abrogation; removal, withdrawal; annulment; dissolution, suppression; closing (down), discontinuance; termination [of an agreement]; *vgl* opheffen; *uitverkoop wegens* ~ closing-down sale

ophelderen I *tr* clear up [a misunderstanding], explain, elucidate; *de situatie* ~ clarify the situation; II *intr* (*vh weer, gezicht*) clear (up), brighten (up); **opheldering** explanation, elucidation, enlightenment, clarification; clearing (up), brightening (up); **ophelpen** help up, raise

ophemelen extol, praise to the skies, cry (crack, write) up, puff [one's goods], boost; **ophijsen** hoist (up), run up [a flag], hitch up [one's trousers]

ophitsen set on [a dog]; (*fig*) set on, incite, instigate, stir up, egg on; *tegen elkaar* ~ set [people] by the ears; **ophitsend** inflammatory, incendiary [statements]; **ophitser** instigator; **ophitsing** instigation, incitement, setting on

ophoepelen make off, make o.s. scarce, (*sl*) hook it, hop it, get lost; **ophoesten** cough up [blood; (*sl*) money, the story]

ophogen raise, heighten; **ophoging** raised area

ophollen tear (*of:* rush) up [the stairs]

ophopen heap (pile, bank) up; accumulate; *het materiaal hoopte zich op* materials accumulated

ophoping accumulation, heap, pile, drift [of snow]; *zie ook* opeenhoping

ophoren: *ik hoor er vreemd van op* I am surprised to hear it, I am surprised at it; *daar zal hij van* ~*!* it will be news (a startler) to him!, it will make him sit up!

ophouden I *ww* 1 (*omhooghouden*) hold up [one's head], hold [an umbrella]; *hij hield het* ***garen*** *voor haar op* he held the wool (the cotton) for her; *hij hield haar* ***mantel*** *voor haar op* he held out her coat; 2 (*uitsteken*) hold out [one's hand]; 3 (*op het hoofd houden*) keep on [one's hat]; 4 (*hooghouden*) keep up [a tradition, one's position, rank], uphold [one's honour, reputation], live up to [one's reputation, rank], support [a cause], maintain [one's position, a tradition]; 5 (*tegen-, terughouden*) hold up [a train, the work, the traffic, the news for a day or two; proceedings were held up by ...]; (*iem*) detain, keep [a p.], take up a p.'s time [I won't keep you; he was kept]; *door de mist* (*de wind, het ijs*) *opgehouden* fog-, wind-, ice-bound; *ik vrees dat ik je lelijk heb opgehouden* I've wasted a lot of your time, I'm afraid; 6 (*bij verkoping*) withdraw, hold over; 7 (*uitscheiden*) stop, cease, leave off, come to an end; (*met werken, fam*) knock off; pack up, pack it in; pause in one's work; *het jaargeld hield op bij zijn overlijden* the annuity died with him; ***houd op!*** stop (it)!; (*met geklets, enz, fam*) dry up!; *het* ***regenen*** *heeft opgehouden* it has stopped raining, the rain has left off; ~ *te bestaan* cease to exist, go out of existence; (*ve handelszaak, ook*) be dissolved; *houdt* ***dat*** (*gezanik, enz*) *dan nooit op?* shall I never hear the last of it?; ~ ***met*** stop, leave off [reading], cease [attending church], discontinue [one's visits, a newspaper]; *met werken* ~ stop work, (*fam*) knock off; (*voorgoed*) stop working, retire; *ze hield maar niet op met klappen* she never stopped clapping her hands; *ze had nooit opgehouden hem lief te hebben* she had loved him all along; *houd op met je gekakel* cut your cackle; ~ *met vuren* cease fire; 8 ***zich*** ~: *waar houdt hij zich op?* where is he staying (where does he live) now?, (*fam*) where does he hang out?; *zich onderweg in een paar plaatsen* ~ stop (*fam:* stop off) at one or two places en route; *zich* ~ *bij* hang about, loiter near [the house]; *ik wil mij bij dit punt niet* ~ I will not dwell (up)on this point; *de plaats waar hij zich ophoudt* his whereabouts; *ik wil me daarmee* (*met hem*) *niet* ~ I will have nothing to do with it (with him); *daar houd ik me niet mee op* that's not my line; *zie ook* bemoeien: zich ~; II *zn: zonder* ~ uninterruptedly, continuously, without intermission; *het heeft drie dagen zonder* ~ *geregend* it has been raining for three days running (at a stretch, on end)

opiaat opiate

opinie opinion; *naar mijn* ~ in my opinion, to my mind, to my (way of) thinking; *van dezelfde* ~ *zijn als* be of the same opinion as; *zie ook* dunk & mening; **opinieblad** news magazine, political journal; *de* ~*en,* (*ook*) the responsible media; **opinie|onderzoek**, **-peiling** opinion poll(s), Gallup poll(s); **opiniëren** expound one's views

opium id; ~ *schuiven* smoke opium; **opiumkit** opium den (*fam:* dive); **opiumregie** state opium monopoly; **opiumschuiver** opium smoker

opjaagdynamo booster dynamo

opjagen drive (away); (*wild*) start, rouse, put up [game], (*vogels, ook*) flush, (*wegjagen*) shoo (away) [birds]; (*iem*) urge (egg, spur) on, incite [a p.]; (*vijand*) dislodge [the enemy from a position], keep [an enemy] on the run; (*prijzen*) force (send, run) up [prices]; *zie ook* opdrijven; (*het bod*) force, run up [the bidding]; *de paarden* ~ (*in wilde vlucht*) stampede the horses; *iem de* ***straat*** ~ turn a p. out into the street; *iem de* ***trap*** ~ chase (drive) a p. upstairs; *zie ook* land, kast, stof II, enz; **opjager** 1 (*jacht*) driver, beater; 2 (*bij verkoping*) by-bidder, puffer; 3 (*elektr*) booster

opjuinen, **opjutten** stir up, incite, needle; egg on; *zich niet laten* ~ refuse to get into a flap, keep one's shirt (one's hair) on

opkal(e)fateren I *tr* patch up; II *intr* recover

opkamer (*insteekkamer*) mezzanine room

opkammen comb (up); dress [a wig]; *iem* ~ praise a p. to the skies

opkijken look up [*naar* at]; *hij zal er* (*vreemd, gek, raar*) *van* ~ that will be a surprise for him, it will make him sit up; *je zult ervan* ~ you will be surprised (are in for a surprise); *zie ook* ophoren

opkikker bracer, pick-me-up

opkikkeren *tr & intr* buck (cheer, pick, perk) up

opkisten coffer [a dike]

opklapbaar tip-up [chair]; **opklapbed** wall-bed, wentelbed, (*Am*) Murphy bed; **opklappen** fold back

opklaren I *tr* clear up [the matter], elucidate; II *intr* (*v weer, gezicht, geest, enz*) clear (up) [his mind, the sky cleared], brighten (up); (*ve gezicht ook*) light up

opklaring bright (clear) period (interval, spell)

opklauteren clamber up, shin up [a tree, a wall]

opkleuren I *tr* raise the colour of, give a fresh colour to; II *intr* regain colour

opklimmen climb (up), mount, ascend; (*fig*) rise, get on in the world; *geregeld* ~, (*in moeilijkheid*) be carefully graduated; ~*de reeks* (*linie*) ascending progression (line); ~ *tegen* climb up [a rain-water pipe], scale [a wall]; *van onderen* ~, (*fig*) rise from the ranks (*zo ook:* he rose to be a general); **opklimming** climb(ing), ascent; graduation, progression; rise; climax; *vgl het ww*

opkloppen 1 beat (whisk) [two egg-whites]; (*fig*) embellish [a story], inflate, blow up [a project], hype (up) [a product's qualities]; 2 (a)rouse by knocking, (*Br ook*) knock [a p.] up

opknappen I *tr* (*mooi, netjes, in orde maken*) (make) tidy, tidy up [a room], spruce up [the children]; furbish up (refurbish) [a room, old furniture], do up, brush up, redecorate [a house], give [the house] a face-lift; recondition [a ship]; (*zieke*) put right, bring round, [the rest will] set [me] up; (*zaak, enz*) manage [matters], put [things] right, fix [things] up; *zie ook* vuil; *een karweitje* ~ polish off (do) a job; *dat is gemakkelijk op te knappen* that can soon be put right; *zij weet dat wel op te knappen* she knows how to deal with it; *drie jaar* ~ *wegens inbraak* be doing three years for burglary; *de zeereis heeft me verbazend opgeknapt* the voyage has done me a world of good; *ons gesprek heeft me opgeknapt* I feel the better for our talk; ***laten*** ~ have [the furniture, etc] done up; *ik wil mijn huis laten* ~ I want my house done up; ~ ***met*** saddle (land) [(a p.] with [s.t.]; *zie ook* opschepen; ***zich*** ~ tidy (smarten, spruce) o.s. up, make o.s. neat; II *intr* (*ve zieke*) pick up, recuperate; (*vh uiterlijk*) improve; *het weer knapt op* the weather is looking up

opknopen tie up [a horse's tail]; button up [one's trousers]; (*ophangen*) string up; **opkoken** boil up, cook (boil) again; (*stoomketel*) prime [the boiler]

opkomen I *ww* 1 (*omhoog*) come up (*ook v gewas*); (*trap, rivier*) come up [the stairs, the river]; (*vd zon, enz*) rise; (*v deeg*) rise; (*overeind komen*) get up; (*uit lage stand*) rise (in the world); *er komt nog niets op,* (*in tuin*) (*ook*) there is nothing showing yet; *de koppeling* ***laten*** ~ let in the clutch; *de* ***pokken*** *zijn opgekomen* the vaccine has taken; *het* ***tij*** (*water, de vloed*) *komt op* the tide is coming in; *hij zal er wel van* ~ I daresay he'll pull through; 2 (*opdagen*) turn up; (*verschijnen ter vergadering, voor examen, enz*) present o.s., attend, (*jur*) appear, (*na borgstelling*) surrender; (*ve acteur*) come on, [he had to] go on; (*v koorts, storm, onweer, mist, enz*) come on; (*v storm, onweer, schemering, ook*) gather; (*v koorts, ook*) set in; (*v wind*) rise; (*mil: dienst nemen*) join the colours, join up; ***Hamlet** komt op* enter Hamlet; *kom **maar** op!* come on!; *laat ze maar ~!* let them all come!; *er komt een **onweer** op* a (thunder)storm is coming on (is gathering); *~ **voor*** champion [a cause], assert, vindicate [one's rights], hold a brief for [free trade], stand up for, (*fam*) stick up for [a p., o.s., one's country], take up the cudgels for [a p.]; 3 (*in de geest*) occur *zulke **vragen** komen telkens op* such ... are cropping up at every moment; *die gedachte kwam **bij** hem op* crossed (entered) his mind, occurred (came) to him, entered his head, (*kwam weer bij hem op*) recurred to him; *toen kwam er een idee bij hem op* then an idea struck him; *het komt niet bij me op* I should never dream of such a thing; *dat gevoel kwam langzamerhand bij mij op* stole in (up)on me; *dit voorval kwam plotseling weer bij mij op* this incident suddenly came back to me; *het kwam **in** mijn hoofd* (*gedachten*) *niet op* it never entered my head; 4 (*ontstaan, v steden bijv*) arise, spring up, (*v mode*) spring up, (*ve vraag, enz*) arise, crop up; 5 (*zich verzetten*) object; ***tegen** iets ~* object to (take exception to, protest against) s.t., challenge [a statement], deprecate [this practice]; *hij kwam niet op tegen de beslissing,* (*ook*) he did not quarrel with ...; *ik kon niet tegen de wind ~* I could not make headway against the wind; II *zn* (*ve acteur*) entrance; (*v pol partijen, enz*) emergence

opkomend rising [tide, generation, town, novelist], coming [a coming place], nascent [ideas], oncoming [fever], incoming [tide]

opkomst 1 rise [of the Republic], origin, emergence [of a school of thought]; (*vd zon, maan*) rising, rise; *een bedrijf in ~* a rising industry; *in ~,* (*fam*) on the up and up, [the fundamentalists are] in the ascendant; 2 (*ve vergadering, wedstrijd, enz*) attendance; (*bij verkiezingen*) poll, turn-out; (*onder de wapenen*) joining the colours, etc, *vgl* opkomen; *een geringe ~* a small (poor) attendance; **opkomstplicht** compulsory attendance [at the polls]

opkoop buying-up; (*hist*) engrossment, forestalling; **opkopen** buy up; (*hist*) engross, forestall [the market]; **opkoper** 1 rag-and-bone man, (*Am*) junkman; 2 wholesale buyer; 3 (*hist*) engrosser, forestaller; **opkorten** draw in, shorten; *zie ook* korten & opschieten

opkrabbelen struggle (scramble) to one's feet, pick o.s. up; (*ve zieke*) pick up

opkrassen (*weggaan*) make o.s. scarce, skedaddle; (*doodgaan*) pop off (the hooks), snuff it

opkrijgen 1 (*oprapen*) pick up; 2 (*op het hoofd*) get on [a hat]; 3 (*taak*) be set [a task]; 4 (*opeten*) finish; *ik kan dat allemaal niet ~* I can't manage all that; 5 *~ **met*** take (a fancy, a liking) to [a p., s.t.], (*Am*) cotton to [a p.]; *veel ~ met* take a great liking to; *ik kreeg met hem* (*ermee*) *op* I got to like him (it)

opkrikken jack up [a car]; boost [morale]

opkrimpen shrink, contract; *de wind krimpt op* is backing; **opkrimping** shrinkage, contraction

opkroppen bottle (*of:* cork) up [one's emotions, anger]; *zijn verdriet ~* eat one's heart out; *zijn haat ~* nurse one's hatred (in silence); *opgekropte woede* pent-up rage

opkruien 1 (*in kruiwagen*) wheel up; 2 (*v ijs*) drift

opkruipen 1 creep (*of:* crawl) up [the steps; the thermometer was creeping up hour by hour]; 2 (*v kleren*) work up, ride up

opkruisen beat up [against the wind]; **opkrullen** curl (up), frizzle; **opkuisen** 1 tidy (up), clean (up); 2 (*fam*) get rid of, get through, blue [money]

opkunnen 1 (*opmaken:*) *dat kan ik niet allemaal op* I cannot eat all that; *het schijnt wel dat je **geld** niet op kan* you seem to have no end of money; *ik kon mijn* (*hij kan zijn*) ***plezier** wel op* I had (he is having, he is in for) a pretty thin time; 2 *zie* kunnen

opkweken rear, nurse, breed, bring up, educate

opkwikken I *tr* refresh, freshen (up); II *intr* feel refreshed; *zie ook* opdirken

oplaadbaar rechargeable [battery]

oplaag 1 impression, printing [the third printing is now available]; (*te drukken aantal*) print run, print number; (*verkochte aantal per aflevering*) circulation, sale [a sale of over one million]; *de ~ is slechts 250 exemplaren* only 250 copies have been printed, the edition consists of 250 copies only; 2 plating; *met zilver ~* silver-plated

oplaaien (*ook fig*) flare up, blaze (up); *de vlammen laaiden op tot ...,* (*ook*) the ... leapt to a height of 80 feet; **oplaaiing** flare-up

opladen load (up) [a truck], lade [a boat]; (*elektr*) charge; **oplader** loader; [battery] charger

oplage *zie* oplaag; **oplandig** landward [wind]

oplappen patch up (*ook fig*), vamp up, revamp [old plays, a kitchen], tinker up [a kettle; *ook fig*], fake up, furbish up, refurbish [old furniture]

oplaten 1 (*vlieger*) fly [a kite]; 2 (*kinderen*) allow to stay up; *zie ook* opgelaten

oplaveren beat up (against the wind); **op|lawaai, -lawabber, -lazer** clip, belt, wallop; *vgl* opdonder 1; **oplazeren** (*plat*) fuck (piss) off

oplegblad veneer; **oplegdruk** bearing pressure

opleggen 1 (*op iets leggen*) lay on [paint, colours, varnish, etc]; (*kanon*) limber up [a gun]; *5000 **exemplaren** ~* (*op de pers*) have 5000 copies printed, pull 5000 copies; *er een **gulden*** (*tien procent*) *~* raise the price by one guilder (*verkoping:* improve (raise) the bid by ten per cent); *de **handen** ~* lay on hands; *een paard een **zadel** ~* put a saddle on a horse, saddle a horse; 2 (*belastingen*) impose, lay on [taxes], (*boete, enz*) impose [a fine, sanctions], inflict [a fine on a p.], (*straf*) inflict [punishment on ...], (*het zwijgen*) impose (enjoin) [silence], (*geheimhouding*) enjoin [secrecy on a p.], (*iem een taak, enz*) set a p. a task, charge a p. with s.t., lay an obligation on a p.; (*wil*) impose [one's will on ...], bend [a p.] to [one's will]; *een **schatting** ~* lay under contribution (*of:* tribute); ***zich**(**zelf**) beperkingen ~* exercise restraint; *zichzelf een zware taak ~* set o.s.

a difficult task; *zie ook* opgelegd, boete, enz; 3 (*schip*) lay up, mothball; 4 (*hout, tafel*) veneer [wood, a table]; (*metaal*) plate; 5 (*geld*) lay by [money]; (*in pakhuis*) store [goods]

oplegger semi-trailer; **opleggercombinatie** articulated vehicle; **oplegging** laying on, imposition, infliction, etc; *vgl het ww; (der handen)* laying on (imposition) of hands; **oplegsel** (*ve japon*) trimming; (*ve meubel*) veneer

opleiden 1 (*eig*) lead up; ***tegen** een muur* ~ train [a plant] up a wall; 2 (*fig*) train, tutor, bring up, educate; *hij werd **voor** monteur opgeleid* he was trained as a mechanic; *daar ben ik niet voor opgeleid* that's not (in) my line; *voor een examen* ~ prepare (*of:* coach) for an examination

opleider instructor, teacher, tutor; **opleiding** training, schooling; ... *in* ~ trainee [reporter, salesman, etc]; **opleidingsmogelijkheden** training facilities; **opleidingsplaats** trainee post, traineeship; **opleidingsschip** training ship; **opleidingsschool** training college (school); **opleidingsziekenhuis** teaching hospital

oplepelen spoon (up) [one's soup]; (*toedienen*) ladle out (*ook fig*); trot out [a story], rehearse [data]

opletten pay attention, attend [to a p.]; *opgelet!* attention (please)!; *let op!* caution [men working overhead]; *je let niet op* you're not attending

oplettend attentive, observant

oplettendheid attention, attentiveness

opleven revive; (*v markt, enz, ook*) recover; *doen* ~ revive

opleveren 1 *zie* opbrengen; 2 (*resultaat, enz*) produce, give, yield [good results]; (*moeilijkheden*) present; *gevaar* ~ pose a threat (prove a danger) [*voor* to]; *een moeilijkheid* ~ pose a problem; *verlies* ~ result in a loss; *niets (geen resultaat)* ~ be unsuccessful, be without result (effect); *het onderzoek* (*het bezoek, de lijkschouwing*) *leverde niets op,* (*ook*) the inspection [of the room] yielded nothing (the visit was unproductive, the post-mortem produced a negative result); *goed wat* ~, (*v goudplacer, mijn, enz*) (*ook*) pan out well (handsomely); *wat levert het karwei op?* what does the job pay?; *deze betrekking levert een salaris op van* ... this position commands a salary of ...; *de maatregel heeft veel goeds opgeleverd* the ... has had a beneficial effect; *wat zal de dag van morgen ~?* what has tomorrow in store for us?; *wat levert het me op?* [if I let him go] what is it worth to me?; *niets ~d* [years of] abortive [discussion]; 3 (*aangenomen werk*) deliver (up), give delivery of

oplevering (*v werk*) delivery [within three weeks], completion; **opleveringstermijn** delivery time, (*bk*) time limit, completion date

opleving revival; upswing [of liberalism]; [spiritual] uprising; [economic] recovery; upturn [of business]; *krachtige ~ van de vraag* upsurge of (in) demand

oplezen read out, give out [the text], call (over) [the names]

oplichten 1 (*verhelderen*) brighten, lighten, light up; *~de verf* luminescent (fluorescent) paint; *zie ook* lichten 2; 2 (*optillen, enz*) lift [a table, veil, one's hat], lift up, raise; 3 (*afzetten*) swindle, defraud, fleece, con; *iem ~ voor* ... swindle (do, con) a p. out of [£200]; 4 (*ontvoeren*) carry off, kidnap

oplichter swindler, sharper, crook, con-man

oplichterij swindle, swindling, fraud; **oplichting** (*jur*) fraud; **oplichtster** *zie* oplichter

oplikken lick up, lap up; **oploeven** haul (up)on (*of:* to) the wind, luff (up), bear up

oploop tumult, row, riot; (*menigte*) crowd; *er was een* ~ a crowd had collected; **oplooprem** overrun brake

oplopen 1 (*de trap, enz*) go (walk, run) up [the stairs]; mount [the taxi mounted (ran on to) the pavement]; ***bij** iem* ~ come round, drop in; *zie ook* aangaan 2; *ik loop even **met** je op* I'll come (walk along) with you part of the way; ***samen*** ~ walk on (*fam:* push along) together; (*een eindje*) walk a bit of the way together; ***tegen** iem* ~ run (bump, barge, run full tilt) into a p.; 2 (*stijgen: van weg*) rise, slope upwards, (*v water*) rise; (*v kosten*) mount up; (*v prijzen, waren*) rise, go up, look up [rye is looking up], move up; firm up; *het kan tot zes maanden* ~ it can run to six months; *een rekening **laten*** ~ run up a bill (an account); 3 (*opzwellen*) swell (up); *zijn wang is opgelopen* his cheek is swollen; 4 (*vooruitlopen*) walk on; 5 (*krijgen*) receive [injuries], contract [a disease], catch [a cold, a disease], sustain [cuts and bruises, injuries, damage], incur [punishment]; 6 (*mar*) overtake (overhaul) [a vessel]

'oplopend rising, sloping upwards, etc; *vgl het ww; ~ schip, zie* oploper; **op'lopend** short-, quick-tempered, hasty, irascible; **'oploper** (*mar*) overtaking vessel

oplosbaar soluble, (dis)solvable; *in water* ~ water-soluble [paint]; **oplosbaarheid** solubility, solvability; **oploskoffie** instant coffee; **oplosmiddel** solvent, menstruum (*mv:* -strua)

oplossen dissolve [in water] (*tr & intr*); solve [a problem, a riddle, the crisis], work out, do [crossword puzzles], unriddle [a mystery]; *een dissonant* (*een vergelijking*) ~ resolve a discord (an equation); *zich* ~, (*in vloeistof*) dissolve; *opgeloste stof* solute; *dit probleem zal zich gemakkelijk genoeg* ~ will solve itself readily enough; *~d vermogen* resolution [of a lens]

oplossing (*in vloeistof, v probleem, enz*) solution [to a problem *voor*], resolution [of an equation, a discord]; *een ~ vinden,* (*ook*) find a way out

opluchten relieve [I am somewhat relieved]; *zeer opgelucht* [feel] greatly relieved; *opgelucht ademhalen* heave a sigh of relief; **opluchting** relief

opluisteren grace, add lustre to, adorn; *met z'n aanwezigheid* ~ honour (grace) with one's presence; **opluistering** embellishment, adornment; *ter ~ van* to add (lustre) to [the occasion]

opmaak (*ve krant*) make-up; lay-out; (*vh gezicht*) make-up; **opmaat** (*muz*) upbeat; (*fig*) signal [for a new initiative]

opmaken 1 (*verbruiken*) eat [everything], use up, run through [one's stock]; spend, run through, squander, (*sl*) blue [all one's money]; 2 (*in orde maken*) do up, trim [a hat], get up [linen], make [a bed], make up [one's face], dress, do (up) [one's hair]; *je haar laten* ~ have your hair done (up); (*schotel*) make up, garnish; (*kip*) truss [a fowl]; *een opgemaakt spel* a put-up job, a got-up thing; *hij komt in een opgemaakt bed* his future is assured; ***zich*** ~, (*gezicht*) make up; (*voor iets*) prepare, get ready [for the trip]; *opgemaakte schotel* made-up dish; 3 (*samenstellen*) draw up [a document, contract, programme, report, an inventory], make out [a bill, accounts, passport, list]; *zie ook* balans, kas, enz; 4 (*typ*) make up [a page]; *opgemaakte proef* page-proof; 5 (*concluderen*) conclude; *hieruit maak ik op, dat* ... from this I conclude (gather, understand) that ...

opmaker 1 spendthrift; 2 (*typ*) make-up man

opmalen draw up [water]

opmarcheren march (on), advance; ~ *tegen* march on [a town], march against [the enemy]; *zie ook* ophoepelen

opmars advance; march [Mussolini's march on (*of:* to) Rome]; *in* ~ *zijn,* (*fig*) be on the increase

opmerkelijk striking [appearance], remarkable [phenomenon], notable [exception]

opmerken 1 (*bespeuren*) notice, observe, note, mark; *iem iets doen* ~ point out s.t. to a p.; *er is een gevoel van optimisme op te merken* a feeling of ... is noticeable; *niet opgemerkt worden,* (*ook*) go (pass) unnoticed; 2 (*een opmerking maken*) observe, remark; ... *merkte een toehoorder op,* (*ook*) ... a listener put in; *vgl* opmerking; **opmerkenswaard(ig)** remarkable, noteworthy, worth notice (noticing, noting); **opmerker** observer

opmerking observation, remark, comment [*over* on]; *een* ~ *maken over,* (*ook*) remark on; *aanleiding geven tot* ~*en,* (*v gedrag, enz*) excite (cause) comment; *zie ook* dienen, fijn, notulen, raak, scherp, terloops, enz; **opmerkingsgave** keenness (power) of observation; *met* ~ perceptive

opmerkzaam attentive, observant; *iem* ~ *maken op* draw (call, direct) a p.'s attention to; **opmerkzaamheid** attention, attentiveness

opmeten 1 measure; 2 (*ve landmeter*) survey

opmeting 1 measurement; 2 survey; *een* ~ (~*en*) *doen, a*) take measurements; *b*) make a survey

opmetselen build up, run up [a wall]

opmieter(en) *zie* opsodemieter(en)

opmonte|ren *tr & intr* cheer up, hearten (up), brighten (up), buck up; **-ring** cheering up, etc

opnaaien 1 (*naaien op*) sew on; patch [a pocket]; *opgenaaide zak* patch-pocket; (*innemen*) tuck in, gather in; 2 (*opjuinen*) needle; *zich niet laten* ~ keep one's shirt (one's hair) on

opname 1 *zie* opneming; 2 recording [of a speech]; 3 (*mil*) survey; *fotografische* ~ photo, view; shot, exposure [a reel of 36 exposures (frames)]; *zie ook* kiek & filmopname; *topografische* ~ topographical sketch(ing); 4 admission [to hospital]

opnemen I *tr* 1 (*in handen*) take up; (*oprapen*) pick up [a p., a thing], (*snel*) snatch up; (*gevallene*) take up, lift; (*telefoon*) pick up [the receiver], answer [the phone]; *er wordt niet opgenomen* there is no answer; (*japon, enz*) tuck (gather, pick) up [one's skirts on the stairs]; gather up [one's hair; the cards, dominoes]; (*met lus*) loop up [the curtains]; (*steek*) take up [a dropped stitch]; *de toegeworpen **handschoen*** ~ take up the gauntlet, take up the challenge; *het **karpet*** ~ take (pull) up the carpet; *het karpet was opgenomen* the ... was up; *het **tegen** iem* ~ take a p. on [at billiards], try conclusions with a p.; *hij kan het tegen iedereen* ~ he is a match for anyone, he can [drink, etc] with the best; *wat dichten betreft neem ik het tegen iedereen op* I'll write poetry with any man; *het **voor** iem* ~ take a p.'s part, take up the cudgels for a p., stand (*fam:* stick) up for a p.; *zie ook* opkomen voor; 2 (*reizigers*) take up, pick up [and put down passengers]; 3 (*met doek, enz*) mop up [ink with blotting-paper], wipe up [the mess]; 4 (*opbreken*) take up [the floor], tear up [the pavement]; 5 (*innemen*) take in, tuck in [a dress]; 6 (*geld*) take up, borrow, raise [money], (*ve bankrekening*) take out, withdraw, draw [money from the bank]; 7 (*toelaten*) admit into one's house [the newcomer was admitted into their midst; admit a p. (in)to hospital], (*in ziekenhuis, ook*) hospitalize [a p.]; (*in huis*) take [a p.] in; (*in krant, enz*) insert [an article, advertisement; a clause in a contract]; include [a subject in the curriculum]; enter [words in a dictionary]; ***in** de r-k kerk opgenomen* [he was] received (admitted) into the RC Church *vgl* doop; *in de zaak* ~ take into partnership; *gebieden in de Unie* (*gebeurtenissen in een boek*) ~ incorporate territories into the Union (events into a book); ~ ***onder*** include among; *de voorwaarden in een overeenkomst* ~ embody the conditions in an agreement; 8 (*vastleggen*) take [a p.'s temperature, pulse, the number of a motor-car]; (*schade*) ascertain (estimate) [the damage]; (*meten*) survey [land]; (*stemmen*) collect, count [votes]; (*gas, enz*) read, take the reading of [the meter]; (*kas*) check [the cash]; (*dictaat*) take down [in shorthand, from dictation]; *een brief* ~ take (down) a letter; (*namen, enz*) take down; (*bestelling*) take (collect) [orders]; (*op band of plaat*) record [a song; recorded on His Master's Voice], (*op band, ook*) tape; (*voor een film*) film, shoot [a scene]; *de **tijd*** ~ (*waarin iem iets doet*) time a p.; 9 (*bekijken*) survey [the situation]; take stock of [the position]; ***iem** van het hoofd tot de voeten* ~ look a p. up and down, (*scherp*) scrutinize a p.; *zij namen de pasgekomene op* they took stock of (studied, *fam:* sized up) the new arrival; 10 (*opvatten*) take; *hoe nam hij het op?* how did he take it?; *het* (*de zaken*) ***gemakkelijk*** ~ take it (things) easy; *hij nam het **goed*** (*kwalijk, slecht*) *op* he took it well (ill), in good (bad) part; *hij neemt de maatregel niet **gunstig** op* he does not take kindly to the measure; *iets **hoog*** ~ resent s.t.; *het **kalm*** (*in ernst*) ~ take it calmly (seriously); *iets erg **zwaar*** ~ make heavy weather of s.t.; *je moet het niet te zwaar* ~ you shouldn't take it too seriously; *zie ook* opvatten; 11 (***in zich***) ~ take in [I didn't take the words in], pick up [things very fast]; take, (*wtsch*) ingest [food]; absorb [heat, water, the shock, the atmosphere of one's surroundings, French words into our language]; (*ve plant, handdoek, enz*) take up [oxygen, water, etc]; *de markt kan het niet ~* the market cannot absorb it; 12 (*beginnen*) take up; ***contact ~ met*** contact; II *intr* (*ve artikel, enz*) [the book is sure to] catch on; (*ve zaak*) prosper; *goed ~, a*) be successful, do (sell) well; *b*) take up water well, be very absorbent; *het stuk nam goed op* the piece went down well with the audience; *zij neemt gemakkelijk op* she is very receptive

opnemer 1 reader [of the gas meter, etc]; 2 (*landmeter*) surveyor; 3 (*ve grammofoon*) pick-up

opneming 1 admission [(in)to hospital, etc], reception; *Portugals ~ in de EG* P's inclusion in the EC; 2 absorption; intake, ingestion [of food]; 3 insertion [of an article]; 4 survey; (*ve gasmeter, enz*) reading; (*v stemmen*) count; *vgl het ww; meteorologische ~en doen* take meteorological readings; **opnemingsbevel** (*in gesticht*) reception order; **opnemingsvaartuig** survey(ing)-vessel; **opnemingsvermogen** receptive faculty, receptivity; (*vd markt*) capacity for absorption

opnieuw again, anew, afresh, once more; (*helemaal*) *~ beginnen* begin (*of:* start) (all) over again, make a fresh start; *~ doen,* (*ook*) redo; *zie ook* steeds

opnoemen 1 name, mention; 2 (*opsommen*) enumerate; [*geweren, kanonnen,*] *noem maar op* you name it, and what have you, and whatever; **opnoeming** mention(ing); enumeration

opodeldoc id; **opoe** granny

opofferen sacrifice [*ook fig: aan, voor* to], offer up; *~de daad* act of self-sacrifice; **opoffering** sacrifice; *met ~ van* at the sacrifice of; **opofferingsgezind** self-sacrificing; **opofferingsgezindheid** spirit of (self-)sacrifice

oponthoud stay, stop(over), halt [en route]; (*gedwongen*) detention; (*vertraging*) delay; *plaats van ~* [his] whereabouts

opossum id

oppakken 1 (*opnemen*) take up, pick up [a book, an idea, the poem's last line takes up the first], take [criticism] to heart; (*snel*) snatch up; 2 (*bijeenpakken*) pack up, collect; 3 (*inrekenen*) pick up, run in, round up; *zie ook* opeenpakken

oppas (*bij klein kind*) baby-sitter, child-minder; *zie* ~sing & ~ser; **oppassen** 1 (*hoed*) try on [a hat]; 2 (*verzorgen*) take care of; nurse, tend [a patient]; 3 (*opletten*) attend, pay attention; (*zich in acht nemen*) take care, be careful [what you say]; *pas op!* be careful!, take care!, mind!, look (watch) out [for that car]!, (*opschrift*) caution! [left-hand drive]; *als we niet ~ bederft hij alles* if we don't look out he'll ...; *hij zal wel ~ dat hij niet te laat is* he knows better than to be late; ***~ voor*** be on one's guard against, guard against [mistakes]; *pas op voor de hond* (*zakkenrollers*)*!* beware of the dog (pickpockets)!; *pas op voor de drempel!* mind the step!; *pas maar eens op wat ik zeg!* mark my words!; 4 (*zich gedragen*) behave; *zie ook* laten, boodschap, passen: ~ op; **oppassend** well-behaved, steady, steady-going

oppasser (*ve huis*) caretaker; (*in dierentuin, enz*) attendant, keeper; (*lijfknecht*) valet; (*in hospitaal*) orderly; (*mil*) batman; *zie ook* zieken~

oppassing nursing, attendance, care

oppeppen pep (liven, ginger) up [the proceedings], (*geestelijk*) psych up; boost [morale]; *vgl* opkikker(en)

opper 1 (*hooi*) (hay-)cock; *in ~s zetten* cock [hay]; 2 (*~wal*) lee, safe anchorage; 3 *zie* ~wachtmeester; **opperarm** upper arm; **opperarmbeen** humerus; **opperbest** excellent(ly), capital(ly), [an] A 1 [cook], [get on] extremely well; **opperbevel** supreme (high, chief) command; **opperbevelhebber** commander-in-chief, Commander in Chief, Supreme Commander; **opperbewind** supreme direction (*of:* management)

opperen 1 cock [hay]; 2 propose, suggest, put forward [a plan]; raise [objections]; advance [an opinion]; throw out [an idea, a suggestion], make [a suggestion *idee*], volunteer [an explanation]; *zie ook* twijfel; 3 work as a hodman

opper|gerechtshof Supreme (*of:* High) Court of Judicature; **-gezag** supreme authority; **-heer** sovereign, overlord; **-heerschappij** sovereignty, overlordship; [naval] supremacy; *de ~ voeren* rule supreme; **-hoofd** (paramount) chief, chieftain, head; **-huid** epidermis, scarf-skin, outer skin; **-kleed** upper garment; **-leen** fief held in chief; direct fee; **-leenheer** suzerain lord, overlord, lord paramount; **-macht** supremacy, sovereignty, supreme power; **-machtig** supreme; **-man** hodman, hod-carrier, builder's (bricklayer's) labourer; **-officier** general officer; **-priester** high-priest; (*r-k*) (sovereign) pontiff; **-rabbijn** Chief Rabbi; **-rechter** (Lord) Chief Justice

oppersen 1 force up; 2 press [clothes]

opperst *bn* supreme [pleasure, wisdom], uppermost, utter [astonishment]; *de Opperste Raad* the Supreme Council; **opperstalmeester** (Grand) Master of the Horse; **opperste** *zn* superior; **opperstuurman** chief (*of:* first) mate; **oppertoezicht** general superintendence

oppervlak 1 (*bovenvlak*) upper surface; 2 surface; *zie* ~te; **oppervlakkig** superficial, (*fig ook*) shallow [reasoning, mind, person], slight [acquaintance], sketchy [article], nodding [have a nodding acquaintance with French], loose [thinking, talk], facile [talk]; (*ook*) surface [knowledge, politeness]; skin-deep [emotions]; *~ beschouwd* [the facts are,] on the surface[, very simple]; on the face of it [it seems correct]; *bij ~e beschouwing* on a superficial view; **oppervlakkigheid** superficiality, shallowness

oppervlakte 1 surface [of the water]; *aan de ~* on the surface; *aan de ~ tredende* (*kolen*)*laag* outcrop (seam); *aan de ~ brengen* raise [coal]; *aan de ~ komen,* (*ve duikboot, duiker, enz*) surface, break (the) surface; *het zit bij hem alles aan de ~* he has everything in the shop-window; 2 (*grootte*) area [of land, a triangle, etc]; superficies; *een uitgestrekte ~ water* a vast expanse of water; **oppervlaktemaat** superficial (area, square) measure; **oppervlakteschip** surface craft; **oppervlaktespanning** surface tension; **oppervlaktewater** surface water

opperwachtmeester (*cavalerie*) squadron sergeant-major; (*artillerie*) battery sergeant-major; (*politie*) (police-)sergeant

Opperwezen: *het* ~ the Supreme Being

oppeuzelen eat (in small quantities and with relish); **oppiepen** b(l)eep (up) [a p.]; *vgl* pieper 4

oppikken 1 (*v vogels*) peck (up); 2 (*meenemen*) pick up [a drowning person, passengers]; 3 (*op de kop tikken*) pick up, snap up; 4 (*begrijpen*) gather; 5 (*inrekenen*) run in

opplakkarton mount; **opplakken** paste (*of:* glue) on; stick on [stamps]; mount [a photo, a map]

oppoetsen polish, rub up, clean up, buff (up); *het een beetje* ~ give it a rub (up)

oppoken poke (up), stir

oppompen (*omhoog*) pump (up); (*band*) pump up [one's bike], blow up, inflate [a tyre]

opponent id; **opponeren** raise objections, oppose; **opporren** poke (up); prod; *zie* oppoken & aanporren

opportunisme opportunism; **opportunist** opportunist, timeserver; **opportunistisch** opportunist(ic); **opportuniteit** opportuneness, expediency; *om redenen van* ~ from motives of expediency; **opportuun** opportune, well-timed

opposant opponent; **oppositie** opposition [leader, party, newspaper]; **oppositioneel** opposition(al)

oppotten hoard, (*fam*) salt away (down) [money]

opprikbord *zie* prikbord; (*voor insekten*) setting board; **opprikken** 1 pin (up), stick [insects], set [a butterfly], pin up [a notice]; (*door klauwier*) impale; 2 dress up, deck out, doll up

opproppen *zie* volproppen & opgepropt

oprakelen poke up, stir up [the fire]; (*fig*) rake up [the past, an old quarrel], dig up (out), drag up [a story]

opraken (*v geld, munitie, voorraad, enz*) run out (short, low), give out; *mijn geduld raakt op* my patience is wearing thin; *hun bier raakte op*, (*ook*) they ran out of beer; *zie ook* slijten

oprapen pick up, take up; *een opgeraapt leger* a scratch army; *van de straat opgeraapt* [he was] picked out of the gutter; *voor het ~ hebben, zie* grijpen

oprecht sincere, genuine [repentance], candid, straight, upright; *ik beloof u* ~ I promise you faithfully; *wij hopen* ~ ... we earnestly hope ...

oprechtheid sincerity, candour, uprightness; *in alle* ~ in all sincerity, in all honesty

opredderen tidy up; *zie* opruimen 1

oprekken stretch [gloves, shoes]

oprichten 1 (*overeindzetten*) set up, raise, place on end, up-end [a boat, cask]; lift up [one's head]; ***zich*** ~ straighten o.s., draw o.s. up, stand up, (*in bed*) raise o.s., sit up; 2 (*meetk*) erect [a perpendicular]; 3 (*stichten*) set up, erect [a statue to]; establish, found, set up [a business, school, newspaper]; start [a club, a branch *filiaal*], launch [a business]; form, float, found, start [a company]; *opgericht volgens de wet op de vennootschappen* incorporated under the Companies Act; *zie ook* opgeheven; **oprichter** founder; erector; *vgl het ww*; **oprichters|aandeel**, **-bewijs** founder's share; **oprichting** foundation, establishment, formation; erection; *vgl het ww; lid sinds de* ~ founder member; *zie ook* akte; **oprichtingskapitaal** original stock

oprijden 1 ride (drive) up [a hill, etc]; *een weg* ~, (*inslaan*) turn (ride, drive) into a road; *het trottoir* ~, (*ve taxi*) mount (run on to) the pavement; ~ *tegen* run (crash) into [a lamp-post]; 2 (*verder rijden*) move (drive) on

oprijgen baste, stitch together

oprijlaan (carriage) drive, driveway; (*gebogen, ook*) (carriage) sweep

oprijten rip up, tear open

oprijzen rise, get up; *de gedachte rees bij mij op* the thought occurred to me; **opril** ramp

oprispen repeat; *levertraan rispt licht op* cod-liver oil is apt to repeat; **oprisping** eructation, (*fam*) belch, burp

oprit (*helling*) ascent, slope, ramp; (*ve autoweg*) slip road, (*Am*) on-ramp; (*v garage, enz*) drive

oproeien row up [a river]; *zie ook* stroom

oproep summons; (*mil*) call-up, call [to arms]; appeal [for help]; ~ *om hulp*, (*ook*) SOS (call)

oproepbaar on call; **oproepen** call up [for military training, etc], call (on), summon; call up, evoke, recall [images, memories]; call forth [fresh queries]; convoke [a meeting]; call out (up) [the reserves]; call over [the names]; (*omroepen*) page; incite [to mutiny]; arouse [opposition]; *een getuige* ~ call a witness; *geesten* ~ conjure up (*of:* raise) spirits; **oproeping** call, summons, (call-up) notice; convocation; conjuring-up, raising; (*ve officier*) joining notice; *vgl* oproepen; **oproepkracht** staff member on call

oproer rebellion, revolt, insurrection; (*aansporing tot* ~) sedition; (*muiterij*) mutiny; (*opstootje*) riot; (*tumult*) tumult; ~ *kraaien* stir up strife; ~ *verwekken* cause a rebellion; **oproerig** rebellious, insurgent, mutinous, riotous; rebel [states]; (*tot ~ aansporend*) seditious, inflammatory [words, speeches]; **oproerigheid** rebelliousness, insurgency; seditiousness; **oproerkraaier** agitator, firebrand, sedition-monger; **oproerling(e)** rebel, insurgent; **oproermaker** *zie* oproerkraaier & -ling; **oproerpolitie** riot police; **oproervaan** banner of revolt

oproken finish [a cigar]; smoke [another p.'s cigars]; *zijn zakgeld* ~ spend one's pocket-money in (on) cigarettes, etc

oprol|automaat, **-gordel** inertia-reel seat belt

oprollen roll up; (*tot een tros*) coil up [a rope]; (*paraplu ook*) do up, furl, roll; *een dievenbende* ~ roll up a gang of thieves; *zich* ~ curl (o.s.) up, (*ve slang, ook*) coil (itself) up; *opgerold* rolled (folded) [umbrella]; *zie ook* mat; **oproller** 1 pill bug, pill woodlouse; 2 pill millipede

oprotpremie severance pay(ment); (*voor gastarbeiders*) repatriation bonus

oprotten get lost, (*plat*) piss off

opruien incite [to rebellion], stir up, instigate; *~de* *woorden* inflammatory (seditious, incendiary) words; **opruier** agitator; **opruiing** sedition; ~ *tot* incitement (instigation) to

opruimen 1 (*wegruimen*) clear away [the tea-things, snow], clear [mines]; (*kamer, enz*) tidy up, put to rights, straighten up; clear [the table]; *dat ruimt op!, opgeruimd staat netjes!* good riddance (of bad rubbish)!; 2 (*uitverkopen*) sell off, clear (off) [one's stock], remainder [books]; 3 (*afschaffen*) do away with, abolish, sweep away [an old system]; *het hele leger* ~ make a clean sweep of the army; 4 (*techn*) ream [a hole]

opruimer (*instrument*) reamer; **opruiming** 1 clearing away, etc; 2 (*fig*) clean-up; ~ *houden,* (*fig*) make a clean sweep [*onder* of]; *een* ~ *houden in,* (*ook*) clean up [the West End of London]; 3 (*handel*) selling-off, clearance(-sale); *zie ook* seizoen~; ~ *houden* clear away things, sell off; **opruimingsploeg** breakdown gang; **opruimingsuitverkoop** (clearance) sale(s)

oprukken advance; march (on), press onward; ~ *tegen* march (up)on [a town], march (move, advance) against [the enemy]; *zie ook* ophoepelen

opruststelling retirement; **opruwen** roughen

opschakelen (*motor*) shift up

opscharrelen rout (rake, ferret, hunt, rummage, grub) out, unearth, dig up, dig out; nose out [a bargain]; **opschenken** pour [water] on

opschepen: *iem met iets* ~ saddle (*of:* land) a p. with s.t.; *het publiek* ~ *met waardeloze aandelen* plant ... on the public; *ze schepen haar op met hun rommel* they unload their junk on her; *ik ben* (*zit*) *met hem* (*ermee*) *opgescheept* I have him (it) on my hands, I am saddled (stuck) with him (it)

opscheplepel tablespoon, serving spoon

opscheppen 1 ladle out, serve out [the soup], dish up; *mag ik u nog eens* ~? may I give you another helping?; *de boel* (*de peentjes*) ~ kick up a dust, have a high old time; *het is er opgeschept* there is plenty; (*geld*) they are rolling in it; *voor het* ~, *zie* grijpen; 2 (*fig*) brag, boast, swank, swagger, show off; **opschepper** braggart, swank(pot); *hij is helemaal geen* ~ he has no side at all; **opschepperig** boastful, swanky; **opschepperij** [it's all] swank, side

opscheren 1 shave up(ward); 2 (*heg*) trim

opscherpen whet, sharpen, refresh [the memory]

opscheuren tear (up, open)

opschieten 1 shoot up (*ook v plant & pers*); *zie ook* opgeschoten; 2 fire [rockets *vuurpijlen*]; 3 coil [a rope, cable]; 4 (*fig*) get on [time is getting on], make progress (headway), proceed [the work is proceeding satisfactorily]; ***schiet op!*** get a move on!, come along!, hurry up!, look sharp!; *een beetje* ~! lively now!, be quick about it!; *laten we* ~! let's get on!; *ik kan niet* ~ I can get no further; *het* ***plan*** *schoot niet op* the plan hung fire; *we schieten* (*maar*) *niet op* we don't seem to make any progress; *mijn* ***tijd*** *begint op te schieten* my time is growing short; *het* ***werk*** *schiet goed op,* (*ook*) the work is well in hand, is getting on well; *flink* ~ (*bij lange autorit*) make good time; (*uitstekend*) ***met*** *elkaar* ~ get on (*of:* along) (well) together (like a house on fire), (*fam*) shake down well together; *ik kan niet met hem* ~ I cannot (don't) get on (hit it off) with him; *moeilijk om mee op te schieten* difficult to get on with; *daar schieten we niet mee op* that doesn't help things

opschik finery, trappings, frills

opschikken I *tr* dress up (out), trick out, deck out, bedizen; *zie ook* opdirken; *vreselijk opgeschikt* dressed to kill; II *intr* move up, close up

opschommelen rout out; *zie* opscharrelen

opschonen update (and maintain) [files]

opschoppen kick up

opschorten 1 tuck up [a dress, sleeves]; 2 suspend, reserve [one's judg(e)ment], suspend [a work], hold up [a scheme], stay [(the execution of) a sentence], delay, postpone, defer [one's decision], adjourn [a meeting], prorogue [Parliament]; **opschorting** suspension; stay [of execution]; adjournment; prorogation; ~ *van doodvonnis* reprieve; *vgl het ww*

opschrift superscription, inscription, lettering; (*ve artikel*) heading; (*bijschrift, ook*) caption; (*adres*) direction; (*ve munt, enz*) legend

opschrifttitel running title, headline

opschrijfboekje notebook, memorandum (*fam* memo) book

opschrijven write down, note down, take down (in writing), commit to paper; (*voor klant*) score (up) to (against) [a p.]; (*bij spel*) (keep the) score; *schrijf die vent op!* take that man's name; *voor hoeveel mag ik u* ~? what may I put you down for?; *schrijf het maar voor mij op,* (*op rekening*) charge it (to my account), put it down to me (to my account); *zie ook* dood II

opschrikken start, give a start, be startled, take the alarm; *doen* ~ startle; *daar schrok ik van op* that gave me a shock; **opschrobben** scrub

opschroeven screw up; force up, drive up [prices, wages]; *zie ook* opgeschroefd

opschrokken bolt, gobble up, gorge, guzzle

opschudden shake, stir; shake up [a pillow]

opschudding commotion, sensation, bustle, stir; ~ *veroorzaken* cause (create, make) a stir (a sensation); *in* ~ *brengen* cause a commotion, stir things up [at the head office]

opschuifraam sash-window

opschuiven 1 push up, shove up; (*raam ook*) throw up; 2 (*opschikken*) move up (*ook fig in rang*), close up; *zie ook* opschorten

opschuiving moving up; (*fig*) [there will be a] move up; *vgl het ww*

opschuren 1 scour; (*cilinders v auto*) decarbonize; 2 (*opbergen*) store

opsieren adorn, embellish; (*verhaal, ook*) embroider, touch up; *zich* ~ dress up; *te zeer opgesierd* ornate [style, etc]; *het verhaal is* (*nogal*) *opgesierd,* (*ook*) the story has not lost (has lost nothing) in the telling; **opsiering** adornment, embellishment; **opsiersel** *zie* versiersel

opslaan I *tr* 1 (*omhoogslaan*) strike up; (*kraag, enz*) turn up [one's collar, trousers], tuck up, roll back [one's sleeves], turn back [the bedclothes]; 2 (*openslaan*) open, raise, turn up [one's eyes];

open [a book]; turn up [page 7]; 3 (*opzetten*) pitch, set up, put up [a tent], (*haastig*) knock up [temporary barracks]; *zijn verblijf* ~ *te* ... take up one's residence at ...; 4 (*prijzen, enz*) raise [prices, wages]; *het brood is opgeslagen* bread has gone up, is up [twopence]; *de prijs met 10%* ~ raise the price by 10 per cent; 5 (*bewaren*) lay in [potatoes]; store [data]; save [a computer file]; (*in pakhuis*) warehouse, (put into) store, put [one's furniture] into storage; *teveel goederen* ~ overstock; II *intr* (*v koopwaar*) go up, rise, advance

opslag 1 (*muz*) up-beat; 2 (*v oog*) look; 3 (*ve mouw*) cuff; (*ve uniform*) facing; 4 (*verhoging*) rise, advance; *4000 pond per jaar met 200 pond* ~ £4000 a year with a £200 rise, £4000 by £200 to £6000; 5 (*in pakhuis*) storage, warehousing; 6 (*comp*) storage; 7 (*plantk*) wild shoots; self-sown (volunteer) plants; *zie ook* ~plaats & oog~

opslag|bedrijf warehousing firm; **-capaciteit** storage capacity; **-kosten** storage, warehouse charges (*of:* rent); **-loods** transit shed; **-medium** [a hard disk is a] storage device; **-plaats** store, storage yard (depot); [munition(s)] depot (*of:* dump); (*voor vee*) stockyard; **-ruimte** 1 storage accommodation (space); 2 storage capacity; **-terrein** storage yard (area)

opslepen drag up, tow up; *vgl* slepen

opslobberen lap up

opslokken swallow, gulp down; *de belasting slokt alle winst op* taxes devour all profits; *grote bedrijven slokken kleine op* big firms absorb ...

opslorpen sip up, lap up; absorb, (*fam*) mop up [profits, supplies]; **opslorping** absorption; **opslorpingsvermogen** absorptive power

opsluiten lock (shut) up, lock in; lock [a p. in a room]; pen up, pen in [cattle, etc], fold [sheep]; lock up, incarcerate, confine [a criminal]; coop up [cooped up in one's room all day]; (*mil*) close up, close [the ranks]; *~d gelid* supernumerary rank; *opgesloten,* (*ook*) pent up [in a railway carriage]; (*in zichzelf*) withdrawn, turned in (up)on oneself, (*fam*) buttoned up; *opgesloten,* (*na ongeluk*) trapped [miners]; *dat ligt erin opgesloten* that is implied in it; *het daarin opgesloten verwijt* the implied reproof; *alles wat daarin opgesloten ligt* [the question and] all its implications; **opsluiting** confinement, incarceration; *zie ook* eenzaam

opslurpen sip up; *zie* opslorpen

opsmuk finery, trappings, frills; **opsmukken** trick out, trim, dress up; (*verhaal*) embellish, embroider; *zie ook* opsieren & opgesmukt; *zich* ~, (*fam*) prink, preen (o.s.); *zie ook* opdirken

opsnijden cut (up, open), carve; (*fig*) brag, swank, swagger; *niets om over op te snijden* nothing to shout (to write home) about

opsnijder braggart, swanker; **opsnijderig** swanky; **opsnijderij** swank, swagger, brag(ging), bounce; **opsnijen** *zie* opsnijden

opsnoepen eat up, squander, blue; **op|snorren**, **-snuffelen** rout out; *zie* opscharrelen

opsnuiven sniff (in, up), inhale; *flink* ~ take a long sniff; **opsodemieter** (*plat*) belt, wallop; **opsodemieteren** (*plat*) piss off, fuck off

opsommen enumerate, count up, sum up, recite [all one's grievances], recount [her virtues]; **opsomming** enumeration, recital; string [of kings and queens]; [this is only a bare] catalogue

opsouperen spend, squander, (*sl*) blue [all the money]; **opspalken** open wide; *zie* openspalken

opspannen stretch, tighten; (*techn*) clamp, chuck [a workpiece]; *snaren* ~ string an instrument, fit on strings; **opsparen** save up, lay by, put by, hoard; **opspatten** splash; **opspelden** pin on

opspelen 1 (*razen*) cut up rough, kick up a row; (*fig*) play up [my stomach is playing up]; 2 (*nadruk geven*) play up; 3 (*muz*) strike up; 4 (*sp: beginnen*) lead [trumps]; (*bij knikkeren, bijv*) play up; **opsperren** *zie* opensperren

opsplitsen split up, break up

opspoelen 1 rinse; 2 wind (up, on a reel), coil up

opsporen track (down), trace, trail, hunt up (*of:* down), run down, seek out, run [a criminal] to earth, locate [missing men], detect [faults]

opsporing tracing, etc; (*v delfstoffen*) exploration, prospecting; *de* ~ *wordt verzocht van* ... the police are anxious to trace ...; **opsporingsambtenaar** detective (officer); **opsporingsbericht** (*radio & tv*) police message; (*schriftelijk, v misdadiger*) wanted notice, (*v vermiste*) 'missing' notice; **opsporingsdienst** criminal investigation department, CID

opspraak scandal; ~ *verwekken* cause (a) scandal; *in* ~ *brengen* compromise, get [a p.] talked about, give [a p.] a bad name; *in* ~ *komen* get (o.s.) talked about, become the talk of the town

opspreken speak up; (*ronduit*) speak out; *spreek maar op!* go ahead!, fire away!, get it off your chest!, spit it out!, (*eig Am*) shoot!

opspringen jump (leap, start) up (*at* tegen), spring (jump) to one's feet; (*ve bal*) bounce; *de trap* ~ bound up the stairs; *zijn hart sprong op* his heart leapt [for joy], gave a bound

opspuiten spout up, spout into the air; *terrein* ~ raise a site [with fluid sand, etc]; *jaartallen* ~ reel off [dates]; (*spuiten op*) spray on [paint], squirt on [cream]

opstaan 1 (*in opstand komen*) rise, rebel, revolt [*tegen* against]; 2 (*ve stoel, uit bed, enz; gaan staan*) get up, rise; (*rechtop gaan staan*) stand up; *plotseling* ~ start up; (*ve gevallene ook*) pick o.s. up; *er stond een profeet op* a prophet arose; *de doden* ***doen*** ~ raise the dead; *uit de* ***dood*** ~ rise from the dead; *de leden stonden* (*enige ogenblikken*) *van hun* ***plaatsen*** *op* the ... rose (stood up) in their places; *opgestaan, plaats vergaan* leave your seat and lose it; *van* ***tafel*** ~ rise from table; *altijd* ***vroeg*** ~ be an early riser (*en vroeg naar bed gaan:* keep early hours); [*als* ...] *dan moet je vroeger* ~ you'll have to pull the other one; you'll need to be a bit cleverer than that; *zie ook* overeind & vallen; 3 *het water staat op* the kettle is on

opstaand standing, upright [stone]; *~e kraag* stand-up collar; *~e oren* erect ears; *met ~e haren* with hairs bristling; *~e rand* raised border

opstal building(s), premises; *met de* ~ [freehold land] with the buildings erected on it; *recht van*

~ building and planting rights
opstand 1 rising, revolt, rebellion, insurrection, uprising; ***in** ~ komen, (ook fig)* rise, rebel [*tegen* against; my whole soul rises against it], revolt [*tegen* against, from], rise in revolt (in arms); *tegen iets in ~ komen, (ook)* revolt at s.t.; *zie ook* verzet; *in ~ zijn, (ook fig)* be in revolt, be up in arms [*tegen* against]; 2 (*bk*) (vertical) elevation; 3 (*ve winkel*) fixtures; *zie ook* hout~
opstandeling rebel, insurgent; **opstandig** rebel(lious); (*minder sterk*) disaffected [subjects *onderdanen*]; disruptive [pupils]; *~e gedachten* mutinous thoughts; **opstandigheid** rebelliousness; **opstanding** resurrection; **opstangen** needle [a p.]
opstap step, stile; *~je, (fig)* stepping stone [to higher office]
opstapelen pile up [*ook fig:* accusations, etc], heap up, stack [hay, ammunition], accumulate; *het ~ van voorraden* stockpiling; *zich ~* accumulate, [expenses] pile up; *opgestapeld* piled(-up) [pillows]; **opstapeling** accumulation [of difficulties], piling up, etc
opstappen 1 go up [the steps], go (get) into [the street]; (*op de fiets*) mount [one's bicycle]; 2 (*weggaan*) go away, move on, (*fam*) push off; *ze zei dat hij maar beter kon ~* she gave him his marching orders; *de regering is opgestapt* the ... has resigned; (*sterven, fam*) pop off, peg out; *ik moet (eens) ~* I must be getting along
opstapper substitute crew member
opstarten start up; (*comp*) boot (up)
opsteekladder extension ladder
opsteken I *tr* 1 (*omhoogsteken*) hold (put) up, raise [one's hand]; *zie ook* hoofd; pitch [hay]; put up [an umbrella]; put (do, turn, gather) up [one's hair]; *stemmen met hand~* vote by show of hands [the motion was lost on a show of hands]; *hij heeft er niet veel **van** opgestoken* he has not profited much by it, it has not been of much use to him; 2 (*in de schede steken*) put up, sheathe [a sword]; 3 (*geld*) pocket [money]; 4 (*opensteken*) broach [a cask, beer]; 5 (*aansteken*) light [a cigar, the lamp]; *zie ook* licht; II *intr* (*vd wind*) rise, get up, (*plotseling*) spring up; **opsteker** 1 stroke of luck, windfall; 2 picklock; 3 pitchfork
opstel essay, composition, paper, (*Am*) theme [*over kunst* on art]; *een ~ maken* write an essay (a paper), (*Am*) compose a theme [*over* on]
opstellen 1 (*ontwerpen*) frame [a charge *aanklacht;* an act *wet;* a petition], draft, draw up [a report, programme, regulations], get up [a petition], map out [a programme], lay [plans], formulate [a theory]; 2 (*plaatsen*) put (set) up, erect, mount [a machine], place [a gun] in position, mount [a gun]; (*voor foto*) pose [a posed group]; (*troepen, enz*) draw (form, line) up; (*ergens*) post, station, place [somewhere]; *ik stelde ze op in een rij, (ook)* I stood them in a row; ***zich** ~* line (form) up, form [into companies]; *zich kritisch ~* adopt a critical attitude [towards *tegen*]; *vooruit opgesteld* prearranged [programme]; *zie ook* slagorde, enz; **opsteller** framer [the framers of the Constitution], drafter [of a report, a deed *akte*]; editor; **opstelling** 1 framing; drafting; erection; 2 formation, disposition [of troops]; (*sp*) team positions, [starting] line-up; 3 attitude [on drugs]; *een harde ~ kiezen* take a hard line [on a question]; *vgl* opstellen; **opstelplaats** (*voor taxi's*) cab rank; **opstelstrook** filter lane
opstijgen rise, ascend, mount, go up; (*ve vliegtuig ook*) take off; *~!* to horse!; **opstijging** ascent; (*ve vliegtuig ook*) take-off
opstijven starch [linen]; (*ve pudding, metselwerk, enz*) set; (*vd wind*) stiffen
opstoken 1 poke (up), stir (up); 2 (*verstoken*) burn up; 3 (*fig*) incite, instigate; set [a p. against ...]; **opstoker** instigator, agitator, firebrand; **opstokerij** incitement, instigation
opstomen steam up [a river]; proceed [to Hull]
opstoot (*boksen*) upper-cut
opstootje disturbance, riot, tumult, (*fam*) row
opstoppen stop up, fill, pad; stuff [a bird]; **opstopper** slap [in the face], punch [on the nose], smack [in the eye], dig [in the ribs], wallop, clout; *iem een ~ geven (verkopen)* give a p. a slap in the eye, land (catch, fetch) a p. one (in the eye, on the nose, etc); **opstopping** stoppage, block(age), [traffic] jam (hold-up), [road, traffic] congestion
opstoten 1 push up; *~ in de vaart der volkeren* raise to world status; 2 push open
opstreek (*muz*) upstroke; **opstrijken** 1 pocket, scoop in, rake in [money]; *de winst ~* sweep in (gather in) the winnings; 2 iron [linen]; brush up [one's hat]; twirl up, wx [one's moustache]
opstropen tuck (roll) up, roll back [one's sleeves]
opstuiken (*techn*) upset
opstuiven 1 (*v zand, enz*) fly up; 2 (*fig*) fly out, flare (fire, flame) up [*bij mijn woorden* at my words]; *tegen iem ~* fly out at a p.; *de trap ~* tear up the stairs; *zie ook* kleinigheid
opsturen send (in, on); *zie* opzenden
opstuwen 1 drive up, dam up [water]; 2 (*lading*) stow; **opstuwing** (*vh bloed*) congestion
optakelen 1 rig [a ship]; 2 hoist up [a load]; (*fig*) *zie* opdirken
optant id; **optassen** pile up; **optater** *zie* opstopper; **optatief** optative (mood)
optekenen note (write, jot, take) down, make a note of, enter [s.t. in a book]; (*te boek stellen*) record [in history]; (*spel*) (keep the) score
optekening notation, note, record
optellen add (up), count (cast, *fam:* tot) up; (*opnoemen*) enumerate; **optelling** addition; enumeration; (*ve cijferkolom*) footing; **optelmachine** adding-machine; **optelsom** 1 addition sum; 2 total [of several factors]
'**opteren** 1 tar; 2 spend, consume; **op'teren** choose, opt [for India], *~ voor, (ook)* decide in favour of
optica optics; **opticien** optician
optie option; *in ~ hebben* have the refusal of (have an option on) [a parcel]; *in onze ~* (at, in) our option
optiek optics; *vanuit deze ~* from this point of

view
optierecht (right of) option
optillen lift up, raise; *til je voeten op!* pick up your feet!
optimaal optimum [temperature], optimal; (*niet*) ~ *geregeld* (not) organized in the best possible way; **optimaliseren** optimize, make the best (most effective) use of
optimisme optimism; **optimist(e)** optimist; **optimistisch** optimistic (*bw:* -ally), sanguine, (*fam*) upbeat [assessment]; ~ *gestemd zijn* take an optimistic view; **optimum** id
optisch optical [glass, illusion, scanner]; optic [nerve]
optocht procession; [historical] pageant; (*te paard*) cavalcade; *een ~ houden* go (walk) in procession, process
optomen bridle [a horse]; cock [a hat]
optometrist id, ophthalmic optician
optooien deck out, adorn, decorate
optornen rip up (*of:* open); ~ *tegen* beat up against [the wind]; battle with [winds and waves]; make head against [difficulties]
optransformeren (*elektr*) step up
optrede step; (*ve rijtuig*) footboard; (*ve trap*) rise; (*stoep*) steps
optreden I *ww* 1 (*verschijnen*) appear [Mr S will appear next; *ook v zaken:* symptoms of discontent appeared], make one's appearance, (*ten tonele verschijnen*) enter, go on; ~ *in een film* appear (be featured) in ...; (*ve verschijnsel*) set in, occur; *het ~de ministerie* the incoming ministry; ***als** gastheer* ~ act as host (*voor een conferentie* host a conference); ~ *als Hamlet* appear in the role of Hamlet, act (play) Hamlet; *Hamlet treedt op* enter Hamlet; *als voogd ~ over ...* act as guardian to ...; *als verdediger ~,* (*jur*) appear for the defendant; *hij treedt op als hoofd van ...* he is acting head of ...; ***voor** iem* (*in iems plaats*) ~ deputize for a p.; *voor de eerste maal* ~ make one's debut (one's first appearance); *zie ook* gezamenlijk; 2 (*handelen*) act, take action; (*zich laten gelden*) assert o.s.; *handelend* ~ take action; ***streng*** (*krachtig*) ~ take strong (drastic) action (a strong line), adopt rigorous measures (a strong policy), crack down [*tegen* on]; *er werd streng tegen hen opgetreden* they were dealt with severely; *zie ook* hoogte; *flink **tegen** iem* ~ deal firmly with a p.; *de politie kan niet tegen hen* ~ the police are powerless to deal with them; ~ *tegen ... volgens artikel ...* proceed against ... under article ...; *gewapend ~ tegen* take up arms against; II *zn* appearance [in public, on the stage]; way of acting, [police] action, attitude [his attitude to(wards) me], [insulting] behaviour, [her quiet] demeanour; *zijn eigenmachtig* ~ his high-handed proceedings; *hun waardig* ~ their dignified bearing; *eerste* ~ debut; *zie ook* gezamenlijk
optrekje (holiday) cottage, pied-à-terre
optrekken 1 (*omhoogtrekken*) pull (draw) up [a blind], raise, [one's eyebrows], shrug [one's shoulders], pull (*met ruk:* hitch) up [one's trousers]; (*vliegt*) pull up; *met opgetrokken schouders* with one's shoulders hunched; *de lip* (*verachtelijk*) ~ curl one's lip; ***zich*** ~ pull (haul) o.s. up; (*aan rekstok*) chin; *zie ook* neus; 2 (*bouwen*) run up, raise, erect [a building, wall]; set up [a barrier; *ook fig*]; 3 (*ve auto*) accelerate; 4 (*v mist, enz*) lift, clear (away); 5 (*marcheren*) march [*tegen de vijand, een stad* against the enemy, on a town]; *wij hebben heel wat **met** hem opgetrokken,* (*ook*) he has given us a good deal of trouble and anxiety; *veel met iem* ~ be thrown together a lot with a p.; *samen* ~ pull together; *ik moet altijd met hem* ~ he is always on my hands
optrommelen *zie* bijeentrommelen
optuigen rig [a ship]; harness, caparison [a horse]; *zie ook* opdirken; *als kotter opgetuigd* cutter-rigged; **optutten** doll up, (*fam*) tart up
opus id
opvallen strike [his silence struck me, it struck me that he was silent]; (*opzettelijk*) show off; *doen* ~ make conspicuous; *dat zou te zeer* ~ it would be too conspicuous; *zie ook* oog: in het ~ lopen, enz; **opvallend** striking [strikingly beautiful], conspicuous, notable, marked [improvements, she had changed very markedly, was markedly unemotional], banner [headlines], outstanding [facts]; ~ *gekleed* showily dressed; *op ~e wijze* [his name was] pointedly [left out]; *vgl* on~
opvang 1 reception, welcome; 2 relief; 3 [reception, relief, etc] centre; **opvangcentrum** reception centre [for refugees]
opvangen catch [a ball, the rainwater, the light, a glimpse of ..., a sound, the words ...], receive [a blow], absorb [a shock], intercept [letters, a radio message, a person], overhear [words, a conversation], round up [stray dogs], take [a p.] under one's wing, take care of (see to) [problems]; *een blik van iem* ~ catch a p.'s eye; *ik ving de woorden op,* (*ook*) the words caught my ear; *slagen ~, a*) (*incasseren*) receive; *b*) (*ondervangen*) intercept; *de hoge prijzen worden opgevangen door hoge lonen* the high prices are met (compensated) by high wages; *zie ook* vangen
opvaren sail (go, steam) up, ascend [a river]; ascend [to heaven]; *tegen het tij* ~ make headway against the tide; *~den* passengers and crew
opvatten 1 (*opnemen, ter hand nemen*) take up [the pen, arms; a subject, science]; *het werk **weer*** ~ resume work, (*na staking ook*) return to work; *het gesprek weer* ~ resume the conversation; *zie ook* draad & opnemen; 2 (*vormen*) conceive [a plan, an idea, a dislike, love, a prejudice, a regard for a p.; how he conceived his function]; 3 (*begrijpen*) understand, take, apprehend [a compound as separate words]; *zoals ik de zaak opvat* as I conceive the case; *hij heeft het verkeerd opgevat, a*) he has misunderstood it (me, etc); *b*) he has taken it in bad part; *het spijt me dat u het zo opvat* I am sorry you look at it like that; *te **licht*** (*te zwaar*) *~,* (*inzien*) not take seriously enough (take too seriously); *de dingen gemakkelijk* ~ take things easy; *het als een compliment* ~ take it as a ...; *zie ook* opnemen; **opvatting** idea, notion, view, conception; *naar algemene* ~ by common

consent; *bekrompen ~en* narrow outlook; *een verstandige ~* a sensible way of taking it (looking at it); *ook een ~!,* (*iron*) a fine way of doing things!

opvegen (*stof, enz*) sweep up; (*vloer*) sweep (up); (*kamer*) sweep (up, out); **opveren** bounce; **opverven** paint up

opvijzelen jack (lever, screw) up; (*fig*) boost [morale], repair [one's reputation], improve, raise [one's marks]

opvissen fish up; (*fig*) *zie ook* opdiepen; *zijn lijk is nog niet opgevist* has not yet been recovered

opvlammen flame (flare, blaze) up

opvliegen 1 fly up; *de trap ~* tear (*of:* dart) up the stairs; *vlieg op* (*je kunt ~*)*!* go to blazes!; 2 (*uitvaren*) fly out, flare (blaze) up, explode [at any little thing]; **opvliegend** short-, quick-, hot-tempered, peppery, irascible; **opvliegendheid** quick temper, irascibility

opvoedbaar educable; *een moeilijk ~ kind* a problem child; **opvoeden** educate, bring up, rear; *goed opgevoed* well brought-up; **opvoedend** educative [influence, force]; **opvoeder** educator; **opvoeding** education, upbringing, bringing-up; *lichamelijke ~* physical training, PT; physical education, PE; *zie ook* welopgevoed; **opvoedings|gesticht, -inrichting** community home; (*hist*) approved school; (*Am*) reformatory; **opvoedkunde** pedagogy, pedagogics; **opvoedkundig** pedagogic(al); **opvoedkundige** education(al)ist

opvoeren 1 (*naar boven brengen*) carry up, (*water, kolen*) raise; *goederen de* ***rivier*** *~* carry (convey) goods up the river; 2 (*prijzen, enz*) raise, force up; *zie ook* opdrijven; jack up [wages], send up, step up [production]; *het peil ~,* (*fig*) raise the standard; *eisen ~* increase demands; *tot een hoog peil ~* carry [the discussions] to a high level; *hoog opgevoerde gerechtskosten* (*salarissen*) inflated law-costs (salaries); *de capaciteit tot de volle hoogte ~* increase the capacity to its full extent; (*motor*) tune (*fam* soup) up; 3 (*in rekening brengen*) charge (to the account); 4 (*toneelstuk*) perform, act, produce, present, bring (put) on the stage; *de thans in L opgevoerde stukken* the plays running in L now; *het stuk werd 50 maal achtereen opgevoerd* had a run of (ran) fifty nights; 5 feed [the cat a mouse]

opvoering performance; *zie ook* recht I.1

opvoer|schacht engine shaft; **-set** tuning kit

opvolgen 1 (*iem in ambt, enz*) succeed [a p.]; *elkaar ~* succeed each other; *de gebeurtenissen volgden elkaar snel op* events moved swiftly; 2 (*voldoen aan*) obey, act (up)on [an order], take, go by, follow [a p.'s advice], observe [a rule]

opvolger successor [*van* to, of]; *tot president gekozen als ~ van R* elected ... in succession to R; *zie ook* troon~; **opvolging** succession

opvorderbaar claimable; (*geld bij bank*) withdrawable; *dadelijk ~* repayable at call (on demand); **opvorderen** claim [money, etc]

opvouwbaar folding, foldaway [bed], collapsible [bicycle, boat, fan], foldable; **opvouwen** fold up, double up; *plat op te vouwen* folds flat [for storage]; **opvraagbaar** *zie* opvorderbaar

opvragen call in, withdraw, draw out [money from a bank]; call in [a mortgage]; claim [one's luggage]; access [information]; *de politie vroeg de boeken op* the ... commandeered the books; *opgevraagde gelden,* (*ook*) withdrawals

opvreten devour, consume greedily, gobble up; corrode [metal]; *zich ~ van ergernis* eat one's heart out with chagrin; *opgevreten van de roest* eaten away by rust; *we worden opgevreten van de muizen* the house is overrun with mice; *ze wordt opgevreten van de zenuwen* she is a bundle of nerves

opvriezen freeze (up); **opvrijen** chat up, flannel [a p.]; pet [the cat]; **opvrolijken** cheer (up), brighten (up), liven up, enliven

opvullen fill up; pad [clothes]; pad out [a book, etc with useless matter]; stuff [a turkey, bed, seat of a chair]; (*opzetten*) stuff [animals]; *het ~ ve depressie* the filling of ...

opvul|ling, -sel stuffing, padding, filling

opwaaien I *tr* blow up; II *intr* be blown up; *hij kan ~* blow him; (*v sneeuw*) drift; *zie ook* stof

opwaarderen revalue, upgrade [a job], uprate [benefits]; **opwaarts** I *bw* upward(s); II *bn* upward; *~e druk* upward(s) pressure

opwachten wait for; (*met vijandige bedoeling*) waylay; **opwachting**: *zijn ~ maken bij* wait (up)on, pay one's respects to [a p.]

opwarmen warm (heat) up [heated up coffee], reheat; (*sp*) warm up, limber up; (*fig*) rehash [old stories]; *iem voor iets ~* interest a p. in s.t.; *opgewarmde kost,* (*ook fig*) rehash; **opwarmertje** warming-up; **opwarmtijd** warming-up time

opwassen grow (*snel:* shoot) up; *zie ook* opgewassen

opwegen: *~ tegen* (counter)balance, be set off by, offset [a loss]; *ruimschoots ~ tegen* outweigh; *de regering en de oppositie wegen precies tegen elkaar op* the ... are evenly matched; *niet ~ tegen,* (*ook*) be outweighed by; *hij weegt niet tegen u op* he is not equal to you; *zijn voorzichtigheid weegt op tegen zijn jeugd* his caution balances his youth

opwekken 1 awake, rouse; (*uit de dood*) raise from the dead, resuscitate; 2 (*fig*) awake, rouse, stir up, arouse, kindle, evoke [admiration], provoke [curiosity], excite [interest], raise [expectations], stimulate, quicken [the appetite], call up, evoke, stir [memories], work up [the passions], generate [electricity]; *wij wekken onze collega's op dit streven te steunen* we urge our colleagues to support this action; *~* ***tot*** rouse [a p.] to [activity], waken [people] [to the love of country]; *tot nadenken ~,* (*ve boek, enz*) challenge (stimulate) thought; *zie ook* levensgeesten

opwekkend exciting, stimulating; bracing [air], exhilarating [weather]; *~ middel* tonic, stimulant; **opwekking** 1 resuscitation; *de ~ van Lazarus* the raising of Lazarus; 2 (*aansporing*) stimulation, [a] challenge [to thought]; 3 (*oproep*) appeal, call; (*aansporing*) encouragement; 4 generation [of electricity]; *vgl* opwekken

opwellen well up (*ook v tranen & aandoeningen*)

[*ook:* tears welled (in)to her eyes]; *krachtig* ~ surge up [the old suspicion surged up again]; *~de aandoeningen* rising emotions; *~de bron* bubbling spring; *~de tranen* gathering (welling, rising) tears; *zie ook* wellen; **opwelling** welling-up; access [of jealousy, patriotism], gush [of parental feeling, of dismay], outburst [of fury], burst [of generosity], wave [of feeling], surge [of horror], flush [the first flush of grief]; *in de eerste* ~ on the first impulse, on the spur of the moment

opwerken work up [a business]; touch up, do up [a picture]; reprocess [nuclear fuel]; *zich* ~ work one's way up [from nothing, to the top of one's profession], work o.s. up [from poverty, into a splendid position], rise from the ranks; *opgewerkt* raised [figures]

opwerkingsfabriek reprocessing plant

opwerpen 1 (*omhoog*) throw up [a ball], toss up [a coin]; 2 (*dam, enz*) throw up; (*barricade*) erect, raise; 3 (*fig*) raise [a point, question, difficulty]; throw out [a suggestion *idee*]; *zich* ~ *als* set o.s. up as, constitute o.s. [a p.'s protector; the self-constituted leader]; **opwerping** objection

opwikkelen *zie* opwinden 1; **opwikkelspoel** take-up reel

opwinden 1 wind (up) [a watch], wind [wool into a ball], roll up [a ball of wool], reel [cotton]; (*te sterk*) overwind; (*met een windas*) winch (up); 2 (*fig*) excite; *zich* ~ get excited [over s.t.], get worked up, (*fam*) go off the deep end; **opwindend** exciting; **opwinding** excitement, agitation, commotion; *er heerste grote* ~ feeling ran high; *hij verkeerde in grote* ~ he was in a terrible state

opwippen *tr & intr* tip (*of:* tilt) up; (*van zijn stoel*) spring up; *de stoep* ~ whisk (whip, skip) up the steps; **opwrijven** rub up, polish

opzadelen saddle [a horse; a p. with s.t.]

opzegbaar withdrawable; (*ve verbintenis, enz*) terminable; ~ *kapitaal* capital redeemable at notice; *zie ook* dadelijk

opzeggen 1 (*les, enz*) say [a lesson, one's prayers]; recite [a poem], repeat; 2 (*herroepen*) terminate [a contract, the partnership], cancel [a purchase], renounce [a treaty, an armistice], call in [money, a mortgage], withdraw, recall [capital]; *zijn* ***abonnement*** ~ cancel one's subscription; *iem de* ***betrekking*** *(de* ***dienst****)* ~ give a p. notice; *de huur* ~, (*ve eigenaar*) give notice (to quit), (*ve huurder*) give notice (of removal); *de* ***gehoorzaamheid*** ~ refuse further obedience, (*aan vorst*) renounce one's allegiance [to ...]; *zijn* ***huis*** *(zijn betrekking) is hem opgezegd* he is under notice (to quit, to leave); *een* ***krant*** ~ discontinue (one's subscription to) a paper; *zijn* ***lidmaatschap*** ~ resign (from the club, etc); *het* ***vertrouwen*** ~ revoke (withdraw) one's confidence [in ...]; (*parl*) pass a vote of no-confidence; ***zeg op!*** out with it!, speak out!, come on, let's have it!, fire away!, spit it out!; ***tot*** *~s toe* until further notice

opzegging termination; renunciation [of a treaty]; withdrawal; notice [at a month's notice]; *vgl* opzeggen; *met een maand* ~ at a month's notice; *zonder voorafgaande* ~ without notice; *betaalbaar zonder* ~ payable at call

opzeg(gings)termijn term (period) of notice

opzeilen sail up [the river]

opzenden 1 send, forward; 2 (*nazenden*) forward, send on, redirect [a letter]; ~ *svp* please forward; 3 (*gebeden*) offer (up), send (put) up; 4 (*stukken*) send in; **opzending** forwarding, redirection [of letters]

opzet 1 (*ontwerp*) plan, framework, design, format; 2 (*bedoeling*) intention, design; *~je* set-up; *boos* ~ malice, foul play, malicious intention, (*jur*) malice (prepense), criminal intent; ***met*** *het ~ om letsel toe te brengen* with intent to hurt; *met* ~ on purpose, intentionally, purposely, deliberately, of set purpose, designedly, wilfully, [I use the word] advisedly; [*een campagne*] *uitstekend van* ~ excellent in conception; ***zonder*** ~ unintentionally; 3 *~je,* (*sp*) set-up; assist; **opzettelijk** I *bn* intentional, premeditated, wilful; studied [insult, carelessness]; deliberate, calculated [lie]; II *bw zie* opzet: met ~; *ik liet hem niet* ~ *schrikken* I did not mean to frighten him; *iem* ~ *beledigen,* (*ook*) go out of one's way to ...

opzetten I *tr* 1 (*overeindzetten*) set up, put up, place on end, up-end; turn (pull) up [one's collar], put up, open [an umbrella]; *een* ***tol*** ~ spin a top; *de* ***veren*** ~, (*ve vogel*) ruffle (puff out) its feathers; *z'n kuif* ~, (*ve kaketoe*) erect [his crest]; ***water*** ~ put the kettle on [for tea]; *zich* ~, (*bijv bij gymnastiek*) lever o.s. up; *zie ook* borst; 2 (*op iets zetten*) put on [one's hat, spectacles, the potatoes], put [the kettle] on; arrange, place, set up [chessmen]; *de* ***bajonetten*** ~ fix bayonets; *een* ***lap*** ~, (*ook*) patch; 3 (*brei-, haakwerk*) cast on; 4 (*inzetten*) stake [money]; *ik heb een pond opgezet,* (*ook*) I have a pound on; 5 (*beginnen*) open, start, set up, establish [a business]; *een* ***zaak*** ~, (*ook*) set up in business; 6 (*inrichten*) plan, organize, set up; *het zaakje was aardig opgezet* the affair was beautifully stage-managed; 7 (*opstoppen*) stuff [animals]; *het* ~ taxidermy; 8 (*ophitsen*) set on, incite, instigate; ~ ***tegen*** set (put) [one person] against [another]; *de mensen tegen elkaar* ~ set people by the ears; II *intr* 1 (*opzwellen*) swell (up); *zie ook* keel, mond, oog, enz; 2 (*komen*) ~, (*ve storm, onweer, mist, koorts*) come on; 3 (*opdagen*) turn up, make one's appearance; *in groten getale komen* ~ show up in force; 4 (*v water*) rise; *de vloed kwam* ~ the tide was coming in

opzetter (*v dieren*) taxidermist

opzetting (*vd lever, enz*) enlargement, swelling

opzicht 1 (*toezicht*) supervision, superintendence; 2 respect; ***in*** *één* (*in dit*) ~ in one (in this) respect; *in alle ~en, in elk* ~ in every respect, in all respects, (in) every way; *in geen enkel* ~ not in any sense, in no sense; *in zeker* ~, (*ook*) in a way; *in politiek* ~ politically; *in technisch* ~ from a technical point of view; *in sommige ~en* in some respects (ways); *in dat* ~ *kan ik niet tegen u op* I am no match for you there; *hij is in ieder* ~ *even goed als jij,* (*ook*) he is every bit as good as you; *het past me in alle ~en* it suits me down to the ground; *in alle ~en een goede prestatie,* (*ook*) a creditable effort all round; ***ten*** *~e van* with respect (regard) to, in respect of; **opzichter** overseer, overlooker, superintendent, supervisor; (*bij bouwwerken*) [city, etc] surveyor; (*ve park, enz*) keeper

opzichtig showy [showily dressed], gaudy, garish [decorations], loud, noisy [dress], flashy [flashily dressed], jazzy, (*sl*) glitzy; *~ en goedkoop* tawdry; **opzichtigheid** showiness, gaudiness

opzichzelfstaand individual [fact, case]; *een ~e klasse vormen* form a class apart; *iets ~s* a thing by itself; *een ~ huis* a detached house

opzien I *ww* look up [*naar* at]; *~* ***tegen*** look up to [a p.]; fear, dread [death], dread [the day, the unknown], shrink from, shirk [a fight, owning up], be shy of [coming], shy at [the truth]; *tegen geen moeite* (*kosten*) *~* not be afraid to take trouble (not count the cost); *ik zie er tegen op* I don't feel like doing it, shrink from the business (from meeting him, etc); *ik zie er tegen op om te gaan,* (*ook*) I am reluctant to go; *niet tegen een leugen ~* not scruple (hesitate) to tell a lie, not stick at a lie; *hij ziet niet tegen een wandeling van twee uur op* he thinks nothing of a two hours' walk; *zij ziet er tegen op dat ik* (*haar zoon*) *het huis uitga*(*at*) she dreads my (her son) leaving home; *hoog tegen iemand ~* think the world of a p.; *zie ook* berg, opkijken; II *zn: onder biddend ~ tot God* praying God for His blessing; *~ baren* make (cause, create) a sensation (a stir; it won't cause much stir), (*fam*) make a splash

opzienbarend sensational, spectacular, startling

opziener inspector, supervisor

opzij [put, set] aside; *zijn hoofd een beetje ~* his head a little on (*of:* to) one side; *~* (*daar*)*!* stand clear (there)!, out of the way (there)!; *~ van het huis* at the side of the house; *~ van ons* [he sat] sideways to us; *~* ***doen*** put aside, put on (*of:* to) one side; *~* ***gaan*** stand (step) aside, go to one side, give way [*voor* to]; *niet voor een ton ~ gaan* have (well over) a hundred thousand guilders; *~* ***komen*** come alongside; *geld ~* ***leggen*** put (lay) aside (lay by) money; *iedere week wat ~ leggen* put s.t. away every week; *op zijn zij gaan* ***liggen*** turn over on one's side; *~* ***schuiven*** push (shove) aside (to one side); (*fig*) brush off [as unimportant]; *~* ***springen*** jump aside (clear, out of the way); *het schip* ***viel*** *~* the ... lurched over to one side, heeled over, careened, was thrown on her beam-ends; *~* ***zetten*** swallow, pocket [one's pride], put [one's pride] in one's pocket, scrap [old prejudices], discard [belief, habit], side-track [a plan], brush aside [all dogmas], sink [one's own interests, one's personal views]; *de wet ~ zetten* override the law; *iem ~ zetten* discard a p.; *alle complimenten ~ zetten* waive all ceremony; *zie ook* streven

opzitten sit up; (*ve hond*) (sit up and) beg; (*te paard stijgen*) mount, (*commando:*) to horse!; *~ en pootjes geven,* (*fig*) fetch and carry; *iem* ***doen*** *~, ~* ***leren*** make a p. sit up (and take notice); *er zit niets anders op dan te gaan* there is nothing for it but to go; *dat zit er op* that's that; *er tien jaar tropen hebben ~* have ... behind one; *ik heb het er ~* I've finished, I'm through; *laat ~* sit up late; ***bij*** *iem* (*een patiënt*) *~* sit up with a p.; ***voor*** *iem ~,* (*opblijven*) sit (stay, wait) up for a p.; *daar zal wat voor je ~* you'll catch it; *zie ook* zitten

opzoeken 1 (*zoeken*) look for [a p., a thing], look up [a word, train], look out [a dress for a party], seek (for) [the birds were seeking their nests, we sought our rooms], go in search of; find [page 15; the waiter]; 2 (*bezoeken*) call on [a p.], give [a p.] a call, look a p. up; *ondertussen ga ik een vriend ~* meanwhile I'll see a friend of mine; *hij komt je ~* he'll come and see you

opzoeten smooth(-file), polish; **opzouten** salt, pickle, preserve; (*fig*) hoard (*of:* treasure) up; place [quarrels, etc] in cold storage; *dan kun je je wel ~* you may as well quit, then

opzuigen suck in (up), absorb, sip [lemonade]; pick up with the vacuum cleaner; **opzuipen** guzzle; (*geld, enz*) waste [one's money] on drink

opzuiveren (*techn*) true (up); **opzwaai** upward swing; **opzwabberen** swab up [water]

opzwellen swell (up), expand; *de aderen op zijn voorhoofd zwollen op* the veins started out on his forehead; *doen ~* swell, inflate; *~ van trots* swell (be puffed up) with pride

opzwelling swelling, tumefaction

opzwepen whip up; (*fig ook*) stir up, work up [into a passion], incite [a p.]

oraal oral; **orakel** oracle; **orakelachtig** oracular; **orakelen** pontificate; **orakelspreuk** oracle; **orakeltaal** oracular language

orangeade id

orangisme Orangism; **orangist** Orangeman

orang-oetan orang-utan, -outang

oranje orange; (*v verkeerslicht*) amber; *O~ boven!* three cheers for Orange!, Orange for ever!; **oranjeappel** orange; **oranjebitter** orange bitters; **oranjebloesem** orange blossom; **oranjeboom** orange tree; **oranjegeel** orange; **Oranjegezinde** Orangist; **Oranjehuis** House of Orange; **Oranjeklant** Orangist, Orangeman; **oranjekleur** orange(-colour); **oranjekleurig** orange(-coloured); **Oranjeman** Orangist, Orangeman; **Oranje-Nassau** Orange-Nassau; **oranjerie** 1 (*eig*) orangery; 2 (*serre*) conservatory, greenhouse; **Oranjerivier** Orange River; **Oranje-Vrijstaat** Orange Free State

oratie oration; (*univ*) inaugural (lecture)

oratio pro domo self-interested plea, special pleading; **oratorisch** oratorical

oratorium 1 (*muz*) oratorio; 2 (*kapel*) oratory

Orcaden, enz *zie* Orkaden, enz

orchidee orchid

ordale (*mv:* -lia, -liën) (*hist*) ordeal (*mv:* ordeals)

orde order (*in alle bet*); *openbare ~ en gezag* law and order; *de ~* ***bewaren*** preserve order; *~* ***brengen in*** restore order to [the scattered papers]; *de ~* ***handhaven*** maintain order; *~ en recht handhaven* maintain law and order; *hij* ***heeft*** *goede* (*strenge*) *~* he is a good (strict) disciplinarian; *de ~* ***herstellen*** restore order; *~* ***houden*** keep order; *hij kan geen ~ houden* he cannot keep (the boys in) order, cannot manage the boys (girls), cannot control the class; ~ ***scheppen*** create [some semblance of] order; ~ *op (zijn) zaken* ***stellen*** put things right (put one's affairs in order, set one's house in order); *de (openbare)* ~ ***verstoren*** break (disturb) the peace; ***aan*** *de ~ zijn* be under discussion; *dat is nu niet aan de* ~ that is out of order (not in order) now; *de zaak (een onderwerp) aan de ~ brengen* raise the matter, moot a subject; *aan de ~ komen* come up for discussion, arise [if the question arises]; *de voorzitter stelt ... aan de* ~ the chair opens the discussion on ...; *dat is aan de ~ van de dag* that is the order of the day (*ook:* education is very much in the air just now; protection is on the map again); ***buiten*** *de ~ zijn* be out of order; *buiten de ~ verklaren* rule out of order; ***in*** *de ~ van* [a sum] in the neighbourhood of [£10,000]; *in dezelfde ~ (van grootte)* of the same (order of) magnitude; *in ~ bevinden* find to be in order, find correct; *in ~ brengen* put (set) in order, put (set) right, put (set) to rights, arrange [papers], sort [things] out, get (set) [things] straight, fix [things] up; (*kamer, ook*) tidy up a room; *een stoomlocomotief weer in ~ brengen* recondition a steam engine; *ik zal het met hem in ~ brengen* I'll put things right (fix it) with him; *in ~ houden* keep [the room] in order; *dat komt in* ~ that will come right (will sort itself out); I will see to it; *het zal vanzelf wel weer in ~ komen* things will come right of themselves; *in ~ maken, zie* in ~ brengen; *niet in* ~ out of order; *in ~!* all right!, (*fam*) right oh!, right-o!; *het slot is in* ~ the lock is all right; *de machine is in* ~ the engine is in working-order; *de riolen zijn erg slecht in* ~ there is something seriously wrong with the drains; *hij is goed in* ~ he is quite well, quite fit, (*puik in ~*) as fit as a fiddle; *in volmaakte* ~ in perfect order; *alles is perfect in ~,* (*fam*) everything is OK, in apple-pie order; *dat is in ~,* (*afgesproken, enz*) that is settled; *zie zo, dat is in* ~ and that's that; *tot zover is alles in* ~ so far so good; *het is niet alles in ~ (tussen hen)* all (everything) is not well (between them); *er is iets niet in* ~ there is s.t. wrong (amiss), s.t. has gone wrong [with the motor]; *de rekening is in* ~ the account is correct (in order); *uw brief is in goede ~ ontvangen* your letter came duly to hand; *zij is niet goed in ~,* (*fam*) she is a bit under the weather; *zie ook* grootte~; ***op*** *~ leggen* arrange in proper order; *ben je helemaal op ~?* are you all straight?, (*in nieuw huis ook*) quite settled in?; *hij hielp ons om op ~ te komen,* (*in huis*) he helped to settle us in (to get things straight); *zie (ook)* in ~; ***tot*** *de ~ roepen* call to order, (*fam*) pull [a p.] up; (*parl*) name [an MP]; *tot de ~!* Chair!, Order!, Name!; *overgaan tot de ~ van de dag* pass to (proceed with) the order of the day; ***voor*** *de goede* ~ for regularity's sake; for the record

orde|bewaarder (*in zaal*) usher; **-broeder** friar, brother; **-geestelijke** regular; *de ~n* the regular clergy; **-houder:** *goed (slecht)* ~ good (bad) disciplinarian; **-lievend** law-abiding, orderly; **-lievendheid** love of order; **-lijk** I *bn* orderly; tidy; II *bw* in good order, in an orderly way; **-lijkheid** orderliness; tidiness; **-loos** disorderly; *de kledingstukken lagen ~ over de vloer verspreid* littered the floor; **-loosheid** disorderliness

ordenen 1 order [one's life, thoughts, etc], arrange [papers, thoughts, etc], regulate [the best regulated families], marshal [one's thoughts], put in order; [*elk land moet*] *zijn eigen zaken* ~ set its own house in order; 2 (*geestelijke*) ordain; 3 (*economie*) regulate [regulated competition], plan [planned economy], organize; **ordener** file; **ordening** 1 arrangement, regulation; ordering [of national life]; (*economie*) planning, planned economy; *ruimtelijke ~,* (*vglb*) town and country planning; 2 (*ve geestelijke*) ordination

ordentelijk 1 (*fatsoenlijk*) decent, respectable; 2 (*redelijk*) reasonable, fair; **ordentelijkheid** 1 decency; 2 fairness

order order, command; (*handel*) order; *connossement (cheque)* ***aan*** ~ bill of lading (cheque) to order; *aan de Heer B of* ~ [pay] to Mr B or order; *aan de ~ van* to the order of; *aan eigen* ~ to our own order, o/own; ***op*** ~ *(en voor rekening) van* by order (and for account) of; ***tot*** *nader* ~ until further notice; *tot uw ~s* [I am] at your service; *wat is er* ***van*** *uw ~s?* what can I do for you?; *zie ook* bestelling & last; **orderbevestiging** confirmation of order (*of:* of sale); **orderbiljet** *zie* -briefje; **orderboek** (*mil*) order(ly) book; (*handel*) order book; **orderbriefje** 1 note of hand, promissory note; 2 *zie* -formulier; **orderconnossement** bill of lading (B/L) to order; **orderformulier** order sheet, order form; **orderportefeuille** [a long, large] order book

ordeteken (badge of an) order, decoration [foreign decorations]; (*mv ook*) insignia of an order

ordeverstoring disturbance (of the peace), [commit a] breach of the peace

ordinaat ordinate

ordinair 1 (*gewoon*) ordinary, common(-or-garden); 2 (*niet fijn*) common, vulgar, coarse(-grained), low [talk]; (*v waren*) inferior, low-grade; **ordinariaat** (*univ*) full professorship; **ordinarius** full professor; **ordineren** ordain

ordner file

ordonnans 1 orderly, runner; (*bereden*) dispatch rider, mounted orderly; 2 aide(-de-camp); **ordonnansofficier** aide(-de-camp)

ordonnantie order, decree, ordinance; **ordonneren** order, decree, ordain

oreade oread; **oregamo** id; **oremus:** *het is daar* ~ things are in a bad way there

oreren 1 deliver an oration; 2 orate, hold forth [*over* on], declaim, (*fam*) spout

orf (*volkst & scherts*) *ovt van* erven

orgaan (*in alle betek*) organ; **organdie** id

organiek organic [law]

organisatie organization; **organisatiebureau** (firm of) management consultants; **organisatieschema** organization chart; **organisatietalent** talent for organization, organizing ability; **organisatievermogen** organizing power, organizational skill(s); **organisator** organizer; **or-**

ganisatorisch organizing, organizational
organisch organic [chemistry, disease, food, whole] (*bw:* -ally); **organiseren** organize; get up [a party, amateur theatricals]; mount [an exhibition]; orchestrate [a campaign]; (*hist*) organize, scrounge; **organisme** organism
organist(e) organist
organzinzijde organzine; **orgasme** orgasm
orgel 1 organ; *het ~ trappen* blow the organ; *een ~ draaien* grind an organ; 2 (*galerij*) organ-loft; **orgelbouwer** organ-builder; **orgelconcert** 1 organ recital; 2 (*muziekstuk*) organ concerto; **orgeldraaier** organ-grinder; **orgelen** (*v vogels*) warble; **orgelkast** organ-case; **orgelkoor** organ-loft; **orgelmaker** organ-builder; **orgelman** organ-grinder, -man; **orgelpijp** organ-pipe (*ook geol*); **orgelpunt** organ-point, pedal(-point); **orgelregister** organ-stop
orgie orgy; *een ~ van kleuren* a riot of colour
Oriënt [the] Orient; **oriëntaal(s)** oriental; **oriëntalist(e)** orientalist
oriën|tatie orientation; *zijn ~ kwijt zijn* have lost one's bearings; *ter ~* for your (etc) guidance; **-tatiebezoek** fact-finding mission (tour, trip); **-tatieloop** orienteering race (trip, etc)
oriënteren orient [a map, a surveying instrument, o.s.]; *zich ~,* (*ook*) take one's bearings [*op* from], see how the land lies, orientate o.s. [*naar, op* towards]; *zich ~ omtrent* familiarize o.s. with; *zich gemakkelijk ~* have a bump of locality; *dit is een algemeen ~d boek* this book provides a general introduction to the subject; *een ~d gesprek* a preliminary (introductory) talk; *~d onderzoek* pilot investigation; *Frans georiënteerd blad* paper with French leanings; *georiënteerd,* (*ook*) [politically, scientifically] minded, [communist] orient(at)ed; *internationaal georiënteerd zijn* have an international outlook; *ze waren van oudsher op Frankrijk georiënteerd* they traditionally looked to France; **oriëntering** orientation; *te uwer ~* for your information (guidance); **oriënteringspunt** 1 landmark; 2 point of reference; **oriënteringsvermogen** sense of direction
originaliteit originality
origine origin; *zie ook* oorsprong
origineel *bn & zn* [read a book in the] original
orillonspasser bow-compasses
Orion id; **ork(a)** orc(a)
orkaan hurricane; *de storm groeide aan tot een ~* the gale attained hurricane force
Orkaden: *de ~* the Orkneys, (the) Orkney (Islands) [live in Orkney]; **Orka|diër, -disch** Orcadian [Islands]
orkest orchestra, band; (*de plaats*) orchestra (pit); *zie ook* bewerken; **orkestbak** orchestra (pit); **orkestbegeleiding** orchestral accompaniment; **orkestdirecteur** conductor (of an orchestra); **orkestmeester** leader (of an orchestra); **orkestmuziek** orchestral music; **orkestpartituur** orchestral score; **orkestraal** orchestral; **orkestratie** orchestration; **orkestreren** orchestrate, score; **orkestrion** orchestrion; **orkesttoonhoogte** concert pitch
orleaan an(n)atto
ornaat official robes, robes of office; (*ve geestelijke*) pontificals, vestments, canonicals; *in vol ~* in full pontificals (canonicals); [the Mayor] in full state; (*univ*) in full academicals; (*fam*) in full fig
ornament id; **ornamenteel** ornamental; **ornamenteren** ornament; **ornamentiek** ornamentation
orneren adorn, decorate
ornitho|logie ornithology; **-loog** ornithologist
orogenese orogeny, orogenesis; **orografie** orography; **orografisch** orographical
Orpheus id; *van ~* Orphean, Orphic
orpiment id; **orseille** (*plant & verfstof*) orchil, archil; **orseillemos** orchil, archil
orthodontie orthodontics
orthodox id; **orthodoxie** orthodoxy
orthoëpie orthoepy; **orthogonaal** orthogonal; **orthografie** orthography
orthopedie orthopaedy, orthopaedic surgery; **orthopedisch** orthopaedic (*bw:* -ally); **orthopedist** orthopaedic surgeon, orthopaedist
ortolaan (*vogel*) ortolan
os ox (*mv:* oxen), bullock; (*fig*) ass, blockhead; *jonge ~* steer; *zie ook* slapen, enz
oscilleren oscillate; **oscillograaf** oscillograph; **oscilloscoop** oscilloscope
Osmaan(s) Ottoman, Osmanli
osmose osmosis; **osmotisch** osmotic
ossebloed oxblood; **ossegebraad** roast beef; **ossehaas** fillet of beef, undercut; **ossehuid** oxhide; **ossekop** oxhead; **ossele(d)er** oxhide; **ossestaart** oxtail [soup]; **ossestal** ox-stall; **ossetong** 1 oxtongue; 2 (*plant*) bugloss, alkanet, ox-tongue; **ossevlees** beef; **ossewagen** ox-, bullock-wag(g)on, -cart
ossificeren ossify; **ossuarium** ossuary
ostensief ostensive; **ostensorium** (*r-k*) ostensory, monstrance; **ostentatief** ostentatious
osteo|logie osteology; **-paat** osteopath, bone setter, manipulative surgeon; **-pathie** osteopathy, manipulative surgery; **-pathisch** osteopathic (*bw:* -ally); **-porose** osteoporosis
ostracisme ostracism
OT OT (Old Testament)
otolaryngologie otolaryngology; **otoliet** otolith; **otologie** otology; **otoscoop** otoscope
otter id; (*fig*) fathead; **otteren** *zie* klungelen
otterjacht otter-hunt(ing); **otterstation** otter reserve
Otto id, Otho; **Ottomaan(s)** Ottoman; **Ottomane** ottoman (couch)
oubollig waggish
oud old [man, house, friend, custom, wine], aged [man]; stale [beer, bread, egg]; (*niet langer gebruikt, ook*) disused [church]; (*vd oude tijd*) ancient [history, languages, Greece]; classical [languages]; (*antiek*) antique [furniture]; (*voormalig, in sam*) former, late, ex-[mayor], retired [judge, sea captain]; *zo ~ als de weg naar Kralingen* (*naar Rome*) as old as the hills; *een ~e firma* an old-established firm; *~ ijzer* old (scrap) iron, scrap; *~e jenever* old (*of:* matured) gin; *~e kaas* matured

(ripe) cheese; *~e kleren* old (*of:* second-hand) clothes; *~e lui* [the, my, etc] old folks; *~ nummer,* (*ve tijdschrift*) back number; *~ papier* waste paper; *~e rechten* vested rights; ***hoe*** *~ ben je?* how old are you?, what's your age?; *iem vragen hoe ~ hij is* ask a p.'s age; *hij is ik weet niet hoe ~* ever so old; *voor hoe ~ zie je me aan?* what age would you put me down at?, how old would you take me to be?; *hij is tien* ***jaar*** *~* he is ten (years old), ten years of age; *de heer A, ~ 40 jaar* Mr A, aged forty; *~* ***maken*** age [that ages you]; *~ en* ***nieuw*** *vieren* see the old year out, see the new year in; *men is nooit* ***te*** *~ om te leren* one is never too old to learn, live and learn; *hij is te ~ om te trouwen* past marrying; *~* ***worden*** grow old, age [she is ag(e)ing fast]; *hij wordt een dagje ~er* he isn't as young as he used to be; *hij werd heel ~* he lived to a great (a high old) age; *zie ook* oude, ouder, oudst, ouwe(...); dag, heer, jongen, leeftijd, tijd, mens, mop, nummer, enz

oudachtig elderly, oldish

oud-alumnus alumnus

oudbakken stale (*ook fig:* news, etc)

oud-burgemeester ex-mayor; ex-burgomaster; *vgl* burgemeester

oude old man (woman); ***de*** *~,* (*vader*) the governor, my old man; (*baas*) the governor, the old man, the boss; (*kapitein*) the old man; *de Oude van dagen,* (*Dan.* 7) the Ancient of Days; *tehuis voor ~n van dagen* home for old people, old people's home; *de Ouden* the ancients; *hij is* ***weer*** *helemaal de ~* he is quite himself (his usual self) again; *hij is niet meer de ~* he is not what he used to be; ***zoals*** *de ~n zongen, piepen de jongen* as the old cock crows, so crows the young; *bij* ***het*** *~ blijven* remain as it was; *alles bij het ~ laten* leave things as they are, as one finds (found) them; *zie ook* oud

oudedagsvoorziening provision for retirement; pension scheme; **oudeheer** (*vader*) governor, old man; **oude|jaar**, **-jaarsavond**, **-jaarsdag** New Year's Eve; **oudejaarsdienst** watch-night service (*tot middernacht*); **oude-kleerkoop** old clothes man, dealer in old (second-hand) clothes; **oude-klerenmarkt** old-clothes market, rag--market; **oudelui** [don't tell my] parents (my people); **oudemannenhuis** old men's home; **Oudengels** Old English

ouder I *bn* older, elder; (*in rang*) senior-ranking; *hij heeft ~e rechten* he has a prior claim; *hij is tien jaar ~ dan ik* ten years older than I am, ten years my senior, my senior (my elder) by ten years; *je ziet er ~ uit dan je bent,* (*ook*) you look older than your age (your years); *ze scheen jaren ~ geworden* she seemed to have aged years; *van 50 jaar en ~* of fifty years and over; *hoe ~ hoe* ***gekker*** there's no fool like an old fool; *~* ***gewoonte*** as of old, as usual; from old habit; *wij ~en* we oldsters; II *zn* parent; *mijn ~s* my parents; ***van*** *Duitse ~s* of German parents (parentage); *van ~ tot* (*op*) *~ overgaan* be handed down from generation to generation

ouderavond parents' evening; **oudercommissie** (*vglb*) parent-teacher association

ouderdom (*leeftijd*) age; (*hoge leeftijd*) old age, age; *zeer hoge ~* extreme old age; *een hoge ~ bereiken* attain (live) to a great age; *de ~ komt met gebreken* old age has its infirmities; *in de ~ van* at the age of; *zie ook* leeftijd

ouderdomskwaal infirmity of old age; **ouderdomspensioen** old-age pension; **ouderdomsverzekering** retirement insurance

oudere elderly person (c 55 up); (*jeugdsl*) wrinklie; *de ~n* elderly people, the elderly

ouderejaars senior (student)

ouder|gewoonte *zie* ouder I; **-huis** parental home; **-liefde** 1 parental love; 2 filial love; **-lijk** parental; *~e macht* parental control; **-ling** elder; (*Angl*) churchwarden; **-loos** without parents, parentless, orphaned; *~ kind* orphan; **-paar** parents, father and mother; **-plicht** parental duty; **-schap** parenthood; parenting; *gedeeld ~* joint parenting; **-schapsverlof** parental (*zwangerschaps:* maternity) leave

ouderwets I *bn* old-fashioned, outmoded [dress], outdated [customs]; ancient, antique, old-world [customs, notions, cottage]; *een ~e Kerstmis* a good old-fashioned Christmas; *een echte ~e ruzie* a high old row; II *bw* in an old-fashioned way; *we hadden ~ veel plezier* we had a high old time (of it); *hij werd ~ afgeranseld* he got a sound thrashing

oudevrijsterachtig old-maidish

oudevrouwenhuis old women's home

oudewijvenknoop granny (knot); **oudewijvenkoek** (kind of) aniseed cake; **oudewijvenpraat** old wives' tale(s), idle gossip

Oudfrans Old French

oudgast old colonial; **oudgediende** veteran; (*inz uit de wereldoorlogen*) ex-Serviceman; (*fig ook*) old hand (stager, campaigner), old-timer

Oudgermaans Primitive (Common) Germanic; *vergelijkend ~* comparative Germanic

oudheid antiquity; *uit de verste ~* from the remotest ages, from time(s) immemorial; *oudheden* antiquities [Greek antiquities; museum of antiquities]; **oudheidkamer** museum of antiquities; **oudheidkenner** antiquarian, antiquary; **oudheidkunde** archaeology; **oudheidkundig** antiquarian, archaeological; **oudheidkundige** antiquarian, antiquary, archaeologist

oudhollands Old Dutch; *~ papier* hand-made paper; *~e tuin* Dutch garden

Oudhoogduits Old High German

oud-hoogleraar professor emeritus, retired professor; **oud-indischman** ex-colonial

oudje old (wo)man; (*vrouw, ook*) granny, [the dear] old thing, (*aanspr*) mother; *de beide ~s* the old folks; (*pers & ding, inz auto*) (old) crock; (*ding, soms pers*) museum piece

oud-katholiek Old Catholic; **oud-leerling** old pupil, old boy; **oudmodisch** outmoded

Oudnederlands Old Dutch, Old Netherlandish

Oudnoors Old Norse

oud-officier ex-officer; **oudoom** great-uncle

oudroest old (scrap) iron, scrap (metal); **oudro-**

ze old rose; **ouds**: *van ~, zie* oudsher; **Oudsaksisch** Old Saxon; ~ *porselein* Dresden china
oudsher: *van* ~ of old, from of old, for a long time past, from early days; *van ~ bestaand* (*gevestigd*) old-established [business, newspaper]
oudst oldest [the oldest inhabitants], eldest [my eldest brother]; *~e bediende* (*vennoot*) senior clerk (partner); *~e,* (*in de klas*) senior (pupil), (*vglb*) prefect; *~e in rang* senior-ranking [officer]; *op zijn ~ 16* [he is] sixteen at the oldest; *zie ook* recht I.1
oud-strijder *zie* oudgediende; **oudtante** great-aunt; **oudtestamentisch** Old-Testamentary; **oudtijds** in olden times; **oudvader** patriarch; **oudvaderlands**: ~ *lied* traditional song; ~ *recht* Old Dutch law; **oudvaderlijk** patriarchal; **oud-voorzitter** past chairman, ex-president
Ouessant Ushant; **outaar, outer** (*vero*) altar
outil|lage equipment, plant; **-leren** equip, fit out, appoint [a well-appointed hotel, ofice, surgery]
ouverture overture (*ook fig:* make overtures for/ of peace); **ouvreuse** usherette
ouwe *zie* gouden & oude; ~ (*jongen*)*!* old man!
ouwe|heer (*vader*) governor, old man; **-hoer** gasbag; **-hoeren** (*zaniken*) go on (and on), witter; (*kletsen*) chat, jaw, gas; *jij kunt mooi ~* it's easy for you to talk; *een hoop geouwehoer* a load of bull; **-jongens-krentenbrood** (*fam*) old boys together; (*nepotisme*) jobs for the boys
ouwel wafer; (*voor poeiers, enz ook*) cachet
ouwelijk oldish, elderly; **ouwetje** *zie* oudje
ovaal oval
ovariëctomie ovariectomy; **ovariotomie** ovariotomy; **ovarium** ovary
ovatie ovation; *een ~ brengen* give an ovation; (*bij heengaan ook*) give a [rousing, etc] send-off; **ovationeel** ovational [applause]
oven id; (*ve fabriek ook*) furnace; (*kalk-, moutoven, enz*) kiln; **ovenpaal** peel, baker's shovel; **ovenplaat** baking tray; **ovenvast** oven-proof; **ovenvogel** oven-bird
over I *vz* 1 (*boven*) over [the town; crouch over the fire]; *hij keek ~ zijn bril heen* he looked over ...; *zie ook* ~heen; ~ *zijn* ***werk*** *in slaap vallen* fall asleep over one's work; 2 (*langs:*) ~ *de hele lengte van het huis* along the whole length of ...; *de spoorweg loopt ~ de* ***brug*** the bridge carries the railway; *het touw loopt ~ een* ***katrol*** the rope runs in (over) a pulley; ~ *de* ***post*** [send] by post; *de tranen stroomden haar ~ de* ***wangen*** the ... down her cheeks; 3 (*dwars ~*) across [go across the river, the Channel, the fields], over [jump over the brook]; *een* ***brug*** *~ de Dee* a bridge across (over) the Dee; *de punten van de pen zitten ~* ***elkaar*** the nib is crossed; ~ *de* ***grens*** across the frontier; *de boeken lagen ~ de* ***kamer*** the ... lay about (all over) the room; ~ ***land*** (*en ~ zee*) by land (and by sea); 4 (*aan de overzijde van*) beyond [the river, the mountains]; (*vs*) opposite [the post office]; 5 (*via*) by way of, via [Flushing]; 6 (*na*) in [an hour], past [eight (o'clock)], (*ook*) after [a little after seven]; *3 minuten ~ acht* (*~ half acht*) three minutes past eight (twenty-seven minutes to eight); *een beetje* (*enkele minuten*) ~ *half drie* [he came] a little (a few minutes) after ...; ~ *vijftig* ***jaar*** fifty years hence; ~ *vier* ***minuten*** [begin] in four minutes (from now); ~ *enige* ***tijd*** after some time; ~ *een* ***week*** (*acht dagen*) in a week('s time), a week hence, a week today, this day (today) week; *donderdag ~ een week* (*acht dagen*) Thursday week, a week from (on) Thursday; 7 (*meer dan*) over, above, upwards of [forty]; (*ver*) ~ *de* ***honderd*** (well) upwards of (over, more than) a hundred; *hij is ~ de zestig* he is turned sixty, on the wrong side of sixty; 8 (*wat betreft*) about, concerning, over [a quarrel over nothing]; *de Heer M ~ de crisis* Mr M on the ...; ***koning*** (*heer, enz*) ~ ... king (lord, etc) of ...; ~ *een* ***onderwerp*** *schrijven* write on (about) a subject; *de winst ~ het eerste kwartaal* the profit for the first quarter; *hij heeft iets ~* ***zich*** *dat ik niet mag* he has s.t. about him that ...; *zie ook* hoofd, enz; II *bw* 1 (*voorbij*) [the concert is] over; ***alles*** *is ~ met hem* it's all up with him; ***dat*** *is ~,* (*afgedaan*) that's done with; *mijn* ***kiespijn*** *is helemaal ~* my ... is quite gone; *mijn* ***moeilijkheden*** *zijn ~* my troubles are at an end; *de* ***stemming*** *is ~* the voting is over (and done with); *de* ***strijd*** *is ~* the struggle is over; 2 (*ongebruikt*) [there is one] left; *zie ook* opnieuw; *het is ~ van de vorige keer* it is left over from last time; *hij is ~,* (*te veel*) he is one too many, he is odd man out; *als er* ***tijd*** *~ is* if there is any time left; *we hebben 5 minuten ~* we have ... in hand; *houd maar wat er ~ is* you may keep the change; *er was reden* ***te*** *~* there were plenty of reasons; 3 (*op andere plaats*) across; *tegen 10 uur zal ik ~ (het Kanaal) zijn* by ten I shall be across; *hij is ~* (*niet ~*), (*school*) he went up (didn't go up) to the next class; *iem ~ hebben* have a p. to stay with one; *zij zijn ~,* (*verhuizing*) they have moved in; ~ *het* ***geweer****!* slope arms!; *hij woont* ***hier*** *~* he lives opposite, over the way; *de hele* ***wereld*** *~* all over the world, throughout the world, worldwide; 4 *~ en* ***weer*** to and fro; mutually; *elkaar ~ en weer (on)beleefdheden zeggen* bandy (in)civilities; *zie ook* ~hebben, enz; III *zn* (*cricket*) id
overafkoeling (*natuurk*) supercooling
overal everywhere; (*fam*) ['where has she been?'] 'all over the place'; *ik heb ~ gezocht* I have searched high and low; *hij denkt ~ aan* he thinks of everything; ~ *waar* wherever, everywhere [I went I found them]; *het is ~ even dik* it has (is) the same thickness throughout; *ze mocht ~ in het huis komen* she had the run of the house; ~ *in het land* throughout (all over, up and down) the country
overal(l) overall(s); **overbagage** excess luggage
over|bedeeld overendowed [*met* with], with more than [one's] proper share [*met* of]; **-bekend** generally (universally) known; (*meestal ong*) notorious; *zijn naam was ~* his ... was a household word; *de heer B, als verslaggever* (*als noordpoolreiziger*) ~ Mr B, of reportorial (of arctic) fame; **-belasten** overburden; (*ook techn*) overload; (*met passagiers*) overcrowd; (*v belastingen*) overtax; *overbelast,* (*ve schip*) overladen; **-belasting**

overburdening; overload(ing); overcrowding [of public vehicles]: over-taxation; **-beleefd** too polite, obsequious; **-belichten** (*fot*) over-expose; **-belichting** (*fot*) over-exposure; **-beschaafd** over-civilized, -refined; **-besteding** overspending; **-bevissing** over-fishing; **-bevolking** 1 over-population; (*ve stadswijk bijv*) overcrowding, congestion; 2 (*het teveel*) surplus population, overspill; **-bevolkt** overpopulated; overcrowded, congested; *vgl* -bevolking; **-beweiding** overgrazing; **-bezet** overcrowded [buses]; overstaffed [office]; overburdened [person]; overbooked [hotel]; **-bieden** outbid [a p.]; raise [a bid by 10%]

overblijfsel remainder, remnant, remains, rest, relic, survival [from those days], vestige [from the dark ages]; *~en,* (*na brand, enz*) wreckage; *gewijde ~en* relics

overblijven 1 (*overschieten*) be left, be left over, remain; *blijft nog over,* (*als punt van beschouwing, enz*) *Rusland* there remains Russia; *er bleef ons* ***niets*** *anders over dan* ... nothing was left to us (remained to us) but ..., there was nothing for it but to ..., the only choice left us was ...; *van al zijn goede voornemens bleef niets over* all his good resolutions came to nothing; *van zijn bewering blijft alleen dit over* his whole statement boils down to this; *~de jaren* [his] remaining years; *het ~de* the remainder, the rest; *de ~den* the survivors, those left behind; *de ~de boedel* the residuary estate; 2 (*blijven*) stop (over); (*'s nachts*) stay the night; (*op school*) remain during the midday interval; *~de plant* perennial (plant); *in P ~* stop in P on the way; *een* ***boot*** (*trein*) *~* stay over a boat (train); ***zondag*** *~* stay over (the) Sunday

overbluffen bluff, face [a p.] down, put [a p.] out of countenance, browbeat; *overbluft* dumbfounded, flabbergasted, [be] (completely) taken aback

overbodig superfluous, redundant; *~ te zeggen* ... needless to say ...; **overbodigheid** superfluity, redundancy

overboeken 1 transfer; 2 over-book; **overboeking** 1 transfer; 2 over-booking

overboord overboard; *~ slaan* (*spoelen*) be washed (swept) overboard; *~ werpen* throw overboard, (*ter verlichting van schip*) jettison (*beide ook fig*); throw [dignity] to the winds; *een degelijk raadsman ~ zetten,* (*fig*) drop the pilot; *zijn lijk werd ~ gezet* he was buried at sea; *dan is er nog geen man ~* it is not the end of the world

overborrelen bubble over [with energy]

overbrengen 1 transport [goods, etc], move [furniture to another room], convey [goods, sound, a disease, the condolences of ...], take [a message], transfer [a business to ...; a convict to another prison; thoughts; *zie ook* -boeken]; carry [diseases, germs; a message; the war into the enemy's country]; *de zetel der regering* ***naar*** *L ~* transfer the seat of (the) government to L; 2 (*af-, door-, weergeven*) deliver [a message]; remove [a p. to hospital]; transmit [heat, light, sound, news, diseases; photographs by wireless]; pass on [a disease]; transfuse [blood]; translate [into English], turn [verse into prose]; *zijn woorden enz zijn verkeerd overgebracht* he has been misreported; *door melk* (*muskieten*) *overgebracht* milk-(mosquito-)borne [disease]; 3 (*v stenografisch in gewoon schrift*) transcribe [shorthand into longhand]; *in code ~* encode; *zie ook* -zetten; 4 (*verklappen*) blab, repeat; *zie ook* -brieven; 5 (*bij optellen*) carry; (*rek*) transpose; 6 (*op nieuwe rekening*) *zie* rekening; **overbrenger** 1 carrier [of diseases, etc]; bearer [of a message]; 2 (*klikker*) telltale; **overbrenging** 1 transport, conveyance; 2 transfer; [thought] transference; 3 removal; 4 transmission (*ook techn*); carrying; 5 [blood] transfusion; 6 translation; *vgl* -brengen; **overbrengingsas** [transmission] shaft

overbrieven repeat, pass on, blab [the whole story]; *ik zal het niet ~* I shan't talk (tell tales)

overbriever telltale

overbruggen bridge (over); *de moeilijke jaren ~* tide over the hard years; *niet te ~* unbridgeable

overbrugging bridging

overbruggings|lening bridging loan; **-regeling** temporary (transition, interim) arrangement; **-toelage** price compensation allowance

overbuigen bend over; **overbuur** neighbour across the way; *de -buren* the people opposite; **overcapaciteit** overcapacity; **overcompensatie** (*ook psych*) overcompensation

overcompleet I *bn* supernumerary, superfluous, surplus (to requirements); *zie ook* over II.2; II *zn* surplus, overplus

overdaad excess, superabundance, exuberance; *~ schaadt* one can have too much of a good thing

overdadig excessive, superabundant, exuberant; *~e goede werken* works of supererogation; *~ drinken* (*eten, roken*) drink etc to excess; *~ zweten* sweat profusely; **overdadigheid** *zie* -daad

overdag in the daytime, by day, [work] days

overdek 1 cover; 2 (*mar*) upper deck; **overdekken** cover (in, over, up), roof over (*of:* in); *met modder* (*zeildoek*) *overdekt* covered in mud (with a tarpaulin); **overdekking** cover; **overdekt** covered-in [playground], roofed-in, indoor [swimming-pool], covered [stand *tribune*]

overdenken reflect on, consider, turn over in one's mind, meditate on, ponder (over, on) [the question], think [the matter] over; *goed overdacht* well considered, well thought-out [plan], deeply laid [plot]; **overdenking** reflection, meditation, cogitation

overdisponeren overdraw one's account

overdoen 1 do [s.t.] over again; 2 (*afstaan*) dispose of [one's business to ...], make over [the house was made over to ...], sell; depute [a task to ...], pass [a question] on to ...; *de huur ~ aan* dispose of the lease to; *doe er een doek over* put a cloth on (over) it; *zie ook* dunnetjes

overdonderen *zie* overbluffen

over|dosering, -dosis [a heroin] overdose; *een -dosis nemen* overdose [*van* on]

overdraagbaar transferable [vote]; portable [pension]; (*med*) infectious, contagious; *seksueel*

-bare aandoening, SOA sexually transmitted disease, STD; **overdracht** transfer(ence), assignment, conveyance, delegation, handover; *~ van de Kroon* (*door overlijden*) demise of the Crown; *vgl* -dragen *& zie ook* akte; **overdrachtelijk** metaphorical; **overdrachtskosten** cost of transfer(ence); (*vastgoed*) conveyancing fees

overdragen carry over; carry; transmit [diseases, knowledge, experience]; transfer, convey, make over [property]; assign [a right]; hand over [the chairmanship, one's case to ...]; delegate [authority, duties]; (*endosseren*) endorse; *zie ook* overdoen

overdreven exaggerated [report], overdone [civility]; (*buitensporig*) extravagant, excessive [praise], immoderate [zeal]; (*~ in gevoelsuiting*) gushing [woman, speech]; *~ nauwgezet* painfully conscientious; *~ taal* [it is mere] gush; *dit lijkt een ~ voorstelling van zaken* this seems taking it a bit far; *het is niet ~ warm* it isn't all that warm; (*tot in het*) *~(e)* [good, generous, etc] to a fault

overdrevenheid exaggeration, excessiveness, extravagance, immoderateness, gush

'overdrijven (*v onweer, enz, ook fig*) blow over; *~de wolkenvelden* low driving cloud

over'drijven exaggerate, overdo, overstate [a case], pile it on, lay it on thick; (*theat*) overact; *sterk ~,* (*ook*) lose all sense of proportion; *je overdrijft* you're exaggerating (overdoing it); *niet ~* preserve a sense of proportion

over'drijving exaggeration; *het is geen ~ te zeggen* it is not too much to say; *zie ook* overdrevenheid

overdruk *zn* 1 (*ve artikel*) offprint, reprint, separate; 2 (*op postzegel*) overprint, surcharge; 3 (*techn*) overpressure; (*stoomwezen*) effective pressure; **overdrukken** reprint; (*postzegel*) overprint; (*plaatjes*) transfer; **overdrukplaatje** transfer(-picture)

overduidelijk obvious, abundantly plain (*of:* clear); **overduvelen** *zie* overbluffen

overdwars [it is 4 ft] across, crosswise, athwart; *~e snede* cross-cut; *~ geplaatst* transverse [engine]; *het schip lag ~ in de rivier* the ship lay ... broadside on; *~ doorsnede* cross section; *iem ~ komen* cross (*of:* thwart) a p.

overeen 1 [with arms] crossed; 2 *~ uitkomen* come to the same thing; **overeenbrengen** reconcile [conflicting statements]; *het verhaal is niet overeen te brengen met de waarheid* the ... cannot be reconciled with (the) truth; *met zijn geweten ~* reconcile [s.t.] to (*of:* with) one's conscience, square [s.t.] with one's conscience; *ik kan het met mijn geweten niet ~* it goes against my ...

overeenkomen agree [with a p., on a thing]; *~ met* agree with, fit [the theory fits the facts]; correspond with [the original]; answer (to), conform to [the description]; tally with [it does not tally with your statement]; *deze stof komt er precies mee overeen* this ... matches it exactly; *~de verklaringen* identical statements; *zie ook* overeenkomstig; ***iets** ~* agree (on, upon) s.t.; *-gekomen* [*prijs, plaats*] [the price, place] agreed on (*soms* agreed: an agreed sum); *zoals -gekomen* as arranged; *zie ook* -stemmen & beantwoorden: ~ aan

overeenkomst 1 (*overeenstemming*) agreement, conformity; 2 (*gelijkenis*) resemblance, similarity; 3 (*contract*) contract; (*verdrag*) treaty, convention, agreement, pact; *zie ook* aangaan 7, afspraak, treffen, vertonen, enz; **overeenkomstig** I *bn* corresponding [the corresponding month of last year; *wisk:* corresponding angles (sides)]; *~ geval* similar (analogous) case; II *vz* in accordance with, in keeping with [the facts]; *~ uw wensen,* (*ook*) in compliance with, pursuant to your wishes; **overeenkomstigheid** conformableness, conformity, similarity

overeenstemmen agree, concur, harmonize [*met* with]; *~ met,* (*ook*) be in keeping (fit in, chime in, accord) with, be conformable to, fit [the facts], match [these statements don't match]; *dit stemt overeen met wat ik zei* this corresponds (squares, fits in, tallies) with ...; *de straf stemt niet overeen met het misdrijf* the punishment does not fit ...; *zie ook* -komen; **overeenstemming** agreement, concurrence, harmony; (*v mening*) consensus (of opinion); (*gramm*) concord, agreement; *er bestaat volkomen ~ tussen hen wat betreft ...* they are in entire agreement as to ...; *~ bereiken over* reach agreement on; ***in** ~ met* in conformity (agreement) with; *in ~ brengen met* bring [legislation] into agreement with [the feelings of the people, modern practice], make [the punishment] fit [the crime], reconcile [one's interests] with [one's duty]; *met elkaar in ~ brengen* coordinate [efforts to reduce pollution], bring into line with one another, harmonize [texts], reconcile [conflicting claims]; *in ~ zijn* (*met*) be consonant (with); *zie* (*ook*) -stemmen (met); ***tot** ~ komen* come to terms (to an agreement, to an understanding)

overeind upright, on end, erect, [the coffin stood] end up, endways, endwise; *de boot kwam weer ~ te liggen* righted herself again; *~ gaan staan* (*zitten*) stand (sit) up; *~ blijven staan* remain erect; *~ blijven,* (*fig*) keep going, remain in being; *~staande haren* bristling hair; *~ zetten* raise, set (put) up, place on end, up-end; prick up [the dog pricked up its ears]; right [a car]; *zie verder* ophelpen, opkrabbelen, enz

over-en-weer reciprocal; *~ gepraat* palaver; *zie ook* over

overerfelijk her(ed)itable; *zie* erfelijk

overerven I *tr* inherit [property, defects from one's ancestors]; II *intr* be inherited, be hereditary; pass (down) [from one generation to another]; **overerving** heredity, hereditary transmission [of mental disorder, etc]

overeten: *zich ~* overeat (o.s.), (*Am sl*) pig out

overgaan 1 (*straat, enz*) cross [the street, a stream]; 2 (*ve bel*) ring; 3 (*op school*) go up, be moved up; *niet ~* stay down; 4 (*voorbij: v pijn, enz*) pass off, wear off; (*ve bui*) blow over; *dat zal met de tijd wel ~* it will pass (wear) off with time; 5 (*mar, v lading, enz*) shift; 6 (*veranderen, in een andere toestand komen*) pass; (*sterven*) pass over; ~ ***in*** pass (change) into; develop into [pneumonia]; (*geleidelijk*) fade into [twilight], blend into [spring blended into summer]; *groen ~de in grijs* green turning to (merging into) grey; *de beide soorten gaan geleidelijk in elkaar over* the ... shade off (merge) into one another; *de woorden gingen over in een gemompel* the words trailed off into a murmur; (*v eigendom*) pass (over); ~ *in handen van* pass into the hands of; ~ *in staatseigendom* pass over to State ownership; ~ ***naar*** go over to [the enemy, the Liberals], move [from one group] to [another]; (*naar andere partij, ook*) change sides; ~ *naar ...,* (*ook*) transfer (be transferred) to [another regiment, the Chair of English Literature]; cross [the floor of the House] to [the Conservatives]; switch (over) to [the Treasury]; *de titel gaat over* ***op*** *X* the title passes (descends) to X, X succeeds to the title; *zijn titel gaat over op ...,* (*ook*) he is succeeded in the title by ...; ~ ***tot*** pass on to [another subject], turn to [the next case]; change over (switch) [from one system] to [another], take to [closing at six]; embrace [Islam]; *zie ook* ~ naar; *tot de aanval* ~ attack, assume (take) the offensive; *weer tot de aanval* ~ return to the attack; *tot een andere godsdienst* ~ change one's religion; *tot handelen* ~ proceed to action; *tot arbitrage* ~ go to arbitration; *tot zaken* ~ proceed (get down) to business; *zie ook* bederf, stemming, enz

overgang 1 crossing; 2 transit [of Venus]; 3 change, transition; conversion [to another faith]; change-over [to summer time]; (*pol*) change of sides; 4 (*muz*) modulation; 5 (*school*) [he got his] remove; 6 (*ve vrouw*) menopause, change of life

overgangs|bepaling temporary provision; **-examen** qualifying examination, end-of-year examination; **-gebied** transition area; **-jaren**, **-leeftijd** climacteric (period), change (of life); **-maatregel** temporary measure; **-stadium** transitional stage, stage of transition; **-tijdperk** transition period

overgankelijk transitive [verb]

overgave 1 handing over, delivery [of a parcel, etc]; giving up; abandonment [her abandonment to sorrow]; (*ve stad, v documenten, v zichzelf, ook berusting*) surrender; (*overdracht*) transfer; (*afstand*) cession; *zie ook* honger; 2 (*toewijding*) devotion, dedication

overgedienstig (over-)officious, obsequious

overgehaald double-dyed [fool], out-and-out [scoundrel]; *zie ook* overhalen

overgelukkig extremely (*of:* most) happy, overjoyed, enraptured

overgeven I *tr* 1 (*overreiken*) hand (over), pass; (*afstaan*) give up (over), yield, deliver up, surrender [a fortress]; *aan de politie* ~ give [a thief] in charge; ***zich*** ~, (*aan vijand, enz*) surrender (o.s.), give o.s. up, yield (o.s.); *zich ~,* (*aan gewoonte, enz*) give o.s. up to [sport, etc], give way to, indulge in [drink], surrender o.s. to [vice]; 2 (*braken*) vomit, throw up, (*fam*) sick (up); spit [blood]; II *intr* 1 vomit, be sick, (*fam*) sick; 2 (*bij kaartspel*) deal again

overgevoelig over-(hyper-)sensitive, highly strung, thin-skinned, touchy; **overgevoeligheid** over-sensitiveness, touchiness

overgewicht overweight

'overgieten pour [*in* into], decant [wine]; (*morsen*) spill; **over'gieten** water [plants], wet; ~ *met* cover with, suffuse with; douse in [petrol]; pour [brandy] over; *overgoten* suffused [with tears (blushes)], bathed [in sunlight]

overgooien throw (fling) over; *het roer* ~ jam the helm over; **overgooier** (*kledingstuk*) pinafore dress, tunic, gymslip; **overgordijn** draw-curtain

overgroot vast [majority], undue [haste]

overgrootmoeder great-grandmother; **overgrootvader** great-grandfather

overhaal ferry

overhaast I *bn* precipitate, overhasty, hurried, hasty [conclusion], headlong [flight]; *~e verkiezing* rush (*of:* snap) election; II *bw* precipitately, etc; in a hurry; **overhaasten**: (*zich*) ~ hurry, hustle; **overhaastig** *zie* -haast; **overhaasting** precipitation, precipitancy, overhaste

overhalen 1 (*ergens vandaan*) fetch over; (*in veerboot*) ferry over (*of:* across); 2 (*hefboom*) pull (throw) over [a lever]; throw [a switch, the points *wissel*]*;* pull [the bell, the trigger]; *de* ***haan*** (*ve geweer*) ~ cock a rifle; *de haan was half* (*geheel*) *overgehaald* the gun was at half (at full) cock; *een* ***schip*** ~ careen a ship; 3 (*distilleren*) distil [spirits]; 4 (*overreden*) persuade [a p. to do s.t., into doing s.t., into a marriage], get (bring) [a p. to do s.t.], talk [a p.] over (*of:* round), prevail (up)on [a p.], win [a p.] over [to a party]; *iem tot een standpunt* ~ talk a p. round; *zich* ***laten*** ~ be persuaded, allow o.s. to be talked over; *zie ook* overgehaald & zienswijze

overhand: *de* ~ ***hebben*** have the upper hand [*op* of]; have the mastery, predominate [*op* over], prevail; *die mening heeft thans de* ~ that opinion now prevails; *de* ~ ***krijgen*** get the mastery [*op* of], get gain the upper hand [*op* of], (*fam*) get on top; *de ~ krijgen op,* (*ook*) get the better of; **overhandigen** hand (over) [hand a p. a letter], deliver; present [a petition *verzoekschrift;* one's letters of credence *geloofsbrieven*]; **overhandiging** delivery, handing over, presentation; **overhands** overhand; ~ *naaien* sew overhand, overcast; *~e steek* whip-stitch

overhang id; **overhangen** hang over, incline; *~de rotswand* beetling cliff; *~de struiken* overhanging shrubs; **overheadkosten** overheads

overhebben 1 have [no strength, no money] left; have [a few hours] to spare; *een kamer* ~ have a spare room; *ik heb er geen geld* ***voor*** *over* I don't wish to spend anything on it; *ik heb alles voor hem over* I would do (sacrifice) anything for him; *hij had er de kosten voor over* he didn't grudge the cost; *ik heb er veel moeite voor overgehad* I've been at great pains to get it (to do it); *dat had ik er wel voor over* [I got fearfully dirty, but] it was worth it; *het heeft niet over* it could be better (is only so-so); 2 *zie* over II.3

overheen: (*er*) ~ over, across, [wearing a gown,

with a fur coat] on top; *daar kunnen nog jaren ~ gaan* it may take years; *ik liet er geen tijd ~ gaan, maar waarschuwde hem direct* I lost no time in warning him; *daar **ben** ik ~* I've got over that; *neem er nog een **glaasje** ~* have one more glass to top up with; *ik **kan** er niet ~ (komen)* I can't get over it; *ergens ~ **lezen**, zie* lezen; *ergens ~ **stappen**, (eig)* step over s.t.; *daar zullen we maar ~ stappen* we'll pass over that, we'll overlook it; *ik zal er maar ~ stappen* I won't press the point; *(over een paar pond)* I'll not stick at (we'll not quarrel about) a few pounds; *(over die bezwaren)* I won't let these objections stand in the way; *je moet je er ~ zien te **zetten*** you should try to get over it

overheerlijk (absolutely) delicious, scrumptious [meal], wonderful, glorious [weather]

overheersen I *tr* domineer over, dominate [that sentiment dominated all others], overbear; II *intr* predominate; **overheersend** (pre)dominant [race, note], prevailing [winds; the prevailing note of our time]; dominating [colour, mode]; **overheerser** tyrant, despot; **overheersing** rule, domination

overheid government, (public) authorities; *plaatselijke ~* local authority; *door de ~ gesteund* publicly maintained [schools], state supported

overheids|ambt government office; *(rechterlijk)* magistracy; **-bedrijf** state-owned enterprise, *(nuts-)* public utility; **-beschikking** government decision (measure), official ruling (regulation); **-dienst** government(al) department; *hij ging in ~* he joined the Civil Service; **-gelden** public funds (money); **-instelling** Government agency (organization); **-personeel** public servants; **-persoon** (person in) authority; *(rechterlijk)* magistrate; **-tekort** budget deficit; **-uitgaven** 1 public (government) spending (expenditure); 2 (local) government publications; **-wege**: *van ~* on behalf (on the part) of the Government, publicly [funded], officially [appointed]

overhellen lean over, hang over, incline; *(mar)* list (heel) [to port, to starboard], *(tijdelijk, ook van vliegt)* heel over; *(laten) ~, (ve vliegt & auto, in bocht)* bank; *gaan ~, (mar, vliegt)* take on a list; *~ naar (tot), (fig)* lean (have a leaning) to(wards), tend (gravitate) towards, incline to [conservatism, a different theory, the view that ...]; *doen ~* tilt; **overhelling** leaning, inclination *(beide ook fig)*; *(mar)* list

overhemd shirt; *(rokhemd)* dress-shirt; *~je* shirt-front, dicky; **overhemdblouse** shirt (blouse); **overhemdjurk** shirt-waister (dress); **overhemdsknoopje** (shirt, front) stud

overhevelen 1 siphon (over); 2 *(fig)* transfer, hive off, siphon off [money illegally]

overhoeks diagonal(ly), oblique(ly), *(Am)* cater-corner(ed)

overhoop 1 in a heap, in confusion, in disorder, topsy-turvy, higgledy-piggledy, pell-mell, at sixes and sevens; 2 *(fig)* [be] at loggerheads, at variance; *zie ~*liggen

overhoop|gooien upset, overthrow; *vgl* -halen; **-halen** turn over, rummage (in, through), make hay of [a p.'s papers, a room], turn [a room] inside out (upside down); **-liggen** 1 *(ve kamer, enz)* be in disorder, *(sterker)* in a mess; 2 *(fig)* be at variance (at odds, at loggerheads) [*met* with]; *ik lig met hem overhoop* we are at loggerheads; **-raken** get into confusion; *(fig)* fall out [with a colleague]; **-schieten** shoot down; **-steken** stab

overhoren hear [lessons]; test

overhouden save [money], have [s.t.] left; *ik houd genoeg geld over* I'm left with enough money; *ik heb er een verkoudheid aan overgehouden* it has left me with a cold; *ik heb er een prachtig horloge aan overgehouden* it has provided me with a fine watch; *de winter ~* keep [things] through the winter, winter [plants, etc]; *dat houdt niet over* that could be better (is only so-so)

overhuiven hood (over)

overig remaining; *de ~e dagen van zijn leven* his remaining years, the rest of his life; *het ~e* the rest, the remainder, *(vooral van geld ook)* the balance; *voor het ~e* for the rest; *vgl* overigens; *wij zorgen voor het ~e* we do the rest

overigens 1 for the rest; apart from that; otherwise [this otherwise useful measure]; *~ een verstandig man* an otherwise sensible man; *~ geen wrede man* a man not otherwise cruel; *een ~ niet moeiteloze overwinning* an admittedly ...; 2 *(trouwens)* indeed, for that matter, though; *~ betekent dit niet* ... this is not to say ...

overijld precipitate, rash; **overijlen**: *zich ~* hurry, rush things; *overijl je niet, (ook)* don't do anything rash; **overijling** precipitation, precipitance, precipitancy, undue haste, hurry; *vooral geen ~* above all, don't rush things

overinspanning overstrain

overjarig 1 more than one year old [seed], [this jam is] last year's; *~e plant* perennial; 2 superannuated [spinster]; 3 old-fashioned [model]

overjas overcoat, top-coat, greatcoat

overkalken copy, crib

overkant opposite (other, far, farther) side; *aan de ~ van, (ook)* beyond [the river, the mountains], across [the Channel]; *aan de ~ (van de straat) wonen* live over the way, live opposite; *aan de ~ van het graf* beyond the grave; *naar de ~, (ook)* [carry me] across

overkapitalisatie over-capitalization

over'kappen roof in, cover (in); **overkapping** [station, platform] roof(ing); *zie ook* luifel

overkijken look over; *zie ook* doorkijken

overklassen outclass [an opponent]

over'kleden cover; **'overkleed** upper garment; *(v tapijt)* drugget; **overklimmen** climb over

overkluizen vault (over), cover over; **overkluizing** vault(ing)

overkoepelen 1 cover (over), overarch; 2 coordinate; *~de organisatie* umbrella organization

overkoken boil over

overkomelijk surmountable

'overkomen 1 come over; *(in auto)* drive over; *(radio)* come through *(of:* over) [splendidly]; 2 *(begrepen worden)* [the point did not] get across;

(*fam*) click; *goed ~*, (*v pers*) get one's ideas (etc) across well; (*een indruk maken*) come across [as rather nervous]; *verkeerd ~* give the wrong impression; 3 get over (across); *ik kwam veilig over* (*de rivier, enz*) I got safely over; *mijn vader komt over* my father is coming (over) to see us

over'komen befall, happen to; *er is hem een ongeluk ~* he has met with an accident; *er zal hem niets* (*geen kwaad*) *~* he'll come to (he'll take) no harm; *haar kan geen kwaad ~* she is out of harm's way; *men vreest dat hem iets ~ is* it is feared that s.t. (some ill) has befallen (happened to) him; *dat zal hem niet weer ~* he won't be caught at that again; *dat is mij nooit ~* I('ve) never had that happen to me; *zie ook* best

overkomst coming (over), visit

overkreditering overlending

overkrijgen get [troops, etc] across; get [visitors]; ship, (*op achterschip:*) poop [a sea]

overkropt overburdened; *~ gemoed* pent-up feelings

overlaat overflow, waste weir, spillway, overfall

'overladen 1 trans-ship, tranship (*ook ve trein*); (*v wagon in wagon*) transfer; 2 (*opnieuw laden*) re-load

over'laden overload [ships, etc]; (*fig*) (over)load [with honours], overburden [a p. with cares], smother [with presents, kisses], flood, glut, overstock [the market]; *iem* ***met*** *werk ~* overtask a p.; *met beleefdheden* (*gaven, vriendelijkheid*) *~* shower compliments (gifts) (up)on, overwhelm [a p.] with kindness; *zich met roem ~* cover o.s. with glory; *zich de* ***maag*** *~* overeat (o.s.), surfeit (overload) one's stomach; *~ markt* overstocked (glutted) market; *~ programma* (*agenda*) (over-)crowded (overloaded, heavy) programme (agenda); *~ zijn met kopij* (*met werk*) be overstocked with copy, overburdened (snowed under) with work; *~ met bloemen* [the coffin was] laden with flowers; *zie ook* overstelpen

'overlading trans-shipment, transhipment

over'lading surfeit [of the stomach]; overloading, etc; *vgl* over'laden

overland by land, overland [journey, route]

overlangs I *bw* lengthwise, endlong; II *bn* longitudinal [section]; **overlappen**: (*elkaar*) *~* overlap

overlast annoyance, nuisance, inconvenience; molestation; *iem ~ aandoen* annoy (molest) a p.; *iem ~ bezorgen* inconvenience a p.; *iem tot ~ zijn* be a burden on a p.

overlaten leave (*ook:* I leave the matter entirely in your hands); *het tot de volgende week ~* leave it over till ...; *laat dat maar gerust aan mij over* you leave that to me; *laat dat maar aan hem over* trust him (let him alone) to do that, trust him (for that)!; *de zaken* (*iem*) *aan zichzelf ~* let things take their own course (leave a p. to his own devices, to his own resources, to himself); *hij liet de boerderij aan zichzelf over* he left ... to look after itself; *zie ook* lot

overleden deceased; *de ~e(n)* the deceased (departed); *de ~e(n),* (*ook*) deceased

overleer upper leather, uppers

overleg 1 (*nadenken*) deliberation, judg(e)ment, (fore)thought; *~ is het halve werk* look before you leap; 2 (*beraad*) deliberation, consultation; [the Paris] talks; *~* ***plegen*** consult together; *~ plegen met* consult (with), confer with; *vrede* ***door*** *~* negotiated peace; ***in*** *onderling ~* [act] in concert; *in ~ met* in consultation (concert) with; ***met*** *onderling ~* by mutual arrangement; *zie ook* rijp; 3 (*beleid*) discretion, consideration, judg(e)ment, tact; (*zuinig beheer*) management; ***met*** *~* [act] with discretion; **over'leggen** consider, deliberate; (*bij zichzelf*) *~* debate (inwardly, in one's mind; he debated whether ...), debate with o.s.; *samen ~* take counsel (consult) together; *ik zal het met hem ~* I'll consult with him about it, confer with him on the matter; *van te voren overlegd* premeditated, preconcerted [plan]; *goed overlegd plan* well-considered (well-concerted) plan; *slecht overlegd* ill-advised [decisions]

'overleggen 1 hand in, produce [documents, books]; (*bij rechtbank*) put in [a medical certificate, etc]; 2 (*sparen*) put by, put aside, lay by, lay up [money]; 3 *het roer ~* shift the helm; **'overlegging** production; *tegen ~ van* on production of

over'legging *zie* overleg; **over'legorgaan** (joint) consultative body (committee)

overleunen lean over [*naar* to(wards)]

overleven outlive, survive; (*fam*) see out [he'll see us all out yet]; *zijn roem ~* outlive one's fame; *de instelling heeft zichzelf overleefd* the ... has outlived its usefulness

overlevende survivor, longest liver

overleveren hand down [stories, traditions], transmit; (*overgeven*) deliver (up), give up; *het is ons overgeleverd uit vroegere eeuwen* it has come down to us from ...; *~* ***aan*** give (deliver) [a p., o.s.] up to, turn (hand) [a p.] over to [the police], give up [a town to pillage]; *overgeleverd zijn aan* be at the mercy of; *je bent geheel aan mij overgeleverd* you are entirely in my power (my hands), I've got you at my mercy; *zie ook* heiden

overlevering tradition; *bij ~* by tradition, traditionally; *volgens de ~ is zij ...* tradition (*of:* legend) has it that she is ...

overleving survival; **overlevingscontract** deed of reversion; **overlevingskunst** survivalism; **overlevingspensioen** widow's and orphans' pension

overlezen read through (*of:* over); (*vluchtig*) skim; (*nauwkeurig*) peruse

overligdagen (*mar*) days on demurrage, demurrage days; **overliggeld** (*mar*) demurrage; **overliggen** (*mar*) be on demurrage

overlijden I *ww* die, pass away (*of:* on), depart this life; *te B is overleden de Heer ...* the death occurred at B of Mr ...; *zie ook* overleden; II *zn* death, decease, demise; *betaalbaar bij ~,* (*in polis*) payable at death; **overlijdensadvertentie** death notice (*of:* announcement); **overlijdens|akte, -attest** death certificate; **overlijdensbericht** 1 obituary (notice), In Memoriam; 2 *zie* -advertentie; **overlijdensoorzaak** cause of death; **overlijdensverzekering** life assurance

overloop 1 (*v water, enz*) overflow; (*vd gal*) overflowing [of the bile]; 2 (*ve blad, enz*) overflow; 3 (*ve trap*) landing; 4 (*v bevolking*) overspill [from Amsterdam to ...]; **overlooppijp** overflow pipe

'**overlopen** 1 walk across; *de brug* ~ cross the bridge; 2 (*vloeistof, vat, enz*) run over, overflow (*alle ook fig:* with joy, etc); (*ve vloeistof, ook*) spill (over), slop (over); (*fig ook*) brim over; *de druppel die de emmer doet* ~ the last straw; *de ogen liepen hem over* his eyes streamed; *zie ook* hart, maat; 3 (*naar vijand, enz*) go over, desert [to the enemy], defect, (*fam min*) rat; *zie ook* overgaan; 4 run again, re-run [a race]

over'lopen: *je overloopt ons niet* we don't see much of you

overloper deserter, defector, turncoat; (*pol*) renegade; (*fam*) rat; *~tje* [play at] prisoner's bars (*of:* base); **overluid** aloud; too loud

overmaat excess (*ook fig*), surplus; *tot ~ van ramp* to make matters worse, to add to the misfortune, on top of it all; *tot ~ van geluk* (*zegen*) ... the crowning happiness (glory) was ...

overmacht 1 superior power, superior forces; *tegen een grote ~ vechten* fight against heavy odds; *voor de ~ bezwijken* yield to superior numbers; *door ~ winnen* win by force of numbers; 2 (*noodzaak*) force majeure, circumstances beyond one's control; (*in connossement, enz*) the act of God [a flood is regarded as an act of God]

overmachtig superior (in numbers), stronger

overmaken 1 (*weer maken*) do (write) over again, remake; 2 (*zenden*) transfer [money to a p's account], remit, (*telegrafisch*) wire [money]; 3 (*overdragen*) make over, transfer [property]

overmaking 1 remake, re-making; 2 remittance; 3 transfer; *vgl* -maken

overmannen overpower, overcome; *overmand door smart* (*slaap*) overcome with (by) grief (sleep)

overmatig excessive, undue [not unduly fatigued]; (*muz*) augmented [third *terts*]; *~ gebruik,* (*ook*) overuse [of tobacco], (*v alcohol*) alcoholic excess; *~ belasten* overtax; *~ drinken* drink to excess, indulge freely in drink

overmeesteren overpower, overmaster, conquer [one's passions]; **overmeestering** conquest

overmits (*vero*) whereas, since

overmoed over-boldness, recklessness; **overmoedig** 1 over-bold, reckless; 2 presumptuous

overmorgen the day after tomorrow

overmouw oversleeve

overnaad overcast (seam); **overnaads**: *~ gebouwd,* (*scheepsbouw*) clinker-built

overnachten stay (pass) the night, stay (stop) overnight; **overnachting** overnight stay

overname *zie* -neming

overnemen 1 take over [a business, a practice, the command, debts, etc]; *de dienst, enz* ~ take over [the day-shift takes over at nine a.m.]; *het geweer* ~ slope arms; 2 (*overschrijven*) copy, take over; borrow [s.t. from a writer]; adopt [an idea, an amendment]; 3 (*gewoonte, enz*) adopt, catch [the habit from other people]; 4 (*kopen*) buy [at a reduced price, at cost price]; *zie* (*ook*) beheer: in eigen ~ nemen; **overneming** 1 taking over; 2 adoption; 3 (*koop*) purchase; take-over; *vgl* -nemen; *~ met geleend kapitaal* leveraged buyout; *ter ~ aangeboden* offered for sale

overoud very old, ancient; *sinds ~e tijden* from time immemorial

overpad footpath; (*recht van*) ~ right of way

overpakken repack, pack again

overpeinzen meditate on, muse on, turn over (revolve) in one's mind, reflect on, ponder

overpeinzing meditation, reflection

overpennen copy; (*v iem*) (*ook*) crib [from ...]

overplaatsen remove [the head-office to A], relocate [a factory, a management team]; (*ambtenaar, enz*) transfer [to another department]; (*bisschop*) translate

overplaatsing removal; transfer; translation; *vgl het ww; ~ vragen* apply for a transfer

overplakken paste over, paste; *overgeplakt adres* imprint covered by a label

overplanten transplant (*ook med*); *zie ook* voortplanten

overprikkelen over-excite, over-stimulate; *overprikkeld,* (*ook*) [his nerves were] overstrung (*of:* on edge); **overprikkeling** over-excitement

overproduktie over-production, surplus production

overreden persuade, prevail on [a p.], talk [a p.] over (*of:* round), induce; *zie ook* -halen; **overredend** persuasive; **overreding** persuasion; (*zedelijke*) (moral) suasion; **overredingskracht** power of persuasion, persuasiveness, persuasive power; **overredingskunst** art of persuasion

overreiken hand, reach, pass

'**overrijden** 1 (*ergens over*) ride (drive) over (across); 2 (*opnieuw*) ride (run, etc) again

over'rijden run over [a cat], knock down [a pedestrian]

overrijp over-ripe

overroeien 1 row across; 2 row again

overrok overskirt

overrompelen (take by) surprise, take [a p.] off his guard, rush (*of:* sweep) [a p.] off his feet; *hij is niet iemand die zich laat* ~ he is not a man to be rushed into decisions; **overrompeling** surprise (attack)

overschaduwen overshadow, shade; (*fig*) overshadow, cloud [a great sorrow clouded his life]; (*in de schaduw stellen*) throw into the shade, eclipse

overschakelen switch over [to London]; change over [to the manufacture of chips]; (*auto*) change gear, (*naar lagere versnelling*) change down (gear); *overgeschakeld op oorlog* geared for war

overschakeling switch(-over), change-over

overschatten overestimate, overrate; **overschatting** over-estimation, overrating

overschenken decant [wine], pour over

overscheping tran(s)shipment

overschieten 1 remain, be left; 2 shoot (*of:* fire)

again
'overschilderen 1 (*opnieuw*) paint over, repaint; (*wegwerken*) paint out [a name]; *driemaal* ~ give [it] three coats of paint; 2 (*overheen*) overpaint
over'schilderen overpaint
overschitteren outshine
overschoen overshoe, galosh, golosh
overschot 1 remainder, rest, residue; *stoffelijk* ~ (mortal) remains, body; 2 (*het meerdere*) surplus; (*aan geld*) balance; *het* ~ *van ... ton van 1992* the carry-over of ... tons from 1992
overschreeuwen: *iem* ~ howl (shout) a p. down, drown a p.'s voice; *zich* ~ overstrain one's voice
overschrijden step across, cross [the threshold, the border *grens*]; (*fig*) exceed [the estimate, all bounds, one's duty], go beyond [one's time], overstep [the limits, the line between ...], transgress [the conventions], overrun [one's budget, the time]; *zijn verlof* ~ overstay one's leave; *zijn tegoed* ~ overdraw one's account
overschrijding [border] crossing; [budget, cost] overrun; *vgl het ww*
overschrijven write out, copy (out), transcribe; (*in het net*) copy fair; (*opnieuw*) write over again; (*boekhouden, enz*) transfer [from one account to another; transfer property]; (*naschrijven*) copy, crib [from a p.]; **overschrijver** copier, copyist
overschrijving transcript, copy; (*op iems naam, giro, enz*) transfer; **overschrijvingskosten** cost of transfer; (*bij koop van huis*) legal costs; **overschrijvingsrecht** transfer (conveyance) duty
overseinen transmit [a message], telegraph
overslaan I *ww* 1 (*weglaten*) skip [the details, a word], omit, leave out, miss (out) [words]; (*iem, ook bij bevordering, enz*) pass over; 2 (*verzuimen*) miss [a concert]; *ik sla dit jaar maar eens over* I'll give it a miss this year; 3 (*ramen*) estimate; 4 (*lading*) trans-ship; 5 (*vd stem*) crack (*ook:* her voice leaped an octave); 6 (*ve balans*) dip; *de balans doen* ~ *naar de andere kant* tip the balance the other way; 7 (*vd golven*) curl over; 8 (*ve motor*) misfire; 9 (*elektr*) *zie* overspringen; 10 (*overgaan:*) ~ ***op***, (*v vlammen*) spread to [the adjacent buildings]; *zijn paniekstemming sloeg over op zijn omgeving* communicated itself to; *zijn liefde sloeg over* ***tot*** *haat* turned to hatred; *zie ook* uiterste; II *zn* (*ve motor*) misfire
overslag 1 overlap; (*aan kleren*) turn-up; (*ve enveloppe, enz*) flap; 2 (*raming*) estimate; 3 (*overlading*) tran(s)shipment [company, equipment, port], cargo handling; 4 (*bridge*) overtrick
oversluiten renew [a contract]
overspannen I *ww* 1 (*met hand, enz*) span [a bridge spans the river]; 2 (*te zeer spannen*) overbend [a bow], overstretch; *zich* ~, (*fysiek*) overexert o.s.; (*mentaal*) overstrain o.s.; II *bn* 1 overstrung, overwrought, (*psych, biol, ook*) stressed; 2 over-sanguine, exaggerated [hopes, expectations], wild [ideas]
overspanning 1 (*ve brug*) span; 2 (*abstr*) overstrain, over-exertion, over-excitement
oversparen save (up), lay by [money]
overspel adultery; ~ *plegen* commit adultery
'overspelen (*sp*) pass [the ball]; replay [a match]; *de wedstrijd laten* ~ order a replay
over'spelen overplay [one's hand]; (*sp*) outplay;
overspelig adulterous
overspoelen wash over [the quay]; swamp, inundate, flood, deluge [with applications, visitors]; *overspoeld worden door,* (*ook*) be awash with
overspraak crosstalk; **overspreiden** overspread
overspringen 1 jump, leap over [a ditch]; 2 skip [a class]; 3 (*elektr*) jump (over), spark across (*of:* over); *zie ook* overslaan
overstaan stand over [*tot* till]; *ten* ~ *van* before, in the presence of; ~*d,* (*wisk, plantk*) opposite [angles, sides; flowers, leaves]
overstag: ~ *gaan* tack, put a ship about, go about, change one's tack; (*fig*) change (one's) tack; revise one's views
overstap 1 change(-over), switch [to another party]; *een* ~ *maken* change (switch) over; 2 (*bij hek*) stile; 3 ~*je,* (*kaartje*) transfer (ticket); **overstapparking** park and ride; **overstappen** 1 step over, go across, cross; 2 change (carriages, trains, trams; into another train, to the steamer), transfer [to the main line]; *reizigers voor B hier* ~ change here for B; *zonder* ~ [travel] without change [to P]; ~ *op hetzelfde perron* same-platform interchange; ~ *op,* (*fig*) change, transfer, switch (over) to [a new subject]; *zie ook* -slaan;
overstappunt transfer point
overste lieutenant-colonel; (*ve klooster*) prior, prioress, (Father, Mother, Lady) Superior
oversteek [the Hook-Harwich] crossing; **oversteekplaats** (pedestrian) crossing, zebra, (*Am*) crosswalk; **overstek** projection
oversteken cross [the Channel; cross here], traverse; *hij stak de weg* (*het gazon*) *over,* (*ook*) he went (he struck) across the road (the lawn); *gelijk* ~ hand over simultaneously; even exchange; *naar Engeland* ~ cross over to England; *ik zou niet met hem willen* ~ I would not change places (*fam:* wouldn't swop) with him
overstelpen overwhelm [your kindness overwhelms us]; ~ *met* overwhelm with [orders, kindness, etc], heap [insults] (up)on, shower [compliments] (up)on [a p.]; *door aandoening overstelpt* overwhelmed (overpowered) with emotion; *overstelpt met* inundated (flooded, snowed under, swamped) with [requests], overburdened with [work]; *overstelpt zijn met werk,* (*ook*) be run off one's feet; **overstelping** overwhelming, etc
'overstemmen 1 vote again; 2 (*instrument*) tune again
over'stemmen 1 (*bij stemming verslaan*) outvote [by four to one], vote [a p.] down; 2 drown [other sounds, a p.'s voice], shout [a p.] down; **overstijgen** exceed
overstorten pour over [into ...], cover with
overstralen 1 irradiate; 2 outshine
'overstromen overflow (*ook fig: van lof* with praise); **over'stromen** flood, inundate, overflow; *de markt* ~ flood (deluge) the market; *overstroomd* flooded [rivers, fields], [rivers] in flood, submerged [shoals]; *zie ook* overstelpen; **over-**

'**stroming** inundation, flood; (*ve rivier, ook*) freshet, (*plotseling*) spate; (*grote*) deluge
oversturen send; transmit; remit; *zie* overzenden
over'stuur (*ook vd maag*) out of order, upset; *ze was helemaal* ~ she was very upset; *ze was* (*erg*) ~, (*fam*) she was in a (terrible) state [*van* about]; *er is niets aan* ~ there's no harm done; ~ *maken* upset [a p., the stomach]; ~ *raken* get upset; (*fam*) go (all) to pieces; '**overstuur** (*ve auto*) oversteer
overtallig supernumerary
'**overtekenen** 1 (*weer tekenen*) draw again, redraw; 2 (*natekenen*) copy
over'tekenen over-subscribe [a loan]; *zie ook* voltekend; **overtekening** over-subscription
overtellen count again, recount
overtijgen *zie* overtogen & overtoog
overtikken 1 retype; 2 (*uittikken*) type (out)
overtocht passage; (*kort*) crossing; *bij mijn* ~ *naar Engeland,* (*ook*) on my way over to England
overtogen suffused [with blushes]; [his face was] wreathed [in smiles]; **overtollig** superfluous, surplus [funds], [be] surplus to requirements, redundant; excess [fat]; *het ~e* the overspill; **overtolligheid** superfluity, redundancy
overtoog [a flush] suffused (overspread) [her cheeks], [a smile] passed across [her face]
overtoom portage
overtreden transgress, break [a rule], contravene [an order], infringe [the law]; *de wet* ~, (*ook*) commit a breach of the law
overtreder offender, transgressor, infringer [of the rent act]; (*wie op verboden terrein komt*) trespasser; **overtreding** offence, infringement, breach [of the rules], transgression, trespass, misdemeanour, contravention [of the regulations]
overtreffen surpass, excel, exceed, outdo, outstrip, transcend; *in pracht, heerlijkheid, enz* ~, (*ook*) outshine [all others]; *in aantal* ~ outnumber; *alles* ~, (*ook, fam*) top everything; (*sl*) take the cake; *de voordelen ervan* ~ *de nadelen* its advantages outweigh its disadvantages; ***zichzelf*** ~ surpass o.s.; *moeilijk te* ~ hard to beat; *~de trap* superlative
overtrek cover, slip, case
'**overtrekken** 1 (*rivier, veld*) cross; 2 (*tekening*) trace (off); 3 (*voorbijgaan*) pass [a passing cloud, shower], (*ve onweer, enz*) blow over
over'trekken 1 cover; (*meubelen, ook*) upholster; (*opnieuw*) re-cover [a chair, an umbrella]; *zie ook* overtoog, overtogen; 2 (*bankrekening*) overdraw; 3(*ve vliegt*) stall; 4 *zie* overdrijven
overtrekpapier tracing-paper; **overtrektekening** tracing
overtroeven overtrump; (*fig ook*) outbid, outdo [a p.]; **overtrouwen** have a second (e.g. civil) marriage ceremony
overtuigen convince, satisfy; *zich* ~ convince (satisfy, assure) o.s., make sure [*van* of]; *overtuigd aanhanger* declared supporter; *overtuigd socialist* convinced socialist; *ik ben overtuigd dat* ..., (*ook*) I am (feel) confident that ...; **overtuigend** convincing, cogent [reasons]; *wettig en* ~ *bewijs* legal proof; ~ *zijn,* (*ook*) carry conviction; *het ~e van zijn rede* the convincingness of ...
overtuiging conviction; *mijn politieke* ~ my political faith; *in de* ~ *dat* [act] in the conviction that; *uit* ~ from conviction; *tot de* ~ *komen, dat* ... come to the conclusion that ...; *met* ~, (*ook*) convincingly; *zie ook* moed, uitkomen & vast
overtuigingskracht 1 cogency; 2 persuasive force; **overtuigingsstuk** (*jur*) exhibit
overtypen re-type; (*uittypen*) type out
overuren overtime (hours); ~ *maken* work (do) overtime; **overvaart** passage, crossing
overval 1 surprise (attack); [police] raid; (*ve trein, enz*) hold-up; (*ve bank*) raid, hold-up; 2 (*sluiting*) hasp; 3 *zie* toeval 2
overvallen (*ve vijand, enz*) surprise, set (fall) (up)on [a p.]; hold up [a train, a bank]; raid [a bank]; (*zonder vijandige bedoeling*) surprise, take by surprise, burst in (up)on [a p.]; (*v storm, nacht, enz*) overtake; (*v vrees, enz*) come over (on, upon) [a p.]; ***door*** *een storm* ~ *worden,* (*ook*) be caught in a storm; *door de nacht* ~, (*ook*) benighted; *door de regen* ~ *worden* get (*of:* be) caught in the rain; *iem* ~ ***met*** spring [a question, a surprise, etc] (up)on a p.; *een verschrikkelijke twijfel overviel haar* terrible doubts assailed her; *neerslachtigheid overviel hem* depression descended (up)on him
overvaller raider, robber; (*gewapend*) gunman; **overvalwagen** police (assault) van
'**overvaren** I *tr* cross [the river]; *iem* ~ take (ferry) a p. across; II *intr* cross (over); **over'varen** run down, run into
overveiligheid (*luchtv*) margin of safety
over|verfijnd over-refined; **-verhitten** overheat [*ook fig:* the economy]; (*stoom*) superheat
oververmoeid over-fatigued, over-tired; **oververmoeidheid** exhaustion, over-fatigue
oververtegenwoordigd over-represented
oververtellen repeat, tell others, pass [it] on (to others); *je moet het niet* ~, (*ook*) it's for your ears alone; *ik zal het niet* ~, (*ook*) it won't go beyond me; **oververven** 1 *zie* overschilderen; 2 (*stoffen*) re-dye; **oververzadigen** 1 (*natuurk*) supersaturate, surcharge; 2 (*fig*) surfeit; *-verzadigd raken* reach saturation point; **oververzadiging** 1 supersaturation; 2 (*fig*) surfeit; **oververzekering** over-insurance; **overvet** superfatted [soap]; **overvleugelen** 1 surpass, outdo, outstrip; 2 (*mil*) outflank; **overvliegen** 1 overfly, fly over, fly across; 2 airlift [food to Africa]; 3 (*fig*) dash (tear) across
overvloed abundance, plenty, profusion; *tijden van* ~ times of (wealth and) plenty; ~ *van tijd* plenty (*fam:* oceans) of time; *we hebben* ~ *van tijd,* (*ook*) we are in plenty of time; ~ *van juwelen* jewels in plenty (in profusion, *fam:* galore); ***in*** ~ *voorkomen* abound; *bewijzen in* ~ ample proof (*of:* evidence); ***ten*** *~e vermeld ik dat* ... needless to say that ...; *wellicht ten ~e* at the risk of labouring the obvious[, let me ...]
overvloedig abundant, plentiful, profuse, lavish, copious; *zeer* ~ superabundant; bumper [crop, year]; **overvloedigheid** *zie* overvloed

overvloeien 1 overflow, run over; ~ *van* abound in, brim (over) with; *het land vloeit over van melk en honing* flows with milk and honey; *hij vloeide over van enthousiasme* he was bubbling over with enthusiasm; 2 (*film*) fade (in, out)
overvoeden overfeed (*ook: zich* ~), surfeit
'**overvoeren** carry over, transport, convey; (*in veerboot*) ferry over (across)
over'voeren glut, overstock, flood [the market]; overcrowd [with work]; *de markt is overvoerd,* (*ook*) there is a glut in the market
overvol (over-)crowded, over-full, congested, full (filled) to overflowing, jam-packed, chock-full, chock-a-block; ~ *van* crammed with
overvracht excess luggage; excess freight
overvragen overcharge, ask too much
overwaaien blow over (*ook fig:* the affair will blow over); *komen ~, zie* aanwaaien
overwaarde surplus value; **overwaarderen** overvalue, overrate
overwal (*Ind*) opposite coast
'**overweg** (*spoorwegen*) (level, *Am* grade) crossing; (*bovenkruising*) overpass; (*on*)*bewaakte* ~ (un)gated (*of:* (un)guarded; *onbewaakt, ook:* open) level crossing; ~ *met halve bomen* half-barrier level crossing
over'weg: *goed met elkaar ~ kunnen* hit it off, get on well together, understand each other; *ik kan niet met hem* ~ I cannot (don't) get on with him; *hij kan ermee* ~ he knows how to manage it; *hij kan overal mee* ~ he can turn his hand to anything, everything comes easy to him
overwegboom level-crossing barrier
'**overwegen** reweigh, weigh again
over'wegen I *tr* weigh, consider, contemplate, revolve in one's mind, have [a scheme] under consideration, think [a question] out; *de zaak wordt overwogen* the matter is under consideration; *ernstig* ~ give serious consideration to; ~*de dat* ... considering that ...; *mijn wel overwogen oordeel* my considered judg(e)ment; *alles wel overwogen* all things considered; *zie ook* rijpelijk; II *intr* preponderate, turn the scale
over'wegend preponderating; *de streek is ~ katholiek* the area is predominantly ...; *van ~ belang* all-important, of paramount importance
over'weging consideration, deliberation, reflection; ***in*** ~ [the plan is] under consideration; *in ~ geven* suggest, recommend, submit [a plan] to a p.'s consideration; *in ~ nemen* take into consideration, consider; *we kunnen het denkbeeld niet in ~ nemen* we cannot entertain the idea; ***uit*** ~ *van* in consideration of, in view of [his services]; *uit ~en van* [act] from considerations (from motives, on grounds) of [delicacy]; *zie ook* rijp
overwegwachter level-crossing keeper
overweldigen overpower [a p.], usurp [the throne, the kingdom], conquer [the country], overwhelm [be overwhelmed with grief]
overweldigend overwhelming [majority], overpowering [demand], sweeping, smashing [victory], stupendous [height]; ~ *mooi* supremely beautiful, (*fam*) [she was] stunning; **overweldiger** usurper; **overweldiging** usurpation, overpowering, conquest; *vgl het ww*
over|welfsel vault; **-welven** vault (over), overarch, arch over [arched over with elms]; *overwelfde ingang* archway; **-welving** vault(ing)
overwerk overtime, extra work; *vergunning vragen voor* ~ apply for an overtime permit
'**overwerken** work (do, put in, be on) overtime
over'werken: *zich* ~ overwork (o.s.); *ik voel mij overwerkt* I feel overworked
overwerkuren overtime (hours)
overwicht 1 overweight; 2 (*fig*) preponderance, ascendancy; *zedelijk* ~ prestige, moral authority; ~ (*in aantal*) *van vrouwen over mannen* preponderance of women over men; *het ~ hebben* preponderate; *een numeriek ~ hebben op* outnumber; *geen ~ hebben op* have no authority over (*of:* with); *nucleair* ~ [America's] superior nuclear power
overwinnaar conqueror, victor
overwinnen conquer [the enemy, one's passions, difficulties], gain the victory (over), overcome [*ook fig:* difficulties, etc], get over [difficulties], fight down [one's passions], break [resistance], surmount [difficulties]; (*totaal*) vanquish; *een overwonnen standpunt* (*begrip*) an outmoded (abandoned) point of view (an exploded notion); ~*d,* (*ook*) victorious
overwinning victory [*op* over]; (*inz sp*) (*ook*) win; *een ~ behalen* win (score) a victory; *de ~ is aan ons,* (*ook*) the day is ours; *zie verder* behalen
overwinningsroes flush of victory
overwinst surplus profit, excess profit
overwinteraar (*inz vogel*) winter visitor; (*pers*) winter guest; **overwinteren** (*de winter doorkomen; laten* ~) (over)winter; (*in winterslaap*) hibernate; **overwintering** wintering; hibernation
overwippen slip (dash) over, hop (pop) over [*ook fig:* I'll hop over and see her], nip over [to Brighton], nip down [to ...], give a p. a look-up
overwoekeren smother [a garden smothered in weeds], overgrow [a path overgrown with nettles], overrun [Dutch is being overrun by English terms]
overwonnene vanquished person (party), [victor and] vanquished; **overwulving** vault(ing)
overzedig over-modest, demure
overzee oversea(s), beyond the sea(s)
overzees oversea(s) [possessions, trade, produce]; ~*e handel,* (*ook*) sea-borne commerce; ~*e bezoekers* overseas visitors
overzeggen say again, repeat
'**overzeilen** sail over (*of:* across); *de zee* ~ sail (across) the sea; **over'zeilen** run down, run into
overzenden send, forward, dispatch [goods, etc], transmit [messages], remit [money]
overzending dispatch; transmission; remittance; *vgl* -zenden
over|zet ferry; **-zetgeld** ferriage, fare (for ferrying a p. over); **-zetten** 1 take (put) across; (*in veerboot*) ferry (over, across); 2 (*vertalen*) translate (render) [*in* into]; 3 (*drukwerk*) reset; 4 (*inkt*) offset; **-zetter** 1 ferryman; 2 translator; **-zetting**

translation, rendering, version; **-zetveer** ferry
overzicht survey, [general] view, overview, review, conspectus, overall picture; outline, summary, synopsis; [news, sports] round-up; *een ~ geven van* review [the motives], give [a p.] a run-down [of the problems still outstanding]; *zie ook* kamer~; **overzichtelijk** surveyable, conveniently (neatly) arranged (laid out), well-ordered, well-organized, clearly structured; **overzichtelijkheid** convenient (clarity of) arrangement, surveyability; *voor de ~* for ease of survey; **overzichtsfoto** general view, panoramic photograph; **overzichtskaart** outline (*of:* survey) map; **overzichtstentoonstelling** retrospective (exhibition)
'overzien look over; *zie ook* doorkijken
over'zien 1 survey, overlook; command [the hill commands the surrounding country]; *de afgelopen jaren ~* look back over the past years; *met één blik ~* take in [a situation] at a glance; *te ~* surveyable; *niet te ~, zie:* onafzienbaar; (*v gevolgen*) incalculable, not to be estimated, immense; *de zaak niet kunnen ~* have no clear view of the matter; 2 (*germ & angl*) overlook; **over'zienbaar** 1 surveyable; 2 foreseeable [effects]; *vgl* over'zien
overzij(de) opposite (other) side; *zie* overkant
overzoet over-sweet, rather too sweet; **overzorgvuldig** over-careful; **overzout** *vgl* -zoet
overzwemmen 1 swim [a distance, the Channel, a river], swim across [a river]; 2 swim [a race] again
Ovidius Ovid; *van ~* Ovidian
ovipaar oviparous; **ovovivipaar** ovoviviparous
ovulatie ovulation; **ovuleren** ovulate
OW afk van *oorlogswinst* war-profit; **oweeër** war-profiteer
oxaalzuur oxalic acid; **oxer** id, ox-fence
Oxford id; (*student, oud-student*) *van ~* Oxonian; *~ Beweging, a)* (±*1830*) Oxford Movement, Tractarianism; *b)* (±*1935*) Oxford Group Movement
oxydant oxidant; **oxydatie** oxidation; **oxyde** oxide; **oxydeerbaar** oxidizable; **oxyderen** oxidize; **oxymoron** id
ozokeriet ozocerite, -kerite
ozon ozone; **ozonapparaat** ozonizer; **ozonisatie** ozonization; **ozoniseren** ozonize; **ozonlaag** ozone layer, ozonosphere; *aantasting van* (*gat in*) *de ~* ozone depletion (hole); **ozonrijk** ozonic, ozonous; **ozonvriendelijk** ozone-friendly [sprays]

Pp*p*

p (the letter) p; afk van *page* blz, p(ag); **P** afk van *parking* id
pa pa, papa, dad, daddy, father, (*Am*) pop
PA 1 *zie* PABO; 2 afk van *Public Address* id
p.a. c/o, (to the) care of
paadje (foot)path; *zie* pad & schoonvegen
paai: (*ouwe*) *~* old buffer, gaffer, old fog(e)y
paaien 1 appease, soothe, smooth down; *hij was jarenlang met beloften gepaaid,* (*ook*) he had been fed on (*of:* with) promises from year to year; *het diende om zijn geweten te ~* it served as a sop to his conscience; 2 grave [a ship]; 3 (*v vissen*) mate, spawn; **paaiplaats** spawning-grounds; **paairijp** (sexually) mature; **paaitijd** mating-, spawning--season
paal 1 [telegraph-]pole, [lamp-, gate-, goal-]post, stake; (*heipaal*) pile; (*versterkingskunst*) palisade; *~tje* peg; (*op vluchtheuvel*) bollard; *dat staat als een ~ boven water* that is a(n obvious) fact (is perfectly obvious, is indisputable); *~ en perk stellen aan* set bounds to, check, limit [the evil]; *bij de tweede ~,* (*voetb*) on the back post; *zie ook* punt; 2 (*Ind maat*) circa 1507 metres; 3 (*her*) pale; 4 (*ovenschop v bakker*) peel; **paalbeschoeiing** facing of piles, pile-planking; **paalbewoner** lake dweller; **paaldorp** lake village (*of:* settlement), pile village; **paalfundering** pile foundation; **paalsteek** bowline (knot); **paalvast** as firm as a rock; incontestable; **paalwerk** piling, palisade(s); **paalwerpen** toss(ing) the caber; **paalwoning** pile-dwelling, lake-dwelling; **paalworm** ship-, pile-worm, teredo (*mv:* -os); **paalzitten** pole-squatting
paap (*min en hist*) 1 priest; 2 papist; **paapje** (*vogel*) whinchat; **paaps(gezind)** popish, papistical; **paapsgezindheid** papistry, popery
paar pair [of shoes, gloves, etc], [a married] couple, brace [of partridges, etc]; *~tje,* (*v vogels*) pair; ***een*** *~* dagen a few days, a day or two, two or three days; *een ~ honderd* ... a hundred or two ...; *een ~ keer* once or twice; *een ~ dingen* one or two (a few) things; *laat ik het u met een ~ woorden zeggen* let me tell you in a few words; ***twee*** ***paar,*** (*schoenen, enz*) two (*of:* a couple of) pairs; *drie getrouwde paren* three married couples; *dat wordt een ~* it will be a match (between them); *niet ieder ~ hoort bij elkaar* every couple is not a pair; ***gelukkig*** *~* happy couple (pair); *een* ***minnend*** (*vrijend*) *~*(*tje*) a couple of lovers (*scherts:* of love-birds), two lovers, a courting couple; *~* ***aan*** *~,* ***bij*** *paren* in couples (pairs, twos), two and (by) two
paard 1 horse; (*sl*) [a good judge of] horseflesh; *~je,* (*kindertaal*) gee-gee; *~je rijden* ride on a p.'s knee; *~je spelen* play (at) horses; *werken* ***als een*** *~* work like a Trojan; *het* ***beste*** *~* struikelt wel eens it's a good horse that never stumbles; *het beste ~ van stal,* (*fig*) the most deserving, etc person present; *geen* ***blind*** *~ kan er schade doen* it is very poorly furnished; *men moet een* ***gegeven*** *~ niet in de bek zien* do not look a gift horse in the mouth; *~en die de* ***haver*** *verdienen, krijgen ze niet* desert and reward do not often go together; *~* ***rijden*** ride (on horseback); *~ gaan rijden* go out riding; *hij rijdt goed ~* he sits a horse very well, sits well in the saddle, has a good seat; *het ~* ***ach-***

ter de wagen spannen put the cart before the horse; ***op** het ~ helpen* give a leg up (*ook fig*); *op het verkeerde ~ wedden* back the wrong horse; *hij is **over** het ~ getild* he has been made too much of, is swollen-headed; praise had turned his head; ***te** ~* on horseback, mounted; *te ~ springen* vault into the saddle; *zich te ~ werpen* fling o.s. into the saddle; *te ~!* to horse!; *zie ook* zitten; ***van** het ~ stijgen* dismount; *hij viel van het ~, werd van het ~ geworpen* he fell from his horse, was thrown, (*fam*) took a toss, had a spill; *zie ook* hinken, honger & Trojaans; 2 (*gymn*) (long, vaulting) horse; (*met beugels*) pommel (*of:* side) horse; 3 (*schaakspel*) knight

paarde|biefstuk horse steak; **-bloem** dandelion; **-boon** broad bean; **-breedten** horse latitudes, doldrums; **-dek**, **-deken** horse-cloth, -blanket; **-drank** horse-drench; **-getrappel** tramp of horses' feet; **-haar** 1 horsehair; 2 haircloth; **-haren** *bn* horsehair [sofa]; **-horzel** botfly; **-kastanje** horse chestnut; **-knecht** groom; **-kop** horse's head; *anderhalve man en een ~* two men and a dog; [there was] hardly a soul, just a handful of people; **-kracht** 1 strength of a horse; 2 horsepower; *machine van 40 ~* engine of 40 horsepower, 40 horsepower engine; **-middel** (*fig*) kill-or--cure remedy, desperate remedy; **-mop** (*vglb*) shaggy dog story

paarden|arts horse-doctor, veterinary surgeon, (*fam*) vet; **-dressuur** 1 dressage; 2 horse-breaking; **-fokker** horse-breeder; **-fokkerij** 1 horse--breeding; 2 stud-farm; **-koers** horse-race; trotting-match; **-koper** horse-dealer, horse-coper; **-markt** horse-fair; **-ren** horse-race; *zie ook* draverij; *de ~nen,* (*ook*) horse-racing; **-slachter** 1 horse-butcher; 2 (horse-)knacker; **-slager** horse--butcher; **-spel** circus; **-stamboek** stud-book; **-stoeterij** 1 stud; 2 stud-farm; **-tractie**: *met ~* horse-drawn; **-vilder** (horse-)knacker; **-volk** cavalry, horse; **-wagen** (*spoorw*) horsebox, -truck

paarde|peen carrot; **-ras** breed of horses; **-rookvlees** smoked horsemeat (as luncheon meat); **-sport** equestrian sport(s), equitation, (horse-)-riding; **-sprong** 1 jump; 2 (*schaaksp*) knight's move; **-sprongpuzzel** knight's tour; **-staart** 1 horsetail (*ook plant*); 2 (*haardracht*) ponytail; **-stal** stable; **-stro** horse-litter; **-toom** bridle; **-tractie**: *met ~* horse-drawn [tramway, vehicle]; **-tuig** harness; **-vijg** ball of horse-dung; *~en* horse-dung, horse-droppings; **-vlees** horseflesh, horsemeat; *hij heeft ~ gegeten,* (*fig*) he cannot sit still, is fidgety; **-vlieg** horsefly; **-voer** forage, fodder; **-voet** 1 horse-foot; 2 (*horrelvoet*) club--foot; **-wed** horse-pond; **-werk** (*fig*) drudgery; **-zweep** horsewhip

paard|mens centaur; **-rijden** riding (on horseback), horse-riding; *zie ook* paard; **-rijder** horseman, equestrian; (*vooral kunstrijder*) horse-rider; **-rijdster** horsewoman, equestrienne

paarl pearl; *zie ook* parel; **paarlemoer** mother of pearl, pearl-shell, nacre; **paarlemoerachtig** nacr(e)ous; **paarlemoeren** mother-of-pearl, pearl [buttons]; **paarlemoerglans** nacreous lustre; **paarlemoervlinder** fritillary (*grote:* silver-washed fritillary; *kleine:* queen of Spain fritillary); **paarlen** *bn* pearl

paars 1 violet; 2 [dressed in] purple; *~ van de kou* blue with cold

paarsgewijs in pairs (couples, twos), two and (two by) two; **paartijd** mating-season

Paas *zie* Pasen; **Paasavond** Easter eve; **paasbest** Sunday best; **paasbloem** daisy; primrose; *zie ook* -lelie; **paasbrood** currant loaf (for Easter); (*joods*) Passover cake (*of:* bread); **paascollecte** Easter offering; **paascommunie** paschal communion; **Paasdag** Easter Day; *1e ~* Easter Sunday; *2e ~* Easter Monday; **paasei** Easter egg; **Paaseiland**: (*het*) ~ Easter Island; **paasfeest** Easter; (*joods*) Passover; **paashaas** Easter hare; **paaslam** paschal lamb; (*Christus*) Paschal Lamb; **paaslelie** daffodil, Lent lily, yellow narcissus; **Paasmaandag** Easter Monday; **paasnacht** night of Holy Saturday; **paasplicht** (*r-k*) Easter duties; **paastijd** (*vóór Pasen, vglb*) Holy Week; (*na Pasen*) Eastertide, Paschaltide; **paasvakantie** Easter holidays; **paasvuur** Easter bonfire; **paasweek** 1 Easter week; 2 (*week vóór Pasen*) Holy Week; **Paaszaterdag** Holy Saturday; **Paaszondag** Easter Sunday

paatje daddy, dad

PABO afk van: *Pedagogische Academie voor het Basisonderwijs* College of (Primary) Education

pacht 1 (*contract*) lease; *in ~ geven* let out (on lease), (*tol, ambt, enz*) farm out; *in ~ hebben* have on lease, rent; *landgoed dat* (*grond die*) *men in ~ heeft* leasehold property; *hij denkt dat hij de wijsheid in ~ heeft* he thinks he knows everything; *in ~ nemen* take on lease, rent; 2 (*~som*) rent, (*v monopolie, belastingen*) farm; 3 (*het pachter zijn*) tenancy; **pachtakte** lease; **pachtboek** rent-roll; lease; **pachtboer** tenant farmer; **pachtboerderij** *zie* -hoeve; **pacht|brief**, **-ceel**, **-contract** lease; **pachten** rent; (*tol, ambt, enz*) farm; **pachter** (*algem*) lessee, leaseholder; (*ve boerderij*) tenant (farmer) [the landlord and his tenants]; (*v tollen, enz*) farmer; **pachtgeld** rent, rental; **pachtgrond** holding; **pachtheer** (ground) landlord; **pachthoeve** leasehold farm, holding; **pachtkamer** tenancy tribunal; **pachtsom** rent; **pachtwaarde** rental value; **pachtwet** Agricultural Holdings Act (1986)

pachyderm id (*mv ook:* -dermata)

pacificateur *zie* pacificator; **pacificatie** pacification; **pacificator** id, pacifier; **pacificeren** pacify; **pacifiek** peaceful; **pacifiëren** pacify; **pacifisme** pacifism; **pacifist(e)** pacifist; **pacifistisch** pacifist

pact pact; **pacteren** conclude (make) a pact [with]; make common cause [with the enemy]

pad (*loop~*) (foot)path, (*breed*) [garden-]walk; (*door prairie, enz*) trail; *zie ook* gang~, paadje & weg; *het ~ der deugd bewandelen* (*betreden*) walk in the way(s) of righteousness; (*fam*) go straight; *iems ~ kruisen* cross a p.'s path; *nieuwe ~en betre-*

den break new (*of:* fresh) ground; ***op*** ~ zijn be out and about; *altijd op* ~ always gadding about (on the gad); *vroeg op* ~ *gaan* make an early start; *op het rechte* ~ *blijven* keep (go) straight, keep to the straight and narrow; *iem op het rechte* ~ *houden* keep a p. straight (on the right path); *op het slechte* ~, *zie* weg; ***van*** *het rechte* ~ *afdwalen* (*afwijken*) go astray, go to the bad
pad(de) toad [swell like a toad]
paddel, enz *zie* peddel, enz
paddestoel (*giftig*) toadstool, (*eetbaar*) mushroom; *eetbare* ~, (*ook*) edible fungus; (*ANWB*-~) mushroom-shaped signpost; *als ~en verrijzen* mushroom, spring up like mushrooms
paddestoelmug fungus gnat; **paddestoelvormig** (*ook*) mushroom [cloud]
paddock id; **padi(e)** paddy
Padua id; **Paduaan** Paduan; **Paduaans** Paduan
padvinder 1 (*bij Indianen, oorlogsluchtv, enz*) pathfinder; 2 (boy) scout; **padvinderij** 1 scouting, guiding; 2 scouting movement; (*Br*) Scout Association; **padvindersbeweging** scouting movement; **padvindersmes** Swiss knife; **padvindster** (girl) guide; (*Am*) girl scout
paf I *tw* 1 bang!, pop!, crack!; 2 (*bij het roken*) puff!; II *bn & bw* 1 stunned; *ik stond er* ~ *van* I was staggered (dumbfounded, flabbergasted, *fam:* flummoxed, (*sl*) gobsmacked), it (fairly) took my breath away; *daar sta je* ~ *van*, (*fam*) that shakes you!, that's a (fair) knock-out!; *hij stond* ~, (*ook*) his jaw dropped; 2 listless; *de warmte maakt me* ~ I am faint with the heat; *zie ook* pafferig
paffen 1 (*schieten*) pop, blaze [*op* at]; *erop los* ~ pop (blaze) away; 2 (*v machine, roker*) puff
paff(er)ig puffy, bloated [face], flabby [cheeks]; ~ *bleek* pasty [face]; *met* ~ *bleek gezicht* pasty-faced
pag. p. (page), pp. (pages)
pagaai paddle; **pagaaien** paddle
pagadder (little) rogue, urchin; nipper
paganisme paganism
page 1 id, page boy, footboy; 2 (*schildknaap*) squire; **pagekopje** bobbed hair [her hair was cut in 'page boy' style]
pagger (*Ind*) fence
pagina page; **paginagroot** full-page; **paginatitel** head-title, headline, page-head; **pagineren** page, paginate; **paginering** paging, pagination
pagode pagoda
paille straw-coloured; **paillette** spangle, sequin
pain de luxe fancy bread, fancy roll
pair peer; **pairschap** peerage
pais peace; *alles was* ~ *en vree* everything was rosy (lovely) in the garden, was peace and amity
pajo(e)ng (*Ind*) payoong: umbrella
pak 1 (*handel*) package; (*pakje*) parcel; (*klein*) packet [of candles, matches, etc], pack [of cards, cigarettes, milk]; (*baal*) bale; (*in zakdoek, enz*) bundle [*ook:* bundle of papers, *fig:* of nerves]; (*v marskramer*) pack; ~ *voor de* ***broek*** spanking; *een* ~ *voor de broek geven* spank [a child]; *je neemt me een* ~ *van het* ***hart*** you take a load off my mind; *dat is me een* ~ *van het hart* that's a load (a weight) off my mind (a great relief); *hij kreeg een flink* ~ ***ransel*** (***slaag***) he got a sound thrashing (hiding); *een* ~ *slaag geven* give a p. what for (a thrashing, etc); *er viel een dik* ~ ***sneeuw*** there was a heavy fall of snow; *met* ~ *en* ***zak*** bag and baggage; *ga niet* ***bij*** *de ~ken neerzitten* don't sit down under it!, keep your tail (pecker) up!, never say die!; 2 (*kostuum*) suit [of clothes]; *hij kreeg een* ***nat*** ~ he got a wetting (soaking), got soaking wet, (*in vijver bijv*) he got a ducking; *zie ook* pakje; 3 grip; *zie* greep
pakbon packing slip; **pakdier** pack animal; **pakgaren** packthread; **pakhuis** warehouse; *zie ook* opslaan; **pakhuisknecht** warehouseman; **pakijs** pack-ice; [an] ice-pack
Pakistaan(s) Pakistani; **Pakista|ner**, **-ni** Pakistani
pakje 1 parcel, packet, bundle; (*PTT*) small packet; *zie ook* pak; *een* ~ *bankbiljetten* a wad of banknotes; 2 (*dames*~) two-piece; ensemble; **pakjesavond** St Nicholas' eve (5 December); **pakjesbom** parcel bomb
pakkage luggage, things; **pakkamer** packing-room; **pakkans** chance of getting caught
pakken 1 (*inpakken*) pack; do (*of:* wrap) up [in brown paper]; 2 (*grijpen*) catch, take [a p. round the waist], seize, take hold of, grip [he gripped me by the arm], grasp, clutch; (*sp*) beat [an opponent]; *mag ik even mijn tas* ~? may I get my bag?; *ik pak je nog wel* I'll get you (for this); *de fiscus pakt ons allemaal* the tax-man is robbing all of us; *hij voelde zich gepakt* he felt had; *er nog een* ~ have another (drink); *hij had het zwaar* ***te*** ~ he'd got it very badly; *nu heb ik je te* ~ I have you now, I've got you; *ze hebben je* (*lelijk*) *te* ~ *gehad, a*) (*bedot*) you've been had; *b*) (*bij vechtpartij*) you seem to have been in the wars; *iem te* ~ *nemen, a*) (*bedotten*) take a p. in; (*voor de gek houden*) pull a p.'s leg; *b*) (*sp*) tackle a p. unfairly; *de rechte* (*verkeerde*) *te* ~ *hebben* (*krijgen*) have (get) the right (wrong) sow by the ear; *ik kan het niet te* ~ *krijgen*, (*snappen*) I cannot get the knack (the hang) of it; *zie ook* snappen; *ik kreeg hem te* ~ I got hold of him; *de vrees kreeg hem te* ~ fear gripped him; *zijn adres te* ~ *krijgen* find out (get hold of) his address; *als hij die anonieme briefschrijver maar te* ~ *kon krijgen* if only he could get at (lay hands on) that ...; *zijn* ***boeltje*** ~ pack up; *ik* ***moet*** *nog* ~ I've my packing still to do; ***pak hem!***, (*tegen hond*) sick him!, seize him!; *de* ***politie*** *heeft hem gepakt* the police have caught him (laid hands on him); *een* ***vrouw*** ~, (*sl*) have (sex with) a woman; *zie ook* gepakt, eentje, pakweg, enz; 3 (*omhelzen*) hug, cuddle; 4 (*vatten*) catch [cold]; 5 (*boeien*) [the play did not] catch on, take; grip [the book grips the reader; the actor grips his public; 6 (*v sleutel, wiel, enz*) bite [the screw did not bite], (*v anker ook*) grip; 7 (*v sneeuw*) ball, bind
pakkend fetching, taking [book, style], arresting [headlines], snappy [title, article], telling [speech], gripping [act *bedrijf*]; ~ *wijsje* catchy tune

pakker packer; **pakkerd** [give me a good] hug and a kiss; **pakkerij** 1 packing; 2 packing-room, -department
pakket 1 parcel, packet; 2 block [of shares]; 3 package [of demands, measures]; **pakketbom** parcel bomb; **pakketboot** packet-boat, packet; **pakketdienst** parcels delivery company; **pakketpolis** comprehensive policy; **pakketpost** parcel post; **pakketreis** package tour
pakkie-an business; *mijn ~ niet* nothing to do with me
pakking 1 packing, stuffing; 2 (*cosmetica*) face-pack; 3 (*waterbouwkunde*) fascine work; 4 (*voor water- of stoomdichte afsluiting*) gasket; *vloeibare ~* gasket sealing compound
pak|kist packing-case; **-linnen** packing-cloth, canvas, sacking; **-naald** packing needle; **-paard** pack-horse; **-papier** packing-, wrapping-paper, brown paper; (*zwaar*) baling-paper
paksoi pak-choi cabbage, Chinese cabbage
pakstro 1 packing straw; 2 packed straw; **paktafel** packing table; **paktouw** twine
pakweg roughly, say [8 million]
pak|zadel pack-saddle; **-zolder** warehouse loft
pal I *zn* catch, click, pawl, ratchet(-wheel); (*v bajonet*) pusher; II *bn* firm, immovable; *~ oost* due (dead, plumb) east; *~ staan* stand firm; *~ achter iem staan,* (*fig*) be solidly behind a p.; *~ tegen iem aanlopen* run straight into a p.
paladijn paladin; **palaeo-** *zie* paleo-
palankijn palanquin, palankeen
palataal *bn & zn* palatal; **palatalisatie** palatalization; **palataliseren** palatalize
Palatijns Palatine; **palatinaat** palatinate
palaver palaver [hold a long p.]; **palaveren** palaver
paleis palace; **paleisachtig** palatial; **paleisrevolutie** palace revolution; **paleiswacht** palace guard
palen: *~ aan* abut (up)on; *vgl* aanpalend
paleobiologie palaeobiology; **paleograaf** palaeographer; **paleografie** palaeography; **Paleolithicum** Palaeolithic, Old Stone Age; **paleologie** palaeology; **paleomagnetisme** palaeomagnetism; **paleontologie** palaeontology; **paleontoloog** palaeontologist; **Paleozoïcum** Palaeozoic
palesteel (*her*) label
Palestijn Palestinian; **Palestijns** Palestinian, Palestine; **Palestina** Palestine
palet 1 palette, pallet; 2 (*slaghoutje*) bat; **paletmes** palette knife
paletot id, overcoat
palfrenier 1 footman; 2 (*koetsiershelper*) groom
palimpsest id; **palindroom** palindrome
paling eel; *~ in gelei* jellied eel; *~ in het groen* stewed eel in chervil sauce; *zie ook* aal; **palingboer** eel-seller
palingenes(i)e palingenesis
paling|schaar eel-spear, eel-fork; **-visser** eel-catcher; **-worst** meat sausage with cured bacon
palinodie palinode
palissade palisade, stockade; **palissaderen** palisade, stockade; **palissadering** 1 palisading, etc; 2 *zie* palissade
palissander(houten) rosewood
paljas 1 buffoon, clown, merry andrew, Jack Pudding; 2 (*stromatras*) pallet, palliasse
palladium id
pallet id; **palletiseren** palletize
palliatief *zn & bn* palliative
pallieter (*vglb*) bon vivant
pallium id, pall
palm 1 palm [of the hand]; 2 (*maat*) decimetre; 3 (*boom & tak*) palm; (*heester*) *zie* ~boompje; *de ~ wegdragen* bear the palm; *de ~ toekennen aan* award (*of:* give) the palm to; **palmachtig** palm-like, palmaceous
palmares 1 (school) prize-list; achievement record; 2 achievement
palmblad palm leaf; **palmboom** palm tree; *~pje* ground box, box (tree)
palmen hoist, haul (hand over hand); **palmeren** palm
palmet palmette; **palmgewelf** fan vault; **palmhout** 1 palm-wood; 2 box(wood); *vgl* pal; **palmiet** palm sprouts; **palmitinezuur** palmitic acid; **palmolie** palm-oil; **Palm|paas**, **-pasen** 1 Palm Sunday; 2 child's decorated Palm Sunday branch; **palmpittenolie** palm kernel oil; **palmslag** *zie* handslag; **palmstruik** *zie* -boompje; **palmtak** palm(-branch); **palmwijn** palm wine; **Palmzondag** Palm Sunday
palpabel palpable; **palpatie** palpation; **palperen** palpate; **palpitatie** palpitation
palrad ratchet-wheel
palts: *de P~* the Palatinate [of the Rhine]; **paltsgraaf** count palatine, palsgrave; **paltsgraafschap** palatinate, county palatine; **paltsgravin** countess palatine, palsgravine
palurk boor, lout; **palynologie** palynology
pamflet 1 (*schotschrift*) lampoon, libel; 2 (*brochure*) pamphlet; **pamflettist** lampoonist, pamphleteer
pampa pampas (*ook mv*); **pampagras** pampas grass
Pampus id; *voor ~ liggen,* (*fam*), *a*) be soaked, be dead drunk; *b*) be dead beat
pan 1 [frying-, milk-, stew-]pan; (*steel*)*~netje* skillet; ***uit*** *de ~ rijzen* (*vliegen*) [prices will] go through the roof, soar, skyrocket; *zie ook* hakken, veeg; 2 (*v geweer*) pan; *kruit op de ~ doen* prime a gun; 3 (*in duin, enz*) cup, dip; 4 (*dakpan*) tile; *onder de ~nen zijn* be all right, be on velvet; 5 (*herrie*) row, shindy, [I never saw such] goings-on; ***wat*** *een ~!* what a mess!, what a to-do!; *de* ***hele*** *~* the whole concern, the whole show; *gezellige ~* great fun
Pan id; **pan-**, **Pan-** id
panacee panacea, cure-all, universal remedy
panache 1 (*pluim*) id, plume; 2 (*zwier*) id
panafrikaans Pan-African
panama(hoed) Panama (hat); **Panamakanaal** Panama Canal; **Panamees** *bn & zn* Panamanian
panamerikaans Pan-American; **panarabisch** Pan-Arabic; **panchromatisch** panchromatic

pancreas id; **pancreatine** pancreatin
pand 1 (*onderpand*) pledge, security; (*bij pandverbeuren*) forfeit; ~ *der liefde* pledge of love; *een* ~ *lossen* redeem a pledge; ~ *verbeuren* play (at) forfeits; *in* ~ *geven* give in pledge; *op* ~ *lenen* lend (borrow) on security; 2 (*v kledingstuk*) [coat-]tail, skirt, flap; 3 (*v kanaal*) reach, pound; 4 (*huis*) house, building; (*huis en erf*) premises (*mv*); *in het zelfde* ~ on the same premises
panda(beer) panda
pandbeslag distraint, distress; *zie ook* beslag; **pandbrief** mortgage bond
pandecten pandects
pandeling (*Ind*) pawner, credit bondsman; (*Mexico*) peon; **pandelingschap** slavery for debts; (*Mexico*) peonage
pandemie pandemic; **pandemisch** pandemic
pandemonium id
panden 1 seize, distrain (up)on; 2 (*belenen*) pawn
pandgever pawner; **pandgoederen** pawned goods; **pandhof** (cloister) quadrangle; **pandhoudend**: ~ *crediteur* secured creditor; **pandhouder** pawnee; **pandhuis** pawnshop; *zie ook* lommerd; **pandjesbaas** pawnbroker; **pandjeshuis** pawnshop; **pandjesjas** tailcoat, (*fam*) tails; **pandnemer** pawnee
pandoer 1 pandour; 2 (*kaartspel*) 'pandoer'; *opgelegd* ~, (*fig*), *a*) a sure thing, a cert, a safe bet; *b*) a trumped-up business
Pandora id; *doos van* ~ Pandora's box
pandrecht lien; **pandschuld** mortgage (*of:* hypothecary) debt; **pand|spel**, **-verbeuren** (game of) forfeits; *zie ook* pand
paneel panel (*ook schilderstuk*); ~*tje*, (*ook*) easel-, panel-picture; **paneeldeur** panelled door; **paneelhout** wainscot; **paneelwerk** panelling
paneermeel breadcrumbs; **paneren** breadcrumb, coat (sprinkle) with breadcrumbs
panfluit panpipes; *zie* pansfluit
pang bang
pangermanisme Pan-Germanism
panharing 1 white (*of:* fresh) herring; 2 *zie* alvertje
paniek panic [(a) panic broke out], [a war] scare; *door* ~ *bevangen* panic-stricken, (*fam*) panicky; *in* ~ *raken* (be seized by) panic; **paniekerig** (*fam*) panicky; **paniekstemming** panicky feeling; *in* ~ *raken* panic; **paniekvoetbal** (*fig*) panicky measures, hasty action; **paniekzaaier** scaremonger; **paniekzaaierij** scaremongering
panier pannier; *zie ook* mandewagen
panikeren panic; **panisch** panic; ~*e schrik* panic
panje bubbly, fizz
panklaar dressed, ready to cook, oven-ready [turkeys]; (*fig*) ready-made [solutions]
panlat (tiling, slating) batten; *dubbele* ~ tiling lath
panlikken *zie* klaplopen *& vgl* pannelikker
panne breakdown; ~ *hebben* have engine-trouble
panne|deksel lid of a pan; **-koek** pancake; **-koeksmes** (*vglb*) spatula; **-lap** pan-holder; **-likker** 1 scraper; 2 toady; 3 sponger
pannen|bakkerij tileworks; **-dak** tiled roof; **-dekker** tiler; **-set** cookware set, pan set
pannespons scouring pad; (*klein*) cleaning pad
panopticum waxworks, waxwork show
panorama id; scenic view; **panoramakop** (*fot*) panoramic head; **panorameren** pan; **panoramisch** panoramic
pansfluit panpipes, pipes of Pan, Pandean pipe(s)
pan|slavisme Panslavism; **-slavist** Panslavist
pantalon trousers, slacks, (*Am*) pants
Pantalone Pantaloon
panter panther
pantheïsme pantheism; **pantheïst** pantheist; **pantheïstisch** pantheistic(al); **pantheon** id
pantoffel slipper, house (*of:* indoor) shoe; *op* ~*s* in slippers; *hij zit onder de* ~ he is henpecked, is under petticoat-government; **pantoffeldiertje** paramecium; **pantoffelheld** henpecked husband; **pantoffelparade** parade (of promenaders); **pantoffel|plant**, **-tje** (*plant*) calceolaria, slipperwort
pantograaf pantograph
pantomime pantomime, dumb-show; **pantomimespeler** mime (artist); **pantomimisch** pantomimic (*bw:* -ally)
pantser (suit of) armour, (*borst*~) cuirass; (*van schepen*) armour-plating; **pantserauto** armoured car; **pantserdier** armadillo; **pantserdivisie** armoured division; **pantseren** armour, plate; ~ *tegen*, (*fig*) steel (*of:* arm) against; *zie ook* gepantserd; **pantserglas** bulletproof glass; **pantsergordel** armour-belt; **pantsergranaat** armour-piercing shell; **pantserhemd** mail-shirt; **pantsering** armour-plating, armour; [cable] armouring; **pantserkoepel** (gun) turret; **pantserplaat** armour-plate; **pantserschip** (*vero*) ironclad; **pantsertrein** armoured train; **pantservoertuig** armoured vehicle (car); **pantservuist** bazooka; **pantserwagen** armoured car
panty(nylons) tights, (*Am*) pantihose
panvis 1 fish for frying, fryer, frier; 2 fried fish
PAO afk van *post-academisch onderwijs*, (*vglb*) CPD (continuing professional development)
pap 1 porridge; (*voor kinderen en zieken*) pap; *met* ~ *grootgebracht* pap-fed; *tot* ~ *koken* boil to mash; *ik lust er wel* ~ *van* that is meat and drink to me; *geen* ~ *meer kunnen zeggen* be dead beat, fagged out; 2 (*plakmeel*) paste; (*op zweer, enz*) poultice; (*v katoen, enz*) dressing; (*papiergrondstof*) pulp; (*modder*) slush
pap(a) daddy, papa
papaja papaya
papaver poppy; **papaverachtig** papaveraceous [plants]; **papaverbol** poppy-head; **papaverolie** poppy(-seed) oil; **papaverstroop** poppy syrup; **papaverzuur** meconic acid
papegaai (Poll) parrot (*ook fig*); *houten* ~ popinjay; **papegaaiduiker** puffin; **papegaaiekruid** prince's feather; **papegaaien** parrot [a p.('s words)]; **papegaaieziekte** psittacosis, parrot-disease, -fever; **papegaaivis** parrot-fish
papendom 1 popery; 2 papists; **papen|hater**, **-vreter** antipapist

paperassen (*papieren*) papers, (*sl*) bumf; (*scheurpapier*) waste paper; **papeterie** 1 paper shop; 2 stationery; **Papiamen|to, -tu** id
papier paper; *~tje* bit (*of:* scrap) of paper; *~en* papers; (*effecten*) stock(s); *lang* (*kort*) *~*, (*handel*) long (short) paper; *zijn ~en stijgen, de mijne dalen,* (*ook fig*) his stock is rising (going up; *sterker:* booming), mine is falling (going down; *sterker:* slumping); *dit feit doet de Chinese ~en stijgen,* (*ook fig*) this fact is sending up Chinese stock; *~ zonder eind* continuous paper; ***goede** ~en hebben* have good testimonials (certificates); *hij heeft goede* (*de beste*) *~en* he is a likely (the likeliest) candidate; *het loopt* **in** *de ~en* it runs into a lot of money; ***op** ~ brengen* (*zetten*) put on paper, commit to paper, set down in writing; *het op het ~ gooien* dash it off; *zie ook* geduldig
papierachtig papery, paper-like; **papierbak** litter-box, -basket; (*op straat*) litter-bin; **papierbinder** paperclip; **papierbloem** immortelle; **papierboom** paper mulberry
papieren *bn* paper [flower, napkins, wrapper; (*fig:*) member, promises, tiger]; *~ hemeltjes* cat-ice; *~ oorlog* paper warfare
papierfabriek paper mill; **papierfabrikant** paper-maker; **papiergeld** paper money, paper currency, (*Am*) folding money; **papierhandel** 1 paper-trade; 2 (*effecten*) stockbroking; 3 (*schrijfbehoeften*) stationer's
papier-maché papier mâché
papiermand waste-paper basket; **papiermerk** papermark, watermark; **papiermes** paperknife; **papiermolen** papermill; **papiernautilus** paper nautilus, argonaut; **papierpap** paper-pulp; **papier|plant, -riet** papyrus, paper-reed
papier-sans-fin continuous paper
papiersnijder paper-cutter; **papierstrook** slip of paper; paper tape; **papiervernietiger** shredder; **papierwinkel** 1 stacks of paper; mass of paperwork; 2 stationer's (shop)
papil papilla (*mv:* -lae); **papillot** curl-paper, paper; *~ten zetten* put one's hair in (curl-)papers; *met ~ten in het haar* with her hair in papers
papisme papism; **papist** id; **papisterij** papistry
papkerel milksop; **papkind** 1 pap-fed child; 2 (*fig*) mollycoddle; **paplepel** porridge spoon, dessert spoon; *dat is hem met de ~ ingegeven* he has drunk (sucked, taken) it in with his mother's milk
Papoea(as) Papuan; **Papoea-Nieuw Guinea** Papua New Guinea
pappa dad(dy)
pappen 1 (*stoffen*) dress; 2 (*zweer*) poultice; *~ en nathouden,* (*fig*) keep it up
pappenheimers: *ik ken mijn ~* I know who I'm dealing with, (*fam*) I have (got) his number
papperig *zie* pappig
pappie daddy
pappig 1 mushy [bread], pappy [mud], pulpy [potatoes]; 2 (*v pers*) flabby, puffy; **pappot** porridge-pot; *bij moeders ~ blijven* be tied to one's mother's apron-strings
paprika id (*ook: ~poeder*), [green, red, yellow] pepper, (*wtsch*) capsicum
paps dad(dy); **papwangen** flabby cheeks
papyrologie papyrology; **papyrus** id; **papyrusrol** papyrus (*mv:* -ri)
papzak pot-belly; *zie ook* dikzak
paraaf 1 (*verkorte handtekening*) initials; 2 (*krul na handtekening*) paraph
paraat ready (at, to hand), prepared; *~ hebben* have at one's command; *parate executie* summary execution; *parate kennis* ready knowledge; **paraatheid** (*vd vloot, enz*) preparedness; *in ~ brengen* put [troops] on the alert
parabel parable; **parabolisch** 1 (*allegorisch*) parabolical; 2 (*wisk*) parabolic; **parabool** parabola
parachute id, (*fam*) chute; **parachutefakkel** parachute flare; **parachuteren** 1 parachute (down); 2 bring in (appoint, etc) unexpectedly; **parachutespringer** parachute jumper, parachutist; **parachutevliegen** parascending; **parachutist** id; (*mil*) paratrooper
Paracleet Paraclete, Holy Ghost
parade 1 review, parade; *in orde van ~* in parade formation, in review order; *~ **afnemen*** take the salute; 2 (*~plaats*) parade ground; 3 (*schermen*) parade, parry; 4 (*fig*) parade, show; *~ **maken*** parade; *alleen om ~ te maken,* (*fig*) only for show, only to show off
paradent- *zie* paradont- & parodont-
paradepaard 1 parade-horse; 2 (*fig*) showpiece; **paradepas** parade step; (*met stijve knie*) goose-step (*ook als ww:* the soldiers goose-stepped past); **paradeplaats** parade ground
paraderen 1 parade [the streets *door* ...]*; laten ~* parade [troops]; 2 (*fig*) parade, show off; *~ met* parade, make a show (a parade) of
paradetenue review order
paradigma paradigm
paradijs [earthly] paradise; *het P~* Paradise; *aards ~,* (*ook*) Shangri-La, never-never land; **para|dijsachtig, -dijselijk** paradisiac(al), paradisaic(al); **paradijsgeschiedenis** story of the Fall; **paradijskostuum**: *in ~* in nature's garb, in one's birthday suit; **paradijsvogel** bird of paradise
paradontologie periodontics; **paradontose** periodontosis
paradox id; **paradoxaal** paradoxical
paraferen 1 initial; 2 paraph; *vgl* paraaf
parafernalia paraphernalia
paraffine paraffin (wax); **paraffineren** paraffin
parafrase paraphrase; **parafraseren** paraphrase
paragnosie extra-sensory perception, ESP; **paragnost** psychic, medium; **paragnostisch** psychic; **paragoge** id; **paragogisch** paragogic
paragraaf 1 paragraph, section; *sociale ~* [the Maastricht] social chapter; 2 (*het teken* §) section (mark); **paragraferen** paragraph
Paraguay id; **Paraguayaan(s)** Paraguayan
paraisseren appear
Parakleet Paraclete, Holy Ghost
paralegaal (*inz Am*) paralegal
parallax id
parallel *bn & zn* id [*ook fig:* it is without a parallel in history]; *een ~ trekken* draw a parallel [*tussen*

between]; ~ *lopen* run parallel [*met* to, with]; (*v vonnissen*) run concurrently; **parallelcirkel** parallel; **parallelklas** parallel form, parallel class; **parallellepipedum** parallelepiped; **parallellie** parallelism; **parallelliniaal** parallel ruler; **parallellisatie** diversification; **parallellisme** parallelism; **parallellogram** parallelogram [of forces *v krachten*]; **parallelmarkt** unlisted securities market; **parallelplaats** parallel passage; *bijbel met ~en* reference bible; **parallelschakeling** parallel (*of:* shunt) connection; **parallelweg** parallel road

para|logie, -logisme paralogism

Paralympisch Paralympic [Games]

paralyse paralysis; **paralyseren** paralyse; **paralytisch** paralytic

paramedi|ca, -cus paramedic, -cal; **paramedisch** paramedical [services]; **parament** id

parameter id; **paramilitair** paramilitary

paramnesie paramnesia

paranimf (*vglb*) usher, groomsman; supporter

paranoia id; **paranoïde** paranoid

paranoot Brazil nut

paranormaal paranormal [paranormally gifted]

paraplegie paraplegia

paraplu umbrella, (*fam*) brolly

paraplu|anker mushroom anchor; **-antenne** umbrella aerial; **-bak** umbrella stand; **-begrip** blanket term; **-plant** umbrella plant; **-stander** umbrella stand; **-term** blanket term

parapsychologie parapsychology

parasailen 1 parasailing; 2 parascending

parasiet parasite; (*fig ook*) toady; **parasitair** parasitic(al); *~e stroom* stray current; **parasiteren** parasitize; (*fig*) sponge [on]; **parasitisch** parasitic(al); **parasitisme** parasitism

para|sol sunshade, parasol; (*in tuin*) (sun-)umbrella; **-statale** semi-public body, quango; **-taxis** (*gramm*) id; **-troepen** paratroops; **-tyfus** paratyphoid (fever); **-vaan** paravane

parbleu! by Jove!, bless my soul!

Parcen: *de* ~ the Fates, the Parcae

parcours (*sp*) course, circuit, track; *foutloos* ~ clear round; **parcoursbouwer** course builder

pardel panther, leopard; **pardoen** (*mar*) backstay

pardoes bang, slap, plump, bounce, flop, smack, smash; *iem ~ tegen het lijf lopen* run plump (slap, smack) into a p.

pardon id; *~!* pardon me!, I beg your pardon!, I'm sorry!, (*Am*) excuse me!; *~?* I beg your pardon?; *geen ~ geven* give no quarter; *geen ~ hebben met* have no mercy on; *zonder* ~ without mercy, merciless(ly); relentless(ly)

pardonneren pardon, excuse

parel pearl (*ook fig*); *een ~ aan zijn kroon,* (*fig*) a jewel in his crown; *paarlen voor de zwijnen werpen* cast pearls before swine; **parelachtig** pearly, pearl-like; **parelbank** pearl-oyster bank; **parelcollier** pearl necklace; **parelduiken** pearl-diving; **parelduiker** 1 pearl-diver, pearl-fisher; 2 (*vogel*) black-throated diver

parelen I *ww* 1 (*druppelen*) pearl, bead; *het zweet parelde hem op het voorhoofd* beads of perspiration stood on his brow; 2 (*belletjes vormen*) sparkle, bubble; 3 (*klinken*) tinkle; II *bn* pearl

parel|gerst, -gort pearl barley; **-gras** melick; **-grijs** pearl-grey; **-gruis** seed-pearls; **-hoen** guinea-fowl; **-moer** mother-of-pearl; *zie verder* paarlemoer(...); **-mossel** pearl mussel; **-oester** pearl oyster; **-rand** beading; **-snoer** rope of pearls, pearl necklace; **-thee** pearl tea, gunpowder (tea); **-visser** pearl-fisher, pearl-diver, pearler; **-visserij** pearl-fishing, -fishery, -diving, pearling; **-wit** pearl-white, pearly (white); **-zaad** 1 seed pearls; 2 (*plant*) gromwell

paren pair [dancers, etc], couple; unite, combine, match [*aan* with], join [to]; (*zich*) ~, (*van vogels, enz*) mate, pair, copulate; *zich ~ aan* be coupled with, go with [with this virtue goes a grace which ...]; *zie ook* gepaard

parenchym (*plantk*) parenchyma

parentage id; (*concr*) relatives

parenteraal parenteral

parenthese parenthesis (*mv:* -ses); *in ~ zetten* place in parentheses

pareo beach skirt

pareren 1 (*stoot*) parry, ward off [a blow]; (*fig ook*) field [questions]; 2 (*tooien*) adorn, deck (out)

parfait id

parforce at all costs; **parforcejacht** hunt(ing)

parfum perfume, (*inz Br*) scent; **parfumeren** scent [scented soap, scent o.s.], perfume; **parfumerie** 1 *zie* parfum; 2 (*zaak*) perfumery

parhelium parhelion

pari 1 par; *à ~* at par; *tegen ~ uitgeven* issue at face-value; *~ staan* be at par; *beneden ~* below par, at a discount; *boven ~* above par, at a premium; *1 boven* (*beneden*) *~ staan* be at 1 premium (discount); 2 bet; *zie* weddenschap

paria pariah; **pariahond** pariah-dog

Parijs I *zn* Paris; II *bn* Parisian, Paris; *~ groen* Paris green; *~ rood* jeweller's rouge; **Parijse** *zn* Parisienne; **Parijzenaar** Parisian

parikoers par rate

paring mating, pairing, copulation; **paringsdaad** copulation; **paringsdans** courtship display; **paringsdrift** mating urge

Parisch Parian [marble]; **Parisienne** id

paritair on equal terms; *de raad is ~ samengesteld uit bedrijfsleiding en werknemers* management and workers have equal representation on the board; **pariteit** parity [table]

park id (*ook v artillerie, auto's, bedrijven, enz*); (pleasure-)grounds

parka id

parkeer|automaat ticket machine; **-baan** 1 parking orbit; 2 temporary job; **-bon** parking ticket; **-garage** multi-storey car-park, parking garage; **-geld** parking fee; **-gelegenheid** parking facilities; **-haven, -inham** lay-by; **-kelder** basement car-park; **-klem** clamp; **-meter** parking meter; **-overtreding** parking offence; **-plaats** 1 car park; 2 parking place; **-rem** handbrake; **-ruimte** parking area (place, space); (*naast rijbaan*) lay-by; *zie ook* parkeerterrein;

-schijf parking disc; **-strook** parking lane; **-studie** alternative course of study taken while waiting for admission to preferred subject at university; **-terrein** car park, (*Am*) parking-lot; **-vak** parking bay; **-verbod** parking ban, No Parking; **-wacht** car-park attendant; **-wachter** traffic warden, (*vrouw: fam*) meter maid; **-zone** controlled (parking) zone, disc (parking) zone, meter zone

parkeren park [a car]; *niet ~!* 'parking prohibited', 'no parking (here)', NP

parket 1 (*theat*) seat(s) between stalls and pit; 2 *zie* ~vloer; 3 (*jur*) office of Counsel for the prosecution; 4 compartment; *in een lastig ~ zitten* be in a hole (a scrape, a quandary, a nasty predicament); *iem in een lelijk ~ brengen* get a p. into a scrape (into an awkward position); **parketteren** inlay, parquet; **parketvloer** parquet (inlaid) floor, parquetry; **parketwachter** (*vglb*) usher, (*Am*) court-room attendant

parkiet parakeet

parking *zie* parkeerplaats & parkeren

parklandschap parkland; **parkwachter** park-keeper

parlement parliament; *in het ~,* (*ook*) [raise the subject] on the floor of the House; **parlementair** I *bn* parliamentary; *~e vlag* flag of truce, white flag; II *zn* 1 bearer of the flag of truce; 2 (*Z-N*) member of parliament; **parlementariër** 1 member of parliament; *ervaren ~* parliamentarian; 2 (*hist: aanhanger vh parlementarisme*) parliamentarian; **parlementarisme** parliamentarism; **parlementeren** (hold a) parley

parlementsgebouw parliament building; (*Eng*) Houses of Parliament; **parlementslid** Member of Parliament, MP

parlevinken 1 peddle (by water); 2 palaver, jabber; **parlevinker** (water-borne) pedlar

parmant(ig) jaunty, smart, dapper, pert, perky; *~ stappen* swagger

parmezaan Parmesan (cheese)

Parnas(sus): *de ~* Parnassus

parochiaal parochial; **parochiaan** parishioner

parochie parish; *voor eigen ~ preken* be guilty of special pleading; **parochieel** parochial

parochiehuis parish hall, (*Am*) parish house; **parochiekerk** parish church; **parochiestelsel** (*vglb*) parochial system

parodie parody, burlesque, travesty, skit, (*fam*) send-up; **parodiëren** parody, travesty, burlesque, take [a p.] off; **parodist** id; **parodistisch** parodic(al)

parodon|taal periodontal; **-tium** periodontium

paroniem I *bn* paronymic, -mous; II *zn* id

parool 1 (*erewoord*) parole; *op ~* [liberate, be out] on parole; 2 (*wachtwoord*) password; *het ~ geven,* (*ook fig: sein, commando*) give the word; 3 (*leus*) watchword, slogan

paroxisme paroxysm

pars part; *~ pro toto* synecdoche; **Pars(i)** Parsee

part 1 id, share, portion; *~je,* (*v boterham*) strip, finger; (*v sinaasappel, enz*) slice, segment; *in ~jes verdelen* section; *voor mijn ~* for my part, as far as I am concerned, for all I care; *hij had voor mijn ~ dood mogen gaan* he might have died and welcome; *ik heb er ~ noch deel aan* I have neither art nor part (neither part nor lot) in it; 2 *iem* (*lelijk*) *~en spelen* play a p. a (nasty) trick; *uw geheugen heeft u ~en gespeeld* your ... has played you false (played tricks on you)

partageren share out, parcel out

parterre 1 (*v huis*) ground floor, (*Am ook*) first floor; 2 (*theat Br*) pit; (*Am*) parquet circle, id; 3 (*bloemperk*) id; **Parth** Parthian

parthenogenese parthenogenesis; **parthenogenetisch** parthenogenetic (*bw:* -ally)

Parthië Parthia; **Parthisch** Parthian; *~e pijl* Parthian shot, parting shot

participant id, participator; **participatie** participation; **participatiebewijs** participating preference share; **participatief** participatory; **participatiemaatschappij** (*vglb, Am*) small business investment company; **participatieonderwijs** (*Br*) day release; **participatiestelsel** profit-sharing; **participeren** participate

parti|cipiaal participial; **-cipium** participle

particulariseren particularize; **particularisme** [linguistic] particularism; **particularist(e)** id; **particularistisch** particularist(ic)

particulier I *bn* private [school, secretary, patient, person, affairs, house etc], special [correspondent]; (*ook*) privately-owned [business, aeroplane]; *~e brug* (*weg*), (*ook*) occupation bridge (road); *in ~ bezit* privately-owned; *zie ook* disconto; II *zn* private person, (private) individual

partieel partial

partij 1 party (*ook in contract, pol, enz*); *de belanghebbende ~en* the parties interested; *bij een geding betrokken ~* party to a suit, litigant; ***beide** ~en horen* hear both sides; *beide ~en te vriend houden* keep on good terms with both sides, (*ong*) hold with the hare and run with the hounds; (*geen*) *~ **kiezen*** take (avoid taking) sides; *~ kiezen* (*trekken*) *voor iem* take a p.'s part, side with a p., stand (*fam:* stick) up for a p.; *~ kiezen tegen* side (take part) against; *de wijste ~ kiezen* take the wisest course; *zich ~ **stellen*** take sides; *~ **zijn** bij* be (a) party to; ***boven** de ~en staan* be above party; ***van** de ~ zijn, a*) be a party member; *b*) be of the party (company), be in on it; 2 (*spel, ook: ~tje*) game; event [win by seven events to three]; *een ~tje biljarten* have a game of billiards; *goed ~ geven* give a good account of o.s.; *hoe **staat** de ~?* what's the game (the score)?; 3 (*muz*) [violin] part; *zijn ~ **meeblazen*** play one's part; *een aardig ~tje meeblazen,* (*fig*) be no mean performer, etc; 4 (*huwelijk*) match; *een goede ~ doen* make a good match, marry well; 5 (*goederen*) parcel, lot; ***bij** ~en verkopen* sell in lots; ***in** maandelijkse ~en* in monthly deliveries; 6 (*feest, ook: ~tje*) party; *een ~ **geven*** give a party, entertain; 7 profit; *~ trekken van* take advantage of, make the most of, turn to good account

partij|belang party interest(s); *uit ~* from party considerations; **-beleid** party line, party policy;

-**benoeming** partisan appointment; -**bestuur** party executive; -**blad** party paper; -**bons** (*fam*) party boss; -**congres**, -**dag** party convention
partijdig bias(s)ed, partial, partisan, prejudiced; ~ *samengestelde jury* packed jury; **partijdigheid** bias, partiality
partij|enpost bulk post; -**ganger** party man; -**geest** 1 party spirit; 2 partisanship; -**genoot**, -**genote** fellow (party) member, political associate; -**kas** party fund(s); -**leider** party leader; -**leiding** party leadership; -**lid** party member; -**loos** independent; -**organisatie** party organization (*of:* machine); -**politiek** I *zn* 1 party policy; 2 party politics; II *bn* party political [broadcast]; -**programma** party manifesto, platform; -**raad** party conference; -**schap** 1 partisanship; 2 faction; -**top** party leadership; -**verband** party allegiance; *in* ~, *a*) as party members; *b*) on party lines
partikel particle
parti-pris parti pris, prejudice
partituur (musical) score
parti|zaan, -**zane** partisan
partner id; *tot* ~ *hebben* be partnered by; *zie ook* sociaal; **partnerruil** exchange of partners; (*fam*) wife-swapping, (*Am*) mate-swapping; **partnerschap** partnership
partus parturition
partuur 1 match, equal; *hij is geen* ~ *voor u* he is no match for you; 2 party; 3 (*sp*) team
parvenu id (*vr ook:* -nue), upstart, nouveau riche; *de* ~*'s*, (*ook*) the new rich
1 pas *zn* 1 (*stap*) pace; step (*ook van dans*); (*bepaalde manier van lopen*) gait; *gewone* ~ quick time (*commando:* quick march!); *de* ~ ***inhouden*** step short; *er* (*flink*) *de* ~ *in houden* keep up a stiff pace; *de* ~ ***veranderen*** change step; *de* ~ ***verlengen*** step out; ***in*** *de* ~ in step; *in de* ~ *blijven met* keep pace (step) with; *in de* ~ *komen* fall into step [she fell into step beside him]; *in de* ~ *lopen* walk in step, keep step; ~ ***op*** *de plaats maken* mark time; (*fig, ook*) tread water; ***uit*** *de* ~ (*raken*) (get) out of step; *uit de* ~*!* fall out!, break step!, march at ease!; *zie ook* afsnijden, flink, enz; 2 (*berg*~) pass, defile; 3 (*mar*) narrows; 4 (*paspoort*) passport; (*verlof, enz*) pass; ~ *65* senior citizens' identity card; 5 (*ve goochelaar, enz*) pass; 6 *een woordje* ***op*** *zijn* ~ a word in (good) season; ***te*** ~ *en te on*~ in and out of season; *een naam te* ~ *en te on*~ *noemen* bandy a name about; *te* ~ ***brengen***, (*in het gesprek*) turn the conversation to; *een regel te* ~ *brengen* apply a rule; *dat* ***geeft*** *geen* (***komt*** *niet te*) ~ that is not proper, that is not becoming; *dat kwam zo in het gesprek te* ~ the conversation turned (up)on it; *dat komt altijd te* ~ that will always be useful; *het geld kwam goed te* ~ the ... came in useful; *zijn oefening kwam hem goed te* ~ his training stood him in good stead; *er komen ... aan* (*bij*) *te* ~ it involves the use of ...; *daar komt meer bij te* ~ there is more to it; *het kwam niet voor jou te* ~ *om* ... you had no business to [say so]; *dat komt voor een dame niet te* ~ that is not becoming (is unbecoming) for a lady, is not ladylike; *hij kwam lelijk te* ~ he came off badly; *de regering moest eraan te* ~ *komen* the ... had to step in (to intervene); *het* ***kwam*** *net* ***van*** ~ it was just the thing, it was just what we needed; it (the money, etc) came in handy; *hij kwam juist van* ~ he came in the nick of time, as if he had been sent for; *uw aanbod komt juist van* ~ your offer is very opportune; *hulp die juist van* ~ *komt* (*kwam*) timely help; *slecht van* ~ ill-timed; *het komt me nu niet van* ~ it does not suit me (is not convenient to me) now; *goede raad komt altijd van* ~ good counsel never comes amiss; *zijn woorden* ***waren*** *zeer van* ~ his words were very apposite, were to the point; *het antwoord was zo van* ~ *dat* ... the retort was so apt that ...
2 pas I *bw* 1 (*juist*) just (now); new [new-born], newly [newly-married, newly arrived, the newly-lit lamp], fresh [from school], freshly [made coffee]; ~ *aangekomene* newcomer, new arrival; ~ *beginnende* beginner; ~ *ontvangen* [this magazine is] newly to hand; 2 (*nauwelijks*) scarcely, hardly; 3 only, no more than; *hij is* ~ *vier dagen weg* it's only four days since he left; ~ *gisteren* only (not until) yesterday; 4 not until; ~ *toen hij mij zag* ... it was not till he saw me that ...; 5 truly; *dat is* ~ *lekker!* now that's what I call a treat!; II *bn* 1 level; 2 fit; *precies* ~ *zijn* be an exact fit; ~ *maken* adjust, fit, true up; *zie ook* nauwelijks, eerst *bw*, & passen
pasar (*Ind*) market, bazaar
Pascha 1 Passover; 2 (*paaslam*) paschal lamb
pascontrole passport control
pasdame (dress, fashion) model
Pasen Easter; (*bij de joden*) Passover
pasfoto passport photograph
pasgang *zie* telgang
pasgeboren new-born [baby ~*e*]; *zie ook* onschuldig
pasgeld (small) change, coin(s)
pasgetrouwd newly married; *de* ~*en* the newly-married couple, the newly-weds
pashokje fitting cubicle (*of:* booth)
pashoogte col
pasja pasha
pasje 1 pass; 2 (*typ*) en-space
paskaart 1 (*kaartsp*) bad hand; 2 (*aardr*) (nautical) chart
paskamer fitting room; ~*tje* fitting cubicle
pasklaar 1 made-to-measure; (*fig*) cut and dried [system], pat [formula], ready-made, [find things] ready to hand; *iets* ~ *maken voor* adapt s.t. to (for); 2 ready for trying on
paskwil 1 pasquinade, lampoon; 2 (*fig*) [such an examination is a] farce, mockery; *wat een* ~*!* what a farce!
paslood plummet
pasmunt (small) change, coin(s)
paspoort 1 passport [control]; 2 (*mil*) discharge papers; (*mil sl*) ticket; *zijn* ~ *krijgen*, (*mil*) get one's discharge; *een rood* ~ *krijgen* be dismissed from the army
paspop tailor's dummy, mannequin
pasporteren (*mil*) discharge

pass (*sp*) [a forward, backward] pass
passaat(wind) trade-wind; (*mv ook*) trades
passabel passable
passage 1 (*doorgang; tekst; muzikale frase; overtocht*) id; ~ *bespreken* (*boeken, nemen*) book a (one's) passage; 2 (*winkelgalerij*) (shopping) mall; 3 (*verkeer*) traffic; **passagebiljet** ticket; **passage|bureau**, **-kantoor** booking-office
passagier passenger; (*in taxi, ook*) fare; *werkend ~ zijn* work one's passage; *zie ook* blind, enz
passagieren (*v matrozen*) be out on shore leave; *~de matroos* liberty man
passagiers|accommodatie passenger accommodation; **-boot** passenger ship; **-goed** passenger's luggage; **-lijst** passenger list; **-schip** passenger ship; **-trein** passenger train; **-vliegtuig** passenger plane, airliner
passant I *zn* 1 (*voorbijganger*) passer-by; 2 (*reiziger*) passing traveller, temporary visitor; (*Am*) transient (visitor); 3 (*ve uniform*) shoulder-strap; II *zie* en passant
passe (*schermsp, enz*) pass
passé id, outdated
passeerslag (*sp*) passing shot
passelijk fairly, reasonably; **passement** lace, braid, trimming, galloon, edging, g(u)imp
passen 1 (*de maat hebben*) fit; *de jas past hem* ***goed*** (*slecht*) fits him well (is a misfit, a bad fit); *dat past* (*die naam past hem*) ***precies*** it fits (that name fits him) exactly (to a T, to a nicety, like a glove); ***in*** *elkaar* ~ fit into each other; *de sleutel past niet op het slot* (*de deur*) does not fit the lock (the door); 2 (*aan~*) try on [a coat]; (*ve kleermaker*) fit on; (*bij kleermaker*) [go to] be fitted, have a fitting, try on; 3 (*afpassen*) fit; *met wat ~ en* ***meten*** with a bit of juggling (contriving) [we managed to get sixteen chairs in]; *kunt u het niet ~?* couldn't you give me the exact money?; ***aan*** (***in***) *elkaar* ~ fit [the pieces] together; 4 (*schikken*) suit, be convenient [to a p.]; *dat past me* ***net***, (*fig*) it suits me down to the ground; *het past me nu niet* it is not convenient to me at this moment; 5 (*harmoniëren*) match; *het behang past niet* ***bij*** *de meubels* the paper does not match (go with) the furniture; *het schilderij past niet bij zijn omgeving* the picture is out of harmony (*of:* keeping) with ...; *ze ~ er helemaal niet bij,* (*v pers & zaken*) they don't at all fit in; *deze kleur past niet bij die hoed* does not go with that hat; *het past er keurig bij* it goes charmingly with it; *deze stof past er goed* (*slecht*) *bij* this ... is a good (bad) match; (*niet*) *bij het geheel* ~ fit into (be out of) the picture; *bij elkaar ~,* (*ve pers*) suit (be suited to) each other; *zij ~ goed* (*slecht*) *bij elkaar* they are well-(ill-)matched; *niets paste bij elkaar* nothing matched; *het past* ***in*** *je rol* it suits your part; 6 (*betamen*) become, befit, behove; *dat past een oud mens* ***niet*** that is not becoming for an old (wo)man; *het past u niet dat te zeggen* it is not for you to ..., you have no business to ...; 7 (*oppassen*) mind; ~ ***op*** take care of, mind [the shop, the baby], look after, (*oppassen voor*) be on one's guard against, beware of [pickpockets]; *pas erop!,* (*ve kruier bijv*) mind the barrow!, (*mar*) gangway, please!; *pas op je zakken!* watch (take care of) your pockets!; *laat hij op zichzelf ~* let him look to himself; *zij kan heel goed op zichzelf ~* she is perfectly able to take care of herself; *op zijn woorden ~* be careful what one says; *zie ook* kleintje, tel, winkel, enz; 8 (*bij kaartspel*) pass; (*ik*) *pas* pass, (*bridge, ook*) no bid; *ik pas er* ***voor*** *hem geld te lenen* I refuse to lend him money; *daar pas ik voor!* I'll have none of that!, nothing doing!
passend (*eig*) fitting [collar, ill-fitting clothes]; (*fig*) fit [for ...], suitable [to your age, for you, a few suitable words], becoming [to the occasion, to his age]; [the] right [word], [a] fitting [end], apposite [remarks], appropriate [measures; a text appropriate to the occasion]; ~ *maken* make fit; ~ *zijn voor,* (*ook*) befit [as befits a man in his position]; *niet ~ voor een dame,* (*ook*) [a word] unbecoming (of) a lady; *japon met daarbij ~e schoenen* with shoes to match; *niet bij elkaar ~* odd [have odd boots on; odd buttons]; *goed* (*slecht*) *bij elkaar ~ paar* well-suited (ill-assorted) couple
passe-partout 1 (*sleutel*) id, master key; 2 (*ve plaat*) mount, mat; 3 (*toegangskaart*) pass
passe-partoutteken (*comp*) wildcard character
passer 1 compasses; *een ~* a pair of compasses; *kromme ~* callipers; 2 (*Ind*) market, bazaar
passerbeen compass leg, leg of a pair of compasses; **passerdoos** case (*of:* box) of mathematical instruments
passeren I *intr* 1 (*voorbijgaan*) pass (by); 2 (*gebeuren*) happen, occur; *dat kan ~* that may pass; *dat kan ik niet laten ~* I cannot let it pass; II *tr* 1 (*voorbijgaan*) pass (by); (*doortrekken*) pass through; *de 50 gepasseerd* [he has] turned 50, [is] turned 50, is on the wrong side of 50; *het aantal leden is de 10.000 gepasseerd* the membership has passed the 10,000 mark; 2 (*overslaan*) pass over; *gepasseerd worden,* (*bij bevordering, enz*) be passed over; 3 (*overgaan*) cross [the bridge]; 4 (*doorbrengen*) pass [the time (in) reading]; 5 (*akte*) execute [a deed]; *zie ook* dividend
passie passion (*in alle betek*); (*liefhebberij, ook*) craze; *zie ook* vos; **passiebloem** passion flower
passief I *bn* passive [smoking; trade balance]; II *zn* 1 (*taalk*) passive; 2 (*handel:*) *actief en ~* assets and liabilities
passiespel Passion play; **passietijd** Passiontide; **passievrucht** passion fruit; **passieweek** Passion week; **Passiezondag** Passion Sunday
passim id
passing (*techn*) fit
passiva *zie* passief II.2; **passiviteit** passivity, passiveness; **passivum** passive
passpiegel cheval glass
passus passage
pasta 1 paste; [chocolate] spread; 2 (*deegwaar*) id
pastei pie (*ook typ: in ~ vallen* fall into pie), pasty; *~tje* patty; **pasteibakker** pastry-cook; **pasteideeg** paste; **pasteikorst** piecrust
pastel (*plant & krijt*) id; (*krijt, ook*) crayon; **pastelkleur** pastel colour, pastel shade; **pasteltekenaar** pastel(l)ist; **pasteltekening** pastel

(drawing), crayon
pasteuri|satie pasteurization; **-seren** pasteurize
pasteus pasty
pastiche id, pasticcio; **pasticheren** make a pastiche (of)
pastille pastille, lozenge
pastinaak parsnip
pastis id
pastoor (*r-k*) (parish-)priest; (*Am*) pastor; *de ~ van N* the parish priest of N; *~ Jansen* Father Jansen; **pastor** id; **pastoraal** pastoral; *pastorale arbeid* pastoral work, parish work; *pastorale brief* pastoral (letter); *pastorale goederen* glebe; *~ werker* church worker; **pastoraat** pastorate
pastorale pastoral (play, poem); (*muz*) id; **pastoralia** glebe; **pastoreel** pastoral
pastorie rectory, vicarage, parsonage; (*ve afgescheiden kerk, vooral Sch*) manse; (*r-k*) presbytery; **pastorie|goederen, -landerijen** glebe
pas-65 senior citizen's identity card
pasvorm fit
pat 1 (*schaakspel*) stalemate; *~ zetten* stalemate; 2 (*op uniform*) (gorget-)patch, tab
Patago|nië Patagonia; **-niër, -nisch** Patagonian
patat(es frites) chips, French fried (potatoes), French fries
patchoeli, patchouli patchouli
pâté de foie gras id, goose-liver paste
pateen paten
patent I *bn* capital, first-rate, excellent; *een ~e kerel* a capital (a jolly good) fellow, (*fam*) a (real) sport, a brick; II *zn* (*voor bedrijf*) licence; (*voor uitvinding, enz*) (letters) patent; *zie verder* octrooi(-); **patenteren** patent, register; *gepatenteerde leugenaar* barefaced liar; **patentgeneesmiddel** patent medicine; **patent|houder, -nemer** patentee; **patentolie** colza oil
pater priest; (*inz aanspr*) father; *~ familias* paterfamilias, father of a family, family man; *een ~(tje) goedleven* a priest fond of good living; **paternalisme** paternalism; **paternoster** 1 id; 2 (*bk*) chaplet; 3 *~s* handcuffs, (*sl*) darbies; *iem de ~s aandoen* handcuff a p., (*sl*) fix the darbies on a p.; **paternosterlift** paternoster; **paterstuk** rumpsteak
pathetiek pathos; **pathetisch** pathetic(al); melodramatic
pathogeen pathogenic; **pathologie** pathology; **pathologisch** pathological; *~e anatomie* morbid anatomy; *~e moordenaar* maniacal murderer; **patholoog** pathologist; **patholoog-anatoom** (forensic) pathologist
pathos id; (*ong*) grandiloquence
patience (*spel*) [play] patience
patiënt patient; *ik ben ~* I am on the sick-list; **patiënte** (woman, female) patient; **patiëntenboek** [a doctor's] case-book; **patiëntie** patience
patina id; **patineren** patinate
patio id
patisserie id: 1 (fancy) pastries; 2 pastry shop; **patissier** confectioner, pastry-cook
patjakker rascal, rogue, scallywag; **patje** *zie* pat 2; **patjepeeër** vulgarian
patois id, (provincial) dialect
patres *zie* ad; **patria** mother country; *in ~* at home; *naar ~* home
patriarch id; **patriarchaal** patriarchal; **patriarchaat** 1 patriarchate; 2 (*vaderrecht*) patriarchy; **patriciaat** patriciate; **patri|ciër, -cisch** patrician; **Patricius** Patrick
patrijs 1 partridge; 2 (*vorm, stempel*) patrix; punch; **patrijshond** spaniel; **patrijspoort** port(hole); **patrijzejacht** partridge-shoot(ing)
patri|lineaal, -lineair patrilineal, -linear
patrimonium patrimony
patriot 1 id; 2 (*18e eeuw*) Dutch anti-Orangeman; **patriottisch** patriotic (*bw:* -ally); **patriottisme** patriotism
patris|tiek patristics, patrology; **-tisch** patristic
patronaal patronal; **patronaat** 1 patronage; 2 (*vereniging*) confraternity; **patrones** patroness, patron saint; **patroniseren** patronize; **patronymicum** patronymic
patroon 1 (*beschermheer*) patron; (*heilige*) patron saint; 2 (*baas*) employer, principal, master; *bakkers~, enz* master baker (builder, etc); 3 (*geweer~, inkt~, enz*) cartridge; *losse ~* blank (cartridge); *scherpe ~* live cartridge; *10 patronen, (ook)* ten rounds (of ammunition); 4 (*dessin*) pattern, design; *met een ~* patterned [chiffon]
patroon|houder (*ve geweer*) (cartridge-, loading-)clip; **-huls** cartridge-case; **-tas** cartridge-box, -pouch; **-tekenaar** pattern-maker, designer
patrouille patrol; **patrouilleleider** (*scouting*) patrol leader; **patrouilleren** patrol [the streets *in de ...*]; **patrouillevaartuig** patrol boat (*of:* vessel); (*voor visserijbescherming*) fisheries protection vessel; **patrouillewagen** patrol car, (*Am*) squad car
pats slap, box (on the ear); *zie ook* opstopper; *~!* bang!, slap!, wham!, crash!
patsen I *tr* bang; II *intr* come bump [on the ground, against the wall]; *met zijn geld ~* throw one's money about; **patser** 1 show-off, vulgarian; (*verkwister*) waster; 2 (*schurk*) thug, yob(bo); **patserig** 1 swanky, flashy; 2 thuggish
patstelling stalemate
pauk kettledrum, (*mv ook*) timpani; **pauken** beat (*of:* play) the drums; **pauke|nist, -slager** timpanist, kettledrummer
Paul id; **Paulina** id, Pauline; **Paulinisch** Pauline [epistles]; **Paulus** (St) Paul
paumelle lift-off hinge
pauper id; **pauperiseren** pauperize; **pauperisme** pauperism
paus pope; *hij is een echte ~* he is an autocrat; *zie ook* rooms; **pausdom**: *het ~* the papacy, the pontificate; **pauselijk** papal, pontifical; *~ delegaat* apostolic delegate; *zie ook* gezant, enz; **pausgezind** papistical; *~e* papist; **pauskeuze** papal election; **pausschap** *zie* pausdom
pauw peacock; (*mann & vr*) peafowl; *stappen als een ~* (strut like a) peacock; *zie ook* trots; **pauwachtig** (*dierk*) pavonine; (*fig*) peacock-like, peacockish; **pauwestaart** 1 peacock's tail; 2 (*duif*)

fantail (pigeon); **pauweveer** peacock('s) feather; **pauwfazant** argus-pheasant; **pauwin** peahen; **pauwoog** peacock butterfly; **pauwstaart** *zie* pauwestaart 2

pauze pause [in the conversation], interval; (*theat, enz*) interval; (*Am*) intermission; (*school*) break, recess, interval; (*muz*) rest; **pauzeren** pause, stop, have (take) a break; **pauzering** pause; **pauzeteken** (*radio*) signature tune, interval signal; **pauzetoets** (*tv*) stand-by button

pavane pavan(e)

pavé id

paviljoen pavilion, tent, marquee

paviljoenziekenhuis cottage hospital

pavoiseren dress [ships]; *gepavoiseerd,* (*ook*) gay with bunting, beflagged

pc afk van *pour condoléance* with sympathy; **PC** afk van *personal computer* id; **PCB** afk van *polychloorbifenyl* id, polychlorinated biphenyl; **PCP** 1 afk van *phencyclidine* id, angel dust; 2 afk van *pneumocystis carinii pneumonia* pneumokystose; **pct** id, pc (per cent); **pé** *zie* pee

peau de suède suede [a suede handbag]

peauter pewter

pecannoot pecan (nut)

pecco(thee) pekoe (tea)

pech bad (hard, rotten) luck; trouble; (*met auto, enz*) breakdown; ~ *hebben* be down on one's luck, be out of luck, have a run of bad luck; *zie ook* bande~

pechdienst road service; **pechduivel** 1 gremlin; 2 *zie* -vogel; **pechstrook** (*v weg*) hard shoulder; **pechvogel** unlucky person, constant loser

pectine pectin

pecto|raal, -rale pectoral

pecuniair pecuniary; **pecuniën** finances

pedaal 1 (*muz, v fiets*) pedal; *hard* (*zacht*) ~ loud (soft) pedal; 2 (*voethefboom*) treadle; **pedaalemmer** pedal bin; **pedaalharp** pedal harp

pedagogie(k) pedagogy, pedagogics, theory of education; **pedagogisch** pedagogic(al); *~e akademie* training college for primary schoolteachers; **pedagoog** pedagogue, education(al)ist

pedant I *zn* id; II *bn* 1 (*schoolvosachtig*) pedantic (*bw:* -ally); 2 (*verwaand*) conceited, stuck-up

pedanterie 1 pedantry; 2 conceitedness

peddel paddle

peddelen 1 pedal; 2 (*roeien*) paddle

pedel mace-bearer, bedel(l)

pederast id; **pederastie** pederasty

pedes apostolorum: *per* ~ on Shanks's pony (mare); **pedestal** id

pediater p(a)ediatrician; **pediatrie** p(a)ediatrics

pedicure id, chiropodist; **pedicuren** pedicure

pedofiel p(a)edophil; **pedofilie** p(a)edophilia; **pedologie** 1 p(a)edology; 2 pedology, soil science; **pedometer** id

pee: *de ~ in hebben* (*krijgen*) *over iets* be (get) thoroughly fed up with s.t.; *de ~ aan iem hebben* hate the sight of a p.; **peekoffie** chicory, succory

peel marshy land, marshy region

peen carrot; (*witte*) parsnip; *zie* opscheppen; **peenhaar** carroty hair, carrots

peer 1 pear; *iem met de gebakken peren laten zitten* leave a p. holding the baby; *men liet hem met de gebakken peren zitten,* (*ook*) they left him to face the music; 2 chap; *leuke ~* nice guy; 3 (*gloeilamp*) bulb; 4 (*ve petroleumlamp*) container, receiver, reservoir; 5 (*klap*) sock, smack; **peerdrups** peardrops; **peerlijsterbes** (*boom*) service(-tree); (*bes*) sorb; **peervormig** pear-shaped

pees 1 tendon, sinew, string; 2 (*ve boog*) string; *meer dan één ~ op zijn boog hebben* have more than one string to one's bow; **peesknobbel** tendinous knot; **peesknoop** ganglion, *mv:* ganglia; **peesschede** tendon sheath

peet godfather, godmother; (*mann & vr*) sponsor; ~ *staan* stand godfather, etc to a child; **peetdochter** goddaughter; **peetoom** *zie* peet; **peetschap** sponsorship; **peettante** *zie* peet; **peetvader** godfather; **peetzoon** godson

peg id; **Pegasus** id

pegel 1 icicle; 2 guilder; 3 (*sp*) crashing drive

pegulant guilder; (*mv ook*) money, dibs

peiger dead; **peignoir** id, housecoat

peil (water-)mark, gauge; (*fig*) level, plane, standard; (*Normaal*) *Amsterdams Peil* Amsterdam ordnance datum, Amsterdam zero, Amsterdam water-mark; *het ~ van de beschaving* the level of culture; ***beneden*** ~ below (not up to) the mark; ***boven*** ~ above the mark; ***op*** ~ up to the mark; *op hoger ~ brengen* raise the standard of [football]; *zie ook* opvoeren; *het debat stond niet op het gewone ~* was not up to the usual level; *op een laag ~* on a low level; *het onderwijs stond op zijn laagste ~* education was at its lowest ebb; *op ~ houden* (*brengen*) keep (bring) up to the mark; *zijn hoogste ~ bereiken* reach its high-water mark; *op hetzelfde ~ staan als* be on a level with; *men kan op hem geen ~ trekken* he is quite unpredictable; **peildatum** datum date, reference date; ~ *31 december* [growth] calculated from ..., [population] as at ...

peilen gauge [the contents of a cask, etc]; fathom [water]; (*mar*) sound [the harbour]; (*land; ook luchtv*) take bearings; (*zon*) take the sun's altitude; (*wond*) probe [a wound]; (*fig*) sound [a p.], fathom, plumb [the depth(s) of a p.'s misery, ignorance, etc], gauge [a p.'s character]

peilglas (water, oil, level) gauge; **peiling** 1 gauging; 2 (*diepte*) sounding; (*richting*) bearing; direction-finding; *vgl* peilen; *~en doen* take soundings (bearings); *iem in de ~ hebben* have a p.'s number; **peillood** sounding-lead; *zie* dieplood; **peilloos** unfathomable, unplumbed; **peilschaal** water-, tide-gauge, tide-level indicator; **peilstok** (*mar*) sounding-rod; (*ve auto*) dipstick; (*ve wijnroeier*) gauging-rod

peinzen meditate, ponder, muse [*over* on]; (*somber*) brood [*over* on, over]; *waar peins je zo over?,* (*fam*) a penny for your thoughts; *zie ook* piekeren; **peinzend** meditative, pensive, thoughtful, musing

peis peace; *zie* pais; **peizen** *zie* peinzen

pejoratief *bn & zn* pejorative

pek pitch; (*schoenmakers~*) (shoemaker's) wax;

wie met ~ omgaat wordt ermee besmet who touches pitch will be defiled
pekari peccary
pekblende pitchblende; **pekbroek** (Jack) tar; **pekdraad** wax(ed)-end, waxed thread
pekel brine, pickle, souse; *in de ~ zitten* be in a scrape, in a (sad) pickle; **pekelachtig** briny; **pekelen** brine, pickle; salt [meat, the roads], souse [herrings]; **pekelharing** salt herring; **pekelnat** brine; *het ~* the brine, the briny; **pekelvlees** salt meat; **pekelwagen** brine sprinkler; **pekelwater** brine; **pekelzonde** 1 old sin (come home to roost); 2 peccadillo
pekinees Pekin(g)ese; **Peking** Pekin(g), Beijing
pekingeend Peking duck
pekken *zie* pikken 1
Pelagiaan(s) Pelagian; **pelagisch** pelagian
pelargonium (*plant*) id, geranium
pêle-mêle pell-mell, all anyhow
pelerine id; **pelgrim** pilgrim, palmer; **pelgrimage** pilgrimage; **pelgrimsstaf** pilgrim's staff; **pelgrimstas** pilgrim's scrip (*of:* wallet); **pelgrimstocht** pilgrimage; *een ~ ondernemen* go on (make a) pilgrimage
pelikaan pelican; **pellagra** id
pellen peel [almonds, eggs, shrimps], shell [peas, nuts], husk, hull [barley, maize, rice]
pellen(goed) huckaback, diaper
pellerij, pelmolen hulling-, peeling-mill
Peloponnesisch Peloponnesian; **Peloponnesus** id; *de ~, ook* the Peloponnese
peloton platoon; (*cavalerie*) troop; (*wielersp*) pack, bunch, field
pels 1 (*niet toebereid*) pelt; 2 fur; fur coat; *iem op zijn ~ komen* dust a p.'s jacket; **pelsdier** furred (fur-bearing) animal
pelser pilchard
pelshandel fur-trade; **pelshandelaar** furrier, fur-trade; **pelsjager** (fur-)trapper, fur-hunter; **pelsjas** fur coat; **pelsmuts** fur cap; **pelswerk** furriery, peltry; **pelswerker** furrier
pelterij peltry, furriery
peluw bolster; **peluw|overtrek, -sloop** bolster-case
pen 1 id; (*losse ~, ook*) [hard, soft] nib; (*ganzepen*) quill; *heel wat ~nen in* ***beweging*** *brengen* give rise to a good deal of controversy; *de ~* ***erdoor halen*** run one's pen through it; *de ~* ***neerleggen*** (*fig*) give up writing; *de ~* ***opnemen*** take pen in hand, take up one's pen; *de ~ op het* ***papier*** *zetten* put (set) pen to paper; *de ~* ***voeren****, a*) act as secretary; *b*) wield (hold) the pen; *een* ***welversneden*** *~ hebben* have an excellent style of writing, write well; *een werk* ***in*** *de ~ hebben* have a work in hand; *het is in de ~* it is on the stocks; *het is in de ~ gebleven* it has never come off (*of:* materialized); *iem iets in de ~ geven* dictate s.t. to a p.; *hij is vlug* ***met*** *de ~* he has a ready pen; (*dadelijk*) ***naar*** *de ~ grijpen,* (*voor de krant, enz*) rush into print; ***uit*** *zijn ~* from his pen; ***van*** *zijn ~ leven* live by one's pen; 2 (*veer*) feather; (*slagpen*) pinion; 3 (*pin*) peg, pin; (*ve egel*) spine, quill; (*breipen, enz*) [knitting-, etc] needle; *iem de ~ op de* ***neus*** *zetten* put a p. on his good behaviour
penaal penal [sanction]
penalty penalty (kick, shot); *zie* strafschop
penanker pin-pallet
penant pier; **penantspiegel** pier glass; **penanttafeltje** pier table
penarie: (*verschrikkelijk*) *in de ~ zitten* be in a(n awful) hole (fix, scrape)
penaten penates, household gods; (*fig*) home
pendant id, companion piece (*of:* picture), counterpart; (*fig*) counterpart, pendant, [the German producer and his British] opposite number
pendel 1 pendulum; 2 commuting; **pendelaar** 1 commuter; 2 (*roedeloper*) dowser; **pendeldienst** shuttle (bus, train) service; **pendeldiplomatie** shuttle diplomacy; **pendelen** commute; **pendelverkeer** commuter traffic; **pendule** (mantle) clock
pen-en-gat: *~ verbinding,* (*bk*) mortise-and-tenon joint, dowelled joint
penetrant penetrating [smell], piercing [cold]
penetreren penetrate (*in* into)
penhouder penholder
penibel painful, awkward [silence], difficult [situation]
penicilline penicillin
penis id; **peniskoker** penis sheath; **penisnijd** penis envy
penitent id; **penitentiair** penitentiary (*ook: ~e inrichting*); **penitentie** penance; (*fig ook*) ordeal, trial
penne|houder penholder; **-kunst** penmanship, calligraphy; **-likker** pen-pusher; **-mes** penknife
pennen 1 pen, write, scribble; 2 peg; **pennenbak** pen-tray; **pennenkoker** pencase
penne|schacht quill; **-streek** stroke (dash) of the pen; *met één ~* by one dash of the pen; **-strijd** controversy, paper war, polemic; **-vrucht** product of the (his, etc) pen; **-wisser** penwiper
penning penny, farthing; (*gedenk~*) medal; (*voor automaat, enz*) token; (*ve politieagent*) badge, warrant(-card); (*gods~*) earnest-money; *zie ook* honde~; *hij is erg op de ~* he looks at a penny twice before parting with it; **penningkabinet** coin and medal room, numismatic collection; **penningkruid** moneywort; **penningkunde** numismatics; **penningkundige** numismatist; **penningmeester** treasurer; **penningske**: *het ~ der weduwe* the widow's mite
Pennsylvanië Pennsylvania; **Pennsylva|niër, -nisch** Pennsylvanian
penologie penology; **peno|se, -ze** underworld
pens 1 (*ve herkauwer*) paunch, rumen; (*als voedsel*) tripe; 2 (*volkst: buik*) paunch
pensee pansy, heart's-ease
penseel (artist's paint-)brush; pencil (*vero, behalve in:* the masterly pencil of Rembrandt, *e.d*); (*voor wond, enz*) brush; **penseelaapje** ouistiti
penseelstreek stroke (*of:* touch) of the brush
penselen paint; (*wond*) pencil, paint
pensioen (retirement) pension; (*mil*) retired pay; ***met*** *~ gaan* retire; (*mil*) go on retired pay; *met ~ zijn* be retired; *weduwe met ~* widow in receipt

of a pension; *betrekkingen met* (*zonder*) ~ pensionable (non-pensionable) posts; *recht* ***op*** ~ pension rights, right to a pension; *op ~ stellen, zie* pensioneren; *meetellen voor* ~ count towards one's pension; *aan deze betrekking is* (*geen*) ~ *verbonden* this post is pensionable (carries no pension); *met* (*vol*) ~ *ontslagen* discharged on (full) pension; *zijn* ~ *in ontvangst nemen* draw one's pension

pensioen|aanspraak pension claim, pension entitlement; **-aftrek**, **-bijdrage** pension contribution, superannuation contribution; **-breuk** loss of pension rights; *overdraagbaar zonder* ~ portable [pension]; **-fonds** pension (*of:* superannuation) fund; **-gerechtigd** pensionable, eligible for (a) pension; *~e leeftijd* pensionable (retirement) age; **-premie** *zie* -bijdrage; **-regeling** pension scheme, superannuation scheme; **-trekker** pensioner; **-verzekering**: *een* ~ *hebben* be in a pension fund; *particuliere* ~ personal pension plan; **-wet** superannuation act, pensions act

pension 1 (*kost*) board; 2 guesthouse, boarding-house; (*inz buiten Eng, ook*) [keep a] pension; *in ~ gaan* (*zijn*) go to (live at) a boarding-house; *in ~ nemen* receive as a boarder; *in* (*en*) ~, (*ook*) en pension; **pensionaat** boarding-school

pensionair(e) 1 (*leerling*) boarder; 2 (*jaargeldtrekker*) pensioner; **pensionaris** pensionary; **pensioneren** pension, grant a pension; superannuate; (*mil*) place on the retired list; (*vervroegd*) pension off; **pensionering** retirement, superannuation

pension|gast lodger, boarder; **-houd(st)er** boarding-house keeper; **-paard** livery horse; **-prijs** boarding-terms [from ...]

pentaëder pentahedron; **pentagoon** pentagon

pentagram id; **pentameter** id; **Pentateuch** id

pentatlon pentathlon

pentekenaar pen-draughtsman, black-and-white artist; **pentekening** pen-drawing, -sketch, pen-and-ink (black-and-white) drawing; **penvoerder** secretary; **penvriend(in)** pen-friend, (*fam*) pen-pal; **penwortel** tap root

pep 1 id, [it's lost its] zip; 2 dope, pep pills

peper pepper; *gemalen* (*ongemalen*) ~ ground (round) pepper; *zie ook* Spaans, enz; **peperachtig** peppery; **peperboompje** spurge laurel, daphne; **peperbus** pepper-box, -pot, -castor; **peperduur** high-priced, very expensive; *alles was* ~ everything was at prohibitive prices; *iets ~ betalen* pay (for s.t.) through the nose

peperen pepper; *een rekening* ~ salt a bill, stick it on; *zie ook* gepeperd; **peper-en-zoutkleurig** pepper-and-salt [hair, suit], grizzled [hair]; **peper-en-zoutstel** salt and pepper set, cruet-stand; **peperhuisje** cornet, screw (of paper); **peperig** peppery

peper|kers pepperwort; **-koek** gingerbread; **-korrel** peppercorn; **-molen** pepper-mill; **-munt** peppermint (*ook plant & ~je*); **-muntolie** peppermint (oil); **-muntstok** peppermint rock; **-noot** small spiced biscuit, gingerbread nut; **-tuin** pepper plantation; **-vreter** toucan; **-wortel** horse-radish

Pepijn Pepin, Pippin

pepmiddel pep pill; **peppel** poplar

pepsine pepsin

pepton peptone; **peptoniseren** peptonize

per I *vz* 1 id; ~ *baal, enz verkopen* sell by the bale (yard, glass, etc); ~ *post* by post; ~ *telefoon* by (over the) (tele)phone; ~ *postwissel* by money order; ~ *jaar* per annum; ~ *uur* [paid] by the hour; *drie gulden ~ meter* (~ *week*) three guilders a metre (a week); ~ *schip* by boat; ~ *'acre'* [30 bushels] to the acre; ~ *seconde* [1000 vibrations] to the (a) second; *betaling ~ 3 maanden* payment at three months; *zie ook* adres, stuk, enz; 2 (*m.i.v.*) as from, as of [January 1]; II *zn* afk van *perchloorethyleen* perchloroethene, -ethylene

perceel 1 (*kaveling*) lot, parcel, (*v grond*) *ook* plot; *een lastig* ~ a handful; *in percelen* in lots; 2 (*huis en erf*) premises (*mv*); **perceelsgewijze** [sell] in lots

percent per cent, p.c.; *3-~s papieren* three per cent stock, three per cents; *er is 50 ~ kans dat ...*, (*fam*) it is a fifty-fifty chance that ...; *5 ~* ***krijgen*** *van zijn beleggingen* get five per cent on one's investments; *5 ~* ***opbrengen*** pay (yield) five per cent; *25 ~* ***uitkeren***, (*bij faillissement*) pay 25p in the pound; ***tegen*** *5* ~ at (the rate of) five per cent; ***voor*** *90* ~ [his work is] 90 per cent [mechanical]; *zie ook* procent

percentage id; **percentielscore** percentile rank; **percentsgewijze** proportional(ly); ~ *bijdragen* make pro rata contributions; **percentteken** percent(age) sign (%); **percentueel** in percentage terms; *zie* percentsgewijze

perceptie perception; **perceptiekosten** collecting-charges; **percipiëren** perceive

percolaat percolate; **percolatie** percolation; **percolator** id; **percoleren** percolate

percussie percussion; **percussiedopje** percussion cap; **percussiehamer** percussion hammer

percuteren tap, percuss

perdoen (*mar*) backstay

perebloesem pear-blossom; **pereboom** pear tree; **perehout** pear-wood

perekwatie adjustment, indexation

perelaar pear tree

peremp|toir, -toor peremptory

peren 1 (*drinken*) booze; 2 (*sp*) slam [the ball forward]; 3 *'m* ~ clear off

peren|drank, -wijn perry

perestrojka perestroika

perevuur fire-blast, -blight (of pears)

perfect id; *het staat je* ~ it suits you to perfection

perfectibiliteit perfectibility

perfectie perfection; (*tot*) *in de* ~ perfect(ly)

perfectief perfective

perfectioneren perfect; **perfectionist** id

perfectum perfect (tense)

perfide perfidious

perforatie perforation; **perforator** id, punch; **perforeren** perforate; *niet geperforeerd* imperforate [stamps], unperforated [sheets]

pergamijn glassine; **pergola** id; **peri** id

peri|feer peripheral; **-ferie** periphery; **-frase** periphrasis (*mv:* -phrases); **-helium** perihelion
perikel peril; *~en, (ook)* problems; adventures
perikoop pericope; **perikopenboek** lectionary
periode period; stage [first stage of an illness]; spell, run [of fine weather]; space [of three years]; (*elektr*) cycle
periodiciteit periodicity; **periodiek** I *bn* periodic(al); (*cyclisch*) cyclic(al); *opdracht tot ~e overschrijving* standing order; *~ systeem* periodic system [of elements]; (*tabel*) periodic table; *~e verhogingen* annual increments; II *zn* 1 periodical; 2 increment; **periodisering** periodization
periodontologie periodontics
periost periosteum; **periostitis** id
peripateticus peripatetic; **peripatetisch** peripatetic (*bw:* -ally); **peripetie** peripet(e)ia, -pety
periscoop periscope
peristaltisch peristaltic; *~e beweging* peristalsis; **peristyle** id; **peritoneum** id
perk 1 [flower-]bed; (*in dierentuin*) enclosure; 2 (*grens*) limit, bound (*meestal mv*); ***binnen** de ~en der wet* within (the pale of) the law; *binnen de ~en blijven* keep within bounds; *de ~en overschrijden* go beyond the bounds [of prudence, etc]; *dat gaat alle ~en te buiten* that is beyond (breaks, transcends) all bounds; *zie ook* paal, grasperk, strijdperk, enz
perkament parchment, (*kalfs~*) vellum; **perkamenten** *bn* parchment, vellum; **perkamentpapier** parchment-paper, vellum-paper; **perkamentrol** (parchment) scroll
perkara (*Ind*) dispute, lawsuit
Perm (*geol*) Permian (system)
permanent id, lasting, standing [committee]
permanenten: *zich laten ~* have one's hair permed, have a perm
permanentie permanence, -cy
permeabel permeable
permissie permission, leave, (*vrijaf*) leave (of absence); *met ~* by your leave; *zie ook* verlof; **permissiebiljet** permit; (*ter bezichtiging, enz*) order-to-view, inspection-order; **permissief** permissive; **permissiviteit** permissiveness
permitteren permit, allow; *zich ~* permit o.s. [a liberty], indulge in [luxuries]; *als ik mij de vrijheid mag ~* if I may take the liberty; *ik kan me geen auto ~* I cannot afford (don't run to) a car
permu|tatie permutation; **-teren** permute
pernambukhout Brazil wood
pernicieus pernicious [anaemia]
peroratie peroration
peroxyde [hydrogen] peroxide
perpetueren perpetuate
perpetuum mobile id, perpetual motion
perplex perplexed, baffled, flabbergasted; *het deed me ~ staan* it took my breath clean away; *zie ook* paf, versteld
perron platform; *~ van aankomst* (*vertrek*) arrival (departure) platform; *het derde ~* number 3 platform; **perronkaartje** platform ticket; **perronrestauratie** buffet bar
pers press; *de* (*schrijvende*) *~* the press; *een goede, enz ~ hebben* have (receive) a good (bad, excellent) press; ***ter** ~e* [the book is] in the press, at press; *juist bij het ter ~e gaan* just as we are going to press; *uit de ~, (opschrift in krant)* press (newspaper) comment(s); *iem **van** de ~ zie* ~man
Pers 1 Persian; 2 Persian cat; 3 Persian rug
pers|agentschap news agency; **-attaché** press secretary; **-bericht** 1 press report; 2 press (news) release; **-breidel** press censorship, muzzling of the press; **-bureau** news (*of:* press) agency, press bureau; **-chef** press chief, press officer, press secretary; **-communiqué** *zie* -bericht 2; **-conferentie** press conference; **-delict** offence against the press-laws; **-dienst** news service
per se 1 (*eig*) per se, intrinsically; 2 (*noodzakelijk*) necessarily, of necessity; 3 (*met alle geweld*) by all means, by hook or by crook; *hij wou ~ mee* he was determined to come
persen press, squeeze; (*bij ontlasting*) strain; (*bij bevalling*) bear down; (*vormen*) mould [plastics]; *iem de tranen uit de ogen ~* force tears from a p.'s eyes
persevereren persevere
persfotograaf press-photographer; cameraman; **persgas** high-pressure gas; **persglas** pressed (*of:* moulded) glass
persianer Persian lamb
persico peach-brandy, noyau
persienne Persian blind, persienne
persi|flage 1 parody, send-up; 2 id, banter, raillery; **-fleren** 1 parody, send up; 2 banter, chaff
persijzer (tailor's) goose (*mv:* gooses), smoothing-iron; **persing** pressing, pressure
persisteren persist [*bij* in]
pers|kaart press card; **-klaar** ready for (the) press; *~ maken, (ook)* style; **-lucht** compressed air; **-magnaat** press magnate (lord, baron); **-man** pressman, news(paper)man; **-muskiet** newshound, (*Am ook*) newshawk
personage id, person; **persona grata** id
persona|lia id, personal details; (*in krant*) personal [column]; **-liseren** personalize; **-lisme** personalism; **-liteit** personality; *~en* [indulge in] personalities, personal remarks
personeel I *zn* staff, establishment, servants; (*vs materieel, van leger, vloot, enz*) personnel, manpower; *het ~ van het hospitaal bestaat uit vrouwen* the ... is staffed by women; *te weinig* (*te veel*) *~ hebben* be understaffed (overstaffed); *met te weinig ~* [theatres are working] short-handed; *wegens gebrek aan ~* owing to understaffing; II *bn* personal; *-nele belasting,* (*hist, vglb*) inhabited house duty (*tot 1924*); *-nele middelen* personnel; *-nele unie* personal union
personeels|advertentie recruitment ad; **-beleid** 1 personnel management; 2 employment (recruitment) policy; **-beoordeling** personnel assessment; **-bestand** 1 personnel file; 2 staffing; **-bezetting** staffing; **-chef** personnel manager; **-formatie** establishment; **-functionaris** personnel officer; **-lid** staff member, member of staff; **-mutaties** changes in personnel (*of:* staff); **-sterkte** workforce; (*mil*) establishment;

-vereniging staff association; **-voorziening** staffing; *~en* staff facilities; **-werk** personnel management; **-zaken**: (*afdeling*) ~ personnel department

personeeltekort shortage of staff

personen- passenger [car, lift, traffic, train]

personificatie personification; **personifiëren** personify

persoon person; (*mv theat*) dramatis personae, characters (in a play); *vorstelijke personen* royal persons, royalties, royalty; (*fam*) royals; *daar wist ~ niets van,* (*fam*) he (the person in question) knew nothing of it; *mijn onbeduidend ~tje* my poor self; *de Paus en mijn ~tje* the ... and self (and little me); *haar lief ~tje* her sweet self; *één gulden* ***de*** (***per***) ~ a head, each, apiece; *hij kwam* **in** (*eigen*) ~ in (his own) person, personally; *in de ~ van* in the person of; *de vriendelijkheid* (*deugd, mildheid*) *in ~* kindness personified (*of:* itself), the essence (embodiment) of kindness (the soul of virtue, of generosity); *in één ~* [author and film-director] in one, rolled into one; *lang* (*kort*) ***van*** ~ of a tall (short) stature; *ik* ***voor*** *mijn ~* I, for one; *voor één ~, voor twee personen, zie* een~s, twee~s

persoonlijk I *bn* personal; individual [attention, contribution]; private [debts]; (*reisbiljet*) not (*of:* non-) transferable; (*op brief*) private; *u wordt ~* you are getting personal; *niet ~ worden, alsjeblieft* no personalities, please; *het ~e* the personal touch [in his lecture]; *~e aandacht,* (*ook*) one-to-one attention; *~e borgtocht* personal security; *een ~ cachet geven* personalize, customize; *het woord vragen wegens een ~ feit* rise on a point of privilege (*of:* of order); *~e ongelukken* casualties; *zie ook* titel; II *bw* personally, in (one's own) person; *hem ~ betreffende* [a point] personal to himself

persoonlijkheid personality; *zie ook* personaliteit

persoonlijkheidsleer theory of personality

persoonlijkheidsrecht right of correct attribution and quotation

persoons|beschrijving personal description; **-bewijs** identity card, ID card; **-gebonden** personal [chair *leerstoel*], individual; private; **-gegevens** personal data; **-naam** personal name; **-registratie** registration (recording) of personal data; **-verbeelding** personification; **-verheerlijking** personality cult; **-verwisseling** [it was a case of] mistaken identity; **-vorm** (*gramm*) finite form; *~ van een werkwoord* finite verb

persorgaan press organ; **persoverzicht** press review

perspectief perspective (*ook fig:* open new perspectives); (*vooruitzichten, ook*) prospects; *betrekking waar geen ~ in zit* blind-alley occupation, dead-end job; *in een breder ~ plaatsen* set in a wider context [of ...]; *~ geven aan* place [events] in some kind of perspective

perspectivisch I *bn* perspective [drawing]; II *bw* perspectively, in perspective

perspex id

perspomp force-, forcing-pump; **persraad** Press Council; **persraam** (*typ*) tympan; **persrevisie** final revise; **perssinaasappel** juice orange; **perstribune** press gallery (*of:* boxes)

persuaderen persuade; **persuasie** persuasion

persvoer silage; **persvrijheid** liberty (freedom) of the press; **perswee** contraction (of labour)

pertinent positive; *~e verklaring* categorical statement; *~e leugen* downright (barefaced) lie; *~ liegen* lie unashamedly; *~ weigeren* refuse flat(ly)

Peru id; **Peruaans** Peruvian; **perubalsem** Peruvian balsam, balsam of Peru; **Peruviaans** Peruvian

pervers perverse; perverted [proposal]; **perversie** 1 perversion; 2 perversity; **perversiteit** perversity; **perverteren** pervert

Perzië Persia; (*thans:*) Iran

perzik peach; **perzikbloesem** peach-blossom; **perzikboom** peach-tree; **perzikhuid** peachlike skin; (*vglb*) peaches-and-cream complexion; **perzikkruid** persicaria, peachwort

Perzisch Persian; (*pol thans*) Iranian; *~e Golf* Persian Gulf

pessarium (*med*) pessary

pessimisme pessimism; **pessimist** id; **pessimistisch** pessimistic (*bw:* -ally)

pest plague, pestilence; (*fig*) pest, bane [correcting exercises is the bane of the teacher's profession], curse; *attr* pestilential [that pestilential paper]; *zie ook* kanker; *schuwen als de ~* shun like the plague; *de ~ hebben aan* hate, loathe [writing letters]; *een ~ voor de samenleving* a public (social) pest, a pest of society; *dat is de ~ voor je gezondheid* it plays havoc with ...; *voetballen is de ~ voor het gras* ... is disastrous for the lawn; *het haten als de ~* hate it like poison; *ik had de ~ in toen ik het zag,* (*fam*) I could have kicked myself when I saw it; *hij had de ~ in over die opmerking* he was very annoyed (was mad) about that ...; *zie ook* pee; **pestbui** [be in a] rotten temper; **pestbuil** plague-sore, -spot

pesten (*treiteren*) badger, nag, bully, plague; (*plagen*) pester, tease; *alleen om hem te ~* simply to spite him; **pestepidemie** plague-epidemic

pesterij badgering, nagging; pestering, teasing; *vgl* pesten; **pesthuis** pesthouse; **pesthumeur** black mood; **pesticide** id; **pestilent** id, pernicious; **pestilentie** *zie* pestziekte

pest|kikker, **-kop** pest, tease; **-lijder** plague victim; **-lucht** pestilential air; **-neger** tease, pest; **-pokken** (plague) pox; **-stof** plague-virus; **-vent** pestiferous fellow; **-vogel** waxwing; **-wijf** pestiferous hag; **-ziekte** plague, pestilence

pet (peaked, visored) cap; *fig zie ook* hoed: zijn ~ afnemen, pret: de ~ drukken & rondgaan: ~ met; *dat gaat boven mijn ~*(*je*) that is beyond me, that beats me; *geen hoge ~ ophebben van* not think much of; *met de ~ ernaar gooien* take (have) a shot at; *het is ~,* (*sl*) it's trash, rubbish, a wash-out

PET afk van *polyetheentereftalaat* polyeth(yl)ene-

terephthalate, PET
petegift (christening-)present from a godfather or godmother; **petekind** godchild; **petemoei** godmother; **peter** godfather
Peter id; *zie ook* Pieter; **peterselie** parsley
petieterig tiny, wee, poky [flat], diminutive; (*pietluttig*) niggling
petitie petition; *een ~ richten tot iem* petition (memorialize) a p., present a petition to a p.; **petitierecht** right of petition; **petitionaris** petitioner, memorialist; **petitioneren** petition, memorialize [the Government]; **petitionnement** petition
petoet (*sl*) jug, (*mil*) glasshouse
Petrarca Petrarch
petrificatie petrifaction, -fication; **petrificeren** petrify
petrochemie petrochemistry; **petrochemisch** petrochemical; **petro|glief, -glyfe** petroglyph; **petrografie** petrography; **petroleum** (*ruw*) id; (*gezuiverd*) paraffin, (*Am*) kerosene
petroleum|aandeel[1] oil share; **-blik** paraffin can; **-bron** petroleum-, oil-well; *een ~ ontdekken* strike oil; **-gas** [liquid] petroleum gas; **-gehalte** *zie* gehalte; **-haven** oil-port, -harbour; *vgl* haven; **-kachel** paraffin stove, oil-heater; **-lamp** paraffin lamp; **-leiding** (oil) pipeline; **-maatschappij** oil company; **-motor** oil-engine; **-stel** (paraffin) oil-stove; **-tanker** oil tanker; **-vat** *zie* olievat; **-veld** oilfield; **-waarden** oil shares, oil stock, oils
petrologie petrology
Petronella id; **Petrus** Peter; (*apostel*) (St) Peter
pets slap, box [on the ear]; *~!* slap!; **petsen** slap, box; **petto** *zie* in petto
petunia id; **peueraar**, enz *zie* peurder, enz
peuk 1 ~(*je*) [cigar] stump (stub, butt, end), fag-end, dog-end; 2 *zie* peuter 3
peul pod, husk, shell; *~en, zie ~tjes*; **peuldop** pea-pod; **peulerwt** string-pea; **peuleschil** pea-pod; (*pers*) shrimp; *het is maar een ~letje* it is a mere trifle, it's as easy as shelling peas; *dat is een ~ voor hem,* (*ook*) he makes nothing of it; **peultjes** podded peas, sugar peas, mangetouts; (*fam*) *moet je nog ~s?* did you ever!; **peulvrucht** pod, legume; (*gewas*) pulse, leguminous plant
peur bob (of lob-worms); **peurder** bobber, sniggler; **peuren** bob, sniggle (for eels)
peut 1 wallop; 2 (*terpentine*) white spirit; 3 (*petroleum*) paraffin; 4 (*benzine*) petrol
peuter 1 little mite, nipper, tiny tot, chit [of a girl]; *zie ook* dreumes; (*2-4 jaar, ook*) pre-schooler; 2 wallop; *zie ook* opstopper; 3 pipe-scraper
peuteraar potterer, niggler; **peuteren** potter, niggle, fumble, tinker [at s.t.], tamper (*aan* with: tamper with a pistol); *in de tanden* (*de neus*) *~* pick one's teeth (one's nose); **peuterig** meticulous, pernickety, niggling, fiddly; finicky, finicking, finical
peuterschool (*vglb*) nursery (school); **peuter|-speelzaal, -tuin** (*vglb*) playgroup, playschool; **peuterwerkje** pernickety work, fiddly job

1 *Zie ook de sam met* olie-

peuzel: *kleine ~, zie* peuter 1; **peuzelen** peck, pick, munch; *~ aan* nibble at, pick [a bone]
pezen 1 race, pace; exert o.s.; 2 (*tippelen*) walk the streets; **pezerik** (bull's) pizzle; **pezig** tendinous, sinewy, wiry; stringy [meat]
Pfeiffer: *ziekte van ~* mononucleosis, (*fam*) mono, glandular fever, kissing disease
Phaëton[1] Phaeton; **Phoenicië** *zie* Fenicië
Phrygië Phrygia; **Phrygiër** Phrygian; **Phrygisch** Phrygian; *~e muts* Phrygian cap
phylloxera id
pi (*letter & getal*) pi (*mv:* pis)
piama pyjamas, (*Am*) pajamas; *zie* pyjama
pianino id, upright (*of:* cottage) piano
pianist id; **pianiste** pianist(e); **pianistiek** pianism; **pianistisch** pianistic
piano id (*ook muziekterm*); *de Heer A aan de ~* Mr A at the piano; *~ aan doen* go easy, go slow; **pianoconcert** 1 piano recital; 2 (*muziekstuk*) piano concerto; **pianoforte** id, piano; **pianokruk** music stool; **pianola** id, player-piano, piano-player; **pianolera(a)r(es)** piano(forte)-teacher; **pianoles** piano-lesson [(*ook*) give lessons on (in) the piano, teach the piano], music-lesson; **pianomuziek** piano music; **pianoscharnier** piano hinge; **pianospel** piano-playing; **pianospelen** play the piano; **pianospeler** pianist, piano-player; **pianostemmer** piano-tuner; **pianostoeltje** music stool
pias clown, buffoon; **piasserij** clownery, buffoonery
piaster piastre; **piauter** pewter
pia vota pious wishes
picador id; **Picardië** Picardy
piccolo 1 (*muz*) id (*mv:* -los); 2 page(-boy), buttons; (*inz Am*) bell-boy, -hop; **pickel** ice axe
picknick(en) picnic
pick-up record player; (*auto*) id
pico- (*10*$^{-12}$) id [~gram, ~metre, etc]
pico bello tiptop, top-hole, first class
picrinezuur picric acid
Picten Picts; **pictogram** id
picturaal painterly [qualities]
pièce de milieu epergne, centre-piece
pièce de résistance id
piechem queer cuss
pied-à-terre id; **piëdestal** pedestal
pief 1 *~, paf, poef!* bang, bang!; 2 chap, guy, type; *hoge ~* high-up, *rijke ~* fat cat
piek 1 (*wapen*) pike; *~ haar* spear (spike) of hair; 2 (*bergtop; hoogtepunt*) peak; 3 (*mar*) (fore-)peak; 4 (*gulden*) guilder; **piekdrager** pikeman
pieken 1 (*v haar*) stick up; 2 (*grafiek, sport*) peak
piekenier pikeman
piekeraar worrier; **piekeren** puzzle [over s.t.]; (*meer tobberig*) brood [over s.t.], worry, fret (o.s.); *hij kwam er na veel ~ achter* he puzzled it (the problem, etc) out; *ik pieker er niet over* I won't even consider it (wouldn't dream of it); *zich suf ~* puzzle one's head off; *zie ook* peinzen
piekerig spiky [hair, moustache]

1 *Zie voor woorden met* ph- *evt ook onder* f

piekfijn posh, smart, swell, natty; first-rate, top--hole, A1; ~ *gekleed* dressed up to the nines, dressed to kill; *het ~ doen* do the thing in slap-up style; **piekhaar** spiky hair; **piekuur** peak hour
piel *zie* piemel & pineut; **pielen** potter, fiddle (about)
piemel 1 willie, dick; 2 chap; *rare ~* queer cuss; **piemelen** piddle; **piemelnaakt** mother-naked
Piëmont Piedmont; **Piëmontees I** *bn* Piedmontese; II *zn* (*ook Piëmontezen*) Piedmontese
pienter clever, sharp, smart, bright, shrewd, (*fam*) brainy; **pienterheid** cleverness, etc
piep! peep!, chirp!, squeak!
piepa: *de ~* the governor, the pater; (*Am*) [my] poppa
piepelen make a fool of [a p.]
piepeltje 1 sucker, stupid; 2 whipper-snapper
piepen 1 (*v muizen*) squeak; (*v vogels*) chirp, peep; (*ve scharnier, enz*) creak, squeak; (*ve rem*) screech; (*v adem*) wheeze; (*v oproeper*) b(l)eep; 2 (*aardappelen, enz*) roast; 3 pinch; *dat is* (*we zijn*) *gepiept* that job's jobbed (we're for it, we've had it); *'m ~, zie* smeren; **pieper** 1 chirper, squeaker; 2 (*vogelsoort*) pipit; 3 (*fluitje*) whistle; 4 (*oproeper*) pager, bleeper, (*Am*) beeper; 5 (*ballonnetje*) squeaker; 6 (*aardappel*) spud, tater; **pieperig** squeaky, squeaking, wheezy [voice]; **piepjong** very young; **piepklein** tiny, very small, wee; **piepkuiken** spring chicken; **piepschuim** (*fam*) styrofoam, polystyrene foam; **piepstem** squeaky voice; **piepsysteem** wait-till-the-pips--squeak system; **pieptoon** squeak; bleep; **piepzak**: *in de ~ zitten* be in a (blue) funk, be nervous
pier 1 (*in zee*) pier, jetty; (*op luchthaven*) pier, finger; 2 (*worm*) lob-, lug-, rainworm; *zo dood als een ~* as dead as a doornail (as mutton, as the dodo); *hij is voor de ~en* he is done for; 3 *ik ben altijd de kwade ~* 'it's always me'
pieremachochel 1 (hired) rowing-boat; 2 lumpish woman; **pierement** barrel-, street-organ
pieren fool [a p.]; **pieren|bad, -bak** (children's) paddling-, wading-pool; **pierenverschrikkertje**: *een ~* a peg, a drop
pierewaaien be on the spree, be on the razzle(-dazzle), have one's fling; *gaan ~* go on the razzle(-dazzle); **pierewaaier** reveller, rip, rake
Pierlala: *er uitzien als de dood van ~* look like Death; **pierrette** id; **pierrot** pierrot [dress]
pies (*fam*) piss, urine; **piesen** pee, piddle, piss; *zie voor de verdere sam* pis-
piet 1 canary; cage-bird; 2 *een hele ~* quite a swell (a toff), (*kraan*) a dab; *hoge ~* high-up, bigwig, big noise; *zich een hele ~ vinden* fancy o.s.; *zwarte ~(en), (kaartsp, vglb)* Old Maid; *iem de zwarte ~ toespelen, (fig)* leave a p. to hold the baby (carry the can); *een stijve ~* a stick; *~ snot* booby, noodle; *voor ~ snot staan* cut a poor figure; **Piet** Peter; *~ de Smeerpoes* Shock-headed Peter, Slovenly Peter; *Zwarte ~* [Santa Claus and] Black Peter
piëteit piety, reverence, respect
pietepeuterig 1 finicky, itsy-bitsy; 2 microscopic [script]
Pieter Peter; *St ~, (1 augustus)* Lammas
pieterig diminutive
pieterman 1 weever; *grote ~* greater weever, sting-bull; *kleine ~* lesser weever, sting-fish; 2 (*fam*) guilder; **Pieternel** Petronella; **pieterselie** parsley; **Pieterspenning** Peter's pence
piëtist pietist; **piëtistisch** pietistic(al)
pietje 1 canary, dicky(bird), cage-bird; 2 (head-)-louse; **Pietje** (*meisje*) Nell; (*jongen*) Pete; *~ precies* (*secuur*) fusspot; **pietlut** niggler, nit-picker, (*bureaucraat*) jobsworth; **pietluttig** 1 meticulous; 2 niggling, nit-picking
pietsje (*fam*) wee bit; *vgl* ietsje; **piezelig** diminutive; **piezeltje** *zie* pietsje
piëzo-elektrisch piezoelectric; **piëzometer** piezometer
pigment id; **pigmen|tatie, -tering** pigmentation; **pigmentvlek** pigmented spot
pignon pinion
pij (monk's) habit (*of:* frock)
pijjekker pea-, pilot-jacket
pijl arrow, bolt, dart, shaft; *~ en boog* bow and arrow(s); *als een ~ uit de boog* [go off] like a shot (a rocket); *hij heeft al zijn ~en verschoten* he has come to the end of his tether; *meer ~en in zijn koker hebben* have more strings to one's bow
pijlbundel bundle (*of:* sheaf) of arrows
pijler pillar, column; (*ve brug*) pier; (*fig*) cornerstone [of policy], mainstay; *in de ~, (mijnbouw, vglb)* at the coal-face
pijlerdam (multiple) buttress dam
pijl|gif(t) arrow-poison; (*Indiaans*) curare, curari; **-inktvis** squid; **-koker** quiver; **-kruid** arrowhead; **-naad** sagittal suture; **-rog** sting-ray; **-snel** (as) swift as an arrow; **-spits** arrowhead; **-staart** 1 pintail (duck); 2 sting-ray; 3 hawk--moth; **-staartrog** sting-ray; **-staartvlinder** hawk-moth; **-stormvogel** shearwater; **-tje** 1 arrow; 2 dart; **-vergif** *zie* -gift; **-wortel(meel)** arrowroot
pijn 1 pain, (*aanhoudend*) ache; (*stekend, van wond bijv*) smart; ***~ doen*** (*ve lichaamsdeel*) hurt, ache; *mijn ogen doen ~* my eyes smart; *iem ~ doen* hurt a p., cause a p. pain; *het doet me ~ het te zeggen* it pains me (gives me pain) to ...; *het doet mijn oor* (*mijn zenuwen*) *~* it grates on my ear (my nerves); *(erge, geen) ~* ***hebben*** be in (great, no) pain; *ik had overal ~* I ached in every limb (*of:* all over); *~ in de keel hebben* have a sore throat; *~ in de buik* (*het lijf, de ingewanden*) stomach--ache; *~ in de zij hebben* have a pain in one's side; ***met*** *~* (*en moeite*) only just, with great trouble; *zie ook* cent; 2 pine(-tree)
pijnappel pine-cone; **pijnappelklier** pineal gland; **pijnappelpit** pine nut
pijnbank rack; *iem op de ~ brengen* put a p. on the rack
pijnboom pine-tree
pijn|drempel, -grens pain threshold
pijnigen torture, torment, rack [one's brains], rake [one's memory]; *~de gedachte* agonizing thought; **pijniger** torturer, tormentor; **pijniging** torture

pijn|lijk painful [shoulder; duty, experience], sore [throat; point]; poignant [meeting, message, silence]; tender [feet]; embarrassing [question], awkward [silence, smile]; ~ *getroffen* [look] pained; *~e glimlach* twisted (*of:* wry) smile; *~ lachen* force a laugh (a smile); *met ~e zorg* with scrupulous care, scrupulously, painstakingly; **-lijkheid** painfulness; **-loos** painless; ~ *gezwel,* (*ook*) indolent tumour; *pijnloze bevalling* painless childbirth, twilight sleep; *pijnloze dood,* (*ook*) euthanasia; **-stillend** soothing, pain-killing, sedative, anodyne; ~ *middel, zie* -stiller; **-stiller** anodyne, sedative, pain-killer; (*Am*) sedation

pijp 1 pipe; (*buis*) tube, [water-]pipe, spout; (*ve schip*) funnel; (*ve broek*) leg; (*ve brandspuitslang, blaasbalg*) nozzle, nose; (*ve kandelaar*) socket; (*ve konijnehol, eendenkooi, enz*) pipe; *~je lak,* (*plant*) gesneria; *de ~* ***uitgaan,*** (*sl*) pop one's clogs, kick the bucket; 2 [tobacco] pipe; *~je,* (*ook*) [cigar-, etc] holder; *lange stenen ~* long clay (pipe), (*fam*) churchwarden *een ~je* (*tabak*) a fill (of tobacco); *in de ~ branden* burn in the socket; *rustig een ~ roken bij zijn krant* have a quiet pipe over one's paper; *nou* ***breekt*** *mijn ~, zie* klomp; *de ~ is* ***leeg*** *bij hem,* (*sp*) he's fagged out; *een* ***lelijke*** *~ roken* come to grief; *de ~ aan* ***Maarten*** *geven* opt (contract) out; (*doodgaan*) peg out; *geen ~* ***tabak*** *waard* no use; 3 (*drop, kaneel, lak*) stick; (*ve sleutel*) shank; (*fluit*) fife; (*ronde plooi*) flute; 4 (*vat*) pipe [of Madeira], butt; *~je* small beer-bottle; *zie ook* pijpen, kaars, uitkloppen, enz

pijpaarde pipe clay; **pijpbeen** long bone; **pijpbeugel** pipe clip; **pijpbloem** birthwort; **pijpekop** pipe-bowl; **pijpe|koter**, **-krabber** pipe-scraper; **pijpekrul** corkscrew curl

pijpen *ww* 1 pipe; *hij danst naar haar ~* he dances to her piping (tune, pipe); 2 flute [a lace cap]; 3 (*fellatie*) blow, do a blow job

pijpenla(de) pipe-tray; (*kamer*) long narrow room; **pijpenrek** pipe-rack

pijper piper, fifer

pijpe|rager pipe-cleaner; **-rooier** smoker's companion; **-steel** pipe-stem; *het regent -stelen* it's bucketing down (raining cats and dogs); **-stopper** tobacco presser; **-strootje** (*plantk*) (purple) moor grass; **-uithaler** pipe-scraper; **-wisser** pipe-cleaner; **-wroeter** pipe-scraper

pijp|gast hoseman, nozzleman; **-gezwel** fistula; **-kaneel** (whole) cinnamon; **-kraag** ruff; **-kruid** chervil; **-leiding**, **-lijn** [be in the] pipeline; **-orgel** pipe organ; **-plooi** flute; **-sleutel** box-spanner; **-tang** pipe-wrench; **-werk** pipes [of an organ]; **-zweer** fistula, sinus

pik 1 pitch; *zie ook* pek; 2 (*met snavel, enz*) peck; (*wrok*) pique, grudge, spite; *hij heeft de ~ op mij* has it in for me, has his knife in me, (*sl*) has a down on me, is always down on me; 3 (*houweel*) pickaxe, pick; 4 (*zeis*) reaping hook; 5 (*penis, fam*) prick, dick; (*kindertaal*) willie; *op zijn ~ getrapt* [feel] greatly insulted; 6 (*vent, fam*) guy, bloke

pikant piquant [sauce, face, remarks], spicy, pungent, highly seasoned (flavoured), savoury [dishes], (*Am*) sharp [cheese], racy [style], fruity [story]; (*al te ~*) spicy [stories], risky [joke]; *de kaas heeft iets ~s* the cheese has some bite in it; *dat geeft er iets ~s aan* that gives a spice (piquancy) to it, adds (*of:* lends) a zest to it; *het ~e ervan* the intriguing thing about it; **pikanterie** 1 piquancy; 2 caustic remark; 3 (*wrok*) pique

pikblende pitchblende; **pikbroek** tar, Jack tar; **pikdonker** I *bn* pitch-dark; II *zn* pitch darkness; **pikdraad** waxed thread

pikeren nettle, pique; *zie ook* gepikeerd

piket 1 (*kaartsp*) piquet; 2 (*mil & staking*) picket; *officier van ~* picket officer; **piketadvocaat** (*vglb*) panel lawyer; **piketpaal** picket; **piketten** play (at) piquet

pikeur 1 riding-master; horse-breaker; 2 (*circus*) ringmaster; 3 (*jacht*) huntsman

pikhaak 1 boathook; 2 (*punthaak*) cant-hook; 3 (*zichthaak*) hook; **pikhouweel** pickaxe

pikke|dillen peccadilloes; **-donker** *zie* pikdonker

pikkel 1 leg; 2 stool; stand, support

pikkelen 1 limp; 2 run

pikken 1 (*met pek*) pitch; 2 pick; (*met snavel*) peck [*naar* at], pick; (*prikken*) prick, sting; (*naaien*) sew; *zie ook* kam & kuif; 3 (*v verf, enz*) be tacky; 4 *zie* nemen & inpikken; **pikkerig** tacky

pikketanisje drop, dram, tot

pikol (*Ind*) picul

pikorde pecking order

pikrinezuur picric acid

pikzalf basilicon, basilicum

pikzwart pitch black, inky black

pil 1 pill (*ook: 'de' ~:* be on the pill); *~letje* pilule; *de ~ slikken* swallow the pill; (*fig ook*) take (swallow) one's medicine; *dat is een bittere ~* that's a bitter pill (to swallow); *de ~ vergulden* gild (*of:* sugar) the pill; 2 chunk [of bread], 'doorstep'; (*boek*) tome; 3 (*dokter, apotheker, sl*) pill(s); (*dokter, ook*) medic(o)

pilaar pillar, column, post; **pilaarheilige** pillar saint, stylite; **pilaarhoofd** capital; **pilaarkap** abacus; **pilaster** id

Pilatus 1 (*pers*) Pilate; *zie ook* Pontius; 2 (*berg:*) *de ~* Pilatus

pillegift christening present

pillendoos pillbox (*ook mil*)

pilo pillow

piloot (air-)pilot; *tweede ~* co-pilot

pils(ener) lager (beer), Pils(e)ner; *een pilsje pakken* have a pint

piment pimento, allspice, Jamaica pepper

pimpel: *aan de ~ zijn* be on the booze; **pimpelaar** tippler, boozer, toper; **pimpelen** tipple, booze, lift the elbow; **pimpelmees** bluetit, blue titmouse (*mv:* -mice); **pimpelpaars** purple; *~ met een goud* (*rood, groen*) *randje* sky-blue pink

pimpernel burnet

pimpernoot bladdernut, pistachio

pin peg, pin; *voor de ~nen, zie* voorschijn: te ~; *zie ook* pen

PIN afk van *persoonlijk identificatienummer* PIN

pinacotheek pinacotheca; **pinakel** pinnacle

pinang 1 areca, betel palm; 2 (*noot*) areca (*of:*

betel) nut; **pinas** pinnace
pince-nez id
pincet (pair of) tweezers (*twee ~ten* two pairs of tweezers)
pincode PIN, personal (identification) number
pinda peanut; **pindachinees** 1 peanut-vendor; 2 (*min*) Chink; **pindakaas** peanut butter
Pindarisch Pindaric [ode]
pindarotsje peanut brittle
Pindarus Pindar
pinetum id
pineut (*sl*) fellow, johnny; *de ~ zijn* be for it
ping (*ve snaar, enz*) id; *zie ook* ping-ping
pingelaar(ster) higgler, haggler; **pingelen** 1 higgle, haggle, chaffer; 2 (*ve automotor*) pink; 3 (*sp*) hog the ball; dribble
ping-ping (*fam*) cash, lolly
pingpong [play] ping-pong, table tennis; **pingpongspel** (*concr*) ping-pong set
pinguïn penguin
pink 1 (*vaartuig*) pink, pinkie; 2 little finger; *als men hem een ~* ***geeft****, neemt hij de gehele hand* give him an inch and he'll take a yard; *elkaar de ~ geven,* (*wanneer men tegelijk het zelfde zegt*) link fingers;; 3 (*rund*) yearling (calf); *hij is* ***bij*** *de ~en* he is all there, he has got no flies on him; *vroeg bij de ~en* up early
pinkelen *zie* pinken & pinkeren; **pinken** blink, wink; *een traan uit de ogen ~* dash away a tear
pinker (tip-)cat; **pinkeren** play (at) tip-cat
pinkers eyelashes; **pinkerspel** tip-cat; **pinkogen** blink, wink
Pinkster Whitsuntide, Pentecost; (*attr:*) Whitsun [excursions, etc]; *~ drie* Whit Tuesday; **Pinksteravond** eve of Whit Sunday; **pinksterbeweging** Pentecostal Movement; **pinksterbloem** cuckoo-flower, lady('s)-smock; **pinksterdag** Whit Sunday; *tweede ~* Whit Monday; *met de ~en* at Whitsun(tide); **Pinksteren, pinksterfeest** *zie* Pinkster; **Pinkstergemeente** Pentecostal Church; **pinksterroos** peony; **pinkstertijd** Whitsuntide; **pinkstervakantie** Whitsun holidays; **pinksterweek** Whit week, Whitsun week; **Pinksterzaterdag** Whit Saturday; **Pinksterzondag** Whit Sunday
pinnen 1 peg, pin; 2 use (pay using) one's PIN
pinnig 1 (*vinnig*) sharp, tart; 2 (*zuinig*) stingy
pinsbek pinchbeck, prince's metal
pint id; *een ~je pakken* grab a pint
pioen(roos) peony
pion pawn [at chess]
pionier pioneer, pathfinder; **pionieren** pioneer
pioniersgeest pioneering spirit; **pionierswerk** pioneering, pioneer work; (*fig ook*) spadework; *~ verrichten* break (new) ground
piot 1 midget; 2 foot-soldier; (*gewone*) *~,* (*ook*) has-been
pip (*vogelziekte*) id; *de ~ hebben,* (*ook v mensen*) have the pip; *krijg de ~!* go to hell!; *ik krijg er de ~ van* it drives me up the wall; *zie ook* pee
pipa: *de ~* the governor, the pater; (*Am*) [my] poppa
pipet pipette; **pipi**: *~ doen, zie* plas
pippeling pippin
pips suffering from the pip; (*fig*) under the weather, off colour
piqué id, quilting
piraat pirate
piramidaal 1 pyramidal; 2 (*fig*) egregious [blunder, folly], prodigious; **piramide** pyramid
piranha id
piraterij piracy
pirouette pirouette, twirl; **pirouetteren** pirouette, twirl
pis (*fam*) piss, urine
pis-aller pis aller, makeshift, last resource
pisang (*boom & vrucht*) banana; *een rare ~* a queer customer (fish); *dat is de ware ~* that's the ticket, that's just it; *zie ook* sigaar
pisbak urinal; (*mar*) pumpship; **pisbuis** urethra; **pisleider** ureter; **pisnijdig** infuriated, wild; **pispaal** (*fig*) doormat; **pispot** (*volkst*) piss-pot; *~je,* (*plant*) great bindweed, bellbine; **pissebed** (*insekt*) woodlouse, sow-bug
pissen (*fam*) piss, pee, make water, pump ship; *gaan ~,* (*ook*) have a leak; *~ zijn* be gone, have pissed off; **pissig** pissed-off, irritated; **pissoir** urinal
pistache 1 (*vrucht*) pistachio(-nut); 2 (*knalbonbon*) cracker
piste 1 (*ve circus*) ring; 2 (*sp*) track; (*ski~*) piste
pistolet roll
piston (*muz*) cornet(-à-piston); **pistonist** cornetist
pistool 1 (*munt*) pistole; 2 (*wapen*) pistol; *hij zette mij het ~ op de borst* he put the pistol to my breast, (*fig*) to my head; **pistoolgreep** pistol-grip; **pistoolmitrailleur** sub-machine-gun; **pistoolschot** pistol-shot; **pistooltje** 1 (*vlinder*) gamma (moth), y-moth; 2 (*ve kind*) toy pistol
pit 1 (*zaad*) kernel [of a nut]; (*ve perzik, kers, enz*) stone; (*ve appel, druif, sinaasappel*) pip; (*ve vijg, rozijn, druif*) seed; (*ve vlier*) pith; *van de ~ten ontdoen* stone [cherries, raisins]; *zonder ~ten* stoneless [raisins]; 2 (*ve lamp, kaars*) wick; (*gas~*) [gas-]jet; (*ve petroleumstel, enz*) burner [a four-burner oil-stove]; *op een laag* (*zacht*) *~je staan* (*zetten*) be (keep) simmering (over a low flame); (*fig*) tick over (keep ticking over, put on a back burner); 3 (*fig*) pith, spirit, zip, [full of] ginger; *er zit geen ~ in* the thing has no go (no guts, no kick) in it; *er zit geen ~ in hem* he has no go in him, is spineless; *er zit ~ in jou* you're a game one, you've got guts; *er zit ~ in dit laken* this cloth is excellent stuff
pitbull: *~* (*terrier*) (American) pit bull terrier
pitriet pulp cane
pittabrood pitta bread
pitten 1 (*gaan*) *~* (go to) kip; *pit ze!* happy dreams!; 2 stone [dates]
pittig pithy [speech, talker], racy [wine, speech, story, English], crisp [style, manner], snappy [headlines, phrases], full-flavoured [wine, cigar]; *een ~e kerel* a plucky (spirited) fellow, a game one, a man of grit
pittoresk picturesque

pitvis common dragonet; **pitvrucht** pome
pixis (*r-k*) pyx; **Pjongjang** Pyongyang
pk afk van *paardekracht* hp, horsepower
plaag plague [the plagues of Egypt, an insect plague], nuisance [the fly nuisance, the noise nuisance], scourge, pest; (*~geest*) tease, teaser; *een ~ voor m'n oren* an affliction to my ears; **plaaggeest** tease, teaser; **plaagstoot** feint; (*fig*) irritant, pinprick; **plaagziek** (fond of) teasing; *in een ~e stemming* in a teasing mood; **plaagzucht** love of teasing
plaat 1 (*deur-, metaalplaat, glas, elektr, fot, ve kunstgebit, enz*) plate; (*marmer, enz*) slab; (*metaal, dun*) sheet [of iron]; (*gedenkplaat*) tablet; (*koekeplaat*) griddle; (*grammofoonplaat*) record, disc; (*wijzerplaat*) dial; *~je* plate; [identity] disc; (*aan hotelsleutel, enz*) tag, label; *~jes*, (*ve paddestoel*) gills; *de ~ poetsen* sling one's hook; 2 (*afbeelding*) picture, print, plate, engraving; (*reclameplaat*) poster; *het ~je*, (*fig*) the picture; 3 (*ondiepte*) shallow, shoal, flat; **plaatbrood** griddle bread (*of:* loaf); **plaatdruk** 1 (*het drukken*) copperplate printing; 2 (*afdruk*) copperplate (engraving); **plaatdrukker** copperplate printer; **plaatglas** sheet glass; **plaatijzer** sheet iron; **plaatjesboek** picture book; **plaatkiel** plate keel; **plaatkieuwig** lamellibranchiate; **plaatkoek** griddle cake; **plaatkoper** sheet copper
plaats 1 place (*ook: stad, enz; ook in boek*); (*mar*) (ship's) position; (*plek*) spot, place; *~je*, (*ook*) corner [occupy a warm corner in a p.'s heart]; *ergens nog een ~je vinden* squeeze in somewhere; *de ~ van handeling* the scene of action; *~* ***bepalen*** locate; (*mar*) fix the exact position of one's ship; *heb jij mijn asbak een andere ~* ***gegeven****?* did you move my ...?; *~* ***grijpen*** *(****hebben****,* ***vinden****)* take place, happen; *zie ben* plaatsgrijpen, enz; *iems ~* ***innemen*** take a p.'s place, (*voor goed ook*) step into a p.'s shoes, (*tijdelijk ook*) deputize for a p.; *een bijzondere ~ innemen* occupy an special place; *de eerste ~ innemen* rank (stand) first [*onder* among], lead the field [in salesmanship, etc], hold pride of place [Rolls Royce holds pride of place; *zo ook: de eerste ~* ***afstaan*** *aan* yield pride of place to]; *hij neemt een eerste ~ in onder de moderne schrijvers*, (*ook*) he is in the first flight of ...; *deze post neemt een voorname ~ in op de balans* this item bulks large in the balance sheet; *de auto nam voor haar dezelfde ~ in als de telefoon* the motor-car ranked in her mind with the telephone [- an invention of the devil]; *geen ~ kunnen* ***krijgen*** be crowded out, be turned away; *~* ***maken*** make room; *~ maken voor* make way (*of:* room) for, give place (*of:* way) to; *~ maken voor iem anders*, (*ook*) stand aside for somebody else; (*maak*) *~ daar!* make room (clear the way) there!, (*mar*) gangway!; *zijn ~* ***weten****,* (*fig*) know one's place; ***in*** *uw ~* in your place; [*ik nam de dienst waar*] *in zijn ~* in his stead; *in de eerste ~* in the first place, primarily, first of all; (*ook*) [my name isn't John,] for one thing; *in de allereerste ~ beïnvloed door* ... influenced first and foremost by ...; *in de laatste ~*, (*opsomming*) lastly; *veiligheid komt in de eerste ~* security comes first; *passagiers kwamen pas in de tweede ~*, (*ook*) [she was a cargo boat,] passengers were a secondary consideration; *stel u in mijn ~* put yourself in my place; ***in*** *de ~ stellen* ***van*** substitute for; *in ~ van* instead of, in place of; *in ~ daarvan* instead; *het was vermeerderd in ~ van verminderd* it had been increased instead of being reduced; *een maand loon in ~ van de gewone opzeggingstermijn* a month's wages in lieu of notice; *ga* ***naar*** *uw ~*, (*getuige*) stand down; (*leerling*) go back to your place; ***op*** *twee ~en* [one cannot be] in two places [at once]; *op zijn ~* [a bandage to hold the thing] in place (in position); *hij legde de hoorn weer op zijn ~* he replaced the receiver; *niet op zijn ~* [your remark was] out of place, uncalled for; *hier is een verontschuldiging op z'n ~* an apology is due here; *op z'n ~ blijven* stay (where it is) put; *op dezelfde ~* [it happened] on the same spot; *op de eerste ~*, *zie* in de eerste *~*; *op de ~ zelf* on the spot, there and then; *op de ~ doodblijven* be killed on the spot; *op de ~ rust!* stand easy!; *op uw ~!*, (*sp*) on your marks!; *zich niet op z'n ~ voelen* not feel at home (in one's element), feel out of one's element; *hij is nu* (*eindelijk*) *op zijn ~* he is settled now; *iem op zijn ~ zetten* put a p. in his (proper) place; ***ter*** *~e* [have an agent, study the position] on the spot; (*op de oorspronkelijke ~, ook*) [the whole find is still] in situ; *hier ter ~e* here, in our town (place, etc); *ze zijn ter ~e* (*aangekomen*) they have arrived, have reached their destination; *ter ~e waar het behoort* [report the fact] to the proper quarter; *ter aangehaalde ~* as quoted, l.c., loc. cit.; 2 (*ruimte*) room, place; *zie ook* ~ruimte; *ik heb geen ~ om hem te ontvangen* (*om te spelen*) I have nowhere to receive him (to play); *we hebben geen ~ voor lijntrekkers* we have no use for slackers; *bijna geen ~* ***innemen*** take up hardly any room; *er* ***is*** *geen ~ meer* (*in onze wagen, enz*) we are full (up); *geen ~ om te staan* no standing-room; *er is ~ genoeg voor allemaal* there is plenty of room for all; 3 (*zitplaats*) [show a p. to his] seat, place; *~ van de bestuurder*, (*ve auto*) driving-seat; *zijn ~* ***innemen*** take one's seat, sit down in one's place; *zijn ~ weer innemen* resume one's seat (one's place in the world, etc); *~* ***nemen*** take a seat, sit down; *neemt u ~* take a seat, please; *~en nemen* take (book, secure) seats; *de kerk was* ***tot*** *de laatste ~ bezet* no vacant seat was left (in the church); *zij verhieven zich* ***van*** *hun ~en*, (*als bewijs van eerbied*) they rose in their places; *zie ook* zit~; 4 (*pleintje*) court, yard; (*groter*) square; (*bij huis*) yard; 5 (*hoeve*) farm(house); 6 (*betrekking*) post, place; (*ve dienstbode*) situation; (*ve predikant*) living; (*passende*) ~ [he has found his] niche, level, footing; *zie ook* 1 pas 1, zeker, bespreken, enz
plaats|bekleder *zie* -vervanger; **-bepaling** 1 determination of a place, position-finding; *om ~ vragen*, (*ve piloot*) ask for one's position; 2 (*gramm*) adjunct of place; **-beschrijvend** topographic(al); **-beschrijving** topography; **-bespreking** 1 (advance) booking; 2 booking fee; **-bestemming** destination; **-bewijs** ticket

plaatschaar (metal) shears; **plaatschade** bodywork damage

plaatselijk local; (*med*) topical; ~ *bestuur* local government; ~ *commandant* town-major; ~ *gebruik* local usage; ~*e keuze* local option; ~*e verordening* by(e)-law; *zie ook* verdoving

plaatsen 1 place, put, sit [a p. in a chair]; hang [a door, bell]; set (put) up, install, erect [a machine]; *zie ook* stellen; *hij is* ***boven*** *u geplaatst* he is your superior; ***voor*** *moeilijkheden geplaatst* [be] up against difficulties; *de moeilijkheden waarvoor we geplaatst worden* the difficulties with which we are faced; *voor een raadsel* ~ present with a riddle; *zie ook* geplaatst; 2 (*thuisbrengen, fig*) place, [I don't know what to] make of [him]; 3 (*op post* ~) station, post [sentries]; 4 (*advertentie, enz*) insert, put [an advertisement in a paper]; (*krantenartikel*) print [a story], run [a series of articles]; *het* ***artikel*** *kon door gebrek aan ruimte niet geplaatst worden* the ... got crowded out; 5 (*beleggen*) invest [money]; 6 (*deponeren*) deposit [*bij* with]; 7 (*aanstellen*) appoint (*bij* to: appoint to the General Staff), attach (*bij* to: attach to a regiment), post (*bij* to: post to a battery); (*aan betrekking helpen*) place [boys], get (find) [a p.] a place; *wij kunnen een* ***leerling*** ~ we have an opening for an apprentice; 8 (*onderbrengen: verzekering, contract, orders*) place [an insurance, a contract, orders; *bij* with: place an order with a firm]; *een* ***lening*** ~ place a loan; *de gehele lening (30% van de lening) is geplaatst* the loan has been fully taken up (30 per cent of ... has been taken up); 9 (*handelsartikel*) find a market for, sell, dispose of; 10 (*rennen*) place [*geplaatst worden* be placed]; (*tennistoernooi*) seed [players]

plaats|gebrek lack (want) of space [*wegens* ~ for ...]; *wegens* ~, (*courant*) owing to pressure on (our) space; **-geheugen** memory for places; *hij heeft een goed* ~ he does not easily get lost; **-geld** (*markt*) stallage; (*kerk*) pew-rent; **-grijpen, -hebben** take place, happen; *zie verder* -vinden

plaatsing placing, placement; hanging; installation, erection; stationing, posting; appointment; attachment; investment; insertion; disposition [of troops, etc]; *vgl* plaatsen; ~ *vinden,* (*v koopwaar*) find a market; **plaatsingscommissie** committee for allocation of places to university students

plaats|kaart (seat-)ticket; **-kaartenautomaat** ticket-machine; **-kaartenbureau** ticket-office; (*station*) booking-office; (*theat*) box-office; **-naam** place-name; **-naamkunde** toponymy, place-name study

plaatsnijder (copperplate) engraver; **plaatsnijkunst** (copperplate) engraving

plaats|nummer pressmark, shelf-mark; **-ruimte** room, space; ~ *aanbieden voor* accommodate, provide accommodation for, seat [500 persons]

plaatstaal sheet steel

plaats|verandering change of place; **-vervangend** deputy [manager, member], acting [mayor], supply [teacher]; **-vervanger** substitute, deputy; stand-in; (*ve acteur*) understudy; (*ve dokter, predikant*) locum tenens, (*fam*) locum; (*ve predikant, ook*) supply; (*ve bisschop*) surrogate; **-vervanging** substitution, replacement; **-vinden** take place, happen; (*ve bal, diner, enz, ook*) come off; *de aftrap zal om drie uur* ~, (*ook*) kick-off is timed for ...; *de hervorming had al lang moeten* ~ the reform is long overdue

plaatwerk 1 illustrated work; 2 (*techn*) plating

plaatwerker (*techn*) sheet metal worker

placebo id; **placenta** id; **placeren** place; **placet** id; **placht** *ovt v* plegen

pladijs (*vis*) plaice

plafon(d) ceiling (*ook: hoogtegrens*); *een* ~ *vaststellen voor* cap [excessive rates]; **plafondlamp** 1 hanging lamp; 2 ceiling light; **plafonneren** 1 ceil; 2 put a ceiling on [prices]; **plafonneur** plasterer; **plafonnière** ceiling light

plag sod (of turf, of peat), (*gras*) turf; ~*gen steken* cut sods

plagen (*kwellen*) tease, vex; worry [flies worry a horse]; (*sarren*) badger; (*goedaardig*) tease, chaff, banter, rally [*met* on]; *door kiespijn (arthritis) geplaagd worden* be suffering from toothache (plagued by arthritis); *zijn geweten plaagt hem* his conscience pricks him; *mag ik u (je) even* ~ excuse me (can I bother you a moment); *zijn hersens* ~ ***met*** rack (puzzle, cudgel) one's brains about; *iem met iets* ~ tease a p. about s.t.; *we worden niet met veel klanten geplaagd* we aren't plagued by (don't get) too many customers; *plaag je daar niet mee* don't bother (yourself) about it; *zie ook* lastig vallen

plager tease, teaser; **plagerig** *zie* plaagziek; **plagerij** teasing, nagging, bantering, rallying, chaff; *vgl* plagen

plagge sod (of grass, peat), (*gras*) turf; **plaggen** *ww* cut sods; **plaggenhut** turf hut; **plaggensteker** 1 sod-, turf-cutter; 2 sod-spade

plagiaat plagiarism; (*fam*) crib; ~ *plegen* plagiarize; (*fam*) crib [from an author]; **plagia|ris, -tor** plagiarist; **plagiëren** plagiarize

plaid id; (*reisdeken*) (travelling-)rug

plak 1 (*ham, brood, enz*) slice; (*spek*) rasher; (*chocolade*) cake; slab [of cake, chocolate]; (*sp*) medal; 2 (*school*) ferule; *hij zit* ***onder*** *de* ~ *van zijn vrouw* he is henpecked; he is completely under the domination of his wife; *ze onder de* ~ *hebben* have them under one's thumb; 3 (*tand*~) plaque; **plakband** adhesive (*of:* sticky) tape, sellotape, (*Austr*) Durex; **plakboek** scrap-book; **plakbrief** poster

plaket plaquette

plakkaat 1 placard, poster, broadsheet; 2 (*edict*) edict, proclamation; **plakkaatboek** collection of edicts; **plakkaatverf** poster colour (*of:* paint)

plakken I *tr* paste, stick, gum; (*met lijm*) glue; affix [a stamp to a document]; (*haar*) plaster; *een band* ~ mend a puncture; II *intr* stick, cling; *blijven* ~, (*fig*) stick on, sit on [till midnight], outstay one's welcome; **plakker** 1 paster, (bill-)sticker; 2 (~*tje*) sticker, sticky (*gegomd:* gummed) label, [stamp] hinge; 3 (*fig*) sticker, fixture; 4 (*dierk*) gipsy moth; **plakkerig** 1 sticky, tacky; 2 hard to get

to leave
plakket plaquette
plak|letters self-adhesive letters (labels); **-meel** flour paste, mounting paste; **-middel** adhesive; **-plaatje** 1 sticker; 2 (*decalcomanie*) transfer, decal; **-plastic** adhesive plastic; **-pleister** sticking-plaster, adhesive (*of:* sticky) plaster; **-sel** adhesive; **-tafel** pasting table; **-zegel** receipt-, revenue-stamp (*in Eng postzegel*); (*vs ingedrukt zegel*) adhesive stamp
plamuren fill; (*fig*) plaster [one's face]; **plamuur** filler; **plamuurmes** filling-, stopping-knife; **plamuursel** filler
plan 1 (*plattegrond*) (ground-, floor-)plan; 2 (*plan, voornemen*) id, scheme, project, intention, design, blueprint; *ik doorzie je ~netje,* (*ook*) I know your (little) game; *het ~ **bestaat** om* ... it is intended (proposed) to ...; *ik **heb** geen ~ om te gaan* I have no intention of going, I am not about to go; *wat **is** uw ~?,* (*voornemen*) what is your intention?; *~nen **maken*** make plans; *~nen maken voor* plan [a trip]; *een ~ maken van* make a plan of, plan [a building]; *een ~ **ontwerpen*** draw up a plan; *zie ook* opvatten; ***met** het ~ om weg te gaan* with the intention of leaving (to leave); *het brengt haar leven **op** een hoger ~* it lifts her life to a higher plane; ***van** ~ zijn* intend, be going, purpose, mean, propose, have [s.t.] in mind; *ben je dat van ~?* is that your intention?, (*wat je in je schild voert*) is that what you are up to?; *ik was al van ~ je te bellen* I've been meaning to ring you up; *ik ben niet van ~ om* ... I am not going to [stay]; I refuse to [be made a fool of]; *dat was hij niet van ~* he had no such intention; *als hij* (*werkelijk*) *van ~ is te komen* if he (really) means to come; *van het eerste* (*tweede*) *~* first- (second-)-rate; *dichter van het tweede ~* minor poet; ***volgens** plan* according to plan; *volgens soortgelijk ~ gebouwd* built on similar lines; *zie ook* bedoeling
planbord planning board
planbureau planning office
planchet 1 plane table; 2 (bathroom) shelf
planchette (*spiritisme*) id
planconcaaf plano-concave; **planconvex** plano-convex
plan de campagne plan of campaign (of action)
plané *zie* glijvlucht
planeconomie planned (*of:* command) economy, statism
planeer|hamer planishing-hammer; **-water** size
planeet planet; *attr* planetary; **planeetbaan** orbit (of a planet); **planeettandwiel** epicyclic (*of:* planetary) gearwheel
planeren 1 planish [metal, paper]; size [paper]; 2 (*v boot & vliegt*) plane, glide
planetarium id; orrery
planetenstelsel planetary system
planimetrie 1 (*vlakke meetkunde*) plane geometry; 2 (*oppervlaktebepaling met een planimeter*) planimetry; **planisfeer** planisphere
plank id, (*dunner*) board; (*om iets op te zetten, in kast, enz*) shelf; (*gymn*) jumping-board; *zie ook* brood~, loop~, enz; *'de ~en'* the boards, the stage; *de ~ **mis** zijn* (*slaan*) be beside (wide of) the mark, off the target; ***op** de ~en brengen* stage, put on the stage (the boards), put on, produce [a play]; *op de ~en komen* appear on the boards; ***van** de bovenste ~* first-rate, of the first rank, (*fam*) top-hole; *een kerel van de bovenste ~,* (*ook*) a brick, a sport; *van de ~en nemen* withdraw, take off [a play]; *zie ook* betreden, brood, enz; **planken** *bn* made of boards (planks), plank; **plankenbeschot** wainscot(ing), boarding; **plankenkast** cupboard; **plankenkoorts** stage-fright; **plankenloods** timber shed; **plankenvloer** boarded (wooden) floor, strip flooring; **plankenvrees** stage-fright; **planket** *zie* plankenvloer & planchet; **plankgas** (*vglb*) full throttle; *~ geven* (*rijden*) go flat out, let her rip; **plankier** platform, planking, boarded pathway; (*ve wagon*) footboard; **plankschaatsen** skateboarding
plankton (phyto-, zoo)plankton
plankwortel buttress root; **plankzeilen** windsurfing, boardsailing, sailboarding
plan|loos planless, haphazard; **-matig** according to plan, systematic(ally); planned [production]
plannen (*zich voornemen*) plan [a visit; plan to build a stadium; a planned visit]; (*ontwerpen*) plan [a shopping-centre], (*in detail*) plan out [a traffic system]; *ik had gepland vanmiddag wat werk te doen,* (*ook*) I'd planned on some work for the afternoon; *geplande aanvangstijd* scheduled starting-time
plannenmaken: *het ~* planning; **plannen|maker, -smeder** planner, (*ong*) schemer; **planning** 1 (*het ontwerpen*) id; 2 (*plan*) [everything went according to] plan; *het zit niet in de ~* it has not been planned (budgeted for, foreseen)
plano 1 (*in*) *~* broadside, in broadsheets; 2 *zie ~*druk; **planodruk** broadside, broadsheet; **planologie** town and country planning; **planologisch**: *~e dienst* planning department; **planoloog** (town) planner
plant id; **plantaarde** (vegetable, garden) mould; **plantaardig** vegetable [dyes, oil]
plantage plantation, estate; *zie ook* plantsoen
plantdier zoophyte, (*vglb*) sea anemone
plantegif(t) vegetable poison; **planteleven** 1 plant life, vegetable life; 2 (*fig*) vegetable life (*of:* existence); *een ~ leiden* vegetate
planten plant (*ook fig:* one's foot, a gun, the standard of revolt)
planten|album botanical album; **-bak** (*staand*) planter, plant stand; (*in raam*) window-box, flower-box; **-beschrijving** phytography; **-bus** botanical case; **-etend** herbivorous, plant-eating; **-eter** herbivore (*mv ook:* -vora), herbivorous animal, plant-eater; **-gemeenschap** (plant) community; **-geografie** plant (botanical) geography, phytogeography; **-gordel** zone (*of:* belt) of vegetation; **-groei** plant-growth, vegetable growth, vegetation; **-kas** greenhouse; (*serre*) conservatory; **-kenner** botanist; **-kweker** nurseryman; **-kwekerij** 1 cultivation of plants, plant-growing; 2 nursery(-garden); **-leer** botany; **-rijk** vegetable kingdom; **-schopje** gar-

den trowel; **-serre** conservatory; **-systematiek** plant taxonomy; **-tuin** botanic(al) garden; **-veredeling** plant breeding; **-wereld** vegetable world

planteolie vegetable oil; **planter** id; **plantesoort** plant-species; **planteur** cheroot; **plantevezel** vegetable fibre; **planteziekte** plant-disease; **planteziektenkunde** phytopathology; **planteziektenkundig** phytopathological; *~e dienst* phytopathological service; (*Eng*) Plant Health and Seeds Inspectorate; (*Am*) Plant Protection Service; **plantgoed** seed plants (potatoes, oysters); **plantijzer** dibble; **plantkunde** botany; **plantkundig** botanical; **plantkundige** botanist; **plantluis** plant-louse, greenfly

plantsoen park, public garden(s); (*v heesters*) shrubbery; *hoofdopzichter der ~en* parks superintendent; **plantsoenwachter** (public) park-keeper

plaque id; **plaquette** id, tablet

plas pool, puddle; (*uitgestrekte ~*) sheet of water; (*meertje*) pond; (*meer*) lake; *een ~ doen* do (have) a pee; *een ~je doen,* (*ve kind*) piddle, [I want to] do wee-wee; **plasbuis** urethra; **plasdankje** [get a (mere)] thank(-)you; *hij deed het om een ~ te verdienen* he ... to ingratiate himself [with you]

plasma id; (*plantk ook*) plasm

plaspauze comfort stop; **plaspil** diuretic pill; **plasregen** downpour, pelting rain; **plasregenen** pour, come pouring (bucketing) down, rain cats and dogs; **plassen** 1 splash, plash, dabble; (*op blote voeten, enz*) paddle [in the water]; 2 (*urineren*) piddle, pee, make water; *moeten ~* have to go to the loo; *in bed ~* wet the bed; *bloed ~* pass blood (in the urine); **plasser** dick; *~tje,* (*kindertaal*) willie; **plasserij** splashing

plastic plastic [bag, bomb, bullet, cement, foam, food, money]; (*fig ook*) artificial [smile], affected [speech]; **plasticeren** plasticize; **plasticine** id; **plasticiteit** plasticity

plastiek 1 plastic art(s); expressive faculty [of language]; plasticity [of a painting]; 2 (work of) sculpture; 3 *zie* plastic

plastificeren plasticize

plastisch 1 plastic (*bw:* -ally); *~e chirurgie* plastic surgery; 2 sculptural; (*fig*) graphic [description]

plastron 1 id, fencing-jacket; 2 starched shirt-front; 3 (*stropdas*) stock

plat I *bn* 1 flat [nose, roof]; (*horizontaal*) level; (*effen*) even; *zo ~ als een schol* as flat as a pancake; *~ worden* flatten; *~te beurs* empty purse; *~ bord* dinner plate; *met ~te borst* flat-chested; *~te kiel* flat plate keel; *~* ***gaan*** lie down, go to bed; *zie ook ben* platbranden, -drukken, enz; 2 (*fig*) broad, low, coarse, vulgar [language]; (*ve dialect*) broad; II *bw* flat; vulgarly, etc; *~ tegen de muur gaan staan* flatten o.s. against the wall; III *zn* 1 flat [of the sword, the hand]; 2 (*ve dak*) leads, flat; 3 (*terras*) terrace; 4 (*ve boek*) cover, board; 5 *continentaal ~* continental shelf; 6 dialect; *~ praten* speak (broad) dialect

plataan plane tree

plataf: *~ weigeren* refuse flatly; **platbodemd** *zie* -boomd; **platbol** plano-convex; **platboomd** flat-bottomed [vessel]; **platbranden** burn down; **platdrukken** flatten, squeeze flat; (*fig ook*) crush; *-gedrukt worden tegen* be flattened up against; **Platduits** Low German

plat du jour id; *zie ook* dagschotel

plateau 1 id (*mv:* -teaus, -teaux), table-land; 2 tray [of drinks, jewelry]; 3 turntable; 4 *zie* plat III.5; **plateauzool** platform (sole); *schoen met ~* platform shoe

platebon record token

plateel pottery, faience, delf(t-ware), stoneware, earthenware

platehoes (record) sleeve; **platenalbum** 1 album (of plates); 2 record album; **platenatlas** atlas (of plates); **platenspeler** record player; **platenwisselaar** record changer

platform id (*ook fig*); (*ve vliegveld*) tarmac, apron

platgooien flatten; *vgl* plat I.1; **platheid** 1 flatness; 2 (*fig*) vulgarity, coarseness; **plathol** plano-concave

platina platinum [blonde, ring, watch, wire]

platineren platinize

platitude id, platitudinous remark; *~s debiteren* platitudinize

platje *zie* plat III.2,3 & platluis

plat|kop flat-head; **-leggen** 1 lay flat, flatten; 2 bring [business, a factory] to a standstill; **-liggen** lie flat; *ik moest 14 dagen ~ liggen* I had to lie flat on my back for a fortnight; *het huis ligt ~* the ... is completely pulled down; *de fabriek ligt ~* the ... is strike-bound; *de zaal lag ~* they were rolling in the aisles; **-lopen** walk (trample down) flat; *hij loopt me de* ***deur*** *~* he is always at the door; *de klanten liepen hem de deur ~* his shop was besieged with customers; **-luis** crab(-louse); **-maken** flatten; *iem ~,* (*sl*) bribe a p., grease a p's palm; **-neus** flat nose; **-neuzig** flat-nosed

Plato id; **platonisch** platonic (*bw:* -ally)

plat|praten: *iem ~* talk a p. down, silence a p.; *vgl* plat III.6; **-schieten** shoot (*of:* batter) down (to bits), level to (with) the ground, reduce to rubble; *vgl* plat I.1; **-slaan** flatten, lodge [corn, crops], flatten (out) [metal]; **-spuiten** shoot [a p.] full of drugs (of sedatives)

platte|grond (*ve gebouw*) ground-plan, floor-plan; (*ve stad*) [city] plan, (street) map; **-land** country, countryside; **-lander** countryman

plattelands|bevolking rural population; **-bewoner** countryman; **-dominee** country parson; **-gemeente** rural district; **-school** rural school, village school

platten flatten; **platteren** plate

plat|trappen trample down; *-getrapt* downtrodden, trampled; **-treden** tread down; *-getreden* beaten [track *paden*], well-trodden; **-vis** flatfish; **-vloers** pedestrian, coarse, crude, vulgar; **-voet** 1 flat foot; *~en hebben* have flat feet, be flat-footed; 2 flat-footed person; **-voetwacht** (*mar*) [first, second] dog-watch; **-walsen** (*fig*) flatten [all opposition], bulldoze; **-weg** [refuse] flatly; **-worm** flatworm; **-zak** broke; *~ thuiskomen* come home flat broke (completely cleaned-out);

(*ve jager, enz*) come home with an empty bag (empty-handed)
plausibel plausible, colourable [excuse]
plavei paving-stone; **plaveiblok** rammer; **plaveien** pave; **plaveisel** pavement; **plaveisteen** paving-stone; **plavuis** flag(-stone); *met plavuizen geplaveid* flagged [floor]
playbacken lip-sync(h), mime [to a tape, etc]
plebejer plebeian; (*sl*) pleb; **plebejisch** plebeian, vulgar; **plebisciet** plebiscite; **plebs**: *het* ~ the plebs (*mv*), the rabble, the riffraff
plecht forward deck, after-deck; **plechtanker** sheet-anchor (*ook fig*); (*fig*) mainstay
plechtgewaad robes of state; **plechtig** solemn, ceremonious, dignified, formal, stately, imposing; *~e opening* official opening; state opening [of Parliament]; **plechtigheid** solemnity, ceremony, rite; *een* ~, (*ook*) a function [be present at the function]; **plechtstatig** *zie* plechtig
plectrum id (*mv:* -tra)
plee (*vero*) privy; (*fam*) bog, loo; **pleeboy** toilet roll stand; **pleefiguur**: *een ~ slaan*, (*fam*) have egg on one's face, look extremely silly
pleeg|broeder 1 foster-brother; 2 male nurse; **-dochter** foster-daughter; **-gezin** foster-family, foster home; **-kind** foster-child; **-moeder** foster-mother; **-ouders** foster-parents; **-vader** foster-father; **-zoon** foster-son; **-zorg** foster care, fosterage; **-zuster** 1 foster-sister; 2 (sick-)nurse, nursing sister
pleet, **pleetwerk**, **pleetzilver** plated ware, electroplate, silver plate
plegen I *ww* 1 perpetrate, commit [a crime], practise [fraud]; *verzet* ~ (*tegen*) resist; 2 be accustomed to; *daar pleegt men ...* there one habitually (invariably) ...; *hij placht te zeggen ...* he used to say, was in the habit of saying ...; *hij placht soms dagen achtereen te verdwijnen* he would disappear for days at a time; II *zn: het* ~, *zie* begaan
pleger committer, perpetrator
pleidooi plea(ding), argument, counsel's speech (*of:* address), (address for the) defence; *een ~ houden* make a plea
plein square; *op* (*aan*) *een* ~ [play, live] in a square
plein-pouvoir full powers, plenary authority
pleinvrees agoraphobia, fear of open spaces
pleister 1 (*kalk*) plaster, stucco, parget; 2 (*wond~*) plaster; *een ~ op de wond*, (*fig*) balm for wounded feelings; *een ~ op de wond leggen* soften the blow [to a p.'s pride]; **pleisterafgietsel** plaster cast
pleisteren 1 plaster, parget, stucco; *gepleisterde graven* whited sepulchres; 2 (*onderweg*) stop (for refreshment), (*hist*) bait; **pleisterkalk** plaster, stucco; **pleisterplaats** stop, pull-up; (*fig ook*) port of call; **pleisterwerk** stucco(-work), plaster-work
Pleistoceen pleistocene
pleit (law)suit, plea; *het ~ is beslist* it's all over, the matter has been decided; *het ~ winnen*, (*eig*) gain one's suit; (*fig*) carry one's point, carry the day; **pleitbezorger** solicitor; (*fig*) advocate, intercessor
pleite (*sl*) [he's] gone, a goner; ~ *gaan* clear (make) off
pleiten plead, argue; *dat pleit tegen* (*voor*) *je* that tells against you (speaks well for you); *het pleit voor de familie* it is to the credit of the family; *dat feit pleit sterk voor hem* that fact tells strongly in his favour; *dat pleit niet voor zijn inzicht* that does not say much for his insight; **pleiter** pleader; (*advocaat*) counsel; **pleitgeding** lawsuit; **pleitrede** *zie* pleidooi; **pleitzaak** lawsuit; **pleitziek** litigious, contentious; **pleitzucht** litigiousness; **pleizier** *zie* plezier
Plejaden: *de* ~ the Pleiads, the Pleiades
plek 1 spot, place; *ter ~ke* on the spot; *een mooi ~je* a beauty spot, a lovely spot; *zie ook* open & plaats; 2 (*vlek*) stain, spot, patch; **plekken** *zie* plakken & vlekken; **plekkerig** patchy, spotty, specked, blotchy [face]
plempen fill in, fill up
plenair plenary, full [session, meeting]
plengen shed [tears, blood]; pour out [wine]; offer [wine, etc] as a libation; **plenging** shedding, pouring out; **plengoffer** libation, drink offering; *een ~ brengen* pour (out) a libation [to ...]
plenipotentiaris plenipotentiary
plens 1 *zn* splash; 2 *bn* soaked; **plensbui** downpour; **plensnat** wet through, soaked
plenum full (*of:* plenary) session (sitting, meeting)
plenzen pour [with rain *van de regen*], (*fam*) bucket (down); splash [water over a p.]
pleonasme pleonasm; **pleonastisch** pleonastic (*bw:* -ally)
pleten silver-plated
plethamer flatt(en)ing-hammer; **pletmachine** rolling machine; **pletmolen** rolling-, flatting-mill; **pletten** I *tr* 1 (*vlak maken*) flatten, planish, (*met wals*) roll (out); 2 (*verbrijzelen*) crush; II *intr* (*v stoffen*) crush [velvet crushes easily]
pletter 1 flatter; 2 *te ~ slaan* smash (up), knock (*of:* smash) into smithereens; *iem te ~ slaan* smash a p. to a jelly, knock the stuffing out of a p.; *te ~ lopen* crash, be dashed to pieces, *tr* break [one's head against a wall]; *te ~ rijden* smash [one's car, o.s.] up; *te ~ vallen* smash, be smashed, crash [the aeroplane crashed]; *zich te ~ vervelen* (*werken*) be bored to tears (work o.s. to death)
pletterij rolling-, flatting-mill
pleura id
pleuren 1 pitch, chuck, shy; 2 crash (down)
pleureuse 1 (*rouwband, enz*) weeper; 2 black border; 3 drooping (ostrich) feather
pleuris 1 pleurisy; *krijg de* (*het*) ~ go to hell; *zich de* (*het*) *~ lachen* (*schrikken*) laugh fit to burst (be scared stiff); 2 mayhem; *de ~ hebben aan* loathe; *dan breekt de ~ uit* then all hell will break loose
pleurislijer shit, bitch, bastard
pleuritis pleurisy
plevier (*vogel*) plover
plexiglas plexiglass; **plexus** id
plezant pleasant
plezier pleasure; *zie ook* pret & genoegen; *veel ~!* enjoy yourself!, have a good time!; *daar kan hij ~ aan* (*van*) *beleven!*, (*iron*) he'll get a lot of fun

out of that!; *veel ~ ermee!, (iron)* much good may it do you!; *iem ~* ***doen*** please (oblige) a p., do a p. a favour; *je zult me een ~ doen als je het laat* I'll thank you not to do it; *doe me een ~, en hou op* do me a favour(, and stop); *~* ***hebben*** enjoy o.s., have a good (a nice) time; *veel ~ hebben* have great fun; *heb je ~ gehad in de vakantie?* did you enjoy your holiday(s)?; *~ gehad?* had a good time?, enjoyed yourself?; *ik had niet veel ~, (ook)* I had a pretty thin time; *~ hebben in muziek* enjoy music; *~ hebben over* be amused at; *als je ~ hebt te gaan* if you care to go; *daar kun je lang ~ van hebben* that will serve you a long time; *ik heb veel ~ van die jas gehad* I got a great deal of use out of that coat; *~* ***krijgen*** *in* take (a fancy) to; *~* ***vinden*** *in* take (a) pleasure in; ***met*** *(alle) ~* with (the greatest) pleasure; *hij zou je met ~ laten verhongeren* he would cheerfully let you starve; ***ten*** *~e van* for the pleasure of, to please; ***voor*** *(zijn) ~* [travel] for pleasure; *(kaart, enz) spelen voor zijn ~* play (cards, etc) for love; *zie ook* beleven & opkunnen; **plezierboot** excursion-steamer, pleasure-boat; **plezieren** please; **plezierig** pleasant, pleasing, amusing; *hij voelde zich niet ~* he did not feel well, was rather out of sorts; *iets niet ~ vinden* be unhappy (feel uneasy) about; *zie ook* prettig; **plezierjacht** (pleasure-)yacht; **pleziermaker** merrymaker, reveller; **plezier|-reis, -tochtje** pleasure-trip, outing, jaunt; **pleziervaartuig** pleasure-craft *(ook mv)*

plicht duty [*jegens* to], obligation; *zijn ~* ***doen*** do one's duty; *(ook)* do the right thing [*tegenover zijn gezin* by one's family]; *meer dan zijn ~ vereist* beyond the call of duty; *het* ***is*** *uw ~ hem te helpen, (ook)* it is up to you to ...; *iem* ***tot*** *zijn ~ brengen* teach a p. his duty; *ze stelde het zich tot ~ te ...* she made it a point of duty to ...; ***uit*** *~ tegenover mijn partner* in duty to my ... [I must go]; ***volgens*** *zijn ~ handelen* do (act according to) one's duty; *volgens (naar) ~ en geweten* conscientiously; *zie ook* verzaken, enz

plichtbesef, enz *zie* plichts-; **plichtmatig** dutiful(ly), (as) in duty bound; *louter ~* perfunctory *(bw:* -rily); **plichtpleging** ceremony, compliment; *geen ~en, alstublieft* no ceremony, no compliments, don't stand (up)on ceremony, please!; *zonder verdere ~en* without more ado

plichts|besef sense of duty; **-betrachting** devotion to duty; **-getrouw** dutiful, faithful *(bw:* -fully); **-gevoel** sense of duty; **-halve** (as) in duty bound, dutifully, in the line of duty; **-vervulling** performance (discharge) of one's duty; **-verzuim** neglect (breach, dereliction) of duty

plichtvergeten forgetful of one's duty, undutiful; **plichtverzaker** shirker, duty-dodger; **plichtverzaking** *zie* plichtsverzuim

Plinius Pliny [the Elder, the Younger]

plint skirting(-board), baseboard; *(ve zuil)* plinth

Plioceen Plio-, Pleiocene

plissé pleat(ing); **plisseren** pleat

plm. afk van *plusminus* approx. [500 barrels a day]

ploeg 1 plough *(ook: ~schaaf)*; *de hand aan de ~ slaan* put (set) one's hand to the plough; 2 *(in hout)* groove; *~ en messing* tongue and groove; 3 *(personen)* gang [of workmen], shift, work party; *(mil enz)* [disinfection] squad; *(film)* [camera] crew; *(sp)* team, side; [the national] squad; *(roeien)* crew; *(bij examen)* batch [of candidates]; *in ~en* [work] in relays, in shifts; **ploegbaas** ganger, gaffer, (gang) foreman

ploegboom plough-beam

ploegen 1 plough [the land, *(dicht)* the seas]; *het strand (de rotsen) ~* plough the sands; 2 groove [boards]

ploegen|dienst shiftwork; **-klassement** team table; **-stelsel** shift system; *werken volgens het ploegenstelsel* work on the shift system; **-tijdrit** team time trial; **-wedstrijd** team race

ploeger plougher, ploughman

ploeg|geest team spirit; **-genoot** team-mate; **-ijzer** coulter; **-leider** team manager; **-maat, -makker** *zie* -genoot; **-mes** coulter; **-paard** plough-horse; *werken als een ~* work like a horse, slave away; **-schaaf** (carpenter's) plough, rabbet (rebate) plane; **-schaar** ploughshare; **-schaarbeen** *(anat)* vomer; **-sport** team sport; crew sport; **-staart** plough-tail, plough-handle(s); **-verband** [the team lost all] coherence; *in ~* [act] as a team; **-voor** furrow; **-zool** plough-shoe

ploert 1 cad, bastard; *de koperen ~* the sun; 2 *(huisbaas)* landlord; 3 *(niet-student)* townee; **ploertachtig** caddish; **ploertendoder** life-preserver, bludgeon, *(fam)* cosh; **ploertendom** 1 cads; 2 townees; **ploertenstreek** mean (scurvy, caddish) trick; **ploerterij** *(stud)* people one digs with; **ploertig** 1 caddish, mean; 2 ill-bred, coarse; **ploertigheid** caddishness; **ploertin** landlady

ploeteraar(ster) plodder, drudge; **ploeteren** 1 *(in water)* splash, dabble; *door de modder ~* plough through the mud; 2 *(zwoegen)* drudge, toil (and moil), plod, plug, slave; *(hard studeren)* mug, swot; *~ aan* peg *(of:* slog) away at

plof *(dof)* thud, bump, *(in water)* plop; *(v lucht, gas)* pop; *~!* flop!, bounce!, plump!, plop!, pop!

ploffen plump (down), flop (down), (fall) plop [into the water], pop [like a bursting balloon]

plok 1 handful; 2 *(~geld, ~penning) zie* strijkgeld

plokworst *(vglb)* smoked Bologna sausage

plombe *zie* plombeerloodje & plombeersel

plombeerloodje lead (seal); **plombeersel** stopping, filling *(ook v kies)*, plug; **plomberen** seal [a van *wagon*]; fill [teeth]

plombière ice-cream (with crushed fruit), sundae

plomp I *zn* 1 *(plant)* [white, yellow] water-lily; 2 *(geluid)* plop, splash; 3 *(mar sl: zee)* drink; II *bn* 1 clumsy, heavy, unwieldy; squat [tower]; 2 *(ruw)* rude, coarse, blunt; **plompen** plop; *zie* ploffen; **plomperd** boor, lout; **plompheid** clumsiness, etc; *vgl* plomp II; **plompverloren** I *bw* [she walked out on him] just like that; II *bn* unthinking [remark]; **plompweg** bluntly; *zie* botweg

plons splash, plop, flop; *~!* plop!, flop!; **plonzen** plop, flop, plunge; *(plassen)* splash, dabble

plooi fold *(ook geol)*, pleat, tuck; *(in broek, enz)* crease; *(rimpel)* wrinkle, pucker; *(valse) ~, (in* *kledingstuk*) ruck; *er komt een ~ in* it rucks up; *er een ~ aan geven* gloss things over; *~en gladstrijken,* (*fig*) smooth things out, smooth away difficulties, iron out inequalities; *zijn gezicht* **in** *de ~ zetten* compose one's face; *hij komt nooit* **uit** *de ~* he never unbends; *iem uit de ~ brengen* take the starch out of a p.; **plooibaar** pliable, pliant, compliant; **plooibaarheid** pliability, pliableness, pliancy; (*ook pol*) flexibility

plooidal (*geol*) trough, syncline

plooien fold, crease, pleat [a pleated shirt]; (*rimpelen*) wrinkle; *een zaak ~* arrange matters, smooth a matter over, straighten things out; *dat zal zich wel ~* that'll come right; *zich weten te ~* manage to fit in (to adapt); *geplooide manchet* (*of: kraag*) ruff; **plooiing** (*geol*) folding; **plooiingsgebergten** folded mountains

plooikraag (*hist*) ruff; **plooirok** pleated skirt; *~je* rah-rah skirt; **plooirug** (*geol*) fold, anticline; **plooisel** pleating, frill(s), gathers

plootwol skin-wool

plopper 1 (*min*) Indonesian; 2 (*ontstopper*) plunger; **plots** 1 *zie* plotseling; 2 *zie* plof

plotseling I *bn* sudden; *~e (kamer)ontbinding* snap dissolution (*zo ook:* snap decision, snap answer); *het ~e van ...* the suddenness of ...; II *bw* suddenly, all of a sudden, all at once, abruptly; *hij hield ~ op* he stopped abruptly (dead); *~ ontstaan* spring into existence; *~ stilhouden* pull up short; *de auto hield ~ stil* the car pulled up (stopped) dead; *hij keerde zich ~ om* he turned round sharply; **plotsklaps** suddenly, unexpectedly, all at once, all of a sudden

plotter id

plu brolly

pluche plush; **pluchen** *bn* plush

plug id; (*ve vat*) bung; (*schoenpin*) peg; **pluggen** plug

pluim 1 plume, feather, crest; (*aan staart*) tuft [of hair]; (*staart v konijn, hert*) scut; *~(pje),* (*fig*) compliment; *dat is een ~ op je hoed* that is a feather in your cap; *hij kreeg een ~pje voor zijn vastberadenheid* he was complimented on his resolution; *hij verdient een ~pje* he deserves a pat on the back; 2 (*bloeiwijze*) panicle; (*v mais*) tassel; *de ~en van de kastanje,* (*ook*) the spires of the chestnut; 3 *~pje,* (*pijltje*) dart; (*~bal*) shuttlecock

pluimage plumage, feathers; *vogels van diverse ~* all sorts and conditions of men; **pluimbal** shuttlecock; (*spel*) battledore and shuttlecock; **pluimbos** plume, crest; **pluimen** *ww* pluck [birds]; (*be~*) plume; *gepluimde hoed* plumed hat

pluim|graaf (*hist*) poulter; **-gras** tufted grass; **-riet** common reed, water-reed; **-staart** bushy tail; **-strijken** fawn (up)on, cajole, wheedle, toady; **-strijker** sycophant, toady, fawner, flunkey; **-strijkerij** toad-eating, toadyism, sycophancy; *met veel ~en* with a good deal of bowing and scraping; **-varen** royal fern; **-vee** poultry; **-veehouder** poultry (chicken) farmer, poultryman; **-veehouderij** poultry farm(ing)

pluis I *bn: het* (*de zaak*) *is niet ~* there is s.t. wrong (phon(e)y, fishy) about it; *het is daar niet ~,* (*het spookt*) the place is haunted; (*mil*) the place is not healthy; *het is bij hem niet ~ in de bovenverdieping* he has a tile loose; II *zn* 1 (*pluche*) plush; (*vlok, enz*) fluff; (*op dekens, enz*) fluff, fuzz; *~je* bit of fluff; 2 (*geplozen touw*) oakum

pluiskop fuzzy head, Afro

pluizen I *tr* (*tot pluis maken*) fluff [a rope]; *touw ~* pick oakum; II *intr* give off fluff; *zie ook* peuzelen & na~; **pluizer** picker; (*fig*) ferreter; **pluiz(er)ig** fluffy

pluk gathering, picking; *een ~ haar* a knot (tuft) of hair; *de eerste ~* the first crop; *het is een hele ~* it is a tough job; *hij zal er een hele ~ aan hebben* he'll find it heavy going; **plukharen** (have a) tussle; *zie ook* bakkeleien; **plukken** 1 gather, pick [flowers, etc]; pluck [a bird]; *~ aan* pick (pluck) at [the patient plucks at the sheets]; 2 (*afzetten*) fleece, pluck, milk; **plukker** gatherer, reaper, picker; **plukrijp** ready (ripe) for picking; **pluksel** lint; **pluktijd** picking-season, -time

plumeau feather-duster, feather-brush

plunderaar(ster) plunderer, pillager, ransacker, looter, robber; **plunderen** plunder, ransack, pillage, loot [a place], gut [the city], rifle [a cupboard]; rob, plunder [a town]; *~d,* (*ook*) predatory, marauding [bands]; **plundering** plundering, pillage, looting; *de ~ en moord van Naarden* the sack and massacre of Naarden

plunje togs, toggery, rig-out, things; *beste ~* best clothes; (*sl*) glad rags; *haar beste ~* her best bib and tucker; **plunjer** plunger; **plunjezak** kitbag, duffle-bag

pluralis: *~ majestatis* plural of majesty (of excellence), royal we; *~ modestiae* editorial we; **pluralisme** pluralism; **pluraliteit** plurality

pluriform multiform; **pluriformiteit** multiformity; **pluritonaliteit** polytonality

plurk boor, lout

plus I *bn, bw* id; above [ordnance datum]; (*elektr*) positive; II *zn* (*overschot*) surplus; *in de ~ staan* be in the black; make a profit; *zie verder* ~minus, ~punt & ~teken; **plusfour** plus-fours; **plusminus** 1 about, approximately; 2 (*afkorting*) ±, c. (*circa*); *±400* 400 approx.; *±600 v Chr* c 600 BC; (*wisk*) ±; **pluspunt** plus, plus factor, plus point, advantage, asset; point in [a p.'s] favour

plussen puzzle, break one's head; *~ en minnen* deliberate, weigh up the pros and cons

plusteken plus (sign), positive sign

Plutarchus Plutarch; **Pluto** id

plutocraat plutocrat; **plutocratie** plutocracy; **plutocratisch** plutocratic (*bw:* -ally); **plutonisch** Plutonic [rocks]; **plutonisme** Plutonic theory, Plutonism; **plutonium** id

pluviale (*r-k*) cope; (*hist*) pluvial

pluvier (*vogel*) plover

pneumatica pneumatics; **pneumatisch** pneumatic [drill, hammer]; **pneumonie** pneumonia

po id, chamber (pot)

p.o. afk van *per omgaande* by return [of post]

pochen boast, brag, vaunt, talk big; *~ op* boast (brag) of; **pocher** boaster, braggart

pocheren poach [eggs]

pocherij boast(ing), brag(ging), braggadocio
pochet breast-pocket handkerchief
pochhans, enz *zie* pocher, enz
pocket(boek) paperback
podagra id; **podagreus** podagric, gouty; **podagrist** gouty (*of:* podagric) patient
poddom(m)e dash it
podium platform, dais; (*v dirigent, enz, ook*) id; (*toneel*) stage; **podiumfunctie**: *een ~ hebben* provide a platform [for ...]; **podiumkunsten** performance arts
podo|logie chiropody, (*Am*) podiatry; **-meter** pedometer; **-therapeut** foot therapist
podsol, **podzol** id
poedel 1 poodle; 2 (*bij het kegelen*) miss, boss
poedelen 1 (*ijzer*) puddle; 2 (*bij het kegelen*) miss, boss; 3 (*zich*) ~, (*fam*) have a wash; *zie ook* knoeien; **poedelhond** poodle(-dog); **poedelnaakt** stark naked; **poedelprijs** booby prize, wooden spoon
poeder powder; *tot ~ malen* (*maken*) pulverize, powder, reduce to powder; **poederblusser** dry-chemical fire extinguisher; **poederchocolade** cocoa(-powder); **poederdonsje** powder puff; **poederdoos** powder-, puff-box; *~je* (powder) compact; **poederen** powder, strew with powder; **poederig** powdery, powder-like; **poederkoffie** instant coffee; **poederkool** pulverized coal; **poederkwast** powder-puff; **poedermelk** powdered milk; **poedersneeuw** powder snow; *een dun laagje ~* a dusting of snow; **poedersuiker** icing-sugar; **poedervorm**: *in ~* in powder form, powdered, pulverized
poëem poem; **poëet** poet
poef 1 *~ paf!* pop, bang!; 2 pouf(fe), (*Am*) hassock
poeha fuss, to-do, ado; (*opschepperij*) swank; *veel ~ maken* make a great fuss, swank; **poehamaker** swank(pot)
poeier (*fam*) wallop; *zie verder* poeder(-)
poel 1 pool; (*kleine*) puddle; (*modder-*) slough; (*voor buffels, enz*) wallow; *~ van ongerechtigheid* sink of iniquity; 2 chicken; (*meisje*) chick
poelepetaat guinea-fowl, pearl-hen
poelet knuckle [of veal, for making stock *bouillon*]
poelie pulley
poelier poulterer; poultry, game and venison dealer; **poelierswinkel** poulterer's (shop)
poelsnip great snipe
poema puma, cougar, mountain lion
poëma poem
poen vulgarian, snob, bounder; (*duiten, sl*) tin, rhino, dosh
poenaal penal [sanction]
poenig flashy, spivvy
poep 1 (*honde~*) dirt; (*koeie~*) dung; (*vogel~*) droppings; (*v mens*) excrement, faeces, (*ruw*) crap, shit; *~(je)*, (*wind*) fart; *iem een ~je laten ruiken* give a p. a surprise; 2 (*Duitser*) Boche, Hun
poepbroek dirty nappy; **poepdoos** (*fam*) loo, (*Am*) john; **poepen** relieve nature, relieve o.s., (*volkst*) shit, crap; **poeperd** b.t.m., bottom, behind; **poeperij** (*diarree*) [be on (have) the] trot; **poepgoed** (*sl*) A 1; **poepie** (*sl*) very; **poepluier** [baby has a] dirty nappy; **poepschepje** poop scoop
poer bob; *zie* peur; **poerem** *zie* poeha
poes puss(y), pussy-cat; (*bont*) boa, fur tippet; (*meisje, sl*) bird, puss, bimbo; *~! ~!* puss!; *de ~* puss; *hij is* ***voor*** *de ~* it is all up with him, he is a goner; *hij is lang niet voor de ~* he is not to be trifled with; *dat is niet voor de ~* that's no picnic, that is no child's play; *£ 5000 is niet voor de ~* £ 5000 is not to be sneezed at; *maak het de ~ wijs!* tell it to the marines!
poesaka (*Ind*) heirloom
poesiealbum *zie* poëziealbum
poesje 1 pussy(-cat); 2 (*snoes*) ducky, popsy(-wopsy), (*Sch*) dosh; 3 (*vulva*) pussy; 4 pousse-café, chaser; **poesjenel** 1 Punchinello; 2 puppet, marionette; **poeslief** bland, suave; silky [smile, speech, manners], honeyed [words], sugary [smile, words]; **poesmooi** dolled up, dressed up to the nines; **poespas** 1 hotchpotch, hodgepodge; 2 fuss, hoo-ha; 3 nonsense
poesta puszta: Hungarian steppe
poet (*sl*) swag
poëtaster poetaster, versifier, doggerel writer
poëtica, **poëtiek** poetics; **poëtisch** poetic(al)
poëtiseren poetize
poets 1 trick, prank, practical joke, hoax; *iem een ~ bakken* play a trick (up)on a p.; 2 [brass] polish
poetsdoek *zie* poetslap
poetsen polish, clean [the silver], clean, brush [one's teeth], scour; groom [a horse]; (*fam*) shine (up) (*ovt & v dw:* shined) [shoes, plate, etc]; (*mil & mar*) spit and polish; *de plaat ~* hook it; **poetser** polisher, scourer, cleaner
poets|goed *zie* -middel; **-katoen** cotton waste, waste cotton; **-lap** polishing-cloth, cleaning-rag; **-machine** knife-cleaner; **-middel** 1 polish; 2 clean(s)er, cleaning agent; **-poeder** polishing-(*of:* plate-)powder; **-pommade** polishing-paste, metal polish; **-potlood** Berlin black; **-steen** Bath brick; **-vis** cleaner fish; *politieke ~* spin-doctor; **-zak** (*mil*) brush-bag
poezedeur cat flap, pet door
poezel(ig) plump; *zie* mollig
poezeluik cat flap, pet door
poëzie poetry; **poëziealbum** poetry album, girl's album of friends' verses
pof 1 thud, bump; *~!* bounce!, bang!; *op de ~ kopen* buy on tick; 2 (*v mouw*) puff
pofadder puff adder
pofbroek knickerbockers, plus-fours
poffen (*op krediet kopen*) buy (*of:* go) on tick; (*bol doen staan*) bunch up, puff; (*schieten*) pop; (*braden*) roast [chestnuts, potatoes], pop [maize], puff [rice]; *gepofte mais* popcorn
poffertje (*in Eng onbekend*) kind of small pancake; **poffertjeskraam** (*vglb*) pancake-booth
pofmouw leg-of-mutton sleeve, puffed sleeve
pogen endeavour, try, attempt, seek [*te* to]; *zie ook* proberen
poging effort, endeavour, attempt (*van* by); [suc-

ceed at the seventh] try; *een ~ tot verzoening* an attempt at reconciliation; *een ~ doen te ...* make an attempt to ... (at ...ing), (*een record~*) make an attempt on the record, (*om vrij te komen*) make a dash for freedom; *een ~ wagen* have a try (a go), (*fam*) have a shot at it; *~ tot moord* (*inbraak*) attempted murder (burglary)

pogoën pogo; **pogrom** id

point d'honneur: *op zijn ~ staan* be (*of:* stand) on one's dignity

pointe point [of an anecdote, etc]

pointilleren 1 stipple; 2 paint in pointillist style

pointillisme pointillism

pok pock; (*inentteken*) vaccination mark; *de ~ken* (the) smallpox; *door de ~ken geschonden* pock-marked; *de ~ken kwamen niet op* the vaccine did not take; *zich de ~ken werken* slave away

pokdalig pock-marked

poken: *in het vuur ~* poke (*of:* stir) the fire

poker id; **pokeren** play poker; **pokerstenen** poker dice

pokhout guaiac(um), lignum vitae

pokken I *ww: gepokt en gemazeld hebben* (*zijn*) be well-seasoned; II *zn zie* pok; **pokkenbaan** (*fam*) wretched (pestilential) job; **pokkenbriefje** certificate of vaccination, vaccination paper; **pokkenepidemie** smallpox epidemic; **pokkenweer** rotten (pestilential) weather; **pokput** pock-mark; **pokstof** (vaccine-)lymph, vaccine

pol clump, tussock [of grass]

polair 1 polar; 2 (*fig*) diametrical

Polak Pole; Polish Jew, (*Am*) Polack

polarimeter id; **polarisatie** polarization; **polarisatievlak** plane of polarization; **polariseren** polarize (*ook fig*); **polariteit** polarity

polder id; **polderbemaling** polder drainage; **polderbestuur** polder-board, polder authorities; **polderjongen** navvy; **polderland** polder-land; **poldermolen** draining-mill

polei (*plant*) penny-royal, pudding-grass

polemicus *zie* polemist; **polemiek** polemic(s), controversy; **polemisch** polemic(al), controversial, contentious; **polemiseren** carry on a controversy, polemize; **polemist** controversialist, polemic, disputant; **polemologie** [university department of] war studies

Polen Poland

poleren polish; (*glad uitboren*) smooth-bore

polichinel Punchinello, Punch

poliep 1 (*dier*) polyp; 2 (*gezwel*) polypus (*mv:* -pi, -puses)

polijsten polish (*ook fig*), burnish; (*met zachte doek*) buff; **polijster**, **polijststaal** polisher, burnisher; **polijststeen** polishing-stone

polikliniek (poly)clinic, out-patient(s') department, out-patient clinic; **poliklinisch** out-patient [treatment]

polio(myelitis) id

polis policy; *voorlopige ~* covering note; *~ met* (*zonder*) *aandeel in de winst* (non-)participating policy; *een ~ sluiten* take out a policy; *zie ook* open, enz; **polishouder** policy-holder

polissoir nail polisher

politicoloog political scientist; **politicus** politician

politie police; *de ~,* (*ook*) the law [the law was on his trail; you can't buy the law here]; *vgl* justitie & *zie ook* ~agent; *bereden ~, ~ te paard* mounted police; *~ te voet* foot police; *bij de ~ zijn* be in the police (force)

politie|agent policeman, constable, police officer; *vrouwelijke ~* policewoman; **-arts** police surgeon; **-auto** police car, squad (*Am* prowl) car; **-bericht** (*radio*) police message; **-bescherming** police protection; **-bewaking** 1 police guard; *onder ~,* (*ook*) in police custody; 2 police protection; **-blad** police gazette; **-boot** police launch; **-bureau** police station; (*hoofd-*) police headquarters; **-busje** police van; (*Am*) patrol wagon; **-dokter** police doctor, police surgeon

politieel police [action]

politie|hond police dog; **-huisje** *zie* ~post 2; **-inval** police raid

politiek I *zn* 1 (*algem*) politics; *het over de ~ hebben* talk politics; *in de ~* in politics; *uit ~* from policy, for political reasons; 2 (*beleid, gedragslijn*) [dividend, educational, foreign] policy; II *bn* 1 political; 2 (*fig*) politic (*bw:* -ly), diplomatic (*bw:* -ally); *het is niet ~ haar te storen,* (*ook*) it's bad policy to disturb her; **politiek-economisch** politico-economical; **politiek-financieel** politico-financial

politie|kordon police cordon; **-korps** police force; **-macht** police force, body (*of:* posse) of police; **-man** police officer; **-officier** officer of police, (senior ranking) police officer; **-onderzoek** police inquiry (investigation); **-penning** police identification disc; **-post** 1 policeman on (guard, point) duty; 2 police post, police section house; **-rapport** police report; **-rechtbank** magistrates' (*Sch:* district, *Am:* police, magistrate's) court; **-rechter** (police) magistrate; (*sl*) beak; **-reglement** *zie* ~verordening; **-ruiter** mounted policeman; **-school** police college; **-spion** police spy; (*sl*) (copper's) nark; (*Am sl*) stool pigeon; **-toezicht** police supervision; policing [of the sea, the motorways]; **-troepen** military police; **-verordening** police regulation; **-wacht** police guard (*of:* watch); **-wagen** 1 patrol car; 2 police van; (*Am*) patrol wagon; **-wezen**: *het ~* the police; **-zaak** police case; (*mv ook*) police matters (business); *er een ~ van maken* notify the police, put the matter in the hands of the police

politioneel police [action]

politiseren politicize, talk (dabble in) politics

politoer (French) polish, spirit varnish; **politoerder** French-polisher; **politoeren** (French-)polish, burnish

polka id; **polkahaar** bobbed hair

polka-mazurka id

pollak (*vis*) pollack, pollock

pollenanalyse pollen analysis

pollepel ladle; (*Am*) dipper

pollutie 1 pollution; 2 wet dream, (*med*) nocturnal emission

polo 1 (*sp*) polo; 2 (*hemd*) sports shirt; **poloën** play polo; **poloër** polo player
polonaise (*in alle betek*) id; *aan mijn lijf geen ~,* (*fam*) I'm not (I wasn't) having any, count me out; **polonium** id
pols 1 leaping-, vaulting-, jumping-pole, fen-pole; *spring niet verder dan je ~ lang is* cut your coat according to your cloth; 2 (*gewricht*) wrist; 3 (*polsslag*) pulse; *een zwakke ~* a low pulse; *iem de ~ voelen,* (*ook fig*) feel a p.'s pulse; *zie ook* 2 los 5, polsen, vinger, enz; **polsader** radial vein; *zie ook* polsslagader; **polsadergezwel** aneurysm; **polsarmband** wristlet
polsen 1 sound; *iem ~* sound a p. [*over* on, about], approach a p. [with a view to his accepting the office]; *de publieke* (*iemands*) *mening ~* throw out a feeler; *de vergadering ~* take the sense of the meeting; 2 wrist wrestling
polsgewricht wrist(-joint); **polshorloge** wristwatch; **polsmeter** pulsimeter; **polsmofje** wrist mitten, wristlet; **polsslag** [take a p.'s] pulse; (*tempo, ook*) pulse rate; (*slag, ook*) pulsation; (*fig*) pulse, heartbeat; **polsslagader** radial artery; **polsstok** *zie* pols 1; **polsstokspringen** (*hoog*) pole-vault(ing), -jump(ing); (*ver*) horizontal pole-vault(ing), -jump(ing)
poly|andrie polyandry; **-archie** polyarchy
poly|chromatisch polychromatic (*bw:* -ally); **-chromeren** decorate in polychromy; **-chromie** polychromy; **-chroom** polychrome
poly|eder polyhedron; **-ester** id; **-ether** id; **-ethyleen** polythene, polyeth(yl)ene
poly|fonie polyphony; **-foon** polyphonous
polyformiteit multiformity
poly|gaam polygamous; **-gamie** polygamy
polyglot(tisch) polyglot
polygoon polygon; **polygynie** polygyny
polyinterpretabel ambiguous
poly|meer polymer; **-merie** polymerism; **-meriseren** polymerize; **-morf** polymorphic, -phous
Polynesië Polynesia; **Polyne|siër, -sisch** Polynesian
polynomium polynomial
polypropyleen polyprop(yl)ene
polyptiek polyptych; **polysemie** polysemy
polystyreen polystyrene
polytechnisch polytechnic; *~e school* polytechnic (school)
poly|theïsme polytheism; **-theïst** polytheist; **-thëistisch** polytheistic (*bw:* -ally)
polytonaliteit polytonality, -lism
polyurethaan polyurethan(e)
polyvalentie polyvalency; **polyvinyl** id
pomerans 1 bitter orange; *zie ook* ~bitter; 2 (*aan keu*) (cue-)tip; **pomeransbitter** orange bitters
pomma|de pomade, pomatum; **-deren** pomade
Pommer(aan), Pommeraner Pomeranian; **Pommeren** Pomerania; **Pommers** Pomeranian
pomologie pomology; **pomoloog** pomologist
Pomona id
pomp pump; *zie ook* fiets~; *loop naar de ~!* (you can) get stuffed!; *laat hem naar de ~ lopen!* damn him!; *zie ook* maan
pompadoer pompadour
pompbediende garage (forecourt, filling station, pump) attendant
Pompeji Pompeii; **Pompejus** Pompey
pompelmoes shaddock, pomelo; (*klein soort*) grapefruit
pompen pump [oil, water; money into a business]; (*fig: uit het hoofd leren*) cram [for a test]; *het is ~ of verzuipen* it is sink or swim (do or die); *~d remmen* pump the brakes; **pomper** pumper
pompernikkel pumpernickel
pompeus pompous
pompoen pumpkin, gourd, (*Am ook*) squash
pompon id
pompschroevedraaier yankee screwdriver; **pompslinger** pump-handle; **pompstation** 1 (water) pumping-station; 2 (*benzine-*) filling-station; **pomptang** (*vglb*) slip-joint pliers; **pompzwengel** pump-handle
pon nightie, night-dress
poncho id (*mv:* -os)
pond pound (*Engels:* 453.6 grammes); *~ sterling* pound sterling; *de devaluatie van het ~* the ... of sterling; *het volle ~ eisen* exact full payment, demand one's pound of flesh; *het volle ~ geven* pull one's weight; *zich honderd ~ lichter voelen* feel much relieved; *vgl* bij 10 & de
pondenbezit sterling holding(s); **ponder**: *tien* (*enz*) *ponder* ten- (etc) pounder
pondspondsgewijs pro rata, proportionally
ponem kisser, mug
poneren posit, advance [a thesis], postulate [that ...], submit [evidence that the court had no jurisdiction]
ponjaard poniard, dagger
pons punch; **ponsband** punched tape; **ponsen** punch; **ponskaart** punched card; **ponskaartenlezer** card reader; **ponsmachine** punching-machine; (*voor kaarten*) keypunch; **ponsnippel** punch
ponsoen punch; **ponstypist(e)** keypuncher
pont ferry-boat
ponteneur [stand on one's] dignity
pontgeld fare, ferriage
pontifex pontiff; **pontificaal** I *bn* pontifical; II *zn* 1 pontificals; *in ~* in full canonicals (pontificals), in full regalia; (*fam*) in full feather, in full fig; 2 (*boek*) pontifical; **pontificaat** pontificate; **pontificale** pontifical; **pontificalia** pontificals; **pontificeren** pontificate
Pontijns Pontine [marshes]; **Pontius** id; *iem van ~ naar Pilatus zenden* send a p. from pillar to post
ponton pontoon; **pontonbrug** pontoon-bridge
pontonnier pontoneer
pontreep ferry-rope; **pontwachter** ferryman
pony 1 (*paard*) id; 2 *~*(*haar*) bang, fringe; *zij draagt ~* she wears her hair in a fringe
pooien booze; **pooier** ponce, bully, pimp
pook 1 poker; 2 (*ve auto*) stick
pool 1 pole; (*elektr*) [positive, negative] terminal, pole; *ongelijk*(*namig*)*e polen trekken elkaar aan, gelijk*(*namig*)*e polen stoten elkaar af* unlike poles attract, like poles repel; 2 (*ve tapijt*) pile; 3 (*jas*)

greatcoat; 4 [pu:l (*pot, toto, biljart*) id
Pool Pole
poolbeer polar bear; **poolbiljart** 1 (*spel*) pool; 2 (*tafel*) pool table; **poolcirkel** polar circle
poolen 1 pool; (*auto*) carpool; 2 play pool
poolexpeditie polar expedition; **poolijs** polar ice; **poolklem** (*elektr*) terminal; **poollicht** polar lights, aurora polaris; **poolreiziger** arctic (antarctic) explorer; **poolroute** polar route
Pools Polish; *~e landdag* beargarden
poolsafstand polar distance; **poolschoen** (*ve magneet*) polar piece; **poolshoogte** elevation of the pole, latitude; *~ nemen* see how the land lies, take one's bearings, size up the situation, take stock; **poolspanning** terminal voltage; **poolster** polar star, polestar, lodestar; *de P~,* (*ook*) Polaris; **poolstreken** polar (*noord:* arctic, *zuid:* antarctic) regions; **pooltocht** polar (*noordpool:* arctic, *zuidpool:* antarctic) expedition; **poolvos** arctic fox; **poolzee** polar (*noordpool:* arctic, *zuidpool:* antarctic) sea (*of:* ocean)
poon gurnard; *grote ~* sapphirine gurnard; *kleine ~* grey gurnard; *zie ook* koning
poort 1 gate, gateway (*ook fig:* the gateway to success), doorway; *~je,* (*steeg*) alley(way); (*ve duiventil*) pigeonhole; (*slalom*) gate; (*croquet*) hoop; *de ~en sluiten,* (*fig*) close down; 2 (*mar*) port; (*spui~, ook*) scupper; *zie ook* ~gebouw & hel; **poortader** portal vein; **poortdeksel** (*mar*) storm shutter, deadlight; **poorter** citizen, burgher; **poorterschap** citizenship, burghership; **poortgebouw** gatehouse; **poortwachter** gate-keeper
poos while, time; *bij* (*met*) *pozen* from time to time, at intervals; *een hele ~* quite a while; (*voor*) *een ~*(*je*) (for) a while, (for) a space, for a little
1 poot 1 paw, foot, leg; (*ve haas, vos, enz, ook*) pad (*ook: ~afdruk*); (*tegen hond*) shake!; *~je,* (*ve kind*) tootsy(-wootsy); *de hond* ***gaf*** *hem een ~* the dog gave him a paw; *geen ~ aan de* ***grond*** *krijgen* be nowhere, (*sp, ook*) be played off the field; *met* ***hangende*** *~jes* with one's tail between one's legs, crestfallen; *geen ~* ***hebben*** *om op te staan* not have a leg to stand on; *zijn ~* ***stijf*** *houden* stand firm; *iem een ~* ***uitdraaien*** soak a p.; *geen ~* ***uitsteken,*** (*helpen*) not lift a (little) finger, (*werken*) not do a stroke; *geen ~ kunnen* (*willen*) ***verzetten*** be unable (refuse) to move; ***op*** *zijn ~ spelen, op zijn achterste poten* (*gaan*) *staan* fly off the handle, make a scene [about s.t.]; *al ga je op je achterste poten staan* no matter what you do; *dat staat op poten* that is as it should be, that is to the point; *een brief op poten* a strongly worded letter; *op hoge poten* in high dudgeon; *laag op de poten,* (*ve dier*) low-set; *hij komt altijd op zijn poten terecht* he is certain to fall (to land) on his feet, always comes right side up; *alles komt op z'n ~jes terecht* everything comes right after all; 2 (*ve tafel, enz*) leg; 3 (*hand*) [his large] paw, fist, fin; *ik kan zijn ~ niet lezen* I cannot read his scrawl; *zie ook* opzitten; 4 (*homo*) gay, queer, poof(ter)
2 poot (*ve plant*) layer, slip, shoot; (*ve vis*) fry; (*v oesters*) (oyster-)spat, (oyster-)seed
pootaan: *~ spelen* buckle to, slog away
poot|aardappel seed potato; **-goed** seed potatoes (onions, etc); **-hout**, **-ijzer** dibber, dibble
pootje (*ziekte*) podagra; *zie verder* poot; **pootjebaden** paddle
pootschopje garden trowel; **pootstok** dibber, dibble; **pootvijver** nursery; **pootvis** fry, young fish
pop 1 doll (*ook meisje*); [straw etc] man; (*marionet*) puppet; (*ve kleermaker, enz*) dummy; (*v betogers, enz*) effigy; *~petje* dolly; fragile-looking woman (girl); *~petjes,* (*ook*) pupils (of the eye); *toen waren de ~pen aan het* ***dansen*** then the fat was in the fire, then there was the devil (hell) to pay; *~je* ***gezien,*** *kastje weer dicht* that's enough, that'll do; *de ~petjes* ***invullen*** attach (put) names to functions; *~petjes* ***tekenen*** draw matchstick men (figures), doodle; 2 (*kaart*) picture-, court-, face--card; 3 (*ve insekt*) pupa (*mv:* -pae), chrysalid, -lis (*mv ook:* -lides), nymph; 4 (*wijfjesvogel*) hen(-bird); 5 (*kind*) darling, pet, [my] poppet; 6 (*fam: gulden*) guilder; 7 (*kunst*) pop [art(ist), concert, culture, festival, group, idol, music, star]
popachtig doll-like; *zie ook* popperig
pope (*Russisch priester*) id
popelblad poplar leaf
popelen quiver, throb; *mijn hart popelde* my heart was a-flutter, my heart leaped [*van vreugde* for joy]; *hij popelde om te gaan* he was anxious (dying) to go (be off); *zij ~ om weg te komen* they are itching to be off; *hij popelde van ongeduld* he could not bear to wait
popeline poplin
pophuid (*ve insekt*) pupa-case
popi (*fam*) popular
popnagel blind (Pop, Chobert) rivet; **popnageltang** riveting pliers
poppe|deintje 1 dolly; 2 (*schatje*) poppet; **-gezicht** doll's (*of:* baby) face; **-goed** 1 doll's clothes; 2 knick-knacks; **-jurk** doll's (dolly) dress; **-kleren** doll's clothes
poppen|dokter mender of dolls; **-huis** doll's (dolls') house; **-kast** puppet-show, Punch and Judy show; puppetry (*ook fig*); *~!* blah!, eyewash!; **-kasterij** (tom)foolery, mummery, puppetry; **-rover** pupivore; (*mv ook:* -vora); **-spel** puppet-show, puppetry; **-speler** puppeteer; **-theater** puppet theatre
popperig doll-like, pretty-pretty, [her] baby [face]; *een ~ tuintje* a pocket-handkerchief garden; **poppeservies** doll(y)'s tea-set; **poppestront**: *zo fijn als* (*gemalen*) *~* rigidly orthodox;
poppewagen doll's, (dolls', dolly) pram
poptoestand chrysalis state, pupa(l) state
populair popular [*bij, onder* with, among]; *~ maken* popularize; *zich ~ trachten te maken* court popularity; *~ worden,* (*ve lied, enz, ook*) catch on;
populair-wetenschappelijk: *~e lezing* scientific lecture for the general public; **populariseren** popularize; **populariteit** popularity; vogue [the vogue of the short story]
populatie (statistical) population
populier poplar; *witte ~* white poplar, abele; *Ita-*

liaanse ~ Lombardy poplar; **populieren** *bn* (of) poplar-wood
populisme populism; **populistisch** populist
popzanger pop-singer
por thrust, dig [in the waistcoat], poke, prod [in the ribs]; *(met mes)* stab; **porder** caller-up, knocker-up; **porem** *zie* porum
poreus porous; **poreusheid** porosity
porfier porphyry; **porfieren** *bn* porphyry
porie pore
porno [soft, hard(-core)] porn(o); **pornoblad** porn magazine; **pornograaf** pornographer; **pornografie** pornography; **pornografisch** pornographic *(bw:* -ally)
porositeit porosity
porren 1 *(vuur)* poke, stir; *(iem)* prod [a p. with a stick]; *(fig)* rouse, spur on; *daar is hij wel voor te* ~ he won't take much persuading; 2 *(met mes)* stab; 3 *(wekken)* call *(of:* knock) up
porselein 1 china, chinaware, porcelain; *Chinees* ~ Chinese porcelain; *zeer fijn* ~ eggshell china; 2 *zie* postelein; **porseleinaarde** china clay, porcelain clay, kaolin; **porseleinachtig** porcellan(e)ous; **porseleinbloempje** London pride; **porseleinen** china, porcelain
porselein|goed chinaware; **-kast** china cabinet; *voorzichtigheid is de moeder van de* ~ prudence is the mother of wisdom; *een olifant in de* ~ a bull in a china shop; **-lak** white porcelain solution; **-schelp** porcelain shell; **-schilder** painter on china; **-slak** cowrie; **-winkel** china shop
1 port postage; *te betalen* ~ postage due; *zie ook* straf~; ~ *betaald* postage paid
2 port *(wijn)* [ruby, tawny, white] port, port-wine
portaal 1 porch; hall; *(v kerk, tempel, ook)* portal [relief]; *(trap~)* landing; 2 *(spoorw, enz)* portal; *(kraan-, weg-, sein~, enz, ook)* gantry
portaalkraan portal (jib) crane, gantry crane
portatief 1 portative organ; 2 portable
Porte: *de (Verheven)* ~ the (Sublime) Porte
porte-brisee folding-door(s)
portee import, purport [of words], significance [of a question], drift [of an argument]
portefeuille 1 *(ve minister, voor tekeningen, aandelen~, enz)* portfolio; *de* ~ *van Financiën aanvaarden* accept the portfolio of Finance; *zijn* ~ *neerleggen* resign (office), go out of office; *aandelen* ***in*** ~ uncalled (unissued, reserve) shares, shares in portfolio; *bankbiljetten in* ~ notes unemployed; *wissels in* ~ bills in case; *artikelen (verhalen) in* ~ unpublished articles (stories); *in* ~ *houden* hold [a draft] for representation; ***zonder*** ~ [minister] without portfolio; 2 *(zakportefeuille)* wallet, *(Am ook)* billfold; 3 *(voor tijdschriften)* reading-case; **portefeuillekwestie** *zie* kabinetskwestie; **portefeuillewisselingen** Cabinet reshuffle
portemon|naie, **-nee** purse; *het hangt er maar van af wie de dikste* ~ *heeft* it is a case of the longest purse; *voor elke* ~ [prices] to suit everybody's purse; *het in zijn* ~ *voelen* feel the pinch; *zie ook* beurs; **portemonneezakje** hip pocket
portfolio id

porti postage
porticus portico
portie portion, part, share; *(aan tafel)* helping [give large helpings]; *dagelijkse* ~ daily allowance; ~ *rum* go of rum; *een* ~ *(twee ~s) ijs* an ice (two ices); *nog een* ~ another helping [of lobster]; *met een behoorlijke* ~ *geluk* with a good deal of luck; *geef mijn* ~ *maar aan Fikkie* count me out, you're welcome, not for me, ta; *ik heb mijn* ~ *wel gehad* I've had more than my share
portiek 1 *winkel~* shop doorway; 2 portico *(met zuilen)*, porch; *met een* ~ porticoed; **portiekwoning** *(in Eng onbekend; vglb)* tenement house
portier 1 door-, gatekeeper, janitor; (hotel, hall) porter; *(bij ingang fabriek)* gateman; [cinema, club] doorman; *(ve bioscoop, enz, ook)* commissionaire; 2 (car-, carriage-, coach-)door; [let down the] window; 3 *(vd maag)* pylorus
portière portière, door-curtain
portierraampje car window; **portiers|hokje**, **-loge** porter's lodge; **portierster** portress; **portierswoning** (porter's) lodge
portioneren divide into portions, portion out, apportion
portlandcement Portland cement
porto 1 postage; 2 port (wine); **portofoon** walkie-talkie; **portokosten** 1 postage; 2 postal expenses; **portolaan** portolan(o); **Portorico** Porto Rico (tobacco); *(land)* Puerto Rico
portret [full-, half-length] portrait; *(foto)* photo(graph); *een goed (slecht)* ~ a good (bad) likeness; *een lastig* ~ [she's] a difficult piece of goods, a bit of a tartar; *mooi* ~ [he's a] character; *zijn* ~ *laten maken* have one's photo taken; have one's portrait painted; **portretlijstje** photo-frame; **portretschilder** portrait-painter, portraitist; **portretteren**: *iem* ~ portray a p., paint a p.'s portrait; *zich laten* ~ sit for one's portrait; *vgl* portret; **portrettist** portraitist
Portu|gal id; **-gees** *zn & bn* Portuguese *(ook mv)*
portulak purslane; **portuur** *zie* partuur
portvrij post-free, postage free, *(Am)* post-paid, [petitions to Parliament are] exempt from postage; **portvrijdom**: ~ *genieten* be exempt from postage
portwijn port(-wine)
portzegel to pay label; (postage) due stamp
porum *(sl)* body; *(gezicht)* mug; *zijn* ~ *drukken* lie low, keep a low profile
pos *(vis)* ruff
pose id, posture, attitude
poseren 1 sit [for one's portrait, to *(of:* for) an artist], pose; ~ *als* pose as; 2 *(fig)* pose, strike an attitude, attitudinize; **poseur** id, attitudinizer
positie position *(ook bij het bespelen van viool)*, [social] status; *(betrekking)* position, post; *geen officiële* ~ *hebben* have no official standing; *zijn* ~ *verbeteren* better o.s.; ~ ***nemen*** *(kiezen) tegen* make a stand against; *onzeker wat betreft de* ~ *aan te nemen omtrent* ... undecided on the stand to take about ...; *de* ~ *aannemen, (mil)* come to attention; ***in*** *de* ~ *staan, (mil)* stand at attention; *in mijn* ~ in my position, situated *(of:* placed) as

I am; *in gunstiger ~,* (*ook*) more favourably placed; *in ~ zijn* be in the family way; *hij bevond zich in een lastige ~* he was in an awkward predicament; *hij is in de ~ dat hij dit doen kan* he is in a position to do this; *in ~ brengen,* (*sp*) set up; *zie ook* scheef

positief I *bn* positive [answer, attitude, charge *lading,* criticism, discrimination, number, thinking]; *-tieve pool* positive pole, anode; *-tieve ideeën* decided views [*omtrent* (up)on]; *-tieve reactie* favourable (positive) reaction; *ik weet het ~* I am positive, I am dead sure of it; *~ beoordelen* form (give) a favourable opinion of; *zie ook* tegenover: staan ~; II *zn* 1 (*fot*) positive; 2 (*gramm*) positive (degree); *zie ook* positieven

positiejapon maternity dress; **positieoorlog** static (trench) war(fare)

positieven: *zijn ~ bij elkaar hebben* (*houden*) have (keep) one's wits about one; *zijn ~ kwijtraken* lose one's head; *niet bij zijn ~ zijn* not be in one's (right) senses (mind), (*fam*) have a screw loose

positioneel positional [advantage; notation]

positioneren position; *zich ~* present o.s.

positivisme positivism; **positivist** positivist; **positivistisch** positivist; **positron** id

posologie (*med*) posology

1 post (*pos*) ruff

2 post 1 (*ve deur, enz*) [door-]post, jamb [of the doorway]; 2 (*op rekening, in stuklijst*) item; (*in boek*) entry; (*vd staatsbegroting*) vote; *~ van uitgaven* head of expenditure; *enkele ~en werden afgedaan* a few lots were sold; *een ~ **boeken*** make an entry; 3 (*standplaats*) post; (*kol*) station; *~ **vatten*** take post, take up one's station, post (*of:* station) o.s.; (*v gedachte*) take form; ***op** zijn ~ blijven* stick to one's post; *hij sliep op ~* he ... at his post; *op ~ staan,* (*mil*) stand sentry; *politieagenten staan op ~ op de straathoeken* policemen are stationed at street corners; *op ~ trekken,* (*mil*) mount guard; *op ~ zijn* be on duty; *op zijn ~ terugkeren* return to duty; *op ~ zetten* post [sentries]; 4 (*schildwacht*) sentry; (*bij staking*) picket; 5 (*ambt*) post, office, place; *~ van vertrouwen* position of trust; *een ~ **bekleden*** hold an office; 6 (*brieven~*) post, mail; (*~kantoor*) post (office); (*~bode*) postman; (*~papier*) *zie aldaar;* ***de** ~,* (*dienst*) the postal service, the Post Office; *de ~ vervoeren* carry the mail; *is de ~ niet geweest?* hasn't the post (*Am:* mail) come?; *is er geen ~?* is there no post (mail)?; *de ~ bracht een brief* the postman brought a letter; *hij is **bij** de ~* he works for the post office; *bij de ~ verloren gegaan* lost in the post (*Am:* mail); ***met** de ~ verzenden* send by post (*Am:* mail); *met de eerste* (*de volgende*) *~ verzenden* send by first (by next) post; *met dezelfde ~* by (the) same post (*of:* mail); *een brief op de ~ brengen* (*doen*) post a letter, take a letter to the post; ***over** de ~* (***per** ~*) *verzenden* send by (through the) post; *per kerende ~* by return (of post), by return mail

postaal postal [contact]

postabonnement postal subscription

postaca|demiaal, -demisch: *~ onderwijs* university refresher courses

post|adres postal address; **-agent** sub-postmaster, -mistress; **-agentschap** sub-post office; **-ambtenaar** post-office official

postament pedestal

postauto mail-van; **postband** wrapper [for printed papers]; **Postbank** Post Office Bank; (*Br vglb*) (National) Girobank

post|beambte post-office worker (employee), postal worker; (*in trein*) mail clerk; *bond van ~n* Postal Workers' Union; **-bestelling** 1 postal delivery; 2 mail order; **-bewijs** postal order, P.O.; **-blad** postnote; **-bode** postman; **-boot** mail-boat; **-bus** 1 (*box*) post-office (PO) box, private box, box [write box V 19]; 2 (*autobus*) postbus; **-cheque** (*Br*) Girocheque; **-cheque- en girodienst** Post Office Giro, (*Br*) (National) Girobank; **-code** (*Eng*) postcode; (*Am*) zip code; **-dateren** post-date; **-dienst** postal service; **-directeur** postmaster; **-district** postal district; **-doctoraal** (*vglb*) postgraduate; **-duif** carrier-, homing-pigeon, homer(-pigeon)

postelein purslane

posten 1 post (*Am:* mail) [a letter]; 2 (*bij staking*) picket; *~ bij* picket [the dockgates]

poster 1 (*bij staking*) picket; 2 (*biljet*) id

posteren post, station [o.s.], plant [a spy]

poste-restante poste restante, to be (left till) called for, to wait arrival; *~ Hoofdpostkantoor* c/o GPO (care of General Post Office)

posterijen: *de ~* the Post Office, the postal service(s)

posteriori: *a ~* id; **posterioriteit** inessential, matter of secondary importance

post|gids post-office guide; **-giro** Post Office Giro, (*Br*) (National) Girobank [account]

posthoorn post-horn; **posthuis** [police] post

postiche id; **posticheur** hair-worker, wig-maker

postiljon postil(l)ion, post-boy

postille postil

postincunabel post-incunable

postje (*vis*) ruff

post|kamer post room; **-kantoor** post office; **-koets** mail-coach; **-kwitantie** postal collection order; **-ludium** postlude; *zie* naspel; **-mandaat** (Post Office) money order; **-meester** postmaster; **-merk** postmark; *datum ~* date as postmark; **-mortem** id; **-nataal** postnatal [depression]; **-nummer** 1 *zie* -code; 2 item number; **-order** mail order [firm, house *bedrijf*]; **-pakket** (postal) parcel; *als ~ verzenden* send by parcel post; **-pakketdienst** parcel post; **-papier** notepaper, writing paper, stationery; **-rekening** postal (*Br:* National) giro account; **-rijtuig** (*in trein*) mail-van, postal van, travelling post office

post|scriptum postscript, PS; **-sjees** post-chaise; **-spaarbank** post-office savings-bank [book]; **-stempel** postmark, date-stamp; *de brief droeg de ~ Bath* the ... was postmarked Bath; **-stuk** postal article (item); **-tarief** postal rates, rates of postage; **-trein** mail-train

postulaat postulate; **postulant** id; **postuleren** 1 postulate, posit; 2 apply (for a post)

postunie postal union
post-universitair *zie* post-academisch
postuum posthumous(ly)
postuur shape, figure, stature; (*houding*) posture, attitude; *zich in ~ stellen* draw o.s. up, square one's shoulders, assume position of defence; *een knap ~* a fine figure
post|vakje pigeonhole; **-verbinding** postal communication; **-verdrag** postal convention (*of:* treaty); **-verkeer** mail traffic; **-vliegtuig** mail-plane; **-wagen** 1 mail-van; 2 (*diligence*) stage-coach; **-weg** post-road; **-wet** post-office act; **-wezen**: *het ~* the postal system, the Post Office; **-wissel** (Post Office) money order [form]; **-wisselrecht** poundage; **-zak** mail-, postbag
postzegel (postage) stamp; *~ van 10 pence* tenpenny stamp; *een ~ op een brief doen* stamp a letter
postzegel|album stamp-album; **-automaat** (automatic) stamp-machine; **-bevochtiger** stamp-damper; **-boekje** book of stamps; **-strookje** stamp-border; **-verzamelaar** stamp-collector, philatelist; **-verzameling** stamp-collection; (*het verzamelen*) stamp-collecting, philately
pot 1 id (*ook: marihuana*); [tobacco-]jar; (*voor inmaak*) [preserving-]jar; (*kroes*) mug, pot; [sugar-]basin, bowl; (*po*) chamber(-pot), pot, po; *in ~ten* potted [begonias]; *een ~ **bier*** a pot of beer; *je mag een ~je (bij hem) **breken*** you are in high favour (with him), you are in his good books; *geen ~ten kunnen breken* be of little account; *een hoofd als een **ijzeren** ~* a wonderful memory; ***kleine** ~jes hebben (ook, grote) oren* little pitchers have long ears; *hij **maakt** er een ~je van* he is not taking it seriously; *de ~ **verwijt** de ketel, dat hij zwart is* the pot calls the kettle black; *er staat voor hem een ~je te **vuur*** there is a rod in pickle for him; ***op** de ~ zetten* pot [the baby]; *hij kan de ~ op* he can go to hell (to blazes); *je kunt de ~ op* forget it; *zie ook* ~nat; 2 (*eten:*) *gewone (burger)~* plain cooking; *goede ~* good cooking; *hij moet zijn **eigen** ~je gaar koken* he must work out his own salvation; *eten wat de ~ **schaft*** eat what there is; (*voor lief nemen*) take pot luck; *zie ook* hond; 3 (*vrouw*) dike, lesbian; 4 (*bij spel*) stakes, pool, pot, kitty; (*het bakje*) pool(-dish); *~je,* (*geld*) (separate, special, private, secret) fund, (*privé, ook*) nest egg; *een ~je maken* (*voor de kwade dag*) lay by some money for (*of:* against) a rainy day; *fooien gaan in de ~* tips are pooled; *de winst in één ~je doen* pool the profits; *~ **spelen*** play pool; *de ~ **verteren*** spend the pool; *hij **won** de ~* he swept the stakes, hit the jackpot; 5 *~je,* (*partijtje*) *een ~je biljarten* have a game of billiards; *een ~je golf* a round of golf; **potaarde** *zie* potgrond
potage pottage, soup
potas potash; **potbewaarder** stake-holder; **potbloem** pot-flower; **potdeksel** pot-lid; (*mar*) gunwale; **potdicht** 1 completely closed; 2 air-, watertight; 3 secretive; 4 (*ve vliegveld*) thick (blanketed) with fog; 5 (*fig*) like a clam; **potdomme** dash it; **potdoof** stone deaf
poteling seedling; (*sterke kerel*) husky; (*vis*) young fish; (*mv ook*) fry
poten plant (*ook v vis, oesters, enz*), set; prick in (off, out) [*zaaiplanten* seedlings]; (*aardappelen ook*) dibble; (*fam*) put, place; *vis ~ in een vijver* stock a pond with fish
potenrammer (*sl*) queer-basher
potent id; **potentaat** potentate
potentiaal *bn & zn* potential [difference]
potentie potency, power; **potentieel** I *bn* potential [buyer, enemy, energy]; latent [fascist]; *-ele klant, werknemer, enz,* (*ook*) prospect; II *zn* [sales, war] potential
poter 1 planter; 2 seed-potato
poteten: *een raar ~* a queer fish; **potgeld** *zie* spaarpenningen; **potgrond** (potting) soil (*of:* compost); **pothelm** pot helmet; (*sp*) casque; **pothengsel** pot-hook, -handle; **pothoofdplant** adventive; **pothuis** cellar-shop
potig robust, sturdy, husky, hefty, strong-limbed, large-boned
potjeslatijn dog Latin
potkachel pot-bellied stove; **potlammetje** cosset; **potlepel** ladle; **potloden** blacklead
potlood 1 (lead-)pencil; *~jes,* (*voor vulpotlood, passer, enz*) leads; *met ~ geschreven* written in pencil, pencilled [note]; 2 (*poetsmiddel*) blacklead, graphite; 3 (*penis*) dick; **potloodpasser** pencil compass; **potloodslijper** pencil-sharpener; **potloodtekening** pencil drawing (*of:* sketch), crayon; **potloodventer** flasher, exhibitionist
potmeter id
potnat: *het is één ~* it's six of one and half a dozen of the other, it's Tweedledum and Tweedledee, they are all alike; *een vreemd ~* a queer fish
potplant pot(ted) plant
potpourri 1 (*muz*) id, (musical) medley; 2 (*fig*) medley, jumble, mixed grill
pots prank, drollery; *~en* antics
potscherf potsherd
potsenmaker buffoon, clown, zany
potsierlijk droll, grotesque
potspel pool; **pottekijker** 1 Paul Pry, Nos(e)y Parker, snooper; *zie ook* janhen; 2 (*lamp*) light over cooker; **potten** 1 pot [plants]; 2 hoard (up) (salt down, salt away) money
pottenbakken I *ww* make pottery; II *zn* pottery, ceramics; **pottenbakker** potter, ceramist; **pottenbakkerij** pottery, potter's workshop
pottenbakkers|aarde, **-klei** potter's clay, argil
pottenbakkersschijf potter's wheel; **pottenwinkel** pottery-, earthenware-shop; **potter** hoarder
potteus dikey, lesbian; **pottisme** lesbianism
potver dash (it, it all)
potverdeling share-out
potver|dikkie, **-domme**, **-dorie** darn, dash (it, it all)
potverteerder (*fig*) spendthrift; **potverteren** (*fig*) eat up one's capital; *zie ook* pot
potvis sperm whale, cachalot
poularde poulard(e)
poule 1 (*sp*) group; 2 (*schermen & ~spel*) pool

poulet 1 chicken; 2 (*vlees, vglb*) brisket
pourparler id, parley; *~s* pourparlers
pousse-café id, chasse; **pousseren** 1 (*waren*) push; 2 (*persoon*) push (forward, on)
pover poor [a poor crop, poor creature], shabby; meagre [results]; **poverheid** poorness, etc; **povertjes** poorly, shabbily; *zij hebben het ~* they live in poverty
pozen pause; linger
pr afk van *priester* Pr
pr, **PR** afk van *public relations* PR
Praag Prague
praaien hail, speak [a ship]; *gepraaide schepen* ships spoken
praal pomp, magnificence, splendour, pageantry
praal|bed bed of state; *op een ~ liggen* lie in state; **-gewaad** robes of state; **-graf** mausoleum; **-hans** braggart; **-koets** state coach; **-vertoning**, **-vertoon** pomp, ostentation; *praalvertoning,* (*ook*) pageant; **-wagen** (*in optocht*) float; **-ziek** ostentatious, fond of display; **-zucht** ostentation, love of display
praam 1 pra(a)m; 2 (*knevel*) twitch; (*neusknijper*) barnacle
praat talk, chat, tattle, [Euro-, psycho-, etc] babble; *iem **aan** de ~ houden* keep a p. talking, detain a p. in conversation; *aan de ~ krijgen* get [a p.] to talk; get [the engine] going (ticking over); *zie ook* praten; *ik had hem spoedig aan de ~* I soon had him talking; *we kwamen aan de ~ over ...* we fell into talking about ...; *aan de ~ raken met* start up a conversation with, start talking to; *veel **praats** hebben* talk big, brag, (*fam*) swank; *wat minder* (*brutale*) *~s, baasje!* a little less lip, my lad!; *geen ~s!* none of your lip!; *hij krijgt te veel ~s* he is getting too forward, is getting above himself (a bit cheeky), he is beginning to throw his weight about; *zie ook* praatje; **praatachtig** talkative; *zie* praatziek; **praatal** chatterbox, rattle; **praatgraag** talkative; *zie* praatziek; **praatgroep** discussion group, (*Am*) rap group
praatje 1 talk, chat; (*gerucht*) rumour; (*kletspraatje*) idle story; (*glad verkoop~*) spiel; (*lasterpraatje*) (piece of) scandal; *een* (*populair*) *~ houden over Byron* give a talk on ...; *het ~ van de dag* the gossip of the day; *zal dat ~ dan nooit ophouden?* shall we never hear the last of it?; *het ~ **ging*** it was rumoured, the story went; *zoals het ~ gaat* as the story has it; *er begonnen* (*zekere*) *~s te **lopen*** stories got abroad; *een ~ **maken*** have a chat [*met* with]; *om een ~ te maken, zei ik ...* to make conversation I said ...; *iem met een **mooi** ~ de kamer uit krijgen* coax a p. out of the room; *mooie ~s* soft words, blandishments, blarney; (*sl*) soft soap, soft sawder; *iem met mooie ~s afschepen* put a p. off with fine talk; *dat is maar een ~ voor de **vaak*** that is idle talk (all eyewash); 2 ***praatjes*** gossip, (tittle-)tattle, [it's all] talk; *geen ~s!* don't argue; *aanleiding geven tot ~s* cause talk (*of:* comment); *niet alle ~s geloven* [you should] not believe all that is said; *~s vullen geen **gaatjes*** fine (fair) words butter no parsnips; *~ **maken*** (***verkopen***) talk big, brag, (*fam*) swank; ***zonder*** (*meer*) *~s* without more ado; *zie ook* los & praat(s); **praatjesmaker** 1 boaster, wind-, gasbag; (*kleine ~: kind*) prattler; 2 (*eigenwijze ~*) whipper-snapper
praatlijn chatline; **praatlustig** *zie* -ziek; **praatpaal** 1 emergency telephone (beside motorway, etc); 2 confidant(e); **praatprogramma** *zie* praatshow; **praats** *zie* praat; **praatshow** chat show, talk show; **praatstoel**: *hij zit op zijn ~* he is in a talkative mood; **praatziek** talkative, loquacious, garrulous, chatty; **praatzucht** talkativeness, garrulity, loquacity
pracht splendour, magnificence, pomp; *~ en praal* pomp and circumstance; *een ~ van een ...,* *zie* ~ig; **prachtband** de luxe (luxury) binding; *in ~,* (*ook*) bound extra; **prachtexemplaar** 1 *zie* -uitgave; 2 fine specimen, beauty [*ook iron van pers:* he is a beauty]; (*ve hond bijv*) [he is a] fine fellow; **prachtidee** *zie* prachtig
prachtig splendid, magnificent, lovely, fine, grand; (*weelderig*) sumptuous; *een ~ idee* a great idea; *ze zingt ~* she has a wonderful voice; *dat treft ~* that's marvellous; *de hindernis ~ nemen* clear the obstacle in fine style; **prachtkerel** trump, fine (splendid) fellow; **prachtkleed** (*ve vogel*) breeding plumage; **prachtlievend** splendour-loving, ostentatious; **prachtlievendheid** love of splendour; **prachtstuk** *zie* -exemplaar 2; **prachtuitgave** édition de luxe, de luxe edition; **prachtwerk** first-rate piece of work
practicabel practicable; **practicant** 1 student doing practical work; 2 trainee; **practicum** practical (work) [a chemistry practical]; *~ geven* supervise practical work; **practicus** practical person, practised hand; (*vs theoreticus*) practician
prae advantage, preference, first claim
praeputium[1] prepuce, foreskin
praeses chairman, president
pragma|ticus pragmatist; **-tiek** I *bn* pragmatic [sanction]; II *zn* pragmatics; **-tisch** pragmatic(al) (*bw:* -cally); **-tisme** pragmatism
prairie id; **prairiegras** prairie grass; **prairiehoen** prairie hen, prairie chicken; **prairiehond** prairie dog; **prairiewolf** coyote, prairie wolf
prak hash; *in de ~,* (*fam*) smashed up; *van z'n eten een ~ maken, zie* prakken; **prakken** mash up, make a mash of [one's potatoes]
prakkezeren 1 (*fam*) think, muse; *ik moet eens ~* I must have a think; *beginnen te ~* put on one's thinking-cap; *zich suf ~* puzzle one's head off; 2 (*uitdenken*) contrive
praktijk practice; *kwade ~en* evil practices, malpractices; *een ~ beginnen* settle down into practice; *de ~ uitoefenen* practise, be in practice [at ...]; *een ~ overnemen* buy a practice (a connection); *in de ~* in practice; *in ~ brengen* put into practice, practise [what one preaches], act out; *man van de ~,* (*ook*) practical man; *zie ook* neer leggen, enz; **praktijkervaring** practical experience; **praktijkgericht** practically oriented,

1 *Zie voor sam met* prae- *ook* pre-

hands-on; **praktijkjuffrouw** (*ve tandarts, enz*) receptionist; **praktijkopleiding** in-service (*of:* on-the-job) training; **praktijkoplossing** practical solution; **praktijkruimte** (*v arts*) consulting room, surgery; **praktikabel** practicable

praktisch I *bn* practical [work, training], hands-on [training]; [handle things in a] workmanlike [way]; *een ~e (niet theoretisch gefundeerde) methode* a rule-of-thumb method; *~ vergelijk* working compromise; *~ voorstel* workable proposal; *~e zakenlui* hard-headed businessmen; *~e zin* practicality; II *bw* practically, for all practical purposes [it comes to the same thing]

praktizeren practise; *~d* practising [Catholic, homosexual]; *~d geneesheer* medical (*of:* general) practitioner

pralen shine, glitter, sparkle; (*ong*) flaunt; *~ met* make a show of, show off [one's learning], parade, make a display of, flaunt; *zie ook* pochen

pralerij ostentation, swagger; *zie ook* pocherij

praline id

pralltriller upper mordent

pram boob, knocker; **pramen** press

prangen 1 press, squeeze; 2 (*beklemmen*) oppress; *in het ~ van de nood* in the extremity of distress

pranger (*neusknijper*) barnacle

prat: *~ zijn (gaan) op* pride (*of:* plume) o.s. on, take (a) pride in, glory in; *zij gaat er ~ op dat* ..., (*ook*) it is her boast that ...

praten talk, chat; (*wauwelen*) prate; *hij heeft gepraat, (geklikt)* he has blabbed, has let the cat out of the bag; *het kind kan nog niet ~* the ... cannot talk yet; *~ kan hij wel (maar dat is ook al)* he never gets beyond talking; *ze had geen zin om te ~* she was not in a chatty mood; *jij hebt goed (mooi, gemakkelijk) ~* it's all very well for you to talk; *laat de mensen ~* let people talk; *lang (rustig) ~* have a long (a quiet) talk [*met* with]; *dat bracht ze* ***aan*** *het ~* that set their tongues wagging, that set them off; *aan het ~ raken* fall into conversation [*over* over, about]; *iem aan het ~ krijgen* get a p. to talk, set a p. off [*over* on]; (*om uit te horen*) draw a p. (out); *vgl* praat; *ik moet eens* ***met*** *je ~* I want to have a talk with you; *er valt met hem te ~* one can reason with him, he is open (will listen) to reason; *er* ***omheen*** *~* talk round (and round) a subject, beat about the bush; *~* ***over*** talk of; *~ over paarden, enz* talk horses (politics, etc); *over het vak ~* talk shop; *daarover valt te (zou men kunnen) ~* that could be discussed further; *er wordt druk over gepraat* there's a lot of talk about it; *er zou over gepraat worden* it would set people talking; *hij praat altijd over het hem aangedane onrecht* he is always harping on about his wrongs; *praat me niet* ***van*** ... don't talk to me of ...; *zie ook* Brugman, hoofd, koe, langs, los, schoon, zichzelf, enz

prater talker; *hij is een onderhoudend ~* he is good company, a good conversationalist; **praterij** talk, (tittle-)tattle

prauw proa, prau

pré advantage, preference, first claim

preadamiet pre-adamite

preadvies proposals, preliminary advice, recommendations [to a committee]

prealabel preliminary; *de ~e kwestie stellen* move (*of:* put) the previous question

preambule preamble; (*muz*) prelude; *~s,* (*ook*) verbiage

prebende prebend, church living

precair precarious (*ook jur*), delicate [situation], uncertain

precario (municipal) duty; **precedent** id, leading case; *een ~ scheppen* establish (create, set) a precedent; *zonder ~* unprecedented

precessie precession [of the equinoxes]

precies I *bn* precise, particular, as regular as clockwork; (*nauwkeurig, ook*) meticulous; *Jantje (Pietje) ~* fusspot; *de preciezen* the rigid Calvinists; the fundamentalists; II *bw* precisely, exactly; *~!,* (*ook*) quite so!; *~ omdat* just because; *dat was het niet ~* it wasn't quite that; *~ dezelfde* the very same; *om zes uur ~* at six precisely (sharp, on the dot); *in ~ 12 minuten,* (*ook*) in 12 minutes by the clock; *ze is ~ haar moeder* she is just like (*lijkt ~ op:* is the spitting image of) her mother; *om ~ te zijn* [at 10.14] to be exact; *weet u ~ hoe laat het is?* have you got the exact (the right) time?; *waar is het ~ gebeurd?* where exactly did ...?; *zie ook* net, passen, tijd

precieus precious

preciezeling fusspot

preciosa valuables

precipi|taat precipitate; **-teren** precipitate

preciseren define [one's meaning, position], state precisely, specify; *nader ~* give further details, define more precisely; **precisering** (closer) definition, specification; **precisie** precision [bombing, instrument, parts, work]

precursor id

predatie predation; **predator** id; **prederen** prey on

predestinatie [the doctrine of] predestination; **predestineren** predestine

predictie prediction; **predictor** id; *~ test* pregnancy test

predikaat 1 (*gramm*) predicate; 2 (*titel*) title; 3 (*rapportcijfer, enz*) mark; *het ~ 'cum laude'* the designation ...

predikambt ministry, pastorate; **predikant** 1 clergyman, pastor; (*mil*) chaplain; *zie verder* dominee; 2 preacher; **predikantsplaats** living, benefice, incumbency, cure (of souls); **predikantswoning** *zie* pastorie

predikatie sermon, homily

predikatief predicative

predikbeurt *zie* preekbeurt; **prediken** *tr & intr* preach [the word of God; revolution]; **prediker** preacher; *de P~,* (*bijb*) Ecclesiastes; **predikheer** Dominican (friar) (*mv ook:* Friars Preachers)

prediking preaching

predilectie predilection

predisponeren predispose [*voor* to]; **predispositie** predisposition

predoctoraal undergraduate [courses]

predominantie predominance; **predomineren**

predominate
preek sermon, address; (*fig*) sermon, lecture; *een ~ houden,* (*eig*) preach (give, deliver) a sermon; (*fig*) *zie* preken; **preekbeurt** 1 turn to preach; 2 preaching-engagement, engagement to preach; *een ~ vervullen* officiate, be the preacher [next Sunday]; *~en ruilen* exchange pulpits; **preekstoel** pulpit [*op de ~* in the pulpit]; **preektoon** sermonizing tone, pulpit (*of:* clerical) voice; **prees** *ovt van* prijzen
prefabriceren prefabricate; *geprefabriceerd,* (*ook*) prefab [house]
prefatie (*r-k*) preface
prefect prefect; (*rector*) headmaster; **prefectuur** prefecture
preferabel preferable [*boven* to]
preferent preferential; *~ aandeel* preference share; *~e schuld* preferred debt; *~e crediteur* secured (preferential) creditor; **preferentie** preference; *zie ook* voorkeur; **preferentieel** preferential [rights]; **prefereren** prefer [*boven* to]
prefigeren prefix; **prefiguratie** prefiguration
prefix id
pregen emboss
pregnant 1 (*geladen*) pregnant [construction, pause, silence]; 2 (*kernachtig*) terse [remark, reply]
prehisto|rie prehistory; **-risch** prehistoric
prei leek
prejudic(i)e prejudice; *zonder ~* without prejudice [to]; **prejudiciëren** prejudice; *~ op* prejudice [a question]
preken preach [*voor grote gemeenten* to large congregations; *naar aanleiding ve tekst* from a text]; (*fig*) preach, sermonize; *zie ook* parochie; **prekerig** preachy, inclined to preach
prelaat prelate; **prelaatschap** prelacy
preliminair preliminary [articles]; *~en* preliminaries [*tot de vrede* of peace]
prelude id; *zie ook* voorspel; **preluderen** (play a) prelude; **preludium** prelude
prematuur premature [baby, death, conclusion]; *vgl* voorbarig; **premedicatie** premedication; **premeditatie** premeditation; **premenstrueel** premenstrual
premie 1 premium; [winning] bonus; [insurance] contribution; (*op suiker, enz*) bounty; *dubbele ~,* (*beurs*) put and call option; *een ~ stellen op agressie* put a premium on aggression; 2 (*~plaat, enz*) art extra; **premieaffaire** option; **premiebouw** subsidized housing; **premiegeld** option money; **premiejager** premium hunter, (*sl*) stag; **premielening** premium loan; **premie|lot, -obligatie** lottery bond, premium bond; **premieplaat** art extra
premier id, prime minister
première first night, première, opening performance; *in ~ gaan* open [in Stratford], (have the) première; **premièrebezoeker**: (*geregeld*) ~ first-nighter
premiëren award a premium (prize, etc) to; encourage, stimulate (through an award)
premiestelsel (*bij uitvoer, enz*) bounty system; **premievrij**: *~e polis* paid-up policy; *~ pensioen* non-contributory pension; **premiewoning** private house built with government subsidy; **premiezaken** option business, options
premisse premise, premiss
prenataal antenatal [care]
prent print (*ook spoor*), picture, engraving; *een paar ouwe ~en,* (*fig*) a couple of old frumps
prentbriefkaart picture postcard
prenten impress, imprint [s.t. on the memory]
prentenbijbel illustrated (*of:* pictorial) bible; **prentenboek** picture book; **prentenkabinet** Print Room; *directeur van het ~* Keeper of Prints and Drawings; **prentenwinkel** print shop; **prentkaart** picture postcard; **prentkunst** graphic art
preoccupatie preoccupation; **preoccuperen** 1 preoccupy; 2 prejudice, prepossess
preparaat preparation; *microscopisch ~* microscopic slide, microscopical preparation (specimen); **preparateur** taxidermist; **preparatief** preparative; *zie ook* toebereidsel
prepareren prepare; (*huiden*) dress; *zich ~* prepare, make (*of:* get) ready [*op* for]; *zie ook* voorbereiden & opzetten
prepositie preposition
prepuberaal prepuber(t)al
prerogatief prerogative
presbyter id; **presbyteriaan** Presbyterian; **presbyteriaans** Presbyterian
presbyterium presbytery
prescriptief prescriptive
presenning tarpaulin
presens present (tense)
present I *zn* id, gift; *iets ~ geven* give s.t. as (for) a present; *zie ook* cadeau; II *bn* 1 present; *~!* here!; *~ roepen* answer to one's name; *zijn we allen ~?* are we all here?; *alle leden waren ~* all ... were in attendance; 2 clear-headed, all there
presentabel presentable; *er weer ~ uitzien* be fit to be seen again; **presentatie** presentation
presenta|tor, -trice presenter; (*tv*) compère; anchor(wo)man; newsreader
presenteerblad salver (*meestal v metaal*), tray, waiter; *iets op een -blaadje krijgen* (*aangeboden*) have s.t. handed (given) to one on a plate
presenteren 1 offer [a cigar, refreshments], hand (pass) round [refreshments], present [the bill, a new play]; (*ter betaling*) present [a cheque, etc]; *wat mag ik u ~?* what may I offer you?; *het **geweer** ~* present arms; *als de gelegenheid zich presenteert* if an opportunity offers; *de rekening gepresenteerd krijgen,* (*fig*) be faced with the consequences [of an action *voor een handeling*]; 2 (*voorstellen*) introduce, present; (*tv*) present, anchor, compère, (*fam*) front [a show]; ***zich*** ~ introduce o.s.; *hij presenteert zich goed* he always comes across (*of:* over) well, makes a good impression
present-exemplaar presentation (specimen, complimentary, free) copy
presentie presence; **presentiegeld** attendance fee; **presentielijst** [sign the] roll, attendance list

(register, sheet)

preservatief 1 preservative; 2 contraceptive

preserveren preserve

president id; (*voorzitter*) chairman, president; (*vh Lagerhuis*) Speaker; (*vd jury*) foreman; (*vd rechtbank*) president, presiding judge; (*vd Eng Bank*) governor; *de toespraak van de* ~ the presidential address; **president-|commissaris, -directeur** chairman (of (the board of) directors); **presidente** (lady) president, chairwoman, (woman) chairman; *mevrouw de ~!* madam chairman!; **presidentieel** presidential; **presidentschap** presidency; chairmanship; **presidentskandidaat** presidential candidate, candidate for the presidency; **presidentsverkiezing** presidential election

presideren I *tr* preside at (*of:* over) [the meeting]; II *intr* preside, be in the chair; *de vergadering werd gepresideerd* (*zal gepresideerd worden*) *door* ..., (*ook*) the chair was occupied (will be taken) by ...; **presidiaal** presidential; **presidium** id; *zie ook* presidentschap

preskop pressed cheek

pressen 1 press(ure) [a p. to ...], be at [a p. to ...], press-gang [a p.]; 2 press [into the navy, the army], crimp

presse-papier paperweight

presser crimp, member of a press gang

presseren press, hurry [a p.]; *het presseert niet* there's no hurry; *zie ook* gepresseerd

pressie pressure; ~ *uitoefenen op* bring pressure (*of:* weight) to bear (up)on, put pressure (up)on, pressurize [a p. into doing s.t.]; *onder* ~ [act] under pressure [*van* from]

pressiegroep pressure group

prestatie performance, achievement, feat; (*produktie*) output; *zijn ~s op school waren uitstekend* he had an excellent school record; *beloning naar* ~ according to merit; *zie ook* gering; **prestatiebeloning** 1 merit rating; 2 performance pay; **prestatiebeoordeling** performance appraisal; **prestatiedrang** competitive urge; **prestatief** performance-related; **prestatieloon** merit rating; **prestatievermogen** capacity, efficiency; **prestatiezweefvliegtuig** high-performance glider

presteren achieve; (*sp*) perform; *hij zal nooit veel* ~ he will never achieve much, he will never do anything to speak of; *waarvoor niets gepresteerd wordt* [thousands of pounds] with nothing to show for it

prestige id; *zijn ~ ophouden* maintain one's prestige; *zijn ~ redden* save one's face; *zijn ~ verliezen,* (*ook*) lose face; **prestigekwestie** question of prestige; **prestigeverlies** loss of prestige (of face); **prestigieus** prestigious

prestissimo id; **presto** id

presumeren presume; **presum(p)tie** suspicion; ~ *op iem hebben* suspect a p.

pret fun, pleasure; *zie ook* plezier; *stille* ~ quiet amusement; ~ *hebben* enjoy o.s.; *veel* (*dolle*) ~ (~ *voor tien, enz*) *hebben* enjoy o.s. immensely, have great fun; *wat hadden we een ~!* what fun we had!; ~ *hebben over* be amused at [an incident]; *terwijl hij de grootste ~ had* [he related my mishap] in great glee; ~ *maken* make merry, have a good time; *toen begon pas de* ~ then the real fun started; *dat mag de ~ niet* ***drukken*** never mind, no matter; *de ~ is er wel* ***af*** it's no fun any longer; *het is uit* ***met*** *de* ~ the party is over; ***voor*** *de* ~ for fun; *zie ook* pretje

pretbederver killjoy, wet blanket, spoilsport

pretendent 1 pretender [*naar de troon* to the throne], claimant [*naar* for, of, on]; 2 (*minnaar*) suitor; **pretenderen** pretend, lay claim to; *zie ook* beweren

pretentie 1 (*aanspraak*) claim, pretension; 2 (*aanmatiging*) pretension; *hij krijgt te veel ~s* he is getting above himself; he is getting too big for his boots; *zonder ~s* unpretentious, unassuming, [he is utterly] without side; **pretentieloos** unpretentious; **pretentieus** pretentious; arrogant, assuming

preteritum preterite, past tense

pretext id

pretje lark, frolic, (bit of) fun; *dat is geen* ~ it's no picnic; *zie ook* lolletje; **pretmaker** merrymaker, reveller

pretor praetor; **pretoriaan** praetorian

pretpark fun-fair; amusement park

prettig pleasant, nice, enjoyable; gratifying [it is gratifying to be able to report, etc]; congenial [a congenial task]; (*fam*) jolly; ~ *vinden* like, enjoy; *het is niet ~ om te horen* it is not nice to hear; *deze stoelen zitten* ~ these chairs are very comfortable; *zie ook* plezierig

preuts prudish, prim; *een ~(e) vrouw* (*meisje*) a prude; **preutsheid** prudish-, primness, prudery

prevaleren prevail

prevelaar(ster) mutterer; **prevelement** talk, address; **prevelen** mutter, mumble [a prayer]

preventie prevention; **preventief** preventive; *-tieve aanval,* (*mil*) pre-emptive strike; *-tieve hechtenis* detention on suspicion (under remand, awaiting trial); *zie verder* voorarrest; *-tieve maatregel* preventive measure

Priamus Priam; **priapisch** priapic

prie-dieu id

prieel summerhouse, arbour, bower

priegelen 1 do fine needlework; 2 do pernickety work; 3 write (in) a diminutive hand (script)

priel gully

priem 1 awl, bodkin, pricker, piercer; 2 (*dolk*) dagger; 3 (*breinaald*) knitting-needle; **priemen** pierce; **priemgetal** prime number; **priemkruid** awl-wort; **priemvormig** awl-shaped

priester priest; **priesterambt** priestly office; *het ~ bekleden* be in Holy Orders; **priesterarbeider** worker priest; **priesterboord** clerical collar, (*sl*) dog-collar; **priesterdom** priesthood; **priesteres** priestess

priester|gewaad clerical robes (garb), canonicals, sacerdotal vestments; **-koor** presbytery, sanctuary; **-lijk** priestly; **-orde** (order of) priesthood; **-schap** priesthood; **-wijding** ordination; *de ~ ontvangen* be ordained

prietpraat twaddle, tittle-tattle
prijken shine, glitter, stand forth [in all its beauty], be resplendent [in colours, etc], be displayed [in the window]; ~ *(geuren) met* show off, flaunt, parade; *bovenaan* ~, *(op lijst)* be *(of:* figure) at the top of the list, top the list
prijs 1 *(wat iets kost)* price, figure; *(ve treinreis, enz)* fare; *~je* price-tag, -ticket; *voor een ~je* for a song, dirt-cheap; *haast niet te betalen* ~ prohibitive price; *de gewone* ~ the current price; *een hoge* ~ ***maken***, *(ve artikel)* realize (fetch) a high price, *(ve verkoper)* obtain (make) a high price; *zie ook* hoog; ***onder*** *de* ~ *verkopen* undersell; *iets op* ~ *houden* keep up (maintain) the price (of s.t); ***tegen*** *de* ~ *van* at the price of, at the rate of; *tegen elke* ~ at any price; *tegen een hoge* ~, *(fig)* at a heavy cost; *tegen lage prijzen* at low prices; ***tot*** *elke* ~ at any cost, at all costs, [peace] at any price; ***van*** *lage* ~ low-priced; ***voor*** *geen* ~ not at any price, not for the world; *voor de* ~ *van drie gulden* at the price of three guilders; 2 *(in loterij, beloning, buit, enz)* prize; *(op tentoonstelling)* award; ~ *voor goed gedrag* good-conduct prize; *de eerste* ~ the first prize; ~ *maken* seize, capture [a vessel]; ~ ***geven***, *zie ben:* prijsgeven; ~ ***stellen*** *op, zie beneden:* op ~ stellen; ~ ***verklaren*** confiscate, seize; *op dit nummer* ***viel*** *een* ~ a prize fell to this ticket; *zie ook* behalen, enz; *er werd een* ~ *op zijn hoofd* ***gezet*** a price was set on his head; ***in*** *de* ~ *van 15 tot 25 gulden* at from 15 to 25 guilders; *(zeer)* ***op*** ~ *stellen* appreciate, value (highly), prize, set great store by; *ik zou het op* ~ *stellen als u mij een exemplaar zoudt willen sturen* I should appreciate your sending me a copy; *wij stellen veel* ~ *op uw medewerking* we value your collaboration highly; 3 *(lof)* praise
prijs|afspraak price agreement; *stelsel van illegale -afspraken* price ring; **-bederf** spoiling the market; **-bederver** underseller; **-beheersing** price control; **-bemanning** prize crew; **-bepaling** pricing; **-berekening** price calculation; *(kost~)* costing; **-bewust** price-conscious; ~ *winkelen* shop around; **-binding** price-fixing; *vgl* verticaal; **-compensatie** cost-of-living adjustment; **-courant** price-list; *(handel, ook)* price(s) current,7 P/C, price bulletin; *prijs volgens* ~ list price; **-daling** fall, drop (in prices); *plotselinge sterke* ~ slump
prijselijk *zie* prijzenswaardig
prijs|geld prize money; **-gerecht** prize court; **-geven** abandon [*aan* to], give up; *geheimen* ~ yield up secrets; *terrein* ~ concede ground; ~ ***aan***, *(ook)* hold up to [scorn *de verachting*]; *zie ook* genade; **-houdend** firm, steady; **-index** *(voor de gezinsconsumptie)* cost-of-living index; **-kaartje** price-ticket; *ergens een* ~ *aan hangen* put a price on s.t.; **-kamp** competition; **-klasse** price category; *de duurdere* ~ the higher price bracket; *niet in mijn* ~ not the kind of thing I can afford; **-lijst** *zie* -courant; **-maatregel** price-control measure; **-making** seizure, capture; **-notering** quotation (of prices); *zie* beursnotering; **-nummer** *(in loterij)* (prize-)winning number; **-opdrijving** forcing up of prices, inflation; **-opgave** estimate, quotation; ~ *doen van* quote for [an article]; **-peil** price level; **-recht** prize-law; **-rechter** 1 *(bij wedstrijd)* judge; 2 *(bij prijsgerecht)* prize judge; **-schieten** shooting-match, -competition; **-schip** prize ship; **-schommeling** price fluctuation, fluctuation in prices; **-stelling** price-setting; **-stijging** *zie* -verhoging; **-stop** price-freeze
prijs|uitdeling, **-uitreiking** distribution of prizes, prize distribution; *(op school ook)* prize--giving; *(de dag)* prize-giving day, speech-day; **-vaststelling** pricing; **-verandering** change in prices; **-verhoging** price increase, price-rise, rise *(of:* increase) in prices, appreciation; **-verlaging** (price) reduction, cut; *grote* ~ drastic reduction(s); **-verloop** movement of prices, price--movement; **-vermindering** *zie* -verlaging; **-verschil** price difference, difference in prices; **-vorming** fixing of prices; **-vraag** prize question, (prize) contest, competition; *een* ~ *uitschrijven* offer a prize [for the best essay on ...], invite designs [for ...]; **-winnaar** prize-winner
prijzen 1 praise, commend [*iem wegens zijn goede werk* a p. for ...], eulogize, *(sterker)* extol, glorify, *(dicht)* laud; *iem (zich) gelukkig* ~ consider a p. (o.s.) fortunate; *iem luide* ~ be loud in a p.'s praise; *iem de hemel in* ~ praise a p. to the skies; *teveel* ~ overpraise; *zie ook* veelgeprezen; 2 *(ve prijs voorzien)* price, ticket, mark [all goods are marked in plain figures], *(in catalogus)* list; **prijzenbeschikking** price control order; **prijzend** laudatory [remark]; **prijzenhof** prize court
prijzens|waardig praiseworthy, laudable, commendable, worthy of praise; **-waardigheid** praiseworthiness, etc
prijzig high-priced, expensive; *(fam)* pric(e)y
prik 1 *(vis)* lamprey; 2 prick, stab, sting; *(fam: injectie)* [a polio] jab; 3 *(kindertaal)* fizz, pop; 4 *(voorwerp)* spike; *(ve prikslee)* pricker; *een vaste* ~, *(fam)* a regular occurrence; *ik weet het* ***op*** *een* ~ I know it to a T, have it at my finger-tips (finger-ends), have it pat; *voor een ~je kopen* buy for a (mere) song; **prikactie** 1 selective strike action; 2 sting operation; **prikbord** notice-board; *(Am)* bulletin-board; **prikkaart** timecard; **prikkebeen** spindle-legs, -shanks
prikkel 1 *(voor vee, enz)* goad; *zie ook* verzenen; 2 *(ve plant, egel, enz)* prickle; *(ve insekt, netel, enz)* sting; *(v prikkeldraad)* barb; 3 *(fig)* stimulus *(ook biol)*, spur, incentive [to work], goad
prikkelbaar irritable, touchy, excitable; **prikkelbaarheid** irritability, touchiness, excitability
prikkel|band spike collar; **-draad** barbed wire; **-draadschaar** wire-cutter; **-draadversperring** barbed-wire entanglement *(of:* fence)
prikkelen prickle; tickle [the palate], *(inz seksueel)* titillate; *(fig)* irritate, excite, provoke, nettle [a p.], rub [a p.] up the wrong way; rouse [a p.'s curiosity], excite, arouse [a p. sexually]; stimulate [the nerves, the imagination]; *hij fronste geprikkeld de wenkbrauwen* he frowned impatiently; *iem (elkaar)* ~, *(ook)* get on a p.'s (on each other's) nerves, get under a p.'s skin; *iem* ~ ***tot***

stimulate a p. to [fresh exertions], goad a p. into [fury]; *iems eetlust (begeerte)* ~ whet (give an edge to) a p.'s appetite; *~d* irritating, provoking; titillating; stimulating, exciting; **prikkelhoest** tickling cough; **prikkeling** prickling; tickling, tickle [in one's throat]; (*fig*) irritation, provocation, stimulation; **prikkellectuur** porn, erotica

prikken I *tr* 1 prick [o.s. with a needle, on a rose-bush]; (*fam: injecteren*) give a jab; (*ve wesp, enz*) sting; (*door~*) puncture, pierce; *zich ~,* (*ook*) run a needle into one's thumb, etc; ~ *naar,* (*ook*) prod, jab, stab at; 2 pin [a notice to the board]; *een datum* ~ find a date; II *intr* 1 (*ve wond, lichaamsdeel*) tingle; 2 (*ve werkman*) clock in, clock out; **prikker** pricker; (cocktail) stick

prik|klok time-clock; **-limonade** aerated (fizzy) lemonade; *vgl* prik 3; **-pil** contraceptive injection; **-pop** pin-up (girl); **-sle(d)e** sledge moved by prickers; **-stok** pricker; **-tol** peg-top

pril youthfully immature; *~le jeugd* early youth; *van zijn ~ste jeugd af* from his earliest days, from his tenderest years (*of:* age); *het ~le groen* the tender verdure

prima I *bn* first-rate, -class, prime, choice [meat, wine], high-grade [wool], tiptop; (*fam*) top-hole, top-notch, A 1; (*fam, inz Noord-Engeland*) champion [feel champion, sleep champion]; *~!* OK!, fine!, great!, super!; ~ *kwaliteit* first quality; ~ *fondsen* gilt-edged securities; II *zn zie* ~wissel

primaat primate (*ook dierk, zie* primaten); **primaatschap** primateship, primacy

prima-ballerina prima ballerina; **primadonna** prima donna

primair primary [colours]; *van ~ belang* of paramount importance

primaten (*dierk*) primates; **primatoloog** primatologist; **prima vista** at sight; **primawissel** first of exchange

prime (*muz*) 1 tonic, keynote; 2 unison (interval); **primen** (*r-k*) prime; **primeren** 1 be paramount, come first; 2 award a prize to; *geprimeerd* prize-(winning) [exhibit, bull]

primeur: *de ~ hebben* be the first to get it (to hear the news, etc); (*ve krant*) get (bring off) a scoop; *~s* early vegetables (*of:* fruit), earlies

primitief primitive, crude; *Primitieven* Primitives; *het gaat er nogal ~ toe,* (*ook*) things are a bit rough and ready there; **primitiviteit** primitiveness

primo in the first place; ~ *januari* on the first of January; **primogenituur** primogeniture; **primordiaal** primordial

primula (~ *veris*) primrose; [greenhouse] primula

primus 1 first; (*op school*) top boy, head boy, (*vooral Sch*) dux; 2 (*~brander*) primus (stove)

principaal principal; *ten principale* on the main point

principe principle; *in* ~ in principle, essentially; *uit* ~ on principle, as a matter of principle; *het is tegen mijn* ~ it is against my principles; *volgens het ~ dat* on the principle that; [*bouwen*] *volgens moderne ~s* on modern lines; *van hoge ~s* high-principled [man]; **principieel** fundamental [difference, stand against (for) limitation of arms], essential, (*uit* ~, *ook*) principled [objection, opponent, standpoint]; *een principiële beslissing* a decision in principle; ~ *bezwaar,* (*ook*) objection in (on) principle; *principiële overeenstemming* agreement in principle; ~, *om principiële redenen* for reasons of principle, on (grounds of) principle; *principiële vraag(stelling)* basic question; *hij is zeer* ~ he has very strong principles; ~ *dienstweigeraar* conscientious objector, (*fam*) C.O., conchy; *uit principiële overwegingen* from motives of principle

prins prince; *leven als een* ~ live like a prince; *zie ook* leventje; *de ~ gesproken hebben* be tipsy; *van de ~ geen kwaad weten* be as innocent as a new-born babe (a babe unborn); *vertrouwt niet op ~en,* (*bijb*) put not your trust in princes; *zie ook* leventje; **prinsdom** principality; **prinselijk** princely; **prinsemarij**: *de ~,* (*sl*) the fuzz; **prinses** princess; **prinsessenbier** pale ale, pale beer; **prinsessenboon** haricot (bean); **prins-gemaal** prince consort; **prinsgezind** (Dutch) Orangist; **prinsgezinde** (Dutch) Orangist; **prinsheerlijk**: *daar zat hij ~ in de leunstoel van de burgemeester* there he was, sitting in state in the Mayor's armchair; **prinsjesdag** day of the opening of the Dutch parliament (third Tuesday in September)

print 1 id; 2 (*uitdraai*) print-out; **printen** print; **printer** id; **printplaat** printed circuit board, PCB

prinzipienreiter stickler for principle; **prinzipienreiterei** stickling for principle

prior id; **prioraat** priorate, priorship; **priores** prioress; **priori**: *a* ~ id; **priorij** priory; **priorin** prioress

prioritair with priority; ~ *behandelen* give priority (to); **prioriteit** priority, precedence; **prioriteitsaandeel** priority (*of:* preference) share; **prioriteitslening** priority loan; **prioriteren** prioritize

priorschap priorate, priorship

prise d'eau intake

prisma prism; **prismakijker** prism binoculars; **prismatisch** prismatic (*bw:* -ally); **prismoïde** prismoid

privaat I *bn* private; II *zn* (*vero; inz buitentoilet*) privy, (*in kazerne, enz*) latrine; (*met waterspoeling*) water closet, WC

privaat|bezit 1 private property; 2 (*als stelsel*) private ownership; **-docent** (*hist*) unsalaried (external) university lecturer; **-gebruik** 1 private (personal) use; 2 (*verbruik*) domestic consumption; **-les** private lesson (tuition); **-recht** civil law; **-rechtelijk** of (according to) civil law

privatief privative; **privatim** privately; **privatiseren** privatize; **privatissimum** (*vglb*) tutorial

privé private [office, purposes, secretary, use], personal [account, effects]; *voor zijn ~, in (het)* ~ for one's own account; **privé-adres** private (*of:* home) address; **privéles** private lesson (tuition); ~ *krijgen* receive coaching [in maths]; **privéleven** private life; (*levenssfeer*) privacy; **privé-uitgaven** personal spending

privileg(i)e privilege; **privilegiëren** privilege
pro id [pro-Boer, -German, etc]; *het ~ en contra* the pros and cons [of a case]; [nationalization:] the case for and against
probaat approved, tried, sovereign [remedy], efficacious, excellent
probabilisme probabilism
probeersel experiment
proberen try, test [the ice, a new invention]; try out [a new car]; taste, sample [wines]; seek [to buy shares]; *laat hem het eens ~* let him have a try (a shot, a go), let him try his luck; *probeer (nog) eens!* have a (another) try!; *probeer het eens bij hem (hiernaast)* try him (next door); *het anders ~* try another way; *hij probeerde het 3 keer* he gave it three tries; *het (nog eens) met iem ~* give a p. a (another) trial; *probeer dat maar niet (met hem)* don't try it on (with him); *~ de deur te openen* try the door; *probeer het te raden* try and guess; *zie ook* pogen
probleem problem [area, child, drinker, family, product]; *een ~ stellen* set (pose) a problem; *in de problemen zitten* have problems, be in trouble
probleemgebied problem (*of:* disadvantaged) area; **probleemgericht** problem-oriented; **probleemloos** uncomplicated; [the operation went] smoothly, without a hitch; **probleemstelling** definition (formulation) of a problem; *de ~ is (on)juist* the problem has been (in)correctly stated (defined); **problematiek** I *zn* problems; problematic nature; issue [the whole issue of the use of atomic energy]; II *bn* problematic; **problematisch** problematic(al)
procédé process; device, technique [of artistic production]; *een nieuw ~ voor de bereiding van ...* a new processing (*of:* production) method for ...; **procederen** be at law [*met* with], litigate; *gaan ~* go to law, take legal action, institute (legal) proceedings; *~de partijen* litigants; *zie ook* proces & pro deo; **procedure** 1 (*werkwijze*) procedure; 2 *zie* proces; **procedureel** procedural
procent per cent; (*voor*) *honderd ~* [I'm] a hundred per cent [in agreement], altogether, totally; *ik voel me geen (weer) honderd ~* I don't feel very fit (I'm right as rain, as fit as a fiddle, again); *zie verder* percent; **procentpunt** percentage point; **procentueel** in percentage terms
proces 1 (*verloop, procédé*) process; 2 action, lawsuit, suit, legal proceedings; (*openbare behandeling*) trial; *iem een ~ **aandoen*** bring an action (proceed, institute proceedings) against a p., sue a p. [for damages], take a p. to court, (*fam*) have the law of a p. [*wegens* for]; *een ~ beginnen* institute (legal) proceedings, go to law; *ik verloor het ~,* (*ook*) the case was given against me; *een ~ voorkomen* prevent litigation; *een ~ **voeren**, zie* in ~ liggen; (*ve advocaat*) conduct a case [for the client]; ***in** ~ liggen, in een ~ gewikkeld zijn* be involved in a lawsuit [*met* with]; ***met** een ~ dreigen* threaten litigation; *zie ook* vorm
procesbeheersing process control
proceskosten costs (of suit)
processie (religious) procession; *deelnemer aan een ~* processionist; **processierups** processionary caterpillar; **processievlinder** processionary moth
processor id
processtuk record
proces-verbaal (*verslag*) official report, minutes, record; (*bekeuring*) (police-)warrant; *~ van de verkoop* report of the sale; *~ maken van* record [a case], make a report of; *~ opmaken tegen iem* take a p.'s name (and address)
procesvoering 1 litigation, legal proceedings; 2 conduct of a case
proclamatie proclamation; **proclameren** proclaim; *tot koning ~* proclaim [a p.] king
proconsul id
procreatie procreation
Procrustesbed bed of Procrustes
procuratie procuration, power of attorney, proxy; *per ~* per (*of:* by) procuration, p.p., p. pro(c); *gemeenschappelijke ~* joint procuration; *~ verlenen* grant power of procuration to; **procuratiehouder** managing (chief, confidential) clerk; **procurator** id
procureur solicitor, attorney; **procureur-fiscaal** Judge Advocate General; **procureur-generaal** Attorney-General
pro deo 1 [do s.t.] for love, for nothing, gratis, free of charge; 2 (*jur hist*) in forma pauperis; *vgl* rechtsbijstand; **pro-deoadvokaat** (*vglb*) panel lawyer, legal aid counsel; (*Am*) assigned counsel; public defender
producent producer; **produceren** produce, turn out, make; generate [steam]
produkt 1 product (*ook in wisk*); production; (*v land, lit enz*) product(ion); *een raar ~,* (*fam*) a queer chap; 2 *~en,* (*opbrengst*) produce [exchange, market]
produktaansprakelijkheid product liability, PL
produktie 1 production; *met de ~ beginnen,* (*ve fabriek*) start operations, come on stream; *~ op grote schaal* mass production; 2 (*opbrengst*) output, yield; **produktieapparaat** productive resources; **produktiecapaciteit** productive capacity, output capacity
produktief productive, remunerative; *een zeer ~ schrijver* a prolific writer; *zijn kennis ~ maken* turn one's knowledge to account
produktie|kosten cost of production, production costs; **-leider** production controller; **-middelen** means of production; *duurzame ~* capital goods; **-proces** production (*ve artikel:* manufacturing) process; **-vermogen** productive power
produktiviteit productivity, productiveness, productive capacity
proef 1 (*toets*) trial, test; (*ve aspirant-zanger, -declamator, enz*) audition; (*in rek*) proof; *de ~ (een zware ~)* ***doorstaan*** stand the test (a severe test); *een eerlijke ~ ermee **nemen*** give it a fair trial; *de ~ op de **som** nemen* do the proof; (*fig*) try it out, put it to the proof (the test); *dat is de ~ op de som* that settles it; ***aan** een grondige ~ onderwerpen* subject to a thorough test (try-out); ***op** ~* on trial, on approval, [preach] on probation; *op ~*

kopen buy on trial; *6 maanden op ~ zijn* be on probation for six months; *op de ~ stellen* put to the test; try, tax [a p.'s patience]; *stel mijn geduld niet te zeer op de ~* don't try my patience too far; 2 (*natuurk, med, enz*) experiment; *proeven nemen* make (carry out, conduct) experiments; *proeven nemen op* experiment on [rats], try s.t. (a remedy, etc) (up)on [a p.]; 3 (*specimen*) *~(je)* sample, specimen [a specimen of his prose], taste; *een ~je nemen* (*krijgen*) *van* sample (*ook fig*); 4 (*bewijs*) proof; (*drukproef*) proof(-sheet); *proeven van* ***bekwaamheid*** *afleggen* pass a proficiency examination (a test), give proof of one's ability; *proeve van* ***bewerking*** specimen page (*of:* part); *proeven* ***trekken*** pull proofs; (*fot*) proof, copy

proef|balans trial balance; **-ballon** trial balloon; (*fig ook*) (trial) kite; *een ~ oplaten* send up a trial balloon, fly a kite, throw out a feeler; *bij wijze van ~* [he said so] tentatively; **-bank** test bench; testing stand; **-belasting** test load; **-bestelling** trial order; **-blad** 1 advance(d) sheet, specimen page; 2 (*drukproef*) proof-sheet; **-boring** 1 trial (test, exploration) drilling; *~en doen* carry out drillings; 2 (*boorgat*) trial shaft; *een ~ doen,* (*ook*) sink a trial shaft; **-dier** laboratory (*of:* experimental) animal, test object; **-druk** proof; **-houdend** proof, genuine; *~ blijken* stand the test; **-jaar** year of probation, probationary year; **-konijn** laboratory (*of:* experimental) rabbit; (*fig*) guinea-pig; *ik wil niet als ~ dienen* I don't want to be experimented (up)on; **-leider** experimenter, (*Am*) tester; **-les** specimen lesson; **-lezer** corrector of the press, proof-reader; **-lokaal** bodega, wine-vaults, bar; **-model** pilot model; (*op ware grootte*) mock-up; **-naald** touch-needle; **-nemer** experimenter; **-neming** experiment, trial; (*het nemen van proeven*) experimentation; *~en doen* carry out (conduct) experiments; *zie ook* proef; **-nummer** specimen copy

proef|ondervindelijk experimental, empirical; *~ vaststellen* find through experience; **-opstelling** (*wtsch*) experimental design (set-up); **-order** trial order; **-persoon** subject of experiment, experimental (*of:* test) subject, guinea-pig; **-preek** probation (*of:* trial) sermon; **-proces** test case (action, trial); **-project** pilot project; **-rijden:** *~* (*in, met*) test-drive [a new car]; **-rit** trial run, test drive; **-schrift** thesis [for a doctorate] (*mv:* theses), (doctoral) dissertation; *een ~ verdedigen* be examined on a thesis; **-station** experimental (testing, research) station; **-steen** touchstone; **-stemming** straw vote (*of:* poll); **-stomen** I *zn* trial (practice, experimental) trip (cruise, run), [the cruiser carried out her] trials; II *ww* make her trials (a practice trip); **-stuk** specimen (of work); (*bij gilde*) masterpiece; **-terrein** testing ground, testing range; **-tijd** (time of) probation, probationary (trial) period, noviciate, novitiate, probationership, apprenticeship; **-tocht** trial run; *technische ~* maker's trial(s); *zie ook* -stomen; **-tuin** experiment(al) garden, trial plot; **-vel** proof(-sheet); **-veld** experiment(al) field, trial plot; **-vlieger** test pilot; **-vlucht** test flight; *~en doen met* test-fly [a plane]; **-werk** test paper, test; **-zending** trial shipment, trial consignment

proesten sneeze; (*ve paard*) snort; *~ van het lachen* explode with laughter; *hijgend en ~d* gasping and puffing; **proeve** *zie* proef

proeven I *tr* taste (*ook hand:* tea, etc; *ook fig:* sorrow, etc); (*om te keuren, ook*) sample [food]; (*herkennen*) detect, sense; *daar kun je de Schot uit ~* that's where you can detect (recognize) the Scotsman; *God proeft* ***hart*** *en nieren,* (*bijb*) God trieth the heart and reins; II *intr* taste [I can neither taste nor smell]; *ik proef er niets van* I don't taste it; *proef eens van deze wijn* just taste this wine

proever 1 taster; 2 (*drinkebroer*) tippler

prof 1 (*in sport*) pro, professional; 2 (*fam voor professor*) professor; *de ~* the prof

Prof. id, Professor

profaan profane [history, language]; **profanatie** profanation; **profaneren** profane

profeet prophet; *de grote en kleine profeten* the major and minor prophets; *een ~ die brood eet* a false prophet; *een ~ is niet geëerd in zijn land* a prophet has no honour in his own country

professen profess; **professie** profession; *van ~* [a storyteller] by profession, [a] professional [storyteller]; **professionaliseren** professionalize; **professionalisme** professionalism; **professioneel** professional [foul, skill]

professor id [*in de godgeleerdheid, enz* of (*soms:* in) divinity, etc]; *benoemen tot ~ in de geschiedenis,* (*ook*) appoint to the Chair of history; **professoraal** professorial; **professoraat** professor(i)ate, professorship, [hold a] chair

profetenmantel [assume the] mantle of a prophet; **profeteren** prophesy; **profetes** prophetess; **profetie** prophecy; **profetisch** prophetic(al) (*bw:* -ally)

proficiat congratulations

profiel 1 profile (*ook typering*); (*ve gebouw*) vertical section, profile, side-view; *in ~* in profile; 2 (*v staal, enz*) section; 3 (*loopvlak*) tread; **profielijzer** profile (*of:* shaped) iron; **profiellijst** (*bk*) moulding; **profielschets** profile; **profielzool** grip sole, corrugated sole

profijt profit, gain; *zie ook* voordeel; **profijtbeginsel** direct benefit principle; **profijtelijk** profitable, lucrative

profileren profile; *zich ~* establish an (a public) image *zich ~ als de nieuwe goeroe* establish o.s. as ...

profitabel profitable, remunerative

profiteren profit; *~ van* profit by, benefit from; (*gebruik maken van*) avail o.s. of; (*soms in ong zin*) take advantage of, cash in on; *vrouwen ~ meer van die gesprekken dan mannen* women get more out of these talks than men; *zoveel mogelijk ~ van* make the most of; *van beide kanten ~* have it both ways; *~ van een bepaling* benefit under a provision; **profiteur** profiteer

pro forma id, for form's sake; *~ factuur* (*rekening*) pro forma invoice (account)

profploeg professional team; **prof|speelster**,

-**speler** pro(fessional)
profylactisch: ~ (*middel*) prophylactic; **profy|laxe, -laxis** prophylaxis
progeria id; **progesteron** id
prognaat prognathous, -thic; **prognat(h)ie** prognathism
prognose prognosis (*mv:* -ses), forecast; **prognosticeren** prognosticate
program(ma) programme, (*Am & comp*) program, (*pol ook*) platform, (*vast ~, ook*) routine; (*theat ook*) playbill; (*rennen*) race-card; (*school*) curriculum; (*ve cursus*) syllabus; ~ *van eisen* list of conditions (requirements, demands); *een punt van hun* ~ a point in their programme, (*pol*) a plank in their platform; *het staat niet op het* ~ it's not on the programme; *op het ~ staan,* (*ve acteur*) be billed; *wat staat er voor vandaag op het ~?,* (*fig*) what are the plans for today?
programma|blad radio and tv guide; **-boekje** programme; **-leider** programme director; **-muziek** programme music; **-tisch** programmatic; **-tuur** software
program|meerbaar programmable; **-meertaal** [high-, low-level, basic] programming language; **-meren** programme; (*Am & comp*) program; *geprogrammeerd voor zondag* scheduled for ...; **-meur** (computer) programmer
progressie progression; (*v belasting*) graduation [of a tax]; **progressief** progressive; (*v belasting*) graduated [income tax, taxation]; **progressiviteit** progressiveness
prohibitie prohibition; **prohibitief** prohibitive [duties]; **prohibitionist** id
project id; **projecteren** project [roads]; **projectgroep** working party
projectie projection; **projectiedoek** (projection) screen
projectiel projectile; *geleide ~en* guided missiles
projectie|plaatje (lantern-)slide; **-scherm** (projection) screen; **-vlak** projection plane
project|leider project manager; **-onderwijs** teaching by means of projects, project learning; **-ontwikkelaar** (property) developer
projector id
prol(eet) prole; **proletariaat** proletariat, proletarians; **proletariër** proletarian; **proletarisch** proletarian; ~ *winkelen* shoplift(ing)
proliferatie proliferation
prolongatie carry(ing)-over, continuation, margin transactions; (*ve wissel*) renewal; *op ~ kopen* buy on margin, buy [securities] by pledging them
prolongatie|premie, -rente contango
prolongeren continue, carry over [a transaction]; (*wissel*) renew [a bill]; (*film*) continue
proloog prologue, proem
prolurk boor, lout
promenade id; **promenadeconcert** promenade concert, (*fam*) prom; **promenadedek** promenade deck
promesse promissory note, note of hand
promillage permillage; (*mbt alcohol*) blood alcohol level; **promille** per mil(l), per thousand, [parts] in a thousand
prominent id; **prominentie** prominence
promis|cue promiscuous; **-cuïteit** promiscuity
promoten promote; **promotie** promotion, rise, advancement, preferment; (*univ, vglb*) graduation (ceremony), (doctoral) degree ceremony; (*school*) *zie* bevordering; ~ *maken* get promotion; **promotiediner** graduation dinner; (*v juristen*) call dinner; **promotioneel** promotional [activities]
promotor 1 (company) promoter; 2 (*univ*) professor who supervises a student's work for his doctor's degree, supervisor; **promoven|da, -dus** candidate for a doctorate; **promoveren** I *intr* graduate, take one's (doctor's) degree; *hij promoveerde in de geneeskunde in 1910* he was awarded the MD in 1910; II *tr* confer a doctor's degree on
prompt id (*ook zn*), ready; *~e aflevering* prompt delivery; ~ *betalen* pay promptly; ~ *op zijn tijd passen* be punctual; ~ *om 7 uur* prompt(ly) at seven o'clock, at seven sharp; *ze viel ~ flauw* she promptly fainted; **promptheid** promptitude, promptness, readiness
pronk 1 ostentation, show; *te ~ staan* be on show; (*aan de kaak*) stand in the pillory; 2 (*mooie kleren*) finery, Sunday best; **pronkbed** bed of state; **pronkboon** scarlet runner, runner bean
pronken show off, cut a dash; (*ve mannetjesvogel*) display [to the female]; ~ *met* show off [one's learning, one's children], make a show (a display) of, parade; ~ *met zijn voorname familie* flaunt one's fine relations; *met andermans* (*met geleende*) *veren* ~ adorn o.s. with (strut in) borrowed plumes; *een ~de pauw* a peacock displaying his plumage; (*her*) a peacock in his pride
pronker 1 beau, dandy; 2 *zie* pronkboon; **pronkerig** fond of show, showy, flashy, ostentatious, dressy; **pronkerwt** sweet pea; **pronkjuweel** gem, jewel (*beide ook fig*); **pronkkamer** stateroom, best room; **pronkster** *zie* modepop; **pronkstuk** showpiece; *zie ook* prachtexemplaar 2; **pronkziek** *zie* pronkerig
pronomen pronoun
pront 1 pert, jaunty; 2 prompt; 3 smart
pronunciam(i)ento pronunciamento
prooi prey, quarry; (*gedood dier, ook*) kill; *ten ~ zijn* (*vallen*) *aan* be (fall, become) a prey to; *zie ook* wind; **prooidier** prey
proosdij deanery
proost 1 dean; (*hist*) provost; 2 *zie* prosit
proosten drink one another's health, raise glasses, toast
prop 1 ball [of paper], plug [of wadding, earplugs], wad [of paper, cotton]; (*watten, med*) swab, (*~je*) pledget; (*om mee te gooien*) [paper] pellet; (*in pijp*) dottle; *~je,* (*fig: pers*) humpty-dumpty, dumpy (tubby) person; *ik had een ~ in de keel* I had a lump in my throat; *met ~pen* **gooien** shoot pellets; **op** *de ~pen komen* turn up, come up [*met* with]; *hij durft er niet mee op de ~pen te komen* he dare not come out with it; 2 (*op fles*) stopper, stopple, stop; (*ve vat*) bung; (*ve kanon*) wad; (*in de mond*) gag; *zie ook* propje
propaan propane

propaedeuse propaedeutic(s); **propaedeutisch** I *bn* propaedeutic(al), preliminary; II *zn* preliminary (examination), (*fam*) prelim; (*med*) pre-medical (exam)
propa|ganda id (*ook r-k*); ~ *van de daad* direct action; ~ *maken* make propaganda, propagandize; ~ *maken voor* carry on propaganda for, propagandize, agitate for [reforms, etc]; **-ganderen** propagandize; **-gandist** id; **-gandistisch** propagandist(ic); **-geren** propagate
propeller id
proper neat, clean, tidy; **properheid** neatness, tidiness; **propertjes** neatly, tidily
propjes *zie* propaedeutisch II
proponent candidate for the ministry (for holy orders), postulant; **proponeren** propose
proportie proportion; *reusachtige ~s aannemen* assume enormous proportions; *zie ook* verhouding; **proportioneel** proportional, proportionate; **proportioneren** proportion
propositie 1 proposition (*ook wisk*), proposal; 2 *zie* proefpreek
proppen *ww* cram, stuff, squeeze; *het eten erin* ~ bolt one's food; *in één wagon gepropt* squeezed (crammed) into one carriage; **propperig** dumpy, stumpy, stubby, squat; **proppeschieter** pop-gun; **propvol** chock-full, chock-a-block, crammed, packed (to its utmost capacity)
propyleeën Propylaea; **propyleen** propylene
pro rata, pro rato *zie* rata: naar ~
proscenium id
prosector id, demonstrator
proseliet proselyte; *~en maken* proselytize; **proselitisme** proselytism; **Proserpina** Proserpine
prosit (here's) your health!, here's to you!, (here's) luck!, cheerio!, cheers!, (*bij niezen*) bless you!
prosodie prosody; *van de* ~ prosodic
prospec|teren prospect [for oil, etc]; **-tie** 1 prospecting; 2 market research; **-tief** prospective; **-tor** id; **-tus** id (*mv:* -tuses)
prostaat prostate (gland)
prostituée prostitute, streetwalker; **prostitueren** prostitute; *zich* ~ prostitute o.s.; **prostitutie** prostitution
protectie 1 (*in handel, enz*) protection; 2 (*kruiwagens*) influence [owe one's position to influence; everything goes by influence], favour, pull, patronage, interest; *zie ook* kruiwagen; **protectionisme** protectionism; **protectionist(isch)** protectionist; **protector** 1 id; 2 (*sp*) box; **protectoraat** protectorate
protégé(e) id; **protegeren** patronize, favour, take [a p.] up (*of:* by the hand)
proteïne protein
protest protest [action, march, meeting, movement, note, singer, strike; *ook ve wissel*], protestation, remonstrance; *luid* ~ outcry; ~ *tegen een verkiezing* petition against a return; ~ *aantekenen tegen* protest against, enter (register, make, lodge) a protest (an objection) against; *zie ook* ~eren; ~ *opmaken* draw up a protest; *onder* ~ under protest; *zonder* ~ [comply with an order] without demur; *bij wijze van* ~ [raise one's voice] in protest; **protestant** Protestant; **protestantisme** Protestantism; **protestants** Protestant; *~-christelijk* Protestant; **protestbrief** letter of protest; **protesteren** protest, remonstrate, expostulate; (*bij jury*) appeal; ~ *tegen* protest against, take exception to, demur to (at); (*Am ook*) protest [a decision]; *krachtig* ~ make a strong protest, (*tegen*) take strong exception to, declaim against; *bij iem ~ tegen* protest to (with) a p. against; *een wissel* ~ protest a bill; **Proteus** id; *van* ~ Protean
prothese [dental] prosthesis (*mv:* -ses); (*concr*) artificial limb (teeth, etc); **prothesiologie** prosthetics; **prothesis** (*gramm*) pro(s)thesis; **prothetisch** prosthetic [dentistry]
protocol id; *zie ook* proces-verbaal; **protocollair** formal, according to protocol; **protocollen** *ww* 1 play (at) consequences; 2 chicane, cavil
proton id
protoplasma protoplasm; **prototype** prototype; **protozoön** protozoon (*mv:* -zoa)
protsen flaunt [one's wealth *met zijn geld*]
protserig showy, flashy, flauntingly prosperous; *zie ook* poenig
protube|rans, -rantie protuberance
Provençaal(s) Provençal
proveniershuis almshouse, (*hist*) hospital
provenu proceeds (*mv*); *netto* ~ net(t) provenu
proviand provisions, victuals, [ship's] stores
provianderen provision, victual; **proviandering** provisioning, victualling
proviandmeester storekeeper, victualler; (*op passagiersschip*) chief steward
providentieel providential
provinciaal *bn & zn* (*ook r-k*) provincial; *de Provinciale Staten* the Provincial States, (*vglb*) the County Council; *lid van de Provinciale Staten* Provincial (*vglb:* County) Councillor; **provincialisme** provincialism; **provincie** province; *'de ~'* the provinces; *iem uit 'de ~'* a provincial; **provinciehuis** county hall, shire hall; **provincieraad** (*vglb*) County Council; **provinciestad** provincial (*of:* country) town
provisie 1 (*voorraad*) provision, stock, supply; 2 (*loon*) commission (*over* on); (*illegaal*) rake-off
provisiebasis: *op* ~ [work] on commission; **provisiekamer** pantry (*eig voor brood, enz*), larder (*eig voor vlees, enz*), store-room; **provisiekast** pantry, larder, store-cupboard; **provisie|nota, -rekening** commission account
provisioneel, provisoir provisional
provisor dispenser [at a chemist's]; **provisorisch** provisional [arrangement, repairs]; *~e voorziening,* (*ook*) hook-up, lash-up
provo id; **provocateur** agent provocateur; **provocatie** provocation; **provocatief** provocative; **provoceren** provoke; *~d* provocative
provoost 1 (punishment-)cell, detention room; 2 (*straf*) close arrest; 3 provost-marshal (-sergeant); **provoostgeweldige(r)** provost-sergeant; (*mar*) master-at-arms
proza prose; **prozaïsch** prosaic (*bw:* -ally), prosy,

matter-of-fact; **prozaïst**, **prozaschrijver** prose--writer, prosaist
prude I *bn* prudish; II *zn* prude
prudent id; **prudentie** [leave s.t. to a p.'s] discretion
pruderie prudery, prudishness
pruik wig (*kort:* bob wig, *lang:* full-bottomed wig), periwig, peruke; *wat een ~ haar!* what a shock of hair!; *zie ook* bokke~; **pruikebol** wig-(*of:* barber's) block; **pruikenmaker** wig-maker; **pruikenstijl** rococo style; **pruikentijd** eighteenth century (Holland)
pruilen pout, sulk; **pruiler** sulky person, pouter, sulker; **pruilerig** sulky, sulking; **pruilmondje** pout
pruim 1 plum; (*gedroogd*) prune; 2 (*tabaks~*) quid, chew (of tobacco); 3 (*vagina*) cunt; **pruimeboom** plum-tree; **pruimedant** (blue) prune; **pruimemondje**: *ze trok een ~* she pursed her lips; **pruimen** I *tr* 1 chew [tobacco]; 2 eat heartily; (*fam*) swallow [an insult]; stand [a p.]; *erin ~* get caught; *niet te ~* unacceptable; disgusting; revolting; 3 (*stoomketel*) prime; II *intr* 1 chew (tobacco); 2 eat heartily; **pruimepit** plum-stone; **pruimer** 1 (tobacco-)chewer; 2 hearty eater; **pruimtabak** chewing-tobacco
Pruis Prussian; **Pruisen** Prussia; **Pruisisch** Prussian; *~ blauw* Prussian (*of:* Berlin) blue; *~ zuur* prussic acid
prul piece of rubbish, trashy affair; (*krant, blaadje*) rag; (*ornamentje, enz*) bauble, gimcrack; (*attr, ook*) rotten [play, school]; *het is een ~, (ve ding)* it's totally useless; *zo'n ~* such trash (rubbish); *een ~ (ve vent)* a dead loss; *pak je ~len bij elkaar* get your rubbish together; **pruldichter** *zie* -poëet; **pruldin**g *zie* prul; **prullaria** trash, junk, trumpery; **prullen|bak**, **-mand** waste-paper basket; (*Am*) waste basket; *het plan verdween in de -bak* the plan was silently discarded; **prull(er)ig** trashy, shoddy, rubbishy [articles], twopenny-halfpenny [ring]; **prulpoëet** versifier, rhymester, poetaste; **prulroman** trashy novel; **prulschrijver** scribbler; **prulwerk** trash, shoddy (work)
prune (*kleur*) id; **prunel** prunello; **prunus** id
prut mush; (*v koffie, enz*) grounds; (*v melk*) curds; (*modder*) mire, slush; (*sl*) rubbish
pruts *zie* prul; **pruts(el)en** fiddle, tinker [*aan* at, with], fumble [at s.t.], potter, mess about [with a gadget]; **prutser** potterer, fumbler; **pruts(e)r)ig** 1 flimsy, clumsy, shoddy; 2 clumsy; **prutswerk** shoddy (flimsy) work, botchery
pruttelaar(ster) grumbler; **pruttelen** 1 grumble; 2 (*op het vuur*) simmer, bubble
ps psalm; **PS** id, postscript
psalm id; **psalmberijming** metrical psalms; **psalmboek** psalm-book, psalter; **psalmbord** psalm board, hymn board; **psalmdichter** psalmist; **psalmgezang** psalm-singing; **psalmist** id; **psalter(ium)** 1 (*instrument*) psaltery; 2 (*boek*) psalter
pseudo- pseudo-[intellectuals, scholarship], bogus [policeman], would-be, pretended [buyer], supposed; **pseudoniem** I *zn* pseudonym, pen--name; II *bn* pseudonymous; **pseudovogelpest** Newcastle disease
psittacose psittacosis; **psoriasis** id
pst! (*aandacht*) id; (*wegvliegen*) whoosh!
psyche id; *de vrouwelijke ~* feminine psychology
Psyche id; **psyché** cheval-glass
psychedelisch psychedelic [drug]
psychiater psychiatrist; (*fam*) shrink; **psychiatrie** psychiatry; **psychiatrisch** psychiatric(al); mental [home *inrichting*]
psychisch 1 psychological [pressure, question], mental [disorder; the problem is mental, not physical]; *~ gestoord* emotionally disturbed; *vgl* geestelijk 2 & psychologisch; 2 (*occult*) psychic(al) [Society for Psychical Research]
psycho|analyse psycho-analysis; **-analyticus** psycho-analyst; (*fam*) shrink; **-analytisch** psycho-analytic(al); **-chirurgie** psychosurgery; **-drama** id; **-dynamisch** psychodynamic; **-farmaca** psychiatric (psychoactive) drugs; **-geen** psychogenic; **-kinese** psychokinesis, parakinesis, PK; **-linguïstiek** psycholinguistics
psycho|logenjargon (*fam*) psychobabble; **-logie** psychology; *zie ook* menigte; **-logisch** psychological [block, novel, play, research, test, warfare; at the psychological moment]; mental [block]; *vgl* psychisch 1; **-logiseren** psychologize; **-loog** psychologist
psycho|metrie psychometry; **-metrisch** psychometrical; **-motorisch** psychomotor
psychoot psychotic
psycho|paat psychopath; **-pathisch** psychopathic; **-pathologie** psychopathology
psychose psychosis, psychotic disorder
psychosomatisch psychosomatic
psycho|technicus psychotechnician; **-techniek** applied psychology; (*soms*) psychotechnology; **-technisch**: *~ onderzoek*, (*vglb*) psychological test(s); **-therapie** psychotherapy; **-tisch** psychotic; **-troop** psychotropic, psychoactive
psychrometer id
Ptolemeus Ptolemy; *van ~* Ptolemaic
PTT (the) Post Office
puber adolescent; **puberaal** puber(t)al; immature, puerile [behaviour]; **puberteit** puberty, adolescence; **puberteits|jaren**, **-periode** puberty (age), puberal period; **puberteitspsychologie** psychology of adolescence
publiceren publish, make public, bring (*of:* lay) before the public, issue [a report], release [figures]; **publicist** id; **publicitair** 1 advertising; 2 publicity [success], media [coverage]; **publiciteit** publicity [campaign, stunt, value], media coverage; *~ geven aan* give publicity to, make public, air [a grievance]; *in de ~ komen* hit the headlines, get into the limelight
publiek I *bn* public; *~ **geheim*** open secret; *~ **huis*** disorderly house; *~ **maken*** make public, announce [an engagement, etc]; publish; divulge [a secret]; *~ **worden*** become known, get abroad; *de vergadering werd ~* was opened to the public; *~e **veiling*** sale by auction; *~e **vrouw*** (common) pros-

titute; *~e **werken*** public works; (*bureau*) Board of Works and Public Buildings; *~e (terecht)**zitting*** open court; *zie* bekend & openbaar; II *bw* publicly, in public; *~ **verkopen*** sell by public auction; III *zn* public; (*gehoor*) audience; *er was veel ~* there was a large attendance; *het stuk trok veel ~* the ... drew a full house; *het **grote** ~* the public at large, the general public, the man in the street; *in het ~* in public; *op het ~ spelen* play to the gallery; **publiekelijk** publicly, in public; **publiekrecht** public law; **publiekrechtelijk** corporate; *~ lichaam* corporation; **publieksprijs** prize awarded by the public; **publiekssport** spectator sport; **publiekstrekker** crowd-puller; **publikabel** publishable; **publikatie** publication

puddelen puddle [iron]

pudding (*vglb*) id; *chocolade~* chocolate blancmange; **puddingbroodje** cream roll; **puddingpoeder** (*vglb*) blancmange powder; custard powder

pudenda id; **pudeur** modesty

pueraal: *-rale periode* childhood; **pueriel** puerile

puf 1 *ik heb er geen ~ in* I don't feel like it; 2 undersized fish

puffen puff [with the heat], blow; (*ve machine*) puff, chug, throb; *het ~ van een motorboot* the chug-chug of a ...; **pufferig** close, sultry

pugilist id; **pugilistiek** pugilism

pui 1 lower front of a building, shopfront; 2 flight of steps (outside a town hall)

puik I *bn* choice, excellent, prime; *zie* prima; II *zn zie ~*je; **puikbest** A 1, first-rate; **puikje**: *het ~ van* the choice (pick, flower) of; *een ~* a brick, [our new maid is] a treasure, a peach [of a cook]

puilen bulge, protrude; *zijn ogen puilden uit hun kassen* started from their sockets; **puilogig** goggle-eyed, popeyed; **puiloog** goggle-eye, popeye

puimen pumice; **puimsteen** pumice(-stone)

puin rubbish, debris, ruins; (*afbraak*) rubble; *~ storten* shoot rubbish; *in ~ vallen* fall (crumble) into ruin (to pieces); *in ~ liggen* lie in ruins; *in ~ leggen* reduce to ruins; *in ~ rijden* smash up [a car]; *tot ~ schieten* shoot (reduce) to rubble

puin|bak rubble container; **-hoop** 1 rubbish-heap; 2 (*ruïne*) (heap of) ruins; *tussen de puinhopen,* (*ook*) among the wreckage; 3 (*fig*) shambles, flop, mess, wash-out; **-kegel** talus (*mv:* tali); **-laag** (*bk*) (layer of) hardcore; **-ruimen** clear the rubble; (*fig*) clear up the mess, pick up the pieces

puissant enormously [rich]

puist pimple, spot, (*etter~*) pustule; (*jeugd-, vet*)*~jes* acne; (*steen~*) boil; *zich een ~ lachen,* (*fam*) die of laughing; **puistig** full of pimples, pimply, pimpled, pustulous

puit frog; **puitaal** 1 eelpout, viviparous blenny; 2 (*oneig*) burbot

puk 1 (*uk*) tiny tot, shrimp, midget; 2 (*hond*) pug

pukkel 1 pimple; *zie ook* puist; 2 small pack, (ex-army) canvas shoulder-bag

pul (pot-bellied) jug, vase, jar, mug, tankard (of beer)

pulken pick; *in de neus ~* pick one's nose

pulli polo jumper; **pullover** id, sweater

pulmonaal pulmonary

pulp pulp (*alle bet*)

puls (im)pulse; *~en geven* generate pulses; **pulsar** id; **pulsatief** pulsative; **pulseren** pulsate

pulver (gun)powder; **pulverisator** spray; **pulveriseren** pulverize, (reduce to) pulver, pound

pummel boor, yokel, lout, bumpkin, clodhopper; **pummelig** boorish, loutish

pump court shoe, id

punaise 1 drawing-pin, (*inz Am*) thumbtack; 2 (*voor verkeer*) stud [a stud-marked crossing-place], (*met reflector*) cat's-eye; **punaisepoetser** fussbudget

punch id; **punchkom** punchbowl

puncteren puncture, tap; **punctie** (*med*) [lumbar, spinal] puncture, [spinal] tap; tapping [of a lung]; pricking [of a blister]

punctualiteit punctuality; **punctuatie** punctuation; **punctueel** punctual; **punctum**! that's that (enough, the end of the matter)!; **punctuur** puncture

Punisch Punic [wars]; *~e trouw* Punic faith

punniken French knitting

punt 1 ***de** ~:* (*spits*) point [of a needle, a cape], tip [of the nose, tongue, tail, finger, of a toe, cigar, leaf, horn, wing], toe(-cap) [of a shoe]; (*ve zakdoek, boord*) corner [turn-down corners]; (*ve taart*) wedge; *zie ook* taart~; *~je,* (*broodje, vglb*) roll; (*leesteken*) full stop, period; *ik doe het niet, ~(, uit)!* I won't do it, and that's it (and that's that)!; (*seks*) nookie; ***dubbele** ~* colon; *~en en strepen,* (*telegraaf*) dots and dashes; *de **fijne** ~jes gaan (zijn) er bij hem af* he is losing (has lost) his grip; he is getting (has got) rusty; (*zo ook:* his French is a bit rusty); *de ~en (vd pen) **liggen** over elkaar* the nib is crossed; *als ~je bij **paaltje** komt* when it comes to the point; ***witte** ~jes* [tea with] white leaf-tips; *we zullen er maar een ~ achter **zetten*** we'll call it a day; *ergens een ~ achter zetten* put an end to s.t.; *de ~jes op de i zetten* dot one's i's and cross one's t's; *een ~ zetten (bij),* (*plat*) screw; 2 ***het** ~:* (*ve lijn, ve weg, bij spel, enz*) point; (*stip*) dot; (*ve programma, agenda, enz*) item; (*ve aanklacht*) count [of an indictment]; (*ve pol programma*) plank [in a platform]; (*kwestie*) issue [make an issue of s.t.]; *dat mag geen ~ zijn* that should not be a consideration; *het ~ onder discussie* the point at issue (in question); *~en,* (*school, examen*) marks [be 14 marks ahead of the second on the list]; *~en geven op werk,* (*school, enz*) mark papers; *hoeveel ~en heb je?,* (*sp*) what is your score?; *hij heeft de meeste ~en* he is top scorer; *tien ~en maken* score ten; *de sterke en zwakke ~en,* (*ook*) the strengths and weaknesses [of the plan]; *daar kun je een ~je aan **zuigen*** match that if you can; *alles was **in** de ~jes* everything was in apple-pie order, was shipshape; *een diner, dat in de ~jes was* an elaborate dinne; *in de ~jes gekleed* impeccably dressed; *in de ~jes verzorgd* [her hands were] elaborately manicured, [she was] beautifully groomed; *iets tot in de ~jes kennen* have a thorough knowledge of s.t., know s.t. inside out, know [a lesson] pat; *hij zag er altijd in* *de ~jes uit* he always looked very neat (immaculate); ***op** beide ~en schuld erkennen* plead guilty on both counts; *op het ~ van opleiding, kleding, enz* in the matter of ..., as far as ... goes (is concerned); *op dit ~* [there is no need for anxiety] on this point (*of:* score); *op veel ~en verschillen* differ on many points; *de regering werd op dat ~ verslagen* the government was defeated on that issue; *op het ~ staan* (*zijn*) *om* ... be on the point of ...ing, be about to ...; *op het ~ om in te storten* (*in tranen uit te barsten*) on the verge of collapse (of tears); *op ~en winnen* win on points; *op ~en verslaan* beat on points, outpoint; *~ **voor** ~ beantwoorden* answer point by point; *zie ook* dood, punctum, zwak, enz

puntbaard pointed beard; *korte ~* Vandyke beard; **puntboord** butterfly (*of:* wing) collar; **puntbroodje** (*vglb*) roll; **puntdak** pointed (*of:* peaked) roof; **puntdicht** epigram; **puntdichter** epigrammatist; **puntdraad** barbed wire

punteerkunst stippling, stipple work; **punteerwerk** stippled drawing (*of:* etching)

punten point, sharpen [a pencil]; (*het haar*) trim [have one's hair trimmed]

punten|deling draw, sharing of points; **-diagram** scatter diagram; **-lijst** mark(s) list; score sheet; **-schaal** scoring table; **-stelsel** (*distributie*) points system; **-telling** 1 scoring table, count; 2 scoring; **-totaal** points total, total points; **-wolk** scatter diagram

punter (*schuit*) punt; **'punteren** punt

pun'teren stipple, dot (*ook muz:* dotted notes)

punteslijper pencil sharpener

puntgaaf in mint (perfect) condition; **puntgevel** gable; **punthaak** angle bracket; **punthelm** spiked helmet; **punthoed** pointed (steeple--crowned) hat; **punthoofd**: *ik krijg er een ~ van,* (*fam*) it drives me mad (up the wall); *ik schrok me een ~* I nearly jumped out of my skin; **puntig** pointed, sharp (*beide ook fig*), spiky [cactus], jagged [rocks]; **puntkomma** semicolon; **puntlas(sen)** spot-weld; **puntlijn** dotted line; **puntmuts** pointed (conical) cap; **puntschoen** pointed shoe

puntsgewijs point by point

puntuur (*typ*) points

puntzak cone-shaped bag, (*~je voor snoep*) cornet

pupil 1 (*onmondige*) ward, pupil, charge; 2 (*leerling*) pupil; (*sp*) junior; 3 (*vh oog*) pupil

puree purée; (*v aardappelen*) purée of potatoes, mashed potatoes, (*fam*) mash; *in de ~ zitten,* (*fam*) be in the soup

puren gather [honey]; **pureren** purée

purgatie purge, purgation; **purgatief** *zie* purgeermiddel; **purgatorium** purgatory; **purgeermiddel** purgative, purge, aperient, cathartic; **purgeren** purge o.s., take a purgative; *laten ~* purge [a p.]

puri|ficeren, -fiëren purify

Purim, purimfeest Purim

purisme purism; **purist** id; **puristerij** purism; **puristisch** puristic (*bw:* -ally)

puritanisme puritanism, (*hist*) Puritanism; **puritein** puritan, (*hist*) Puritan; **puriteins** puritan [party], puritanic(al)

purper purple; *het ~ ontvangen* be raised to the purple; *zij zijn in het ~ geboren* they were born in the purple; **purperachtig** purplish; **purperen** I *bn* purple; II *ww* (em)purple; **purper|glans, -gloed** purple glow; **purperhoen** sultan(a), purple waterhen; **purperkleurig** purple; **purperreiger** purple heron; **purperrood** purple; **purperslak** murex, purpura

pur-sang pur sang, total, utter, thorough, out--and-out; (*v paard*) thoroughbred

pus id; **push** id

pushen push [a p., drugs, ideas, products]

put (*waterput*) well; (*kuil*) pit; *~je* (*in wang, enz*) dimple, (*v pokken*) pock-mark; (*weg~je*) gully--hole; *in de ~ zijn* be out of heart (in the dumps); *een bodemloze ~,* (*fig*) [pour money into] a bottomless pit (a sieve); *zie ook* kalf & kuil; **putbaas** foreman of a gang of navvies; **putdeksel** 1 lid (*of:* cover) of a well; 2 drain cover; **puthaak** well--hook; *over de ~ trouwen,* (*hist*) marry over the broomstick; **putjesschepper** sewerman

putoor (*vogel*) bittern

puts 1 (leather) bucket, pail; 2 pailful, bucketful

putsch id, coup (d'état); **puttees** id

putten draw [water; *ook fig:* draw hope from ...]; *~ uit* draw on [one's imagination, experience]; *uit een werk ~* draw on a work, lay a work under contribution; *een saldo om uit te ~,* (*ook*) a balance to fall back (up)on

putter 1 [water-]drawer; 2 (*vogel*) goldfinch

putting(want) futtock-shrouds, -rigging

putzuiger gully-sucker

puur pure, sheer [nonsense, lunacy]; (*v drank*) neat, raw [spirits]; *een ~ verzinsel* a pure fabrication; *~ verlies* a dead loss; *uit pure goedhartigheid* out of pure kind-heartedness; *zij deed het ~ om je te plagen* purely (merely) to tease you; *cognac ~* brandy neat

puzzel puzzle; **puzzelen** puzzle [*op* over]; do puzzles; **puzzelkubus** Rubik cube

pygmee pygmy

pyjama pyjamas (*mv*), pyjama suit, suit (*of:* pair) of pyjamas, (*Am*) pajamas

pyloon 1 (*poort, mast*) pylon; (*v brug*) tower; 2 (*markering*) cone

Pyre|neeën: *de ~* the Pyrenees; **-nees** Pyrenean

pyriet pyrites

pyromaan pyromaniac; (*fam*) firebug; **pyromanie** pyromania; **pyrometer** id

pyrotechnicus pyrotechnist; **pyrotechniek** pyrotechnics; **pyrotechnisch** pyrotechnic(al)

Pyrrus Pyrrhus; **Pyrrusoverwinning** Pyrrhic victory; **Pythagoras** id; *stelling van ~* Pythagoras' (Pythagorean) theorem (*of:* proposition); **Pythia** id; **pythisch** Pythian; **python** id, anaconda; **pythonissa** pythoness

pyxis pyx

Qq*q*

q (the letter) q
q.q. afk van *qualitate qua* ex off(icio)
qua qua, as, as regards, as to [size]; ~ *aantal* as far as numbers go
qua- *zie ook* kwa-
quadrafonie quadra-, quadrophonics, -phony; **quadrafonisch** quadra-, quadrophonic
Quadragesima id
quadriljoen quadrillion; (*Am*) septillion
quadrille id; **quadrilleren** play quadrille
quadroon id
quadrupel quadruple; **quadruplet** id
quaestieus questionable, doubtful
quaes|tor, -trix id, treasurer
qualificatie, enz *zie* kwalificatie, enz
qualitate qua ex officio
quand même all the same, for all that
quant quantum
quant à moi for my part
quantitatief quantitative
quantité négligeable negligible quantity
quantum 1 quantum [jump, mechanics, physics, theory]; 2 quantity [discount, rebate]
quarantaine quarantine [anchorage, buoy, flag]; *in ~ liggen* be in quarantine; *in ~ plaatsen* (put in) quarantine
quartair 1 *~e sector* public sector; 2 *Q~,* (*geol*) Quaternary
quarterone quadroon
quarto id
quasar id
quasi 1 id; pretended, mock [emperor, seriousness]; ~ *liefdadig* quasi charitable; *hij deed ~ alsof* ... he pretended to ..., he made believe to ...; 2 virtually [impossible]
Quasimodo Low Sunday
quasi-stellair object quasi-stellar object, QSO
quatertemperdag Ember day
quatre-mains: *à ~* for four hands; *een ~* a (pianoforte) duet; ~ *spelen* play duets (a duet)
quatsch (stuff and) nonsense, bosh
queeste quest
querulant grievance-monger, grumbler, grouser; (*mar*) sea-lawyer
questionaire questionnaire
queue 1 id, line; ~ *maken* form (stand in) a queue, line up, queue up; 2 (*v biljart*) cue; 3 (*ve japon*) bustle
quiche id
quidam: *een rare ~* a queer fish
quiëtisme quietism; **quiëtist** quietist
quint, enz *zie* kwint, enz
quintiljoen quintillion; (*Am*) nonillion
quiproquo mistake, misunderstanding
Quirinaal Quirinal
quitte [be] quits, even [I mean to be even with you yet]; ~ *of dubbel* double or quits; *de rekening is* ~ the account balances; *het ~ rekenen* cry quits; ~ *spelen, enz* break even
qui-vive who goes there?; *op zijn ~ zijn* be on the qui vive (on the alert); *niet op zijn ~,* (*ook*) off one's guard
quodlibet medley, potpourri; double entendre, (cheap) pun; (*muz*) id
quod non which is not the case
quorum id; *zonder ~* inquorate
quota, quote quota, share; **quoteren** 1 establish [production] quotas; limit, ration; 2 assess, mark; **quotiënt** quotient; **quotisatie** assessment, allotment of shares; **quotiseren** assess, allot shares; **quotum** quota, share

Rr*r*

r (the letter) r
ra 1 yard; 2 *zie* raden
raad 1 (*~geving*) advice, counsel (*een ~* a piece, a word of advice); *Gods ~, zie* raadsbesluit; *iem ~ **geven*** advise (counsel) a p. [*over* on]; *dat is een **goede** ~* that is good advice (a good piece of advice); *nu was goede ~ duur* now we (they) were in a fix, now it was hard to know what to do next; [*iems*] *~ **inwinnen*** ask (take) [a p.'s] advice; ***neem mijn ~ aan*** take my advice; *~ **schaffen*** find (come up with) a solution; *iems ~ **volgen*** take (follow, act on) a p.'s advice; *hij **weet** altijd ~* he is never at a loss (for an expedient), has a solution for everything; *er ~ op weten* be equal to the occasion; *ik weet* (*me*) *geen ~* (*meer*)*, ben ten einde ~* I am at my wit's (wits') end, at a loss what to do; *geen ~ weten met* not know what to do with [o.s., one's money]; *met die opmerking weet ik geen ~* I don't know how to take ...; *met zijn figuur geen ~ weten, zie* verlegen; *hij wist geen ~ met zijn tijd* time hung heavy on his hands; ***met** ~ en daad bijstaan* assist by (in) word and deed, assist and advise; ***op** ~ van* at (on) the advice of; *op mijn ~* at (on) my advice; *met iem **te rade** gaan* consult (*Am* advise with) a p.; *met iems belangen* (*zijn eigen gevoel, enz*) *te rade gaan* consult a p.'s interests (one's own feelings, etc); *zie ook* beurs; *iem **van** ~ dienen* advise a p.; ***volgens** iems ~ handelen* act on (go by) a p.'s advice; *daar is ~ **voor*** (*op*) that can be managed (remedied); *zie ook* eind; 2 (*~gever*) counsellor; (*lid van ~*) councillor; 3 (*lichaam*) council, board; *de ~ vergadert morgen* the (town-)council will meet tomorrow; *Raad van Arbeid* Labour Board, Board of Labour; *Raad van Beheer* Board of Directors; *Raad van Beroep* Board (*of:* Tribunal) of Appeal; (*voor belastingen*) special commissioner; *Raad van Beroerten* Council of Troubles; *zie ook* bloed~; ~ *van commissarissen* Board of Directors; *Raad van Europa, Europese Raad* Council of Europe;

Raad van Toezicht en Discipline, (*vglb*) Disciplinary Committee (of the Law Society); *Raad van State* State Council, Council of State (*niet in Eng:* the Privy Council *is zeer verschillend*); ~ *van toezicht* supervisory board; *zie ook* gemeente~; ***in** de ~ zitten* sit (be) on the (town-)council
raad|adviseur (*in ministerie*) ministerial adviser; **-gevend** advisory [body], consultative [committee], consulting [engineer]; ~ *bureau* (firm of) management consultants, consulting agency; **-gever** adviser, counsellor; **-geving** (piece of) advice; **-huis** town (*inz Am:* city) hall; **-huiskelder** *zie* raadskelder
raadje wheel; *zie* rad & radertje
raadkamer council chamber; *in ~,* (*jur*) in chambers; *het hof ging in ~ om zijn uitspraak te overwegen* the court retired to consider their finding; **raadpensionaris** Grand Pensionary; **raadplegen** consult [a p., a book], advise (take counsel) with [a p.], see [the doctor], refer to [one's notes, documents, a dictionary]; *met elkaar ~* take (hold) counsel together; *nuttig om te ~* [the list is] useful for reference; *raadpleeg pagina 5* see page 5; **raadpleging** consultation; reference [to one's diary]; **raadsbesluit** (*vd raad*) decision, decree; (*v God*) decree, ordinance, [divine] order, dispensation [of Providence]; **raadscommissie** council committee
raadsel riddle, enigma, puzzle [life is full of puzzles]; *het* (*hij*) *is mij een ~* it (he) is a puzzle (a riddle, a mystery) to me, beats me, puzzles me; *in ~en spreken* speak in riddles; *zie ook* opgeven
raadselachtig enigmatic(al), puzzling, baffling [mystery, conduct]; **raadselachtigheid** mysteriousness, enigmatic character
raads|fractie: *de socialistische ~* the socialist members of council (group on the council); **-heer** 1 councillor, senator, (*jur*) justice; 2 (*schaaksp*) bishop; 3 (*duif*) capuchin, jacobin; **-kelder** town-hall cellar restaurant; **-lid** councillor, member of the (town-)council; **-lieden** advisers; *de ~ der Kroon* HM government; **-man** (legal) adviser; (*advocaat*) counsel; *sociaal ~* welfare officer; **-vergadering** meeting of the (town-)council, council meeting
raad(s)zaal council-chamber, -room, -hall
raadzaam advisable, expedient; *het ~ achten* see (think) fit; *niet ~* inadvisable; **raadzaamheid** advisability, advisableness, expediency
raaf raven; *witte ~* rara avis (*mv:* rarae aves), black swan; *al zouden de raven het uitbrengen* though it were the stones that would cry out (*of:* disclose the matter); *zie ook* stelen; **raafachtig** raven-like; corvine [birds]
raaigras darnel, rye-grass
raak telling [repartee, retort]; *zijn opmerkingen zijn ~* his remarks are to the point (are spot-on); *die was ~* it was a hit (a bull's eye), the shot went home; *het is weer ~,* (*fig*) the fat is in the fire again; *elk schot was ~* every shot told, took effect; *een stoot die ~ is* a home thrust; *maar ~ praten, enz* talk etc away; *vraag maar ~* ask away, go right ahead; *zie ook* los: er op los; ~ *schieten* (*gooien, enz*) hit the mark; ~ *schieten,* (*ook*) shoot to kill; ~ *schot, rake slag, enz* hit; ~ *slaan* hit home
raaklijn tangent; **raakpunt** (*ook wisk*) point of contact; *geen enkel ~ hebben* have nothing in common (no common ground, no ground in common); **raakvlak** 1 tangent plane; 2 (*fig*) interface; *vgl* -punt
raam 1 (*venster*) window [a window of six lights]; (*schuif~*) sash; (*boven deur*) transom (window), (*waaiervormig*) fanlight; (*ve broeikas*) frame; *aan* (*voor*) *het ~ staan* stand at the window; *door het ~ binnenkomen* come in through (*of:* at) the window; *door het ~ naar binnen kijken* look in at the window; *voor het ~ liggen,* (*v waren*) be in the window; *uit het ~ kijken* look out of the window; *zie ook* dubbel; 2 (*lijst, enz*) frame; (*fig*) framework; *zie ook* kader; 3 (*schatting*) estimate; (*mikpunt*) aim; (*kromme*) bias
raam|akkoord general (outline) agreement, agreement on essentials; **-antenne** frame (*of:* loop) aerial (*Am:* antenna); **-koord** sash-cord; **-kozijn** window-frame; **-vertelling** frame-story; **-werk** frame(work)
raap 1 turnip; (*knol~*) swede, Swedish turnip; (*veevoer*) rape; *nu zijn de rapen gaar* now the fat is in the fire; 2 (*horloge*) turnip; 3 (*fam*) body; *iem op zijn ~ komen* tan a p.'s hide; *voor zijn ~ schieten* shoot (in head or body); *recht voor zijn ~* without mincing matters, straightforwardly
raapbord mortar-board, hawk
raap|koek rape-cake, rapeseed cake; **-kool** turnip-cabbage, kohlrabi; **-olie** rape(-seed) oil, colza (oil); **-stelen** turnip tops; **-zaad** rapeseed
raar queer [affair, feel queer], strange [noise], odd [behaviour]; funny [my head gets so funny sometimes]; *het ging er ~ toe* there were strange goings-on; *een rare* (*Chinees, kwibus, enz*) a queer chap (fellow), a rum customer, an odd fish, (*Am*) a flake; ~ *doen* act silly; *zie ook* dwaas, vreemd & opkijken; **raarheid** strangeness, queerness, oddity
raasdonders yellow peas; **raaskallen** rave, talk nonsense
raat honeycomb; *honing in de ~, ~honing* honey in (on) the comb, comb-honey
rabarber rhubarb; **rabarbersteel** stick of rhubarb
rabat 1 (trade) discount, reduction, rebate; *wederverkopers 20% ~* 20 per cent to the trade; *met 5% ~* at a discount of five per cent; 2 (*rand*) (flower-)border; (*ve gordijn*) valance; 3 (*bk*) rebate, rabbet; **rabatdeel** rebated board
rabatteren deduct
rabauw blackguard, scallywag
rabbelen gabble, jabber
rabbi, **rabbijn** rabbi; **rabbijns**, **rabbinaal** rabbinic(al); **rabbinaat** rabbinate; **rabbinist** id
rabdomant rhabdomantist, dowser, water-diviner
rabiaat rabid [opponent]; **rabiës** rabies
race id; **raceauto** racing car; (*~tje voor elektr racebaan*) slot car; **racebaan** racecourse; (*voor auto's*) circuit; (*voor motoren*) speedway; dirt-track;

raceboot speedboat; **race|fiets**, **-jacht**, enz, racer
racemisch racemic [compound]
racen race; *het ~, (in auto langs de weg)* road-hogging; **racepaard** racehorse, racer; **racer** id; road-hog; **racestuur** drop handlebars
Rachel id; **rachitis** id, rickets
raciaal racial
racisme racism, racialism; **racist(isch)** racist
racket id
rad I *bn* 1 swift, nimble; *(v paard)* sound; 2 *(v spraak)* voluble, fluent, glib [tongue]; *hij is ~ van tong* he has the gift of the gab, has his tongue well-oiled; *ze sprak verbazend ~* she talked at a tremendous rate; II *zn* wheel *(ook strafwerktuig)*; *(tand~)* cog(wheel); *~ van* ***avontuur*** *(der* ***fortuin****)* wheel of fortune; *het* ***grote*** *~, (op kermis)* big wheel, *(Am)* Ferris wheel; *iem een ~ voor* ***ogen*** *draaien* throw dust in a p.'s eyes; *~* ***slaan*** turn *(of:* do) cartwheels (a cartwheel); *het* ***vijfde*** *~ aan de wagen zijn* be de trop; *zie ook* radertje, wiel & galg
radar radar [astronomy, beacon, display, screen, unit]; **radarmast** radar pedestal
radau uproar
radbraken break (up)on the wheel; *(fig)* abuse (murder) [a language, the King's English]; *ik ben (als) geradbraakt* I am completely knackered; **raddraaier** ringleader, bell-wether
radeer|gom, **-gum(mi)** (ink) eraser; **radeermesje** erasing-knife, eraser; **radeernaald** burin
radeloos at one's wit's (wits') end, distracted, desperate; **radeloosheid** desperation, desperateness, desperate state
raden 1 *(raad geven)* advise, counsel; *het is je ge~, dat zou ik je ~, (dreigend)* you'd better; ***laat*** *je ~* be advised, take my (his, etc) advice; *zie ook* best III & geraden; 2 *(gissen)* guess; *raad eens wat ik hier heb* guess what I have here; *je hebt het geraden* you've got *(of:* guessed) it; *ik* ***geef*** *het je te ~* you'll never guess; *je raadt het nooit* you'll never guess; *je raadt het in geen twintig keer* I'll give you twenty guesses; ***mis*** *(****goed****) ~* guess wrong (right), make a bad (good) shot; *goed geraden* guessed it (in one go); ***'ra, ra,*** *wat is dat?* riddlemeree; *ra, ra, wie is dat?* guess who (it is); *~* ***naar*** guess at, make (give) a guess at, have a shot at; ***erom*** *~, (vglb)* draw lots (for it), toss up (for it); *zie ook* wild III: in het ~
radenrepubliek soviet republic
raderboot paddle-boat, -steamer *(inz Am:* -wheeler); **raderdiertjes** rotifera, wheeled animalcules; **'raderen** trace [a pattern]
ra'de|ren erase, scratch out; etch; **-ring** erasure
raderkast paddle-box; **radertje** wheel; *een klein ~ in het geheel* (just) a cog in the machine; **raderwerk** wheel-work, wheels; *(ve klok)* clockwork; *het gehele ~ in beweging brengen* set all the wheels going; **raderwieltje** tracing wheel
radheid swiftness, nimbleness; *(v tong)* volubleness, volubility, glibness
radiaal I *bn* radial; II *zn (wisk)* radian; **radiaalband** radial (tyre); **radiair** radial; **radiant** radiant (point); **radiateur** *zie* radiator; **radiatie** 1 radiation; 2 deletion, erasure; **radiator** id
radicaal I *bn* radical [cure, change, reform(er)], sweeping [changes], thorough, root-and-branch [reformer]; *radicale hervorming, (ook)* drastic (thoroughgoing) reform; *~ tegengesteld aan (gekant tegen)* radically opposed to; *~ middel* desperate remedy; II *zn* certificate, diploma; *(pers & in chem)* radical; **radicaliseren** radicalize; **radicalisme** radicalism
radijs radish
radio id *(ook toestel), (vs tv, scherts, ook)* steam radio; *door de ~ horen* hear on (over) the radio; *de ~ stond aan* the radio was on; *zie ook* aanhebben
radio|actief radioactive; **-activiteit** radioactivity; **-amateur** radio amateur; *(sl)* (radio) ham; **-astronomie** radio astronomy; **-baken** radio beacon; **-bericht** radio message; **-besturing** radio control; **-biologie** radiobiology; **-centrale** radio relay exchange; **-diagnostiek** radiodiagnostics; **-distributie** rediffusion; **-drama** radio (broadcast) drama *(of:* play); **-graferen** radiograph; **-grafie** radiography; **-grafisch** radiographic(al); **-gram** id
radio-isotoop radio-isotope
radio|kompas radio-compass; **-logie** radiology; **-logisch** radiological; **-loog** radiologist; **-mast** radio-mast, radio-tower; **-meter** id; **--omroep** broadcast(ing); **-ontvanger** radio receiver; **-peiler** direction finder; **-peiling** 1 radio direction-finding; 2 radio-bearing(s); **-recorder** radio cassette recorder; **-richtingzoeker** radio direction-finder; **-scopie** radioscopy; **-sonde** id; **-station** radio-station; **-stilte** radio blackout, radio silence; *(fig)* news blackout; **-telefonie** radio-telephony; **-telegrafie** radio-telegraphy; **-telegrafisch** radio-telegraphic; **-telegrafist** radio operator; **-telegram** id, radiogram; **-telescoop** radio telescope; **-therapie** radiotherapy; **-toestel** radio (set), radio (receiver); **-verbinding** 1 radio link; 2 radio contact; **-verslag** radio report (commentary); **-zender** radio-transmitter
radium id; **radiumhoudend** radium-bearing [ore]
radius id *(mv:* radii); *zie ook* actie~; **radix** id
radja rajah
radkrans wheel-rim, -flange; **radlijn** cycloid
radome id
radslaan do cartwheels; **radstand** wheelbase; **radvenster** wheel window, rose window
rafactie allowance for damage
rafel ravel; **rafeldraad** ravel; **rafelen** *tr & intr* ravel out, unravel, fray; *gerafeld* frayed; **rafelig** frayed; **raffelen** 1 scamp one's work; 2 gabble
raffia id
raffinaderij (sugar-)refinery; **raffinadeur** refiner; **raffinage** refining; **raffinement** refinement; sophistication; subtlety; **raffineren** refine
rag cobweb; *zo fijn als ~, zie* ~fijn
rage craze, rage; *dat is nu een ~* it's all the rage now

ragebol ceiling-mop; (*fig*) mop, shock (of hair)
ragen sweep away cobwebs
ragfijn gossamer, filmy, sheer; (*fig*) subtle
raggen flap
ragoût ragout, stew, hash; **raid** id
rail id; *uit de ~s lopen* leave (run off) the rails (the metals), jump the rails, be derailed; **railing** railing(s); **raillas** fishplate
railleren banter, chaff, jest, poke fun [at a p.]; **raillerie** raillery, chaff, banter
railverbinding rail link
raison: *zo'n maatregel heeft geen ~* there is no point in such a measure; **raison d'être** id; **raisonnabel** reasonable; **raisonneren** argue; **raisonneur** id; arguer
rak 1 [river-]reach, straight; 2 (*mar*) truss
rakel 1 *zie* ~ijzer; 2 (*typ*) squeegee; **rakelen** rake; **rakelijzer** fire-rake, raker
rakelings: *iem* (*iets*) *~ voorbij gaan* brush (skim) past a p. (a thing), graze [his car grazed a cart]; *de kogel ging ~ langs mijn hoed* the bullet narrowly missed my hat; *~ langs de grond gaan* skim the ground
raken 1 (*treffen*) hit [the mark, the target]; *de steen raakte hem tussen de ogen* the stone caught (took) him ...; *'m ~*, (*drinken*) knock back a few, booze; (*eten*) stoke up, tuck in; (*eten & drinken*) guzzle; (*hard werken*) slave away at one's job; 2 (*aan~*) touch; ***elkaar** ~*, (*ook in meetk*) touch; *de stofdeeltjes ~ elkaar nooit* the particles of matter are never in contact; *geschiedenis en aardrijkskunde ~ elkaar dikwijls* history and geography frequently overlap; *de **schade** raakt*, (*verzekering*) the damage reaches the limit; *~ **aan*** touch (*ook fig:* a cherished institution which must not be touched); *zie ook* komen: ~ aan; 3 (*ranselen*) lam (*of:* pitch) into [a p.]; 4 (*aangaan*) affect, concern; *dat raakt **mij** niet* that does not concern me, is not my business; *het raakt u meer dan iem van ons* it concerns (affects, touches) you more than any of us; 5 (*ge~*) get [out of order *defect*]; *zie ook* ge~; *de voorraden ~ uitgeput* the supplies are getting exhausted; *ik raakte door mijn kleren heen* I was getting short of clothes; *we raakten erover aan de praat* we came (*of:* got) to talk about it; ***in** moeilijkheden ~* get into difficulties; *zijn wiel raakte in de tramrails* his wheel caught in ...; *de verloving raakte **uit*** the ... was broken off; *uit het gezicht ~* drop out of sight; *zie ook* brand, drank, grond, stuk, vlot, enz
raket 1 (*tennis, enz*) racket, racquet; (*bij pluimbal*) battledore; 2 (*vuurpijl, enz*) rocket [motor, plane]; (*projectiel*) [anti-missile] missile; 3 (*plant*) hedge mustard; **raketaandrijving** rocket drive, rocket propulsion; *met ~* rocket-propelled; **raketspel** rackets, racquets, battledore and shuttlecock; **raketten** play at rackets (at battledore and shuttlecock); **raketwerper** rocket launcher
rakingshoek angle of contact
rakker 1 (*ook scherts*) rascal, rogue, scapegrace; *een ~ van een jongen* a pickle of a boy; 2 (*hist, vd schout*) catchpole, (Bow-Street) runner
ral (*vogel*) rail
rally(e) [the Monte Carlo] rally; **rallye-paper** (*sp*) 1 paperchase; 2 point-to-point race
ralreiger squacco (heron)
ram 1 id; *de R~*, (*in dierenriem*) Aries; 2 (*konijn*) buck(-rabbit)
ramadan Ramad(h)an
rambam: *krijg het ~!* drop dead!; *zich het ~ werken* work o.s. to death
ramboetan rambutan; *Chinese ~* lychee, litchi
ramee id, ramie, China grass
ramen estimate, compute [*op* at]; *te hoog, te laag ~* over-, underestimate
ramenas black radish; **ramie** *zie* ramee
raming estimate; *vgl* ramen
rammei battering-ram; **rammeien** batter, ram
rammel 1 (*pers & geluid*) rattle; *hou je ~!* shut up!; 2 (*pak*) ~ hiding; *zie ook* ~ing & ~kast; **rammelaar** 1 (*voor kind*) rattle, bells and rattle; 2 (*babbelaar*) rattle; 3 (*haas, konijn*) buck(-hare, -rabbit); **rammelen** 1 rattle [at the door]; (*v borden enz*) clatter; (*v ketenen*) clank; (*v geld*) jingle; *dit schilderij 'rammelt' enigszins* this picture is a bit of a jumble; *~d betoog* shaky (unsound) argument; ***door** elkaar ~* shake [I could have shaken her]; ***met** zijn geld ~* jingle one's money; *ik rammel **van** de honger* I am famished; *doen ~* rattle [the wind rattled the windows]; 2 (*kletsen*) rattle, chatter; 3 (*paren*) mate; **rammeling** [give a p. a] dressing-down, drubbing
rammelkast (*rijtuig*) rattletrap; (*auto*) jalop(p)y, ramshackle car, old crock, Tin Lizzie, (*sl*) boneshaker; (*piano*) tin-pot (piano); **rammelkous** chatterbox, rattle
rammen 1 ram [a ship, a post into the ground; ram into another car], bash [the door in], wrench [the door off its hinges, the radio from a car]; 2 scrap; 3 (*sl*) nosh
rammenas black radish
ramp disaster [area, fund; *ook fig:* that teacher is a disaster]; calamity, catastrophe; *de ~en van de oorlog* the evils of war; *zie ook* overmaat
rampassen (*Ind*) pillage, loot
rampenplan contingency plan
rampetamp prick; **rampetampen** ram
rampgebied afflicted (distressed, disaster) area; **rampjaar** calamitous year
rampokken plunder, loot, commit (armed) robbery; **ramponeren** damage
rampspoed adversity; **rampspoedig** 1 (*rampspoed ondervindend*) ill-fated; 2 (*onheilvol*) calamitous, disastrous; **rampzalig** 1 disastrous, fatal; 2 (*jammerlijk*) wretched, miserable; 3 (*tot ondergang gedoemd*) doomed, ill-starred; **rampzalige** wretch(ed person); **rampzaligheid** wretchedness, misery
ramsj unassorted goods, irregulars, (*inz boeken*) remainders; **ramsjen** remainder
rancune rancour, grudge, ill-will; *~ tegen iem koesteren* bear a p. a grudge; *sans ~* no hard feelings; **rancunemaatregelen** (*na staking*) victimization; **rancuneus** rancorous, vindictive
rand (*ve hoed, beker*) brim; (*v papier, blad van*

boom) margin; (*v behangsel*) frieze; (*ve stoel, tafel, bed; ook van water, bos, enz*) edge; (*ve kleed, karpet, bloembed*) border, edging; (*inz tussen karpet en wand*) surround; (*ve munt, kopje, vat, oog*) rim; (*ve glas, vaas, greppel, ook*) lip; (*ve afgrond*) brink; (*ve bos, ook*) fringe; (*ve put*) parapet; (*vooruitstekende ~*) ledge [of a mantelpiece; a rocky ledge]; (*in bad*) tidemark; (*munt*) (Kruger)rand; *~je vet,* (*aan vlees*) rim of fat; *zie ook* hoed & zoom; ***aan** de ~ van* on the verge of [the grave, ruin, starvation], on the skirt(s) of [the town], on the brink of [war, the grave], on the fringe of [society], [it brought me] within an ace of [a breakdown]; ***met** rode ~en* red-rimmed [eyes]; ***op** het uiterste ~je* on the very edge; *nogal op het ~je,* (*ve grap*) rather risky (risqué), a bit off, near the knuckle; ***tot** aan de ~ vullen* fill [a glass] to the brim

randaarding rim earthing (*Am:* grounding); **randapparatuur** peripheral (input and output) devices, peripherals

randen *ww* border; (*munten*) mill

rand|figuur minor figure; **-gebergte** mountain range forming the boundary of a plateau; **-gebeuren** peripheral activities, concomitants; **-gebied** fringe area; **-gemeente** suburb, suburban district; **-glosse** marginal note (gloss); **-groep** fringe group; **-groepjongere** teenage dropout; **-schrift** (*v munt, medaille*) legend; **-staat** border (*of:* frontier) state; **-stad** (circular) conurbation, urban agglomeration, (*Am vglb*) interurbia; **-stempeling** *zie* -schrift; **-verschijnsel** sideshow; *kunst dreigt een ~ te worden* art is threatening to become merely marginal; **-versiering** ornamental border; **-voorwaarde** limiting condition; prior condition [for further progress]; (*natuurk*) boundary condition

rang I *zn* rank, degree, grade, position; *bevorderd tot de ~ van ambassadeur* raised to the status of ambassador; *1ste ~,* (*theat*) dress circle, stalls; (*op sportveld*) front seats; *2de ~* upper circle; (*op sportveld*) back seats; *~ en **stand*** rank and station (in life); *een hoge ~ bekleden* hold high rank; *in ~ staan boven* (*beneden*) rank above (below); *in ~ volgen op* rank after; *plaatsen **op** de eerste ~* seats in the stalls (dress circle); *zie ook* dubbeltje; *mensen **van** elke ~ en stand* people of all ranks and classes, all sorts and conditions of men; *van de eerste ~* first-class [hotel, etc]; II *tw ~* (*klets, boem*)*!* bang!, wham bam!; **rangcijfer** number

rangeerder shunter, yardman, (*Am*) switchman; **rangeerheuvel** hump; **rangeerlocomotief** shunting-engine, (*Am*) switch engine; **rangeerschijf** turntable; **rangeerspoor** siding; **rangeerterrein** marshalling-yard, (*Am*) switch-yard

rangeren shunt, (*Am*) switch; *zich ~* settle down

rang|getal ordinal (number); **-lijst** (priority) list; (*sp*) [league, etc] table; [world] rankings, standings; (*fig ook*) league table; (*v officieren*) Army List; *5 jaar achteruitgezet worden op de ~* forfeit (lose) five years' seniority; **-nummer** number; **-orde** order; **-regeling** (*in faillissement*) list of admitted claims; **-schikken** 1 range, arrange [in order of size, according to subjects]; set out [in rows]; marshal [arguments, etc]; (*papieren*) arrange, file; 2 (*classificeren*) class, classify; (*naar kwaliteit, bevoegdheid, enz*) grade; (*tabellarisch*) tabulate; *~ onder* range (group, class) under [two heads], class among [the string instruments]; **-schikkend** (*gramm*) ordinal; **-schikking** arrangement, marshalling, classification; **-telwoord** ordinal (number)

ranja orangeade

rank I *zn* tendril; II *bn* slender, slim [of stature]; (*v schepen*) easily capsized, crank

ranken put forth tendrils, climb, twine

rankheid slenderness; crank(i)ness; *vgl* rank

ranonkel ranunculus (*mv:* -luses, -li); **ranonkelachtig** ranunculaceous; *~en* ranunculaceae

rans 1 rancid; 2 mating season

ransel 1 knapsack, rucksack; (*mil*) knapsack, pack; 2 (*pak*) *~* hiding

ranselen thrash, flog, give a drubbing (thrashing); (*sl*) whop, wallop, lick; *iem halfdood ~* beat a p. within an inch of his life

ransheid rancidness; **ransig** rancid

ransuil long-eared owl

rantsoen 1 ration, portion, allowance; *op* (*heel, half*) *~* on (full, half) rations; *op ~ stellen, zie* ~eren; 2 (*losprijs, hist*) ransom; **rantsoenbeweiding** strip-grazing; **rantsoeneren** ration, put on rations

ranzen mate

ranzig rancid; **ranzigheid** rancidity

raout rout

rap 1 nimble, quick, agile; *~ van voet* swift of foot, swift-, light-, fleet-footed; 2 rap [music]

rapaille, **rapalje** rabble, riffraff

rapé rappee

rapen pick up, gather, collect; *~ en schrapen, zie* passen: ~ en meten; *zie ook* berapen

rapheid nimbleness, quickness, agility

rapier id; (*schermdegen*) foil

rappèl 1 (*herinnering, aanmaning*) reminder; 2 (*med*) booster (injection); 3 (*ve gezant*) recall; **rappelement** (*volkst*) blowing-up, rocket [give a p. a rocket]; **rappelleren** recall; *iem iets ~* recall s.t. to a p., remind a p. of s.t.; *zich iets ~* recall (remember) s.t.; **rappen** rap

rapport 1 report (*ook op school*), statement; *een ~ opmaken* draw up a report; *~ maken van* report [an offence]; (*een gunstig*) *~ uitbrengen* report (favourably) [*over* on]; 2 (*bij hypnose*) id

rapportage report(ing); **rapportcijfer** report mark; **rapporteren** *tr & intr* report [*aan* to; *over* on]; **rapporteur** reporter; (*pol*) rapporteur [of a conference]

rapsode rhapsode; **rapsodie** rhapsody; **rapsodisch** rhapsodical; **rapsodist** rhapsodist

rapunzel (*plant*) rampion; **rara** *zie* raden: ra, ra

rare *zie* raar; **rarefactie** rarefaction; **rarekiek** peep-show, raree show; **rarigheid** 1 *zie* raarheid; 2 (*concr*) oddity, curiosity

rariteit curiosity, curio; *~en,* (*ook*) bric-a-brac

rariteiten|kabinet, **-verzameling** museum (collection) of curiosities; (*op kermis*) freak show

ras I *zn* race [of men]; breed, stock [of animals]; variety [of plants]; strain [of animals, plants, bacteria]; (*attr*) pedigree [dog, etc], natural [talent], born [artist, athlete], thorough(going) [bastard, fool]; *van zuiver* ~ thoroughbred, of a pure strain; *van een goed* ~ *zijn* come of a good stock (*of:* strain) ; II *bw* soon, quickly; III *bn* quick, swift, rapid; *zie ook* schrede

rasdier purebred; **rasecht** true-, pure-bred, thoroughbred, pedigree [dog], true-born, 100 per cent [Arab], true to type; *zie ook* 1 ras (*attr*); **rasechtheid** trueness to type; **rasegoïst**: *hij is een* ~ he is selfish to the core

raseren raze to (level with) the ground

rasheid quickness, swiftness, rapidness, speed, rapidity

rashond pedigree (true-bred, pure-bred) dog; **rasidioot** prize idiot; **raskenmerken** racial characteristics; points [of a dog]

rasp (wood) rasp; (*keuken~*) grater, shredder; (*muz*) guiro

raspaard thoroughbred, blood-horse; *~en*, (*coll*) bloodstock

raspen grate [cheese, etc], shred [vegetables], rasp [wood, etc]; (*geluid*) rasp; **rasperig** rasping, raspy, grating [noise]

rasphuis (*hist*) rasp-house, house of correction

rassehaat race (racial) hatred, rac(ial)ism

rassen|discriminatie racial discrimination; **-gelijkheid** racial equality; **-kunde** ethnology; **-kwestie** racial problem; **-leer** racial doctrine; **-onderscheid** race distinction(s); **-probleem** racial problem; **-scheiding** (racial) segregation; *opheffing der* ~ desegregation; *voorstander van* ~ segregationist; **-strijd** race (racial) conflict; **-theorie** racial theory; **-vermenging** mixture of races, miscegenation; **-vraagstuk** racial problem; **-zuivering** ethnic cleansing

rassetrots pride of race; **rassewaan** racism

rasta Rasta(farian); **rastahaar** dreadlocks

raster 1 lath; 2 (*techn*) screen [printing]; 3 (*tv*) id; **rasteren** 1 fence; 2 screen; **rastering**, **rasterwerk** lattice(-work), trellis work, grating, grill, railing, wire fence

rasuur erasure

rasvee pedigree cattle, bloodstock; **rasveredeling** race culture, eugenics, stirpiculture; **rasvooroordeel** race (racial) prejudice; **raszuiver** racially pure; *vgl* rasecht

rat id; *een oude* ~, (*fig*) an old hand (*of:* fox); *de ~ten verlaten het zinkende schip* the rats are leaving the ...; *van de ~ten gebeten* (*besnuffeld*) stark staring mad

rata: *naar* ~ pro rata, in proportion; *naar* ~ *bijdragen* make pro rata contributions; *naar* ~ *omslaan*, (*Am*) prorate; *zie verder* gelang: naar ~

ratafia id; **rataplan** 1 id, rub-a-dub; 2 *de hele* ~ the whole lot (caboodle); **ratatouille** id; (*fig*) hotchpotch

ratel 1 rattle (*ook: kletser*); 2 (*plant*) rattle; 3 (*tong*) clack, clapper; *hou je ~!* keep your trap shut!; 4 (*techn*) ratchet; *zie ook* ~kous & ~populier; **ratelboor** ratchet brace; **ratelen** rattle; (*vd donder*) rattle, crash, roll; *~de donderslag*, *zie* ratelslag; *er maar op los* ~ rattle away, rattle on; *haar ~de tong* her runaway tongue; **ratelkous** chatterbox; **ratelpopulier** trembling-poplar, aspen; **ratelslag** rolling peal of thunder; **ratelslang** rattlesnake

ratificatie ratification; **ratificeren** ratify

ratiné ratteen

ratio 1 reason; (*grond*) rationale; 2 (*verhouding*) id; **rationalisatie** rationalization; **rationaliseren** rationalize; **rationalisme** rationalism; **rationalist** id; **rationalistisch** rationalist(ic); **rationeel** rational

ratjetoe hotchpotch, mishmash; (*fig ook*) medley, farrago, olio

rato: *naar* ~ pro rata; *zie* rata

rats *zie* ratjetoe; *in de* ~ *zitten* be in a (blue) funk (in a stew), have cold feet, have the wind up

ratsen (*sl*) pinch

ratsmodee 1 devil; 2 caboodle

rattengif rat-poison; (*lit*) ratsbane; **rattenkoning** 1 cluster of rats (with interlocked tails); 2 (*fig*) inextricable problem, Gordian knot; **rattenkruit** arsenic; **rattenvanger** 1 rat-catcher; (*euf*) rodent operative; *de R~ van Hameln* the Pied Piper (of Hamelin); 2 (*hond*) ratter; **rattestaart** rat's tail (*ook vijl*); **ratteval** rat-trap; **rattig** vicious

raudau *zie* radau & rouwdouw

rauw 1 (*niet bereid*) raw, uncooked; crude [alcohol]; 2 (*vd huid*) raw [wound], sore; *een ~e keel* a raw (*of:* sore) throat; *dat viel me* ~ *op het lijf* that was an unexpected blow; 3 (*v geluid*) hoarse, harsh, raucous [voice]; 4 (*fig*) crude [schemes], tough (hard-boiled) [types]; *zie ook* ruw; **rauwdauw** *zie* rouwdouw; **rauwe|lijks**, **-lings** unexpectedly, unawares, without due process; **rauwheid** rawness, crudity, etc; **rauwkost** (dish of) raw vegetables; **rauwkostsalade** crudités; **rauwmelks** raw-milk [cheese]

rauzen (*sl*) kick up a row; (*met auto, enz*) scorch

ravage havoc, destruction; *een* ~ *aanrichten* (*in*) cause, play havoc, wreak havoc in

ravebek 1 raven's bill; 2 (*werktuig*) bent gouge; **ravebeksuitsteeksel** coracoid process

ravelijn ravelin, demilune

ravenaas 1 carrion; 2 (*fig*) gallows-bird

ravezwart raven-black

ravigotesaus ravigote sauce

ravijn ravine, gorge, gully, canyon

ravioli id

ravissant ravishing

ravitailleren provision, victual

ravotten romp

rawa (*Ind*) swamp

rayon 1 area; (*ve handelsreiziger, ook*) territory; 2 (*kunstzij*) id; **rayonchef** area supervisor

razeil square sail

razen rage, bluster, rave; *het water raast* the kettle is singing; *het verkeer raast voorbij* roars past (at great speed); ~ *en tieren* storm and rage; **razend** furious [*op* with], raving, mad, in a tearing passion; infuriated [the infuriated mob]; *zie ook* woedend; *ben je ~?* are you mad?; *het ~ druk hebben* be tremendously busy; *ik heb een ~e* ***honger*** I am starved; *een ~e* ***hoofdpijn*** a splitting headache; *iem ~* ***maken*** drive a p. mad (wild); *~* ***veel*** *geld hebben* have no end of money; *~ veel pret hebben* have a wonderful (marvellous) time; *~* ***verliefd*** madly in love [*op* with]; *het is om ~ te* ***worden*** it's enough to drive you mad; **razende** madman; *als een ~* [he drove] like mad, like one possessed; *zie ook* bezeten, vaart; **razernij** frenzy, madness, rage; *tot ~ brengen* drive to frenzy

razzia id, (police, mass) raid, round-up, swoop; *een ~ houden onder* (*op*) round up [criminals], make a clean sweep of, swoop down on; *een ~ houden in de oude stad* raid the old town

re (*muz*) id

reaal (*munt*) real; *zie ook* reëel

reactie reaction, response; *als ~ op* in reaction to; revulsion (of feeling); *de ~s in de Arabische landen* the repercussions in ...; *een positieve ~ vertonen,* (*med*) test positive [for the Aids virus]; **reactief** reactive; **reactiemotor** reaction (type) engine; reaction drive; **reactietijd** reaction (response) time; **reactievermogen** reactive power; **reactievertrager** retardant; **reactionair** *bn & zn* reactionary

reactiveren reactivate

reactor id

reageerbuis test-tube [baby]; **reageerbuisbevruchting** test-tube (*of:* in vitro) fertilization; **reageerder** reactor; **reageermiddel** reagent, test; **reageerpapier** test-paper, litmus paper; **reagens** reagent, test; **reageren** react; *~ op* react (up)on [a p., each other; *ook in chem*], react to [a blow, stimulus, an action, impressions], respond (be responsive) to [kindness, irony, proper treatment]; *niet ~ op,* (*ook*) ignore [a rude remark]; *vgl* reactie

rea|lia, -liën realities, real facts, practical things

realisatie realization; **realiseerbaar** realizable, feasible; **realiseren** 1 realize; *zich ~* realize, take on board; 2 (*handel*) realize, convert into money, cash, sell; **realisme** realism; **realist** id; **realistisch** realistic (*bw:* -ally); **realiteit** [a sense of] reality; **realiter** actually, in actual fact; **realpolitik** id

reanimeren resuscitate; (*alleen fig*) reanimate

rebbe rabbi

rebel id, mutineer; **rebelleren** rebel, mutiny; **rebellie** rebellion, mutiny; **rebels** rebellious, mutinous; *~ zijn op* be furious with

rebus id, picture (pictorial) puzzle

rebuten dead letters

recalcitrant id, refractory

recapitulatie recapitulation; **recapituleren** recapitulate, sum up

recensent reviewer, critic; **recenseren** review; (*kort aankondigen*) notice; (*meestal ong*) criticize; **recensie** 1 review, criticism, critique; (*kort*) notice; *het boek heeft goede ~s* is favourably reviewed; 2 (*filologie*) recension; **recensie-exemplaar** review(er's) copy

recent id; *van ~e datum* of recent date; **recentelijk** recently

recepis scrip (certificate)

recept 1 (*keuken~*) recipe (*ook fig*), receipt; (*chem*) formula; 2 (*dokters~*) prescription; *medicijn alleen op ~* p.o.m., prescription only medicine, (*en niet geadverteerd*) ethical medicine; *zonder ~ verkrijgbaar* obtainable over the counter; *zie ook* klaarmaken & voorschrijven

receptenboek receipt-, recipe-, prescription book; *vgl* recept; **recepteren** dispense, prepare, make up [medicines]

receptie reception; *~ ten hove* [hold] court; **receptief** receptive; **receptie|kamer, -zaal** reception room; **receptionist(e)** receptionist

receptuur dispensing (of medicines)

reces recess; *op ~ gaan* go into recess, rise [till Easter], adjourn; *op ~ zijn* be in recess; **recessie** recession; **recessief** recessive

recette takings, receipts, box-office money; (*sp ook*) gate(-money)

réchaud chafing-dish, hotplate

recherche detective force, criminal investigation department, CID, (*Am*) FBI; (*tegen smokkelarij*) preventive force; *fiscale ~* Enquiry Branch of the Inland Revenue; **recherchebureau** detective agency; **rechercheur** detective; plain-clothes policeman; (*sl*) dick; *particuliere ~* private detective (inquiry agent, investigator), (*fam*) private eye; **recherchevaartuig** revenue cutter

recht I *zn* 1 (*bevoegdheid, aanspraak*) right, claim, title; *~ van* ***beroep*** right of appeal; *~ van* ***bestaan*** raison d'être, ground for existence; *deze wet heeft haar ~ van bestaan bewezen* this act has justified its existence; *de ~en van het* ***dier*** animal rights; ***goddelijk*** *~ der vorsten* divine right of kings; *~ van* ***gratie*** prerogative of mercy; *~ van* ***koop*** [rent a house with] option of purchase; *~ op* ***pensioen*** right (claim, title) to a pension; *geen ~ van* ***spreken*** *hebben* have no right to speak, be out of court, (*om mee te spreken in een zaak*) have no say in the matter; *hij had geen ~ van spreken meer* he had put himself out of court; *evenveel ~ van spreken hebben als* have an equal voice with; *het ~ van de* ***sterkste*** the law of the jungle; *de ~en van de mens* human rights; *~ van* ***terugkoop*** right (power) of redemption; *~ van* ***uit-, opvoering*** performing rights; *~ van* ***vereniging*** *en vergadering* liberty of assembly, right of (public) meeting; *~ van* ***voorkoop*** option, (right of) pre-emption, pre-emptive right; *~en van de* ***vrouw*** woman's (women's) rights; *zijn goed ~* ***bewijzen*** make out one's case; *het is zijn goed ~ om te weigeren* he has a right to refuse; *~* ***geven*** *op* entitle to; *~* ***hebben*** *op* have a right (a title) to, be entitled to; *~* (*geen ~, alle ~*) *hebben om te ...* have a (the) right (no right, every right) to ...; *u hebt niet het ~ de betaling te weigeren* you are not justified in refusing payment; *daar heb je ~ op* [he ought to tell you,] it is due to you; *hij heeft oudere ~en* he has a prior claim; *de eerste* (*oudste*) *~en hebben op* have first call (first claim) on (the first right to);

krijgen waar men ~ op heeft come into one's own; *hij is* ***in*** *zijn ~* he is within his right(s) (in the right); ***met*** ~ rightly, justly, with good reason; *met ~ boos zijn* be justifiably angry; *zie ook* terecht; *met alle ~* with every right; ***tot*** *zijn ~ komen* show (appear) to full advantage; *haar japon deed haar figuur tot zijn ~ komen* set off her figure to advantage; *dit portret laat u (helemaal) niet tot uw ~ komen* this portrait does not do you justice; 2 (*gerechtigheid*) right, justice; *het* ***geschreven*** *~* statute law, the written law; *het ~ in zijn* ***loop*** *belemmeren* interfere with the course of justice; *zie ook* loop; *~* ***doen*** administer the law (*of:* justice); *iem ~ doen* do a p. justice; *zorgen dat er ~ gedaan wordt* see justice done; *~ verkrijgen* obtain (get) justice; *zich ~* ***verschaffen*** procure justice; *zichzelf ~ verschaffen* take the law into one's own hands; *~* ***zoeken*** seek justice; *het ~ is aan zijn* ***kant*** he has right (*of:* justice) on his side; *in ~en aanspreken* take legal proceedings against, sue [a p. for damages *om schadevergoeding;* for libel *wegens smaad*]; *in de ~en studeren* read law, read for the Bar; ***naar*** *~, zie* rechtens; 3 (*wetten, rechtsgeleerdheid*) law; 4 (*belasting, gew mv*) duties, customs, (*op postwissel*) poundage, (*aanteken~*) [registration] fee; *zie ook* burgerlijk, initiatief, ongeschreven, vrij, wedervaren, enz; II *bn* 1 (*niet krom*) straight [line]; *~ als een* ***kaars****, zie* kaars~; *de afstand is 40 mijl in ~e* ***lijn*** the ... as the crow flies; *zie ook* lijn 3; *~ van* ***lijf*** *en leden* straight-limbed; *~* ***maken*** straighten; *~* ***oversteken*** cross at right angles; *het ~e* ***stuk****,* (*sp*) the [final, home] straight; *~* ***trekken*** straighten [one's tie], adjust [one's clothes], pull straight; *vgl* 3; *~* ***zetten*** adjust [one's hat], put [one's hat] on straight; straighten [have one's teeth straightened]; *vgl* 3; ***zit*** *mijn hoed ~?* is my hat straight?; 2 *~e* ***hoek*** right angle; *~e* ***steek****,* (*breien*) plain stitch; 3 (*juist, goed*) right [the right word]; *de ~e* ***man*** *op de ~e plaats* the right man in the right place; *~ en* ***billijk*** just and fair; ***het*** *~e ervan* [I don't know] the rights of the case (of it, of the story); *het ~e ervan te weten te komen* get to the bottom of the matter; *~* ***trekken****,* (*iets onbillijks*) set right; *vgl* 1; *~* ***zetten****,* (*fig*) correct, put [a thing] right; *vgl* 1; *zie ook* evenredig, pad, tijd, zee, enz; III *bw* rightly, right, quite; [walk] straight; *~ vliegen* fly a straight course; *~* ***toe****, ~ aan* [keep] straight on; *~ toe ~ aan gaan,* (*ook, fam*) follow one's nose; *ik weet niet ~ of ...* I don't quite know if ...; *nu begon ik eerst ~ te ...* now I really began to ...; *hij is niet ~ bij zijn verstand* he is not quite right in his head; *iem ~ in het gezicht kijken* look a p. full in the face; *~ zo die gaat!,* (*mar*) as she goes!, keep steady!; *zie ook* echt, klimming, raap, regelrecht, zee, enz; **rechtaan** straight on

rechtbank court of justice (of law), law-court; (*deftig*) tribunal; (*fig*) tribunal, bar [at the bar of public opinion, of one's own conscience]; *de plaatselijke ~,* (*ook*) the local bench; *een zaak voor de ~ brengen* take a matter into court; *de zaak zal door de ~ beslist worden* the matter will be settled in court; *zie ook* gerecht II.1; **rechtbuigen** straighten (out); **rechtdoor** 1 straight on; 2 straight (through), straightaway; **rechtdraads** with the grain; **rechte** straight line; **rechtelijk** *zie* ge~ & rechtens; **rechteloos** (*ve pers*) without rights; (*ve staat*) lawless, anarchic

rechten I *intr* administer justice; II *tr* 1 (*rechtmaken*) straighten; 2 (*terechtstellen*) execute; **rechtens** by right(s), in justice, rightfully, according to the law; *het komt hem ~ toe* it belongs to him by right

rechter I *zn* judge, justice; *~ van instructie* examining magistrate, investigating judge (*geen Eng titels*); *eigen ~ spelen* take the law into one's own hands; *naar de ~ stappen* go to law [against a p., on a matter]; *hij werd voor de ~ gebracht* he was put on trial; *zie ook* gerecht II.1; II *bn* right [leg]; right-hand [corner, door, side]; (*ve paard, rijtuig, enz*) off [off hind leg, off front wheel, offside]; *~ bovenhoek* top right-hand corner; *~* (*Am: linker*) *buitenspiegel,* offside mirror

rechterarm right arm; (*schermen*) sword arm; **rechterbeen** *zie* rechter II

rechter-commissaris *zie* rechter I: ~ van instructie; (*faillissement*) official receiver

rechterhand right hand; (*fig*) [my] right-hand man, right hand; *laat uw ~ niet weten wat uw linker doet* let not thy right hand know what thy left hand doeth; *aan de ~* on the right (right hand, right-hand side); **rechterkant** *zie* -zijde

rechterlijk judicial [enquiry, post], legal; *de ~e macht* the judicature, the judiciary; *~ vonnis* judicial sentence; *zie ook* dwaling

rechter-plaatsvervanger deputy judge; **rechtersambt** judgeship; **rechterstoel** [appear before God's] judg(e)ment-seat, tribunal

rechter|vleugel right wing (*ook v partij*); *lid van de ~* right-winger; **-voet** right foot; **-wiel** offside wheel; **-zijde** right (side), right hand; (*ve rijtuig, enz*) offside; *de ~,* (*pol*) the Right, the right

rechtgeaard right-minded; *zie ook* -schapen; **rechtgelovig** orthodox

rechthebbende rightful claimant

rechthoek rectangle, oblong; **rechthoekig** 1 (*v vorm*) rectangular; 2 (*met rechte hoek*) right-angled [triangle]; *~ op* at right angles to; **rechthoekszijde** one of the sides containing the right angle in a right-angled triangle; *de twee ~n* perpendicular & base (*het Eng kent geen specifieke term*)

rechtlijnig rectilinear, rectilineal; *~ tekenen* linear (*of:* geometrical) drawing; *zich ~ voortbewegen* move in a straight line; *~e houding* consistent attitude; *~ denken,* (*ook*) have a one-track mind

rechtmaken straighten (out)

rechtmatig rightful, lawful, legal, legitimate; *met ~e trots* with legitimate (*of:* proper) pride; **rechtmatigheid** rightfulness, lawfulness, legality, legitimacy

recht|op upright, [walk] erect, on end; *~ zitten* sit up (straight); *~ gaan staan* (*zitten*) stand (sit) up, straighten o.s.; *zie ook* overeind; **-opstaand** vertical, erect, upright; **-over** just opposite

rechts I *bw* to (on, at) the right; *~ en averechts*

breien knit plain and purl; *drie ~, drie averechts* three plain, three purl; *~ en links, links en ~* [borrow money, hit out] right and left, left, right and centre; *~ en links van mij* to the right and the left of me; *~ boven* (*beneden, onder*) (at) top (bottom) right; *naar ~* to the right; *naar links en ~ kijken* look right and left; *zonder ~ of links te kijken,* (*fig*) without fear or favour; *hij zat ~ van haar* on her right; *~ van de tafel* to the right of ...; *~ houden* (*afslaan*) keep (turn) to the right; *~ ... richt u!* right ... dress!; *~ ... zwenken!* right ... wheel!; II *bn* 1 *zie* rechter II; *het ~e portier,* (*ook*) the offside door; 2 right-handed, dextrous; 3 (*pol*) [parties] of the right; *de ~en* the right (wing, wingers)

rechtsachter (*sp*) right back; **rechtsaf** to the right; (turn) right [at the pub]; *zie ook* afslaan

rechts|bedeling administration of justice; **-beginsel** principle of justice; **-begrip** sense of justice; **-benig** right-footed [player]; **-bevoegd** competent; **-bevoegdheid** competence, jurisdiction; **-bijstand** legal assistance; *kosteloze ~* legal aid; **-bijstandsverzekering** legal expenses insurance

rechtsbinnen inside right; **rechtsbuiten** outside right, right-winger

rechtschapen honest, upright, honourable; **rechtschapenheid** honesty, uprightness, integrity, probity

rechts|college court, bench; **-draaiend** (*natuurk*) dextrorotatory; **-dwaling** miscarriage of justice; **-gang** judicial process; **-gebied** jurisdiction; **-gebouw** court-house; **-gebruik** judicial (legal) custom; **-geding** lawsuit; *een ~ voeren* conduct a case; **-geldig** legal, valid in law, legally valid; *~ worden* [the Home Rule Act will] become law (pass into law); **-geldigheid** legality, validity; **-geleerd** legal, juridical; *zie ook* -kundig; **-geleerde** lawyer, jurist, jurisconsult; **-geleerdheid** jurisprudence; *faculteit der ~* faculty of law; **-gelijkheid** equality before the law, equality of rights (of status); **-gevoel** sense of justice; **-grond** legal ground; **-halve** in justice; *zie ook* rechtens; **-handeling** act in law; **-herstel** rehabilitation; **-hulp** *zie* -bijstand; *bureau ~* law centre, law clinic; **-ingang**: *~ verlenen tegen* commit for trial; **-kracht** force of law, legal effect (force); **-kundig** legal, juridical; *zie ook* advies, adviseur, bijstand; *~ bureau* solicitor's office; **-kundige** lawyer, solicitor; **-kwestie** question of law, legal question; **-lijnend** (*typ*) right-justifying; **-macht** jurisdiction; **-middel** (legal) remedy, remedy at law; **-misbruik** abuse of justice

rechtsom to the right; *~!* right ... turn!; **rechtsomkeert**! about ... turn!; *~ maken* face (to the right) about; (*fig*) do a U-turn, turn tail, turn on one's heel; *~ laten maken* face [a company] about

rechts|ongelijkheid legal inequality; **-onzekerheid** legal insecurity; **-orde** legal order; *de ~,* (*ook*) the rule of law; *de ~ handhaven* maintain law and order; **-persoon** legal person; (*orgaan*) corporate body, corporation; *fictieve ~* artificial person; *als ~ erkennen* incorporate; **-persoonlijkheid** corporate capacity, incorporation; *~ hebben* (*verkrijgen*) be incorporated; **-pleging** 1 administration of justice, judicature; 2 judicial procedure; **-positie** legal status (position, standing)

rechtspraak 1 administration of justice; jurisdiction; 2 (*jurisprudentie*) jurisprudence; **rechtspraktijk** practice at the Bar; *de ~ uitoefenen* practise at the Bar; **rechtspreken** administer (*of:* do) justice; *~ over* sit in judg(e)ment (up)on

rechts|punt legal question, point of law; **-regel**: *een ~* a rule of law; **-staat** constitutional state; **-taal** legal terminology, language of the court(s)

rechtstaan stand up(right); **rechtstandig** perpendicular, vertical, [mounted] upright; **rechtstandigheid** perpendicularity

rechtsterm legal term; **rechtstitel** legal title

rechtstreeks I *bw* direct [access; write direct to ...], directly [descended from ...]; *zie ook* regelrecht; II *bn* direct [connection]

rechts|verdraaiing strained interpretation of the law, perversion of justice; **-verhouding** legal relation; **-verkrachting** violation (perversion) of justice (of the law); **-vermoeden** (*jur*) presumption of fact; *~ van overlijden* presumption of death; **-vervolging** prosecution; *zie ook* ontslaan; **-vordering** action, (legal) claim; *een ~ instellen* put in a claim; *wetboek van burgerlijke ~* Code of Civil Procedure; **-vorm** legal form; **-vraag** *zie* -kwestie; **-wege**: *van ~, a*) zie rechtens; *b*) [appointed] by the court; **-weigering** denial of justice; **-wetenschap** jurisprudence; **-wezen** (system of) judicature, administration of justice; **-winkel** (free) legal advice centre, (*vglb*) Citizens Advice Bureau; *vgl* -hulp; **-zaak** lawsuit, cause; **-zaal** courtroom; *in de ~ zijn* be in court; *zie ook* ontruimen; **-zekerheid** legal security; **-zitting** *zie* terechtzitting

recht|tijdig *zie* tijdig; **-toe** straight on; *zie* recht III; **-trekken** straighten; *zie* recht II.1; **-uit** straight on; (*fig*) *zie* ronduit; *al maar ~ lopen* go straight on, (*fam*) follow one's nose

recht|vaardig just, righteous [man, indignation], fair [judgment], equitable [share, solution]; *alle mensen ~ behandelen* act (deal) fairly with all men; **-vaardigen** justify, warrant [a course of action], legitimate [a claim]; *zich ~,* (*ook*) vindicate o.s., put o.s. right [*tegenover* with; *in de ogen van* in the eyes of]; *niet te ~* unjustifiable, unwarrantable, gratuitous [provocation]; *zie ook* gerechtvaardigd; **-vaardigheid** righteousness, justice; **-vaardigheidsgevoel** sense of justice (of right and wrong); **-vaardiging** justification, vindication; *ter ~* in justification, in vindication [*van* of]

recht|verkrijgende assign; **-vleugelig** orthopterous; *~en* orthoptera; **-zetten** straighten (out), set right, adjust, correct, rectify; **-zinnig** orthodox; **-zinnigheid** orthodoxy

recidive recidivism, relapse (into crime, of a disease); **recidivist** id, old (*of:* repeated) offender, backslider

recief mate's receipt
recipiënt recipient; (*natuurk, chem*) receiver; **recipiëren** receive, entertain; **reciproceren** reciprocate, return [a visit]; **reciprociteit** reciprocity; **reci|prook, -proque** reciprocal
recirculatie recycling
recital id; **recitatief** recitative; **reciteren** recite, declaim
reclamant claimant; (*klager*) complainant; **reclamatie** 1 petition, claim; notice of objection; complaint; 2 (*terugvordering*) reclamation
reclame 1 advertising, advertisement, publicity; (*opschrift*) special offer; *dat is geen ~ voor hun zaak* that is not a good advertisement for their business; *~ **maken*** advertise; *~ maken voor* advertise, publicize, boost; 2 (*concr*) sign; 3 (*vordering*) claim; *een ~ indienen* put in a claim [*bij* with]; *een ~ aannemen* (*inwilligen, intrekken*) entertain (allow, waive) a claim; *recht van ~* stoppage in transit(u); 4 (*klacht*) complaint; (*tegen belasting*) appeal; 5 (*typ*) catchword
reclame|aanbieding (special) offer; **-adviseur** publicity expert; **-afdeling** advertising (*of:* publicity) department; **-artikel** special offer; *~en,* (*proefbusjes, enz*) advertising matter, publicity material; **-biljet** (advertisement) poster; **-blaadje** advertising leaflet, (*op straat, fam*) bagstuffer; (*krantje*) freesheet; **-blok** (*radio & tv*) advertising slot; **-bon** gift coupon; **-boodschap** [radio, tv] commercial; **-bord** advertisement board, hoarding, signboard, placard, (*Am*) billboard; **-bureau** publicity agency, advertising agency; **-campagne** advertising (*of:* publicity) campaign; **-code** (British) Code of Advertising Practice, advertising standards; **-drukwerk** advertising matter (leaflets); *ongewenst ~* junk mail; **-ontwerper** poster designer, commercial artist; **-plaat** show card, showbill, advertising poster; **-raad** Advertising Standards Authority, ASA
reclameren 1 (*handel*) claim [*bij* on, against], put in a claim [*bij* with; *wegens* for]; 2 appeal [*tegen een belastingaanslag* against an assessment]
reclame|spot advertising spot, (brief) commercial; **-tekenaar** advertisement (commercial) artist; **-tekst** slogan; *~en schrijven* write advertising copy; **-truc** publicity stunt; **-zin** slogan; **-zuil** advertising pillar
reclasseren assist [discharged prisoners] in finding employment; **reclassering** (supervisory) after-care of prisoners, rehabilitation; **reclasseringsambtenaar** probation officer; **reclasseringsraad** (*vglb*) Probation Service
recombinant id; **recombineren** recombine
recommandatie recommendation; **recommanderen** recommend; **reconstructie** reconstruction; **reconstrueren** reconstruct; **reconvalescent** convalescent; **reconvalescentie** convalescence
record record [figure, level, number, speed, time, total, turnover]; *het ~ slaan* (*verbeteren*) beat (break) the record (*trachten te slaan* make an attempt on the record); *een nieuw ~ maken* set up (put up) a new record; *het ~ verhogen tot 300 km/u* raise the record (put the record up) to ...; **recordhouder** record-holder; **recordpoging** attempt on the record
recreant holiday-maker; (*Am*) recreationist
recreatie recreation; *gelegenheid tot ~* recreational facilities; **recreatiecentrum** leisure centre; **recreatief** recreational; **recreatiegebied** recreation area; **recreatiesport** leisure sport; **recreatiezaal** recreation-room
recriminatie recrimination
rectaal rectal [temperature]
rectificatie rectification; amended notice; **rectificeren** rectify, put [a few things] right
rector (*ve klooster of gesticht*) id; (*ve gymnasium, enz*) principal, headmaster, high master, (*Sch*) rector; *~ magnificus* Vice-Chancellor; (*Sch*) Lord Rector; (*buiten GBr*) Rector; **rectoraal** rectorial [address]; **rectoraat** rectorship, headmastership; *vgl* rector; **rec|trice, -trix** headmistress, principal; **rectum** id
reçu I *zn* 1 (luggage-, cloakroom) ticket, check; (*strook als ~*) counterfoil; (*bewijs van terpostbezorging*) certificate of posting; 2 (*kwitantie*) receipt; II *bn* [in these circles he is not] accepted, [among bankers the practice is not] approved
recul(eren) (*ve vuurwapen*) recoil
recuperabel recyclable; **recuperatie** 1 recuperation; 2 regeneration, recycling; **recupereren** 1 recuperate; recover; 2 recycle
recursie recursion; **recursief** recursive [function, subroutine]; **recursiviteit** recursion
recyclage 1 recycling; 2 retraining
red. afk van *redacteur, redactie* Ed (editor)
redacteur editor; **redactie** 1 editorship; *onder ~ van* edited by; *de ~ verzorgen van* edit; 2 (*concr*) editors, editorial staff; (*redactieraad*) editorial board; 3 (*ve artikel, enz*) wording; terms [of a motion]; **redactiebureau** editorial office; **redactiecommissie** drafting-committee; **redactieraad** editorial board; **redactiesecretaris** editorial secretary; **redactiewege**: *van ~ bekort* abridged by editor; **redactioneel** editorial; **redactrice** editress
reddeloos past recovery, past help, irretrievable, irrecoverable, beyond hope; *~ verloren* irretrievably (irrecoverably) lost, past (beyond) redemption
redden 1 (*helpen*) save [a p., o.s., one's reputation]; rescue [a p.]; save, salve, salvage [pictures from a fire]; *de dokter heeft u gered* has pulled you through; *de doktoren deden alles om zijn leven te ~* the doctors fought for his life; *de toestand ~* retrieve the situation; *zich ~ door een sprong* (*uit auto, enz*) jump clear, leap to safety; *zij ~ zich door de vlucht* they saved their lives by flight; *de geredden* the saved, those saved, the survivors; *hij is **niet** meer te ~* he is past praying for (past redemption); *die kies is niet meer te ~* that tooth is past saving; *zie ook* reddeloos; *iem **uit** een moeilijkheid ~* get a p. out of a difficulty; *zich eruit* (*zijn figuur*) *trachten te ~* try to save one's face; 2 (*behelpen, meestal wdk*) manage; *genoeg Frans om **zich** te ~* [pick up] enough French to get by

(rub along, manage); *je moet jezelf maar* ~ you must fend for yourself (work out your own salvation); *ik moest mezelf zien te* ~, (*ook*) I was thrown on my own resources; *ik zal me wel* ~ I'll get by (cope, manage); *zich weten te* ~ manage (be able) to carry on; *zij kunnen zich royaal* ~ they are well (comfortably) off; *ik kan me met 50 gulden* ~ fifty guilders will do, I can manage with ...; *zich met heel weinig* ~ manage on very little; *zie ook* rondkomen; **redder** rescuer, rescue worker, saver, preserver; saviour [of the country, of souls]; ~ *in de nood* friend in need

redderen arrange, put in order, do [a room]; **reddering** *zie* be~

redding[1] rescue, deliverance; salvation [of British industry]; (*berging*) salvage; (*zaligmaking*) salvation, redemption; *dat kan zijn* ~ *zijn* that may be the saving of him (his salvation)

reddings|actie rescue operation(s); **-boei** lifebuoy; **-boot** lifeboat; **-brigade** rescue party (squad, service); (*om iem te zoeken*) search-party; **-broek** breeches buoy, travelling cradle; **-gordel** lifebelt, [cork] life-jacket, (*Am*) life preserver; **-ladder** fire-escape; **-lijn** lifeline; **-maatschappij** lifeboat society; (*in Eng*) Royal National Lifeboat Institution; **-middel** life-saving appliance; *het enige* ~, (*fig*) the only solution; **-net** (*vd brandweer*) life-net; **-ploeg** *zie* -brigade; **-poging** rescue bid, attempted rescue; **-station** lifeboat station; **-toestel** life-saving apparatus; **-vest** life-jacket, (*Am*) life preserver; **-vlot** life--raft; **-werk** rescue work; (*v goederen bij brand, enz*) salvage operations; **-wezen** life-saving (service); **-zeil** (*vd brandweer*) jumping sheet, safety sheet

1 rede (*mar*) roads (*mv; soms* road), roadstead; *op de* ~ [lie] in the roads (roadstead)

2 rede 1 (*verstand*) reason, sense; 2 (*redevoering*) speech, oration, discourse; *zie ook* ~voering; (*in*)*directe* ~ (in)direct speech; ~ ***verstaan***, ***naar*** ~ *luisteren* listen to reason, see reason; *dat ligt* ***in*** *de* ~ that is obvious, is self-evident, stands to reason, is a matter of course; *iem in de* ~ *vallen* interrupt a p., (*scherp*) cut a p. short, take a p. up (short); *'Jawel', viel ik haar in de* ~ 'Indeed', I cut (broke, put) in, I interposed; *iem* ***tot*** ~ *brengen* bring a p. to reason (to his senses), make a p. see reason (*of:* sense); *zie ook* vatbaar

rededeel part of speech; **redefiguur** figure of speech; **redekavelen** 1 chat; 2 chop logic, argue; **redekunde** rhetoric; **redekundig** 1 rhetorical; 2 logical; *zie* ontleden; **redekunst** rhetoric; **redekunstenaar** rhetorician; **redekunstig** rhetorical; ~*e figuur* figure of speech

redelijk 1 (*met rede begaafd*) rational [being]; 2 (*billijk*) reasonable [terms], fair [amount], moderate; 3 (*tamelijk*) passable, tolerable; *ze hield het huis* ~ *schoon* she kept ... reasonably clean; *ik wil elke* ~*e som betalen* I'll pay any sum in reason; **redelijkerwijs** (with)in reason, reasonably, in fairness; **redelijkheid** reasonableness; *in* ~, *zie* redelijkerwijs; **redeloos** void of reason, irrational; senseless [destruction]; *het redeloze vee* the brute creation; **redeloosheid** irrationality

1 reden *ww* prepare; equip, fit out [a ship]

2 reden *zn* 1 (*verhouding*) ratio; *meetkundige* (*rekenkundige*) ~ geometrical (arithmetical) ratio; ***in*** ~ *van 2 tot 3* in the ratio 2 : 3 (*of:* of two to three); *in omgekeerde* (*rechte*) ~ *tot* in inverse (direct) ratio to; 2 (*grond*) reason, cause, ground, motive; ~ *tot dankbaarheid* reason for thankfulness; ~ *tot klagen* cause for complaint; ~ *van bestaan* reason for existence, raison d'être; *de* ~ *waarom* (*dat*) the reason why; *dat is de* ~ (*waarom ik het deed*) that's why (I did it); *zijn toestand* ***geeft*** ~ *tot bezorgdheid* his condition gives rise to (cause for) anxiety; (*goede, bijzondere*) ~ ***hebben*** *om* ... have (good, special) reason to ...; *daar had ik mijn* ~*en voor* I had my reasons; *er* ***is*** (*alle*) ~ *te* ... there is (every) reason to ...; *er is geen* ~ *om bang te zijn* there is no reason (call, occasion) to ...; *de* ~ *hiervan is* ... the reason for this is ...; ~ ***te meer*** all the more reason [why ...]; *ik* ***zie*** *geen* ~ *dit onderhoud te rekken* I see no use in prolonging this interview; *en* ***met*** ~ and with (good) reason, [he wonders why ...] and well he may, [it horrified me,] as well it might; ***om*** ~ *van* by reason of, because of; *om die* ~ for that reason, on that account; *om* ~*en van zuinigheid* (*staatsbelang*) for reasons of economy (of State); ***zonder*** ~ without reason; (*sterker*) without rhyme or reason

redenaar orator; **redenaarskunst** oratorical art; **redenaarstalent** oratorical talent; **redenatie** *zie* redenering; **redeneerkunde** logic; **redeneertrant** argumentation; **redeneren** reason, argue [*over* about], hold forth, discourse [*over* (up)on]; *er is met haar niet te* ~ there is no arguing with her; *zie ook* kip & kring; **redenering** reasoning; *fout in de* ~ flaw in the chain of reasoning; *volgens die* ~ on that line of argument (of reasoning); *eindeloze* ~*en* interminable disquisitions

redengevend (*gramm*) causal

reder (ship)owner; **rederij** (firm of) shipowners, shipping company; *de* ~ the owners; *samenwerkende* ~*en* shipping conference

rederijk voluble [when drunk]; **rederijker** 1 (*hist*) rhetorician; 2 (*modern*) member of a drama society; **rederijkerskamer** 1 (*hist*) chamber of rhetoric; 2 (*modern*) drama society; **rederijkerskunst** rhetoric

rederijvlag house-flag

redetwist dispute, disputation, controversy; **redetwisten** dispute; (*kibbelen*) argue, wrangle; **redetwister** disputant, controversialist

redevoering speech, address; (*plechtig*) oration; (*heftig*) harangue; *een* ~ *houden* deliver (make) a speech, give an address [*over* on]; *zie ook* eerste

redigeren 1 edit, conduct [a paper]; *opnieuw* ~ re--edit, reword, redraft; 2 (*opstellen*) draw up, draft; 3 (*uitdrukken*) word [an article]

redmiddel remedy, expedient; (*tijdelijk* ~) makeshift; *zijn laatste* ~ his last resource; *als laatste* ~ in the last resort

1 *Voor sam met* redding- *zie* reddings-

redoute 1 (*mil*) redoubt; 2 (masked) ball
redres redress; **redresseren** redress, right, rectify, amend; *het zal zich wel ~* things will right (arrange) themselves
redster rescuer; *zie* redder
reduceren reduce; **reductie** reduction; *een ~ geven, (ook)* make an allowance; **reductionisme** reductionism
reduit (*mil*) id; (*ve kasteel*) keep, donjon
redundant id; **redundantie** redundancy
reduplicatie reduplication
redzaam handy; **redzeil** (*bij brand*) jumping sheet, safety sheet
ree 1 roe, hind, doe; 2 roads; *zie* 1 rede; **reebok** roebuck; **reebout** haunch of venison; **reebruin** fawn; **reed** *ovt van* rijden
reeds already; *~ in januari* as early as (as long ago as) January; *~ de gedachte daaraan doet mij rillen* the mere (the bare) thought of it makes me shudder; *zie verder* al II
reëel real [value, quantities]; (*zakelijk*) reasonable
reef id; *een ~ inbinden* take in a reef (*ook fig*); *een ~ losmaken* let out a reef; **reefknoop** reef-knot
reeg *ovt van* rijgen
reegeit roe; **reekalf** fawn
reeks 1 series (*mv id*) [of years, surprises, books], chain (range) [of mountains], row [of houses, trees], train [of events, recollections], string [of words, questions], succession [of remarks], run, set [of a periodical], round [of festivities, visits], sequence [of events], array; 2 (*wisk*) progression, series; *toenemen volgens een meetkundige ~* increase in geometrical progression
reep 1 (*touw*) rope, line, string; 2 (*strook*) strip; bar (of chocolate); *in ~jes snijden* cut to ribbons; (*boterham*) cut into fingers
reeposten buckshot; **reerug** saddle of venison
rees *ovt van* rijzen
reeschaaf jointer, jointing-plane
reet I *zn* 1 crevice, cleft, chink, crack, interstice; 2 (*plat*) arse; *geen ~, me ~,* (*plat*) fuck all; *vgl* gat & kont; II *ww: ovt van* rijten
refactie allowance for damage
refectorium refectory
referaat 1 report; newspaper paragraph; 2 (*lezing*) lecture, paper
referendaris (*hist*) head of special branch of government department, referendary; **referendum** id, poll of the people, poll of all the members
referent 1 reporter; 2 (*recensent*) reviewer; 3 speaker; 4 specialist; consultant; **referentie** reference; (*pers*) referee; **referentiekader** frame of reference; **referentiepunt** reference point, (*standaard*) benchmark
refereren refer; *wij ~ ons aan uw beslissing* we refer to your decision; **referte** reference; *onder* (*met*) *~ aan* referring to, with reference to
reflatie reflation; **reflatoor** reflationary
reflectant *zie* gegadigde; **reflecteren** 1 (*weerkaatsen*) reflect; 2 (*reageren*) respond; *~ op* answer [an advertisement], entertain [an offer, a proposal]; *op anonieme brieven zal niet gereflecteerd worden ...* will not be considered; *~d op uw advertentie* in response to ...; **reflectie** reflection; **reflectiehoek** angle of reflection; **reflector** id
reflex id; **reflexbeweging** reflex (action); **reflexief** *bn & zn* reflexive
reformateur reformer; **reformatie** reformation; **reformeren** reform; **reformhuis** health-food shop; **reformist** id, reformer; **reformvoeding** health food, wholefood [shop]
refractair refractory; **refractie** refraction; **refractor** id
refrein burden [of a song], chorus, refrain
refter refectory
refugié refugee; **refuseren** refuse; **refuteren** refute; **refuus** refusal
regaal 1 (*orgeltje*) regal; (*register*) vox humana; 2 book-rack; 3 royal prerogative; **regaleren** regale; **rega|lia, -liën** regalia
regarderen regard, have to do with, concern; *dat regardeert mij niet* is no concern of mine
regatta id
regeerakkoord coalition agreement; **regeerder** ruler; **regeerkunst** art of governing, statecraft; (*ve vorst*) kingcraft
regel 1 rule; (*ve spel, ook*) law; *~ van drieën* rule of three; *het is eer ~ dan uitzondering* it is the rule rather than the exception; *dat **is** hier (de) ~* that is the rule here; *het is ~ bij hem* it is a rule with him; *er een ~ van **maken*** make it a rule, make a practice of it; ***in** de ~* as a rule; ***onder** ~s brengen* reduce to rules; ***tegen** alle ~ in* contrary to all rules; *als ~ aannemen (zich **tot** ~ stellen) te ...* make it a rule to ...; ***tussen** de ~s* [read] between the lines; ***volgens** de ~en der kunst* in the approved manner; 2 (*lijn*) line; *nieuwe ~!* new line!; *~s schrijven* write (out) lines; *~ **voor** ~* line by line; *schrijf me een paar ~s (een **~tje**)* write (send, drop) me a line; 3 (*lat*) rail; 4 (*rij*) row; **regelaar** regulator (*ook pers*), control; **regelafstand** (line) spacing; *met enkele (dubbele) ~,* (*ook*) single- (double-)spaced; **regelapparatuur** control equipment, controls; **regelbaar** regulable; adjustable; variable [resistor]; **regeldrukker** line--printer
regelen arrange [one's affairs], settle [things], order, regulate [prices, one's life], (*fam*) fix (up); direct, control [the traffic]; (*techn*) regulate, adjust [a watch, a compass], tune [a car engine]; *zie ook* schikken & schade; *~ **naar*** order [one's life] in accordance with [a p.'s wishes], accommodate [one's pace] to ..., fit in [one's plan] with ..., adjust [the pay] to [the cost of living]; *zich ~ naar* conform to; *zie ook* richten; *de prijs regelt zich naar het aanbod* the price is determined by the supply
regelgeving 1 legislation, regulation; 2 rules
regeling arrangement, settlement; [traffic-]control; regulation, adjustment; timing; *vgl* regelen; *~ der vorderingen* adjustment of claims; *zie ook* schade~; *een ~ treffen* make (effect, come to) an arrangement, effect a settlement, make [legal *wettelijke*] provisions
regel|kamer (*radio*) control room; **-klep** (*techn*) pilot valve; **-knop** (*v apparaat*) control (knob)

regelloos without rule, irregular [life]; **regelloosheid** absence of order, disorder
regel|maat regularity; *met de ~ van de klok* regular as clockwork; **-matig** regular [breathing, features]; even [teeth], smooth [running]; **-matigheid** regularity; evenness, smoothness
regelmechanisme control mechanism; **regelmoer** adjusting nut; **regelneef** enthusiastic organizer, organizing fanatic
regel|recht straight, right [walk right up to a p.]; *~ gaan naar,* (*ook*) make a bee-line for; *het gaat ~ op de gevangenis aan met hem* he is heading for prison; *hij kwam ~ op mij af* he came straight (up) to me, made a beeline for me; *zie ook* lijnrecht; **-spatie** line space, interline; **-systeem** control system; **-tafel** console; **-tarief** lin(e)age; **-techniek** control engineering; *zie ook* meet- en ~; **-zucht** organizing mania
regen rain; *na ~ komt zonneschijn* after rain comes sunshine; ***van*** *de ~ in de drup* from the frying-pan into the fire; *een ~ van pijlen* a volley of arrows; *een ~ van kogels* [advance through] a hail of bullets; *zie ook* blauw, zuur, enz; **regenachtig** rainy, wet; *het wordt een ~e avond* it is settling in for a wet evening; **regenarm** deficient in rainfall, dry, arid; **regenbak** (rainwater) cistern (*of:* tank)
regen|boog rainbow [jersey, trout]; **-boogvis** (*zeevis*) rainbow wrasse; **-boogvlies** iris
regen|broek waterproof trousers; **-bui** shower (of rain), rain-shower; **-dag** 1 rainy day; 2 (*weerk*) precipitation day, wet day; **-dicht** rainproof; **-druppel** rain-drop
regenen rain; *het begon* (*net*) *te ~* it came (was just coming) on to rain; *als het niet begint te ~* if the rain holds (*of:* keeps) off; *Hij laat het ~ over rechtvaardigen en onrechtvaardigen,* (*Matth. 5:45*) He sendeth rain on the just and on the unjust; *het regende dat het goot* it was raining cats and dogs, was pouring (with rain), the rain was coming down in buckets; *het regende bommen* (*slagen*) it rained bombs (blows); *het regent complimenten* compliments (bouquets) are flying
regeneratie regeneration; reclamation; **regeneratief** regenerative; *-ratieve reactor* breeder reactor; *vgl* -reren; **regenerator** id; **regeneratoroven** regenerator-furnace; **regenereren** regenerate; (*rubber, enz*) reclaim
regen|fluiter *zie* -wulp; **-gordel** rain-belt; **-jas** raincoat, mackintosh, (*fam*) mac(k); (*mil*) trench-coat; **-kapje** rain-hood, rainscarf; **-kleding** rainwear; **-loos** rainless; fine [200 fine days in the year]; **-lucht** rainy (watery) sky; *het is een ~* it looks like rain; **-maand** rainy month; **-maker** rain-maker, -doctor; **-mantel** raincoat; **-meter** rain-gauge, pluviometer; **-pak** waterproof suit; **-periode** rain(y) spell; **-pijp** 1 drainpipe, (*bk*) downpipe, rainwater pipe, (*Am*) downspout; 2 *~en* waterproof leggings; **-put** cistern; **-rivier** rain-fed river
Regensburg Ratisbon
regenschaduw rain-shadow; **regenscherm** umbrella; **regenseizoen** rainy season

regent id, governor; (*ve weeshuis, enz, ook*) trustee; (*ve ziekenhuis*) governor; (*ve gevangenis*) (prison) commissioner; *zie ook* college; **regentenregering** oligarchy; **regentenstuk** group portrait of the regents of an orphanage, almshouse, etc; **regentes** regent, lady governor; **regentesk** high-handed, authoritarian, arrogant
regentijd rainy season; **regenton** water butt
regentschap regency (*ook concr:* the Preanger Regencies)
regen|val rainfall; **-vlaag** (rain-)squall; **-vloed** torrent of rain; **-water** rainwater; **-weer** rainy weather; **-wolk** rain-cloud; **-worm** earthworm; **-woud** rain forest; **-wulp** whimbrel; **-zon** watery sun(shine)
regeren I *tr* 1 reign over, rule; (*v ministers*) govern; *Oost-Afrika werd geregeerd vanuit Downing Street* East Africa was ruled from ...; *zijn hartstochten ~ hem* he is swayed by his passions; 2 (*doen gehoorzamen*) control; *een paard ~* manage a horse; *hij is* ***moeilijk*** *te ~* he is difficult to manage, is rather a handful; *niet langer te ~* [the crowd was] out of hand, [the boy was] beyond control; 3 (*gramm*) govern; *dit voorzetsel regeert de datief* this preposition governs the dative; II *intr* reign (*alleen v vorst*); rule, govern; *~ over* reign over, rule (over); **regerend** reigning, ruling [house], [Queen] Regnant; [party] in power (office)
regering (*ve vorst*) reign, rule; (*bestuur*) government; *een ~ vormen* form a government (an administration); ***aan*** *het hoofd der ~* at the head of affairs; *aan de ~ komen* come to the throne, (*v ministers, ve partij*) come into power; *de conservatieven zijn thans aan de ~* the conservatives are in office now; ***onder*** *de ~ van* in (under) the reign of; *zie ook* bewind; **regeringloos** anarchic(al)
regerings- government; *zie ook* rijks- *& sam met* staat
regerings|almanak government yearbook; **-apparaat** machinery of government; **-beleid** government policy; **-besluit** decree, ordinance, government order; **-commissaris** government commissioner; **-dienst**: *in ~* in government employ; **-instantie** government agency; **-jaren** (*ve vorst*) regnal years; **-kringen** government circles; **-leid(st)er** head of (the) government; **-meerderheid** government majority; **-opdracht** government commission; **-partij** party in office; **-stelsel** system of government; **-tijd** reign; **-toezicht** government supervision; **-troepen** government troops; **-verklaring** (the government's) declaration of policy; **-vorm** form of government; **-wege**: *van ~* officially, from (on the part of) the government; **-zaak** state affair; *is kunst een ~?* should the government patronize art?; **-zetel** seat of government; **-zijde**: *van ~* by (on behalf of) the government, officially
regesten (*hist*) calendar (of state papers)
regie 1 régie, state monopoly; 2 (*theat, enz*) direction; *de ~ van het stuk was uitstekend* the piece

was beautifully staged; *Don Carlos: ~ van ...* produced by ...; **regie-aanwijzing** stage direction
regime id, régime, rule; (*leefregel*) regimen
regiment id (*ook vero als bestuur*); **regimentsbureau** orderly-room; **regimentscommandant** regimental commander
regio region; local area; *~nen* [in the highest] quarters; [he was in higher] spheres; **regio-etnologie** folklore; **regionaal** regional; **regionalisme** regionalism
regisseren direct, produce, (*fig*) stage-manage, orchestrate [a campaign]; **regisseur** director, producer, (*v film ook*) film-maker; **regisseursstoel** director's chair
register 1 (*boek & lijst*) id; (*ve boek*) id, index, table of contents; *een ~ (op een boek) maken* index a book; *in een ~ inschrijven* (enter in a) register; 2 (*vd stem*) id; (*ve orgel, enz*) (organ- etc) stop, (*inz mixtuur*) rank; *alle ~s opentrekken* pull out all the stops, (*fig ook*) make every effort; 3 (*typ*) id; *zuiver ~ houden,* (*typ*) make register; **registeraccountant** (*vglb*) chartered accountant, certified accountant; **registeren** (*typ, tr & intr*) register; **registerton** register ton (*2,83 m³*)
registratie registration, [sound] recording; (*v pers, ook*) enrolment; **registratiekantoor** register office; **registratiekosten** registration fee; **registratieontvanger** registrar of deeds; **registrator** records manager; **registratuur** records management; **registreerapparaat** recorder; **registreerballon** radiosonde; **registreren** register, record
reglement regulation(s); rules [of a club]; (*ve maatschappij*) by-law; [*zich houden aan het*] *~ van orde* [comply with] standing orders; **reglementair** I *bn* prescribed (by the rules), regulation; II *bw* in accordance with (according to) the regulations; **reglementeren** 1 regulate, give regulations for; 2 (*ong*) regiment [public life]; **reglementering** 1 regulations; 2 (*ong*) regimentation
regres recourse; *zonder ~* without recourse; *~ nemen op* have recourse to [drawer]; **regresrecht** (right of) recourse; **regressie** regression; **regressief** regressive
regulair regular; **regularisatie** regularization; **regulariseren** regularize; **regulateur** regulator (*alle bet*); **regulatie** regulation; *zie ook* gebits~; **regulator** id, governor
reguleren regulate, adjust; straighten [children's teeth]; (*munt*) manage, control; *gereguleerde munt* managed (controlled) currency
regulier *bn & zn* (*r-k*) regular
rehabili|tatie 1 rehabilitation, vindication; 2 (*v failliet*) discharge; **-teren** 1 rehabilitate, put [a p., o.s.] right with the world; *zich ~,* (*ook*) redeem o.s., vindicate o.s.; 2 (*faillissement*) discharge; *niet gerehabiliteerd* undischarged [bankrupt]
rei 1 chorus; 2 (round) dance; dancers; 3 rule; **reidans** round dance; **reien** *ww* sing, dance
reiger heron; **reigerbos** 1 heron-crest, -plume; 2 heronry; **reigerkolonie** heronry; **reigersbek** (*plant*) storksbill (*vgl* ooievaarsbek)
reiken I *intr* reach [up to the knees, from ... to ...], extend, stretch [from ... to ...]; *zo hoog kan ik niet ~* I cannot reach so high; *zo ver reikt mijn* ***macht*** *niet* that is beyond my power; *zover het* ***oog*** *reikt* as far as the eye can see; *haar* ***stem*** *reikte zo ver niet* did not carry so far; *~* ***naar*** reach (out) for; II *tr* reach, pass, hand; *iem de* ***hand*** *~* hold out one's hand to a p.; *de behulpzame hand ~ aan* extend the (a) helping hand to
reikhalzen: *~ naar* long for, yearn (hanker) for (after); **reikhalzend** *bw* longingly, anxiously
reikwijdte range, reach; (*fig*) range, import, scope; implications [of a decision]
reilen: *zoals het* (*ze*) *reilt en zeilt* [sell the house] lock, stock and barrel, as it stands; [buy the business] as a going concern; *zijn ~ en zeilen* his affairs, circumstances, fortunes, ups and downs
reiltop (*mar*) flagstaff
rein 1 pure, clean; (*kuis*) chaste; *je ~ste* rank [poison, nonsense, heresy], unadulterated [nonsense], utter [nonsense], absolute [nonsense, poison, drivel], plain [deceit], [they are] the veriest [innocents]; *de ~e is* ***alles*** *rein* (un)to the pure all things are pure; *de ~en van* ***hart*** [blessed are] the pure in heart; *~* ***leven,*** (*ww*) live cleanly; (*zn*) clean living; *~ levend* clean-living, pure in morals; ***in*** *het ~e brengen* straighten out, put [matters] straight, smooth out [the mess *de warboel*], set right; *in het ~e komen* [things will] straighten themselves out, right themselves; *met zijn geweten* (*zichzelf*) *in het ~e komen* come to terms with one's conscience (o.s.); 2 (*muz*) perfect [interval]
Reinaard, Reinaert Reynard; *~ de Vos* Reynard the Fox, Renard
reïncar|natie reincarnation; **-neren** reincarnate
reincultuur pure culture; **Reinder(t)** Reynold
reine-claude greengage
reinet(te) 1 (*plant*) goat's beard; 2 (*appel*) rennet
reinheid purity, cleanness, chastity
Reinier Rainer, Rayner
reinigen 1 clean; (*chemisch*) dry-clean; 2 (*zuiveren*) purify [the blood; purify of (from) sin], cleanse [of (from) sin]; **reiniging** cleaning, purification, cleansing; **reinigingsdienst** (public) cleansing-department, -service; *directeur van de ~* (*Milieudienst*) Environmental Health Officer; **reinigingsmiddel** cleanser, detergent
Reinout Reynold; **Reintje** Reynard
reinvaren (*plant*) tansy
reis 1 (*algem*) journey; (*ter zee*) voyage; (*uitstapje*) trip; (*rondreis*) tour, trip [round the world]; (*overtocht*) passage, crossing; (*ve vorst, enz door het land*) [royal, presidential] progress; (*mv, vooral ontdekkingsreis*) [Stanley's] travels; *~ heen en weer* (*uit en thuis*) round (*of:* double) trip (*of:* voyage), journey there and back, voyage out and home; *~ om de wereld* world-tour; ***goede*** *~!* a pleasant journey (to you)!, pleasant (safe, happy) journey!; have a good trip!; *iem goede ~ wensen* wish a p. a good journey (*lit* Godspeed); *de* ***grote*** *~ aanvaarden* go to one's last (long) home; *een ~* ***maken*** ***(doen)*** make (take) a journey; tour [the front, (in) Scotland]; *als iem verre reizen doet, enz* he who travels far knows much; *een ~* ***onder-***

nemen undertake a journey; ***op*** *~ zijn* be on a journey; *op zijn reizen* on his travels; *op ~ naar* on the way to; *op ~ gaan* set out (go) on a journey (voyage); Noors (voor) op ~ Norse for travellers; *niet* ***voor*** *de ~,* (*boot*) not wanted on voyage; *zie ook* verzorgen; 2 (*vero: keer*) [this] time

reis|agentschap travel agency, travel agent's; **-apotheek** first-aid kit; **-benodigdheden** travel requisites (*of:* needs); **-beschrijving** book of travel(s), travel book, itinerary; **-beurs** travelling-scholarship, travel grant; **-biljet** ticket; **-boek** travel book; **-bureau** travel bureau, tourist (*of:* travel) agency; **-cheque** traveller's cheque; **-declaratie** statement of (claim for) travelling expenses; **-deken** travelling-rug; **-document** travel document; **-doel** destination; **-duif** homing pigeon, homer; **-duur** travelling--time; (*luchtv*) flying-time

reis- en kredietbrief (*vglb*) circular letter of credit; **reis- en verblijfkosten** travelling and hotel expenses; **reisexemplaar** (*boekhandel*) dummy (copy), advance copy; **reisgeld** fare, travelling-money; (*v getuigen*) conduct-money

reis|gelegenheid means of conveyance (of transport); (*mv ook*) travel(ling) facilities; *per eerste ~* by the first connection; **-genoot** travelling--companion, fellow traveller; **-gezelschap** 1 party of travellers, travelling (tourist, touring) party; (*begeleid*) conducted tour; 2 travelling companion(s); **-gids** guide (book), travel(lers') guide; **-goed** luggage; **-klokje** travelling-clock; **-koffer** (travelling-)trunk; **-kosten** travelling--expenses; *vergoeding van ~* travelling-allowance; **-kostenforfait** (income-tax) allowance for travel to and from work; **-kredietbrief** traveller's letter of credit; **-lectuur** reading matter for a journey; **-leider** tour manager; courier; *tocht met ~* conducted (guided) tour; **-necessaire** dressing-case, travel grooming-kit; **-organisator** tour operator; **-pas** passport, travel pass; **-plan** itinerary; **-route** route; **-seizoen** holiday season; **-tas** travelling bag; **-toilet** (*ve bruid*) going-away dress; **-vaardig** ready to set out (to start); **-vereniging** travel association; **-vergunning** travel permit; **-verhaal** record of travel, travel-story, (*geïllustreerd*) travelogue; **-wagen** (*diligence*) stage-coach; (*bus*) coach; **-wekker** travel alarm (clock); **-wieg** carrycotwijzer travel-guide; **-ziekte** travel sickness

reizen travel, journey; *het ~* travel [free, fast, luxurious, cheap travel], travelling; *ze zijn altijd aan het ~ en trekken* they are always travelling, they are always on the go; *~ in tabak* travel in tobacco; *per spoor, over zee, over land, over water, per vliegtuig, met de Rijndam ~* travel by rail, by sea (by steamer), by land, by water, by air (by plane), in the Rijndam; *voor zijn plezier ~* take (make) a pleasure-trip; *zie ook* vrij, bagage, rondreizend; **reizig(st)er** traveller [to China; in cigars]; passenger [traffic, train]

rek 1 elasticity; *de ~ is eruit* there is no give left in it; (*fig*) we're down to rock bottom, we can't afford any more luxuries; 2 (*uitrekking*) stretch, elongation; 3 (*gymn*) horizontal bar; 4 (*voor kranten, pijpen, enz*) rack; (*ve auto*) (luggage) grid, luggage carrier; (*v kleren*) clothes-horse; (*ve handdoek*) towel-rail; (*v kippen*) roost; 5 (*ve kanaal of rivier*) reach; *dat is een hele ~* that is a long distance, quite a long time, a far cry

rek|baar elastic (*ook fig:* notion, term, etc), ductile, extensible; **-baarheid** elasticity, ductility, malleability, extensibility; **-bank** draw-bench

rekel 1 (*reu*) (male) dog; (*vos*) dog (fox); (*hond*) cur; 2 (*vlegel*) cur, churl; *kleine ~* little rascal

rekenaar calculator, arithmetician, reckoner; **rekenarij** [a lot of] arithmetic, calculating, calculation; **rekenblad** spreadsheet; **rekenboek** arithmetic-, sum-book; **rekenbord** abacus; **reken-centrum** computing centre; **rekeneenheid** unit of account

rekenen I *ww, intr* 1 calculate, compute, do sums (*of:* figures), reckon, count; 2 (*vertrouwen*) count, reckon, depend, rely [*op* (up)on]; II *ww, tr* 1 reckon, count; (*be~*) compute; *bij* ***elkaar*** *~* count (add, sum) up; (*fam*) tot up; *door elkaar gerekend* on an average; ***goed*** (*slecht*) *in het ~* good (bad) at figures; *reken* ***maar****!* [I'll do my best,] you bet!; ***ruim*** *gerekend* on a liberal calculation [their forces number ...]; ***bij*** (***met***) *ponden ~* reckon by pounds; ***naar*** *onze tijd gerekend* [at six] reckoning by our time; *als je naar de leeftijd rekent* if you go by age; *men rekent hem* ***onder*** *de grote dichters* he is counted (numbered) among the great poets; ***te*** *~ van vandaag* reckoning from to-day; *te ~ naar wat jij zegt* judging from what you say; *hij had gerekend* ***zonder*** *de inspecteur* he had reckoned without the ...; *zie ook* 1 waard; 2 (*in rekening brengen*) charge [five guilders for it]; *er niets voor ~* make no charge for it; *ik reken voor ieder een pond* I estimate a pound each; *iem* ***te veel*** *~* overcharge [a p. a guilder]; *zij* ***weten*** *van ~* they know how to put it on; 3 (*schatten*) estimate, value [*op* at]; *~* ***op,*** (*schatten*) estimate [the profit] at; (*vertrouwen*) depend (rely) on [a p.; depend on it]; count (reckon) on [a p., a thing, on his being there; I count on you to help me]; *reken er maar gerust op* depend on it; *reken niet op mij* count me out; *daar had ik niet op gerekend,* (*tegenvaller*) I had not bargained for that; *ik reken het mij* ***tot*** *plicht* (*tot een eer*) I consider it my duty (an honour); *zulk werk kan men nauwelijks tot de kunst ~* such work can hardly be counted as art; III *zn* arithmetic; (*inz machinaal*) computation

rekenfout mistake (error) in (the) calculation, computational error; **Rekenhof** (*Belg*) (National) Audit Office

rekening 1 (*wisk*) calculus; 2 (*berekening*) calculation, reckoning, computation; 3 (*afrekening*) account(s); (*nota*) bill, account, (*in restaurant ook*) check; (*factuur*) invoice; *~en* ***maken*** run up bills; *~en* ***schrijven*** make (write) out accounts (bills); *hij kan hoge ~en schrijven, zie* rekenen II.2: weten van ~; *~ en* ***verantwoording*** *van de penningmeester* the treasurer's accounts; *~ en verantwoording doen* render an account [*van* of], account [*van* for]; 4 (*lopende* ~) account; *een* ~ ***hebben*** (*openen*) *bij een bank* have (open) an account with a bank; ***buiten*** ~ *laten* leave out of account (out of the reckoning); ***in*** ~ *brengen* charge [a pound]; *iem iets in* ~ *brengen* charge s.t. to a p.; *zie* rekenen II.2: ~ voor; ***op*** ~ *kopen* buy on credit (*fam:* on tick); *op* ~ *ontvangen* receive on account; *op nieuwe* ~ *overbrengen* (*boeken*) carry forward (to new account); *een bedrag op iems* ~ *schrijven* (*stellen*) charge an amount to a p.('s account), put it down to a p.'s account, debit a p. for an amount; *zet het maar op* ~ put it down, charge it (to my account); *op* ~ *stellen van,* (*fig*) put (set) down to, ascribe to; *ze staan op uw* ~ they are down to your account; *niet minder dan 2 miljoen pond komt op* ~ *van cacao* cocoa accounts for no less than ...; *op zijn* ~ [have two murders] to one's account; ***volgens*** ~ as per account; ***voor*** *eigen* ~ for (on) one's own account; [publish a book] at one's own expense, [printed] privately; *voor eigen* ~ *beginnen* set up (in business) for (on) one's own account, start for o.s.; *voor gezamenlijke* ~ on (for) joint account; *de kosten voor zijn* ~ *nemen* see to (stand, bear) the expenses, (*fam*) pick up the bill; *de verantwoordelijkheid neem ik voor mijn* ~ I will take the ... (up)on myself; *ik nam twee van de schurken voor mijn* ~ I tackled two of the villains; *Rotterdam neemt de helft van het Europese verkeer voor zijn* ~ Rotterdam accounts for one half of all ...; *die bewering laat ik voor* ~ *van de schrijver* the onus of that assertion I leave on the author; *zie ook* kind, streep, vereffenen; 5 (*aanmerking*) account; (*ten volle*) ~ ***houden*** *met* take into account, reckon with, take (full) account of, bear in mind; ~ *houden met* (*de gevoelens van*) *andere mensen* consider other people's (feelings); *met de leeftijd wordt* ~ *gehouden* regard is paid to age; ~ *houden met zijn toestand* (*leeftijd*) make allowance for (allow for) his condition (age); *geen* ~ *houden met* make no allowance for, take no account of, leave out of account; *rijden zonder* ~ *te houden met andere mensen* drive without consideration for other persons

rekening-|courant current (*Am:* checking) account, account current; *in* ~ *staan met* have a current account with; *geld in* ~ money on current account; *krediet in* ~ cash credit; *zie ook* uittreksel; **-courantboekje** (bank) passbook; **-houder** account holder; **-rijden** road pricing

reken|kamer audit office, exchequer and audit department; *Algemene* ~ National Audit Office; *president van de* ~ Comptroller and Auditor General; **-kunde** arithmetic; **-kundig** arithmetic(al); **-lat**, **-liniaal** slide-rule; **-machine** calculator, calculating-machine, (*elektronische*) computer; **-meester** first class arithmetician; financial wizard, statistical expert; **-munt** money (*of:* unit) of account; **-penning** counter, money of account; **-plichtig** accountable, responsible; **-raam** ball-, counting-frame; (*bij de Ouden, Russen, Chinezen, enz*) abacus

rekenschap account; ~ *afleggen* (*geven*) *van* render an account of, account for [one's conduct]; *iem* ~ *vragen* call a p. to account; *zich* ~ *geven van* realize, be (fully) alive to [the importance of ...], appreciate [the magnitude of one's task], form a clear idea of [one's object], consider [one's past record], take stock of [the situation]

rekensom sum in arithmetic; **rekentabel** ready reckoner; **rekentuig** computer; **rekenvoorbeeld** numerical example

rekest petition, memorial; *zie ook* nul; *een* ~ *indienen, zie* ~reren; **rekestrant** petitioner, memorialist, suppliant; **rekestreren** (make) petition; ~ *bij* petition, memorialize

rekkelijk *zie* rekbaar; (*fig*) moderate, tolerant

rekken I *tr* draw out [metal], stretch [linen, shoes], crane [one's neck]; (*fig*) draw out [investigations], spin out [negotiations, the time], protract [a visit, negotiations, the time], prolong [an interview], lengthen out [a sermon], eke out [a miserable existence]; *z'n benen* ~ stretch one's legs; *de zaak* (*het proces*) *werd gerekt tot* ... the business (the suit) hung (hung fire) till ...; ***zich*** ~ stretch o.s. (one's limbs); II *intr* 1 (*v stof, schoenen, enz*) stretch; 2 (*v kippen*) roost

rekker stretcher; **rekkerig** stretchy

rekruteren recruit; *gerekruteerd uit,* (*ook*) [be] drawn from [the educated classes]; **rekrutering** recruitment; **rekruut** recruit; (*sl*) rookie

rekstok horizontal (*of:* high) bar; **rekverband** 1 traction (apparatus); 2 elastic bandage

rekwest petition, memorial; *zie verder* rekest(...)

rekwi|rant requisitionist; **-reren** requisition, lay under (put in, call into) requisition, commandeer, impress; (*jur*) demand; **-sieten** 1 (stage-)properties; (*fam*) props; 2 requirements, necessities; **-siteur** property-man; (*fam*) props; **-sitie** requisition; **-sitoor** *zie* requisitoir

rel row, disturbance, riot; (*mv ook*) (communal) violence; *een* ~ *maken* kick up a row (a shindy)

relaas account, story, tale; *hij stak een heel* ~ *af* he spun a long yarn

relais relay (*ook elektr*); **relaisstation** relay-station; **relateren** relate (to *aan*)

relatie relation, connection; *in* ~ *treden met* enter into (business) relations with; *in voortdurende* ~ *staan met* be in constant touch with; *een* (*sexuele*) ~ *hebben met* have an affair (have relations) with; *geen* ~*s meer onderhouden met* be out of touch with; *prettige* ~*s* friendly relationship; *door verhuizing raakten we onze* ~*s kwijt* we lost our ties; *zie ook* connectie; **relatief** relative, comparative; **relatiegeschenk** present given to business acquaintances, business gift; **relatieprobleem** relational proble; **relativeren** tone down [an earlier statement]; put into (see [things] in) perspective; **relativisme** relativism; **relativiteit** relativity; **relativiteitstheorie** theory of relativity

relaxen 1 relax; 2 (*euf*) visit a massage parlour (a girl for relaxing massage)

relayeren relay, retransmit; **relayering** relay, retransmission

relevant id [*voor* to]; **relevantie** relevance; **rele-**

veren call special attention to, point out, bring to the fore
relict relic
reliëf [high, low] relief; *en* ~ in relief; *hoog* ~, (*ook*) alto-relievo; ~ *geven aan* set off, bring out in full relief; **reliëfdruk** relief print(ing); *zie ook* braille; **reliëfkaart** relief map; **reliëfletters** embossed (raised) type; **reliëfstempel** blind stamp
reliek relic; **reliek|houder**, **-schrijn** reliquary, shrine
religie religion; **religieus** religious; **religieuze** religious (*ook mv*), nun; **religiositeit** religiousness; (*overdreven*) religiosity
relikwie relic; **relikwieënkastje** reliquary
reling (*mar*) (guard) rail; (*hekwerk*) railing, (*gesloten*) bulwark; **relingladder** side ladder
reliquiarium reliquary, shrine
rellenbrigade riot squad; **relletjesmaker** (*bij onlusten*) rioter
relmuis dormouse (*mv:* -mice)
rel|schopper, **-trapper** rioter, hooligan
rem brake; (*v kar, ook*) (wheel-)drag; (*fig*) drag [on progress], dead-weight, check; *de ~men **aanzetten*** apply (put on) the brakes; *alle ~men **losgooien**,* (*fig*) lose all inhibitions; *op de ~(men) **trappen*** step on (slam on) the brakes; *bekrachtigde ~men* power(-assisted) brakes; **remafstand** braking distance; **rembekrachtiger** brake assister, brake servo unit, (*Am*) vacuum booster; **remblok** brake block, friction pad; (*v kar, enz*) drag, skid; *~je,* (*ve fiets*) brake block, (*Am*) brake pad
rembours(ement) 1 cash on delivery, COD [fee, parcel, service]; postage forward [parcel]; *onder* ~ [send goods] cash on delivery, COD; 2 (*terugbetaling*) reimbursement; **rembourseren** 1 send COD; 2 honour [a bill]; 3 reimburse
rembrandtiek Rembrandtesque
remcilinder brake cylinder; **remcircuit** brake circuit
remedie 1 remedy; *daar is geen* ~ *voor* that is beyond (*of:* past) remedy; 2 (*v munten*) remedy, tolerance; **remediëren** remedy
remgeld personal contribution
remigrant repatriate; **remigratie** repatriation [of foreign workers]
reminiscentie reminiscence
remise 1 (*v geld*) remittance; 2 (*sp*) draw, drawn game, tie; ~ *spelen* tie, draw [with]; 3 (*tram~*) [tramway] depot; (*koetshuis*) coach-, carriage-house; **remisepartij** *zie* remise 2; **remiseren** draw, tie
remittent remitter; **remitteren** remit
remkabel brake cable; **remketting** drag chain; **remklep** (*ve vliegt*) brake flap, air brake; **remleiding** brake line; **remlicht** brake light, stop lamp, stoplight
remmen I *intr* brake, put (apply, *krachtig:* jam, slam) on the brake(s); (*bij rijtuig*) apply the skid, put the drag on; II *tr* brake [a car]; (*fig*) (keep in) check, curb; (*ong*) be a drag on; *een ~de invloed* a restraining influence; **remmer** 1 (*med*) inhibitor; 2 brakesman; **remming** (*psych*) inhibition; **remnaaf** brake hub, hub brake
remon|strant id; **-strantie** remonstrance; **-strants** Remonstrant; **-streren** remonstrate
remontoir keyless watch, (*Am*) stemwinder
remous (*luchtv*) id, turbulence; *er stond veel* ~ the air was very bumpy
rempaardekracht brake horse power, bhp; **remparachute** brake (para)chute, (*Am*) drag (para)-chute; **rempedaal** brake pedal
remplaçant substitute; **remplaceren** replace, take the place of
rem|raket retro rocket, retro; **-schijf** brake disc, braking disc; **-schoen** brake shoe; (*ve rijtuig, ook*) skid, drag; **-spoor** (*v band*) skid mark(s); **-systeem** [double circuit] braking system; **-trommel** brake drum; **-vergrendeling** brake lock; **-vloeistof** brake fluid; **-voering** brake lining; **-wagen** brake van; **-weg** braking distance, (*met reactietijd*) stopping distance
ren 1 run, trot, gallop; *in volle* ~ (at) full speed; 2 race; 3 (chicken-, hen-)run
renaissance id, renascence, revival of learning
ren|baan racecourse, -track, turf; (*voor motoren*) speedway; (*voor auto's en motoren*) motor-circuit; **-bode** courier, dispatch rider, runner
rendabel paying, profitable, remunerative, workable [mine], cost-effective; ~ *maken* make [the business] pay; *niet* ~ non-paying, unremunerative; **rendement** 1 profit, return, output, yield; 2 (*nuttig effect*) efficiency; *zie ook* studie~; **renderen** pay (its way), pay off; *het rendeert niet* it does not pay, is not a paying concern (*fam:* a paying proposition); **renderend** *zie* rendabel
rendez-vous rendezvous, appointment, (*geheim*) assignation [have an assignation with]; *elkaar* ~ *geven* make an appointment
rendier reindeer [hunter, moss, skin]
renegaat renegade; **renet** rennet
renkever ground beetle
rennen run, race, rush, gallop; (*voor korte afstand*) sprint; *hij kwam op mij af* ~ he made for me at a run; *we moeten* ~ we have to dash; **renner** racer, runner; **rennerskwartier** rider's (racer's) box; **rennersveld** field, pack
renommee fame, reputation; **renonce**, **renonceren** 1 renounce; 2 (*kaartsp*) void
renovatie renovation, renewal; **renoveren** renovate; (*ook wissel*) renew
renpaard racehorse [owner]; **rensport** racing, the turf; **renstal** 1 racing stable(s) (*ook v auto's*); 2 (*de paarden*) racing stud
rentabiliteit productivity, remunerativeness, earning capacity (*of:* power), cost-effectiveness; [a 20%] rate of return; yield [on a security *obligatie*]
rente interest; (*als percentage*) interest rate; ~ *en/of **aflossing** betalen* service one's debt; *een goede ~ **maken*** obtain a fair return (up)on one's capital; *op ~ **zetten*** put out at interest; ***tegen*** ~ *lenen* borrow on interest; *hij leeft **van** zijn* ~ he lives on his private means; *zie verder* interest; **renteberekening** calculation of interest, charging (of) interest; **rentedienst** (*ve lening*) service [of a loan];

rente|dragend, **-gevend** interest-bearing; **rentekoers** *zie* -stand; **renteloos** bearing no interest; interest-free [loan]; ~ ***liggen*** lie idle; ~ ***kapitaal*** dead capital; *renteloze* ***schuld*** passive debt; ~ ***voorschot*** advance free of interest

renten yield interest; *~de 2%* bearing interest at 2 per cent; **rentenier** 1 rentier, (gentle)man of independent means; 2 (*nietsnut*) loafer, idler; **rentenieren** live on one's private means; live a life of ease and leisure; *gaan* ~ retire from business; *~d bakker* retired baker; **rentenierster** lady of independent means, woman living on her private means

rente|percentage *zie* -stand; **-schuld** back interest; **-spaarbrief** certificate of deposit; **-stand**, **-standaard** rate of interest, interest rate; **-tafel** interest-table; **-tarief** *zie* -voet; **-vast** fixed-rate [*hypotheek* mortgage]; **-vergoeding** payment of interest; *als* ~ by way of interest; **-verlies** loss of interest; **-verzekering** life annuity insurance; **-voet** *zie* -stand

rentmeester (estate-)steward, (land-)agent, (gentleman's) bailiff; *de onrechtvaardige* ~ the unjust steward; **rentmeesterschap** stewardship, (land-)agency

rentree comeback, return

renvogel cream-coloured courser

renvooi reference; **renvooiteken** reference-mark; **renvoyeren** refer [to]

reologie rheology; **reometer** rheometer

reorgani|satie reorganization; (*drastisch*) shake-up [of an organization]; **-seren** reorganize

reoriënteren reorient(ate)

reostaat rheostat; **reotaxis** rheotaxis

rep: *in ~ en roer brengen* throw into commotion; *alles was in ~ en roer* there was a great stir, the whole place (town, etc) was in commotion (in an uproar)

reparabel reparable; **reparateur** repairer, repairman, (*inz aan huis*) serviceman; **reparatie** repair(s), reparation; *in* ~ under repair; *~s aan* repairs to [the gas main]; **reparatiedoosje** repair kit (outfit); **reparatie-inrichting** service station; **reparatiekosten** cost of repair(s); **reparatiewerkplaats** repair(ing) shop; **reparatiewetgeving** reparatory legislation; **repareren** repair, mend; *het wordt gerepareerd* it is under repair

repartitie repartition

repasseren adjust, time [a watch]

repatriant repatriate; **repatriëren** I *intr* leave for (return, go) home; II *tr* repatriate; **repatriëring** repatriation

repel ripple; **repelen** ripple [flax]

repercussie repercussion

repertoire 1 id; repertory; *op het ~ staan* be in the repertoire; (*fig*) be on the programme; *dat staat niet op zijn* ~ that isn't in his line; ~ *houden* keep the stage [for four years]; *van het ~ nemen* take off [a play]; *weer op het ~ brengen* (*plaatsen*) revive [a play]; 2 *zie* repertorium; **repertoirestuk** stock play, stock piece

repertorium repertory (*ook jur*), finding list

repeteergeweer repeating rifle, repeater; **repeteerwekker** repeat(er) alarm (clock)

repetent repetend; *nul komma drie* ~ (*0,3̇*) nought point three recurring (0.3̇)

repeteren 1 (*herhalen*) repeat; *~d*, (*ook*) recursive; *~de breuk* repeating (*of:* circulating) fraction, [pure, mixed] repeater, recurring decimal; 2 (*les, huiswerk e.d.*) go over, revise, (*Am*) review [a lesson]; 3 (*theat*) rehearse [a play] (*ook zonder voorwerp*); *het stuk wordt gerepeteerd* the play is in rehearsal; *laten* ~ rehearse [actors]

repetitie 1 (*herhaling*) repetition; 2 (*school, als oefening*) revision; (*proefwerk*) test (paper), (*Am*) review, test-paper(s); examination(s); 3 (*theat, enz*) rehearsal; (choir-)practice; *grote* (*generale*) ~, (*muz*) last rehearsal; (*theat*) (full-)dress rehearsal; **repetitiehorloge** repeater, repeating watch; **repetitor** private tutor, coach, crammer

replica id; **repliceren** reply, retort; **repliek** 1 rejoinder, rebuttal; *van ~ dienen* reply, retort; 2 (*jur*) reply; 3 (*kopie*) replica

report (*Beurs*) contango; **reportage** (running) commentary [on a match]; report(age); **reportagewagen** recording van, mobile studio; **reporter** id

reppen 1 ~ *van* (*over*) mention; *rep er niet van* don't mention it, keep it close; *ik heb er met geen woord over* (*van*) *gerept* I never breathed a word of it; 2 *zich* ~ hurry, rush

represaille reprisal; ~s *nemen* take reprisals, retaliate [*tegen* against, (up)on]; **represaillemaatregel** reprisal, retaliatory measure

represen|tant 1 representative; 2 (*in handschrift*) guide letter, director; **-tatie** representation; **-tatief** representative (*voor* of); *-tatieve groep* sample; *-tatieve figuur*, (*ook*) presentable (socially acceptable) figure; **-tatiekosten** (entertainment, etc) expenses; **-tativiteit** representativeness; **-teren** represent

repressie repression; **repressief** repressive

reprimande reprimand, rebuke; **reprimeren** repress, (keep in) check; **reprise** 1 (*muz*) repeat; (*sonatedeel*) recapitulation; 2 (*theat*) revival

repro id; **reproduceerbaar** reproducible; **reproduceren** reproduce; **reproduktie** reproduction; **reproduktief** reproductive; **reprograferen** reproduce; **reprografie** reprography; **reprografisch** reprographic; **reprorecht** reproduction right

reptiel reptile; **reptielenhuis** reptile-house

repu|bliek republic (*ook fig:* the republic of letters); **-blikein** republican; **-blikeins** republican

reputatie reputation; *een* ***goede*** (*uitstekende*) ~ *hebben* have (bear) a good reputation (an excellent character), be held in high repute, have a good (outstanding) record [for punctuality]; *hij heeft een* ***slechte*** ~ he stands in bad repute, his reputation is none of the best; *hij heeft de ~ van een wijs man te zijn* he has a reputation for wisdom, is reputed to be a wise man; *zijn ~ getrouw blijven* live up to one's reputation; *zie ook* ophouden; **request**, enz *zie* rekest, enz

requiem id; **requiemmis** requiem (mass)

requirant, enz *zie* rekwirant, enz; **requisitoir** (*jur*) requisitory: sentence demanded by the public prosecutor (*bestaat niet in Eng*); (*vglb*) Counsel for the Prosecution's address to the jury; (*fig*) accusing speech, indictment, denunciation
rescontre 1 settlement, carry-over; *verkoop op ~* sale on account; 2 (*termijn*) Account; 3 (*~dag*) Account Day; **rescontreren** 1 settle on account; 2 (*jur*) rebut; **rescript** id
research research [department, laboratory, team]
resectie resection
reseda (garden) mignonette; (*genus & kleur*) id
reservaat reserve [for wild animals], (bird) sanctuary; (*v Indianen*) reservation; *zie ook* natuur~
reserve id (*ook hand*); (*sp ook*) substitute; (*mil*) reserve (troops), reserves; ***bij** de ~ zijn* be on the reserve list; ***in** ~ hebben* (*houden*) have (hold) in reserve, have [s.t.] to fall back (up)on, have s.t. as a stand-by; ***onder*** (*alle*) *~ aannemen* accept with (some) reserve, with reservations, with all proper reserves); ***zonder*** *~* without reserve, unreservedly
reserve|band spare tyre; **-bank** (*sp*) bench; **-deel** spare (part); **-fonds** reserve fund; **-kader** reserve officers' training-corps; **-kapitaal** reserve capital; **-kopie** (*comp*) back-up (copy); **-officier** reserve officer, temporary officer; **-onderdeel** spare (part)
reserveren reserve; set aside [money for ...]; *zie ook* gereserveerd; **reservespeler** reserve, substitute; **reservestift** refill, spare lead; **reservetroepen** reserve troops, reserves; **reservewiel** (*ve auto*) spare wheel; **reservist** id
reservoir id (*ook fig:* of information, knowledge, new talent]; (*water, enz, ook*) tank; (*ve wc*) cistern
resident I *zn* id; (*BrI, ook*) commissioner; II *bn* id; **residentie** royal residence, court capital; (*Ind*) residency; (*woning*) residence; *de R~* The Hague; **residentieel** residential [area], luxury [flat]; **resideren** reside
residu residue, residuum; **residuaal** residual [value]; **residuair** residuary
resigneren resign [o.s. to s.t.]
resistent id, immune [to]; **resistentie** resistance; **resisteren** resist
resocialiseren resocialize
resolutie resolution; **resoluut** resolute, determined; *~ weigeren* refuse flatly
resolveren resolve (*beide bet*)
resonansbodem soundboard, sounding board; **resonantie** resonance; **resonantiebodem** *zie* resonansbodem; **resonator** id; **resoneren** resound, resonate, (*nagalmen*) reverberate
resorberen resorb; **resorptie** resorption
resp. id; *vgl* respectievelijk
respect id, esteem, regard; *mijn ~ aan Mevrouw ...* my respects to Mrs ...; *~ **hebben** voor* have respect for, hold [a p.] in respect; ***met** alle ~ voor* with all (due) respect for (to) [Mr N, your hard work, etc]; ***uit** ~ voor* in deference to [the public]
respectabel respectable (*ook v aantal, enz*); **respecteren** respect, hold in respect, esteem
respec|tief respective, several [they went their several ways]; **-tievelijk** I *bn zie* respectief; II *bw* 1 respectively, severally; *bestemd ~ voor A en B* intended for A and B respectively; 2 (*of anders*) or otherwise, or else, or alternatively
respectueus, **respectvol** respectful
respijt respite, reprieve, [without] delay; **respijtdagen** days of grace
respi|ratie respiration; **-rator** id, inhaler; **-ratorisch** respiratory; **-reren** respire
respondent id; **responderen** respond, answer; **respons** response, reaction; **responsabel** responsible; **responsie** response; **responsiecollege** (*vglb*) seminar; **responso|rie**, **-rium** responsory, response; **responsum** id
ressentiment resentment
ressort 1 jurisdiction, (*fig*) province, sphere; *in hoogste ~* in the last resort; 2 (main)spring; motive force; **ressorteren**: *~ onder* be under the jurisdiction of [a court, etc], be (directly) responsible to, come within the competence of, be the responsibility of; *dat ressorteert niet onder mij* it is outside my province, (*jur*) does not come within my jurisdiction; *de Engelse Kerk in Frankrijk ressorteert onder de bisschop van Fulham* the ... has jurisdiction over the Anglican Church in France; *dit kwam te ~ onder het Departement van Landbouw* this passed into the control of ...
ressource resource, means of support
rest rest [the rest of us]; remnant [remnants of a staircase]; (*ook: ~getal*) remainder; *voor de ~* for the rest; *een ~je kaas* (*wijn*) a bit of cheese (a drop of wine) left over; *~jes* leftovers, scraps, leavings; *zie ook* restant; **restant** remnant, remainder; (*saldo*) balance; *~en* [publisher's] remainders; (*v goederen*) (oddments and) remnants; *zie ook* rest: ~jes
restaurant id, eating-house, -place; *goedkoop ~* chop-house; **restaurateur** id, restaurant keeper; (*v gebouwen, enz*) restorer, renovator; **restauratie** 1 (*herstel*) restoration [(*ook fig*) the restoration of the Stuarts], renovation; 2 restaurant; (*in station, enz, ook*) refreshment room, (*kleiner*) buffet (bar); (*in ~wagen*) dining compartment; **restauratieafdeling** (*in trein*) buffet (compartment); **restauratief**: *-tieve voorzieningen* refreshment facilities; **restauratie|rijtuig**, **-wagen** dining (*of:* restaurant) car, diner; **restauratiezaal** refreshment room; **restaurator** restorer; **restaureren** restore (*ook v régime*); renovate, recondition; *zich ~* take some refreshments
resten be left, remain; *mij restte niets anders dan te ...* it only remained for me to ...; *zie ook* overblijven; **resteren** remain, be left; *het ~de* the remainder, the remaining part; **restgetal** remainder
restitueren pay back, refund, return, make restitution of; **restitutie** restitution; (*geld, ook*) refund; (*v accijns of invoerrecht*) drawback
restorno return of premium
restrictie (*beperking*) [legal, currency] restriction; (*voorbehoud*) reservation; **restrictief** restrictive; **restringeren** restrict
rest|suiker residual sugar; **-zetel** residual seat

resultaat result, outcome, upshot; (*ve onderzoek, ook*) findings; ~ *boeken* produce results; *zonder* ~ without result, in vain; *zonder* ~ *geen geld* no cure, no pay; *het gewenste* ~ *bereiken* gain the desired result; *het had niet veel* ~ it did not lead to much; *het boek bevat de jongste resultaten der wetenschap,* (*ook*) the book is up to date, is abreast of the latest research; **resultante** resultant; **resulteren** result [*in* in; *uit* from]

resumé summary, synopsis, résumé, (*inz Am*) resume, (*fam*) [a news] roundup; (*jur: vd rechter*) summing-up; **resumeren** sum up, summarize, recapitulate; **resum(p)tie** 1 summary; 2 resumption [meeting]

resurrectie resurrection

resus- rhesus [factor, monkey, negative, positive]

resuscitatie resuscitation; **retabel** retable; **retaliëren** retaliate; **retarderen** retard

retentie(recht) lien [have (hold) a lien on]

reticule id, lady's handbag

retina id; **retiniet** retiniet; **retinitis** id

retirade (*vero*) (public) lavatory (*of:* convenience); **retireren** (effect a) retreat, retire, draw (*of:* fall) back; *zich* ~ retire

retor rhetorician; **reto|rica, -riek** rhetoric; **retorisch** rhetorical [question, skill, talent]

retorsie retorsion; **retorsierechten** countervailing duties; **retort** id

retouche retouch; **retoucheerspuit** airbrush; **retoucheren** touch up, retouch

retour return, (*Am*) round trip; ~ *Delft* Delft return, return Delft; *op zijn* ~ past one's prime; ~ *afzender* return to sender; *zie ook* ~biljet

retour|biljet 1 return-ticket, (*Am*) round-trip ticket; 2 return half [of a ticket]; **-boek** return--book; **-envelop** self-addressed envelope; **-kaartje** *zie* -biljet; **-lading** return (*of:* homeward) cargo; **-neren** return; **-tje** *zie* -biljet; **-vlucht** return flight; **-vracht** return freight; **-wissel** re-exchange, re-draft

retractie retraction; **retractiel** retractile

retraitant retreatant; **retraite** retreat (*ook godsd*); ~ *blazen* sound the (a) retreat; *in* ~ *zijn* (*gaan*), (*godsd*) be in (go into) retreat, make a retreat; **retraitehuis** retreat

retribueren refund; **retributie** 1 refund; 2 charges, fees

retro|actief retroactive; **-flecteren** retroflect; **-grade** id; **-gressief** retrogressive; **-raket** retro--rocket; **-spectie** retrospection; **-spectief** retrospective; **-virus** id

reu dog [a dog and a bitch], male dog, he-dog

reuk 1 (*zintuig*) smell; (*ve hond, enz*) scent [dogs have a fine scent]; *een politiehond* ~ *geven van* give a police dog (a bloodhound) scent of; *geen* ~ *hebben* have no (sense of) smell; *ergens de* ~ *van hebben* (*krijgen*) get wind of s.t., smell a rat; **in** *goede* (*kwade*) ~ *staan* be in good (bad) odour; *in de* ~ *van heiligheid staan* have an odour of sanctity about one, live in the odour of sanctity; 2 (*geur*) smell, scent, odour; (*altijd aangenaam*) flavour, fragrance

reuk|doosje scent-box; **-flesje** scent-, smelling--bottle, vinaigrette; **-gras** vernal grass; **-hout** cherry wood; **-loos** (*v gas, enz*) odourless, odour--free; (*ve bloem*) scentless; **-offer** incense offering; **-orgaan** organ of smell, olfactory organ; **-verdrijvend**: ~ *middel* deodorant; **-vlag** scent mark; **-water** scented water; **-werk** perfume(s), scent(s), perfumery; **-zakje** sachet, scent-bag; **-zeep** scented soap; **-zenuw** olfactory nerve; **-zin** (sense of) smell, olfactory sense; *vgl* reuk 1; **-zout** smelling-salt(s)

reuma(tiek) rheumatism; **reumatisch** rheumatic (*bw:* -ally); (*fam*) rheumaticky

reünie reunion [dinner], reunion gathering, [boy scouts'] rally; **reünisten** (*vglb*) old boys (girls), alumni, -nae (*ev:* alumnus, -na), members past and present

reus giant, colossus; *ouwe* ~ (*fam*) old boy; *Vlaamse* ~ Belgian hare; **reusachtig** gigantic (*bw:* -ally), giant [crane], huge, colossal, mammoth [hotel, sums]; (*fam*) thumping [victory], howling [success]; (*fam*) (*prachtig*) [that's] grand, capital; *een* ~*e mop* a huge joke, [it was] no end of a joke; ~ *verrukt* hugely delighted; ~ *boffen* have prodigious luck; ~ *met elkaar opschieten* get on famously together; *zie ook* reuzenslang & kolossaal; **reusachtigheid** gigantic size, hugeness

reut [the whole] caboodle, lot

reutel rattle (in the throat); **reutelaar** 1 (*kletskous*) chatterbox; 2 (*brompot*) grumbler; **reutelen** 1 rattle; *het* ~, *zie* gereutel; 2 (*ve pijp*) gurgle; 3 (*brommen*) grumble; 4 (*zeuren*) (talk) twaddle

reutemeteut [the whole] caboodle, lot

reuze (*fam*) super; ~ *bedankt* thanks awfully (*Am:* a lot); *hij was* ~ *in zijn schik* he enjoyed himself hugely; *dat is* ~*!* that is super!; *het doet me* ~ *goed* it does me a power of good; *ik had een* ~ *honger* I was famished

reuzel lard

reuzelekker (*fam*) delicious; **reuzeleuk** (*fam*) very amusing; **reuzemop** (*fam*) capital joke

reuzen- giant; bumper [crop]; *vgl* reusachtig

reuzen|arbeid gigantic task; **-doder** giant killer; **-gestalte** 1 giant stature; 2 (*concr*) colossus; **-haai** basking shark; **-hagedis** giant lizard; (*fossiel*) megalosaurus; **-kracht** gigantic (herculean, titanic) strength; **-luiaard** giant sloth; **-panda** giant panda; **-rad** big wheel, (*Am*) Ferris wheel; **-salamander** giant salamander; **-schildpad** giant tortoise; **-schrede** giant('s) stride; *met* ~*n vooruitgaan* advance with giant strides; **-slalom** giant slalom; **-slang** python, boa constrictor; **-sterk** of gigantic strength; *vgl* ijzersterk; **-strijd** battle of giants, gargantuan struggle; **-taak, -werk** gigantic task; **-zwaai** grand circle

reuzevent (*fam*) excellent fellow, splendid chap

reuzig giant; **reuzin** giantess

revaccinatie revaccination; **revaccineren** revaccinate; **revalidatie** (physical) rehabilitation; **revalideren** rehabilitate; **revalorisatie** revalorization, revaluation; **revaluatie** revaluation; **revalueren** revalue

revanche revenge (*ook bij spel*); ~ *geven* give a

p. his revenge; ~ *nemen* (*op*) have (take) one's revenge (on), retaliate; *zie ook* revancheren; **revanchegedachte** revanchism; **revanchepartij** (*sp*) return match; **revancheren**: *zich* ~, *a*) take one's revenge (*op* on); *b*) (*voor attentie, enz*) reciprocate; *c*) (*voor fout, enz*) redeem o.s.; **revanchewedstrijd** (*sp*) return match; **revanchisme** revanchism; **revanchist(isch)** revanchist

reveil [religious] revival, [national] awakening; **reveille** id; ~ *blazen* sound the reveille; **revelatie** revelation; **revelen** twaddle, drivel; **reven** I *tr* reef [a sail]; II *intr* reef down, take in (*of:* shorten) sail; **revenu** revenue

reverbeeroven reverberating furnace, reverberatory

revérence [make (*of:* drop) a] curts(e)y

reverentie 1 reverence; 2 *zie* revérence

rêverie reverie, -ry

revers (*lapel*) lapel; (*omslag*) facing, revers; (*ve munt, enz*) reverse; **revideren** revise; *vgl* reviseren

revier hunting-ground; (*soms*) district, area

reviseren overhaul [a motor-cycle, etc]; *geheel* ~, (*ook*) recondition [an engine]; **revisie** 1 revision; overhaul [of a car, etc]; 2 (*jur*) review [of a trial]; 3 (*typ*) revise, clean proof; *laatste* ~ final revise, page proof; **revisionisme** revisionism; **revisionist(isch)** revisionist; **revisor** reviser, -sor

revitaliseren revitalize

revocatie revocation; **revoceren** revoke

revolte revolt; **revolteren** revolt [against the dictator; at, from, against crimes]; **revolutie** revolution; **revolutiebouw** 1 jerry-building; 2 jerry-built houses; **revolutionair** *bn & zn* revolutionary; (*bn ook*) subversive [ideas, activities]; (*zn ook*) revolutionist

revolver id; **revolverdraaibank** turret lathe, capstan lathe; **revolverheld** 1 gunman, (*ong*) gunslinger; 2 dead shot; **revolverkop** turret-head; **revolverspuit** spray gun; **revolvertang** revolving (*of:* rotary) punch

revue 1 review (*ook tijdschrift*); *de* ~ *passeren* pass (*of:* march) in review, file past; (*fig*) pass in (under) review; *de* ~ *laten passeren,* (*fig*) pass in (under) review, review [one's past life], take stock of [the situation]; 2 (*theat*) revue, [ice] show

revuegirl chorus girl

rez-de-chaussee ground floor; **Rhaeto-Romaans** Rhaeto-Romanic; **rhesus-** *zie* resus-; **Rhodus** Rhodes; (*inwoner*) *van* ~ Rhodian; **Rhône** Rhone; **rhönrad** aero wheel; **ria** ria [coastline]

riant delightful [prospect, view, villa]; laughing, smiling [landscape]; ample [salary, lead *voorsprong*], spacious [room]

rib(be) 1 rib (*ook v blad, stof, schelp, schip, gewelf, enz*); *ware* (*valse, vrije*) *rib* true (false, floating) rib; *iem de ribben smeren* tan a p.'s hide; *ik zal hem de ribben breken* I'll break every bone in his body; *je kon zijn ribben tellen* he was all skin and bone(s); *een rib uit je lijf* [it will cost you] an arm and a leg; 2 (*ve kubus*) edge; 3 *zie* ribstuk

ribbel rib, ridge; (*geol*) ripple-mark; **ribbelig** ribbed, ridgy; **ribbeling** 1 (*geol*) ripple-mark; 2 (*appel*) costard; **ribbenkast** rib cage; (*fam*) body, carcass; **ribbestoot** poke (dig) in the ribs; **ribbestuk** *zie* ribstuk; **ribbetje** rib, cutlet, chop; **ribbetjesgoed** 1 ribbed (corded) material; 2 (*rips*) rep(p); **ribbroek** corduroy trousers, corduroys, cords; **ribcord** corduroy

ribes (*plant*) flowering currant

ribfluweel corduroy; **ribgewelf** ribbed vault; **ribkarbonade** pork cutlet; **ribstuk** rib (of beef, of pork)

richard man of means

richel 1 (*lat*) lath; 2 (*rand*) ledge, ridge; (*v berg ook*) spur; *het is tuig van de* ~ it is the scum of the earth

richt|antenne directional aerial (*of:* antenna); **-bedrag** lump sum; **-datum** target date

richten 1 (*algem*) direct [at]; (*wapen*) aim, point, level [*op* at], target [on], (*kanon*) lay, point [*op* at], train [*op* on; *ook:* a camera on ...]; (*kijker*) direct [*op* on, to]; (*brief, opmerking ed*) direct, address [*tot* to]; ***zich*** ~, (*mil*) dress; *rechts richt u!* right ... dress!; *zich* ~ ***naar*** conform to [a custom, etc], be guided by [circumstances]; *zich naar iem* ~, *a*) conform to a p.'s wishes; *b*) follow a p.'s example; *niets om ons naar te* ~ nothing to go by; *hij richtte zijn pas naar de hare* he accommodated his step to hers; *de kanonnen werden* ***op*** *een torpedojager gericht,* (*ook*) the ... were brought to bear on (were trained on) a destroyer; *het wapen op zichzelf* ~ turn the weapon on o.s.; *zijn gedachten* (*aandacht*) ~ *op* bring one's mind to bear (up)on [a problem], bend one's mind to (direct one's attention to); *kritiek* ~ *op* level criticism at; *alle*(*r*) *ogen waren op hem gericht* all eyes were turned towards (focused on) him; *het oog* ~ *op,* (*ook*) look towards [the future]; *godsdienstonderwijs hoort gericht te zijn op* ... religious teaching should be focused on ...; *het stelsel is gericht op* ... the system aims at [the rehabilitation of young offenders]; *die opmerking was op mij* (***tegen*** *mij*) *gericht* that ... was aimed at (directed against) me; ***te*** *gronde* ~ ruin, wreck; *zijn ogen* ***ten*** *hemel* ~ turn one's eyes to heaven; ~ ***tot*** address [a warning] to; level [reproaches] against; ***zich*** ~ *tot* apply to, address o.s. to; *het* ~, (*mil*) *zie* richting; *zie ook* gericht I, schrede, enz; 2 (*recht maken*) straighten

richter 1 (*bijb*) judge; (*het boek der*) *R~en* (the book of) Judges; 2 (*mil*) (gun-)layer

richtgetal (*fot*) guide number; **richthoek** angle of sight

richtig right, correct, exact, accurate

richting direction, trend [of the coast, the hills; *ook fig:* the trend of the times, of public opinion], school [of thought], tenor [of a p.'s life]; (*mil*) alignment, dressing; (*in de kunst, enz*) school; (*godsd*) persuasion; *de moderne* ~ modernism, modern thought; *de orthodoxe* ~ orthodoxy; *geen bepaalde* ~, (*in pol, enz*) no definite policy; [*ze zijn*] *van onze* ~, (*godsd*) of our persuasion; *hij was de* ~ *geheel kwijt* had lost all sense of direction; *hij heeft een gave in die* ~ he has a gift that way; *de vorderingen in die* ~ the progress towards it; [*hij vertrok*] ~ *Londen* in the direction of London; *zie ook* een~sverkeer; **richtingaanwijzer** (direction, traffic) indicator, blinker, flasher; (*hist: arm*) trafficator; **richtingsbord** (*ve tram, enz*) route-indicator, destination board; **richtingsgevoel** sense of direction; **richtingsroer** (*ve vliegt*) rudder; **richtingzoeker** (wireless) direction-finder

richt|kijker telescopic (telescope) sight , riflescope, (*bommen~*) bombsight; **-lat** (*ve metselaar*) jointing-rule; **-lijn** 1 bricklayer's line; 2 (*aanwijzing*) directive, guideline; 3 (*wisk*) directrix; 4 (*mil*) line of sight; **-lood** plumb line; **-prijs** 1 (*kostendekkend plus winst*) full-cost price; [EC] target price; 2 recommended (retail) price; **-schroef** adjusting screw; **-snoer** 1 bricklayer's line; 2 (*aanwijzing*) line of action, rule of conduct, guideline(s); *een* ~ *geven* give a lead; *iem tot* ~ *dienen* serve for a p.'s guidance

ricinus(boom) castor-oil plant (*of:* tree); **ricinusolie** castor oil

ricksha rickshaw

rico|cheren ricochet; **-chetschot** ricochet (shot)

ridder knight; ~ *van de droevige figuur* knight of the rueful countenance; *Ridder van de Kouseband* Knight of the Garter; ~ *van de pen* knight of the pen (the quill); ~ *zonder vrees of blaam* knight without fear or reproach; *hij werd* ~ *te voet* he was unhorsed; *iem tot* ~ *slaan* dub (make, create) a p. a knight, knight a p.; *zie ook* dolen

ridderen knight; *geridderd worden,* (*ook*) receive a knighthood

ridder|gedicht poem of chivalry; **-geest** chivalrous spirit, spirit of chivalry; **-goed** manor, manorial estate, baronial property; **-hofstede** manorial farm; **-kruis** knight's cross; **-lijk** 1 (*als een ridder*) chivalrous; 2 (*van een ridder*) knightly; 3 (*bw: openlijk*) frankly; **-lijkheid** chivalrousness, chivalry; **-orde** order of knighthood; military order; [receive a] knighthood; **-roman** romance of chivalry; **-schap** knighthood, chivalry; (*edelen*) nobility; **-slag** accolade; *de* ~ *ontvangen* be dubbed a knight; *de* ~ *geven* confer the accolade on [a p.], give [a p.] the accolade; **-spel** tournament; **-spoor** (*plant*) delphinium, larkspur; **-stand** knighthood; **-tijd** age of chivalry; **-verhaal** tale of chivalry; **-wezen** chivalry; **-zaal** hall (of the castle); *de R*~ the Knights' Hall

ridiculiseren ridicule; **ridicuul** ridiculous

ried *ovt van* raden; **riedel** (*muz*) run, tune, riff; (*radiojengel*) jingle; (*slagzin*) slogan

riek (three-, etc pronged potato, manure, etc) fork

Riek *zie* Hendrika & Frederika

rieken smell; (*fig*) savour (smack, smell) [*naar* of]; *zie* ruiken

riem 1 (*v leer*) strap, thong; (*om middel*) belt, girdle; (*over schouder*) belt, baldric; (*ve geweer, kijker, enz*) sling; (*ve hond*) lead, leash; (*ve kijker ook*) lanyard; (*schoenriem*) strap, (*over wreef ook*) bar; (*ve polshorloge*) (watch-)strap; (*drijfriem*) (driving-)belt; (*scheerriem*) strop; ~ *zonder eind* endless belt (strap, band); *iem een* ***hart*** *onder de* ~ *steken* put heart into a p., put a p. in heart; *het is goed riemen snijden uit andermans* ~ it is easy to be generous with other people's money; 2 (*roeiriem*) oar; (*eenhandig*) scull; *de ~en binnenhalen* (*uitleggen*) ship (unship) the oars; ***roeien*** *met de ~en die men heeft* make do (shift) with what one has, make the best of it; 3 (*papier*) ream

riemschijf (belt-)pulley; **riemslag** stroke with (the) oars; **riep** *ovt van* roepen

riet reed (*ook muz*); (*bamboe, suiker~*) cane; (*dak~*) thatch; (*Spaans* ~) rattan, cane; ~(*je*), (*stok*) cane, bamboo; (*voor limonade*) [sip lemonade through a] (drinking) straw; *hij liet alles in het* ~ *lopen* he let things drift, made a mess of it; *knudde* (*plat: kut*) *met een ~je* a complete wash-out; *zie ook* beven & kluit; **rietachtig** reed-like, reedy; **rietblazers** reeds; **rietdekker** thatcher; **rieten**: ~ *dak* thatched roof; ~ *stoel* cane (wicker, basket) chair, (*met* ~ *zitting*) cane-bottomed chair

riet|fluit reed-pipe, (shepherd's) reed; **-gans** bean-goose; **-gors** 1 (*vogel*) reed-bunting; 2 (*grond*) reed flat, reed marsh; **-gras** reed-grass; (*soms*) sedge; **-hoen** moorhen; **-lijster** great reed-warbler; **-mat** reed-, rush-mat; **-mus** reed-bunting; **-pluim** reed tuft; **-schorre** *zie* -gors 2; **-suiker** cane sugar; **-tuin** (sugar-)cane field; **-veld** 1 reed-land, -marsh, -bank; 2 *zie* -tuin; **-vink** *zie* -gors 1; **-voorn** rudd; **-wouw** marsh-harrier; **-zanger** sedge-warbler

rif 1 (*klip*) reef; 2 (*in zeil*) reef

rigide rigid, inflexible; **rigorisme** rigorism; **rigoureus** rigorous; **rigueur**: *de* ~ id, essential

rij 1 row, range, series, file, line, string [of taxis], tier [of seats]; *een* ~ *getallen,* (*onder elkaar*) a column of figures; (*naast elkaar*) a series of figures; *een hele* ~ *van beroemdheden* a whole array of celebrities; *de* ~ *sluiten* bring up the rear; *de ~en sluiten* close the ranks [of the Party]; ***in*** *een* ~ in a row; *in de* ~ *staan* queue (up) [for tickets]; ***op*** (*een*) ~ [three victories] in a row; *op ~en* in rows; *op de* ~ *af* [they are numbered] consecutively; *op vier ~en staan* stand four deep; *zij wandelden vier op een* ~ they ... four abreast; *hij heeft ze niet allemaal op een ~tje,* (*fam*) he has a tile loose; *op een ~tje zetten* line up [the effects of the oil crisis], marshal [the facts]; *zie* queue & knoop; 2 (*lat*) rule; (*v metselaar*) jointing-rule

rijbaan 1 roadway, carriageway; *weg met gescheiden -banen* dual carriageway; 2 (*rijstrook*) lane; 3 (*ijs*) (skating-)rink; 4 (*in manege*) ring; **rijbewijs** (driving, driver's) licence; **rijbroek** riding-breeches, (*lange*) jodhpurs; **rijdas** (hunting-)stock

rijden I *intr* 1 (*op dier, op fiets, in trein, tram, bus*) ride; 2 (*op schaatsen*) skate; 3 (*in eigen rijtuig, auto*) drive; (*mennen*) drive; *hij reed zelf* he was driving himself; *dat is drie uur* ~ that is a three-hour drive; (*te*) ***dicht*** *achter iem* ~, (*ook*) tailgate [a p.]; ***gaan*** ~ go out for a ride (a drive); go out skating; (*te*) ***hard*** ~, (*in auto*) speed [be fined for speeding]; *de auto reed hard* the ... was travelling fast; *een kind op zijn knie* ***laten*** ~ ride a child on one's knee; *hij kan ~ en* ***omzien*** he has his wits about him; he is very resourceful; *hij is altijd aan het ~ en* ***rossen*** he is always careering about; ***zitten*** *te ~, (op stoel, enz)* fidget; ***door*** *onveilig sein (het rode licht) ~* pass (drive past) a halt sign, overrun the signal(s), run through the red light(s), jump the lights; ***naar*** *het trottoir rijden* draw in to the kerb; ***met*** *de vier (de acht) ~* drive four (eight) in hand; ***op*** *een paard ~* ride a horse, ride on horseback; *op iems rug ~* ride pick-a--back; *de trein rijdt (in aansluiting) op de boot* the ... runs in connection with (meets) the boat; *op olie ~, (ve auto, enz)* run on oil; *~* ***tegen*** run (crash) into [a lamp-post]; *de bus rijdt* ***tussen*** *A en H (rijdt dagelijks)* the bus the bus runs between ... (runs daily); 4 *(ve schip)* ride; *voor* ***anker*** *~* ride at anchor; 5 *(vh voertuig zelf)* go, run; *(ve vliegt)* taxi; 6 *(v Sinterklaas)* bring presents; 7 *(op examen)* cut a poor figure, do badly; II *tr* drive [who has driven you?]; *(in kinderwagen, brancard, ziekenwagentje)* wheel; *(kruiwagen, enz)* trundle; *'m ~, zie* rats: in de ~ zitten; iem ***eraf*** *~* beat (defeat) a p.; *zie ook* invloed, tong, wiel, woest, enz

rijdend moving [car, train]; mobile [artillery, crane, library, shop]; *~e artillerie, (hist)* horse artillery; *~e doodkist* deathtrap; **rijder** 1 rider, horseman; 2 skater; 3 *(hist munt)* [gold, silver] rider; 4 driver; cyclist; delivery man; **rijdier** riding-animal, mount; **rijdraad** *(ve trein)* contact (trolley, overhead) wire; **rijdracht** riding wear

rijenteelt row (ridge) cultivation; **rijenzaaimachine** seed-drill

rijervaring road experience; **rijexamen** driving test; *~ doen* take one's driving test

rijf 1 *(rasp)* grater, rasp; 2 *(hark)* rake

rijgdraad basting-thread, tacking-thread

rijgedrag *(v pers)* road manners; *(v auto)* handling

rijgen 1 *(kralen)* string, thread [beads]; file [papers]; *iem aan de degen (de bajonet) ~* run a p. through with the sword (the bayonet), skewer a p.; 2 *(met steken)* baste; *(met spelden of steken)* tack; *(met veters)* lace [shoes]

rijg|garen basting (tacking) thread; **-koord** lace; **-laars** lace-up boot; **-naad** basted seam; **-naald, -pen** bodkin, ribbon threader; **-schoen** laced shoe, Oxford shoe; **-snoer** lace; **-steek** tack, basting- stitch; **-veter** lace

rijhandschoen riding-, driving-glove, -gauntlet; **rijhoogte** *zie* door~

rijk I *zn (staat)* state, *(groot ~, keizer~)* empire [the Roman Empire, a business empire], *(konink~)* kingdom [the United Kingdom, the animal kingdom, the kingdom of the mind, of Heaven); *(alg)* realm, dominion; *(heerschappij)* rule; *(fig, ook)* [this was her] domain; *het Britse Rijk* the British Empire, the British Commonwealth of Nations; *het (Derde) Duitse Rijk, (hist)* the (Third German) Reich; the German Empire; *zie ook* duizendjarig, Hemels, Rooms; *de drie ~en der natuur* the three kingdoms of nature; *het ~ der fabelen (der fantasie)* the realm of fancy; *het behoort tot het ~ der mogelijkheden* it is within the bounds (realms) of possibility; *het ~ der letteren* the republic of letters; *dit behoort aan het ~* this is state property; *ze hadden het ~* ***alleen*** they had it (the place) all to themselves; *hij wil het ~ alleen hebben* he wants to have it all his own way; II *bn (ve pers)* rich, wealthy, opulent; *(v zaken)* rich [country, soil, dress, harvest], sumptuous [furnishings], copious [dinner; copiously illustrated]; *buitengewoon ~, (ook)* bumper [crop, year]; *de ~e man, (bijb)* the rich man, Dives; *hoe ~ is hij?, (ook)* what is he worth?; *iets ~ worden* become (get) the richer by s.t.; *geen* ***cent*** *~* not worth a farthing; *hij was geen overjas ~* he boasted no greatcoat; *hij is wel tien keer zo ~ als jij, (ook)* he could buy you up ten times over; *~* ***aan*** rich in [money, experience, friends]; *de ~en* the rich; *~(en) en arm(en)* rich and poor, *(fam)* [the] haves and have-nots; *zie ~*elijk, koning, kwijt & huwelijk; **rijkaard** rich man, Croesus, plutocrat; **rijkbedeeld** ample [woman]; **rijkdom** riches, wealth, affluence, opulence; *(fig)* wealth, copiousness, abundance; *natuurlijke ~men* natural resources; *zie ook* -heid & schat; **rijkelijk** I *bn zie* rijk; II *bw* 1 richly, abundantly, copiously, plentifully, liberally; *~ belonen* reward handsomely (liberally); 2 *(ruim)* amply [sufficient]; unduly [late]; *niet te ~ met de suiker!* go easy with the sugar!; *zich ~ bedienen van jus* help o.s. liberally to gravy; *zie ook* ruimschoots; **rijkelui** rich people; *(sl)* nobs; **rijkeluiswens** a boy and a girl; **rijkheid** richness [the richness of the soil, of her life]; profusion [a profusion of colour]

rijklaar: *~ gewicht, (v auto)* kerb-weight; **rijkleding** riding wear; **rijkleed** (riding-)habit; **rijknecht** groom; **rijkostuum** riding kit, riding--costume

rijks- *(dikwijls)* government, state, national, *(Am)* federal; *zie ook sam met* staat-

rijks|adelaar imperial eagle; **-advocaat** *(vglb)* solicitor for *(of:* to) the Treasury, Treasury *(of:* government) solicitor; **-ambtenaar** government official, government *(of:* public) servant; *(burgerlijk)* civil servant; **-appel** orb, imperial globe; **-archief** national archives; *(Br)* Public Record Office; **-archivaris** *(algem)* Keeper of Public Records; *(provinciaal, vglb)* County Archivist; **-ban** ban of the Empire; **-banier** imperial banner; **-belasting** tax; *(Am)* federal tax; *plaatselijke en ~en* rates and taxes; **-bemiddelaar** government conciliator (mediator), conciliation officer; *college van ~s* Board of Arbitration; *(Eng, vglb)* ACAS (Advisory Conciliation and Arbitration Service; **-betrekking** government office, State post; **-beurs** State scholarship; *(toelage)* government grant; **-bouwmeester** government architect; **-daalder** rixdollar (fl 2.50); **-dag** diet (of the Realm), [German] Reichstag; **-deel** territory [overseas]; *(zelfstandig)* dominion; **-dienst** State [Archaeological] Service; government [planning] board, government [development] authority, *(Am)* (government) agency; *in ~* in government service; **-eigendom** government property; **-entrepot** government (bonded, Queen's) warehouse; **-gebied** territory of the State; **-gebouw** public building; **-gebouwendienst** service for construction and maintenance of government buildings; **-geld(en)** public funds; *met* ~ (with money) from the public funds; **-genoot** Antillean (*or*: Surinamese) Dutch national; **-gezag** supreme power of the State; **-grens** (national) frontier; **-inkomsten** (public, national) revenue; **-inkoopbureau** government purchasing-board; **-insignes** regalia; **-instelling** government institution; **-kas** treasury; **-keurmerk** (*op boter, enz*) national mark; **-kosten**: *op* ~ at the public expense, publicly-funded [holiday], State [funeral]; **-luchtvaartdienst** (*Br*) Civil Aviation Authority; (*Am*) Civil Aeronautics Board; **-middelen** (public, national) revenue; **-munt** 1 coin of the realm; 2 (*gebouw*) Royal Mint; **-museum** national museum; **-ontvanger** tax collector, the Inland Revenue; **-opvoedingsgesticht** *zie* opvoedingsgesticht *& vgl* jeugdgevangenis; **-overheid**: *de* ~ the government; *een baan bij de* ~ a government post (position); **-pensioen** state pension; **-politie** state police, (*Am*) Federal Police; (*vglb*) county constabulary; **-post** (*hist*) Royal Mail; **-postspaarbank** (*hist*) Post Office Savings Bank; **-recherche** (*vglb*) Criminal Investigation Department, CID, (*Am*) Federal Bureau of Investigation, FBI; **-schatkist** Treasury, national exchequer; **-sieraden** regalia; **-stad** (*hist*) imperial city; **-studietoelage** government grant; **-subsidie** government (*of:* state) subsidy, grant, state aid; *met* ~ grant-maintained, state-aided, -supported [schools]; **-taal** national language; **-uitgaven** national expenditure; (*drukwerk*) government publications; **-universiteit**: *de* ~ (*te*) *L* the University of L; **-verzekeringsarts** national insurance doctor (*of:* practitioner); **-verzekeringswet** National Insurance Act; **-vlag** national flag; **-voorlichtingsdienst** Government Information Service; (*Br*) Central Office of Information, COI; **-wacht** state police, royal constabulary; **-wapen** arms of the State; **-waterstaat** *zie* waterstaat; **-weg** national highway; **-wege**: *van* ~ by authority (of the government); *van* ~ *gekeurd* officially (government) tested; **-wet** law of the realm; **-zegel** great seal; **-zwaard** sword of state

rijkunst 1 horsemanship, equestrianism, equitation; 2 (*in auto*) driving skill; **rijlaars** riding-boot; **rijles** 1 (*ve ruiter*) riding-lesson; 2 (*auto*) driving lesson

rijm 1 rhyme; *staand* (*slepend*) ~ masculine (feminine) rhyme; *op* ~ in rhyme; *op* ~ *brengen* put into rhyme; *~pje* jingle; 2 *zie* rijp I; **rijmbijbel** rhymed bible; **rijmelaar** rhymer, rhymester, versifier, poetaster; **rijmelarij** doggerel (verse), jingle; **rijmelen** write doggerel; **rijmen** rhyme [*op* to, with]; (*fig*) tally, square, agree [*met* with: this does not tally etc with what you told me]; *hoe rijm je dat met ...?* how do you reconcile this with ...?; *niet met elkaar te* ~ [the two points of view are] irreconcilable; **rijmklank** rhyming sound; rhyme; **rijmkroniek** rhymed chronicle; **rijmkunst** art of rhyming; **rijmloos** rhymeless, unrhymed; *-loze vijfvoetige jamben* blank verse; **rijmpje** rhyme, jingle; **rijmprent** illustrated broadside poem; **rijmschema** rhyme scheme; **rijmwoord** rhyme(-word); **rijmwoordenboek** rhyming dictionary

Rijn Rhine; *zie ook* water; **rijnaak** Rhine barge; **Rijndal** Rhine valley, valley of the Rhine; **Rijnland**: *het* ~ the Rhineland; **Rijnoever** [left] bank of the Rhine; **Rijnvaart** navigation on the Rhine; **rijnwijn** Rhine wine, Rhenish (wine), hock

rij-op-rij-af roll-on roll-off [ferry]

rijp I *zn* 1 (*bevroren dauw*) hoar-frost, white frost, (*Am*) white dew; 2 (*bevroren onderkoelde mist*) rime; 3 (*waas*) bloom [on fruit]; II *bn* ripe [fruit, cheese; *ook fig:* the time is not yet ripe for it, the plan is ripe for execution; *ook ve zweer*]; (*meestal fig*) mature; ~ *voor,* (*ook*) fit (ready) for; *na* ~ *beraad* (*overleg, ~e overweging*) after (*of:* on) mature (careful) consideration (deliberation); *op ~e leeftijd* at a ripe (old) (at a mature) age; *~ere jeugd* teenagers, adolescents; ~ *en groen* ripe & unripe; ~ *en groen lezen* be an omnivorous reader, read anything; *vroeg ~, vroeg rot* soon ripe, soon rotten; ~ *worden* (*maken*) ripen (*ook van zweer*), mature; *aan de boom* ~ *geworden* tree-ripened [fruit]; *zie ook* galg

rijpaard riding-, saddle-horse, [lady's] mount

rijpad 1 cycle-, riding-track; 2 right of way

rijpelijk: *ik heb het* ~ *overwogen* I have given it ample thought, considered it fully (carefully)

rijpen 1 *het heeft gerijpt* there has been a hoarfrost (a white frost); 2 *intr & tr* (*ook fig*) ripen, mature; (*v kaas, ook*) age; ~ *tot* ripen into [acquaintance ripened into friendship]; **rijpheid** ripeness, maturity; *het plan kwam tot* ~ came to maturity; **rijping** ripening, maturation [process]

rijplaat steel planking; **rijproef** 1 [pass a] driving test; *bewijs dat men de* ~ *met succes heeft afgelegd* certificate of driving-proficiency; 2 (*ve auto*) road test; 3 (*ve ruiter*) dressage test

rijs twig, sprig, osier, withe; **rijsberm** fascine; **rijsbeslag** osier revetment; **rijsbezem** birch-broom; **rijs|bos, -bundel** bundle of twigs, faggot; (*mil*) fascine

rijschaaf trying plane; **rijschool** driving school, school of motoring; (*paard*) riding-school, -academy

rijs|dam osiered dam; **-hout** osiers, twigs, sprigs

rijsnelheid driving speed; [train, etc] speed

Rijssel Lille

rijst rice; **rijstblok** rice-pounder; **rijstbouw** cultivation of rice, rice growing; **rijstbrandewijn** (rice) arrack, rice wine; **rijstcultuur** *zie* -bouw; **rijstdiefje** *zie* -vogeltje; **rijstebrij** 1 rice pudding; 2 (*plant*) arabis, rock cress; **rijstebrijberg**: *door een* ~ *heen eten,* (*fig*) plough one's way through a mound [of papers, etc]; **rijstkorrel** grain of rice; **rijstoogst** rice crop; **rijstpapier** rice paper; **rijstpellerij** rice-hulling works; **rijstpudding** rice pudding

rijstrook (traffic) lane

rijst|stamper rice-pounder; **-tafel** Indonesian rice meal, id; **-veld** rice-, paddy-field; **-vogeltje** rice-, paddy-bird, (*Am*) Java sparrow
rijswaard osier-bed, -holt; **rijswerk** 1 osiery, osier-work; 2 (*mil*) fascine-work, brushwood revetment
rij|taks, -taxe road tax
rijten tear, rend, rip [to pieces]
rijtijdenboekje (*vglb*) driver's record book
rijtjeshuis terrace(d) house, (*Am*) row house
rijtoer drive; ride; *vgl* rijden; *een ~ doen* go for (take) a drive (a ride); **rijtuig** carriage; (*huur~*) cab; [railway] coach; *~ met twee* (*vier*) *paarden* carriage (of: coach) and pair (and four); *zie ook* met; **rijvaardigheid**: (*bewijs van*) ~ (certificate of) driving proficiency; **rijvaardigheidsproef** driving test; **rijverbod** driving ban; **rijvereniging** riding club; **rijverkeer** vehicular traffic; **rijvlak** (*ve brug*) roadway, carriageway; **rijweg** carriageway, roadway, drive
rijwiel bicycle, cycle; (*fam*) bike; *zie ook* fiets; **rijwielclub** cyclists' touring-club; **rijwielhersteller** cycle repairer; **rijwielherstelplaats** cycle repair(ing)-shop; **rijwielpad** cycle-track, -way; **rijwielstalling** cycle shed
rijzen (*v persoon, zon, rivier, barometer, deeg, enz*) rise; (*v waren & prijzen*) rise, go up, look up; (*v deeg, ook*) prove; (*zich voordoen*) arise, crop up [questions, difficulties crop up]; *het water* (*getij*) *rijst* the tide is coming in; *zie ook* stijgen
rijzig tall [stature]; **rijzigheid** tallness
rijzing rise; (*v prijs, ook*) advance, (*plotseling & sterk*) boom
rijzweep riding-whip, -crop, -switch
Rika *zie* Hendrika & Frederika
rikkekikken (*v kikkers*) croak; **rikketik**: *mijn hart ging van ~* went pit-a-pat; *in de ~ zitten* be nervous (in a funk); **rikketikken** (*ve horloge*) tick, go tick-tock; **rikkikken** (*v kikkers*) croak
riks (*fam*) rixdollar; **riksja** rickshaw
ril I *zn* 1 shiver; 2 gully; groove; crease; II *bn* timid
rillen 1 shiver [*van kou, angst, enz* with cold, ...], shudder [*bij het zien, enz* at the sight, etc]; *het doet me ~* it makes my flesh creep, it (the thought, etc) sends a cold shudder through me; *zie ook* huiveren; 2 score [cardboard]; **rillerig** shivery
rillijn score (mark)
rilling shiver(s), shudder; *zie ook* huivering
rimboe (*Ind, Br-I*) jungle; (*Austr, Afr*) bush; *hij woont daar ergens in de ~,* (*fig*) he ... out in the wilds (the sticks)
rimpel 1 (*algem*) wrinkle, ruck; (*in papier, stof, ook*) crinkle; (*ve pers*) wrinkle, line; (*diep*) furrow; *~s,* (*om de ogen*) crow's-feet; *gezicht met diepe ~s* deeply lined face; 2 (*v water*) ripple, ruffle; **rimpelen** 1 wrinkle (up) [wrinkle up one's forehead], ruck up, pucker (up), rumple; (*tr ook*) knit [*het voorhoofd* one's brow], line [his face was lined with worry]; 2 ruffle, ripple (*ook: doen ~* [the water]); *vgl* rimpel; 3 (*plooien*) crinkle, (*nauw*) crimp, (*ruim*) gather; **rimpelig** wrinkled, wrinkly, crinkly [paper], lined [face], furrowed [cheeks], puckered [brow], shrivelled [apple];
rimpeling wrinkling, furrowing, puckering; rippling, ripple, ruffling, ruffle; *vgl* rimpel; **rimpelloos** smooth, unruffled, untroubled [existence]
rimram balderdash, slush, tosh; [the whole] caboodle
ring 1 id; *de ~ steken, zie ~*rijden; *zie ook* kring; 2 (*om maan*) circle, halo; 3 (*om eind ve stok*) ferrule; 4 (*kerkelijk*) (church) district, circuit, (*Z-Afr*) ring; 5 *~en,* (*gymn*) swinging-, flying--rings
ringbaan circular railway, (*Am*) belt-railway; **ringbaard** fringe (of whisker); **ringband** ring binder, loose-leaf book; **ringbout** ring-bolt; **ringdijk** ring-, enclosing dike
ringelduif ring-dove; **ringelen** *zie* ringen 1; **ringelgans** brent-goose; **ringeling** (*kindert*) ring--finger; *zie ook* klingeling; **ringelmus** tree-sparrow; **ringeloren** bully, order about, sit (up)on, ride roughshod over [a p.]; **ringelrups** *zie* ringrups; **ringen** 1 ring [a pig, birds]; infibulate [a mare]; 2 girdle, ring(-bark) [trees]; **ringetje** little ring; *men kan hem door een ~ halen* he looks as if he had just stepped (*of:* come) out of a bandbox; *~s blazen* blow (smoke-)rings
ring|fazant ring(-necked) pheasant; **-gebergte** (*op de maan*) crater; **-leiding** induction loop, (*fam*) loop; **-lijn** circle line; **-lijster, -merel** ring ouzel; **-mus** tree-sparrow; **-muur** ring-wall, circular wall; **-opener** ring-pull [can]; **-oppervlak** (*meetk*) torus; **-rijden** I *ww* tilt at the ring; II *zn* tilting at the ring, tilting-competition; **-rups** lackey caterpillar, (*fam*) footman; **-slang** grass snake, ringed snake; **-sleutel** ring spanner; **-sloot** circular ditch, ring-ditch; **-steken** *zie* -rijden; **-vaart** circular canal; **-vinger** ring finger; **-vormig** ring-shaped, annular [eclipse]; *~ kraakbeen* ring (*of:* cricoid) cartilage; *~e verduistering* annular eclipse; **-weg** ring road, circular road, (*Am*) beltway; **-werpen** I *ww* play quoits; II *zn* quoits; **-worm** annelid; (*uitslag*) ringworm, tinea
rinkel jingling metal disc; **rinkelbel** *zie* rammelaar; **rinkelbom** tambourine; **rinkeldekink** clink-clink, tinkle-tinkle; **rinkelen** jingle, tinkle, chink, [the blow made the tea-things] ring; *~ met* jingle, chink [one's money]; **rinkelrooier** reveller, rake; **rinkinken** tinkle, jingle
rinoceros rhinoceros; (*fam*) rhino
rins sour [apple syrup]
rioleren sewer; **riolering** sewerage, sewage disposal system; **riool** sewer, drain; **rioolbuis** sewer(-pipe); **riooldeksel** manhole cover; **rioolgas** sewer-gas; (*mv ook*) sewer-fumes; **riooljournalistiek** gutter journalism; **rioolnet** sewerage; drainage system; **rioolpers** gutter press; **rioolwater** sewage, effluent; **rioolzuiveringsinstallatie** sewage farm (plant, works)
riposte id; **riposteren** riposte
rips rep, repp; **ripsfluweel** corduroy
ris string; *zie* rist; **risee** butt, laughing-stock
risico risk, hazard; *eigen ~,* (*verzekering*) excess, (*Am*) deductible; *voor ~ van* at the risk of; *voor ~ van de koper* at buyer's risk; *voor eigen ~* at one's own risk; *~ dragen* carry a risk; *~ lopen* run

(incur) a risk (risks), be at risk [of getting cancer]; *hij wou geen ~ lopen,* (*ook*) he was not taking (going to take) any risks, was taking no chances; *een ~ op zich nemen* undertake a risk

risico|dragend risk-bearing, venture [capital]; *~e onderneming* venture; **-groep** high-risk group; **-loos** 1 risk-free; 2 unenterprising

ris|kant risky, hazardous; **-keren** risk, venture, hazard, take a chance; *alles ~* go for broke; *te veel ~,* (*ook*) overplay one's hand; *vgl* wagen

rissen *ww* string [red-currants, etc]; **rissole** id

rist string [of onions, sausages, herrings; (*fig:*) of cars, excuses, names, questions], bunch [of berries], rope [of onions]; **risten** string [red-currants, etc]; **rister** (*ve ploeg*) mouldboard

ristorno return of premium

rit 1 ride, drive; *een vlugge ~,* (*met trein bijv*) a quick run; *een ~je doen* go for a ride (drive, an outing), have a run in a car; *halverwege de ~,* (*fig*) half way through [one's term of office, etc]; *aan het eind van de ~,* (*fig*) at the end of the day; *vgl* rijden; 2 frog-spawn, -jelly; 3 (*v mol, enz*) tunnel

rite id; **ritme** rhythm

ritmeester cavalry (tank) captain

ritmiek rhythmics; **ritmisch** rhythmic(al); *~e gymnastiek* eurhythmics, callisthenics; rhythmic gymnastics (*of:* drill)

ritnaald wireworm; **ritornel** ritornello; **ritprijs** fare

rits I *zn* 1 zip(-fastener); 2 groove, score(-mark); II *tw* 1 slash!, crack!; 2 zip!

ritselaar(ster) fixer; **ritselen** 1 rustle (*ook: doen ~*); (*fam*) bristle [with mistakes]; 2 (*sl*) fix, wangle; **ritseling** rustle, rustling

ritsen 1 (*inkrassen*) groove, gouge, score [paper]; 2 (*sluiten*) zip (*dicht* zip up; *open* unzip); 3 (*snel bewegen*) swish; dash, rush [off]; **ritsig** rutting, on (in, at) heat; **ritsigheid** heat, rut; **ritsijzer** gouge; **ritssluiting** zip-fastener, -fastening, (*Am*) zipper, slide-fastener; (*fam*) zip

rituaal ritual; **ritualisme** ritualism; **ritualist** ritualist; **ritualistisch** ritualistic; **ritueel** *bn & zn* ritual; **ritus** rite

ritzege (*sp*) stage win (victory)

rivaal rival; competitor; **rivaliseren** compete, contend; *~de groepen* rival groups; **rivaliteit** rivalry, competition

rivier river; *de ~ de Nijl* (*de Mississippi*) the River Nile (the Mississippi River); *aan de ~* [situated] on the river; *bij de ~* by the river(side); *op de ~* on the river; *de ~ op* (*af*) up (down) the river; *langs de ~ gelegen* riverside [houses]; riparian, riverine [provinces]

Rivièra: *de ~* [live on] the Riviera

rivier|arm branch of a river; **-bed(ding)** river-bed, river-channel; **-bekken** river-basin; **-blindheid** river blindness, onchocerciasis; **-dal** river-valley; **-dijk** river-dike, -wall; **-donderpad** miller's thumb, bullhead; **-eiland** river island; (*klein*) ait, eyot; **-gezicht** river-view; (*schilderij*) river scene; **-god** river-god; **-kant** riverside; **-klei** river-clay; **-kreeft** crayfish, crawfish; **-mond** river-mouth; (*zeer brede*) estuary; **-nimf** river-nymph, naiad; **-oever** river-bank, riverside; **-politie** river-police; **-prik** river lamprey, lampern; **-scheepvaart** river navigation; **-stand** level of the river, river-level; **-stelsel** river-system; **-vaartuig** river-vessel; (*mv ook*) river-craft; **-varken** capybara; **-verkeer** river-traffic; (*v oever tot oever*) cross-river traffic; **-vis** river-fish; *rivier- (en zee)vis,* (*ook*) fluvial (and marine) fish; **-water** river-water; (*bij overstroming ook*) floodwater; **-zand** river-sand

rizofoor rhizophora

r-k RC, Roman Catholic

rob seal; *zie ook* zeerob

Rob Bob (*afk v* Robert)

robbedoes romping boy, romper, (*meisje*) tomboy, hoyden; **robbedoezen** *ww* romp

robbejacht seal-hunting, -fishery, sealing; **robbejager** seal-hunter, -fisher, sealer

robber (*kaartsp*) rubber; *een ~tje vechten* scrap, scuffle, tussle

robbespek seal-blubber; **robbetraan** seal-oil; **robbevangst** *zie* -jacht; **robbevel** sealskin

robe id, gown; *~ princesse* princess dress

Robert id, (*fam*) Bob; **robertskruid** herb Robert

robijn ruby; **robijnen** *bn* ruby

robot id; **robotica** robotics; **robotiseren** robotize

robuust robust, stalwart

rochel 1 phlegm; 2 [death-] rattle; **rochelen** expectorate; (*vooral ve stervende*) rattle (in one's throat); (*ve pijp*) gurgle

rococo id; **rococostijl** rococo (style)

roddel gossip [magazine], scandal; **roddelblad** gossip magazine, (*fam*) rag, (*Am sl*) ragazine; **roddelcircuit** (*vglb*) grapevine; **roddelen** gossip, talk scandal; **roddelpers** gutter press

rode, **rodehond**, *enz, zie* rood

Rode Kruis Red Cross [Society]

rodelbaan (*sp*) luge run, (*vermaak*) toboggan-slide; **rodelen** luge, toboggan; *het ~* luging; **rodelslee** luge, toboggan

roderen run in [a car], practise [for a match]

rododendron rhododendron

rodomontade id, brag(ging); **roe** rod; *zie* roede

roebel rouble

roede 1 rod; (*om te straffen*) birch; (*toverroede*) wand; (*staf*) verge; (*ve molen*) sail-arm; (*anat*) penis; *zie ook* wichel~; (*met*) *de ~ krijgen* be whipped (caned); *de ~ **kussen*** kiss the rod; *vgl* ijzeren; 2 (*hist maat: 3,7m, vglb*) rood (*6-8 yds*); *Ned ~* decametre, *vierkante ~* are (*rood, $\frac{1}{4}$ acre, is 10 are*); **roedel** pack [of wolves], herd [of deer], pride [of lions]; **roedeloper** dowser, (water-)-diviner, rhabdomantist

roef I *zn* deckhouse; II *tw: ~, ~* helter-skelter, hurry-scurry; *~!* whiz!, dash!

roeibaan rowing-course; **roeibank** rowing-bench, thwart; (*glijbank*) slide; **roeiboot** rowing-boat, row-boat; **roeiclub** rowing-club; **roeidol** 1 thole(-pin); 2 rowlock, (*Am*) oarlock

roeien 1 row, pull; (*met 1 of 2 kleine riemen*) scull; *~ naar* row (pull) up to; *naar wal ~* row in; *wat gaan ~* go for a row; *uit alle macht ~* pull away, bend to one's oars; *zie ook* riem, stroom; 2 (*vaten*) gauge; **roeier** 1 rower, oarsman, [a good] oar; 2 (*v vaten*) gauger; **roeiklamp** rowlock; **roeipen** thole(-pin); **roeipotigen** pelecaniformes; **roei|riem, -spaan** (*voor 2 handen*) oar; (*voor 1 hand*) scull; **roeisport** rowing, boating; **roeister** rower, oarswoman; **roeistok** gauging-rod; **roeivereniging** rowing club; *lid van de ~ zijn,* (*fam*) pinch, steal; **roeiwedstrijd** rowing match, boat race; (*toernooi*) regatta

roek rook

roekeloos rash, foolhardy, daredevil, reckless [betting; drive a car recklessly]; *~ met zijn geld omgaan* play ducks and drakes with one's money

roekoe coo; **roekoeën, roekoeken** coo

Roel Ralph; **Roeland** Roland; *als een razende ~* like (one) mad; **Roelandslied** Chanson de Roland, Song of Roland; **Roelof** Ralph

roem glory, renown, fame, celebrity; (*kaartsp*) meld; *zie ook* trots, overladen, enz

Roemeen(s) Romanian

roemen I *tr* 1 praise, speak highly of; (*sterker*) extol; 2 (*kaartsp*) meld; II *intr:* ~ op, (pochen op) boast of, (*prat gaan op*) glory in; *zie ook* hooggeroemd

Roemenië Romania; **Roemeniër** Romanian

roemer (*glas*) rummer

roemloos inglorious; **roem|rijk, -rucht(ig), -vol** glorious, renowned, illustrious; **roemzucht** thirst for (of) glory, ambition; (*zucht tot roemen*) vainglory; **roemzuchtig** 1 thirsting for (after) glory, ambitious; 2 vainglorious

roep 1 call, cry (*ook ve vogel*); *eerste* (*tweede*) *~,* (*huwelijksafkondiging, r-k*) first (second) time of asking; *de ~ gaat dat* ... there is a rumour around that ...; 2 (*gerucht*) rumour; 3 (*roem*) fame, reputation; ***in*** *een goede* (*kwade*) *~ staan* be in good (bad) repute; *karpers die in een ~ van heiligheid staan* carp which are held to be sacred; *in een kwade ~ brengen* bring into disrepute; *in kwade ~ geraken* fall into disrepute

roepen I *intr* call (*ook ve koekoek*); (*schreeuwen*) cry, shout; ***om*** *iem ~* call (for) a p.; *om iets ~* call for s.t., (*schreeuwen, smeken*) cry for [bread]; *luide ~ om,* (*fig*) clamour for [justice], cry out for [peace]; *hij riep er erg* ***over*** he was very enthusiastic about it; II *tr* call [a p.], call in, send for [the doctor]; cry, shout ['no!' he shouted]; *mijn plicht roept mij* calls me; *roep je hond bij je* call your dog off; *als ik je nodig heb, zal ik je ~,* (*sarcastisch*) when I need your assistance I'll call on you; *zich* ***hees*** *~* cry (shout) o.s. hoarse; *ik heb hem* ***laten*** *~* I've sent for him; *zich iets* ***te binnen*** *~* recall s.t. (to mind); *iem iets te binnen ~* remind a p. of s.t.; ***tot*** *een hoge post geroepen worden* be called to a high post; *ik voel me niet* ***geroepen*** *te* ... I don't feel called (up)on to ...; *je komt als geroepen* as if you had been sent for; *velen zijn geroepen, maar weinigen uitverkoren* many are called, but few are chosen; *de stem eens* ***roependen*** *in de woestijn* the voice of one crying in the wilderness; *zie ook* leven, wapen

roeper speaking-trumpet, (*groot*) megaphone

roepia rupiah

roeping call(ing), vocation; *zijn ~ volgen* follow one's vocation; *hij heeft zijn ~ gemist* he has mistaken (missed) his vocation; *ik voel geen ~ te* ... I don't feel called (up)on to ...; *dat was zijn ~ in het leven* that was his mission in life

roepletters (*radio*) call letters, call sign(al); **roepnaam** pet name; *weggelopen, Siamese kater, ~ Pipo* ... called Pipo; (*radio*) *zie* -letters; **roepstem** call [of duty], voice

roer 1 (*~blad*) rudder; (*stuurinrichting*) wheel, helm; *~ geven* apply the rudder; *hou je ~ recht!* steady!; *het ~ recht houden,* (*v dronkeman*) walk straight; *het ~ in handen nemen* take the helm; *het ~ omgooien,* (*ook fig*) put over the helm; ***aan*** *het ~ staan* be at the wheel; (*fig*) be at the helm, be in control; *een krachtige hand aan het ~,* (*fig*) a firm hand at (on) the wheel; ***naar*** *het ~ luisteren* answer the helm; ***uit*** *het ~ lopen,* (*mar*) swerve from the course; *zie ook* rep; 2 (*ve pijp*) stem; 3 (*vuur~*) firelock; **roerblad** rudder (blade); **roercommando's** helm-, steering-, conning-orders; **roerdomp** bittern; (*fam*) bull-of-the-bog; **roerei(eren)** scrambled eggs

roeren I *tr* 1 stir [one's tea, the Christmas pudding], agitate; *koffie met een ei erin geroerd* coffee with ... stirred in; 2 (*fig*) move [it moved her to the depth of her heart], stir, affect, touch; *zijn* ***mond*** (*tong*) *~* be talking away; *zij weet haar mondje* (*tong*) *te ~* she has a tongue in her head, she has the gift of the gab; ***zich*** *~* stir, move; *een ruimte waarin men zich niet kan ~* a poky place; *zich goed kunnen ~,* (*fig*) be well off; *zie ook* trom; II *intr:* ~ ***aan*** touch; ~ ***in*** stir [the water]; *het ~ in verdachte zaken* muckraking (*zo ook:* a muckraker); *voortdurend ~* stir round and round; **roerend** moving, touching, pathetic [story], stirring [drama]; *het ~ eens zijn* agree whole-heartedly; *~e goederen* movables, personal property (*of:* estate); *~e feestdagen,* (*r-k*) movable feasts

roerganger helmsman [the Great Helmsman], man at the wheel (the helm); **roerhaak** (rudder-)pintle

roerig restless, lively, active [person]; turbulent [crowd, meeting, sea, times, wind]; **roering** 1 (*beweging*) stir, motion; 2 (*ontroering*) emotion; 3 (*opschudding*) commotion; **roerloos** 1 (*ve schip*) rudderless; 2 motionless; (*fig*) unmoved

roerom 1 (*pap*) stirabout; 2 (*poespas*) fuss

roer|pen, -pin helm, tiller

roersel motive, prompting; *~en,* (*ook*) springs [the springs of French policy], movings [the movings of the Oriental mind]

roer|spaan, -staaf, -stang stirring-spoon, -rod; (*ve apotheker*) spatula; **roersteven** sternpost, rudderpost; **roervink** decoy-bird; (*fig*) firebrand

roes drunken fit, intoxication (*ook fig*); *~je* ruche; (*med*) brief anaesthesia; *~ der overwinning* flush of victory; *in de ~ der overwinning,* (*ook*) flushed with victory; *zijn ~ uitslapen* sleep off one's dissipation (liquor); *ik leefde als in een ~* my life was a whirl of excitement; *zie ook* aankrijgen

roest 1 rust; *oud ~* old iron, scrap iron; *door ~*

verteerd rust-eaten; 2 (*op plant*) rust, blight, smut; 3 (*v kippen*) perch, roost; **roestbestendig** rust-resistant; **roestbruin** rusty (brown); **roesten** 1 rust, get rusty; 2 perch, roost; **roestig** rusty (*ook ve plant*), rusted; **roestigheid** rustiness; **roestkleurig** rust-coloured, rusty; **roestmiddel** *zie* -werend; **roestvlek** rust-spot; (*op wasgoed*) iron-mould; *~je* speck of rust; **roestvogel** perching bird, percher, passerine; **roestvrij** rustproof, rustless; *~ maken* rustproof; *~ staal* stainless steel; **roestwerend** rust-preventing (rust-resistant); *~ middel* rust-preventer

roet soot; *~ in het eten gooien* be a spoilsport (a killjoy), make trouble; (*fam*) queer the pitch for a p.; **roetachtig** sooty; **roetbruin** bistre; **roetdeeltje** smut; **roet(er)ig** sooty; **roetkleur** sooty colour; **roetkleurig** soot-coloured, sooty; **roetlucht** sooty smell, smell of soot; **roetmop** 1 lump of soot; 2 (*min*) nigger

roetsjbaan switchback (railway), roller-coaster, big dipper; **roetsjen** slide

roetzwart I *bn* (as) black as soot; II *zn* (*v schilders*) bistre

roezemoes 1 buzz, din, hum [of voices]; 2 bustle; **roezemoezen** 1 buzz; 2 bustle (around); **roezemoezig** noisy, boisterous; (*vh weer*) boisterous, blustering

roffel 1 jack-plane; *er met de ~ overheen lopen,* (*fig*) scamp (bungle) one's work; 2 (*ve trom*) roll; 3 (*berisping*) wigging; (*pak slaag*) beating; **roffelaar** bungler, muddler; **roffelen** 1 (*schaven*) rough-plane; 2 (*op trom*) roll (the drum); (*op ruit*) drum; *het ~,* (*ve trom*) the rub-a-dub; 3 (*knoeien*) bungle; *zie ook* af~; **roffelig** shoddy [work]; **roffelschaaf** jack-plane; **roffelvuur** drumfire; **roffelwerk** shoddy work; **roffelzaag** gent's saw

rog ray, thornback, skate

rogatoir rogatory [commission]

rogge rye; **roggebrood** rye-bread, black bread, (*Duits*) pumpernickel

rok 1 (*ve vrouw*) skirt; (*onder-*) underskirt, petticoat; (*ve man*) dress coat, (*fam*) tails, swallow-tail; *Schots ~je* kilt; *je hebt een ~je uitgetrokken* you've lost flesh; *de ~ken korter maken* raise the hemline; *in ~* in dress clothes, in evening dress; *zie ook* hemd; 2 (*plantk*) tunic, scale; 3 (*spin~*) distaff; 4 (*vogel*) roc

rokade (*schaaksp*) castling; *vgl* rokeren

rokbeschermer dress-guard; **rokbroek** divided skirt, skirt trousers

roken *tr & intr* (*ook drugs, dampen v schotels, enz*) smoke [a pipe, fish, ham]; (*dampen, ook*) steam; (*vlees, enz, ook*) cure; (*even opsteken*) have a smoke; *~ van bloed* smoke (*of:* reek) with blood; *het rookt hier* there is smoke here; *~ als een schoorsteen* smoke like a chimney; *niet ~!* no smoking!; *gerookt* smoked, smoke-cured, smoke-dried [bacon, tongue, etc]; **roker** smoker; (*v vlees, enz, ook*) curer

rokeren (*schaaksp*) castle; *lang* (*kort*) *~* castle on the queen's (the king's) side

rokerig smoky; **rokerigheid** smokiness; **rokerij** 1 smoke-house; 2 (something to) smoke; **rokershoest** smoker's cough; **rokertje** smoke

rokken (*spin~*) distaff

rok|kenjager womanizer, Casanova; **-kostuum** dress-suit; *vgl* rok 2; **-lengte** hemline; **-ophouder** (*hist*) page; **-vest** white waistcoat

rol 1 roll [of cloth, paper, tobacco, linen]; bolt [of cloth]; piece [of wallpaper]; (*v hout, metaal, enz*) roller, cylinder; (*onder het haar*) pad; (*deeg~*) rolling-pin; (*perkament*) scroll [of parchment, the Dead Sea scrolls]; *zie ook* ~letje; 2 (*katrol*) pulley; 3 (*monster~*) (muster-)roll; (*v doctoren*) panel; (*jur, v aanhangige zaken*) (cause-)list, (*bij politierechtbank*) charge-sheet, (*v aangeklaagden*) calendar; *de zaak staat* ***op*** *de ~ voor vandaag* the case is down for hearing (is in the cause-list for) to-day; *op de ~ inschrijven* enter on the charge-sheet; 4 (*theat, enz*) part, role, rôle, character, [an actor's] lines; *in een van zijn grootste ~len,* (*ook*) in one of his greatest impersonations (creations); *zich met een ondergeschikte ~ vergenoegen,* (*fig*) take a back seat; *een ~* ***bezetten*** fill a part *hij* ***krijgt*** *de ~ van Hamlet* he is cast for H; *de ~len zijn* ***omgekeerd*** the tables are turned, the roles are reversed; *een ~* ***spelen*** act (play) a part (*ook fig*); *een voorname* (*grote, gemene*) *~ spelen* play a prominent (great, nasty) part [*in* in]; *een ~ spelen in,* (*fig, ook*) figure in [all the things that figured in the case]; *nu begint Dr H een ~ te spelen,* (*ook*) now Dr H comes into the picture; *de prijs speelt een grote ~* the ... is an important factor; *geld speelt geen ~* money is no object; *de ~len* ***verdelen*** cast (assign) the parts;; *dat hoort zo* ***bij*** *de ~* that's (all) in the character; *hij bleef* ***in*** (*viel* ***uit***) *de ~* he kept in (came out of, acted out of) character; 5 (*het rollen*) rolling; (*v vliegt*) [horizontal] roll, [vertical] (flick) spin; (*gymn*) [forward] roll; ***aan*** *de ~ zijn* (*gaan*) be (go) on the spree (the loose); *zie ook* zwier

rolaap cebus: capuchin, squirrel-monkey, etc

Roland *zie* Roeland

rol|baan (*luchtv*) taxi-strip; **-bankje** sliding seat; **-beroerte**: *zich een ~ schrikken* (*lachen*) be scared to death (laugh fit to burst); **-beugel** (*ve auto*) roll-bar; **-bevestigend** role-reinforcing; **-bezetting** cast; **-blind** *zie* -luik; **-brug** roller-bridge; **-deur** 1 sliding door (*v sluis, enz:* gate); 2 (*verticaal*) tambour (roll-up) door; **-doorbrekend** unconventional [behaviour]; **-emmer** wheeled dustbin; **-film** (*fot*) roll-film [spool]; **-gedrag** [professional] role behaviour; **-gordel** inertia reel seat-belt; **-gordijn** (roller-)blind; **-handdoek** roller-towel, jack towel; **-hockey** rink-hockey, roller-hockey; **-jaloezie** *zie* -luik; **-klaver** bird's-foot trefoil; **-kraag** roll-collar, cowl-collar; *trui met ~* polo-neck pullover; **-laag** upright course of bricks; **-lade** collared beef, rolled beef (veal, pork); **-lager** roller-bearing; **-lebollen** 1 turn somersaults; 2 roll about, play around, romp [in the hay, etc]

rollen 1 roll [a ball, etc; the thunder rolls], trundle [the bus trundles through the street]; tumble [into a ditch, the room]; (*luchtv*) taxi, (*in de vlucht*) roll; ***geld*** *moet ~* money must circulate; *je weet nooit* *hoe een dubbeltje ~ kan* you never can tell; the unexpected often happens; *de zaak* ***aan*** *het ~ brengen* set the ball rolling; ***door*** *de wereld ~* be a happy-go-lucky fellow; *erdoor* (*door een examen*) ~ scrape through (an exam); *zich* ***in*** *het zand ~* roll (about) in the sand; ***met*** *de ogen ~* roll one's eyes; ***van*** *de trap ~* tumble down the stairs; *hij rolde van de fiets* (*het paard*) he fell off his bike (horse), he had a spill; *zie ook* materieel; 2 pinch [a p.'s watch *horloge*]; *iems* ***zakken*** ~ pick a p.'s pocket

rollen|baan roller table (path, conveyor); **-patroon** role model; **-spel** role-playing (game), role stereotyping; **-zolder** (*theat*) grid(iron)

roller 1 roller, (*golf ook*) rolling wave; 2 [hair-]-curler; 3 (*ve vogel*) trill

rolleren cast (the parts of) a play

rol|letje 1 roll, rouleau [of pennies]; wad [of banknotes]; 2 (*onder stoel, tafelpoot, enz*) castor, caster; (*ve railgordijn*) runner; *alles ging als op ~s* everything went like clockwork; *zie ook* rol; **-luik** rolling (roller, roll-down) shutter; **-maat** steel tape, flexible (*of:* spring) rule; **-mops** rollmop; **-naadlassen** seam welding; **-pad** travolator; **-pens** (*niet in Eng*) beef minced, spiced, sewn in tripe and pickled; **-plank** (*voor deeg*) pastry-(paste-)board; **-prent** film, picture; **-roer** (*ve vliegt*) aileron, elevator; **-rond** cylindrical; (*v pers*) rotund; **-schaats** roller-skate; **-schaatsbaan** (roller-)skating rink; **-schaatsen** roller--skate, -skating; **-schaatser** roller-skater; **-schuier** carpet-sweeper; **-steen** boulder; *-stenen,* (*ook*) scree; **-stelling** safety-cradle; **-stoel** wheelchair; **-stoeler** wheelchair-user; **-stok** rolling-pin; **-strijker** squeegee; **-tong** (*dierk*) proboscis, sucking-tongue; (*v kind*) paper serpent; **-trap** escalator, moving staircase (stairway); **-trottoir** travo-, travelator; **-vast** letter-, word-perfect; **-veger** carpet-sweeper; **-verband** roller bandage; **-verdeling** 1 cast; 2 distribution of parts; 3 allocation of jobs (tasks); **-wagentje** truck, trolley, lorry

Romaan Latin; *zie ook* Romanen; **Romaans** Romance [languages], Romanic [race]; *~e stijl* romanesque (style); (*in Eng*) Norman (style); *~e volken* Latin peoples

roman [epistolary, historical, psychological, sentimental; trashy] novel; *~s,* (*ook*) [they only exist in] fiction; (*gedicht*) romance [of chivalry]; **romance** id; **roman|cier, -cière** novelist, fiction--writer; **Romanen** Romance (Romanic) nations

romanesk 1 (*verdicht*) novelistic; 2 (*dweperig*) novelettish, Mills and Boon, romantic

romanfiguur fictional character; **romanheld(in)** hero(ine) of romance (*of:* in a novel)

romaniseren Romanize; **romanist** Romanist; **romanistiek** Romance studies, Romanistics

roman|kunst art of the novel; *de ~,* (*ook*) the novelist's art; **-schrijfster**, **-schrijver** novelist; **-ticus** romanticist; (*v aard*) [an incurable] romantic; **-tiek** I *bn* romantic (*bw:* -ally); II *zn* romanticism; romance [of the Highlands]; **-tisch** romantic (*bw:* -ally); *een ~ tintje geven aan* romanticize; **-tiseren** romanticize; (*tot roman maken*) fictionalize

romboëder rhombohedron; **romboïde** rhomboid; **rombus** rhomb

Rome id; *~ is niet op één dag gebouwd* Rome was not built in a day; *hoe dichter bij ~, hoe verder van God* the nearer the church, the farther from God; *zie ook* oud & weg; **romein** (*letter*) Roman (type); **Romein** Roman; **Romeins** Roman; *~ recht* Roman Law; *~e cijfers* Roman numerals

romen cream, skim [milk]; **romer** (*glas*) rummer

römertopf chicken brick; **romig** creamy [cheese]

rommel lumber, rubbish, litter, jumble; (*prullen*) rubbish, trash, (*sl*) tack; *~ maken* make a mess; *het was een erge ~ in de kamer* the room was in a terrible mess; *laat geen ~ (papier, enz) achter* don't leave any litter behind; *ouwe ~* old junk; *de hele ~* the whole lot, (*sl*) the whole caboodle;

rommelaar fiddler, fixer, manipulator; **rommelen** 1 rummage [among papers, books]; *~ in,* (*ook*) make hay of [a p.'s papers]; 2 (*vd donder*) rumble; *het rommelt in India,* (*fig*) India is in a ferment; 3 *~ met* fiddle [one's income tax]; *~ in de marge* tinker, avoid the real problems; *zie verder* marchanderen & ritselen; **rommelig** 1 disorderly, untidy, messy; 2 littered [table]

rommel|kamer lumber-room; (*fam*) glory-hole; **-kruiden** mixed spices; **-markt** flea-market; **-pot** id; **-winkel** junk-shop; **-zo** *zie* -zooi; **-zolder** (lumber-filled) attic; **-zooi**, **-zootje** 1 collection (pile) of junk; 2 shambles, mess; *zie ook* zooi

romp trunk; (*v paard, koe, ook*) barrel; (*ve* (*lucht*)-*schip*) hull; (*ve vliegt, enz*) fuselage, body

rompslomp (*drukte*) (fuss and) bother, ado, to-do; *en de hele ~* and the whole rigmarole; *papieren ~* (unnecessary) paperwork, form-filling

rond I *bn* 1 (*bol-, cirkelvormig, gevuld*) round [eyes, table, the earth is round and goes round], rotund [person], circular, globular, spherical; 2 (*afgerond*) round [figures, numbers]; *een ~e som* a round sum, (*alles inbegrepen*) a lump sum; *een ~ jaar* a full year; *de zaak is ~* the case is complete; 3 (*rechtuit*) straight(forward) [a straight answer]; *~e taal* plain speaking; *een ~e vent* a straight(forward), plain-spoken fellow; *de ~e waarheid* the plain (the unvarnished) truth; 4 (*vol*) full-bodied [wine]; II *bw zie* ~uit & uitkomen; III *vz* round [the fire]; *~ de vijftig* about fifty, (*fam*) [he is] fiftyish; *zie ook* rondom II; IV *zn* round; *in het ~* round about, (all) around, [a room with benches] all round it; [cast one's eyes] about; [theatre] in the round; *mijlen in het ~* (for) miles around

rondas buckler, (*vero*) targe

rond|bazuinen broadcast, trumpet, blaze (blazon) abroad, hawk [one's grievances] about; **-bezorgen** *zie* -brengen]; **-boog** round arch; **-borstig** frank, candid, open-hearted; **-borstigheid** frankness, candour, open-heartedness; **-breien** 1 [do] circular knitting; 2 complete [a case]; **-brengen** take (bring) round; (*kranten, enz, ook*) deliver; **-brenger** (*v brood, enz*) roundsman; **-brieven** spread (*of:* rumour) about, blab; **-dansen** dance about; **-darren**

(*fam*) gad about; **-delen** distribute, hand (pass) round, give out; deal [cards]; **-dienen** hand (serve) round [refreshments]; *de soep is rondgediend* the soup is served; **-dobberen** drift about; **-dolen** rove (roam, wander) about; **-draaien** I *intr* turn (about, round), wheel round, spin round [on one's heels], rotate, gyrate; II *tr* turn (round); twiddle [one's thumbs]; (*snel*) whirl [a stick through the air]; *zie ook* (om)draaien; *~de paren* twirling couples; *~de beweging* rota(to)ry motion; **-drijven** float (drift) about; **-dwalen** wander (roam) about

ronde round, circuit, tour; (*ve patrouille, enz*) round; (*ve politieagent*) beat; (*sp*) tour; round, leg [of a cup competition], (*enkele omloop*) lap [time], (*cyclus*) cycle; *een ~ vliegen* fly a circuit; *de ~ doen* make (*of:* go) one's rounds, (*ve gerucht, enz*) go (the) round(s), get about; *lelijke verhalen doen de ~* ugly tales are going the rounds; *de brief deed de ~ door de pers* the letter went the round of the press; *zie ook* rondje

rondeau id

rondedans round dance, ring-dance

rondeel 1 (*mil*) round bastion; 2 (*poëzie*) rondeau, ro(u)ndel; **rondel** 1 (*techn*) flan, planchet; (*v moer*) washer; 2 slice

ronden I *tr* 1 round (*ook ve klinker*), make round; camber [a beam, a road]; 2 (*afronden*) round off; II *intr* (become) round; **ronde-tafelconferentie** round-table conference; **rondetijd** lap time

rondfladderen 1 flutter about; (*fig*) wander aimlessly; 2 go the rounds; **rondgaan** go round, go about; make the round of [the rooms]; (*ve beker, ook*) circulate; *zie ook* ronde: de ~ doen; *laten ~* pass (hand) round, (*de hoed*) send (pass) the hat round, (*de fles*) send round the bottle; *~de brief* circular (letter); **rondgang** walk-round, circuit, tour; *een ~ doen door* make the (a) tour of [the building]; **rondgeven** hand (pass) round; deal [the cards]; **rondhangen** hang (stand) about; **rondheid** roundness; rotundity; (*fig*) frankness, candour; **rondhout** 1 (*mar*) spar; 2 undressed timber (*Am:* lumber); (*tot 15cm dik*) roundwood; **ronding** rounding, bulge; (*v kin, enz*) curve; (*v weg, balk, dek, enz*) camber

rond|je round [another round, waiter!, two rounds of gin]; *een ~ geven* stand a round (of drinks), stand (pay for) drinks (glasses) all round; *zie ook* ronde; **-kijken** look about (one); *het gezelschap ~* look round the company; *ik keek eens rond* I had a look round; **-komen** make (both) ends meet; *met £ 60 per week ~* manage on £60 a week (*ook:* £60 a week will keep me); *ik kan net ~ met £ 60* I can just jog (*of:* scrape) along on £60; *ze kunnen nauwelijks ~* they can hardly manage; *ze kan net ~* she just manages

rond|leiden lead about; *iem ~* show (take) a p. over a place (round, about); **-leider** (*door museum, enz*) guide(-lecturer); **-leiding** conducted (guided) tour [of the museum *door* ...]; **-lopen** walk about (around); (*fam*) knock about; *een eindje ~* take a short walk; *met een plan ~* go about with a plan; *er lopen een hoop van die lui rond* there are a lot of those people about; *vrij ~*, (*ve misdadiger*) be at large; *loop rond!* get along with you!; **-lummelen** fool (idle, moon, potter) about; **-neuzen** nose (poke) about

rondo 1 (*muz*) id; 2 round almond-filled pastry

rond|om I *bw* all (a)round, round about; in all respects; II *vz* (a)round, all round, round about; connected with, surrounding [the problems surrounding this issue]; **-reis** (circular) tour, round trip; *een ~ doen door* tour [Scandinavia]; **-reisbiljet** circular ticket, (*Br ook*) runabout ticket; **-reizen** travel about; *de wereld ~* travel all over the world, (*fam*) knock about the world; *al zijn klanten ~* make the round of all one's customers; **-reizend** itinerant, strolling [actors], [actors] on tour; *~e bibliotheek* mobile library; *~ (toneel)gezelschap* touring company; *~e show* roadshow; **-rijden** drive (ride, skate) about; have a run around [in the car]; *vgl* rijden; *de stad ~* make the tour of the town; **-rit** tour; **-schaaf** fluting-plane; **-scharrelen** 1 potter (mess, nose, rummage, scratch) about; 2 *zie* rondkomen; **-schenken** serve; **-schouderig** round-shouldered; **-schrift** round hand; **-schrijven** circular letter; *een ~ richten tot* circularize; **-sel** pinion; **-sjouwen** I *tr* drag (lug) about (around); II *intr* knock about (around); *vgl* sjouwen; **-slenteren** lounge (knock) about; **-slingeren** I *tr* fling about; II *intr* (*v boeken, enz*) lie (knock) about; *laten ~* leave [one's things] about; **-sluipen** prowl about (around); **-snuffelen** nose (forage, poke) about [for s.t.]; **-springen** jump (spring, frisk, cavort) about; *zie ook* omspringen & rondkomen; **-strooien** strew about, scatter [bread crumbs]; (*fig*) put (spread) about [rumours, etc]; **-sturen** send round, send out; **-tasten** grope (feel) about [*naar* for, after]; *in het duister ~* grope around in the dark, be in the dark [*omtrent* about]

rondte circle, circumference; *in de ~ draaien* turn round, revolve; *in de ~ gaan staan* form a circle; *zie ook* ronde & rond IV; **rondtrekken** 1 wander about; *vgl* rondreizen; 2 (*krom*) warp

ronduit I *bn* straight(forward), plain-spoken, forthright; II *bw* [express one's views] roundly, frankly, flatly, plainly, outright, [say it, ask her] straight out; *~ spreken* speak one's mind, speak straight from the shoulder, speak out (freely); *~ (met iem) praten* talk straight, have a good straight talk (with a p); *iem ~ iets vragen* ask a p. a plain question; *~ antwoorden* give a straight answer; *~ weigeren* refuse flat(ly), give a flat refusal; *ik heb het hem ~ gezegd* I told him so in plain terms; *om het maar ~ te zeggen* to put it bluntly (plainly), not to put too fine a point (up)on it, to be (quite) frank, not to mince matters; *~ gezegd* frankly [I don't see why], frankly speaking, to be candid, candidly

rond|vaart 1 circular trip; 2 cruise; **-vaartboot** (canal) cruise boat; **-varen** *zie* omvaren; **-venten** hawk about; **-vertellen** spread, blab (all over the town); *zie ook* -bazuinen; **-vliegen** 1 fly about (round), circle [the aeroplane circled over the town]; 2 (*fig*) tear (rush) about; **-vlucht** air tour; **-vraag** questions before closure of meeting, (*wat verder ter tafel komt+~*) any other business; **-vragen** ask around; **-wandelen** walk about, take a turn [in the park, etc]; walk [when Jesus walked the earth]; **-wandeling** perambulation, tour, walkabout; *een ~ doen door de zalen* make a tour of the wards; **-waren** (*ve spook*) walk; (*ve wild dier, enz*) prowl; (*v hongersnood, enz*) stalk; *ergens ~,* (*ve geest*) haunt a place; *er waren spoken in het huis rond* the house is haunted; **-weg** I *zn* circular road, ring road, bypass (road); II *bw zie* -uit; **-wentelen** revolve; **-worm** roundworm, nematode; **-zeggen**: *iets ~* give notice of s.t. (to one's neighbours, etc); **-zenden** send round, send out; **-zien** look about; *ik heb er overal naar -gezien* I've been looking for it everywhere; **-zingen** acoustic feedback; **-zwaaien** *tr & intr* swing round, slew round; **-zwerven** wander (roam, rove, *fam:* knock) about; **-zwieren** (*in danszaal*) whirl about, swing round; (*fig*) be on the spree

rong (*ve wagen*) side stake

ronken 1 (*snorken*) snore; *liggen te ~,* (*fam: slapen*) be fast asleep; 2 (*ve kever*) whirr; (*ve motor, enz*) throb, drone, chug; (*ve vliegt*) roar; (*ve locomotief*) snort; 3 (*snoeven*) brag

ronselaar crimp; *vgl* ronselen; **ronselen** recruit [volunteers]; (*inz door list of geweld*) shanghai, (im)press, press-gang, crimp

röntgenen X-ray; **röntgenfoto** roentgenogram, X-ray (photograph), radiograph; **röntgenologie** roentgenology; **röntgenoloog** roentgenologist; **röntgenonderzoek** X-ray examination; **röntgenstraal** X-ray, Roentgen ray; **röntgentherapie** roentgenotherapy

ronzebons 1 puppet-show; 2 (*Ind*) tin-kettle band

rood red; *de rode gloed van het vuur* the ruddy glow of the fire; *rode hond* German measles, rubella, (*tropisch*) prickly heat; *rode kool* red cabbage; *~ krijt* red chalk, ruddle, raddle; *rode loop* bloody flux; *~ maken* make red, redden; *~ staan* be in the red; *~ worden* redden, flush, colour (up); *zo ~ als een kreeft* (*biet, kroot*), (*v schaamte*) [flush] as red as a lobster (a beet); (*v woede*) [go] purple with rage; *de rode* (*bal*), (*biljart*) the red (ball); *een* ***rode***, (*pol*) a Red; *de roden* the Reds; ***in*** *het ~* [dressed] in red; *in de rode cijfers* in the red; *een glaasje ~* a glass of black-currant gin; *zie ook* duit, haan, haar, kruis, rug, enz

rood|aarde ruddle; **-achtig** reddish, ruddy; **-baard** red-beard; **-bloedig** red-blooded; **-bont** red and white; **-borstje** (robin) redbreast, robin; **-borsttapuit** stonechat; **-bruin** reddish brown, russet; bay [horse]; **-gloeiend** red-hot; *de telefoon stond ~* the phone just kept ringing; **-harig** red-haired; (*sl*) carroty; **-heid** redness; **-hout** redwood, Brazil wood; **-huid** redskin, red Indian

Roodkapje Little Red Riding-hood

rood|koper(en) copper; *hij is voor zijn* (*ruige*) *~en,* (*fam*) all shipshape; **-kopklauwier** woodchat(-shrike); **-kopvee** red-poll cattle; **-mus** scarlet grosbeak; **-nek** (*Z-Afr*) roinek; **-schimmel** roan (horse); **-sel** 1 ruddle; 2 (*blanketsel*) rouge, raddle; *met ~ geverfd* raddled (face); **-staartje** redstart; **-valk** kestrel; **-verschuiving** red shift; **-vonk** scarlet fever, scarlatina; **-vos** bay (horse); **-wangig** red-cheeked, ruddy

roof 1 (*op wond*) scab, slough; 2 plunder, robbery; (*buit*) booty, plunder, loot; *op ~ uitgaan* go out plundering; (*v dieren*) go in search of prey, go on the prowl

roof|achtig rapacious; **-bij** robber bee; **-bouw** overcropping, predatory cultivation, premature exhaustion (*ook ve mijn*); *~ plegen* (*op*), (*fam*) drive [people] too hard, work [one's staff] to death; *door ~ uitgeput* prematurely exhausted (*ook ve mijn*), overcropped; **-dier** beast of prey, predator; **-druk** piracy; **-gierig** rapacious; **-gierigheid** rapacity; **-goed** stolen goods; *het is geen ~* please be careful (with it); *het is ~* it is in great demand (and scarce supply); **-kever** ground-beetle; **-moord** murder for robbery; **-nest** den of robbers; **-overval** hold-up; **-ridder** robber baron (*of:* knight); **-schip** pirate ship; **-sprinkhaan** (praying) mantis; **-tocht** foray, raid; **-vijand** (*biol*) predator; **-vis** predatory fish; **-vogel** bird of prey; **-ziek** rapacious; **-zucht** rapacity; **-zuchtig** rapacious, predatory

rooi 1 aim; 2 estimate

rooie (*min*) carrots, ginger; *een ~,* (*pol*) a Red; *over de ~ gaan* go berserk; *zie verder* rood

rooien 1 *het ~* manage (it); *hij kan het* (*met zijn inkomen*) *niet ~* he cannot make (both) ends meet; *ik kan het niet met hem ~* I cannot get on with him; 2 (*aardappels*) lift, dig (up), raise; (*bomen*) pull up, stub; (*boomstronken, enz*) grub up, stub up [tree-stumps], (*v wortels zuiveren*) stub, grub [land]; **rooilijn** (fixed) building-line, alignment; *op de ~ staan,* (*ve huis*) range with the street; **rooimeester** road-building inspector

rooinek (*Z-Afr*) id

rook 1 (hay-)rick; 2 smoke; *onder de ~ van A* within easy reach of A; *geen ~ zonder vuur* there is no smoke without fire; *in ~ opgaan* go up in (vanish in) smoke, melt (vanish) into thin air; *zie ook* snijden; 3 *ovt van* ruiken

rook|afzuiger fume extractor; **-artikelen** smokers' requisites; **-bestrijding** smoke-abatement [society]; **-bom** smoke-bomb; **-coupé** smoking compartment, (*fam*) smoker; **-gas** flue gas; **-gerei** smoking materials; **-glas** smoked glass; **-gordijn** [lay, draw, put up, set up a] smoke-screen; **-hok** smokehouse; **-kanaal** flue; **-kap** hood; **-kast** (*mach*) smoke-box; **-kolom** pillar of smoke; **-kringetje** smoke-ring; **-lucht** smell of smoke; **-masker** smoke-mask, -helmet; **-melder** smoke detector, smoke alarm; **-ringetje** smoke-ring; **-salon** smoking-room; **-spek** smoked bacon; **-tabak** pipe-tobacco; **-vang** chimney-flue; **-verbod** smoking ban; **-vlees** smoked (smoke-dried) beef; **-vrij** 1 smokeless [zone]; 2 non-smoking [area]; **-wolk** cloud of smoke, smoke-cloud; *~je* puff (whiff) of smoke; **-worst** smoked sausage

room cream; *dikke* ~ clotted cream, Devonshire cream; *geslagen* ~ whipped cream
room|achtig creamy; **-afscheider** cream-separator; **-boter** (creamery) butter; (*attr*) all-butter [cake]; **-gehalte** cream-content; **-horen** cream-filled cornet; **-ijs** ice-cream; **-kaas** cream cheese; **-kan** cream-jug
rooms Roman Catholic, Roman; *zie ook* ~-katholiek; *~e bonen* broad beans; *het Heilige R~e Rijk* the Holy Roman Empire; *~e neigingen*, (*ook*) Romeward leanings; *~er dan de paus* more catholic than the Pope; **roomsgezind** Romanist(ic); *~e* Romanist; **roomsgezindheid** leaning towards Rome; **rooms-katholiek** Roman Catholic [he is a Roman Catholic, they are Roman Catholics]
roomsoes cream puff; **roomvla** cream custard
roos 1 rose; *geen ~ zonder doornen* no rose without a thorn; *de rozen op haar wangen* the roses in her cheeks; ***onder** de* ~ under the rose, sub rosa, in secret; *hij wandelt **op** rozen* his path is strewn with roses, he lies on a bed of roses; 2 (*op hoofd*) dandruff, scurf; *vol* ~ scurfy [hair]; 3 (*huidziekte*) erysipelas, St Anthony's fire; 4 (*kompas~*) card; 5 (*ve schijf*) bull's eye, (*fam*) bull; ***in** de ~ schieten* score a bull's eye (*fam:* a bull); 6 (*diamant, ook ~je*) rose (diamond), rosette; **roosachtig** rose-like; (*plantk*) rosaceous [plants]; **Roosje** Rose; **rooskleur** rosy colour, rose-colour; **rooskleurig** (*ook fig*) rosy, roseate, rose-coloured; *het ziet er niet erg ~ uit*, (*ook*) the outlook is none too bright; *zie ook* bril
roosten roast [coffee-beans, meat, ore, seeds]
rooster 1 (*ter afsluiting, enz*) grating; (*in kachel*) grate; (*braad~*) grill, gridiron; (*brood~*) toaster; (*kristal~*) lattice; (*sier~*) grille;(*elektr*) grid; *zie ook* heet; 2 schedule; (*werk~*) (duty-)rota, (*vooral mil*) roster, (*op school, enz*) timetable; *volgens ~ zitting hebben, enz* sit, etc, by (in) rotation
roosterbatterij (*elektr*) grid-battery; **roosteren** broil, roast, grill [meat]; toast [bread, cheese]; (*sneetje*) *geroosterd brood* (slice of) toast; **roosterspanning** (*elektr*) grid potential; *negatieve* ~ grid bias; **roostervork** toaster, toasting-fork; **roosterwerk** grating(s)
roos|venster rose window; **-vormig** rose-shaped
ropij rupee
ros I *zn* 1 steed; *geen* ~, (*sl*) bugger all, absolutely nothing; 2 (*rosbief*) roast beef; *broodje* ~ beef roll; II *bn* reddish [hair], ruddy [a ruddy glow]; *~se buurt* red-light district
Rosa Rose; **rosacea** id; **rosaceeën** rosaceae, rosaceous plants; **rosachtig** *zie* rossig; **Rosalie** id, Rosalia; **rosarium** 1 (*tuin*) id; 2 (*snoer*) rosary
rosbief roast beef
rose pink; *zie* roze; **rosé** id
roseola id; **roset** *zie* rozet
rosharig red-haired, sandy-haired
roskam curry-comb; **roskammen** curry, rub down; (*fig*) criticize severely
rosmarijn rosemary [oil]
rosmolen horse-mill; (*fig ook*) treadmill
rossen 1 *zie* roskammen & afranselen; 2 ride (drive) like mad; *vgl* rijden
rossig reddish, sandy-haired, sandy [hair], ruddy [a ruddy glow]; **rossinant** Rosinante, jade
1 rot: *oude* ~ old hand, old fox; *zie* rat
2 rot 1 (*mil*) squad; (*2 man*) file; *half* (*blind*) ~ blank file; 2 (*bende*) gang, set; 3 (*geweren*) stack [of arms]; *de geweren aan ~ten zetten* pile arms
3 rot I *bn* 1 rotten (*ook fig*); putrid, putrefied; *~te tand* decayed (*of:* bad) tooth; 2 (*onaardig*) beastly [*doe niet zo* ~ don't be beastly]; *~boek* (*~weer, enz*) rotten book (weather, etc); *dat ~huis*, (*ook*) that wretched house; *zich ~ lachen* (*schrikken*) laugh one's head off (be scared to death); *zich ~ vervelen* be bored stiff; *zich ~ werken* work one's fingers to the bone, work o.s. to death; *zie ook* appel; II *zn* rot
rota id [the Sacred Roman Rota]
rotacisme rhotacism
rotan rattan; **rotanstoel** cane chair
Rotariër Rotarian
rotatie rotation; **rotatiepers** rotary press
rotding blasted (bloody, damn) thing
roten ret [flax, hemp]
roteren rotate; *~de motor* rotary engine
rotgans brent-goose
rotgeintje nasty trick; **rotheid** rottenness; **rotje** 1 banger, firecracker; 2 *zich een ~ lachen* laugh one's head off; **rotjoch** little pest, menace; **rotkelder** septic tank; **rotkreupel** footrot; **rotlucht** putrid smell (*of:* stench)
rotogravure (roto)gravure
rotonde 1 rotunda; 2 (*verkeersplein*) roundabout; (*Am*) traffic circle; 3 (*mantel*) opera cloak
rotopmerking unpleasant (nasty, vicious) remark
rotor id
rots rock; (*steil, vooral aan kust*) cliff; (*steil*) crag; *zie ook* ploegen; *een ~ in de branding* a tower of strength; **rotsachtig** rocky; **rotsachtigheid** rockiness; **rotsbeen** petrous (portion of the temporal) bone; **rotsblok** boulder; **rotseiland** rocky island; **Rotsgebergte**: *het* ~ the Rocky Mountains; (*fam*) the Rockies
rots|klimmen rock climbing; **-kloof** chasm; **-kristal** rock-crystal; **-mus** rock-sparrow; **-muur** rock(y) wall; **-partij** (mass of) rock-work; (*vooral kunstmatig*) rockery; **-punt** peak; **-richel** ledge; **-spelonk** rock-cavern; **-spleet** chasm; **-tekening** rock drawing
rotstraal (*paardeziekte*) thrush; **rotstreek** dirty trick
rots|tuin rockery, rock-garden; **-vast** firm as a rock; **-wand** rock-face, precipice; (*aan zee , ook*) bluff; **-woning** rock-dwelling; **-zout** rock salt
rottan *zie* rotan & rotting 2
rotten 1 rot, decay, putrefy, get rotten; 2 (*volkst*) fart; *zie ook* roten; **rotterd** blighter
Rotter|dam id; *vgl verder* Amsterdam; **-dammer** 1 Rotterdam man; 2 (*brood, vglb*) Danish loaf
rottig *zie* 3 rot 2; **rottigheid** 1 beastliness; *~ uithalen* play nasty tricks; 2 distress, misery
rotting 1 (*bederf*) putrefaction, rotting, decay; 2 (*riet*) cane; *rottinkje*, (*v Eng mil*) swagger-cane

rottingskelder septic tank; **rottingwerend** antiputrefactive
rot|vent, **-zak** bastard, nasty piece of work; **-ziekte** (*bij vee*) foot-rot; **-zooi** 1 mess; 2 caboodle; 3 [cause, create] mayhem; *daar komt ~ van* that'll cause trouble; **-zooien** 1 make a mess; 2 wrangle; 3 muddle along; mess (fool) about; **-zorg**: *mij een ~* I'm all right, Jack
Rouaan Rouen; **roué** id, rip, rake, debauchee
rouge id; **rouge-et-noir** id
roulade id; **roulatie** circulation [be out of circulation for a month]; **rouleau** (roller-)blind
rouleersysteem rotation system; **rouleren** 1 be in circulation, circulate; 2 rotate, take turns (in the performance of duty, etc) work in shifts; *~d krediet* revolving credit; **roulette** 1 roulette [table]; 2 (*raadje*) roulette (wheel)
route id, way, round [of the postman]; (*ve schip, trein, ook*) run [do the Hook-Harwich run]; **routeren** route [dangerous cargo]
routine 1 experience, practice; 2 routine [check-up, inquiries, job, procedure], (daily) round; *zie* sleur; **routineus** 1 practised; 2 routine; **routinier** 1 old (*of:* practised) hand; 2 (*uit sleur*) routinist
rouw I *zn* mourning; *zware* (*lichte*) *~* deep (half) mourning; *de ~ aannemen* go into mourning; *~ bedrijven, ~ dragen* mourn [*over* for]; ***in** de ~ zijn* (*gaan*) be in (go into) mourning [*over* for]; II *bn* rough
rouw|band mourning band, crêpe band; **-beklag** condolence; *adres van ~* address of condolence; *brief van ~* letter of condolence (of sympathy); *geen ~* no calls of condolence (desired); **-bezoek** visit of condolence; **-bord** (*vglb*) hatchment; **-brief** death announcement; **-centrum** funeral parlour (*Am:* home); **-dag** day of mourning; **-dienst** memorial service
rouwdouw rowdy, lager lout; **rouwdouwen** be rowdy
rouwen 1 mourn, go into (be in) mourning [*over* for]; *zie ook* be~; 2 *laken ~* raise cloth
rouw|floers crape; **-geld** smart money; **-gewaad** mourning (wear, clothes); (*ve weduwe*) (widow's) weeds; **-ig**: *ik ben er niet ~ om* I am not sorry about (for) it; **-kaart** death announcement; **-kamer** funeral parlour (*Am:* home); **-kapel** funeral chapel; **-klacht** lamentation; **-klagen** lament; **-kleding** mourning (clothes), mourning wear; *zie* -gewaad; **-kleed** 1 (*over doodkist*) pall; 2 mourning dress; **-koets** funeral coach; **-koop** smart money; *ik heb ~* repent (of) my bargain; **-krans** funeral wreath; **-lint** mourning-ribbon; **-mantel** (*vlinder*) Camberwell beauty, (*Am ook*) mourning cloak; **-mis** requiem mass; **-papier** black-edged (-bordered) notepaper; **-rand** black border [papers appeared in black borders]; *met ~* black-edged, -bordered [paper]; *nagels met ~jes* nails in mourning; **-sluier** weeper, widow's veil; **-stoet** funeral procession; **-tijd** period of mourning; **-vlag** 1 flag at half-mast; 2 black flag
roux id
roven I *intr* rob, pillage, plunder; II *tr* steal, kidnap [children], snatch [a kiss]; *iem iets* (*ont*)*~* rob a p. of s.t.; **rover** robber, brigand; (*zee~*) pirate; (*struik~*) footpad, highwayman; **roverbende** gang of robbers, robber band; **roverhoofdman** robber chief; **roverij** robbery, brigandage; (*zee~*) piracy; **rovers|hol**, **-nest** den (*of:* haunt) of robbers; **roversschip** pirate (ship)
royaal (*ve pers*) 1 open-, free-handed, generous, liberal [*met* of], lavish [*met* of], munificent; *iem ~ **behandelen*** do the handsome thing by a p.; *~ **zijn**,* (*met zijn geld*) spend (money) freely, be generous with one's money; *~ voor de dag komen* come down handsomely (liberally); 2 sportsmanlike [*een royale vent* a sportsman], handsome [a handsome apology, apologize most handsomely]; 3 (*v beloning, aanbod, enz*) handsome, liberal, generous; 4 (*papierformaat*) royal [paper]; 5 (*ruim*) ample [amply sufficient; *zie ook* ruim]; *een royale meerderheid* a comfortable majority; *het kan er ~ uit* there's enough and to spare; *de tafel was ~ voorzien* the table was lavishly spread; ***te** ~ leven* live beyond one's means; *hij sprong ~ over de muur heen* he jumped clean over the wall; *zie ook* ronduit; **royalisme** royalism; **royalist** id; **royalistisch** royalist(ic); **royaliteit** open-handedness, liberality, munificence, generosity; **royalty** (*aandeel in opbrengst*) id
royement removal; expulsion [from a club]; cancellation; disbarment; *vgl* royeren; **royeren** strike off (remove from) the rolls (list, register, books), expel [a p. from a club, a party], deprive [a p.] of membership, cancel [a contract, etc]; (*advocaat, ook*) disbar
roze pink, rose; *oud ~* old rose
roze|blaadje rose-leaf; (*bloemblaadje*) rose-petal; **-bok** musk beetle; **-boom** rose-tree; **-bottel** rose-hip; **-geur** perfume of roses; *het leven is niet alles ~ en maneschijn* life is not a bed of roses (*fam:* not all cakes and ale, not all beer and skittles); *het was alles ~ en maneschijn* everything in the garden was lovely; **-hout** rosewood; **-kevertje** 1 garden chafer, bracken clock; 2 (*junikever*) summer chafer; **-knop** rosebud; **-kruis** rosy cross; **-kruiser** Rosicrucian; **-marijn** rosemary
Rozemonde 1 (*Eng*) [Fair] Rosamond; 2 (*dochter v Kunimund*) Rosamund [of the Lombards]
rozenbed rose-bed; (*fig*) bed of roses; **rozenhoedje** (*r-k*) chaplet, lesser rosary, five decades; **rozenkrans** 1 garland of roses; *~je,* (*pl*) mountain everlasting, cat's-ear, cat's-foot; 2 (*r-k*) rosary; *een ~ bidden* tell one's beads, say (recite) the rosary; 3 (*ve gewei*) rose; **rozenobel** rose-noble; **rozenolie** rose-oil, attar of roses; **Rozenoorlogen** Wars of the Roses; **rozenperk** rose-bed, rosary; **rozentuin** rose-garden, rosary; **rozenvingerig** rosy-fingered; **rozenwater** rose-water; **rozerood** rose-red; **rozestok** (*ve gewei*) pedicle; **rozestruik** rose-bush; **rozet** rosette; (*ve lint, enz, ook*) favour; (*bk*) [ceiling] rose; **rozig** 1 rosy, roseate; 2 (*vd huid*) inflamed; 3 (*loom*) languid
rozijn raisin; (*gele Smyrna~*) sultana; **rozijnenbaard** herpes; **rsvp** id, an answer will oblige

rubber rubber [dinghy, glove, tree]; *met ~ behandeld* rubberized [cotton]; **rubberachtig** rubbery; **rubberen** rubber; **rubberlaars** rubber boot, gumboot, wellington

rubella id, German measles; **Ruben** Reuben

rubeola 1 id, measles; 2 rubella

Rubicon [cross the] Rubicon

rubricator id; **rubriceren** 1 class (under different heads); 2 (*als vertrouwelijk kenmerken*) classify [information]; 3 rubricate [a manuscript]

rubriek 1 head(ing); (*afdeling*) division, category; (*in krant*) column, feature; [chess] department; *~ voor dienstaanbiedingen, enz* want column; *onder deze ~ vallen* come (fall) under this head(ing); *in verschillende ~en indelen* group under various headings; *in twee ~en verdeeld kunnen worden* fall into two classes (under two heads); 2 (*vooral kerkelijk & in handschrift*) rubric; **rubrieksadvertentie** classified ad(vertisement)

ruche id, frill(ing)

ruchtbaar known, public; *~ maken* make known (public), spread abroad; *~ worden* become known, transpire, be noised (get) abroad (*of:* about); *het geheim is ~ geworden,* (*ook*) the secret is out; **ruchtbaarheid** publicity; *~ geven aan, zie* ruchtbaar: *~* maken

rücksichtslos callous, ruthless, without regard to others

rudi|ment id; **-mentair** rudimentary [organs]

Rudolf Rudolph, Rudolphus

ruffel ruffle, frill; **ruft(en)** fart

rug back [of a p., book, hand, knife], spine [of a book], bridge [of the nose], ridge [of mountains, of high pressure]; (*rode, rooie*) *~, rood ~je* thousand-guilder note; *ik heb een* ***brede*** *~* I have a broad back; *hij* ***draaide*** (*keerde*) *mij de ~ toe* he turned his back (up)on me; *pas had ik mijn ~* ***gekeerd****, of* ... hardly had I turned my back when ...; *de kat zette een* ***hoge*** *~* (*op*) the cat arched its back; *iem de ~* ***smeren*** tan a p.'s hide; *~* ***aan*** *~* [sit] back to back; *hij deed het* ***achter*** *mijn ~* he did it behind my back [we all talk behind people's backs]; (*fig ook*) he went behind my back; *dat hebben we achter de ~* that's finished with; *ik zal blij zijn, als ik het achter de ~ heb* I shall be glad to get it over; *het ergste is achter de ~* the corner has been turned; *hij heeft de dertig* (*drie kruisjes*) *achter de ~* he has thirty years on his back, is turned thirty; *hij heeft zijn beste dagen achter de ~* he is past his best; *hij heeft een veelbewogen leven achter de ~* he has ... behind him; *wil je dat kussen niet* ***in*** *je ~?* wouldn't you like ... to your back?; *de wind in de ~ hebben* have the wind at one's back; *in de ~ aanvallen* attack [the enemy] in (the) rear; *hij stond* ***met*** *de ~ naar mij toe* he had his back turned to me; *met de ~ tegen de muur staan* have one's back to the wall; *met de handen* ***op*** *de ~* [he walked on,] his hands behind his back; *iem op de ~ dragen* carry a p. (give a p. a) pickaback; *hij lag op zijn ~* on his back; *het geld groeit me niet op de ~* I'm not made of money; *ik heb geen ogen op mijn ~* I have no eyes at (in) the back of my head; *op de ~ vliegen* fly upside down; *iem op de ~ kloppen* pat a p. on the back; *zie ook* geld; *het loopt me ijskoud* ***over*** *de ~* I feel a cold shiver down my back

rugader dorsal vein

rugby rugby (union *15 spelers;* league *13* (*prof*)-*spelers*), rugger

rugcrawl backstroke, back crawl; **rugdekking** (*fig*) backing, support; *iem ~ geven* back a p. up; **ruggegraat** backbone (*ook fig:* without backbone), spine, vertebral column; *zonder ~,* (*fig, ook*) spineless [creature]; **ruggegraatsverkromming** curvature of the spine; **ruggegraatswervel** dorsal vertebra (*mv:* -brae); **ruggelings** I *bw* backward(s), back to back; II *bn* backward; **ruggemerg** spinal marrow (*of:* cord); **ruggemergsontsteking** inflammation of the spinal marrow; (*wtsch*) myelitis; **ruggespraak** consultation; *~ houden met iem* consult (with) a p., hold a consultation with a p.; **rugge|steun(en)**, **-wervel** *zie* rugsteun, enz

rug|leuning back [of a chair], backrest; **-nummer** (*sp*) shirt number; **-pijn** pain in the back, backache; **-punctie** lumbar puncture, spinal tap; **-schild** carapace; **-slag** (*zwemmen*) backstroke; **-spier** dorsal muscle; **-steun** support, backing; (*lett*) back(rest); **-steunen** back (up), support; *gerugsteund worden door,* (*ook*) have [an enormous majority] at one's back; **-stuk** back-piece; saddle [of mutton], chine [of pork]; **-titel** spine title; **-vin** dorsal fin; **-vliegen** fly(ing) upside down; **-vlucht** inverted (negative) flight; **-waarts** I *bw* backward(s); II *bn* backward; **-wervel** dorsal vertebra (*mv:* -brae); **-wind** tail wind, following wind; **-wit** (*typ*) back margin, gutter; **-zak** rucksack, (*met lang frame*) backpack; **-zenuw** dorsal nerve; **-zijde** back; **-zwemmen** swim back-stroke; **-zwemmer** 1 back-stroke swimmer; 2 (*insekt*) water-boatman

rui moult, moulting(-time); *aan de ~ zijn* be moulting; **ruien** 1 moult, shed its feathers; 2 drop [fruit]

ruif(el) (stable-, hay-)rack

ruig 1 shaggy [moustache], hairy, woolly, bushy [eyebrows]; *~e vorst* hoar-frost; *~ begroeid,* (*ve veld*) covered with a growth of tangled weeds; *dat is voor zijn ~e* that job's finished; 2 (*ruw*) rough; **ruigharig** shaggy; **ruigheid** shagginess, etc; **ruigpoot** (*sl*) homo; **ruigpootbuizerd** rough-legged buzzard; **ruigpotig** rough-footed; **ruigschaaf** jack-plane; **ruigte** 1 zie ruigheid; 2 underwood, brushwood, brambles

ruiken I *tr* smell, scent; *de honden ~ het wild* scent the game; *hoe kon ik dat ~?* how could I possibly know?; II *intr* smell; *goed* (*lelijk*) *~* smell good (bad); *lekker ~* smell nice (sweet); *laat me eens ~* let me have a smell; *de kaas ruikt wat* the cheese smells, is smelly; *~* ***aan*** (have a) smell at [the meat]; *je mag eraan ~* you may see (etc) it but not have it; *hij heeft eraan geroken* he has a vague idea of it; *het* (*hij*) *ruikt* ***naar*** *cognac* it (he) smells of brandy; *dat ruikt naar eigen lof* that smacks of self-praise; *hij ruikt* ***uit*** *zijn mond* he has an offensive breath, his breath smells

ruiker nosegay, bouquet

ruil exchange, barter; (*fam*) swop (swap) [do a swap]; *in ~* (*voor*) in exchange (for); *in ~ nemen* take in exchange; *een goede ~ doen* make a good exchange; **ruilbaar** exchangeable; **ruilbeurs** exchange mart, swap shop; **ruilen** exchange, barter, truck, trade [cigarettes for butter], (*fam*) swop; *~ voor* (*tegen*) exchange etc for; *van plaats ~* change places [*met* with]; *ik zou niet met hem willen ~* I wouldn't change places with him; *~?* (shall we) swop?; **ruilhandel** barter (trade); **ruilhart** donor heart; [have a] heart transplant; **ruiling** exchange; *zie* ruil; **ruilmiddel** medium of exchange, circulating medium; **ruilmotor** exchange engine; (*tweedehands*) reconditioned (rebuilt) engine; **ruilobject** trade-in; (*fig*) bargaining counter; **ruilprofessor** exchange professor; **ruilverkaveling** re-allotment, land consolidation [act]; **ruilverkeer** exchange; *het vrije ~* free trade; **ruilvoet** terms of trade; **ruilwaarde** exchange-value; **ruilwinkel** swap shop

ruim I *bn* large [assortment, on a large scale], broad [views], wide [view, choice], loose-fitting [blouse], spacious [rooms], roomy [garments, easy chair, house], capacious [pockets], ample [coat, sleeves, stores, compensation, means], liberal [salary], plenty of [scope]; comfortable [lead *voorsprong*]; *~ en geriefelijk* commodious [house, cabin]; *hij heeft het niet ~, zie* breed; *zijn ~e **blik**, ,* (*ook*) his breadth of view; *een ~e blik hebben* take a broad view [*op* of]; *een ~ **gebruik** maken van* avail o.s. freely of; *het **geld** (de geldmarkt) is ~* money is easy; *een ~ **geweten*** an easy(going) conscience; *een ~ **inkomen** (bestaan)* a comfortable income (existence); *een ~e **kamer*** a large (spacious) room; *~ van **opvatting*** broad-minded; *een ~ **uitzicht*** an extensive view; *het ~e **veld*** the open field; *~ **voldoende*** amply sufficient, ample; *dat zal ~ voldoende zijn* that'll be ample; *~e **wind*** free wind; *~ **zeilen** zie* ~schoots; *op zijn **ruimst** berekend* at the outside calculation; *in de ~ste zin* in the widest sense; II *bw* 1 over, more than; *~ **honderd*** upwards of a hundred, a hundred odd; *~ **tien jaar*** a good ten years; *~ **een uur*** (well) over an hour; *~ **boven** de duizend* considerably over a thousand; *~ op tijd* in good time [for lunch]; 2 freely, widely, spaciously; *~ **ademhalen*** breathe freely; *~ **meten*** give good (liberal) measure; *~ **uit elkaar** staan* be (stand) wide apart; *zie ook* ~schoots, baan, beurs, rekenen, sop, voorzien, enz; III *zn* 1 space; sky; (*wereld~*) aerospace; 2 main, open sea; 3 (*ve schip*) hold; (*ve kerk*) nave

ruimdenkend broad-minded

ruimen 1 empty, evacuate; (*weg~*) clear away [the snow]; *zie ook* weg 1; 2 (*vd wind*) veer (aft); **ruimer** (*techn*) reamer; **ruimhartig** generous; **ruiming** clearing; **ruimnaald** reamer; **ruimschoots** amply, plentifully, copiously, abundantly, richly [it was richly deserved]; *~ gelegenheid hebben voor* have ample opportunity for; *~ de tijd hebben* have ample time; *~ op tijd* [arrive] in plenty of time; *~ zeilen* sail large; *ik heb ~ genoeg* I have enough and to spare; *zie ook* opwegen

ruimte 1 room, space, capacity; (*ledige ~*) void; (*omsloten ~*) enclosed space, circuit; (*tussen~*) interval, distance; (*techn, ook*) [piston-]clearance; *wat voor ~ is er?,* (*in huis*) what's the accommodation?; *de oneindige ~* (infinite) space; *~ van blik* breadth of view (of vision); *iem de ~ **geven*** give a p. elbow-room; *~ **laten** voor* leave room for [doubt], leave scope for [the imagination]; *geen ~ open laten na de cijfers op een cheque* leave no space after ...; *~ **maken*** make room, clear the way; *gezwam **in** de ~* hot air; *zich **op** de ~ houden* not commit o.s.; *zie ook* ruim III, gebrek, plaats~, enz; 2 (*overvloed*) abundance; 3 (*open zee*) open sea, offing; ***geef** hem de ~* give him a wide berth; *de ~ **kiezen** (zoeken)* make off, take to one's heels; (*mar*) take the offing

ruimte|besparend space-saving; **-besparing** space-saving, saving of space; **-capsule** space capsule; **-dekking** (*sp*) zonal defence; **-lijk** spatial; *~e ordening* (town and country) planning; **-maat** cubic measure, measure of capacity; **-onderzoek** space exploration [lab]; **-schip** spaceship, spacecraft; **-sonde** space probe; **-vaarder** astronaut, space traveller, spaceman; **-vaart** space travel; **-vaartindustrie** aerospace industry; **-vaartuig** spacecraft; **-veer** space shuttle; **-verhoudingen** spatial relations; **-vrees** agoraphobia, fear of open spaces

ruimwater bilge(-water); **ruimwinds** running, free

ruin gelding

ruïne ruins, remains, [the castle is a complete] ruin, [he is a complete] wreck; **ruïneren** ruin; *zich ~* ruin o.s.; *het ruïneerde zijn gestel* it wrecked his constitution; *hij is geruïneerd,* (*ook*) he is broke; **ruïneus** ruinous

ruis 1 (*telec*) noise [filter]; (*tv*) snow; *witte ~* white noise; 2 (*vis*) rudd; **ruisen** (*ve kleed, woud, wind*) rustle; (*v zijde, regen, enz ook*) swish; (*ve beekje*) murmur, purl, ripple, gurgle; (*v oren*) *zie* suizen; *het ~, zie* geruis; **ruis|voorn, -voren** rudd

ruit 1 (*v glas*) pane (of glass); (*ve deur*) glass panel; (*ve broeibak*) light; *~en inzetten* glaze windows; *zijn eigen ~en ingooien* ruin one's own case, spoil one's own chances; 2 (*figuur*) diamond, lozenge; (*wisk*) rhomb; 3 (*ve dam-, schaakbord*) square; 4 (*ve diamant*) facet; 5 (*patroon & stof*) check [suit]; 6 (*plant*) rue; 7 (*schurft*) mange

ruiten I *ww* check, chequer; *zie* geruit; II *zn* diamonds; **ruiten|aas, -boer**, enz, ace, jack (*of:* knave), etc of diamonds; *vgl* klaveraas

ruiter 1 horseman, rider; (*mil*) trooper; *hij werd ~ te voet* was unhorsed, lost his seat; *Spaanse* (*Friese*) *~s* chevaux-de-frise; 2 (*op systeemkaart*) flag, tab; **ruiterij** cavalry, horse; **ruiterlijk** I *bn* frank, plain, straightforward; II *bw* frankly; *zie ook* ronduit; **ruiterpad** bridle-path, riding-track; (*inz in bos, ook*) ride; **ruiterportret** equestrian portrait; **ruitersport** equestrian sport(s), riding; **ruiterstandbeeld** equestrian statue; **ruiterstoet** cavalcade; **ruitervaan** cavalry standard, guidon; **ruiterwacht** mounted guard, vedette; **ruiterweg** riding-track

ruite|sproeier screenwasher; **-trekker** squeegee; **-wisser** (*v auto*) windscreen (*Am* windshield) wiper, screenwiper; (*v glazewasser*) squeegee
ruitijd moulting-time
ruitjesgoed check [suit], chequered material
ruitjespapier squared paper
ruitverwarmer demister
ruitvormig lozenge-, diamond-shaped
ruk 1 pull, tug, jerk, wrench; *hij gaf een ~ aan de bel* he tugged at the bell; 2 *een hele ~,* (*tijd*) quite a spell; (*afstand*) quite a distance (to cover); *bij ~ken* by fits and starts; *in één ~* in one go, straight through; (*luchtv*) in one hop; **rukken** pull, tug, jerk, wrench, snatch; *heen en weer ~,* (*ve hond*) worry; (*af~*) wank; *~ **aan*** pull, etc at; ***te** velde ~* take the field; *iem iets **uit** de handen ~* tear (snatch, wrench) s.t. from a p.'s hands; *uit zijn verband ~* wrench [a passage] from its context; *uit zijn gewone doen gerukt* jolted out of his usual routine; *zie ook* uit~; **rukwind** squall, gust of wind
rul 1 bumpy [ice]; 2 loose [sand], friable [soil]
rum id; **rumboon** rum liqueur chocolate; **rumgrog** rum-grog, -toddy
rumoer noise, clamour, uproar; *~ maken, zie ~*en; **rumoeren** make a noise; **rumoerig** noisy, uproarious, riotous, tumultuous, boisterous; *vgl* lawaaierig; **rumor in casa** [there is] a flutter in the dove-cote(s); *~ veroorzaken* cause a flutter in etc, put the cat among the pigeons
rumpunch rum-punch, -shrub
run 1 (*looischors*) tan, tanning-bark; 2 (*angl*) id
rund 1 cow, bull, ox; (*mv ook*) cattle; *hij bloedt als een rund* he is bleeding like a pig; 2 (*fig*) boor, (*Am*) sad sack; **runderdaas**[1] *zie* -horzel; **rundergebraad** roast beef; **runderhaas** tenderloin, fillet of beef; **runderhorzel** ox warble-fly; **runderhuid** cowhide; **runderlapje** beefsteak; **runderpest** cattle-plague, rinderpest; **runderrib** rib of beef; **runderrollade** collared beef; **rundleer** cowhide, neat's leather; **rundvee** (horned) cattle; **rundveestamboek** herd-book; **rundvet** beef suet; (*gesmolten*) beef dripping; **rundvlees** beef; *mager ~* beefsteak
rune id, runic letter; **runenalfabet** runic alphabet, futhorc; **runenschrift** runic writing (script); **runeteken** rune; **runisch** runic
run|kleur tan(-colour); **-molen** tan-, bark-mill
runnen 1 manage, operate, run [a business]; 2 tout [for custom]; 3 curdle
runologie runology; **runsel** rennet
rups caterpillar; (*las~*) bead; **rupsband** caterpillar track, endless belt; *met ~en* tracked [vehicles]; **rupsendoder** (*vogel & larve van sluipwesp*) caterpillar-eater; **rupsketting** caterpillar track; **rupsklaver** Calvary clover, medick; **rupstrekker** caterpillar-tractor, (*op rupswielen*) crawler tractor; **rupswiel** caterpillar-wheel
ruptuur rupture; **ruraal** rural
rus 1 (*bies*) rush; 2 (*sl*) tec (detective)
Rus Russian; **Rusland** Russia

1 *Zie voor sam met* rund(er)- *ook* koe- & vee-

russen *bn* rush [mats]
Russenhater Russophobe; **Russenvrees** Russophobia; **Russenvriend** Russophil(e); **russificatie** Russification, Russianization; **russificeren** Russify, Russianize; **Russin** Russian (woman); **Russisch** *bn & zn* Russian; (*in sam*) Russo-[Turkish, German]; *~e eieren* Russian eggs; *~ leer* Russia (leather); *~e thee* (*laarzen*) Russian tea (boots); **russofiel** Russophil(e); **russofobie** Russophobia; **russomanie** Russomania
rust 1 rest, repose, quiet, tranquillity, calm; (*mil*) halt [at the halt *gedurende de ~*]; *een korte ~,* (*roeien, ook mil*) an easy; *op de plaats ~!* stand easy!; *~ **geven*** give a rest, rest [one's voice, eyes, horse], set [a p.'s mind] at rest; *zich een ogenblik ~ **gunnen*** take a moment's rest; *iem geen ~ gunnen* leave a p. no peace; *hij **heeft** ~ noch duur* he is very restless; *hij heeft geen ~ voordat hij het ziet* he won't be happy (will know no peace) until ...; *de ~ **herstellen*** restore quiet (*of:* calm); *de eeuwige ~ **ingaan*** enter into (*of:* on) one's rest; *hij is de eeuwige ~ ingegaan,* (*ook*) he is at rest; *~ **nemen*** take a rest; *een beetje ~ nemen* take (have) a moment's rest; (*volkomen*) *~ nodig hebben* need (complete, a complete) rest; *~ **roest*** (*vglb*) idleness is the root of all evil; ***in** ~* at rest; *in diepe ~ zijn* be fast asleep; *in ~e, zie* rustend; *laat hem **met** ~* leave him in peace, leave (let) him alone, let him be, don't bother him; *ze lieten haar niet met ~,* (*ook*) they gave her no peace; *zich **ter** ~e begeven* retire for the night, go (retire) to rest; *ter ~e leggen* lay to rest [the body was laid to rest]; ***tot** ~ brengen* set at rest, quiet; *tot ~ komen* settle (calm, quieten) down, subside; *zie ook* verstoren; 2 (*muz*) rest; (*in versregel*) rest, pause, caesura; 3 (*sp*) half-time, interval, (*Am*) intermission; 4 (*ve vuurwapen*) safety catch; *de haan in de ~ zetten* half-cock [a pistol, etc]; 5 (*mar*) chains, channel
rustaltaar wayside altar; **rustbank** couch, lounge; **rustbed** couch; **rustdag** day of rest, holiday, day off; **rusteloos** untiring, unremitting [labour], restless [spirit]
rusten 1 rest, repose; *hij rustte niet, voordat ...* he never rested until ...; *hier rust ...* here lies ...; *hij* (*zijn asse, ziel*) *ruste in vrede!* may he (his ashes, soul) rest in peace!; *ik heb **goed** gerust* I've had a good rest; *na gedaan werk is het goed ~* rest is sweet after the work is done; ***laten** ~* rest [one's horse]; rest [one's head on one's hands, one's eye on ...]; cup [one's face in one's hands]; *geschilpunten laten ~* sink differences; *de zaak laten ~* drop the matter, let the matter rest; *men zal de zaak niet laten ~* the matter will not be allowed to drop; *het verleden laten ~* let the past rest, let bygones be bygones; ***wel** te ~!* good night!, sleep well!, (*fam*) nighty-night!; *ja, wel te ~!,* (*iron*) wake up; ***wat** ~* have a (moment's) rest; *ze ligt te ~* she is resting; *~ **op*** rest on [his eye rested on the book; the rails rest on wooden sleepers]; (*techn, ook*) be supported by; *zijn ogen bleven ~ op* his eyes: *a*) came to rest on; *b*) lingered on; *op mij rust de plicht* (*verplichting*) *te ...* on me rests the duty to ..., it is incumbent on me to ...; *op*

goede gronden ~ rest (be based) on solid grounds; *er rust geen verdenking op u* no suspicion attaches to you; *zie ook* blaam; 2 *zich* ~ equip o.s., prepare (o.s.) [for battle], make (get) ready
rustend retired [teacher], dormant [volcano]; ~ *predikant* pastor emeritus; **rustgeld** pension; **rustgevend** restful [scene]; **rusthuis** rest-home, -house, home of rest
rusticiteit rusticity; **rustiek** rustic (*meestal ong, behalve in* rustic bridge, etc); (*gunstig*) rural [environment, setting]
rustig quiet, calm, tranquil, still, restful [place, evening], serene [confidence], uneventful [life], peaceful [retirement, surroundings]; ~ *worden* quiet(en) down; *zich* ~ *houden* keep quiet; *er gaat niets boven een* ~ *leven!* anything for a quiet life!; *de patiënt had een ~e nacht* the ... had a comfortable night; ~ *zijn gang gaan* quietly get on with it (with things); *het leven ging* ~ *zijn gang* life moved smoothly; *hij vroeg er* ~ *honderd gulden voor* he calmly (cheerfully) asked ...; *zie ook* kalm; **rustigheid** quietness, calm(ness), stillness, tranquillity; **rustigjes** quietly
rusting (suit of) armour
rust|kuur rest-cure; **-lokaal** rest-room; **-oord** retreat; **-pauze** rest-break; **-pensioen** old-age pension; **-plaats** resting-place; *naar zijn laatste* ~ *geleiden* lay to rest; **-poos** breathing-spell, -time, -space; **-punt** pause, rest, resting-point; **-stand** position of rest; (*sp*) position at half-time, half-time (*of:* interval) score; *in de* ~, (*v pers*) [stand] at ease; **-stoel** rest-chair; **-teken** (*muz*) rest; **-tijd** (time of) rest, resting-time; **-uur** hour of rest; **-verstoorder** disturber of the peace, peace-breaker, rioter; **-verstoring** disturbance, breach of the peace
rut broke, cleaned out; **Rutger** Roger
ruw 1 (*oneffen*) rough, rugged [tree-trunks]; *~e handdoek* Turkish towel; 2 (*onbewerkt*) raw [cotton, sugar], crude [oil], unfinished [product]; ~ *ijzer* pig iron; ~ *lood* pig lead; *een ~e diamant* a rough diamond (*ook fig*); 3 (~ *bewerkt*) rough-hewn [stone, statue]; (*grof*) coarse; 4 (*fig*) rude, coarse, crude, rough; *~e gissing* (*raming*) rough guess (estimate); *~e klant* rough customer; ~ *klimaat* rough climate; *~e schets* rough draft; *~e taal gebruiken* use bad language; *het ~e werk doen* do the rough work; *~e woorden* coarse words; *~e zee* rough sea; ~ *in de mond* foul-mouthed; *in het ~e tekenen* draw in the rough, rough in; *in het ~e begroten* estimate roughly
ruwaard (*hist*) regent, lord-lieutenant
ruwen roughen [slippery surfaces]; card [cloth]
ruwharig shaggy, wire-haired [terrier]; **ruwheid** roughness; *zie* ruw; crudity; **ruwvoer** roughage; **ruwweg** roughly [two million]
ruzie quarrel, row, squabble, brawl, fray; ~ *hebben* (have a) quarrel [*over* over, about], have a row, be at odds; ~ *krijgen* fall out [over s.t.]; *er komt hooglopende* ~ there will be a row (a shindy); ~ *maken* quarrel; ~ *stoken* stir up a quarrel; ~ *zoeken* pick a quarrel; ~ *zoeken met* pick a quarrel with; **ruzieachtig** quarrelsome; **ruziemaker** *zie* -zoeker; **ruziën** bicker, quarrel; **ruzietoon** belligerent tone; **ruziezoeker** quarrelsome person, brawler
RVB afk van *Rijksverzekeringsbank* (*nu: Sociale Verzekeringsbank*) National Insurance Bank; **RVD** afk van *Rijksvoorlichtingsdienst* Central Office of Information
Rwanda id

Ss

s (the letter) s; *'s avonds, enz, zie* avond, enz
saai I *zn* serge; II *bn* dull [as dull as ditch-water], slow [fellow, town], humdrum [evening, sermon], drab [life], tedious [journey, speech], monotonous, tame [scenery]; lack-lustre; *~e Tinus* dry stick, dull dog; *het is daar zo vreselijk* ~ it's so deadly dull there
saaien serge
saaiheid dullness, etc; *zie ook* saai II
saam together; *zie ook* samen(-); **saamhorigheid** oneness, togetherness, unity, solidarity; (*geest van*) ~ team-spirit; (*gevoel van, ook*) corporate sense; **saampjes** together
Saar(tje) Sarah, Sal(ly)
sabbat sabbath; **sabbatdag** sabbath day; **sabbatist(e)** sabbatarian, sabbatist; **sabbatsjaar** sabbatical (year); **sabbatsschennis** sabbath-breaking; **sabbatsverlof** sabbatical (leave); **sabbatsviering** observance of the Sabbath
sabbelen suck; ~ *aan* nibble [bait]; ~ *op* suck [candy]; suck at [one's pipe]
sabel 1 (*dier, bont, kleur*) sable; 2 (*cavalerie-, scherm~*) sabre; *met de* ~ *rammelen* rattle the sabre; *zie ook* blank, krom; **sabelbek** (*vogel*) avocet; **sabelbont** sable (fur); **sabeldier** sable; **sabelen** sabre, slash [about one, into ...]; **sabelgerinkel** sabre-rattling; **sabelkling** sword-blade; **sabelkoppel** sword-belt; **sabelkwast** sword-knot; **sabelschermen** sword-exercise; **sabelsprinkhaan** long-horned grasshopper, (*Am*) katydid; **sabeltas** sabretache
Sabijn Sabine; **Sabijns** Sabine; *~e maagdenroof* rape of the Sabine women
sabotage id, wrecking; **saboteren** sabotage, wreck; **saboteur** id
sabreur (beau) sabreur, swashbuckler
sacharine saccharin; **sachem** id
sacherijn (*fam*) worry, vexation; (*pers*) sourpuss, misery; **sacherijnig** cantankerous, cross
sachet id
sacraal sacral (*ook med*), sacred [use]; **sacraliseren** sacralize; **sacrament** id; *de ~en der stervenden* the last sacraments, extreme unction; *voorzien van de heilige ~en* fortified with the rites of (the) Holy Church; ~ *der biecht* sacrament of confession; **sacramenteel** sacramental; **Sacra-**

mentsdag Corpus Christi; **sacramentshuisje** pyx, tabernacle; **sacreren** 1 consecrate; 2 swear; **sacrifiëren** sacrifice; **sacrilege** id; **sacristein** sacristan, sexton; **sacris|tie, -tij** sacristy, vestry; **sacrosanct** id; **sacrum** id

Saddu|ceeër Sadducee; **-cees** Sadducean

sadisme sadism; **sadist** id; **sadistisch** sadistic

sadomasochisme sadomasochism

safari safari [jacket, park, shirt, suit]

safe I *bn* id; *op ~ spelen* play safe, play the percentages; II *zn* id; **safeloket** safe deposit box, safe, locker

saffiaan morocco (leather); **saffiaantje, saffie** (*sl*) fag, gasper

saffier sapphire; **saffierblauw, saffieren** *bn* sapphire

saffisch 1 Sapphic; 2 lesbian

saffloer(s) safflower

saffraan saffron [flower]; **saffraangeel** I *bn* saffron-yellow; II *zn* saffron; **saffraankleurig** saffron(-coloured); **saffranen** saffron

saga id

sagaai assagai, assegai

sage legend, tradition, myth

sago sago [palm]; **sagoweer** sagwire

Sahara: *de ~* the Sahara; **Saharaan(s)** Saharan

saillant *bn & zn* salient, striking [feature]

sajet wool; **sajetten** *bn* woollen

sake, saki saké

sakkeren swear; grumble; **sakkerloot**! the deuce!, by Jove!, by George!, bless my soul!; **sakkers** darn(ed)

Saks Saxon; **Saksen** Saxony; *~-Coburg* Saxe-Coburg; **Sakser** Saxon; **Saksisch** Saxon; *~ porselein* Dresden china

salade salad; *voor sam zie* sla

salamander id

salami salami [tactics]

salangaan salangane

salariaat salariat; **salariëren** salary, pay; *een goed-gesalarieerde betrekking* a well-paid job; *te laag gesalarieerd worden* be underpaid; **salariëring** payment, remuneration; **salaris** salary, pay; *op een ~ van* at a salary of; *op ~ zal minder gelet worden* salary no object; *zie ook* verbinden; **salarisregeling** salary scale, rate of pay; **salarisschaal** salary scale; **salarisverhoging** rise, (salary) increase; **salarisvermindering** reduction of salary (salaries), salary cut

salderen balance; **saldo** balance; *batig* (*voordelig*) *~* credit balance, surplus, balance in hand, balance in one's favour; *nadelig ~* debit balance, deficit; *per ~* on balance (*ook fig*); *het ~ trekken* strike a balance; **saldotekort** debit balance, overdraft, deficit; *~ hebben* be overdrawn

salet parlour; **saletjonker** carpet-knight

salicyl id; **salicylzuur** salicylic acid

salie sage; **Saliër** Salian

saline 1 salina; 2 salt mine; **salinisch** saline

Salisch Salic [law]; **salmagundi** id; **salmi** id

salmiak sal ammoniac, ammonium chloride; *geest van ~* (aqueous) ammonia

salmonella id

Salomo(n) Solomon; (*als*) *van ~* Solomonic, Solomonian; *hij is zo wijs als ~'s kat* he fancies he can see through a brick wall; **Salomonseilanden** Solomon Islands, Solomons; **Salomonsoordeel** Solomonian judg(e)ment; **Salomonswijsheid** Solomon-like (Solomonian) wisdom; **salomonszegel** (*plant*) Solomon's seal

salon 1 drawing room; (*attr, ook*) armchair [revolutionary, socialist]; 2 (*aan boord & van kapper, enz*) saloon; (*inz Am*) [beauty, ice-cream] parlo(u)r; 3 (*Parijse*) ~ id; 4 (*beurs*) id; 5 *zie* ~ameublement; **salonameublement** drawing-room furniture; *een ~* a drawing-room suite; **salonboot** saloon steamer; **salonfähig** socially acceptable, fit for civilized company; **salonheld** drawing-room lion

Saloniki Salonica, -ka, Thessaloniki

salon|muziek light music; **-orkest** light orchestra; **-remise** quick draw; **-rijtuig** saloon carriage, Pullman (car); **-stuk** (*muz*) drawing-room piece; (*theat*) drawing-room play; **-tafeltje** coffee-table, occasional table; **-vleugel** baby-grand (piano); **-wagen** *zie* -rijtuig

saloondeuren saloon doors

salopette salopettes

salpeter saltpetre, nitre, nitrite; **salpeterdamp** nitric fume(s); **salpeterig** nitrous [acid]

salpeter|papier touchpaper; **-zuur** nitric acid; *-zure soda* nitrate of soda; **-zuurzout** nitrate

salto [backward, forward, double] somersault; (*vliegsp*) loop; *een ~ maken* turn a somersault; *~ mortale* somersault, id

salueren salute, give a salute; (*met vaandel*) dip the flag (the colours); *er wordt niet gesalueerd* no compliments are paid

saluki id, Persian greyhound

Salut! (*in wetten, enz*) Greeting!

saluut salute, salutation; *~!* good bye!, so long!; (*in wetten, enz*) Greeting!; *een ~ brengen* (give a) salute; (*met kanon*) fire a salute; **saluutschot** salute; *~en lossen* fire a salute

salvia id

1 salvo *zn* (*ook fig*) volley, round [of fire, of applause], salvo

2 salvo: *~ errore et omissione* errors and omissions excepted, E & OE

samaar cymar

Samaria id; **Samaritaan** Samaritan; *de barmhartige ~* the Good Samaritan; **Samaritaans** Samaritan; **Samaritaanse** Samaritan woman

sambal id; **sameet** velvet

samen together, [all these causes] combined; *hoeveel* (*geld*) *is dat ~?* how much does that make (come to)?; *50 ~,* (*ook*) 50 all told; *~ 500 ton* aggregating 500 tons; *goede morgen ~!* good morning all (everybody)!; *allen ~ gaan* go in a body; *door hen ~ geschreven* [plays] written conjointly by them; *zullen we ~ een fles nemen?* will you join me in ...?, shall we split ...?; *~ een taxi nemen* share (split) a taxi; *~ hebben* share [a room, cabin]; *zij verdienden ~ ...* they earned ... between (among) them

samen|ballen clench [one's fists]; (*fig*) concentrate, knit together; **-binden** bind (tie, strap) together, tie up, knit [the nations] together; **-bouwen** assemble; **-brengen** bring together, throw [persons] together; **-bundelen** concentrate [forces]; **-doen** I *tr* put together; II *intr* be partners, go shares, join hands [in doing it]; **-drukbaar** compressible; **-drukken** press together, compress [one's lips]; **-flansen** knock together, patch (botch) up (*of:* together), clap up [a play]; **-gaan** go together (*ook fig*), [my affection and admiration] go hand in hand, [theory and practice do not always] tally, agree; amalgamate; (*de handen ineenslaan*) join hands; *wij gaan hierin samen* we stand together in this matter; ~ *met* go with, stand in with [the Radicals]; *die daarmee samengaat* [red hair and the white skin] that goes with it; *dit verschijnsel gaat samen met* is accompanied by; *zie ook* gepaard

samengesteld compound [leaf, interest], composite [flower]; (*ingewikkeld*) complex, complicated; *~e breuk*, (*rek*) complex fraction, (*med*) compound fracture; *~e vrucht* compound fruit, syncarp; *~e zin* compound (complex) sentence; **samengesteldbloemig** composite(-flowered)

samen|gezworene conspirator; **-groeien** grow together, grow into one; **-hang** cohesion, coherence, connection, (*wtsch*) relation(ship); (*zinsverband*) context; **-hangen** cohere, be connected, hang together; ~ *met*, (*ook*) be linked up with; *ten nauwste ~ met* be closely bound up with; **-hangend** connected, coherent; *het daarmee ~e vraagstuk* the allied problem; *drie onderling ~e onderwerpen* three interrelated subjects; **-hechten** connect, fasten together; **-hokken** 1 herd together; 2 cohabit; **-horen** belong together; **-horigheid** *zie* saamhorigheid; **-klank** consonance, concord; **-klinken** I *intr* harmonize, chime together; II *tr* rivet together; **-klonteren** coagulate; **-knijpen** pucker, purse [one's lips], screw up [one's eyes]; *zie ook* -persen; **-knopen** tie (knot) together; **-komen** 1 come together, meet, assemble, gather, congregate, for(e)gather; 2 (*elkaar ontmoeten*) meet; *zie ook* bijeenkomen; **-komst** meeting, conference, gathering; (*sp*) rally; *plaats van ~* venue; **-koppelen** couple; (*fig ook*) bracket [their names are always bracketed (together)]; **-leven** 1 live together, coexist; 2 *zie* -wonen; **-leving** 1 society, community; 2 (*v man & vrouw*) cohabitation; **-levingsverband** commune; **-loop** concourse [of people], concurrence; (*v rivieren*) confluence; ~ *van omstandigheden* coincidence, conjunction (concurrence) of circumstances; **-lopen** 1 meet, run into each other, converge; *alles liep samen om zijn ondergang te bewerken* everything concurred in bringing about his ruin; 2 (*te hoop lopen*) flock together; **-pakken** pack up, pack together; *zich ~* crowd together; (*v onweer*) gather, brew; **-persen** press (squeeze) together, compress [with compressed lips; *ook:* tight-lipped]; **-persing** compression; **-raapsel** hotchpotch; ~ *van leugens* tissue (pack, parcel) of lies; **-roepen** convene, summon; *zie* bijeenroepen; **-rotten** assemble, band together; **-scholen** mob, assemble, gather; **-scholing** gathering, (unlawful, riotous) assembly; **-smeden** forge (*of:* weld) together; knit [hearts] together; **-smelten** melt together, fuse; (*maatschappijen, enz*) amalgamate; **-smelting** melting together, fusion; (*fig*) amalgamation, fusion, [industrial] merger; **-spannen** plot, conspire, be in league [*met* with; *tegen* against]; **-spanning** plot, conspiracy; (*tussen ogenschijnlijke tegenstanders, inz jur*) collusion; **-spel** combined action (*of:* play), teamwork; (*muz, theat*) ensemble; *hun ~ liet te wensen over* their play was ragged; ~ *van krachten* interplay of forces; **-spelen** play together; *zie* -lopen & -werken; **-spraak** 1 dialogue; 2 conference, conversation, discussion, confabulation; *in ~ met* in consultation with; **-spreking** *zie* -spraak; *kwade ~en bederven goede zeden* evil communications corrupt good manners; **-stand** (*astron*) conjunction; **-stel** structure, construction, system; ~ *van krachten* composition of forces; **-stellen** put together, compose, compile, make up [a programme]; empanel [a jury]; frame [laws]; *~de delen* component (constituent) parts; *-gesteld uit* composed of, made up of; **-steller** composer, compiler; **-stelling** composition, structure, make-up, constitution [the constitution of the court-martial], texture [of nerves, etc]; (*gramm*) compound (word); **-stromen** (*v rivieren*) flow together, unite; (*v mensen, enz*) flock together; **-stroming** 1 confluence; 2 concourse [of people]; **-treffen** I *ww* 1 meet; 2 coincide; II *zn* 1 meeting, encounter; 2 coincidence, conjuncture; **-trekken** I *tr* contract (pucker, knit) [one's brow, etc], purse (up) [one's lips], screw up [one's eyes]; contract [words], concentrate [troops], knock (*of:* throw) [two rooms] into one; *zich ~* contract; (*v troepen*) concentrate; (*v onweer, enz*) gather, brew; II *intr* contract; *~d* astringent, constringent; **-trekking** contraction; concentration; *vgl* -trekken; **-trekkingsteken** circumflex; **-vallen** (*plaats & tijd, ook meetk*) coincide; fall in (fall together) with; (*tijd*) synchronize; (*v vonnissen*) run concurrently; *het boekjaar valt samen met het kalenderjaar* the financial year runs parallel with the calendar year; *gedeeltelijk ~* overlap; **-vatten** sum up, summarize, condense, recapitulate; *alles ~* sum up; *samengevat:* in summary; **-vatting** summary, resumé, recapitulation, [the judge's] summing-up; **-vlechten** braid (plait, twine) together, interlace; **-vloeien** 1 unite; 2 (*fig*) merge [*met* in]; (*vooral v kleuren*) blend; **-vloeiing** confluence, junction; **-voegen** join, unite, link up, amalgamate; *twee kamers ~* knock two rooms into one; **-weefsel** texture, web, tissue; (*fig*) tissue [of lies]; **-werken** act (work) together, co-operate, collaborate, pull together; *al deze redenen werken samen om* all these reasons combine to; **-werking** co-operation, collaboration; concerted action, teamwork; *geest van ~* team-spirit; *in ~ met*, (*ook*) in conjunction with; **-werkingsverband** 1 joint (*of:* cooperative) venture (undertaking); 2 working agreement (arrangement); **-wonen** live to-

gether, live [*met* with], share rooms; (*als man & vrouw*) cohabit; **-woner** cohabitee; **-woning** living together; cohabitation; **-zang** community singing; **-zijn** *zn* gathering, assembly; **-zweerder** conspirator, plotter; **-zweren** plot, conspire; **-zwering** plot, conspiracy; *een ~ smeden* lay a plot
samoem simoom, simoon; **samoerai** samurai (*mv:* id); **Samojeed** Samoyed (*ook hond*); **samova(a)r** id; **sampan** id
sam-sam: *~ doen,* (*fam*) go shares, go fifty-fifty, split; **Samuel** id; (*fam*) Sam, Sammy
sanatorium id (*mv:* sanatoria), health resort; (*Am ook*) sanitarium
sanctie sanction (*ook als dwangmaatregel*); *de Koninklijke ~* the Royal Assent [to a bill]; **sanctioneren** sanction, authorize, countenance [an action]; **sanctuarium** sanctuary; **sanctus** id
sandaal sandal
sandelboom sandal(wood) tree; **sandelhout** sandalwood; **Sander** Alec(k), Alick, Sandy
sandinist Sandinist(a); **sandrak** sandarac
sandwich 1 id; 2 (*puntbroodje, vglb*) roll; **sandwichbrood** quartern loaf
saneren redevelop [a district], reconstruct, restructure [the finances of a country], reorganize, put [a business] on a sound basis; **sanering** [urban] redevelopment, reconstruction, renovation; (monetary) reform; purge
sangfroid sang-froid, coolness; **sangui|ne, -nisch** sanguine
sanhedrin Sanhedrin, -drim
sanikel (*plant*) sanicle
sanitair I *bn* 1 sanitary; *~e artikelen* bathroom equipment; *~e (nood)stop* sanitary stop, comfort stop; 2 health [care, worker]; II *zn* (*vglb:*) plumbing, sanitary fittings (facilities)
sans (atout) no trumps
sansevieria (*plant*) id, mother-in-law's tongue
Sans|kri(e)t Sanskrit; **-kritisch** Sanskrit(ic)
sant saint; **santé**! your health!, here's to you!, (*fam*) cheers!, cheerio!; **santen|boetiek, -kraam**: *de hele ~* the whole lot (concern, show, caboodle, bag of tricks); **santjes**! *zie* santé!
santorie (*plant*) centaury
Saoedi Arabië Saudi Arabia
sap (*in plant*) id; (*v groenten, vruchten*) juice; (*in lichaam*) fluid; *kwade ~pen* morbific matter
sapajou id
sapcentrifuge juicer
sapfisch 1 Sapphic; 2 lesbian
sapgroen sap green; **sapje** (*fam*) soft drink; **saploos** sapless, juiceless; *vgl* sap
saponiet saponite, soapstone
sappanhout sap(p)an wood
sappel: *zich te ~ maken, a)* get excited, worry [*over* about]; *b) zie ~*en; **sappelaar** drudge; **sappelen** toil, drudge
sapper|loot, -ment the deuce!; *zie* sakkerloot
sappeur (*mil*) sapper
sappig (*ve plant*) sappy; (*ve vrucht*) juicy, luscious; (*~ & vlezig, ve plant*) succulent (*alle ook fig*); *~ vlees* succulent meat; *~ verhaal* juicy story; *~e weiden* lush meadows; **sappigheid** juiciness, lusciousness, succulence; **saprijk** *zie* sappig
saprofiet (*plantk*) saprophyte
sar baiter; **Sara** Sarah, (*fam*) Sal(ly)
sarabande saraband
Saraceen Saracen; **Saraceens** Saracen(ic)
sarcasme sarcasm; **sarcast** sarcastic person (writer); **sarcastisch** sarcastic (*bw:* -cally)
sarcofaag sarcophagus (*mv ook:* -gi)
sarcoom sarcoma (*mv ook:* -mata)
sarder baiter, teaser
sar|dien(tje), -dine sardine; **sardineblikje** sardine-tin; (*vol*) tin of sardines; *opeengepakt als in een ~* packed like sardines; **Sardinië** Sardinia; **Sar|diniër, -dinisch, -dijns** Sardinian
sardonisch sardonic (*bw:* -ally); **sardonyx** id
Saron (*bijb*) Sharon; **sarong** id
sarren bait, badger, worry, tease, deliberately provoke; **sarrig** baiting, teasing
sarsaparilla id; **sarsenet** sarcenet, id
sas 1 (*sluis, kolk*) lock(-chamber); 2 (*v vuurwerk*) composition; 3 *in zijn ~ zijn* be in high (fine, full) feather; **Sas** Saxon; **sasmeester** lock-keeper
sassafras sassafras
sassen 1 piss, piddle, pee, have a leak; 2 sluice
satan Satan, the devil, the fiend; **sa|tanisch, -tans** satanic (*bw:* -ally); **satanskerk** Church of Satan; **satanskind** imp, limb (of the devil); **satanswerk** 1 work of the devil; 2 a devil of a job
sate(h) satay, satai, saté; **satehstokje** skewer
satelliet satellite [aerial, dish, link, state, town, TV]; (*fig ook*) henchman, myrmidon
sater satyr
satijn satin; **satijnachtig** satiny, like satin; **satijnen** satin; **satijnhout** satinwood; **satijnzacht** satiny; **satineren** satin, glaze; **satinet** id, sateen
satire id; **sati|rendichter, -ricus** satirist; **sati|riek, -risch** satiric(al)
satisfactie satisfaction; *~ eisen* (*geven*) demand (give) satisfaction
satraap satrap; **satrapie** satrapy
saturatie saturation
saturna|lia, -liën saturnalia; **Saturnisch** Saturnian; **Saturnus** Saturn; **satyr** id
saucijs 1 sausage; 2 sausage roll; **saucijzebroodje** sausage roll; **saucis de Boulogne** Bologna sausage, polony
Saul(us) Saul; **sauna** id; **sauriër** Saurian
saus 1 sauce; (*jus*) gravy; *zure ~* vinegar sauce; (*sla~*) dressing; 2 (*verf*) wash, distemper; **sausen** 1 wash, distemper [a wall]; 2 (*fam*) rain cats and dogs; 3 sauce [tobacco]; **sauskom** sauce boat, gravy boat; **sauslepel** sauce-ladle
sauteren jump [potatoes], sautée
sauternes Sauternes
sauve qui peut devil take the hindmost; **sauveren** 1 (*redden*) save; *zich ~* get out of it with a whole skin; 2 (*dekken*) shield, screen, save the face of
savanne savanna(h)
savant id; **savante** id, bluestocking
savoir-faire id, ability, resource; **savoir-vivre** id, good manners, good breeding

savonet(horloge) hunter, hunting-watch
savooi savoy; **Savooiaard** Savoyard; **savooiekool** savoy (cabbage); **Savooys** Savoyard
savoureren relish; **Savoye** Savoy
sawa(h) irrigated rice-field, paddy-field
sax (*fam*) id; **saxhoorn** saxhorn; **saxofonist** saxophonist; **saxofoon** saxophone
s-bocht S-bend
scabies id; **scabieus** scabious; **scabiosa** (*plant*) scabious; **scabreus** scabrous, risqué [jokes]
scafander 1 (*zwemvest*) scaphander; 2 *zie* duikerpak
scala scale, gamut, range [of possibilities]; (*wtsch*) cline; **scalair** (*wisk*) scalar
scalp id; **scalpeermes** scalping-knife; **scalpel** id; **scalperen** scalp
scandaleus scandalous
scande|ren scan; (*soms*) chant; **-ring** scansion
Scandinavië Scandinavia; **Scandina|viër, -visch(e)** Scandinavian; **scandinavistiek** Scandinavian studies
scannen scan
scapulier (*r-k*) scapular(y); **scarabee** scarab
scatolo|gie scatology; **-gisch** scatological
scenario id (*ook fig*), screenplay; **scenarioschrijver** scenario-writer, screenwriter
scène 1 (*ton, voorval*) scene; *in ~ zetten* stage [a play]; fake [a burglary]; (*emoties*) [make a] scene, row, (*sl*) bust-up; *huiselijke ~* domestic squabble; *iem een ~ maken* let fly at a p.; 2 (*planken*) stage; **scenografie** scenography
scepsis scepticism
scepter sceptre; *de ~ zwaaien* wield (*of:* bear) the sceptre, hold sway
scepticisme scepticism; **scepticus** sceptic; **sceptisch** sceptical [attitude, smile, philosophy]; *~ staan tegenover* be sceptic(al) of (about); sceptic [school, philosopher]; **scha** *zie* schade
schaaf plane; (*groente~*) slicer, shredder; (*kaas~*) slicer; *er met de fijne ~ over gaan* polish up one's work; **schaafbank** carpenter's (joiner's) bench; **schaaf|beitel, -ijzer** plane-iron; **schaafkarton** scraperboard; **schaafmachine** planing-machine; **schaafmes** plane-iron; **schaafsel** shavings; **schaafwond** graze
schaak check; *~* (*aan de koning*) check to the king; *partij ~* game of chess; *~ geven* check; *~ spelen* play (at) chess; *~ zetten* (*zijn*) place (be) in check
schaak|bord chessboard (*ook fig:* the European chessboard); (*inz patroon*) checkerboard; **-mat** checkmate; *~ zetten,* (*eig*) mate; (*fig*) checkmate, stalemate; **-meester** chess master; **-partij** game of chess, chess game; **-probleem** chess problem; **-rubriek** chess column; **-spel** 1 (game of) chess; 2 chess-set; **-speler** chess-player; **-stuk** (chess) piece, chessman; **-toernooi** chess tournament; chess tourney; **-wedstrijd** chess match; **-zet** chess move, move at chess
schaal 1 (*maatstaf*) scale; ***op** een ~ van 1:50* to a scale of 1 to 50; *op ~ tekenen* draw to scale; *tekening op ~* scale drawing; *op dezelfde ~* [drawn] to the same scale; *op ~ vergroten* (*verkleinen*) scale up (down); *op ~ vervaardigd* constructed (done) to scale; *op grote* (*kleine*) *~* on a large (small) scale, in a large (small) way, widely, extensively [used], [make weapons] in quantity; *op grote ~* large-scale [map, experiments], wholesale [arrests, destruction]; *een koper op grote ~,* (*ook*) a large buyer; *zie ook* bescheiden; 2 (*afleesplaat*) [station, thermometer] scale, [tuning] dial; 3 (*ve ~dier, ei, enz*) shell; 4 (*schotel*) dish; (*voor collecte*) plate; (*drinkschaal*) cup; *de ~ laten **rondgaan*** pass (*of:* hand) the plate round; *met de ~ rondgaan* make a plate collection; 5 (*ve balans*) scale, pan; (*weeg~*) (pair of) scales; *de ~ doen doorslaan* turn the scale, tip the balance; *zie ook* doorslag: de ~ geven; *in de ~ werpen* throw [one's influence] into the scale; *zie ook* gewicht *& vgl* evenwicht; 6 (*toon~*) scale, gamut
schaal|aanwijzing scale-reading; **-collecte** plate collection; **-deel** (*hout*) slab; **-dier** crustacean; *~en* shellfish, crustacea; **-model** scale model; **-verdeling** graduation; graduated scale; *met ~* graduated [pipette]; **-vergroting** scaling up; **-vlies** shell membrane
schaam|achtig bashful, shamefaced; shy; **-achtigheid** bashfulness, etc; **-been** pubis, pubic bone; **-delen** genitals, privy parts; **-haar** pubic hair; **-heuvel** (*v vrouw*) mons veneris, (*v man*) mons pubis; **-lap** loincloth; (*fig*) totally inadequate plan (proposal, etc); **-lippen** labia (majora, minora); **-luis** crab louse; **-rood** I *zn* blush (of shame); *die gedachte joeg hem het ~ op de kaken* brought a blush to his cheeks; II *bn* blushing with shame; **-spleet** vulva
schaamte 1 shame; *zich uit ~ niet durven vertonen* hide one's head for (very) shame; *alle ~(gevoel) afgelegd hebben* be lost to all sense of shame; 2 pudenda, pubic region; **schaamtegevoel** sense of shame, [have no] shame; *zie ook* schaamte; **schaamteloos** shameless, impudent, barefaced; *zie ook* onbeschaamd; **schaamteloosheid** shamelessness, impudence
schaap sheep; (*fig, ook*) mutton-head, simpleton; *onnozel ~,* (*fig*) silly goose; *dat arme ~!,* (*kind*) the poor child!; *verloren ~* lost sheep, stray sheep; *~ en wolf,* (*op dambord*) fox and geese; *~jes, zie* schapewolkjes; *als er één ~ over de **dam** (de brug) is, volgen er meer* one sheep follows another, once one person agrees (etc) others will follow; *hij heeft zijn ~jes op het **droge*** he has feathered his nest (made his pile); *er gaan veel **makke** schapen in één (een) hok* there is always room if people are accommodating; *~ met vijf **poten*** prodigy; *een ~ met vijf poten* (*vijf poten aan één ~*) *willen* want the impossible; *zijn ~jes **scheren*** feather one's nest; ***schurftig** ~* black sheep; *om weer tot onze ~jes **terug** te keren* to return to our muttons; ***zwart** ~,* (*zondebok*) scapegoat; *zie ook* bok, verdolen, enz; **schaapachtig** sheepish; **schaapherder(in)** shepherd(ess); **schaapherdersstaf** shepherd's crook; **schaapschaar** (pair of) sheep-shears; **schaapskleren** *zie* wolf; **schaapskooi** (sheep)fold, sheep-shed; **schaapskop** sheep's head; (*fig*) mutton-head, blockhead, simpleton; **schaaps|vacht, -vel** *zie* schape-

schaar 1 (pair of) scissors (*twee scharen* two pairs of scissors); (*voor schapen, heggen, enz*) (pair of) shears; (*ve ploeg*) share; (*ve kreeft*) pincers, claws, nippers; ~ *en lijmpot,* (*fig*) scissors and paste; *door het oog van de ~ halen* cabbage [cloth]; *zie ook* ~beweging & ~sprong; 2 *zie* schare; 3 *zie* schaarde
schaarbek (*vogel*) shear-, scissor-bill, skimmer
schaarbeweging (*voetbal*) scissors kick
schaarde chip, notch; *het mes had ~n* the knife was chipped; **schaarden** *ww* chip; **schaardig** chipped, jagged
schaardijk dyke skirting the (a) river
schaarlamp swing-arm lamp, anglepoise
schaars I *bw* scantily [furnished], slenderly [attended *bezocht*], dimly [lighted]; (*nauwelijks*) scarcely; (*soms*) seldom; II *bn* scarce, scanty, infrequent, rare, in short supply; (*v geld*) tight, scarce; *~e mededelingen* scanty information; **schaarsheid** *zie* schaarste
schaarsprong scissors, scissor jump
schaarste scarcity [*aan geld* of money], paucity [of orders, money, news], scantiness, dearth [of coal], [food, housing, paper] shortage, tightness [of money]
schaats skate; *een scheve ~ rijden* overstep the mark, go a bit too far; say more than one can answer for; **schaatsbaan** (roller-skating) rink; **schaatsen** I *ww* skate; II *zn* skating; **schaatsenloper** (*dierk*) pond-skater; **schaatsenrijden** *zie* schaatsen; **schaatsenrijd(st)er** skater; **schaatser** skater; **schaatsplank** skateboard; **schaatsster** skater; **schaatswedstrijd** skating-match
schabel footstool
scha|blone, -bloon *zie* sjabloon
schabouwelijk wretched, dismal
schacht 1 (*ve mijn, lift*) shaft; 2 (*ve lans, pijl*) shaft; (*ve zuil*) shaft, shank; (*ve sleutel, anker*) shank; (*ve roeiriem*) shaft, loom; (*ve veer*) quill; 3 (*ve laars*) leg; 4 novice; (*mil*) recruit; **schachtkooi** cage
schade damage [*aan huizen* to ...], harm, injury; (*nadeel*) detriment; (*verlies*) loss; *de ~ afmaken* (*regelen*) settle the damage, (*door dispacheurs, ook*) adjust the average; *~ aanrichten, ~ doen* do damage [no damage was done], do harm [*aan* to]; *de ~ betalen* pay for the damage; *iem ~ berokkenen* bring a loss (up)on a p.; *wie de ~ heeft, heeft de schande erbij* the laugh is always against the loser; *zijn ~ inhalen* make up arrears, make up for lost time; *~ lijden,* (*ve pers*) suffer (a) loss, suffer, lose [you don't lose anything by it], be a loser [*bij* by], (*v zaken*) sustain damage, be damaged; *~ toebrengen* do (cause) damage to; *zie ook* schaden; ***door*** *~ en schande wordt men wijs* live and learn; *door ~ en schande wijs worden* learn by (bitter) experience, learn the hard way; ***tot*** *~ van* to the detriment of [your health]; *ik heb het tot mijn ~ ondervonden* I experienced it to my cost; ***zonder*** *~ aan* without detriment to [my interests]
schade|beperking damage limitation (*of:* control); **-certificaat** certificate of damage; **-claim** damage claim; **-expert** loss adjuster, assessor; **-lijk** harmful, hurtful, noxious [drugs, insects], detrimental, deleterious, injurious [to health], prejudicial [to our interests]; (*onvoordelig*) unprofitable; ~ *dier* pest; **-lijkheid** harmful-, hurtful-, noxious-, unprofitableness; **-loos** harmless; *iem ~ stellen* indemnify (compensate) a p., make it up to a p.; *zich ~ stellen* indemnify (reimburse, recoup) o.s.; **-loosstelling** compensation, indemnity, indemnification, reparation, restitution; *zie ook* -vergoeding
schaden harm, hurt, damage, injure [it would injure my reputation], impair; *dat schaadt uw gezondheid* that is injurious (detrimental) to your health; *zie ook* baten, benadelen & schade
schade|plichtig liable; **-post** loss; **-regeling** settlement of damages, (*verzekering, ook*) adjustment; **-rekening** (*verzekering*) average statement; **-vergoeding** compensation, indemnity, idemnification, damages; *~ van iem eisen* claim damages from a p., (*jur*) sue a p. for damages; **-verhaal** (right of) redress; **-verzekering** accident (casualty, *Am:* property and liability) insurance [policy]; **-vordering** claim (for damages); **-vrij** 1 harmless; 2 without accident; without loss; *korting voor ~ rijden* no-claim discount (*of:* bonus)
schaduw shade (80° in the shade); (*met bepaalde omtrek*) shadow [follow a p. like his shadow]; *de ~(e) des doods* the shadow of death; *~ verdragend* shade-tolerant [plants]; *zijn ~(en)* ***vooruitwerpen*** cast one's shadow before; *een ~* ***werpen*** *op* cast a shadow over [the festivities]; *je kunt niet* ***in*** *zijn ~ staan* you are not fit to hold a candle to him; *in de ~ stellen* eclipse, put (in)to the shade, overshadow, dwarf; ***uit*** *de ~ treden* come into the open; *zie ook* schijn, schim, enz; **schaduwbeeld** silhouette; **schaduwboksen** shadow-box(ing); **schaduwboom** shade-tree; **schaduwen** shade; (*door politie*) shadow
schaduw|kabinet shadow-cabinet; **-kant** *zie* -zijde; **-kegel** umbra, cone of shade, shadow cone; **-partij** shadow; **-rijk** shady, shadowy, shaded; **-zijde** 1 shady side; 2 (*fig*) drawback; *alles heeft zijn ~* there are drawbacks to everything
schaffen procure, give; *niets te ~* nothing to eat; *zie ook* pot, raad & schaften
schaft *zie* ~tijd & schacht; **schaften** dine; knock off (work) for a meal, have a (lunch, dinner) break; *niets* (*geen moer*) *mee te ~* none of my business, not in my back-yard; I'm all right, Jack; [have] nothing to do with [a p., s.t.]; **schaftlokaal** canteen; **schaft|tijd, -uur** meal-time, -interval; *een -tijd van een uur* a one-hour midday break
schakel link; *ontbrekende ~* missing link; *zie ook* ~net; **schakelaar** switch; **schakelarmband** curb bracelet; **schakelbord** switchboard
schakelen 1 link (together); 2 (*elektr*) connect [*in serie* in series; (*in*) *parallel* in parallel]; (*om~*) switch; 3 (*mech*) couple; (*auto*) change gear; **schakeling** 1 connection; 2 (*radio, enz*) circuit
schakel|kast control box (*of:* unit); switch(ing)

box; **-ketting** curb chain; **-klok** time-switch, timer switch; **-net** flue, trammel-net; **-rad** (*in uurwerk*) balance-wheel; **-schema** wiring diagram; **-station** transformer station; **-woning** link detached (*of:* link) home

schaken 1 play (at) chess; 2 run off (away) with, carry off, abduct; *zij liet zich door hem ~* she eloped with him; **schaker** 1 chess-player; 2 abductor

schakeren variegate, chequer; **schakering** variegation, nuance, shade [*ook fig:* all shades of political opinion], gradation [of colours]

schaking elopement, abduction

schalie (roofing) slate; (*geol*) shale

schalk rogue; **schalks** arch, roguish; **schalksheid** archness, roguishness

schallebijter ground-beetle

schallen sound, resound

schalm link; **schalmei** shawm, (shepherd's) reed

schalmen 1 (*mar*) batten down; 2 (*leer*) skive

schalmgat (*ve trap*) well; **schalmlat** (*mar*) batten

schamel I *bn* poor, humble; (*gering*) meagre; *~ gekleed* poorly dressed; *~ gemeubileerd* scantily furnished; *een ~ pensioentje* a paltry pension; *~ bedrag* pittance; II *zn* stool; **schamelheid** poverty, humbleness; meagreness

schamen: *zich ~* be (feel) ashamed, feel shame; *zich diep ~* be heartily ashamed; *ik schaam me, als ik eraan denk* I blush to think of it; *schaam je!* for shame!, shame on you!; *ik zou me **dood** ~* I should die of shame; *je **mag** je wel ~,* (*ook*) you may well hide your face (your head); *je **moest** je ~* you ought to be ashamed of yourself; *zich de **ogen** uit het hoofd ~* feel heartily ashamed of o.s., not be able to look anybody in the face; *ik schaam me **te*** ... I am ashamed to ...; *zonder mij te ~* [I say so] unashamedly; *zich ~ **over*** be ashamed of; *er is niets waarover ik me hoef te ~* I have nothing to be ashamed of; *ik schaam me **voor** je, a*) (*om je*) I am ashamed for you, I blush for you, I wonder at you; *b*) (*tegenover je*) I am ashamed to look at you

schampen graze, brush [*tegen* against]

schamper scornful, sarcastic (*bw:* -ally), sneering; *~e opmerking* sneer; **schamperen** sneer; **schamperheid** scorn, scornful tone, sarcasm

schampschot graze, grazing shot; *hij kreeg een ~* a bullet (just) grazed him

schandaal scandal, shame; *wat een ~!* what a shame!; *je loopt voor ~* your dress is a disgrace; **schandaalpers** gutter press; **schanda|leus**, **-lig** shameful, disgraceful, scandalous; *zie verder* schandelijk; **schandaliseren** 1 (*ergernis verwekken*) scandalize, shock; 2 (*te schande maken*) disgrace, bring disgrace (up)on; **schanddaad** outrage, infamous deed, shameful act

schande shame, disgrace, ignominy, infamy, scandal; *die toestand is een ~ voor de staat* this ... is a disgrace (a reproach) to the State (a national disgrace); *het is bepaald ~* it's a downright disgrace (*jammer:* shame); *het is ~ hem zo voor de gek te houden* it's a shame pulling his leg like that; *hij is de ~ der familie* he is a disgrace to the family; *~ **aandoen**, ~ brengen over* bring shame (*of:* disgrace) (up)on, disgrace; *zich met ~ **overladen*** disgrace o.s.; *~ **roepen** over* (*spreken van*) cry shame (up)on; ***te** ~ maken* disgrace [a p., o.s.]; *een voorspelling te ~ maken* give the lie to a prophecy; ***tot** mijn ~* [I must confess] to my shame; *het strekt ons* (*het land*) *voor eeuwig tot ~* it is to our eternal shame, eternal shame attaches to the country for it; *zie ook* armoede & *vgl* eer; **schandelijk** shameful, disgraceful, infamous, ignominious, outrageous [lie, liar, lie outrageously]; *~e veronachtzaming* gross neglect; *~ duur* shockingly expensive; *~ hoog* extortionate [rent], exorbitant [prices]; *zich ~ gedragen,* (*ook*) disgrace o.s.; *er ~ uitzien* look disgraceful; *je haar zit ~ slordig* your hair is a disgrace; *de dingen ~ in de war sturen* make the most unholy mess of things; *een ~ slecht geheugen* a shocking memory; **schandelijkheid** shamefulness, ignominy, infamy

schand|knaap catamite, rent-boy; **-merk** mark (*of:* brand) of infamy, stigma; **-merken** stigmatize; **-paal** pillory; *aan de ~* in the pillory; *aan de ~ nagelen* pillory, (*fig*) expose; **-vlek** stain, stigma; *hij is de ~ der familie* the disgrace of the family; **-vlekken** disgrace, dishonour

schans entrenchment, redoubt; (*sp*) ski-jump; (*mar*) quarter-deck; *in de laatste ~ sterven* die in the last ditch; **schanspaal** palisade; **schansspringen** ski-jumping; **schanssprong** ski-jump; **schanswerk** earthwork, entrenchment

schap 1 shelf; 2 trade organization, industrial board

schape|bout leg of mutton; **-does** (Dutch) shepherd dog; **-gaas** square-mesh wire-netting; **-hok** sheepfold; **-horzel** sheep-bot; **-huid** sheepskin; **-kaas** ewe-cheese; **-kervel** *zie* kervel: wilde ~; **-keutels** sheep-droppings; **-klaver** wood-sorrel; **-kop** *zie* schaapskop; **-leer** sheepskin; (*voor boekband, ook*) roan; **-melk** sheep's milk

schapen|fokker sheep-breeder, -farmer, wool-grower; **-fokkerij** 1 sheep-farming; 2 sheep-farm; **-gaas** square mesh wire netting; **-scheerder** sheep-shearer; **-scheren** *zn* sheep-shearing; **-teelt** sheep-breeding

schape|ras breed of sheep; **-schaar** (pair of) sheep-shears; **-stal** sheep-shed; **-vacht**, **-vel** fleece, sheepskin; *zie ook* wolf; **-vet** mutton fat; **-vlees** mutton; **-weide** sheep-walk; **-wol** sheep's wool; **-wolkjes** (thin) fleecy clouds; (*fijn*) cirro-cumulus; (*grof*) altocumulus; *lucht met ~* mackerel sky

schappelijk fair [treat a p. fairly], moderate [price], tolerable; (*ve pers*) decent [sort of chap]; *ik zal het ~ met je maken* I'll be reasonable; **schappelijkheid** fairness, etc

schapraai pantry, larder, store-cupboard

schar (*vis*) dab

schare 1 (*leger~*) host, (*klein*) band [of heroes]; 2 (*menigte*) multitude, crowd; fleet [of motor-cars]; 3 (*reeks*) array; **scharen** 1 range, draw up; rally [one's party round one, to the banner]; *in slagorde ~* draw up in battle array; ***zich** ~ achter* (*aan de zijde van*) range o.s. on the side of, take one's stand by (the side of), line up with [the railwaymen lined up with the miners]; *zich* ***langs*** *de weg* ~ line the road; *zich* ~ ***om*** gather round [the door], draw round [the hearth], (*fig*) rally round (to) [his friends, his party rallied round (to) him]; *zich* ***onder*** *iems vaandel* ~ join (enrol(l) o.s. under, flock to, rally round) a p.'s banner; 2 (*v oplegger-combinatie*) jackknife

scharen|sliep, -slijper scissors-, knife-grinder

schar|laken *zn & bn* scarlet; **-lakenluis** cochineal; **-lakenrood** scarlet; **-lakens** scarlet

scharlei (*plant*) clary

scharminkel bag of bones; **scharminkelig** scraggy, skinny

scharnier hinge; (*ve bril, ook techn & ve boek*) joint; *met ~en* hinged [door]; **scharnieren** *ww* hinge; **scharniergewricht** hinge(-like) joint; (*wtsch*) ginglymus; **scharnierverbinding** hinge(d) joint

scharrebier small beer

scharrebijter ground-beetle

scharrel 1 flirtation; 2 flirt; **scharrelaar** 1 (*sjacheraar*) petty dealer, cheapjack; 2 (*op schaatsen*) beginner; 3 (*knoeier*) botcher, bungler; 4 (*met meisjes*) philanderer; 5 (*vogel*) roller; **scharrelbenen** *ww* muddle along; **scharreldier** free-range animal; **scharrelei** free-range egg

scharrelen 1 (*woelen: in grond*) grub; (*v hoenders*) scratch [on the dunghill]; 2 (*in lade, enz*) rummage; 3 (*lopen, schaatsen, enz*) blunder (muddle) along; *door de tijd zien heen te* ~ try to rub along; 4 (*rommelen*) muddle, bungle; ~ *om rond te komen* scrape (jog, scratch) along [on one's income]; *voort* ~, (*ook*) potter along [aimlessly], rub along [resignedly]; *zie ook* doorheen, bijeen~, om~; 5 (*sjacheren*) deal [in second-hand furniture]; 6 (*met meisje*) keep company [with]; *met meisjes* ~ play about (mess on) with girls

scharrelkip free-range chicken; **scharrelpartijtje** flirtation; (*sl*) petting-party; **scharreltje** popsy, [nice] piece of goods

scharretong (*vis*) megrim, sail-fluke

schaschlik shashlik

schat treasure; (*verborgen*) hoard; [he's a perfect] dear, darling; *~je* sweetheart; *als een ~ bewaren* treasure (up) [a gift, memories]; *mijn ~(je)!* my dear!, dearest!, my darling!; *zie die ~jes eens!* look at the little dears!; *zie ook* snoes & snoezig; ~ *van bloemen* (*illustraties, bewijsmateriaal, enz*) wealth (*of:* profusion) of flowers (illustrations, evidence, etc); *een ~ van geld* a mint of money; *dit boek bevat een ~ van kennis* this ... is a storehouse (contains a fund) of information

schatbewaarder treasurer

schateren 1 roar with laughter, laugh one's head off; *~d gelach* peals of laughter; 2 (*weerklinken*) resound; **schaterlach** loud laughter, burst of laughter; **schaterlachen** *zie* schateren

schatgraver treasure-hunter, -seeker; **schatkamer** 1 treasure-chamber, -house, treasury; 2 (*fig*) storehouse, treasure-house, mine [of knowledge]; **schatkist** (public) treasury, exchequer, public purse; *zie ook* bezwaar; **schatkistbiljet** exchequer bill; **schatkistobligatie** treasury bond; **schatkistpapier** *zie* -biljet & -promesse; **schatkistpromesse** treasury bill, treasury bond; **schatkistwissel** *zie* -biljet; **schatplichtig** tributary; **schatrijk** very rich, wealthy; *hij is* ~, (*ook*) he is fabulously rich, has pots of money; **schattebout** *zie* schat(je)

schatten (*goederen, enz*) value, rate; (*door taxateur*) appraise, value; (*voor belasting, ook*) assess; (*afstanden, kosten, verlies, enz*) estimate; *hoe oud schat je hem?* how old do you take him to be?; *ik schat hem op 50 jaar* I take him to be fifty, put him down at (as) fifty; *te* ***hoog*** ~ overestimate, overvalue, overrate; *te* ***laag*** ~ underestimate, undervalue, underrate; ***verkeerd*** ~ misjudge; ~ ***op*** value etc at; *op de juiste waarde* ~ assess [the results]; *zie ook* waarde; **schatter** appraiser, valuer, valuator; (*voor belasting ook*) assessor

schattig sweet; *zie ook* snoezig

schatting 1 (*het schatten*) estimation, valuation, appraisal; (*het resultaat*) estimate, valuation; *te hoge* (*lage*) ~ overestimate (underestimate); *naar* (*ruwe*) ~ at a rough estimate (computation); *naar hoogste* (*naar matige*) ~ at (on) the highest (at, on, a conservative) estimate; *naar ~ twee miljoen* an estimated two million; 2 (*cijns*) tribute, contribution; *zie ook* opleggen

schavelen (*v touwwerk*) chafe

schaven 1 (*met schaaf*) plane, smooth; 2 (*scheen, enz*) graze, bark, skin [one's arm, shin], abrade, chafe [the skin], gall; *geschaafde plek* graze;

schavielen (*v touwwerk*) chafe

schavot scaffold

schavuit rascal, scapegrace; **schavuiten|streek, -stuk** rascally (knavish) trick

Scheba [the Queen of] Sheba

schede (*algem*) sheath; (*ve zwaard*) sheath, scabbard; (*anat*) vagina; (*plantk*) sheath, vagina; *in de ~ steken* (*uit de ~ trekken*) put up, sheathe (draw, unsheathe) [the sword]

schedel skull, brainpan, cranium; *hij heeft een harde* ~, (*fig*) he is thick-skulled, has a thick skull; *zijn gladde* ~ his shining scalp

schedel|basisfractuur fracture of the base of the skull; **-beenderen** cranial bones; **-boor** trepan, trephine; **-breuk** fracture of the skull, [be in hospital with a] fractured skull; **-dak** crown (of the skull); **-holte** cranial cavity; **-leer** phrenology, craniology; **-ligging** head presentation; **-meting** craniometry; **-plaats** place of a skull (*Matth. 27:33*); **-vlies** pericranium

schee *zie* schede

scheef I *bn* 1 wry [face], oblique [line, angle, etc], crooked [back, houses], lopsided [building]; [your hat is all] on one side; slanting [eyes], leaning [chimneys, pole; the leaning tower of Pisa], sloping [masts]; (*hellend*) inclined [plane]; (*pred ook*) awry, askew; *je das zit* ~ your tie is crooked (is on one side); *een* ~ ***gezicht*** *zetten* make a wry face; *scheve* ***hakken*** worn-down heels; *zijn* ***schoenen*** ~ *lopen* wear one's shoes out on one side;

(*fig*) run o.s. off one's feet; 2 (*fout*) wrong; false; *scheve logica* cock-eyed logic; *scheve positie* (*verhouding*) [place (put) a p. in a] false position [*tegenover* with]; *dat **gaat** (**loopt**)* ~ that's going wrong; ~ ***trekken**, intr* (*v hout*) warp; *tr* pull out of true; ~ ***voorstellen*** misrepresent; *scheve voorstelling* misrepresentation; *die zaak **zit*** ~ that ... isn't quite straight; II *bw* obliquely, etc, [he held his spoon] awry, aslant, [hang] askew; ~ ***groeien*** grow crooked; ~ ***houden*** hold [the candle] at an angle; *het wiel **loopt*** ~ the wheel doesn't run true (is out of true); ~ ***schrijven*** write slantingly; ~ ***staand*** inclined, leaning, etc; *vgl* I.1

scheef|bek (*vis*) wrymouth; **-bekpluvier** wrybill; **-bloem** candytuft, iberis; **-groei** uneven (unbalanced) growth, lopsided development; **-hals** wryneck; **-heid** wryness, crookedness; **-hoekig** oblique-angled; **-kelk** rock cress, arabis; **-ogig** slant-eyed; **-te** *zie* -heid

scheel I *bn* squinting, squint-, cross-eyed, squinty; *schele hoofdpijn* migraine; *hij is* (*ziet*) ~ he squints, has a squint, (*iets* ~) has a cast in his eye; ~ *zien van afgunst* be green with envy; *met schele ogen aankijken* view with a jealous eye; *schele ogen maken* arouse jealousy; II *zn* lid; *zie ook* darm~; **scheelheid** *zie* -zien I; **scheeloog** squint-eye(d person); **scheelzien** I *zn* squinting, strabismus; II *ww* (have a) squint

scheen I *zn* shin; *iem tegen de schenen schoppen* kick a p.'s shins; (*fig*) hurt a p.'s feelings, offend a p.; *zie ook* blauw(tje) & vuur; II *ww ovt van* schijnen; **scheenbeen** shin-bone; (*wtsch*) tibia; **scheenbeschermer** shin-guard; **scheenplaten** (*ve harnas*) greaves

scheep: ~ *gaan* go on board, embark, take ship; **scheepje** (small) vessel; *zie* schip & schuitje

scheeps|agent shipping agent, ship's agent; **-agentuur** ship's agency; **-arts** ship's surgeon, ship's doctor; **-behoeften**, **-benodigdheden** ship's provisions, naval (*of:* sea) stores; *leverancier van* ~ ship-chandler; **-berichten** shipping intelligence; **-beschuit** ship('s) biscuit; (*sl*) hard tack; **-bevrachter** chartering-broker, -agent; **-bouw** shipbuilding; **-bouwer** shipbuilder, shipwright; **-bouwkundige** (*-bouwkundig ingenieur*) naval architect; **-bouwkunst** naval architecture; **-brand** 1 ship-fire, ship on fire; 2 (*brand aan boord*) shipboard fire; **-gelegenheid**: *per* ~ by ship, by water; *per eerste* ~ by first (available) steamer; **-gezel** sailor; **-helling** slip(way); **-hersteller** ship-repairer; **-huid** ship's plating (sheeting); **-jongen** ship's boy, ship-, cabin-boy; **-journaal** log(-book), ship's journal; **-kameel** ship's camel; **-kanon** naval gun; **-kapitein** ship-captain, master (of a ship); (*ve klein schip*) skipper; **-keuken** galley, caboose; **-kist** sea-chest; **-klok** ship's bell; **-kok** ship's cook; **-ladder** Jacob's ladder; **-lading** shipload, cargo; *bij ~en* [ship goods] by the shipload; **-lantaarn** ship's lantern; **-last** two tons (2000 kg); **-leverancier** shipchandler; **-maat** cabin boy; **-makelaar** shipbroker; **-manifest** (ship's) manifest; **-officier** ship's officer; **-papieren** ship's papers; **-proviand** ship's stores; **-raad** council of war (on board ship); **-ramp** shipping disaster; **-recht** maritime law; *driemaal is* ~ third time lucky; **-register** ship's register; **-roeper** megaphone; **-rol** muster roll; **-ruim** hold; **-ruimte** tonnage, cargo space; *tekort aan* ~ shortage of shipping; **-sjouwerman** longshoreman; **-sloper** shipbreaker; **-sloperij** shipbreaking yard; **-term** nautical term; **-tijdingen** shipping intelligence; **-timmerman** 1 ship's carpenter; 2 (*bouwer*) shipwright; **-timmerwerf** *zie* -werf; **-ton** (register) ton; **-tucht** discipline on board; **-tuig** rigging; **-verklaring** (captain's, ship's, sea) protest; **-volk** (ship's) crew; **-vracht** shipload; **-want** rigging; **-weerbericht** (weather) forecast for shipping; **-werf** shipbuilding yard, shipyard; (*mar*) dockyard; **-werktuigkunde** marine (naval) engineering

scheepvaart navigation, shipping; *voor de* ~ navigational [warning]

scheepvaart|bedrijf shipping (trade); **-kanaal** ship-canal; **-kunde** science of navigation; **-maatschappij** shipping company; **-museum** maritime museum; **-register** [Lloyd's] register of shipping; **-route** shipping route, line of traffic; **-verkeer** shipping(-traffic)

scheer (*rotseiland*) skerry

scheer|apparaat (safety) razor, (electric) shaver; **-bakje** shaving-bowl, -dish; **-bekken** barber's basin; **-der** barber; (*v schapen*) shearer, clipper; **-draad** warp; **-gerei** shaving-tackle, -things, -set; **-kwast** shaving-brush; **-lijn** guy-rope; **-ling**: *gevlekte* ~, (*plant*) hemlock; **-lings** *zie* rakelings; **-mes** razor; *gewoon* ~ straight (*fam:* cut-throat) razor; *~je* razor-blade; **-riem** strop; **-salon** shaving saloon; **-sel** shearings; **-spiegel** shaving mirror; **-stoel** barber's chair; **-wol** shorn wool, clip; (*in textiel*) virgin wool; **-wondje** shave-cut; **-zeep** shaving-soap

scheet (*fam*) 1 *zn* fart; *een* ~ *laten* (let a) fart; 2 *ovt v* schijten

scheg (*mar, voor*) cutwater, (*achter*) skeg; **schegbeeld** figurehead; **schegge** *zie* scheg

scheidbaar separable; **scheidbaarheid** separableness, separability; **scheidbrief** (*Deut. 24, enz*) bill of divorcement

scheiden 1 (*uiteenhouden*) separate [a river separates the two countries], divide [this issue divides the parties], segregate [groups of fans]; 2 (*uiteen doen gaan*) divide, sever [the head from the body], disconnect; (*het haar*) part [one's hair on one side, down (*of:* in) the middle]; *onderwijs en godsdienst* ~ divorce education from religion; *de vechtenden* ~ part (separate) the combatants, pull ... apart; *de dood zal ons niet* ~ death shall not part us; *feiten van verdichtsel* ~ sift fact from fiction; ***zich*** ~ part [her lips parted]; 3 (*uiteengaan*) part, separate; (*v gehuwden*) [why couldn't they] divorce?; *hij weigert te* ~ he refuses to give her a divorce; *zich **laten** ~ van* divorce [one's husband or wife], obtain a divorce from; ~ *van **tafel** en **bed*** separate from bed and board, obtain a judicial separation; *hier ~ zich onze **wegen*** here our roads part; ***als*** *(de beste) vrienden* ~ part (the best of) friends; *als kwade vrienden* ~ part on bad terms; 4 *(weggaan)* depart; *het* ***scheidende*** *jaar* the closing year; *de ~de voorzitter* the outgoing chairman; *bij het ~ van de* ***markt*** *leert men de kopers kennen,* *(vglb)* the proof of the pudding is in the eating; ***uit*** *het leven* ~ depart this life; *ik kon niet* ***van*** *hem* ~ I could not part from him; *(afstand doen)* part with him; 5 *(chem)* decompose

scheiding 1 separation, division, parting; [racial] segregation; *vgl* scheiden; *pijnlijke* ~ [it was a] great wrench; ~ *der geesten* parting of the ways; 2 *(tussenschot, enz)* partition; 3 *(in haar)* parting; *hij heeft een ~ in het haar,* *(aan één kant)* his hair is parted on one side, *(in het midden)* down *(of:* in) the middle; 4 *(echt~)* divorce; *(v tafel en bed)* judicial separation, separation from bed and board, divorce a mensa et toro; ~ *aanvragen, zie* echt~; ***in*** ~ *liggen* be getting a divorce; 5 *(v Kerk en Staat)* disestablishment; **scheidingslijn** *zie* scheidslijn; **scheidingsmuur** partition-wall, party wall; *(fig)* barrier; **scheidingsvlak** interface; **scheidingswand** *zie* -muur

scheids *(~rechter, fam)* ref

scheids|gerecht court of arbitration, arbitration board; *aan een ~ onderwerpen* submit (refer) to arbitration; **-lijn** dividing line; line of demarcation; **-man** arbiter, arbitrator; **-muur** *zie* scheidingsmuur; **-rechter** arbiter, arbitrator; *(tennis, cricket, enz)* umpire; *(voetbal, enz)* referee, *(fam)* ref; *als ~ optreden, zie* -rechteren; **-rechteren** umpire; referee, *(fam)* ref; *vgl* -rechter; **-rechterlijk** arbitral; *~e uitspraak* (arbitral) award; *aan een ~e uitspraak onderwerpen, zie* -gerecht; ~ *uitmaken* settle by arbitration, arbitrate [a dispute]; **-vrouw** arbitress

schei|kunde chemistry; **-kundig** chemical [experiment]; **-kundige** (analytical) chemist; *(v voedingsstoffen)* analyst; **-lijn** dividing line; *zie ook* grenslijn; **-sloot** boundary ditch

schel I *bn* 1 *(v geluid)* shrill, strident, piercing; *met een ~le stem,* *(ook)* in a high-pitched voice; 2 *(v licht)* glaring, vivid [lightning]; II *zn* 1 bell; 2 peel, rind, scale, shell; *de ~len vielen hem van de ogen* the scales fell from his eyes, he had an eye-opener; 3 slice

Schelde: *de* ~ the Scheldt

schelden [you should not] call names; ~ *op* abuse, revile, inveigh against, rail at, decry [the English climate], slang [one another]; *iem (voor) een verrader* ~ call a p. a traitor; ~ *als een viswijf* scold like a fishwife; *gaan* ~ become abusive; ~ *doet geen zeer* hard words break no bones

scheldkanonnade torrent of abuse; **scheldnaam** term of abuse, (contemptuous) nickname; **scheldpartij** slanging-match; **scheldwoord** abusive word, term of abuse; *~en,* *(ook)* abusive language, abuse, vituperation, invective

schele squinter, squint-eye(d person)

schelen 1 *(verschillen)* differ; *zij ~ haast niet in leeftijd* there is hardly any difference in their ages; *ze ~ twee jaar* they are two years apart; 2 *(haperen)* be wrong; be the matter; *wat scheelt er aan?* what's the matter?, what's wrong *(of:* amiss)?; *wat scheelt eraan?,* *(aan dat boek, enz)* what is wrong with it?; *scheelt er iets aan?* is anything the matter?; *wat scheelt je (toch)?* what (what ever, whatever) is the matter with you?, what is troubling you?; *(wat bezielt je)* what's come over you?; *zie ook* bezielen; *het scheelt hem in zijn* ***bovenkamer*** he has a screw loose, is not quite right in his upper story; *hem scheelt* ***niets*** there is nothing the matter (nothing wrong) with him; 3 *(verschil maken)* matter, make a difference; *het* ***kan*** *niet* ~ never mind, it does not matter; *wat kan het ~?* what does it matter?, what matter?; *dat scheelt me f 500* that makes 500 guilders' difference to me; *dat scheelt me een reis* that saves me a journey; *dat scheelt* ***veel*** that makes a great (makes all the) difference; 4 *(geven om)* care; *het kan me niet* ~ I don't care, *(ik heb er niet tegen)* I don't mind; *ik weet het niet, en het kan me ook niet* ~ I neither know nor care; *het had me niet zoveel kunnen* ~ I should not have minded so much; *het kon haar niet ~ dat ...* it mattered nothing to her that ...; *het kan me wat ~!* a fat lot I care!; *wat kan mij de kosten (dat alles) ~!* hang the expense!, hang it all!; *wat kan het je ~?* why should you care?, why let it bother you?; 5 *(ontbreken)* be wanting; *dat scheelde niet veel!* that was a near thing!; *het scheelde* ***weinig*** *(****niets****) of hij was gedood (of ik had hem geraakt)* he was within an ace of being killed (I just missed hitting him); *zie ook* 2 haar; *zijn er honderd? -- het scheelt maar een paar* are there a hundred? -- only a few short of it; *hem scheelt altijd* ***wat*** there is always something or other the matter with him; *[is het tijd?] het scheelt niet veel* pretty nearly; *zie ook* mankeren

schelf 1 stack, rick [of hay, etc]; 2 hay-loft

schel|heid 1 *(v geluid)* shrillness; 2 *(v licht)* glare; **-klinkend** shrill, strident, piercing; **-lak** shellac

schellen ring (the bell); *zie* bellen

schelling *(hist)* sixpence; **schellinkje**: *het* ~ the gallery; *(de bezoekers, ook)* the gods; *op het* ~ in the gallery, *(fam)* among the gods

schelm rascal, knave, rogue, scapegrace; *(scherts)* [little] rascal (rogue, imp); **schelmachtig** *zie* schelms; **schelmenroman** picaresque novel; **schelmenstreek** (piece of) knavery, roguish trick; **schelmerij** roguery, knavery, rascality; *(mar)* barratry; **schelms** roguish, knavish, rascally; *(scherts)* roguish, impish

schelp shell; *(bij diner)* scallop; *zie ook* schulp; **schelpdier** shell-fish *(mv:* id), testacean; **schelpenvisser** shell-gatherer; **schelpkalk** shell-lime; **schelpkunde** conchology; **schelpkundige** conchologist; **schelpvis** shellfish; **schelpvormig** conchiform, shell-shaped

scheluw warped; ~ *trekken* warp

schelvis haddock; **schelvisoog** *(fig)* fishy eye; *met schelvisogen* fishy-eyed

schema outline, scheme, sketch, diagram, skeleton plan, schedule; *op ~ liggen* be on schedule

schematisch schematic *(bw:* -ally); diagrammat-

ical; outline [drawing, etc], skeleton [survey]; **schematiseren** schematize
schemel stool
schemer twilight; (*het donkerste stadium ervan*) dusk; *zie ook* schemering; **schemerachtig** 1 dim, dusky, crepuscular; 2 (*fig*) dim; **schemeravond** twilight; **schemer|donker**, **-duister** I *zn* (dim) twilight, half-light, (*avond~, ook*) dusk; II *bn* dim, dusky
schemeren 1 (*'s morgens*) dawn; (*'s avonds*) grow dusk; *het begon te ~* the twilight began to gather; 2 (*ve mens*) sit in the twilight; 3 (*v licht*) glimmer, gleam, shine (feebly), (*door~*) filter [through the blinds]; 4 be blurred; *er schemert mij iets van voor de geest* I remember it dimly; *het schemert mij voor de ogen* my head reels, swims; **schemergebied** twilight zone; **schemerig** *zie* schemerachtig; **schemering** (evening, morning) twilight, dusk, gloaming; *de ~ naderde* it was drawing towards twilight, it was growing dusk; *in de ~* at twilight; *in ~ gehuld* [the] twilit [church]
schemer|lamp floor-, standard-, (*op tafel:* table-)lamp; **-licht** 1 twilight; 2 dim light; **-tijd** twilight; **-toestand** (*psych*) twilight state; **-uurtje** twilight (hour)
schendblad libellous (scurrilous) paper
schenden 1 violate [a treaty, one's oath, one's word, human rights, a law, a woman]; *zijn vlekkeloze naam ~* sully one's fair name; 2 (*beschadigen*) damage; *geschonden,* (*ve boek, enz*) damaged, soiled; *zie ook* pok; 3 (*verminken*) disfigure, mutilate; 4 (*overtreden*) transgress, infringe; 5 (*ontheiligen*) desecrate, profane; *de sabbat ~* break the Sabbath; **schender** violator, transgressor, desecrator, profaner, breaker; *vgl* schenden; **schenderij** *zie* baldadigheid & straat~; **schendig** desecrating; **schending** violation; disfigurement, mutilation; transgression, infringement; desecration [of a churchyard], profanation; breaking [of the Sabbath]; *vgl* schenden; *~ van vertrouwen* breach of confidence (*of:* trust)
schenkbank buffet, bar; **schenk|blad**, **-bord** tray; (*blaadje*) salver
schenkel shank; (*wtsch*) femur; (*vlees*) knuckle [of veal]; **schenkelvlees** shin (of beef)
schenken 1 (*water, thee, enz*) pour (out: shall I pour you out a cup of tea?); (*wijn, enz: presenteren*) serve [cocktails], (*verkopen*) sell [beer]; *er werd niet* (*geen wijn*) *geschonken* no spirits were (no wine was) served; it was a 'dry' party; *wil u* (*thee*) *~?* will you pour out (the tea)?; 2 (*geven*) give, grant, make a present of, present with, bestow (confer) [*aan* on]; *de bijzonderheden* (*de rest*) *schenk ik je* I will spare you the details (you may take the rest for granted); *iem een schuld* (*de straf*) *~* let a p. off a debt (the punishment); *ik schenk je de thema* I'll excuse you the exercise; *zie ook* kwijtschelden; *zijn vrouw had hem zes* ***kinderen*** *geschonken* his wife had borne him six children; *ze schonk haar man een jongen* she presented her husband with a boy; *het ons geschonken* ***vertrouwen*** the confidence shown to (in) us; *een geschonken ...,* (*ook*) a gift ...; *zie ook* genade, leven, enz; **schenker** pourer; cup-bearer [to the gods]; (*gever*) giver, donor
schenking gift, grant, donation, benefaction
schenkings|akte deed of gift (of donation, of covenant); **-recht** (*vglb*) capital transfer tax
schenk|kan jug; **-ketel** tea-kettle; **-ster** pourer-out [of tea]; **-tuit** lip; pourer
schennis violation; *zie ook* eerbaarheid & heilig~
schep 1 (*voorwerp*) scoop, shovel; (fish-)slice; 2 (*hoeveelheid*) spoonful, shovelful; *een ~ geld* a load (mint) of money; *een ~je suiker* a spoonful of sugar; *er nog een ~je bovenop doen* increase the effort [etc], add a little extra (*het nog erger maken:* add insult to injury); **schepbaar** spoonable [ice]; **schepbord** (*ve scheprad*) paddle
schepel bushel, decalitre; **schepeling** member of the crew, sailor; *de ~en* the crew, the men
schepen I *zn* 1 alderman; 2 (*hist*) sheriff, magistrate; II *ww* take on board, ship; **schepenbank** (*hist*) court of aldermen, bench of magistrates; **schepencollege** mayor and aldermen; **schepenkamer** (*hist*) court of sheriffs
scheper shepherd; **schepershond** sheepdog
schep|lepel ladle, scoop; **-net** landing-, dip-net
scheppen 1 scoop; ladle [soup into a plate]; (*hozen*) bail (out); shovel [snow]; hive [young bees]; *vol ~* fill; *zie ook* behagen, genoegen, enz; 2 create [new jobs], set up [high winds set up dangerous driving conditions]; establish [a tradition]; make [one's own troubles *moeilijkheden*]; *zijn eigen fortuin* (*toekomst*) *~* carve out one's own fortune (future); *zie ook* geschapen; **scheppend** creative [power, genius]; **schepper** creator; (*papier~*) vatman; (*voorwerp*) scoop; **schepping** creation; *de Schepping,* (*bijb*) the Creation; *de ~,* (*concr*) (the) creation; *zie ook* heer; **scheppingsboek** Genesis; **scheppingsdrang** creative urge; **scheppingskracht** creative power; **scheppingsverhaal** story of the Creation; **scheppingsvermogen** creative power, creativeness
scheprad paddle-wheel; **scheprand** 1 (*ve schepvorm*) deckle; 2 (*v papier*) deckle edge
schepsel creature (*in alle betek*); (*ook*) thing [a thing like you; they were brave things, those girls]
schepvat bailer
scheren 1 shave [men]; shear, clip [sheep]; shear [cloth]; trim [a hedge]; *zich ~* shave [*met koud water* in ...]; *zich laten ~* get (be) shaved, have a shave; *iem ~,* make fun of a p.; (*afzetten*) fleece a p.; *zie ook* geschoren; 2 skim [a pebble over the water]; *de zwaluw scheert over het watervlak* the ... skims (over) the water; *~d licht* grazing light; *vgl* rakelings *& zie* weg~; 3 (*weverij*) stretch [a line], warp; (*mar*) reeve [a rope]
scherf potsherd, (*hist*) sherd, shard; (*v glas*) fragment, splinter, (*ve granaat*) [shell-]splinter; **scherfvrij** (*mil*) splinter-proof
schering 1 (*textiel*) warp; *~ en inslag* warp and woof (and weft); *dat is ~ en inslag* that is the order of the day; (*ve uitdrukking*) stock phrase; 2 (*v schapen*) shearing, clip
scherlei (*plant*) clary

scherm 1 (*vuur-, tocht-, enz*) screen; (*theat*) (drop-)curtain; (*tegen zon, enz*) awning; *zie ook* zonne~; *achter de ~en* behind the scenes, in the wings, [step back] into the wings, back-stage; (*fig*) [peep] behind the scenes; *achter de ~en zitten* pull the strings (*Am:* the wires), be at the bottom of it; 2 (*ve kwal*) umbrella; (*plantk*) umbel; *~pje* umbellule; **schermbeeldonderzoek** radiography; **schermbloem** umbellifer; **schermbloemigen** umbelliferae

schermclub fencing club; **schermdegen** foil

schermen fence; *in het wild ~* talk at random; *met zijn armen in de lucht ~* flay one's arms about; *met een stok om zich heen ~* brandish a stick; *met woorden ~* make great play with (high-sounding) words, (*in de lucht ~*) talk in the void; *met zijn fatsoen* (*zijn connecties*) *~* parade (make a parade of) one's respectability (one's connexions)

schermer fencer, swordsman

scherm|handschoen fencing-glove, -gauntlet; **-kunst** art of fencing, swordsmanship; **-masker** fencing-mask; **-rooster** (*radio*) screen grid; **-school** fencing-school; **-ster** swordswoman

schermutse|len skirmish; (*fig, ook*) spar; **-ling** (*ook fig*) skirmish, brush [with the enemy]

schermvormig (*plantk*) umbelliform

scherp I *bn* sharp [knife, turn, criticism, rebuke, distinction, cold, frost, features *gelaatstrekken*, tongue, photo, outline, tone], keen [wind, frost, edge, sight, glance, prices], harsh [wine]; acute [perception], tart [comment], severe [remark], trenchant [article, speech]; clearly-marked, well-defined [contrast, difference]; *zie ook* ~zinnig; *~ antwoord* sharp (tart, cutting, snide) reply; *~ beeld* sharp image; *~e concurrentie* keen (*sterker:* fierce) competition; *~e grens* [draw a] sharp (hard and fast, rigid) line; *~e hoek, a*) (*meetk*) acute angle; *b*) sharp angle, sharp corner; *vgl* hoek; *de ~e kanten wegnemen* take the edge off; *de twist verloor zijn ~e kanten* the ... lost its bitterness; *~e lucht, a*) sharp air; *b*) pungent (acrid) smell; *~e medeklinker* hard consonant; *een ~e nota richten tot* address a stern note to; *~ onderzoek* strict (searching, close) investigation (examination); *~e ogen hebben* have sharp eyes, be sharp-eyed; *~e oren* sharp (*of:* quick) ears; *~e opmerking* sharp (caustic) remark; *~e patroon* ball cartridge; *~e prijs* competitive price; *~e strijd* sharp conflict, keen contest; *~ tekenen,* (*ve lens*) give excellent definition; *haar toon was ~,* (*ook*) there was an edge to her voice, her voice had an edge to it; *~ verschil* well-marked difference; *~ verstand* keen intellect; *zie ook* patroon, enz; II *bw* sharply; ..., *zei zij ~* ..., she said with asperity; *iem ~* ***aankijken*** look hard (closely) at a p., (*Am*) eyeball [a p.]; *ik hield hem ~ scherp in de* ***gaten*** I watched him narrowly (intently); *~* ***gesteld*** strongly worded [protest]; *zij* ***hoort*** *~* she has sharp ears (a quick ear); *de bocht ~* ***nemen*** take the corner too close (too narrowly); *hij werd ~* ***ondervraagd*** he was closely examined; *~* ***stellen,*** (*fot*) focus [on a subject, at infinity]; (*ve zaag*) set; (*ve bom, enz*) arm; *~* ***toeluisteren*** listen intently; *~* ***uitkijken*** keep a sharp look-out; *~* ***uitkomen*** stand out in bold relief; *hij* ***voelde*** *het ~* he felt it acutely; *zie ook* berekenen, besnijden, enz; III *zn* edge [of a knife]; ***met*** *~ geladen* loaded with ball; *met ~ schieten* fire (with) ball (*of:* live) cartridge(s); ***op*** *~* roughshod, calked, frost-nailed; *op het ~ van de snede vechten* use cold steel; fight with no holds barred; *een paard op ~ zetten* calk (frost-nail) a horse

scherpen 1 sharpen (*ook fig:* the appetite, the intellect); (*scheermes*) whet, strop; (*potlood*) sharpen, point; 2 (*paard*) *zie* scherp: op ~ zetten

scherp|heid sharp-, keen-, acute-, tartness, trenchancy, pungency, acridity, causticity; *zie ook* scherp; **-hoekig** acute-angled; **-klinkend** shrill; **-rechter** executioner, headsman, hangman; **-schutter** 1 sharpshooter, [good] marksman; 2 (*sluipschutter*) sniper; **-schuttersvereniging** shooting-, rifle-club; **-slijper** extremist, fundamentalist; **-snijdend** sharp-, keen-edged; **-stellen** focus [a lens]

scherpte 1 sharpness, edge; 2 (*ve kijker, enz*) definition; (*ve foto*) sharpness, acutance; **scherptediepte** depth of field (*oneig:* of focus)

scherpziend sharp-, keen-sighted; (*fig ook*) penetrating, perceptive; **scherpziendheid** sharp-, keen-sightedness, penetration; **scherpzinnig** acute, discerning, perceptive, keen(-witted), astute, shrewd [judgement], sharp-witted, penetrating [mind, remark], long-headed, sagacious; **scherpzinnigheid** acuteness, acumen, discernment, penetration, sagacity

scherts joke, jest, fun, raillery, banter; *als ~ opvatten* treat as a joke; *hij verstaat ~* (*geen ~*) he knows how to take a joke (he can't take a joke); *in ~* in jest, in play, by way of a joke, jokingly, jestingly; (*alle*) *~ terzijde* (all) joking apart; *zie ook* gekheid; **schertsartikel** joke; **schertsen** joke, jest, banter, be facetious; *hij laat niet met zich ~* he is not to be trifled with; *~d,* (*ook*) facetious; *~d gebruikt* jocularly used; **schertsenderwijze** *zie* scherts: in ~; **schertsfiguur** figure of fun, joke, nonentity; **schertsvertoning** wash-out

schervengericht ostracism

scherzando id; **scherzo** id

schets sketch, draught, (sketchy) outline; **schetsboek** sketchbook; **schetsen** 1 sketch, outline [a programme], trace briefly; (*schilderen*) sketch, paint, picture; 2 describe [as a prosperous country]; *zie ook* trek; **schetser** sketcher; **schetskaart** sketch-, outline-, skeleton-map; **schetsmatig** (in) outline; **schetstekening** sketch

schetteraar 1 braggart, swaggerer, swashbuckler; 2 (*redenaar*) ranter, tub-thumper

schetteren 1 (*ve trompet, enz*) blare, bray; (*vd stem*) shrill; 2 (*luid en dom praten, bluffen*) yap away, swagger, brag, shrill; (*ve redenaar, enz*) rant; *~d redenaar, zie* schetteraar

scheuken rub (o.s.)

scheur 1 crack, fissure, cleft, rent; 2 (*in stof, kleding, enz*) tear, rip; 3 (*mond*) trap; *hou je ~* shut your trap; **scheurbuik** scurvy; **scheurbuikachtig** scorbutic

scheuren I *tr* 1 (*kapotscheuren*) tear up [a letter]; (*bij ongeluk*) tear [one's clothes], (*uit droefheid*) rend [one's garments]; *in stukken* ~ tear to pieces; 2 (*weiland*) plough (break) up [pasture], open [grass land]; 3 (*rukken*) tear, snatch [s.t. out of a p.'s hands]; *het behangsel van de wand* ~ rip the paper off the wall; *hij scheurde zich uit mijn armen* he tore himself away from me; 4 (*met auto*) scorch, tear [round corners]; II *intr* tear; (*v ijs, enz*) crack; **scheuring** (*fig*) rupture, [the Tory] split, cleavage [in the party], [political] disruption; (*kerkelijke*) schism; *een ~ veroorzaken in* split, disrupt; **scheurkalender** block- (tear-off) calendar; **scheurkies** flesh-tooth; **scheur|koord, -lijn** rip-cord; **scheurmaker** schismatic; **scheurmand** waste-paper basket, (*Am*) waste basket; **scheurpapier** waste paper; **scheurpartij** splinter party; **scheurstrook** tear-strip

scheut 1 (*ve plant*) shoot, sprig; *een ~ krijgen,* (*groeien*) shoot up; 2 dash [of brandy]; *een ~je cognac doen bij koffie* lace coffee with brandy; 3 twinge, stab [of pain]; *pijn met ~en* shooting pain; **scheutig** 1 open-handed, liberal; *zie ook* royaal; 2 keen [on s.t.]; 3 *zie* rijzig; **scheutigheid** 1 open-handedness, liberality; 2 keenness

schibbolet shibboleth (*Richt. 12:6*)

schicht 1 (*lit*) arrow, dart; flash [of lightning]; 2 (*bloeiwijze*) scorpioid cyme

schichtig shy, skittish [horse]; nervous [look back nervously]; ~ *paard,* (*ook*) shier; ~ *worden* shy [*voor een boom* at a tree], take fright (alarm)

Schiedam id; **Schiedammer** native of Schiedam; *s~* (*jenever*) Schiedam, Hollands

schielijk quick, swift, rapid, prompt, sudden

schieman boatswain's mate; **schiemansgaren** spun twine, spun yarn; **schiep** *ovt van* scheppen

schier almost, nearly, all but; *zie ook* bijna

schier|eiland peninsula; **-zand** leached sand

schietbaan (firing-, shooting-)range; (*geweerschietbaan*) rifle-range; *zie ook* -terrein; **schietbeitel** mortise chisel; **schietboog** bow

schieten I *tr* shoot [a p., an animal]; (*op jacht ook*) bag [hares, etc]; (*af~*) fire [a gun], shoot [an arrow]; lend [money]; *iem dadelijk ~,* (*fig*) take a p.'s measure (size a p. up) at once; *hij heeft het* (*goed*) *geschoten* he has the right idea; *het* ***brood*** *in de oven* ~ run (*of:* shove) in the loaves; *de* ***netten*** ~ shoot the nets; ***stralen*** ~ shoot (dart) rays; *haar ogen schoten* ***vlammen*** her eyes blazed (flashed fire); *zich* ***voor*** *het hoofd* (*de kop*) ~ blow out one's brains; *de* ***zon*** ~ shoot the sun, take the sun's altitude; *zie ook* aar, vonk, enz; II *intr* 1 shoot, fire; *goed* ~ be a good shot; ~ ***op*** fire at (on); ***onder*** *de* (***over*** *de hoofden der*) *menigte* ~ fire into (over the heads of) the crowd; *zie ook* bok, duif, lucht, enz; 2 (*zich snel bewegen*) shoot (*ook v sterren & pijn*), dart, rush; *iem* ***laten*** ~ drop a p. (*fam:* like a hot brick), give a p. the go-by; *iets* (*koord, enz*) *laten* ~ let it go; *het wetsontwerp laten* ~ abandon the bill; *het touw laten* ~ pay away (*of:* out) the rope; *het schoot mij* ***door*** *het hoofd* the thought flashed through my mind; *zie ook* binnen: te ~; *in de kleren* ~ slip on one's clothes; *zie ook* aan~; *het is me in de rug geschoten* I got a crick in the back; *het bloed schoot haar* ***naar*** *het gezicht* the blood rushed to her face; *de woorden schoten mij uit de mond* the ... slipped out of my mouth; ***voorover*** ~ pitch forward; (*ve ruiter*) come a cropper; *voorover in het water ~ a*) fall headlong into the water; *b*) take a header; 3 (*v gewassen*) sprout; *geschoten tarwe* sprouting wheat; ***in*** *de hoogte* ~ shoot up; *zie ook* op~

schieter 1 shooter; 2 (*ve bakker*) (bread-)shovel, peel; 3 (*grendel*) bolt; 4 (*insekt*) clothes-moth

schiet|gat loop-hole; (*voor kanon*) embrasure; **-gebedje** short prayer; *een ~ doen* offer up a little prayer; **-gleuf** embrasure; **-graag** trigger-happy; **-katoen** gun-cotton; **-kraam** *zie* -tent; **-lood** plummet, plumb; **-masker** humane (cattle-)-killer; **-mot** caddis-fly; **-oefening(en)** target-practice, artillery (gun-fire) practice, firing-exercise(s); **-partij** shooting-affray, -affair, shoot-out; **-plank** (*ve bakker*) (bread-)shovel, peel; **-schijf** target, mark; **-schouw** 1 flat-bottomed boat; 2 leeboat; **-sleuf** embrasure; **-spoel** shuttle; **-stand** (rifle-)range, butts; **-stoel** (*luchtv*) ejector (*inz Am:* ejection) seat; **-stroom** rapid; **-tent** shooting-gallery, rifle-gallery; **-terrein** artillery-range, practice-ground; *zie ook* -baan; **-vereniging** rifle-club; **-wedstrijd** rifle competition (*of:* meeting), shooting-match; (*v boogschutters*) archery contest; **-wilg** 1 white willow; 2 unpollarded willow

schiften 1 sort (out); separate [chaff from wheat]; (*uitpluizen*) sift [evidence, facts]; (*door examen, enz*) eliminate [an eliminating examination]; 2 (*v melk*) curdle, turn, go sour; *zie ook* geschift; **schifting** 1 sorting; sifting; elimination; (*sp*) eliminator (round); 2 curdling

schijf 1 (*algem*) disc, disk (*ook van zon, enz*); (*bij damspel*) man; (*schietschijf*) target; *schijven hebben,* (*sl*) have tin (brass, the dibs); 2 (*plakje*) slice, round [cut apples into rounds]; *in ~jes snijden* slice [carrots]; (*runderschijf*) round [of beef]; 3 (*ve katrol*) sheave; *dat loopt over veel schijven* it is a complicated procedure; 4 (*telefoon*) dial; 5 (*aantal*) set, series, class; (*termijn*) instalment; *zie ook* blad-, knie-, werpschijf, enz

schijf|bloem disc-flower; **-eg** *zie* schijveneg; **-geheugen** disk storage (unit); **-kwal** discophoron (*mv:* -ra); **-rad** disc-wheel; **-rem** disc brake; **-schieten** target practice; **-vormig** disc-shaped; **-wiel** disc-wheel

schijn 1 (*licht*) glimmer, sheen, shine; 2 (*voorkomen*) appearance, semblance [preserve some semblance of order, with a semblance of truth], seeming; show [treat a p. with some show of respect], pretence, pretext; *die ruwheid is maar ~* the ... is only on the surface; *~ en werkelijkheid* fact and fiction; *~ en wezen* shadow and substance [mistake the shadow for the substance]; (*attr vaak*) sham, bogus, dummy, mock, seeming; *de* ***aannemen*** *~ alsof ...* make a show (a pretence) of ...ing; *het heeft er* ***alle*** *~ van* it looks very much like it; ~ ***bedriegt*** appearances are deceptive; *de* ~ ***redden*** save appearances; *hij heeft de* ~ ***tegen*** *zich, de* ~ *is tegen hem* appearances are against him; *geen* ~ *of schaduw* ***van*** *bewijs* not a scrap of evidence; *hij heeft geen* ~ *van kans* he has not a ghost of a chance (not a snowball's chance in hell); *een* ~ *van waarheid geven aan* give (lend) colour (*of:* verisimilitude) to [the story]; *ik wil niet de* ~ ***wekken*** *van pedant te zijn* I don't want to sound pedantic; ***in*** ~ in appearance, seemingly, ostensibly; ***met*** *enige* ~ *van grond* with some show of justification (of reason); ***naar*** *alle* ~ to all appearance, apparently; ***onder*** *de* ~ *van* under the cloak of [friendship]; ***voor*** *de* ~ for the sake of appearances, for the look of the thing; *hij doet alles voor de uiterlijke* ~ appearance is everything, with him

schijn|aanval feigned (*of:* sham) attack, feint; **-baar** seeming [a seeming contradiction], apparent, ostensible; *schijnbare horizon* apparent horizon; *zie ook* schijn: in ~ & naar alle ~; **-batterij** dummy battery; **-beeld** phantom, illusion; **-beweging** 1 apparent movement; 2 (*sp*) feint; (*om te passeren*) dummy (pass); *een* ~ *maken* dummy; *met een* ~ *passeren* sell [a p.] a dummy; **-bewijs** seeming proof (*of:* evidence); **-christen** pseudo-Christian; **-deugd** simulated virtue; **-dood** I *zn* apparent death, suspended animation; II *bn* apparently dead, in a state of suspended animation

schijnen 1 (*vd zon, enz*) shine [*ook:* the sun is out again]; 2 (*lijken*) seem [he does not seem to like it], look [the Queen looked to be in good health]; *het schijnt* (*wel*), *dat* ... it (rather) seems (would seem) that ...; *naar het schijnt* by the look(s) of it (of things), to all appearance; *naar het schijnt heeft hij* ... it appears he has ..., he appears to have ...; *zie ook* toe~

schijn|feit factoid; **-geleerde** would-be scholar, sciolist; **-geleerdheid** would-be learning, sciolism; **-geluk** seeming happiness; **-gestalte** phase (of the moon); **-gevecht** sham fight; **-goud** similor; **-heilig** hypocritical, sanctimonious; **-heilige** hypocrite; **-heiligheid** hypocrisy, sanctimoniousness; **-huwelijk**: *een* ~ *sluiten*, (*vglb*) go through a form of marriage; **-proces** mock trial; **-raket** (*plant*) bastard rocket; **-schoon** I *bn zie* schoonschijnend; II *zn* (mere) glitter, tinsel

schijnsel shine [of a lantern], gleam, glow [of the fire], radiance, (*zwak*) glimmer; (*v vuur, ook*) firelight; **schijntje** trifle; *geen* ~ *geluk* not the least bit of luck; *het kost maar een* ~ it costs only a trifle (next to nothing); *ik kreeg het voor een* ~ I ... for a song; *hij verdient maar een* ~ he earns a mere pittance

schijn|verdienste seeming merit; **-vertoning** sham, charade; **-vriend** fair-weather friend; **-vrucht** false fruit; **-waarheid** verisimilitude, apparent truth; **-werper** (*ve auto*) spotlight; (*zoeklicht*) search-, spotlight, (*fam*) spot; *met* ~*s verlichten* floodlight [St Paul's]; **-zwangerschap** phantom pregnancy

schijt (*plat*) shit, crap; ~ *hebben aan, a*) hate, loathe; *b*) not give a shit about; **schijten** (*plat*) shit, crap; *de duivel schijt altijd op de grootste hoop* to him that hath shall be given; **schijterd** funk, chicken; **schijterig** chicken(-hearted); **schijterij** 1 (*diarree*) the trot; 2 funk; **schijt|-laars**, **-lijster** funk, chicken

schijven|eg disc harrow, (*Am*) disk harrow; **-geheugen** disk storage; **-ploeg** disc plough, (*Am*) disk plow; **-tarief** graded system of income brackets for tax-assessment

schik: *wij hadden veel* ~ we had great fun, enjoyed ourselves immensely (tremendously); ~ *hebben in zijn werk* enjoy one's work; *in zijn* ~ *zijn* be in high spirits; *ik ben ermee in mijn* ~ I am pleased (delighted) with it; *niet bijzonder in zijn* ~ *over* not over-pleased at; *zie ook* plezier; **schikgodinnen**: *de* ~ the Fates, the weird (*of:* fatal, three) sisters; **schikkelijk** *zie* in~ & schappelijk

schikken 1 (*ordenen, in orde brengen*) arrange, order; *kunt u het* ~*?* can you make it convenient?; *ik zal het zo* ~*, dat je hier kunt slapen* I will arrange for you to sleep here; *ik weet niet hoe ik het zal* ~ I ... how to arrange matters; ***zich*** ~, (*v zaken*) come right; *het zal zich wel* ~ it is sure to come right; *zich* ***naar*** *iems wensen* (*naar de regels*) ~ comply with a p.'s wishes (with the rules); *zich* ~ *naar een conventie* conform to a convention; *zich naar de omstandigheden* ~ adapt o.s. to circumstances; *zich* ***om*** *de tafel* ~ draw round the table; ***op*** *zij* ~ move aside; *dichter* ***bij*** *het vuur* ~ draw up to the fire; 2 (*bijleggen*) settle, compose, make up [a quarrel]; 3 (*gelegen komen*) suit, be convenient to; *doe wat je het beste schikt* suit your own convenience; *zodra het u schikt* at your earliest convenience; 4 (*goed gaan*) come right; [*hoe gaat het?*] *het schikt nogal* pretty well; 5 (*berusten:*) *zich* ~ ***in*** *zijn lot* resign o.s. to one's fate; *zich zo goed mogelijk in iets* ~ make the best of s.t., grin and bear it; *zich in het onvermijdelijke* ~ resign (reconcile) o.s. to the inevitable, accept the inevitable; *zich in zijn werk* ~ become reconciled to one's work; *zie ook* minne

schikking arrangement, settlement, agreement; *tot een* ~ *komen, een* ~ *treffen* come to an arrangement (an understanding), reach a settlement, compromise; ~*en* (*maatregelen*) *treffen* make dispositions, arrange [for the letting of the house]; *zie ook* minnelijk

schil 1 rind [of a lemon], peel [of an orange], (*v bessen, druiven, bananen, enz*) skin; *met de* ~ *koken* boil [potatoes] in their jackets; 2 (*dop & natuurk*) shell; 3 (*het afgeschilde, mv*) parings, peelings [of potatoes]

schild 1 shield (*ook fig:* God is my shield); (*beukelaar*) buckler; (*wapenschild*) (e)scutcheon; *een leeuw in zijn* ~ *voeren* bear a lion in one's (coat of) arms; *hij voert wat in zijn* ~ he is up to something (up to mischief, up to no good); *ik weet wat hij in zijn* ~ *voert* I know his little game (what he is after); 2 (*ve schildpad*) shell; (*ve insekt*) wing-case, -cover, (*wtsch*) elytron (*mv:* -tra)

schilddak hip(ped) roof; (*Romeins, hist*) testudo; **schilddrager** shield-bearer; (*her*) supporter

schilder 1 painter, artist; 2 (house-)painter
schilder|achtig picturesque; scenic [route]; **-achtigheid** picturesqueness, scenic quality
schilderen 1 paint; (*fig ook*) picture, delineate; ~ *en behangen* decorate [a room]; *geschilderde ramen* stained-glass windows; *naar het leven* (*de natuur*) ~ paint from life (nature); 2 (*ve schildwacht*) do sentry-go, stand sentry; (*staan wachten*) cool one's heels; *het* ~, (*mil*) sentry-go
schilderes paintress, (woman) painter (*of:* artist); **schilderhuisje** sentry-box
schilderij picture, painting; **schilderijenkabinet** picture-gallery; **schilderijententoonstelling** exhibition of paintings, [Italian] Art Exhibition; **schilderijlijst** picture frame; **schildering** painting, portrayal [of daily life], picture; delineation [of character]
schilderkunst (art of) painting; **schilderschool** 1 [Dutch, etc] school of painting; 2 school of painters
schilders|ezel easel; **-knecht** journeyman painter; **-kwast** paintbrush; **-linnen** canvas; **-model** artist's model; **-penseel** paintbrush; **-stok** maulstick, guiding-stick
schilderstuk picture, painting; **schilderwerk** painting, paintwork
schild|houder (*her*) supporter; **-kever** tortoise-beetle; **-klier** thyroid (gland); ~*vergroting* struma; **-knaap** shield-bearer, squire; (*fig*) (chief) lieutenant [Mussolini's lieutenant]; henchman; **-krab** hermit crab; **-luis** coccus (insect), scale insect; **-pad** 1 (*land~*) tortoise; (*zee~*) turtle; 2 (*stof*) tortoiseshell; **-padden** *bn* tortoiseshell; **-padsoep** turtle (soup); *nagemaakte* ~ mock turtle; **-vleugelig** sheath-winged; **-vleugeligen** coleoptera; **-vormig** shield-shaped; (*wtsch*) scutiform; ~ *kraakbeen* thyroid cartilage; **-wacht** sentry, sentinel; ~*en plaatsen* post sentries; *op* ~ *staan* stand sentry, do (a spell of) sentry-go; **-wachthuisje** sentry box; **-wants** shield-bug; **-zaad** madwort
schil|fer scale, chip; (*geol*) flake; ~*s op het hoofd* dandruff; **-ferachtig** scaly, flaky; **-feren** scale (off), peel (off), flake off; **-ferig** scaly, flaky
schillen peel [potatoes, oranges; *ook intr: zich laten* ~: they peel quite easily]; bark [a tree]; pare [apples]; blanch, shell [almonds]; **schillenboer** waste food collector
schillerhemd soft shirt open at the neck; **schillerkraag** open collar
schil|letje lemon brandy; **-machine** [potato-]peeler; **-mesje** peeler, peeling-, paring-knife
schim shadow [he is but the shadow (the ghost) of his former self], shade, ghost, spectre; *tot een* ~ *vermagerd* worn to a shadow; *Chinese ~men* Chinese shades
schimmel 1 grey (horse); 2 mould, mildew; **schimmelachtig** *zie* schimmelig; **schimmeldodend** fungicidal; ~ *middel* fungicide; **schimmelen** go (get, grow) mouldy (mildewed, mildewy), mildew; **schimmelig** mouldy, mildewed, mildewy; **schimmelkaas** blue(-veined) cheese; **schimmelplant** fungus (*mv:* fungi); **schimmelziekte** mycosis
schim|menrijk spirit world, abode of the dead, [the] shades; **-menspel** shadow play, galanty-show, phantasmagoria; **-metje** *zie* schijntje; **-mig** misty, shadowy [figure, idea]
schimp scorn, taunt(s), contumely; **schimpdicht** satire; **schimpdichter** satirist; **schimpen** scoff, gibe, rail; ~ *op* revile, scoff (gibe, gird, jeer) at, rail at (against); **schimper** scoffer; **schimperij** scoffing, abuse; **schimpscheut** gibe, taunt, jeer; **schimpschrift** lampoon, libel; **schimpwoord** abusive word; **schinkel** *zie* schenkel
schip ship (*vooral groot zee~*), vessel; (*schuit*) (canal-)barge, canal-boat; (*ve kerk*) nave; als het ~ met ***geld*** *komt* when my ship comes home; *het* ~ ***ingaan*** make a loss, get (have) the worst of it, be worsted, be beaten [2-1 *met 2-1*]; ***schoon*** ~ *maken, a*) *zie* opruiming houden; *b*) settle accounts; *c*) have a (complete) clear-out; *het* ~ *van* ***staat*** the ship of state; *een* ~ *op het* ***strand****, een baken in zee* take warning by others' misfortunes; *zijn schepen achter zich* ***verbranden*** burn one's boats; *het* ~ *der* ***woestijn*** the ship of the desert; *daar komt een* ~ *met* ***zure*** *appelen* there is a heavy shower coming; ***uit*** *het* ~, (*handel*) ex ship
schip|breuk shipwreck; ~ *lijden* be shipwrecked; (*fig*) fail, miscarry, come to grief, break down [his policy broke down]; *doen* ~ *lijden* wreck (*of:* torpedo) [a bill *wetsontwerp,* a plan]; *zie ook* klip; **-breukeling** shipwrecked person, castaway; *maatschappelijke* ~ (social) misfit, failure, (*fam*) down-and-out, dropout; **-brug** pontoon bridge, floating bridge; **-per** bargee, bargeman, (canal) boatman; (*gezagvoerder*) skipper, master (of a vessel); **-peraar** trimmer; **-peren** compromise; [you ought to be able to] give and take; *hij zal het wel* ~ he is sure to manage (it) somehow; **-perij** inland navigation; **-perke** (*hond*) id
schippers|baard fringe beard; **-beurs** shipping-exchange; **-boom** barge-pole; **-haak** boat-hook; **-hond** (Dutch) barge-dog; **-kinderen**: *school voor* ~ bargees' (barge, canal-boat) children's school; **-klavier** concertina; **-knecht** barge hand; **-knoop** clove hitch; **-trui** seaman's jersey (pullover)
schippertje (*hond*) schipperke
schisma schism; **schismaticus** schismatic; **schismatiek** *bn & zn* schismatic (*bw:* -ally)
schist (*geol*) id
schitteren glitter, shine [his eyes shone with pleasure], sparkle [sparkling diamonds, eyes], be ablaze [with light, flowers]; ~ *door afwezigheid* be conspicuous by one's absence; *het schitterde in al zijn heerlijkheid* it shone forth in all its glory; *met ~de ogen* with lustrous eyes; *de kunstenaar schitterde die avond* the ... was in great (in brilliant) form; *zie ook* uitblinken; **schitterend** (*fig*) brilliant, glorious, gorgeous, splendid; *een* ~ *voorbeeld* a shining example; **schit|terglans, -tering** glittering, sparkling, sparkle [of diamonds], lustre, splendour; **schitterlicht** flash(ing)-light
schizo id; **schizofreen** schizophrenic; **schizo-**

frenie schizophrenia; **schizoïde** schizoid
schlager (smash) hit, song-hit, draw
schlemiel 1 unlucky chap; 2 (*slungel*) beanpole, weed; 3 (*slappeling*) wally; **schlemielig** 1 unlucky; 2 weedy; 3 spineless; **schluss** that's (the end of) it
schmieren ham (it up); **schmink** grease-paint; (*fam*) make-up; **schminken**: (*zich*) ~ make up; **schnabbel** extra earnings; job on the side; **schnitzel** id; [chicken, pork, veal] cutlet
schobbejak, schobber(d) blackguard, scamp
schobberdebonk: *op de ~ lopen* sponge, be a sponger, cadge
schoeien 1 shoe; *zie ook* leest; 2 *zie* be~; **schoeiing** *zie* be~; **schoeiplank** sheet(ing)-pile; **schoeisel** footwear; **schoelje** blackguard, scamp
schoen shoe (*ook ve vlaggestok, karabijn & rem*); (*hoog*) boot; *gooi geen* ***oude*** *~en weg vóór je nieuwe hebt* don't be off with the old before you are on with the new; *wie de ~* ***past****, trekke hem aan* whom the cap fits, let him wear it; *de* ***stoute*** *~en aantrekken* pluck up (screw up) courage, nerve o.s.; *daar* ***wringt*** *(knelt) hem de ~* that's where the shoe pinches; *hij staat vast (stevig)* ***in*** *zijn ~en* he is sure of his ground (is very sure of himself); *iem iets in de ~en schuiven* lay s.t. at a p.'s door, saddle a p. with s.t., pin s.t. on (to) a p.; *ik zou niet graag in zijn ~en staan* I should not like to be in his shoes; *het hart zonk hem in de ~en* his heart sank, he had his heart in his boots; ***op*** *een ~ en een slof* down and out; *zie ook* loden & lood
schoenborstel shoe-, blacking-brush; **schoencrème** *zie* -smeer; **schoenendoos** shoe-box; **schoenenzaak** *zie* schoenwinkel
schoener schooner; **schoenerbrik** brigantine
schoen|lapper 1 cobbler; 2 (*vlinder*) tortoiseshell; **-leer** shoe-leather; *~tje* tongue; **-lepel** shoe-horn; **-maken** 1 shoe-, bootmaking; 2 shoe repairing; **-maker** 1 shoe-, bootmaker; 2 shoe-repairer; *zie ook* leest; **-makerij** 1 shoemaker's (bootmaker's) workshop; 2 shoe-, bootmaking; **-makersmes** cobbler's (shoemaker's) knife; **-poetser** shoe-black; (*in hotels*) boots; **-riem** shoe- bootstrap; (*hist*) latchet; *gij zijt niet waard zijn ~en los te maken* you are not worthy to untie his shoe-strings, not fit to black his boots; *~pje, (over wreef)* bar; **-schrapper** shoe-, boot-scraper; **-smeer** shoe- (boot-)polish, shoe-cream, blacking; **-snavel** (*dierk*) shoe-bill; **-spanner** shoe-stretcher; **-spijker** shoe-pin, -tack; **-veter** shoe-, bootlace, shoe-string; **-winkel** shoe-shop (*Am:* -store); **-zool** sole (of a shoe)
schoep 1 paddle(-board); (*ve molenrad, ook*) float(-board); (*ve turbine*) blade, vane; 2 (*ve zonneblind*) slat; **schoepenrad** 1 paddle-wheel; 2 (*techn*) vaned wheel, fan
schoffeerder desecrator, violator; **schoffel** hoe; **schoffelen** hoe; **schofferen** 1 rape, ravish, violate; 2 treat badly, insult
schoffie brat, ragamuffin, urchin; **schoft** 1 (*ve dier*) shoulder; (*ve paard*) withers (*mv*); 2 (*werktijd*) shift; 3 (*schavuit*) bastard, rascal; *zie ook* schoffie; **schoftachtig** *zie* schofterig; **schoften** *zie* schaften; **schofterig** scoundrelly, rascally; **schofthoogte** height; **schofttijd** *zie* schafttijd
schok jerk, jolt [of a bus]; [earthquake, electric] shock; [escape with a severe] shaking; [awake with a] start; (*bij samenstoten*) shock, concussion; (*fig*) shock; *het gaf mij een ~* it gave me a shock, a (nasty) jar, (*fam*) a turn; *zijn reputatie heeft een ernstige ~ gekregen* has received a severe blow; **schokbeton** vibrated concrete; **schokbreker** shock absorber; **schokbuis** (*mil*) percussion fuse; **schokdemper** shock absorber; **schokgolf** shock wave
schokken I *tr* shake, jerk, convulse; (*fig*) shake [a man's resolution, credit, faith], jolt, upset [confidence in the government], convulse [economic life has been convulsed by labour conflicts], give a shock; (*sl: betalen*) fork out, cough up [ten quid]; *het schokte zijn gezondheid* it gave a shock to (it shook, *sterker:* it shattered) his health; *geschokte gezondheid* shaken health; *het schokte ons geweldig* it gave us a terrible shock (*fam:* the shock of our lives); II *intr* shake, jolt, jerk
schokker 1 (kind of) fishing-boat; (*vglb*) seiner; 2 green pea
schokschouderen shrug one's shoulders; **schoksgewijs** by fits and starts; **schokstaking** 1 selective strike action; 2 work(ing) to rule
schol I *zn* 1 (*vis*) plaice; 2 (*ijsschol*) floe; 3 (*aardschol*) (tectonic) plate; II *tw* sko(a)l, cheers
scholarisatie 1 provision of schools; 2 compulsory education; **scholasticus** schoolman, scholastic; **scholastiek** 1 scholasticism; 2 (*pers*) scholastic; **schold** *ovt van* schelden
scholekster oystercatcher
scholen 1 flock together; (*v vissen*) shoal; 2 school, tutor, train; **scholengemeenschap** multilateral (*v twee:* bilateral) school; (*vglb*) comprehensive (school)
scholiast id; **scholiën** scholia; **scholier** pupil, scholar; (*sp*) junior; **scholing** schooling, training; (formal) education
schollevaar, scholver(d) cormorant
schommel 1 swing; *Russische ~* swing-boat; 2 *dikke ~* fat woman; **schommelbank** swing hammock; **schommelen** I *intr* 1 (*op schommel*) swing; 2 (*ve trein, in stoel*) rock; (*ve boot*) roll; (*ve slinger*) swing, oscillate; 3 (*v prijzen, enz*) fluctuate, seesaw; *~de prijzen,* (*ook*) see-saw prices; 4 (*heen & weergaan*) vacillate; *~ tussen* wobble between [reality and symbolism]; 5 *zie* rommelen; *~ in* rummage in, rake among [old books]; 6 (*waggelen*) waddle; II *tr* swing, rock; **schommelgang** waddle; **schommeling** swinging, oscillation, fluctuation; (*bij aswenteling*) nutation; *~en in temperatuur* changes in temperature; *vgl* schommelen; **schommelsteen** rocking stone, logan(-stone); **schommelstoel** rocking chair, (*fam*) rocker
schompes: *zich het ~ werken* work o.s. to death
schond *ovt van* schenden
schone *zie* schoon; **schonen** clean
schonk I *zn* bone, shank; II *ww: ovt van* schenken

schonkig bony

schoof I *zn* sheaf; *in schoven binden* sheave; *aan schoven zetten* shock [corn]; II *ww: ovt v* schuiven

schooien beg

schooier beggar; (*landloper*) tramp, vagrant, layabout; (*haveloze kerel*) tatterdemalion, ragamuffin; (*schobbejak*) blackguard; *luie ~*, (*ook fig*) lazy beggar; **schooieren** beg, cadge; **schooierig** raffish, blackguardly; **schooierij** begging

school I *zn* id (*ook in de kunst, enz*); (*vooral grote kostschool, ook opleidingsschool*) college [naval college, training college]; (*voor bepaald vak*) academy [Military academy]; *iemand van de oude ~* a man of the old stamp; (*vissen*) shoal, school; *~ met de bijbel* (protestant) denominational school; *lagere ~* primary school; *zie ook* achterlijk, buitengewoon, openbaar, mulo, voortgezet, enz; *particuliere ~* private school; *als de scholen aan de gang zijn* during term; *de ~* ***begint*** *om 9 uur* school begins at nine; *de ~ begint weer op 3 mei* school re-opens on ...; *~* ***gaan*** go to school; *zij had weinig ~ gegaan* she had but little schooling; *~* ***maken*** found a school, find a following; *~tje* ***spelen*** play at schools (at keeping school); *de ~ is* ***uit*** school is over; *de ~* ***verzuimen*** be absent from school; ***naar*** *~ gaan* go to school; start school [at the age of six]; ***op*** *~ doen* put to school; *op ~ gaan* be at (attend) school; *we zijn samen op ~ geweest* we were at school together; ***uit*** *de ~ klappen* tell tales (out of school), blab; ***van*** *~ gaan* leave school; *leeftijd waarop men van ~ gaat* school-leaving age; *zie ook* aangaan 4, leer~, enz; II *ww ovt van* schuilen

school|arts school medical officer, school doctor; **-artsendienst** school medical service; **-bank** school-desk (and seat); (*lang, zonder leuning*) form; *hij had met hem op de ~en gezeten* he had been to school with him; **-behoeften** educational aids; **-bestuur** (board of) school governors; **-bezoek** 1 school attendance, attendance at school; *verplicht ~* compulsory school attendance; 2 visit from the school-inspector; **-blad** 1 educational paper; 2 school magazine; **-blijven** I *ww* stay (stop) in (after hours); *moeten ~*, (*ook*) be kept in; II *zn* detention, staying- stopping-in; **-boek** school- class- lesson-book; **-bord** blackboard; **-dag** school-day, [the first] day of school; **-decaan** (*vglb*) careers master; **-engels** schoolbook English; **-frik** *zie* frik; **-gaan** *zie* 2 school; *~d* school-going [children]; *~de leeftijd* school(-going) age [raise the school age to 16]; *het ~* school-going; **-gebruik**: *voor ~* for use in schools, for class(room) use, adapted for schools; **-geld** school fee(s); **-geleerdheid** book-learning; **-hoofd** head (teacher), headmaster, -mistress; **-houden** keep in, detain after school-hours; **-jaar** 1 scholastic year, school-year; 2 *-jaren* [in my] school-days; **-jeugd** school-children; **-jongen** schoolboy; **-jongensachtig** schoolboyish; **-juffrouw** school-mistress, school-teacher; **-kameraad** *zie* -makker; **-kennis** 1 school-learning, scholastic knowledge; 2 school-acquaintance; **-kind** school-child; **-leider** *zie* -hoofd; **-lokaal** classroom; **-makker** schoolfellow, schoolmate, school chum; **-man** education(al)ist, pedagogue; **-meester** schoolmaster; (*schoolvos*) pedant; **-meesterachtig** pedantic (*bw:* -ically), schoolmasterish, -ly; **-meesteren** teach (school), play the schoolmaster; *iem ~* play the schoolmaster to; **-meisje** schoolgirl; **-meisjesachtig** schoolgirlish, schoolgirlishy, (*fam*) jolly hockeysticks; **-net** schools system; **-onderwijs** school-teaching; *het genoten ~* the schooling received; **-onderzoek** (*vglb*) internal assessment; **-opleiding** schooling; *hij kreeg zijn ~ te Rugby* he was educated at Rugby; **-opziener** school inspector, inspector of schools; **-plein** (school) playground; **-plicht** compulsory attendance at school; **-plichtig** of school-age, schoolable [child]; *de ~e leeftijd verhogen* raise the school(-leaving) age; **-raad** (*vglb*) education committee; **-radio** school(s) broadcast(ing); **-reglement** school regulations; **-reisje** school-journey, outing, instructional (educational) tour (trip); (*het gezelschap*) school party; **-rijder** dressage rider

schools scholastic; *zie ook* schoolmeesterachtig; *~e geleerdheid, zie* schoolwijsheid

school|schrift school exercise-book; **-slag** (*sp*) breast-stroke; **-tas** satchel; **-televisie** educational television, TV for schools; **-tijd** 1 school-hours [from 9 to 12 and 2 to 4], school-, class-time, [morning] school; *onder ~* during lessons; *buiten ~* out of school(-hours); *zij moest de hele ~ door staan* she was made to stand all through the class; 2 (*schooljaren*) school-time, [my] school-days; 3 (*tussen 2 vakanties*) term; *gedurende de ~*, (*buiten de vakanties*) during term(-time); **-toezicht** 1 school-inspection; 2 inspectors of schools; **-uitgave** school edition; **-uitzending** (*radio, tv*) school(s) programme; **-uur** school-hour; *zie ook* -tijd; **-verband**: *buiten ~* extra-mural, extra-curricular [activities, education]; **-vergadering** teachers' (masters') meeting; **-verlater** school-leaver; **-vertrek** class-room; **-verzuim** non- (*of:* irregular) attendance (at school); *commissie tot wering van ~* school-attendance committee; *lid daarvan* school-attendance officer, (*fam*) truant inspector; **-vliegtuig** training plane, trainer; **-voorbeeld** classic example; **-vos** pedant, pedagogue; **-vosserij** pedantry; **-vossig** pedantic (*bw:* -ally); **-wet** education act; **-wezen** school-affairs, schools; **-wijsheid** book-learning; **-ziek** shamming; **-ziekte** sham illness, feigned illness (of schoolboy)

schoon I *bn & bw* 1 (*fraai, knap*) beautiful, handsome, fine; *de schone kunsten* the fine arts; *zie ook* zaak; 2 (*zindelijk*) clean [collar, etc]; (*zuiver, rein*) pure; (*v metselwerk*) fairfaced; *het* ***gat*** *~ hebben* have free play; *~* ***goed*** *aandoen* put on clean things; *~ linnengoed* (*schone sokken*) change of linen (of socks); *het is ~* ***op*** it's all gone (clean gone); *zijn geld ~* ***opmaken*** run through all one's money; *zich ~* ***praten*** exculpate o.s.; 3 (*onbezwaard, ~ in de hand*) [£50] clear (a clear £50), nett; *zie ook* genoeg, geslacht, gewicht, haak, kans, lei, schip, enz; II *zn* beauty; *de schone* the fair one; *een schone* a beauty; *de schone van het dorp* the village belle; *het schone* the beautiful; *stedelijk* ~ urban scenery; *uiterlijk* ~ *is slechts vertoon* beauty is but skin-deep; III *vw* (*vero: ofschoon*) (al)though

schoonbroe(de)r brother-in-law; **schoondochter** daughter-in-law; **schoondruk** (*typ*) unbacked (unperfected) sheet; *de* ~ *opbrengen* print (the) white paper; **schoonfamilie** (*fam*) in-laws; **schoonheid** beauty; *een* ~ a beauty

schoonheids|commissie (*vglb*) Local Planning Authority; **-foutje** minor flaw, slight mistake, slip; **-gevoel** sense of beauty, aesthetic sense; **-instituut** beauty salon; **-koningin** beauty queen; **-leer** aesthetics; **-middel** beauty-preparation; **-moesje**, **-pleistertje** patch, beauty-spot; **-prijs** 1 beauty prize; 2 prize for excellence; **-salon** beauty salon (*of:* parlour); **-specialiste** beauty specialist; (*Am*) beautician; **-vlekje** beauty spot; **-wedstrijd** beauty competition (*of:* contest); **-zin** *zie* -gevoel

schoonhouden keep clean, clean; **schoonklinkend** melodious; (*fig*) fine-sounding [slogans *leuzen*], specious [arguments]; **schoonmaak** (house-)cleaning, clean-up (*ook fig*); (*in voorjaar*) spring-cleaning; *aan de* ~ *zijn, zie* -maken; ~ *houden* have a clean-up, clean up

schoonmaak|bedrijf firm of cleaners; **-beurt** cleaning, turn-out; **-ster** charwoman, charlady, (*fam*) char; (*in school, enz*) (woman) cleaner, cleaning-woman; **-woede** cleaning mania

schoon|maken I *tr* clean, clean out [a stable]; give [the kitchen, a statue] a clean-up; gut, clean [fish], draw [a fowl], pick [salad]; *iets goed* ~ give s.t. a good clean(-up); *zie ook* -vegen; II *intr* clean (up); (*in voorjaar*) spring-clean; **-maker** (office, etc) cleaner; **-moeder** mother-in-law; **-ouders** wife's (husband's) parents (*fam:* people), (*fam*) in-laws; **-rijden** fancy-, figure-skating; **-schijnend** plausible, specious [argument, excuse]; **-schrift** calligraphic writing; (*cahier*) copy-book; **-schrijfkunst** penmanship, calligraphy; **-schrijver** penman; (*inz beroeps~*) calligrapher, calligraphic artist; **-springen** (competitive) diving; **-vader** father-in-law; **-vegen** 1 sweep clean; scour [the seas]; *ik kan mijn eigen paadje wel* ~ I can take care of myself; 2 (*ontruimen*) clear [the streets]; **-wassen** 1 wash (clean); 2 (*fig*) white-wash [a p., o.s.]; **-zoon** son-in-law; **-zuster** sister-in-law

schoor I *zn* shore, support, prop, brace, buttress, abutment; II *ww: ovt van* scheren

schoor|balk summer; **-hout** prop, shoring timber; **-muur** buttress; **-steen** 1 chimney; (*op het dak ook*) chimney-stalk, chimney-top, (*ronde*) chimney-pot, (*groep schoorstenen*) chimney-stack; *daar kan de* ~ *niet van roken* that won't keep the pot boiling; 2 (*ve stoomboot, locomotief*) funnel, (*Am*) (smoke)stack

schoorsteen|brand chimney-fire; **-gek** turn-cap, cowl; **-geld** hearth-money, -tax; **-haak** pot-hanger, pot-hook; **-kap** chimney-top, -cap; **-kleed** mantelpiece covering; **-loper** runner for mantelpiece; **-mantel** mantel(piece), chimney-piece, mantelshelf; **-pijp** 1 chimney-shaft, -stalk; 2 (*ve stoomboot*) funnel, (*Am*) (smoke)-stack; **-plaat** hearth-plate; **-stuk** chimney-painting; **-vegen** chimney-sweeping; **-veger** chimney-sweep(er), sweep; **-wissel** accommodation bill, (*sl*) kite; *een* ~ *trekken* fly a kite

schoor|voeten hesitate; **-voetend** reluctantly, hesitatingly, with lagging steps; *zijn* ~ *gegeven toestemming* his reluctant consent; **-wal** bar

schoot I *zn* 1 lap (*ook v kledingstuk*); (*fig*) womb [of time], fold, bosom [of the Church], bosom [in the bosom of his family]; *aan de* ~ *der* ***aarde*** *toevertrouwen* commit to the earth; *in de* ~ *der aarde* in the bowels of the earth; *in de* ~ *der* ***goden*** (*verborgen*) in the lap of the gods; *de* ***handen*** *in de* ~ *leggen*, (*fig*) fold one's arms (one's hands), remain idle; *met de handen in de* ~ *zitten* sit with folded hands, sit idly by; *het* ***hoofd*** *in de* ~ *leggen* give in, submit, knuckle under; *in de* ~ *der* ***Kerk*** *opgenomen* received into the fold of the Church; *in de* ~ *des* ***tijds*** (*der* ***toekomst***) in the womb of time (of the future); *wat de toekomst in haar* ~ *verbergt* what the future holds in store for us; *in de* ~ *der* ***weelde*** in the lap of luxury; *het wordt hem zo maar in de* ~ ***geworpen*** it is simply thrown (it simply falls, drops) into his lap; ***op*** *haar* ~ in (on) her lap; 2 (*mar*) sheet; *de schoten* ***aanhalen***, (*mar*) haul the sheets home; *zie ook* vieren; 3 (*ve plant*) sprig, shoot; 4 (*ve slot*) bolt; II *ww: ovt van* schieten; **schootcomputer** laptop; **schootgaan** do a bunk; **schoothondje** lap-, toy dog; **schoothoorn** (*mar*) clew; **schootkindje** baby, infant in arms; (*fig*) pet (*of:* spoiled) child

schootsafstand (*mil*) range; **schootshoek** (*mil*) angle of projection; **schootsteek** sheet bend; **schootsvel** (leather) apron; **schootsveld** (*mil*) field of fire

schop 1 shovel (*ook voor kolen*), spade; (*voor graan, meel, enz*) scoop; (*kinderschopje*) spade; (*planteschopje*) trowel; *twee ~pen diep* two spits deep; 2 (*trap*) kick; *vrije* ~ free kick; *hij kreeg de* ~ he got the boot (the sack); *zie ook* trap

schoppen I *ww* kick [*naar* at, *tegen iets aan* against, *ook fig*]; *een bal* (*heen en weer*) ~ kick a ball about; *herrie* (*lawaai*) ~ kick up a row; *kinderen in de wereld* ~ bring children into the world; *het ver* ~, *zie* brengen: het ver ~; II *zn* [ace, jack (*of:* knave), etc, of] spades; *vgl* klaveraas

schopper kicker; (*sp*) hacker

schopstoel: *ik zit hier op de* ~ I may be turned (kicked) out at short notice (at any time)

schor I *zn* salting(s), mud flat; II *bn* hoarse, husky, raucous [foghorn]

schorem I *zn zie* schorriemorrie; II *bn* shabby; **schoremerd** bastard

schoren shore (buttress) up, support, prop, brace

schorheid hoarseness, huskiness

schorpioen scorpion; *de S~*, (*astron*) Scorpio, the Scorpion; **schorpioenvlieg** scorpion fly

schorriemorrie scum, riffraff, rabble, ragtag

(and bobtail)
schors bark, rind; (*hersen~*) cortex
schorsen 1 suspend [a clergyman, hostilities, etc]; ban [a player]; (*geestelijke ook*) inhibit; *iem als lid* ~ suspend a p. from membership; *iem in zijn betrekking* ~ suspend a p. from duty; 2 (*vergadering*) adjourn; *de werkzaamheden ~,* (*ve vergadering*) suspend proceedings
schorse|neel, **-neer** 1 (*groente*) scorzonera; 2 (*wilde* ~) black salsify
schorsing suspension, inhibition, adjournment; *vgl* schorsen; **schorsingsbesluit** suspension order
schorskever bark-beetle; **schorswants** flat-bug; bark-bug
schort apron; pinafore; (*fam*) pinny
schorten: *wat schort eraan?* what is the matter?, what is wrong?; *zie ook* schelen
schot 1 shot; (*knal ook*) report, crack [of a pistol]; ~ *hagel* volley of shot; (*sein*) signal-gun; ~ *voor de* ***boeg*** (warning) shot across the bow(s) (*ook fig*); *een ~ voor de boeg geven* fire across the [American] bows; ~ *op* ***doel,*** (*ook*) strike; *een ~* ***doen*** fire a shot; *50 ~en in de minuut doen* fire fifty rounds a minute; *ieder ~ is geen* ***eendvogel*** not every attempt succeeds; *er* ***viel*** *een ~* a shot rang out; ***binnen*** (***buiten***) ~ within (out of) range; (*of:* shot); *buiten ~ blijven,* (*fig*) keep out of harm's way; ***onder*** ~ within range (*of:* shot); *onder ~ krijgen* find the range of, get a shot at; *onder ~ nemen* cover [a tiger]; *onder ~ houden* keep covered (at gunpoint); ***op*** *~ zijn, a*) have one's eye in; be successful in front of goal; *b*) *vgl* 2; 2 progress; ~ ***geven*** veer [a cable]; ~ ***krijgen,*** (*groeien*) shoot up; *er* ***komt*** (***zit***) *~ in* we're making headway (progress), we're progressing, things are beginning to move; *er zit geen ~ in,* (*ook*) it (the plan, etc) is hanging fire; ***op*** *~ raken* get settled in; 3 (*tussen~*) partition; (*mar, ve vliegt*) bulkhead; 4 (*jonge koe*) heifer; 5 (*vis*) *zie* ~je 2; 6 (*hist*) scot; ~ *en lot betalen* pay scot and lot
Schot Scot(sman); *de ~ten,* (*ook*) the Scottish
schotel dish (*ook antenne & eten*), (*hist*) platter; (*groot & plat, vooral bijb*) [John the Baptist's head in a] charger; *kop*(*je*) *en ~*(*tje*) cup and saucer; *vliegende ~* flying saucer
schotel|antenne (satellite) dish aerial, dish; **-doek** dishcloth; **-ontvangst** dish reception; **-veer** diaphragm spring; **-versiering** garnish
schotje 1 *ergens een ~ voor steken, zie* stokje; 2 (*vis*) salmon trout, sea trout
Schotland Scotland
schots I *zn* floe [of ice], ice-floe; II *bw* 1 ~ *en scheef* (*door elkaar*) at sixes and sevens, criss-cross, higgledy-piggledy, pell-mell; *met de huizen ~ en scheef door elkaar* rambling [village, street]; 2 sick, queer; beastly, horrid; **Schots** *bn & zn* 1 Scottish, Scots; *~e whisky* Scotch whisky; 2 (*dans*) schottische; 3 (*stof*) tartan, check; **schotsbont** tartan, check, chequered
schotschrift lampoon, squib, skit, libel
Schotse Scotswoman
Schottische (*dans*) schottische
schot|vaardig *zie* -vast; **-vaars** heifer; **-varken** store pig; **-vast** [be] a good (a dead) shot (*sp:* a goal-getter); **-vrij** *zie* schootvrij; **-wond** gunshot wound, bullet wound
schouder shoulder; *de ~s ophalen* (*optrekken*) shrug one's shoulders; (*alleen lett*) hump one's shoulders; *zijn ~ eronder zetten* put one's shoulder to the wheel, put one's back into it; ~ ***aan*** *~ staan* stand shoulder to shoulder; show a united front; *geweer aan de ~!* shoulder ... arms!; *hoog* ***in*** *de ~s* high-shouldered; *iem* ***op*** *de ~s ronddragen* carry a p. shoulder high, chair a p.; *wij staan op de ~s van een vorig geslacht* we stand on the shoulders of an earlier generation; *op de ~*(*s*) *nemen* shoulder; *iem* ***over*** *de ~ aanzien* give a p. the cold shoulder, cold-shoulder a p.
schouder|band (*ve schort, enz*) shoulder-strap; (*anat*) humeral ligament; **-blad** shoulder-blade; (*wtsch*) scapula, omoplate; **-breedte** shoulder width; **-doek** (*r-k*) humeral veil; **-duw** (*sp*) shoulder-charge
schouderen: *het geweer ~,* (*op de schouder nemen*) shoulder the rifle; (*aan de schouder brengen*) shoulder arms
schouder|gordel pectoral girdle (*of:* arch); **-klopje** pat on the back; **-lang** shoulder-length [hair]; **-mantel** cape, tippet, pelerine; (*ve oude vrouw, ook*) [a] Mother Hubbard; **-ontwrichting** dislocation of the shoulder, (*diergeneeskunde*) shoulder-slip; **-ophalen** [with a] shrug (of the shoulders); *er zich met een ~ afmaken* shrug it off; **-riem** shoulder-belt, -strap, baldric; **-stuk** 1 (*ve hemd, enz*) yoke; 2 (*voorbout*) shoulder [of lamb, etc]; **-tas** shoulder-bag; **-vulling** shoulder pad(s)
schout sheriff, bailiff; **schoutambt** sheriff's office, shrievalty; **schout-bij-nacht** rear admiral
schouw I *zn* 1 (*schoorsteen*) fireplace; chimney; 2 (*vaartuig*) scow, punt; 3 *zie* schouwing; II *bn zie* schuin I.2
schouwburg theatre, playhouse
schouwburg|bezoek playgoing, theatre attendance; **-bezoeker** theatre-, playgoer; *~s, zie ook* -publiek; **-directeur** theatre (*of:* theatrical) manager; **-kaartje** theatre-ticket; **-publiek** theatre-audience, playgoing public; **-zaal** *zie* zaal
schouwen inspect, survey; (*eieren*) candle; *een lijk ~* perform a post-mortem (examination); (*door de 'coroner'*) hold an inquest; **schouwing** inspection; *zie ook* lijk~; **schouwplaats** scene (of the action); **schouwspel** spectacle, scene, view, sight; (*historisch*) ~ pageant; **schouwtoneel** stage, scene, theatre
schoven *ww* sheave, sheaf; **schovenbinder** sheaf-binder
schraag trestle; *tafel op schragen* trestle table
schraagbalk supporting-beam; **schraagbeeld** supporting-figure, (*vrouw*) caryatid, (*man*) telamon; **schraagpijler** buttress
schraal 1 (*algem*) poor [soil *ground,* crop *oogst*], meagre, scanty; slender [income, hope, crop], needy [existence], hard [times]; lean [crop, purse,

time]; *schrale beloning voor iems diensten* poor return for ...; *schrale* ***troost*** cold (poor) comfort; ~ ***stemmetje*** thin voice; 2 (*pers*) thin, gaunt, scraggy, scrawny, spare; 3 (*kost*) spare, scanty, poor; ~ ***dieet*** low (lean) diet; 4 (*wind, weer*) cold and dry, bleak; **schraalhans**: ~ *is daar keukenmeester* you won't get much to eat there; **schraalheid** scantiness, poorness, poverty, thinness, bleakness; *vgl* schraal; **schraaltjes** poorly, scantily, thinly, slenderly; *zie* schraal

schraap|achtig stingy, scraping, miserly; **-ijzer**, **-mes** scraper, scraping-knife; (*ve wals*) doctor; **-sel** scrapings; **-zucht** stinginess; **-zuchtig** *zie* -achtig

schrab scratch; **schrabben** scratch, scrape; *zie ook* schrappen; **schrabber** scraper, scraping-iron; **schrabijzer**, enz *zie* schraapijzer, enz

schraffe|ren, **-ring** *zie* arceren, arcering

schragen shore (up), buttress, support, prop (up)

1 schram scratch, graze

2 schram (*jong varken*) piglet

schrammen scratch, graze

schrander clever, sagacious, shrewd, intelligent, discerning, understanding, bright, smart, sharp; **schranderheid** cleverness, etc, sagacity, intelligence, discernment

schranken set [a saw]

schransen gormandize, gorge, stoke (up), stuff o.s., tuck in; *hij kan geweldig* ~ he is a huge feeder (a glutton); **schranserij**, **schranspartij** gormandizing, gorging, blow-out

schrap I *zn* scratch; *~je*, (*bij inenting*) insertion; *ergens een ~je bij zetten* call it a day; *er een ~ door halen* strike (*of:* scratch) it out; II *bw*: *zich ~ zetten* take a firm stand [*tegen* against], brace o.s. (up), grit one's teeth; **schrapen** scrape; (*fig*) (pinch and) scrape; *bij elkaar* ~ scrape together; *zich de keel* ~ clear one's throat, hawk [vigorously]; **schraper** scraper, money-grubber; **schraperig** *zie* schraapachtig; **schraperij** money-grubbing; **schrapijzer** *zie* schraapijzer; **schrapmes** *zie* schraapmes; **schrappen** 1 scrape [new potatoes], scale [fish]; 2 (*doorhalen*) strike (cross) out, cancel (*ook fig:* debts); expunge [a passage]; delete [letters, words]; make excisions [in a text]; scratch [a candidate]; *hij werd van de lijst geschrapt* his name was struck off the list (the Medical Register, etc); *zich als lid laten* ~ cancel (discontinue) one's membership; **schrapper** *zie* voet~; **schrapping** striking out, cancellation, deletion, erasure, expunction; *vgl het ww*; **schrapsel** scrapings

schrede step, pace, stride; *de eerste ~ doen* take the first step; *zijn ~n richten* (*wenden*) *naar* turn (direct, bend) one's steps to, head for; *met rasse ~n* with rapid strides; *wij gingen met rasse ~n onze ondergang tegemoet* we were hurrying on to our ruin; **schredenteller** pedometer

schreed *ovt van* schrijden

schreef I *zn* line, scratch; (*ve letter*) serif; *over* (*buiten*) *de ~ gaan* overstep the mark, exceed the limit, go beyond the bounds; *een ~je voor hebben*, *zie* streep: ~je; II *ww: ovt van* schrijven

schreefloos: *schreefloze letter* sanserif

schreeuw shout, cry, scream; *een ~ geven* give a cry, etc; **schreeuwarend** lesser spotted eagle; **schreeuwen** cry, bawl, shout, (*gillen*) yell, shriek; (*ve varken*) squeal; (*ve uil*) hoot; *zie ook* krassen; (*ve hert in bronsttijd*) troat; *schreeuw niet zo!* don't shout!; *je hoeft niet te ~* you needn't shout [I'm not deaf]; ~ *om* cry out (clamour) for; *uit alle macht ~* shout at the top of one's voice, yell one's head off; ~ *als een* (*mager*) *speenvarken* squeal like a stuck pig; **schreeuwend** crying (*ook fig:* injustice), howling; loud, noisy, glaring [colours, dress]; ~ *duur* wildly expensive; **schreeuwer** bawler; (*fig*) ranter, loud-mouth; **schreeuwerig** screaming [headlines], clamorous, loud-voiced [woman]; ranting [orator]; *zie ook* schreeuwend; **schreeuwlelijk** 1 bawler; 2 (*huilebalk*) cry-baby

schreien (*wenen*) weep; (*huilen*) cry; *zie ook* huilen; *hij schreide bij de gedachte dat* ... he wept to think that ...; ~ *om* weep (cry) for; *zie ook* wraak; *het schreit ten hemel* it cries (aloud) to Heaven; *zich de ogen uit het hoofd* ~ cry one's eyes out; ~ *van vreugde* weep for joy; *vreugdetranen* ~ weep tears of joy; *hete tranen* ~ shed hot tears; *tot ~s toe* [be moved] to (the point of) tears

schreier weeper, crier; **schreierig** given to crying; *op ~e toon* in a tearful voice; *zie ook* huilerig

schrepel *bn* thin, gaunt

schriel 1 ungenerous, parsimonious; 2 *zie* schraal; **schrielhannes** curmudgeon

schrift 1 (hand)writing, [Arabic, phonetic] script; *geschreven* ~ writing; *iets op ~ brengen* put s.t. in writing; *op ~ stellen* record (make a record of), put (place) on record; *vgl* boek: te ~ stellen; *zie ook* gewoon; 2 exercise-book; *de* (*Heilige*) *S~* Holy Writ, (Holy) Scripture, the Scriptures

schriftdeling pitch [10-pitch ~ *10 tekens per inch*]

schrift|elijk I *bn* written [homework, examination], in writing, on paper; *~e cursus* correspondence course, postal tuition; II *bw* in writing, on paper, by letter; *zowel mondeling als ~* [be examined] both orally and in writing; *zich ~ aanmelden* apply by letter; **-geleerde** scribe; **-kunde** (*voor karakterstudie, enz*) graphology; **-kundige** 1 graphologist; 2 handwriting expert; **-lezing** lesson, reading [from the Scriptures]; **-matig** in accordance with Holy Writ; **-matigheid** conformity with Holy Writ; **-teken** graphic character; **-uitlegger** exegete, exegetist, interpreter of Holy Writ; **-uitlegging** exegesis

schriftuur 1 document, writing; 2 *zie* Schrift: de Heilige ~; **schriftuurlijk** scriptural

schriftverval|ser forger; **-sing** forgery

schrijden stride, stalk

schrijf|behoeften, **-benodigdheden** stationery, writing-materials; **-blok** note-pad; **-blokkeringsnok** write-protect notch; **-boek** *zie* schrift 2; (*met voorbeelden*) copy-book; **-bureau** (writing-)desk, writing-table; **-fout** slip of the pen, clerical (*of:* writing) error; **-gereedschap**, **-gerei** writing-materials; **-hand**: *een goede ~ hebben* write a good hand; **-kramp** writer's cramp; **-kunst** 1 art of writing; 2 (*schoon~*) calligraphy; **-kunstenaar** calligrapher; **-lessenaar** writing-desk; **-letter** script-letter; **-machine** typewriter [ribbon]; **-machinepapier** typing paper; **-map** writing-case; **-papier** writing-paper; **-rol** (*ve -machine*) platen; **-sel** scribbling(s); **-ster** (woman) writer, authoress; **-stift** style, stylus; **-taal** written language; **-tafel** 1 writing-table; 2 centre of administration; 3 *~tje*, (*plankje*) writing-tablet; **-trant** manner (*of:* style) of writing; **-voorbeeld** *zie* voorbeeld; **-werk** writing, paperwork, clerical work; **-wijze** 1 spelling; (*v getallen, enz*) notation; 2 *zie* -trant

schrijlings [ride] astride, astraddle [*op* of]; *~ zitten op* straddle [a chair]

schrijn box, chest, cabinet; (*r-k*) shrine

schrijnen graze, abrade; (*ve wond, ook fig*) smart; *~de pijn* smart, smarting pain; *~de ironie* poignant irony

schrijn|werk joiner's work, joinery, cabinet-work; **-werker** joiner, cabinet-maker

schrijvelaar scribbler

schrijven I *ww* write; *iem ~* write to a p.; *iem een brief ~* write a p. a letter; *groot* (*klein*) *~* write large (small); *een recept* (*een cheque*) *~* write out a prescription (a cheque); *met een duidelijke hand geschreven* written in a clear hand; *de hoeveelste ~ we?* what day of the month is it?; *men schreef toen 1872* the year (the date) was ...; *er staat geschreven* it is written; *hij schreef, dat* ... he wrote (to say, saying) that ...; *ik schrijf je* (*deze brief*) *om afscheid te nemen* this is to say goodbye; *niets om over naar huis te ~* nothing to write home about; *we ~* ***elkaar*** *niet meer* we no longer correspond; ***om*** *iets ~* write for s.t.; ***op*** *een advertentie ~* answer an advertisement; *er was iets op geschreven* there was writing on it; *je kunt het op je buik ~* forget it; *~* ***over*** *een onderwerp* write on (*of:* about) a subject; II *zn* (*schrift*) (hand)writing; *Uw ~ van de 8ste dezer* your letter of the 8th [of this month, of January, etc]

schrijver 1 (*ve brief, enz*) writer; (*ve boek, enz*) writer, author; *~ dezes* the (present) writer; *van de ~* with the author's compliments; *hij is de ~ van een lange reeks romans,* (*ook*) he has a ... to his name; 2 (*hist: klerk, enz*) clerk, secretary, copyist; **schrijverij** writing; **schrijversbent** group of writers; **schrijvertje** 1 (*tor*) whirligig(-beetle); 2 (*pers*) hack (writer)

schrik fright, terror, alarm; *hij is de ~ van de straat* he is the terror of ...; *een ~ krijgen* get a fright; *de ~ zit* ***erin*** they've got the fear of God put into them; *de ~ sloeg hem om het* ***hart*** he was seized with fright; *zich van de ~* ***herstellen*** recover o.s.; pull o.s. together; *iem een ~ op het* ***lijf*** *jagen* give a p. a fright (a shock, a turn); *ik werd* ***met*** *~ wakker* I started from my sleep, awoke with a start; *ik zie met ~ zijn komst tegemoet* I dread his coming; *met de ~ vrijkomen* get off with a fright, escape with a shaking, suffer from shock only; *ze met ~ vervullen, de ~ eronder brengen* strike terror (put the fear of God) into them; *met ~ en beven* with (in) fear and trembling; ***tot*** *zijn ~* to his horror; *zie ook* aanjagen, enz

schrik|aanjagend terrifying, frightening [thought]; **-achtig** easily frightened, nervous; (*ve paard*) shy; (*ve pers, fam*) jumpy, nervy; **-achtigheid** nervousness, (*fam*) jumpiness; **-barend** terrifying, appalling, dreadful, frightful; staggering [price]; **-beeld** terror, spectre, bugbear, ogre, bugaboo; **-bewind** (Reign of) Terror; **-draad** electrified fencing, electric cattle fence

schrikkeldag intercalary day, leap-day

schrikkelijk dreadful, awful, frightful, terrible; *~ koud* frightfully, etc cold

schrikkeljaar leap-year, bissextile (year); **schrikkelmaand** February (in a leap-year)

schrikken be frightened, take fright [*voor* at]; (*opschrikken*) (give a) start; *~ van* start at, be startled by [a noise]; *waar je van schrikt* staggering [prices]; *het paard schrok voor de auto* the horse shied at ...; *ik schrok mij dood* I was frightened (terrified) to death (out of my life, out of my wits); *hij schrok zich ~* he jumped out of his skin; *ik ben toch zo geschrokken!* I had such a fright!; ***doen*** *~* frighten, startle, give [a p.] a fright (*fam:* a turn), (*erg*) scare; ***wakker*** *~* awake with a start; *hij ziet er uit om van te ~* he's looking awful

schrikkerig *zie* -achtig; **schrikplank** (*bij bouwwerk*) (protecting) fan; (*op steiger*) guard board; **schrikreactie** panic reaction; **schrikwekkend** terrifying, terrific, appalling

schril shrill, reedy [voice, notes]; glaring [light, colours]; violent [contrast]; [paint s.t. in] garish [colours]

schrobben scrub, scour; (*schip*) hog; **schrobber** scrubbing-brush, scrubber; **schrobbering** scolding, wigging, blow(ing)-up, dressing-down; *iem een ~ geven,* (*ook*) blow a p. up; **schrobnet** trawl-net; **schrobnetvisser** trawler; **schrobzaag** compass-saw

schroef 1 screw; (*ve stoomboot, ook*) propeller; (*ve vliegt*) propeller, airscrew; *~ van Archimedes* Archimedean screw; *~ zonder eind* endless screw, worm-gear; *de ~ aandraaien,* (*ook fig*) turn (put on) the screw; *alles staat op losse schroeven* everything is unsettled (is in the air); 2 (*bank~*) vice; 3 (*ve snaarinstrument*) (tuning-)peg; 4 (*bloeiwijze*) helicoid cyme; 5 (*wisk*) helix (*mv ook:* -ices)

schroef|as propeller-shaft; **-asblok** shaft-bearing; **-bank** vice-bench; **-blad** propeller-blade; **-boor** screw-auger, spiral drill, tap; **-boot** screw-steamer; **-bout** screw-bolt; **-deksel** screw-cap, screw-in (screw-on) cover; **-dop** screw-cap, screw-top; **-draad** screw-thread, thread (*of:* worm) of a screw; **-fles** screw-stoppered (screw-capped) bottle; **-kop** screw-head; **-lijn** helical line, helix (*mv ook:* -ices); **-moer** nut, female screw; **-molen** Archimedean screw; **-oog** screw-eye; **-paal** screw-pile; **-pers** screw press; **-pomp** hydraulic screw; **-ring** screw-eye, eye-screw

schroefsgewijs spirally

schroef|sleutel screw-, monkey-wrench, (screw-)spanner; **-sluiting** screw-stopper, -cap; *fles met ~, zie* -fles; **-stoomboot** screw-steamer;

(*dubbelschroef*) twin screw-steamer; **-turbine** turboprop; **-veer** coil spring; **-verbinding** screw-joint, screwed joint; **-vliegtuig** propeller plane; **-vormig** screw-shaped, spiral, helical

schroeien I *tr* scorch [one's dress, the grass], singe [a fowl, a p.'s hair], scald [a pig], cauterize [a wound]; II *intr* be (*of:* get) singed (*of:* scorched); *er schroeit iets* there is a smell of s.t. burning; **schroeiplek** scorch(-mark)

schroevedraaier screwdriver; **schroeven** screw

schrok I *zn* glutton, gorger, guzzler, pig; II *ww: ovt van* schrikken

schrokachtig *zie* schrokkig; **schrokken** *tr & intr* gorge, gobble, guzzle; (*tr ook*) bolt [one's food]; *naar binnen* ~ gobble up, bolt down; **schrokker(d)** glutton; *zie* 2 schrok; **schrokk(er)ig** gluttonous, greedy; **schrokkigheid** gluttony, greediness; **schrokop** glutton; *zie* schrok I

schromelijk terrible, bad, gross [blunder; grossly exaggerated]; *zich ~ vergissen* be greatly (grossly) mistaken; **schromen** fear, dread, hesitate, scruple; *zonder* ~ [meet death] fearlessly

schrompelen shrivel (up); **schrompelig** wrinkled, shrivelled

schrooien 1 (*snijden*) whittle (down); 2 (*rollen*) parbuckle; (*zwoegen*) drudge, slave; (*eten*) tuck in; **schroom** diffidence, scruple, shyness

schroom|achtig, **-hartig**, **-vallig** diffident, timorous, timid; **schroomvalligheid** diffidence, timorousness, timidity

schroot 1 scrap (iron, metal); (*techn*) clippings; 2 (*mil*) canister shot, grapeshot; 3 (*hagel*) shot; **schroothoop** 1 [throw on the] scrap heap, junk heap; *naar de ~ verwijzen* scrap; 2 (*sloperij*) scrapyard; **schrootjeswand** wall (partition) of laths, lathed wall

schrot (*v appels*) screenings; (*ijzer*) scrap

schub scale; **schubachtig** scaly; **schubben** *ww* scale; **schubbig** scaled, scaly; **schubdier** pangolin; **schubvleugelig** scalywinged; (*wtsch*) lepidopterous (*~en* -tera); **schubwortel** toothwort; **schubziekte** psoriasis

schuchter shy, bashful, timid; *na een ~ begin* after a hesitant start; *een ~e poging* a faint-hearted attempt; **schuchterheid** coyness, shyness, bashfulness, timidity

schuddebol dodderer; **schuddebollen** dodder; **schuddebuiken** shake with laughter; **schudden** I *tr* 1 shake; (*kaarten*) shuffle; 2 (*fam*) forget [*dat kun je wel* ~ forget it]; II *intr* shake; (*ve rijtuig*) jolt; ***doen*** ~ shake; rock [an earthquake rocked the place]; (*vh lachen*) send [a p.] off into fits of laughter, convulse [the sight convulsed the House]; (*met*) *het* ***hoofd*** ~ shake one's head; *iem de* ***hand*** ~ shake (*krachtiger:* pump) a p.'s hand, shake hands with a p., (*krachtig, fam*) pump-handle [a p.]; *elkaar de hand* ~ shake hands; *de* ***vinger*** *~ tegen* shake (*of:* wag) one's finger at; *de* ***vuist*** *~ tegen* shake one's fist at; ***zich*** ~ shake o.s., give o.s. a shake; *~* ***van*** *het lachen* shake (be convulsed, rock) with laughter; *zie ook* elkaar, innemen, mouw, wakker; **schudding** shaking, shock, concussion; **schudgoot** shaker conveyor

schuier brush, (carpet-)sweeper; **schuieren** brush, sweep [a carpet]

schuif 1 (*algem*) slide; (*grendel*) bolt; (*klep*) valve; (*ve sluis*) (sluice) gate; (*ve kachel*) damper; (*ve toverlantaarn*) slide; (*ve doos*) sliding lid; (*lade*) drawer; *in de ~ stoppen* shelve; *in een ~je plaatsen* pigeonhole; 2 *een ~ geld* heaps (a mint) of money; *zie ook* schuifje; **schuifblad** 1 (*ve tafel*) extra (*of:* loose) leaf; 2 (*ve bulldozer*) blade; **schuifbout** sliding-bolt; **schuifdak** (*ve auto*) sunshine (*of:* sliding) roof, sunroof; **schuifdeksel** sliding lid; **schuifdeur** sliding door(s); **schuifdop** slip-on cap; **schuifelen** shuffle, shamble; (*ve slang*) hiss; **schuifje** (*theat*) act; (*fig*) portion, instalment; *in ~s* in driblets; *zie* schuif

schuif|klep slide-valve; **-knoop** slip-knot; **-ladder** extension ladder; **-lade** drawer; **-maat** 1 marking gauge; 2 vernier calliper gauge; **-pui** sliding sun-lounge doors; **-raam** (*vertikaal*) sash window, (*horizontaal*) sliding (sash) window; **-spanning** shear(ing strain), shear(ing) stress; **-tafel** extending (extension) table; **-trompet** trombone; (*hist*) slide-trumpet; **-venster** *zie* -raam; **-wand** sliding wall, (*vouw~*) accordion wall

schuilen take shelter, shelter [*voor de regen* from the rain]; (*zich verbergen*) hide (o.s.); *daar schuilt iets achter* there is s.t. behind it; *daar schuilt meer achter* there is more behind it, more is meant than meets the ear (the eye); *het gevaar dat in monopolies schuilt* the danger that lurks in monopolies; *daar schuilt de moeilijkheid* that is where the difficulty lies; **schuilevinkje** (*spelen*) (play at) hide and seek; **schuilgaan** (*vd zon, enz*) go in (behind the clouds), hide (itself); **schuilhoek** hiding-place; *de binnenste ~en van het hart* the inmost recesses of the heart; **schuilhokje** [bus] shelter; **schuilhouden**: *zich* ~ be in hiding, keep close, lie low, (*fam*) lie doggo; **schuilhut** [mountain] hut; (*voor jacht, enz*) hide, (*Am*) blind; **schuilkelder** underground (air-raid) shelter; **schuilkerk** clandestine church; **schuilnaam** pen-name, pseudonym; **schuilplaats** hiding-place, place of concealment, shelter, hide-out; asylum, retreat, refuge; (*fam*) hidey-hole, funk-hole; (*om op de loer te liggen*) lurking-place; *bomvrije* ~ dug-out, bomb-proof shelter; *een ~ verlenen* shelter, harbour [a spy]; *een ~ zoeken* take shelter [*tegen* from], (*bij zijn vijanden*) take refuge [with one's enemies], (*in een heilig gebouw*) take sanctuary; *de vos kwam uit zijn* ~ the fox broke cover

schuim 1 (*op golven, om bek van paard, enz*) foam; (*op bier, enz*) froth; (*v zeep*) lather; (*op soep, enz*) scum; *met ~ bedekte golven* foam-crested waves; *vgl* schuimbekken; 2 (*v metalen*) dross; 3 (*fig*) scum, dregs [of the nation], off-scourings [of the earth]; **schuimachtig** foamy, frothy; **schuimbeestje** froghopper; **schuimbekken** foam at the mouth; *~ van woede*, (*ook*) fume with anger; **schuimblaasje** bubble; pearl [of wine]; **schuimblusser** foam extinguisher; **schuimdiertje** froghopper; **schuimen** foam; froth; lather; *vgl* schuim; (*v wijn*) sparkle, bead; (*klaplopen*) sponge; (*af~*) skim [metals, soup]; *op zee ~* scour the seas; **schuimend**, **schuimig** foamy, frothy

schuim|kop crest [of the waves]; *~pen* white caps; **-kraag** head; **-lepel** skimmer; **-pje** meringue; **-plastic** foam plastic; **-rubber** foam rubber; **-spaan** skimmer; **-versteviger** mousse; **-wijn** sparkling wine

schuin I *bn* 1 slanting, sloping, oblique; *~e rand* bevel(led) edge; *~e tanden,* (*techn*) chamfered teeth; *~e zijde,* (*ve driehoek*) hypotenuse; *zie ook* scheef; 2 (*fig*) broad, obscene, smutty, blue [joke]; II *bw* slantingly, etc, aslant, awry; *~ gedrukt* in italics, italicized; *~ houden* slope, slant, tilt [a bottle]; *~ knippen* cut [material] on the bias; *~ kijken* look askance (*ook fig*), look out of the corner of one's eye [*naar* at]; *~ oversteken* cross diagonally (at an oblique angle); *~ tegenover* diagonally opposite, [he lives] nearly opposite [to us]; **schuinbalk** (*her*) bend; **schuinen** bevel, chamfer; **schuinheid** obliqueness, etc; **schuins** *zie* schuin; **schuinschrift** sloping (slanting) writing (*of:* script); **schuinsmarcheerder** libertine; **schuinte** slope, acclivity

schuit boat, barge; *oude ~* old (sea-)tub; *~en van schoenen* beetle-crushers; *zie ook ~je*; **schuitehuis** boathouse; **schuitenmaker** boat-builder; **schuitevoerder** bargeman, bargemaster, bargee; **schuithoed** shovel-hat; (*ve vrouw*) poke--bonnet; **schuitje** 1 (little) boat; car, basket [of a balloon]; *wij varen in het zelfde ~* we are all in the same boat; *wie in het ~ zit, moet meevaren* in for a penny, in for a pound; *we zijn in het ~ en moeten mee* we are in for it now; 2 pig [of tin]; 3 (*weverij*) shuttle; **schuitjevaren** boat, go out boating; **schuitvormig** boat-shaped; navicular

schuiven push, shove; slip [a ring on one's finger]; (*ve deur, over de vloer*) drag; (*sl: opleveren*) pay; *wat schuift* (*me*) *dat?* what's in it for me?; *iem opzij ~,* (*ook*) brush a p. aside; *in elkaar ~, zie* ineen~; *hij schoof het* (*de schuld*) *op mij* he put it on me, put (laid, fastened) the blame on me; *de verantwoordelijkheid op een ander ~* throw the responsibility (up)on another, saddle another with it; *bij het vuur ~* draw up to the fire; *hij schoof dichter bij* he edged up (to me); *zitten te ~* fidget (shift, move uneasily) [in one's seat]; ***gaan*** *~* clear out, abscond; *de lading gaat ~* the cargo is shifting; ***laat*** *hem maar ~* he can look after himself all right; *zie ook* af~, grendel, hals, opium, schoen, enz; **schuivenmotor** sleeve-valve motor; **schuiver** 1 (*ve auto*) skid; *een ~ maken* give a lurch; 2 (*sp*) low drive (strike); 3 (opium) smoker

schuld 1 (*te betalen ~*) debt [have debts]; *Ned werkelijke ~,* (*vglb*) Dutch consols; *~en,* (*passiva*) liabilities; *het totaal van zijn ~en bedroeg ...,* (*ook*) his total indebtedness was ...; *ik heb geen cent ~* I haven't a penny owing; *~en* ***maken*** contract (make, incur, run up) debts; *geen ~(en) maken* keep out of (clear of) debt; *bij iem* ***in*** *de ~ staan* be in a p.'s debt; *bij iedereen in de ~ staan* owe money right and left; *in de ~en raken, zich in de ~(en) steken* run into debt; (*diep*) *in de ~(en) zitten* be (deeply) in debt; *zie ook* oor; ***uit*** *de ~ raken* get out of debt; 2 (*fout, enz*) guilt [*aan* of], fault; (moral) culpability; *~* ***bekennen*** confess one's guilt, plead guilty; *hij* ***droeg*** *de ~,* ***had*** *~, het* ***was*** *zijn ~* it was his fault, he was in (at) fault (*of:* to blame); *het was zijn eigen ~,* (*ook*) he had himself to blame; *het is alles jouw ~* it's all your doing; *wie* ***draagt*** *de ~?* who is to blame?; *de hoge belastingen dragen de ~ van de slechte resultaten* high taxation is responsible for the bad results; *hij* ***gaf*** *er mij de ~ van* he put (laid, fastened, threw) the blame on me, blamed it on me; *hij gaf mij de ~ van het ongeluk* he blamed me for the ...; *ik* ***heb*** *geen ~ aan die twist* I am not a party to that quarrel; *uitmaken wie ~ heeft* fix the blame; *ik* ***kreeg*** *er de ~ van* it was laid at my door, I was blamed for it; ***vergeef*** *ons onze ~en,* (*Book of Common Prayer*) forgive us our trespasses; ***buiten*** *mijn ~* through no fault of mine (of my own); *dat is buiten mijn ~* (*gebeurd*) that's not my fault; *dood* ***door*** *~* culpable homicide; *door eigen ~* through one's own fault; *zie ook* schuiven, treffen, vrijspreken, enz

schuld|bekentenis 1 confession (admission) of guilt; 2 IOU (I owe you), bond; **-belijdenis** confession of guilt; **-besef** consciousness (sense) of guilt; **-bewijs** IOU (I owe you), bond; **-bewust** conscious of guilt; guilty [look, smile; smile guiltily], [look] chastened; **-brief** debenture; **-delging** debt-redemption; **-eiser(es)** creditor

schuldeloos guiltless, innocent, blameless; **schulde|naar**, **-nares** debtor; **schuldenland** debtor country; **schuldenlast** burden of debt, indebtedness; **schuldgevoel** sense (feeling) of guilt

schuldig guilty [*aan een misdrijf* of a ...], culpable; *uw ~e plicht* your bounden duty; *~ zijn, a*) be guilty; *b*) owe [money, etc; how much do I owe you?]; *3 weken* (*kostgeld, enz*) *~ zijn* owe for three weeks; *iem geld* (*dank, zijn leven*) *~ zijn* owe a p. money (thanks, one's life); *zie ook* dank; *men is mij £1000 ~* I am owed £1000; *des doods ~ zijn* deserve death; *hij werd ~* ***bevonden*** he was found guilty (was convicted) [*aan dat misdrijf* of that ...]; *het antwoord ~* ***blijven*** make (return, give) no answer; *hij zal je het antwoord niet ~ blijven* he will not fail to give you an answer; he will have an answer ready for you; *ik blijf u 20 gulden ~* I remain twenty guilders in your debt, I'll owe you ...; *zich ~* ***maken*** *aan* be guilty of, commit; *zich ~* ***verklaren*** plead guilty [*aan* of]; *de gevangene werd* (*door de jury*) *~ verklaard* the ... was convicted, was brought in guilty; *de jury sprak het ~ uit* the ... brought in their verdict of guilty; *hij wilde zijn zoon niet ~ verklaren* he would not convict his son; **schuldige** [the] culprit, offender, guilty party; *zie ook* verschuldigd, enz; **schuldinvordering** recovery (collection) of a debt; **schuldvergelijking** compensation, set-off; **schuldvordering** 1 claim; 2 debt collection

schulp shell; *in zijn ~ kruipen* draw in one's horns, climb down; **schulpen** scallop; **schulplijn** scalloped line; **schulpzaag** large frame-saw

schunnig 1 shabby [treat a p. shabbily], mean, scurvy [trick], shady; *in een ~ zaakje betrokken* mixed up in a shady affair; 2 scurrilous [language]; 3 *zie* sjofel

schuren scour [a kettle, pots and pans]; scrub [the floor]; *(met schuurpapier)* sandpaper; graze [one's skin]; rub [against a wall], scrape [against (along) a wall]; *over het zand ~* grate over the sand; *zie ook* uit~

schurft *(ve mens)* itch, scabies; *(ve schaap)* scabies, scab; *(ve paard, hond)* mange; *(plantk)* scab; *de ~ aan iem hebben* hate a p.'s guts; *de ~ in hebben* be riled; **schurftig** scabby, mangy; *zie ook* schaap; **schurftvis** scald-fish; **schurftziekte** scab

schuring rubbing, friction; *zie ook* uit~; **schuringsgeluid** continuant, fricative

schurk scoundrel, rascal, knave, villain, blackguard; *(fam)* baddie; **schurkachtig** scoundrelly; knavish, villainous, rascally; **schurkachtigheid** villainy, rascality, roguery; **schurken** *ww* writhe, wriggle; *zich ~* rub o.s. [*tegen* against], shake o.s.; **schurkenstreek, schurkerij** knavish trick, knavery, (piece of) villainy

schut 1 *(scherm)* screen; *(schutting)* fence; *(schot)* partition; 2 *voor ~ lopen (staan)* look idiotic, look a fool; *iem voor ~ zetten* make a p. look a fool

schut|blaadje *(ve plant)* bractlet; **-blad** 1 *(in boek)* endpaper; *(tegen het bord geplakt)* pastedown; *(vrij)* flyleaf; 2 *(ve plant)* bract; **-dak** penthouse (roof); **-deur** lock-, flood-gate; **-geld** *(voor vee)* poundage; *(voor schip)* lockage; **-hok** pound; **-kleur(en)** *(biol)* protective colouring; **-kolk** lock-chamber; **-meester** 1 *(ve schutstal)* pound-keeper; 2 *(ve sluis)* lock-keeper; **-sel** partition; fence

schutsengel guardian angel; **schutsheer** patron; **schutsheilige** *zie* -patroon; **schutsluis** lift-lock; **schutspatroon** patron *(of:* titular) saint; **schutstal** pound; **schutsvrouw** patroness

schutten 1 *(vee)* pound; 2 *(water)* dam up; 3 *(schip)* lock (through); 4 protect; *zie* be~

schutter *(ook sp)* marksman, shot; *de S~, (dierenriem)* Sagittarius; *(lid van schutterij, hist)* citizen soldier; *een rare ~* a queer fish; *(onhandige) ~* clumsy fool; **schutteren** behave (act) clumsily; **schutterig** awkward, clumsy; **schutterij** 1 rifle club; 2 *(hist)* civic guard

schutters|doelen shooting-range; **-koning** champion shot; **-maaltijd**: *de S~* the Banquet of the Civic Guard; **-putje** foxhole; **-stuk** group portrait of civic guards

schutting fence; *(tijdelijk)* hoarding; **schuttingtaal** obscene language; **schuttingwoorden** dirty words, four-letter words, graffiti

schuur shed; *(ve boerderij)* barn

schuur|band sanding belt; **-blok** sandpaper block; **-borstel** scrubbing-, cleaning-brush; **-deur** barn-door; **-katoen** emery cloth; **-linnen** emery cloth, abrasive cloth; **-machine** sander; **-middel** abrasive; **-papier** emery (abrasive) paper, sand-, glass-paper; **-poeder** scouring powder; **-schijf** sanding disc; **-spons** scourer

schuw 1 shy, bashful, timid, timorous; *~e blik, (ook)* hunted look; *zie ook* schichtig; 2 *(fam)* terrible; *~ vervelend* bloody tiresome; **schuwen** shun, fight shy of, shrink from, eschew; *zie ook* pest; **schuwheid** shyness, etc, timidity; **schuwlelijk** *zie* foeilelijk

schwa s(c)hwa; **schwung** verve, go

sciën|tisme scientism; **-tologie** scientology

Scilly Eilanden Scilly Isles, Scillies; *(bewoner) van de ~* Scillonian

sclerose sclerosis; **scooter** (motor-)scooter

scorebord *(sp)* scoreboard; **scoren** score; *(de score bijhouden, ook)* keep (the) score

scout(en) scout; **scou|ting, -tisme** scouting

scriba secretary; **scribent** writer; *(ong)* scribbler; **scriptie** *(univ, vglb)* essay, *(Am)* term paper; **scriptorium** id

scrofuleus scrofulous; **scrofulose** scrofula

scrotum id

scrupel scruple; **scrupule** scruple, qualm; **scrupuleus** scrupulous, conscientious; *al te ~* over-scrupulous, squeamish

sculpteur sculptor; **sculpturaal** sculptural; **sculptuur** sculpture

Scylla: *tussen ~ en Charybdis* between Scylla and Charybdis, between the devil and the deep (blue) sea; **Scyth** Scythian; **Scythië** Scythia; **Scythisch** Scythian

seance id, séance, meeting, sitting

Sebastiaan Sebastian

sec 1 *(in kaartspel)* unguarded, bare; 2 *(v wijn)* dry; 3 *(onvermengd)* neat; 4 *(enkel)* just [Peter]

secans secant; **seceren** perform an autopsy (on); **Secessieoorlog** War of Secession

seclusie exclusion (from the succession)

secondair *zie* secundair; **secondant(e)** *(boksen, duel)* second; **seconde** second; **seconderen** second; **secondewijzer** second(s)-hand

secreet 1 secretion; 2 *(stuk) ~* dirty swine; 3 *(volkst)* WC; *(hist)* privy; **secreta** *(r-k)* secret, secreta; **secretaire** id, escritoire, secretary

secretaresse (lady, woman, girl) secretary; *medische ~* receptionist; **secretariaat** 1 *(ambt)* secretaryship; 2 *(bureau)* office, *(ve groot lichaam)* secretariat; **secretarie** town clerk's department *(of:* office); **secretarieel** secretarial; **secretaris** secretary *(ook de vogel)*; *(gemeente~, vglb)* town clerk; *van een ~* secretarial [work]; **secretarisbaantje** secretarial job; **secretaris-generaal** 1 permanent under-secretary; 2 secretary-general [of the United Nations Organization]; **secretaris-penningmeester** secretary and treasurer; *(ve parochie)* vestry clerk; **secretarisvogel** secretary bird

secretie secretion

sectariër, secte *zie* sektariër, sekte

sectie 1 *(ve lijk)* dissection; *(forensisch)* post-mortem (examination), autopsy; *~ verrichten* make (carry out, conduct) a post-mortem; 2 *(v kantoor, spoor, weg; Am ook v wijk)* section; *(vervoer)* (fare) stage; 3 *(onderwijs, bedrijf)* department; 4 *(parl)* (sessional) committee; 5 *(mil)* pla-

toon (*niet: section*); **sectiecommandant** platoon-commander, -leader
sector [circle, private, public, social] sector
seculair secular; (*niet-kerkelijk, ook*) temporal
seculari|satie secularization; **-seren** secularize
seculier secular; *~en* secular clergy, seculars
secunda (*wissel*) second (of exchange)
secundair secondary [interest, colours, education]; *~e arbeidsvoorwaarden* fringe benefits; *S~*, (*geol*) Mesozoic (era), (*vero*) Secondary
secundo secondly, in the second place
securiteit 1 (*veiligheid*) security; *voor alle ~* to be quite sure, to be on the safe side; 2 (*nauwkeurigheid*) accuracy, precision
secuur 1 accurate, precise, scrupulous, exact; *een ~ werkje* a precision job; 2 (*veilig*) safe, secure; 3 (*stellig:*) *ik weet het ~* I'm positive; *hij doet het ~ niet* he certainly won't do it
sedan id, saloon (car); **seda|tief**, **-tivum** sedative; **sedecimo** sixteenmo, 16mo; **sedentair** sedentary; **sederen** sedate
sedert I *vz* 1 (*tijdpunt*) since [the twelfth of May]; 2 (*tijdruimte*) for; *~ enige tijd* for some time past; *~ 2 jaar* for the last two years, for two years (past), these two years; *~ lang* [I have not seen you] for a long time; II *bw* [I have not seen him] since; III *vw* since [he has been well since he came]; **sedertdien** since (then)
sediment id; **sedimentair** sedimentary; **sedimentatie** sedimentation
sedum (*plant*) id, stonecrop
SE & O E & OE (errors and omissions excepted)
seffens at once
segment id; **segmenteren** segment
segregatie segregation; **segrijn** shagreen [leather]; **seigneur** *zie* grand ~
sein signal; *~en geven* make signals; *het ~ van vertrek geven* give the signal to start (the starting-signal); *iem een ~tje geven* warn a p., give a p. a hint; *zie ook* onveilig & veilig; **seinboek** signal-book, [international] signals code; **seinen** signal; (*telegraferen*) telegraph, wire, cable
sein|gever (*telec*) transmitter, sender; **-huis(je)** signal-box; **-lamp**, **-lantaarn** signal lamp, flashing-lamp, -light; **-letters** signallers' letters; **-ontvanger** (*telec*) receiver; **-paal** semaphore, signal-post; **-post** signal-station; (*trein*) signal-box; **-register** *zie* -boek; **-schot** signal-gun, -shot; **-sleutel** (*telec*) morse key; **-storing** signal failure; **-toestel** signalling-apparatus; (*radio*) transmitting-apparatus, transmitter; **-vlag** signal-flag, code-flag; **-wachter** signalman
seismisch seismic; **seismograaf** seismograph; **seismogram** id; **seismologie** seismology; **seismometer** id
seizen (*mar*) seize; **seizing** id, gasket
seizoen [high, low, slack] season; (*attr: ~gebonden*) seasonal [articles, offer, trades, (un)employment, work(er)]; *midden in* (*buiten*) *het ~* at the height of the (out of) season; *half ~*, (*Am & Br Rail*) shoulder (season); **seizoenkaart** season (ticket); **seizoenopruiming** end-of-season (after-season) sale(s)
séjour stay, sojourn
sekreet 1 secretion; 2 (*stuk*) ~ dirty swine; 3 (*volkst*) WC; (*hist*) privy
seks sex [appeal, bomb, change, object, etc]
seksartikel sex aid; **sekse** sex; gender [the male and female gender; gender differentiation]; *de schone ~* the (fair) sex; *toegang vrij voor personen van beiderlei ~* admission free to persons of either sex; **seksegenoot** person of the same sex; **sekseloos** sexless; **seksen** sex [day-old chicks]; **sekseneutraal** non-sexist, not gender-specific; **seksisme** sexism; **seksist(e)** sexist; **seksistisch** sexist; **sekslingerie** sexy lingerie; **sekspoes** sex kitten; **seksualiteit** sexuality; **seksueel** sexual [activity, contact, harassment, relationship], sex [education, life, problems]; *~ neutraal* inclusive [language]; **seksuoloog** sexologist
sekta|riër, **-ris**, **-risch** sectarian; **sektarisme** sectarianism; **sekte** sect, denomination; **sektegeest** sectarianism; **sekuur** *zie* secuur
sekwester 1 (*pers*) sequestrator; 2 (*beslag*) sequestration; **sekwestratie** sequestration; **sekwestreren** sequestrate, sequester
selder(ie), **selderij** (*blad~*) celery; (*knol~*) celeriac
selderij|knol celeriac; **-loof** celery leaves
seldrement! (*vero*) the deuce!; *~s* deuced
select select; blue-riband (-ribbon) [event, performance]; **selecteren** select, pick [for the team]; *zorgvuldig geselecteerd* hand-picked [audience]; **selectie** selection [committee, criterion, match; a large selection of cheeses]; (*sp, ook*) squad [the team will be chosen from a squad of 16, the Olympic squad]; **selectief** selective; **selectietheorie** theory of natural selection; **selectiviteit** selectivity
seleen, **selenium** selenium; **selenografie** selenography; **sellerie** *zie* selderie; **Sem** Shem
semafoon b(l)eeper; **semafoor** semaphore; **semanteem** sememe, semanteme; **semantiek** semantics; **semantisch** semantic; **semasiologie** semasiology; **semasiologisch** semasiological
semester id (*in Am, Duitsl, enz, niet in Eng*), six months, (college) half(-year)
semi-arts medical student having passed last examination but one; **semi-bungalow** bungalow; **semi-direct**: *~e rede* free indirect speech; *~e* (*trein*) fast train; **Semiet** Semite
semi-finale semifinal(s), (*fam*) semi
semi|na(a)r (*univ*) research class, seminar; **-narie** seminary; *groot* (*klein*) *~* major (minor) seminary; **-narist** id; **-narium** *zie* -nar & -narie
semio|logie, **-tica**, **-tiek** semiotics, semiology
semi-overheids|bedrijf semi-state-controlled company; **-instelling** semi-public body, quango
semi-permanent id; **semi-permeabel** semipermeable; **semi-prof** semi-pro
Semitisch Semitic; **semitist** id; **semitistiek** Semitics
senaat senate; *academische ~*, (*ook*) university board; (*ve studentencorps, vglb*) club committee, Officers of the Students' Union
senang comfortable; **senator** id

seneblad (*plant*) senna; *~en* senna
Senegal id; **Senegambië** Senegambia
senegroen (*plant*) bugle; **seneplant** senna
seniel senile; *~e aftakeling* senile decay; **seniliteit** senility, dotage
senior I *bn* id; (*v broers op school*) [Brown] major; II *zn* senior citizen; **senioraat** *zie* majoraat
senioren|convent standing committee (of parliamentary party leaders); **-kaart**: *60+~* senior railcard; **-pas** senior citizen's identity card; **-woning** (*vglb*) granny flat
senna id
sensatie sensation, thrill [yachting thrills]; (*in sam dikw*) sensational [film, lawsuit]; *~ (ver)wekken* cause (create) a sensation (stir, flutter), (*fam*) make a splash; *een (onprettige) ~ veroorzaken* drop a bombshell; **sensatieblad** (*krant*) tabloid; **sensatiepers** gutter (sensational, tabloid) press; (*vglb*) the tabloids; **sensatieroman** shocker, penny-dreadful, thriller, hair-raiser, blood-and-thunder novel; **sensatiestuk** thriller, hair-raiser; **sensatietelevisie** tabloid TV; **sensatiezoeker** sensation-monger, -seeker, sensationalist; **sensatiezucht** sensationalism; **sensationeel** sensational
sensibel sensible; **sensibiliseren** sensitize; **sensibiliteit** sensibility; **sensitief** sensitive; **sensitiviteit** (hyper-)sensitivity
sensomotorisch sensomotor; **sensor** id
sensualisme sensualism; **sensualiteit** sensuality; **sensueel** sensual
sententie sentence; **sententieus** sententious
sentiment id; **sentimentaliteit** sentimentality, (*fam*) slush; **sentimenteel** sentimental, mawkish, (*fam*) sloppy; *~ gedoe (geschrijf, enz)*, (*fam*) sob-stuff; *verschrikkelijk ~ boek, toneelstuk, enz*, (*fam*) tear-jerker; *~ doen over* sentimentalize about, over
sepa|raat I *bn* separate; *(onder) ~ (couvert) zenden* send separately (under separate cover); II *zn* separate, offprint; **-ratie** room divider; **-ratisme** separatism; **-ratist** id; **-ratistisch** separatist [movement]; **-rator** id; **-reren** separate; *gesepareerd, zie ook* separaat
sepia 1 (*kleur*) id; 2 (*inktvis*) cuttle-fish; **sepiabeen** cuttle(-fish) bone
seponeren dismiss [a charge]; **sepot** dismissal
september September; **septennaal** septennial; **septennaat** septennate; **septet** septet(te); **sep|tiem, -time** 1 (*interval*) seventh; 2 (*toon*) seventh degree; **septime-akkoord** (chord of the) seventh
septisch septic (*bw:* -ally)
Septuagesima id; **Septuagint(a)** Septuagint
sepulcraal sepulchral
sequeel sequel; adjunct; **sequens** *zie* sequentie; **sequent** sequential; **sequentie** (*r-k, film*) sequence; **sequester**, enz *zie* sekwester, enz
SER afk van *Sociaal-Economische Raad* Social and Economic Council
seraf(ijn) seraph (*mv ook:* -phim); **serafijns** seraphic(al); **serafine(orgel)** seraphine, -na
serail seraglio
sereen serene; **serenade** id; *een ~ brengen* serenade [a p.]; **serendi|pisme, -piteit** serendipity; **sereniteit** serenity
serge id
sergeant 1 id, serjeant; 2 (*werktuig*) hand-screw; **sergeant-instructeur** drill-sergeant; **sergeant-majoor** sergeant-major; **sergeantsstrepen** 1 sergeant's stripes (*of:* chevrons); 2 (*op wegdek*) chevrons
serie series (*mv* id); (*klein, ook*) batch; (*bilj*) [make a] break; (*sp*) heat; *een partij in drie ~s uitmaken* run out in three breaks; *in ~ vervaardigd* quantity-produced [furniture]; **serieel** serial
serieletter (*ve bankbiljet*) serial (*of:* index) letter; **seriemoordenaar** serial murderer; **seriemotor** series motor; **serienummer** serial number; **serieproduktie** quantity (*klein:* batch) production; **serieschakeling** series connection
serieus serious; **sérieux**: *au ~* [take] seriously
sering lilac; **seringeboom** lilac(-tree)
sermoen sermon, lecture
serologie serology; **serologisch** serological; **seroloog** serologist; **seronegatief** seronegative; **seropositief** seropositive
serpeling (*vis*) dace
serpent 1 (*slang & blaasinstrument*) id; 2 (*vrouw*) shrew, virago; 3 (*mispunt*) rotter, stinker, beast
serpentijn (*bn, & zn: ~steen*) serpentine; **serpentine** (paper) streamer
serre 1 (*vglb*) sun-lounge, sun-room; (*planten~*) conservatory; 2 (*kas*) green-, hothouse
serum id (*mv ook:* -ra); **Servaas** Gervase; **serval** id; **Servatius** Gervase; **serve** id
serveerboy dumb waiter; tea-trolley; **serveerlepel** tablespoon; **serveerster** waitress; **serveervak** (*tennis*) service court, (*volleybal*) service area; **serveerwagen** serving trolley; **serveren** (*ook sp*) serve
servet (table) napkin, serviette; *tussen ~ en tafellaken* at the awkward age; *~je*, (*slabbetje*) bib; **servetring** napkin-ring, serviette-ring; **serveuse** 1 waitress; 2 shopgirl, shop assistant; **service** 1 id (*ook sp*); 2 (*fooi*) service charge; **servicebeurt**: *een ~ geven* service [a car]; **Servië** Serbia; **serviel** servile, slavish; **Serviër** Serb(ian)
servies 1 tea-set; 2 dinner-service; **serviesgoed** crockery
serviliteit servility; **Servisch** Serbian; (*in sam*) Serbo-; **servituut** 1 easement, charge [on an estate]; 2 ceremony; pomposity; **servo** id, servomotor, servomechanism, servo unit; **Servo-Kroatisch** Serbo-Croat(ian)
sesam sesame; *~, open u!* open sesame!; **sesambeentje** sesamoid (bone); **sesamzaad** sesame-seed
sessie session, sitting; **sessiel** sessile
set id; **settelen** settle; **setter** id
sex, enz *zie* seks, enz; **Sexagesima** id
sext (*muz*) sixth; **sextant** id; **sexten** (*r-k*) sext; **sextet** sextet(te); **sextool** sextolet, sextuplet
Seychellen: *de ~* the Seychelles
sfeer sphere; (*fig ook*) province, domain; *er heerste een onaangename ~* there was an unpleasant

atmosphere; [*het was een klein restaurant, maar*] *het had* ~ it had character; *een romantische* ~ an air of romance; *binnen de communistische* ~ *getrokken worden* be drawn into the Communist orbit; *buiten mijn* ~ out of my sphere (province, domain); *in hoger sferen,* (*fig*) in the clouds
sfeer|bepalend setting the tone; **-loos** characterless; **-verlichting** atmospheric lighting; **-vol** pleasant; *een* ~ *restaurant* a ... with atmosphere
sferisch spherical; **sferoïdaal** spheroidal; **sferoïde** spheroid; **sfincter** sphincter
sfinx sphinx; (*vlinder ook*) hawk-moth
sfragistiek sphragistics, sigillography
sg 1 afk van *soortelijk gewicht* sg (specific gravity); 2 *zie* scholengemeenschap
's-Gravenhage The Hague
shag id; *~je* self-rolled cigarette, (*Br*) roll-up
Shakespeariaans Shakespearean, -ian
shalo(o)m shalom; **sham|poneren, -pooën** shampoo; **Shantoeng** Shantung; **sharon|fruit, -vrucht** sharon fruit, persimmon, kaki
sheik sheik(h); **shekel** id
sheltie id, Shetland sheepdog; **sherry** id
shetland Shetland wool; **Shetlander** (*pers*) id; (*pony*) Shetland pony, sheltie
shiïet Shiite, Shiah; **shiïtisch** Shiitic
shilling (*hist*) id; (*sl*) [five] bob
shintoïsme Shintoism; **shoarma** grilled meat; *broodje* ~, (*vglb*) doner kebab
show|bink, -pik swaggerer
Siam id; **Siamees** *bn & zn* Siamese; **Siamezen** Siamese; **Siberië** Siberia; **Sibe|riër, -risch** Siberian; *het laat me -risch* it leaves me cold
sibille sibyl; **sibillijns** sibylline
siccatief siccative
Siciliaan(s) Sicilian; **Sicilië** Sicily
sidderaal electric eel; **sidderen** tremble [*van angst* with fear], shake, quake, shudder; **siddering** shudder, trembling; **siddermeerval** electric catfish; **sidderrog** electric ray, torpedo
side|raal (*licht*) sidereal; **-risch** (*jaar*) sidereal
siepe|len, -ren *zie* sijpelen
sier ornament; *goede* ~ *maken* live it up, cut a dash, (*met andermans werk, enz:* make a splash with ..., flaunt ...); **sieraad** ornament; *hij is een* ~ *der balie* he adorns (is an ornament of, an honour to) the Bar; *haar sieraden* her trinkets; **sierbeplanting** ornamental planting; **sierboom** ornamental tree; **sierduif** fancy pigeon
sieren adorn, decorate, ornament, embellish, grace [graced by every virtue]
sier|gewas *zie* -plant; **-heester** ornamental shrub; **-kunst** decoration, decorative art; **-kussen** scatter cushion; **-letter** ornamental letter; **-lijk** elegant, graceful; **-lijkheid** elegance, gracefulness; **-plant** ornamental plant; **-steek** ornamental stitch; **-steen** 1 facing-brick; 2 semi-precious stone; **-tuin** ornamental garden
siësta siesta, nap; **sifon** siphon
sigaar cigar; *de* ~ *zijn,* (*fam*) be for it, have had it; ~ *uit eigen doos* present one has paid for oneself; **sigaarvormig** cigar-shaped; **sigarebandje** cigar-band, -ring; **sigareboortje** cigar-piercer; **sigareknipper** cigar-cutter; **sigarenfabriek** cigar-factory, -works; **sigarenhandelaar** tobacconist; **sigarenkistje** cigar-box; *~s,* (*schoenen*) beetle-crushers, clodhoppers; **sigarenkoker** cigar-case; **sigaren|magazijn, -winkel** tobacconist's (shop), cigar-shop; **sigarepijpje** cigar-holder; **sigaret** cigarette, (*fam*) cig, (*sl*) fag, (*goedkoop*) gasper; **sigarettenkoker** cigarette-case; **sigarettenvloei** cigarette-paper; **sigarettepijpje** cigarette-holder; **sigarillo** cigarillo
sigillografie sphragistics, sigillography
signaal 1 signal; (*op hoorn*) call; *een* ~ *met de hoorn geven* sound the horn; *zie ook* sein & inrukken; 2 (*waarschuwing*) indicator, warning
signaal-ruisverhouding signal-to-noise ratio
signaalvlag signalling flag; **signaalvlam** flare
signalement (personal, police) description; (*Am*) signalment; **signaleren** (*de aandacht vestigen op*) point out, draw attention to, signal(ize); (*opmerken*) notice, see; (*vermelden*) mention; (*beschrijven*) describe; **signaleringssysteem** monitoring system; **signalisatie** road marking (and signposting)
signatuur signature (*ook typ & hist med*); (*bibliotheek~*) pressmark, shelf-mark, (*systematisch*) class-mark; *van geheel andere* ~ of a totally different nature (character); **signeren** sign [a painting], autograph [copies of one's book]
significa significs, semantics; **significant** id; **signifisch** semantic
sijpelen ooze, filter, percolate, trickle, seep; **sijpeling** oozing, percolation, seepage
sijs(je) siskin; *zie ook* raar; **sijsjeslijmer** (*fam*) slowcoach
sik (*geit*) goat; (*baard ve geit*) goat's beard; (*ve man*) goatee (beard)
sikkel 1 reaping-hook, [hammer and] sickle; (*maan~*) crescent, sickle; 2 (*munt & gewicht*) shekel; **sikkelcel** sickle cell [anaemia]; **sikkelvormig** sickle-shaped, falcate(d)
sikkeneurig querulous, peevish, testy; **sikkepit(je)** bit; *geen* ~ not the least bit, not a shred [of good], not one jot
sikker (*sl*) boozed, tight; **silene** (*plant*) id, catchfly, campion; **silex** flint [implement]
Silezië Silesia; **Sile|ziër, -zisch** Silesian
silhouet silhouette; **silhouetteren** silhouette
silicaat silicate; **silicium** silicon; **siliconen** silicones; **silicose** silicosis
silo (*voederkuil & mil*) id; (*graanpakhuis*) (grain) elevator, grain warehouse; (*fig*) multi-storey office (flat) building
Siluriër, Silurisch, Siluur Silurian; **Silvanus** id; **silvesteravond** New Year's Eve; **Silvia** Sylvia
sim 1 angling-line; (*dobber*) float; *onder de* ~ *hebben* hold [a p.] under one's thumb; 2 monkey
Simeon id
simili *zn & bn* paste; **similidiamant** paste (diamond); **similigoud** similor; **simililеer** imitation leather
simmen whine, whimper
Simon id; **simonie** simony
simpel 1 simple, mere; homespun [remedies, phi-

losophy]; *zo ~ is dat* it's as simple as that; 2 (*onnozel*) silly, (*dial*) simple; **simpelheid** simplicity; silliness; **simpel|tjes, -weg** simply
simpen whine, whimper
simpli|citeit simplicity; **-citer** simply; **-ficatie** simplification; **-ficeren** simplify
simplisme simplism; **simplistisch** simplistic
simsalabim hocus-pocus; **Simson** Samson
simulant(e) malingerer, simulator, shammer; **simulatie** simulation, malingering; **simulator** id; **simuleren** simulate, sham, feign [illness], malinger; *een inbraak ~* fake a burglary
simul|taan simultaneous [play simultaneously; simultaneous game, play]; **-taanséance** simultaneous exhibition; **-taneïteit** simultaneity
sinaasappel orange; **sinaasappellimonade** orange-squash, orangeade; **sinaasappelsap** orange juice; **sinaasappelschil** orange peel
Sinaï Sinai; **sinas** orange drink
sinds (*vanaf, na*) since [the twelfth of May]; (*gedurende*) for [some time past]; *zie verder* sedert; **sindsdien** (ever) since, since then
sine|cure, -cuur sinecure, soft (*fam:* cushy) job; *houder van ~* sinecurist; **sine qua non** id
Singalees Sin(g)halese (*ook mv*); **Singapoer** Singapore
singel 1 (*gordel*) girdle; (*r-k*) cinture; (*ve paard*) girth; (*onder stoel bijv*) web, (*als stof*) webbing; 2 (*gracht*) (defensive) canal (encircling a town); (*wal*) rampart; (*wandelplaats*) boulevard, promenade; (*brand~*) fire-break; **singelband** webbing; **singelen** girth [a horse]; web [a chair]
singlet id (*als onderkleding Am:* undershirt)
singulier singular, strange, odd; **sinister** id
sinjeur [strange] fellow, [queer] customer
sinjo (male) half-caste, Eurasian
Sinksen Whitsun
sinologie sinology; **sinologisch** sinological; **sinoloog** sinologue, sinologist
sinopel (*her*) vert
sint saint, St; *de S~* St Nicholas, Santa (Claus)
sint-andrieskruis St Andrew's cross; **sint-antoniusvuur** (*gordelroos*) shingles (*vgl* belroos!); **Sint-Bernard** St Bernard; *s~,* (*hond*) St Bernard (dog); **sinte** saint, St
sintel cinder; *~s,* (*ook*) slag; **sintelbaan** dirt-track, cinder-path (track)
sint-elmsvuur St Elmo's fire
sintelpad cinder-path (track); **sinteren** sinter
Sinterklaas 1 St Nicholas; (*vglb*) Santa Claus, Father *Christmas; voor s~ spelen* play Santa (Claus), scatter presents right and left; 2 St Nicholas' Eve; **sinterklaasavond** St Nicholas' Eve; **sinterklaasgeschenk** (*vglb*) Christmas present; **sinterklaaspop** gingerbread man
Sint-Jan St John; (*de dag*) Midsummer(day) (*24 juni*); *~ de Doper,* (*r-k*) St John the Baptist; **sint-janskruid** St John's wort; **Sint-Joris** St George('s day); **sint-juttemis:** *met ~* (*als de kalvers op het ijs dansen*) tomorrow come never; *wachten tot ~* wait till the cows come home
Sint-Maarten St Martin; (*11 november*) Martinmas; **Sint-Margriet** (*20 juli; vglb*) St Swithin('s day) (*15 juli*); **Sint-Nicolaas** St Nicholas; **Sint-Pieterspenning** Peter's pence; **sint-teunisbloem** evening primrose; **sint-vitusdans** St Vitus's dance, chorea
sinus sine, sinus; **sinusitis** id; **sinuslijn, sinusoïde** sinusoid
Sion Zion; *voor afleidingen zie* Zion
sip: *~ kijken* look glum, look blue
Sire your Majesty; (*hist*) Sire; *pauvre sire* poor creature
sirene (*alle bet*) siren; **sirenenzang** siren song
sirih id, betel [chewing]; **Sirius** id; **sirocco** id
siroop treacle; syrup; *zie* stroop
sisal sisal [hemp]
sisklank hissing sound, hiss, sibilant; **sissen** hiss (*ook v slang*); (*bij het braden*) sizzle, frizzle; **sisser** 1 (*pers*) hisser; 2 (*vuurwerk*) squib; *met een ~ aflopen* blow over, be a false alarm
Sisyfusarbeid Sisyphean labour; **Sisyphus** id
sits chintz; **sitsen** chintz
situatie situation; *onmogelijke ~,* (*fam*) catch-22; **situatief** related (to the situation), situational
situatie|kaart topographical map; **-plan** plan of site, site-plan; **-schets** sketch of the situation; **-tekening** topographical drawing
situationeel situational; **situeren** set [a play in the 16th century]; site [a building on a stream]; situate [a castle situated on a hill; they are well situated]; place; *zich ~* occur, take (a) place, be located; **Sixtijns** Sistine [chapel]
sjaal shawl, wrap, scarf; **sjabbes** (*fam*) Sabbath
sjablone stencil(-plate); (*fig*) stereotype [think in stereoptypes]; **sjabloneren** stencil; **sjabloon** *zie* sjablone
sjabrak saddle-cloth; (*versierd*) caparison
sjacheraar(ster) huckster, chafferer, haggler; **sjacheren** 1 haggle; 2 *zie* scharrelen
sjah shah; **sjakes:** *zich ~ houden,* (*sl*) keep mum
sjako shako; **sjalo(o)m** *zie* shalo(o)m
sjalot shallot, scallion, eschalot
sjamaan Shaman; **sjamanisme** Shamanism
sjamberloek dressing gown; **sjambok** id
sjampie *zie* champie; **Sjanghai** Shanghai
sjanker [hard, soft] chancre
sjansen flirt; **Sjantoeng** Shantung
sjap *zn* rough; **sjappen** mark, blaze [trees]
sjappie 1 whipper-snapper; 2 rough; **sjappietouwer** rough
sjaria sharia(h), sheria; **sjas(j)li(e)k** shashlik
sjees 1 chaise, gig; 2 (*troep*) bunch, crowd
sjeik sheik(h); **sjeikdom** sheik(h)dom
sjekkie self-rolled cigarette; **sjerp** sash; (*om de hals*) shawl; **sjerpa** Sherpa; **sjeu(-)** *zie* jeu(-)
sjezen 1 run, leg it; tear [across the road]; 2 be ploughed [in an exam]
sjibbolet *zie* schibbolet; **sjiek** (*fam*) *zie* chic
sjiïet Shiite; **sjijk** (*fam*) *zie* chic
sjilpen, sjirpen chirp, cheep
sjoechem, sjoege (*sl*) [have no] notion; *geen ~ geven* keep mum; **sjoel** synagogue, s(c)hul
sjoelbak 1 (game-)board for sliding discs at four gates; 2 the game thus played; **sjoel(bakk)en** play 'sjoelbak'

sjoemelen cheat [at cards]; ~ *met* fiddle [the statistics; with the knob], rig [the election results]
sjofel shabby, scruffy, seedy; **sjofelheid** shabbiness, seediness; **sjofeltjes** shabbily
sjokken trudge, jog; **sjokker** trudger, jogger
sjonge! my word!
sjorren 1 (*binden*) lash, seize; 2 (*slepen*) lug; **sjorring, sjortouw** lashing, lanyard
sjouw 1 *een* (*hele*) ~ a tough job, a stiff proposition, a grind, a fag, uphill work; *aan de ~ zijn* be on the loose, be going the pace (the racket), racket (about); *aan de ~ gaan* go on the loose; 2 (*vlag*) waft; *de vlag in ~ hijsen* hoist a waft
sjouwen I *tr* carry; (*sleuren*) drag, lug; II *intr* 1 (*zwaar werken*) toil, drudge, fag; 2 (*rondslenteren*) knock about; *vgl* sjouw 1; **sjouwer** porter; (*sjouwerman*) dock-hand; (*fig*) Trojan
sjwa s(c)hwa
skai leathercloth, (*Am vglb*) Naugahyde
skald id, scald; **skalden** skaldic [poetry]
skateboard(en) skateboard; **skeeler(en)** skeeler; **skeet** id
skelet skeleton, (*bk ook*) framework; **skeleton** skeleton (toboggan); **skelter** (go-)kart; **skelteren** karting; **skepter**, enz *zie* scepter, enz
ski ski [-bob, -cap, -chain, -jump, -lift, -pole, -stick, -stop, -suit, -wax; *zie ook* schans-]; **skibril** skiing goggles; **skiën** ski(ing); **skiër, skiester** skier
skiff (racing) sculler; **skif|feur, -feuse** racing (*of:* single) sculler
ski|lopen ski(ing); **-loper** skier; **-piste** ski-run
skippybal bouncing-ball
skischans ski-jump; **skisok** ankle-sock; **skistok** ski stick (*of:* pole)
sla (*salade*) salad; (*plant & krop*) lettuce
slaaf slave, bondman; (*techn*) slave (unit); *hij is de ~ van zijn hartstochten* he is the slave of (a slave to) his passions; *tot ~ maken* enslave; **Slaaf** Slav, Slavonian; **slaafs** I *bw* slavishly; *iem ~ dienen* serve a p. hand and foot; II *bn* slavish, servile; **slaafsheid** slavishness, servility
slaag drubbing, etc; *zie ook* pak; *meer ~ dan eten* [get] more kicks than halfpence; *~s raken* come to blows (to grips, to close quarters), close (with the enemy), join battle [*men raakte ~s* battle was joined]; *~s zijn* be at close quarters, be fighting
slaagpercentage pass rate
slaan 1 (*slagen toebrengen*) strike, hit; (*herhaaldelijk*) beat [the drum, time *de maat*]; (*met platte hand*) slap [a p. on the shoulder], bang; (*ranselen*) thrash, flog, whack, lick; *zich* ***door*** *de vijand heen ~* fight (*of:* force) one's way through the enemy; *zie ook* doorheen; ***in*** *elkaar ~* beat up, (*sl*) fill in; *de bliksem sloeg in de toren* the tower was struck by lightning; *de regen sloeg me in het gezicht* the rain beat in my face; *zie ook* gezicht; *het is hem in het hoofd geslagen,* he has a screw loose, is not quite right in his head; ***met*** *de deur ~* slam (*of:* bang) the door; *het vee sloeg met de staart* the cattle were swishing their tails; *ze met de koppen tegen elkaar ~* bang their heads together; *~* ***naar*** strike (hit out) at; ***om*** *zich heen ~* lay about one; *een mantel om zich heen ~* wrap a cloak round one; *sla je armen om mij heen* put your arms round me; *zijn arm was om haar middel geslagen* his arm circled her waist; *iem met iets om de oren ~,* (*fig*) give a p. a rocket about s.t.; *met de vuist* ***op*** *de tafel ~* strike (*of:* bang) one's fist on the table; *zich op de borst ~* beat one's breast; *de jas* ***over*** *de schouder ~* sling (throw) the coat over one's ...; *de armen* (*benen*) *over elkaar ~* cross one's arms (legs); *de golven sloegen over het dek* the ... broke over (swept) the deck; *zijn knieën sloegen* ***tegen*** *elkaar* his knees knocked together; *iem tegen de grond ~* knock a p. down, floor a p.; (*sp*) lay [one's opponent] out; *hij* (*het vliegtuig*) *sloeg tegen de grond* he struck against the ground (the plane crashed); *met kracht tegen de bal ~* swipe at (*sl:* slam) the ball; *de vlammen sloegen* ***uit*** *het dak* the ... burst from (shot up through) the roof; *zie ook* binnen, blindheid, oog, rond IV, vuur, wond, enz; 2 (*vh hart*) beat; (*ve klok*) strike; *zie ook* klok & kwartier; 3 (*ve paard*) kick, (*met kracht*) lash out (*ook:* the shark lashed out with its tail); 4 (*ve zeil*) flap; 5 (*ve vogel*) warble, sing; 6 (*bordsp, enz*) take, capture [a man, a piece]; 7 (*bouwen*) build [a bridge]; *een* ***brug*** *~ over* throw a bridge over (across) [a river]; 8 (*verslaan*) beat; *geslagen worden met 6 tegen 0* be beaten by six (points) to nil; *de* ***vijand*** *~* beat (defeat) the enemy; 9 (*doelen op*) mean; *dat slaat op mij* that refers to me, is meant for me; *de cijfers ~ op het eerste tijdvak* the ... cover the first period; 10 (*door slaan bewerken, enz*) make; *geld ~ uit* make money out of; ***munten*** (*een medaille*) *~* strike coins (a medal); *zie ook* munt; **slaand**: *~e klok* striking clock; *~ horloge* chiming watch; *~e ruzie* [have a] terrible row; *met ~e trom* with drums beating; *~ werk, zie* slagwerk
slaap 1 (*vh hoofd*) temple; 2 sleep; *eerste ~* first sleep, (*vóór middernacht*) beauty sleep; *de ~ des rechtvaardigen slapen* sleep the sleep of the just; *~* ***hebben*** be (feel) sleepy; *~ in zijn voet hebben, zie* slapen; *~* ***krijgen*** get sleepy; *ik kon de ~ niet* ***vatten*** I could not get to sleep, (*fam*) I couldn't get off; ***door*** *~ verdrijven* sleep off [one's fatigue]; ***in*** *~ zijn* be asleep; *zich in ~ lezen* read o.s. to sleep; *zich in ~ schreien* cry o.s. to sleep; *in ~ sussen* lull [a child, one's conscience] asleep; *in ~ vallen* (*raken*) fall asleep, go (drop off, doze off) to sleep; *vast in ~ vallen* (*zijn*) go (be) fast asleep; *de preek deed me in ~ vallen* the ... sent me to sleep; *in ~ wiegen,* (*eig*) rock asleep; (*fig*) put to sleep, lull [a p.('s suspicions)] to sleep; *in ~ zingen* sing to sleep; *iem* ***uit*** *de ~ houden* keep a p. awake; *niet uit de ogen kunnen kijken* ***van*** *de ~* be unable to keep one's eyes open
slaap|bank sofa bed; **-been** temple bone, temporal bone; **-bol** poppy; **-coupé** sleeping compartment, sleeper (cabin); **-drank** sleeping draught; **-dronken** overcome (blind, bemused, heavy) with sleep, drowsy; **-gelegenheid** sleeping accommodation; **-goed** night things; **-huis** common lodging-house, (*sl*) doss-house; **-je**: *een ~ doen* take a nap (*of:* forty winks); **-kamer** bed-

room; *zie ook* ~ameublement & -zaal; *~tje, (in slaapzaal)* cubicle; **-kameraad** bedfellow; **-kamerameublement** bedroom suite; **-kop** sleepyhead; **-kruid** *zie* -bol & -middel; **-liedje** lullaby; **-middel** sleeping pill (tablet, etc); **-muts** 1 nightcap; 2 *zie* -kop; **-mutsje** 1 *(drank)* nightcap; 2 *(plantk)* California poppy; **-ogen** [doll with] sleeping eyes; **-pak** sleeping suit; **-pil** sleeping-pill; **-plaats** place to sleep; *(concr)* bed, *(schip, trein)* berth [a two-berth sleeper cabin]; **-sok** bed-sock; **-stad** dormitory town; **-stee** 1 *zie* bed(stede); 2 *zie* -huis; **-ster** sleeper; *de schone ~* Sleeping Beauty; **-stoel** long chair, rest-chair; *(auto, enz)* (fully) reclining seat; **-tablet** sleeping pill; **-verblijf** *(mar)* sleeping quarters; **-vertrek** sleeping apartment, *(vero)* bedchamber; **-verwekkend** *zie* -wekkend; **-wagen, -wagon** sleeping car, sleeper; **-wandelaar(ster)** sleep-walker, somnambulist; **-wandelen** I *ww* walk in one's sleep; *~d, (ook)* sleep-walking; II *zn* sleep-walking, somnambulism; **-wekkend** soporific, narcotic, somnolent; **-werend**: *~ middel* stimulant; **-zaal** dormitory; **-zak** sleeping-bag; **-ziekte** sleeping sickness; *(Europese ~, ook)* sleepy sickness, encephalitis lethargica; **-zucht** lethargy; **-zuchtig** lethargic, comatose

slaatje salad; *er een ~ uit slaan* make a good thing out of it; **slab** bib, feeder; **slabak** salad-bowl

slabakken 1 *(verslappen)* slacken [in one's duties, etc]; 2 *(luieren)* idle, slack; *lopen te ~* lounge about; 3 *(treuzelen)* dawdle; **slabakker** slacker

slabberen lap

slaboon French (dwarf, green) bean

slacht 1 slaughtering; 2 slaughtered animal(s)

slacht|afval garbage; **-bank** slaughtering-table; *(meestal fig)* shambles *(mv)*; *naar de ~ leiden* lead to the slaughter; **-beest** butcher's *(of:* slaughter) beast; *(mv ook)* stock for slaughter, slaughter cattle; **-bijl** butcher's axe; **-blok** slaughtering-block; **-dier** *zie* -beest

1 slachten resemble, be like, take after

2 slachten kill, slaughter

slachter slaughterman; **slachterij** butcher's shop, slaughterhouse; **slachthuis** slaughterhouse; *openbaar ~, (ook)* abattoir; **slachting** slaughter, butchery, carnage; *een ~ aanrichten onder* do (great) execution among, slaughter

slacht|kip table chicken; **-maand** November; **-masker** humane (cattle-)killer; **-mes** butcher's knife; **-offer** victim; *het ~ worden van* fall victim to; *tot ~ maken* make a victim of, victimize; **-partij** *zie* slachting; **-plaats** slaughterhouse, shambles; **-vee** *zie* -beest

slacouvert salad servers; **sladood**: *lange ~* beanpole; **slafelijk** servile [work]

1 slag kind, [Dutch boys are a good] sort, type, class; *mensen van allerlei ~* all sorts and conditions of men; *het is niet voor lui van jouw ~* it's not for the likes of you; *zij zijn van één ~* they are of a piece; *het gewone ~ (van) mensen* the common (general, ordinary, usual) run of people; *niet tot het gewone ~ behoren* be outside the common run

2 slag 1 *(met vuist, hamer, enz)* blow; *(met zweep, touw, enz)* stroke, lash; *(met hand)* blow, cuff, box [on the ears], hit; smack, slap [in the face]; *(ve roeiriem, zuiger, bij zwemmen)* stroke; *vloerpook met korte ~* with short travel; *(~roeier)* stroke; *(v vleugels)* beat stroke; *(v hart, pols)* beat, pulsation; *(ve klok)* stroke; *(muz)* beat; *(vd donder)* clap; *(geweldige ~)* crash; *(knal)* report; *(plof)* thud, thump; *de ~* ***aangeven****, (bij roeien)* set the stroke; *een ~* ***doen*** strike a blow; *(naar)* hit out at [a p.]; *~* ***houden*** keep stroke; *~ in de* ***lucht*** absolute guesswork; empty gesture, fruitless attempt; *~* ***roeien*** pull *(of:* row) stroke; *zijn ~* ***slaan*** make *(of:* score) a hit; *een goede ~ slaan* do a successful bit of business; *een reusachtige ~ slaan, (financieel)* pull (bring) off a big coup, make a killing; *sla nu uw ~* now is your chance; *er een ~ naar slaan* make a random guess, take a shot at it; *de eerste ~* ***toebrengen*** get the first blow in; *iem een gemene ~ toebrengen, (ook fig)* hit a p. below the belt; *hij bracht me een ~ op de wang toe, (ook)* he landed a blow on my cheek; *er zullen ~en* ***vallen*** they will come to blows; *hij zit in de hoek (het hoekje) waar de ~en vallen* he is taking all the knocks; *hij* ***voerde*** *nooit een ~* ***uit*** he never did a stroke of work; *nu* ***aan*** *de ~!* get cracking!, get busy!; *aan ~ zijn, (cricket)* have one's innings, be in; ***bij*** *de eerste ~* at the first blow (stroke); ***met*** *één ~* at one (a) blow (stroke), at one fell swoop; *zie ook* Frans; ***op*** *~* instantly, [become famous] overnight; *op ~ (ge)dood* killed on the spot, killed outright; *hij kon op ~ zeggen* ... he could say off-hand ...; *op ~ komen, (dadelijk)* come at once; *ik kon niet op ~ komen* I could not get my hand in; *~ op ~* blow (up)on blow, stroke (up)on stroke; *op ~ van vijven* on the stroke of five; ***van*** *~ zijn, (ve roeier)* be off one's stroke; *(ve klok)* strike wrong (incorrectly); *van ~ brengen* put [an oarsman] off his stroke; *de roeiers waren van ~, roeiden niet op ~* the crew did not keep time, *(helemaal van ~)* were all to pieces; ***zonder*** *~ of stoot* without (striking) a blow, without any resistance; 2 *(ve vogel)* warble, (call-)note; *(ve kwartel)* call; 3 *(draai)* turn *(halve, kwart ~* half, quarter turn), revolution; *hij hield een ~ om de arm* he was non-committal, he did not (want to) commit himself; 4 *(mech)* stroke [of a piston *zuiger*], *(afstand)* travel; 5 *(in damspel, enz)* take, capture; *(in kaartspel)* trick; *die ~ is voor jou, (fig)* one up to you; *alle ~en* ***halen*** *(****maken****)* win (make) all the tricks; *de ~* ***winnen*** win the trick; *ik kon niet* ***aan*** *~ komen, (kaartspel)* I could not get in; 6 *(bij laveren)* board, leg [long (short) legs], tack; *een ~ voorwaarts (achterwaarts), (mar)* a turn ahead (astern); 7 *(aan zweep)* lash; 8 *(veld-, zee~)* battle; *de ~ bij Waterloo (bij de Falklands)* the battle of ...; *~* ***leveren*** give battle; *(zich)* ***uit*** *de ~ trekken* extract (o.s.) [*zich ...*, *(ook)* come off well]; *de (veld)~* ***weigeren*** refuse battle; *de ~* ***winnen*** win (gain) the battle (the day); 9 *(handigheid)* knack; *~ van iets* ***hebben*** have a (the) knack of (doing) s.t.; *er ~ van hebben om ...* have a knack of ...ing; *ik heb er geen ~ van* I am no (a poor, not much of a) hand at it; *hij heeft* (***krijgt***) *er de ~ van beet* he has got (is getting) the hang of it; *hij is de ~ ervan* ***kwijt*** he has lost the knack of it; 10 (*zwaar verlies, enz*) blow [*voor mij* to me]; *een zware* (*verpletterende*) ~ a hard (crushing) blow; *een ~* ***toebrengen*** deal (*of:* strike) a blow; *hij bracht hem een zware ~ toe* he struck him a heavy blow; *een zware ~ toebrengen aan* ... deal a heavy blow to ...; *zie ook* gezicht, molen, enz

slagader artery; *grote* (*lichaams*)~ aorta

slagader|breuk arterial rupture; **-gezwel** aneurysm; **-lijk** arterial [blood]; *in ~ bloed veranderen* arterialize [venal blood]; **-ontsteking** arteritis; **-opening** arteriotomy; **-verkalking** arteriosclerosis, hardening (of the) arteries; **-verwijding** aneurysm

slag|bal handball; **-beurt** (*sp*) inning(s); **-boom** barrier [*ook fig:* it set up a barrier between them]; **-boor** hammer drill; **-deur** wicket; **-drempel** lock-sill; **-duif** domestic pigeon

slagel maul

slagen succeed; (*fam*) make the grade; (*voor examen*) pass (an examination); (*voor bevoegdheidsexamen ook*) qualify [*voor* for]; *niet ~,* (*ook*) be unsuccessful [in one's efforts]; *elders zien te ~* look elsewhere; *erin ~ te* ... succeed in ...ing, manage (contrive) to ...; *er niet in ~ te ...,* (*ook*) fail to [discover ...]; *erin ~ zich terug te trekken* (*te ontsnappen*) make good (effect) one's retreat (one's escape); *om de zaak te doen ~* to make the thing a success (make ... take off); *zie ook* geslaagd

slagenteller rev(olution)-counter; **slagenwisseling** rally

slager butcher; **slagerij** butcher's shop

slagers|bijl butcher's axe; **-blok** butcher's (*of:* chopping-)block; **-jongen** butcher's boy; **-knecht** butcher's man; **-winkel** butcher's shop; **-zaak** butcher's (butchery) business

slag|gitaar rhythm guitar; **-hamer** mallet; **-hoedje** percussion cap; **-hout** (*sp*) bat; **-instrument** percussion instrument; **-kruiser** battle-cruiser; **-kwik** fulminate of mercury; **-linie** line of battle; **-man** (*honkbal*) batter, (cricket) batsman; **-net** clap-net, drop-down net; **-orde** order of battle, battle array; *in ~ opstellen* draw up in order of battle; *zich in ~ scharen* form in battle array; **-pen** 1 flight-feather; 2 *zie* -pin; **-perk** (*honkbal*) home base; **-pin** (*ve geweer*) striker, firing-pin; **-regen** downpour, driving (pelting, torrential) rain; **-regenen** pour with rain, rain in torrents; **-roeier** stroke; **-room** whipped cream; whipping cream; **-ruimte** (*elektr*) spark-gap; **-schaduw** 1 sharply-defined shadow (cast on a light surface); 2 (*kernschaduw*) umbra; **-schip** battleship, capital ship; **-tand** (*ve hond, wolf*) fang; (*ve olifant, ever*) tusk; *met ~en* fanged, tusked; **-uurwerk** striking clock; **-vaardig** 1 ready for battle, in good fighting-trim, ready for the fray; (*fig ook*) quick at repartee; prepared for quick action, alert, (*fam*) on the ball; 2 resolute [person, policy], decisive [person]; **-vaardigheid** alertness, [in a state of] armed readiness; verbal readiness, ready wit; **-vast** impact-resistant; **-veer** 1 flight-feather; 2 (*ve geweer, enz*) main spring; **-veld** battlefield, field of battle; **-vloot** battle-fleet; **-wapen** (*vglb*) blunt instrument; **-werk** (*ve klok*) striking-train; (*ve orkest*) percussion (instruments); **-werker** percussionist; **-wijdte** (*elektr*) sparking-, striking-distance; (*v vogel*) wing-span; **-woord** slogan; **-zee** *zie* stortzee; **-zij** (*mar*) list; (*ve vliegt*) bank(ing); *~ hebben* have a list [to port, to starboard]; *~ maken* heel over; (*ve vlieger e.d.*) be lopsided; (*ve vliegt*) bank; **-zin** slogan; [write a winning] promotion line; **-zwaard** broadsword; (*vd Schotse Hooglanders*) claymore

slak 1 (*huisjes~*) snail; (*naakt~*) slug; *hij legt op alle ~ken zout* he is forever criticizing, finds fault with everything; 2 (*pers*) slowcoach, (*Am*) slowpoke; 3 (*v metaal*) slag, scoria (*mv:* -riae); (*fysiologisch*) waste; **slakdolf** (*vis*) sea-snail

slaken 1 (*zucht*) heave, fetch, utter, breathe [a sigh]; (*kreet*) give [a cry, a scream]; 2 (*ketenen*) break [a p.'s chains]

slakkeboor twist-drill; **slakkegang** 1 [go, move at a] snail's pace; 2 helical winding; **slakkehuis** 1 snail-shell; 2 (*in oor*) cochlea; **slakkelijn** spiral, helix, helical line

slakken|cement slag cement; **-meel** ground basic slag; **-wol** slagwool, lagging

slakom salad bowl; **slakrop** head of lettuce; **slalepel** salad server; *~ en -vork* salad-servers

slalom (*sp*) id; **slalommen** slalom; **slameur** 1 drudgery; 2 trouble, worry; to-do; **slamier** gawk; **slamix** salad seasoning

slampampen loaf around, hang about; **slampamper** layabout, good-for-nothing

slang 1 snake, serpent; 2 (*buis*) tube; (*brand-, tuinslang*) hose(-pipe); (*ve distilleertoestel*) worm; (*ve fietspomp*) (rubber-)connection; 3 (*fig*) serpent, viper; 4 *~*(*etje*)*, zie ~*elijn; **slangaal** snake-eel; **slangachtig** snaky, serpentine

slange|beet snake bite; **-bloem** willowherb; **-broed** brood of snakes; **-dans** snake dance; **-dienst** snake worship; **-drager** (*astron*): *de ~* Ophiuchus, the Serpent-bearer; **-gif** snake-poison, venom; **-halsvogel** snake bird, darter; **-hout** snakewood; **-kop** 1 snake's (serpent's) head; 2 *zie* -kruid; **-kruid** viper's bugloss; **-leer** snakeskin [shoes]; **-lijn** wavy line, (*~tje*) squiggle; **-look** rocambole; **-mens** contortionist

slangen *ww* squiggle

slangen|aanbidder snake worshipper; **-bezweerder** snake charmer; **-kuil** snake-pit (*ook fig*); **-verering** snake worship; **-wagen** hose-tender, -van

slange|staf caduceus; **-steen** serpentine, snake-stone, ophite; **-tand** serpent's tooth; **-tong** serpent's tongue; (*plant*) adder's tongue; **-vel** snakeskin, (*afgeworpen*) slough; (*fig*) shrew [of a woman]; **-wortel** calla

slanghagedis seps, snake-, serpent-lizard; **slangirrigator** enema; **slangster** brittle-, sand-star; **slangvormig** serpentine

slank slender, slim; (*~ en teer*) slight; (*~ en soepel*) willowy [figure]; ~ *en lenig* svelte; *aan de ~e lijn doen* slim; **slankaap** langur; **slankheid** slenderness, slimness; **slankmaker** slimming aid

slaolie salad oil

slap 1 slack [rope, trade, day]; slack, lax [discipline]; soft [nib, collar, hat]; limp [(book)binding, handshake]; supple [limbs]; flabby [breasts, cheeks, muscles], flaccid; (*ve luchtschip*) non-rigid; *~pe (fiets)band* flat (soft) tyre; *mijn band wordt ~* my tyre is going down (getting soft); *het met een ~ handje doen* give it a lick and a promise (of better); *~pe hoed* soft (*of:* squash) hat; *~pe markt* dull market; *~pe politiek* weak-kneed policy; *~ neerhangen* droop, flag; *met ~pe oren* flap-eared, with floppy ears; 2 (*v dranken*) weak [a weak grog], thin [beer]; unsubstantial [food]; low [diet]; nerveless [hand]; dull [trade]; *~ aftreksel,* (*fig*) pale imitation; *~pe koffie* weak (wishy-washy) coffee; 3 (*ve pers*) weak; (*lang en ~*) lanky (weedy) [youth]; *~ gebouwd* loosely-knit [frame *lichaam*], loosely-made [man]; 4 (*lusteloos*) limp; (*~ en bleek*) lymphatic; (*geestelijk ~*) lax, slack, flabby, spineless, wet, weak-willed, weak-kneed; *zo ~ als een vaatdoek* as limp as a rag, [feel] as weak as water; *ze had de ~pe lach* she was convulsed with laughter, had a fit of giggles; *~ van het lachen* helpless (weak, limp) with laughter; *zie ook* ~jes, Tinus & was

slapeloos sleepless; (*ook*) wakeful, white [night]; **slapeloosheid** sleeplessness, insomnia; *lijder aan ~* insomniac

slapen sleep, be asleep; *slaap, kindje, slaap!, zie* suja; *de dienstbode slaapt (niet) bij ons in huis* the ... sleeps in (sleeps out); ***gaan*** *~* go to sleep, (*naar bed*) go to bed, (*fam*) turn in; *ik ga eerst wat ~* I'll have a sleep (snatch a little sleep) first; *verhaaltje voor het ~ gaan* bedtime story; *ik heb* ***goed*** *(slecht) geslapen* I've had a good (bad) night; *(niet) goed kunnen ~* be a good (bad) sleeper; *zich te ~* ***leggen*** compose o.s. to sleep; *~ als een* ***marmot*** *(een os)* sleep like a log; *~ als een* ***roos*** sleep like a top; *mijn* ***voet*** *slaapt* my foot is asleep, has gone to sleep, is all pins and needles; ***door*** *~ is mijn hoofdpijn overgegaan* I have slept off my headache; *hij zal er wel rustig* ***om*** *~* he'll not lose any sleep over it; *ik zal er eens* ***op*** *(over) ~* I'll sleep (up)on it (over it), take counsel of my pillow; *slaap* ***wel****!* good night!, sleep well!; **slapend** sleeping, [lie] dormant, [get rich] without effort; *~ talent* undeveloped talent; *zie ook* aandeel, slaap, hond, wijzer; **slapenstijd** bedtime

slaper 1 sleeper; (*slaapgast*) lodger; 2 (*standaard van maten, enz*) standard; 3 *zie* ~dijk; **slaperdijk** back-dike, subsidiary dike; **slaperig** (*ook fig*) sleepy, drowsy; **slaperigheid** sleepiness, drowsiness, somnolence

slapheid slackness, etc, *vgl* slap; lassitude; laxity [of discipline]; **slapie** (*mil sl*) room-mate

slapjanus (*fam*) wimp, spineless fellow

slapjes I *bw* slackly; slowly; II *bn* slack, dull; *vgl* slap; *hij is erg ~* he is very poorly

slaplant lettuce(-plant)

slappeling weakling, spineless fellow; **slappen** (*vd wind*) abate, subside, lull; **slapping** (*mar*) old rope; **slapte** slackness [in business]; *zie ook* slapheid

slasaus salad dressing; **slaven** slave; drudge, toil (and moil); **Slaven** Slavonians, Slavs

slaven|arbeid 1 slave labour, slavery, slaves' work; 2 (*fig*) drudgery, (*scherts*) slave labour; **-(arm)band** slave bangle; **-drijver** slave-driver; **-haler** slaver; **-handel** slave-trade, slaving; **-handelaar** slave-trader, -dealer; **-juk** yoke of bondage, thraldom

Slavenkust Slave Coast; **slavenleven** slavery, life of toil; **slavenschip** slave-ship, slaver; **slavernij** slavery, thraldom, servitude, bondage; *afschaffing der ~* abolition of slavery, emancipation of the slaves; *voorstander daarvan* abolitionist, emancipationist; **slavin** (female) slave, bondwoman; *zie ook* blank

slavink minced meat rolled in bacon

Slavisch Slav(onian), Slavonic [languages], (*inz Am*) Slavic; **slavist** Slav(ic)ist; **slavistiek** Slav(on)ic studies; **Slavonië** Slavonia; **Slavoniër, Slavonisch, Slavoon** Slavonian, Slav

slavork salad fork; *zie ook* slalepel

slecht I *bn* bad [boy, food, health, news, thought, name]; (*moreel ~, ook*) evil, (*sterker*) wicked; ill [effects]; sorry [performance, beginning]; *het is lang niet ~,* (*fam*) it isn't at all bad; *de ~ste van de klas zijn* be bottom of the class; *~er maken* make worse; *~er worden* grow worse, worsen, deteriorate; *het ~e met het goede nemen* take the bad with the good; *~e dag,* (*waarop men niet 'in vorm' is*) off-day; *~e eetlust (kwaliteit)* poor appetite (quality); *ik ben ~ van gezicht* I've got bad eyes, my eye-sight is bad; *~ huis (bordeel)* bawdy-house; *~e tijden* bad (hard) times; *iets sparen voor ~e tijden* save s.t. for a rainy day; *~ en recht* plain and honest; *~* ***in*** [be] bad at [s.t.]; ***op*** *zijn ~st* at one's (its) worst; II *bw* badly, ill; *hij eet ~* he is a poor eater; *vrij ~ slapen* sleep indifferently; *als het ons ~* ***gaat*** if things go ill with (badly for) us; *het moet al heel ~ gaan, of we winnen* things will be pretty bad if we do not win; *de zaak gaat ~* the business is doing badly; *er het ~st* ***afkomen*** come off worst; *hij had wel ~er kunnen* ***doen*** he might have done worse; *~ gekleed* badly (ill) dressed; *~ betaald* poorly (badly, ill) paid; *~ tevreden* ill content; *zie ook* 3 min, passen, toe, weg, enz; **slechtbijl** chip axe; **slechten** level (with, to the ground), raze, demolish; (*glad maken*) planish, smooth; **slechter** worse; *zie ook* slecht; **slechterik** baddie, villain

slecht|gehumeurd, -geluimd bad-, ill-tempered; **-hamer** planishing-hammer; **-heid** badness, wickedness; **-horend** hard of hearing [TV subtitles for the hard-of-hearing]

slechting levelling, razing, demolition; (*opheffing*) abolition; **slechtje** 1 (*in zee*) smooth; 2 (*tussen windvlagen*) lull

slechts only, but, merely; *~ tien minuten,* (*ook*) as little as ten minutes; *~ een wonder kan hem redden* nothing short of a miracle can save him; *zie ook* 1 maar; **slechtst** worst; *zie* slecht

slechtvalk peregrine (falcon); **slechtweg** plainly, simply, without ceremony, unceremoniously; **slechtziend** with bad (impaired, poor) eyesight, visually handicapped
slede 1 (*algem*) sledge, sleigh, (*inz Am*) sled; 2 (*glijdend onderstel*) cradle; (*ve vliegtuig*) landing skids; (*techn*) carriage, (*ve draaibank, ook*) bed slide; **sledehond** sledge-dog, (*Am*) sled-dog; (*eskimohond*) husky; **sleden** *ww* sled(ge), sleigh; **sledestofzuiger** cylinder (*Am:* canister) (vacuum) cleaner
slee I *zn* 1 *zie* slede; 2 (*auto*) limousine, (*Am*) limo; II *zn* (*vrucht*) sloe; III *bn* 1 (*wrang*) tart; 2 (*plantk*) blunt(ed); 3 (*v tanden*) on edge; ~ *maken* set [one's teeth] on edge; **sleedoorn** sloe, blackthorn; **sleeën** sleigh, sled(ge); **sleehak** wedge (*ook de schoen*), wedge heel
sleep I *zn* 1 train [of a dress, of followers, etc]; 2 (*slier*) trail, string; (*opschrift*) on tow; 3 (*v schepen*) barge train; *met een schuit op* ~ with a barge in tow; II *ww: ovt van* slijpen
sleep|antenne (*ve vliegt*) trailing aerial; **-asperges** stalks of asparagus, asparagus served whole; **-boot** tug(boat); **-contact** (*elektr*) sliding contact; **-dienst** towing (towage) service; **-drager**, **-draagster** train-bearer; **-helling** slipway; **-kabel** 1 towrope, -line, towing hawser; (*v sleeplift*) haulage-cable; 2 (*ve ballon*) drag-, trail-, guide-rope; **-lift** ski-tow; **-loon** towage; (*te land*) cartage, haulage; **-net** drag-, trail-, trawl-, ground-net
sleepruim sloe
sleep|sabel sabre; **-schip** towed vessel; **-spoor** 1 (*jacht*) scented trail; 2 (*v sleeplift*) track; **-touw** towrope; *zie* -kabel; *op* ~ *hebben* (*nemen*) have (take) in tow (*ook fig*); *op* ~ *houden*, (*fig*) keep [a p.] dangling; **-tros** towrope, (towing) hawser; **-vaart** [sea] towage; transport by towed barge; **-voeten** shuffle (along)
Sleeswijk Schleswig; **Sleeswijker** Schleswiger; **Sleeswijks** Schleswig
sleet 1 *ovt van* slijten; 2 *zie* slijtage; **sleets** worn, thin; ~ *zijn* wear out one's clothes in a short time; *vgl* half~; **sleeuw** *zie* slee III
sleg(ge), **slei** maul
slem slam; *groot* (*klein*) ~ *maken* make a grand (little, small) slam; **slemiel** *zie* schlemiel
slemp saffron milk; **slempen** carouse, revel, feast; **slemper** carouser, reveller, feaster; **slemperij** *zie* slemppartij; **slempmelk** *zie* slemp; **slemppartij** carousal, carouse
slenk gully; (*geol*) rift valley
slenteraar saunterer, lounger; **slenteren** 1 saunter, lounge, stroll; 2 (*lummelen*) loaf, knock about [the streets]; **slentergang** sauntering gait, saunter
slepen I *tr* drag, haul; (*met sleepboot*) tow; *erbij* ~ drag (*of:* lug) in [his name was dragged in]; *met iets* ~ lug about (along); *noten* ~, (*muz*) slur notes; *zich naar huis* ~ drag o.s. home; *na zich* ~ bring in its train, entail [expenditure, delay]; II *intr* drag (*ook ve deur*), trail (*ook ve rok*); *met het ene been* ~ drag one leg; *laten* ~ trail [one's hand in the water]; ~*de blijven* drag on; *een zaak* ~*de houden* let a thing drag, drag one's feet; ~*de gang* shuffling (trailing) gait; ~*de ziekte* lingering disease; ~*d rijm* feminine rhyme; ~*d zingen* slur the notes
sleper 1 tug(boat); 2 trawler; 3 towrope; 4 carter, carman; (*in mijn*) haulier; 5 dray(-cart); **sleperspaard** dray-horse, carthorse; **sleperswagen** dray(-cart)
slet slut, trollop; **sleuf** groove, slot, slit, notch
sleur routine, rut; *de dagelijkse* ~ the daily round (*of:* grind), the routine of daily life; *de oude* ~ the same old way; *iets in de* ~ *doen* do s.t. by rote; *met de* ~ *breken* get out of the rut, get out of the old groove; *tot een* ~ *vervallen* get into a groove (a rut); *zie ook* ~werk; **sleuren** *tr & intr* drag, trail; *zie ook* slijk; **sleurmens** routinist; **sleurwerk** routine work; *onderwijs geven wordt licht* ~ teaching easily tends to get into grooves
sleutel 1 key (*ook fig:* money is not the key to happiness; hold the key to the problem; a key figure, function, position, role); *ik heb een* ~ *van de deur* I have a key to the door; *met de* ~ *naar binnen gaan* let o.s. in with the (latch)key; *de* ~ *van de vijandelijke stelling* the key-point of the ...; *zie ook* Engels; 2 (*ve kachel*) register, damper, regulator; 3 (*voor verdeling*) ratio; 4 (*muz*) [C, F, G] clef; (*ve viool*) peg; **sleutelaar** tool-user, (amateur) mechanic, tinkerer; **sleutelbaard** key-bit; **sleutelbeen** collar bone, clavicle; **sleutelbeenbreuk** clavicular fracture; **sleutelbewaarder** keykeeper; **sleutelbloem** primula; cowslip, primrose; **sleutelbos** bunch of keys; **sleutelen**: ~ *aan* work on (*amateuristisch:* tinker with) [a car-engine]; *er moet nog wat aan het plan worden gesleuteld* the plan still needs some touching up
sleutel|gat keyhole; **-gatzaag** padsaw; **-geld** key-money; **-hanger** key fob, key-chain, key-ring pendant; **-industrie** key industry; **-kaart** keycard; **-kind** latchkey child; **-macht** power of the keys; **-positie** key position (post); **-ring** key-ring; **-roman** roman à clef (*mv:* romans ...); **-schild** (keyhole) (e)scutcheon; **-stad** 'city of the keys': Leiden; **-stuk** bracket; **-vormig** key-shaped, claviform; **-woord** keyword
slib silt, ooze, mire, slime, mud; ~ *vangen* draw (a) blank; *zie ook* bot I 5; **slibachtig** miry, slimy, muddy; **slibberen** slither, slip, slide; **slibberig** slippery, slithery
slichten 1 flesh [skins]; 2 (*weverij*) size
sliding 1 (*roeien*) sliding seat; 2 (*voetbal*) sliding tackle; **sliep** *ovt van* slapen
sliepuit! sucks!; *zie* uitsliepen
slier *zie* sliert; **slierasperges** *zie* sleepasperges; **slieren** slide, glide; *zie ook* slingeren; **sliert** 1 (*streep*) streak, smear; *lange* ~, (*pers*) beanpole; 2 (*rij*) string [of admirers], trail, streamer [of seaweed]; thread [of smoke], tail, wisp [of hair]
slij (*vis*) tench
slijk mud, slime, mire, dirt; *het* ~ *der aarde, het aardse* ~ filthy lucre; *iem door het* ~ *sleuren* drag a p.('s name) through (*of:* in) the mire (the mud); *met* ~ *gooien* fling (throw, sling) mud [*naar* at]; **slijkerig** muddy, miry, slimy, oozy; **slijkgras**

broom-sedge; **slijkgrond** slimy ground, slime; *~en* mud-flats; **slijkvlieg** drone-fly; **slijkvulkaan** mud-volcano

slijm (*ve slang, enz*) slime; (*ve ~vlies*) mucus; (*fluim*) phlegm; **slijmafscheidend** pituitary [gland]; **slijmafscheiding** mucus secretion; **slijmbal** *zie* -erd; **slijmbeurs** bursa; **slijmdiertje** amoeba (*mv ook:* -bae); **slijmen** suck up [to a p.]; **slijmerd** slimy fellow, toady; **slijmerig** slimy (*ook fig*), mucous; **slijmhoest** catarrhal (moist, phlegmy) cough; **slijmhuid** mucous membrane; **slijmjurk** *zie* -erd; **slijmklier** mucous (pituitary) gland; **slijmprik** (*vis*) hag(-fish); **slijmvis** common blenny, shanny; *gehoornde ~* tompot blenny; **slijmvlies** mucous membrane; **slijmzuur** mucic acid

slijp 1 scouring-sand, knife-powder, -polish; 2 grindings; *zie ook* hout~; **slijpen** grind, sharpen, whet; (*diamanten*) cut, (*in engere zin*) polish [diamonds]; *de straat ~* gad about, knock about the streets; *het verstand ~* sharpen (*of:* whet) the intellect; **slijper** grinder [of knives, etc]; cutter, polisher; *vgl* slijpen; **slijperij** grindery

slijp|machine grinding-machine; (*voor scheermes*) strop; **-molen** grinding-mill; **-plaatje** (*geol*) thin section; **-plank** knife-board; **-poeder** abrasive (powder); **-schijf** grinding wheel; **-sel** 1 *zie* -poeder; 2 (*afval*) grindings; 3 (*v steen*) [brilliant, checkerboard, fancy, rose, triangle] cut; **-staal** knife-sharpener; **-steen** grindstone, whetstone; **-vlak** 1 grinding surface; 2 facet; **-zand** scouring-sand

slijtachtig *zie* sleets; **slijtage** wear (and tear), wastage; (*v munten*) abrasion; **slijtageslag** (*vglb*) war of attrition

slijten I *tr* 1 wear out [clothes], wear down [shoes]; 2 (*doorbrengen*) pass [one's days in quiet], live out [one's life]; 3 (*verkopen*) retail [wares], sell; (*fig*) sell [an idea]; get rid of [a p., thing], offload [s.t.] (*aan* onto); II *intr* wear away (out, off), get used up; *dat gevoel slijt gauw* that feeling soon wears off; *niet gauw ~,* (*ve stof*) wear well; *die schoenen ~ niet gauw* there is a lot of wear in ...; **slijter** retailer, retail-dealer; (*v drank*) licensed victualler; **slijterij** licensed victualler's shop, off-licence, (*Am*) package (*of:* liquor) store; **slijting** (*geol*) erosion; **slijtlaag** wearing course (surface), surface dressing; **slijtplek** worn patch; **slijtvast** hard-wearing, (*Am*) long-wearing; **slijtvergunning** retail licence; (*v drank*) off-licence

slik 1 swallow; 2 mud flat

slikbeweging deglutition

slikgras, enz *zie* slijkgras, enz; **slikke** mud flat

slikken swallow; (*drugs ~*) take drugs; *een belediging ~* swallow (pocket, digest, sit down under) an insult; *dat slik ik niet* I won't take (stand for, stomach) that; *die onzin slik ik niet* I won't swallow that stuff; *je zult het moeten ~* if you don't like it, you may lump it; *ik moest heel wat ~* I had to put up with a great deal; *dat* (*zo'n behandeling*) *zal hij maar zo niet ~* he won't take it lying down; *iem iets doen ~,* (*ook fig*) force s.t. down a p.'s throat; **slikker** drug-taker

sliknat soaking wet

slim 1 smart, clever, astute, shrewd; *hij was mij te ~ af* he was one too many for me, was too clever (sharp) for me, got the better of me, outwitted (outsmarted, outmanoeuvred) me; *te ~ willen zijn* overreach o.s.; *wie niet sterk is, moet ~ zijn* necessity is the mother of invention; 2 (*sluw*) sly, wily; *het is een ~ ding* she is a sly puss; 3 (*erg*) bad; (*bw*) very; *zie ook* al II.3; **slimheid** 1 smartness, etc, *vgl* slim; 2 slyness, wiliness; **slim|merd, -merik** slyboots, sly dog, (*fam*) deep one; **slimmigheid(je)** dodge

slinger 1 (*natuurk, v klok*) pendulum; 2 (*werptuig, draagband*) sling; 3 (*v pomp*) handle; (*v auto*) crank, starting-handle; *zijn ~ hebben* be on top of the world; 4 (*guirlande*) garland, festoon, [paper] chain, streamer; *zie ook* ~ing; *een ~ om de arm houden* be non-committal; **slingeraap** spider monkey; **slingeraar** slinger; **slingerbeweging** oscillation; **slingerdemper** stabilizer; **slingerdeslang** twisting and doubling, with twists and turns, tortuously

slingeren I *intr* 1 (*algem, ook v slinger*) swing, oscillate; 2 (*bengelen*) dangle; *aan de staart ~,* (*zoals apen*) swing by the tail; 3 (*ve dronkaard*) reel, lurch; (*ve rijtuig*) sway, lurch; (*ve schip*) roll, lurch; *het schip slingerde hevig,* (*ook*) the ship had a heavy roll on; ***langs** de straat ~,* (*slenteren*) knock (gad) about the streets; *zie ook* 2 hoop; 4 (*kronkelen*) wind, meander; 5 (*ordeloos liggen*) lie about; *jij **laat** je goed* (*brieven, enz*) *~* you leave your things (letters, etc) lying around; II *tr* 1 (*laten ~*) swing [one's legs]; ***zich** ~,* (*ve rivier, enz*) wind, meander; *de slang slingerde zich **om** de tijger* the ... wound itself round the tiger; 2 (*gooien*) fling, hurl [*naar* at]; (*met slinger, of ~de beweging*) sling [a stone; sling a bundle over one's shoulder]; *er werd een baksteen door de ruit geslingerd* a brick hurtled through the ...; *hij werd in een hoop sneeuw geslingerd* he went spinning into a snow-drift; *iem ... **naar** het hoofd ~* fling [a book] at a p.'s head; (*scheldwoorden*) hurl abuse at a p., (*beschuldiging*) level a charge at a p.; *zie ook* banvloek; ***op** de bon ~, zie* bekeuren; *zich in het zadel ~* swing (o.s.) into the saddle; **slingerend** (*ook*) pendulous; **slingerhoning** strained (extracted) honey; **slingering** swing(ing), oscillation [of a pendulum, etc]; roll; lurch; *vgl* slingeren

slinger|kogel (*sp*) hammer; **-lat** (*mar*) fiddle; **-pad** winding path; **-plant** climber, creeper, trailer; **-schommeling** oscillation, beat; **-schotten** (*mar*) shifting-boa; **-slag** oscillation, beat; **-tijd** time of oscillation; **-uurwerk** pendulum clock; **-wetten** laws of the pendulum; **-wijdte** amplitude (span, arc) of an oscillation

slinken shrink [to nothing], waste; (*ve gezwel*) subside, go down; (*door koken*) boil down; *het aantal slonk tot ...* the number dwindled down to ...; *zie ook* opraken; **slinking** shrinkage, wastage; subsidence, dwindling; *vgl* slinken

slinks I *bn* sly, cunning, crafty, artful; fraudulent [device]; oblique [dealings]; *~e streek* cunning

move, (*mv ook*) underhand doings; II *bw* cunningly, etc; **slinksheid** cunning, artfulness
slip 1 lappet; [coat-, shirt-]tail, flap (skirt) [of a coat]; 2 (*ve auto*) skid, (*ook luchtv*) side-slip; 3 *zie* slib
slip|baan skid-pan; **-cursus** skid-course; **-gevaar**! slippery road!; **-haak** quick release; **-jacht** drag(-hunt); **-jas** tail coat; (*fam*) tails; *zie ook* pandjesjas; **-je** briefs; **-pedrager** 1 pall-bearer; 2 (*fig*) lackey; **-pen** slip; (*ve auto, enz*) skid, side-slip; *hij slipte ongemerkt mee naar binnen* he slipped in unnoticed; *proberen erdoor te ~,* (*ve auto*) cut in; **-pertje** escapade; *een ~ maken, a*) have an affair, (*vglb*) have a dirty weekend; *b*) (*vero*) go off on a pleasure trip; **-school** (*vglb*) skid-pan; **-spoor** skid-marks; **-steek** slip-knot; **-tong** slip
slissen lisp
slobber 1 (*varkensvoer*) pig('s) wash; 2 (*slik*) mire; **slobberdoes** *zie* slodder; **slobberen** lap, feed (drink, sip one's tea, etc) noisily; (*v eenden, enz*) gobble; (*v kleren*) hang loosely (untidily); **slobberig** slovenly, sloppy [trousers]; **slobbroek** pull-ups; **slobeend** shovel(l)er (duck); **slobkous** (*lang*) gaiter; (*meestal kort*) spat
slodder sloven, grub; (*vrouw ook*) slattern, [old] frump, dowdy; **slodderachtig** slovenly, grubby, slatternly; **slodderen** flop, flap; **slodderig** *zie* slodderachtig; **slodderkous** slattern; **sloddervos** *zie* slodder; **sloeber(d)** skunk; *arme ~* poor devil; **sloeg** *ovt van* slaan
sloep boat, sloop, [the royal] barge, lifeboat; (*werk~*) pinnace; **sloependek** boat-deck; **sloepenrol** (life)boat drill
sloerie slut
slof I *bn* slack, careless, negligent; II *zn* 1 slipper; *~je **onder** spelen* play at hunt the slipper; *hij kan het **op** zijn fen (~jes) af* he has plenty of time for it; *hij doet het op zijn ~fen (~jes)* he is taking it easy, is taking his time (about it); *de boel is er op ~fen* things are in a mess; ***uit** zijn ~ schieten, a*) pull up one's socks; *b*) flare up, hit the roof, (*fam*) go off the deep end; *zie ook* vuur; 2 (*ve strijkstok*) nut; 3 (*sigaretten*) carton; 4 (*aardbeien*) chip (basket), punnet
sloffen 1 shuffle [down the stairs], shamble; 2 (*met zijn werk, enz*) be slow (slack) about one's work, keep putting things off; *alles laten ~* let things slide; **sloffig** *zie* slof 1; **slof(fig)heid** slackness, carelessness, negligence
slok draught, pull, swallow [of water, etc]; (*fam*) [take a good] swig; *~je* sip [take a sip from one's glass]; (*borrel*) dram, nip, drop; *hij nam een ~ van zijn cognacje* (*uit zijn glas*) he took a pull at his brandy (his glass); *in één ~* at a draught, at one swallow, at a (one) gulp; *dat scheelt een ~ op een borrel* that makes a big difference
slok|darm gullet, esophagus; **-ken** swallow, gulp; **-ker(d)** *zie* -op; *arme ~* poor devil; *goeie ~* good-natured (harmless) fellow; **-op** glutton, gobbler
slome *zie* sloom; **slomp** 1 slattern; 2 heaps [of money]; **slonk** *ovt van* slinken
slons slattern, sloven, dowdy, [an old] frump; **slonsachtig, slonzig** slovenly, sluttish, dowdy; frumpy, frumpish; **slonzigheid** slovenliness, etc
sloof 1 (*pers*) drudge; 2 (*schort*) apron
sloom lethargic, inert, lazy; *slome* (*duikelaar*) wimp, slowcoach
1 sloop pillow-case, -slip
2 sloop demolition, breaking-up; *voor de ~ verkopen* sell for scrap (for breaking up); *zie ook* sloper
3 sloop *ovt van* sluipen
sloop|auto write-off, wreck; **-pand** building due for demolition; **-waarde** scrap value
sloot I *zn* 1 ditch; (*paardesport*) water jump; *hij loopt in geen zeven sloten tegelijk* he can (you can leave him to) look after himself; *hij was net met de hakken over de ~* he got through by the skin of his teeth, he scraped through; *zie ook* wal; 2 (*fig*) gallons of, oceans of [drinks]; II *ww: ovt van* sluiten; **slootgraver** ditcher; **slootje** 1 (*ve armband, enz*) snap; 2 (small) ditch; *~ springen* leap (over) ditches; dike-vaulting; **slootkant** side of a ditch; **slootwater** ditchwater; (*fig*) dishwater
slop blind alley, cul-de-sac; *in het ~ raken* (*zitten*) (have) come to a dead end
slopen 1 pull down [a house], demolish [buildings], break up [a ship]; (*uit elkaar halen*) dismantle, (*om onderdelen te gebruiken*) cannibalize [a car]; 2 pull, rip [the wheels off a parked car]; 3 undermine, sap [a p.'s strength]; *~d werk* back-breaking (gruelling) work; *~de ziekte* wasting disease; **sloper** [house-, ship-]breaker, knacker, [house-]demolisher, demolition contractor; **sloperij** breaking(-up) yard, scrapyard; *zie ook* sloper; **slopershamer**: *onder de ~ komen* be pulled down, demolished
sloppenwijk slum area, slum(s)
slordig 1 slovenly (*ook van stijl*), slatternly, dowdy, careless [*op zijn kleren* of one's ...]; untidy [hair, beard]; 2 shoddy [work]; sloppy [thinking, style]; slipshod [style, English]; loose [definition, style, usage of words]; 3 oversize; *een ~ belegde boterham* a well-filled sandwich; *een ~e honderd dollar* [it cost me] a cool hundred dollars; *tegen een ~ prijsje* at a price; **slordigheid** slovenliness, etc; *~ in het denken* sloppy thinking, mental sloppiness
slorp gulp; slurp; *vgl* slok; **slorpen** sip audibly [at one's gin], slurp [the tea], gulp; suck [an egg]
slot 1 (*ve deur, enz*) lock; (*ve boek, enz*) clasp; (*ve armband, enz*) snap; *~ met veer, zie* veer~; *iem een ~ op de **mond** leggen* silence a p.; ***achter** ~* locked up; (*iem*) *achter ~ en grendel* (*zetten*) (put a p.) under lock and key; ***op** ~ doen* lock; *de deur gaat vanzelf op ~* the ... locks itself; *kan de deur op ~?* does the door lock?; 2 (*kasteel*) castle, hall; (*ve ambachtsheer*) manor-house; 3 (*einde*) conclusion, end, close; (*ve redevoering*) peroration; *batig ~, zie* saldo; (*attr*) concluding, closing, final [article, clause, communiqué, conclusion, consonant]; *~ **volgt*** to be concluded (in our next); ***per*** (***bij***) *~ van rekening* in the end, ultimately, when all is (was) said and done, on balance, after all; ***ten** ~te* finally, lastly, eventually, ultimately, in the end; after all; *zie verder* tenslotte *& vgl* tot

~; **tot** ~ in conclusion, to conclude; *dat is **zonder** ~ of **zin**, heeft ~ noch zin* it is without rhyme or reason, there is neither rhyme nor reason in it

slot|akkoord (*muz*) final chord; **-balans** final balance-sheet; **-bedrijf** last act; **-beschouwing** concluding observations; **-bewaarder** castellan, governor [of a (the) castle]; **-couplet** final stanza; **-dividend** final dividend

sloten *ww* (dig a) ditch; **slotenmaker** locksmith

slot|gracht castle-moat; **-heer** lord of the castle; **-klinker** final vowel; **-koers** closing rate [of the pound sterling]; (*v effecten*) closing price; **-notering** (*v effecten*) closing quotation, closing price; **-nummer** last item; **-opmerking** closing (concluding) remark; **-plein** castle-yard; **-poort** castle-gate; **-rede** peroration, conclusion; **-regel** final line; **-som** result, upshot, [come to the] conclusion [that ...]; **-stuk** concluding piece, finale; **-toneel** closing scene; **-toren** castle-tower, donjon, keep; **-voogd** *zie* -bewaarder; **-woord** closing (concluding, final) word, peroration [of a speech]; **-zang** 1 (kerk) closing hymn; 2 (*ve gedicht*) last (final) canto; **-zin** closing (concluding) sentence

Sloveen Slovene; **Sloveens** Slovenian

sloven drudge, toil (and moil)

Slovenië Slovenia; **Slowaak(s)** Slovak; **Slowakije** Slovakia

slufter (flood, ebb) channel

sluier veil; (*fig, ook*) blanket [a blanket of secrecy]; (*op fotoplaat*) fog; (*vd mist*) blanket [of fog]; *de ~ aannemen* take the veil; *de ~ oplichten, (fig)* lift the veil (the curtain); **sluierbewolking** cirrus (cloud); **sluiereffect** (*radio*) fading; **sluieren** veil; (*fotoplaat*) fog; **sluiering** (*radio*) fading; **sluierstaart** (*vis*) veil-tail

sluif sheath; (*voor vinger*) finger-stall

sluik (*v haar*) lank, straight; (*attr*) clandestine, illicit; *vgl* sluip... & smokkel...; *ter ~(s), zie* tersluiks; **sluiken, sluikhandel**, enz *zie* smokkelen, smokkelhandel, enz; *~ in verdovende middelen* illicit drug-trafficking; **sluikharig** lank-haired; **sluikreclame** illicit advertising

sluimer slumber; **sluimeren** slumber (*ook fig*), doze; **sluimering** slumber, doze; **sluimerrol** sofa-cushion

sluipdeur secret door, back-door; **sluipen** steal, slink, sneak [away, off], skulk [along]; slip [out, through, etc]; thread one's way [through the crowd]; prowl [for prey]; (*achter wild*) stalk; *er was een fout in de rekening geslopen* an error had crept into ...; *~de voetstappen* stealthy footsteps

sluip|gat 1 bolt-hole (*ook ve dief, enz*); 2 (*uitvlucht*) loophole; **-haven** cove, creek; **-hoek** hidden corner; **-hol** haunt, hiding-place; **-jacht** (*op herten*) deerstalking; **-moord** assassination; **-moordenaar** assassin; (*gehuurde*) hired killer, bravo; **-route** sneak route; **-schutter** sniper; **-vlieg** parasite fly; **-weg** secret route; *langs ~en* by stealth; **-wesp** ichneumon(-fly), parasite wasp

sluis (*schut~*) lock, (*uitwaterings~*) sluice; (*fig, ook*) link, channel; *de sluizen der welsprekendheid* the floodgates of eloquence [are open]; *de sluizen des hemels werden geopend* the floodgates of heaven were flung wide

sluis|deur lock-gate; (*v spuisluis*) sluice-gate, floodgate; **-geld** lock-dues, -toll, lockage; **-haven** dock; **-kanaal** lock-canal; **-kolk** lock-chamber; **-poortje** sluice(-gate); **-wachter** lock-keeper, locksman; **-wachterswoning** lock-house; **-werken** locks, lockage

sluit|baar lockable; **-boom** bar; [railway] barrier; (*ve haven*) boom; **-briefje** *zie* -nota; **-cel** (*plantk*) guard-cell; **-dop** (screw-)cap, screw-top; **-draad** (*ve valscherm*) ripcord

sluiten I *ww* 1 (*dichtdoen: deur, boek, ogen, enz*) shut, close; seal (up) [a letter]; fasten [a door]; (*gat in dijk*) seal, close; (*op slot doen*) lock; (*voor het naar bed gaan*) lock up (the house) [I'll lock up and go to bed]; (*met luiken*) shutter; (*straat*) close [to traffic]; *de **gordijnen** ~* draw (shut) the curtains; *de (dood)**kist** ~* screw down the coffin; ***zich** ~, (ve wond, ogen)* close; (*ve bloem*) close (up), shut; 2 (*verlaten*) close, shut up; (*een zaak, 's avonds*) close, (*voorgoed*) close (shut) down, put up the shutters, (*fam*) shut up shop; (*fabriek*) close down [a factory]; 3 (*weg-, op~*) lock away, lock up; ***in** elkaar ~, zie* ineen~; *iem in de armen ~* clasp a p. in one's arms; fold one's arms round a p.; *in zich ~, (fig)* include, imply; *iem **aan** het hart ~* press a p. to one's heart; 4 (*doen eindigen*) close [a debate]; (*rekening*) close [an account]; (*vergadering*) close [a meeting], prorogue [Parliament]; *dit programma gaat nu ~* this ... is now closing down; *de **aandelen** sloten op* ... the shares closed (finished) at ...; *de **markt** sloot vast* the market closed firm; *de **rekening** sluit met een verlies van* ... the account shows (closes with) a loss of ...; *de **scholen** ~* schools break up [for the holidays]; *vandaag ~ alle **winkels** vroeg* it's early closing day today; 5 (*tot stand brengen*) conclude [an agreement, marriage, sale], make, enter into [a contract]; (*koop*) strike, conclude [a bargain]; (*lening*) contract (negotiate) [a loan]; (*verdrag*) conclude [a treaty]; (*verzekering*) effect [an insurance]; *vgl* levensverzekering; (*vrede*) make, conclude [peace]; 6 (*dichtgaan*) close, fit; *de **deur** sluit niet goed* the door does not shut (*of:* close) properly; 7 (*kloppen*) fit; *de **begroting** sluit* the budget balances; *die **redenering** sluit niet* that argument does not run on all fours, is not watertight; ***dat** sluit, (klopt)* that tallies; *geen ~de verklaring* not an adequate explanation; *zie ook* bus; 8 (*elektr*) make [a contact]; close [a circuit] *zie ook* gesloten, gelid, incident, kamer, loket, oog, enz; II *zn* conclusion [of peace]; *vgl* sluiting 1

sluitend 1 (*v kleren*) close-fitting; 2 (*ve begroting*) balanced; *niet ~* unbalanced [budget]; *een rekening (de begroting) ~ maken* balance an account (the budget); 3 *~e redenering* closely-reasoned argument; 4 *slecht ~e deuren en ramen* ill-fitting doors and windows; *vgl* sluiten; **sluiter** (*fot*) shutter; **sluiting** 1 closing(-down), shutting(-down); locking; *vgl* sluiten; closure [of a debate, a bridge]; break-up [for the holidays]; prorogation [of Parliament]; (*radio*) close-down; ~ *van het debat vragen* move the closure; 2 (*elektr*) short (circuit); 3 (*concr*) fastening(s), lock, [window-]latch; **sluitingsdatum** closing (cut--off) date, deadline (date); **sluitingsplechtigheid** closing ceremony; **sluitingsrede** closing speech; **sluitings|tijd, -uur** closing-time, -hour; *schenken na* (*buiten*) ~ supply liquor after (out of) hours

sluit|inrichting (*ve kanon*) breech mechanism; **-klep** (*ve envelop*) flap; **-klinker** final vowel; **-kool** headed cabbage; **-krop** cabbage lettuce; **-licht** (*spoor*) rear light, tail light; **-mand** hamper; **-nota** cover(ing) note, slip; **-post** 1 closing entry, balancing item; (*fig*) item [of expenditure, etc] of lowest priority (left over till last); matter of small account; 2 (*sp*) goalie; **-rede** syllogism; **-regel** last line; **-ring** washer; **-spier** sphincter, constrictor, contractor; **-steen** keystone (*ook fig*); **-stuk** 1 (*ve kanon*) breech--block; 2 (*fig*) coping-stone; *als* ~ to round it off [we can ...]; **-zegel** poster-, picture-stamp

sluizen 1 lock [a ship] (through); 2 (*fig*) channel [drug money abroad]

slungel lout, hobbledehoy, gawk; **slungelachtig** *zie* slungelig; **slungelen** lounge (idle, slouch) about; **slungelig** loutish, gawky, lanky; *~e gang* slouch; ~ *lopen* (*zitten*) slouch

slurf (*ve olifant*) trunk; (*ve insekt*) proboscis; **slurfdier** proboscidean, -dian

slurp(en) gulp; slurp; *zie* slorp(en)

sluw sly, crafty, cunning, astute, wily, foxy; ~ *plan* deep-laid scheme; **sluwheid** slyness, craftiness, cunning, wiliness, guile

smaad contumely, obloquy, indignity [the indignity offered to her *haar aangedaan*], defamation; (*jur*) libel; *proces wegens* ~ libel suit, suit for defamation of character; **smaadrede** diatribe; **smaadschrift** libel, lampoon

smaak taste (*ook fig:* have a taste for sketching), savour, relish; (~ *en geur*) flavour [a coffee-flavoured cream]; *er is een ~je aan* it has a (funny) taste; (*fig*) there is s.t. fishy about it; *een* ***fijne*** ~ *hebben,* (*ve gerecht*) have a delicious taste, (*ve pers*) have a fine palate, (*fig*) have a fine taste; *het* ***getuigt*** *van goede* (*slechte*) ~ it is in good (bad) taste; *een uitstekende* ~ (*werkelijk* ~) ***hebben*** have excellent (real) taste; *hij heeft er de* ~ *van beet* (*te pakken*) *gekregen* he has come to like it, he has acquired a taste for it; *ik heb* (*vind*) *er geen* ~ *in* I do not fancy (*of:* relish) it, I have no taste for it; ***ieder*** *zijn* ~ everyone (every man) to his taste (fancy); ~ ***krijgen*** *in* get a taste (*of:* liking) for, take to; *smaken* ***verschillen*** tastes differ; *puddings* ***in*** *4 smaken* in four flavours; *in de* ~ *vallen van* be to the taste (the liking) of [it is not to my taste]; *bij iem in de* ~ *vallen,* (*ook*) take a p.'s fancy; *wat zou dat in de* ~ *vallen!* how popular that would be!; *dat boek moet in de* ~ *vallen* that book cannot fail to be popular, is sure to make a hit; *hij valt niet bij iedereen in de* ~, (*fam*) he is not everybody's money (*of:* cup of tea); ***met*** ~, *zie* ~vol; *met* ~ *eten* eat with relish, enjoy one's dinner (supper, etc); ***naar*** *mijn* ~ to my taste (liking); *er azijn bij doen naar* ~ add vinegar to taste; ***op*** ~ *brengen* season (to taste); ***over*** *de* ~ *valt niet te twisten* there is no accounting for (disputing about) tastes; ***zonder*** ~ tasteless; *zie ook* kraak

smaak|loos tasteless, insipid; **-maker** seasoning; (*fig, vglb*) trend-setter; **-organen** organs of taste, gustatory organs; **-papil** taste bud; **-stof** [artificial] flavouring; **-vol** tasteful [tastefully decorated], in good taste, elegant; **-zenuw** gustatory nerve; **-zin** sense of taste

smachten languish, pine [*naar* for, after], yearn (thirst) [*naar vrijheid* for ...]; *ernaar* ~ *om te* ... pine to ..., be aching (dying) to ...; *zie ook* hunkeren & ver~; *~d,* (*ook*) languorous [eyes]; parching [heat]; *~d van liefde,* (*ook*) lovelorn; *~d naar iets kijken* cast wistful eyes at s.t.

smadelijk humiliating, insulting, scornful [treatment], shameful [death], ignominious [end]; *zich een ~e bejegening laten welgevallen* put up with indignities; *zie ook* smalend

smaden revile, defame, vilify; *deze veel gesmade dieren* these much maligned animals

smak 1 (fishing-)smack; 2 smack(ing) [of the tongue or lips]; 3 (*bons*) heavy fall, thud, crash; 4 (*boom*) sumac(h); 5 *een* ~ *geld* (*volk*) a mint of money (crowd of people)

smakelijk palatable, savoury, appetizing, tasty, toothsome; ~ *lachen om* laugh heartily at; ~ *eten!,* (*ongewoon in Eng*) enjoy your meal!; *zie ook* smaak: met ~; **smakeloos** tasteless, without taste; aesthetically subnormal, ASN; (*fig, ook*) in bad (poor) taste; **smakeloosheid** tastelessness, lack of taste

smaken taste; *goed* (*lekker, eigenaardig, zoet, bitter, lelijk*) ~ taste good (nice, peculiar, sweet, bitter, nasty); *deze smaakt beter* this one tastes better; *het heeft me goed gesmaakt* I've enjoyed it (my dinner, supper, etc); *het smaakt goed bij ...* it tastes good with [foie gras]; *hoe smaakt het?* what does it taste like?; *de erwtjes* ~ *lekker* the peas are excellent (delicious); *het smaakte hem heerlijk* he greatly enjoyed it; *de genoegens des levens* ~ enjoy the pleasures of life; ~ ***naar*** taste of [what does it taste of? *waar* ...]; (*fig*) savour (*of:* smack) of [bigotry]; *naar de kurk* (*het vat*) ~ taste of the cork, be corked (taste of the cask); *dat smaakt naar meer* that tastes mor(e)ish

smakken I *tr* fling, dash; *iem tegen de grond* ~ fling a p. to the ground; II *intr* 1 smack; *met de lippen* ~ smack one's lips; 2 (*vallen*) fall with a thud

smakkerd 1 smacker. noisy eater; 2 (*zoen*) smack(er); 3 *zie* smak 3

smal narrow; ~ *gezicht* narrow (*slecht uitziend:* peaky) face; ~ *toelopende nagels* (*vingers*) taper(ing) nails (fingers); *Holland op zijn ~st* Dutch narrow-mindedness; *zie ook* spoor; **smalbladig** narrow-leaved; **smaldeel** squadron

smalen rail; ~ *op* rail at, run down; **smalend** scornful, contemptuous; ~ *spreken over* speak slightingly of, pour scorn on; ~ *lachen* laugh scornfully

smal|film 8 (16) mm film; **-heid** narrowness; **-le-**

tjes narrowish; *er ~ uitzien* look peaky; **-spoor** 1 narrow gauge; 2 narrow-gauge railway
smalt id
smalte 1 narrowness; 2 narrow passage
smaragd emerald; **smaragden** *bn* emerald; **smaragdgroen** emerald green; **smaragdhagedis** green lizard
smart sorrow, grief, affliction, pain; (*diepe*) anguish; *gedeelde ~ is halve ~* sympathy lightens sorrow; *met ~ verwachten* expect anxiously; *zie ook* verdriet; **smartegeld** smart-money, compassionate allowance (*of:* grant), disability (hardship) allowance, compensation; **smartelijk** painful, grievous; **smarten** 1 cause (*of:* give) pain, grieve; 2 (*mar*) parcel; **smarting** (*mar*) parcelling; **smartlap** tear-jerker
smeden forge; (*wellen*) weld; (*fig*) coin [new words], lay, plan [a conspiracy, a plot], hatch [a plan, a plot]; **smederij** smithy, forge
smedig *zie* smijdig
smeed|baar malleable; **-baarheid** malleability; **-hamer** sledgehammer; **-ijzer** wrought iron; **-kunst** *zie* -werk; **-staal** forged steel; **-werk** (wrought) ironwork
smeekbede supplication, entreaty, appeal [for help]; **smeekgebed** supplication, humble prayer; **smeekschrift** petition
smeent (*vogel*) widgeon
smeer [axle-]grease, fat; (*voor schoenen*) polish, dubbin(g); (*talk*) tallow; (*vlek*) smear [of blood, ink], stain, spot; *~ krijgen* get a licking (hiding, strap-oil); *om den wille van de ~* (*likt de kat de kandeleer*) [it's all] cupboard love, from love of gain
smeer|achtig greasy; **-baar** spreadable; **-boel** mess; **-bus** grease-cup, lubricator; **-der** greaser, oiler; **-geld** backhander, bribe; (*pol*) slush money; **-kaars** tallow candle, dip; **-kaas** cheese spread; (*Am*) smearcase; **-kanis, -kees** 1 slob; 2 *zie* -lap 3; **-kuil** (*in garage*) lubrication pit; **-lap** 1 greasing-clout, greasy rag; 2 dirty fellow, slob; 3 blackguard, swine, skunk; **-lapperij** 1 dirt, filth, muck; 2 filthy behaviour; dirty tricks; **-ling** (*vis*) gudgeon; **-middel** lubricant; (*Am fam*) lube; *zie ook* -sel; **-nippel** grease (*of:* lubricating) nipple; **-olie** lubricating oil; **-pijp** 1 *zie* -poets; 2 sewer pipeline; **-poets** dirty fellow; *zie ook* Piet; **-pot** *zie* -bus; **-sel** ointment, unguent; (*vloeibaar*) embrocation, liniment, (*voor boterham*) [anchovy, liver] paste, sandwich spread; **-vlek** greasy (grease) spot; **-worst** (*vglb*) pâté; **-wortel** comfrey; **-zalf** ointment, unguent
smeet *ovt van* smijten; **smegma** id
smekeling suppliant; supplicant
smeken beseech, entreat, implore, supplicate, plead (with) [he was pleading to be taken home; he pleaded with her not to go]; *~ om* plead for, implore [forgiveness], beg [one's life]; *ik smeek er u om* I beseech you; *~de blik,* (*ook*) pleading (appealing) look; **smeking** *zie* smeekbede
smelleken merlin, stone-falcon
smelt 1 melt; 2 (*biol*) sand-eel
smeltbaar fusible, meltable, liquefiable
smelten I *tr* melt, fuse, liquefy; (*erts*) smelt; (*vet*) render; II *intr* melt [they will melt in the mouth], fuse; (*v boter*) melt, oil; *dit metaal ~ bij gloeihitte* fuses at a red heat; *~d,* (*ook*) mellow [tone], melting [voice, looks]; *zie ook* doorslaan ,6 gesmolten & weg~; **smelter** melter, smelter; **smelterij** smelting works, smeltery; **smelthitte** *zie* -punt; **smeltijzer** mild steel; **smelting** fusion, melting, smelting; **smeltingswarmte** heat of fusion
smelt|kaas process(ed) cheese; **-kroes** melting-pot (*ook fig*), crucible; **-lepel** melting-ladle; **-middel** flux; **-oven** smelting-furnace; **-punt** melting-, fusing-point; **-stop, -veiligheid** (*elektr*) safety-fuse, cut-out; **-water** meltwater; **-zekering** *zie* -stop
smeren (*leer*) grease; (*machine*) grease, oil, lubricate, (*Am fam*) lube; (*lichaamsdeel*) embrocate; rub [cream on one's face]; (*met boter*) butter [a slice of toast]; (*met bloed, enz*) smear; *'m ~,* (*fam*) skip it, skedaddle, clear off (out), cut and run, do a bunk, scoot; *smeer 'm!,* (*fam*) beat it!; *het* (*de boter*) *er dik op ~* spread it thick; *dun ~* scrape [butter]; *het laat zich ~ als boter* it spreads like ...; *zich een* ***boterham*** *~* make o.s. some bread and butter; *boter op het* ***brood*** *~* butter (spread butter on) bread, spread bread with butter; *iem* (*de* ***handen***) *~* grease a p.'s palm, square a p.; *zie ook* boter, gesmeerd, keel, moeten, rib, enz
smergel emery; **smergelen** polish with emery
smerig 1 dirty [road, paper, weather], grubby [boys]; (*vettig*) greasy; 2 (*fig*) dirty [fellow, story], filthy [habits], sordid [act], shabby [treatment]; messy [job]; foul [weather]; (*Am*) scuzzy [drugs]; *iem ~ behandelen* treat a p. shabbily, do the dirty on a p.; *zie ook* vuil; **smerigheid** dirtiness, etc; dirt, filth; dirty trick (etc)
smering lubrication, greasing, oiling
smeris (*min*) cop(per), fuzz
smet 1 spot, stain; 2 (*fig*) stain [on one's character], blot [on one's reputation], slur, blemish, taint [the taint of disloyalty]; *dat werpt een ~ op zijn nagedachtenis* that reflects (casts reflections) on his memory; *~ op het wapenschild* blot on the (e)scutcheon; **smetstof** infective material, germ; **smetteloos** (*ook fig*) spotless, speckless, stainless, immaculate, impeccable [evening dress], blameless [life], unspotted [reputation]; **smetten** I *tr* stain, soil; II *intr* (*v stoffen, enz*) soil; (*v huid*) be (*of:* get) chafed (*of:* sore); **smetvrees** fear of dirt
smeuïg vivid, racy; *zie ook* smakelijk & smijdig
smeulen smoulder (*ook fig:* smouldering discontent); (*fig ook*) simmer [trouble is always simmering there]; *er smeult verraad* there is treason brewing; *het ~de vuur aanwakkeren* fan the embers
smid (black)smith; *dat is het geheim van de ~,* (*vglb*) that is the trick of the trade; *de ~ van zijn eigen fortuin* [everyone is] the architect of his own fortunes; **smidse** forge, smithy, blacksmith's shop; **smidshaard** forge; **smidshamer** smith's hammer, sledgehammer

smiecht scamp, rascal
smient (*vogel*) widgeon; **smiespelen** whisper
smiezen (*fam:*) *in de ~ krijgen* twig [the answer, who it was]; *ik heb je in de ~* I've got you taped; *je hebt het nog niet in de ~* you haven't got the hang of it yet; *houd hem in de ~!* watch him!; *in de ~ lopen* attract notice
smijdig 1 smooth [mayonnaise]; **2** (*smeedbaar*) malleable; **3** (*buigzaam*) supple, pliant; **smijdigheid 1** malleability; **2** suppleness, pliancy
smijten throw, fling, dash, pitch, hurl, heave; *met geld ~* throw (fling, chuck) one's money about
smikkel mug, face; **smikkelen** tuck in
smoel 1 (*mond*) [shut your] trap; **2** (*gezicht*) dial, mug, [a slap in the] face; *~ en trekken* make faces; *zie ~tje*; **smoelen** look attractive; **smoeltje 1** *een aardig ~* a pretty face; **2** (surgical) mask; **smoelwerk** mug
smoes (cooked-up) story; (mere) pretext, dodge, blind, poor excuse; *~(jes)* [his talk is all] eyewash
smoezelen 1 whisper; **2** tell stories; **3** dirty [one's clothes]; **smoezelig** dingy, soiled, grubby [collar]; **smoezen 1** whisper, exchange confidences; **2** cook up stories (excuses); **3** talk; *even met iem ~* have a word with a p.
smoken smoke, puff [at a cigar]; **smoker** id
smoking dinner-jacket; (*Am*) tuxedo, (*fam*) tux
smokkel smuggling; **smokkelaar(ster)** smuggler; (*v drank*) rum-, whisky-runner, (*Am*) bootlegger; (*v geweren*) gun-runner; **smokkelarij** smuggling; **smokkelen** smuggle; (*bij spel*) cheat, trick; **smokkelgoed** *zie* -waar; **smokkelhandel** smuggling, contraband trade; **smokkelwaar** contraband (goods)
smokken (*handwerken*) smock; **smokwerk** smocking
smolt 1 *ovt van* smelten; **2** (*jonge zalm*) id
smook (thick, dense) smoke; **smoor 1** (*fam*) *de ~ in hebben, zie* pee; **2** *zie* ~dronken & ~lijk; **3** smoke; mist; **4** (*stoofschotel*) stew
smoor|dronken dead (blind) drunk, thoroughly plastered, as tight as a drum; **-heet** broiling, sweltering [day], suffocating(ly hot); **-hitte** broiling heat, swelter; **-klep** throttle-(valve), butterfly valve; **-kuil** *zie* moordkuil; **-lijk:** *~ verliefd* smitten, over head and ears (madly) in love [*op* with]; *~ verliefd zijn op,* (*ook, fam*) be sweet (gone) on; **-pan 1** stewpan; **2** blue roof-tile; **-spoel** choke-coil; **-verliefd** *zie* -lijk
smoren I *tr* **1** smother, strangle, throttle, suffocate; **2** (*motor*) throttle (down); **3** (*vlees*) stew, braise; **4** (*pijp*) smoke; **5** (*fig*) stifle [a cry, sigh], choke down [a sob]; hush up [an affair]; stifle [one's conscience, all enterprise, the discussion]; *met gesmoorde stem* in a strangled voice; *zie ook* kiem; **II** *intr* stifle; *vgl* sop *& zie* stikken
smous 1 (*hond*) griffon; **2** (*min: jood*) sheeny, sheenie
smout 1 grease, rendered fat, lard; **2** job-work, jobbing; **smoutbol** (*vglb*) fritter; **smoutdrukker** jobbing printer; **smouten 1** grease, lard; **2** (*typ*) job; **smoutwerk** job-work; **smoutzetter** job-compositor
smuigen *zie* snoepen 2; **smuigerd** sneak
smuk finery; **smukken** deck out, trim
smul tuck-in; *aan de ~ zijn, zie* ~len; **smullen** feast [*van* (up)on], banquet, regale (o.s.) [*van* (up)on], (*lekker en veel, fam*) tuck in, have a good tuck-in; *zij ~ ervan,* (*fig*) they lap it up, they just eat it (up); (*ve schandaaltje*) they lick their lips over it, [the newspapers] had a glorious time of it; **smulpaap** gastronome, epicure; **smulpartij** banquet, junketing, feast, spread
smurrie sludge, goo, gunge
Smyrna id, Izmir; *bewoner van ~* Smyrniote; **smyrnatapijt** Turkey carpet
snaai (*sl*) shady profit; **snaaien** (*sl*) pilfer, pinch
snaak wag; *vrolijke ~* bright spark; *rare* (*vreemde*) *~* queer fish; **snaaks I** *bn* waggish, facetious, quizzical, droll, puckish; **II** *bw* waggishly, etc; **snaaksheid** waggishness, drollery
snaar 1 (*muz*) string, chord; (*ve trommel*) snare; *een gevoelige ~ treffen* (*raken*) touch a tender spot, touch on (up)on a delicate matter, stir a tender chord, (*grievend*) touch a p. (up)on the raw; **2** (*snoer*) string, cord; (*aandrijf~*) belt; (*v leer*) strap; **snaarinstrument** stringed instrument; **snaarschijf** pulley
snabbel *zie* schnabbel
snakerig, snakerij *zie* snaaks, snaaksheid
snakken: *~ naar* yearn (pine) for; *naar adem* (*lucht*) *~* gasp for breath (for air); *zie ook* hunkeren & smachten
snap grab; *in een ~* in a trice; *zie ook* hap; **snaphaan** matchlock, flintlock
snappen 1 (*happen*) snap (*naar* at); **2** (*grijpen*) snatch; **3** (*betrappen*) catch in the act, catch [a p.] out; (*sl*) cop, nick, nab [a criminal]; **4** (*babbelen*) prattle, chat; **5** (*begrijpen*) understand, realize, see, (*sl*) grock [a joke, I'm just not grocking]; *snap je mij?* do you see (get) my meaning?, do you take (get, follow) me?, see?; *gesnapt?* get me?; *ik snap je* (*de vraag*) *niet goed* I don't quite follow you (the question); *dat snap ik niet* that baffles me, it's beyond me, I don't get it; *ik snapte het dadelijk* (*tenslotte*) I tumbled to it at once (at last the penny dropped); *hij snapte de situatie direct* he at once grasped (took in) the situation; *als je het maar eenmaal snapt* [law is a simple thing] when you get the hang of it; *ik kon het maar niet ~* I couldn't get the hang of it; *hij begon het te ~* he got (was getting) wise to it
snaps 1 schnap(p)s, gin, Hollands, Schiedam; **2** *~(je), zie* borrel; **snapslot** spring lock
snarenspel string music
snars: (*fam*) *hij weet er geen ~ van* he does not know a thing about it; *het gaat je geen ~ aan* it's none of your business; *vgl* flikker
snater (*fam*) mug; *hou je ~!* keep your mouth shut!, shut your trap!; **snateraar** chatterer; **snateraarster** chatterbox; **snaterachtig** tattling; **snateren** (*ve eend*) chatter; (*ve gans*) gaggle, cackle; (*ve pers*) chatter, jabber
snauw snarl, growl; **snauwen** snarl, snap ['no!' he snapped], growl; *je hoeft niet zo te ~* no need to jump down my throat; *~ tegen* snarl (snap)

at; *~d geven* snap out [an order]; **snauwer** snarler; **snauwerig** snappy

snavel bill; (*sterk & krom*) beak; *hou je ~,* (*fam*) keep your mouth shut; *zijn ~ roeren,* (*fam*) have plenty to say; **snavelkappen** debeak(ing); **snavelkrokodil** gavial; **snavelvis** garfish; **snavelvormig** beaked [nose], beak-like, rostriform

sneb(be) bill, beak; (*ve ouderwets oorlogsschip*) beak, rostrum (*mv:* rostra)

snede 1 cut; (*groter*) gash, slash; (*v gewas*) cutting; (*insnijding*) incision; *gulden ~* golden section; *ter ~* to the point; *zie ook* snedig; 2 (*plak*) rasher [of bacon], slice [of bread, meat, etc]; *dikke ~ brood* slab of bread, (*sl*) doorstep; 3 (*scherp*) edge [of a knife, etc]; *op ~* just right; in good form (shape); *~ geven,* (*sp*) be keen, give of one's best; *zie ook* scherp III; 4 (*ve versregel*) caesura, section; 5 (*ve boek*) edge; *zie ook* verguld; **snedig** witty, smart [reply]; **snedigheid** ready wit, quickness at repartee, smartness

snee *zie* snede; **sneed** *ovt van* snijden

sneer id, gibe, jibe; **sneeren** sneer

snees 1 score, twenty; 2 (*heler*) fence, receiver

sneetje 1 cut, nick; 2 slice; *zie ook* snede

sneeuw snow; (*modder~*) slush, slosh; *natte ~* sleet; *zwarte ~* misery, poverty; *door ~ ingesloten* snowbound [persons, villages]; *de stad ligt onder de ~* the ... is deep in snow; *de ~ lag vier voet hoog* the snow lay four feet deep; *het verdwijnt als ~ voor de zon* it disappears like snow under a hot sun (in the sun); **sneeuwachtig** snowy; **sneeuwbal** 1 snowball (*ook gebakje*); (*grote*) *~len maken* roll snowballs; *met ~len gooien* pelt [a p.] with snowballs; *zie ook* ~len; 2 (*plant*) snowball, guelder rose; 3 (*fig*) snowball (letter), chain letter

sneeuwbal|effect: *een ~ hebben* snowball; **-len** snowball, throw snowballs; **-lengooier** snowballer; **-letje** glass of gin and sugar

sneeuw|bank *zie* -hoop & -wolk; **-berg** 1 mound of snow; 2 snow-capped (snow-clad) mountain; **-bes** snowberry; **-blind** snow-blind; **-blindheid** snow-blindness; **-bril** snow-goggles; **-bui** snow-shower; *~tje* snow-flurry

sneeuwen I *ww* snow (*ook fig*); *het sneeuwde bloemen op hen* they were snowed under with flowers; II *bn* 1 snow [mantle, etc]; 2 snow-white

sneeuw|gans snow goose; **-gors** snow bunting; **-grens** snowline; **-haas** mountain hare; **-hoen** white (*of:* snow) grouse, ptarmigan; **-hoop** heap (*of:* bank) of snow, (*opgewaaid*) snowdrift; **-hut** snow-hut; (*v Eskimo's*) igloo

sneeuw|ig snowy; **-jacht** driving snow, snowstorm; snowdrift; **-ketting** (*om autoband*) (non-skid, snow) chain; **-kleed** snow-mantle; **-klokje** snowdrop; **-klomp** heap of snow; **-lijn, -linie** snowline; **-lucht** snowy sky; **-man** snowman; **-panter** ounce, snow leopard; **-ploeg** snowplough, (*Am*) -plow; **-pop** snowman; **-roos** snowball, guelder rose; **-ruimen** clear (shovel away) snow, clear [roads, etc] of snow; **-ruimer** snow-shovel(ler); **-schoen** snowshoe; **-schuiver** 1 snow-push, snow-shovel; 2 *zie* -ploeg; **-storm** snowstorm; (*verblindend*) blizzard; **-uil** snowy owl; **-val** 1 snowfall, [heavy] fall(s) of snow; 2 snow-slip; **-vink** snow bunting; **-vlaag** snow-squall; **-vlok** snowflake; **-vrij** clear(ed) of snow; **-water** snow-water; (*vuil*) slush; **-wit** snow-white, snowy white

Sneeuwwitje Snow White

sneeuwwolk snow-cloud

snek(rad) snail(-wheel), fusee

snel 1 quick [her mind worked quickly], swift [action, calculation], [her heart beats] fast, rapid, speedy, (*dicht*) fleet; *~le val van de barometer* rapid fall of ...; *dat ging ~!* quick work!; *~ler (kunnen) lopen dan,* (*ook ve schip*) have the legs of; *zie ook* hard; 2 handsome; 3 trendy, swinging; 4 lively; sharp

snel|blusser chemical (*of:* hand) extinguisher; **-buffet** snackbar, quick-service buffet; **-dienst** limited stop service; **-draaistaal** high-speed steel; **-duik** (*ve duikboot*) crash-dive; **-filtermaling** extra-fine ground [coffee for filters, cafetières and percolators]; **-goed**: *als ~* by fast goods (or passenger) train; **-heid** speed [of a train], velocity [of light, a bullet, etc; the escape velocity of a space probe]; quickness, rapidity, swiftness; *~ door het water* (*over de grond, door de lucht*), through-the-water (ground-, air-)-speed; *met een ~ van 100 km/u* at the rate (at a speed) of ...; *zie ook* maximum~

snelheidsbegrenzer governor; **snelheidsbeperking** speed limit; **snelheidsmaniak** road-hog; *zie* kilometervreter; **snelheidsmeter** speedometer, tachometer, speed indicator; **snelkoker** automatic (jug) kettle; **snelkookpan** pressure cooker; **snelle-kweekreactor** fast breeder (reactor); **snellen** hasten, hurry, rush, dash [to a p.'s help]; *zie ook* koppen~

Snellius: *de wet van ~* Snell's law

snel|recht rapid (execution of) justice; **-schrift** shorthand, stenography; **-schrijver** shorthand writer; **-staal** high-speed steel; **-tekenaar** lightning artist; **-tocht** head-hunting expedition; **-trein** express (train); fast train; **-treinbus** express bus; **-treinvaart** tearing rush; *in ~ door het parlement jagen* rush [the budget] through Parliament; **-varend** fast(-sailing), high-speed; **-verband** band-aid (*merk; ook fig*); **-verkeer** fast (*of:* high-speed, *Am:* express) traffic; **-verkeersweg** *zie* -weg; **-voetig** swift-, nimble-, fleet-footed; **-vuur** rapid fire, quick-firing; **-vuurgeschut** quick-firing guns; **-wandelen** race-walk(ing), [the 10,000 metres] walk; **-weg** motorway, (*Am*) superhighway; **-weger** automatic weigher; **-werkend** quick-acting, speedy [poison]; **-zeilend** fast(-sailing); **-zeiler** fast sailer

snepper scarifier; **sneren** sneer

snerken I *intr* sizzle, frizzle; II *tr* frizzle

snerpen cut, bite; (*ve kogel*) zip, ping; **snerpend** biting, searching, nipping, piercing [cold, sound], cutting [wind]; shrill [whistle]

snert 1 (*fam*) pea-soup; 2 (*fig*) trash, muck, tripe; **snertvent** worthless fellow, rotter, perisher;

snertweer lousy weather
sneu I *bn* disappointing; *dat vind ik ~ voor hem* I am sorry for him; *dat is ~ voor hem* it is hard on him; II *zn* (*ve beuglijn*) snood
sneuvelen be killed, fall (in battle, in action), be slain, perish; (*fam, oneig*) *doen ~* break [a record, teacup]; **sneven** (*vero, lit*) *zie* sneuvelen
snib(be) shrew, vixen; **snibbig** snappish, snappy [answer snappily], ratty; **snibbigheid** snappiness; **sniffen** 1 sniff; 2 (*schreien*) snivel
snij|biet (Swiss) chard, leaf beet, seakale beet; **-bloemen** cut flowers; **-bonenmolen** bean-slicer; **-boon** French bean; *snijbonen,* (*op tafel*) sliced (green) beans; *zie ook* raar & snijer; **-branden** oxy-acetylene cutting; **-brander** oxy-acetylene burner (torch, cutter)
snijden 1 cut; (*aan stukken*) cut up; (*voor~*) carve [meat]; (*fijn*) mince; (*in repen*) shred; (*snijbonen, ham, enz*) slice; *het laat zich ~ als kaas* it cuts like cheese; ***elkaar*** *~,* (*v lijnen*) intersect, meet; *men kon de* ***rook*** *~* you could cut the smoke with a knife (*zo ook:* you could cut his dialect with a knife); *het snijdt mij* ***door*** *de ziel* (*het hart*) it cuts me to the heart; *zie ook* gesneden, hout, mes, vinger, stuksnijden, enz; 2 (*graveren*) carve [wood, etc; carve figures in wood, stone, etc], engrave; 3 (*castreren*) geld, cut; 4 (*kaartsp*) finesse; 5 (*sp*) undercut; 6 (*afzetten*) fleece, sting, make [a p.] pay through the nose; 7 (*ve auto*) cut in; **snijdend** cutting [wind, tone, she spoke cuttingly], sharp, biting [sarcasm], stinging [pain]; (*meetk*) secant, intersecting; *~ werktuig, zie* snijwerktuig; **snijder** 1 cutter, carver; 2 (*graveur*) engraver; 3 (*vero*) tailor; *zie* kleermaker; **snijderspier** sartorius; **snijdervogel** tailor-bird
snijding 1 cutting, (inter)section; 2 (*meetk*) intersection; 3 (*in vers*) caesura; 4 (*in het lijf*) gripes
snijer 1 (*fam:*) *een rare ~* a queer customer; *nog zo'n ~* another Johnny; 2 (type of) loaf
snij|ijzer diestock; **-kamer** dissecting-room; **-kant** cutting edge; **-koek** *zie* ontbijtkoek; **-kop** cutter; **-lijn** secant, intersecting line; **-machine** cutting (slicing) machine, slicer, cutter; (*fot*) table; (*boekbinden*) guillotine; **-punt** (point of) intersection; **-tafel** 1 dissecting-table; 2 (*confectie, film*) cutting-table; **-tand** incisor, cutting-tooth; **-werk** carved work, carving, fretwork; **-werktuig** edge(d) tool, cutting tool; **-wond** cut; incised wound, knife wound; **-zaal** 1 dissecting-room; 2 (*confectie*) cutting-room
snik I *zn* sob, gasp; *een ~je* a half sob; *~ zonder tranen* dry sob; *de laatste ~ geven* breathe one's last; *tot de* (*mijn*) *laatste ~* to the last gasp, to my dying day; II *bn: niet goed ~* not all there, a little touched, a bit cracked, dotty, potty, barmy; **snikheet** *zie* smoorheet; **snikkel** (*volkst*) John Thomas, willie; **snikken** sob; *~d uitbrengen* sob out
snip 1 snipe; *zo dronken als een ~* as drunk as a fish; 2 *zie ~*verkouden; 3 hundred-guilder note
snipper 1 cutting, clipping, snip(pet), chip, scrap, shred; *geen ~*(*tje*) not a scrap, not a shred; 2 piece of candied lemon- (orange-)peel; **snipperdag** day off; *de zeven extra vakantiedagen zullen als ~en worden opgenomen* the ... will be taken up in odd days over the year; **snipperen** snip, cut up, shred; **snipperjacht** paperchase, hare and hounds; **snippermand** waste-paper basket, (*Am*) waste basket; **snipperuur** spare (*of:* leisure) hour; *werk in de snipperuren* odd-time work; **snipperwerk** trifling work
snipsnaarderij *zie* snorrepijperij
snip-snap snip-snap-snorum
snipverkouden: *~ zijn* have a streaming cold
snit [clothes of a foreign] cut; *naar de laatste ~* after the latest fashion
snobisme snobbery, snobbishness; **snobistisch** snobbish
snoei (*attr, fam*) *zie* loei; **snoeien** (*algem v bomen*) lop; prune [fruit-trees, roses, lilacs, etc]; clip, trim [a hedge]; clip [money]; **snoeier** lopper, pruner, trimmer, clipper; **snoeigoed** (*fam*) super; **snoeimes** pruning-knife; billhook; **snoeischaar** pruning-, lopping-shears, secateur(s); **snoeisel** prunings, loppings; **snoeitang** garden shears, averruncator
snoek pike; *hij ving een ~,* (*fig*) he got a ducking, (*bij het roeien*) he caught a crab; **snoekbaars** pike-perch; **snoekduik** headlong dive, (*fam*) header; **snoeksprong** pike dive
snoep *zie ~*goed; **snoepachtig** 1 sneaky [cat, boy]; 2 fond of sweets; **snoepcenten** money for sweets; *hij verdient er een aardige snoepcent aan* he is making a nice thing out of it
snoepen 1 eat (*of:* munch) sweets (cakes, chocolates, *Am:* candy); *graag ~* be fond of sweets, have a sweet tooth; *wie heeft van de jam gesnoept?* who has been at the jam?; *wil je ~?* have a sweet?; 2 (*heimelijk*) sneak, steal [he was caught stealing sugar]; (*Am*) snoop; **snoeper** 1 person with a sweet tooth; 2 womanizer; *oude ~* old goat, old rake; **snoeperig** lovely, charming; *zie ook* snoezig
snoep|erij, -goed sweets, sweetmeats, (*Am*) candy; **snoepje** 1 sweet, (*Am*) candy; 2 (*fig*) *zie* snoes; **snoepreisje** trip, jaunt; (*Am ook*) junket; (*in auto*) joy-ride; **snoepwinkeltje** sweet-shop; (*in school*) tuck-shop
snoer [fishing-]line, string [of pearls, beads], rope [of pearls], cord; (*elektr*) flex, (*Am*) cord; *iem aan zijn ~ krijgen* get a hold over a p.
snoeren string, lace, tie; *zie ook* mond
snoerloos cordless [telephone]
snoes darling, duck, ducky, peach, sweetie; *een ~ van een hoed, enz, zie* snoezig; **snoeshaan** 1 (*opschepper*) show-off; 2 (*rare ~*) queer customer, rum fellow, odd fish
snoet snout, muzzle; (*gezicht*) mug; *hou je ~,* (*fam*) keep your mouth shut; *aardig ~je* pretty face; (*pers*) pretty little thing
snoeven boast, brag, swagger, vaunt; *~ op* boast (*of:* brag) of; **snoevend** (*ook*) vainglorious
snoever boaster, braggart; **snoeverij** brag, boast(ing), braggadocio, swagger, vainglory
snoezepoes *zie* snoes
snoezig sweet, lovely, cute [hat]; *een ~(e) hoed,*

kind, naam, japon, enz, (*ook*) a duck of a hat, ..., etc, a dream of a gown; *~e meisjes* sweet girls
snok pull, jerk; **snol** (*plat*) tart, bitch
snood base, vile, wicked, heinous [crime], sinister [for some sinister purpose], nefarious [schemes], deep-laid [plot]; *snode ondankbaarheid* base ingratitude; **snoodaard** villain, miscreant; **snoodheid** baseness, etc
snoof *ovt van* snuiven; **snoot** *ovt van* snuiten
snor 1 moustache; (*ve kat, enz*) whiskers; *zijn ~ drukken* shirk, keep a low profile; 2 (*vogel*) Savi's warbler; 3 *dat zit wel ~* that will be all right
snorbaard moustache; (*ve kat*) whiskers; *oude ~* fire-eater
snorder crawler, crawling (plying, cruising) taxi(-cab); **snorfiets** light moped
snorkel id, snort; **snorkelen** snorkel (swimming); **snorken**, enz 1 *zie* snurken, enz; 2 *zie* snoeven, enz; **snorkerig** bragging, vainglorious
snorrebaard *zie* snorbaard
snorrebot bull-roarer, turndun
snorren 1 (*ve machine, enz*) whir(r), drone; (*zacht*) purr, (*ve spinnewiel, enz*) hum; (*ve pijl, kogel, enz*) whiz(z); (*ve kachel*) roar; *een bus snorde voorbij* a ... roared by; 2 (*ve taxi*) crawl, ply for hire; 3 hunt, recce; 4 catch, nab; **snorrepijperij** gimcrack(ery), knick-knack, trifle
snot 1 (nasal) mucus; (*plat*) snot; (*opgedroogd, sl*) bogey; 2 (*vogelziekte*) coryza, roup; *zie ook* droes I; **snotaap** brat, urchin, whipper-snapper; *iem als een ~ behandelen* treat a p. like dirt; **snotdolf** *zie* snotolf; **snotje**: *ik had hem in het ~,* (*fam*) I had twigged him, knew what he was up to; *in het ~ krijgen* twig, get wind of [s.t.]
snot|jongen *zie* -aap; **-neus** 1 (*eig*) snotty nose; 2 (*lamp*) slush-lamp; 3 *zie* -aap; **-olf** (*vis*) lump-sucker; **-teren** snivel, blubber, blub; **-terig** snotty, snivelling; **-ziekte** snot
snuf smell; (*snuif*) snuff; *~ ~* sniff sniff; *in de ~ hebben* suspect; notice; **snuffel** *zie* snufferd; **snuffelaar(ster)** prier (pryer), Paul Pry, Nos(e)y Parker; **snuffelen** 1 (*met neus*) sniff; 2 (*fig*) nose, ferret, rummage [in a drawer, etc], pry [into s.t.], root, fumble [among papers, etc], hunt [in old books]; *~ aan,* (*fig*) explore, take a look at, consider; *naar iets ~* forage for s.t.; **snuffelhond** sniffer dog; **snuffelpaal** air pollution detector; **snuffen** *zie* snuiven; **snufferd** conk; *op zijn ~* [he fell] on his nose; **snufje**: *het nieuwste ~* the latest novelty, the last word, the latest thing [in hats, etc]; *met de laatste ~s* sophisticated; *technisch ~* gadget; *~ zout* pinch of salt
snugger clever, bright [a bright lad], smart, sharp, spry, quick in the uptake, (*fam*) brainy [chap, idea]; *het is een ~e vent,* (*ook*) his head is screwed on all right; *hij is niet* (*een*) *van de ~sten* he is not over-intelligent; **snuggerheid** cleverness, etc
snuif snuff; *~je* pinch of snuff (*ook:* of salt, etc); **snuifdoos** snuff-box; **snuiftabak** snuff
snuisterij knick-knack, trinket, bauble, gewgaw; *~en,* (*ook*) bric-a-brac
snuit snout, muzzle; (*ve olifant*) trunk; (*ve insekt*) proboscis; (*gezicht*) mug; *zie ook* snoet; **snuiten** snuff [a candle]; blow [one's nose]; **snuiter** 1 (pair of) snuffers; 2 chap, fellow; *rare ~* queer customer, odd fish, rummy chap; *vrolijke kleine ~* cheerful little beggar; **snuitkever** snout beetle
snuiven 1 sniff (*ook van cocaïne*), give a sniff, snuffle; (*piepend ademhalen*) wheeze; (*v woede, enz*) snort [with fury, etc]; (*ve paard*) snort; (*ve dampig paard*) roar, whistle; 2 (*snuif gebruiken*) take snuff; **snuiver** 1 sniffer; 2 snuff-taker; 3 (*paard*) roarer, whistler; 4 (*ve onderzeeër*) snort
snurken 1 snore; *~d,* (*ook*) stertorous [breathing]; 2 *zie* snoeven; **snurker** 1 snorer; 2 *zie* snoever, enz; **snurkerig** bragging, vainglorious
SOA STD; *zie* overdraagbaar
sober sober, frugal; (*schraal*) scanty; **soberheid** soberness, sobriety, frugality, scantiness; **sobertjes** scantily, poorly
sociaal social [drinking, geography, justice, security, welfare, etc]; *~ assistente, werkster* welfare (*of:* social) worker; *Sociale Dienst* Social Security Office; *sociale lasten* national insurance contributions; *sociale partners* employers' and workers' organizations and government; *sociale uitkeringen* welfare benefits; *sociale verzorging* welfare work; *sociale voorzieningen* welfare services; *Sociale Zaken* Social Services Department; *zie ook* academie
sociaal-|cultureel sociocultural; **-democraat** social democrat; **-democratie** social democracy; **-democratisch** social democratic; **-economisch** socio-economic
sociabel sociable; **socialisatie** socialization; **socialiseren** socialize; **socialisme** socialism; **socialist** id; **socialistisch** socialist(ic)
sociëteit club(-house); *de S~ van Jezus* the Society of Jesus; *zie ook* soos & studenten~
sociniaan(s) Socinian
socio 1 social worker, etc; 2 softy, -tie; **sociobiologie** sociobiology; **sociodrama** id; **socio-economisch** socio-economic; **sociogram** id; **sociolinguïstiek** sociolinguistics; **sociologie** sociology [of development, education, gender, medicine, race, etc], social science; **sociologisch** sociological; **socioloog** sociologist, social scientist; **sociometrie** sociometry
Socrates id; **socratisch** Socratic (*bw:* -ally)
soda id [a whisky and soda]; **sodawater** soda-water
sode|flikker *zie* -mieter; **-ju**! christ!; **-mieter** (*plat*) 1 sodomite; 2 bastard, [poor] bugger; *als de ~* like hell, like blazes; *het helpt geen ~* it's no bloody use; 3 *zie* donder; *geef 'm op z'n ~!* let him have it!; **-mieteren** (*plat*) I *tr* chuck; II *intr* fall, drop; *-mieter op!* get the hell out of here!; *lig* (*volkst: leg*) *niet te ~!* chuck it!, (*Am*) cheese it!
Sodom id; **sodomie** sodomy; **sodomiet** sodomite; **sodomsappel** apple of Sodom, Dead Sea apple
soebatten implore, beseech; beg, whimper [*om* for]; **soeda(h)**! never mind!; enough!; **Soedan** Sudan; *de ~* the Sudan; **Soedanees** *bn & zn* Su-

danese (*ook mv*); **Soefi** Sufi; **soefisme** Suf(i)ism
soelaas solace, comfort
Soenda Sunda [Islands, Strait]; **Soendanees** *bn & zn* Sundanese (*ook mv*)
soenna Sunna(h); **soenniet** Sunni, Sunnite
soep 1 soup; (*bouillon*) broth; *in de ~ rijden* smash up [a car]; *in de ~ zitten* be in the soup (a hole, a mess); *niet veel ~s* not up to much, nothing to write home about; *de ~ wordt nooit zo heet gegeten als ze opgediend wordt,* (*vglb*) things are sure to simmer down; it may not be as bad (draconian, etc) as it looks; 2 (*onzin*) rubbish, tommy rot; **soeparoma** soup seasoning; **soepballetje** force-meat ball; **soepbord** soup plate
soepel 1 supple [leather, mind], flexible [tubing], pliant [branches]; *~ maken* (*worden*) supple; *~ lopen* run (go, work) smoothly; 2 (*plooibaar*) flexible, (com)pliant; *~ leiding geven* lead with a light hand; *ze zijn nogal ~* they show consideration; *~ oplossen* solve [a problem] smoothly; **soepelheid** suppleness, flexibility
soeperig (*ook fig*) soupy, wishy-washy
soep|groente soup vegetable(s); **-jurk** baggy, sack-like dress; (*fam*) long dress; **-ketel** soup kettle; **-kip** boiling-fowl; **-kokerij** soup-kitchen; **-lepel** soup ladle; (*eetlepel*) soup spoon; **-schildpad** green turtle; **-stengel** breadstick; **-tablet** stock cube; **-vlees** meat for cooking and serving in soup; **-zootje** (*fig*) mess
soera sura(h), chapter of the Koran
soes 1 (*dommel*) doze; *oude ~* old dotard, old muff; 2 (*gebak*) puff, puffed cake
soesa bother, worry, worries, trouble
soeverein I *bn* sovereign; *~e macht* supreme authority; *~e minachting* supreme contempt; II *zn* sovereign, ruler; (*munt*) sovereign; **soevereinboor** countersink drill, rose bit; **soevereinen** countersink; **soevereiniteit** sovereignty, sovereign power
soezen doze, be wool-gathering, be in a brown study; *waarover zit je te ~?* a penny for your thoughts; **soez(er)ig** dozy, drowsy
sof (*fam*) wash-out, flop; (*attr*) rotten, lousy
sofa id; **sofboel** *zie* sof; **soffrein** chamfer
Sofia Sophia; (*stad*) Sofia; **Sofie** Sophia, Sophy
sofisme sophism; **sofist** sophist; **sofisterij** sophistry; **sofistisch** sophistic(al)
softenon thalidomide [baby]
soigneren *zie* verzorgen & verzorgd
soiree soirée, evening party
soja soy(a), bean sauce; **sojaboon** soy(a) bean; **sojakoek** bean cake; **sojameel** soy(a) flour; **sojaolie** soy(a) bean oil
sok 1 sock; *op zijn ~ken* in one's socks; *held op ~ken* funk, coward, pasteboard knight; *er de ~ken in zetten* spurt, hurry; *van de ~ken gaan* faint, pass out; *iem van de ~ken rijden* knock a p. down, bowl a p. over; 2 (*ve dier*) [white] stocking; 3 (*techn*) socket; 4 (*pers*) muff, mug, duffer; *ouwe ~* (old) dotard, old buffer, old fogey, crumblie; **sokkel** socle, plinth
sokophouder (sock-)suspender; **sokpantoffel** slip sock; **soksleutel** (*techn*) socket wrench

sol (*natuurk & muz*) id; **solaas** solace, comfort
solair solar; **solarium** id; (*ruimte, ook*) sun-trap
solawissel sola (bill), sole bill
soldaat soldier (*ook bij insekten*); *~ 1ste klas,* (*vglb*) lance corporal; *gewoon ~* private (soldier); *een fles ~ maken* crack a bottle; **soldaatje** 1 toy soldier; *~ spelen* play (at) soldiers; 2 (*brood*) crouton; 3 (*plant*) military (*of:* soldier) orchid
soldaten|brood *zie* commiesbrood; **-leven** a soldier's (*of:* military) life, soldiering; **-lied** soldier's song; **-muts** forage-cap; **-regering** military government; **-volk** soldiery
soldatesk soldierly, soldier-like
solde remnant; *~n, ~s* (stock-taking) sales
soldeer [soft, brazing, tin-lead] solder
soldeer|bout soldering-iron; **-brander**, **-lamp** blowlamp, (*Am*) blowtorch; **-pasta** flux; **-pistool** soldering-gun; **-sel** *zie* soldeer; **-tin** tin-solder; **-water** soldering-fluid, flux
solden 1 remnants; 2 sales
soldenier (*hist*) mercenary
solderen 1 solder, (*hard*) braze; 2 (*prijs*) reduce
soldij pay; **solecisme** solecism
solemneel solemn; **solemniseren** solemnize
solenoïde (*elektr*) solenoid
soleren 1 give a solo performance; 2 solo, go it alone; **solfatare** solfatara
solfège (*muz*) solfeggio (*mv ook:* -ggi), id; **solfègiëren** sing solfeggio; solfeggio singing, solmization; **solfer** sulphur; **soli** *zie* solo
soli|dair solidary; *~ aansprakelijk* jointly and severally liable, responsible jointly and severally; *~ zijn* stand by each other; *zich ~ verklaren met* (decide to) act in sympathy (declare one's solidarity, throw in one's lot) with; *zich ~ voelen met* feel at one with; **-dariseren** 1 consolidate, solidify; 2 identify (o.s.) with; *vgl* -dair; **-dariteit** 1 solidarity; *staken uit ~* strike (come out) in sympathy [*met* with]; 2 (*handel*) joint liability
solidariteits|gevoel feeling of solidarity; **-staking** sympathy (sympathetic) strike
solide 1 (*stevig*) substantial, solid, strong; *~ gebouwd* soundly constructed (*of:* built); 2 (*oppassend*) steady(-going); 3 (*fatsoenlijk*) respectable, reliable [firm]; 4 (*vertrouwbaar*) trustworthy, reliable; *~ effecten* sound securities; 5 (*in staat te betalen*) solvent; **soliditeit** substantiality, solidity; steadiness, respectability; reliability; solvency; [financial] stability, soundness; *vgl* solide; **solied** *zie* solide
solipsisme solipsism
solist(e) soloist; **solistisch** solo; *~ optreden* act on one's own (authority), do things without consultation; **solitair** I *bn* solitary; II *zn* (*diamant, spel*) solitaire; (*kluizenaar*) recluse, solitary; (*dier*) rogue [elephant]
sollen romp [with a child]; *~ met* haul about, drag about; (*fig*) make fun (a fool) of; *hij laat niet met zich ~* he stands no nonsense, he is not to be trifled with; *~ met de waarheid* trifle with the truth
sollicitant candidate, applicant; *~en oproepen voor* invite applications for; **sollicitatie** application; **sollicitatiebezoeken**: *sollicitatiebezoeken*

bij de commissie afleggen canvass the committee; *zie ook* bezoek; **sollicitatiebrief** letter of application; **sollicitatiegesprek** job interview; **solliciteren** apply; ~ *naar* apply for, stand (go in) for; (*fam*) put in for [a job], ask for [a punch on the nose]

solmiëren, solmiseren (*muz*) solmizate

solo I *zn* solo (*ook kaartsp & luchtv; muz ook mv:* soli); II *bn* solo [attempt, cello, part, singing; fly, play, solo]; **solospel** solo performance; **solotoer**: *op de ~ gaan* go it alone; **solovlucht** solo (*of:* lone) flight; **solozanger(es)** soloist, solo vocalist

solsleutel (*muz*) G clef; **solstitium** solstice

solutie (rubber) solution

solvabel solvent; **solvabiliteit** solvency, solvability; **solvent** id; **solventie** solvency

som 1 (*bedrag*) sum (*ook:* the sum of the angles of a triangle); *een aardig ~metje* a tidy little sum; 2 (*vraagstuk*) sum, problem; *een ~ maken* do a sum; *hij kan goed ~men maken* he is good at sums

Soma|lië Somalia; **-liër, -lisch** Somali(an)

somatisch somatic [cells, complaints, diseases]

somber gloomy [house, person, clouds, forest, sky], sombre [sky, colour], dull, dismal [weather], dreary [landscape], cheerless [house], bleak [future]; (*ve stemming*) dejected, melancholy; ~ *gestemd* dejected, in low spirits; **somberen** speak pessimistically [about the economy]; **somberheid** gloom, sombreness, dullness, cheerlessness, dejection

sombrero id

somma sum total, total amount; **sommatie** summons; **sommeren** summon, call (up)on; serve a notice (a writ) on [a p.]; *de menigte ~ uiteen te gaan,* (*ook*) read the Riot Act; *zie ook* optellen

sommige some; *~n* some (people)

somnambule somnambulist; **somnambulisme** somnambulism

somp bog; **sompig** soggy, boggy, marshy

soms sometimes, now and then; (*misschien*) perhaps [I looked to see if perhaps it might be there]; ~ ..., ~ ... now ..., now ...; at times ..., then again ...; *hij kan ~ heel aardig zijn* he can be very nice at times; *hij zat er ~ uren* he would sit there for hours; *hebt u ~ anjers?* have you any carnations(, by any chance)?; *als je er ~ voorbij gaat* if you happen to pass that way; *hij is ...; of niet ~?* he is ...; or is he?; *zie ook* misschien

som|tijds, -wijlen *zie* soms

sonant sonant; **sonantisch** sonant; **sonar** id; **sonate** sonata; **sonatine** sonatina

sonde (*stift, meet~*) probe, sound, [radio]sonde; (*buisje*) catheter, tube; *met een ~ voeden* drip-feed; **sonderen** probe, sound (*ook fig:* a p.]

songtekst lyric

sonnet id; **sonnettenkrans** sonnet cycle

sonogram id

sonoor sonorous; **sonoriteit** sonority

Sont: *de ~* the Sound

soort kind, sort, species; style [of binding]; (*merk*) brand; (*biol*) species; *vroege en late ~en* early and late varieties; *eerste ~ eieren* top-grade eggs; *een ~ dichter* a sort of poet, a poet of sorts (of a sort); *een ~ gebroken Engels* [he spoke] broken English of a kind (of a sort); *voor jou of jouw ~* [I'll not work] for you or your likes (or the likes of you); *Dick, of zo'n ~ naam* ...or some such name; *hij is een **goed** ~* he is a good sort; *~ **zoekt** ~* like seeks like; birds of a feather flock together; ***in** zijn ~* [the speech was a gem, was good] of its kind, [a masterpiece, unique] in its way; *zie ook* enig; *hij is niet **van** onze ~* he is not our sort; *mannen van dat ~* men of that stamp; *mensen van het zelfde ~* people of the same kind (sort, kidney); *zie ook* hefboom & 1 slag; **soortelijk** specific [gravity *gewicht*]; *~ verschillend* specifically distinct; **soortement** sort, kind of; **soortgelijk** similar, suchlike, of the same kind; **soortgenoot** congener, one of the same kind; **soortnaam** class-name, generic (specific) name

soos club; *op de ~* at the club; *zie ook* sociëteit

sop broth; (*zeepsop*) [soap-]suds, sudsy water; *het ruime ~* the offing, the open sea; *het ruime ~ kiezen* stand out to sea; *een ~je halen* get wet through; *het ~ is de kool niet waard* the game is not worth the candle; *iem in zijn eigen ~ laten gaar koken* let a p. stew in his own juice; *met het zelfde ~ overgoten* tarred with the same brush

Sophia, Sophie Sophia, Sophy

soppen 1 sop [bread], dunk, steep; *zij kunnen niet ruim* (*vet*) *~* they are not well off; (*plat*) fuck; 2 slosh [through the mud]; wash down [the car]; **sopperig** 1 (*ve weg, enz*) slushy, muddy; 2 (*v eten*) sloppy; 3 (*v kleren*) sloppy, floppy; **soppig** *zie* sopperig 1 & 2

sopraan soprano (*mv:* -nos, -ni), treble; **sopraanblokfluit** descant recorder; **sopraanpartij** soprano part; **sopraanzangeres** soprano (singer)

sorbe sorb; **sorbeboom** sorb(-tree); **sorbenkruid** burnet; **sorbet** id, (*Am*) sherbet

sordine id, muffler, damper

sores trouble(s), worries; **sorghum** id

sorteerder sorter, grader; *vgl* sorteren; **sorteerkamer** sorting-room; **sorteerstrook** filter lane; **sorteren** sort, assort; (*naar kwaliteit, ook*) grade; (*naar grootte, ook*) size; *ongesorteerde eieren* ungraded eggs; (*geen*) *effect ~* be (in)effective, produce an (no) effect; *zie ook* gesorteerd; **sortering** 1 sorting, grading, sizing; *vgl* sorteren; 2 (*collectie*) [large] assortment, range, selection

sortie 1 (*kaartje*) pass-out (*of:* return-)check; 2 (*uitval*) sortie, sally; 3 (*mantel*) opera-cloak, -wrap; **sortiment** assortment

sosiodontie restorative dentistry

sottise silly thing, folly

sotto voce id, in an undertone

sou: *geen ~* not a sou, not a penny

soubrette id

souche counterfoil, (payment) stub; **Souchong** id

souf|flé id; **-fleren** prompt; **-fleur** prompter; **-fleurshokje** prompter's (*of:* prompt) box

souper supper; **souperen** take (have) supper, sup

souplesse flexibility; (*fig ook*) compliance, tolerance

sourdine sordino, muffler, damper; (*ve orgel*) id
sousafoon sousaphone
sous|bras dress-shield, dress-preserver; **-chef** sub-chief, deputy head; **-main** blotting-, writing-pad; **-pied** (*hist*) 1 (trouser-)strap; 2 spat
soutache braid; **soutane** id, cassock
souteneur id, pimp, ponce, fancy-man
souterliedekens metrical psalms
souterrain basement(-storey); (*archeol*) id
souvenir id, keepsake, memento
sovjet Soviet [Republic]; **sovjetiseren** sovietize; **Sovjetunie** Soviet Union, USSR
sowieso in any case; **sowjet** *zie* sovjet
spa 1 *zn & bn* zie spade; 2 *zn* mineral (water)
spaak spoke; (*ve stoel*) rung; (*ve gangspil*) bar; *hij stak mij een ~ in het wiel* he put a spoke in my wheel; *het loopt vast ~* it's sure to go wrong
spaakbeen radius; **spaakwiel** spoked wheel
spaan 1 chip [of wood]; 2 (*boter~*) scoop, pat; 3 (*schuim~*) skimmer; 4 (*dak~*) shingle
spaander chip; *~s,* (*ook*) shavings; *waar gehakt wordt vallen ~s* you can't make an omelette without breaking eggs; **spaanplaat** chipboard
Spaans Spanish; *~e aak* (field) maple; *~ groen* verdigris; *~ le*(*d*)*er* Spanish leather, cordovan; *~e peper* red (green, yellow) pepper, capsicum, (*één peul*) chilli; *~ riet* cane; *~e ruiters* chevaux-de-frise; *~e vlieg,* (*med*) Spanish fly, cantharides (*mv*); (*insect*) blister beetle, Spanish fly; *~e zeep* white soap; *het ging er ~ toe* there were wild goings-on there; **Spaanse** Spanish woman; **spaansgezind** pro-Spanish; **Spaans-Portugees** Hispano-Portuguese
spaar|bank savings bank; *zie ook* halen, zetten, enz; **-bankboekje** savings-bank book, account book, deposit book; **-bekken** storage basin, reservoir; **-bewijs** savings certificate; **-brander** pilot flame, bypass burner; **-brief** savings certificate; **-centen** *zie* spaarpenningen; **-der** saver; (*inlegger*) depositor; **-duiten**, **-geld** *zie* spaarpenningen; **-kas** 1 savings bank; 2 tontine; **-lamp** low-energy bulb (lamp); **-penningen** savings, nest-egg, 'stocking'; **-pot** money-box; *een ~je maken* lay by (save up) a little money; *een aardig ~je* a nice little nest-egg; **-rekening** savings account; **-tegoed** savings balance; **-varken** piggy bank; **-zaam** 1 (*zuinig*) economical [*met* of], thrifty; sparing [of praise, of words]; *~ verlicht* sparingly (dimly) lighted, darkly lit; *zie verder* zuinig; 2 (*schaars*) scanty [information], sparse [words], infrequent [occasions]; **-zaamheid** thrift, economy; **-zegel** saving(s) stamp
spaat spar
spade *zn* spade; *de eerste ~ in de grond zetten* cut the first sod, turn the first spadeful of earth, break ground; **spadille** id
spagaat [do the] splits; **spaghetti** spaghetti [junction, western]; **spaghettistuur** aerobars
spakerig 1 (*hout*) dry; 2 (*lucht*) hazy
spalier espalier, trellis-, lattice-work; **spalierboom** espalier (tree)
spalk splint; **spalken** splint, put in splints
span 1 (*maat*) span [of the hand]; 2 (*gespan*) team [of horses, oxen], yoke [of bullocks]; set, match-pair [of carriage-horses]; *een aardig ~* a nice couple; *een mooi ~ voor een bokkewagen,* (*iron*) strange yoke-fellows; *zie ook* verwisselen
spanbeton pre-stressed concrete; **spanbroek** (*kort*) (pair of) tights, (*lang*) (pair of) pantaloons; **spandienst** statute-labour with teams; *zie ook* hand- en spandiensten; **spandoek** banner
spanen *bn* chip; *~ mandje* chip (basket), (*voor fruit, ook*) punnet
spang clasp, ring; **spanhaak** tenterhook
spaniël spaniel
Spanjaard Spaniard; **Spanje** Spain; **spanjolet** espagnolette, French window fastener; **Spanjool** Spaniard
span|kracht tensile force, tension; elasticity; (*v gas, enz*) expansibility, expansive force; **-lak** (*v doek, enz*) dope; **-moer** tightening-nut
spanne: *~ tijds* [our life is but a] span, brief space of time
spannen I *tr* 1 stretch [a rope across the road]; string [a racket]; 2 (*strakker ~*) tighten; (*boog*) bend, draw; (*spieren, zenuwen*) strain [one's muscles, every nerve]; (*trommel*) brace [a drum]; *de **haan** van een geweer* (*weer*) *~* (re-)cock a rifle; 3 (*strik*) lay [a snare], (*net*) spread [a net]; 4 (*de aandacht*) strain [the attention]; 5 (*aan-, in~*) harness; *de **paarden** voor het rijtuig ~* put (harness) the horses to (the carriage); *zich ervoor ~* take the matter in hand, take up the case; *zie ook* gespannen, boog, verwachting, enz; II *intr* (*ve kleed*) be (*of:* fit) tight; ***het** zal er ~* it will be hot work, there will be some sharp exchanges; *het spande erom* it was a near (a close) thing; *het zal erom ~ te ...* it will be a squeeze [to get everybody in, to balance the budget, etc]; *als het erom spant* at a pinch, at a squeeze; *zie ook* nijpen
spannend 1 exciting [game, scene]; (*sterker*) thrilling [race, story]; tense [drama, moment, scene]; 2 tight [jeans]
spanner (*vlinder, rups*) geometer, spanworm
spanning 1 (*algem, van spieren, zenuwen, enz*) tension; 2 (*natuurk*) tension, stress, strain; (*druk*) pressure; (*elektr*) tension, voltage; 3 (*ve brug, enz*) span; 4 (*fig*) [a state of great] tension, [political] stress; (*onzekerheid*) suspense; *in angstige ~* on tenterhooks, [look] anxiously; *iem in ~ houden* keep a p. in suspense (on tenterhooks); *ogenblik van ~,* (*ook*) tense moment; *met ~ verwacht* anxiously (eagerly) expected
spanningsmeter 1 (*elektr*) voltmeter; 2 (*ve autoband*) tyre-gauge; 3 (*med*) tonometer; **spanningsregelaar** voltage regulator; **spanningsveld** (*fig*) area of tension, interface [between religion and politics]; **spanningsverschil** potential difference; **spanningzoeker** voltage tester
spanraam tenter; **spanrups** geometer, looper; **spanschroef** tightening(-up) screw, stretching screw; (*draad~*) turnbuckle, bottlescrew; (*v want*) rigging screw
spant (*ve dak: één balk*) rafter; (*dakstoel*) truss; (*ve houten schip*) timber; (*ve stalen schip*) frame

span|wijdte span; (*vleugel~*) wingspan, wingspread; **-zaag** frame-, span-, buck-, bow-saw; **-zeil** 1 (*med*) straitjacket; 2 jumping-sheet
spar 1 (*boom*) fir, (*fijne ~*) spruce; 2 (*ve dak*) rafter; **sparappel** fir-cone
sparen I *tr* 1 (*op~*) save, save up [money]; reserve [s.t. for another occasion]; *wie wat spaart heeft wat, ~ doet garen* a penny saved is a penny gained, waste not want not; 2 (*ontzien*) spare [a p.('s life), neither time nor money]; *zich (zijn krachten) ~* save (spare) o.s., husband (save, nurse) one's strength; *de fles niet ~* not spare the bottle; *geen moeite of kosten ~* spare no pains or expense; *spaar me ...* spare me [your remarks, that humiliation *vernedering*]; *om het boek te ~* [binding] to preserve the book; II *intr* save (up) [for one's old age], lay by (money); *~ voor een reisje* save up for a trip; *zie ook* besparen
sparreboom spruce; **sparrehout** fir-wood, deal; **sparrekegel** fir-cone
sparren (*sp*) work out, have a work-out; (*boksen, enz*) spar; **Sparta** id; **Spartaan(s)** Spartan
spartelen thrash about; (*hulpeloos*) flounder, struggle, squirm
spas|me spasm; **-modisch** spasmodic; **-ticiteit** spasticity; **-tisch** spastic (*ook fig:* a spastic idea); *~e patient* spastic; *~e verlamming* cerebral palsy; *daar word ik ~ van* it drives me up the wall
spat 1 (*vocht*) spatter, splash; (*vlek*) speck, stain, spot; *zie ook* ~ader & ~je; *geen ~,* (*fam*) not an atom (a scrap); *geen ~ uitvoeren* not do a stroke of work; 2 (*bij paarden*) spavin; **spatader** varicose vein, varix (*mv:* varices); **spatbord** (*vóór aan rijtuig*) splashboard; (*over wiel*) mudguard, (*ve auto, ook*) wing, (*Am*) fender
spatel spatula, slice; (*ve schilder*) palette knife, spatula; **spatelvormig** spatulate
spatie space; **spatiebalk** space-bar; **spatiëren** space (out); **spatiëring** spacing
spatje 1 speck; [a] spatter [of rain]; 2 (*borrel*) wet, spot, dram; 3 *zie* spats(ies); **spatkleed** apron; **spatlap** (*fiets*) mud(guard) flap; **spatsies** (*fam*) swank; *~ maken* make a fuss; swank
spatten splash, spurt, spirt, spatter; (*ve vlam, enz*) sp(l)utter [a spluttering nightlight]; (*ve pen*) splutter; *vonken ~* emit sparks, sparkle; *zie ook* uiteen~; *~d zeewater* spray (of the waves); **spatterig** spluttering [pen]; **spatwerk** spatter-work
spe: *in ~* intended, prospective, [his bride-]to-be
specerij spice; condiment; seasoning
specht woodpecker; (*blauwe*) nuthatch; (*groene*) green woodpecker, rainbird; (*zwarte*) black woodpecker; *grote bonte ~* woodpie, great spotted woodpecker
speciaal special [treatment, a special case], particular [in this particular case]; *speciale commissie* select committee; *een speciale vriend van me,* (*fam*) a great pal of mine; *~ werk maken van* specialize in [a subject], make a speciality of, make [it] one's speciality; *ik heb ~ op zijn handen gelet* I noted his hands in particular; *~ voor jou* [I bought it] (e)specially for you; *vgl* bijzonder; **speciaalzaak** specialist shop

specia|lisatie specialization; [Greek is his] speciality; **-liseren**: (*zich*) ~ specialize; **-lisering** specialization; **-lisme** specialism, speciality; **-list** id, expert [*in* on]; (*med ook*) consultant; **-listisch** specialist(ic), specialized
spécialité (*med*) patent medicine; **specialiteit** speciality, [brass work is our] specialty
specie 1 id, ready (*of:* hard) money (*of:* cash); 2 (*kalk*) mortar; 3 (*bagger*) spoil; **specieel** specialized, concerned with one or more specific kinds [of disease, treatment, etc]; **specievoorraad** (stock of) bullion
specificatie specification, specified statement; breakdown [of a bill]; *met goede ~s,* (*ook*) well-specified; **specificatiebiljet** (*bank*) paying-in slip; **specificeren** specify, particularize; *gespecificeerd,* (*ook*) detailed, itemized [account, statement]; **specificum** (*med*) specific; **specifiek** specific (*bw:* -ally); *~ voor* specific to (for); *~ gewicht* specific gravity; *~e rechten* specific duties;
specimen specimen [page, signature]
spectaculair spectacular; **spectator** id
spectraalanalyse spectrum (spectral) analysis
spectrometer id; **spectroscoop** spectroscope; **spectrum** id (*ook fig:* a wide spectrum of opinion, the political spectrum, a wide spectrum of ability]
speculaas (kind of) hard brown spiced biscuit
speculant speculator, operator; *~ à la hausse* bull; *~ à la baisse* bear; **speculatie** speculation, (*fam*) spec; *op ~* on speculation, (*fam*) on spec; **speculatiebouw** *zie* revolutiebouw; **speculatief** speculative [investment, treatise]; **speculeren** speculate; *~ op* trade on, take advantage of [a p.'s weakness], gamble on [the chance that ...], hope for, expect [an inheritance]; *grof ~* plunge; *gaan ~* launch into speculations; *zie ook* baisse & hausse; **speculum** id
speech id; **speechen** make a speech; propose a toast; (*iron*) speechify
speeksel saliva, spittle, spit; **speekselafscheiding** secretion of saliva, [promote the] flow of saliva; **speekselklier** salivary gland
speel|automaat gaming (*fam:* slot) machine; **-baar** playable [ball], (*muz, ook*) performable; **-bal** 1 (player's, playing) ball; (*biljart*) cue ball; 2 (*fig*) sport, toy, plaything, tool; puppet [he became a puppet in their hands]; *de ~ der fortuin* the sport of fortune; *het schip is de ~ der golven* the ... is at the mercy of the waves; **-bank** gaming-, gambling-house; **-dag** [the first] day of play, playing-day; **-doos** musical (*Am:* music) box; **-duur** playing time; **-film** feature film; fictional film; **-geld** cash for playing; (*inzet*) stake(s), (*pot*) pool; **-genoot** playfellow, playmate; **-goed** toys, playthings; *een stuk ~* a toy; **-goedwinkel** toyshop; **-hal** amusement arcade; **-helft** (*tijd & veld*) half; **-hol** gambling-, gaming-den; **-huis** gambling-, gaming-house; **-kaart** playing-card; **-kamer** 1 [children's] playroom; 2 card-room; **-kameraad** *zie* -makker; **-kwartier** break, interval; *in het ~* during play(time); **-lokaal** (*in school, enz*) games-room; **-makker** play-

mate, playfellow; **-man** fiddler, minstrel; *de ~ zit nog op het dak* they are still in their honeymoon
speel|-o-theek toy library; **-penning** counter, fish; *~en, zie ook* speelgeld; **-plaats**, **-plein** playground; **-pop** (*fig*) doll, puppet, toy; *zie ook* speelbal; **-ruimte** 1 play [of parts in motion]; 2 (*fig*) scope, elbow-room, margin, latitude, leeway, [have] full (*of:* free) play, room for manoeuvre
speels playful, sportive, gamesome
speelschuld gambling-, gaming-debt; **speelseizoen** playing season; (*theat*) theatrical season
speelsgewijze *zie* spelenderwijs; **speelsheid** playfulness, etc, *vgl* speels
speel|ster 1 player; 2 gambler; 3 actress; **-stuk** (*theat*) [a good] acting-play; **-tafel** 1 gambling-, gaming-table; 2 (*ve orgel, enz*) console; 3 (*~tje*) card-table; **-terrein** play-, recreation ground; playing-field; **-tijd** 1 playtime; 2 (*sp*) playing time; 3 (*sp*) period; **-tje** plaything; **-tuig** 1 musical instrument; 2 plaything(s), toy(s); **-tuin** playground, recreation ground; **-uur** play-hour; **-uurwerk** chiming clock; **-veld** field of play, pitch; **-verbod** playing ban; **-werk** 1 chime [of a clock]; 2 (*fig*) *zie* kinderspel; **-wijze** style of play, manner of playing; **-woede** *zie* speelzucht; **-zaal** gaming-, gambling-room; (*in sociëteit, enz*) card-room; **-ziek** *zie* speels; **-zucht** passion for gambling
speen teat, (*vero v mens*) nipple; (*fop~*) dummy, comforter; **speenkruid** lesser celandine; **speenvarken** sucking-pig; *zie* schreeuwen
speer spear; (*werp~*) javelin; **speerdistel** spear-thistle; **speerdrager** spearman; **speerpunt** spearhead (*ook fig*); **speerpuntactie** spearpoint action; **speerruiter** spearman, lancer; **speerwerpen** *zn* javelin-throwing, throwing the javelin; *P won het ~* P won the javelin (event); **speerwerper** javelin-thrower
speet I *zn* spit, twig, skewer; II *ww: ovt van* spijten
speetaal spitchcock
spek (*gezouten, gerookt*) (fat) bacon; (*vers*) pork; (*ve walvis*) blubber; *~je,* (*vglb*) marshmallow; *voor ~ en bonen meedoen* (*erbij zitten*) be present on sufferance (sit by doing nothing); *met ~ schieten* draw (*of:* pull) the long bow, romance; *dat is geen ~(je) voor jouw bek(je)* that's not for the likes of you
spek|bokking fat bloater; **-buik** paunch; **-glad** extremely slippery; **-haak** S (*mv:* Ss, S's), butcher's hook; **-ken** 1 (*eig*) lard; 2 (*fig*) (inter)lard [one's talk with foreign phrases]; *zijn beurs* (*zakken*) *~* line one's purse (one's pockets); *goed gespekte beurs* well-lined (*of:* long) purse; **-koek** 1 bacon pancake; 2 Indonesian spiced layer-cake; **-koper** bacon-merchant; *hij is een hele ~* he is well off; **-lap** 1 broad slice of streaky bacon; 2 (*v mens*) roll of fat; **-naald** larding-pin; **-nek** (person with a) fat neck; **-slager** pork butcher; **-steen** soapstone, French chalk, steatite
spektakel 1 spectacle, scene; 2 uproar, racket, hubbub, (*fam*) rumpus; *~ maken* (*schoppen*) kick up a row; *zie ook* herrie; **spektakelstuk** 1 blood-and-thunder play; 2 spectacular event
spekvet bacon fat; **spekzool** crepe sole; **spekzwoerd** pork-, bacon-rind
spel 1 (*het spelen*) play, [he congratulated the team on their] performance; (*een ~*) game [I watched his play and approached him after the game]; *~letje* game; round [a round of golf]; *~letje voor de huiskamer* parlour game; *hij is nog met het zelfde ~letje bezig* he is still at the old (the same) game; *dat ~letje ken ik ook!,* (*fig*) two can play at that game!; *het* ***afwisselende*** *~ van licht en kleuren* the shifting play of light and colour; *het ~* ***bederven*** spoil the game; *een ~letje* ***doen*** have a game; *hij heeft* ***gewonnen*** *~* he has the game in his own hands; *het ~ gewonnen geven* throw up one's cards, give up the game as lost; ***goed*** *~ te zien geven,* (*sp*) put up a good game; *hij heeft het ~ in* ***handen*** he holds all the trumps (cards), has all the cards in his hands; *hij* ***speelt*** *zijn ~ met u* he is playing (trifling) with you; *eerlijk ~ spelen* play the game; *gevaarlijk ~ spelen* play a dangerous game; *hoog ~ spelen* play for high stakes; *zijn ~ goed spelen,* (*fig*) play one's cards well; *het was alsof het ~* ***sprak*** it was an extraordinary coincidence; *hoe* ***staat*** *het ~?* how (what) is the game?, what are the scores?; *het ~ staat 16 gelijk* the score is 16 all; *het ~ is* ***verloren,*** (*fig*) the game is up; ***vrij*** *~ hebben* have free play (full scope), have it all one's own way; *iem vrij ~ laten* give a p. free play, leave a p. a free hand; *laat mij* ***buiten*** *~* leave me out of it; *dat kwam erbij* ***in*** *het ~* that played a part in it; *deze overweging komt hier in het ~* comes into play here; *er is een dame in het ~* there is a lady in the case; *de politie vermoedt dat er misdaad* (*misdrijf*) *in het ~ is* the ... suspect foul play; ***op*** *het ~ staan* (*zetten*) be (place, put) at stake (at hazard), be (lay, put) on the line; *wat op het ~ staat* the issue at stake; *alles op het ~ zetten* stake (hazard) everything, stake one's all, (*sl*) go for broke; *zijn leven op het ~ zetten* stake (*of:* risk) one's life; *het schip was* ***ten*** *~ aan de golven* the ... was at the mercy of the waves; *zie ook* kinder~, enz; 2 (*last, gedoe*) trouble, to-do; 3 (*aan speeltafel*) [addicted to] gambling, gaming; 4 (*theat*) (style of) acting; 5 (*muz: op instrument*) playing, execution; 6 (*op kermis, enz*) show, booth; 7 (*kaarten, enz*) pack [of cards], set [of dominoes, of chessmen; a ping-pong set]; *een goed ~ (in handen) hebben* have a good hand; *zie ook* hand, kaart & speling
spel|bederf (*sp*) time-wasting; **-bederver** 1 spoilsport, wet blanket; 2 (*sp*) time-waster; **-bepaler** playmaker; **-boek** spelling-book; **-breekster**, **-breker** spoilsport, wet blanket; *als spelbreker optreden* spoil things; **-computer** games computer
speld pin; *~je,* (*in het haar, verschuifbaar*) slide; (*ve collecte*) flag; (*ve club*) badge; *je had een ~ kunnen horen vallen* you could have heard a pin drop; *er is geen ~ tussen te krijgen, a*) you can't get in a word edgeways; *b*) that (his reasoning, etc) is watertight; *zoeken naar een ~ in een hooi-*

berg look for a needle in a haystack; *er een ~je bij* (*aan*) *steken* stop (drop the subject); *een ~ steken aan* (*voor*) put an end (a stop) to; *zie ook* stokje; **speldek(n)op** pin's head; **spelden** pin

speldengeld pin-money; **speldenkoker** pin-case; **speldenkussen** pin-cushion; **speldenwerk** lace-work; **speldenwerkster** lace-worker; **speldeprik** pinprick (*ook fig*); *~ken geven,* (*fig, ook*) stick pins into; **speldepunt** pin-point; **speldjesdag** (*vglb*) flag-day, (*Am*) tag-day

spelemeien go a-maying, frolic, sport

spelen 1 play (*ook v radio, fontein, brandspuit, zoeklicht, enz*); have a game [of billiards, cards, etc]; *~d kind* child at play; *laten ~* play [searchlights, guns, etc] [*op* on]; (*sp*) play [Smith at full back]; *de zaak speelt al jaren* (*nu*) the ... has been an issue for years (is currently an issue); *we hadden dit anders moeten ~,* (*aanleggen*) we should have set to work (managed, tackled, contrived this) differently; *jij moet ~* it is your game, your turn to play; *er werd niet gespeeld,* (*voetbal, enz*) (there was) no play; ***beter** ~ dan* outplay [a p.]; ***eerlijk*** (*oneerlijk*) ~ play fair (cheat at play); ***goed** ~,* (*sp*) put up a good game; *wij ~ **samen**,* (*ook*) we are partners; ***slecht** ~* make a bad play [at bridge]; *dat speelt mij **door** het hoofd* (*de geest*) that is running through my head (brain, mind); *het stuk* (*verhaal*) *speelt **in** ...* the scene is laid (the story is set) in [a little town], the action takes place in ...; *~ **met** zijn horlogeketting, enz* play (toy, fiddle) with one's watch-chain, etc; *ik laat niet met mij ~* I won't be trifled with; *met een idee ~* toy with an idea; *de wind speelt met haar lokken* the ... plays with her curls; *met zijn leven ~* play with one's life, court death; ***naar** binnen ~* dispose of, dispatch, polish off [two platefuls]; *een glimlach speelde om zijn lippen* a smile was playing round ...; *~ **op*** play (on) [the harp, etc]; *op het publiek ~* play up to the audience; *~ **over**, zie 4:* de oudere zuster ~; ***tegen** iem ~* play (against) a p. [the Harlequins are playing the Army team]; 2 (*gokken*) gamble; *~ **om** geld* (*een hoge inzet*) play for money (high stakes); *om niet* (*niet voor geld*) *~* play for love; *op winst ~* play for a win; *op zeker ~* play for safety, play safe; *op zien komen ~, zie* afwachtend: een ~e houding aannemen; 3 (*musiceren*) *de klokken speelden* the bells were chiming; *de klok speelt de kwartieren* the clock chimes the quarters; *de muziek **begon** te ~* the band struck up; ***laten** ~* turn on [the gramophone]; ***piano** ~* play (on) the piano; 4 (*theat*) play, act [the play is acted to perfection]; *wat wordt er gespeeld?* what is on?, what is playing?; *er wordt thans niet gespeeld* there is no play on at present; *hij speelt Brutus tegenover Mevr N's Portia* he plays Brutus to Mrs N's Portia; play (at) horses (trains, Red Indians); *de **gastheer*** (*spion, enz*) ~ play the host (spy, etc); ***paardje*** (*treintje, Indiaantje*) ~ play (at) horses (trains, Red Indians); *de oudere **zuster** ~* play the elder sister (game) [*over mij* on me: come the elder sister over me]; *zie ook* school: ~tje spelen; ***voor** Sinterklaas ~* play Santa Claus; *zie ook* gek, hoog, spel, enz

spelenderwijs effortlessly; *hij doet zijn werk ~* he ... with the greatest of ease; *de zwaarste problemen ~ oplossen* make light work of the most difficult problems; *~ promotie maken* get promotion without exerting o.s.; *hij zei het ~* he said so in sport (in fun)

speleoloog speleologist, potholer

speler 1 player (*ook apparaat*); 2 gamester, gambler; *zie ook* vals; 3 musician, fiddler; 4 performer, actor; *vgl* spelen; *de* (*gezamenlijke*) *~s,* (*theat*) the cast

spelevaart boating; **spelevaren**: *gaan ~* go (out) boating; *aan het ~ zijn* be (out) boating

spelfout spelling mistake

spelhervatting restart (of play)

speling play, tolerance; (*ruimte*) clearance; *zie ook* speelruimte; *~ der natuur* freak of nature; *een ~ van het lot* an irony of fate

spelkunst orthography

spelleid(st)er games master (mistress); (*theat, film*) producer, stage-, film-director; (*radio, TV*) producer; (*bij revue, enz*) compère

spellen spell (*ook voorspellen: dat spelt ongeluk* it spells disaster); *verkeerd ~* misspell

spelling id, orthography; **spellinghervormer** spelling reformer; **spellinghervorming** spelling reform; **spellingmethode** orthographical method

spel|maakster, -maker (*sp*) playmaker

spelonk cave, cavern, grotto; **spelonkachtig** cavernous; **spelonkbewoner** cave dweller (*of:* man), troglodyte

spelotheek toy library

spelregel 1 (*ve spel*) rule (*of:* law) of the game; *zich* (*niet*) *aan de ~ houden* stick to (break) the rules; 2 (*v spelling*) rule for spelling, spelling-rule; **spelreglement** rules of the game; book of rules

spelt (*plant*) id, bearded wheat

spelverdeler playmaker; **spelverloop** (*sp*) run of the play; **spelwedstrijd** spelling-bee; **spelwoord** spelling word

spenderen spend [*aan* on]; (*fam*) spring [*aan* on, for]; (*sl*) blue [*aan* on]; *zullen we er een dollar aan ~?* shall we have a dollar's worth?

spenen wean [*van* from; *ook fig*]; *ik moet er mij van ~* I must abstain from it (do without it); *hij is gespeend van ieder gevoel voor humor* he lacks (is devoid of) all sense of humour; **spenen, spening** *zn* weaning, (*wtsch*) ablactation

sperballon barrage balloon

sperma sperm [bank, donor]; **spermaceti** id; **spermaceti-olie** sperm oil; **spermacide** id; **spermatozo(ön), spermie** spermatozoon (*mv:* -zoa), sperm; **spermolie** sperm oil

sperren *zie* ver~ & open~; **spertijd** curfew; **spervuur** barrage, curtain-fire

sperwer sparrowhawk

sperzieboon French (dwarf, green) bean

spes patriae (*vglb*) the rising generation

speten skewer, string [herrings] on twigs

spetten spatter; *zie* spatten; **spetter** 1 spatter; 2 (*geweldig iets*) smasher; (*vrouw*) dish, stunner;

man) hunk; **spetteren** spatter; *zie* spatten
speurder detective, sleuth; **speurdersroman** detective novel; **speuren** trace, track; *zie ook* bespeuren & nasporen; **speurhond** (*ook fig*) blood-, sleuth-hound, sleuth, tracker (dog); **speurneus** (*fig*) nose [for finding things]; (*pers*) sleuth; **speurtocht** search, quest; **speurwerk** research, detective work (*ook politie*)
spichtig lank, weedy, spare(-built); skinny, pinched [face], spiky [hair]; spidery [handwriting]; *een ~ meisje* a wisp of a girl
spie 1 pin, wedge, peg, cotter, key; 2 (*cent, sl*) cent, bean; (*geld, sl*) dough; 3 (*spion, hist*) spy; **spieden** spy; **spieën** pin, wedge, key; **spiegat** scupper(-hole); spy-hole [in door]
spiegel 1 mirror, looking-glass, glass; (*natuurk*) mirror, reflector; (*ve auto*) (driving-)mirror; (*med*) speculum; *hij keek in de ~* he looked (at himself) in the glass; *blinken als een ~* shine like a mirror; 2 (*med*) [sedimentation] level; 3 (*op vogelvleugel*) speculum; 4 (*mar*) stern, (*deel ervan met de naam*) escutcheon; 5 (*oppervlak*) surface, level [of the sea]; **spiegelbeeld** (mirror) image, reflection; *in ~* in reverse; **spiegelei** 1 fried egg; 2 (*hist*) signalling disc
spiegelen be as smooth as a mirror; (*met spiegelglas*) shine [a piece of mirror on the wall]; *zich ~* look at o.s. in the glass (in shop windows, etc); *zich ~ aan* take warning from, take example by; *wie zich aan een ander spiegelt, spiegelt zich zacht* it is good to learn at other men's cost; *zie ook* weerspiegelen; **spiegelgevecht** sham fight, mimic battle; **spiegelglad** as smooth as a mirror (as glass, as a mill-pond); (*in de winter*) icy [roads]; **spiegelglas** 1 plate glass; 2 piece of mirror; *zie ook* spiegelen; **spiegelhars** colophony; **spiegeling** reflection; *zie ook* lucht~
spiegel|karper mirror-carp; **-kast** mirror(-fronted) wardrobe (*of:* cupboard); **-microscoop** reflecting microscope; **-raam** *zie* -ruit; **-reflexcamera** (single-lens) reflex camera, SLR(-camera); **-ruit** plate-glass window; **-schrift** mirror (reversed) writing; **-telescoop** reflecting telescope, reflector; **-vis** John Dory, dory; **-vlak** 1 surface of a looking-glass; 2 mirror(-like) surface; **-zaal** hall of mirrors; **-zool** clump(-sole)
spiekbriefje crib; (*fig*) note, memo; **spieken** crib
spielerei trifling, triviality
spier 1 muscle; *geen ~ vertrekken* not move a muscle, not turn a hair, not bat an eyelid; *zonder een ~ te vertrekken,* (*ook*) without wincing, without flinching, without batting an eyelid; 2 shoot, spire, blade (of grass); *geen ~(tje)* not a bit; 3 (*mar*) boom, spar; 4 (*vogel*) black martin
spieraam stretcher
spierbal tensed muscle; *~len* muscle, brawn
spiering smelt; *een ~ uitwerpen om een kabeljauw te vangen* throw (out) a sprat to catch a whale (a herring, a mackerel); *magere ~* beanpole
spier|kracht muscular strength, [he lacks the necessary] muscle; **-maag** gizzard, muscular stomach; **-naakt** stark naked; **-pijn** muscular pain(s), pain(s) in the muscles, aching muscles; **-reumatiek** muscular rheumatism; (*wtsch*) myalgia
Spiers Spires, Speyer
spier|schede sheath of a muscle; **-stelsel** muscular system; **-trekking** twitch of a muscle; **-verlamming** muscular paralysis; **-verrekking** sprain, pulled muscle; **-versterkend** anabolic [steroid]; **-vezel** muscle fibre; **-weefsel** muscle tissue; **-werking** muscular activity; **-wit** snow--white [laundry], [he was] as white as a sheet
spies spear, pike, javelin, dart; (*vleespen*) skewer; (*gewei*) spike; **spiesbok** pricket; **spiesdrager** pikeman, spearman; **spiesglans** antimony; **spieshert** 1 *zie* -bok; 2 (*Am. hert*) brocket; **spiesvormig** spear-shaped, hastate
spiets *zie* spies; **spietsen** spear [salmon, etc], pierce, gore [the bull gored him], transfix, impale
spijbelaar(ster) truant; **spijbelen** I *ww* play truant (from school); (*Am*) play hookey; II *zn: het ~* truancy
spijk (*plant*) 1 lavender; 2 aspic
spijker 1 granary; 2 nail; (*~tje, in schoen enz*) tack [I have a tack in my shoe]; *vertind ~tje* tin-tack; (*in zool*) stud; *vgl* ~zool; *gloeiende ~,* (*fig*) pin--point of light; *zo hard als een ~, a*) as hard as nails; *b*) as poor as a church-mouse, hard up; *~s op laag **water** zoeken* split hairs, carp, cavil; ***aan** de ~ hangen* put off; *~s **met** koppen slaan* get (come down) to business, get down to brass tacks, [let's] cut the cackle; *de ~ **op** de kop slaan* hit the nail on the head, strike home; *de ~ op de kop,* (*ook*) [his judgment was] spot-on
spijkerbak nail-box; **spijkerband** studded (*of:* spiked) tyre; **spijkerbed** bed of nails; **spijkerbroek** (blue) jeans, denims; **spijkeren** nail
spijker|hard (as) hard as nails; barefaced [denial]; *vgl* keihard; **-jasje** denim jacket; **-kop** nail--head; **-pak** denims, denim suit; **-schoen** hobnailed boot; **-schrift** cuneiform (characters, script, writing); *tafels in ~* cuneiform tablets; **-stof** denim; **-tang** nail-puller; **-trekker** *zie* -tang; **-vast** *zie* nagelvast; **-zool** studded sole
spijl bar; (*ve stoel*) rung, round; (*ve trapleuning*) banister, (*bk*) baluster; (*ve hek*) spike, pale; **spijlmat** scraper mat
spijs 1 food, fare; *spijzen* food(s), viands, victuals; *verandering van ~ doet eten* a change of food whets the appetite, variety is the spice of life; *~ en drank* meat and drink, eatables and drinkables; 2 (*amandel~*) almond paste
spijs|brij, -brok chyme; **-kaart** menu, bill of fare; **-kanaal** *zie* spijsverteringskanaal; **-lijst** *zie* spijskaart; **-offer** meat-offering; **-olie** edible oil
spijsvertering digestion; *stoornis in de ~* digestive upsets; *slechte ~* indigestion, dyspepsia; **spijsverteringskanaal** alimentary canal, food canal; **spijsverteringsstelsel** digestive tract
spijt I *zn* 1 regret [for a loss, at being refused s.t.; express one's regret]; *in ~ van* [...], [...] *ten ~* in spite of, notwithstanding [...]; *tot mijn* (*grote*) *~* (much) to my regret; *tot mijn ~ kan ik u niet helpen* I am sorry (*ook:* I am afraid) I cannot ...; *ik heb er ~ van* I regret it, I am sorry for it; 2 (*ergernis*) spite, vexation; II *vz* in spite of

spijten: *het spijt me* I am sorry (for it); *het spijt me dat ...* I am sorry ..., I regret ...; *het spijt me u te moeten berichten* I am sorry (I regret) to inform you ...; *het spijt me voor u* I am sorry for you; *het spijt mij van het geld* I (be)grudge the money; *het spijt me, maar ik geloof het wèl* [is this your writing?] I am afraid it is; *je hebt niets gedaan dat je behoeft te* ~ you've done nothing to be sorry for; ..., *en dat zou me erg* ~ ..., and I should be very sorry for it

spijtig 1 (*verdrietig*) sad, regrettable; *dat is* ~ that is a pity; 2 (*met wrok*) spiteful; *hij ging* ~ *heen* he went away in a huff; *hij zei het in een* ~ *ogenblik* he ... in a moment of pique; **spijtoptant** person regretting (unhappy) choice; **spijts** in spite of

spijzen 1 feed [the poor, a parking meter]; 2 subsidize; **spijzigen** feed, give to eat

spikkel spot, speck, speckle; **spikkelen** speckle, fleck; sprinkle [the edges of a book]; *gespikkeld behang* mottled wallpaper; **spikkelig** speckled, flecked, spotted, dotted; **spiksplinternieuw** brand-new

spil 1 pivot (*ook mil*), spindle, arbor; (*as*) axis, axle; *vgl* 1 as; *dat is de* ~ *waar alles om draait* that is the pivot on which everything hinges (*of:* turns); 2 (*ve wenteltrap*) newel; 3 (*ve draaibank*) mandrel; 4 (*werktuig*) capstan, windlass; 5 (*sp*) centre-half; **spilkoers** central rate

spillage id, leakage

spillebeen 1 spindly leg; 2 (*pers*) [a] spindle-shanks; **spilleleen** female fief; **spillen** squander, waste, spill; **spillezijde** distaff (*of:* spindle) side

spiltrap solid-newel (spiral) staircase

spilziek extravagant, wasteful, prodigal, thriftless; **spilzucht** extravagance, prodigality

spin 1 spider; (*snelbinder, ook*) octopus, roof lashing, (*Am*) bungees; (*nijdige*) ~, (*fig*) wasp; *zo nijdig als een* ~ as cross as two sticks; *bij de wilde ~nen af* too outrageous for words; 2 (*rotatie*) id

spinaal spinal [paralysis]

spinachtig spidery; *~en* arachnida

spinazie spinach; [*ga zo voort mijn zoon,*] *gij zult ~ eten* you'll do well

spinde pantry, store-cupboard; **spindel** spindle [oil]; **spindop** spinneret, spinning nozzle; **spindraad** spider-thread

spinel id, spinel ruby; **spinet** id, virginal(s)

spin|huis (*hist*) spinning-house, house of correction; **-klier** spinneret; (*ve zijderups, ook*) silk-gland; **-machine** spinning-machine, -jenny

spinnekop 1 spider; 2 sharp-tongued woman; 3 type of post-mill; **spinnekopbinder** spider, octopus; **spinnekrab** spider crab

spinnen 1 spin; *gesponnen glas* spun glass; *garen (zijde)* ~ *bij* reap profit from, make a nice thing out of; *je zult er geen garen bij* ~ it will do you no good; *er is geen goed garen mee (met hem) te* ~ there is nothing one can do with it (he is quite hopeless); 2 (*tabak*) twist [tobacco]; 3 (*ve kat*) purr; **spinner** id; **spinnerij** spinning-mill

spinne|web cobweb, spider's web; *een* ~ *van nauwe straatjes* a maze of narrow alleys; **-webvlies** (*anat*) arachnoid; **-wiel** spinning wheel

spin|nig (*fig*) waspish; **-nijdig** as cross as two sticks; **-orgaan** spinneret; **-rag** cobweb; *zo fijn als* ~ as fine as gossamer; **-ragvlies** (*anat*) arachnoid; **-rok(ken)** distaff

spinsel (*ve fabriek*) spinning(s), spun yarn; (*ve insekt*) web; (*ve zijderups*) cocoon; **spinster** spinner

spint 1 sapwood, splintwood, alburnum; 2 (*planteziekte*) red spider mite; **spintachtig**, **spintig** alburnous

spinwol spinning-wool

spinzen be on the look-out, hope [*op* for]

spion spy; (*vd politie, sl*) nark; *~netje* spy-, window-, spying-mirror, reflector; **spionage** espionage, spying; **spionagenet** spy ring; **spioneren** spy

spiraal spiral; (*mech*) coil; *~tje* intra-uterine device, IUD; **spiraalboor** twist drill; **spiraal|daling**, **-duiking** (*ve vliegt*) spiral dive; **spiraallijn** spiral (line); **spiraalmatras** (spiral) spring mattress; **spiraalnevel** spiral nebula, spiral galaxy; **spiraalsgewijze** spirally; *zich* ~ *bewegen* spiral; **spiraalveer** coiled spring, spiral spring; **spiraalvormig** spiral, helical; **spiralen** spiral

spirant id

spirea spiraea; (*knol~*) dropwort; (*moeras~*) meadowsweet; **spiril** spirillum

spirit id, go, kick [a young man with kick in him]

spiritisme spiritualism, spiritism; **spiritist** spiritualist, spiritist; **spiritistisch** spiritualist(ic); *~e seance* spiritualist seance (*of:* meeting)

spiritu|aliën (ardent) spirits, alcoholic liquors; (*Am*) hard liquor; **-alisme** spiritualism; **-alist** spiritualist; **-alistisch** spiritualist(ic); **-liteit** spirituality; **-eel** spiritual; **-eus** spirituous; **-osa** *zie* spiritualiën

spiritus 1 spirits, (methylated) spirit, meths; 2 (*gramm*) [rough, smooth] breathing

spiritus|fabriek distillery; **-komfoor** *zie* -stel; **-lampje** spirit lamp; **-stel** spirit (*of:* meths) stove

spirometer id

spit 1 (*braadspit*) spit; *aan het* ~ *steken* spit; 2 (*in rug*) crick (in the back), backache; lumbago; 3 (*spadevol*) spadeful, spit; **spitdraai(st)er** turnspit

spits I *bn* 1 pointed [nose, beard], sharp, spiry; ~ *gezicht* pointed (peaky) face; *~e ton,* (*mar*) conical (*of:* nun) buoy; *~e toren* steeple; ~ *toelopen* taper [tapering nails, fingers], end (terminate) in a point; ~ *maken* point, sharpen; 2 sharp [answer]; 3 acute [brain]; II *zn* 1 point; (*ve speer, ook*) (spear)head; (*torenspits*) spire; (*spits torentje*) pinnacle; (*plantk*) acumen, cusp, tip; (*ve berg*) peak, top, summit; *het (de)* ~ ***afbijten*** bear the brunt (of the battle, of the fighting); *de vijand het (de)* ~ ***bieden*** make head against the enemy; *het* ***op*** *de* ~ *drijven* push matters to extremes, force the issue, bring things to a head; 2 (*verkeer*) peak hour, rush-hour; 3 (*sp*) striker; 4 (*hond*) spitz; 5 (*ve leger, enz*) spearhead; (*sp*) attack; *zich* ***aan*** *de* ~ *stellen* place o.s. at the head; *aan de* ~ *staan,* (*fig*) hold pride of place; *aan de* ~ *der beschaving* *staan* be in the van(guard) of civilization; *aan de ~ van de beweging staan* head (form the spear-head of) the movement; **spitsbaard** pointed beard; **spitsbelasting** (*techn*) peak-load; **Spitsbergen** id, Svalbard

spitsboef scoundrel, rascal; **spitsbogenstijl** Gothic style; **spitsboog** pointed arch; **spitsboor** common bit, pointed drill; **spitsbroeder** comrade, brother in arms

spitsen point, sharpen [a pencil]; *zich ~ op* set one's heart on, look forward to; *zie ook* oor

spitsheffing peak-hour road-use tax; **spitsheid** pointedness, sharpness; acuteness; **spitshond** spitz; **spitsig** pointed

spits|kool oxheart cabbage, Chinese cabbage; **-muis** shrew(-mouse); **-neus** (person with a) pointed nose; **-roede**: *~n lopen* run the gauntlet; **-speler** (*sp*) striker; **-uur** peak hour (period); (*fig*) rush-hour, peak hour; **-vignet** peak-hour road user's permit; **-vondig** (super)subtle, over-ingenious, quibbling, cavilling; fine-spun [theories]; **-vondigheid** (super)subtlety, [legal] quibble, subtle distinction, distinction without a difference, nicety; *zich met -vondigheden ophouden* quibble, split hairs

spitten dig; **spitter** digger; **spitze** point shoe

spleen id

spleet I *zn* cleft, crevice, crack [the soles of his shoes were all cracks], chink, cranny, fissure, interstice; slit [of a pen]; II *ww: ovt van* splijten

spleet|oog slit-eye; *met spleetogen* slit-eyed [Chinese]; **-potig** fissiped; **-potige** fissiped; **-sluiter** (*fot*) focal plane shutter; **-voet** cloven foot; *met ~en* cloven-footed, -hoofed

splijtbaar cleavable, fissile, sectile, (*natuurk*) fissionable; **splijten** 1 split [wood; the gloves had split], cleave, rend; *gespleten* cloven [hoof *of:* foot], split [lip, personality], cleft [palate], chapped [hands]; 2 (*natuurk*) *zie* splitsen; **splijting** cleavage, split, fission; **splijtstof** fissionable material, nuclear fuel; **splijtstofelement** fuel element; **splijtzwam** 1 fission fungus (*mv:* fungi), schizomycete; 2 (*fig*) seed(s) of disruption, disintegrating influence, divisive issue

splint (*sl*) tin, brass, dibs

splinter splinter, sliver; *ik kreeg een ~ in mijn vinger* I ran a splinter into my finger; *hij ziet de ~ in zijn(s) broeders oog, maar niet de balk in zijn eigen* he sees the mote in his brother's eye, and not the beam in his own; *aan (in, tot) ~s slaan* smash to smithereens (to matchwood); *de wagen ging aan ~s* the carriage was smashed (reduced) to splinters (matchwood); *de boot ging aan ~s tegen de rotsen* the boat went to flinders against ...; **splinterbom** fragmentation bomb; **splinteren** splinter, shiver; **splinterig** splintered, splintery; **splinternieuw** spick, brand-new; **splinterpartij** splinter party; **splintervrij** shatter-proof [glass], safety [glass]

split 1 slit, slash; 2 (*ve jas*) slit, vent; 3 (*spagaat*) splits; 4 (*Ind, ook: ~je*) split; 5 (*steenslag*) chippings, (*klein*) grit; *~ strooien* grit [roads]

split|erwt split pea; **-gevaar** (*opschrift*) loose chippings; **-pen** split pin, (*techn*) cotter (pin); **-ring** split ring; **-rok** split skirt

splitsbaar 1 divisible; 2 (*natuurk*) fissionable

splitsen 1 split (up), divide; *zich ~* split (up), divide [the train divides into two portions at B]; (*ve weg, ook*) branch, fork, bifurcate; 2 (*touw*) splice [rope(s)]; 3 (*natuurk*) fission [uranium], split [atoms]; **splitser** 1 splitter; 2 splicer; *vgl* splitsen; **splitsing** 1 splitting (up), division, bifurcation; fork, road junction; 2 splicing [of a rope]; 3 (*biol, natuurk*) fission [products]; 4 (*fig*) [a party] split, disintegration; **splitsring** split ring; **splitsvaantje** burgee

splitvrucht schizocarp

spoed 1 speed [travel with all (possible) speed], haste, [do it with the necessary] expedition; *~!,* (*op brief*) urgent!; *met de meeste ~ uitvoeren* execute [an order] with the utmost dispatch, with all possible expedition; *met bekwame ~ behandelen, ~ maken met, ~ bijzetten* press [the matter] forward, hurry up, expedite [the matter]; *iem tot ~ aanzetten* hurry up a p.; *zie ook* haast; 2 (*ve schroef*) pitch; (*ve vuurwapen*) twist

spoed|behandeling immediate (emergency) treatment; **-beraad** urgent (emergency) consultations; **-bestelling** 1 (*post*) express delivery; 2 (*order*) rush order; **-cursus** intensive (accelerated, crash) course; **-eisend** urgent, pressing

spoeden: (*zich*) ~ speed, hurry, hasten, rush [home]; *de dag spoedde ten einde* the day was hastening to its end

spoedgeval (case of) emergency, emergency case; **spoedhuwelijk** shotgun marriage

spoedig I *bn* speedy [end, recovery, return], quick; *een ~ antwoord* an early reply; *de noodzaak van een ~e verkiezing* the need for an early election; II *bw* [see you] soon, speedily, quickly, before long, at an early date; *~ daarop* by and by, presently; *zo ~ mogelijk* as soon as possible, a.s.a.p., at the earliest possible date; *ze moet zo ~ mogelijk gewaarschuwd worden,* (*ook*) no time should be lost in warning her

spoedkarwei rush job; **spoedopdracht** rush order; **spoedoperatie** emergency operation; **spoedorder** rush order; **spoedshalve** to expedite matters; **spoedstuk** urgent document (letter, etc); **spoedvergadering** emergency meeting; **spoedzending** express parcel

spoel 1 spool, spindle, bobbin, shuttle; (*radio*) coil; (*v film, band, enz*) reel; 2 (*ve veer*) quill

spoelbak rinsing-tub; (*fot*) washing-trough, washer; (*gootsteen*) sink; (*v wc*) cistern; **spoeldrank** gargle, mouthwash

spoelen 1 (*weverij*) spool; (*film, enz*) wind; 2 wash, rinse, flush [the WC], sluice; *de mond ~* wash (rinse) one's mouth; *de golven spoelden over het dek* the waves swept over the deck; *iem de voeten ~* make a p. walk the plank; *door de keel ~* wash down; *het spoelt,* (*vd regen*) it's sluicing down; **spoeling** 1 (*in branderij*) spent grains; 2 (*voor varkens*) (pig)swill, pigwash; *zie ook* varken

spoel|keuken scullery; **-kom** slop-basin; **-machine** 1 rinsing-machine; 2 (*garenwinder*) bobbin-winder; **-tje** *zie* spoel; **-vormig** spindle-shaped, fusiform; **-water** dishwater, slops; **-worm** roundworm

spoetnik sputnik; **spog** spittle

spoken haunt, walk [her ghost still walked there]; *het spookt daar* the place (house, etc) is haunted; *het heeft vannacht erg gespookt* it has been a stormy night; *jij bent al vroeg aan het* ~ you are stirring (*of:* astir) early; *het kan hier* ~ the sea here can be rough at times; **spokerij** walking (of ghosts); apparition

spoliatie spoliation; **spoliëren** despoil [*van* of]

spon I *zn* (*stop*) bung; II *ww: ovt van* spinnen

sponde (*lit*) couch, bed, bedside

spondëisch spondaic; **spondeus** spondee

spongat bung-hole; **sponning** rabbet, rebate, groove, notch; (*ve schuifraam*) runway; **sponningschaaf** rabbet-plane

spons 1 sponge; *er de ~ over halen,* (*fig*) wipe the slate clean; 2 (*fig, zuiper*) soak; 3 (*stof*) towelling

sponsachtig spongy; **sponsen** (clean with a) sponge; **spons- en zeepbakje** bath tidy, sponge and soap-holder; **sponsezak** sponge-bag; **sponsoor** cauliflower ear

sponsoren *ww* sponsor; **sponsorloop** charity walk, fun run

spons|rubber sponge (*of:* foam) rubber; **-steen** 1 spongite; 2 (*puimsteen*) pumice; **-visser** sponge-fisher, -diver; **-ziekte** BSE, bovine spongiform encephalopathy, mad cow disease

spontaan spontaneous; *het spontane* spontaneity; **spontaneïteit** spontaneity

sponze, enz *zie* spons, enz; **sponzen** (clean with a) sponge; **sponzig** spongy

spook 1 ghost, spectre, phantom, spook; 2 (*pers*) freak, [she is a perfect] horror, [an old] terror, [a ridiculous old] fright; 3 (*fig*) [the war] bogey; *het rode* ~ the red bogey (*of:* spectre); *spoken zien,* (*fig*) see lions in the way

spook|achtig ghostly, spectral; **-beeld** spectre; **-dier** tarsier; **-gestalte** phantom; **-huis** haunted house; **-rijder** (*op autosnelweg*) car travelling the wrong way; **-schaaf** spokeshave; **-schip** phantom ship; **-sel** *zie* spook; **-stad** ghost town; **-uur** witching (*of:* ghostly) hour, witching time; **-verhaal** ghost story; **-verschijning** (ghostly) apparition, spectre

1 spoor 1 (*ve ruiter; ook v gebergte*) spur; *hij gaf zijn paard de sporen* he set (put) spurs to his horse, dug his spurs into the horse('s flanks); *hij heeft zijn sporen verdiend* he has won his spurs; 2 (*ve affuit*) spade; 3 (*ve mast, kaapstander*) step; 4 (*ve bloem*) spur, calcar; 5 (*bij paddestoelen e.d.*) spore

2 spoor 1 (*ve voet*) footmark, footprint, track, trace, trail; (*ve hert, enz, ook*) slot, spoor; (*'lucht'*) scent; (*fig: pad, route*) track; (*ve wagen*) rut, track; *ik ben het ~ **bijster*** I have lost my way; *de honden waren het ~ bijster* the dogs were at fault, had got off the scent; *zie ook* bijster; *zijn ~ **uitwissen*** cover up one's tracks; *het ~ **vinden**,* (*ve jachthond*) pick up the scent; *een ~ **volgen*** follow a track, follow up a clue; *alles weer **in** het rechte ~ brengen* put things right again; *iem in het rechte ~ houden* keep a p. straight; *iem **op** het ~ brengen* put a p. on the right track; *iem* (*de politie, enz*) *op een vals ~ brengen* lay a false scent; *zie ook ben:* van het ~ brengen; *iem op het ~ komen* get on a p.'s track, trace a p., track a p. down; *op het verkeerde ~ komen* (*zijn*) get (be) on the wrong t(r)ack; *iem op het ~ zijn* be on a p.'s track; *iets op het ~ zijn* be on to s.t.; *iem **van** het ~ brengen* throw (put) a p. off the scent; 2 (*ve magneetband*) track; 3 (*blijk*) vestige, trace; *sporen van nagels* marks of nails; *ik zag geen ~ van hem* I did not see a sign (trace) of him; *geen sporen **nalaten*** leave no traces; *ik heb zijn ~ **verloren*** I've lost track of him; 4 (*restant*) trace; *geen ~ van* not a trace of; *er is geen ~(tje) van te vinden* not a trace of it is to be found; *geringe sporen blauwzuur* small traces of prussic acid; 5 (*spoorweg*) railway, rails, track; *sporen,* (*spoorwegwaarden*) railway stock (*of:* shares), rails; *enkel* (*dubbel*) ~ single (double) track; *smal* (*wijd*) ~ narrow (broad) gauge; *hij is **bij** het* ~ he has a job on the railways; *de wagon kwam op een ander* ~ the car was shunted (switched off) to another track; *de wagens liepen op het verkeerde* ~ the ... ran on the wrong line; *op dood ~ rangeren, zie* uitrangeren; ***per*** ~ [send] by rail, [travel] by train; *de tram raakte **uit** het* ~ the ... got off the metals (rails), left the track, was (*of:* got) derailed; *iem **van** het ~ afhalen* meet a p. at the station

spoor-[1] railway, (*vooral Am*) railroad

spoor|baan railway, permanent way; (*vooral Am*) railroad; **-boekje** (railway) timetable, railway guide; **-boom** (level-crossing) barrier (*met hek:* gate); **-boot** train-ferry; **-breedte** (*ve auto*) track; *zie ook* -wijdte; **-brug** railway bridge; **-dijk** railway embankment; **-kaartje** train ticket; (*mil*) railway warrant; **-lijn** 1 railway (line); 2 (*het spoor*) railway track; **-loos** trackless; *~ verdwijnen* vanish without (leaving) a trace, vanish into space (into thin air), be spirited away; **-pont** train ferry; **-raadje** (spur-)rowel; **-rail** rail; **-reis** rail(way) (*of:* train) journey, journey by rail (by train); **-slag** spur, incentive, stimulus, fillip; *tot ~ dienen* spur on, stimulate, give a fillip [to trade]; **-slags** at full (at the top of one's) speed, [ride] whip and spur, hell for leather; *ze reed ~ vooruit* she spurred ahead; **-staaf** rail; **-stang** tie-rod; **-stok** 1 (*ve wagen*) splinter-bar; 2 (*in roeiboot*) stretcher; **-student** (*vglb*) non-resident (student), commuter student; **-trein** railway train; (*v kind*) train set; **-verbinding** rail connection; train service; **-vorming** (formation of) ruts; **-wagen** railway-carriage; *zie ook* wagon; **-weg** railway [company, employee, junction, station, traffic], (*vooral Am*) railroad

spoorweg|emplacement[2] railway yard; **-materieel** rolling stock; **-net** railway system, network of railways; **-overgang** [protected; gated, guarded; unguarded] level (*Am:* grade) crossing; **-personeel** railwaymen; **-rijtuig** railway car-

1 *Zie ook* spoorweg-

2 *Zie voor sam met* spoorweg *ook* spoor-

riage, coach; **-tarieven** rail fares; **-veer** train ferry; **-waarden** railway-stock, -shares, (*fam*) rails; **-wachter** 1 signalman; level-crossing keeper; 2 (*wisselwachter*) pointsman
spoor|wijdte (railway) gauge; **-zoeker** tracker
spoot *ovt van* spuiten
Sporaden: *de* ~ the Sporades
sporadisch sporadic (*bw:* -ally)
sporangium id; **spore** (*plantk*) spore, sporule
sporen 1 *twee uur* ~(*s*) a two-hour(s') train-journey; 2 (*v wielen*) track; 3 (*fig*) agree, be in (*niet* ~: be out of) tune [*met* with]; 4 spur (on)
sporenelement trace element
Sporenslag: *de* ~ the Battle of the Spurs
sporeplant cryptogam
1 sport (*ve ladder, stoel, enz*) rung (*ook fig:* start on the lowest rung of the ladder), round; *op de hoogste* (*laagste*) ~ *van de maatschappelijke ladder staan* be at the top (the bottom) of the (social) ladder; *hij heeft de hoogste ~ van de ladder bereikt*, (*fig, ook*) he has got to (is at) the top (of the tree)
2 sport id; (*inz in sam*) sports [day, jacket, page, shoe, writer]; *hij houdt niet van* ~, (*ook*) he is not a sporting man
sport|artikelen sports (sporting) goods; *handelaar in* ~ sports goods dealer; **-auto** sports car; **-beoefenaar** person who takes part in (goes in for) sports, athlete, sportsman, -person, -woman; **-beoefening** playing games; sports [are important here]; **-berichten** sports news; **-broek** shorts; **-centrum** sports centre; (*Am univ*) gymnasium; **-club** sports (sporting) club
sporten go in for (take part in) sports; **sporter** *zie* sportbeoefenaar; **sportfiets** sports cycle (bike); **sporthal** sports hall; **sporthemd** sports shirt
spor|tief 1 sporty, fond of (good at) sport(s); 2 sporting [offer, conduct; 'that's very sporting!']; sportsmanlike; game [very game of her to join in the marathon at her age]; ~ *zijn* be a (good) sport [about s.t.]; ~ *opnemen* take [defeat] in a sporting spirit; 3 sporty, showy [tie], casual [shirt]; **-tiviteit** sportsmanship
sport|jasje sports jacket; (*helgekleurd*) blazer; **-journalist** sports writer; **-keuring** physical, medical check-up, fitness test (for sporting activities); **-kleding** sportswear; **-kous** knee-sock; **-liefhebber** sporting man, sportsman; **-man** *zie* -liefhebber; **-nieuws** sports news; **-pantalon** slacks; **-ster** sportswoman handlebars; **-terrein** sports ground (*of:* field); **-trui** sweater; **-uitrusting** sports equipment; **-uitslagen** sporting results; **-veld** sports ground, sports field; **-verdwazing** sports craze; **-visser** angler; **-vliegen** *zn* private flying; **-vlieger** owner (*of:* amateur) pilot; **-vliegtuig** private plane; **-wagen** sports car; **-winkel**, **-zaak** sports shop
1 spot 1 (~*je*) spot(light); 2 [TV] spot
2 spot mockery, ridicule, derision; *de ~ drijven met* mock (scoff, *honend:* sneer) at, make game of, poke fun at; *ten ~ van allen* exposed to the mockery of everyone; *de ~ zijn van* be the laughing-stock of

Zie voor sam met spoorweg *ook* spoor-

spot|achtig scoffing, mocking, derisive; **-beeld** caricature; **-dicht** satirical poem, satire; **-goedkoop** dirt-cheap; **-koopje** snip, bargain; **-lach** mocking (jeering) laugh (smile), sneer, jeer; **-lied** satirical song; **-lijster** *zie* -vogel 1; **-lust** love of mockery; **-naam** nickname, byname; **-prent** caricature, (political) cartoon; **-prijs** ridiculously low price, nominal (bargain, *sterker:* ruination) price; *voor een* ~, (*ook*) for a (mere) song, dirt-cheap; **-rede** diatribe; **-schrift** satire, lampoon
spotten 1 mock, scoff, sneer, jeer; ~ *met* mock (scoff, sneer, jeer, gird) at, deride; (*fig*) defy, bid defiance to [the elements], set [rules, etc] at defiance, flout [the wishes of the nation]; ~*d gejouw* derisive hooting; *het is niet om* ***mee*** *te* ~ it's no joking matter; *het spot* ***met*** *alle beschrijving* it beggars (defies) description; *hij laat niet met zich* ~ he is not be trifled with, stands no nonsense; *hij spot met alles* he makes fun (makes game) of everything; *ik spot met uw bedreigingen* I defy (laugh at) your threats; 2 (*waarnemen*) spot; **spottenderwijs** mockingly, jeeringly; **spotter** 1 mocker, scoffer; 2 id; *vgl* spotten
spot|ternij mockery, derision, taunt, gibe; **-vogel** 1 icterine warbler; *Amerikaanse* ~ mockingbird; 2 (*fig*) mocker, scoffer; **-ziek** *zie* -achtig; **-zucht** love of scoffing (mockery, satire)
spouw split, cleft; **spouwen** split; **spouwisolatie** cavity filling; **spouwmuur** hollow wall, cavity wall
spraak speech, language, tongue; *zie ook* sprake
spraak|afzien speech-reading, lip-reading; **-belemmering**, **-gebrek** *zie* -stoornis; **-gebruik** usage; *in het gewone* ~ in common parlance, in colloquial speech; *in het medische* ~ in medical parlance; **-geluid** speech sound; **-herkenning** speech recognition; **-klank** speech sound; **-kunst** grammar; **-kunstenaar** grammarian; **-kunstig** grammatical; **-leer** grammar; **-leraar** teacher of elocution, elocutionist; **-makend** 1 *de* ~*e gemeente* the linguistic community; 2 sensational [speech], controversial [minister]; **-onderricht** speech training; **-stoornis** speech disorder (defect, impediment); **-verlies** aphasia, loss of speech; **-vermogen** power of speech; **-verwarring**: *Babylonische* ~ confusion of tongues, (*fig ook*) [a perfect] babel (of tongues); **-water** 1 a drop of something, (strong) drink, spirits; 2 talkativeness; **-waterval** 1 torrent of words; 2 talkative person; **-wending** turn of speech; **-zaam** talkative, chatty, gossipy; *weinig* ~, (*ook*) uncommunicative, monosyllabic; **-zaamheid** talkativeness, loquacity, garrulity
sprak *ovt van* spreken
sprake: ***ter*** ~ *komen* come up (for discussion), (*toevallig*) crop up; *een onderwerp* (*kwestie*) *ter* ~ *brengen* introduce (broach, raise) a subject (a question), bring a subject up (for discussion); *er was* ~ ***van*** *geweest* there had been (some) talk of it; *er is ~ van oorlog* there is talk of war; (*daar*

is) geen ~ van! not a bit of it!, nothing of the sort!, never!, certainly not!, that is (altogether) out of the question!; *er is geen ~ van liefde tussen hen* there is no question of ...; *als er ~ is van geld* when it is a question of (when it comes to) money; *in dit geval is er ~ van diefstal* in ... it is a question of theft; **sprakeloos** speechless [with rage], dumb, tongue-tied, inarticulate; blank [amazement]; *hij stond ~, (ook)* he was beyond speech (was left speechless); **sprakeloosheid** speechlessness

sprank 1 spark; *een ~je hoop* a gleam of hope; *geen ~je* [there is] not a spark [of good, of generosity in him]; 2 (*stroompje*) watercourse; **sprankel** spark(le); **sprankelen** sparkle [*van* with]

spreek|beurt (speaking-, lecture-, lecturing-) engagement, lecture, talk; *een ~ vervullen* deliver a lecture, give an address; **-buis** 1 speaking-, voice-tube; 2 (*fig*) mouthpiece; **-cel** (*telef*) call-box; **-fout** slip of the tongue; **-gestoelte** pulpit [*ook fig:* this paper has always been the pulpit of the people], tribune, (speaking-)platform, rostrum, bema, bima(h); *het ~ bestijgen* mount (*of:* ascend) the pulpit, etc; **-hoorn** ear-trumpet; **-kamer** (*ve arts, enz*) consulting-room, (*ve arts*) surgery, (*Am*) office; (*in klooster*) parlour, locutory; **-koor** chorus; **-stalmeester** ringmaster; **-ster** (woman, lady) speaker; **-taal** spoken language, colloquial speech (*of:* language); **-trant** manner of speaking; **-tribune** *zie* -gestoelte; **-trompet** speaking-trumpet; (*fig*) mouthpiece; **-uren**, **-uur** hours of business [1 to 2]; (*ve advocaat, enz*) office hours; (*ve dokter*) consulting hour(s), surgery hour(s) (*ook:* Hours from 11 am-12 noon); *spreekuur houden* give consultations; *hij houdt spreekuur van 2-4* he is available for consultation from 2-4; **-vaardigheid** fluency; *spreek- en luistervaardigheid* oracy; **-verbod** ban on public speaking; *iem een ~ opleggen* forbid a p. to express his views, (*fam*) gag a p.; **-wijze** phrase, locution, [old] saw; **-woord** proverb, adage; **-woordelijk** proverbial; *~ worden* pass into a proverb, become a by-word; *de ~ verstrooide professor* the proverbially absent-minded professor; **-woordenboek** dictionary of proverbs

spreeuw starling

sprei bedspread, counterpane, coverlet

spreiden spread; (*uiteen~*) spread out; (*v vakanties*) stagger; *een bed ~* make a bed; *zie ook* tentoon~; **spreidend** spreading, divergent; **spreiding** spread(ing); dispersal; (*mil, wisk*) dispersion; (*statistiek, ook*) scatter [diagram]; (*v vakanties, enz*) staggering; (*v bezit*) spreading; (*v macht*) distribution; **spreidlicht** floodlight; **spreidpoten** splay-legs; **spreidsprong** astride jump; **spreidstand** (*gymn*) straddle; **spreidzit** 1 straddle position; 2 (*spagaat*) splits

spreken I *ww* speak, talk; *die cijfers ~* those figures tell their own tale (*of:* story); *dat spreekt* that goes without saying, [dedicated,] naturally [, to the Queen]; *ik luisterde en hij sprak* I ... and he did the talking; *hoe spreekt het hondje dan?* speak!, beg!, what does a good dog say?; *iem ~* speak to a p.; *ik moet hem absoluut ~* I have very particular (urgent) business with him; *ik moet je eens even ~* I want a word with you; *mag ik mijnheer N even ~?* can I see (speak to) Mr N for a moment?, can I have a word with Mr N?; *ik spreek veel mensen* I get around; *ik spreek je nog wel, (ook bedreiging)* I'll see you late; *u behoeft maar **te** ~* speak (say) the word; *hij is niet te ~* you can't see him, he is engaged; *voor niemand te ~ zijn* not be at home to anybody; *ik kon hem niet te ~ krijgen* I failed to get an interview with him; *niet goed te ~* in a bad temper; *daar ben ik niet over te ~* I'll have none of it; *zijn leraar is niet best over hem te ~* his ... is far from pleased with him (his behaviour, etc); *hij is slecht over je te ~* he is annoyed with you; *om maar niet te ~ van* to say nothing of, let alone, not to mention [his manners]; *Duits (Engels, enz) ~ **als** een Duitser, enz* speak German (English, etc) like a native; *~ **met*** speak (talk) to (with); *spreek ik met Daphne (het Gasbedrijf)?, (telef)* that you, Daphne? (is that the Gas Board?); *met wie spreek ik?* who is (it) speaking?; *u spreekt met Maggie* (this is) Maggie speaking; I am Maggie; *we ~ niet met (**tegen**) elkaar* we are not on speaking terms; *om met Shakespeare (de psalmist) te ~* to quote Shakespeare, in the words of the Psalmist; *~ **over*** speak (talk) of (about), speak on [a subject]; *heeft iem van u erover gesproken?, (het genoemd)* has any of you mentioned the matter?; *over zaken (financiën, de kunst, het vak) ~* talk business (finance, art, shop); *laten we over wat anders ~* let us change the subject; *~ **tegen*** speak to; *zie ook boven:* spreken met; *spreek er tegen niemand over, (ook)* do not breathe a word of it to anyone; *~ **tot*** speak to; (*fig*) appeal to [it appealed to their sense of fairness], strike [the imagination]; ***uit** iedere regel sprak wantrouwen* distrust was revealed in every line; *uit zijn houding spreekt een verlangen naar sympathie* his attitude bears witness to ...; *de mensen ~ goed (kwaad) **van** u* people speak well (ill) of you; *van ... gesproken* speaking (talking) of ..., apropos of ...; *hier kan worden gesproken van opzettelijke nalatigheid* this is a case of wilful negligence; *men spreekt ervan dat het huis wordt afgebroken* there is (some) talk of the house being pulled down; *zijn gebogen houding sprak van landarbeid* his stoop spoke of labour in the fields; ***van zich** doen ~* make o.s. conspicuous, get talked about; (*gunstig*) make one's mark [*hij zal van zich doen ~* he is a coming man]; *hij deed in zijn tijd veel van zich ~* he made a great noise (*of:* stir) in his time; *hij weet **van zich af** te ~* he can stick up for himself, knows how to hold his own; *je moet maar goed van je af ~* you should stand up to them (him, etc); *hij sprak van zich af* he gave as good as he got; *dat spreekt **vanzelf*** that is a matter of course (stands to reason, goes without saying, is understood); *zijn verdiensten ~ **voor** zichzelf* his merits are self-evident; *dat feit spreekt voor zichzelf* that fact speaks for itself; *~de voor de Regering, (in parl ook)* [Mr B,] acting for the Government; *zie ook* praten, goedspreken, enz; II *zn*: *het ~ werd hem* (*door geschreeuw*) *belet* he was howled (shouted) down; *~ is* ***zilver****, zwijgen is goud* speech is silver, silence is gold(en); *zie ook* recht I.2 & 1 wijs 1

sprekend speaking (*ook fig:* a speaking likeness); eloquent, striking [example]; *dit portret lijkt ~* this ... is a speaking likeness; *u lijkt ~ op uw vader* you are your father all over, are the very image (*fam:* the dead spit, the spitting image) of (bear a striking resemblance to) your father; *~e bewijzen* striking proofs; *~e cijfers* telling figures; *~e film* talking picture (*of:* film); *~e hoofdregel* running title, headline; *~e registers* (*ve orgel*) speaking stops; *~e trekken* striking features; *een ~ voorbeeld* a vivid example; *~ wapen,* (*her*) allusive (*of:* canting) arms; *zie ook* vanzelf~; **spreker** speaker, lecturer, orator; *een goed ~,* (*ook*) a good platform speaker

sprengen sprinkle, water

sprenkel (*vlekje*) speck; (*vonkje*) spark(le); **sprenkelen** sprinkle; (*bij het strijken*) damp; **sprenkeling** sprinkling

spreuk motto, aphorism, apo(ph)thegm, maxim, (wise) saw; (*spreekwoord*) proverb; (*de*) *Spreuken* (the Book of) Proverbs; **spreukenboek** book of aphorisms

spriet 1 blade [of grass]; *magere ~,* (*pers*) beanpole; *~je* thin cigar; 2 (*ve insekt*) antenna (*mv:* -nae), feeler; 3 (*antenne*) whip aerial; 4 (*mar*) sprit; 5 (*vogel*) corncrake, landrail; **sprietantenne** whip aerial; **sprietig** *zie* spichtig; **sprietzeil** spritsail

spring|bak 1 (*ve bed*) box-mattress; 2 (*atletiek*) landing area, jumping pit; **-balsemien** *zie* -zaad; **-bok** 1 (*dier*) id; 2 (*gymnastiek*) (vaulting-)buck; **-bron** spring, fountain; **-concours** show-jumping contest

springen 1 spring, jump, leap; (*~d voortgaan & van bal*) bound [forward]; (*op hand*(*en*) *steunend*) vault [into the saddle]; (*huppelen*) skip; *~ met aanloop* take a running jump; *hij kan hoog of laag ~* [it won't happen] whatever he does; *hij zat te ~ op zijn stoel* he could hardly keep seated; *het* ***springende*** *punt* the cardinal (crucial) point; ***in*** *het water ~* leap (jump, plunge) into the water; *iem* ***naar*** *de keel ~* jump at a p's throat; *we zitten er* ***om*** *te ~* we are in urgent need of it; *we zitten te ~ om ...* we can't wait to (for) ...; *hij sprong* ***op*** *ons af* he sprang at us; *op rood ~,* (*v verkeerslicht*) change to red; ***over*** *een sloot ~* leap (*of:* clear) a ditch; *het paard sprong prachtig over het hek* the ... cleared (leapt) the gate beautifully, (*bij rennen*) took the hurdle beautifully; *ik sprong over het hek* I vaulted over the gate; ***uit*** *bed ~* jump out of bed; *uit een vliegtuig ~* bail (bale) out; *hij sprong* ***van*** *het paard* he leapt from his horse; *~ van vreugde* leap (jump) for joy; 2 (*knappen*) snap; (*scheuren*) crack, rupture; (*vd huid*) chap; (*uiteenspringen*) burst, explode; *de snaar sprong* the string snapped; *de band sprong* the tyre burst, blew out; *de stoomketel sprong* the boiler burst; *op ~ staan,* (*ve zaak, enz*) be on the verge of bankruptcy; ***laten*** *~* spring [a mine], blast [a rock], break [the bank]; ***gesprongen*** burst [tyre, water-pipe], chapped [hands]; (*ve anker*) atrip, aweigh; *de zaak is gesprongen* the business has gone smash; 3 (*ve fontein*) play, spout; *zie ook* hak, oog, pols, traan, vel, zijde, enz

springer jumper, leaper; **springerig** fidgety [child]; wiry [hair]; **spring-in-'t-veld** madcap, colt, romp; (*meisje*) tomboy

spring|kever *zie* kniptor; **-kruid** spurge; **-lading** (*in granaat*) explosive charge; (*voor rotsen*) blasting charge; **-levend** alive and kicking, [she is] very much alive; **-matras** spring-mattress; **-mes** flick-knife, (*Am*) switchblade (knife), switch--knife; **-middelen** explosives, blasting materials; **-net** spring-net; (*bij brand*) jumping-sheet; **-paard** 1 jumper; 2 (*gymnastiek*) (vaulting-)-horse; **-plaats** jumping-off place; **-plank** 1 jumping-, spring- (*om te duiken:* diving-)board; 2 (*fig*) jumping-off board, springboard; **-poot** saltatorial leg; **-riem** martingale; **-ruiter** jumper; **-schans** ski-jump; **-slot** spring-, snap--lock; **-spin** jumping-spider; **-staart** springtail; **-stof** explosive; **-teugel** martingale; **-tij** spring tide; **-toestel** (*voor hoogtesprong*) (pair of) jumping-stands; **-tor** *zie* kniptor; **-touw** skipping-rope, (*Am*) jump-rope; **-tuig** explosive (device), bomb; **-veer** spiral (metallic) spring; **-veren:** *~ matras* (*zitting*) spring (interior) (*of:* (interior) sprung) mattress (seat); **-vloed** (high) spring tide; **-vorm** spring cake tin; **-zaad** touch--me-not, balsam, noli-me-tangere; **-zeil** (*brand*) jumping-sheet

sprinkhaan locust, grasshopper; *magere ~* beanpole

sprint id; **sprinten** sprint; **sprinter** id

sprits (butter) shortbread

sproeidop (spray-)nozzle; **sproeien** sprinkle [water on the dust], water [the garden thoroughly], spray [water, pesticide; water sprayed from the hole; spray the roses (*tegen ongedierte*)]

sproeier 1 (spray-, sprinkler-, washer-)nozzle; (*ve gieter*) rose(-head); 2 (*ve motor*) jet; 3 [garden, lawn] sprinkler; 4 [windscreen] washer; **sproeikop** *zie* sproeier 1; **sproeimiddel** spray; **sproeivliegtuig** spray plane; **sproeiwagen** water(ing)-cart, sprinkler (cart)

sproet freckle; **sproetig** freckled

sproke (*hist*) (medieval) verse tale

sprokkel dry stick; **sprokkelaar(ster)** wood--gatherer; (*fig*) compiler; **sprokkelen** gather [dry sticks]; *bij elkaar ~,* (*fig, ook*) glean [bits of information]; **sprokkelhout** dry sticks, dead wood; **sprokkeling** wood-gathering; *~en,* (*fig*) gleanings; **sprokkelmaand** February

sprong I *zn* jump, leap, spring, bound, caper, gambol; (*muz*) leap, (*Am*) skip; (*luchtv*) hop; *zie ook* haze~; *~ in het water* (*hoofd vooruit*) [take a] header; *~ van de plaats* standing jump; *zie ook* aanloop; *een ~* ***doen*** make (take) a spring (a leap); *een ~ in het* ***duister*** (*doen*) (take) a leap in(to) the dark; *dat is een* ***hele*** *~,* (*fig*) that is a big jump, a far cry; *een hele ~ vooruit,* (*fig*) [he has made] a great stride forward; ***kromme*** *~en maken* try to wriggle out of it (of a situation); (*soms*) give o.s. up to all kinds of extravagances; *geen kromme ~en kunnen maken* be in straitened circumstances; *de ~ wagen,* (*ook fig*) take the plunge; *zich* ***door*** *een ~ redden* jump clear, jump to safety; ***met*** *een ~* at a bound (*of:* leap); *met ~en* by jumps; (*zeer snel*) by leaps and bounds; *met ~en vooruit* (*omhoog, omlaag*) *gaan* advance (go up, go down) by leaps and bounds; *met een ~ stijgen tot £ 40.000* jump to ...; *de kosten van levensonderhoud gaan met ~en omhoog* the cost of living is soaring; *ik stond* ***op*** *~ om te* ... I was on the point of [leaving]; *zie ook* stel; II *ww: ovt van* springen

sprongbeen 1 (*anat*) ankle-bone, talus, astragalus; 2 (*sp*) lead leg; **sprongetje** skip, hop; **spronggewricht** hock, hough; **sprongmutatie** (*biol*) saltation; **sprongsgewijs** abrupt [changes]; *zie ook* sprong: met ~en

sprook *zie* sproke; **sprookje** fairy tale, fairy story; *sprookjes-, uit een ~* fairy [prince, princess], fairy-tale [castle, romance]; *~ van Moeder de Gans* Mother Goose's (Mother Hubbard's) tale; *iem ~s vertellen,* (*fig*) put one over on a p.

sprookjes|achtig fairy-like [beauty], fairy-tale [princess, romance]; enchantingly [beautiful]; **-prins** (*ook*) [her] Prince Charming; **-wereld** fairy world, fairyland, wonderland

sproot *ovt van* spruiten; **sprot** sprat

spruit 1 sprout, shoot; (*eig & fig*) sprig, scion, offshoot; (*plantk*) surculus (*mv:* -li); *~en,* (*fig ook*) issue, offspring; *adellijke ~* sprig of (the) nobility; *mijn ~en* my kids (youngsters); *zie ook* ~jes; 2 (*ve gieter*) spout; 3 (*techn*) branch pipe; **spruiten** sprout, shoot; (*aardappelen in kelder*) grow (out), sprout; *uit een adellijk geslacht gesproten* descended from a noble race; *zie ook* afstammen, ont~ & voortkomen; **spruitjes** (Brussels) sprouts; **spruitjeslucht** (*fig*) narrow-mindedness; **spruitkool** (Brussels) sprouts; **spruitstuk** (*techn*) header; (*meervoudig*) manifold

spruw thrush, aphtha; (*de vlekjes*) aphthae (*mv*); *Indische ~* tropical sprue

spugen spit; *zie* spuwen

spui sluice; **spuien** 1 sluice; 2 (*stoomketel*) blow off; 3 (*fig*) let in fresh air; ventilate [one's grievances]; 4 (*handel*) unload [securities; he unloaded before the slump came]; **spuier** (*ve dak*) gutterspout, (*in vorm ve dier of monsterkop*) gargoyle; **spuigat** scupper(-hole); *dat loopt de ~en uit* it goes beyond all bounds, it is outrageous; **spuikraan** blow-off cock; **spuisluis** sluice

spuit 1 syringe, squirt; *~je,* (*med*) [lethal, morphine] injection; 2 (*voor verf, enz*) spray-gun; 3 (*brandspuit*) (fire-)engine; *~ elf geeft modder* hear who's talking, hark at him (at her); 4 (*sl: paraplu*) brolly, gamp; (*geweer*) gun; **spuitbus** spray (can), aerosol; **spuiten** 1 spout, squirt, spirt, spurt, syringe; spray [paint]; *water tegen de ruiten ~* spray the windows [with a hose]; *~de bron, zie* spuiter; 2 (*inspuiten*) inject; (*v drugs*) skin-pop, (*in ader*) mainline; **spuiter** 1 spouter, squirter; (*petroleumbron*) gusher; (*schilder*) sprayer; 2 (*v drugs*) skin-popper, junkie, (*in ader*) mainliner

spuit|fles siphon; *~je* (*voor odeur*) scent-spray; **-gast** hoseman, (fire-)engine man; **-gat** (*ve walvis*) blow-, spout-hole, spiracle; **-gietwerk** die-casting; injection moulding; **-mond**, **-pijp** nozzle [of a firehose]; **-slang** hose; **-vis** cuttle-fish; **-water** soda-water, aerated water; (*sl*) [whisky and] splash; **-zakje** forcing bag

spul 1 (*goedje*) stuff; *goed ~* good stuff; *~len,* (*gereedschap*) implements, tools; (*boeltje*) things, traps, sticks (of furniture), (personal) effects, belongings, (*fam*) clobber; (*kleren*) togs, duds, things; *mijn zondagse ~len* my Sunday best; *pak je ~len bij elkaar* pack up your traps; *een armoedig ~letje* a twopenny(-halfpenny) concern; 2 (*kraam*) booth; 3 (*equipage:*) *een mooi ~letje* a smart turn-out; 4 (*last*) trouble; *ik heb heel wat ~ met die jongen* that boy gives me a good deal of trouble; **spullebaas** showman

spurrie spurry

spurten spurt, spirt, sprint [I had to sprint for my tram]; **sputteren** sputter, splutter; **sputum** id

spuug spittle, saliva; **spuugbak** spittoon; **spuuglelijk** frightful, as ugly as sin; **spuuglok** cow-lick, kiss-curl, (*Am*) spit-curl; **spuugmisselijk** 1 sick as a cat; 2 *zie* -zat; **spuugzak** airsickness bag; **spuugzat** sick to death, sick and tired [of s.t.]; **spuwbak** spittoon; **spuwen** spit [blood, fire], squirt [tobacco-juice], expectorate; (*braken*) vomit, be sick, bring up, (*volkst*) spew; *vuur en vlam ~,* (*ook v pers*) spit fire, be in a towering rage; **spuwer** (*ve dak*) *zie* spuier; **Sri Lanka** id

sstt afk van *salvis titulis* omitting all titles

st! sh!, sh-sh!, s-s-sh!, hush!, mum!; **St** St, Saint

staaf bar, (*rond*) rod; (*v hout*) stick, stave; (*goud*) ingot

staaf|antenne (*Eng*) rod aerial, (*Am*) flagpole antenna; **-batterij** torch (*Am:* flashlight) battery; **-diagram** histogram, bar chart, (*Am*) bar graph; **-goud** bar-gold, gold in bars; **-ijzer** bar-iron; **-magneet** bar-magnet; **-vormig** (*wtsch*) baculiform; **-zilver** bar-silver, silver in bars

staag *zie* gestaag

staak 1 stake, pole; post; pea-stick; beanpole (*ook fig*); 2 (*her*) branch; **staakheining** wooden fence

staal 1 steel (*ook medicijn*); *zie ook* ijzer; 2 (*monster*) pattern, specimen, sample (*ook fig: ~tje:* that is a sample of his manners), specimen; *~tje,* (*ook*) piece [of carelessness, wisdom, etc]; *een buitengewoon* (*een knap*) *~tje van bouwkunst,* (*techn*) an extraordinary feat (a clever piece) of engineering; *het is niet meer dan een ~tje van mijn plicht* it is no more than my duty, it is up to me [to see that ...]

staal|achtig steely, steel-like; **-blauw** steel-(steely-)blue [sky, diamond]; **-boek** pattern-, sample-, design-book; **-borstel** (steel) wire-brush; **-bron** chalybeate spring; **-draad** steel wire; **-draadkabel** steel rope; wire rope; **-draadmatras** wire-wove(n) mattress; **-fabriek** steel-works (*mv* id); **-grauw** *zie* -grijs; **-gravure** steel engraving; **-grijs** steely-grey [eyes]; **-hard** (as) hard as steel; **-houdend** chalybeate; **-kaart** pattern-card; **-kabel** steel cable, hawser; **-kleurig** steel-coloured

Staalmeesters (Rembrandt's) Syndics (of the Cloth Guild)

staal|pillen iron pills (tablets); **-plaat** 1 steel plate; 2 steel engraving; **-pletterij** steel-rolling mill; **-water** chalybeate water; **-werk** steelwork; **-werker** steelworker; **-wol** steel wool

staan 1 (*overeind*) stand, be; *bij mijn werk moet ik de hele dag* ~ at work I am on my feet all day; ~ *of vallen* stand or fall [*samen* together; *met* with, by: the government will stand or fall with the bill; the whole argument stands or falls with (hangs on) ...]; *zie ook* toezien; ***gaan*** ~, *a*) get up; (*v gevallene ook*) pick o.s. up; *b*) (go and) stand, place (station) o.s., take one's stand; *ga daar* (*in de hoek*) ~ stand there (in the corner); *op zijn remmen gaan* ~ jam on the brakes; 2 (*blijven* ~; *fig: vasthouden*) stop; (*ve tol*) sleep; *de hond staat* the dog sets (*of:* points; *ook bijv:* points a partridge); ***sta!***, (*tot paard*) whoa!, wo!, wo-ho!; ***staat!***, (*mil*) eyes front!; ***blijven*** ~ remain standing, (*stilhouden*) stop, pull up, halt; *je kunt hier niet langer blijven* ~ you cannot stand around here any longer; ***laat*** *dat* ~ hands off, don't touch it; *de baard laten* ~ grow a beard; *eten en drinken laten* ~ touch neither food nor drink; *vgl* lusten; *de alcohol* (*vlees, enz*) *laten* ~ keep off alcohol (meat, etc); *een rekening laten* ~ let an account stand over; *laat het* ~, (*schrift*) leave it, don't cross (*of:* rub) it out; *laat* ~ *zijn eigen kinderen* not to mention his own ...; *niet geschikt voor een beest, laat* ~ *voor een mens* not fit for a beast, let alone a man; *hij kan niet lezen, laat* ~ *schrijven* much less write; *iem niet* (*wel*) ***zien*** ~ ignore, have no time for (be interested in) a p.; *ik sta* ***op*** *mijn recht* I stand (insist) on my rights; *hij stond erop dat ik het deed* he insisted on my doing it, insisted that I should do it; *op een onmiddellijk antwoord* ~ press for an immediate answer; *ze staat erg op het fatsoen* she is a great stickler for propriety; *hij staat erop* he insists (on it), makes a point of it; *ze had er zo op gestaan* she had been so persistent, she had made such a point of it; *hij staat op nauwkeurigheid* he is strict on accuracy; ***tot*** ~ *brengen* bring [the car] to a stand (to a standstill, to rest, to a halt), stop [the car]; pull (bring) up; check [s.t.] in its progress, arrest [the brain may be arrested in its development], stay [inroads of disease], halt [prices]; *de brand was niet tot* ~ *te brengen* the fire got beyond control; *plotseling tot* ~ *brengen* bring up sharp (short); *tot* ~ *komen* come (be brought) to a stand (a standstill), bring (pull) up; *ik sta* ***voor*** *de schade* I'll pay for the damage (bear the loss); *daar sta ik* (*gewoonweg*) *voor* it baffles me, that's a poser (a facer); *hij staat voor niets* (*voor geen leugen*) he sticks (stops) at nothing (does not stick at a lie); 3 (*zijn, zich bevinden:*) ***hoe*** *staat de barometer?* what does the barometer say?; *hoe staat de frank?* what is the franc standing at?; *zie ook* partij; *de vruchten* ~ ***mooi*** fruit promises well; *er staat een pond* (***schuld***) there is a pound owing; *er staat 24 voet* ***water*** there is a depth of 24 feet of water; *hij weet* ***waar*** *hij* ~ *moet*, (*fig*) he knows his place; *nu wist ik waar ik stond*, (*fig*) now I knew where I was; *ik zag hoe de* ***zaken*** *stonden* I saw how the land lay, how things stood; *zoals het nu staat* (*de zaken nu staan*) as things are (stand) now, on present form; *de zaak staat aldus* the case stands thus; *er staat een flinke* ***zee*** (*deining*) there is a considerable sea (a big swell) on; *er* ***aan*** *gaan* ~ tackle s.t., do s.t. about it; *ga er maar aan* ~ just you try it; ***achter*** *iem* ~, (*fig*) back a p. (up), be behind a p.; *het volk staat achter de premier*, (*ook*) the ... has the nation behind him; *hij staat er voor 100% achter* he is behind it 100%; *er****bij*** ~, (*vd oogst*) *zie beneden:* ervoor ~; *ze stonden erbij* they stood by; ***boven*** *iem* ~ be over a p., be a p.'s superior; ~ ***buiten*** stand outside [the conflict, NATO]; *daar sta ik buiten* I'm not concerned in it, I've nothing to do with it, it has nothing to do with me; ~ ***langs*** line [the route of the procession]; *hoe staat het* ***met*** *je* (*met je gezondheid*)*?* how are you? (how is your health?); *het staat slecht met me* I am in a bad way (in poor health), (*financieel*) I am hard up; *hoe staat het met je wat geld betreft?* how are you fixed for money?; *en hoe staat het nu met je broer?* and now, what about (of) your brother?; *ik wil weten hoe ik met hem sta* I ... where I am with him; *hoe staat het met mijn geld?*, (*wanneer krijg ik* ...) how about my money?; *hoe staat het met zijn rekenkunde?* how is he with his arithmetic?; *hoe staat het met het grote werk?* how goes the magnum opus?; *hoe staat het met je wat ... betreft?* how are you off for [money, vegetables, etc]?; ***onder*** *iem* ~ be under a p.; *dit ziekenhuis staat onder een vrouw* this ... is in the charge of (controlled by) a woman; *er staat boete* ***op*** it is liable to a fine; *op desertie staat de doodstraf* desertion is liable to be punished by death; *zeggen waar het op staat* call a spade a spade; *dat komt te* ~ *op* it works out at; *die straf staat erop* that penalty is attached to it; *deze wijn komt mij op vijf pond de fles te* ~ this wine is going to cost me (sets me back) five pounds a bottle; *het huis staat op instorten* the ... is on the point of collapse; *zie ook* zichzelf; ~ *uit* ***te*** *kijken* (*te lezen, roken, denken*) stand looking out (reading, smoking, thinking); ~ *te praten met* be talking to; *wat sta je daar weer stom te lachen* look at you standing there with that stupid smirk on your face; *zie ook* bezien, enz; *gedurende de tijd dat hij te A stond*, (*ve predikant*) during his pastorate at A; ~ ***tegenover***, *zie* tegenover; *de tarwe staat er vrij goed* ***voor*** wheat looks quite good, is doing fairly well; *hij staat* (*zijn zaken* ~) *er slecht voor* he is (his business is, his affairs are) in a bad way; *zoals hij er nu voor staat wordt het nooit* ... on (his) present showing he'll never ...; *de zaak staat er goed voor* the business looks promising, promises well; *de maatschappij staat er niet te best voor* the company is not doing any too well; *zo sta ik ervoor* that's how I stand; *laat ons zien hoe we ervoor* ~ let us see where we are; *voor de rechter* ~ face the judge; *voor een moeilijk vraagstuk* (*een* *moeilijke keus, enz)* ~ be up against (be faced with, be facing) a difficult problem (choice, etc); 4 (*passen (bij), lijken:*) *die japon staat u lelijk (mooi)* that dress does not suit you (looks nice, looks well, on you); *het staat u lelijk, (fig)* it ill becomes you; *die hem vreemd stond* [a humility] that sat strangely (up)on him; *hij doet het omdat het 'staat'* for effect, because it looks good; *zijn bleke gezicht stond vreemd* ***bij*** *zijn zwarte haar* his ... went strangely with his ...; *zie ook* passen bij; 5 (*aangeven, vermelden*) be, say [it says in the Bible, it says so in the book]; *er ~ veel gegevens in het boek* many data are to be found in the book; *er staat* ***geschreven*** it is written; ***wat*** *staat er?* what does it say?; *de thermometer staat op 80* the ... stands at (shows) 80; *de klok stond op ...* the clock stood at (pointed to) ...; *er stond op: voorzichtig!* it was marked (labelled) 'with care'; *je staat er goed op, (foto)* you (have) come out well; *je staat er goed bij hem op* you're in his good books; *zie ook* gekleurd; *de letters AD ~* ***voor*** ... the letters AD stand for ...; 6 (*op het punt zijn*) be about; *het staat te gebeuren* it is about to happen; 7 (*streven naar:*) ~ ***naar***, *zie* hoofd, leven, enz; 8 (*toekomen:*) *nu weet u wat u te* ***doen*** *staat* now you know what you have to do; *dat staat* ***aan*** *u* it lies with (depends on) you; *de beslissing staat aan u* the decision rests with you, it is for you to decide; 9 (*confronteren:*) ***iem*** ~ stand (face, *fam:* stick) up to a p.; *zie ook* man; 10 (*zich verhouden:*) *5 staat tot 10 als 3 tot 6* 5 is to 10 as ...; *zie ook* alleen, duur, kijken, vol, enz

staand standing [army, collar, ovation, start, stone, wave]; upright [gravestone]; *~e de vergadering* pending the meeting; *~e boord, (ook)* stand-up collar; *~e hond* pointer, setter; *~ hout* standing timber; *~ horloge, ~e klok* grandfather clock, long-case clock; *~e kraag* upstanding collar; *~e lamp* standard (pedestal) lamp; *~e passagier, (in tram, enz)* straphanger; *~e receptie* stand-up reception; *~ schrift* perpendicular writing; *~e uitdrukking* set (stereotyped) phrase (expression); *~ want* standing rigging; *~ water* standing (stagnant) water; *iem ~e* ***houden*** stop a p.; *~e houden* maintain [he maintained that I was wrong], stand by [what one has said]; *zich ~e houden* keep one's foothold; (*fig ook*) hold one's own [*tegenover anderen* with others], stand one's ground; [without help he cannot] carry on, hold out; [he had a hard struggle to] keep going; *het gerucht houdt zich nog ~e* the rumour is still current; **staandebeens** 1 standing (up); 2 out of hand, summarily, at once; **staander** 1 standard, scaffold pole, (goal) post; 2 (*stander*) stand; 3 (*hond*) [German] pointer; **staangeld** 1 (*op markt*) stallage, toll; 2 (*waarborg*) deposit; **staanplaats** stand; (*voor taxi's*) cab-rank, taxi-stand; *alléén ~en* standing-room only; *geen ~en* no standing; *~en f 6* standing £2

staar cataract; *grauwe ~* cataract; *groene ~* glaucoma; *zwarte ~* amaurosis; *van de ~ lichten* couch a cataract (the eye, a p.)

staart tail (*ook van vlieger & komeet*); (*ve staartklok*) (hollow) wall-case; (*ve konijn, haas, hert, ook*) scut; (*ve vos, ook*) brush; (*vlecht*) pigtail; (*ve affuit*) trail; (*sleep, gevolg*) train; *~je, (wtsch)* caudicle; tail-end [of a storm]; (*overblijfsel*) remnant; *geen ~jes in de glazen!* no heeltaps!; *die zaak zal nog wel een ~je krijgen* that will not be the end of the matter, there are sure to be complications; *weglopen met de ~ tussen de benen* go off with one's tail between one's legs (crestfallen); *daar krijg je een ~ van* it drives you up the wall; *hem (de auto) op zijn ~ trappen* go flat out, let her rip

staart|been tail-bone; (*wtsch*) coccyx; **-deling** long division; **-hamer** tilt-, triphammer; **-klok** id (*mv:* -s); **-lastig** (*ve vliegt*) tail-heavy; **-letter** tailed letter, descender; **-loos** tailless; **-mees** long-tailed tit(mouse); **-peper** cubeb; **-pruik** 1 tie-wig; 2 pigtail; **-riem** crupper (strap); **-rupsvlinder** hook-tip moth; **-schroef** 1 (*mil*) breech-pin; 2 (*ve helikopter*) tail rotor; **-schudden** (*ve vliegt*) buffeting; **-schutter** tail gunner; **-ster** comet; **-steun** (*ve vliegtuig*) tailskid; **-stuk** 1 tail; 2 (*ve viool, enz*) tail-piece; 3 (*vlees*) aitchbone, rump; 4 (*ve kanon*) breech-piece; **-veer** tail-feather; (*wtsch*) rectrix (*mv:* -trices); **-vin** tail-fin, caudal fin; **-vlak** (*ve vliegt*) tailplane; *~ken* empennage; **-vormig** (*wtsch*) caudiform; **-wervel** caudal vertebra (*mv:* -brae); **-wiel** tail wheel; **-wind** tail-wind; **-wit** tail margin

staat 1 (*rijk*) state; (*in proces, enz*) Crown [judgment for the Crown was given]; *de ~, (ook)* the body politic; 2 (*toestand*) state, condition; *~ van* ***beleg*** state of siege; *de ~ van beleg afkondigen* proclaim martial law; *~ der gehuwde vrouw, (jur)* coverture; *~ van* ***zaken*** state of affairs (of things); ***in*** *goede ~* in good condition, in good shape; *in droge ~* when dry; *ze was in alle staten* she was very excited; *in ~ stellen* enable, put [a p.] in a position; *in ~ van beschuldiging stellen* indict [*ook fig:* indict the Church, the Government, etc], (*inz v hoogverraad*) impeach; *in (niet in, buiten) ~ zijn te ...* be able (unable) to ..., (not) be in a position to ...; *het spijt ons dat we niet in ~ zijn om te gaan* we regret our inability to go; *in ~ te reizen* [she is] fit to travel; *hij is tot alles in ~* he is capable of (will stoop to) anything, will stick at nothing; *tot niets in ~* incapable of anything; *ik acht hem er wel toe in ~* I think him quite capable of (doing) it, I wouldn't put it past him; *in ~ van verdediging brengen* put into a state of defence; 3 (*rang*) rank; *een* ***grote*** *~ voeren* live in great style; 4 (*lijst*) list, statement; *een goede (slechte, schitterende) ~ van* ***dienst*** *hebben* have a good (bad, brilliant) record (of service); *~* ***maken*** *op* rely (depend) on; *er is geen ~ te maken op ...* no dependence can be placed on (in) ...; *het bedrag op te maken bij ~, (jur)* [judgment for the plaintiff] for an amount to be ascertained; *zie ook* ontbinding, subsidiëren, verminderen, enz

staathuishoudkunde political economy, economics; **staathuishoudkundig** politico-economical; *~e* political economist; **staatkunde** politics, statecraft, statesmanship; **staatkundig**

political; ~ *evenwicht* balance of power; *zie ook* grens; *S~ Gereformeerden* Political Calvinists; **staatloze** stateless person, person without nationality; **Staats** (*hist*) States(') [army, service]

staats|aangelegenheid[1] state concern, public affair; **-almanak** government directory; **-amateur** state amateur; (*fam*) shamateur; **-ambt** public office, government employment; **-ambtenaar** public (*of:* civil) servant; government official, public functionary; **-apparaat** public service; **-bank** national bank; **-bankroet** state (*of:* national) bankruptcy; **-bedrijf** public enterprise (*of:* corporation), state(-owned) enterprise; **-begrafenis** state funeral; **-begroting** budget; **-belang** interest of the state; *zie ook* 2 reden 2; **-bemoeiing** state interference; **-bestel** *zie* -inrichting 1; **-bestuur**, **-bewind** government of the state; **-bezoek** state visit

Staatsblad (*vglb*) statute book; *in het ~ opnemen* place (enter) on the statute book

staats|bosbeheer State Forestry Service, Forestry Commission; (*Am*) Forest Service; **-burger** citizen, national; **-burgerlijk** political; **-burgerschap** citizenship; **-commissie** royal (*of:* government) commission

Staatscourant (Official) Gazette, (*vglb*) London Gazette

staats|dienaar state (*of:* government) official, public functionary; **-dienst** public service; *in ~ zijn* hold office under the government; **-domein** crown land; **-drukkerij** government printing office; *vgl* -uitgeverij; **-eigendom** (*concr*) public property; (*abstr*) state ownership; **-examen** 1 state examination; 2 (*voor toelating tot univ*) matriculation; (*fam*) matric; **-fondsen** government securities (*of:* stock); **-geheim** state secret, secret of state; **-gelden** public money; **-gevaarlijk** dangerous to the state, subversive [elements]; **-gevangene** political prisoner, prisoner of state; **-gevangenis** state prison; **-godsdienst** state (*of:* official) religion; **-greep** coup (d'état); **-hoofd** head of state; **-hulp** state-aid, -grant; *onderneming met ~* state-aided enterprise

staatsie 1 state, pomp, ceremony; *met grote ~* in great state, with great pomp; 2 (*stoet*) procession, cortège

staatsie|bed bed of state; *zie* praalbed; **-bezoek** state visit; **-degen** dress-sword; **-gewaad**, **-kleed** [in full] state-robes, robes of state, court-dress, full dress, ceremonial costume; **-koets** state-coach, -carriage; **-mantel** robe(s) of state; **-rok** court-dress, gala coat; **-sloep** state-barge; **-trap** grand (*of:* state) staircase; (*mar*) accommodation ladder, gangway ladder; **-vertrekken** state-apartments; **-zaal** state-room

staats|inkomsten public revenue; **-inmenging** state-interference; **-inrichting** 1 polity, form of government, constitution of the state; 2 *zie* -wetenschappen; **-instelling** public institution; **-kas** Public Exchequer, Treasury, [a grant out of] public funds; **-kerk** Established Church, state church; **-kosten**: *op ~* at the public cost, at the expense of the state; **-krediet** public credit; **-leer** political science (theory), civics; **-lening** public loan; **-lichaam** 1 (*de staat*) body politic; 2 (*lichaam in de staat*) public institution; **-loterij** state (*of:* national) lottery; **-man** statesman; *als van een ~* statesmanlike; **-manschap**, **-manswijsheid** statesmanship, statecraft; *van ~ getuigend* statesmanlike [act]; **-misdaad** treason; **-onderneming** state enterprise; **-orgaan** organ of government; **-papieren** *zie* -fondsen; **-raad** Privy Council; (*persoon*) Privy Councillor; **-raison** reasons of state; **-recht** constitutional law; **-rechtelijk** constitutional, relating (conformable) to constitutional law; **-redenen**: *om ~* for reasons of state; **-regeling** constitution; **-ruif**: *uit de ~ eten* draw government pay; **-schuld** national (*of:* public) debt; **-secretaris** (*vglb, Br*) Parliamentary Undersecretary, (*Am*) Assistant Secretary; **-stuk** official document, state paper; **-toezicht** [under] state control (supervision); **-uitgaven** public expenditure; **-uitgeverij** government publisher; (*Br*) HM Stationery Office; (*Am*) Government Printing Office; **-veiligheid** public safety, state security; **-vijand** public enemy; **-vorm** form of government; **-wege** *zie* rijks-; **-wet** 1 public act; 2 constitution; **-wetenschappen** political science, civics; **-zaken** state affairs, affairs of state; *aan het hoofd der ~* at the head of affairs; **-zorg** government(al) care; *~en* cares of state

stabiel stable [equilibrium], steady, stationary

stabili|satie stabilization; **-satiefonds** stabilization fund; **-sator** (*ve schip of vliegt*) stabilizer; **-seren** stabilize [the currency], steady (*ook: zich ~:* prices have (been) stabilized; the pound has steadied); peg [prices]; **-teit** stability, steadiness

stabilo (*v vliegtuig*) tailplane, (*inz Am*) horizontal stabilizer; (*verticaal*) (tail-)fin

stacaravan holiday (non-mobile) caravan, (fixed) site-caravan

staccato (*muz*) id (*ook zn*)

stad town; (*grote ~, dikwijls: bisschops~*) city; *buiten de ~* outside the town, in the country; *in de ~ grootgebracht* town-bred; *ik ga de ~ in* I am going into (down) town; *in de ~, (v inwoning of naburig)* in town, (*anders*) in the town; *naar de ~, (ve in de buurt wonende, naar ~)* to town (*anders*) to the town; *uit de ~ gaan* go out of (leave) town; *de ~ verlaten* (*ve niet-inwoner*) leave the town; *~ en land* town and country; *S~ en Lande* City and Province; *~ en land aflopen voor* ... search the highways and byways for ...

stadbewoner inhabitant of a (the) town, townsman, town-, city-dweller

stade: *te ~ komen* stand in good stead, come in handy, serve one's purpose

stadgenoot fellow-towns(wo)man, [my] towns(wo)man; **stadhouder** 1 (*Ned hist*) stadtholder; 2 governor, proconsul [proconsuls in the East]; *zie ook* stedehouder; **stadhouderlijk** of a (the)

1 *Zie ook de sam met* rijks-

state; **stadhouderschap** stadtholdership, stadtholderate; **stadhuis** town hall, city hall; **stadhuisbode** town-beadle; **stadhuistaal** officialese; **stadhuiswoord** grand word
stadie (*135 m*) stadium; **stadig** steady; *zie* ge~
stadion [athletics, baseball, football, ice, Olympic] stadium, [football] ground
stadium stage, phase; *in dit* ~ at this stage [of the proceedings]; *de zaak is nog in het eerste* ~ the ... is still in its first stage (in its infancy); *in een nieuw* ~ *treden* enter upon a new phase
stads urban; (*v pers*) citified
stads|beeld[1] city (urban) scene, townscape; **-bestuur** municipality, (*met burgemeester*) (municipal) corporation, (*zonder burgemeester*) town (city, common) council; **-bewoner** *zie* stadbewoner; **-bibliotheek** municipal (*of:* city) library; **-bus** corporation bus; **-cultuur** urbanism; **-deel** part (district) of town, town district; *zie ook* -wijk; **-gebied** territory of a (the) town, [the London] conurbation; **-gebouw** municipal building; **-gesprek** (*telec*) local call; **-gewest** (*vglb*) conurbation; **-gezicht** town view (*ook schilderij*), townscape; *beschermd* ~ urban conservation area; **-gracht** (*om stad*) (outer, defensive) canal round a town; (*in stad*) town (city) canal (lined with streets); **-grenzen** *zie* grens; **-guerrilla** urban guerrilla(s); **-herstel** urban renewal; **-huis** town-house; **-kern** city centre; **-landschap** urban scene; **-leven** town-life, urban life; **-lichten** (*ve auto*) parking lights, sidelights; **-mens** city dweller; *een* ~ *worden* be citified; **-muur** town (city) wall(s); **-nieuws** town-news, local news; **-omroeper** town crier; **-ontwikkeling** *zie* uitbreidingsplan; **-park** town (municipal, corporation) park; **-poort** town gate; **-recht** 1 municipal right; 2 *zie* -vrijheid; **-regering** municipal government; **-reiniging** municipal cleansing; *zie ook* reinigingsdienst; **-schouwburg** municipal (city, town) theatre
stadstaat city-state
stads|verkeer urban (city) traffic; local (bus) service; [fuel consumption in] (simulated) urban cycle; **-vernieuwing** urban renewal; **-vervoer** local (city) transport; **-verwarming** district (*of:* community) heating; **-vest** rampart; **-vrijheid** privilege of a city; **-waag** town weighhouse; **-wacht** 1 auxiliary police(man, -woman); 2 (*hist*) civic guard; **-wal** city rampart; **-wapen** arms of a (the) town, city arms, civic crest; **-weide** common; **-wijk** quarter (district) of a (the) town, ward
stadwaarts townward(s), cityward(s), towards (in the direction of) the town
staf 1 (*staaf*) staff; (*als symbool van gezag, ook*) mace; (*bisschops~*) crosier, crozier; (*fig*) staff [bread is the staff of life], prop [the prop of my old age]; *de* ~ *breken over* condemn; 2 (*pers*) staff [doctor, meeting, member, officer; the general staff]; *Chef van de* ~, *Chef-*~ Chief of Staff; 3 (*in ~rijm*) stave; **stafdrager** mace-bearer, verger; **stafffunctionaris** staff executive; **stafkaart** ordnance (survey) map; **staflid** member of staff, staff member; **stafmedewerker** officer; **stafmuziek** regimental band; **stafmuzikant** bandsman; **stafofficier** staff-officer; **stafrijm** alliteration
stafylokok staphylococcus (*mv: -cocci*)
stag (*mar*) stay; *over* ~ *gaan, zie* over~
stage 1 practical (work), work experience, traineeship; ~ *lopen* do [teaching, etc] practice; 2 term of probation; 3 trial (experimental) period; **stageld** [bottle] deposit; [market] stallage
stage|periode traineeship; **-plaats** trainee post
stagflatie stagflation; **stagiair(e)** trainee (teacher, etc); **stagnatie** stagnation; hold-up [of traffic]; ~ *door planologische onzekerheden* planning blight; **stagneren** stagnate, come to a standstill, be stagnant; **stagzeil** staysail
stahoogte (*vglb*) full headroom; **sta-in-de-weg** obstacle, encumbrance
stak *ovt van* steken; **stakelen** (*mar*) burn flares
staken I *tr* 1 stop [work], abandon [a match]; *het werk* ~ stop work; (*voor hoger loon, enz*) strike, go on strike, come out (on strike), walk out, down tools; (*om te rusten*) knock off (work); *de betalingen* ~ stop (*of:* suspend) payment; *de treindienst* (*zijn bezoeken*) ~ discontinue the train service (one's visits); *de procedure* ~ stay the proceedings; 2 suspend [a p.]; *vgl* schorsen; II *intr* 1 stop, leave off; (*v werklieden*) be out (on strike); (*gaan*) ~, *zie* I: het werk ~; 2 *de stemmen staakten* the votes were equally (evenly) divided, the division resulted in a tie, there was a tie(d vote); **staker** striker; **stakerspost** picket
staket(sel) fence, palisade, wooden railing, paling
staking 1 stoppage, cessation; suspension [of payment, of hostilities]; (*werk~*) strike, (*euf*) industrial action; (*college~*) boycott; *in* ~ *gaan,* zie staken I: het werk ~; in ~ zijn be out (on strike); *een* ~ *afkondigen* call (declare) a strike; *de* ~ *opheffen* call off the strike; *tot* ~ *overhalen* bring out [the railwaymen]; *door* ~ *getroffen* strike-bound [factory, ship]; 2 ~ *van stemmen* tie (in voting), tied vote; *bij* ~ *van stemmen* in case of a tie (in the vote); 3 (*v pers*) suspension; **stakingbreker** strike-breaker; *zie ook* onderkruiper; **stakingscomité** strike-committee; **stakingskas** strike-fund; **stakingspiket** picket; **stakingsrecht** right to strike; **stakingsverbod** strike ban
stakker(d) poor devil (fellow, beggar, wretch); (*vrouw, kind, dier*) poor thing (soul); *~s van kinderen* bits of children; **stakkerig** pitiful, pathetic
stal I *zn* 1 (*paardestal*) stable; (*koestal*) cow-house, -shed, byre; (*schapestal*) [sheep]fold; (*varkensstal*) [pig]sty; (*afdeling ve stal*) stall; *op* ~ *zetten, zie* stallen; (*fig ook*) lay up [one's car during the winter]; *je loopt wat hard van* ~ you are rushing things a bit; *loop niet te hard van* ~, (*ook*) go slow, go easy; *het paard ruikt* ~ the horse knows he is making for his stable; 2 (*in koorbank*) stall; 3 (*fig*) pigsty; II *ww: ovt van* stelen
stalactiet stalactite; **stalagmiet** stalagmite

1 *Zie voor sam ook* gemeente-

staldeur stable-door
stalen I *bn* steel; (*fig ook*) iron [will, nerves], steely [courage]; ~ *geheugen* tenacious (retentive) memory; *met een* ~ *gezicht* (as) cool as a cucumber, deadpan; ~ *meubelen* (steel) tubular furniture; *met* ~ *platen* steel-plated; ~ *voorhoofd* brazen face; II *ww* (*fig*) steel [one's courage, one's nerves, o.s.]
stalenboek book of samples, pattern-book
stal|erf stable-yard; **-houder** jobmaster, (livery-)stable keeper; **-houderij** livery-stable; **-jongen** stable-boy, stable-lad; **-knecht** stableman, stable-hand, groom; (*in herberg*) stableman, (h)ostler; **-kruid** rest-harrow
stallen stable [horses]; store [bicycles], house [cattle], stall [ox]; stable, garage, put away [one's car]; **stalles** stalls; (*Am*) parquet; **stalletje** [book-, gingerbread-]stall, stand; *met een* ~ *staan* keep a stall; *houder van een* ~ stallholder
stalling 1 stable, stabling; [cycle] shed; [car] garage; 2 (*het stallen*) stabling, etc; *vgl* stallen
stalmeester master of the horse, equerry; **stalmest** stable-, farmyard-manure (*of:* -dung); **stalvoe(de)r** fodder
stam 1 stem (*ook ve woord*); (*ve boom, ook*) trunk; *hout op* ~ *kopen* buy timber on the stump; 2 (*geslacht*) stock, [the last of his] race, (*onder gemeenschappelijk hoofd*) tribe, (*Sc*) clan; *de* ~ *van Juda* the tribe of Judah; *uit dezelfde* ~ *spruiten* come from the same stock; *het leiderschap van een* ~ tribal leadership; **stamboek** (*ve pers*) genealogical register; (*mil*) regimental roll; (*v vee*) herd-book; (*v paarden*) stud-book; (*v schapen*) flock-book; **stamboeknummer** (*mil*) regimental number; **stamboekpaard** stud-horse; *~en,* (*ook*) bloodstock; **stamboekvee** pedigree cattle
Stamboel Stamboul; (*nu:*) Istanbul
stamboom genealogical (family) tree, pedigree; **stamboon** dwarf bean, bush-bean; **stamcafé** [his] favourite (regular) café
stamelaar stammerer; **stamelen** I *intr* stammer, stumble in one's speech; II *tr* stammer (out) [an excuse], falter ['you knew?' she faltered]
stam|gast habitué, regular (customer); **-genoot** (fellow-)tribesman, (fellow-)clansman; **-hoofd** tribal chief, chieftain, headman; **-houder** son and heir; **-hout** standing timber; **-huis** dynasty
staminee pub, café
stam|kaart (*v voorwerp, tijdschrift, enz*) basic-entry card; (*v pers*) personal record card; (*moederkaart*) master card; **-kapitaal** original capital; **-klinker** radical (root) vowel; **-kroeg** [his] favourite pub; **-land** earliest home; **-men** *zie* afstammen; ~ *uit de tijd, dat* ... date from the time when ...; *uit Portugal* ~ be of Portuguese origin (descent); **-menoorlog** tribal warfare, internecine strife; **-moeder** ancestress; (*bij matriarchaat*) matriarch; **-ouders** ancestors, [our] first parents: Adam and Eve
stamp I *zn* 1 stamp(ing); 2 kick; push; blow; 3 lot, crowd; II *bn* packed; *zie* -vol
stampei hullabaloo; ~ *maken* kick up a fuss
stampen I *ww intr* 1 stamp, thump; *met zijn voet* ~ stamp one's foot, (*lichtjes*) tap one's foot; *~d de kamer op en neer lopen* stump up and down the room; 2 kick; push; 3 (*ve schip, enz*) pitch; 4 (*v machines*) thump, thud; II *ww tr* 1 (*fijnstampen*) pound, bruise, bray; mash [potatoes]; crush [ore]; 2 (*aanstampen*) ram; *iets in het hoofd* ~ drum s.t. into one's head; *feiten, enz, erin* ~ cram [for an exam]; *de grond in* ~ slate [an artist]; *uit de grond* ~ set up (develop) [an organization] from scratch (nothing); *hij stond de sneeuw van zijn schoenen te* ~ he stood kicking the snow from his boots; *gestampte pot* hotchpotch; 3 (*techn*) stamp; punch [holes]; blank [coins]; III *zn het* ~ pitching, etc; the thud [of machinery]; **stamper** 1 (*pers & ding*) stamper; (*v geschut*) rammer; (*ve vijzel*) pounder, pestle; (*straat~*) paving-beetle, rammer; 2 (*ve bloem*) pistil; **stamperbloem** pistillate flower; **stamperhokje** (*plantk*) carpel
stamp|molen stamp-, crushing-mill, crusher; **-pot** hotchpotch; mashed potatoes and cabbage; **-stok** rammer; **-voeten** stamp one's foot (feet); **-vol** chock-full, chock-a-block, packed (to suffocation), crammed (to overflowing), (over)-crowded; **-zee** pitching sea
stam|ras parent race; **-register** genealogical register; **-roos** standard rose; **-salaris** basic salary; **-slot** ancestral castle (*of:* seat); **-taal** parent language (speech); **-tafel** genealogical table; (*in sociëteit, enz, vglb*) habitués' table; **-tijden** principal parts (of a verb); **-uil** (*vlinder*) gipsy moth; **-vader** ancestor, progenitor; patriarch; founder (of family); **-verwant** I *bn* cognate; (*gramm ook*) paronymous; *~e woorden* paronyms; II *zn zie* -genoot; *onze ~en in Zuid-Afrika* our kinsmen in South Africa; **-verwantschap** affinity; **-wapen** family arms; **-woord** primitive word, stem
stand 1 (*houding*) attitude, posture; (*gymnastiek*) position, (*mv ook*) figures; 2 (*ligging*) position [of a house]; *een winkel* ***op*** *goede* ~ a shop in a good position (situation); 3 (*hoogte*) height [of the water, of the barometer], state [of the barometer], [thermometer, barometer] reading [a reading of 50 degrees]; rate [of the dollar]; 4 (*bij spel*) score(s) [the scores are ...], position [the position in the match is as follows]; (*op ranglijst*) standing; 5 (*v partijen bij verkiezing*) state [of the parties]; 6 (*vd maan*) phase; 7 (*toestand*) situation, condition, state, position; *de* ~ *van de onderhandelingen* the (present) position of the negotiations; *de huidige* ~ *van de wetenschap* (*van kennis*), (*ook*) the state of the art; ~ *van zaken* state of affairs; *verslag doen van de* ~ *van zaken* report progress; ***bij*** *deze* ~ *van zaken* in the present state of affairs, as matters stand (at present), on present form; *zie ook* staan 1; 8 (*vaste positie, wezen*) ***~ houden*** *zie* ~houden; ***in*** ~ *blijven* endure, last; *in* ~ *houden* keep [a building] in repair, maintain, preserve [the race], support [supported by voluntary contributions]; ***tot*** ~ *brengen* bring about, achieve, accomplish; establish [contact]; effect [a sale (*koop, eig: verkoop*), an agreement, economies], float [a loan], put [a business, a loan] through, negotiate [a treaty, transaction, loan],

conclude [an arrangement]; *tot ~ komen* come about; come into being; be effected, etc; *vgl* tot ~ brengen; mature; *de transactie is tot ~ gekomen* the deal has come off; 9 (*maatschappelijk*) rank, station [in life], (social) position, standing, status, [people from all] walk[s] of life; *de geestelijke ~* the clergy; *de medische ~* the medical profession; *lagere* (*hogere*) *~en* lower (higher, upper) classes (orders); *de hoogste ~* Society; the upper class (*fam:* crust); *de derde ~* the third estate; *vierde ~* working classes (*vgl:* the fourth estate, *scherts: de pers*); *zijn ~* ***ophouden*** keep up one's (social) position; ***beneden*** (***boven***) *zijn ~ trouwen* marry beneath (above) one (one's social position); ***boven*** *zijn ~ leven* live beyond one's means; ***in*** *hun ~* in their (social) position; *in alle ~en* in all walks (in every walk) of life; *mensen* ***van*** *elke ~* people in all walks (in every walk) of life; *van goede ~* [people] of good social position; *mensen van hoge ~* people of high rank (station) (*van hun ~* of their position, their station); *hij is niet van onze ~* he is not (of) our class; ***volgens*** *zijn ~ leven* live according to (in accordance with) one's rank (position in society); 10 (*op tentoonstelling*) stand; *zie ook* burgerlijk, enz

standaard I *zn* (*vaandel, maatstaf, muntstandaard*) standard [gold, silver, double, single standard; standard of correct speech]; *de koninklijke ~* the Royal Standard; *zie ook* stander & gouden; II *bn & bw* standard [contract, deviation, error, practice, price, procedure, silver, size, work; this test is now standard]; *niet ~,* (*ook*) non-, sub-standard; *alle auto's zijn nu ~ uitgerust met veiligheidsgordels* safety belts are now standard (a standard feature) on all cars

standaarddrager standard-bearer; **standaardformaat** standard size; **standaardgewicht** standard weight; **standaardisatie** standardization; **standaardiseren** standardize

standaard|loon standard rate of wages; **-maat** standard measure; **-molen** post-mill; **-munt** standard coin; **-prijs** standard price

standbeeld statue; *hij staat daar als een ~* like a post, like a statue; **standbeen** leg on which a p. is standing; **standcatalogus** shelf-list

standelkruid orchis; **standenlijst** league table

stander 1 stand [for umbrellas, etc], [hat-]stand; 2 (*droogrek*) [clothes-]horse; 3 (*paal*) post; upright [a mirror between uprights]; 4 (*steun*) stand, (*drievoet*) tripod; *zie ook* fietsen~, enz

stand|geld *zie* staangeld; **-hoek** dihedral angle

standhouden stand one's ground, stand firm, hold one's own, hold out, hold [his luck held]; *moedig ~* make a plucky stand; *~ tegen,* (*ook*) stand up against; hold [this plea would not hold against ...]; *dat houdt geen ~* that cannot last

standje 1 (*berisping*) blowing-up, scolding, rebuke, rocket, reprimand, wigging, talking-to; *een ~ krijgen* get a telling-off; *hij kreeg een flink ~* he came in for a good scolding (for some plain speaking); *iem een ~ geven* (*maken*) blow a p. up, rebuke (tell off) a p., (*geducht ~*) give a p. a rocket; (*vaderlijk*) talk to a p. like a Dutch uncle; 2 (*herrie*) row, shindy, affray; 3 *een opgewonden ~* an excitable person, a regular little tempest (spitfire); *vgl* opvliegend; *zie verder* herrie & ruzie; 4 (*lichaamshouding*) position, posture

stand|licht parking light; **-olie** stand-oil; **-penning** standard coin; **-pijp** stand-pipe, hydrant; **-plaats** 1 stand, standing-place; (*ve venter, enz*) pitch; (*v taxi's*) (cab-)stand, rank; *de taxi keerde naar zijn ~ terug,* (*ook*) the taxi returned to its rank; 2 (*ve ambtenaar*) station, post, place of work; *met ~ A* working out of A; (*ve predikant*) living, place; *zich naar zijn ~ begeven* take up one's position (*of:* duties); 3 (*ve plant*) habitat; **-plaatsvergoeding** [London] weighting; **-punt** standpoint, [from his] point of view; *op het ~ staan dat ...* take the position (the line) that ...; *van ~ veranderen,* (*ook*) change (shift) one's ground; *het zelfde* (*een dergelijk*) *~ innemen* take the same (a similar) stand (take up ... position); *zich op het ~ van de ander plaatsen* take (*of:* see) the other p.'s point of view; **-recht** 1 summary justice, drumhead court-martial; 2 [market] stallage; **-rechtelijk**: *~e veroordeling* summary conviction; *~ gefusilleerd* shot by order of a drumhead court-martial

stands|verschil class distinction, difference in station (in rank); **-vooroordeel** class prejudice

standvastig steadfast, firm, constant, unwavering; **standvastigheid** steadfastness, firmness, constancy; **standvink** 1 queen post; 2 post with two angle-braces; **standvogel** resident (*of:* sedentary) bird; **standwerker** (*op markt, vglb*) barker; (*Am*) pitchman

stang 1 rod, bar, pole; stanchion [of a tramcar]; 2 (*ve fiets*) crossbar; 3 (*ve vogel, enz*) perch; 4 (*ve paard*) bridle-bit; *iem op ~ jagen* (*rijden*), (*fam*) get a p.'s rag out, wind a p. up; 5 (*ve bril*) arm, side, ear-loop, -piece

stangijzer rod iron; **stangkogel** bar-shot; **stangpasser** beam-compasses, -dividers

stank stench, bad (nasty, foul) smell, stink; reek [of gin]; *ik kreeg ~ voor dank* I got small thanks for it (for my pains), I got more kicks than halfpence (than thanks); *~ voor dank geven* bite the hand that feeds one; *door ~ verdrijven* stink out

stankafsluiter (U-, anti-siphon) trap

stanniool tinfoil

stansen punch; die-cut; *zie ook* stampen II.3

stante pede out of hand; *zie* voet: op staande ~

stap step (*ook fig*), pace, stride; footstep, footfall; (*fig ook*) move [a new move; the next move lies with you *moet van u komen*]; *een lichte* (*zware*) *~* a light (heavy) step (*of:* footfall); *een ~ achteruit* a step backward, a backward move; *een ~ in de goede richting* a step (a move) in the right direction, a step forward; *een stoute ~* a bold step; *dat brengt ons geen ~ verder* that does not carry us a step farther; *het is maar een ~ of wat* it is but a step; *een ~* ***doen*** take a step (*langer:* a stride); *lange ~pen doen* take long strides; *~pen doen om te ...* take steps to ...; *de regering behoort ~pen te doen in deze zaak* the ... should move (take action) in this matter; *de eerste ~ doen* take the first step, make the first move, make advances (overtures), take the initiative; *er de ~* ***in zetten*** step out; *iems ~pen* ***nagaan*** watch a p.'s movements; *de ~* ***wagen*** take the plunge; ***bij*** *iedere ~* at every step, [you see them] at every turn; ***in*** *één ~* at (in) a stride; *in de ~ brengen* pull [a horse] into a walk; ***op*** *~ gaan, a)* set out, go (*fam:* push) off; *b)* go out on a spree; *c)* go at a walking pace; *d)* walk in step; *~* ***voor*** *~* step by step, progressively; *vgl* schrede

stapel I *zn* 1 pile [of papers], stack [of sovereigns], heap; *een ~ rekeningen,* (*ook*) a batch of bills; ***aan*** *~s zetten* pile up, stack; 2 (*~plaats, ~recht*) staple; 3 (*ve strijkinstrument*) sound; 4 (*v wol*) staple; 5 (*voor schepen*) stocks (*mv*); ***op*** *~ staan* be on the stocks, (*fig ook*) be on the way, in hand; *op ~ zetten* lay down [a new cruiser], lay down the keel of; (*ook fig*) put on the stocks; *het schip liep* ***van*** *~* the ship left the slipway, took the water; *van ~ laten lopen* launch [a vessel]; *alles liep vlot* (*glad*) *van ~* everything passed off without a hitch, went (off) smoothly, went swimmingly, went off well (according to the book); *het plan liep prachtig van ~* the plan worked perfectly; (*te*) *hard van ~ lopen* be (too) precipitate, go (move) (too) fast; II *bn: ben je ~?* are you mad?; (*attr, ook:*) madly [in love with], crazy [about]; *zie ~*gek

stapelartikel staple commodity; **stapelbaar** stackable, stacking [chairs]; **stapelbed** bunk bed; **stapelblokken** (*mar*) stocks; **stapelbord** pallet; **stapeldiagram** compound bar chart

stapelen stack, pile (up), heap; *de ene ontbering* (*blunder*) *op de andere ~* heap discomfort on discomfort (pile up one blunder on another)

stapel|gek 1 stark (clean, raving, staring) mad, stark staring mad, as mad as a hatter (as a March hare), off one's rocker (one's trolley); 2 fond [of *op*]; *~ op iem zijn,* (*ook*) be crazy about (totally besotted with) a p.; **-goederen** staple commodities (*of:* goods), staples; **-loop** (*ve schip*) launch; **-plaats** 1 emporium, mart; 2 storage (space), warehouse; (*hist*) staple (town); **-recht** (*hist*) staple-right; **-wolk** cumulus (*mv:* -li), woolpack (cloud); **-zot** *zie* -gek

staphorster crossing with central reserve

stappen step; (*met lange passen*) stride, stalk; (*stapvoets*) walk; (*marcheren*) march; *op en neer ~* pace up and down; *trots ~* strut; *een eindje gaan ~* go for a walk, take a breather; *Jan is ~,* (*fam*) John is on a pub-crawl; *het paard stapt goed* (*sierlijk*) the ... picks up his feet well (daintily); *hij stapte over de sloot* (*onder het lopen*) he took the ditch in his stride; *~ op* mount [one's bicycle], board [a tram]; *uit de bus ~* get off the bus; *uit de partij ~* leave the party; *zie ook* overheen, rechter & uit~; **stappend** (*her*) passant; **stapvoets** [move, go, ride] at a walk(ing-pace); *het paard moest daar ~ gaan* the ... had to walk there; *~ gaan lopen* fall into a walk; *~ laten gaan* walk [a horse]

star I *bn* stiff, rigid; (*ve blik*) fixed, glassy; (*fig*) *zie* steil; II *zn* star; *zie* ster

staren stare, gaze [*naar* at]; *woest ~* glare, glower [*naar* at]; *in het vuur ~* stare into the fire; *de honger staarde hem in het gezicht* hunger stared him in the face; *hij staarde voor zich uit* he stared in front of him; *een ~de blik* stare, [there was] a faraway look [in his eyes]

starheid rigidity; **starnakel** blotto

starogen (*lit*) stare; *zie ook* staren

start id, get-away; (*luchtv*) take-off; *van ~ gaan* begin, get going; (*bij streep, ook*) line-up; (*~plaats*) start(ing-place); **startbaan** (*luchtv*) runway; **startblok** starting block; *in de ~ken staan* be ready to go; *goed uit de ~ken komen* get off to a good start; **starten** start; (*luchtv*) take off; **starter** id; **startgeld** 1 appearance money; 2 *zie* inleggeld; **startkabels** starter cables, (*fam*) jump leads; **startklaar** ready to start (*luchtv:* for take-off); **startknop** starter button; **startmotor** motor starter, starter motor; **startpistool** starting pistol; **startpunt** starting point, jumping off point [for rambles]; **startschot** starting shot; **startstreep** start(ing-line), line; **startsubsidie** (*fam*) kick-off grant

Staten: *de Heren ~,* (*hist*) the Lords the Estates; *de ~ van Holland* the Estates (States) of Holland; *zie ook* provinciaal; **Statenbijbel** (Dutch) Authorized Version (of the Bible); **statenbond** confederation (of states); *Australische Statenbond* Commonwealth of Australia; **Staten-Generaal** States General; (*vglb*) Parliament; **Statenkamer** council-hall of the (Provincial) States; **statenloos** stateless [person]; **Statenvergadering** meeting of the States; **Statenvertaling** *zie* Statenbijbel

statica statics

statie 1 (*r-k*) Station of the Cross; *de ~s bidden, zie* Kruisweg; 2 (*v trein, enz*) station, halt; 3 state; *zie* staatsie; **statief** [camera-]stand, tripod, support; **statiegeld** deposit [on bottles]; *~ 25 ct* 25 cents (back, returnable) on the bottle; *met* (*zonder*) *~* (non-)returnable [bottle]

statig I *bn* stately, solemn, dignified, majestic; II *bw* in a stately manner, solemnly, majestically; **statigheid** stateliness, solemnity

station (railway) station; (*Am ook*) depot; *~ van aankomst* (*vertrek*) arrival (departure) station; *~ van afzending* (*ontvangst*) forwarding (receiving) station; *~ restant* to be left till called for; **stationair** stationary; *~ draaien* idle, (*inz auto*) tick over; **stationcar** estate car, shooting-brake (-break); (*Am*) station wagon; **stationeren** 1 station, place; 2 (*auto, enz*) park; *~de voertuigen* stationary (parked) vehicles

stations|boekhandel railway bookstall; **-bord** station nameboard; **-chef** stationmaster, station manager; **-emplacement** station yard; **-gebouw** railway station, station building; **-hal** (main) concourse; **-hotel** station hotel; **-plein** station square; **-restauratie** station buffet (restaurant); **-vestibule** booking-hall; **-weg** station road, station approach

statisch static [characters, electricity], statical

statist supernumerary, walking gentleman, mute, (*sl*) super; **statisticus** statistician

statistiek (*wtsch*) statistics; (*opgaven*) statistics, [government] returns; (*soms ev: statistisch gegeven*) [a discouraging] statistic; *Centraal Bureau voor de S~* Central Statistical Offic; **statistisch** statistical; *~e grootheid* statistic
statoscoop statoscope
statten [go] shopping in town
status status [symbol]
statutair statutory [age, meeting]; [required] according to ([decided] in accordance with) the articles of association
statuur stature; height, build
statuut statute, covenant [of the League of Nations]; *statuten, (ve club, genootschap)* regulations (of a club, society); (*ve maatschappij*) articles of association; (*ve pol partij, enz*) constitution; (*gedragsregels*) [citizens', patients'] charter
stavast: *een man van ~* a strong, resolute man
staven confirm, bear out [an opinion], substantiate [a charge *beschuldiging;* every word I've said], support [claims by documentary evidence], fortify [one's case with statistics], authenticate [well-authenticated reports *berichten*]; (*door onderzoek*) verify [a statement]; *zijn aanspraak ~ ten genoegen van het Hof* make out one's claim to the satisfaction of the Court; *deze legende wordt niet gestaafd door de feiten* this ... has no foundation in fact; *door getuigen gestaafd* (duly) attested [confession]
staving confirmation, substantiation, verification; *tot ~ van* [quote authorities] in support of [one's contention]; *stukken die tot ~ kunnen dienen* documentary evidence
stayer long-distance runner, etc; (*wielrenner*) id
stearine stearin; **stearinekaars** composite (*of:* stearin) candle; **steatiet** steatite
stechelen 1 cheat; (*spieken*) crib; 2 bicker; (*zeuren*) moan
stede: *te dezer ~* in this town; [Mr N] of this town; *in ~ van* instead of
stede|aanleg, **-bouw** town-planning; **-bouwkundige** town-planner; **-houder** viceroy, vicegerent, vicegerent, governor; *~ van Christus* Vicar of Christ; **-kroon** mural crown; **-lijk** town [officials], municipal [government, privileges, orchestra], urban [districts], civic [authorities], city [museum]; **-ling(e)** towns(wo)man, town-, city-dweller; (*mv ook*) townspeople, -folk; **-maagd** patroness [of Amsterdam]
stee spot; *zie ook* stede
steeds I *bw* (*altijd*) always, ever, all the time, continually; *~ door* all along; *nog ~* still; *~ lager* lower and lower, ever lower; *~ de uwe* ever yours, yours ever; *~ weer* (*opnieuw*) again (*of:* ever) and again; *de gedachte kwam ~ weer bij mij op* the idea kept coming back to me; *hij volgt me ~* he keeps following me; *~ aangroeiend* ever-increasing [number]; *~ moeilijker* [become] increasingly difficult; II *bn* townish, towny
steef *ovt van* stijven
steeg I *zn* lane, alley, alleyway; II *bn* restive [horse]; III *ww: ovt van* stijgen
steek 1 (*ve angel*) sting, (*ve dolk*) stab, (*ve zwaard, enz*) thrust; *iem een ~ in de* ***rug*** *geven, (ook fig)* give a p. a stab (stab a p.) in the back; 2 (*v pijn*) stitch [in the side], twinge; *een ~ in de* ***zijde*** a stitch (in my side); 3 (*naaiwerk*) stitch; *daar is een ~(je) aan* ***los*** there is s.t. wrong about it, he has a screw loose somewhere (a button missing, not all his buttons); *een verkeerde ~* ***maken*** make a false stitch; *een ~* ***opnemen*** take (pick) up a stitch; *een ~ laten* ***vallen*** drop (*of:* lose) a stitch; (*fig*) slip up; *zie ook* breister; 4 (*knoop*) hitch [*halve ~* half-hitch]; 5 (*hoed*) three-cornered hat, cocked hat; 6 (*ve schop*) spit [dig two spits deep]; 7 (*hatelijkheid*) dig; [een *lelijke ~* a nasty dig]; *dat is een ~* ***op*** *mij* that is a hit (dig, thrust) at me, that is one for me; *~ onder* ***water*** sly dig, side-hit; *iem een ~ onder water geven* have a sly dig at a p.; 8 (*bij tandwielen*) pitch; 9 (*onder~*) bedpan ‖ *ik begrijp er* ***geen*** *~ van* I cannot make head or tail of it, I do not understand it a bit; *het kan me geen ~ schelen* I don't care a rap (a button); *zie ook* zier; *hij heeft geen ~ uitgevoerd* he has not done a stroke of work; *ik kan geen ~ zien, a*) I am as blind as a bat; *b*) I cannot see a thing; *uw theorie* ***houdt*** *geen ~* your ... will not hold water (cuts no ice); *zie ook* opgaan: niet ~; *hij liet ons in de ~* he failed us, left us in the lurch, let us down, deserted us; *haar geheugen (enz) laat haar nu en dan (nooit)* ***in*** *de ~* her ... fails her now and then (never fails her); *ze lieten hun leider in de ~* they deserted (went back on) ...; *zijn kalmte liet hem in de ~* his coolness deserted him; *het boek laat je nooit in de ~* the ... never lets you down; *hij liet zijn vrouw in de ~* he abandoned his wife; *hij had haar in L in de ~ gelaten, (ook)* he had left her stranded in L; *het* ***schip*** *(zijn* ***post****) in de ~ laten* abandon the ship (desert one's post)
steek|appel thorn-apple; **-balk** hammer-beam; **-beitel** paring-chisel, firmer (chisel); **-brem** furze, gorse; **-cirkel** (*ve tandwiel*) pitch circle; **-distel** milk-thistle; **-doorn** gooseberry; **-hevel** plunging-siphon; **-houdend** sound, solid, valid; **-mug** gnat, mosquito; **-partij** knifing(-affair); **-pas** (*sp*) through-pass, deep pass; **-passer** (pair of) dividers; **-penning** hush-money, bribe, illicit commission; *het aannemen van ~en* [accused of] corruptly accepting money; **-pil** suppository; **-proef** (random, test) sample; (*fig ook*) random test (check), experimental sounding, spot check; *-proeven nemen (uit)* test (sample, try) [s.t.] at random; (*zelfst*) random sampling; **-schuim** floral foam, Oasis; **-sleutel** 1 fork spanner; 2 (*voor sloten*) picklock; **-spel** 1 (*hist*) tournament; tilt; 2 (*fig*) [political] duel (battle); **-vlam** blow-pipe (flame), oxy-acetylene flame; (*plotseling*) flash; **-vlieg** stable fly; horn fly; **-wagen** trolley, hand-truck, barrow; **-wapen** pointed weapon; **-wond** stab wound; **-zak** slit pocket
steel 1 (*om aan te pakken*) handle [of a spoon, etc]; (*ve bijl*) helve, shaft; (*ve boor*) shank; *de ~ naar de bijl gooien* throw the helve after the hatchet; 2 (*blad-, bloem-, pijpe~*) stem; (*ve bloem, oog, vrucht*) stalk; stick [of peppermint, of rhu-

barb]; *van stelen ontdoen* stalk, tail [fruit]; stem [strawberries]; leaf [tea]; strip [tobacco]; **steelloos** (*plantk*) stalkless, sessile; **steelpan** saucepan

steels I *bn* stealthy; *hij wierp een ~e blik op haar* he stole a look at her, looked at her out of the corner (the tail) of his eye; II *bw* furtively, stealthily, by stealth; **steelsgewijs** *zie* steels II

steelstofzuiger upright (vacuum) cleaner

steen 1 (*gehouwen*) stone; (*ruw*) rock; (*kei*) boulder; (*gebakken*) brick; *~tje* small stone, pebble; *de kleine ~tjes, zie* trottoir; *met een hart van ~* stony-hearted; *ik ben niet van ~* I am not made of stone; *~ des* ***aanstoots*** stone (rock) of offence, stumbling-block, bugbear; *~ en* ***been*** *klagen* complain loudly (bitterly); *een ~tje* ***bijdragen*** contribute one's mite, do one's bit; *iem stenen voor* ***brood*** *geven* give a p. a stone for bread; *de* ***eerste*** *~ leggen* lay the first stone (foundation-stone); *de eerste ~ werpen naar* cast the first stone at; ***geen*** *~ op de andere laten* not leave one stone upon another, not leave a stone standing; *met stenen* ***gooien*** (*naar*) throw (hurl, fling) stones at, pelt with stones, stone [the police]; *een ~ van het* ***hart****, zie* pak; *al moet de* ***onderste*** *~ boven komen* at any cost; *de ~ der wijzen* the philosophers' stone; 2 (*domino~*) stone, piece, domino; (*mah-jong~*) tile; (*dobbel~*) di(c)e; 3 (*ve vrucht*) stone; 4 (*in de blaas, enz*) stone, calculus (*mv:* -li); 5 (*in horloge*) jewel, ruby

steen|aarde brick clay; **-achtig** stony; **-ader** rocky vein; **-arend** golden eagle; **-bakker** brick-maker; **-bakkerij** brick-yard, -field, -works; **-beitel** stone-mason's chisel; **-berg** (*ve mijn*) slag-heap; **-bikker** stone-breaker; **-bok** ibex; *de Steenbok,* (*in dierenriem*) Capricorn; **-bokskeerkring** tropic of Capricorn; **-bolk** (*vis*) (whiting-)pout, bib, stink-alive; **-boor** masonry drill; **-breek** (*plant*) saxifrage, London pride; **-breker** stone-breaker (*ook machine*); **-doorn** hawthorn; **-druk** lithography; **-drukker** lithographer; **-drukkerij** 1 lithography; 2 lithographic printing-office; **-duif** rock-pigeon, -dove; **-eik** holm-oak, ilex; **-geit** rock-goat; **-goed** I *zn* earthenware, stoneware, crockery; II *bn* first-rate; (*fam*) smashing; **-groef**, **-groeve** quarry, stone-pit; **-grond** stony ground; **-gruis** hardcore, stone-, brick-dust, broken stones, crushed brick (stone, shale, etc); (*geol*) debris; (*voor wegen*) road metal; **-hard** as hard as stone, stone-hard, stony; **-hoop** heap of stones (bricks); **-houwer** stonemason; **-klaver** 1 bird's foot trefoil; 2 white clover; **-klopper** stone-breaker; **-kolen** (pit-)coal; *zie ook* wit

steenkolen|bekken coal-basin; **-engels** broken English; **-gas** coal-gas; **-groeve** coal-mine, -pit; **-laag** coal-seam, -stratum (*mv:* -strata), -layer; **-mijn** colliery, coal-mine; **-teer** gas tar

steen|kool *zie* -kolen; **-koolbriket** briquette; *~ten,* (*ook*) patent fuel; **-koud** stone-cold; **-kraai** Alpine chough; **-krans** stone circle; **-kruid** saxifrage; **-kunde** lithology; **-laag** layer (stratum) of stones (bricks); **-legging**: (*eerste*) ~ (foundation-)stone laying; **-linde** small-leaved linden tree; **-loper** (*vogel*) turnstone; **-marter** stone-, beech-marten; **-mos** rock lichen; **-oven** brick-kiln; **-puist** boil; **-raket** treacle mustard; **-rood** brick-red; **-rots** rock; **-ruit** wall rue; **-slag** (road) metal, broken stones, stone-chippings, rubble; **-slagweg** metalled road; **-snijder** lapidary, gem-cutter; **-tijd** Stone Age; *oude* (*midden, nieuwe*) ~ Old (Middle, New) Stone Age, palaeo-(meso-, neo-)lithic (period, age, times); **-tijm** calamint; **-uil** little owl; **-valk** merlin; **-vlas** mineral (*of:* mountain-)flax, asbestos, amiant(h)us; **-vrucht** stone-fruit, drupe; **-weg** paved road, high road; **-worp** stone's throw; *op* (*binnen*) *een ~* at (within) a stone's throw; **-zaag** stone-, marble-saw; **-zout** rock-salt; **-zwaluw** swift

steevast *bn & bw* regular(ly), invariable (-bly)

Stefanie Stephanie; **Stefanus** Stephen

steg *zie* heg & weg; **steggelen** *zie* stechelen

steiger 1 (*bk*) scaffolding, staging; *in de ~s zetten* scaffold; 2 (*mar*) pier, jetty, landing-stage; **steigerbalk** scaffolding-beam; **steigeren** 1 rear, prance; 2 (*een steiger bouwen*) raise (put up) a scaffolding; **steigerwerk** *zie* steiger 1

steil 1 steep, bluff; (*zeer steil*) abrupt, precipitous; (*loodrecht*) sheer [a sheer cliff; it rose sheer for a hundred feet]; *~ haar* stiff upstanding hair; *~(er) worden* steepen; 2 (*fig*) uncompromising, dogmatic, rigid [in ideas]; high and dry [conservatism]; unbending, hard-shell(ed), rigid [Calvinist, Tory], dour [Calvinist]; **steilheid** steepness, etc; **steilschrift** upright (*of:* perpendicular) writing (*of:* hand); **steilstarter** jump jet; **steilte** steepness; (*concr ook*) steep, precipice

stek 1 (*ve plant*) slip, cutting; *~ken,* (*uitschot van fruit*) specks; *kweken van ~ken* cultivate [geraniums] from slips; *~ken nemen, zie* stekken; 2 (*elektr*) plug; 3 (*hengelsp*) beat; 4 *zie* stuk

stekeblind (as) blind as a bat, stone blind

stekel 1 prickle, prick, sting; (*ve egel*) spine, quill; 2 (*plantk*) spine; **stekelachtig** *zie* stekelig; **stekelbaars** stickleback, (*fam*) tiddler; **stekelbrem** (*eig*) needle-furze; (*meestal*) furze, gorse; **stekeldraak** *zie* pieterman; **stekelhoorn** porphyry shell; **stekelhuidige** echinoderm

stekelig 1 prickly, spiny, thorny, spinous [fins], spiky; 2 (*fig*) stinging, caustic, sarcastic, sharp, acrimonious; *~e opmerking* caustic (sarcastic) remark; **stekeligheid** 1 prickliness, spinosity, spininess, spikiness; 2 (*fig*) acrimony, asperity, sarcasm, caustic remark; *uitwisseling van stekeligheden* exchange of asperities

stekel|rog thornback (ray); **-tje** *zie* -baars; **-varken** porcupine; **-vinnigen** spiny-finned fishes

steken 1 (*met angel, enz*) sting, prick; (*met dolk*) stab; (*met zwaard, enz*) thrust; *aal* (*zalm*) *~* spear eels (salmon); *wormen ~* dig for worms; *zoden ~* cut sods; *hij stak hem* ***in*** *de arm* he jabbed (stabbed) him in the arm; *een naald ~ in* stick (*injectienaald:* jab) a needle into; *ze stak de naalden* (*nijdig, krachtig*) *in de kluwen* she jabbed the needles into the ball of wool; *de sleutel in het slot*

~ put (insert, fit) the key in(to) the lock; *zie ook* 7: ~ in; ~ ***naar*** stab (thrust) at, strike a blow at [a p. with a knife]; 2 (*pijnigen; v wonden*) smart; (*v likdoorns*) shoot; *dat steekt hem* that sticks in his throat, he is (feels) sore about it, it rankles; 3 (*vd zon*) burn; 4 (*ergens aan of in doen*) put, stick, shove; *een ring* ***aan*** *de vinger* ~ put (slip) a ring on one's finger; *steek dat* ***bij*** *je* put it in your pocket; *de sneeuwklokjes staken hun kopjes* ***boven*** *de grond* the snowdrops thrust their heads above the ground; *zij stak haar arm* ***door*** *de zijne* she slipped her arm under his, hooked her arm into (*of:* through) his; *de handen* ***in*** *de zakken* ~ put (stick, thrust) one's hands into one's pockets; *iem in bed* (*in een dwangbuis*) ~ put a p. to bed (clap a p. in a strait-jacket); *geld* ~ *in* put (invest, sink) money in [an undertaking]; *het hoofd* ***uit*** *het raam* ~ put (pop, poke) one's head out of the window; 5 (*mar: ankerketting bijv*) pay out; 6 *zijn stem* (*adem*) *bleef* ~ his voice (breath) caught; *plotseling* ***blijven*** ~ come to a dead stop, stop dead, get stuck; (*ve auto, enz, ook*) stall; *hij bleef dikwijls* ~, *omdat hij het goede woord niet kon vinden* he often got stuck for want of a word; *in de modder blijven* ~ stick in the mud; *de kogel bleef in de long* ~ the bullet lodged in ...; *iem* ***laten*** ~ let a p. down; *zie* stikken; 7 (*verborgen, enz zitten*) *daar steekt wat* ***achter*** there is s.t. behind it; *daar steekt meer achter* more is meant than meets the eye; *daar steekt geen kwaad* ***in*** there is no harm in it; *wat voor* (*kwaad*) *steekt daarin?* where is the harm in it?, what harm can it do?; *in elkaar* ~, *a*) (*tr*) fix [s.t.]; *b*) (*intr*) hang together; *goed in elkaar* ~ be well-made; *ik wist niet dat zo iets in je stak* I did not know you had it in you; *er steekt een* ... *in hem* he has the makings of a ...; *de sleutel steekt in het slot* the key is in the lock; (*diep*) *in de schuld* ~ be (deep, deeply) in debt; *zie ook* 1 & keel, nauw, neus, stoel, zak, enz

stekend stinging, cutting, smarting, shooting, burning, etc; *vgl* steken; **steker** *zie* stekker

stekken slip [plants], strike cuttings (of), multiply (reproduce) by cuttings

stekker (*elektr*) plug; *zie ook* balen; **stekkerdoos** wall socket, multiple (multi-outlet) socket

stekkie (*hengelsp*) beat; *zie verder* stek

stel 1 set [of cups and saucers, jewels, samples, Bills of Lading; *ook v pers:* a set of fools], kit [of tools], lot [they're a queer lot]; (*ve wagen*) undercarriage; (*gasstel, enz*) [gas] cooker, [oil] stove; *hij is de beste* (*zij is de knapste*) *van het* ~ he is the best (she is the prettiest) of the bunch; *hij heeft een* ~ *aardige jongens,* (*fam*) he has a crowd of nice boys; *ze zijn een raar* ~ they are a queer pair; *hij heeft een goed* ~ *hersens* he is a brainy fellow; *zie ook* ongeregeld; 2 *we zijn nog niet* ***op*** ~, (*na verhuizing*) we are not yet settled in; *op* ~ *en sprong* [he left us] then and there, like a shot, abruptly

stelen I *tr* steal (*ook:* a kiss, a p.'s heart); (*kapen*) pilfer, purloin; *hij steelt al wat los en vast is* he steals whatever he can lay his hands on; *het kan me gestolen worden!* they can keep it, and welcome!; *je kunt me gestolen worden!* you can go to hell!, I prefer your room to your company; *een kind om te* ~ a perfect little pet; II *intr* steal, thieve; ~ *als de raven* steal like magpies

steler stealer, thief

stelfout error in sentence structure (in composition), stylistic error; **stelkunde** algebra; **stelkundig** algebraical; **stellage** scaffolding, staging

stellair stellar

stellen I *ww* 1 (*plaatsen, zetten*) place, put; erect [a frame], put [an engine] in working order; set [a problem, task]; put, pose [a question, problem], posit [a problem], state [a case]; *nadrukkelijk* ~ urge; *vgl* beweren; ***zich*** ~ place (put, post, station) o.s., take one's stand; (*v vragen, enz*) arise; *zich een doel* ~ propose an object to o.s.; *zich ten doel* ~ make it one's aim; *zich een taak* ~ set o.s. a task [the task he had mapped out for himself]; *een zichzelf gestelde taak* a self-appointed task; *connossement gesteld* ***aan*** *de order van* ... Bill of Lading made out to the order of ...; *zich* ***boven*** *iem* ~ put o.s. above a p.; ... ~ *boven* ... put [one's happiness] before [one's ambition], rank [reasoning] higher than [observation]; *zich* ***in*** *iets* ~ acquiesce in s.t.; *het zich* ***tot*** *plicht stellen te* ... make it one's duty to ...; ***voor*** *het feit* ~, *zie* fait accompli; 2 (*afstellen*) adjust [the brakes], regulate, set; *een* ***kijker*** ~ adjust (fix) a pair of binoculars; 3 (*richten*) lay, train [a gun]; 4 (*bepalen*) fix [a price]; *de prijs* ~ ***op*** fix the price at; *een uur voor de tijd waarop de plechtigheid gesteld was* an hour before the ceremony was timed to begin; *het aantal* ~ *op 40* place (put) the number at 40; *stel het aantal dagen op x* let x be the number of days; 5 (*uitdrukken*) compose, draw up, write [a letter], couch, phrase, word [the letter was worded in the following terms, in polite language]; *goed* ~ write well, be a good stylist; ***in*** *krasse taal gesteld* [the resolution was] framed in strong language; 6 (*onder*~) suppose; put [k=b/a]; ~ ***dat*** ... put the case that ...; *stel dat het zo was* suppose (supposing) it were so; *stel dit geval* put this case [I put the case as mildly as I could]; *ik zou willen* ~ *dat* ... I suggest that ...; 7 (*beredderen, doen*) manage; *ik kan het* ***buiten*** *u* ~ I can do without you; *de wereld kon het wel buiten hem* ~, (*ook*) the ... could well spare him; *zie ook* ~ zonder; *hij kan het* ***goed*** ~ he is well off (in easy circumstances); ***hoe*** *zal hij dat* ~*?* how is he going to manage it?; *ik kan het er voor het ogenblik* ***mee*** ~ it (they) will do for now; *ik kan het hier mee* ~ I can make this (these) do; *ik heb wat te* ~ ***met*** *die jongen* that boy takes some looking after, gives me a lot of trouble, is a handful; *ik kan het met heel weinig slaap* ~ I can do (get along) with very little sleep; *hij kon het* ***zonder*** *slaap* (*eten*) ~ he could go (do) without (dispense with) sleep (food); *je zult het er zonder moeten* ~ you'll have to go without (it); *zie ook* buiten, gesteld, eis, kandidaat, laag, probleem, taak, vaststellen, enz; II *zn* 1 composition; *wenken voor het* ~ *in het Engels* aids to (hints for) the writing of English (to English composition); 2 (*bk, techn*) erection; **stellend**: *~e trap* positive (degree); **steller** 1 writer, author; *~ dezes* the (present) writer; *hij is een goed ~* he writes well, is a good stylist; 2 (*bk, techn*) erecter

stelletje *zie* stel & ongeregeld

stellig positive [proof, instructions], sure and certain [hope], confident [belief]; *hij sprak op ~e toon* he spoke in a peremptory tone (*of:* assertively); *hij spreekt veel te ~* he is too positive; *hij komt ~* he is sure to come; *ze zal hem ~ meebrengen* she is bound to bring him with her; *ze zullen ~ te laat komen* they will certainly be late; *dat moet je ~ eens doen* you really must do it; *ik reken er ~ op* I absolutely count on it; *ten ~ste ontkennen* deny flatly; *zie verder* zeker & vast: vaste overtuiging; **stelligheid** positiveness; certainty

stelling 1 thesis (*mv:* -ses) [Luther nailed his theses to the church door], theorem; 2 (*wisk & logica*) proposition, postulate; 3 (*mil*) [select a] position; fortress, (line of) fortifications; *in ~ brengen* deploy [one's forces], place [a gun, troops] in position; *~ nemen tegen* make a (one's) stand against; 4 (*steiger*) scaffolding; **stellingname** attitude; *zijn ~ in deze kwestie* the position he adopted in ...; **stellingoorlog** position (*of:* trench) war(fare); **steloefening** exercise in correct writing, composition

stelpen staunch (*inz Am:* stanch) [the bleeding]

stel|plaats depot; **-post** approximate estimate; **-regel** maxim, (fixed) rule; *een goede ~,* (*ook*) a good rule to go by; **-ring** adjusting ring; **-schroef** adjusting (adjustable) screw, set-screw

stelsel system, scheme; *tot een ~ maken* reduce to a system; *zie ook* tal~ & tientallig

stelsel|loos unsystematic, unmethodical, planless, systemless; **-loosheid** want of system (method); **-matig** systematic; **-matigheid** systematism, systematicity

stelt stilt; *op ~en lopen* walk on stilts; *alles stond op ~en* things were at sixes and sevens; *de hele stad* (*het hele huis*) *stond op ~en* the ... was in an uproar (the house was turned upside down); *alles* (*de boel*) *op ~en zetten* turn the place (the house, etc) upside down, raise Cain (Hell); *overal de boel op ~en zetten* cause trouble everywhere

steltloper stilt-walker; (*vogel, ook*) grallatorial bird; **steltwortel** stilt root

stem 1 voice; *de ~ des volks* (*der natuur*) the voice of the people (of nature); *de ~ van het bloed* the call of the blood; *een ~ van binnen* an inner voice; *hij **hoort** graag zijn eigen ~* he likes to hear (likes the sound of) his own voice; *zijn ~ laten horen* be vocal; *ik ben mijn ~ **kwijt*** I've lost my voice; *ik heb mijn ~ terug* I've found my voice again (recovered my voice); *zij heeft niet veel ~* she has not much of a voice; *er **gaan** ~men **op** om ...* voices are heard demanding that ...; *zijn ~ **verheffen*** make one's voice heard, raise one's voice [*tegen* against]; *goed **bij** ~ zijn* be in (good) voice; *slecht bij ~* in poor voice; *de zanger was uitstekend bij ~* the ... was in splendid (excellent) voice; ***met** luide ~* in a loud voice; *met* (*van aandoening*) *gebroken ~* with a break (catch) in one's voice; *zie ook* roepen, wisselen, enz; 2 (*bij verkiezing, enz*) vote; *één ~ tegen* one dissentient (vote), one contrary vote; *de ~men der Conservatieven* the Tory vote; *de meeste ~men **gelden*** we'll do what the majority wants; *slechts een adviserende ~ **hebben*** act as adviser, but have no vote; *hij heeft er geen ~ in* he has no voice (no say) in the matter; *hij heeft zes ~men tegen ik één* he has six votes to my one; *de meeste ~men hebben* be at the top (the head) of the poll, head (top) the poll; *de minste ~men hebben* be at the bottom of the poll; *veel ~men* (*7000 ~men*) ***krijgen*** (*op zich verenigen*) poll heavily (poll 7000 votes); *de ~men **opnemen*** count the votes; *zijn ~ **uitbrengen*** record (register, cast, give, enter) one's vote; *zijn ~ uitbrengen op* vote for; *hoeveel ~men zijn er uitgebracht?* how many votes were cast?; *de ~men van de kiezers trachten te **winnen*** seek the votes of the ...; *op één stem na had hij zijn zetel verloren* he was within a vote of losing his seat; ***met** algemene ~men* unanimously, without one dissentient voice, nem con; *de motie werd met een meerderheid van 14 ~men aangenomen* the ... was carried by fourteen votes; *met 10 ~men voor en 8 tegen* by ten votes in favour and eight against; *zie ook* beslissend, werven, enz; 3 (*ve muziekstuk*) (voice) part [first, second part]; *de **tweede** ~ zingen* sing second; ***voor** drie ~men* [song] in three parts, three-part [song]

stem|banden vocal cords; **-biljet** voting-, ballot-paper; **-blok** wrest-block; **-briefje** *zie* -biljet; **-buiging** modulation, [rising, falling] inflection; **-bureau** polling booth; (*fig*) poll; **-bus** ballot-box; (*fig*) poll; *met de meeste stemmen uit de ~ komen* head (be at the top of) the poll; *aan de ~ verslagen worden* be defeated at the polls; *zie ook sam met* verkiezing; **-district** polling-district, ward; **-dwang** compulsory voting; **-fluitje** tuning-, pitch-pipe; **-geluid** voice; **-gember** stem ginger; **-gerechtigd** entitled to (a, the) vote, enfranchised; *~e leden* voting members; *~e leeftijd* voting age; *~ zijn* have the vote; **-hamer** tuning-hammer, -key; **-hebbend** 1 *zie* -gerechtigd; 2 voiced [consonant]; **-hokje** compartment (of polling station); **-lokaal** *zie* -bureau; **-loos** voiceless, mute, dumb; (*medeklinker*) voiceless (breathed) [consonant]

stemmen 1 (*stem uitbrengen*) vote, give (cast, record) one's vote, go to the poll; (*geheim*) ballot; (*parl*) divide; *er werd niet gestemd* no vote was taken; *Liverpool stemt vandaag* Liverpool polls today; *~!, ~!,* (*parl*) 'vide!, 'vide! [divide]; *~ met **zitten** of opstaan* vote either by rising or remaining seated; *~ **op*** vote for; (*op een*) *liberaal* (*conservatief, enz*) *~* vote liberal (conservative, etc), vote with the liberals, etc; *als één man ~ op* vote unanimously for; *~ **over*** vote (up)on [the resolution was not voted on] (*parl*) divide on; *laten ~ over* take a vote on, put [a proposal] to the vote; *~ **tegen*** vote against; *~ **voor*** vote for (in favour of, in support of); *zie ook* druk & hoofdelijk; 2 tune [instruments], voice [organ pipes]; (*ve orkest*) tune up; *op toon* ~ pitch [an instrument]; 3 (*in een stemming brengen*) *het stemt me droevig* it makes me feel sad; *om haar gunstig te* ~ to get into her good books; *vrolijk* ~ put in a cheerful mood; *zachter* ~ mollify [a p.]; *het stemt ons **tot** grote dankbaarheid* it makes us feel deeply grateful; *tot ongerustheid* ~ give rise to anxiety; *het stemt tot kalmte* it is soothing; *iem (on)gunstig* ~ *voor* ... predispose (prejudice) a p. in favour of ... (against ...); *zie ook* onaangenaam, nadenken, enz

stemmen|aantal, -cijfer poll [a good liberal poll], [the communist] voting strength; **stemmenverhouding**: *een* ~ *van 200 tegen 50* a vote of 200 to 50; **stemmenversnippering** vote-splitting; **stemmenwerver** canvasser

stemmer 1 voter; 2 (*muz*) tuner

stemmig 1 (*ve pers*) grave, staid, demure, sedate, sober; 2 quiet [dress, dress quietly], sober; **stemmigheid** gravity, staidness, demureness, sedateness, soberness; quietness

stemming 1 voting, vote, polling, (*geheime* ~) (secret) ballot; (*in parl, enz*) division; *schriftelijke* ~ vote by ballot; *een* ~ ***houden*** take a vote (a ballot, a poll); *de motie werd **aan** ~ onderworpen, **in** ~ gebracht, kwam **in** ~* the ... was put to the vote, a vote was taken on the motion; ***bij** eerste ~ gekozen* elected at (*of:* on) the first ballot; ***tot** ~ overgaan* proceed to the vote (to a division); ***zonder*** ~ without a vote; (*fam*) on the nod; *zie ook* handopsteken, uitslag, enz; 2 (*muz*) tuning; pitch; intonation; temperament; 3 (*gemoeds~*) frame (*of:* state) of mind, mood, humour, feeling, disposition; (*vd markt*) tone, tendency, sentiment [sentiment on the Stock Exchange was firm]; *vaste (onvaste, flauwe)* ~, (*handel*) firm (unsettled, weak) tone (*of:* tendency); *de ~ (het gevoelen) van de vergadering peilen* take the sense of the meeting; *de algemene ~ was ertegen* the general feeling was against it; *zijn ~ werd beter* his spirits rose; ~ ***maken*** create an atmosphere; ~ *maken voor (tegen)* rouse popular feeling for (against); *ik ben er niet voor **in** de* ~ I am not in the mood for it, I don't feel like it; *niet in de ~ zijn om* be in no mood to; *in een feestelijke (strijdlustige)* ~ in (a) festive (fighting) mood; *in een goedgeefse* ~ in the giving vein; *in uitstekende* ~ in excellent heart

stemmingmakerij stirring up strife (opposition), rousing public sentiment; **stemmingsmens** man (woman) of moods

stem|oefening voice-training; *een* ~ a voice-training exercise; **-omvang** range (*of:* compass) of the voice, vocal register; **-onthouding** abstention; **-opnemer** (*inz in parl*) teller; (*bij verkiezing*) polling-clerk; **-opneming** count, counting of votes; **-orgaan** vocal organ

stempel 1 [name-, date-]stamp, (initial) seal; (*muntstempel, enz*) die, (*techn, ook*) press tool; 2 (*afdruk*) stamp (*ook fig:* bear the stamp of truth), impress, imprint; (*keur*) hallmark; (*poststempel*) postmark; *zijn ~ drukken op* put (set) one's stamp (*of:* seal) (up)on, (*fig ook*) leave (put) one's mark (up)on; *hij drukt op de gehele inrichting zijn* ~, (*ook*) the whole establishment bears the stamp of his personality; *een ~ opgedrukt krijgen*, (*fig*) be branded [a rebel]; *het besluit draagt het ~ van wijsheid* the ... bears the mark (imprint) of ...; *van de oude* ~ of the old stamp; 3 (*ve bloem*) stigma; **stempelaar** 1 stamper; 2 recipient of unemployment benefit; **stempelautomaat** ticket-cancelling machine; **stempelband** blocked cloth binding; **stempelbeeld** (*op munt*) effigy

stempelen 1 stamp [paper], mark; (*brief*) postmark; *zie ook* poststempel; (*postzegel*) cancel; (*goud, enz*) hallmark; *dat stempelt hem tot een verrader* this stamps him (as) a traitor; 2 (*op stempelklok*) clock in; 3 (*v werkloze*) sign the unemployment register, (*fam*) be on the dole

stempel|geld unemployment benefit; **-inkt** stamp-pad ink; **-kaart** time-card; **-klok** time-(stamp) clock; **-kussen** ink(ing)-pad; **-lob** (*plantk*) stigmatic lobe; **-machine** stamping-machine; **-pers** stamping-press; **-snijder** stamp-cutter, seal-engraver, die-sinker, medallist; **-vlag** postmark advertisement

stem|pen (*muz*) tuning-pin, -peg, wrest-pin; **-plicht** compulsory voting; **-recht** (*pol*) suffrage, franchise, [have the] vote; (*in vergadering, enz*) right to vote, voting-power, [have no] vote; *aandelen met* ~ voting stock; *algemeen* ~ universal suffrage; *het ~ verlenen* confer the vote on, give the vote; *het ~ ontnemen* disfranchise; *zie ook* ingezetene; **-sleutel** tuning key; **-spleet** glottis; *tot de ~ behorende* glottal; **-val** cadence; **-vee** voting robots, [the Tory] faithful; **-verandering** *zie* -wisseling; **-verheffing** raising of the voice; *met ~ spreken* raise one's voice; *zonder ~ spreken*, (*ook*) speak in a level (an even) voice (*of:* tone); **-verklaring** motivation of one's vote; **-vermogen** vocality; **-volume** vocal power; **-vork** tuning-fork; **-vorming** voice production; **-wisseling** breaking of the voice

stencil id; (*oneig*) handout; **stencilen** stencil, duplicate; **stenden** (*hist*) estates of the realm

stenen I *bn* stone, brick; *vgl* steen; clay [pipe]; flint [knives]; brick-built [bungalow]; ~ *hart* heart of stone; ~ *vloer* stone floor, (*v plavuizen*) flagged floor; II *ww* groan, moan

steng pole; *zie ook* stang; (*mar*) topmast; *grote* ~ main-topmast

stengel stalk, stem; (*ve blad, ook*) petiole; (*v hop, ook*) bine; *zoute* ~, (*vglb*) pretzel (stick); **stengelblad** stem (*of:* foliage) leaf, cauline leaf; **stengelbloem** pedunculate flower; **stengelknoop** node; **stengellid** internode; **stengelloos** stalkless; **stengelvormig** stalk-, stem-like, cauliform

stengun Sten gun

stenig *zie* steenachtig; **stenigen** stone (to death); **steniging** stoning, lapidation

stenisch sthenic

stennis rumpus; ~ *maken* kick up a row

steno shorthand; **stenodactylografie** shorthand typing; **stenograaf** shorthand writer, stenographer; **stenograferen** I *intr* write shorthand; II *tr* take down in shorthand; **stenografie** shorthand, stenography; **stenografisch** shorthand, stenographic (*bw:* -ally), in shorthand; ~ *opnemen* take down in shorthand; **stenogram** shorthand report; **stenose** stenosis; **stenotyperen** type out shorthand; **stenotypie** shorthand typing; **stenotypist(e)** shorthand typist

Stentor id; **stentorstem** stentorian voice

step id; (*speelgoed*) scooter; **stepdans** step-dance; **Stephanie** id; **Stephanus** Stephen

steppe id; **steppehoen** (Pallas's) sand-grouse; **steppehond** 1 hyena dog; 2 (*knaagdier*) prairie-dog; **steppen** 1 scooter; 2 stitch through, quilt(-stitch)

ster star (*ook ve orde, op voorhoofd ve paard, enz*); (*distinctief*) pip; (*fig ook*) [a legal] luminary, [shining] light; *zie ook* lichtend; ~ *van Bethlehem,* (*plant*) star of Bethlehem; *S~ in het Oosten* Eastern Star; ~ *van de eerste grootte,* (*ook fig*) star of the first magnitude; *met ~ren bezaaid* studded with stars, star-spangled, -strewn, starry; *de ~ren van de hemel spelen* give a superb performance; *~ren en strepen,* (*Am vlag*) stars and stripes; *zie ook* sterretje; **sterallures** airs of stardom, star-like airs; **steranijs** star anise(-seed), Chinese anise, badian; **sterappel** star apple

stère id, stere, cubic metre; **stereo** stereo [cabinet, equipment, photography, recording, sound]

stereo|chemie stereochemistry; **-fonie** stereophony; **-fonisch** stereophonic; **-grafie** stereography; **-meter** id; **-metrie** solid geometry; **-metrisch** stereometric (*bw:* -ally); **-scoop** stereoscope; **-scopisch** stereoscopic (*bw:* -ally); **-tiep** stereotype [edition]; (*fig*) stereotyped [questions], stock [remark], cut-and-dried [answer]; *~e uitdrukking,* (*ook*) cliché; **-typeren** stereotype; **-typie** stereotype (printing)

sterfbed death-bed; **sterfdag** day of a p.'s death, [I shall regret it to my] dying day; **sterfelijk** mortal; **sterfelijkheid** mortality

sterfgeval death; *wegens* ~ [closed] owing to death, owing to (a) bereavement house of the deceased, house of mourning; *de stoet zal het ~ verlaten om 2.15* the cortège will leave the house at 2.15; **sterfhuisconstructie** unbundling; *een ~ toepassen op* unbundle [a company]; **sterfjaar** year of a p.'s death; **sterfregister** register of deaths; **sterfte** 1 mortality; 2 death-rate

sterfte|cijfer death-rate, (rate of) mortality; **-kans** death risk; **-lijst** bill of mortality; **-statistiek** statistics of mortality, mortality-returns; **-tafel** (*verzekering*) life table, mortality table

sterfuur hour of (a p.'s) death, dying-hour

sterhyacint star hyacinth

steriel sterile, barren; (*bacterievrij*) sterile, sterilized; (*v chirurgische instrumenten, enz, ook*) surgically clean; **sterilisatie** sterilization; **sterilisator** sterilizer; **steriliseren** sterilize (*ook med*); spay [a female animal]; **steriliteit** sterility, barrenness

sterisch steric

sterk I *bn* 1 (*fysiek, stevig*) strong [boots, chain, fortress, ice, man], robust; ~ *en gezond* able-bodied; ~ *van lichaam* strong in body; 2 (*krachtig*) powerful [microscope, glasses, electric current]; high-power [lens]; high-powered [engine]; high-tenacity [yarn]; strong [coffee, player, proof *bewijs*]; *zie* sterkedrank, sterkwater; ~ *geheugen* tenacious (retentive) memory; *het ~e geslacht* the stronger (sterner) sex; *~(e) (glas) grog* stiff (glass of) grog; ~ *werkwoord* strong verb; *dat gevoel* (*die gewoonte*) *werd **sterker** bij hem* that feeling (habit) grew (up)on him; *de tegenstand werd ~er* resistance stiffened; *ik **maak** mij ~ het beter te doen* I'm pretty sure I can do it better; *ik maak me ~ dat hij komt* I am sure (it is my belief, I feel confident) he ...; I'll even go so far as to say that ...; *zich ~ maken* make an effort [on a p.'s behalf *voor iem*]; *vgl* hard; *wie niet ~ is, moet **slim** zijn* if you are not strong, you must use your wits; *hij **staat** ~* he has (his is) a strong case (position), he is on strong ground [in saying so]; *ik **twijfel** er ~ aan of* ... I greatly (much) doubt whether ...; *hij is ~ **in** (het) Grieks* he is strong in Greek, Greek is his strong point (his forte); *hij was niet ~ in zijn kennis van Holland* he was not strong on Holland; *hij is ~ in het maken van complimenten* he is great on compliments; ***te** ~ zijn voor,* (*sp*) outplay [an opponent]; *zie ook* been, knap, krachtig, 2 leven; 3 (*stevig*) stout [shoes, cord]; 4 (*hevig*) high [wind]; 5 (*steil*) sharp [rise *stijging;* fall *daling*]; 6 (*in aantal*) [they are three hundred] strong; 7 (*ongelooflijk*) *dat is nogal ~* that's a bit thick (steep); *het is zelfs zo ~ dat* it is so much so, that; *~ stukje* remarkable feat; *~e verhalen* tall stories; *ik zal het je nog ~er vertellen* I'll go one better than that; *~er nog,* ... and what's more, ...; 8 (*v smaak*) strong, (*Am*) sharp [cheese]; *~e boter* strong (rancid) butter; *~ roker* heavy smoker; II *bw* strongly, etc; much [branched, enlarged, flattened]; highly [coloured]; widely [different]; *dat is ~ gezegd* that is putting it strongly, (*fam*) that is coming it strong; *daar ben ik ~ voor* I am strongly in favour of it; I am all for [peace]; *zich ~ uitdrukken* express o.s. forcibly (strongly), put it strongly; *ik vroeg me ~ af of* ... I very much wondered whether ...

sterkedrank strong drink, (strong) liquor, ardent spirits; (*Am*) liquor; **sterken** strengthen, fortify, invigorate; *gesterkt door de gedachte* ... buoyed up by the thought ...; *het sterkte hem in zijn zelfzucht* it confirmed him in his selfishness

sterkers garden cress

sterk|gebouwd strongly (solidly) built; **-gekleurd** highly coloured [stories]; **-gespierd** muscular; **-ing** strengthening; **-riekend** strong-scented; **-stroom** power [cable]

sterkte 1 strength (*ook ve orkest*); power [of a lens]; *het regiment is op* (*boven, beneden*) ~ the ... is at (above, below) establishment; *op ~ brengen* (*houden*) bring (keep) [a battalion] up to strength; *het leger op volle ~ houden* maintain the army at full strength; *~!* good luck!, all the best!; *ik wenste hem ~* I wished him courage; *zie ook* kracht; 2 (*vesting*) stronghold (*ook fig*), fortress

sterkwater 1 (*alcohol*) spirits; *op ~ zetten* put

(steep, mount) in spirits; 2 (*salpeterzuur*) aqua fortis
sterling id; **sterling|blok**, **-gebied** sterling area; **stermotor** radial engine
stern (*vogel*) (common) tern; *grote* ~ Sandwich tern; *~tje* (lesser, little) tern
steroïde [anabolic] steroid
sterrebaan course (*of:* orbit) of a star; **sterrebloem** stellate flower
Sterreclame radio and TV commercials
sterre|dag siderial day; **-distel** star thistle, caltrop; **-jaar** siderial year; **-kers** garden cress; **-kijker** telescope; **-kroos** water starwort, (*wtsch*) callitriche; **-mos** starred moss; **-muur** chickweed, starwort
sterren|beeld constellation; **-hemel** starry sky; **-hoop** star cluster [*open* galactic, *bolvormig* globular]; **-kaart** star-map, celestial chart; **-kijken** stargazing; **-kijker** 1 stargazer (*ook vis*); 2 telescope; **-kijkerij** stargazing; **-kunde** astronomy; **-kundig** astronomical; **-kundige** astronomer; **-licht** starlight; *de door ~ verhelderde nacht* the starlit (starlight) night; **-regen** star (*of:* meteoric) shower; **-wacht** (astronomical) observatory; **-wichelaar** astrologer
sterreschans (*hist*) star-redoubt, -sconce; **sterretijd** siderial time; **sterretje** 1 little star; 2 asterisk (*); 3 (*mil*) pip; *hij kreeg zijn 2de ~, (werd 1ste luitenant)* he got his second pip; 4 (*med*) scintillation; *dito met een ~* precisely the same; *~s, (vuurwerk)* sparklers; *~s zien* [the blow to his head made him] see stars; 5 (*film*) starlet; **sterrit** [Monte Carlo] (motor-)rally
sterveling mortal; *geen ~* not a (living) soul; *geen ~ kan meer doen* angels can do no more
sterven die, expire; *ik mag ~ als het niet waar is* I am a Dutchman (I will eat my hat) if it is not true; *als bedelaar ~* die a beggar; *~ aan een ziekte, aan zijn wonden, door geweld, door verwaarlozing, op de brandstapel, op het schavot, van dorst, van schrik, van ouderdom, van verdriet* die of a disease (*ook:* from typhoid, etc), from one's injuries (wounds), by violence, through neglect, at the stake, on the scaffold, of thirst, of (*of:* with) fright, of old age, of grief (a broken heart); *de lach stierf op zijn lippen* the ... died (away) on his lips; *je kunt maar eenmaal ~* you can only die once; ***aan** de gevolgen ~* die from the effects; *ze ~ **als** vliegen* they are dying (off) like flies; ***op** ~ liggen* be dying (at the point of death, on the point of dying, at death's door, at one's last gasp); ***van** honger ~* die of hunger, starve (to death); *~ van de kou* catch one's death of cold; (*komen te*) *~ **vóór*** die before, predecease; *zie ook* dood II; **stervend** dying, sinking, moribund [*ook fig:* the party is far from moribund]; *de ~e* the dying man (woman, person); **stervens-** (*fam*) terribly [crowded]; **stervensbegeleiding** terminal care; **stervensuur** hour of death, last hour
stervormig star-shaped, stellate(d), asteroid; **stervrucht** star fruit, carambola
stethoscoop stethoscope
steun 1 support, prop; (*fig ook*) stay, help, standby; [government] backing; *~tje* [elbow-]rest; *de ~ van haar oude dag* the prop of her old age; *de ~ ondervinden van* have the support of; *iem een ~tje (in de rug) geven, (fig)* take a p. by the hand, give a p. a leg up; *~ verlenen* support, back, aid, give assistance; *zijn zedelijke ~ verlenen* lend one's moral support; *een ~tje nodig hebben* need a leg up; *~ zoeken bij* seek the support (the aid) of; ***tot** ~ van* in support of, [garden party held] in aid of [the hospital]; *ze (het) was hem tot grote ~* she (it) was a great help to him; *zie ook* hulp, ondersteuning, enz; 2 (unemployment) benefit, unemployment pay; *~ trekken* be on the dole; *zie ook* onderstand; **steunbalk** supporting beam, girder, summer; **steunbeeld** *zie* schraagbeeld; **steunbeer** buttress; **steunblad** stipule; **steunbout** stay-bolt
1 steunen (*kreunen*) groan, moan
2 steunen support, prop (up), sustain; (*fig*) support, stand by, uphold [a p.], back (up); second; (*kracht, moed geven*) bear up; (*inz wankel project*) bolster up, buttress, prop up; underpin [the franc]; (*vooral zedelijk*) countenance, give (lend) countenance to [he gave countenance to the cause by his presence]; (*motie*) second, support, speak in support of [a motion]; *krachtig ~, (Am)* root for [a p.]; *een politiek ~, (ook)* endorse a policy; *iems aanspraken ~* support a p.'s claims [*bij* with]; *hij wordt flink gesteund (in zijn streven)* he has a solid backing behind him; *~ **op*** lean on [a stick; *ook fig:* she wanted a man to lean on]; *ze steunde de ellebogen op tafel* she leaned her ... on the table; (*gebaseerd zijn op*) be based (founded) on, rest on; *op iem ~ voor hulp* rely on a p. for help; *steun daar niet teveel op* don't bank on it too much; *zie ook* leunen
steun|fonds relief fund; **-fraude** (social) benefit fraud (*fam:* fiddle); **-muur** retaining wall; **-pilaar** pillar (*ook fig:* a pillar of the Church, pillars of society); (*fig ook*) standby, mainstay [the mainstay of the State]; *hij is een ~ van de regering, (ook)* he is a tower of strength to the government; **-punt** point of support; (*ve hefboom*) fulcrum (*mv:* -cra); (*mil*) base [naval base, air base]; **-sel** prop, stay, support; **-trekkend** on the dole, in receipt of relief; **-trekker** recipient of relief; **-troepen** supports; **-uitkering** (*aan werklozen*) unemployment benefit, dole; **-wortel** prop root; *vgl* plank- & steltwortel; **-zender** booster station; **-zool** arch support
steur sturgeon, (*kleine*) sterlet; **steurgarnaal** prawn; **steurharingen** sprinkled herrings; **steurkrab** prawn; **steurkuit** caviar(e)
stevel (*hist*) boot; *zie ook* laars
steven prow, stem; *de ~ wenden* put (the ship) about; *de ~ wenden naar* make (*of:* head) for
Steven Stephen
stevenbeeld figurehead; **stevenen** set sail, sail, steer [*naar* for]; *zie ook* aanstevenen
stevig 1 (*hecht*) solid [table], strong [boots], firm [flesh, legs; seat on horseback, firmly seated], stout [cardboard, boots, paper, plank, stick]; *~ op de benen* sure-footed; *~ inpakken* wrap [o.s.]

up well (warmly), pack [a parcel] firmly; *houd mij ~ **vast*** hold me tight; *ik heb je ~ vast* I've got you tight; *~ vastbinden* tie securely; *zich ~ vastklemmen aan* cling tight to; 2 (*krachtig*) square [meal], big, solid [breakfast], substantial [dinner, food, packing-case], hearty [meal, eater], steady [hand], heavy [drinker], stiff [breeze, grog, price, march]; *~e wijn* full-bodied wine; *~ doorstappen* walk on at a brisk pace; *~ beetpakken* grasp [a p.'s hand] firmly; *~ drinken* drink deeply (heavily); *~ staan* stand firm; *'m ~ om hebben* be three sheets in the wind; *zie ook* flink; 3 (*pers*) well set--up, well-knit, sturdy, sturdily built, strapping [girl]; 4 (*ruim:*) *een ~ uur* rather more than an hour, a good hour; *een ~e vijftiger* a person well on in the fifties; **stevigheid** solidity, firmness, stoutness, substantiality, sturdiness

stewardess id, air-hostess

sticht 1 bishopric, [bishop's] see, diocese; *het S~* the bishopric of Utrecht; 2 (*klooster*) convent

stichtelijk edifying [sermon], improving; *~ boek* devotional book; *dank je ~!* thank you for nothing!, not on your life!, (*fam*) I'm not having any!; **stichtelijkheid** edification

stichten 1 found [a business, colony, hospital, church, an empire], establish [a business], plant [colonies], start [a fund], bring about [peace]; *brand ~* start a fire; *goed* (*kwaad*) *~* do good (evil); *tweedracht ~* stir up strife; *zie ook* gesticht, onheil, oprichten, enz; 2 edify [one's audience]

stichter founder; **stichting** 1 foundation; 2 (*concr*) institution, foundation, almshouse; 3 (*v hoorders, enz*) edification; *ter ~ van,* (*ook*) for the benefit of (*ook iron*); **stichtingsbrief** deed (*of:* charter) of foundation; **stichtingskosten** cost of site and building, (*vglb*) development costs; **stichtster** foundress

stickie reefer, joint

stief|broeder stepbrother; **-dochter** stepdaughter; **-kind** stepchild; (*fig ook*) Cinderella; poor relation; *~ der fortuin* waif of fortune; *~eren maken* show favouritism; **-moeder** stepmother (*ook fig*); **-moederlijk** stepmotherly (*ook fig:* stepmotherly treatment, etc); *~ behandeld* (*bedeeld*) *worden* not get one's fair share (a fair crack of the whip), be treated in a stepmotherly fashion (as the Cinderella [of the professions]); *de natuur heeft hem ~ bedeeld,* (*ook*) nature has not given him a fair chance; **-vader** stepfather; **-zoon** stepson; **-zuster** stepsister

stiekem I *bn* underhand, hole-and-corner [marriage, affair]; covert [attempt]; *zich ~ houden* lie low, (*sl*) lie doggo; II *bw* on the sly, on the quiet, in secret; *er ~ van door gaan* sneak off; **stiekemerd:** *een ~* a slyboots, a deep one, a sneak; **stiekem|pjes**, **-weg** *zie* stiekem II

stiel trade; *niet mijn ~* not my cup of tea, off my beat; **stielkennis** expert knowledge, professional skill; **Stien** Chrissy

stiep stereo(type) (block); **stiepen** stereo(type)

stier bull; *als een dolle ~* like a mad bull; *jonge ~* steer; *de S~,* (*dierenriem*) Taurus; **stieregevecht** bullfight; **stierenek** bull neck; **stierenvechter** bullfighter; **stierf** *ovt van* sterven

stierkalf bull-calf; **stierlijk**: *~ het land hebben* be fed up to the back teeth; *iem ~ vervelen* bore a p. stiff (to death); *zich ~ vervelen* be bored stiff, be dreadfully bored

Stier|marken Styria; **-marker**, **-marks** Styrian

stiet *ovt van* stoten

stift 1 peg, pin, [etching-]needle; [menthol, headache] pencil; (*tandheelkunde*) post; (*ve zonnewijzer*) pointer, gnomon; (*schrijf~*) style, stylus; *zie ook* graveer~; 2 *zie* sticht; **stiftbal** (*sp*) lob

stiftsdame canoness; **stiftsheer** canon

stiftsleutel hex(agon) key; **stifttand** crowned tooth

stigma 1 (*wondteken*) id (*mv:* -mata); 2 (*brandmerk*) id; brand; **stigmatisatie** stigmatization; **stigmatiseren** stigmatize

stijf 1 stiff [cardboard, collar, leg, joint, etc], starched, stiff [shirt-front], hard [hat]; (*half*) ~, (*ve luchtschip*) (semi-)rigid; *een stijve hebben* have a hard-on; *stijve nek* stiff neck; *een stijve nek hebben,* (*ook*) have a crick (rick) in one's neck; *hij is zo ~ als een stok* (*een plank*) he is as stiff as a poker; *alles was ~ bevroren* everything was frozen stiff; *met zijn ogen ~ dicht* eyes tightly shut; *~ worden,* (*ve lijk, pudding, enz*) set; *~ **van** de kou* stiff (numb, benumbed) with cold; *~ van het zitten* stiff (*of:* cramped) with sitting; 2 (*fig*) stiff [bow, manners, design, handwriting]; starchy, starched [old maid], wooden [gestures]; (*ve pers, fam, ook*) buttoned up; (*vd markt*) firm; *stijve koelte* stiff breeze; *hij hield het ~ en strak vol* he stoutly persisted (maintained it); *het been ~ houden,* (*fig*) refuse to give way; *zie ook* stevig, hark, Klaas; **stijfharig** wire-haired [terrier], hispid [plant]; **stijfheid** stiffness, rigidity, starchiness, starch [take the starch out of a p.]; *vgl* stijf; **stijfhoofd(ig)** *zie* stijfkop(pig); **stijfjes** *zie* stijf 2; **stijfkop** obstinate (headstrong) person, mule; **stijfkoppig** obstinate, headstrong, pig-headed, mulish; **stijfkoppigheid** obstinacy, mulishness

stijfsel starch; (*plak~*) paste; **stijfselen** starch

stijfselpap starch-paste; **stijfselpapier** paste paper, starch paper; **stijfselwater** starch-water; **stijfte** stiffness; (*v pap, enz*) consistency

stijg 1 (*snees*) score; 2 (*op ooglid*) sty

stijgbeugel stirrup (*ook in oor*); *iem met de voet in de ~ helpen* give a p. a leg up; *de voet in de ~ hebben,* (*fig*) be in the saddle; *daardoor kreeg hij de voet in de ~* that gave him his start in life; **stijgbeugelriem** stirrup-leather; stirrup-strap; **stijgblok** mounting-block

stijgen 1 (*ve weg, rivier, barometer, enz*) rise; (*ve vliegt, ook*) climb; *zijn ster is aan het ~* his star is in the ascendant; *de wijn* (*het bloed*) *steeg me **naar** het hoofd* the wine went to my head (the blood rose, mounted, rushed to my head); *het getij* (*water*) *stijgt* the tide is coming in; *te **paard** ~* mount (one's horse); *van het paard ~* dismount; 2 (*hoger worden*) increase, mount (up); (*v prijzen, enz*) rise, go up, look up, tend upwards, stiffen, pick up, strengthen, firm up, appreciate [land in this neighbourhood is bound to appreciate;

Dutch florins appreciated to 4.40]; *snel ~, (v prijzen, enz)* rise sharply, rocket [the cost of living is rocketing (up)]; *plotseling sterk ~, (ve artikel)* boom; *het meel is (5 p) gestegen* flour is up (five pence); *de uitvoer is gestegen* exports are up [*met £ 5000* by £5000]; ***doen*** ~ swell [the box-office receipts], send up [prices, the temperature]; **stijgend** (*toenemend*) on the increase; mounting [cost, debts, resistance, tension]; *de lonen zijn ~e* wages are rising (are on the upgrade); *~e beweging* upward movement; *~e kosten* mounting (rising) cost; *zie ook* klimmen & klimmend

stijgijzer crampon; **stijging** 1 rise, rising, advance [*tegenover 1964* on 1964]; increase, appreciation; (*ve prijs, ook*) upturn, uplift; (*zeer sterk*) boom; ~ *v temperatuur, (ook)* [global] warming; *vgl* stijgen; 2 (*klim*) ascent; **stijgkracht** *zie* stijgvermogen; **stijgsnelheid** (*ve vliegt*) rate of climb; **stijgvermogen** (*ve vliegt*) lift, climb; (*ve ballon*) lifting-power

stijl 1 (*schrijfwijze, trant, tijdrekening*) style (*ook ve roeier, enz*); *geen ~, (fam)* poor show; bad manners; *de oude* ~ the Old Style, the Julian Calendar; *van de oude* ~ [aristocrat] of the old style (*of:* stamp); *naar de laatste* ~ in (*of:* after) the latest style; 2 (*post*) [door-, bed-]post, stanchion, upright; (*ve deur, raam, schoorsteen, ook*) jamb; (*ve leuning*) baluster; (*ve vliegt*) strut; (*stift*) style, stylus; (*v bloem*) style

stijl|band (*bk*) astragal; **-bloempje** would-be flower of speech; **-dansen** ballroom dancing; **-figuur** figure of speech; **-fout** fault of style; **-gebreken** deficiencies of (in) style; **-kamer** period room; **-leer** stylistics, art of composition; **-loos** 1 styleless, without style; 2 (*fam*) incorrect, improper, in bad taste; **-middel** stylistic device; **-oefening** (exercise in) composition; **-tuin** formal garden; **-vol** in good style, elegant, (*soms*) stylish

stijven 1 (*algem, ook van prijs & wind*) stiffen; (*fig*) stiffen, back [a p.] up [in s.t.]; *de schatkist* ~ swell (benefit) the Exchequer; *iem ~, (ook)* stiffen a p.'s back; 2 (*linnen*) starch; *pas (stijf) gesteven* freshly (stiffly) starched [collars]; **stijving** stiffening, etc; *vgl* stijven

stikdonker I *bn* pitch-dark; II *zn* pitch (*of:* inky) darkness; **stikheet** broiling; *zie* smoorheet; **stikhoest** suffocating cough

stikken 1 (*met garen, enz*) stitch; *gestikte deken* quilt; 2 stifle, be stifled, choke, be choked to death, be suffocated, suffocate; *stik!* oh, dash it!; *stik (de moord)!* go to (bloody) hell!, you may go to blazes!; *iem laten ~, (fig)* let a p. go hang, not do a thing for a p.; *een gevoel **alsof** je zult* ~ a choking feeling; *we ~ **in** de bureaucratie* we are smothered in red tape; ~ *in een stuk brood* choke on a piece of bread; *het is hier **om** te ~, je stikt hier* it is stiflingly hot here, there's no air in here; *hij stikte **van** het lachen* he was convulsed with laughter; *hij stikte van woede* he choked with fury; **stikking** suffocation

stik|lucht suffocating air; **-mat** smothered mate; **-naald** stitching-needle; **-sel** stitching; **-stof** nitrogen; **-stofhoudend** nitrogenous; **-stofverbinding** nitrogen compound; **-vol** chock-full, packed (crowded, crammed, jammed) to suffocation; ~ *fouten* bristling with mistakes; **-werk** stitching, stitchery

stil 1 (*onbeweeglijk*) still; (*rustig*) quiet [a quiet place], calm; (*in zaken*) slack; (*vd markt*) quiet, flat, dull; *hij is een ~le in den lande* he is one of those who look on and say nothing; ~ *gaan leven* retire from business; ~ *leven* live in retirement; *een ~le dag, (zonder wind)* a still day; *de ~le tijd, (handel)* the slack (*of:* dull) season; *~le uitslag* draft, turn of the scale; ~ *water* turn of the tide; *zie ook* water; *zo maar, bij ~ weer* [it happened] just like that; 2 (*zonder geluid*) silent (*ook v film*), still; *~!* hush!, be quiet!, silence!; ~ *maar, kleintje* there, there, my little one; *het werd* ~ (a) silence (a hush) fell; *ze werden* ~ they fell silent; *je bent erg ~ vanavond* you are very quiet tonight; *ik werd er (je wordt er) ~ van* I was (it leaves you) speechless, I didn't know what to say; *een ~ meisje* a quiet girl; *~le mis* low mass; ~ *spel* silent action, by-play; *een ~ verwijt* a silent rebuke; *de ~le week* Holy Week; *Stille Zaterdag* Holy Saturday; *zo ~ als een muisje, zie* muisstil; 3 (*geheim*) silent; closet [admirer, communist, homosexual]; *~le diender* detective; *~le getuige* dumb (silent) witness; *~le lommerd* dolly-shop; *~ nummer, (telefoon)* ex-directory number; *een ~le pimpelaar* a secret drinker; *~le vennoot,* limited partner; *zie ook* stilhouden, enz; **stilaan** gradually; by now

stileren 1 (*stellen*) compose; *hij stileert goed* he writes a good style; 2 (*in de kunst*) formalize, stylize, conventionalize; **stilet** stiletto (*mv:* -os, -oes); **stiletto** flick-knife; *zie* springmes

stilhouden 1 stop, come to a stop (a standstill), halt; (*ve trein, auto, enz, ook*) pull up, draw up; (*ve ruiter, ook*) draw rein (*of:* bridle); *hij liet de auto* ~ he stopped the car; *hou dat been stil* keep that leg still; 2 keep [it, the matter, the affair] quiet, hush [it] up; *zich* ~ keep quiet, keep mum, be silent, hold one's peace; *hou je stil!* keep (be) silent (quiet)!, hold your tongue!, (*fam*) shut up!

stilist stylist; **stilistiek** stylistics

stille 1 quiet person; 2 plain-clothes man, detective; *zie* stil; **stilleggen** stop, halt; *zie* stopzetten

stillen hush, silence, quiet [a child], quiet [one's conscience, fear], allay [fears], relieve, alleviate, allay [pain], satisfy, appease [one's hunger], quench [one's thirst]; *de eerste honger* ~ take off the edge of hunger; *zijn ergste honger was gestild* the first edge of his appetite had worn off; *niet te ~, (ook)* unallayable, unappeasable, unquenchable [desire]

stil|letje (night-)commode, night-stool; **-letjes** 1 secretly, stealthily, by stealth, on the sly, on the quiet; ~ *meerijden* steal a ride; 2 by and by; 3 so-so; **-leven** still life; **-liggen** lie still (quiet); (*v schepen*) lie idle, lie up [for the winter]; (*ve fabriek*) be idle; **-liggend** idle [shipping, etc]; *zie ook* stilstaan; **-ling** silencing, alleviation, appeasement, etc; *vgl* stillen

stilstaan stand still; (*ve fabriek*) be idle; (*v zaken,* *enz*) be at a standstill, (*tijdelijk*) be suspended [business was suspended during the time of the funeral]; *blijven* ~ stop, halt; (*ve trein, rijtuig, enz*) pull up, stop; *laten* ~ stop [the clock]; *haar hart* (*polsslag*) *stond een ogenblik stil* her ... missed (lost) a beat; *mijn horloge staat stil* my ... has stopped; *de bus stond stil,* (*reed niet*) the bus was stationary; *geen ogenblik* ~, (*v zenuwachtigheid, enz*) fidget all the time; *zijn mond staat geen ogenblik stil* he cannot keep his tongue still for a moment; *de telefoon stond niet stil* the phone never stopped ringing; ~ ***bij*** dwell on, pause to consider, give careful thought to [a subject]; ~ *bij de gedachte dat* ... stop at the thought that ...; *lang* ~ *bij* deal with [a question] at great length, linger on [a question]; *daar heb ik niet bij stilgestaan* that never occurred to me; *even* ~ *bij* touch lightly on [a subject]; *zie ook* mond, verstand, enz

stilstaand stagnant, dead [water]; stationary, standing [train], idle [factory]; ~ *beeld* freeze--frame; **stilstand** standstill, stoppage; arrest [of growth, of development]; (*in zaken, enz*) stagnation, stagnancy; (*wapenstilstand*) truce, armistice, cessation of hostilities; *tot* ~ *komen* (*brengen*) come (bring) to a standstill (a halt); *zie ook* staan; *een jaar van* ~, (*ook*) [this has been] a year of marking time

stilte silence, quiet, stillness; *er heerste een doodse* ~ there was (a) dead silence; *er trad een* ~ *in* [after he had spoken] there was a silence, silence fell, a hush fell [(up)on the assembly]; *de* ~ *die* (*aan*) *de storm voorafgaat* the calm (*of:* lull) before the storm; ***in*** ~ in silence, silently, secretly, in private, [the wedding will take place] privately; *zie ook* stilletjes; *in* ~ *lijden* suffer in silence; *in alle* ~ very quietly; *zie ook* gebieden; **stiltecentrum** meditation centre; **stiltegebied** noise abatement area; **stiltegordel** (*aardr*) doldrums

stilus stylus, style

stil|vallen 1 come to a standstill; 2 fall silent; **-zetten** stop [a watch], hold up [the traffic], freeze-frame [a video]; **-zitten** sit still; (*fig*) sit still (and do nothing); **-zwijgen** silence, reticence; *het* ~ *bewaren* keep (maintain, preserve, observe) silence, be (keep) silent, be reticent [*over* about], draw a veil [over], maintain secrecy [regarding the invention]; *het* ~ *opleggen* enjoin silence [*aan* on]; *het* ~ *verbreken* break silence; *zie ook* -zwijgend & geheimhouding; **-zwijgend** silent, taciturn [person], tacit [consent], implied [condition, undertaking *verbintenis*], implicit [assumption *onderstelling*]; (*ook*) by tacit consent [the matter was dropped]; ~*e afspraak* tacit agreement; ~ *aannemen* (*toegeven*) assume (admit) tacitly; *iets* ~ *aannemen,* (*ook*) take s.t. for granted; ~*e gevolgtrekking* implication; *het contract wordt* ~ *verlengd, tenzij* ... the contract is automatically renewable (renewed) unless ...; ~ *voorbijgaan* (*aan*) pass over in silence, pass without comment, ignore; **-zwijgendheid** silence, taciturnity; (*geheimhouding*) secrecy

stimu|lans 1 (*middel*) stimulant; 2 (*prikkel*) stimulus (*mv:* -li), impetus, incentive, (*fam*) shot in the arm; **-latie** stimulation; **-leren** stimulate, activate; boost [sales]; **-leringsgebied** special area, enterprise zone, E-zone; **-lus** id

stinkbom stink-bomb; **stinkdas** teledu; **stinkdier** 1 skunk; 2 teledu

stinken stink, smell (bad); ~ *naar* stink of, smell of, reek of [gas]; *het stinkt een uur in de wind* it stinks to high heaven; ~ *van het geld* be stinking rich; *het stonk er* there was an abominable smell, there was a stench (a stink); *erin* ~, (*sl*) be caught out; *zie ook* inlopen: er ~, & ruiken

stinkend stinking, evil-smelling [canals], smelly [a smelly pipe]; fetid, noisome [odour]; ~*e adem* bad (foul, offensive) breath, halitosis; ~*e gouwe* greater celandine; ~*e kamille* stinking mayweed; ~ *jaloers* (*rijk, vervelend*) insufferably jealous (rich, tiresome), insanely jealous; ~ *lui* bone-lazy, as lazy as lazy; **stinker(d)** 1 stinker; 2 (*fig*) skunk, (mean) hound; *rijke* ~ bloated moneybags; *in zijn* ~ *zitten, zie* rats; **stinkklier** scent--gland; **stinkstok** bad, cheap cigar; **stinkzwam** stinkhorn; *kleine* ~ dog stinkhorn

stip dot, point; (*voetbal*) [put the ball on the] spot; *met* ~, *a*) top-notch; *b*) in (less than) no time, at speed; *zie ook* stippel

stipendium stipend; (*voor studie*) exhibition, scholarship

stippel [a dark] speck, dot, point; *een onnozel* ~*tje* an insignificant speck; **stippelen** dot, speckle, point, stipple; **stippelgravure** stipple print; **stippellijn** dotted line

stippen 1 *zie* stippelen; 2 dip

stipt punctual, accurate, prompt, precise; strict [honesty, obedience; strictly honest]; ~*e geheimhouding* strict (dead) secrecy; ~ *op tijd zijn* be punctual (to the minute); ~ *betalen* pay promptly; *hij is erg* ~, (*ook*) he is very conscientious

stiptheid punctuality, accuracy, promptness, precision; **stiptheidsactie** work(ing) to rule

stipuleren stipulate; *zie ook* bedingen

stobbe [tree] stump, stub

stochastisch stochastic; random [noise *ruis*]

stoeien (have a) romp; ~ *met,* (*fig*) revolve, consider [an idea]; play around with [the statistics]

stoeier romper, romping boy; **stoei|erij, -partij** romp, game of rough-and-tumble (of romps)

stoeipoes sex kitten, bimbette; **stoeister** romp, tomboy; **stoeiziek** romping, frisky, playful

stoel chair; (*ve torenklok*) frame; (*plantk*) stool; *zie ook* biecht~, praat~, preek~, enz; *de Heilige Stoel* the Holy (Papal, Apostolic) See; *neem een* ~ take a seat (*fam:* a pew); *het niet* ***onder*** ~*en en banken steken* make no bones about it, make no disguise of it (of one's feelings, etc), make no secret of it; *hij had pret en stak het niet onder* ~*en en banken,* (*ook*) he was frankly amused; ***tussen*** *twee* ~*en in de as zitten* fall between two stools; ***voor*** ~*en en banken spelen* (*preken*) play to an empty house (to empty benches) (preach to empty pews); **stoelen** (*plantk*) stool; *deze partijen* ~ *op dezelfde wortel* these ... spring from the same root; **stoelendans** musical chairs; **stoe-**

lenmatter chair-bottomer, -mender; **stoelgang** stool(s), motion(s); *een geregelde ~ hebben* have regular bowel movements; *zie ook* ontlasting; **stoelgeld** chair-rent; (*voor zitplaats in kerk*) pew-rent; **stoeltjesklok** Friesland clock, id; **stoeltjeslift** chair-lift; **stoelvast**: *hij is erg ~* he sticks to his seat

stoep 1 (flight of) steps, doorstep, (*Am*) stoop; *de ~ doen* wash the steps; 2 (*trottoir*) footpath, pavement, (*Am*) sidewalk; *zijn eigen ~ schoonvegen* sweep before one's own door; **stoepa** stupa

stoephoer tart, scrubber; **stoepier** (*voor winkel*) tout; **stoeprand** kerb(side, -stone)

stoer sturdy, stalwart, stout, hefty, four-square, burly; *~ doen* show off; *hij doet* (*erg*) *~* he pretends to be self-assured (brave); **stoerheid** sturdiness, etc

stoet 1 cortège, procession, train, retinue; *schitterende ~,* (*ook*) galaxy [of film-stars]; 2 quality bread (loaf); **stoeterij** 1 stud; 2 stud-farm

stoet|haspel clumsy fellow (girl), bungler; *een vreemde ~* a queer customer; **-haspelen** fumble, bungle, flounder; **-haspelig** awkward, clumsy

stof I *m/v* 1 (*materie*) matter; *chemische ~* chemical (substance); 2 (*kleding~, enz*) material, (*inz wollen*) stuff; (*geweven ~, ook*) (textile) fabric; *een mooi ~je* a lovely material; 3 (*onderwerp*) subject-matter, theme; *~ tot nadenken* [provide] food (matter, material) for reflection (thought, meditation, discussion); *~ voor een roman* material for a novel; *lang van ~* long-winded; *kort van ~* short-tempered, curt; II *o* dust, powder; (*in hoeken, enz*) fug; *~je* speck of dust, dust particle; *een ~je in mijn oog* a speck of dust (a grit) in my eye; *~ afnemen* (*in*) dust [a room]; *het ~ van iem* (*van zich*) *afslaan* dust a p. (o.s.); *~ opjagen* (*doen opwaaien*) make (raise) a dust; (*fig*) raise a (good deal of) dust; *het ~ van zijn voeten schudden* shake the dust off one's feet; ***in** het ~ bijten* bite the dust; *in het ~ kruipen* (*fig*) lick the dust; *zich in het ~ buigen* prostrate o.s. [*voor* before]; ***onder** het ~ zitten* be covered with (smothered in) dust; *~ zijt gij en **tot** ~ zult gij wederkeren* dust thou art and unto dust shalt thou return; *tot ~ vergaan* turn (crumble) into dust; ***uit** het ~ verheffen* raise [a p.] from the dust; *zie ook* stofje

stof|bezem long-handled brush; **-bindend**: *~e olie* dust-laying oil; **-blik** dustpan; **-boel** dusty place, dust-heap; *kijk eens naar zo'n ~* look at the dust; **-bril** goggles; **-deeltje** particle of matter, atom; *zie ook* stof II: ~je; **-dicht** dust-proof; **-doek** duster; **-fage** stuff, material; *zie ook* -feering; **-feerder** upholsterer; **-feerderij** upholstery (business)

stoffel blockhead, numbskull, ninny

stoffelijk material; *~ aandenken* tangible memorial; *~e behoeften* creature comforts, material needs; *~ overschot* mortal remains; **stoffelijkheid** materiality; **stoffeloos** immaterial; **stoffeloosheid** immaterialness

stoffen I *bn* textile; *~ pantoffels* list slippers; II *ww* 1 (*stof afnemen*) dust; 2 (*pochen*) boast, brag [*op* of]; **stoffenwinkel** draper's, drapery shop

stoffer (dusting-, furniture-)brush; *~ en blik* dustpan and brush; *zie ook* pocher

stofferen upholster [a room, furniture], furnish [houses]; (*fig*) fill out [a story]; *een schilderij ~* do the staffage, fill in a picture; *zie ook* gestoffeerd; **stoffering** upholstering, upholstery [of a motor-car], [home] furnishings; (*alleen textiel*) soft furnishings, (*Am*) soft goods; (*schilderk*) staffage [in a landscape painting]; **stoffig** dusty; *vgl* stof II; **stoffigheid** dustiness

stof|goud gold-dust; **-hagel** graupel, soft hail; **-hoop** dust-heap, heap of dust; **-jas** dust-coat, overall, (*Am*) work coat; **-kam** fine-tooth comb, scurf-comb; **-kap** dust cover, (*v lens*) hood; **-knoop** cloth-covered button; **-laken** dustsheet; **-long** black lung, pneumoconiosis; **-naam** name of a material; (*tlk*) material noun; **-nest** dust-trap; **-omslag** dust-jacket, -wrapper; **-pareltje** seed pearl; **-regen** drizzle, drizzling rain; **-regenen** drizzle; **-thee** tea-dust, siftings (of tea); **-vrij** dustproof; **-wisseling** metabolism, circulation of matter; *~sprodukt* metabolite; **-wolk** dust-cloud, cloud of dust; **-zak** (*ve stofzuiger*) dust-bag; **-zuigen** vacuum(-clean), (*fam*) hoover [the room]; **-zuiger** vacuum (cleaner), hoover; **-zuigerzak** [reusable disposable paper] (dust-)bag

stoïcijn 1 Stoic; 2 (*~s pers*) stoic; **stoïcijns** stoic(al); **stoïcisme** stoicism

stok 1 stick, staff; (*wandelstok*) cane, walking-stick; (*v vogels*) perch, (*inz van hoenders*) roost; (*v politie*) truncheon, baton [*met ~ uitgevoerde charge* truncheon (baton) charge]; (*dirigeerstok*) baton; (*vlagge~*) pole; (*golf~*) club; (*aanwijs~*) pointer; (*bonestaak, enz*) pole, stick; (*anker~*) stock; *lange ~,* (*bij ~vechten*) quarterstaff; *het **aan** de ~ hebben met* be at loggerheads with; *het met iem aan de ~ krijgen,* (*met zijn baas, bijv*) get into trouble (into hot water) with a p.; (*anders*) fall out (quarrel) with a p.; *het met elkaar aan de ~ krijgen* fall out; *hij had het aan de ~ gehad met de politie* he had been in trouble with (had fallen foul of) the ...; ***met** de ~ geven* cudgel, cane, give [a p.] the stick; *hij is er met geen ~ naar toe te krijgen* wild horses won't (nothing will) drag him there (*zo ook:* wild horses won't make me say more about it, won't drag the secret out of me); ***op** ~ gaan* go to roost; (*fig ook, sl*) kip down; ***van** zijn ~je vallen* faint, swoon; *er een ~je **voor** steken* stop it, put a stop to it; *zie ook* kip & gekheid; 2 (*v kaarten*) stock, talon; 3 (*ve letter*) ascender; 4 (*ve cheque, enz*) counterfoil; 5 (*strafwerktuig, hist*) stocks (*mv*); 6 *zie* ~je

stok|anker common anchor; **-bewaarder** (*hist*) jailer; **-boon** runner bean, scarlet runner; **-brood** French (stick) bread; *een ~* a French loaf, (*klein*) baguet(te); **-degen** sword-stick; **-doof** stone deaf, as deaf as a post; **-dweil** mop

stokebrand firebrand, mischief-maker, troublemaker

stoken I *tr* 1 (*verbranden*) burn [wood, oil]; (*vuur*) make [a fire], feed [the fire]; (*ketel*) fire, stoke [an engine]; *met olie gestookt* oil-fired [boiler]; 2

(*drank*) distil [spirits]; 3 (*fig*) make trouble; *onheil* (*twist*) ~ brew (make) mischief, stir up strife, cause trouble; *het vuurtje* ~, (*fig*) fan the fire; II *intr* 1 make (*of:* light) a fire, have a fire in the room; (*ve stoker*) stoke; *wij ~ nooit vóór november* we never have any fire (never put on the heating) before ...; 2 (*fig*) *zie* I.3

stoker 1 (*ve locomotief, fabriek, schip*) fireman; (*mar*) stoker; *machinisten en ~s,* (*bij de spoorwegen*) footplate men; 2 (*v drank*) distiller; 3 (*fig*) firebrand; *zie* stokebrand; **stokerij** distillery; (*fig*) troublemaking, mischief-making

stokje 1 *zie* stok & gekheid; 2 (*haken*) treble

stokken I *intr* (*v bloed*) cease to circulate; (*ve spreker*) break down [in a speech]; (*ve gesprek*) flag, hang [for a moment], halt; *haar adem stokte* her breath caught, she gave a gasp; *haar stem stokte* there was a catch (a break) in her voice, her voice caught (*of:* broke); *zie ook* hokken; II *tr* tie up [beans]; keep [bees]

stokk(er)ig wooden, stiff-legged; woody [beans]

stok|lak sticklac; **-maat** measuring rod; **-oud** very old, stricken in years; **-paardje** hobby-horse; (*fig*) pet (favourite) subject; *zijn ~ berijden* ride one's hobby-horse; *hij reed weer op zijn ~,* (*ook*) he was off on his favourite topic; **-passer** trammel, beam-dividers; **-roos** hollyhock, (*Am ook*) rose-mallow; **-schaaf** spokeshave; **-schaar** stock-shears; **-schermen** I *ww* play at single-stick, have a bout at quarterstaff; II *zn* stick-, cudgel-play; **-slag** stroke with a stick; *dracht ~en* caning, drubbing; **-sleutel** pinhandle, socket-wrench; **-staartje** slender-tailed meerkat, suricate; **-stijf** like a statue; ~ *volhouden* maintain obstinately (stubbornly); **-stil** stock-still; **-vechten** *zie* -schermen; **-vis** (*gedroogde vis*) stockfish; (*vissoort*) (herring) hake; **-voering** (*ve violist*) bowing; (*hockey*) stick-handling

stol (*brood*) stollen; **stola** stole (*ook van dame*)

stollen congeal, curdle, clot, coagulate; (*Am*) jell; (*doen*) ~, (*ook*) solidify; *de jus stolt* the gravy is setting hard; *het bloed stolde in zijn aderen* his blood ran cold (froze in his veins); *het deed zijn bloed* ~ it made his blood run cold, it curdled (froze) his blood; **stolling** coagulation, congelation, curdling, solidification; **stollingsgesteente** igneous rock; **stollingsmiddel** coagulant

stolp cover, glass bell, glass cover, glass dome, bell-glass [violets grown under bell-glasses], (*tuinbouw*) cloche; **stolpen** cover with a glass bell; **stolpplooi** box pleat

stolsel [blood] clot, coagulum

stom 1 (*sprakeloos*) dumb, mute, speechless [*van verbazing* with amazement]; *een ~me* a dumb person, a mute; *tot mijn ~me verbazing* to my utter amazement, to my immense surprise; *hij zat zo ~ als een vis* he never opened his mouth; *een ~ dier* a brute; *het ~me dier!* poor brute!; *~me film* silent film; *~me personen,* (*theat*) walking gentlemen, supernumeraries, mutes; *~me rol* walk-on part; *hij zei* (*sprak*) *geen ~ woord* he said never a word; *hij zei geen ~ woord meer* he shut up like a clam; *zie ook* getuige; 2 (*dom*) stupid, dull, dense; *~me hond!* stupid idiot!; *door ~ geluk* by a mere fluke; ~ *zo te handelen* foolish to do that; *zie verder* dom; 3 (*onuitgesproken*) mute; *~me h* mute (silent) h; **stoma** id (*mv:* -mata)

stom|bezopen, **-dronken** dead (*of:* blind) drunk, (as) drunk as a lord, as tight as a drum, blotto, soaked, stoned

stomen 1 steam (*ook: in stoom koken*); (*walmen*) smoke; 2 dry-clean; 3 (*drillen*) cram; **stomer** (*boot & pan*) steamer; **stomerij** dry cleaner's

stom|gelukkig fluk(e)y; **-heid** 1 dumbness, etc, *vgl* stom; 2 stupidity; *met ~ geslagen* struck dumb, dumbfounded; **-kop** *zie* stommeling

stomme *zie* stom; **stommeknecht** dumb waiter; **stommelen** clump [down the stairs], clatter [about], lumber [out of the room]

stom|meling, **-merd**, **-merik** blockhead, fathead, thickhead, num(b)skull, stupid, idiot, silly goose; **stommetje**: (*voor*) ~ *spelen* sit mum

stommigheid, **stommiteit** stupidness, stupidity; (*concr*) stupidity, blunder [*een ~ begaan* make a blunder], howler, bloomer

stomp I *bn* 1 blunt [weapon, pencil], obtuse [angle], flat, snub [nose]; *~e ton,* (*mar*) can buoy; *~e toren* tower; ~ *maken* (*worden*) blunt; 2 (*fig*) obtuse, dense, dull; II *zn* (*stuk; vaak ~je*) stump, stub [of a cigar, pencil, etc], butt-end [of a cigar]; (*pijpje*) cutty(-pipe); *~jes van tanden* stumpy teeth, snags of teeth; III *zn* (*stoot*) push, thump, punch [on the nose], prod, dig [in the waistcoat]; (*stamppot*) mash; **stompen** pummel, thump, push, punch, jog; (*zacht met elleboog*) nudge

stomp|heid bluntness, dullness; (*fig*) obtuseness; **-hoekig** obtuse-angled; **-neus** 1 snub nose, pug-nose; 2 snub-, pug-nosed person; **-zinnig** obtuse, dull; **-zinnigheid** obtuseness

stomtoevallig purely accidental; (*bw*) purely by accident, by a sheer fluke; **stomverbaasd** flabbergasted, staggered; **stomvervelend** deadly dull; *een ~e vent* an unmitigated (a crashing) bore; **stomweg** (*fam*) simply

stond *ovt van* staan

stond(e) time, moment, hour; *van stonde* (*af*) *aan, a*) from now on, henceforth; *b*) forthwith

stonk *ovt van* stinken

stoof I *zn* 1 foot-warmer, -stove; 2 stove; kitchen range; 3 kiln; II *ww: ovt van* stuiven

stoof|appel cooking-apple; (*fam*) cooker; **-paling** stewed eel; **-pan** stew-pan, stewing-pan, saucepan, casserole; **-peer** cooking-, stewing-pear; (*fam*) cooker; **-pot** 1 stewing pot; 2 stew; **-schotel** stew; **-vlees** 1 stewing meat; 2 hash

stook|gas fuel-gas; **-gat** stoke-, fire-hole; **-gelegenheid** fireplace; **-inrichting** heating-apparatus; **-kas** hothouse; **-ketel** furnace; **-olie** fuel oil, oil (*of:* liquid) fuel; **-oven** furnace; **-plaats** fireplace, hearth; (*mar*) stokehole, -hold

stool stole (*ook ve dame*)

stoom steam; ~ *houden* keep up steam; ~ *maken* get up (raise, put on) steam; ~ *laten vliegen,* ~ *uitlaten* blow off (let off) steam; *met volle* ~ at full steam; ~ *op hebben* have steam up; *onder eigen* ~ [the vessel reached the port] under her own steam (*of:* power); *zie ook* drijven

stoom|afsluiter stop-valve; **-bad** steam-bath, vapour-bath; **-boot** steamboat; steamer, steamship; **-bootmaatschappij** steamship (*of:* steam navigation) company; **-cursus** intensive course, crash course; *hij ging naar een ~,* (*ook*) he went to a crammer; **-dom** steam dome; **-drukpan** pressure cooker; **-fluit** steam whistle, hooter; **-gemaal** steam pumping-station, pumping-engine; **-ketel** (steam-)boiler; **-klep** steam-valve; **-kolen** steam-coal(s); **-kraan** 1 steam-crane; 2 steam-cock; *vgl* kraan; **-leiding** steam line; **-locomotief** steam locomotive, steam engine; **-machine** steam-engine; **-pan** steamer; **-schip** steamer, steamship; **-schuif** slide valve, steam slide; **-vaart** steam navigation; **-vaartmaatschappij** *zie* -bootmaatschappij; **-wals** steam-roller; **-werktuig** steam-engine; **-wezen** steam engineering, steam and its application; *Dienst voor het Stoomwezen* Boiler Inspectorate

stoop tankard, mug; (*hist*) stoup

stoorgebied (*radio*) mush area, interference aarea; **stoornis** disturbance, disorder; *zonder ~ verlopen* pass off without a hitch; *~ verwekken* create a disturbance; *zie ook* storing; **stoorzender** jamming station, jammer; (*pers*) nuisance

stoot 1 (*duw*) push, shove; (*boksen*) punch, blow; (*korte*) jab; (*~je, met elleboog ook*) nudge [to attract a p.'s attention]; (*bij schot*) kick, jump; (*wind~*) gust [of wind]; (*met zwaard, enz*) thrust; (*met dolk*) stab; (*schermen*) lunge; (*bilj*) stroke, shot; (*botsing*) impact; *een ~ in de ribben* a dig (a prod) in the ribs; *een ~* ***geven*** give [a p.] a push; *de ~ aan* (*tot*) *iets geven* give the impulse to s.t., take the initiative to do s.t., set the ball rolling; *een ~ geven,* (*fig*) deal a heavy blow (to); ***op*** *~* at once; (*sp*) in good form; *hij kan* ***tegen*** *een ~je* he can stand a good deal, can take some knocks, is not easily hurt; 2 (*geluid*) blast [on a horn, etc], toot; 3 (*fam: massa*) lot; 4 (*fam: vrouw*) dish; 5 (*fon*) glottal stop, glottal catch

stoot|band hem binding; **-blok** 1 buffer(s), (*Am*) bumper; 2 (*stopblok*) chock; **-bord** (*ve trap*) riser; **-degen** rapier; **-kant** seam binding; **-kussen** buffer, (*mar*) fender; **-plaat** (sword-)guard; **-stang** push-rod; **-tactiek** (*mil*) shock tactics; **-troepen** shock troops; **-vogels** hawks and falcons, (*oneig*) birds of prey; **-wapen** thrust-weapon; **-zak** punch(ing)-ball

stop 1 plug [in a wash-basin, etc]; (*ve fles*) stopper; (*ve vat*) bung; (*aanslag*) stop; *een ~ doen op,* (*ook*) stopper [a bottle]; 2 (*elektr*) fuse; *al zijn ~pen sloegen door* he went berserk; 3 (*in kous, enz*) darn; 4 (*af-, onderbreking*) stop; stoppage; [wage] freeze; *zie ook* nood~

stop|bal (*bilj*) hazard (*vd tegenpartij* winning hazard, *v eigen bal* losing hazard); **-blok** chock; **-bord** stop sign; **-contact** power point; electric point, socket; (*ingebouwd*) wall plug (socket, point); **-fles** (glass) jar, stoppered bottle; **-garen** darning cotton (silk, wool, etc); **-horloge** stop-watch; **-lap** 1 (*eig*) darning-sampler; 2 (*fig*) stop-gap; (*bladvulling*) fill-up; **-licht** 1 (*ve auto*) brake light, stop lamp, stop light; 2 (*op straat*) traffic-light, stop light; **-mes** putty-, glazing-knife; **-naald** darning needle; **-page** invisible mending

stoppel stubble; **stoppelbaard** stubbly (stubby) beard; **stoppelgans** stubble-goose; **stoppelhaar** stubbly hair; **stoppelharig** stubbly-haired; **stoppelig** stubbly, (*ve baard, enz ook*) stubby, bristly, scrubby; **stoppelveer** pin-feather; **stoppelveld** stubble-field

stoppen 1 (*dichten: gat, enz*) stop (up), (*met een stop*) plug up; (*lek*) stop [a leak]; (*kleding*) darn, mend [stockings, etc]; *zich de oren ~* stop one's ears; *bijna onzichtbaar ~* fine-draw [a tear *scheur*]; *zie ook* stoppage; 2 (*vullen*) fill [a pipe, sausages]; stuff [birds]; *iem (de* ***handen****) ~,* (*omkopen*) square a p., grease a p.'s palm; *hij* ***laat*** *zich voor een paar duizend ~* he can be squared for ...; 3 (*ergens indoen*) put [where did you put it?], slip [s.t. into one's pocket]; *hij stopte zijn zakdoek* ***in*** *de mond* he stuffed his handkerchief into his mouth; *de vingers in de oren ~* stuff one's fingers in(to) one's ears; *ze stopt de dingen overal* she stuffs things away anywhere; *ze stopte de envelop in haar tas* she tucked the ... into her bag; *~ in,* (*ook, fam*) pop [s.t.] into [a p.'s hand, one's mouth, one's pocket]; *iem in bed ~* pack a p. off to bed; *in een baantje ~* pitchfork [a p.] into a place; *hij stopte haar in de auto* he bundled her into the car; 4 (*bilj*) pocket, hole, pot [a ball]; 5 (*tegenhouden*) stop [a p., the ball]; arrest [diarrhoea]; (*v spijs*) constipate, bind [cheese is very binding]; *een cheque ~* stop (countermand) a cheque; *een strafschop ~* save (from) a penalty; *het* ***verkeer*** *~* hold up the traffic; 6 (*halt houden*) stop [the train stops here], call [only two trains a day call here], halt [buses halt here], [the tram had to] pull up; *zie ook* stilhouden; *stop!* stop!, hold hard!, (*mar ook*) avast!; ***zonder*** *te ~* [travel, fly] non-stop [to Tokyo]; *zie ook* doos, gat, grond, hand, mond, in~, ophouden, enz

stoppend binding, constipating, astringent

stoppenkast fuse-box

stopper(spil) (*voetbal*) stopper

stop|plaats stopping-, halting-place, [bus-]stop; **-sein**, **-signaal** halt sign (signal); **-streep** (*op weg*) stop line, halt line; **-teken** *zie* -sein; **-trein** stopping train; **-verbod** stopping prohibition; (*op bord*) no stopping; clearway; **-verf** putty; **-was** bee-glue, propolis; **-werk** (*kousen, enz*) darning; (*om te breeuwen*) oakum; **-woord** expletive, stopgap; **-zetten** stop [all traffic], halt [promotions]; (*fabriek, enz*) shut (close) down, throw idle; **-zetting** stopping, etc; stoppage [of a factory], discontinuance [of a subsidy]

storax id, styrax

store (roller) blind; (*jaloezie*) Venetian blind

storen disturb [a p., a p.'s happiness], interrupt [a lesson, radio communication, the train-service], derange, interfere with, inconvenience; (*radio*) cause (set up) interference, (*opzettelijk*) jam [a station, a message]; *gestoorde nachtrust* broken sleep; *hij stoorde ons plotseling* he broke in (up)on us; *stoor ik u?* am I in your (in the) way?, am I intruding?; *laat ik je niet ~* don't let me disturb you; *ga naar een kamer waar je niemand stoort* go to ... where you won't be a nuisance; *de* ***lijn*** *is gestoord, (telefoon)* the communication is interrupted; *geestelijk gestoord* mentally disturbed; *gestoord, (fam)* crazy; *stoor u niet* ***aan*** *mij* do not mind me; *ik stoor mij niet aan haar (eraan)* I do not care about (I take no notice of, pay no attention to) her (it); *ze protesteerde, maar hij stoorde er zich niet aan* she ..., but he took no notice; *zich niet ~ aan, (ook)* ignore [the apostle's warning]; *hij stoort zich aan niets en niemand* he is a law unto himself; *zonder zich te ~ aan* heedless of [time, distance]; **storend** annoying [misprint]; interfering [factors]

storing disturbance (*ook van het kompas*), inconvenience, intrusion, interruption; derangement, [mental] disorder; [electrical, mechanical] fault; (*v gemoedsrust*) perturbation; (*weerk*) depression; (*radio*) interference, disturbance, jamming, (*onderbreking*) break in transmission; breakdown [of an engine]; *atmosferische ~en* atmospherics, statics; *technische ~* technical trouble (*of:* hitch), glitch; *~ van het elektrische licht* electric light failure [the electric light supply failed]; *~ veroorzaken, (radio) zie* storen; **storingsdienst** emergency (maintenance) service

storm gale, storm (*Ned: zeer zware ~*); (*hevige ~*) tempest; *~ met regen* rainstorm; *door ~ tegengehouden* storm-bound; *door ~en geteisterd* storm-beaten; *~ in een glas water* storm in a teacup; *de wind had de kracht van een ~* the ... was at gale force; *~ luiden* ring the alarm-bell, sound the tocsin; *zie ook* ~achtig & waaien; **stormaanval** assault; **stormachtig** stormy [meeting], tempestuous, tumultuous [reception]; *~ applaus, (ook)* a storm of applause (of cheers); **stormbaan** assault course; **stormbal** black ball; **stormband** hat-guard; (*ve helm*) chin-strap; **stormdak** (*v schilden*) testudo; **stormdek** (*mar*) hurricane deck

stormen 1 (*waaien*) storm; *het stormt* it is blowing a gale, there is a gale blowing, (*Am*) it is storming; *het zal er ~, (fig)* there will be a row; 2 (*rennen*) storm; *de soldaten stormden de heuvel op* the ... stormed up the hill; *naar boven (beneden) ~, (in huis)* tear (rush) up (down) the stairs; *in (uit) de kamer ~* tear (dash, burst, fling, bounce) into (out of) the room; **stormenderhand**: *~ innemen (veroveren)* take by storm [*ook fig:* the play took the town by storm]

storm|gebied storm area; **-hoed** (*hist*) morion

stormig stormy; *zie* stormachtig

storm|kegel storm cone; **-klok** alarm bell, tocsin; **-kracht** gale force; **-ladder** scaling-ladder; (*mar*) side-, rope-ladder; **-lamp** hurricane-lamp; **-lijn** (*ve tent*) guy; **-loop** rush (*ook fig*), assault; run [on a bank]; [the Klondyke] stampede; **-lopen**: *het loopt storm* people are coming in droves, come flocking in [to see the exhibition]; *~ op* storm, rush, assault [a town, battery]; **-meeuw** common gull; **-paal** palisade; *met stormpalen omringen* palisade; **-pas** double quick step; *in de ~* at the double; **-ram** battering-ram; **-riem** *zie* -band; **-schade** storm damage; **-sein** storm cone, bad weather cone; (*fig*) storm-signal; **-troep** assault party; **-troepen** storm troops, shock troops; **-veld** storm centre; **-vis** orc; **-vloed** storm surge, storm tide; **-vloedkering** storm-tide barrage; **-vogeltje** storm (*of:* stormy) petrel; **-waarschuwing** gale warning; **-waarschuwingsdienst** weather intelligence service; **-weer** stormy (tempestuous) weather, [in a] gale; **-wind** storm wind, gale, storm of wind

storneren reverse [an entry], adjust [an account]; **stornering**, **storno** reversal of an entry; **stornopost** cross-, counter-entry

stort tip, dump; *zie* ~terrein; **stortbad** shower-bath; *een ~ geven, (fig)* pour cold water on [a p., his zeal, etc]; **stortbak** 1 shoot; 2 (*v wc*) cistern; **stortberg** slag-heap; **stortbui** heavy shower (of rain), downpour, drencher

stortebed (sunk) fascine work

storten I *intr* crash, fall; II *tr* 1 shed [blood, tears], spill [milk]; shoot, dump, tip [rubbish *puin,* refuse *vuilnis; illegaal* fly-tip], pour [concrete *beton*]; throw [o.s. out of the window, into a p.'s arms]; ***in*** *oorlog (ellende) ~* plunge into war (misery); *zich ~ in* plunge into [the water, war, etc]; *zich in zee ~* throw o.s. (*ve rivier:* fall, empty) into the sea; *zich ~* ***op*** fall (up)on, pounce (up)on (swoop down on) [one's prey], hurl oneself (up)on [one's enemy]; *tranen ~* ***over*** shed tears over [a loss]; 2 pay in, deposit [money]; *geld ~* ***bij*** *een bank* pay money into (deposit money with) a bank; *~* ***voor*** *zijn pensioen* contribute towards ...; *zie ook* gestort, puin, stortregenen, verderf

stortgat chute; **stortgoederen** goods laden in bulk, bulk cargo; *met ~ geladen* laden in bulk

storting shedding, etc, *vgl* storten; (in)payment, deposit, premium; (*op aandelen*) call [*een ~ van 10% vragen* make a call of 10 per cent (on the shares)]; (*voor pensioen, enz*) contribution; *een ~ doen* make a payment, pay a deposit; **stortingsbewijs** voucher, receipt, (*ptt*) remittance advice; **stortingsformulier** paying-in slip, inpayment slip

stort|kar tip-, tilt(ing)-cart, tumbrel, tumbril; **-koker** [rubbish] chute, shoot; **-plaats** *zie* -terrein; **-regen** heavy shower (of rain), downpour, torrential rain; **-regenen** pour (with rain) [it's pouring], come pouring (bucketing, sheeting) down, rain cats and dogs; **-terrein** dumping-ground, -tip; (refuse-, rubbish-)tip, dump, shoot; (*als vulgrond*) landfill (site); **-vloed** torrent, flood; *zie ook* stroom 4 & vloed 5; **-zee**: *een ~ krijgen* ship a sea

stoten I *ww* 1 (*duwen*) push, give a push; (*aan~ met elleboog*) nudge; (*met zwaard*) thrust, lunge; (*met de horens*) butt; (*ve roofvogel*) swoop [down on *op*], stoop; *de bal* ***in*** *de zak ~, (bilj)* pocket the ball, send the ball into the pocket; ***naar*** *iem ~* (make a) thrust at (lunge at) a p.; ***van*** *de troon ~* dethrone, drive from the throne; *van zich ~* cast [a p.] off, repudiate [one's wife]; *zie ook* duwen

& stuiten; 2 (*stuk stoten*) pound; *zich een gat in het hoofd* ~ break one's head; 3 (*schokken*) jolt, (*ve geweer*) kick, recoil; (*botsen*) bump; *zijn teen* ~ stub one's toe; *zijn knie* (*elleboog, enz*) ~ knock (*of:* bump) one's knee (elbow, etc); *zich* ~ knock o.s., bump o.s.; ***aan** de grond* ~, (*mar*) touch the ground; *zich ~ aan,* (*fig*) be offended (*sterker:* shocked) at, take exception to (*sterker:* offence at) [a p.'s conduct]; *zie ook:* ~ tegen; *het schip stootte op een rots* the ship struck (up)on (ran on) a rock, ran (fell) foul of a rock; *op de vijand* ~ come (up)on (fall in with) the enemy; (*met*) *het hoofd **tegen** de muur* ~ knock (bump) one's head against the wall; *hij stootte tegen de muur* he bumped (up) against the wall; *zich ~ tegen* knock (bump) o.s. against; *tegen elkaar* ~ bump (knock) against each other; *zie ook* hoofd, kogel~, neus, enz; II *zn* click [of the billiard balls]

stotend (*fig*) offensive, obnoxious; **stoterig** stammering, stuttering, jerky [speech]

stotteraar(ster) stammerer, stutterer

stotteren stammer, stutter, falter

stout I *bn* 1 bold, daring; wild [it's beyond my wildest hopes]; *een ~e zet* a bold move; 2 (*ondeugend*) naughty [it's very naughty of you], bad [you bad boy!]; II *zn* (*bier*) id; **stouterd** naughty child (boy, girl); **stoutheid** 1 boldness, daring; 2 naughtiness; **stoutmoedig** bold, undaunted, daring, audacious; *zie ook* geluk; **stoutmoedigheid** daring, boldness, audacity; **stoutweg** boldly

stouwage stowage, stowing; **stouwen** stow [goods], trim [the hold]; *zie ook* stuwen; **stouwer** stevedore, stower, trimmer

stoven *tr & intr* stew; (*zich*) ~ bask [in the sun]; **stoverij** hash

straal I *zn* 1 ray, beam, shaft [of light]; (*vd bliksem*) flash; *een ~(tje) van hoop* a ray (gleam, glimmer, flicker) of hope; 2 (*v water, enz*) jet, spout, squirt; *klein ~tje,* (*ve vloeistof & fig, ook*) trickle; *het bloed liep **in** stralen uit de wond* the blood squirted from ...; 3 (*ve cirkel*) radius (*mv:* radii); 4 (*ve paardehoef*) frog; II *bw* (*fam*) clean; *ik ben het ~ vergeten* I have clean forgotten it; *~ bezopen* dead drunk; *iem ~ negeren* cut a p. dead

straal|aandrijving jet propulsion; **-bloem** ray flower; *~pje,* (*ve samengestelde bloem*) ray floret; **-brekend** refractive [power]; **-breker** (*aan waterkraan*) splash preventer; **-breking** (*licht, enz*) refraction; **-buiging** diffraction; **-bundel** pencil of rays; **-dier** radiate (animal), rayed animal; **-jager** jet fighter; **-kachel** reflector heater; **-motor** jet (propulsion) engine; **-pijp** nozzle, jet [of a fire-hose]

straalsgewijs 1 *zie* straal I.2: in stralen; 2 radial(ly), like the spokes of a wheel

straal|stroom jet stream; **-vliegtuig** jet(-propelled) plane, (*fam*) jet; **-vormig** radial, radiated; **-zender** beam(ed) transmitter

straat street, road; (*zeestraat*) strait(s) [the Strait(s) of Gibraltar]; *~je* small street, lane, alley, walk, [front-door] path; (*poker: kleine ~, ~je*) straight, (*grote ~*) straight flush; *eerste ~ rechts* first turning to the right; ***in** die ~ wonen* live in that street (that road); *dat is juist in mijn ~je* that is right up my street; ***langs** de ~ lopen* knock about the streets (the place); ***op** ~* in the street(s); *er was geen mens op ~* there was not a soul about; *op ~ staan,* (*fig*) have the key of the street, be on the streets, be in the gutter; *iem op ~ zetten* turn a p. into the street (out of house and home), give a p. the key of the street; *de ~ op snellen* run into the street(s); *in die jas kun je niet **over** ~ gaan* you can't go out in that coat; *iem **van** de ~ oprapen* pick a p. out of the gutter; *van de ~ afhouden* keep [lads] off the streets; *zie ook* straatje

straat|arm as poor as a church-mouse; **-bandiet** *zie* -schender; **-beeld** (typical) street scene; *die pui past niet in het ~* that shop-front is out of keeping with the street; **-belasting** (*vglb*) rates; **-brievenbus** roadside private letterbox; **-collecte** street collection, (*vglb*) flag-day; **-deun** street-song, -ballad; **-deur** street door, front door; **-gerucht** *zie* -rumoer; **-gevecht** street-fight; **-hamer** paving-hammer; **-handelaar** street dealer (trader, vendor); **-hoek** street corner; **-hoer** streetwalker; **-hond** mongrel; (*zwerfhond*) stray dog; **-interview** (*radio & tv, fam*) vox pop; **-jeugd** street urchins; **-jongen** guttersnipe, street urchin, gamin; **-kei** cobble(stone); **-kind** guttersnipe; **-kolk** drain; **-koopman** street trader; **-kunstenaar** street performer, busker; **-lantaarn** street lamp; **-lengte** *een ~ voorliggen,* (*fig*) be streets ahead; **-liedje** *zie* -deun; **-locomotief** traction-engine; **-madelief** *zie* -meid; **-maker** road-maker, -mender, paver, paviour, roadman; **-meid** woman of the streets; (*hoer*) streetwalker; **-meubilair** street furniture; **-muzikant** street-musician, busker; *~en,* (*ook*) street (*of:* German) band; **-naam** street-name; **-naambordje** nameplate (of a street); **-ongeval** road accident; *afdeling ~len,* (*in ziekenhuis*) casualty ward; **-orgel** barrel-, street-organ; **-prediker** street (*of:* open-air) preacher; **-redenaar** street (*fam:* soap-box) orator; **-reiniger** street-sweeper; **-reiniging** street-cleansing; **-roof** street robbery; **-rover** street-robber; *bende ~s,* (*ook*) wolf-pack; **-rumoer** street-noise(s)

Straatsburg Strasbourg, Strassburg

straat|schender hooligan, rowdy; **-schenderij** hooliganism, rowdyism; **-slijpen** hang around (loaf around in) the streets; **-slijper** gadabout, loafer; **-stamper** paver's (paving-)beetle, rammer; **-steen** paving-stone; *men kan het aan de -stenen niet kwijt* it is a drug on (in) the market; *zie ook* kei; **-taal** language of the gutter; **-tekenaar** *zie* trottoirtekenaar; **-toneel** (typical) street scene; **-veger** road-, street-sweeper; *zie ook* veegmachine; **-venter** street-hawker, -trader, -vendor; **-verbod** injunction banning a p. from a specified area; **-verlichting** street-lighting; **-vlegel** *zie* -jongen & -schender; **-vuil** refuse (rubbish) in the street(s), litter; **-waarde** street value; **-weg** highroad; **-werker** *zie* -maker

straf I *zn* punishment, penalty, chastisement; *het is een ~ des hemels* it is a judgment on you (him, etc); *zo'n huis is een ~* living in such a house is a trial (an ordeal); *~ krijgen* be punished, get punishment; *dat brengt zijn eigen ~ mee* it carries its own punishment; *op ~fe van* on (under) penalty of; *op ~fe des doods* on pain of death; *voor ~* [sent there] as (for) a punishment; *zie ook* oplopen, enz; II *bn* 1 severe, austere, stern [look]; stiff [march, breeze, grog]; tight [organization]; 2 sturdy [fellow]; 3 clever, smart; daring; III *bw* severely, etc; *~(fer) aanhalen* tighten [a rope]

straf|baar punishable [*volgens de wet* by law; *met de dood* with death], liable to punishment, penal [offence], actionable; *~ feit,* (*ook*) [it's an] offence [under the Housing Act]; *~ stellen* make punishable, make [careless driving] an offence, penalize; **-baarstelling** penalization; **-bal** (*sp*) penalty (stroke, flick); **-bank** (*sp*) penalty box; **-bepaling** 1 penal provision; 2 penalty clause; 3 *zie* -toemeting; **-blad** police record; *zie ook* blanco; **-clausule** penalty clause; **-commissie** disciplinary committee; **-expeditie** punitive expedition; **-feloos** with impunity; *zie ook* ongestraft; **-feloosheid** impunity

straffen punish, (*tuchtigen*) chastise; *dronkenschap achter het stuur kan gestraft worden met boete of gevangenschap* drunken driving is punishable by fine or imprisonment; *dat straft zichzelf* it carries its own punishment; [his follies] come (home) to roost; **strafgeding** criminal trial; **strafgericht** divine judgment; **strafgevangenis** prison, gaol

strafheid severity, sternness, stiffness

straf|kamer (*vglb*) crown court; **-kamp** (*mil*) detention barracks, (*sl*) glasshouse; **-kolonie** penal (*of:* convict) settlement (*of:* colony); **-maatregel** punitive measure; sanction; **-middel** means of punishment; **-plaats** place of execution; **-pleiter** criminal lawyer; (*Am*) trial lawyer; **-port** surcharge; *met ~ belasten, ~ laten betalen* surcharge [the letter was surcharged 10p; I was surcharged 10p on the letter]; **-portzegel** (postage) due stamp; **-predikatie** lecture; *een ~ houden* talk like a Dutch uncle; **-prediker** censorious preacher, (severe) moralist; **-preek** *zie* -predikatie; **-proces** criminal proceedings; **-punt** penalty point; *zonder ~en rond komen* have a clear round; **-recht** criminal (penal) law; **-rechtelijk** criminal, penal; **-rechter** criminal judge; **-regels** lines; *~ schrijven* write (out) (*of:* do) lines; **-register** punishment book; (*mil*) defaulters' book; [a soldier's] conduct-, crime-sheet; (*fig*) [his] record; **-schop** penalty kick; *beslissing door ~pen* penalty shoot-out; **-schopgebied** penalty area, (penalty) box; **-schopstip** penalty spot; **-stelsel** penal system, system of punishment; **-taak** *zie* -werk; **-tijd** term of imprisonment; *zie* uitzitten; **-toemeting** sentencing; **-vervolging** criminal prosecution; *tot ~ overgaan* institute criminal proceedings; **-vordering** criminal procedure [act]; **-waardig** deserving of punishment; **-werk** imposition(s); (*in school te maken*) detention-work; *zie ook* -regels; *~ maken* do an imposition; *zie* opgeven; **-werktuig** instrument of punishment; **-wet** criminal (*of:* penal) law; *vgl* justitie; **-wetboek** penal code; **-wetgeving** penal legislation; **-zaak** criminal case; *advocaat voor -zaken* criminal lawyer

strak 1 (*gespannen*) tight, taut, stiff; firm [line]; *~(ker) aanhalen* tighten [a rope]; *~ gespannen* taut, tight, tightly stretched [rope]; *een ~ke hand* a firm hand; *zie ook* stijf; 2 (*effen*) set [face]; tight-set [lips]; *een ~ke lucht* a clear (cloudless) sky; *een ~ blauwe lucht* a hard blue sky; *zijn gezicht werd ~* his face set (stiffened); *zijn mond nam een ~ke uitdrukking aan* his ... tightened; *zijn gezicht bleef even ~* his ... never relaxed; 3 (*star*) fixed, hard, intent [look], stony [stare]; *~ aankijken* look hard (intently, fixedly) at; **strakheid** tightness, stiffness, fixedness, hardness, intentness; *vgl* strak; **strakjes** (*v tijd*) *zie* straks

straks 1 (*verleden: zo straks nog*) just now, a little while ago; 2 (*toekomst*) presently, by and by, in a little while, before long; *tot ~!* so long!, goodbye for the present!, goodbye!, see you later!; *~ maken ze nog een eind aan het voetballen* they'll be stopping football next; *~ koopt hij me nog ...* the next thing he'll buy will be ...; *wil je me ~ even helpen?* will you lend me a hand in a minute?

stralen 1 beam, shine, radiate; *zij* (*haar gezicht*) *straalde van geluk* she (her face) was radiant (beaming) with happiness, she was radiantly happy; *de ~de hemel* the luminous (radiant) sky; *~de warmte* radiant heat; *een ~de dag* a glorious day; 2 (*bij examen*) be ploughed (*of:* plucked); 3 sandblast

stralen|behandeling radiation therapy, irradiation; **-bundel** pencil of rays, beam; **-gang** path of rays; **-krans**, **-kroon** aureole, nimbus, halo; **-therapie** radiation therapy

straling radiation [hazard, pattern, sickness]; **stralingswarmte** radiant heat

stram stiff, rigid; **stramheid** stiffness, rigidity

stramien canvas; *op het zelfde ~* (*borduren*), (*fig*) along similar lines (harp on the same string)

strand beach, sands, foreshore; *het ~ te Margate* the Margate sands; *op het ~ lopen,* (*stranden*) run ashore (aground); *op het ~ zetten* run ashore, beach; *zie ook* ploegen; **strandbatterij** shore battery, coast(al) battery; **strandboulevard** seafront, promenade, esplanade; **stranddief** beachcomber

stranden (*ook: doen ~*) be stranded, run ashore, run aground; *al hun plannen strandden op zijn onverzettelijkheid* all their plans foundered on (were defeated by) his intransigence; *door geldgebrek strandde het gezelschap in Zwitserland* through lack of money the party were stranded in Switzerland; *zie ook* klip

strand|gaper (long or soft) clam; **-goed(eren)** wrecked goods, jetsam, flotsam; **-haver** lyme grass; **-hoofd** groyne; **-huisje** beach hut

stranding stranding

strand|jutter beachcomber; **-jutterij** beachcombing; **-kleding** beachwear; **-leeuwerik**

shore lark; **-loper**: *bonte ~* dunlin; *paarse ~* purple sandpiper; **-meer** coastal lake, lagoon; **-muur** sea wall; **-pakje** beach set; **-plant** sea-shore plant; **-pluvier** Kentish plover; **-recht** right of salvage, shore-rights; **-roof** *zie* -jutterij; **-ruiter** spotted redshank; **-schoen** sand-shoe; **-stoel** 1 roofed wicker beach chair; 2 deck-chair; **-tent** beach-tent; **-verplaatsing** beach-drifting; **-vlo** sand-hopper; **-vogel** shore bird; **-vonder** receiver of wreck(s), wreckmaster; **-vonderij** (board of) receivers of wreck(s), wreck authorities; **-voogd** *zie* -vonder; **-weg** coast (coastal) road

strateeg strategist; **strategie** strategy, strategics; **strategisch** strategic(al); *~e positie, (fig)* high ground

straten|gids street-plan; **-maker** *zie* straatmaker

strati|ficatie stratification; **-grafie** stratigraphy

stratosfeer [ascent into the] stratosphere

stratum id (*mv:* -ta); **stratus** id (*mv:* -ti)

streber pusher, pushing fellow, careerist, (social) climber, thruster; *hij is een ~,* (*ook*) he is always on the make; **streed** *ovt van* strijden

streef|datum target date; **-getal** target figure

streek I *zn* 1 (*met pen, potlood, penseel, op schaatsen, enz*) stroke; (*haastige ~ van pen, ook*) dash; ***met*** *één ~ van de pen* with a stroke of the pen; *zie ook* streep; 2 (*ve kompas*) point (of the compass); 3 (*op viool*) bowing; *prachtige ~* fine bowing; ***op*** *~ komen* (*raken*) get into the way of it (into one's stride), get into the swing of one's work; (*na verhuizing*) get settled in; *goed en wel op ~ zijn,* (*ve spreker, bijv*) be fairly launched; *zie ook* orde: op ~; ***van*** *~,* (*geestelijk*) [quite, a bit] unstrung, [altogether] off one's balance; (*bedroefd*) distressed; (*lichamelijk*) out of sorts, out of order; *hij was helemaal van ~,* (*v schrik, bijv*) he was most upset, (*sl*) he was rattled; *mijn maag is van ~* my stomach is out of order (is upset); *mijn zenuwen zijn totaal van ~* my nerves are in a dreadful state; *mijn horloge is van ~* my watch has gone wrong; *het verlies had haar geheel van ~ gebracht* the loss had quite unsettled (upset) her, thrown her off her balance; *van ~* (*de kluts kwijt*) *raken* lose one's head; 4 (*oord*) region (*inz mbt klimaat, bodem, enz:* an inhospitable region; *ook vd maag~, enz*), district, tract, part of the country, parts [I'm a stranger to these parts], area [mining-area, the distressed areas]; *de gehele ~,* (*ook*) the whole countryside; *een woeste ~* a desolate tract (of land); ***in*** *deze ~* in these parts; *in de ~ van de maag* in the region of the stomach; ***uit*** *wat voor ~ van Holland?* from what part of ...?; 5 (*list*) trick, artifice; (*sluwe ~*) wile; (*poets*) (monkey-)trick, prank; *gemene ~* nasty (dirty, scurvy) trick; *hij* ***heeft*** *streken* there is something underhand about him; *hij heeft rare streken op zijn kompas* he is always up to tricks; *streken* ***uithalen*** play tricks [*tegen* on]; *je hebt weer streken uitgehaald* you've been up to your old tricks again; *een gemene ~ tegen iem uithalen,* (*fam*) do the dirty on a p.; *zie ook* afleren, poets & trek; II *ww: ovt van* strijken

streek|dorp ribbon village; **-museum** local museum, heritage centre; **-plan** regional plan; **-plandienst** regional planning board; **-roman** regional novel; **-taal** (regional) dialect; **-vervoer** regional (*of:* local) transport

streep stripe, streak, stroke, line; (*wtsch*) stria(tion); *~je* dash; (*koppelteken*) hyphen; (*bij inenting*) insertion; (*stof*) stripe, striped material; *smal ~je,* (*in stof*) pin-stripe; (*horizontaal ~je, telegraaf, aandachtsstreep*) dash [dots and dashes]; (*schuin ~je*) slant (line), (*breuk~*) solidus, (*Duitse komma*) virgule; (*op bilj*) baulk; (*cricket*) crease; (*techn*) millimetre; (*in haar*) parting; *een ~* ***halen*** *door* cross (*of:* strike) out [a word]; (*fig*) cancel, wipe out [a debt], pull the plug on [a scheme]; *daar kun je wel een ~ door halen* you can count that out (write that off); *zie ook* eind: een ~ maken aan; *zijn strepen* ***krijgen,*** (*mil*) get one's stripes; *er* ***loopt*** (*bij hem*) *een ~ door* he has a tile off (a screw loose), there is a mad streak in him; *dat is een ~ door de* ***rekening*** that upsets all our plans (calculations, *fam:* our apple-cart); *strepen* ***zetten*** *in* mark [an exercise *thema*]; *we zullen er voor vandaag een ~ onder zetten* we'll call it a day; *met de tenen* ***aan*** *de ~ staan,* (*bij wedstrijd*) toe the line (mark, scratch); ***met*** *strepen* striped, streaked; *zie ook* punt; ***op*** *zijn strepen staan* pull rank [on a p.]; *iem* ***over*** *de ~ trekken* win a p. round (*of:* over), persuade a p.; *een ~je* ***voor*** *hebben* be privileged; *een ~je voor hebben bij iem* be in a p.'s good books (good graces)

streepjes|broek striped trousers; **-code** bar code [scanner]; **-goed** stripes, striped material

streeplijn broken line, dashed line; **streep-puntlijn** dot and dash line; **streepvaren** spleenwort; **streepzaad** hawk's beard

strekbeweging extension motion; **strekdam** breakwater

strekel 1 (*voor zeis*) strickle, scythe-stone; 2 (*voor maat*) strickle, strike

strekgrens (*techn*) yield point; elastic limit

strekken I *intr* stretch, extend, reach [as far as ...]; *zolang de voorraad strekt* while stocks last, subject to stock being unsold; *zover als de gegevens ~* as far as the data go; *zover strekt mijn macht niet* it is beyond my power, my power does not extend so far; *~* ***om*** serve to; *~* ***tot,*** (*fig*) tend (conduce, be conducive) to [happiness]; *dat strekt u tot eer* that does you (redounds to your) credit; *het strekt u niet tot oneer* it is no disgrace to you; *iem, enz tot voordeel* (*zegen*) *~* be beneficial to a p., be to a p.'s advantage, benefit [it would benefit the whole of society]; *zie ook* schande; II *tr* stretch [one's legs], extend; *zich ~* stretch o.s.; *10 ~de meter* (*voet*) 10 running metres (feet); *per ~de meter* (*voet*) per metre (foot) run, per running metre (foot); **strekker** (*spier*) (ex)tensor

strekking 1 (*spier*) extension; 2 (*tendens*) tendency, purport, tenor; drift [he did not see the drift of the question]; *van dezelfde ~* [second copy] of the same tenor, of similar purport; [or words] to that effect; *van verdere ~* of wider scope; *van verre ~* long-range [plan]; **strek-**

kingsroman *zie* tendensroman; **strekkingsstuk** (*theat*) problem play

streks: *~e steen* stretcher; *~e laag* course of stretchers; **strekspier** (ex)tensor

strelen 1 stroke, fondle, caress, pet; 2 (*fig*) flatter, titillate [titillated by the thought], tickle [the palate], appeal to, gratify [the senses; she was gratified at the effect of her song]; *ik streel mij met de gedachte dat* ... I am gratified to think that ...; **strelend** (*fig*) flattering; **streling** stroking, fondling, caress

stremmen I *intr* (*v melk*) curdle, coagulate; (*v bloed*) congeal, coagulate; II *tr* 1 curdle, coagulate, congeal; 2 stop, obstruct, block (up), hold up [the traffic]; **stremming** 1 coagulation, congelation, curdling; 2 stoppage, obstruction, blocking-up; (*v verkeer ook*) hold-up, traffic jam; (*ve spoorlijn*) congestion of the line; **strem|sel, -stof** coagulant; (*kaasstremsel*) rennet

streng I *zn* 1 (*v garen*) skein [of yarn]; (*ve touw*) strand; *halssnoer van 3 ~en* three-row necklace; *de derde ~ maakt de kabel* third time lucky; 2 (*trektouw*) trace; *in de ~en zetten,* (*fig*) drive [a p.] hard ; II *bn & bw* severe [master, tone, look, style, critic, sentence, climate, winter, examination], hard [frost, winter], stern [look, countenance, parent, necessity, rebuke], strict [master, discipline], rigid [laws, discipline, economy, principles], stringent [rules, medical examination], austere [self-restaint, simplicity], rigorous [examination, law, climate], stiff [examination], close [supervision; in close captivity; under the closest guard *bewaking*]; (*in godsd*) rigid, strict [Calvinists]; *~e zondagsheiliging* strict Sunday observance; *~ toepassen* rigorously enforce [the law, the penalty clause *strafclausule*]; *zich ~ aan de regel houden* stick rigidly to the rule; *~ logisch* strictly logical, closely reasoned [speech]; *~ verboden toegang!* strictly private!; *ten ~ste verboden* strictly forbidden; *zijn wensen werden ~ geëerbiedigd* his wishes were carried out religiously; *~ zijn tegen* be severe (up)on (strict with)

strengel strand [of hair]; **strengelen** twist, twine (*beide ook: zich ~*), wind (wreathe) [one's arms round a p.'s neck]; (*zich*) *in elkaar ~* intertwine

strengen 1 tighten [a rope]; 2 become severer; *als de dagen lengen, begint de kou te ~* when the days begin to lengthen, the cold begins to strengthen; **strengheid** severity, rigour [trespassers will be prosecuted with the utmost rigour of the law], austerity, sternness

strepen stripe, streak; (*wtsch*) striate; **streperig** streaky, stripy

strepto|coccus, -kok streptococcus (*mv:* -cocci)

streptomycine streptomycin

stressen subject to (work under) stress; (*gestresst doen*) behave (react) nervously, show nervous irritability

streven I *ww* strive; *~ naar* strive for [the mastery], strive after [an ideal], aspire to [the throne, the leadership], aspire after, aim at [perfection], try for [the impossible], seek after [truth], seek [independence]; *ter zijde* (*opzij*) *~* emulate, rival [a p.]; *vooruit ~* forge ahead; II *zn* endeavour(s), effort(s), ambition, aspiration, striving(s); *zijn ~ naar kennis* his pursuit of knowledge; *het ~ naar onafhankelijkheid* the movement towards independence; *eenheid van ~* unity of purpose

stribbelen *zie* tegenspartelen

strictuur (*med*) stricture

striem weal, welt, stripe; **striemen** castigate, lash; *de wind striemt ons in het gezicht* the ... lashes (cuts into) our faces; *~de regen* cutting rain; *~de spot* biting sarcasm; *~de woorden* cutting words

strijd fight (*ook fig:* against disease, etc), battle, combat, conflict, struggle, strife; *inwendige ~* inward struggle; *~ om het bestaan* struggle for existence (for life); *de ~ tegen kanker,* (*ook*) the crusade (the war) against ...; *gereed voor de ~,* (*ook*) ready for the fray; *het zal een **harde** ~ geven* it will be a hard fight (*of:* tussle); *de ~ **opgeven*** give up the struggle (the fight), (*fam*) throw (chuck) up the sponge; *de goede ~ **strijden*** fight the good fight; *~ **voeren** tegen* wage war against; *de geest voert ~ tegen het vlees* the spirit is at war with the flesh; *een harde ~ om het bestaan voeren* (have a) struggle for existence; ***in** de ~ blijven* be left on the field of battle; *in ~ met* contrary to [my interests, common sense], opposed to [the public interest], in contravention of, in defiance of [the law, the regulations]; *in ~ zijn met,* (*ook*) run counter to, conflict (be in conflict) with; *openlijk in ~ met de wet* in open violation of the law; *totaal in ~ met de werkelijke feiten* at complete variance with the real facts; *zij hielpen ons* (*als*) ***om** ~* they vied with (outvied) each other in their endeavours to help us; ***ten** ~e roepen* call to arms; *ten ~e trekken* go to war; *ten ~e voeren* lead to battle; *zie ook* aanbinden, leven, enz

strijdbaar fit for service, able-bodied, warlike; efficient [soldiers]; (*ook*) fighting [men]; *een -bare natuur* a fighter; **strijdbaarheid** fighting spirit; **strijdbijl** battle-axe, tomahawk; *de ~ begraven* bury the hatchet (the tomahawk)

strijden fight, combat, struggle, war, contend, strive, battle; *~ **met**,* (*fig*) conflict with, clash with, be contrary to [our interests]; ***daarover** valt niet te ~* there can be no two opinions about that, that is indisputable; *~ **tegen*** fight (struggle) against; *zie ook* be~; *de onverschilligheid waartegen ik te ~ heb,* (*ook*) the ... with which I have to contend; *de ~de kerk* the Church militant; *~den,* (*ook*) belligerents; *zie* strijder *en zie ook* kampen, strijd & strijdig; **strijder** fighter, combatant, warrior; **strijdgas** combat gas; **strijdgewoel** turmoil of battle

strijdig contrary, incompatible; *~ met* contrary to, incompatible (inconsistent) with; *zie ook* strijd: in ~ met; *~e belangen* clashing (conflicting) interests; **strijdigheid** contrariety, contradiction, incompatibility, difference, divergence, disparity [of character, etc]

strijd|knots, -kolf mace, (war-)club; **-krachten** armed (fighting) forces; **-kreet, -leus** war-cry (*ook vh Heilsleger*), war-whoop, battle-cry; (*Sc*) slogan (*fig ook in Eng:* popular slogans); **-lied** battle song, fighting song; **-lust** pugnacity, bellicosity, combativeness, warlike spirit, fighting spirit; fight [he has plenty of fight in him]; *het had hem de ~ benomen* it had knocked (crushed) the fight out of him; *hij verloor alle ~* he lost all stomach for fighting; *het wekte haar ~ op* it roused her fighting-spirit; **-lustig** bellicose, combative, pugnacious, militant, fighting [a fighting speech]; *zie ook* stemming

strijd|macht (fighting) force; **-makker** brother (*of:* companion) in arms; **-middel** weapon (*ook fig*); *mv ook:* arms; **-perk** lists (*mv*), arena; *in het ~ treden* enter the lists; *met iemand in het ~ treden* join issue with a p.; **-ros** war-horse, charger; **-schrift** controversial (*of:* polemic) pamphlet; **-toneel** scene of battle, battle area; **-vaardig** ready to fight, in fighting trim, fighting-fit, game; **-vaardigheid** readiness to fight, gameness; **-vraag** question at issue, moot point, open question; **-wagen** chariot; **-wapen** weapon

strijk: *~ en zet* again and again, every moment, repeatedly; *dat is ~ en zet met hem* that is the order of the day with him; **strijkage** bow; *~s* airs and graces; *~s maken* bow and scrape [*voor* to]

strijkbord (*ve ploeg*) mouldboard; **strijkbout** flat-iron; **strijkconcert** concert for strings

strijkel (*voor maat*) strickle, strike

strijken 1 (*vlag*) strike, haul down, lower [the flag, the colours]; (*zeil, boot*) lower [a sail, a boat]; *de riemen ~* back water; *de zeilen ~* strike (*fam:* down) sail; *de zeilen werden gestreken* the sails were struck; *~!,* (*bij roeien*) back water!, back oars!; (*de zeilen*) let go amain!; 2 (*glad~*) smooth [one's hat, hair, etc]; iron [linen]; *de vouwen eruit ~* smooth out the creases; 3 coat [paper]; 4 (*rakelings gaan over*) stroke; *zijn baard ~* stroke one's beard; (*rakelings*) *~* ***langs*** brush past; *de zwaluw strijkt langs het water* the ... skims (over) the water; ***met*** *de vingers door het haar ~* run one's fingers through one's hair; *met de hand over de ogen ~* pass one's hand across one's eyes; *een kind* ***onder*** *de kin ~* chuck a child under the chin; *een lucifer* ***tegen*** *de muur ~* strike a match against the wall; *zich het haar* ***uit*** *het gezicht ~* brush one's hair out of one's face; *hij streek het geld* ***van*** *de tafel* he swept in the money; 5 (*met strijkstok*) bow [in the old style]; *met de strijkstok over de viool ~* draw the bow over the violin; 6 (*zich*) *~,* (*ve paard*) brush, overreach (itself); 7 (*verspreiden*) spread [the ointment on the skin]; 8 (*een maat*) strike [a measure]; 9 (*weglopen*) walk off; *met de prijs* (*de buit*) *gaan ~* walk off with (carry off) the prize (the plunder), pull off the prize (the Derby, etc); *met de eer gaan ~* take (get) the credit for; *zijn verhaal ging met de prijs ~* his story took (bore off) the prize; *met de winst gaan ~* pocket the gain (the profits); *met de hele winst gaan ~* sweep the board; *zie ook* hand; **strijker** 1 (*v linnen*) ironer; *zie ook* strekel & strijkel; 2 (*vuurwerk, vglb*) firecracker; 3 (*muz:*) *~s* strings; 4 healer

strijk|geld premium (to the highest bidder); **-goed** clothes (linen, etc) to be ironed, ironing; (*reeds gestreken*) ironed clothes, etc; **-hout** *zie* strijkel; **-ijzer** (flat-)iron, [tailor's] goose (*mv:* gooses); **-instrument** stringed instrument; *de ~en,* (*in orkest*) the strings; *voor ~en* [fantasia] for strings; **-je** 1 string band, string ensembl; 2 [cervical] smear; **-kwartet** string quartet(te); **-licht** floodlight; *met ~ beschijnen* floodlight; **-muziek** string-music; **-net** drag(-net), sweep-net; **-orkest** string orchestra; **-plank** ironing-board; **-steen** whetstone; **-stok** 1 bow, fiddlestick; 2 (*voor maten*) strickle, strike, smoothing-rod; *er blijft veel aan de ~ hangen* a lot [of the charity money] gets into the wrong pocket (gets lost on the way); **-voeten** (*hist*) bow and scrape [*voor* to]; **-voetje** scrape; **-vrij** non-iron

strik 1 (*ve lint*) knot [of ribbons], bow, favour; (*dasje*) bow(-tie); *~je* [breast] knot; (*dasje*) bow(-tie); *zie ook* kwikjes; 2 (*om te vangen*) snare, noose, wire [for rabbits], (*hist*) springe; *~ken zetten* lay snares; *hij spande mij een ~* he laid a snare for me; *hij werd in zijn eigen ~ gevangen* he was caught in his own trap, hoist with his own petard; *vgl* 1 net; **strikdas** bow(-tie)

strikken 1 (*das, enz*) tie; 2 (*vangen*) snare [birds, hares], wire [a hare, pike *snoek*]; 3 (*fig*) ensnare, snare, rope in [for a job]; **strikknoop** slip-knot

strikt strict, precise; rigorous; dead [it's a dead secret]; *~ verboden* strictly prohibited; *~ genomen* strictly speaking; *zie ook* stipt, streng; **striktheid** strictness, precision

strikvraag catch (trap, trick) question, catch

strimmer id, grass trimmer; **stringent** id

strip 1 (*strook*) id; 2 (*beeldverhaal*) comic strip, strip cartoon; 3 (*techn*) butt-strap, -strip

strip|boek book of strip cartoons; **-figuur** comic-book character; **-goed** strip tobacco; **-pen** 1 strip [wire], stem [tobacco]; 2 (*namelken*) strip; 3 (*ontmantelen*) strip (down) [an engine]; (*ontkleden*) strip; **-penkaart** bus (tram, etc) ticket (on which strips are cancelled in accordance with the length of journey); **-per** id; **-tang** wire strippers; **-teaseuse** (female) stripper, stripteaser, strip(tease) artist; **-verhaal** comic strip, strip cartoon; **-vorm**: *roman in ~* graphic novel

stro straw; (*bonen-, erwten~, etc*) haulm; (*strotje*) mild cigar; (*inz Ind*) cigarette; *strootje trekken* draw straws; *niet van ~* not unimportant; *een ventje van ~* a weakling; *~ dorsen* flog a dead horse; *met ~ dekken* thatch [a roof]; *op* (*het*) *~ brengen* reduce to poverty; **stroachtig** strawy; **strobloem** immortelle, everlasting (flower); **stroblond** straw-coloured [hair]; **strobokking** red herring; **strobos** bundle of straw

stroboscoop stroboscope; **stroboscopisch** stroboscopic

strobreed: *ik zal hem geen ~ in de weg leggen* I will not obstruct him (get in his way) in any way; **strodak** thatched roof; *met een ~* thatched [cottage]; **strodekker** thatcher

stroef 1 stiff [door-handle, etc]; 2 (*op het gevoel*) rough, uneven; non-slip [surface]; 3 (*fig*) stiff [manners; be stiff to strangers], rugged, harsh

[features, style], awkward [interview]; ~ *lopen* (*gaan*) run (work) stiffly
strofe strophe, stanza; **strofisch** strophic
stro|fles [Chianti in a] straw-covered flask; **-geel** straw-yellow, straw-coloured; **-halm** (blade of) straw; *zich aan een ~ vasthouden* catch (clutch, snatch) at a straw; **-hoed** *zie* strooien: ~ hoed; **-huls** straw cover; **-hut** thatched hut (*of:* cottage); **-karton** strawboard [factory]
stroken: ~ *met* tally (agree, square) with, fit in with [a p.'s views, plans], fit [their theories do not fit the facts]; *niet ~ met,* (*ook*) be out of keeping with; *de deur strookt met de muur* the door is flush with the wall
strokenparket parquet strip; **strokenproef** (*typ*) galley (proof); **strokenvloer** strip flooring
stro|kleurig straw-coloured; **-man** straw-man; (*fig*) man of straw, figurehead, (*fam*) front (man); **-mat** straw mat; **-matras** straw-mattress, paillasse, palliasse, pallet
stromen stream, flow, pour (*alle ook fig*); (*snel*) rush [the blood rushed to his head], course [the tears were coursing down her cheecks; he felt the blood coursing through his veins]; *de straten stroomden van het bloed* the ... ran with blood; *brieven ~ het kantoor binnen* letters are pouring into the office; *~d water* running water (*ook in huis, enz*); *in ~de regen* in pouring (driving) rain
stroming current; (*natuurk*) flow [chart, rate]; (*fig ook*) trend, drift [of public opinion], tendency, [intellectual and social] movement; *de tegenwoordige ~ is in die richting* the present tendency is that way
strompelen stumble, totter, hobble, limp, dodder; **strompelig** (*ve pers*) stumbling, etc; (*ve pad*) *zie* hobbelig; **strompelrok** hobble skirt
stronk (*ve boom*) stump, stub; (*v kool*) stalk; (*v andijvie*) head [of endive]; (*brok*) lump; slice
stront 1 shit, dung; *zie* drek; 2 (*sl: ruzie*) ructions; *zie ook* knikker; 3 (*attr sl: heel erg*) bloody
strontium id; **strontje** sty [in the eye]
strontlazerus blotto; **strontvervelend** bloody tiresome
strooi|avond St Nicholas' eve; **-biljet** handbill, leaflet, hand-out, (*Am*) flier; **-bus** dredger, castor
1 strooien *bn* straw; ~ *hoed* straw hat, (*fam*) straw; straw bonnet; *vgl* hoed; (*matelot, ook*) boater
2 strooien *ww* strew [flowers], scatter, sow [seed], sprinkle [ashes, sand], dredge [sugar, flour]; *er wordt gestrooid,* (*bij gladheid*) gritting (is) in progress; *de paarden* (*het vee*) ~ litter down [the horses, the cattle]; *geld* ~ throw money to be scrambled for; *met geld ~, zie* smijten; (*het zaad der*) *tweedracht* ~ sow (the seeds of) discord
strooier 1 (*pers*) person who strews, etc; *vgl* 2 strooien; 2 [sugar-, pepper-]castor, [flour-, sugar-]dredger, [salt-]sprinkler
strooi|kussens scatter cushions; **-lepel** sugar-sifter; **-meisje** bridesmaid; **-mijn** floating mine; **-sel** 1 litter; 2 (*voor boterham*) grated (*of:* flaked) chocolate; **-stippen** scattered dots; **-suiker** powdered (*of:* castor) sugar; **-suikertjes** sugar plums; **-wagen** gritter
strook 1 strip [of land, cloth, wood, etc], slip [of paper, a wage slip]; *~je* (*papier, ook*) tear-off slip; 2 (*rij~*) lane; 3 (*ve japon, enz*) flounce, furbelow; *met stroken* flounced; (*ruche*) frill; 4 (*ve postwissel, enz*) counterfoil; (*in chequeboekje, enz*) stub; 5 (*adres~*) label
stroom 1 stream [of water, blood, etc]; *de regen viel* ***bij*** (***in***) *stromen neer* the ... came down in torrents; 2 (*in vloeistof, lucht, elektr*) current; (*elektr, ook*) power [supply], energy; ***met*** *de ~ meegaan* go (swim) with the stream (with the tide); ***onder*** *~,* (*elektr*) live [wire, rail], electrically charged; *niet onder ~* dead [wire]; *onder ~ staan* be alive (charged); *onder ~ brengen* electrify [barbed wire]; *de boot ligt* ***op*** *~* the ... is moored in mid-stream; *niet* ***tegen*** *de ~ kunnen oproeien* be unable to stem the tide; *tegen de ~ ingaan,* (*fig*) swim against the stream; 3 (*rivier*) stream, river; (*bergstroom*) torrent; *~pje* streamlet; 4 (*fig*) flood [of light, tears], stream [of people, callers, taxis, protests, abuse], flow [of words], torrent (volley) [of abuse *scheldwoorden*], deluge [of protests], spate [of memories, confidences, war books]
stroom|af downstream, down the river; **-afnemer** (*elektr*) current collector; **-afwaarts** *zie* -af; **-baan** (*elektr*) circuit; **-bed** river-bed, channel [of a river], fairway; (*in getijrivier*) tideway; **-breker** 1 (*in zee*) breakwater, groyne; (*ve brug*) starling; 2 (*elektr*) circuit-, contact-breaker, interrupter; **-dichtheid** current density; **-draad** 1 (*ve rivier*) main current; 2 (*elektr*) contact wire, live wire; **-gebied** (river-)basin, drainage- (*of:* catchment-)basin, -area; **-god** river god; **-godin** naiad; **-kaart** 1 river-map; 2 (*ve zeestroming*) current chart; **-kap** (*ve vliegt*) fairing; **-kring** (*elektr*) circuit; **-lijn** streamline; **-lijnen** *ww* streamline [a motor-car; *ook fig*]; **-loos** (*elektr*) dead [wire, rail]; **-meter** (*elektr*) galvanometer, ammeter; **-nimf** naiad; **-onderbreker** (*elektr*) *zie* -breker; **-op(waarts)** upstream, up the river, [steam] up-river; **-rafeling** tide-rip; **-schema** 1 flow chart (diagram, sheet); 2 (*elektr*) diagram of connections; **-sluiter** (*elektr*) circuit-closer; **-snelheid** rate of flow; **-splitsing** bifurcation; **-sterkte** strength of current; **-stoot** pulse; (*plotseling*) surge; **-storing** power failure; **-verbreker** (*elektr*) *zie* -breker; **-verbruik** consumption of current, power consumption; **-verdeling** (*elektr*) current distribution; **-versnelling** rapid(s); *in een ~ geraken,* (*fig*) gain momentum, be accelerated (aggravated); **-voerend** (*elektr*) live [wire, terminal]; **-wisselaar** (*elektr*) commutator, switch, (current-)reverser
stroop 1 treacle; (*suiker~*) molasses; (*vruchten-, hoest~*) syrup; 2 (*fig: vleierij*) blarney; *iem ~ om de mond smeren* butter a p. up
stroop|achtig treacly; syrupy; *vgl* stroop; **-balletje** bull's-eye; **-bende** band of marauders; **-kan** treacle pot; *met de ~ lopen, zie* -likken; **-kwast**: *de ~ hanteren, zie* -likken; **-likken** play the toady, suck up [to a p.], toady [a p.], butter

[a p.] up, soft-soap, flannel [a p.]; **-likker** lickspittle, toady; **-likkerij** toadyism; (*fam*) soft soap; **-partij** *zie* -tocht; **-pot** *zie* -kan; **-smeren**, enz *zie* -likken, enz; **-tocht** predatory incursion, raid, marauding expedition, depredation; **-wafel** treacle biscuit

strootje *zie* stro

strop 1 (*om iem op te hangen*) halter, (hangman's) rope; *iem de ~ om de hals doen,* (*ook fig*) put the rope round a p.'s neck, cook a p.'s goose; *hij werd tot de ~ veroordeeld* he was condemned to be hanged; *de ~ krijgen* get the rope; *daar krijgt hij de ~ voor* it will mean the rope for him, he'll swing for it; 2 (*mar*) strop; 3 (*ve laars*) strap; 4 (*v das*) knot; *zie ook* -das & strik; 5 (*geldelijk, enz*) setback, loss; *dat is een lelijke ~* (*voor hem*) it's a bit of a blow (for him); *wat een ~!* what rotten luck!

stropapier straw paper

stropdas tie, (*Am*) necktie

stropen 1 (*met stroop*) treacle; 2 (*roven*) pillage, maraud; (*ve wilddief, tr & intr*) poach; 3 skin [eels, etc]; *de bast van een boom ~* strip a tree of its bark; *de bladeren van een tak ~* strip a branch of its leaves; *naar boven ~, zie* op~; **stroper** marauder, raider; (*wilddief*) poacher

stroperig 1 treacly; syrupy; 2 viscous [liquid]; 3 (*slijmerig*) smarmy; 4 (*traag*) tedious, draggy

stroperij marauding; poaching; *vgl* stropen; **stropershond** poaching-dog, lurcher

stropop *zie* strohuls & stroman

stroppen snare, wire [rabbits]; **stroppenpot** contingency fund

strosnijder 1 straw-cutter; 2 (*fig:*) *ouwe ~, a*) old josser; *b*) old author; *rare ~* queer cuss

strot throat, throttle; *zich de ~ afsnijden* cut one's throat; *iem de ~ uitkomen,* (*sl*) get under a p.'s skin (up a p.'s nose); *iem iets* ***door*** *de ~ duwen* force s.t. down a p.'s throat; *zie verder* keel

strotader jugular vein; **strotklep** epiglottis; **strottehoofd** larynx; *van het ~* laryngeal; *ontsteking van het ~* laryngitis

stro|vuur (*fig*) nine days' wonder, flash in the pan; **-wis** straw-wisp, wisp of straw; *hij kwam hier op een ~ aandrijven* he landed here without a penny in his pocket; **-zak** straw-mattress, pallet

strubbeling difficulty, trouble, hitch [a hitch in the negotiations]; (*sl*) ruction; *dat zal ~ geven* there will be ructions

structuralisme structuralism; **structureel** structural; **structureren** structure; **structurering** 1 structure; 2 structuring; **structuur** structure, [the social] fabric; (*ve mineraal, enz, ook*) texture; **structuurbehang** textured wallpaper; **structuurformule** structural formula; **structuurplan** (*vglb*) master plan; **structuurverf** texture paint; (*muurverf*) cement paint

struif 1 contents of an egg; 2 omelet(te)

struik bush, shrub; **struikachtig** bushy, shrubby

struikelblok stumbling-block, obstacle, sticking-point; **struikeldraad** trip wire

struikelen stumble [*over* over, at], trip [*over* over], be tripped up [*over* by], falter; (*fig: een misstap doen*) trip; *iem doen ~* trip a p. up; *over zijn woorden ~* stumble over one's words, stumble in one's speech; *je struikelt er over de bedelaars* it's beggars wherever you go there; *zie ook* paard & vallen: ~ over; **struikeling** stumbling, stumble

struikgewas brushwood, scrub, shrubs, bushes; (*als schuilplaats v wild*) covert; (*sl: snor, enz*) face fungus; **struikhei(de)** heather, ling; **struikroos** bush rose; **struikrover** highwayman, (*te voet*) footpad; **struikroverij** highway robbery

struinen search about; **struis** I *bn* sturdy, robust; *zich ~ houden* keep one's pecker up; II *zn* ostrich; III *zn* ceruse, white lead

struisgras bent (grass); (*Am ook*) spear grass; **struisvogel** ostrich; **struisvogelpolitiek** ostrich policy; *een ~ volgen* pursue an ostrich policy, bury one's head in the sand

struma id, goitre; **struweel** (*dicht*) brushwood

strychnine id

stuc stucco, plaster; **stucwerk** 1 stucco-work; rendering work; [ceiling, wall] plaster; 2 plasterer's work; **stud** (*fam*) undergrad; *zie ook* student

studeer|baar learnable, practicable; **-kamer** study; **-lamp** reading-lamp; **-vertrek** study

student id; (*univ ook*) undergraduate, (*fam*) undergrad; (*~e, ook*) girl (woman) student, (*Am*) co-ed; *~ in* student of [divinity, law, etc]; *~ in de rechten,* (*ook*) law student

studenten|advies student consultation; **-almanak** students' almanac; **-arts** university medical officer; **-corps** (*vglb*) students' corps; **-decaan** student counsellor; **-flat** (*vglb*) student hostel; **-grap** students' prank; **-haver** almonds and raisins; **-jool** students' rag; **-leven** student life, college life; **-pastor** university chaplain; **-sociëteit** students' club, (students') union; **-stop** student freeze; entry-quota [for medical students]; *een ~ invoeren* impose restrictions on student admissions; **-tijd** [his] student (*of:* college) days; **-vereniging** *zie* -corps

studentikoos student-like [behaviour]; **studentin** *zie* studente

studeren study, read [for an examination]; (*muz*) practise; (*aan de univ*) be at university (at college); *~* ***in*** *de medicijnen* (*rechten, theologie, wiskunde*) study medicine (law, *of:* for the bar; divinity; mathematics); *heeft hij in Oxford gestudeerd?* is he an Oxford man (an Oxonian)?; ***op*** *de piano ~* practise the piano; *ik zal er eens op ~* I'll think it over; *erop ~ om iem van dienst te zijn* make it one's study (go out of one's way) to oblige a p.; ***voor*** *een examen ~* study (*of:* read) for an exam; *voor dominee* (*dokter*) *~* study (*of:* prepare) for the ministry (study to be a doctor); *zie ook* gestudeerd; **studie** study (*ook ve schilder*); *een ~ over Byron* a study of B; *ernstig* ***aan*** *de ~ gaan* settle down to serious study; *het plan is* ***in*** *~* the plan is being studied, is under consideration; *in ~ nemen* study [a plan]; put [a play] into rehearsal [*ook:* the play went into rehearsal]; *iets* ***met*** *~ bekijken* give s.t. one's closest attention; *~ maken* ***van*** make a study of; *daar heb ik* (*speciaal*) *~ van gemaakt* I have made it my (particular) study

studie|begeleiding coaching, tutoring; **-beurs** grant, scholarship, studentship, bursary, exhibition; **-boek** manual, text-, study-book; **-genoot** fellow-student; **-gids** prospectus, (*Am*) catalog; **-hoofd** [have no] head for study; (*pers*) scholar; **-jaar** [he was the first of his] year, [first, etc] year's course, (*univ*) session; *iem uit het eerste* ~ first year student, freshman, fresher; **-kop** 1 *zie* -hoofd; 2 (*ve schilder*) head study, study of a head; **-kosten** university expenses, cost of studies; **-leider** director of studies; **-meester** duty-master; **-prefect** 1 headmaster; 2 duty-master; **-programma** programme of study (of studies; study programme); **-reis** study-tour, instructional (educational) tour; **-rendement** pass-rate, success-rate; **-richting** field (area) of study, subject; **-tijd** years of study, student days; **-toelage** grant; *vgl* -beurs

studieus studious; **studieverlof** study leave; **studieverzekering** education insurance; *een* ~ *aangaan* take out an education policy; **studievriend** college friend; **studiezaal** reading room

studio 1 studio [recording, quality]; 2 (*woning*) studio (flat), (*Am*) apartment flat

stuf 1 (india)rubber, eraser; 2 (*drugs*) stuff

stug 1 stiff, dour; 2 (*nors*) surly, gruff; taciturn; 3 (*v snijbonen, bijv*) tough, stringy; 4 (*sterk*) steep; tall [story]; *het lijkt me* ~ it's hard to believe; **stugheid** stiff-, dour-, surli-, gruff-, tough-, stringiness; *vgl* stug

stuif|aarde dry-mould; **-brand** ustilago; **-lawine** snowdust avalanche; **-meel** pollen; **-poeder** lycopodium (powder); **-sneeuw** powder(y) snow; **-zand** drift-sand, blowing sand(s); **-zwam** puffball, fuzz-ball, lycoperdon

stuik I *zn* 1 (*v schoven*) shock; *zie ook* hok; 2 (*scheepsbouw*) butt; II *bn* (*techn*) flush; **stuiken** *ww* 1 shock [sheaves]; 2 (*techn*) upset; 3 collapse

stuip convulsion, fit; (*gril*) whim; *een* ~ *krijgen* be seized with a convulsion; *zich een* ~ *lachen* be convulsed with laughter (in convulsions, in stitches); *het jaagt je de ~en op het lijf* it gives you a fit; **stuipachtig** convulsive; **stuiptrekken** be (become) convulsed, twitch; **stuiptrekkend** convulsed, convulsive; **stuiptrekking** convulsion, convulsive movement, twitching; *hij ligt in de laatste ~en* he is in the agony of death

stuit 1 (*ve bal, enz*) bounce, bound; 2 *zie* ~been; **stuitbeen** coccyx, tail-bone

stuiten 1 (*tegenhouden*) check [the enemy], stem, hold up [the advance *opmars*], stop [a runaway horse], arrest [the flames, etc]; *niet te* ~ uncheckable [rise in prices]; *zie ook* gebod; 2 (*af-, opspringen*) bounce, bound; *laten* ~ bounce [a ball]; *het stuit me tegen de borst* it goes against the grain with me, it is repugnant to me; ~ ***op*** encounter, meet with, run up against [difficulties, opposition]; *de kogel stuitte* ***tegen*** *de muur* the ... struck the wall; **stuitend** shocking, revolting, disgusting; **stuiter** big marble; **stuiteren** 1 bounce; *zie* stuiten; 2 play at marbles

stuitklier (*v vogel*) preen gland; **stuitligging** breech presentation; **stuitstuk** rump-piece

stuiven 1 be dusty; *het stuift erg* it is very dusty; *wat stuif je toch!*, (*bij het vegen*) what a dust you are making!; 2 (*snellen*) tear, rush, fly, dash [into the room, etc]; (*v vonken, enz*) fly (about); *naar* ***binnen*** ~ rush in; *de kamer* ***uit*** ~ flounce out of the room (in a rage); *hij stoof woedend de kamer uit* he flung (stormed) out of the room; *vooruit* ~ dash forward; *ik weet niet* ***waar*** *hij gestoven of gevlogen is* I ... what has become of him

stuiver five-cent piece; (*hist*) stiver; *een* ~ *gespaard is een* ~ *gewonnen* a penny saved is a penny gained (*of:* got); *een aardige* (*flinke*) ~ *kosten* (*verdienen*) cost (earn, make) a pretty penny; *hij bezit geen* ~ he hasn't got a penny to bless himself with (to his name); (*sl*) he hasn't got a bean; *ze bezit een aardige* ~ she is pretty well off; *een ~tje kan raar rollen, je weet nooit hoe een* ~ *rollen kan* things may take strange turns, the unexpected always happens; **stuiversroman** penny dreadful, (*Am*) dime novel; **stuivertje-wisselen** play puss in the corner; (*fig*) change places; reshuffle [the Cabinet]

stuk I *zn* 1 (*deel*) part, piece, fragment [fragments of glass], splinter; (*sp*) [the final, home] stretch; (*homp*) chunk [of cheese, bread], (*snee*) slice [of bread; *ook fig:* of Poland]; *er was een* ~ *uit de vaas* (*het lemmet, enz*) there was a chip out of the vase (the blade, etc), the ... was chipped; *~jes en* ***beetjes*** bits and pieces; *~je bij beetje, ~je voor ~je* bit by bit, piecemeal, inch by inch, by inches; *ik ben er bij ~jes en beetjes achter gekomen* I've pieced it all out (*of:* together); *~ken en* ***brokken*** odds and ends (*sl:* and sods); *het was* ***aan*** *~ken en brokken* it was smashed all to pieces; *aan ~ken slaan, scheuren, vallen* knock (smash), tear, fall, to pieces; *aan ~ken snijden,* (*ook*) cut up, (*aan ~jes*) cut small [potatoes cut small]; *het aan ~ken gescheurde* (*gesneden*) *lichaam* the dismembered body; *zie verder* kapot; *vechten dat de ~ken er* ***af*** *vliegen* make the fur fly; ***bij*** *~ken en brokken* bit by bit, piece by piece, piecemeal; *er bleef van zijn redenering* ***geen*** ~(*je*) *heel* his reasoning (his logic) was torn to ribbons, the bottom was knocked out of his argument; *zij lieten geen ~je aan haar heel* they did not leave a rag on her; 2 (*voorwerp*) item; [flower] arrangement; (*vee*) head [twenty head of cattle]; *een partij van 100 ~s,* (*onvertaald:*) a parcel of 100; *twee ~s* ***bagage*** two pieces of luggage; *een* ***stevig*** ~ [the sideboard was] a solid affair; *vijf pond* ***het*** ~ five pounds each; *een* ~ ***of*** *drie* two or three; *een* ~ *of tien* nine or ten, about ten (or so); *een* ~ *of 40, 50* some forty or fifty; *hoeveel ~s zijn er? drie ~s* how many are there? three; ***bij*** *het* ~ *betalen* pay piece-rates, pay by piece-work; *bij het* ~ *verkopen* sell by the piece (singly, in ones); *zie ook* I.11: aan één ~ & I.1: aan ~ken; ***op*** ~ *werken* work by the piece, be on piece-work; *tegen 5 gulden* ***per*** ~ at five guilders each (*of:* apiece); *per* ~ *verkopen, zie boven: bij het ~;* (*geheel*) ***uit*** *één* ~ (all) in (of) one piece, of a piece; [a] one-piece [costume]; *man uit één* ~ man of character, four-square fellow; ~ ***voor*** ~ one by one; [I pawned what clothing I had] piece by piece; 3 (*lap*) piece; (*op kledingstuk, enz*) patch; *hij heeft een ~ in de* ***broek*** his trousers have been patched; *een ~* ***zetten*** *op* (*in*) put a patch on, patch [trousers, a kettle]; 4 (*grond*) [a potato, cabbage] patch, plot [of ground]; 5 (*plank, enz*) length [of board, rope, etc]; 6 (*geschut*) piece [of ordnance], gun; 7 (*artikel*) article, piece, paper; (*~je*) [newspaper] item; (*document*) document, instrument, paper; (*effect*) security; (*poststuk; ook: cheque, enz*) article; ***aangetekende*** *~ken* registered mail; *zie ook* ingezonden, inzenden; 8 (*kaartspel*) marriage; 9 (*damspel*) man; (*schaakspel*) piece; 10 (*toneel~*) play, piece; (*schilder~*) piece, picture; (*muziek-, proza~*) piece [of music, of prose]; 11 (*hoeveelheid, maat*) piece, packet; *dat brengt me een ~ verder* it helps me a lot; *een ~* (*~ken*) *beter, enz* far better (easier, etc); *geen ~je* not a scrap [of luggage, of meat, etc], not [eat] a scrap [all day]; *een ~je eten* have a bite (a bit of dinner, a spot of dinner, etc); *een* ***heel*** *~ beneden het normale* [prices are] a long way below normal; *hij is mij een heel ~ voor* he is well (*fam:* streets) ahead of me; *een heel ~ over 50* well over fifty; *een ~* ***dichter*** a poet of sorts; *dat ~ dichter* that poet fellow; *~ ongeluk* [you] good-for-nothing; *~* ***eigenwijs****, ~* ***eten****, zie ben: ~* vreten; *een flink ~* ***geld*** a packet of money; *een ~* ***huisraad*** an article (a piece, *geen ~,* (*ook*) not a stick) of furniture; *een raar ~* ***mens*** a strange specimen (piece) of humanity; *een akelig ~*(*je*) *mens* a nasty piece of work; *een ~ van een weg* a stretch of road; *een ~* ***vuil*** a bit of dirt; *dat ~ vuil,* (*fig*) that dirty swine; *eigenwijs* (*verwaand*) *~* (***vr***)***eten*** clever-clogs, wise guy, smart Aleck, smart Dick (stuck-up piece of goods); *een mooi ~* ***werk*** a beautiful piece of work(manship); *een ~* ***zeep*** a piece (a cake) of soap; *uren* (*drie uur*) ***aan*** *één ~* for hours (three hours) at a stretch (*of:* on end); *uren aan één ~,* (*ook*) [I heard him run on] by the hour; *aan één ~* [fly, travel] non-stop [to LA], [fly 1300 miles] in one hop; *aan één ~ door* [work] without a break; *aan het ~ zien* see [the material] in the piece; *zie ook* eind; ***op*** *geen ~ken* ***na*** not by a long way (by a long chalk); *hij begreep op geen ~ken na waar het over ging* he did not begin to understand what it was all about; *zie ook* lang: ~ niet; 12 (*handeling:*) *een* ***brutaal*** *~je* a piece of cheek; *een* ***stout*** *~*(*je*) a bold feat; ***in*** *één ~ doorlezen* read right (straight) through; 13 (*onderwerp*) point; ***op*** *het ~ van godsdienst* (*kleren, enz*) in the matter of religion (clothes, etc); *op ~ van zaken* after all, in point of fact; *toen het op ~ van zaken aankwam* when it came to the point; *op zijn ~ blijven staan* stand firm, stick to one's guns; *iem* ***van*** *zijn ~ brengen* upset (disconcert) a p., put a p. out (out of countenance), (*fam*) rattle (flummox) a p.; *het slechte nieuws bracht mij helemaal van mijn ~* I was completely bowled over by ...; *hij was niet van zijn ~ af te brengen* he was not to be put off; *van zijn ~ raken* be upset, become flustered, lose one's head, (*fam*) get rattled; *helemaal van zijn ~ zijn* be quite upset, be completely taken aback; *zie ook* 1 wijs; 14 (*formaat:*) *hij is klein* (*groot*) ***van*** *~* of a small (tall) stature, short (tall) of build (stature); *de peren zijn niet groot van ~* the ... are not big; *klein van ~,* (*ook*) undersized; 15 (*sl: pers*) dish; (*man, ook*) hunk; 16 (*lijn~*) segment; *zie ook* voet; II *bn* broken, gone to pieces, (*fam*) bust, (*defect*) out of order, (*gebarsten*) cracked; *daarna kon hij* (*de stemming*) *niet meer ~* after that he had it made (the mood was one of exuberance); *helemaal ~ zitten* be totally exhausted

stukadoor plasterer, stucco-worker; **stukadoren** plaster, stucco; *gestukadoord plafond* plaster(ed) ceiling

stukbijten bite to pieces (to bits); *zie ook* tand; **stukbreken** break (to pieces); *zie ook* kapot; **stukdraaien** overwind [a watch]

stuken plaster, stucco

stukgaan break (to pieces), go to pieces; *zie ook* kapot; **stukgoed(eren)** (*mar*) [loaded with a] general cargo; (*textiel*) piece goods; (*spoorw*) parcels; **stukgooien** smash, dash (to pieces); **stukhakken** chop up

stukjesschrijver columnist

stuk|kend *zie* stuk II; **-kenhuur** (*effectenbeurs*) backwardation; **-lezen** read [a book] to pieces; **-lijst** parts list; inventory; **-loon** piecework wages; *op ~ werken* job; work (be) on piece rates; **-lopen** 1 wear out [shoes]; walk [one's feet] sore; 2 break down; *~ op* be defeated by [Serb intransigence]; **-maken** break, smash; *zie ook* -slaan; **-prijs** unit price; **-scheuren** tear up

stuksgewijs piecemeal, one by one, separately, [paid] by the piece

stuk|slaan I *tr* smash (dash, knock) to pieces, smash (up); (*bij het te water laten*) break [a bottle of champagne] over the bows; (*geld*) chuck [money] about; [he has money to] burn; II *intr* be dashed to pieces, cut (up); **-stoten** (*lichaamsdeel*) cut; **-trekken** pull apart (to pieces, to bits); **-vallen** fall to pieces; smash [the cup smashed]; **-vat** piece, butt [of wine]; **-werk** piecework; *ons weten is slechts ~* we know in part, our knowledge is only patchwork; **-werker** piece-worker

stulp 1 (*lit*) hut, hovel; 2 (*stolp*) glass-bell, bell-glass; **stulpen** 1 place under a bell-glass; 2 turn inside out; **stulpkooi** chicken-coop; **stulpvormig** bell-shaped

stumper 1 (*stuntel*) bungler, duffer, poor hand [at games]; 2 (*arme ~*) poor fellow, poor wretch; (*vrouw, kind*) poor thing; **stumperachtig** *zie* stumperig; **stumperd** *zie* stumper; **stumperen** bungle, flounder; **stumperig** 1 bungling; 2 (*armzalig*) poor [work, creature]; *~e vertoning* one-horse show

stuntel flounderer, bungler; **stuntelen** 1 flounder, bungle; 2 (*stuntelig lopen*) hobble; **stuntelig** 1 feeble, shaky, infirm; 2 (*onhandig*) clumsy, bungling

stunt|prijs giveaway price, sensational offer; **-vliegen** stunt-flying; **-vlieger** stunt-flyer

stupide stupid; **stupiditeit** stupidity

sturen 1 (*zenden*) send; *een rekening ~* send in a bill; ***naar*** *huis* (*bed*) *~* pack [a p.] off home (to bed); ~ ***om*** send for [the doctor]; ***van*** *school* ~ suspend (from school); *zie ook* wei 2; 2 (*besturen*) steer [a ship, bicycle, motor-car], drive [a car, horse], guide [a horse, a p.'s hand, a pen, needle]; (*roeien*) cox (*ook tr:* cox a boat); *noordwaarts ~,* (*ook*) head for the north; *R stuurde,* (*auto, ook*) R was at the wheel; *die auto stuurt erg makkelijk* that car is easy to handle; *~de bevoegdheden* directive powers; *naar de wal* ~ stand in to the land (shoreward); **sturing** (*weerk*) steering; (*techn*) control

Sturm und Drang id, storm and stress

stut prop, stay, support (*alle ook fig*); (*tegen muur, enz*) shore; (*ve vliegt & radiomast*) strut, (*onder drooglijn*) (clothes-)prop; *de ~ en steun van mijn oude dag* the staff (prop, stay) of my old age

stut|balk supporting beam; **-muur** buttress; **-sel** *zie* stut; **-ten** prop, strut, shore (up), support, buttress up, underpin [a building]; stake [flowers, etc]; **-ting** propping, etc, support

stuur (*ve schip*) helm, tiller; (*ve fiets*) handlebar; (*ve auto*) wheel; *geen ~ hebben over* be unable to control [one's limbs, etc]; *het ~ kwijtraken* lose control [of one's machine]; *achter het ~* at the wheel; *aan het ~ zitten,* (*ook fig*) be at the helm; (*ve vliegt*) be at the controls; *zie ook* macht, over~ & ~man

stuur|automaat automatic pilot; **-bekrachtiging** power(-assisted) steering; **-boord** starboard; *het roer aan ~ leggen* starboard the helm; *zie ook* bakboord; **-cabine** (*ve vliegt*) (pilot's) cockpit, control-cabin; **-groep** steering committee; **-huis** (*mar*) wheel-house; **-hut** (*ve vliegt*) cockpit; **-inrichting** steering-gear, steering-mechanism, steering [of a car]; (*ve vliegt*) controls; **-ketting** tiller-, steering-chain; **-knuppel** (*ve vliegt*) control-column, -lever; (*fam*) joystick; **-kolom** steering-column; **-kunde** cybernetics; **-last** (*mar*) drag; **-lastig** (*mar*) down by the stern; **-lieden** *mv v* -man; **-loos** out of control; **-lui** *mv v* -man; **-man** (*algem*) [a ship without a] steersman; (*op boot*) [chief (*of:* first), second] mate, navigating officer; (*ve giek, reddingboot*) coxswain, (*sp*) cox; (*roerganger*) helmsman, man at the helm; *twee met ~* coxed two; *~ aan de wal* back-seat driver, armchair critic

stuur|manschap, **-manskunst** helmsmanship, steersmanship, (art of) navigation; **stuurmansreçu** mate's receipt; **stuurpen** (long) tail-feather; **stuurrad** (steering) wheel; **stuurroer** (*ve vliegt*) rudder

stuurs surly, sullen, gruff, cross-grained; **stuursheid** surliness, etc

stuur|slot steering lock; **-stang** (*ve fiets*) handlebar(s); (*ve auto*) steering rod, drag rod; **-stoel** stern-sheets; (*ve vliegt*) control seat; **-stok** tiller; (*ve vliegt*) *zie* -knuppel; **-toestel** *zie* -inrichting; **-touw** tiller-rope; **-versnelling** column-(mounted gear-)change; **-vlak** (*ve vliegt*) aileron; **-wiel** (*ve vliegt*) control wheel; (*ve auto*) steering wheel

stuw weir, barrage, flood-control dam

stuwadoor stevedore; **stuwage** stowage; **stuwageverlies** broken stowage

stuwdam *zie* stuw; **stuwdruk** (*ve raket, straalmotor*) thrust; **stuwen** 1 (*mar*) stow [the cargo]; 2 (*voortbewegen*) propel, drive [a driving force], thrust; 3 (*keren*) dam up [the water]; **stuwer** *zie* stouwer; **stuwhout** dunnage; **stuwing** congestion; **stuwkracht** 1 propelling-force; (*v motor*) thrust; 2 (*opwaarts*) lifting-power, lift [of a balloon], buoyancy [of gas, liquid]; 3 (*fig*) driving-power, -force, [have plenty of] drive, impetus, momentum; **stuwmateriaal** dunnage; **stuwmeer** reservoir; **stuwstraalmotor** ramjet (engine)

Stygisch Stygian [gloom]

styleren *zie* stileren; **styliet** stylite; **stylist** id

styp(e) stereo(type); **stypen** stereotype

styreen styrene; **Styx** id; **sub**: ~ *3* subsection 3

subagent sub-agent; **subagentschap** sub-agency; **subaltern** id; *~e officier* subaltern (*in Eng:* lieutenant & second lieutenant); **subatomair** sub-atomic; **subcommissie** sub-committee; **subcultuur** subculture; **subcutaan** subcutaneous; **subdiaken** (*r-k*) subdeacon

subiet I *bn* sudden; II *bw* 1 (*dadelijk*) at once, right away; 2 (*plotseling*) suddenly, all at once

subject id; **subjectief** subjective; **subjectivisme** subjectivism; **subjectiviteit** subjectivity

subjunctief subjunctive

subliem sublime; **sublimaat** sublimate; **sublimatie** sublimation; **sublimeren** sublimate

sublunarisch sublunary; **submissie** submission; **subordinatie** subordination; **subordineren** subordinate; **subornatie** subornation; **subregionaal** local; **subrogeren** subrogate

sub rosa id, under the rose

subsidiair [a fine of £5] with the alternative (with the option) of (or alternately) [one month's imprisonment]; **subsidiariteit** subsidiarity

subsidie subsidy, subvention, grant(-in-aid); *zie ook* rijks~; *~ verlenen, zie* subsidiëren; **subsidiëren** subsidize, endow; *door het rijk gesubsidieerd* State-aided [flying-clubs, schools]; **subsidiëring** subsidization

substantie substance, matter; **substantieel** substantial; **substantief** substantive, noun; **substantivisch** substantive (*bw:* -ly)

substitueren substitute; **substitutie** substitution; **substituut** substitute, deputy; *attr* deputy; **substituut-griffier** deputy clerk; **substituut-officier** deputy prosecutor

substraat substratum, substrate; **subtekst** subtext; **subtiel** subtle, delicate [equilibrium]; **subtiliteit** subtlety; **subtropisch** subtropical; **suburbanisatie** suburbanization; **subversief** subversive

succes success; *~!* good luck (to you)!, I wish you (the best of) luck (every success, all success)!; *~ met je boek!* I hope your book will be a success; *~ hebben* (*behalen*) have (achieve) success, score a success, be successful, make a hit [as a singer], take off; *veel ~ hebben* score a great success [with a song, etc]; *hij* (*het*) *had ~,* (*ook*) he (it) was a success; *hij had ~ in het debat* he scored in the debate; *geen ~ hebben* be unsuccessful, fail; (*ve toneelstuk, grap, enz, ook*) fall flat; *met ~* successfully, with success, [speak] to good purpose; *met ~ volbrengen* make a success of [it, the job, etc]; *met weinig ~,* (*ook*) [work] to little purpose; *zonder ~* without success, [try] unsuccessfully, to no purpose; **succesboek** best seller; **successnummer** hit, winner; *zie ook* -stuk

successie succession; *het derde jaar in ~* in a row; **successiebelasting** (*vglb*) capital transfer tax; (*tot 1975*) estate duty; (*Am*) inheritance tax; **successief** successive; **successieoorlog** war of succession; **successierechten** death duties; *vrij van ~* [£5000] net of tax, after tax, free from death duties; *vgl* -belasting; **successievelijk** successively, by stages, gradually; **successiewet** inheritance act

successtuk draw, (smash) hit; (*fam*) sure (safe) card; **succesvol** successful

succulent id; **succumberen** succumb

succursale branch-office

sudderen simmer; *op een zacht pitje laten ~,* (*fig*) keep [s.t.] on the back burner

Sudeten Sudeten [German]

suède suede [gloves]

Suez id; **Suezkanaal** Suez Canal

suf drowsy, dull, sleepy; *~ zijn,* (*ve oud mens*) dote; *~ van de slaap* dead sleepy; *zich ~ zitten denken* puzzle one's brains; **suffen** doze, moon, be wool-gathering, be in the daydreaming, be in the clouds; **suffer(d)** dullard, dull fellow, duffer; *oude ~* old buffer, dotard; **sufferdje** (*krant*) local rag; **sufferig** dull, sleepy; *vgl* suf; **sufferigheid** dullness, sleepiness, stupidity; **suffie** (you) silly; *zie verder* suffer(d); **suffig** *zie* -ferig

suffisant 1 sufficient; 2 substantial; **suffix** id

suffragaan suffragan; **suffragaanbisschop** suffragan (bishop)

suf|kees, -kop, enz *zie* suffer(d)

suggereren suggest [a plan]; **suggestibel** suggestible; **suggestie** suggestion; *door ~ in slaap brengen* charm asleep; **suggestief** suggestive; stimulating [lecture]; *suggestieve vraag* leading question; **suggestiviteit** suggestiveness

suïcidaal suicidal; **suïcide** suicide

suiker sugar; *~ doen in* sugar, sweeten [the tea]

suiker|achtig sugary; **-ahorn** sugar-maple; **-bakker** confectioner; **-bakkerij** confectionery; **-biet** sugar beet; **-bol** boiled sweet, (*Am*) candy; **-boon** 1 (*groente*) butter-bean; 2 (*bonbon*) sugar-plum; **-brood** sugar loaf; **-campagne** sugar-beet processing season; **-cultuur** sugar-culture; sugar-growing

suiker|en sugar, sweeten (up); **-erwt** 1 sugar-pea; 2 (*suikerballetje*) sugar drop; **-fabriek** sugar-factory, -mill; **-gast** silver-fish (insect); **-gehalte** sugar content; **-glazuur** sugar-icing; frosting [on cakes, etc]; **-goed** confectionery, sweetmeats; **-houdend** containing sugar, sacchariferous

suiker|ig sugary, sugared; **-klontje** lump of sugar; **-koekje** sugared biscuit; **-kraaltjes** hundreds and thousands; **-lepeltje** sugar-spoon; **-maïs** sweet corn; **-meloen** sugar-melon, sweet melon; **-mot** *zie* -gast; **-netel** dead nettle; **-oom** rich uncle; **-patiënt** diabetic (patient); **-peentjes** young (new, spring) carrots; **-peer** sugar-pear; **-peultjes** sugar-peas, podded peas; **-plantage** sugar plantation, sugar estate; **-planter** sugar-planter, -grower; **-pot** sugar-basin, -bowl; **-raffinaderij** sugar-refinery; **-riet** sugar cane; **-schaaltje** sugar-basin; **-schepje** sugar-spoon; **-spin** candy floss; **-strooier** sugar-castor, -dredger; (*strooilepel*) sugar-sifter; **-stroop** molasses; **-tang** sugar-tongs; **-tante** rich aunt; **-tje** sugarplum, comfit; **-water** sugar and water, sugared water; **-werk** confectionery; **-zakje** sachet (of sugar); **-ziek** diabetic; **-zieke** diabetic; **-ziekte** diabetes; **-zoet** 1 as sweet as sugar; 2 (*fig*) sugared, sugary [smile], honeyed [words]; **-zuur** saccharic acid

Suisse Switzer, Swiss Guard; (*r.-k.*) verger

suite 1 suite (of rooms); *en ~,* (*v kamers*) id, in a suite; 2 sequence (*of:* run) [of cards]; 3 (*muz*) id; 4 *luitenant à la ~* lieutenant unattached (*of:* additional), supernumerary lieutenant; 5 id, retinue; cortège

suizebollen be (get) giddy (dizzy); *iem doen ~* knock a p. silly; *het deed me ~* it made my head (my brain) reel; *slag, die doet ~* staggering (reeling) blow; **suizelen** 1 *zie* -bollen; 2 (*suizen*) rustle; **suizelig** *zie* duizelig; **suizeling** 1 *zie* duizeling; 2 rustling; **suizen** (*v kogels*) whizz; (*vd wind*) sough, sigh; (*v regen, boom*) rustle, swish; (*v kokend water*) *zie* razen; *mijn oren ~* my ears sing (ring, tingle), (*men praat over mij*) my ears are burning; **suizing** rustling [of the trees]; (*in oren*) *zie* oor~; *zie verder* suizen

suja: *~, kindje, slaap!* rest, my baby, rest!, husha-by baby!

sujet: (*gemeen*) *~* nasty piece of work; *verdacht* (*verlopen*) *~* shady (seedy) customer (*of:* character)

sukade candied (lemon-, orange-)peel, citron-rind; **sukadekoek** kind of spiced cake

sukkel noodle, mug, oaf; *zie ook* stumper; *aan* (*op*) *de ~ zijn* be ailing, be an invalid (be in hot water); **sukkelaar(ster)** 1 invalid, ailing man (woman), valetudinarian; 2 *zie* stumper; **sukkelachtig** ailing; (*stumperig*) bungling; **sukkeldraf** jogtrot; *op een ~je* at a jogtrot; *op een ~je gaan,* (*ook*) jog along; **sukkelen** be ailing, be in poor (*of:* indifferent) health; (*~d lopen*) trudge [from house to house], plod, jog [down the road]; *met zijn knie ~* suffer from one's knee; *achter iem aan ~* trudge behind a p.; *hij sukkelt achteruit* he is getting worse and worse; *met het Frans ~* be weak (shaky) in French; *in het kanaal ~* blunder into the canal; **sukkelend** ailing; **sukkelgangetje** jogtrot; *het gaat* (*met*) *een ~* things are moving at a snail's pace; **sukkelpartij** ailing; *dat wordt een ~* we shall never see the end of it

sul simpleton, noodle, soft(y), mug, duffer; **sulachtig** *zie* sullig; **Sulawesi** id, (*hist*) Celebes

sulfa id, sulpha; **sulfaat** sulphate; **sulfapreparaat** sulpha, sulfa drug; **sulfer** sulphur; **sulferachtig** sulphurous; **sulfide** sulphide; **sulfiet**

sulphite; **sulfonamide** sulphonamide
sulky (*bij harddraverijen*) id, trotting-car
sullig soft, goody-goody
sultan id; **sultanaat** sultanate; **sultanarozijn** sultana; **sultane** sultana; **sultanshoen** sultan
sumak sumac(h); **Sumatra** id; **Sumatraan(s)** Sumatran; **Sume|riër, -risch** Sumerian
summair summary; **summa summarum** id, in sum, to sum up; **summier** brief, concise
summum culminating point, height; *zie* toppunt
super I *zn* 1 *zie* ~benzine; 2 market; II *bw & tw* id, great; **superbenzine** four-star, premium grade (petrol); **supercarga** supercargo; **superdividend** extra dividend; **superette** id; **superfijn** superfine; **superflu** surplus; **superfosfaat** superphosphate; **supergeleider** superconductor; **supergeleiding** superconductivity; **superheffing** super levy
superieur *bn & zn* superior; **superieure** (*ve klooster*) Mother Superior; **superintendent** id
superioriteit superiority; **superioriteitswaan** chauvinism
superlatief superlative (*ook fig:* speak in superlatives); **supermacht** superpower; **supermarkt** supermarket; **supernaturalisme** supernaturalism; **supernova** id; **superoxyde** 1 superoxide; 2 [hydrogen] peroxide; **superplie** (*r-k*) surplice; **superponeren** superimpose; **super|sonisch, -soon** supersonic [aircraft], sonic [boom *knal*]; **superstitie** superstition; **superviseren** supervise; **supervisie** supervision; **supervisor** id
supplement id; *uitneembaar* ~ pull-out; **supplementshoek** supplementary angle
suppleren supplement, supply (make up) the deficiency; (*bij prolongatie*) pay the margin, make an additional deposit; **suppletie** supplementary payment (supplies, etc); completion; **suppletiebiljet** excess ticket; **suppletietroepen** supports, reserves; **suppletoir** supplementary; *~e begroting* supplementary estimates (*of:* budget)
suppliant petitioner, id
suppoost doorkeeper, usher; (*in museum*) attendant; (*in gevangenis*) warder
support id; **supportdraaibank** slide-lathe; **supporter** (*sp*) id, follower, (*Am*) rooter
suppressie suppression; **supprimeren** suppress, put down
supra id, above; **supranationaal** supranational
supreem supreme; **suprematie** supremacy
sura (*vd Koran*) sura(h); **surah** 1 (*zijde*) id; 2 (*vd Koran, ook: sure*) sura(h)
surfen 1 (*eig*) surf, go surfing (surf-riding); 2 (*plankzeilen*) windsurf; **surfer** (wind)surfer; **surfpak** wet suit; **surfplank** surfboard; *van een ~ vallen* (*springen*) wipe out
Surinaams Surinamese; **Suriname** Surinam, -name; **Surinamer** Surinamese, -namer
surnumerair supernumerary
surplus 1 id, excess, overspill [of population etc]; 2 (*dekking*) cover
surprise id; (*concr*) surprise (packet)
surrea|lisme surrealism; **-listisch** surrealist
surrogaat substitute, makeshift, succedaneum; (*min*) ersatz
surséance: ~ *van betaling* suspension of payment, moratorium; ~ *van betaling aanvragen* apply for a letter of licence
surveillance id; (*school*) supervision (duty); (*bij examen*) invigilation; **surveillant** id, overseer; (*bij examen*) invigilator; **surveilleren** I *tr* keep under surveillance, supervise, keep an eye on, watch; II *intr* (*bij examen*) invigilate; (*v politie*) patrol
sus I *tw* ~! hush!; II *zn zie* suspensoir 2
Susanna *zie* Suzanna
suspect suspected; (*pred. ook*) suspect
suspenderen suspend; **suspensie** suspension; **suspensoir** 1 (*med*) suspensory bandage, suspensor; 2 (*sp*) athletic support, (*fam*) jockstrap
suspicie suspicion
sussen hush [a child], quiet [a baby], soothe, pacify [a p.], ease, quiet, salve [one's conscience], hush up [a quarrel]; *neuriënd* ~ croon over [a child]; *om haar geweten te* ~, (*ook*) as a sop to her conscience; *zie ook* slaap
sutti suttee; **suttiïsme** sutteeism
Suzanna Susanna; ~ *met de mooie ogen*, (*plant*) black-eyed Susan; **Suze** Susan, Sue, Suzy
suzerein suzerain; **suzereiniteit** suzerainty
svp (if you) please
swami swami (*mv ook:* -mies)
swastika id, (*inz bk*) fylfot
Swazi Swazi (*mv:* -is, -i); **Swaziland** id
swingen swing; **switchen** switch, change over
syba|riet sybarite; **-ritisch** sybaritic (*bw:* -ally)
syco|moor, -more sycamore
syfilis syphilis; **syfilitisch** syphilitic
syfon siphon; **sylfe** sylph; **sylfide** sylphid
syllabe syllable; *er is geen ~ van waar* there is not a syllable of truth in it; **syllabus** id (*mv ook:* -bi)
syllogisme syllogism
symbiont id; **symbiose** symbiosis
symboliek symbolism; **symbolisch** symbolic(al), emblematic(al); *~e betaling* (*vermindering*) token payment (reduction); ~ *voorstellen* symbolize; **symboliseren** symbolize; **symbool** symbol, emblem; *het ~ zijn van*, (*ook*) be symbolic(al) of [peace, etc]
symfonie symphony; **symfonieorkest** symphony orchestra; **symfonisch** symphonic; ~ *gedicht* symphonic poem, tone-poem
symme|trie symmetry; **-trisch** symmetric(al)
sympathetisch sympathetic (*ook v inkt*)
sympathie sympathy [*voor* with, for; *jegens* towards], fellow-feeling; *~ën en antipathieën*, (*ook*) likes and dislikes; *de ~ was wederkerig* the liking was mutual; ~ *betuigen* express one's sympathy; ~ *voelen voor* feel sympathy for, be in sympathy with [a p., a work]; (*geen*) ~ *tonend* (un)sympathetic; **sympathiek** congenial, [this human quality about him is very] appealing, nice [man], likable, sympathetic [person], engaging [smile], endearing, winsome [manner]; *hij* (*het werk*) *is mij niet* ~ he (the work) is not congenial to me; *hij was mij dadelijk* ~ I took to him at once; *hij werd mij* ~ I came to like him; **sympathiestaking** sympa-

thy (sympathetic) strike; **sympathisant** sympathizer; **sympathisch** sympathetic [nerves]; **sympathiseren** sympathize; *iem die met het communisme sympathiseert* communist sympathizer, fellow-traveller; *niet* (*met elkaar*) ~ be out of sympathy; *~d,* (*ook*) sympathetic

sympo|sion, -sium symposium

symptomatisch symptomatic (*bw:* -ally); **symptoom** symptom

synagogaal synagogical; **syna|goge, -goog** synagogue

synchronisatie synchronization; **synchronisch** synchronic; **synchroniseren** synchronize; **synchronisme** synchronism; **synchronistisch** synchronistic (*bw:* -ally), synchronous; **synchroon** synchronous [motor]; synchronic [description]; synchronized [swimming]; *niet* ~ [film and sound are] out of sync(h)

synclinaal (*geol*) syncline

syncope (*gramm, med*) id; (*muz*) syncopation, syncope; **syncoperen** syncopate; **syncopisch** (*muz*) syncopated; *~e muziek,* (*ook*) ragtime

syncretisme syncretism

syndi|caal (trade) union; **-caat** 1 syndicate, ring, combine; (*garantie~*) underwriting syndicate, underwriters; 2 trade union; **-calisme** 1 syndicalism; 2 (trade) unionism; **-calist** 1 syndicalist; 2 (trade) union member; **-ceren** underwrite; *zich* ~ join a (trade) union; **-cus** 1 syndic; 2 caretaker

syndroom (*med*) syndrome

synecdoche id; **synecologie** synecology; **synergie** synergism, -gy; **synerg(ist)isch** synerg(et)ic, synergistic; **synesthesie** synesthesia

synodaal synodal, synodic(al); **synode** synod; *generale* ~ church assembly; *provinciale ~,* (*in Eng*) convocation; **synodisch** synodic [month]

synoniem I *bn* synonymous; II *zn* synonym

synonymie(k) synonymy

synopsis id; **synoptici** synoptics, synoptists; **synoptisch** synoptic(al)

synovia id, synovial fluid

syntactisch syntactic; **syntaxis** syntax

synthese synthesis; **synthetisch** synthetic (*bw:* -ally)

Syrië Syria; **Syriër** Syrian; **Syrisch** I *bn* 1 Syrian; 2 (*in het Syrisch*) Syriac [Gospels]; II *zn* (*het* ~) Syriac

systeem system; *er zit* (*geen*) ~ *in* there is (no) method in it; **systeemanalyse** systems analysis; **systeembeheer** system(s) management; **systeembouw** system building, prefabrication; **systeem- en regeltechniek** systems and control engineering; **systeemloos** systemless, unsystematic, unmethodical; **systematicus** systematist; **systematiek** systematics, taxonomy; **systematisch** systematic (*bw:* -ally); **systematiseren** systematize

systole id; **systolisch** systolic

T t *t*

t (the letter) t; *'t, zie* het

Taag Tagus

taai tough [meat, paper, etc], wiry [person, animal], leathery [meat], tacky [glue; toffee], viscous [oil]; (*fig*) tough [person, animal, constitution *gestel*]; (*volhardend*) tenacious; (*saai*) tedious, dull [book, conversation]; ~ *geduld* untiring patience; *~e volharding* (*moed, vasthoudendheid*) dogged persistence (pluck, tenacity); *hij is een ~e kerel, heeft een ~ gestel,* (*ook*) he is tough; *ouwe ~e,* (*aanspr*) old chap; *hij is een ouwe ~e* he is hale and hearty; *zo ~ als leer* [the meat is] as tough as leather (as old boots); *vooroordelen hebben een ~ leven* prejudice dies hard (is hard to kill); *zich ~ houden* bear up like a man; *hou je ~!* never say die!; keep your pecker up!

taaiachtig toughish; **taaie(rd)** tough fellow, toughie; **taaiheid** toughness; wiriness; tenacity; viscosity; *vgl* taai; **taaipop** gingerbread man; **taaislijmziekte** cystic fibrosis; **taaitaai** kind of gingerbread; **taaitaaipop** *zie* taaipop

taak task, job; (*school*) lesson(s), (home)work; assignment [monthly assignments]; *iem een ~ opgeven* (*opleggen*) set a p. a task; *ik heb mij dit tot ~ gesteld* I've made it my task, set myself this task; *het behoort niet tot mijn ~* it is not my business; *het behoort tot de ~ van de politie* it is the responsibility of ...; *de ons gestelde* (*gezette, opgelegde*) ~ our appointed task; *een ~ die men zichzelf oplegt* a self-imposed (self-appointed) task

taak|analyse job analysis; **-groep** task force (*of:* group); **-omschrijving** 1 terms of reference [of a committee]; 2 job specification, job description, specification of duties; **-opvatting** conception of duty, way of seeing one's job; **-stelling** *zie* -omschrijving 1; **-uur** non-teaching period; **-veld** assigned field; **-verdeling** allocation of tasks (of duties), division of labour; **-waardering** job evaluation

taal language, speech, tongue; *~tje,* (*zonderling, verward, enz*) lingo, jargon; *de relaties tussen ~ en spraak* the ... between language and speech; ~ *noch teken* neither word nor sign, no word or sign; ~ *noch teken geven* not give a sign of life; *dezelfde ~ spreken* speak the same language; *ik zal duidelijke ~ spreken* I'll put it quite plainly (in plain English); *in de ~ van het dagelijks leven* in common parlance; *dat is ~!, zie* mannen~; *wel ter ~ zijn* have a ready flow of language (of words), have a great command of language, (*fam*) have a tongue in one's head; *beschaafd ter ~ zijn* be well-spoken; *zie ook* Kanaän

taal|arm linguistically deprived [children]; **-armoede** poverty of language, deficiency in language skills; **-atlas** linguistic atlas; **-barrière** language barrier; **-bederf** corruption of the language; **-bederver** corrupter of the language;

-**begrip** [have no] idea of grammar; -**beheersing** 1 mastery (command) of (the) language; 2 applied linguistics; *zie ook* -vaardigheid & -vermogen; -**boek** grammar; -**eigen** idiom; -**familie** language family, family of languages; -**filosofie** philosophy of language, linguistic philosophy; -**fout** 1 grammatical mistake; 2 spelling mistake; -**gebied** 1 [the Dutch] language (linguistic) area; 2 *op* ~ in the field of language, on language; linguistic [errors]; -**gebruik** (linguistic) usage, use(s) of language; -**geleerde** linguist, philologist; -**gemeenschap** language (linguistic) community; -**geschiedenis** language (linguistic) history; -**geslacht** gender; -**gevoel** linguistic feeling; -**grens** linguistic frontier; language boundary; -**hervorming** language reform; -**kenner** linguist; -**kunde** linguistics, philology; -**kundig** linguistic, grammatical; ~ *(on)juist* grammatically (in)correct; *zie ook* ontleden; -**kundige** linguist, philologist; (*Am ook*) linguistician; -**oefening** 1 grammatical exercise; 2 language practice; -**onderricht**, -**onderwijs** language-teaching; -**regel** grammatical rule, rule of grammar; -**schat** vocabulary; -**scheppend**: ~ *vermogen* linguistic creativity; -**strijd** war of languages; linguistic conflict; -**studie** study of language(s); *vergelijkende* ~ comparative linguistics; -**vaardigheid** language proficiency; (*mondeling*) fluency; (*schriftelijk*) (written) command (of the language); *zie ook* -beheersing; -**vermogen** (linguistic) competence; -**verwerving** language acquisition; -**wet** law of language, linguistic law; -**wetenschap** science of language, linguistic science, linguistics, [comparative] philology; -**zuiveraar** purist; -**zuivering** purism

taan tan; **taander** tanner; **taanderij** tannery, tan-yard; **taanhuis** tan-house, tannery; **taankleur** tan-colour, tawny colour; **taankleurig** tan-coloured, tawny; **taankuip** tan-vat

taart tart, cake; *~je* fancy cake, fancy pastry; [fruit] tart; *oude* ~ old hag; **taartbodem** flan-case; **taartdeeg** paste; **taarte-** *zie* taart-; **taartenbakker** confectioner, pastry-cook; **taartpunt** piece (wedge) of cake; **taartschep** cake-server; **taartschotel** cake-dish

taats 1 (*ve tol*) peg; 2 (*tap*) pivot, journal [bearing]; **taatstol** peg-top

tab id

tabak tobacco; (*fam*) baccy; *dat is* (*heel*) *andere* ~ that's (quite) a different kettle of fish; *ik heb er ~ van,* (*fam*) I've had enough (I'm sick) of it

tabaks|artikel tobacco product; -**cultuur** 1 tobacco-growing, -culture, -cultivation; 2 tobacco plantation; -**handelaar** 1 tobacco-merchant, -dealer; 2 (*winkelier*) tobacconist; -**pijp** tobacco pipe; -**plant** tobacco plant; -**pot** tobacco jar; -**pruim** quid, chew of tobacco; -**teelt** *zie* -cultuur; -**vergunning** tobacco licence; -**verkoper** tobacconist; -**winkel** tobacco-shop, tobacconist's; -**zak** tobacco pouch

tabasco id

tab|baard, -**berd** tabard, robe, gown; *iem op zijn ~ komen* dust a p.'s jacket

tabee! so long!, bye-bye!

tabel table, index, schedule, chart, tabulation

tabellarisch tabular, tabulated, in tabular form; ~ *overzicht* tabular view; ~ *rangschikken* tabulate; **tabel|lariseren**, -**leren** tabulate

tabernakel tabernacle; (*r-k ook*) pyx; *onze aardse* ~ our earthly tabernacle; *feest der ~en* Feast of Tabernacles; *zijn ~en ergens opslaan* pitch one's tent (settle down) somewhere; *iem op zijn ~ komen* (*geven*) dust a p.'s jacket, give it him hot;

tabijn(en) tabby

tabkaart (*in kaartsysteem*) guide-card

tablatuur tablature

tableau id, picture, scene; (*rooster*) timetable; *zie ook* tabel; *~!* id; *van het ~ afgevoerd worden,* (*jur*) be struck off the register; ~ *vivant* id

table d'hôte id, [take] the set (the regular) dinner

tablet 1 id [an aspirin tablet, a tablet of soap], slab [of chocolate], lozenge, square; 2 shelf, (table-)leaf; **tabletvorm**: *in* ~ in tablets, in tablet form

taboe taboo; ~ *verklaren* taboo; *dit onderwerp is* ~ this is a taboo subject; **taboeïseren** (put under) taboo

taboeret tabouret, stool; (*voetbankje*) footstool

taboesfeer: *uit de ~ brengen* lift the taboo from

tabula rasa id; ~ *maken* make a tabula rasa; *zie ook* opruiming: ~ houden

tabu|lator id; -**latuur** tablature; -**leren** tabulate

tachograaf tachograph; **tachometer** id

tachtig eighty; *zo'n ~(tal)* some eighty; *in de jaren ~, zie* ~er 2; **tachtiger** 1 octogenarian, man of eighty, man in his eighties; *T~(s)* writer(s) of the (eighteen) eighties; 2 *in de ~ jaren* in the (nineteen, etc) eighties; **tachtigjarig** eighty years'; (*ve pers*) of eighty, octogenarian; *de T~e Oorlog* the Eighty Years' War; **tachtigjarige** octogenarian, man (woman) of eighty; **tachtigste** *telw & zn* eightieth; *op zijn* ~ at eighty; **tachtigvoud** multiple of eighty; **tachtigvoudig** eightyfold

tachy|cardie tachycardia; -**graaf** tachygraph; -**grafie** tachygraphy; -**grafisch** tachygraphic(al); -**metrie** tacheo-, tachymetry

tackelen tackle; (*sp*) foul, (*eerlijk*) challenge

tact id; **tacticus** tactician; **tactiek** tactics, (*soms*) [an old] tactic; **tactiel** tactile

tactisch tactical; **tactloos** tactless; *hij irriteert de mensen door ~ optreden* he has an unhappy knack of rubbing people up the wrong way; **tactvol** tactful, discreet, judicious

taddik filthy slob

Tadzjiek Tadzhik, Ta(d)jik; **Tadzjikië** Tadzhikistan

taf taffeta; *zie ook* gewast

tafel table (*ook v edelsteen; ook personen aan ~:* the whole table made merry at his expense); (*dicht, behalve in enkele uitdrukkingen*) board; *zie ook* scheiden, scheiding; (*tabel*) index list; *de ~en dienen,* (*Hand. 6:2*) serve tables; *de groene ~, a*) the green table, the gaming-table; *b*) the board-room table; *de Ronde Tafel* the Round Table; *de twaalf ~en,* (*Romeins*) the twelve tables; *de ~*

des Heren the Lord's table; ~ *van vermenigvuldiging* multiplication table; *de ~s leren* learn one's tables; *de ~ van 6* the six times table [once six is six, two sixes are twelve, etc]; *de ~en der wet, de wet der twee stenen ~en* the tables of the law, the two tables; *~tje* ***dek*** *je*, (*vglb*) meals on wheels; *het was er ~tje dek je* it was cut-and-come-again; *er een* ***goede*** *~ op nahouden* keep a good table; ***open*** *~ houden* keep open table (*of:* house); *boven* (*onder*) ***aan*** *de ~* at the head (*of:* top) (at the bottom) of the table; *aan ~ gaan* go in (sit down) to dinner, sit down to eat; (*kerk*) partake of the Lord's supper, communicate; *aan ~ zijn* (*zitten*) be at table; *altijd te laat aan ~* always late for meals; *aan de ~ zitten* sit at the table [to write a letter]; *aan de ~ gaan zitten* sit down at the table; ***na*** *~* after dinner; ***naar*** *~ leiden* take in (to dinner); ***onder*** *de ~* [drink a p.] under the table; *onder de ~ praten* argue away [objections]; *een bedrag onder ~* a sum under the counter; *de muziek speelde onder ~* the band performed during dinner; *de soep staat* ***op*** *~* the ... has been (is) served; *zie ook* ter ~; ***ter*** *~ brengen* lay [a plan] on the table, table [a plan, a motion]; *zie ook* berd; *ter ~ liggen* lie on the table; *het rapport kwam ter ~* the ... came up for consideration; *wat verder ter ~ komt* any other business, AOB (*omvat ook de rondvraag*); *tot de ~ des Heren* (*de heilige ~*) *naderen*, (*r-k*) communicate; ***van*** *een goede ~ houden* be fond of a good table, like a good dinner; *van ~ opstaan* rise from table; *van* (*de*) *~ vegen*, (*fig*) brush aside; ***voor*** *~* before dinner; *zie ook* afnemen, kaart, enz; **tafelappel** dessert apple; **Tafelbaai**: *de ~* Table Bay

tafel|bel table-, hand-bell; **-berg** table mountain; *de T~* Table Mountain; **-blad** 1 table-top; 2 table-leaf; (*hangend, ook*) table-flap; **-blikje** crumb-tray; **-bord** dinner-plate; *ogen als ~en* eyes like saucers, saucer eyes (*met* ... saucer-eyed); **-buur** neighbour at table; **-dame** [his] partner (at table, at dinner); **-dans** table-turning, -tipping, -tilting, -moving; **-dekken** *zn* laying (setting) the table; **-dienen** *zn* waiting at table; **-eend** pochard

tafelement (*bk*) entablature; **tafelen** be (sit) at table; *lang ~* linger at the dinner-table

tafel|etiquette table manners, etiquette of the table; **-gebed** grace (before, after meals); **-geld** 1 (*veiling*) lot money; 2 (*hist*) table-money, messing-allowance; **-genoegens** pleasures of the table; **-genoot** table companion; (*mar*) messmate; **-gereedschap**, **-gerei** tableware, dinner-things; (*borden, enz; Am: bestek*) flatware; **-gesprek(ken)** table talk; **-gezelschap** dinner-party, company at table; **-goed** *zie* -linnen; **-heer** [her] partner (at table, at dinner); **-kleed** tablecloth; *~je* table centre; **-kloppen** *zn* table-rapping; **-laken** tablecloth; **-lamp** table-lamp; **-linnen** table-linen, (*vero & Sch*) napery; **-loper** table centre, table runner; **-manieren** table manners; **-matje** table-mat, dinner mat; place mat; **-ment** (*bk*) entablature; **-mes** table-knife; **-olie** salad oil; **-peer** dessert pear; **-poot** table-leg; **-president** chairman; *~ zijn* preside at a (the) dinner; **-rede** after-dinner speech

Tafelronde: *de ~* the Round Table

tafel|rozijn dessert raisin; **-schel** table-bell; **-schikking** seating plan (at table); **-schip** (*hist*) nef; **-schuier** crumb-brush; **-schuimer** sponger; **-servies** dinner-service, -set; *vgl* bestek & eetservies; **-stoel** high chair; **-tennis** [play] table tennis, (*fam*) ping-pong; **-tje-dekje** *zie* tafel; **-veger** crumb-brush; **-water** table-water; **-wijn** table-wine; **-zilver** table-silver, (table-)plate, silverware; **-zout** table-salt; **-zuur** pickles

tafereel scene, picture; (*perspectief*) picture plane; (*meetk*) plane of projection; *een ~ ophangen van* give a picture of, paint

taffen *bn* taffeta, oiled silk [bag]

taf(f)ia tafia; **taflengte** (*roeien*) [win by a] canvas; **tafzijde** taffeta silk

tagrijn marine-store dealer; **Tahiti** id, Otaheite

taille waist; (*ve japon*) waist(line); (*lijf ve japon*) body, bodice; **tailleband** waistband

tailleren cut in (at the waist); *getailleerd* tailored, waisted [coat]; *de jas, enz, is niet getailleerd*, (*ook*) it is a loose-fitting coat, etc; **tailleur** 1 tailor; 2 tailored costume; **tailleuse** dress-maker

taillewijdte size of the waist, waist measurement

Taiwan id

tak 1 branch (*ook van rivier, spoorweg, gebergte, familie, industrie, enz*); (*zware*) bough, limb; *~je* twig, sprig [of heather], spray [of mistletoe]; 2 (*ve gewei*) tine; *zie ook* gewei; 3 (*ve hyperbool*) portion; 4 (*fig ook*) offshoot [of a family, religion]; *~ van dienst, zie* dienstvak; *~ van sport* (form of) sport; **takbout** rag-bolt, lewis bolt

takel tackle, pulley-block; *Spaans*(*e*) *~* Spanish windlass; **takelage** tackle, rigging, cordage

takelauto breakdown lorry; **takelblok** (tackle-)block; **takelen** 1 (*ophijsen*) hoist (up); 2 rig [a vessel]; **takelgaren** whipping; **takelwagen** breakdown lorry (van), crash tender, (*Am*) wrecker; **takelwerk** tackling, rigging, cordage

takjesmos twig-lichen; **takke-** pestilential [weather, woman]; **takkenbos** faggot; (*mil*) fascine; **takkig** branchy, ramose

taks 1 share, portion, number; *ik ben al boven mijn ~* I have already had more than I am used to; 2 tax, duty; rate; 3 (*hond*) dachshund

takt *zie* tact; **takteren** beat time

tal number; *~ van* a (great) number of, numbers of, numerous [friends]; *op het ~ staan* be on the (short) list; *zonder ~, zie ~*loos; *zie ook* getal; **tale** *zie* taal & Kanaän

talen: *hij taalt er niet naar* he does not care about it in the least, is quite indifferent about it, won't look at it; *het kind taalt niet naar de moeder* the ... does not even ask for the mother

talen|kenner linguist, polyglot; **-kennis** command (knowledge) of languages; **-knobbel** (*fam*) gift of (flair for) languages; **-laboratorium**, **-practicum** language lab(oratory)

talent id (*in alle betek*); *man van veel ~* man of great talents, highly talented (gifted) man; *van meer dan gewoon ~* [a scholar] of more than ordi-

nary attainments; **talentenjager** talent scout; **talentvol** talented, gifted, accomplished
talg tallow; **talgklier** sebaceous gland
talhout billet; *zie ook* mager
talie tackle; **taliegreep** lanyard; **taliën** *ww* tackle
talig linguistic
taling (*vogel*) teal
talisman id, charm, amulet, mascot
talk 1 (*vet*) tallow; 2 (*delfstof*) talc; **talkaarde** talc earth; **talkachtig** 1 tallowy; 2 talcous; **talkkaars** tallow candle; **talkklier** sebaceous gland; **talkpoeder** talc(um) powder; **talksteen** talc; **talkvet** tallow
talloos numberless, countless, without number, innumerable
talmen linger, delay, procrastinate; *zonder ~* without delay; *~d*, (*ook*) dilatory; **talm(st)er** loiterer, slowcoach, dawdler
talmud Talmud; **talmudgeleerde** Talmudist; **talmudisch** Talmudic; **talmudist** Talmudist
talon 1 id; 2 (*ve cheque*) counterfoil
talreep (*mar*) lanyard
tal|rijk numerous [relatives, occasions, a numerous family], multitudinous [problems, sins]; *~er zijn dan*, (*ook*) outnumber; *~ vertegenwoordigd* well (fully) represented; **-rijkheid** numerousness
talstelsel (scale of) notation; *zie ook* tientallig
talud talus, slope, embankment
tam tame (*ook ve plant & fig:* a tame author, etc), domesticated (*ook ve plant*), tamed; (*fig ook*) tame-spirited; *~me kastanje* sweet (Spanish) chestnut; *~ maken* tame [lions, etc], domesticate [birds, etc]; *zie ook* mak
tamarinde tamarind (fruit, tree)
tamarisk id
tamboer drummer; **tamboereerraam** tambour(-frame); **tamboeren**: *daar tamboert hij altijd op* he is always hammering (away) at it, hammering it into our (their, etc) heads; **tamboereren** 1 tambour, do tambour-work; 2 *zie* tamboeren; **tamboerijn** 1 (*muz*) tambourine; 2 tambour(-frame); **tamboerkorps** drum band; **tamboer-majoor** drum-major
tamelijk I *bn* tolerable, fair, passable; II *bw* fairly, etc, rather [good], pretty [well, pretty cold], moderately, tolerably; *een ~ goede nacht hebben* have a fair (fairly good) night; *~ goede gezondheid* [be in] fair health; *~ goed Engels* fairly good ...; *een ~ groot bedrag* a fair(ish) amount; *een ~ groot huis* a fair-sized house; *~ zeker* fairly (pretty) certain; *~ veel vreemdelingen* a good many strangers; *een ~ lange tijd*, (*ook*) a goodish while; *~ warm*, (*ook*) warmish [day]; *~ groot*, (*ook*) biggish, largish; *~* [you're enjoying yourself?] middling
tamheid tameness; **Tamil** id
tampon 1 id, pledget, plug; 2 (*typ*) ink-ball; **tamponneren** 1 tampon, plug [a wound]; 2 dab [paint]
tamtam (*trommel*) tom-tom; (*gong*) tam-tam; *met veel ~* with a flourish of trumpets, with a great deal of fuss
tanagrabeeldje Tanagra figurine (*of:* statuette)
tand tooth (*mv:* teeth; *ook v kam, zaag, rad, enz*), (*vs kies*) front tooth; (*ve ~wiel, ook*) cog; (*ve vork, eg, enz*) prong, tine; *vork met drie ~en* three-pronged fork; *een goed stel ~en* a good set of teeth; *de ~ des tijds* the ravages (the wear and tear) of time; *zijn ~en op iets **breken*** (*stukbijten*) waste one's efforts; *~en **krijgen*** cut one's teeth, be teething; *een ~ laten **trekken*** have a tooth out (extracted); *de ~en laten **zien*** show one's teeth, show fight; *iem **aan** de ~ voelen* grill a p., question a p. closely; ***met** lange ~en eten, zie* kieskauwen; ***op** de ~en bijten, de ~en op elkaar klemmen* set one's teeth, (*fig ook*) bite on the bullet, grin and bear it; ***tot** de ~en gewapend* armed to the teeth, armed cap-à-pie; *zie ook* mond, water, wisselen
tandakken *ww* dance
tandarts dentist, dental surgeon; **tandartsassistente** dentist's assistant, dental nurse; **tandartsboor** dental (*of:* dentist's) drill
tandbederf tooth decay; **tandbeen** dentine; **tandeloos** toothless; **tandelozen** (*dierk*) edentates
tandem 1 id [drive tandem]; 2 (*fiets*) id
tanden *ww* cog [a wheel], indent, tooth
tandenborstel toothbrush; **tandengeknars** gnashing (grinding) of teeth; **tandenkrijgen** *zn* dentition, teething; *zie ook* tand; **tandestoker** toothpick; **tandformule** dental formula; **tandglazuur** enamel; **tandhamer** 1 dental hammer; 2 (*ve steenhouwer*) tooler; **tandheelkunde** dental surgery, dentistry; **tandheelkundig** dental; **tandheelkundige** *zie* tandarts; **tandheugel** toothed bar, (toothed) rack; **tandholte** dental cavity; **tanding** 1 perforation [of stamps]; 2 serrated edge
tand|kas socket (of a tooth), alveolus (*mv:* -li); **-krans** sprocket, gear ring; **-kroon** crown of a tooth; **-letter** dental (letter); **-lijst** dentils; **-merg** dental (*of:* tooth) pulp; **-middel** dentifrice; **-pasta** toothpaste, dental cream; **-pijn** toothache; **-plak** dental plaque; **-poeder** tooth-powder; **-prothese** dental prosthesis; **-rad** gear-wheel, toothed wheel, cog-wheel; (*rondsel*) pinion; **-radbaan** rack(-and-pinion) railway; **-radoverbrenging** gearing, geared transmission; **-reep** *zie* -heugel; **-regulatie** straightening of teeth, orthodontics; **-schaaf** toothing plane; **-spiegel** dental mirror; **-steen** tartar, scale; *van ~ ontdoen* scale [I had my teeth scaled]; **-stelsel** dentition; **-tang** dental (*of:* extraction) forceps, extractor; **-technicus** dental technician; **-techniek** dental mechanics; **-verzorging** care of the teeth, dental care; **-vlees** gums; *hij loopt op zijn ~* he is clapped out; *zie ook* zweer & verzwering; **-vormig** tooth-shaped, dentiform, dentate; **-vulling** filling, stopping, plug; **-walvis** toothed whale; **-wiel** *zie* -rad; **-wielkast** gear casing; **-wolf** caries; **-wortel** root of a tooth; **-zenuw** dental nerve; **-zijde** dental floss
tanen I *tr* tan [nets, the skin], bronze [the skin]; II *intr* 1 tan; 2 (*fig*) fade, pale, tarnish; (*v populariteit*) wane [his star is waning, is on the wane]; *haar schoonheid was aan het ~* her looks were

going, she was falling off in her looks; *doen ~* tarnish [a p.'s glory, etc]; *zie ook* getaand

tang 1 (pair of) tongs, fire-tongs; *~etje, (voor haren, enz)* (pair of) tweezers; *dat slaat als een ~ op een varken* that is completely off the point (utterly irrelevant); *ik zou het met geen ~ willen aanraken* I wouldn't touch it with a barge-pole; *iem in de ~ nemen* press a p. hard; 2 *(nijp~)* pincers, nippers; *(buig~)* pliers; 3 *(med)* forceps *(mv* id); 4 *(ve tandarts) zie* tand~; 5 *(fig)* shrew, virago; *(ouwe ~)* harridan

tanga(slipje) tanga briefs

tangbeweging pincer movement

tangens tangent; **tangent** id; **tangentenboussole** tangent galvanometer *(of:* compass); **tangentieel** tangential

Tanger Tangier; **tango** id; **tangram** id

tangverlossing forceps delivery

tanig tawny; leathery [face]

tank id; **tankauto** *zie* tankwagen; **tankbemanning** tank-crew; **tanken** *ww* (re)fuel, tank (up), fill up [with four-star]; **tanker** [gas, oil] tanker

tank|gracht anti-tank ditch; **-mijn** anti-tank mine; **-plaats** filling bay; **-schip** tanker; **-station** filling station; **-val** *(mil)* tank-trap; **-vliegtuig** (air) tanker; **-wagen** [petrol, etc] tanker, tank(er)-lorry *(Am:* -truck)

tannine tannin

tantaal tantalum; **tantaliseren** tantalize; **tantalium** tantalum; **Tantalus** id; **tantaluskwelling** tantalization

tante aunt, *(fam)* auntie; *T~ Betje, (tlk)* incorrect inversion; *T~ Meier* the bathroom; *T~ Pos* the Post Office; *dikke ~* fat body; *lastige ~* shrew; *ouwe ~* old woman; *stevige ~* sturdy *(gevuld:* well-covered) female (woman, old girl); *maak dat je ~ wijs* tell that to the marines; *je ~!* my foot!; *zie ook* grootje

tantième bonus, royalty, percentage; **tantièmedividend** bonus dividend; **tantièmeuitkering** bonus distribution

tant pis! too bad!

Tanza|nia id; **-niaan(s)**, **-nisch** Tanzanian

taoïsme Taoism

tap 1 *(kraan)* tap; *(ve vat, ook)* spigot; *op de ~ liggen* be on draught (on tap); 2 *(~kast)* bar; 3 *(spon)* bung; 4 *(houtverbinding)* tenon; 5 *(ve kanon, stoommachine)* trunnion; 6 *(draad~)* (screw) tap; 7 *(aseinde)* pivot, journal; 8 *(ijskegel)* icicle; *zie ook* lassen

t.a.p. afk van *ter aangehaalde plaatse* lc, loc cit, loco citato (in the place quoted)

tapboor tap-borer; **tapbout** tap-bolt, tap-rivet; *met ~ bevestigen* tap-rivet; **tapdans** tap-dance; **tapeind** stud

tape-koers tape prices, *(Am)* ticker prices; **tapen** tape

tapgat 1 tap-hole; 2 *(in ton)* bung-hole; 3 *(bij timmerwerk)* mortise; 4 *(ve kanon, enz)* trunnion-hole

tapijt carpet; *(wand~)* (wall) tapestry, hanging; *op het ~ brengen* bring on the carpet (the tapis); *(als) met een ~ bedekken* carpet [bluebells carpeted the ground]; *iets onder het ~ vegen, (ook fig)* sweep s.t. under the carpet; **tapijtspijker** carpet-tack; **tapijttegel** (loose-laid) carpet tile; **tapijtwerker** carpet-maker, -weaver; **tapijtweverij** 1 carpet-weaving; 2 carpet-weaving factory

tapioca id; **tapir** id

tapisserie tapestry, embroidery

tapkast bar, buffet; **tapkraan** (bar) tap

tappelen flow (freely); **tappelings** flowing; *het bloed (het zweet) liep ~ langs zijn wangen* the blood ran (the sweat streamed) down his cheeks

tappen I *tr* 1 tap [beer, rubber, trees], draw (off) [beer]; 2 *(verkopen)* sell; *moppen ~* crack jokes; 3 *(techn)* tap [a nut *moer*]; II *intr* keep a public house; *uren waarop getapt mag worden* licensing hours; *zie ook* schenken, getapt & vaatje; **tapper** publican, ale-house keeper; tapster; **tapperij** pub(lic house)

taps taper(ing), tapered, conical; *~ toelopen* taper

taptemelk skim(med) milk, separated milk

taptoe tattoo, last post, 'lights out'; *de ~ slaan* beat the tattoo

tapuit *(vogel)* wheatear

tap|verbod prohibition; **-vergunning** liquor licence, licence to sell beer and spirits; *vgl* verlof

tapvormig *zie* taps; **tapzaag** tenon saw

taran|tella *(dans & muziek)* id; **-tula** *(spin)* id; **-tuladans** tarantism

tarbot turbot

tardief belated, tardy

tarief tariff, rate, scale of charges; *(vervoers~)* (legal) fare, *(de lijst)* bill of fares; *goede kamers, billijk ~* good rooms on moderate terms (charges moderate); *het ~ verhogen (verlagen)* scale up (down) the tariff; **tariefgroep** *(belasting, vglb)* tax code; **tariefloon** piece-rate; **tariefmuur** tariff-wall; **tariefwerk** piecework; **tariefzone** *(telec)* charge band; **tarievenoorlog** tariff war; **tariferen** tariff

tarlatan id

tarok, tarot 1 *(kaart)* tarot; 2 *(spel)* tarot(s)

tarpan id; **Tarquinius** Tarquin

tarra tare; *extra ~* super tare; *gemiddelde (gereguleerde) ~* average tare; *geschatte ~* estimated tare; *netto ~* actual tare; *uso ~* customary tare; **tarreren** tare

tartaan *(vaartuig)* tartan, tartane

tartaar chopped steak [roll]; **Tartaar(s)** Tartar

tartan id; **tartanbaan** *(sp)* tartan track

Tartarije Tartary; **Tartarus** id

tarten challenge, dare, defy, bid defiance to, set at defiance, fly in the face of [public opinion, Providence]; beard [the lion in his den]; flout [the law, the decision of ...]; *het gevaar ~* brave danger; *ik tart u te ...* I defy (dare) you to ...; *ik tart ieder mij tegen te spreken* I challenge contradiction; *het tart alle beschrijving* it beggars description; **tartend** defiant [speak defiantly]

Tartuffe id; *(vglb)* Pecksniff

tarwe wheat; **tarweaaltje** wheatworm; **tarweaar** wheat-ear; **tarwebloem** wheat-flour, flour of wheat; **tarwebrood** wheaten bread; **tarwekorrel** grain of wheat; **tarwemeel** wheat-

-meal; **tarwepap** frumenty, furme(n)ty; **tarwezemelen** bran of wheat

tas 1 (*hoop*) pile, heap; 2 (*kopje*) cup; 3 bag, pouch; (*pukkel*) [school] satchel; (*der Hooglanders*) sporran; *zie ook* akten~; *~je* (hand)bag; [four chisels in a plastic] wallet; (*ve dame*) lady's (vanity) bag; (*ve fiets*) saddle-bag, tool-bag; (*in portefeuille, auto, enz*) pocket; **tasjesdiefstal** bag-snatching; **tasjeskruid** penny-cress; **tasjesrover** bag-snatcher

Tasmanië Tasmania; **Tasmaniër** Tasmanian

tassen heap (*of:* pile) up, stack [wood]

tast feel, touch; *bij, op de ~* by feel, by touch; *hij moest zijn weg op de ~ vinden* he had to grope (*of:* feel) his way (along); **tastbaar** tangible, palpable (*beide ook fig*); *-bare duisternis* palpable darkness; *een -bare leugen* a manifest lie; **tastbaarheid** tangibility, palpability; **tastdraad** tentacle; **tasten** I *tr* touch, feel; *iem in zijn eer (aan)~* injure a p.'s honour, hurt a p.'s pride; II *intr* grope, fumble, feel (*naar* for); ***om** zich heen ~*, (*v vlammen*) spread [rapidly]; *~d, zie ook* tast: op de ~; *zie ook* duister, kruis, zak, zwak; **taster** feeler, palp, sensor; **tastlichaampje** tactile corpuscle; **tastorgaan** tentacle; **taststok** (*v blinde*) white stick; **tastzin** (sense of) touch, tactile sense

tater (*fam: mond*) trap; **tateren** rattle (on), chatter

tatoe|age tattoo; **-ëren** tattoo; **-ïst** tattooist

taugé bean sprouts (shoots); **taupe** id

tauto|logie tautology; **-logisch** tautological

t.a.v. afk van 1 *ten aanzien van* with regard to; *zie* aanzien II.1; 2 *ter attentie van* attn [Mr Jones]

t.à.v. afk van *tout à vous* entirely yours

tave(e)rne tavern, inn

taxameter taximeter, (*fam*) clock

taxateur appraiser, valuer, (*schade~*) assessor; **taxatie** appraisal, valuation, assessment; *tegen ~* at a valuation; **taxatiefout** misappraisal; (*fig*) error of judgment; **taxatieprijs** valuation (price); **taxatiewaarde** appraised value

taxe *zie* taks 2; **taxeren** value, appraise, assess, weigh (size) up [a p.], estimate [*op* at]; *zie ook* schatten; **taxfree** duty-free (shop)

taxi taxi(cab), cab; *in een ~ rijden*, (*fam*) taxi; (*als chauffeur*) cab; **taxibaan** (*luchtv*) taxiway; **taxichauffeur** taxi-driver; (*fam*) taximan, cabman, cabby

taxidermie taxidermy

taxiën (*ve vliegt*) taxi; **taximeter** id, (*fam*) clock; **taxionderneming** taxicab company

taxis (*biol*) id; **taxis(boom)** yew(-tree)

taxistandplaats cab-, taxi-rank (*Am:* -stand); **taxivliegtuig** air-taxi, (*Am*) taxiplane

taxon id; **taxonomie** taxonomy

taxus yew(-tree)

t.b.(c.) TB; *zie ook* tuberculose

tbr (*hist*), **tbs** afk van *terbeschikkingsstelling* (*van de regering*), (*vglb*) preventive detention

t.b.v. 1 afk van *ten behoeve van* in favour of, on behalf of; 2 afk van *ten bate van* for the benefit of, in behalf of

te I *vz* 1 (*plaats*) at, in; *vgl* in; (*met beweging*) to; *~ paard stijgen (zitten)* mount (sit) on horseback; *zie ook* boven, grond: te ~e, land, mijnent, trouw, enz; 2 (*tijd*) at [three o'clock, any time]; *zie ook* maal, tijd, enz; 3 (*voor onbep wijs*) to; *snel ~ zien* quickly seen; *niet ~ eten* inedible; II *bw* too [old, etc]; *een ~ hoge prijs* too high a price; *zie ook* laat, enz; *dat is een beetje ~* that's a bit overdone; *~ edelmoedig* (*bescheiden*) *zijn*, (*ook*) err on the side of generosity (modesty); (*soms onvertaald:* oil level half pint low, clearance slightly tight); *zie ook* al, des, gek, meer, enz; III *lidw,=de: ~ bliksem!, ~ deksel!, ~ drommel!* (what, who, where) the dickens!

teakhout teak(-wood); **teakhouten** teak

team id; *zie ook* ploeg(-); **teamgeest** team spirit; **teamverband**: *in ~ werken* work as a team; *het ~ was zoek* the team lacked all coherence

techneut (*fam*) technical chap

technicus technician, mechanic; (*werktuigkundige*) engineer; (*specialist, ook*) technologist

techniek 1 technics, technical science, technology; *mbv geavanceerde ~* hi(gh)-tech; 2 (*inz toegepast*) engineering; 3 (*werkwijze, bedrevenheid*) technique, (*sp*) skill; **techni(e)ker** *zie* technicus

technisch technical [college, data, fault, term], technological [advances, breakthrough; technologically backward]; *het ~e (karakter) van ...* the technicality of ...; *~ bureau* firm of engineering consultants, engineering firm; *~e fouten*, (*ook*) mechanical defects; *Middelbare T~e School* Polytechnic (School); *Hogere T~e School* College of Advanced Technology; *T~e Universiteit* University (*Am:* Institute) of Technology; *~e vaardigheid*, (*ook*) engineering skill

technocraat technocrat; **technocratie** technocracy; **technocratisch** technocratic; **technokeuring** technical inspection; **technologie** [agricultural, medical, nuclear] technology; **technologisch** technological; **technoloog** technologist

teckel dachshund

tectyleren rust-seal, (*v onderen*) underseal, (*Am*) undercoat

teddy 1 (*stof, vglb*) plush, fur felt; 2 (*kledingstuk*) id; **teddybeer** teddy bear

teder 1 (*minnend*) tender [heart, care], affectionate, loving, fond [mother]; *~ bemind* dearly loved; 2 (*vero*) *zie* teer I; **tederheid** tenderness, affectionateness, lovingness

Te-Deum Te Deum

teef 1 bitch, female dog; (*vos*) vixen, bitch-fox; 2 (*fig*) (*slet*) bitch, (*feeks*) vixen

teek tick

teel|aarde (vegetable, garden) mould; **-baar** cultivable; **-bal** testicle; **-grond** *zie* -aarde

teelt (*algem*) cultivation, culture; (*v planten, vis, oesters, bijen, zijde, enz*) culture; (*v vee*) breeding; (*ras*) breed; **teeltgewas** crop (*of:* cultivated) plant(s); **teeltkeus** selection, selective breeding; *natuurlijke ~* natural selection; *kunstmatige ~* assortative mating; **teeltweefsel** (*plantk*) cambium

teel|vis fry; **-vocht** semen, (*ook v vis*) sperm

teem 1 drawl(ing), whine; 2 (*pers*) *zie* ~kous
teemachtig drawling, whining; **teem|kous, -ster** drawler, whiner; *een ouwe -kous* a drivelling old woman
teen 1 toe; *de grote* (*kleine*) ~ the big (little) toe; ~*tje* (*knoflook*) clove (of garlic); *op de tenen lopen* (*staan*) walk (stand) on tiptoe, tiptoe [up to it, tiptoe out of the room]; *op de tenen staan,* (*fig*) tax o.s. to the utmost; *iem op zijn tenen trappen* tread on a p.'s toes (*fig ook:* on a p.'s corns); *hij is gauw op zijn tenen getrapt* he is touchy (huffy, apt to take offence), is a touchy sort of person; *op zijn tenen getrapt* [feel] huffed, huffy; *hij was behoorlijk op zijn tenen getrapt* he was pretty sore; 2 (*twijg*) osier(-twig); **teenganger** digitigrade, toe-walker; **teenhout** osier(s)
teenleer (*ve schaats, enz*) toe-strap; **teenslipper** toe-post sandal, flip-flop; **teenstuk** toecap, (*v ski*) toe unit; **teenwilg** osier(-willow)
teer I *bn* tender [skin, age, years], delicate [child, hands, health, complexion]; *dat is een* ~ *punt bij hem* that is a tender (nice, delicate, sore) point with him; ~ *onderwerp* tender (delicate, sore) subject; ~*e tinten* delicate tints; ~*e zaak* ticklish (delicate) affair; II *zn* tar; **teerachtig** tarry
teer|gevoelig sensitive, susceptible, tender, delicate; **-gevoeligheid** sensitiveness, susceptibility, tenderness, delicacy; **-hartig** tender-, soft-hearted; **-hartigheid** tender-, soft-heartedness; **-heid** 1 delicacy; 2 tenderness, etc; *zie* tederheid
teerkwast tar brush; (*lang*) striker
teerling die (*mv:* dice); *de* ~ *is geworpen* the die is cast; *vgl* dobbelsteen; **teerlingkapiteel** (*bk*) cushion capital
teerpenning (*hist*) travelling-money, viaticum; **teerspijze** provisions; *de* (*H.*) ~, (*r-k*) the (holy) viaticum
teerton tar-barrel; *als een luis op een* ~ [get on] very slowly; **teerzeep** (coal-)tar soap
teevee TV
teffens (*vero*) *zie* tevens; **tegader** together
tegel tile, paving stone; (*vloer*~, *ook*) (stone) flag, flagstone; ~*s leggen, zetten* (*op*) tile [a floor, wall], pave [a floor] with tiles; *vgl* betegelen; **tegelaarde** tile-clay; **tegelbakkerij** tileworks
tegelijk at the same time [*met* as; *zie ook ben*], [you cannot do two things] at once, [run down the staircase two steps] at a time; [he was motion, grace, strength] all in one; [gardener, coachman, footman] rolled into one; (*samen*) together; *allemaal* ~*!* all together!; (*met z'n*) *allen* ~, (*ook*) [we'll go there] in a body; *één* ~ one at a time; *bij dozijnen* ~ by the dozen; *zes kisten* ~, (*handel*) six cases in one shipment; ~ *ingaan,* (*v vonnissen*) run concurrently; ~ *met* simultaneously (together, along) with, [appearing] with [the leaves]; **tegelijkertijd** *zie* tegelijk
tegel|oven tile-kiln; **-vloer** tiled floor; flagstone paving; **-werk** tiles; **-zetter** tiler
tegemoet [go] to meet; *zijn faillissement* ~ *gaan* head for bankruptcy; *zijn ongeluk* (*ondergang*) ~ *gaan* ride for a fall, court disaster; *een drukke tijd* ~ *gaan* be in for a busy time; *betere tijden* ~ *gaan* enter (up)on better times; *zie ook* schrede; *vreugdekreten klonken hem* ~ he was received with cheers; ~ *komen* (come to) meet; ~ *komen* (*aan*) meet [a p., his wishes, complaints] (half-way), meet [a demand], fall in with [a p.'s wishes]; *iem in de kosten* ~ *komen* bear (a part of) a p.'s costs (expenses), reimburse a p. for his expenses; *iem* ~ *lopen* (*snellen*) go (run, rush) to meet a p.; ~ *treden* go to meet [a p.]; meet [difficulties], face [dangers]; ~ *zien* look forward to, await [awaiting your news], face [the future full of hope]; view [the future with concern]; *de dood kalm* ~ *zien* look death calmly in the face
tegemoetkomend 1 accommodating, complaisant, compliant, conciliatory; *vgl* toeschietelijk; 2 oncoming [traffic]; **tegemoetkomendheid** accommodating spirit; **tegemoetkoming** 1 advance(s); 2 concession; 3 (*vergoeding*) allowance, compensation, reimbursement
tegen I *vz* 1 (*richting*) against; ~ *het verkeer* ***in*** [drive] against the traffic; ~ *de storm in* in the teeth of the gale; ~ *elkaar in* opposed (in opposition) to one another; ~ *de openbare mening* (*iems denkbeelden*) *ingaan* go counter to public opinion (oppose a p.'s views); *vgl* 4 & tegengesteld; 2 (*gekeerd naar, tegen ... aan*) against [lean against the wall, the tree stands (up) against the house]; (*ook*) [he stood with his back] to [the door]; [hold a letter] up to [the light]; *het huis ligt* ~ *het zuiden* the house faces south; ~ *iem spreken* speak to a p.; *vgl* 3; *het schilderij hangt* ~ *de* ***wand*** the ... hangs on the wall; 3 (*in tegenstelling tot*) against [act against one's conscience]; (*tegenover*) to [two to one]; contrary to [expectation(s) ~ *de verwachting* (*in*)]; (*jur*) versus, v, vs [*ook bij wedstrijd, enz:* Eton v Harrow; the problem of capital v labour]; *zijn vader was altijd* ~ *hem geweest* his ... had always been against him; ~ *de orders* (*de wet*) (*in*) *handelen* act contrary to orders (in [complete] defiance of the law); *het is duizend* ~ *één* it's a thousand to one; *met twee goals* ~ *nul* [win] by two goals to nil; *ik* ***ben er***(***op***) ~ I am against (opposed to) it; *iem* (*daar*) ~*?* anybody against (that)?; *wat is er* (*op*) ~ (*om het te doen*)*?* what is there against (doing) it?; *er is* (*op*) ~ *dat we te laat komen* the drawback is that we'll be late; *er fel* (*op*) ~ *zijn* be dead set against it; *ik* ***heb er*** *niet*(*s*) (***op***) ~ *te gaan* I don't mind going; *heb je er* (*op*) ~ *dat ik rook* (*het hem vertel*)*?* do you mind (object to) my smoking (my telling him, object if I tell him)?; *als je er niet*(*s*) (*op*) ~ *hebt* if you do not mind; *ik heb er niets* (*op*) ~ I don't object; *ik heb iets* (*niets*) ~ *hem* (*op hem* ~) I have s.t. (nothing) against him; *iets* ~ *iem hebben,* (*ook*) have a grudge (a grievance) against a p.; *wat heb je* ~ *me?* what have you against me?; *het enige wat ik* ~ *hem heb is* ... my only quarrel with him is ...; *ik* ***kan*** *daar niet* ~ I cannot stand it; that sort of thing upsets me; (*v spijs, enz*) it does not agree (it disagrees) with me, it does not suit me; *ze kon niet* ~ *het klimaat* she could not bear (*fam:* stick) the climate; *zie ook* verlies; *hij* ***sprak*** *er* ~ *en stemde ervoor* he spoke against and voted for it; ~

iem spreken speak against a p.; *vgl* 2; *de bewijzen* ***voor*** *en* ~ the evidence pro and con; *daar kun je niets* ~ ***zeggen*** you can say nothing against it; *zie ook* best, wind, zuur, enz; 4 (*benadering, inz tijd*) by [by noon he had finished, be back by three, by the time when *dat*], towards [he came towards three o'clock]; ~ *de* ***dertig*** going (getting on for) thirty; ~ (*de*) ***£ 10*** just (close) on £10; *het is* ~ ***enen*** it is (just) on one o'clock; ~ *het* ***eten*** just before dinner; *zie ook* lopen; 5 (*met het oog op*) against [lay in coal against the winter; lay money by against a rainy day]; 6 (*in ruil voor, prijs*) at [at that price; at three guilders a yard]; ~ ***betaling*** *van* on payment of; *twee paar schoenen* ~ ***elkaar*** *dragen* wear ... alternately, in turns; ~ *zijn* ***reçu*** [provide him with any sums he wants] against his receipt; ***verzekeren*** ~ *2%* insure at the rate of two per cent; 7 (*vergeleken bij*) to [that is nothing to what I did]; *de winst beloopt ...* ~ *... verleden jaar* the profit amounts to ... as against (as compared with) ... last year; 8 (*jegens*) to(wards) [be kind, rude, etc to(wards) a p.]; with [be honest with a p.]; II *bw: we hadden de wind* ~ we had the wind against us, the wind was against us; *hij heeft iedereen* (*zijn uiterlijk, enz*) ~ everybody (his appearance, etc) is against him; *het is lelijk, als je hem* ~ *hebt* he is a bad man to be up against; *iem* ~ *krijgen* get on a p.'s wrong side; *zie ook* voor; III *zn: het voor en* ~ the pros and cons, the merits and demerits

tegen|aan against; *bemoei je er niet* ~ don't meddle (in it), keep out of it; *er* ~ *gaan* tackle, get down to [a job], go at it; *er* ~ *gooien* put [lots of energy, money] into it (the job, etc); *er* ~ *zitten te kijken* be afraid to tackle [s.t.]; *zie ook* tegen I.2 & aanlopen, aanhikken, enz; **-aanbod** counter-offer, counter-bid; **-aanval** counter-attack; *een* ~ *doen* (*tegen*) counter-attack; **-actie** countermove; **-antwoord** rejoinder; (*jur ook*) replication; **-argument** counter-argument; **-beeld** counterpart, contrast; **-bericht** message (*handel:* advice) to the contrary; *als ik geen* ~ *krijg* (*zonder* ~) unless I hear (if I don't hear anything; *handel, ook:* unless you advise me) to the contrary; **-beschuldiging** recrimination, countercharge; **-betoog** counter-argumentation, counter-demonstration; **-bevel** countermand; *er werd* ~ *gezonden* the order was countermanded; **-bewijs** counter-proof, -evidence; **-bezoek** return visit (*of:* call); *een* ~ *brengen* return a visit; **-bod** counter-bid; **-cultuur** counter-culture; **-deel** reverse, opposite, contrary; *bewijs van het* ~ proof to the contrary; *ik beweer het* ~ I make the contrary claim; *het* ~ *is waar* the truth is (the facts are) otherwise; **-doelpunt** goal against; (*tijdens wedstrijd*) goal in reply; *een* ~ *maken* score in reply; **-draads** against the grain; **-drinken** *zie* -eten; **-druk** counter-pressure; reaction; **-effect** (*bilj*) check side; **-eis** counter-claim, -demand; *een* ~ *instellen* counter-claim [for damages]; **-eten**: *zich* (*op*) *iets* ~ take a loathing to s.t., turn against s.t.; *ik heb het me -gegeten* (*-gedronken*) I'm off it (off fish, etc); **-gaan** oppose, counter [a tendency, the serious situation], counteract, check, fight, combat; (*minder sterk*) discourage [a custom, bad habits]; **-gas**: ~ *geven,* (*fig*) apply counter-pressure; ~ *geven tegen, zie* tegengaan

tegengesteld opposite, contrary [*aan* to]; *het ~e effect hebben* be counter-productive; *het zou een uitwerking hebben* ~ *aan de beoogde* it would have to the opposite effect to the one intended; *in de ~e richting van zijn huis* in the direction opposite to his house; *het ~e* the opposite (reverse, contrary); *het ~e van knap* [he is] the reverse of clever; ~ *draaiend* contra-rotating [airscrews]

tegen|gif(t) antidote (*ook fig*); **-goal** *zie* -doelpunt; **-hanger** counterpart; *zie ook* pendant; (*fig ook*) foil [Brutus's dramatic foil, Cassius]; **-hebben** 1 have against (opposed to) o.s.; 2 be handicapped by; *hij heeft zijn leeftijd tegen* his age is against him; **-houden** stop [a p., a runaway horse], hold [a car with the brakes], check, arrest [a thing in its course], stem [a flood of tears], hold up [a train, the traffic], retard [progress]; *men kan de tijd niet* ~ you cannot hold back time; *hij is niet tegen te houden* there is no holding him; **-in** *zie* tegen I.1 & 3; **-kandidaat** competing candidate, candidate of the other party, [his] opponent; *geen* ~ *stellen tegen de Heer R* not run a candidate against Mr R; *zonder* ~ *gekozen worden* be returned unopposed; *zonder -kandidaten,* (*ook*) uncontested [election]; **-kant** other side, reverse; **-kanten** *zie* kanten: zich ~ tegen; **-kanting** opposition; ~ *ondervinden* meet with opposition; **-klacht** countercharge; **-komen** meet, run across [a p.], come across [a p., an expression], come (light, happen, chance) (up)on; *zichzelf* ~ be knackered; have a fit of depression; be faced with one's limitations; **-koning** anti-king; **-koppeling** (negative) feedback; **-kracht** counter-force, opposing force; *optredende ~en,* (*ook*) cross-currents; **-lachen** smile at (on, upon); *zie ook* toelachen; **-lichtopname** photograph taken against (into) the light, contre-jour shot; **-ligger** (*mar*) meeting vessel; (*auto*) oncoming car; *~s* oncoming traffic; (*op één rijbaan v snelweg*) contraflow ; **-lopen** (*eig*) go to meet; *het liep hem tegen* things went badly with (went against) him, he was out of luck, he struck a bad patch (of luck, in his business, etc); *alles loopt mij tegen* nothing (ever) goes right for me; **-maatregel** countermeasure; **-maken**: *iem iets* ~ put a p. off s.t. [you've put me off cream, don't put him off his books], put a p. out of conceit with s.t.; **-mars** countermarch; *een* ~ *uitvoeren* countermarch; **-middel** antidote, remedy; **-mijn** countermine; **-natuurlijk** against (contrary to) nature, unnatural; **-natuurlijkheid** unnaturalness; **-offensief** counter-offensive; **-offerte** counter-offer

tegenop up [see that hill? we have to get up it]; *ik kan er niet* ~ it's too much for me; [*wat een kanjer!*] *daar kan de mijne niet* ~ it knocks spots off mine; *ik zie er* (*als een berg*) ~ I don't look forward to it (I'm dreading it); *zie verder* opkunnen, enz

tegenorder countermand; *zie* tegenbevel

tegenover opposite (to), over against, facing [the door facing the landing]; face to face with, up against [a difficulty, the whole world]; in front of [he made me look a fool in front of the others]; [900] (as) against [450 last year]; versus [the issue of the Peers versus the people]; to [his obligations to us]; towards [his sentiments towards us]; *zie ook* tegenstelling: in ~ met; *de duim ~ de vingers brengen* oppose the thumb to ..., *de aanklager ~ de aangeklaagde zetten* confront the accuser with the accused; *verlegen ~ vrouwen* shy with women; *je kunt dit ~ die feiten niet volhouden* you cannot maintain it in (the) face of these facts; ***eerlijk** zijn* (*zijn **plicht** doen*) *~ iem* be honest with (do one's duty by) a p.; hij woont ***hier*** (*daar*) ~ he lives across the road (from us), over the way; ***staan*** ~ be confronted (faced, face to face) with [a crisis, difficulties]; *~ elkaar staan* (*zitten*) face each other, stand (sit) face to face; *tot men er ~ staat* [ignore things] till one is up against them; *hoe staan we ~ elkaar* (*Amerika*)? how do we stand in relation to each other? (where do we stand with America?); *daar staat ~ dat hij ...* on the other hand, he ...; ***stellen*** ~ set [one's opinion] against [one's father's]

tegenover|gelegen opposite; **-gesteld** opposite, contrary; *zie ook* tegengesteld; **-liggend**, **-staand** opposite; facing [page]; **-stellen** oppose [one's will to another's], confront [Rembrandt and Hals], set [one thing] against [another], offer [a reward] in compensation

tegen|partij opponent (*sp ook mv*), adversary, opposing (*jur:* opposite, other) party (*sp:* team, side), opposition; **-passaat** anti-trade (wind); **-paus** antipope; **-pool** antipole, direct opposite; **-prestatie** quid pro quo, compensation, (s.t. offered in) return, equivalent; *als ~* in return; **-produktief** counterproductive; **-pruttelen** grumble, (mutter in) protest; **-punt** (*sp*): *X won zonder een enkel ~* X won without conceding a point; *een ~ maken* score in reply; **-rekening** 1 contra account; 2 (*-vordering*) counter-claim; **-scoren** score in reply; **-slaan** *zie* -lopen & -vallen; **-slag** reverse, misfortune, setback, check, blow, piece (stroke) of bad (ill) luck; **-spartelen** kick and flounder, struggle [the child cried and struggled], resist; (*ve paard, fig v pers*) jib; (*fig ook*) hang back, demur; **-sparteling** resistance, jibbing, demur; **-speelster** *zie* -speler; **-spel** opposing play, opposition; *vgl* weerwerk; **-speler** (*sp*) opponent; (*theat*) opposite number, antagonist; *de ~ zijn van X,* (*theat*) play opposite (to) X; **-spoed** adversity, ill-luck, tribulation; *~ ondervinden* fall on evil days

tegen|spraak contradiction; (*lijnrecht*) *in ~ met* in (flat) contradiction with (to); *in ~ zijn met,* (*ook*) contradict, be contradicted by; *haar blik was in ~ met haar woorden* her ... gave the lie to (belied) her words; *met zichzelf in ~ komen* (*zijn*) contradict o.s.; *zonder ~* without contradiction; (*onbetwistbaar*) incontestably, indisputably; *geen ~!* don't argue!; **-spreken** contradict, deny [it was officially denied], counter [an argument]; *brutaal ~* answer back, give back-answers; *afdoende ~* refute [a suggestion]; *spreek niet tegen,* (*ook*) don't argue; *zich ~* contradict o.s.; *deze bewering is moeilijk tegen te spreken* this statement can hardly be contested; *elkaar ~d* contradictory [orders]; *zie ook* tegenspraak: in ~ zijn met; **-sputteren** mutter [objections], grumble; *niet zonder ~* not without protest; **-staan**: *het eten* (*het idee*) *stond hem tegen* (*begon hem tegen te staan*) his food (the notion) revolted him, he loathed (turned against) his food; *de hele zaak staat me tegen* the whole thing is repugnant to me, I am sick of everything; *gaan ~* pall [on a p.; pleasure may pall]

tegenstand resistance, (*ook astron:*) opposition; *~ bieden* offer resistance, resist; *~ bieden aan* resist, withstand [changes of temperature]; *met succes ~ bieden aan* make a successful stand against; *zonder ~ te ondervinden* [enter] unopposed

tegenstand(st)er adversary, opponent, antagonist; *de -standers,* (*ook*) the opposition

tegenstellen oppose; **tegenstellend** (*gramm*) adversative [conjunction]; **tegenstelling** contrast, contradistinction, antithesis, opposition; *een ~ vormen met* contrast with; *in ~ met* as contrasted with, in contradistinction to, as opposed to, as distinct from, as against, in contrast with (to); *in ~ met haar moeder,* (*ook*) unlike her mother [she is quite bright]

tegen|stem 1 (*muz*) counterpart; 2 vote against, nay; *vgl* -stemmen; **-stemmen** vote against it (a proposal, etc), vote negatively [*ook:* the Liberals voted against]; *vgl* voorstemmen; **-stemmer** dissentient; *~s,* (*Lagerhuis*) noes, (*Hogerhuis*) non-contents; **-stof** antibody; **-stoot** (*ook fig*) counterthrust, riposte, counterstroke, counterblast; **-streven** I *intr* resist; II *tr* oppose, resist, stand up against; **-strever** opponent; **-stribbelen** *zie* -spartelen & -sputteren

tegen|strijd contradiction; *in ~, zie* strijd: in ~, *& vgl* -strijdig; **-strijden** *zie* -spreken; **-strijdig** contradictory [reports, telegrams], conflicting [views, statements, emotions], clashing [interests]; **-strijdigheid** contrariety [of opinion], contradiction, discrepancy [there are some discrepancies in her story]

tegen|stroom 1 (*mar*) counter-current; (*natuurk*) counter-flow; 2 (*elektr*) inverse (reverse) current; *~ geven* reverse the current; **-vallen** be disappointing, fall short of (not come up to) one's expectations, not answer so well as was expected; *je* (*het resultaat*) *valt mij tegen* I am disappointed in you (with the result); *maar het viel hem tegen* [he tried to pump me,] but he got nowhere; **-valler** disappointment, [that's a] blow, [it's a bit of a] come-down (a setback, a piece of bad luck); **-verklaring** counter-statement; **-verwijt** recrimination; **-verzekering** legal expenses insurance; **-voeter** antipode; *de ~ zijn van,* (*fig*) be the (very) antipode of (to); *bij de ~s,* (*ook*) down under; **-voorbeeld** counter-example; **-voorstel** counter-proposal; **-vordering** counter-claim;

als ~ per contra; **-vraag** counter-question; **-waarde** equivalent; **-weer** resistance; **-werken** work against, oppose, cross, thwart, obstruct, counter(act); **-werking** opposition, obstruction; **-werpen** object; **-werping** objection; *~en maken* raise objections [to s.t.], make difficulties; **-wicht** (*ook fig*) counterpoise [*tegen* to], counterweight, counterbalance, counter-influence; *een ~ vormen tegen* counterbalance, neutralize; **-wind** adverse (contrary, head) wind; *zie* tegen II; *door ~ opgehouden* wind-bound; *met ~ te kampen hebben* ride in the teeth of the wind

tegen|woordig I *bn* present; present-day [London, English]; *zie ook* hedendaags; *de ~e huurder* the sitting tenant; *de ~e tijd* the present time, (*gramm*) the present (tense); *~ zijn* be present, be in attendance, attend, be in evidence; *~ zijn bij, zie* bijwonen; *van ~* [the Irish] of today; II *bw* at present, at the present day, nowadays, today, [you have to economize] these days; (*Am*) currently; **-woordigheid** presence; *werkelijke ~,* (*r-k*) real presence; *in zijn ~* in his presence; *in ~ van* in the presence of, before [the whole company]; *~ van geest* presence of mind; **-zang** antistrophe, antiphon(y); **-zee** backwash; **-zet** countermove, counterstroke; **-zijde** other side, reverse

tegenzin dislike, antipathy, aversion; *~ in* dislike of, aversion to (from, for), disinclination to (for); *een ~ hebben in* dislike; *een ~ krijgen in* take a dislike to; ***met*** *~* reluctantly, unwillingly, grudgingly, with an ill will, [do one's work] with a bad grace; *met grote ~* with great reluctance; *het gaat met ~* it goes against the grain (with me); *zie ook* afkeer & fris

tegenzitten 1 be (go) against [fate was against us]; *het zit hem tegen* things are going against him; 2 (*kaartsp*) have a strong opposing hand

tegoed [bank, credit] balance; *zie ook* overschrijden; *~ hebben* have owing (outstanding); zie 2 goed 1: te ~; **tegoedbon** credit note

tehatex drawing, handicraft and textural art

Teh(e)ran id

tehuis I *zn* home; (*stil, afgezonderd*) retreat; [Salvation Army] hostel; *~ voor daklozen* shelter for the homeless; *~ voor zeelieden* sailors' home; II *bw zie* thuis

teil [zinc] tub; ~(*tje*) [plastic] bowl, basin

teint complexion

teisteren afflict, ravage, harass, scourge, visit; sweep [a blizzard swept the country; the fire-swept town]; (*vooral v rovers, ziekte, ongedierte*) infest; *het geteisterde gebied* the stricken area; *door de pest geteisterd* plague-infested [regions]; *door een storm geteisterd* swept (*ve schip:* buffeted) by a gale, storm-swept [coast]; *door de oorlog geteisterd* war-stricken

tekeergaan (*v pers*) take on, carry on [don't carry on so, *of:* like that], go on [*tegen iem* at a p.], inveigh [*tegen* against], storm [*tegen* at], cut up rough; *verschrikkelijk te ~ gaan* raise Cain, kick up a devil of a fuss, shout the place down, go on the rampage; (*ve storm, e.d.*) rage, ravage, make havoc

teken 1 sign (*ook in rek:* like, unlike signs; *& in dierenriem*), token, mark; indication; (*vastgesteld*) signal; *er zijn ~en die erop wijzen dat ...* there are indications that ..., the evidence points to ...; *~en en wonderen* [Jesus did] signs and wonders; *als een ~ van achting* as a mark of esteem; *een goed* (*slecht*) *~* a good (bad) omen (*of:* sign); *iem een ~* ***geven*** *om ...* give (make) a p. a sign to ..., sign to a p. to ...; *een* (*geen*) *~ van* ***leven*** *geven* give a (no) sign of life; *een ~ des* ***tijds*** a sign of the times; (*het is een*) *~* ***aan*** *de wand* (the) writing (is) on the wall; ***in*** *dit ~ zult gij overwinnen* in (by) this sign thou shalt conquer; *onze tijd staat in het ~ van het verkeer* (*de drugs*) traffic dominates life nowadays (this is the age of drugs); ***op*** *een gegeven ~* at (on) a given signal; 2 (*ziekte~*) symptom; 3 (*lees~*) stop, punctuation mark; 4 (*zinnebeeld*) token; ***ten*** *~ van* in token of [our friendship]; *~en van iems ambt* insignia of office; **tekenaap** pantograph; **tekenaar** 1 (*algem*) drawer, draughtsman; (*beroeps~*) draughtsman, designer, (*kunst*) artist; 2 (*onder~*) signatory (*van* to, of [a treaty])

teken|academie academy of arts, art school, school of art; **-achtig** 1 graphic (*bw:* -ally); 2 picturesque; **-behoeften** drawing materials; **-bevoegdheid**: *A heeft ~* A is an authorized signatory; **-blok** drawing block; **-boek** sketchbook, drawing-book; **-bord** drawing-board; **-doos** drawing-case; **-driehoek** set square, triangle

tekenen 1 draw, sketch, delineate, paint; *fijn getekende wenkbrauwen* delicately pencilled eyebrows; ***naar*** *de natuur* (*naar gipsmodellen*) *~* draw from nature (from casts); 2 (*onder~*) sign; (*in~*) subscribe [*op een lening* to a loan]; *het stuk was door de Koning getekend* the document was under the King's hand; *door hem getekend,* (*ook*) [a letter] over his name (*of:* signature); (*was getekend*) *GN,* (Sgd, signed) GN; *hij tekende* ***zich*** *Jas Hook* he signed (wrote) himself ...; (*iets*) ***met*** *zijn naam ~* sign one's name, subscribe one's name [to a will]; *ik teken niet* ***op*** *die lijst* I will not put my name to that list; *~* ***voor*** sign for [the receipt of the goods; (*fig*) three goals]; *voor 10 gulden ~* subscribe ten guilders; *voor 6 jaar ~,* (*mil*) sign on for six years; *100 gulden ~ voor* (*de oprichting van*) *een standbeeld* subscribe a hundred guilders towards (the erection of) ...; *~ voor de firma* sign for the firm; *voor gezien ~* visa; 3 (*ve teken voorzien*) mark [linen], earmark [sheep]; *een mooi getekende hond* a beautifully marked dog; *voor het leven getekend,* (*door straf, enz*) marked for life; 4 (*kenmerken*) characterize; *dat* (*antwoord, enz*) *tekent hem* that (answer, etc) is characteristic of him (shows what he's like); 5 (*ve jachthond*) mark, point; 6 (*tekenen vertonen:*) *hij tekent gauw* he quickly shows signs of tiredness, etc; (*ve paard*) mark; *zie ook* getekend, leven, vonnis, enz; **tekenend** characteristic (*bw:* -ally); *~e uitdrukking* telling phrase; *dat is ~ voor hem, zie* tekenen 4; *zulke feiten zijn ~* such facts are signifi-

cant (*voor deze tijd* of ...)
tekenfilm (animated) cartoon; **tekengeld** token money; **tekengereedschap** drawing instruments; drawing materials; **tekenhaak** (T-, tee-)-square
tekening 1 drawing, sketch; (*ontwerp*) design, plan; (*ter verduidelijking*) [as shown in the] diagram; (*vd huid, zaden, enz*) marking(s); *er begint ~ in de toestand te komen* the situation is becoming clearer; the (a) pattern is beginning to emerge (to develop); 2 (*onder~*) signature, (*het ondertekenen*) signing; *ter ~ voorleggen aan* present [the decree] to [the President] for his signature; *klaar ter ~* ready for signature
teken|inkt drawing ink; **-kamer** (*ve architect*) drawing office; **-klas** art class; **-krijt** crayon, drawing chalk; **-kunst** art of drawing, draughtsmanship; **-leraar** drawing-, art-master; **-lerares** drawing-, art-mistress; **-les** drawing-, art-lesson; **-mal** (French) curve; **-munt** token coin; **-papier** drawing-paper; **-pen** drawing-pen; **-plank** drawing-board; **-potlood** drawing-pencil; **-schrift** 1 graphic system; 2 drawing copy-book; **-set** character set; **-tafel** drawing-table; (*kunst*) drawing easel; **-werk** drawing(s); (*ve architect, bijv*) draughting
tekkel dachshund
tekkelen (*sp*) foul; (*eerlijk*) challenge
tekort (*algem*) shortage [a shortage of £100, of 100 bags, of staff, of teachers], shortfall, deficiency; (*geldzaken*) [balance of payments] deficit, deficiency [on the budget]; *~ op de handelsbalans* trade gap; *~ aan geld* (*tarwe*) shortage of money (wheat); *~ aan kennis* gap in one's knowledge; *een ~ aan leraren hebben,* (*ook*) be short of ...; *er is een ~ aan suiker* sugar is short; *het ~ inhalen* make up (for) arrears [of sleep, etc]; *~ doen, enz, zie* kort; **tekortkoming** shortcoming, failure, imperfection
tekst text; (*verband*) context; (*bijschrift bij plaat*) letterpress, (*onderschrift*) caption; (*bij muziek*) words, (*ve song*) lyric; (*ve film*) script; *zie ook* ~boekje; *~ en uitleg geven* give chapter and verse [*van* for]; *een ~ opgeven,* (*in kerk*) give out a text; *bij zijn* (*de*) *~ blijven* stick to one's text (one's point); *van de ~ raken* wander from the point, lose the thread of one's discourse
tekst|boekje libretto (*mv:* -ti, -tos), book of words; **-criticus** textual critic; **-dichter** (*opera*) librettist; (*songs*) lyricist, song-writer; **-haak(je)** [square] bracket; **-kritiek** textual criticism; **-marker** text marker; **-schrijver** (*reclame*) copywriter; (*film*) scriptwriter; (*musicals, enz*) librettist; (*songs*) lyricist; **-ueel** textual; **-uitgave** original text edition; **-uitlegger** exegete; **-verbetering** emendation; **-verklaring** textual explanation; (*theol*) exegesis; **-vervalsing** falsification of a (the) text; **-verwerker** word processor; **-verwerking** word processing; **-woord** (*kerk*) text
tektoniek tectonics; **tektonisch** tectonic [earthquakes]
tel count; *de ~ kwijt raken* lose count; *ik ben de ~ kwijt* I've lost count; *dat is een hele ~* that takes some counting; ***bij** de ~ verkopen* sell by number (by tale); ***in** twee ~len* in two sec(ond)s (ticks); *in tien ~len* [I shall be back] in less than no time; *in twintig ~len* while you might count twenty; *niet in ~ zijn* be of no account; *hij is helemaal niet in ~* he is a mere cipher (a nobody); *zie ook* meetellen; ***op** ~,* (*gymnastiek*) by numbers; *pas op je ~len* mind your p's and q's, watch out, watch your step; *als je niet op je ~len past* if you are not careful
telaatkomen *zie* laat; **telaatkomer** latecomer
telastlegging imputation; (*jur*) charge
telbaar countable; **telbuis** counter
telecard phonecard; **telecom** id; **telecommunicatie** telecommunication; **teledienst** (*vglb*) helpline; **telefax** id
telefonade long (series of) (tele)phone call(s)
telefoneren telephone, (*fam*) phone [a p. *met iem; om* for]; *ik heb naar zijn huis getelefoneerd* I have been on the (tele)phone to (*fam:* have phoned) his home; *over iets ~* discuss s.t. on (over) the phone; *zie ook* opbellen; **telefonie** telephony; **telefonisch** I *bn* telephonic, (tele)phone; *~ bereikbaar, a*) on the phone; *b*) within reach of a phone; *~ bericht* (tele)phone message; *~e colportage* telesales; (*ong*) junk call; *~ gesprek* (*onderhoud*) phone-call (telephone conversation); II *bw* telephonically, by (over the) (tele)phone; **telefonist(e)** (telephone) operator, (female) telephonist; **telefoon** telephone, (*fam*) phone, (*sl*) blower; (*oorstuk*) earpiece; *zie ook* kop~; *~tje* [answer her] phone call; telephone message; *ze hebben geen ~* they have no telephone, are not on the telephone; *er is ~ voor u* you're wanted on the telephone; *de ~ aan de haak hangen* hang up the phone (the receiver); *aan de ~* [listen, be] on, [come] to the telephone; *aan de ~ blijven* hold the line; *de hele dag aan de ~ hangen* be using the phone all day; *per ~* by telephone, over (*of:* on) the telephone
telefoon|abonnee telephone subscriber (customer); **-beantwoorder** (telephone) answering machine; **-boek** telephone directory, telephone book, phone-book; **-botje** funny-bone; **-cel** call-box; telephone box (booth, kiosk); **-centrale** telephone exchange; (*huis~, ook*) switchboard; **-gesprek** 1 (tele)phone conversation, talk over the (tele)phone; 2 telephone call, phone-call; *zie ook* gesprek; **-gids** *zie* -boek; **-haak** (telephone-)clamp; **-hoorn** handset, telephone receiver; **-juffrouw** telephonist, operator; **-kaart** phonecard; **-kantoor** 1 telephone exchange; 2 (public) call-office; **-klapper** telephone index; **-kosten** telephone charges; **-net** telephone system; **-nummer** telephone number; **-paal** telephone pole; **-programma** (*radio*) phone-in (programme); **-schelp** telephone hood; **-snoer** receiver (handset) cord; **-taxi** minicab; **-toestel** telephone, telephonic apparatus; *extra ~* extension-telephone
telefoto telephoto(graph); **telefotografie** telephotography; **telegeniek** telegenic

telegraaf telegraph [cable, charges, form, line, linesman, messenger, office, pole, service, system]; *per ~* by wire; **telegraferen** wire, telegraph; (*overzees*) cable; *~ om* wire (etc) for; **telegrafie** telegraphy; **telegrafisch** telegraphic (*bw:* -ally); *~ antwoord* wired (cabled) reply, reply by wire; *~ antwoorden* reply by wire; *~ overmaken* telegraph, wire, cable [money]; *~e postwissel* telegraph(ic) money order; *~e remise, ~e wissel* telegraphic transfer (TT), cable transfer; **telegrafist(e)** telegraphist, telegrapher, (telegraph) operator
telegram id, wire; (*kabel~*) cablegram, (*fam*) cable; *~ met betaald antwoord* reply-paid telegram; **telegramadres** telegraphic address, cable address; (*in briefhoofd*) telegrams; **telegramstijl** [a message in] telegram style; (*fam*) telegraphese
telekinese telekinesis; **telelens** id, telephoto lens; **telematica** telematics; **telemeter** id; **telemetrie** telemetry
telen grow, cultivate; (*dieren*) breed, rear; (*kinderen, vero*) beget, procreate
teleologie teleology; *in de ~ geloven,* (*ook*) believe in final causes; **teleologisch** teleological
telepaat telepathist; **telepathie** telepathy, thought-transference; **telepathisch** telepathic (*bw:* -ally); **teleprompter** id, (*fam*) goggleboard
teler grower, cultivator; breeder; begetter, procreator; *vgl* telen
telescoop telescope; **telescoopantenne** telescopic aerial (*Am:* antenna); **telescoperen** telescope; **telescopisch** telescopic (*bw:* -ally)
teletekst teletext; (*vd BBC, vglb*) Ceefax
teleurgang decline; ruin; (*sp*) defeat; **teleurstellen** disappoint, [don't] let [me] down, frustrate; *iems verwachtingen ~* disappoint a p.'s expectations (hopes; *ook:* his hopes were disappointed); *je* (*het*) *stelt me teleur,* (*ook*) I am disappointed in you (it); *teleurgesteld over* disappointed with [the result]; **teleurstelling** disappointment; frustration
televisie television, TV [aerial, camera, channel, network, news, programme, screen, series, studio, tube]; (*fam*) telly; *per ~ uitzenden, op de ~ brengen* televise [a boxing-match]; *zie ook* kijker
televisie|ontstoord TV-suppressed; **-ontvanger**, **-toestel** television (receiver, set), TV (set); **-uitzending** television broadcast, telecast; **-zender** television (broadcasting) transmitter, television transmitting station
telewerken *zn* telecommuting, teleworking
telex id, teleprinter, (*Am*) teletype
telfout error in the addition
telg 1 (*ve mens*) descendant, scion, offshoot; *~en,* (*ook*) offspring; *zie ook* spruit; 2 (*ve plant*) shoot, sprout, scion
telgang amble, ambling gait; *in ~* at an amble; **telganger** ambler, ambling horse, pacer
teljoor plate
telkenjare annually, yearly
telkenmale, **telkens** again and again, over and over again, every now and again, time and again, at every turn; (*in elk bijzonder geval*) every (each) time, in each case [meetings will be held in each case at 7.30 pm]; *telkens drie* three at a time, in threes; *telkens wanneer* whenever, every time [I see him he winks]
telkind fiscal child
tellen 1 (*opsommen*) count [he cannot count above ten; he counts for two]; *hij stond alsof hij geen **tien** kon ~* he looked as if he could not say boo to a goose (as if butter wouldn't melt in his mouth); ***over**, **opnieuw** ~* re-count; ***tot** 5 ~* count up to five; *tot duizend ~* (*om in slaap te komen*) count sheep; *zijn dagen* (*uren*) *zijn **geteld*** his days (hours) are numbered; *goed geteld waren er 50* there were fifty all told; 2 (*rekenen*) count; ***niet** ~,* (*niet opzien tegen*) think (make) nothing of [a trip to B]; *ik tel hem **onder** mijn vrienden* I count (number, reckon) him among my friends; 3 (*bedragen, omvatten*) number [the strikers number about 600]; run to [800 pages]; 4 (*gelden*) count; *dat telt **niet*** that does not count [*bij mij* with me], counts (*of:* goes) for nothing [with me]; *zie ook* 2 & mee~; 5 (*opvatten*) reckon; *tel zulke intriges niet te gering* don't think too little of ...; *iets niet* (*of:* ***licht***) *~* make light of a thing; 6 (*oud zijn*) number [ten years]; *als de koning jaren telt* [as many poor men and women] as the king has years; **teller** 1 counter (*ook instrument*), reckoner, teller; (*bij volkstelling*) enumerator, census-taker; (*sp*) scorer; 2 (*ve breuk*) numerator; **telling** count, counting, (*volks~*) census, enumeration
tellurisch telluric; **tellurium** 1 (*instrument*) tellurion, tellurian; 2 (*element*) tellurium
telmachine calculator, adding-machine
teloorgaan get (be) lost; **teloorgang** loss
tel quel as it (etc) is; (*handel*) id, tale quale [rate]
telraam bead-, counting-frame, abacus; **telwerk** 1 [digital] counter; 2 counting; **telwoord** numeral; *bepaald ~, hoofd~* cardinal (number); *rangschikkend ~, rang~* ordinal (number); *onbepaald ~* quantifier
tem|baar tam(e)able; **-baarheid** tam(e)ability
temee 1 at once; 2 just now; **temeer** all the more; *zie* 2 meer II.1
temen drawl, (*huilerig*) whine; **temer** drawler, whiner; **temerig** drawling, whining; **temerij** drawling, whining
temet 1 now and then; 2 perhaps; 3 almost
temidden in the midst [of]; *zie* midden: te ~
temmen tame, subdue, domesticate [a magpie]; **temmer** tamer, trainer
tempeest tempest
tempel temple, shrine; (*dicht*) fane; **tempeldienaar** priest; **tempelheer** templar; **tempelier** templar; *drinken* (*zuipen*) *als een ~* drink like a fish; **tempelorde** order of Knights Templars; **tempelridder** Knight Templar
tempera 1 (*water- en-lijmverf*) distemper; *~ schilderen* (paint in) distemper; 2 (*emulsieverf*) [a fresco in] tempera
temperament id, temper; [a woman of] spirit; *hij is oproerig van ~* temperamentally (*of:* by tem-

perament) he is a rebel; **temperamentvol** spirited; (*ook ong*) temperamental
temperaturen: (*iem*) ~ take a p.'s temperature
temperatuur temperature (*ook: verhoging*); (*muz*) [equal *gelijkzwevende*] temperament; ~ *in de schaduw* shade temperature; *iems ~ opnemen* take a p.'s temperature; *op ~ brengen* (*komen*) warm up [the engine; the engine warmed up]; *daling* (*stijging*) *van ~* fall, drop (rise, increase) in temperature; *zie ook* verhoging; **temperatuurlijst** temperature chart; **temperatuurmeter** temperature gauge; **temperatuurschommeling** temperature fluctuation; **temperatuurstaat** *zie* -lijst; **temperatuursverschil** difference in temperature
temperen 1 (*verzachten*) temper [heat, a p.'s ardour], damp(en) [sound, zeal], assuage [misery, pain], allay [pain, grief], mitigate [anger, sufferings, the severity of punishment], season [season (*of:* temper) justice with mercy], qualify [a p.'s optimism], deaden [sound], soften [sound, colours, light], tone down [colours]; *getemperd licht* subdued light; 2 (*harden v metaal*) temper [steel]; **tempering** tempering, mitigation, etc; **tempermes** palette-knife; **temperoven** tempering-furnace
tempo 1 (*muz*) time, tempo; 2 (*algem*) pace [the pace of the march; hasten the pace, the pace at which expenditure is growing], [develop at a rapid] rate, [stroll on in a leisurely] tempo; *in snel ~ lopen* (*vliegen*) make fast time; *in langzamer* (*sneller*) *~ gaan werken* slow down (speed up) work; *het ~ aangeven,* (*ve mars, bijv*) set the pace; *het ~ is te snel* the pace is too hot
temporair temporary; **temporaliën** temporalities; **temporeel** temporal; **temporiseren** 1 temporize, soft-pedal, defer, put off; play for time; 2 timetable, schedule
temptatie 1 (*verzoeking*) temptation; 2 (*kwelling*) vexation; **tempteren** 1 (*verzoeken*) tempt; 2; (*kwellen*) vex; **tempus** (*gramm*) tense
ten: ~ *eerste, tweede, derde, elfde, enz* first(ly), secondly, thirdly, in the eleventh place, etc; *zie ook* deel, oosten, slot, enz
tenaamstelling (entry of) holder's (owner's) name [of a licence, a trade-mark]
tenachterstellen discriminate against, subordinate
tenaciteit tenacity; (*techn ook*) ultimate tensile stress
tendens tendency, trend; **tendensroman** problem novel, novel with a (social, political, etc) message; **tendensstuk** problem play; **tendentie** tendency; **tendentieus** tendentious
tender (*boot, wagen, & bod*) id
ten'deren tend (*naar* to)
tenderlocomotief tank-engine
teneinde in order to; *zie* eind 1: ten ~e
tenen *bn* osier, wicker(work), wickered; ~ *mand* wicker basket
teneur tendency, tenor, drift
tengel lath, batten; (*fam*) paw; **tengelen** lath
tenger slender, slight, slim, delicate; (~ *& elegant*) petite; ~ *gebouwd* slightly built, of slight (slight of) build; **tengerheid** slenderness, etc, delicacy
tengevolge: ~ *van* in consequence of, as a result of; ~ *daarvan,* (*ook*) in consequence, as a result; *zie verder* gevolg
tenhemelopneming *zie* hemelvaart
teniet|doen nullify; *zie* 2 niet II; **-doening** nullification, annulment; **-gaan** perish; *zie* 2 niet II
tenlastelegging charge, indictment
tenminste at least, at any rate; ~ *dat zei hij* [he had been held up,] or so he said; *als hij ~ komt* if indeed he comes
tennis (lawn) tennis; **tennisarm** (*med*) tennis elbow; **tennisbaan** (lawn-)tennis court; *op de ~* on the tennis-court; **tennisbal** tennis-ball; **tennissen** play (lawn) tennis; **tenniss(t)er** tennis-player; **tennisveld** tennis-court(s)
tenonder *zie* onder II: ten ~
tenor (*stem, partij, zanger, instrument*) id
tenor|partij tenor (part); **-sleutel** tenor clef; **-stem** tenor (voice); **-zanger** tenor (singer)
tensie tension
tenslotte finally, lastly, eventually, ultimately, [it comes cheaper] in the end; (*tot slot*) in conclusion, to conclude; ~ *is hij toch verantwoordelijk?* after all, he is responsible, isn't he?; ~ *een enkel woord over* ... a final word about ...; ~ *verdienen ze £ 50.000 per jaar* they end (up) by making ...
tent id; (*grote ~, bij tuinfeest, enz*) marquee; (*kermis~*) booth; (*op dek*) awning; (*ve huifkar*) tilt; (*loofhut*) tabernacle; (*sl: eet- of drinkgelegenheid*) joint, dive, (*drink-*) watering-hole; *de ~en opslaan* (*opbreken*) pitch (strike) tents; *ergens zijn ~en opslaan,* (*fig*) pitch one's tent(s) somewhere; *in ~en,* (*ook*) [live, etc] under canvas; *iem uit zijn ~ lokken* draw a p.; *hij liet zich niet uit zijn ~ lokken* he refused (was not) to be drawn
tentakel tentacle
tentamen preliminary examination; (*fam*) prelim; **tentamineren** *zie* tenteren 2
tentatie *zie* temptatie; **tentatief** tentative
tentdak pavilion-roof, pyramid roof; **tentdek** awning deck; **tentdoek** canvas
tenten probe [wounds]
tentenkamp encampment
ten'teren 1 *zie* tempteren; 2 subject to a preliminary examination (*fam:* a prelim), test; 3 torment, vex
tentijzer probe
tentoon|spreiden display; **-spreiding** display; **-stellen** exhibit, show; *-gesteld worden,* (*ook*) be on show (on exhibition); **-stelling** [international, Italian Art] exhibition, (*Am*) exposition; [World, British Industries] Fair; (*op kleiner schaal*) [flower-, cattle-, baby-]show; **-stellingsterrein** exhibition-, show-ground(s)
tent|paal tent-pole; **-paaltje**, **-pen** tent-peg; **-stok** tent-pole; **-wagen** tilt-cart; **-zeil** canvas
tenue dress, uniform; *in groot ~* in full dress, in full uniform; *klein ~* undress (uniform)
tenuitvoer|brenging, **-legging** execution
tenzelfden: ~ *dage* on the same day; ~ *tijde* at the same time

tenzij unless
tepel nipple, teat, (*wtsch*) mamilla; (*ve dier*) teat, dug; (*tong~tje*) papilla (*mv:* -lae); **tepelhof** areola
ter at (the), in (the), to (the), *vgl* te; for [comparison]; by way of [illustration *verduidelijking*]; in [fulfilment of his promise]; *zie ook* inning, wereld, enz; **teraardebestelling** burial, interment, funeral, inhumation
terato|geen teratogenic; **-logie** teratology
terbeschikkingstelling (*vglb*) preventive detention; *met* ~ (*vd regering*), (*ook*) and ordered to be detained during Her Majesty's pleasure
ter|deeg, **-dege** thoroughly, properly, fully [aware *bewust*], [work, etc] to some purpose; *zie ook* danig, denken, duchtig & flink
terdoodbrenging execution
terebint terebinth
terecht 1 (*met recht*) rightly, justly [popular], deservedly [famous], justifiably [proud], truly [as you truly say], [it has been said] not without truth, [it has] well [been said]; *zeer* ~ quite rightly; *hij merkte zeer* ~ *op* ... he very properly observed ...; *en* ~ [he was angry,] and justly so; [he would have laughed] and with justice; ~ *of ten onrechte* rightly or wrongly; 2 (*op de plaats:*) *ben ik hier ~?* am I right (at the right address) here?; *de sleutel is* ~ the key has been found; *zie ook de sam*
terechtbrengen 1 (*in orde*) put to rights, arrange; *zie ook* orde: in ~; *er niets van* ~ make a mess (a hash) of it; *ze bracht er iets* (*niet veel*) *van terecht* she made some sort of a show (did not make much of a job of it, did not come well out of it); 2 (*terug*) bring back; *wie heeft het boek terechtgebracht?* who has found (brought back) the book?; 3 (*vd slechte weg af*) reclaim [a p.]; *zie ook* thuisbrengen; **terechthelpen** set (put) right; direct [ask a policeman to direct you]
terechtkomen be found again, [the key will] turn up [in a day or two]; *alles komt terecht* everything will come right; *alles kan nog* ~ all may be well yet; *het zal* (*vanzelf*) *wel* ~ things will sort themselves out; (*fam*) it'll all come out in the wash; *deze dingen komen vanzelf terecht* these matters will take care of themselves; *de brief kwam niet terecht* the letter miscarried; *zijn kinderen zullen wel* ~ his ... are sure to fall on their feet; *wat is er van hem terechtgekomen?* what has become of him?; *op zijn voeten* ~ come (land, fall) on one's feet; *hij kan nog wel weer* ~ he may make good after all; *in een sloot* ~ land, find o.s. (*ve bus, enz, ook:* come to rest) in a ditch; *hij kwam terecht in de speelzaal* [he started out for the concert, but] he arrived in the gaming-room; *hoe kom je hier terecht?* how do you come to be here?; *ten slotte kwam ze terecht in een inrichting* she ended up in a mental home; *we komen in een financieel moeras terecht* we are drifting into a financial morass; *er kwam niet veel van terecht* it didn't come to much, it was not much of a success; *daar komt niets van terecht* it will come to nothing; *er komt niets van hem terecht* he will come to no good; *zie ook* belanden
terecht|kunnen be admitted, helped, served, etc; *je kunt in die winkel beter* (*goedkoper*) *terecht* you can do better (buy cheaper) in that shop; *voor brood kun je bij X terecht* you can get (will find) bread at X's; *u kunt nog niet op de kamer terecht* the room isn't made up yet; *met die pas kun je overal terecht* that pass is accepted everywhere; *zie ook* overweg; **-leggen** arrange in proper order; **-staan** stand (one's) trial, be put (placed) on trial, be committed for trial, be tried [*wegens desertie, valsheid in geschrifte* for desertion, on a charge of forgery]; **-stellen** (*de doodstraf voltrekken aan*) execute; (*door elektr*) electrocute; **-stelling** execution; (*door elektr*) electrocution; **-wijzen** 1 set right, correct, put [a p.] on his way again; 2 (*berispen*) reprimand, reprove; **-wijzing** reprimand, reproof; (*onheus*) snub; **-zetten** set straight, straighten; (*fig*) put [a p.] in his place; **-zitting** session (of a, the court); *de* ~ *bijwonen* attend court; *ter* ~ in court; *naar de openbare* ~ *verwijzen* commit for trial [on a charge of murder]
teren 1 (*met teer bestrijken*) tar; 2 (*leven, enz:*) ~ *op* live on; *op eigen kosten* ~ pay one's (own) way; *zij* ~ *op hun oude roem* they are living on their former glory; *zie ook* boom & vet
tergen provoke, badger, (*fam*) aggravate, torment; *de hemel* ~ fly in the face of Providence; *~d,* (*ook*) provocative [language]; **terging** provocation, irritation, etc
tergiversatie tergiversation
terhand: ~ *nemen, enz, zie* hand; **terhandstelling** handing over, delivery
terig tarry
tering 1 (*verbruik*) consumption; *zet de* ~ *naar de nering* cut your coat according to your cloth; *de* ~ *niet naar de nering zetten* live beyond one's means; 2 (*ziekte*) consumption (of the lungs), phthisis; *de* ~ *hebben* be consumptive; *vliegende* ~ *hebben* be in a galloping (*of:* rapid) consumption; (*attr*) consumptive [cough, patient], hectic [cough, flush, fever]; **teringachtig** consumptive; **teringlijder** 1 consumptive; 2 (*min*) rotter
terleengeving loan
terloops I *bw* incidentally, casually, by the way; II *bn* incidental, casual, passing [remark]; *~e opmerkingen,* (*ook*) obiter dicta; *het zij* ~ *opgemerkt* it may be noted in passing
term id; *zoals de* ~ *luidt* as the term goes; *uiterste en middelste ~en* extremes and means; *voorgaande en volgende ~en* antecedent and consequent terms; *er zijn geen ~en voor* (*aanwezig*) there are no grounds for it; ***in*** *~en van* in terms of; *in algemene ~en* in general (broad) terms; *een nota in krachtige ~en* a strongly-worded note; *in de ~en vallen om te* ... be liable to ...; *in de ~en vallen voor* be liable to [military service], be qualified for (qualify for) [a pension], be considered for [promotion]; *hij valt er niet voor in de ~en,* (*ook*) he does not meet the requirements; ***volgens*** *de ~en van de wet* within the meaning of the act; *zie ook* bedekt, geijkt
termiet 1 termite, white ant; 2 thermite; **termieten|heuvel**, **-woning** termitary, termitarium

termijn (*tijdruimte*) term, time; [guarantee] period; (*afbetalings~*) instalment [in monthly instalments]; *een ~ vaststellen* fix a time; ***binnen** de gestelde ~* within the fixed time; ***in** ~en betalen,* (*geld*) pay by (*of:* in) instalments; (*goederen*) pay for by (*of:* in) instalments; *in eerste* (*tweede*) *~ spreken* speak in the first (second) instance; ***op** ~,* (*algem*) in the long run [there will be chances]; (*goederen*) for future delivery, (*effectenbeurs*) for the account; *op ~ verkopen* sell forward; *op korte ~* at short notice; *op de korte* (*middellange, lange*) *~* in the short (medium, long) term; *lening* (*krediet*) *op lange* (*korte*) *~* long- (short-)term loan (credit); *een plan op lange ~* a long-range plan; ***voor** de ~ van* for a term of [five years]
termijn|betaling *zie* afbetaling; **-contract** forward contract; **-handel** (business in) futures; **-koers** forward rate; **-markt** futures (terminal, *deviezen:* forward) market; **-zaken** futures, forward business; *~ doen* do forward business, speculate in futures
terminaal terminal [disease]; **terminal** id; **termineren** terminate [a pregnancy]
terminologie terminology, nomenclature
ternauwernood scarcely, hardly, barely, narrowly [the bullet narrowly missed him; he narrowly escaped drowning]; *~ ontkomen* have a narrow escape (*of:* squeak); *zie ook* nauwelijks
terne tern
terne(d)er down(ward); **terneerdrukken** depress; **terneergeslagen** cast down, dejected, low-spirited; crestfallen; *~ door verdriet* prostrated with grief; **terneerslaan** 1 strike (*of:* knock) down; 2 (*fig*) cast down, dishearten, depress; *zie voor verdere sam* neer-
terp id, (artificial) dwelling mound
terpentijn turpentine; (*fam*) turps; **terpentijnachtig** terebinthine; **terpentijnboom** turpentine-tree, terebinth; **terpentijnolie** oil of turpentine; **terpentine** white spirit
terpostbezorging posting [proof, evidence, (*concr*) certificate of posting *bewijs van ~*]
terra 1 *~ firma* id; *~ incognita* id; 2 terracotta; **terracotta** id; **terrarium** id (*mv:* -ria)
terras 1 terrace; 2 (*voor café*) pavement; *op het ~ zitten* sit outside; **terrascafé** pavement (*of:* outside) café; **terrascultuur** terrace-cultivation, -culture; **terrasdak** stor(e)y roof; **terrastafeltje** (*voor café*) outside table; **terrasvormig**: *~* (*aangelegd*) terraced [country, houses]
terrazzo id; **terrazzowerk** terrace-paving
terrein ground [football-ground, sportsground], [soccer, hockey] pitch; (*vh landschap*) terrain; (*mil*) terrain, ground; (*stuk grond*) plot (of ground); (*bouw~, opgravings~*) (building-, excavation) site; (*fig*) ground, province, field [work in this field; *zie ook* bestrijken], department, sphere; *afgesloten ~* enclosure; *eigen ~,* (*sp*) home ground; (*op bordje*) private; *zie ook de voorbeelden beneden; oneffen ~* uneven (broken) ground; *dankbaar ~ voor* happy hunting-ground of [pickpockets]; *het ~ verkennen* reconnoitre; (*fig ook*) see how the land lies, spy out the land, feel one's way; *~ winnen* gain (make) ground, make headway; *~ verliezen* lose (give) ground; ***binnen** (**buiten**) het ~,* (*school, mil*) within (out of) bounds; *hier was hij **op** zijn eigen ~,* (*ook fig*) ... on his own ground; *iem op zijn eigen ~ ontmoeten* (*aanpakken*) meet (tackle) a p. on his own ground; *hij is daar niet op zijn eigen ~* he is not at home in that subject; *op gevaarlijk ~ zijn* (*komen*) be (get) on dangerous (delicate) ground, be in (get into) deep water(s); *op bekend* (*andermans*) *~,* (*ook fig*) on familiar (someone else's) ground; *zijn rede bewoog zich **over** een heel ~* his ... covered a great deal of ground; *meester **van** het ~* master of the situation
terrein|fiets mountain bike, all-terrain bike, ATB; **-gesteldheid** 1 configuration of the ground; 2 terrain conditions; (*sp*) condition of the pitch (the ground); **-kaart** topographical map; **-kennis** knowledge of the ground; **-knecht** (*sp*) groundsman; **-plooi** dip (*of:* fold) of the ground; **-racen** off-roading, off-road racing; **-rit** cross-country (ride); **-tekening** topographical sketch; **-verheffing** (*hoog en laag*) surface relief; **-verlies** loss of ground; **-voertuig** cross-country vehicle; **-waarde** site value; **-wagen** *zie* -voertuig; **-wedstrijd** (*motor-, wielersp*) cross-country race; **-winst** territorial gain; *~ boeken* gain (make) ground
terreur (reign of) terror; *rode* (*witte*) *~* Red (White) Terror
terriër terrier; **terrine** tureen
terri|toir, **-toor** territory; **-toriaal** territorial [sovereignty, waters]; **-torium** territory
terro|risatie terrorization, intimidation; **-riseren** terrorize, intimidate; **-risme** terrorism; **-rist** id, gunman; **-ristisch** terroristic, terrorist [attack, disorders, group, party]
tersluik(s) stealthily, by stealth, on the sly, clandestinely; *iem ~ aankijken,* (*ook*) steal a look (a glance) at a p., look at a p. out of the corner of one's eye
terstond at once, directly, immediately, forthwith, there and then, then and there, straightaway
tertia (*r-k*) terce, tierce; **tertiair** tertiary [period, education]; *~e sector* tertiary (*of:* service) industries; **tertio** thirdly
terts 1 (*muz*) third; *grote, kleine ~* major, minor third; *A grote* (*kleine*) *~* A major (minor); 2 (*kaartsp, schermen*) tierce; **tertsen** (*r-k*) terce, tierce
terug (*weerom*) back [I'll be back (again) at six]; (*achteruit*) [a considerable step] backward(s); (*reactie*) [strike] back, [call, shout, whisper] in return; (*geleden*) back, ago; *drie jaar ~* three years back (*of:* ago); *ik ben zo ~* I shan't be a minute; *hij* (*enz*) *kon niet ~,* (*fig*) there was no turning back, he could not go back on his promise; *een dubbeltje ~* ten cents change; *hebt u van 25 gld ~?* can you change a 25-guilder note?; *hij had er niet van ~* he did not know what to say to that; *niet tevreden, geld ~* money refunded (returned, back) if not satisfied [give a money-back guaran-

tee]; *ik moet de twintigste ~ zijn* I am due back on ...; *~ van weggeweest* back again

terug|bellen[1] ring (call) back; **-betaalbaar** repayable, refundable; **-betalen** pay back, refund, repay, return, reimburse; **-betaling** repayment, [obtain a] refund; withdrawal [of money from a bank]; **-bezorgen** restore [a lost dog] to its owners; **-blik** retrospect, retrospective view; *een ~ werpen op, zie* -blikken; **-blikken** look back [*op* (up)on, to], cast a glance back [*op* at]; *~ op,* (*ook*) take a retrospective view of; **-boeken**: *een post ~* reverse an entry; **-brengen** bring (take) back, return; *alle verzet liet zich ~* ***op*** *haat* all resistance could be reduced (traced) to hatred; ~ ***tot*** bring back to [obedience], restore to [its original condition], reduce to [essentials, a minimum], write down [capital to £30m; each £1 share to 40p]; *~ tot op de helft* reduce to half (*of:* by half); *terug te brengen tot* reducible to; *~* ***van,*** *zie* afbrengen: ~ van; **-deinzen** shrink (start) back; *~ voor* shrink (flinch; *met afschuw:* recoil) from [a task]; *voor niets ~* shrink from (stick at) nothing; *voor niets ~d* ruthless; *hij deinsde niet terug voor moord,* (*ook*) he did not stop short of murder; **-denken**: ~ *aan* recall (to mind, to memory), carry (cast) back one's memory (one's mind) to, think back to [the time when ...]; *zich ~ in* carry o.s. (one's mind) back to [the past]; **-doen** put back, return [compliments, a letter to one's pocket]; *iets ~* do s.t. in return; **-draaien** 1 turn back [the meter], turn [the handle] backwards, put [the clock] back; 2 cancel [a measure], reverse [a decision]; **-drijven** drive back, repel, repulse; **-dringen** drive (push) back, repel; force back [tears]; **-eisen** reclaim, demand back, demand the return of [one's money]; **-fluiten** whistle [the dog] (back); (*sp & fig*) pull back; (*fig, ook*) call to order; **-fokken** breed back; **-gaaf** *zie* -gave; **-gaan** go (get) back, return, (*lit*) retrace one's steps; (*vd prijzen*) go down, fall, drop, decline, recede; *dat gaat tot de oudheid terug* that dates (reaches) back to antiquity; *met zijn gedachten ~ naar* cast one's mind back to; *de intrige gaat terug op* the plot goes back to [an old tale]; *~de beweging,* (*vd prijzen*) backward tendency; **-gang** going back; (*vd prijzen*) fall, decline; (*verval*) decay; **-gave** restoration, return, restitution, retrocession [of territory], [tax] refund; **-getrokken** retiring, of a retiring disposition; ~ *zijn,* (*ook, fam*) keep o.s. to o.s.; ~ *leven* lead a retired life; **-geven** give back [give me back the letter (the letter back)], return [a present], restore [stolen property], retrocede [territory]; *geld ~* refund money; (*bij betaling*) give change [he gave her 15p (in) change]; *iem te weinig* (*geld*) ~ short-change a p.; **-grijpen** revert, hark back (*op* to); **-groeten** return a greeting, return (acknowledge) a salute (salutation, a p.'s bow); **-halen** fetch (bring) back; (*wegens afbetalingsschuld*) repossess [the TV]; **-hebben**: *ik heb het terug* I've got it back; *ik wil het ~* I want it back; *niet ~* have no change [out of a pound]; *zie ook* terug

terug|houden keep (hold) back, retain, detain; *niets voor iem ~* keep nothing back from a p.; *zijn hand ~* stay one's hand; *zie ook* achterhouden, weerhouden; **-houdend** reserved, reticent, aloof, (*fam*) buttoned-up; **-houdendheid** reserve(dness), aloofness, caution; **-houding** 1 reserve, restraint; 2 retention

terug|kaatsen I *tr* strike back [a ball]; throw back, reflect [light, sound, an image], (re-)echo [sounds]; II *intr* be reflected; (*v geluid*) (re-)echo, reverberate; (*ve bal*) rebound; **-kaatsing** reflection, reverberation, echo(ing); *vgl* -kaatsen; *hoek van ~* angle of reflection

terug|keer return [home, from China, to democracy]; re-entry [into the atmosphere]; (*tot vroegere positie, enz, ook*) come-back; **-keren** 1 return (*in, naar, tot* to); *naar huis ~* return home; *~ in,* (*ook*) re-enter [the atmosphere]; *~ tot,* (*ook*) revert to [the use of oil, the old state of things, etc]; *telkens ~d* recurrent [pains]; *zie ook* -komen; 2 (*omkeren*) turn (back); (*ve schip, wegens storm, enz*) put back; *op zijn schreden ~* retrace one's steps; **-kijken** look back; *zie* -blikken

terugkomen return, come back (*ook sp*); (*voor bezoek, ook*) call again; (*inz v ziekte*) recur; ~ ***op*** *het onderwerp* return (come back, get back, (*veel later*) hark back, revert) to the subject; *zie ook* ~ van; *altijd weer op het onderwerp ~* keep harping on (hammering away at) the subject; *~ op een beslissing* reconsider a decision; ~ ***van*** go back on (*of:* from) [one's promise, decision], change [one's decision]; *van zijn ontslagaanvraag ~* withdraw one's resignation; *van dat denkbeeld is men algemeen teruggekomen* that is an exploded notion; **terugkomst** return

terugkoop repurchase; (*inlossing*) redemption; **terugkoopwaarde** surrender value; **terugkopen** buy back, repurchase; (*bij verkoping*) buy in; (*inlossen*) redeem; **terugkoppelen** feed back [information], produce (give) feedback; **terugkoppeling** (*techn*) reaction (coupling), back coupling, (*ook fig*) feedback

terug|krabbelen back out (of it), cry off, go back on one's promise (one's word), backtrack; **-krijgen** get back, recover [one's health], regain [confidence]; *een kwartje ~* receive 25 cents (in) change; **-kunnen**: *ik kan* (*je kunt*) *niet meer terug,* (*fig*) there is no turning back (for me, for you) now; **-lezen** read back; **-loop** 1 (*ve kanon*) recoil; (*v water*) backwash; 2 (*achteruitgang*) decline, falling-off, recession; **-lopen** 1 run (walk) back; (*v water*) run (*of:* flow) back, recede; 2 (*ve kanon*) recoil; 3 (*v aantallen, prijzen, uitvoer*) decline, fall, drop; (*vd barometer*) fall; **-mars** march back (*of:* home); **-melden** report back; **-nemen** take back [*ook:* words, a promise], retract, revoke [a promise], go back on [one's word]; withdraw [a film, play, proposal]; *gas ~* throttle down; *een wetsontwerp ~* withdraw (drop, abandon) a bill; *zijn woorden ~,* (*ook*) eat one's words; **-pakken** 1 take back; 2 retaliate on; 3 (*sp*) catch up with [a rival], overtake again;

1 *Vgl voor sam met* terug- *evt ook* terug

-plaatsen put (place) back; replace [the receiver]; **-ploegen** divert, siphon (off) [money to other uses]; **-reis** return journey (voyage, trip), journey (voyage) back; *vgl* reis & *zie* thuisreis; **-reizen** travel back [*ook:* in time], return; **-rit** drive (ride) back (*of:* home); **-roepen** call back, call [the hounds] off; recall [an ambassador, an actor]; *in het geheugen* ~ recall (to memory, to mind); *in het leven* ~ recall to life; *de acteur werd dikwijls teruggeroepen* the ... got (had, received) many (re)calls (curtain calls); **-roeping** recall; *brieven van* ~ letters of recall; **-schakelen** switch back, (*auto*) change (*Am:* shift) down (gear); (*fig*) gear down; **-schakeling** (*fig*) reconversion [from war to peace]; **-schrijven** write back (*of:* in reply); **-schrikken** start back, recoil; ~ *voor* shrink (shy) away from, (*fam*) funk [a task, it], boggle (jib, balk) at [the price]; *zie ook* -deinzen; **-schroeven** slacken [a screw]; (*fig*) *zie* -draaien; **-schuiven** push back; *zijn stoel* ~, (*ook*) push back from the table; **-slaan** I *intr* hit (strike) back, return a blow; (*ve motor*) backfire; ~ *op* relate back to; II *tr* strike back, return [a ball]; beat back, repulse, repel, beat off [an enemy]; **-slag** 1 recoil, repercussion; 2 (*bij roeien*) backstroke; 3 (*ve motor*) backfire, back-kick; 4 (*fig*) reaction, revulsion (of feeling), repercussion; (*plantk*) atavism; **-sluizen** channel (pump) back; recycle; **-speelbal** back-pass; **-spelen** (*sp*) pass back; **-spoelen** (*band, film, enz*) rewind; **-springen** 1 spring (start, leap) back, (*v afschuw, enz, ook*) recoil; 2 (*ve veer*) fly back; (*terugstuiten*) rebound, recoil; 3 (*fig*) recoil [his accusations recoil on his own head]; 4 (*ve muur*) recede; **-sprong** rebound, recoil; **-stoot** 1 rebound, recoil; 2 recoil [of a gun], kick [of a rifle]; **-stoten** 1 push back; 2 (*ve vuurwapen*) recoil, kick; 3 (*fig*) repel; **-stuiten** rebound, recoil, bounce back; **-sturen** send back, return [to sender]; turn away [latecomers]; turn back [illegal immigrants]; **-tocht** 1 retreat; *verwarde* ~ [the retreat became a] rout; *zie ook* aftocht; 2 *zie* terugreis; **-tochtlijn** (*mil*) line of retreat; **-trappen** 1 kick back; 2 (*op fiets*) back-pedal; **-traprem** coaster brake, (back-)pedal brake; **-treden** 1 step back; 2 (*fig*) step down; retire [*uit de politiek* from politics]

terugtrekken I *tr* 1 pull (draw) back, withdraw; (*klauwen, bijv*) retract; *zich snel* ~ beat a hasty retreat; 2 (*fig*) retract [a promise]; ***zich*** ~ retreat, (*uit zaken, enz*) retire [from business, from political life]; (*bij examen*) withdraw [from an examination]; (*uit onderneming*) cry off, back out (of it); (*bij verkiezing, enz*) retire, stand down [the Labour candidate stood down in favour of the Liberal], (*bij wedstrijd*) scratch; *zich in zichzelf* ~ draw back (*of:* shrink) into o.s.; II *intr* retreat, fall back [the enemy had to fall back; fall back on a former position]; *de vijand trekt terug,* (*ook*) the enemy are in retreat; **terugtrekking** retirement, withdrawal; (*v klauwen, enz*) retraction; (*ve belofte, enz*) retrac(ta)tion; *vgl* -trekken

terug|val backsliding [into sin]; **-vallen** fall back, drop back [into one's seat]; (*weer vervallen*) backslide [into crime]; relapse [into old habits]; ~ *op* fall back (up)on, look to [dad for support]; **-varen** sail back, return, put back [to port]; **-vechten** fight back; **-verdienen** recover [one's costs]; recoup [losses]; **-verlangen** I *tr* want (wish) back; II *intr:* ~ *naar* long to see back (to go back to), long for; **-verplaatsen**: *zich in zijn gedachten* ~ *naar de 13e eeuw* carry oneself back in one's mind (transport o.s. in imagination) to the ...; **-vertalen** retranslate, put back [into Dutch]; **-verwijzen** refer back; **-vinden** find again, recover; *die vergelijking vindt men bij die schrijver terug* this ... is also found (*telkens:* keeps cropping up) in that author; *ik vond in haar mijn moeder terug* I recognized traits of ... in her; **-vloeien** flow back, recede; *in de schatkist* ~ find its way back to the treasury; **-voeren** carry back [it carries us back to the year 1800], trace back [one's descent to the Norman Conquest]; **-vorderbaar** recoverable, repayable; **-vorderen** claim (demand) back, reclaim [one's money]; (*bij bank*) withdraw, draw out, call in [money]; **-vordering** (*bij bank*) withdrawal; **-vragen** ask back, ask [a p.] for [s.t.] back; *zie verder* -vorderen; **-wandelen** walk back; **-wedstrijd** return match; **-weg** way back; *op de* ~, (*ook*) on one's homeward way; *de* ~ *is afgesneden* there is no turning back; **-wensen** want (wish) back

terugwerken react [*op* (up)on]; *~de kracht* retrospective (retroactive) effect; ... *heeft ~de kracht,* (*ook*) [this act] is retrospective; [the scale of pay] is backdated to October 1st; *~de kracht geven,* (*ook*) make retrospective; *met ~e kracht,* (*ook*) [operate] retrospectively; **terugwerking** reaction, retroaction

terug|werpen throw back, return [a ball]; *op zichzelf -geworpen worden* be thrown back on one's own resources; *zie ook* -kaatsen; **-wijken** fall back [a pace], retreat, recede [from the view]; **-wijzen** 1 refer back [*naar* to]; 2 (*afwijzen*) decline, refuse; **-wijzend** (*tlk*) anaphoric; **-wijzing** reference back [of the report to the makers]; **-winnen** win back, regain, redeem [one's reputation], recover [metals from waste], recycle [glass from bottles]; *het verlorene* ~, (*ook*) recoup the loss; **-zakken** sink back, drain [into the soil]; drop (fall) back [to the bottom of the league table]; **-zeggen** say [s.t.] in return; (*brutaal*) *iets* ~ answer back, give a back-answer (back-answers); **-zeilen** sail back; **-zenden** send back; *zie* -sturen; **-zetten** put back [the clock]; replace [the book on the shelf]; *zie ook* achteruitzetten; **-zien** 1 zie -blikken; 2 (*weerzien*) see again; [we shall never] see [the money] back

terwijl I *vw* 1 while, whilst, as [she blushed as she spoke]; *ze liep weg,* ~ *zijn ogen haar volgden* she ..., his eyes following her; *ja zeggen,* ~ *je weet dat* ... agree, when you know that ...; 2 (*met tegenstellende kracht*) whereas, while; II *bw*

meanwhile, in the meantime
terzelfder: ~ *tijd* (*en plaatse*) at the same time (and place); ~ *plaatse* in the same place
terzet 1 tercet; 2 (*muz*) (vocal) trio, terzetto
terzijde aside; *zie ook* 1 zijde; **terzijdestelling** putting (setting) aside, disregard; *met ~ van* putting aside, heedless of
terzine: *in ~n* in terza rima (terze rime)
Tessel Texel
test 1 fire-pan; 2 (*kop*) nob, nut, chump; 3 (*toets, proef*) test [car, case, driver, flight, pilot, track; a dope test]
testament 1 [the Old and the New] Testament; 2 will, last will (and testament); [Mr Baldwin's political] testament; *~ met euthanasieclausule* living will; *zijn ~ maken* make one's will; *hij kan zijn ~ wel maken* it is all up with him; *bij ~ vermaken* dispose of by will, bequeath [*aan* to]; *iem in zijn ~ bedenken* remember a p. in one's will; *volgens het ~ van zijn vader* under his father's will [he receives ...]; *zonder ~ sterven* die intestate
testamentair testamentary [dispositions *beschikkingen*]; **testateur** testator; **testatrice** testatrix
testbeeld[1] test card; **testen** test
testeren 1 bequeath [*aan* to]; 2 testify
testikel testicle
testimonium testimonial
testis id, testicle; **testosteron** id
tetanie tetany; **tetanus** id
tête-à-tête id (*ook canapé*)
tetra carbon tetrachloride; **tetraëder** tetrahedron; **tetragonaal** tetragonal; **tetralogie** tetralogy; **tetrarch** id
tetteren 1 blare; *zie* schetteren; 2 soak; *zie* zuipen
teug draught, pull; *~je* sip; *een ~ uit het glas nemen* have a pull at the glass; *het glas in één ~ leegdrinken* empty (*of:* drain) the glass at a (one) draught; *met lange* (*volle*) *~en drinken* take long (deep) draughts; *met kleine ~jes drinken* sip [one's coffee]
teugel rein, (*met gebit & hoofdstel*) bridle; *de ~ **afwerpen**,* (*fig*) slip the collar, break loose; *niet langer aan de ~ **gehoorzamen*** get out of hand; *de ~s van het bewind in **handen** hebben* (*nemen, grijpen, uit handen geven*), hold (assume *of:* take up, seize, drop) the reins of government; *ze nam dadelijk de ~s in handen,* (*fig*) she at once took charge (of affairs); *de ~ **strak** houden* keep a tight rein on (*of:* over) a p.; *de ~ **vieren**, de **vrije** ~ laten* loosen the reins, give [the horse, a p.] his head, give (free) rein [to one's passions, one's imagination], give [one's imagination] free play (*of:* scope); not give a p. rein enough; *zie ook* los
teugelen bridle; **teugelloos** unbridled, unrestrained, ungovernable, uncontrollable; **teugelloosheid** unrestrainedness
teugen agin, against [I'm agin it]
Teun(is) Tony; **teunisbloem** evening primrose
teut I *zn* chatterbox, bore; II *bn* sodden (with drink); **teuten** 1 chatter; 2 dawdle, hang about; **teutkous** 1 chatterbox; 2 slowcoach
Teutoon Teuton; **Teutoons** Teutonic
teveel *zn* surplus, overplus, excess [*aan* of]
tevens (*tegelijk*) [it rings and identifies the caller] at the same time; (*beide*) [he is my friend] as well as [my boss; my boss, and my friend] as well, likewise; (*daarbij, ook nog*) [a cat, and stupid] besides
tevergeefs in vain, vainly, [strive hard, but all] to no end (effect), to no purpose; *je praat ~,* (*ook*) you are wasting your breath; *maar ~* [I tried to stop,] but it was no use; *vgl* vergeefs
tevoorschijn [bring, pull, take, whip] out; *zie* voorschijn
tevoren (*eerder*) [never] before, [she had worked there] previously; (*vooraf*) beforehand, [book seats two days] ahead, [pay] in advance; *nooit ~* never before; *vgl* ooit
tevreden (*v aard*) contented [with one's lot]; (*genoegen met iets nemend, alleen pred*) content; (*voldaan*) satisfied [*over* with]; *ben je daarmee ~?* will that satisfy you?; (*in zijn schik*) well-pleased [*met* with]; *~ zijn over zichzelf* be pleased with o.s., give o.s. a pat (pat o.s.) on the back; *sommige lui zijn nooit ~* some people never know when they're well off; **tevredenheid** contentment, contentedness, content, satisfaction; *reden geven tot ~,* (*ve bestelling, enz*) give satisfaction, turn out satisfactory; *tot mijn volle ~* to my entire satisfaction; *een boterham met ~* plain bread and butter; **tevredenstellen** content, satisfy, please; *zich ~ met* content o.s. with
tewaterlating launch(ing); (*uit dok*) floating out
teweegbrengen bring about, bring on [a stroke (*beroerte*) brought on by overwork], effect, work [miracles, changes], induce [a habit of mind], produce [a reaction]; *teweeggebracht* [the damage] wrought [by the storm]
tewerkstellen put to work, employ; **tewerkstelling** employment
Texas Texas [fever]; **Texel** id
textiel textile [mill, school, worker, works]; (*stoffen*) [household] textiles; fabrics; *de ~* the textile industry; *~e werkvormen,* (*vglb*) textural art(s)
tezamen together, [all the other causes] combined
tezen tease
TGV afk van: *train à grande vitesse* id, HST (High Speed Train); **t.g.v.** afk van 1 *tengevolge van* as a result of, resulting from; 2 *ten gunste van, a*) in favour of; *b*) (*fin*) to the credit of; 3 *ter gelegenheid van* on the occasion of
Thai id; **Thailand** id; **Thais** Thai
thallium id; **thallus** id
thanatologie thanatology
thans at present, now(adays); by this time; *vgl* nu
thaumaturg thaumaturge, thaumaturgist
thé: *~ complet,* (*vglb*) afternoon tea; *~ dansant* id, tea-dance
Thea id (Dorothea)
theater theatre [the local theatre; the play is good theatre], playhouse; (*aanstellerij*) theatrics, show; *vgl* aanstellen: zich ~; **theaterbureau** theatrical agency; **theatercoup** stage-trick; **theaterheld(in)** stage-hero(ine); **theatermaker** 1 theatrical producer, director; 2 clown, play-

1 *Zie voor sam met* test- *ook* proef- & toets-

-actor, poseur; **theaterpubliek** theatregoers; **theaterwetenschap** (the) theatre arts, [a course in] drama; **theatraal** theatrical; (*ong*) stag(e)y; *zonder iets ~s* without one touch of the theatre; *een theatrale houding aannemen* strike an attitude; *~ gedoe* theatricality, -ties
Thebaan(s) Theban; **Thebe** Thebes
thee tea; *dat is andere ~ (dan koffie)* that is another pair of shoes, a totally different matter; *~ drinken* have (take) tea; *de familie drinkt juist ~* the ... are just at tea, are just having tea; ***op de ~ hebben*** have [a friend] to tea; *ze is bij een vriendinnetje op de ~ geweest* she has been to tea with a friend; *zie ook* slap, trekken, zetten, enz
thee|beschuitje cinnamon rusk; **-beurs** tea cosy; **-bezoek** *zie* -visite; **-blaadje**, **-blad** 1 tea-leaf; 2 tea-tray; **-boel** tea-things; **-boompje** Aaron's beard, bridewort, American meadowsweet; **-builtje** tea bag; **-busje** (tea) caddy; **-cultuur** tea-growing; **-doek** tea cloth, tea towel; **-ëi** tea-ball; **-ën** take tea; **-gerei**, **-goed** tea-things; **-gruis** broken tea; **-huis** tea house; **-kist** tea chest; *~je* (tea) caddy; **-kopje** teacup; **-lepel(tje)** teaspoon; (*hoeveelheid*) teaspoonful; **-leut** inveterate tea-drinker; **-lichtje** tea-warmer; **-lood** lead foil
Theems Thames
thee|muts tea cosy; **-pauze** tea break; **-pot** teapot; **-proever** tea taster; **-roos** tea rose; **-salon**, **-schenkerij** tearoom, teashop; **-schoteltje** saucer; **-servies** teaset, tea service; **-soorten** kinds of tea, teas; **-stoof** tea-warmer; **-struik** tea-shrub, -bush, -tree; **-tafel** tea-table (*in beide betek*); (*op rollen*) tea trolley, (*Am*) tea wagon; *de ~ klaarzetten* set the tea; **-tante** gossip; **-trommeltje** (tea) caddy; **-tuin** 1 tea plantation, tea estate; 2 tea garden; **-uur** teatime; **-visite** tea (party, visit); **-water** tea water; *het ~ opzetten* put the kettle on for tea; *hij is boven zijn ~* he has had a drop too much, is half seas over; **-zakje** tea bag; **-zeefje** tea-strainer
theïne theine; **theïsme** theism; **theïst** theist; **theïstisch** theistic (*bw:* -ally)
thema 1 (*onderwerp*) theme, subject; (*hoofdthema*) burden [of a speech]; *op een ~ voortborduren* embroider (on) a theme; 2 (*muz*) theme; 3 (*opgaaf*) [translation] exercise; **themanummer** special issue; **themapark** theme park; **thematiek** theme(s); **thematisch** thematic [catalogue, collection]
Themis id; **Theo** id; **Theobald** id
theo|craat theocrat; **-cratie** theocracy; **-cratisch** theocratic (*bw:* -ally); **-dicee** theodicy
theodoliet theodolite
Theodoor Theodore; **Theodora** id; **Theodorik** Theodoric; **Theodorus** Theodore
theofanie theophany; **theogonie** theogony; **theologant** divinity (theology, theological) student; **theologie** theology; *~ studeren* study divinity; **theologisch** theological; **theologiseren** theologize; **theoloog** 1 theologian, divine; 2 *zie* -logant; **theonomie** theonomy
theorbe theorbo
theoreet theorist; **theorema** theorem, proposition; *zie ook* Pythagoras
theore|ticus theorist, theoretician; (*min*) theory-monger; **-tisch** I *bn* theoretical; II *bw* theoretically, in theory; **-tiseren** theorize, speculate
theorie theory; *in ~* in theory; **theorievorming** framing (development) of a theory (of theories)
theosofie theosophy; **theosofisch** theosophical; **theosoof** theosophist
therapeut therapist, therapeutist; **therapeutisch** therapeutic (*bw:* -ally); **therapie** 1 [X-ray, etc] therapy; 2 therapeutics
Theresia Theresa
thermaal thermal; **thermiek** thermals, updraught; **thermiekvliegen** thermal soaring; **thermiet** thermit(e); **thermionisch** thermionic; **thermisch** thermal [energy, insulation], thermic [lance, rays]; **thermistor** id
thermo id; **thermogeen** thermogenic; *-gene watten* thermogenic (medicated) wadding; **thermohardend** thermo-setting [plastics]
thermometer id; *droge (natte) ~* dry-(wet-)bulb thermometer; **thermometer|hut**, **-kooi** thermometer screen (*of:* shelter); *temperatuur in ~* screened temperature; **thermometerstand** thermometer reading; **thermometrisch** thermometric(al); **thermonucleair** thermonuclear; **thermoplast(isch)** thermoplastic; **thermoscoop** thermoscope
thermos|fles thermos (flask), vacuum flask; **-kan** thermal [coffee] server, thermos jug
thermostaat thermostat; **thermostabiel** thermostable; **thermostatisch** thermostatic [control]; **thermotherapie** thermotherapy
thesaurie treasury; **thesaurier** treasurer; bursar [of a college]; (*vglb*) comptroller [of the King's Household]; **thesaurier-generaal** chief treasurer (and paymaster); **thesaurus** id
these thesis; (*min*) [it's a mere] assertion
thesis (*in beide bet*) id (*mv:* -ses)
Thessa|lië Thessaly; **-liër**, **-lisch** Thessalian; **-lonica** id; **-lonicenzen** Thessalonians
thetisch thetic
thigmo|tropie, **-tropisme** thigmotropism
Thomas id; *een ongelovige ~* a doubting Thomas
thomas(slakken)meel basic slag
thomisme Thomism; **thomist** Thomist; **thomistisch** Thomist(ic); **thora** Torah; **thoracaal** thoracic; **thorax** id; **thorium** id; **thrips** id; **tht** afk van *tenminste houdbaar tot* use by (date), best before
thuis I *bw* at home; (*v richting; ook: weer ~, terug*) home [come, go home; glad to be home again; he has only been home two days; be home to tea]; *net ~* just in [from school, etc]; *bij ons ~* at (our) home; *ik zal ze ~ bericht sturen* I'll let my people know; *handjes ~!* hands off!; *wel ~!* get home safely!, safe (happy) journey!; (*met auto*) drive safely!; *niet ~* ***geven*** refuse [all callers]; (*fig*) refuse to answer (react, cooperate, commit o.s.), hold back on s.t.; *hij gaf niet ~* he kept quiet on that one; *zich niet ~* ***(ge)voelen*** not feel at home, feel out of place, feel out of it; *ik* ***vond*** *hem niet ~*

I didn't find him in; ~ ***zijn*** be at home (*zie ook boven*); be in; *hij is niet* ~ he is not at home, is out; *hij is nog niet* ~ he is not home yet; *hij is ~ met verlof* he is home on leave; *als je hem om geld vraagt, is hij niet* ~ it's a waste of breath asking him for money; *doe* (*als*)*of je ~ bent* (*was*) make yourself at home (*of:* comfortable), (*fam*) be my guest; *hij is hier* ~, (*fig*) we make no stranger of him here; *die avond is onze hulp* ~ that's our help's night in; *ik ben voor niemand* ~ I am at home (*of:* in) to nobody, out to everybody; *goed ~ zijn* ***in*** *een onderwerp* be at home with (well-read, well up in) ...; *daar is hij niet* ***van*** ~ he won't hear of it; *hij mag niet van* ~ his parents (etc) won't let him; *zie ook* bezorgen, hand, zitten, enz; II *zn* home

thuis|bankieren home banking; **-basis** home base; **-bezorgen** deliver, send round; **-blijven** stay at home, stay in; **-blijver** stay-at-home; **-brengen** 1 see (take) [a p.] home; 2 place; *ik kan hem* (*dat geluid, die geur*) *niet* ~, (*fig*) I cannot place him (that sound, that odour), don't know what to make of ...; *geluiden zijn dikwijls moeilijk thuis te brengen* sounds are often difficult to locate; **-brenger** spare tyre for getting home; **-club** (*sp*) home club; (*elftal, enz*) home team; **-fluiter** home referee; **-front** 1 home front; 2 those (the people) at home; **-haven** 1 home port, port of registry; 2 home base; **-honk** home base (*ook fig*); **-horen** belong; (*ve schip*) be registered [at Dover]; *hij hoort hier* (*daar, te A*) *thuis* he belongs here (there, to A); *waar hoort hij thuis?* where does he hail from?; *dat* (*de opmerking, enz*) *hoort hier niet thuis* that (the remark, etc) does not belong (is out of place) here; *ze hoort in dat milieu niet* ~, (*ook*) she does not fit into ...; *kangoeroes horen hier niet* ~ ... are not at home (not native) here; **-houden** keep [a p.] in (*of:* at home); *zie ook* hand; **-hulp** home help; home care; **-komen** come (get) home; *je moet* ~ you're wanted at home; *zie ook* kermis; **-komer** *zie* -brenger; **-komst** homecoming [what a homecoming!], return (home), arrival (coming) home; **-krijgen** get home; *zie ook* trek; **-lading** homeward cargo; **-land** (*Z-Afr*) homeland; **-liggen** 1 stay, (*fam*) hang out; 2 lie ill at home; **-reis** homeward journey; voyage home, home(ward) voyage; *vgl* reis; *op de* ~, (*ook*) homeward-bound, inward-bound; **-vlucht** homeward flight; *vgl* -reis; **-vracht** homeward freight; **-wedstrijd** home match (game); **-werker** home worker, outworker; **-zittend**, **-zitter** stay-at-home; **-zorg** home care

thuja id, arbor vitae; **Thuringen** Thuringia; **Thu|ringer**, **-rings** Thuringian; **thuya** id, arbor vitae

thymusklier thymus (gland)

thyrsus id (*mv:* thyrsi)

tiara id; **Tiber** id; **Tiberias** id

Tibet id; *t~*, (*stof*) thibet; **Tibetaan(s)** Tibetan

tic 1 id; ~ (*douloureux*) tic, facial (trigeminal) neuralgia; (*fig ook*) trick, mannerism; 2 *zie* tik 3

tichel 1 (floor-)tile; 2 brick

tichel|aarde brick-clay; **-bakker** tile-, brick-maker; **-bakkerij** brick-, tile-works; **-oven** brick-, tile-kiln; **-steen** *zie* tichel; **-werk** 1 brick-, tile-work; 2 *zie* -bakkerij

tien ten; *een* ~ ten [for French]; *het is ~ tegen één* it is ten to one [*dat ze de dag niet haalt* against her living through the night]; *een ~* ***met*** *een griffel* (*en een zoen van de juffrouw*) first class; *ze waren met hun ~en* there were ten of them; *zie verder* met I.1, of 1, stuk I.1, *en* tiental, tientje, tel, tellen & zetten; **tiend** tithe

tiendaags of ten days, ten days' [journey]

tiende I *telw* tenth; *ten* ~ tenth(ly); II *zn* 1 tenth; *twee ~(n)* two tenths; 2 (*pacht*) tithe

tiendelig consisting of ten parts (volumes, pieces, etc), ten-part (volume, piece, etc); (*breuk, stelsel*) decimal [fraction, system]

tiend|gaarder tithe gatherer; **-heer** tithe-owner; **-heffing** tithing; **-recht** right to levy tithes

tiendubbel tenfold

tien|duizend ten thousand; *~en* tens of thousands; *vgl* ~tal; **-duizendste** ten thousandth; **-duizendtal**: *een* ~ some ten thousand [visitors]; *~len* tens of thousands; [the fifth place before the decimal point is that of the] ten-thousands

tiener teenager; (*Am ook*) teener; (*in sam vaak*) teenage [fashions]; **tienerjaren** teens

tien|frankstuk ten-franc piece; **-helmig** (*plantk*) decandrous; **-hoek** decagon; **-hoekig** decagonal; **-jaarlijks** decennial [census *volkstelling*]; **-jarig** ten-year (old); *vgl* jarig; (*ook*) decennial [period]; **-kamp** decathlon; **-lettergrepig** decasyllabic; ~ *woord* decasyllable; **-maal** ten times; **-man** decemvir; **-manschap** decemvirate; **-potig** ten-legged; **-regelig** of ten lines, ten-line [stanza]; **-rittenkaart** ticket valid for ten journeys; **-snarig** ten-stringed; **-tal** ten, decade; *een ~ dagen* (nine or) ten days; *een ~ jaren* a decade; *eenheden, ~len, enz* units, tens, etc; *~len keren* (*paarden, enz*), (*vglb*) dozens of times (of horses, etc); *vgl* bij 10; **-tallig** 1 decimal; 2 (*v bloemen*) decamerous; ~ *stelsel, a*) decimal system; *b*) (*schrijfwijze*) decimal numeration (notation); *c*) (*schaal*) scale of ten, denary scale; [the problem should be worked out in] base ten; *overgang naar het ~ stelsel* decimalization; **-tje** 1 ten-guilder note (piece); 2 (*r-k*) decade; 3 tenth (part) (of a lottery ticket); **-vingerig** ten-fingered; **-vlak** decahedron; **-vlakkig** decahedral; **-voud** decuple; **-voudig** tenfold, [pay for it] ten times over; **-zijdig** decahedral

tier growth; *er zit geen ~ in* it (he) does not thrive, is not doing well

tiërceren reduce to one third, reduce by two thirds; **tiërcering** reduction to one third

tierelantijn 1 (*krul*) curlicue, scroll, flourish; 2 (*beuzelarij*) gewgaw; 3 (*aan kleren, vooral mv*) fal-lal; 4 (*muz*) t(w)iddley bit, flourish; **tierelieren** warble, twitter

tieren 1 (*welig groeien*) thrive, get on (*of:* do) well; (*fig*) flourish [professionalism in football flourishes]; (*ong, v omkoperij, enz*) be rife, be rampant; *zie ook* aarden; 2 (*razen*) rage, storm, rant, bawl; **tierig** thriving, lively; **tierigheid** liveliness

tierlantijntje *zie* tierelantijn
tiet 1 tit, boob, knocker; 2 chicken; *lopen als een ~* run like blazes
tig (*fam*) umpteen; (*erg veel*) zillion
Tiger, Tigris Tigris
tigste umpteenth
tij [high, low, neap] tide; *het ~ niet kunnen keren* be unable to stem the tide; *met het ~ meegaan* drop down with the tide; *het ~ verloopt* the tide goes out; *het ~ laten verlopen,* (*fig*) let the opportunity slip by; *zie ook* getij
tijd time; (*periode*) period, season; *~je* time, (little) while; *een ~je regenachtig* (*droog*) *weer* a wet (dry) spell; *een ~je geleden* some time ago, lately; *over een ~je* in a little while; *voor een ~je* for a while (a bit, a little); (*gramm*) tense; *~!* time!; *het zal nog wel een ~je* ***duren*** *voor hij komt* he will still be some time coming; *ik* ***geef*** *u tien minuten de ~* I give you ten minutes; *hij gaf zich de ~ niet om na te denken* he did not give himself time to think; *de ~ is* ***geweest*** *dat ik dat kon* time was when ...; *ik* ***heb*** *geen ~* I have no time; *ik heb de ~ niet om ...* I have no time (haven't (got) the time) to ...; *weinig ~ hebben,* (*ook*) be (hard) pressed for time; *ik heb de ~ aan mijzelf* my time is my own; *het heeft de ~* there is no (particular) hurry, it can wait; *ik heb er de ~ niet voor* I cannot afford (I can't find) the time; *hij had de ~* (*wel*) he could afford the time; *ik heb nog een week de ~* I have still a week in hand; *alles heeft zijn ~* there is a time for everything, everything has its time; *dat* (*hij*) *heeft zijn* (*beste*) *~ gehad* it (he) has had its (his) day (he is past his best, is a has-been); *het heeft de langste ~ geduurd* it will not last much longer; *als je maar ~ van leven hebt* if only you live long enough; *ik had een heerlijke ~* I had the time of my life (a high old time); *hij had ~ over* he found himself with time on his hands; *heb je de juiste ~?* have you got the right time (on you)?; *~* ***kosten*** take time; *de ~ was goed* ***gekozen*** the timing was good; *de ~ zal het* ***leren*** time will show (*of:* tell); *~* ***maken*** [if you've got no time, you ought to] make time; *een ~ van 15 seconden maken,* (*fam*) clock (up) 15 seconds; ***neem*** *de ~ ervoor* take your time (over it); *het neemt zoveel ~* it takes (up) so much time; *je neemt er te veel ~ voor* you take too long over it; *hij* ***vond*** *~ om ...* he found time to ...; *de ~* ***vergeten*** lose all count of time; *~* ***winnen*** gain time; *~ zien te winnen* temporize, try to gain time, play for time; *~ gewonnen, al gewonnen* he who gains time gains everything; *er* ***was*** *een ~ dat ...* there was a time when ...; *er was een ~ dat ik het niet kon verdragen,* (*ook*) at one time I could not stand it; *het* ***wordt*** *onze ~* it is time for us to go; *het wordt ~* it is about time [to go, etc]; *wel, het wordt ~ ook,* (*dat iets gebeurt*) it's about time, too; *ik heb hier een* ***eeuwige*** *~ gestaan* I've stood here for ages; *de* ***goede*** *oude ~* the good old days; *~ is* ***geld*** time is money; *een ~* ***geleden*** some time ago; ***haar*** *~* (*v bevalling*) *nadert* she is near her time; *de* (*ge*)***hele*** *~* all the time, [he witnessed the match] throughout; *een hele ~* [she talked] for quite a time; *dat is een hele ~* that is quite a long time; *het is* ***hoog*** *~* it is high time; *het is* (*hoog*) *~ dat we gaan* (*dat er iets gedaan wordt*) it is (high) time we went (something was done); *dat* ***is*** *de ~ om ...* it is the time of all times to ...; *nu is het de ~ om ...* now is the time to ...; *nu is het je ~,* (*het geschikte ogenblik*) now is your time; *de ~ is de beste medicijn* time is the great consoler, time softens all grief; *het is* (*niet*) *de ~ van het* ***jaar*** *voor kersen* cherries are in (out of) season, it is (not) the season for cherries; *wij beleven een* ***kwade*** *~* we have fallen on evil days; *de* ***laatste*** *~* of late, lately; *zie* laatst; ***lieve*** *~!* dear me!; *de ~ is* ***om****, het is ~* time is up; *komt ~ komt* ***raad*** with time comes counsel; *andere* ***tijden****, andere zeden* different times, different manners; *de ~en zijn veranderd* times have changed; *de ~en zijn slecht* (the) times are bad; ***aan*** *~ gebonden zijn* be tied (down) to time; ***bij*** *de tijd* up-to-date, (*fam*) right-on, with it; *volstrekt bij de ~* up to the minute; *bij ~en* at times, at intervals; *bij ~ en wijle, a*) now and then; *b*) (*vero*) in due time, in course of time; ***binnen*** *die ~* within that time; *binnen de ~ van, zie ben:* in de ~ van; ***gedurende*** *lange ~* for a long time; *hij zal hier* ***in*** *de eerste ~ niet zijn* he ... for some time to come, for some time ahead; *in een gegeven ~* in a given space of time; *in deze ~* in these times [economy is necessary], [you're lucky to get a house] these days; *in deze ~* (*van het jaar*) at this time of year; *in* (*minder dan*) *geen ~* [the rumour spread] in (less than) no time; *in geen ~en* [I have] not [seen you] for ages (*fam:* for yonks); *in ~ van nood* in time of need; *in ~ van oorlog* (*vrede*) in times of war (peace); *in de ~ van een jaar* within a year; *in mijn jonge ~* in my young days; *in vroeger ~*(*en*) in former times; *in mijn ~* [I was a good horseman] in my time (*of:* day); *in oude ~en* of old, in olden times; *in de goede oude ~* in the good old times (days); *in een enkel jaar ~s* in the space of a single year; ***met*** *de ~* [her affection increased] as time went on; *dat zal met de ~ wel beter worden* it will improve with time; *zie ook* meegaan; ***na*** *korte ~* presently; *na korter of langer ~* sooner or later; *morgen* ***om*** *deze ~* this time tomorrow; ***omstreeks*** *die ~* about that time; ***op*** *~* in time, (*stipt op ~*) (dead) on time; *mooi op ~* [come home] in good time; *precies op ~* just in time, [go home, the train arrived] exactly on time, [have meals] ready to time; *de treinen komen precies op ~ aan* (*lopen precies op ~*) the ... arrive (run) to time (to schedule); *juist op ~* just in the nick of time; *alles gaat prompt op ~* everything is timed to the minute; *op ~ kopen,* (*handel*) buy for forward delivery; *op zijn ~* in due course, in due time; *alles op zijn ~* all in good time, there is a time for everything (for all things); *op de een of andere ~* (at) some time (or other); *op deze ~ van de dag* (*avond*) at this time of day (night); *op alle ~en* (*van de dag*) at all hours; *op vaste ~en* at set times; *de trein was* ***over*** (*zijn*) *~* the ... was behind time (behind schedule), was overdue; *ik ben over mijn ~* I am behind (my) time; *het is al over de ~* it's past time;

over ~ werken work overtime; ***te** allen ~e* at all times; *te dien ~e* at the (that) time; *te eniger ~* (at) some time (or other), some day; *te gener ~* at no time; *te rechter ~ gedaan* well-timed; *zie ook* juist; *te zijner* (*rechter, bekwamer*) *~* in due time (*of:* course); *te zelfder ~* at the same time; ***tegen** die ~* by then, by that time; ***ten** ~e van* at (in) the time of; *toen **ter** ~(e)* at the time; ***tot** ~ en wijle dat ...,* (*vero*) till (at length) ...; *dat is **uit** de ~* that is out of date (of fashion), old-fashioned; *hij is uit de ~* he is a back-number, a has-been, behind the times; (*dood*) he is dead (and gone); *uit de oude ~* old-time [music, etc]; [*een van de beste*] *uit zijn ~* of his day; ***van** deze* (*die*) *~* [the poets] of the time; *problemen van deze ~* current problems; *dat is niet meer van deze ~* that is out of date; *dichters van de nieuwere* (*van onze*) *~* modern (contemporary) poets; *van zijn ~* [the most famous traveller] of his day; *de grootste dichter van alle ~en* the ... of all time; *van ~ tot ~* from time to time, at times, at intervals; *van die ~ af* from that time (forward), ever since (that time); ***vóór** de ~* [I am a little] before my time, ahead of time; *hij stierf vóór zijn ~* he died before his time, died prematurely; *vóór die ~* [there was a castle] previously; *voor* (*gedurende*) *enige ~* for a (*of:* some) time; *ook maar voor enige ~* [nobody could stand it] for any length of time; *vóór enige ~* some time ago; *voor de ~ van ...* for a period of ..., for the space of [three days]; *voor alle ~en* [the park was declared open] for all time; *koud voor de ~ van het jaar* cold for the time of year, unseasonably cold; *voor lange ~* for a long time; *zie ook* achter, baren, duren, laatst, opnemen, overheen, vrij, zorg, enz

tijd|aanwijzing indication of time; *automatische ~,* (*telef*) speaking (talking) clock (system); **-affaires** (*effecten*) time bargains; (*inz goederen*) futures, forward contracts; **-bepaling** 1 computation of (the) time; 2 (*gramm*) adjunct of time; **-besparing** saving of time, time-saving; *ter ~* in order to save time; **-bevrachting** time charter; **-bom** time bomb, delayed action bomb

tijdelijk I *bn* temporary [work, job], interim [ministry], [her guardian] pro tem, (*fam*) stopgap [ministry]; (*wereldlijk*) temporal; *~e arbeidskrachten* casual labour, casuals; *~e leerkracht* supply teacher; *~ ontslaan* lay off, stand off; *~ personeel* temporary staff, (*fam, inz kantoor*) temps; *~e en eeuwige zaken* things temporal and eternal; *~ werk doen,* (*fam*) temp; *het ~e zegenen, met het eeuwige verwisselen* depart this life, be gathered (un)to one's fathers; II *bw* temporarily, for the time being; **tijdeloos** timeless

tijdens during, at (in) the time of; *zie* gedurende

tijdgebonden time-bound; **tijdgebrek** want of time; **tijdgeest** spirit of the age (time, times); **tijdgenoot** contemporary

tijdig I *bn* timely, seasonable; II *bw* in (good) time, betimes; [pay] on time; **tijdigheid** timeliness, etc

tijding (*ook: ~en*) news, tidings, intelligence; *geen ~, goede ~* no news is good news; *een goede ~* a piece of good news; *zie ook* bericht; **tijdingzaal** newsroom

tijd|klok 1 (electronic) timer; 2 time(-stamp) clock; **-korting** *zie* -verdrijf; **-kring** period; **-lang**: *een ~* for a while (time, space), for some time; **-limiet** deadline, time-limit; **-loon** time-rates, time-wages; **-loonwerker** time-rate worker; **-loos** timeless; **-maat** time, tempo; **-melding** (*telef*) speaking clock (service), (*Br*) Timeline; **-meter** chronometer; **-meting** time measurement; timing, timekeeping; **-nood** lack (shortage) of time; (*sp*) time pressure (trouble); *in ~ komen, zitten* be pressed for time; **-opname** 1 timing, timekeeping; 2 (*fot*) time exposure; **-opnemer** timekeeper; **-pad** time scheme, schedule; **-passering** *zie* -verdrijf; **-perk** period, era, epoch; **-punt** point of time; **-register** chronological table; **-rekening** chronology; [Christian, etc] era; [Julian, Gregorian] calendar; **-rekenkunde** chronology; **-rekenkundig** chronological; **-rekken** play(ing) for time; time-wasting; **-rijder** (*sp*) time trialist; **-rit** (*sp*) time trial; **-rovend** time-consuming; *het is erg ~* it takes up a great deal (a lot) of time; **-ruimte** space of time, period

tijds|beeld portrait of an era; **-bepaling,** enz *zie* tijd...; **-bestek** space (length) of time

tijd|schaal time-scale; **-schakelaar** time switch; **-schema** time scheme, schedule; *op het ~ ten achter* behind schedule; **-schrift** journal, periodical, magazine; **-schrijver** (*in fabriek*) timekeeper

tijdseigen characteristic of its time; contemporary

tijdsein time signal

tijdsgewricht epoch; *in dit ~* at this juncture

tijdslot time-lock

tijdsluiter (*fot*) delayed action shutter

tijdsomstandigheid circumstance; *in de tegenwoordige -omstandigheden* in the present circumstances, in the present condition (*of:* state) of affairs; **tijdsorde** chronological order; *eerste in ~* first in point of time; **tijdsoverschrijding**: *E verloor door ~,* (*sp*) E lost on time; **tijds|ruimte, -spanne** space of time, (time)span; **tijdstempelautomaat** time clock; **tijdstip** point of (in) time; *tot dat ~* up till then; **tijdsvereffening** equation of time; **tijdsverloop** course (process) of time; *een ~ van* a lapse of [twenty years]; **tijdsverschil** time difference, difference in time

tijd|tafel chronological table, date-list, table of dates; **-vak** period; **-verdrijf** pastime; *voor ~* as a (by way of) pastime; **-verlet, -verlies** loss of time; *wegens ~,* (*ook*) for broken time; **-vers** chronogram; **-verslindend** time-devouring; **-verspilling** waste of time; **-vorm** (*gramm*) tense-form; **-waarnemer** timekeeper; **-winst** gain of time; **-zone** time zone

tijgen (*vero & iron*) go, proceed; *aan het werk ~* set to work; *op weg ~* set out [*naar* for]

tijger [paper] tiger; **tijgerachtig** tiger-like, tig(e)rish; **tijgeren** speckle, spot, stripe; **tijgerhaai** tiger-shark; **tijgerhuid** tiger-skin, tiger's skin; **tijgerin** tigress

tijger|kat tiger-cat; **-lelie** tiger lily; **-oog** (*steen*)

tiger('s)-eye; **-paard** tiger-spotted horse; (*soort zebra*) dauw; **-slang** rock-snake; **-spin** jumping spider; **-wolf** tiger-wolf, spotted hyena
tijhaven tidal harbour (*of:* basin)
tijk 1 tick; [mattress] cover; 2 (*stof*) ticking
Tijl Tyll; ~ *Uilenspiegel* Tyll Owlglass
tijloos jonquil; *gele* ~ daffodil; *zie ook* herfst~
tijm thyme; **tijrivier**, enz *zie* getijrivier, enz
tik 1 touch, pat; (*op deur*) tap, rap; (*slag*) flick; ~ *op de vingers* [give a p.] a rap on (over) the knuckles; ~ *om de oren* box on the ears; *het paard een* ~ *geven* flick the horse [with the whip]; *zie ook* molen & tikje; 2 (*elektr, in grammofoonplaat*) blip; 3 (*drank*) dash [of gin, etc]; *tonic met* (*een*) ~, (*ook*) tonic laced with [gin, etc]
tikfout typing error, literal (error), typo
tikje *zie* tik; (*fig*) touch [he has a touch of genius, answer with a touch of pride, there had been a touch of frost]; dash [a dash of auburn in her hair, a dash of irritability], hint [there was a hint of emotion in his voice], trace, shade [I put her down as a shade over thirty]; *een* ~ *langer* a thought longer (taller); [*'neen', zei ik,*] *een* ~ *geraakt* with a touch of temper; *met een* ~ *vreemd accent* with a trace of a foreign accent; *een* ~ *blauw bloed* [he has] a strain of blue blood [in him]; *een* ~ *verdacht* slightly (a bit) suspicious
tikjuffrouw (woman) typist; **tikkeltje** *zie* tikje
tikken I *ww* 1 (*ve klok, enz, ook v houtworm*) tick; (*ve camera, breinaalden, enz*) click; (*aan raam, enz*) tap [at the window], rap [on the door]; ~ *met* tap [a pencil against one's teeth]; *iem op de schouder* ~ tap a p. on the shoulder; *iem op de vingers* ~, (*ook fig*) rap a p.'s knuckles, rap a p. over the knuckles; *de as van zijn sigaar* ~ flick the ash from one's cigar; *de klok tikte de seconden* the ... ticked out the seconds; *zoals het klokje thuis tikt, tikt het nergens* there is no place like home; 2 tap; *de bal over* (*de lat*) ~ tip the ball over (the crossbar); (*bij tikkertje, enz*) touch [I touched you first]; (*typen*) type(write) [the letter was typewritten]; *ze was aan het* ~, (*ook*) she was tapping (away) at the typewriter; *getikt schrift* typescript; *zie ook* getikt; II *zn* tick(ing); click(ing); rapping, tapping; *zie* getik; **tikker** ticker (*ook: horloge*); (*beurstelegraaf*) (stock-)ticker; (*typist*) typist, keyboarder; **tikkertje** 1 [play] tag; 2 (*insekt*) death-watch (beetle); 3 (*hart, horloge*) ticker; **tikster** (woman) typist, keyboarder
tiktak 1 (*ve klok*) tick-tack, tick-tock; 2 (*sp: triktrak*) backgammon; 3 *zie* rikketik; **tik-tak-tol** [play (at)] noughts and crosses, (*Am*) tick-tack-toe; **tikwerk** typing
til 1 (*het tillen*) lift; *er is wat op* ~ there is s.t. in the wind; *zie ook* komst: op ~; 2 (draw)bridge; 3 dovecote; *zie* duivenhok; **tilbaar** movable; *-bare have,* (*jur*) movables
tilbury gig; tilbury; **tilde** id (*ook: slangetje*)
tillen 1 lift, heave, raise; *ergens* (*niet*) *zwaar aan* ~ make heavy (light) of s.t.; *zie ook* paard; 2 (*sl*) swindle; *vgl* oplichten 3; **Tillie** Tilly, Tilda
tilt: *op* ~ *slaan, springen, staan,* (*fig*) burst with anger; **timbaal** 1 timbale; 2 (*muz*) timbal, tymbal
timbre id
timide timid, bashful, shy
timmerbaas master carpenter; **timmeren** I *intr* carpenter, do carpenter's work (carpentry; *goed kunnen* ~ be a good hand at carpentry; *hij timmert niet **hoog*** he is not overburdened with brains, will not set the Thames on fire; *altijd **op** iets* ~, (*fig*) keep harping on (hammering away at) s.t.; *erop* ~ hit out freely, lay about one; *hij timmert graag aan de **weg*** he is fond of the limelight; II *tr* build, construct; (*gauw*) *in elkaar* ~ knock up, knock together, carpenter (together)
timmer|gereedschap carpenter's tools; **-hout** timber; *ruw bekapt* ~ lumber; *zie ook* hout; **-kist** carpenter's tool-chest; **-man** carpenter; **-mansbaas** master carpenter; **-mansoog**: *een* ~ *hebben* have an unerring eye for measurements; **-werk** carpenter's work, [a fine piece of] carpentry, carpentering; **-winkel** carpenter's (work)shop
Timon id; **timotheegras** timothy (grass); **Timotheus** Timothy
timp 1 tip, top; 2 (*in spel*) tip-cat; 3 (*broodje*) roll; small loaf
timpaan 1 (*bk*) tympan(um); 2 (*typ*) tympan
tin id; (*legering van tin, lood, enz*) pewter
tinctuur tincture, solvent
Tine Tina, Teenie
tinerts tin ore; **tinfo(e)lie** tinfoil
tingel lath, batten
tingelen 1 tinkle, jingle; 2 lath
tingeling(eling) ting-a-ling(-ling)
tingeltangel (low-class) café, dive
tinhoudend tin-bearing [gravel], stanniferous
tinkelen tinkle; **tinken** chink, clink
tinmerk pewtermark; **tinmijn** tin-mine
tinne battlement, crenel(le), pinnacle
tinnef rubbish, scum, (*inz Am*) trash
tinnegieter tinsmith, pewterer; *politieke* ~ political dabbler; **tinnegieterij** pewterer's trade (*of:* workshop); *politieke* ~ political dabbling; **tinnegoed** *zie* tinwerk; **tinnen** *bn* pewter [tankard], tin [soldiers]; ~ *voorwerpen, zie* tinwerk; **tinpest** tin plague, tin disease; **tinschuitje** pig of tin; **tinsoldeer** soft solder; **tinsteen** cassiterite, tinstone
tint 1 id, tinge, hue, shade, tone; *~je* tinge (*ook fig:* a tinge of liberalism), [it has a distinct Australian] flavour, dash [a dash of romance]; 2 (*wijn*) tent (wine)
tintelen 1 (*v sterren, enz*) twinkle, scintillate; (*v ogen*) twinkle, dance; (*v wijn*) sparkle; (*v geest*) sparkle, bubble over, coruscate [with wit]; 2 (*v kou*) tingle [with cold]; (*v oren*) burn; **tinteling** twinkling, etc; *vgl* tintelen; **tintelogen** 1 zie knipogen; 2 *zij tinteloogde,* (*v plezier, enz*) her eyes twinkled (danced)
tinten tinge, tint; *getint papier* toned (*of:* tinted) paper; *bril met getinte glazen* tinted glasses; *politiek getint* politically slanted [novel]; *radicaal getint* tinged with radicalism
Tinus Marty; *slappe* ~ weed, spineless fellow
tinwerk tinware, pewter ware
tip 1 (*punt*) tip; (*ve zakdoek, sluier, enz, ook: ~je*)

corner [lift a corner of the veil]; 2 (*inlichting*) id, tip-off; *een ~ geven* tip off [the police], tip [a p.] the wink; 3 (*fooi*) id; **tipgeld** (tip-off) reward; **tipgever** informant, (*meestal ong*) informer, (*toto, enz*) tipster
tipi te(e)pee, wigwam
tippel toddle; *het is een hele ~* it's a long tramp (a goodish stretch); *op de ~* on the trot (*of:* trudge); **tippelaarster** streetwalker; **tippelen** toddle, trot, tramp; (*ve hoer*) walk the streets
tippen 1 clip [a bird's wings], trim [the hair]; 2 (*inlichten*) tip (off); 3 *daar kun je niet aan ~* you cannot touch that; **tiptoets** touch control; **tiptop** id, A 1, top-hole, top-notch
tirade id
tirailleren skirmish; **tirailleur** skirmisher
tiran tyrant; **tirannenmoord(er)** tyrannicide
tirannie tyranny; **tiranniek** tyrannical; *~ optreden* act the tyrant; **tiranniseren** tyrannize (over), bully [a p.]
tiras draw-net; **tiretein** (*hist*) linsey-woolsey
Tiro(o)l, enz *zie* Tyrol, enz
tissu (*weefsel*) tissue; **tissue** tissue (paper)
titaan titanium; **titan** id; **titanenstrijd** titanic struggle; **Titania** id; **titanisch** titanic (*bw:* -ally), titanesque; **titanium** id
titel (*naam, rang, jur, sp*) title; (*ve hoofdstuk, enz ook*) heading; *2de ~,* (*ve boek*) subtitle; *Franse, halve ~* half-title; *courante ~* running title; *de ~ erven* come into the title; *een ~ voeren* bear a title; (*fam*) have a handle to one's name; *personen met ~s* titled persons, persons of title, title-holders; *op persoonlijke ~* in a private capacity; *onder de ~ van* [a lecture] under the title of; **titelbeschrijver** cataloguer; **titelblad** title-page; **titelen** title; **titelheld** titular hero; **titelnummer** (*v cd*) title track; **titelplaat** frontispiece; **titelrol** 1 title-role, -part, name-part; 2 credit titles, credits; **titelvignet** title ornament; **titelwoord** headword, lemma (*mv ook:* -mata)
titer titre, (*Am*) id, strength [of a solution]
Titiaan Titian; **Titiaans** Titian [hair], Titianesque
titrage titration; **titreren** tritate
tittel tittle, dot, jot, iota; *geen ~ of jota* not an iota, not one jot or tittle
titulair titular; *~e rang* titular (brevet, nominal) rank; *majoor ~* brevet major; **titularis** holder (of an office, diploma, etc), functionary, (*vooral v kerkelijk ambt*) incumbent; (*bezitter ve adellijke titel*) title-holder; **titulatuur** style, titles; ceremonious forms of address; **tituleren** title, style
tja well[, what can we do]
tjalk spritsail barge, (Dutch) 'tjalk'
tjap-tjai, tjap-tjoi chop-suey
tjee(mpie), tjeminee Christ!; *zie* jee & jeminee
tjiftjaf (*vogel*) chiff-chaff
tjilpen chirp, chirrup, twitter, cheep, tweet
tjingelen tinkle, jingle; *op de piano ~* tinkle (the keys of) the piano
tjokvol chock-, cram-full, chock-a-block
tjonge: *~, (t)jonge!* dear, dear!, my word!, (*Am*) boy (oh boy)!
T-kruising T junction; **TL-buis** fluorescent lamp
TL-verlichting strip (*of:* fluorescent) lighting
t/m afk van: *tot en met* up to and including; *pag. 12 ~ 25* pp 12-25 inclusive (*Am:* 12 through 25)
TNO afk van *Toegepast Natuurwetenschappelijk Onderzoek* Organization for Applied Scientific Research; **toast**, enz *zie* toost, enz
tobbe (wash-)tub
tobben 1 (*zwoegen*) drudge, slave, plod, toil; *~ met* struggle with; have a great deal of trouble with; 2 (*tobberig zijn*) worry, brood, fret; *~ over* worry about, brood over [she brooded over her father's death]; *waarom zou je ~?* why worry?; *zich dood ~* worry o.s. to death
tobber(d) 1 drudge, toiler, wretch; 2 worrier, brooder; **tobberig** worrying, brooding; **tobberij** 1 drudgery, toiling and moiling; 2 worrying, brooding
Tobias id, (*fam*) Toby; **tobster** *zie* tobber
toccata id
toch 1 (*desondanks*) yet, still, for all that, anyhow, all the same, at the same time, after all, though; *~ is het waar* yet (even so,) it is true, it is true all the same; ***en*** *~ had je het niet moeten doen* all the same you should not have done it; *en ~ haat hij je* and he hates you all the same; ***maar*** *~* (but) still; yet; [not quite in the same way] though; *het klinkt vreemd, maar ~ is het zo* it sounds odd, but there it is; *maar ~ kan ik niet nalaten van hem te houden* but at the same time I cannot help ...; *maar ~ was hij een dichter* [he never wrote anything,] but he was a poet for all that; 2 (*immers:*) *je weet ~, dat ...?* you know that ..., don't you?; *je bent er ~ geweest?* you've been there, haven't you?; *je hebt ~ geen haast?* you are not in a hurry I hope? (*of:* are you?); *dat meen je ~ niet?* you surely do not mean that?; *we zijn ~ niet arm* it isn't as if (as though) we were poor; *hij ~ is mijn beste vriend* for he is my best friend; *de tòch al zo moeilijke tekst* the text, difficult enough as it is; *want hij was tòch van plan geweest zich te verkleden* [it did not matter,] for he had intended to change his clothes in any case (anyway); *als je er tòch bent, kun je Jan helpen* while you're there, you ...; *ik heb tòch al genoeg werk* I have work enough as things are; *je ziet er tòch al uit als een geest* you look like a ghost as it is; *ik was tòch van plan te gaan* I was just going anyhow (anyway); 3 (*inderdaad, echt:*) *hij is ~ maar een domme kerel* he is a stupid fellow anyway; *ging hij ~?* did he go after all?; *we hebben het misschien ~ wel nodig* we may want it after all; *hij is ~ een goeie kerel* he is a good fellow, though (after all, for all that); *~* ***niet****!* surely not!, not really!, you don't mean it!, you don't say so!, never!, no!; *~* ***waar****?* really?, are (did, etc) you, though?; 4 (*gevoelens: ongeduld, onrust, enz:*) *kom ~!* do come!; *ga ~ zitten* do sit down; *houd ~ op!* do stop!; *help me ~ alsjeblieft!* do please help me!; *doe het ~* pray do it; *wees ~ voorzichtig!* do be careful!; *laat mij ~ begaan* do let me alone; *wat ben je ~ ongeduldig!* how impatient you are; *maar heren, dan ~!* really, gentlemen!; (*wens*) *o, was hij ~ hier!* I do wish

he were here; *o, dat hij ~ kwam!* oh, that he might come; *wat leven we ~ in een vreemde wereld!* what a strange world we do live in!; *wat is geld ~ een last* what a nuisance money is, and no mistake; *ik* ***hoop*** *~ dat je komt* I do hope you will come; *je gaat ~ nog niet weg?* I hope you are not going just yet?; 5 (ever *of onvertaald:*) *wat kan hij ~ bedoelen!* what (ever) can he mean!; *waarom deed je dat ~?* what ever made you do that?; *waarom ~ (niet)?* why ever (not)? [why ever did you bring him?]; *hoe kun je dat ~ doen?* how ever can you do that!; *hoe kon hij ~ zo gek zijn!* how ever could he be so mad!; *je bent ~ zo'n schat!* you're ever such a dear!; *ik heb ~ zo'n hekel aan katten* I just hate cats; *waarvoor ~?* what ever for?; ***om*** ~ (just) because, [why did you do it?] I just did; *~* ***wel!*** [you could not go?] I could, though; *dat is nou ~ verschrikkelijk!* now isn't that awful!; *hoe heet hij ~ ook (al) weer?* what is his name again?

tocht 1 (*luchtstroom*) draught, (*Am*) draft; *ik voel hier ~* I feel a draught here; *op de ~ staan,* (*fig*) feel the draught; be at risk [many jobs are at risk]; *op de ~ zetten,* (*fig*) lay open to criticism, endanger, jeopardize, put at risk; *op de ~ zitten* sit in a draught; *ga niet op de ~ zitten* sit out of the draught; *er waait geen ~je* there is not a breath of wind; 2 (*reis*) expedition, march, journey, (*auto*) drive; *~je* trip, excursion, (*op de fiets, in auto, enz, ook*) spin [come for a spin in my car], run, (*in vliegt, ook*) joy-flight, joy-ride; *hun ~ ging over heuvels en door dalen* their way led across ...; *een ~ van een dag* a day's run; 3 (*molen~*) (mill-)race; **tochtband** draught-excluder, weather-strip(ping); *van ~ voorzien* list; **tochtdeur** hall-door; **tochten**: *het tocht hier* there is a draught here; *dat raam tocht* a draught comes through that window; **tochtgat** 1 air-, vent-, draught-hole; 2 draughty spot; **tochtgenoot** fellow-traveller; *Odysseus en zijn -genoten* Ulysses and his companions; **tochtig** 1 draughty [house]; 2 (*v dieren*) in (on, at) heat, rutting (*ook, vero, v pers*); **tochtigheid** 1 draughtiness; 2 heat

tocht|lat draught-excluder, weather-strip; *~jes,* (*bakkebaardjes*) sideboards, mutton chops; **-raam** double window; **-scherm**, **-schut** draught-screen; **-sloot** draining-ditch; **-strip**, **-strook** *zie* -band; **-vrij** draught-proof [window]; *~ maken* draught-proof

tod(de) rag; **toddik** filthy slob

toe I *bn* [the door is] to, shut; II *bw* 1 (*richting*) to; *waar gaat dat (ga jij)* ***naar*** *~?* where are you off to?; *naar het noorden ~* to(wards) the north, northward; *naar Londen ~,* (*in die richting*) in the direction of London, Londonward(s), (*erheen*) to London; *naar ~, zie verder* heen; 2 (*voortgang*) on; *hij liep (reed, enz)* ***maar*** ~ he ran (rode, etc) on and on; *hij schreeuwde maar ~* he cried at the top of his voice; kept shouting; *hij praatte maar ~* he talked away sixteen to the dozen; *je zult er mee ~ moeten* it will have to last you; *zie verder* los: erop ~; 3 (*aanvulling*) extra; *en een gulden ~* and ... into the bargain, extra; *en een snoepje ~* and a sweet thrown in; *en pudding ~* and ... to follow, for a sweet; 4 (***aan*** *~:*) *daar zijn we nog niet aan ~* we haven't got that far yet; *als het eraan ~ is* [of this we shall speak] at the proper time; *dat is tot daar aan ~* that does not matter so much, there is no great harm in that; *het was er na aan ~ (dat hij het verloor)* it was touch and go (he was within an ace of losing it); *alle ... nog aan ~* well I never!; *ik wil weten waar ik aan ~ ben* I want to know where I am (where I stand); *hij is er slecht (treurig) aan ~, a) (financieel)* he is badly off; *b) (gezondheid)* he is in a bad way; *er slechter aan ~ dan eerst* [£20] worse off than at first; *het toneel is er tamelijk slecht aan ~* the stage is in a pretty bad way; *hij is er niet (is er veel) beter aan ~* he is in no (is in much) better case; *hij is er des te beter aan ~* he is all the better for it; *ze is erg (is hard) aan haar vakantie ~* she needs her holiday badly; *hij is aan een nieuwe broek ~* he is due for ...; *hij is aan het examen ~* he is ready for ...; *zie verder de sam* & toetje, tot, heen, komen, koop, liggen, enz; III *tw* come on![, get cracking! *schiet eens op!*]; *~, maak voort!* I say, do make haste!; *~, zeg het me!* won't you tell me? oh, do!; *~* ***maar!*** go ahead!; (*spreek op*) fire away!, go ahead!, (*sl*) spit it out!, cough it up!, shoot!; (*verwondering*) good gracious!, great Scott!, you don't say so!; *~* ***nou!****,* (*schei uit & ongeloof*) come off it!

toeak (*Ind*) palm-wine

toean (*Ind*) tuan; (*BrI*) sahib; **toean besar** (*Ind*) tuan besar; Governor General

Toeareg Tuareg

toe|bedelen[1] assign, dole (parcel, mete, measure) out, allot, allocate, (apportion) [s.t. to a p.]; *de haar -bedeelde taak* her allotted task; **-behoren** I *ww* belong to; II *zn* appurtenances, accessories, fittings; **-bereiden** prepare; (*kruiden*) season; dress [the salad]; **-bereiding** preparation; seasoning; dressing; **-bereidselen** preparations, preparatives; *~ maken voor* make preparations for, make (get) ready for; **-bijten** [the fish won't] bite; *hij wou niet ~* he would not bite, would not take (rise to, swallow) the bait, he held (hung) back; *'neen!' beet hij haar toe* 'no!' he snapped (at her), he snarled (out); **-binden** bind (*of:* tie) up; **-brengen** deliver [a blow], deal (strike, hit) [a p. a blow]; inflict [damage, injuries, severe losses on a p.], do [damage to the crops]; *erin slagen de eerste klap toe te brengen* get one's blow in first; *hij had zich de wond zelf toegebracht* the wound was self-inflicted; *zie ook* slag; **-brullen**, **-bulderen**: *iem iets ~* roar (out) s.t. to a p.; **-dekken** cover up; (*instoppen*) tuck in (*of:* up); (*wortels v planten*) mulch [with straw]; **-delen** *zie* -bedelen; **-denken** 1 destine, intend [a thing] for [a p.]; 2 give [a p.] credit for, credit [a p.] with [common sense]; **-dichten**: *iem iets ~* impute s.t. to a p., lay s.t. at a p.'s door, father s.t. (up)on a p.; *vgl* -denken 2; **-dienen** administer [medicine, a scolding, the last sacraments] to [a p.], deal [a p. a blow], inflict [punishment] (up)on [a p.];

1 *Zie voor sam met* toe- *ook* dicht-, ineen-, samen-

hij had zich het vergif zelf toegediend the poison was self-administered; **-diening** administration, dealing, etc; *vgl* -dienen

toedoen I *ww* 1 (*sluiten*) close, shut; draw [the curtains]; 2 (*ter zake zijn, enz*) matter; *dat doet er niet toe* that does not matter; *haar naam* (*het geld, wat hij dacht*) *doet er niet toe* never mind her name (the money, what he thought); *het uiterlijk doet er veel toe* there's a lot in appearance; *het doet er niet toe wat* [give me s.t. to eat,] anything will do; *dat doet aan de zaak niets toe of af* it does not affect the matter either way (one way or the other); *zie ook* uitmaken & deur, oog(je), zwijgen, toegedaan; II *zn: de transactie geschiedde buiten zijn* ~ he had no share in the transaction; *door uw* ~ through you; *het was alles door zijn* ~ it was all his doing, (*fam*) all along of him; *zonder uw* ~ but for you, if it had not been for you [I should not have got it]

toe|draaien 1 turn off [a tap, the gas, etc]; close (by turning); 2 *zie* -keren; **-dracht**: *de gehele* ~ *der zaak* how it all happened, all the facts of the case, all the ins and outs of the affair, [know] the rights of it; **-dragen**: (*grote*) *achting* ~ esteem [a p.] (hold [a p.] in high esteem); *iem een goed hart* ~ wish a p. well, mean well by a p.; *hij droeg haar geen kwaad hart toe* he had no ill feeling for her; *iem wrok* (*een kwaad hart*) ~ bear a p. a grudge (malice, ill-will); *hoe heeft zich dat toegedragen?* how did it come about?; **-drinken**: *iem* ~ drink a p.'s health; **-drukken** close [a p.'s eyes], shut; **-duwen** push [the door] to; *iem wat* ~ slip s.t. into a p.'s hands, give a p. s.t. on the sly; **-ëigenen**: *zich* ~ appropriate, convert [money] to one's own use, annex, arrogate [s.t.] to o.s., usurp [power]; (*gevonden voorwerp*), (*jur*) steal by finding; **-ëigening** appropriation; fraudulent (*of:* unlawful) conversion [of money]

toef(t) tuft [of hair]; dab [of cream]

toe|fluisteren: *iem iets* ~ whisper s.t. to a p. (in a p.'s ear); **-gaan** 1 close, shut; 2 happen; *zie ook* zich toedragen; *het gaat er raar* (*gek*) *toe* there are strange (queer) goings-on there; *het gaat daar niet helemaal zuiver toe* things there are not quite as they should be; *het ging er woest toe* they turned the place upside down; *vgl* stelt: op ~en zetten

toegang 1 (*ingang*) entrance, way in; *de ~en tot een stad* the approaches to ...; 2 (*toelating*) admittance, admission [50p, pay for admission], access, entry, entrance; *verboden* ~, (*opschrift*) no access, no admittance (except on business), (... *Art. 461 Wb v Str:*) private: trespassers will be prosecuted; *de deur gaf* ~ *tot een grote zaal* the ... gave entry (entrance) (in)to (opened on) a ...; *vrije* ~ admission free; *vrije* ~ *hebben tot* be free of [a house]; ~ *hebben tot de hoogste kringen* have access (the entrée) to the highest circles; *zich* ~ *verschaffen* gain access (admission) [to *tot*], gain (effect) an entry [to *tot*], (*met geweld*) force an entrance (entry), (*ongenood*) gatecrash; *hem werd de* ~ *geweigerd* he was refused admission; *duizenden konden geen* ~ *vinden* thousands were turned away (from the gates); *de* ~ (*tot vergadering*) *was op vertoon van kaarten* it was an all--ticket meeting

toegangs|bewijs, **-biljet**, **-kaart(je)** ticket of admission, pass, permit; **-nummer**: *internationaal* ~, (*oo, telef*) international code (010; *Am* 011); **-poort** entrance gate, (*ook fig*) gateway [to success]; **-prijs** (charge for, price of) admission, entrance fee; **-tijd** (*computer*) access time; **-weg** approach, access (road, route)

toegankelijk (*v pers & zaken*) accessible, approachable, easy of access, get-at-able; *slecht* ~ difficult of access; ~ *voor het publiek* open to the public; ~ *voor nieuwe denkbeelden* open to new ideas; ~ *maken* open up [a country to trade, etc]; **toegankelijkheid** accessibility, get-at-ability

toegedaan: *iem* ~ *zijn* be attached to a p., be well (kindly) disposed to(wards) a p.; *een mening* (*theorie*) ~ *zijn* hold a view (theory)

toegeeflijk indulgent, lenient, permissive; *al te* ~ overindulgent; (*wat al te*) ~ *zijn voor* (over)-indulge [a p.]; **toegeeflijkheid** indulgence, leniency; *de zaak met* ~ *beschouwen* take a lenient view of the matter; *vgl* -lijk, clementie & inroepen

toe|gelaten *zie* -gestaan & -laatbaar; **-genegen** affectionate; *zie ook* genegen; *Uw* ~ *Tinus* Yours affectionately, T; **-genegenheid** affection(ateness); **-gepast** applied [art, linguistics, mathematics, physics]; **-gespen** buckle (up); **-gespitst** (*plantk*) acuminate; **-gestaan** allowed, permitted, tolerated; *zie ook* -staan & -laatbaar

toegeven I *tr* 1 (*op de koop toe*) give into the bargain, (*bij verkoping, ook*) throw in; ***om** er een op toe te geven* a very poor specimen [of a melon]; 2 (*erkennen*) grant, admit, allow, concede; *zoals je zelf toegeeft* ... by (on) your own admission ...; *men geeft toe dat* ... admittedly [he was not fit for the job; it is admittedly a difficult question]; *ik moet eerlijk* ~ *dat hij* ... to do him justice, he ...; ***dat** geef ik u toe* I grant you that; *een feit* ~ concede a fact; ***meer** dan hij wel wou* ~ more than he cared to admit; ***toegegeven** dat je gelijk hebt* granting you are right; *toegegeven!* granted!; 3 (*toestaan*) humour [children should be humoured a little], indulge [children too much; an over-indulged child]; *iem **niets** ~*, (*niet onderdoen voor*) be a match for a p.; *ze geven elkaar niets toe* they are well matched, there's nothing to choose between them; *niets* ~, (*op zijn stuk blijven staan*) not budge (yield, give way) an inch, be uncompromising; II *intr* give in [to a p., a habit, etc], give way [to one's feelings, grief], yield [to persuasion], cave in, knuckle under; (*zich schikken*) comply; *over en weer **wat*** ~ make mutual concessions; *een beetje* ~, (*bij redenering*) concede a point; *op dat punt* ~ yield the point; ***aan** iems grillen* ~ indulge a p.'s whims; *hij gaf niet toe aan haar dure ideeën,* (*ook*) he stood out against ...; ~ *aan de smaak van het publiek* pander to the ...; *je geeft eraan toe,* (*aan verdriet, enz*) you give way (to grief, etc); **toegevend** indulgent; *zie* -geeflijk;

Zie voor sam met toe- *ook* dicht-, ineen-, samen-

~e zin concessive clause; **toegevendheid** *zie* toegeeflijkheid; **toegeving** 1 admission, acknowledgment; 2 concession; *vgl* -geeflijkheid; **toegevoegd**, enz *zie* toevoegen, enz; **toegewijd** dedicated [teacher], devoted [friend]

toe|gift s.t. given into the bargain; makeweight; (*muz, enz*) [play an] extra, encore; *als ~* thrown in as a makeweight (a bonus); [a box on the ear] for good measure; (*ook*) outside and in addition to the programme; **-gooien** 1 throw to; *iem de lucifers ~* throw a p. the matches; 2 slam [the door]; fill up [a grave]; **-grendelen** bolt; **-grijnzen** grin at; **-grijpen** catch (*of:* snatch) at it (him, etc); **-groeien** (*ve wond*) heal; (*ve sloot*) be choked (up) [with weeds]; **-halen** draw closer (tighter); tighten up [the taxation regulations]; *zie ook* aanhalen; **-happen** snap at it; *gretig ~* jump at an offer; *hij hapte dadelijk toe* he rose to the bait at once; *zie ook* -bijten; **-hebben**: *dat heb je toe* that's what you have got into the bargain

toehoorder auditor, hearer, listener; (*bij conferentie*) observer, listener; *-hoorders,* (*ook*) audience, auditory; **toe|hoorderes**, **-hoorster** auditress; *zie verder* -hoorder; **toehoren** 1 listen [to a p.]; 2 belong to; **toehouden** 1 keep shut; 2 *iem iets ~* hold out s.t. to a p.; **toejuichen** applaud, cheer, hail, acclaim; welcome (hail, applaud) [a plan, an inquiry]; *uitbundig ~* applaud (cheer) vociferously (to the echo); *zie ook* daveren; **toejuiching** applause, cheer, shout; **toekaatsen** drive [a ball] to [a p.]; *zie ook* bal

toekan (*vogel*) toucan

toekennen 1 (*toewijzen*) award [a prize, punishment]; credit [a p.] with (give a p. credit for) [talents]; attach [great value] to; confer [a title] (up)on; assign [a value] to; allow [compensation]; (*jur ook*) adjudge; *punten* (*cijfers*) *~* award marks; 2 (*toeschrijven*) assign [a property] to [a metal]; *een betekenis ~ aan* ascribe (attribute) a sense to [a word]; *zie ook* palm; **toekenning** adjudication, grant, award; **toekeren** turn to(wards); *hij keerde mij de rug toe* he turned his back (up)on me, (*fig ook*) he gave me the cold shoulder

toe|kijken look on; *ik mocht ~* I was left out in the cold; *hulpeloos ~* stand by helplessly; **-kijker** looker-on, onlooker, spectator; **-knijpen** close [one's eyes]; *half ~* screw up [one's eyes]; *zie ook* keel; **-knikken** nod to; *hij knikte mij veelbetekenend toe* he gave me a significant nod; **-knopen** button up [one's coat]; **-komen** 1 (*rondkomen*) make (both) ends meet; *met dat beetje geld moeten we ~* on that pittance we'll have to manage (survive); 2 (*behoren*) be due; *dat komt mij toe* that is due to me (my due), I have a right to it; *meer willen hebben dan je toekomt* want more than your fair share; 3 (*komen tot*) get round [*aan iets* to (doing) s.t.]; *doen ~* send [an order], let [a p.] have [a cheque, the goods], extend [an invitation to a p.]; *~ op* come up to, make for, (*vijandig*) go for [a p. like a mad bull]; *zie ook* komen, rondkomen & toekunnen; **-komend** future, next; *~e tijd,* (*gramm*) future (tense); *de* (*het*) *mij ~e rente* (*bedrag*) the interest accruing (the amount due) to me; *het hem ~e deel* his rightful share; *het mij ~e* my due

toekomst future; *in de ~* in the future, in times (days) to come; *in de ~ lezen* read the future; *de ~ behoort aan de jeugd* the future lies with the young; *er ligt een schitterende ~ vóór hem* he has a brilliant future before him; *er zit ~ in die onderneming* the enterprise has great possibilities; **toekomstbeeld** vision of the future; **toekomstdroom** dream of the future; (*onpraktisch*) utopian scheme; **toekomstig** future; prospective [members]; *vgl* aanstaande

toekomst|mogelijkheden prospects; [the scheme has (its)] possibilities; [a job with] career perspectives; **-muziek** music of the future; (*fig*) *zie* -droom; **-perspectief** *zie* -mogelijkheden; **-plan** plan for the future; **-roman** (*vglb*) science fiction, science-fiction novel

toe|krijgen 1 get [the door] shut; 2 get into the bargain; (*op verkoping ook*) get thrown in (as an extra); **-kruid** seasoning, condiment, spice; (*groente als ~*) pot-herb(s); **-kunnen** 1 [the door won't] shut; 2 manage; *ik kan er* (*een week*) *mee toe* I can make it do (it will last me a week); *ze kan lang met haar kleren toe* she makes her clothes last

toelaatbaar admissible, allowable, permissible; *niet ~* inadmissible, impermissible; *-bare belasting* safe load; **toelaatbaarheid** admissibility, permissibility

toelachen smile at (on, upon); *de fortuin lachte hem toe* fortune smiled on him; *het denkbeeld lacht me niet toe* the idea doesn't appeal (commend itself) to me; *zie ook* aanlachen

toelage (special) allowance, gratification, [study] grant; extra wages (pay, salary), bonus; (*v school aan leerling*) exhibition; *zie ook* kinderbijslag; *iem een ~ geven* give (grant) a p. an allowance

toelaten 1 (*toestaan*) permit, allow, stand, suffer; *als de tijd* (*mijn gezondheid*) *het toelaat* if time (my health) permits; *als mijn fondsen het ~* funds permitting; *dat laat geen twijfel toe* that admits of no doubt; *vgl* toegestaan; 2 (*toegang geven*) admit; turn on [steam, etc]; *honden worden niet toegelaten* no dogs admitted; *tot de Heilige Dienst toegelaten worden* take holy orders, be admitted to the ministry; 3 (*doorlaten; na examen*) pass [*ook:* his plays were passed for public performance]; *het aantal toegelatenen* the number of passes; **toelating** 1 admission, admittance; 2 permission, leave

toelatings|beleid 1 admission policy; 2 immigration policy; **-beperking** restricted entry; **-eisen** entry requirements; **-examen** [university] entrance examination; *~ doen* go in for one's entrance examination; **-voorwaarden** conditions of entry [to the college]

toeleg design, intention, purpose, attempt, plan

toeleggen 1 (*bedekken*) cover up; 2 (*toekennen*)

Zie voor sam met toe- *ook* dicht-, ineen-, samen-

allow; 3 (*toegeven:*) *ik moet er* (*geld, vijf pond*) *op* ~ I am a loser by it, am (five pounds) out of pocket by it, I've lost five pounds over it; *het Rijk legt op elk kaartje een gulden toe* every ticket costs the State a guilder (in subsidies); 4 (*aanleggen:*) *het erop* ~ *om* ... make a point of ...ing, be bent on ...ing, set out to ...; *zie ook* aanleggen 3; *alles was erop toegelegd om* ... everything was so arranged as to ...; *men legde het op zijn leven toe* an attempt was made (up)on his life; ***zich*** ~ *op* apply o.s. to [one's work, French, etc], give (put) one's mind to (concentrate on) [one's business], take to [farming]; *hij legde zich erop toe om die gebreken te verhelpen* he set himself to curing these defects; *zich speciaal* ~ *op* specialize in [German]

toeleven: ~ *naar* look forward to

toe|leveraar, **-leverancier**, **-leveringsbedrijf** subcontractor; (*bedrijf, ook*) supply industry

toe|lichten elucidate, clear up, throw light (up)on, explain, illuminate, clarify [a proposal, one's intentions]; amplify [a statement, request]; (*met voorbeelden*) illustrate; **-lichting** (*uitleg*) elucidation, explanation; *ter* ~ *van* in explanation of; explanatory note [to a proposal]; (*bij programma*) programme notes; (*opheldering*) illumination, clarification; (*nadere* ~) amplification; *zie ook* memorie; **-lijken** seem (to); *zie* -schijnen; **-lonken** look tenderly at; (*verliefd*) ogle, make eyes at, (*fam*) give [a p.] the glad eye; **-loop** 1 concourse, run [of customers; rush [to join the army]; 2 (*menigte*) concourse, crowd, throng; **-lopen** come running on; *maar* ~ walk (go) straight on; ~ *op* run (go) up to; *spits* ~ end in a point, taper (off, to a point); *nauw* ~ narrow towards the end; **-luisteren** listen; **-maat** overmeasure; **-maken** 1 close, shut; seal [a letter]; fasten, button up [one's coat]; 2 (*toebereiden*) prepare; (*sla*) dress [the salad]; 3 *zich* ~, (*vuil maken*) get o.s. dirty (into a mess); **-meten** measure (mete) out [punishment to a thief]; **-moeten** have to get along (make do) [with]; *met minder geld* ~, (*ook*) have less money to spend

toen I *bw* then, at the (that) time; *het is goed dat het* ~ *juist kwam* it is a good thing that it came when it did; *van* ~ *af* from then, from that time; (*lit*) thenceforth; II *vw* when, as

toenaam 1 (*bijnaam*) nickname, by-name; 2 (*familienaam*) surname, family name; *zie ook* naam; **toenadering** approach; (*fig*) rapprochement, closer relations; *stappen doen ter* ~, ~ *zoeken* make overtures (advances); *er kwam een* ~ *tussen de naties* the ... were drawing together; *de oorlog bracht* ~ *tussen hen tot stand* the war brought them closer together

toename increase, growth [of the population], rise, progress, advance; *zie ook* vermeerdering

toendra tundra

toe|nemen increase (*met* 5% by 5%), grow, be on the upgrade, be on the increase; (*vd wind*) freshen, gather strength; ~ *in gewicht* gain in weight; *in omvang* ~, (*ook v geluid*) gather volume; *in kracht* ~, (*ve beweging, enz*) gather (gain) strength, gain headway; (*v spanning, enz*) mount; *de vraag doen* ~ swell the demand; ~*de belangstelling* growing interest; *de* ~*de duisternis* the gathering gloom; *in* ~*de mate* increasingly (progressively) more [self-contained]; *steeds* ~*de aantallen* ever-swelling numbers; **-neming** *zie* -name

toen|maals then, at the (that) time; **-malig** [authors] of the day (the time), then; *de* ~*e president* the then president; **-tertijd** at the (that) time

toepad short cut

toepasbaar applicable; **toepasselijk** appropriate (to the occasion), apposite, suitable, fitting, applicable; ~ *voor de tijd van het jaar* seasonable [sermon]; ~ *geval* case in point; *de* ~*e wet* the applicable act; ~ *zijn* (*op*) apply, be applicable, be relevant (to); *niet* ~ *op,* (*ook*) irrelevant to [the case]; **toepasselijkheid** appropriateness, etc, applicability, suitability

toepassen apply [a rule; artificial respiration]; use, employ [a method]; exercise [a little ingenuity], put into practice, practise [what one preaches]; (*de wet*) enforce [a law], put [the criminal law] into effect; *verkeerd* ~ misapply; [*een term, enz*] ~ *op* apply [a term, etc] to; *de verschillende procédés welke worden toegepast* the ... which are in use (which are used); *zie ook* toegepast

toepassing application; *verkeerde* ~ misapplication; *in* ~ *brengen* practise [what one teaches], live up to [one's principles]; *zie verder* toepassen; *van* ~ *zijn op, zie* toepasselijk; *dit is precies van* ~ *op het geval* this exactly fits the case; *niet van* ~ *op het onderhavige geval* irrelevant to (outside the scope of) the case under consideration; *dat is* (*hier*) *niet van* ~ that does not apply (here)

toer 1 (*reis*) tour, trip, excursion; (*wandelingetje, ritje*) turn, (*te paard, ook*) ride, (*in auto, rijtuig, ook*) drive, (*in auto, op fiets*) spin, run; *een* ~*tje doen* (*maken*) take a drive (a ride), go for a spin [on one's bicycle, in one's car]; 2 (*kunststuk*) [clever] feat, [juggling-]trick, (*fam*) [acrobatic] stunt; *acrobatische* ~*en,* (*ook*) acrobatics; ~*en* ***doen*** perform tricks, (*fam*) do stunts, stunt; *het is een hele* ~ it takes some doing, it's a tough job; *daar zal ik een* ~ *mee hebben* that'll be a tough job; ***op*** *een* (*de harde*) ~ *gaan* take a [hard] line; *op de moderne* ~ *gaan* be (turn) very modern (about s.t.); 3 (*beurt*) turn; 4 (*v vals haar*) switch, front; 5 (*snoer*) string; 6 (*breien*) round; 7 (*omwenteling*) turn; revolution (*fam:* rev) [of an engine]; ***op*** ~*en laten komen* rev up [the engine]; *op* ~*en komen,* (*fig*) get into one's stride; *op volle* ~*en, zie* kracht; ***over*** *z'n* ~*en zijn* be overwrought (over-excited, in a flap)

toerauto tourer, (*Am*) touring car; **toerbeurt**: *bij* ~ in rotation, by (on, according to) rota

toereiken I *tr* hand, reach, pass, hold out [s.t. to a p.]; II *intr* suffice; **toereikend** sufficient, adequate, enough; ~ *zijn,* (*ook*) suffice, do; last (out) [the supply will last out the winter]; *het zal lang niet* ~ *zijn om* ... it will go only a little way towards ...ing

Zie voor sam met toe- *ook* dicht-, ineen-, samen-

toerekenbaar responsible (for one's actions), accountable; (*ve daad*) imputable; *hij is niet helemaal ~*, (*fam*) he is not all there; **toerekenbaarheid** [diminished] responsibility, accountability; (*ve daad*) imputability; **toerekenen**: *iem iets ~* impute s.t. to a p., lay s.t. at a p.'s door; *zie verder* aanrekenen; **toerekeningsvatbaar** *zie* -rekenbaar

toeren take a drive (ride), (*in auto*) motor; *gaan ~* go for a drive (ride) [in a car, on a bicycle]; *ik ga wat in mijn auto ~*, (*ook*) I'll give my car a run

toerental rpm, rps, revolutions per minute (second); **toerenteller** rev(olution)-counter

toerfiets touring bicycle, tourer

toerisme tourism, the tourist industry; **toerist** tourist [agency, class, hotel, industry, resort, season, traffic, trap], sightseer; **toeristisch** tourist [attractions]; scenic [drive *route*]; (*min*) touristy, commercialized

toerit (*v autoweg*) slip road; **toeritdosering** controlled access to motorway, with traffic lights

Toerkmeen Turk(o)man (*mv:* -s); **Toerkmeens** Turk(o)man; (*taal, ook*) Turkmen; **Toerkmenië** Turkmenistan

toermalijn tourmaline

toernooi tournament (*ook in sp*), tourney, joust: [swimming] gala; **toernooien** tilt, joust, hold (engage, take part in) a tournament; **toernooiveld** tilt-yard, lists

toeroepen call (out) to, cry to, *zie ook* halt, welkom, enz

toertocht pleasure trip (drive, ride)

toerusten equip, prepare; *zich ~* equip o.s., prepare (o.s.), make (*of:* get) ready; *toegerust met*, (*ook*) fitted with; **toerusting** 1 preparation; 2 equipment

toerwagen tourer, (*Am*) touring car

toeschietelijk accommodating, compliant, complaisant, (easily) accessible, responsive; *niet erg ~* rather cold in manner, reserved, unresponsive; *iets te ~*, (*ve meisje*) rather too forward

toeschietelijkheid complaisance, accessibility, responsiveness; **toeschieten** 1 (*snellen*) rush forward; *~ op* dart (rush) at, make a dash for; (*ve roofdier, enz*) pounce (up)on; 2 kick (shoot) to(wards)

toe|schijnen seem to, appear to; *het schijnt me toe, dat ik uw gezicht ken* (*zijn hand erin herken*) I seem to know your face (to detect his hand in it); **-schoppen** *zie* -schieten; **-schouwen** look on; **-schouw(st)er** spectator, onlooker, looker-on; (*toevallig*) bystander; *~s*, (*in zaal*) audience; *zie ook* kijklustigen; **-schreeuwen** shout (out) to; hail [a boat]; *zie ook* toe

toeschrijven: *~ aan* ascribe (attribute) to; (*meestal ong*) impute [the worst motives] to [a p.]; put [it] down to [negligence]; *hij schreef de mislukking aan het weer toe* he blamed the weather for it (he blamed it on the weather); *hem wordt de uitvinding toegeschreven van* ... he is credited with the invention of ...; *ze schrijven de mislukking toe aan het feit* ... they trace the failure to the fact ...; *ze schrijven u deze idee toe* they father this idea on you; *er wordt hem wonderdadige macht toegeschreven* he is accredited with miraculous power; *toe te schrijven aan* attributable to, due to, to be put down to [negligence]; **toeschrijving** attribution, ascription; (*inz ong*) imputation

toeschuiven close (by pushing), push to, draw [the curtains]; (*fig*) give [a p. s.t.] secretly (on the sly); *hij schoof mij het papier toe* he pushed the paper over to me

toeslaan I *tr* 1 bang, slam [a door], shut [a book]; 2 (*bij verkoping*) knock [s.t.] down to [a p.]; *het huis werd mij toegeslagen* the house was knocked down to me, fell to my bid (to me); 3 hit [a ball] to [a p.]; II *intr* 1 (*ve deur*) slam, bang; 2 (*erop los slaan*) lay it on, (*een slag toebrengen*) strike [Fate struck]; 3 (*bij koop, vero*) strike (*of:* slap) hands (on, upon it); **toeslag** 1 (*te ontvangen extra*) (extra) allowance, [productivity] bonus, [wage] supplement; [cost of living] subvention; 2 (*te betalen extra*) additional (extra) charge; (*op tarief*) surcharge; (*trein*) excess fare, extra fare, supplement; 3 (*bij verkoop*) knocking down [to the last bidder]; 4 (*metallurgie*) flux; **toeslagbiljet** supplementary ticket

toesmijten *zie* -gooien; **toesnauwen** snarl at [a p.]; *zie ook* -bijten; **toesnellen** dash up, rush (up) to; **toesnijden** tailor (*ook fig:* one's words to one's audience); **toespelen** 1 hint (*op* at); 2 pass [information] on to, slip [a note] to [a p.]; *elkaar de bal ~* play into each other's hands; *ergens op ~* allude to s.t.; **toespeling** allusion, reference, hint; (*bedekte*) insinuation; (*hatelijke*) innuendo; *~en maken op* allude to, hint at; *hij begreep de ~* he took the hint

toespijs 1 side-dish, dessert, sweet; 2 *zie* toekruid

toespitsen 1 sharpen; 2 aggravate [the dispute]; *zich ~* become acute, come to a head; **toespitsing** aggravation

toespoor toe-in

toespraak address, speech; (*heftig tot menigte*) harangue; (*tot nieuwe predikant & v rechter tot jury*) charge; *een ~ houden* give an address, make (deliver) a speech; **toespreken** speak to, address, (*een menigte, ook*) harangue; *vgl* aanspreken; *ik wil zo niet door jou worden toegesproken* I won't take that sort of talk from you

toestaan 1 (*toelaten*) allow, permit, suffer; *vgl* -laten; 2 (*inwilligen*) grant [a request], allow [a claim], concede [a demand]; *niet ~* disallow [an appeal]; 3 (*verlenen*) accord [a hearing]; *zie ook* verlenen; (*bij stemming*) vote [money; supplies *gelden;* credits; full powers]; *toegestane gelden* [civil aviation] vote

toestand 1 state of things (of affairs), condition, position, situation, (in a sorry) plight; (*omstandigheden*) circumstances; *dat is een mooie ~!* here's a pretty state of affairs!, (*fam*) a (nice) howd'ye-do!; *een hachelijke ~* a critical predicament; *de ~ redden* save the situation; *in goede ~* in good condition; *in droge ~* when dry; 2 (*sl:*

Zie voor sam met toe- *ook* dicht-, ineen-, samen-

voorwerp, geval) affair, contraption, gadget
toesteken 1 put (*of:* hold) out [one's hand to a p.], extend [a helping hand, the hand of welcome to a stranger]; 2 thrust home
toestel apparatus (*ook bij gymnastiek, mv:* -tuses), appliance, device; (*vliegt, enz*) machine; (*radio, tv*) set; (*fot*) camera; *extra ~,* (*telef*) extension telephone; *~ 63,* (*telef*) extension 63
toestellen (*typ*) make ready, impose [formes]
toestelturnen apparatus gymnastics
toe|stemmen (*toestemming geven*) consent; (*toegeven*) admit, grant, assent to [a statement, etc]; *zie ook* -geven; *~ in* consent to, agree to [he agreed to her going], grant [a request], accede to [terms]; **-stemmend** (*vs ontkennend*) affirmative; *~ knikje* nod of assent; *zie ook* knikken; *~ (be)antwoorden* answer in the affirmative (affirmatively); **-stemming** consent, assent, permission [*met uw ~, met ~ van* ... with your kind permission, by kind permission of the proprietors of Private Eye]; *echtscheiding met ~* divorce by consent
toestoppen 1 stop up, plug [a hole]; 2 tuck in [a child]; 3 slip [s.t.] into a p.'s hand, slip a p. [£10]; *zie ook* oor; **toestormen** rush [on, up to s.t. *op*], come rushing [towards, for, at *naar, op*]; **toestrijken**: *hij streek het geld naar zich toe* he swept in the money; **toestromen** stream (flow, flock, crowd) to(wards), come flocking to [a place]; flow (*massaal:* pour, flock) in; (*van alle kanten*) *~ om het te zien* flock (from all quarters) to ...; *het geld stroomde hem toe,* (*in giften*) money was showered (up)on him, (*door eigen werk*) he was coining money; *het ~ van* [regulate] the flow of [gas]; **toestroom** (in)flow, influx; (*massaal*) flocking, crowding; **toesturen** send; *zie* toezenden & afsturen: *~* op
toet 1 face; *een aardig ~je* a pretty little face; 2 darling; 3 knot [of hair]; *zie ook* gezicht & wrong
toetakelen 1 (*gek ~*) dress (*of:* rig) out; *zich* (*gek*) *~,* (*ook*) make o.s. look a fright; *wat heb jij je toegetakeld!,* (*ook*) what a fright you have made of yourself!, what a sight you are!; 2 (*mishandelen*) belabour, maul, manhandle, knock about, mangle, punish [the boxer was punished severely]; *hij werd lelijk toegetakeld,* (*ook*) he came in for severe handling; **toetasten** (*bij het eten*) fall to, help o.s.; (*bij aanbod: met beide handen ~*) jump at an offer; *zie ook* doortasten
toeten toot, honk, tootle, hoot; *hij weet van ~ noch blazen* he does not know chalk from cheese; *zie ook* tuiten; **toeter** I *zn* (*hoorn*) horn, hooter; (*pers & hoorn*) tooter; *hou je ~,* (*sl*) shut your trap; *~s,* (*plant*) cow parsley, wild chervil; *~s en bellen,* (*fam*), *a*) bells and whistles, flounces and furbelows; *b*) fanfare; II *bn* (*sl*) stoned, legless; **toeteren** blow (sound, honk) one's horn
toetje 1 (*bij het eten*) sweet, s.t. to follow [is there anything to follow?]; 2 *zie* toet
toetreden: *~ tot* join [a club, a party, the United Nations], become a party (accede) to [a treaty]; *~ op* step (*of:* walk) up to; **toetreding** joining, entry [into the UN, (in)to the Common Market], accession [to a treaty], [without] access [of air]; **toetrekken** pull [a door] to (*of:* shut)
toets 1 (*v metalen*) assay, test; 2 (*ve piano, schrijfmachine, enz*) key; (*ve gitaar, enz*) finger-board; *de zwarte ~en van de piano,* (*ook*) the black notes of the piano; 3 (*penseelstreek*) touch; 4 (*proef*) test; *het kan de ~ niet doorstaan* it cannot stand the test (pass muster), will not bear examination; **toetsaanslag** (*muz*) touch; (*typen*) keystroke
toetsen 1 assay, test [gold, silver]; (*fig*) test [a statement], try, put to the test; *aan het oorspronkelijke ~* compare [a translation] with the original; *de maatregel wordt aan de praktijk getoetst* the ... is on trial; 2 (*op ~bord*) keyboard
toetsenbord (*ve schrijfmachine, enz*) keyboard; **toetsenist** keyboard player; **toetsenpaneel** keypad; **toetsing** assay, checking, testing [standard *norm*]; verification, review; *vgl* toetsen
toetsinstrument keyboard instrument; **toetsnaald** touch-needle; **toetssteen** touchstone (*ook fig*); **toetswedstrijd** test match
toeval 1 accident, chance, luck; *dat is ~,* (*ook*) that is a coincidence; *het ~ wilde dat* ... it so happened that ..., chance would have it that ...; *zoals het ~ wilde* [it happened,] as luck would have it; *niets aan het ~ overlaten* leave nothing to chance; *op het ~ vertrouwen* trust to luck; ***bij** ~* bij accident, by chance, accidentally; *louter bij ~* by (through) the merest accident (chance), by pure accident, by a mere fluke; *zie ook* toevallig; ***door** een gelukkig ~* by a lucky chance; *door een ongelukkig ~* by mischance; *dood door ~* death from misadventure; 2 (*med*) fit of epilepsy, (epileptic) fit, seizure; *een ~ krijgen* be seized with a fit; ***aan** ~len lijden* be epileptic
toevallen 1 (*dicht*) fall to, fall shut, close; 2 (*ten deel*) fall to [a p., a p.'s share, lot], (*v bezit, enz, ook*) devolve (up)on [a p.], (*v rente, enz*) accrue
toevallig I *bn* accidental, casual, fortuitous; (*willekeurig*) random [access, sample]; *een ~e bezoeker* a chance visitor; *~e kennismaking* casual (*of:* chance) acquaintance; *door een ~e samenloop van omstandigheden* by a coincidence; *wat ~!* what a coincidence!, isn't that an odd coincidence!; *het is niet ~* it is no accident [that he is here]; *~e verhoging* (*verlaging*), (*muz*) accidental; II *bw* accidentally, etc, by chance, by accident; *ik ontmoette hem ~* I happened to meet him; *iem* (*iets*) *~ vinden* (*aantreffen*) chance (happen, stumble) (up)on a p. (s.t.); *ik trof het ~,* (*ook*) I came across it by chance; *u bent toch ~ geen dokter?* you are not a doctor, by any chance?; *het trof ~ dat* ... it so happened that ...; *~ zit ik in de commissie en jij niet* as it happens I am on the committee ...; *~ kun jij de pot op* anyway you may get stuffed; **toevalligerwijs** *zie* toevallig II; **toevalligheid** 1 accidentalness, casualness, fortuity; 2 (*concr*) accident, coincidence, fortuity; **toevallijder** epileptic; **toevalstreffer** chance hit, stroke of luck
toeven 1 (*blijven*) stay; *zijn gedachten toefden bij* ... his mind dwelled on ...; 2 (*dralen*) tarry, linger

Zie voor sam met toe- *ook* dicht-, ineen-, samen-

toeverlaat refuge, shield, bulwark
toevertrouwen: *iem iets* ~ (en)trust a p. with s.t., entrust s.t. to a p., commit s.t. to a p.'s charge (care), give a p. s.t. in charge, confide [a secret etc] to a p.; *hij vertrouwde mij toe dat* ... he told me confidentially that ...; *aan het papier* (*de zee*) ~ commit to paper (to the sea); *dat is hem wel toevertrouwd, a*) leave that to him; *b*) (*ong*) trust him for that!; *aan mijn zorgen toevertrouwd* (put) under my care; *het kind is aan mij(n zorg) toevertrouwd* I am in charge of the child, the child is in my charge; *de aan haar* (*zorg*) *toevertrouwde persoon* her charge; **toevloed** (in)flow, influx [of foreigners, of overseas products], rush [of orders]; *zie ook* -loop; **toevloeien** flow to, flock to; (*v voordelen*) accrue to; *zie ook* -stromen; **toevloeiing** *zie* -vloed
toevlucht recourse, resort; (*onderkomen*) refuge, shelter; *mijn laatste* ~ my last resource (resort); *zijn* ~ *nemen tot* have recourse to, betake o.s. to, resort to [threats], take refuge with [a p.], take refuge in [the woods, lying]; **toevluchtsoord** (house of, haven of) refuge, asylum, resort, sanctuary; shelter [for the homeless]
toevoegen 1 add [to ...], join [to ...], subjoin [the following remarks], annex [a price-list]; append [the signature appended to the letter]; *ik heb hieraan niets toe te voegen* I have nothing to add to this; *toegevoegde waarde* value added [tax]; 2 (*ten dienste stellen*) place at a p.'s disposal; second [a p. to another branch], attach [a p. to an embassy], assign [a p. as counsel]; 3 *iem iets* ~ say s.t. to a p., address [a nasty remark] to a p.; *zie ook* laten: ~ zeggen; **toevoeging** 1 addition; 2 (*aan officieel stuk*) rider; 3 (*inz chem stof in voedsel*) additive; *zonder ~en, (ook)* E-free; **toevoegsel** addition, supplement; affix; additive
toevoer supply; flow [of gas, air]; *vgl* invoer; **toevoerbuis** supply pipe; (*voor gas & water; tussen hoofd- en huisleiding*) service pipe; **toevoerdraad** supply wire; **toevoeren** supply, provide; feed [cartridges (in)to a machine-gun]; **toevoerkanaal** feeder; **toevoerlijn** supply line
toe|vouwen fold up; **-vriezen** freeze (be frozen) over (*of:* up); *de sloot was toegevroren* the ... was frozen over; **-waaien** *zie* aanwaaien & dichtwaaien; *koelte* ~ fan; **-was** increase, growth; influx [of new members]; **-wenden** turn to(wards); *zie* -keren; **-wenken** beckon to; **-wensen** wish; *iem alles goeds* (*iets kwaads*) ~ wish a p. well (ill); *een dag die ik mijn ergste vijand niet zou* ~ a day that I would not wish for my ...; **-werken**: ~ *naar* work towards [a goal]; **-werpen** throw (fling) [a bone] to [a dog]; *zie ook* -gooien, bal, blik & handschoen; **-wicht** overweight
toewijden dedicate [a book, a church] to, consecrate [a church] to, devote [o.s., one's efforts] to; *zie ook* -gewijd; **toewijding** devotion
toewijzen allot (allocate) [shares], assign [a room to a p.], award [a prize; he was awarded £100 damages], appropriate [money for a scheme]; (*op veiling*) *zie* -slaan; *het kind werd aan de moeder toegewezen* the mother was awarded (given, granted) custody of the child; *zie ook* eis; **toewijzing** allotment, allocation, appropriation, assignment, award; (*bij rechterlijke uitspraak*) adjudication; **toewuiven** wave to [a p.], (*met zijn hoed* with ...; *ook:* wave one's hat to a p.); **toezeggen** promise; *hij heeft ons toegezegd* we have his promise [that ...]; **toezegging** promise, [give an] undertaking [to appear]; **toezenden** send, forward, consign [goods]; remit [money]; **toezending** forwarding, consignment; (*v geld*) remittance
toezicht superintendence, supervision, surveillance, inspection, care, control [*op* of]; (*bij examen*) invigilation; *zonder* ~ unattended, unguarded; *hij heeft niet veel* ~ *nodig* he does not take much looking after; ~ ***houden*** exercise [careful, close] supervision; (*bij examen*) invigilate; ~ *houden op* superintend, oversee [workpeople, an estate], police [the waterways], keep an eye on, look after [the children]; vet [mergers]; ***onder*** ~ *staan van* be under the supervision of; *iem onder* ~ *houden* keep a check on a p.; *onder* ~ *stellen,* (*jur*) put [a child] into care; (*na vergrijp*) put on probation; *zie ook* commissie & raad; **toezichthoudend** supervisory [staff]
toezien 1 *zie* toekijken; 2 (*oppassen*) take care, be careful, see [that ...]; *zie toe dat je niet valt* take care you do not fall; *wie staat, zie toe dat hij niet valle* no one is immune to temptation; *u moet erop* ~ *dat* ... you must see to it that ...; 3 (*toezicht houden*) (keep) watch; *er moet nauwkeurig toegezien worden dat* ... careful watch must be kept to see that ...; **toeziend** supervisory; ~ *oog* supervision; ~ *voogd* co-guardian, joint guardian; ~ *op, zie* toezicht: ~ houden op
toezingen sing to; *een welkom* ~ welcome with a song; **toezwaaien**: *iem met de zakdoek* ~ wave one's ... to a p.; *iem lof* ~ sing (sound) a p.'s praises; *iem uitbundige lof* ~ pay high tribute to a p., give a p. unstinted praise
tof (*fam*) 1 reliable, fine [fellow]; 2 great, smashing
toffee id; **toffel** *zie* pan~; **toffelzaag** tenon saw
toga 1 gown, robe, id; ~ *en bef* bands and gown; 2 (*soutane*) cassock
toges backside
toilet 1 id; ~ *maken* make one's toilet, dress (up), (*haastig*) hurry through one's toilet; *veel* ~ *maken* take a good deal of trouble with one's toilet; *een beetje* ~ *maken* make o.s. look a bit smart; *in groot* ~ in full dress, (*fam*) in full feather, in full fig; *met zijn* ~ *bezig* at one's toilet; 2 (*~tafel*) toilet(-table), dressing-table; 3 (*wc*) id, lavatory, (*mannen~*) men's (room), (*vrouwen~*) ladies' (room); (*fam*) loo; (*Am*) bathroom, restroom, washroom; *openbaar* ~ public convenience; (*mannen~*) gents; (*vrouwen~*) ladies
toilet|artikelen, **-benodigdheden** toiletries, toilet requisites; **-emmer** slop-pail; **-garnituur** toilet set; **-juffrouw** lavatory attendant; **-necessaire** dressing-case; **-papier** toilet (*of:* lava-

Zie voor sam met toe- *ook* dicht-, ineen-, samen-

tory) paper, (*Am*) bathroom tissue; **-spiegel** toilet mirror; (*groot, draaibaar*) cheval glass; **-stel** toilet set; **-tafel** dressing-table; **-tasje** sponge bag; **-teren** trim [a dog, horse]; *zich* ~ make one's toilet, dress; **-zeep** toilet soap

tok 1 ~*!* ~*!,* (*ve kip*) cluck! cluck!; 2 (*sp sl*) box

tokayer Tokay (wine, grape); **Tokio** Tokyo

tokkelen (*op*) pluck, touch [the strings], touch, pluck [the guitar, etc]; (*onbeholpen*) thrum, strum; **tokkelinstrument** plucked instrument

tokken cluck

toko 1 (general) store; 2 business, job; **tokohouder** (*Ind*) store-keeper, general dealer

tol 1 (*op weg, enz*) toll; (*schatting*) toll, tribute; (*fig*) toll [the epidemic took a heavy toll of human life]; ~ *betalen* pay toll; *de* ~ *aan de natuur betalen* pay the debt of (*of:* to) nature; ~ *heffen* levy (take) toll [*van* on]; 2 (*douanerechten*) customs, duties, tariffs; 3 (~*boom,* ~*hek*) turnpike; (~*huis*) toll-house; 4 (*speelgoed*) top, *zie ook* staan, enz; **tolboom** toll-bar; **tolbrug** toll-bridge; **tolcommies** (*hist*) custom-house officer

tolerabel tolerable; **tolerant** id; **tolerantie** 1 toleration; 2 (*med, techn*) tolerance; **tolereren** tolerate; *zie ook* dulden

tolgaarder toll-collector; **tolgeld** toll(-money); **tolhek** tollgate; **tolhuis** toll-house

tolk interpreter; (*fig*) mouthpiece

tolkantoor custom-house

tolken interpret, act as interpreter

tollen 1 spin (*drijftol:* whip) a top, play with a top; 2 (*tuimelen*) tumble; *in het rond* ~ whirl (*of:* spin) round; *de slag deed hem* ~ the blow sent him spinning

tollenaar (*bijb*) publican; **tolmuur** tariff-wall; **tolplichtig** liable to toll (*of:* duty)

Tolstojaans Tolstoyan

tolueen toluene

tolunie customs union

toluol toluene, id

tolverbond customs union; **tolvlucht** (*luchtv*) spin; **tolvrij** toll-free, free of duty, duty-free; *zie ook* gedachte; **tolweg** toll road; (*Am & hist*) turnpike (road)

tomaat tomato [juice, ketchup, purée, salad, sauce, soup]

tomahawk id, war-axe

tombak tombac, tambac, id

tombe tomb; **tombola** id

tomeloos unbridled, unrestrained, ungovernable; **tomen** bridle, put a bridle on [a horse]; (*fig*) bridle, curb, restrain

tomografie tomography

tom|poes, -pouce 1 (*paraplu*) Tom Thumb (umbrella); 2 (*gebak*) millefeuille(s)

ton 1 cask, barrel, tun, butt; *Diogenes in zijn* ~ ... in his tub; 2 (*gewicht of maat*) (metric; register) ton; (*metrische* ~) tonne; 3 (*boei*) buoy; 4 (*bedrag*) a hundred thousand guilders

tonaal tonal; **tonaliteit** tonality

tondel tinder; **tondeldoos** tinderbox; **tonder** tinder; **tondeuse** (pair of) clippers, hair-clippers

toneel 1 (*'planken', toneelwezen*) stage; (*voor film*) set, set scene; (*onderdeel v bedrijf*) scene; *het eigenlijke* ~, (*vs variété, operette, enz*) the legitimate stage; *het* ~ *ten tijde van Kon. Elizabeth* the Elizabethan stage; ***bij*** *het* ~ *zijn* (*gaan*) be (go) on the stage; ***op*** *het* ~ on the stage, before the footlights; *hij is verzot op het* ~ he is stage-struck, has got stage-fever; *een stuk* ***ten*** *tonele brengen* produce (stage, put on) a play; *ten tonele verschijnen* appear on the stage, come on, enter; (*fig*) appear (enter) on the scene; *weer ten tonele verschijnen,* (*ook fig*) re-enter; *ten tonele voeren* put [an event, a character] (up)on the stage; ***van*** *het* ~ *verdwijnen,* (*ook fig*) make one's exit, make one's (last) bow, disappear from the stage, drop out of the picture; *zie ook* bewerken; 2 (*fig*) theatre, scene; *zie ook* oorlogs~; *het* ~ *van zijn heldenmoed* the scene of his heroism; *een verschrikkelijk* ~ a terrible scene

toneel|aanwijzing stage-direction; **-achtig** theatrical, stag(e)y; **-beeld** scenic design; **-benodigdheden** stage-properties; (*fam*) props; **-bewerking** dramatic version [of a novel], stage adaptation; **-censuur** dramatic censorship; **-club** dramatic society, [amateur] theatre group; **-criticus** drama(tic) critic; **-dichter** dramatic poet; *zie ook* -schrijver; **-directeur** theatrical manager; **-effect** stage effect; **-gezelschap** theatrical (theatre) company, troupe; (*v amateurs*) theatre group; **-gordijn** (stage-)curtain; **-held** stage-hero; **-heldin** stage-heroine; **-kijker** opera-glass, (pair of) opera-glasses, (pair of) binoculars; **-knecht** stage hand, scene-shifter; **-koorts** stage fright; **-kritiek** dramatic criticism; **-kunst** dramatic art, stagecraft; **-laars** buskin; **-leider** producer, stage manager; (*bij revue, enz*) compère; **-matig** theatrical; **-meester** property and lighting manager, stage manager; **-naam** [her] stage-name; **-recensent** drama(tic) critic; **-regie** stage-management; **-rekwisieten** stage-properties, (*fam*) props; **-scherm** 1 (stage-)-curtain, (act-)drop; 2 (*coulisse*) side-scene; **-schikking** stage-setting, mise en scène, get-up, staging [of a play]; **-schilder** scene-, stage-painter; **-school** school of acting, dramatic (drama) school; *Koninklijke* ~ Royale Academy of Dramatic Art; **-schrijver** playwright, dramatist, play-writer; **-seizoen** theatrical season; **-speelster** actress; **-spel** 1 acting; (*fig*) play-acting; 2 (stage-)play; **-spelen** act; (*inz fig*) play-act; **-speler** actor, player; (*fig*) play-actor; ~ *worden* go on the stage; ~*-directeur* actor-manager; **-stuk** (stage-)play; ~*je* playlet; **-toren** stage-house; **-truc** stage-trick; **-uitvoering** (stage) performance, show; **-verandering** scene-shifting; **-vereniging** dramatic society; **-verlichting** stage lights; **-voorstelling** theatrical performance; **-wezen** stage; **-zolder** (*rollenzolder*) grid; (*werkzolder*) fly floor, flies

tonelist(e) dramatic artist

tonen show; (*aan de dag leggen, ook*) display, exhibit, manifest; (*aantonen, ook*) prove, demonstrate; (*als model, ook*) model [a Cartier necklace]; *moed* ~ show (display) courage; *zich een* *waar vriend* (*trouweloos, enz*) ~ prove (show) o.s. a true friend (faithless, etc); *het toont heel wat* it makes a fine (a great) show; *dan ~ ze beter* [put them in a nice box,] then they make a better show; *hij moest ~ wat hij kon* he was put through his paces

tong tongue (*ook land~ & v balans, gesp, schoen, vlam*); *~etje,* (*ook*) tonguelet; (*ve orgel, ook*) languet; (*vis*) sole, (*klein*) slip, tongue; (*niet*) *het **achterste** van zijn ~ laten zien* speak one's true mind (refrain from committing o.s.); ***boze** ~en beweren dat* ... it is maliciously suggested that ...; *een **fijne** ~* a delicate palate; *hij heeft een **gladde** ~* he has got a glib tongue, has the gift of the gab; *een **kwade*** (***losse***) *~ hebben* have an evil (a loose) tongue; *een **ruwe** ~* [have] a rough tongue; *een **scherpe** ~* a sharp tongue; *de ~en in **beweging** brengen* set tongues wagging; *heb je je ~ **ingeslikt**?* have you lost your tongue?; *iem de ~ **losmaken*** loose(n) a p.'s tongue; *de ~en zijn los* the tongues are loosed; *zie ook* losraken; *zijn ~ **sloeg dubbel*** he spoke thickly (with a thick tongue), his speech became slurred; *de ~ **uitsteken*** put (stick) out one's tongue [*tegen* at]; *steek je ~ eens uit* just put out (show me) your tongue; ***met** de ~ uit de mond* with one's tongue (hanging) out; *hij klakte* (*klapte*) *met zijn ~* he clicked his tongue; *met de ~ stoten* chuck; *het lag mij **op** de ~* it was (I had it) at (on) the tip of my tongue; *ze ging **over** de ~* she had got herself talked about, was the talk of the town; *zie ook* hart, roeren, toom, zwaar

tong|band *zie* -riem; **-been** tongue-bone, (*wtsch*) hyoid (bone); **-blaar** (*veeziekte*) glossanthrax

Tongeren Tongres

tongewelf barrel-vault

tongeworst tongue sausage

tong|kanker cancer of the tongue; **-klank** lingual (sound); **-klier** lingual gland; **-kus** French kiss; **-ontsteking** glossitis; **-pijp** reed pipe; **-r** lingual r; **-riem** string (*of:* fraenum) of the tongue; *zij is goed van de ~ gesneden* she is very voluble, she has plenty to say for herself; **-schar** (*vis*) lemon sole; **-scheet** raspberry; **-tepeltje** papilla (*mv:* -lae) of the tongue, lingual papilla; **-val** 1 accent; 2 dialect; **-vormig** tongue-shaped, linguiform; **-werk** (*ve orgel*) reed stop; *zijn ~ roeren, zie* roeren: zijn tong roeren; **-wortel** root of the tongue; **-zoen** French kiss

Tonia Antonia

tonic id; **tonica** tonic, key-note; **tonicum** tonic

tonijn (*vis*) tunny(-fish), tuna [sandwich]

tonisch tonic

tonkaboom tonka; **tonkaboon** tonka bean

tonmolen Archimedean screw

tonnage id, burden; **tonneau** (*luchtv*) roll

tonneboei barrel-buoy; **tonnegeld** tonnage (dues); **tonnen** *ww* barrel; **tonnen|inhoud, -maat** tonnage, burden; **tonner**: *een 2000-~* a 2000-tonner; **tonnetje** 1 (small) cask; *zie* ton 1; 2 (*pers*) roly-poly, tubby little person, tub; 3 cocoon

tonometer id; **tonometrie** tonometry

tonrond tubby, roly-poly; **tonrondte** (*ve weg, enz*) camber

tonsil id; **tonsillectomie** tonsillectomy; **tonsillotomie** tonsillotomy

tonsuur [receive the] tonsure

tontine id; **tonus** id, tone

tonvormig: *~e vertekening* barrel distortion

tooches backside

toog I *zn* 1 (*bk*) arch; 2 (*kleed*) cassock, soutane; 3 bar; counter; II *ww ovt van* tijgen; **toogdag** demonstration (day)

tooi ornament(s), decoration(s), [rich] attire; (*opschik*) finery; **tooien** adorn, decorate, deck (out), bedeck, dress out, array; *zie ook* vlag; **tooisel** *zie* tooi

toom 1 bridle, reins; *een ~ aanleggen* put a bridle on [a horse]; *in ~ houden* keep (hold) in check, control; *streng in ~ houden* keep a tight rein on [one's tongue], put a sharp curb (up)on; *hij kan zijn tong niet in ~ houden* his tongue runs away with him; 2 (*kippen*) brood [of hens]; (*biggen*) farrow

toon 1 tone; (*klank*) sound; (*~hoogte*) pitch; (*klem~*) accent, stress; (*fig*) tone [of a speech, book, etc], note [a note of fear in her voice, the engaged tone is a repeated single note]; (*schilderk*) tone; *tonen,* (*ook*) strains [the strains of an orchestra]; *de goede ~* good manners; *~tje,* (*ook*) arrogant tone; *de ~ **aangeven*** give the key, give (strike) the key-note; (*fig*) give (set) the tone, call the tune, take the lead [in conversation], set (lead) the fashion; *een ~ **aanslaan*** strike a note; *een* (*hoge*) *~ aanslaan,* (*fig*) take a high (lofty) tone [*tegen* with], be high and mighty, mount (*of:* ride) on one's high horse; *een vijandige ~ aanslaan* strike a hostile note; *een andere ~ aanslaan* change one's note (one's tone, one's key), sing another tune; *~ **houden*** keep tune; *een ~tje **lager** zingen* sing small(er), sing another tune, pipe down, climb down; *een ~tje lager laten zingen* make a p. sing another tune, take a p. down a peg or two, cut a p. down to size; *de juiste ~ **treffen*** strike the right note; ***op** vriendelijke* (*hoge, enz*) *~* in a kind (high, etc) tone (voice); *op hoopvolle ~* [end one's speech] on a note of hope; *op dezelfde ~,* (*ook*) [continue] in the same strain; ***uit** de ~ vallen* jar, clash, be out of tune [with one's surroundings]; 2 *ten ~ stellen, enz, zie* tentoonstellen, enz; 3 (*teen*) toe; **Toon** Tony

toon|aangevend leading, prominent [critic]; **-aard** key; *in alle ~en* in every way, [deny] emphatically, [I told him so] over and over again; **-afstand** interval; **-as** capstan; **-baar** presentable, [not, no longer] fit to be seen; **-bank** counter; *onder de ~ verkopen,* (*clandestien*) sell under the counter; *drank over de ~ verkopen* sell spirits across (*of:* over) the counter; **-beeld** model, pattern, paragon [of virtue]; *een ~ van gezondheid* [look] the (very) picture of health; **-brood** (*bijb*) shewbread; **-demper** mute, damper, sordino; **-der** (*ve cheque, enz*) bearer; *~ dezes* bearer; *aan ~* [cheque] to bearer; **-dichter** (musical) composer; **-geslacht** *zie* -aard; **-gevend** leading; **-gever** leader, arbiter [of fashion];

-hoogte [concert] pitch; **-kamer** showroom; **-kast** showcase, show-window; **-kleur** tone-colour; **-kop** 1 (pick-up) head; 2 tape head; **-kunst** music; **-kunstenaar**, **-kunstenares** composer, musician; **-ladder** scale; **-loos** (*vd stem*) toneless; (*fon*) unaccented; **-regeling** tone control; **-schaal** 1 scale; 2 (*v schilderij*) palette; **-soort** key, tonality; (*modus*) mode; **-sterkte** strength (intensity) of (a) sound; **-teken** (*fon*) accent, stress-mark; **-trap** 1 degree (of a scale); 2 interval; **-val** cadence, modulation; **-vast** keeping tune; ~ *zijn* keep tune; **-zaal** showroom; **-zetten** set to music; **-zetter** music composer; **-zetting** setting (to music), (art of) musical composition

toop topos (*mv:* topoi)

toorn anger [*over* at]; (*lit*) wrath, ire, choler; *goddelijke* ~ divine wrath; **toornen** fulminate [against]; **toornig** angry, irate, wrathful; *zie ook* boos; **toornigheid** *zie* toorn

toorts 1 torch; (*bij mist, enz, hist*) link; 2 (*plant*) mullein; **toortsdrager** torch-bearer; (*bij mist, enz, hist*) link-boy; **toortslicht** torch-light

Toos Cathy

toost toast, (*op pers, ook*) health; *een ~ instellen* (*slaan, uitbrengen*) give (propose, drink) a toast; *zie ook* drinken: ~ op; **toosten** *zie* toost: een ~ instellen

top I *zn* (*alg, ve boom, hoogtepunt, enz*) top; (*ve berg*) top, peak, summit; (*ve vinger, neus*) tip; (*ve golf*) crest, cap; (*ve driehoek, kegel*) apex; (*tol*) top; (*ve organisatie*) top management; (*in sam: hoogste, enz*) top [capacity, condition, income, lawyer, etc]; *vgl de sam & zie* toppunt; *~je*, (*kleding*) [bikini] top; *het ~je van de ijsberg* [it is merely] the tip of the iceberg; *~(je) van de mast* masthead; ***aan** de ~ rood gekleurd* tipped with red, red-tipped; *met de vlag **in** ~* with the flag at masthead (at full-mast); *met een koepel **op** de ~* [a tower] surmounted by (with) a cupola; *op en ~* [satisfied] in every way; every inch [a gentleman]; *zie* op: ~ en top; *hij is **over** zijn ~, (sp sl)* he is over the hill; *de zuinigheid **ten** ~ voeren* carry economy to extremes; *de geestdrift steeg ten ~* enthusiasm mounted to the highest pitch; ***van** ~ tot teen* from head to foot, from top to toe, [armed] at all points, [armed] cap-à-pie; *iem van ~ tot teen bekijken* look a p. up and down; ***voor** ~ en takel lopen* scud along under bare poles; II *tw ~!* done!, agreed!, it's a bargain!, it's a go!, I am on!, I'm with you!, taken!

topaas topaz; **topasoliet** topazolite

top|conditie peak condition; **-conferentie** summit conference; **-figuur** leading figure; (*mv ook, fam*) top brass; **-fit** fighting fit; **-functionaris** principal (senior, top) executive; **-gevel** gable; **-gewelf** cupola; **-hit** smash hit; **-hoek** vertical angle

topinamboer Jerusalem artichoke

topisch topical; (*med ook*) local

top|jaar peak-year; **-licht** (*mar*) masthead light; **-locatie** prime site; **-man** top executive, [banking] chief; **-merk** (*handel*) leading brand

topograaf topographer; **topografie** topography; **topografisch** topographic(al); *T~e Dienst*, (*Br, Ir*) Ordnance Survey; *~e kaart* topographical map; (*voor mil doeleinden*) ordnance(-survey) map; **topologie** topology; **topoloog** topologist; **toponiem** toponym

topos id (*mv:* topoi)

toppen 1 top, head [trees]; 2 (*mar*) peak [a yard *ra*]; 3 *zie* tollen; **topper** 1 tufted bird; 2 scaup (duck); 3 (*sp*) id; **toppereend** scaup (duck)

topprestatie record (performance); all-out effort; (*v produktie*) maximum possible output, peak productivity

toppunt 1 (*algem*) *zie* top; 2 (*meetk*) apex, vertex (*mv ook:* apices, vertices); 3 (*culminatiepunt*) culminating-point; (*zenit*) zenith; 4 (*fig*) culminating point, acme, apex, zenith [at the zenith of his career], summit, pinnacle, climax, height [the height of her ambition?]; *het ~ van dwaasheid* the height of folly, the crowning folly; *het ~ van krankzinnigheid* [it is] sheer (*of:* midsummer) madness; *het ~ van geluk* the acme of bliss; *het ~ van onbeschaamdheid* the limit of impudence; *het ~ van weelde* [the room was] the last word in luxury (*evenzo:* her coat was the last word [in fashion]); *op het ~ van welvaart* in the heyday of prosperity; *het ~ bereiken* reach the pinnacle (acme, zenith) [of one's fame]; [*het werk*] *waarin zijn genie het ~ bereikte* in which his genius culminated; *dat is het ~* that's the limit (the last straw), that puts the tin lid on it (beats the band, takes the cake)

topsnelheid top speed; **topsport** top-level sport(s); **topspruit** (young) shoot; **topstandig** (*plantk*) apical; **topvorm** top form; *in ~*, (*ook*) at the top of one's form; **topzeil** topsail; **topzwaar** top-heavy (*ook: dronken*)

toque id

tor beetle; *gouden ~* rose-chafer, rose-beetle

tora Torah; **torderen** twist

toreador id, bullfighter

toren 1 tower, (*kerk~ met spits*) steeple; (*klokke~*) belfry; (*grote slot~*) donjon; (*geschut~*) turret; *~tje*, (*ve kasteel, bijv*) turret; *met ~tjes* turreted; 2 (*schaakspel*) rook, castle; *zie ook* blazen; **torenblazer** watchman (on a tower); **torenen** tower

toren|flat tower block, high-rise (block of flats); **-garage** multi-storey car-park; **-gebouw** skyscraper, high-rise (block); **-hoog** towering; mountainous [waves]; astronomical [insurance premiums]; ~ *uitsteken boven*, (*ook fig*) tower above; **-kauw** jackdaw; **-klok** 1 church-bell; 2 tower-, church-clock; **-kraan** tower crane; **-schijf** (*techn*) stepped cone; **-spits** spire; **-springen** highboard diving; **-uil** (dark-breasted) barn-owl; **-uurwerk** tower-clock; **-valk** kestrel, windhover; **-wachter** watchman (on a tower); **-zwaluw** swift

torero id, bullfighter

tormenteren torment

tormentil (*plant*) id, septfoil

torn 1 rip, rent, tear; 2 *een hele* (*een zware*) ~ a tough job

tornado id (*mv:* -does)
tornen I *tr* unsew, unstitch, unpick, rip (open); II *intr* 1 come unsewed (unstitched) [your coat has come unsewed]; 2 ~ *aan* meddle (*of:* tamper) with; *torn daaraan niet* don't meddle with it, leave it as it is; *daar valt niet aan te* ~ it is unalterable (definitely settled); *aan een besluit* (*schikking*) ~ go behind a decision (an agreement)
tornmesje ripper; **tornooi**, enz *zie* toernooi, enz
torpederen torpedo (*ook fig:* a plan), (*fig*) wreck, scupper [a plan]; **torpedo** torpedo [boat, net]; (*vis, ook*) cramp-fish, -ray, numb-fish; **torpedojager** destroyer; **torpedolanceerbuis** torpedo tube
tors torso (*mv:* -sos)
torsen 1 bear, carry (with difficulty); 2 twist
torsie torsion [balance, bar, spring]; (*mech*) torque [meter]
torso id (*mv:* -sos)
tortel(duif) turtle-dove (*ook fig*); *zie ook* Turks
tortilla id; **torus** id
Toskaan(s) Tuscan; **Toskane** Tuscany; **Toskaner** Tuscan
tosti toasted sandwich
tot I *vz* 1 (*v tijd*) till [four o'clock], until, to; (*v plaats*) as far as, (up) to; *helemaal* ~ right up to [the river, midnight]; ~ ***aan*** *de borst* breast-high [in water]; ~ *aan de knieën* (*enkels, enz*) knee- (ankle-, etc) deep, up to one's knees (ankles, etc); ~ *aan het hek* as far as the gate; ~ *aan de grond* down to the ground; ~ ***beneden*** *de knieën* [reach] below the knees; ~ ***boven*** *30°* [the thermometer rose] to above 30°; ~ *boven toe* [his coat was buttoned] up to the top; *dat is* ~ ***daar*** *aan toe* but let that pass; ~ ***hier***(*toe*) [*en niet verder*] thus far [and no farther]; ~ ***hoe*** *ver?* how far?; ~ ***in*** *de nacht lezen* read far into the night; *het geluid drong door* ~ *in de kamer* the ... into the room; ~ *in het roekeloze* [bold] to recklessness; ~ *en* ***met*** up to and including [June 5], up to [June 5] inclusive, [we are staying here] over [Easter Monday], (*Am*) through [June 5]; ~ *en met 100 g* [inland letter post:] not over 100g [29p second class]; *een huichelaar* ~ *en met* an out and out hypocrite; *gierig* ~ *en met* stingy through and through; ~ ***morgen*** (*enz*)*!*, good-bye till tomorrow (till Monday, etc)!, see you (again) tomorrow (on Monday, etc)!; *zie* ziens; ~ ***nu*** *toe* up to now, till now; *ik heb hem* ~ *nu toe niet gezien* so far I have not seen him; ~ ***op*** *deze dag* to this day, up to now; ~ *op een dag* [she knew his age] to a day; ~ *op een duim* to an inch; ~ *op de huid* [wet] to the skin; ~ *op een diepte van* ... to a depth of ...; ~ *op enkele mijlen van de stad* [he came] to within a few miles of the town; ~ *op enkele ponden* [I can tell you] to within a few pounds; *iem* ~ *op de laatste cent uitzuigen* bleed a p. to the uttermost farthing; ~ *vijf keer* ***toe*** [he refused] as many as five times; ~ ***waar****?* how far? where to?; ~ ***wanneer****?* till when?; ~ *die tijd* till then; ~ ***zelfs*** [he threw away everything] even to [his hat]; *zie ook* eeuwigheid, macht, nauwkeurig, straks, tellen, van, enz; 2 (*gevolg; als*) as, for, to; ~ *vriend* ***kiezen*** choose for (as) a friend; ~ *koning* ***kronen*** crown [a p.] king; ~ ***vader*** [have a footman] for father; ~ ***vrouw*** [he had a charming lady] for a wife; ~ *vrouw nemen* take to wife; II *vw* till, until
totaal I *bn* total; overall [length, width]; *een totale mislukking* a complete failure; *een totale vreemdeling* an utter stranger; (*aangenomen*) ~ *verlies,* (*verzekering*) (constructive) total loss; *totale oorlog* total war; II *bw* totally, utterly [unlike, impossible]; ~ *van geen nut* [it is] no earthly use; ~ *geen begrip van* ... no notion at all of ...; ~ *op* [I am] dead beat; ~ *uitgeput,* (*ook*) fairly exhausted; *zie* helemaal; III *zn* total, sum total (*ook fig:* the sum total of my experiences), total amount, [goal] aggregate; *algemeen* ~ (~ *generaal*) grand total; (*in*) ~ in all, altogether, [ten] all told; *in* ~ *bedragen* total, aggregate [50 pounds]
totaal|bedrag overall picture; **-beeld** total amount, sum total; **-cijfer** *zie* -bedrag; **-indruk** general impression; **-kosten**, **-prijs** all-in cost; **-score** aggregate (score) [Monaco go through on aggregate]; **-theater** total theatre
total: *mijn auto is* ~ *loss* my car is a complete write-off; **totalisator** totalizator, (*fam*) tote; **totaliseren** total, totalize, (*fam*) tot up; **totalitair** totalitarian [state]; **totalitarisme** totalitarianism; **totaliteit** totality; **totaliter** totally
totdat till, until
totebel 1 square net; 2 (*pers*) slattern, slut, dowdy, [an old] frump
totem id; **totemisme** totemism; **totempaal** totem-pole
tot-en-met *zie* tot I.1: ~ *en met*
toto (*fam*) tote; [football] pool(s)
totok 1 (*Ind*) pure-blooded Dutchman or European; 2 *zie* groen II.3
totstandbrenging bringing about, realization, implementation, accomplishment; **totstandkoming** realization; (*ve wet*) passage, passing
touchant touching; **touche** touch; **toucher** (*muz*) touch; **toucheren** 1 touch [money], draw [a salary]; 2 (*med*) examine internally
touperen back-comb, (*Am*) tease; **toupet** toupee, toupet
tour id, trip; trick; *zie* toer; ~ *de force* id, feat (of strength); **touringcar** (motor-)coach, sightseeing (touring-) coach
tournee tour (of inspection); round; *op* ~ [be, go] on tour, on the road; *een* ~ *maken in* tour [Australia]; **tourniquet** 1 turnstile, kissing-gate; 2 (*med*) id; **tournure** bustle
tout court [socialism] pure and simple
touw 1 (*dik*) rope; (*minder dik*) cord; (*dun*) string, twine; ~*tje* bit (piece, length) of string; (*ve hond*) [put your dog on the] lead; *oud* ~ junk; *de* ~*tjes in handen hebben* pull the strings, run the show; (*vd beurs*) hold the purse-strings; ~ *slaan* make (*of:* twist) ropes; ~*tje springen* skip, (*Am*) jump rope; *zie ook* lijn 4: ~tje; *ik kan er geen* ~ *aan vastmaken* (*vastknopen*) I cannot make head or tail of it; *er is geen* ~ *aan vast te maken* it does not make sense; ***met*** ~*en* (*vast*)*binden* rope; 2 (*weefgetouw*) loom; ***in*** ~ *zijn* be in harness; *de*

kleine houdt me de hele dag in ~ the baby keeps me on the go all day; ***op** ~ zetten* set [s.t.] on foot, get up [a party], plan [a cycling tour], stage [a hoax staged by a newspaper], start [a scheme], float [a company], put [a novel] on the stocks, engineer [a plot, an agitation], launch [an enterprise, a press campaign], mount [an exhibition]; *het zaakje was mooi op ~ gezet* the affair was beautifully stage-managed (staged, orchestrated); *zij die het gedoe op ~ gezet hebben* the people who run that racket; *wat hij ook op ~ zet,* (*ook*) whatever he tries his hand at; **touwbaan** rope-walk; **touwbeker** corded beaker

touwen I *ww* 1 (*leer*) curry, dress, taw; 2 (*ranselen*) give a drubbing; II *bn* rope [soles]

touwladder rope-ladder; **touwslager** rope-maker; **touwslagerij** ropeyard, ropery; **touwtjespringen** *zn* (rope-)skipping, (*Am*) jump rope, jump roping; **touwtrekken** *zn* tug of war; (*fig ook*) struggle [for power]; **touwwerk** cordage, ropes; (*mar*) rigging

t.o.v. afk van *ten opzichte van* compared to; with regard to; *zie verder* opzicht

tovenaar sorcerer, magician, wizard, enchanter; **tove|naarster**, **-nares** sorceress, enchantress, witch; **tovenarij** *zie* toverij; **tover** enchantment, charm, magic; **toverachtig** magic(al), enchanting, fairy-like, charming; **tovercirkel** magic circle; **toverdokter** witch doctor, medicine-man; **toverdrank** magic potion; (*minnedrank*) philtre

toveren practise witchcraft, work charms (*of:* magic); (*goochelen*) conjure, juggle; *iem geld uit de zak ~* conjure money out of a p.'s pocket; *te voorschijn ~* conjure up; *ik kan niet ~* I am no conjurer; **toverfee** fairy; **toverfluit** magic flute; **toverformule** magical formula, charm, spell, incantation; **tovergodin** fairy; **toverhazelaar** American witch-hazel, hamamelis; **toverheks** witch, sorceress, hag; **toverij** magic, witchcraft, sorcery, enchantment; (*goochelarij*) jugglery, conjuring

tover|kasteel enchanted castle; **-kol** *zie* -heks; **-kracht** magic, magic power, witchcraft; **-kring** magic circle; **-kunst** magic, magic art, sorcery, witchcraft; **-lantaarn** magic lantern; **-middel** charm, spell; **-prins** fairy prince, Prince Charming; **-prinses** fairy princess; **-slag**: *als bij ~* as (as if) by magic, by the wave of the wand; **-spiegel** 1 magic mirror, magic glass; 2 distorting mirror; **-spreuk** incantation, charm, spell; **-sprookje** fairy-tale; **-staf**, **-stokje** magic wand; **-tuin** enchanted (*of:* fairy) garden; **-vierkant** magic square; **-wereld** enchanted (*of:* fairy) world; **-woord** magic word, spell

toxiciteit toxicity; **toxicologie** toxicology; **toxicose** toxicosis; **toxicum** toxic substance, toxicant; **toxine** toxin; **toxisch** toxic(al)

tra fire-break, fire-guard, fire line

traag slow, indolent, inert, inactive; sluggish [river, pulse, liver]; dull (sluggish) [market]; tardy [progress]; *~ van begrip* dull (slow) of apprehension (comprehension), dense; *een trage betaler* a slow (tardy) payer; *een ~ vuurtje* a slow (sluggish) fire; **traagheid** slowness, indolence, sluggishness, sloth, inertness, dullness, tardiness; (*natuurk*) inertia, vis inertiae; **traagheidsmoment** moment of inertia; **traagheidsvermogen** (*natuurk*) inertia; **traagwerkend** sluggish [liver]

traan 1 tear; *tranen storten* shed tears; *tranen verwekken* draw tears; *hij zal er geen ~ om laten* he won't shed a tear over it; *de tranen kwamen* (*sprongen*) *haar in de ogen, haar ogen schoten vol tranen* tears came (started, leapt, sprang) to (welled up in) her eyes, her eyes filled (with tears); *haar ogen stonden vol tranen* her ... were brimming with tears; ***in** tranen* (*badend*) (bathed, drowned) in tears; *in tranen uitbarsten* burst into tears; *op het punt om in tranen uit te barsten* on the verge of tears, near tears; ***met** (**onder**) tranen* with tears, tearfully; ***tot** tranen geroerd* (*bewogen*) moved (affected) to tears; *tot tranen brengen* reduce to tears; *zie ook* lachen, schreien, tuit, wegsmelten, enz; 2 train-, fish-, whale-oil

traan|achtig *zie* tranig; **-been** lachrymal (lacrimal) bone; **-buis** tear-duct; **-gas** tear-gas [bomb]; **-gras** Job's tears; **-kanaal** lachrymal (lacrimal) canal, tear-duct; **-ketel** train-oil copper; **-klier** lachrymal (lacrimal) gland; **-kokerij** try-house; *drijvende ~* factory-ship; **-ogen**: *hij -oogde* his eyes watered; **-oog** watering (weeping) eye; **-vocht** lachrymal (lacrimal) secretion, tears; **-zak** lachrymal (lacrimal) sac

tracé (ground-)plan, trace [of a fortress, etc]; proposed route [of a motorway, etc]

traceerwerk (*bk*) tracery; **traceren** trace, plot [a railway, fortress, etc]

tra|chea, **-chee** trachea; **trachiet** trachyte

tra|choma, **-choom** trachoma

trachten try, attempt, endeavour; *~ te krijgen* seek [further information]; *tracht wat leuker te zijn* try to be (*fam:* try and be) more amusing; *~ naar, zie* streven

Tracië Thrace; **Tra|ciër**, **-cisch** Thracian

tractie traction; *elektrische ~,* (*ook*) electric haulage; **tractor** id; **tractuur** tracker action; **trad** *ovt van* treden

traditie tradition; **traditiegetrouw** true to tradition; **traditionalist(isch)** traditionalist; **traditioneel** traditional, time-honoured [Christmas greetings, views], customary

trafiek 1 toil; 2 traffic; 3 regular service

tragedie tragedy; **tragédien** tragedian, tragic actor; **tragédienne** tragedienne, tragic actress; **tragicus** tragedian, writer of tragedies; **tragiek** tragedy; *zie ook* tragisch: het ~e ervan; **tragikomedie** tragicomedy; **tragikomisch** tragicomic; *het ~e ervan* the tragicomedy of it; **tragisch** (*vh treurspel*) tragic; (*treurig*) tragic(al); *het stuk eindigt ~,* (*ook*) the play ends on a note of tragedy; *het ~e ervan* the tragedy (tragical part) of it; *wat ~!,* (*ook*) the tragedy of it!

trailer id

trainen train, coach [a team]; *zich ~* train; **trainer** id, coach; **traineren** (*ve plan, enz*) hang fire, drag (on); *met iets ~* dawdle, keep putting a thing off, drag one's feet over ...; **training** id, practice,

(*boksen, atletiek*) work-out; **trainingspak** track-suit; **trainingsschoen** trainer (shoe)
trait d'union 1 hyphen; 2 intermediary, go-between; **traite** draft; **traiterie** catering firm; **traiteur** caterer
Trajanus Trajan
traject 1 (*ve weg, enz*) stretch, section; (*ve spoorlijn*) section; (*ve kanaal, rivier, ook*) reach; (*afgelegd* ~) stage, leg, lap, stretch, [the whole] route, (*door trein, boot, ook*) [the London-to--Crewe] run; (*overvaart*) crossing, passage; 2 (*afstand*) distance, [a long] haul; **trajectkaart** (single route) season ticket; **trajectorie** (*wisk*) trajectory
traktaat 1 (*verdrag*) treaty; 2 (*~je*) tract
traktatie treat [salmon is a real treat]
traktement salary, pay; *zie ook* salaris
trakteren I *tr* 1 treat [*op* to], regale [*op* with]; ~ *op*, (*ook*) stand [a p. (*ook:* o.s.) a drink, a bottle, a dinner]; 2 (*behandelen*) deal with [a matter], serve [a p. in such a way]; *zie ook* aanpakken 3; II *intr* stand treat, stand drinks (a drink); *ik trakteer* this is on me, it's my treat, I'm standing treat
tralie bar; (*natuurk*) lattice; *~s*, (*ook*) grating, lattice, trellis, grille; *achter de ~s* behind bars, under lock and key; **traliehek** grille [of a lift, etc]; (*om gebouw*) railings; (*om kooi*) bars; **traliën** *ww* trellis, lattice, grate, bar [a barred passage]; **tralievenster** 1 barred window; 2 (*met kruislatten*) lattice window; **traliewerk** 1 trellis, lattice-work, grating, bars; 2 (*her*) *zie* treillis
tram tram(car), (*Am*) streetcar, (*met contactrol*) trolley(-car); **trambestuurder** tram-driver, motorman; **tramconducteur** tram-conductor; **tramhalte** tram-stop, tram stopping-place); **tramhuisje** tram-shelter; **tramlijn** 1 tramway, tramline; 2 *zie* -rails
trammelant (*fam*) a shindy, rumpus
trammen go by (take the) tram
tramontane: *de ~ kwijtraken* lose one's bearings, be in a muddle; *de ~ kwijt zijn* be all at sea
trampoline id; **trampolinespringen** trampolining
tramrail tram-rail; *~s*, (*ook*) tramlines, tram--track; **tram|rijtuig**, **-wagen** tramcar, (*Am*) streetcar; **tramweg** tramway
trance id [be in, go (send) into a trance]
tranche portion; **tranchee** trench; **trancheren**, enz *zie* voorsnijden, enz
tranen *ww* water, run with water
tranen|dal vale of tears; **-vloed** flood of tears
tranig tasting (*of:* smelling) of train-oil
trans pinnacle, battlement; (*omgang*) gallery; (*lit*) *zie* uitspansel
transactie 1 transaction, deal [a successful deal, a big rubber deal]; *een ~ afsluiten* conclude (effect) a transaction, (*fam*) do (bring off, make) a deal; 2 (*jur*) (out-of-court) settlement
transalpijns transalpine; **transatlantisch** transatlantic; **transcendent(aal)** transcendental; **transcenderen** transcend
transcript id; **transcriptie** transcription
transept id
transfer transfer [fee (*bedrag*), list, system]
trans|fereren transfer; **-figuratie** transfiguration (*ook r-k*); **-formatie** transformation, make-over; **-formationeel** transformational; **-formator** (*elektr*) transformer [coupling, station, winding]; **-formeren** transform; *zie ook* op~ & neer~; **-fusie** transfusion; **-geen** transgenic; **-gressie** [marine] transgression
transigeren temporize, trim, give and take
transistor id (*ook: ~radio*)
transitie transition; **transitief** transitive
transito transit [duties, goods, port, trade, traffic]
transi|toir, **-toor** transitory
Trans|jordanië (*hist*) Transjordan; **-kaspisch** trans-Caspian; **-kaukasisch** trans-Caucasian
trans|laat translation; **-lateur**: *beëdigd ~* sworn translator; **-latie** (*litt, r-k, wisk*) translation; (*jur*) transfer; **-locatie** translocation; **-migratie** transmigration; **-missie** transmission [line]; **-mutatie** transmutation; **-parant** I *bn* transparent, clear [varnish]; II *zn* 1 (*papier*) tracing-paper; (*theatr*) gelatine; 2 (*doorschijnbeeld*) transparency; (*voor reclame*) illuminated screen; **-piratie** perspiration; **-pireren** perspire; **-plantaat** transplant; **-plantatie** transplant(ation); **-planteren** transplant; **-ponder** id; **-poneren** transpose
transport 1 id, transportation, conveyance, carriage; *~ gevangenen* convoy of prisoners, prisoners under convoy; *tijdens het ~* in transit, during transport; 2 (*bkh*) carry-forward, amount carried (*of:* brought) forward; *per ~* carried forward
transportatie transportation; **transportband** conveyor (belt); **transportbedrijf** haulage firm
transpor|teren 1 transport, convey, carry; 2 (*bkh*) carry (*of:* bring) forward; **-teur** 1 transporter; 2 conveyor; 3 (*instrument*) protractor
transport|fiets bicycle carrier; **-kabel** telpherage, telpher (line); **-kosten** cost of transport, transportation costs; **-schip** transport (ship), troopship; **-schroef** 1 feed scroll; 2 shipping bolt; **-vliegtuig** transport-plane; **-wagen** (*open*) truck; (*gesloten*) van; (*mil*) park wag(g)on; **-wezen** [minister of] transport
transpositie transposition
transseksisme transsexualism; **transseksueel** transsexual
transsubstantiatie transubstantiation, [doctrine of the] real presence
Trans|sylvanië Transylvania; **-vaal** the Transvaal; **-vaals** Transvaal; **-valer** Transvaaler
transversaal I *bn* transverse; II *bn & zn* 1 (*verwant*) collateral; 2 (*wisk*) transversal
transves|tiet transvestite; **-titisme** transvestism
trant manner, way, method, style, strain, vein [talk (write) in the same vein]; *in de ~ van* in (after) the style (manner) of; *naar de oude ~* in (after) the old fashion, in the old style
trap 1 (*schop*) kick; *iem een ~ geven* give (land) a p. a kick; *een hele ~*, (*per fiets*) quite a long ride; 2 (*trede*) step; (*al de treden*) stairs, staircase, flight of stairs; (*mar*) stairway; (*geheim*) backstairs; *open ~* skeleton stairs; *de ~ op* (*af*) *gaan*

go upstairs (downstairs), up (down) the stairs; *zie ook* trede; *~pen lopen* go upstairs and downstairs; *twee ~pen opgaan* ascend two flights of stairs; *de schilderij hangt op de ~* the ... on the staircase; *van de ~pen vallen* fall downstairs; *hij is van de ~ gevallen,* (*fig*) he has just had his hair cut; 3 (*ve raket*) stage; 4 (*fig*) step, degree, plane [a high plane of intelligence; on the mental plane of schoolboys]; *~pen van vergelijking* degrees of comparison; *op deze ~ van beschaving* at this stage of ...; *van ~ tot ~* by degrees, little by little; *met ~pen,* zie getrapt; *zie ook* boven, hoog: vier ~, enz; 5 *zie* ~ladder & ~gans

trapas (*ve fiets*) crank axle, bracket axle; **trapauto** pedal car

trapeze id; **trapezewerker** trapezist, trapeze-artist; **trapezium** 1 id, (*Am*) trapezoid; 2 (*gymn*) trapeze; **trape|ziumvormig, -zoïde** trapezoid, (*Am*) trapezium

trap|fiets push-bike, pedal-cycle; **-gans** bustard; **-gat** 1 well; 2 stair opening; **-gevel** step-gable, (crow-)stepped gable, corbie-gable, -steps; **-hekje** stair gate; **-ladder**, **-leer** stepladder, (pair of) steps; **-leuning** banisters (*mv*); (*stang, waarlangs de hand glijdt*) handrail; **-loos** stepless; variable; continuous; **-loper** stair-carpet; **-naaimachine** treadle sewing-machine; **-neus** nosing

trappehuis staircase, stairs

trappelen trample; (*v ongeduld, enz*) stamp [the horse stamped and pawed]; *ze trappelde van ongeduld, enz,* (*ook*) she tapped her foot, (*oneig*) she couldn't bear to wait, couldn't wait to go, etc; *ik sta er niet om te ~* I'm in no hurry for it, I'm not at all keen; *vgl* trappen; **trappelzak** (baby's) sleeping bag

trappen 1 (*treden*) tread [clay, water, grapes]; blow [the organ]; treadle [a sewing-machine]; (*op fiets*) pedal; *de maat ~* beat time with one's foot; *~ op* step (tread, trample) on; *hij trapte erin,* (*fam*) he fell for it; *iem op de hielen ~* tread on a p.'s heels; *vgl* treden *& zie* inlopen 4: er ~; 2 (*schoppen*) kick [*naar* at]; *hij wou zich niet laten ~* he wasn't going to take it lying down; *kapot ~* kick to pieces; *tegen een bal ~* kick a ball (about); *iem er uit ~* kick a p. out, (*fam*) give a p. the boot, fire a p. [*zo ook:* get the boot, get fired], (*sl*) hoof (*of:* boot) a p. out [of his post, his club]; *zie ook* teen, enz; **trappenhuis** staircase, stairs

trapper 1 treadle; (*ve fiets*) pedal; (*pers*) treader; 2 (*vallenzetter*) id

trappist Trappist [monastery]

trapportaal (stair-)landing; (*halverwege*) half-(way) landing; **trappsalm** gradual (psalm); **traproe(de)** stair-rod; **trapsge|wijs**, **-wijze** I *bn* gradual, step-by-step [development]; II *bw* stepwise, step by step; (*fig*) step by step, gradually, by degrees; **trapstarter** kick-starter; **trapvormig** ladder-like, scalariform; **trapzang** gradual

tras trass [mortar]; **trasraam** trass-layer, damp-(-proof) course

trassaat drawee; **trassant** drawer; **trasseren** draw [a bill]

trassi fish (*of:* prawn) paste (cakes)

trau|ma id; **-matisch** traumatic; **-matiseren** traumatize; **-matologie** traumatology

travee bay

travellercheque traveller's cheque, (*Am*) traveler's check

traverse id; **traverseren** traverse; **traverso** id

travertijn travertine

traves|teren travesty; **-tie** (*transvestitisme*) transvestism; (*man als vrouw, ook*) drag [artiste, show]; (*fig*) travesty; **-tierol** male (female) impersonation; *speler* (*speelster*) *van ~* female (male) impersonator; **-tiet** transvestite

trawant 1 moon, satellite; 2 (*fig*) satellite, henchman

trawler id; **trawlnet** trawl(-net); **trawlvisserij** trawl-fishing

trechter funnel; (*ve molen, enz*) hopper; (*granaat~*) crater, shell-hole; *zie ook* ingieten; **trechtermonding** estuary; **trechtervormig** funnel-shaped

tred step, pace, tread, gait; *gelijke ~ houden* keep step (*of:* pace); *gelijke ~ houden met,* (*ook fig*) keep in step with, keep abreast of (*of:* with); *met vaste ~* with a firm step

trede 1 (*ve trap*) step; (*ve ladder*) rung; (*ve rijtuig*) step; (*ve naaimachine*) treadle; *de trap met twee ~n tegelijk opgaan* go up (take) the stairs two at a time; *de bovenste* (*hoogste*) *~,* (*fig*) the top of the tree; 2 (*stap*) step, pace

treden I *intr* tread, pace, walk, step; *nader ~* approach; ***aan** het venster ~* go up to the window; ***in** iems rechten ~* acquire (enter into, *onrechtmatig:* usurp) a p.'s rights; *in de plaats ~ van* take the place of; *in bijzonderheden* (*nadere beschouwingen*) *~* go (enter) into detail(s), go further into the matter; *in filosofische argumenten ~* embark on ...; *in het klooster ~* enter a monastery (convent); *daar kan ik niet in ~* I cannot accede to it, I am unable to fall in with that suggestion (proposal, your terms, etc); *of het al of niet mag, daar wil ik niet in ~* I am not discussing whether ...; ***naar** voren ~* come forward, (*op schilderij*) stand out; *~ **uit*** withdraw from [the League], resign from [the Board]; *zie ook* dienst, gericht, tussenbeide, enz; II *tr* tread; *zie ook* (ver)trappen & voet; **treder** treader

tredmolen treadmill; **tree** *zie* trede

treefje, treeft trivet

treekussen (*onder traploper*) stair-pad

treem (mill-)hopper

treeplank footboard, running-board; **treerad** treadwheel; **Trees** Tess, Tessie

treezaag scroll-saw

tref chance, luck, lucky hit; *het is een ~ als je hem vindt* you'll be lucky if you ...; *wat een ~!* how lucky!, we are in luck!; **trefcentrum** 1 meeting-place; 2 social centre; **treffelijk** respectable, decent

treffen I *ww* 1 (*raken*) hit, strike; *het **doel** ~* hit the mark; ***getroffen** hert* stricken deer; *door de bliksem getroffen* struck by lightning; (*fig*) hit [an area badly hit by floods], fall (up)on [the calamity which has fallen on the island]; (*door ramp*) *getroffen streek* stricken area; *zwaar getroffen* heavily hit [area]; *door een hartaanval* (*beroerte, enz*) *getroffen worden* suffer a coronary (a stroke, etc); *zij die door deze maatregel getroffen worden* those affected by ...; *een* ***ongeluk*** *trof hem* he met with an accident; *overal ~ ze het* ***oog*** they hit you in the eye everywhere; *u treft geen* ***schuld*** (*verwijt*) no blame attaches to you, you are not to blame; 2 (***het*** *~*) *hij heeft het goed* (*slecht*) *getroffen* he has been lucky (unlucky); *het trof gelukkig dat* ... it was lucky (a lucky thing) that ...; *wat treft dat ongelukkig!* how unfortunate that is!; *dat treft goed* (*prachtig*) that is lucky (splendid); how lucky!, this is luck!, we are in luck!; *dat treft lelijk voor je!* (it's) bad luck on you!; *we ~ het met het weer* we are lucky with ...; 3 (*bereiken:*) *een geluid trof zijn* ***oor*** a sound fell (up)on (struck) his ear; *het oor, enz* (*on*)*aangenaam ~, zie* aandoen; *een* ***overeenkomst*** *~* come to (reach) an agreement; 4 (*aangrijpen*) move, touch; *zijn beleefdheid trof mij* his ... touched me; *zijn dood heeft me zeer* ***getroffen*** his death has given me quite a shock, I was greatly shocked to hear of his death; strike [the imagination]; *ze waren zo getroffen door het voorval* they were so struck with the incident; *door een paniek getroffen* panic-stricken; 5 (*aantreffen*) meet (with), come across (*of:* on), fall in with; *iem* ***thuis*** *~* find a p. in; *ik was bang, dat ik je niet zou ~* I was afraid I should find you out; *zie ook* toevallig; *het treft* ***op*** *een vrijdag* it falls on a ...; 6 (*doen lijken:*) *je hebt me* ***goed*** *getroffen,* (*fot*) you've caught (hit off) my likeness very well; *goed* (*moeilijk*) *te ~ zijn* photograph (take) well (badly); *zie ook* maatregel, toon, enz; II *zn* encounter, engagement, clash, fight; (*kort & vinnig*) brush; **treffend** striking [features, etc]; moving, touching; *een ~ verlies lijden* sustain a sad loss; **treffer** hit; toucher [in bowling]; (*fig*) *zie* tref; *een ~ plaatsen* score (register) a hit; *een volle ~* a direct hit

trefkans (*mil*) probability of hitting; **trefpunt** 1 haunt [of expatriate artists], stamping-ground [of American millionaires]; 2 (*mil*) point of impact; **trefwoord** catchword, entry-, key-, headword; subject heading; **trefwoordencatalogus** alphabetical subject catalogue, keyword catalogue; **trefzeker** accurate, etc; *vgl* ~heid & schotvast; **trefzekerheid** accuracy, precision, effectiveness; (*mil*) accuracy of fire

treil tow-line; (*net*) trawl(-net); *met zeil en ~* lock, stock and barrel; **treilen** tow; (*met net*) trawl; **treiler** 1 trawler; 2 tug(boat); 3 trailer; **treillijn** tow(ing)-line

treillis (*her*) trellis

treilpad tow(ing)-path

trein train (*ook mil*); (*gevolg*) train, retinue, suite, following; *~ met kaartverkoop* (*en onbemande stations*) paytrain; *de ~ van 6 uur* (*van 5.40, van half acht*) the six o'clock (the five-forty, the half past seven) train; *een ~ naar* (*van*) *Londen* an up (a down) train; *de ~* ***nemen*** *te* take (*inz Am:* board) the train at; *de ~ naar A nemen* take the A train, take the train for A; *de ~ verlaten te* get out (alight from, get off the train) at; *we zullen* ***aan*** *de ~ zijn* we will meet the train; *het loopt* ***als*** *een ~* it goes like a bomb; *er was geen restauratiewagen* ***in*** *de ~* there was no ... in (on) the train; ***met*** *de ~ gaan* go by train; *vertrekken met de ~ van twee uur tien* leave by (*ook:* in, on) the two-ten (train); *iem* ***naar*** *de ~ brengen* see a p. to the station, see a p. off (on the train); *iem* ***op*** *de ~ zetten naar* ... put a p. on (*inz Am:* on board) the train for ...; ***van*** *de ~ halen, zie* afhalen & spoorweg; **treinbeambte** railway employee; **treinbeïnvloeding**: *automatische ~* automatic (inductive) train control; **treinbestuurder** train driver; (*ve elektr trein*) motorman; **treinbotsing** train-crash, -smash; **treinconducteur** (train) conductor; **treindienst** train service; **treinen** travel by rail; *vgl* sporen; **treinenloop** train-service

trein|materieel rolling stock; **-personeel** (*ve bepaalde trein*) train-staff, (*inz Am*) train-crew; (*algem*) railwaymen; **-pont** train-ferry; **-reis** train journey; **-soldaat** Army Service Corps driver; **-stel** train-unit, coach-unit; **-tjespelen** play (at) trains; **-verbinding** train (*of:* rail) connection, rail link; **-verkeer** railway traffic; **-vol** trainload [of soccer fans]; **-ziek** train-sick

treiter, **treiteraar(ster)** baiter, teaser; **treiteren** bait, badger [a p.], tease [the cat]; *vgl* sarren; **treiterig** (*ook*) nagging [slow, nagging rain]

trek 1 (*ruk*) pull, haul, tug; (*aan pijp, enz*) pull, whiff; (*in schoorsteen, tocht*) draught; *een paar ~ken* ***doen*** have (*of:* take) a pull (a whiff) or two [at one's pipe]; *er zit* ***geen*** *~ in de kachel* the stove does not draw well; ***in*** *één ~,* (*iets ophalen bijv*) at a haul (draught); ***op*** *de ~ zitten* sit in a draught; 2 (*met pen*) stroke, dash [of the pen], (*zwierig*) flourish; (*fig:*) *in algemene ~ken* in general lines; *de grote ~ken* the broad lines [of a work]; *in grote* (*brede, vluchtige, korte*) *~ken schetsen* sketch in (broad) outline; *in grote ~ken aangeven* outline [a plan, one's policy]; *de plechtigheid onderscheidde zich door vele intieme ~jes* the ... was marked by many intimate touches; ***in*** *één ~,* (*bij het schrijven*) at one stroke; ***met*** *één ~* by one dash (*of:* stroke) [of the pen]; 3 (*vh gelaat*) feature; *er waren vermoeide ~ken om zijn mond* there were tired lines about his mouth; *met harde ~ken* hard-featured; 4 (*karaktertrek*) trait [of character], streak [of humour]; *een* ***lelijke*** *~ in zijn karakter* a bad trait in his ...; 5 (*streek:*) *hij kreeg zijn ~ken* ***thuis*** his chickens came home to roost; 6 (*ve vuurwapen*) groove; 7 (*in kaartspel*) trick [make three tricks]; ***aan*** *zijn ~ken komen* make one's tricks; (*fig*) get one's share (one's due); 8 (*neiging*) mind, inclination; (*eetlust*) appetite; *~* ***hebben*** (*geven*) have (give) an appetite; *ik heb* (*krijg*) *~,* (*ook, fam*) I feel (I'm getting) a bit peckish; *zie ook* eetlust; (*geen*) *~* ***in*** *iets* ***hebben*** have a (no) mind for s.t.; *hij had ~ in zijn eten* (*lunch, enz*) he was hungry (for his lunch, tea); *ik heb geen ~ in* I have no appetite for [oysters]; *ik zou wel*

~ *hebben in een glas bier* I should not mind (could do with) a ...; *alles waarin hij ~ heeft* (*krijgt*) [he may eat, buy, etc] anything he fancies (he likes, he takes a fancy to); *ik heb geen ~* ***om*** *ervoor op te draaien* I have no mind (I don't care, like) to carry the can; (*zeer*) ***in ~ zijn*** be in (great) demand (request, favour), be very popular [*bij* with], be in vogue; 9 (*theat*) fly line; 10 (*het trekken*) migration [of birds; to the towns], drift [from the land; to London], rush [to the seaside], (*eig Z-Afr*) trek

trek|automaat slot-machine, vending machine; **-bal** (*bilj*) twist, screw; **-band** (*in japon*) webbing; **-bank** draw-bench; **-bel** bell with a bell-pull; **-bij** nomadic bee; **-dag** drawing-day, lottery day; **-dier** draught-animal, beast of draught; **-duif** passenger (*of:* migratory) pigeon; **-film** trailer; **-gat** air-, vent-, draught-hole; **-geld** *zie* strijkgeld; **-glas** water-glass; **-goed** glasshouse (hothouse, forced) produce; **-haak** draw-hook; (*aan auto, enz*) towing bracket; **-harmonika** accordion, concertina; **-hondenwet** draught-dogs protection act; **-kas** hothouse, forcing-house; **-kast** *zie* flipperkast; **-kebekken** 1 bill and coo; 2 pull faces; **-kebenen** drag a leg

trekken I *tr* 1 draw [a cart, line, figure, cheque, conclusion, moral], pull, trace [a line]; tow [a cyclist towed by a motor vehicle]; (*sleuren*) drag, lug; *een* ***bal*** *~,* (*bilj*) twist a ball; *de* ***degen****, enz* ~ draw one's sword (a pistol), (*snel*) whip out [a revolver]; ***draad*** ~ draw wire; *een* ***kies*** (*tand*) ~ pull out (extract) a tooth; *een kies laten ~* have a tooth out (pulled out, etc); *een* ***prijs*** ~ draw a prize; ***aan*** *zijn pijp* (*sigaar, enz*) ~ pull (puff) at one's pipe (cigar), draw on one's cigarette; *iem aan de haren* (*oren*) ~ pull a p.'s hair (pull, tweak, a p.'s ears); *iem aan zijn mouw ~* pull (pluck) a p. by the sleeve; *de leiding aan zich ~* assume control; ***bij*** *elkaar ~* knock [two rooms] into one; ***naar*** *zich toe ~* draw to(wards) one; *iem* ***op*** *zij ~* draw a p. aside; *de pet* (*diep*) ***over*** *de ogen ~* pull one's cap down (low) over one's eyes; *zijn mes* ***tegen*** *iem ~* draw one's knife on a p.; *wij moesten het* ***uit*** *hem ~* we had to drag (worm, draw) it out of him; 2 (*aantrekken*) attract, draw [customers, big crowds]; *het stuk trekt veel* ***publiek*** the ... draws big audiences; *hij* (*het*) *zal veel publiek ~* he (it) is a sure draw; *de botsautootjes ~ het meest* the dodgems are the biggest draw; 3 ***salaris*** (*loon, bijstand*) ~ draw a salary (wages, income support); *een* ***wissel*** ~ draw a bill (of exchange); *zie ook* wissel; ***op*** *iem ~,* (*handel*) draw (*of:* value) on a p.; 4 (*kweken*) force [plants]; 5 (*tekenen*) trace, draw; ***figuren*** *in het zand ~* trace figures in the sand; 6 (*muz*) drag [a passage], drawl [the hymns were drawled]; II *intr* 1 draw, pull; (*v verband, kleding*) drag, pull; (*ve scheermes*) pull; ~ ***aan*** pull (tug) at, pull, give a pull at; *aan de bel ~* pull the bell; *aan de blaasbalg ~* blow (work) the bellows; *aan zijn snor ~* tug (at) one's moustache; ***~ in,*** (*ve vloeistof*) soak (sink) into; ***met*** *zijn been ~* drag one's leg; 2 (*krom ~*) warp, become warped; 3 (*v thee, schoorsteen, pijp, toneelstuk, acteur, enz*) draw; (*v thee, ook*) brew; *de* ***thee*** *laten ~* let the tea draw; *laat de thee niet te lang ~* do not stew the tea; 4 (*ergens heen gaan*) go, march, travel, (*eig Z-Afr*) trek; (*sp*) hike; (*v dieren, volksstammen*) migrate; *in een nieuw huis ~* move into a ...; *wij zijn bij hem in huis getrokken* we have gone to live with him; *ze trokken bij haar ouders in* they moved in with her parents; ***door*** *de stad ~* pass through the town; *~* ***langs*** file along [the coffin, the throne]; ***naar*** *het zuiden ~* go (march, travel) south; *het onweer trok naar het oosten* the ... travelled east; ~ ***over*** cross [a stream]; ***uit*** *een huis ~* move out of a house; 5 (*zenuwachtig ~*) [all his muscles] twitch; 6 *zie* tochten; 7 (*loten*) draw; *~ wie zal geven,* (*spel, vglb*) cut for deal; ***om*** *iets ~,* (*loten*) draw lots for s.t.; *zie ook* aandacht, blaar, gezicht, lijn 1 & 5, monster, nut, partij, voordeel, enz

trekkenwand flown set

trekker 1 (*ve wissel, steun*) drawer; 2 (*sp*) hiker, backpacker, (youth) hosteller; 3 (*ve vuurwapen*) trigger; 4 (*ve laars*) tab; 5 (*ve huisbel*) bell-pull; 6 *~ met oplegger* tractor (truck) and trailer, articulated lorry, (*Am*) trailer-truck

trekking 1 (*ve loterij*) drawing, draw; 2 (*zenuw~, enz*) twitch, convulsion; 3 (*in schoorsteen*) draught; **trekkingsdag** *zie* trekdag; **trekkingslijst** list of drawings, draw and prize list

trek|koord pull; (*ve tasje, enz*) draw-string; (*ve valscherm*) ripcord; **-kracht** tractive (pulling) power, haulage, pull; **-letter** flourished letter; **-lijn** tow(ing)-line, -rope, haulage rope; **-lipje** tab; (*ve blikje, vglb*) ringpull; **-lucifer** book-match; **-mes** draw(ing)-knife, draw-shave; **-meter** (*techn*) draught-gauge; **-mier** migratory ant; **-net** drag-net, trawl; **-paard** draught-horse; **-pad** tow(ing)-path; **-pen** ruling-pen; **-pleister** vesicatory (blister), blistering plaster; (*fig*) magnet, draw, crowd-puller; (*geliefde*) sweetheart; *toeristische ~* tourist attraction; **-pop** jumping Jack; **-pot** teapot; **-schakelaar** pull-cord switch; **-schuit** (*hist*) track boat (scoot), towed passenger-boat; *met de ~ komen* be miles behind; **-sel** brew [of tea, etc]; **-sluiting** *zie* ritssluiting; **-spanning** tensile stress; **-spier** contractor, constrictor; **-stang** drawbar; (*ve auto*) towing bar; **-sterkte** tensile strength; **-stoot** (*bilj*) screw-back; **-stuk** (*theat*) hit, draw; **-tocht** hiking tour; **-touw** drag-, haulage-rope; (*ve valscherm*) ripcord; **-vaart** ship-canal; **-vastheid** tensile strength; **-vogel** bird of passage, migratory bird, migrant; **-weg** tow(ing)-path; **-zaag** cross-cut saw, whip-saw; **-zeel** trace

trema diaeresis

trembleren (*muz: stem*) trill, (*instr*) play tremolo

tremel (mill-)hopper

tremmen trim [coals]; **tremmer** trimmer

tremolo (*muz*) id; **tremulant** (*ve orgel*) id

trend id; pattern [of wage rises], current tendency; *met de trend mee* (*tegen de ~ in*) *gaan* follow (buck) the trend; **trendgevoelig** subject to (responsive to) current changes [of fashion, etc]; **trendmatig** following the current patterns

(trends)
trens 1 (*lus*) loop; 2 (*toom*) snaffle(-bit), bridoon
trenzen (*mar*) worm
trepaneren trepan, trephine
tres 1 (*boordsel*) braid, lace; 2 (*haar*) tress, braid, plait, coil
treurdag day of mourning; **treurdicht** elegy; **treurdichter** elegist
treuren mourn, grieve, sorrow; ~ *over* (*om*) mourn for (over), grieve for (over), bewail, weep for [a p.], mourn [a loss, a p.'s death]; *de ~den* the mourners; *er werd weinig om hem getreurd* there was little mourning for him; *maar daar niet om getreurd* but never mind that; *zijn ~de ouders* his sorrowing parents; *zie ook* uiten~
treurig sad, mournful, sorrowful; (*jammerlijk*) sad, sorry [a sorry figure, sight, story], woeful [ignorance], miserable, pitiful; *de ~e moed hebben om te* ... have the audacity to ...; *het ~e ervan is* ... the sad part of it is ..., the tragedy (of it) is ...; *zie ook* toe
treur|lied *zie* -zang; **-mars** funeral (*of:* dead) march; **-muziek** funeral music; **-nis** 1 sadness, sorrow; 2 misery, sad (sorry) state; **-roos** weeping rose; **-spel** tragedy
treurspeldichter tragic poet; **treurspelschrijver** tragedian, writer of tragedies
treur|toneel tragic scene; **-wilg** weeping willow; **-zang** 1 dirge, elegy, lament; 2 (*fig*) litany
treuzel, **treuzelaar(ster)** dawdler, dawdle, slowcoach, loiterer, slacker; **treuzelachtig** dawdling, slow, dilly-dally [methods]; **treuzelarij** *zie* getreuzel; **treuzelen** dawdle [over one's work], loiter, linger [over one's dinner], (dilly-)dally, potter; **treuzelig** *zie* treuzelachtig
tre|zoor, **-zorie** treasury
tri trichlor(o)ethylene; **triade** triad
triakel theriac
triangel 1 triangle; 2 (*ve auto*) wishbone; **triangulair** triangular; **triangulatie** triangulation; **trianguleren** triangulate
triarchie triarchy
trias triad
Trias trias; **Triasformatie** trias(sic) formation
triatleet triathlete; **triatlon** triathlon
tribaal tribal; **tribade** id; **tribadie** tribadism
tribologie tribology
tribulatie tribulation; *~s* misery, adversity
tribunaal tribunal, court of justice; **tribune** 1 (*ve spreker*) platform, tribune; rostrum; 2 (*voor publiek, verslaggevers, enz*) gallery; (*bij wedrennen, enz*) stand; *hoofd~* grandstand; *publieke ~,* (*Lagerhuis*) strangers' gallery; **tribuun** tribune
trichine trichina (*mv:* -nae); **trichineus** trichinous; **trichinose** trichinosis
trichoom (*plantk*) trichome
triclinisch triclinic
tricolore tricolour
tricot 1 (*stof*) id; 2 (*trui*) jersey; 3 (*maillot*) tights, (*vleeskleurig*) fleshings, (*turnpakje*) leotard; **tricotage** knitting; *~s* knitted goods, knitware; **tricotagefabriek** hosiery factory
triduüm (*r-k*) triduum
triefelen (*oneerlijk spelen*) cheat
trien country wench; **Trien** Kitty
Trier id, (*hist*) Treves
triest melancholy, dejected, gloomy; dreary [weather], dull, murky [day], dismal (black) [landscape], depressing [prospect], cheerless [room]
Triëst Trieste; **triestig** *zie* triest
tri|folium (*plant*) id; **-forium** id; **-glief** triglyph; **-gonaal** 1 trigonal, triangular; 2 trigonal, rhombohedral; **-gonometrie** trigonometry; (*fam*) trig; **-gonometrisch** trigonometric(al)
Trijn(tje) Kit(ty); *van wijntje en trijntje houden* love wine, women and song
trijp(en) mock velvet
triktrak backgammon, trictrac; **triktrakbord** backgammon-board; **triktrakken** play (at) backgammon
trilateraal trilateral
tril|beton vibrated concrete; **-beweging** vibratory motion; **-diertje** vibrio(n) (*mv ook:* -nes); **-gras** quaking-grass; **-haar** cilium (*mv:* -ia); (*in neus, enz*) vibrissa (*mv:* -ae); (*attr*) ciliate
triljard (10^{21}) (a) thousand trillion; (*Am*) sextillion; **triljoen** (10^{18}) trillion; (*Am*) quintillion
trillen tremble [with fear, excitement, etc], quake [with fear], quiver [his lips quivered], flutter [his eyelids fluttered]; (*vd stem*) tremble, vibrate, quaver [*van woede* with passion]; (*ve film*) flicker; (*ve vliegt*) flutter; (*natuurk*) vibrate; *de aarde trilde* the earth shook, trembled; *doen ~* shake [the windows], trill [the tip of the tongue]; *vgl* beven
trillend (*ook*) tremulous [voice]; *met ~e vleugels,* (*ook*) with wings aquiver; *zie ook* beven; **triller** (*muz*) trill, shake; **trilling** vibration, quiver(ing), flutter(ing), quaver, tremor [in one's voice]; (*ve vliegt*) flutter; (*bij aardbeving*) tremor; *vgl* trillen
trillingsdemper vibration-damper; **trillingsgetal** frequency; **trillingstijd** period; **trillingswijdte** amplitude (of vibration)
trilobiet trilobite; **trilogie** trilogy
trilplaat diaphragm; **trilpopulier** trembling poplar, aspen; **trilveen** quaking bog
trimaran id
trimbaan training circuit
trimester (period of) three months, id; (*school, univ*) term
trimmen I *ww* jog, train, keep fit; *in elkaar ~* beat up, (*sl*) fill in; II *zn* jogging, (*op trimbaan*) circuit training
trimorf trimorphous
trimschoen training shoe
trini|tariër, **-taris** Trinitarian; **Triniteit** Trinity; *het feest der ~* the festival of the Holy Trinity, Trinity Sunday
trio (*muz & algem*) id; **triode** id; **triolet** id
triomf triumph; *zie ook* zege; *in ~* in triumph
triomfaal triumphal; **triomfantelijk** I *bn* triumphant, exultant; triumphal [entry]; II *bw* triumphantly, in triumph; **triomfator** triumphator; **triomfboog** triumphal arch; **triomferen** triumph [*over* over], come off triumphant; exult; *de ~de Kerk* the Church triumphant; **triomflied**

song of triumph, triumphal song, paean; **triomftocht** triumphal procession; **triomfwagen** triumphal car
triool (*muz*) triole, triplet
trip 1 (*reis, LSD*) id; 2 (*schoeisel*) patten, clog
tripang trepang, sea cucumber, sea slug
tripartiet tripartite
tripel *zn* rotten-stone, tripoli(-powder)
tripel, triple *bn* triple [alliance]; **tripleren** treble, triple, triplicate; **triplet** id (*ook het venster*); **triplex** id, three-ply; (*algem*) plywood; **triplexglas** triplex (glass); **triplexhout** three-ply wood; **triplicaat** triplicate; **tripliceren** (*jur*) surrejoin; **tripliek** (*jur*) surrejoinder; **triplo**: *in ~* in triplicate, in threefold; **Tripoli** 1 (*stad*) id; 2 (*land*) Tripolitania, Tripoli; **Tripolitaan(s)** Tripolitan
trippelen trip, patter, (*gemaakt*) mince one's steps; **trippelmaat** triple time, dancing-measure; **trippelpas(je)** trip, tripping step(s), mincing step(s); **trippen** trip
triptiek triptych; (*grensdocument*) triptyque
triptrap pit-a-pat, clip-clop; **triptrappen** *zie* trippelen
trireem trireme; **tritium** id
triton (*salamander*) id; **Triton** id; **tritons|hoorn, -horen** triton, Triton's shell
trits trio, triad, triplet, set of three
triumf, enz *zie* triomf, enz
triumvir id; **triumviraat** triumvirate
trivia id; **triviaal** 1 (*alledaags*) commonplace, trite, banal, trivial; 2 (*niet-wezenlijk*) trivial; 3 (*plat*) vulgar, coarse; **triviaalliteratuur** pulp literature; **trivialiteit** triteness, banality, triviality; vulgarity; *vgl* triviaal; **Trix** id, Trixie
trochee trochee; **trocheïsch** trochaic; **trocheus** trochee
troebel turbid (*ook v stijl*), thick, muddy, troubled, cloudy [syrup]; *in ~ water* [fish] in troubled waters; **troebelachtig** somewhat turbid; **troebelen** *zn* disturbances, riots; **troebelheid** turbidity, turbidness, etc; **troebleren** disturb, confuse; *zie ook* getroebleerd
troef trump, trumps, trump-card; *wat is ~?* what is trumps?; *harten is ~* hearts are trumps; *alle troeven in handen hebben* hold all the trumps; (*fig ook*) hold all the winning cards; *~ bekennen* follow suit; *de troeven eruit halen* (*slaan*) draw the trumps; *~ uitspelen* play a trump, play trumps; *zijn laatste ~ uitspelen,* (*ook fig*) play one's last trump; *iem dwingen zijn troeven uit te spelen,* (*ook fig*) force a p.'s hand; *met zijn ~ voor de dag komen,* (*ook fig*) produce one's trump-card; *nog een ~ achter de hand hebben* have a card up one's sleeve; *het is daar armoe ~* they are hard up; *zie ook* uitkomen; **troef|aas, -heer**, enz, ace, king, etc of trumps; **troefkaart** trump-card (*ook fig: zie* troef); **troefkleur** trump-suit
troel(a) (*sl*) 1 bint; 2 (*min*) slut; 3 sweetie
troep 1 (*menigte, groep*) crowd, troop [of gipsies, children, wolves]; body, party [of soldiers], pack [of wolves, hounds], band, gang [of robbers], company [of actors], troupe [of acrobats, actors], batch [of prisoners; go home in batches of five], bunch [of novices]; (*kudde*) herd [of cattle], flock [of geese, goats, sheep], drove [of cattle, sightseers]; *zie ook* kudde; ~(*je*) bevy [of girls, of larks]; (*ong*) pack [of thieves]; parcel [of lies]; *het is me een ~!* they are a nice set!; *de hele ~* the whole shebang (shoot, shooting match); *~en,* (*mil*) troops, forces; *bij ~en* in troops, in shoals; *in ~en leven* live (run) in herds; *in ~en* (*in een ~*) *binnenkomen* troop in; 2 (*zooi*) muck, rubbish; *wat is het hier een ~!* what a mess!; *zie ook* rommel & zooi
troepenmacht military force(s)
troepleider (*scout*) scoutmaster; **troepleidster** scoutmistress; **troepsgewijs** in troops
troetel 1 tassel; (*ve sabel*) sword-knot; 2 pet, darling; **troeteldier** pet; **troetelen** cuddle, fondle, pet; *zie ook* ver~; **troetelkind** pet, spoiled child, mollycoddle, mother's darling; *~ der fortuin* fortune's darling; **troetelnaam** pet-name
troeven trump, overtrump; *zie ook* over~
trof *ovt van* treffen
trofee trophy
troffel trowel
trog 1 trough (*ook weerk:* a trough of low pressure); 2 (*geol*) trough, geosyncline; 3 (*aardr*) deep [the Tuscarora Deep]
troggelaar(ster) wheedler, coaxer, cajoler; **troggelarij** wheedling, coaxing, cajolery; **troggelen** wheedle, coax, cajole; *zie ook* af~
troglodiet troglodyte, cave-dweller
trois-pièces three-piece suit
Troja Troy; **Trojaan(s)** Trojan; *het Trojaanse paard inhalen* drag the Trojan horse within one's walls; **Troje** Troy
trojka troika; **trok** *ovt van* trekken
trol(l) troll
trolley 1 (*wagentje*) id; 2 trolley bus; 3 contact rod; **trolleybus** trolley bus; **trolleystang** contact rod, trolley-pole
trom drum; *grote* (*Turkse*) *~* big drum, bass drum; *de grote ~ roeren,* (*ook fig*) beat (*of:* bang) the big drum; *kleine ~* snare-drum, little drum; *met slaande ~ en vliegende vaandels* with drums beating and colours flying; *met stille ~ vertrekken* leave quietly (without ostentation); *zie ook* noorderzon
trombociet thrombocyte; **trombogenese** thrombogenesis; **trombolyticum** thrombolytic
trombone id; **trombonist(e)** trombonist
trombose thrombosis; **trombus** thrombus
tromgeroffel roll of drums (of a drum), drum-roll; *onder ~* with roll of drums; *zie ook* trommelslag
trommel 1 (*muz*) drum; 2 (*doos*) [tin] canister, box [botanical] case, [biscuit-]tin; [bread-]bin; 3 (*techn*) drum, barrel; *zie ook* ~holte; **trommelaar(ster)** drummer; **trommeldroger** tumble(r) dryer; **trommelen** drum (*ook op tafel, venster, enz*), beat (*of:* bang) the drum; strum, thrum [on the piano]; *met de vingers ~* drum (with) one's fingers [on the table]; *bij elkaar ~, zie* bijeen~; *uit bed ~* rout out
trommel|holte tympanic cavity, drum of the ear;

-rem drum-brake; **-slag** drum-beat, beat of a drum; **-slager** drummer; **-stok** drumstick; **-vel** drumhead; **-vis** drum-fish; **-vlies** eardrum, tympanic membrane; **-vliesontsteking** tympanitis; **-vuur** drumfire; **-zucht** tympanites, -nism

tromp 1 (*ve olifant*) trunk; 2 (*ve vuurwapen*) mouth, muzzle; **trompen** (*ve olifant*) trumpet

trompet trumpet; (*op*) *de ~ blazen, de ~ steken* blow (*of:* sound) the trumpet

trompet|blazer trumpeter; **-bloem** trumpet-flower; **-boom** catalpa; **-geschal** sound (flourish, blast, blare) of trumpets; **-geschetter** bray of trumpets; **-narcis** daffodil; **-signaal** trumpet-call; **-steek** sheepshank

trompet|ten trumpet; (*fig ook*) trumpet forth; **-ter** trumpeter; **-ter-majoor** trumpet-major; **-tist(e)** trumpeter; **-vis** trumpet-fish; **-vogel** trumpeter, trumpet-bird; **-vormig** trumpet-shaped

tronen 1 sit enthroned, reign; 2 (al)lure, decoy

tronie face, (*fam*) phiz, mug; *zie ook* facie

tronk 1 (*stam*) trunk; 2 (*stronk*) stump, stub

troon throne; *op de ~ komen* (*plaatsen*) come to (place on) the throne; *ten ~ verheffen* enthrone; *tot de ~ geroepen worden* be called to the throne; *van de ~ stoten* drive from the throne, dethrone; *zie ook* bestijgen; **troonhemel** canopy, baldachin; **troonopvolger** heir (successor) to the throne; *rechtmatige ~* heir apparent; *vermoedelijke ~* heir presumptive; **troonopvolging** succession (to the throne); **troonopvolgster** heiress to the throne; *vgl* -opvolger; **troonpretendent** claimant to the throne; **troonrede** speech from the throne, King's (Queen's) speech; **troonsafstand** abdication (of the throne); **troons|beklimming**, **-bestijging** accession (to the throne); **troonswisseling** succession (to the throne); **troonzaal** throne-room

troop trope

troost comfort, consolation, solace; *een bakje ~*, (*fam*) a cup of coffee; *dat is één ~* [we're sitting dry,] that is one comfort (one consolation); *het is een ~ dat ...* it is a comfort that ...; *de drank was zijn enige ~* drink was his only solace (his only source of comfort); *~ zoeken bij* seek comfort with; *~ vinden in* (*putten uit*) find comfort (solace) in, derive comfort from; *zie ook* schraal

troostbrief letter of condolence (of sympathy), consolatory letter

troosteloos disconsolate, inconsolable, heartbroken; (*ve landstreek, enz*) desolate, comfortless, cheerless, dreary, forlorn; *~ watervlak* (dreary) waste of waters, watery waste; **troosteloosheid** disconsolateness, desolation, etc

troosten comfort, console, solace; *zich ~ met* take (find) comfort (consolation) in, console o.s. by (with); *zich ~ over* get reconciled to; *wees getroost* be comforted; *ik zal er mij over moeten ~* I shall have to put up with it; *troost je, het is haast afgelopen* bear up, it's ...; *hij wilde zich niet laten ~* he would not (refused to) be comforted

troostend comforting, consoling, consolatory; **trooster** comforter; *de T~*, (*bijb*) the Comforter, the Paraclete; **troostlied** consolatory song; **troostprijs** consolation prize; **troostrijk** [hardly] comforting, consolatory; **troostwoord** word of comfort, comforting word

trope id

tropee trophy

tropen (*aardr*) tropics; **tropenhelm** topi, topee; **tropenkleding** tropical wear, [white] tropicals; **tropenkolder** tropical frenzy; **tropenkoorts** dengue; **tropenuitvoering** tropical version; *in ~* tropicalized; **tropie** tropism; **tropisch** tropical [heat]; *aan ~e omstandigheden aanpassen* tropicalize; **tropisme** tropism; **tropologie** tropology; **troposfeer** troposphere

tros 1 (*bloeiwijze*) raceme; 2 (*vruchten, bloemen*) cluster, (*druiven, bananen*) bunch [of grapes, bananas], (*bessen*) string [of currants]; *in ~sen* in clusters, etc; 3 (*bijen*) cluster [of bees]; 4 (*touw*) hawser, (*opgerold*) coil [of rope]; *de ~sen losgooien*, (*mar*) cast off; *het jacht gooide de ~sen los* the ... slipped her moorings (her mooring cables); 5 (*ve leger*) train, baggage [of an army], impedimenta (*mv*)

trosgierst foxtail millet; **troshyacint** grape hyacinth; **troskieuwig(e)** lophobranchiate; (*-kieuwigen, ook*) lophobranchii; **trosvormig** (*plantk*) racemiform

trots I *zn* pride [in o.s., etc], haughtiness; *hij was de ~ van de familie* the pride (the boast) of ...; *ten ~ van*, *zie* II; II *vz* in spite (in defiance) of, in the face (the teeth) of; III *bn* proud, haughty; *zo ~ als een pauw* as proud as a peacock (as Lucifer); *~ zijn op* be proud of, take (a) pride in, glory in; *het is niets om ~ op te zijn*, (*ook*) it's nothing to be proud of; IV *bw* proudly, haughtily; *~ stappen* strut; **trots(er)en** defy, bid defiance to, face [all weather], fly in the face of [danger], brave, breast, weather, face [a storm], beard [the lion in his den]; **trotsering** defiance; **trotsheid** *zie* trots I

trotsk(y)ist Trotskyite, -yist, (*fam*) Trot

trottoir footpath, (*Br*) pavement, (*Am*) sidewalk; *langs het ~*, (*ook*) [cars drew up] at the kerbside; **trottoirband** kerb(stone), curb(stone); **trottoir roulant** escalator, travolator; **trottoirtegel** paving-stone; **trottoirtekenaar** pavement artist; (*sl*) screever

trotyl id, TNT, trinitrotoluene

troubadour id

troubleren confuse; *zie* troebleren

troupier ranker (officer); *hij is een ~* he has risen from the ranks

trousseau id; **trouvaille** id, find; **trouvère** id

trouw I *bn* faithful [servant, translation, account *verslag*], true [friend, as true as steel], loyal [subjects, Churchmen], staunch [Roman Catholic], trusty [sword, servant], regular [visitor], diligent [church-goer], constant [reader]; *een ~ afschrift* a true (faithful, exact) copy; *~ blijven aan* remain true to, stand by [one's party, leader, principles], remain loyal to [one's sovereign, one's country], adhere to [one's faith], stick to [one's promise], live up to [one's reputation]; *elkaar ~ blijven,* (*ook*) stick together; II *bw* faithfully, loyally, [he writes every week] without fail; *de voorwaarde werd ~ uitgevoerd* the ... was loyally carried out; *een overeenkomst met iem ~ nakomen* keep faith with a p.; *zie ook* getrouw; III *zn* fidelity, loyalty [to the King, the Church], faith(fulness); allegiance [to one's party]; (*aan leenheer*) fealty, allegiance; (*huwelijk*) *zie aldaar; zijn ~* ***breken*** break one's faith; ***goede*** *~* good faith, bona fides; *volkomen te goeder ~ zijn* be quite honest (sincere); *te goeder* (*kwader*) ~ [act] in good (bad) faith; ***kwade*** ~ bad faith; ~ ***zweren*** swear fidelity, (*inz aan vorst, grondwet*) swear allegiance [to ...], (*voor huwelijk*) plight one's troth [to ...]

trouw|akte marriage certificate, (*fam*) marriage lines; **-belofte** promise of marriage; **-beloftebreuk** breach of promise (of marriage); *proces wegens ~* breach of promise case; **-bewijs** *zie* -akte; **-boek** register of marriages, marriage register; *~je,* (*vglb*) marriage certificate; **-breuk** breach of faith; **-dag** 1 wedding-day; 2 (*verjaardag van de ~*) wedding-anniversary, -day

trouwelijk faithfully; **trouweloos** faithless, disloyal, perfidious; **trouweloosheid** faithlessness, disloyalty, perfidy

trouwen I *intr* marry, be (get) married [*met* to], (*lit en journalistisch*) wed; (*fam*) get spliced; *wie trouwt er?* who is getting (*of:* being) married?; *snel getrouwd, lang berouwd* marry in haste, repent at leisure; *zo zijn we niet getrouwd,* (*fam*) that's not in the bargain; *ik ben er niet* ***aan*** *getrouwd* I am not wedded (tied down) to it; ~ ***met*** marry [a lawyer]; *ze trouwde met een edelman* (*met iem van de Eng aristocratie, met iem uit onze familie*) she married into the peerage (into English Society; into our family); *zij is met een koopman getrouwd* she is married to a ...; ***om*** *het geld* (*om maatschappelijke positie*) ~ marry for money (for position); ***onder*** *elkaar* (*onderling*) ~ intermarry; ***op*** *niets* ~ marry on nothing (*zo ook:* what has he got to marry on?); *hij is geen man om te ~* he is not a marrying man, (*fam*) not the marrying sort; *ze zou* ***uit*** *ons huis ~* she was to be married from our house; *zie ook* liefde; II *tr* 1 (*huwen*) marry [a lawyer; *ook fig:* money], (*lit*) wed; *zie ook* I: ~ met; 2 (*in de echt verbinden*) marry; *wie zal hen ~?* who is to marry them?

trouwens (*eerlijk gezegd*) indeed [in English, or indeed, in any other language]; [he did not know, and I did not either] for that matter; [there was no other way] in any case; (*let wel*) [not that it's in any way surprising,] mind you; (*overigens*) as a matter of fact [he knew very little English]; (*bovendien*) [what does it matter] after all; besides, [I have no money]

trouwerij (*fam*) wedding

trouw|hartig true-hearted, candid, frank; **-hartigheid** true-heartedness, candour; **-japon, -jurk** wedding-dress, bridal gown; **-kaart** (postal) wedding announcement; **-kamer** wedding room; **-kleed** wedding-dress; **-koets** bridal carriage; **-lustig** eager to marry; **-pak** wedding clothes; **-partij** 1 wedding; 2 wedding (*of:* bridal) party; **-plannen**: *ze hebben ~* they are getting (intend, plan to get) married; **-plechtigheid** wedding (*of:* nuptial) ceremony; **-ring** wedding ring; **-verbod** marriage ban; **-zaal** wedding room

trubbel trouble

truc trick, dodge, wrinkle, ploy; stunt [publicity stunt *reclame~*]; (*sl*) wheeze; **trucage** (use of) tricks, trickery; **trucbom** booby-trap; **trucfilm** trick-film; special effects film

truck 1 truck, bogie; 2 lorry, (*Am*) truck; 3 trailer-truck; **trucker** lorry-driver, (*Am*) id

truckstelsel truck system

truffel truffle; **truffelen** season (*of:* stuff) with truffles; *getruffeerd* truffled

trui jersey (*ook sp:* the green, orange, rainbow, yellow jersey), guernsey, (*sporttrui*) sweater

Trui(da) Gert, Gertie, Trudy, Trudie

truken 1 *zie* truqueren; 2 trick [a p.]; **trukendoos** bag of tricks; **truqueren** employ tricks; *getruqueerd, a*) full of tricks; *b*) doctored [photograph]

trust id; (*ong*) ring; **trustakte** trust deed; **trustee** id; **trustmaatschappij** trust company

trut old frump; **trutt(er)ig** frumpish, drab

Truus Gertie, Trudy

truweel trowel

try-out (*theat, Br vglb*) provincial opening; (*Am*) tryout; **trypsine** trypsin

tsa! (*tegen hond*) sick him!

tsaar tsar, czar; **tsarevitsj** tsarevitch; **tsarina** tsa-, czaritsa, -rina; **tsaristisch** tsa-, czarist

tseetseevlieg tsetse(-fly)

Tsjaad Chad; **Tsjech** Czech; **Tsjechië** the Czech Republic; **Tsjechisch** Czech; **Tsjechoslowaak** Czechoslovak; **Tsjechoslowaaks** Czechoslovak(ian); **Tsjecho-Slowakije** Czechoslovakia

tsjirpen chirp, cheep

tsjonge: ~, (*ts*)*jonge! zie* jongen: ~, ~!

T-stuk T, tee, tee-piece; **t.t.** afk van *totus tuus* (*Lat: geheel de uwe*) entirely yours

tuba (*muz*) id; **tube** (collapsible) tube; (*fiets~*) racing tyre, tubular tyre

tuberculeus tuberculous, tubercular; **tuberculine** tuberculin; **tuberculose** tuberculosis, TB; **tuberculosevrij** TT (tuberculin-tested) [cattle]; **tuberkel** tubercle [bacillus]

tuberoos tuberose; **tubeverf** paint in tubes

tucht discipline; *de ~ handhaven* keep (enforce) discipline; *onder ~ staan* be under discipline

tucht|college, -commissie disciplinary committee; **tuchteloos** 1 undisciplined, insubordinate, indisciplinable, unruly; 2 (*liederlijk*) dissolute, licentious; **tuchteloosheid** 1 indiscipline, want of discipline, insubordination, unruliness; 2 dissoluteness, licentiousness

tuchthuis (*hist*) house of correction, bridewell

tuchthuisboef convict, jail-bird; (*sl*) (old) lag; **tuchthuisstraf** hard labour; **tuchtigen** chastise, punish; **tuchtiging** chastisement, punishment

tucht|maatregel disciplinary measure; **-middel** means of correction; **-recht** disciplinary law; **-roede** rod; **-school** (*Eng*) youth custody centre, (*hist*) Borstal; (*Am*) reformatory

tuf 1 (*steen*) tuff; 2 (*hist*) motor car, Model T; motor-cycle
tuffen chug; (*fam*) motor
tufsteen tuff
tui guy(-rope, -wire); **tuianker** mooring anchor; **tuibrug** suspension (*of:* rope) bridge; **tuien** guy, stay; (*schip*) moor; (*dier*) tether; **tuier** tether
tuig 1 (*gereedschap*) tools; *zie ook* vis~; 2 (*mar*) rigging, rig; 3 (*ve paard*) harness; *zadel en ~* tack; 4 (*slecht goed*) stuff, trash, rubbish; 5 (*slecht volk*) scum, vermin, rabble; *zie ook* ongewassen, richel, vistuig, enz; **tuigage** rigging, rig; **tuigen** 1 rig [a ship]; harness [a horse]; **tuighuis** arsenal; **tuigkamer** tack room; **tuigleer** harness leather; **tuigpaard** harness-horse
tuil 1 (*ruiker*) bunch of flowers, nosegay, bouquet; *~tje* bunch of flowers, posy; 2 (*bloeiwijze*) corymb
Tuilerieën: *de ~* the Tuileries
tuilvormig (*plantk*) corymbiform
tuimel tumble; **tuimelaar** 1 tumbler; 2 (*duif*) tumbler-(pigeon), roller; 3 (*dolfijn*) bottle-nose dolphin; 4 (*ve slot, enz*) tumbler; (*ve geweer*) nut, tumbler; (*ve bel*) [bell-]crank; 5 (*glas*) tumbler; 6 *~tje*, (*speelgoed*) wobbly-man; **tuimelen** tumble, topple [downstairs], topple over [to the ground]; *van het paard (de fiets, enz) ~* have a spill; *van het paard ~*, (*ook*) take a toss; **tuimeling** tumble; (*ve paard*) toss; (*ve paard, fiets*) spill; (*duikeling*) somersault; *een ~ maken, a*) have a spill; *b*) turn a somersault
tuimel|raam flap-window, hopper window; **-schakelaar** (*elektr*) tumbler (*of:* rocker) switch
tuin garden [centre, furniture, herb, plant]; *~tje* little garden, strip of garden; *iem om de ~ leiden* hoodwink (mislead, outwit) a p.; (*fam*) lead a p. up the garden path; *ik wil niet dat ze om de ~ geleid wordt*, (*ook*) I won't see her put upon
tuin|aanleg laying out of gardens; **-aarde** vegetable (*of:* garden) mould; **-ameublement** (set of) garden furniture; **-anjelier** clove (pink); **-architect** landscape gardener; **-architectuur** landscape gardening, landscaping; **-baas** head gardener; **-bank** garden seat; **-boon** broad bean; **-bouw** horticulture
tuinbouw|bedrijf market garden; **-consulent** horticultural adviser; **-gereedschap** horticultural implements; **-kundige** horticulturist; **-maatschappij** horticultural society; **-produkten** market garden produce; **-school** horticultural college; **-tentoonstelling** horticultural show
tuinbroek dungarees, bib and braces, boiler suit, salopettes; **tuinder** market gardener; **tuinderij** market garden, (*Am*) truck garden, truck farm
tuindeur garden door, (*dubbel, v glas*) French window; **tuindorp** garden suburb
tuinen *ww* 1 zie tuinieren; 2 stalk, stride; *erin ~* get caught (taken in), be caught out, be had; *vgl* inlopen
tuin|feest garden party, garden fête; **-fluiter** garden warbler; **-gereedschap** garden(ing)-tools; **-gewas** garden plant; **-groente** vegetables; garden stuff; **-grond** (top-)soil; *stuk ~* garden plot; **-huis** 1 garden house; 2 (*~je*) summer house
tuinier gardener; **tuinieren** garden, do (some) gardening; **tuiniers|bedrijf**, **-vak** gardening
tuin|kabouter garden gnome; **-kamer** room overlooking the garden; **-kers** garden cress; **-kever** *zie* junikever & rozekevertje; **-knecht** gardener's man, under-gardener; **-man** gardener; **-produkten** garden produce; **-schaar** (pair of) garden shears; **-schopje** garden trowel; **-schuurtje** garden shed, potting-shed; **-sierkunst** ornamental gardening; **-slak** garden snail; (*naakt*) garden slug; **-slang** garden hose, hose-pipe; **-sproeier**, **-spuit** 1 (*voor bewatering*) (garden, lawn) sprinkler; 2 (*tegen ongedierte, enz*) garden-sprayer, -syringe; **-stad** garden city; **-stoel** garden chair, lawn chair; **-werk** 1 gardening; 2 wattle
tuit spout, nozzle; *ze schreide tranen met ~en* she cried bitterly, cried her eyes out
tuitelen totter; **tuitelig** unsteady, shaky
tuiten tingle; *mijn oren ~ ervan* my ears tingle with it, it makes my ears tingle (burn)
tuithoed poke-bonnet; **tuitkan** spouted pitcher; **tuitlamp** nozzle-lamp
tuitouw guy-rope
tuk: *~ op* keen on, greedy for, eager for; *iem ~ hebben, a*) fool a p., have a p. on; *b*) have a p. fooled
tukje nap, snooze, forty winks; *een ~ doen* take (have) a nap, etc; (*fam*) have a bit of shut-eye
tukker 1 Twente (wo)man; 2 goldfinch; 3 linnet
tulband 1 (*muts*) turban; 2 (*gebak*) raisin cake
tule 1 tulle; 2 (*doorvoer*) grommet; **tulen** *bn* tulle
tulp tulip; **tulpebol** tulip bulb; **tulpeboom** tulip tree; **tulpenkweker** tulip-grower; **tulpenkwekerij** tulip-growing, cultivation of tulips; **tulpomanie** tulipomania
tumbler id
tumor tumour
tumtum dolly mixture
tumult id, uproar; *er heerste een verschrikkelijk ~* pandemonium reigned; **tumultueus** tumultuous [applause, protest, welcome]
tumulus id (*mv:* -li)
Tunesië Tunisia; **Tune|siër**, **-sisch** Tunisian
tunica tunic; (*r-k*) tunicle; **tuniek** tunic [suit]
Tunis (*land*) Tunis, Tunisia; (*stad*) Tunis
tunnel id; (*onderdoorgang*) subway; *een ~ maken door* tunnel, drive a tunnel through [a mountain]
turbine id; **turbineschip** turbine steamer; **turbinestraalmotor** turbojet (engine); **turbo** 1 id, turbo(super)charger); 2 (*in sam*) id, high-powered, super; **turbocompressor** id; **turbo|dynamo**, **-generator** turbo-dynamo
turbulent id; **turbulentie** turbulence
tureluur (*vogel*) redshank; **tureluurs** mad, frantic, wild; *men zou er ~ van worden* it is enough to drive one mad (round the bend)
turen peer [*naar* at]; (*op boek, enz*) pore over [a book, manuscript]; *zich blind ~*, (*op boek, enz*) pore one's eyes out

turf peat; (*vooral Ir*) turf; *een* ~ a square (block, lump) of peat; (*inz Sc*) a peat; (*boek*) (weighty) tome; *drie turven hoog,* (*Am fam*) knee-high to a grasshopper; *in het veen ziet men op geen ~je* have much and spend much; *zie ook* 3 as

turf|aarde peat mould; **-achtig** peaty, peat-like; **-briket** peat briquette; **-graverij** peat-digging, peat-cutting; **-grond** peaty soil; **-lijst** tally; **-molm**, **-mot**, **-mul** peat dust; **-potje** peat pot; **-praam**, **-schip** peat barge, peat boat; **-schipper** peat barge proprietor; **-steken** cut peat; **-steker** peat cutter; **-strooisel** peat (moss) litter; **-trappers** (*schoenen*) beetle-crushers; **-vuur** peat (*of:* turf) fire; **-zolder** peat loft

Turijn Turin

Turk id; *eten bij de* ~ dine at a Turkish restaurant; *jonge* ~ Young Turk; *er uitzien als een* ~ look filthy; **Turkestan** id; **Turkije** Turkey; **Turkmeen, Turkoman** Turk(o)man (*mv:* -s); *zie* Toerkmeen, enz

turkoois turquoise; **turkooizen** *bn* turquoise

Turks Turkish; (*in sam*) Turco[-British, etc]; ~ *bad* Turkish bath; ~ *fruit* Turkish delight; *~e knoop* Turk's head; ~ *lelie* Turk's cap lily, martagon (lily); ~ *rood* Turkey red; *~e* (*kromme*) *sabel* scimitar; *~e tarwe* maize, Indian corn; *~e tortel* collared (turtle)dove; *zie ook* trom

turnen do (practise) gymnastics; **turner** gymnast; **turnpakje** leotard; *zie verder* gymnastiek(...)

turquoise id

turven 1 (*turf inslaan*) lay in peat; 2 (*ranselen*) lick, wallop; *erop* ~ pitch into him (them, etc); 3 count (in fives), score, tally

tussen between; (*vero*) betwixt; (*te midden van*) among, amidst, amid; *zie ook* onder; *een verdrag ~ de 4 grote mogendheden* a treaty between the four great powers; *dat blijft ~ ons* don't let it go any further, that's between you and me; *de brief lag ~ een stapel boeken* the letter was in a pile of books; ~ *de maaltijden* between meals; ~ *wind en water* awash; ~ *de buien* (*door*) between the showers; *kanaal ~ twee oceanen* interoceanic canal; *ik kon **er** geen woord ~ krijgen* I could not get a word in (edgeways); *iem er ~ nemen* pull a p.'s leg, have a p. on, take a (the) rise out of a p.; *er van ~ gaan, zie* vandoor; *met een neutrale zone er* ~ with a ... between; *er* ~ ***door***, (*ermee vermengd*) mixed up with it (them), (*terloops*) incidentally, in passing, in one's spare time; *ik doe het er wel ~ door* I'll find time for it; ~ *de huizen **in*** in among the houses; *zie ook* ~in, ~uit, gooien, haak, regel, enz

tussen|bedrijf interval, wait, entr'acte; *in de -bedrijven, zie* bedrijf: onder de bedrijven door; **-beide** 1 (*tamelijk*) middling, so(-)so, passable; 2 (*nu en dan*) now and then, once in a while; 3 (*tussen twee partijen*) (in) between; ~ *komen* (*treden*) intervene, interpose, step in, interfere; (*bemiddelend*) intercede [*bij* with]; (*ongevraagd, onbesuisd, enz*) butt in; *er is wat ~ gekomen* s.t. has come between; *als ik niet ~ gekomen was* [he would have killed her] if I had not got between them; *als er niets ~ komt* unless s.t. unforeseen should occur; **-cultuur** intercrop(ping), catch-crop(s); ~ *uitoefenen* intercrop; **-dek** 'tween-deck(s); (*accommodatie*) steerage; **-dekspassagier** steerage passenger; *als ~ reizen* travel steerage; **-deur** communicating (connecting) door; **-ding** something between the two, neither the one nor the other, something midway [between the great apes and man], a cross [between a flowerpot and a basin, a comedian and a bookie]; **-door** (*plaats*) across; *zie verder* tussen & ondertussen; **-doortje** 1 snack; 2 diversion, recreation; **-gelegen** intermediate [towns, etc], interjacent; intervening [ground, period]; **-gerecht** entremets, intermediate course, side-dish; **-geschoven**, **-gevoegd** interpolated, intercalary, shoved in between; **-handel** intermediate trade, commission business; **-handelaar** commission-agent, intermediary, middleman; **-haven** intermediate port; **-in** (*er* ~) in between, between the two; **-kaaksbeen** intermaxillary (bone); **-kamer** middle room; **-kleed** (*v vogel*) eclipse plumage; **-kleur** intermediate colour; **-komend** incidental; *~e partij,* (*jur*) intervener; **-komst** intervention [of the police], [divine] intercession, interposition, mediation; *door ~ van* by (*of:* through) the medium (intermediary, agency) of, through; **-kop** (*in krant*) strapline; **-landing** stopover, intermediate landing; *zonder* ~ non-stop [flight], [travel] non-stop [from ... to ...]; **-letter** medial letter; **-liggend** *zie* -gelegen; **-maaltijd** snack; **-maat** medium size; **-muur** partition wall, party-wall; **-oplossing** 1 interim solution; 2 middle course, compromise (solution); **-paus** interim manager (etc); **-persoon** intermediary, middleman, agent; (*soms ong*) go-between; (*ter verzoening*) mediator; *geen -personen,* (*in advertenties*) no agents; principals only (will be dealt with); **-plaatsen** place (put) between, interpose; **-poos** interval, intermission, break, pause; *bij -pozen* at intervals, [he had lived in L] off and on, on and off, intermittent(ly); *met lange* (*korte*) *-pozen* at long (short, *of:* frequent) intervals; *zonder -pozen, zie* achtereen; **-pozend** intermittent [fever, etc]; **-regering** interregnum; **-ruimte** intervening space, interstice, interval, spacing; *met ~n plaatsen* space out; **-schot** partition (wall, screen); (*biol*) [nasal, etc] septum (*mv:* septa); **-soort** medium (quality, size, sort) [apples]; **-spel** interlude, interact, intermezzo; **-spraak** (*bemiddeling*) mediation; **-stadium** intermediate (in-between) stage; **-stand** (*sp*) interim (*met de rust:* interval) score; **-station** intermediate (*of:* wayside) station; (*fig*) interim post, phase, etc; **-stop** stopover

tussentijd 1 interim, interval; *in die* ~ in the meantime, meantime, meanwhile, in the interim (the interval); 2 (*sp:*) ~ *na vijf ronden* time after five rounds (laps); **tussentijds** between times, between whiles, [I never sleep] out of hours, [I never eat] in between meals; ~ *dividend* interim dividend; ~ *examen* intermediate examination; *~e verkiezing* by-election; *~e verkoop voorbehou-*

den subject to prior sale
tussen|uit: *er ~ gaan* (*knijpen*), *zie* smeren: 'm ~; *er een avond ~ gaan* take an evening off; *ik kan er niet van ~* I can't get out of it; **-uur** intermediate hour, odd hour, free period; **-verdieping** mezzanine (floor); **-voegen** insert, interpolate, intercalate; **-voeging** insertion, interpolation, intercalation; **-voegsel** insertion, interpolation; **-voorstel** intermediary (halfway) proposal; **-vorm** intermediate form, hybrid, cross; **-wand** partition (wall); **-weg** middle course (path, way); **-werpsel** interjection; **-wiel** idler (wheel); **-woning** terrace(d) house; **-zetsel** insertion; **-zin** parenthesis (*mv:* -theses), parenthetic clause; **-zolder** boxroom
tut I *tw ~, ~!* now, now!; II *zn zie* trut
tutelair tutelar(y)
tut-hola frump; prude
tutoyeren be on familiar (on first-name) terms (be on first names) with [a p.]
tuttebel 1 frump; 2 fusspot; **tuttelen** jaw; **tutten** fuss
tutti (*muz*) id; **tutti-frutti** id
tuttig [she found her mother's dress] drearily conventional
tutu id, ballet skirt
tuut 1 (*kindertaal*) puff-puff; 2 (*politieagent*) cop
tv, **TV** [watch] TV
t.w. afk van *te weten* to wit, namely, viz
twaalf twelve; *de twaalve,* (*bijb*) the twelve; *om ~ uur 's middags* at twelve o'clock, at (twelve) noon, at midday; *~ uur 's nachts* midnight; *vgl* 2 bij 7, 2 klok 1: klokke, & met
twaalf|de twelfth; **-hoek** dodecagon; **-hoekig** dodecagonal; **-jarig** *vgl* jarig; **-maal** twelve times; **-tal** dozen, twelve; **-tallig** duodecimal; *vgl* tientallig; **-uurtje** midday meal, lunch(eon); **-vingerige**: *~ darm* duodenum; *van de ~ darm* duodenal [ulcer]; **-vlak** dodecahedron; **-vlakkig** dodecahedral; **-voud** multiple of twelve; **-voudig** twelvefold; **-zijdig** twelve-side
twee [he can eat for] two; (*op dobbelsteen of kaart*) deuce [the deuce of hearts]; *met ~ a's* with double a; *~ aan ~* two and (by) two, by (in) twos, [walk] two abreast; *waar ~ kijven hebben beide schuld* it takes two to make a quarrel; *~ weten meer dan één* two heads are better than one; *~ in één bed* (*op één dier*) [sleep, ride] double; *de ~ schenen goed met elkaar op te schieten* the two of them seemed to be getting on very well; *die Molly kon wel ~ keer uit haar* she would make two of that Molly; *boeken en boeken zijn ~* there are books and books; [*praten*] *en* [*doen*] *zijn ~,* (*ook*) it is one thing to ... and another to ...; *in ~ën gaan* go in two; *in ~ën vallen* (*snijden, enz*) fall (cut, etc) in two (in half); *vgl* bij 7 & met & *zie ook* tegen & zeker
twee|armig two-armed; **-assig** biaxial; **-baansweg** 1 dual carriageway, (*Am*) divided highway; 2 (*oneig*) two-lane road; **-benig** two-legged; **-bladig** two-leaved, bifoliate; **-bloemig** biflorate, biflorous; **-broederig** (*plantk*) diadelphous; **-bultig** two-humped [camel]; **-componentenlijm** epoxy (glue); **-daags** of two days, two-day [trip], two days'
tweede second; *Willem de T~* William the Second; *~ keus, kwaliteit,* (*ook*) seconds; *~ klas,* (*Br spoorw*) standard class; *~ secretaris* assistant secretary; *zie ook* hand, meid & ten; **tweedegraads**: *~ bevoegdheid* lower secondary teaching qualification; **tweedehands** second-hand, (*fam*) hand-me-down [notions]; **tweedejaars** second-year [student]; **Tweede-Kamerlid** Member of Parliament (of the lower house); **tweedekansonderwijs** adult education
tweedekker (*schip, autobus, enz*) two-, double-decker; (*vliegt*) biplane; **tweedelig** bipartite [leaf]; two-piece [suit]; **tweedelijns** second-line [medical care]; **tweedeling** dichotomy; split; binary classification; **tweederangs** second-rate
tweeder|lei, **-hande** of two kinds (sorts)
tweedimensionaal two-dimensional; **tweedraads** two-ply, twofold
tweedracht discord, dissension; *~ zaaien* sow discord; **tweedrachtig** at odds; *zie* onenig
twee|duims two-inch; **-duizend** two thousand; **-éénheid** two-in-one; **-ëiig** dizygotic, fraternal [twins]; **-ëndertigste noot** demisemiquaver; **-ën(een)half** two and a half
tweeër|hande, **-lei** of two kinds (sorts); *zie ook* moraal; **tweefasen-** two-phase [current, motor, structure]
twee|gesprek duologue; **-gestreept** (*muz*) twice-marked; **-gevecht** duel, single combat; **-handig** two-handed, (*wtsch*) bimanal, -nous; *~en* bimana (*ev:* bimane); **-helmig** (*plantk*) diandrous; **-hoekig** two-angled, biangular; **-hoevig** cloven-footed, -hoofed, (*wtsch*) bisulcate; **-honderd** two hundred; **-honderdjarig** two hundred years old; *~e herdenking* bicentenary, (*Am*) bicentennial; **-hoofdig** two-headed, (*wtsch*) bicephalous, bicipital; *~e armspier* biceps; *~ bestuur* diarchy, dyarchy; **-hoog** (on the) second (*Am:* third) floor; **-hoornig** two-horned, (*wtsch*) bicornate, -nous; **-huizig** (*plantk*) di(o)ecious; **-jaarlijks**, **-jarig** biennial [congress, plant]; *vgl* jarig; **-kamerstelsel** bicameral system; **-kamp** single combat; [chess] duel, match between two contenders (contestants); **-klank** diphthong; *tot een ~ worden* (*maken*) diphthongize; **-kleppig** (*dier*) bivalve; **-kleurig** two-coloured, bicolour(ed), two-tone [bodywork]; **-kwartsmaat** two-four time; **-ledig** 1 (*eig*) two-jointed, biarticulate; 2 (*fig*) twofold, double [purpose]; dual [system]; binary [compound]; *een ~e rol spelen* play a dual part; 3 (*rek*) binomial; 4 (*dubbelzinnig*) ambiguous, equivocal; **-lettergrepig** dis(s)yllabic; *~ woord* dis(s)yllable
tweeling (pair of) twins; (*één van de twee*) twin (child); *de T~en,* (*dierenriem*) the Twins, Gemini
tweeling|baan twin job; **-broer** twin brother; **-woord** doublet; **-zuster** twin sister
twee|lippig two-lipped; (*plantk ook*) bilabiate; **-lobbig** (*plantk*) bilobed; **-loop(sgeweer)** double-barrelled gun (*of:* rifle); **-luik** diptych; **-maal** *zie* maal, bedenken & zeggen; **-maande-**

lijks twice-monthly, two-monthly, bimonthly (*ook: ~ tijdschrift; ook: veertiendaags*); **-man** duumvir; **-mannig** (*plantk*) *zie* -helmig; **-manschap** duumvirate; **-master** two-master; **-motorig** twin-engined; **-ogig** two-eyed; **-persoons** [cabin] for two, two-berth [cabin], double [bed]; ~ *fiets* tandem; ~ *kamer,* (*één bed*) double(-bedded) room, (*twee bedden*) twin-bedded room; ~ *auto* (*vliegtuig*) two-seater; **-pits** two-(twin-)burner [oil-stove]; **-polig** bipolar, two-pole; **-regelig** of two lines; ~ *vers* distich, couplet; **-richtingsverkeer** two-way traffic; **-riems** two-oared, pair-oar; (*zn: boot, ook*) pair-, two-oar; **-rijer** double-breasted jacket (overcoat)

tweern twine; *zie verder* twijn

twee|schalig, **-schelpig** (*dier*) bivalve; **-slachtig** bisexual, hermaphroditic, androgynous (*alle ook plantk*); (*amfibisch*) amphibious; (*fig*) ambiguous; ~ *dier* amphibian; *een ~ leven leiden* lead a double life; **-slachtigheid** (*fig*) ambiguity, duplicity; **-snarig** two-stringed; **-snijdend** two-, double-edged; **-spalt** discord; **-span** two-horse team; (*rijtuig*) carriage and pair, pair-horse carriage; (*pers*) pair; **-spraak** duologue; **-sprong** crossroad(s), fork; *op de ~,* (*fig*) at the (*ook:* a) crossroads, at the parting of the ways; **-staartig** two-tailed, bicaudal; **-steensmuur** two-brick wall; **-stemmig** for two voices; ~ *lied* (*zingen*) two-part song (singing); **-stijlig** (*plantk*) digynous; **-strijd** inward conflict (*of:* struggle), indecision; *in ~ staan* be in two minds, be torn between ... and ..., be torn in two [about ...], be divided against o.s.; **-stromenland** 'country between the rivers'; Mesopotamia; **-takkig** bifurcate; **-taktmotor** two-stroke motor; **-tal** pair, couple; **-talig** bilingual; **-taligheid** bilingualism; **-tallig** binary; *vgl* tientallig; **-tandig** two-toothed, two-pronged [fork]; (*wtsch*) bidentate; **-term** binomial; **-termig** binomial; **-tongig** two-tongued; (*fig ook*) double-tongued; **-tonig** two-tone [horn]; **-verdieners** couple(s) with double income, dual-income family; (*zonder kinderen, fam*) dinkies; **-vingerig** two-fingered; **-vlakshoek** dihedral angle; **-vleugelig** two-winged, dipterous; *~en* diptera; **-voetig** two-footed, biped(al); ~ *dier* biped; **-vormig** dimorphic; **-vormigheid** dimorphism; **-voud** double; *zie ook* duplo; **-voudig** twofold, double; ~ *verbond* dual alliance; **-waardig** (*chem*) divalent, bivalent; **-wegskraan** two-way cock; **-wekelijks** fortnightly, biweekly (*vgl* -maandelijks); **-werf** twice; **-wieler** two-wheeler; *~s,* (*ook*) bicycles, solo motorcycles, scooters and mopeds; **-wielig** two-wheeled; ~ *rijtuig* two-wheeler; **-zaadlobbig** dicotyledonous; *~e* dicotyledon; **-zadig** two-seeded; (*wtsch*) dispermous; **-zijdig** two-sided; bilateral [contract, pact]; **-zitsbank** two-seater sofa

twenter two-year-old (horse)

twijfel doubt; *daar is geen ~ aan, dat lijdt geen ~* there is no doubt of it, there is no question (no doubt) about it, it is beyond (any) doubt; *er is geen ~ aan zijn ernstige bedoeling* there is no mistaking his earnestness; *er is geen ~ aan* (*het lijdt geen ~*) *of* ... there is no doubt that ..., there is no question but that ...; ~ *opperen omtrent* throw doubt (up)on; ~ *doen rijzen* arouse (raise) doubts; ***aan*** *alle ~ een einde maken* put a matter beyond doubt (*of:* question) [this fact puts his fate beyond doubt]; *het is zeer aan ~ onderhevig* it's very much open to question (to doubt); ***boven*** *alle ~ verheven* beyond all doubt; ***buiten*** *~, zie* zonder ~; *iem* ***in*** *~ laten* leave a p. in doubt; *in ~ trekken* doubt, (call in) question, be in doubt [about s.t.], query [the results of an experiment]; *ik trek het in ~,* (*ook*) I have my doubts (about it); *ik stond in ~* I was in doubt [*of* whether; *wat betreft* as to]; ***zonder*** ~ without (a) doubt, doubtless, undoubtedly, no doubt, without question, unquestionably; *zonder enige* (*de minste*) ~ without any doubt, without a shadow of doubt; *zie ook* koesteren, opheffen, toelaten, voordeel, zweem; **twijfelaar** 1 sceptic, doubter; 2 three-quarter bed

twijfelachtig doubtful, dubious, questionable (*alle ook: enigszins verdacht*); *de uitslag blijft ~* the issue remains in doubt; ~ *en onbevredigend,* (*jur*) unsafe and unsatisfactory; ~ *licht* dubious light; ~ *genot* questionable joy; **twijfelachtigheid** doubtfulness, dubiety

twijfelen doubt; *ik twijfel of* ... I doubt whether (if) ...; *ik twijfel niet of* ... I do not doubt that (but, but that) ..., I have no doubt (that) [he will come]; ~ *aan* doubt, have one's doubts about, question; *daaraan ~ we niet,* (*ook*) of that we make no doubt; *daar valt niet aan te ~, zie* twijfel: daar is geen ~ aan; **twijfelgeval** doubtful case; **twijfeling** hesitation, wavering, indecision

twijfelmoedig vacillating, wavering, irresolute; **twijfelmoedigheid** irresolution, indecision; **twijfelzucht** scepticism; **twijfelzuchtig** sceptical; **twijfelzuchtige** sceptic

twijg twig, sprig, (*bloeiend*) spray; (*telg*) scion

twijn twine, twist; **twijnder** twiner, twister, throw(st)er; **twijnen** twine, twist

twinkelen twinkle

twintig twenty; *in de jaren ~* in the twenties; *vgl ook* in & met; **twintiger** person of twenty (years), in his (her) twenties; *vgl* 1 goed I.5

twintig|jarig *vgl* jarig; **-je** twentieth part of a lottery-ticket; **-maal** twenty times; **-ste** twentieth; **-tal** score; **-vlak** icosahedron; **-voud** multiple of 20; **-voudig** twentyfold

twist 1 quarrel, dispute, altercation, wrangle, (*fam*) row; *de ~ bijleggen* settle the dispute, make it up; ~ *hebben* (have a) quarrel [*over* over, about]; ~ *krijgen* fall out, come to words; ~ *zaaien* sow discord; ~ *zoeken* pick a quarrel; ~ *zoeken* (*uitlokken*) *met* pick a quarrel with, fasten (fix) a quarrel on; *zie ook* stoken; 2 (*garen & dans*) twist; **twistappel** apple of discord, bone of contention

twisten 1 quarrel, dispute, altercate, wrangle; ~ *om* quarrel, etc about (over); ~ *over de prijs* (*de voorwaarden*) haggle about the price (the terms);

daarover kan men ~ that is a debatable (an arguable, a disputable) point; 2 twist; **twister** quarreller

twist|geschrijf polemics, controversy, controversial writing(s); **-gesprek** dispute, disputation; (*ruzie*) argument; **-punt** matter in dispute, point of controversy (at issue), disputed point, controversial issue; **-vraag** question at issue, vexed question; **-ziek** quarrelsome; (*met woorden, ook*) contentious, disputatious, argumentative, cantankerous; **-zoeker** quarrelsome person, quarreller

t.w.v. *afk van:* 1 *ter wille van* for the sake of; 2 *ter waarde van* to the value of

tyfeus typhoid, typhous; *tyfeuze koorts* typhoid (fever), enteric (fever)

tyfoon typhoon

tyfus 1 typhoid (fever), enteric (fever); 2 (*vlektyfus*) typhus (fever); **tyfusbacil** typhoid bacillus; **tyfus|lijder**, **-patiënt** typhoid patient

tympaan *zie* timpaan

type id (*ook lettervorm & clichéfiguur*); [a well--known local] figure; picture [the picture of a country parson]; *een goed* ~ [he is] a good type; *ik ken dat* ~, (*ve mens*) I know the type; *het* ~ *van een aristocraat* the type of an (a typical, an archetypal) aristocrat,; *het is een* ~ he is a character; *wat een* ~*!* what a character!

typefout typing error, (*fam*) typo; **typekamer** typing pool; **typemachine** typewriter; **typen** type(write); *getypt schrift* typescript

typeren typify; *het typeert de toestand* (*hem*) it characterizes the situation (is typical of him); **typerend** typical [*voor* of]; *dat typeert hem* that is typical of him; **typering** characterization, typification

typewerk typing (work)

typisch typical [*voor* of], peculiar [to]; (*leuk*) quaint [a quaint old church]; (*vreemd*) peculiar; ~ *Italiaans* typically Italian; *een* ~ (*typerend*) *geval,* (*ook*) a type case; *dat is* ~*!,* (*zonderling*) that is curious!

typist(e) (woman) typist

typo|graaf typographer, (*fam*) typo; **-grafie** typography; **-grafisch** typographic(al); **-logie** typology; **-logisch** typological; **-script** typescript

Tyriër, **Tyrisch** Tyrian

Tyrol the Tyrol; **Tyroler** Tyrolean, Tyrolese (*mv:* id); **tyrolienne** (*dans & zang*) Tyrolienne; **Tyrools** Tyrolean, Tyrolese

Tyrreens Tyrrhenian; ~*e Zee* Tyrrhenian Sea

Tyrus Tyre

tzigaan tzigane

t.z.p. afk van *te zelfder plaatse* ibid

t.z.t. afk van *te zijner tijd* in due time, in due course

Uuu

u 1 (the letter) u; 2 *vnw* you; (*bijb & dicht*) thee; *om* ~ *tegen te zeggen* to be treated with respect; *een kat om* ~ *tegen te zeggen,* (*ook*) some cat (that)!; **UB** afk van *universiteitsbibliotheek* university library, UL

über|haupt [if it is to be done] at all; [why do you want it] anyway?; **-mensch** superman, overman

U-boot U-boat

uche-uche ugh; **uchtend** (*lit*) *zie* ochtend

UEd you, Your Honour

ugli id (*mv:* -is, -ies)

ui onion [powder, skin, slicer, soup]; (*grap*) joke; *zie ook* mop & kamperui

uier udder; *met volle* ~*s* full-uddered

uiig funny, facetious

uil 1 owl; ~*tje* owlet; *elk denkt zijn* ~ *een valk te zijn* everyone thinks his own geese swans; ~*en naar Athene dragen* carry coals to Newcastle; [*hij kijkt*] *als een* ~ *in doodsnood* he looks like a (dying) duck in a thunderstorm; *zie ook* knappen; 2 (*vlinder, ook:* ~*tje*) owlet (*of:* noctuid) moth; 3 (*fig*) *zie* ~skuiken; 4 (*theat*) (upper) gallery; 5 *zie* ~tje; **uilachtig** 1 owlish; 2 stupid, silly; **uilebal** 1 (owl's) pellet; 2 (*fam, van pers*) dud; **uilebord** ornamental wooden gable-end of a barn; **uilebril** (large) horn-rimmed spectacles; **uilenest** owl's nest; **Uilenspiegel** Owlglass; **uilevlucht** (*fig*) owl-light; **uilig** 1 owlish; 2 stupid, silly; **uilskuiken** 1 clot, noodle, ninny, numskull, mug, chump, dummy; 2 baby owl, owlet

uit I *vz* 1 (*niet in*) out of [he is out of town; go out of the house; (*Am ook*) out the house; be out of date, fashion]; 2 (*richting, beweging naar buiten*) from [drink from a glass; he took the cup from my hand, the cigar from his mouth]; out of [jump out of bed]; ~ ***eten*** *gaan* dine out; ~ *rijden gaan* go for a spin; 3 (*verwijderd van*) off; ~ *de* ***kust*** [six miles] off shore; 4 (*herkomstig, daterend van, resulterend uit*) from [someone from Ede; act from affection, fear, ignorance, a sense of duty; score from a penalty, two points from five matches]; out of [revenge, jealousy, politeness, curiosity]; ~ *de middeleeuwen* [objects] from ([music] of) the middle ages; *meer* ~ *bewondering dan* ~ *boosheid* [he jumped up] rather in admiration than in anger; *aan E,* ~ *vriendschap,* (*in boek*) to E, in friendship; ~ *haar kring* [girls] in her set; *één* ~ *de* ***duizend*** one in a thousand; ~ *de* ***kunst*** tiptop, first rate, A 1; *ze is één* ~ ***velen*** she is one among many; *zie ook* duizend, elkaar, hand, hoofd, huwelijk, los, principe, tijd, van, wal, zichzelf, enz; II *bn & bw* 1 out; (*bij afrit*) exit; *het* ***boek*** *is* ~, (*gepubliceerd*) the book is out (*uitgelezen:* is finished; *uitgeleend:* is out); *de roos is* ~ the rose is out; *de schoen wil niet* ~ the shoe will not come off; *voor zich* ~ *drijven* drive before one; *de tand moet* ***er*** ~ the tooth must come out; *dat* *woord moet er~,* (*moet vervallen*) that word must come out; *het woord was er~ voor*(*dat*) ... the word was out before ...; *het moet er~,* (*van het hart*) I must get it off my chest; *ik ben er helemaal ~* I'm utterly out of it, my hand is out (of practice); *er~!* out with him (you, etc)!, clear out!, get out!, out you go!, (*uit bed*) get up!; *de vlek* (*de sleutel*) ***wil*** *er niet ~* the stain (the key) won't come out; *zie ook* uithebben, enz, *en vgl* inlopen; 2 (*afgelopen*) off, over, finished; *tweerijers zijn ~,* (*uit de mode*) double-breasteds are out; *en* ***daarmee*** (*is het*) *~!* and there is an end of the matter (of it)!, that's an end to the question!, and that's that!, so there!; *en daarmee was het ~* and there the matter ended; *hiermee is mijn verhaal ~* here my story ends; *haar* ***engagement*** *is ~* her engagement is off (is at an end); ***het*** *is helemaal ~ tussen hen* it is all off between them; *dat* ***moet*** *~ zijn* it's got to stop; *de* ***school*** (*kerk*) *is ~* school (church) is over; *het* ***spel*** *is ~* the game is over (at an end, finished); *zij speelden 50 ~* they played (the game was) fifty up; *die* ***zaak*** *is nog niet ~* the last has not been heard of that case; 3 (*niet thuis, op pad*) out; *moeder is ~* mum is out; *~!,* (*tegen hond*) walkies!; *ik zou er graag eens ~ willen zijn* I should like to be out of it all for a time; ***altijd*** *~* [she is] always out (and about), always gadding about; *een* ***dag*** *~ zijn* have a day's outing; ***mag*** *ik ~?* may I go out?; *Leeds* ***speelt*** *volgende week ~* Leeds are playing away next week; *~ en* ***thuis*** [do 190 miles] there and back; *zie ook* reis; *vaker ~ dan thuis* oftener out than in; *samen ~, samen thuis,* (*vglb*) we're (all) in this together; in for a penny, in for a pound; *ergens goed* (*slecht, mooi*) ***mee*** *~ zijn* be well (badly) off with s.t.; *hij is* ***met*** *haar ~ geweest* he has taken her out; *met iem ~ zijn,* (*fig*) be saddled with a p.; *hij is ~* ***op*** *winst* he has an eye to profit; *geld, dat is waar ze op ~ zijn* money is what they are after *hij is erop ~ om te* ... he is out to ..., is bent (intent) on ...ing; (*om een titel te krijgen* he is out for a title); *erop ~ zijn last* (*moeite*) *te veroorzaken* be out for trouble; 4 (*gedoofd*) out; *de* ***kaars*** (*het vuur, mijn pijp*) *is ~* the candle (the fire, my pipe) is out; *de kachel is ~* the stove has gone out

uitademen *tr & intr* breathe out, expire; (*fig*) exhale [fragrance]; *planten ademen koolzuurgas uit* exhale (give off) carbon dioxide; **uitademing** expiration, breathing out, exhalation

uitbaatster manager(ess); proprietress

uitbaggeren dredge; **uitbakenen** (*terrein*) peg (mark, plot) out; (*weg, enz*) trace (out); **uitbakken** fry out [bacon]; *goed ~* bake (fry) well; *het brood is uitgebakken* the bread has been baked (too) dry; **uitbalanceren** equilibrate, balance (evenly); *een uitgebalanceerde voeding* a balanced diet; **uitbannen** banish, expel, exile; (*fig, van pers*) ostracize; *de oorlog ~* outlaw war; (*geesten*) exorcize; **uitbanning** 1 banishment, expulsion; 2 exorcization, exorcism

uitbarsten burst (break) out, explode; (*ve vulkaan*) erupt, break out; *~ in* burst into [flames, tears]; burst out [laughing]; go off into [a fit of rage]; let loose [a torrent of words]; **uitbarsting** explosion, outburst (*beide ook v pers*); (*ve vulkaan*) eruption, outbreak; (*ve oproer, enz*) outbreak [of rebellion]; (*v toorn, gelach*) burst [of anger, laughter]; *het was tot een ~ gekomen* things had come to a head; *nieuwe ~* new outbreak, recrudescence [of disease]

uitbaten run [a restaurant]; **uitbater** manager; proprietor; landlord

uitbazuinen trumpet forth, blaze abroad, blazon out (forth, abroad); *zie ook* lof

uitbeelden depict; (*rol*) render [a rôle]; portray [a character on the stage]; **uitbeelding** depiction; rendering; impersonation, portrayal [of Othello]

uitbeitelen (*in steen*) chisel (out); (*in hout*) carve; **uitbenen** bone [meat]; (*fig*) exploit [a p.], labour [a point], work [a subject] to death; **uitbesteden** 1 (*pers*) put out to board, board out; 2 (*zaak*) subcontract, contract out [*aan, bij* to], farm out [*bij* with]; (*werk, ook*) put out to contract; *zie ook* aanbesteden; **uitbetalen** pay, pay out (over, down); cash [a cheque]; meet, honour [the cheque will be duly honoured]; **uitbetaling** payment

uitbijten 1 bite out; 2 (*door zuur, enz*) corrode, bite, eat (away); **uitbijting** corrosion

uitblazen blow out [a candle], puff out [smoke]; blow [an egg, rings of tobacco smoke]; *de laatste adem ~* breathe one's last; *even ~* take (have) a breather (a respite); *laten ~* breathe [a horse], give a breather

uitblijven stay away, stop out [all night], be [don't be long, I won't be a moment], fail (to come, to appear); (*v regen, onweer, enz*) hold off [the war held off for 40 years]; *het antwoord bleef uit* no answer was forthcoming; *het voortdurend ~ van enig antwoord* the continued absence of any reply; *de reactie* (*een botsing*) *kan niet ~* the reaction is bound to come (there is bound to be a clash); *dat kan niet ~* it is bound to happen (to come), it must come to this in the end; *de gevolgen bleven niet uit* the effects made themselves felt; *te lang ~* stay away beyond one's time, (*tot na afloop van het verlof*) overstay one's leave; *zie ook* lang

uitblinken shine [at school, in society, in conversation, at languages], excel; *hij blonk niet uit, maar hij was heel goed in alles* he was not brilliant [at school, etc], but pretty good at everything; *~ boven* outshine, eclipse; **uitblink(st)er** brilliant person (performer, pupil, student, etc), prodigy, shining light

uitbloeien leave off flowering; *uitgebloeid zijn* (*raken*) be finished flowering; *uitgebloeide rozen* blown (overblown, spent) roses; **uitblussen** extinguish, put out; **uitboren** bore (out), drill; **uitborstelen** brush (out); **uitbotten** bud (forth), sprout, burgeon

uitbouw 1 addition; (*bk*) annexe; 2 extension [of one's activities], development; **uitbouwen** 1 extend, enlarge; *de eetkamer was uitgebouwd* the ... was built out from the house; 2 extend, increase, develop

uitbraak escape from prison, prison break (escape); (*mil*) breakout; **uitbraaksel** vomit

uitbraden roast well; *te zeer uitgebraden* frizzled up; *zie ook* boter; **uitbraken** vomit, bring (*of:* throw) up, regurgitate; (*fig*) vomit [smoke, lava, abusive language], belch (out, forth) [clouds of smoke, blasphemous words], disgorge [water, a bone]; *gemene taal* ~ use foul language; *vgl* gal; **uitbranden** I *tr* burn out; (*wond*) cauterize [a wound]; II *intr* be burnt out, burn out [*ook:* the house (the fire) burnt itself out]; *het huis brandde geheel uit* (*was geheel uitgebrand*), (*ook*) was completely gutted, was burnt to a shell; *uitgebrand* burnt-out [house], spent, dead [match], extinct [volcano]; **uitbrander** telling-off, (severe) scolding, dressing-down, wigging, (*fam*) rocket; *iem een ~ geven,* (*ook*) blow a p. up, row (carpet) a p.; **uitbranding** (*ve wond*) cauterization

uitbreiden 1 spread, open [one's arms]; 2 enlarge [a business, the Air Force], extend [a business, the boundaries, the meaning of a word, the suffrage], widen [the circle of one's friends], add to [a library, a curriculum]; *het bedrijf gaat* ~ the firm is going to expand; *het werk is heel wat uitgebreid* the ... has been greatly enlarged; *~de bijzin* amplifying (non-restrictive) clause; *zich* ~ extend, expand; (*v brand, beweging, ziekte, enz*) spread; *zie ook* uitgebreid; **uitbreiding** 1 extension [of the war, of the franchise *kiesrecht;* to the building], expansion, enlargement, development, widening [of the EC]; addition; spread(ing); *vgl* uitbreiden; 2 (*concr*) [a computer] add-on; **uitbreidingskaart** expansion card; **uitbreidingskosten** cost of extension; **uitbreidingsmodule** add-on; **uitbreidingsplan** development plan, extension scheme; (*ve stad*) town-plan; (*het maken ervan*) town-planning

uitbreken I *ww, tr & intr* 1 break out (*ook v zweet, brand, epidemie, oproer, oorlog, enz*); *de brand brak uit in de schuur,* (*ook*) the fire originated (started) in the barn; *de epidemie brak uit te A,* (*ook*) the epidemic made its first appearance at A; *zou je er niet een uurtje kunnen ~?* couldn't you take an hour (or so) off?; *zie ook* zweet; 2 (*uit de gevangenis*) break out, break (out of) prison (*of:* jail); 3 (*ve auto*) break away; II *zn: het* ~, (*v oorlog, enz*) the outbreak; **uitbreker** prison-, jail-breaker

uitbrengen 1 bring out [he could not bring out a word; (*ook*) he could not get a word out, the words stuck in his throat], say [this was all he could say]; (*verslag*) make [a report]; *zie ook* rapport; (*ve jury*) return [a verdict]; *een dagvaarding* ~ take out (issue) a summons; *een beschuldiging tegen iem* ~ level (direct) an accusation against a p.; 2 (*anker*) lay (*of:* carry) out [an anchor]; (*boot*) lower [a boat], get [a boat]; overside; (*touw*) run out [a rope]; 3 launch [a new product]; (*films, enz*) release; (*boek, enz*) publish; 4 (*aan het licht brengen*) disclose, bring to light, make known; *een geheim* ~ betray a secret; *zie ook* stem, toost, uitgeven, enz; **uitbroeden** hatch [eggs, birds, a plot]; *boze plannen uitbroeden* hatch (concoct) evil designs; **uitbuiten** (*pers*) exploit, grind down; (*werklieden, ook*) sweat; (*zaak*) exploit [a situation, a p.'s talents], make great play with [an argument, a fact], make the most of [an opportunity]; *een succes* (*voordeel*) ~ exploit (follow up) a success (an advantage); **uitbuiter** exploiter; **uitbuiting** exploitation

uitbundig exuberant [praise], vociferous [applause], effusive [emotion], enthusiastic (*bw:* -ally), overflowing [mood], ebullient; *iem ~ prijzen* exalt a p. to the skies; *iem op ~e wijze welkom heten* give a p. a boisterous welcome; *zie ook* toejuichen; **uitbundigheid** exuberance, effusiveness, ebullience

uitbureau theatre agency, ticket agency

uitchecken (*na- & vertrekken*) check out

uitcijferen figure out; *zie ook* uitrekenen

uitdagen 1 (*tot gevecht*) challenge [a p. to a duel]; 2 (*fig*) defy, challenge; *~d,* (*ook*) defiant [attitude, look, sneer, words, look defiantly at a p.], provocative [dress, gesture]; **uitdager** challenger; **uitdaging** challenge, (*fam*) dare; *de ~ aannemen* accept (take up) the challenge; **uitdagingsbrief** (written) challenge

uitdampen evaporate; (*uitwasemen*) exhale [fumes]; air [linen]; **uitdamping** evaporation; exhalation; airing

uitdelen distribute, deal (dole) out [money], dispense [alms], mete out [penalties], hand out, share out, allot [tasks]; *klappen* ~ deal blows, lay about one, (*harde, ook fig*) give hard knocks; **uitdeler** distributor, dispenser

uitdelgen *zie* delgen & (*vero*) verdelgen

uitdeling distribution, [Christmas] share-out; (*concr bij faillissement*) [first and final] dividend; *vaststelling der ~en* declaration of dividends; **uitdelingslijst** notice of dividend

uitdelven, enz *zie* uitgraven, enz; **uitdenken** devise, contrive, invent; *zie ook* bedenken; *een zorgvuldig uitgedacht plan* a carefully thought-out plan; **uitdeuken** panelwork, panel beating; *een deur* ~ beat out dents from ...

uitdienen serve (last) [one's time]; *dat heeft uitgediend* that has had its day, has served its purpose, that system, etc is played out; *hij heeft uitgediend* he has had his day; (*bij mij*) I have done with him; *zie ook* afdoen; *uitgediend soldaat* time-expired soldier; **uitdiepen** deepen [a deepening depression]; (*fig*) study in depth; **uitdijen** expand, swell, grow into; *de zes lessen dijden uit tot acht* the six ... ran on into eight

uitdoen 1 (*lamp, enz*) put out, extinguish, turn out, switch off [the lights], turn off [the gas, the lights]; (*kleren*) take (put) off; *zie ook* uittrekken; 2 (*doorhalen*) cross out; **uitdokteren** work (think, figure) out; **uitdossen** dress up (out), attire, deck (trick) out, array [arrayed in all his glory]; (*fam*) tog out; *uitgedost als ...,* (*ook*) in the guise of ...; **uitdoven** I *tr* extinguish, put out, quench; (*uitdrukken*) stub out [a cigarette]; (*fig*) extinguish [hopes, etc], quench, damp down [energy]; *zie ook* doven; II *intr* go out; *uitgedoofd* dead [volcano, fire(place), match], extinct [volcano]; **uitdoving** extinction

uitdraai [computer] print-out; **uitdraaien** 1 turn out [the lamp, light, gas]; (*elektr licht, ook*) switch off (out); (*losdraaien*) unscrew, screw out; *zich er ~,* (*fig*) twist o.s. (wriggle, shuffle, worm) out of it; *zie ook* poot; 2 *~ op* come to [nothing; I thought it would come to that]; end in [it is sure to end in a quarrel]; *op niets ~,* (*ook*) fizzle out; 3 (*computer*) print (out) [data]; 4 (*techn*) bore

uitdragen carry out (*ook ve dode:* be carried out to burial); propagate, disseminate [doctrines, opinions]; **uitdrager** second-hand dealer, old-clothes man; **uit|dragerij**, **-dragerswinkel** second-hand shop, (*fam*) junk shop

uitdrijven drive out, expel; (*boze geesten*) cast out, exorcize; *~d* (*middel*) expellent; **uitdrijving** expulsion; casting out, exorcism, -cization

uitdrinken finish [one's glass, one's wine], empty, drain [one's glass]; (*in één teug*) drink off, toss off, down [one's beer]; *drink eens uit!* empty (finish) your glass!; **uitdrogen** I *tr* dry up, dry out, desiccate; (*pan, enz*) wipe out; II *intr* dry up, dry out; (*ve bron, enz ook*) run dry; (*med*) dehydrate; *uitgedroogd,* (*ve pers*) dried-up, shrivelled (up), wizened; (*v mond, keel*) parched; **uitdroging** drying-up, desiccation; [die from] dehydration

uitdruipen drain; *laten ~* drain; drip-dry [a shirt]

uitdrukkelijk express [command; he said so expressly], positive, explicit, definite [I definitely forbade it]; *zie ook* verzoek; **uitdrukkelijkheid** explicitness

uitdrukken 1 squeeze (out) [an orange], press (out) [grapes]; stub out [a cigarette]; gouge out [an eye]; 2 (*fig*) express, put [I don't know how to put it; the way he put it; put it as simply as you can]; *8 ~ als macht van 2,* (*wisk*) express 8 as a power of 2; *het in eenvoudige* (*dreigende, enz*) *woorden ~,* (*ook*) couch it in plain (threatening, etc) terms; *hij drukte de hoop uit dat ...* he expressed the hope that ...; *het sterk ~,* (*ook*) put the case strongly; *zwak uitgedrukt* (*om het zwak uit te drukken*) (to) put (it) mildly; *op z'n zwakst uitgedrukt* to say the least; *te verschrikkelijk om in woorden uit te drukken* too dreadful for words; *niet uit te drukken* beyond expression; *niet in een woord* (*in woorden*) *uit te drukken* impossible to put into words; *om het zo eens uit te drukken* so to speak; *op een toon die diep gevoel uitdrukte* in a tone expressive of deep feeling; *een gelukkig uitgedrukte opmerking* a happily phrased remark; ***wijze** van ~* manner of expression; (*zinswending*) turn of phrase; ***uitgedrukt** in,* (*ook*) in terms of [the pound in terms of dollars; patriotism in terms of hard cash]; ***zich** goed* (*slecht*) *~* express o.s. well (badly); *zich zeer zorgvuldig ~,* (*ook*) pick one's words carefully; *zie ook* uitdrukking: ~ geven aan

uitdrukking expression; *een ~* an expression, a term, a phrase, a locution; *~ geven aan* give expression to, voice [one's astonishment, the party views], give voice to [one's misgivings], set out, ventilate [one's grievances]; *tot ~ brengen* give expression to, express, bring out; *tot ~ komen* find expression, be expressed; *vol ~* expressive [eyes]; *zonder ~, zie* ~sloos; *vgl* uiting; **uitdrukkingsloos** expressionless, without expression, impassive; *vgl* wezenloos; **uitdrukkingswijze** [simplicity of] expression; *vgl* uitdrukken: wijze van ~

uitduiden point out, show, indicate, explain; **uitduiding** indication, explanation; **uitdunnen** thin (out); **uitdunning** thinning; **uitduwen** push (shove, thrust) out

uiteen asunder, apart; *zie ook* vaneen

uiteen|barsten burst (asunder, apart), explode, (*fam*) go bang; *doen ~* explode; **-drijven** disperse, scatter, break up [a meeting]; *naar alle kanten -gedreven worden* be scattered to the four winds; **-gaan** separate (*ook v echtpaar*), part (company), [the crowd began to] scatter, disperse [the congregation (the party) dispersed]; (*ve vergadering, enz*) break up, (*vh parlement*) rise; *het ~* the break-up [of the party]; **-halen** *zie* -nemen; **-houden** keep apart; [I can't] tell [them] apart; **-jagen** *zie* -drijven; **-lopen** diverge (*ook fig*); differ, vary [opinions vary]; *hun wegen lopen uiteen,* (*ook*) their ways lie in different directions; *de meningen lopen zeer uiteen,* (*ook*) there is much diversity of opinion [*wat betreft* as to]; **-lopend** divergent, diverging, varied, various; *zeer ~e meningen* very (*of:* widely) divergent views; *op ~e wijze,* (*ook*) variously; **-nemen** take to pieces, take apart, dismantle [a machine], take down [a rifle]; **-rafelen** I *tr* unravel; II *intr* (*plantk*) leave fibrous remains; **-rukken** tear to pieces, pull apart; **-slaan** beat apart; scatter, disperse (forcibly); **-spatten** *zie* -barsten & -vallen; **-staan** stand [wide] apart; (*typ*) be spaced; *zie ook* vaneen; **-stuiven** fly apart, scatter; **-vallen** fall apart, fall (go) to pieces; (*ve coalitie, enz*) break up (break apart), disintegrate; *het ~,* (*ook*) the break-up, the disintegration [of an empire]; **-zetten** 1 explain, expound [one's views, policy], enunciate [a theory], set forth, state, set out [grievances; the whole matter is admirably set out]; 2 (*typ*) space; **-zetting** explanation, exposition

uiteinde extremity, extreme point, end; (*fig*) end

uiteindelijk I *bn* ultimate [result], eventual [success]; II *bw* ultimately, eventually, in the end, in the event, at the end of the day

uiten utter, give utterance (*of:* voice) to, raise [complaints], ventilate [grievances], express [a wish, an opinion]; *zich ~* express o.s.; *geen gelegenheid om zich te ~* [his individuality has] no play; *hij uit zich niet* he is not demonstrative, is uncommunicative; *zie ook* gesloten; *nauwelijks had ik de woorden geuit, of ...* hardly had I got the words out of my mouth when ...

uit-en-te(r)-na 1 over and over again; 2 in every detail; **uit-en-thuisvlucht** out-and-return flight, round trip (flight)

uitentreuren continually, world without end; *een uitdrukking ~ herhalen* work (flog) a phrase to death

uiteraard naturally [our naturally limited means], in the nature of things (of the case), [we shall check the implications] as a matter of course; *~!* of course!; temperamentally [unfitted for the work]

uiterlijk I *bn* outward, external; II *bw* 1 outwardly; *~ bleef hij kalm* he remained outwardly calm; *~ was hij vrolijk,* (*ook*) he wore a mask of cheerfulness; 2 (*op zijn laatst*) at the latest, not later than [next Friday]; (*op zijn hoogst*) at the utmost; III *zn* (outward, *of:* personal) appearance, exterior, looks [she had got her looks from her mother], [military] aspect; (*ve boek*) get-up; *naar het ~ te oordelen* by the look of him (it) [he (it) was ...], so far as appearances go; *voor het ~* [do s.t.] for the sake of appearances, for the look of the thing; **uiterlijkheid** exterior(ity); *-heden* [judge people by] externals

uitermate uncommonly, excessively, exceedingly, extremely; *zie ook* uiterst II

uiterst I *bn* 1 (*ve plaats*) out(er)most, farthest, farthermost [the farthermost corners of the earth], uttermost, extreme, ultimate [capacity]; 2 (*fig*) utmost [the utmost limit, of the utmost importance], utter, extreme, outside [limit]; *het ~e minimum* [£2 is] the very minimum; *~e prijs* utmost (very lowest, rock-bottom) price; *~e wilsbeschikking* last will (and testament); *zijn ~e best doen* do one's utmost, do one's very (one's level) best, strain every nerve, try one's hardest [to ...]; *de ~e raming* the outside estimate; *in de ~e nood, in het ~e geval* at a pinch, if the worst comes to the worst, in the last extremity; *in de ~e nood verkeren* be in extreme distress; *zie ook* term, uvd, enz; II *bw* extremely [vague], [vague] in the extreme, [wonderful] to the last degree, supremely [happy]

uiterste *zn* extreme, extremity; *de ~n raken elkander* extremes meet; *de vier ~n,* (*r-k*) the four last things; ***in*** (*tot*) *~n vervallen* go to extremes; *in* (*tot*) *het andere ~ vervallen* go to the other (opposite) extreme; *hij ligt* ***op*** *het ~* he is at the point of death; *ten ~* extremely, utterly; ***tot*** *het ~* to the utmost, [cut expenditure down] to the bone, [go] to the limit; *vgl* beperken *& zie ook* inspannen; *oorlog tot het ~* war to the knife (the death); *tot het ~ drijven* drive [a p.] to extremes, try [a p.] too far; push [things] to extremes, carry [a thing] to an extreme; *ik wil tot het ~ gaan* I will go to any lengths; *tot het ~ gekomen* reduced to extremities; *zich tot het ~ verdedigen* defend o.s. to the last (to the bitter end), fight to (die in) the last ditch; ***van*** *het ene ~ in het andere vallen* (*overslaan*) fall (run) from one extreme to the other

uiterwaard flood plain; water meadow

uiteten 1 give [a p.] a farewell dinner; 2 dine out; 3 finish one's meal; **uitflappen** blurt out [the truth], blab [a secret]; (*vloek*) rap out, spit (out) [an oath]; **uitfloepen** 1 pop out of [a p's hands]; 2 pack up, give out; **uitfluiten** hiss, catcall; (*sl*) give the bird; *uitgefloten worden* be hissed (off the stage); be catcalled, (*sl*) get the bird; **uitfoeteren** blow [a p.] up, storm at [a p.], bawl [a p.] out; **uitfreaken** freak out; **uitgaaf** *zie* uitgave

uitgaan go out (*ook v vuur, licht, pijp, enz*); *veel ~* go out a good deal; *de kamer ~* leave (go out of) the room; *ga mijn huis uit!* get out of my house!; *de reddingboot ging uit* the lifeboat put out (was launched); *het elektrisch licht ging uit* the ... gave out, failed; *eruit ga je!* out you go!; *ze was gekleed om uit te gaan* she was dressed ready to go out; *de school ging uit* school was over, the children came out of school; *de vlek gaat er niet uit* the stain won't come out; *vrij ~* come off (get off, go) scot-free; *jij gaat vrij uit,* (*ook*) you are (in the) clear, you are not to blame; *die schoenen gaan gemakkelijk uit* these ... come off easily; *mogen ~* be allowed out; ***met*** *een meisje ~* take a girl out; *een middagje ~ met ...* have an afternoon out with ...; *ga je met mij uit?* will you come out with me?; *onze harten gaan* ***naar*** *haar uit* our hearts go out to her [in her great sorrow]; *z'n belangstelling gaat uit naar de cultuurgeschiedenis* his special interest is in ...; *onze gedachten gaan uit naar een Axminster karpet* we're thinking of ...; ***op*** *een r ~* end in r; *er samen op ~* set off together; *erop ~ om ...* set out to ...; ***van*** *een beginsel ~* start from a principle; *ervan ~ dat* take the line (assume, take for granted, take it as read) that; [*het plan, enz*] *ging uit van ...* [the plan] originated with [me]; [the instructions] emanated from [the Admiralty]; *~de van* in the light of (on the basis of) [these statistics]; *in al zijn gedachten ~ van de Kerk, enz* think in terms of the Church (the Army, etc); *er gaat niets van hem uit* he is terribly dull, he has no initiative; *er gaat een dreiging van uit* it poses a threat; *er gaat een morele invloed van haar uit* she radiates a moral influence; *zie ook* deur & kant; **uitgaand** 1 outward [cargo, freight (rates)], outgoing [correspondence, letters, signal]; *~e rechten* export duties, customs outwards; outward-bound [ships]; 2 pleasure-seeking [public]; **uitgaansagenda** entertainment(s) diary; **uitgaansavond** evening (*of:* night) out; **uitgaansdag** day out, day off, off-day; **uitgaanstenue** dress uniform; **uitgaansverbod** curfew(-order)

uitgalmen bawl

uitgang 1 exit, way out, outlet [an outlet to the sea], egress, issue; *aan de ~,* (*ve station*) [tickets to be shown] at the barrier; 2 (*ve pers*) outing; *het was zijn eerste ~,* (*na ziekte*) it was the first time he had been out, his first time out of doors; 3 (*ve woord*) ending, suffix, termination

uitgangspositie 1 starting position; 2 *zie* -punt; **uitgangspunt** starting-point (*ook fig*), point of departure, premises; jumping-off point [for country rambles]; *geld is het ~ van al zijn gedachten* he always thinks in terms of money; *~en,* (*ook*) basic considerations (philosophy); **uitgangsvermogen** output (power)

uitgassen fumigate [a ship]

uitgave 1 (*v geld*) expenditure, expense, outlay; *kleine persoonlijke ~n* pocket-expenses; *ontvangsten en ~n* incomings and outgoings; *grote ~n doen* go to great expense; *kleine ~n* small expenses, small items of expenditure; *militaire ~n* military spending; *openbare ~n* public spending; 2 (*ve boek, enz, abstr & concr*) publication; (*druk*) edition, issue

uitgeblust[1] (*fig*) worn out, jaded

uitgebreid extensive, comprehensive; *~e keuze* wide choice (*of:* selection); *~e studie* detailed study; *~e voorzorgsmaatregelen* elaborate precautions; *~e volmacht* [committee with] broad (*of:* wide) powers; **uitgebreidheid** extensiveness, extent

uitgeefster publisher(s)

uitgehongerd famished, famishing, starved, starving, ravenous; **uitgekeken** *zie* -kijken; **uitgekiend** sophisticated; **uitgekookt** astute; *zie* uitgeslapen & sluw; **uitgelaten** elated, exuberant, exultant, rollicking [fun], [be] cock-a-hoop [over one's success], delirious [*van vreugde* with joy]; *~ van pret* overflowing (brimming over, bubbling over) with merriment; **uitgelatenheid** elation, exuberance (of spirits)

uitgeleefd decrepit, worn out; **uitgeleerd**: *~ zijn,* (*ve leerjongen*) have served one's apprenticeship; (*ve scholier*) have left school; *~ zijn in* be (a) past-master (past-mistress) of (in); *men raakt nooit ~* live and learn; one is never too old to learn; **uitgeleide**: *iem ~ doen* show a p. out (to the door, to his car, etc), (*aan trein, enz*) see him off, give him a send-off

uitgelezen select [party, wines], choice [fruit, band of crooks], picked [troops], well-chosen [company], exquisite; **uitgelezenheid** selectness, choiceness, exquisiteness

uitgemaakt: *dat is een ~e zaak* that point is settled, (*reeds van te voren ~*) a foregone conclusion, a prejudged case; *~(e) waarheid* (*feit*) established truth (fact); **uitgenomen** except (for, that), excepting; **uitgeput** exhausted; *zie* uitputten

uitgerekend calculating [man]; *~ op zijn verjaardag* on his birthday of all days

uitgeslapen 1 *zie* uitslapen; 2 (*fig*) wide awake, astute, knowing, canny, shrewd; (*sl*) fly; *hij is ~,* (*ook*) he is a sly dog, an old hand; *je hospita is ~,* (*ook*) your landlady is on the make

uitgesproken (*fig*) pronounced, strongly marked [inclination], distinct [preference]; (*bw*) distinctly [unpleasant]; *met de ~ bedoeling om te ...* with the avowed object of ...ing; *~ in zijn mening* upfront

uitgestreken: *~ gezicht* smug (deadpan, poker) face; *met een ~ gezicht* smug-(poker-)faced, with an expressionless face; **uitgestrekt** extensive; *zeer ~* vast; **uitgestrektheid** extensiveness, vastness, extent; (*concr, v water, land, enz*) expanse, stretch, sweep, reach, tract [of land]

uitgestudeerd *zie* uitkijken, uitgeleerd & uitgeslapen; *nu ben ik ~,* (*fam: blut*) I'm at the end of my money, I'm on my beam ends; **uitgetogen** *zie* -tijgen

uitgeven 1 (*geld*) spend [*aan voor* on]; *veel geld ~, geld met handen vol ~* spend money like water, be a great (free, lavish) spender, spend (money) freely; *de Vereniging geeft te veel uit* the Association is overspending (itself); 2 (*lening, aandelen, kaartjes, bevel, enz*) issue [a loan, shares, tickets, banknotes, an order], utter [notes, base coin *vals geld*], pass [a worthless cheque, base coin]; *het wachtwoord ~* give the (pass)word; *de aandelen ~ tegen 87%* issue the shares at 87 per cent; *~* ***voor*** pass off for (*of:* as); ***zich*** *~ voor* pass o.s. off as (for), represent o.s. as [being qualified], pose as [a doctor], set up for [a critic], personate [a policeman]; *zich voor rijk ~* pass o.s. off as rich; 3 (*uitdelen*) distribute, serve out, issue [provisions, ammunition], give out [work]; 4 (*boek, enz*) publish, bring out, (*voor de druk bezorgen*) edit; put out [a bulletin]; release [a new album]; *het boek ~ bij Longman* publish the book with ...; **uitgever** (*commercieel*) publisher(s); (*tekstbezorger*) editor; **uitgeverij**, **uitgeversmaatschappij** publishing firm (business, company, house), (firm of) publishers

uitgevloerd dead beat, shattered, flat out, prostrate; **uitgewekene** refugee

uitgewerkt 1 elaborate, detailed; 2 flat [beer]; (well-)seasoned [wood]; extinct [volcano]; *zie ook* uitwerken; **uitgewoond** [the house is] in a terribly run-down condition, in a bad state of repair, badly in need of repair; **uitgezocht** *zie* uitgelezen; (*ook*) excellent [opportunity]; *een zonderling ~ gezelschap* a curiously assorted company

uitgezonderd except, [not, always] excepting, with the exception of [your brother], [your brother] excepted; save [your brother]; *niemand ~* nobody excepted, without exception; *ongelukken ~* barring (*of:* bar) accidents

uitgieren: *het ~ van de pret* (*van het lachen*) scream with joy (laughter); *het was om het uit te gieren* it was screamingly funny (*fam:* a perfect scream); **uitgieten** pour out

uitgifte issue [of military stores, shares, banknotes, a loan, an order], flotation [of a loan]; *~ van obligaties* bond issue

uitgillen scream (out); *ik kon het wel ~* I could scream; *zie ook* gillen; **uitgisten** ferment out; **uitglijden** slip [I (my foot) slipped (*over* on)], slide, lose one's footing; **uitglij(d)er** blunder, gaffe, (*sl*) boob; **uitglippen** *zie* -glijden; *de deur ~* slip out; **uitgloeien** anneal, temper [steel]; scale [a gun]; flame [an instrument]; burn off [a mantle *gloeikousje*]; **uitgommen** rub out, erase [a word]; **uitgooien** throw out; (*jas, enz*) throw (whip) off; *er ~, de deur ~* throw (chuck, bundle) out; *zie ook* uitflappen; **uitgraven** 1 (*voorwerp, enz*) dig out, dig up, excavate; exhume [a corpse]; 2 (*de grond*) excavate; (*uitdiepen*) deepen; *uitgegraven grond* spoil; **uitgraving** excavation; exhumation

uit|groeien 1 grow (in size), develop; (*v graan, enz*) fill out; *~ tot* grow, expand, develop into [a concert performer]; *uitgegroeid,* (*ve plant*) fully

1 *Zie voor niet opgenomen deelwoorden de ww*

developed; *niet uitgegroeid* stunted; 2 (*ontgroeien*) grow out of, outgrow [one's clothes]; **-groeisel** *zie* uitwas; **-gummen** *zie* -gommen

uithaal 1 (*bij het zingen*) drawing-out; 2 (*ve auto, enz*) swerve; 3 (*aanval*) (virulent) attack [on the media *naar* ...]; *een ~ doen naar* take a swipe at [the critics]

uithakken cut (hew, hack) out

uithalen I *tr* 1 (*uittrekken*) draw (pull) out, extract (*ook fig:* extract information, the truth, from a p.); (*onkruid*) root out; (*bij breien, enz*) unpick; *hij heeft heel wat uit oude dagboeken gehaald* he has gleaned a good deal from ...; [*hij stond met dertig man op de foto, maar*] *zij haalde hem er meteen uit* she picked him out at once; ***er** ~ wat men kan* run the thing for all it is worth, make the most of it, get every ounce out of it; *uit iemand halen wat erin zit* bring out the best in a p.; *zie ook* nest, woord, enz; 2 (*schoonmaken*) clean [ditches, a pipe], clean out [the grate], gut [fish], draw [a fowl]; (*zakken, enz*) turn out, clear out [one's pockets], turn out [a drawer, a room], do out [a room]; *het **vuur** ~* rake out the fire; 3 (*toon*) draw out [a tone]; 4 (*mar*) haul out, get out [a ship]; 5 (*besparen*) save [time]; *dat haalt heel wat* (*tien gulden*) *uit* that saves a lot (ten guilders); *de aanloopkosten werden er ruimschoots uitgehaald* the initial expense was more than made good; 6 (*effect hebben*) serve a purpose; *dat zou **niets*** (*niet veel*) ~ that would serve no good purpose (that would not be of much use, wouldn't get you anywhere); *het haalde niets* (*weinig*) *uit* [he worked hard, but] he had nothing (little) to show for it; *praten haalt niets uit* it is no good talking, there is little use in talking; *wat het zou ~* [it was not clear to me] what purpose would be served; 7 (*streken, enz*) play [tricks, pranks], perpetrate [a hoax]; (*gekheid ~*) lark (about); ***wat** heeft hij uitgehaald?* what has he been (got) up to?; *wat heeft hij nu weer uitgehaald?* what is his latest?; *daar heb je wat moois uitgehaald!* you've made a nice mess of it!; *zie ook* grap, streek & kattekwaad; II *intr* 1 (*uitwijken*) pull out, draw in; *naar **rechts*** (*links, verkeerd*) ~ pull out to the right (to the off side), to the left (to the near side), to the wrong side; *zie ook* kant; 2 *voor iem ~,* (*iem onthalen*) do a p. proud; ***wat** halen ze uit!* what a wonderful feed (*sl:* blow-out) they are giving us!; 3 *naar iem ~* go for (criticize, take a swipe at, lash out at) a p.

uithaler 1 pipe-scraper; 2 (*mar*) outrigger

uitham spit (tongue, neck) of land

uithangbord signboard, (business-, inn-)sign

uithangen hang out [flags]; (*fig*) play [the schoolmaster, etc]; *de grote heer* (*de bram, de gebraden haan*) ~ make a big splash; *de vrome ~* play the saint; *waar hangt hij uit?* where does he hang out?; *waar de griffioen uithangt* at (the sign of) the griffin; *zie ook* beest & keel; **uithangteken** *zie* uithangbord

uitharden cure [plastic resins]; **uitharen** lose (one's) hair; (*v dier*) shed (its coat), moult; **uithebben** have finished [a book]; *de slaap ~* have one's sleep out

uitheems foreign [produce, words], exotic [plants]; (*vreemdsoortig*) outlandish [fashions, garments]

uithelpen: *er ~* help [a p.] out

uithoek 1 out-of-the-way place (*of:* corner), outlying district; (*ergens*) *in een ~,* (*fam*) [live] out in the sticks; 2 cape, headland

uithollen 1 hollow (out), scoop out, dig out, excavate; 2 (*fig*) empty of meaning; erode [a p.'s position, power]; emasculate [proposed regulations]; **uitholling** 1 hollowing out, etc, excavation; 2 (*holte*) hollow, excavation, recess; 3 (*fig*) erosion

uithongeren famish, starve (out); starve [a town] into surrender, etc; *zie ook* uitgehongerd; **uithongering** starving (out), starvation

uithoren: *iem ~* pump a p. [for details], draw a p. (out); *geheel ~* pump [a p.] dry

uithouden 1 hold out [one's arm]; 2 bear, suffer, stand, sustain [the exertion]; ***het** ~,* (*volhouden*) hold out [I can hold out no longer, the fire will hold out through the night, his voice will not hold out], endure, stick it (out), stay the course; (*verdragen*) stand (*of:* stick) it; *zozeer dat ik het niet langer kon ~* [he irritated me] past bearing; *geen boot kon het ~ in zo'n zee* no boat could live in ...; *dat* (*de hitte*) *is niet om uit te houden* there is no standing it (the heat is unbearable); *het is met hem niet uit te houden* there is no living with him; *de dijk zal het wel ~* the dike will hold; *hij houdt het nog steeds goed uit* he is still going strong; *mijn band zal het wel ~* my tyre will hold up; *je jas houdt het niet eeuwig uit* your ... won't last for ever; *zal het tuig het ~?* will the rigging hold together?; *hij hield het in dat klimaat twee jaar uit* he stuck it for two years in ...; *je kunt het hier zeker wel ~?* I suppose you will be all right here?; **uithoudingsvermogen** staying-power, (power of) endurance, stamina; *iem* (*paard, enz*) *met veel* (*weinig*) ~ a stayer (a non-stayer)

uithouwen carve (out), hew (out); *in steen uitgehouwen* carved in stone; *een weg ~* hew out a passage; **uithozen** bail (bale) out [a boat]; **uithuilen** have a good cry, have one's cry out; *iem laten ~* let a p. have his cry out; *~ en opnieuw beginnen* pick up the pieces and start again, go back to square one

uithuisplaatsing fostering out

uithuizig: *ze is erg ~* she is never at home

uit|huwelijken, -huwen give in marriage, marry off [one's daughters]

uiting utterance, expression; *~ geven aan* give expression (utterance) to, voice [the feelings of all]; *zie verder* uitdrukking; **uitingsvorm** 1 vehicle of expression; 2 manifestation

uitje 1 (small) onion; 2 outing, (day) trip

uitjouwen hoot, jeer at, boo; (*sp, ook*) barrack; **uitkafferen** (*fam*) row, bawl out; **uitkakken** *zie* -kotsen & -praten: uitgepraat zijn; **uitkammen** comb (out, through); **uitkauwen** chew; *uitgekauwd,* (*ook*) exhaustively discussed; **uitkavelen** sell by lots; **uitkeilen** (*fam*) chuck out; **uit-**

keren pay (out), distribute [dividend]; **uitkering** payment; (*bij faillissement*) dividend [*van 25%* of 25p in the pound]; (*bij verzekering*) benefit; (*bijstand*) income support; (*sociale ~*) [one-parent, incapacity, invalidity, sickness, unemployment, widow's] benefit, [maternity, severe disablement] allowance; (*bij staking*) strike-pay; (*aan gescheiden vrouw*) maintenance, (*Am*) alimony; ~ *krijgen,* (*fam, ve werkloze*) be on the dole; **uitkeringsfonds** endowment (*of:* benevolent) fund; **uitkeringsgerechtigde** person entitled to social benefit, claimant; **uitkeringstrekker** person drawing social benefit

uitkermen: *het* ~ groan, moan; *het* ~ *van* groan (moan) with [pain]; **uitketteren** (*fam*) row, bawl out; **uitkienen** think (figure, work) out; **uitkiezen** choose, select, pick out, single out, fix (up)on [a day]

uitkijk (*uitzicht*) view, prospect, look-out; (*toren, enz*) look-out; (*pers*) look-out (man); *op de ~ staan* be on the (keep a) look-out, keep watch

uitkijken look (watch) out, be on the look-out; *kijk uit!* look (watch) out!; (*er*) *goed* (*naar*) ~ keep a sharp look-out (for it); *men raakt daar nooit uitgekeken* there is always s.t. new to interest you; *zich de ogen ~* stare one's eyes out; ~ ***naar*** look out for, watch for [the postman], look (out) for [a job], look forward to [the party]; *ik ben er* ***op*** *uitgekeken* I have seen (had) enough of it; ~ *op* overlook [the sea]; *zie* uitzien (op) *& zie ook* kijken; **uitkijkpost** observation-post, look-out (post); **uitkijktoren** (*wachttoren*) watchtower, look-out tower; (*uitzichttoren*) belvedere

uitklapbaar fold-out, tip-out [bed]; **uitklappen** fold (tip) out; **uitklaren** clear (out); **uitklaring** clearance (outwards); **uitklaringshaven** port of clearance; **uitklaringskosten** clearance-dues

uitkleden undress, strip; *iem naakt ~,* (*ook fig*) strip a p. naked (*of:* to the skin); (*fig, ook*) fleece a p.; *zich* ~ undress, strip; *ik heb mij voor jou uitgekleed,* (*fig*) I've spent all I had on you; **uitklimmen:** *het raam* ~ climb out of the window; **uitkloppen** beat [carpets], shake (out) [rugs]; knock out [one's pipe, the ashes], hammer out [a dent]; *zijn pijp ~,* (*ook*) knock the ashes from (*of:* out of) one's pipe; *iem de jas ~,* (*fig*) dust a p.'s jacket; **uitknijpen** 1 squeeze (out), stub out [a cigarette]; *zie ook* uitpersen; 2 (*weglopen*) decamp, abscond, slip off, give a p. the slip, (*sl*) do a bunk, hook it, cut it; (*doodgaan*) pop off, peg out, kick the bucket, croak; *er een dagje ~* take (steal) a day off; **uitknikkeren:** *iem er* ~ turf a p. out, oust a p.; **uitknippen** cut out; **uitknipsel** cutting, clipping; **uitknob(b)elen** figure out, puzzle out

uitkoken boil out, extract by boiling; (*linnen*) boil; (*zijde*) boil, scour, (*vaten, enz*) scald; (*vet*) render; *uitgekookt vlees* overboiled meat, meat boiled to rags; *het ei is uitgekookt* the shell is cracked, the white is coming out

uitkomen 1 (*eruit*) come out (*ook v bladeren, bloemen, krant, foto, mazelen; v bioscoop, enz, naar Indië*); issue, emerge [from]; (*v bloesem, ook*) break out; (*ve ei, larven, enz*) hatch (out); (*ve kuiken, enz*) hatch (out), come out of the egg (the shell); (*v bomen*) come out, bud; (*v boeken, enz*) come out, appear, be published; *vgl* -brengen; *ik kan* ***er*** *niet ~,* (*fig*) I cannot make it out; *wat komt eruit?* what is the result?; *er kwam niet uit wat er* ***inzat*** its potential (his early promise) was not realized; *ik kom er wel uit* [please do not come down,] I can find my way out, I'll let myself out; *ik kom er zelden uit* I hardly ever stir (go) out); *kom eruit!* come out of that!; ~ ***met,*** (*pol*) put forward [30 candidates]; *met een prijs* (*een niet*) ~ come out with (draw) a prize (draw a blank; ~ ***op,*** (*ve deur, kamer, enz*) open into (on, on to, off), give on (into, on to) [the corridor]; *deze straat komt uit op het strand* opens out on the beach; *het pad komt bij A op de weg uit* the path joins the road at A; *de op de kade ~de stegen* the alleys off the quay; [*een plein*] *waar 4 straten op* ~ with four streets running (coming) into it; *wij kwamen op de hoofdweg uit* we emerged on the ...; ~ ***tegen,*** (*sp*) play (against); 2 (*bekennen*) admit; *hij kwam er rond* ***voor*** *uit* he frankly admitted it; (*biechtte op*) he owned up, made a clean breast of it; *voor zijn mening* ~ say what one thinks; *voor zijn overtuiging durven* ~ have the courage of one's convictions; 3 (*bekend worden*) get (come) out, become known (public), emerge [it emerged that ...]; (*vd waarheid*) come out; (*ve misdaad*) come (be brought) to light; *een moord* (*misdaad, bedrog*) *komt altijd uit* murder will out; 4 (*ve droom, voorspelling*) come true; (*v woorden*) prove correct; (*ve som*) come out, work out, come (out) right; ***dat*** *komt uit* that is correct, that is right; *dat zal wel* ~ that goes without saying, that is self-evident; *het* ***spel*** *wou niet* ~ the game [of patience] would not come out; *haar* ***verwachtingen*** *waren niet uitgekomen* her ... had not been realized; 5 (*gebeuren, uitvallen*) turn out [everything turned (*fam:* panned) out as I had hoped], work out [things do not always work out according to plan]; 6 (*passen*) suit; *dat komt mij prachtig uit* that suits me splendidly; *het kwam een beetje* ***anders*** *uit* it did not quite work out that way; *het komt alles* ***prachtig*** *uit* it all fits in very neatly, it happens very conveniently; *het* (*plan, enz*) *kwam* ***verkeerd*** *uit* it went (turned out) wrong (the plan did not work; the plan, the marriage, went awry); *het kwam* (*toevallig*) ***zo*** *uit dat* ... it so fell out that ...; *hij kleedt zich* ***zoals*** *het hem* (*het best*) *uitkomt* he dresses anyhow; 7 (*bij kaartsp*) lead [trumps, the ace of hearts]; (*in wedstrijd*) start; 8 (*in het oog vallen*) show (up), come out; *de kale plekken komen duidelijk uit* the ... show (up) clearly; *goed ~ op een foto* come out well in a photo, be photogenic; ***doen*** ~ set off [to great advantage], show up; accentuate, bring out, emphasize [a point]; *het deed haar slankheid* ~ it emphasized the slightness of her figure; *hun aarzeling deed haar doortastendheid scherp* ~ their hesitancy threw her energy into high relief; *ze deden elkaars eigenschappen* ~ the one was a foil (set-off) to the other; *haar gitten sieraden de-*

den de blankheid van haar huid ~ her jet ornaments brought out (accentuated, emphasized) the ...; *helder* ~ ***tegen*** show bright against; *de bergen kwamen scherp tegen de lucht uit* the ... stood out sharply (were brought into bold relief) against the sky; *de bomen kwamen mooi uit tegen de rotsen* the trees showed up beautifully against ...; 9 (*rondkomen*) make (both) ends meet; *ik kan er net mee* ~, (*het is net genoeg*) it will just do; *kom je uit met je huishoudgeld?* can you manage on your ...?; *zie verder* rondkomen; 10 (*aflopen:*) *het kwam niet zo* ***goedkoop*** (*kwam duurder*) *uit* it did not come so cheap (it came more expensive); *het zou goedkoper* (***voordeliger***) ~, (*ook*) it would be cheaper in the end; *zie ook* voordelig

uitkomst 1 (*resultaat, uitslag*) result, issue [the issue showed that he was right]; (*ve som*) result; 2 (*kaartsp*) (opening) lead; 3 (*redding*) relief, deliverance, help; *er kwam* ~, (*ook*) s.t. turned up; *er is geen* ~ things are hopeless, there is no way out of the difficulty; *een ware* ~ a perfect godsend, [rubber soles are] a real boon [for tired feet]

uitkoop buying out (*of:* off); **uitkopen** buy out [a partner], buy off

uitkotsen (*sl*) throw up; *hij wordt overal uitgekotst* he is cold-shouldered everywhere; **uitkraaien**: *het* ~ crow [with delight]; **uitkrabben** scratch out [a p.'s eyes, a word], erase [a word], scrape out; **uitkramen**: *zijn geleerdheid* ~ show off (display, parade) one's learning; *heel wat onzin* ~ reel off a lot of nonsense, talk a lot of rubbish

uitkrant entertainment guide

uitkrijgen finish, get to the end of [a book]; get off [one's shoes]; get out of [one's coat]; *ik kon het spel niet* ~ I could not get the game out; *zie ook* krijgen: ~ uit; **uitkrijten** 1 *zich de ogen* ~ cry one's eyes out; 2 *uitgekreten worden voor* be decried as (be called) [a coward]; **uitkristalliseren** crystallize out, (*fig*) crystallize

uitkunnen 1 (*mbt geld:*) *de zaak kan niet uit* the business does not pay its way; *met dat bedrag kunnen we niet uit* on ... we cannot manage; 2 (*mbt kleren:*) *die schoen kan niet uit* this shoe will not come off; *de kleren van de pop kunnen uit* the doll's clothes take off and on; 3 (*mbt voorval:*) *hij kan er niet over uit* he never tires of talking about it; *ik kan er niet over uit* (*dat hij* ...) I am utterly shocked (that he ...); *zie ook* uit

uitlaat exhaust; (*ve riool*) outfall (sewer, pipe); (*ve tank, enz*) outlet; *vrije* ~, (*ve motor*) cut-out

uitlaatgassen exhaust gases, exhaust fumes; **uitlaatklep** (*v gas*) exhaust valve; (*v vloeistof*) outlet valve; (*fig*) [emotional] outlet, safety-valve; **uitlaatpijp** exhaust pipe

uitlachen I *tr* laugh at; *smalend* ~ laugh to scorn; *toen lachte ik* (*op mijn beurt*) *hem uit* then I had the laugh of him; *zie ook* gezicht; II *intr* have one's laugh out; **uitladen** unload, discharge

uitlandigheid absence abroad

uitlaten 1 (*eruit: pers, hond, enz*) let out, (*beleefder*) see (show) out [a visitor], see [a p.] to the door; *laat me eruit* let me out; *de hond* ~, (*ook*) take the dog for a walk; *zijn hondje* ~, (*fig*) have one's say; *zie ook* uitgelaten; 2 (*weglaten*) leave out, omit [a word]; (*kleding*) leave off [one's coat], leave off wearing [one's flannels]; 3 (*verwijden*) let out [a garment]; 4 (*afblazen: stoom*) let off [steam]; (*gas*) release [gas from a balloon], emit [fumes]; 5 *de lamp* ~ not light the lamp; 6 (*uiten:*) *hij liet er geen woord over uit* he did not drop (let fall) a word about it; *ik heb niets uitgelaten,* (*verklikt*) I have not let on; ***zich*** ~ *over* give one's opinion about; *daar wil ik mij niet over* ~ I will not express any opinion on that point; *zich er niet* (*of vaag*) *over* ~ be non-committal, be very reticent about it; *weigeren zich uit te laten over* refuse either to confirm or deny [the report]; *zich waarderend* ~ *over* speak highly of; *zich geringschattend* ~ *over* speak slightingly of, reflect on; *zich optimistisch* ~ sound a hopeful note; **uitlating** 1 letting out, etc, *vgl* uitlaten; omission; (*theat*) cut [perform Hamlet without cuts]; 2 (*uiting*) utterance, remark, declaration; **uitlatingsteken** (') apostrophe; (^) caret

uitleenbibliotheek lending library; **uitleenbureau** issue desk, loan desk

uitleg 1 enlargement, extension [of a town]; 2 explanation, interpretation; *een zekere* (*verkeerde*) ~ *geven aan* put a certain (wrong, false) construction on [a p.'s words]; *aan alles een verkeerde* ~ *geven,* (*ook*) misconstrue everything; *de feiten zijn slechts voor één* (*zijn voor verkeerde*) ~ *vatbaar* the ... can bear only one construction (are open to misconstruction); *voor meer dan één* (*velerlei*) ~ *vatbaar,* (*ook*) ambiguous; *het is voor beiderlei* ~ *vatbaar* it may be explained both ways

uitleggen 1 (*vergroten: kledingstuk*) let out; (*stad*) extend; 2 (*verklaren*) explain, make clear, elucidate, explicate; expound [Scripture]; interpret [a law, dreams]; ~ *als* construe (take, interpret) [s.t.] as [an insult]; *verkeerd* ~ misinterpret, misread, misconstrue; *zie ook* uitleg 2: ~ geven; 3 zie *klaarleggen*; **uitlegger** 1 explainer, commentator; expounder [of the law], interpreter [of dreams]; 2 (*ve roeiboot*) outrigger; **uitlegging** explanation, exposition; (*v iets twijfelachtigs*) interpretation; (*vd bijbel*) exegesis; *zie ook* uitleg 2; **uitlegkunde** exegesis; hermeneutics; **uitlegkundig** exegetic(al); **uitlegkundige** exegete

uitleiden 1 take outside, accompany out; 2 put [illegal immigrants] across the border

uitlekgewicht drained weight; **uitlekken** I *ww* leak (*of:* ooze) out; (*fig ook*) transpire, filter through; *laten* ~ leak [information]; drain [vegetables]; II *zn* leaking [of news]

uitlenen lend (out), (*Am*) loan; *uitgeleend* [the book is] out (on loan); **uitleven** indulge [one's passions]; *zich* (*vrij*) ~ live (one's) life to the full, have one's fling; (*geestelijk*) live one's (own) life (in one's own way); *zie ook* uitgeleefd

uitleverbaar extraditable; **uitleveren** deliver up, hand over; (*handel*) deliver; (*misdadiger*) extradite; (*tegen elkaar*) exchange [prisoners of war]; *uitgeleverd gewicht* landed weight; **uitlevering** delivery; (*ve misdadiger*) extradition;

waarvoor ~ bestaat extraditable [offence]; *bevel tot ~* extradition warrant; **uitleveringsverdrag** extradition treaty

uitlezen 1 finish [a book], read through (*of:* to the end); read out [a computer memory]; 2 (*kiezen*) pick out, select; *zie ook* -gelezen & achtereen; **uitlichten** 1 lift out; 2 (*fot*) light [a subject]; (*theat*) spotlight; **uitlijnen** align [the wheels of a car]; **uitlikken** lick (out), lick clean; **uitlogen** leach, lixiviate; **uitloging** leaching, lixiviation

uitlokken provoke [a quarrel, war]; elicit [an explanation]; incite [subversive activities]; evoke, invite, call forth [comment, criticism, remarks]; invite [a war, discussion]; ask for [trouble; he asked for it]; court [disaster]; bring (draw) forth [a loud protest, a sharp retort]; *een bod ~* draw a bid; *een vergelijking ~ met* challenge comparison with; *~ om te ...* tempt to ...; *zaak aanhangig gemaakt om een uitspraak uit te lokken* test case (*of:* action); *zie ook* twist & woord; **uitlokkend** tempting, alluring, inviting; **uitlokking** provocation; *~ tot meineed* subornation of perjury

uitloop outlet; (*ve vliegt*) landing-run; (*v auto*) stopping distance; **uitlootbaar** redeemable [stock]

uitlopen 1 run out (*ook v vloeistoffen*), go out; (*v kleuren*) bleed; (*v schepen*) put out, put to sea; (*sp*) leave one's goal, come out; (*na race*) run easy; *het hele dorp liep uit* the whole village turned out; *de kamer ~* run from (out of) the room; 2 (*uitbotten*) bud, shoot, come out, sprout; (*ontijdig v koren; v aardappelen, enz in kelder*) sprout, grow (out); 3 (*v broekspijpen*) flare; 4 (*ve vliegt*) taxi; 5 (*ve vergadering*) go on longer than expected, run late; (*ve college*) run over time; 6 (*vóórkomen*) draw ahead, get ahead, gain [10 yards], take a (the) lead; 7 (*v lager*) run out; *er is een lager uitgelopen* the engine has run (out) a bearing; 8 (*eindigen:*) *~* ***in***, (*ve rivier*) run into, empty (itself) into; *in een punt ~* end in (taper to) a point; *~* ***op***, (*ve straat, enz*) lead to; *zie ook* uitkomen; (*fig*) result (*of:* end) in [disaster]; *op niets ~* come to (lead to, result in, amount to) nothing, come to naught; (*v onderhandelingen, enz ook*) be (prove) abortive; *waar zal dat op ~?* what is this to end in?; *zie ook* uit & inlopen; **uitloper** 1 (*ve plant*) (off)shoot, (*bovengronds*) runner, (*ondergronds*) sucker, offset, stolon; 2 (*v gebergte*) spur, offshoot; 3 (*ve debat*) offshoot

uitloten I *tr* draw (out); II *intr* be drawn (for repayment); draw a blank [in a lottery]; be refused university admission (by lot); *uitgeloot* drawn [bonds], refused [student]; **uitloven** offer [a reward], promise, put up [a prize]; **uitlozen** empty (itself), discharge (itself), drain [*in* into]; **uitlozing** outfall, discharge; **uitlui(d)en** ring out [the old year, etc], ring the knell of [a p., s.t.]; mark (celebrate) the end of [the skating season]; give [a p.] a fond (resounding, etc) farewell, a fine (magnificent) send-off

uitmaken 1 (*verwijderen*) take out, remove [stains]; 2 (*beëindigen*) finish [a book, game]; break off [an engagement, she has broken (it off) with the postman]; 3 (*uitdoven*) put out [a fire]; 4 (*vormen*) form, constitute [these things constitute all my wealth], account for [the payroll accounts for only 20% of total production costs]; 5 (*beslissen*) decide, settle [a difference, dispute]; *dat moeten zij samen maar ~* let them fight it out between (*of:* among) themselves; *dat is uitgemaakt* that is settled; *de dienst ~* run things [*hij* ... his word goes here]; *zie ook* uitgemaakt; 6 (*door redenering*) argue [it, the matter] out; 7 (*betekenen*) matter; *wat maakt dat uit?* what does it matter?; *het maakt niet veel uit of ...* it will make little difference whether ...; *dat maakt niet(s) uit* it's of no consequence, it does not matter; (*fam*) no bones broken!; *dat maakt voor mij veel uit* to me it matters a lot; 8 (*uitschelden*) abuse; *iem ~* ***voor*** *verrader* (*leugenaar*) call a p. (decry, denounce, a p. as) a traitor (a liar); *iem ~ voor al wat lelijk is* call a p. all sorts of (unprintable) names (every name under the sun), revile a p.

uitmalen 1 drain [a marsh]; 2 grind down [corn]; **uitmalingspercentage** extraction rate

uitmelken strip [a cow], milk out, (*ook fig:*) milk [a subject] dry; **uitmendelen** (*ve erfelijke eigenschap*) manifest itself; **uitmergelen** exhaust [the soil]; (*pers*) grind down [the poor], squeeze dry, squeeze the last penny out of, milk; (*uitgemergeld, pers*) emaciated, (*door ziekte*) wasted; **uitmergeling** exhaustion, etc; **uitmesten** muck (out) [a stable], clear (muck) out [a room]; **uitmeten** measure [a room]; measure out [drops]; *breed ~* enlarge on, make the most of [one's grievances], fully emphasize

uitmiddelpuntig eccentric, off-centre

uitmikken plan, contrive; *zie* afmikken

uitmoeten, **uitmogen** *zie* uit

uitmonden: *~ in* empty (itself) into, debouch into, discharge (itself) into, flow into [the sea]; *zie ook* uitkomen; (*fig*) result in [new procedures]; **uitmonding** mouth, outlet, (*v buis, rivier, ook*) outfall

uitmonste|ren 1 trim, face [a uniform]; 2 *zie* uitdossen; **-ring** [a car with black or white] trim

uitmoorden massacre [the inhabitants of a town]

uitmunten excel [*in* in, at]; *~ boven* excel; *zie ook* uitblinken & overtreffen; **uitmuntend** excellent; *zie* uitstekend

uitneembaar 1 [garden shelter] that can be taken to pieces (dismantled), take-apart [child's cot]; 2 detachable; **uitnemen** take out; *zie ook* uitgenomen; **uitnemend** excellent; *zie* uitstekend; **uitnemendheid** excellence; *bij ~* pre-eminently, par excellence; *zelfgenoegzaam bij ~* nothing if not self-satisfied

uitnod(ig)en invite [*op de thee* to tea]; *zie ook* nodigen; **uitnodiging** invitation [card]; [royal] command; (*fam*) invite [come without an invite]; *op ~ van* on (at) the invitation of

uitoefenen 1 (*bedrijven: vak*) practise, carry on, follow [a profession], pursue, prosecute [a trade, profession], conduct [one's business *z'n bedrijf*], ply [a trade]; (*ambt*) hold, fill, occupy [a post], discharge [one's duties]; 2 (*doen uitgaan*) exert [influence, force], exercise [authority, influence, supervision, a right, the franchise]; *druk* (*aandrang*) ~ *op* bring pressure to bear (up)on, put (exert) pressure (up)on, (*fam*) lean on [a p.]; *macht* ~ wield power [*over* over]; *zie ook* kritiek

uitoefening exercise; practice, prosecution, pursuit; discharge; *vgl* uitoefenen; [die in the] execution [of one's duty]

uitpad 1 [right of] access; 2 access road

uitpakken 1 unpack [one's trunks], unwrap [a parcel]; 2 *flink ~,* (*onthalen*) entertain on a grand scale (lavishly), spare no effort or expense; *over iets ~,* (*vertellen*) hold forth about (on, upon) s.t., let o.s. go; *hij was aan het ~,* (*fig*) he was fairly launched; *~ met,* (*fig*) show off; 3 (*opspelen*) let fly, blaze out [at *tegen*]; *zie* uitvaren; 4 (*uitvallen*) turn out; *niet goed ~* not turn (*of:* pan) out well (*zo ook:* we'll see how it pans out)

uitpersen press (squeeze) out, squeeze [a lemon], express [juice]; *geheel ~* squeeze dry; *zie ook* -knijpen; **uitpeuteren** pick (out); **uitpiekeren** (*fam*) puzzle out; **uitpikken** 1 peck out; 2 (*uitkiezen*) pick out, single out, select; **uitplanten** bed (plant, set) out; **uitpluizen** sift [facts, evidence], sift out, sift through, sift to the bottom, go to the bottom of, unravel [a mystery], thrash out [a subject]; *tot in bijzonderheden ~* follow out [a comparison] into detail; *touw ~* pick oakum; *uitgeplozen touw* oakum

uitplukken pluck out; pluck [the eyebrows]; **uitplunderen** *zie* plunderen & uitschudden; **uitplussen** think (work, figure) out; **uitpoepen** excrete, empty one's bowels; *uitgepoept, zie* uitkotsen: uitgekotst; **uitpoetsen** 1 rub out; 2 (*fig*) *zie* uitvlakken; **uitpompen** (*water, enz*) pump out; (*lucht, ook*) exhaust; (*schip, enz*) pump (dry); (*glazen buis, enz*) exhaust; **uitporren** knock up, rouse; **uitpoten** plant out

uitpraten talk o.s. out, have one's say; *de kwestie ~* talk the matter out; *laat me ~* let me finish; *ben je uitgepraat?* have you done (finished)?; *ik ben uitgepraat* I've had (*of:* said) my say, (*weet niets meer*) I am played out, I have come to the end of my tether; *hij was gauw uitgepraat* he soon dried up; *nou, dan zijn we uitgepraat* then there's nothing more to be said; *iem niet laten ~* cut a p. short; *daarover raakt hij nooit uitgepraat* he never tires of talking about it; *hij probeerde zich eruit te praten* he tried to shuffle out of it

uitprinten print out; **uitproberen** test, try out; **uitproesten**: *het ~* burst out laughing; **uitpuffen** recover one's breath

uitpuilen protrude, bulge, goggle [his eyes goggled]; (*v aderen*) stand out; *zijn ogen puilden uit,* (*ook*) his eyes started from their sockets, were bulging out of his head; *~d* protruding, protuberant, bulging, bulgy; *~de ogen,* (*ook*) goggle eyes, pop-eyes; *met ~de ogen* goggle-, pop-eyed

uitputten exhaust; *zich ~* exhaust o.s., be profuse [in good advice, compliments, apologies], wear o.s. out [in the pursuit of wealth]; *hij putte zich uit in excuses,* (*ook*) he apologized profusely; *uitgeput* exhausted (*in alle betek*), [I felt completely] knocked up, fagged out, (*fam*) knackered, (*Am*) tuckered, (*Sch*) forfochen; depleted [soils, war-chest], empty [exchequer], worked-out [mine]; (*ve pers, ook*) spent [with fatigue, etc], prostrate; *uitgeput raken,* (*v krachten, financiën*) give out; (*v geduld*) get worn (wear) out, wear thin (*ook:* I'm coming to the end of my patience); (*ve schrijver*) write o.s. out; *de discussie raakte uitgeput* the ... petered out; *een onderwerp ~d behandelen* treat ... exhaustively; *een ~de wedloop* a punishing race; *zie ook* middel; **uitputting** exhaustion, prostration; (*door ondervoeding, ook*) inanition; (*v voorraden, ook*) depletion; **uitputtingsoorlog** war of attrition; **uitputtingsslag** long-drawn-out battle

uitra'deren erase; **uitrafelen** ravel out, fray; **uitrangeren** shunt out; (*fig*) sideline, shelve, put out of action

uitrazen cease raging; *hij is uitgeraasd* his fury has spent itself; (*fig*) he has sown his wild oats, has had his fling; *een gelegenheid om eens uit te razen,* (*zijn hart te luchten*) an opportunity for blowing (letting) off steam; *de storm is uitgeraasd* the storm (the gale) has spent itself; *zie ook* jeugd

uitregenen stop raining; *het vuur regende uit* the ... was put out by (the) rain; *ergens ~* be washed out by the rain

uitreiken distribute, give away, present [prizes], issue [passports, tickets], give, deliver, (*diploma, enz*) grant [*aan* to], confer [*aan* on]; *zie ook* verstrekken; **uitreiking** distribution, issue, delivery; presentation [of a medal, diploma]; *kantoor van ~* issuing office

uitreis outward journey; (*mar*) voyage (*of:* passage) out, outward voyage (passage); *uit- en thuisreis,* (*mar*) voyage out and home, round trip; *op de ~* [the ship is] outward bound; *schip op de ~* outward-bound vessel; **uitreisvisum** exit visa

uitrekenen calculate, compute, figure (reckon) out [the distance, the cost], work [it] out, work (out) [a sum]; *zie ook* vinger

uitrekken stretch out, stretch [gloves, shoes, one's neck, limbs], crane [one's neck]; *zich ~* stretch o.s., (*fam*) give a stretch; *zie ook* rekken

uitrichten 1 do, accomplish; *niets* (*iets, weinig*) *~* have no (little, some) effect; *er is niets met hem uit te richten* there is no doing anything with him; *daarmee richt je helemaal niets uit* it is no good (no use) at all; 2 align, line up

uitrijden ride (*of:* drive) out; *de stad ~* ride (drive) out of the town; *vgl* rijden; *het station ~,* (*ve trein*) pull out, draw out; **uitrijstrook** (*ve autoweg*) deceleration lane

uitrijzen rise above; *~ boven* rise above, out-top [the ruins], overtop; *zie ook* rijzen & pan

uitrit exit

uitroeien 1 (*roeien*) row out [of the harbour]; 2 (*vernietigen, eig & fig*) root out, root up, uproot, eradicate, extirpate; (*onkruid*) weed out; (*fig*) exterminate [wild animals, heresy, etc], destroy [rats, nests], annihilate [the population of whales], stamp (*of:* wipe) out [abuses, disease]; **uitroeiing** eradication, extirpation, extermination, extinction, annihilation

uitroep exclamation, shout, cry; **uitroepen** call (cry) out, exclaim; call [a p.] from [the room]; (*staking*) declare, call [a strike]; (*venten*) cry; *iem ~ tot koning* proclaim a p. king; **uitroepteken** (note of) exclamation, exclamation mark, (*Am*) exclamation point

uitroken 1 (*pijp, sigaar*) smoke out, finish; 2 (*vos, enz*) smoke out; (*ter ontsmetting*) fumigate; **uitroking** fumigation

uitrollen 1 unroll [a piece of cloth, etc], unfurl [a flag], roll out [paste *deeg*]; *er ~* roll out, tumble out; (*fig*) emerge, materialize; 2 (*ve vliegt*) taxi

uit|ruil, -ruilen exchange

uitrukken I *tr* pull (pluck, tear) out; tear off [one's gloves]; tear [one's hair]; II *intr* march (out); (*vd wacht, brandweer, enz*) turn out, [the fire brigade had to] answer [200 calls]; *laten ~* turn out [the guard]; *de stad ~* march out of the town; *ruk uit!* clear out!, (*fam*) get lost!, (*Br sl*) on yer bike!

uitrusten 1 (*rusten*) rest, take (a) rest, have a rest, rest o.s.; *ben je uitgerust?* are you rested?; *zich uitgerust voelen* feel rested; *laten ~* rest [one's horse]; 2 (*voorzien*) equip [soldiers, etc, o.s. for a journey, a ship with radar, a p. with s.t.]; kit out (up) [a rescue team]; fit out [a ship, a fleet]; *goed uitgerust,* (*ook*) well-found [steamer], well-equipped [troops]; *opnieuw ~* refit [a ship]; **uitrusting** fitting-out, equipment; (*concr*) equipment, kit; (*fam*) rig-out [a rig-out for Santa Claus]; (*voor reis, enz*) outfit; *in volle ~,* (*ve soldaat*) in full (fighting-)kit; *zijn geestelijke ~* his intellectual (mental) equipment, (*ietwat min*) his stock-in-trade; *voor zijn eigen ~ zorgen* pay for one's own equipment, equip o.s.; *verkoper van ~en* outfitter; **uitrustingsstukken** equipment; *kleine ~,* (*mil*) accoutrements

uitschake|laar (*elektr*) circuit-breaker, cut-out [of a motor-car]; **-len** 1 switch off, cut (out) [the engine], disconnect, put out of circuit, short-circuit; 2 (*fig*) eliminate [an opponent], rule out [a possibility], count [a p.] out, get rid of [propagandists]; *uitgeschakeld,* (*ve pers*) out of circulation, laid up; **-ling** switching-off, etc; elimination

uitschateren: *het ~* roar (*of:* scream) with laughter, burst out laughing

uitscheiden I *intr* stop, leave off; *~ met werken* knock off (work); *er ~,* (*met zijn zaken*) shut up shop; *schei uit!* cut it out!, stop (it)!, (*sl*) stow it!, chuck it!, cheese it!; *schei uit met je geklets!* cut the cackle!, dry up!; *zie ook* ophouden; II *tr* excrete [waste matter], secrete [honey]; **uitscheidingsorgaan** excretory organ

uitschelden call [a p.] names, abuse, rail at, (*sl*) slang [a p.]; *~ voor, zie* uitmaken; **uitschenken** 1 pour out [wine]; 2 empty [a bottle]; **uitscheppen** scoop out, ladle out [soup]; (*uithozen*) bail (*of:* bale) out; **uitscheren** shave [the back of the neck]; **uitscheuren** I *tr* tear out [a leaf, etc]; *zie ook* uitrukken I; II *intr* tear; *uitgescheurd* [the button-hole is] torn

uitschieten I *tr* 1 shoot out [a candle]; 2 (*stralen*) shoot, dart [rays]; *de deur ~* dart (shoot, rush) out (of the room, of the house); *er ~,* (*v vonken*) fly off; 3 (*jas, enz*) slip off; 4 (*waren*) sort out; II *intr* 1 shoot out [her hand shot out]; 2 (*uitglijden, ook ve mes*) slip; 3 (*uitbotten*) bud, shoot; 4 (*vd wind*) veer; **uitschieter** 1 gust (of wind); 2 (*fig*) freak (occurrence, etc); (*pers*) high-flyer; (*statistiek*) outlier, blip

uitschiften sift (out); **uitschijten** (*plat*) cold-shoulder; **uitschijter** (*plat*) rocket; **uitschilderen** paint, picture, portray; **uitschoppen** kick out; *zie ook* -trappen

uitschot throw-outs, rejects, refuse, offal; (*bocht*) rubbish, trash; (*personen*) trash, riffraff, dregs [of society], rubbish; *zie ook* verschot

uit|schrabben, -schrappen 1 scrape (out); 2 (*doorhalen*) erase, delete, scratch out

uitschreeuwen cry out; shout [an order, the good news]; *het ~ van pijn* cry out (yell) with pain

uitschrijven 1 write out [a cheque]; make out [an invoice *factuur,* an account]; 2 (*kopiëren*) copy out; 3 call, convene [a meeting]; float (issue, raise) [a loan]; *een verkiezing ~* issue writs for (*of:* call) an election; *zie ook* prijsvraag, enz; 4 *zich laten ~* have one's name removed from the municipal register; **uitschudden** shake out; shake [a tablecloth]; *iem ~* clean a p. out

uitschuifbaar extending, extensible, extensile; telescopic [aerial]; **uitschuifblad** draw-leaf; **uitschuifladder** extending ladder; **uitschuiftafel** *zie* uittrektafel; **uitschuiven** push (*of:* shove) out; draw out [a table]; extend; *het eenbeenstatief schuift uit tot 1,75 m* the monopod extends to ...; **uitschulpen** scallop

uitschuren (*pan*) scour; (*vuil*) scour out; (*v water, enz*) scour, erode, wear out (away); *het water heeft een geul uitgeschuurd* the ... has worn a channel; **uitschurend** erosive; **uitschuring** 1 scouring (out); 2 (*geol*) erosion, scour

uitselecteren set apart, pick out, select; (*verwijderen*) cull; **uitsijpelen** ooze (*of:* trickle) out

uitslaan I *tr* 1 (*eruit*) beat (strike) out; knock out [a p.'s teeth, the bottom of a cask]; (*sp*) hit [the ball] out (*zijlijn:* into touch; *achterlijn:* behind); drive out [a nail]; shake out [a duster]; (*ve bokser*) knock out; (*handel*) release [goods]; *de kat sloeg haar klauwen naar me uit* the cat struck at me with her claws; 2 (*uiten*) utter; *onzin ~* talk rot, talk through one's hat; *vloeken ~* rap out oaths; *zie ook* troef, slaatje, uitbraken; 3 (*uitspreiden*) stretch out, spread [one's arms, one's wings (*ook fig*)]; hammer (out), beat (out) [metals]; unfold [a map]; discharge, pump out [water]; II *intr* 1 (*v vlammen*) break (shoot, burst) out, break forth; *~de brand* blaze; 2 (*openslaan*) unfold; *~de kaart* folding map; 3 (*ve uitslag op huid*) break out; (*ve muur*) sweat, come out in patches, (*met salpeter*) effloresce; (*v brood*) become mouldy; 4 (*ve wijzer*) deflect; **uitslag** 1 (*op huid*) eruption, rash; (*op muur*) moisture, (*salpeter*) efflorescence; *~ krijgen* come out in a rash; 2 (*ve wijzer*) deflection; *zie ook* stil; 3 (*afloop*) result [of an examination, etc], issue, event; *goede ~* success; *~ van de verkiezing* result of the poll, (*het bekend-*

maken daarvan) declaration of the poll; *de ~ bleef onbeslist* the game ended (resulted) in a draw; *rekent d'~ niet, maar telt het doel alleen* the will is as good as the deed; 4 (*v water*) discharge

uitslapen have one's sleep out; have a long lie-in [on Sundays], sleep in; *zie ook* -geslapen & roes; **uitslepen** drag (haul, tow) out; *vgl* slepen; **uitsliepen**: *iem ~* jeer (at) a p.; *sliep uit!* sold (*of:* done) again!, sucks!, yah-boo, sucks to you!; **uitslijpen** grind (out); (*hol slijpen*) grind hollow; *zie ook* -schuren; **uitslijten** wear out (away, off); **uitslorpen** slurp, sip up audibly

uitsloven: *zich ~* drudge, toil and moil, work o.s. to death (to the bone), slave (away); *zich ~ in beleefdheden, zie* uitputten; *zich ~ om te behagen* lay o.s. out to ...; **uitslover** over-zealous person (official, etc)

uitsluiten exclude [a p. from ...], preclude [doubt, misunderstanding, the possibility of error], debar, bar [sailors are barred from this post], disqualify [from holding office], ban [players]; (*buitensluiten*) shut (lock) out, (*werklieden*) lock out; *de politie sluit deze mogelijkheid uit* the ... rule out this possibility; *deze meningen sluiten elkaar uit* these are mutually exclusive views; *dat is uitgesloten* that is out of the question, there can be no question of that; **uitsluitend** I *bn* exclusive, sole [possession]; II *bw* exclusively, solely; **uitsluiting** exclusion; (*v werklieden*) lock-out; (*sp*) ban; *met ~ van* exclusive of, [persons under eighteen] excluded, [follow one's task] to the exclusion of [everything else]; **uitsluitsel** decisive (definite) answer, decision; explanation

uitslurpen slurp, sip up audibly; **uitsmeden** draw down [an iron bar]; **uitsmelten** (*vet*) render, melt down; (*ertsen*) smelt; **uitsmeren** spread evenly; spread out [payments (evenly) over a number of years]; *zijn geld zo goed mogelijk ~* make one's money go as far as possible

uitsmijten *zie* uitgooien; **uitsmijter** 1 chucker-out, bouncer; 2 slice of bread with ham or cold meat and a fried egg on top; 3 (impressive) final remark, number of show, etc

uitsnijden I *tr* cut out, cut; *zie ook* laag; (*inz chir*) excise; (*hout*) carve (out); II *intr* 1 *zie* uitknijpen 2 & uitrukken II; 2 *deze kaas snijdt voordelig uit* this ... goes a long way; **uitsnijding** excision [of a part of the body]

uitsnikken: *het ~* sob one's heart out; **uitsnuiten** blow [one's nose]; snuff out [a candle]; **uitsorteren** separate out; select; **uitspannen** stretch [a rope, cloth, etc]; extend [one's fingers]; spread [a net, sails]; (*paarden*) take [the horses] out, unharness, (*Z-Afr*) outspan; (*ossen*) unyoke; *zich ~* stretch; **uitspanning** tea garden, open-air restaurant; **uitspansel** firmament, sky, skies, heavens; *aan het ~* in the firmament, etc

uitsparen save [money, an hour, a mile, a lot of trouble]; *vgl* besparen; **uitsparing** 1 saving; *vgl* besparing; 2 cut-out, cut-away, recess, notch

uitspartelen: *laten ~* play [a fish]

uitspatten 1 spurt out; 2 (*fig*) *zie* uitspatting: zich aan ~en overgeven; **uitspatting** dissipation, debauch(ery), indulgence; *zich aan ~en overgeven* indulge in excesses, (*fam*) live it up

uitspelen 1 finish [a game]; play off [an adjourned game]; 2 (*kaartsp*) play, lead [a card]; 3 (*sp*) play away (from home); play out [time *de tijd*]; (*te slim af zijn*) outplay [an opponent]; 4 (*tegen elkaar*) play off [A against B]; *ze tegen elkaar ~* play them off against each other, play both ends against the middle; *zie ook* troef

uitspellen read every word of [the newspaper]; **uitspinnen** spin out (*ook fig*); refine (up)on [abstractions]; *uitgesponnen* fine-spun, -drawn, long-drawn-out [reasoning]; **uitspitten** 1 dig up; 2 explore, sort out; *iets helemaal ~* get down to the smallest details (get right to the bottom) of s.t.; **uitsplitsen** analyse, itemize; *~ in* break down (divide up) into; **uitspoelen** rinse (out), wash out; (*oevers, enz*) wash away; *zie ook* uitschuren; **uitspoeling** *zie* uitschuring 2; **uitspoken** be up to [what have you been up to?]; *wat spoken die jongens uit?* what mischief are those boys up to?

uitspraak 1 pronunciation, enunciation, [have a good] accent; 2 (*uiting*) pronouncement, utterance, statement; (*ve scheidsrechter*) award, arbitrament; (*jur*) judg(e)ment, sentence [of the court], finding [of the court, the jury], verdict [of the jury]; (*fig: oordeel*) verdict [the verdict of posterity]; *~ doen,* (*jur*) give (pass, pronounce) judg(e)ment, pass (pronounce) sentence, (*ve jury*) return a verdict; *~ doen ten gunste* (*ten nadele van*), (*vooral van jury*) find for (against) [the plaintiff]; *~ doen over, zie:* uitspreken: zich ~ over; *~ volgt* judg(e)ment was reserved; *een ~ op dit punt trachten te verkrijgen* try to obtain a ruling on this point; *zie ook* uitlokken; **uitspraakwoordenboek** pronouncing dictionary

uitspreiden spread (out), expand, unfold, unfurl [a fan]; *uitgespreid liggen,* (*ve pers, fam*) lie spread-eagled [on the floor] (*zo ook:* she lay, her arms spread-eagled); *zich ~* spread

uitspreken I *tr* pronounce [a word], enunciate [distinctly]; express [a wish, an opinion]; *zie ook* oordeel; *de h's niet ~* drop one's h's; *niet* (*of moeilijk*) *uit te spreken naam* unpronounceable (crackjaw) name; *moeilijk uit te spreken zin* tongue-twister; *de vergadering haar mening laten ~* take the sense of the meeting; ***zich ~ over*** pronounce (up)on, give one's opinion (verdict) (up)on; *zich ~ voor* (*tegen*) declare o.s. in favour of (opposed to) [immediate action]; *zich ~ voor,* (*jur*) pronounce for; *uitgesproken bedoeling* avowed object; *zie ook* uitgesproken; II *intr* finish (speaking); *laat mij ~* let me finish, let me have my say (out); *ik ben spoedig uitgesproken* I have almost finished; I shall be brief; *zich ~* open one's heart; *zie ook* uitpraten

uitspringen 1 (*vooruit*) project, jut out; 2 (*eruit:*) *het venster ~* jump (throw o.s.) out of (*inz Am:* jump out) the window; *er ~* jump (leap, spring) out; 3 (*fig:*) *er goed ~* come off well (financially); *het springt er meteen uit* it stands out at once; **uitspringend** projecting; *~e hoek* salient

(angle); ~ *venster* bay-, bow-window
uitspruiten sprout (out), bud, shoot; **uitspruitsel** sprout, shoot; **uitspugen** *zie* -spuwen; **uitspuiten** I *tr* syringe [a wound, a p.'s ear]; put out [a fire]; II *intr: er* ~ spout (spurt, squirt) out; **uitspuwen** spit out; *zie ook* spuwen
uitstaan I *tr* 1 (*verdragen*) stand, endure, bear [I cannot bear spiders]; *ik kon het* ***niet*** *langer* ~ I could stand (*fam:* stick) it no longer; *ik kan die vent niet* ~ I cannot stand (*fam:* stick) the fellow (at any price), hate the sight of him; *ze kunnen elkaar niet al te best* ~ there is no (*of:* small) love lost between them; *ik heb* ***veel*** *met hem uitgestaan* I've had a great deal of trouble with him; 2 (*te maken hebben:*) *ik heb met u* ***niets*** *uit te staan* I have nothing to do (no business) with you; *dat heeft* (*ik heb*) *er niets mee uit te staan* that has (I have) nothing to do with it; *dat heeft niets uit te staan met het verhaal,* (*ook*) that is quite foreign to ...; *zie verder:* maken: te ~ hebben met; II *intr* 1 (*v zakken*) bulge; *wijd* ~, (*v oren*) stick out; ~*de oren* sticking-out ears; *zij laat haar haar* (*de vogel laat zijn veren*) ~ she fluffs (out) her hair (the bird fluffs its feathers); *het landingsgestel stond uit,* (*ve vliegt*) the undercarriage was down; 2 (*v geld*) be put out at interest; ~ *tegen 5 %* be put out (bear interest) at 5 per cent; ~*de rekeningen* (*vorderingen*) outstanding accounts (debts)
uitstalkast showcase; **uitstallen** (put on) display, expose for sale; (*fig*) show off [one's learning]; *zie ook* etaleren; **uitstalling** 1 (shop-window) display; 2 showcase; 3 (*het etaleren*) window-dressing
uitstamelen stammer (out)
uitstapje excursion (*ook fig*), tour, (pleasure) trip, outing, jaunt; *een* ~ *doen* (*maken*) make an excursion, take (make) a trip; **uitstappen** get out, get down, alight, step out (of the boat, car, etc), get (*of:* step) off (the bus, tram); (*inz mil, uit vliegtuig, ook*) deplane, (*uit bus, ook*) debus; (*uit de ploeg, zaak, enz, ook*) quit; (*doodgaan*) peg out; *allen* ~*!* all change (here)!; *reizigers voor W* ~*!* change here for W!; *de deur* ~ leave the house
uitstedig out of (absent from) town; **uitstedigheid** absence from town
uitsteeksel projection, protuberance; (*ve been*) process; **uitstek** projection; (*bk*) cornice; (*bk*) penthouse; *bij* ~ pre-eminently; *een voorbeeld bij* ~ an outstanding example [of ...]
uitsteken I *tr* hold (reach, stretch, put) out, extend [one's hand], put out [one's tongue], thrust out [one's feet from under one's skirt]; *ik nam zijn uitgestoken* ***hand*** I took his outstretched (proffered) hand; *de hand* ~ *naar een sigaar* reach for ...; *zie ook* hand; *iem de* ***ogen*** ~, (*eig*) put out (*met duim:* gouge out) a p.'s eyes; (*fig*) make a p. jealous; *ze tracht hem de ogen uit te steken met haar geld* she flaunts ... in his face; *nu kun je je buren de ogen* ~, (*fam*) now you can make your neighbours green with envy; *zie ook* beroerd, tong, vinger, vlag, enz; II *intr* [his ears] stick out, jut out, project, protrude; *hoog boven de anderen* ~ rise (tower, stand out) high (stand head and shoulders) above the others; *hoog boven allen* ~, (*ook*) stand supreme; *boven de stad* ~ dominate the town; [*de boom*] *steekt boven het dak uit* overtops the roof; '**uitstekend** protruding, etc, prominent [ribs], sticking-out [ears, teeth]; **uit'stekend** excellent [he speaks excellent English], first-rate, eminent [physician], high-class [work]; *hij is* ~ *in orde* he is fit and well, as fit as a fiddle; ~*!* very well [, but you'll never get a penny]; **uit'stekendheid** excellence
uitstel delay, postponement, respite, extension of time; ~ *van betaling* extension of payment; ~ *van dienst verlenen* defer; ~ *van dienst*(*plicht*) deferment; ~ *van executie* stay of execution, reprieve; (*fig*) [that is only] putting off the evil day (hour); ~ *verlenen* grant a delay (a respite); *van* ~ *komt afstel* delays are dangerous; procrastination is the thief of time; (there is) no time like the present; do it now!; ~ *is geen afstel* postponement doesn't (needn't) mean cancellation; *het kan geen* ~ *lijden* it admits of no delay; *zonder* ~ without (further) delay; **uitsteldagen** days of grace (of respite); **uitstellen** 1 put off [never put off till tomorrow what you can do today], postpone, leave over, delay, defer; *voortdurend* ~ procrastinate; *uitgestelde wedstrijd* delayed fixture; *stel het niet te lang uit* don't delay too long; *voor onbepaalde tijd uitgesteld* postponed indefinitely, shelved, pigeon-holed, (*jur*) adjourned sine die; *reeds te lang uitgesteld* [the reform is] long overdue; *uitgesteld,* (*v schuld, enz*) deferred [debt, annuity, payment]; 2 expose [the Blessed Sacrament]; **uitstelling** (*r-k*) exposition [of the Blessed Sacrament]
uitsterven I *ww* die out; die [pride dies hard *sterft moeilijk uit*]; (*ve geslacht, dier, titel, enz, ook*) become extinct; *met* ~ *bedreigd* endangered [species]; ~*d* dying [race, custom], dwindling [species, race]; *uitgestorven* extinct [animals; the place was (quite)] deserted; II *zn* [species threatened by] extinction
uitstijgen 1 alight; *vgl* uitstappen; 2 ~ *boven* rise above, surpass; **uitstippelen** dot; (*fig*) map (trace) out [a route, a course of action]; **uitstoelen** (*v planten*) tiller
uitstoot 1 [sulphur and nitrogen] emission; 2 [workers'] dismissal
uitstorten pour out, pour forth, empty [the contents of a basket]; ejaculate [fluids]; (*zich*) ~ (*v bloed in weefsel*) extravasate; *zijn hart* ~ pour out (open, unburden) one's heart, unbosom (unburden) o.s. [*voor* to]; *stort je hart maar eens uit!,* (*ook, fam*) get it off your chest!; *zich* ~ *in,* (*ve rivier*) discharge itself (debouch) into, empty (itself) into; **uitstorting** pouring out, effusion, outpouring; ejaculation; ~ *van de Heilige Geest* descent of the Holy Spirit; *zie ook* bloed~
uitstoten 1 push (thrust) out, eject; knock out [a p.'s teeth]; belch (forth) [smoke]; emit [harmful substances]; 2 (*uit vereniging, enz*) expel, turn out; 3 (*uiten*) utter, let out [cries, yells, etc]
uitstralen radiate [light, heat, love, happiness], give (send) out [heat, light], beam forth, emit

uitstraling radiation, emanation, emission; (*fig, v pers*) charisma, aura, charm; (*v zaak*) *zie* ~seffect; **uitstralingseffect** (*vglb*) knock-on effect; **uitstralingstheorie** theory of radiation, radiation theory; **uitstralingsvermogen** radiating--power; **uitstralingswarmte** radiant heat

uitstrekken stretch [a man (up)on the rack], stretch out [one's hands to the fire], stretch forth, reach out [one's hand]; *zich* ~, (*ve land, enz*) extend, stretch; (*ve onderzoek*) extend; (*in alle richtingen*) sprawl; *met uitgestrekte armen* with outstretched arms; *uitgestrekt* extensive (*zeer:* vast); ***zich*** ~ *over de hele lengte van* run the length of [the house]; *zich* ~ *over twee eeuwen* cover two centuries; *zich op de grond* ~ lie down at full length; *mijn herinnering aan hem strekt zich uit over een halve eeuw* my recollection of him stretches back half a century; *vgl* bestrijken

uitstrijden: *hij* (*de strijd*) *is uitgestreden* his struggles are (the struggle is) over; *zie ook* uitvechten

uitstrijk *zie* ~je; **uitstrijken** 1 smooth; spread evenly; (*met strijkijzer*) iron [linen], iron out [creases]; *zie ook* uitgestreken; 2 (*doorhalen*) run one's pen through; 3 (*med*) swab [a patient's throat], smear [a swab on a slide]; **uitstrijkje, uitstrijkpreparaat** (*med*) smear [test]

uitstromen stream (pour, rush, flow) out, rush forth; (*univ*) leave with a diploma; *het gebouw* ~ pour (come pouring) out of the building; ~ *in, zie* uitmonden; **uitstrooien** strew, scatter; disseminate [knowledge]; spread, circulate, put about [rumours, lies; it was put about that he had died]; **uitstrooiing** strewing, etc; dissemination; **uitstrooisel** (false) rumour

uitstroom outflow [of water, currency], efflux; (*produktie*) output

uitstuderen finish [a book]; *zie ook* -gestudeerd; **uitstuffen** rub out; **uitstukken** patch (up) [clothes]; fix [things for a p.]; *zie ook* uithalen; *zich* ~ exert o.s.; **uitstulpen** bulge (out); **uitstulping** bulge

uitsturen 1 send out; *iem de kamer* ~ order (send) a p. out of the room; 2 *de haven* ~ steer out of port; **uittanden** indent, tooth; *uitgetand,* (*geol*) serrated; **uittekenen** draw, delineate; **uittellen** count out (*of:* down); *zich laten* ~, *uitgeteld worden,* (*bokser*) be counted out, take the count; *hij was helemaal uitgeteld* he was completely finished (*fam:* clapped out)

uitteren pine (waste) away, waste [to a shadow *helemaal*]; *uitgeteerd,* (*ook*) emaciated; **uittering** wasting, emaciation; **uittieren** *zie* uitrazen; **uittijgen** go out, take to the road; **uittikken** type out, keyboard; **uittillen** lift out

uittocht departure, exodus (*ook fig:* the holiday exodus)

uittorenen tower [high above the city]

uittrap (*sp*) goal-kick; **uittrappen** stamp out [a fire]; crush [a cigarette] underfoot; kick off [one's boots]; (*sp, ve doelman*) take a goal-kick; (*over zijlijn*) kick into touch; *er* ~ kick [a p.] out; *zie ook* trappen

uittreden I *ww* retire [from business, a firm], withdraw [from Unesco], resign [from a club], resign one's membership [of a club]; (*mil*) fall out; II *zn zie* uittreding; **uittredend** outgoing [members], retiring [partner]; **uittreding** retirement, withdrawal, resignation; secession [from the Union]; *vervroegde* ~(*sregeling*) job release (scheme), [take] early retirement; **uittreepupil** exit pupil

uittrek (*fot*) extension; **uittrekbaar** pull-out, telescopic; **uittrekblad** draw-leaf, extension leaf

uittrekken I *tr* 1 (*lade, enz*) pull out; (*tafel ook*) extend; (*tand*) extract, pull out; (*kleren*) take off, (*handschoenen, ook*) pull (strip) off; *trek je schoenen uit!* off with your shoes!; *zich de haren* ~ tear one's hair; *zie ook* rok; 2 (*geld*) allocate; *een som* ~ *voor* set aside (earmark) a sum for; *te weinig* ~ *voor* underfund; *gelden voor vijf Patriots zijn reeds uitgetrokken* five ... have already been appropriated for; *uitgetrokken gelden* appropriations; II *intr* march out; ~ *op* set out (sally forth) on [an expedition]; *erop* ~ go out into the world; *erop* ~ *om* ... set out to ..., turn out to [the snow--plough turned out to clear the bus routes]; *de stad* ~ march out of (leave) the town; **uittreksel** 1 (*ve tekst*) summary, abstract; ~ *rekening-courant* statement of account; ~ *uit het register van de Burgerlijke Stand* certified copy of an entry of birth (of death); 2 (*v vlees, enz*) extract

uittrektafel draw-out (pull-out, extending, draw-leaf) table

uittypen type out, keyboard

uitvaagsel (gutter-)sweepings, off-scourings, scum (of the people, of the earth), riffraff, dregs

uitvaardigen issue [an order, a proclamation, writs], promulgate [a decree], enact [a law], give [a charter]; [*het edict*] *is uitgevaardigd* has gone forth; *er is een bevel tot inhechtenisneming tegen hem uitgevaardigd,* (*ook*) a warrant is out against him; **uitvaardiging** issue, promulgation, enactment

uitvaart funeral (service), obsequies; **uitvaartmis** funeral mass; **uitvaartverzorging** funeral arrangements

uitvagen sweep away

uitval 1 (*mil*) sally, sortie; (*schermen*) lunge, thrust; (*sp*) break; 2 (*uitschot*) waste, spoilage, rejects; 3 (*verdwijnen*) failure, cancellation, withdrawal; *vgl* ~len 2; (*v stroom, ook*) outage; loss [of hair, etc]; 4 (*verbaal*) outburst; *een* ~ *doen, zie* ~len; **uitvalas** quick-release skewer

uitvallen 1 fall (drop) out; (*vh haar*) come out, fall out; ~*d haar* falling hair; ~*de* (*dwz wisselende*) *tanden* deciduous teeth; 2 (*wegvallen, ook sp*) drop out; *als er iem uitvalt,* ... if any one drops out, [we shall appoint you in his place]; *die trein is uitgevallen* that ... has been withdrawn (cancelled); *het* ~ *van de elektrische stroom* (power) failure; (*ve motor*) cut out; 3 (*mil*) sally out, make a sally; (*uit het gelid*) fall out; (*schermen*) make a pass, lunge; 4 (*uitvaren*) fly out [*tegen* at], flare up; *...!, viel hij uit* ...!, he exploded; 5 (*uitpakken*) turn (*of:* pan) out; *goed* (*slecht*) ~ turn (work) out well (badly); *als alles goed uitvalt,* (*ook*) if the cat jumps the right way; *het viel in zijn voordeel uit* it turned out to his advantage; *de stemming* (*de rechtszaak*) *viel uit in zijn nadeel* (*in zijn voordeel*) the vote (the case) went against him (in his favour); *hoe de beslissing ook uitvalt* whichever way the decision goes; *ze is niet erg zuinig uitgevallen* economy is not her strong point [*zo ook:* she is not much given to ...]; *zie ook* uitkomen; **uitvaller** (*studie, enz*) drop-out; (*achterblijver*) straggler; **uitvalnaaf** quick-release hub; **uitvalspercentage** failure rate, wastage rate; (*pers*) drop-out rate; **uitvalspoort** sally-port; **uitvalsweg** exit route

uitvaren 1 sail (out), put to sea, leave (the) port, [the lifeboat] put out; 2 (*ve vos*) break cover; *een vos doen* ~ draw a fox; 3 (*fig*) storm, bluster, let fly, blaze out; ~ *tegen* let fly at, storm (away) at, declaim (inveigh) against; *'raak me niet aan!' voer ze uit* 'don't touch me!' she flamed (stormed)

uitvechten: *het* ~ fight (*of:* have) it out [*onder elkaar* among ourselves, etc], have a show-down; *ik zal het met haar* ~, (*ook*) I'll thrash the matter out with her; **uitvegen** 1 sweep out; *zijn ogen* ~ rub one's eyes; 2 (*uitwissen*) wipe out; *zie ook* mantel, uitgommen; **uitventen** hawk about, cry; *zie ook* venten; **uitverdedigen** counter-attack; **uitvergroting** (*fot*) (partial) enlargement (blow-up); **uitverkiezing** [the doctrine of] election

uitverkocht (*ve artikel*) sold out, sold off, out of stock; [our stock is] cleared; (*ve boek*) out of print; (*als kennisgeving v theater*) house full; *~e zaal,* (*theat*) full house; *de eerste druk was in een maand* ~ the ... was exhausted (sold out) in a month; *onze kaas is* ~, (*ook*) we are sold out of cheese; *alle plaatsen* (*kaarten*) *zijn* ~ all seats (tickets) are sold (have been disposed of); *de schouwburg was* ~ the house was sold out; *de concerten waren maanden tevoren* ~ the ... were booked up months ahead; *het stadion was* ~ the ... was filled to capacity; *voor een* ~ *huis spelen* play before a capacity crowd; **uitverkoop** (clearance) sale, bargain sale, sales; *het is* ~ the sales are on; *British Rail gaat in de* ~ BR will be up for grabs; *zie ook* liquidatie; **uitverkoopprijs** sale (*of:* clearance) price; **uitverkopen** sell off, clear; *zie ook* uitverkocht

uitverkoren chosen, select, [the President] elect; *het* ~ *volk* the chosen people (*of:* race); *zie ook* roepen; **uitverkorene** chosen one, favourite; *zijn* ~ his beloved; *de ~n* the chosen, the elect; *de enkele ~n* the chosen few

uitvertellen finish [a story]; *zie ook* uitpraten; **uitveteren** bawl out, blow up; **uitvieren** 1 (*touw*) *zie* vieren; 2 (*fig*) nurse [one's cold, influenza, etc]

uitvinden invent; (*erachter komen*) find out; *opnieuw* ~ reinvent [the wheel]; **uitvinder** inventor; **uitvinding** invention; *een* ~ *doen* make an invention; **uitvindsel** 1 (*verzinsel*) invention, fabrication, concoction; 2 (*ding*) gadget, contraption

uitvissen fish out; (*fig ook*) ferret out, hunt out, nose out [secrets]; *trachtte hij het uit te vissen?* was he fishing?; **uitvlakken** blot (wipe, sponge) out; (*met vlakgom*) rub out; *dat moet je niet* ~, (*fig*) that's not to be sneezed at; *vlak ook niet uit, dat* ... and don't forget that ...

uitvliegen fly out; *er eens* ~ stretch one's wings for a while [and be free]

uitvloeien flow out, issue; run [ink runs on this paper]; **uitvloeier** (*film*) fade-out; **uitvloeisel** outcome, consequence, result

uitvloeken swear at; *hij vloekte zichzelf uit omdat hij zo'n idioot geweest was* he cursed himself for being such an idiot; **uitvloeren** floor [a p.]; **uitvlokken** (de)flocculate; **uitvlooien** search carefully, investigate meticulously

uitvlucht 1 subterfuge, pretext, shift, evasion, excuse, prevarication, [it is a mere] put-off; (*'achterdeurtje'*) loophole; *~en zoeken* shuffle, prevaricate; *vol ~en* evasive; 2 (*luchtv*) outward flight

uitvoegstrook deceleration lane

uitvoer 1 export, exportation; (*uitgevoerde goederen*) exports; 2 (*ve computer, enz*) output; 3 (*uitvoering*) execution; *ten* ~ *brengen* (*leggen*) carry [a decision, threat, plan, etc] into effect (execution); give effect to [a judgment], execute, carry out [a threat, reforms]

uitvoerartikel export article; (*mv ook*) exports; **uitvoerbaar** practicable, feasible, workable [plan, proposal], [the job is] doable; **uitvoerbaarheid** practicability, feasibility, workability, workableness; **uitvoerbuis** duct; *klieren zonder* ~ ductless glands; **uitvoerconsent** export licence; **uitvoerder** executor; performer; exporter; (*bk*) general foreman; *vgl* uitvoeren

uitvoeren 1 (*tot uitvoering brengen*) execute [an order, a law, plan, sentence, piece of music], carry (put) [a plan, threat] into execution, carry (put) into effect, carry out [a plan, resolution, contract, an order, instructions]; engineer [a work]; (*krachtig*) enforce [a blockade]; fulfil [a promise], make good [one's threat], perform [a task, a p.'s will, a piece of music]; implement [a contract, plan, policy], administer [the laws]; (*bestelling*) execute, fill, complete [an order]; *hij **liet** ons verschillende oefeningen* ~ he put us to (through) various exercises; *het boek is **mooi** uitgevoerd* the ... is well-produced (well got-up), the get-up of ... is excellent; ***netjes** uitgevoerd* neatly finished; *die **wet** is nooit uitgevoerd* that act was never enforced; *~**de** kunstenaars* executants, performing artists (musicians, etc); *de ~den* the performers; *de ~de macht* the executive (power); *~de raad* [miners'] executive committee; 2 (*doen*) do; *hij heeft de hele dag **niets** uitgevoerd* he has done nothing all day; ***wat** voer je uit?, a)* what are you doing?, what are you about?; *b)* what do you do with yourself these days?; *wat heeft hij nu weer uitgevoerd?* what (mischief) has he been up to this time?; *wat heb je **met** mijn hoed uitgevoerd?* what have you done to ...?; 3 (*exporteren*) export [goods]; 4 (*techn*) output

uitvoerhandel export trade; **uitvoerhaven** *vgl* aanvoerhaven; (*ook*) outlet

uitvoerig I *bn* (*in detail*) detailed, minute, circumstantial [account]; (*omstandig*) elaborate [preparations], comprehensive [study], ample [discussion], lengthy [reply], [take] copious [notes], full-dress [debate]; (*volledig*) full [particulars]; II *bw* minutely, amply, fully, in detail; (*enigszins, zeer*) ~ *behandelen* treat at (some, great) length, detail; **uitvoerigheid** minuteness, circumstantiality, elaboration, comprehensiveness, copiousness, ful(l)ness of detail

uitvoering execution [of plan]; completion [of an order]; performance [of play]; administration, enforcement [of an act]; implementation [of a programme, an act of parliament]; design and construction [of a machine]; *vgl* uitvoeren; (*afwerking*) workmanship, finish; (*ve boek*) get-up; (*model*) model, design, version [carry two versions of a model]; ~ *geven aan* carry out, carry into effect; *met de ~ van een bestelling beginnen* put an order in hand; *werk in* ~ work in progress; (*bord*) road works (ahead); *heden geen* ~ no performance today; *zie ook* recht I.1

uitvoer|produkt (article of) export; **-rechten** export duties; **-verbod** export ban (prohibition), prohibition of export; [gold, arms] embargo; **-vergunning** export licence

uitvogelen think (work, figure) out; **uitvorsen** get at the root of, get to the bottom of [a mystery], find (ferret, spy) out; *trachten uit te vorsen* spy into [a secret]; **uitvorser** investigator

uitvouwen unfold, spread; **uitvragen** 1 ask out [to tea]; 2 catechize, question, (*fam*) pump; *uitgevraagd zijn* have no further questions (to ask)

uitvreten 1 eat out, corrode; sponge on (a p.), (*Am sl*) mooch; 2 (*sl*) *zie* -spoken; **uitvreter** parasite, sponger, (*Am sl*) moocher

uitvullen (*typ*) justify; **uitwaaien** I *tr* blow out; II *intr* 1 (*vh licht*) be blown out; 2 (*ve vlag*) flutter in the wind; **uitwaaieren** fan out, spread

uitwaarts I *bw* outward(s); II *bn* outward

uitwandelen walk out; *de tuin* ~ walk out of the garden

uitwas outgrowth, excrescence, protuberance; (*fig*) *~sen* excesses

uitwasemen I *tr* exhale, give off; II *intr* emanate; evaporate; **uitwaseming** exhalation, emanation, evaporation, fume, effluvium (*mv:* -via)

1 uitwassen wash (out); swab (out) [with a disinfectant]; bathe, wash [wounds]

2 uitwassen develop; *zie* uitgroeien

uitwateren drain; ~ *in* flow into, discharge (itself) into; ~ *op,* (*ve polder*) drain into; **uitwatering** 1 discharge [of a river], outlet; 2 drainage [canal, sluice]; 3 (*mar*) freeboard; **uitwateringsmerk** Plimsoll line (*of:* mark)

uitwedstrijd away game, away match

uitweg way out (*ook fig:* find away out; the only way out), (way of, avenue of) escape; (*ve vloeistof, enz*) outlet (*ook fig:* find an outlet; his affections had no outlet); bolt-hole [arrange a bolt-hole for o.s.]; [an enclosure that has no] exit

uitwegen weigh out; **uitweiden** digress; ~ *over* expatiate (dwell, enlarge, digress, dilate) on; **uitweiding** expatiation, digression

uitwendig I *bn* outward, external, exterior; extraneous [forces]; outside [diameter]; *voor ~ gebruik* to be taken externally; (for) external use only(, do not swallow); II *bw* outwardly, externally; **uitwendigheid** exterior; *uitwendigheden* externals, outward appearances

uitwerken I *tr* 1 work out [a plan, a thought, notes, etc], work (out) [a sum], elaborate [a scheme, theory, point, policy], amplify [a statement], labour [a point], develop [an idea]; (*ve stenogram*) work (type) out, transcribe; *aantekeningen ~ tot een opstel* work up notes into an essay; *zie ook* uitgewerkt; 2 (*tot stand brengen*) bring about, effect; *het zal niets* ~ it will be ineffective, it won't do any good; 3 *iem er* ~ squeeze a p. out; *iem de deur* ~ get a p. out of the room (the house); *zich er door een nauwe opening* ~ wriggle out through ...; II *intr* 1 be spent; *het verdovingsmiddel is uitgewerkt* the effect of the anaesthetic has worn off; *het poeder is uitgewerkt* has lost its strength; *het bier is uitgewerkt,* (*ook*) the beer has gone flat; *de batterij is uitgewerkt* has run out, is exhausted; *zie ook* uitgewerkt; 2 (*v hout*) season; 3 *zie* uitgisten

uitwerking 1 working-out (*ook wisk*), elaboration; 2 (*resultaat*) effect, result, efficacy [of an appeal]; ~ *hebben* be effective, produce effect, tell [the remark told]; *geen ~ hebben* produce no effect, be ineffective, fall flat; *drank heeft een verschillende ~ op mensen* drink takes people in different ways; *zie ook* missen

uitwerpen throw out [ballast, etc], cast out, eject; (*uitbraken*) throw up, vomit; *duivelen* ~ cast out (exorcize) devils; *netten* ~ shoot (cast) nets; **uitwerper** (*techn*) ejector; **uitwerpselen** excrements; (*ve dier, ook*) [sheep's, birds'] droppings

uitwijken 1 (*opzij gaan*) turn (step) aside, give way [*voor* to: a steamship always gives way to sailing-vessels], make room; (*ve auto, enz*) pull out, swerve [to avoid a dog]; *niet ~,* (*mar*) stand on; (*niet*) *~d,* (*mar*) giving-way (standing-on) [vessel]; *zie ook* uithalen; 2 (*naar elders, v vliegtuig, enz*) be diverted; *doen* (*laten*) ~ divert [planes to Brussels]; (*uit het land*) go into exile, leave one's country; (*ve muur*) sag, bulge (out); ~ *naar* switch to [cheaper brands, a different venue]; emigrate to, take refuge in [another country]; (*v fabriek, enz*) divert production (etc) to [third-world countries]; **uitwijking** 1 turning aside, etc; *vgl* -wijken; 2 (*v wijzer*) deviation; **uitwijkmogelijkheid** alternative; (*fig*) (way of) escape, [find a] way out [of s.t.]; **uitwijkplaats** passing place, overtaking bay

uitwijzen 1 show, prove; (*beslissen*) decide; *de tijd zal het* ~ time will show; 2 (*uit het land*) expel; **uitwijzing** expulsion

uitwinnen save [an hour, trouble, etc], gain [an hour]

uitwippen nip out [of the room]; *zie ook* wippen

uitwisselbaar replaceable; (*onderling*) ~ interchangeable; **uitwisselen** exchange [prisoners, compliments], interchange [ideas], replace [a component]; **uitwisseling** exchange [of

thought], interchange, replacement; *vgl* -wisselen
uitwissen (*ook fig*) wipe out, blot out [the dusk blotted out everything], obliterate [a half obliterated name], delete, erase [text on tape], expunge, efface [impressions]; *zie ook* 2 spoor
uitwoeden: *de brand heeft* (*is*) *uitgewoed* the fire has burnt itself out; *zie verder* uitrazen
uitwonen ruin [a house] by neglect; *zie ook* uitgewoond; **uitwonend** non-resident [physician, teacher, etc], visiting [master]; absentee [landlord]; ~ *leerling* day-pupil, day-boy
uitworp 1 emission [of soot particles]; 2 (*sp*) throw(-out)
uitwrijven rub out; *zijn ogen* ~ rub one's eyes; *zich de ogen* ~ (*over*) be amazed (at); **uitwringen** wring out; *je kon hem wel* ~ he was soaked to the skin; **uitwuiven** wave [a p.] good-bye
uitzaaien 1 sow, (*op grote schaal*) disseminate; 2 spread; (*med*) metastasize; **uitzaaiing** (*med*) dissemination, metastasis (*mv:* -ses), secondary (deposit)
uitzagen saw out, pierce [metalwork]; **uitzakken** sag, bulge out; **uitzakking** sagging; *zie ook* verzakking
uitzege away victory, away win
uitzeilen sail (out)
uitzendbureau employment agency; **uitzenden** 1 send out, send on errands, dispatch; emit [roots]; 2 (*naar het buitenland*) post [abroad]; 3 (*radio & tv*) broadcast, transmit; (*tv ook*) televise; (*niet*) *uitgezonden worden,* (*ook*) be on (off) the air; *opnieuw* ~, (*radio*) repeat, re-broadcast; **uitzending** 1 sending out, dispatch; 2 posting [abroad]; 3 (*radio & tv*) broadcast(ing), transmission [and reception]; (*tv ook*) telecast; *in de* ~ *zitten* be on the air, be live on TV; **uitzendkok** caterer; **uitzendkracht** temporary (secretarial, etc) employee (worker), (*fam*) temp
uitzet outfit; (*ve bruid*) trousseau; (*baby*~) layette
uitzetbaar expansible, dilatable; *-bare kogel* expanding bullet; *zie ook* dumdum; **uitzetbaarheid** expansibility, dilatability; **uitzetijzer** (*ve raam*) peg stay; **uitzetraam** trap window
uitzetten I *tr* 1 (*groter maken*) expand, extend; 2 (*doen zwellen*) distend, inflate; raise [one's voice]; (*natuurk*) expand, dilate; *zich* ~, *zie* II; 3 (*grafiek*) plot [numbers on a line]; (*uitbakenen*) peg out, stake out [a claim]; (*curve*) plot; 4 (*grenzen*) extend [the frontiers]; 5 (*vis*) *zie* poten; 6 (*geld*) put out [at 5 per cent], invest [money]; 7 (*eruit: uit het land*) expel [a p. from the country]; (*uit woning*) evict, eject; (*uit kamer, coupé, enz*) turn (*of:* put) [a p.] out [of the room, etc]; (*uit partij*) expel [a p. from a party]; *er* ~, (*uit betrekking*) turn [a p.] out, (*fam*) fire [a p.]; *ik liet hen er* ~ I had them turned out [of the building]; *zie ook* deur; 8 switch off; *zie* uitschakelen & afzetten; 9 (*boten*) lower [boats]; 10 (*wacht*) set [a watch], post [a sentry]; 11 (*zetlijn*) set [a night-line]; II *intr* expand, dilate, swell; (*natuurk*) expand, dilate; *uitgezette maag* (*amandelen*) distended stomach (enlarged tonsils); *zijn neusvleugels zetten zich uit* his nostrils distended
uitzetting expansion, extension, dila(ta)tion; inflation; turning out; expulsion; eviction, ejectment; *vgl* uitzetten; (*med*) distension [of the stomach]; **uitzettingsbevel** (*uit woning*) eviction (ejectment) order; **uitzettingscoëfficiënt** coefficient of expansion; **uitzettingsdecreet** order of expulsion; **uitzettingsvermogen** expansive power
uitzeven sift (out)
uitzicht (*eig*) view [*op* of]; (*eig & fig*) outlook, look-out, prospect; (*uiterlijk*) looks; *vrij* ~ unobstructed view; ~ ***op*** *succes* prospect of success; *het* ~ *hebben op* overlook [the garden]; *een mooi* ~ *hebben op Londen* command a fine view of ...; *in* ~ *stellen,* ~ *geven* (*openen*) *op* hold out a prospect of, foreshadow [new taxation]; *zie ook* voor~; **uitzichtloos** hopeless [struggle], desperate [state]; **uitzichtpunt** viewpoint; **uitzichttoren** belvedere
uitzieken nurse one's illness; *de kwaal moet* ~ the disease must run its course
uitzien 1 (*uitkijken*) look out; ~ ***naar*** look out for (be on the look-out for) [a p., a place], watch for [the postman], look forward to [the holidays]; 2 (*uitzicht bieden:*) *dit vertrek ziet uit* ***op*** *de straat* this ... looks into (out on) the street, faces the street; *het ziet op het noorden uit* it faces (looks) north (to the north), has a northern aspect; *op de tuin* ~ overlook the garden; 3 (*tot het einde zien*) see out, sit out [a play]; 4 (*eruit zien*) look like; *veelbelovend ~d* promising-looking; ***hoe*** *ziet het er uit?* what is it like?; *hoe ziet een komeet er uit?* what is a comet like?; *hoe ziet zij er uit?* what is she like?, what does she look like?; *zij ziet er goed* (*knap*) *uit* she is good-looking; *dat ziet er mooi uit,* (*iron*) here's a fine mess; *het ziet er slecht* (*lelijk*) *uit* things look (the outlook is) black [*voor hem* for him]; *het zou er lelijk* ~ *voor ons land, als* ... it would be a bad day for this country if ...; *ze zag er op haar best uit* she looked her best; *ze ziet er uit als veertig* she looks forty; *wat zie je er uit!* what a sight you are!, what a state you are in!; *kijk eens hoe het huis er uitziet* look at the state of the house; *je ziet er goed* (*ziek*) *uit* you look well (ill); *je ziet er niet uit* you look dreadful (a complete mess); *ze zien er precies gelijk uit* they are as like as two peas (in a pod); *er* ~ *alsof, zie* alsof; *hij zag er als een typische toerist uit* he looked the typical tourist; *hij ziet er jong* (*oud*) *uit voor zijn leeftijd* he looks younger (older) than his years (his age); *het ziet er wel naar uit* it looks like it; *hij ziet er net naar uit* he looks it, looks the part; *het ziet ernaar uit alsof* ... it looks as though ...; *het ziet er naar uit dat het gaat regenen* the weather is looking like rain; *het zag er niet naar uit dat hij zou trouwen* he did not look like marrying; *zie ook* uitkijken
uitziften sift (out) (*ook fig*); **uitzijgen** strain out; *zie ook* mug; **uitzijn** *zie* uit: ~ zijn
uitzingen finish [a song], sing out (to the end); *ik kan het nog wel een paar dagen* ~ I can manage (last out) for a couple of days; *het lang kunnen*

~ have a long wind; [*het garnizoen*] *kan het nog maar drie dagen* ~ can hold out only ...
uitzinnig frantic; wild, delirious [with joy]; **uitzinnigheid** frenzy
uitzitten sit out [the concert]; *het oude jaar* ~ see the old year out (the new year in), sit up for the new year; *zijn* (*straf*)*tijd* ~ serve one's sentence (*fam:* one's time); (*sl*) do time
uitzoeken select, pick out, choose, look out [a dress for the party]; (*sorteren*) sort (out); (*de was*) look out, sort out [the washing]; *je kunt* ~ you can take (*of:* have) your pick; *men kan maar* ~ one can pick and choose; *dat moet je zelf maar* ~ better find out (solve that one) for yourself; *jullie zoeken het maar uit!* that's your affair!; *zie ook* uitgezocht & onderzoeken; **uitzoeking** selection, choice
uitzonderen except, exclude; *zie ook* uitgezonderd; **uitzondering** exception [*op de regel* to the rule]; *dat is een* ~ that is the (*ook:* an) exception; *het was eerder* ~ *dan regel* it was the exception rather than the rule; *dat zijn geen* ~*en* these are not (the) exceptions; *ik zal deze keer een* ~ *maken* I'll make an exception (for) this time; *de* ~*en bevestigen de regel* the exception proves the rule; *bij* ~ exceptionally, by way of exception; *bij hoge* ~ very rarely; *met* ~ *van* with the exception of; *zonder* ~ without exception, invariably, all alike, to a man, one and all; *zie ook* regel; **uitzonderingspositie** exceptional (special, unique) position; **uitzonderingstoestand** state of (national) emergency
uitzonderlijk I *bn* exceptional; *een* ~*e situatie,* (*ook*) a one-off situation; II *bw* exceptionally
uitzuigen 1 suck (out); 2 (*fig*) sweat [workpeople], bleed [a p.] white, squeeze (*of:* suck) [a p.] dry, suck the very marrow out of [a p.]; *zie ook* -mergelen; **uitzuiger** extortioner, bloodsucker
uitzuinigen economize, save [*op* on]; **uitzuiveren** (*pol*) purge; **uitzwaaien** 1 *zie* -wuiven; 2 swing out; **uitzwavelen** fumigate; **uitzwenken** swing out; **uitzwermen** swarm, (*v bijen*) swarm off; **uitzweten** exude, ooze (*of:* sweat) out; **uitzweting** exudation
uiver stork
uk tiny tot, mite, shrimp, midget; **ukelele** id; **ukje, ukkepuk** *zie* peuter 1; **ukulele** id
ulaan uhlan; **U-las** single Vee joint
ulcereren ulcerate
ulevel kind of sweet; **ulevellegedicht** (*vglb*) cracker motto
ulo (*hist*) advanced primary education
ulster id
ultiem ultimate; **ultimatief** peremptory [demand]; **ultimatum** id (*mv ook:* -mata); *een* ~ *stellen* (*overhandigen*) deliver an ultimatum [*ook:* present a country with an ultimatum, serve an ultimatum on a country]; **ultimo**: ~ *december* at the end of December
ultra I *bn* id [ultracentrifuge, ultrasound]; II *bw* id [ultra-light, ultra-modern], extremely; III *zn* id, extremist
ultra|kort: ~*e golf* ultra-short wave; **-marijn** ultramarine; **-microscoop** ultramicroscope; **-montaan** ultramontane, ultramontanist; **-montaans** ultramontane; **-montanisme** ultramontanism; **-sonoor**, **-soon** ultrasonic, supersonic; **-violet** ultraviolet [ray treatment]
ULV afk van *ultralicht vliegtuig* microlight (aircraft)
Umbrië Umbria; **Um|briër**, **-brisch** Umbrian
umer junket; **umlaut** id, (vowel) mutation
unaniem unanimous; *niet* ~, (*ook*) split [vote]; ~ *aangenomen,* (*ve motie*) carried unanimously (*of:* nem con); *de* ~*e mening* the consensus of opinion; **unanimiteit** unanimity
unciaal uncial; ~(*letter*) uncial (letter)
undine id
undulatie undulation; **unduleren** undulate
unfair id; *iem* ~ *behandelen* treat a p. unfairly; (*ook*) hit below the belt
uni unicolour(ed)
unicaat unique; **uniciteit** uniqueness; **unicum** 1 single copy; 2 unique specimen (event); [*zo'n vondst*] *is wel een* ~ is indeed unparalleled
unie union; **uniek** unique, unparalleled, one-off [model, product]; **uniëren** unite; **unificatie** unification
uniform I *bn* id; ~ *tarief* flat rate; II *zn* id; (*mil ook*) regimentals; *in* ~, (*ook*) uniformed [policeman]; **uniformeren** uniform: 1 put (clothe) in uniform; 2 make uniform; **uniformiteit** uniformity; **uniformjas** uniform coat, tunic
uni|seks, **-sex** unisex; **unisono** (*muz*) unisonous, in unison; **unitair** unitary; **unitariër** unitarian; **unitarisme** unitarianism
universalia universals; **universalisme** universalism; **universaliteit** universality; **universeel** universal, sole; ~ *erfgenaam* sole heir, (*na aftrek van legaten*) residuary legatee
universitair university [lecturer, teaching], college [graduates]; *zie ook* academisch; **universiteit** university [council, hospital, library, town]; *aan de* ~ *zijn* (*naar de* ~ *gaan*) be at (go to) (the) university (*Am:* at (to) college); *weer naar de* ~ *teruggaan* (*op de* ~ *terugkomen*) go up (come up) again, resume one's university studies; *hoogleraar aan de* ~ *van Wales* professor in the University of ...; *voor sam zie* academie-
universum universe
unster steelyard, weighbeam
uppie: *in zijn* (*dooie*) ~ on his lonesome (his own)
uraan uranium
Ural: *de* ~ the Urals, the Ural Mountains
uranium id; **Uranus** id
urbaan 1 (*wellevend*) urbane; 2 (*mbt de stad*) urban; **urbanisatie** urbanization; **urbaniteit** urbanity; **Urbanus** Urban
ure *zie* uur; **uremie** uraemia; **urenlang** for hours; *zie* uur; **ureum** urea
urgent id, pressing; ~ *verklaren* declare [a measure] urgent; **urgentie** [declaration of] urgency; **urgentieplan** priority project; **Uria** Uriah
urinaal urinal; **urine** id; (*v vee ook*) stale; **urinebuis** urethra; **urineleider** ureter; **urineren** urinate, make (*of:* pass) water; **urinezuur** uric acid;

urinoir urinal, public convenience
urmen worry, fret; (*klagend*) whine, whimper
urn id
urologie urology; **uroloog** urologist; **uroscoop** uroscopist; **uroscopie** uroscopy
Urson Orson; **Ursula** id; **ursuline** Ursuline [convent, nun]; **Uruguay** id; **Uruguees** Uruguayan
usance, **usantie** custom (in trade, of the trade), usage; **uso** [bill at] usance; *à* ~ at usance; ~ *tarra* customary tare
usurpatie usurpation; **usurpator** usurper; **usurperen** usurp
ut (*muz*) ut, do, doh
uterus id; **uterusresectie** hysterectomy
utilisatie utilization; **utiliseren** utilize; **utilitair** utilitarian; **utilitarisme** utilitarianism; **utilitarist(isch)** utilitarian; **utiliteit** utility; **utiliteitsbeginsel** utilitarian principle
Utopia id; **utopie** utopia, Utopian scheme; **utopisch** Utopian; **utopist(isch)** Utopian
uur hour; *uren,* (*r-k*) hours; *zijn laatste ~(tje) is geslagen* his (last) hour has come (*of:* struck); (*sl*) his number is up; *een ~ rijden per bus* an hour's run by coach; *urenlang* for hours (together, *of:* on end), by the hour; hour-long [discussion]; *verloren ~tje* spare hour; *ik ben* ***aan*** *geen ~ gebonden* I am not tied to (a particular) time; ***binnen*** *het* ~ within an hour; ***met*** *het ~, zie* van ~ tot ~; ***om*** *zes* ~ at six (o'clock); *zie ook* om; *om het ~ een lepel* every hour a spoonful; ***op*** *dat* ~ at that hour; *op ieder* ~ hourly, every hour; *op elk ~,* (*wanneer ook*) at any hour, [they come] at all hours; *op het ~ af* [she could tell] to the (an) hour; ***over*** *een* ~ in an hour('s time), an hour hence; ***te*** *kwader ure* in an evil hour; ***tot*** *op dit* ~ (up) to this (very) hour; ***van*** *~ tot ~* from hour to hour, hourly [the situation is becoming hourly worse]; *zie ook* elfde, gaans, sporen, enz; **uurcirkel** hour-circle; **uurgemiddelde** hourly average; **uurglas** hour-glass; **uurloon** 1 hourly wage(s); 2 *zie* tijdloon; **uurrooster** timetable
uurwerk timepiece, clock; (*het werk*) works, clockwork, movement; **uurwerkmaker** clock-, watchmaker; **uurwijzer** hour-hand
uvd afk van *uiterste verkoopdatum* sell-by date, best-before date
uw your; (*enk, dicht*) thy; *het ~e* yours; (*enk, dicht*) thine; *vgl* mijn; *geheel de ~e, steeds de ~e* faithfully yours, yours faithfully; (*fam*) yours ever, ever yours; *u en de ~en* yourself and your family; **uwent:** *te*(*n*) ~ at your house, at your place, of your city; **uwenthalve** 1 for your sake; 2 on your behalf; **uwentwege:** (*van*) ~ on your behalf, in your name; **uwentwil(le):** (*om*) ~ for your sake; **uwerzijds** on your part; **uwsgelijke** *zie* gelijke; **uzelf** (you) yourself; *vgl* zelf & zichzelf

Vvv

v (the letter) v; **V** V (*ook het Romeinse cijfer*); **V1** id; **V2** id
vaag vague, faint, dim [recollection], loose [reports, phrases]; ~ *idee,* (*ook*) hazy (foggy) notion; *een vage herinnering,* (*ook*) a blurred memory; **vaagheid** 1 vagueness, etc; 2 vague (empty) phrase, etc; **vaaglijk** vaguely
vaak I *bw* often, frequently; *zo ~ hij komt* every time he comes; ~ *genoeg,* (*ook*) as often as not; *ik heb het al vaker gezegd* I've said it before (more than once); *hij zit daar ~ uren* he will sit there for hours; *zie ook* dikwijls; II *zn* sleepiness; *zie* Klaas & praatje
vaal sallow [complexion], ashen [tinge], rusty [black], faded [red], dun, (*wtsch*) lurid; **vaalbleek** sallow [complexion]; **vaalbruin** drab, dun; **vaalgrijs** greyish; **vaalheid** sallowness
vaalt 1 (*mest~*) dunghill; 2 (*belt*) rubbish tip (dump); **vaam** fathom
vaan flag, banner, standard; *~tje* vane, pennon [of a lance]; (*sp*) pennant [exchange pennants]; (*weer~*) weather vane; *de ~ van de opstand planten* plant (*of:* raise) the standard of revolt
vaandel 1 colours (*ook:* colour), standard, ensign, banner; (*v cavalerie*) standard; *in zijn ~ schrijven* embrace [the principle of ...]; *met vliegende ~s* with flying colours; *hoog in het ~ staan* (*hebben*) be considered of paramount importance (feel strongly about); *zie ook* trom, salueren & scharen; 2 *zie* vendel
vaandeldrager standard-, ensign-bearer; (*hist*) colour sergeant; **vaandelgroet** dipping the colour(s); **vaandelwacht** colour-party; **vaandrig** 1 reserve officer in training with temporary rank below second lieutenant; 2 *zie* vaandeldrager; 3 (*hist*) ensign; (*v cavalerie*) cornet; 4 (*scouting*) troop-leader
vaanstandschroef fully feathering propeller
vaar I *zn zie* ~tje & ~schroef; II *bn* barren; (*geen melk gevend*) dry
vaarbaar *zie* be~; ~ *weer* sailing weather; **vaarbewijs** navigation licence; **vaarboom** punting-pole, quant
vaardig 1 skilled, skilful, adroit, clever [*in* at], proficient [in the use of the rifle]; fluent [speech; speak fluently]; ~ *zijn met de pen* have a fluent pen, be good at writing [letters, etc]; *ik ben niet ~ met de pen* I'm no hand with the pen; 2 (*gereed*) ready; *~!* ready!; *zie ook* geest; **vaardigheid** 1 skill, skilfulness, proficiency; facility, cleverness; fluency; [social] accomplishment, grace; 2 readiness; *vgl* vaardig
vaargeld canal and lock dues; **vaargeul** channel; fairway; (*tussen ijsvelden*) (ice-)lane, (*in mijnenveld*) (sea-)lane; **vaarroute** (*vaste*) sea lane
vaars heifer (*ook ~kalf*)
vaarschema sailing list

vaarschroef male screw
vaart 1 (*scheepvaart*) navigation, [the Atlantic] trade; *grote ~* ocean-going trade; *zeeman van de grote ~* deep-water seaman; *kleine ~* home trade; ***in** de ~ brengen* put into service; *de ~ **op** Australië* the Austral(as)ian trade; 2 (*kanaal*) canal, waterway; 3 (*snelheid*) speed, headway, momentum, [the story lacks] pace; *de auto had weinig ~* the ... travelled slowly; *geen ~ hebben* have no way; *~ krijgen* gather pace (momentum); (*mar*) gather way (*vooruit:* headway, *achteruit* sternway); *de taxi kreeg ~* the ... gathered speed; *~ lopen* be under way; *het schip liep te veel ~* the ... had too much headway on her; *dat zal zo'n ~ niet lopen* it won't come to that; *~ (ver)minderen* slacken (reduce) speed (one's pace), slow down (*of:* up), ease up, decelerate; *er ~ **achter** zetten* hurry (*of:* speed, *ovt & v dw:* speeded) things up, get things moving; ***in** dolle* (*vliegende, razende*) *~* at a tearing (headlong) pace, at breakneck speed, at a furious rate, full tilt, (*ve ruiter ook*) [ride] hell for leather, neck or nothing; *in volle ~* (at) full speed, in full career, (*sl*) at quite a (at a fair old) lick; ***met** een ~ van 15 knopen* [travel] at a speed of 15 knots; *met ~* [come down] with a run
vaartje father; *zie* aard 1
vaartschouw inspection of canals
vaartuig vessel, craft (*mv:* id); **vaarwater** fairway, waterway, channel; *uit iems ~ blijven* steer clear of a p., give a p. a wide berth; *in iems ~ komen* fall foul of a p.; *elkaar* (*iem*) *in het ~ zitten* be at cross-purposes (thwart a p., (*onder iems duiven schieten*) poach on a p.'s preserves)
vaarwel *tw & zn* farewell, good-bye, adieu; *hij riep mij een laatst ~ toe* he bade me a last farewell; *iem ~ zeggen* say good-bye [to a p.], bid [a p.], farewell (*of:* godspeed); *de wereld ~ zeggen* retire from the world; *het toneel ~ zeggen* say good-bye to (abandon, give up) the stage
vaas vase
vaat washing-up; *de ~ wassen* (*doen*) do the washing-up, wash up
vaatbundel vascular bundle; **vaatchirurgie** vascular surgery
vaatdoek dishcloth; *zie ook* slap
vaatje small cask (barrel), keg, firkin, kit [of herring]; *uit een ander ~ tappen* change one's tune, sing another tune
vaat|kramp arteriospasm; **-stelsel** vascular system; **-vernauwend** vasoconstrictive; *~ middel* vasoconstrictor; **-verwijdend** vasodilatory; *~ middel* vasodilator; **-vlies** choroid coat (*of:* tunic); **-wand** vascular wall; **-wasmachine**, **-wasser** dishwasher; **-weefsel** vascular tissue; **-werk** 1 casks; 2 plates and dishes, dinner things, dinnerware, kitchen utensils; *liturgisch ~* communion plate; **-ziekte** vascular disease
va-banque: *~ spelen* stake everything
vacant id; *~ worden* fall vacant; *het bisdom werd ~,* (*ook*) the bishopric fell void; *een ~e plaats bezetten* fill up a vacancy; **vacatie** 1 sitting; attendance; 2 *zie* vacatiegeld; **vacatiegeld** 1 attendance money; 2 fee; **vacature** vacancy; *een ~ vervullen* fill a vacancy; **vacaturebank** (*vglb*) jobcentre; **vacaturestop** freeze (on appointments, on all posts falling vacant)
vaccin vaccine; **vaccinatie** vaccination; **vaccinatiebewijs** certificate of vaccination; **vaccine** id; **vaccineren** vaccinate, inoculate
vaceren 1 be vacant; *komen te ~* fall vacant; 2 sit, hold a sitting
vacht 1 fleece [of sheep], coat [of a dog], pelt, fur; 2 sheepskin (rug); **vachtvoering** high-pile lining
vacuüm vacuum [pump, tube]; *~ zuigen* evacuate; **vacuümfles** vacuum flask (*Am:* bottle); **vacuümverpakt** vacuum-packed
vadem 1 fathom; 2 *een ~ hout* a cord of wood
vademecum vade-mecum
vademen 1 fathom; 2 (*hout*) cord; **vademhout** cordwood
vader father (*ook fig:* the father of modern science, of English poetry); (*fam*) dad; (*ve viervoeter, vooral paard*) sire; *Heilige V~* Holy Father; *onze Hemelse V~* Our Heavenly Father; *het onze ~* the Lord's Prayer, the Our Father; *onze ~en* our (fore)fathers, our ancestors; *~tje* old man; (*tsaar*) little Father; *~tje staat* the State, (*Am*) Uncle Sam; *~tje tijd* (Old) Father Time; *~tje en moedertje spelen* play houses; *~ en moeder,* (*ve gesticht*) master and matron; *daar helpt geen lieve ~ of moeder aan, zie* lievemoederen; *hij was een ~ voor mij* he was a father to me; *een merrieveulen, ~ Lopez, moeder Calendar* a filly, by Lopez out of Calendar; *zo ~ zo zoon* like father like son; *nee ~, zo gaat dat niet* no, sir, ...; *tot zijn ~en verzameld worden* be gathered to one's fathers; *van ~ op* (*tot*) *zoon* from father to son; *zie ook* 2 kant, vroed, enz; **vaderdag** Father's Day; **vaderdier** sire; **vaderen** I *zn* (fore)-fathers; *zie* vader; II *ww ~ over* be a father to, look after [children] like a father
vaderfiguur father figure; **vaderhuis** 1 paternal house (*of:* home); 2 *V~* Heaven(ly home)
vader|land (native) country, fatherland, [my spiritual] home; *voor het* (*lieve*) *~ weg* unblushingly, without blushing; **-lander** *goed ~* patriot; *slecht ~* disloyal subject; **-landlievend** patriotic (*bw:* -ally); **-lands** native [soil], patriotic [feeling]; *~e geschiedenis* English (Dutch, etc) history; **-landsgezind** patriotic; **-landsliefde** love of (one's) country, patriotism
vader|lief father dear, (dear old) dad(dy); **-liefde** paternal (fatherly) love; **-lijk** I *bn* paternal, fatherly; avuncular [interest]; (*overdreven*) *~e* (*regerings*)*zorg* paternalism; *zie ook* erfdeel; II *bw* like a father, in a fatherly manner; **-loos** fatherless; **-moord** parri-, patricide; **-moorder** 1 parri-, patricide; 2 stick-up(s), stick-up collar; **-ons** Our Father, paternoster; **-plicht** paternal duty; **-schap** paternity (*ook ve boek, enz*), fatherhood; *onderzoek naar het ~* inquiry into the paternity of an illegitimate child; paternity test; *wet op het ~* paternity law, bastardy law; *proces omtrent het ~* paternity suit, bastardy case; *een proces omtrent het ~ beginnen tegen* take out an affiliation

summons (apply for an affiliation order) against; *vaststelling van het ~* affiliation
vaderskant *zie* 2 kant; **vaderskind** daddy's boy (girl); **vaderstad** native (home) town; **vaderszijde** *zie* 2 kant; **vaderzorg** fatherly care
vadsig indolent, lazy, inert; **vadsigheid** indolence, laziness, inertness
va-et-vient coming and going, to and fro
vagant wandering scholar
vagebond tramp, vagabond; (*Am*) hobo; **vagebonderen** tramp, vagabond, wander; *~de stroom,* (*elektr*) eddy (*of:* stray) current
vagelijk vaguely; *zie ook* vaag; **vagen** brush; **vagevuur** purgatory; *het ~* Purgatory
vagi|na id; **-naal** vaginal; **-nisme** vaginismus
vair id
vak 1 (*hokje, enz; ook: vakje*) compartment [*ook fig:* the compartments of his mind], partition, pigeonhole; *zie ook* hok: ~je; (*ve beschot, plafond, enz*) panel; *in ~ken verdeeld* panelled [ceiling]; (*ve muur*) bay; (*mil, van terrein*) sector; (*ve begraafplaats*) plot [A, B, etc]; (*ve parkeerterrein*) parking place, bay; *gelieve in de ~ken te parkeren* please park pretty; 2 (*v onderwijs & studie*) subject, (special, particular) field of interest; *de niet--klassieke ~ken,* (*op school*) the modern side (*deze volgen* be on the modern side); 3 (*beroep*) trade, job; (*ve onderwijzer, dokter, enz*) profession; *het ~ van kleermaker* the trade of a tailor; *dat is mijn ~ niet* that is not my line of business; *dat behoort niet tot mijn ~* that is not in my line; *hij praat altijd over zijn ~* he is always talking shop; *een man van het ~, zie* vakman
vakantie holiday(s), (*fam*) hols; (*vooral v univ & rechtbank*) vacation, (*fam*) vac; *de grote ~* the summer holidays, (*univ*) the long vacation, (*fam*) the long vac; *begin van de ~* break(ing)-up [*zo:* breaking-up day]; *kamer van ~, zie* ~kamer; *een paar dagen ~* a few days' holiday; *wanneer begint de* (*je*) *~?* when does school break up?; *~ hebben* be on holiday; *~ houden* have a holiday (*zn:* holiday-making); *ik houd vandaag ~* I'm giving myself a day off today; (*een maand*) *~ nemen* take a (month's) holiday; *hij zou graag woensdag ~ nemen* he would like to have Wednesday off; *met vissen* (*enz*) *doorgebrachte ~* [take a] fishing (walking, camping) holiday; *~ met behoud van loon* holidays with pay, paid holiday; ***met*** *~* [*zijn*] [be (away)] on holiday (on vacation); *met ~ gaan* go (away) on holiday; *met ~ naar huis gaan* go home for the holidays; *de rechtbank is met ~* the court has risen
vakantie|aanspraken: *~ worden overgenomen* holidays honoured; **-adres** holiday (*of:* vacation) address; **-cursus** holiday (*of:* vacation) course; (*in de zomer ook*) summer school; **-dag** holiday, day off; **-drukte** (*aan station, enz*) holiday rush; **-ganger** holidaymaker; (*Am*) vacationer, vacationist; **-huisje** 1 holiday cottage; 2 weekend house (cottage); **-kamer** vacation court; **-kamp**, **-kolonie** holiday camp; **-oord** holiday resort; **-reis** holiday trip; **-reiziger** holidaymaker; **-spreiding** staggering of holidays, staggered holidays; **-stemming** [be in a] holiday mood; **-tijd** holiday season; **-toeslag** holiday allowance; **-verblijf** 1 holiday residence; 2 *zie* -oord; **-werk** holiday work; holiday job
vak|arbeid skilled labour; **-arbeider** skilled worker (labourer); **-bekwaam** skilled; **-bekwaamheid** professional skill; (*handvaardig*) craftsmanship; **-beweging** trade unionism, trade union movement; **-bibliotheek** special library; **-blad** trade (technical, professional) journal (*of:* paper); **-bond** trade union; **-centrale** trade-union federation; **-didacticus** lecturer in teaching methodology; **-didactiek** [science, English, etc] teaching methodology; **-diploma** professional diploma
vakerig sleepy, drowsy
vak|gebied speciality, special field; **-geleerde** specialist; **-genoot** colleague; **-groep** 1 branch of a trade union; 2 (*univ*) department; **-idioot** narrow-minded specialist; **-kennis** professional (expert, technical) knowledge; **-kleding** working outfit; **-kringen** professional circles; *bekend in ~,* (*ook*) well-known to the profession; **-kundig** skilled, competent, efficient, professional, workmanlike, expert [advice, repair job]; **-kundige** expert; **-kundigheid** skill, competence, expertise; **-leraar** subject teacher; **-literatuur** special(ist) (technical) literature; **-lokaal** subject room; **-man** expert, specialist; (*handwerksman*) craftsman, skilled workman; (*niet-handwerksman*) professional (man); **-manschap** (professional) skill, craftsmanship, expertise; **-onderwijs** vocational (technical) education (instruction); **-opleiding** professional (vocational) training; **-organisatie** trade union; **-pers** professional (trade) press; **-school** vocational (trade, craft) school; **-studie** professional study; **-taal** professional (technical) language, (scientific) jargon; **-tekenen** design(ing); **-term** technical term; **-terminologie** technical terminology; **-tijdschrift** specialist (professional, technical) journal; **-verbond** federation of trade unions; **-vereniging** trade union; (*v advocaten, artsen, enz*) professional association; **-verenigingswezen** trade unionism; **-werk** 1 professional job; 2 (*bk*) timber framing; (*techn*) lacing; [steel] lattice
vakwerk|bouw timber framing, half-timbering; **-dak** truss(ed) roof; **-mast**: *stalen ~* lattice steel tower
vakwetenschap discipline, branch of learning (of science); **vakwoordenboek** subject (specialized, technical) dictionary, glossary [of beekeeping]
val 1 (*het vallen*) fall, spill [from one's bicycle, horse]; (*fig ook*) downfall [of a kingdom], overthrow [of a minister]; (*ve vliegtuig*) crash; *de ~ van de frank* the fall (drop, *sterker:* slump) of the franc; *de* (*zonde*)*~* the Fall; *vrije ~* free fall, motion under gravity; *een lelijke ~ doen* have a bad fall; *ten ~ brengen* overthrow, bring down [the government]; ruin [a p.]; 2 (*muize-, enz*) trap; *een ~ zetten* set (*of:* lay) a trap; *in de ~ lokken* lure

into a (the) trap, (en)trap, ensnare; *in de ~ lopen* walk (*of:* fall) into a (the) trap (snare), take (rise to) the bait; 3 (*mar*) halyard; 4 (*om bedgordijn, enz, ~letje*) valance

valabel valid [reason]

val|appel windfall(en apple); **-avond** dusk; **-bijl** guillotine; **-blok** ram, monkey, beetle-head; **-brug** draw-bridge; **-deur** trapdoor

vale id, farewell

valent able-bodied; **valentie** (*chem, tlk*) valency

Valentijn Valentine; **Valentijnsdag** St Valentine's Day; **valeriaan** valerian, setwall

val|gordijn blind; **-hek** 1 (*tuinhek*) drop gate; 2 (*ve kasteel*) portcullis; **-helm** crash-helmet; **-hoogte** height of fall, drop (height)

valide 1 (*geldig*) valid; 2 (*gezond*) able-bodied, fit; *minder ~* disabled; **valideren** validate, render valid; *het zal u ~ in rekening* it will be passed to the credit of your account; **validiteit** validity

valies portmanteau, Gladstone bag

valium id

valk falcon, hawk; **valkejacht** falconry, hawking; *op de ~ gaan* go hawking; **valkekap** hawk's (falcon's) hood; **valkenier** falconer; **valkeoog** (*fig*) hawk('s) eye, eagle eye; *met ~* hawk-, eagle--eyed; **valkerij** falconry, hawking

valklep 1 trap-valve; 2 (*ve nummerbord*) annunciator disc (*of:* drop); **valkruid** mountain tobacco; **valkuil** pit, (*inz fig*) pitfall

vallei valley; (*Sch, nauw*) glen; (*klein, begroeid*) dell, dingle; (*dicht*) vale, dale

vallen I *ww* 1 fall (*ook regering, prijzen, vesting, getij, wind, duisternis, avond, enz; ook op slagveld: de ge~en* the fallen; *ook:* Easter fell late), drop, tumble, come down; (*vd schemering, ook*) gather [twilight gathers; the gathering dusk]; *ik viel,* (*ook*) I had a fall, (*ve fiets, paard, enz, ook*) I had a spill; *loodrecht ~,* (*ve vliegtuig*) nosedive; *hij viel zo lang hij was* he fell at full length, measured his length on the floor; ***doen*** *~* bring down [a tree, a minister], trip [a p.] up; *een wetsontwerp doen ~* strangle a bill; *hij* ***kwam*** *te ~* he lost his feet; (*fig*) he came to die; ***laten*** *~* drop [the curtain, a candidate], let fall; shed [trees shed their leaves]; (*aanspraken, enz*) abandon, give up, waive [a claim]; *hij liet zijn oog ~ op een schilderijtje van ...* his eye fell on a picture by ...; *iets van de prijs* (*van zijn eisen*) *laten ~* shade the price somewhat (ease one's demands); *een pond laten ~* knock off a pound; *men liet het plan ~* the scheme was dropped; *van beide kanten wat laten ~* make mutual concessions; *zich laten ~* drop [into a chair]; *de* ***avond*** *valt,* (*ook*) evening is closing in; *de* ***motie*** (*het wetsontwerp*) *viel* the motion (the bill) was defeated; *het* ***stuk*** *viel* the play was a failure (a flop, (*fam*) a frost); *het* ***water*** *begint te ~* is starting to fall (subside), (*het getij*) the tide is turning; *zie ook* vallend; 2 (*voorvallen:*) *er vielen* ***slagen*** (*klappen, schoten*) blows were struck (shots were fired); *in het debat vielen namen als ...* names like ... were bandied about; *het leven nemen* ***zoals*** *het valt* (*de dingen zoals ze ~*) take life as it comes (things as they come); 3 (*zijn, worden:*) *zijn verjaardag valt a.s. week* his ... is (will be) next week; *het leven valt mij* ***zwaar*** life has become a burden to me; *het valt mij zwaar* I find it difficult, such work takes it out of me; *het viel me* (*enz*) *zwaar er weg te gaan* it was a (great) wrench to leave the place; *er valt geen verbetering* ***te*** *constateren* there is no improvement to report; *er valt niet aan te denken, a*) it does not bear thinking about; *b*) it is out of the question; *te denken valt aan ...* one might think of ...; *aan teruggaan valt niet te denken,* (*ook*) there's no going back; *als er wat te eten valt* if there is any food going; *er valt over zijn werk niet te klagen* we have no reason to find fault with his work; *er valt niet over te lachen* it is no laughing matter; *er valt met hem niet te redeneren* he is not amenable to reason; *er valt niet veel te vertellen* there is not much to tell; *dat is alles wat daarvan te zeggen valt* that is all there is to it; *daar valt weinig van te zeggen* little can be said about it; 4 (*passen:*) *die jas valt* (*u*) ***goed*** that coat is a good fit; *zie ook* lang, ontkennen, praten, staan, toezien, enz || *~* ***aan****, zie* toe~; *~* ***buiten*** be beyond the scope of [the agreement]; ***in*** *zee ~,* (*ve rivier*) fall (empty itself) into the sea; *in een belasting ~* be liable to a tax; *in een categorie ~* come into a category; *dat is al* ***naar*** *het valt* that depends, it all depends; *het valt* ***onder*** *die rubriek* (*wet, definitie*) it comes (falls) under that head (within that act, within that definition); *de zaak valt niet onder deze wet,* (*ook*) the case is not covered by this act; *onder de Franse wet*(*geving*) *~* be governed by the laws of France; *~* ***op*** fall on [one's knees], fall to [the ground]; (*sl*) fall for [something, somebody]; *op donderdag ~* fall on Thursday; *zijn oog viel op mij* (*op een kennisgeving*) his eye fell on me (a notice caught his eye); *de keus viel op mij* the choice fell on me; ***over*** *een kleinigheid ~* stumble at a trifle; *ik viel over een tak* I was tripped up by a branch; *hij viel over dat woord, a*) he tripped over that word; *b*) he took offence at ...; *ze ~ over elkaar om gefilmd te worden* they fall over each other to be ...; *hij valt niet over een paar pond* he is not going to be difficult about ...; *ik ken hem niet al val ik over hem* I would not know him if I saw him; *je valt over de straatmuzikanten* it's buskers here, there and everywhere; ***ter*** *aarde ~* fall to earth, (*ve vliegtuig*) crash; ***uit*** *elkaar ~* fall to pieces, disintegrate; ***van*** *de trap*(*pen*) *~* fall (tumble, topple) down the stairs; *zie ook* trap; *van de ene blunder in de andere ~* drift from blunder to blunder; II *zn* (*vd avond*) nightfall; (*v water*) fall; (*ve accent*) incidence; *bij het ~ van de avond* at nightfall, at dark; *hij kwam er met ~ en opstaan* he succeeded by dogged perseverance (by the method of trial and error), he muddled through

vallend *zie* vallen; *~e ster* shooting (falling) star; *~ water* falling water, ebb; *~e ziekte* epilepsy, falling sickness; *lijdend* (*lijder*) *aan ~e ziekte* epileptic

valletje (*gordijn*) valance; **vallicht** skylight; **valling** (*v mast & steven*) rake; **valluik** trapdoor; (*ve galg*) drop; **valmes** flick-knife; **valnet** 1 (*in cir-*

cus) safety net; 2 *zie* slagnet
valorisatie valorization
valpartij spill [of 20 riders], crash, pile-up; **valpijp** downpipe; (*v wc*) flush pipe; **valpoort** portcullis; **valraam** hopper (*of:* hospital) window; **valreep** (*eig: touw*) manrope, side-rope; (*plank*) gangplank; (*brug*) gangway; (*trap*) *zie* ~strap; *op de* ~ at the last moment; *glaasje op de* ~ parting-glass, stirrup-cup; **valreepsgast** side-man; **valreepstrap** accommodation ladder
vals I *bn* 1 (*onbetrouwbaar*) false (*ook ve kat, enz*), perfidious, treacherous; vicious [horse, dog], savage [dog]; *een ~e aangifte doen,* (*belastingen*) make a false return; *~e broeder* sneak; 2 (*fout: bericht, gerucht, alarm*) false; *~e start,* (*sp*) false start; 3 (*onecht: bescheidenheid, bodem, goden, haar, hoop, naam, profeet, schaamte, toon, trots, enz*) false; (*ve bankbiljet, enz, ook*) forged, bad [banknote]; spurious [coins, evidence, logic]; bogus, faked [passport]; (*fam*) dud (*Am:* phoney) [cheque]; *~e dobbelstenen* loaded dice; *~ geld* counterfeit money, base coin; *~e handtekening* forged signature; *~e juwelen* artificial (imitation) jewels, paste; *~e kies* premolar, bicuspid; *~e munt* base (false, bad, counterfeit, spurious) coin, (*sl*) snide; *~e munter, zie* valsemunter; *~e noot* false note; *~e parels,* (*ook*) synthetic pearls; *~e rib* false rib; *~e sleutel* false (skeleton) key; *~e speler* (card-)sharper; *~e tanden* false (artificial) teeth; *~e vlecht* switch, made-up plait; *de hond* (*het schilderij*) *was ~,* (*ook*) the dog was bad (the painting was a forgery); *zie ook* getuigenis, voorwendsel, enz; II *bw* falsely [he was falsely accused]; *~ klinken* be out of tune; *~ spelen, a*) cheat [at cards]; *b*) play out of tune; *~ zingen* sing out of tune (false, flat, sharp, off key); *~ zweren* swear falsely, forswear (*of:* perjure) o.s.
valsaard false (treacherous, perfidious) person
valscherm parachute; **valschermjager** paratrooper; **valschermtroepen** parachute troops, paratroops
valselijk falsely; **valsemunter** (counterfeit) coiner; forger (of banknotes); **valsemunterij** coining; forgery (of banknotes); (*met uitgeven*) uttering of false coin; **valserik** *zie* valsaard; **valsheid** (*ve pers, enz*) falseness, perfidy, treachery; (*ve leer, enz*) falsity, falseness; *~ in geschrifte,* (*vals opmaken*) fraudulent misrepresentation; (*vervalsen*) forgery; *vgl* vals
valsnelheid rate of fall (of descent)
valstrik gin; (*ook fig*) snare, trap; (*fig ook*) pitfall, catch; *iem een ~ spannen* set a trap for a p.; **valstrikbom** booby trap; **valstroomcarburateur** downdraught carburettor
valuta 1 value; *~ per heden* value today; *~ 15 mei* value 15th May, due on 15th May; 2 (*koers*) (rate of) exchange, exchange rate; 3 (*munt*) [payment in foreign] currency; *harde en zachte ~* hard and soft currencies; *Nederlandse ~* Dutch currency
valuta|crisis currency crisis; **-dag**, **-datum** due date; **-markt** foreign-exchange market
valwet law of falling bodies; **valwind** squall, gust of wind
vamp id, femme fatale; **vampier** vampire (bat); (*fig*) vampire
van I *zn* family name; II *vz* 1 (*bezit, behoren tot; wordt vertaald door*) of (*of uitgedrukt door de 2de naamval*); *de vader ~ Jan* John's father; *een vriend ~ Jan* a friend of John's; *het vliegveld ~ Amsterdam* Amsterdam airport; *de A ~ Anna* a for able (a for alpha); *negen ~ de tien* nine out of ten; *een vriend ~* ***mij*** a friend of mine; *het is ~ mij* it's mine; *een dochter ~ mijn vriend* a daughter of my friend's; 2 (*door*) by; *een roman ~ Priestley* a novel by Priestley; 3 (*scheiding*) from, off; *het potlood viel ~ de tafel* the ... fell off the table; *een eindje ~ de weg* ***af*** [the house stood] a little back from the road; 4 (*afkomst*) of [a good family]; 5 (*stof*) (made) of [iron]; 6 (*oorzaak*) with [shriek with horror, weep with delight, wet with tears, white with rage], for [sob for joy, he could not speak for emotion], from [he fell down from sheer fright]; 7 (*onderwerp v gesprek, enz*) of [speak of s.t.]; 8 (*eigenschap*) of [a child of three]; *klein ~* ***gestalte*** short in (of) stature; *mager ~ persoon* lean in figure; *~ persoon was hij* ... in person he was ...; *~ dezelfde grootte* (*hoogte, leeftijd, enz*) (of) the same size (height, age, etc), of a size, etc, similar in size; *~ de goede hoogte* (*wijdte, prijs*) [they are] the right height (width, price); *een* ***engel*** *~ een vrouw* an angel of a woman (*evenzo:* a tyrant of a schoolmaster; that little madcap of a Jane); 9 (*wijze:*) *~* ***wat*** *ben je me!* [run, drive] like mad; *hij maakte een kabaal ~ wat ben je me* he made a devil of a row; 10 (*tijd*) of [your letter of May 1st], from; *~ 1908 tot 1920* from 1908 to (till) 1920; *~ 2 tot 3 uren* [it takes me] from two to three hours; *~ de* ***week*** (*het jaar, enz*) this week (year, etc); 11 (*herkomst*) from; *de gunst ~ u ontvangen* the kindness received from you (at your hands); *hij is ~* ***Leeds*** he is (a native) of Leeds, a Leeds man; *~* ***uit*** *zee* [bombard] from the sea || *dat is* ***aardig*** (*dom, vriendelijk, enz*) *~ je* it is kind (nice, silly, etc) of you; [*wie is daar?*] *ik* ***geloof*** *~ Jan* I think it is John; *ik geloof ~ ja* I think so, I think he has (you are, etc); *ik geloof ~ niet* I don't think so, I think not; *ik ken hem ~* ***naam*** (*~ gezicht*) I ... by name (by sight); *hoe heet hij ~ achternaam?* what is his surname?; *een portret ~* ***Rembrandt***, (*door R*) a portrait of Rembrandt's, by Rembrandt; (*R voorstellend*) a portrait of R; *dit nieuws ~ Jan,* (*dat Jan brengt*) this news of John's; (*over Jan*) ... of John; *~* ***wie*** *is dat boek?,* (*eigendom*) whose book is that?, (*door wie geschreven*) who is that book by?; *~ het* ***zelfde*** (the) same to you; *zie ook* af, buiten, enz
vanachter, enz *zie* achter: van ~, enz
vanaf from [today, London], ever since [1885]
vanavond this evening, tonight
vandaag today; *de hoeveelste is het ~? de 27ste* what day of the month is it today? the 27th; *kom ik er ~ niet, dan kom ik er morgen* what cannot be done today can be done tomorrow; *~ de dag* nowadays; *~ of morgen,* (*fig*) sooner or later; *van ~ op morgen* immediately, then and there, [not] from one day to the next; *~ over* (*voor*) *8 dagen*

(*14 dagen, 3 weken*) this day (today) week (fortnight, three weeks); *zijn deze brieven van ~?* are these today's letters?; *zie ook* heden
vandaal vandal, hooligan; *V~* Vandal; **Vandaals** Vandal(ic)
vandaan: *hier ~, zie* vanhier; *waar komt* (*is*) *hij ~?* where does he come (*of:* hail) from?, where's he from?; *waar komt hij toch zo ineens ~?* where on earth has he come (popped up) from?; *het huis was er een mijl ~* the ... was a mile away; *hij woont overal kilometers ~* he lives miles from anywhere; *toen ik er ~ kwam* when I left; *waar komt het geld ~?* where's the money coming from?; *blijf van die ladder* (*de hekken*) *~* keep (stand) away from that ladder (stand clear of the gates); (*ver*) *van iem ~ blijven* give a p. a miss (a wide berth); *ik weet niet waar jij je ideeën ~ haalt* I don't know where you get your notions
vandaar 1 (*plaats*) from there; (*vero & lit*) thence; 2 (*oorzaak*) hence, that's why [I am so sad]; *o, ~* I see
vandalisme vandalism, hooliganism
vandehands: *het ~e paard* the off horse
Van Diemensland Tasmania
vandoor: *hij is er ~* he has cleared off, (*sl*) he has done a bunk; *ik ga er ~* I am off; *hij is er met andermans vrouw ~ gegaan* he has run away with ...; *ik moet er ~* I must be off
vaneen [break, cut, tear, etc] asunder; [her eyes are too wide] apart; [she sat, her lips a little] parted; *ver ~ staande ogen* (*tanden*) wide-set eyes (gappy teeth); *met ver ~ staande tanden* gap-toothed; *~ gaan* part, separate; *~ scheuren,* (*door wild dier, ook*) tear limb from limb
vang 1 (*het vangen*) catch; 2 (*ve molen*) brake; *zie ook* molen; **vangarm** tentacle; **vangbal** [a missed] catch; **vangband** (*om boom, tegen ongedierte*) insect trap; **vangdam** cofferdam; **vangdraad** tentacle
vangen 1 catch [a bird, thief, ball], capture [a thief, an electron], (*v vis, ook*) land; (*betrappen*) catch, (en)trap, (*sl*) nab, pinch [a thief]; *vang* (*op*)*!* catch!; *laat u niet ~* don't walk into the trap; 2 (*verdienen*) make, net [£100 a week]
vanger catcher, captor; **vanghek** safety (*of:* crash) barrier; **vangijzer** gin-, spring-trap; **vanglijn** 1 (*mar*) painter; 2 (*ve vliegtuig*) shroud; **vangnet** safety net; (*elektr*) guard network; **vangrail** crash barrier; **vangspelletje** game of catch; *een ~ spelen* play (at) catch; **vangst** catch, haul; *een schrale ~,* (*ook*) a poor bag; *een mooie ~ doen,* (*ook v politie, dieven, enz*) make a nice haul; **vangzeil** (*bij brand*) jumping-sheet
vanhier 1 (*plaats*) from here, [get] out of here; (*vero & dicht*) hence; 2 (*oorzaak*) *zie* vandaar
vanille vanilla [custard, ice, sugar]; **vanillestokje** vanilla(-pod); **vanilline** vanillin
van|middag this afternoon; **-morgen** this morning; *~ vroeg* early this morning; **-nacht** 1 (*komende*) tonight; 2 (*afgelopen*) last night; **-ochtend** this morning; **-ouds** of old; [he knew] from of old [how it would be]; traditionally
vanuit from; **vanwaar** 1 from where, whence; 2 why [the hurry?]; *zie ook* vandaan; **vanwaaruit** *zie* vanwaar 1; **vanwege** on account of, owing to, because of; (*namens*) on behalf (in the name) of; *als het niet was ~ het feit dat* ... but for (if it were not for) the fact that ...; *zie ook* wegens
vanzelf 1 (*uit zichzelf*) [the door shut] of itself, [the words came] of themselves, of its (their) own accord, [heal] spontaneously; *het gebeurde zo maar ~* it just happened of itself; *mijn fiets gaat als ~* my ... runs very smoothly; *het bracht het gesprek als ~ op de school* it naturally led the conversation to ...; *zijn zaak loopt* (*als*) *~* his business runs itself; *nu ging alles als ~* now it was plain sailing; *het gaat ~ af* it goes off of its own accord; *dat volgt ~* that follows automatically; 2 (*~sprekend*) *~!* obviously!; *zie ook* spreken & ~sprekend; **vanzelfsprekend** I *bn* 1 (*klaarblijkelijk*) self-evident; 2 (*natuurlijk*) as a matter of course; *als ~ aannemen* take [s.t.] for granted; II *bw* 1 (*klaarblijkelijk*) (self-)evidently; 2 (*uiteraard*) obviously, naturally, [we shall do this] as a matter of course; *vgl* ~heid; **vanzelfsprekendheid**: *een ~* a matter of course; *is geen ~ meer,* (*ook*) [conscription] is no longer accepted unquestioningly, [his winning the championship] is no longer a foregone conclusion
vaporisa|teur, **-tor** vaporizer, spray, atomizer
var steer; **VAR** (*hist*) afk van *Verenigde Arabische Republiek* UAR (United Arab Republic)
varaan monitor (lizard)
1 varen *zn* fern, bracken
2 varen *ww* sail, run [the steamer will not run today], travel [at a speed of 15 knots], go [8 knots], navigate; (*tussen 2 plaatsen*) ply [between L & R]; (*aan boord hebben*) carry [a doctor]; (*vervoeren*) carry [oil, passengers]; *af en aan ~* come and go; *een **dag** ~*(*s*) a day's sail; ***gaan** ~* go to sea; ***hoe** vaart gij?,* (*vero*) how do you do?; *hoe lang vaar je al?* how long have you been a sailor?; *hoe laat vaart de boot?* what time does the boat start (leave, sail)?; ***laten** ~* sail [paper boats; sail ships in groups]; drop [a plan, all pretence], scrap [a plan], relinquish, give up [a plan, an attitude], abandon [hope, a plan, theory], cast off [old prejudices]; *er goed* (*wel*) ***bij** ~* do well (very nicely) out of it (the war, etc); *het best bij iets ~* have the best of it (of the bargain); *de Staat zal er het best bij ~* the State will be the gainer (by it); *je zult er goed bij ~,* (*belofte*) I'll make it worth your while; *slecht* (*kwalijk*) *bij iets ~* come off badly (over a thing), come off a loser, get the worst (the worse) of it; *de ideeën die hem **door** het hoofd voeren* the ideas coursing through his head; *de storm vaart door het bos* the storm sweeps through ...; *de duivel is **in** hem ge~* the devil has entered into him; ***langs** de kust ~* hug (skirt) the coast; *~ **om*** sail round, circumnavigate [the world], double [a cape]; ***op** Turkije ~* trade to Turkey; ***over** de rivier ~, a*) ply the river; *b*) cross the river; *c*) take [a p.] across the river; ***ten** hemel ~* ascend to heaven; ***ter** helle ~* go to hell; *zie ook* huivering & vlag
varens|gast, **-gezel** sailor, seafaring man, sea-

farer

varia miscellanies, miscellanea, miscellaneous news; **variabel** variable; flexible; **variabele** variable; **variabiliteit** variability

variant id, variant (alternative) reading; **variantie** variance; **variatie** variation; *voor de ~* for a change; **variatiebreedte** range; **variëren** I *intr* vary, range; *de prijzen ~ van 3 tot 9 pond* prices range (run) from 3 to 9 pounds (between ... and ...); II *tr* vary; *gevarieerd* varied, varying

variété variety, music hall, (*Am*) vaudeville; **variétéartiest** variety (*Am:* vaudeville) artist, variety performer, music-hall entertainer; **variëteit** variety; **variéténummer** (music hall) act; **variététheater** variety (*Am:* vaudeville) theatre, music hall

varken pig, hog, swine (*alle ook fig*); (*mest~*) porker; *wild ~* (wild) boar; *lui ~*, (*ook scherts*) lazy pig; *~tje* piggy(-wiggy), piglet, pigling; *veel ~s maken de spoeling dun* where many have to share nobody will get much; *ik zal dat ~(tje) wel wassen* I'll deal with that; *zie ook* oor, schreeuwen & vies; **varkenen** (*mar*) hog

varkens|achtig piggish, hoggish; **-bak** pig-trough, swill-tub; **-blaas** pig's bladder; **-cyclus** hog-cycle phenomenon; **-fokker** pig-breeder, -farmer; **-fokkerij** 1 pig-breeding; 2 pig-farm; **-gehakt** sausage meat; **-gras** knotwort, swine's grass; **-haar** hog's hair, hog's bristle(s); **-haas** pork tenderloin; **-hoeder** swineherd; **-hok** (*ook fig*) pigsty, piggery; **-houder** *zie* -fokker; **-huid** pigskin; **-karbonade** pork-chop; **-kervel** hog's fennel; **-kluif** pig's knuckle; **-koorts** swine erysipelas; **-kot** *zie* -hok; **-kotelet** pork cutlet; **-krapje** spare-rib; **-lapje** pork-steak; **-leer** pigskin; **-oogjes** pig-eyes; *met ~* pig-eyed; **-pest** swine fever, (*Am*) hog cholera; **-poot** (*geslacht*) leg of pork; **-pootjes** (*geslacht*) pettitoes, pig's trotters; **-reuzel** lard; **-rollade** rolled pork; **-slachterij** pork butcher's (shop, business); **-slager** pork butcher; **-staart** pig's tail; **-stal** *zie* -hok; **-trog** pig-trough, -tub; **-vlees** pork; **-voer** pig food (feed); (*fig*) hogwash; *vgl* spoeling; **-ziekte** swine-plague; *vesiculaire ~* swine vesicular disease

varkenvis porpoise, sea-hog

varraomijt varrao (mite)

vasectomie vasectomy

vaseline id, petroleum jelly, (*Am ook*) petrolatum

vasoconstrictie vasoconstriction; **vasodilatatie** vasodilation; **vasomotie** vasomotion; **vasomotorisch** vasomotor [nerve]

vast I *bn* 1 (*onbeweeglijk, duurzaam*) [the door was] fast; fixed [aerial (*antenne*), bridge, law, point, purpose, rate, salary, star, no fixed address, a fixed Easter]; firm [belief, look, rock]; steady [pace, purpose, his hand (his voice) was not steady]; permanent [appointment, committee, situation]; *iets ~s*, (*~ nummer, ~e verschijning, ook pers*) a fixture, an institution; *~ in de leer* sound in the faith; *olie ~*, (*marktbericht*) oil firm; *~(er) worden*, (*vd markt, prijzen*) harden, firm up, stiffen, steady, (*vh weer*) settle; *~e aanstelling*, (*ook*) (appointment with) tenure, tenured position; *~e aardigheid* standing (staple) joke; *~e ambtenaren* permanent officials; *~e arbeider* regular workman; *~ besluit* firm (settled) determination, steady resolve; *~e bestelling* standing order; *met ~e boord* with collar attached; *~e coupures* fixed denominations; *~e datum* fixed date; *~e dienst* established service; (*lijndienst*) regular service; *~ district*, (*bij verkiezing*) safe division (constituency), safe seat; *~e feestdag* immovable feast; *~e gebeden* set prayers; *~e gedragslijn* settled policy; *~e gewoonte* [it has become an] established practice, set (*of:* fixed) habit [a man of habits]; *~ goed, ~e goederen* real estate, realty; *agent in* (*kantoor van*) *~e goederen* estate agent (estate office); *~e grond* firm ground; virgin soil; subsoil, bedrock; *~e halte* (compulsory) stop; *~e hand* firm (steady) hand; *~e huur* fixed rent; *~e interest, zie ~*e rente; *~ kapitaal* fixed capital; *~ karakter* strong character; *~e kast* built-in (fitted) cupboard; *~ kleed* fitted (*of:* wall-to-wall) carpet; *~e kleur* fixed colour; *~e kosten* fixed (standing) charges; *~e kraan* stationary crane; *het ~e land, zie* ~eland; *~e lasten* fixed (standing, overhead) charges, fixed overheads; *~e lezer* regular reader; *~ licht*, (*ve vuurtoren*) fixed light; *~ lid* regular (permanent) member; *~e maatstaf* fixed standard; *~e markt* steady (firm) market; *~e maten* (*nummers*) standard sizes; *~e mening* settled opinion; *~e offerte* firm (solid) offer; *~ offreren* offer firm; *een offerte* (*een partij*) *~ in handen hebben* have the refusal of an offer [a parcel]; *~e onkosten* fixed (standing) charges; *~e overtuiging* firm (settled) conviction; *~ personeel* permanent staff; *~e plaats* [in the] regular place; *ze bezochten de ~e plaatsen*, (*voor toeristen*) they did the stock places; *~e plant* perennial (plant); *~e prijs* fixed price; *~e prijzen*, (*in aankondiging*) no discount given!; *~ punt*, (*landmeten*) benchmark (*ook fig*); *~ recht*, (*douane*) fixed duty; (*elektr, enz*) fixed (standing) charge; *~e regel* fixed (set, hard and fast) rule; *~e rente* fixed (rate of) interest; *vgl* ~rentend; *~e schijf*, (*comp*) fixed disc; (*mil*) stationary target; *~e schotel* standing dish; *~e slaap* sound sleep; *~e stemming*, (*handel*) firm tendency; *~e stopplaats* compulsory stop; *~ stuk*, (*bij vuurwerk*) set piece; *~e tanden* permanent teeth; *zijn ~e taks* his regular quantity (number, etc); *hij heeft geen ~ tehuis* he has no settled home; *op ~e tijden* at set (regular) times; *met ~e tussenpozen* at regular intervals; *~e uitdrukking* fixed (set, stock) phrase; *~ van voet* sure-footed; *zie ook* voet; *~ voornemen* firm (fixed, set) intention; *~e vraag* stock question; *~e wal* shore; *~e wastafel* fitted (fixed) basin; *~ weer* settled weather; *~ werk* regular work (employment); *~e wil* firm will; *zonder ~e woon(- of verblijf)plaats* of no fixed abode; *~e zetel* permanent seat; (*in Eng parlement, enz*) safe seat; *dat is ~ en* ***zeker*** dead certain, (*sl*) a dead cert; *zie ook* los; 2 (*geregeld*) regular [visits, contributor to a paper, customer, habits]; stock [remark, reply, subject, phrase]; *~e bezoeker* regular attendant (visitor); 3 (*niet vloeibaar*) solid [food, fuel, state]; *niet ~, zie ook* onvast; ~ *gesteente* live (native, solid) rock, bedrock; ~ *lichaam* solid; *in ~e toestand brengen* solidify; ~ ***worden***, (*v iets vloeibaars*) solidify, congeal, consolidate; set [the white of an egg sets by boiling]; 4 *-vast* (*bestand tegen*) proof; II *bw* 1 fast, firmly, etc; ~ (*en zeker*) certainly, for certain; *zie ook* zeker, definitief, minstens; ~ *beloven* promise positively; *u kunt er ~ op aan dat* ... you may take it as definite that ...; ~ *overtuigd* firmly convinced; ~ ***slapen*** be sound (fast) asleep, sleep soundly; *ik slaap* ~ I am a sound sleeper; 2 (*alvast, intussen*) meanwhile [take a seat]; *hier is ~* [*een gulden, enz*] take this to go on with; *begin* ***maar*** ~ you may as well begin, you had better begin; *ga maar ~ naar boven, ik kom wel* go on upstairs, I'll follow; *zie ook* schoen, ~staan, ~zitten, enz

vastbakken stick to the pan; *vastgebakken zitten* be wedded [to one's prejudices]

vastberaden resolute, firm, unflinching, determined, purposeful; *een ~ houding aannemen,* (*ook*) put one's foot down; *zich ~ tonen* keep a stiff upper lip; **vastberadenheid** resoluteness, resolution, determination, firmness, strength of purpose; **vastbesloten** (firmly) bent [on going], determined [to go], resolved, set [on going]; **vastbeslotenheid** *zie* vastberadenheid

vastbijten: *zich ~ in een standpunt* dig in one's heels; **vastbinden** bind (*of:* tie) fast, tie up, fasten, (*met dik touw*) rope [*aan* to]; **vastdoen** *zie* -maken; **vastdraaien** turn home (tight), screw down, lock [the door]

vasteland continent, mainland; *~s-* continental [climate, etc]; *het ~ van Europa,* (*ook*) mainland Europe

vasten I *ww* fast; II *zn*: *het ~* fast(ing); *de ~* Lent; *zijn ~ onderbreken* break one's fast; **vastenavond** Shrove Tuesday, (*fam*) Pancake (Tues)-day; (*in sam:*) carnival [buffoon, fun, joke, merriment]; **vastenbrief** Lenten pastoral (letter); **vastendag** fast(ing)-day; **vastentijd** Lent, Lenten season; **vastenwet** Lenten law; **vaster** *zn* faster

vastestoffysica solid-state physics

vast|gespen buckle (up); (*met riem*) strap [his car with his luggage strapped on behind]; *zich ~,* (*ve piloot*) strap o.s. in; **-goed** real estate, real (immovable) property; *zie ook* vast; **-grijpen** catch (seize) hold of; *elkaar ~,* (*v boksers*) clinch; **-groeien** grow together; ~ *aan* grow to; *haar hand scheen aan ... vastgegroeid te zijn* seemed to have become a part of ...; **-hebben** have got hold of; **-hechten** attach, fasten [*aan* to]; *zich ~ aan,* (*fig, ook*) attach o.s. to, cling to; **-heid** firmness [of faith, of the market], fixity [of purpose, in the rate of interest], consistence, consistency [of mud], [political] stability; ~ *geven aan* steady [one's hand]; ~ *van karakter* firmness of character, [have, lack] ballast

vasthouden I *tr* hold [a horse, parcel], hold fast, (*stevig, ook*) clutch; (*in arrest*) detain; (*mil*) contain, hold [the enemy]; (*niet verkopen, vrijgeven, doorlaten*) hold up [stocks, goods; be held up at the border]; retain, hang (hold) on to [one's shares, one's pearls]; *hij houdt vast wat hij heeft* he is tenacious of what he has; *houd die datum vast* keep that ... in mind; *ik hield mijn hart vast* I held my breath, my heart was in my mouth; *ik houd mijn hart vast bij die gedachte* I shudder to think of it, I am horrified at the idea; *hou je vast!* hold tight!; *zijn mening ~* stick to one's opinion; *mag ik je pen even ~?,* (*fam*) may I borrow ...?; *de voorsprong ~,* (*sp*) hang on; ***zich*** ~ hold fast (tight, on); *zich ~ aan* hold on to [a chair], cling to [a rock], clutch at [an overhanging branch], hold on by [one's teeth]; *hou je stevig* (*aan mij*) *vast* hold on tight (to me); II *intr:* ~ *aan* stick to [an opinion], cling to [old traditions], hold (adhere) to [a theory, a policy], be tenacious of [old customs], stand by [a decision]; *zijn ~ aan* ... his adherence to ...; **vasthoudend** 1 tenacious, pertinacious; 2 (*gierig*) stingy, tight-(close-)fisted, close, near; *hij was buitengewoon ~,* (*ook*) he was extremely unwilling to part with money; 3 (*behoudend*) conservative, unprogressive, (*fam*) stick-in-the-mud; **vasthoudendheid** 1 tenacity (of purpose), pertinacity; 2 stinginess; 3 conservatism

vastigheid 1 certainty; 2 (*onroerend goed, ook: vastigheden*) real estate, real (immovable) property, realty; *zie verder* vastheid

vast|klampen: *zich ~ aan* cling to [a rock, a tradition; one's views], clutch at, catch at [a straw]; **-klemmen** clench, grasp; (*techn*) clamp, grip; *zich ~ aan* cling to; *zie ook* -klampen; *het raam was vastgeklemd* the window was jammed; *zich aan zijn stoel ~* hold on tight to one's chair; **-kleven** *tr & intr* stick, adhere [*aan* to]; **-klinken** rivet; **-kluisteren** fetter, chain up; **-knopen** button (up) [a coat], tie [one's tie]; *er een dagje aan ~* stay on for another day; *zie ook* touw; **-koeken** cake; **-koppelen** (*ook fig*) couple, link together, link up [with ...], link [the pound to the dollar]; *het rentepercentage is -gekoppeld aan* ... the rate of interest is geared to ...; **-leggen** 1 fix, fasten [*aan* to]; (*hond*) tie (fasten, chain) up; (*boot*) moor; (*duinen*) fix [sand-dunes]; 2 (*fig*) tie (*of:* lock) up [capital], establish [the meaning of a word], standardize [English pronunciation]; 3 (*op film, band, enz*) record [a scene]; capture [baby's first smile, word]; (*op band, ook*) tape; (*in de geest, het geheugen*) fix [s.t.] in the mind (in one's memory); ~ *in een verdrag* lay down in a treaty; *dit beginsel is vastgelegd in de grondwet* this ... is embedded in the constitution; *ik wil mij hier niet op ~* I don't want to tie myself down to this; **-liggen** 1 (*stevig liggen*) lie firm, be steady; 2 (*vastgebonden*) be fastened [*aan* to], (*ve schip*) be moored, (*ve hond*) be tied (chained) up; 3 (*v kapitaal*) be tied (locked) up; 4 *deze voorwaarden* (*feiten*) *liggen vast* these conditions are firm (these are established facts); ~ *op* be tied to [conditions]; **-lijmen** glue (together); **-lopen** (*ve schip*) run aground (ashore); (*ve machine*) jam, get stuck, seize, stall; (*vh verkeer*) come to a standstill; (*fig*) get stuck; (*v onderhandelingen, enz*) end in (reach) a deadlock, end in stalemate; **-maken** fasten [*aan* to], tie up [the boat], make [the boat] fast, tie, bind, do up [one's shoe(-laces), collar, a parcel, buttons, a dress], button up [one's coat], hitch [the horse] up, furl [sails]; *deze blouses worden van achteren vastgemaakt* these blouses fasten at the back; *zie ook* touw; **-meren** moor [*aan* to]; **-naaien** sew together; ~ *aan* sew on to; **-nagelen** *zie* -spijkeren & nagelen; **-omlijnd** clear-cut, well-circumscribed, well-defined [plan]; **-pinnen** pin down [a p. to s.t. *iem op iets*]; **-plakken** I *intr* stick (together); II *tr* gum (fasten) down [an envelope]; stick (paste, glue) together; ~ *aan* paste on to; **-praten** *zie* -zetten (*door redenering*); *zich* ~ be caught in one's own words (*of:* lies); **-prikken** pin (stick) up; **-raken** (*ook fig*) stick fast, get stuck; (*ve schip*) run aground; *het schip raakte vast in het ijs* the ship caught (got stuck) in the ice; **-recht** standing charge; *zie ook* vast; **-redeneren** *zie* -praten; **-rentend** fixed-interest [securities *fondsen*]; **-rijgen** lace (up); **-roesten** rust [the nut has rusted on to the bolt]; *vastgeroest in vooroordelen* steeped in prejudice; *vastgeroest in zijn gewoonten* set in one's habits; *ik zit hier vastgeroest* I've got into a groove here; *zie ook* ingeworteld; **-schroeven** screw home (up, down, tight); **-sjorren** (*touw*) lash, belay; (*pak, enz*) cord, strap; **-spelden** pin [*aan* on to]; **-spijkeren** nail (down, up), nail back [a straggling creeper], fasten down [the carpet], nail home [beams], spike [planks]; **-staan** stand firm (*ook fig*), be steady; *het staat nu vast dat* ... it is now definitely established that ...; *dat staat vast* it is a(n established) fact, it is definitely settled; *dat staat vast!* [I'll be no party to it!] that's flat; *mijn besluit staat vast* I am determined; *dat stond reeds van te voren vast* it was a foregone conclusion (all along); *~d feit* established (unassailable, incontestable) fact; *zie ook* aannemen; **-stampen** ram down; **-steken** fasten, pin (*of:* stick) up; **-stellen** 1 (*bepalen*) fix [a day, an amount], appoint [a day], fix, delimit, settle [the frontier], locate [the position of a gun], lay down, draw up [a rule], declare [a dividend], set up [a standard], establish [the cause of death, a truth, a p.'s identity, guilt, innocence], determine [the facts, the meaning of a word], ascertain [a fact], diagnose [smallpox]; finalize [the text of a report]; assess [the damages at £2000]; (*gerechtskosten*) tax [costs at £400]; *een gedragslijn* ~ resolve on a course of action; *op woensdag* ~ fix for Wednesday; ~ *op drie jaar* fix at three years; *op de vastgestelde tijd* at the appointed (stipulated) time; [the train ran in] at the scheduled time; 2 (*constateren*) find, state, observe; **-stelling** appointment; establishment; determination; ascertainment; declaration; settlement, delimitation; *vgl* -stellen; **-trappen** tread (stamp) down; compact [earth round a tree]; **-vriezen** be frozen in (up), get ice-bound; ~ *aan* freeze on to; *aan elkaar* ~ freeze together; **-werken**: *zich* ~ get entangled, get o.s. into a fix; **-wortelen** get firmly rooted; **-zetten** fasten, set tight; (*venster*) wedge; (*mast*) step; (*wekker*) stop; (*geld*) tie (lock) up; (*in gevangenis*) put in(to) prison; (*door redenering*) corner, fix, stump, nail [a p.]; *iem* ~, (*bij damspel, enz*) fix (block) a man, fix the game; *dat zette hem vast,* (*ook*) that was a poser; *geld* ~ *op* settle money (up)on; *de term had zich vastgezet in zijn geest* the term had lodged in ...; **-zitten** stick (fast) [in the mud, etc]; (*ve toets*) stick; (*ve stuurinrichting, enz*) be jammed; (*ve schip*) be aground, stick hard and fast [on a sandbank]; (*fig*) be nonplussed, be stuck; (*v geld*) be tied (locked) up; (*in gevangenis*) be locked up (behind bars, under lock and key); *de auto zat vast in een heg* (*de sneeuw*) the car was embedded in a hedge (the snow); *blijven* ~, (*ve rem, enz*) jam; *de trekker bleef* ~ *in zijn zak* the trigger caught in his pocket; *in het ijs* ~ be jammed (*of:* caught) in the ice, be ice-bound; *ik zit vanavond vast* I am tied up tonight; *waar het hoofd vastzit aan de nek* where the head joins on to ...; ~ *aan een politiek* be (*of:* stand) committed (be wedded) to a policy; *ik zit eraan vast* I'm in for it; *je hebt geen idee hoeveel werk eraan vastzit* you ... the amount of work it entails; *daar zit meer aan vast* there is more to it (than that), (*valt meer van te zeggen, ook*) thereby hangs a tale, (*zit meer achter, ook*) more is meant than meets the ear (the eye)

1 vat 1 (*anat, natuurk*) vessel; 2 cask, barrel, butt, tun; (*looi-, brouwvat*) vat; *~en,* (*keuken*) *zie* vaatwerk; *~en wassen* wash up; *heilige ~en* sacred vessels; ~ *des toorns,* (*bijb*) vessel of wrath; *uitverkoren* ~, (*bijb*) chosen vessel; *het zwakste* ~, (*bijb*) the weaker vessel; *wat in het* ~ *is verzuurt niet* it will keep!; *ik heb nog wat voor je in het* ~ I have a rod in pickle for you; *bier van het* ~ beer on draught, draught ale; *wijn uit het* ~ wine from the wood; *naar het* ~ *smaken* taste of the cask; *een* ~ *vol tegenstrijdigheden* a bundle of contradictions; *zie ook* 1 hol

2 vat hold, grip, purchase [get (secure) a purchase on s.t.]; ~ *op zich geven* lay o.s. open to criticism, etc, show one's weak side; *dat gaf mij enige* ~ *op hem* it gave me a certain amount of hold over him; *ik **heb** geen* ~ *op hem* I have no influence over him (on him); *niets heeft* ~ *op hem* nothing has any hold on him; *de nijd heeft geen* ~ *op hem* he is untouched by envy; *goede woorden hebben geen* ~ *op hem* good words are lost on him; *ik **krijg** geen* ~ *op hem* I cannot get through to him; *ik kreeg* ~ *op het probleem* I came to grips with the problem; *die gewoonte kreeg steeds meer* ~ *op hem* the habit grew (up)on him

vatbaar: ~ *voor* capable of [pity, proof, another interpretation], susceptible of [proof, improvement], susceptible (liable, prone) to [cold, infection], amenable (open) to [reason]; ~ *voor beroep,* (*jur*) appealable; ~ *voor indrukken* impressionable; *niet voor rede* ~, (*ook*) impervious to reason; *ze is erg* ~, (*voor ziekte*) she is liable to catch things; **vatbaarheid** capacity, susceptibility, liability; ~ *voor indrukken* impressionability

vatbier draught beer; **vatduig** stave

Vaticaan: *het* ~ the Vatican; **Vaticaans** Vatican [Council]; **Vaticaanstad** the Vatican City
vatten 1 catch, seize; *kou* ~ catch a cold; *zie ook* moed, post, enz; 2 (*begrijpen*) understand, see [a joke]; *vat je?* (you) see?, get it?; *zie ook* snappen; 3 (*diamant, enz*) set, mount [in gold]; set [in lead], *zie ook* lood
vatting setting [of a stone]; fit(ting) [of a lens]; **vattingsring** bezel
vaudeville id
vazal vassal; **vazalstaat** vassal (*fig ook:* puppet) state
v.C(hr). afk van *voor Christus* BC; **vdS** afk van *van de schrijver* with the author's compliments
vechten fight; ~ *met* fight (with); ~ *om* fight for, contend (wrangle) for, scramble for [seats]; (*ook*) fight [a prize, a seat in Parliament]; *over woorden* ~ quarrel (argue) about words; ~ *tegen* fight (against); fight back [one's tears]; *hij vocht goed* he put up a good fight; *zich ~de een weg banen naar* fight one's way to; *zie ook* strijden & worstelen; **vechter** fighter, combatant; **vechterij** fight(ing); *zie ook* vechtpartij; **vechtersaard** fighting mentality; **vechtersbaas** fighter; *kleine* ~ bantam
vecht|graag *zie* -lustig & vechtersbaas; **-haan** fighting-cock, gamecock; **-hond** bandog; **-jas** born fighter, fire-eater; **-lust** pugnacity, combativeness; [his eyes were full of] fight, fighting spirit; *zie ook* strijdlust; **-lustig** pugnacious, combative; *dronken en* ~ fighting drunk; *zie ook* strijdlustig; **-partij** fight, scuffle, brawl, affray, scrap, scrimmage; **-sport** combat sport; **-wagen** armoured car, tank
vector (*wisk, biol*) id; **veda's**: *de* ~ the Vedas
vedel fiddle; **vedelaar** fiddler; **vedelen** fiddle
veder feather; *zie* veer 1
veder|bos tuft, crest, plume; (*op helm*) plume, panache; **-distel** thistle; **-esdoorn** ash-leaved maple; **-gewicht** featherweight; **-gras** feather-grass; **-kruid** water milfoil; **-laagwolk** cirrostratus; **-licht** light as a feather, airy; **-loos** featherless; (*ve jonge vogel*) unfledged; **-mos** hair-moss; **-stapelwolk** cirrocumulus; **-wild** game birds; **-wolk** cirrus (*mv:* cirri), mare's tail
vedette 1 (film, etc) star; (*sp*) star player, etc; 2 id: mounted sentry; **vedisch** Vedic
vee livestock; (*rundvee*) cattle (*ook fig*); ~ *van Laban* scum of the earth; *zie ook* stuk; **veearts** veterinary surgeon, (*Am*) veterinarian, (*fam*) vet
veeartsenijkunde veterinary science (medicine, surgery); **veeartsenijkundig** veterinary
vee|beslag livestock; **-boer** *zie* -fokker & -houder; **-dief** cattle-stealer, -lifter; (*Am*) (cattle-)rustler; **-dieverij** cattle-lifting; **-drijver** cattle-driver, drover; (*Am*) (cow-)puncher; **-fokker** cattle-, stock-breeder, -raiser; **-fokkerij** cattle-, stock-breeding, -raising; (*concr*) stock-farm
veeg I *zn* 1 (*met doek, enz*) wipe; (*met bezem*) whisk; *een ~ uit de pan geven* (*krijgen*) give [a p.] a lick with the rough side of one's tongue, take a side-swipe at [a p.] (come in for one's share of criticism); 2 (*vlek*) smear, streak, smudge; 3 (*met mes, enz*) cut, gash, swipe; 4 (*klap*) wipe, swipe, box [on the ear], slap [in the face]; II *bn* doomed, fated; (*Sch, v pers*) fey; (*noodlottig*) fatal, ominous; *een ~ teken* a bad sign; *het vege lijf redden* make one's escape, save one's bacon; **veegmachine** (street-)sweeping-machine, (motor) street-sweeper; **veegsel** sweepings
vee|handel cattle-trade; **-handelaar** cattle-dealer; **-hoeder** herdsman; **-houder** stock farmer, livestock owner; **-houderij** stock farm(ing), livestock industry; **-koek** cattle-(linseed-, oil-)cake; **-koper** cattle-dealer
veel I *telw* (*ev*) much, a good deal; (*mv*) many, a good many; (*ev & mv, fam*) a lot; *heel* (*zeer*) ~, (*ev*) a great deal, very much; (*mv*) a great many, very many; (*ev & mv, fam*) quite a lot; *ontzaglijk ~ goed* [do] a tremendous amount of good; *te* ~ [one pound] too much, [one, two, etc] too many; ~ *te* ~, *a*) far (a great deal, much) too much; *b*) far too many; *hij heeft te* ~ (*op*) he has had too much, is tipsy (tight); *te ~ om op te noemen* too numerous to mention; *te ~ betaalde belasting* overpaid tax; *niet al te* ~ not overmuch; *we hebben niet te ~ tijd* we have not too much time; *niets was hem te* ~ nothing was too much trouble for him; *hij voelde dat hij te ~ was* he felt (that he was) unwanted, that he was one too many; ~ *hebben van* be very much like; ~ *van elkaar hebben* be very much alike; *jij weet er ~ van!*, (*iron*) a (fat) lot you know about it!; *ik zal voor je doen wat ik kan, al is het niet* ~ I'll do my best for you, even if it's not much; *de* (*het*) *vele* ... the many things [he knew], the large number of [data], the large quantity of [food], the abundant (copious, plentiful, abundance of) [advice received]; *zie ook* zoveel & velerlei; II *bw* much, far [better, too old, etc]; (*dikwijls*) often, frequently, much; *zie ook* ~vuldig; ~ *en* ~ very much, ever so much [later, faster, etc]; ~ *meer* much (many, far) more, (*fam*) a sight more; ~ *minder* much less, many fewer; ~ *liever* much rather; *we gaan ~ uit* we go out a lot
veel|al often, as a rule, mostly, more often than not [the trouble is this]; **-begeerd** coveted [prize]; **-belovend** promising [youth], [a lad] of (great) promise, full of promise; *een ~ begin* an auspicious start; *een ~ zoontje*, (*iron*) a young hopeful; *het ~ zoontje* Young Hopeful; *een ~e leerling, enz zijn*, (*ook*) show great promise; *het begon* ~ things began encouragingly (*iron:* ominously); **-besproken** much-discussed, much talked-of; *de ~ kwestie*, (*ook*) the vexed question [of ...]; **-betekenend** significant, meaning(ful) [look; look meaningly at a p.], ['...,' she said] with meaning; **-betreden** well-trodden [path]; **-bewogen** stirring [times], eventful [life, times], chequered [life, career], [this] troubled [world]; **-bezocht**: *door schilders ~e plaats* haunt of artists; **-cellig** (*plantk*) multicellular, many-cellular; **-eer** rather, sooner; **-eisend** very demanding, exacting, exigent; **-gelezen** widely read; **-geliefd** much beloved; **-geprezen** [our] boasted (vaunted, cried-up) [intellect]; **-ge-**

smaad much maligned; **-godendom**, **-goderij** polytheism; **-heid** multitude, abundance; (~ & *verscheidenheid*) multiplicity; **-helmig** (*plantk*) polyandrous; **-hoek** polygon; **-hoekig** polygonal; **-hoevig** multungulate; *~en* multungulates; **-hoofdig** many-headed; (*fig ook*) hydra-headed; *~e regering* polyarchy; **-jarig** of many years, many years' [experience]; **-kleurig** many-coloured, multi-coloured, variegated; **-knopig** (*plantk*) polygonaceous; *~en* polygonaceae; **-koppig** *zie* -hoofdig; **-ledig** multipartite; (*wisk*) multinomial; **-lettergrepig** polysyllabic; ~ *woord,* (*ook*) polysyllable; **-luik** polyptych; **-mannerij** polyandry; **-meer** rather; **-min** much less; **-omvattend** comprehensive; wide(-ranging) [programme]; ambitious [plans]

veeloods cattle-shed, lair

veel|praatster, **-prater** great talker, voluble (loquacious) person; **-schrijver** voluminous writer; **-schrijverij** hackwork; **-snarig** many-stringed; **-soortig** manifold, multifarious; **-soortigheid** variety, (species) diversity, (*biol*) biodiversity; **-stemmig** many-voiced; (*muz*) *zie* meerstemmig

veelszins in many respects (ways)

veeltalig polyglot; **veeltaligheid** polyglottism, multilingualism; **veelte** *zie* veelheid

veel|term multinomial, polynomial; **-termig** multinomial, polynomial; **-tijds** frequently, often; **-verbreid**, **-verspreid** widely circulated [paper]; **-vermogend** powerful, influential; **-vingerig** many-fingered, multidigitate; **-vlak** polyhedron; **-vlakkig** polyhedral; **-vlakshoek** polyhedral angle; **-voet** millipede, polypod; **-voetig** many-footed, polypod; **-vormig** multiform; **-voud** multiple; *zie ook* gemeen; **-voudig** multiple [activities, echo, interests], manifold, multifarious; **-vraat** glutton; (*dier ook*) wolverene, -rine; **-vuldig** 1 *zie* -voudig; 2 frequent(ly); repeated(ly); ~ *voorkomen,* (*ve ziekte, misdaad, enz, ook*) be rife; **-vuldigheid** frequency; **-weter** know-all; **-wijverij** polygamy; **-zadig** many-seeded, multispermous; **-zeggend** significant, pregnant [words], telltale [marks], revealing [remarks]; **-zijdig** many-sided [*ook fig:* man, intellect, activities], multilateral [*ook fig:* pact]; (*fig, ook*) varied [talents], all-round [abilities], versatile [genius], catholic [taste], wide [reading]; **-zijdigheid** many-sidedness, versatility, catholicity [of taste]

veem 1 warehouse-, dock-, storage-company; 2 (bonded) warehouse; 3 *zie* ~gericht

veemarkt cattle-market, -fair

veemceel dock-warrant; **veemgericht** vehmgericht, vehmic court

veen peat-soil, -moor, -bog, peat; *zie ook* hoog~ & laag~; *zie ook* turf

veen|achtig boggy, peaty; **-bes** cranberry; **-brand** peat-moor fire; (*fig*) unending stream [of rumours]; **-brug** corduroy road; **-derij** 1 peat-cutting, -digging; 2 peatery; **-grond** 1 peaty soil; 2 peat; **-kolonie** fen-, peat-colony; **-lijk** bogman; **-mol** mole cricket; **-mos** bog-moss, sphagnum; **-rook** peat smoke, peat reek; **-werker** peat cutter; **-wortel** knot-grass

veepest cattle-plague, rinderpest

veer 1 (*ve vogel*) feather; *hij moest een ~* (*veren*) *laten* he singed his feathers (wings), he did not come out of it unscathed; *men kan geen veren plukken van een kikker* you cannot get blood out of a stone; *geen ~ meer van zijn mond kunnen blazen, a*) be completely broke; *b*) be completely exhausted; ***in** de veren liggen* be between the sheets; *in de veren kruipen* go to roost; *zij zitten elkaar altijd in de veren* they are always getting at each other, foreover bickering; *hij kon niet **uit** de veren komen* he could not get out of bed; *zie ook* pronken; 2 (*v uurwerk, enz*) spring; 3 (*ve bril*) ear-piece; 4 (*overzetplaats*) ferry; (*pont*) ferry-boat; (*de dienst*) ferry service

veer|balans spring balance; **-boot** ferry, ferry-boat; **-dienst** ferry service; **-geld** ferry charge, ferriage; **-huis** ferry office; ferryman's house; **-kracht** (*ook fig*) elasticity, [youthful] buoyancy, resilience, spring; **-krachtig** (*ook fig*) elastic, buoyant [step], resilient [mind, nature], springy [cushions, step]; **-loon** *zie* -geld; **-man** ferryman; **-motor** clockwork motor; **-nervig** feather-veined

veeroof cattle-lifting, -stealing, (*Am*) cattle-rustling; **veerooster** cattle-grid

veer|passer spring-dividers, -callipers; **-plank** springboard; **-pont** *zie* -boot; **-ring** (*op bout*) spring (*of:* lock) washer; **-schip** *zie* -boot & beurtschip; **-schipper** *zie* -man & beurtschipper; **-slot** spring-lock, snap-lock

veertien fourteen; ~ *dagen* a fortnight; (*ook*) [sent to prison for] fourteen days; *om de ~ dagen* every fortnight; *vandaag* (*maandag*) *over ~ dagen* this day (Monday) fortnight; **veertiendaags** fortnightly; *een ~e vakantie* a fortnight's holiday; **veertiende** fourteenth; **veertienjarig** of fourteen (years); *vgl* jarig

veertig forty; *vgl* in; **veertiger** man (woman) of forty (years), forty-year-old, quadragenarian; *in de ~ jaren* (*de jaren veertig*) in the forties; **veertigjarig** of forty (years); *vgl* jarig; **veertigste** fortieth; **veertigtal**: *een ~* (about) forty, some forty; **veertigvoud** multiple of forty; **veertigvoudig** fortyfold

veervormig penniform, feather-shaped; **veerwerking** spring-action; *met ~* spring-loaded; **veerwild** game birds

veest wind, flatus; *een ~ laten* break wind

veestal cow-house, byre; **veestamboek** herd-book; **veestapel** stock of cattle, livestock, cattle population

veesten break wind

veeteelt cattle-breeding, -raising, stock-breeding, -raising (industry); (*vak*) animal husbandry; (*melk~*) dairy farming; **vee|voeder**, **-voer** cattle-fodder, forage, animal feed(stuffs); **veewagen** (*open*) cattle-truck; (*dicht en klein*) cattle-box, (*groot*) cattle-van; **veeziekte** cattle-plague, murrain

veganisme veganism; **veganist(isch)** vegan

vegen sweep [the floor, a chimney, the ice], brush

[a carpet, the crumbs from one's lap], wipe [one's feet, one's nose, the perspiration from one's face]; *het gewei ~,* (*v herten*) fray (their heads); *zie ook* tafel; **veger** 1 (*voorwerp*) (sweeping-)-brush; 2 (*pers*) sweeper

vegetariër vegetarian, (*fam*) veg(g)ie; **vegetarisch** vegetarian; **vegetarisme** vegetarianism; **vegetatie** vegetation; **vegetatief** vegetative; **vegeteren** vegetate; *een mens vegeteert hier,* (*ook*) you don't live here, you exist

vehikel (ramshackle) vehicle; (*fam*) jalopy, banger; (*voor medicijnen*) vehicle

vei 1 fertile; 2 luxuriant; 3 lustful

veil venal, open to bribery, corruptible, mercenary; *zijn leven ~ hebben* be ready to lay down (to sacrifice) one's life [for one's country]; **veildag** auction day; **veilen** sell by (put up for) auction, auction, bring under (to) the hammer; **veiler** auctioneer

veilig safe, secure; *vereniging voor ~ verkeer* safety first association; *mechanisch ~* foolproof; *absoluut ~,* (*ook*) fail-safe; *~ en wel* safe and sound; *niet ~,* (*mil sl*) unhealthy [spot]; *~ gebied* safe area, safe haven; *~e gids* safe guide; *de ~ste partij kiezen* keep on the safe side, play for safety; *~ vrijen* safe sex; *zo ~ als wat* as safe as the Bank of England (as houses); *het is ~,* (*de kust is schoon*) the coast is clear; *hier zijn we ~,* (*ook*) here we're out of danger (of harm's way); *het geheim is ~ bij mij* the ... is safe with me; *de lijn is ~* the line is clear; *het signaal ~,* (*na luchtalarm*) [give, sound] the 'all-clear'; *je kunt het ~ drinken* you may safely drink it; *~ stellen* make [the guilder] safe, save [the guilder], secure (safeguard) [interests]; *men kan ~ stellen* (*zeggen*), (*ook*) it is safe to say; *het sein* ***op*** *~ zetten voor* give the green light for; *het signaal staat op ~* the ... is at clear; *~* ***voor,*** *a*) safe for [make the world safe for democracy]; *b*) safe (secure) from; **veiligheid** 1 safety, security; *in ~ brengen* put (place) in safety, bring (take, carry) to (a place of) safety; *zich met een sprong in ~ stellen* jump to safety; *voor de ~* for safety('s sake); 2 (*techn*) safety device, safety valve, etc; (*elektr*) fuse, cut-out

veiligheids|agent security guard; **-coëfficiënt** safety factor; **-commissie** committee of public safety; **-dienst** (*mil*) field security; (*burgerlijk*) security service (force, police); (*geheim*) intelligence service; **-glas** safety glass, shatterproof (unsplinterable) glass; **-gordel** seat-belt; (*in auto, ook*) safety-belt; **-halve** for safety('s sake); **-inrichting** safety device; **-ketting** safety chain, (*ve armband, enz, ook*) guard(-chain); **-klep** safety valve; **-lamp** safety lamp, Davy (lamp); **-lucifer** safety match; **-maatregel** measure of precaution, precautionary (security, safety) measure, safeguard; **-marge** margin of safety; **-normen** safety standards; **-pact** security pact; **-pal** (*ve vuurwapen*) safety(-catch); **-pen** safety pin; **-politie** security police

Veiligheidsraad Security Council

veiligheids|redenen 1 considerations of safety; 2 security reasons; **-riem** *zie* -gordel; **-ring** (*aan vinger*) keeper(-ring); **-risico** security risk; **-scheermes** safety razor; *~je* razor blade; **-slot** safety lock; **-sluis** security gate, detector gate; **-speld** safety pin; **-stop** fuse; **-verdrag** security pact; **-voorschrift** safety regulation; **-wet** law concerning public safety; (*Eng*) health and safety at work act; **-zone** safety zone

veiling auction, public sale, sale by auction; *in ~ brengen* put up for (*of:* to) auction, sell by auction; *in ~ komen* come up for sale; *vgl* hamer & maling: in de ~ nemen; **veilingcondities** conditions of sale; **veilingdag** auction day; **veilingfirma** auctioneering firm; **veilinghouder** auctioneer; **veilinghuis** auction room(s); **veilinglokaal** auction-room; **veilingmeester** auctioneer; **veilingprijs** sale price

veine (run of) luck; *ik had ~* I was in luck; *voortdurend ~ hebben* have a sustained run of luck

veinzaard *zie* veinzer; **veinzen** I *tr* feign, simulate, pretend, affect, sham; *hij veinst doof te zijn* he pretends that he is deaf, feigns (shams) deafness; *ik veinsde te lezen* I pretended to read; II *intr* feign, dissemble, dissimulate, sham; *zie ook* geveinsd; **veinzend** dissembling, hypocritical; **veinzer** sham, hypocrite, dissembler; **veinzerij** hypocrisy, dissimulation; [it's only] make-believe

vel 1 (*v mens of dier*) skin; (*ve dier, scherts ve mens*) hide; *een oud ~,* (*vrouw*) an old hag; *~letje* skin, membrane, film; *hij is ~ over been* he is all skin and bone, he is a bag of bones; *iem het ~ over de oren halen* fleece (*of:* flay) a p.; *ik zou niet* (*graag*) *in zijn ~ steken* I would not be in his skin (for all the world); *in geen goed* (*in een slecht*) *~ steken* have a weak constitution; *lekker* (*goed*) *in zijn ~ zitten* be as right as rain, feel on top of the world; ***uit*** *zijn ~ springen van boosheid* be beside o.s. with rage; *het is om uit je ~ te springen* it is enough to drive you crazy (to provoke a saint), it is exasperating; 2 (*in melk*) (bit of) skin [the milk is forming a skin, a skin has formed on the milk]; 3 (*papier & typ*) sheet [of notepaper]; ***in*** *losse ~len* in sheets; 4 (*lap*) rag; *krijg de ~len,* (*sl*) get stuffed

velaar velar

veld 1 field (*ook sport-, slagveld, enz, en v wapenschild & kijker*); (*sp ook*) ground, pitch; *het gehele ~ der Engelse historie* the whole field of ...; *~ van onderzoek* field of inquiry, field of research; *de kunst biedt een ruim ~* offers plenty of scope; *zie ook* terrein; *het ~* ***behouden,*** (*ve leger*) keep the field, (*fig*) hold (keep) the field; *wij moesten het ~* ***ruimen,*** (*ook fig*) we had to retire from (to abandon, to leave) the field, were beaten out of the field; *het ~ voor iem ruimen,* (*ook*) stand aside; *~* ***winnen*** gain ground [this opinion is rapidly gaining ground]; ***in*** *het open* (*vrije*) *~* in the open field; *in het ~ brengen* put [troops] into (place ... in) the field; *een kandidaat in het ~ brengen* run a candidate [against ...]; *in geen ~en of wegen* nowhere [to be seen]; ***op*** *het ~ werken* work in the fields; *vallen op het ~ van eer* fall on the field of honour; *het* ***te*** *~(e) staande koren* the standing corn, corn on the stalk; *het leger te ~e* the army in the field; *te ~e trekken* take the field; *te ~e trekken tegen,* (*fig*) fight, combat, be up in arms against; *hij was geheel* **uit** *het ~ geslagen* he was quite disconcerted, put out (of countenance), (completely) taken aback, discomfited; *hij laat zich niet gemakkelijk uit het ~ slaan* he is not a man to be easily daunted; *uit het ~ sturen,* (*sp*) send off; *J werd uit het ~ gestuurd* (*fam*) J was given (his) marching orders; 2 (*ve vuurwapen*) land; 3 (*achterban*) [consult the] rank and file

veld|artillerie field-artillery; **-bed** camp-bed; **-bies** (*plant*) wood-rush; **-bloem** wild flower; **-boeket** bouquet of wild flowers; **-esdoorn** field maple; **-fles** (travelling-)flask; (*mil*) water-bottle (-flask); **-fluit** shepherd's (*of:* oaten) pipe; **-gedierte** animals living in the fields; **-gewas(sen)** arable crop(s), produce of the fields; **-haver** tall oat-grass

veldheer general; **veldheerschap** generalship; **veldheerskunst** generalship, strategy; **veldheersstaf** staff of command

veld|hockey hockey, (*Am*) field hockey; **-hoen** partridge; **-hospitaal** field-hospital; **-jakker** (*vogel*) fieldfare; **-kers** cardamine, meadow-cress; **-ketel** field-, camp-kettle, field-service kettle, (*sl*) dixie; **-keuken** field-kitchen; **-kijker** field-glass(es), (pair of) binoculars; **-krekel** field cricket; **-lathyrus** meadow pea (vetchling); **-leeuwerik** skylark; **-loop** cross-country run; **-maarschalk** field-marshal; **-maarschalksstaf** field-marshal's baton; **-muis** (*niet in GrBr*) common vole; *grote ~* wood mouse, long-tailed field mouse; *rosse ~* bank vole; **-mus** tree-sparrow; **-muts** fatigue-cap; **-post** (*mil*) army post-office, APO; **-prediker** army-chaplain, chaplain to the forces, (*fam*) padre; **-rat** water vole; **-rijden** (*wielersp*) cyclo-cross (racing); **-rit** cross-country ride (race); **-salade**, **-sla** corn salad, lamb's lettuce; **-slag** battle; **-slang** (*oud kanon*) culverin(e), serpent, aspic; **-spaat** fel(d)spar; **-spel** 1 *zie* -sport; 2 team play; (*honkbal, enz*) fielding; **-sport** outdoor sport, open-air game; **-sterkte** [magnetic, electric] field strength; **-stoel** camp-stool; **-stuk** (*mil*) field-piece, -gun; **-tenue** marching-dress; **-tijm** wild thyme; **-tocht** campaign; *op een ~* in a campaign; **-uil** short-eared owl; **-verhouding** (*sp*) run of the play; **-vruchten** produce of the fields, crop(s); **-wachter** (*hist, vglb*) village policeman; **-weg** cart-, field-track; **-werk** fieldwork (*ook fig*); (*sp*) fielding; **-zuring** common sorrel

velen I *ww* stand, endure; *ik kan veel ~* I can stand a lot; *hij kan niets ~* he is very touchy; *ik kan hem* (*het*) *niet ~* I cannot stand him (it), I hate the sight of him, *zie ook* uitstaan; II *telw* many; *zie* veel

veler|hande, **-lei** of many kinds (sorts), all kinds of [things], [complaints are many and] various, multifarious [reasons], sundry; *hij stelde in vele en ~ dingen belang* his interests were many and varied

velg rim, felly, felloe; **velgbed** (tyre) seat; **velglint** rim tape; **velgrem** rim-brake

velijn 1 vellum; 2 *zie* ~papier; **velijnpapier** vellum (satin, wove) paper, vellum post

vellen 1 fell, cut (chop, hew) down [trees]; (*v pers*) cut down [in the prime of life], prostrate, lay low [laid low by flu]; 2 (*vonnis*) pass, pronounce [sentence], pass [judgment] [*over* on]; 3 (*lans, enz*) lay [the lance] in rest, couch [the lance, spear]; *met gevelde lans* (with) lance in rest; *zie ook* bajonet, oordeel & neer~

vellenkoper fellmonger; **vellenploter** skin-dresser; **vellerig** skinny, scraggy; **vellig** skinny

velo cycle; **velodroom** velodrome

velours velour(s); **velours-chiffon** chiffon velvet

velum 1 (*anat*) id; 2 (*r-k*) veil; 3 (*zeil*) awning

ven fenland (moorland) pool (*soms:* hollow); (*mv ook*) fenland

vendel 1 colour(s); 2 company [of soldiers]; **vendelzwaaier** flag twirler

vendetta id, blood feud

vendu auction; **venduhouder** auctioneer; **vendu|huis**, **-lokaal** auction room; **vendumeester** auctioneer; **vendutie** auction (sale), public sale; *op ~ doen* put up for (*of:* to) auction, bring to (under) the hammer

venen dig (*of:* cut) peat

venerisch venereal [disease]; **venerologie** venereology; **Venetiaan(s)** Venetian; **Venetië** Venice; (*provincie*) Venetia

veneus venous [blood]

Venezolaan(s) Venezuelan; **Venezuela** id

venijn venom (*ook fig*); *het ~ zit in de staart* the sting is in the tail; **venijnig** venomous; (*fig ook*) virulent [remark], vicious [retort], vitriolic [attack], wicked [teeth]; *iem ~ aankijken* look daggers at a p.; **venijnigheid** venom(ousness), virulence, viciousness

venkel fennel [oil, seed, water]; **venkelknol** finoc(c)hio

vennoot partner [in a firm]; *beherend ~* managing partner; *commanditaire ~* limited partner; *stille ~* silent (sleeping) partner; *werkend ~* active partner; *oudste* (*jongste*) *~* senior (junior) partner; *als ~ worden opgenomen* be taken into (admitted to) partnership

vennootschap partnership, company; *~ onder firma* firm, (co-)partnership; *een ~ aangaan* enter into partnership [*met* with]; *in de ~ worden opgenomen* be taken into (admitted to) partnership; *de ~ ontbinden* dissolve patnership; *zie ook* akte, commanditair, naamloos & wet; **vennootschapsbelasting** corporation tax; **vennootschapsrecht** company law

venster window; *zie ook* raam(-)

venster|bank 1 window-sill, -ledge; 2 (*zitplaats*) window seat; **-envelop(pe)** window envelope; **-geld** (*hist*) window tax; **-glas** 1 (*ruit*) window-pane; 2 (*stofnaam*) window-glass; **-kozijn** window-frame; **-luik** (window-)shutter; **-nis** window-recess; **-ruit** window-pane

vent fellow, chap, johnny, bloke; *~*(*je*) little fellow (*of:* chap); [come here] my little man!, youngster!, sonny!; *wat een ~!* what a specimen!; *als je*

een ~ was if you were (half) a man; *een saaie ~* a dull dog; *zie ook* heer, kerel, niks, raar, enz
venten peddle, hawk; (*luidkeels*) cry [one's wares, strawberries], shout [newspapers]; **venter** hawker, huckster, street-trader, -vendor, pedlar; (*fruit~, groente~, vis~*) coster(monger); **venterskar** coster's barrow
ventiel valve; (*ve orgel*) ventil; **ventielklep** valve-flap; **ventielslang** valve-connection, valve-tubing; **ventilatie** ventilation; **ventilatiekoepel** louver(s), louvre(s); **ventilatiekoker** ventilation shaft; **ventilator** id, [electric] fan, blower (fan); (*inlaat*) air inlet; (*afzuig*) extraction vent; **ventilatorkachel** fan heater; **ventilatorriem** fan belt; **ventileren** ventilate, air (*beide ook fig:* grievances, etc)
ventre à terre id, [ride] hell for leather, at full speed
ventweg service road
Venus id (*ook planeet & ~beeld*); **venusberg** mons Veneris; **venushaar** (*plant*) maidenhair (fern), Venus' hair; **venusheuvel** *zie* -berg; **venusschelp** Venus shell; **venusschoen(tje)** (*plant*) lady's slipper; **venusslak** *zie* -schelp; **venusspiegel** (*plant*) Venus' looking-glass
ver 1 (*ver weg, verwijderd*) far, distant (*ook fig:* a distant likeness, cousin), far-away [countries], remote [the remote past, future]; *niet ~ genoeg,* (*ook*) [throw] short; *~re bloedverwant* distant relative, remote (far-off) kinsman; ***is** het nog ~?* is it much further?; *het kan niet ~ meer zijn* it cannot be much further; *het schip is nog ~ van de haven* the ... is still a long way from the harbour; daar ***kom** je niet ~ mee* that won't get (*of:* take) you very far; *met 100 gulden kom je heel ~* a hundred guilders will go a long way; *zie ook* komen; *~ **weg*** far off, far away; *hij woont heel ~ weg,* (*ook*) he lives a considerable distance away (a great distance off); *klanten van ~ weg* far-off customers; *~ **in** zee* far out at sea; ***te** ~ gaan* go too far, overstep the mark; *dat gaat te ~* this is going (is carrying things) too far; *dat zou ons te ~ voeren* that would carry us too far (take us too far afield); *op **verre** na niet* not nearly [so clever as his brother]; (*fam*) not by a long chalk; *ze zijn nog op ~re na niet verslagen* they are a long way (off) from being beaten; *zie ook* lang: ~ niet; *wel verre van voldaan te zijn* (*van dit te doen*) (so) far from being satisfied (from doing this) [he ...]; *~(re) van gemakkelijk* far from easy; *van ~re* from afar, from far afield; *het zij ~re van mij* far be it from me [to ...]; *zich ~re houden van* hold (keep) aloof from [politics]; 2 (*over grote afstand*) far [a far journey; have to walk far], a long way, a great distance; 3 (*gevorderd*) far; *nu zijn we nog **even** ~* we are still no further forward, are no further than before; it leaves us where we were; *de wetenschap is nog niet ~ **genoeg*** science is not yet sufficiently advanced; ***hoe** ~ ben je?* how far have you got [in your book, with your work]?; *ze weet precies hoe ~ ze met hem kan gaan* she ... how far she can go with him; *men weet nooit hoe ~ hij misschien zal gaan* one ... to what lengths he may go; *zie ook* hoever; ***zo** ~* so far; *zie* zover; *~ **in** het voorjaar* [we are] well on in the spring; *tot ~ in de nacht* far (well, deep) into the night; *~ **over** de honderd* well over a hundred; *zie ook* verder, verst *en* bed, brengen, buur, mis, reis, vergezocht, enz
veraangenamen render (make) agreeable, make pleasant, lend a charm to, give a zest to [life]; **veraanschouwelijken** illustrate (by example), demonstrate; **veraanschouwelijking** illustration; **verabsoluteren** make (convert into an) absolute, (*Am*) absolutize
ver|accijnsbaar excisable; **-accijnsd** duty-paid
verachtelijk 1 (*verachting opwekkend*) despicable, contemptible; 2 (*minachtend*) contemptuous, scornful, disdainful [smile]; **verachtelijkheid** despicableness; scornfulness; etc; **verachten** despise, hold in contempt, have contempt for, scorn; *de dood ~* scorn death
verachteren fall (*of:* get) behind, get behindhand, deteriorate
verachting contempt, scorn, disdain; *met ~ verwerpen* spurn [an offer, invitation]
verademen breathe again; **verademing** relief; (*tijd tot*) ~ breather, breathing-space, respite
veraf far (away); **verafgelegen** remote, distant
verafgoden idolize; **verafgoding** idolization; **verafschuwen** abhor, abominate, loathe, have a horror of [scenes]; *ik -schuwde het,* (*ook*) it was an abomination to me
veralgemen(iser)en 1 generalize; 2 reduce to essentials; **verameri|kaansen**, **-kaniseren** *tr & intr* Americanize
veranda verandah; (*Am*) porch; *op de ~* in (on) the verandah; (*Am*) on the porch
veranderen *tr & intr* change, alter; (*een geheel andere vorm, aard, enz geven*) transform [linen into paper, enemies into friends]; *zijn stem ~,* (*onkenbaar maken*) disguise one's voice; *zijn stem veranderde, zie* wisselen; *het toneel ~* shift the scene; *het weer veranderde* the weather changed, there was a change in the weather; *alles is thans aan het ~* everything is in a state of flux at present; *altijd* (*van plan, mening, enz*) ~ be always chopping and changing; *dat verandert de zaak* that alters the case, that makes a difference; (*iets **aan***) *een japon ~* alter a dress; *dat verandert niets aan de feiten* that does not alter (affect) the facts (*zo ook:* that does not alter the fact that ...; it does not alter the situation); *daar is niets meer aan te ~* it cannot be helped now; *~ **in*** change into; *zijn liefde veranderde in haat* his ... turned to hatred; *de bibliotheek werd veranderd in een biljartkamer* the library was turned (converted) into a ...; *Jezus veranderde water in wijn* Christ turned water into wine; *het doodvonnis werd veranderd in levenslang* the ... was commuted (in)to imprisonment for life; ***van** japon* (*mening, houding, onderwerp*) ~ change one's dress (one's mind, one's attitude, the subject); *iem van mening doen ~* make a p. change his mind; *hij is erg veranderd* he has changed a good deal; *de tijden zijn veranderd* times have changed; *zie ook* 1 pas 1, eigenaar, enz

verandering change, alteration, transformation, commutation; *vgl* veranderen; ~ *ten goede* (*ten kwade*) change for the better (the worse); ~ *van lucht* change of air; ~ *van weer* change of (change in the) weather; *van ~ houden* be fond of change (variety); *daar zullen we ~ in brengen* we'll change (all) that; ~ *ondergaan* undergo a change; *alle ~ is geen verbetering* change is not always for the better; *voor de ~* for a change; *zie ook* spijs

verander|lijk 1 changeable [nature, person, temperature, weather], variable, unsettled [weather]; (*vooral dicht*) changeful; *~e ster* variable star; *~e winden* variable winds; 2 (*wispelturig*) inconstant, fickle; *zie ook* feestdag; **-lijkheid** changeableness, instability, inconstancy, fickleness

verankeren (*mar*) moor; (*met muurankers*) cramp; anchor (*ook fig*); *verankerde mijn* moored mine; **verankering** (*elektr*) anchorage

verantwoordelijk responsible [person, position, it is very responsible work], accountable, answerable; ~ *stellen* hold (make) responsible [*voor* for]; *zich ~ stellen* hold (make) o.s. responsible; *zie ook* ~heid; **verantwoordelijkheid** responsibility; *de ~ op zich nemen* accept (take, shoulder) the responsibility [of ...], make o.s. responsible; *de* (*alle*) *~ afwijzen* (*afwerpen, van zich afschuiven*) disclaim (repudiate, decline, shift off) responsibility (all responsibility); *een grote ~ leggen op* put a heavy responsibility on; *de volle ~ op zich nemen* accept full responsibility; *buiten ~ der redactie* the Editor is not responsible for views expressed; *op eigen ~* on one's own responsibility; *zie ook* schuiven; **verantwoordelijkheidsgevoel** sense of responsibility

verantwoorden answer (*of:* account) for, (*rechtvaardigen*) justify; *dat is niet verantwoord,* (*eig*) it has not been accounted for [in the books], (*fig*) it is not justified; *verantwoorde belegging,* (*euf*) ethical investment; *verantwoord optreden* responsible behaviour; *je bent niet verantwoord als je het toestaat* you are not justified (warranted) in allowing it (*zo ook:* this interpretation appears warranted); *het is niet verantwoord om je kind alleen naar school te laten gaan* it is too risky (is irresponsible) to ...; *hij zal het hard* (*zwaar*) *te ~ hebben* he will be hard put to it (have a hard time of it); *zich ~* justify o.s.; *zich ~ tegenover ... wegens ...* answer to ... for ...; *hij moest zich ~ wegens verduistering* he had to answer a charge of embezzlement; **verantwoording** 1 account; *zie ook* rekening 3; 2 (*verantwoordelijkheid*) responsibility [*op eigen ~* on one's own responsibility], accountability; 3 (*rechtvaardiging*) justification; ~ *schuldig zijn aan* be accountable (responsible) to; ~ *doen van* render an account of; *ter ~ roepen* call to account [for ...]

verarmen I *tr* impoverish [a p., the mind, the soil], pauperize, reduce to poverty; II *intr* become poor (impoverished), be reduced to poverty; (*achteruitgaan*) deteriorate; *in verarmde omstandigheden* in reduced circumstances; **verarming** impoverishment, pauperization, pauperism; deterioration

verassen reduce to ashes, incinerate; (*inz ve lijk*) cremate; **verassing** incineration; cremation

verbaal I *bn* verbal; II *zn zie* proces-~

verbaasd astonished, surprised, (*ten hoogste ~*) amazed; ~ *over* astonished, etc at; ~ *staan* be astonished, etc, wonder [all the world wondered]; *wel ~!* by Jove!, dear me!; **verbaasdheid** astonishment, surprise, amazement

verbabbelen *zie* verpraten

verba|liseren verbalize; *iem ~* take a p.'s name and address, (*fam*) book a p.; **-lisme** verbiage

verband 1 (*samenhang*) connection; (*zinsverband*) context; (*betrekking*) relation, connection; (*groep*) group; *onderling ~* interrelation(ship); *het ~ van oorzaak en gevolg* the relation of cause and effect; *ik zie het ~ niet* I do not see the connection; ~ *houden met* be connected with, be tied up with; *dat houdt er helemaal geen ~ mee,* (*ook*) that is neither here nor there; ~ *leggen tussen* connect, link (up), relate (together), establish a connection between; ***in*** *~ met* in connection with, in view of; *in ~ hiermede, in dit ~* in this connection (in this context) [it is worth noting that ...]; *in groter* (*ruimer*) ~ in a wider context; *in ~ brengen met* connect (associate) with, relate (to); *de zaken met elkaar in ~ brengen* put two and two together, piece (*of:* put) things together; *men begon hun namen in ~ met elkaar te noemen* people began to link their names; *dit vraagstuk staat* (*onmiddellijk, niet*) *in ~ met* ... this ... is (directly, un)related to ...; *niet in ~ staan met,* (*ook*) have no connection with (no bearing on); *in nauw ~ staande met* closely connected with (allied to), [questions] closely touching [the cost of living]; *in onderling ~ staande* interrelated; ***uit*** *zijn ~ rukken* tear (wrench) [a passage] from (out of) its context; ***zonder*** ~ disconnected, incoherent; *vgl* 2; 2 (*verbintenis*) lien, charge, obligation; (*eerste*) *hypothecair ~* (first) mortgage; ***onder*** *hypothecair ~* [lend money] on mortgage; ***zonder*** *~,* (*zonder obligo*) without prejudice [to ...], without any responsibility on our (my, etc) part *vgl* 1; 3 (*metselverband*) [English, Flemish] bond; (*houtverband*) bond, jointing; 4 (*zwachtel, enz*) bandage, [put on a clean] dressing; (*ve ader*) ligature; *een ~ aanleggen* apply a bandage; *zijn hand was in een zwaar ~* his ... was heavily bandaged

verband|gaas gauze dressing; **-kist** first-aid kit, emergency outfit; **-leer** wound-dressing; **-materiaal**, **-middelen** dressing material(s), dressings; **-schaar** angled scissors; **-trommel** *zie* -kist; **-watten** medicated cotton-wool; **-woord** connective

verbannen exile, banish, expel; *zie ook* bannen; *vooroordelen naar het verleden ~* relegate prejudices to the past; **verbanning** exile, banishment, expulsion; **verbanningsoord** place of exile

verbasterd degenerate(d); **verbasteren** degenerate; *het woord verbasterde tot* ... the word was corrupted to ...; **verbastering** degeneration; corruption [of a word]

verbazen astonish, surprise, (*ten zeerste ~*) amaze; *het verbaast me,* (*ook*) I am surprised (astonished) at it; *dat verbaast me niets!* I don't wonder!; *zich* ~ be surprised (astonished, amazed), marvel [*over* at]; *je kunt je met recht* ~ *dat je er nooit van gehoord hebt* you may well wonder you never ...; *zie ook* verwonderen; **verbazend** I *bn* astonishing, surprising, amazing, [with] startling [rapidity]; *wel* ~*!, zie* verbaasd; II *bw* astonishingly, etc, hugely, [I've enjoyed myself] immensely; ~ *jong* surprisingly young; ~ *weinig,* (*ook*) (*fam*) precious (*of:* mighty) few (little); ~ *veel geld* (*moeite*) no end of money (trouble); ~ *grappig,* (*ook*) too funny for anything; *het lijkt* ~ *veel op* ... it looks for all the world like ...; **verbazing** astonishment, surprise, (*sterker*) amazement; *tot mijn* ~ to my astonishment, etc; *met* ~ [she looked at me] in astonishment, etc; *hij was één en al* ~ he was lost in wonder; *zie ook* stom; *in* ~ *brengen, zie* verbazen; **verbazingwekkend** amazing, astonishing, astounding, stupendous

verbedden put (shift) into another bed

verbeelden represent; picture, express; *wat een diner, enz moe(s)t* ~ an apology for a dinner (a road, etc); *dat moet een karikatuur van Jan* ~ that's meant to be a ...; ***zich*** ~ imagine, fancy; *verbeeld je!* (just) fancy (that)!; *ze* ~ *zich ... te zien* they fancy they see ...; *zich* ~ *ziek te zijn* fancy o.s. ill; *ik dacht, dat ik het mij verbeeld had* I thought I had imagined it; *ze moeten zich niet* ~ *dat* ... they must not run away with the idea that ...; *hij verbeeldt zich nogal wat* he rather fancies himself; *zie ook* voorstellen; **verbeelding** imagination, fancy; (*verwaandheid*) (self-)conceit, conceitedness; *dat is maar* ~ (*van je*) it's only your fancy, a mere fancy; *er is heel wat* (*niet veel*) ~ *voor nodig om* ... it requires a considerable stretch (no stretch) of imagination to ...; *zijn* ~ *laten werken* use (exercise) one's imagination; *haar* ~ *gaat met haar op de loop* her imagination runs away with her; *heel wat* ~ *hebben, zie* zich verbeelden; **verbeeldingskracht** imagination, imaginative power; *een rijke* ~ *hebben* be highly imaginative; *arm aan* ~ unimaginative

verbeiden I *tr* await, wait for; *zijn met ongeduld verbeide rede* his eagerly awaited speech; *de lang verbeide dag* the long desired day; II *intr* abide; **verbeider** (*hist*) regent

verbena id, vervain

verbenen ossify; **verbening** ossification

verbergen hide, conceal; *fouten* ~, (*ook*) cover up faults; ~ *voor* hide (conceal, keep) from; *zijn gezicht in zijn handen* ~ bury one's face in one's hands; *zijn bezorgdheid* ~, (*ook*) mask one's anxiety; *hij verborg iets voor haar,* (*ook*) he was holding s.t. back from her; ***zich*** ~ hide, conceal o.s., secrete o.s. [the thief had secreted himself in the room]; (*aan boord*) stow away; *zie ook* verborgen (houden) & verschuilen

verberging hiding, concealment

verbeten tight-lipped [face], pent-up [rage], grim [fight]; **verbetenheid** pent-up rage

verbeterblad errata leaf, errata sheet

verbeteren 1 make better, improve [one's health, condition, a machine, an invention], better [one's position], ameliorate [one's condition], mend [it won't mend matters]; ***zich*** ~, (*in positie*) better o.s., better one's position (condition); *vgl* 2; *de toestand is verbeterd* the situation has improved; *er valt nog wel het een en ander te* ~ there is still room for improvement; *dat kun je niet* ~ you cannot improve (up)on that; 2 (*fouten*) correct, rectify [an error], remedy [defects]; (*v fouten zuiveren*) correct [an exercise, a proof sheet, a statement]; amend [a law, a previous statement; the amended Prayer book, amended notice]; emend [a text]; 3 (*zedelijk*) reform; (*zijn leven*) mend [one's ways]; ***zich*** ~, (*zedelijk*) mend one's ways, reform, turn over a new leaf; *vgl* 1

verbeterhuis (*hist*) house of correction

verbetering improvement, change for the better, amelioration; correction, rectification; amendment; emendation; reformation, reclamation; betterment; *vgl* verbeteren; ~*en aan de hand doen* suggest improvements; *dat laat geen* ~ *toe* it cannot be improved (up)on; *de tweede druk is een grote* ~ *vergeleken bij de eerste* the second edition is a great improvement (has greatly advanced) on the first; *elke verandering zou een* ~ *zijn,* (*ook*) any alteration would be for the better; **verbeteringsgesticht** (*hist*) Borstal; *vgl* tuchtschool

verbeurbaar confiscable, forfeitable; **verbeurd** confiscated, forfeited; *daar is niets* (*niet veel*) *aan* ~ it's no (no great) loss; **verbeurdverklaren** confiscate, seize; **verbeurdverklaring** confiscation, forfeiture, seizure; **verbeuren** 1 forfeit [a right, one's life, a p.'s esteem]; *hij zal daardoor de sympathie van velen* ~, (*ook*) it will lose him a great deal of sympathy; *zie ook* verbeurd & pand; 2 *zie* vertillen; **verbeurte** forfeiture; *op* (*onder*) ~ *van* on (under) penalty of [your life]

verbeuzelen trifle (fritter, idle) away, waste [one's time]; **verbidden** *zie* vermurwen

verbieden forbid, prohibit, interdict, veto; put (place) a ban on [certain games, food, etc], ban [a film, book]; *iem* ~ *te* ... forbid a p. to ..., prohibit a p. from ...ing; *ik verbied, dat dit huwelijk plaatsheeft* I forbid this marriage to take place; *een krant* ~ suppress a newspaper; *tabak is me verboden* I am forbidden tobacco; *ik verbood hem mijn huis* I forbade him my (the) house; *zich op verboden terrein bevinden* trespass; *verboden handel* illicit trading; *verboden vrucht is zoet* forbidden fruit is (stolen kisses are) sweet; *verboden wapenbezit* illegal possession of arms; *dat is hier verboden* that is taboo here; *verboden in te rijden* no thoroughfare (no entry); *verboden te roken* no smoking (allowed), smoking prohibited; *dit café is aan militairen verboden* this café is (has been put) out of bounds to (for) soldiers; *zie ook* toegang

verbijsterd bewildered, distracted, perplexed, dazed; *ze keek hem* ~ *aan* she looked at him in a dazed sort of way; **verbijsteren** bewilder, perplex, baffle, daze; ~*d,* (*ook*) mind-boggling; *zie ook* verbluffen; **verbijstering** bewilderment, perplexity, puzzlement

verbijten stifle, swallow (down) [one's anger]; *zich* ~ bite one's lip(s), set one's teeth; *zich* ~ *van woede* seethe inwardly; *zie ook* verbeten

verbijzonderen 1 set apart, individualize; 2 specialize; **verbijzondering** special case

verbinden 1 connect [the banks of a river, two villages], join [fields, pieces of wood, one sound to another], link [two words, the present with the past], link up [the railway links up K with Z], combine [colours; *ook chem*], associate [the name of ... with ...]; *in het huwelijk* ~ join (unite) in marriage; *de tunnel die Engeland verbindt met Frankrijk* the ... connecting (linking) E with F; ***zich*** ~, (*een verbond sluiten*) ally o.s. [England allied herself with Japan], enter into an alliance; (*v kleuren, enz & chem*) combine; (*verplichten*) *zie* 4; ***verbonden*** *schrift* joined-up writing; *de moeilijkheden verbonden* ***aan*** *het invoeren van deze reglementen* attending the introduction of these regulations; *er zijn vele voordelen aan verbonden* it offers many advantages; *er is een salaris van £ 8000 aan de betrekking verbonden* the post carries £8000 a year, a salary of ... goes with the post; *de positie aan de titel verbonden* the position that goes with the title; *de beslommeringen verbonden aan grote rijkdom* the worries that go with ...; *aan een krant* (*de Daily Mail*) *verbonden zijn* be on a paper (on the Daily Mail); *er is enig gevaar aan verbonden* there is some danger attached to it, it involves some danger; *er is een gymnastieklokaal verbonden aan de club* there is a gymnasium attached to ...; *er is een voorwaarde aan verbonden* there is a condition attached to it; *onafscheidelijk aan zijn beroep verbonden* [he was] wedded to his profession; *zijn lot* ~ *aan* throw in one's lot with; *zie ook:* ~ met; ***door*** *gemeenschappelijke belangen verbonden* bound together (joined) by common interests; *die namen worden altijd* ***met*** *elkaar verbonden* are always coupled (bracketed) together; *mijn belangen zijn met de uwe verbonden* my interests are bound up with yours; *ik heb mijn lot met het uwe verbonden* I've thrown in my lot with yours; *met enig gevaar* (*risico*) *verbonden* attended with (involving) a certain amount of danger (risk); *zie ook* verenigen; 2 (*telec*) connect [*met* with], put through, put (*of:* switch) on [*met* to]; *u bent verbonden,* (*telef*) you are through, (*Am*) you are connected; ~ ***met***, (*radio*) [we will now] take [you] over to [London]; *met een verkeerd nummer verbonden* (*telef*) put through to a wrong number; *ik was met het ziekenhuis verbonden* I was on to the hospital; 3 (*med*) bind up [a wound, patient], bandage, dress, tie up [a wounded arm]; 4 (*verplichten*) bind, oblige; *het verbindt u* ***tot*** *niets* [sign the attached coupon,] it commits you in no way, it will commit you to nothing, entirely without obligation; *zich tot iets* ~ pledge (bind, commit) o.s., engage, undertake, give an undertaking [to ...]; *ik wil mij tot niets bepaalds* ~ I will not commit myself to anything definite; *in zijn antwoord verbond hij zich tot niets* his reply was non-committal; *ik heb mij voor dat bedrag verbonden* I've pledged myself for that amount; **verbindend** connective [words]; *het contract is* ~ *voor u noch voor hem* the ... is binding neither on you, nor on him; *~e tekst* text link

verbinding 1 connection (*ook v treinen*); (*ve spoorweg; ook ~spunt*) junction; [bus, rail, road] link; [mortise-and-tenon] joint; (*mil*) liaison [with allied armies]; (*innige* ~) union; (*gemeenschap*) communication; (*v woorden in de uitspraak*) linking [of words], liaison; *directe* ~ direct communication, (*trein*) through train; *zich* ***in*** ~ *stellen* (*in* ~ *treden*) *met* communicate (get in(to) touch) with, contact; *in* ~ *staan met,* (*ve vertrek, enz*) communicate with; *de kamers stonden niet met elkaar in* ~ did not communicate; *met iem in* ~ *staan* be in touch (contact, communication) with a p.; *in* ~ *staan met geesten* (*met duistere machten*) hold communion with spirits (be in league with the powers of darkness); 2 (*elektr*) connection; *~en van een leger* communications of an army; *afgesneden ~en,* (*v telegraaf, spoorw, enz*) cut communications; ~ *krijgen,* (*telef*) get through; *de* ~ *tot* ***stand*** *brengen,* (*elektr*) make the connection; (*telef*) put the call(er) through; *de* ~ ***verbreken***, (*elektr*) break (cut off) the connection; 3 (*chem*) combination, compound; 4 (*ve wond*) dressing, bandaging; 5 ***zonder*** ~, (*handel*) without engagement; *zie verder* aansluiting

verbindings|boogje (*muz*) tie, bind; **-deur** communication door; **-dienst** (*mil*) (corps of) signals; **-kanaal** 1 connecting canal; 2 (*techn & biol*) channel of communication; **-klank** linking (connective) sound; **-lijn** (*mil*) line of communication; *vitale* ~ lifeline; **-naad** (*biol*) commissure; **-officier** liaison officer; **-streep** (*rek*) vinculum (*mv:* -la); *~je* hyphen; **-stuk** connection, link, connecting piece; **-teken** hyphen; **-troepen** signal corps, corps of signals; **-weg** connecting road, road link; *~en* communications; **-woord** connective word

verbintenis 1 (*verbond*) alliance (*ook huwelijks~:* alliance by marriage); 2 (*overeenkomst*) agreement, contract; 3 (*verplichting, belofte*) commitment, engagement, undertaking, bond; *een* ~ *aangaan* enter into an alliance (a contract, an agreement), undertake [to ...]; *zie ook* verplichting

verbitterd embittered, exasperated [*over* at], fierce [fighting]; **verbitterdheid** *zie* verbittering; **verbitteren** (*iems leven, gemoed, enz*) embitter, sour; (*kwaad maken, prikkelen*) exasperate, exacerbate; *de stemming* ~ create a bitter mood; **verbittering** embitterment, bitterness, exasperation, exacerbation

verbleken (grow, turn) pale, go white, blanch [with shock], (*v kleuren*) fade, pale; ~ *naast,* (*fig*) pale by the side of, pale before; *doen* ~ pale, blanch; (*kleuren*) pale, fade

verblendsteen facing-brick

verblijd glad, pleased, delighted; **verblijden** gladden, cheer, rejoice, make happy, delight; *zich* ~ rejoice, be rejoiced [*over* at]; **verblijdend**

gladdening, cheering, cheerful, joyful; *hun aantal is ~ groot* gratifyingly large

verblijf 1 residence, stay, (*tijdelijk*) stay; *~ houden* reside; 2 (*~plaats*) abode, residence, home; (*plaats van oponthoud*) [his present] whereabouts; (*v rovers, enz*) [their usual] haunt; *zie ook* opslaan & woonplaats; **verblijfkosten** hotel (*of:* accommodation) expenses allowance; **verblijfplaats** *zie* verblijf & woonplaats; *vaste ~,* (*ook*) permanent quarters; **verblijfsinrichting** lodging house; **verblijfsvergunning** residence permit; **verblijven** stay, remain; *ik verblijf Uw dw dienaar* ... I remain yours faithfully ...

verblikken pale; *zonder ~ of verblozen* unblushingly, shamelessly

verblind (*ook fig*) blinded, dazzled; **verblinden** blind, dazzle; (*fig ook*) infatuate; *~ voor* (make) blind to; **verblindheid** blindness, infatuation; **verblinding** blinding, dazzle; *zie ook* verblindheid

verbloeden bleed to death; **verbloeding** haemorrhage, hemorrhage

verbloemd veiled, disguised; **verbloemen** disguise, veil, gloss over [a fact], palliate, camouflage, cover up [the facts of the case]; *het is niet te ~* there is no disguising it; *het helpt niets de zaak te ~* it's no good mincing matters

verblozen blush; *zie* verblikken

verbluffen stagger, dumbfound, astound; *het is in één woord ~d* it is nothing short of staggering; *een ~d groot bedrag* a staggering amount; *met ~d gemak* with amazing (astonishing) ease; *hij stond verbluft* he was staggered (flabbergasted, dumbfounded)

verbod prohibition, interdiction; suppression [of a newspaper]; [overtime] ban; *het ~ van* ... the prohibition of ..., the ban on [dancing, etc], the embargo on [the importation of pigs]; *~ van veevervoer* (*om uit te varen, enz*) standstill order; *zie ook* opheffen; **verboden** *zie* verbieden

verbods|bepaling prohibition order; (*in wet, enz*) prohibitory clause; **-bord** prohibitory sign

verboemeld dissipated; **verboemelen** dissipate, run through, (*sl*) blue [one's money]

verbolgen incensed, angry, wrathful (*ook fig:* wrathful sea); **verbolgenheid** anger, wrath

verbond alliance, league, union; (*verdrag*) treaty, pact; (*bijb*) covenant; *drievoudig ~* triple alliance; *het Oude* (*Nieuwe*) *Verbond* the Old (New) Testament; **verbonden** *zie* verbinden; **verbondenheid** alliance, connection; [a sense of] solidarity

verbonds|ark, -kist ark of the covenant; **verbondsoffer** (sacrifice of the) mass; *zie ook sam met* Avondmaal

verborgen hidden, concealed; secret [sins], occult [sciences], latent [the latent elements in her nature]; *~ gebreken* hidden faults; *~ vatting,* (*ve lens, bijv*) sunk mount; *~ hoek,* (*ook*) blind corner; *~ houden* keep [a p.'s name] concealed, keep [things, it] dark; *~ houden voor* keep [facts] from [a p.]; *zich ~ houden* be in hiding, keep close; *in het ~* in secret, secretly; *zie ook* verbergen; **verborgenheid** secrecy, mystery; *de -heden van de godsdienst* the mysteries of religion

verbouw cultivation, growth, [wheat] growing; *zie ook* verbouwing; **verbouwen** 1 (*huis, enz*) rebuild, carry out alterations to; (*sl, mbt pers*) work over, do over, take apart, fill in, duff up; (*zaak*) wreck; *een hotel ~ tot een kantoorgebouw* convert a hotel into an office building; 2 (*geld*) spend in building; 3 (*kweken*) grow, cultivate

verbouwereerd dumbfounded, flurried, struck all of a heap, flabbergasted; *ze was er ~ van,* (*ook*) it completely bowled her over; **verbouwereerdheid** bewilderment, consternation, confusion

verbouwing rebuilding, alteration [business as usual during alterations]; conversion; *gesloten wegens ~* closed for repairs; *zie ook* verbouw

verbrandbaar combustible

verbranden I *tr* burn; burn down [a house]; (*pers*) burn (alive, at the stake); (*lijk*) cremate; (*lijk, afval*) incinerate; (*door hete vloeistof of stoom*) scald; *door de zon verbrand gelaat* sunburnt (*of:* tanned) face; *je bent helemaal verbrand,* (*ook*) you're as brown as a berry; II *intr* be burnt (to death); (*ve huis, enz*) be burnt down (*uitbranden:* out); (*geheel*) *~,* (*ve vliegtuig, enz*) be burnt up; (*door zon*) tan [she tanned quickly]; *de trap verbrandde* the staircase was burnt away; **verbrandheid** (*ve gezicht*) sunburn; **verbranding** combustion, burning (to death), death by fire; (*lijk~*) cremation; (*v plant*) scorching; *zie ook* vuil~

verbrandings|kamer combustion chamber; **-motor** internal-combustion engine; **-oven** incinerator, combustion furnace; **-proces** process of combustion; (*ve lijk*) cremation; **-produkt** combustion product, waste product; **-warmte** 1 heat of combustion; 2 calorific value

verbrassen dissipate, squander

verbreden widen, broaden; *zich ~* widen, broaden (out), (*v koker*) flare; **verbreding** widening, broadening

verbreekbaar severable

verbreiden spread [rumours], propagate [a doctrine]; *zich ~* spread [his fame spread far and wide]; *zie ook* verspreiden; **verbreiding** spreading, spread [of learning, religion], propagation [of a doctrine]; *zie ook* verspreiding

verbreken break [a seal, one's word, promise, a contract, the silence, contact], violate [an oath], break, burst [one's chains], break (off) [an engagement], break through [the enemy's lines], sever [ties, links, connections], cut (off) [an electric current], cut, interrupt [communications], run [the blockade]; *zij had alle banden met haar familie verbroken* she had cut loose from ...; **verbreker** breaker, violator; **verbreking** breaking, violation, severance, etc; **Verbrekingshof** (*België, vglb*) Court of Appeal

verbrijzelen smash (up), shatter (*ook fig:* her illusion had been shattered), break (smash) to pieces (to bits, into atoms); *zijn schedel werd verbrijzeld* was battered in; *het schip werd verbrijzeld* went (was pounded) to pieces; **verbrijzeling** smash(ing), etc

verbroddelen bungle, spoil, make a mess (a hash) of, get [a thing] into a mess; **verbroederen** fraternize (*ook: zich ~*); (*verzoenen*) reconcile; **verbroedering** fraternization, reconcilement

verbrokkelen I *tr* crumble; (*fig*) disperse [the attention], dissipate [one's energies]; II *intr* (*ook fig*) crumble (to pieces, away); **verbrokkeling** disruption, disintegration [of the empire], dismemberment; (*geol*) disintegration

verbruien: *het bij iem ~* get into a p.'s bad (*of:* black) books, incur a p.'s displeasure; *zie ook* vertikken

verbruik consumption [of foodstuffs, current], expenditure [of energy]; (*slijtage & overmatig ~*) wastage, waste; **verbruiken** consume [food, oil, coal, current, time], use up [one's strength, resources, reserves]; *verbruikte lucht* spent (*of:* stale) air; **verbruiker** consumer, user

verbruiks|artikel article of consumption, consumer article, commodity; **-belasting** consumer tax, excise (tax); **-goederen** consumer goods; **-krediet** consumer credit; **-salon**, **-zaal** buffet, (snack)bar

verbuigbaar (*gramm*) declinable; **verbuigen** 1 bend [the hands of the watch are bent], twist (out of shape), distort; (*techn*) buckle [a wheel, the plates of a ship; the mud-guard was buckled]; 2 (*gramm*) decline, inflect; **verbuiging** (*gramm*) declension, inflection

verburgerlijken (*ve socialistische partij*) become bourgeois; **verchristelijken** christianize

verchromen chromium-plate, chrome

vercommercialiseren 1 commercialize; 2 be(come) commercialized

verdacht *attr & pred* suspicious [person, place, etc], suspected [person, ship, port], shady [his shady past], questionable (suspect) [dealings]; (*fam*) fishy [story]; (*pred*) suspect [the statement is suspect], open to suspicion; *~ huis* house of ill fame; *een ~ persoon* a suspected person, a suspect, a suspicious (*of:* shady) character; *~e praktijken* shady (questionable) practices; *zich op ~e wijze ophouden,* (*ook*) loiter with intent; *hij* ***deed*** *erg ~* he behaved very suspiciously; *~ veel* ***lijken*** *op* bear an uncomfortable resemblance to; *~* ***maken*** make [a p., s.t.] suspected, fasten suspicion on [a p., a thing], reflect on [a p.('s honesty)]; *er ~* ***uitzien*** look fishy [there is s.t. fishy about it]; *iem ~* ***voorkomen*** look suspicious to a p.; *zie ook* verdenken; *~* ***zijn op*** be prepared for; *ik was er niet op ~,* (*ook*) it took me by surprise; *voor hij erop ~ was* before he was aware of it; **verdachte** suspect; *de ~,* (*ook*) the suspected person; (*jur*) the accused (*ook mv*), (*onder arrest in strafzaak*) the prisoner at the bar; **verdachtmaking** 1 insinuation; 2 reflection [on a p., a p.'s honesty]

verdagen adjourn, prorogue [Parliament]; *de conferentie werd verdaagd tot* the ... (was) adjourned till ...; **verdaging** adjournment, prorogation

verdampen *tr & intr* evaporate; vaporize; **verdamping** evaporation; vaporization; **verdampingswarmte** heat of evaporation

verdedigbaar defensible; (*houdbaar*) tenable, arguable [standpoint]; **verdedigbaarheid** defensibility, tenability

verdedigen defend [*tegen* from] (*in alle betek*), stand up for [a p., one's rights, a cause], uphold [a principle], speak up for [a p.]; *iem ~,* (*jur, ook*) appear for a p.; *iems zaak ~,* (*ook*) plead a p.'s cause; *zo'n gedrag is niet te ~* there is no justification for such conduct; *ik ben hier niet om de regering te ~* I hold no brief for ...; ***zich*** *~* defend o.s.; *zich zelf ~,* (*jur*) conduct one's own defence; *zich kranig* (*hardnekkig*) *~* put up a good (stubborn) fight; *hij kon zich niet ~,* (*had niets tot zijn verdediging aan te voeren, ook*) he had nothing to say in his (own) defence (*of:* for himself)

verdedigend defensive [attitude]; *een ~e houding aannemen* be on the defensive; **verdediger** defender; (*jur*) counsel (*zonder lw*) for the defence (for the defendant), defending counsel; *~ des geloofs* defender of the Faith; *vleugel-, centrale ~,* (*sp*) outside, inside defender; *vrije ~,* (*sp*) sweeper

verdediging defence (*alle bet*); *in de ~ gaan* go on the defensive; *in staat van ~ brengen* put in a posture of defence; *ter ~ van* [speak] in defence of; *iets tot iems* (*zijn eigen*) *~ aanvoeren* urge s.t. in a p.'s (one's own) defence; *ter ~ werd aangevoerd dat ...* the defence was that ...; *zie ook* verdedigen; *weigeren met de ~ door te gaan,* (*ve advocaat*) throw up (surrender) one's brief; *de met de ~ van het ontwerp belaste minister* the minister in charge of the bill

verdedigings|linie line of defence; **-middel** (means of) defence; **-oorlog** war of defence; **-wapen** defensive weapon, defence; **-werken** defences, defensive works

verdeelbaar divisible; **verdeeld** divided (*ook fig:* divided attention; opinions are divided); *een huis dat tegen zichzelf ~ is zal niet bestaan,* (*Marcus 3:25*) a house divided against itself shall not stand; **verdeeldheid** discord, dissension, division; *~ van opinie* division of opinion

verdeel|doos junction-box; **-kast** (*elektr*) distributing-box; **-passer** (spring) divider(s); **-sleutel** ratio of distribution; *volgens een bepaalde ~* [allocate] according to a fixed scheme of proportions (a fixed quota, in a fixed ratio)

verdeemoedigen humble [a p., o.s.], humiliate [a p.]

verdek (*mar*) deck, flat

verdekt (*mil*) under cover; masked [battery]; *~ opstellen* place under cover

verdelen divide, distribute, parcel out; partition [Palestine]; *de arbeid ~* divide (share) the work (the labour); *de buit ~,* (*ook*) share out the plunder; *verdeel en heers* divide and rule; *zijn kapitaal goed ~,* (*in beleggingen*) spread one's capital well; *de risico's ~* spread one's risks; ***zich*** *~* divide, split up [into four groups]; (*ve weg, ook*) fork, branch; *zich laten ~ in twee groepen* fall into two ...; *~* ***in*** divide into; *~* ***onder*** divide among; *de kosten* (*betalingen*) *~* ***over*** *tien jaar* spread the cost (payments) over ...; *zie ook* verdeeld & rol

verdeler 1 divider; 2 (*handel*) dealer; 3 (*in motor*)

distributor
verdelgen destroy, exterminate, extirpate; **verdelger** destroyer, exterminator; **verdelging** destruction, extermination, extirpation; **verdelgingsmiddel** pesticide, insecticide, herbicide, etc; **verdelgingsoorlog** war of extermination, exterminatory war, (*elkaar verdelgend*) internecine war
verdeling division [of labour, etc]; distribution [of land and water], partition [of Germany]; share-out [of the spoils]; (*in vakjes*) partitioning; *zie ook* rol~
verdenken suspect [*van* of]; *hij wordt ervan verdacht dat hij D heeft doodgeschoten,* (*ook*) he is under suspicion of shooting D
verdenking suspicion; *de ~ viel op hem* suspicion fell (fastened) on him, he fell under suspicion; *~ hebben op* suspect [a p.]; *~ krijgen* become suspicious; *boven* (*buiten*) *~* above (beyond) suspicion; *in ~ brengen* throw (fasten) suspicion (up)on; *in ~ komen* incur suspicion; *onder ~ van* [arrested] on suspicion of; *onder ~ staan* be under suspicion, be suspected [*van* of]
verder 1 (*afstand, tijd*) farther, further; *twee huizen ~* two doors away; *twee straten ~* two streets off; *drie regels ~* three lines further down; *voordat we vele jaren ~ zijn* before many years are past; *dat **brengt** ons niets* (*geen stap*) *~* that does not carry (get) us any (a step) farther, that leaves us (precisely) where we were; *hij zal het nooit ~ brengen dan avonturenromans* he will never get beyond ...; ***ga** ~!* go on!, proceed!; *~ op gaan* go farther on, farther afield; *we gaan ~* we go (pass) on; *ik ga ~,* (*fig*) I go further [and swear that ...]; *Lord O gaat nog ~ en verklaart ...* Lord O goes one better and declares ...; *~ kan ik niet gaan,* (*fig*) I cannot go beyond (can go no further than) that; *~ gaan met de agenda* proceed with the business of the meeting; *hoe het X ~ ging* what became of X; *vgl* doorgaan; *~ **helpen*** help along (on); *ik **kan** niet ~* I cannot get on; *hij kon niet ~,* (*bleef vastzitten, ook*) he got stuck; *daarmee **kom** je bij mij niet ~* that won't work with me; *maar daar kwam hij niets ~ mee* [he tried a screwdriver] but that didn't get him any further; *~ **lezen*** go on (continue) reading; *~ **rijden*** drive (ride) on; *ik moet nu ~* I must be getting on; *niets is ~ **van** de waarheid* nothing is farther (further) from the truth; *niets is ~ van mij* nothing is farther (further) from my thoughts; 2 (*nader*) further [remarks, information]; *~, indien ...* again, if ...; *hebt u ~ nog iets?* anything else?; *en wie ~?* and who else?; *~ niemand* no one else; *dan zegt hij ~ ...* he goes on to say ...; *ik heb ~ geen geld* I have no other money; *ik weet er ~ niet veel van* I don't know much more about it; *~ **moet** ik zeggen* besides (moreover) I must say; 3 (*voor het overige*) for the rest; *zie ook* overigens; **verdere** rest, remainder
verderf ruin, destruction, [his greed was his] undoing; *dood en ~ verspreiden* carry death and destruction; *het hellende pad ten verderve* the downhill path to perdition; *iem in het ~ storten* ruin (be the ruin of, undo) a p.; *hij stortte zichzelf in het ~* he worked his own destruction; **verderfelijk** pernicious, baleful [influence], vicious [system], pestiferous [doctrine], noxious; *~ voor zijn gemoedsrust* destructive of his peace of mind
verdergaand further; **verderop** further on, further down
verderven ruin, pervert, corrupt
verdicht 1 (*ve naam, enz*) fictitious, assumed; 2 (*v damp, enz*) condensed; (*ve gas*) compressed
verdichten 1 (*verhaal, enz*) invent; 2 (*damp, enz*) condense; (*gas*) compress; *zich ~* condense; **verdichting** 1 invention, fiction; *~ en waarheid,* (*lit*) faction; 2 condensation; **verdichtsel** fiction, fabrication, invention, figment, fable, story
verdiend deserved, merited; *~e straf,* (*ook*) condign punishment; *vgl* verdienen 2 & wel~
verdienen 1 (*verwerven*) earn [money, one's bread], make [£80,000 a year]; *iem wat **laten** ~* give a p. a (temporary) job; *ik hoop wat **aan** hem* (*eraan*) *te ~* I hope to make some money out of him (out of it); *hoeveel verdiende hij eraan?* how much did he make out of it?; *daar is niets aan te ~* there is no money in it; *~* (*niets ~*) ***op*** make a (no) profit on [make a profit of £100 on a parcel of goods]; 2 (*recht hebben op*) deserve [to win; a rest, all one gets], merit [consideration], be deserving of [attention, praise, punishment], be entitled to [careful consideration]; *dit punt verdient speciale vermelding* this ... calls for special mention; *hij verdient niet beter,* (*fig*) it serves him right; he had it coming to him; (*fam*) serve him right!; *ik heb beter aan u verdiend* I have deserved better at your hands; *zie ook* duit, geld, loon, overtocht, paard, enz; **verdienste** 1 (*loon*) wages, earnings; 2 (*winst*) profit, gain; 3 (*fig*) merit, desert(s); (*theol*) merit (*~ verwerven* acquire merit); *lid van ~* honorary member; *Orde van V~* Order of Merit, OM; *bevorderen naar* (*volgens*) *~* promote by merit, by desert(s); *naar ~ beloond* (*gestraft*) *worden* be rewarded (punished) according to one's deserts; *een man van* (*grote*) *~* a man of (great) merit; *zie ook* aanrekenen
verdienstelijk deserving, meritorious, creditable; useful [solution]; *hij heeft zich jegens ons ~ gemaakt* he deserves (has deserved) well of us; **verdienstelijkheid** meritoriousness, merit
verdiep storey, (*Am*) story
verdiepen deepen; broaden, widen [knowledge, etc]; *zich ~ in, verdiept raken in* lose o.s. in [one's work, etc], indulge in [all kinds of conjectures], go (deeply) into [a problem], pore over [a book]; *men verdiept zich in allerlei gissingen betreffende zijn verblijf,* (*ook*) speculation is rife as to his whereabouts; *ik zal me niet ~ in de redenen daarvoor* I'll not go into the reasons for this; *verdiept zijn in* be absorbed (immersed, buried) in [one's studies], be lost (wrapped up) in [one's thoughts]
verdieping 1 (*abstr*) deepening; 2 (*ve huis*) floor, storey, (*Am*) story; (*in muur*) recess; (*v gebak, enz*) tier [three-tier wedding-cake]; *benedenste ~* ground floor; *eerste ~* first floor, second stor(e)y;

op de eerste ~ on the first floor, first-floor [room]; *op de bovenste* ~ on the top floor; *huis van één* ~ (*van vijf* ~*en*), one-storey(ed) (five-storey(ed), *Am:* -storied) house; *laag* (*hoog*) *van* ~ low-(high-)pitched; *het scheelt hem in de bovenste* ~, *zie* bovenkamer

verdier|lijken I *tr* brutalize, bestialize; II *intr* become like an animal, get brutalized; **-lijking** brutalization; **-lijkt** brutalized, brutish, bestial

verdietsen *zie* verhollandsen

verdikke(me)! by gum!, by Jove!, (gor)blimey!, lumme!; **verdikken** *tr & intr* thicken; (*ve vloeistof*) thicken, condense; **verdikkie** zie verdikke; **verdikking** thickening [of the arteries, etc]

verdisconteerbaar discountable; **verdisconteren** discount, negotiate; *deze gegevens zijn erin verdisconteerd* these ... have been calculated (counted) in, have been taken into account, allowance has been made for ...; **verdiscontering** negotiation

verdobbelen gamble away

verdoeken new-, re-canvas, re-line [a picture]

verdoemd 1 (*eig*) damned, reprobate; *de* ~*en* the damned; 2 *zie* verdomd; **verdoemelijk** damnable; **verdoemeling** reprobate; (*verdommeling*) rotter; **verdoemen** damn; **verdoemenis** damnation, (*inz theol*) reprobation; *zie ook* verdommenis; **verdoemenswaard** damnable; **verdoeming** *zie* verdoemenis

verdoen squander, waste, chuck [money] away; *veel tijd* ~ *aan* waste a lot of time over; *zich* ~ make away with o.s., (*sl*) do o.s. in

verdoezelen blur [impressions, distinctions, principles], gloss over [objections], obscure [a fact], disguise [the truth]

verdoken hidden, concealed

verdolen go astray, lose one's way, stray (from the right path); *verdoolde*, (*fig*) stray sheep

verdomboekje *zie* verdomhoekje; **verdomd** I *bn* damned, cursed, confounded, blooming, blasted; II *bw* damn(ed) [hot], deuced(ly); III *tw* ~! damn it!, damnation!, hang it!, the devil!, the deuce!; *vgl* verdoemd; **verdomhoekje**: *hij staat* (*zit*) *in het* ~ he can't do a thing that is right; *bij iem in het* ~ *staan* be in a p.'s bad books; **verdomme** *zie* verdoemd; **verdommeling** rotter; **verdommen** 1 refuse flatly (point-blank); *ik verdom het* I'm damned if I'll do it (if I will); *het kan me niks* (*enz*) ~ I don't give a damn; 2 stultify; keep ignorant; **verdommenis** damnation; *loop naar de* ~ go to blazes; *de zaak gaat naar de* ~ the ... is going to pot

verdonkeremanen embezzle [money], spirit away [money, things, persons], suppress [a report]; **verdonkeren** darken, cloud

verdoofd benumbed, numb, torpid; (*door slag, enz*) stunned

verdooldheid aberration

verdopen rechristen, rename

verdord withered (*ook van ledematen*); (*ve landstreek*) parched, arid; (*ve boom, plant*) blasted [oak]

verdorie! the devil!, the deuce!, dash it!

verdorren wither; *zie ook* verdord

verdorven depraved, wicked, corrupt, perverted, abandoned, graceless; **verdorvenheid** depravity, corruption, perversion, turpitude

verdoven I *tr* (*doof maken*) deafen, make deaf; (*geluid*) deaden, deafen, dull; (*pijn, bewustzijn*) deaden; (*door kou*) benumb; (*bedwelmen*) stun, stupefy; (*door* ~*d middel*) anaesthetize, render insensible; (*de geest*) benumb [the mind]; (*glans*) tarnish (*ook fig*); ~*d middel* anaesthetic, narcotic, drug, (*sl*) dope; *het werd plaatselijk verdoofd* a local anaesthetic was used; II *intr* (*v glans*) tarnish

verdoving deafening, etc; stupefaction, torpor, stupor; anaesthesia, anaesthetization; *vgl* verdoven; *plaatselijke* (*algemene*) ~ local (general) anaesthesia; [administer a] local (general) anaesthetic; *gedeeltelijke* ~ *bij bevalling* [give women] twilight sleep; **verdovingsgeweer** stun gun; **verdovingsmiddel** anaesthetic; *vgl* verdoven

verdraaglijk bearable, tolerable; **verdraagzaam** tolerant [*tegenover* of], forbearing; **verdraagzaamheid** toleration, tolerance, forbearance

verdraaid distorted, contorted, twisted, out of shape; warped [sense of duty, view *inzicht*], disguised [handwriting]; *met een* ~*e hand* [written] in a disguised (feigned) hand; ~ *vervelend* (*gek*) deuced annoying (odd); *wel* ~! why dash (*of:* hang) it all!; *zie ook* verdraaien & vervloekt

verdraaien 1 (*eig*) turn, (*om as*) rotate [a wheel]; distort, contort, twist [one's face]; *zijn ogen* ~ roll one's eyes; 2 (*kapot*) spoil, force [a lock]; 3 (*vervormen*) distort [facts], twist [a p.'s words, the meaning of a word], corrupt [a name,] garble [a report], disguise [one's hand(writing)], pervert [facts], wrest [the law, a text, etc]; (*fam*) edit [a report, text, diary]; *het recht* ~ pervert the course of justice; *verdraai mijn antwoord niet* do not twist my answer; *de waarheid* ~ stretch (strain, violate) the truth; *zie ook* verdraaid & vertikken

verdraaier (*v woorden, enz*) twister; **verdraaiing** 1 turning; (*om as*) rotation; 2 distortion, contortion; twisting, twist [of meaning], perversion [of facts, of the truth, of history]

verdrag treaty, pact, compact, convention, covenant; *bij het* ~ *van* ... by the treaty of ...; *een* ~ *sluiten* conclude (make, enter into) a treaty

verdragen bear [pain, a misfortune, etc], suffer, endure, stand, tolerate; (*lit*) brook; (*geneesmiddel*) tolerate [he cannot tolerate valium]; (*zich laten welgevallen*) [I won't] put up with [it any longer]; *de muren kunnen geen gehamer* ~ do not stand up to hammering; *ik kan ... niet* ~ [wine, pea-soup, the climate, sea-bathing, etc] does not agree with me; *hij kan heel wat drank* ~ he can carry a good deal of liquor (*zo ook:* he doesn't carry his drink well); *geen goede raad kunnen* ~ be impatient of good advice; *hij kan een grapje* ~ he can take a joke; *ik kon het niet langer* ~ I could stand (*fam:* stick) it no longer; ***elkaar*** ~ bear with each other; ... ~ *elkaar niet* [fish and spinach] don't go together, are incompatible; *zij* ~ ***zich*** *goed met elkaar* they are getting on very well; *zie ook* uitstaan & uithouden

'**verdragend** (*kanon*) long-range [gun]; (*stem, gefluister*) carrying [voice, whisper]
verdragsluitend contracting [parties]
verdriedubbelen treble, triple, triplicate
verdriet sorrow, grief [*over* at, over], distress, [to my] chagrin; ~ *hebben* be in distress, be troubled (distressed); ~ *hebben over* grieve over; ~ *doen, zie* berokkenen; (*ook*) distress [a p.]; **verdrietelijk** annoying, vexatious; **verdrietelijkheid** annoyance, vexation, vexatiousness; *de verdrietelijkheden des levens* the vexations of life; **verdrieten** vex, annoy, nettle, grieve; **verdrietig** sad, [look] chagrined; (~ *makend*) distressing, vexatious; *een ~e uitdrukking* (*op zijn gelaat*) a sorrowful expression; *het maakt me* ~ it's very discouraging
verdrievoudigen treble, triple, triplicate
verdrijven drive (*of:* chase) away, dissipate, dispel [cares, darkness, fear], expel [*uit* from], dislodge, oust; beguile, while (*of:* pass) away [the time]; *de vijand* (*uit een stelling*) ~ dislodge the enemy (from a position); *uit zijn huis verdreven worden door overstroming* (*rook, enz*) be flooded (smoked, etc) out; *een onbekende uit een vergelijking* ~ eliminate an unknown from an equation; *zie ook* verjagen
verdringen push aside, crowd (*of:* elbow) out; (*fig*) drive out [short words tend to drive out long words; one anxiety drove out another], crowd out, displace, supersede, oust [from the market; men are being ousted by women], push [a p.] out of his job, shut out [all other thoughts], supplant [he supplanted me in her favour, in my post], cut out [a lover, etc]; *zie ook* verjagen; (*psych*) repress (*bewust:* suppress) [thoughts, feelings]; *de ene sensatie verdrong de andere* sensation crowded (up)on sensation; *handenarbeid is door machinale arbeid verdrongen* manual labour has been superseded (displaced, ousted) by machinery; ***elkaar*** ~ jostle (each other), crowd each other out, scramble [for tickets *om kaarten te bemachtigen*]; ***zich*** ~ *om* crowd round [a p.], press about [the car]; *de mensen ~ zich langs de weg* (*in de zaal*) people throng the route (the hall)
verdringing (*psych*) repression, (*bewust*) suppression
verdrinken I *tr* drown; (*geld, enz*) spend on drink, drink (up) [one's earnings] (*zorgen, verdriet*) drink down [cares], drown [one's sorrow in liquor]; (*land*) inundate [land]; (*fig*) be swamped [with work, in statistics]; *hij verdrinkt in die jas* that coat is miles too big for him; *zich* ~ drown oneself; II *intr* be drowned; (*ook*) drown [she saw her husband drown before her eyes]; **verdrinking** drowning [drownings numbered 100]; *dood door* ~ death from drowning; *ongelukken door* ~ drowning accidents, drowning casualties
verdrogen dry out (up), shrivel up, parch
verdromen dream away [one's time]
verdronken drowned; (*land*) submerged
verdroot *ovt van* verdrieten
verdrukken oppress; *de verdrukte helpen,* (*fam*) help the underdog; **verdrukker** oppressor; **verdrukking** oppression; *tegen de ~ in groeien* flourish in spite of adversity; *in de ~ komen* be likely to suffer
verdub|belen double [a letter, the price], duplicate [expenses], redouble [one's efforts], quicken [one's pace]; *zich* ~ double; *met verdubbelde energie* with redoubled energy; **-beling** doubling, redoubling, duplication; (*in catalogus*) added entry
verduidelijken elucidate, explain, make (more) clear, illustrate [by examples], clarify; **verduidelijking** elucidation, explanation, illustration, clarification; *ter* ~ [add] by way of explanation
verduisteren I *tr* 1 (*ook fig*) darken, obscure, eclipse; (*luchtbescherming*) black out; *de geest* (*het verstand*) ~ cloud the mind (the intellect); 2 misappropriate, embezzle, defalcate, (*gemeenschapsgeld, ook*) peculate; II *intr* darken, grow (*of:* get) dark; **verduistering** 1 darkening, obscuration; black-out [for air-raids]; (*eclips*) eclipse, (*ve planeet, ook*) occultation; 2 misappropriation, embezzlement, defalcation; peculation; *vgl het ww*; **verduitsing** Germanization
verduiveld I *bn* devilish, deuced; *~e onzin* blooming nonsense; *een ~e haast* [be in] a devil of a hurry; *het is een ~e last* it's a confounded nuisance; II *bw* devilish, deuced [bad], deucedly, [it hurt most] devilishly; *een ~ lange tijd* the deuce of a (long) time; *hij zit er ~ over in* he is in a terrible stew about it; ~ *aardig van je* jolly kind of you; ~ *aardige vent* jolly nice chap; ~ *goed* cracking good [player, school]; *een ~ goed idee* a marvellous idea; ~ *lelijk* terribly ugly; ~ *weinig* precious little (few); ~ *veel* [ask] a devil of a lot; III *tw* (*wel*) *~!* the devil!, the deuce!, good heavens!
verduizendvoudigen multiply by a (one) thousand
verdulleme the devil, the deuce
verdunnen thin [the blood, etc]; (*dranken*) dilute; water [one's whisky]; (*lucht*) rarefy; **verdunner** [paint] thinner, diluent; **verdunning** thinning; dilution; rarefaction; *vgl* verdunnen
verduren endure, bear; *zie ook* verdragen; *veel te ~ hebben,* (*ve gebruiksvoorwerp, enz*) have to stand hard (rough) usage (a few knocks); *het hard te ~ hebben* have a hard time of it
verduurzamen preserve, cure; *zie ook* conserveren; **verduurzaming** [food] preservation
verduveld *zie* verduiveld
verduwen 1 (*eig*) push away; 2 (*fig*) digest [food, insults], swallow [an insult]
verdwaald lost [child, dog; she was lost], stray [sheep, dog, bullet]; *het ~e schaap,* (*fig*) the lost sheep (lamb); ~ *raken, zie* verdwalen; ~ *zijn* have lost one's way, be lost
verdwaasd distracted, distraught; ~ *kijken* look dazed; **verdwaasdheid** distraction
verdwalen lose one's way, lose o.s., get lost, go astray; *zie ook* verdwaald
verdwazen infatuate, render foolish; **verdwazing** infatuation; **verdween** *ovt van* verdwijnen
verdwijnen disappear [in, into, the crowd]; (*inz snel, totaal, geheimzinnig*) vanish [without trace], (*geleidelijk*) fade (melt) away [the crowd melted

away], wear off [my headache wore off]; (*ve gezwel, zonder ettering*) resolve; *die wet, enz moet* ~ that ... must go; *hij had het tekort doen* ~ he had wiped out the deficit; *de noodzaak doen* ~ eliminate the need; *hoffelijkheid is aan het* ~ courtesy is on the way out; *het kind was verdwenen* the ... was gone; *zijn geestdrift was verdwenen* his ... had evaporated; *de zon was* (*de sterren waren*) *verdwenen* the ... had gone in; *verdwijn!* be off!, scram!, make yourself scarce!; *uit het oog* ~ disappear (vanish) from sight; *ze verdween voor altijd uit zijn leven* she passed (faded) out of his life for ever; *het verdwenen sieraad* the missing ornament; *verdwenen,* (*ook*) vanished [hopes, civilization, the vanished plane]; *een verdwenen stad* a lost town; *een ~d geslacht* a dwindling race; *zie ook* niet & spoorloos; **verdwijning** disappearance; fade-out; (*geheimzinnig, van geld, enz*) leakage; **verdwijnpunt** vanishing-point

veredelen ennoble [a person, the mind; he ennobles everything he touches], refine [the mind, feelings, language, taste], elevate [the character], improve [fruit], finish [goods]; *een ras* (*v vee, enz*) ~ grade up (upgrade, improve) a breed; **veredeling** ennoblement, refinement, elevation, improvement, grading up, upgrading; *vgl* veredelen; **veredelingsbedrijf** finishing industry; [plant] breeding station

vereelt callous (*ook fig*), horny [hands]; **vereelten** make (*of:* grow) callous (horny); **ver|eeltheid, -eelting** (*concreet*) callus, callosity

vereen|voudigen simplify; *een breuk* ~ reduce a fraction (to its lowest terms); *om de zaak te* ~ to simplify matters; **-voudiging** simplification; (*ve breuk*) reduction; **-zaamd** lonely; **-zamen** become lonely (socially isolated); **-zelvigen** identify; *zich ~ met* identify o.s. with, stand for [tariff reform]; **-zelviging** identification

vereerder adorer, worshipper, admirer, fan

vereeuwigen perpetuate, immortalize, eternize; **vereeuwiging** perpetuation, immortalization

vereffenen settle, square, balance [an account]; smooth out [differences]; clear off, liquidate [a debt]; settle, adjust [a dispute]; *een rekening ~,* (*ook*) settle up; *een oude rekening* ~ pay off (settle) an old score; *een zaak ~,* (*ook fig*) square accounts [*met* with]; **vereffening** settlement, adjustment; *ter ~ van mijn rekening* in settlement of my account

vereis: *naar ~ van omstandigheden* as circumstances (may) require; **vereisen** require, demand, take [time], call for [action]; **vereist** required, necessary, essential; *de ~e grootte* the requisite size; **vereiste** requirement, requisite; *eerste* ~ first requisite, prerequisite

veren I *bn* feather; *~ bed* feather-bed; *~ pen* quill (pen); II *ww* be elastic (springy), spring; *het veert niet meer* it has lost its spring; *overeind* ~ spring to one's feet; *~d* elastic, springy; *goed ~de auto* well-sprung car; *~d gemonteerd* spring-mounted, spring-loaded

verenen *zie* verenigen; *met vereende krachten* with united (combined) efforts

verengelsen I *tr* Anglicize; II *intr* become Anglicized; **verengelsing** Anglicization

verengen narrow (*ook: zich* ~); **verenging** narrowing, restriction [of meaning]

verenigbaar compatible; *~ met,* (*ook*) consistent (consonant) with; *niet ~, zie* on~; **verenigd** united, combined; *het V~ Koninkrijk* the United Kingdom; *de V~e Staten* (*Naties*) the United States (Nations); *een ~ Duitsland* a unified Germany; **verenigen** unite, combine, join; (*verbinden*) connect [two seas], join, link (up) [link up forces *strijdkrachten*]; (*verzamelen*) assemble, collect, bring together; (*concentreren*) focus [one's thoughts on ...]; ***in** de echt* ~ join (*of:* unite) in matrimony; *in zich* ~ unite (combine) (in o.s.) [all the vices of ...]; ~ ***met*** unite (*of:* join) to (with); *hoe kun je dat ~ met je principes?* how can you reconcile it with your principles?; *een maatschappij met een andere* ~ amalgamate a company with another; *het tijdschrift zal verenigd worden met de Tijd* the journal will be incorporated with ...; (*niet*) *te ~ met, zie* (on)verenigbaar; *veel* (*alle, 7000*) *stemmen **op** zich* ~ poll many (all the, 7000) votes; ~ ***tot*** unite into, form into [one company]; ***zich*** ~ unite [Workers of the World, unite; unite in prayer, in singing a hymn], combine, join forces, join hands, band themselves together; (*zich verzamelen*) assemble; *zich ~ met* join [a p., etc; the path joins the road], join forces (hands) with [the enemy]; (*het eens zijn met*) agree to [a proposal, the conditions], agree with [a p., what you say, your view]; (*zich aansluiten bij*) associate o.s. with [an opinion]; *zich niet kunnen ~ met,* (*ook*) dissociate o.s. from [a p., a p.'s views]; *zie ook* verenigd & nuttig

vereniging 1 (*het verenigen*) union, combination, joining, junction, association, link-up, amalgamation; *vgl* verenigen; *een ~ van cellen is een weefsel* an aggregation of cells is a tissue; *in ~ met* [act] in conjunction (association) with; 2 (*genootschap, enz*) union, society, association; *zie ook* dierenbescherming, recht I.1, enz

verenigingsgebouw clubhouse, club building; **verenigingsleven** club life; **verenigingslokaal** club-room; (*dorpslokaal*) village hall

verenkleed plumage

vereren honour, respect, venerate, revere, worship, adore; *iem een horloge* ~ present a p. with a watch; *~ met* honour with; *de voorstelling met zijn tegenwoordigheid* ~ grace the performance (with one's presence); *in ~de bewoordingen* in flattering terms

verergeren I *intr* become (grow, change for the) worse, deteriorate, worsen, take a turn for the worse; II *tr* make [the situation] worse [by laughing], worsen, aggravate [the problems], exacerbate [a p.'s suffering]; *de toestand* ~ make things worse; **verergering** worsening, change for the worse, deterioration, aggravation, exacerbation

verering veneration, reverence, worship; [the Byron, the Madonna] cult

vererven pass, descend [to a nephew *aan*]; **vererving** inheritance; **veretteren** fester, suppurate;

verettering suppuration; **vereuropesen** I *tr* Europeanize; II *intr* become Europeanized; **vereuropesing** Europeanization; **verevenen** *zie* vereffenen

verf paint; (*voor stoffen, enz*) dye; (*voor schilderij*) paint, colour; *hard een ~je nodig hebben* be sadly in need of (badly want) a coat (lick) of paint; *uit de ~ komen* stand out clearly; *het plan kwam niet uit de ~* the ... never got properly off the ground

verfafbijter paint remover (stripper); **verfbad** dye-bath; **verfdoos** paintbox; **verfeik** dyer's oak, quercitron; **verfhout** dye-wood

verfijnen refine; **verfijning** refinement

verfilmen film, screen, put [a play, a novel] on the screen; **verfilming**: *een ~ van Hamlet,* (*ook*) a screen-version of Hamlet

verf|krabber shave hook; **-kwast** paintbrush, house-painter's brush; **-laag** coat of paint

verflauwen (*v ijver, lust, belangstelling, gesprek*) flag; (*v snelheid*) slacken; (*vd wind, brand*) abate; (*verbleken*) fade; (*handel*) flag, slacken, droop; *doen ~* damp [a p.'s zeal]; **verflauwing** flagging, slackening, abatement, fading

verflensen wither, fade; *zie ook* verleppen

verflucht smell of paint; **verfmes** palette-knife; **verfmos** dyer's moss, orchil; **verfmossel** painter's mussel

verfoeien detest, abhor, abominate, execrate, loathe, hold in abomination (detestation); **verfoeiing** detestation, abomination; **verfoeilijk** odious, detestable, abominable, execrable, unspeakable; **verfoeilijkheid** odiousness

verfomfaaien tousle, crumple, tumble, rumple, dishevel

verfplant tinctorial plant; **verfpot** paint-pot

verfraaien embellish, beautify, improve; **verfraaiing** embellishment, beautification, improvement; **verfransen** I *tr* Frenchify, Gallicize; II *intr* become French(ified) [in one's manners], Gallicize; **verfransing** Frenchification; **verfriesen** Frisianize

verfrissen refresh; *het onweer verfrist de lucht* the ... clears the air; **verfrissend** refreshing; **verfrissing** refreshment

verfroller paint roller

verfrommelen crumple (up), rumple (up), tumble, crush

verfschraper shave hook; **verfspuit** paint--spray(er), spray-gun; **verfstof** dye(stuff), colour, paint, pigment; **verfstoffenhandelaar** (oil-and-)colourman; **verfverdunner** (paint) thinner; **verfwinkel** paint shop

verg. afk van *vergelijk* cf (*spreek uit:* compare)

vergaan I *ww* 1 (*algem*) perish, pass away; (*verteren*) decay, waste (away); (*vermolmen*) moulder; (*ve schip*) be wrecked, be lost, founder, go down; *zie ook* man; (*ve vliegtuig*) crash, be wrecked, be lost; *al het aardse vergaat* all earthly things will pass away; *een kabaal alsof hemel en aarde verging* an infernal noise; *~ van kou* (*honger*) perish with cold (die of hunger); *ik verga van de hoofdpijn* my head is splitting; *ik verga van de slaap* I am dead sleepy; *~ van trots* (*jaloersheid*) be eaten up with pride (jealousy); *zie ook* verteren, horen, stof; 2 fare; *het zal hem slecht ~* he will fare badly, it will go hard with him; II *bn* wrecked, lost [vessel], decayed, rotten [wood], perished [tube]; III *zn* passing away; decay; wreck, loss [of a ship, a plane], [plane-]crash ; *bij het ~ van de wereld* at the crack of doom

'**vergaand** *zie* verregaand & verstrekkend

vergaarbak reservoir, receptacle, repository

vergaderen I *tr* gather, collect, assemble; *zie ook* vergaren; II *intr* meet, assemble, sit [the conference did not sit today, sat for half an hour]

vergadering meeting, assembly, conference; *Geachte ~!* Mr Chairman, Ladies en Gentlemen!; *algemene* (*buitengewone*) ~ general (special) meeting; *de ~ is bijeen* the conference is sitting; *een ~ bijeenroepen* (*houden, openen, sluiten*) call (hold, open, close) a meeting; *zie ook* recht I.1 & sluiten; **vergaderlokaal** meeting room, committee room; **vergaderplaats** meeting place; **vergaderzaal** meeting room, committee room; (*in stadhuis*) session room; (*vd Verenigde Naties*) assembly hall

vergallen break the gall-bladder of [a fish]; (*fig*) embitter [a p.'s life], make [life] a burden to [a p.]; *de vreugde* (*pret*) ~ spoil the game, be a spoilsport

vergalopperen: *zich ~* put one's foot in it (*Am:* in one's mouth), commit o.s.; *ik heb me weer vergaloppeerd,* (*ook*) I've done it again

verganke|lijk transitory, transient, fleeting; *schoonheid is ~* beauty is but skin-deep; *alles op aarde is ~* all earthly things will pass away; **-lijkheid** transitoriness, transience, instability

vergapen: *zich ~ aan* gape in admiration at; *zich aan de schijn ~* mistake the shadow for the substance, be deceived by appearances

vergaren collect, hoard, store (up), harvest, amass [wealth], gather [riches, the sheets of a book]; *zie ook* verzamelen

vergassen 1 (*tot gas worden, in gas omzetten*) gasify, vaporize [petrol]; 2 (*met gas doden*) gas; **vergasser** (*ve motor*) carburettor, -ter; (*petroleum~*) vaporized oil burner, primus; **vergassing** 1 gasification; (*bij motor*) carburation, vaporization; 2 (*om te doden*) gassing

vergasten treat [*op* to], regale [*op* with]; *zich ~ aan* feast (up)on (*ook fig*); *hij vergastte zich* (*zijn ogen*) *aan het landschap* he feasted his eyes (up)on (his eyes feasted (up)on, drank in) the ...; *op een redevoering ~,* (*ook iron*) treat to a speech

vergat *ovt van* vergeten; **vergé** laid [paper, line]

vergeeflijk pardonable, excusable, forgivable [offence]; venial [offence]; **vergeeflijkheid** pardonableness, etc, veniality; **vergeefs** I *bn* useless, vain, idle, futile, unavailing; (*pred ook*) in vain, of no avail, to no purpose; *onze pogingen waren ~,* (*ook*) our efforts fell flat (*bij naspeuring:* drew blank); *het ~e van mijn pogen* the futility of my efforts; II *bw* in vain, vainly; *zie ook* te~

vergeeld yellowed [leaves], browned [pages]

vergeestelijken spiritualize; **vergeestelijking** spiritualization

vergeetachtig forgetful; **vergeetachtigheid** forgetfulness; **vergeetal** forgetful person; **vergeetboek**: *in het ~ raken* fall into oblivion

vergeet|-mij-nietje forget-me-not; **-teken** caret

vergelden repay, requite, reward; *iem iets ~* repay (etc) a p. for s.t., (*iets kwaad ~*) retaliate (on, upon a p.), pay a p. out (back) for s.t.; *goed met kwaad ~* repay good with evil, return (*of:* render) evil for good; *God vergelde het u!* God reward you for it!; *~de rechtvaardigheid* retributive justice; **vergelder** (*wreker*) avenger; **vergelding** requital, retribution, retaliation; *dag der ~* day of reckoning; *ter ~ van* in return for; **vergeldingsmaatregel** retaliatory measure, reprisal

vergelen yellow, (*v papier, ook*) brown

vergelijk agreement, accommodation, compromise, settlement; *een ~ treffen, tot een ~ komen* come to an agreement, reach a settlement, compound [with one's creditors]; *dat is geen ~* there is no comparison; *zie ook ~*ing; **vergelijkbaar** comparable [*met, bij* with, to]

vergelijken compare; (*documenten, teksten, enz, ook*) collate [*met* with]; *~ bij* compare to, liken to; *~ met* compare with; *te ~ met* (*bij*) comparable to (with); *niet te ~ met* not to be compared with (to), (*fam*) not in the same league with; *het laat zich ~ met* (*bij*) it may be compared to; *hij laat zich ~ met Dickens* he compares with Dickens; *je kunt je niet met hem ~* you cannot compare with him, there is no comparison between you two; *vergeleken met, zie* vergelijking: in ~ met

vergelijkend comparative [philology, degree], competitive [examination]; **vergelijkenderwijs** comparatively, by comparison; *~ geen slechte jongen* not a bad boy as boys go

vergelijking 1 comparison; collation; *er is geen ~ tussen hen* there is no comparison between them; *een ~ maken* (*trekken*) make a comparison, draw a parallel; *de ~ doorstaan met* bear (stand) comparison with; ***in** ~ met* in comparison with, (as) compared with; *in ~ daarmee was een uur wandelen een prettig vooruitzicht* an hour's walk was ... in comparison; *dat is niets in ~ met wat ik deed* that is nothing to what I did; *in ~ met andere politici* [*is hij een fatsoenlijk man*] as politicians go [...]; *hoe staat Engeland ervoor in ~ met het continent?* how does England compare with the ...?; ***ter** ~* for (to facilitate) comparison [relevant data are appended]; *vgl* vergelijken *& zie* boos & mank; 2 (*wisk*) equation; *~ van de 1ste, 2de, 3de graad* simple (*of:* linear), quadratic, cubic equation; *~ met de onbekende als exponent* exponential equation; 3 (*stijlfiguur*) simile; **vergelijkingsmateriaal** material for comparison, reference material

vergemakkelijken facilitate, make easier, simplify [a task]; **vergemakkelijking** facilitation

vergen require, demand, ask; *van iem ~ dat hij* ... require a p. to ...; *veel ~ van* make great demands on, tax (task) [a p.'s powers, patience], put a great strain on [one's nerves]; *het vergt veel van mijn geduld* it is a great tax on my patience; *skilopen vergt veel van de benen* skiing is a great strain on ...; *te veel ~ van* overtax [one's nerves, throat, o.s.], overstrain [one's voice]; *dat is veel gevergd* that is a lot to ask; (*fam*) that is a tall order; *dat is te veel gevergd* it is too much to ask (asking too much); *de strijd had te veel van hem gevergd* the struggle had taken too much out of him; *van zijn diplomatie werd het uiterste gevergd* his ... was taxed (strained) to the limit; *weinig ~ van iems tijd* make few demands on a p.'s time

vergenoegd (well-)contented, satisfied, pleased; **vergenoegdheid** contentment, satisfaction; **vergenoegen** content, satisfy; *zich ~ met te* ... content o.s. with ...ing

vergetelheid oblivion, forgetfulness; *~ zoeken* seek oblivion; *aan de ~ prijsgeven* relegate (consign) to oblivion; *aan de ~ ontrukken* save (rescue) from oblivion; *in ~ geraken* fall (pass, sink) into oblivion; *tot ~ doemen* doom to oblivion

vergeten forget; (*door onachtzaamheid*) neglect [to lock (locking) the door; neglected minority groups]; *ik heb mijn boek ~* I've forgotten my book; *ik heb ~ het je te zeggen* I forgot to tell you; *ik ben uw naam* (*het jaartal*) *~* I forget your name (the date); *ik ben ~ waarom* I forget why; *ik ben mijn Frans ~* I have lost my French; *vóór ik het vergeet* before I forget (it), while I remember; *en niet te ~* and not forgetting, last but not least; *betaling? vergeet het maar* payment? forget it; *vergeet beide ideeën maar,* (*fam*) stuff both notions; ***zich** ~* forget o.s.; *hij vergat zich zozeer dat hij haar sloeg* he forgot himself so far as to strike her; *de werkelijkheid* (*alles, enz*) *~de* forgetting (forgetful of, oblivious of) reality (everything, etc); *~ burger* [he spent his remaining days as an] obscure citizen; *zie ook* vergeven 2

vergeven 1 (*vergiftigen*) poison; *de plek is ~ van* ... the place is overrun with [mice], is crawling, alive, ridden with [vermin], is [insect-]ridden; 2 (*vergiffenis*) forgive, pardon [to know all is to pardon all]; *~ en vergeten* forgive and forget; *iem iets ~* forgive a p. s.t. [forgive us our sins]; *dat zal ik je nooit ~* I'll never forgive you for that; *ik zou het mijzelf nooit ~* I should never forgive myself (for it); *vergeef me dat ik het zeg, maar* ... if you will forgive my saying so ...; *vergeef me dat ik het je niet gezegd heb* forgive me for not telling you; *vergeef* (*het*) *mij!* forgive me!; *zijn vergrijp was te erg om ~ te worden,* (*ook*) he had offended beyond forgiveness; *niet te ~* unforgivable; 3 (*geven: ambt*) give away; *de Kroon heeft die plaats te ~* the place is in the gift of the Crown; *zijn baantje is al ~* his job is already promised; 4 (*bij kaartspel: zich ~*) (make a) misdeal

vergevensgezind forgiving; **vergevensgezindheid** forgivingness; **vergever** *zie* begever

vergeving pardon, remission [of sins]; (*ve predikantsplaats*) collation [of a benefice]; *zie ook* vergiffenis; **vergevings-** *zie* vergevens-

vergevorderd [the afternoon was] far advanced, advanced [season, cases of leprosy], well on one's way; *wegens het ~e uur* owing to the lateness of

the hour; *zie ook* ontbinding
vergewissen: *zich ~ dat* make sure (certain) that; *zich ~ van* ascertain, make sure (certain) of
vergezellen accompany, (*krachtens ambt, enz*) attend; *vergezeld gaan van* be attended (accompanied) with; *zie ook* gepaard; *vergezeld doen gaan van* accompany [the word] with [a blow]; *al onze goede wensen ~ hem,* (*ook*) he carries with him the good wishes of us all
vergezicht prospect, perspective, vista
vergezocht far-fetched
vergiet strainer, colander; **vergieten** shed [blood, tears], spill [blood, milk]; refound [a bell]; drown [the tea]; **vergiettest** *zie* vergiet
vergif poison; (*dierlijk ook*) venom (*beide ook fig*); (*bacterieel*) toxin; *daar kun je ~ op nemen* you bet, that's one thing you can be sure of; *zie ook* gif
vergiffenis pardon, forgiveness; remission [of sins]; *iem ~ schenken* forgive a p.; (*iem*) *~ vragen* ask (a p.'s) forgiveness, (*voor een klein vergrijp*) beg a p.'s pardon; **vergift** *zie* vergif
vergiftenkast poison-chest, poison-cupboard; **vergiftenleer** toxicology; **vergiftig** poisonous, venomous; poisoned [arrows], toxic [spray]; *vgl* vergif; *niet ~* non-poisonous, non-venomous [snakes]; *~ voor rundvee* poisonous to cattle; **vergiftigen** poison [a p., water, the mind, etc], envenom [the mind, feeling, etc]; **vergiftiger** poisoner; **vergiftigheid** poisonousness, toxicity; **vergiftiging** poisoning; **vergiftigingsverschijnsel** symptom of poisoning
Vergi|liaans Vir-, Vergilian; **-lius** Vir-, Vergil
vergissen: *zich ~* be mistaken, mistake, commit a mistake (an error), be in error; *als ik me niet vergis* if I am not mistaken (deceived); *zeg het maar, als ik me vergis* correct me if I am wrong; *zich ~ in* mistake [the road, the house, a p.'s character, feelings], be mistaken in (about) [the date, etc]; *wat heb ik me in hem vergist!* how I have been deceived in him!; *ik vergis me in de naam,* (*ook*) I've got the name wrong; *daarin vergis je je* that's where you're wrong, you are wrong about that; *vergis je daarin niet!* don't make any mistake about that!; *ik kan me ~* I may be mistaken; *men kon zich niet ~, hij was het* there was no mistaking him [*zo ook:* there was no mistaking his walk]; *~ is menselijk* to err is human; we all make mistakes; *zie ook* deerlijk, verkeerd; **vergissing** mistake, error, oversight, slip; *bij ~* (in) mistake, in error, mistakenly; *ik nam bij ~ uw paraplu mee in plaats van mijn eigen* I took your ... away in mistake for my own; *een ~ begaan* make (commit) a mistake; *stembiljet waarbij geen ~ mogelijk is* foolproof voting-papers
vergisten ferment
verglaassel glaze, glazing, enamel; **verglazen** 1 glaze, enamel; 2 (*in glas, of als in glas, veranderen*) vitrify; *verglaasde ogen* glassy eyes; **verglazer** glazer; **verglazing** 1 glazing, enamelling; 2 vitrification
vergoddelijken deify; **vergoddelijking** deification, apotheosis; **vergoden** 1 deify; 2 (*verafgoden*) idolize; **vergoding** 1 deification, apotheosis; 2 (*fig*) idolization, idolizing
vergoeden make good [the damage, a loss, the cost], refund (reimburse, repay) [expenses], compensate [a defect, a want by ...], supply [a loss]; *4% rente ~ op* allow 4 per cent interest on; *iem iets ~* indemnify (compensate) a p. for s.t., reimburse a p. (for) his expenses, etc; *ik zal het u ~* I'll make it up to you; *dat vergoedt veel* that makes up for a lot; *wat hij te kort schoot in kwantiteit vergoedde hij in kwaliteit* what he wanted in ... he made up in ...; *een onrecht ~* make amends for an injury (a wrong); *het verlies ~,* (*ook*) cover the loss; *het verlies vergoed krijgen* be repaid for the loss
vergoeding compensation, reimbursement, damages, indemnification, indemnity, allowance; amends [for injury done]; *voor* (*of: tegen*) *een kleine ~* for a small consideration (*vaak iron*); *zie ook* schade~ & verblijfkosten
vergoelijken smooth (gloss) over [a p.'s shortcomings], palliate, extenuate [a crime, etc], excuse [a p.'s conduct]; **vergoelijking** palliation, extenuation, excuse, smoothing (glossing) over; *ter ~ van* in palliation, etc of
vergokken gamble away
vergooien throw (*of:* chuck) away [one's money, etc]; *zich ~* throw o.s. away [*aan* on], make o.s. cheap, cheapen o.s.; (*kaartspel*) play a wrong card; *zie ook* verbruien
vergramd angry, irate; **vergrassen** grass (over)
vergrendelen 1 bolt; 2 (*techn*) lock [controls]
vergrijp offence [against the law, the rights of others], transgression [of the law, a rule], breach [of discipline, good manners], (*sterker*) outrage [(up)on decency]; **vergrijpen**: *zich ~ aan* lay violent hands (up)on [a p.], attempt [a p.'s life], assault, interfere with [a girl], embezzle [money; *ook:* he dipped into his client's money]
vergrijzen grey, become grey; *~ in* grow grey-headed in [a man's service]; *vergrijsd in* grey(-headed) in [the service of the law]; *vergrijsd door de tijd* hoary with time; *~de bevolking* ageing population; **vergrijzing** ageing
vergroeidbladig (*plantk*) gamopetalous
vergroeien 1 (*samengroeien*) grow together; (*ve litteken*) disappear in time; *het Oranjehuis is met ons volk vergroeid* the House of ... has become fused with our nation; *met vergroeide helmdraden,* (*plantk*) with connate filaments; 2 (*krom groeien*) grow out of shape; (*ve pers*) become deformed (crooked); *vergroeid,* (*krom*) crooked; **vergroeiing** growing together, etc; (*plantk*) coalescence
vergrootglas [put a p.'s faults under a] magnifying-glass
vergroten enlarge [a building, a portrait], add to [a p.'s difficulties], increase, augment [production, knowledge, numbers, a quantity]; (*v glazen*) magnify; (*fot, sterk*) blow up; (*op schaal*) scale up; (*overdrijven*) magnify, exaggerate [a p.'s exploits, faults; *ook zonder voorwerp:* he exaggerates]; *tot het uiterste ~* maximize; *~de trap* com-

parative degree; *vergroot hart* dilated heart; **vergroter** enlarger, etc; **vergroting** enlargement (*ook concr*); increase, augmentation; magnification, magnifying, exaggeration; (*fot, sterk*) blow-up; *vgl* vergroten; (*v hart, maag, enz*) dilatation; **vergrotingsapparaat** enlarger

vergroven *tr & intr* coarsen

vergrui|zelen, -zen pound, crush, pulverize, smash (up); (*erts*) mill [ore]; **vergruizer** (*med: mechanisch*) lithotrite, stone-crusher, (*ultrasoon*) lithotripter; **vergruizing** pulverization, etc; (*med*) lithotrity, litholapaxy, (*ultrasoon*) lithotripsy

verguizen revile, vilify, libel, abuse; **verguizing** revilement, vilification, abuse

verguld gilt; *in ~e lijst* gilt-, gold-framed; *~ op snee* with gilt edges, gilt-edged; *hij is er ~ mee* he is highly pleased (as pleased as Punch) with it; **vergulden** gild; (*techn*) gold-plate; *zie ook* pil; **verguIder** gilder; **verguldsel** gilding, gilt; **verguldwerk** gilt-work; **verguldzilveren** silver-gilt [cup]

vergunnen allow, permit, grant; **vergunning** permission, allowance, leave; (*concessie*) concession; (*tot drankverkoop, voor opvoering v toneelstuk, enz*) [sell drink without a] licence; (*het document, ook*) permit; *met ~ van* by permission of; *café met ~* licensed café; *~ aanvragen* (*nemen, verlenen*) apply for (take out, grant) a licence; *zie ook* verlof; **vergunninghouder** licensee; (*voor drankverkoop, ook*) licensed victualler

verhaal 1 story, narrative, account [of what happened], record [a day-to-day record of his life]; (*het verhalen*) narration; *verward ~* rigmarole; *hij deed het ~ hoe ...* he related the story of how [he had been picked up]; *J hield een heel ~ hoe ...* J made quite a speech on how ...; *een ~ opdissen* spin a yarn; *het ~ gaat dat ...* there is a story that ...; *zie ook* kort: om ~ te gaan; **2** redress, (legal) remedy, recourse, come-back; *er is geen ~ op* there is no (possibility of) redress; *~ hebben op* have a remedy against; **3** *op ~ komen* come round, recuperate, recover; *tijd om op zijn ~ te komen* a breathing space, (*fam*) a breather

verhaal|baar recoverable [*op* from]; **-ster** *zie* verhaler; (*soms*) narratress; **-trant** manner (way) of telling a story; (*verhalende stijl*) narrative style

verhaasten hasten [a p.'s death, matters], accelerate [death, a p.'s end], precipitate [a catastrophe], expedite [the dispatch of goods], speed up [the work, inquiries, litigation], mend, quicken [one's pace]; **verhakstukken** heel [shoes]; *zie ook* verhapstukken

verhalen 1 tell, relate, narrate; *zie ook* vertellen; **2** (*mar*) shift [a vessel]; **3** recover; *schade* (*een verlies*) *~ op* recover a loss from; *zij ~ de kosten op de kopers* they pass the cost on to ...; *hij verhaalde het op zijn paard* (*op mij*) he took it out on his horse (on me); **verhalend** narrative [style]; **verhalenderwijs** narratively, in a narrative manner; **verhaler** narrator, storyteller

verhandelbaar marketable, saleable; (*ve wissel, enz*) negotiable; **verhandelen 1** (*handelen in*) deal in, handle [goods]; (*verkopen*) sell, dispose of [goods]; market [be marketed at popular prices]; (*wissel*) negotiate [a bill]; *katoen werd niet veel verhandeld* little business was done (few transactions were concluded) in cotton; *~ tegen* trade [textiles] for [copper]; **2** (*bespreken*) discuss, debate; *het verhandelde* (*in vergadering*) the proceedings [of a meeting]; **verhandeling** treatise, essay, disquisition, lecture, discourse, dissertation, thesis; *een ~ houden over* treat of

verhang (*ve rivier*) slope, (*Am*) grade

verhangen rehang, change (the position of) [the pictures]; *zich ~* hang o.s.; *zie ook* bord; **verhanging** hanging

verhapstukken: *er is niets* (*heel wat*) *te ~* there is nothing doing (a lot to be discussed); *nog iets te ~ hebben* have a bone to pick [with a p.]

verhard hardened; (*v handen, enz*) horny, callous; (*ve weg*) metalled, paved; (*med, geol, enz*) indurated; (*fig*) case-hardened, obdurate, hard-hearted, callous; **verharden I** *tr* harden, indurate; metal (pave) [a road]; (*fig*) case-harden, indurate, steel [one's heart]; **II** *intr* (*ook fig*) harden, grow (become) hard, set, indurate; **verhardheid** hardness, hard-heartedness, obduracy; **verharding** hardening (*ook fig*); setting; induration; metalling; (*v weefsels*) sclerosis; *vgl* verharden; (*vereelting*) callosity; **verhardingsmateriaal** (*wegenbouw*) road-metal

verharen lose (shed) one's hair; (*v dieren, ook*) (be on the) moult; *de hond verhaart* the dog's hair is coming out (off), the dog is shedding (losing) his coat; **verhaspelen** spoil, botch; garble [he gave his garbled account of the accident]; make a hash of [a passage]

verheerlijken glorify, exalt; *ermee verheerlijkt zijn* be delighted (over the moon) with it; *verheerlijkte gezichten* elated faces; **verheerlijking** glorification; [the] Transfiguration [of Christ]

verheffen lift [one's head; a nation out of barbarism], raise [one's eyes, voice, a nation, a p. to a higher rank], lift up [one's heart to heaven], lift up, uplift [the mind], elevate [one's eyes, voice, the character, a nation]; (*prijzen*) exalt, extol; *zie ook* ophemelen; *zijn* ***stem*** *~ tegen* raise one's voice against, declaim against; *hij werd* ***tot*** *graaf verheven* he was created (*of:* made) an earl, he was elevated to an earldom; *tot een kunst ~* reduce to a fine art; ***zich*** *~* rise; (*opstaan, ook*) rise to one's feet (*of:* from one's seat); *de leden verhieven zich van hun plaatsen* members rose (stood up) in their places; *plotseling verhief zich een stem* suddenly a voice was raised; *de wind verhief zich tot een storm* the ... rose to a gale; *zich ~ op* pride o.s. on [one's wealth], be proud of, glory in; *zie ook* adelstand, macht, wet, enz; **verheffend** elevating, uplifting; **verheffing** elevation, raising, uplift [moral and intellectual uplift]; *~ tot de adelstand* elevation to the peerage; *zie ook* stem~

verheimelijken keep secret, conceal; *niet ~,* (*ook*) make no secret of [one's object]

verhelderen I *tr* brighten, clear up; (*vloeistoffen*)

clarify, clear; (*fig*) clarify [the situation], clear [the mind], enlighten; II *intr* (*v weer & gelaat*) clear (up), brighten (up); (*vh gelaat ook*) light up, lighten (up); **verheldering** brightening; clearing, clarification; enlightenment

verhelen conceal, hide, keep secret, dissemble [one's satisfaction], disguise [one's fears]; *iets voor iem* ~ conceal (disguise, keep back) s.t. from a p.; *ik verheel het niet* I make no secret of it; *zie ook* ontveinzen; **verheling** concealment

verhelpen remedy, put right [a defect], redress [a wrong], set [things] to rights, correct, rectify [errors], straighten (out) [things]; *niet te* ~ past help, irremediable; **verhelping** redress, remedy, correction

verhemelte (*vd mond*) [hard, soft] palate, roof of the mouth; (*ve troon*) canopy; (*ve ledikant*) tester

verhemelte|klank palatal (sound); **-letter** palatal (letter); **-plaat** dental plate

verheugd glad, pleased, happy; ~ *over* glad of, pleased (*formeel:* rejoiced) at; **verheugen** gladden, make glad, rejoice, delight; *het verheugt me* I am glad about it, I rejoice at it; *het verheugt me te horen* ... I am glad (pleased) to hear ...; ***zich*** ~ rejoice; *zich* ~ ***in*** boast [the club-house boasts an excellent dining-room]; *zich* ~ *in een goede gezondheid* enjoy good health; *zich in de algemene achting* ~ be held in universal esteem; *een zolderkamertje dat zich verheugde in de naam belvedere* an attic rejoicing in the name of the ...; *zich* ~ ***op*** look forward to [(going to) the party], anticipate eagerly; *zich* ~ ***over*** rejoice at (in); **verheugend** gratifying; *een ~e stijging* an agreeable increase; *zie ook* heuglijk; **verheugenis** joy

verheveling (atmospheric) phenomenon

verheven elevated, exalted, lofty, sublime, august, grand; (*v beeldwerk*) in relief, embossed; ~ *stijl* elevated (lofty) style; *half* ~ *beeldwerk* bas-relief; *boven alle lof* ~ beyond all praise; *boven verdenking* ~ above suspicion; *daar ben ik boven* ~ I am above (superior to) that; **verhevenheid** elevation, sublimity, loftiness; ~ *van karakter* high-mindedness; (*concr*) elevation, rise, protuberance

verhevigen intensify

verhinderen prevent [a marriage, etc], hinder; *iem* ~ *te gaan* prevent (stop) a p. from going, prevent (stop) his (him) going; ~ *dat melk zuur wordt* keep milk from turning sour; *niet als ik het* ~ *kan* not if I can help it; *als ik het hem niet verhinderd had* if I had not prevented him; *verhinderd te komen*, (*ook*) unable to come; *verhinderd door griep* detained by influenza; **verhindering** prevention; (*beletsel*) hindrance, obstacle, impediment; *zie ook* beletsel; *ingeval ik* ~ *krijg* in case I should be prevented (from coming); *bericht van* ~ letter of regret, apologies for absence; *afwezig met bericht van* ~ absent with apologies

verhip! (*fam*) the devil!; ~ *jij!* get along with you!; **verhippen**: *hij kan* ~ he can go to blazes; **verhipt**: *het is ~(e) koud* it's devilish cold

verhit heated [imagination]; ~ *door de wijn* heated (flushed) with wine; *zie ook* gemoed; **verhitten** heat (up); (*fig*) heat, fire [the imagination]; *zich* ~ (over)heat o.s.

verhoeden prevent, ward off; *dat verhoede God* (*de Hemel*)! God (Heaven) forbid!

verhogen heighten [a dike, the effect, the mystery, a p.'s colour], raise, put up, advance [the price], raise [a road, a tone, wages, a p.'s salary, the school-leaving age], elevate [the moral sense], enhance [the contrast, the value, her clothes enhance her beauty], add to [the celebration, a p.'s charms], provoke [the appetite], increase [a bid, salary, sum], intensify [the mystery], emphasize [the dignity of ...]; (*bevorderen*) promote; (*leerling*) move up to a higher class (*of:* form); *de prijzen* ~, (*ook*) mark up prices; ~ ***met*** *f 5* raise (increase) by ...; *verhoogde bloeddruk* [suffer from] high blood pressure, hypertension; *wie zichzelf verhoogt, zal vernederd worden* whosoever shall exalt himself shall be abased; *zie ook* record

verhoging (*het verhogen*) heightening, raising, elevation, enhancement, promotion; *vgl* verhogen; (*v prijs, salaris, enz*) increase, advance, increment, rise (*Am* raise); (*muz*) sharp; (*concr, van de grond*) rise, elevation, eminence; (*in zaal, enz*) dais, (raised) platform; (*ve weg*) *zie* verkanting; *u heeft een beetje* ~ your temperature is a little up, you have a (slight) temperature; *wat* ~ *krijgen* develop a temperature; *salaris £ 4500 met jaarlijkse ~en van £ 200 tot een maximum van £ 6500* salary £4500 by £200 to £6500; **verhogingsteken** (*muz*) sharp

verholen secret, veiled [distrust], hidden, concealed; **verholenheid** secrecy, concealment

verhollandsen I *tr* 1 make Dutch; 2 translate into Dutch; II *intr* become Dutch

verhonderdvoudigen multiply by one hundred, increase a hundredfold

verhongeren starve (to death), be starved to death, die (perish) of hunger (of starvation); *laten* (*doen*) ~ starve (to death); *om niet te* ~ [earn barely enough] to keep the wolf from the door; **verhongering** starvation; *de* ~ *nabij* on the verge of starvation

verhoog (raised) platform, dais

verhoor hearing [the hearing was adjourned], examination, trial, interrogation; *nieuw* ~ rehearing, retrial; *iem een* ~ *afnemen, in* ~ *nemen* hear (examine, interrogate) a p. (a witness, etc); (*getuige ook*) put a p. in the witness-box; (*door politie*) take a statement from, question [a p.]; *een* ~ *ondergaan, in* ~ *zijn* be under examination, be heard (examined, interrogated, questioned); *het* (*getuigen*)~ *werd voortgezet* further evidence was taken; **verhoorkamer** (*in politiebureau*) charge room; **verhoornen** keratinize

verhoren hear, answer [a prayer], grant [a wish]; hear, examine, interrogate [a witness]; hear, try [a prisoner]; *zie* verhoor: een ~ afnemen; **verhoring** *zie* verhoor; ~ *vinden* be heard (granted)

verhouden: *hun salarissen* ~ *zich als 4 tot 5* their salaries are in the proportion (*of:* ratio) of 4 to 5; *5 verhoudt zich tot 6 als 10 tot 12* 5 is to 6 as 10 is to 12; *hoe* ~ *zich deze kapitalen?* what pro-

portion do these capitals bear to one another?
verhouding 1 (*tussen getallen, enz*) proportion, ratio; *in de juiste* ~ in correct proportion; *zie ook* 2 reden 1; ***buiten*** (*alle*) ~ *tot* out of (all) proportion to; ***in*** ~ ***tot***, (*evenredig aan*) in proportion to; *het succes staat in geen ~ tot de kosten* the success bears no relation (is not in, is out of all proportion) to the cost; ***naar*** ~ proportionally, proportionately, pro rata, comparatively; *alles* (*is duur*) *naar* ~ everything (is dear) in proportion; *naar ~ van* [be rewarded] in proportion to [one's deserts]; *zie ook* zich verhouden; 2 (*tussen personen*) relation, relations, relationship; *een ~ met zijn secretaresse* [he had] an affair with his secretary; *gespannen* ~ strained relations;; *geen gevoel voor ~en hebben* have no sense of proportion; ***in*** *hun ware* ~ [see things] in their true perspective; *zie ook* verstandhouding; **verhoudingsgetal** ratio; **verhoudingsgewijs** comparatively, relatively; *zie ook* verhouding 1: naar ~
verhovaardigen: *zich* ~ pride o.s. [*op* on], boast [*op* of, about]; **verhovaardiging** pride
verhuis|auto *zie* -wagen; **-biljet** written notice of a removal (*of:* departure); **-boel** furniture to be (*of:* being) removed; **-dag** day of removal, moving-day; **-kaart** change of address card; **-kosten** removal (*of:* moving) expenses; **-wagen** furniture van, removal van, pantechnicon (van)
verhuizen I *intr* move, remove, move house, change [to a cheaper room]; (*emigreren*) emigrate; *telkens* ~ move about (from place to place); ~ *kost bedstro* moving house is an expensive business; *zie ook* noorderzon; II *tr* remove
verhuizer (furniture) remover, removal contractor (firm, (*fam*) man); **verhuizing** removal, move, moving house; (*met de noorderzon*) moonlight flit; **verhullen** conceal
verhuren let [rooms, lodgings, a house], let out [boats] (for (*of:* on) hire), hire out [bicycles, etc], let out [a house] on lease; *het huis wordt verhuurd tegen* ... the house lets (is let) at ...; *zich ~ als* hire o.s. out as [*bij* to]; *zie ook* kamer; **verhuur** letting (out), hiring (out), etc
verhuur|baar lettable; **-bedrijf** hire firm; leasing company; **-bordje** 'To Let' sign (board, notice); **-der** (*algem*) letter [of rooms, horses, boats, etc]; (*ve huis, kamers*) landlord, (*v land, huis*) lessor; **-kantoor** employment agency; (*voor huizen*) letting-office; (*verhuur- en verkoopkantoor*) house agent's office [go to a house agent's]
verhypothekeren mortgage
verificateur verifier, auditor; (*bij douane*) chief preventive officer, customs inspector; **verificatie** (*algem*) verification; (*handel*) verification of assets, audit [of the books]; **verificatievergadering** first meeting of creditors
verifiëren verify, check [a statement]; audit [accounts]; prove [a will], admit [a will] to probate; adjust [a compass]; *zich laten ~*, (*handel*) prove one's claims; **verifiëring** *zie* verificatie
verijdelen frustrate, baffle, defeat, foil, thwart [plans, etc], frustrate, ba(u)lk, disappoint, shatter [hopes, etc]; *de poging* (*het plan, zijn hoop*) *werd verijdeld*, (*ook*) the attempt (the plan) was knocked on the head (his hopes were dashed to the ground); **verijdeling** frustration, disappointment, defeat
verindischen Indianize; be(come) Indianized (go native)
vering spring action; (*concr*) springs
verinlandsen go native
verinnigen make (become) more intimate
verinteresten I *tr* put out at interest; II *intr* bear no interest
verisme verism, (*inz opera*) verismo
veritaliaansen Italianize
verjaard superannuated, time-barred, barred (nullified) by limitation (by lapse of time; by prescription), statute-barred [debt, claim], [dividends] lost ([crime] extinguished) by limitation; (*door lang gebruik verkregen*) prescriptive [rights]; *vgl* verjaren
verjaardag birthday; (*ve gebeurtenis*) anniversary; *gisteren was het zijn* ~ yesterday was his birthday; **verjaardags-** *zie* verjaars-; **verjaarsfeest** birthday party; **verjaarsgeschenk** birthday present; **verjaarspartij** birthday party
verjagen drive (chase) away; (*door vreesaanjaging*) scare (frighten) away, shoo away [birds]; expel [*uit* from]; turn out, dislodge [the enemy]; dispel [fear, cares]; *zie ook* verdrijven; **verjaging** chasing away, etc; expulsion; dislodg(e)ment; *vgl* verjagen
verjaren 1 celebrate one's birthday; *hij verjaart vandaag* to-day is his birthday; 2 become barred (extinguished) by limitation (lapse of time), become (statute)-barred (superannuated); (*v recht of verplichting*) be prescribed; *vgl* verjaard & verjaring; 3 get (become, go) out of date
verjaring 1 superannuation; 2 *zie* verjaardag; 3 (*jur*) (*extinctief*) limitation (of actions); (*acquisitief*) prescription; *vgl* verjaren; **verjaringsrecht** statute of limitations; **verjaringstermijn** period (term) of limitation, limitation period; period of prescription; *vgl* verjaren
verjeugdigen rejuvenate
verjongen I *tr* rejuvenate, make young again, restore to youth; II *intr* 1 become young again, rejuvenate; 2 (*techn*) reduce, narrow; **verjonging** rejuvenation, rejuvenescence; **verjongingskuur** rejuvenation (rejuvenating) cure
verkalken calcine, calcify; (*vd bloedvaten*) harden; **verkalking** calcination, calcification; *vgl* ader~; **verkankelemienen** (*fam*) spoil; **verkankeren** 1 be consumed by canker (cancer); (*fig*) rot, decay, go to pot; 2 muck (mess, (*sl*) bugger) [things] up; **verkanten** (*bocht van weg*) superelevate, bank [a curve]; **verkanting** superelevation, banking, (*v weg*) crossfall
verkappen cut up; **verkapt** disguised, veiled [annexation, threat], concealed, crypto-[communist], [republican] in disguise
verkassen (*fam*) shift, move (house), change one's digs (lodgings)
verkavelen allocate, allot, parcel out; **verkaveling** allocation, allotment, parcelling (out), par-

cellation

verkeer 1 [passenger, pedestrian, shipping, road] traffic; *bedienend* ~ local traffic, (*bord, ook*) access only; *doorgaand* ~ through traffic; *rechtstreeks* ~ direct connection; 2 (*omgang*) [social, sexual] intercourse; *vrij* ~ (*tussen twee landen*) free movement; *vrij geslachtelijk* ~ promiscuous sexual intercourse, sexual promiscuity; *zie ook* regelen & regeling

verkeerbord backgammon board

verkeerd I *bn* wrong, bad; false [economy, step, start *begin*]; faulty [diagnosis]; (*ook*) mis-... [miscalculation, -conception, -information, -interpretation, -representation, -translation, -use, etc]; *~e naam,* (*ook*) misnomer; *~e kant,* (*ve stof*) wrong (*of:* seamy) side; *zijn sokken ~ aantrekken* pull on one's socks inside out (wrong side out); *er viel nooit een ~ woord tussen hen* they never had a cross word; *de ~e wereld* the world upside down, topsyturvydom; ***een ~e,*** (*~ sujet*) a wrong 'un, a bad lot (hat, egg); *je hebt de ~e voor* you've mistaken your man; (*fam*) you've got the wrong sow by the ear, you've come to the wrong shop; *je hebt* ***iets*** *~s gedaan* you have done wrong; *ik weet niet wat ik voor ~s gedaan heb* I ... what I've done wrong; *wat had ze voor ~s gedaan?* what had she done wrong?; *zie ook* adres, been, koffie, enz; II *bw* wrong, wrongly, amiss; *~ begrijpen* misunderstand, misread [a signal]; *elkaar ~ begrijpen* misunderstand each other, be at cross-purposes; *je begrijpt het helemaal ~* you've got the whole thing wrong [*zo ook:* don't get me wrong]; *~ beoordelen* (*uitspreken, vertalen, spellen, uitleggen, verstaan*) misjudge (mispronounce, mistranslate, misspell, misinterpret, misunderstand); pronounce (translate, etc) incorrectly; *zie ook* inlichten; *het boek heeft het ~* the book is wrong; *~* ***doen*** do [the sum, everything] wrong; *je deed er ~ aan haar te ontvangen* you did (were) wrong in receiving (to receive) her, you made a mistake in ...; *~ kiezen* (*raden, uitspreken, spellen, mikken*) choose (guess, pronounce, spell, aim) wrong; *dan dacht je ~* [I thought we'd agreed to ...;] you thought wrong then; *de dingen gaan* (*het loopt*) *~* things are going wrong; *je kunt niet ~ lopen* you cannot lose your way; *het liep ~ met hem af* he came to a bad end; *hij nam mijn woorden ~ op* he took my words amiss; *zie ook sam met* mis *en zie* inlichten, overkomen, uitkomen, weg, enz

verkeerdelijk wrong(ly), mistakenly, erroneously; *ik hield hem ~ voor mijn vriend* I mistook him for ...; **verkeerdheid** fault, s.t. wrong

verkeers|aanbod volume of traffic; **-ader** (traffic) artery, arterial road; **-agent(e)** traffic (*of:* point-duty) police(wo)man, (*fam*) traffic cop; **-apparaat** traffic system; **-bord** road sign, traffic sign; **-brigadier** (*vglb; in Eng volwassenen*) school crossing attendant, (*fam*) lollipop (wo)man; (*groep*) school crossing patrol; **-centrale** traffic control centre; **-drempel** 1 (*woonerf, enz*) (speed) ramp, speed hump (bump), sleeping policeman, retarder; 2 (*bij verkeerslicht, enz, vero*) detector-pad; **-heuvel** traffic island, refuge; **-knoop** traffic jam; **-knooppunt** (traffic) junction (interchange, intersection); **-leider** traffic controller; **-leiding** traffic control; **-licht** traffic light; **-lijn** (*op straat*) white line; **-middel** means of communication (*ook mv*); **-ongeluk** *zie* -ongeval; **-ongeval** road accident; (*met dodelijke afloop*) road death; *dienst ~len* accident unit; **-opstopping** traffic jam; **-overtreding** traffic offence; **-paaltje** bollard

verkeerspel (game of) backgammon

verkeers|plein 1 roundabout; (*Am*) traffic circle, rotary; 2 motorway intersection; **-politie** traffic police; **-punaise** traffic stud, (*met reflector*) cat's-eye; **-regel** rule of the road; *vgl* -voorschriften; **-regeling** traffic regulation; *zie ook* -voorschriften; **-sein** traffic signal; **-slachtoffer** road victim, traffic casualty; **-stremming** traffic jam; **-strook** traffic lane; *met 6 verkeersstroken* six-lane [bridge]; **-teken** traffic signal; **-telling** traffic census; **-toren** (*luchtv*) control tower; **-veiligheid** road safety; **-vlieger** airline pilot; **-vliegtuig** passenger plane, commercial aircraft; **-voorschriften** traffic regulations, [the] Highway Code; **-weg** thoroughfare; (*grote*) arterial road, highway, main road, motorway; (*voor de handel*) trade route; **-wezen** traffic, [minister of] transport; **-wisselaar** interchange; **-zuiltje** bollard

verkenmerk bench mark

verkennen survey, explore, (*mil*) reconnoitre, scout; *een ~d gesprek* an exploratory talk; *zie ook* terrein; **verkenner** scout; **verkennerij** (*hist*) scouting; **verkenning** reconnoitring, exploration, scouting; *een ~* a reconnaissance; *op ~ uitgaan,* (*ook fig*) make a reconnaissance, go reconnoitring, have a scout around

verkennings|punt landmark; **-tocht** reconnoitring expedition; **-tonnen** (*mar*) fairway buoys; **-vliegtuig** reconnaissance plane; **-vlucht** reconnaissance flight; **-wagen** (*mil*) scout car

verkeren 1 (*omgaan*) associate, have social intercourse [*met* with]; (*in zekere kringen*) move [***aan*** *het hof* in court circles]; *~* ***met*** associate with; *zie ook* verkering hebben; *waar men mee verkeert, wordt men mee geëerd* a man is known by the company he keeps; 2 (*veranderen*) change, turn; *het kan ~* it is a long lane that has no turning, things will take a turn; 3 (*zich bevinden*) be [in danger, doubt, a peculiar position], find o.s. [in difficulties], live [in straitened circumstances]; *zie ook* dwaling, kring, mening, enz

verkering courtship; (*samen*) *~ hebben* be courting, go together; *Anna en hij hebben ~* Anna and he are courting (going together); *~ krijgen* start going out; *vaste ~ hebben* go steady

verkerven: *het bij iem ~* incur a p.'s displeasure; *hij heeft het bij zijn chef verkorven* he is in disfavour with his chief

verketteren charge [a p.] with heresy, brand [a p.] as a heretic; (*fig*) decry, inveigh against, denounce; **verkettering** charge of heresy; (*fig*) denunciation

verkies|baar eligible; *zich ~ stellen* consent to stand (for an office, etc), seek election, offer o.s. as a candidate; *zich weer ~ stellen* offer o.s. for re-election, seek re-election; **-baarheid** eligibility; **-lijk** preferable [*boven* to]; (*wenselijk*) desirable, eligible

verkiezen 1 (*prefereren*) prefer [*boven* to]; *ik verkies niet te gaan* I don't choose to go; *doe zoals je verkiest* do as you like (please); have it your own way; have it which way you wish; please yourself; 2 (*kiezen*) choose; (*vooral bij stemming*) elect; (*voor het parlement*) return [a liberal majority was returned]; *zie verder* kiezen; **verkiezing** 1 (*algem*) choice, wish; (*voorkeur*) preference; *bij ~* for (by, in) preference, for choice; *naar ~* at choice, at pleasure, at will, at discretion; *naar ~ van de koper* at buyer's option; *doe naar ~, zie* verkiezen: doe zoals je verkiest; *uit eigen* (*vrije*) *~* of one's own free will, from choice; 2 (*vooral bij stemming*) election; (*tot kamerlid ook*) return; *~en voor de gemeenteraad en voor het parlement* municipal and parliamentary elections; *de ~ heeft morgen plaats* the poll will take place tomorrow; *zie ook* tussentijds & uitschrijven

verkiezings|campagne election(eering) campaign; **-dag** polling (election) day; **-fraude** electoral fraud; **-leer** doctrine of election; **-overwinning** election (electoral) victory, victory at the polls; **-plakkaat** election poster; **-programma** election programme, electoral platform; **-redevoering** election (electoral) address (speech), (*fam*) stump speech; *~en houden,* (*fam*) be (go) on the stump; **-strijd** election contest, electoral struggle; **-uitslag** results of the poll, election results; *het bekendmaken van de ~* declaration of the poll; **-werk** electioneering; **-winst** electoral gain

verkijken: *uw kans is verkeken* your chance is gone (*of:* lost), you've missed the bus; *nu is alle kans verkeken,* (*fam*) that's torn it; *zich ~* make a mistake, be mistaken; *zich ~ op* misjudge

verkikkerd: (*fam*) *~ op iets* keen on (gone on) s.t., potty (dotty) about s.t.; *~ zijn* (*raken*) *op een meisje* be (get) sweet on (smitten with) a girl; *alle meisjes zijn op hem ~* all the girls run after him

verkillen chill

verklaarbaar explicable, accountable; *gemakkelijk ~* easily accounted for; **verklaarbaarheid** explicability; **verklaard** (*fig*) declared, avowed, professed [woman-hater]; **verklaarder** explainer, commentator, glossarist; (*ve wet*) interpreter, exponent

verklanken express by music, set to music, give musical expression to

verklappen blab, let out, give away, reveal [a secret]; *iem ~* tell on (*of:* of) a p., give a p. away; (*sl*) peach (split, snitch, *aan politie:* grass) on a p.; *zich ~* give o.s. away; *de boel ~* give the show away, let the cat out of the bag, spill the beans; (*sl*) squeal; *zij had het verklapt* she had blabbed; *verklap het niet* don't split!; *het geheim is verklapt,* (*ook*) the murder is out; *dat mag ik niet ~* I must not tell; **verklapper** tell-tale, (*sl*) snitch

verklaren 1 (*uitleggen*) explain, elucidate, make clear, clear up, account for [one's conduct; this accounts for the state of affairs]; *~ als,* (*ook*) interpret as; *verklarende aantekeningen* explanatory notes; 2 (*zeggen*) declare; (*officieel*) certify; (*getuigen*) depose, testify; *hij verklaarde hem gezien te hebben* he spoke (deposed, testified) to having seen him, declared (deposed, testified) that he had seen him; *ik kan het* (*mij*) *niet ~ dat hij zoiets gedaan heeft* I cannot account for his doing ...; *zij kon niet ~ wie zij was* (*hoe zij daar kwam, enz*) she could give no account of herself; *hierbij verklaar ik dat* ... I hereby certify that ...; ***zich*** *~, a*) declare o.s.; *b*) explain o.s.; *verklaar u nader* explain yourself; *zich ~ voor* declare for (in favour of); *zich ~ tegen* declare against; *zie ook* declareren, eed, getuigen, krankzinnig, oorlog, enz; **verklaring** 1 (*uitleg*) explanation, elucidation; *ter ~* [say s.t.] in explanation, in elucidation; 2 (*afgelegde ~*) declaration, statement, [official] pronouncement; (*ve getuige*) evidence, deposition; (*attest*) certificate; *~ van overlijden* certificate of death, death certificate; *beëdigde ~* affidavit; *een ~ afleggen* make a statement [*over* on]; *iem een ~ afnemen* take a statement from a p.; *volgens zijn eigen ~* according to his own statement (on his own admission) [he had ...]

verkleden (*vermommen*) disguise; *verkleed als zeerover* dressed as (to represent) a pirate; *het kindje ~* change baby('s clothes); *zich ~* change (one's clothes; *van vrouw:* one's dress), (*zich vermommen*) dress (o.s.) up, make up, disguise o.s.; *ga je ~* go and change; *ik moet me ~,* (*ook*) I must get changed

verkleefd attached, devoted [*aan* to]; **verkleefdheid** attachment, devotion [*aan* to]

verkleinbaar reducible

verkleinen 1 (*in omvang, enz*) reduce [a drawing, etc], (*kledingstuk*) cut down [to a p.'s size]; (*op schaal*) scale down; *op verkleinde schaal* on a reduced scale; (*verminderen*) reduce, lessen, diminish; *een breuk ~* reduce a fraction (to its lowest terms); 2 (*fig*) belittle, disparage, derogate (detract) from [a p.'s fame, merits, etc]; (*als minder ernstig, enz voorstellen*) extenuate [a p.'s guilt, faults, etc], minimize [the matter, danger, the importance of ..., etc]; **verkleinglas** reducing glass

verkleining 1 reduction, diminution; 2 belittlement, disparagement [of ...], detraction [from ...]; (*ve breuk*) reduction (to its lowest terms); *vgl* verkleinen; **verkleiningsuitgang** diminutive ending; **verkleinwoord** diminutive

verkleumd (be)numbed, numb (with cold); *door en door ~* chilled to the bone; **verkleumdheid** numbness; **verkleumen** grow numb (*of:* stiff) with cold

verkleuren lose colour, fade, discolour; *niet ~* keep colour, be fast; *doen ~* discolour, fade [sunlight would fade the paper]; *verkleurd* discoloured, faded [curtains]; **verkleuring** discoloration, fading; **verkleurmannetje** chameleon

verkleving 1 *zie* verkleefdheid; 2 (*med*) adhesion

[of the intestine]
verklikken blab; *zie* verklappen; **verklikker** (*pers*) telltale, talebearer; (*sl*) squealer, squeaker; (*inz crimineel aan politie*) grass, (*in het groot*) supergrass; (*techn*) telltale; (colour) indicator; (*stille ~*) police spy, informer, (*sl*) nark, snitch; **verklikkerlichtje** telltale, pilot light
verklungelen fritter away [one's time, money], trifle away [time]; **verknallen** (*fam*) fluff [a chance], spoil, lose [an opportunity], blow [one's chances]; *zie ook* verknoeien
verknapbussen (*fam*) fritter away, squander
verkneu|kelen, -teren: *zich ~* hug o.s. with delight, rub one's hands with joy (in glee), chuckle; *zich ~ in* revel (luxuriate) in, chuckle over [an idea, etc], gloat over [a p.'s misery]; **verkniezen**: *zich ~* mope (*of:* fret) o.s. to death, mope one's heart out; *zijn leven ~* mope away one's life
verknippen cut to pieces, cut up; (*verknoeien*) spoil in cutting, cut to waste; *verknipt* maladjusted [person]; (*sl*) hung-up
verknocht attached, devoted [*aan* to]; *een aan elkaar ~ paar* a devoted couple; **verknochtheid** attachment, devotion
verknoeien 1 (*bederven*) spoil, bungle, muff, fluff [a penalty], muddle, make a mess (muddle, botch(-up), hash) of [things], muck [things] up, botch (up) [the dinner], mess up [one's career]; garble [facts, a statement, text]; murder, butcher [music, Shakespeare]; *ik heb de zaak hopeloos verknoeid* I've made a hopeless mess of it (of things); *verknoeide vertaling* bungled translation; 2 (*verdoen*) waste, fritter away [time, money]
verknollen *zie* verknallen & verknoeien
verkoelen I *tr* cool (*ook fig*); ice [champagne]; damp [a p.'s affections, zeal]; (*tegen bederf*) chill, refrigerate; *~de drank,* (*ook*) cooler; II *intr* cool (down, off) (*ook fig*); **verkoeling** cooling; (*fig ook*) coolness, chill; *het bracht ~ in hun vriendschap* it put a damper on their friendship
verkoeverkamer (*med*) recovery room
verkoken I *intr* boil away; II *tr* boil down [to half the quantity]
verkokering compartmentalization
verkolen I *intr* get charred (carbonized), char; II *tr* char, carbonize; **verkoling** charring, carbonization; **verkomen** waste away
verkommeren sink into poverty, starve, wither
verkond(ig)en proclaim [peace, one's intentions; the God he proclaimed], preach [a new religion, the word of God], ventilate [an idea], advance (enunciate, put forward) [a theory]; *de hemelen verkondigen Gods eer* the heavens declare the glory of God; *wat je daar verkondigt, is onzin* what you are saying is nonsense; *zie ook* lof; **verkondiger** proclaimer, preacher; **verkondiging** proclamation, preaching
verkoop sale (*ook mv:* sales have gone up, good sales figures); *ten ~ aanbieden* offer for sale; *in de ~ brengen* put on sale; *zie ook* afslag, enz
verkoop|afdeling sales department; **-akte** deed of sale; **-apparaat** sales organization; **-baar** 1 saleable, marketable, vendible; 2 ; **-baarheid** saleability, vendibility; **-bevordering** sales promotion; **-bordje** 'For Sale' sign (notice, board); **-datum**: *uiterste ~* sell-by date; **-huis** auction-room, saleroom; **-kunde** salesmanship; **-leider** sales manager; **-limiet** reserve price; **-lokaal** *zie* -huis; **-net** distribution network; **-order** selling-order; **-organisatie** marketing organization; **-praatje** *zie* -smoes; **-prijs** selling price; **-punt** point of sale, (retail, sales) outlet
verkoops- *zie* verkoop-; **verkoopsmoes** (*min*) spiel, [a bit of] glib sales talk
verkoop|ster saleswoman, -lady, -person, shop-girl, (*Am*) salesclerk; **-techniek** salesmanship; *zie ook* agressief; **-waarde** market value
verkopen 1 sell [products, insurance, tickets; (*fig:*) a new idea to the public], dispose of; (*ook*) keep [we don't keep shoe polish]; (*aan de deur*) hawk [from door to door]; *onderhands ~* sell by private contract; *publiek ~* sell by (public) auction; *al zijn aandelen ~* sell out; *iems boeltje laten ~* sell a p. up; *je kunt hem verraden en ~* (*waar hij bij is*) he is easily led by the nose; *je bent verkocht* you are lost (done for), they've got you on toast; *ik wou het niet voor £ 50 ~,* (*ook*) I would not take £50 for it; *het wordt goed verkocht* it sells well; *voor hoeveel is het verkocht?* what did it sell for?, what did it fetch?; *dat kan ik thuis niet ~,* (*fig*) I can't make them buy (sell them) that at home; *hij verkoopt zich slecht* he doesn't know how to sell (to present) himself; *hij kan het mooi ~,* (*iron*) he has a glib tongue; *zie ook* afslag, bij 10, nee, enz; 2 talk [nonsense, rubbish], tell [lies], crack [jokes]; *zie ook* praatje
verkoper seller, vendor; (*in zaak*) [a good] salesman, shop assistant, (*Am*) salesclerk
verkoperen copper, sheathe (with copper), copper-plate
verkoping (public) sale, auction; *op de ~ doen* sell by public auction
verkoren chosen, elect; *de ~en* the elect
verkorten shorten [a rope, a p.'s life, the way], abridge [a book, etc], condense [a report, a novel], abbreviate [a word, story, visit], curtail [a visit]; beguile, while away [the time]; encroach (up)on [a p.'s rights]; *iem in zijn rechten ~* abridge a p. of his rights; (*ve tekening*) foreshorten; *verkorte bewerkingen,* (*wisk*) contracted methods; *een verkorte bewerking van Macbeth* a shortened (*fam:* boiled-down, potted) version of Macbeth; *in verkorte vorm,* (*ook*) in tabloid form; *verkorte werkweek* short week
verkorting shortening, abridg(e)ment, abbreviation, curtailment; foreshortening; *bij ~* by way of abbreviation, [called Bob] for short; *vgl* verkorten; **verkortingsteken** apostrophe
verkorven *zie* verkerven
verkouden: *~ zijn* have a cold; *je bent ~,* (*fig*) you're in for it, you are booked; *~ worden* catch (a) cold; *ik word* (*erg*) *~* I'm starting a (bad) cold, I've got a (bad) cold coming
verkoudheid cold [in the head, head cold; cold on the chest]; *een ~ opdoen* catch (a) cold; *hij lijdt*

aan een zware ~ he has a severe cold
verkozen chosen, elected; *de* ~ (*nog niet in functie zijnde*) *Lord Mayor* the Lord Mayor elect
verkrachten violate [a law, rights, justice, one's conscience, a woman], ravish, rape [a woman], murder [the language]; **verkrachter** rapist; **verkrachting** violation, ravishment, rape; *vgl het ww*; **verkrampt** contorted [style]
verkregen: ~ *rechten* vested rights
verkreu|kelen, -ken crumple (up), rumple, crush
verkrijgbaar obtainable [*bij* from], to be had, to be got, [programme] available [at 50p], [foreign papers] on sale [here]; *informaties hier* ~ information to be had here, inquire within; *niet meer* ~, (*ve artikel*) out of stock, (*ve boek*) out of print; ~ *bij alle drogisten* can be obtained from (to be had of) all chemists; ~ *stellen* place on sale, offer (for sale); *ze zijn in 4 kleuren* ~, (*ook*) they come in four colours; **verkrijgen** obtain, get, acquire; gain [admission]; poll [1000 votes]; *door zijn moed* (*door zijn karakter*) *verkreeg hij het Victoria Cross* his valour won him the VC (*zo ook:* his character won him many friends); *het geld was niet eerlijk verkregen* the ... had not been honestly come by; *te* ~, *zie* verkrijgbaar; *niet te* ~, (*ook*) unobtainable; *informaties waren moeilijk te* ~ information was hard to come by; *ik kon het niet over mij* ~ I could not find it in my heart [to ...], could not bring myself [to ...]; *vgl* verwerven; **verkrijging** obtaining, acquisition
verkrimpen writhe [with pain]
verkroppen swallow [one's anger], bottle up [one's feelings]; *zijn leed* ~ stifle one's sorrow, eat one's heart out; *zijn woede* ~, (*ook*) chafe inwardly; *hij kan't niet* ~ it sticks in his throat (*fam:* his gizzard), it rankles in his mind; *verkropt* pent-up [feelings, grief, rage]
verkrotten decay, become run-down; *verkrotte wijken* run-down (slum) areas [of a town]
verkruimelen (*ook fig*) I *tr* crumble; II *intr* crumble (away)
verkwanselen 1 barter (*of:* bargain) away; 2 fritter away [one's money]
verkwijnen pine away, languish
verkwikkelijk refreshing; *dat is geen erg* ~*e aangelegenheid* it's an unpalatable [unsavoury] affair
verkwikken refresh, freshen up; **verkwikking** refreshment
verkwisten squander, throw away, waste [money, time], dissipate [energy], (*sl*) blue [money]; ~ *aan* waste on; **verkwistend** wasteful, extravagant, prodigal, thriftless; ~*e gewoonten*, (*ook*) spendthrift ways; *zie ook* kwistig; **verkwister** spendthrift, prodigal, squanderer; **verkwisting** dissipation, extravagance, prodigality, waste(fulness); (*fam*) squandermania
verlaat 1 lock, weir; 2 *zie* 1 verlaten
verladen ship; **verlading** shipment
verlagen lower [a wall, prices, wages, one's pretensions], reduce (cut, bring down) [prices; *zie ook* laag: lager stellen], cut down [wages]; step down [the voltage]; (*muz*) lower, flatten [a note]; (*in rang*) demote; (*zedelijk*) lower, debase, degrade; ~ *met* reduce (lower) by [5%]; *zich* ~ lower (debase, degrade, demean) o.s.; *zich* ~ *tot*, (*ook*) stoop (descend) to [dishonest practices]; *verlaagd plafond* false (*of:* suspended) ceiling; **verlaging** lowering, reduction, cut [price cuts]; flattening; debasement, degradation; cutback [in holiday allowances]; *vgl* verlagen; dip [in the ground]; (*muz*) flat; **verlagingsteken** (*muz*) flat; **verlagingstransformator** step-down transformer; **verlak** lacquer, varnish
verlakken 1 lacquer, varnish, japan; 2 swindle, cheat, con, diddle [a p.], sell [a p.] a pup; 3 *vgl* verlakt I.2; **verlakker** 1 varnisher, japanner; 2 swindler; **verlakkerij** 1 varnishing; 2 swindle, con, (*Am*) skulduggery; *het is allemaal* ~ it's a complete sell (swindle); **verlakt** I *bn* 1 lacquer(ed), japanned [box]; 2 patent-leather [shoes]; II *zn* lacquer
verlamd paralysed [in both legs *aan;* with fear *door, van*], palsied; zie ook 2 lam; *een* ~*e* a paralytic; **verlammen** I *tr* paralyse, (*fig ook*) cripple [industry], hamstring [be hamstrung by lack of means]; *het verkeer* ~ block (*Am:* stall) the traffic; II *intr* become paralysed; **verlamming** paralysis (*ook fig*), [cerebral, shaking] palsy, paralytic seizure; *langzame* ~ creeping paralysis; *eenzijdige* ~ hemiplegia; *gedeeltelijke* ~ paresis
verlanden grow solid by peat-formation, become dry land
verlangen I *ww tr* desire, want, require, have a desire [to ...]; *hij verlangt dat ik ga* he desires (wants) me to go; *ik verlang dat niet te horen* I do not choose (want) to hear it; *betaling* ~ demand payment; *al wat men kan* ~ all that can be desired; *hij deed wat van hem verlangd werd* he did what was asked of him; *de verlangde hoeveelheid* the required quantity; II *ww intr* long; ~ *naar* long for, look forward to [going, the holidays], wish for [solitude]; *vurig* ~ *naar* hanker after (for), (*fam*) be dying for [a drink]; *ik verlang ernaar u te zien* I long (am anxious, *fam, sterker:* aching, dying) to see you; *waar men zo vurig naar hem verlangde* [the spot] where he was so eagerly expected; III *zn* desire; longing; ~ *naar* desire (longing) for, (*sterker*) craving for [strong drink], hankering [after power, the sea]; ***op*** ~ [tickets to be shown] on demand; *op* ~ *van* at (by) the desire of; *op mijn* ~ at (by) my desire; *op zijn uitdrukkelijk* ~ by his special wish; *vol* ~, *zie* verlangend
verlangend longing; ~ *naar* desirous of, eager (anxious) for [a change]; *ongeduldig* ~ *naar* impatient for; ~ *te gaan* anxious (eager) to go, desirous of going; **verlanglijst** list of suggested gifts (*pol:* of priorities); *het staat al lang op mijn* ~*je* it has long been on my list of desiderata (been one of my wishes); **verlangst** *zie* verlangen III
verlangzamen slow down, slow up, slacken [one's pace]
1 verlaten *ww* (*later maken, uitstellen*) delay, postpone; ***zich*** ~ be belated; *de voorzitter is verlaat* the ... will be late; *ik heb me verlaat*, (*ook*) I've been held up; *verlaat bericht* belated message
2 verlaten I *ww* 1 (*weggaan van*) leave, (*meestal*

voorgoed, ook) quit; *het pad der deugd* ~ stray from the path of virtue; *de wereld* ~, *a*) die to the world; *b*) (*sterven*) depart this world; *de socialisten verlieten de Kamer* the ... left the Chamber, walked out (of the House) [as a protest against ...]; *de school* ~ leave school; 2 (*in de steek laten*) abandon [a sinking ship], desert [one's post, one's wife and children, his courage deserted him], walk out on [the party], forsake [God will not forsake you]; 3 (*ontruimen*) vacate [the room was hurriedly vacated]; 4 ***zich* ~ *op*** rely (*of:* depend) on, trust to; *verlaat u op God* put your trust in God; *zie ook* dienst; II *bn* (*ve pers*) lonely, (*sterker*) forlorn; (*in de steek gelaten*) forsaken, abandoned; (*zonder mensen*) deserted; (*afgelegen*) lonely, desolate; (*beurs*) [oil was] neglected; *van God en mensen* ~ forsaken of (*of:* by) God and man, God-forsaken [place]

verlatenheid loneliness, forlornness, desertion; *gevoel van* ~, (*ook*) (feeling of) desolation

verlating 1 abandonment, desertion; *zie ook* kwaadwillig; 2 delay

verleden I *bn* last [night, week, year]; past [events]; ~ (*week*) *donderdag* last Thursday, Thursday last (last week Thursday, [on] ... of last week); ~ *deelwoord* past participle; ~ *tijden,* (*ook*) bygone ages; (*onvoltooid*) ~ *tijd,* (*gramm*) (simple) past tense; *dat is* ~ *tijd* that is over and done with; *vgl* III; *zie ook* verlijden; II *bw zie* onlangs; III *zn* past [the distant past, a woman with a past]; *zijn* ~ his past, his record, his antecedents; *met een slecht* (*zuiver*) ~ [man] with a bad (clean) record; *dat hoort tot het* ~ that is a thing of the past; *het verre* ~, (*ook*) [in] the long-ago; *het* ~ *laten rusten* let bygones be bygones

verlegen 1 shop-worn, shop-soiled, stale [goods]; 2 (*v aard*) shy, bashful; (*geen raad wetend*) confused, perplexed, embarrassed; *met zijn persoon* (*figuur, met zichzelf*) ~ *zijn* be (look) self-conscious (embarrassed); *zij is niet gauw* ~ she is not easily put out; *hij maakte mij* ~ he embarrassed me, caused me embarrassment; *ik was* ***ermee*** ~ (*zat met hem, met mijn handen* ~) I did not know what to do with it (with him, with my hands); *hij zat er totaal mee* ~, (*ook*) he was completely at a loss what to do with it (think of it, etc); *met zijn tijd* ~ *zijn* be at a loose end; ~ *zijn* (*zitten*) ***om*** be in want of, want badly, be pressed (pushed, hard up) for [money, etc], be at a (*enigszins:* be at something of a) loss for [an answer; a subject]; ~ ***tegenover*** *hem* [she was] shy with him

verlegenheid 1 shyness, timidity, bashfulness, self-consciousness, confusion, perplexity, embarrassment; *vgl* verlegen; 2 (*moeilijkheid*) embarrassment [his financial embarrassments], trouble, scrape, quandary; *in* ~ *brengen, a*) *zie* verlegen: ~ maken; *b*) get [a p.] into trouble (into a scrape), (*door vraag, enz*) embarrass, perplex, stump [a p.]; *in* ~ *geraken* get into trouble; *in* ~ *verkeren, uit de* ~ *helpen, zie* moeilijkheid; *we zijn in de uiterste* ~ in great straits; *hij is uit de* ~ he is in smooth water again

verleggen shift [the attention, responsibility; the points *wissel;* shift the scene to Africa], put elsewhere, (re)move; divert [a river, the traffic]; **verlegging** shifting, removal; diversion; *vgl* verleggen

verleidelijk tempting [offer], enticing [smell], alluring [prospect, smile], seductive [smile, woman]; **verleidelijkheid** allurement, enticement, seductiveness; *vgl* -lijk

verleiden 1 (*zedelijk*) seduce; lead [a p.] astray; (*vrouw*) seduce, debauch, (*euf*) betray; 2 (*verlokken*) tempt [the fine weather tempted me to go for a walk], allure, entice; *iem tot iets* ~ seduce (tempt) a p. to s.t. (to do s.t.); (*door bedrog*) fool a p. into doing s.t.; *zich gemakkelijk laten* ~ be easily led astray; *ik heb me laten* ~ *het boek te lezen* I have been trapped into reading the ...

verleider seducer; tempter; *verborgen* ~*s* hidden persuaders; **verleiding** 1 seduction; betrayal; 2 (*verzoeking*) temptation; *vgl* verleiden & verzoeking; **verleidster** seducer, temptress

verlekkeren tempt, entice; *zich* ~ *aan, verlekkerd kijken naar* cast eager (hungry, lustful, greedy) eyes on, feast one's eyes on; *verlekkerd op* keen on

verlenen grant [a delay, credit], allow [a discount], give [permission], confer (*of:* bestow) [a title] on [a p.], render, lend [assistance], bestow [relief], extend [credit, hospitality]; (*diploma*) grant [*aan* to], confer [*aan* on]; *een uitgebreide volmacht* ~ endow with wide powers; *het kiesrecht* ~ *aan* confer the franchise on; *kracht* (*een bijzondere bekoring, enz*) ~ *aan* lend (impart) force (a peculiar charm, etc) to; *het woord* ~ *aan* call (up)on [Mr N] to speak; *zie ook* hulp

verlengbaar extensible; (*ve paspoort, enz*) renewable; **verlengd** lengthened, etc; *zie* verlengen & merg; *het* ~*e,* (*meetk*) the produced part [of a line]; *zuiver in het* ~*e vallen* be in a direct line [*van* with]; *deze weg ligt in het* ~*e van die* this road is a continuation of ...; *het ligt geheel in het* ~*e van mijn opdracht* it is in line with, follows naturally from ...

verlengen lengthen, make longer, prolong [a visit]; extend [the road, one's credit, a subscription, a term *termijn*]; continue [a contract, a person in a job]; renew [a bill, passport, subscription, etc]; (*meetk*) produce [a line]; *de pas* ~ step out; *de wedstrijd werd verlengd* the ... went into extra time; *vgl* verlengd; **verlenging** lengthening; extension; prolongation; continuation; renewal; production; *vgl* verlengen; (*sp*) extra time, (*Am*) overtime; ~ *van verlof* extension of leave; *na* ~ [win] after extra time (*na 3* ~*en* after 3 periods of extra time); **verlengsel** *zie* -stuk; **verlengsnoer** extension lead (*Am:* cord); **verlengstuk** extension piece; *de zuivelindustrie is een* ~ *van de veehouderij* ... is an annexe to ...

verlening granting; conferment, bestowal; rendering [assistance]

verleppen wilt, fade, wither; *er verlept uitzien* look faded (washed out)

verleren forget [one's English]; *het lachen niet verleerd zijn* not have forgotten how to laugh; *om* *het niet te* ~ in order to (*of:* just to) keep one's hand in (not to lose one's touch, skill); *vgl* afleren & afwennen

verlet loss of time (of hours); [seasonal] lay-off; *zonder* ~ without delay; **verletten** 1 prevent; *wat verlet mij ..., zie* letten; 2 neglect; *ik heb niets te* ~ my time is my own

verleuteren waste [one's time] talking

verlevendigen revive [trade, impressions, hope, the memory of ...], quicken [interest], enliven [the scene, a feast], freshen [colours]; **verlevendiging** revival, quickening, enlivenment, enlivening

verlezen 1 pick, select, sort; 2 *zich* ~ make a mistake in reading, misread a word, etc

verlicht 1 (*door licht*) lighted (up), lit (up), illuminated; (*fig*) enlightened [person, age]; ~ *despoot* (*despotisme*) enlightened (benevolent) despot (autocrat; despotism, autocracy); *zie ook* maan; 2 (*ve last, enz*) lightened; (*fig*) relieved; *een* ~ *gevoel* a sense of relief; *zich* ~ *voelen* feel relieved

verlichten 1 (*door licht*) light, light up, illuminate; (*met schijnwerpers*) floodlight; (*fig*) enlighten [the mind]; 2 (*minder zwaar maken*) lighten [a burden; *ook fig:* the heart]; simplify [a task]; relieve [suffering], alleviate [a p.'s lot], ease [pain, the tension]; *zie ook* verlicht & *vgl* verzachten

verlichting 1 lighting, illumination, [turn down the] light(s); *de V~,* (*hist*) the Enlightenment; 2 lightening, relief, alleviation; *vgl* verlichten; ~ *geven,* (*ook*) relieve, ease; **verlichtingssterkte** illumination, lighting intensity; [screen] brightness

verliederlijken I *tr* debauch, brutalize; II *intr zich* ~ become ruined by dissipation

verliefd enamoured, amorous; in love [be in love; a man in love]; (*smachtend* ~) lovesick [a lovesick youth]; (*hopeloos* ~) lovelorn; *~e blikken* amorous looks; ~ *op* in love with, sweet on, gone on, enamoured of; *dwaas* ~ *op* infatuated with; *smoor(lijk)* ~ *op* over head and ears in love with; ~ *worden* fall in love [*op* with]; ~ *worden op,* (*ook*) lose one's heart to; *~e blikken toewerpen* make eyes at, ogle [a p.]; *een* ~ *paartje* a couple of lovers (*scherts:* of love-birds), two lovers; *~en* lovers; **verliefdheid** amorousness, [their] being in love; *dwaze* ~ infatuation

verlies loss; (*door de dood, ook*) bereavement; (*door lekkage*) spillage; *verliezen,* (*in oorlog*) [suffer heavy] casualties; ~ (*geleden*) *op* loss on [the exhibition]; *zijn dood is een* ~ *voor de wereld* (*de stad*) the world (the town) is the poorer by (*of:* for) his death; *hij* (*het*) *is geen groot* ~ he (it) is no great loss; *het* ~ *is aan mijn kant* the loss is mine; *het* ~ *dragen* bear (stand) the loss; ~ *nemen* cut one's losses; *iem een zwaar* ~ *toebrengen* inflict a heavy loss (up)on a p.; ~ ***aan*** *mensenlevens* loss of life; ***met*** ~ *verkopen* sell at a loss (at a sacrifice); *met* ~ *werken* work at a loss, make a loss; *met zware verliezen* [repulse the attack] with heavy losses; *hij kan goed* (*slecht*) ***tegen*** (*zijn*) ~ he is a good (bad) loser, bears his loss well (badly); *zie ook* goedmaken, lijden, wettelijk, enz

verlies|gevend, **-latend**, **-lijdend** loss-making [sectors of industry]; **verliespost** (*op rekening*) loss; (*zaak*) loss-maker; **verliespunt** point lost, minus point; *zonder ~en* without loss of points; *~en oplopen* lose points

verlieven: ~ *op,* (*lit*) fall in love with, lose one's heart to, become enamoured of

verliezen lose [a battle, one's head, one's life, a lawsuit]; (*door sterfgeval*) lose [a child]; *doen* ~ lose [that lost me my place]; *er is geen tijd te* ~ there is no time to lose (to be lost); *geen tijd* ~ *met schrijven* waste no time in writing (*vgl:* lose no time in writing *onmiddellijk* ...); *geen woord van het gesprek* ~ not miss anything of the conversation; *hij verloor de wedren net* he just missed winning the race; *hij verloor zijn geld* (*hart*) ***aan*** ... he lost his money (heart) to ...; *er niets* ***bij*** ~ lose nothing by it; *je hebt er niet veel bij verloren* you have not missed much; *de stad verliest veel* ***in*** *hem* the town is the poorer by (*of:* for) his death; ~ ***met*** *5-0* lose five-nil (by five goals to none); ~ ***op*** lose on [an article]; *een proces* ~ ***tegen*** lose a lawsuit against; *tegen* ~ *kunnen, zie* verlies; ***uit*** *het oog* ~ lose sight of [*ook fig:* a fact, etc]; *niet uit het oog* ~, (*ook*) bear in mind; *iem* (*geheel*) *uit het oog* ~, (*fig, ook*) lose (all) trace (lose track) of a p.; *Spanje verloor* ***van*** *België* Spain lost to B; ***zich*** ~ lose o.s. (itself), be lost; *zie ook* verloren: ~ gaan in; *de* ***verliezende*** *partij* the losing party; *zie ook* hoefijzer, moed, verloren; **verliezer** loser; *zie ook* verliezen: de ~de partij

verlijden execute, draw up [a deed *akte*]; *oprichtingsakte verleden voor* ... act of incorporation passed before ...; *het* ~ *van de akte* the execution of the deed; **verlijmen** bond

verlinken betray, (*sl*) shop; blow the whistle on [an activity]; *iem* ~, (*aan politie, ook, sl*) grass on [a p.]; *vgl* verklappen

verloede|ren go to pot (to the dogs); decay morally; (*v gebouwen, enz*) become run-down; **-ring** deterioration, corruption; degeneration

verlof (*permissie*) leave, permission, (*tot afwezigheid*) leave (of absence), (*inz mil*) furlough; *bijzonder* ~, (*wegens familieomstandigheden, enz*) compassionate leave; (*anders*) special leave; (*ve café,* ~ *A, vglb*) licence for the sale of beer; (*id,* ~ *B*) licence for the sale of non-alcoholic beverages; (*winkel, niet voor gebruik ter plaatse*) licensed to sell beer and spirits; (*vakantie*) holiday(s); ~ *om aan wal te gaan* shore leave; *onbepaald* ~ indefinite (unlimited) leave (furlough); ~ *vragen om* ... ask permission (beg leave) to ...; ~ *geven om* ... give (grant) permission to ...; ***met*** ~ [be, go] on leave (of absence), (*mil, ook*) on furlough, (*vakantie*) on holiday; *met groot* ~ on long furlough; *met* ~ *zijn* be on leave (of absence), be absent on leave; *met uw* ~ by your leave, excuse (allow) me; ***zonder*** ~ without permission, [absence] without leave; *zonder* ~ *van de politie* without the permission of ...

verlofdag day off, day of leave; **verlofganger** person (official) on leave; **verlofjaar** (*univ*) sabbatical (year); **verlofpas** (*v gevangene*) leave-

-pass; (*mil*) furlough-pass
verlokkelijk, enz *zie* verleidelijk, enz; **verlokken** tempt, entice, allure, seduce; *zie ook* verleiden; **verlokking** temptation, allurement, enticement
verlonen spend in wages
verloochenen deny [God, one's faith, leader, signature], disavow, renounce, repudiate, disown [one's son], belie [one's nature, faith]; ***zich*** *~, a*) belie one's nature; *b*) deny o.s., practise self-denial; *zigeunerbloed verloochent zich niet* gipsy blood will show, will out; *de natuur verloochent zich niet* what is bred in the bone will not come out of (will come out in) the flesh, nature shows, blood will show; **verloochening** denial, disavowal, renunciation, repudiation
verloofd: *~ zijn* be engaged [*met* to]; **verloofde** fiancé(e), betrothed; *de ~n* the engaged couple
verloop 1 (*v tijd*) course; (*afloop*) lapse, expiration, expiry; ***na*** *~ van 3 dagen* after (a lapse of) three days; *na ~ van tijd* in course (in process) of time, as time went by [he ...]; 2 (*ve wedstrijd*) run [of the game]; (*ve ziekte, enz*) course, progress; conduct [of the work]; *de ziekte heeft haar gewone* (*normale*) *~* the illness is running (taking) its ordinary (normal) course; *het ~ van de zaak afwachten* await developments (events); *een noodlottig ~ hebben* end fatally; *zie ook* verlopen; 3 (*achteruitgang*) falling off [of a man's business]; 4 (*wisseling*) turnover [in personnel], [natural] wastage; *natuurlijk ~,* (*v personeel*) attrition; (*verschuiving*) drift; fluctuation; (*versmalling*) taper, reduction; (*typ*) overrun; 5 (*ve curve*) path; (*beloop*) lines; **verloopnippel** reducing nipple; **verloopsok** *zie* -stuk; **verloopstekker** adapter, -tor; **verloopstuk** (*ve pijp*) reducing socket (coupler, pipe-joint), reducer
verloor *ovt van* verliezen
verlopen I *ww* 1 (*v tijd*) pass (away), elapse, go (*of:* slip) by *daar kunnen nog jaren over ~* it may be years first; 2 (*aflopen*) pass; *alles* (*het diner, de avond*) *verliep rustig* (*naar genoegen*) everything (the dinner, the evening) passed off quietly (satisfactorily); *vlot ~* progress smoothly; *hoe is de vergadering ~?* how did the meeting go off?; *hoe verloopt de zaak?* how are things proceeding?; 3 (*ve pas, enz*) expire; *zie ook* aflopen; 4 (*ve zaak*) go down(hill), go to the dogs, run to seed; *de menigte verliep* the crowd dispersed; *de werkstaking* (*het debat*) *verliep* the strike (the debate) fizzled (petered) out; *de beweging* (*de partij*) *verliep* the movement spent itself (the party went into a decline); 5 (*typ*) overrun; 6 (*techn*) reduce, (*elektr*) adapt; *vgl* verloop; II *bn* (*ve pers*) seedy(-looking), raffish, (*fam*) down-and-out; *een ~ praktijk* a run-down practice; *zie ook* vervallen II.1 & vervliegen 3
verloren lost; *de zaak is ~* the game is up; *een ~ zaak* a lost cause; *voor een ~ zaak strijden* fight a losing battle, play a losing game; *~ dag* [it was a] wasted day; *~ hoekje* [in some] odd corner; *een ~ leven* a misspent life; *~ moeite* labour lost, lost labour; *~ ogenblikken* spare (*of:* odd) moments; *de ~ zoon* the prodigal son; *~* ***gaan*** be (get) lost; *geen tijd ~ laten gaan* lose (waste) no time; *hij liet geen tijd ~ gaan, maar schreef de brief direct* he lost no time in writing the letter; *de rest van het werk is voor ons ~ gegaan* the ... has been lost to us; *~ gaan in de mist der tijden* be lost in the mists of time; *~ gaan in de menigte* get lost in the crowd, lose oneself in the crowd; *er gaat niets ~* nothing is wasted (goes to waste); *dit onderscheid is ~ gegaan* has gone by the board; *de woorden gingen ~ in een geeuw* the ... trailed (tailed off) into a yawn; *ik* ***geef*** *het ~* I give it up; *hij* ***is*** (*een*) *~* (*man*) he is lost, (*fam*) done (for), finished, it is all up with him; *er is niets* (*niet veel*) *aan* (*aan hem*) *~* it (he) is no (no great) loss; *er is een dichter aan hem ~ gegaan* he would have made a good poet; *hij dacht dat hij ~ was* he gave himself up for lost; *het schip werd als ~ beschouwd* was given up for lost; *~* ***raken*** get lost, go astray, miscarry; *zie ook* verliezen; *~ ronddwalen* walk about as if lost
verloskamer delivery room; **verloskunde** obstetrics, midwifery; **verloskundig** obstetric; **verloskundige** obstetric surgeon, obstetrician, accoucheur; (*v*) midwife, accoucheuse
verlossen deliver, release, rescue, set free, liberate; (*vooral v Christus*) redeem; (*bij bevalling*) deliver [a woman]; *iem uit zijn gevaarlijke positie ~* extricate a p. from his dangerous position; *ik zal je van hen ~* I'll take them off your hands; *hij sprak het ~de woord* he saved the situation by saying ... (by what he said); *zie ook* lijden II; **verlosser** deliverer, rescuer, liberator; *de V~* the Redeemer, the Saviour; **verlossing** deliverance, rescue, redemption; (*bevalling*) delivery, accouchement; *vgl* verlossen; **verlossingswerk** (work of) redemption, salvation; **verlostang** forceps
verloten raffle (off), put up in a raffle; **verloting** raffle, lottery, [Christmas] draw
verloven affiance, betroth; *zich ~* become (get) engaged [*met* to]; *zie ook* verloofd; **verloving** engagement, betrothal; **verlovingsring** engagement ring
verluchten illuminate [a manuscript]; illustrate [a book]; **verluchter** illuminator; **verluchting** 1 illumination; illustration; 2 (*opluchting*) relief
verluiden: *naar verluidt* it is rumoured that [he will resign]; *de opmerking die hij, naar verluidt, heeft gemaakt* the remark he is reported to have made; *al wat men hoort ~* [one should not believe] everything one hears
verluieren idle (*fam:* laze) away [one's time]
verlummelen lounge [one's time] away
verlustigen divert, amuse; *zich ~ in* (take) delight in [reading, etc], revel in [mischief], wallow in [sensual pleasures]; *zich ~ in de aanblik van* feast one's eyes (up)on
vermaagschapt related (by marriage) [*aan* to]
vermaak amusement, pleasure, sport; (*vermakelijkheid*) amusement, diversion, entertainment; *~ scheppen in* take (find) pleasure (delight) in; *tot ~ van* to the amusement of; **vermaakscentrum** amusement centre

vermaan admonition, exhortation, warning; **vermaanbrief** (*ve bisschop*) charge
vermaard famous, celebrated, renowned, far-famed; **vermaardheid** fame, celebrity, renown; *een* ~ a celebrity
vermaatschappelijken socialize
vermageren I *tr* make lean, emaciate, waste; II *intr* lose weight, become (grow, get) thin; (*als kuur*) reduce, slim; *ik moet* ~ I must get my weight down; *zijn* (*sterk*) *vermagerd lichaam* his emaciated (wasted) frame; **vermagering** emaciation; (*opzettelijk*) weight reduction, slimming [aid, diet, exercise]; **vermageringskuur** slimming course; *een* ~ *doen, zie* vermageren
vermakelijk amusing, entertaining, diverting
vermakelijk|heid amusingness, etc; *een* ~ a diversion, an entertainment; *publieke* ~ public entertainment; **-heidsbelasting** entertainment tax
vermaken 1 amuse, divert; ***zich*** ~ enjoy (amuse) o.s., disport o.s. [on the ice], make merry [*over* over]; *zich buitengewoon* ~ have the time of one's life; *zich* ~ *ten koste van* amuse o.s. at the expense of; 2 (*veranderen*) alter, remodel [clothes, etc]; 3 (*bij testament*) bequeath [personalty *roerend goed*], will (away) [property; he willed her £2000], devise [realty *onroerend goed*], dispose of by will; **vermaking** (*v geld, enz*) bequest
vermaledijen curse; *vermaledijd* cursed, damned, darned; **vermalen** grind, crush, crunch; pulverize [coal]; masticate [food]
vermanen admonish, exhort, warn; *iem vaderlijk* ~, ~*d toespreken* talk to a p. like a Dutch uncle; ~*d* admonitory, exhortatory, exhortative; **vermaning** admonition, exhortation, expostulation, warning; (*ve kwaal*) touch [of flu]; *een* ~ *geven, zie* vermanen
vermannen: *zich* ~ brace (nerve, rouse) o.s., pull o.s. together, take one's courage in both hands, summon up (screw up) one's courage, take heart
vermeend putative, reputed [his putative, reputed father]; fancied [rights, grievances], pretended, supposed
vermeer|deren I *tr* increase, augment, add to [a number, the difficulties], enlarge; *met 5%* ~ increase by 5 per cent; *zich* ~ increase, (*zich vermenigvuldigen*) multiply [rabbits multiply rapidly]; *vermeerderde uitgave* enlarged edition; II *intr* increase [*met* by]; **-dering** increase [*vergeleken met, bij verleden jaar* on last year], augmentation, addition, accession [to the ranks of the unemployed]; ~ *van het gezin* [he had an] addition to the family; **-deringsbedrijf** multiplication farm
vermeesteren capture [a town], seize (on, upon), possess o.s. of, master; **vermeestering** capture, seizure, conquest
vermeien: *zich* ~ amuse o.s., enjoy o.s., disport o.s. [on the ice, etc]; *zich* ~ *in* revel in; *zie ook* verlustigen
vermelden mention, make mention of, report [many accidents are reported], state [reasons, particulars], set forth (out), record, put (place) on record, enter, list; *in de historie vermeld* recorded (on record) in ...; *opnieuw* ~ restate; *zie ook* dagorder; **vermeldenswaard** worth mentioning, worthy of mention; **vermelding** mention; (*in gids*) [directory] entry; (*in lijst*) listing; *eervolle* ~ honourable mention [at an exhibition], 'highly commended'; *een eervolle* ~ *krijgen,* (*mil*) be mentioned in dispatches
vermenen be of opinion, opine
vermengen mix, mingle; blend [tea, coffee]; alloy [metals]; *zich* ~ mix; mingle [with the crowd]; *olie en water laten zich niet* ~ do not mix (together); **vermenging** mixing, mixture, blending; (*mengsel*) mixture, blend
vermenigvul|digbaar multipli(c)able; **-digen** multiply [*met* by]; (*met stencil e.d.*) duplicate; *zich* ~ multiply, reproduce; *kun je* ~*?* can you do multiplication?; **-diger** multiplier; **-diging** multiplication; *zie ook* tafel; **-digingsfactor** multiplier, coefficient; **-digtal** multiplicand
vermenselijken humanize
vermetel audacious, daring, reckless, foolhardy [person, plan]; **vermetelheid** audacity, daring, recklessness, temerity
vermeten: *zich* ~ presume, dare, make bold, have the face (*fam:* the cheek) [to ...]; (*verkeerd meten*) measure wrong (incorrectly)
vermicelli id; **vermiculiet** vermiculite
vermijdbaar avoidable; **vermijden** avoid [a p., place, company, etc], (*sterker*) shun; (*ontwijken*) evade [a blow, a direct answer], steer clear of [a rock, subject], fight shy of [a p.], keep away from [this quarter of the town]; (*onkosten ook*) save [expenses]; *niet als ik het* ~ *kan,* (*ook*) not if I can help it; **vermijding** avoidance, evasion
vermikje (*fam*) gadget; **vermiljoen** vermilion, cinnabar; **vermiljoenen** *ww* vermilion; **vermiljoenrood** vermilion, cinnabar
verminderen I *tr* lessen, decrease, diminish, cut down [expenses, one's tobacco], reduce [the price, speed, taxation], debase [the coinage], slacken [speed], slow down [production], ease [the tension]; *de prijs met 10%* ~ reduce the price by 10 per cent; *de prijzen* ~, (*ook*) mark down prices; *het kapitaal* (*ve maatschappij*) ~ *met* ..., (*ook*) write down the capital by ...; *tegen verminderde prijzen* at reduced prices; *dat vermindert zijn verdienste niet* that does not detract from his merit; *zich* (*zijn uitgaven, staat*) ~ retrench (one's expenses), reduce one's style of living; *zie ook* vaart; II *intr* lessen, decrease, diminish, fall off [the demand is falling off], abate [the wind, the pain, abates], decline [his strength is declining]; *mijn gezicht vermindert* my eyesight is failing; *de waarde van goud is verminderd* gold has depreciated; *verminderd,* (*muz*) diminished [interval]; *sterk* ~*d* dwindling [profits]
vermindering diminution, decrease, reduction, slackening, falling-off [in the takings *ontvangsten*], abatement, decline; easing (lessening) [of tension]; [income tax] cut; *vgl* verminderen; *de uitvoer toont een* ~ *van 5 mln pond* exports show a falling-off of 5m pounds; *de* ~ *van de vraag* the reduction in demand
verminken mutilate, maim, mangle, cripple; (*fig*

ook) garble [a report, story, facts], tamper with [a text]; **verminking** mutilation (*ook fig*); **verminkte** cripple(d person), maimed person

vermissen miss; *zie ook* vermist; **vermissing** loss

vermist missing; ~ *worden* be missing; ~ *raken* miscarry, get lost; (*ve pers*) go missing [in the war]; *de ~e* the missing person (man, woman); *de ~en,* (*in oorlog bijv*) the missing

vermits whereas, since

vermoedelijk presumable [it was presumably forgotten], supposed, probable, expected [arrival]; *de ~e vader* the putative father; *vgl* waarschijnlijk & *zie ook* erfgenaam

vermoeden I *ww* suspect, surmise; presume, suppose, conjecture; *hij kan niet ~ wat ik denk* he can have no idea of what I think; *hij zal niet komen, vermoed ik,* (*ook*) I take it; *voordat je het vermoedt* before you know where you are [they have robbed you]; *geen kwaad ~d* unsuspecting(ly); II *zn* surmise, presumption, supposition, conjecture; (*verdenking*) [have not the least] suspicion; *ik had zo'n ~* I had my suspicions, I suspected as much; *bang ~* misgiving, qualm; uncomfortable feeling; *een sterk* (*vaag*) ~ [have] a shrewd (a vague) suspicion [that ...]; *het is slechts ~* it is only surmise; *vastgehouden op ~* detained on suspicion; (*kwade*) *~s krijgen tegen iem* become suspicious of a p.; *zie ook* flauw

vermoeid tired, fatigued (*ook techn*), weary; ~ *van* tired etc with; *zie ook* moe I; **vermoeidheid** tiredness; weariness, fatigue; (*matheid*) lassitude; (*v materiaal*) fatigue; **vermoeien** tire, weary, fatigue; *de ogen ~,* (*ook*) try the eyes; *zich ~* tire o.s.; **vermoeiend** tiring, fatiguing; wearisome [details, task, child]; **vermoeienis** *zie* vermoeidheid; *~sen* fatigues [of the journey]; **vermoeiing** (*techn*) fatigue [of metals, etc]

vermogen I *ww: ~ te* be able to, have the power to, be in a position to; *hij vermag veel* he can do much, has great influence [*bij* with]; *de medische wetenschap vermag hier niets* medical science is powerless (can do nothing) here; *niets ~ tegen* be powerless against; *het geschut vermocht niets tegen de vesting* the guns proved ineffectual against the fortress; II *zn* 1 (*fortuin*) fortune, wealth, riches; (*bezit*) property; *man **van** ~* man of property (of means, of substance); 2 (*macht, kracht*) power; (*geschiktheid*) ability; (*mech*) power, capacity, energy; *nuttig ~* useful effect; *scheidend ~* resolution [of a lens]; *zijn* (*verstandelijke*) *~s zijn nog goed* his (intellectual) faculties are still sound; *zover **in** mijn ~ ligt* as far as lies in my power (as in me lies); ***naar** mijn beste ~* to the best of my ability; *naar ~* according to ability (capacity)

vermogend wealthy, rich, [man] of substance, substantial [farmer, tradesman]; (*invloedrijk*) influential

vermogensaanwasbelasting capital gains tax; **vermogensaanwasdeling** capital growth sharing; **vermogensbelasting** property tax, capital tax; **vermogensdelict** crime (offence) against property; **vermogensheffing** capital levy

vermolmd mouldered; **vermolmen** moulder (away)

vermomd disguised, made up [as an old man]; *zie ook* vermommen & verkapt; **vermommen** disguise, camouflage; *zich ~* disguise o.s., dress (o.s.) up; **vermomming** disguise, make-up, camouflage; (*dierk*) mimesis, mimicry

vermoorden murder [*ook fig:* Beethoven; she'll murder you when she hears it], kill; (*door sluipmoord*) assassinate; *de vermoorde* the murdered person (man, woman); *hij vermoordt zichzelf,* (*door te veel inspanning*) he is killing himself; *zie ook* onnozelheid & onschuld

vermorsen waste [bread, money, time], squander, trifle (fritter) away [money], idle (trifle) away [one's time]; *zie ook* inkt

vermorzelen crush, smash (up), (s)crunch; demolish (*ook fig:* arguments, a theory); *ik zal hem ~,* (*fig*) I'll make mincemeat of him; **vermorzeling** crushing, etc, pulverization; ~ *des harten,* (*r-k*) contrition

vermout vermouth

vermurwen soften, mollify; *zich laten ~* relent; *zich niet laten ~,* (*ook*) remain adamant; *niet te ~* inexorable, relentless; *zie ook* onvermurwbaar

vernachelen (*fam*) fool, spoof

vernachten stay (pass, spend) the night

vernagelen spike [a gun]; nail up [a door]

vernaggelen (*fam*) fool, spoof

vernauwen (*ook: zich ~*) narrow, constrict, contract; **vernauwing** narrowing; (*med*) stricture

vernederen humble, humiliate, abase, mortify; *iems trots ~* bring down a p.'s pride; *zich ~* humble, etc o.s.; *zie ook* verlagen; *zich ~ voor God* humble o.s. before God; *vgl* stof II; **vernederend** humiliating [treatment], degrading [punishment]; **vernedering** humiliation, abasement, mortification; *zie ook* ondergaan

vernederlandsen *zie* verhollandsen

verneembaar perceptible, audible

vernemen learn, hear, be told, understand; *naar we ~* (*naar men verneemt*), *is hij* ... we learn etc (it is learned, understood) that he ...; ~ *naar* inquire after (*of:* about)

verneuken (*fam*) fool, spoof; **verneukeratief** 1 bamboozling; 2 misleading; **verneukerij** [it's a] con[-game]; **verneuriën** *zie* verneuken

vernevelen atomize, spray

vernielachtig destructive; **vernielen** destroy, wreck [a train], cripple, smash (up); (*mil*) demolish; *zie ook* vernietigen; **vernielend** destructive; **vernieler** destroyer, smasher; **vernieling** destruction; (*mil*) demolition; (*vreselijke*) *~en aanrichten* commit acts of vandalism (cause terrible havoc); *in de ~ jagen,* (*sl*) pull the plug on, wreck; *helemaal in de ~ zijn* (*liggen*) be a mental and physical wreck; **vernielziek** fond of destroying, destructive; **vernielzucht** spirit of (love of, passion for) destruction, destructiveness, vandalism

vernietigen 1 (*vernielen*) destroy, annihilate, wreck, smash (up); *gehele regimenten werden vernietigd* whole regiments were wiped out (annihilated); *iem met een blik ~* wither a p. with a look;

het vliegtuig was totaal vernietigd was a complete wreck; 2 (*te niet doen*) nullify, annul, make (declare) null and void, set aside [a decree, judgment], quash [a verdict], reverse [a decision], dash, wreck [a p.'s hopes]; **vernietigend** destructive [fire, etc], withering (crushing) [reply, look], scathing (devastating) [criticism, attack], damning [facts, evidence]; **vernietiging** 1 destruction, annihilation, smash-up, wreck; extermination [camp]; 2 (*nietigverklaring*) nullification, annulment, quashing, setting aside; *vgl* vernietigen

vernieuwbaar renewable; **vernieuwbouw** renovation; **vernieuwen** renew [renewed strength, efforts, vigour], revive [a pledge], renovate, innovate; *het dak van een huis* ~ re-roof a house; **vernieuwend** innovative; **vernieuwer** renewer, renovator, innovator; **vernieuwing** renewal, renovation; innovation

vernikkelen 1 nickel, plate with nickel, nickel-plate; *vernikkeld* nickel-plated, -coated; 2 (*v kou, fam*) perish (with cold); 3 *iem ~, zie* verlakken; **vernikkeling** nickel-plating

vernis varnish; *~je, (fig, ook)* veneer [of civilization], top-dressing [of gentility]; **vernissage** id, varnishing day; preview; presentation; opening reception; **vernissen** varnish, (*fig ook*) veneer

vernoemen name [a child after a p.]

vernuft 1 genius, ingenuity; *dat gaat het menselijk ~ te boven* that is beyond human contrivance; 2 (*geestigheid*) wit; *vals ~* false wit; **vernuftig** 1 ingenious; 2 (*geestig*) witty; *zie ook* vindingrijk; **vernuftigheid** 1 ingenuity; 2 wittiness; *zie ook* vindingrijkheid

vernummeren renumber

veronaangenamen make unpleasant

veronachtzamen neglect [a p., one's duty], disregard [other people's comforts]; (*opzettelijk*) slight, put a slight on [a p.]; **veronachtzaming** neglect, negligence, disregard, slight(ing); *met ~ van* in disregard of [treaty obligations], to the neglect of

veronder|stellen suppose, assume, presume; (*fam*) expect [I expect it's yours]; *ik veronderstel van ja* I suppose so, I suppose he has (it is, etc); *men kan niet ~, dat* ... it cannot be supposed that ...; *ieder wordt verondersteld de wet te kennen* every man is assumed (presumed) to know the law; *veronderstel dat* ... suppose, supposing (that) ...; *naar verondersteld wordt* supposedly [written by you]; *verondersteld geval* hypothetical case; **-stelling** supposition; *in de ~ dat* ... in the supposition that ..., supposing (presuming) that ..., [act] on the supposition (the assumption) that ...; *van de ~ uitgaan dat* ... start from (speak on, argue on) the assumption that ...

verongelijken wrong, injure [a p.], do [a p.] wrong; *zeer verongelijkt* [a] much wronged [man]; *een verongelijkt gezicht zetten* put on an aggrieved expression

veronge|lukken 1 (*omkomen, tenietgaan*) perish, (*schip, vliegtuig*) be wrecked, be lost; (*schip, ook*) founder; (*vliegtuig, ook*) crash; *doen ~* wreck [a train; bad cooking may wreck a marriage]; *verongelukt* wrecked [vessel, car], lost [steamer, traveller]; *onder de verongelukten* [the captain is] among the casualties (the lost, the dead); 2 (*een ongeluk krijgen*) meet with an accident, come a cropper, come to grief [he, the ship, the plan, came to grief]; 3 (*mislukken*) miscarry, fail; **-lukking** 1 wreck, loss, foundering, crash; *vgl* verongelukken; 2 (*mislukking*) miscarriage, failure

veronica (*plant*) speedwell; *V~* id

verontreinigen pollute [a river], defile [a temple], contaminate [food], foul [the pavement], soil, dirty; *verontreinigd(e) lucht (water)* polluted air (water); *~de stof, (ook)* pollutant, contaminant; *vgl* vervuilen; **verontreiniging** [air, river; oil] pollution, defilement, contamination

veront|rusten alarm, disquiet, disturb, perturb; *zich ~* be alarmed [*over* at]; **-rustend** alarming, disquieting, disturbing [symptoms, thought]; **-rusting** alarm, disturbance, perturbation

veront|schuldigen excuse [a p.]; *zich ~* apologize [to a p. for s.t.], excuse o.s. [on the ground that ...]; *de Heer N laat zich ~* Mr N begs to be excused; *het is niet te ~* it is inexcusable, there is no excuse (for it), it admits of no excuse; **-schuldigend** [speak in an] apologetic [tone]; **-schuldiging** excuse; apology; *zijn ~en aanbieden* offer one's apologies; *als ~ aanvoeren* plead [a headache] (in extenuation); *glimlachen bij wijze van ~* smile apologetically

veront|waardigd indignant [*over iets, iem* at, over, about s.t., with a p.]; *ten zeerste ~* outraged, scandalized [*over* at]; **-waardigen** make indignant, fill with indignation, rouse a p.'s indignation; *zich ~* be indignant [*over iets, iem* at, over, about s.t., with a p.]; **-waardiging** indignation

veroor|deelde condemned person (man, woman), convict; *zie ook* cel; **-delaar** condemner; **-delen** 1 condemn; (*jur*) pass sentence on, sentence, condemn, (*vooral in civiele zaken*) give judgment against; (*schuldig bevinden*) convict; *hij was reeds 2 maal vroeger veroordeeld (wegens diefstal)* he had (there were) two previous convictions (for theft) against him; ***ter** dood ~* sentence to death; *hij is ter dood veroordeeld, (ook)* he is under sentence of death; ***tot** drie maanden gevangenisstraf ~* sentence to three months' imprisonment [*ook:* he received a three months' sentence]; *zie ook* kosten & zwaard; 2 (*afkeuren*) condemn; *openlijk (heftig) ~* denounce [a p., practices, etc]; *hij (dat stelsel) veroordeelt zichzelf* he (that system) stands self-condemned; **-deling** 1 condemnation (*ook: afkeuring*), denunciation; 2 (*jur*) conviction; *vgl* veroordelen

veroorloofd 1 (*niet verboden*) allowed, permitted; 2 (*toelaatbaar*) admissible, allowable, permissible; **veroorloven** allow, permit, give leave; *de omstandigheden ~ niet dat hij met vakantie gaat* circumstances do not permit of his going ...; *zich ~ te* ... take the liberty to ..., make bold (make free) to ...; *dat kan ik me niet ~* I cannot afford it; *zie ook* permitteren

veroorzaken cause, occasion, bring about, bring

on [a haemorrhage brought on by excitement], produce [effect], raise [difficulties]; *zie ook* berokkenen, last, enz; **veroorzaker** originator, author, causer, causal agent [of a disease]; **veroorzaking** causation, bringing about
verootmoedigen humble, humiliate, chasten
verorberen dispatch, polish off, consume, put away, demolish; *in minder dan geen tijd ~*, (*ook*) make short work of
verordenen order, ordain, enact, decree; *de wet verordent dat* ... the law provides that ...; **verordening** regulation(s), ordinance, rules; (*v openbaar bestuur, lichaam, enz*) by(e)-law; *volgens ~* by order
verordineren ordain, order, precribe
verouderd obsolete [word, battleship], out of date [out-of-date machinery], antiquated, archaic; outworn [dogmas]; moth-eaten [system]; inveterate, chronic [disease]; *~ idee* exploded idea (*of:* notion); *zie ook* verouderen; **verouderen** I *intr* (*ve pers*) grow (get, become) old, age; (*v woorden, enz*) become obsolete; (*ve landkaart, boek, apparaat, enz*) get out of date; *die film is verouderd* that film has (become) dated; *hij veroudert hard* he is ag(e)ing fast; II *tr* antique [furniture], age [fake antiques; such a life ages a man]; *zie ook* verouderd; **verouderend** (*ve pers*) ag(e)ing; (*ve woord, enz*) obsolescent; *nooit ~* ageless, never growing old; **veroudering** (*techn & v pers*) ag(e)ing; (*ve woord, enz*) obsolescence
verouwelijken *zie* verouderen (*ve pers*)
veroveraar conqueror; **veroveren** conquer, capture [*op* from], take; *land op de zee ~* recover (reclaim) land from the sea; (*zich*) *een blijvende plaats ~*, (*v woorden, instellingen, enz*) come to stay; *zie ook* hart; **verovering** conquest; inroad [of the sea]; **veroveringsoorlog** war of conquest
verpachten lease, let (out) on lease; (*ve monopolie, belasting, enz*) farm (out); **verpachter** lessor; **verpachting** leasing; farming (out); *vgl* verpachten
verpakken 1 pack, put (*of:* do) up, wrap up [in brown paper], package (*ook fig:* one's ideas); *als cadeautje* (*geschenk*) ~ gift-wrap; *vgl* inpakken; 2 (*anders pakken*) repack; 3 shift one's hands; **verpakker** packer; **verpakking** 1 packing, packaging; 2 pack; *~ van zes* (*stuks*), (*ook*) six-pack; **verpakkingsmateriaal** packaging material(s)
verpanden pawn [a watch, etc], pledge [one's word, honour, life], mortgage [one's house], hypothecate [goods]; *zijn hart ~ aan* give one's heart to; *zich aan de duivel ~* sell one's soul to the devil; **verpander** pawner, pledger; mortgagor; hypothecator; **verpanding** pawning; pledging; mortgaging; hypothecation; *vgl* verpanden; **verpandingsakte** letter of lien
verpast sold out; engaged; reserved
verpatsen (*fam*) flog
verpauperen pauperize; *~de buurten*, (*ook*) twilight areas
verpersoon|lijken personify; *de -lijkte hebzucht* greed incarnate; **-lijking** personification
verpesten infect, poison [the air]; (*fig*) infect, contaminate, taint [a p.'s mind]; (*fam*) spoil [a pleasant evening], ruin [ruined by tourists]; *iem het leven ~* lead a p. a dog's life, pester a p. (to death); *zie ook* bederven; **verpestend** pestiferous, pestilential [air, exhalations, smell, etc]; (*fig ook*) pestilent [influence]; **verpesting** infection, contamination, poisoning; *vgl* verpesten
verpierewaaid dissipated; **verpieterd** (*v eten*) frizzled up; (*ve pers*) scrubby, scraggy
verplaatsbaar (re)movable, transportable; mobile [crane, rocket-launcher], ambulatory [toilets]; (*draagbaar*) portable; **verplaatsbaarheid** (re-)movability, portability
verplaatsen move [troops, chessmen, the table, the house was bodily moved], shift [one's weight from one foot to the other, the accent], displace [a quantity of water], transpose [letters, words], remove, transfer [a business], transfer [officials], translate [a bishop], give a new place to; ***zich*** ~ move, shift [the sandbank had shifted]; *zich in gedachten ~ naar* transport o.s. mentally to [another country], carry o.s. (one's mind) back [to the past]; *verplaatst u in mijn toestand* place (imagine) yourself in my position; **verplaatsing** movement [dune movements], move, removal, shift(ing); displacement; transposition; transfer; translation; *vgl* verplaatsen
verplantbaar transplantable; **verplanten** transplant, plant out
verpleegdag [$800 per] day of hospitalization
verpleeg|de patient; *in inrichting ~* in-patient; inmate [of a psychiatric hospital]; **-huis, -inrichting** nursing home; (*inz terminaal*) hospice; **-kunde** nursing; **-kundige** (male) nurse, trained nurse; *het beroep van ~* the nursing profession; **-ster** *zie* -kundige
verplegen nurse, tend; *~d personeel* nursing staff; **verpleger** (male) nurse; (*in hospitaal*) (hospital) attendant; (*mil ook*) orderly; **verpleging** 1 nursing; nursing care [needs, plan]; 2 (*onderhoud*) maintenance; management; 3 (*mil*) supply [column, officer, service, train]; **verplegingsinrichting** nursing home; **verplegingskosten** 1 nursing-fees; 2 charge for board and lodging; **verplegingswetenschap** (theory of) nursing
verpletten: *we stonden verplet* we were struck dumb, (*fam*) struck all of a heap; **verpletteren** crush, smash (up), shatter, smash to pieces; *het vliegtuig werd verpletterd* (was) smashed to pieces, (completely destroyed; *~d bewijs* damning proof; *~de meerderheid* overwhelming (sweeping) majority; *~de nederlaag* crushing defeat, rout [*van de Arbeiderspartij* Labour rout]; *~d(e) slag* (*nieuws*) crushing blow (news)
verplicht 1 (*verschuldigd*) due [*aan* to]; *ik ben u zeer ~* I am much obliged to you; *ik ben hem veel ~* I am under great obligations to him, I owe him much, I am greatly indebted to him; *dat zijn we aan hem ~* we owe it to him; *wij zijn het aan onszelf ~* we owe it to ourselves; 2 (*gebonden*) obliged, in duty bound, under an obligation [to ...]; (*zedelijk ~*) under a moral obligation [to ...]; *~ **tot*** bound to [secrecy]; *~ zijn* (***zich*** *~ zien*) *te*

... be obliged to [answer], have to [attend]; *ik ben niet ~ te ...,* (*ook*) I am under no obligation (am not bound) to ...; 3 (*vs facultatief*) compulsory [attendance at school *schoolbezoek*], obligatory [subjects *vakken*], mandatory [attendance, payment]; *voor iedereen ~* compulsory for all; *~ stellen* make obligatory; *~e afschrijving* statutory writing-off; *~e heiligedag,* (*r-k*) holiday of obligation; *~e militaire dienst* conscription; *zie ook* verplichten; **verplichten** 1 (*noodzaken*) oblige, force, compel; *de wet verplicht de rechter ...* the act makes it mandatory (up)on (for) the judge [to impose a fine]; *het verplicht u tot niets* it commits you to nothing; ***zich*** *~ te* bind (pledge) o.s. to [obey]; 2 (*door een dienst*) oblige [a p.; a speedy answer would oblige]; *daarmee heb je mij* (*zeer*) *aan je verplicht* you have put (placed) me under an obligation, have (greatly) obliged me by this; *..., dan zou je me ~* [if you could make a little less noise] I'd take it as a favour; *zie ook* verplicht; **verplichtend** 1 (*gedienstig*) obliging; 2 (*verplichting meebrengend*) obligating

verplichting obligation; (*verbintenis ook*) commitment [the government's commitments to Ireland], engagement, undertaking; *maatschappelijke ~en* social duties; *een ~* ***aangaan*** (*op zich nemen*) enter into an obligation (engagement); *de ~ aangaan om te ...* undertake to ...; *zijn ~en* ***nakomen*** meet one's obligations (engagements; *geldelijk ook:* liabilities); *zijn ~en nakomen tegenover iem* keep faith with a p.; *een ~* ***opleggen*** *zie* verplichten & opleggen; *ik heb grote ~* ***aan*** *u* I am under great obligations to you; *zonder enige ~* ***van*** *uw kant* without any obligation on your part; *zie ook* rusten

verploegen plough out [archaeological remains]

verploffen refuse flatly; *zie* vertikken

verplooien fold differently; (*fig*) put a different face (complexion) on [the matter]

verpolitieken politicize [the civil service]; *verpolitiekt,* (*ook*) politics-ridden [public services]

verponding (*hist*) ground-tax

verpoppen: *zich ~* pupate; **verpopping** pupation

verpoten, enz *zie* verplanten, enz; **verpotten** repot, pot out; **verpozen**: *zich ~* rest, take a rest, relax, unbend; **verpozing** rest, breather

verpraten waste [one's time] talking, talk away [one's time]; *zich ~* let one's tongue run away with one; (*iets verklappen*) let the cat out of the bag; (*door praten in moeilijkheden komen*) put one's foot in it; *zie ook* verspreken

verprutsen *zie* verklungelen & verknoeien

verpulveren pulverize (*ook fig:* the opposition), grind to powder; (*fig ook*) smash [the record]

verraad treachery, treason, betrayal, (*fam*) sell-out [of liberal principles]; *~ plegen* commit treason, be guilty of treachery, turn traitor; (*jegens zijn land, partij, enz, ook*) sell the pass; *~ plegen jegens* betray; *~ jegens* betrayal of [the country]; **verraadster** [a] traitress, [his] betrayer; **verraden** 1 betray, (*fam*) give away [a p., secret], go back on [a p.]; *zie ook* boel, verklappen, verkopen; 2 (*fig*) betray, show, bespeak; *haar gezicht verried haar* her face betrayed her (gave her away); *het verraadt gebrek aan beschaving* it betrays (bespeaks, shows) ill-breeding; *zich ~* betray o.s., give o.s. away; **verrader** [a] traitor, [his] betrayer; (*verklikker, sl*) squealer, squeaker; (*toneelschurk*) (stage) villain; **verraderij** treachery, treason

verraderlijk treacherous (*ook fig:* current, ice, weather conditions); perfidious, traitorous; underhand [blow]; *een ~* (*dwz iets verradend*) *blosje* a telltale blush; *~e ziekte* insidious disease; *een ~e slag toebrengen,* (*fig*) hit below the belt; **verraderlijkheid** treacherousness, perfidy

verramponeren 1 ruin; 2 go to rack and ruin

verramsjen remainder [books]

verrassen surprise, take by surprise, take unawares, take (catch) [a p.] off his guard, spring a surprise on [a p.]; *door een regenbui verrast worden* be caught in a shower; *het gezelschap met het nieuws* (*het voorstel, enz*) *~* spring the news (the proposal, etc) on the company; *onaangenaam verrast* (*verrast en teleurgesteld*) *zijn* be taken aback; **verrassend** surprising, startling [news]; *het ~e is ...* the surprising thing is ...; **verrassing** surprise (*ook overval:* the surprise of Breda); *aangename ~,* (*ook*) turn-up; *iem een ~ bereiden* have a surprise in store for a p.; *met een ~ aankomen* spring a surprise (on a p.); *de beslissing kwam enigszins als een ~* the ... came as a mild (as something of a) surprise; *bij ~ nemen* take by surprise

verre *zie* ver 1; **verrechtsen** shift to the right

verregaand extreme, excessive, gross [ignorance; grossly selfish], outrageous [scandal; outrageously unjust], rank [impertinence]; *dat is ~* it's outrageous, that's the limit; *zie ook* vergevorderd

verregenen be spoiled by (the) rain; (*Am*) rain out; *verregende bloemen* bedraggled flowers; *verregende wedstrijd* rained-off [cricket] match, washed-out [soccer] match

'verreikend *zie* 'verstrekkend

verreisd tired with travelling, travel-worn, -stained; **verreizen** spend [a fortune] in travelling; **verrek** *zie* verrekken

verrekenen settle; (*door het clearing house, in Eng*) clear [cheques]; *met elkaar ~* balance [profits with losses]; *zich ~* miscalculate, make a mistake in one's calculation; *hij had zich enige uren verrekend* he was some hours out in his calculation; **verrekening** 1 settlement; clearance; 2 miscalculation; *vgl* verrekenen; **verrekeningscheque** crossed (non-negotiable, *Am:* voucher) cheque

verreken|kantoor clearing house; **-pakket** cash on delivery (COD) parcel, value payable parcel

verrekijker telescope, (*mar*) spyglass; (*tweeogig*) binoculars, field glasses

verrekkeling bastard

verrekken 1 (*ontwrichten*) sprain, wrench, dislocate [one's arm], strain, pull [a muscle], wrick, (c)rick [one's back, neck], put [one's hip] out of joint; *zich ~* strain o.s.; 2 (*sterven*) perish, die (miserably, like a dog); ~ *van de dorst, honger, kou* (*pijn*) be perishing with thirst, hunger, cold (writhing with pain); ... *mag ~!,* (*volkst*) ... be damned!; *verrek!* blimey!, I'm blowed!, bless me!; *je kunt ~!* go to hell!, get lost!; *verrek jij!* be damned to you!; *verrek nou!* come off it!; *verrekt* damn(ed), blasted; 3 refuse flatly; *zie ook* verdommen; **verrekking** sprain(ing), strain(ing), dislocation, wrick, (c)rick; *vgl* verrekken

verrevelder (*honkbal*) outfielder

verreweg by far, far (*of:* out) and away, much [the best speech, the largest room], easily [the best hotel, the most popular statesman]

verrichten do [a kind action], conduct [every kind of banking business], perform [an operation], execute, carry out [one's task, repairs], get through [a good deal of work]; *zie ook* wonder

verrichting 1 (*volvoering*) performance, execution; 2 (*handeling*) action, operation, transaction, activity, [medical] service; 3 (*functie*) function

verrijdbaar *zie* verplaatsbaar; **verrijden** shift; spend (waste) in riding (driving, travelling); *laten ~* run (off) [a championship]

verrijken enrich (*ook fig:* the mind, uranium, etc); (*voedsel, ook*) fortify; *zich ~* enrich o.s.; **verrijking** enrichment

verrijzen rise [the Risen Lord]; (*v gebouwen*) go (spring) up; (*ve profeet, enz*) arise; *uit de dood ~* rise from the dead; *zie ook* paddestoel; **verrijzenis** resurrection; **verrijzing** rising [from the dead]

verrimpelen wrinkle; **verroeren** stir, move, budge (*alle ook: zich ~*); *geen blaadje verroert zich* not a leaf stirs; *zie ook* vin & vinger

verroest rusty; (*wel*) *~!* (*sl*) well I'll be damned!; *nog zo'n ~e schoolmeester!,* (*sl*) another blinking (blasted) ...!; *zie ook* verdraaid; **verroesten** rust, get (grow) rusty; *hij kan ~!* (*sl*) he can go to blazes

verroken spend on tobacco (*of:* in smoking)

verrollen roll away

verronselen barter (*of:* bargain) away

verrot rotten, putrefied, putrid; *door en door ~* rotten to the core; *inwendig ~* rotten at the core; *zie ook* verrekt; **verrotheid** rottenness; **verrotten** (*vergaan*) rot, decay; (*ontbinden*) decompose, putrefy; *doen ~* rot (down); *het kan me niets ~* I don't give a damn; **verrotting** rotting, decay, rot; decomposition, putrefaction; *tot ~ overgaan, zie* verrotten; **verrottingsproces** process of putrefaction

verruilen exchange [*voor, tegen* for], barter, (*fam*) swap, swop

verruimen enlarge (*ook fig:* the mind), expand [the chest], widen [one's horizon, the law], broaden [one's horizon; travel broadens the mind]; (*verlichten*) relieve, ease [the situation]; *iems blik ~* broaden (enlarge) a p.'s outlook; **verruiming** enlargement, widening, broadening; relief; *vgl* verruimen; **verruïneren** ruin

verrukkelijk delightful, enchanting, charming, ravishing, entrancing; (*vooral van voedsel, smaak, geur, ook van grap, enz*) delicious; **verrukkelijkheid** delightfulness, charm

verrukken delight, ravish, enchant, enrapture; *een verrukte glimlach,* (*ook*) a rapturous smile; *ja, zei ze verrukt* she said rapturously; *verrukt zijn over* be charmed (with), be delighted (enchanted) at (*of:* with), go into ecstasies over; **verrukking** delight, rapture, ecstasy, ravishment; *in ~,* (*ook*) in transports (of joy, etc); *in ~ brengen, zie* verrukken & vervoering; **verrukt** *zie* verrukken

verruwen *tr & intr* coarsen; **verruwing** coarsening; (*moreel*) brutalization

vers I *zn* (*gedicht*) poem; (*regel*) verse; (*couplet*) stanza, (*tweeregelig*) couplet; (*in bijb & v kerkgezang*) verse; *dat is ~ twee* that's another story; II *bn* fresh [vegetables, butter, fish, meat, fruit, air, eggs], new-laid [eggs], new [bread], green [ham], wet [fish]; *~ van de boer* farm-fresh [eggs]; *~e haring* fresh (*of:* white) herring; *~ vlees,* (*ook*) fresh-killed meat; *~e wond* fresh (*of:* green) wound; *zie ook* geheugen & kersvers

versaagd despondent, faint-hearted, pusillanimous; **versaagdheid** despondency, faint-heartedness, pusillanimity; **versagen** despond, falter, flinch; *niet ~* keep one's end up

versbouw metrical construction, metrical scheme; *leer vd ~* metrics

versch. 1 afk van *verschillende* several, various, different; 2 afk van *verschenen* publ.

verschaald flat, stale, vapid; **verschaaldheid** flat-, staleness, vapidity

verschacheren *zie* versjacheren

verschaffen procure [a p. s.t., s.t. for a p.], furnish, supply, provide [a p. with s.t.]; find [I found the capital], find in [he did not earn enough to find her in bread and butter], get [he got me a ticket, an interview with H], afford [a good view, an opportunity]; enable [access to information]; *zich ~* provide (furnish, supply) o.s. with, procure; *zie ook* bezorgen; **verschaffing** furnishing, procurement, provision [of money, amusement]

verschalen get (go, run) flat (stale, vapid)

verschalken 1 *zie* verorberen; *een glaasje ~* have a drop (a wet); 2 surprise [a worm]; *een vogel ~* catch a bird; 3 overreach, outwit, outmanoeuvre, circumvent, foil [the enemy]; *de dood ~* cheat death; *zie ook* beetnemen; **verschalking** deception, circumvention; *zie ook* beetnemerij

verschansen entrench [a camp, etc]; *zich ~,* (*ook fig*) entrench o.s. [*achter* behind], ensconce o.s.; **verschansing** 1 (*mil*) entrenchment; 2 (*mar, dicht*) bulwark(s), (*open*) (guard) rail

verscheiden I *ww* pass away, depart this life, pass over; II *zn* passing (away, over), death, decease; III *bn* 1 (*aantal*) several, sundry, (*vero*) divers; *~ duizenden gasten* several thousand guests; 2 (*verschillend*) various [sorts of grasses], different, diverse; (*vero*) divers; *zie ook* verschillend; **verscheidenheid** variety, diversity, difference

verschenen *zie* verschijnen

verschenken 1 pour out; 2 give away

verschepen 1 ship; 2 (*in ander schip*) trans-ship; **verscheper** shipper, consignor; **verscheping** shipment; *bewijs van ~* mate's receipt; **versche-**

pingsdocumenten shipping documents
verscherpen 1 sharpen (*ook fig:* the memory, the faculties of the mind), whet; 2 (*fig*) strengthen, stiffen, tighten (up) [controls, discipline, the law, regulations], intensify [sanctions; intensified submarine war], accentuate [a conflict, the difference between ...], heighten [an impression]; (*verergeren*) aggravate [the situation]; **verscherping** sharpening, strengthening, stiffening, tightening up, accentuation, intensification, aggravation; *vgl* verscherpen; **verschet** (*typ*) frisket
verscheuren tear (up) [a letter, etc], tear to pieces (to rags); (*in droefheid*) rend [one's garments]; (*door wild dier, enz*) tear to pieces; (*fig*) tear [a country torn by civil war, a strife-torn city], rend [the heart; shouts rend the air], lacerate [the heart, feelings], (*lit*) rive [a country riven by civil war]; *~de dieren* savage animals; **verscheuring** tearing (up), rending, laceration
verschiet distance, perspective, (*aan kust ook*) offing; (*fig*) prospect, perspective, vista [a new vista of life is opening out to me]; *in het ~, (fig)* in the distance, in prospect, [a general election is] on the horizon, [war is] in the offing, [there was trouble] ahead; *dat is voor u in het ~* that is in store for you; *dat ligt in het verre ~* that is a distant prospect
verschieten I *tr* 1 shoot; use up, consume [ammunition]; *zie ook* kruit & pijl; 2 (*voorschieten*) disburse [money]; II *intr* 1 (*ve pers*) change colour, turn pale; (*v kleuren*) fade (*ook: doen ~*); (*v stoffen*) lose colour, discolour; 2 (*ve ster*) shoot; *zie ook* verschoten; **verschijndag** *zie* vervaldag
verschijnen (*algem*) appear; (*zich vertonen*) make one's (put in an) appearance; turn (show) up [for dinner; he did not turn up till eight]; (*waar iems aanwezigheid vereist is*) [be summoned to] attend; (*jur*) appear, enter an appearance, answer one's summons; (*na borgstelling*) surrender; (*ve boek*) appear, be published, come out; (*v rente, enz*) fall due; (*ve geest*) materialize, manifest itself; (*verstrijken van termijn*) expire; *in persoon ~, (jur, ook)* answer in person; *voor de eerste maal ~* make one's first appearance; *hij moest voor de commissie ~* he had to appear (go) before the board; *de afgevaardigde verscheen niet* the ... did not present himself; *weigeren te ~* refuse to attend; *niet ~, (ook)* fail to turn up; *een boek doen (laten) ~* (bring out, issue) a book; *het boek is pas verschenen* the book is just out; *verschenen rente* interest due; *zie ook* opkomen
verschijning appearance; (*ve boek, ook*) publication; (*ve pers, ook*) attendance; *vgl* verschijnen *& zie ook* niet-~; (*geest~*) apparition, ghost, vision; (*pers*) [a tall] figure, [a stately] presence; (*v rente*) falling due; (*verstrijking*) expiry, expiration; *een mooie ~* a fine figure of a woman, a woman of fine presence; *een aardige ~* a pleasant-looking woman (girl); **verschijningsvorm** manifestation; **verschijnsel** 1 phenomenon (*mv:* -mena); 2 (*symptoom*) symptom, sign; *waarschuwende ~en* danger signs [of cancer]
verschikken I *tr* arrange differently, shift; II *intr* move (higher) up, shift along a bit; **verschikking** different arrangement, shifting
verschil difference (*ook in rek*), [income] disparity, discrepancy [between words and figures on a cheque]; (*onderscheid*) distinction; (*verscheidenheid*) variety, diversity; (*geschil*) difference, dispute, quarrel; *~ in prijs (in gewoonten)* difference in price (in habits); *~ van mening* difference of opinion; *met enig ~* with a difference; *ze hebben altijd ~* they are always quarrelling; *zie ook* ruzie; *een heel ~ bij (met) verleden jaar* quite a difference (change) from last year; *~ **maken*** differentiate [in salary between men and women teachers]; *dat maakt (een groot) ~* that makes a difference (all the difference); *het zou voor mij geen ~ maken* it would make no difference to me [*zo ook:* it would make no difference to our friendship]; *ze maakte ~ tussen* ... she drew a distinction between ...; *~ maken waar geen ~ bestaat* make a distinction without a difference; *er is een **wereld** van ~ tussen (hen), (ook)* they are worlds apart; *zie ook* hemelsbreed, onderscheid & delen
verschillen differ, be different, vary; *~ van, (anders zijn dan)* differ from, (*in mening*) differ from (*of:* with); *zie ook* hemelsbreed & mening; **verschillend** I *bn & bw* different, differing, distinct [*van* from], other [than]; (*ongelijk, ook*) odd [you've got odd socks on]; *~ van, (ook)* different to [she was a different girl to what she had been]; *geheel ~ zijn van ..., (ook)* be quite unlike ...; II *onbep vnw* (*verscheiden*) several; (*allerlei*) various; *bij ~e gelegenheden* on various occasions
verschilpunt point of difference (of controversy), disputed point
verschimmelen become mouldy (mildewed), mildew
verscholen hidden; lurking [ambush]; tucked away [in a quiet valley]; *zich ~ houden* remain in hiding, lie low
verschonen 1 put fresh (*of:* clean) sheets on [a bed]; (wash and) change [a child]; *zich ~* have a bath and a change of clothes; 2 (*excuseren*) excuse [o.s.]; (*door de vingers zien*) overlook; *zie ook* vergoelijken; 3 (*ontzien*) spare; *verschoon me van je opmerkingen* spare me your remarks; *verschoond blijven van* be spared [humiliation]; **verschoning** 1 change (of linen); 2 excuse; *~ vragen* apologize [*voor* for]; *ik vraag geen ~ voor ..., (ook)* I make no apology for ...; *ter ~ merkte hij op* ... by way of excuse he observed ...; **verschoningsrecht** (*jur*) right [of witnesses] to refuse to answer questions; **verschoonbaar** excusable, pardonable
verschoppeling outcast, pariah, reject [society's rejects]; **verschoppen** (*eig*) kick away; *zijn geluk ~* spurn one's good fortune
verschot choice, assortment; *~ten* disbursements, out-of-pocket expenses, outlays; *vgl* voorschot; **verschoten** faded; *zie ook* verschieten; **verschralen** attenuate; **verschraling** attenuation
verschrijven 1 use up in writing; transfer [money from one head to another]; *zich ~* make a mistake

(in writing); *ik heb me* (*alleen maar*) *verschreven* it is a (mere) slip of the pen; 2 transfer [money to another budget item]; **verschrijving** 1 slip of the pen, clerical error; 2 (*tussen begrotingsposten*) transfer
verschrikkelijk terrible, frightful, dreadful, horrible, appalling; *het was een ~e toestand in de pastorie* things were in a dreadful way at the Rectory; *het ~e ervan* the terrible part of it; *zie ook* ontzettend; **verschrikkelijkheid** terribleness, etc; *zie ook* verschrikking; **verschrikken** I *tr* frighten, terrify, startle, scare; scare (away) [birds]; II *intr zie* schrikken; *dodelijk ~, zie* schrikken: zich dood ~; *verschrikt opspringen* start up in a fright; **verschrikking** fright, terror, horror; (*wat schrik verspreidt*) horror, terror
verschroeien I *tr* scorch, singe, sear; (*vd zon, ook*) parch [parched crops]; II *intr* be scorched (singed), scorch; *tactiek van de verschroeide aarde* scorched earth policy; *verschroeide keel* (*tong*) parched throat (tongue); *verschroeide plek* scorch; *verschroeid papier* charred paper; **verschroeiing** scorching, singeing
verschrompelen shrivel (up), shrink, wrinkle, crumple (up); *verschrompeld* shrivelled, shrunken, wizened [face], shrivelled, withered [apple, face], crumpled [man, Zeppelin]
verschroten convert into scrap
verschuifbaar sliding, movable, slidable
verschuilen hide, conceal, shelter; *zich ~* hide [*voor* from], conceal o.s.; *zich ~ achter,* (*fig*) shelter (*of:* shield o.s., take refuge) behind [other people, the authority of ...]; *zie ook* verscholen
verschuiven I *tr* 1 shove (away), move [a man on the chess-board], shift, slide [the knob]; 2 put off, postpone, defer; *zie ook* uitstellen; II *intr* shift; **verschuiving** 1 shift(ing), etc; *~ naar links,* (*pol*) swing to the Left; 2 postponement
verschuldigd indebted, due; *iem ~ zijn* owe a p. [money, one's life, thanks], be indebted to a p. for [a good education]; *ik ben hem veel ~* I owe him much, am greatly indebted to him; *hij was het aan zichzelf* (*zijn eer, enz*) *~* (*om*) *te* ... he owed it to himself to say ...; *het ~e* (*bedrag*) the amount due (payable); *het bedrag ~ aan* (*~ door*) ... the amount owing to (owed by) ...; *met ~e hoogachting* (*eerbied*), (*onder brief*) yours obediently (respectfully); *zie ook* dank & schuldig
verschut *zie* schut: voor ~
vers|gebakken newly-, freshly-baked (-fried), new [bread]; **-heid** freshness, newness; *vgl* vers
versie version
versierder 1 decorator; 2 fixer; 3 womanizer, Don Juan; **versieren** 1 adorn [statues adorn the streets], decorate [with flags], ornament, beautify, deck [with flowers], garnish [a dish], trim [a dress, a Christmas tree]; (*opschikken*) trick (*of:* deck) out; 2 fix, wangle; *dat ~ we wel,* (*fam*) we'll fix it; *een strafschop trachten te ~* enact a penalty; 3 chat up [a girl]; **versiering** adornment, decoration, ornament; *~en,* (*muz*) graces, grace-notes; **versieringskunst** decorative art; **versiersel** ornament, decoration, adornment; *~en* insignia [of an order]; **versiertoer**: *op de ~ zijn* be trying to make a pick-up
versjacheren barter away
versjouwen drag away; *zich ~,* (*fig*), *a*) go (be going) the pace; *nog net te ~* luggable; *b*) work o.s. to death
versjteren botch (up), (*sl*) make a balls-up of
verslaafd: *~ aan* addicted (a slave, given) to [drink, etc], enslaved to [a habit], (*fam*) hooked on [TV]; *~ raken aan,* (*ook*) give way (give o.s. over) to [drink]; *aan drugs* (*morfine*) *~e* drug (morphia) addict, junkie; **verslaafdheid** addiction
verslaan I *tr* 1 defeat, beat; (*fam*) lick; (*sp ook*) kill, slay; (*dorst*) quench [thirst]; *~ met 3 tegen 0* beat 3 goals to nil; *zie ook* verliezen; *iem totaal ~* beat a p. hollow (to his knees), (*fam*) wipe the floor with (beat the pants off) a p.; (*totaal*) *verslagen worden,* (*ook*) get the worst of it, be worsted (be beaten all ends up); 2 (*voor krant, enz*) cover [a meeting]; II *intr* (*v warme dranken*) cool; *wijn, enz laten ~* take the chill off; *zie ook* verschalen; **verslag** report, account; (*radio, enz*) [give a] commentary [*van* on]; (*inz van journalist, ook*) coverage; *officieel statistisch ~* [government] return(s); *de tijd waarover het ~ loopt* the period under review; *~ doen van* give (render) an account of; (*een gunstig*) *~ uitbrengen* deliver a (favourable) report, report (favourably) [*over* on]; *zie ook* verslaan & stand
verslagen 1 defeated, beaten; (*fig*) dismayed, prostrate [with grief], [feel, look] crushed; 2 flat, stale; **verslagenheid** dismay, consternation; *diepe ~* prostration; *een blik van ~* a stricken look
verslag|geefster, **-gever** [newspaper] reporter; [radio, TV] commentator; **verslagjaar**: (*het lopende*) *~* the year under review; *het vorige ~* the previous year, the company's last year
verslampampen dissipate, squander
verslapen sleep away [the best part of the day]; sleep off [one's headache]; *zich ~* oversleep
verslappen I *intr* (*v spieren, aandacht, enz*) relax, slacken; *~ in* relax (in) [one's vigilance], slacken in [one's efforts]; *de belangstelling verslapte* interest flagged; *de tucht begon te ~* discipline slackened, became slack; II *tr* relax, slacken; (*door hitte, ziekte, enz*) enervate; **verslapping** relaxation, slackening; flagging; enervation
verslaven enslave; *zich ~ aan* become a slave (enslaved) to; *zie ook* verslaafd; **verslavend** habit-forming, addictive; *~ geneesmiddel* drug of addiction; **verslaving** enslavement, addiction (*aan* to); **verslavingsziekte** addictive disease
verslechteren I *tr* make worse, worsen, deteriorate; II *intr* get worse, worsen, deteriorate; **verslechtering** worsening, deterioration, (*econ*) downturn
versleer poetics
versleper drag away
versleten worn (out) [gloves, etc], threadbare [clothes, carpet], well-worn [wooden stairs], the worse for wear, dilapidated [old hat], time-worn [theories], hackneyed [phrase], worn-out, tat-

tered [banknotes]; (*ve pers*) worn out [with age]; ~ *stem* cracked voice

versleutelen distribute (proportionally)

versliegeren inform on, betray

verslijten I *tr* wear out [clothes; *ook fig:* wear out three secretaries in six months]; while away [the time]; *iem* ~ *voor* take a p. for, look (up)on a p. as; II *intr* (*ook fig*) wear out (off, away, down); *zie ook* slijten

verslikken: *zich* ~ choke [on a piece of meat], swallow the wrong way; (*fig*) bite off more than one can chew; underrate [an opponent, a problem *in een* ...]

verslinden devour (*ook fig:* a book, etc), gobble up, bolt, wolf (down) [one's food], swallow up, eat [money], eat up [the profits; the car ate up the miles to L], engulf; *iem* (*iets*) *met de ogen* ~ devour a p. (s.t.) with one's eyes

verslingerd *zie* verkikkerd; **verslingeren**: *zich* ~ *aan* throw o.s. away on; *ze verslingert zich* she is making herself dirt-cheap

verslodderen *zie* verslonzen

versloffen neglect; **versloffing** negligence, neglect; **verslond** *ovt van* verslinden

verslonzen I *tr* spoil, ruin [one's clothes] through slovenliness; *verslonsd* slovenly; II *intr* go to the dogs (to pot)

versluieren veil, disguise [one's intentions]; blur, obscure [the issue]

versluiting: *onder* ~ under seal

versmaat metre

versmachten (*v dorst*) be parched with thirst; (*fig*) languish, pine away; **versmachting** languishing

versmaden scorn, despise, spurn, disdain, be disdainful (contemptuous, scornful) of; *£ 500 per week is niet te* ~ £500 a week is not to be despised (*fam:* not to be sneezed at); **versmading** scorn, disdain

versmallen narrow (*ook: zich* ~), restrict [a carriageway]

versmelten I *tr* 1 melt [butter, metals], fuse [metals], smelt [ores]; 2 (*samensmelten*) melt together, amalgamate ; ~ *met* melt (fuse) with; 3 (*omsmelten*) melt down [a statue], re-melt, re-fuse; II *intr* melt, melt away, (*v kleuren, klanken, ook*) blend; *in tranen* ~ melt into (dissolve in) tears; **versmelting** melting (down), smelting, fusion, blending; *vgl* versmelten

versmoren *tr & intr* smother, stifle, suffocate; *zie ook* smoren; **versmoring** suffocation, stifling

versnapering titbit, delicacy, refreshment

versnellen *tr & intr* accelerate, quicken; speed up [aircraft construction]; *de pas* ~ mend (quicken) one's pace; *zijn pas versnelde tot een draf* his pace quickened to a trot; *versnelde pas* double time; *met versnelde pas* at the double; **versneller** [particle] accelerator; **versnelling** acceleration; speed(ing)-up; *vgl* versnellen; (*ve fiets, enz*) [first, second, high, low] gear, speed; *veranderlijke* (*hoogste, laagste*) ~ variable (top, lowest, *of:* bottom) gear; *rijwiel met 2 ~en* bicycle with 2 speeds; *in de* ~ *zetten* put into gear

versnellings|bak gearbox; **-handel**, **-hendel** gear-lever, (*Am*) gearshift; **-naaf** hub-gear

versnijden 1 (*aan stukken*) cut up, cut to pieces; 2 (*bederven*) spoil in cutting; 3 (*pen*) mend; 4 (*wijn*) dilute, weaken; (*ter verbetering*) blend

versnipperen cut into bits; cut up [large estates], split [votes, a party], fritter away [one's time, strength]; *tot verschillende secten* ~ split up into different sects; **versnippering** cutting up, splitting (up), etc; ~ *van krachten* dissipation of effort

versnoepen spend (on sweets)

verso id

versoberen economize, cut down expenses, retrench; simplify [plans]; **versobering** economization; [a policy of] retrenchment; (*v levenswijze*) austerity; simplification, [a] more economical administration

versoepelen mitigate, relax [restrictive measures], ease [restrictions]; **versomberen** darken

verspanen machine [metal]

verspelen play away, gamble away [one's money]; lose [one's life, health, a p.'s esteem]; forfeit [one's right]

verspenen prick out (off), plant out

versperren block, bar [the way], block (up) [a road], obstruct [a passage], barricade [a street]; **versperring** obstruction, barrier, (road) block; (*in of voor rivier*) boom; (*mil*) [barbed wire] entanglement; (*barricade*) barricade; **versperringsballon** barrage balloon; **versperringsvuur** barrage

verspieden spy out, scout, reconnoitre; **verspieder** spy, scout; **verspieding** spying (out), espionage; *zie ook* verkenning

verspijkeren (*fig*) 1 use up; 2 lay out, spend

verspillen squander, waste, dissipate, be wasteful of [one's powers], fritter away [time]; *zie ook* verkwisten; *tijd* ~ *met onderhandelingen* waste time in negotiations; *zijn woorden* ~ waste one's breath (one's words); *er geen woord meer over* ~ not waste another word (up)on it; *goede raad is aan hem verspild* good advice is wasted (thrown away, lost) on him; **verspiller** squanderer, spendthrift; [water-]waster; **verspilling** waste [of money, time, talent], wastage [of coal, of human life], dissipation [of money, resources, energy]

versplinteren *tr & intr* splinter, break into splinters, sliver, shiver, break to shivers

verspreid scattered [cottages, instances], dispersed [the original members are all dispersed now], stray [notes]; (~ *en dun*) sparse [population]; *~e orde,* (*mil*) extended order; *in alle richtingen* ~ far-flung [our far-flung Empire, colonies]; *over de hele wereld* ~ scattered (*v planten, enz:* distributed) all over the world; *het speelgoed lag* ~ *over de vloer* the floor was littered with toys

verspreiden spread [news, rumours, disease, terror], broadcast [news by radio], circulate [lies, a rumour], put about [rumours], give out [a smell], give off [heat], diffuse [scientific knowledge, a certain atmosphere], scatter [how plants scatter their seeds], disperse (break up) [the crowd], disseminate [doctrines, false opinions], propagate [a doctrine, the gospel]; distribute [leaflets]; *wijd en zijd* ~ scatter far and wide; *verspreide buien* scattered showers; ***zich*** ~, (*v water, ziekte, mening, leer, gerucht, enz*) spread; (*ve gerucht, ook*) get abroad, travel [quickly]; (*v soldaten*) spread out; (*ve menigte*) disperse, scatter; *de dood ~d* death-dealing [missiles]; *zie ook* verdelen & verspreid; **verspreider** circulator, disseminator, propagator, spreader; distributor; *vgl* verspreiden; **verspreiding** spreading, dispersion, dispersal, scattering, circulation; diffusion [of knowledge], dissemination, propagation; spread [of a disease, of civilization], distribution [of races, animals, plants, etc]; proliferation [of atomic weapons]; *vgl* verspreiden; **verspreidingsgebied** (*v dieren, enz*) (area of) distribution, range

verspreken: *zich* ~ make a mistake in speaking; trip up over a word; *ik versprak me,* (*ook*) I made a slip (of the tongue); *zie ook* zich verpraten; **verspreking** slip of the tongue

ver'springen spring, leap, jump [a space, a day]; *laten* ~, (*tov elkaar*) stagger [working hours, holidays]; *zich* ~ hurt (sprain) one's foot (ankle); *~d feest* movable feast

'verspringen *zn* long jump

vers|regel verse, line of poetry; **-snede** caesura

verst farthest, furthest; *het ~e eind van de gang* the far (farther, further, farthest) end of the passage; *zie ook* verte

1 verstaan *ww* 1 (*horen, begrijpen*) understand [a person, French, one's trade; how do you understand that passage?]; *en gauw ook, versta je?* and quick too, you understand? (do you hear?); *een wenk* ~ take a hint; *hij **gaf** mij duidelijk te* ~ he made it clear to me, gave me a plain hint that ...; *mij is te ~ gegeven* I have been given to understand; *ik heb zijn naam niet **goed*** ~ I did not quite catch his name; *versta me goed!* don't misunderstand (mistake) me!; (*meer dreigend*) now understand me!, make no mistake about that!; *men versta me goed* [the proposal,] be it understood [is for ...]; *heb ik het goed ~, dat u zei ...?* did I understand you to say ...?; ***verkeerd*** ~ misunderstand; *zo vroeg mogelijk, **wel** te* ~ that is to say, as early as possible; *zich **met** iem* ~ come to an understanding with a p. [*omtrent* about]; *wat versta je **onder** ...?* what do you understand (mean) by ... (understand ... to mean)?; 2 (*kennen*) know [one's job *vak*]*; dat kunstje verstaat hij* he is up to that trick; 3 (*verlangen*) want, require; *zie ook* gekheid, scherts, enz

2 verstaan *bn* forfeited, unredeemed [pledge, security *pand*]

verstaanbaar understandable, intelligible; *~ maken,* (*ook*) explain [a doctrine] intelligibly; *zich ~ maken* make o.s. understood (heard, intelligible); **verstaanbaarheid** intelligibility

verstaander: *een goed ~ heeft maar een half woord nodig* a word to the wise is enough; a nod is as good as a wink (to a blind horse)

verstadsen *zie* versteedsen

verstalen steel, harden, case-harden; *zich* ~ steel (harden) one's heart

verstand understanding, sense, mind, reason, intellect; (*kennis*) knowledge [have a limited knowledge of computers]; (*oordeel*) judg(e)ment, [use] discretion; *zie ook* begrip & kennis; *gezond* ~ common (*of:* horse) sense, mother wit; *~ van zaken* business acumen; ***gebruik*** *toch je ~, a*) (do) use your brains (head, wits); *b*) do talk sense (reason); *c*) do listen to reason (sense); *hij **heeft** geen* (*niet veel*) ~ he has got no brains (has not got much brain); *~ genoeg hebben om het niet te wagen* have sense enough not to risk it; *hij heeft een goed* ~ he has brains, is intelligent; *naar hij ~ heeft* [he lives] according to his lights; *waar hebben ze toch hun ~?* have they taken leave of their senses?; *ik heb geen ~ van poëzie* I am no judge of poetry; *hij heeft ~ van zoiets* he knows (understands, is knowledgeable) about such things; (*zo ook:* he understands lasers]; *hij heeft ~ van paarden,* (*ook*) he is a good judge of horses (of horseflesh), knows a good horse when he sees one; *hij heeft er helemaal geen ~ van* he does not know the first thing about it; *ik heb van* (*die*) *meisjes geen ~ meer* I don't know what (those) girls are coming to; *ik kon mijn ~ niet bij mijn werk **houden**,* I could not keep my mind on ...; *het ~ **komt** met het ambt* with the office will come the sense to fill it; *het ~ komt met de jaren* wisdom comes with age; you can't expect an old head on young shoulders; *het ~ **ontwikkelen*** develop the intellect; *daar **staat** 's mensen ~ voor stil* it passes the wit of man; *zie ook ben:* dat gaat boven mijn ~; *zijn ~ **verliezen*** lose one's mind (reason, senses, wits), go out of one's mind (off one's head); *dat zal ik hem **aan** het ~ brengen* I'll make that plain to him (bring, *of:* drive, it home to him), I'll jolly well make him understand; *hij was **bij** zijn volle* ~ he was in full possession of his faculties, was quite sane, had all his (mental) faculties intact; *hij is niet bij zijn* ~ he is out of his senses (wits), off his head, not in his right mind; *niet goed bij zijn* ~ half-witted, (*sl*) off his rocker; *zij kwam niet weer bij haar* ~ she did not recover her senses (regain consciousness); *dat gaat **boven** mijn* ~ it passes my understanding, it's beyond me, too much for me, beyond (past) my comprehension, it beats me; ***met*** ~ [read] understandingly, [work] intelligently, [use it] with discretion, [choose] with discernment; *met ~ te werk gaan* use (act with) discretion; *met dien ~e dat ...* on the understanding that ...; ***tot*** *goed ~ van de zaak* for the right understanding of the matter [it is necessary ...]; *ze is niet **van** ~ ontbloot* she does not lack intelligence; *men vreesde **voor** haar* ~ they were alarmed for her reason

verstandelijk intellectual; (*vs het gevoel*) cerebral; *op zijn koel-~e manier* in his cold-blooded way; *~e vermogens* intellectual faculties (powers); *~e leeftijd* mental age; **verstandeloos** senseless, mindless, devoid of sense (reason); **verstandeloosheid** senselessness

verstandhouding understanding; *geheime* ~ secret understanding, (*onwettig, vooral in rechtszaak*) collusion; *goede* ~ good understanding, good feeling; *een goede* (*slechte*) *~ hebben, in goede* (*slechte*) *~ zijn* (*staan*) be on good (bad) terms [*met* with]; *de ~ verbreken* break off relations; *een blik van ~* a look of mutual understanding; *iem een knikje* (*teken*) *van ~ geven* give a p. an understanding nod, wink knowingly at a p.; *zij staan met elkaar in ~* they are in league with each other; (*jur*) they are in collusion; *zie ook* verhouding

verstandig sensible, intelligent, wise, commonsense [views]; *een ~ gebruik maken van* use [one's vote] intelligently; *een ~ man* a sensible man, a man of sense; *geen ~ mens kan geloven* ... no one in his senses can believe ...; *~e mensen,* (*ook*) reasonable (*of:* thinking) people; *~e vragen doen* ask intelligent questions; *je kon geen ~ woord uit hem krijgen* it was impossible to get any sense out of him; *je zoudt ~ doen met* (*er ~ aan doen*) *te* ... you would be wise (well-advised) to ...; *laten we ~ praten* (*~e taal spreken*) let us talk sense (reason); *ze was zo ~ om weg te blijven* she had the (good) sense to stay away; *daarvoor is ze te ~* she has too much sense for that; *wees toch ~!* do be sensible!; *het was heel ~ van hem* it was very wise (sensible) of him; *je had ~er moeten wezen en hem niet moeten aanmoedigen* you should have had more sense than to encourage him; *het ~e* [see] the (common) sense [of it]; *het is het ~ste dat men kan doen* it's the most sensible (the wisest) thing to do; **verstandshuwelijk** marriage of convenience; **verstandskies** wisdom tooth; *hij heeft zijn ~ nog niet* he has not yet cut his wisdom teeth; **verstandsknobbel** bump of common sense; **verstandsmens** man of thought (*tegengesteld:* man of feeling); **verstandsontwikkeling** intellectual development; **verstandsverbijstering** insanity, (mental) alienation; *hij lijdt aan ~* his mind is unhinged; *zie ook* vlaag

verstarren stiffen, make (become) rigid; *zijn blik verstarde* his look grew fixed; *verstard* rigid [method]; frozen [landscape]; *zie ook* star I

ver|stedelijken, -steedsen I *tr* urbanize [the country]; II *intr* become urbanized (citified); **versteedsing** urbanization

versteend petrified, turned to stone (*beide ook fig*), fossilized; *~ hart* heart of stone; *ik was ~ van schrik* I stood petrified (*of:* motionless) with terror; *~ van kou* stiff (*of:* benumbed) with cold; *een politiek ~ lichaam* a politically ossified body

verstek 1 (*jur*) default; *~ laten gaan* fail to turn up; (*jur*) allow judg(e)ment to go by default; *de zon laat ~ gaan* the sun is not coming out; *hij werd bij ~ veroordeeld* he was condemned (sentenced) in his absence (in absentia); 2 (*ve timmerman*) mitre; *in ~ bewerken* mitre; **verstekbak** mitre-box; **verstekblok** mitre-block

verstekeling stowaway; **versteken** hide, conceal, put away; *zich ~* hide, conceal o.s.; (*aan boord*) stow away

verstek|haak mitre (square); **-proces** undefended case; **-vonnis** judg(e)ment by default; **-zaag** tenon-saw

verstelbaar adjustable [to four positions]; reclining [backrests]; **versteld** 1 (*v kleren*) mended, patched; 2 astonished; bewildered; *~ staan* be taken aback (dumbfounded, staggered); *ik stond ~ bij uw bewering* I was staggered at your assertion; *~ doen staan* amaze, confound; *zie ook* verstomd; **versteldheid** perplexity, confusion

verstelgaren darning-wool, mending-cotton; **verstelgoed** mending; **verstellen** 1 (*instrument, enz*) adjust; 2 (*verplaatsen*) transpose; 3 (*repareren*) mend, patch, repair [clothes, etc]; **verstelling** 1 adjustment; 2 mending; *vgl* verstellen; **verstelschroef** adjusting-screw; **versteltoets** shift key; **verstelwerk** mending

verstenen *tr & intr* (*ook fig*) petrify, turn (in)to stone; **verstening** petrifaction; (*concr ook*) fossil

versteren botch up, (*sl*) make a balls-up of

versterf 1 death, decease; (*med*) mortification; *bij ~* in case of death; (*jur*) on intestacy; 2 (*erfenis*) inheritance; **versterfrecht** right of succession

versterken strengthen [a p., the body, the mind, a walled town], fortify [a town, o.s. with a glass of ale, with alcohol], reinforce [*door bijvoeging:* an army, a party, a choir, a gun, an argument], invigorate [the body, mind], intensify [sound, light], refresh, recruit [one's inner man], cement [friendly relations], consolidate [one's position], deepen [impressions, a mystery]; (*fot*) intensify; (*signaal*) amplify; *ik word in die mening versterkt door* ... I am fortified (strengthened) in that opinion by the fact that ...; *de positie van de minister ~* strengthen the hands of the minister; *~de lucht* bracing air; *~de middelen* restoratives; *versterkt orkest* augmented orchestra; **versterker** 1 (*fot*) intensifier; 2 (*signaal & fot*) amplifier; **versterking** 1 strengthening, fortification, reinforcement, intensification, consolidation; *~en,* (*troepen*) reinforcements, (*werken*) fortifications; 2 (*signaal*) amplification; *vgl* versterken

versterkings|kunst (art of) fortification; **-troepen** reinforcements; **-werken** fortifications

versterven 1 die, die out; 2 (*toevallen aan*) devolve (up)on; 3 (*v vlees*) *zie ook* besterven & bestorven; 4 *zich ~,* (*r-k*) mortify the flesh; **versterving** 1 death, decease; 2 (*r-k*) mortification

verstevigen consolidate [one's position]; strengthen [one's influence, hair]; tighten [one's grip]

verstijfd stiff, (*vd kou, ook*) benumbed [with cold], numb; (*als*) *~* [stand] rigid [with fear *van*]; **verstijfdheid** stiffness, numbness; **verstijven** I *intr* stiffen, grow stiff; grow numb [with cold]; *vgl* verstijfd; II *tr* stiffen (*ook techn*); (*v kou*) benumb; **verstijving** stiffening; benumbing, numbness; (*lijk~*) rigor mortis [had set in]

verstikken I *tr* suffocate, choke, stifle, strangle, smother, throttle, asphyxiate; II *intr zie ook* stikken; (*v stoffen*) decay; *zijn stem verstikt door ontroering* his voice choking with emotion; *het onkruid verstikt het koren* the corn is choked with weeds; *doen ~, zie ~* I; **verstikkend** suffocating, stifling [air], asphyxiating [gas]; *~ heet* suffocatingly hot; **verstikking** suffocation, asphyxia, asphyxiation; **verstikkingsdood** death from asphyxiation

verstillen (grow) still; **verstoffelijken** materialize; **verstoffen** accumulate dust (*ook fig*)

verstoken I *bn:* ~ *zijn van* be devoid (deprived, destitute) of, lack [common sense]; be denied (debarred from) [the right to appeal]; *van alle middelen* ~ destitute; II *ww* burn (up); consume; *de kachel verstookt veel* the stove takes a lot of fuel; *f 3000 per jaar* ~ spend ... on heating

verstokken *tr & intr* harden; **verstokt** obdurate [heart, conscience], hardened [sinner], confirmed [smoker, bachelor], determined, inveterate [drunkard], unrepentant, impenitent [sinner]; *een ~e conservatief,* (*fam*) a (true-)blue (dyed-in--the-wool) Tory; **verstoktheid** hardness of heart, obduracy, impenitence

verstolen furtive, stealthy [glance]; *een* ~ *blik werpen op,* (*ook*) steal a glance at

verstomd struck dumb, speechless; *ik stond er* ~ *van,* (*ook*) it took my breath away, (*fam*) I was flabbergasted; ~ *doen staan* strike dumb, dumbfound, stupefy; *zie ook* paf; **verstommen** I *tr* silence, strike dumb; II *intr* be struck dumb, stand dumb, become speechless (*of:* silent); *de vogels verstomden* the birds were hushed; *het lawaai verstomde* the noise died down; *doen ~, zie* I; *zie ook* verstomd

verstompen *tr & intr* (*eig*) blunt, dull; (*fig*) blunt [the affections; her affections had blunted], dull [the sense, the emotions; it blunted the pain in her heart], deaden [pain]; **verstomping** blunting, etc

verstoord disturbed; (*ontstemd*) ruffled, vexed, annoyed, cross; **verstoorder** disturber; (*vd pret*) killjoy, spoilsport; **verstoordheid** annoyance, crossness, ill-humour

verstoppen 1 stop up [the chimney; my pipe, nose, etc is stopped up], clog [a tube, the carburettor], choke (up); obstruct, block (up) [a passage], jam [people jammed the staircase, the doors]; (*vd ingewanden*) be(come) constipated; *het verstopt de ingewanden* it causes constipation, it is very binding; *zie ook* verstopt; 2 (*verbergen*) hide, conceal, put away; **verstoppend** (*med*) constipating, obstructive; **verstoppertje**: ~ *spelen* play at hide-and-seek; **verstopping** stoppage, obstruction, blockage, hold-up [in the traffic], [traffic] jam; (*vd ingewanden*) constipation, obstruction, costiveness; **verstopt** stopped up, choked-up [aperture], clogged, stuffed-up [nose], etc; *zie* verstoppen; ~ *raken* become (get) choked (clogged up, etc); *de schoorsteen is* ~ *van het roet* the ... is clogged up with soot; *zijn neus is ~, hij is* ~ *in het hoofd* he has a stopped-up (clogged) nose, he has got the snuffles; **verstoptheid** stoppage, obstruction; (*v ingewanden*) obstruction, constipation, costiveness

verstoren 1 disturb [the silence, a p.'s rest], upset, interfere with [a p.s' plans], ruffle [a p.'s composure], break in on [a p.'s rest], intrude (up)on [the silence of ...]; *de openbare rust* ~ disturb the public peace; 2 (*ontstemmen*) ruffle, vex, annoy; *zie ook* orde; **verstoring** disturbance, interference

verstorven 1 inherited; 2 dead to the world; *vgl* versterven

verstoteling outcast, pariah; **verstoten** renounce, disown [one's son], repudiate [one's wife]; **verstoting** repudiation, renunciation

verstouten: *zich ~, a*) (*moed vatten*) take heart; *b*) (*het wagen*) make bold, presume, be emboldened [to ...]; **verstouwen** stow, stow away

verstrakken set [his face set]; tighten

'**verstraler** beam headlight, -lamp

verstrammen *tr & intr* stiffen

verstrekken provide, procure, furnish, supply [free meals to ...]; (*mil*) issue [ammunition to troops; he was issued with a carbine *er werd hem ... verstrekt*]; serve out [clothing, food]; *iem iets* ~ provide (furnish, supply) a p. with s.t.; *hulp* ~ render aid (assistance); *inlichtingen* ~ give information; *een lening* ~ make a loan; *een vergunning* ~ grant a licence; *zie ook* strekken

'**verstrekkend** far-reaching [consequences], sweeping [demands, changes, powers (*bevoegdheden*)]

verstrengelen intertwine, entangle; **verstrengeling** entanglement, interlocking [of interests]

verstrijken expire, elapse, go (*of:* slip) by; *naarmate de dag verstreek* as the day wore on (*of:* away); *naarmate de tijd verstreek* with the lapse of time; *zodra de huur verstreken is* as soon as the lease falls in (has expired); *de tijd* (*mijn verlof*) *is verstreken* time (my leave) is up; *het ~, zie* verstrijking; **verstrijking** expiration, expiry, passage [of time]

verstrikken ensnare, (en)trap, enmesh, entangle, weave a net (a web) round [a p.], catch [a p. in his own words]; *zich ~, verstrikt raken* get entangled, be caught [in one's own words (lies)]

verstrooid 1 scattered, dispersed; 2 (*fig*) absent--minded, preoccupied, wool-gathering, absent (*vooral bijwoordelijk:* 'no', he said absently); **verstrooidheid** absent-mindedness, absence of mind, wool-gathering, abstraction; **verstrooien** 1 disperse, scatter, rout [the enemy]; ***zich*** ~ disperse; 2 (*afleiden*) divert; *dat verstrooide mij* that took me out of myself; ***zich*** ~ seek diversion; **verstrooiing** 1 dispersion, dispersal; *de* ~ *der joden* the Dispersion; ~ *zoeken* seek diversion; 2 diversion, distraction, entertainment, recreation

verstuiken sprain, (w)rick [one's ankle]; *zich* ~ sprain one's ankle; **verstuiking** sprain(ing)

verstuiven I *intr* be blown away (like dust); be scattered [to the four winds]; (*v duinen*) move; *doen* ~ scatter, disperse, send flying in all directions; II *tr* pulverize, spray, atomize, nebulize; **verstuiver** atomizer, [perfume] spray, nebulizer; (*techn*) spray nozzle; **verstuiving** 1 dispersion, (*wilde vlucht*) rout; 2 pulverization, atomization; 3 movement [of dunes]; sand-drift

versturen *zie* verzenden; **verstuwen** *zie* verstouwen

versuffen I *intr* grow dull, (*ve oud pers*) lose interest in things, fall into one's dotage; II *tr* dream (moon) away [one's time], dull [the mind]; *te veel werk versuft* all work and no play makes Jack a dull boy; **versuft** stupefied; (*ve oud pers*) doting; *hij stond als* ~ hij was dazed, stared dazedly;

versuftheid stupefaction; (*ve oud pers*) dotage
versuikeren 1 go sugary, become candied; 2 (*omzetten in suiker*) saccharify
versukkeling decline; *in de ~ raken* go into a decline; *het project is in de ~ geraakt* the ... has lost momentum
versus id; **versvoet** metrical foot
vertaal|baar translatable; **-bureau** translation bureau (agency); **-kunde** translation studies; **-recht** translation rights; **-ster** (woman) translator; **-werk** translations, translation work
vertakken: *zich ~* branch [here the road branched], ramify, fork, furcate; **vertakking** branching, ramification, fork, furcation
vertalen translate; *~ in* translate (render) into; *in* (*uit*) *het Frans* (*uit het Frans in het Engels*) *vertaald* translated into French (from the French; from French into English); *Molière is niet te ~* Molière cannot be translated; *Welsh laat zich moeilijk ~* Welsh does not translate well; **vertaler** translator; *zie ook* beëdigd; **vertaling** [do a] translation (*vgl* vertalen), rendering; (*woordelijk: v klassieken, enz, inz om te spieken*) crib; (*omzetting*) conversion; *zie ook* vue; **vertalingsrecht** translation rights
verte distance; *in de ~* in the distance; distantly (remotely) [related *verwant*]; *in de verste ~ niet* not by far; *ik denk er in de verste ~ niet aan om hem iets te verwijten* I have not the slightest (remotest) intention of (I am far from, I wouldn't dream of) blaming him; *het is in de verste ~ niet zo pijnlijk als ...* it is not anything like so painful as ...; *in de verste ~ niet af* nowhere near finished; *zie ook* ver: op ~re na niet; *uit de ~* from a distance, from afar
verte|braal vertebral; **-braten** vertebrates
vertederen I *tr* soften, mollify [a p.], melt [a p.'s heart]; II *intr* soften, mellow; **vertedering** softening, mollification
verteerbaar digestible; *licht* (*moeilijk*) *~* easy (difficult) of digestion; **verteerbaarheid** digestibility
vertegenwoor|digen represent; be representative of; *zie ook* ~d; *deze partij is door twee Kamerleden vertegenwoordigd,* (*ook*) this ... returns two members to the Second Chamber; *alles wat hij vertegenwoordigt* [I hate him and] all he stands for; **-digend** (*ook*) representative (of) [300 participants representative of art and learning]; **-dig(st)er** representative, (*handel, ook*) agent, sales(wo)man, (*fam*) rep; **-diging** 1 representation; 2 (*personen*) representatives [of a nation]; 3 (*handel, ook*) agency
vertekenen draw wrong, distort; *het hoofd is geheel vertekend* the ... is wholly out of drawing
vertelkunst narrative skill
vertellen tell, relate, narrate; *zie ook* zeggen; (*omstandig*) detail, retail; *men vertelt van je dat ...* you are said (reported) to ..., it is told of you that ...; *ik heb me laten ~* I am told (they tell me) [that ...]; *weet je wat er* (*van haar, enz*) *verteld wordt?* do you know what the story is?; *vertel hem dat van mij* tell him that from me; *vertel me dat eens!* tell me that!; *dat hoef je mij niet te ~!, dat moet je mij ~!,* (*fam*) you are telling me!; *hij kan goed ~* he can tell a story well; *hij heeft niet veel te ~* his word carries no weight; *hij kan me nog meer ~* I've heard that one before; *je kunt me nog meer ~* do you see any green in my eye?, tell me another; ***zich** ~* miscount, make a mistake in counting (*bij optelling:* in adding up); *weer* (*verder*) *~, zie* over~; **verteller** narrator, relater, storyteller, [he is a poor] raconteur; **vertel|ling, -sel** story, tale, narration; *-seltje* nursery-tale; **vertelselboek** storybook; **vertel|structuur, -trant** narrative structure, narrative style
verteren I *tr* spend [money], consume [the house was consumed by fire], digest [food; *ook fig:* his story is hard to digest], corrode [metals]; *minder ~ dan men verdient* live within one's income; *verteerd worden door roest* be eaten away with (corroded by) rust; *verteerd worden van ...* be eaten up (consumed) with [pride, hatred], eat one's heart out with [jealousy]; *alles ~d* (all-)consuming [passion, hatred]; *te ~* [his] spendable [income]; *niet te ~* indigestible [story], unacceptable [behaviour]; II *intr* 1 (*v voedsel*) digest; *gemakkelijk* (*moeilijk*) *~* be easy (difficult) of digestion; 2 (*vergaan*) decay, (*ook: wegteren, v pers*) waste (away); *zie verder* vergaan; *~ van, zie* I: verteerd worden van; *zie ook* hartzeer
vertering 1 (*v spijs*) digestion; 2 (*uitgaven*) expenses, (*gelag*) score; (*verbruik*) consumption; *grote ~en maken* spend freely (largely)
vertesprong long jump
verteuten *zie* verluieren & verbabbelen
verticaal vertical, perpendicular; (*in kruiswoord*) down; *-cale prijsbinding* resale price maintenance; (*Am*) fair-trade agreement; *zie ook* opstand
vertienvoudigen I *tr* decuple, multiply by ten; II *intr* increase tenfold
vertier 1 (*bedrijvigheid*) activity; *er is hier* (*veel*) *~* this is a busy place (street); 2 (*vermaak*) [need some] diversion, amusement; *zie ook* tier
vertikken refuse flatly (point-blank); *ik vertik het* I simply won't do it; I am damned (blowed) if I do it (if I will); *mijn auto vertikte het* my car wouldn't budge; **vertillen** lift; *zich ~* strain o.s. in lifting; (*fig*) *zie* verslikken
vertimmeren alter, make alterations in, rebuild; (*geld*) spend in building; **vertimmering** alteration(s), rebuilding
vertinnen (coat with) tin; *vertinde spijkertjes* tintacks; *~ van kou,* (*fam*) perish with cold
vertoef (*vero*) 1 (*verblijf*) sojourn, stay; 2 (*uitstel*) delay; **vertoeven** 1 sojourn, stay; 2 (*talmen*) tarry
vertolken interpret; (*fig*) voice [the opinion of ...]; (*muziek, rol, enz*) interpret, impersonate, perform, render; **vertolk(st)er** interpreter, enz (*vgl het ww*); (*fig ook*) mouthpiece; exponent [of Tolstoy's teaching]; **vertolking** interpretation; voicing; performance; rendering [her wonderful rendering of the role], impersonation [of a character]; *vgl* vertolken

vertonen 1 (*laten zien*) show [one's ticket, the flag, etc]; produce [one's ticket, documents], exhibit [signs of fear], present [the same characteristics]; *enige gelijkenis (overeenkomst)* ~ *met* bear a slight resemblance to; ***zich*** ~ appear, show (o.s.) [the flowers are beginning to show]; (*ve pers, ook*) put in an appearance, show up, turn up; *zich plotseling aan het oog* ~ burst (up)on the view *een vreemd schouwspel vertoonde zich aan mijn ogen* presented itself to my eyes; *het verbaast me dat je je nog durft te* ~, (*ook*) I wonder you dare show your face; 2 (*tentoonstellen*) exhibit, display, show; (*tentoonspreiden*) display; 3 (*theat*) produce; *zie ook* opvoeren; (*in bioscoop*) show, screen, present, (*in hoofdrol*) feature, (*voor het eerst*) release [a film]; *zie ook* kunst; **vertoner** producer; performer; exhibitor; *vgl* vertonen; **vertoning** showing, exhibition [of a film], production; [slide] presentation; (*theat*) performance, representation; (*schouwspel*) spectacle, show, exhibition; *bespottelijke* ~ ridiculous carry-on; *het is alles maar* ~, (*komedie*) it's all sham (make-believe); ~ *maken, zie* vertoon

vertoog remonstrance, representation, expostulation; (*betoog*) demonstration; *vertogen richten tot* make (*of:* address) representations to

vertoon 1 (*laten zien*) presentation, production; exhibition [of joy], demonstration [a great demonstration of enthusiasm]; ***op*** ~, (*ve kaartje, enz*) on presentation (production), (*ve wissel, enz*) on demand, at sight, on presentation; *toegang alleen op* ~ *van kaart(je)* admittance by ticket only; 2 (*praal, uiterlijkheid*) show, display, ostentation, parade; ~ *van geleerdheid* parade of learning; ~ *van kracht* display of force; *louter* ~, (*ook*) mere window-dressing; *een en al* ~ *zijn* be all outward show; *zie ook* vertoning; *veel van* ~ *houden* be fond of show; (*veel*) ~ ***maken*** make a show, cut a dash, make a splash; ~ *maken met zijn geleerdheid* show off one's learning; *hij deed het alleen* ***voor*** ~ he ... only for show

vertoornd incensed, wrathful, angry; ~ *op* angry with; **vertoornen** make angry, incense; *zich* ~ become angry

vertragen I *tr* retard, delay; *de snelheid* ~ slacken speed, slow down, slow up, decelerate; II *intr* slow down (up), slacken; *zijn pas vertraagde* his pace slackened; ~ *in zijn plicht* slacken (relax) in one's duty; *vertraagd bericht* belated message; *vertraagde film* slow-motion film (*of:* picture)

vertraging slowing-down, -up, slackening, delay; (*natuurk*) deceleration, (*achterblijven*) lag; ~ *van het getij* lag of the tide; ~ *in produktie* lag in production; *de trein had aanzienlijke* ~ the train was considerably delayed; *een uur* ~ *hebben* be an hour behind schedule (behind time), be running an hour late

vertrappen (*ook fig*) trample down, trample (up)on, tread (crush) underfoot; [the turf was] cut up; *zie ook* vertikken; *vertrapt ras* downtrodden race; *de vertrapten* the downtrodden; **vertreden** *zie* vertrappen; *zich (eens)* ~ stretch one's legs

vertrek 1 room, apartment; 2 departure, start, (*ve boot, ook*) sailing; *bij het* ~, (*ve gast*) at parting

vertrekdagen (*luchtv*) days of operation [of a flight]; **vertrekhal** departure lounge; **vertrekken** I *intr* 1 leave [the train leaves from here], start, take one's departure, set out (off), go away (off), depart; (*ve boot, ook*) sail, (*ve vliegtuig, ook*) take off; ~ *naar* leave (start, sail) for; *de trein moet om 5.40* ~ the ... is due out at 5.40; *terwijl de trein vertrok* as the ... was pulling out; *vertrek!* clear out!; ~*de schepen,* (*in lijst van afvaarten*) sailings; *vertrokken,* (*op brief*) gone away; 2 *haar gezicht vertrok* her face twitched, (*v pijn*) was twisted with pain; II *tr* draw (pull) away; move [a chair]; distort [one's face]; *zie ook* spier; *vertrokken gelaat* drawn (tense) face

vertrek|king distortion; **-perron** departure platform; **-plaats**, **-punt** starting-point, point of departure (*ook fig*); **-sein**, **-signaal** signal for departure; **-tijd** time (hour) of departure, departure (*v schip:* sailing) time; **-tijdenbord** departures (flutter)board; **-uur** *zie* -tijd; **-vlag** (*mar*) Blue Peter

vertreuzelen idle (trifle, dawdle) away

vertroebelen (*eig*) make thick (muddy); *de zaak* ~ confuse (cloud, obscure) the issue; **vertroetelen** spoil, (molly)coddle, pamper, cosset, pet

vertroosten comfort, console, solace; **vertroostend** (*ook*) consolatory; **vertrooster(es)** comforter; **vertroosting** comfort, consolation, solace

vertrossen reduce [TV programmes, etc] to the level of popular taste; **vertrossing** trivialization

vertrouwd reliable [agents, etc], trusted, trustworthy, dependable, trusty [friend, etc]; (*veilig*) [the ice is not] safe; *ik weet dat het bij jou in* ~*e handen is* I know it is safe in your keeping; *hij is niet alléén* ~ he cannot be left to his own devices (to himself); ~ *[raken]* ***met*** [become] conversant (familiar) with; *zij raakte* ~ *met haar werk,* (*ook*) she got into the swing of her work; *zich* ~ *maken met* make o.s. familiar with, familiarize o.s. with; **vertrouwde** confidant, (*v*) confidante; **vertrouwdheid** familiarity [with a subject]

vertrouwelijk I *bn* 1 (*familiaar*) familiar, intimate, confidential; 2 (*geheim*) confidential, private; ~*e mededeling* confidential communication; confidence; *er stond '*~*' op de brief* the letter was marked private (confidential); *streng* ~ strictly private, private and confidential; II *bw* familiarly, etc, in confidence; **vertrouwelijkheid** familiarity, intimacy; confidentiality; **vertrouweling** confidant, (*v*) confidante

vertrouwen I *zn* trust, confidence, faith; *vol* ~ *op* confident (sanguine) of [success]; *iems* ~ ***genieten*** enjoy (be in) a p.'s confidence; *ik heb mijn* ~ *in advocaten verloren* I've lost faith in lawyers; (*alle*) ~ ***hebben*** *in* have (every) confidence in; ~ ***stellen*** *in* put (place, repose) confidence (trust) in, have faith in, confide in; *weinig* ~ *stellen in* put little faith (have small trust) in; *zijn* ~ ***vestigen*** *op* ... put one's trust in [God], pin one's faith on (*of:* to) [the United Nations]; ~ ***wekken*** inspire confidence; *iems* ~ ***winnen*** gain (get into) a p.'s confidence; ***in*** (*strikt*) ~ in (strict) confidence; *iem in ~ mededelen dat ...,* (*ook*) confide to a p. that ...; *wij bevelen het werk in vol ~ aan* we have great confidence in recommending the work; *hij nam mij in ~, schonk mij zijn ~* he took (*of:* let) me into his confidence; ***met*** ~ with confidence, confidently; ***op*** *goed* ~ [take everything] on trust; *goed* ***van*** ~ trustful (of others), confiding; *positie van ~* position of trust; *zie ook* motie & misbruik; II *ww tr* trust [I trust him so far as (no further than) I can throw him]; *iem iets ~* (en)trust a p. with s.t.; *zie ook* toe~; *ik vertrouwde mij aan hem toe* I entrusted myself to him; *~ dat* ... trust that ...; *men kon ~ dat hij het zou doen* he could be depended (relied) on to do it; *ik vertrouw erop dat je me helpt,* (*ook*) I rely on (look to, trust) you to help me; III *ww intr: ~ op* rely on [a p., s.t.]; *op God ~* trust in God [trust in God, and keep your powder dry], put one's trust in God; *op zijn geheugen* (*het toeval, zichzelf*) ~ trust to one's memory (to luck, to o.s.); *~ op,* (*fam, ook*) bank on [she could absolutely bank on him; don't bank on that too much]; *~d op,* (*ook*) in reliance on; *zie ook* vertrouwd & cent

vertrouwens|arts confidential medical adviser for intimate personal problems (child abuse, incest, etc); **-basis** [there must be a] (relationship of) trust [between management and workers]; **-commissie** (confidential) advisory committee; **-crisis** crisis of confidence; **-kwestie**: *de ~ stellen* ask for a vote of confidence; **-man** trusted representative; agent; impartial negotiator (intermediary); (*vglb*) ombudsman; (*in bedrijf*) shop steward; **-positie**, **-post** position of trust; **-votum** confidence vote, vote of confidence; **-waardig** trustworthy

vertrouwenwekkend inspiring trust

vertrutten become dull (drab), pall; *vgl* vervlakken; **vertuien** stay; (*v schip*) moor

vertwijfeld desperate, despairing; **vertwijfelen** despair; *~ aan* despair of; **vertwijfeling** despair, [be driven to] desperation; **veruit** *zie* verreweg

veruiterlijken externalize

vervaard alarmed, afraid; *zie ook* kleintje; **vervaardheid** alarm, fear

vervaardigen make, manufacture, construct, prepare, execute [drawings], [every article we] turn out; **vervaardiger** maker, manufacturer; **vervaardiging** making, manufacture, construction, etc; *vgl* vervaardigen

vervaarlijk tremendous, frightful, awful; (*met het oog op omvang ook*) huge; (*sl*) thumping, whopping, whacking; *~ groot,* (*sl*) whacking big

vervagen fade (away), become blurred (obscured, fudged); *doen ~* blur, obscure; *vervaagd* blurred [images]

verval 1 (*achteruitgang*) [radioactive] decay, deterioration, decline, falling-off, decadence [of the English stage]; (*ve gebouw, enz*) dilapidation, disrepair; *~ van krachten* senile decay, diminishing strength; *in staat van ~* in a state of dilapidation; *in ~ raken* fall into decay (*ve gebouw, ook:* into disrepair); *zie ook* vervallen; *ze zijn in ~ geraakt* they are in reduced cicumstances, have seen better days, have come down in the world; 2 (*ve wissel*) maturity; 3 (*ve rivier*) fall, drop; 4 (*fooien, vero*) perquisites; **verval|dag**, **-datum** (*ve wissel, enz*) due date, day of maturity, (*ve recht, enz*) expiry date; *op de ~* at maturity, when due

vervallen *ww* 1 (*in verval raken*) decay, fall into decay, go to (rack and) ruin; (*ve gebouw, enz ook*) fall into disrepair, get out of repair; 2 (*ve wissels, enz*) fall (be, become) due, mature, arrive at maturity; (*v coupons*) become (be) payable; (*ve contract, termijn*) expire, terminate, run out; (*ve huurcontract, enz ook*) fall in; 3 (*ve pas, polis, recht, patent, rijbewijs, wet, enz*) lapse; (*ve wet, ook*) be abrogated, (*tijdelijk*) be suspended; *de polis vervalt op 65-jarige leeftijd* the policy matures at the age of 65; *laten ~,* (*ook*) withdraw, cancel [train services]; *men liet het ambt ~* the office was allowed to lapse; *daarmee vervalt* ... that disposes of (does for) [this theory, his alibi, etc]; 4 (*in onbruik raken*) fall into disuse, go out of date; (*ve titel*) become extinct; (*ve plan, wedstrijd, enz*) be dropped (abandoned); (*ve bestelling*) be cancelled; (*ve trein*) be taken off; *zie ook* lijn 2; 5 (*komen*) fall; ***aan*** *de Kroon ~* fall (revert) to the Crown; *het goed vervalt later weer aan ons* the estate will revert to us, we have a reversionary interest in the estate; ~ ***in*** incur [a fine *boete,* expenses, debts]; fall into [errors, mistakes]; *in herhalingen ~* repeat o.s.; ***tot*** *armoede ~* be reduced to poverty; (*weer*) *tot zwijgen ~* (re)lapse into silence; *tot zonde ~* lapse (fall) into sin (*weer tot zonde ~* relapse into sin); *weer tot onmatigheid ~* backslide into intemperance; *zie ook* uiterste & kwaad; II *bn* 1 (*ve gebouw, enz*) tumbledown, decrepit, dilapidated, ramshackle, crazy; (*ve pers*) worn (out), wasted; shrunken [face]; (*betere dagen gekend hebbend*) down on one's luck; 2 (*ve wissel, schuld*) due; (*v coupons*) payable; (*ve contract, termijn*) expired; 3 (*ve recht, enz*) lapsed; (*ve titel*) extinct; (*ve wet*) abrogated; (*ve rijbewijs*) out(-)of(-)date; ~ (*invoer*)*rechten* defunct duties; *iem ~ verklaren van zijn* (*Kamer*)*lidmaatschap* unseat a p.; *van de troon ~ verklaren* depose, (*als opvolger*) exclude from succession; *zie verder* I; III *zn* (*ve recht, enz*) lapse; (*ve termijn, enz*) expiry, expiration; *zie verder* verval; **vervallenverklaring** (*ve vorst*) deposition; exclusion; *vgl* vervallen II.3

vervalsen adulterate [food, liquor], doctor [wine, *fam:* documents], tamper with [a manuscript, cheque], falsify [books, accounts, a passport], cook [accounts, documents], forge [documents, a signature], counterfeit [banknotes, handwriting], debase [coin], load [dice], fake [documents, etc]; **vervalser** adulterator, falsifier, forger, faker; **vervalsing** [food] adulteration, falsification, forging, counterfeiting; (*concr*) forgery, counterfeit, fake; *vgl* vervalsen; **vervalsingsmiddel** adulterant; **vervaltijd** *zie* vervaldag

vervangblad cancel (leaf)

vervangen take the place of, replace [*door* by, with]; (*tijdelijk, ook*) supply the place of, stand in for, deputize for, (*voorgoed, ook*) supersede, displace; (*aflossen*) relieve; *ik zal je* ~ I will take your place; *A door B* ~ replace A by B, substitute B for A; *elkaar* ~ relieve each other; *margarine vervangt boter* margarine is a substitute for ...; *hij werd* ~ *door* ..., (*ook*) his place was taken by ...; *niet te* ~ irreplaceable, unreplaceable; *zie verder* waarnemen: ~ voor; **vervanger** (*v dokter*) locum; (*leraar*) supply teacher; *zie* plaats~, invaller, doublure & waarnemer; **vervanging** replacement, substitution, *vgl het ww;* supersession [of one commander by another]; *ter* ~ *van* in (the) place of, instead of, in substitution for; *een exemplaar ter* ~ (*van*) a replacement (for); **vervangingsmiddel** substitute; **vervangingswaarde** replacement (*of:* actual cash) value; **vervangstuk** spare part, spare

vervatten: *in treffende bewoordingen vervat* couched (framed) in striking terms; *in gebiedende bewoordingen vervat,* (*ook*) peremptorily worded; *daarin is alles vervat* everything is included in it; *het in uw schrijven van 2 dezer vervatte verzoek* the request contained in your letter of the 2nd inst

vervelen bore; (*ergeren*) annoy; *iem met iets* ~ bore a p. with s.t., inflict s.t. on a p. (*zo ook:* inflict oneself on a p.); *alles* (*het leven, hij*) *verveelt me* I am bored with everything (life, him); *de muziek verveelde me* I got bored with the music; *het stadsleven verveelde mij* I (got) tired (I wearied) of town-life; *iem dodelijk* (*gruwelijk*) ~ bore a p. to death (to tears), (*fam*) bore a p. stiff; *de jongen verveelde mij* the boy annoyed me, the boy was a nuisance; *schoonheid alleen verveelt spoedig* beauty alone soon palls; ***zich*** ~ be (feel) bored; *zich dood* (*dodelijk, liederlijk*) ~ be (get) horribly bored (bored to death, to tears), (*fam*) bored stiff; ***tot*** *~s toe* over and over again, ad nauseam, until one is sick of it

vervelend tiresome [work, person], boring [subject, person], irksome (wearisome) [task]; (*lang, langdradig*) tedious [speech, speaker, journey]; (*hinderlijk, prikkelend*) annoying; *zie ook* saai; *een* ~ *iem* (*iets*) a bore; *wat* ~*!* what a bore!, what a nuisance!, how provoking!, how sickening!, botheration!; *dat is nou* ~*!* that's a bother (a bore, a nuisance)!; ~ *dat we geen licht hebben* nuisance not having a light; ~*! daar gaat de bel* bother! there's the bell; *het ~e van het leven van alledag* the tedium of everyday life; **verveling** boredom, tedium, weariness, tiresomeness, ennui; *'n uitdrukking van* ~ a bored expression, a bored air

vervellen peel, desquamate, skin; (*v slangen*) cast (throw, shed) the skin, slough; *het kind vervelt,* (*na roodvonk, enz*) the ... is peeling

verveloos paintless, discoloured, (*fam*) innocent of paint; *het huis is totaal* ~ is crying out for paint; **verveloosheid** lack of paint

verven paint [the door (a bright) green]; dye [clothes, the hair]; *deze stof laat zich goed* ~ this material dyes well; *het huis moet geverfd worden* wants repainting; *de deur twee keer* ~ give the door two coats of paint; *zie ook* verveloos; (*pas*) *geverfd!* wet (*of:* fresh) paint!

vervenen 1 dig (cut) peat (from); 2 (*veen vormen*) make peat

verver 1 dyer; 2 (house-)painter; *vgl* verven; **ververij** dye-works, -house

verversen refresh; renew; change [the parrot's water, the oil]; **verversing** refreshment [offer refreshments]; renewal; **verversingskanaal** (*vglb*) drainage canal

ververwijderd far-off, -away [places, day]

vervetten turn to fat; **vervetting** (*vh hart, enz*) fatty degeneration

vervier|dubbelen, -voudigen *tr & intr* quadruple, multiply (be multiplied) by 4, multiply fourfold

vervijf|dubbelen, -voudigen *tr & intr* quintuple, multiply (be multiplied) by 5, multiply fivefold

vervilten *tr & intr* felt

vervlaamsen make (become) Flemish

vervlakken fade (away), become blurred; *het geestelijk leven is bezig te* ~ ... is becoming drab and superficial; **vervlakking** levelling down

vervlechten interweave [closely interwoven], knit up

vervliegen 1 fly; 2 (*verdampen*) evaporate, volatilize; 3 (*fig*) evaporate [his anger evaporated], (*v hoop, enz*) melt (vanish) into (thin) air; *wat vervliegt de tijd!* how time flies!; *doen* ~ evaporate; blot out [hope]; *mijn hoop is vervlogen,* (*ook*) my hope is gone; *in lang vervlogen tijden* in days long past, in far-off days

vervloeien flow away; (*v inkt*) run; (*vh geleerde*) be forgotten, fade (from the memory); (*v kleuren, enz*) melt, run, fade

vervloeken curse, call down a curse (up)on, damn; (*kerkelijk*) anathematize, excommunicate; *zie ook* vervloekt, verwensen & vertikken; **vervloeking** curse, imprecation, malediction; (*banvloek*) anathema; **vervloekt** I *bn* cursed, damned, (*sl*) darned, dashed; *'n* ~ *schandaal* a damned (crying) shame; *het ~e ding* the blasted (damn) thing; *het ~e is* ... the damnable thing is ...; *die ~e ...!* the dratted [fellow]!, confound that [woman]!, blast that [hat]!; *jij ~e leugenaar!* you blasted (ruddy) liar!; *die ~e namen* those accursed names; ~*!* damn it!, damnation!, confound it!, hell!; ~ *als het waar is* I'll be hanged if it is true!; II *bw* damned [unpleasant], confoundedly [difficult]

vervlogen *zie* vervliegen; **vervluchtigen** *tr & intr* (*ook fig*) volatilize, evaporate; **vervluchtiging** volatilization, evaporation

vervoegen conjugate [verbs]; *zich* ~ *bij* call at the house (office etc) of, report to [the information desk]; **vervoeging** (*ve ww*) conjugation

vervoer transport, transportation, conveyance, carriage, transit; movement [the movement of cattle has been prohibited]; removal [to hospital, etc]; ~ *over lange afstand* long-distance haulage; *slecht tegen het* ~ *kunnen* [some wines] travel badly; ~ *te water* water(borne) transport; ~ *door de lucht* air(borne) transport; *gedurende het* ~ [damaged] in transit; *recht van* ~, (*over particulier*

terrein) way-leave; *verbod van* ~, *zie* ~verbod
vervoer|adres[1] waybill; **-apparaat** transport system; **-baar** conveyable, transportable; **-bewijs** ticket; (*mil*) travel warrant; **-biljet** (*handel*) *zie* geleibiljet; **-der** transporter, conveyer, carrier; (*goederen op lange afstand*) haulier
vervoeren transport, convey, carry [the train carried many holiday-makers]; remove [to hospital], move [the patient could not be moved]; *passagiers* ~ carry passengers; *hij liet zich door zijn hartstochten* ~ he allowed himself to be carried away by his passions; *zie ook* ijl II
vervoering transport, rapture, ecstasy, exaltation, enthusiasm; *in* ~ *over* enraptured with, enthusiastic about; *in* ~ *brengen* throw into a rapture (raptures, ecstasies); *in* ~ (*ge*)*raken* go into raptures (into ecstasies) [*over* over, with], be carried away [with s.t.]
vervoer|kosten transport charges, cost of carriage; **-maatschappij** (public) transport company, (*Am*) (rapid) transit company; **-middel** (means of) conveyance; *openbare* ~*en* public transport; *publiek* ~ public-service vehicle
vervoersbewijs [bus, etc] ticket; (*mil*) travel warrant; **vervoerverbod** prohibition of transport, (*v vee*) standstill order
vervolg 1 continuation, sequel; ~ *op een werk* sequel to a work; ~ *op blz 5* continued on page five; *als* ~ *op* in continuation of [that measure]; *ten* ~*e op mijn schrijven van* ... with (further) reference to (following up, further to) my letter of ...; *vgl* vervolgen 1; 2 (*toekomst*) future; *in het* ~ in future, henceforth
vervolg|baar (*ve vergrijp*) actionable, indictable; (*ve pers in civiele zaken*) suable, liable to be sued, (*ve pers in strafzaken*) liable to prosecution, indictable, prosecutable; **-cursus** follow-up course; **-deel** supplementary volume
vervolgen 1 (*voortzetten*) continue [a story, one's work, one's way], pursue [an inquiry], proceed on [one's journey]; *hij vervolgde zijn weg,* (*ook*) he pushed on; *hij vervolgde:* ... he went on to say, ...; *wordt vervolgd* to be continued [*in het volgend nummer* in our next]; 2 (*achtervolgen*) pursue, chase, be in pursuit of; (*kwellen*) persecute; (*v gedachte, enz*) haunt; *de tegenspoeden blijven hem* ~ misfortunes continue to dog (to haunt) him; *iemand met zijn aanbiedingen* ~ pester (worry) a p. with offers; 3 (*gerechtelijk*) prosecute [a p. for s.t.], sue [a p. for damages], bring an action against, institute legal proceedings against, proceed against, have the law of [a p.]; *hij werd niet verder vervolgd* the case against him was dropped; *een misdaad* (*om persoonlijke redenen, omkoping, enz*) *niet* ~ compound a felony
vervolgens then, further, next, thereupon; ~ *vraagt hij* ..., (*ook*) he goes on to ask ...; (*naderhand*) afterwards, subsequently
vervolger pursuer; persecutor; prosecutor; *vgl* vervolgen; **vervolghoorspel** radio serial

1 *Zie voor sam ook* transport-

vervolging 1 pursuit; 2 [religious] persecution, [Jew-]baiting; 3 (*jur*) prosecution; *vgl* vervolgen; *een* ~ *instellen tegen* institute proceedings against; *zie ook* vervolgen; *iem buiten* ~ *stellen* discharge a p.; *tot* ~ *overgaan* prosecute; **vervolgingswaanzin** persecution mania
vervolg|opleiding continuation course; **-roman** sequence novel; **-stuk** continuation; **-verhaal** serial (story); **-werk** 1 (*vervolg*) sequel; 2 (*bij gedeelten verschijnend werk*) work published in instalments, serial (publication)
vervolmaken perfect, make perfect, bring to perfection
vervormen 1 transform, remodel, recast; 2 (*misvormen*) deform, distort; *vervormde spraak,* (*telec*) scrambled speech; **vervorming** 1 transformation, remodelling, recasting; 2 deformation, distortion; **vervrachten** *zie* bevrachten
vervreemd alienated, estranged [*van* from]; ~ *raken van, zie* vervreemden; **vervreemdbaar** alienable; **vervreemden** 1 (*goederen*) alienate; 2 (*personen*) alienate, estrange [*van* from]; *iem van zich* ~ alienate (estrange) a p.; (*zich*) ~ *van* become a stranger to, get estranged from, drift (*of:* slip) away from; *van elkaar* ~, (*ook, intr*) drift apart; (*tr*) drive apart; **vervreemding** alienation, estrangement; *vgl* vervreemden
vervroegen fix at an earlier time (hour, date), put (move) [dinner] forward, advance [a date], force [a plant], (*jur*) anticipate; *de datum van een brief* ~ antedate a letter; *vervroegde datum* (*betaling*) accelerated date (payment); *vervroegd met pensioen gaan* (*uittreden*) take early retirement; *zie ook* uittreding; **vervroeging** acceleration [of payments], anticipation, advancement; (*v plant*) forcing; **vervrolijken** cheer (up), enliven
vervrouwelijken *tr & intr* feminize
vervuild filthy [house, children]; polluted [beaches, river]; contaminated [soil]; [heavily] soiled [fabrics]; **vervuilen** I *intr* become filthy; II *tr* make filthy, pollute [the polluter pays], contaminate, soil; *vgl* vervuild; **vervuiling** filthiness; [air, river, marine] pollution; *in een staat van* ~ in a filthy state; (*vervuilende stof*) pollutant
vervullen 1 (*vol doen zijn*) fill [a p. with admiration]; pervade [he pervaded all her thoughts]; *één gedachte vervulde haar* one idea possessed (*en kwelde:* obsessed) her; ~ ***met, van*** fill with [fear]; *met schrik* ~, (*ook*) strike terror into; *hij was er geheel van vervuld* he was full of (engrossed with) it; 2 (*verwezenlijken*) realize [a p.'s hopes, dreams]; comply with [a p.'s wish], grant, hear [a prayer]; accomplish [one's task]; fulfil [a prophecy]; 3 (*ambt, enz*) fill, occupy [a place, position, post; a part *rol*], hold [an office; *openbaar:* hold public office]; perform [a function]; fill (up), supply [a vacancy]; *de betrekking is al vervuld* the place is filled; 4 (*nakomen*) keep, fulfil, redeem, make good, honour [a promise]; discharge, carry out, perform, fulfil [one's duties, obligations]; do [one's military service, duty]; *zie ook* spreekbeurt; **vervulling** filling, realization, performance, discharge, fulfilment, etc; *vgl het ww;* con-

summation [of one's ambition]; tenure [of office]; *in ~ gaan* be realized (fulfilled), come off, [plans] come to fruition

vervuren (*v hout*) get dry rot (in it); *vervuurd hout* dry rot; **verwaaid** blown about; *er ~ uitzien* look dishevelled (tousled, rumpled); **verwaaien** be blown about (away)

verwaand conceited, stuck-up, bumptious, cocky, (*fam*) swanky; *hij is niet ~,* (*ook*) there is no bounce in him, he is without side; *~ ventje* whipper-snapper; **verwaandheid** conceit, conceitedness, side, cockiness, bumptiousness

verwaardigen: *zij verwaardigde hem met geen blik* (*geen antwoord*) she did not vouchsafe him a glance (an answer), did not deign (condescend) to look at him (to answer him); *zich ~ te ...* deign (condescend) to ...

verwaarloosbaar negligible; **verwaarloosd** neglected [garden, etc]; unkempt [appearance, condition], uncared for [children, garden, appearance]; **verwaarlozen** neglect, be neglectful of; *zijn correspondentie ~,* (*ook*) let one's correspondence slide; *te ~* negligible; **verwaarlozing** neglect; *met ~ van* to the neglect of

verwachten expect [a p., letter, etc], anticipate [trouble, success, etc], look for [she spoke with a decision he had not looked for]; (*met verlangen*) look forward to [a p.'s arrival, an early reply, a pleasant evening]; *ik verwacht dat hij zal komen* I expect him to come (that he will come); *men verwacht dat hij terugkeert* he is expected to return; *ik verwacht dat jij me zult helpen,* (*ook*) I look to you to help me; *zij verwacht een klein(tj)e* she is expecting (a baby); *het was* ***meer*** *dan ik verwacht had,* (*ook*) it was more than I had bargained for; *dat is meer dan men kan ~* it is too much to expect; *iem ~* ***op*** *de thee* expect a p. to tea; *dat had ik wel* ***van*** *je verwacht* it is just what (just the sort of [rotten] thing) I had expected of you; *dat kan men ~ van je vader* it is just like your father [to say so], it's ... all over; *ik verwacht van u geen aanmerkingen* I'll stand no critical remarks from you; ***te*** *~* [that was] to be expected; prospective [expenditure]; *niets te ~* (*te erven*) *hebben* have no expectations

verwachting expectation, anticipation, (*in weerbericht*) outlook [outlook: unsettled]; *vol ~* expectant(ly); *grote ~en koesteren* nourish (hold) great (high) hopes [of one's son], cherish ambitions [for the future]; *span je ~en niet te hoog* don't set your hopes too high; *zie ook* gespannen; *het overtrof mijn stoutste ~en* it exceeded (surpassed, outran) my wildest expectations (dreams); ***aan*** *de ~ beantwoorden* come up to expectations; *het beantwoordde niet aan* (*bleef* ***beneden***) *mijn ~en* it did not come up to (it fell short of) my expectations; *zie ook* voldoen; ***boven*** (*alle*) *~* beyond (all) expectation; ***buiten*** *~* contrary to expectation; ***blijde*** *~* joyful anticipation [of the Queen giving birth to an heir]; *zij is* ***in*** *blijde ~* she is expecting (a baby, a happy event), she is in the family way; ***tegen*** *alle ~* contrary to (all) expectation, against (all) expectation

verwachtingspatroon expectations

verwant I *bn* allied, related, congenial, kindred; cognate [languages, words, sciences]; (*alleen pred*) akin; *~e takken van industrie* [the motor and] allied (associated, kindred) industries; *~e vraagstukken* related problems; *en het daarmee ~e vraagstuk van ...* [traffic congestion] and the allied problem of ...; *~e zielen* congenial (kindred) spirits, twin souls; *~* ***aan*** allied (related, akin) to; *hij is niet ~ aan ...* he is no connection of ...; *nauw aan elkaar ~* [these arts are] closely allied; *ik ben hem het naast ~* I am his next of kin; II *zn: ~en* [my] relatives, relations; **verwantschap** (*algem*) relation(ship), connection, affinity; (*v aard, enz*) congeniality; (*familieverwantschap*) relationship; (*bloedverwantschap*) consanguinity, kinship; (*inz huwelijksverwantschap*) affinity; (*chem*) affinity

verward (*eig*) (en)tangled [foliage, mass], dishevelled, tousled [hair], confused [mass], disordered [clothes]; (*dicht en ~*) matted [hair]; (*fig*) confused [language, ideas], rambling [statement, remarks], muddled [ideas, thinking], chaotic [thoughts], involved [financial position]; (*bedremmeld*) confused, perplexed; *~ raken in* get entangled in; *~ spreken* talk confusedly; *zie ook* maas; **verwardheid** 1 confusion, disorder; 2 (*verlegenheid*) confusion, perplexity

verwarmen heat, warm; *zich ~* warm oneself; *~d oppervlak,* (*ve ketel*) heating surface; **verwarming** 1 heating, warming; 2 (*concr*) [turn off, on the] heater, [the central] heating; *zie ook* centraal

verwarmings|buis heating pipe; **-installatie** heating system; **-ketel** boiler

verwarren (en)tangle [thread, etc]; *iem ~* confuse (confound, bewilder, distract) a p., put a p. out; *met elkaar ~* confuse, mix up [names, dates], mistake [(the) one for the other]; *niet te ~ met* as distinct from; *ik verwar die twee altijd met elkaar* I never can tell one from the other, I cannot tell them apart; *zich ~* get confused; get entangled [in a net]; get tied up [in one's speech]; *hij raakte hopeloos verward* he got himself into a hopeless muddle; *het is ~d* it's confusing; **verwarring** confusion, entanglement; (*warboel*) muddle, jumble, tangle; (*verlegenheid*) confusion, bewilderment; *~ stichten* cause confusion; *in ~* in confusion; *in ~ brengen* throw into disorder, (*pers*) confuse, put [a p.] out; *in ~ geraken* get into disorder, (*ve pers*) become confused, lose one's head

verwaten arrogant, overweening, overbearing, presumptuous, puffed up; **verwatenheid** arrogance, presumption, overweeningness, etc

verwaterd watered (down) [watered soup, watered-down socialism]; *vgl* verwateren; *~e stijl* milk-and-water style; **verwateren** dilute too much; water [milk, capital], water down [a party programme]; [friendships that] fade, peter out; **verwatering** watering (down); *vgl* verwateren

verwedden bet, wager, lay; (*door wedden verliezen*) lose in betting; *er een pond onder ~* lay a ... on it; *ik verwed er een tientje onder* I'll bet you ten guilders; *ik verwed er een gulden onder dat*

... I'll lay a guilder [he was there]; *ik verwed er mijn hoofd* (*mijn leven, mijn laatste gulden*) *onder* (*om*) I'll stake my head (my life) on it, I'll bet my bottom dollar on it; *er alles onder ~,* (*fam*) put one's shirt on it

verweer defence; (*jur ook*) plea; (*tegenstand*) resistance; *zie ook* ~schrift

verweerd weather-beaten [face, sailor, signboard], weathered [granite, face], disintegrated [rocks], weather-beaten, -worn, -stained [walls]

verweerder defender; (*jur*) defendant; **verweermiddel** means of defence; **verweerschrift** (written) defence, apologia, apology

verweesd orphan [child], orphaned

verwegen *zie* verwikken

Verwegistan (*vglb*) Timbuctoo

verweiden move [cattle] to another pasture

verwekelijken I *tr* enervate, effeminate; *zie ook* vertroetelen; II *intr* become effeminate (enervated); **verwekelijking** enervation, effeminacy

verweken *intr* soften; **verweking** softening

verwekken beget, procreate [children], father [a child on ... *een kind bij* ...]; produce [disease, laughter], generate, inspire [fear], raise [a tumult, a storm, a riot, a laugh, protests], rouse [anger, indignation], induce [sleep], stir up [a riot, sedition], cause [discontent, disease], create [disorder, a sensation], provoke [jealousy]; *kunstmatig* ~ whip up [enthusiasm, patriotism]; **verwekker** begetter, procreator, author, cause; *vgl* verwekken; (*ve bacil, enz, ook*) causative agent, *zie ook* ziekte~; **verwekking** begetting, procreation; raising, rousing, etc; *vgl* verwekken

ver|welf vault; **-welfd** vaulted; **-welfsel** vault

verwelkelijk perishable, transitory; **verwelken** wither (away), fade (away), droop, wilt; *doen* ~ wither, wilt; *verwelkt* withered, faded, wilted

verwelkomen welcome, bid welcome; *zie ook* welkom: ~ heten; **verwelkoming** welcoming, welcome; *iem de hand schudden ter* ~ shake a p.'s hand in welcome; **verwelven** vault

verwennen spoil, over-indulge; (*vertroetelen*) coddle, pamper; (*euf*) give [men] a good time; *zich* ~ pamper (spoil) o.s.; *verwend ventje* spoilt child, mother's darling, milksop; *verwend publiek* jaded (blasé) public; **verwen|nerij, -ning** over-indulgence; coddling, pampering

verwensen curse; *hij verwenste zichzelf, omdat hij* ... he cursed himself for [blushing, for being (having been) a fool]; **verwensing** curse, malediction; **verwenst** confounded; *zie* vervloekt

verwereldlijken 1 secularize [church property]; 2 grow (*of:* make) worldly

verweren 1 weather (*ook: doen ~*), get weather-beaten (discoloured); *zie ook* verweerd; 2 *zich* ~ defend o.s., speak up for o.s.; *zich ~ tegen,* (*ook*) stand up to a p.; (*tegenspartelen*) struggle, resist; *hij verweert zich met te zeggen* ... he takes his stand on the ground that ...; *zich dapper* ~ put up a good (stiff, plucky) fight; *hij verweert zich nog kranig* he has fight in him yet; **verwering** 1 weathering; 2 defence; *zie ook* verweer, verweerschrift; **verwerkelijken** *zie* verwezenlijken

verwerken process [data, facts, materials, meat], work up [materials], get through [quantities of work]; (*v voedsel; ook fig*) digest [heaps of evidence; he could not inwardly digest it], [ram facts into their heads which they cannot] assimilate, absorb [a high volume of traffic]; (*fig*) get over, come to terms with [a loss]; *een opmerking in een artikel* ~ work (incorporate) a remark into an article; ~ *tot* make (work up, manufacture) into; *katoen ~de industrie* cotton textile industry; **verwerking** working (making) up, digestion, assimilation; processing [industries]; *vgl* verwerken; **verwerkingseenheid** [central] processor

verwerpe|lijk objectionable, reprehensible; **-lijkheid** objectionableness, reprehensibility

verwerpen 1 reject, turn down [an offer], (*sterker*) repudiate, scorn [an idea], disclaim [an accusation]; (*bij stemming*) negative, reject, defeat [a motion, etc], throw out [a bill *wetsontwerp*], vote down [the Budget]; *het beroep werd verworpen* the appeal was dismissed; *de motie is verworpen,* (*Eng parl*) the noes have it; *zie ook* vergooien; 2 (*dierk*) abort; **verwerping** 1 rejection, turning down, repudiation, defeat, throwing out; *vgl* verwerpen; 2 (*theol*) reprobation; 3 (*dierk*) abortion

verwerven obtain, acquire, win, earn [a good reputation; he earned for himself a reputation for outspokenness], gain [one's trust], (*door inspanning*) procure, secure [a work of art for the nation], take out [citizenship, a patent]; *zich* ~, (*ook*) build up, make o.s. [a reputation]; *verworven eigenschappen,* (*biol*) acquired characters; *zie ook* verkrijgen & verkregen; **verwerving** obtaining, etc; acquisition; *kosten van* ~ professional expenses

verwesterd westernized; **verwestersen** I *tr* westernize, occidentalize; II *intr* be (become) westernized; **verwestersing** westernization

verweven interweave (*ook fig*)

verwezen 1 *bn* dazed, [be] in a daze, dumbfounded, (*fam*) flabbergasted; 2 *ww* be orphaned; 3 *v dw van* verwijzen

verwezenlijken realize, actualize; *zie ook* vervullen; *zich* ~ be realized, materialize [his hope, fear, the rumour, etc, has not materialized]; *niet te* ~ unrealizable; **verwezenlijking** realization, actualization; *zie ook* vervulling

verwijden widen, let out [a dress]; *zich* ~ widen, (*v ogen*) dilate

verwijderd remote [causes, effects, village], distant [future, place]; *een mijl van de haven* (*het dorp*) ~ a mile away from the harbour (out of the village); *van elkaar* ~ [far] apart; *vgl* verwijderen & -ring

verwijderen remove, get [a p., s.t.] out of the way; (*v school*) expel [from school]; (*uit de klas*) send out of class; (*vh sportveld*) send (*of:* order) off [the field]; (*uit de Kamer*) order from the House, (*er uitzetten*) eject [from the House, the gallery]; (*uit testament*) cut [a p.] out of one's will; (*vlekken*) remove, take out [stains]; (*rek*) eliminate; (*als ongeschikt, ook*) weed out; *een gezwel* ~ remove a tumour; ***uit** de dienst verwijderd worden* be dismissed the service; *ze trachtte hem en zijn vrouw* ***van*** *elkaar te* ~ she tried to drive a wedge between him and ...; *zie ook* vervreemden & verwijdering; ***zich*** ~ withdraw, retire, go away, move away [from *van*]; (*v voetstappen, geluid, enz*) recede; *iem gelasten zich te* ~ order a p. off (the field), out of the room, etc; *mag ik me even ~?* may I leave the room for a moment?; *zich een ogenblik* ~, (*ook*) absent o.s. for a moment

verwijdering 1 removal, expulsion, ejection; *vgl* verwijderen; 2 (*vervreemding*) estrangement, alienation; *er ontstond* ~ *tussen haar en haar man* she and her husband began to drift apart

verwijding widening, dila(ta)tion; *vgl* verwijden

verwijfd effeminate, womanish, unmanly; ~ *persoon* milksop, mollycoddle; **verwijfdheid** effeminacy, effeminateness, etc

verwijl delay; *zonder* ~ without delay

verwijlen stay, sojourn; (*dralen*) linger; ~ *bij* dwell (up)on [a subject, etc]; *zie ook* stilstaan

verwijsbriefje (*med*) referral note

verwijt reproach, blame, reproof; *iem een* ~ *maken van iets* reproach (twit) a p. with s.t.; *maak er mij geen* ~ *van* don't put the blame on me; *ik maak er u geen* ~ *van* I'm not blaming you, I don't hold it against you; *zie ook* treffen

verwijten reproach, upbraid; *iem iets* ~ reproach (upbraid, twit) a p. with s.t., reproach a p. for doing s.t.; *zie ook* verwijt: een ~ maken; *ik verwijt mijzelf dat ik* ... I blame myself for [having said so]; *het valt hem niet te* ~ he is not to blame (for it); *ik heb mij niets te* ~ I have nothing to reproach myself with; *zij hebben elkaar niets te* ~ they are tarred with the same brush; **verwijtend** reproachful; **verwijting** reproach; *zie* verwijt

verwijven I *tr* effeminate; II *intr* become effeminate

verwijzen refer [*naar* to]; [*voor een uitvoerige beschrijving*] *zij verwezen naar* ... the reader is referred to ...; *naar een andere rechtbank* ~ remit [a case] to another court; *naar een speciale commissie* ~ refer (relegate) to a select committee; *naar de prullenmand* ~ consign (relegate) to the waste-paper basket; *zie ook* terechtzitting & kosten; **verwijzing** reference; (*in boek ook*) cross-reference; (*in catalogus ook*) added entry; remittal [to another court]; (*med*) referral [to a specialist]; relegation; ~ *naar de openbare terechtzitting* committal for trial; *onder* ~ *naar* with reference to, referring to; **verwijzingsteken** reference-mark

verwikkelen complicate [an affair]; *iem* ~ *in* implicate (involve) a p. in [a plot]; *verwikkeld zijn* (*raken*) *in* be (become) implicated (mixed up, involved) in; *zie ook* wikkelen; **verwikkeling** complication, entanglement, imbroglio; (*ve roman*) plot; *staatkundige ~en* political complications; *de ~ neemt toe* the plot thickens

verwikken: *niet te* ~ *of te verwegen* immovable, unshakable, firm as a rock; (*ook*) budge [the nuts (*moeren*) refused to budge]

verwil|derd wild, neglected; dishevelled, unkempt [appearance, fellows, hair]; (*v tam dier*) feral [cat, pigeon]; (*moreel*) degenerate(d); *~e blik* haggard look; *~e plant* plant run wild, (garden-)escape; *verwilderde tuin* neglected, overgrown garden; *de jongen is* ~ has run wild; **-deren** run wild [the garden, the boy, is running wild], become a wilderness, run to waste; (*moreel*) degenerate; *een tuin laten* ~ let a garden run wild; **-dering** running wild; degeneration, brutalization; (*vd jeugd, bijv*) (increasing) lawlessness

verwinnen, enz *zie* overwinnen, enz

verwisselbaar: (*onderling*) ~ interchangeable

verwisselen (*omruilen*) exchange; change [one's slippers for shoes]; transpose [letters in a word]; *de etiketten zijn verwisseld* the labels have been switched; ~ ***met*** exchange for; *ze met elkaar* ~, (*verwarren*) mistake (the) one for the other, confound them; *deze woorden kunnen onderling verwisseld worden* these ... may be interchanged, are interchangeable; ~ ***tegen*** exchange for; ***van*** *paarden* (*plaatsen, namen, enz*) ~ change horses (places, names, etc); *van kleur* ~ change colour (*ook:* his colour came and went); *van kleren* ~ change clothes, (*met iem*) exchange clothes; *verwissel niet van paarden, als de wagen op een helling staat* don't swop (swap) horses in midstream; *~de hoeken* alternate angles

verwisseling change [Cabinet changes; (*ook*) reshuffle of the Cabinet], exchange, interchange; (*op school*) [during] change of lessons; (*in volgorde*) permutation; (*v letters in woord, v etiketten*) transposition; (*verwarring*) mistake

verwit|tigen inform, advise, send word, let [a p.] know, notify; ~ *van* inform (notify, advise) of; **-tiging** communication, notice, information

verwoed furious, fierce [fight], passionate [resistance], ardent [supporter], rabid [enthusiast, partisan], rampant [Tory]; **verwoedheid** fury, rage, fierceness

verwoest destroyed, (laid) waste, devastated, ruined, [her] blighted [life]; *vgl* verwoesten; **verwoesten** (*algem*) destroy; devastate, lay waste [a country, town], lay in ruins [the town was laid in ruins], wreck [a building, a p.'s career, a p.'s life, one's constitution], shatter [one's health, hopes], ruin [one's health], blight [a p.'s youth, hopes]; *ze heeft zijn leven* (*zijn huiselijk leven*) *verwoest,* (*ook*) she has made a wreck of his life (she has broken up his home); **verwoestend** destructive, devastating; *~d uithalen* deal a devastating blow; **verwoesting** destruction, ravage [the ravages of time, of disease], devastation, havoc; *~en* ravages; *~en aanrichten* make (work) havoc [the flood has worked havoc], do [a great deal of] mischief; *~en aanrichten onder* make havoc of, play havoc among (*of:* with)

verwonden wound; (*bezeren*) injure, hurt; *zie ook* wonden

verwonderd surprised, astonished; *wie? vroeg ze* ~ who? she asked wonderingly (in wonder)

verwonderen surprise, astonish; *is het te* ~ *dat ...?* is it any wonder (is it surprising) that ...?; *het is niet te* ~ *dat* ... no (small, little) wonder that ..., it is not to be wondered at that ...; *het zal* *mij ~ of* I wonder if (*of:* whether); *het verwondert me* I wonder (I am surprised) at it; *het verwondert me dat hij* ... I am surprised he ...; *het verwondert me van hem* I am surprised at him (doing it, etc); *het verwondert me alleen dat* ... my only wonder is that ...; *het zou me niet(s) ~* I should not wonder; ***zich*** ~ be surprised (astonished), wonder, marvel [*over* at]; *men mag zich nog ~ dat hij zoveel bereikt heeft* the wonder is that he should have achieved so much

verwondering surprise, wonder, astonishment; ~ *wekken* cause (a) surprise; *zie ook* verbazing; **verwonderlijk** astonishing, surprising, wonderful; (*zonderling*) queer, strange; *het ~e is dat* ... the wonder is that ...

verwonding wound, injury; *~en aan het hoofd* injuries to the head, head injuries

verwonen: *hoeveel verwoont u hier?* what do you pay for rent?

verwoorden put into words, voice

verworden 1 decay, degenerate, deteriorate; 2 (*veranderen*) change; **verwording** 1 decay, decomposition, corruption, degeneration, deterioration, decadence; 2 change

verworging *zie* verwurging

verworpeling outcast, reprobate; *hij is een ~,* (*ook*) he is beyond the pale; **verworpen** depraved, reprobate; *zie ook* verwerpen; **verworpenheid** depravity, reprobation

verwortelen take root; *verworteld* rooted [in society]

verworvenheid attainment, asset, achievement, accustomed (established) right (privilege)

verwrikken move (with jerks); *niet te ~* immovable; *zie ook* verzwikken

verwringen distort (*ook fig:* facts), twist (*ook fig:* words), contort; **verwringing** distortion, contortion, twisting; **verwrongen** distorted (contorted) [face], twisted [face, smile]

verwulf(sel) vault; **verwulven** vault

verwurging (*sp*) stranglehold; *vgl* worgen

verzachten soften (*ook fig:* grief, the heart, manners, a p.'s fate), ease [the end of a dying man], allay, alleviate, assuage, mitigate, soothe, relieve [pain], tone down [colours, a refusal, a newspaper article], qualify [a statement], mollify [a p.'s anger], relax [measures]; *een vonnis ~* mitigate a sentence; **verzachtend** softening [influences, etc], mitigating, soothing [syrup, ointment, etc]; *vgl* verzachten; ~ *middel* emollient, palliative, lenitive; *~e omstandigheden* extenuating (*ook:* mitigating) circumstances; *als ~e omstandigheid voerde hij aan* ... in extenuation he pleaded ...; *~e uitdrukking* euphemism, euphemistic expression; **verzachting** softening, alleviation, relief, mitigation; *vgl* verzachten

verzaden *zie* verzadigen; **verzadigbaar** satiable; **verzadigd** satisfied, satiated; (*natuurk, chem*) saturated; **verzadigdheid** satiety; (*natuurk, chem*) saturation; **verzadigen** satisfy [a hungry person, one's appetite, one's curiosity, desires]; (*meestal over~*) satiate; (*natuurk, chem*) saturate [a solution, the air]; *zich ~* satisfy o.s., eat one's fill; *niet te ~* insatiable; **verzadiging** satiation; (*natuurk, chem*) saturation; **verzadigingspunt** saturation point

verzakelijken commercialize

verzaken renounce [one's faith, the world], renounce, forsake, cast off [a friend], betray (abandon) [one's ideals, one's principles]; *kleur, troef ~* revoke; *zijn plicht ~* neglect (fail in, turn aside from, run away from) one's duty; **verzaker** renouncer, forsaker, revoker; *vgl* verzaken; **verzaking** renunciation, forsaking, neglect, dereliction [of duty]; (*kaartspel*) revoke

verzakken sink; (*ve huis, brug, enz*) subside; (*door-, scheefzakken*) sag [as the soil settled, the wall sagged]; (*med*) prolapse, drop [the left kidney had dropped]; **verzakking** subsidence [of the soil], sag(ging), sinking, settlement; (*med*) prolapsus, prolapse, falling and displacement (of the womb)

verzaligd in raptures

verzamelaar collector, compiler, (*ve bloemlezing*) anthologist; **verzamelband** 1 omnibus volume; 2 composite volume; 3 binder; **verzamelbundel** collection (of miscellaneous essays), miscellany; **verzamelen** collect [coins, money, stamps, tales; a horse]; compile [notes, etc]; gather [food, honey, information]; harvest [honey]; accumulate [information, a fortune]; amass [a fortune]; collect, store [electricity]; store up [knowledge]; assemble [one's friends, stories]; salvage [old paper]; *zijn gedachten ~* collect one's thoughts; *nieuwe kracht ~* gather new strength, regain one's strength; *zijn krachten ~* gather (muster) one's strength, brace o.s. (up) [for ...]; *al zijn krachten ~* summon up all one's strength; *zijn moed ~* muster (pluck, summon) up courage, take one's courage in both hands; *troepen ~* gather (collect) troops; *zijn troepen (weer) ~* rally one's troops; ***zich*** ~ collect [a crowd of people collected; soot collects in the chimney], assemble, gather, meet, flock together; muster [on deck]; rally [round a standard; his friends rallied round him]; *zie ook* vader; **verzameling** collection; compilation; accumulation; gathering; *vgl* verzamelen; (*wisk*) set; *lege ~* null set; **verzamelingenleer** set theory

verzamel|lens condensing-lens; **-naam** 1 collective noun; 2 general (collective) term; **-object** collectable, (*inz Am:* -ible); [a medieval comb is now a] collector's item (*of:* piece); **-plaats** meeting-place, trysting-place, rendezvous; (*inz mil*) rallying-point; **-stuk** collector's piece (item); **-titel** generic title; **-werk** collective work; composite (*of:* polygraphic) work; compilation; **-woede** collecting mania, collector's mania; **-woord** *zie* -naam

verzanden silt up, get silted (choked, choked up) with sand; (*fig*) get bogged down [in technicalities], peter out, come to a dead end

verzegelen seal (up); (*officieel*) put (place) under seal, place seals on, affix seals to; **verzegeling** sealing (up), putting (placing) under seal

verzeggen promise

verzeilen 1 (*wegzeilen*) sail (away); (*op een bank*) run aground; 2 (*verzeild raken onder, in*) fall among [thieves], get mixed up with, fall (get) into [bad company], drift into [a financial morass]; *hoe kom jij hier zo verzeild?* what brings you here?, how do you come to be here?, (*fam*) what (sort of an east) wind blew you here?; *ik weet niet waar hij* (*het*) *verzeild is* I ... what has become of him (it), where he (it) has got to

verzekeraar insurer (*ook, vooral levens~:* assurer), (*zeeassurantie*) underwriter; **verzekerbaar** insurable; ~ *belang* insurable interest

verzekerd 1 assured, sure; *u kunt zich ~ houden dat, wees ~ dat* ... you may rest assured that ...; *zijn positie* (*succes*) *is* ~ his position (success) is assured (*of:* ensured); *daarvan ben ik* ~ I am sure of that; *zie ook* bewaring; 2 (*geassureerd*) insured (*ook, vooral leven:* assured); ~ *bedrag* insured amount; *de* ***verzekerde*** the insured (*soms, vooral v levensverzekering:* assured); *een ~e* an insured person; *het ~e* the property insured

verzekerdheid assurance, conviction

verzekeren 1 (*betuigen*) assure; (*plechtig*) asseverate; *dat verzeker ik je!* I can tell you that much!; 2 (*assureren*) insure [property, one's life], assure [one's life]; (*zeeverzekering, ook*) underwrite; *zijn leven ~,* (*ook*) take out a life policy; *te hoog* ~ overinsure; *te laag* ~ underinsure; *zie ook* tegen; *er werd hem een jaargeld verzekerd* an annuity (a pension) was settled on him; ***zich*** *~,* (*assureren*) insure [*tegen* against], take out a [life] policy; (*zich*) ~ *tegenover derden* insure against third-party risks; 3 (*zeker maken*) ensure [success, peace, a p.'s safety], assure [these words assured him the sympathy of his audience]; (*vastmaken*) secure; (*beveiligen*) secure [*tegen* against]; ***zich*** ~ *van* ascertain [the truth], make sure of, (*bemachtigen*) secure [an order *bestelling*], lay hold of; *zich van iems hulp* ~ secure (make sure of) a p.'s help; *zich ervan ~ dat* ... make sure (make certain, ascertain) that ...; **verzekering** 1 (*assurantie*) insurance (*ook: ~spremie & ~ssom*), (*levens~, vaak*) assurance; (*in andere zin*) assurance; ~ *tegen brand, glasschade, hagelslag* (*hagelschade*), *inbraak, invaliditeit en ziekte, oninbare schulden, op het leven, tegen ongelukken* fire insurance, plate-glass insurance, hailstorm insurance, burglary insurance, health insurance, bad debts insurance, life insurance (*ook:* assurance), accident insurance; ~ *op twee levens* survivorship insurance; ~ *tegenover derden* third-party insurance, insurance against third-party risks; ~ *bezorgen* effect insurance; ~ *dekt de schade* (*ten volle*) the loss is (fully) covered by insurance; *zie ook* sluiten; 2 (*zekerheid*) assurance; *ik geef je de ~ dat* ... I assure you that ...; *zie verder* verzekeren

verzekerings|agent insurance agent; **-arts** *zie* rijks~; **-bedrijf** *zie* -wezen; **-contract** contract of insurance; **-duur** term of insurance; **-maatschappij** insurance (*leven, ook:* assurance) company; **-makelaar** insurance broker; **-nemer** insurer; **-penningen** sum insured; insurance money; **-polis** insurance policy; **-premie** insurance premium; *sociale ~,* (*vglb*) national insurance contribution; **-wezen** insurance (business, matters); **-zegel** *zie* zegel

verzelfstandiging privatization

verzellen (*lit*) *zie* vergezellen

verzenden send [goods, money, telegrams], send off; dispatch, forward, ship [goods]; transmit [telegrams]; remit [money]; send out [invitations]; (*per post*) mail; **verzender** sender, (*handel ook*) shipper, consignor; **verzendhuis** mail-order firm (house, business); **verzending** sending; (*handel*) shipment, consignment, dispatch (*ook:* of a letter), forwarding; transmission; remittance; *vgl* verzenden; **verzend(ings)kosten** forwarding-charges, dispatch costs; **verzendlijst** mailing list

verzenen: *de ~ tegen de prikkels slaan* kick against the pricks

verzengen scorch, singe; *zie ook* verschroeien; *~de hartstocht* searing passion; *verzengde luchtstreek* torrid zone

verzenmaker poetaster, rhymester

verzepen saponify; **verzeping** saponification

verzet 1 (*tegenstand*) resistance [*tegen de wet* to the law], opposition; (*jur*) refractory conduct; (*opstand*) revolt; ~ *aantekenen* (enter a) protest [*tegen* against]; *in ~ komen* resist, offer resistance, (*sterker*) rebel; (*fam*) kick, jib; (*protesteren*) protest; (*jur*) appeal [against a sentence]; *in ~ komen* (*verzet bieden*) *tegen* resist, offer resistance to, oppose, set one's face against [Sunday games]; rebel against [a king]; protest against [a measure]; *in* (*open*) ~ *zijn* be in (open) revolt, be up in arms; *zonder ~ te bieden* unresisting; *zie ook* verzetten: zich ~; 2 (*ontspanning, ~je*) diversion, recreation; *hij moet een ~je hebben* he must have a break; 3 (*techn*) gear (ratio)

verzetsbeweging resistance movement; **verzetsorganisatie** underground organization; **verzetsstrijder** resistance fighter

verzetten 1 (*anders zetten*) move [he could not move a foot], shift, remove; *zie ook* geloof; transpose [letters, words]; reset [a diamond]; *zijn horloge ~* put one's watch forward (back); *een vergadering* ~ put off (postpone) a meeting; ***zich*** *~, a*) (*in verzet komen, verzet aantekenen*) *zie* verzet; *b*) (*weerstand bieden*) resist, offer (make) resistance; (*tegen verdriet*) bear up; (*zich ontspannen*) *zie* 3; *zich niet ~,* (*ook*) take it (a defeat, etc) lying down; *zich krachtig* ~ put up a stubborn resistance (a stout fight), oppose [a plan] tooth and nail; *zich krachtiger* ~ stiffen in one's resistance; *zich ~ tegen, zie* verzet: in ~ komen; *zich tegen de politie* ~ resist the police; *ze verzette zich ertegen dat hij ging* she opposed his going; *zich tegen een maatregel* ~ oppose (make a stand against, set one's face against, stand out against) a measure; *hij trachtte zich tegen dat gevoel te* ~ he tried to shake off (to shake himself free of) that ...; 2 (*werk*) manage, handle, get through [an enormous amount of work]; *hij kan heel wat* (*werk*) ~ he is a whale for work; 3 (*ontspannen*) divert; *de zinnen ~, zie* zich ~ *b*); *dat verzette mij een beet-*

je that took my mind off things a bit; *ik kan* ***het*** *niet* ~ I cannot get over it, it sticks in my throat (*fam:* my gizzard); *hij trachtte zijn* ***leed*** *te* ~ he tried to forget his grief; ***zich*** ~, (*zich ontspannen*) take some recreation, be taken out of o.s., have a break; 4 (*verpanden*) pawn, (*sl*) pop

verzieken 1 waste away; become diseased; 2 (*fam*) spoil, ruin; *de boel* ~ muck (mess) things (up); **verziekt** (*fig*) 1 diseased; 2 mucked (messed) up

ver'zien: *men heeft het op zijn leven* ~ they are out to kill him; *hij heeft het op haar geld* ~ it's her money he is after; *de kat heeft het op de provisiekast* ~ the cat has views (up)on the larder; *hij heeft het altijd op mij* ~ he is always down on me, has it in for me, has a down on me (a spite against me); *zich* ~ be mistaken; *zie ook* verkijken & gemunt

'verziend long-, far-sighted, presbyopic; ~ *zijn,* (*ook*) have long sight; **'verziendheid** long-, far-sightedness, long sight, presbyopia

verzilten salt up, salinate

verzilverbaar exchangeable for cash; **verzilveren** 1 silver (over); *verzilverd* silvered, silver-plated, (*dun*) silver-washed; *de tijd had haar haren verzilverd* time had silvered her hair; 2 (*te gelde maken*) (en)cash [a cheque, banknote], convert [notes] into cash, realize; **verzilvering** 1 silvering; 2 cashing, encashment, realization

verzinbaar imaginable, conceivable

verzinkboor countersink (drill)

1 verzinken *tr* (*met zink overdekken*) zinc (*vervoegd:* zinked, -cked, -king, -cking), galvanize

2 verzinken (*zinken in*) I *intr* sink (down), become submerged; *verzonken,* (*in gedachten*) absorbed (lost, sunk, deep, plunged) [in thought]; (*in zijn krant*) immersed [in one's paper]; *verzonken zijn in,* (*ook*) be deep in [one's work]; *zie ook* 2 niet; II *tr een schroefbout* ~ countersink a screw-bolt

verzinnelijken materialize, render perceptible to the senses; **verzinnelijking** materialization

verzinnen invent, make up, dream up, concoct, fabricate [a story, etc], think up [an excuse], devise [a trick, word], contrive [a plan, machine], think (bethink o.s.) of [a means, a way out], hit on [a plan]; (*fam*) fake (cook) up [an alibi]; *iets* ~, (*ook*) draw on one's imagination; *hoe verzint ze het!* where does she get the idea!; *hoe* ~ *ze het!* how extraordinary!; what on earth put that into her head!; she must be out of her mind!; *een verzonnen naam* a made-up name; *zie ook* bedenken; **verzinsel** invention, fabrication, concoction

verzitten I *intr* take another seat, shift one's position; (*opschikken*) move up; II *tr: de hele morgen* ~ sit the whole morning

verzoek request [programme]; (*aan overheid*) petition [for the dissolution of one's marriage]; *een* ~ *doen* make a request; ***op*** ~ [second performance, no flowers, train stops] by request, request [stop], [samples sent] on request, [halts] on demand; *op uitdrukkelijk* ~ [the name was withheld] by special request; *op* ~ *van,* ***ten*** ~*e van* at the request of, by request of; *op uw* ~ at your request; *op* (*dringend*) ~ *van,* (*ook*) at the instance of; *zie ook* ~schrift, inwilligen, voldoen, enz

verzoeken request, beg, call (up)on [a p. to ...]; (*dringend*) entreat; (*per verzoekschrift*) petition; (*uitnodigen*) ask, invite; (*in verzoeking brengen*) tempt; *mag ik u* ~ *binnen te gaan?* will you please walk in?; *mag ik je vriendelijk* ~ *me niet te volgen* would you kindly not ...; *ze verzocht dat het gezonden zou worden aan* ... she asked for it to be sent to ...; *verzoeke de dieren niet te voederen* please do not ..., (*formeel*) visitors will be pleased not to ...; ~ ***om*** ask for, request [an interview], solicit [orders, a p.'s attention]; (*jur*) pray for [the dissolution of one's marriage], petition [for a divorce]; *mag ik u om de jus* ~*?* may I trouble you for (will you pass) the gravy, please?; *zie ook* men & inlichtingen; **verzoeker** 1 petitioner; 2 (*verleider*) tempter; **verzoeking** temptation; *in* ~ *brengen* tempt [a p.]; *in* ~ *komen om te* ... feel tempted to ...; *leid ons niet in* ~ lead us not into temptation; *voor de* ~ *bezwijken* yield to temptation; **verzoeknummer** request (item); **verzoekschrift** petition, memorial; *een* ~ *indienen* present a petition [*bij* to; *om* for]; *een* ~ *richten tot* address a petition to, petition [the King]

verzoendag day of reconciliation; *Grote Verzoendag* Day of Atonement, Feast of Expiation; **verzoendeksel** mercy seat, propitiatory

verzoenen reconcile; (*gunstig stemmen*) conciliate, propitiate [Heaven]; ~ ***met*** reconcile to (with) [a p., o.s.], reconcile to [a plan, the inevitable]; *zij zijn met elkaar verzoend* they have become reconciled, have made it up; *verzoend met* ... reconciled to [the idea, one's loss]; ***zich*** (*met elkaar*) ~ be (become) reconciled; *hij kon zich met die gedachte niet* ~ he could not reconcile himself (become reconciled) to (come to terms with) that idea; *zich* ~ *met zijn lot,* (*ook*) reconcile (resign) o.s. to one's fate; **verzoenend** conciliatory, propitiatory; **verzoener** reconciler, conciliatory; **verzoening** reconciliation, reconcilement; conciliation, propitiation; *vgl* verzoenen; (*door boetedoening*) atonement; **verzoeningsdood** expiatory death; **verzoeningsgezind** conciliatory, conciliating, placable; **verzoeningspolitiek** policy of appeasement; **verzoeningswerk** work of redemption

verzoeten sweeten (*ook fig*); **verzolen** resole

verzonken, enz *zie* verzinken, enz

verzorgd 1 (*aan niets gebrek hebbend*) (well) provided for, left comfortably off; 2 *goed* ~ well-groomed [figure, horses], well-manicured [nails], carefully tended [garden], well cared-for [children], well got-up [book], cultivated [speech], nurtured [unshaven look], polished [style]; *slecht* ~ uncared-for [children]; *zie ook* verzorgen

verzorgen provide for, attend to, take care of, look after, tend [horses, flowers, a garden, invalids], minister to [the sick]; groom [a horse]; manicure [one's hands, nails]; edit [a newspaper]; operate [tours]; *iem* ~, (*ook*) attend to a p.'s wants; *zich* ~ take care of o.s.; *volledig verzorgde* *reis* all-inclusive (all-in, package) tour; *~de bedrijven* service industries; *~de beroepen* caring jobs; *vgl* uitvoeren; **verzorger** provider, etc; *vgl* verzorgen; attendant; [spiritual] counsellor; (*v paard*) groom; (*v bokser*) second; (*v kind*) guardian; (*v oudere*) carer; **verzorging** care [of horses, rifles, the teeth], provision, maintenance, service; *uiterlijke ~ van een boek* get-up of a book; *medische ~* medical attendance

verzorgings|bedrijf service industry; **-flat** service flat; **-staat** welfare state; **-tehuis** (local authority) residential home (for the elderly); **-verlof** (*vglb*) compassionate leave

verzot: ~ (*op iets*) fond of, keen on, partial to [card-playing]; (*op iem*) fond of, enamoured of, (*dwaas ~*) infatuated with, (*sl*) gone on [a girl]; *~ op dansen* (*cricket, enz*) be dancing (cricket, etc) mad; **verzotheid** fondness, etc, infatuation

verzouten I *intr* salt up, salinate; II *tr zie* kok

verzuchten I *intr* sigh [*naar* for]; II *tr* sigh away [one's days]; **verzuchting** sigh; (*klacht*) lamentation; *een ~ slaken* heave a sigh; **verzuiling** (*vglb*) denominational segregation [of education, etc]

verzuim 1 omission, (*onoplettend*) oversight, (*nalatig*) neglect; 2 non-attendance [at school, at church], absenteeism [among workers]; *wegens ~*, (*ook*) [he missed a lot] through being away; *in ~ zijn* (*stellen*) be (declare) in default; *doe het zonder ~* do it without delay; *zie ook* herstellen

verzuimen I *tr* 1 (*verwaarlozen*) neglect [one's duty]; 2 (*onbenut laten*) lose, miss, let [an opportunity] slip; (*nalaten*) omit, fail [he failed to report the case]; *verzuim niet het boek te lezen* do not miss reading the book; *verzuim niet erheen te gaan* do not forget to go (omit going) there; *het **verzuimde** inhalen* make up for time lost (lost time); 3 (*niet bijwonen*) stay away (be absent) from, miss [school, a meeting]; *een college ~*, (*ook*) cut a lecture; *een halve dag de school ~* lose half a day's school; II *intr* stay away (from school, etc; *vgl* I), miss [mass *de mis*]; lose time; *ze heeft geen enkele keer verzuimd* she has not lost a single attendance [at school], never missed [school, etc] once

verzuipen I *tr* 1 drown; 2 spend on drink (*of:* in boozing), booze away [one's money]; flood [the engine]; II *intr* be drowned, drown; (*ve motor*) flood [the engine floods]; *verzopen*, (*fig*) (drink-, liquor-)sodden [face, fellow]; *er uitzien als een verzopen kat* look like a drowned rat; *zie ook* verdrinken

verzuren *tr & intr* sour (*ook fig:* sour a p.'s temper), make (turn, *intr ook:* become) sour, turn [the milk has turned; the thunderstorm has turned the milk]; (*chem*) acidify; *verzuurd* soured [temper], acid [soil], [forests] affected by acid rain; **verzuring** acidification

verzusteren join like sisters; (*v steden*) twin; **verzwageren**: *zich ~* (*met iem*) become allied (to a p.) by marriage

verzwakken I *tr* weaken [a p., the eyes, mind, power], enfeeble [a p., his strength, a country], impair [a p.'s health], debilitate [the constitution], enervate [the body, the will]; (*fot*) reduce; [*zijn gezondheid*] *was verzwakt door ...*, (*ook*) was lowered by ...; II *intr* weaken, get (*of:* grow) weak(er); (*v ijver, belangstelling*) flag; **verzwakking** weakening, enfeeblement, loss of strength, failing [of eyesight]

verzwaren make heavier; strengthen [a dike]; aggravate [an offence]; make [an examination] stiffer, more demanding; increase, augment [the penalty], enhance [the sentence *vonnis*]; *~de omstandigheden* aggravating circumstances; **verzwaring** aggravation; strengthening; stiffening; *vgl* verzwaren

verzwelgen swallow up (*ook fig*), gobble up, gulp down [a mug of beer]; engulf [engulfed by an earthquake]; (*fig ook*) absorb [all the money was absorbed by speculations]

verzwendelen embezzle, make away with [other people's money]

verzweren 1 fester, suppurate; 2 *zie* afzweren; **verzwering** suppuration [of the gums], festering

verzwijgen conceal, keep [it] a secret, suppress [a fact, a p.'s name], hush up [a scandal]; *iem iets ~* keep s.t. from a p.; *men verzweeg hem, dat ...* he was not told that ...; *verzwegen inkomsten* undisclosed income; **verzwijging** suppression, concealment

verzwikken sprain [one's ankle]; *zich ~* sprain one's ankle; **verzwikking** sprain, spraining

verzwinden vanish, disappear

Vespasianus Vespasian

vesper vespers, evensong; *Siciliaanse ~* Sicilian Vespers; **vesperdienst** vesper service, vespers; **vesperklok** vesper-bell; **vesperpsalm** vesper psalm; **vespertijd** vesper-hour, evening-time

vest 1 (*v mannen*) waistcoat; (*winkelwoord & Am*) vest; (*gebreid*) cardigan; 2 (*gracht*) moat

Vestaals Vestal [fire]; *~e maagd* vestal (virgin); **Vestale** vestal (virgin)

veste fortress, fastness, stronghold; (*muur*) wall, rampart

vestiaire cloakroom

vestibule (entrance) hall, lobby, vestibule

vestigen establish, set up [a business, custom, government, etc]; *zie ook* stichten; *de **aandacht** ~ op* call (draw) attention to, (*sterker*) focus attention on; *hij vestigde zijn aandacht op ...* he fastened his attention on ...; *iems aandacht ~ op* draw (call, direct) a p.'s attention to; *iems aandacht op zich ~* catch a p.'s eye; *er de aandacht op ~ dat ...*, (*ook*) point out that ...; *de **blik** ~ op* fix (fasten) one's eyes (up)on; *zijn **hoop** ~ op* place (set) one's hope(s) on; *een **lijfrente** ~* settle an annuity; *zijn **ogen** waren strak gevestigd op het plafond* his eyes were glued to (riveted on) the ...; *zijn **verblijf** ~ te ...* take up one's residence (*of:* abode) at ...; ***zich** ~* settle (down), establish o.s.; (*in praktijk*) set up [as a dentist], start in practice; ***gevestigd** zijn te* be domiciled at; *gevestigd te ...*, (*ve pers*) living (residing) at ...; *vóórdat hij gevestigd was* [he did not want to get married] until he was established in practice; *zich blijvend ~ te*

... take up permanent residence at ...; *de zaak* (*het hoofdkantoor vd zaak*) *is gevestigd te* ... the business has its seat (its headquarters) at ..., is domiciled at ...; *zie ook* gevestigd, vertrouwen, keus, enz; **vestiging** establishment, settlement; *plaats van* ~ place of business

vestigings|vergunning licence to open a new business; (*huisvesting*) residence permit; **-wet** order controlling the opening of new business

vesting fortress

vesting|bouw fortification; **-bouwkunde** (art of) fortification; **-gordel** circle (ring, girdle) of fortresses; **-gracht** moat; **-oorlog** siege war; **-wal** rampart; **-werk** fortification

vestzak waistcoat-pocket; *~-broekzak,* (*vglb*) robbing Peter to pay Paul; **vestzakformaat** pocket size; *in* ~ pocket(-size); **vestzaktheater** little theatre; **vestzakwoordenboek** midget (pocket) dictionary

Vesuviaans Vesuvian; **Vesuvius**: *de* ~ (Mt) Vesuvius

vet I *zn* 1 (*algem*) fat [edible fats]; (*smeer*) grease; (*druipvet*) dripping; *ik heb hem zijn* ~ ***gegeven*** I've settled his hash, polished (seen) him off; *hij* ***heeft*** *zijn* ~ he has got his due; *het* ~ *is van de* ***ketel*** the best has been; *het* ~ ***zit*** *hem niet in de* ***weg*** he is as lean as a rake (as thin as a lath); *er is* (*zit*) *voor jou wat* ***in*** *het* ~ there's a rod in pickle for you; *we hebben nog wat in het* ~ there is s.t. in store for us; *laat hem in zijn eigen* ~ *gaarkoken* let him stew in his own juice; *in het* ~ *zetten* grease; ***op*** *zijn* ~ *teren* live on one's (own) fat; 2 *zie* vetje; II *bn* fat (*ook v lettersoort, land, kaas, klei, betrekking, proces, enz*); (*vuil*) greasy; (*dronken*) well-oiled; *een* ~ *baantje* a cushy (plum) job, a plum; *de bougie* (*ve motor*) *is* ~ the spark-plug is sooted up; *~te druk*(*letter*), (*ook*) heavy (thick, bold, fat-, bold-, full-faced) type (letter), clarendon type; *met ~te letter* in bold type; *~te grond,* (*ook*) rich soil; *~te klei,* (*ook*) unctuous clay; *~te kolen* fat (soft, bituminous) coal; *zo* ~ *als modder* (*als een kwartel*) as fat as a butter (a pig; as plump as a partridge); *het ~te der aarde genieten* live on the fat of the land; *zie ook* soppen; **vetachtig** fatty, greasy; **vetader** adipose vein; **vetarm** low-fat [diet]; **vetbolletje** fat globule; **vetbult** hump

vete feud, enmity, rancour; *oude* ~ quarrel of long standing

veter (boot-, shoe)lace; tagged string

veteraan veteran, old (*of:* veteran) campaigner; (*fig ook*) old stager; **veteranenziekte** legionnaire's (-res') disease

veterband tape; **veterbeslag** tag

'veteren 1 lace up; 2 moan; **ve'teren** veto

vetergat lace-hole, eyelet(-hole)

veterinair I *zn* veterinary surgeon, (*fam*) vet; II *bn* veterinary

vet|gans penguin; **-gehalte** fat content, percentage of fat; **-gezwel** fatty tumour; (*wtsch*) lipoma; **-heid** fatness; greasiness; richness; *vgl* vet; **-houdend** adipose; **-je** windfall, piece of luck, godsend; **-kaars** tallow candle, (tallow-)dip; **-klier** fat-gland, sebaceous gland; (*v vogels*) oil-gland; **-klomp** lump of fat; **-kolen** *zie* vet II; **-krijt** greasy chalk; **-kruid** stone-crop; **-leren** greased leather; ~ *medaille,* (*iron*) tin medal, worthless decoration; **-lichaampje** fat corpuscle; **-lok** fetlock; **-loos** fat-free, non-fat [milk]; **-mesten** fatten (up), feed; *zich* ~ *ten kosten van* batten on [the public]; **-muur** (*plant*) pearlwort

veto id; *zijn* ~ *uitspreken* interpose (put in) one's veto; *zijn* ~ *uitspreken over* veto, put (place) a (one's) veto on; *recht van* ~ right (*of:* power) of veto; **vetoën** veto

vet|plant succulent (plant); (*fam*) thick-leaf; **-pot** dripping-pot, grease-pot; (*ve auto*) grease-cup; *~je* lampion, fairy-lamp, -light; *het is* (*geen*) ~ they do themselves well (they're hardly well-off); **-puistje** blackhead, comedo; **-rijk** high-fat [diet]; **-staart** fat-tailed sheep; **-steen** elaeolite

vetten fatten [the soil], grease [leather]; (*typ*) roll, ink; **vettig** fatty, greasy; creamy [soapsuds]; **vettigheid** fattiness, greasiness

vet|vanger grease-trap; **-vlek** grease (greasy) spot (stain); **-vorming** formation of fat; (*wtsch*) lipogenesis; **-vrij** greaseproof [paper]; *zie ook* -loos; **-weefsel** fatty (*wtsch:* adipose) tissue; **-weider** grazier; **-weiderij** stock-feeding, graziery; **-wortel** comfrey; **-zak** fat-guts; **-zucht** (morbid) obesity; **-zuur** fatty acid

veulen foal; (*hengst*) colt, colt foal, (*merrie*) filly, filly foal; **veulenachtig** coltish; **veulenen** foal

vexatoir vexatious

vezel fibre, thread, filament; (*v wol, katoen, enz, mbt lengte of fijnheid van* ~) staple; *~tje* fibril, fibrilla (*mv:* -lae), filament; *met lange* (*korte*) ~ long- (short-)staple [cotton]; *tot in iedere* ~ *gespannen* tensed in every muscle; **vezelachtig** *zie* vezelig; **vezeldraad** fibril; **vezelen** 1 fray; 2 (*fluisteren*) whisper; **vezelig** fibrous, filamentous; (*vlees*) stringy; **vezeligheid** fibrousness, etc; **vezelplaat** fibreboard; **vezelplant** fibrous plant, fibre plant; **vezelrijk** high-fibre [diet]; **vezelstof** fibre, fibrous material; (*biol*) fibrin

vgl afk van *vergelijk* cf [*Lat* confer, *Eng* compare]

V-hals V-neck, vee-neck; **v.h.t.h.** afk van *van huis tot huis* [greetings] from all of us to all of you

via id, by way of; *ik hoorde het* ~ *mijn zuster* I learnt it through ...; ~ ~ [hear] in a roundabout way

viaduct id; flyover (crossing); **viaticum** (*r-k*) id

vibrato (*muz*) id

vibreren vibrate, quaver, shake, undulate

vicariaat vicariate; **vicaris** vicar; **vicaris-generaal** vicar-general

vice-admiraal vice-admiral; **vice-consul** id; **vice-president** id; *zie ook* vice-voorzitter

vice versa id

vice-voorzitter vice-president, -chairman, deputy chairman; (*Lagerhuis*) Deputy Speaker

vicieus vicious; *vicieuze cirkel* vicious circle

Victor id; **victoria** (*rijtuig*) id; **Victoria** id; ~ *regia* id, Victoria lily; **victoriaans** Victorian

victorie victory; ~ *kraaien* be cock-a-hoop; (*over iem*) crow over a p.

victualiën provisions, victuals
vid (*Lat*) vide, (*Eng*) see
video video [camera, cassette, clip, data terminal, disc (player), game, head, monitor, signal, track]; *op ~ opnemen* videotape
video-opname video(tape) recording; **videoplaat** video disc; **videorecorder** video (cassette) recorder, VCR; **videoschijf** video disc; **videotex** id; **videotheek** videotheque
viditel (*vglb*) teletex(t), viewdata, videotex(t)
vief lively, smart, bright, dapper
viel *ovt van* vallen
vier four; *in ~en vouwen* fold in fours; *met ~en!,* (*mil*) form fours!; *met de ~ rijden* drive four-in-hand; *onder ~ ogen* in private, privately, tête-à-tête; *gesprek onder ~ ogen* private talk (conversation), tête-à-tête; *ik moet je even onder ~ ogen spreken* I want a word with you privately; *vgl ook* aan, bij 7, hoog, met & vijf
vieravond (*r-k*) eve of a festival; (*fig*) time of rest, knocking-off time
vier|baansweg four-lane (motor-)road; **-bak** four-speed gearbox; **-benig** four-legged; **-blad** quatrefoil; **-bladig** four-leaved, quadrifoliate; (*schroef*) four-bladed [propeller]; **-daags** of four days, four days'; *de V~e* annual four days' walking event; **-de** I *bn* fourth; II *zn* fourth (part); *voor een ~ leeg* [the glass was scarcely] a quarter empty; *ten ~* fourthly, in the fourth place; *zie ook* kwart; **-dehalf** three and a half; **-delig** fourfold [screen], divided into (consisting of) four parts, tetramerous, quadripartite; **-demachts** biquadratic [equation *vergelijking*]; **-demachtswortel** fourth root; **-depart** fourth (part), quarter; **-derangs** fourth-rate; **-derhande**, **-derlei** of four sorts (kinds); **-dimensionaal** four-dimensional; **-draads** four-ply, four-strand(ed); **-dubbel** fourfold, quadruple; *het ~e van* four times [the cost]
vieren 1 celebrate [a festival, one's birthday, a hero, the good news], keep [Christmas, New Year's Eve, one's birthday], observe [Christmas, the Sabbath], keep holy [the Sabbath]; *iem erg ~* make a fuss of (make much of, fête) a p.; *zijn verjaardag ~ met een barbecue* celebrate one's birthday with a ...; *zie ook* feest~; 2 (*touw*) ease off, veer out, pay out, slacken, let [a rope] run out; (*boot*) lower; *~!,* (*mar*) slack off!; *met gevierde schoten,* (*mar*) with flowing sheets; *zie ook* teugel
vieren|deel quarter; *~ jaars* quarter of a year, three months; **-delen** quarter (*in alle betek*)
vier|gestreept (*muz*) *vgl* eengestreept; **-handig** (*v dieren, muziekstuk*) four-handed, (*v dieren, ook*) quadrumanous; *~en* quadrumana; **-hoek** quadrilateral, quadrangle; **-hoekig** quadrangular, quadrilateral; **-honderdste** four-hundredth; **-hoofdig** four-headed, (*ve bestuur*) tetrarchic
viering 1 celebration; observance; *vgl* vieren; *ter ~ van* in celebration of [the event]; 2 (*bk*) crossing [tower]
vier|jaarlijks quadrennial, four-yearly; **-jarig** four years old, etc; *vgl* jarig; (*ook*) quadrennial [period]; **-kaart** four cards in sequence, quart; *een ~ klaveren* four clubs in sequence
vierkant I *bn* square; *twee ~e voet* two square feet; *~e kerel* square-built (square-shouldered, four-square) fellow, (*rond*) straightforward fellow; *~ maken* square; II *zn* square; (*typ*) em; *twee voet in het ~* [it is] two feet square, two feet each way; *in het ~ brengen* square; III *bw* squarely; *~ behouwen* square; *hij keek haar ~ in de ogen* he faced her (met her eyes) squarely, he looked her straight in the eyes; *het druist ~ in tegen het bevel* it conflicts squarely with the order; *~ tegenspreken* flatly contradict; *iem ~ de deur uitgooien* chuck (*of:* bundle) a p. out neck and crop, pitch him bodily out of the room; *~ weigeren* refuse flat(ly); *het is er ~ naast* it is altogether wrong (wide of the mark); *ik ben er ~ tegen* I am dead against it; *zie ook* lijnrecht, pardoes, vlak & waarheid; **vierkanten** *ww* square; **vierkantig** square(ly); **vierkantsgolf** square wave; **vierkantsvergelijking** quadratic equation; **vierkantswortel** square root
vier|kieuwig(e) tetrabranchiate; **-kleurendruk** four-colour printing; *in ~* four-colour [pamphlet]; **-kwartsmaat** quadruple time, (*fam*) four-four (time), common time; **-ledig** consisting of four parts, quadripartite; (*algebra*) quadrinomial [form]; **-lettergrepig** of four syllables, quadrisyllabic; *~ woord* quadrisyllable
vierlijn rope [of a hammock]
vier|ling (set of) quadruplets; (*fam*) quads; (*één van de vier*) quad(ruplet); **-lobbig** four-lobed, quadrilobate; **-maal** four times; **-maandelijks** occurring (appearing, etc) every fourth month, four-monthly; **-maands** four-months'; **-machtig** (*plantk*) tetradynamous; **-man** quadrumvir; **-master** four-master; (*circus*) four-pole tent; **-motorig** four-engine(d); **-pas** quatrefoil; **-persoons** four-seater [car]; *~ auto, enz* four-seater; **-pits** *vgl* pit; **-potig** four-legged; **-regelig** of four lines, four-line [stanza]; *~ gedicht* quatrain; **-riemsgiek** four-oar(ed gig); **-schaar** tribunal; *de ~ spannen* sit in judgment [on a p.]; **-snarig** four-stringed; **-span** four-in-hand; **-sprong** cross-road(s); *op de ~,* (*fig*) *zie* tweesprong; **-stemmig** (arranged) for four voices, four-part [song]; **-stijlig**: *~ ledikant* four-poster (bed); **-taktmotor** four-stroke engine; **-tal** (number of) four, [she shook hands with the] quartet(te); *~ jaren* (three or) four years; **-talig** in four languages, quadrilingual; **-tallig** quaternary; *vgl* tientallig; **-tandig** four-toothed, -pronged, -tined [fork]; **-vlak** tetrahedron; **-vlakkig** tetrahedral; **-vleugelig** four-winged; **-voeter** quadruped, four-footed beast; **-voetig** four-footed, quadruped; *~ dier, zie* -voeter; **-vorst** tetrarch; **-vorstendom** tetrarchy; **-voud** quadruple; *in ~* in quadruplicate; *in ~ opmaken* quadruplicate; **-voudig** fourfold, quadruple; **-waardig** quadrivalent; **-wekelijks** occurring (appearing, etc) every four weeks, four-weekly; **-werf** four times; **-wielaandrijving** four-wheel

drive; **-wieler** four-wheeler; **-wielig** four--wheeled
Vierwoudstedenmeer: *het* ~ Lake Lucerne
vier|zijdig four-sided, quadrilateral; *~e figuur* quadrilateral; **-zuilig** tetrastyle (*ook: ~ gebouw*)
vies 1 (*vuil*) dirty, grimy, grubby [hands]; (*walgelijk ~*) filthy [rags, habits], nasty [taste, smell, weather], foul [air, smell], (*v stank*) offensive, noisome, nauseating, sickening [smell]; *vieze gewoonte* dirty (*sterker:* filthy) habit; *een ~ gezicht zetten* make a wry face, sniff [at s.t.], turn up one's nose; *~ goedje* nasty stuff, muck; *het kind heeft een vieze neus* the ... a runny nose; *het ruikt ~* it has as nasty smell, is smelly [a smelly pipe]; 2 (*gemeen, onkuis*) obscene, filthy, smutty [stories]; 3 (*lelijk, erg:*) *hij is er ~ bij,* (*fam*) he is for it; *hij is ~ bij,* (*fam*) he is all there; 4 (*afkerig*) disgusted; *ik ben er ~ van* it disgusts me, it turns my stomach; *hij is er niet ~ van* he is not averse to it; 5 (*kieskeurig*) particular, dainty, fastidious, squeamish, over-nice, finical; *hij is erg ~ op zijn eten* he is very fussy (particular) about his food; *vieze varkens worden niet vet* one must not be too fastidious; **viesheid** filthiness, nastiness, etc; **viesneus** fastidious fellow; **vies|peuk, -poe(t)s** dirty fellow (person, etc)
Viëtnam Vietnam; **Viëtnamees** Vietnam(ese)
vieux French-type brandy
viezerik dirty fellow (person, etc)
viezevazen 1 (grillen) whims, follies; 2 [a style with too many] frills
viezigheid 1 (*abstr*) *zie* viesheid; 2 (*concr*) dirt, filth; (*vuile taal, enz*) smut, smutty story
vigeleren *zie* vigileren
vigeren be in force, be operative; **vigerend** in force, operative; **vigeur** vigour
vigilant id, on the alert; **vigilante** cab, four--wheeler; **vigilantie** vigilance, alertness; **vigileren** 1 be vigilant, be on the alert; 2 (*loeren*) watch (for one's chance); 3 (*tippelen*) walk the streets
vigilie vigil, eve of a festival; **vigiliedag** fast(ing)-day; **vigiliën** vigils
vignet vignette, headpiece, tailpiece; (*fot*) vignette; *maker van ~ten* vignettist; **vignetteren** vignette
vijand enemy, (*dicht*) foe; *een ~ van* an enemy to [drinking, lying, etc]; *tot ~ maken* make an enemy of; *zie ook* gezworen & roof~
vijandelijk 1 (*vd vijand*) [the] enemy('s) [camp], enemy [ship, aircraft], hostile; 2 (*als ve vijand*) hostile [act]; *zie ook* kamp; **vijandelijkheid** hostility; **vijandig** hostile, inimical; *~ staan tegenover* be hostile to [the project], be inimical to [is science inimical to romance?]; *iem ~ gezind zijn* be hostile (ill-disposed, antagonistic) to a p.; *ik ben u niet ~ gezind,* (*ook*) I bear you no enmity (ill-will); *~e gezindheid* hostility, animosity; **vijandigheid** enmity, hostility; **vijandschap** enmity, animosity; (*vete*) feud
vijf five; (*op dobbelsteen ook*) cinque; *geef me de ~* give me your (bunch of) fives (your fist); *een van de ~ is op de loop* (*bij hem*) he has a screw loose; *met veel vieren en vijven* with a bad grace, not with the best of grace; *veel vijven en zessen* (*vieren en vijven*) *hebben* be hard to please (very exacting); *vgl ook* aan, bij 7, met, hoog
vijf|blad cinq(ue)foil; **-bladig** five-leaved; **-daags** lasting five days, five days', five-day [week]; **-de** I *bn* fifth; *~ colonne* fifth column, fifth columnists; *zie ook* rad; II *zn* fifth (part); *ten ~* fifthly, in the fifth place; **-dehalf** four and a half; **-deklasser** (*school*) fifth former; **-delig** quinquepartite, (*plantk*) quinate; **-depart** fifth (part); **-dubbel** fivefold; *het ~e van* five times [the amount]; **-enzestigplusser** senior citizen; **-hoek** pentagon; **-hoekig** pentagonal; **-honderdjarig** (*ook: ~e gedenkdag*) quincentenary, quingentenary; **-honderdste** five-hundredth; **-jaarlijks** quinquennial, five-yearly; **-jarenplan** five-year plan; **-jarig** *vgl* jarig; (*ook*) quinquennial; **-je** 1 5-guilder note (coin); 2 fifth part of lottery-ticket; **-kaart** quint, sequence of five cards; **-kamp** (*sp*) pentathlon; **-kamper** pentathlete; **-kantig** *zie* -zijdig; **-kleurig** five-coloured; **-lettergrepig** of five syllables; **-ling** (set of) quintuplets; (*fam*) quins; (*één van de ~*) quin(tuplet); **-lobbig** five-lobed; **-maal** five times; **-maandelijks, -maands** *vgl* vier-; **-puntig** five--pointed, five-rayed [star-fish]; **-regelig** of five lines; *~ gedicht* pentastich; **-snarig** five-stringed; **-stemmig** for five voices, five-part [song]; **-tal** (number of) five, quintet(te); **-tallig** quinary; *vgl* tientallig; **-tien** fifteen
vijftien|de fifteenth (part); **-hoek** quindecagon; **-jarig** *vgl* jarig; **-tal** (*rugby*) fifteen
vijftig fifty; *vgl* in *& zie ook* percent
vijftig|er man (woman) of fifty (in the, his, her fifties); **-jarig** of fifty (years); *vgl* jarig; *~(e)* quinquagenarian; *zie ook* bruiloft; **-ste** *bn & zn* fiftieth; **-voud** multiple of fifty; **-voudig** fiftyfold
vijf|vingerig five-fingered; **-vingerkruid** cinquefoil; **-vlak** pentahedron; **-vlakkig** pentahedral; **-voetig** five-footed; *~e versregel* pentameter; **-voud** quintuple; **-voudig** fivefold, quintuple; **-weeks, -wekelijks** *vgl* vierwekelijks; **-zijdig** five-sided; (*vlakke meetk*) pentagonal; (*ve lichaam*) pentahedral; **-zuilig** pentastyle (*ook: ~ gebouw*)
vijg 1 fig; *zie ook* lezen; 2 (*uitwerpselen*) pellet, ball
vijgebijter *zie* -eter; **vijgeblad** fig-leaf; **vijgeboom** fig-tree; **vijgedistel** prickly pear; **vijgeeter** (*vogel*) beccafico, fig-eater, fig-pecker; **vijgenmat** fig-frail; **vijgepeer** fig-pear; **vijgesnip** *zie* -eter
vijl file; *de ~ erover halen,* (*fig*) file, polish [one's essay]; **vijlen** file, (*fig ook*) polish; **vijler** filer; **vijlsel** filings, file-dust
vijver pond; (*ook*) (ornamental) lake
vijzel 1 (*heftoestel*) jack-screw, (screw-, lifting-)-jack; 2 (*stampvat*) mortar; **vijzelen** screw up, jack (up), lever (up); **vijzelmolen** Archimedean screw; **vijzelstamper** pestle
viking Viking
vilder skinner, flayer, (horse-)knacker; **vilderij** knackery, knacker's yard; **vilderspaard** crock
vilein venomous [pamphlet], vicious [remark]

villa id, residence, country house, country seat; *kleine* ~ cottage; *riante* ~ des res; ~ *Acacia* Acacia Villa; **villapark** estate; **villastad** garden city; **villawijk** residential area

villen (*ook fig*) flay, fleece, skin; *ik laat me* ~, *als* ... I'll eat my hat if ...; *zie ook* oor

vilt felt; **viltachtig** *zie* viltig; **vilten** *bn & ww* felt; ~ *hoed* trilby (hat), felt hat, soft hat; **viltig** felty, felt-like, (*plantk*) tomentose; **viltkruid** cudweed; **viltpapier** underfelt; **vilt|schrijver, -stift** felt(-tipped) pen, fibre-tip pen

vin 1 (*ve vis*) fin; *hij verroerde geen* ~ he did not raise (stir, lift) a finger, he sat tight; 2 (*puist*) pustule, acne

vinaigrette id; **Vincentius** Vincent

vindelig (*plantk*) pinnatipartite, pinnatisect

vinden 1 (*zoekend aantreffen*) find; (*de plaats v iets of iem, ook*) locate [the enemy's position; he could not locate her]; *toevallig* ~ chance (happen, stumble) (up)on [a p., s.t.]; *ik zal hem wel* ~, (*fig*) I'll teach him, he'll pay for it; *het lijk is nog niet gevonden,* (*in rivier, mijn, enz*) the body has not yet been recovered; *wat men vindt, mag men houden* finders keepers; *een* ***baan*** *voor iem* ~ find a p. a job; *er werd een betrekking voor haar gevonden* she was found a job; ***olie*** ~, (*in bodem*) strike oil; *een* ***raadsel*** ~ find out (solve) a riddle; *als je de* ***tijd*** *kunt* ~ if you can spare the time; *het schilderij vond zijn* ***weg*** *naar Japan* the ... found its way to Japan; *men vond een brief* ***bij*** *hem* a letter was found on him (on his person); *er iets* ***op*** ~ find a way (of doing it); *het was niet* ***te*** ~ it was not to be found; ***voor*** *zoiets ben ik niet te* ~ I won't entertain (I am not agreeable to such) a thing (plan, offer, etc); *daar ben ik voor te* ~ I'm game (for it), I'm on; *ik ben voor alles te* ~ I'm game for anything; *hij laat* ***zich*** *voor alles* ~ he lends himself to anything; *voor* ***het*** ~ *van* ... [a reward is offered] for the recovery of ...; *zie ook* man; 2 (*aantreffen*) meet with, come across, light (up)on; *ze worden veel gevonden in* ..., (*ook*) they abound in ...; *de* ***dood*** ~ meet one's death; *een tragisch* ***uiteinde*** (*voorbeelden, een gunstig onthaal*) ~ meet with a tragic end (instances, a kind reception); *bureau voor gevonden* ***voorwerpen*** lost property office; 3 (*v mening zijn*) think; *een beetje inconsequent, vind je niet?* a trifle inconsistent, don't you think?; *ik vind het niet* ***aardig*** *van je* I don't think it nice of you; *vind je het* ***goed****?* do you approve of it?, (*fam*) are you agreeable?; *ik vind het niet goed dat je weggaat* I do not approve of your leaving us; *zie ook* goed~; *ik kan het niet* ***mooi*** ~ I cannot (bring myself to) admire it; ***hoe*** *vind je hem* (*mijn nieuwe pak*)*?* how do you like him (my new suit)?; *hoe vond je het feest?* how did you enjoy the party?; *hoe vind je Londen?* what do you think of London?, how do you like London?, how does London strike you?; *hoe vind je zo'n verrassing!* isn't that a (lovely) surprise!; *hoe zou je het* ~ *als* ...*?* how would you like it if [I told you to stay here]?; *ik vraag me af wat ze* ***aan*** *hem* ~ I wonder what they see in him; *ik vind er niets* (*niets moeilijks*) *aan* I think there is nothing in it (to it); 4 (*overeenstemmen:*) ***elkaar*** ~, (*fig*) hit it off, come to terms; *we konden het* ***samen*** *niet goed* ~ we could not (did not) hit it off, could not (did not) get on with each other; *zij kunnen het samen goed* ~ they get on very well together; *ze konden het uitstekend samen* ~ they were on excellent terms, (*fam*) got on (together) famously (like a house on fire); *dat zal* ***zich*** *wel* ~ I daresay it will come right; *ik kan mij daarin* ~ I agree to go along with that; *zie ook* dood, woord, enz

vinder finder; (*uitvinder*) inventor; **vindersloon** (finder's) reward; **vinding** discovery, invention, device; **vindingrijk** inventive, resourceful, ingenious; ~ *man,* (*ook*) man of resource; **vindingrijkheid** inventiveness, resource(fulness), ingenuity; **vindplaats** find-spot; ~*en van uranium* uranium deposits; **ving** *ovt van* vangen

vinger finger (*ook ve handschoen & fig*); *de* ~ *Gods* the finger of God (of Providence); *er staan* (*vuile*) ~*s op* there are finger-marks on it; *middelste* ~ middle finger, long finger; *voorste* ~ forefinger, index finger; *hij heeft* ***lange*** ~*s, kan zijn* ~*s niet thuishouden* he is light-fingered; *de lui met lange vingers,* (*zakkenrollers, enz*) the light-fingered gentry (fraternity); *zijn* ~*s* ***branden*** burn one's fingers, get one's fingers burnt; *als men hem een* ~ ***geeft****, neemt hij de hele hand* give him an inch, and he'll take a yard; *de* ~ *op de* ***mond*** *leggen* put one's finger to one's lips; *de* ~ ***opsteken*** put up one's hand; *een* ~ *in de* ***pap*** *hebben* have a finger in the pie; *de* ~ *aan de* ***pols*** *houden* have (keep) one's finger on the pulse; *hij* ***stak*** *geen* ~ ***uit****,* ***verroerde*** *geen* ~ he didn't lift (raise) a finger [to help me]; *de* ~ *op de* ***wond*** *leggen* lay (put) one's finger on the spot, touch the spot (the sore); *hij kan* ***aan*** *elke* ~ *één krijgen* he can choose any girl he likes; ***door*** *de* ~*s zien* overlook (wink at, connive at, condone), turn a blind eye to; *een beetje door de* ~*s zien* make allowances, stretch a point (in a p.'s favour); *zich* ***in*** *de* ~*s snijden* cut (*fig:* burn) one's fingers; *iets* (*helemaal*) *in de* ~*s hebben* have a natural aptitude, be a natural for s.t. (have s.t. at one's fingertips); *iet in de* ~*s krijgen* get the feel of s.t.; *ik heb hem* ***met*** *geen* ~ *aangeraakt* I have not so much as touched him; *hij zit overal met de* ~*s aan* he fingers everything, cannot let (leave) things alone; *blijf daar af met je* ~*s!* (keep your) hands off!; *hij is met een natte* ~ *te lijmen* he only needs asking once; *iets met een natte* ~ *berekenen* make a rough calculation; *iem met de* ~ *nawijzen* point (one's finger, the finger of scorn) at a p.; *ik kan hem* ***om*** *mijn* ~ *winden* I can twist (turn) him round my (little) finger; *iem* (*erg*) ***op*** *de* ~*s kijken* keep an eye (a careful watch) on a p.; (*bij het werk*) watch a p., breathe down a p.'s neck; *voortdurend op de* ~*s worden gekeken* be kept under constant surveillance; *dat kan men op de* ~*s natellen* (*na-, uitrekenen*) you can count it on your fingers; [*ze zijn zo zeldzaam,*] *je kunt ze op de* ~*s tellen* they can be numbered (counted) on the fingers of one hand (of one's two hands); *zie ook* aflikken, beroerd,

jeuken, lekker, tik, tikken, enz
vinger|afdruk fingerprint (*ook fig*); *~ken nemen van* fingerprint [a p.], take a p.'s fingerprints; **-alfabet** finger- (hand-, manual) alphabet; **-beentje** *zie* -kootje; **-breed** I *bn* (of) the breadth of a finger; II *zn* finger's breadth; **-breedte** finger('s)-breath; *vgl* weg; **-dier** aye-aye; **-dik** as thick as a finger; **-doekje** table-napkin
vinger|en *ww* finger; **-gaatje** (*ve fluit, enz*) finger--hole; **-gras** panic-grass; **-hoed** thimble; **-hoedskruid** foxglove; **-kap** finger-stall; **-kom** finger-bowl; **-kootje** phalanx (*mv ook:* phalanges), phalange; **-lang** (of) the length of a finger; *zie ook* lekker; **-lid** finger-joint; **-ling** finger-stall; (*ve roer*) (rudder-)brace; **-oefening** (*muz*) (five-)finger exercise; (*fig*) preliminary exercise, try-out; **-plaat** (*op deur*) finger-plate; **-schijf** (*ve telef*) dial; **-spraak**, **-taal** (manual) sign language; (*wtsch*) dactylology; **-top** fingertip; *muzikaal tot in zijn ~pen* musical to his fingertips; *zie ook* vinger: in de ~s; **-vlug** light-, nimble-fingered; **-wijzing** hint, pointer, cue; **-zetting** fingering
vink 1 finch; 2 (*vliegersinsigne, -diploma*) wings; 3 (*merkje*) tick, check mark; *zie ook* blind; **vinken** *ww* catch finches; *zie ook* af~; **vinkentouw** fowling-line; *op het ~ zitten* lie in wait; **vinkeslag** 1 note of the finch; 2 finch-trap
vinnig sharp, tart, biting, cutting [answer, tone], sharp, fierce, ding-dong, gruelling [fight, contest], hard-fought [battle], close(-fought) [match], sharp, keen, stinging [frost], caustic, trenchant [tone], biting [cold, wind], smart [blow]; *~ koud* bitingly (bitterly) cold; *de lucht is ~* there is a bite (*of:* nip) in the air; *het is niet meer zo ~ koud* the bite has gone out of the air; *er ~ op zijn* be keen on it; **vinnigheid** sharpness, etc; trenchancy; nip [of the wind]
vinpotig pinniped (*ook: ~ dier*); *~en* pinnipedia; **vinstraal** fin-ray; **vinvis** rorqual, finner, fin-fish, fin-back; **vinvormig** fin-shaped
vinyl id, PVC
viola id; **viola da gamba** id
violenwortel orrisroot
violet *bn & zn* 1 (*kleur*) id; 2 (*bloem*) *zie* violier; **violetkleurig** violet
violier stock-gilliflower, stock
violist violinist, violin-player; *zie ook* viool; **violistisch** of (on) the violin, [a career] as a violinist; **violoncel** violoncello, (*fam*) cello; **violoncellist** id, (*fam*) cellist
viool 1 violin (*ook: violist*), (*fam*) fiddle; *eerste ~* first (*of:* leading) violin, leader; *hij speelt de eerste* (*tweede*) *~*, (*fig*) he plays first (second) fiddle; *dat heb ik* (*zo heb ik het*) *nog nooit op de ~ horen spelen* it's too silly for words; *violen laten zorgen* let things drift; 2 *zie* ~tje
viool|bouwer violin-maker; **-concert** 1 violin concerto; 2 violin recital; **-hars** violin-rosin, colophony; **-kist** violin-case; **-leraar** violin-teacher, teacher of the violin; **-les** violin-lesson [*ook:* give lessons on the violin]; **-sleutel** treble clef; (*schroef*) (tuning) peg; **-snaar** violin-string; **-speelster**, **-speler** violinist, violin-player
viooltje (*welriekend*) violet; (*driekleurig*) pansy, heartsease, love-in-idleness; **viooltjeswortel** orrisroot
viraal viral [pneumonia]
virago id, man-woman
virginaal virginal(s); **Virginiaans** Virginian; **Virginië** Virginia; **Virginiër** Virginian
viriel virile, red-blooded
virologie virology
virtueel virtual [focus *brandpunt*]; **virtuoos** virtuoso (*mv:* -osi); *~ gespeeld* [a concerto] played with virtuosity; **virtuositeit** virtuosity
virulentie virulence
virus id (*mv:* viruses); **virusziekte** virus disease
vis fish; *de V~sen,* (*dierenriem*) Pisces; *~je* little (small) fish; *als een ~ op het droge* [feel] like a fish out of water; *je weet nooit, of je ~ of vlees aan hem hebt* you never know where you are with him; *hij* (*het*) *is ~ noch vlees* he (it) is neither fish nor flesh (neither fish, flesh, nor good red herring); *de ~jes voeren,* (*overgeven*) feed the fishes; *~ moet* (*wil*) *zwemmen* fish needs wine; *jonge ~sen,* (*vooral zalm*) fry; *zie ook* boter, gezond, stom, enz
visa id; *consulair ~* consular visa
visachtig 1 fish-like, fishy [smell, etc]; 2 fond of fish; **visafslag** 1 fish-auction; 2 fish-market
visagist visagiste
visakte rod licence; **visangel** fish-hook; **visarend** osprey, fish-hawk
vis-à-vis *bw & zn* id (*in alle betek*)
vis|bakkerij fried fish shop; **-bank** fish-stall; **-ben** fish-basket; **-beun** *zie* -kaar; **-blaas** fish-bladder; **-boer** fishman, fish-dealer; **-broed** fry
visceus viscous; **viscose** id; **viscositeit** viscosity
viscouvert fish-knife and fork; **visdiefje** (*vogel*) (common) tern; **visdiencouvert** fish-servers; **visduivel** sheatfish
viseerstok gauging-rod; **viseren** 1 visa (*ovt & v dw:* visa'd, visaed); 2 (*peilen*) gauge; 3 (*mikken*) (take) aim
vis|filet fish fillet; **-fuik** fish-trap; **-gerecht** fish--course; **-gerei** fishing-tackle, -gear; **-graat** 1 fish-bone; 2 (*techn, textiel*) herringbone; **-graatsteek** herringbone (stitch); **-graatverband** (*metselwerk*) herringbone bond; **-grom** fish--guts; **-grond** fishing-ground; **-haak** fish-hook; **-hal** fish-market; fish-shop; **-handelaar** fishmonger
visie vision; *ter ~ leggen* (*liggen*) lay (lie) on the table, (*liggen*) be available for inspection; *de documenten ter ~ leggen,* (*ook*) lay papers; *zie ook* inzage & kijk; **visioen** vision; *~en hebben,* (*fam*) see things; **visionair** *zn & bn* visionary
visitatie 1 (*v bagage, enz*) (customs) examination, inspection; (*doorzoeking*) visit (and search), [house-]search; 2 (*kerk*) visitation; *Maria's V~* the Visitation (of Our Lady); **visitatierecht** right of visit (and search)
visite visit (*ook van dokter*), call; *~ hebben* (*verwachten*) have (expect) visitors (company, *fam:*

people); *we krijgen* ~ we have a visitor (visitors) coming; *een* ~ *maken* pay a visit (a call); *een* ~ *maken bij* pay a visit to, call on; *de dokter maakt zijn* ~*s* makes his daily rounds; *zie ook* bezoek; **visitekaartje** visiting-card; *z'n* ~ *afgeven,* leave one's card; (*fig*) show one is there, make o.s. conspicuous; *zie ook* kaartje; **visiteren** examine, inspect, search; *zijn bagage laten* ~ see one's luggage through the customs, have one's luggage examined; **visiteur** 1 custom-house officer; 2; (*kerk*) visitor; **visite-uren** hours for calling; **visiteuse** WSO (Woman Search Officer)

vis|kaar fish-well, -tank; **-kanis** fish-basket, creel; **-kom** fish-bowl; **-koper** fishmonger; **-korrels** Indian berries, fish-berries; **-kuit** *zie* kuit; **-kunde** ichthyology; **-kweker** fish-farmer; **-kwekerij** 1 *zie* -teelt; 2 fish-farm, (fish-)hatchery; **-lepel** fish-slice; **-lijm** isinglass, fish-glue; **-lijn** fishing-line; **-lucht** fishy smell; **-man** *zie* -boer; **-mand** fish-basket; **-markt** fish-market; **-meel** fish-meal; **-mes** fish-knife; ~ *en -vork* fish-knife and fork; (*om op te scheppen*) fish-carvers; **-net** fishing-net; fishnet [stockings]; **-otter** (common) otter; **-pasta** fish-paste; **-plaat** fish-strainer; **-plaats** fishing-ground, fishery, fishing; **-recht** fishing-right, piscary; **-reiger** common heron; **-rijk** abounding in (well-stocked with) fish; **-schep** fish-slice; **-schotel** 1 fish-strainer; 2 fish-dish, (dish of) fish

vissebloed fish-blood; *jij hebt* ~ you're a regular icicle; **vissebroedsel** fry; **vissen** fish; *naar een complimentje* (*uitnodiging*) ~ fish (angle) for a compliment (an invitation); *uit* ~ *gaan* go out fishing; *zie ook* getij & 1 net 1; **visser** (*sport*~) angler; (*beroeps*~) fisherman; **visserij** fishery, fishing-industry; **visserijband** maritime band

vissers|bedrijf fisherman's trade; *zie ook* visserij; **-boot** fishing-boat; **-dorp** fishing-village; **-haven** fish-harbour, fishing-port; **-knoop** fisherman's bend; **-pink** fishing-smack; **-ring** (*vd paus*) Fisherman's ring; **-schuit** fishing-boat; **-vaartuig** fishing-craft (*mv* id), -boat; **-vloot** fishing-fleet; **-volk** 1 nation of fishermen; 2 fisher-folk; **-vrouw** 1 fisherman's wife; 2 fisherwoman

vissestaart fishtail, tail of a fish; **vissmaak** fishy taste; **vissnoer** fishing-line; **visspaan** fish-slice; **visstand** fish stocks; **vissteen** ichthyolite, fossil fish; **vissterfte** [massive] fish mortality; **visstick** fish finger

vista: *per* ~ at sight; **vistapapier** sight bill (*of:* draft)

vistas fishing-bag; **visteelt** fish-culture, pisciculture, fish-farming; **vistijd** fishing-season; **vistraan** fish-, train-oil; **vistrap** fish-ladder, fish-way; **vistuig** fishing-tackle, -gear

visualisatie visualization; **visualiseren** visualize; **visueel** visual; **visum** visa; *een* ~ *aanvragen* apply for a visa; ~ *repertum* (doctor's) report

vis|vangst fishing; *de wonderbare* ~ the miraculous draught of fishes; **-venter** fish-hawker, coster(monger); **-vijver** fish-pond; **-vrouw** fishwife, fishwoman; **-want** fishing-tackle; **-water** fishing-water, -ground; **-wijf** fishwife; *zie ook* schelden; **-wijventaal** billingsgate; **-winkel** fish-shop, (*v gebakken vis*) fried fish shop

vitaal vital; *vitale verbindingslijn* lifeline; **vitalisme** vitalism; **vitaliteit** vitality; **vitamine** vitamin; **vitaminiseren** vitaminize

vitrage 1 (*stof*) lace, vitrage cloth (*of:* net); 2 lace curtain(s); **vitragegordijn** lace (*of:* net) curtain

vitrine 1 (glass) showcase, display case; 2 show-window

vitriool vitriol; **vitrioolachtig** vitriolic

vitten find fault, carp, cavil; ~ *op* find fault with, carp (cavil) at, pick holes in [a story, a p.'s decision, etc]; *voortdurend* ~ (*op*), (*ook*) nag; **vitter** caviller, fault-finder; **vitterig** fault-finding, censorious, captious, cantankerous; **vitterij** fault-finding, cavilling, nagging

vitusdans St Vitus's dance, chorea

vivace (*muz*) id; **vivarium** id (*mv:* -ria)

vivat I *tw:* ~*!* three cheers for ...!, long live ...!, hurrah for ...!, vivat!; II *zn* vivat

vivipaar (*biol*) viviparous; **vivisectie** vivisection; ~ *toepassen* (*op*) vivisect; *voorstander* (*tegenstander*) *van* ~ (anti-)vivisectionist

vivres provisions, victuals

vizier 1 (*Turks minister*) vizi(e)r; 2 (*ve helm*) visor; (*ve vuurwapen*) (back-, rear-, gun)sight; (*aan* ~*liniaal*) sight, pinnule; *in het* ~ *krijgen* catch sight of; (*fam*) spot; *ik had hem in het* ~ I had spotted him; *met open* ~ *strijden* fight openly, come out into the open; **vizierhoek** angle of sight; **vizierhoogte** elevation; **vizierinrichting** sights; **vizierkeep** V of the back-sight, (sighting) notch; **vizierkijker** telescopic sight; **vizierklep** (back-sight) leaf; **vizierkorrel** foresight, bead; **vizierlijn** line of sight; **vizierliniaal** alidade

vla 1 custard; [gooseberry, raspberry] fool; 2 (*gebak*) flan; 3 [cow] pat

vlaag 1 (*wind*) squall, gust of wind; (*regen, enz*) shower; 2 (*fig*) fit [of idleness, insanity, rage, rheumatism, zeal], access [of jealousy]; *hevige* ~ *van ziekte* paroxysm (*ook fig:* of rage, despair); *in een* ~ *van drift,* (*ook*) in a fit of temper, [kill] in hot blood; *in een* ~ *van verstandsverbijstering* [a crime committed] while the state of the mind was disturbed; *bij vlagen* by fits and starts, [she works] in bouts; **vlaai** flan; lattice pie

Vlaams Flemish; ~*e gaai* jay; ~*e* Flemish woman; **vlaamsgezind** pro-Flemish; **Vlaanderen** Flanders

vlag 1 flag; (*mil & ve schip, ook*) colour; (*scheepsvlag, ook*) ensign; (*standaard*) standarde; ~*getje,* (*ve lans*) pennon; *de rode* (*gele, zwarte*) ~ the red (yellow, black) flag; *de witte* ~ the white flag, the flag of truce; *de Hollandse* ~ *voeren* fly (carry) the Dutch flag; *het staat als een* ~ *op een modderschuit* it is inappropriately showy, [that hat is] wholly out of keeping (with the rest); (*vglb:* be dressed up like a dog's dinner); *de* ~ *dekt de lading niet* the contents do not answer to the description; *de* ~ *hijsen* (*neerhalen*) hoist (lower) the flag; *de* ~ *strijken,* (*ook fig*) strike one's flag (*of:* colours) [*voor* to]; *de* ~ *uitsteken* put (hang) out the flag; *de* ~ *vertonen* show the flag; ***met*** ~ *en* *wimpel geslaagd* passed with flying colours; *met de ~ salueren* dip the flag (the colours); *een schip met ~gen tooien* dress a ship; *met ~gen getooid* beflagged, gay (*of:* ablaze) with bunting, flag-decked [houses]; ***onder** de Britse ~ varen* sail under (fly) the British flag; *onder andere ~ brengen* reflag [old ships]; *onder valse ~ varen* sail under false colours, (*fig ook*) wear false colours; *zie ook* goedkoop; 2 (*ve veer*) vane, web; 3 (*ve vlinderbloem*) vexillum, standard; 4 (*ve poststempel*) cachet; 5 (*ve muzieknoot*) hook; **vlaggekapitein** flag-captain; **vlagge|koord**, **-lijn** (*mar*) halyard; **vlaggemast** flagstaff, flagpole

vlaggen put out (hang out, fly, hoist, display) the flag (flags); *de huizen vlagden* the houses were beflagged; **vlaggendoek** bunting

vlagge|schip flagship; **-sein** flag-signal; **-stok** flagstaff, -pol; **-tjesdag** flag-day; **-touw**, **-val** flagline, flagstaff rope, halyard

vlag|officier flag-officer; **-sein** flag-signal; **-vertoon** showing the flag, flag-showing; **-voerder** 1 flag-officer; 2 flagship; 3 (*fig*) standard-bearer; **-zalm** grayling

vlak I *bn* (*v land, terrein, enz*) flat, level; (*zonder oneffenheden*) smooth; (*vd zee: kalm*) smooth; *~ke meetkunde* (*figuur, hoek, driehoeksmeting, spiegel, enz*), plane geometry (figure, angle, trigonometry, mirror, etc); *~ke baan* [on the] flat; *ren op de ~ke baan* flat race; *met de ~ke hand* with the flat of the hand; *het land is volkomen ~* is a dead level; *~ke tint* flat tint; *~ trekken,* (*luchtv*) flatten out; II *bw* 1 flatly; *~ op het water liggen,* (*mar*) be on an even keel; *~ gaan liggen,* (*luchtv*) flatten out; *~ vliegen* fly on an even keel; 2 (*precies*) right, exactly; *iem ~ in het **gezicht** kijken* (*slaan*) look a p. full (*of:* straight) (hit a p. bang) in the face; *de wind is ~ **oost*** due (dead) east; *ze ging ~ **aan** me voorbij* she passed me quite close; *~ **achter** hem* close (right) behind him, close on his heels; *~ **bij*** close (hard) by, [heard his voice] quite close; *~ bij het raam* close to the window; *~ bij elkaar* close together; *tot ~ bij* right to [the (very) door], [the mountains come] right up (right down) to [the sea]; *er ~ **boven*** immediately above it; *~ **in** het midden* in the very centre, right in the centre, plumb in the middle; *~ in het begin* at the very beginning; *hij liep ~ **langs** mij* he brushed past me; *~ **naast** mij* right next to me; *~ **onder** de ogen van* ... [he did it] under the very eyes of ...; *~ onder mijn raam* right under my window; *~ **op** de neus* full on the nose; *wij hadden de wind ~ **tegen*** we had the wind dead against us; *ik ben er ~ tegen* (*voor*) I'm dead against it (all for it); *~ tegen de storm in* in the teeth of the gale; *~ **vóór** je* right in front of you; *~ voor de wind* dead before the wind; *zie ook* voor; *de auto greep hem ~ van **voren*** caught him full on; *zie ook* lijf, neus, enz; III *zn* 1 level; (*meetk, mech, enz*) plane; (*ve meetk lichaam*) face; (*v water, enz*) sheet [of water, ice, etc]; *gekleurd ~* coloured area; *op het menselijke ~* in the human sphere; *zie ook* hellen; 2 flat; *het ~ van de hand* (*het zwaard*) the flat of the hand (the sword); 3 *zie* vlek

vlakbank planing machine, planer; **vlakdruk** (*typ*) planography; **vlakdrukpers** flat-bed press; **vlakglas** sheet glass; **vlakgom** Indiarubber, [ink-, pencil-]eraser; **vlakheid** flatness

vlakken 1 flatten, level, plane; 2 *zie* vlekken

vlakkenhoek solid angle

vlakmaken *zie* vlakken; **vlakschaaf** smoothing plane; **vlakschuurmachine** sanding machine, (power) sander

vlakte plain, level; stretch [stretches of waving grass], sheet [of water, ice, etc]; *op de ~* in (on) the plain; *zich op de ~ houden* not commit o.s.; *iem tegen de ~ slaan* knock a p. down; *jongen van de ~,* (*sl*) crook; *meisje van de ~* girl of the street, slut; **vlakte-inhoud** area, superficies; **vlaktemaat** superficial (area, square) measure; **vlaktemeter** planimeter; **vlaktemeting** planimetry

vlakuit [refuse] flatly; **vlakversiering** flat ornament; **vlakweg** *zie* vlakuit

vlam flame (*ook fig*), (*grote vlam*) blaze; (*v hout*) grain; *een oude ~ van me* an old flame of mine; *iem een ~metje geven* give a p. a light; *kunt u mij een ~metje geven?* could you oblige me with a match?; *zijn ogen schoten ~men* his eyes flashed (fire), blazed, were ablaze, flamed; *~ vatten* catch fire, catch alight, (*fig*) fire up; ***in** ~men uitbarsten* burst into flame; *in ~men opgaan* go up in flame(s); *in ~ staan* be in flames; *in volle ~ staan* be ablaze; *in ~ zetten,* (*ook fig*) set aflame (in a blaze); *zie ook* vuur & spuwen

vlambloem phlox; **vlamboog** arc [welding]

Vlaming Fleming

vlamkast combustion-chamber, fire-box; **vlamkleurig** flame-coloured; **vlamkolen** cannel coal, long flame coal; **vlammen** I *intr* 1 flame, blaze (up), be in a blaze; *op iets ~* be hot (*of:* keen) on s.t.; *~de ogen* flaming (blazing) eyes; *met ~de ogen kijken naar,* (*ook*) glare at; 2 (*inz sp*) shine, excel; (*v ogen*) *zie* vlam; II *tr* 1 wave, water [silk, etc]; 2 grain [wood]; **vlammenwerper** flame-thrower, -projector; **vlammenzee** sea of flames, blaze

vlam|mig *zie* gevlamd; **-oven** *zie* reverbeeroven; **-pijp** fire-tube, boiler-tube; **-pijpketel** fire-tube boiler; **-punt** flash point; **-verdeler** stovemat

vlapoeder custard powder

vlas flax; *jongelui met ~ om de kin* young men with fluffy (incipient) beards

vlas|achtig flaxy; flaxen [hair]; **-baard** 1 flaxen (downy, fluffy) beard; 2 beardless boy, milksop, greenhorn; **-bek** (*plant*) toadflax; **-bereiding** flax-dressing; **-blond** flaxen [hair], flaxen-haired [girl]; **-dot** bundle of flax; **-dotter** (*plant*) gold of pleasure, cultivated cameline; **-haar** 1 flaxen hair; 2 cleaning tow; **-harig** flaxen-haired, tow-headed; **-kleur** flaxen colour; **-kleurig** flaxen; **-kop** flaxen head; flaxen-haired [boy, etc]; **-leeuwebek** toadflax

vlassen 1 *ww: ~ op* look forward to, set one's heart on, (*sterker*) look hungrily for; 2 *bn* flaxen

vlassig *zie* -achtig; **vlasvink** 1 green linnet; 2 redpoll; **vlaszaad** flax-seed, linseed

vlecht 1 braid, plait, tress; (*neerhangend ook*) pigtail; *zie ook* vals; 2 (*anat*) plexus; 3 (*huidziekte*) herpes; **vlechtbies** mat-rush; **vlechten** plait [hair, straw, rushes, ribbons, mats, garlands, etc], braid [hair], wreathe [a garland], twine (twist) [a wreath], make [a basket], weave [mats, baskets], wattle [boughs, twigs, osiers]; *gevlochten haag* plashed (wattled) fence; *haar haar was tot een 'staart' gevlochten* was plaited into a pigtail; *opmerkingen (anekdoten) in zijn rede ~* weave remarks into one's speech (intersperse one's speech with anecdotes); **vlechter** plaiter, etc; **vlechtriet** cane, rattan; **vlechtwerk** basket-, hurdle-, wattle-work, wickerwork; (*fröbelwerk*) mat-plaiting; (*ornament*) interlace

vleermuis bat; **vleermuisbrander** batwing (batswing, fish-tail) burner

vlees (*algem*) flesh; (*als voedsel*) meat, (*met aanduiding van het dier*) flesh [its flesh serves as butcher's meat; the flesh of cows is called beef]; (*v vruchten*) pulp, flesh; *alle ~ is als gras* all flesh is grass; *~ in blik* tinned (*Am:* canned) meat (beef); *één ~ zijn,* (*bijb*) be one flesh; *de zonden des vlezes* the sins of the flesh; *mijn eigen ~ en bloed* my own flesh and blood; *twee vlezen* two meats; *iem* ***in*** *den vleze zien* see a p. in the flesh; *tot in het (levende) ~ snijden* cut to the quick; *in eigen ~ snijden* queer one's own pitch; *goed in zijn ~ zitten* be well-covered; ***met*** *veel ~ eraan* meaty [bone]; *het gaat hem* ***naar*** *den vleze* he's doing well, getting on nicely; *de weg* ***van*** *alle ~ gaan* go the way of all flesh; *zie ook* kuip, vis, enz

vlees|afval offal (*of:* refuse) of meat; (*voor katten*) cat's-meat; **-bal** meat-ball; **-bank** butcher's stall; **-blok** butcher's block; **-boom** fleshy growth, myoma; (*inz in uterus*) fibroid, fibromyoma (*mv:* -mata); **-bord** meat-plate; **-conserven** canned meat; **-etend** carnivorous, flesh-eating [animal]; *~ dier,* (*ook*) carnivore (*mv ook:* -vora); **-eter** (*pers*) meat-eater; (*dier*) carnivore; **-extract** meat (*of:* beef) extract, extract (essence) of meat; **-gerecht** meat-course, -dish; **-geworden** incarnate [pride incarnate, the incarnate God]; **-haak** meat-hook; **-hakmachine** mincing-machine; **-hal** (covered) meat-market, shambles; **-handel** meat-trade; **-houwer** butcher; **-houwerij** butcher's shop; **-industrie** meat industry; **-keuring** meat inspection, inspection of meat; **-kleur** flesh-colour, -tint; **-kleurig** flesh-coloured, -tinted; *~e kousen,* (*ook*) nude stockings; *~ tricot* fleshings; **-klomp** lump of meat; (*pers*) lump of flesh; **-koeien** beef cattle; **-loos** meatless; meat-free [diet]; **-mes** 1 carving-knife ; *~ en -vork,* (*ook*) meat-carvers; 2 butcher's knife; **-molen** mincer, mincing-machine, (*Am*) meat chopper; **-nat** (meat-)broth, stock, gravy; **-pastei** meat-pie; *~tje* meat-patty; **-pen**, **-pin** skewer; **-pot** flesh-pot; *terug verlangen naar de ~ten van Egypte* hanker after the flesh-pots of Egypt; **-priem** skewer; **-schotel** meat-dish; **-tomaat** beef tomato; **-verwerkend** meat-processing, (*Am*) meat-packing [industry]; **-vlieg** flesh-fly, blow-fly; **-vork** meat-, carving-fork; **-waren** meat-products, meats; *fijne ~,* (*vglb*) meat delicacies, assorted cold meats; **-wond** flesh-wound; **-wording** incarnation

vleet 1 herring drift net; *... bij de ~* lots (heaps, plenty) of ..., ... in profusion, [money, shops, etc] galore; *bramen (vis) vindt men er bij de ~* there are masses of blackberries (the place teems with fish); *geld heeft hij bij de ~,* (*ook*) he has pots of money; *zie ook* volop; 2 (*vis*) skate

vlegel 1 flail; 2 (*pers*) insolent (young) fellow; (*slungel*) hobbledehoy; **vlegelachtig** insolent, impertinent; **vlegelachtigheid** insolence, impertinence; **vlegeljaren** awkward age, years of indiscretion; *in de ~,* (*ook*) in the hobbledehoy stage; **vlegeltank** (*mil*) flail tank

vleien flatter (*ook fig*), coax, wheedle [s.t. out of a p.], cajole, (*fam*) butter up, blarney, soft-sawder [a p.]; (*kruiperig*) fawn (up)on, cringe to; *wat vleide ze om haar zin te krijgen!* how she wheedled to get her ends!; *zich ~ met de hoop, dat ...* flatter o.s. with (indulge) the hope that ...; *zich ~, dat ...* flatter o.s. that ...; *zich gevleid voelen door ...* feel flattered by ...; *~de woorden,* (*ook*) honeyed words; **vleiend** *bw* flatteringly, etc, ['Darling', he said] in coaxing tones, (*onoprecht*) smoothly; **vleier** flatterer, coaxer; **vleierig** coaxing, honey-tongued, smooth-tongued; **vleierij** flattery, adulation, blandishments; (*fam*) soft soap, soft-sawder, blarney; *door ~ van iem verkrijgen* coax (*of:* wheedle) [s.t.] out of a p.; **vleinaam** pet name, endearment; **vleister** *zie* vleier; **vleitaal** flattering words; *zie ook* vleierij

vlek 1 inhabitated place, hamlet; (*hist*) market town, borough; 2 blot, spot, stain; (*plek*) patch; (*smeer*) smear, daub, smudge; (*v roet*) smut; *~je* speck, (*fig ook*) small blemish; (*fig*) stain [on one's character], blot [on one's reputation], slur, blemish; *zie ook* koe, smet, vlekken, enz

vlekkeloos spotless, unspotted, stainless, immaculate; *zie ook* smetteloos; **vlekkeloosheid** spot-, stainless-, immaculateness

vlekken I *tr* blot, stain, soil, smudge [the letter was smudged]; II *intr* soil, get spotted; *thee vlekt niet* tea does not stain; *zie ook* gevlekt; **vlekken|middel**, **-stift**, **-water** stain (spot) remover

vlekk(er)ig spotted, full of spots, spotty, specked [orange]; patchy [complexion]

vlektyfus typhus (fever); **vlekvrij** stainless [steel]; **vlekziekte** swine fever

vlerk 1 wing (*ook, fam, arm:* wounded in the wing); (*dicht*) pinion; *blijf eraf met je ~en,* (*fam*) keep your (filthy) paws off; *iem bij zijn ~en pakken* collar a p.; 2 (*lomperd*) boor, churl; *vgl* vlegel

vleselijk carnal; *mijn ~e broeder* my own brother; *de ~e duivel* the devil incarnate; *~e gemeenschap (omgang)* carnal intercourse; *~e lusten* carnal desires, lusts of the flesh

vlet flat(-bottomed boat); **vletten** *ww* convey in a flat (in flats); **vletter(man)** flatman

vleug (last) flicker, spark; (*v geur, enz*) waft, whiff; *tegen de ~ borstelen* brush [a hat] the wrong way (against the nap); *met de ~* the right way

vleugel 1 (*ook v leger, partij, neus, gebouw, vliegtuig, vlinderbloem*) wing; (*dicht*) pinion; (*ve molen*

& schroef) vane; (*ve deur*) leaf [of a folding--door]; *de ~s laten hangen,* (*fig*) hang one's head, have one's tail between one's legs; *iems ~s korten* clip a p.'s wings; *de schrik gaf haar ~s* fright lent wings to her feet; *in de ~ schieten* wing [a bird]; *met de ~s slaan* flap (clap) one's wings; *iem onder zijn ~en nemen* take a p. under one's wing; *iem van de linker* (*rechter*) *~,* (*pol*) Left (Right) winger; *zie ook* aanschieten & uitslaan; 2 (*piano*) grand piano, (*fam*) grand; *kleine ~,* (*piano*) baby grand

vleugel|adjudant aide-de-camp; **-boot** hydrofoil, jet-foil; **-breedte** *zie* -wijdte; **-deur** folding--door(s); **-klep** (*luchtv*) wing-flap; **-lam** broken--winged; *~ geschoten,* (*ook*) winged; *iem ~ maken* hamstring a p.; **-loos** wingless; **-man** guide, marker, file-leader; **-moer** butterfly nut, wing(ed) nut; **-piano** *zie* vleugel 2; **-punt** wing--tip; **-raam** casement (window); **-schild** wing--case, wing-sheath; **-schroef** butterfly screw; **-slag** wing-beat; **-spanning** (*luchtv*) wingspan, wingspread; **-speler** wing(-player), [left, right] winger; **-spits** 1 wing-tip; 2 (*sp*) winger; **-tjesbloem** milkwort; **-trilling** (*luchtv*) wing-flutter; **-verdediger** outside defender; **-vlies** (*med*) pterygium; **-vormig** wing-shaped, (*wtsch*) aliform; **-wijdte** wingspan, wingspread

vleze *zie* vlees; **vlezen** *bn* (of) flesh; **vlezig** fleshy [face, woman, cattle, leaves, flower, part of the arm], plump [woman, arm], pulpy [fruit]; **vlezigheid** fleshiness, etc

vlg(g) afk van *volgende(n)* f(f), foll., sq(q)

vlieden I *tr* flee, fly (*ovt & v dw steeds* fled), shun, eschew; II *intr* flee, fly

vlieg fly; *iem een ~ afvangen* steal a march on a p., score off a p.; *hij zou geen ~ kwaad doen* he would not hurt a fly; *twee ~en in één klap vangen* kill two birds with one stone; *ik zit hier niet om ~en te vangen* I am not here for nothing (for my health); *zie ook* bevuilen, honig & Spaans

vlieg|angst fear of flying; **-as** fly ash; **-baan** 1 course (of flight); 2 *zie* -veld; **-basis** air base; **-bereik** flying-range; **-boot** flying-boat; **-brevet** flying-certificate, pilot's certificate, [get one's] wings; **-bril** goggles; **-club** flying-club, aeroclub; **-dek** flight-deck [of an aircraft carrier]; **-dekschip** (aircraft) carrier; *groot ~* fleet carrier; **-demonstratie** flying-display, aerial (*of:* air) pageant, air-display

vliegedrek fly-speck, -dirt; **vliegeëi** fly-blow; *vol ~eren* fly-blown, -specked; **vliege|klap, -mepper** fly-flap, -swat(ter)

vliegen I *ww* fly (*ook in vliegtuig, v vonken, enz*); (*met veel lawaai*) hurtle; *wat vliegt de tijd!* how time flies!; *het toestel wordt gevlogen door* ... the plane is flown (*of:* piloted) by ...; *hij wil ~ voor hij vleugels heeft* he wants to run before he can walk; *die niet kan ~* flightless [bird]; ***hoog** ~,* (*ook fig*) fly high; ***laag** ~,* (*luchtv*) fly low; (*fam*) hedge--hop; *heen en weer ~,* (*fig*) rush about; *er een **laten** ~* break wind; *deze artikelen ~ **weg*** these ... go (*of:* sell) like hot cakes; *hij **ziet** ze ~* he is off his rocker; *er vloog een steen **door** het raam* a brick came hurtling through the ...; ***in** stukken ~* be shattered, fly to bits; *de kamer in ~* fly (tear, dart) into the room; *zie ook* in~; ***naar** de deur ~* fly (dart, rush) to the door; *de kogels vlogen ons **om** de oren* the ... flew about our ears; *het vliegtuig vloog om de toren* the plane circled (round) the ...; *om de wereld ~* fly round the world; *wij vlogen **onder** de brug door* we shot the bridge; *wij vlogen **over** de weg* we tore (careered, scorched) along; *de boot vloog over het water* the boat flew over (shot over, skimmed) the ...; *de auto vloog tegen een boom* the car crashed into ...; ***uit** het huis ~* fly (tear, dart) out of the house; *uit de rails ~* jump the rails; *eruit ~,* (*fam*) get the sack; *hij vliegt **voor** me* he is at my beck and call; *zie ook* 1 arm, brand, lucht, vogel, enz; II *zn* flying, flight; (*luchtv ook*) aviation; **vliegend** flying; *~e vogels,* (*ook*) birds on the wing, birds in flight; *~ blaadje* leaflet; *~e bom* flying bomb; *~e brigade* flying squad [of Scotland Yard]; *~e hond* flying fox, fox-, fruit-bat; *~e vis* flying fish; *~e colonne* flying column; *in ~e haast* in a tearing hurry, like a house on fire; *zie ook* geest, hert, Hollander, tering, enz; **vliegenier** (*vero*) aviator

vliegenkampernoelie *zie* -zwam; **vliegenkast** meat-safe; **vliegenpapier** fly-paper; **vliegensvlug** in less than no time, at top speed, hotfoot; **vliegenvanger** 1 (*voorwerp & vogel*) flycatcher; 2 (*plant*) fly-trap; **vliegenzwam** fly agaric

vlieger 1 kite; *een ~ oplaten* fly a kite (*fig ook:* throw out a feeler); *die ~ gaat niet op,* (*fig*) that won't wash, that's (simply) not on; 2 (*pers*) [airline] pilot, airman (*vr:* airwoman), aviator, flier, flyer; *zie ook:* officier-~; **vliegerij** aviation, flying; **vliegertouw** kite string

vlieg|gat entrance (of a hive); **-gewicht** 1 (*luchtv*) all-up weight; 2 (*boksen*) flyweight; **-helm** flying-helmet; **-hoogte** altitude; **-huid** wing-membrane; **-instructeur** flying-instructor; **-kamp** airfield; **-kampschip** (aircraft) carrier; **-kooi** aviary; **-kunst** aviation; **-machine** flying-machine; *zie* -tuig; **-ongeluk** *zie* -tuigongeluk; **-prijs** air fare; **-ramp** air-crash, plane--crash; **-record** air record; **-reis** 1 air journey, flight; 2 air tour; **-risico** aviation risk; **-school** flying-school, school of flying; **-snelheid** flying--speed; (*tov de lucht*) airspeed; (*tov de grond*) ground-speed; *kleinste ~* stalling-speed; *~ verliezen* lose flying-speed, stall; **-sport** aerial sports, airsports, aviation; **-terrein** *zie* -veld; **-tijd** flying-time; **-tochtje** flying-trip, (*fam*) flip

vliegtuig aeroplane, (air)plane, aircraft; *per ~,* (*ook*) [arrive] by air; *per ~ vervoeren,* (*ook*) fly [troops]; *per ~ vervoerd* airborne [goods]; *~en,* (*ook*) aircraft

vliegtuig|bouwer aircraft constructor (designer); **-fabriek** aircraft factory; **-industrie** aircraft industry; **-kaper** skyjacker, hijacker; **-loods** hangar, shed; **-moederschip** seaplane tender; **-motor** aircraft engine, aero-engine; **-ongeluk** air-crash, plane-crash; **-stoel** reclining seat

vlieg|uren flying-hours; **-veld** aerodrome, flying-field, airfield, air-station; (*klein*) airstrip;

(*verkeers*) airport; **-vermogen** power of flight; *zonder* ~ flightless [bird]; **-wedstrijd** air race; **-week** aviation week; **-werk** *zie* kunst- en ~; **-wezen** flying, aviation; **-wiel** flywheel

vlier 1 elder; 2 elder-blossom; **vlierbes** elderberry

vliering garret, attic, loft; *op de* ~ under the leads, at the top of the house; **vlieringkamertje** garret-(-room), attic

vlierpit elder-pith [ball]

vlies 1 (*vacht*) fleece; *zie ook* gulden; 2 (*op wond, oog, vloeistof, enz*) film; (*anat*) membrane; (*zeer dun, in dier, plant, op vloeistof*) pellicle; (*ve vleermuis, enz*) membrane; (*v goud, enz & op melk*) skin; (*om zaadlobben, enz*) cuticle; *het meer is met een ~(je) ijs bedekt* the ... has a thin film of ice

vlies|achtig filmy, membranous; **-dun** wafer-thin; **-ridder** knight of the Golden Fleece; **-vleugelig** hymenopterous; *~e* hymenopteran (*mv ook:* -ptera); **-vormig** filmy, membranous

vliet brook, rivulet, rill, runlet; **vlieten** flow, run

vliezig membranous, filmy, cuticular

vlijen lay down, arrange, order, stow; stack [wood, peat]; *zich* ~ nestle, snuggle [against (to, up to) a p.; into an armchair]; *hij vlijde zijn hoofd tegen haar schouder* he nestled his head against (pillowed his head on) her ...; *in gemakkelijke stoelen neergevlijd* ensconced in easy chairs

vlijm lancet; (*ve veearts*) fleam; **vlijmen** cut (with a lancet), lance [an abscess]; *het vlijmt me* (*door*) *het hart* it cuts to my heart; **vlijmend** sharp, cutting [wind; she spoke cuttingly], biting [cold], excruciating [pains], poignant [grief]; *in ~e bewoordingen* in scathing terms; **vlijmscherp** (as) sharp as a razor, razor-sharp, razor-edged

vlijt diligence, industry, assiduity, application; **vlijtig** diligent, industrious, assiduous; ~ *studerend* studious; *een ~e leerling,* (*ook*) a hard-working pupil; *zie ook* Liesje

vlinder butterfly (*ook fig*); (*met niet-knotsvormige sprieten, meestal avondvlinder*) moth; *net een ~, zie* ~achtig

vlinder|achtig like a butterfly, butterfly-like; (*fig ook*) fickle; (*ve bloem*) papilionaceous; **-bloemig** papilionaceous; **-bloemige** papilionaceous flower; **-dasje** bow-tie; **-hondje** papillon; **-net** butterfly-, moth-net; **-slag** butterfly (stroke); **-strikje** butterfly tie; **-vormig** butterfly-shaped; (*ve bloem*) papilionaceous

Vlissingen Flushing

vlo flea; *door vlooien gebeten* flea-bitten

vlocht *ovt van* vlechten

vloed 1 (*vs eb*) flood (*of:* high) tide, flux, flood, tide; *zie ook* eb; *bij* ~ at high tide; 2 (*rivier*) stream, river; 3 (*overstroming*) flood, (*ve rivier, ook*) spate; fresh(et); 4 (*med:*) *de witte* ~ discharge, the whites, leucorrhoea; 5 (*fig*) flood [of tears, words], [blinding] rush [of tears], flow [of words], torrent [of abuse (*scheldwoorden*), of eloquence], spate [of confidences, oratory]; *de* ~ *stuiten* stem the tide

vloed|bos tidal forest; **-deur** floodgate; **-golf** tidal wave, (*in riviermond ook*) bore; (*fig*) tide; **-haven** tidal harbour; **-lijn** flood-mark, high-water mark, tidemark; **-stand** flood-stage; **-stroom** tidal stream; **-water** flood-water

vloei *zie* ~papier; **vloeibaar** liquid, fluid; *-bare brandstof* liquid fuel; ~ *voedsel* liquid food, (*fam*) slops; ~ *maken* (*worden*) liquefy; **vloeibaarheid** fluidity, liquid (fluid) state; **vloeibaar|making, -wording** liquefaction

vloeiblad blotter, piece of blotting paper; **vloeiblok** blotting pad, blotter; **vloeien** I *intr* flow (*ook fig:* from one's pen, etc); (*v inkt*) run, blot, smudge, spread; *er vloeide bloed,* (*bij duel, enz*) blood was drawn; *goed ~,* (*v verzen*) flow (run) smooth(ly); *het water begon te* ~ the tide was just turning from the ebb; II *tr* blot [a letter]; **vloeiend** flowing [line], smooth [style]; fluent [speech]; fluid [situation]; *~e letter* liquid (letter); *~e verzen* flowing (smooth) verse; ~ *Frans spreken* speak French fluently, speak fluent French; **vloeiendheid** fluency, smoothness

vloei|ijzer mild steel; **-ing** flowing, flux; (*med*) menorrhagia; **-lijst** (*bk*) cyma; **-middel** flux; **-papier** 1 blotting paper; (*sl*) blotch; *vel ~,* (*ook*) blotter; 2 (*zijdepapier*) tissue paper; (*voor sigaretten*) cigarette-paper; **-spaat** fluor(spar); **-spaatzuur** hydrofluoric acid; **-staal** mild steel; **-stof** liquid, fluid; **-tje** 1 piece of blotting-paper; 2 (*voor sigaretten*) cigarette-paper; (*voor sinaasappels*) wrapper; **-veld(en)** sewage farm; **-weide** water-meadow

vloek 1 (*vervloeking*) curse, malediction, imprecation; *de ~ van de moderne beschaving* the bane of ...; *een ~ leggen op* lay a curse (up)on [the country]; *er ligt een ~ op dit huis* a curse rests on this house; 2 (*vloekwoord*) oath, swear-word; *in een ~ en een zucht* in two shakes (of a lamb's tail), in a jiffy; **vloekbeest** swearer; **vloeken** I *intr* swear, use bad language, curse and swear; ~ *als een ketter* (*huzaar, dragonder*) swear like a trooper (bargee); ~ *tegen* swear at; *deze kleuren ~ met elkaar* clash (with each other); II *tr* curse; *zie ook* ver~; **vloeker** swearer; **vloekpsalm** imprecatory psalm, cursing psalm; **vloekwoord** *zie* vloek

vloer floor, flooring; *de ~ aanvegen* (*dweilen*) *met* wipe the floor with [a p.], (*sp*) plaster [one's opponents]; *de benen van de* ~ dance; *daar kun je van de ~ eten* it is spotlessly clean; *hij kwam daar veel over de* ~ he was in and out of the place a good deal; *ze zijn altijd bij elkaar over de* ~ they are always in and out of one another's houses; *ik heb hem hier liever niet over de* ~ I don't care to have him about the place; **vloerbalk** floor-joist, flooring-beam; **vloerbedekking** floor-covering; *vaste* ~ fitted carpet; **vloeren** *ww* floor (*alle bet*)

vloer|kleed carpet; *~je* rug; *met een ~ (met vloerkleden) beleggen* carpet; **-mat** mat; **-matras** (*Japanse* ~) futon; **-oppervlakte** floor-space; **-plank** floorboard; **-pook, -schakeling** floor-mounted gear-change; **-steen, -tegel** flag(stone), floor(ing)-, paving-tile; **-verwarming** underfloor heating; **-wrijver** floor polisher; **-zeil** floorcloth

vlok flake [of snow], flock [of wool, of cotton],

tuft [of hair]; **vlokachtig** *zie* vlokkig; **vlokken** *ww* flake; (*uit~*) flocculate; **vlokkig** flocky, flaky, fluffy; flocculent [precipitate]
vlokreeft freshwater shrimp
vlokwol flock-wool; **vlokzij(de)** floss-silk
vlonder 1 (*brug*) plank bridge; 2 (*steiger*) jetty; 3 (*op balkon, in douchecel*) platform
vlood *ovt v* vlieden; **vloog** *ovt v* vliegen
vlooiebeet fleabite; **vlooien** *ww* 1 flea [a dog]; 2 (*spel*) play (at) tiddl(e)ywinks
vlooien|band flea collar; **-kruid** fleabane; **-markt** flea market; **-spel** tiddl(e)ywinks; **-theater** performing fleas, flea-circus
vloot I *zn* 1 fleet, (*oorlogsvloot ook*) navy; 2 *zie* ~je; II *ww: ovt van* vlieten
vloot|basis naval base; **-eenheid** naval unit; **-je** (butter-)dish; **-revue**, **-schouw** naval review; **-voogd** admiral; commander-in-chief
vlos, **vlossen** floss(-silk); **vlossig** flossy; **vloszijde** floss(-silk)
vlot I *zn* raft; II *bn* 1 (*drijvend*) afloat; *vlot krijgen* set afloat, (re)float [a vessel]; (*weer*) ~ *raken* get afloat, get off (again); 2 (*fig*) fluent, smooth; (*in gesprek*) conversable; (*coulant*) accommodating; ~ *antwoord* ready answer; *~te afwikkeling* prompt settlement; *~te babbel* smooth talk; *~te jurk* smart (attractive) dress; *~te landing,* (*luchtv*) smooth (*of:* easy) landing; ~ *spreker* fluent speaker; *~te stijl* smooth (fluent, flowing) style; *~te vent* easy mixer; III *bw* [speak] fluently; ~ *gaan* go (go off, work) smoothly (without a hitch); *zich ~ bewegen* move easily; *zie ook* stapel; ~ *van de hand gaan* sell readily; ~ *gekleed* smartly (stylishly) dressed; ~ *geschreven* fluently written; *een ~ hoedje* a saucy (little) hat; ~ *leesbare lectuur* easy reading; *de maatregel werd ~ uitgevoerd* was carried out promptly; ~ *opzeggen* say off pat; *zie ook* vlug & vloeiend; **vlotbaar** floatable; **vlotbrug** raft (*of:* float) bridge; **vlotgaand** shallow-draught [vessel]; **vlotgras** flote grass, sweet grass; **vlotheid** fluency; readiness; *vgl* vlot; **vlothout** driftwood; **vlotjes** smoothly; easily; (*snel*) readily, promptly; **vlotten** I *intr* float; (*fig*) go (proceed) smoothly; *het gesprek vlotte niet* the conversation did not flow easily (flagged, dragged); *het werk wil niet* ~ we are not making headway; *zie ook* opschieten; II *tr* raft [wood]; **vlottend** floating [population]; ~ *kapitaal* floating (liquid, circulating) capital; *~e middelen* liquid resources; *~e schuld* floating (unfunded) debt; **vlotter** 1 (*pers*) raftsman, rafter; 2 (*drijver*) [boiler-]float; **vlotweg** readily
vlouw (*net*) flue
vlucht 1 (*het vliegen*) flight (*ook vd verbeelding, enz*); *dichterlijke* ~ poetical flight; *een snelle ~ hebben* be swift of flight; *deze industrie heeft een hoge ~ genomen* has assumed enormous proportions; *hij neemt een te hoge* ~ he flies too high; *zijn ~ nemen* take one's flight; ***in** de ~ schieten* shoot on the wing, shoot flying; *ik zag het in de* ~ I caught a glimpse of it; ~ ***om** de wereld* (round-the-)world flight; 2 (*afstand tussen vleugeleinden*) wing-spread, wingspan; 3 (*troep*) flight, flock [of birds], covey [of partridges], bevy [of larks, quails]; skein, gaggle [of geese]; 4 (*ve deur, enz*) reveal; 5 (*volière*) aviary; 6 (*het vluchten*) flight, escape, getaway [car]; (*v kapitaal, enz*) flight [of capital], outflow, efflux [of gold]; (*verwarde ~*) rout; (*wilde ~*) stampede; *de ~ uit de werkelijkheid* the escape from reality; ~ *uit* (*verlies van vertrouwen in*) *het pond* flight from the pound; *de ~ **nemen*** take (to) flight, take to one's heels; *ze namen de ~ onder de bomen* (*naar het dak*) they took shelter under the trees (took refuge on the roof); ***op** de ~ drijven* (*jagen, doen slaan*) put to flight, (put to) rout, send flying [in all directions]; *op de ~ gaan* (*slaan*), *zie* de ~ nemen; *op de ~ zijn* be in flight, be on the run [*voor* from]; **vluchteling(e)** fugitive; (*uitgewekene*) refugee; **vluchtelingenkamp** refugee camp
vluchten I *intr* fly, flee (*ovt & v dw van beide* fled); *uit het land* ~ fly (from) (*of:* flee) the country; ~ *in de verbeelding* take refuge in the imagination; ~ *voor* fly from, fly before; II *tr* (*het gevaar, enz*) fly, flee, shun; **vluchtgat** bolt-, funk-hole; **vluchthaven** port (harbour) of refuge, port of distress; **vluchtheuvel** (*terp*) mound, refuge; (*in straat*) (street-)refuge, traffic island; **vluchthuis** home for battered women (and children)
vluchtig 1 (*v stoffen*) volatile; ~ *worden* volatilize; 2 (*ve pers*) superficial [acquaintance *kennis*]; 3 (*v zaken*) cursory [look], hasty [survey], flying [visit], perfunctory [inspection], casual [reference *verwijzing*], fleeting, transitory, transient [joy]; *~e kennismaking* superficial acquaintance; *~(e) idee* (*behandeling*) sketchy idea (treatment); *~e maaltijd* hasty meal, snack; ~ *kijkje* glimpse; ~ *beschouwen* glance at; ~ *doorzien* (*doorlezen*) glance (rapidly) through (*of:* over), skim (through) [a report]; ~ *zien* catch a glimpse of, glimpse; **vluchtigheid** volatility, superficiality, cursoriness, transitoriness; hastiness, sketchiness; *vgl* vluchtig; **vluchtigjes** cursorily, superficially, perfunctorily; *vgl* vluchtig 3
vlucht|leiding flight control; **-misdrijf** failure to stop after an accident; **-nabootser** flight simulator; **-oord**, **-plaats** asylum, refuge; (*voor geevacueerden*) reception area, safety zone; **-schema** flight plan; **-strook** (*ve weg*) hard shoulder; **-weg** escape route
vlug 1 (*ve jonge vogel*) (full-)fledged; 2 (*snel*) quick, fast, rapid; (*~ van beweging, lenig, handig*) nimble [fingers, movements], agile; (*~ en opgewekt*) brisk [walk briskly]; (*geestelijk*) quick, nimble, smart; *ijzer ging ~ van de hand,* (*handel*) iron was brisk; ~ ***wat!*** (be) quick!, look sharp!, look alive!, make it snappy!; *te ~ **af** zijn* be too quick for, steal a march on, beat [a p.] to it; *hij was er ~ **bij*** he was not slow [to catch it, to seize the opportunity, etc]; *als je er niet ~ bij bent* unless you are quick (off the mark); ~ ***in** het rekenen* quick at figures; ~ ***met** een antwoord* quick to answer, prompt at an answer; ~ ***van** begrip* quick(-witted), quick to understand, quick in the uptake; ~ *van voet* quick of foot, light-footed; ~ *doorstappen* walk at a sharp pace; *zie ook* been,

hand, lappen, pen, watervlug, enz; 3 *zie* vlot III
vlug|gerd smart (sharp) boy (girl, etc), clever (quick) child; **-gertje** quickie; **-heid** quickness, rapidity, nimbleness, briskness, promptness, smartness; *vgl* vlug; **-schrift** pamphlet, brochure, leaflet, flysheet; **-zout** sal volatile
vm afk van *voormiddags* am [at 10 am]; **VN** afk van *Verenigde Naties* UN (United Nations), UNO; **vnl** *zie* voornamelijk
vocaal I *bn* vocal [music]; ~ *en instrumentaal concert* vocal (*of:* choral) and orchestral concert; II *zn* vowel; **vocabulaire** vocabulary; **vocaliseren** vocalize; **vocalist(e)** vocalist; **vocatie** vocation; **vocatief** vocative
vocht I *zn* (*vloeistof*) fluid, liquid; (*sap*) juice; (*nat*) moisture, damp; *voor* ~ *bewaren!* keep dry!; *tegen* ~ *bestand* damp-proof; *weinig* ~ *doorlatend* moisture-retaining [soil]; II *ww: ovt v* vechten
vochtbestendig damp-proof, moisture-resistant; **vochten** *ww* moisten, damp, wet, sprinkle; **vochtgehalte** moisture content, percentage of moisture; **vochthuishouding** fluid balance, water balance; **vochtig** moist, (*ongewenst* ~) damp [grass, house], soggy [vegetables], (*ongezond* ~) dank; (*wtsch*) humid; *zie ook* eczeem; ~ *maken* moisten, damp, wet; ~ *worden,* (*ook*) moisten; **vochtigheid** 1 (*abstr*) moistness, dampness, dankness, humidity; 2 (*concr*) moisture, damp; **vochtigheidsgraad** (relative) humidity; **vochtigheidsmeter** hygrometer
vocht|maat liquid measure; **-meter** hygrometer, areometer; **-vlek** damp stain; **-vrij** damp-proof, moisture-proof; moisture-free; **-weger** hydrometer; **-werend** damp-resistant; ~*e afdichting,* (*bk*) damp(-proof) course
vod(de) rag, tatter; *een* ~, (*ve krant*) a rag; *het is een vod,* (*ve boek, enz*) it is trash (*of:* rubbish); *vodje papier* scrap of paper; *zie ook* prul; *iem achter de vodden zitten* keep a p. (hard) at it, keep a p. up to his work; *iem bij de vodden pakken* catch hold of a p., collar a p.; **voddegoed** trash
vodden|boer, **-koper**, **-man** rag-dealer; rag-and-bone man; **-mand** rag-basket; (*prullenmand*) waste-paper basket; **-markt** rag-market, -fair; **-winkel** rag-shop, rag-and-bone shop
vodderig *zie* voddig; **voddewerk** botch-work; **voddig** 1 ragged, tattered; 2 (*fig*) trashy, shoddy
voeden feed (*ook v kanaal, rivier, pomp, bankrekening, enz*), nourish [a p., animals, hatred, hopes] foster, cherish [hopes], entertain [hopes, suspicion, doubts]; fuel [the flames]; (*zogen*) nurse [a child]; *een kind zelf* ~ breast-feed a child; *sterk* ~ feed up [a patient]; *rijst voedt meer dan aardappelen* rice is more nourishing than ...; ~ *met* feed on (with); *zich* ~ feed [*met* on]; *zichzelf* ~, (*ve patiënt, enz*) feed o.s.; (*zich*) *te sterk* ~ overfeed; **voedend** nutrient (*ook zn:* ~*e stof*), *zie ook* voedzaam; **voeder** 1 fodder, provender, forage; *zie ook* voer I.2; 2 (*pers*) feeder; **voederartikelen** feedstuffs, feeding-stuffs; **voederbak** manger, feeding-trough; **voederbiet** mangel(wurzel), mangold; **voederen** *zie* voeren; **voedergewassen** fodder plants; **voedering** feeding, foddering
voeder|kool kale; **-plaats** feeding-ground [of birds]; **-plank**, **-tafel** bird-table; **-tijd** feeding-time; **-trog** feeding-trough; **-wikke** common vetch; **-zak** nosebag
voeding 1 (*abstr*) feed(ing) (*ook v machine, kanaal, enz*); nutrition (*verkeerde* ~ malnutrition), nourishment, alimentation, [a balanced] diet; (*elektr*) power supply; 2 (*concr*) food, nourishment
voedings|artikel *zie* -middel; **-bodem** matrix; (*voor bacteriën*) (culture) medium; (*ve zwam, enz, ook*) substratum; (*fig*) soil [a fertile soil for disease]; **-deskundige** nutritionist; (*diëtist*) dietitian, -cian; **-draad** (*elektr*) feeder; **-freak** foodie; **-gewassen** food-plants; **-gewoonten** eating (feeding) habits; **-kabel** (electric) supply cable, feeder; **-kanaal** 1 (*in lichaam*) alimentary canal; 2 (*v water*) feeder (canal); **-klep** feed-valve; **-kraan** feed-cock; **-kracht** nourishing (nutritional) power; **-leer** dietetics, science of nutrition; **-middel** article of food (of diet), food, foodstuff; *voedings- en genotmiddelen* foods and allied products; **-orgaan** digestive organ; **-pijp** feed-pipe; **-plant** food-plant; **-pomp** feed-pump; **-stof** nutrient, nutritious substance; *zie ook* -middel; **-vet** dietary fat; **-vezel** dietary fibre; **-waarde** food (nutritional) value
voedsel food, nourishment, nutrition, nutriment; (*met betrekking tot hoeveelheid of aard*) dietary [in prisons, etc]; (*fig ook*) fuel [for dissension]; *geestelijk* ~ mental food (*of:* pabulum); (*enig*) ~ *gebruiken,* (*ve patiënt*) take (some) nourishment; ~ *geven aan* foster, encourage; *ze vormen een uitstekend* ~ they are very good to eat
voedsel|deskundige nutritionist; **-keten** food-chain; **-opname** food intake, (*wtsch*) ingestion; **-pakket** food-parcel; **-schaarste** food scarcity, food shortage; **-vergiftiging** food poisoning; **-voorziening** food supply, feeding; **-weigering** [be on] hunger strike
voedster (wet-)nurse, foster-mother; (*v haas & konijn*) doe; **voedsterkind** foster-child; **voedsterling** nurse-, foster-child; (*ook fig*) nurs(e)ling [of Oxford]; **voedstermoeder** foster-mother; **voedsterplant** (*ve parasiet*) host-plant
voedzaam nourishing, nutritious, nutritive; **voedzaamheid** nutritiousness, nutritive (nutritional) value
voeg joint, seam; *uit de* ~*en* out of joint; *uit de* ~*en rukken* put out of joint, disrupt, disorganize; *dat geeft geen* ~ that is not the proper thing to do, is not becoming; **voege**: *in dier* ~ in that manner; *in dier* ~ *dat* ... so as to ..., so that ...; *in* ~ *zijn* be in force
voegen 1 (*bijvoegen*) add; ~ ***bij*** add to; *dit, gevoegd bij* ... this, combined with ...; *iets nog bij de partij* ~, (*bij verkoping*) throw in s.t. with the lot; *de stukken van een brief bij elkaar* ~ piece together the fragments of a letter; *zich* ~ *bij* join [a p., the procession, etc]; *zie ook* daad; 2 (*muur*) point, joint, flush [a wall]; 3 (*schikken*) suit; *zich* ~ ***naar*** comply with, accede to [a p.'s wishes],

conform to [the rules]; *als **het** u voegt* if it suits you, if it is convenient to you; *zodra het u voegt* at your earliest convenience; *doe zoals het u het best voegt* suit your own convenience; 4 (*betamen*) become, behove, be becoming (proper, seemly); *het voegt u niet zo te spreken* it does not become (behove, befit, is unbecoming for, is not proper for) you to ..., it is not for you to ...

voeger pointer, jointer

voeg|ijzer jointer, pointing-trowel; **-lijk** *zie* -zaam; **-lood** (lead) flashing; **-spijker** *zie* -ijzer; **-werk** pointing; **-woord** conjunction; **-woordelijk** conjunctive [adverb]; **-zaam** suitable, becoming, seemly, fit, proper; **-zaamheid** suitableness, suitability, becomingness, seemliness, propriety

voel|baar 1 perceptible; 2 (*tastbaar*) palpable, tangible; *zie ook* tastbaar; **-baarheid** 1 perceptibility; 2 palpability, tangibility; **-draad** feeler, palp, antenna (*mv:* -nae), tentacle; (*v barbeel en andere vissen*) barbel

voelen feel; (*vaag*) sense [hostility]; (*met duim*) thumb [the edge of a knife]; (*met voelmaat*) gauge; *ik kan het ~,* (*wat het is, enz*) I can tell by the feel of it; *dat voel ik!* it hurts!; *het voelt zacht* it feels soft; *het voelt net als fluweel* it feels like velvet; *hij voelde dat het zo was* he felt it to be so; *voel je* (*hem, me, wel*)?, (*fam*) get it?, see the point?; *hij voelde dat hij warm werd* he felt himself grow(ing) hot; *ik voel mijn **benen*** I (am beginning to) feel my legs; *zijn tekortkomingen* (*de waarheid van iets*) *~,* (*ook*) be sensible of one's shortcomings (the truth of s.t.); *een belediging diep ~* feel an insult deeply, be deeply alive to an insult; *~ dat ... op komst is* sense [danger, a ghost, etc]; *iem zijn macht **doen** ~* (***laten** ~*) make a p. feel one's power; *zijn macht doen ~* make one's power felt; *ik heb hem goed laten ~ wie hier de baas is* I've made it very clear to him ...; *de sancties beginnen zich te doen ~* the ... are beginning to bite; ***in** zijn zak ~* feel in one's pocket; *wij ~ het in onze zakken* it hits us in our pockets; *~ **naar*** feel (fumble) for [one's pipe]; *ik voel wel iets **voor** het plan* (*idee, enz*) the plan (idea, etc) appeals (commends itself) to me; *ik voel wel iets voor een glas bier* I should not mind a glass of beer; *ik voel er niet veel voor* I do not much care for it, I'm not very keen about (on) it; *ik voel er niets voor* I do not sympathize (have no sympathy, am not in sympathy) with it (the scheme, etc); *ik voel er niets voor de hele avond thuis te blijven* I do not feel like (fancy) spending (don't feel inclined to spend) the entire evening at home; ***zich** ~* feel [ill, angry, at home; I don't feel well; he felt a brute, a fool, a sneak]; *ik voel me een ander mens* (*weer de oude*) I feel a new man (myself again); *hij voelt zich nogal* he rather fancies himself, has a good opinion of himself; *hij begint zich te ~* he is getting above himself; *zie ook* gevoeld, gevoelen, horen, thuis

voeler 1 feeler, palp, tentacle; 2 (*techn*) sensor

voelhoorn feeler, palp, antenna (*mv:* -nae); *zijn ~s uitsteken,* (*fig*) put out a feeler (feelers)

voeling feeling, touch; *~ hebben* (*geen ~ hebben; de ~ verliezen*) *met* be in (be out of; lose) touch with; *~ houden met* keep (in) touch with; *~ krijgen met,* (*ook*) make contact with [the enemy]

voelmaat feeler gauge; **voelspriet** *zie* -draad & -hoorn

voer I *zn* 1 (*lading*) (cart-)load; 2 (*voeder*) fodder, provender, forage; [give a horse a] feed; *hard ~* grain-fodder; (*mengvoer*) mash; II *ww: ovt van* varen; **voerbak**, enz *zie* voederbak, enz

voeren 1 feed [cattle, a child, feed a horse on (with) hay, what do you feed the baby?], (*met de lepel*) spoon-feed; fodder [cattle], give [the horse] a feed [four feeds a day]; *een hond brood ~* feed bread to a dog; *ze zaten hem te '~',* (*fam*) they were baiting (badgering) him, (*fam*) they were taking the mickey out of him; 2 (*vervoeren*) convey, transport; carry [current]; (*brengen*) take, bring; lead [to the altar]; (*hanteren*) handle [a sword, pen, etc], wield [a sceptre]; carry, fly [a flag]; conduct [a campaign, one's correspondence]; bear [arms (*een wapen & de wapenen*), a title]; carry on [a conversation, negotiations]; practise [obstruction]; *een adelaar in zijn wapen ~* bear an eagle in one's coat of arms; *een krachtige politiek ~* pursue a vigorous policy; *wat voert u hierheen?* what brings you here?; *waar voert deze weg heen?* where does this road lead to?; *dat zou me te ver ~* it would carry (lead) me too far; *armoede voert dikwijls tot misdaad* poverty often leads to crime; *zie ook* bevel, oorlog, pen, titel, woord, meevoeren, enz; 3 line [a coat, kettle, etc]; *gevoerd* lined [envelope], padded [quilt *deken*]; *zie ook* bont; **voering** lining (*ook:* ~stof); *losse ~* detachable lining

voer|man driver; (*vrachtrijder*) wag(g)oner, carrier; *de Voerman,* (*sterrenbeeld*) the Wag(g)oner, Auriga; **-straal** radius vector; **-taal** vehicle, medium (of instruction), teaching-medium; *de ~ van de conferentie is Frans* the conference language is French; **-tuig** vehicle (*ook fig:* of ideas), carriage, conveyance

voet foot (*ook v berg, bladzijde, kous, versvoet, enz*); (*ve piramide, radiobuis*) base; *drie ~* three feet; *3 ~ 2 duim* three foot (feet) two; *je moet hem geen ~ geven* you should not indulge him too much, should not encourage him (back him up); *het geloof ~ geven dat* ... encourage the belief that ...; ***belastingvrije** ~* personal (tax) allowance; ***pijnlijke** ~en hebben* be footsore; ***vaste** ~ krijgen* obtain a foothold (a firm footing); *voetbal krijgt vastere ~ in Afrika* soccer is getting a stronger hold in ...; ***witte** ~,* (*ve paard*) white stocking, white foot; *het heeft veel ~en in de **aarde*** it is a difficult task, (*fam*) it takes some doing, it is a hard row to hoe; *het had heel wat ~en in de aarde om haar tot bedaren te brengen* she took some pacifying; *iem de ~ **dwars** zetten* cross (*of:* thwart) a p.; *geen ~ aan de **grond** krijgen* make no headway, get (be) nowhere; *de ~ **lichten*** trip [a p.] up; (*fig*) cut [a p.] out; *iem de ~ op de **nek** zetten* put one's foot on a p.'s neck; *~ bij **stuk** houden,* (*niet afdwalen*) keep (stick) to the (one's) point (to one's text), (*niet toegeven*) stick to one's guns, stand firm, sit tight; *geen ~* ***wijken*** not move (budge) an inch; *een* ***wit*** *~je bij iem hebben* (*krijgen*) be in (get into) a p.'s good books (good graces), get on a p.'s right side; *de ~ op vreemde bodem* ***zetten*** set foot on foreign soil; *geen ~ buiten de deur zetten* not stir a step out of the house; *dat gaat* ***zover*** *als het ~en heeft* that's all right (that holds good) up to a point (so far, *of:* as far as it goes); ***aan*** *de ~ van de bladzijde* at the foot of the page, (*soms*) at foot; *zitten aan de ~en van een goeroe* sit at the feet of ...; *het geweer* ***bij*** *de ~* arms at the order; ***met*** *~en treden* tread (trample) under foot, trample on [a p's feelings], ride roughshod over [civilization, a p.'s rights, his sensibilities]; *alles werd* ***onder*** *de ~ gehaald* everything was pulled down; *onder de ~ lopen* (*vertrappen*) tread (trample) under foot, overrun [the country was overrun by the enemy]; *onder de ~ raken* get off one's legs, be trodden down; ***op*** *bescheiden ~ leven* live in a modest way, on a modest scale; *op blote ~en* [she had come down] in (her) bare feet; *op dezelfde ~ als* on the same footing as; *de zaak zal op dezelfde* (*de bestaande, de oude*) *~ worden voortgezet* the ... will be continued on the same (on existing) lines (on the old footing); *op die ~ kan ik het volhouden* at that rate I can keep it up; *op gemeenzame ~* on familiar terms; *op goede ~ staan met* be on good terms (be well in) with; *op goede voet blijven met* keep on (good) terms with, keep in with; *ze staan op geen al te goede ~ met elkaar* there is no love lost between them; *op grote ~ leven* live in (grand, great) style; *op te grote ~ leven,* (*ook*) live beyond one's means, overspend (o.s.); *op slechte ~ staan met* be on bad terms with; *op staande ~* then and there, on the spot, out of hand, forthwith, at once, [be] summarily [arrested, dismissed]; *op de ~ van drie ten honderd* at the rate of three per cent; *op ~ van gelijkheid* on a footing of equality, on an equal footing, [meet] on equal terms; *op ~ van oorlog* (*vrede*) on a war (a peace) footing; *op ~ van oorlog brengen* put on a war footing; *op ~ van wederkerigheid* on a mutual basis; *hij volgt mij op de ~* he follows me around, he tags along after me; *de schrijver volgt de geschiedenis op de ~* the ... sticks closely to historical fact; *op vriendschappelijke ~* on a friendly footing (on friendly terms); *op vrije ~en stellen* set at liberty; *op vrije ~en zijn* (*rondlopen*) be at liberty (at large); ***te*** *~* on foot; *te ~ gaan* go on foot; (*fam*) foot it; *de koning te ~ vallen* throw o.s. at the king's feet; *een portret* ***ten*** *~en uit* a full-length portrait; *dat is Piet ten ~en uit* that is P all over; *iemand* ***uit*** *de ~en blijven* keep out of a p.'s way; *niet goed uit de ~en kunnen* be a bad walker, be feeble on one's legs (*fam:* one's pins); *we kunnen weer uit de ~en* we have something to go on with again; *ik ken genoeg Italiaans om uit de ~en te kunnen* I know ... to get by; *zich uit de ~en maken* make oneself scarce, take to one's heels, make off, run for safety, beat a hasty retreat, decamp; ***van*** *de ene ~ op de andere leunen* shift from foot to foot; *~(je)* ***voor*** *~(je)* foot by foot; *zie ook* schoorvoetend; *de ene ~ voor de andere zetten* [I could scarcely] put one foot before the other; *dat heeft hij mij voor de ~en gegooid* he has cast (flung) that in my teeth, thrown it in my face; *iem voor de ~en lopen* get in a p.'s way; *hij loopt me de hele dag voor de ~en* he is under my feet all day; *voor de ~ weg, zie* voetstoots; *zie ook* buiten, gespannen, graf, gras, spoelen, stijgbeugel, verzetten, enz

voet|afdruk footmark, footprint; **-angel** man-trap; (*mil*) caltrop; *hier liggen ~s en klemmen* beware of mantraps; (*fig*) there are many pitfalls (all sorts of snags) here, this is slippery ground to tread (up)on; **-bad** foot-bath; **-bal** 1 (*bal*) football; 2 (*spel*) (association) football, (*fam*) soccer

voetbal|bond football association, football league; **-club** football club; **-elftal** soccer team; **-knie** torn cartilage; **-len** play (at) football; (*fam*) play soccer; **-ler**, **-speler** football-, soccer-player, footballer; **-pool** football pool; **-schoen** football boot; **-spel** *zie* voetbal; **-terrein** *zie* -veld; **-toto** football pool; **-uitslagen** football results; **-veld** football ground (pitch, *Am:* field); **-wedstrijd** football match

voet|bankje footstool, -rest; **-beugel** stirrup; **-blad** (*plantk*) basal leaf; **-boeien** fetters, ankle--irons, shackles; **-boog** crossbow; **-boogschutter** crossbowman; **-breed**: *geen ~ wijken* not budge an inch; **-brug** footbridge

voeten|bank footstool, -rest; **-einde** foot(-end) [of a bed]; **-krabber**, **-schrapper** foot-, boot-, shoe-, door-scraper; **-werk** (*sp*) footwork

voetganger foot-passenger, pedestrian, walker; (*sp*) hiker; *nonchalante ~ op rijweg,* (*fam*) jay--walker; **voetgangersgebied** pedestrian precinct; **voetgangerslicht** crossing light(s); **voetgangersoversteekplaats** pedestrian crossing, zebra (crossing); **voetgangerstraverse** walkway; **voetgangerstunnel** subway; foot tunnel

voet|gewricht ankle; **-ijzer** *zie* -angel; **-jespasser** inside callipers; **-jevrijen** (play) footsie; **-klavier** pedal keyboard; **-knecht** (*hist*) foot--soldier; **-kundige** podiatrist; **-kus** kiss on a p.'s foot; kissing the Pope's toe; **-kussen** hassock; **-licht** footlights, floats; *voor het ~ verschijnen* appear before the footlights; *de auteur verscheen voor het ~* the author took a curtain call; *voor het ~ brengen* put on (the stage), stage, produce [a play]; **-maat** size (in shoes); **-noot** footnote; **-pad** footpath, pathway; **-plaat** base plate; (*ve locomotief*) footplate; **-plank** footboard; **-pomp** foot-pump; **-pond** foot-pound; **-punt** (*astron*) nadir; (*ve loodlijn*) foot [of a perpendicular]; **-reis** walking tour, tour on foot, tramp, hike, hiking-tour; *een ~ maken* hike; **-reiziger** foot-traveller; wayfarer, pedestrian; **-rem** foot--brake; **-rust** footrest; **-schabel** footstool; **-schimmel** athlete's foot; **-spoor** footmark, -print, track, trail; *op het ~ van* following in the footsteps of; *iems ~ volgen* follow in a p.'s track (steps, footsteps); **-stap** footstep, footprint, (*hoorbaar*) footstep, footfall; *iems ~pen drukken, in iems ~pen treden* follow (tread, walk) in a p.'s (foot)steps; **-stoots** out of hand, offhand, straight away; (*handel*) with all faults and errors of description; **-stuk** pedestal, foot; *iem op een ~ plaatsen,* (*fig*) place a p. (up)on a pedestal; *van zijn ~ stoten* knock [a p.] off his pedestal, (*Am*) debunk [a p.]; **-titel** caption; (*film, enz*) subtitle; **-tocht** *zie* -reis; **-trede** footboard; **-val** prostration; *een ~ voor iem doen* go down on one's knees before a p., throw o.s. at a p.'s feet, fall prostrate before a p.; **-veeg** (*ook fig*) doormat; (*dweil*) floor-cloth; *hij behandelde mij alsof ik zijn ~ was* he treated me like the dirt under his feet; **-veer** pedestrian ferry; **-verzorging** foot-care, chiropody; **-volk** foot soldiers, foot, infantry; (*fig*) rank and file; **-vrij** ankle-length [skirt]; **-wassing** foot-washing; (*op Witte Donderdag*) maundy; **-wortel** tarsus; **-wortelbeentje** tarsal (bone); **-zoeker** squib, banger, cracker, jumping Jack; **-zool** sole (of the foot)

vogel bird (*ook sl: vrouw*), (*soms*) fowl; *jonge ~* fledg(e)ling; *~tje* little bird, (*fam*) birdie; (*kindertaal*) dicky(-bird); *een gladde* (*slimme*) *~* a sly dog, a wily old bird; *zo vrij als een ~ in de lucht* as free as a bird on the wing, as free as air; *beter één ~ in de hand dan tien in de lucht* a bird in the hand is worth two in the bush; *de ~ is gevlogen* the bird is (has) flown; *elk ~tje zingt zoals het gebekt is* everybody has his own way of expressing himself (of putting things); *~tjes die zo vroeg zingen, krijgt de poes* sing before breakfast and cry before night; **vogelaar** 1 birdwatcher, (*fam*) birder; 2 bird-catcher, (*inz hist*) fowler; (*fig*) smoothie

vogel|achtig birdlike; **-bad** bird-bath; **-bakje** seed-, feeding-box; (*drinkbakje*) (bird-)fountain; **-bek** bill, beak (of a bird); **-bekdier** (duck-billed) platypus, duckbill; **-bescherming**: *wet op de ~* Birds Protection Act; **-ei** bird's egg

vogelen 1 catch birds; 2 birdwatch; 3 (*plat*) screw

vogelfluitje bird call; **vogelgezang** *zie* -zang; **vogelhuis** aviary; *~je zie* -kastje & voedertafel; **vogelijn** (*dicht*) little bird

vogel|jacht fowling; **-kastje** nest(ing) box; **-kenner** ornithologist; **-kers** bird-cherry; **-klauw** bird's claw, talon; **-kooi** birdcage; **-kop** bird's head; **-kunde** ornithology; **-kundige** ornithologist; **-leven** birdlife; **-liefhebber** bird-lover, bird fancier; **-lijm** (*plant*) mistletoe; (*hars*) bird-lime; **-markt** bird-, poultry-market; **-melk** (*plant*) star of Bethlehem; **-mest** bird droppings; **-nest** bird's nest; (*gymn*) swallow's nest; *eetbare ~en* edible birds' nests; *~jessoep* bird's-nest soup; *zie ook* nest; **-orgeltje** serinette, bird-organ; **-perspectief** *zie* -vlucht 2; **-pik** darts; **-reservaat** bird-sanctuary; **-ringen**: *het ~* bird-banding, -ringing; **-schieten** *zn* bird-shooting; (*volksvermaak*) shooting at the popinjay; **-slag** 1 (*knip*) bird-trap; 2 (*zang*) bird-note; **-soort** species of bird; **-spin** bird(-catching, -eating) spider, mygale; **-stand** avifauna, bird-fauna, bird-life; **-stokje** perch; **-teelt** aviculture, bird-fancying; **-tjeszaad** birdseed; **-trek** bird migration; **-vanger** *zie* vogelaar 2; **-verschrikker** scarecrow; *eruitzien als een ~,* (*ook*) look a fright; **-vlucht** 1 birds' flight; 2 bird's-eye view; *Keulen in ~* a bird's-eye view (an aerial view) of Cologne; **-voederplank** bird table; **-voer** bird-food; **-vriend** bird-lover; **-vrij** outlawed; *~ verklaren* outlaw; **-vrijverklaarde** outlaw; **-vrijverklaring** outlawry; **-wet** Birds Protection Act; **-wichelaar** augur, ornithomancer; **-wichelarij** augury, ornithomancy; **-zaad** birdseed; **-zang** singing (warbling) of birds, birdsong

Vogezen: *de ~* the Vosges

vogue id; *en ~ zijn* be in vogue (in fashion)

voile 1 veil; *zie ook* sluier; 2 (*stof*) voile

vol full [glass, beard, face, name, herring, meal, stomach, heart, member(ship), brother, sister, pay, speed, gallop, value], filled; (*fam, ve tram, hotel, enz, ook*) full up; (*dronken*) tight [*ook:* he has a (his) skinful]; (*pred*) full of [water, etc]; *een jaar ~ memorabele gebeurtenissen* a year crowded with ...; *~le* ***betrekking*** full-, whole-time job (*iem met ~le betrekking* full-time worker, etc, full-, whole-timer); *~le* ***broer*** (*zuster*), (*ook*) brother (sister) german; *~le* ***dag***, *a*) full day, clear day [six clear days' notice should be given]; *b*) crowded day; *een vakantie van 4 ~le dagen* a clear four days' holiday; *~* ***dozijn*** round dozen; *zo ~ als een* ***ei***, *zie* eivol; *~ figuur* full figure [*ook:* clothes for the fuller figure]; *het ~le* ***gewicht*** *hebben* be full weight; *in ~le* ***gezondheid*** *en kracht* [he returned] in the fulness of health and vigour; *in de ~le* ***grond*** *overbrengen* transfer to the open; *in de ~le grond zaaien* sow out of doors; *een ~* ***jaar*** a whole year; *het duurde een ~ half uur voordat* ... it was fully half an hour before ...; *hij staat nog in het ~le* ***leven*** he still keeps in touch with things; *~le* ***melk*** whole (full-cream) milk; *~le* ***neef*** (*nicht*) cousin german, first cousin [*van* to]; *zij zijn ~le neef en nicht* cousins german; *je kunt met het ~ste* ***recht*** *weigeren* you have a perfect right to refuse; *~le* ***speeltijd*** full time; *~le* ***stem*** full (*of:* rich) voice; *tot onze ~le* ***tevredenheid*** to our entire satisfaction; *~le* ***trein*** full (*of:* crowded) train; *een ~* ***uur*** a full (clear, *fam:* solid) hour; *~le* ***zitting*** plenary session (*of:* meeting); *de ~le commissie* the plenary committee; *in de ~le* ***zon*** right in the sun; *~le* ***zuster*** *van* ... [Mrs A,] own sister to ...; *de thema* ***is*** (***zit***) *~ fouten* the exercise is full of (bristles with, is riddled with) mistakes; *het stuk zit ~ onwaarschijnlijkheden* the play is (packed) full of ...; *het park is ~ kinderen,* (*ook*) the park is swarming with ...; *hij was ~ ongeduld om* ... he was all impatience to ...; *de vijver was ~ schaatsers* the pond was thronged with ...; *zijn zakdoek zat ~ bloed* his ... was covered with blood; *~* ***doen*** fill (up); *het terrein was helemaal ~* ***gebouwd*** the ... was completely built over; *~* ***leven*** *zijn* be full of life; *een ~ leven,* (*ook*) a crowded life; *de tafel* (*vloer, enz*) ***ligt*** *~ rommel* the table (floor, etc) is littered with ..., (*ook:* the place is cluttered (up) with refuse); *~* ***maken*** fill (up); *het getal ~ maken* complete the number; *de schouwburg* (*tram*)

raakt ~ the theatre (tramcar) is filling up; *haar ogen **staan** ~ tranen* her ... are full of (brimming with) tears; *het boek staat ~ aanhalingen* the ... is studded with quotations; ***ten** ~le* fully, to the full; *ten ~le betalen* pay in full; *~ **met*** full of; *het gas **op** ~ zetten* turn on the gas full; *~ zijn **van** iets* be full of s.t. [*ook:* he is full of himself (his friend)]; *de stad is er ~ van* the town is full of it, is agog with it; *je hebt het hoofd ~ van dat verhaal* you've got that yarn on the brain; *de bak is **voor** ⅝ ~* the cistern is ⅝ full; *ze zien hem niet voor ~ aan, a)* they do not consider him grown-up yet; *b)* he hardly counts, they do not take him seriously; *zie ook* aflaat, borst, ernst, geestvermogens, lengte, maan, matroos, zee, zin, enz
volaarde fuller's earth
volant (*bal*) shuttlecock; (*strook*) flounce
volautomatisch fully automatic [coffee-maker]
vol-au-vent id
volbloed thoroughbred [horse, Hindu], full-blood(ed) [Indian, republican]; *een ~ liberaal* an out and out liberal, a liberal to the backbone; *een ~ paard,* (*ook*) a thoroughbred; *een ~ Amerikaan,* (*ook*) a hundred per cent American; **volbloedig** full-blooded, plethoric; **volbloedigheid** full-bloodedness, plethora
vol|boeken *zie* -geboekt; **-bouwen** build over
volbrengen fulfil, perform, accomplish, achieve; *zijn rondreis ~* complete one's tour; *zie ook* uitvoer: ten ~ brengen; *het is volbracht,* (*bijb*) it is finished; **volbrenging** fulfilment, performance, accomplishment, achievement; completion [of one's tour]; **voldaan** 1 satisfied [*over* with], content; 2 (*betaald*) paid, settled; (*onder rekening*) received (with thanks); *voor ~ tekenen* receipt [a bill; a receipted bill]; **voldaanheid** satisfaction, contentment
volder fuller *zie ook* voller
voldoen I *tr* 1 satisfy, content, please [a p.]; appease, satisfy [one's hunger]; 2 (*betalen*) pay, settle; (*kwiteren*) receipt [a bill]; *moeilijk te ~* hard to please; II *intr* (*voldoening geven*) give satisfaction; *in alle opzichten ~* give every (entire, complete) satisfaction; *het plan voldeed niet* the ... did not answer; *wij kunnen niet **aan** de stroom van bestellingen ~* we cannot cope with the rush of orders; *~ aan de behoeften van ...* meet the needs of ...; *aan zijn belofte ~* fulfil one's promise; *aan een bevel ~* comply with (obey) a command; *~ aan de eisen* meet (come up to, conform to) the requirements; *aan de eisen van het examen ~* satisfy the examiners; *aan zijn plicht ~* perform (fulfil) one's duty; *aan zijn verplichtingen ~* meet one's obligations (engagements), (*geldelijk, ook*) meet one's liabilities; *niet ~ aan zijn geldelijke verplichtingen* default; *aan de verwachtingen ~* answer (come up to) expectations; *hij voldeed niet aan de verwachtingen,* (*ook*) he did not live up to expectations; *aan een verzoek ~* comply with (accede to) a request; *aan de voorwaarden ~* satisfy (*of:* fulfil) the conditions, comply with the terms [of the competition]; *aan iems wensen ~* satisfy (*of:* grant) a p.'s wishes; **voldoend** *bn* 1 satisfactory, [be, come] up to the mark; *een ~e examen afleggen* satisfy the examiners, (achieve a) pass; 2 (*toereikend*) sufficient [money to pay], adequate; *het zij ~e te zeggen* suffice it to say; *dat is ~e voor mij*) that will do (me); *niet ~e onderlegd* not sufficiently grounded [in art]; *zie verder* genoeg; **voldoende** *zn* pass (mark); **voldoendheid** 1 satisfactoriness; 2 sufficiency, adequacy; *vgl* voldoend; **voldoening** 1 satisfaction [*over het resultaat* at (with) the result], (*voor onrecht ook*) reparation, atonement; *de leer der ~* the doctrine of redemption; *ter ~ aan* in compliance with [article 4]; *ter ~ van* in settlement of; *~ geven,* (*v pers of zaak*) give satisfaction; *zie ook* voldoen; *~ geven (eisen),* (*voor onrecht, enz*) make (demand) reparation; 2 (*betaling*) settlement
voldongen: *~ feit* accomplished fact
voldragen mature, fully developed [child]
voleind(ig)en finish, complete, bring to a close; **voleindiging** completion
volgaarne right willingly, most gladly
volgauto 1 car in (funeral, wedding) procession; 2 (*sp*) sack wagon; **volgbriefje** (*handel*) delivery order, D/O
volgeboekt booked up, fully booked; **volgebouwd** built-up [area]; **volgefourneerd** *zie* -gestort
volgeling follower, adherent, votary, disciple, supporter
volgen I *tr* 1 follow [a p.; a road; (*fig*) an argument, a line of thought, a speaker]; *iem overal ~* follow a p. about; *wilt u mij maar ~* will you follow me, please; *zij waren de enigen die de overledene volgden* they were the only mourners; *ik kan je niet ~,* (*fig*) I cannot follow you; *een zekere weg ~,* (*fig*) pursue a certain course; 2 (*in het oog houden*) track [a satellite]; (*van nabij ~, door politie, enz*) dog, shadow; 3 (*na-, opvolgen*) follow [advice, a command, an example, instructions, nature, a profession]; imitate [a model]; follow up [a clue, certain information]; pursue [a plan, line of action, policy]; *een goede regel om te ~* a good rule to go by; 4 (*bijwonen*) attend [lectures *colleges*]; *zie ook* hoofd, raad, enz; II *intr* follow, ensue [a panic, a silence, ensued]; ***als** volgt* [the letter ran, my reasons are] as follows, [the number is made up] as under; *brief volgt,* (*in telegram*) writing; *zijn vrouw volgt later* his ... will join him later; ***die** volgt* next [boy, girl, etc] (please); ***wie** volgt?* who is (comes) next?; *~ **op*** follow after, follow on, follow [the week that followed his death], succeed (to); *in leeftijd ~ op A* be next to A in age; *de brief volgde op een gesprek tussen* ... the ... followed on a conversation between ...; *het ultimatum volgde onmiddellijk op de nota* the ... followed closely on (came on the heels of) the note; *zoals de duisternis volgt op het licht* as darkness succeeds (to) light; *de **kaarten** ~ aldus op elkaar* the cards rank in this order [:king, queen, knave, etc]; *als haven volgt Liverpool op Londen* as a port Liverpool comes next after ...; *hierop **liet** hij ... ~* he followed this up with the remark ...; *ter vergelijking laat ik cij-*

fers uit 1993 ~ for comparison I append ...; ***hier-uit*** *volgt, dat* ... (hence, *of:* from this) it follows that ...; ***daaruit*** *volgt niet, dat* ... it does not follow that ...; *wat volgt daaruit?* what follows?; *zie ook* brief, slot, enz; **volgend** following, next; succeeding [each succeeding year]; subsequent [more of this in a subsequent chapter; a subsequent offence]; *de ~e maand,* (*aanstaande*) next month, (*anders*) the next month; *voor het ~e jaar* [elected president] for the ensuing year; *daaruit ~, zie* voortvloeien: ~d; *het ~e* [he informed me of] the following, what follows; *de ~en* the following [have been appointed]; *zie ook* volgen; **volgenderwijs** in the following way, as follows

volgens according to [Mr P], by [this standard; it was summer by the calendar]; ~ *zijn eigen bekentenis* on his own confession [he ...; (*ook*) he is a self-confessed murderer]; (*in overeenstemming met*) in accordance with [the regulations], [carried out] according to [plan], as per [advice; as per list enclosed], under [British law, article 13, the penal code, his last will], after [the habit of old people], on [formed (built) on a certain plan, act on my advice, on the kinetic theory], to [made to the design of ...]; ~ *de tekening* [details] as shown in the drawing, [work] to the drawing; *schuldig ~ de wet* guilty in law; *zie ook* mening, rangschikken, verdienste, wet, enz

volger follower, shadower, etc; *vgl* volgen *& zie ook* volgeling

volgestort fully paid [shares], paid up (in full); *niet* ~ partly paid; **volgetuigd** (*mar*) full-rigged; **volgieten** fill (up)

volgkaarten sequence (*of:* run) of cards; **volgkoets** *zie* -rijtuig; **volgnummer** serial number; (*voor brieven*) reference number

volgooien fill; fill in [a grave]; fill up [a tank]

volgorde order, sequence, [orders will be executed in strict] rotation; *in ~ genummerd* numbered consecutively; *de ~ der kaarten is, zie* volgen II; **volgreeks** series; **volgrijtuig** coach (carriage) in (funeral, wedding) procession

volgroeid full-grown, fully grown; *vgl* volwassen

volg|station tracking station; **-trein** relief train; *~en laten lopen* run trains in duplicate (triplicate); **-wagen** sack wagon; **-zaam** docile, tractable; **-zaamheid** docility, tractability

volhandig: *ik heb het* ~ I have my hands full, I am up to my eyes in work

volharden persevere, persist, stick to one's task, (*fam*) stick it out; *bij zijn houding* (*weigering*) ~ persist in one's attitude (refusal); *bij zijn besluit* ~ stick to one's resolution; *in het goede* ~ persevere in what is right; *zie ook* volhouden; **volhardend** persevering, persistent; **volharding** perseverance, persistence, persistency, tenacity (of purpose); (*natuurk*) inertia

volheid ful(l)ness [speak out of the fulness of one's heart], [summer in its] plenitude; *de ~ der genade* the plenitude of grace; *de ~ der tijden* the fulness of time; **volhouden** I *tr* maintain [one's innocence, a tradition], sustain [a role, an effort], keep up [the fight, firing; he kept up the note of irony], (*brutaal*) face out [a lie]; *ik houd vol dat* ... I maintain that ...; *zij hield vol, dat het zo was,* (*ook*) she insisted it ...; *ze hield tot het laatst haar onschuld vol,* (*ook*) she protested her innocence till the last; *die geest wordt in het gehele werk volgehouden* this spirit is sustained throughout the work; *het ~, zie* uithouden; *ik houd het vol* [I say it was silly, and] I stick to it; II *intr* persevere, persist, hold out, stand out, hold on (to one's purpose), see it through, (*fam*) hang on, stick it out; ~ *is de boodschap* perseverance is the thing; it is dogged (as) does it, dogged does it; *hij houdt maar vol* he hangs on, he sticks it out; *houd vol!* stick it out!, keep it up!; *onbeschaamd* ~ brazen it out; **volhouder** *zie* aanhouder

volière aviary; **volijverig** diligent

volk 1 (*natie*) nation, people (*mv:* peoples); (*bijen*) colony; 2 (*mensen*) people (*mv*); (*soldaten*) troops, men; (*werkvolk*) workpeople, hands; (*ve schip*) crew; *het* ~ the people; *het gemene* ~ the mob, the rabble; *gemeen* ~ riff-raff; *het gewone* ~ the common people, the common herd; *het jonge ~je* (the) young folks, the youngsters; *het mindere* ~ the lower classes; *ik ken mijn ~je* I know my people (my customers); *er was veel ~ op de been* there were many people about; ~ (*bezoek*) *hebben* have people; *~!* anybody about?, (*in winkel*) shop!; ***door*** *het ~ gekozen* elected by the people, popularly elected; ***onder*** *het ~ brengen* popularize [science]; *een man* ***uit*** *het* ~ a member of the lower classes; *een man* ***van*** *het* ~ a champion of the people; *zie ook* uitverkoren

volkenbeschrijving ethnography; **Volkenbond** (*hist*) League of Nations; **volkenkunde** ethnology; **volkenkundig** ethnological; **volkenrecht**: *het* ~ international law, the law of nations; **volkenrechtelijk** of (according to) international law; *vgl* -recht; **Volkerenbond** (*vero*) League of Nations; **volkerenmoord** genocide

volkomen perfect [circle, happiness, perfectly calm], complete [flower, surprise, success]; ~ *insekt* perfect insect, imago (*mv:* -gos, -gines); ~ *gezond,* (*fam*) as right as rain; *een ~ mislukking* a complete (a total) failure, a wash-out, a flop; ~ *verdiend* richly deserved; ~ *vlak* [the country is] (a) dead level; *dat is ~ waar* that is true enough, absolutely true; *daarover zijn wij het ~ eens* on those matters we are in complete agreement; *zie ook* helemaal; **volkomenheid** perfection, completion

volkorenbrood wholemeal bread

volkrijk populous; **volkrijkheid** populousness

volks popular, vulgar, demotic; (*attr*) national, popular, public, of the people, people's

volks|aard national character; **-belang** public interest; **-beweging** national (popular) movement; **-bijgeloof** popular superstition; **-boek** popular book; (*hist*) chapbook; **-bond** (*tegen drankmisbruik*) temperance society; **-buurt** working-class quarter; **-concert** popular concert; **-dans** 1 national dance; 2 popular dance, folk-dance; **-dansen** folk-dancing; **-danser**

folk-dancer; **-deel**: *het calvinistische* ~ the Calvinist part of the nation; **-democratie** people's democracy; **-dichter** 1 national poet; 2 popular poet; **-dracht** national costume, national dress; **-epos** national epic; **-etymologie** popular (*of:* folk-)etymology; **-feest** 1 national feast; 2 (village) fête, street-party; **-front** popular front; **-gaarkeuken** communal kitchen; public soup-kitchen; **-gebruik** *zie* -gewoonte; **-geest** spirit of the people, public mind; **-geloof** popular belief; **-gemeenschap** national community; **-geneeskunde** popular medicine; **-genoot** co-national; **-gericht** kangaroo court; **-gewoonte** national (popular) custom (usage); **-gezondheid** public health; *inspecteur van de* ~ health officer; **-gunst** popular favour, popularity; **-hogeschool** Folk High School; **-huishouding** economic system; **-huishoudkunde** national economy; **-huisvesting** public housing; **-jongen** working-class boy; **-karakter** national character; **-klasse** (lower) classes; **-kleding** national dress, national costume; **-kunde** folklore; **-kunst** folk art; **-leger** people's army, citizen army; **-leider** leader of the people; (*volksmenner*) demagogue; **-leven** life of the people; **-lied** 1 popular song, folk-song; 2 national song, national air; *het* ~ the national anthem; **-logies** (*mar*) forecastle; **-menigte** crowd (of people), multitude; (*onordelijk*) mob; **-mening** public opinion; **-menner** demagogue; **-mond**: *in de* ~ in the language of the people, in popular speech; *zoals het in de* ~ *heet* as it is popularly called (termed); **-muziek** folk-music; **-naam** 1 name of a people; 2 popular name; **-onderwijs** national education; **-oploop** street crowd; **-oproer**, **-opstand** popular rising, riot; **-overlevering** national (popular) tradition, popular legend; **-partij** people's (*of:* democratic) party; **-planter** colonist, settler; **-planting** colony, settlement; **-poëzie** popular poetry; **-raadpleging** *zie* -stemming 1; **-redenaar** popular (*ong:* mob) orator; **-regering** government by the people, popular government, democracy; **-republiek** people's republic; **-roman** popular novel; **-soevereiniteit** sovereignty of the people; **-sport** national sport; **-sprookje** folk-tale; **-stam** tribe, race; **-stem** public voice, voice of the people; **-stemming** 1 plebiscite; referendum; 2 public feeling; **-taal** 1 (*eigen, nationale taal*) vernacular, vulgar tongue; 2 (*taal vh lagere volk*) vulgar speech; **-telling** census; *een* ~ *houden* take a census; **-term** popular term; **-tribuun** tribune of the people; **-tuintje** allotment (garden); **-uitdrukking** popular expression; **-uitgave** popular edition; **-universiteit** (*vglb*) university extension class(es), extramural studies (instruction, classes), adult education courses; **-vergadering** 1 national assembly; 2 public meeting; **-verhaal** folk-tale; **-verhuizing** migration (*of:* wandering) of the nations; *Germaanse* ~ migration of Germanic peoples; **-verhuizingstijd** Migration Period, the Migrations; **-verlakkerij** deceiving (misleading) the electorate; demagoguery; **-vermaak** public (popular) amusement, national sport; **-vertegenwoordiger** representative (of the people); MP; **-vertegenwoordiging** 1 representation (of the people); 2 representatives of the people; 3 parliament, house (of representatives); **-verzekering** national (social) insurance; **-vijand** enemy of the people; ~ *no 1* public enemy no 1; **-vlijt** national industry; **-voorstelling** popular performance; **-vriend** friend of the people; **-welzijn** public welfare; **-wijsje** popular tune (*of:* air); **-wil** will of the people, popular will; **-zaak** 1 popular (downmarket) shop; 2 popular cause, cause of the people, national affair; **-ziekte** endemic (disease)

volle: *ten* ~, *zie* vol; **volledig** complete [set *stel;* work]; full [address, confession, information, list, particulars], full-time [job]; exhaustive [inquiry]; integral [compensation]; ~ *pension* full board; ~*e betaling* full payment, payment in full; *leraar met* ~*e betrekking* full-time teacher; ~ *maken* complete; ~ *bewijzen* prove up to the hilt; *zie ook* voltallig; **volledigheid** completeness, ful(l)ness, exhaustiveness; **volledigheidshalve** for (the sake of) completeness

volleerd finished, consummate [billiard-player, actor], accomplished [musician, coquette], expert [car-driver], fully trained [pilot], (a) proficient [in Latin], (a) past master (past mistress) [of ..., in ...]; ~ *zijn*, (*eig*) have finished one's training, have left school; ~*e schurk* thorough-paced villain; *ze is* ~ *in dat spel(letje)*, (*ook*) she plays the game to perfection; *hij is er* ~ *in* he knows all there is to know about it

volle|maan full moon; **-maansgezicht**: *met een* ~ moon-faced [man]; **-melks** whole-milk [cheese]

vollen full; **voller** fuller; **volleren** volley

vollerij 1 fulling, milling; 2 fulling mill

vollers|aarde fuller's earth; **-distel**, **-kaarde** fuller's teasel; **-molen** fulling mill

volley (*sp*) id; **volleybal** volleyball

vollopen fill (up), get filled; *het schip was volgelopen* the ship was waterlogged (swamped); *zich laten* ~ booze up

volmaakt perfect, consummate, finished [manners, gentleman], thorough [man of the world], [a king] all over, every inch [a king]; *op* ~*e manier* [she played her part] to perfection; *haar hakken waren* ~*e stelten* her heels were perfect stilts; *deze studies zijn helemaal niet* ~ these ... do not in any way represent finality; ~ *doen uitkomen* show off to perfection; *zie ook* volkomen; **volmaaktheid** perfection, consummateness; *tot* ~ *brengen* bring [a method] to perfection

volmacht full power(s), power of attorney; warrant; (*procuratie*) procuration, proxy; *algemene* ~ general proxy; *zie ook* blanco; *bij* ~ by proxy; *zijn getuigenis werd bij* ~ *afgenomen* his evidence was taken on commission; ~ *geven, zie* ~igen; **volmachtigen** authorize, empower [a p. to act]; *zie ook* gevolmachtigd

volmaken perfect; **volmaking** perfection

volmolen fulling mill

volmondig frank, unconditional; *een* ~ *ja* a

whole-hearted yes (affirmative)
volontair trainee, student employee, apprentice, learner, unsalaried clerk; (*mil*) volunteer
volop in abundance, in plenty, [money, whisky] galore; plenty (lots, heaps) of; enough and to spare; *ik heb ~ gegeten* (*gedronken, gehad*) I've eaten (drunk, had) my fill; *~ ruimte* ample room; *we hebben ~ tijd,* (*ook*) we are in plenty of time; *er was ~* there was plenty
vol-plané volplane, glide
volprezen: *nooit ~, zie* on~
volproppen stuff [o.s. with food, one's pockets with apples, a pupil with learning], cram, stodge, clutter up [a room, a p.'s mind with ...]; *zich ~* stuff, gorge, guzzle; *volgepropte bus* crowded bus; *volgepropt met* [shops] stacked (packed) with [Christmas gifts]; **volschenken** fill (to the brim)
volschieten (*v ogen*) fill with tears; *mijn gemoed schoot vol* I was overcome by emotion
volslagen complete [rest, failure], total [blindness], utter [poverty, despair, darkness, failure, stranger, idiot], perfect [fool], plumb [crazy], blithering [idiot], downright [nonsense], sworn [enemies], full-fledged, -blooded, -blown [protectionism]; *~ gek* utterly mad
volslank well-covered; [dresses for the] fuller figure
volstaan suffice; *daar kun je niet mee ~* that is not enough; *laat ik ~ met te zeggen ...* suffice it to say ...; *ik zou willen ~ met één opmerking* I should like to confine myself to one remark; *ze volstonden met een protest* they contented themselves with a protest; **volstoppen** *zie* volproppen
volstorten pay up (in full); *zie ook* volgestort; **volstorting** payment in full
volstrekt absolute [absolutely necessary]; *een ~e meerderheid* a clear (an absolute, overall) majority; *~ niet* by no means [that won't do by any means], not at all; *daar moet je ~ heen* you absolutely must go there; *~ geen bewijs* not a tittle of evidence; *zie ook* volslagen; **volstrektheid** absoluteness
volt id; **Volta** id; *zie ook* zuil; **voltage** id
voltal|lig complete, full [conference], plenary [meeting]; (*mil*) up to establishment; *~e vergadering,* (*ook*) fully attended meeting; *~e bemanning* full complement; *~ maken* complete; (*mil*) bring [a regiment] up to establishment (up to strength); *zijn wij ~?* are we all here?; **-ligheid** completeness
voltameter id; **voltampère** volt-ampere
volte 1 (*gedrang*) crowd, press, crush; (*volheid*) ful(l)ness; 2 (*in rijschool, schermkunst*) id
volte-face id; (*fig ook*) complete change of front, about-face; *~ maken* make volte-face (a complete change of front)
voltekend (*ve lening*) fully subscribed; *meer dan ~* over-subscribed; *verscheiden keren ~* subscribed several times over
voltigepaard pommel horse; **voltigeren** vault, tumble; **voltigeur** vaulter, tumbler
voltijds full-time [job]; **voltmeter** id
voltooien complete [a work, one's 20th year, etc], finish; *voltooid,* (*gramm*) perfect; **voltooiing** completion; *het werk nadert zijn ~* is nearing completion; *school ter ~ van de opvoeding* finishing-school [for young ladies]
voltreffer (*mil*) direct hit; *een ~ plaatsen,* (*ook fig*) score (secure, register) a direct hit
voltrekken execute [a sentence], solemnize [a marriage at a register office or in church], celebrate [a marriage in church], consummate [a marriage by sexual intercourse], carry out, carry into effect; *zich ~* come about, be enacted (*zie:* zich afspelen); **voltrekking** execution, solemnization, celebration, consummation; *vgl* voltrekken; passing [of the Union between England and Ireland]
voluit in full; *~ schrijven* write in full, write out
volume id, bulk, size; **volumerege|laar, -ling** (*radio, enz*) volume control; **volumetrisch** volumetric; **volumineus** voluminous, bulky
vo|lute, -luut (*bk*) volute, scroll
volvet full-cream [cheese]
volvoeren, enz *zie* volbrengen, uitvoeren, enz
volwaardig of full value; (*fig*) up to the mark, up to par, (physically, mentally) fit; full-fledged, fully fledged; a hundred per cent ...; **volwassen** (full-)grown, grown-up, adult, mature; (*ve vogel*) full- (*of:* fully) fledged; *~ worden,* (*ook*) grow to maturity, to (wo)manhood; **volwassene** adult, grown-up, grown (wo)man; *voor ~n* adult [education]; **volwassenheid** adulthood; maturity
volwerpen fill; fill in [a grave]; **volwichtig** full-weight [coins]; **volzalig** blessed
volzin sentence, period
vomeren vomit; **vomitief** emetic
vond *ovt van* vinden; **vondeling** abandoned infant (of unknown parentage), (*lit*) foundling; *te ~ leggen* abandon, expose [a child]; **vondelingenhuis** foundling hospital, foundling asylum
vonder plank bridge
vondst find, discovery, invention; *een gelukkige ~,* (*ook*) a lucky strike; *een ~ doen* make a find, strike lucky
vonk spark; *~je* (small) spark, sparklet, sparkle; (*fig ook*) scintilla; *zie ook* sprank; *~en schieten* spark, shoot sparks; (*fig, v ogen, enz*) sparkle, shoot fire; **vonk|baan, -brug** (*elektr*) spark-gap; **vonkelen** *zie* vonken & *vgl* fonkelen; **vonken** spark, emit sparks; **vonkvrij** sparkless; (*v lucifers*) impregnated; safety [match]
vonnis sentence, judg(e)ment; [the judge gave an] order; (*uitspraak v jury; ook fig*) verdict [the verdict of history]; *~ bij verstek* judg(e)ment by default; *een ~ vellen* pass (pronounce) sentence [*over* on], give (pass) judg(e)ment [*over* on]; *zijn ~ is getekend* his fate is sealed; **vonnissen** (pronounce) sentence (on), condemn
vont font
voogd(es) guardian [*over* to]; *zie ook* toeziend
voogdij guardianship, custody [of a child]; *onder ~ staan* be under guardianship, be in ward; *onder ~ stellen* place [a p.] under guardianship, appoint a guardian over [a p.] make [an infant, a person of unsound mind] a ward of court, put [a p.] in

ward; **voogdijraad** (*hist, vglb*) child welfare board; **voogdijschap** guardianship; (*UNO*) trusteeship [council]

1 voor *zn* furrow (*ook fig: rimpel*)

2 voor I *vz* 1 (*tijd*) before [Monday], (*gedurende*) for [three days], (*geleden*) [three days] ago; *hij is ~ zijn leven getekend* he is marked for life; *~ uw komst was het anders,* (*ook*) prior to your arrival ...; *~ de* ***thee*** [they went in] to tea ; *het is nog 14 dagen ~ Kerstmis* it is still a fortnight to ...; *verleden dinsdag ~ een* ***week*** a week ago last Tuesday, last Tuesday week; *het is 10* (*minuten*) *~* ***zeven*** it is 10 (minutes) to seven; *even ~ acht* a little before eight; *we lunchen om één uur, en het is tien ~* we ..., and it is ten minutes to; 2 (*plaats*) in front of, before; ahead (upstream) of [a valve]; *~ het* ***huis*** in front of the house; *de kruiser lag ~ Dover* the ... lay off Dover; ***beven*** *~* tremble before; (*ter wille van*) tremble for; *er* ***lag*** *heel wat werk* (*een prachtige carrière, enz*) *vóór hem* there was a good deal of work (a splendid career, etc) in front of him; *er liggen droeve tijden vóór ons* there are ... ahead (in front of us); *ik heb een lange wandeling vóór me* I have a ... before me; *~ hem* ***uit*** [forty feet] ahead (in front) of him; *recht ~ hem uit* straight in front of him; *~ zich uit* [she stared] in front of her; 3 (*doel*) for; (*ten behoeve van*) for, for the benefit of, [a campaign] in favour of [European integration]; *~ zijn geloof lijden* suffer because of one's faith; *hij is een goede vader ~ hen* he is a ... to them; *we hadden het huis* ***geheel*** *~ ons* we had the house all to ourselves; *dat zou net iets ~ mij zijn* that would suit me nicely; *iets ~ u bij?* anything in your line?; *ik deed het ~* ***u*** for you, for your sake; 4 (*in plaats van*) for, instead of [he came instead of his brother]; *~* ***tien*** [work] like a Trojan; 5 (*distributief*) by [one by one, penny by penny] *zie ook* punt, regel, woord, enz; 6 (*ten voordele, niet tegen*) for, in favour of; with [he who is not with me is against me]; *500* (*stemmen*) *~, 19 tegen* 500 for, 19 against; (*ook*) yes 500, no 19; *ik ben* ***er*** (*vlak*) *~* I am (all) for it (in favour of it); *hij was er ~ om het te verbranden* he was for burning it; *wie er~ is make dit op de gebruikelijke wijze kenbaar* those in favour please signify in the usual manner; *er is heel wat ~ te* ***zeggen*** there is a good deal to be said in favour of it, there is a strong case for it; 7 (*mbt, wat betreft*) for, against; *~ elk* ***aandeel*** [shareholders have the right to subscribe for one new share] in respect of each share [now held]; ***goed*** (*slecht, gevaarlijk, prettig*) *~ mij* good (etc) for me; *goed ~ de koorts* effective against fever; *goed ~ één overtocht* good (valid) for one crossing; ***goedkoop*** *~ het geld* cheap at the money; *jong ~ een staatsman* young for a statesman, young as statesmen go; *klein ~ een kerk* small as churches go; *ik ~* ***mij*** I for one; personally, I ...; *wij ~ ons* we, for ourselves; *het is iets* (*niets*) *~ hem,* (*van hem te verwachten*) it's like (not like) him; 8 (*ten koste van*) at, for [sell at £5 a dozen, for less than expected); *~ een* ***pond*** *van die appels* [give me] a pound's worth of ...; *zie ook* dood, driekwart, houden, jaar, langs, pensioen, raam, spannen, stemmen, tijd, vol, wat, enz; II *bw* in front; *~!* [volunteers] forward!, front!; *~* ***wonen,*** *a*) live in the front room; *b*) live in the front of the house; *~* ***in*** *het huis* (*de omnibus, de lade*) in the front of the house (the omnibus, the drawer); *~ in het boek* at the beginning of the book; *ze is ~ in de twintig* in the (her) early twenties; *~* ***zijn,*** (*sp*) lead [Cambridge led by a boat-length, his horse led by a neck]; be ahead (clear, in front, up) [Arsenal are two goals ahead (etc)]; *twee doelpunetn ~ komen* go two goals clear; (*schaakspel*) be [a pawn] up; (*ve rechtszaak*) [the case will] be on [next week]; *de* ***auto*** *is ~* the car is at the door, has come round, is waiting; *mijn* ***horloge*** *is ~* my ... is fast; *ik was* ***hem*** *~,* (*vooruit*) I was ahead of him, (*er eerder bij*) I was before him, had got the start of him, got in first, anticipated (forestalled) him; *ik dacht dat ik je ~ zou zijn* I thought I'd beat you to it; *iem ~ zijn* (*de loef afsteken*) steal a march (up)on a p.; *hij ontdekte dat een ander hem ~ geweest was* he found himself forestalled; *zo kreeg ik wat op hem ~* in this way I got (that gave me) an advantage over him; *~ en* ***na*** again and again; at different times; *het was mijnheer A ~ en mijnheer A na* it was Mr A here and Mr A there (Mr A this and Mr A that, Mr A everywhere); *de een ~, de ander na* one after another, successively; *~ en* ***achter*** before and behind, in front and at the back; *van ~ tot achter* from front to back, (*mar*) from stem to stern; *zie ook* voorhebben, voorstaan, enz; III *vw* before; *~ en aleer* before; IV *zn het ~ en tegen* the pros and cons, the merits and demerits

vooraan [sit] in front; *zie ook* voor II; *eerste klasse passagiers ~* first-class passengers in (the) front of (the) train; *~ onder de nieuwere schrijvers* in the forefront (front rank) of modern writers; *~ staan,* (*fig*) *zie* plaats: de eerste ~; *zie ook* bovenaan

vooraandrijving front(-wheel) drive; *met voor- en achteraandrijving* four-wheel drive, 4WD

vooraanstaand standing in front; (*fig*) prominent, leading, front-rank, foremost [our foremost actors]

vooraanzicht front view; (*ve vliegtuig e.d.*) head-on view

vooraf [you'll have to tell me] beforehand, previously; *woord ~* preface; *zie ook* vooruit

voorafbeelding prefiguration, type

voorafgaan precede, go before, head [a procession]; *al wat voorafgegaan was* all that had gone before; *laten ~ door* preface [a statement] with (by) [these words]; **voorafgaand** preceding, foregoing; introductory [remarks], preliminary [inquiries], prefatory [note to a report]; *~e kennisgeving* previous notice; *~ aan* antecedent (prior) to; *het ~e* what precedes, the foregoing; **voorafje** 1 foretaste; 2 appetizer, hors d'oeuvre

voorafschaduwing foreshadowing

vooral especially, above all (things); *hij ~,* (*ook*) he of all men; *~ dit heeft ertoe bijgedragen* this as much as anything ...; *ga ~* go by all means;

~ *niet* by no means, on no account; *gebruik ~ een goed ontbijt* be sure you have (to have, *fam:* and have) a good breakfast; *vergeet het ~ niet* don't forget whatever you do; *dat moet je ~ niet doen* that's the last thing to do

vooraleer before; **vooralsnog** as yet, just yet [don't speak of it just yet; I can do nothing just yet], for the time being [there's no hurry]

voor|arbeid (*germ*) preparatory work (labour); **-arm** forearm; **-arrest** detention on (*of:* under) remand (pending trial, awaiting trial); *zich in ~ bevinden* be on (under) remand; *in ~ houden* keep under remand; *in ~ stellen,* (*terugzenden*) remand (in custody); *zie ook* aftrek; **-as** front axle; **-avond** 1 early evening; *in de ~* early in the evening; 2 eve; *aan de ~ van de revolutie* on the eve of the ...; *wij staan aan de ~ van grote veranderingen* we are on the eve (the threshold) of ...; **-baan** front-width [of a dress]; **-baat**: *bij ~* [thanking you, with thanks] in anticipation, in advance, beforehand; **-balkon** (*ve tram*) front platform; (*ve huis*) front balcony; **-band** front tyre; **-bank** front bench, front seat(s); **-barig** premature, (over)hasty, rash, (*fam*) previous; *je was* (*hiermee*) *wat ~* you were a little previous (in saying, doing this); *een ~e conclusie trekken* rush to a conclusion; **-barigheid** prematureness, etc

voorbedacht premeditated, wilful [murder]; *met ~en rade* of (with) malice prepense, of (with) malice aforethought; **voorbedachtelijk** of set (deliberate) purpose, with premeditation, premeditatedly; **voorbedachtheid** premeditation

voorbede intercession; *zie ook* -spraak; **voorbeding** condition, stipulation, proviso; *vgl* beding; **voorbedingen** stipulate (beforehand); *vgl* bedingen

voorbeeld 1 (*precedent*) example; ***zonder*** *~* without example, without precedent, unprecedented, unexampled; 2 (*ter navolging*) example, model, pattern; (*schrijf~*) copy-book heading; (*los*) copy-slip; (*teken~*) (drawing-)copy; *het ~* ***geven*** give (*of:* set) the example; *een ~ geven, a*) set (*of:* give) an [a good, a bad] example; *b*) give an instance (an illustration); *er moet een ~* ***gesteld*** *worden* somebody must be made an example of; *iems ~* ***volgen*** follow a p.'s example (*of:* lead), take a leaf out of a p.'s book, take a (one's) cue from; *hij begon te dansen, en wij volgden het ~* and we followed suit; *een ~* ***aan*** *iem nemen* take example by a p., follow a p.'s example; *neem een ~ aan je broer,* (*waarschuwend*) let your brother be a warning to you; ***naar*** (***op***) *het ~ van* after the example of; *maken naar het ~ van* model (up)on; ***ten*** (***tot***) *~ stellen* hold up as an example; *ten* (*afschrikwekkend*) *~ stellen* make an example of; *iem tot ~ nemen* model o.s. on someone; *tot ~ strekken* serve as an example, (*tot afschrikwekkend ~*) act as a deterrent; 3 (*ter illustratie*) example, instance, specimen [a specimen of his prose]; *als ~* ***aanhalen*** instance; ***bij*** *~* for instance, for example, e.g.; *bij ~ van 2 tot 4* [for a couple of hours,] say from two to four

voorbeeldeloos unexampled, matchless; **voorbeeldig** exemplary, model [pupil], pattern [husband]; **voorbeeldigheid** exemplariness

voorbeen front leg

voorbehandelen pretreat

voorbehoedend preservative, preventive; (*med*) prophylactic; **voorbehoedmiddel** preservative, preventive; (*med*) prophylactic (remedy); (*tegen zwangerschap, ook*) contraceptive

voorbehoud reserve, reservation, restriction, proviso; *geestelijk ~* mental reservation; *een ~ maken* make a reservation, put in a proviso; ***met*** *~ van alle rechten* without prejudice to my rights, all (my) rights reserved; *met dit ~* with this reserve, subject to this; ***onder*** *gewoon ~* under usual reserve; *onder alle ~* with all (proper) reserve; *onder ~ dat* provided that; ***zonder*** (*enig*) *~* without (the least) reserve, unconditionally, [withdraw s.t.] unreservedly, without reservation

voorbehouden reserve; *ik wil mij dat recht ~* I wish to reserve that right to myself; *alle rechten ~* all rights reserved; *ongelukken ~ geloof ik* ... barring accidents, I think ...

voor|bereiden prepare [*op* for], get (make) ready, (*sp*) set up [a goal]; *op alles voorbereid* prepared for anything; *zich ~* prepare (o.s.), get ready; *bereid u voor op het ergste* prepare for the worst; *zich ~ op,* (*ook*) brace o.s. for [the encounter, the shock]; **-bereidend** preparatory; *~e maatregel* preparative, preliminary (measure); paving [legislation]; *~ werk,* (*ook*) spadework, groundwork; *~ wetenschappelijk onderwijs,* (*vglb*) secondary education; **-bereiding** preparation; *in ~* [the thing is] in (course of) preparation, on the stocks; *ter ~ van* in preparation for, preparatory to; *~en treffen* make preparation(s); **-bereidingsklasse** preparatory class; **-bereidsel** preparation

voorbericht preface, foreword; *zie ook* voorrede

voor|beschikken predestine [be predestined to success]; (*theol*) predestinate, predestine, pre-ordain, foreordain; *voorbeschikt om te ...,* (*ook*) fated to, foredoomed to [end in nothing]; **-beschikking** predestination; **-beschouwen** (give a) preview; **-beschouwing** preview; **-bespreking** 1 preliminary discussion; (*instruerend*) briefing; 2 (*schouwburg, enz*) advance booking

voorbestaan pre-existence, previous existence

voorbestemmen predestine; *voorbestemd lijken om,* (*ook*) look set to; *zie verder* voorbeschikken

voor|bewerking preliminary operation (treatment); **-bewerkt** worked, (pre-)processed, preconditioned, pre-treated

voorbezichtiging preview

voor|bidden lead in prayer; **-bidder** *zie* -spraak 2; **-bidding** *zie* -spraak 1

voorbij I *vz* past, on the other side of, beyond; *~ de kerk gaan* pass the church; *duizenden gingen ~ het graf* filed past the grave; *tot ~ Devizes* [the plain stretches] to Devizes and beyond; II *bw* past, [the time for words is] at an end, [the happy days that are] no more, [it is all] over, [before the year is] out, [the afternoon was soon] gone; *zijn we Rye al ~?* have we passed Rye yet?; *ze was* *de middelbare leeftijd een heel eind* ~ she was well past middle age; *het is alles* ~, (*ook*) it is all done with; *het gevaar was* ~, (*ook*) had gone by; III *bn* past [his past life]; bygone [times]; *die lang ~e dagen* those far-off days; *vgl* II

voorbijgaan I *intr* pass (by), go by, move past [the people moved slowly past]; (*v tijd, enz*) pass, go by, pass away, wear away, [the years] roll by; (*v toorn, zwakheid, enz*) pass away; (*v hoofdpijn, enz*) pass off; *vijf weken waren voorbijgegaan* five ... had elapsed; *de middag ging voorbij* the ... wore on; *de minuten gingen voorbij*, (*ook*) the ... ticked by (*of:* past); ***laat** die gelegenheid niet* ~ do not let that opportunity slip, do not miss (*fam:* pass up) that opportunity; *het voorbijgegane jaar* the past year; *voorbijgegane roem* departed glory; II *tr* pass (by), go past; *iem* ~, (*fig: passeren*) pass a p. over; bypass [one's immediate superior]; *ze gingen mij voorbij*, (*ook*) [all were invited, but] they left me out in the cold; *we kunnen hem niet* ~ we can't leave him out; *de bestelling ging ons voorbij* the ... passed us (by); *zie ook* stilzwijgend; *we kunnen niet ~ aan* we cannot disregard; III *zn: in het* ~ [observe] in passing, by the way; *hij werd bevorderd met ~ van mij* he was promoted over my head; *met ~ van de predikant* [he went to the bishop] over the incumbent's head [*zo ook:* he went over the heads of his ministers]

voorbij|gaand passing, transitory [life], transient [interest, phenomenon], evanescent [impression], (*snel*) fleeting [moments]; *van ~e aard* of a temporary nature, temporary [blindness]; **-gang** *zie* -gaan III; **-gang(st)er** passer-by (*mv:* passers-by); **-komen** I *intr* come past, pass (by); *hij komt hier dikwijls voorbij* he often passes this way; II *tr* pass (by); **-laten** let [a p.] pass; **-lopen** walk (run) past, pass; **-praten** *zie* mond & langs: ~ heen; **-rennen** *tr & intr* run (tear, rush) past; **-rijden** *tr & intr* ride (drive) past, pass; (*inhalen &* ~) pass, overtake; *de bus reed de halte voorbij* the bus overran its stopping-place; **-schieten** *tr & intr* rush (dash) past; *het doel* ~, *zie* -streven; **-snellen** *zie* -rennen; **-steken** (sur)pass; pass over; **-streven** outstrip, outvie, outdistance [a p.]; *het doel* ~ overshoot the mark, defeat one's object (*of:* end), be self-defeating; overreach o.s.; *trachten voorbij te streven* emulate; **-trekken** *tr & intr* march past; file past [the Cenotaph]; (*ve onweer*) blow over; **-vliegen** *tr & intr* fly past, rush (tear) past; *wat vliegt de tijd voorbij!* how time flies!; **-zien** look past [a p.]; (*fig*) overlook; *dat feit moeten wij niet* ~ we should not lose sight of that fact

voorbinden tie (*of:* put) on

voorblijven remain in front, maintain the lead; *iem* ~ keep ahead of a p.; *van het begin tot het einde* ~, (*sp*) lead from start to finish

voorbode forerunner, precursor, herald; harbinger [of spring, storm, etc]; (*fig ook*) prelude [the prelude to disaster]; **voorbout** (*ve geslacht dier*) fore-quarter, shoulder [of mutton, lamb, veal]; **voorbouw** 1 (*bk*) avant-corps; 2 (*landbouw*) catch-crop (system)

voorbrengen bring [the horses, carriage, car] round; (*voor de rechter*) bring up [a criminal]; *zie ook* aanvoeren & berd: te ~e brengen

voorcalculeren estimate [costs]

voorchristelijk pre-Christian [age]

voorcijferen figure out [s.t. for a p.], show

voordacht premeditation; *zie* opzet

voordansen I *intr* lead the dance; II *tr* dance [a waltz] before a p.; *kre(u)pel wil altijd* ~ fools rush in where angels fear to tread

voordat before; **voorde** ford

voordeel advantage (*ook sp*), benefit; (*fam*) [look for political] mileage; (*geldelijk*) profit, gain, (*in reclame*) economy [size]; *~tje* windfall; *zie* buitenkansje; *het is een groot ~ een goede boekhouder te hebben*, (*ook*) it is a great asset to have ...; *voor- en nadelen* pros and cons, merits and demerits; *de oorlog bracht velen* ~ many people did well out of the war; *een ~ op iem **behalen*** gain an advantage over a p.; *zijn ~ **doen** met* take advantage of, turn to (good) account; *zijn **eigen** ~ zoeken* seek one's own advantage; (*fam*) be out for (look after) number one; *hij kent zijn eigen ~ niet* he does not know (on) which side his bread is buttered; *~ **hebben** van* profit by; *het heeft het ~ van goedkoop te zijn* it has the advantage of cheapness; *het heeft z'n ~ om lid te zijn* there is advantage in being a member; *~ **opleveren*** yield profit; *~ **trekken** uit* profit (benefit) by, turn to (good) account, take advantage of; *iem het ~ van de **twijfel** gunnen* allow (give) a p. the benefit of the doubt; ***in** uw* ~ [you will hear something] to your advantage; *voor zover er verschil is, is dat in uw* ~ where there is a difference it is in your favour; *dat is in zijn* ~ that's where he scores; *twee dingen die zeer in haar ~ waren* [she had] two great assets; *in het ~ zijn bij iem* have the advantage of a p.; *hij is in zijn ~ veranderd* he has changed for the better; ***met** ~* with advantage, with profit, (*met winst*) [sell] at a profit, [work a mine] profitably; ***te** mijnen voordele, **ten** voordele van mij, **tot** mijn* ~ for my benefit, to my advantage, to my profit, in my favour; *zie ook* strekken

voordeelpak economy (size) pack

voordek (*mar*) foredeck

voordelig I *bn* profitable, advantageous; (*~ in het gebruik*) economical, cheap; *het is ~ in het gebruik*, (*ook*) a little of it goes a long way; *een ~ baantje*, (*ook*) a lucrative job; *zie ook* saldo; II *bw* profitably, etc, [sell] to advantage; *zeer* ~ to great advantage; *zo ~ mogelijk beleggen* invest [one's money] to the best advantage; *zij kwam ~ (op haar ~st) uit* she appeared (showed) to (great) advantage, looked her best; *zie ook* uitkomen 4; *het huis op zijn ~st zien* see the house at its best (to advantage); **voordeligheid** profitability, advantageousness; cheapness

voordeur front door, street door; **voordeurdeler** living-in partner

voor|dezen, -dien before this, before, previously

voordienen serve

voordochter 1 daughter by a previous marriage; 2 daughter born before marriage

voordoen I *ww, tr* 1 (*aandoen*) put on [an apron]; 2 (*voorbeeld*) show; *het iem ~* show a p. (how to do it); *doe het me eens voor* show me; *goed ~ doet goed volgen,* (*vglb*) example is better than precept; II *ww, refl: zich ~* 1 (*optreden, ve moeilijkheid, vraag, enz*) arise [the question arises why ...], crop up, (*ve gelegenheid*) offer, occur, present itself (*ook:* he seized the first job that came his way); *zie ook* opdoen; *mocht de noodzakelijkheid zich ~* should the need arise; *de vraag die zich dagelijks aan ons voordoet* the question that daily confronts us; *als zich geen complicaties ~,* (*ook*) in the absence of ... [no further bulletins will be issued]; 2 (*v pers*) pose, act; *zich ~ als* pose as, pass o.s. off as (for), represent o.s. as [a doctor]; *hij doet zich goed voor* he makes a good impression (on people); *zich zo goed mogelijk ~,* (*gedragen*) be on one's best behaviour; *zich op zijn mooist ~* put one's best side foremost; *hij weet zich aardig voor te doen* (*en zich in te dringen*), *enz* he has a way with him; *zich aardig ~d* plausible [charlatan]; *je bent niet zo oud als je je voordoet* you ... as you make yourself out (to be)

voordracht 1 (*lezing, enz*) lecture, speech, discourse [*over* (up)on]; *zie ook* lezing; recitation, recital [of a poem, piano recital]; 2 (*wijze v voordragen*) delivery, diction, utterance, [lessons in] elocution, (*muz*) execution, rendering, style of playing; *een goede* (*een haperende*) *~ hebben* have a good (a halting) delivery; 3 (*v kandidaten*) nomination, select (*of:* short) list, recommendation; *zie* houden 12: zich ~ aan; *hij staat nummer drie* ***op*** *de ~* he is third on (*of:* in) the short list; *op ~ van* on the recommendation of

voordrachtkunst declamation, declamatory art; **voordrachtkunste|naar**, **-nares** elocutionist, reciter, diseur, diseuse; **voordragen** 1 recite [a poem]; execute, render [a piece of music]; prefer [a request]; 2 (*kandidaat*) propose, nominate [a p. for election, for membership]; recommend [Mr P as governor of ...]; present [a clergyman]; *hij werd voor een decoratie voorgedragen* he was recommended for decoration; *hij werd ter benoeming voorgedragen* his name was submitted for appointment; *een wetsontwerp voor de Koninklijke goedkeuring ~* present a bill for the Royal Assent; *zie ook* -dracht; **voordrager** reciter, proposer, nominator; *vgl* -dragen

voordraven: *laten ~,* (*ook fig*) put through his (its) paces

voorechtelijk premarital

vooreerst 1 (*voorlopig*) for the present, for the time being, for some time to come, [he won't do it again] in a hurry; *~ nog niet* not just yet, not yet awhile; *dit zou ~ nog niet zijn* this was not to be for a while yet; 2 (*ten eerste*) in the first place, to begin with; for one thing

vooreind(e) fore-part, -end, front

voorfluiten whistle [a tune to a p.]

voorgaan 1 go before, precede; (*de voorrang hebben*) take precedence; *gaat u voor!* after you, please!; *zijn werk gaat voor* his work comes first (with him); *zaken gaan* (*de plicht gaat*) *voor* business (duty) first, business before pleasure; *dames gaan voor* ladies first; *de aartsbisschop van Canterbury gaat de adel voor* the ... takes precedence of (ranks above) the nobility; *iem* ***laten*** *~,* (*ook fig*) yield precedence to a p., give a p. precedence; *zaken laten ~* put business first (*of:* before pleasure); *het belang van het land moet ~* the interest of the country must come first; *zij die ons voorgegaan* (*die gestorven*) *zijn* those who have gone before (us), those who have passed on; 2 (*de weg wijzen*) lead the way [into ...]; (*een voorbeeld geven*) set an example; *goed ~ doet goed volgen* a good example has many imitators; (*vglb*) example is better than precept; 3 (*ve uurwerk*) be [five minutes] fast, gain [five minutes every day]; 4 (*de leiding nemen*) take the lead; (*kerk*) officiate; *~* ***bij*** *een godsdienstoefening* conduct a service; *~* ***in*** *gebed* lead in prayer; **voorgaand** preceding, last, former; *het ~e jaar,* (*vóór het jaar in kwestie*) the previous (preceding) year; *zie ook* vorig & term; *het ~e* the foregoing, what precedes

voorgaats in the offing

voorgalerij front (*of:* outer) veranda(h)

voorgang 1 precedence; 2 example; 3 front corridor (passage); **voorgang(st)er** predecessor; (*leider*) leader; (*predikant*) pastor, minister; *zie ook* oefenaar 2 & voorloper

voor|gebed 1 grace before meals; 2 prayer before the sermon; **-gebergte** promontory, headland; **-geborchte** limbo; **-gebouw** front part of a building

voorgedragene nominee; **voorgedrukt**: *~ formulier* blank; **voorgeleiden** *zie* voorleiden

voor|gemeld, **-genoemd** above-mentioned, mentioned higher up

voorgenomen intended [sale, marriage], proposed [flight, attempt], contemplated [marriage], projected [book]

voorgerecht first course, entrée, starter

voor|geschiedenis 1 (*voortijd*) prehistory; 2 (*ve zaak*) (previous) history; (*ve pers*) past history; (*ve ziekte, enz*) case history; anamnesis; **-geslacht** ancestors, forefathers, forbears

voorgespannen pre-stressed [concrete *beton*]

voorgevallene: *het ~* what has happened, the happenings

voorgevel (fore)front, façade; (*scherts: neus*) conk, proboscis

voorgeven I *ww* 1 (*bij spel; ook fig*) give points (*of:* odds) [to ...]; (*rennen*) give [a horse 12 pounds], (*zwemmen*) give [a p. ten strokes], (*zeilen*) allow [time to ...], (*schaken*) give [pawn and two moves]; *ik geef hem 50 voor,* (*spel*) I give him 50; 2 (*beweren*) pretend, profess [she professed to love him]; *ze is niet zo slecht als ze voorgeeft* she is not half so bad as she makes out; *een brief ~de* ... a letter purporting [to have been written by me]; *voorgegeven,* (*ook*) ostensible [purpose]; II *zn: volgens zijn ~* according to what he pretends (professes)

voorgevoel presentiment; (*fam*) hunch; (*v iets slechts, ook*) foreboding, premonition; *angstig ~* misgiving(s); *ik heb er een ~* (*~ens*) *van,* (*ook*) I

feel it in my bones
voorgewend *zie* voorwenden
voorgezang opening hymn
voorgift [give, receive] odds, handicap; (*zeilen*) time allowance; *wedstrijd met* ~ handicap (race); *zonder* ~ scratch [race, man, yacht]; *zie ook* voorsprong
voorgoed for good (and all), [he settled there] permanently, [settle the matter] once and for all
voorgrond foreground; *op de* ~ *staan* be in the foreground; (*fig*) be to the fore, be in the limelight; *op de* ~ *brengen* bring [a question] to the forefront; *op de* ~ *treden* come to the front (into prominence), come to (be to) the fore; *op de* ~ *treden in het openbare leven* be much in the public eye; *op de* ~ *plaatsen* (*stellen*) put in (thrust into) the forefront, bring into prominence; *op de* ~ *stel ik, dat* ..., (*ook*) first of all (*of:* to begin with) there can be no question (etc) that ...; *zich op de* ~ *dringen* force o.s. (itself) to the front
voorhal (entrance) hall
voorhamer sledge(hammer)
voorhand 1 front part of the hand; (*ve paard*) forehand; 2 (*kaartspel*) elder hand; *aan de* ~ *zitten* be the elder (eldest) hand, play first, (have the) lead; 3 *op* ~ beforehand, in advance; *op* ~ *is het niet waarschijnlijk* on present showing it is unlikely [that ...]
voorhanden 1 (*in voorraad*) on hand, in stock, in store; (*beschikbaar*) available, [hot water] on tap; *niet meer* ~ sold out, exhausted, out of stock; *het enige nog* ~ *exemplaar* the only copy left (still extant); *het* ~ *geld* the money at our disposal, our cash in hand; *in alle kleuren* ~ stocked in all colours; 2 (*bestaande*) extant, existing
voorhang curtain; (*vd tempel*) veil; (*ve altaar*) antependium, frontal; **voorhangen** I *tr* (*eig*) hang in front; (*als lid*) put [a p.] up [for election, for a club], propose (as a member); *zich laten* ~ *voor een club* put in for ...; II *intr* be up [for a club], be proposed, be put up (for membership); **voorhanger** clip-on (sun-glasses), overclip(s); **voorhangsel** *zie* -hang; **voorhaven** outport
voorhebben 1 (*dragen*) have on [an apron, etc]; 2 (*van plan zijn*) intend, purpose; *hij heeft* ***iets*** (*niets*) *kwaads voor* he is up to no good, means mischief (means no harm); *wat heb je voor?* what are you up to?, what are you after?, what is your game?; *ik weet wat hij voorheeft* I know what he is after; *het goed* (*slecht*) ***met*** *iem* ~ mean well (ill) by a p., wish a p. well (ill); *het beste met iem* ~ have the best of intentions towards a p.; *wat heb je met mij voor?* what do you mean to do with me?; 3 (*voor zich hebben*) address, face; *wie meen je dat je voorhebt?* who(m) do you think you are talking to?; 4 (*voordeel hebben*) have the advantage, score; *dat hebben wij voor* that's where we score; *zij heeft alles* (*haar jeugd, enz*) *voor* she has everything (youth, etc) on her side; *iets* ***op*** *iem* ~ have the advantage of a p.; *veel op iem* ~ have many advantages over a p.; *daardoor had ik wat op hem voor* that gave me the pull over him; *zie ook* verkeerd
voorheen formerly, in former days (times), before, [execute orders with the same care as] in the past; *J W,* ~ *K Z,* (*ve zaak*) J W, late K Z; ~ *wonende te* late of [Leeds]; ~ *hoogleraar te Aix* sometime (one-time) professor at Aix, late of Aix University; *van* ~ former, [her] one-time [lover]; ~ *en thans* past and present, then and now
voorheffing advance levy; **voorhistorisch** prehistoric; *de* ~*e tijd* prehistoric times
voorhoede (*ook fig*) advance(d) guard, van, vanguard, spearhead; (*sp*) forward line, forwards; *in de* ~ *staan* be in the van [of progress], stand in the forefront [of explorers]; **voorhoedegevecht** (*fig*) preliminary skirmish(es); **voorhoedespeler** forward
voor|hof forecourt; (*ve tempel*) porch; (*ve oor*) vestibule; **-hoofd** forehead; *zie ook* stalen
voorhoofds|been frontal (*of:* coronal) bone; **-holte** frontal sinus; **-holteontsteking** sinusitis, (*fam*) sinus trouble; **-spiegel** (*med*) speculum
voorhouden 1 hold [s.t.] before [a p.], hold out [s.t.] to [a p.]; keep on [one's apron, etc]; *iem een pistool* ~ present a ... at a p.('s head); 2 *iem iets* ~, (*fig*) expostulate (remonstrate) with a p. on [his conduct, etc], impress s.t. (up)on a p. [impress on (represent to) a p. the necessity of ...]; (*voor de voeten gooien*) cast s.t. in a p.'s teeth; *iem het goede* ~ exhort (admonish) a p. to do what is right; *dat idee werd haar steeds voorgehouden* that idea was drummed into her mind; *iem zijn schuld* ~ confront a p. with his guilt; 3 (*mar*) stand (on) [a course]
voorhuid foreskin, prepuce
voorhuis (entrance) hall
voorin (*in tram, enz*) in (the) front; (*in boek*) at the beginning; ~ *komen* enter by the front (door); *zie ook* voor II
Voor-Indië (British) India; **Voorindiër** Indian; **Voorindisch** (British) Indian
vooringang front entrance
vooringe|nomen prepossessed, prejudiced, bias(s)ed, predisposed, partial; ~ *voor* prejudiced (predisposed) in [a p.'s] favour, partial to; ~ *tegen* prejudiced against; **-nomenheid** prepossession, bias, prejudice
voorjaar spring; [in] springtime; **voorjaars-** spring [fair, flowers, rains, weather], vernal
voorjaarsmoeheid spring lassitude; **voorjaarsnachtevening** vernal equinox; **voorjaarsopruiming** spring sale(s); **voorjaarsschoonmaak** spring-cleaning; ~ *houden* spring-clean
voorkajuit forward cabin [of an airliner]; **voorkamer** front room; **voorkant** front [of a house], front side, face; *met de* ~ *naar de straat* facing the street; *zie ook* -zijde
voorkauwen: *iem iets* ~ repeat (explain) a thing (to a p.) over and over again; *het wordt hun voorgekauwd* they are spoon-fed with it
voorkennis foreknowledge, prescience, advance knowledge; *met mijn* ~ with my (full) knowledge; *buiten mijn* ~ without my knowledge, without my knowing (of) it, unknown to me, (*fam*) unbeknown(st) to me; *handelen met* ~, (*beurs*) insider

trading (dealing)

voor|keur preference; (*recht van ~*) preference, priority, first claim; *bij ~* by (for) preference, for choice, preferably; *de ~ genieten* (*hebben*), *a*) be preferred; *b*) (*recht van ~ hebben*) have the preference [*boven* over], have first claim [on s.t.], have the (first) refusal [of a house]; *de ~ verdienen* be preferable [*boven* to]; *de ~ geven aan* prefer [*boven* to], give preference to [*boven* over: young men are given preference over older men]; *de ~ geven aan koffie boven thee,* (*ook*) drink ... in preference to tea; **-keurrechten** preferential duties; **-keursbehandeling** preferential treatment; **-keurspelling** preferred spelling; **-keurstem** preference vote; **-keurtoets**, **-keuzetoets** preset button, etc

voorkiem (*plantk*) prothallium; **voorkind** 1 child by a previous marriage; 2 pre-marital child

voorklinker front vowel

voorkoken 1 parboil; *~ en invriezen* cook-chill; 2 (*fam*) manipulate, rig [results], contrive [plans] carefully, cook up [a cleverly cooked up scheme]

1 'voorkomen I *ww* 1 (*bij wedstrijd*) get ahead, get the start, draw ahead, draw away from the others, draw out in front; ***iem*** *~,* (*ook fig*) get ahead of (outstrip) a p.; 2 (*ve taxi, rijtuig, enz*) come round, drive up (to the door); *de auto **laten** ~* order the car round, have the car brought round; 3 (*voor de rechtbank, v pers*) appear in court, be brought up (for hearing, for trial), (*ve zaak*) come on, come up (for hearing, for trial); *toen de zaak voorkwam,* (*ook*) when the case was called on; ***weer*** *~,* (*ve beklaagde*) be brought up on remand, make a second appearance; 4 (*gevonden worden*) be found, be met with, occur; *veel ~,* (*ook*) be much in evidence; *~ in iems **testament*** (*een toneelstuk, legende, de* (*koopmans*)*boeken*) figure in a p.'s will (a play, a legend, the books); *de helft van alle steenkool komt er voor* half ... occurs there; 5 (*gebeuren*) occur, happen; ***veel*** (*geregeld*) *~* be of frequent (regular) occurrence; *zorgen voor alles dat voorkomt* (*zich voordoet*) attend to anything that crops up; 6 (*toeschijnen*) seem (appear) to; *het komt **mij** voor dat zulke dingen niet moesten ~* it seems (appears) to me that such things should not happen (occur); *het komt me voor dat ik het eerder gehoord heb,* (*ook*) I seem to have heard it before; *het kwam ons gewenst voor* ... we thought it desirable ...; *het komt me bekend voor* it rings a bell; *uw naam komt me bekend* your name seems familiar (has a familiar ring); *hij **laat** het ~ **alsof*** ... he pretends (makes it appear) that ...; *als hij laat ~* [not so good] as he would have you believe (as he would have it); [not so poor] as he makes out; II *zn* 1 (personal, outward) appearance, aspect, mien, air, look(s); *je moest wat meer werk maken van je ~* you should take more pride in your appearance; *goed van ~* personable; *dat geeft de zaak een ander ~* that puts a different complexion on the matter; 2 occurrence [of measles, of abnormal forms, etc], incidence [of tuberculosis, of colour-blindness among women]; *plaats van ~,* (*v dieren, enz*) habitat

2 voor'komen 1 (*vóór zijn*) anticipate, forestall [a p.'s wishes], be beforehand with [a p.]; 2 (*beletten*) prevent, guard against [accidents], preclude [ambiguity], save [trouble, a lot of work]; (*afwenden*) stave off [bankruptcy, penury], avert [a disaster]; *~ is beter dan genezen* prevention is better than cure; *te ~* preventable, preventible [diseases]

1 'voorkomend occurring; *zelden ~* rare, of rare occurrence; *veel ~* of frequent occurrence, frequent; *~e genade,* (*r-k*) prevenient grace; *zie ook* gelegenheid, enz

2 voor'komend obliging, attentive, complaisant, urbane

voorkomendheid obligingness, complaisance, urbanity; **voor'koming** prevention; anticipation; *vgl* voor'komen; *ter ~ van* to avoid (prevent) [disappointment]; *zie ook* zwangerschap

voorkoop pre-emption; *zie ook* recht I.1

voorlaatst last [line] but one; penultimate [syllable]; *de ~e keer* last time but one; *het ~e seizoen* the season before last

voorlader (*wasmachine*) front-loader; (*geweer*) muzzle-loader; **voorland** 1 foreland, promontory, headland; 2 (*oningedijkt land*) foreland, foreshore; 3 future; *dat is je ~* that is what is in store for you, that's your future

voorlang for a long time; **voorlastig** (*mar*) down by the head; **voorleer** front [of a shoe], vamp

voorleggen lay (put, place) [a proposal, etc] before [a p., the meeting], submit [a plan, samples, etc] to, propound [a problem] to; *het aan de vergadering* (*ter stemming*) *~* put it to the meeting; *een testament ter goedkeuring aan de rechtbank ~* propound a will (to the court); *iem zijn zaak ~* state one's case to a p., put one's case before a p.; *mag ik u deze vraag ~?* may I put this question to you?; *het werd hem ter beslissing voorgelegd* it was referred to his decision

voorleiden bring up [a criminal]

voorletter initial (letter); *zijn ~s* his initials

voorlezen read to [a p.]; read out [a notice]; (*aanklacht, afgelegde verklaring, enz*) read over [the charge, the prisoner's statement] to ...; *lees me de brief voor* read me the letter; **voorlezer** reader (*ook in kerk*); **voorlezing** reading; (*ve spreker*) lecture

voorlichten *ww* 1 light [a p. to his room, etc]; 2 (*fig*) enlighten [*omtrent* on, as to], instruct, advise, inform; *vgl* -lichting; **voorlichtend** informative [meeting]; **voorlichter** information officer, press officer, spokesman; **voorlichting** enlightenment, instruction(s), advice; information; (*bij beroepskeuze, enz*) guidance; *seksuele ~* sex instruction (education, *Am:* orientation); *seksuele ~ geven,* (*ook*) tell [one's children] the facts of life; *te uwer ~* for your guidance; **voorlichtingsambtenaar** public relations officer; **voorlichtingsdienst** information service

voorliefde predilection, (special) liking [*voor* for], partiality [*voor* to, for]; *~ hebben voor* have a predilection (etc) for, be partial to; *~ krijgen voor* take a liking (a fancy) to

voorliegen: (*wat*) ~ lie to [a p.]
voorliggen 1 lie in front; ~ *op* be ahead of, have a lead over [a p.]; 2 (*mar*) *pal west* ~ stand (*of:* head) due west; 3 be in hand, under discussion; *het ~de ontwerp,* (*ook*) the present draft
voorlijk forward [child, plant], precocious [child], early [plant]; **voorlijkheid** forwardness, precocity
voorloop (*bij distilleren*) heads, first runnings; (*ook: naloop*) faints; *zie ook* -spook; **voorlopen** go (walk, run) in front; (*ve uurwerk*) gain [two minutes a day]; (*voor zijn*) be [two minutes] fast; **voorloper** 1 precursor, forerunner, predecessor, herald; 2 (*schaaf*) jack-plane; **voorlopig** I *bn* provisional [government]; preliminary [notice]; (*ook*) tentative [arrangement, consent]; ~ *bewijs van aandeel* scrip (certificate); ~ *dividend,* ~*e uitkering* interim dividend; ~*e rekening* suspense account; ~ *verslag* interim report; *zie ook* polis & preventief; II *bw* provisionally, for the present, for the time being, until further notice
voormaals in former times; **voormalig** former, late, sometime, one-time [editor of Punch]
voorman 1 (*mil*) front-rank man, man in front; *zich op zijn ~ dekken* take up one's covering; (*fig*) pass the buck; *iem op zijn ~ zetten* put a p. in his place, make a p. sit up; 2 (*ploegbaas*) foreman; 3 (*leider*) leader, leading man; *zie ook* kopstuk; 4 (*bij wissel*) preceding (previous) holder
voormarszeil foretopsail; **voormast** foremast
voormeld above-mentioned, mentioned higher up
voormiddag 1 morning, forenoon; 2 early afternoon; ~*s te 10 uur* at ten o'clock in the morning, at 10 a.m.; **voormiddag|beurt**, **-dienst** morning service; **voormiddagwacht** (*mar*) forenoon watch
voormuur front wall; (*fig*) bulwark
voorn roach, rudd, red-eye, minnow
1 'voornaam *zn* Christian (first, *Am:* given) name
2 voor'naam *bn* 1 distinguished [visitor], eminent, prominent; aristocratic [manners], grand [style]; ~*ste* principal, leading [firms, England's leading pianist], chief; *zie ook* deftig; 2 (*belangrijk*) important, prominent [occupy a prominent place]; *het ~ste vraagstuk* (*punt*) the outstanding problem (point); *dit is het ~ste* this is the principal (main, great) point
voornaamheid distinction; prominence; loftiness, pompousness; *vgl* voornaam
voornaamwoord pronoun; **voornaamwoordelijk** pronominal
voornacht first part of the night
voornamelijk principally, chiefly, mainly, primarily
voornemen I *ww: zich* ~ resolve, determine, make up one's mind [to go], propose [the method he proposed to use], plan [he did a good deal of what he had planned], determine (resolve) (up)on [a certain course]; *hij nam zich voor ...,* (*ook*) he made a mental note [to have these things attended to]; *zie ook* voorgenomen; II *zn* intention, resolution [new year resolutions]; *het ~ hebben* (*van ~ zijn, ~s zijn*) *om te gaan* intend to go; *het ~ opvatten om te* ... make up one's mind to ..., resolve to ...; *de weg naar de hel is met goede ~s geplaveid* the road to hell is paved with good intentions
voornoemd above-mentioned, aforesaid
vooroefeningen preliminary exercises
vooronder fore-cabin, forecastle
vooronder|stellen presuppose, postulate; **-stelling** presupposition; postulate; **-zoek** preliminary investigation (inquiry, examination)
voorontsteking advanced ignition; **voorontwerp** (first) draft
vooroordeel prejudice, bias [against women candidates], preconceived opinion; *een ~ hebben tegen* have a prejudice (be prejudiced) against; *iem een ~ doen krijgen* prejudice a p. [*tegen* against]
vooroorlogs pre-war [social conditions]
voorop in front; *met de passagiersrijtuigen* ~ [the train ran] coaches first; *zie ook* voor II; ~ *moet staan dat ...,* (*fig*) the first consideration must be that ...; **vooropgaan** lead the way, walk in front (at the head); **vooropgezet**: ~*te mening* preconceived opinion, preconception
vooropleiding previous training (education, schooling); [a thorough] grounding
voorop|lopen walk in front, (*ook fig*) lead the way; **-stellen** premise, postulate; *ik stel dit voorop,* (*ook*) I put this first and foremost; *vooropgesteld dat* ... on the understanding that ...; **-zet** malicious intention; **-zetten** *zie* -stellen & -gezet
voorouderlijk ancestral; **voorouders** ancestors, forefathers, for(e)bears; **voorouderverering** ancestor worship
voorover forward, bending forward, face down, prone, prostrate; *met het hoofd* ~ head foremost
voorover|buigen bend (stoop) forward; **-bukken** stoop; **-hellen** incline forward, lean over
vooroverleg preliminary discussions (consultations)
voorover|leunen lean forward; **-liggen** lie prostrate (prone, on one's face, face downward)
vooroverlijden predecease
vooroverlopen: (*een weinig, erg*) ~ walk with a (slight, bad) stoop, stoop (slightly, badly); **vooroveravallen** fall forward (on one's face, headlong, head first, head foremost), pitch forward
voor|pagina front page; **-pand** front [of a coat, etc]; **-piek** (*mar*) forepeak; **-plan** foreground; **-plat** front (*of:* upper) cover; **-plecht** (*mar*) forecastle, bows; **-plein** forecourt [of Buckingham Palace], front yard, castle-, palace-yard; **-poort** front (*of:* outer) gate; **-poot** foreleg, forepaw; **-portaal** porch, hall; **-post** outpost
voorpostengevecht *zie* voorhoedegevecht
voor|praten 1 *iem wat ~, zie* wijs: ~ maken; 2 (*voorzeggen*) prompt a p.; **-preken** preach to
voor|pret anticipatory pleasure, pleasurable anticipation; **-proef(je)** foretaste, taste; **-proeven** taste beforehand; **-proever** (food-)taster
voorprogramma first part of the programme; **voorprogrammeren** programme; (*comp*) preprogram; **voorpublikatie** prepublication, ad-

vance publication

voorraad stock, supply, store, stockpile; *militaire voorraden* military stores; *aanwezige* ~ stock on hand; *een grote* ~ *voorhanden hebben* have a large stock on hand; ~ *opdoen* stock (up); *een* ~ *opdoen van* lay in a supply of; *zijn* (*winter*)~ *aardappelen opdoen* lay in potatoes for the winter; (*niet*) ***in*** ~ in (out of) stock, on hand; *in* ~ *hebben* keep (have) in stock; *in* ~ *nemen* stock; ***uit*** ~ *leveren* deliver from stock; ***van*** (*nieuwe*) ~ *voorzien* (re-)-stock; (*mar*) (re-)victual, (*brandstof van luchtschip bijv*) (re-)fuel; *zie ook* strekken

voorraadkamer store-room; **voorraadkast** store cupboard; **voorraadschuur** granary [of the Empire], storehouse; **voorraadvorming** building up of stocks, stockpiling

voorraam front window; **voorrad** front wheel

voorradig *zie* voorraad: in ~ & voorhanden

voorrand front edge; (*ve vliegtuigvleugel*) leading edge

voorrang precedence, priority, [traffic coming from the left has] right of way; *de* ~ *hebben* have priority, take precedence [*boven* of, over]; *de* ~ *hebben boven*, (*ook*) rank above; *deze aandelen hebben de* ~ *boven* ... these shares rank prior to ...; *de* ~ *verlenen* give (right of) way; *de* ~ *afstaan aan* yield precedence to; *om de* ~ *strijden* contend for the mastery

voorrangskruising major road intersection; (*opschrift*) give way; **voorrangslijst** priority list; **voorrangsweg** major road

voorrecht privilege; [royal] prerogative; *het* ~ *hebben te* ..., (*ook*) be privileged to ...

voorrede preface; (*vooral door ander dan schrijver*) foreword; (*kort*) prefatory note

voorrekenen figure out [s.t. for a p.], show

voorrichtingsbord advance direction sign

voorrijden 1 ride (drive) in front (at the head); 2 (*ve auto, enz*) *zie* -komen; **voorrijder** (*op los paard*) outrider; (*op één van het span*) postilion; **voorrijkosten** call(-out) charge(s)

voorroepen call [a witness]

voorronde qualifying (preliminary, eliminating) round

voorruim (*mar*) forehold, forward hold

voorruit (*ve auto*) windscreen, (*Am*) windshield

voorschieten advance [money]

voorschijn: *te* ~ ***brengen*** produce, bring out [a jacket that he had not worn for years], elicit [the inquiry elicited the following facts]; raise [a blush]; *te* ~ ***halen*** take out [one's watch], bring out [the best wine], pull out (*plotseling:* whip out) [a revolver]; *te* ~ ***komen*** appear, [the stars] come out, make one's appearance, emerge [victorious from the battle; the train emerged from the tunnel], pop up [unexpectedly]; *een zakdoek kwam uit zijn zak te* ~ peeped out of ...; *te* ~ ***roepen*** call up, evoke [spirits], call forth, bring out [danger often brings out new qualities in a man], call into play [latent energy, etc]; *te* ~ ***schieten*** dart out

voorschip forepart of a (the) ship

voorschoot apron

voorschot advance, advanced money, loan; ~*ten*, (*verschotten*) out-of-pocket expenses; ~ *in geld* cash advance; ~ *tegen onderpand* advance (*of:* loan) on security; ~ *in rekening-courant* overdraft; *een* ~ *verlenen* make an advance; ~ *geven op* advance money on; *in* ~ *zijn* be to the good; *op* ~ *ontvangen* receive in advance; **voorschotbank** credit cooperative, credit bank; **voorschotelen** *zie* opdissen & voorzetten: iem iets ~

voorschreven above-mentioned, aforesaid

voorschrift prescription (*ook ve dokter*), direction, instruction; (*voor gedrag*) precept; (*ve reglement, enz*) regulation, (*eis*) requirement; *op* ~ *van de dokter* [he is resting] under doctor's orders; *door* ~ *en voorbeeld* [teach] by precept and example; **voorschrijven** 1 (*eig*) write [s.t. to be copied by a p.], set [a copy]; 2 (*fig*) prescribe, (*gebiedend*) dictate [terms, conditions of peace]; *als voorgeschreven in de verordening* as laid down in (as required by) the by-law; *zie ook* wet; *iem* ~ *hoe hij moet handelen* prescribe (dictate) to a p. how to act; *een patiënt een geneesmiddel* (*behandeling*) ~ prescribe a medicine (a treatment) for a patient; *het gezond verstand schrijft het voor* it is dictated by common sense; *er is haar volledige rust voorgeschreven*, (*ook*) she has been ordered complete rest; *een recept* ~ write (out) a prescription; *iem een recept* (*behandeling, enz*) ~, (*ook*) prescribe for a p.; *de* (*het*) *voorgeschreven lichten, grootte, honorarium, enz* the regulation lights [of a vessel], size, fee, etc; *ik laat me niets* (*door u*) ~ I won't be dictated to (by you)

voorsein distant signal

voorshands for the present, for the moment, for the time being

voorslaan (*voorstellen*) propose, suggest; **voorslag** 1 first stroke; (*ve klok*) warning; (*muz*) appoggiatura; 2 (*voorstel*) proposal; *iem een* ~ *doen* make a p. a proposal

voorsluiting front fastening; *met* ~ front-fastening; **voorsmaak(je)** (fore)taste

voor|snijcouvert (set of) carvers; **-snijden** carve; **-snijd(st)er** carver; **-snijmes** carving-knife; **-snijvork** carving-fork

voorsorteren (*verkeer*) filter, preselect; (*opschrift*) get in lane

voorspannen 1 put [the horses] to; *zich ergens* ~ take a thing in hand; *ik zal hem er* ~ I'll get him to lend a hand, I'll enlist his services; 2 pretension; prestress

voorspatbord (*auto*) front wing, (*Am*) front fender; (*fiets*) front mudguard

voorspel 1 (*muz*) prelude, overture; (*voor de kerkdienst*) (in-)voluntary; (*theat*) prologue, introduction, introductory part of a play; 2 (*fig*) prelude [*van een grote strijd* to a great struggle]; (*liefdes*~) foreplay

voorspelbaar predictable (*ook: saai*)

voorspelden pin on (in front)

voorspelen 1 play [I'll play you an example; play us s.t.; play to us]; *komen* ~ have an audition; 2 (*kaartspel*) (have the) lead; **voorspeler** (*sp*) forward

'**voorspellen** spell [a word] to [a p.]
voor'spellen predict, prophesy, foretell, forecast (*ovt & v dw:* id *of* forecasted), prognosticate, presage; (*uit tekenen*) augur; (*v zaken*) (fore)bode [ill], augur [well, ill], portend [harm, trouble], spell [disaster, ruin]; *dat voorspelt niets goeds* that forebodes nothing good; *dat voorspelt iets goeds voor het land* that augurs well for the country; *de zon voorspelt een warme dag* promises a hot day; *ik heb het je wel voorspeld!* I told you so!; *zie ook* beloven; **voorspeller** prophet, prophesier; **voorspelling** prediction, prophecy, prognostication, [weather] forecast
voorspiegelen: *iem iets ~* hold out false hopes to a p., delude a p. with false hopes, lead a p. to expect a reconciliation, etc; *er werd hem grote rijkdom voorgespiegeld* a vision of great wealth was dangled before his eyes; *zich allerlei dingen ~* indulge in all kinds of illusions; *ik spiegel mij er niet veel van voor* I am under no illusion about it; *zich een prettige tijd ~* promise o.s. a pleasant time; **voorspiegeling** false hope(s), delusion
voorspijs entrée
voorspoed prosperity; *voor- en tegenspoed* ups and downs; *in voor- of tegenspoed* in (through) foul and fair, for better for worse, in all weathers; *vrienden in ~* fair-weather friends; **voorspoedig** prosperous [voyage], successful, auspicious; *het ging hun ~* they prospered, were successful; *het kindje groeit ~* is thriving; **voorspoedigheid** prosperousness, prosperity
voor|spraak 1 intercession [*bij* with], mediation, advocacy; 2 (*pers*) intercessor, mediator; advocate [*bij* with] (*ook bijb: 1 Joh. 2:1*); *op ~ van* at the intercession of; *iems ~ zijn bij* intercede for a p. with, put in a word for a p. with; **-spreken** (*om te laten nazeggen*) say (pronounce) first; *iem ~* speak on a p.'s behalf, take a p.'s part, put in a word for a p.; **-spreker** *zie* -spraak 2
voorsprong start; lead [a ten yards' lead, a lead in armaments over France]; (*sp & fig*) headstart; *een ~ geven* allow a start, give 10 minutes' (etc) start; (*sp ook*) margin [the greatest margin since Coppi's in 1952]; *de hij had een uur ~ op ze* he had an hour's start of them; *een ~ hebben van 500 stemmen* be leading by ...; *in de diplomatie hebben vrouwen een zekere ~ op mannen* in ... women have the edge (a slight edge) over men
voorstaan I *tr* advocate [a view, liberty, socialism], champion [a principle, the cause of the unmarried mother], stand for [tariff reform]; II *intr* 1 (*vooraan staan*) stand in front, (*ve taxi*) be at the door; 2 (*voor de geest staan*) be present to one's mind; *het staat mij voor alsof het gisteren gebeurde* I remember it as if ...; *er staat me zo iets van voor(, dat ...)* I seem to have heard it before (I have an idea, somehow, that ...); 3 *er goed ~, enz, zie* staan; 4 *zich laten ~ op* pride o.s. on [one's birth, one's conversational powers]; *je laat je ~ op onze vriendschap* you presume on our friendship; *hij laat zich op niets ~* he is an unassuming person; *niet dat ik mij erop laat ~* not that I take any credit for it
voorstad suburb; *van de voorsteden* suburban; (*de mensen, het leven in*) *de voorsteden,* (*ook*) suburbia; **voorstadium** preparatory (initial, earlier) stage (phase)
voorstander advocate, champion, supporter, upholder [of capital punishment], partisan [of the welfare state]; *~ van frisse lucht* believer in fresh air; *~ zijn van,* (*ook*) believe in [marrying young]; be in favour of [change]; *een groot ~ zijn van* be all for [tolerance, employees' participation]; **voorstanderklier** prostate
voorste foremost [in the foremost ranks], first, front [row], anterior (*v twee*); *~ wagen,* (*ve trein, ook*) leading coach; *de ~ blijven* retain the lead; *zie ook* ledemaat, vinger, enz
voorsteken overtake; push in front
voorstel 1 proposal, (*inz handel*) proposition; (*oppering*) suggestion; (*ve bestuur, ook*) resolution, (*v leden ve vergadering*) motion; (*wets~*) bill; *een ~ doen* make a proposal; *zie ook* -stellen; *een ~ indienen,* (*door lid*) move (table, hand in) a motion; *een ~ aannemen* accept (agree to, accede to) a proposal; *een ~ verwerpen* reject a proposal; *op ~ van* on the proposal of, on the motion of [Mr R the debate was adjourned], at (on) the suggestion of; 2 *zie* proefpreek; 3 (*vero: vraagstuk*) problem; 4 (*ve wagen*) fore-carriage; **voorstelbaar** imaginable
voorstellen 1 (*introduceren*) introduce, (*aan hogeren*) present; *aan het hof voorgesteld worden* be presented at Court; *hij stelde ons aan elkaar voor* he introduced us; 2 (*een voorstel doen*) propose, propound, (*fam*) put [I'll put it to her], (*in vergadering*) move [an amendment]; (*opperen*) suggest; *de verwerping van het wetsontwerp ~* move the rejection of the bill; *~ het verslag goed te keuren* move the adoption of the report; *ik stel voor dat we er vandoor gaan,* (*fam*) I vote we bolt; *een **dividend** ~* recommend (propose) a ...; 3 (*een voorstelling geven van*) represent [facts, a landscape]; *stel me niet slechter voor dan ik ben* don't make me out to be worse than I am; *is het zo slecht als hij het voorstelt?* is it as bad as he makes out?; *het **mooier** ~ dan het is* make it look better than it is; *dat **portret** moet mijn oom ~* that portrait is meant (supposed) to be ...; ***verkeerd** ~* misrepresent; 4 (*betekenen*) mean, stand for [nothing at all]; *het stelt heel wat* (*niet veel*) *voor* it's very worthwhile (isn't up to much, has not much in it, doesn't amount to much); 5 (*de rol spelen van*) represent, (im)personate [a king]; 6 ***zich** ~, a*) introduce o.s.; *b*) picture (to o.s.), figure to o.s., imagine, fancy, visualize [a scene], conceive (of) [he cannot conceive of any other system; the Dalton plan conceives of pupils divided into small groups]; (*fam*) see [I can't see myself doing it, I can't see him behaving like that]; *stel je voor!* just fancy!, only think!; *ik kan me niet ~ wat hij bedoelt* I cannot think ...; *men kan zich ~ ...* it may be imagined ...; *dat kan ik me* (*best*) *~* I should imagine so (can quite believe it); *zo'n prachtig huis als je je maar kunt ~* as splendid a ... as you would wish to see; *ik kan me ~ dat*

ze mooi danst I can imagine her dancing ...; *ik kan mij zijn gezicht niet meer* ~ I cannot recall his face; *hij stelde zich de Fransen voor als mensen die* ... he thought of the French as people who ...; *zich een prettige tijd* ~ promise o.s. a pleasant time; *c*) (*van plan zijn*) intend, purpose, propose [he proposed to visit Ayr]; *zie ook* motie, enz

voorsteller proposer, mover; *vgl* voorstellen

voorstelling 1 introduction, presentation; 2 representation, (*lezing*) version [his version of the incident]; 3 (*uitvoering*) performance; (*ook*) house [between the two houses]; (*fam*) show [two shows a night]; 4 image, idea, notion; *een* ~ *geven voor de koning* perform before ...; *geld verkrijgen door valse* ~*en* obtain money by false pretences (representations); *verkeerde* ~ misrepresentation; *volgens uw eigen* ~ (*v zaken*) on your own showing; *zich een* ~ *maken van* form an idea of, visualize; *de* ~ *die men zich algemeen maakt van de Engelsman* the popular conception of the Englishman; *zie ook* voorstellen: zich ~ *b*)

voorstellings|vermogen imaginative faculty; [it surpasses the (one's powers of)] imagination; **-wijze** way of representing (*of:* putting) things

voor|stemmen vote for it (the proposal, etc), vote in favour [of the proposal; there were 7 votes in favour], vote affirmatively; *207 stemden voor en 207 tegen* 207 voted each way; **-stemmer** person voting affirmatively (in favour); ~*s* ayes; (*Hogerhuis*) contents; **-steven** stem [from stem to stern]; **-stoot** 1 (*bilj*) first stroke; 2 (*v bijen*) *zie* maagdenwas; **-stopper** (*sp*) inside defender; **-studie** preparatory study; **-stuk** 1 front part; (*ve schoen*) front; 2 (*theat*) curtain-raiser

voort 1 (*verder*) on, onwards, forward, forth, along; ~*!* clear out!, (*tegen paard*) gee-up!; 2 (*vertrokken*) away, gone; 3 (*dadelijk*) at once; **voortaan** in future, from this day forward, from now on, henceforth, henceforward

voortand front tooth

voort|bestaan I *ww* continue to exist, endure, survive; *doen* ~ perpetuate; II *zn* continuance, survival, continued existence; **-bewegen** move on (*of:* forward), propel; *zich* ~ move (on); **-beweging** propulsion; (*het zich voortbewegen*) locomotion, progression; **-bomen** pole, punt [a boat]; **-borduren**: ~ *op* embroider (on), elaborate [a theme]; **-bouwen** continue (go on) building; ~ *op* build on

voort|brengen produce, bring forth, breed, beget, procreate, create, generate, throw up [famous men]; give forth [a hollow sound]; **-brenging** production, procreation, generation; **-brengsel** product(ion)

voort|drijven I *tr* 1 drive (urge, spur) on, impel; 2 (*v gassen, enz*) propel; *vgl* aandrijven; II *intr* float along; **-duren** continue, last, go on, endure; *het* ~ *van* the continuance of [the drought]; **-durend** 1 (*steeds herhaald*) continual; 2 (*zonder onderbreking*) continuous, lasting, unremitting; (*altijddurend*) everlasting, permanent; ~*e grief* standing grievance; ~*e bron van moeilijkheden* constant source of trouble; ~*e regens* constant rains; **-during** continuation, duration, permanence; *bij* ~ continuously

voortduwen push on (*of:* along)

voorteken sign, indication, [a good (evil)] omen, portent, augury, presage, prognostic; (*muz*) accidental; **voortekening** (*muz*) signature

voortellen count [s.t.] out to [a p.]

voortent (*ve caravan*) awning

voorterrein forecourt

voortgaan go on, continue, proceed [*met* with]; *zie ook* doorgaan; **voortgang** progress; (*ook*) strides [the enormous strides made by the company]; ~ *hebben* proceed, go on, be in progress; ~ *maken* get on, proceed [*met* with], hurry up, push on, push ahead; *er komt* ~ *in de zaak* things are moving; *de aanklacht zal* ~ *moeten hebben* the charge will have to go forward

voortgezet secondary [education *onderwijs*]; ~*te proefnemingen* prolonged experiments

voort|helpen: *iem* ~ help a p. forward (*of:* on); give a p. a helping hand, help a lame dog over a stile; **-hollen** 1 run (*of:* rush) on (*of:* along); 2 (*fig*) *zie* doordraven

voortijd: *de* ~ prehistoric times; *de geschiedenis van de* ~ prehistory; *de grijze* ~ the hoary past; **voortijdig** premature(ly), [his] untimely [death]; **voortijds** in former times, formerly

voortijlen hurry (scurry, hasten) on; (*vd tijd*) fly

voortjagen I *tr* hurry (drive, push) on; II *intr* hurry on (*of:* along)

voortkomen get on (*of:* along); ~ *uit* proceed (emanate, come) from [a reliable source]; stem from [the embarrassment stems from ...]; originate from [Africa]; spring from [a royal stock]; *dit boek is voortgekomen uit mijn ervaring* this book has grown out of my experience; *de uit het geschil* ~*de toestand* the situation arising (ensuing) from the dispute; *kan er iets goeds uit* ~*?* can any good result from it?; *vele voordelen zouden daaruit* ~ many advantages would accrue

voortkunnen be able to proceed (to go on); *ik kan niet meer voort* I cannot go any further; *het werk kan niet voort* is held up [by the strike]

voortleiden lead on

voortleven live on; *hij leeft voort door zijn werk* he lives on by his work; *hij zal in de geschiedenis* ~ *als* ... he will live in history as ...

voortmaken make haste, hurry (up), bestir o.s., be quick; *maak wat voort!* hurry up!, look sharp!, get a move on!; ~ *met* press (push, get) on with, speed up [the work]; *zich* ~ run off, take to one's heels

voor|toneel forestage, proscenium; **-top** foretop; **-touw**: *het* ~ *nemen* take the initiative; **-toveren** conjure up [before the mind's eye]

voort|planten propagate [plants, animals diseases, vices, a doctrine, belief, light, sound; sound waves are propagated by air], transmit [diseases, light, sound, electricity]; *zich* ~ breed, propagate (o.s.), reproduce, multiply, (*v geluid, licht, enz*) be transmitted, travel; **-planting** propagation [sound propagation, propagation of the faith], multiplication, transmission; (*biol*) reproduction, procreation; **-plantings-** reproductive [organs, power, system, urge], procreative; **-plantingssnelheid** velocity of propagation; ~ *van het geluid* speed of sound

voortploeteren plod on (*of:* along)

voortreffelijk excellent, first-rate; (*fam*) tiptop; A1; ~ *zingen, enz* sing, etc to perfection; **voortreffelijkheid** excellence

voortrein relief train (run before the regular one); *vgl* volgtrein

voortrekken: *iem* ~ favour a p. (above others) [you always favour him], be prejudiced in a p.'s favour, show favouritism to a p.; **voortrekker** (*Z-Afr*) id; (*fig*) pioneer; (*scout*) Venturer, Venture Scout, (*hist*) Rover; (*An*) Explorer

voortrennen run (gallop, rush) on, career [the horse careered madly down the street]; **voortrollen** *tr & intr* roll (bowl, trundle) along; (*in auto, enz*) roll (spin, whirl) along

voortros (*mar*) bow-fast

voortrukken I *intr* march (press, move) on, push (press) forward; II *tr* pull along (*of:* on)

voorts moreover, besides, farther; *en zo* ~ and so on, et cetera, etc

voort|schrijden stride (stalk) along; (*fig*) make great strides (progress); *met het* ~ *der jaren* with advancing years; **-slepen** drag along; (*fig*) drag out [one's life, a painful existence]]; *zich* ~ drag o.s. along; (*fig*) [the hours] drag by, drag on [the war dragged on into its fourth year]; **-sleuren** *vgl* -slepen; **-snellen** hurry on, hasten along; *zie ook* -rennen; *maar steeds* ~ rush on and on; **-spoeden**: *zich* ~ hasten (hurry) away (along), speed on, press forward (*of:* on); **-spruiten**: ~ *uit* arise (spring, result) from; *zie ook* -komen; **-stuiven** rush (dash, dart) along (*of:* on); **-stuwen** propel, push (drive) along; **-stuwing** propulsion, drive; **-sukkelen** plod (trudge, jog) on; (*in ziekte*) linger on; **-telen** procreate, multiply; **-trekken** I *tr* draw (on), drag (on); II *intr* march on

voortuin front garden

voortvaren 1 sail on; 2 continue, proceed; **voortvarend** energetic, (*fam*) go-ahead; *hij is verbazend* ~ he has plenty of drive; (*al te* ~) pushing, (*fam*) pushy; **voortvarendheid** energy, push, drive

voort|vloeien flow on; ~ *uit* result (arise, proceed, originate, spring, stem) from; *wat zal eruit ~?* what will result from it?, what will it result in?; *~d uit* consequent on; *de daaruit ~de hongersnood* the consequent (resulting, resultant) famine, the famine consequent (up)on it; *zie ook* -komen & volgen; **-vloeisel** result, outcome

voortvluchtig fugitive; absconding [debtor]; (*fam*) [be] on the run; *~e* fugitive (from justice), runaway; **voortwoekeren** fester, rankle

voortzeggen make known, repeat, pass on [a message]; *zegt het voort!* pass it on!, please tell your friends (tell others, spread the word)!

voortzetten continue [a business, etc], proceed on [one's journey], go on (proceed) with, carry on [one's work], follow up [an inquiry]; *wordt voortgezet* to be continued; *de kennismaking* ~ pursue the acquaintance; *een werk krachtig* ~ push on (forge ahead with) a job; *zie ook* -gezet; **voortzetter** continuator; **voortzetting** continuation; *de al of niet* ~ the continuation or otherwise [of the exhibition]

vooruit 1 (*naar voren*) forward (*ook mar*); *recht ~*, (*voor ons uit*) straight in front of us; ~ *maar!*, (*fam*) ~ *met de geit!* go ahead!, carry on!, (*spreek op*) go ahead!, fire away!, (*sl*) spit it out!, cough it up!, shoot!; *~!*, (*tegen paard*) gee-up!; *~, naar bed!* away to your bed now!, off you go to bed; *langzaam ~!*, (*mar*) easy ahead!; *er is een boot* ~ a steamer ahead; *hij was zijn tijd* (*ver, eeuwen*) ~ he was (far, centuries) ahead of (in advance of) his time(s); *zie ook* voor II; *hij kan niet voor- of achteruit* he is in a cleft stick (in a fix); *zie ook* borst; (*weer*) ~ *kunnen* have s.t. to go (to carry on) with; 2 (*vooraf*) before, beforehand, [book seats] in advance; *een hele tijd* ~ *kopen* buy well in advance; *een lang* ~ *gemaakte afspraak* a long-standing engagement; *de ene helft* ~ *krijgen en de andere na voltooiing van het werk* get one half down, and the other half on completion of ...

vooruit|bepalen determine (*of:* fix) beforehand; **-bestellen** order in advance; **-bestelling** advance order; **-betalen** prepay, pay (for) in advance; send cash with order; *vgl* betalen; **-betaling** prepayment, payment in advance; *bij* ~ *te voldoen* cash with order, payable in advance; **-blik** preview; **-boeren** get on (do) well; **-branden**: *hij is niet vooruit te branden* there is no way of getting him to move; **-brengen** bring forward; (*fig*) help on (*of:* forward), advance [science]; **-denken** think ahead; **-gaan** go on before, lead the way; (*fig*) get on, make progress (*of:* headway), progress, come on, improve [the condition has improved; an improving quarter *stadswijk*]; move [with the times]; (*vd barometer*) rise; *hij was vooruitgegaan,* (*eig*) he had got on ahead; *wij gaan vooruit* we are getting on, are on the upgrade (on the up and up); *de patiënt gaat vooruit* is improving (progressing), (*gaat mooi, goed vooruit*) is getting on nicely, is making good (satisfactory) progress, is well on the road to recovery; *de medische wetenschap gaat steeds vooruit* medical science goes from strength to strength; *langzaam* ~ make slow progress; **-gang** progress, advance, improvement; march [of science, of civilization]; *een* ~ *vergeleken met* an advance on [anything that appeared before]; *partij van de* ~ progressive party; **-helpen** help forward, help on [the work]; *zie ook* voorthelpen; **-komen** (*ook fig*) get on (make one's way) [in the world], make [good, no] headway; *men kwam niet vooruit,* (*met werk, enz*) no headway was made; *iem* ~ get (draw) ahead of a p.; **-lopen** go on ahead; ~ *op* get ahead of [one's story], anticipate [events], run ahead of [things]; *op een zaak ~,* (*in zijn oordeel*) prejudge a case; *maar ik loop vooruit,* (*bij vertellen*) but I am anticipating; **-rijden** 1 ride (drive) on before (in advance); 2 face (sit facing, with one's face to) the engine, face forward; **-schieten** shoot (dart, dash) forward; **-schoppen** kick forward, (*fig*) push [a p.] (forward, on), pitchfork a p. into an office; **-schuiven** push (*of:* shove) forward; *vooruitgeschoven basis,* (*mil*) advanced base; **-springen** jump (leap) forward; (*ve muur, enz*) jut out, project; **-steken** I *tr* hold (reach, stretch) out, extend [one's hand], protrude, purse [one's lips], thrust (throw) out [one's chest]; II *intr* stick out, jut out, protrude, project; **-stekend** protruding, etc, sticking-out [teeth], prominent [forehead]; *zie ook* wenkbrauw; **-strevend** progressive, advanced, (*fam*) go-ahead; **-strevendheid** progressiveness; **-sturen** send ahead, send on, send [luggage] in advance; **-vliegen** fly on before, shoot ahead (of the others), plunge forward [the car plunged forward]; **-werken** work in advance; **-werpen** *zie* schaduw; **-weten** know beforehand; **-zenden** *zie* -sturen; **-zetten** advance, put [the clock] forward (on, ahead); **-zicht** prospect, outlook; *~en van de oogst* crop prospects; *een slecht ~* a bad look-out; *er is geen ~ op verbetering* there is no prospect of improvement; *het ~ is niet schitterend* the outlook is not brilliant; *geen ~en hebben* (*bieden*) have (offer) no prospects; *betrekking zonder ~en* blind-alley occupation (*of:* job); ***in** het ~* [have s.t.] in prospect, [better trade] ahead; [her face beamed] in anticipation; *bevordering in het ~ stellen* hold out a prospect of promotion; ***met** ~ op vaste dienst* (*Am*) tenure-tracked [position]; **-zien** I *tr* foresee; II *intr* look ahead, take the long view; *ver* (*niet ver*) *~* take long (short) views; *regeren is ~* foresight is the essence of government; **-ziend** forward-looking, far-seeing, -sighted, provident; *~e blik* foresight, forethought

voorvader ancestor, forefather, progenitor; *~en,* (*ook*) for(e)bears; **voorvaderlijk** ancestral

voorval incident, event, occurrence; **voorvallen** happen, take place, pass, occur

voorvechter champion, advocate [of free trade]

voor|vergadering preliminary meeting; **-verhoor** preliminary examination; **-verkiezing** primary (election); **-verkoop** forward sale; (*v kaarten*) advance booking; **-verleden**: *~ jaar* the year before last; **-verpakken** pre-pack(age); **-versterker** preamplifier

voorvertrek front room

voorverwarmen preheat; **voorverwarmer** (feed-water) heater, (boiler) preheater

voor|vinger forefinger; **-vlak** front face

voor|vleugel forewing; **-vliegen** demonstrate

voorvoegen prefix; **voorvoeging** prefixing; **voorvoegsel** prefix

voorvoelen sense, anticipate; *iets ~,* (*ook*) have premonitions of s.t.; *vgl* voorgevoel

voorvoet forefoot

voorvorig last but one, penultimate; *zie* voorlaatst

voorwaar indeed, truly, in truth; (*bijb*) verily

voorwaarde condition, stipulation; *~n,* (*ook*) terms [our terms are: ...]; *Algemene V~n PTT Post BV,* (*vglb*) Code of Practice for Postal Services; *een eerste ~* a prerequisite (precondition); *~n stellen* make conditions; *de ~* (*tot ~*) *stellen dat ...* make the condition (make it a condition, stipulate, condition) that ...; *zijn ~n stellen* state one's terms; *onder geen ~* on no account; *op* (*onder*) *~ dat* on (the) condition that, on the understanding that; *op deze ~* on this condition; *op billijke ~n* on moderate terms; *op zekere ~n* [I am willing to participate] on terms; **voorwaardelijk** conditional [acceptance, approval; *~ veroordelen* give [a p.] a suspended sentence; *~ veroordeeld worden* be sentenced to [one month's] suspended imprisonment; *~ vonnis van echtscheiding* decree nisi; *~e wijs* conditional (mood); *zie ook* vrijheid; **voorwaardenscheppend** facilitative [policy]

voorwaarts I *bw* forward, forwards, onward(s); *één pas ~!* one pace forward!; *~, mars!* quick -march!; *~ gaan,* (*ook*) push on; II *bn* forward, onward; III *zn* (*sp*) forward

voor|wagen (*mil*) limber; **-wand** front wall; **-warmen** warm up, preheat; **-was** pre-wash; **-wedstrijd** eliminating heat, eliminator

voorwenden pretend [illness, etc], feign, affect, simulate, give out, profess, sham; (*als verontschuldiging*) plead [a headache]; *het is alles voorgewend* it's all (a) pretence (all put on) [his fear was put on]; *voorgewende vriendschap* (*wanhoop*) professed friendship (mock despair); *zie ook* doen alsof; **voorwendsel** pretext, excuse, make--believe, pretence, blind; *onder ~ dat* under (on) the pretext (the plea) that; *onder ~ van ...* on (under) the pretext (the plea) of ..., under pretence of ..., under colour of ...; *valse ~en* false pretences; *het zijn maar ~s, vgl* voorwenden

voorwereld prehistoric world; **voorwereldlijk** prehistoric; (*fig, ook*) antediluvian

voor|werk 1 (*ve boek*) front matter, preliminary matter (pages), (*Eng*) prelim(inarie)s; 2 (*mil*) outwork; **-werker** 1 foreman; 2 (*mil*) fugleman

voorwerp object, thing, article; (*gramm*) object; *zie ook* lijdend, vinden; *~ van spot* object of ridicule, laughing-stock; **voorwerpen** throw to (before); (*fig*) *zie* voet: voor de ~en gooien

voorwerpsnaam name of a thing; **voorwerpszin** object clause

voorweten *zie* -kennis; **voorwetenschap** foreknowledge

voorwiel front wheel; **voorwielaandrijving** front-wheel drive

voor|winter beginning (early part) of (the) winter, early winter; **-woord** *zie* -rede; **-zaal** 1 front room; 2 anteroom, antechamber; **-zaat** ancestor, forefather; (*mv ook*) for(e)bears

voorzang introductory song; (*kerk*) opening hymn; **voorzanger** precentor, (parish-)clerk

voorzegd above(-mentioned, -named); aforesaid

'voorzeggen prompt [a pupil, etc], tell [a p.] what to say; *niet ~!* no prompting, please!

voor'zeggen predict, presage, prophesy; **voorzegging** prediction, prophecy

voorzeil foresail

voorzeker to be sure, certainly, surely

voor|zet 1 first move; *wie heeft de ~?* who has first

move?; 2 (*veldsp*) cross, centre; *iem een ~ geven,* (*fig*) give a p. a cue; **-zetlens** (*fot*) close-up lens; lens attachment; **-zetraam** storm window; **-zetsel** preposition; **-zetselvoorwerp** prepositional object; **-zetten** place in front; put [one's foot] forward; put [the clock] on (forward, ahead); (*veldsp*) centre; *iem iets ~* place (set) s.t. before a p., dish up [meat, etc] for a p.

voorzichtig careful, prudent, cautious, wary; (*tactvol*) discreet; (*om het terrein te verkennen, ook*) tentative [in very tentative language]; (*in zijn woorden, enz, ook*) guarded [language; very guarded in one's speech]; conservative [estimate]; *zeer ~,* (*bij aanraking, enz, ook*) [touch it] gingerly; *~!* be careful!, steady [with the lamp]!, take care!, watch your step!, (*als opschrift*) with care!, caution!; *rij ~!* drive safely!; *~ te werk gaan* proceed with caution, tread (proceed) warily, play safe; *~ voortgaan* pick one's way carefully; *~ gesteld* guarded [letter]; (*iem*) *het nieuws ~ vertellen* break the news gently; **voorzichtigheid** prudence, care, caution, wariness, discretion; *zie ook* porseleinkast; **voorzichtigheidshalve** by way of precaution; **voorzichtigheidsmaatregel** precautionary measure, precaution

voorzien 1 (*vooruitzien*) foresee [it is difficult to foresee the end], anticipate; *het was* ***te*** *~* it was to be expected; *niet te ~* unforseeable [consequences]; 2 (*verzorgen, verschaffen*) provide, supply; *goed ~e tafel* well-spread (well-supplied) table; *zich in hoger beroep ~* appeal to a higher court (of justice); *~* ***van*** provide (furnish, supply) with; fit [a cupboard] with [shelves; bathroom fitted with full-sized bath]; *van etiket*(*ten*) *~* label; *iem van geld ~* find (keep) a p. in money; *hij is goed van alles ~* he is well provided (supplied) with everything; *goed ~ van orders* well-placed for orders; ***ruim*** *~* amply provided [*van* with]; well-stocked [the estate is well-stocked with game]; *ruim ~ zijn van,* (*handel*) carry a large stock [of an article]; ***zich*** *~ van* provide (supply) o.s. with; 3 *~* ***in*** meet [the demand, a want], cover [the case is not covered (*of:* met) by this act *wet*], fill [a gap, situation, vacancy], supply [a deficiency, want], provide (make provision) for [the education of the poor], attend to, cater for [a p.'s wants]; *er is in de betrekking ~* the post is filled; *daarin moet ~ worden* that should be attended (seen) to; *in al die miljoenen moet ~ worden* all these millions have to be made good; 4 *het ~ hebben* ***op****, zie* verzien; *zie ook* behoefte, gemak, onderhoud, sacrament, enz

voorzienigheid providence; *de V~* Providence

voorziening provision; supply [of a demand]; *~ in cassatie* petition of appeal; *~en treffen* make provision [for religious instruction in schools]; *~en* [hotel, welfare] facilities; *zie ook* provisorisch

voorzijde front [of a house], front side, face, anterior side; obverse [of a medal]; (*ve document*) face; *aan de ~* [a room] in the front [of the house]; *met de ~ naar de straat* facing the street

voorzingen I *tr* sing [s.t.] to [a p.]; II *intr* lead the singing

voorzitster *zie* presidente; *voorzit*(*s*)*ter* chair

voorzitten 1 preside, be in the chair; (*fam*) chair [a meeting]; 2 be at the back of a p.'s mind; *dat heeft bij mij voorgezeten* that was my guiding principle (the end I had in view); *zie* presideren

voor|zitter chair(man), president; Speaker [of the House of Commons]; (*ve stembureau*) presiding officer [of a polling-booth]; (*ve Kamerclub*) sessional chairman; *~ zijn,* (*ook*) be in the chair; *Mijnheer* (*Mevrouw*) *de ~!* Mr (Madam) Chairman!; *zich tot de ~ wenden* address the chair; *zie* dank; **-zitterschap** chairmanship, presidency; *onder ~ van de Heer A* under the chairmanship of Mr A, Mr A in the chair; **-zittershamer** chairman's hammer, gavel; **-zittersstoel**: *op de ~ zitten* be in the chair; **-zitting** *zie* -zitterschap

voorzomer beginning (early part) of (the) summer, early summer; **voorzoon** 1 son by a previous marriage; 2 son born before marriage

voorzorg precaution, provision, care, forethought; *sociale ~* social security; *uit ~* by way of precaution; **voorzorgsmaatregel** precaution(ary measure); **voorzover** *zie* zover

voos 1 spongy, woolly; 2 (*fig*) rotten [society], unsound; hollow [promises]; (*vh gestel*) sickly, weakly; **voosheid** sponginess, etc

vorderen I *intr* make progress (*of:* headway), get on, progress, advance [the afternoon was well advanced], wear on [the day wore on]; go ahead [the plan is going ahead quite well]; *goed ~* make good progress; *de zaken zijn zover gevorderd dat ...* matters have got so far that ...; *niet ~* make no progress (*of:* headway); *zie* gevorderd; II *tr* 1 (*opeisen*) demand, claim; (*mil*) requisition; 2 (*vereisen*) require, demand; **vordering** 1 (*voortgang*) progress, advance, improvement; *~en* progress; *~en maken, zie* vorderen; *snelle ~en maken,* (*ook*) make rapid strides; 2 claim [*op* on, against], demand; *zie* instellen & uitstaan II.2

vore furrow (*ook fig:* rimpel); (*weerk*) trough [of low pressure]

voren I *zn zie* voorn; II *bijw:* ***naar*** *~* to the front, forward [view *uitzicht*]; *naar ~ treden* (*komen*) step (come) forward; (*fig*) come to the fore (the front), stand out [these names stand out most clearly], emerge [the chief points that emerge from these letters], appear [from these data it appears that ...]; *naar ~ brengen* bring [a p., a question] to the fore; bring out [this aspect is clearly brought out]; *iem naar ~ dringen,* (*fig*) push a p. forward (*of:* on); ***te*** *~,* (*eerder*) [never] before, [she had worked there] previously; (*vooraf*) beforehand, [book seats two days] ahead, [pay] in advance; *nooit te ~* never before; *vgl* ooit; ***van*** *~* [open] in front; *van ~ af aan* from the beginning, (*opnieuw*) once more; *weer van ~ af aan beginnen* start afresh; *zie* wind; **voren|genoemd, -staand** above-mentioned, above, mentioned before (higher up), previously mentioned

vorig former, preceding, previous, last; *de ~e zondag,* (*verleden*) last Sunday, (*voorafgaande*) the previous Sunday, the Sunday before; (*de*) *~e week donderdag* on Thursday of last week; *de ~e* *eeuw* (the) last century; *het ~e hoofdstuk* the preceding chapter; *de ~e (pas afgetreden) regering* the late government; *zie* vroeger

vork fork (*ook v fiets, weg, enz*); *ik weet hoe de ~ in de steel zit* I know the ins and outs of the matter (how matters stand, how the land lies); *ah, zit de ~ zo in de steel?* that's how things are, is it?; *zie* hooi; **vorkbeen** wishbone, furcula, -lum; **vork(hef)truck** fork (lift) truck

vorm 1 (*vs inhoud*) form; 2 (*gedaante*) shape, form; cast [of countenance, of features]; format [of a paper]; (*gramm*) form [of a word, etc], [passive, active] voice; (*wisk*) expression; *de aarde heeft de ~ van een sinaasappel* the earth is the shape of ...; *een bepaalde (vaste) ~* ***aannemen*** take (definite) shape (form); *de mening omtrent deze kwestie neemt een vaste ~ aan* opinion on ... is slowly crystallizing; ***in*** *de ~ van* in the shape (form) of; *in (tot) de ~ van een bal gerold* [a handkerchief] rolled to the shape of a ball; *in enige ~ of gedaante* [reward] in any shape or form; *in de (juiste) ~ brengen* shape, fashion; *in ~ zijn, (sp)* be in (on) form; *vgl* topvorm; ***uit*** *de ~ zijn (raken, brengen)* be (get, put) out of shape; 3 (*formaliteit, enz*) form, formality, ceremony; *de ~en (niet) in* ***acht*** *nemen* observe the forms (have no manners); ***in*** *(****naar****) de ~* in due (and proper) form; *ik sta niet* ***op*** *~en* I do not stand on (form and) ceremony, am no stickler for etiquette; ***voor*** *de ~* for form's sake, pro forma, [send for the doctor] as a matter of form; formal [questions]; *het is maar voor de ~* it's only a matter of form, a mere formality; ***zonder*** *~ van proces* [hanged] without trial, summarily [executed, dismissed], [shoot a p.] out of hand; 4 (*voorwerp*) [pudding-]mould, [hatter's] form; (*gietvorm*) mould, matrix; (*typ*) forme; **vormbaar** mouldable, plastic; **vormboom** topiary; **vormelijk** formal, conventional, ceremonious; **vormelijkheid** formality, conventionality, ceremoniousness; **vormeling** (*r-k*) confirmee

vormen 1 (*een vorm geven*) form, shape [character], frame, fashion, model, mould, train [character]; *~* ***naar*** model [one's style] (up)on [the Bible; the American government was modelled on the English]; ***zich*** *~, (v zaken)* form [ice formed on the wings]; form up [the procession formed up]; *dan vormt zich stoom* then steam is produced; *een fraai (goed) gevormd gezicht (been)* a finely chiselled face (a shapely leg) [*vgl:* a delicately shaped figurine, coarsely moulded features]; 2 (*maken, uitmaken*) form [a government, an opinion], start, set up [a committee, a fund, collection], build up [a fund], create [a Cabinet], constitute [such an act does not constitute a crime], account for [20% of the population], make [dogs make the best companions, minutes make hours, they make a handsome couple], make up [a train; the parts make up the whole], spell [what do these letters spell?, c-a-t spells cat]; (*r-k*) confirm; *te zamen ~, (ook)* add up to [a curious picture]; **vormend** (*fig*) educative, educating, formative, forming [influence]; *~e waarde* educational value; **vormenrijk** polymorphous; **vormer** former, framer, moulder, modeller

vormgever designer; **vormgeving** [artistic] composition, [industrial, graphic] design, styling

vorming 1 formation, forming, etc; *vgl* vormen; 2 (*vd geest*) cultivation, education; **vormingsdag** (*vglb*) day release; **vormingswerk** (*vglb*) day-release courses

vorm|klei moulding-, modelling-clay; **-leer** 1 elementary geometry; 2 (*biol, gramm*) morphology; (*gramm*) accidence; **-loos** shapeless, formless; *een -loze massa, (ook)* an amorphous mass; **-loosheid** shapelessness, formlessness; **-raam** 1 (*papierfabriek*) deckle; 2 (*typ*) chase; **-sel** (*r-k*) confirmation; **-snoei** topiary; **-vast** dimensionally stable, retaining its form; **-verandering** transformation, metamorphosis; (*vervorming*) deformation; **-zand** moulding-sand

vors frog

vorsen investigate, make inquiries, search; *~de blik* searching (scrutinizing) look; **vorser** researcher

vorst 1 (*ve dak*) ridge; 2 frost; *~ aan de grond* ground frost; *er zit ~ in de lucht* there's a nip of frost in the air; *de ~ zit nog in de grond* there is still frost in the ground, the ground is still frost-bound; 3 sovereign, monarch, ruler; prince [Indian princes; the prince of Monaco]; *de ~ der dichters (der duisternis)* the prince of poets (of darkness); **vorstbalk** ridge-pole, roof-tree

vorstelijk royal, princely, lordly; *een ~e gift* a princely gift; *~ belonen* reward with princely munificence; *zie* koninklijk & persoon; **vorstelijkheid** royalty; **vorstendom** principality; **vorstengeslacht** race of rulers; (*dynastie*) dynasty; **vorstengunst** royal favour; **vorstenhuis** dynasty; **Vorstenlanden**: *de ~* the Principalities

vorsten|telg royal scion; **-zoon** royal son

vorstgrens frost-line; **vorstig** frosty [weather]

vorstin queen, empress, monarch, sovereign

vorstpan ridge-tile

vorst|periode icy spell; **-verlet** hold-up owing to frost; **-vrij** 1 frost-proof; 2 [days] without frost

vort (*tegen paard*) gee-up!

vos 1 fox (*mannetje:* dog-fox; *wijfje:* bitch-fox, vixen); (*damesbont*) fox stole; ***oude*** *~, (fig)* old fox; (*in zijn vak*) old stager, old hand; ***slimme*** *~* sly old dog; *een ~ verliest wel zijn* ***haren*** *maar niet zijn streken* what is bred in the bone will not come out of (will come out in) the flesh; *als de ~ de* ***passie*** *preekt, boer pas op je ganzen (je kippen)* when the fox preaches, guard your geese; *men moet ~sen met ~sen* ***vangen*** set a thief to catch a thief; 2 (*paard*) chestnut (horse); 3 (*vlinder*) tortoise-shell (butterfly)

vos|aap lemur; **-achtig** foxy; **-kleurig** fox-coloured; (*ve paard*) chestnut, sorrel; **-konijn** viscacha; **-paard** chestnut (horse)

vosse|bes cowberry; **-bont** fox fur; **-gat** 1 fox-hole; 2 (*voor kelderraam*) cellar well; **-hol** fox-hole, (fox's) earth; **-jacht** 1 fox-hunt(ing); *op de ~ gaan, (ook)* ride to (follow the) hounds; 2 treasure hunt; **-jong** fox-cub

vossen swot (mug up) [for exams]; *een week lang hard* ~ do a week's hard grind; ~ *op*, (*ook*) mug up; **vosser** swot(ter); **vossestaart** foxtail (*ook plant*), fox's tail (*of:* brush)
voteren vote [a credit, £200,000]; **votief** votive [candle, mass, offering, tablet]; **votum** vote; (*kerk*) (hallowing) introduction, opening sentences; ~ *van vertrouwen* vote of confidence; ~ *van wantrouwen* no-confidence vote
vouw (*algem*) fold; (*in kleding*) fold, pleat, crease [in trousers]; (*ezelsoor*) dog's ear, dog-ear; *in ~e dezes* enclosed
vouw|baar foldable, pliable; **-been** folder, paper-knife; **-blad** folder, leaflet; **-blind** folding shutter; **-boot** collapsible boat, folding boat; **-briefje** cocked hat, three-cornered note; **-caravan** folding trailer, collapsible caravan (trailer); **-deur** folding door(s)
vouwen fold; *de handen* ~ fold (clasp, join) one's hands; *in drieën* ~ fold in three; *dubbel* ~ double [a blanket]
vouw|fiets collapsible (folding) bike; **-scherm** folding screen; **-stoel** folding chair, camp-chair, -stool; **-tafel** folding table; **-wagen** folder, folding push-chair; **-wand** accordion wall
vox humana (*orgelregister*) id
voyeur id, peeping Tom; **voyeurisme** voyeurism
vozen (*plat*) fuck, bonk, screw
vraag 1 question, query; (*om iets*) request; (*kwestie*) question; *moeilijke* ~ poser; *een* ~ *met een* (*weder*)~ *beantwoorden* answer a question by asking another, reply to a question by a counter-question; *dat **is** nog de* ~ that remains to be seen; *dat is de* ~ *niet* that is not the question (the point); *het is* (*zeer*) *de* ~ *of* ... it is highly questionable whether ...; *de* ~ *is niet of* ... the point (the question) is not whether ...; *de* ~ ***rijst*** the question arises; *een* ~ ***stellen*** (***doen***) ask [a p.] a question, put a question [to a p.], pose a question; *een* ~ ***uitlokken*** invite a question; 2 (*vs aanbod*) demand; ~ *en aanbod* supply and demand; *er is* ~ (*geen* ~) ***naar*** ... there is a (no) demand for ...; *er is veel* ~ *naar* it is much in demand (in great request); *er is* (*plotseling*) *veel* ~ *naar rubber* there is a run on rubber
vraag|achtig inquisitive; **-al** inquisitive person; **-baak** vademecum, reference book; (*pers*) source (focal point) of information, (*onfeilbaar*) oracle; **-gesprek** interview; **-prijs** price asked, asking (*of:* demand) price; **-punt** 1 point in question, moot point; 2 problem, issue
vraagsgewijze by way of questions and answers, catechetically
vraag|steller questioner; **-stelling** (formulation of, way of putting a) question; **-stuk** problem, question, riddle; (*wisk*) problem; **-teken** note (mark, point) of interrogation, question mark (*ook fig:* the great question mark), interrogation mark; (*bij twijfel*) query (mark); *daar zet ik een* ~ *achter* (*bij*) I query (have my doubts, have reservations about) that; *van ~s voorzien,* (*ook*) call in(to) question; **-wedstrijd** quiz; **-woord** interrogative (word), question word; **-ziek** inquisitive; **-zin** interrogative sentence; **-zucht** inquisitiveness
vraat glutton, hog, (greedy) pig; *zie* vreterij
vraatzucht gluttony, voracity, gluttonousness; (*geeuwhonger*) bulimia; **vraatzuchtig** gluttonous, greedy, voracious
vracht 1 (*~prijs*) freight(age); (*te water, door de lucht*) freight (rates); (*te land*) carriage, (*Am ook*) freight; (*voor pers*) fare; *tegen halve* ~, (*ve pers*) at half fare; 2 (*water, lucht, Am ook land*) freight; (*scheepslading, ook*) cargo; (*wagonlading*) load; *~je,* (*in taxi*) passenger; ~ *hout* (cart-)load of wood (*maar: een grote* ~ *hout op z'n schouder* a great weight of wood on his shoulder); 3 (*fig: grote hoeveelheid*) (cart-)load [of books]; *zie ook* ~tarief
vracht|auto (*Br*) lorry, (*Am*) truck; (*klein*) van; *zware* ~, (*Br*) heavy goods vehicle, HGV; **-boot** *zie* -schip; **-brief** (*per schip*) bill of lading (B/L); (*per spoor*) consignment note; ~ *voor wegvervoer* waybill; **-contract** charter-party; **-geld** *zie* vracht 1; **-goed** goods; (*per schip*) cargo; *als* ~ *verzenden* send (*of:* forward) by (ordinary) goods train, by goods; **-kar** *zie* -wagen; **-lijst** (*mar*) manifest; **-nota** freight-note; **-penningen**, **-prijs** *zie* vracht 1; **-rijder** (common) carrier, (public) road haulier; **-schip** cargo boat (ship, vessel), freighter (*met passagiersaccomodatie:* passenger freighter); **-vaarder** carrier; *zie ook* -schip; **-vaart** carrying-trade; **-vervoer** freight traffic, (goods) carriage, transport; (*korte wegafstand*) cartage; **-vliegtuig** cargo plane, freighter; **-vrij** carriage paid; (*zee, lucht*) freight paid; (*post*) post-paid; **-wagen** *zie* -auto
vragen 1 ask; (*inz Am*) query; call (up)on [a p. to resign]; (*in krant*) advertise for [a manager]; (*in rekening brengen*) charge; *vraag het aan moeder* ask mother; *vraag het mij niet* don't ask me; *ik vraag alleen maar* I merely ask; *je moet niet zo ~!* don't ask questions; *ik moet u iets* ~ I have s.t. to ask of you; *er wordt ons gevraagd waarom* ... we are being asked why ...; *waarom heb je hem hier gevraagd?* why did you ask him here?; *één geval vraagt bijzondere vermelding* one case calls for special mention; *het vraagt de **aandacht*** it needs (demands) attention, it claims (one's) attention; ***gevraagd****: een kok* wanted, a cook; ***laten*** ~ send to inquire (to ask); *hij liet zich geen tweemaal* ~ he did not need to be asked twice; *een **meisje*** (*ten huwelijk*) ~ ask (propose to) a girl; *iem zijn **naam*** ~ ask a p. his name, ask a p.'s name; *een **prijs*** ~ ask a price; *de **reden*** ~ ask the reason; *dat is nogal **veel** gevraagd* it's rather a lot to ask, (*fam*) it's a pretty tall order; *dat is te veel gevraagd* that is too much to ask (asking too much); *wel, daar vraag je me **wat**!* (*wat ik moeilijk beantwoorden kan*) ah, there you have me!, now you're asking (me)!, (*sl*) ask me another!; ***als*** *je het mij vraagt* if you ask me; *op hoeveel komt je dat, als ik* ~ *mag?* how much does it cost you, if I may ask? (may I ask?, if it's a fair question?); ***n*(*o*)*u*** *vraag ik je* (***toch***)*!* (now) I ask you!; *vraag dat **wel**!* you may well ask (that)!; *hij vroeg me dikwijks*

bij *zich aan huis* he often asked me to his home; ***naar*** *iemand(s gezondheid)* ~ ask after a p.('s health), inquire after a p.; *er is iem die naar u vraagt* someone is asking (inquiring) for you; *men vraagt naar u* you are wanted; *(iem naar) de* ***weg*** ~ ask the way (of a p.), ask (a p.) the way; *men vroeg mij de weg naar A* I was asked the way to A; *naar de bekende weg* ~ ask for the sake of asking; *naar de prijs* ~ ask (inquire) the price; *daar vraag ik niet naar, (het kan me niet schelen)* I don't care about that; ~ ***om*** ask for; *iem om geld (een gunst)* ~ ask a p. for money (a favour), ask money (a favour) of a p.; appeal for [funds]; *zie* hand; *je hoeft er maar om te* ~ you can have it (it is yours, it may be had) for the asking; *hij vraagt erom* he is asking for it (for trouble); *iem* ***op*** *een partij* ~ ask (invite) a p. to a party; ***te(n)*** *eten* ~ ask to dinner; *wat vraag je* ***ervoor****?* what do you ask for it?; *zie ook* op; 2 *(vergen)* require [time, money]; *dat* ***artikel*** *wordt veel gevraagd* there is a great demand for that article, that article is in great demand; *veel* ~ ***van****, (fig)* make great demands on; *er werd veel inspanning van hem gevraagd* much effort was demanded of him; 3 *(kaartspel)* call, declare [hearts, etc]; *wat is gevraagd?, (kaartsp)* what is the lead?; ***harten*** *wordt gevraagd* the lead is hearts; **vragenbus** question-box; **vragend** I *bn* inquiring, questioning [look], interrogative [sentence]; II *bw* [look at a p.] inquiringly, questioningly; **vragenderwijs** interrogatively; **vragenlijst** questionnaire; **vragensteller** questioner; **vragenuur(tje)** question time; **vrager** inquirer, questioner, interrogator

vrank *zie* frank; **vrat** *ovt van* vreten

vrede peace; ~ *door onderhandeling* negotiated peace; ~ ***sluiten*** make (conclude) peace; ~ ***stichten*** make peace; *ga* ***in*** ~ go in peace; *hij leeft in* ~ *met iedereen* he lives in (is at) peace with all men (all the world); *ik heb er (geen)* ~ ***mee*** I don't object; all right! (I am not content with it); *ik heb er geen* ~ *mee om te* ... I am not content to ...; *tenslotte had hij er* ~ *mee* at last he was reconciled to it; ***met*** ~ *laten* leave in peace, leave (let) alone; *hij liet mij niet met* ~, *(ook)* he gave me no peace [until ...]; *zie ook* rusten

vrede|breuk breach of the peace; **-gerecht** cantonal court; **-kus** *zie* vredeskus; **-lievend** peace-loving, peaceable, pacific; **-lievendheid** love of peace, peaceableness; **-offer** peace-offering; **-rechter** justice of the peace, JP, cantonal judge

vredes|aanbod peace-offer, offer of peace; **-beweging** peace movement; **-conferentie** peace conference; **-congres** peace congress; **-duif** dove of peace; **-kus** kiss of peace; *(r-k)* pax; **-macht** [UN] peace-keeping force; **-naam**: *in* ~ for goodness' sake; **-onderhandelingen** peace negotiations

Vredespaleis Palace of Peace, Peace Palace

vredespijp [smoke the] peace pipe, pipe of peace, calumet; **vredessterkte** peace establishment, -strength; **vredestichter** peacemaker

vredestijd peacetime, time of peace; **vredes|-tractaat**, **-verdrag** peace treaty; **vredevlag** flag of truce, white flag; **vredevorst** prince of peace; **vredig** peaceful, quiet, placid

vree 1 *(fam) ovt van* vrijen; 2 *zie* vrede

vreedzaam peaceable; **vreedzaamheid** peaceableness

vreemd 1 *(onbekend, aan anderen toebehorend)* strange [faces, horse, dog]; *ik ben* ***hier*** ~ I am a stranger here; *ik voel me hier* ~ I feel strange here, I feel out of it here; *het schrift is* ***mij*** ~ the writing is strange to me; *het werk is mij* ~ I am strange to the work, the work is strange to me; *hij is me* ~ he is a stranger to me; *vrees is mij* ~ I am a stranger to fear; *dat spel(letje) is hem helemaal niet* ~ he is by no means new to that game; ~ *zijn aan* be innocent of [trickery]; 2 *(buitenlands)* foreign [accent, language, state, word]; *(uit onbekende streken, ongewoon)* alien [culture, land]; *(uitheems)* exotic [plants, shrubs]; 3 *(raar)* strange, queer, odd, funny, *(sl)* rum; *het is niet* ~ *dat hij* ... it is not surprising that he ...; ~ ***dat*** *hij hier is* strange that he should be here; ~ ***genoeg*** *herinnerde hij zich mij niet* strangely (oddly) enough (strange to say) he ...; ***iets*** *~s* something strange; *de familie heeft iets ~s, (ook)* there is a queer streak in the family; *het ~e ervan is* ... the strange part of it is ...; *het ~e van zijn gedrag* the strangeness of his behaviour; *het ~e trekt altijd aan* what is strange has a wonderful attraction for people; *zie ook* gek & raar; 4 *(niet eigen)* foreign; *~e bestanddelen* foreign (extraneous) matter (substances) [in water, etc]; ~ *lichaam* foreign body; *~e hulp, (in huis)* outside help; ... *is hem* ~ trickery is foreign (alien) to him; ~ ***gaan*** have extramarital relations, sleep around; *zie* doen, eend, ophoren, opkijken, enz.

vreemde 1 *zie* ~ling; *iem als een* ~ *behandelen* make a stranger of a p.; *dat heeft hij van geen* ~ he is a chip off the old block; 2 *in den* ~ [live] abroad, in foreign parts, in a foreign country; *in den* ~ *geboren, (ook)* foreign-born; *vgl* vreemd

vreemdeling 1 *(onbekende)* stranger [*voor mij* to me]; *ik ben een* ~ *in deze stad (in deze streek, in Jeruzalem)* I'm a stranger in *(of:* to) this town (in these parts, in Jerusalem); 2 *(buitenlander)* foreigner; *(niet genaturaliseerde)* alien; *ongewenste* ~ undesirable alien

vreemdelingen|boek (hotel) register, arrival-book, visitors' book; **-bureau** tourist information centre; **-dienst** aliens registration office; **-haat** xenophobia; **-hater** xenophobe; **-legioen** foreign legion; **-politie** police division concerned with foreign residents, immigration, etc; **-verkeer** tourism, tourist traffic; *(als bestaansmiddel)* tourist industry; *men verwacht een druk* ~ a rush of visitors is expected; *Vereniging voor V*~ Tourist Board, [British] Tourist Authority; **-wet** aliens act

vreemdewoordentolk dictionary of foreign words [in English]; **vreemdgaan** *zie* vreemd 4; **vreemdheid** strangeness, oddity, queerness; **vreemdsoortig** 1 *(ongelijksoortig)* heterogeneous; 2 *(zonderling)* singular, odd; **vreemdsoor-**

tigheid 1 heterogeneity; 2 singularity, oddity

vrees fear, (*zwak*) apprehension, (*sterk*) dread; ~ *voor ongeregeldheden* fear of disturbances; ~ *voor zijn gezondheid* fear for his health; *de vreze des Heren is het beginsel der wijsheid* the fear of the Lord is the beginning of wisdom; ~ *aanjagen* strike fear into, intimidate, cow; *geen* ~ *kennen* not know what fear is, have no fear in one's composition; ~ *koesteren voor* be afraid of, stand in fear of, fear, (*bezorgd zijn voor*) fear for, be afraid for [a p.'s safety]; *heb daar geen* ~ *voor!* no fear!; ***met*** ~ *en beven* in fear and trembling; ***uit*** ~ (*voor*) for fear of [rain, missing it]; *uit* ~ *dat* for fear that, (for fear) lest, for fear [he should hear of it]; ***zonder*** ~, (*ook*) fearless(ly); *zie ook* ridder & 2 hoop

vrees|aanjagend terrifying; **-aanjaging** intimidation; **-achtig** timid, timorous, faint-hearted; **-achtigheid** timidity, timorousness; **-wekkend** fear-inspiring, frightful, terrifying

vreet|partij blowout; **-zak** greedy-guts, glutton

vrek miser, niggard, skinflint, hunks, curmudgeon, [an old] screw; **vrekachtig, vrekkig** miserly, stingy, niggardly, close-fisted, avaricious; **vrekkigheid** miserliness, etc, avarice

vreselijk I *bn* dreadful, terrible, horrible, frightful, awful; *het ~e ervan* the dreadfulness, etc of it; II *bw* 1 dreadfully, etc; 2 (*verbazend*) awfully, frightfully [kind]; *zie ook* ontzettend; ~, *wat is het koud!* Christ, is it cold!; **vreselijkheid** dreadfulness, enz

vreten I *ww tr* (*ve dier*) eat, feed on; (*fig*) eat up [current]; *het vreet geld* it eats money; II *ww intr* (*ve dier*) feed; (*ve mens*) feed, stuff, gorge, cram; *de koe wil niet* ~ the cow is off her feed; *roest vreet in het ijzer* rust eats into iron; *iets niet* ~, (*plat*) *zie* nemen; III *zn* (*ve dier*) fodder; *zulk* ~ such stuff; *zie* stuk; **vreter** greedy-guts, glutton; **vreterij** 1 gorging; 2 (*schade aan planten*) fretting, insect damage

vreugde joy, gladness (*over* at); ~ *der Wet* Rejoicing of the Law; *de* ~ *van zijn ouders* [he is] the (greatest) joy of his ...; *ze had niet veel* ~ *in het leven* she did not get much pleasure out of life; *een reden tot* ~ a reason for rejoicing; ~ *scheppen in* enjoy [life]; ~ *beleven aan* be happy in

vreugde|betoon rejoicings; **-kreet** shout of joy, whoop of delight; **-loos** joyless, mirthless, cheerless; **-traan** tear of joy; **-verstoorder** kill-joy, wet blanket, spoilsport; **-vol** full of joy; **-vuur** bonfire

vreze *zie* vrees; **vrezen** (*pers*) fear, be afraid of, stand in fear of, (*sterker*) dread; (*iets*) fear, be afraid of, apprehend, be apprehensive of, dread; *wij hebben niets te* ~ we have nothing to fear; *hij vreesde te worden ontslagen* he was afraid he would be ...; *een groot verlies van mensenlevens wordt gevreesd* serious loss of life is feared; *ik vrees van niet* I am afraid not; *ik vrees van wel* I am afraid so, I am afraid he is, etc; ~ *voor* fear for [a p.'s safety, reason]; *voor zijn leven wordt gevreesd* there are fears for his life; *het is te* ~ it is to be feared

vriend (male, man, boy) friend; *vaste* ~, *~je*, (*v meisje*) boyfriend, (*Am sl*) main squeeze; (*fam*) chum, pal, (*Am*) buddy; *~en en vriendinnen* men and women friends; *een* ~ *van me die schilder is* an artist friend of mine; ~ *M* old M; (*ong*) our friend M; *nee, ~!* Oh no, you don't (can't, etc)!; ***goede*** *~en zijn met* be friends with; *goede ~en worden met* make friends with; (*fam*) chum up with; *weer goede ~en worden* make it up, make friends; *even goeie ~en!* no offence!, (*fam*) no bones broken!; ***kwade*** *~en worden* fall out [*met* with]; *kwade ~en zijn* be on bad terms; (*zich*) *~en* ***maken*** make friends; *~en in de* ***nood***, *honderd in een lood* a friend in need is a friend indeed; ***te*** ~ *houden* keep friends (keep on good terms, keep in well) with; *iem te* ~ *zien te krijgen* try to get on the right side of a p. (to get in with a p.); *een* ~ ***van*** *orde* (*studie, enz*) a friend of (to) order (study, etc); *een* ~ *zijn van hengelen* be fond of (keen on) angling; *bewaar me* ***voor*** *mijn ~en* save me from my friends [, I can defend myself against my enemies]; *zie ook* dik, Hein, 2 maag, nood, scheiden, enz

vriendelijk kind; (*vriendschappelijk*) friendly; *~e kamer* cheerful room; *een* ~ *woord kan heel wat doen* a kind word goes a long way; *je moet ~er tegen de mensen zijn* you should be more friendly; *wees zo* ~ *me te laten weten* kindly (be so kind as to) let me know; *de eigenaar was zo* ~ *om toe te staan* ... the owner generously allowed ...; ~ *bedankt!* thank you very much!, many thanks!; *zij laat u* ~ *groeten* she sends her kind regards (her love); *met ~e groeten* yours sincerely; *mag ik je* ~ *verzoeken dat te laten* I'll thank you to stop that; ~ ***van*** *je dat je gekomen bent* kind of you to have come; **vriendelijkheid** kindness, friendliness; *-lijkheden* kindnesses, civilities; **vriendeloos** friendless

vrienden|dienst act of friendship (of a friend); **-kring** circle of friends, entourage; **-paar** couple of friends; **-prijsje**: *voor een* ~ [I'll let you have it] at a favourable rate, [I got it] on very reasonable terms; **-raad** friendly advice

vriendin (woman, lady, female, girl) friend; (*euf*) fiancée; *vaste* ~, *~netje* girl-friend, (*Am sl*) main squeeze

vriend|jespolitiek favouritism, nepotism, log-rolling, jobs for the boys; **-lief** my (good) friend

vriendschap friendship; amity; ~ *sluiten* (*aanknopen*) *met* make friends with, contract (*fam:* strike up) a friendship with; *er ontstond* ~ *tussen hen* a friendship sprang up between them; *ter wille van onze oude* ~ for old time's sake; *uit* ~ out of (for the sake of) friendship; **vriendschappelijk** I *bn* friendly, amicable; *~e wedstrijd* friendly (game); II *bw* in a friendly way, amicably; ~ *gezind* friendly [to ...]; **vriendschappelijkheid** friendliness, amicableness

vriendschapsband tie (bond) of friendship; *~en*, (*ook*) [contract] friendships; *vgl* vriendschap; **vriendschapsbeker** loving cup; **vriendschapsbetuiging** profession (protestation) of friendship; **Vriendschapseilanden** Friendly (*of:* Tonga) Islands; **vriendschapsverdrag** pact of friendship, treaty of amity

vries|cel *zie* -kamer; **-drogen** freeze-dry; **-kamer** freezing-chamber, cold-storage room; **-kast** upright freezer; **-kist** chest freezer; **-kou** freezing cold, frosty weather; **-punt** freezing-point; *op (boven, onder) het* ~ at (above, below) freezing(-point); **-vak** freezer (section, compartment), freezing compartment; **-weer** frosty weather

vriezen freeze; *het begon te* ~ the frost set in; *het vriest hard* it is freezing hard, there is a keen frost; *het vroor 10 graden* there were ten degrees of frost; *het kan* ~ *en het kan dooien* it might go either way, wait and see; ~ *we dood dan* ~ *we dood* we'll have to take it as it comes; *zie* kraken, dichtvriezen, enz; **vriezend** freezing, frosty; **vriezer** freezer

vrij I *bn* 1 free (*ook v arbeid, stijl, beweging, vertaling, ideeën, liefde, taal, klinker, gift, toegang; ook in chem*); 2 (*in vrijheid*) free, at liberty; 3 (*met vrije tijd*) free, at liberty, at leisure; *~e avond* night off, free evening; *hij gunde zich een ~e dag* he gave himself a day off; *een ~e dag nemen* take a day off; *een wekelijkse ~e dag* a weekly day off; *~e middag* free afternoon, half-holiday; *~e software* freeware; *~e tijd* leisure (time); spare time, free time [in my spare time, I have little free time]; *~e uren* leisure (spare, idle) hours, (*buiten dienst*) off-duty hours, off hours; *mag ik vanmiddag (woensdag)* ~ ***hebben****?* may I have the afternoon (Wednesday) off?; *een uur* ~ *hebben* have an hour free; *ik heb geen uur* ~, (*ook*) I cannot call an hour my own; ~ ***krijgen*** [I can] get off [tomorrow]; ~ ***nemen*** take a holiday; *de middag, enz* ~ *nemen* take the afternoon, etc off; ~ ***vragen*** ask off, beg off [from school, beg an hour off], ask for a holiday; ~ ***zijn****,* (*geen dienst hebben*) be off duty, be free, have [each alternate Sunday] free; *ik ben vanavond* ~ I am free this evening; *ik heb 8 uur dienst en ben dan 2 uur* ~ I am on duty eight hours and then I have two hours off; 4 (*niet in dienstverband*) free; *de ~e* ***beroepen*** the professions; *de ~e* ***kunsten*** the liberal arts; 5 (*ongedwongen*) free, unconstrained, easy; 6 (*vrijmoedig*) free, bold; *een (te)* ~ ***gebruik*** *maken van* make free with [a p.'s wine, etc]; *zo* ~ ***zijn*** *om te ...* take the liberty to ..., make bold (make free, make so bold as) to ...; *ik ben zo* ~ *u te berichten* (*dat te betwijfelen, er anders over te denken*) I beg to inform you (to question that, to think differently); 7 (*onbelemmerd*) free, unobstructed [view]; *iem het ~e gebruik toestaan van* allow (*of:* give) a p. the run of [one's house, books, jewels]; *stop en* ~, (*verkeerssein*) Stop and Go; *~e* ***etage*** self-contained flat; *onder de ~e* ***hemel*** in the open (air), under the open sky; *de ~e* ***natuur*** nature, the countryside, the open country; *~e* ***opgang****,* (*ve bovenhuis*) separate entrance; *~e* ***ruimte*** clear space, clearance; *het ~e* ***veld*** the open (field); *het ~e* ***woord*** [the right of] free speech, freedom of speech; *de lijn* ***is*** ~ the line is clear (*weer* ~, (*ook*) cleared); *ik ben niet* ~ *in mijn doen (en laten)* I am not free to do what I like, I am not a free agent; *men is in dit hotel niet* ~ there is no privacy in this hotel; ~ ***kamperen*** wild camping; ***op*** ~ *staan,* (*ve auto*) be in neutral; *een auto op* ~ *zetten* slip the gear-lever into neutral; ~ ***van*** free from [prejudices, disease, etc; ice free from air-bubbles]; (*niet aanrakend*) clear of [the wall, etc]; ~ *van de baai zijn* be clear of the bay; *het land was* ~ *van de vijand* the country was clear of the enemy; 8 (*gratis*) free [passage, seats, free places in schools], complimentary [seat in a theatre]; *passagiers hebben 20 kg* ~ passengers are allowed 44 pounds of luggage; *zie ook* ~ zijn; ***alles*** ~ [£50 a week and] all (*of:* everything) found; *~e* ***huisvesting*** free quarters; ***kost*** *en inwoning* ~ board and lodging found, free meals and lodging; ~ ***reizen*** *hebben* be entitled to travel free (of charge); *op dit kaartje heeft u* ~ *reizen op alle lijnen* this ticket will entitle you to free travel on ...; ~ *reizen voor kamerleden* free travel (free railway passes) for MPs; *met ~e* ***woning*** [a salary of £15,000] with residence; [wanted a chauffeur] house (and garden) found; *~e woning hebben* live (have a house) rent-free; ~ *aan* ***boord*** free on board, f.o.b.; ~ *langs boord (langs* ***zij****)* free alongside, f.a.s.; ~ *over boord* free overside; ~ *aan* ***huis*** free domicile; ~ ***pakhuis*** free warehouse; ~ ***spoor*** free on rail, f.o.r.; ~ ***wagon*** free on truck, f.o.t.; 9 (*onbezet, onbesproken*) vacant [chair, room, seat], [this room, this table, is not] free; 10 ~ *van hypotheek* [my house is] free of mortgages, is unencumbered; 11 (*vrijgesteld*) exempt [from duty, military service]; ~ *van belasting* net of tax; zie belastingvrij; ~ *van inkomstenbelasting* free of income tax; ~ *van beschadigdheid,* (*handel*) free of particular average, f.p.a.; ~ *van rechten* duty-paid; ~ *van zegel* exempt from stamp-duty; 12 (*niet gebonden*) free; *~e oefeningen,* (*gymn*) free movements; *~e schop* free kick; *~e slag,* (*zwemmen*) free style; *~e verdediger,* (*sp*) sweeper; *~e verzen* free verse; ~ *worstelen* all-in wrestling; *zie ook* hand, hart, kwartier, naam, spel, toegang, val, verkeer, vogel, vrijlaten, wil, enz; II *bw* 1 freely; ~ *ademhalen* breathe freely; *weer* ~ *ademhalen* breathe again; ~ *gevolgd naar Tennyson* freely adapted from Tennyson; ~ *vallen,* (*natuurk*) fall free(ly); ~ *wonen, zie* ~ I: ~e woning; 2 (*tamelijk*) rather [likeable], tolerably [efficient], fairly [plain], (*sterker*) pretty [good]; ~ *heet* rather (*sterker:* pretty) hot; *het ziet er* ~ *slecht uit* it looks pretty bad; *een* ~ *goede chauffeur* quite a passable chauffeur; ~ *goed eten* have a tolerably good dinner; ~ *wat* a good deal of [money, trouble], a good deal [bigger], considerably [change considerably; considerably more dangerous]

vrijaf: ~ *hebben* have a (half-)holiday; *ééns per week* ~ *hebben* have a weekly day off; *wij hebben 's avonds* ~ we are allowed off in the evening; ~ *nemen, enz, zie* vrij & vrijgeven; *een avond* ~ an evening off; **vrijage** courtship, wooing, flirtation; **vrijbiljet** *zie* vrijkaart

vrijblijven remain free; (*geheel*) *~d* without any obligation, without committing o.s. (in any way); non-committal [answer]; informal [conversation]; open-ended [negotiations]; *~de offerte, ~d offreren, (handel)* offer without engagement

vrijbrief 1 passport, charter, licence, permit; *(mil)* safeguard; 2 *(vrijgeleide)* safe conduct

vrijbuiten practise piracy (privateering), freeboot; **vrijbuitend** privateering, freebooting; **vrijbuiter** freebooter, privateer; adventurer; **vrijbuiterij** freebooting, privateering

vrijdag Friday; *Goede Vrijdag* Good Friday; *'s ~s* on Fridays, every Friday; **vrijdagavond** Friday evening; **vrijdags** I *bn* Friday [market]; II *bw* [he always comes] (on) Fridays

vrijdenker freethinker; **vrijdenkerij** freethinking, free thought; **vrijdom** freedom, exemption, immunity [from taxation]

vrijdragend *(bk)* cantilever(ed)

vrije 1 freeman; 2 *het ~* the open (air, field, country); 3 *het ~, (hist)* jurisdiction (of a free town); **vrijelijk** freely, without restraint

vrijen 1 court; *(vero: ve dienstbode, enz)* walk out [with ...]; *(minnekozen)* pet, *(fam)* neck; *uit ~ gaan* go courting; *ze ~ al heel lang* they have been keeping company for ever so long; *~d paartje* courting couple; *vgl* verkering; 2 *(eufem)* make love; *veilig ~* (have) safe sex; **vrijer** 1 suitor, lover, sweetheart; *(fam)* [her] young man, boy(-friend); *oude ~* bachelor; 2 *(fam: vent)* johnny; *zie ook* sinterklaaspop; **vrijerij** courtship, love-making, etc; *vgl* vrijen; *~tje* amourette; **vrijersvoeten**: *op ~ gaan* be courting

vrijetijdsbesteding leisure activities, recreation; **vrijetijdscentrum** leisure centre; **vrijetijdskleding** casual wear, casuals, leisurewear

vrij|geboren free-born; **-geest** free-thinker; **-gelatene** freedman, freed woman; **-geleide** *(ook: brief van ~)* safe conduct; *onder ~* under (a) safe conduct; **-gestelde** exempt

vrij|geven 1 release [goods, a story for publication]; *(sp)* give club-clearance to [a player]; 2 *(vrijaf geven)* give a (half-)holiday (a day off), let [a p.] go off duty, allow off; 3 *(lijk)* hand over [the body]; 4 *(v staatscontrole ontheffen)* decontrol, remove control from [oils, fats, etc], de-requisition [a house, etc]; unban [foreign investments]; **-gevig** liberal [*met* of], generous, open-handed; *~ met zijn geld* free with (of) one's money; **-gevigheid** liberality, generosity, open-handedness

vrijgevochten undisciplined; *het is daar een ~ boel* it is go-as-you-please there

vrijgezel bachelor; *~ of getrouwd?* single or married?; **vrijgezellenflat** bachelor flat; **vrijgezellenleven** a bachelor's life, single life, bachelorhood, [his] bachelor days

vrijhandel free trade [area, zone]; **vrijhandelaar** free-trader; **vrijhandelstelsel** free-trade system

vrijhaven free port

vrijheer baron; **vrijheerlijk** baronial; **vrijheerlijkheid** barony

vrijheid liberty, freedom; latitude [there is more latitude in these matters than some years ago]; *dichterlijke ~* poetic licence; *~ van handelen* liberty (freedom) of action, [full] discretion [as to ...], [ask for] a free hand; *~ van godsdienst* religious liberty; *~ van geweten* liberty of conscience; *~ van drukpers* liberty (freedom) of the press; *~ van vergadering* freedom of assembly; *~ van het woord* freedom of speech, right of free speech; *zie ook* meningsuiting; *ik zeg: ~ **blijheid**!* I say, liberty above all things!, there is nothing like liberty!; *het is hier ~ blijheid* this is Liberty Hall, you can do as you like here; *enige ~ (v handelen, enz) moet men hun geven (**laten**)* some latitude must be allowed them; *hun werd een grote mate van ~ (van handelen) gelaten* they were given full scope (free play); *iem meer ~ (van beweging) laten, (ook)* give a p. more elbow-room; *de ~ **nemen** om te ...* take the liberty to ..., make free to ..., make bold (make so bold as) to ...; *zich een ~ (vrijheden) **veroorloven*** take a liberty (liberties, freedoms) [*tegenover iem* with a p.]; *zich vrijheden veroorloven tegenover, (ook)* make free with; *ik **vond** geen ~ om ...* I did not feel at liberty to ..., did not feel justified in ...ing; *ik heb geen ~ om ...* I am not at liberty to ...; ***in** ~* free, at liberty, at large; *in ~ stellen, de ~ schenken* set free, set at liberty, release, liberate; *zie ook* vrijlaten; *voorwaardelijk in ~ stellen* release on licence, (grant) parole; *voorwaardelijk in ~ gestelde* prisoner on licence (parole); ***van** zijn ~ beroofd* deprived of one's liberty; **vrijheid|lievend**, **-minnend** fond of liberty, liberty-, freedom-loving

vrijheids|apostel apostle of liberty; **-beperking** restraint; **-beroving** deprivation of liberty, unlawful detention, forcible restraint, duress; **-beweging** liberation (*of:* freedom) movement; **-geest** spirit of liberty; **-liefde** love of liberty; **-maagd** goddess of liberty; **-muts** cap of liberty, Phrygian cap; **-oorlog** war of independence (of liberation); **-prediker** apostle of liberty; **-straf** imprisonment; **-strijder** freedom fighter

vrijhouden 1 keep [the day] free; *een pad ~* keep a path clear; *een partij voor iem ~, (handel)* give a p. the refusal of a parcel [till ...]; 2 pay [a p.'s] expenses, *(trakteren)* stand treat

vrijkaart free ticket, complimentary ticket; *(trein, tram, schouwburg, enz)* free pass; *(trein ook)* privilege ticket

vrijkomen 1 get off; *(ve gevangene)* be set at liberty, come out; *met een boete ~* get off (be let off) with a fine; *zie ook* schrik; 2 *(ve auto, enz, na botsing)* get clear; *(ve betrekking)* fall vacant; *(v staatscontrole bevrijd worden)* be decontrolled, be freed from control; *(chem)* be liberated (disengaged)

vrijkoop *zie* -koping; **vrijkopen** buy off, ransom, redeem; *zich ~* buy o.s. off; **vrijkoping** buying off, etc, redemption

vrijkorps volunteer corps, free corps

vrijlaten 1 *(gevangene)* release, set at liberty; *(slaaf)* emancipate, manumit, liberate; *zie ook* vrijheid: in ~ stellen; *hij werd vrijgelaten, nadat hij beloofd had ...* he was let off on promising ...; 2 *(ruimte)* leave clear, leave [two seats] unoccupied; 3 *(niet binden, pers)* leave [a p.] free, give [a p.] a free hand, put no pressure on; *de leden*

~, (*bij stemming*) allow a free vote; (*zaak*) liberalize [prices]; unban [a party]; **vrijlating** release, emancipation, manumission, liberation; *vgl* -laten; **vrijleen** (*hist*) freehold; **vrijloop** freewheel; (*ve auto*) neutral (gear); **vrijlopen** go free, get off (scot-free), escape; *een klip* ~ steer clear of a rock; *een nat pak* ~ miss a wetting; **vrijmacht** absolute power, omnipotence; **vrijmachtig** omnipotent, all-powerful

vrijmaken free, deliver [*van* from]; clear [imported goods]; free, disengage [one's arm, o.s.]; (*v sociale beperkingen, enz*) emancipate [women, slaves], liberate, manumit [slaves]; (*chem*) liberate; *China ~ van het vreemde juk* liberate China from foreign bondage; *tijd ~ voor* make time for; *de weg* ~ clear the way [*voor* for]; *zich* ~ (*voor iets*) find the time (for s.t.); *zich ~ van* get rid of, rid o.s. of [an idea], shed [one's prejudices]; **vrijmaking** deliverance, emancipation, manumission, liberation; *vgl* -maken

vrijmetselaar freemason; **vrijmetselaarsloge** freemasons' (masonic) lodge (*ook de vergaderplaats*); **vrijmetselarij** freemasonry

vrijmoedig frank, free, bold, candid, outspoken, confident; **vrijmoedigheid** frankness, boldness, candour, confidence

vrij|plaats (city of) refuge, sanctuary, asylum; **-pleiten** clear, exculpate, exonerate [a p., o.s.; *van* from]; *ik tracht hem niet vrij te pleiten* I hold no brief for him; **-postig** bold, forward, saucy; **-postigheid** boldness, etc, impertinence; **-schaar** *zie* -korps; **-spraak** acquittal; **-spreken** acquit [a prisoner of a charge]; *iem van blaam* (*schuld*) ~ clear a p. of blame, exonerate (absolve) a p. (from blame); **-staan** 1 (*ve huis*) stand alone (detached, in its own grounds); 2 (*geoorloofd zijn*) be permitted; *het staat u vrij om te* ... you are free (at liberty) to ..., it is open to you to ...; *zie ook* kijken; **-staand** detached [house], self-supporting [wall], free-standing; *half* ~ semi-detached; **-staat** free state; **-stad** free town, free city; (*bijb*) city of refuge

vrijstellen exempt [from taxation, etc], free [from routine duties]; ~ *van,* (*ook*) dispense (excuse) from; *hij werd vrijgesteld van* he was excused (from) [his lessons, attendance]; ~ *van schoolgelden* grant [full, partial] remission of fees; *vrijgesteld van* exempt from [taxation, etc]; **vrijstelling** exemption, freedom [from ...], remission

vrijster sweetheart, [his] young woman; (*ongetrouwde vrouw*) maid, spinster; *oude* ~ old maid, spinster

vrijuit freely, frankly; ~ *spreken,* (*ook*) speak out; *het is nodig op dat punt ~ te spreken* the point requires plain speaking; *godsdienstige vragen ~ bespreken* discuss religious questions with freedom; *hij gaat* ~ he is not to blame, no blame attaches to him; *ik vind dat hij niet ~ gaat* I cannot hold him blameless; ~ *gaan,* (*schuldig zonder straf*) get off

vrij|vallen fall (become) vacant; **-vechten** deliver; *zich* ~ fight o.s. free, (fight for and) gain one's liberty, win one's freedom by the sword; *zie ook* -gevochten; **-vrouw** baroness; **-waren**: ~ *voor* (*tegen*) safeguard against, secure (guard, protect, guarantee) from (against), shield from; *gevrijwaard voor,* (*ook*) sacred from [intrusion, attack]; **-waring** safeguarding, etc, protection

vrijwel pretty well, practically, virtually; about [that's about all]; ~ *het zelfde* (very) much (pretty much) the same; ~ *gelijk,* (*fam*) much of a muchness [in size, etc]; ~ *zoals hij verwacht had* [it was] much as he had expected; ~ *zo groot* (*oud*) *als* ... pretty much (pretty near) as tall (old) as ...; *zijn fortuin is ~ gemaakt* is as good as made; *zijn woorden waren ~ van deze inhoud* much to this effect; *hij had ~ geen geld* he had hardly any money; *er was ~ niets over* there was practically nothing left; ~ *onmogelijk* next to (nearly) impossible

vrijwiel freewheel

vrijwillig I *bn* voluntary, free; *~e brandweer* volunteer fire brigade; II *bw* voluntarily, freely, of one's own free will, of one's own choice; *een taak die men ~ op zich neemt* a self-imposed task; (*zich*) ~ *aanbieden* volunteer; **vrijwilliger** volunteer; **vrijwilligerswerk** voluntary (volunteer) work; **vrijwilligheid** voluntariness

vrijzinnig liberal [democrat]; (*in godsd ook*) latitudinarian, modernist (*alle ook zn*); **vrijzinnigheid** liberality, latitudinarianism

vrille (*luchtv*) spin, spinning dive; *in ~ gaan* go into a spin; **vrind** friend, chum, pal; *zie* vriend

vroed wise, cautious, discreet; *de ~e vaderen* the City Fathers; **vroedkunde**, enz *zie* verloskunde, enz; **vroedmeesterpad** midwife (obstetrical) toad, nurse-frog; **vroedschap** (*hist*) town (city) council, corporation, [the] City Fathers; **vroedvrouw** midwife

vroeg I *bn* early; (*bw ook*) at an early hour (date, age) [she lost her father early (at an early date)]; *alles is dit jaar zeer* ~ everything is very early (*of:* forward) this year; *een ~e dood* an early (premature) death; *~e aardappelen* (*oogst*) early potatoes (harvest); ~ ***genoeg*** in good time; ~ *of **laat*** sooner or later; ~ *en laat* early and late; *'s **morgens*** ~ early in the morning; *maandagmorgen heel* ~ in the early (*direct na middernacht:* the small) hours of Monday morning; *het is ~ in juni* it is early June; *het is nog* ~ it's still early, early in the day yet, the day (the night, etc) is still young; *het is wel wat* ~ (*nog te* ~) *om al een antwoord te geven* it is early days yet (still too soon, it would be premature) to ...; ***te*** ~*,* (*voor het doel*) too early; (*vóór de gestelde tijd*) [we were (we arrived) a few minutes] early (*of:* before our time), [the train came in two minutes] before (scheduled) time, ahead of time; *te ~ geboren,* (*med*) premature [baby], preterm [infant]; *niets te* ~ none too soon; *hij stierf te* ~ he died prematurely, before his time; *kanker kan genezen, als men er ~ bij is* cancer may be cured in its early stages; *zie ook* vroeger, vroegst, dag, opstaan, rijp, enz; II *ww: ovt van* vragen

vroeg|beurt, **-dienst** early service

vroeger I *bn* earlier [there are no earlier roses than these]; (*vorig, enz*) former [friends, times, etc], previous [his previous presidency], late [his late master], sometime [Mr N, the sometime professor at Bonn; his sometime collaborator], past [events, experience], bygone [ages]; *in ~ dagen* in former days, in olden times; *uit ~ dagen* old-time [the old-time horse-bus, street cries]; II *bw* earlier, sooner, [impossible to introduce the bill] at an earlier date; (*van te voren*) *zie* voren; (*in ~ tijd*) formerly, before (now), in former (olden) times, in the old (in olden) days; *dit heette ~* ... this was once called ...; *het is niet wat het ~ was* (*wat ik ~ kreeg*) what it used to be, what I used to get; *deze kamer was ~ de bibliotheek* this room used to be ...; *~ kwam je steeds op tijd* you always used to come in time; *ik ben ~ bediende geweest,* (*ook*) I was once a servant; *de heer N, ~ redacteur van* ... Mr N, sometime (one-time) editor of ...; *van ~,* (*ook*) retro [clothes]

vroegertje: *het was vandaag een ~, a*) we started (we finished) (work) early today; *b*) we started the day (had to get up) early today

vroeggeboorte premature birth; **vroegmis** early (early morning) mass; **vroegpreek** early morning service

vroegrijp early-ripe, precocious, premature; **vroegrijpheid** precocity, prematureness

vroegst earliest; *op zijn ~, ten ~e* at the earliest

vroegte: *in de* (*alle*) *~* at an (a very) early hour

vroegtijdig I *bn* early; precocious [fruit]; *~e dood, zie* vroeg; II *bw* 1 early, betimes, in good time, at an early hour; 2 (*te vroeg*) *zie* vroeg

vrolijk cheerful [person, decor], merry [Christmas], gay [colours]; [be] in high spirits; *zo ~ als een vogeltje* as merry as a cricket (a grig); *geen erg ~ huis* (*voor een jong meisje*) not a very lively house ...; *~* (*aangeschoten*) *zijn* be merry, be jolly; *een ~e Frans* (*broeder*) a gay dog; *~e opmerkingen* hilarious remarks; *~ verlicht* gaily lighted; *zich ~ maken over* make merry over, have a joke at [someone's expense], make sport of [a p.'s oddities]; **vrolijkheid** mirth, merriment, gaiety, cheerfulness; *het verwekte enige ~* it caused some hilarity [among the audience]

vrome pious (devout) person, (*iron*) saint; *een valse ~* a religious hypocrite; *zie ook* uithangen

vroom pious, devout, godly; (*sl*) pi; *een ~ bedrog* a pious fraud; *een vrome wens* a pious wish (*of:* hope); *een ~ leven* (*man*), (*ook*) a holy life (man)

vroomheid piety, devoutness, (religious) devotion, godliness; **vroor** *ovt van* vriezen

vrouw 1 woman; *gehuwde ~,* (*jur*) feme covert; *ongehuwde ~* (*of: ~, onafhankelijk wat het vermogen betreft*), (*jur*) feme sole; *~ Willems* Mrs W; *Onze Lieve V~e* Our Lady; *onder ~en* among women(folk); 2 (*meesteres*) [the dog and its] mistress; *de ~ des huizes* the mistress (lady) of the house; 3 (*kaartspel*) queen; 4 (*echtgenote*) wife (*ook aanspr:* 'Wife', he said, ...), (*dicht*) spouse; *de* (*dwz mijn*) *~,* (*fam*) the wife, (*volkst*) the missus, missis; *m'n ouwe ~,* (*sl*) my old girl (woman, dutch), (*moeder*) (the, my) mater; *zijn ~, die actrice is* his actress wife; *hoe gaat het met je ~?* how is your wife [how is Mrs Smith]?; *ze is geen geschikte ~ voor je* she'll not make you a suitable wife; *tot ~ nemen* take to wife; *zie ook* nalopen & wijf(je); **vrouwedag** Candlemas

vrouwelijk 1 (*vh ~ geslacht*) female (*ook ve plant*); *het ~ geslacht* the female sex; *vgl* 4; *~ rijm* feminine rhyme; *~e advocaat* (*dokter, kiezer, atleet, enz*), (*ook*) woman barrister (doctor, voter, athlete, etc) (*mv:* women barristers, etc); *zie ook* linie; 2 (*ve vrouw*) feminine [nature]; *het ~e in haar* the woman in her; 3 (*een vrouw passend*) womanly [tenderness], womanlike; (*een getrouwde vrouw passend*) wifely [concern *bezorgdheid*]; 4 (*gramm*) feminine; *het ~ geslacht* the feminine gender; *vgl* 1; **vrouwelijkheid** 1 womanliness, femininity; 2 pudendum, -da

vrouwen|aard woman('s) nature, female character; **-afdeling** (*ve ziekenhuis*) women's ward; (*ve club*) women's section; **-arbeid** female (women's) labour; **-arts** gynaecologist; **-beul** wife-beater; **-beweging** women's (women's rights, feminist) movement; **-bond** women's union; **-café** café for (and run by) women; **-emancipatie** emancipation of women; women's lib(eration); **-gek** womanizer; **-gestalte** female form; **-gevangenis** women's prison; **-haar** woman's hair; (*plant*) maidenhair; **-haat** 1 misogyny, hatred of women; 2 women's hatred; **-hand** woman's (female) hand; (*schrift ook*) feminine hand; **-handel** white slavery; **-hater** misogynist, woman-hater; **-huis** home for women (for battered wives); **-jager** woman-chaser, -hunter, womanizer; **-kiesrecht** women's suffrage, votes for women; **-kleren** [escape in] women's clothing; **-kliniek** women's clinic; **-klooster** convent for women, nunnery; **-koor** female (female voice) choir; **-kwaal** woman's complaint; **-leen** female fief; **-liefde** woman's love; **-logica** feminine logic, woman's reason; **-mantel** lady's coat; (*plant*) lady's mantle; **-munt** (*plant*) costmary, alecost; **-naam** woman's name; **-overschot** surplus of women (over men); **-praat** women's gossip; **-regering** female rule, (*fam*) petticoat government; **-rok** skirt, (*onderrok*) petticoat; **-roosje** red campion; **-schoentje** (*plant*) lady's slipper; **-stem** woman's voice; **-studies** women's studies; **-tongen** (*plant*) mother-in-law's tongue, sansevieria; **-verblijf** women's quarters; (*oosters*) harem; (*Indisch*) zenana; **-werk** women's work; **-zaal** (*ve ziekenhuis*) women's ward; **-zadel** *zie* dameszadel; **-ziekte** woman's disease (*mv:* women's diseases)

vrouwlief my dear (wife), [send s.t. to] the wife; (*sl*) my old girl; **vrouwmens, vrouwspersoon** woman; (*min*) female

vrouw|tje 1 little woman; (*aanspr*) my good woman; 2 wif(e)y; *jong ~* child (*of:* girl) wife; 3 (*v dier*) female; *zie* wijfje; **-volk** womenfolk

vrucht fruit (*ook fig*); (*med*) foetus, [without danger to the] unborn child; *~je,* (*ve verzamelvrucht: aardbei, enz*) drupel, drupelet, fruitlet; *allerlei ~en* all kinds of fruit; *van ~en leven* live on fruit; *de ~en der aarde* (*van onze arbeid, zijn studie*) the fruits of the earth (our labour, his study); *~ dragen, ~en afwerpen* (*opleveren*), (*ook fig*) bear fruit, fructify, come to fruition; *geen ~en meer dragen* be past bearing; *~en plukken* gather fruit; *de ~en plukken van,* (*fig*) reap the fruits of; *~ zetten* fruit; ***aan** hun ~en zult gij ze kennen,* (*bijb*) ye shall know them by their fruits; *aan de ~en kent men de boom* a tree is known by its fruit; *zo boom, zo ~* as the tree, so the fruit; ***met** ~* with success, successfully, [his habit might be] usefully [imitated here]; *hij deed met ~ examen,* (*ook*) he was successful in his examination; ***zonder** ~* fruitless(ly), in vain; *zie ook* verbieden

vruchtafdrijvend abortifacient (*ook: ~ middel*); **vruchtafdrijving** (criminal) abortion

vruchtbaar fruitful [soil, tree, woman, invention, idea, talk, year], fertile [soil, plain, district, imagination], prolific [animals, soil], growing [weather]; viable [pollen]; *een vruchtbare bodem vinden* fall on fertile soil; *~ schrijver* prolific (voluminous) writer; *~ in,* (*ook fig*) fruitful (fertile, prolific) in (of); **vruchtbaarheid** fruitfulness, fertility [dance, rite, test], fecundity

vruchtbeginsel ovary; *~hokje* ovarian cell; **vruchtbekleedsel** capsule; **vruchtbodem** receptacle; **vruchtboom** fruit-tree; **vruchtdieet** fruit (fruitarian) diet; **vruchtdragend** fruit-bearing, fructiferous; (*ook fig*) fruitful

vruchteloos I *bn* fruitless, ineffective, ineffectual, futile, unavailing, vain; II *bw* fruitlessly, ineffectually, vainly, in vain, without avail, to no purpose; **vruchteloosheid** fruitlessness, futility; **vruchtemesje** fruit-knife

vruchten|bonbon fruit jelly; **-bowl** fruit-cup; **-etend** fruit-eating, frugivorous; **-eter** fruit-eater, fruitarian; **-gelei** jam; (*alleen van sap, met suiker, enz*) fruit-jelly; **-ijs** fruit-ice; **-kweker** fruit-grower; **-kwekerij** 1 fruit-growing; 2 fruit-farm; **-sla** fruit-salad; **-stroop** fruit-syrup; **-taart** fruit-tart; **-teelt** fruit-growing

vruchtepers juicer; **vruchtesap** fruit-juice; **vruchtesuiker** fructose, fruit-sugar

vrucht|gebruik usufruct [*in ~ geven* (*hebben*) give (hold) in usufruct]; *het ~ van £ 7000* a life-interest in a sum of £7000 [*ook:* he left £7000 for life to his mother]; **-gebruiker** usufructuary, tenant for life; **-genot** *zie* -gebruik; **-godin** goddess of fruit(s); (*v boomvruchten*) Pomona; (*v veldvruchten*) Ceres; **-hokje** loculus (*mv:* -li); **-hulsel** pericarp; **-kiem** germ, embryo; **-knop** fruit-bud, fruiting bud; **-lichaam** (*ve zwam*) fruit-body; **-pluis** (*plantk*) pappus; **-vlees** pulp; **-vlies** amnion; **-vorming** fruiting, fructification; **-wand** (*plantk*) pericarp; **-water** amniotic fluid; **-wateronderzoek** amnioscopy; **-waterpunctie** amniocentesis; **-wisseling** crop rotation; **-zetting** setting (of fruit), fruiting, fructification

VS afk van *Verenigde Staten* US(A), United States (of America); **V-snaar** V-belt; **VU** afk van *Vrije Universiteit* Free University (of Amsterdam)

vue: *à ~ spelen* play at sight; *à ~ vertaling* unseen (translation), translation at sight; *~s hebben op, zie* oog: ~je

vuig sordid, base, mean, vile; **vuigheid** sordid-, base-, mean-, vileness

vuil I *bn* 1 dirty [hands, weather, etc], grimy, grubby [hands, fingers], smudged [paper, face], rotten [egg], foul [pipe, play, water, weather]; (*vies*) filthy [habits]; *~ van de reis* travel-stained; *~ goed* dirty (*of:* soiled) linen; *~e proef* rough proof, galley proof (*of:* slip); *~e was* dirty clothes; *~e was buiten hangen,* (*fig*) wash one's dirty linen in public; *~ (spoel)water* slops; *~ maken, zie* ~maken; *~ worden* get dirty, soil [this material soils easily]; 2 (*fig*) dirty [language, story, work, trick], filthy [language, novel], foul, scurrilous [language], smutty [postcards, jokes], obscene [language]; *~ goed(je)* nasty (filthy) stuff, (filthy) muck; *~e taal gebruiken, ~e moppen vertellen* talk smut; *~ in de mond zijn* be foul-mouthed; *een ~ werkje* a messy business (*of:* job); *het ~e werk doen, de ~e zaakjes opknappen* do the dirty work; *een ~ zaakje* a dirty business, a shady affair; *zie ook* boel; 3 (*ve connossement, enz*) foul; 4 (*v loon, enz*) gross; II *bw* dirtily, etc; *iem ~ aankijken* give a p. a dirty look; III *zn* dirt, muck; (*walglijk*) filth; *zie ook* vuiltje; *met ~ gooien* fling (sling) dirt (mud); *iem als oud ~ behandelen* treat a p. like dirt (as if he were dirt), wipe one's boots on a p.; **vuilak** 1 (*schoft*) bastard; 2 (*smeerpoes*) dirty person

vuil|bek foul-mouthed fellow; **-bekken** talk smut, use obscene language; **-bekkerij** smutty talk; **-boom** alder buckthorn; **-heid** dirtiness, filthiness, squalor; obscenity; *vgl* vuil

vuiligheid *zie* vuil III & vuilheid; **vuilik** dirty fellow; (*fig*) skunk; **vuilmaken** (make) dirty, soil; *zich ~* dirty o.s., get o.s. into a mess; *ik zal mijn handen niet aan je ~* I won't dirty my hands with (on) you; *ik wil er geen woorden meer aan ~* I won't spend (waste) any more words over it; **vuilnis** (house) refuse, dirt, rubbish, (*Am*) trash; *~ ophalen* collect refuse

vuilnis|auto dustbin lorry, refuse lorry; (*vuilverdichtend*) crush load van; **-bak** dustbin, refuse bin; (*op straat*) (street) orderly bin; (*Am*) trash can; **-bakkeras** mongrel breed, (*fam*) Heinz (dog); **-belt** refuse (*of:* rubbish) dump (*of:* tip); **-blik** dustpan; **-emmer** dustbin, refuse bin, (*Am*) garbage (trash) can; **-emmerzak** bin bag, bin liner; **-hoop** refuse-, dust-, rubbish-heap; **-kar** dustcart, refuse cart; **-koker** rubbish chute (shoot); **-man** dustman, scavenger, refuse collector, (*Am*) trashman; **-stortkoker** refuse chute; **-vat** dustbin, refuse bin; **-wagen** *zie* -auto & -kar; **-zak** waste disposal bag

vuilpoe(t)s dirty person; **vuilspuiterij** slander; **vuilstort(plaats)** *zie* vuilnisbelt

vuil|te *zie* vuil III & vuilheid; **-tje** speck of dust, grit [in the eye]; *geen ~ aan de lucht* not the slightest danger, no problems; **-verbranding** incineration (destruction) of refuse; **-verbrandingsoven** refuse incinerator (destructor); **-verwerking** refuse processing; **-wateremmer** slop-pail

vuist fist; *een ~ maken, (fig)* make one's presence felt; *maak eens een ~ als je geen hand hebt* it's no good being tough in words if you can't be tough in deeds; ***in** de ijzeren ~ van de winter* in the iron grip of winter; *in zijn ~je lachen* laugh in (*of:* up) one's sleeve; ***met** ijzeren ~* with a mailed fist (a grip (rod) of iron); *met de ~ op tafel slaan* bang the table (with one's fist), bang one's fist on the table; ***op** de ~ gaan* come to blows, start scrapping; ***uit** het ~je eten* eat from one's hand; ***voor** de ~ (weg)* offhand, extempore; *voor de ~ spreken, a)* speak offhand (extempore), extemporize; *b)* speak without notes

vuist|bijl hand-axe; **-dik** fist-sized [beefburger]; **-gevecht** fist-fight, pugilistic fight; **-handschoen** mitten; **-pand** pawn; **-recht** fist-, club-law; **-regel** rule of thumb; **-slag** blow with the fist; **-vechter** pugilist, prize-fighter; **-vol** handful, fistful (*mv:* -fuls)

vulaarde fuller's earth

vulcaniseren vulcanize; retread [tyres]; **vulcanisering** vulcanization; **vulcanologie** volcanology; **vulcanologisch** volcanological [service]; **Vulcanus** Vulcan

vuldop filler cap

Vulgaat Vulgate; **vulgair** vulgar; *~ Latijn* Vulgar Latin; **vulgariseren** vulgarize; **vulgariteit** vulgarity; **Vulgata** Vulgate; **vulgo** id; **vulgus**: *het ~* the vulgar herd

vulhaard *zie* vulkachel

vulkaan volcano; **vulkaanuitlaat** fire breather

vulkachel anthracite stove, slow-combustion stove, base-burner

vulkanisch volcanic [eruption], igneous [rock]; **vulkanisme** volcanism

vullen fill [a glass, etc; *ook v eten:* plum-pudding is filling], fill in [a grave], fill [teeth], stuff [a goose, tomatoes, animals, the seat of a chair], pad [clothes], inflate [a balloon, an airship], fill (up) [one's time]; *zich ~* fill [the room filled rapidly; her eyes filled with tears]; *weer ~* refill [one's glass]; *zie ook* gevuld, zak, enz; **vulling** filling, stuffing, padding, inflation; *vgl* vullen; (*ve tand*) filling, stopping; (*mar*) limber; (*nieuwe ~*) refill; *zachte ~, (ve bonbon, enz)* soft centre

vullis (*min*) scum of the earth, piece of filth; *zie ook* vuilnis

vulpen fountain-pen; **vulpotlood** propelling pencil; **vulsel** filler; (*ve gans, enz; ook v opgezette dieren, enz*) stuffing; (*vleesvulsel*) forcemeat; (*ve pasteitje*) mincemeat; *zie ook* vulling; **vulslang** (petrol pump) hose; **vulstem** (*muz*) filling voice; **vulstof** filler

vulva id

vuns musty, fusty; stale [tobacco-smoke]; dirty [trick]; filthy, obscene [language]; **vunsheid** mustiness, fustiness; obscenity; **vunzen** fart; **vunzig** *zie* vuns

vurehout deal

vuren I *ww* fire [*op* at, on], shoot, let drive, let fly, blaze, loose (off) [*op* at]; (*vd zee*) phosphoresce; II *zn* firing; *volhouden met ~* keep up a (the) fire; III *bn* deal

vurig fiery [*ook fig:* eyes, nature, horse, wine], spirited, high-mettled [horse], ardent [love, desire, angler], fervent [love, hatred, hope], warm, earnest, fervid [wish], devout [admirer, hope devoutly], keen [sportsman], red-hot [Radical]; (*vd huid*) red, inflamed; *mijn ~ste wens,* (*ook*) my dearest (fondest) wish; *hij verlangde ~ naar de vrijheid* he yearned for liberty; *zie ook* kolen; **vurigheid** fieriness, ardour, fervency; spirit, mettle; redness, inflammation [of the skin]; blight [in corn]; *vgl* vurig; **VUT** *zie* uittredingsregeling

vuur 1 fire; (*fig ook*) warmth, ardour; *jeugdig ~* youthful zest; *een ~ **aanmaken*** light (make) a fire; *de vuren aanmaken,* (*ve fabriek, enz*) fire up; *~ **geven**,* (*mil*) fire; (*een vlammetje*) give [a p.] a light; *het ~ was niet van de **hemel*** there was continuous lightning; *een goed **onderhouden** ~,* (*mil*) a well-sustained fire; *het ~ **openen**,* (*ook fig*) open fire [*op* on]; *iem het ~ na aan de **schenen** leggen* make it hot for a p., press a p. hard; *haar ogen **schoten** ~* her eyes shot fire (blazed, were ablaze); *~ **slaan*** strike fire [*uit* from]; *zich het ~ uit de **slof-fen** lopen* run o.s. off one's legs; *het ~ **staken*** cease fire (firing); *~ **vatten*** catch fire, become ignited; (*fig*) catch fire, flare up [he flared up at once]; *hij vat dadelijk ~* he is quickly roused, he is rather hot-tempered; ***vol** ~* full of fire, all aflame [for ...]; *hij is vol ~ voor het project* he is wildly enthusiastic about ...; *wat **bij** het ~ doen* mend the fire; (*dicht*) *bij het ~ zitten,* (*fig*) have friends at court, have a place in the sun; *zie ook* warmen; *hij zou voor u **door** het ~ lopen* he would go through fire (and water) for you; ***in** ~ (ge)raken* catch fire, go into raptures; *in ~ (ge)raken over zijn onderwerp* warm to one's subject; *in ~ en vlam zetten* set [the house, India] ablaze; *in het ~ van het debat* in the heat of the debate; ***met** veel ~ spreken* speak with great fervour (fire, warmth); *met ~ spelen* play with fire; *mag ik u **om** wat ~ verzoeken?* may I trouble you for a light, please?; ***onder** ~* [be] under fire; *onder ~ nemen* subject [a battery] to fire, open fire (up)on; (*fig*) let fly at, (*onverwacht*) round on [a p.]; ***op** een zacht (klein) ~ koken* cook over a slow (small) fire; *wat op het ~ doen* mend the fire; ***te** ~ en te zwaard verwoesten* put to (destroy with) fire and sword; ***tussen** twee vuren,* (*mil*) between two fires; (*fig*) be pig in the middle, be between the devil and the deep (blue) sea; *ik heb wel **voor** hetere vuren gestaan* I've been in tighter spots, I've managed trickier business than this; *zie ook* aanleggen, pot 1, spuwen, lopend, stoken, enz; 2 (*vuurtoren*) light; 3 (*in hout*) dry rot; (*in koren*) blight; *zie ook* koud~

vuur|aanbidder fire-worshipper; **-aanbidding** fire-worship; **-baak** beacon-light; **-bal** fireball; **-bestendig** fireproof; **-bok** andiron, firedog; **-bol** fireball, bolide; **-brakend** firespitting; **-dood** death by fire; *tot de ~ veroordeeld* sentenced to the stake; **-doop** baptism of fire; **-doorn** (*plant*) pyracanth(a); **-eter** fire-eater; **-geest** salamander; **-gevecht** exchange of fire (of shots); **-gloed** glare, blaze; (*v haardvuur, ook*) firelight; **-goudhaantje** fire-crest(ed wren);

-**haard** fireplace, hearth; (boiler) furnace; (*fig*) *zie* brandpunt & vuurzee; -**houdende**: ~ *turf* (*kolen*) slow-combustion peat (coal); -**kever** firefly; -**kist** fire-box; -**klei** fire-clay; -**kleurig** flame-coloured; -**kogel** fireball; -**kolk** *zie* -zee; -**kolom** pillar (column) of fire; -**kracht** (*mil*) fire-power; -**krans** *zie* -rad; -**lak** black japan

Vuurland T(i)erra del Fuego; **Vuur|lander**, -**lands** Fuegian

vuur|lijn, -**linie** (*mil*) 1 line of fire; 2 firing-line; -**maker** firelighter; -**meter** pyrometer; -**molen** *zie* -rad; -**mond** gun; -**oven** furnace; -**pan** fire-pan, brazier, chafing-dish; -**peloton** firing-party, -squad; -**pijl** rocket; (*plant*) red-hot poker; *de klap op de* ~ the great surprise, the pièce de résistance; *en als klap op de* ~ ... and to crown it all ...]; -**pijltoestel** rocket life-saving apparatus; -**plaat** hearth-plate; (*ve locomotief*) foot-plate; -**plant** *zie* vuurwerkplant; -**poel** *zie* -zee; -**pot** brazier; -**proef** 1 trial (*of:* ordeal) by fire; 2 (*fig*) crucial (*of:* acid) test, ordeal; *hij* (*het*) *heeft de* ~ *doorstaan* he (it) has stood the test (*fam:* the racket); *het verdrag zal de* ~ *niet doorstaan* the treaty will not stand the fire; *het Britse Rijk ondergaat de* ~ the ... is on trial; -**rad** Catherine wheel; -**regen** 1 rain of fire (of bullets); 2 (*vuurwerk*) golden rain; -**rood** (as) red as fire, fiery red, flaming red [scarf], flame-coloured [hair]; [his face was] a flaming scarlet; *hij werd* ~, (*ook*) he blushed (flushed) scarlet; -**salamander** spotted salamander; -**scherm** fire-screen, fire-guard; -**schip** 1 lightship; 2 fire-ship; -**slag** flint and steel; -**snelheid** (cyclic) rate of fire; -**spuwend** fire-spitting, fire-breathing [dragon], spitting (vomiting) fire; ~*e berg* volcano; -**steen** flint [implements]; -**steengeweer** flint-lock; -**stoot** burst of fire; -**straal** flash of fire; (*vlammenwerper, enz*) jet of fire, fire jet; -**tang** fire-tongs; -**test** coal-pan; -**toren** 1 lighthouse; 2 (*pers, scherts*) carrots, ginger, red-hair; -**torenwachter** lighthouse-keeper; -**vast** fireproof, heat-resistant, ovenproof, refractory, incombustible, non-combustible; ~*e klei* fire-clay; ~*e steen* firebrick; ~ *maken* fireproof; -**vlieg** firefly; -**vogel** fire-bird; -**vreter** fire-eater (*ook fig*); -**wapen** firearm; -**wapengevaarlijk** ready to shoot, (*fam*) trigger-happy; -**water** fire-water; -**werk** (display of) fireworks, firework(s) (*of:* pyrotechnic) display, pyrotechnics; ~ *afsteken* let off fireworks; -**werkerskunst** pyrotechny; -**werkplant** gas plant, burning bush, dittany, fraxinella; -**wortel** common feverfew; -**zee** sea (mass) of fire, blaze, [dash into the] furnace of flames; -**zuil** pillar of fire

vv vice versa; [London-Glasgow] and back

v-vormig V-shaped, V-d, veed

VVV Tourist Information (Centre), Tourist Office; *zie ook* vreemdelingenverkeer

V-wapen V-weapon

VWO afk van *voorbereidend wetenschappelijk onderwijs*, (*vglb*) secondary education

Www

w (the letter) w; **W** W; West; **W.A.** *zie* wettelijk

waadbaar fordable; *-bare plaats* ford; **waadpoot** grallatorial foot

Waadt Vaud; **Waadtland** Pays de Vaud; **Waadt|lander**, -**lands** Vaudois (*ook mv*)

waadvogel wading bird, wader

waag 1 balance; 2 (*stadswaag*) weigh-house; 3 *een hele* ~ a risky untertaking7

waag|geld weighage; -**hals** reckless (devil-may-care) person, daredevil; -**halzerig** daredevil, reckless; -**halzerij** recklessness, dare-devilry, foolhardiness; -**schaal**: *zijn leven lag in de* ~ was (*of:* trembled) in the balance; *hij stelde zijn leven in de* ~ he risked his life (his neck), staked his life; -**spel** *zie* kansspel; -**stuk** risky thing (enterprise, undertaking), (bold) venture

waaibomenhout inferior timber

waaien 1 (*vd wind*) blow; *wat waait het!* what a wind!; *het waait hard* it is blowing hard, there is a strong (a high) wind blowing, it is blowing great guns; *het* (*er*) *waait een* (*halve*) *storm* it is blowing (half) a gale; *de wind waait uit het westen* the wind is (blowing) from the West; *het zal er* ~, (*fig*) there will be ructions (a shindy), feathers (the fur) will fly, there'll be the devil to pay; 2 (*ve vlag, enz*) fly, flutter (float) in the wind; *laten* ~ hang out [a flag]; *laat* (*de boel*) *maar* ~*!* let it rip!, (a) fat lot I care!; *hij laat alles maar* ~ he lets things drift (*of:* slide); *'laat maar ~' politiek* policy of drift; *de bladeren* ~ *van de bomen* the leaves are blown from the trees; *waar kom jij vandaan ~?* where have you blown in from?, what wind has blown you (in) here?; 3 (*met waaier*) fan [a p., o.s.]; *zie ook* wind

waaier fan [dance, palm, tree, vault]; **waaierbrander** fantail; **waaieren** fan; **waaiervenster** fan(-shaped) window; (*boven deur*) fanlight; **waaiervormig** I *bn* fan-shaped; II *bw* fan-wise; ~ *geplooid* fan-pleated

waak (night-)watch, vigil; **waakhond** watchdog, house-dog; **waakhondfunctie** watchdog function; **waaks** watchful; **waakster** watcher; **waakvlam** pilot-flame, pilot-jet, pilot-light

waakzaam 1 watchful, wakeful, vigilant, (on the) alert; 2 *zie* wakend; **waakzaamheid** watchfulness, wakefulness, vigilance, alertness

Waal 1 (*rivier*) id; 2 (*pers*) Walloon; **Waals(e)** Walloon

waan erroneous (delusive) idea, delusion, pipe-dream; *iem in de* ~ *brengen dat* ... lead a p. to think that ...; *in de* ~ *verkeren* (*iem in de* ~ *laten*) *dat* ... labour (leave a p.) under the delusion, the impression that ...; *iem uit de* ~ *helpen* undeceive a p., open a p.'s eyes; *de* ~ *van de dag* the current fads (and fancies) of public opinion

waan|denkbeeld delusion; -**geloof** superstition; -**idee**, -**voorstelling** delusion; -**wijs** (self-)-

conceited, bumptious, self-opinioned, opinionated; **-wijsheid** (self-)conceit(edness); **-zin** 1 madness, insanity; (*razernij*) frenzy; 2 (*fam*) sheer nonsense; **-zinnig** insane, demented, deranged, distracted, mad, crazy [*van angst* with terror]; (*als ~, razend*) frenzied, frantic; (*bw ook:*) ridiculously, wildly [expensive], fiendishly [difficult]; *zie ook* krankzinnig & razend; **-zinnige** madman, maniac, lunatic; **-zinnigheid** *zie* -zin

1 waar *zn* wares, ware, goods, commodity, merchandise, article(s), stuff; *goede ~* good stuff; *slechte ~* (bad) stuff, rubbish; *alle ~ is naar zijn geld* you can't expect more than you pay for; *iemand ~ voor zijn geld geven* give value for money; *~ voor zijn geld krijgen* get one's money's worth, get (good) value for one's money; (*fig ook*) get (have) a (a clear, a good) run for one's money

2 waar I *bw* where; *~ hij ook is* wherever he may be; *~ ga je naar toe?* where are you going (to)?; *~ ergens is het huis?* whereabouts is ...?; *zie verder de sam* (waaraan, -heen, -om, -voor, enz) & heen, vandaan, zijn, enz; II *vw* 1 where; 2 (*aangezien*) since, as; *te minder ~ ze alles doen om* ... the less so as they do everything to ...

3 waar *bn* true; *dat is ~ zowel van E als van B* that is true both of E and B; *het is een ware doolhof* (*een ~ schrikbewind, enz*) it is a veritable (regular) labyrinth (reign of terror, etc); *een ~ genot* a real joy; *ware juwelen van dichterschap* very gems of poetic quality; ..., ***niet*** *~?* [he is ill,] isn't he?; [she ought to go,] oughtn't she?; [she lives here,] doesn't she?; [it is hardly enough,] is it?; [you only saw his brother,] did you?; *toch niet ~!* not really!, you don't say so!, ['H's dead, Sir.'] 'Is he now!'; *het* ***is*** *~, er zijn uitzonderingen, maar* ... true, there are exceptions, but ...; *dat is ~ ook,* (*laat ik dat niet vergeten*) that reminds me!; *dat is ~ ook,* (*daar dacht ik niet aan*) that is true, (I did not think of it); of course, (I forgot that); [he's abroad,] so he is!; *dat zal ~ zijn!* you bet [I did, he is, etc]!; *daar is geen woord* (*niets*) ***van*** *~* there isn't a word of truth in it; ***voor*** *~ aannemen* take for granted; *voor ~ houden* consider to be true, hold true; ***zo*** *~ als ik leef* (*hier sta*) as I live (as I stand here); *zie ook* zowaar; *daar is iets* (*zit wat*) ***waars*** *in* there is something (some truth) in that; *daar is veel ~s in* there is a great deal of truth (*fam:* a lot) in that; *dat is* ***je ware*** that's the (real) thing, the goods, the ticket; *zie ook* waarmaken, & grootte, Jakob, enz

waaraan I *vrag vnw* to (by, of, etc) what?; *~ denkt hij?* what is he thinking of?; *~ herkende jij hem?* what did you know him by?; *zie ook* liggen, toe; II *betr vnw* to (by, of, etc) which (whom)

waarachter I *vrag vnw* behind what?; II *betr vnw* (*ve zaak*) behind which; (*ve pers*) behind whom

waar|achtig I *bn* true, real; *het is de ~e waarheid* it is gospel truth; II *bw* truly, really (and truly), indeed; *het is ~ waar* it is really true; *en ~ hij trouwde!* and he did marry after all!; *~, hij deed het* he actually did it; *die vrek bood me ~ een sigaar aan* that skinflint actually offered me a cigar; *dat weet ik ~ niet* I really don't know, I'm sure I don't know; *~, het is Jan* it's Jack, sure (*of:* right) enough!; *~ lang genoeg!* long enough in all conscience!; *je weet ~ alles!* you know (absolutely) everything, you do!; *~!* ['you don't say so!'] 'it's true!'; *~ niet!* not a bit of it!; *dat weet ik ~ niet* I'm blest if I know; *hij heeft ~ al politieke meningen* he has his views on politics, if you please; *hij heeft het ~ weer gedaan* he has gone and done it again; **-achtigheid** veracity, truth

waarbeneden below which

waarbij I *vrag vnw* by (near, etc) what?; II *betr vnw* by (near, etc) which (whom); *ons onderhoud, ~* ... our interview in the course of which ...; *~ men moet bedenken* ..., taking into account ...; *~ de restrictie moet worden gemaakt* ... with the restriction ...; *~ nog komt dat* ... in addition to which ...; *~ vergeleken* ... compared with which ...

waarborg 1 guarantee, guaranty, warrant, security, safeguard; 2 (*essaai*) assay; **waarborgen** guarantee, warrant, vouch for; *om beleggers te ~* to safeguard investors; *~ tegen* secure against

waarborg|kaart (cheque) guarantee card; **-kapitaal** guarantee capital; **-maatschappij** insurance company; **-som** caution money, security; (*bij verkiezing*) [forfeit one's] deposit; **-stempel** hallmark

waarboven I *vrag vnw* over (above) what?; II *betr vnw* over (above) which (whom)

1 waard landlord, host; licensee [the licensee of the Albion Hotel]; (*mannetjeseend*) drake; *zoals de ~ is, vertrouwt hij zijn gasten* one judges other people's character by one's own; *buiten de ~ rekenen* reckon without one's host

2 waard (*v rivier*) flood plain; (*ingedijkt land*) polder

3 waard worth; *~e vriend* dear friend; *~e Heer* (My) Dear Sir, (*in spreektaal*) my dear sir; *een gulden* (*veel, weinig, niets*) *~* worth a guilder (much, little, nothing); *het is wel een bezoek ~* it's worth a visit; *het is het overwegen ~* it merits consideration; *niet ~ om naar te kijken* not worth looking at; *het repareren niet ~* [the bags are] not worth mending (repairing); *uw liefde* (*uw aandacht*) *~* worthy of your love (your attention); *dat is al veel ~* that is a great step forward; *het deed de tijd voorbijgaan, en dat was in ons geval wel wat ~* it helped to pass the time, which was a consideration in our case; *het is veel ~ een goede gezondheid te hebben* good health is a great asset; *maar dat was het wel ~* [we got fearfully dirty] but it was (well) worth it; *ik geef het* (*dit idee, enz*) *voor wat het ~ is* I give it (this idea, etc) for what it is worth; *hij is niet veel ~ als speler* (*in het oplossen van raadsels*) he is not much of a player (not much of a hand at solving riddles); *zonder dat is het leven niets ~* life is no use without it; *ik voel me niets ~,* (*voel me ellendig*) I'm fit for nothing, I'm all in; *mijn ~e* my dear (friend, fellow); *zie ook* moeite

waardboom host tree

waarde 1 *zie* 3 waard; 2 value, worth; *~n* securities, stocks, shares; *innerlijke* ~ intrinsic value (merit); *de ~ van het geld* [know] the value of money; *hij kent de ~ van het geld niet,* (*ook*) he has no sense of the value of money; *~ ontvangen* (*genoten*) value received; ~ *in rekening* value in account; ~ ***hechten*** *aan* set [a high, little] value (up)on, set [great, little] store by, attach [much, no, little] value (importance) to, value [a p.'s opinion]; *ik hecht veel ~ aan vroeg opstaan* (*frisse lucht, enz*), (*ook*) I believe (am a believer) in ...; ~ ***hebben*** be of value; *weinig ~ hebben* have little value; *zijn woord heeft nogal ~* (*heeft geen ~*) his word goes for something (counts for nothing); *het ontleent enige ~ aan zijn zeldzaamheid* it has a certain scarcity value; ***in*** *~ houden* value, hold dear; *het goud is* (*de huizen zijn*) *in ~ verminderd* gold has (houses have) depreciated; *brief* ***met*** *aangegeven* ~ with declared value; ***naar*** *de ~,* (*v accijns*) ad valorem [duty]; ***op*** *de juiste ~ schatten* rate at its true value, value at its true worth; ***ter*** *~ van* ... to (*of:* of) the value of ..., worth ...; *juwelen ter ~ van £ 40000,* (*ook*) forty thousand pounds' worth of jewelry; *dingen* ***van*** ~ things of value, valuables; *van geen* ~ of no value, worthless, useless; *zulke dingen zijn voor mij van geen ~,* (*ook*) such things mean nothing to me; *van grote* ~ of great value; *zie ook* nul; **waardebepaling** valuation; **waardebon** coupon, voucher; **waardedaling** *zie* -vermindering

waardeerbaar valuable

waarde|leer theory of value, axiology; **-loos** worthless, valueless, nugatory; (*fam*) useless, no good at all, naff, duff; *waar-de-loos!* absolutely hopeless!; ~ *maken* cancel [banknotes, etc]; **-meter** standard of value; **-oordeel** value judgment, judgment of value; **-papieren** securities (*maar ook:* banknotes, etc); **-recht** ad valorem duty

waarderen 1 (*taxeren*) value, estimate, rate [*op* at]; (*door schatter*) appraise [*op* at]; 2 (*schoolwerk, door punten*) mark [papers]; 3 (*op prijs stellen*) appreciate [s.t. in a p.], value, esteem, prize [his most prized possessions]; *dat kan ik niet* ~ I take a poor (dim) view of that; *zijn werk wordt niet gewaardeerd* his work is unappreciated; **waarderend** appreciative(ly); *ze glimlachte* ~ she smiled her appreciation; *zie ook* schatten; **waardering** valuation, estimation, appraisal, appraisement, rating; appreciation, esteem; marking; *vgl* waarderen; *met ~ spreken over* speak with appreciation (appreciatingly) of; *uit ~ voor* [To M R] in appreciation of [his friendship]; **waarderingscijfer** (*tv, enz*) rating

waarde|vast stable [money], inflation-proof(ed) [pensions], cost-of-living linked, index-linked, indexated [salary rises]; **-verlies** *zie* -vermindering; **-vermeerdering** increment, increase in value, appreciation; [*belasting op*] *toevallige* ~ unearned increment [tax], betterment [tax]; **-vermindering** depreciation, fall in value, [currency] devaluation; **-vol** valuable, of (great) value; **-vrij** value-free

waardgelder (*hist, vglb*) local militiaman; *~s* local militia

waardig worthy; dignified [silence, eloquence]; *aller achting* (*een betere zaak*) ~ worthy (deserving) of everybody's esteem (a better cause); *zijn straf ~ dragen* take one's punishment like a man; *zie ook* keuren; **waardigheid** 1 (*uiterlijk of innerlijk*) dignity; (*alleen innerlijk*) worthiness; *beneden mijn* ~ beneath me, beneath my dignity, (*fam*) infra dig; *hij acht het beneden zijn* ~ he disdains [to do] it; *met* (*grote*) ~ with (great) dignity; *vol ~,* (*ook*) dignified; 2 (*chem*) valency; **waardigheidsbekleder** dignitary

waar|dij worth, value; **-din** landlady, hostess

waardoor I *vrag vnw* through (by) what?, what [is it caused] by?; II *betr vnw* through (by, as a result of) which, so that; **waarheen** where, where to, to what place; (*vero*) whither; ~ *kan ik ontsnappen?* where can I escape?

waarheid truth; *de ~ van de bewering,* (*ook*) the veracity of the statement; ~ *als een* ***koe*** self-evident truth, blindingly obvious platitude; *kinderen en gekken* ***spreken*** *de* ~ children and fools tell the truth; *de ~ spreken* (***zeggen***) speak (tell) the truth; *om de ~ te zeggen* to tell the truth, truth to tell; as a matter of fact; *ze zei hem de* ~ she gave him a piece (a bit) of her mind, told him what she thought of him, told him some home truths; *zie ook* ongezouten; *ze zeiden elkaar lelijk de* ~ there was much plain speaking; ***zuinig*** *zijn met de ~,* ***halve*** *waarheden vertellen* be economical with the truth; *ver* ***bezijden*** *de* ~ [an explanation] far removed from the truth; *dat is dichter* ***bij*** *de* ~ that is nearer the truth (the mark); ***naar*** ~ [answer] truthfully, [it has been said] with truth, *zie ook* half, komen achter, midden, naakt, schijn, enz; **waarheid|lievend**, **-minnend** truthful, truth-loving, veracious; **waarheidsgehalte** truth content; **waarheidsgetrouw** faithful, true, in accordance with truth; **waarheidsliefde** love of truth, truthfulness, veracity

waarin I *vrag vnw* in what?; *zeg mij ~ hij tekort is geschoten* ... in what way he failed; II *betr vnw* in which; (*vero*) wherein; *ik ontdekte ~ zijn kracht lag* I discovered where his strength lay; **waarlangs** I *vrag vnw* past (along) what?; II *betr vnw* past (along) which

waarlijk truly, in truth, indeed, really, actually; *zo ~ helpe mij God almachtig!* so help me God!; *zie ook* waarachtig

waarloos spare [anchor, sail, etc]

waarmaken prove, make good, verify [one's words], fulfil [expectations]; *zich* ~ prove o.s., come up to the mark; fulfil o.s.

waarme(d)e I *vrag vnw* with what?, what [did you beat him] with?; II *betr vnw* with which, [the train] by which [I leave]

waar|merk stamp; (*op goud, enz*) hallmark; **-merken** stamp, certify, legalize, authenticate, attest; (*doorhaling*) confirm [an erasure]; (*goud, enz*) hallmark; *gewaarmerkt afschrift* certified copy; *gewaarmerkt zilver* hallmarked silver; *door zijn handtekening gewaarmerkt* authenticated by his signature; **-merking** stamping, certification, authentication; hallmarking; *vgl* -merken

waar|na after which, whereupon; **-naar** I *vrag vnw* at (etc) what?; II *betr vnw* (*plaats*) to which; (*fig: zie de met* naar *verbonden ww, bijv:*) *waar kijk je naar?* what are you looking at?; *zie ook* smaken; **-naast** I *vrag vnw* beside what?; II *betr vnw* beside (by the side of, next to) which

waarneembaar perceptible, observable; **waarneembaarheid** perceptibility

waarnemen 1 (*bemerken*) perceive, observe; (*gadeslaan*) watch, observe; 2 (*plichten, enz*) perform, attend to [one's duties, etc]; (*behartigen*) look after [a p.'s interests]; *een betrekking tijdelijk ~* fill a place temporarily, do temporary duty; *voor iem ~* replace a p. temporarily, take duty (deputize) for a p.; *de praktijk voor een dokter ~* take charge of (look after) a doctor's practice; *voor een collega* (*voor elkaar*) *~* deputize for a colleague (for each other); *de plichten van gastvrouw* (*voorzitter*) *~ voor* ... deputize as hostess (chairman) for ...; *voor een predikant ~,* (*ook*) supply (a pulpit); 3 (*zich ten nutte maken*) avail o.s. (take advantage) of [an opportunity]; *zijn kans ~* take one's chance; *zie ook* opmerken

waarnemend deputy, temporary, acting [chairman]

waarnemer 1 observer; *onopgemerkte ~,* (*ook*) fly on the wall; 2 deputy, substitute; (*ve dokter of geestelijke*) locum tenens, (*fam*) locum; (*ve leerkracht*) supply (teacher); **waarneming** 1 perception; observation; *~en doen* take observations; (*mar*) take sights; 2 performance [of duties]; deputizing; *de ~ van mijn betrekking geeft mij werk genoeg* attending to my job gives me plenty of work; *vgl* waarnemen 2; **waarnemingspost** observation post; **waarnemingsvermogen** 1 (*vd ziel*) perceptive faculty; 2 power(s) of observation; **waarnevens** *zie* waarnaast

waar|om I *vnw bw* why; (*fam*) what for; (*dicht*) wherefore; *~ heb je dat gedaan?,* (*ook*) what made you do that?, what did you do that for?; *dat is juist ~ ik hier ben* that's just what I am here for; II *zn: het ~* the why (and wherefore); **-omheen** I *vrag vnw* round what?; II *betr vnw* round which; **-omstreeks** whereabouts; **-omtrent** I *vrag vnw* about what?; (*plaats*) whereabouts?; II *betr vnw* about which; **-onder** I *vrag vnw* under (among) what?; II *betr vnw* under (among) which (whom); including [his wife], [his wife] among them; *werklozen, ~ ook worden begrepen* ... jobless, under which head are also included ...; **-op** I *vrag vnw* on (for, etc) what?; *~ wachten we?* what are we waiting for?; II *betr vnw* upon which, whereupon; *de tijd ~* the time when (at which) [it happened]

waarover I *vrag vnw* across (over, about, etc) what?; *~ gaat het?* what is it about?; II *betr vnw* about (across, over, etc) which

waarschijnlijk I *bn* probable, likely; *het is ~ dat* ..., (*ook*) the chances (the odds, the probabilities) are that ..., it is on the cards that ...; II *bw* probably; *zeer ~,* (*ook*) most (very) likely, as likely as not [he will ...]; *hij komt ~ niet* he is not likely (is unlikely) to come; *ik zal ~ £ 10 winnen* (*verliezen*), (*ook*) I stand to win (lose) £10; **waarschijnlijkheid** probability, likelihood; *naar alle ~* in all probability (likelihood); **waarschijnlijkheidsrekening** theory (calculus, calculation) of probabilities

waarschuwen 1 warn, caution, admonish; *~ tegen* (*voor*) warn (caution) against; *iem behoorlijk* (*ernstig*) *~* give a p. fair (serious) warning; *~ weg te blijven* warn off; *ik waarschuwde hem dat u hier was* I warned him of your presence; *iem ~ op zijn hoede te zijn* put a p. on his guard; *ik waarschuw je!,* (*dreigement*) I warn you!, be warned!; *nu ben je gewaarschuwd* (now) you've had your warning, now you know (where you are), I've warned you; *van te voren ~* forewarn; *een gewaarschuwd man telt voor twee, vooruit gewaarschuwd maakt dubbel voorzichtig* forewarned is forearmed; *men zij gewaarschuwd tegen vervalsingen* the public are cautioned against imitations; beware of forgeries; *zich laten ~* take warning; *~de stem* warning (cautionary) voice; *een ~de stem laten horen* sound a warning note (a note of warning); *~de verschijnselen* danger signals [of cancer]; 2 (*verwittigen*) notify [the police], tell, let [me] know [if ...]; *als je wilt komen, moet je me wat vroeger ~* if ... you should give me a little more notice

waarschuwing warning (*ook v ziekte*), caution (*ook sp*), admonition; (*ter herinnering*) reminder; (*sp*) caution; (*v belasting*) (second) demand-note, default (*of:* warning) notice, demand [*laatste ~* final demand, final notice]; *~!,* (*als opschrift*) caution!; *laat dit je een ~ zijn* let this be a warning to you; *een ~ laten horen* sound a warning

waarschuwings|bord [triangular] warning sign; **-commando** caution; **-knipperlicht** (*ve auto*) hazard (warning) light, hazard flasher; **-schot** warning shot

waar|tegen I *vrag vnw* against what?; II *betr vnw* against which; **-tegenover** 1 opposite which; 2 in consideration of which; **-toe** I *vrag vnw* for what?, (*fam*) what for?; II *betr vnw* for which; *zie ook* dienen; **-tussen** I *vrag vnw* between what (which)?; II *betr vnw* between which (whom); **-uit** I *vrag vnw* from what?, (*dicht*) whence?; *~ bestaat het?* what does it consist of?; II *betr vnw* from which, (*dicht*) whence; **-van** I *vrag vnw* of what?, what [is bread made] of?; II *betr vnw* of which (whom); whereof; **-vandaan** from where, whence; **-voor** I *vrag vnw* for what?, what [have you come here] for?, for what purpose?, (*dicht*) wherefore?; *zie ook* waarom; II *betr vnw* for which (whom), (*dicht*) wherefore

waar|zeggen tell fortuness; *iem ~* tell a p.'s fortune [by cards], (*uit de hand*) read a p.'s hand; *zich laten ~* have one's fortune told; **-zegger** fortune-teller, soothsayer; (*uit de hand*) palmist; (*uit glazen bol*) crystal-gazer; **-zeggerij** fortune-telling, palmistry; (*uit kaarten, ook*) cartomancy; **-zegster** *zie* -zegger

waarzo (just) where; **waarzonder** without which

waas 1 (*op perzik, enz*) bloom; (*op veld, enz*) haze; (*voor de ogen*) mist, film [he had a film before his eyes]; 2 (*fig*) varnish, veneer [of civilization], air [of secrecy], [romantic] glamour (glow), veil [of mystery]; *gehuld in een ~ van geheimzinnigheid* shrouded in mystery; **wablief** *zie* watblief

wacht 1 (*één pers*) watchman; (*mil*) sentry, (*coll*) guard, (*mar*) watch; *de ~ aflossen* relieve guard (*mar:* the watch); *zet een ~ voor mijn mond,* (*Ps 141:3*) set a watch before my mouth; 2 (*het ~houden*) watch, guard, (*mil*) guard(-duty), sentry-go; (*mar*) watch; *eerste ~,* (*mar*) first watch; *~ te kooi,* (*mar*) watch below; *iem de ~ aanzeggen* give a p. serious warning (a talking to), tell a p. what's what; *de ~ betrekken* mount guard, go on duty, (*mar*) go on watch; *de ~ hebben* be on guard(-duty), (*mar*) be on watch, (*ve officier, mar*) be in charge of the watch; (*ve dokter in ziekenhuis*) be on duty; *de ~ houden* keep watch, keep (stand) guard [*over* over, on], be on the look-out; *goed de ~ houden* keep (a) good watch; ***op** ~ staan* stand guard, be on duty; ***van** de ~ komen* come off guard (off duty); *zie ook* geweer; 3 (*~huis*) guard-house; ***in** de ~ slepen,* (*fig*) grab, bag, collar, rake in [£20 a week], carry off [the prize], land [a contract]; *wat men in de ~ sleept* pickings (and stealings); 4 (*theat*) cue; **wachtclaus** (*theat*) cue; **wachtcommandant** commander of the guard, (*in politiebureau*) station officer; **wachtdienst** guard-duty; (*mar*) watch; *~ hebben, zie* wacht: de ~ hebben; **wachtdoend** [the officer] on duty; **wachtel** *zie* kwartel

wachten I *intr* wait; II *tr* 1 wait for, await; *wacht even, wacht eens* wait a bit!, (*fam*) hold on (a bit)!; *wacht even,* (*telef*) hold the line (hold on, *fam:* hang on a minute), please!; stand by!; *wacht maar!,* (*bedreiging*) you just wait!, just you wait!; *maar steeds **blijven** ~* wait on and on; *iem **laten** ~* keep a p. (waiting); *verbeteringen laten op zich ~* are delayed, are long (in) coming; *hij* (*het diner*) *liet op zich ~* was late; *~ **duurt** altijd lang* a watched pot never boils; time moves slowly when we wait; *hij **kan** wel ~* he can wait; *dat* (*de brief, enz*) *kan wel ~* that (the letter, etc) can (will) wait, will keep [till tomorrow]; *het kan niet ~* it cannot (will not) wait; *dan kun je lang ~!* catch me at that!, you've got a hope!; *ik kan het niet ~* I cannot afford the time; *het **moet** ~* it will have to wait, must stand over till another time; *te S moesten we lang* (*een uur*) *~* at S we had (there was) a long (an hour's) wait; (*lang*) ***staan** te ~* cool (kick) one's heels; *wacht **met** schrijven tot ...* wait with writing till ..., leave writing till ...; *~ **op*** wait for; *wacht niet op me,* (*met naar bed te gaan*) don't wait up for me; *wij zullen op u ~ met eten* (*de thee, enz*) we'll wait dinner (tea, etc) for you; *het ~ is op jou* it's you we are waiting for; *niet zitten te ~ op* not be (in the least) enthusiastic about, have no use for; *ik wachtte **tot** hij zou beginnen* (*de deur zou opengaan, het weer zou gebeuren*) I waited for him to begin (for the door to open, for it to happen again); *wil je ~ tot ik terugkom?* will you (a)wait my return?; *ik zal ~ tot het u schikt* I will (a)wait your convenience (I will wait till it suits you); *wacht niet tot het laatste ogenblik* (*bijv om een trein te halen*) don't run it too close, don't cut it too fine; 2 (*verwachten*) expect [I expect you tomorrow]; 3 (*aanstaande zijn*) be in store; *ik weet wat mij te ~ staat* I know what I am up against; *er stond haar een grote som te ~,* (*erfenis*) she stood to inherit a ...; *er wacht hem een onaangename schok* (*een verrassing*), (*ook*) there is an unpleasant shock coming his way (in store for him); he is due for a surprise; *er wacht ons een smoorhete dag, enz* we are in for a scorching day (a busy time, a scolding); *de taak die ons wacht* which awaits (confronts) us (which lies ahead); *zij had wat **van** haar tante te ~* she had expectations from her aunt; 4 ***zich** ~ voor* be on one's guard against; *wacht u voor de hond* (*voor zakkenrollers*)*!* beware of the dog (of pickpockets)!; *hij zal zich wel ~ om ...* he knows better (has more sense) than to ...; *zich wel ~ om zich te bemoeien met iem* (*iets*), (*ook*) leave a p. (a thing) severely alone; take care not to ...; *het ~* [I found] the wait [wearisome]; *zie ook* antwoord, namaak, enz

wachter 1 watchman, (gate-)keeper; 2 (*bijplaneet*) satellite; *~ wat is er van de nacht?* watchman, what of the night?

wacht|geld unemployment pay, [placed on] half-pay (reduced pay); **-gelder** official on half-pay, etc; **-hebbend** on duty; **-hokje** [bus, etc] shelter; **-hond** watch-dog; **-houden** keep watch, keep guard; *zie* wacht; **-huis** guardhouse; *~je* watchman's hut; [bus, etc] shelter; (*mil*) sentry-box; **-kamer** waiting-room; (*mil*) guardroom; (*vd brandweer*) watch-room; **-lijn** (*telef*) camp-on; **-lijst** [be on the] waiting list; **-lokaal** *zie* -kamer; **-lopen** be on patrol (on guard duty); (*mar*) stand watches; **-meester** (*cavalerie*) (troop) sergeant; (*artillerie*) (battery) sergeant; (*politie*) (police-)sergeant; **-parade** guard mounting, guard parade; **-post** (*pers*) sentry, guard; **-schip** guard-ship; **-streep** [please wait behind the] yellow line; **-tijd** wait; (*verzekering*) qualifying period; **-toren** watch-tower; **-verbod** parking prohibition; no parking; **-vuur** watch-fire; **-woord** 1 (*algem*) password, word; (*ve schildwacht, ook*) countersign; (*ve officier, ook*) parole; *zie ook* uitgeven; 2 (*leus*) watchword, catchword, slogan; 3 (*theat*) cue; **-zuster** (*in ziekenhuis*) night nurse

wad tidal marsh, (muddy) shallow, mud-flat; *de Wadden* the (Dutch) Shallows; **Waddeneilanden:** *de ~* the Frisian Islands

wade shroud; **waden** wade, ford; **wadjan** wok

waf! woof!; *~! ~!* bow-wow!

wafel 1 waffle [baker, iron], wafer; 2 (*fam*) trap; *hou je ~!* shut your trap!; **wafel|doek**, **-stof** honeycomb [towels, etc]

waffel *zie* wafel 2; **waffelen** waffle

1 wagen venture, risk, hazard; *ik waag **het** erop* I'll risk (chance) it, I'll take a chance on it; *het adres waagde ze er maar op* she chanced the address[: Mr ...]; *waag het niet!* don't you dare [*om te ...* to ...]!; *waag het eens!* do it at your peril!, I defy you to do it!; *hoe durf je het ~!* how dare you (do it)!; *ik waagde het op te merken ...* I ventured (made bold) to observe ...; (*ook*) [I had no idea ...] I ventured; *zijn **leven** ~* risk one's life, carry (take) one's life in one's hands; *die waagt,* *die wint* fortune favours the bold; *die niet waagt, die niet wint* nothing venture, nothing gain (win, have); faint heart never won fair lady; *er alles* ***aan*** ~ risk everything, stake one's all; *zullen we er eens een gulden aan ~?* shall we have a guilder's worth?; *al zijn geld eraan* ~ stake all one's money on it; *ze zijn aan elkaar gewaagd* they are well--matched, it is six of one and half a dozen of the other; ***zich*** *~ aan* venture (up)on [a task]; *ik zal er mij niet aan* ~ I'll not take the risk; *zich aan 'n verklaring* (*een gissing*) ~ hazard an explanation (a guess); *zich buiten* ~ venture out (of the house); *zich in het bos* (*onder de menigte*) ~ venture into the wood (among the crowd)

2 wagen 1 (*rijtuig*) carriage, coach; (*voertuig*) vehicle; (*vrachtwagen*) wag(g)on, van; (*meest op 2 wielen*) cart; (*tramwagen*) car; (*triomfwagen, enz*) chariot; (*auto*) car; (*winkel*)*~tje* trolley, (*Am*) (shopping) cart; *de Wagen,* (*astron*) Charles's Wain; *zie ook* kraken; 2 (*ve schrijfmachine*) carriage

wagen|as axle-tree; **-bak** wag(g)on bed, wag(g)on box; **-begeleider** (*ve tram, enz*) conductor; **-bestuurder** (*ve tram, enz*) driver, motorman; **-ketting** drag-chain; **-lading** wag(g)on-, cart--load; **-maker** 1 coach-builder; 2 wag(g)on--builder, cartwright

Wagenman: *de ~,* (*astron*) the Wag(g)oner, Auriga

wagen|meester wag(g)on-master; **-menner** driver, (*dicht*) charioteer; **-paard** harness-, carriage-, cart-horse; (*voor bestelwagen, enz*) van--horse; **-park** fleet [of vehicles, cars, buses, etc]; **-rad** carriage-, coach-, wag(g)on-wheel, cartwheel; **-ren** chariot race; **-schot** wainscot; **-smeer** carriage-, wheel-, cart-, axle-grease; **-spel** pageant (play); **-spoor** (cart-, wheel-)rut; *vol -sporen* badly rutted [road]; **-veer** 1 carriage spring; 2 vehicular ferry; **-voerder** motorman, driver; **-vol**, **-vracht** wag(g)on-, cart-load; **-wiel** *zie* -rad; **-wijd** (very) wide [the doors were flung wide]; *de deur werd ~ opengezet voor allerlei misbruiken* the door was opened wide to all kinds of abuses; **-zeil** tarpaulin, tilt; **-ziek** car-sick, train-sick; **-ziekte** car-sickness, train-sickness

waggelen totter, stagger, reel [like a drunken man]; (*ve dik persoon, eend, enz*) waddle; (*ve klein kind*) toddle; (*v pers, tafel, fiets*) wobble; *~de tafel* wobbly table; *hij loopt met een ~de gang,* (*ook*) he has a roll in his gait

wagon (*personen*) (railway-)carriage, coach; (*goederen*) van; (*open*) truck, wag(g)on; **wagonlading** wag(g)on-load; **wagon-lit** sleeping-car(riage), (*fam*) sleeper

Waha|biet, **-bitisch** Wahabi

wajang (*Ind*) wayang: shadow play; **wajangpop** shadow puppet

wak I *zn* (blow-, air-)hole (in ice); II *bn* drizzly

wake *zie* waak

waken wake, watch; ~ *bij* sit up with, watch by [a patient]; *bij een lijk* ~ keep watch over a dead body; ~ *over* watch over; ~ *voor, a*) watch over, look after [a p.'s interests]; *b*) (~ *tegen*) (be on one's) guard against; *angstvallig ~ voor zijn eer* (*rechten*) be jealous of one's honour (one's rights); *ervoor ~ dat* ... take care that ..., see that ...; *waakt!,* (*hist padvindersmotto*) be prepared!; *tussen ~ en slapen* between sleeping and waking;

wakend 1 wakeful, waking; *~ of slapend* waking or sleeping [that thought never left her]; 2 (*waakzaam*) watchful, vigilant; *een ~ oog houden op* keep a vigilant (watchful) eye (up)on; **waker** 1 (*pers*) watchman, watcher; 2 (*op mast*) dog--vane; 3 (*lont*) fuse

wakker 1 (*niet slapend*) awake; *goed ~,* (*ook fig*) wide awake; *~ blijven* keep (stay) awake; *~ houden* keep awake; *de herinnering ~ houden aan* commemorate [the triumphs of France]; *~ liggen* lie awake; *daar zal ik niet van ~ liggen* I shan't lose any sleep over that; *~ maken* wake (up), awake, (a)waken; *zie ook* hond; *~ roepen* wake (up), (*fig ook*) evoke, call up, recall [memories, etc]; *~ schrikken* wake (up) with a start; *~ schudden* shake awake (*of:* up), rouse [a p. from his preoccupation]; *zich ~ schudden* rouse o.s.; *de natie ~ schudden,* (*ook*) stir the nation into activity; *~ worden* wake up, awake; *zie ook* klaar; 2 (*flink, levendig*) spry, brisk, smart; *~e jongelui* alert youngsters; 3 (*waakzaam*) vigilant, awake, alert, watchful, on the alert

wakkerheid alertness, spryness, briskness

wal 1 (*vesting~*) rampart, wall; (*onder de ogen*) bag [*met zware ~len* with bags under the eyes]; 2 (*oever*) bank, shore, coast, waterside; (*kade*) quay(side), embankment; *de ~ keert het schip* there will soon come a point beyond which things cannot go, (*vglb*) the disease will burn itself out; *tussen ~ en schip* [fall] between two stools; ***aan*** ~ ashore, on shore; *aan ~ gaan* go ashore; *aan ~ brengen* land; *aan lager ~ geraken* be borne down (up)on the (pile up on a) lee shore; (*fig*) be thrown on one's beam-ends, come down in the world; *aan lager ~ zijn,* (*fig*) be on the rocks, broke, on one's beam-ends, in the gutter, (down) on one's uppers; ***naar*** *de ~ zwemmen* swim ashore; *zie ook* sturen; ***op*** *de ~ staande wind* on-shore wind; *het schip lag* ***uit*** *de* ~ stood off shore; *uit de* ~ off-shore [wind], [a few hundred yards] from the shore; ***van*** *de ~ in de sloot* out of the frying-pan into the fire; *van de ~,* (*handel*) ex quay; *van ~ steken* push (put, shove) off (from shore); (*fig*) push off, go ahead; *steek maar eens van ~!* fire away!; *van twee ~len eten* run with the hare and hunt with the hounds, make the best of both worlds; (*iem die dit doet, fam:* Mr Facing--both-ways); *het schip is* ***voor*** *de* ~ the ship is alongside; *zie ook* franco, kant & stuurman

Walachije Wallachia; **Wala|chijer**, **-chijs** Wallachian

walbaas wharfinger, superintendent

Waldens Waldensian; **Waldenzen** Waldenses, Vaudois; **Waldenzisch** Waldensian

waldhoorn French horn

walen turn; (*fig*) waver; **Walenland** Wallonia

Wales id; *van* ~ Welsh; *iem uit* ~ Welsh(wo)man

walg loathing, disgust, abomination; *hij is een ~*

he makes me sick; *vgl* walgen
walgang (*mil*) berm; **walgelijk** *zie* walglijk
walgen: *het walgt mij, het doet me ~, ik walg ervan* I loathe it, it nauseates (disgusts) me, I find it revolting, I am disgusted with (*of:* at) it, I am sick (to death, deadly sick) of it (the scandal, everything), my gorge rises at it; *de vuiligheid deed me ~* the filth turned my stomach (turned me sick); *ik walg van hem* he disgusts me (makes me sick); *ik walg van mijzelf* I loathe myself; *tot ~s toe* ad nauseam; **walging** loathing, disgust [*van* at, for, of]
walglijk disgusting, loathsome, nauseous, nauseating, noisome, sickening [smell], repulsive [taste], revolting; *hij is ~ rijk* he is stinking rich
walgvogel dodo; **walhalla** Valhalla
walkant quayside, waterside; **walkapitein** marine superintendent, shore captain
walken, enz *zie* vollen, enz
walkman (*ih spraakgebruik*) id (*merk*); (*in druk*) personal stereo; **walkmolen** *zie* volmolen
walkure Valkyrie
walletje: *het was bij het ~ langs* it was touch and go; *ze moest bij het ~ langs om rond te komen* she was hard put to it to make (both) ends meet; *de ~s* the red-light district [of Amsterdam]; *zie ook* wal; **Wallonië** Wallonia
walm (dense) smoke
walmachinist (*mar*) superintendent engineer
walmen smoke; **wal|mend, -mig** smoky [lamp]
walnoot walnut (tree); **walnotehout** walnut
Walpurgisnacht Walpurgis night; **walrus** id
wals 1 (*dans*) waltz; 2 (*rol*) roll(er); (*weg~*) (road-)roller; **walschot** spermaceti
walsen 1 (*dansen*) waltz; 2 (*ijzer, weg, enz*) roll [rolled steel]; **walser** 1 waltzer; 2 roller; **walserij** rolling mill; **walsijzer** rolled iron
walstro (*plant*) bedstraw; *echt ~* lady's (Our Lady's) bedstraw
walvis whale; *Groenlandse ~* Greenland (right, arctic) whale; *witte ~* white whale, beluga; **walvisaas** whale('s) food, clio; **walvisachtig** whale-like; (*wtsch*) cetacean, cetaceous; *~e, ~ dier* cetacean; **Walvisbaai** Walfish Bay
walvis|baard whalebone; **-spek** blubber; **-station** whaling-station; **-traan** whale-oil, train-oil; **-vaarder** 1 (*schip*) whaler, whaling-vessel, (*klein, ook*) whaleboat; 2 (*pers*) whaler, (*Am, ook*) whaleman; (*kapitein*) whaling-master; **-vangst** whale-fishery, -hunting, whaling
wam I *zn* dewlap; II *tw* wham!
wambuis, wammes jacket, (*hist*) (leather) jerkin, doublet; (*mar*) monkey-jacket; *op zijn wammes krijgen* have (get) one's jacket dusted
wan I *zn* 1 (*voorwerp*) winnow, (winnowing-)fan; 2 ullage; II *bn* slack [bags]
wan|bedrijf crime(s), outrage(s); **-begrip** fallacy, false notion; **-beheer** mismanagement, maladministration; **-beleid** mismanagement; **-besef** false (misguided) notion; **-bestuur** misgovernment; **-betaler** defaulter; (*effectenbeurs, sl*) lame duck; **-betaling** non-payment; *bij ~* in case of non-payment, in default of payment; **-bof** bad (hard) luck; *dat was een ~ voor hem* that was hard luck on him; **-boffen** have bad luck; *zo wanbof ik altijd* that's just my luck; **-boffer** unlucky person; *hij is een ~* everything goes against him
wand wall (*ook v lichaamsholte, enz*); face [the north face of the cliff]; *zie ook sam met* muur-
wandaad misdeed, outrage
wandbeen parietal bone; **wandbord** decorative plate; **wandcontactdoos** (wall) socket, (*Am*) (wall) outlet
wandel 1 walk; 2 behaviour, deportment; (*handel en ~*) conduct (of life); *zie* handel; *aan de ~ zijn* be out for a walk; **wandelaar(ster)** walker, pedestrian; *zie ook* trekker 2; **wandeldek** promenade deck; **wandeldreef** (shady) walk
wandelen walk, take (be out for) a walk; *gaan ~* go for a walk; *ga mee ~* come for a walk; *met iem uit ~ gaan* (*iem een wandeling laten doen*) take a p. for a walk; *met de hond gaan ~* take the dog for a run; *naar Gods geboden ~* walk in the ways of the Lord; *toen Jezus op aarde wandelde* when Jesus walked the earth; **wandelend**: *~ blad* leaf-insect; (*Am, ook*) walking leaf; *~e dictionaire* (*encyclopedie*) walking dictionary (encyclopedia); *de Wandelende Jood* the Wandering Jew; *~e nier* floating kidney; *~ souper* stand-up (buffet, fork) supper; *~e tak* stick insect; (*Am meestal*) walking stick; *zie ook* geraamte
wandelgang lobby; *leden in de ~en bezoeken en bewerken* lobby members; **wandelhoofd** promenade pier; **wandeling** walk, stroll; (*voor de gezondheid ook*) constitutional; *een ~ doen* take (be out for) a walk; *een ~ gaan doen* go for a walk; *dat is een hele ~* a long walk, a good stretch; ***in de ~*** [he was] popularly [called, known as, Grumpy]; *geld in de ~ brengen* put money into circulation; ***op** onze ~* in (on, during) our walk; *zie ook* wandel, wandelen
wandel|kostuum (*ve dame*) costume; (*ve heer*) lounge suit; (*op invitatie*) dress: informal; **-pad** footpath; **-pier** promenade pier; **-plaats** promenade; **-route** trail; (*natuur*)*historische ~* heritage trail; **-schoenen** outdoor (walking) shoes; **-sport** hiking; **-stok** walking-stick, cane; **-tocht** walking-tour; (*fam*) [be on a] tramp, hike; **-wagentje** pushchair, (*Am*) stroller; **-weg** walk
wand|kaart wall-map, wall-chart; **-kalender** wall-calendar; **-kleed** tapestry, hangings; **-klok** wall-clock; **-luis** (bed-, house-)bug; **-meubel** wall unit; **-pilaar** half-pillar, respond; **-plaat** 1 (*school*) wall-picture; wall-chart; 2 mural tablet; **-rek** wall ladder; *Zweeds ~* wall bars; **-schildering** mural (painting); **-standig** (*plantk*) parietal; **-tapijt** wall-tapestry, hanging(s); **-versiering** wall-decoration
wanen fancy [a p. dead], imagine
wang cheek (*ook ve mast, affuit, enz*); *~ aan ~* cheek to cheek, cheek by jowl; *met rode ~en* red-(ruddy-)cheeked; **wangbeen** cheek-bone
wangebruik abuse; **wangedrag** bad conduct, (moral) misconduct, misbehaviour; **wangedrocht** monster, monstrosity; **wangeluid**

dissonance, cacophony
wangkuiltje dimple (in one's cheek); **wangzak** cheek-pouch; **wangzakrat** gopher
wanhoop despair [*aan* of]; *de ~ van zijn moeder* [he was] the despair of his ...; *die toestand* (*dokter, enz*) *is een* (*complete*) *~,* (*fam*) that ... drives you up the wall; *moed der ~* courage born of despair, desperation; *met de moed der ~* in desperation; *in* (*uit*) *~* in despair; **wanhoopsdaad** desperate deed; **wanhoopskreet** cry of despair
wanhopen despair [*aan* of]; *men wanhoopt aan zijn leven* his life is despaired of; **wanhopig** despairing, desperate; *~ in geldverlegenheid* desperately pushed (for money), in desperate straits
wankel unsteady, unstable, (*ve meubel, enz*) rickety, shaky [staircase], wobbly [table], (*fam*) rocky [argument, relationship]; *~ op zijn benen* uncertain on one's legs; *~e gezondheid* delicate health; **wankelbaar** unstable [equilibrium *evenwicht*], unsteady, changeable; **wankelbaarheid** instability, unsteadiness, changeableness
wankelen totter, shake, rock (sway) to and fro, stagger, reel; (*weifelen*) waver, falter [in one's resolution], vacillate; *aan het ~ brengen* shake, rock; (*fig*) make [a p.] waver; *zijn overtuiging raakte aan het ~* his conviction began to waver; *een slag die iem doet ~* a staggering blow; **wankelend** tottering, etc; vacillating [will]; *zie ook* wankel; **wankeling** tottering, etc; (*fig*) wavering, vacillation; **wankelmoedig** wavering, irresolute, vacillating, faint-hearted; **wankelmoedigheid** wavering, irresolution, vacillation
wanklank discordant sound, dissonance; (*fig*) jarring (discordant, false) note [*een ~ laten horen* strike a jarring note]; **wan|klinkend, -luidend** discordant, jarring, dissonant
wanmolen winnowing mill
wanneer I *bw* when; II *vw* 1 (*tijd*) when; *~ ook* whenever; *~ je maar wilt* whenever you like; *~ de Kamer weer bijeenkomt,* (*ook*) [discuss matters] on the House reassembling; 2 (*indien*) if; *zie ook* als & indien
wannen winnow, fan; **wanner** winnower
wan|orde disorder, disarray; *in ~ brengen* (*geraken*) throw (get) into disorder; *in ~,* (*ook*) [everything is] at sixes and sevens, in a mess, [the bedroom was] a shambles; **-ordelijk** disorderly; **-ordelijkheid** disorderliness; *wanordelijkheden,* (*op straat, enz*) disturbances, riots; **-prestatie** 1 botch-up; *een ~ leveren, a*) fail to deliver; *b*) make a mess of things, make a hash of it; 2 (*jur*) non-fulfilment; **-schapen** *zie* -staltig; **-schepsel** monster; **-smaak** bad (*of:* want of) taste; **-smakelijk** in bad taste; **-staltig** misshapen, deformed, monstrous; **-staltigheid** misshapenness, deformity, monstrosity; **-succes** ill success
want I *vw* for; [less dangerous,] because [less common]; II *zn* 1 mitten; 2 (*mar*) rigging; (*netten*) (fishing-)nets; *staand* (*lopend*) *~* standing (running) rigging; *het ~ in sturen* order [the men] aloft
wanten: *hij weet van ~* he knows the ropes
wantij dead water; **wantoestand** disgraceful state of affairs, unholy mess, (*sl*) cock-up; (*misstand*) abuse
wantrouwen *zn & ww* distrust, mistrust; *zijn ~ in ...* his distrust of ...; *met ~ gadeslaan* look askance at; *zie ook* achterdocht & motie; **wantrouwend** distrustful, suspicious; *zie ook* wantrouwen: met ~; **wantrouwendheid** distrustfulness, suspiciousness, suspicion; *zie ook* wantrouwen; **wantrouwig** *zie* wantrouwend
wants (bed-, house-)bug
wanverhouding disproportion; *in scherpe ~ staan tot* be out of all proportion to; **wanvertoning** grotesque spectacle, mockery; **wanvoeglijk** unseemly, indecent, improper; **wanvoeglijkheid** unseemliness, indecency, impropriety; **wanvracht** (*mar*) dead freight
WAO afk van *wet op de arbeidsongeschiktheidsverzekering* Occupational Disability Insurance Act; **WAO-uitkering** (*vglb*) invalidity benefit
wapen 1 weapon, arm; *~s* arms, weapons; (*alle soorten van*) *~s,* (*ook*) weaponry; *het als een ~ gebruiken tegen iem,* (*fig*) use it as a weapon (a lever) against a p.; *je geeft hem een ~ tegen je* you are giving him a handle against you; *de ~s dragen* bear arms; *een burger mag geen ~s dragen* a civilian may not carry arms; *de ~s neerleggen* lay down arms; *de ~s opnemen* (*opvatten*) take up arms; *iem* (*de kritiek*) *het ~ uit de hand slaan,* (*fig*) take the wind out of a p.'s sails, cut the ground from under a p.'s feet (disarm criticism); *iem* ***met*** *zijn eigen ~s bestrijden* fight a p. with his own weapons (beat a p. at his own game); ***naar*** *de ~s grijpen* take up arms; ***onder*** *de ~s komen* join the colours, (*fam*) join up, (*op bepaalde tijden*) come out [once a year]; *onder de ~s houden* retain with the colours; *onder de ~s zijn* be under arms, (*in opstand*) be up in arms; ***op*** *alle ~s,* (*fig*) all-round; *zie ook* meester; ***te*** *~!* to arms!; *te ~ roepen* call to arms; *te ~ lopen* take up arms; *zie ook* blank; 2 (*her*) (coat of) arms; *koninklijk ~* Royal Arms; *hoog* ***in*** *zijn ~ zijn* carry it high, be uppish; *zie ook* sprekend; 3 (*legertak*) arm of service; *het ~ der infanterie* (*cavalerie, luchtstrijdkrachten, enz*) the infantry (cavalry, air, etc) arm; ***bij*** *welk ~ dient hij?* which of the services is he in?
wapen|arsenaal arsenal; **-balk** bar, bend; (*dwarsbalk*) fesse; **-beeld** heraldic figure, charge, bearing; **-beheersing** arms control; **-boek** armorial; **-bord** (e)scutcheon; **-broeder** brother (companion, comrade) in arms; **-dos** full armour; *in volle ~,* (*ve middeleeuwse ridder, bijv, ook*) in full panoply; **-drager** armour-bearer, squire
wapenen 1 arm [soldiers, a fortress, ship, magnet]; *zich ~* arm o.s., arm; *zich ~ met geduld* arm o.s. with patience; *zich ~ tegen* arm (o.s.) against; 2 (*versterken: beton*) reinforce; (*kabel, glas, plastic, enz*) armour; *zie ook* gewapend
wapen|fabriek arms factory; **-fabrikant** arms manufacturer; **-feit** warlike deed, feat of arms, martial exploit; (*fig: iron*) achievement; **-gekletter** clash of arms; (*om schrik aan te jagen*) sabre-rattling; **-geweld** force of arms;

-handel 1 [trained in (*of:* to) the] use of arms; *in de ~ geoefend,* (*ook*) trained to arms; 2 arms trade, traffic (trade) in arms; **-handelaar** (*groot*) arms dealer; (*klein*) gunsmith; **-heraut** herald (of arms, at arms); **-huis** arsenal

wapening 1 arming; 2 armament, equipment; 3 (*v beton*) reinforcement; (*ve kabel, enz*) armouring

wapen|inspectie inspection of arms; **-kamer** armoury; **-knecht** *zie* schildknaap & soldenier; **-koning** king-of-arms, king-at-arms; **-kreet** war-cry; **-kunde** heraldry; **-kundig** 1 heraldic; 2 versed in heraldry; **-kundige** armorist, heraldist; **-magazijn** arsenal; **-maker** armourer; **-mantel** (*her*) mantling; **-oefening** military drill (*of:* exercise); **-rek** gun-, arms-rack; **-riem** shoulder-belt, baldric; **-rok** 1 (*mil*) tunic; 2 (*hist*) coat of mail; **-rusting** armour (*Am:* armor); *een ~* a suit of armour; *in volle ~* in full armour; *zie ook* -dos; **-schild** coat of arms, (e)scutcheon, armorial bearings; **-schouw** review; **-smid** armourer; **-smokkel** arms smuggling, gunrunning; **-spreuk** (heraldic) device; **-stilstand** armistice, (*tijdelijk*) truce, suspension of hostilities; *W~sdag,* (*hist*) Armistice Day; **-stok** truncheon, baton; **-teken** (*her*) crest; **-transactie** arms deal; **-tuig** arms, weapons, weaponry; **-zaal** armoury

wapper bascule [of a drawbridge]

wapperen wave, fly (out), flutter, stream, float [*boven* over]; *van het gebouw wappert de vlag* the building flies the flag, the flag is flown from the building; *laten ~* fly [a flag]; *zijn handen laten ~* get cracking (weaving)

war: ***in*** *de ~* ***brengen*** (***maken***) upset [a p.'s plans], rumple, ruffle [a p.'s hair], make hay of [a p.'s papers, hair], make a mess of [things, a p.'s life]; (*iem*) put [a p.] out, confuse [a p.]; *iems plannen* (*een stelsel, enz*) *in de ~ brengen* (***sturen***), (*ook*) throw a p.'s plans (a system, etc) out of gear, (*plannen, berekeningen, ook*) upset (*fam:* mess up, muck up) a p.'s plans (calculations); *als het mijn plannen niet in de ~ stuurt* if it does not interfere with my plans; *je hebt de* ***boel*** (*mooi*) *in de ~ gestuurd* you've made a (proper) mess of things; *de markt* (*iems spijsvertering*) *in de ~ brengen* derange the market (a p.'s digestion); *alles* ***liep*** *in de ~* everything went wrong; *in de ~* ***raken,*** (*ve pers*) get confused, get muddled, (*fam*) get mixed up; (*v zaken*) be thrown into confusion (disorder), get (en)tangled; *ik raakte helemaal in de ~* I got hopelessly lost, I quite lost my head; *alles raakte in de ~,* (*fam*) everything went haywire; *in de ~* ***zijn,*** (*ve pers*) be confused, have lost one's head, be in a muddle, be at sea, be all abroad; (*ijlen*) be delirious, wander in one's mind; (*v zaken*) be in confusion (in disorder, in a mess), be at sixes and sevens [traffic is disorganized]; *je bent een jaar in de ~* you're a year wrong; *hopeloos in de ~* [my hair is, his affairs are] all in a tangle (all anyhow); *mijn gedachten zijn helemaal in de ~* my ... are a confused jumble; *mijn hersens zijn zo in de ~ dat ...* my brain is so muddled that ...; *zijn maag is in de ~* is out of order, is upset; *het weer is geheel in de ~* we're having very unpredictable weather; *zijn zenuwen zijn in de ~* his nerves are unstrung, all in a jangle, all jangled; ***uit*** *de ~ maken* (*raken*) disentangle (get disentangled)

warande 1 park, pleasure-grounds, -garden; 2 game preserve; **waratje** (*fam*) *zie* waarachtig

warboel confusion, muddle, mess, tangle, clutter, imbroglio, [it's all a] mix-up; *het was een onbeschrijflijke ~* it was confusion worse confounded, (*fam*) a most unholy mess; *zie ook* rein

ware: *als het ~* as it were; so to speak; *het ~ beter* it would be better; *al ~ het alleen maar om te ...* if only to ...; **warempel** indeed; *zie* waarachtig

1 waren *ww* wander; *~ in* haunt [a place]; *de gedachten die me door het hoofd ~* the ideas coursing through my head; *zie ook* rond~

2 waren *zn* wares, goods, commodities

waren|huis 1 department store(s), stores [shop at the stores; *ook ev:* a big West End stores]; 2 (large) greenhouse, hothouse; **-kennis** knowledge of (*als leervak:* history of) commodities

warentig truly, indeed; *zie* waarachtig

warenwet Food and Drugs Act

wargeest 1 scatterbrain; 2 agitator; **warhoofd** scatterbrain; **warhoofdig** muddle-headed, scatterbrained

waringin banyan (tree), banian (tree)

warkruid dodder

warm id (*ook fig:* adherent, friend, colour, heart), hot [have a hot bath; a hot axle; a hot meal; the hottest day of the year; *ook fig: zie de voorbeelden beneden*]; *~e baden,* (*ook*) thermal baths; *~e bron* hot (*of:* thermal) spring; *als ~e broodjes* [sell] like hot cakes; *~* ***aanbevelen*** recommend warmly; *je* ***bent*** *~,* (*bij spel*) you're warm (*of:* hot); *het wordt hier nu lekker ~* the room is warming up (it's getting nice and warm) now; *het ~* ***hebben*** be warm; *~* ***houden*** keep [one's dinner] hot (warm); *het houdt je lekker ~* it keeps you as warm as a toast; *de zaak ~ houden* keep the question to the fore; *houdt hem ~!,* (*bij glijbaantje bijv*) keep the pot boiling!; *de plaats* (*de zetel*) *~ houden voor* keep the seat warm for; *zijn hart begon ~er voor haar te* ***kloppen*** his heart warmed to her; *beurtelings ~ en* ***koud*** *worden* go hot and cold; *hij wordt er niet ~ of koud van* it doesn't make him turn a hair; *ik* ***krijg*** *het ~* I am getting warm; (*zich*) *~* ***lopen,*** *zie* ~lopen; *~* ***maken*** heat [milk, one's dinner]; *het iem ~ maken* make things (*of:* it) hot for a p.; *iem ~ voor iets maken* make a p. enthusiastic about s.t.; *vgl* ~lopen; *zich over iets ~ maken* get all steamed up over s.t.; *men maakt zich ~ over die kwestie,* (*ook*) there is a lot of feeling about ...; *hij maakt zich er niet over ~,* (*ook*) it doesn't disturb him; *het kan er ~* ***toegaan*** things can be pretty hot (there); *de grond werd hem te ~ onder de* ***voeten*** the place became too hot for him; *zie ook* inzitten, enz

warmbeitel hot chisel; **warmbloedig** warm-blooded; **warmbreukig** hot-, red-short; **warmdraaien** warm up (*ook fig*)

warmen warm, heat; *zich ~ bij het vuur* warm o.s.

(have a warm) at (by) the fire; *zijn tenen (voeten) lekker ~ bij het vuur,* (*ook*) toast one's toes before the fire; **warmlopen** (*v machinedelen*) (over)-heat, become (get) (over)heated; *~gelopen,* (*ook*) hot [axle]; (*zich*) ~ warm up, get warmed up [for a race], have a warm(ing)-up; *~ voor,* (*fig*) become enthusiastic for (a warm supporter of), (*geleidelijk*) warm to [a subject]

warmoes (*vero*) greens, vegetables, pot-herbs; **warmoezenier** market-, kitchen-gardener; **warmoezerij** market-garden

warmpjes warm(ly); *zie ook* inzitten

warmte warmth; (*natuurk*) heat; (*benauwd*) frowst; (*fig*) warmth, ardour; *veel ~ geven* throw out a lot of heat; *~ in arbeid omzetten* convert heat into work; *met ~ verdedigen* defend with (great) warmth

warmte|accumulator[1] storage heater; **-bron** source of heat; **-ëenheid** thermal unit [*Britse ~* Bt(h)u], heat-unit, unit of heat, calorie; **-front** (*weerk*) warm front; **-geleider** conductor of heat, thermal conductor; **-geleiding** conduction of heat, thermal conduction; **-graad** degree of heat; **-ïsolatie** thermal insulation; **-leer** theory of heat; **-meter** calorimeter, thermometer; pyrometer; **-straal** heat-ray, thermic (caloric) ray; **-wisselaar** heat exchanger

warmwater|bron thermal spring; **-kraan** hot(-water) tap (*Am:* faucet); **-kruik** hot-water bottle; **-toestel** boiler

war|nest, **-net** tangle, maze, labyrinth; *warnet van (spoor)lijnen* cat's-cradle of lines

warrelen whirl, swirl; *het warrelt me voor de ogen* things are swimming before my eyes; *zie ook* dwarrelen; **warreling** whirl(ing); **warrelwind** whirlwind

warren whirl; (*wisk*) randomize; *door elkaar ~* entangle; **warrig** confused, rambling, muddled

wars: *~ van* averse to (*of:* from)

Warschau Warsaw

wartaal balderdash, gibberish, jargon; *~ spreken,* (*ve zieke*) be delirious, rave, wander (in one's mind), be confused

wartel (*techn*) swivel; **warwinkel** *zie* warboel

1 was 1 wax; *slappe ~* dubbing, dubbin; *in de slappe ~ zetten* dub [leather]; *hij zit goed in de slappe ~* he is very well off; *hij is als ~ in haar handen* he is like wax (like putty, just putty, absolute putty) in her hands; 2 (*v water*) rise; 3 wash, washing, laundry; *fijne ~* fine fabrics, fine laundering; *schone ~* clean (fresh) linen; *zie ook* vuil; *de ~ doen* do the washing, (*voor anderen*) take in washing (*of:* laundry); *in de ~ doen* send [the linen] to the wash (to the laundry); *de ~ ophangen* hang out the wash(ing); *deze stof blijft goed in de ~* this ... washes (will wash); *in de ~ krimpen* shrink in the wash

2 was *ovt van* wezen & zijn

was|achtig waxy; *~ bleek* waxen [complexion]; **-afdruk** wax impression; **-automaat** *zie* -machine; **-baar** [machine] washable; *vgl* -echt; **-bak** wash-bowl; (*voor erts*) washing-trough; *vgl* -tafel; **-beer** raccoon; **-bekken** *zie* -kom; **-benzine** refined petrol; **-beurt** wash; **-bleek** wax-white [face]; **-bloem** 1 (*plant*) honeywort; 2 (*kunstbloem*) wax-flower; **-boetseerkunst** wax-modelling; ceroplastics; **-boom** wax-myrtle; **-bord** washboard (*ook weg*), washing-board; **-centrifuge** spin-drier; **-dag** wash(ing)-day; **-doek** oil-cloth; *~je* face-cloth, (face-)flannel; **-dom** growth; *volle ~* (full) maturity; *tot ~ komen* grow (to maturity), develop; **-draad** waxed thread; **-droger** tumble(r)-drier; **-echt** washable, fast-dyed, fast [colours], warranted to wash; *het is ~,* (*ook*) it will stand washing; *~e zijde* washing silk; *zie ook* rasecht

wasem steam, vapour; **wasemen** steam; **wasemkap** cooker hood, extractor

was|figuur wax mannequin; **-fles** (*chem*) washing-bottle; **-geel** waxy yellow; **-geld** washing-money, laundry-charges, laundry; **-gelegenheid** wash-place; **-goed** wash(ing), laundry; **-handje** (*vglb*) face-cloth, (face-)flannel; **-hok** wash-house; **-huid** cere; **-inrichting** laundry; **-jas** waxed (*of, merk:* Barbour) jacket; **-kaars** wax-candle, (*dun*) taper; **-kleurig** wax-coloured; **-knijper** clothes-peg; **-kom** wash-basin, wash-hand basin; *vgl* -tafel; **-kuip** wash(ing)-tub; **-lap(je)** face-cloth, (face-)flannel; **-licht** wax-light; **-lijn** clothes-line; **-lijst** 1 wash-list; 2 (*fig*) shopping-list; (*v klachten, ook*) screed; *een hele ~ van voorwaarden* [come with] a whole raft of ...; **-lokaal** [soldiers'] washroom; **-machine** washing-machine, [electric] washer; **-mand** laundry-, linen-, clothes-basket; **-merk** laundry-mark; **-middel** detergent; [sheep-]dip, [sheep-]wash; **-papier** wax-paper; **-peen** washed carrots; **-pitje** wax-light; **-poeder** washing powder; **-rol** wax cylinder; **-salon** launderette, laundromat, coin-op, coin-laundry

1 wassen (*groeien*) grow; (*ve rivier*) rise; *de maan is aan het ~* the moon is on the increase (is waxing); *de rivier is sterk gewassen* the river is in spate; *de ~de maan* the waxing moon, the crescent; *zie ook* kluit

2 wassen I *ww* wax; II *bn* waxen, wax; *zie ook* neus

3 wassen 1 (*schoonwassen*) wash (*ook v erts*); (*goudaarde, ook*) pan off (out); (*en opmaken*) launder [curtains, linen]; (*tegen ongedierte*) dip [sheep]; (*voor anderen ~*) take in washing (*of:* laundry), wash; *was je gezicht eens* give your face a wash; (*afwassen*) wash up [the tea-things]; *de melk ~* water the milk; *iem de oren ~,* (*fig*) take a p. to task; *deze stof kan niet ge~ worden* this material won't wash; ***zich ~,*** (*ook van kat*) wash (o.s.); *je moet je eens goed ~* you must have a good wash; *zie ook* schoon~, varken, enz; 2 (*tekening*) wash [a drawing]; *ge~ tekening* wash-drawing, washed drawing; 3 (*kaarten*) shuffle, make [the cards]; (*dominostenen*) shuffle [the dominoes]; *jij moet ~* it's your shuffle

wassenaar (*her*) crescent

wassen|beeld wax figure (*of:* image), waxwork

1 *Zie voor sam met* warmte- *ook sam met* hitte-

model, dummy; **-beeldenmuseum** waxworks

was|serette *zie* -salon; **-serij** laundry; **-straat** (automatic) car-wash; **-tafel** [fitted] washbasin, washstand, (*Am, ook*) lavatory; *ingebouwde ~* vanity unit, vanitory; *zie ook* vast; **-tafeltje** wax tablet; **-teiltje** washing-up bowl; **-tobbe** wash(ing)-tub; **-verzachter** fabric softener; **-voorschrift** washing instructions, directions for washing; **-vrouw** washerwoman, laundress; *~ zijn,* (*ook*) take in washing; **-zak** soiled-linen bag; **-zeep** washing-soap; **-zijde** washable silk

1 wat I *vrag & uitroepend vnw* what 1 (*vragend:*) *een rare snuiter, ~?* rum chap, what?; *wel, ~ dan nog?* so what?; *~, weet je niet ...?* what, don't you know ...?; *~ **deed** hij daar naar toe te gaan!* what business had he to go there!; *~ **is** hij?* what is he?; *'~ is dat?' '~?'* 'what is that?' 'what is what?'; *~ is er?* what is it?, what is the matter (the trouble)?; *wel, ~ is er met hem?* well, what of him?; *~ is er nog over van de pudding?* what pudding is there left?; *~ zal het zijn?* what's yours?; *zie ook* meer; *~ **voor** boeken heb je gelezen?,* (*welke boeken*) what books have you read?; *~ voor* (*soort*) *boeken lees je het liefst?* what sort of books do you prefer?; *~ is hij voor een man?* what sort of man is he?; *~ is Canada voor een land?* what is Canada like?; *ik **weet** niet ~ ik zal doen* I do not know what to do; *wel, ~ **zou** dat?* well, what then?, what if it is so?, what of that?, what of it?, what's the odds?, what does it matter?; *~ zou het wel zijn, als hij nu kwam?* what if he came now?; *~ zou het nu* (*weer*) *zijn?* I wonder what it'll be this time; *~ zou het, al ben ik arm?* what though I am poor?; *~ zou je ervan zeggen als we naar bed gingen?* what about bed?; 2 (*uitroepend:*) *~ benijd ik je!* how I envy you!; *en ~ **al** niet!* and what not!; *~ ze al niet zegt!* the things she says!; *~ **een** geld* (*mensen*)*!* what a lot of money (people)!; *~ een idee!* what an idea!, the idea!; *~ een man* (*een wind*)*!* what a man (a wind)!; *~ een mooi meisje!* what a beautiful girl!; *~ een onbeschaamdheid* (*onzin, weer*)*!* what impertinence (nonsense, weather)!; *~ **keek** ze me nijdig aan!* she didn't half give me a nasty look!; *~ **lief** van je!* how (very) nice of you!; *~ **mooi**!* how beautiful!; *en wàt **voor** één* [a cat] and such a cat; *~ **zal** ik het missen!* how I shall miss it!; *~ zal dat gerieflijk **zijn**!* won't it be convenient!; *~ die mannen toch een leugenaars zijn!* what liars men are!; *~ is het warm!* isn't it warm!; *~ was hij een gek!* what a fool he was!; *van ~ ben je me, zie* van; *zie ook* schelen, enz; II *betr vnw* what, which, that; *~ hij ook was* [he looked like a family solicitor,] which indeed he was; *alles ~* all that; *zie ook* alles; *... en ~ erger* (*meer*) *is, hij is erg lui ...* and, what is worse (more), he is very lazy; *en hij is erg lui, ~ nog erger is* and he is very lazy, which is even worse; *hij deelde hun mede, ~ reeds een publiek geheim was, namelijk ...* he announced to them, what was already an open secret, namely ...; *~ je maar wilt* whatever (anything, *fam:* any old thing) you like; *~ ik kan,* (*ook*) [I'll do] the best I can; [I'm helping you] all I can; III *onbep vnw, zelfst* something, anything; *zie ook* iets & heel; *ik zal je eens ~ zeggen* I'll tell you what; (*bijvoegl*) some, any; *er is ~ van aan* there is something in that; *geef mij ook ~* let me have some too; *geef mij ~ sigaren* let me have some (a few) cigars; *blijf nog ~* stay a little longer; *~ er ook gebeure, ik ...* whatever happens (may happen) I ...; *een man of ~* a few men; ***als** ~* [as cool] as you please, [as safe] as can be; *zo duidelijk als ~* [you can see them] as plainly as anything; *ze is zo eerlijk als ~* she is as straight as they make them; *zie ook* horen 1, worden & zijn; IV *bw* 1 a little; *dat is ~ àl te gevaarlijk* that's a little too dangerous; *~ beter* a little better; *~ meer dan 100* rather more than 100; 2 (*met klem*) very, (*fam*) jolly; *ik zal wàt blij zijn* I shall be only too pleased (*fam:* jolly glad) [to get away]; *je zult wàt gauw zien ...* you'll jolly soon see ...; *ik zal er wàt goed voor zorgen om ...* I'll take jolly good care to ...

2 wat *zn zie* watten

watblief? (*fam*) beg pardon?, what?

water 1 water (*ook:* urine); *~tje,* (*voor huid, enz*) wash, (*voor wond*) lotion; *dat kan al het ~ in de zee niet **afwassen**, a*) all the water in the sea will not cleanse him of that; *b*) you can't get away from that; *te veel ~ **doen** bij* drown [the whisky]; *zie ook ben:* melk & wijn; *~ **geven*** give (fresh) water to [flowers]; (*begieten*) water; (*vd brandweer*) play [on the flames]; *~ **inkrijgen**,* (*ve drenkeling*) swallow water, (*mar*) make (ship, take) water; *het ~ kwam aan de **lippen*** they (we, etc) were reduced to the last extremity; *~ **maken**,* (*mar*) make water; *~ en **melk**,* (*ook fig*) milk and water; *~ bij de melk doen* water the milk; *het ~ komt er me van in de **mond*** (*loopt me om de tanden*) it makes my mouth water, it brings the water to my mouth; *sedertdien is er heel wat ~ door de **Rijn** gelopen* a lot of water has flowed under the bridge(s) since then; *~ **trappen*** (*treden*) tread water; *zo vlug als ~, zie* ~vlug; *ik **voel** het aan mijn ~* I feel it in my bones; *de boot* (*de mijn*) *is **vol** ~* the ... is waterlogged, is swamped; *ze zijn als ~ en **vuur*** they are at daggers drawn; *~ bij de **wijn** doen* moderate one's demands, compromise, come down a peg or two, sing small; *~ naar **zee** dragen* carry coals to Newcastle; *bang zijn zich **aan** koud ~ te branden* be over-cautious, be over--anxious not to commit o.s.; ***bij** hoog* (*laag*) *~* at high (low) tide (*of:* water); *het hoofd **boven** ~ houden,* (*ook fig*) keep one's head above water; *hij is weer boven ~ gekomen,* (*fig*) he has popped (turned) up again; ***in** oosterse ~en* in eastern waters; *zijn geld in het ~ gooien* throw away (waste) one's money; *men kon het geld net zo goed in het ~ gooien* the money might as well be thrown in the gutter; *hij sprong in het ~ om het kind te redden* he dived in to rescue the child; *in het ~ vallen* fall in(to) the water; (*fig*) fall to the ground, fall through, be a wash-out; ***onder** ~ staan* be under water, be flooded, be submerged; *de mijn staat onder ~,* (*ook*) the mine is waterlogged; *onder ~ lopen* be flooded; *onder ~ zetten* inundate, flood, submerge; *hij is onder ~,* (*op* *sjouw*) he is on the razzle, (*dronken*) he is three sheets in the wind; ***op*** *~ en brood* on bread and water; *mijn twee maanden op het ~* my two months afloat; ***te*** *~ en te land* by sea and land, afloat and ashore; *zich te ~ begeven, te ~ gaan* take the water; *te ~ laten* launch [the lifeboat]; *het schip werd te ~ gelaten,* (*ook*) the vessel took the water; *vervoer te ~* water-carriage, water-borne traffic; *te ~ vervoerd* transported by water, water-borne; 2 (*~zucht*) dropsy; 3 *een ~* a sheet (piece, stretch) of water, (*ook*) a water [an ornamental water]; *~tje* streamlet, rill; *de ~en van een land* the rivers, lakes and canals (*vooral Sch ook:* the waters) of a country; *de machtige wateren van de Mississippi* the mighty waters of ...; *hij is in alle ~en gewassen* he is an old hand; *stille ~s hebben diepe* ***gronden*** still waters run deep; 4 *diamant* ***van*** *het eerste* (*zuiverste*) *~* diamond of the first (*ook:* purest) water [*zo ook:* a swindler of the first water]; *zie ook* emmer, geld, God, innemen, koken, opzetten, sterk~, troebel, zon, enz

water|achtig watery; *~ vocht,* (*in oog*) aqueous humour; **-ader** vein of water; **-afstotend** water-repellent; **-afvoer** water-drainage, draining, carrying off of water; **-aloë** water-soldier, water-aloe; **-arm** poor in water, deficient in moisture, arid; **-baars** water souchy; **-bak** 1 cistern, tank; 2 (*v paarden, enz*) water-trough; 3 urinal; **-ballet** water ballet; (*fig*) wet affair; **-bed** water-bed; **-beheersing** water management; **-bekken** water-basin, reservoir; **-bericht** water-level report; **-bestendig** water-resistant; **-bewoner** aquatic (animal); **-bezie** marsh potentil

waterbouw|kunde hydraulic (*of:* water) engineering, hydraulics; **-kundig** hydraulic (*bw:* -ally); **-kundige** hydraulic (*of:* water) engineer

water|breuk hydrocele; **-bron** (water-)spring; **-brood** water-bread; **-buis** water-pipe; **-chinees** queer customer; **-chocolade** cocoa made with water; **-closet** water closet; **-cultuur** hydroponics; **-damp** (water, aqueous) vapour, steam; **-deeltje** water-particle; **-dicht** impervious (impermeable) to water, waterproof [coat, material], watertight [boots, door], weatherproof [house]; (*fig*) cast-iron [proof, theory]; *~ zijn,* (*ook*) hold water; *~ maken,* (*ook*) waterproof; *~(e) stof* (*kledingstuk*) waterproof; *~* (*be*)*schot* bulkhead; *~e afdeling* watertight compartment; **-dier** aquatic (*of:* water) animal; **-doorlatend** water-permeable [layer, soil]; **-dorpel** weatherboard; **-drager** water-carrier; (*fig*) helper; **-drieblad** water-, marsh-trefoil, buck-bean; **-drop(pel)**, **-druppel** drop of water, water-drop; **-dun** watery

wateren I *tr* (*tuin, wijn, paard, stof, enz*) water; II *intr* make (*of:* pass) water, urinate; (*ve paard, enz, ook*) stale; *zijn ogen ~* his eyes water

waterereprijs brooklime; **waterfiets** water-bike; **watergang** watercourse; **watergas** water-gas; **watergeest** water sprite

watergenees|kunde, **-wijze** hydropathy

water|geus water-, sea-beggar; (*mv ook*) Beggars of the Sea; **-gevogelte** waterfowl; **-glas** 1 drinking-glass, tumbler; 2 urinal; 3 (*stof*) water-glass, soluble glass; **-glijbaan** water chute, water slide; **-god** water-god; **-godin** naiad, nereid; **-golven** set [hair]; **-goot** gutter; **-gruwel** water-gruel; **-hindernis** water jump; **-hoen** moorhen; *klein ~* little crake; **-hond** water-dog; **-hoofd** hydrocephalus; *hij heeft een ~* he has water on the brain; *een organisatie met een ~* a top-heavy organization; **-hoogte** height (*of:* level) of the water, water-level, waterline; **-hoos** waterspout; **-houdend** water-bearing, retentive of moisture; *~e laag* aquifer; **-huishouding** water economy

waterig watery [tea], sloppy, washy; **waterigheid** wateriness, etc; **waterijs** water-ice; *~je* ice(d) lolly; **watering** 1 watercourse; 2 *zie* waterschapsbestuur

water|juffer dragonfly; (*groot*) hawker, (*middelsoort*) darter, (*klein*) damsel fly; **-kan** water-jug, ewer; (*v blik, enz*) water-can; **-kanker** noma; **-kanon** 1 water-tower; 2 water cannon; **-kant** [at the, by the] waterside, water's edge; (*ve stad*) water-front [a water-front boarding-house]; **-karaf** water-bottle, carafe; **-kering** weir, dam, retaining wall; (*mv, ook*) flood defences; **-kers** watercress; **-klaver** *zie* -drieblad; **-klerk** shipbroker's clerk; **-koeling** water-cooling; *met ~* water-cooled; **-kolom** column (*nat:* head) of water; **-kom** bowl, basin; **-konijn** muskrat; **-koud** raw; **-kraan** water-tap, -cock; **-kracht** water-power, hydroelectric power, (*Am fam*) hydro(power); **-krachtcentrale** hydroelectric station; **-kruik** water-jug, pitcher; **-kuur** water cure, hydropathic cure; **-laars** wader; **-land** watery country; **-landers** tears; *de ~ kwamen* the tears came, the floodgates were opened

waterleiding waterworks, (*inz bovengronds*) aqueduct; *de ~,* (*administratie*) the Water Company; *het huis heeft geen ~* the house has no water laid on, is without piped water; *gas, ~, enz,* (*in beschrijving ve huis*) main(s) services; **waterleidingbedrijf** waterworks; **waterleidingbuis** water-, conduit-pipe; (*in straat*) water-main; (*tussen straat en huis*) service-pipe; **waterleidingmaatschappij** water company

water|lelie water-lily; **-lijn** 1 waterline; 2 (*in papier ook*) faint line, (*horizontaal*) laid line, (*verticaal*) chain line; *met ~en* laid [paper]; **-lijst** window drip; **-linie** [the Dutch] water (defence) line, inundation line, flood(able) area, flood belt

Waterloo id; *de slag bij ~* the battle of Waterloo

water|loop watercourse; **-loopkundig** hydromechanical [laboratory]; **-loos** waterless; **-loper** (*insekt*) pond-skater, water-skater; **-lozing** 1 drainage, drain; 2 (*urinering*) urination; **-man** waterman; *de Waterman,* (*astron*) Aquarius, the Water Carrier; **-mantel** water-jacket; **-meloen** water melon; **-merk** watermark, wire-mark; **-meter** water-meter; (*voor snelheid, kracht, enz*) hydrometer; **-molen** (*door water gedreven*) water-mill; (*poldermolen*) drainage mill; **-munt** water mint; **-navel** marsh pennywort; **-nimf** water-nymph, naiad; **-nood** water-famine; **-ontharder** water-softener; **-overlast** flooding,

floods; **-partij** ornamental water(s) (*of:* lake)
waterpas I *zn* (spirit-)level; II *bn* level; *niet ~* out of level; *~ maken* level; **waterpasbaken** levelling staff; **waterpasinstrument** (surveyor's) level; **waterpassen** level, grade
water|peil 1 water-level; 2 (*toestel*) water-gauge; **-peper** water-pepper; **-pers** hydraulic press; **-pest** water-thyme, American river-weed; **-pijp** 1 water-pipe; (*langs huis, ook*) stackpipe; 2 *Turkse ~* hookah, water-pipe, hubble-bubble (pipe); **-plaats** 1 urinal; 2 horse-pond; 3 (*om water in te nemen*) watering-place; **-plant** aquatic (plant), water-plant; **-plas** 1 puddle; 2 pond, lake; **-plomp** white water-lily; **-poel** pool; **-pokken** chicken-pox; (*wtsch*) varicella; **-politie** river police; **-polo** water polo; **-pomp** water-pump; **-pomptang** pipe wrench; **-poort** watergate; **-pot** chamber pot; **-proef** 1 (*godsoordeel*) ordeal by water; *aan de ~ onderwerpen* swim [a witch]; 2 (*stof*) waterproof; **-punge** brookweed; **-put** (draw-)well; **-raaf** cormorant; **-rad** water-wheel; **-ral** (*vogel*) water-rail; **-ranonkel** water buttercup, water crowfoot; **-rat** water-vole, water-rat; (*fig*) water-dog, water-rat; **-recht** *zie* zeerecht; **-reservoir** water-tank, cistern; **-rietzanger** aquatic warbler; **-rijk** watery, abounding in water; **-roofkever** (predatory) water-beetle; **-rot** *zie* -rat; **-salamander** (smooth, common *kleine;* crested, warty *grote*) newt; **-schade** damage (caused) by water; *met ~* water-damaged [goods]
water|schap polder (*of:* district) in charge of a 'polder-board', water-board district; **-schapsbestuur** 'polder board', water board; **-scheerling** cowbane, water-hemlock; **-scheiding** divide, (*Br ook*) watershed, (*Am ook*) water-parting; (*inz Am*) divide; **-scheprad** pot-, scoopwheel; **-schildpad** turtle; **-schorpioen** water-scorpion; **-schout** shipping-master; **-schouw(ing)** inspection of canals; **-schuw** afraid of water, hydrophobic, aquaphobic; *vgl* -vrees; **-ski** water-ski; (*luchtv*) float; **-skiën** water-ski; **-slag** (*in leiding*) water-hammer; **-slang** 1 water-snake; *W~,* (*astron*) Hydra; 2 (*buis*) water-hose; **-slot** water-seal; **-snip** common snipe
watersnood flood(s), inundation
water|spiegel water-level, surface (*of:* level) of the water; **-spin** water-spider; **-spoeling**: *closet met ~* flush toilet; **-sport** aquatics, aquatic sports; **-spreeuw** dipper, water ouzel; **-sprong** spring, fountain; **-spuier** gargoyle, waterspout; **-spuit** water-syringe, squirt; **-spuwer** gargoyle; **-staat** department for the maintenance of dikes, roads, bridges and the navigability of canals; *zie ook* minister, ministerie; **-stag** (*mar*) bobstay; **-stand** height of the water, water-level; *bij hoge* (*lage*) *~* at high (low) water
waterstof hydrogen (*ook:* ~gas); **waterstofbom** hydrogen bomb, H-bomb
water|stoof footwarmer, hot-water tin; **-stoot** *zie* -slag; **-straal** jet of water; **-stroom** stream of water; **-tanden:** *het doet mij ~* it makes my mouth water; *~d* mouth-watering; *om iem te doen ~* mouth-watering [profits]; **-taxi** id; **-ton** water cask, water butt; **-tor** water-beetle; *spinnende ~* water scavenger; **-toren** water-tower; **-torkruid** water dropwort; **-trapp(el)en** tread water; **-troep(en)** (*scouts*) sea scouts; **-uurwerk** water-clock, clepsydra; **-val** waterfall, cataract, falls [Niagara Falls]; (*klein*) cascade; **-vang** intake of water; **-vast** waterproof, water-resistant; **-vat** water cask, water butt; **-verband** wet bandage; **-verdamper** humidifier; **-verf** watercolour(s); (*met eidooier, lijm of gom*) distemper
waterverf|schilder watercolourist, painter in water-colours; **-schilderij** watercolour (painting); **-tekening** watercolour drawing
water|verplaatsing (water-)displacement; **-vervuiling** water-pollution; **-verzachter** water-softener; **-violier** water-violet; **-vlak** sheet (expanse, stretch) of water; **-vlekkig** foxed; **-vliegtuig** seaplane; **-vlo** water-flea; **-vloed** great flood, inundation; *plotselinge ~* rush of water, freshet, spate; **-vlug** quick as lightning (as a flash, as thought); **-vogel** water-bird, aquatic bird; (*mv ook:*) waterfowl; **-voorziening** water-supply, supply of water; **-vrees** 1 (*om te drinken*) hydrophobia, dread (horror) of water; 2 (*om erin te gaan*) aquaphobia; **-vrij** free from water; (*chem*) anhydrous; **-weegbree** water-plantain; **-weegkunde** hydrostatics; **-weg** waterway, water-route; *de Nieuwe Waterweg* the New Waterway; **-werken** 1 harbour (dock, river) works; 2 fountains, ornamental basins; **-wild** waterfowl; *jacht op ~* waterfowling; **-wilg** water-willow, sallow; **-zak** water-bag, -carrier, (*leren*) water-skin; (*ve pijp*) heel, knob; **-zo** water-souchy; **-zoeker** (*met wichelroede*) water-diviner, dowser; **-zonnetje** watery sun; **-zucht** dropsy; **-zuchtig** dropsical; **-zuivering** water treatment [works]; **-zuring** water-sorrel; **-zwijn** capybara
watje 1 piece of wadding (*med:* of cotton-wool); *~s in de oren* earplugs; 2 (*pers, sl*) wimp; **watjekouw** *zie* opstopper; **watt** id; **wattage** id
watten wadding; (*med*) cotton-wool; *in de ~ leggen,* (*fig*) coddle, feather-bed; *met ~ voeren, zie* watteren; **wattenstaafje** cotton bud; **watteren** wad, quilt; *zie ook* gewatteerd; **wattering** wadding, padding, quilting
watt|man tramdriver; **-meter** id; **-uur** watt hour
wauw! wow!; **wauwelaar(ster)** twaddler, driveller; chatterbox, gossip-monger; **wauwelarij** twaddle; *zie* gewauwel; **wauwelen** waffle, twaddle, blether, blather
wazig hazy, foggy, blurred; filmy (misty) [eyes]; **wazigheid** haziness, etc; (*fot*) fogging
WC lavatory, WC, toilet [bowl, brush, paper, roll, seat]; **we** *zie* wij
web(be) web (*ook fig*)
wecken bottle [fruit, vegetables, etc]; **weckfles** preserving jar
wed (horse-)pond, watering-place; **wed**. *zie* weduwe; **wedana** (*Ind*) head of a district
wedde salary, pay
wedden bet, lay a bet, (lay a) wager; (*wil je*) *~?* is it a bet?; *ik wed kop,* (*bij opgooien*) I say heads;

ik wed (met je) tien tegen een I'll bet (you) ten to one, I'll lay (you) ten to one; *ik wed met je om* I (I'll) bet you [ten pounds, anything you like]; *zie ook* ver~; ~ ***op*** bet on (back) [a horse]; *ik zou er bijna op durven* ~ I'd almost bet on it; *ik wed van neen* (*van niet*) I bet he won't (it isn't, etc); *zie ook* paard; **weddenschap** bet, wager, (*fam*) flutter; *een ~ aangaan* make a bet, lay a wager; *een ~ aannemen* take a bet; *ik neem je ~ aan,* (*ook*) I'll take you on; **wedder** better, bettor, backer, betting-man, punter

wede (*plant & verfstof*) woad

1 weder *zn* weather; *zie* 1 weer

2 weder *bw* again; *zie* 5 weer

weder|dienst[1] service in return, reciprocal service; *een ~ bewijzen* do [a p.] a service in return; *altijd tot ~ bereid* always ready to reciprocate; **-doop** rebaptism, anabaptism; **-dopen** rebaptize; **-doper** anabaptist; **-doperij** anabaptism; **-gade** *zie* weerga; **-geboorte** rebirth, new birth, regeneration; **-geboren** born-again, twice born, regenerate; **-helft** [my] better half; **-hoor**: *het hoor en ~ laten gelden* (*toepassen*) hear the other side (both sides); **-horen** *vgl* -hoor; *tot ~s* be ringing you

wederik loosestrife

weder|indienstneming [demand the] re-instatement [of ...]; **-inkoop** redemption, repurchase; **-instorting** relapse; **-invoer** reimport(ation); **-keren** return; **-kerend** (*gramm*) reflexive [pronoun, verb]; **-kerig** mutual, reciprocal; (*gramm*) reciprocal [pronouns]; **-kerigheid** reciprocity; *geval van ~,* (*Am*) two-way street; **-komen** return, come back; **-komst** return

weder|legbaar, enz *zie* weerlegbaar, enz; **-liefde** return of love, love in return; **-nemen** take again; **-om** again, anew, once more, once again; *zie ook* weerom; **-opbouw** rebuilding, reconstruction [of Europe], redevelopment; **-opbouwen** rebuild, reconstruct, redevelop; **-oprichten** re-erect, re-establish, refound; *vgl* oprichten; **-opstaan** rise from the dead; **-opstanding** resurrection; **-opvoering** revival [of a play]; **-opzeggens**: *tot ~* until further notice; **-partij** *zie* tegenpartij; **-rechtelijk** unlawful, illegal, unauthorized [reprint], wrongful [arrest]; *zich ~ toeëigenen* misappropriate; *~e toeëigening* misappropriation; *zich ~ bevinden op* trespass on [the railway]; **-rechtelijkheid** unlawfulness, illegality

wederuitvoer re-export(ation)

wedervaren I *ww* befall, happen to; (*nauwelijks, ten volle*) *recht laten ~* do (scant, full) justice to; *iem recht laten ~,* (*ook*) give a p. his due; II *zn* adventure(s), experience(s)

weder|vergelden: *iem iets ~,* (*wraak nemen*) retaliate (on, upon a p.); *zie ook* vergelden; **-vergelding** retaliation; **-verkiesbaar** eligible for re-election; *zie ook* verkiesbaar; **-verkoop** re-sale; (*in het klein*) retail; **-verkoper** retailer, retail-dealer, distributor; *alleen aan ~s verkopen* sell only to the trade; *zie ook* rabat; **-vinden** find again; **-vraag** counter-question; *zie ook* vraag; **-waardigheid** vicissitude [the vicissitudes (the ups and downs) of life]; **-woord** repartee; **-zien** *zie* weerzien & ziens

wederzijds I *bn* mutual [interests], reciprocal [trade]; *met ~ goedvinden* by mutual consent; *~e betrekking(en)* inter-relation(ship); II *bw* mutually

wed|ijver (spirit) of emulation, rivalry, competition; **-ijveren** vie, compete; *~ met* vie (compete) with, rival, emulate; *met de beste* (*kunnen*) *~,* (*ook*) rank with the best, hold one's own with (against) the best; *~ om* vie (compete) for; **-kamp** contest; **-kantoor** betting shop; **-loop** [long-distance, horse, arms] race, scramble [for oil], rush [for seats]; **-lopen** (run a) race; **-loper** racer; **-ren** race; (*op vaste datum en vast terrein*) race-meeting; *zie ook* hindernis; **-renprogramma** race-card

wedstrijd match, competition, contest; [chess, lawn-tennis] tournament; *datum voor ~* (*ook de ~ zelf*) fixture; *zie ook* wedloop; *aan een ~ deelnemen* compete in a match; *een ~ aangaan met* compete with; **wedstrijdbeker** sports cup; **wedstrijdleider** tournament (etc) organizer (leader); **wedstrijd|sport**, **-tennis**, enz, competitive sport, tennis, etc

weduwe widow; *~ B* (the) widow B; *Mevrouw de ~ Green* Mrs Green (widow of the late A Green); *als ~ achterblijven* be left a widow; *tot ~ maken* widow [the war had widowed her]; (*tot*) *~ worden* be widowed [at an early age]; *zijn moeder, die ~ was* his widowed mother; *zie ook* onbestorven; **weduwen|fonds**, **-kas** widow's fund; **weduwenpensioen** widow's pension; **weduwenverbranding** suttee, sutteeism

weduw|geld, **-gift** jointure; **-goed** dower

weduw|naar widower; *~ worden* be widowed [at the age of forty]; **-naarsbotje** funny-bone; **-naarschap** widowehood; **-naarsjaren** [his] widower years; **-schap**, **-staat** widowhood; **-vrouw** widow(-woman)

wedvlucht (*v duiven*) race

wee I *zn* woe; *~ën* labour (*of:* birth) pains [*~ën krijgen* be taken with labour pains], pains (of childbirth), [she was in] labour; II *tw ~ mij!* woe is me!; *~ de man die ...* woe betide (woe be to) the man who ...; *o ~, o ~!* (oh) dear, oh dear!; *zie ook* gebeente, wolf; III *bn* (*flauw*) faint [with hunger]; (*onwel*) [feel] bad, queer; *het geeft me een ~ gevoel* it makes me feel faint; *~ë lucht* (*smaak*) sickly smell (taste); *~ë zoetheid* cloying sweetness; *~ë sentimentaliteit* morbid (mawkish, sloppy) sentimentality; *ik word er ~ van* it makes me feel sick

weeffout flaw (in texture); *~je,* (*fig*) minor imperfection (inaccuracy), slip; **weefgetouw** (weaving-)loom; **weefkam** reed, slay; **weefkunst** textile art; **weefsel** tissue (*ook biol*), texture, fabric; (*bijzonder ~, ook*) weave [a special weave of extra heavy weight]; *~ van leugens* tissue (*of:* web) of lies; **weefselleer** histology;

1 *Zie voor sam ook* weer-, her- & terug-

weefspoel shuttle; **weefster** weaver; **weefstoel** (weaving-)loom; **weefstof** woven (material)
weegbaar weighable, ponderable; **weegbaarheid** ponderability
weegbree (*plant*) plantain, waybread
weeg|brug weighbridge; **-haak** steelyard, weigh--beam; **-loon** weighing-charges, weighage
weegluis (bed-, house-)bug
weegs: *hij ging* (*elk ging*) *zijns* ~ he went his way (they went their various, *of:* several ways); *ga een eind* ~ *mee* accompany me part of the way; *zie ook* dwaling
weeg|schaal (pair of) scales, balance; *de W~*, (*in dierenriem*) Libra, the Scales; **-stoel** weighing--chair; **-toestel** weighing-machine
weeheid faintness, etc; *vgl* wee; **weeïg** 1 sickly [smell]; 2 sloppy [sentimentalism; act sloppy]
1 week *zn* week; *de Goede* (*Stille*) *Week* Holy Week; *verleden* (*de volgende*) ~ last (next) week; ***door*** (***gedurende***, ***in***) *de* ~ during (in) the week, on week-days; *om in de* ~ *te dragen*, (*ook*) for ordinary wear; ~ *in*, ~ *uit* week in, week out; ***om*** *de* ~ every week; *om de andere* ~ every other week, week and week about; ~ ***op*** ~ week by week; ***over*** *een* ~ in a week's time, a week hence; *over enige weken* in a few weeks' time; *een kindje* ***van*** *een* ~ a week-old baby; ***voor*** *een* ~, *a*) for a week; *b*) a week ago; *gisteren* (*vandaag*) *voor een* ~ a week ago yesterday (today), yesterday (today) week; *vrijdag vóór* (*ook: over*) *een* ~ Friday week; *zie ook* bij 10 & midden
2 week I *bn* soft, (*fig*) soft, tender, weak; ~ *maken* (*worden*) soften, (*fig ook*) melt, mellow; II *zn* soak; *in de* ~ *staan* (be in) soak; *in de* ~ *zetten* put to soak, (*vd was*) put [the clothes] in to soak
3 week *ww: ovt van* wijken
weekachtig softish
weekbericht weekly report; **weekbeurt** [be on] duty for the week; **weekblad** weekly (paper); **weekdag** weekday; **weekdienst** 1 weekly service; 2 duty for the week
weekdier mollusc
week|einde, -end weekend; *het* ~ *doorbrengen in Yorkshire* weekend in Y; **-enden** weekend
weekend|formaat tabloid (format); **-huisje** weekend cottage; **-tas** holdall, (*Am*) carryall
weekgeld weekly (*of:* week's) wages (pay, salary); (*zakgeld, enz*) weekly allowance; **weekgelder** weekly wage-earner
week|hartig soft-, tender-hearted; **-hartigheid** soft-, tender-heartedness; **-heid** softness, etc; *vgl* 2 week I; **-hout** 1 soft wood; 2 coppice (wood); **-huidig** soft-skinned; ~*e* malacoderm
weekhuur weekly rent
weekijzer(en) soft iron
weekkaart weekly ticket
wee|klacht lamentation, wailing; **-klagen** wail, lament; ~ *over* bewail, lament, bemoan, wail over
weekloner *zie* -gelder; **weekloon** weekly (*of:* week's) wages
weekmaken *zie* 2 week; **weekmaker** softener, plasticizer
weekmarkt weekly market; **weekoverzicht** weekly survey
weeksoldeer soft solder, tin solder
weekstaat weekly report (*of:* return)
weekvinnige malacopterygian; **weekvlezig** (*plantk*) pulpy
weelde 1 (*luxe*) [all this] luxury; *wet tegen de* ~ sumptuary law; *hij kon de* ~ *niet dragen* success (prosperity, etc) was too much for him; *in* ~ *leven* live in (the lap of) luxury; *ik kan mij die* ~ *veroorloven* I can afford it; *ik kan me niet de* ~ *van een auto veroorloven* I cannot afford (do not run to) a car; *ik zal me de* ~ *van een taxi veroorloven* I'll allow myself the luxury of ...; 2 (*overvloed*) profusion [of fruit and blossom], affluence, opulence; (*vd plantengroei*) luxuriance [of the vegetation]; *een* ~ *van kleuren* a riot of colour; 3 (*geluk*) bliss; *zie ook* been, luxe & schat
weeldeartikel (article of) luxury; (*mv ook:*) luxury-goods; **weeldebelasting** luxury-tax, luxury-taxation; *vgl* belasting
weelderig 1 luxurious [apartments, life, etc], sumptuous [furnishings]; 2 (*v groei, verbeelding, versiering, enz*) luxuriant [vegetation, imagination, ornamentation]; voluptuous [curves, figure, feeling]; *haar* ~*e boezem* her ample bosom; ~*e haardos* luxuriant hair; *te* ~ [grow] rank; **weelderigheid** 1 luxuriousness, luxury; 2 luxuriance; voluptuousness; rankness
wee|moed sadness, wistfulness, melancholy; **-moedig** melancholy, sad, wistful, depressing [reflection]; **-moedigheid** *zie* -moed
Weens Viennese, Vienna
1 weer *zn* 1 weather; (*vaak*) [a fine, lovely, wet] day (morning, etc); *aan* ***alle*** ~ *en wind blootgesteld* exposed to all sorts of weathers; *voor alle* ~ all-weather [coat]; ***mooi*** ~(*tje*), *mijnheer!* fine day, Sir!; *mooi* ~ *spelen*, (*vriendelijk doen*) make (put on) a show of friendliness; *hij speelt mooi* ~ *met mijn geld* he lives in style at my expense; *door het slechte* ~ ***opgehouden*** weather-bound; *het is* ***prachtig*** ~ it is a fine day, the weather is fine (beautiful, lovely); ***bij*** *koud* ~ in cold weather; *bij mooi* ~ *is het hier druk* on a fine day ...; *bij gunstig* ~ weather permitting, if the weather permits; *zie ook* dienen II.3 & stil; ***in*** (*alle*) ~ *en wind*, ~ *of geen* ~ in any weather, in all weathers, [she goes out] wet or shine; *net* ~ ***voor*** *januari* seasonable weather for January; ***wat*** *voor* ~ *is het?* what's it like outside?, what sort of a day is it?; *hij keek wat voor* ~ *het was* he looked at the weather; *wat een* ~*!* what weather!; 2 *het* ~ *is in de spiegel* the mirror is blotchy
2 weer *zn* defence, resistance; *zich te* ~ *stellen* offer resistance, show fight, make a stand; *zich duchtig* (*flink*) *te* ~ *stellen* put up a fierce resistance (a good fight), give a good account of o.s.; *in de* ~ *zijn* be busy, be up and about; *altijd in de* ~ *zijn* be always on the go; *al vroeg in de* ~ *zijn* be up and about (*of:* astir) early; *in de* ~ *komen* get busy

3 weer *zn* (*hamel*) wether
4 weer *zn* (*keerdam*) [fish] weir
5 weer *bw* again, once more, once again; re- [re--light one's pipe, etc]; *daar zijn we* ~ here we are again; *het is* ~ *Kerstmis* Christmas has come round again; *hoe heet je ook* ~? what did you say your name was?; *hoe noemen ze dat ook* ~? what do they call that again? *dat is* ~ *zo'n slimme streek van hem* that is one of his tricks; *dat is eens, maar nooit* ~ never again; *soms was ze spraakzaam, dan* ~ *terughoudend* at times she was talkative, at other times she was reserved; *al* ~ *een prachtige dag* (*wéér een glas stuk*) another ...; *er werden* ~ *ramen ingegooid* more ... were smashed; ~ *andere banken gebruiken* ... still other banks employ ...; *zie ook* heen & over
weeraal pipe-fish
weeral[1] (once) again; *vgl* alweer
weerbaar 1 (*verdedigbaar*) defensible, prepared for war; 2 (*strijdbaar*) able to bear arms, able--bodied; *5000 weerbare mannen,* (*ook*) 5000 fighting men; *ze is niet erg* ~ she does not face up to things very well; **weerbaarheid** 1 defensibility, preparedness for war; 2 ability to defend o.s.; **weerbaarheidskorps** body of volunteers
weerbarstig unruly, unmanageable, refractory, recalcitrant, rebellious, obstinate; **weerbarstigheid** unruliness, recalcitrance, etc
weerbericht weather report; **weerberichtendienst** weather service; **weerbestendig** weather-resistant, weatherproof
weerdruk (*typ*) backing, perfecting; *de* ~ *opbrengen* back, perfect; **weerga** equal, match, peer; *zonder* ~ without an equal (a peer); *zie verder* ~loos & weerlicht; **weergaas** (*vero*) deuced; *zie* drommels; **weergalm** echo, reverberation; **weergalmen** resound, (re-)echo, reverberate; ~ *van* resound, etc (ring) with; **weergaloos** matchless, unparalleled, peerless, unequalled, unrivalled, inimitable, unapproachable
weergave reproduction, rendering; (*op scherm*) display; (*v band, ook*) playback [amplifier, response]; *vgl* weergeven
weergeld (*hist*) wer(e)geld, -gild, blood fine
weergeven 1 restore, return; 2 (*fig*) render [a text into English; music], reproduce [the human voice; the contents of a letter], voice [public opinion], give [one's opinion], reflect [the views of ...], hit off [what you say hits off the situation very well], sum up [the words exactly summed up his thoughts]; *zijn woorden zijn onjuist weergegeven* he has been incorrectly reported (has been misreported); *de Kamer geeft de gevoelens van het volk niet getrouw weer* the House is not an exact reflection of ...; *je geeft de 'th' niet zuiver weer* you don't pronounce the 'th' properly
weerglas weather-glass, barometer; **weergod** weather god; *de* ~*en waren ons* (*on*)*gunstig gezind* we had (un)favourable weather
weerhaak barb, barbed hook
weerhaan (*ook fig*) weathercock, weather vane; (*fig ook*) time-server
weerhouden hold back, restrain, stop; (*kreet, enz*) suppress [a cry, sigh]; (*tranen*) restrain, keep back [one's tears]; *iem* ~ *van* ... keep (prevent, *door woorden ook:* dissuade) a p. from ...ing; *zich* ~ *te* ... refrain from ...ing; *zie ook* nalaten; *hij laat zich door niets* ~ nothing can deter him, he sticks at nothing; *laat je daardoor niet* ~ don't be put off by that, don't let that discourage you; *vgl* tegenhouden
weerhuisje weather-house; **weerkaart** weather chart, weather map
weerkaatsen reflect; rebound; *zie* terugkaatsen; (*fig ook*) mirror [the play mirrors the whole of civilized life]; **weerkaatsing** *zie* terugkaatsing & weerspiegeling
weerkeren return
weerklank echo; ~ *vinden* find (meet with) a response [the appeal found little response]; strike (*of:* touch) a responsive chord, find an echo [among the people, in our hearts]; **weerklinken** resound, re-echo, ring again, ring out [cheers, a shot, rang out]; (*diep*) boom out [the dinner gong boomed out]; ~ *van* resound (ring) with [the country rang with his name
weerkomen return, come back; **weerkomst** return; **weerkopen** buy back again, re-purchase; **weerkrijgen** get back, recover
weer|kunde meteorology; **-kundig** meteorological [office], weather [bureau]; weatherwise [person]; **-kundige** meteorologist, weather expert
weerlegbaar refutable, confutable; **weerleggen** (*argument, enz & pers*) refute, confute; (*argument, enz, ook*) disprove, meet [this criticism is, these objections are, easily met], rebut; *met zijn eigen woorden weerlegd* [his assertion was] disproved out of his own mouth; *door de feiten weerlegd* [this theory had been] falsified by the facts; **weerlegging** refutation, confutation, rebuttal, disproof; *ter* ~ *van* ... in refutation (etc) of ...
weerlicht heat (sheet, summer) lightning; *als de* ~ like (greased) lightning, like a scalded cat, [it's raining] like hell, [they rode] hell for leather, [drive] for all you're worth; *loop naar de* ~ go to blazes; **weerlichten** lighten
weerloos defenceless, helpless; ~ *maken* disarm; **weerloosheid** defence-, helplessness; **weermacht**: *de* ~ the armed services (forces), the defence forces
weerman weatherman
weermiddelen means of defence
weerom 1 back; 2 again; **weeromkomen** come back, return; **weeromkrijgen** get back
'**weeromslag** change in the weather
weer'om|slag, **-stuit** rebound, recoil; (*fig ook*) reaction, revulsion; *van de weeromstuit* on the rebound; *van de weeromstuit lachen* (*blozen, schreien*) laugh again (blush again, weep for company); **weeromstuiten** rebound, recoil; **weeropstaan** *zie* weder-
weeroverzicht weather survey (report)
weerplicht, enz *zie* dienstplicht, enz

1 *Zie voor sam ook* weder-, her- & terug-

weerpraatje: *het* ~ the Weather; **weerprofeet** weather prophet

weer|schijn reflection, reflex, lustre; *zijde met een* ~ shot silk; *met blauwe* ~ shot with blue; with a blue irradiation; **-schijnen** reflect; glitter; *~de zijde* shot silk; **-schijnzijde** shot silk

weerschip weather ship; **weersgesteldheid** state of the weather, weather conditions; *bij elke* ~ in any weather; **weersinvloeden** atmospheric influences

weerskanten: *aan* ~ on both sides, on either side; *aan ~ van de deur* on either side (of) the door; *van* ~ from (on) both sides

weerslag recoil; reaction; *zie* terugslag 1 & 4

weersomstandigheden weather conditions

weerspannig refractory, recalcitrant, rebellious (*ook fig:* her rebellious locks), contrary, restive [horse]; **weerspannige** recalcitrant [the recalcitrants in the party]; **weerspannigheid** recalcitrance, refractoriness, etc; **weerspiegelen** (*ook fig*) reflect, mirror; *zich* ~ be reflected, be mirrored; **weerspiegeling** reflection, reflex [Parliament should be a reflection of the nation, a reflex of the political thought of the country]; **weerspreken** contradict, deny; *zie* tegenspreken

weerstaan resist, withstand, oppose, stand up to; *de deur weerstaat alle pogingen om hem te openen* the door defies all attempts to ...; **weerstand 1** resistance (*ook elektr*), opposition; ~ *bieden* offer resistance, make a stand; ~ *bieden aan* resist [temptation, etc]; *krachtig* (*dapper*) ~ *bieden* make (offer, put up) a stout (gallant) resistance; *de weg van de minste ~ kiezen* take the line of least resistance; *zie ook* tegenstand & lijn 5; 2 (*concr*) resistor; **weerstander** resistance fighter; **weerstandskas** fighting-fund, (*bij staking*) strike-fund; **weerstandsvermogen 1** (power of) resistance, endurance, stamina; 2 (*uithoudingsvermogen*) staying-power

weerstreven oppose, resist, struggle (strive, set one's face) against

weers|verandering change of (change in the) weather; **-verwachting** weather forecast

weerszij(den) *zie* weerskanten

weertafel weather chart

weervaren *zie* weder-; **weervinden** find again

weervoorspeller weather prophet, weather forecaster, weatherman; **weervoorspelling** weather forecast

weervraag counter-question; *zie ook* vraag; **weerwerk** response, reaction; ~ *geven,* (*ook*) rise to the challenge

weerwil: *in ~ van* in spite of, notwithstanding, despite, in the face of; *en dit in ~ van het feit dat* ..., (*ook*) and this in the teeth of the fact that ...

weerwolf wer(e)wolf, man-wolf; **weerwolfsziekte** lycanthropy

weer|woord answer, reply, repartee; **-wraak** revenge, retaliation; ~ *nemen op* take reprisals against; **-zien** I *ww* see (meet) again; II *zn* meeting again; *tot ~s* till we meet again; (*fam*) so long!; *een prettig* ~ a pleasant reunion; *zie ook* ziens; **-zijds** *zie* weder-; **-zin** repugnance, reluctance, aversion; *met* ~ reluctantly; *zie ook* tegenzin; **-zinwekkend** offensive [smell], repugnant, repulsive, revolting [crimes]

Zie voor sam ook weder-, her- & terug-

wees I *zn* orphan; *hij werd met zijn vijfde jaar* ~ he was orphaned (was left an orphan) at the age of five; II *ww: ovt van* wijzen

weesgegroet(je) (*r-k*) Ave (Maria), Hail Mary

wees|huis orphanage, orphans' home; **-jongen** orphan (boy); **-kamer** (*hist*) orphan's court; (*Eng*) Court of Chancery; **-kind** orphan (child); *blauw* (*rood*) ~, (*vlinder*) blue (red) underwing; **-meester** trustee (of an orphanage); **-meisje** orphan (girl); **-moeder**, **-vader** matron (master) of an orphanage

weet I *zn* knowledge; *~je* small (trivial) fact, triviality; *de kleine heeft al ~ van het een en ander* (the) baby is taking notice already; *hij heeft er geen ~ van* he is not aware of it; *het is maar een* ~ it's only a (matter of) knack, you must know the knack of it; (*ook*) it is useful to know; *aan de ~ komen* find out; *de ~ ervan krijgen* get wind of it; *hij weet zijn ~je* (*wel*) he knows his business; II *ww: ovt van* wijten

weet|al know-all, wiseacre; **-gierig** eager to learn, (of an) inquiring (mind); **-gierigheid** thirst (appetite) for knowledge; **-graag** *zie* -gierig; **-niet** know-nothing, ignoramus, blockhead

weeuw widow; **weeuwtje** (*eend*) smew

1 weg *zn* 1 way, road, path, [overland, sea-]route; (*fig*) way, road, channel, course; *de ~ van alle vlees gaan* go the way of all flesh; *zijn **eigen** ~ gaan* go one's own way; *iem zijn eigen ~ laten gaan,* (*ook*) allow a p. to work out his own salvation; *de **gewone** ~ verlaten,* (*ook fig*) leave the beaten track; *je bent op de **goede*** ~ you are on the right path (*of:* road); *iem op de **rechte** ~ brengen* put a p. on the right road, put a p. right; (*fig*) put (set) a p. right; *iem op de **slechte** (verkeerde) ~ brengen* lead a p. astray; *op de **verkeerde*** ~ (*ge*)*raken* go wrong, go off the rails; *de industrie is op de verkeerde* ~ is on the wrong road (*of:* track); *zie verder ben:* op ~; *de ~ **bereiden*** prepare the way (the ground); *een andere ~ **inslaan*** take (strike into, strike) another road; (*fig*) adopt another course (other measures); *zijn eigen ~ kiezen,* (*fig*) strike out (a line) for o.s., take one's own line (*of:* course); *de enige ~ kiezen die iem open staat* take the only course open to one; *alle ~en **leiden** naar Rome* all roads lead to Rome; *nieuwe ~en **openen** voor de handel* open up new avenues for trade; *de slechte* (*verkeerde*) *~ **opgaan*** go wrong, go to the bad, swerve from the right path; *ze ging de ~ op* she went into the road; *de ~ naar Londen opgaan* set out for London; *wie wil **vindt** wel een* ~ where there is a will there is a way; *het schilderij vond zijn ~ naar Amerika* the ... found its way to America; *ik vind de ~ wel* [don't come any further,] I can find my way; *hij vindt zijn ~ wel,* (*fig*) he is sure to make his way; *het is moeilijk om er de ~ in te vinden* it is difficult to find one's way about in it [in the book]; *hij* *wist niet welke ~ hij zou* ***volgen****,* (*fig*) he ... what course to pursue; *de ~* ***weten*** know the way, know one's way about; *hij weet de ~ hier in huis* he knows his way in the house; *ik weet hier ~ noch steg* I don't know my way here, I am a total stranger here; *hij wist geen ~ met zijn armen* he didn't know what to do with his arms; *iem de ~* ***wijzen*** show a p. the way, direct a p. [to ...]; *zijn eigen ~* ***zoeken*** strike out for o.s.; *zijns* ***weegs*** *gaan* go one's way; *zie* weegs; ***aan*** *de* (*kant van de*) *~ naar Londen* [live in a house] on the London road; *zie ook* timmeren; ***bij*** *de ~ zijn* be on the road (be out and about) [all day]; ***in*** *de ~ staan* (*zijn*), (*ook fig*) be in the way; (*fig ook*) handicap [his chances of success], balk [his ambition]; *iem in de ~ staan* stand (be) in a p.'s way, (*fig ook*) stand in a p.'s light; *hij stond zichzelf in de ~* he stood in his own light, quarrelled with his bread and butter; *zekere omstandigheden* (*moeilijkheden*) *staan* (*het succes, zijn geluk*) *in de ~* certain circumstances (difficulties) stand in the way (of success, of his happiness); *zijn stotteren staat hem lelijk in de ~* his stammering is a great handicap; *persoonlijke gevoelens moeten niet aan de gerechtigheid in de ~ staan* personal feelings must not stand in the way of justice; *gewetensbezwaren zitten hem niet in de ~* he is hampered by no scruples; *zie ook* vet; *iem iets in de ~ leggen* place (put) obstacles (impediments) in a p.'s way, thwart a p.('s plans); *ik heb hem nooit wat* (*een strobreed, vingerbreed*) *in de ~ gelegd* I've never given him the slightest cause of offence; *iem in de ~ lopen* get in a p.'s way; ***langs*** *de ~* [go] along the road; [grow] by the wayside (roadside); wayside, roadside [shrines]; *langs de gewone ~,* (*fig*) [the order was sent] through the usual channels; *zie ook* diplomatiek; *langs een rustige ~* by a quiet road; *langs chemische ~* by chemical process; *langs kunstmatige ~* artificially, by artificial means; *ze groeien zo maar niet langs de ~,* (*fig*) they don't grow on trees; ***onder*** (***op***) *~ zijn* be on the (one's) way, (*mar*) be under way; ***op*** *~ naar Londen* [embark at C] en route for L; *het schip is op ~ naar ...* the ship is bound for (to) ...; *op mijn ~ hierheen* on my way here; *zich op ~* ***b****egeven* set off, set out [*naar* for], start (on one's way); *iem op ~ brengen* put a p. on the (his) way; *het park* ***lag*** *op mijn ~ naar het station* the park was in my way (lay in my path) to ...; *de moeilijkheden die op de ~ liggen van* the ... that lie in the way of [the explorer]; *dat ligt niet op mijn ~* it is out of my way; (*fig*) it is not (is none of) my business; *het ligt op uw ~ om ...* it is up to you to ...; *het ligt niet op uw ~ om dit te zeggen* it is not for you (you have no business, no call, it is not your place) to say so, (*zo ook:* it is no part of the duty of the Government ...); *iem op de ~* ***ontmoeten*** meet a p. in the road; *iem op zijn ~ ontmoeten* fall in with a p., come across a p.; *iem op zijn ~* ***vinden*** find a p. [competitor, opponent, etc] in one's way; *we zijn een heel eind op ~ naar ...,* (*ook fig*) we are well on our way to ...; *het werk is goed op ~* is well under way; *we zijn op ~,* (*fig*) we're on the way; *op ~ zijn naar herstel* be on the road to (be heading for) recovery; *we zijn* ***mooi*** *op ~ naar betere tijden* we are well on the road to better times; *u bent mooi op ~ om te slagen* in a fair way to succeed; *we zijn mooi op ~,* (*ook*) we're getting there; *iem mooi op ~ brengen om ...* put a p. in a fair way to ... (of ...ing); ***uit*** *de ~ blijven* keep out of the way; *iem uit de ~ blijven* keep out of a p.'s way, keep away from a p., give a p. a wide berth, fight shy (steer clear, keep clear) of a p.; *uit de ~ gaan* get out of the way, make way, step aside; *een moeilijkheid uit de ~ gaan* evade a difficulty; *de moeilijkheden niet uit de ~ gaan* face (up to) the difficulties; *voor niemand uit de ~ gaan, zie* onderdoen; *uit de ~!* out of the way there!, stand clear!, way, way!; *uit de ~ voor ...!* make way for ...!; *uit de ~ ruimen* eliminate [a rival, obstacle], remove [obstacles], dispose of [prejudices], smooth over (*of:* away) [difficulties], clear up [a misunderstanding]; (*v pers: vermoorden*) get rid of [a p.]; *die moeilijkheid is uit de ~* is out of the way; *een netelige kwestie uit de ~ helpen* clear up a knotty point; ***van*** *de rechte ~ afdwalen,* (*fig*) stray from the right path; *iem van de verkeerde ~ afhouden* keep a p. from going wrong; *zie ook* afsnijden, banen, bewandelen, openbaar, openstaan, vragen (naar), vrijmaken, weerstand, enz; 2 *zie* wegge

2 weg *bn & bw* 1 (*ergens vandaan, ook: van huis*) away; *~* (*daar*)*!, ~ met jullie!* (be) off!, away with you!, off you go!, clear out!, get (go) away!, (*lit*) begone!; *~ ermee!* away with it (with such a system, etc)!; *~ met Napoleon* (*de kapitalisten, enz*)*!* down with Napoleon (the capitalists, etc)!; *ik moet ~* I have to go; *ik wil hem hier ~ hebben* I want to get rid of him; *mijn hoed is ~,* (*kwijt*) my hat is gone; 2 (*verloren*) gone, lost; *de kat was ~* the cat was lost; *het geld* (*de tijd, enz*) *zou ~ zijn* would be wasted; *zoiets is nooit ~* may have its uses (come in handy); *als je dat doet ben je ~* if ... you've had it; 3 (*vertrokken*) gone; (*bewusteloos*) unconscious; *hij is nog niet lang ~* he has not been gone long; *ze was al een uur ~* she had been gone an hour; *ik was even ~ geweest,* (*in slaap*) I had only just dozed off; *B is goed* (*slecht*) *~,* (*sp*) B makes a good (bad) start; *ze waren ~* ***van*** *de charme van zijn stem* they were swept off their feet by ...; *zie ook de sam*

wegbebakening road marking, road signing; (*concr*) road signs, (*op wegdek*) road markings; **wegbeheerder** road (highways) authority

wegbenen march (stalk) off

wegbereider pioneer, forerunner, advance man; precursor

weg|bergen put (store) away; tidy away [toys]; lock away, lock up; conceal; *vgl* opbergen; **-bezuinigen** axe [he, his job, has been axed]; **-blazen** blow away; **-blijven** stay away; absent o.s. [from a meeting, school, work]; *~ van een college* (*een les*), (*ook*) cut a lecture (a lesson); *ze zal niet lang ~* she won't be long; *blijf niet lang weg* don't be long; *hij bleef een uur weg* he was gone for an hour; *de pijnen zijn weggebleven* have not come (back), have stopped; *zie ook* uitblijven; **-bonjouren** 1 (*afschepen*) send [a p.] about his business; 2 (*eruit gooien*) chuck [a p.] out; **-borstelen** brush off; **-branden** burn away (off); *hij is er niet weg te branden* there is no getting him away from there; **-breken** pull down; break off; **-brengen** take (carry) away; (*uitgeleide doen*) see [a p.] off; (*schip*) sink [a vessel for the insurance money]; **-cijferen** eliminate, set aside, ignore; *zichzelf* ~ efface o.s., obliterate o.s.; *zichzelf ~d* self-effacing; *zie ook* wegredeneren

wegcode highway code; **wegcontact** road feel; (*v auto*) road-holding; **wegdek** road surface; *het ~ vernieuwen* resurface a road

weg|denken think away [one's fears; think away those trees for a minute, and what do you see?]; *iets ~,* (*ook*) put s.t.out of one's mind [for a moment]; *de vakbonden zijn uit ons maatschappelijk bestel niet meer weg te denken* it is hard to imagine ... without trade unions; *tv is niet meer weg te denken* ... has come to stay; **-dieven** pinch

wegdistel cotton (*of:* Scotch) thistle

weg|doen put away; (*van de hand doen*) dispose of, part with; (*als onbruikbaar*) scrap; **-doezelen** 1 doze off; 2 gloss over, explain away [facts]; **-draaien** 1 turn away; 2 turn off [the TV sound]; **-dragen** carry away (*of:* off); *de prijs ~* bear away the prize; *iems goedkeuring ~* meet with a p.'s approval; **-drijven** I *tr* drive away; II *intr* float away; (*ve boei*) break adrift; **-dringen** push away (*of:* aside), hustle away; **-druipen** slink away (*of:* off); **-drukken** push away (*of:* aside); **-duiken** dive (duck) away; *zie ook* duiken & verscholen; **-duwen** push aside (*of:* away)

wege: *van ~, zie* vanwege; **wegebben** ebb (away), abate; (*v geluid*) fade (away)

wegedoorn common (*of:* purging) buckthorn

wegen weigh (*ook fig:* the pros and cons, etc); *zijn woorden ~,* (*ook*) measure one's words; *hoeveel weegt u?* what's your weight?; *100 pond ~,* (*ook*) scale 100 pounds; ***zwaar*** *~,* (*eig*) weigh (be) heavy, be of great weight; *zulke dingen ~* (*zwaar*), (*fig*) such things count (heavily); *dat feit weegt zwaar bij mij* that fact weighs heavily with me; *het zwaarst ~* [the plan has its defects and advantages, and the latter] preponderate; *zijn werk* (*haar geluk*) *woog het zwaarst bij hem* his work (her happiness) came first with him; *wat het zwaarst is, moet het zwaarst ~* first things first; *zwaarder ~ dan,* (*ook fig*) outweigh; *te zwaar* (*te licht*) ~ be overweight (underweight); *men moet deze opmerking niet te zwaar laten ~* too much weight should not be given to this remark; ***gewogen*** *en te licht bevonden* weighed (in the balance) and found wanting; *gewogen gemiddelde* weighted average; *zie ook* goudschaal, wikken

wegenaanleg road-building, road-construction, road-making; **wegenbelasting** road tax; **wegenbouw** *zie* -aanleg; **wegenfonds** road fund; **wegenhulp** *zie* -wacht; **wegenis** 1 road-building and maintenance; 2 road system; **wegenkaart** road map; **wegennet** road system, network of roads

wegens on account of, because of, in consequence of, due to, for [remarkable for his height, he loved her for her pluck], on the score of [complain on the score of low pay]; *zie ook* vanwege

wegenverkeersreglement (*vglb*) highway code; **wegenverkeerswet** road traffic act

wegenwacht 1 road service, (*vglb*) AA patrol; 2 (*vglb*) AA-man; **wegenwachtauto** (*vglb*) AA patrol car; **wegenwachter** *zie* -wacht 2

weg- en waterbouwkunde civil engineering

wegering (*mar*) ceiling

weggaan go away, leave, move off; *daarom ben ik weggegaan,* (*naar hier*) that's why I came away; *ga weg terwijl je nog kunt* go (*fam:* beat it) while the going's good; *ga weg!,* (*fam: duvel op*) beat it!; (*onzin*) nonsense!; *~ aan,* (*v geld*) go in [books, rent, drink, etc]; *weg ging G* away went G; *zie ook* heengaan

wegge 1 pat [of butter]; 2 roll [of bread]

weggebruiker road-user; **weggedeelte** section of (a) road; *bevroren ~n* icy patches on the road; **weggedrag** 1 road manners; 2 (*v auto*) handling

weggeefprijs giveaway price

weggeld road tax

weg|geven give away; *zie ook* best: ten ~e geven & nummer; **-gevertje** 1 hand-me-down; 2 give-away; **-geweest** *zie* terug; **-glippen** slip away; (*stiekem*) sneak off; **-goochelen** spirit (juggle) away

weggooiartikel throw-away (article); **weggooien** throw (fling) away; toss away [one's cigar]; discard [a singleton spade]; *zijn geld ~* throw (chuck) away (make ducks and drakes of, play ducks and drakes with) one's money, throw one's money down the drain; waste one's money [*aan* on]; *het geld zou weggegooid zijn* the money would be wasted, it would be throwing away money; *iets helemaal ~,* (*fig*) pooh-pooh [an idea]; *zichzelf ~* throw o.s. away [*aan* on], make o.s. cheap, cheapen o.s.; *hij gooit zichzelf niet weg* he has a good opinion of himself; **weggooifles** throw-away (non-returnable, one-trip) bottle; **weggooiluiers** disposable nappies

weg|graaien grab; **-graven** dig away; *de grond onder iemand ~,* (*fig*) cut the ground from under someone's feet; **-haasten**: *zich ~* hurry (hasten) away; **-halen** take (fetch) away, remove [a tumour surgically], carry off; **-hebben**: *ik heb het lelijk weg* I've got it badly; *je hebt veel van hem weg* you are very much like him; *het heeft iets weg van* it is not unlike; it savours of [jealousy, magic]; *het heeft er veel van weg dat* (*alsof*) *het gaat sneeuwen* (*regenen, aanhouden*) it looks like snow (rain, lasting); *... hebben iets van elkaar weg* [the crimes] show a certain family likeness

weghelft [be on the wrong] side of the road

weg|helpen help [a p.] (to be) off (to escape); **-hollen** run away, scamper (tear) off; **-houden** 1 keep [the children] away (*bij, van* from); keep off [burglars]; 2 keep hidden, hide

weging weighing; **wegingsfactor** weight, weighting

wegjagen 1 (*verdrijven*) drive off, chase away

(off), shoo (away, off) [birds, wasps, trespassers, etc], send [a p.] about his business; 2 (*ontslaan*) send [the cook] packing, (give the) sack, give [a p.] his marching-orders; (*fam*) fire; (*de deur uitzetten*) turn out; (*v school*) expel [from school]; (*student*) send down, rusticate; (*uit het leger*) dismiss [a p.] the service, (*bij trommelslag*) drum out

wegkant roadside, wayside; **wegkapel** roadside chapel

weg|kapen snatch away, pilfer, filch away; **-kappen** chop (cut, hew) away (off); **-kiep(er)en** *zie* -gooien; **-kijken**: *iem* ~ freeze a p. out; **-knippen** (*met schaar*) cut (clip) away (off); (*met vingers*) flick (flip, fillip) away; *tranen* ~ [have to] blink back tears (from one's eyes); **-komen** get (come) away; *ik maak dat ik wegkom* I'm off; *maak dat je wegkomt!* be off with you!, clear out (of this)!, get (the hell) out of here!, scram!; *hij maakte dat hij wegkwam* he made a hurried exit, made himself scarce; *hij is goed weggekomen* he has got off (come off) very well; **-krabben** scratch out (away); **-krijgen** get away (off); (*vlekken*) get out, remove [stains]; *ik kan hem niet* ~ I cannot get him away; *zie ook* beetkrijgen; **-krimpen**: ~ *van pijn* writhe with pain; **-kruipen** creep (crawl) away; ~ *achter de kast* hide behind ...

wegkruising crossroads

weg|kunnen: *ik kan niet weg* I cannot get away (leave home, the office, etc); *dat kan weg* that can go; **-kussen** kiss away [tears]; **-kwijnen** languish, pine away, waste away; **-lachen** laugh away, laugh off; **-laten** leave out, omit, drop; suppress [a name, etc]; dispense with [a title]; *de h's* ~, (*bij het spreken*) drop one's h's (aitches); **-lating** leaving out, omission, suppression; **-latingsteken** apostrophe; **-leggen** lay (put) aside (*of:* by) lay up, save [money]; *die eer was* (*het was niet*) *voor hem weggelegd* he was to receive that honour (it was not given, not granted to him [to ...]); **-leiden** lead away (*of:* off)

wegligging road-holding, roadability

weglokken entice (lure) away [from], decoy

weg|lopen 1 walk off; (*er vandoor gaan, enz*) run away (*of:* off), make off, desert; (*sp*) break away; (*ve hond, enz*) stray; *ongebruikt* ~, (*v leidingwater, enz*) run to waste; *ze liep weg met een kapitein* she eloped with ...; *ik zal J's brief eerst lezen, de andere zal niet* ~ I ..., the other will keep (can wait); *weggelopen* runaway [girl]; *weggelopen: een fox-terriër* strayed, a fox-terrier; 2 (*ingenomen zijn*) be taken [with a p., a picture, etc]; (*hoog*) ~ *met* make much of, think all the world of [a p.]; **-loper** deserter; **-maaien** mow (cut) down; (*met artillerievuur, bijv*) mow down; *weggemaaid door de pest* swept off (*of:* away) by the plague; *zie ook* gras; **-maken** 1 (*zoekmaken*) make away with, lose, mislay; 2 (*verwijderen*) remove [freckles *sproeten*], remove, take out [stains]; dispose of [a dead body, an unborn child]; *zich* ~ make off, decamp, (*sl*) skedaddle; 3 (*iem*) give an anaesthetic to, put (place) under an anaesthetic, anaesthetize

wegmarkering road markings; **wegmeter** pedometer

weg|moeten be obliged to go (to leave); *ik moet weg* I must be off (moving, *fam:* toddling, toddling along); ... *moet weg* [this system, the Government, the capitalists, that cat, *uitverkoop:* everything] must go; **-moffelen** smuggle (*of:* spirit) away; **-mogen** be allowed to go

weg|nemen 1 (*verwijderen*) take away [a book, etc]; remove [the tea-things, a growth *gezwel,* a p.'s tonsils, doubt, etc]; allay [suspicion]; set [a p.'s doubt, fear, etc] at rest; eliminate [a cause]; obviate [a difficulty]; take up [too much space]; (*kapen*) pilfer, help o.s. to [s.t.]; *gas* ~ throttle down; 2 (*tenietdoen*) remove; *dat neemt niet weg dat* ... that does not alter the fact that ...; *maar dat neemt niet weg dat hij vriendelijk is* [he is dull,] but then he is kind; *dat neemt niet weg dat ik hem gaarne gezien had* I should have liked to see (to have seen) him all the same; *laten* ~ have [one's adenoids] out; **-neming** taking away, removal

wegomlegging diversion; **wegopzichter** road surveyor

wegpakken snatch away; *zie ook* -kapen; *pak je weg!* clear out!; **wegpesten**: *iem* ~ freeze a p. out, make it (the place) too hot for a p., pester a p. until he gives up his job (etc); **wegpikken** peck away; (*fig*) snatch away; **wegpinken** dash (*of:* brush) [a tear] away

wegpiraat road-hog

weg|praten *zie* -redeneren; **-promoveren**: *iem* ~ kick a p. upstairs; **-race** *zie* -wedstrijd; **-raken** miscarry, get (be) lost, be mislaid; **-redeneren** argue (reason, explain) away; *feiten laten zich niet* ~ facts are stubborn things, you can't get away from facts; *dat laat zich niet* ~, (*ook*) there is no way of arguing out of that, there's no getting away from that, you cannot get out of (round, away from) that; **-reizen** leave

weg|renner road-racer; **-restaurant** road-house

wegrestaureren improve away (*of:* out of existence)

wegreus juggernaut

weg|rijden I *intr* drive (ride) off (away); *vgl* rijden; *de auto reed snel weg* the car sped off; II *tr* (*pers*) drive away (off); (*iets*) cart (wheel) away; **-roeien** row away (*of:* off); **-roepen** call away; **-roesten** rust away; **-rollen** *tr & intr* roll away; **-rotten** rot away (*of:* off); **-roven** steal; filch; **-ruimen** clear away, remove; smooth away [difficulties]; **-ruiming** removal; **-rukken** snatch away; *weggerukt worden,* (*ook*) be cut off [in the prime of life], be carried off [at an early age]

weg|schenken give away, make [a p.] a present of [s.t.]; **-scheren** 1 shave (shear) off; *vgl* scheren; 2 *zich* ~ make off, (*fam*) make o.s. scarce; (*sl*) hook it; *scheer je weg!, vgl* -komen: maak ...; **-scheuren** tear away (*of:* off); **-schieten** I *tr* shoot away; II *intr* dash (dart) away (*of:* off); **-schoppen** kick away; **-schrappen** cross out, erase, strike out; *X en Y tegen elkaar* ~ cancel X by Y; **-schuilen** hide (o.s.) [*voor* from]; **-schuiven** I *tr* shove away, slide back [a sliding-door]; II *intr* move away; **-sijpelen** ooze (*inz*

Am: seep) away; **-sjouwen** carry (drag) away; *vgl* sjouwen; **-slaan** beat (strike, knock) off (*of:* away); *het roer* (*de brug*) *werd weggeslagen* (*sloeg weg*) the rudder was carried (was swept) away; *de dijk werd weggeslagen* the dike was washed away; *zie ook* afslaan I; **-slepen** drag away [demonstrators], (*zwakker*) carry off, tow away [illegally parked cars]; *zie ook* hel & meeslepen; **-slijten** wear away (*of:* off); **-slikken** swallow [a tear]; **-slingeren** fling (hurl) away; **-slinken** *zie ook* slinken; (*ve aantal, hoeveelheid, enz*) dwindle away; **-sluipen** steal (sneak, slink) away (*of:* off); **-sluiten** lock up (away) [lock things up (away) from a p., *voor iem*]; **-sluizen** funnel off [money abroad]; **-smelten** melt away; *in tranen* ~ melt in(to) (dissolve, be dissolved, in) tears; **-smijten** fling (throw) away, chuck away (out); **-snellen** hurry off, hasten away, scamper (scurry) away (*of:* off); **-snijden** cut away; **-snoeien** lop (prune, clip) off (*of:* away); *vgl* snoeien; **-spelen** 1 (*theat*) out-act; 2 (*sp*) outplay, play off the field

wegsplitsing fork, bifurcation

weg|spoeden: *zich* ~ speed away; **-spoelen** I *tr* wash away, carry away [the banks]; II *intr* be washed away; *zie ook* -slaan; **-springen** jump away; **-stemmen** vote down [a measure]; vote [the Cabinet] out of office, vote [a director] off the board; **-sterven** die away (down, out); fade out [the noise faded out], trail (*of:* tail) off [her voice trailed off]; **-stevenen** sail away; (*fig*) march off; **-stoppen** put away, hide, conceal; suppress [one's feelings]; **-stormen** tear (dash) away (off); **-stoten** push away; **-strepen** cross off; *je kunt ze tegen elkaar* ~ they cancel (each other) out, you may balance the one against the other; **-strijken** push [the hair out of one's face]; smooth out (*of:* away) [wrinkles, creases]; **-stuiven** fly away; (*fig ook*) dash (*of:* flounce) away (*of:* off); **-sturen** send away, pack [a p.] off; (*personeel, enz, ook*) dismiss, (*euf*) deselect; (*sp, enz*) send off, expel, warn [a p.] off (the pitch, etc); (*niet toelaten, in ziekenhuis, schouwburg, enz*) turn away; (*taxi, enz*) pay off, dismiss; *zie verder* -jagen; **-teren** waste (pine) away; **-toveren** spirit (juggle) away; **-trekken** I *tr* pull (draw) away; II *intr* (*v troepen, enz*) march away (*of:* off), pull out [of Rome]; ~ *uit de stad* (*met vakantie*) leave (the) town; (*ve bui*) blow (pass) over; (*v mist*) clear away, lift; (*v pijn*) get easier, diminish; *de rook trok weg* the ... trailed away; *de kleur trok weg uit zijn gezicht* the colour drained from (out of) ...; **-tronen** entice (lure) away [a p.'s customers]; **-vagen** sweep away [the bridges]; wipe out [the town, the regiment was wiped out], blot out [the memories were blotted out from his mind], wipe [a nation] out of existence

wegvak stretch (of road), road section

weg|vallen fall (drop) off; cease to exist (to function), be lost, fade away; (*fig*) be left out, be omitted; *tegen elkaar* ~ cancel (out; each other); *de 2 valt weg tegen de -2* the 2 cancels the -2; *tegen elkaar laten* ~ cancel; **-varen** I *intr* sail away; II *tr* take away (in a boat)

wegvastheid (*v auto*) road-holding, road-grip

wegvegen sweep away; (*tranen, enz*) wipe (brush) away

weg|verhardingsmateriaal road-surfacing material; (*steenslag*) road-metal; **-verkeer** road-traffic; **-verlegging** diversion; **-versperring** road-block; **-vervoer** road haulage; **-verzakking** road subsidence

weg|vliegen fly away; **-vloeien** flow away; **-voeren** carry away, carry off [in a car], lead away, march off; deport; abduct, kidnap [women, children]; **-voering** removal, carrying off, deportation, abduction, kidnapping; **-vreten** eat away; (*v roest, enz*) eat away, corrode; (*inz geol*) erode; **-vreting** eating away, corrosion, erosion; **-waaien** *intr* be blown away, be carried off by the wind; *tr & intr* blow away

wegwals road-, steam-roller

wegwassen wash away

wegwedstrijd road (*of:* long-distance) race

wegwensen wish away; **wegwerken** get rid of [a p.], get quit of [a deficit *tekort*], wipe out [a debt]; (*wisk*) eliminate; (*oneffenheden*) work off, smooth away [roughnesses]; conceal [blemishes, the screw-heads]; (*sp*) clear [the ball]; (*fig*) straighten out [domestic differences], iron out [difficulties]

wegwerker roadman, road-mender, navvy; (*bij spoorw*) surfaceman, platelayer, (*Am*) trackman; (*kantonnier*) lengthman

wegwerpartikel disposable; *vgl* weggooi-; **wegwerpen** throw away; *zie ook* -gooien; **wegwerpmaatschappij** consumer society; **wegwezen** 1 be gone; 2 clear off, beat it, scram; *inpakken en* ~ pack up and clear off; *terug van weggeweest* back (home) again

wegwijs: ~ *zijn* know one's way about [in Paris]; (*fig*) know the ropes; *iem* ~ *maken* put a p. up to a thing or two, show a p. the ropes, (*fam*) put a p. wise; **wegwijzer** (*pers*) guide; (*handwijzer*) signpost, finger-, direction-post; (*boek*) handbook, manual, guide; (*reisgids*) guide(-book)

weg|willen wish to get away, want to go; **-wissen** wipe away (*of:* off), rub (sponge) off; **-wuiven** wave aside [objections]; **-zakken** sink away; sink [he felt the ground sink from beneath his feet]; (*radio & tv*) fade; *mijn Frans is weggezakt* my ... is rusty; *zie ook* zakken; **-zeilen** sail away; **-zenden** *zie* -sturen; **-zetten** put away (*of:* aside); **-zinken** *zie* -zakken; **-zuigen** (*v arbeiders door de industrie*) drain off

wei 1 (*v melk*) whey; (*vh bloed*) serum; 2 (*weide*) pasture, meadow; (*dicht*) mead; *zie ook* weideland; *de koeien in de* ~ *sturen* (*doen*) turn (send, put) the cows out to grass (to pasture), turn the cows into the field; *in de* ~ *lopen* be at grass (at pasture), (*fig*) be at grass, run loose; *hij moet de* ~ *in* he needs a holiday; **weiachtig** 1 wheyish; 2 serous; *vgl* wei 1; **weiboter** 1 whey-butter; 2 grass butter

Weichsel Vistula, Wisla; **weichselhout** cherry-wood; **weide** *zie* wei 2

weide|bloem meadow-flower, (*madeliefje*) daisy; **-champignon** field mushroom; **-geld** grazing-fee; **-gras** meadow-grass; **-grond** *zie* weiland; **-klaver** red clover; **-lijk** sportsmanlike

weiden I *intr* graze, feed; II *tr* graze, pasture; (*hoeden*) tend; *zijn ogen laten ~ over* ... sweep ... with one's eyes, let one's eyes travel over ...; *zijn ogen ~ aan* feast one's eyes (up)on; **weidepad** field-path; **weider** (*vet~*) grazier; **weiderecht** grazing-right(s), right of pasture; **weideveld** *zie* wei 2

weids stately, grand, high-sounding, pompous, sonorous [titles]; **weidsheid** stateliness, grandeur, splendour

weifelaar(ster) waverer, wobbler; **weifelachtig** wavering, vacillating, hesitating, shilly-shally(ing); **weifelen** waver, vacillate, hesitate, shilly-shally, wobble; *~d,* (*ook*) undecided; *ik weifelde daaromtrent* I was in two minds about it; **weifeling** wavering, vacillation, hesitation, hesitancy, irresolution; **weifelmoedig** *zie* wankelmoedig

weigeraar refuser; (*protest~*) refus(e)nik; *zie ook* dienst~; **weigerachtig** unwilling to grant a request; *~ blijven* persist in one's refusal; *een ~ antwoord* [meet with] a refusal

weigeren I *tr* refuse [a request, to do s.t., etc], deny [it was hard to deny her anything]; reject [a picture for an exhibition]; (*afslaan*) refuse, (*beleefder*) decline, (*fam*) turn down [an offer]; *iem de toegang ~* refuse a p. admittance; *een oude vriend wil je niet graag iets ~* one does not like to refuse an old friend; *goederen ~,* (*wegens slechte kwaliteit*) reject goods; *~ te ontvangen,* (*handel*) refuse to take delivery of [goods]; *een wissel ~ te betalen* refuse payment of a bill, dishonour a bill; *zie ook* dienst & hand: van de hand wijzen; II *intr* refuse (*ook ve paard*); (*techn*) fail [the engine failed], refuse to work [*zo ook:* the electric starter wouldn't work]; (*ve vuurwapen*) misfire; **weigerig** unwilling; **weigering** refusal, denial; (*ve vuurwapen*) misfire; *botte ~* rebuff, repulse; *een botte ~ ontvangen* meet with a rebuff, be snubbed; *bij zijn ~ volharden* persist in one's refusal; *ik wil van geen ~ horen* I will take no denial, I won't take no (for an answer)

weikaas whey-cheese; **Weil**: *ziekte van ~, ~se ziekte* Weil's disease, spirochaetal jaundice, leptospirosis

weiland pasture(-land), grass-, grazing-land, land under grass, grazing; **weilandwinkel** megastore

weinig I *onbep telw & bn:* (*ev*) little [money], (*mv*) few [coins]; *~e dagen daarna* not many days afterwards; *tengevolge van zijn ~e oplettendheid* owing to his lack of attention; *een ~* a little [milk]; *vgl* III; *het ~e dat ik heb* the little (the few things) I have got, what little I have; *hij kent ~ Latijn* he has small Latin; *in ~ tijd* in a short time; *~ trek hebben* have a poor appetite; *~* ***goeds*** little good; *~, maar uit een goed* ***hart*** it's not much, but you're very welcome to it; *er hoeft maar ~ te gebeuren of* ... it takes but little to ...; ***met*** *~ beleefdheid* [treated] with scant courtesy; ***niet*** *~* not a little, no little [derive no little satisfaction from it]; (*mv*) not a few; *niet ~en* not a few; *niet ~,* (*ook*) [she was upset] to no small extent; [he was] more than a little [annoyed]; ***te*** *~, a)* too little; *b)* too few; *iem te ~ teruggeven* short-change a p.; *er is* (*we hebben er*) *één te ~* there is (we are) one short; ***zo*** *~ hulp kreeg hij* [he might have died of hunger] for all the help he got; II *bw* little [better, etc; care little for s.t.]; *ik kom er ~* I rarely go there; *~ bekend* little known; *~ bevredigend* unsatisfactory; *~ diep* shallow; *~ geloofwaardig* far from credible; *~ overtuigend* unconvincing; *~ talrijk* not very numerous; *~ waarschijnlijk* hardly likely; *~* ***dacht*** *ik, dat* ... I little thought (little did I think) that ...; ***maar*** *~ kleiner dan de woonkamer* only a little smaller than ...; *er waren maar ~ boten op de rivier,* (*ook*) there was only a sprinkling of boats on ...; III *zn: een ~* a little; *~je* small quantity, little (bit), modicum [a modicum of comfort, of knowledge]; *het ~je* (*voedsel*) *dat hij gebruikt heeft* what little food he has taken; *zie ook* beetje, eten, enz

weit wheat; *zie* tarwe; **weitas** game-bag; **weivlies** serous membrane; **wekamine** amphetamine; **wekbord** (*in hotel*) call-board

wekelijk I *bn* soft [treatment], tender, weak(ly), effeminate, flabby(-minded); II *bw* softly, tenderly, etc; **wekelijkheid** weakness, effeminacy

wekelijks I *bw* weekly, every week, once a week; II *bn* weekly, hebdomadal

wekeling weakling, milksop, mollycoddle

weken I *tr* soften; (*in vloeistof*) soak [in milk, etc], steep, put to soak; II *intr* soften; soak

wekenlang for weeks; *~e spanning* weeks of anxiety

wekken (a)wake, (a)waken, rouse, call, knock up; (*fig*) (a)wake, (a)waken, (a)rouse, raise [suspicion, hopes, the dead]; excite [wonder, interest], call up, evoke, stir [memories], provoke [curiosity], engender [suspicion], cause [surprise], create [the impression that ...], prompt [a thought]; **wekker** 1 (*pers*) caller-up, knocker-up; 2 (*klok*) alarm (clock); *zie ook* zetten; *door de ~ heen slapen* sleep through the alarm; **wekkerklok** *zie* wekker 2; **wekkerradio** clock radio; **wek|roep, -stem** call, clarion(-call), reveille; **wektoon** (*telefoon*) ringing tone

1 wel *zn* 1 spring, fountain, well-head; 2 (*ve traptrede*) nosing

2 wel I *bw* 1 (*goed*) [treat a p.] well; *als ik me ~ herinner* if I remember rightly (right, aright); *dat is niet ~ mogelijk* that is hardly (scarcely) possible; *zie ook* bekomen, doen 9, verstaan, gaan: goed ~; 2 (*zeer*) very [kind of you]; [thank you] very much!; 3 (*versterkend*): *~ ja!* yes indeed!, to be sure!; *~ neen!* oh no!; *dat mag je ~ vragen!* you may well ask that!; *ik vraag u ~ excuus* I do beg your pardon; *je hebt ~ geboft!* why, you *have* been lucky!; *het is ~ zo goed* it's just as well [that you did not say anything]; *dat leek me ~ zo beleefd* I thought it (rather) more polite; *zeg dat ~!* you may well say so!; *wat denkt hij ~?* who does he think he is?; *ik moet ~* I must, I have to; *dat zou ~ verschrikkelijk zijn* that would indeed be terrible, that 'would be terrible; *zie ook* jawel; *en ~* namely, viz; *en ~ direct* and (that) at once; *en ~ omdat* ..., and that because ...; *opgelapt* (*kapot*) *en ~* completely vamped up (broken as it was); *zie ook* 1 goed I.1, II: ~ en wel, & nog; 4 (*vermoeden*): *hij zal ~ komen* (*ziek zijn*) I daresay he'll come (be ill), he is sure to come (to be ill); *we mogen ~ zeggen dat* ... we may safely say that ...; *hij zal het ~ niet doen* he is not likely to do it, I hardly think (I don't suppose) he'll do it; *je dacht misschien ~ dat* ... you thought no doubt that ...; *daar was hij ~ niet op voorbereid* he was hardly prepared for that; *dat kan ~* (*zijn*) that may be (so); 5 (*bevestigend*): *ik wèl* ['I am not sure about that!'] 'I am!'; [if you have no regard for him] I have; ... *wie het wèl kan* [if he can't do it, it's difficult to see] who can; *dat is hij wèl* [he isn't rude;] oh, but he is!; *je zag me wèl* you did see me; *ik heb het wèl gedaan* I did do it; *dat deed je ~* you *did* do it; *zie ook* degelijk; *maar waar het wèl op aankwam* but what did matter; *wat ik wèl nodig heb* what I do want; *beslissen wat wèl en wat niet toelaatbaar is* decide what is and what is not admissible; *vandaag niet, maar morgen ~* not today, but tomorrow; *Parijs is ~ een mis waard* Paris is well worth a mass; *dat dacht ik ~* I thought as much, I thought so; *ik mag hem ~* I rather like him; *~ wat vroeg* rather early; *ik wil ~* I do not object, I have no objection; *zie ook* willen; *~ een goeie kerel* a good enough fellow; *je doet het ~!* you'll do it right enough; *ik zal het hem ~ vertellen* I'll tell him all right; *ik geloof ~ dat ik hem ken* I rather think I ...; *we moeten ~ iets doen* we've (just) got to do s.t.; *ik geloof van ~* [is he at home?] I think so, I think he is; *zie ook* vrezen & vrijwel; 6 (*toegevend: ~iswaar*): *hij is ~ geen slechte jongen, maar* ... he is not a bad boy it is true (to be sure) but ...; *het is ~ klein, maar* ... it is small, certainly, but ...; *hij is ~ wat te dik* he is rather too stout; 7 (*vrag*): [*zou ik u even kunnen spreken?*] *~?* well?; *zou je het raam ~ willen sluiten?* would you kindly shut (would you mind shutting) the window?; *zie je ~ dat hij gelijk had?* do you see he was right?; *hij is niet ziek, ~?* he is not ill, is he?; *was ze ~ helemaal onschuldig?* was she, after all, entirely innocent?; *denkt hij ~?* ['what does he think about?'] 'does he think at all?'; 8 (*uitroep*) why, well; *~, jij hier?* why, you here?; *~, hij zei me* ... [no train?] why, he told me ...; *~ ja, dat geloof ik ~* why, yes, I think so; *~, wat voor kwaads steekt daarin?* why, what's the harm?; *~, dat is een grote eer* [you like me?] well, that's a great honour; *~, wat zeg je daarvan?* well, what do you say to that?; *~, ~!* well, I say!, well I never!, you don't say so!, well, well [and I always thought ...]; *~, ~, ~!* [and a member of the Sporting Club, too!] well, well, well!; *zie ook* 3 & dat, leven, enz; 9 (*getal, maat, enz*): *~ 5 mijl* as much as (no less than, quite, fully, a good) five miles; *~ 300* as many as (no fewer than) 300; *~ twee uur* quite two hours; *het kan ~ 5 duim lang zijn,* (*ook*) its length may be anything up to five inches; *~ zo groot als* ... quite as tall as ...; *~ tweemaal zo oud als zij* quite twice her age; *~ 3 keer per week* as often (as frequently) as three times a week; *~ 14 dagen na* ... a full fortnight after ...; *zie ook* weleens; II *bn* well; *hij is* (*voelt zich*) *heel ~* he is (feels) quite well; *mij ~!* all right!, I don't mind!; *als ik het ~ heb* if I am not mistaken; *laten we nu ~ wezen* surely you'll admit that ...; *zie ook* hoofd; III *zn* welfare, well-being; *~ en wee* weal and woe; *~ hem, die* ... happy the man who ...

welaan well then, very well

wel|bedacht well-considered, well thought-out; **-begrepen** well-understood; **-behagen** pleasure; *in mensen een ~* good will toward men; *een gevoel van ~* a sense of well-being; *zie ook* -gevallen; **-bekend** well-known, noted, familiar; *zie ook* bekend; **-beklant** well-patronized [shop]; *zie ook* beklant; **-bemind** well-beloved, dearly beloved; **-beraamd** well-devised, well thought-out; **-bereid** well-prepared; *een tafeltje ~* a well-spread table; **-berekend** well-calculated; *zie ook* berekend; **-beschouwd** *zie* beschouwen; **-besneden** well-, clear-cut [features, mouth]; **-bespraakt** fluent, voluble, having a ready flow of words, (*fam*) having the gift of the gab; (*beschaafd ter taal*) well-spoken; *zie ook* -sprekend; **-bespraaktheid** fluency, volubility, readiness of speech; **-besteed** well-spent [life]; **-bevinden** well-being; **-bewust** deliberate, determined [policy]; [he said it] deliberately

weldaad benefit, benefaction; *een wezenlijke ~* a real boon; *iem weldaden bewijzen* confer benefits (up)on a p.; *je hebt hun een ~ bewezen* you've done them a great service; *dankbaar voor kleine weldaden* thankful for small mercies; *ontvangen weldaden schrijft men in het zand* eaten bread is soon forgotten; **weldadig** 1 (*pers*) beneficent, benevolent, (*liefdadig*) charitable, (*milddadig*) munificent; 2 (*gevolgen, enz*) beneficial, salutary; (*~ aandoend*) pleasant [shade], merciful [silence], refreshing [rain]; *dat doet mij ~ aan* it does me good, it is gratifying to me; *het doet het oog ~ aan* it is pleasing to the eye; **weldadigheid** 1 beneficence, benevolence; *maatschappij van ~* Benevolent Society; 2 (*liefdadigheid*) charity, charitableness; **weldadigheidsinstelling** benevolent (*of:* charitable) institution; **weldadigheidspostzegel** charity stamp (*niet in Eng & Am*)

weldenkend right-thinking, -minded, decent-minded; **weldoen** I *ww* do good; *zie ook* doen 9 & 2 wel I; *~d* beneficent; *~de fee* fairy godmother, good fairy, [the] Lady Bountiful [of the village]; II *zn zie* -dadigheid; **weldoen(st)er** benefactor (benefactress); **weldoordacht** well-considered, well thought-out [scheme]; **weldoortimmerd** solidly built [house], well-made [plan]; **weldoorvoed** well-fed

weldra soon, before long, shortly, presently

weledel: *de W~e, W~geboren, W~gestrenge heer C Bakker* C Bakker, Esq; *W~e* (*enz*) *Heer,* (*boven brief*) (Dear) Sir; *de W~zeergeleerde heer dr D*

Smith Dr D Smith
weleens sometimes, occasionally; *ik zou ~ willen weten* ... I should like to know ...; *heb je ~ ...?* did you ever ...?
weleer formerly, of old, in olden times
weleerwaard reverend; *Uw Weleerwaarde* Your Reverence; *de ~e Heer J Smith* (the) Rev J Smith; *de ~e Pater A Blake* (the) Rev Father A Blake; *~e Heer,* (*aanspr*) Sir
Welf Guelph; **Welfisch** Guelphic
wel|geaard good-natured; *zie ook* rechtgeaard; **-geboren** well-, high-born; **-gebouwd** well-built, well set-up; **-gedaan** portly [gentleman], plump [partridge], sleek [cat]; **-gedaanheid** plumpness, sleekness, portliness; **-gegrond** well-founded; **-gelegen** well, (*of:* beautifully, conveniently) situated; **-gelijkend**: *een ~ portret* a good (speaking, striking) likeness; **-gelukt** successful; **-gelukzalig** blessed; **-gemaakt** well-made, -shaped; (*ve pers*) *zie ook* welgebouwd; **-gemanierd** well-mannered, mannerly, well-bred; **-gemanierdheid** good manners (*of:* breeding); **-gemeend** well-meant; **-gemoed** cheerful; **-gemutst** good-humoured; **-geordend** well-regulated; **-geschapen** well-made, -shaped; (*ve figuur*) well-covered; **-gesteld** well-to-do, well(-)off, comfortably off, in easy circumstances, of comfortable means; **-gesteldheid** easy circumstances, comfort, prosperity; **-geteld** all in all, all told; **-gevallen** I *zn* pleasure, satisfaction, complacency; *naar ~* at (one's) pleasure, at will; *handel naar ~* use your discretion; II *ww: zich laten ~* put up with, submit to, [they would never] stand for [another war]; *zich de dingen laten ~,* (*ook*) take things lying down; *kon men zich dat laten ~?* was that a thing to take quietly?; **-gevallig** agreeable, pleasing; *~ zijn* please; **-gevormd** well-shaped, -made, -proportioned, shapely; **-gezind** well-disposed, kindly disposed [towards ...]; well-affected [subjects]; *ik ben u ~,* (*ook*) I have your good at heart, I wish you well; **-gezindheid** friendly feeling, goodwill; **-haast** 1 soon, shortly; 2 almost [everybody]
welig luxuriant; *te ~* rank [grass]; *~ tieren* thrive, (*fig ook*) flourish, (*v misbruiken, enz*) be rife, be rampant; *een ~e haardos* a wealth of hair; *zie ook* weelderig; **weligheid** luxuriance
welijzer puddled iron
welingelicht (well-)informed, inspired [from an inspired quarter]; **welingericht** *zie* inrichten
weliswaar it is true, indeed, to be sure, true enough, admittedly; *~ had hij haar nooit gezien* true, he had never ...
welja 1 fine, OK; 2 (*iron*) indeed, to be sure; *zie ook* wel
welk I *vrag vnw* what; (*vragend naar één of meer uit bepaald aantal*) which; *~e boeken?,* (*algem*) what books?; (*~e van deze boeken*) which (of these) books?; *~e Walters is dat?,* (*de oude, de jonge, enz*) which Walters is that?; *ik weet niet ~* [one of the cushions,] I don't know which (one); *met ~ recht zegt hij dat?* what right has he to say so?; *zie ook* 2 wat I; II *betr vnw* (*zaak*) which, that; *~(e) ook* what(so)ever, which(so)ever; *~e alle* ... all of which ...
welken wither, fade (away), droop, wilt
welkom I *bn* welcome (*ook van cadeau, nieuws, enz*); *~!* welcome!; *~ thuis* (*in Londen, in Huize S*)*!* welcome home (to London, to S House)!; *ik heet u ~* I bid you welcome; *iem ~ heten* (*in zijn huis, de familie*) welcome a p. (to one's house, into the family); *iem hartelijk ~ heten* give a p. a hearty (cordial, warm) welcome, extend a hearty (warm) welcome to a p.; *hij werd op een uitbundige manier ~ geheten* he received (was accorded) a tremendous welcome; *het ~e ervan* the welcome thing about it [is ...]; II *zn* welcome; *iem het* (*een*) *~ toeroepen* welcome a p.; *iem een hartelijk ~ bereiden* give a p. a warm welcome; **welkomst(groet)** welcome; **welkomstrede** address (speech) of welcome; **welkomstwoord** welcoming word, word of welcome
wellen 1 (*smeden*) weld; 2 draw [butter]; *gewelde boter* drawn butter; stew [prunes]; 3 well (up); *zie ook* opwellen
welles *zie* nietes; **welletjes**: *het is zo ~* that will do; (*fam*) we will call it a day; it has gone quite far enough
wellevend courteous, well-bred, well-mannered; **wellevendheid** courtesy, good breeding
wellicht perhaps, maybe; *zie ook* misschien
welluidend melodious, sweet-sounding, harmonious, euphonious; **welluidendheid** melodiousness, harmony, euphony; *voor de ~,* (*~shalve*) for the sake of euphony
wel|lust 1 (*zingenot*) voluptuousness, sensual enjoyment, lust, sensuality; *met ~ beschouwen* gloat over (*of:* on); 2 (*zielsgenot*) delight, bliss; **-lusteling** voluptuary, sensualist, (*ong*) lecher; **-lustig** voluptuous, sensual, lustful, lecherous, lascivious, salacious; **-lustigheid** voluptuousness, sensuality, lust(fulness), salacity, etc
welmenend well-meaning, -intentioned
welnaad weld
welnee(n) of course not, not a bit of it; oh, no!
welnemen: *met uw ~* by your leave
welnu now then, well then, well
welomschreven well-defined, well-circumscribed; **welopgevoed** well-educated; (*goed gemanierd*) well-bred; **weloverwogen** (carefully) considered [plan, view], deliberate, measured [language judgement]
welp cub; whelp; (*junior-scout*) Cub (Scout)
welput well
welriekend sweet-smelling, (sweet-)scented, odoriferous, fragrant; aromatic [herbs]; *zie ook* viooltje; **welriekendheid** fragrance, odoriferousness; **Wels** Welsh
welslagen success; **welsmakend** savoury, palatable, tasty; **welsprekend** eloquent (*ook fig:* an eloquent silence); **welsprekendheid** eloquence; *zijn ~,* (*ook*) his oratorical power(s)
welstaanshalve for the sake of propriety, for decency's sake
welstand well-being, welfare, comfort, prosperity; (*gezondheid*) (good) health; (*v gebouw*) aes-

thetic appearance; *in ~ leven* be well off; *zie ook* blakend; **welstandsgrens** income qualification (limit); **welstandsnorm** property qualification; **welstandspeil** *zie* welvaartspeil

welste: *van je ~* like anything, like one o'clock; [it is dictatorship] with a vengeance; [it rained, they fought] like billy-o(h); *ik gaf hem van je ~* I gave it him hot and strong; *een bui van je ~* a regular downpour; *herrie van je ~* [they had] a first-class (a glorious) row

weltergewicht welterweight

welterusten sleep well, (*fam*) night(y)-night; *ja, ~,* (*fam*) not on your life; **welteverstaan** that is; *vgl* welgeteld; **weltevreden** well-contented, -satisfied

weltfremd unworldly; **Weltschmerz** id

welvaart prosperity; **welvaartsmaatschappij** affluent society; **welvaartspeil** level of prosperity, standard of living; **welvaartsstaat** welfare state, (*min*) nanny state; **welvaartsvast** *zie* waardevast; **welvaren** I *ww* prosper, thrive, be prosperous; *zie ook* 2 varen; (*gezond zijn*) be quite well, be in good health; II *zn zie* welstand; *hij ziet eruit als Hollands ~* he is the picture of health; **welvarend** 1 prosperous, thriving; affluent [society]; 2 healthy, in good health; *moeder en kind zijn ~* both mother and child are progressing well; **welvarendheid** 1 prosperity; 2 good health

welven (*ook: zich ~*) vault, arch; (*ve weg*) camber

welverdiend well-deserved, well-earned [rest, holiday]; **welversneden** *zie* pen; **welverstaande** *zie* welteverstaan & verstand: met dien ~e

welving vaulting; (*concr ook*) vault; (*ve weg*) camber; (*kromming*) curvature; (*ve figuur*) curves

welvoeglijk becoming, seemly, decent, proper; *zie ook* betamelijk; **welvoeglijkheid** decency, propriety; *de ~ in acht nemen* be mindful of the proprieties; **welvoeglijkheidshalve** for decency's sake; *zie ook* welstaanshalve

welvoorzien well-provided; well-stocked [shop]; well-spread, loaded [table]

welwater spring-water

welwillend benevolent, obliging, kindly disposed, sympathetic [I had a sympathetic audience], kind [co-operation], cooperative; *in ~e overweging nemen* entertain sympathetically; **welwillendheid** benevolence, goodwill, kindness, sympathy; *dank zij de ~ van de heer A* by courtesy of Mr A; **welzalig** blessed

welzand (*drijfzand*) quicksand(s)

welzeker 1 certainly; 2 surely

welzijn welfare, well-being; *naar iems ~ informeren* inquire after a p.'s health; *op iems ~ drinken* drink a p.'s health; *voor uw* (*'s lands*) *~* for your good (for the good of the country); *voor het algemene ~* [work] for the common (public, general) good; *zie ook* leven; **welzijnswerk** welfare (*of:* social) work; **welzijnswerker** welfare (*of:* social) worker; **welzijnszorg** (public) welfare, welfare work

wemelen: *~ van* swarm (teem) with [people, fish, fleas, mistakes, etc]; *~ van fouten,* (*ook*) bristle with mistakes; *de kaas wemelt van maden* the ... is crawling (alive) with mites; *het wemelt van mensen op straat* the streets are swarming (teeming) with people; *zie ook* krioelen

wen *zn* id; **Wenceslaus** Wenceslas

wendakker headland

wendbaar (*ve vliegtuig, enz*) manoeuvrable (*Am:* -neuver-); **wendbaarheid** manoeuvrability, (*mar*) response

wenden I *tr* turn; (*mar*) go about; *zie ook* overstag: ~ gaan; *hoe je het ook wendt of keert* whichever way you look at it; *zich ~* turn; *zich ~ tot,* (*eig*) turn to; (*fig*) apply to [*om* for], turn to, call on, approach; *zich tot een ander ~* turn (look) elsewhere; *je kunt je er ~ noch keren* there is no (not enough) room to swing a cat (in); *zie ook* boeg, inlichting, schrede; II *intr* turn; (*mar*) put (tack, go) about; *het jacht wendde,* (*ook*) the yacht swung round; **wending** turn; swing [a swing of popular opinion]; *het gesprek een andere ~ geven* give another turn to (change) the conversation; *een ~ nemen* (take a) turn; *het gesprek nam een andere ~* the ... took another turn, drifted off; *een gunstige* (*ongunstige*) *~ nemen* take a favourable (an unfavourable) turn, a turn for the better (the worse); *een onverwachte* (*ernstige*) *~ nemen* take an unexpected (a serious) turn; *in de ~ liggen,* (*mar*) be in stays

Wendisch Wendic, Wendish

wenen weep, cry; *~ over* weep for, bewail; *~ van vreugde* weep for joy; *zie ook* schreien

Wenen Vienna; **Wener** I *bn* Viennese; *~ stoel* (Austrian) bentwood chair; *~ worst* German sausage; II *zn* Viennese, inhabitant of Vienna

wening: *~ en knersing der tanden,* (*bijb*) [there shall be] weeping and gnashing of teeth

wenk hint, wink, nod, tip, (*fam*) wrinkle; *iem een ~ geven,* (*eig*) beckon to a p.; (*fig*) give a p. a hint; (*sl*) tip a p. the wink; *iem een duidelijke ~ geven,* (*fig*) give a p. a broad (a clear) hint; *een stille ~* a gentle hint; *iems ~ opvolgen,* (*ook*) act on a p.'s suggestion; *iem op z'n ~en bedienen* be at a p.'s beck and call, fetch and carry for a p., wait on a p. hand and foot

wenkbrauw eyebrow [pencil]; (*met*) *vooruitstekende ~en* beetle brows (beetle-browed); *op zijn ~en lopen* stagger with fatigue; *zie ook* fronsen

wenken beckon, motion; *iem ~* beckon (to) a p., motion to a p.

wennen I *tr* accustom, habituate [*aan* to], familiarize [*aan* with]; II *intr: dat zal wel ~* you will get used to it; *het is ~, je moet eraan ~* it needs (it takes some) getting used to; *hij kon daar niet ~* he could not settle down (could not fit in, felt out of it) there; *je went overal aan* you get used to anything (in the end); *zie ook* ge~ & gewend

wens wish, desire; *vurige ~,* (*ook*) ambition [realize one's ambitions]; *een ~ doen* make a wish; *de ~ te kennen geven te* ... express a wish to ...; *mijn ~ is vervuld* I have obtained my wish; *de ~ is de vader der gedachte* the wish is father to the thought; *alles gaat naar ~* things are getting on (are shaping) well, everything goes smoothly;

mijn beste ~en! my best wishes!, all the best!, (*met verjaardag ook*) many happy returns of the day!; *wat is uw ~?, zie* wensen: wat wenst u?; *zie ook* vroom; **wensdenken** wishful thinking; **wensdroom** pipe-dream

wenselijk desirable; *al wat ~ is!, zie* wens: mijn beste ~en; **wenselijkheid** desirability

wensen (*toewensen*) wish [I wish you success]; (*verlangen*) want, desire, [have everything one can] wish for; *het laat veel* (*niets*) *te ~ **over*** it leaves much (nothing) to be desired [where clarity is concerned *aan duidelijkheid*]; *het laat niets te ~ over,* (*ook*) it is all that can be desired; *het is **te** ~ dat* ... it is to be wished that ...; *ik **wenste** dat,* (*zou willen*) I wish [he would go]; *toen wenste ik dat ik thuis* (*dood*) *was* then I wished I were (wished myself) at home (dead); *ik **wens** dat je gaat* I want (wish) you to go; *ik wens dat het gedaan wordt* I wish (want) it (to be) done; *de rust die hij wenste* (*te hebben*) the peace he wished for; *hij heeft alles wat hij kan ~,* (*ook*) he has nothing left to wish for; *men wenst dat je dadelijk komt* you are wanted at once; *iem alles* (*niets*) ***goeds*** ~ wish a p. well (ill); *iem **goedendag**, enz* ~ wish (bid, give) a p. good day, etc; *zie ook* geluk~; *ik wenste zo half en half dat* ... I half wished that ...; *je zult hebben wat je wenst* you'll have your wish; *als ze het ~* if they so desire; ***wat** wenst u?* what do you want (would you like)?; *wenst u nog iets?* anything else?; *zie ook* gewenst, best, duivel, liever, maan, enz

wenskaart greetings card; (*voor zieke*) get-well card; **wenslijst** *zie* verlanglijst

wentelen I *tr* roll (over), turn about (round), revolve; *zich ~,* (*om zon, de as*) revolve [round the sun, on its axis], rotate [on its axis]; (*in modder, enz*) welter, wallow, roll about [in the mud, etc]; *hij wentelde zich om en om op zijn bed* he turned and tossed on his bed; II *intr zie* zich; **wenteling** revolution, rotation; **wentelteefje(s)** French toast; **wenteltrap** 1 winding (spiral, corkscrew) stairs (staircase); 2 (*dier*) wentletrap

werd *ovt van* worden

werda! halt! who goes there?

wereld world, universe; *wat is de ~ toch klein!* isn't the world small!, how small the world is!; *de ~ ligt voor je open* the world is before you; *de andere ~* the next (the other) world, the world to come; *de gehele ~* the whole (all the) world; *de hele ~ weet het* all the world knows; *de letterkundige ~* the literary world; *de Oude* (*Nieuwe*) *Wereld* the Old (New) World; *de ~ **ingaan*** go out into the world, launch out (set out) in life; *al haar kinderen waren de ~ ingegaan* all ... had left home (*of:* the nest); *de ~ **insturen*** (***inzenden***) send into the world, launch [a p.] into (on, upon) the world (in life); start [a rumour]; (*ve geschrift*) give to the world; *de ~ **kennen*** know the world, be worldly-wise; *de ~ **zien*** see the world; *de hele ~ **door*** all the world over, over all (all over) the world; ***in** deze ~ en hiernamaals* in this world and the world to come; *in de ~ brengen,* (*ve arts*) bring into the world, deliver [a baby]; *weten hoe het in de ~ gaat* know the way of the world; *zo gaat het in de ~* that's the way of the world; *zie ook* ter ~; ***naar** de andere ~ helpen* launch into eternity, (*sl*) send to kingdom come (to glory); *naar de andere ~ verhuizen,* (*sl*) go to kingdom come (to glory); ***om** de ~ reizen* travel round the world; *reis om de ~* voyage round the world, world-tour; ***op** de ~* in the world; ***over** de hele ~* the world over, all over the world; ***tegen** de ~, zie* grond; *de beste* (*gelukkigste*) *man **ter** ~* the best (the luckiest) man in the world (alive, in creation); *waarom ter ~ deed hij het?* why on earth did he do it?, what in the world made him do it?; *hoe is het Gods ter ~ mogelijk?* how on earth can it be possible?, how on earth (how the hell) can it have happened?; *hoe ter ~ kan zo iets gerechtvaardigd worden?* what earthly justification can there be for such a thing?; *voor niets ter ~* not for (all) the world, not for anything in the world, not at any price; *ik zou alles ter ~ willen geven om* ... I would give the world to ...; *ter ~ brengen* bring into the world, give birth to; *ter ~ komen* come into the world, see the light; ***uit** de ~ helpen* settle [a dispute], dispose of [a rumour], dispel [a myth]; *deze legende verdient uit de ~ geholpen te worden* deserves to be set at rest; *laten we de zaak* (*de ruzie*) *uit de ~ helpen* let's have it out once and for all; *daardoor is de zaak de ~ nog niet uit* that by no means disposes of the matter; *bezoekers uit de hele ~* visitors from all over the world; *een man **van** de ~* a man of the world; *een Koninkrijk dat niet van deze ~ is* a Kingdom that is not of this world; ***voor** het oog van de ~* in the eyes of the world; *geheel voor de ~ leven* be of the earth earthy; *zie ook* afsterven, 1 goed I.2, groot, koop, verkeerd, 2 verlaten, verschil, wil, enz

wereld|atlas world-atlas, atlas of the world; **-bank** World Bank; **-beeld** world-picture; **-beker** world cup; **-beroemd** world-famous, world-famed, world-renowned, of world-wide fame; **-beroemdheid** world-fame, world-wide fame; (*pers*) world-celebrity; **-beschouwing** world-view, view of (outlook on) life, philosophy of life; **-beschrijving** cosmography; **-bevolking** world population; **-bol** (terrestrial) globe; **-brand** 1 worldwide catastrophe; 2 *de ~* Armageddon; **-burger(es)** world citizen, citizen of the world; cosmopolitan, cosmopolite; *de nieuwe ~* the new arrival, the little (the tiny) stranger; **-burgerschap** cosmopolit(an)ism; **-deel** part of the world, continent; **-formaat** global stature, international repute; **-gebeuren**: *het ~* world events; **-gebeurtenis** world-event; **-gericht**: *het ~, a*) the last judg(e)ment; *b*) the world's judg(e)ment; **-geschiedenis** world history, history of the world; **-handel** world trade [centre], world commerce; **-haven** international port; **-heer** (*r-k*) secular (clergy); **-heerschappij** world-dominion, world power; **-hervormer** world reformer; (*iron*) starry-eyed idealist; **-kaart** map of the world; **-kampioen** world champion; **-kampioenschap** world championship; **-kennis**

knowledge of the world, worldly knowledge; ~ *bezitten* be learned in the ways of the world; **-kundig** notorious, universally known, known all over the world; *iets ~ maken* announce something to the world, rumour (blaze, spread, publish) a thing abroad

wereldlijk worldly [goods], temporal [power], secular [drama, music, court *rechtbank*]; *de ~e overheid* the secular arm; *~ maken* secularize [church property]

wereld|literatuur: *de* ~ world literature; **-macht** world power; **-markt** world market; *de ~en,* (*ook*) the world's markets; **-naam** world reputation; **-natuurfonds** World Wildlife Fund, WWF; **-omroep** [BBC] world service; **-omspannend** world-embracing, global; **-omvattend** global, worldwide; **-oorlog** world war; **-orde** world order, scheme of things; **-produktie**: *de* ~ global output, the world's output; **-raad** World Council [of Churches]; **-ranglijst** world ranking; *derde op de ~* ranking third in the world; **-record** world record; **-reis** world tour; **-reiziger** globe-trotter; **-rijk** (world) empire; **-rond** globe; **-ruim(te)** (infinite, outer) space

werelds worldly(-minded) [people], worldly [pleasures, matters], mundane [affairs]; secular, temporal; *zie* wereldlijk; **wereldschokkend** world-shaking [event], catastrophic; **wereldsgezind** worldly(-minded), of the earth earthy; **wereldsgezindheid** worldly-mindedness, worldliness

wereld|stad metropolis; **-stelsel** cosmic system; **-streek** region of the world, quarter of the globe, climate, zone; **-taal** world language; (*kunsttaal, ook*) universal language; **-tentoonstelling** international exhibition, world fair; **-toneel** stage of the world, world-stage; **-verachting** contempt for the world; **-verbeteraar** *zie* -hervormer; **-verkeer** international (*of:* world) traffic; **-vermaard** *zie* -beroemd; **-vlak** [at] world level; **-vlucht** (round-the-)world flight; **-vrede** world (*of:* universal) peace; **-vreemd** unworldly; **-wijd** worldwide, global; **-wijs** 1 worldly wise; 2 philosophic; **-wijsheid** 1 worldly wisdom; *~ opdoen* learn about life; 2 philosophy of life; **-winkel** third-world shop; **-wonder** wonder of the world; **-zee** ocean; *de -zeeën* the oceans of the world

1 weren avert, prevent; keep down [insects, weeds *onkruid*]; (*iem*) exclude [a p. from ...]; (de)bar [a p. from a post], refuse admittance [to a hotel]; *zich ~, a*) exert o.s., (*tot het uiterste*) strain every nerve; *b*) *zie* zich ver~

2 weren: *~ op* be favourable (weather) for

werf 1 shipyard, shipbuilding yard; (*vd marine*) dockyard; *van de ~ lopen* leave the ways; *van de ~ laten lopen* launch; 2 (*kaai*) quay, wharf; (*hout~*) timber-yard; **werfarbeider** shipyard worker; **werfkracht** recruiting power; propaganda value; **werfofficier** recruiting officer

wering prevention; exclusion; *zie ook* weren; *tot ~ van* for the prevention of

1 werk (*v vlas of hennep*) tow; (*geplozen*) oakum; *~ pluizen* pick oakum

2 werk 1 (*arbeid*) work; *hard ~,* (*ook, fam*) hard graft; (*zwaar werk*) labour; (*karwei, ook*) job; *dat is ~ voor een man* it's a man's job; (*krachtens ambt, enz*) duty, duties [her duties as parlour-maid]; *wat is uw ~?* what do you do?, what is your profession (trade)?; *~ met het hoofd* head-work; *~je* (little) piece of work, job; (*boekje*) booklet, opuscule; *zie ook* handwerk; *dat is het **betere** ~* that's the stuff; *dat is **geen** ~* that's no way to do things; *het is* (*alles*) ***jouw ~***, (*komt door jou*) it's (all) your doing; *er is heel wat ~ aan de **winkel*** there is a good deal of work to do, a good deal of work on hand; *goed* (*slecht*) *~ **doen*** (*leveren*) do good (poor) work; *daarmee doe je een goed ~* you are doing good there, (*fam*) are doing a good job of work; *terwijl ze haar ~ deed* while she was about her duties; *iem ~ **geven*** give a p. a job, find work for a p.; *500 man ~ geven* employ 500 men, give ... employment; *die jongen geeft mij heel wat ~* that boy gives me a lot of work (of trouble); *~ **hebben*** be in work (*of:* employment); *vast ~ hebben* be in regular employment; *geen ~ hebben* be out of work (employment, a job); *hoe lang denk je ~ te hebben?* how long do you think you will be (it will take you)?; *hij had er niet lang ~ mee om ...* it did not take him long to ...; *lang ~ met iets* (*een brief, enz*) *hebben* be (take) long (take a long time) over a thing (a letter, etc); *wat heeft hij lang ~!* what a time he takes!; *wat heb je lang ~ met je haar te doen!* what a time you are doing your hair!; *hij had ~ om haar tegen te houden* it was as much as he could do (he had his work cut out, had a job) to stop her; *zijn ~ **maken*** do one's work; *~ maken van* apply for [a job], be after [a place, a girl], go in for [music, sport, etc]; *veel ~ maken van* take great pains over [one's work]; *daar maken ze hun ~ van* they make it their business; *zie ook* speciaal; *~ van de zaak maken,* (*zich ermee bemoeien*) take the matter up; *je moet er ~ van maken* you must do s.t. about it; *ik zal er dadelijk ~ van maken* I'll see (*of:* attend) to it at once; *weinig ~ maken van* make light of [one's task]; *~ **zoeken*** look for work, seek a job; ***aan** het ~* at work [on a task]; *aan het ~!* to work!, (*fam*) get cracking!; *weer aan het ~* [they are] back at work; *ik moet aan het ~* I must get busy; *aan het ~ gaan* (*trekken*) set (go, get) to work, address o.s. to (settle down to) one's task, proceed to business; (*fam*) get busy; *weer aan het ~ gaan* resume work, (*na staking*) return to work; *iem aan het ~ houden* keep a p. at work; *de hand aan het ~ slaan* set to work, put one's shoulder to the wheel; *zich aan het ~ zetten* settle down to work (to one's task); *zie ook* aan het ~ gaan; *iem aan het ~ zetten* set a p. to work; *daarmee zullen we J eens aan het ~ zetten* we'll put J on to the job; *aan het ~ zijn* be engaged (at work, working) [*aan een nieuwe roman* on a ...]; *500 man **in*** (***aan***) *het ~ hebben* employ 500 men; *bij iem in het ~ zijn* be in a p.'s employ; *alles in het ~ stellen* leave no stone unturned, do one's utmost, lay o.s. out [to ...]; *zie ook* pogen; *hoe* *gaat dat in zijn ~?* how is it done?; *hoe is dat in zijn ~ gegaan?* how did it come about?; *dat is vlug in zijn ~ gegaan* (that is) quick work; ***naar** het ~ gaan* go to work; ***op** (niet op) zijn ~ zijn* be on (be absent from) duty; *(goed, verkeerd) **te** ~ gaan* go (the right, wrong, way) to work; *hoe ga je daarbij te ~?* how do you set about it?; *voorzichtig (te overijld) te ~ gaan* go carefully, proceed (move) cautiously (too hurriedly); *volgens een beginsel te ~ gaan* work (up)on a given principle (on a certain line); *volgens die veronderstelling te ~ gaan* go on that assumption; *niets hebben waar men naar te ~ kan gaan* have nothing to work (up)on; *op zijn eigen manier te ~ gaan* take one's own line; *verschillend te ~ gaan* work on different lines; *te ~ stellen* set to work; ***zonder** ~* out of work, out of a job; *zonder ~ raken* fall (be thrown) out of work; 2 (*afwerking*) workmanship; 3 (*ve horloge, enz*) works; (*ve klok*) train [*gaande* going, *slaande* striking]; action [of a piano], mechanism; 4 (*voortbrengsel*) (piece of) work; *de ~en van Milton* the works of Milton, Milton's works; *geloof en ~en* faith and works; *~en van barmhartigheid* works of mercy; *publieke ~en* public works; *de ~en Gods* the works of God; *het ~ Uwer handen* Thy handiwork; *een **mooi** ~* a fine work; *dat is mooi ~* that is a fine piece (*of:* bit) of work; *aan het ~ kent men de meester* the master is known by his work; *zie ook* afgesproken, 2 bij, rusten, enz

werk|baar workable, practicable; *werkbare dag, (inz havens)* weather-working day; **-baarheid** practicability; **-baas** foreman; **-bank** (work)-bench; **-bezoek** working visit; **-bij** worker (bee); **-blad** (*in keuken, enz*) worktop; **-briefje** job-sheet, worksheet; **-broeder** (*in klooster*) lay brother; **-broek** (*vglb*) jeans, (*Am*) dungarees; **-classificatie** job evaluation; **-college** (*vglb*) seminar; **-comité** organization committee; **-dadig** efficacious, effective; **-dadigheid** efficacy, effectiveness; **-dag** [a ten-hours'] working day; (*vs zondag*) workday, working day, weekday; **-deling** job sharing; **-doos** workbox

werkelijk I *bn* real, actual, true; *in ~e dienst* on active service (duty); *zie ook* schuld; II *bw* really, actually; [he played very well] indeed; *en hij ging ~* [he promised to go] and he did go; *zie verder* waarachtig; **werkelijkheid** reality; *de ~ onder de ogen zien* look reality in the face; *dat geluid bracht hem weer in de ~ terug* that ... brought him back to earth; *in ~* in reality, in point of fact, actually, as a matter of fact; *in ~ niet* [is he ill?] not really [, but he thinks he is]; **werkelijkheidszin** sense of reality; *het getuigt niet van ~* it is unrealistic, out of touch with reality

werkeloos, enz *zie* werkloos, enz

werken 1 work (*ook ve vulkaan, bier, tovermiddel, enz*); (*ve vulkaan, ook*) be in eruption, be active; (*ve medicijn, enz*) work, operate, act, take effect, be effective; (*ve machine, orgaan, enz*) work [the lift was not working], function [the pump was not functioning properly]; (*ve fontein*) play; *de volle (halve, een deel van de) tijd ~* work (*of:* be on) full (half, short) time; *een deel van de tijd ~,* (*ook*) work part-time; *12 uur per dag ~,* (*ook*) put in 12 hours a day; *hij kan niet meer ~,* (*wegens ouderdom, enz*) he is past work; *zijn geweten begon te ~* his ... began to work; *de sancties beginnen te ~* the ... are beginning to bite; *de machine werkte glad* the ... worked smoothly; *het sein werkt niet,* (*ook*) the signal is out of action; *de telefoon werkte niet meer* the ... had gone dead; *het werkt zo kalmerend* it's so soothing; *de **bomen** ~ al* the trees are budding already; *het stelsel (de regeling) werkt **goed*** the system (the arrangement) works well; *het kan niet anders dan goed ~* it's all to the good; *hij werkt **hard*** he works hard, is a hard-working man; *hij moet hard ~* he has to work hard, is hard-worked; *wat minder hard (gaan) ~* ease up a bit; *iem te hard laten ~,* (*ook*) overwork a p., work a p. off his legs; *de transatlantische **kabel** werkt al sedert ...* the ... has operated since ...; ***laten** ~* work [a machine; a p. too hard]; turn on [the loudspeaker]; *zijn hersens (verbeelding) laten ~* use one's brains (imagination); *de **rem** werkte niet* the brake did not act, failed (to work); *wel (niet) ~,* (*ve rem, enz*) be in (out of) working order; *als een rem ~ op,* (*fig*) act as a brake (up)on; *de **wet** werkte niet meer* the law was no longer effective; ***aan** een vertaling, enz ~* work at (be at work on, be engaged on) a translation, etc; *er wordt aan gewerkt* it is being worked on (seen to), the matter is in hand; *~ **bij*** work for, with; *zie* werkzaam: ~ zijn bij; *~ **door** elektriciteit* (be) work(ed) by electricity; *iem **eruit** ~* ease a p. out of a post, etc, get rid of a p.; *~ **met*** work [a machine], use [a typewriter], operate [a word processor]; *met 500 man ~* employ 500 hands; ***onder** iem ~* work under a p.; *zij ~ elkaar eronder* they are cutting each other's throats; *alcohol werkt **op** de hersens* alcohol acts on (affects) the brain; *het werkt op de verbeelding* it strikes (appeals to) the imagination; *nadelig ~ op* have an injurious effect (up)on; *op iems gemoed ~* work (play) (up)on a p.'s feelings; *deze motor werkt op benzine* this ... works (runs) on petrol; *op batterijen (stoom) ~,* (*ook*) be battery-operated (steam-powered); ***voor** iem ~* work (exert o.s.) for a p., promote a p.'s interests; *de tijd werkt voor ons* time is on our side; (*zelfst:*) *zijn hoofdpijn **door** ~ verdrijven* work off one's headache; *de overtocht **met** ~ verdienen* work one's passage; ***uit** ~ gaan* go out to work, char, go out charring; ***van** ~ ga je niet dood* hard work won't kill you; *bang zijn **voor** ~* be work-shy, be a shirker; *zie ook* binnen, dood, kapot, lachspier, paard, zaak, zweet, enz; 2 (*ve schip*) labour, pitch and roll; 3 (*v lading*) move; 4 (*v hout*) warp, get (become) warped

werkend working; active [volcano, partner *vennoot,* member *lid*]; (*de verlangde uitwerking hebbende*) efficacious, effective; *~e jongeren* younger workers; *~e stand* working classes; *~e vrouwen* working women, women workers, self-supporting women; *langzaam ~ vergif* slow poison; **werker** worker

werk|ezel drudge, plodder; *hij is een echte ~* he

is a glutton (a demon, a whale) for work, (*fam*) a workaholic; **-geheugen** (*comp*) main memory; **-gelegenheid** [full] employment; **-gemeenschap** working group, study group; **-gever** employer; *~s en werknemers* employers and employed, and men; **-gewoonten** work habits; **-groep** working group, study group; (*univ*) seminar, tutorial; working party [to study the effects of radiation]; **-hand** (work-)roughened hand; **-heilige** legalist; (*denigrerend*) hypocrite; sanctimonious person; **-heiligheid** legalism; **-houding** 1 posture; 2 (*instelling*) attitude to (one's) work; **-huis** 1 (*ve werkster*) place (of work), *ze heeft drie -huizen* she works (has a job) in three different houses]; 2 (*hist: armhuis*) workhouse; Poor Law Institution, (*fam*) [the] Institution; 3 (*hist: verbeterhuis*) penitentiary; **-hypothese** working hypothesis

werking 1 (*het werken*) action (*ook v geweer, vh hart, enz*), working (*ook vd geest*), operation; (*ve vulkaan*) activity; ***buiten*** *~ stellen* suspend [an act *wet*], render inoperative; put [the microphone, telephone] out of action; ***in*** *~* in operation, in action; [Etna] in eruption; *in volle ~,* (*ook*) in full swing; *in ~ stellen* put [the law, a machine] into operation; put [the law] into force, work [the brake]; *de fabriek wordt morgen in ~ gesteld,* (*ook*) the plant will come on stream tomorrow; *in ~ treden* come into operation (force, effect), become operative (effective), take effect [on the 1st of January]; *de fonteinen zijn in ~* the fountains are playing; 2 (*werkdadigheid*) efficacy; 3 (*uitwerking*) effect; **werkingskosten** operating costs; **werkingssfeer** sphere of action, scope

werk|kamer workroom, study, studio; **-kamp** work camp, labour camp; **-kapitaal** working capital; **-kleding** 1 working clothes; 2 industrial clothing; **-kracht** energy, power of work; (*pers*) hand, workman, labourer; **-kring** 1 sphere of action, field of activity; 2 [suitable *passende*] post, employment; **-last** workload; **-lieden** workpeople, workmen, labourers, workers, hands; **-loon** wages, wage, pay

werkloos 1 idle, inactive; *~ toezien* look on passively, stand idly by; 2 unemployed, jobless; out of work, out of a job, workless; *~ maken* (*worden*) throw (be thrown, fall) out of work, render (be rendered) idle; *zie ook* werkloze; **werkloosheid** 1 idleness, inactivity, inaction; 2 unemployment; **werkloosheidsuitkering** unemployment benefit; **werkloosheidsverzekering** unemployment insurance; **werkloze** unemployed person, out-of-work; *de ~n,* (*ook*) the unemployed (jobless, unwaged); *het aantal ~n,* (*ook*) the number of unemployed; **werklozen|steun**, **-uitkering** unemployment benefit, (the) dole

werk|lui *zie* -lieden; **-lust** zest for work; **-man** (*knecht*) workman, operative, labourer, hand; (*handwerksman*) working man, artisan, mechanic; *hij is een goed ~* he is a good man at his job; **-mandje** work-, mending-, sewing-basket; **-meester** foreman, supervisor; **-mier** worker (ant); **-nemer** employee; *~s,* (*ook*) [organized] labour; *zie ook* -gever; **-onderbreking** stoppage [of two hours in protest against ...]; **-paard** workhorse; **-pak** working clothes (*of:* kit); overalls; (*mil*) fatigue-dress; **-pauze** break; **-plaats** workshop, workroom, shop; **-plan** plan of work (of action), work-plan, work-scheme; **-plek** workplace; **-programma** working-programme; **-rooster** timetable, work-schedule; **-ruimte** workroom; **-schoen** heavy-duty boot; **-schuw** work-shy; **-slaaf** (*fam*) workaholic; **-slag** (*ve motor*) power stroke; **-staking** strike; *zie* staking; **-station** workstation; **-ster** 1 (woman, girl, female) worker; 2 charwoman, cleaning-woman, daily help, (*fam*) char; **-student** student working his way through college, student with part-time job; **-stuk** piece of work; (working) paper; (*wisk*) proposition, problem; (*techn*) workpiece; **-tafel** work table; **-tekening** working (engineering, etc) drawing; **-terrein** sphere of work; field of activity (of operations); **-tijd** working hours, hours of labour (of work); (*ve ploeg werklieden*) shift; *lange ~en hebben* work long hours; (*systeem van*) *variabele ~en,* (*Eng*) flexitime, (*Am*) flextime; *buiten ~,* (*ook*) out of hours; **-tijdverkorting** short(-time) working, [go on] short time; **-trein** construction train; (*voor hulp bij ongeluk*) breakdown train

werktuig 1 tool (*ook fig, min:* he is your tool), instrument [an instrument of Providence], [communist] stooge; implement (*vooral mv*); (*fig ook*) cat's-paw; pawn [they are mere pawns]; *~en,* (*gymn*) apparatus; *iem als zijn ~ gebruiken,* (*ook*) make a convenience of a p.; 2 organ [of hearing]

werktuig|bouw(kunde) mechanical engineering; **-kunde** mechanics; **-kundig** mechanical; **-kundige** (mechanical) engineer, mechanic, instrument maker; **-lijk** mechanical, automatic (*bw:* -ally)

werk|uur working-hour; *zie* -tijd; **-verdeling** 1 division of labour; 2 distribution of work; **-vergunning** labour permit; **-verruiming** provision of additional work; **-verschaffing** provision of work (for the unemployed); **-vloer** 1 (*ook fig*) shop-floor, factory floor; 2 (*bk*) working floor; **-volk** workmen, workpeople, labourers, hands; **-voorziening** job creation; **-vrouw** *zie* -ster; **-week** [a shorter] working week; [school] study week; **-wijze** (working) method, procedure; **-willig** willing to work; **-willige** willing worker, non-striker; *zie* onderkruiper; **-willigheid** willingness to work; **-winkel** workshop; **-woord** verb; **-woordelijk** verbal; **-woordsvorm** verb(al) form

werkzaam active, laborious, industrious; effective [remedy]; [persons] in work; *~ zijn op een kantoor* work (assist, be employed) in an office; *~ zijn bij* be active with, be with, work with, be in the employ of, be employed by, work on the staff of; *een ~ aandeel nemen in* take an active part in

werkzaamheid activity, industry; *-heden* activities [transfer one's activities from L to F], work, operations, business proceedings; (*functie*) [take up one's] duties; *ervaren in alle -heden* experienced in all duties; *tot de -heden overgaan* proceed to business; *de -heden werden belemmerd door ruw weer* operations were hampered by ...; *wegens drukke -heden* owing to pressure of work

werk|zoekende person seeking employment; *zich als ~ laten inschrijven* register for employment; **-zuster** (*in klooster*) lay sister

werp|anker (*mar*) kedge; **-draad** (*inslag*) woof

werpen 1 (*gooien*) throw, cast, fling, pitch, hurl, toss; project [a picture on the screen]; (*mar*) jettison [goods]; (*sp*) floor [a boxer]; *een* ***niet*** (*nul*) ~ throw blank; *werpt al uw bekommernis op Hem* cast all your care upon Him; *de* ***schuld*** *~ op, zie* schuld: hij gaf er mij de ~ van; ***van zich*** ~ disclaim [any intention to offend], repel [a charge *beschuldiging*], (*met minachting*) scout [a suggestion, an idea]; ***zich*** ~ throw (fling) o.s. [into a chair, from a rock, into (on, upon) one's work]; *zich aan iems voeten ~* throw o.s. at a p.'s feet; *zich* ***in*** *zee ~,* (*om iem te redden bijv, ook*) dive into the sea; *zich* ***op*** *de vijand ~* rush (fall) (up)on (hurl o.s. at) the enemy; *zich op zijn prooi ~* pounce (up)on one's prey; *zich op nieuwe studies* (*op zijn onderwerp*) ~ plunge into new studies (one's subject); *zich op een taak ~* throw o.s. into a task; *zie ook* gooien, anker, 1 arm, blik, gevangenis, licht, paard, enz; 2 (*mar: verhalen*) warp; 3 *jongen ~* drop young; *zie ook* jongen II; **werper** (*sp*) pitcher

werpgaren woof; **werphengel** casting rod; **werphout** boomerang; **werping** (*mar*) jettison

werp|kogels bolaso; **-lijn** (*mar*) line, painter; **-lood** sounding-lead; **-net** cast-net; **-pijl(tje)** dart; **-plaat** (*sp*) mound; **-ring** quoit; **-schijf** (*hist*) quoit, discus; **-speer** javelin; **-spel** (*met ringen*) quoits; (*op kermis*) hoopla; (*met pijltjes*) darts; (*opgooispel*) pitch-and-toss; (*naar kokosnoten*) coconut shy; **-spie(t)s** javelin; **-'ster** throwing star, death star; **-tijd** dropping season; **-tol** pegtop; **-tros** (*mar*) warp; **-tuig** missile, projectile

werst verst

wervel 1 (*rug~*) vertebra (*mv:* -brae); 2 (*draaihoutje, enz*) swivel; window-, sash-fastener

wervel|bad whirlpool; **-been** *zie* wervel 1; **-boog** neural arch; **-dier** vertebrate (animal)

werve|len whirl, eddy; **-ling** vortex, whirl, eddy

wervel|kolom spinal (vertebral) column, spine; **-storm** cyclone, tornado; (*Am*) hurricane; **-stroom** (*elektr*) eddy current; **-uitsteeksel** vertebral process; **-val** (*luchtv*) spin; **-vormig** vertebral; **-wind** whirlwind

werven recruit, enlist, enrol; (*leden*) bring (*fam:* rope) in [new members]; (*stemmen*) canvass for [votes], (*klanten*) canvass (*hinderlijk:* tout) for [customers]; *stemmen ~ van* canvass [factory workers]; **werver** recruiter, recruiting-officer, -sergeant, etc; **werving** [membership] recruitment, enlistment, enrolment; canvassing; *vgl* werven; **wervingsstop** job freeze

werwaarts whither

weshalve wherefore, for which reason

wesp wasp; **wespachtig** waspish; **wespeangel** wasp-sting; **wespendief** honey-buzzard, pern; **wespennest** wasps' nest, vespiary; (*fig*) hornets' nest; *zich* (*zijn hand*) *in een ~ steken* venture into (stir up) a hornets' nest; **wespesteek** wasp-sting; **wespetaille** wasp-waist; *met een ~* wasp-waisted

west [the wind is] west; *de West* the West Indies

West-Afrika West Africa; **Westafrikaans** West African; **Westduits(er)** West German; **West-Duitsland** West(ern) Germany

westeinde west end

westelijk westerly [wind]; western [Europe, hemisphere]; *~ van A* (to the) west of A; *in ~e richting* westbound [train]; *~st* westernmost; **westelijken** become west, turn to the west

westen west; *het W~* the West, the Occident; *naar het ~* to the west, westward(s); *vgl* westelijk; *ten ~ van* (to the) west of; *buiten ~ zijn* be unconscious; (*fam*) be out (to the world); *buiten ~ geraken* lose consciousness; *iem buiten ~ slaan* knock a p. silly; **westenwind** west wind

wester|grens west frontier; **-kim** west horizon; **-lengte** west(ern) longitude; *op 20 graden ~* in 20° longitude west; **-ling** Westerner

westers western, occidental; *~ maken* westernize, occidentalize; *~ worden* become westernized; **Westers-Romeins** *zie* Westromeins

wester|storm westerly gale; **-zon** westering sun

West-Europa West(ern) Europe; **Westeuropees** West European; **Westfaals** Westphalian; **Westfalen** Westphalia; **Westfaler** Westphalian; **Westfries** West Frisian; **West-Friesland** West Frisia, West Friesland; **Westgoten** Visigoths; **Westgotisch** Visigothic; **West-Indië** the West Indies; **Westindisch** West Indian

westkant west side; **westkust** west(ern) coast; **westmoesson** south-west monsoon; **westnoordwest** west-north-west

Westromeins: *het ~e Rijk* the Western Empire, the Roman Empire of the West

westwaarts westward(s), to the westward; **westzuidwest** west-south-west

weswege wherefore, for which reason

wet (*algem*) law [the law of the land; the laws of nature; his word is law; that's the law]; (*bepaalde staatkundige ~*) act; *geschreven ~* statute law; *de ~* ***van*** *Archimedes* the Archimedean principle; *de ~ van de grote getallen* the law of averages; *dat is geen ~ van Meden en Perzen* that is not the law of the Medes and Persians; *de ~ van Ohm* Ohm's law; *de ~ van de perversiteit der dingen,* (*wat fout kàn gaan, gaat ook fout*) Sod's Law, (*Am*) Murphy's Law; *dat is bij ons een vaste ~* that is a hard and fast rule with us; *zoals de ~ nu is* (***luidt***) as the law now stands; ***korte*** *~ten, zie* metten; *~ten* ***maken*** make laws, legislate; *de ~* ***pakt*** *de kleinen en laat de groten lopen* the law punishes petty criminals, but the big ones go free; *iem de ~* ***stellen*** (***voorschrijven***) lay down (prescribe) the law to a p.; *ik laat me niet de ~ stellen* I won't be dictated to; *hij schrijft zijn gezin de ~ voor,* (*ook*) he lays down the law to (in) his family; *het ontwerp werd ~* (*zal zeker ~* ***worden***) the bill became law, (was) passed into law (will safely reach the Statute Book, will go through, will find a place on the Statute Book); ***bij** de ~ bepalen* enact; ***binnen** de perken der ~ blijven* keep within the law; ***boven** de ~ staan* be above the law, be a law unto o.s.; ***buiten** de ~ gaan* go outside the law; *buiten de ~ stellen* outlaw [war], place beyond the pale of the law; *handelen **tegen** de ~* act contrary to the law; ***tot** ~ verheffen* place [a bill] on the Statute Book, carry [a measure] into law; ***volgens** (**krachtens**) de ~* according to law; in law [a husband is liable for his wife's debts; in law he is not an American]; (*in overeenstemming met de ~*) in accordance with law; *niet geldig volgens de ~* not valid in law; *volgens de Engelse ~* [I've inherited it] under English law; *volgens alle ~ten van het fatsoen* by all the laws of decency; *verkiesbaar volgens de ~* statutably eligible; *een vergrijp volgens de ~* a statutory offence; *ereschulden zijn niet te verhalen volgens de ~* debts of honour are not recoverable (are irrecoverable) at law; ***voor** de ~* in the eye of the law, [equal(ity)] before the law; *zie ook boven:* volgens de ~; *voor de ~ was hij niet dronken,* (*ook*) he was not legally drunk; *zie ook* gehoorzaam, handelsmerk, kracht, Mozaïsch, naam, nood, vallen, enz

wetboek code (of law); *burgerlijk ~* civil code; *~ van koophandel* commercial code; *~ van strafrecht* penal (criminal) code; *~ der etiquette* code of manners

weten I *ww* 1 (*kennis hebben van*) know, have knowledge of, be acquainted with, be aware (sensible) of; *ik weet een uitstekend hotel* I know of an excellent hotel; *ik wist dat de bankbiljetten vals waren* I was aware that the ... were bad ones; *ik weet het* I know; *weet je, ik denk echt* ... do you know, I really think ...; [*vroeger bij ons thuis,*] *weet je* (*het*) *nog?* do you remember?; *weet je wat?* I'll tell you what; *de hele stad wist het binnen een week,* (*ook*) it was all over the town within a week; *iedereen weet het* it is common knowledge; *twee ~ meer dan een* two heads are better than one; ***goed** dat ik het weet* just as well that I know; *de **Hemel** mag ~* ... Heaven (goodness) knows ...; *zie ook* Joost; ***hoe** weet je dat?* how do you know?; ***niet** ~ dat ...,* (*ook*) be unaware that ...; *ik weet niet waar mijn bril is* I've mislaid my glasses; *ik weet het niet goed* I am not clear (am very vague) about it; *dat weet ik nog zo niet* I am not so sure of that, I don't know about that, [easy?] I wonder; *dan weet ik het niet* [if that's not realism] I don't know what is; *en ik wist het niet eens!* and I never knew!; *niet dat ik weet* not that I know (that I'm aware) of, not to my knowledge; *ik weet niet waar we zijn,* (*bij les*) I've lost my place; *ik weet niet hoe ik dit moet verklaren* I'm at a loss to account for this; *ik wist niet wat ik deed* I didn't know what I was doing; I lost my head; *ik wist niet wat ik hoorde* I could not believe my ears; *ik weet nog altijd niet of* ... I have yet to learn if ...; *ik zou niet ~ waarom niet* I don't see why not; ***naar** ik* (*zeker*) *weet was ze er* to my (certain) knowledge she ...; *je kunt **nooit** ~* you never can tell, one never knows, you never know; *het was onwaarschijnlijk, maar je kon nooit ~* it ..., but you never knew (but there was no telling); *je weet nooit wat ze dàn weer doet* there is no knowing (never any knowing) what she'll do next; *je weet nooit wat je aan hem hebt* you never know where you are with him; *en **nu** weet je het!* and now you know!, and that's that!, so there!, so now!; *het **samen** ~* be as thick as thieves, be hand and glove; *weet ik **veel**?, weet ik dat?* how should I know?, (*fam*) ask me another; *weet hij veel!* (*fam*) a fat lot he knows!; *ja, jij weet veel,* (*iron*) you know a lot, don't you?; *die sport weet **wat** tegenwoordig* games are everything nowadays; ***wie** weet?* who knows?; ***zeker** ~!* sure!; *weet wat je **doet*** beware what you are doing; *hij weet wel wat hij doet* he knows what he is about, he is no fool; *hij wist wat hij deed, toen hij ...,* (*ook*) he knew something when he ...; *ik zal het je doen* (***laten***) *~* I'll let you know, send (write) you word; *hij liet ~ dat* ... he let it be known that ...; *die het **kunnen** ~* [I was assured by] those who ought to know [that ...]; *dat **moet** hij ~,* (*is zijn zaak*) that's his look-out, that's up to him; ..., *moet je ~* (*weet je*) [she is English] you know; *hij moet het* (*nu verder*) *zelf maar ~* he had better find out for himself; *hij moet zelf ~ hoe het te doen* it is for him to decide how to do it; *hij moest het eens ~* [*hoe er over hem gesproken wordt*]! if only he knew [what people say of him]!; *ik zou wel eens **willen** ~ wat hij nu gaat doen* I wonder what he ...; *dat wil ik juist ~,* (*ook*) that's what I'm after; *dat zou je wel willen ~!* wouldn't you like to know!; *hij weet* (*niet*) *wat hij wil* he knows (doesn't know) his own mind; *hij wil het hier ~* he wants to lay down the law here; *hij weet overal wat **op*** he is never at a loss for an expedient; *ik weet er niets op* I don't know a way out (of the difficulty); ***te** ~* namely, to wit, viz; *te ~ komen* come (get) to know, (*erachter komen*) find out, (*met veel moeite*) worm out; *hij zal van mij niet veel te ~ komen* he won't get much change out of me; *zonder dat iem er iets van te ~ kwam* [it might be done] and no one be (any) the wiser; *ik weet niets **van** hem* I know nothing about him; *als ze je vragen dan weet je van niets, begrijp je?* if ..., you know nothing about it, you understand; *hij weet alles van* (*omtrent*) *motoren,* (*ook*) what he does not know about motors isn't worth knowing (isn't knowledge); *ik weet er alles van,* (*fam*) I've been there; *ik weet totaal niets van paarden* I do not know the first thing about ...; *toegeven dat men niets van het onderwerp weet* admit complete ignorance of (on) the subject; *hij weet van geen vermoeidheid* he knows nothing of fatigue; *ik wil niets van hem ~* I will have none of him, will have nothing to do with him (nothing to say to him); *ik wil niets meer van hem ~* I've finished with him; *ik wil er niets van ~* I won't hear of it, will have none of it, won't look at it; *hij wil er niets van ~,* (*werpt het ver van zich, ook*) he pooh-poohs (*vindt het maar niets:* he frowns (up)on) the idea; *niem zou er ooit iets van geweten hebben, als* ... nobody would have been any the wiser if ...; *ik wist ervan* I was in the know (was in it); *ik weet het van X* I have it from X; *ik weet wat van je* I've heard something about you; *ja, daar weet jij veel van* (a) fat lot you know!; ***voordat** je het weet* [you'll be ...] before you know it, before you know where you are; *voor **zover** ik weet, zie ook* zover; ***zonder** dat ik (de familie) het wist* [he had gone away] unknown to me (to the family); *zonder dat iem er iets van weet* without anybody being the wiser; *zonder er iets van te ~* [he could eat almost anything] and be none the worse; *zonder het te ~* unwittingly; *zie ook* beter, deren, laten, omgaan, enz; 2 (*in staat zijn*) be in a position [to announce ...]; *hij weet het niet te doen* (*de bijl niet te hanteren, zich niet uit te drukken*) he doesn't know how to do it (how to use the hatchet, how to express himself); *hij wist te ontsnappen* he managed (contrived) to escape; *zie ook* ontsnappen; *niet ~ hoe* (*het gesprek*) *te beginnen,* (*ook*) be at a loss how to begin (*of:* for an opening); *hij wist te vertellen dat* ... he brought the news that ...; 3 (*toegeven*) own, let on; *hij wil het niet ~* he won't admit it, he doesn't want it known; *zij had het nooit willen ~* [she had always been afraid, but] she had never owned it to herself; *veel rijker dan hij wel wil ~* much ... than he lets on; *hij wil het wel ~* he does not make a secret of it; 4 (*de gevolgen ondervinden:*) *hij heeft het ge~* he was made to be truly sorry for it; II *zn* knowledge; *naar* (*bij*) *mijn* (*beste*) *~* to (the best of) my knowledge (belief), for all I know; *niet naar mijn ~* not to my knowledge; *hij deed het tegen beter ~ in* against his (own) better judgment; *zonder mijn ~* without my knowledge, unknown to me; *met mijn ~* with my knowledge; (*ook*) knowingly [I never knowingly injured him]; *buiten mijn ~* without my knowledge; *zie ook* stukwerk; **wetens** *zie* willens

weten|schap 1 (*inz exacte & systematische wetenschappen*) science; (*inz humaniora, enz*) [the results of modern] scholarship; (*inz literatuur, filosofie, enz*) learning; 2 (*vak; tak van ~*) discipline; 3 (*het weten*) knowledge; *hij heeft er geen ~ van* he doesn't know anything about it, is unaware of it; *met de ~ dat hij veilig is* in the knowledge that he is safe; *zie ook* aanwaaien; **-schappelijk** scholarly [approach, methods], learned [journal *tijdschrift*], scientific [discoveries, research]; *~ directeur* director of research; *~ onderwijs* university education (teaching); *~ personeel* academic personnel (staff); *~e verenigingen* scientific and learned societies; **-schappelijkheid** scholarly (scientific) character, scholarship; **-schapper** researcher; academic; **-schapsbeleid** research policy

wetenswaardig worth knowing, interesting; **wetenswaardigheid** thing worth knowing, (*mv*) information

wetering watercourse

wet|geleerde 1 biblical scholar; (*bijb*) scribe; 2 jurist; **-gevend** legislative, law-giving, -making; *de ~e macht* the legislature; *~e vergadering* legislative assembly; **-gever** lawgiver, -maker, legislator; **-geving** legislation; **-houder** alderman; **-houderschap** aldermanship, aldermanry; **-matig** systematic, regular; **-matigheid** (natural) law, rule [of economics, in behavioural patterns]; (*abstr*) regularity

wets|artikel article of a (the) law, section of an act; **-bepaling** provision of a (the) law; **-dokter**, **-geneesheer** police surgeon; **-kennis** legal knowledge (*of:* lore); **-kwestie** question of law; **-ontwerp** bill; **-overtreder** offender; **-overtreding** breach (violation, transgression, infringement, infraction) of a (the) law; **-rol** scroll of the law, synagogue roll; **-schennis** violation of the law; **-taal** legal language

wet|staal (butcher's) steel, knife-sharpener; **-steen** whetstone, hone; (*ve zeis*) whetstone, strickle

wets|tekst: *de ~* the wording of the act; **-term** law-term; **-uitlegger** interpreter (exponent) of the (a) law; **-uitlegging** interpretation of the law; **-verkrachting** violation of the law; **-voorstel** bill; **-wijziging** alteration of the law; **-winkel** law clinic, (free) legal advice centre

wettelijk legal [portion (*erfdeel*), objection], statutory [duties, period, provision *voorziening*, regulations, nine-hour day]; *~e aansprakelijkheidsverzekering* third-party insurance; *~e belemmering* statutory bar; *~ verlies,* (*verzekering*) constructive total loss; *~ voorgeschreven snelheid* statutory speed; *zie ook* wet: volgens de ~; **wettelijkheid** legality; **wetteloos** lawless; **wetteloosheid** lawlessness

wetten whet, sharpen, hone; strop [a razor]

wettenverzameling body of laws

wettig lawful, legitimate, legal; *~ betaalmiddel* legal tender; *~ erfgenaam* legal heir; *~ gezag* lawful authority; *~ huwelijk* lawful (legal) marriage; *~ kind* legitimate child; *~ maken* legalize [lotteries]; *vgl* wettelijk; *het ~e van ..., zie ~*heid; **wettigen** legitimate, legitimatize [a child], legalize; (*rechtvaardigen*) justify, warrant [a supposition]; *deze wet heeft haar bestaan gewettigd* this act has justified itself; *zie ook* gewettigd; **wettigheid** legitimacy, lawfulness, legality; **wettiging** legitimation, legalization, justification; *vgl* wettigen; **wettisch** legalistic, strict, rigid

weven weave; **wever** 1 weaver; 2 weaver-bird; **weverij** weaving-mill; **weversboom** weaver's beam; **weverskam** reed, slay; **weversknoop** weaver's knot (*of:* bend); **weversspoel** shuttle

wevervogel weaver-bird

wezel weasel; *zie ook* bang

wezen I *ww* 1 be; *zie ook* zijn 1; *hij mag er ~* he is a capable man; he is presentable; *zij mag er ~,* (*ook*) she is a bit of all right; *die mag er ~,* (*is een kanjer*) that's a whopper; *dat mag er ~* that is not at all bad; *het diner mocht er ~* the dinner was a very substantial one; *wat mag het ~?* what would you like to have?, (*drank, fam*) what's yours?; *wat kan* (*mag*) *ik voor U ~?* what can I do for you?; *wij zijn er even ~ kijken* we had a look round; *niemand was hem ~ opzoeken* nobody had been to see him; 2 *ovt v* wijzen; II *zn*

1 (*bestaan*) being, existence; *in het ~ roepen* call into being; *in ~ houden* keep in being; *in ~ zijn* be in being, exist; *niet meer in ~,* (*ook*) extinct; 2 (*aard*) nature; 3 (*schepsel*) being, creature, thing [girls are rummy things], animal [men are rational animals]; *geen levend ~* not a living soul; *zie ook* schepsel; 4 (*de kern*) essence, substance; *het ~ der liefde* the essence of love; ***in*** *~* [that is] in essence [his reply]; *in het ~ der zaak* basically [he is right]; ***tot*** *het ~ der dingen doordringen* go to the root of things; *meer in schijn dan in ~* more in appearance than in substance; *zie ook* schijn; 5 (*gelaat, uiterlijk*) face, countenance, aspect

wezenlijk real; (*vs bijkomstig*) essential, fundamental, substantial; *~ deel van* part and parcel of; *het ~e der zaak* the gist of the matter, the essence of it; *het verschilt niet ~ van ...* it does not differ materially from ...; *zie ook* werkelijk; **wezenlijkheid** reality, essentiality; **wezenloos** vacant, blank, vacuous [look], expressionless [face], mask-like [expression], wooden [stare woodenly at the ceiling], [laugh o.s.] silly, [be frightened] out of one's wits; *~ in het vuur staren,* (*ook*) gaze into the fire with unseeing eyes; **wezenloosheid** vacancy, blankness, vacuity, etc; **wezenstrek** feature; **wezensvreemd** out of character, foreign to [one's] nature

w.g. afk van 1 *was getekend* signed, sgd [AB]; 2 *weinig gebruikelijk* rare

whisky (*Br*) whisky; (*Ir & Am*) whiskey, (*Am, ook*) Scotch; (*Am ~*) bourbon; **whiskygrog** whisk(e)y and water, whisk(e)y-toddy; **whisky-soda** whisk(e)y and soda [two whiskies and sodas]

whist id; **whisten** play (at) whist; *zie ook* partij; **whitebord** whiteboard

w.i. afk van *werktuigkundig ingenieur* mechanical engineer; **W.I.** West Indies

wichelaar(ster) augur, diviner, soothsayer; (*sterren~*) astrologer; **wichelarij** augury, divination, astrology; **wichelen** practise astrology, augur, divine; **wichelroede** divining-, dowsing-rod; *met de ~ werken* dowse

1 wicht 1 [an innocent] baby, child; *arm ~* poor thing; 2 [silly] girl; *mal ~* (little) fool; *wat verbeeldt dat ~ zich?* who does the hussy think she is?

2 wicht (*gewicht*) 1 weight; 2 hundredweight

wichtig (*vero*) weighty (*ook fig*); *vgl* ge~

wie I *vrag vnw* who(m); *~ meent hij wel dat hij is?* who does he think he is?; *~ kan ik zeggen, dat er is?* what name, please?, what name shall I say?; *~ bedoel je?* who(m) do you mean?; *tegen ~ sprak je?* who(m) were you speaking to?; *met ~ was ze?* who was she with?; *van ~ is hij een zoon?* whose son is he?; *van ~ zijn die kamers?* whose rooms are those?; *van ~ is het?, a*) whose is it?; *b*) (*cadeau bijv*) who's it from?; *~ van hen?* which of them?; *bij ~ kan ik dat zien?* in whose house (shop, etc) ...; II *betr vnw* a man who, any one who, (*lit*) he who; *~ eens steelt blijft altijd een dief* once a thief, always a thief; III *onbep vnw ~* (dan) ook, *~* (ook) maar who(so)ever

wiebelen wobble, wiggle, waggle; (*ve pers*) fidget; (*ve autowiel*) shimmy; **wiebelig** wobbly, wiggly, waggly; **wiebeling** wobbling

wieden weed; **wiedes**: *dat is nogal ~* that goes without saying, is a matter of course

wiede|waai, -weerga: *als de ~,* (*fam*) like blazes

wiedijzer weed(ing)-hook, weeder, spud

wieg cradle (*ook ve affuit & fig: bakermat*); *daar moet je voor in de ~* ***gelegd*** *zijn* you must be born to it; *voor heerser* (*redenaar, enz*) *in de ~ gelegd* a born ruler (orator), a ruler (etc) from the cradle; *voor dokter in de ~ gelegd,* (*ook*) cut out to be a ...; *hij was niet voor geluk in de ~ gelegd* he was not made for happiness; *iets in de ~* ***smoren*** stifle a thing in the cradle, nip s.t. in the bud; *hij is niet in de ~ gesmoord* he has worn well, has lived to a ripe old age; ***van*** *de ~ af* from the cradle; *hij had het van de ~ af meegekregen* he was born to it; *van de ~ tot* (*aan*) *het graf* from the cradle to the grave; **wiegedood** cot (*Am:* crib) death, (*med*) sudden infant death syndrome, SIDS; **wiegedruk** incunabulum (*mv:* -la), incunable

wiegelen rock, wobble; dandle [a child]; (*ve boomtak*) sway; (*ve bootje*) bob (gently) up and down; *zie ook* wiebelen

wiegelied cradle-song, lullaby; **wiegen** rock; *met z'n heupen ~* roll one's hips; *zie ook* slaap

wiek 1 (*vleugel*) wing; *iems ~en korten, zie* kortwieken; *hij was in zijn ~ geschoten, a*) he was crestfallen, he hung his head; *b*) (*op zijn teentjes getrapt*) he was offended (huffed, huffy); *op eigen ~en drijven* shift for o.s., stand on one's own legs; 2 (*ve molen*) sail, wing, sweep, vane; 3 (*lampepit*) wick; 4 (*voor openhouden ve wond*) tent

wiel 1 wheel; *iem in de ~en rijden* put a spoke in a p.'s wheel, (*sl*) queer the pitch for a p.; *zie ook* rad; 2 (*plas*) pool

wielband tyre; **wielbasis** wheelbase; **wieldop** (*ve auto*) wheel cover, hub cap; **wielen** wheel, turn

wieler|baan cycling-track; **-koers** (one-day) cycle-race; **-sport** cycling; **-wedstrijd** cycle race

wielewaal (*vogel*) golden oriole

wieling whirlpool, eddy

wiel|kast wheel housing; **-klem** wheel clamp; *een ~ zetten op* (wheel) clamp [a car]; **-maker** wheelwright; **-ophanging** (wheel) suspension; **-rennen** *zn* cycle-racing; **-renner** racing cyclist; **-rijden** cycle, (*fam*) bike; **-rijder** cyclist; **-vlucht** camber

wier seaweed; **wierde** artificial dwelling mound, terp; **wierf** *ovt van* werven

wierook incense (*ook fig*), frankincense; *iem ~ toezwaaien* extol (*of:* praise) a p. to the skies

wierook|drager thurifer; **-schaal** censer; **-scheepje** incense boat; **-stokje** (*Chin*) joss-stick; **-vat** censer, thurible

wierp *ovt van* werpen; **wies** *ovt van* wassen

wiet weed, grass

wig wedge [drive a wedge between ...; the thin end of the wedge]; **wiggebeen** sphenoid bone

wiggelen totter, be unsteady (rickety); *zie ook* wiebelen; **wigvormig** wedge-shaped; (*plantk*) cuneate; **wigwam** id

wij we; ~ *Hollanders* we Dutch
wijbisschop suffragan (bishop), auxiliary bishop; **wijbrood** consecrated bread
wijd I *bn* wide [aperture, trousers, world, etc], spacious, large, roomy, amply; (*alleen horizontaal, ook*) broad; *fles met ~e hals* wide-mouthed bottle; II *bw* wide(ly); ~ *open* [the door is] wide open; ~ *geopende ogen* wide-open eyes (*ook:* she looked at him wide-eyed); *ze gooide de deur ~ open* she flung the door wide (open); ~ *en zijd* far and wide (*wijd en zijd bekend,* (*ook*) widely known, far-famed); *zie ook* verspreiden; *~er worden* (*maken*) widen; *zie ook* uitmeten & uitstaan
wijdbeens straddling, with legs wide apart; **wijdberoemd** far-famed
wijden ordain [a priest], consecrate [a bishop, church, churchyard, bread, etc], bless [bread], enthrone [a(n) (arch)bishop]; ~ ***aan*** dedicate to [the service of God, a saint, etc]; devote [o.s., one's time, etc] to [study, etc; one's life to one's country, a whole chapter to the subject]; *zich aan zijn taak ~,* (*ook*) give o.s. (up) to one's task; *iem* ***tot*** *priester* (*bisschop*) ~ ordain a p. priest (consecrate a p. bishop); *zie ook* gewijd
wijders further, besides, moreover
wijd|geopend *zie* wijd; **-getakt** spreading [tree]
wijding ordination, consecration, enthronement, hallowing; dedication; devotion; *hogere ~,* (*r-k*) major orders; *lagere ~,* (*r-k*) minor orders; *vgl* wijden; **wijdingsdienst** consecration service (ceremony)
wijdlopig prolix, diffuse, wordy, verbose; discursive [speech]; **wijdspoor** broad gauge
wijd|te width, breadth, space; (*v spoor*) gauge; **-uit** [legs] wide apart; **-uitgestrekt** vast, extensive, [our] far-flung [Empire]; **-uitstaand** bulging [pockets], extended, splayed [nostrils], sticking-out [ears]; *~e voeten* splay-feet (*met ~e voeten* splay-footed); **-verbreid** widespread [belief], widely held [opinion]; widely distributed [newspaper]; **-vermaard** far-famed; **-verspreid** *zie* -verbreid; **-vertakt** widely ramified [organization], [a plot] with many ramifications
wijf woman, female; *kwaad* ~ vixen, shrew, virago, termagant, nasty piece of goods; *oud* ~ old woman (*ook ve man*), old hag; (*knoop*) granny (knot); *oude wijven van beiderlei geslacht* (*kunne*) old women of both sexes; *zijn ~,* (*fam*) his wife
wijfje 1 wif(e)y, little wife; 2 (*ve dier*) female; cow [of the whale, elephant, etc]; hen(-bird)
wijfjes|aap, -arend *enz* female monkey (eagle, etc); **wijfjesdier** *zie* wijfje 2; **wijfjesvis** spawner; **wijfjesvos** female fox, vixen
wijgeschenk votive offering
wijk 1 (*district*) [an ecclesiastical] district, [the Arab, fashionable, student] quarter; (*vglb: kiesdistrict*) ward; (*ve politieagent, enz*) beat; (*ve melkbezorger, enz*) round, walk; (*ve brievenbesteller*) walk; 2 (*zijkanaal*) branch-canal; 3 *de ~ nemen naar* fly (flee) to, take refuge in [England]
wijkagent policeman on the beat; **wijkbezoek** district-visit(ing); **wijkbezoek(st)er** district-visitor; **wijkcentrum** *zie* -gebouw
wijken 1 (*weg, opzij gaan, toegeven*) give way [*voor* to], give ground, make way [*voor* for], yield [*voor* to], fall back [the enemy fell back]; *niet* (*geen duimbreed*) ~, *van geen ~ weten* not budge (an inch), stand one's ground, stick to one's guns; *het gevoel moet ~ voor de plicht* duty must override sentiment; *niet van iems zijde ~* not budge from a p.'s side; *het gevaar is* ***geweken*** the danger is past; *de pijn is geweken* has gone; *de koorts is geweken* the fever has left him (her, etc); *het leven is* (*de levensgeesten zijn*) *geweken* life is extinct; 2 (*uiteen~; verzakken*) move apart; recede [receding lines, a receding forehead]; (*v muur, enz*) be out of true
wijk|gebouw (*vglb*) church-hall, parish-room, community centre; welfare centre, health centre; **-plaats** refuge, asylum, sanctuary; **-predikant** (*vglb*) parish priest (*of:* clergyman); **-raad** neighbourhood council; **-vergadering** district meeting; wardmote; *vgl* wijk; **-verpleegster**, **-verpleegkundige** district nurse; **-verpleging** district nursing; **-vreemd** non-residential [parking]
wijkwast *zie* wijwaterkwast
wijkzuster *zie* wijkverpleegkundige
wijl *vw* as, because, since; **wijl(e)** *zn* while, (short) time; *bij wijlen* sometimes, now and then; *zie ook* tijd; **wijlen** I *bn* late, deceased; ~ *de Koning* the late King; ~ *Koning W* the late King W; ~ *zijn tante* his late aunt; II *ww zie* ver~
wijn wine; *rode* ~ red wine, (*bordeaux, ook*) claret; *witte* ~ white wine, (*rijn~*) hock; *goedkope* (*ordinaire*) *~,* (*fam*) plonk; *goede ~ behoeft geen krans* good wine needs no bush; *klare ~ schenken* speak openly, speak in plain terms; *iem klare ~ schenken* be frank with a p.; *nieuwe ~ in oude* (*lederen*) *zakken,* (*Matth. 9:17*) new wine in old bottles; *zie ook* gedistilleerd, Trijntje, water
wijn|achtig win(e)y, vinous; **-azijn** wine (*of:* white) vinegar; **-beker** wine cup; **-berg** (hillside) vineyard; **-boer** wine-grower; **-bottelaar** wine--bottler; **-bouw** viniculture, viticulture, wine--growing; **-bouwer** wine-, vine-grower; **-droesem** wine lees; **-druif** (wine) grape; **-feest** 1 wine festival; 2 wine party; **-fles** wine bottle; **-gaard** vineyard; *in de ~ des Heren* in the vineyard of the Lord; *zie ook* wingerd; **-gaardenier** vine--dresser; **-gaardluis** vine pest, phylloxera; **-gaardslak** Roman snail, escargot; **-geest** spirit of wine, alcohol; **-geestmeter** alcoholometer; **-geur** bouquet (*of:* aroma) of wine; **-gewas** vintage; **-glas** wineglass; **-handel** wine trade; **-handelaar** wine merchant; **-huis** wine-house, bodega; **-jaar** [good] vintage year; **-kaart** wine list; **-kan** wine jug; **-karaf** wine carafe, wine decanter; **-kelder** wine cellar, wine vault(s); **-kelner** wine waiter; **-kenner** judge of wine; (o)enologist; **-kleurig** wine-coloured; **-koeler** wine cooler; **-koper** wine merchant; **-kopersgilde** vintners' company; **-kuip** wine vat; **-land** wine--producing country; **-lezing** vintage; **-lied** drinking song; **-maand** October; **-mandje** decanting basket; **-meter** (*pers*) gauger; (*instru-*

ment) vinometer; **-moer** wine lees; **-oogst** vintage; **-palm** wine palm; **-peiler** gauger; **-pers** winepress; **-pijp** pipe (c 105 gallons); **-plas** wine lake; **-proef** wine-tasting; **-proever** wine-taster; **-proeverij** wine-tasting; **-rank** vine tendril; **-rek** wine bin; **-roeier** gauger; **-roemer** rummer; **-rood** wine-red; **-ruit** (common) rue, herb of grace; **-saus** wine sauce; **-soort** kind of wine; **-steen** tartar, wine-stone; *gezuiverde* ~ cream of tartar; **-steenachtig** tartarean; **-steenzuur** tartaric acid; **-stok** vine; **-streek** wine region; **-tank** wine vat; **-tapper** wine-seller, (*hist*) vintner; **-teelt** *zie* -bouw; **-ton**, **-vat** wine cask; (*groot*) wine butt; **-verkoper** wine-seller; **-vlek** wine stain; (*op de huid*) strawberry mark, port--wine mark; **-zak** wineskin; **-zuur** tartaric acid

1 wijs 1 manner, way; *zie ook* manier; ~ *van handelen* (*van voorstelling*), *zie* handelwijze, voorstellingswijze; ***bij*** *wijze van proef* (*uitzondering, voorbeeld*) by way of trial (exception, example); *bij wijze van spreken* in a manner of speaking, so to speak; *het is maar bij wijze van spreken* it's only a manner of speaking; ***naar*** *mijn wijze van zien* in my opinion (view), to my thinking; ***op*** *deze wijze* in this way (manner, fashion), thus, along these lines [it will be possible]; *op dezelfde wijze,* (*ook*) [plan things] on the same lines; *op gelijke wijze* in like manner, in the same way; *op enigerlei wijze* in any way, [don't threaten him] in any shape or form; *op generlei wijze* by no manner of means, (in) no way, nowise; *de wijze waarop* the manner (way) in which; *wat betreft de wijze waarop,* (*ook*) [uncertain] as to how [this is done]; *op de wijze van een ...,* (*ook*) [he greeted her] sailor-fashion; 2 (*gramm*) mood, mode; *bijwoord van* ~ adverb of modality; 3 (*~je, muz*) tune, melody, air; *zangerig ~je* lilt; (*geen*) ~ *houden* sing in (out of) tune; *het wordt gezongen op de* ~ *van* ... it goes (is sung, sings) to the tune of ...; ***van*** *de* ~ *zijn,* (*muz*) be out of tune; *helemaal van de* ~ *zijn,* (*fig*) be quite at sea, have lost one's bearings; *van de* ~ *raken,* (*muz*) get out of tune; (*fig*) lose one's head; (*ve spreker*) lose the thread of one's discourse; *iem van de* ~ *brengen* put a p. out; *vgl* stuk; *zich niet van de* ~ *laten brengen* keep a level head, keep cool, not lose one's head; *zie ook* land

2 wijs I *bn* wise; *nu was ik nog* ***even*** ~, *dat maakte mij geen haar* ***wijzer*** I was no wiser than (I was as wise as) before, was none (not any) the wiser (for it); *hij is niet* ***goed*** ~ he is not in his right senses, is crack-brained, (*sl*) is not all there; *ben je* ***niet*** *~?* are you out of your senses?; *ik kan er niet ~ uit* ***worden*** I cannot make sense of it, can make neither head nor tail of it, cannot make it out; ~ ***maken*** *zie* ~maken; *hij is er heel* ~ ***mee*** he is very proud of it; *hij moest* ***wijzer*** *zijn* he ought to know better [than to ...]; *hij had wijzer moeten wezen en haar niet moeten aanmoedigen* he should have had more sense than to encourage her; *wees wijzer!* don't be so silly!; *hij is niet wijzer* he knows no better; *hij zal wel wijzer zijn* he knows better than that; *hij wordt nooit wijzer* he will never learn sense; *geen cent wijzer worden van* not stand to gain a penny (anything) by; *zie ook* ei; II *bw* wisely; *hij heeft* ~ ***gedaan*** *door toe te geven* he has done wisely to yield; *hij doet er wijzer aan te gaan* he will be wiser to go; *hij* ***praat*** *erg* ~ he talks like a book; ... *antwoordde hij* ~, (*iron*) ... he answered sapiently; *zie ook* wijze

wijsbegeerte philosophy; **wijselijk** wisely; *hij bleef* ~ *thuis* he wisely stayed at home

wijsgeer philosopher; **wijsgerig** philosophic(al); **wijsgerigheid** philosophical spirit, philosophicalness; **wijsheid** wisdom; *je bent de* ~ *in persoon* you're wisdom incarnate; *W~,* (*de Wijsheid van Salomo: apocrief boek*) (the Book of) Wisdom, the Wisdom of Solomon; *dat is* ~ *achteraf* that is being wise after the event (is hindsight); *zie ook* geluk, pacht; **wijsheidstand** wisdom tooth; **wijsmaken**: *iem iets ~, a*) make a p. believe s.t., (*fam*) kid a p., have a p. on, put one over on a p.; *b*) (*Z-Ned*) make s.t. clear to a p.; *dat maak je mij niet wijs, maak dat een ander* (*de kat, enz*) *wijs* I know better than that!, you can't tell me!, I won't buy that!, that won't go down with me!; *zie ook* grootje; *hij wou me wijs maken dat* ... he tried to make me (to lead me to) believe (*fam:* to kid me) that ...; *we hoeven* ***elkaar*** *niets wijs te maken* we needn't pretend; *hij laat* ***zich*** *alles* ~ he will swallow anything; anything will go down with him; *zichzelf iets* ~ deceive (*fam:* kid) o.s.; ***zichzelf*** ~ *dat* ... trick (deceive) o.s. into believing that ...; *hij kon zich haast van alles* ~ he could persuade himself of almost anything; *hij maakt zichzelf niets wijs wat betreft* ... he is under no delusion as to ...; **wijsneus** wiseacre, smart alec(k); *~je* young know-all; **wijsneuzig** conceited

wijsvinger forefinger, index(-finger)

wijten: *iets ~ aan* blame [a p.] for s.t., blame s.t. on [the weather], impute s.t. to [a p.]; *het ongeluk was aan onvoorzichtigheid te* ~ the accident was owing (*of:* due) to carelessness; *je hebt het* (*alleen*) *aan jezelf te* ~ you have only yourself to blame, you asked (were asking) for it; *waarom het aan mij ~?* why lay the blame on me?

wijting (*vis*) whiting

wijwater holy water; **wijwaterbak** holy-water basin, stoup, font; **wijwaterkwast** holy-water sprinkler, aspersory; **wijwatervat** aspersory

wijze 1 *zie* 1 wijs; 2 wise man, (*vaak iron*) sage [the sages of the village], pundit; *de Wijzen uit het Oosten* the Wise Men of the East, the three Wise Men, the Magi

wijzen 1 (*tonen, aangeven*) point out, show; *iem iets* ~ point out s.t. to a p.; *iem de deur* ~ show a p. the door; *ik zal het u eens* ~ I'll show you (how to do it); *het wijst zich vanzelf* you will see your way as you go along; (*weg*) you can't miss it; ~ ***naar*** point at (to); *naar het noorden* ~ point (to the) north; ~ ***op*** *het gevaar* (*iems dubbelhartigheid, enz*) point out the danger (a p.'s duplicity, etc); *iem op iets* ~ point out s.t. to a p., draw a p.'s attention to s.t.; *alles wijst op een voor de deur staand conflict* (*op moord, enz*) everything points to an immediate conflict (to murder, etc); *het getuigenis wijst daarop* the evidence points that way; *het wijst op een neiging om te* ... it indicates a disposition to ...; *er zijn tekenen die erop ~ dat* ... there are signs that ...; *zijn vlucht wijst op schuld,* (*ook*) his flight argues guilt; *zie ook* weg 1; 2 (*jur*) pronounce, pass [sentence]; *het wetsontwerp is in* ***staat*** *van* ~ the bill is ready for public discussion

wijzer (*ve barometer, weegschaal, enz*) pointer; (*ve klok, enz*) hand; (*ve logaritme*) index, characteristic; (*hand~*) finger-post; *grote* (*kleine*) ~ minute- (hour-)hand; *de ~s van de klok achteruit zetten,* (*ook fig*) put back the clock; *de ~* (*het ~tje*) *rondslapen* sleep the clock round; *zie ook* klok & 2 wijs; **wijzerplaat** dial(-plate), [clock-, etc] face, [control, meter] panel

wijzigen modify, alter, change; (*amenderen*) amend [the amended form of the King's oath]; **wijziging** modification, amendment, alteration, change; *een ~ aanbrengen in, zie* wijzigen; (*ook*) make a change in; ~ *ondergaan* undergo a change, be modified, etc; **wijzigingsvoorstel** amendment

wijzing (*jur*) pronouncing [of a sentence]

wik (*weging*) draught; **wikke** (*plant*) vetch

wikkel wrapper; (*ve sigaar*) filler; (*v boter, enz*) wrapping; **wikkelen** wrap (up), envelop; swathe [in bandages, blankets, etc]; *in pakpapier* ~ wrap (up) in brown paper; *een lapje om de vinger* ~ wind a rag round one's finger; *zich in zijn mantel* ~ wrap one's cloak about one; *iem ~ in,* (*fig*) involve a p. in [a conspiracy, quarrel, lawsuit, difficulties], draw a p. into [the conversation]; *gewikkeld in* involved in [financial difficulties], entangled in [debts, a love-affair], engaged in [combat, war], locked in [conflict]; **wikkeling** (*elektr*) winding; **wikkelrok** wrapover skirt, wrap(a)round skirt

wikken weigh (*ook fig:* one's words, etc); ~ *en wegen* weigh the pros and cons; *de zaak ~ en wegen* turn the matter over in one's mind; *zijn woorden ~ en wegen* weigh (pick) one's words; *zie ook* beschikken

wil 1 will, desire, wish; *de vrije* ~ free will; *de ~ om te leven* (*te winnen*) the will to live (to victory, to win); *zijn laatste* (*uiterste*) ~ his last will (and testament); *Uw ~ geschiede* Thy will be done; *de ~ voor de* ***daad*** *nemen* take the will for the deed; *het was zijn* ***eigen*** ~ it was his own wish; *een* (*geen*) *eigen ~ hebben* have a (no) will of one's own; (*zijn*) *goede ~* ***tonen*** show (one's) good will; *waar een ~ is, is een* ***weg*** where there's a will there's a way; *zijn ~ is* ***wet*** his will (word) is law; ***buiten*** *mijn* ~ without my consent; [circumstances] over which I have no control; ***met*** *de beste ~ van de wereld* with the best will in the world, for the life of me [I can't make it out]; *met* (*een beetje*) *goede* ~ with a little effort, given sufficient goodwill (on all sides) [we'll manage]; *met ieders ~ rekening houden* study everybody's convenience; ***om*** *Gods* ~ for God's (Heaven's) sake; *zie ook* smeer; ***tegen*** *mijn* ~ against my will; *tegen ~ en dank* in spite of o.s., against one's will, willy-nilly; *tegen ~ en dank getuige zijn* (*iets aanhoren*) be an unwilling witness (listener); ~ *tot vernieuwing* wish to effect a renewal; ~ *tot vrede* will to peace; ***uit*** *vrije* ~ of one's own free will, of one's own accord, of one's own volition; ***van*** *goede ~ zijn* be of good will, be well-intentioned; *van de* ~ volitional [a volitional act]; *zwak van* ~ weak-willed; 2 (*plezier, baat*) pleasure, profit; *ik heb er ~ van gehad* it has stood me in good stead, has done me good service; ***elk*** *wat ~s* something for everybody, all tastes are catered for; (*wat prijs betreft*) prices to suit all pockets; ***ter*** *~le van* for the sake of; [they stuck together] because of [the child]; *ter ~le van ons allen* for all our sakes; *iem ter ~le zijn* oblige a p., meet a p.'s wishes

wild I *bn* 1 (*niet gekweekt, getemd, enz*) wild [plants, animals, landscape], feral, ferine; *~e gans* wild goose, greylag (goose); *~e hond* dingo; *~e roos* dog-rose; zie hondsroos; 2 (*woest, onbeschaafd*) savage [beasts, tribes]; 3 (*niet kalm*) wild, unruly [boy]; fierce [passions, desire]; *~e blikken* wild looks; *het ~e nachtleven van Parijs* the hectic night-life of Paris; *zich ~ schrikken* (*lachen*) be frightened out of one's wits (laugh one's head off); ~ ***op*** dead keen on [candied fruits]; *ik ben er niet ~ op* I don't care much for it; 4 (*ongeregeld*) *~e boot* tramp (steamer); *~e* (*auto*)*bus* unlicensed bus; *~e staking* unofficial (unauthorized, wildcat, *Am:* outlaw) strike; *~e vrachtvaart* tramp shipping; ~ *vlees* proud flesh; *zie ook* eend, haar, zwaan, zwijn; II *bw* wildly; *ze was er ~ enthousiast over* she was wild(ly enthusiastic) about it; *een ~ enthousiaste recensie,* (*ook*) a rave review (notice); III *zn* 1 ***in*** *het* ~ [the panther] in its natural state; *in het ~ groeien* grow wild; *in het ~ opgroeien* run wild; *in het ~ levende dieren* wild life; *gissing in het* ~ wild guess; *schot in het* ~ random shot; *in het ~e weg schieten* fire at random; *in het ~e moorden* murder indiscriminately; *in het ~e weg redeneren* talk at random (at large); *zie ook* wilde; 2 game; (*het gejaagde ~*) quarry; (*~braad*) venison, game; *grof* ~ big game; *klein* ~ small game, (*hazen, konijnen, enz*) ground-game; *rood* ~ red deer

wildachtig (*v smaak*) gamy; **wildbaan** (game) preserve; **wildbraad** venison, game; **wilddief** poacher; **wilddieverij** poaching

wilde savage; (*in parlement*) independent, freelance; (*Am*) mugwump, (*extremist*) wild man; **wildebras** (*meisje*) tomboy, romp, hoyden, madcap; (*jongen*) wild (romping) boy; **wildeling** wilding; **wildeman** wild man, barbarian; (*her*) savage (sylvan) man; **wildemanskruid** pasque-flower, pulsatilla; **wildernis** wilderness, waste, wilds; **wildgroei** uncontrolled growth; **wildheid** wildness, savageness

wild|kansel raised hide, raised stand, high seat; **-park** wildlife park, (game) preserve; **-pastei** game-pie; **-reservaat** game (wildlife) sanctuary (*of:* reserve); **-rijk** abounding in game; **-rooster** cattle grid; **-schaar** (pair of) game-carvers; **-smaak** gamy taste; **-stand** stock of game; *een* *goede ~ hebben,* (*v land, enz*) be well stocked with game; **-stroper** poacher; **-stroperij** poaching

wildvreemd quite strange, [I am] a perfect stranger [here]; *een ~e* a perfect (complete) stranger; **wildwatervaren** white-water canoeing; **wildzang** 1 warbling (of birds); (*dicht*) wood-notes; 2 wood-birds; 3 *zie* wildebras

wilg willow; **wilgeboom** willow-tree; **wilgehout** willow(-wood); **wilgenbosje** willow-grove; **wilgerijsje** willow-twig, willow-withe; **wilgeroosje** rosebay (willowherb), fireweed; **wilge|teen**, **-twijgje** *zie* -rijsje

Wilhelmina id; **Wilhelmus** William; *het ~* the (Dutch) national anthem; *dat zijn ze die 't ~ blazen* those are the people we want; **wille** *zie* wil

wille|keur arbitrariness, high-handedness; *naar ~* at pleasure, at will; *handel naar ~* use your own discretion, please yourself, do as you please; **-keurig** (*eigenmachtig*) arbitrary, high-handed; (*toevallig*) random [access, numbers], indiscriminate; (*ve spier, beweging, enz*) voluntary; *~ gekozen* random(ly chosen); *een* (*elke*) *~e driehoek* any triangle; *in iedere ~e week* in any given week; *elk ander ~ wapen* [take the Royal Artillery or] any other corps to taste; *je kunt elke ~e maatstaf aanleggen* apply any standard you like; **-keurigheid** 1 *zie* -keur; 2 randomness

Willem William, (*fam*) Will(ie, -y), Bill

willen I *ww* 1 (*wensen*) wish, want, like, desire, choose [she could be irresistible when she chose]; (*sterke wil*) will (*alleen in ott & ovt:* would); *ze 'wilde gaan* she wished (wanted) to go, insisted on going; (*voornemen*) intend, want, be going to [do s.t.]; *ik wou dat hij gekomen was* I wish he had come; *ik wou in 's hemelsnaam ...* I wish to God (Heaven, goodness) ...; *zie ook* wensen; *hij wil er niet **aan*** he won't hear of it, does not take kindly to it; *kom eens hier, **als** je wilt* please come here; just come here, will you?; *mooier, of minder lelijk, als je wilt* more beautiful, or less ugly, if you will; *als je op tijd wilt komen* if you want to be in time; *als hij gewild had, had hij ...* if he had chosen, he might ...; *wil je **dat** ik mijn woord breek?* do you want me to break my word?; *ik wil dat het dadelijk gedaan wordt* I want it (to be) done at once; *ik wil dat de tafel opgeruimd* (*dat de piano gestemd, dat ze Marie genoemd*) *wordt* I want the table cleared (the piano tuned, her called Mary); *wat zou je ~ dat ik deed?* what would you have me do?; *ik zou niet ~ dat je me voor gek hield* I wouldn't have you think me a fool; *als **God** wil* God willing, DV; *als God wil dat ik mijn land verlaat, ...* if God wills (wishes) me to leave my country, ...; *je **hebt** het gewild* you have only yourself to blame, it's what you've asked for; *het lot heeft het anders gewild* Fate has decreed (ordained, ordered) otherwise (*zo ook:* Fate ordained that ...); *ik wou **juist** de brief gaan schrijven, toen ...* I was just going to write the letter when ...; *wie wil, die **kan*** where there is a will there is a way; *iedereen die **maar** wilde luisteren* [he confessed to] anyone who cared to listen; *het vuur wil **niet** branden* the fire won't burn; *mijn benen ~ niet meer mee* my legs fail me; *de ramen ~ niet open* the windows refuse to open; ***of** hij* (*zij, enz*) *wil of niet* willy-nilly, whether he (she) likes it or not; *net **wanneer** hij wou* [he came] of his own sweet will; *hij weet **wat** hij wil* he knows his own mind; *zeg wat je wilt* say what you like (*of:* will); *laat het kosten wat het wil* let the cost be what it may; (*ja,*) *wat wil je?* (well,) that's the way it is (what would you expect?); *wat wil je* (*eigenlijk*)*?* what (exactly) do you want?; *wat wou je zeggen?* what were you going to say?; *wat wil je nog meer?* what more would you have?; *wat hij wil,* (*ook*) [I wonder] what he is after; *zie ook* 1 wat II & heen; *doe **zoals*** (*wat*) *je wilt* please yourself, have it your own way; *zoals je wilt* ['let us stay here';] 'as you like'; *dat **zou** je wel ~* I bet (I'm sure) you would (you'd like to, etc); wouldn't you just; you would, would you?; *zou je de deur ~ sluiten?* would you mind shutting ...?; *eet **zoveel** je wilt* eat as much as you like; *dat kun je te S doen zoveel je wilt* [if you are fond of wild fowl shooting,] you can have your fill of it at S; *zo iets wil z'n tijd **hebben*** such a thing requires time; *vader wil het niet hebben,* (*toestaan*) won't allow it; *hij wil niet* (*hebben*) *dat zijn naam genoemd wordt* he won't allow ... to be mentioned; *hij wilde zich niet laten troosten* he refused to be comforted; *ze ~ te veel vakken **onderwijzen*** they try to teach too many subjects; *wou je me **vertellen** ...?* do you mean to tell me ...?; *je wilt toch niet **zeggen** ...?* you don't mean to say ...?; *hij wilde klaarblijkelijk zeggen ...* he clearly meant to say (to convey) ...; *zie ook* zeggen; *iets niet ~ **zien**,* (*voorgeven niet te zien*) pretend not to see a thing; *zie ook* zien; 2 (*bereid, geneigd zijn*) be willing; *ik wil graag toegeven dat ...* I'm willing to admit that ...; *apen ~ wel eens bijten* monkeys are apt to bite; *wil je dit kopje **even** aannemen?* do you mind taking ...?; *wil je me het zout even aangeven* will you pass me ..., please?; *ik wil de prijs **wel** betalen* I am willing to pay (don't mind paying) the price; *ik wil wel erkennen ...* I am prepared to admit ...; *ik wil* (*het*) *wel* I am willing, I don't mind, I don't object; *wil je* (*wel*) *even wachten?* do you mind waiting a little?; *je zult misschien wel ~ weten ...* you may care to know ...; *wil mij **berichten** ...* please (*of:* kindly) inform me ...; *het wil mij **voorkomen** dat ...* it seems to me ...; 3 (*mogelijk zijn*) be; *zijn beroep **zij** wat het wil* let his profession be what it may; *het zij hoe het wil* however that may be; 4 (*zullen:*) *wil ik het gas aansteken?* shall I light the gas?; *wil dit niet in strijd zijn met* if this is not to be in conflict with; [*aan deze voorwaarden moet worden voldaan*] *wil het systeem succes hebben* for the system to be successful; 5 (*meelopen, -vallen:*) *als het een beetje wil, komen we vandaag nog klaar* with luck we'll finish today;; 6 (*beweren, voorgeven:*) *hij wil ons gezien hebben* he says (maintains) he has seen us; *het boek wil een studie van het studentenleven zijn* (*wil niet ... zijn*) the book purports to be (does not set out to be) ...; *het **gerucht** wil dat ...* rumour has it (there is a rumour, it is rumoured) that ...;

men wil dat hij in Amerika gestorven is he is said to have died in ...; *zie ook* af~, in, liever, meer, toeval, weten, enz; II *zn* volition; ~ *is kunnen* where there is a will there is a way; **willens** on purpose, wilfully; ~ *en wetens* (willingly and) knowingly, knowingly and willingly, deliberately, intentionally, wittingly; ~ *of onwillens* willy-nilly; *ik ben ~ te* ... I intend to ...; **willig** willing, tractable, docile; (*vd markt*) firm, animated, lively; **willigen** (*handel*) become firmer, look up [iron is looking up]; **willigheid** willingness; (*vd markt*) firmness, animation; **willoos** will-less, without a will of one's own; **willoosheid** will-lessness

Willy id, Willie; **Wilna** Vilnyus, -na; **wils** *zie* wil

wils|beschikking: (*uiterste*) ~ last will (and testament), will; **-kracht** willpower, strength of will, energy; *door louter* ~ by sheer force of will; **-krachtig** strong-willed, energetic, forceful [personality]; **-onbekwaamheid** (*jur*) incapacity; **-uiting** action of the will; **-verklaring** declaration of intent

Wim Willie, Willy, Bill; **wimberg** (*bk*) gablet

wimpel pennant, pendant, pennon, streamer; (*ve jacht*) burgee; *de blauwe* ~ the blue riband (ribbon) [of the Atlantic]; *zie ook* vlag

wimper (eye)lash

winbaar exploitable; *in winbare hoeveelheden,* (*v petroleum, bijv*) in commercial quantities

wind id (*ook med*); *stevige* ~ blow; *~en,* (*med*) wind, flatulence; *er is* ~ there is a wind; *de ~ is zuid* the wind is (in the) south; *het is* ***allemaal*** ~, (*gezwam*) it's all gas (mere wind); ***als*** *de* ~ [he was off] like the wind, like smoke, like a shot, before you could say Jack Robinson (*of:* knife); ***gelijk*** *een koude* ~ like a cold blast; *hij* ***kreeg*** *er de ~ van* he got wind of it; *een ~* ***laten*** break wind; ~ ***maken*** cut a dash, (*sl*) swank; *de ~* ***waait*** *uit een andere hoek* the wind blows from another quarter; *het toont uit welke hoek de ~ waait* it shows the way the wind is blowing; *waait de ~ uit die hoek?* is the wind in that quarter?; *zien* (*weten*) *uit welke hoek de ~ waait* see, find out (know) which way the wind blows; ~ *en* ***weder*** *dienende* wind and weather permitting; *wie ~* ***zaait*** *zal storm oogsten* sow the wind and reap the whirlwind; *iem de ~ uit de* ***zeilen*** *nemen* take the wind out of a p.'s sails; *de ~* ***mee*** (*in het zeil*) *hebben* have a following wind, go before the wind, go down (the) wind; *we hadden de ~* ***tegen*** (*van achteren*) we had the wind against us (behind us); *hij heeft er de ~* ***onder*** he keeps a firm (tight) grip (hold) on them; *de ~ van* ***voren*** *krijgen* catch it, (*sl*) get it in the neck; *ik gaf hem de ~ van voren* I gave it him hot; *het schip was ten prooi* ***aan*** ~ *en golven* the ship was adrift, drifted about helplessly, was at the mercy of wind and waves; ***beneden*** *de* ~ downwind; under the lee; *de Eilanden beneden* (***boven***) *de* ~ the Leeward (Windward) Islands; ***bij*** *de ~ houden* sail near the wind; (*scherp*) *bij de ~ zeilen* sail close-hauled, sail (keep) close to the wind; ***door*** *de ~ gaan* shift; (*fig*) *zie* overstag; *door de ~ worden tegengehouden* be windbound; ***in*** *de ~ gaan,* (*beursterm*) sell short; *in de ~ slaan* fling (throw) [a warning] to the winds, make light of [a p.'s warnings], disregard (*sterker:* flout) [a p.'s advice], set [a p.'s advice] at naught; *wij hadden het vlak in de* ~ we had the wind dead against us; *met zijn neus in de* ~ with one's nose in the air; *in de* ~ [scent game 200 yards] up (the) wind; ***met*** *alle ~en draaien* (*waaien*) trim one's sails according to the wind; set one's sail to every wind; blow hot and cold; *met de ~ mee* before (*of:* down) the wind, downwind; ***tegen*** *de ~ in* against the wind; [approach game] up (the) wind; *tegen de ~ in landen,* (*luchtv*) land up wind (into the wind); *vlak tegen de ~ in* right in the wind's eye, in the teeth of the wind; ***tussen*** ~ *en water* between wind and water, awash; ***van*** *de ~ kan men niet leven* you cannot live on air; *de kleine heeft last van* ~ baby is troubled with wind; ***voor*** *de ~ omgaan,* (*mar*) go about; *voor de ~ zeilen* sail before the wind; *het ging hun voor de* ~ they sailed before the wind, they prospered; *het ging hem niet langer voor de* ~, (*ook*) he had fallen on evil days; **windakker** *zie* windpark

windas windlass, winch

windbarst wind-shake; **windbelasting** wind-load; **windbestuiving** wind-pollination; **windbloem** 1 windflower, (wood) anemone; 2 wind-fertilized flower

windboom windlass bar

wind|breker windbreaker; **-bui** *zie* -vlaag; **-buil** windbag, gasbag; **-buks** airgun; **-dicht** wind-proof, -tight; **-droog** dried by the wind, air-dried; **-druk** wind-pressure

winde 1 (*plant*) bindweed, convolvulus; 2 (*vis*) golden orfe, ide

windei wind-egg, soft-shelled egg; *het zal hem geen ~eren leggen* he'll make a good thing (he'll do well) out of it

winden wind, twist [into a wreath]; (*met windas, enz*) wind up; *een doekje om de vinger* ~ wind a rag round one's finger; *zie ook* vinger; *tot een kluwen* ~ wind into a ball; *de klimop* (*de slang*) *windt zich om de boom* the ivy winds (itself) round the tree (the snake coils ...)

windenergie wind power; **winderig** windy (*ook v eten, ingewanden, stijl, rede, spreker*); (*opgeblazen & v eten, ook*) flatulent; (*vh weer, ook*) blowy, blustery; (*ve open ruimte, ook*) windswept [coasts]; **winderigheid** windiness, flatulence, etc

wind|gat air-, vent-hole; **-haan** weathercock; **-halm** (*plant*) windlestraw; **-handel** gambling (on the Stock Exchange), stock-jobbery; **-harp** Aeolian harp; **-haver** wild oat; **-hoek** 1 quarter from which the wind blows; 2 windy spot; **-hond** greyhound; (*ruigharig*) deerhound; (*jong*) sapling; **-hondenrennen** greyhound races (racing); *de ~* the dogs; **-hoos** whirlwind

windig *zie* winderig; **winding** winding; (*ve touw, veer, enz*) turn, coil; (*v hersenen, schelp, enz*) convolution, torsion; (*ve plant, slang, enz*) coil

wind|jak windcheater, (*Am*) windbreaker; **-kaart** wind-chart, (*stervormig*) wind-rose;

-kant wind-side, windward (weather) side; **-kast** wind-box; **-ketel** air-chamber; **-klep** air-valve, vent; **-koliek** tympanites; **-kracht** wind-force; *wind stormachtig, ~ acht* gale, force eight; **-kussen** air-cushion, -pillow; **-lade** (*orgel*) wind-chest; **-maker** *zie* -buil; **-meter** wind-gauge, anemometer; **-molen** windmill; *Hollandse ~,* (*bovenkruier*) Dutch (*of:* smock) windmill; *tegen ~s vechten* fight (*of:* tilt at) windmills, beat the air; **-park** wind farm, wind park; **-richting** direction of the wind, wind-direction; **-roos** compass card; (*plant*) (wood) anemone, windflower; **-schade** damage caused by the wind, storm damage; **-schering** wind shear; **-scherm** wind-screen; (*levend & op strand*) wind-break; **-scheur** wind-shake; **-schut** (*heg, bomen, enz*) wind-break, (*groter*) shelter belt

windsel bandage; *atoomenergie ligt nog in de ~en* nuclear energy is still in its swaddling-clothes

windsnelheid wind-speed [meter], wind-velocity

windspil winch, capstan

wind|sterkte *zie* -kracht; **-stil** calm; windless [day]; *het is ~* there is no wind; **-stilte** calm (*ook fig:* it was the calm before the storm); *door een ~ overvallen worden* be becalmed; *streek der ~n* doldrums; **-stoot** gust of wind, (*luchtv*) bump; **-streek** point of the compass, quarter; *naar alle windstreken verstrooid* scattered to the four winds; **-strepen**: *met ~* wind-streaked [clouds]; **-surfen** I *ww* windsurf; II *zn* windsurfing, board-sailing; **-tunnel** wind tunnel; **-vaan** (weather-)vane; **-vanger** (*mar, koelzeil*) wind-sail; (*windhapper*) wind-scoop; **-verdrijvend** carminative (*ook: ~ middel*); **-vlaag** gust of wind, squall; *~je* puff of wind; **-vrij** sheltered; **-waarts** to (the) windward; **-wijzer** weathercock, (weather-)vane; **-zak** (*luchtv*) wind-sock, -sleeve, -stocking, -cone; **-zij(de)** *zie* -kant; **-zucht** tympanites

Winfreda Winifred; **Winfried** Winfrid

wingerd 1 (*wijnstok*) (grape-) vine; *wilde ~* Virginia(n) creeper; 2 (*wijngaard*) vineyard; *zie ook* wijngaard; **wingerdblad** vine-leaf; **wingerdrank** vine tendril; *met ~en begroeid* vine-clad

wingewest conquered country; (*Rom*) province

winkel 1 shop; [co-operative] stores; [law] clinic; *dag~* lock-up shop; *W~ van Sinkel* general store; *een ~ houden* keep a shop; *de ~ sluiten* close the shop, shut up shop, put up the shutters; *~s kijken,* (*ww*) be (*of:* go) window-shopping; window-gaze; (*zn*) shop-, window-gazing; *~tje **spelen*** play at keeping shop (at shopkeeping), play shops; ***in** de ~ verkocht worden* be sold across (*of:* over) the counter; ***op** de ~ passen* keep shop, mind the shop; (*fig*) keep things ticking over; 2 (*werkplaats*) (work)shop; 3 corner

winkel|bediende shop assistant, (*Am*) sales-clerk; **-buurt** shopping neighbourhood (quarter, district); **-centrum** shopping centre; *vgl* -erf & -galerij; **-chef** 1 shopwalker, (*Am*) floorwalker; 2 (*beheerder*) manager; **-dame** *zie* -juffrouw; **-dief** shoplifter, shop thief; **-diefstal** shoplifting; **-dievegge** *zie* -dief; **-dochter** drug on the market

winkel|en shop, go (be) out shopping; *vgl* winkel; **-erf** shopping precinct; **-galerij** shopping arcade; (*overdekt*) (shopping) mall; **-haak** 1 (carpenter's) square, set-square; 2 (*scheur*) three-cornered (*of:* right-angled) tear; **-houd(st)er** *zie* winkelier, -ster; **-huis** (house and) shop

winkelier shopkeeper, (*Am*) storekeeper; *kleine ~* small dealer; *~s,* (*ook*) tradespeople; **winkelierster** shopkeeper

winkel|juffrouw shop-girl, saleswoman; **-keten** chain stores, multiple chain; **-knecht** shop-assistant, shopman; (*fig*) drug (on the market); **-meisje** shop-girl; **-nering** custom, goodwill; *gedwongen ~* truck (system); **-opstand** shop-fittings, -fixtures; **-pand** shop premises (*mv*); **-pas** (store) option card; **-personeel** shop-workers; (*ve bepaalde winkel*) staff of the shop; **-prijs** retail price; **-promenade** shopping precinct; **-pui** shop-front; **-raam**, **-ruit** shop-window; **-sluiting** closing of shops; *vroege ~* early closing; **-stand** 1 zie -buurt; 2 tradespeople; **-straat** shopping street; **-uitstalling** shop-window-display; **-waarde** retail value; **-wagen** mobile shop; *~tje* (shopping) trolley, (*Am*) shopping cart; **-wet** Shops Act; **-wijk** *zie* -buurt

winket 1 wicket(-door, -gate); 2 hatch

winnaar winner, victor; *de ~ heeft goed lachen* he who wins laughs; *~ op één na* runner-up

winnen 1 win [money, a prize in a lottery, a bet, race, battle, election, victory, a p.'s heart, love, respect], gain [time, a battle, victory, lawsuit, the prize]; *de beker ~,* (*ook*) lift the cup [from the Americans]; ***het** ~* win, score, come out on top, carry the day; *hij won het royaal* he carried everything before him; *het op zijn gemak ~* win easily, win hands down, have a walkover, be an easy first, [Arsenal] romped home; *het ~ van, zie beneden; hij wint zeker* it is his race (fight); *~ op één na* finish second; *zuiver 100 pond ~* clear (*of:* net) a hundred pounds; ***zo** gewonnen, zo geronnen* easy come, easy go; *~ **bij** een spel* (*het kaarten*) win at a game (at cards); ***met** een* (*paard-, boot*)*-lengte ~* win by a length; *~ met 3 tegen 1,* (*voetbal*) win by three goals to one; *~ **van*** win [money] from (off), win [the Derby] from, gain [a seat] from [the Liberals]; *het ~ van* get the better of, outstrip, (*fam*) best [a p.]; *zie ook* verslaan; *in verstand wint hij het van je* in intelligence he is more than a match for (is superior to) you; *in ondoorgrondelijkheid won hij het van de Sfinx* in inscrutability he could have given points to the Sphinx; *het verreweg van iem ~* beat a p. easily (hollow); *dat wint het van alles* that beats everything, (*sl*) that takes the cake; *kwantiteit won het van kwaliteit, aantal van intellect* quantity carried it against ..., numbers against ...; *de ~de trek,* (*whist*) the odd trick, (*anders*) the winning trick; *kans om te ~* winning chance; 2 (*verzamelen, verkrijgen*) gather, harvest [honey], make [hay, salt], gain, reclaim (recover) [land from the sea], win [coal and other minerals], mine [ore, copper]; 3 (*beter worden, vorderen*) gain; ***aan*** (*in*) *duidelijkheid ~*

gain in clearness [*zo ook:* her voice had gained in mellowness]; *je zult er niet veel* ***bij*** ~ you won't gain much by it [*zo ook:* there is nothing to be gained by losing your temper]; *hij* (*het boek, enz*) *wint bij kennismaking* he (the book, etc) improves on acquaintance; ~ ***op***, (*inhalen*) gain (up)on; *veld* (*terrein*) ~ *op* gain ground (up)on; *op een artikel* ~ make a profit on an article; *er f 5 op* ~ gain (make a profit of) 5 guilders on it; *iem* ***voor*** *zich* (*zijn zaak, een partij, enz*) ~ win a p. over (to one's side, one's cause, a party, etc), enlist a p.'s sympathy (support, etc) in a cause; *zie ook* geven, tijd, veld, enz; **winner** id; *vgl* winnaar; **winning** (*v erts, enz*) id, production, extraction; [salt-]making, [water-]collection; *vgl* winnen; **winplaats** (*v water*) collection area; ~ *van delfstoffen* place yielding minerals; **wins** winch

winst profit(s), gain, benefit, return(s); (*sp*) win; (*bij spel*) winnings; (*bij verkiezing*) gain [*op de conservatieven* from the ...]; ~ *uit onderneming* business income; ~ *maken* make a profit [*op* on]; ~ *nemen,* (*Effectenbeurs*) take profits; ~ *opleveren* yield a profit; *een goede* ~ *opleveren,* (*ook*) pay well; *de aandelen vertonen een behoorlijke* ~ *op het geïnvesteerde geld* the shares show a fair return on ...; ***met*** ~ [sell] at a profit; *zie ook* omzet; ***op*** ~ *staan* stand to win; **winstaandeel** share in the profit(s); *zie ook* polis; **winstbejag** pursuit of gain; *uit* ~ from motives of gain; *zonder* ~ non-profit-making [association], (*inz Am*) non-profit [corporation]; **winstbelasting** profits tax; **winstbewijs** profit-sharing note; **winstcijfer** (margin of) profit; **winstdelend** profit-sharing, with-profits [policy]; **winstderving** loss of profit; **winst-en-verliesrekening** profit and loss account

winst|gevend remunerative, lucrative, profitable, gainful [occupation, be gainfully employed], paying [investment]; *niet* ~ unremunerative [prices]; ~ *maken* make [a business] pay; ~ *object* money-spinner, moneymaker; *vgl* lonend; **-je**: *met een aardig* (*zoet*) ~ *verkopen* sell at a handsome profit; **-marge** profit margin, margin of profit; **-mogelijkheid** profit-earning capacity; **-neming** profit-taking; **-oogmerk** *zie* -bejag; **-partij** win, game won; **-premie** (*sp*) winning bonus; **-punt** gain; (league) point; **-saldo** undivided profits; **-uitkering** distribution of profits

winter id; (*aan handen, enz*) chilblain(s); *de* ~ *aan de handen* (*voeten*) *hebben* have chilblained hands (feet); *'s ~s* in winter; *de* ~ *doorbrengen in Spanje* winter in Spain

winter|achtig wintry; **-akoniet** winter aconite; **-avond** winter-evening; *op een* ~, (*ook*) on a winter's evening (night); **-beslag**: *met* ~, (*v paarden*) winter-shod; **-bloeier** wintersweet; **-bol** (*plantk*) winterlodge; **-dag** winter('s) day; *bij* ~ in winter(time); **-dienst 1** winter service; 2 winter timetable; **-dijk** winter dike; **-dracht** winter-wear

winteren: *het begint al te* ~ it is getting wintry

winter|gast (*vogel*) winter visitor; **-gerst** winter barley; **-gewas** winter-crop, winter-plants; **-gezicht** 1 wintry scene; 2 (*schilderij, enz*) winter scene; **-goed** winter clothes; **-gras** slender foxtail (grass); **-groen** 1 (*algem*) evergreen; 2 (*pirola*) wintergreen; **-haar** winter-coat, winter-fur; **-handen** chilblained hands; **-hard** winter-proof; (*plantk*) hardy; *niet* ~, (*plantk*) tender; **-haver** winter oats; **-hielen** chilblained heels; **-jas** (winter) overcoat; **-kers** winter cress; **-kleed** (*ve vogel*) winter plumage; **-knol** (*plantk*) winterlodge; **-koninkje** wren; (*fam*) jenny wren; **-koren** winter corn; **-kost** winter fare; **-kou(de)** winter (wintry) cold, cold of winter; **-kraai** hooded crow, (*fam*) hoodie; **-kwartaal** winter term; **-kwartier(en)** [go into] winter quarters; **-landschap** wintry (winter) landscape; **-ling** (*plant*) hemlock; **-lucht** 1 wintry sky; 2 wintry air; **-maand** December; *de ~en* the winter months; **-mantel** winter-coat; **-peil** winter-level; **-rogge** winter-rye

winters wintry

winter|seizoen winter season; **-slaap** winter sleep, hibernation; *de* ~ *doen* hibernate; **-slaper** winter-sleeper, hibernating animal; **-spelen**: *Olympische W~* Winter Olympic Games (Olympics); **-sport** winter sports; **-stof** winter-material; **-stop** winter break; **-tafereel** wintry (winter) scene; **-taling** (common) teal; **-tarwe** winter wheat; **-tijd** wintertime (*in beide betek*); **-tuin** winter garden; **-vast** *zie* -hard; **-verblijf** winter residence; **-vermaak** winter sports, etc; **-voeten** chilblained feet; **-voorraad** winter store, winter stock(s); **-weer** wintry (winter) weather; **-wortel** (large) carrot; **-zonnestilstand** winter solstice

win|zucht lust of gain; **-zuchtig** greedy of gain

wip 1 (*~plank*) seesaw; ***op*** *de* ~ *staan* wobble, waggle; (*fig*) be in danger of getting the sack; *op de* ~ *zitten,* (*fig*) *a*) hold the balance (of power); *b*) *zie:* op de ~ staan (*fig*); 2 (*ve brug*) bascule; (*~galg*) strappado; 3 (*sprong*) skip, hop; (*coïtus, sl*) screw, lay, bonk, nookie; *het is maar een* ~ it's no distance at all; *~! weg is hij* pop! he is gone; ***in*** *een* ~ in a flash, in a trice, in (half) a jiff(y), in no time, in two ticks, in two shakes (of a lamb's tail), in the twinkling of an eye, before you can say knife (*of:* Jack Robinson)

wip|brug drawbridge, bascule-, balance-bridge; **-galg** strappado; **-kar** tip-, tilt-cart; **-molen** hollow post mill; **-neus** turned-up (*of:* snub) nose

wippen I *intr* 1 whip, nip, whisk, skip [out of the room]; tilt [from heel to toe and back]; (*op hand(en) steunend*) vault [into the saddle]; *de kamer binnen* (*de trap op, het venster uit*) ~ whip (nip, pop, whisk) into the room (upstairs, out of the window); 2 (*wankel staan*) wobble; 3 go up and down, seesaw; (*op wipplank*) (play at) seesaw; (*sl: neuken*) screw, bang; *met zijn staart* ~ flirt one's tail; *met zijn stoel* ~ tilt one's chair; *zie ook* over~; II *tr* (*ambtenaar, enz*) turn [a p.] out, unseat [a minister], topple [the Government]

wipperig wobbly; **wippertje** 1 (*ve piano*) hopper, (piano-)jack; 2 (*slokje*) dram, nip, tot, [have a] quick one; **wippertoestel** (*vglb*) line-throw-

ing gun; breeches-buoy (apparatus)
wipplank seesaw; **wipstaart** wagtail; **wipstoel** rocking chair
wirwar tangle, muddle; (*doolhof*) maze
wis I *bn* certain, sure; *iemand van een ~se dood redden* save a p. from certain death; *~ en zeker* as sure as eggs is eggs; [you're not going!] but I am!; [you don't mean that!] indeed I do!; *zie verder* zeker; II *zn* wisp [of straw]
wisent id, (European) bison, aurochs
wiskop erase head
wiskunde mathematics, (*fam*) maths; **wiskundeknobbel** flair (aptitude) for mathematics; **wiskundig** mathematical [certainty]; *zie ook* adviseur; **wiskundige** mathematician
wispel|turig fickle, inconstant, changeable [weather], volatile [disposition]; **-turigheid** fickleness, inconstancy, changeableness, volatility
wissel 1 (*handel*) bill of exchange, B/E, draft, bill; *~ op zicht* (*op drie maanden zicht*) bill payable at sight (at three months' sight); *een ~ trekken* draw a bill; *een ~ trekken op* draw on, value on; *~ op de toekomst* act of faith; *een ~ op de toekomst trekken* bank on the future; *zie ook* documentair, protesteren, enz; 2 (*spoorw: de rails*) points, (*toestel*) switch; *uit de ~ lopen,* (*ve trein*) jump (fail to take) the points; 3 (*verandering*) change; (*teamsp*) substitution; (*estafette*) change-over; 4 (*wild~*) game path, (*Am*) runway; **wisselaar** money-changer; (*apparaat*) change-giver
wissel|agent 1 exchange-, bill-broker; 2 stockbroker; **-arbitrage** arbitration of exchange; **-automaat** change-giver; **-baar** changeable; **-baden** hot and cold baths; **-bank** discount bank; **-beker** challenge cup; **-bouw** rotation of crops, crop rotation; **-brief** *zie* wissel 1; **-collectie** rotating collection
wisselen I *tr* 1 exchange [letters, looks, words, (in)civilities; gunfire with the enemy], interchange, bandy [(in)civilities, blows, compliments]; *ze wisselden geen woord* they did not exchange a word, no word passed between them; *zie ook* groet, in- & ver~; 2 (*geld*) change, give change for; *kun je me dit bankbiljet ~?* can you give me change for this banknote?, can you change ... for me?; *automaat wisselt niet* no change given; 3 (*spelers*) substitute; (*tanden*) shed [one's teeth]; II *intr* 1 change, vary; (*in estafette*) change over; (*teamsp*) substitute; *ik kan niet ~,* (*geld*) I have no change; *zijn stem wisselt* his ... is breaking (turning, cracking); *van tanden ~* shed one's teeth; *van gedachten ~* (*over*) exchange views (on), discuss; *~* (*af~*) *met* interchange with, vary with ['strap' varies with 'strop']; *~de lotgevallen* varying fortunes; *~de prijzen,* (*ook*) fluctuating prices; 2 *onze trein moet hier ~ met die van Leiden* our train has to pass the Leiden one here; **wisselgeld** (small) change; (*fig*) bargaining counter; *~ hebben,* (*fig, ook*) have some (minor) concessions in reserve; **wisselhandel** 1 bill-broking, discount broking; 2 foreign-exchange broking (dealing); **wisseling** change, fluctuation, variation; (*ruil*) exchange, interchange; *~ der jaargetijden* succession of the seasons; *~en,* (*ook*) chops and changes [of fortune]; *zie ook* gedachten-, jaar-, stem- & ver~
wissel|jaren change of life; **-kantoor** exchange bureau; **-koers** rate of exchange, exchange rate [mechanism, ERM]; **-koorts** intermittent fever; **-lijst** clip frame, frameless frame; **-loon** bill-brokerage; **-loper** bank-messenger; **-makelaar** bill-broker; **-nemer** payee; **-pari** par of exchange; **-plaats** stage; **-rijm** alternate rhyme; **-ruiterij** kite-flying; **-schakelaar** two-way switch; **-slag** (*sp*) medley [race, relay]; **-speler** substitute; **-stand** position of the points; **-stroom** alternating current, AC; **-stroomdynamo** alternator; **-stroommotor** alternating-current motor; **-tand** permanent tooth; **-truc** fast-change trick; **-vallig** changeable [weather], uncertain; *hij had een ~ bestaan* he made a precarious living; **-valligheid** changeability, uncertainty; *de -ligheden van het leven* the ups and downs (vicissitudes) of life
wissel|wachter pointsman, switchman; **-werking** interaction (*ook nat:* strong, weak, electromagnetic i.), interplay [of factors, of mind (up)on mind], reciprocity; **-woning** temporary accommodation during renovation of a house
wissen wipe; (*magneetband*) erase; **wisser** wiper, mop, (*voor schoolbord*) duster; **wisserblad** wiper blade; **wissewasje** trifle, futility
wist *ovt van* weten
wis-was(automaat) (automatic) wash-wipe
wit I *bn* white; *zo ~ als een doek* as white as a sheet (as death); *het heeft ~ gevroren* there is a white frost; *~ aardewerk* whiteware; *~te benzine* cut-price petrol; *~te das* white tie; *Witte Donderdag* Maundy Thursday; *~te goederen* white goods, whites; *~ goud, a)* platinum, white gold; *b) zie* ~te steenkool; *~ hout* whitewood; *het Witte Huis* the White House; *een ~te Kerstmis* a white Christmas; *~te lelie* Madonna lily; *~te mier* white ant; *~ papier* blank paper; *~te ruis* white noise; *~te steenkool* white coal; water-power; *~ vlees* white meat; *~te was* white laundry, whites; ***~ maken*** whiten, blanch; launder [money]; ***~ worden,*** *zie* verbleken; *zie ook* boon, boord, doek, raaf, vlag, vloed, voet, wijn, witteboorden..., enz; II *zn* 1 white; *~ tussen de regels* white line, leaded type; *het ~ van een ei* the white of an egg; *het ~ van het oog* (*van de ogen*) the white of the eye (the whites of the eyes); *in het ~ gekleed* dressed in white; 2 (*plantk*) [strawberry] mildew; 3 *het ~ van de schijf* the white (*een schot daarin, een 'witte'* a white)
wit|achtig whitish; **-boek** white paper; **-bont** white-spotted; **-boom** white poplar; **-gatje** (*vogel*) green sandpiper; **-geel** white (whitish) yellow; **-gekuifd** white-crested; *~e golven,* (*ook*) white-capped waves, white horses; **-gepleisterd** whitewashed; *~e graven* whited sepulchres; **-glas** milk glass; **-gloeiend** white-hot, at a white heat, incandescent; **-goed** 1 white goods; 2 (*kleren*) white laundry, whites; **-goud** *zie* wit I; **-harig** white-haired; **-heer** white canon, Norbertine;

-heid whiteness; **-hout** whitewood
witje (*vlinder*) white; **witjes**: *hij ziet nog erg* ~ he still looks a bit pale; *hij lachte* ~ he laughed half--heartedly
wit|kalk whitewash, limewash; **-kar** 1 hand-luggage trolley; 2 small electric motor car; **-kiel** (luggage-)porter; **-kop** white-haired person; **-kwast** whitewash (distemper) brush; **-lo(o)f** chicory, Belgian endive; **-looien** taw; **-maker** whitener; **-metaal** white metal; **-poot** *zie* -voet
Wit-Rus B(y)elorussian, White Russian; **Wit--Rusland** Belarus, B(y)elorussia, White Russia
witschimmel grey (horse); **witsel** 1 (*kalk*) whitewash; 2 (*loodwit*) whitelead; **witstaart** 1 (*vogel*) wheatear, white-tail; 2 white-tailed horse; **witte** *zie* wit II.3
witte-boordencriminaliteit white-collar crime
witte|brood white bread; *een* ~ a white loaf; **-broodsweken** honeymoon; *in hun* ~ on their honeymoon; *de* ~ *doorbrengen in Wales,* (*ook*) honeymoon in Wales; **-kool** white cabbage
witten whitewash [a house], launder [money]
witvis whitebait, whiting; **witvoet** white-footed horse, whitefoot; **witwassen** whitewash (*ook fig*); **witwerk** white-wood articles
W.L. afk van *westerlengte* Long W, W Long (Western Longitude); **wnd** afk van *waarnemend* dep, deputy [minister], acting [Lord Mayor]
Wodan Woden, Wodan, Odin; **wodka** vodka
woede [blind] fury, [white with] rage; [dance] mania; *zie ook* ~aanval, koelen, enz; **woedeaanval** fit of rage; *een* ~ *krijgen* fly into (throw) a fit (*inz ve kind:* a tantrum); **woeden** rage (*ook van storm, ziekte, brand, veldslag, enz*); *de gele koorts woedde,* (*ook*) yellow fever was rampant; *er woedde een storm in het land,* (*ook*) a gale swept the country; *het* ~ *van de zee* the raging of the sea; **woedend** (*fig*) furious [*op* with; *over* at, about], infuriated, (*fam*) wild; ~ *aankijken* glare at, look daggers at; *iem* ~ ***maken*** enrage (infuriate) a p., make (*of:* drive) a p. wild, (*fam*) get a p.'s dander up; *zich* ~ *maken, zie* ~ worden; *hij maakte zich* (*verschrikkelijk*) ~ he got himself into a terrible state, worked himself into a state of fury; ~ ***worden*** become furious, get into a terrible temper; *hij werd* ~, (*fam*) he got his dander up; *zij wordt om niets* ~ she gets into a tantrum about nothing at all; (*verschrikkelijk*) ~ ***zijn,*** (*ook*) be in a (towering) passion (rage)
woef(waf)! woof (woof)!, bow-wow!
woei *ovt van* waaien
woeker usury; (*het maken van oorlogswinst, enz*) profiteering; ~ *drijven* practise usury; *met* ~ *vergelden* repay with usury (with interest); *op* ~ *zetten* put out to usury; **woekeraar** usurer; **woekerachtig** usurious; **woekerdier** parasite; **woekeren** 1 practise usury; 2 (*v planten*) be (grow) rank; (*v kwaad*) be (grow) rampant (rife), fester; 3 ~ *met* make the most of, turn to the best advantage; *met de ruimte* ~, (*ook*) utilize every inch of space; **woekerhandel** usurious trade; usury; **woekering** (*in het lichaam*) morbid growth
woeker|plant parasitic plant, parasite; **-prijs** extortionate price; **-rente** usurious interest, usury; *tegen* ~ *uitlenen* lend at (on, upon) usury; **-vlees** proud flesh; **-wet** usury law, (*vglb*) money-lenders act; **-winst** exorbitant (usurious) profit; ~ *maken* profiteer (*ook: maker v* ~)
woeleg (three-pronged) cultivator
woelen 1 toss (and tumble) about, (turn and) toss [in one's bed]; *zich bloot* ~ kick the bedclothes off; *de dingen* (*de gedachten*) *die in zijn geest woelden* the things (thoughts) that were coursing through his mind; 2 (*wroeten*) grub, root, burrow; 3 (*winden*) wind; (*mar*) serve [a rope]; **woelgaren** service; **woelgeest** turbulent spirit, agitator, stormy petrel; **woelig** restless [night, child], turbulent [sea, times], riotous [crowd], broken, lumpy, popply [water], choppy [sea], bustling [streets]; *het* ~*e hedendaagse leven* the jostling life of today; **woeligheid** restlessness, turbulence; **woeling** 1 agitation, turbulence; ~*en* disturbances; 2 *zie* woelgaren; **woelmuis** vole; **woelrat** water vole; **woelwater** fidget, restless child; **woelziek** restless, fidgety; (*oproerig*) turbulent, seditious
woensdag Wednesday; **woensdags** I *bw* on Wednesdays, (*Am ook*) Wednesdays; II *bn* Wednesday
woerd drake; **woerhaan** cock-pheasant; **woerhen** hen-pheasant
woest 1 (*onbebouwd*) waste [land]; ~ *liggen* lie waste; 2 (*onbewoond*) desert, desolate [island]; 3 (*ruw, onbeschaafd, enz*) wild [boy, waves,scenery], savage [dog], fierce [struggle], furious, reckless [driving, chauffeur, drive recklessly]; ~*e* (*auto*)*rijder* scorcher, speed-merchant, road-hog; *zie ook* boel; 4 (*uitermate:*) ~ *dronken* fighting drunk; ~ *druk* extremely (madly) busy; 5 (*nijdig*) wild [*op* with], savage [answer savagely], livid; *hij werd* ~ *op me* he got wild with me; ~ *worden,* (*ook*) see red; **woestaard**, **woesteling** brute, rough, ruffian; (*dronkaard*) madman; **woestenij** waste (land), wilderness; **woestheid** wildness, savagery, fierceness, etc; *zie ook* woest; **woestijn** desert [plant, rat, sand, war, wind]
woestijn|bewoner inhabitant of the desert, desert-dweller; **-rat** gerbil; **-reiziger** traveller in the desert; **-springmuis** gerbil; **-vorming** desertification, desertization
wok id
wol wool; *in de* ~ *geverfd* dyed in the wool (in grain); (*fig ook*) engrained; *hij is in* (*door*) *de* ~ *geverfd* he is a double- (deep-)dyed (a dyed-in--the-wool) villain, a villain of the deepest dye; *onder de* ~ [be, go] between the sheets; *onder de* ~ *gaan* (*kruipen*), (*ook*) turn in; *zie ook* geschreeuw; **wolachtig** woolly; **wolafval** flock; **wolbaal** bale of wool, wool-pack; **wolbereider** wool-dresser; **wolbereiding** wool-dressing; **woldragend** wool-bearing
wolf 1 (*dier*) id; *de Wolf,* (*astron*) Lupus, the Wolf; *een* ~ *in schaapskleren* (*in een schapenvacht*) a wolf in sheep's clothing; *de* ~ *tot* ***herder*** ***maken*** set the fox to keep the geese; *men moet*

huilen met de wolven in het bos when in Rome, do as the Romans do; ~ *en schapen* (*en geitjes*), (*spel, vglb*) fox and geese; *de wolven verslinden elkaar niet,* dog does not eat dog; *wee de ~ die in een kwaad gerucht staat* give a dog a bad name and hang him; *voor de wolven werpen,* (*ook fig*) throw to the wolves; *zie ook* eten & honger; 2 (*tand~*) caries; 3 (*lupus*) lupus; 4 (*bijen-, korenwolf*) weevil; 5 (*in spinnerij*) devil, willow(ing--machine); 6 (*muz*) wolf

wolfabricage wool(len) manufacture; **wolfabriek** wool(len) mill

wolfachtig wolfish

wolfra(a)m tungsten [filament, lamp, steel]

wolfs|dak (*bk*) hip(ped) roof; **-hond** 1 wolf--hound; 2 keeshond; **-huid** wolfskin; **-kers** deadly nightshade; **-klauw** 1 wolf's claw; 2 (*plant*) wolf's claw, wolf's foot, clubmoss, lycopod; 3 (*rudimentaire teen*) dew-claw; **-klem** wolf--trap; **-kuil** 1 pitfall; 2 (*mil*) trou-de-loup; 3 (*om park, enz*) ha-ha; **-melk** (*plant*) spurge; **-pels** wolf's fur; **-poot** (*plant*) gipsywort; **-spin** wolf spider; **-vel** wolfskin; **-wortel** winter aconite, wolfsbane

Wolga Volga

wolgras cotton-grass; **wolhandel** wool-trade; **wolhandkrab** mitten crab, woolly-hand crab; **wolharig** woolly-haired; **wolindustrie** woollen (*Am:* woolen) industry

wolk cloud (*ook fig:* a dark cloud; *ook v sprinkhanen, pijlen, enz*); *~je* little cloud, cloudlet; (*ook*) puff [of smoke], drop [of milk]; (*in vloeistof, diamant, enz*) cloud; *een ~ van getuigen,* (*bijb*) a cloud of witnesses; *een kind als een ~* (*een ~ van een kind*) a bouncing baby; *er was geen ~je aan de lucht,* (*ook fig*) there was not a cloud in the sky, (*het was botertje tot de boom*) everything in the garden was lovely; *achter de ~en schijnt de zon* every cloud has a silver lining; *in ~en van stof gehuld* clouded in dust; *in de ~en zijn* be over the moon, on cloud nine, overjoyed [*over* at]; (*vgl:* be in the clouds *soezen, dromen*); *tot in de ~en verheffen* extol to the skies; *uit de ~en vallen* be brought back to earth (with a bump)

wolkaarde wool-card, -comb; **wolkaarder** wool-carder, -comber

wolkachtig cloud, cloudlike

wolkam(mer) *zie* wolkaarde(r)

wolkbreuk cloudburst; **wolkeloos** cloudless; (*fig*) unclouded [existence]; **wolkenbank** cloud--bank; **wolkendek** cloud-cover, layer of cloud; **wolkenhemel** (cloudy) sky, heavens; **wolkenkrabber** skyscraper; **wolkenveld** cloud-cover; *~en,* (*weerk*) cloudy [with rain or drizzle]; **wolkig** cloudy (*ook: onzuiver*), clouded, cloud-like

wolkruid (*plant*) mullein

wolkvorming formation of clouds

wollegras cotton-grass; **wollen** woollen (*Am:* woolen); *~ stoffen* woollens; **wollengoed** (*stoffen*) woollens; (*kleren*) woollen clothing; **wolletje** woolly; **wollig** woolly; (*plantk, ook*) downy; **wolligheid** woolliness

wol|luis mealy bug; **-muis** viscacha; **-opbrengst** wool-crop, -clip; **-schaar** (pair of) sheep-shears; **-spinnerij** wool(len) mill; **-vacht** fleece; **-vee** wool-bearing (wool-producing) cattle, sheep

wolvejacht wolf-hunting; **wolvejager** wolf--hunter; **wolvekop** wolf's head; **wolvekuil**, enz *zie* wolfs-; **wolven** (*katoen, enz*) willow, devil

wolverlei (*plant*) mountain tobacco

wolverver wool-dyer; **wolververij** 1 wool-dyeing; 2 dye-works, -house; **wolvet** yolk, suint, wool-oil, wool-fat

wolvin she-wolf; **wolvlieg** bee fly; **wolzak** woolsack; **wombat** id; **won** *ovt van* winnen; **wond** *ovt van* winden

wond(e) I *zn* wound, injury; *oude ~en openrijten* rip up (reopen) old sores; *~en slaan* inflict wounds; *zie ook* sterven, toebrengen & vinger; II *bn* sore; *de ~e plek* the sore spot; *de ~e plek aanraken,* (*fig*) touch a p. on the raw

wonden wound, hurt, injure; *aan het hoofd* (*de benen, enz*) *gewond* wounded in (about) the head (the legs, etc); *ernstig gewond bij een spoorwegongeluk* severely injured in a railway accident; *diep gewond,* (*ook*) lacerated [feelings, mind]

wonder I *zn* wonder [the seven wonders of the world], marvel, prodigy; (*bovennatuurlijk*) miracle; *een ~ van geleerdheid* a prodigy (miracle) of learning; *~ boven ~* wonder of wonders, miracle of miracles, by a miracle, by amazing good fortune [no one was killed]; *haast een ~* [it is] little short of a miracle; *~en doen* (*verrichten*) work (do, perform) wonders [the holiday has done wonders for me]; (*bijb*) perform miracles; *zijn naam doet ~en* his is a name to conjure with; *het geloof doet ~en* faith works miracles; *geen ~ dat* ... no (*of:* small) wonder that ...; *en geen ~* and no wonder; *is het een ~ dat ...?* is it any wonder that ...?; *het is een ~ dat* ... it is a wonder that ..., the wonder (the marvel) is that ...; *~en van dapperheid* [perform] prodigies of valour; *de ~en zijn de wereld nog niet uit* wonders (marvels) never cease; [Jane engaged?] what next?; II *bn* strange, (*lit*) wondrous; III *bw* marvellously, exceedingly [pretty]; *alsof hij ~ wat gedaan had* as if he had done something extraordinary; *hij verbeeldt zich ~ wat* he thinks he's marvellous

wonder|baar(lijk) miraculous, wonderful, marvellous, prodigious; *zie ook* wonderlijk; **-baarlijkheid** miraculousness; **-bloem** marvel of Peru; **-boom** castor-oil plant (*of:* tree); **-daad** miracle; **-dadig** miraculous, wonder-working; **-dier** prodigy, monster, monstrosity, freak; **-doend** wonder-working, working miracles; **-doener** miracle-, wonder-worker, thaumaturgist; **-dokter** 1 quack, unrecognized practitioner; 2 witch-doctor, medicine-man

wonder|en *ww zie* verwonderen; **-goed**: *je hebt het er ~ afgebracht* you have done wonderfully well; **-groot** prodigious; **-jaar** year of wonders, annus mirabilis; **-kind** child (infant) prodigy; **-klein** wondrously small; **-kracht** miraculous power(s); **-kruid** St John's wort; **-kuur** miraculous cure; **-lamp** Aladdin's lamp; [Aladdin and his] Wonderful Lamp; **-land** id

wonderlijk strange, queer, odd, surprising; *het ~e ervan is* ... the surprising part of it is ...; *~ genoeg was hij thuis* he was at home for a wonder
wonder|macht miraculous power; **-mens** prodigy, human wonder; **-middel** wonderful remedy; (*tegen alle kwalen*) cure-all, panacea, quack remedy; **-mooi** exceedingly beautiful, wonderful [lakes]; [their flat was] a thing of wonder; *zij speelde* (*deed het*) *~* she played (did the thing) to admiration; **-olie** castor-oil; **-schoon** *zie* -mooi; **-spreukig** paradoxical; **-teken** (miraculous) sign, miracle; **-veel** *zie* wonder III: ~ wat; **-verhaal** 1 miraculous (*of, inz bijb:* miracle) story; 2 wonderful story; **-wel** *zie* -goed; **-werk** miracle; **-werker** miracle-worker
wond|klaver kidney vetch; **-koorts** wound-fever, (*wtsch*) traumatic fever; **-naad** suture; **-roos** erysipelas; **-zalf** healing ointment
wonen live, reside; (*lit*) dwell; *hij woont bij ons* he lives (lodges) with us; *te P gaan ~* take up one's residence at P; *buiten* (*in een andere buurt*) *gaan ~* move into the country (into another neighbourhood); *in het buitenland ~d*(*e*) expatriate; *zie ook* kamer; **woning** dwelling, house, residence, (*bijb*) mansion [in my Father's house are many mansions]; *zijn ~ opslaan te* ... take up one's residence (establish o.s.) at ...; *zie ook* vrij
woning|blok block of houses; **-bouw** house-building, housing; **-bouwcorporatie**, **-bouwvereniging** housing association; (*bouwfonds*) building society, building cooperative; **-bureau** house (estate) agent's office, house (estate) agency; **-gids** guide to property to be let or sold; (*adresboek*) directory; **-inrichting** home furnishing; **-nood** housing-shortage, housing-problem; **-ruil** home exchange; **-textiel** soft furnishings, furnishing fabrics; **-toestanden** housing conditions; **-voorraad** housing stock; **-vraagstuk** housing problem; **-wet** housing act; **-wetwoning** (*vglb*) council house; **-zoekende** house-hunter; *~n* persons seeking living accommodation
woog *ovt van* wegen
woon|achtig resident, living; **-ark** houseboat; **-baar** *zie* be~; **-blok** row of houses; **-boerderij** [live in a] converted farmhouse; **-boot** houseboat; **-buurt** *zie* -wijk; **-comfort**: *met veel ~* well-appointed; **-erf** residential precinct (with restricted rights for wheeled traffic); **-erfvlaggetje** (fluorescent) safety flag; **-gebied** habitat; [place of work and] place of residence; (*stedelijk ~*) residential area; **-gedeelte** living-quarters; **-gelegenheid** accommodation, housing (facilities); **-gemeenschap**, **-groep** commune; **-huis** private house (residence), dwelling-house; **-huisarchitectuur** domestic architecture; **-kamer** living-, sitting-room; **-keuken** kitchen-dining room, kitchen-diner; **-kostentoeslag** cost-of-living allowance; **-kuil** sunken living area; **-laag** storey, (*Am*) story; **-lasten** (maintenance, heating and other) recurring household expenses; **-omstandigheden** housing conditions; **-plaats** dwelling-place, abode, home, (place of) residence; (*officieel*) domicile; *natuurlijke ~*, (*ve dier of plant*) habitat; *in mijn ~*, (*ook*) where I live; *zie ook* vast; **-ruimte** living accommodation; **-schip**, **-schuit** houseboat; **-silo** high-rise (block)
woonst 1 dwelling, house; 2 accommodation; 3 domicile; **woonstad** residential town; **woonstee** *zie* -plaats; **woonvergunning** residence permit; **woonvertrek** *zie* -kamer; **woonvorm** housing [for the elderly, etc]; **woonwagen** caravan; **woonwagenbewoner** (cara)van-dweller, caravanner, Traveller; **woonwagenkamp** caravan camp, Traveller site; **woon-werkverkeer** commuter traffic; **woonwijk** residential area (*deftig:* quarter, district); *nieuwe ~* new housing-estate
1 woord word, term; *Gods Woord* the Word of God, God's Word; *het Woord* (*Gods*) the Word (of God); *het Woord is vlees geworden* the Word was made flesh; *de ~en,* (*bij illustratie*) the letterpress; *~en van* ..., *muziek van* ... words by ..., music by ...; *een ~je* (*met u*) *alstublieft!* a word with you (can I have a word with you?, I would like a word with you), please; *een enkel ~*(*je*) *tot u!* just a word with you!; ***geen*** *~!* not a word!, not a syllable!; *geen ~ meer!* not another word!; *niemand had een* ***goed*** *~ voor hem* (*voor het plan*) nobody had a good word (to say) for him (for the plan); *laat ons eerst een goed ~ spreken* let us pray (say grace) first; ***grote*** (*dikke*) *~en* big words, (*fam*) hot air; (*om te overbluffen*) bluff; *walgelijk is* ***het*** *~ ervoor* 'disgusting' is the word; *het ~ is nu aan hem* it's now up to him (to speak); *het* ***hoogste*** *~ hebben* (*voeren*) do most of the talking; dominate the conversation, etc; *het* ***laatste*** *~ hebben* have the last (final) word, have the final say in the matter; *het laatste ~ is aan u* the last (final) word rests with you; *nog één laatste ~ over* ... one last word about ...; *dat is mijn laatste ~,* (*ook*) that's final; *zijn laatste ~en,* (*ook*) his dying words; *het laatste ~ is nog niet gesproken in deze zaak* the last (the final) word in regard to this matter has not yet been spoken, this is by no means the end of the matter; ***lieve*** *~jes* pretty-pretty talk, [what we need is not] sympathetic noises; *zijn ~* ***breken*** break (go back on) one's word; *zijn ~ breken jegens* break faith with; *het ~* ***doen*** be spokesman, spokeswoman, (*soms*) spokesperson; *een goed ~*(*je*) *voor iem doen* put in a word for a p.; *hij kan zijn ~*(*je*) *wel doen,* *a*) he expresses himself well; *b*) he is never at a loss what to say, can speak up for himself, has plenty (quite a lot) to say for himself; *c*) he can look after his own interests; *iem het ~* ***geven*** call (up)on a p. (to speak) [I will now ask Mr S to address the meeting, to say a few words, etc]; *zijn ~ geven* pledge one's word [to ...]; *ik geef u mijn ~ erop* I give you my word for (*of:* on) it; *het ~* ***hebben*** be on one's feet, have (hold) the floor; (*parlement*) be in possession of the House; *u hebt het ~* the word is with you, the floor is yours; *de Heer K heeft het ~* (*ik geef de Hr K het ~*) I call (up)on Mr K (to speak); *zie ook* aan het ~

zijn; *ik zou graag het ~ hebben* I should like to say a few words (a word); *het ~ alléén hebben* monopolize the conversation, do all the talking; *~en hebben* have words [*met* with]; *wij hebben geen ~en gehad,* (*ook*) there have been no words between us; *heb ik uw ~ dat hij het huis niet uitkomt?* have I your word that he will not be moved from home?; *zijn ~* ***houden*** keep (make good, stick to, be as good as) one's word; *zijn ~ houden jegens* keep one's word to (*of:* with), keep faith with; *geen ~ houden* fail to live up to one's promise; *~en* ***krijgen*** come (get) to words; *het ~ krijgen* be called (up)on to speak; (*parlement*) catch the Speaker's eye; *ik kon geen ~ uit hem krijgen* I could not get a word (*of:* anything) out of him; *men kon haast geen ~ uit hem krijgen* the words had to be dragged out of him; *een ~je* (*gaan*) ***meespreken*** put in a word, put in one's oar, (*fig ook*) take a hand; *het ~* ***nemen*** begin to speak, take (possession of) the floor, get up on one's legs, rise, (*door iem in de rede te vallen*) cut in; *iem het ~* ***ontnemen*** order (ask) a p. to sit down; *het ~* ***richten*** *tot* address; *iem zijn ~* ***teruggeven*** give a p. back his word, release a p. [she asked him to be released]; *het ene ~* ***haalde*** (*lokte*) *het andere* ***uit*** one word drew on (led to, brought up) another; *er* ***vielen*** *enkele ~en tussen ons* we had a few words; *hij liet er geen ~ over vallen* he did not say a word about it; *zie ook* vallen: ~ over; *hij kon geen ~en* ***vinden*** *om het toneel te beschrijven* he could not find words (words failed him) to ...; *er waren geen ~en voor te vinden, zo lelijk was het* it was too ugly for words (ugly beyond all words); *het ~* ***voeren*** speak, hold forth [*over* on], be on one's feet; *zie ook boven:* het ~ doen; *het ~* ***vragen*** beg permission to speak; (*parlement*) try to catch the Speaker's eye; *hij* ***zei*** (***sprak***) *geen ~* (*meer*) he did not say a word (another word; he shut up like an oyster); *er werd verder geen ~ gesproken* not another word was spoken; *hij zei geen ~ teveel* he said never a word too much; *ik heb er geen ~ in te* ***zeggen*** I have not a word to say (have no say) in the matter; *meer dan ~en kunnen zeggen* [I love her] beyond (*of:* past) words; *er is geen ander ~ voor* [it's perfect,] there is no other word for it; ***aan*** *het ~ zijn* be speaking, be on one's feet; *aan het ~ laten* allow to speak; *ik kon niet aan het ~ komen* I could not get in a word (edgeways); (*in vergadering*) I had no opportunity to express (give) my opinion; *iem aan zijn ~ houden* keep (hold) a p. to his word; *ik hield haar meteen aan haar ~* I took her at her word; *zij hield zich aan haar ~* she kept to her word; ***bij*** *deze ~en* at these words; *door gesproken ~en of in geschrifte* by the spoken or the written word; ***in*** *één ~* in a (one) word; *in één ~ walgelijk* downright (*of:* nothing short of) disgusting; *in één ~ prachtig* just splendid; *in een paar ~en* in a few words, [there you have it, put the matter] in a nutshell; ***met*** *deze ~en* with these words; *met een half ~* [understand] at half a word; *met een enkel ~* in a few words; *hij repte er met geen ~ van* he never said a word about it; *ik weerlegde hem met zijn eigen ~en* I refuted him out of his own mouth; *met dat éne ~ is alles gezegd* there you have it in a word; *met andere ~en* in other words, [say the same thing somewhat] differently; *met zoveel ~en* [he told me] in so many words; ***onder*** *~en brengen* put into words, verbalize, phrase, convey [one's meaning]; *niet onder ~en te brengen zijn* be beyond words, be past expression; *te verschrikkelijk om onder ~en te brengen* too awful for words; ***op*** *mijn ~!* upon ('pon) my word!; *op mijn ~ van eer* on my word of honour, (*fam*) honour bright!, (*sl*) honest Injun!; *je kunt me gerust op mijn ~ geloven* you may take my word for it; *mijn ~ erop!* my word on it!; *ik wil hem niet meer* ***te*** *~ staan* I will see (listen to) him no more; *die mij te ~ stond* [the official] who attended to me; *hij kon niet* ***uit*** *zijn ~en komen* he stammered, floundered in his words, was unable to put two words together; ***van*** *~en tot daden overgaan* proceed from words to action; *van het ~* ***afzien*** withdraw [he was going to speak, but withdrew]; (*ten behoeve van een ander*) give up one's turn to speak; *van weinig ~en* [a man] of few words; *~* ***voor*** *~* [it is true] word for word; ***zonder*** *een ~* (*een enkel ~*) *te zeggen* [he left] without a word, with never a word; *zie ook* gegeven, half, hoog, man, mond, mooi, nog, uitbrengen, verkeerd, 3 waar, wisselen, woordenboek, zoeken, enz

2 woord (*woerd*) drake

woord|accent word accent; **-afleiding** etymology; **-blind** word-blind, dyslexic; **-blindheid** word-blindness, dyslexia; **-breuk** breach of faith (of promise); **-buiging** declension; **-doofheid** word-deafness

woordelijk I *bn* verbatim [report]; literal, verbal; II *bw* literally, verbally, word for word, [repeat] verbatim; *~ geloven,* (*ook*) take at face value [the promises of the government]; **woordenaar** 1 lexicographer; 2 lexicologist

woorden|boek dictionary, lexicon; *geografisch ~* gazetteer; *dat woord staat niet in zijn ~* that word has no place in his vocabulary (his lexicon); **-brij** verbal diarrhoea; **-kennis** knowledge of words; *zie ook* -schat; **-keus** *zie* woordkeus; **-kraam** verbiage, welter of words; **-kramer** wordmonger; **-lijst** word-list, (*verklarende ~*) glossary; **-praal** pomp of words, bombast, fustian; **-rijk** 1 rich in words; 2 wordy, verbose, (*rad van tong*) voluble; **-rijkdom**, **-rijkheid** 1 wealth of words; 2 wordiness; verbosity, volubility, flow of words; **-schat** stock of words, vocabulary; **-smeder** wordsmith; **-spel** wordplay, punning, quibbling, verbal play; *zie ook* woordspeling; **-strijd** dispute, wordy quarrel (battle, debate), verbal combat argument; **-stroom** *zie* -vloed; **-tolk** dictionary (of foreign, of hard words, of technical terms); **-twist** *zie* -strijd; **-vloed** flow (torrent, spate) of words; **-voorraad** *zie* -schat; **-wisseling** altercation, passage of words (of arms); *ze hebben een ~* words are passing between them; *een ~ hebben met,* (*ook*) bandy words with; **-zifter** quibbler, hair-splitter; **-zifterij** quibbling, hair-splitting

woord|familie family of words; **-gebruik** use of words; **-geheugen** verbal memory, memory for words; **-geslacht** gender; **-getrouw** word-perfect; **-keus, -keuze** choice of words; *gelukkige* ~ felicity in the choice of words; **-kramer** word-monger; **-kunst** wordcraft; **-kunstenaar** verbal artist, craftsman in words; **-omzetting** transposition of words, inversion; **-ontleding** parsing; **-raadsel** logogriph; **-register** index (of words); **-schikking** order of words, word order; **-soort** part of speech, word class; **-speling** play (up)on (the) words, pun, quibble; *~en maken* pun, quibble; **-uitlating** ellipsis; **-verdraaier** word-twister, distorter (perverter) of words; **-verdraaiing** word-twisting, distortion (perversion) of words; **-verklaring** explanation of a word (of words); **-voerder** spokesman, mouthpiece, spokesperson; **-voerster** spokeswoman, mouthpiece, spokesperson; **-volgorde** word order; **-voorraad** *zie* woordenschat; **-vorming** word formation

worden I *koppelww* become, grow [old, more and more excited, the sky grew dark, the weeks grew into months], get [tired, cold, it's getting late, dark], turn [pale, his hair is turning grey, the leaves are turning yellow], go [blind, mad, his face went white, he went red in the face], fall [ill, silent], come [of age]; *geheelonthouder (een verrader van zijn land)* ~ turn teetotaller (traitor to one's country); *soldaat* ~ become a soldier, enlist; *de patiënt werd veel erger* was taken much worse; *hij wordt haast zestig* he is going on for sixty; *hij wordt morgen negen* he'll be nine tomorrow; *ik ben vandaag 20 jaar geworden* I'm twenty today; *hij kan wel 90* ~ *(is 90 geworden)* he may live (he lived) to be ninety; *dat wordt dan twee tientjes* that will be ... then; *tenslotte werd het nog een heel bedrag* in the end it came to (be, amount to) a substantial sum; *het wordt een mooie dag* it is going to be a fine day; *het werd 9 uur, 10 uur* ... nine o'clock came, and then ten ...; *na lang dubben werd het Rome* after much doubting it ended up by being Rome; *dat kan wel wat* ~ *tussen die twee* it may come to something (it may be a match) between ...; *wat zal hij ~?* what is he going to be?; *ik wil advocaat* ~ I want to be a lawyer; *geestelijke* ~ take (holy) orders; *vóór de lagere dieren* ***tot*** *vogels werden* before the lower animals became birds; *wat zal er* ***van*** *hem* ~ *(wat is er van hem geworden)?* what is to become (what has become) of him?; II *ww vd lijdende vorm* be; *zijn huis werd verwoest (zijn been afgezet), (ook)* he had his house destroyed (his leg amputated); *er werd hem £ 200 nagelaten door een tante* he had £200 left him by ...; *er wordt heel wat gemopperd (gepraat, enz)* there is a lot of grumbling (talking, etc); *zie ook* donker, er, zuur, enz

wordend nascent; **wording** genesis, birth, origin; *in* ~ nascent, [the bill *wetsontwerp* is] in gestation (in incubation), [a nation] in the making

wordings|geschiedenis genesis; **-leer** ontogenesis, -geny, science of the origin of things

worg- *zie* wurg-

worm id; *(made)* grub, maggot; *de knagende ~ van het geweten* the worm of conscience; *~en hebben* have worms; *zie ook* wurm; **wormachtig** vermicular, wormlike; **wormen** *zie* wurmen; **wormgat** worm-hole *(ook in hout)*; **wormhoopje** worm-cast(ing); **wormig** wormy, worm-eaten

worm|koekje worm-pill, worm-tablet; **-kruid** 1 golden rod; 2 tansy; **-middel** vermicide, vermifuge, anthelmintic; *(in capsule)* worm-capsule; **-poeder** worm-powder; **-schroef** worm; **-steek** worm-hole; **-stekig** wormeaten, wormy, maggoty; **-stekigheid** wormeaten condition; **-verdrijvend** vermifuge, anthelmintic; ~ *middel, zie* -middel; **-vormig** vermiform [*aanhangsel* appendix]; **-werk** *(techn)* worm-gear (transmission); **-wiel** worm-wheel [drive]; **-zaad** worm-seed; **-ziekte** 1 helminthiasis; 2 *zie* mijn~

worp 1 throw; *(naar doel, ook)* shy [3 shies for £1]; 2 *(jongen)* litter [of pigs, etc]; *in één* ~ [produce several young] at a birth

worst sausage; *dat zal mij ~ wezen* I couldn't care less; **worstebroodje** sausage roll

worstelaar wrestler; **worstelen** struggle; *(sp)* wrestle, try a fall [with a p.]; *(fig)* struggle, wrestle; ~ ***met*** ***(tegen)*** struggle against [oppression, one's feelings], struggle with [adversity], battle against [the gale], contend *(of:* grapple) with [difficulties], wrestle with (against) [temptation, adversity], wrestle with [a problem], fight against [one's weakness]; *met God* ~ wrestle with God, wrestle in prayer; *met iem ~, (sp, ook)* wrestle a p.; *met de dood* ~ struggle with (be in the grip of) death, lie in one's last agony; *zie ook* zwoegen; **worsteling** struggle, wrestle, wrestling, scuffle, tussle; *(sp)* wrestle; **worstelwedstrijd** wrestling-match

worst|fabriek sausage factory; **-machine** sausage machine; **-vlees** sausage meat

wort id

wortel *(ve plant, tand, tong, enz; ook in taal & rek)* root; *(peen: gele)* carrot, *(witte)* parsnip; *(fig)* root [the root of all evil]; *de ~ Davids* the root of David; ~ *schieten, (ook fig)* take (strike) root, root, strike; *diep ~ schieten, (fig)* take a deep (a firm) root, become solidly rooted; *de ~ trekken uit* extract the [square, cube, fourth] root of [a number]; *met ~ en tak uitroeien* destroy root and branch, pull up by the roots; *het kwaad in de ~ aantasten* strike at the root of the evil

wortel|achtig root-like; *(vol ~s)* rooty; **-blad** radical leaf; **-boom** mangrove; **-draad** *zie* -haar

wortel|en take root; ~ *in* be rooted in [fear]; **-getal** radix; **-grootheid** radical quantity *(of:* value); **-haar** root *(of:* radical) hair; **-hout** root-wood; **-kanaalbehandeling** root treatment, root-canal therapy; **-kiem** radicle; **-klinker** radical vowel; **-knol** root-tuber; **-lijst** *(ve boom)* buttress; **-loof** carrot leaves; **-loot** sucker; **-mutsje** root-cap, calyptra; **-notehout** burr walnut; **-potige** rhizopod; **-rozet** radical rosette; **-standig** radical; **-stelsel** root system; **-stok** rootstock, rhizome; **-teken** radical sign; **-tje** 1 rootlet; 2 carrot; **-trekking** extraction of roots, evolution; **-vorm** radical quantity; **-vormig** root-shaped, root-like; **-woord** root-word, radical (word)

wou *ovt van* willen; **woud** forest, wood

woud|aapje (*vogel*) little bittern; **-bewoner** forest-dweller, woodsman; **-duif** woodpigeon; **-duivel** mandrill; **-ezel** wild ass, onager; **-loper** bush-ranger, woodsman; **-reus** giant of the forest, giant tree

Wouter Walter; (*fam*) Walt, Wat

wouw 1 (*vogel*) kite; 2 (*plant*) weld, dyer's-weed

wraak 1 revenge, vengeance; ~ *ademen* breathe vengeance; ~ *nemen* (*oefenen*) take revenge, take (have) one's revenge, revenge o.s., retaliate (*op* on; *over, voor* for); ~ *nemen op*, (*ook*) be revenged on; *de ~ is zoet* revenge is sweet; *om ~ roepen* (*schreeuwen, schreien*) cry for revenge; *uit* ~ in revenge [*over* for]; *mij is de wrake* vengeance is mine[, saith the Lord]; *zie ook* koelen, zinnen, zweren; 2 (*mar*) leeway

wraak|baar blamable, objectionable; (*jur*) challengeable [evidence, witness]; **-engel** avenging angel; **-gevoel(en)** (re)vengeful feeling; **-gierig** *zie* -zuchtig; **-gierigheid** *zie* -lust; **-godin** avenging goddess; *~nen* Eumenides, Furies; **-lust** vindictiveness, thirst for revenge; **-neming**, **-oefening** retaliation, revenge [of a crime]; **-zuchtig** revengeful, vindictive

wrak I *zn* wreck, derelict (*beide ook fig*); (*ve pers, ook, fam*) crock; II *bn* rickety [chair], crazy [bridge], shaky [staircase], dilapidated [motor car], ramshackle [staircase], crippled [cow]

wrake *zie* wraak; **wraken** 1 object to, take exception to, denounce [abuses, etc]; *het gewraakte interview* the notorious ...; 2 (*jur*) challenge [a juryman, witness, evidence], rule [a witness] out of court; *de gewraakte opmerking*, (*ook*) the incriminated remark; 3 (*mar*) drift, make leeway

wrakgoederen wreck(age), flotsam and jetsam; **wrakheid** craziness, etc; *zie ook* wrak II; tottering condition; **wrakhout** wreckage

wraking 1 (*jur*) challenge; *vgl* wraken; 2 (*mar*) drift, leeway; **wrakingsgrond** cause of challenge

wrakstuk piece of wreckage; *~ken* wreckage

wrang I *bn* sour, acid, tart, astringent, harsh; rough [wine]; wry [smile]; *de ~e vruchten*, (*fig*) the bitter fruits; *een ~e grap* a cynical (sick) joke; II *zn* 1 (*mar: hout*) floor timber; (*ijzer*) floor plate; 2 (*ve koe*) mastitis

wrangheid sourness, acidity, tartness, astringency; **wrangwortel** green hellebore

wrat wart; **wratmeloen** cantaloup(e); **wrattenkruid** wartwort; **wrattig** warty; **wratziekte** (*v aardappelen*) wart disease, black scab; **wratzwijn** wart-hog

wreed 1 cruel, ferocious, barbarous; (*dicht*) fell [a fell disease]; *de wrede feiten* (*werkelijkheid*) the grim facts (reality); 2 (*op het gevoel & van smaak*) rough [cloth, tongue; wine, cider]; 3 (*fam*) wizard; **wreedaard** cruel man, brute; **wreedaardig** *zie* wreed 1; **wreedheid** 1 cruelty, ferocity, savagery; 2 roughness; *vgl* wreed

wreef I *zn* instep; II *ww ovt van* wrijven

wreken revenge [a p., an offence]; (*dikwijls als gerechte straf*) avenge [a p., an injury]; *zich* ~ revenge o.s., be revenged, take revenge, take (have) one's revenge, avenge o.s.; (*fam*) get one's own back; *zulke fouten zullen zich* ~ such mistakes will come home to roost; *iets op iem* ~ revenge s.t. (up)on a p.; *zijn teleurstelling op anderen* ~, (*ook*) visit one's disappointment (up)on others; *zich ~ op ... over* ... revenge o.s. (be revenged, have one's revenge) on ... for ...; *het geweld wreekt zich op hen die het uitoefenen* violence recoils on the violent; **wreker** avenger, revenger; **wreking** revenge [of a crime]

wrevel I *zn* spite, resentment, rancour; II *bn zie* ~ig; **wreveldaad** *zie* euveldaad; **wrevelig** spiteful, resentful, rancorous; (*knorrig*) peevish, crusty, testy, grumpy; **wreveligheid** 1 *zie* wrevel; 2 (*knorrigheid*) peevishness, etc; **wrevelmoedig** *zie* wrevelig

wriemelen 1 wriggle, squirm, twist; *gewriemel* swarming, crawling, wriggling, etc; 2 (*kriebelen*) crawl, tickle, itch; ~ *van* swarm (crawl, teem, be alive) with

wrijf|doek polishing-cloth, flannel; **-hout** (*mar*) wood fender; **-kussen** (*elektr*) rubber, cushion; **-lap** *zie* -doek; **-letters** dry-transfer lettering, rub-down letters; **-middel** liniment; **-paal** rubbing-post; (*fig*) laughing-stock, butt, target; **-prent** [brass, etc] rubbing; **-steen** rubbing-stone; **-was** beeswax

wrijven rub; (*boenen ook*) polish [furniture, etc]; grind, bray [colours]; *na veel gewrijf en geschrijf* after no end of writing (back and forth); *tegen elkaar* ~ rub together; *tot poeder* ~ rub to powder, pulverize; *door een zeef* ~ mash through a sieve; *zijn ogen* ~ rub one's eyes [*van verbazing* with wonder]; *zich de slaap uit de ogen* ~ rub the sleep from one's eyes; *zich* (*in*) *de handen* ~ rub (wash) one's hands; *de kat wreef zich tegen mijn been* rubbed herself (rubbed up) against ...; *iets van zijn handen* ~ rub s.t. off one's hands; *zie ook* neus; **wrijving** friction (*ook fig:* there is some friction between them), attrition (*ook fig*), rubbing; (*fig ook*) clash [the clash of opinion, of public; debate]

wrijvings|coëfficiënt coefficient of friction; **-elektriciteit** frictional electricity; **-hoek** angle of friction; **-vlak** friction (*of:* rubbing) surface; (*fig*) cause of friction; **-warmte** frictional heat; **-weerstand** friction(al) resistance

wrikken jerk, shake; scull [a boat]; ~ *aan, zie* tornen; **wrikriem** scull

wringen wring [one's hands], twist [a p.'s arm], wring (out) [clothes, etc]; *iem iets uit de handen* ~ wrest (wrench) s.t. from a p.('s hands); *kaas* ~ press cheese; *zich* ~ twist o.s., wriggle; *zich ~ als een worm* squirm (wriggle) like a worm; *zich in allerlei bochten* ~ wriggle, squirm, (*v pijn*) writhe (squirm) with pain; *zich door een opening* (*erdoor*) ~ wriggle through an opening (squeeze through); *zie ook* gewrongen & schoen; **wringing** wringing, twist(ing); (*mech*) torsion; **wrin-**

gingshoek angle of torsion; **wringmachine** (clothes-)wringer; **wrochten** work [wonders]

wroeging remorse, compunction, contrition; *zie ook* gewetens~

wroeten 1 root, grub [in the earth]; (*ve mol, enz*) burrow (*ook fig*); (*v kippen*) scratch [on the dunghill]; (*in papieren, enz*) rummage [among papers]; *in de grond ~,* (*ook*) root (*of:* rout) up the earth; *in iems verleden ~* ferret (*of:* hunt) out a p.'s past; *in een zaak ~* pry into an affair, stir up (the) mud; *een gat in de grond ~* burrow a hole in the earth; *zie ook* gewroet; 2 toil, drudge, slave; **wroeter** 1 rooter; rummager; 2 toiler; *vgl* wroeten

wrok grudge, rancour, ill-will, ill-feeling, resentment, spite; *een ~ tegen iem hebben* (*koesteren*) bear a p. a grudge, have a grudge (a spite) against a p.; (*geen*) *~ koesteren* (*gevoelen*) bear (no) malice; *een ~ opvatten tegen* conceive a grudge against; *met ~ in het hart* [she stared at him] resentfully; **wrokken** fret, chafe [*over* at], sulk; *~ tegen* have a grudge against; *hij wrokt er nog over* he is still very sore about it, it still rankles

wrong I *zn* 1 (*algem*) roll; (*krans*) wreath; (*haar~*) knot [of hair], coil, bun, chignon, (*tulband*) turban; (*heupkussentje*) bustle; 2 (*her*) wreath, torse; 3 (*ruk*) wrench; II *ww ovt van* wringen

wrongel curdled milk, curds; *zoete ~ met room* junket; **wrongelen** curdle

wuft frivolous, flighty, volatile, fickle; **wuftheid** frivolity, volatility, fickleness

wuiven wave; *~ met* wave [one's hand, handkerchief]; *~de zakdoeken,* (*ook*) fluttering handkerchiefs; *~d gebaar* wave [of the hand]

wulf vault(ing); (*mar*) counter; **wulk** whelk

wulp 1 *zie* welp; 2 curlew; (*Sch*) whaup

wulps lewd, lascivious; *een ~e blik* a provocative look; **wulpsheid** lewdness, lasciviousness

wurgen strangle, throttle; (*als doodstraf in Spanje, enz, & om te beroven*) gar(r)otte; **wurgengel** destroying angel; **wurger** strangler, gar(r)otter; (*lid van Indische sekte*) thug; (*vogel*) butcherbird, shrike; **wurggreep** stranglehold (*ook fig*); **wurging** (manual) strangulation, throttling; **wurgketting** choke chain; **wurgpaal** gar(r)otting-post; **wurgstokje** nunchaku

wurm worm; *het arme ~* the poor mite; **wurmen** wriggle, worm, twist; (*fig*) drudge, toil (and moil), fag; *zich erin* (*eruit*) *~* wriggle (worm, worm o.s.) into (out of) it

Wurtem|berg Würt(t)emberg; **-berger** Würt(t)emberger; **-bergs** Würt(t)emberg

wuziwuk wysiwyg

WVC afk van (*Ministerie van*) *Welzijn, Volksgezondheid en Cultuur* (Ministry of) Welfare, Public Health and Culture; **WW** afk van *Werkloosheidswet* Unemployment Act; **WWV** afk van *Wet Werkloosheidsvoorziening* Unemployment Provision Act

wyandotte id; **wybertje** lozenge (*beide bet*)

x (the letter) x; (*algebra*) x; *de x van punt P* the abscissa of P; *ik heb hem x keer* (*een x-aantal keren*) *gewaarschuwd* I've warned him umpteen (dozens of) times

xanthine id

Xantippe Xanthippe; (*fig, ook*) tartar

x-as x-axis

x-benen knock-kneed legs; *~ hebben,* (*ook*) be knock-kneed, have knock-knees

xenofobie xenophobia; **xenomanie** xenomania

xenon id

xeres(wijn) sherry

xerofyt xerophyte

xerografie xerography

Xerxes id

x-las double vee-joint

x-stralen X-rays

xyleem xylem

xyleen xylene

xylofoon xylophone

xylograaf xylographer; **xylografie** xylography

y (the lettter) y; *de ~ van punt P* the ordinate of P

ya(c)k *zie* 2 jak

yalesleutel Yale key; **yaleslot** Yale lock, cylinder lock

yam id; **yamswortel** yam

yankee Yankee, (*fam*) Yank

y-as y-axis

yen id

yes: *reken maar van ~!* absolutely!

yeti id

yoga id

yoghurt yogurt, yoghourt

yogi id

yonk junk

yo-yo id; *zie verder* jojo

Yperen Ypres; **yperiet** mustard gas

ypsilon upsilon

yucca (*sierplant*) id

yup yuppy

Zzz

z (the letter) z; **Z** Z; afk van *Zuid(en)* S (South)

zaad seed (*ook fig:* the seed of Abraham); *~je,* (*ook*) grain of seed; (*dierlijk*) semen, sperm; *het ~ der tweedracht* (*deugd, ondeugd*) the seed of strife (virtue, vice); *in het ~ schieten* run (go) to seed, seed; *op **zwart** ~ zitten* be on the rocks, be hard up; (*sl*) be short of the ready, be (down) on one's uppers

zaad|ader spermatic vessel; **-bakje** seed-box, feeding-dish; **-bal** testicle; **-bed** seed-bed; **-bolster** seed-vessel, pericarp; **-cel** spermatozoon (*mv:* -zoa); **-dodend** spermicidal; **-donor** sperm donor; **-doos** capsule; **-gans** bean-goose; **-handel** seed-trade; **-handelaar** seedsman; **-huid** seed-coat, testa; **-huisje**, **-hulsel** seed-vessel, pericarp; **-kern** nucleus; **-kiem** germ; **-knop** ovule; **-koek** 1 zie lijnkoek; 2 (*plantk*) placenta; **-kwekerij** seed-farm, -garden; **-leider** vas deferens, sperm duct; **-lob** cotyledon, seed-leaf; **-loop** involuntary seminal discharge; (*wtsch*) spermatorrhoea; **-loos** seedless; **-lozing** ejaculation, seminal emission (*of:* discharge); **-navel** hilum; **-olie** rapeseed oil; **-plant** seed-plant; **-pluimpje**, **-pluis** pappus; **-streng** spermatic cord, (*inz plantk*) funiculus; **-uitstorting** *zie* -lozing

zaag 1 saw; 2 (*zeur*) bore

zaag|bank sawbench; **-bek** sawbill; *grote ~* goosander; *middelste ~* red-breasted merganser; *kleine ~* smew; **-beugel** saw-frame; **-blad** 1 saw-blade; 2 (*plant*) sawwort; **-bok** saw-horse, sawing-trestle, (*Am*) sawbuck; **-dak** sawtooth roof; **-eend** goosander; **-kuil** saw-pit; **-machine** sawing-machine; **-meel** sawdust; **-mes** saw-knife; **-molen** sawmill, sawing-mill; **-molm**, **-mul** sawdust; **-raam** saw-frame; **-sel** sawdust; (*v metaal*) swarf

zaagsgewijs (*ingesneden*) serrate(d)

zaag|snede 1 (*v mes*) serrated edge; 2 (*in bout, enz*) slot, saw-cut; **-stoel** *zie* -bok; **-tafel** saw-bench; **-tand** sawtooth; **-vijl** saw-file; **-vis** saw-fish; **-vormig** saw-shaped, serrated; (*plantk*) *zie* gezaagd; **-wesp** sawfly; **-zetter** (*toestel*) saw-set, -wrest

zaaibaar sowable; **zaaibak** seed-pan; **zaaibed** seed-bed; **zaaibloem** seed-flower

zaaien sow; *tweedracht* (*wantrouwen, verdeeldheid*) *~* sow dissension (distrust, discord); *gelijk gij zaait zult gij maaien* as you sow so you will reap, as you make (have made) your bed so you must lie on it; *het gezaaide* the sowings; the crop

zaai|er sower [a sower went forth to sow; *Matth. 13:3*]; **-goed** sowing-seed; **-graan** seed-corn; **-ing** sowing; **-koren** seed-corn; **-land** sowing-land; **-lijnzaad** flaxseed; **-ling** seedling; **-machine** sowing-machine, seeder; **-oester** seed-oyster; **-plant** seedling; **-sel** sowings; **-tijd** seed-time, sowing-time, -season; **-zaad** sowing-seed

zaak 1 (*aangelegenheid*) business, matter, affair, case; *zaken* affairs, business, matters, things [take things as you find them]; (*staatszaken*) affairs [be at the head of affairs; Foreign Affairs]; *Chinese zaken* [an authority on] things Chinese; *huiselijke* (*industriële*) *zaken* domestic (industrial) affairs; *~ van ondergeschikt belang* matter of detail; *dit feit maakt de ~ ingewikkelder* this fact complicates matters; ***het is** ~ dat ...* it is necessary (advisable) that ...; *het is ~ snel te handelen* the (great) thing is to act quickly; *het is een ~ van minuten* it's a matter of ...; ***de ~ is** dat ik niet wil* the fact (the fact of the matter, the point, *fam:* fact) is that I don't want to; *dat is de ~ niet* that is not the point; *wat is nu eigenlijk de ~?* what's the point exactly? *de ~* (*waar het over gaat*) *is ...* the point (at issue) is ...; *de ~ is deze* the fact (the point) is this; *dat is de hele ~* that's the whole matter; *dat **is een andere** ~* that is another thing; *zie ook* anders: wat *~*; ***ieders** ~ is niemands ~* everybody's business is nobody's business; *dat is **jouw** ~* that's your business (your concern, your look-out, *iron:* your funeral); *dat is **mijn** ~* that's my affair; *dat is mijn ~ niet* that is not my business, no business (no concern) of mine; *geduld* (*enz*) *is zulk een **schone** ~ ...* is a fine thing; *het is niet **veel zaaks*** it is not up to much, nothing much; (*sl*) it's no great shakes, not much cop; (*ook:*) [many of the sketches were] a good way below par; *zijn zaken* (*zaakjes*) ***kennen*** know one's business (one's job); *de zaken **overdenken*** think things over; *hoe **staan** de zaken?* how do things stand?, how are things?; *zo staan de zaken* that's how the matter stands (how matters stand, how we stand); *zo staat de ~ op het ogenblik* there the matter rests at present; *de ~ staat nu zó, dat ...* the position is now that ...; *zoals de zaken staan* as things are; ***ter** zake van* on account of; *zie ook* inzake; *een ter zake dienende vraag* a pertinent question; *niet ter zake dienende* not to the point, irrelevant, beside the question; *laat ons ter zake komen* let us get down to business, (*fam*) let us get down to brass tacks; *ter zake!* to the point!, to business!, come to the facts, please!; *dat doet niets ter zake* (***tot** de ~ af*), *a*) that is beside the point (is irrelevant); *b*) that is of no consequence, is neither here nor there; 2 (*jur*) case, (law)suit; *de* (*rechts*)*zaak Robinson* the Robinson case; *er een ~ van **maken*** go to law; *ik wil er geen ~ van maken,* (*ook*) I'll do nothing about it; *de ~ is **voor*** (*komt morgen voor*) the case is on (will come on tomorrow); *iem zijn ~ **voorleggen*** put one's case before a p.; ***in** zake* concerning; *zie* inzake; 3 (*roerende ~*) chattel; 4 (*idee dat men voorstaat*) cause; *de ~ van de Geallieerden* the Allied cause; *een ~ **bevorderen*** further a cause; *strijden voor een edele ~* fight in a noble cause; *werken voor de zaak van het socialisme* work in the cause of ...; *alles opofferen voor de ~ van het recht* sacrifice everything to the cause of right; 5 (*de eigenlijke ~*) [evade the] issue; 6 (*ding*) thing; 7 (*bedrijf*) business, concern, trade; (*transactie*) transaction; (*sl*) deal; *zaken,* (*handel*) business; *twee zaken* (*winkels, enz*) *hebben* have two businesses; *zaken* ***zijn*** *zaken* business is business; (*de*) *zaken gaan* ***voor*** *het meisje* business before pleasure; business first, pleasure afterwards; *zaken doen voorgaan* put business before pleasure; *een ~* ***afsluiten*** conclude a transaction, (*fam*) bring off a deal; *een ~* ***beginnen*** start a business, open a shop, set up in business; *zaken* ***doen*** do (carry on) business; *grote zaken doen* have an extensive trade, do business on a large scale; *zaken doen met* deal (have dealings, do business) with; *goede zaken doen* be in a good way of business, do good business; *we zouden samen zaken kunnen doen* we might do a deal; *zo doet men geen zaken* it's not business; *een ~* ***drijven*** carry on (run) a business; *zie ook* drijven; *in zaken zijn* (*gaan*) be in (go into) business; *hoe staat het* ***met*** *de zaken?, a*) how is business?; *b*) how are you (getting on)?; *gaat het goed met de zaken?* (is) business all right?; ***uit*** *de zaken gaan* retire from business; *auto* ***van*** *de ~* company car; *hij reist* (*is hier, gaat naar L*) ***voor*** *zaken* he travels (is here, goes to L) on business; *hij bezoekt mij alléén voor zaken* he visits me only in the way of business; *zie ook* zaakje, advocaat, gedaan, gemeen, grond, ingaan, kennis, zeker, enz

zaakgeheugen memory for facts; **zaakgelastigde** agent, proxy, representative; (*ve regering*) chargé d'affaires, (diplomatic) agent

zaakje 1 (*winkeltje, enz*) small business; 2 (*ding, enz*) [a poor] affair, arrangement; *ik heb genoeg van het hele ~* I'm fed up with the whole show; 3 (*karwei, handel, enz*) (little) job; (*sl*) proposition; *een voordelig ~,* (*transactie*) a good stroke of business, [put a p. on to] a good thing; *hij maakt de godsdienst tot een ~* he makes religion a commercial (money-spinning) proposition; 4 (*geslachtsdelen*) (family) jewels; *zie ook* boel, boeltje & vuil

zaakkennis (special, practical) knowledge of a subject; **zaakkundig** expert, well-informed, business-like; **zaakkundige** expert; **zaaknaam** name of a thing, (*gramm*) common noun; **zaakregister** subject index, index of subjects; **zaaks** *zie* zaak; **zaakvoerder** agent; **zaakwaarnemer** solicitor; *haar ~* her man of business

zaal 1 hall, room; (*in ziekenhuis*) ward [the general, the geriatric ward]; (*theat, enz*) auditorium, house [is there a doctor in the house?], audience; (*als rang*) pit; *een volle ~,* (*theat, enz*) [play to] a full house; 2 *zie* zadel; **zaalchef** superintendent; **zaalhockey** indoor hockey; **zaaljuffrouw** usherette; **zaalsport** indoor sport; **zaalverlichting** house lights; **zaalwachter** usher; **zaalzuster** ward sister

zabbelen *zie* sabbelen

Zacharia Zechariah; **Zacharias** Zachariah, Zachary; **Zacheüs** Zacchaeus

zacht 1 (*niet hard*) soft [cushion, bed, bread, cheese, skin, palate, water]; *~e medeklinker* voiced (*of:* soft) consonant; *~ staal* mild steel; *~ koken* soft-boil [eggs]; *~ gekookt ei* soft-boiled egg; *zie ook* ei(tje), vulling, & *vgl 2*; 2 (*niet krachtig*) gentle [breeze, tap at the door], soft [touch, rain softly]; *~ vuurtje* [stew it on a] slow fire; *een ~e wenk* a gentle hint; *~ wijntje* soft (mellow, smooth) wine; *~ aanraken* touch gently (lightly); *~ antwoorden* (*binnenkomen, lopen*) reply (enter, tread) softly; *~ behandelen* deal gently with; *~(jes) koken* boil gently; *~ wat!* gently!; 3 (*niet luid*) low [murmur, in a low voice], soft [tread softly, sing (say) it softly]; *~ spreken* speak low, speak under one's breath; *~er spreken* drop (*of:* lower) one's voice; *~er zetten* (*laten spelen*) turn down [the radio]; 4 (*niet ruw*) smooth [skin]; 5 (*vh klimaat, enz*) mild [climate, winter]; 6 (*ve kleur*) soft [a soft brown eye]; 7 (*vh licht*) soft, mellow, subdued; 8 (*ve vrucht*) soft, mellow; 9 (*niet snel*) slow [drive slowly]; 10 (*liefelijk*) sweet [music], mellow [tones]; 11 (*goedig*) gentle, mild [an extremely mild man], meek; sweet [temper]; 12 (*niet streng*) lenient [master, sentence], mild [regime, punishment]; *haar ogen namen een ~ere uitdrukking aan* her eyes softened; *~ oordelen over* take a charitable (lenient) view of; *te ~ oordelen,* (*ook*) err on the side of charity; *op zijn ~st genomen* (*gezegd, uitgedrukt*) to put it mildly, to say the (very) least (of it); 13 (*niet moeilijk*) easy; *een ~e dood sterven* die an easy death; (*fig*) fade away, cease to function; 14 *~* (*werkend*) mild [medicine]; 15 (*geleidelijk*) gentle [slope]; 16 (*v smaak*) mild, delicate; 17 (*niet hoog*) low; *een ~ prijsje* a low (favourable) price; *zie ook* ~jes

zachtaardig gentle, sweet, mild(-tempered); **zachtaardigheid** gentleness, sweetness; **zachtboard** softboard; **zachtheid** softness, smoothness, gentleness, sweetness, leniency, mildness; *vgl* zacht; **zachthout** softwood; **zachtjes** softly, gently, slowly, quietly; *~ bidden* pray silently (in silence); *zie ook* zacht; *~!* hush!; *~ aan!* gently!, easy!, steady!; *~ aan, dan ..., zie* langzaam; **zachtjesaan** gradually, by and by; **zachtmoedig** *zie* zachtaardig; (*bijb*) [blessed are the] meek; **zachtsoldeer** soft solder, tin solder; **zachtwerkend** mild [medicine]; **zachtzinnig** *zie* -aardig; *niet ~ te werk gaan,* (*ook*) act ruthlessly

zadel 1 saddle; *iem in het ~ helpen* give a p. a leg up; (*fig ook:*) set a p. in the saddle; *in het ~ springen* leap (vault, swing) into the saddle; *in het ~ zitten,* (*ook fig*) be in the saddle; *vast in het ~ zitten,* (*ook fig*) have a firm seat, be firmly seated (in the saddle); *uit het* (*de*) *~ lichten* (*werpen*) unseat, unhorse, (*fig*) cut out, supplant, oust; *hij werd uit het ~ geworpen,* (*ook*) he parted company with his horse, he had (his horse gave him) a spill, he took a toss; *zonder ~ rijden* ride bareback; 2 (*aardr, weerkunde*) col; **zadelboog** saddle-bow; (*achter*) cantle, hind-bow; **zadelboom** saddle-tree; **zadeldak** pitched (gable, *op toren:* saddleback) roof; **zadeldek** saddle-cloth; *~je,* (*ve fiets*) saddle-cover; **zadelen** saddle (up)

zadel|gewricht saddle-shaped joint; **-kleed** saddle-cloth; **-knop** pommel; **-kussen** saddle-cushion, saddle-pillion, saddle-pad; **-leer** saddle-leather; **-maker** saddler, saddle-maker;

-makerij 1 saddler's shop; 2 saddlery, saddler's trade; **-paard** saddle-horse; **-pen** (*ve fiets*) saddle-pillar, -pin, -post; **-pijn** saddle-soreness; ~ *hebben* be saddle-sore; **-riem** saddle-girth; **-rob** harp-seal, (*Am ook*) saddleback; **-rug** saddleback; *met* ~ saddlebacked; **-steek**, **-stiksel** saddle stitch; **-tas** saddle-bag; (*ve fiets, ook*) wallet, tool-bag; **-tuig** saddle with girths, leathers and irons; **-vast** saddle-fast, firm in the saddle

zag *ovt van* zien

zagen 1 saw; (*op viool*) saw [on the fiddle], scrape [on the violin]; 2 *over iets* ~ harp on a subject (on the same string); *lig* (*zit*) *niet te* ~ don't keep harping on (about it); **zager** 1 sawyer; 2 scraper; 3 bore; 4 rag-worm; *vgl* zagen; **zagerij** 1 sawing; 2 saw(ing)-mill

Zaïre id; **Zaïrees** Zaïrean, -rian, Zaïrese

zak 1 (*algem*) bag [paper bag; money-bag, etc; (*ook baal:*) bag of coffee, of rice]; (*altijd groot*) sack [of corn, flour, potatoes]; *leren ~, tabakszak, wijnzak*) pouch; (*ve kledingstuk & biljart*) pocket; (*ve matroos, enz*) kitbag; *~je,* (*afdeling ve portefeuille, enz*) pocket, receptacle; (*peperhuisje*) [paper] screw, cornet; sachet [of powdered milk]; *~je zaad* packet of seeds; *de* ~ ***geven*** give a p. the sack (boot), sack a p.; *de* ~ ***krijgen*** get the sack, be sacked; *~jes* ***plakken,*** (*fig*) pick oakum; *met het ~je* ***rondgaan*** take up the collection; *zijn ~ken* ***vullen*** fill (line) one's pockets (*ook fig*); *ik heb een* ~ ***zout*** *met hem gegeten* I have known him for ages; ***in*** ~ *en as zitten* feel desperate; *ze hadden de wedstrijd in de* ~ they had ... in the bag, all tied (sewn) up; *in ~ken doen* bag, sack; *doe* (*steek*) *het in je* ~ put it in your pocket; *steek die in je* ~ put that in your pipe and smoke it; *een belediging in zijn* ~ *steken* pocket (swallow) an insult; *in de* ~ *tasten* put one's hand in(to) one's pocket, dive into (feel in) one's pocket, (*fig ook*) dip (deeply) into one's pocket (*of:* purse); *hij is altijd klaar om in zijn* ~ *te tasten* he is always ready to contribute; *we voelen het in onze ~ken* it hits us in our pockets; *in de* ~ *stoten,* (*biljart*) pocket [a ball]; *de hand* ***op*** *de* ~ *houden* be tight-fisted; *hij had geen geld op* ~ he had no money about him (with him); *op iems* ~ *leven* live at a p.'s expense, sponge on a p.; *ik betaalde hem* ***uit*** *mijn eigen* ~ I paid him out of my own pocket; *zie ook* kat, oog, pak; 2 (*biol, onder ogen*) bag, pouch; (*in dier of plant*) sac; (*ve buideldier*) pouch; (*balzak*) scrotum; 3 (*slop*) blind alley; 4 (*~ van een vent*) clot, bore

zakagenda pocket-diary; **zakboekje** notebook; (*mil*) pay-book; **zakbreuk** inguinal hernia; **zakcent(je)** pocket-money; **zakdoek** (pocket-)handkerchief; (*fam*) hanky; *~je leggen* drop the handkerchief; **zake** *zie* zaak

zakelijk 1 real, essential [difference]; (*degelijk*) well-informed [article], businesslike [management], sound, pertinent [remarks], factual [speech]; ~ *onderpand* collateral (security); *~e inhoud* substance, gist, purport; ~ *blijven* keep (stick) to the point (to one's text); 2 (*beknopt*) concise, succinct; (*ad rem*) [brief and] to the point; 3 (*niet persoonlijk*) objective, matter-of-fact; *enige ~e ideeën aan de hand doen omtrent* ... give some matter-of-fact views about ...; *om redenen van ~e aard* for non-personal (for other than personal) reasons; *het* ~ *deel* [*ve retraite, enz*] the material part

zakelijkheid succinctness, conciseness, objectivity; businesslike character; matter-of-factness; *nieuwe* ~ functionalism

zaken|brief business letter; **-cijfer** turnover; **-doen** (doing) business; *zie* zaak; **-kabinet** cabinet not supported by a working majority; **-kringen** business circles, the business community; **-leven**: *het* ~ the business community, industry; **-lieden** businessmen; **-man** businessman; **-pand(en)** business premises (*mv*); **-reis** business tour; business trip; **-relatie** (*ook pers*) business connection; (*pers*) business friend; **-vriend** business friend; **-wereld** business world

zakformaat pocket-size; *in* ~, (*ook fig*) pocket [battleship, etc], pocket-handkerchief [garden]; **zakgeld** pocket money, spending-money; **zakjapanner** pocket calculator; **zakkam(metje)** pocket comb

1 zakken 1 sink [in the mud, rain sinks into the earth, his head sank on his chest]; (*v water*) fall, drop, subside; (*vd barometer*) fall, drop; (*ve vliegtuig*) lose height; (*ve muur, deur, enz*) sag; (*v effecten*) fall; *hij zakte door zijn knie* his knee gave; *haar boosheid zakte* her anger ebbed; *door het ijs* ~ go (fall) through the ice; *erdoor* ~ go (fall) through; ***laten*** ~ let (draw) down [a blind], hang [one's head], lower [he lowered his newspaper], drop [one's voice]; fail, plough [a student]; *vgl* 2; *de moed laten* ~ lose courage; *zich laten* ~ let o.s. down, lower o.s. [into a chair]; *zie ook* dalen & afzakken, ineenzakken; 2 (*bij examen*) fail (the examination), (*fam*) be (get) ploughed [in an examination]; ~ *als een baksteen* fail, etc, ignominiously; ~ *op* (*voor*) *wiskunde* fail in (come down in) mathematics; ~ *voor een examen,* (*ook*) fail an examination; ***laten*** ~ fail [they are going to fail you]; 3 (*bij het zingen*) lose the key, go flat

2 zakken (*in zakken doen*) bag, sack

zakken|drager (market-)porter; **-goed** sacking; **-rollen** *zn* pocket-picking, pick-pocketing; **-roller** pickpocket; (*sl*) dip; **-vuller** profiteer; **-wasser** dope; shit

zakk(er)ig clottish, spineless

zak|kijker pocket binoculars; **-kompas** pocket compass; **-lamp**, **-lantaarn** pocket torch, flashlight; **-linnen** sackcloth, sacking, bagging; **-lopen** *zn* sack-race; **-mes** pocket knife, penknife; **-net** bag-net; **-portefeuille** pocketbook; **-schaartje** pocket scissors; **-telefoon** cellular phone; **-uitgave** pocket edition; **-vol** pocketful, bagful, sackful; **-vormig** sack-, bag-shaped; (*plantk*) saccate; (*dierk*) sacciform; **-woordenboek** pocket dictionary

zalf ointment, unguent, salve; *een ~je op de wond, zie* pleister; *daaraan is geen* ~ *te strijken* it's labour lost; *aan hem is geen* ~ *te strijken* he is incorrigible, is past praying for

zalf|achtig unctuous; **-olie** anointing-oil, consecrated oil, chrism, chrismal oil; **-pot** gallipot
zalig 1 blessed, blissful; (*r-k*) Blessed [Oliver Plunkett]; ~ *maken* save; *wat zal ik doen om ~ te worden?* what shall I do to be saved?; ~ *spreken* beatify; ~ *zijn de armen van geest* blessed are the poor in spirit; *het is ~er te geven dan te ontvangen* it is more blessed to give than to receive; ~ *zijn de bezitters* possession is nine points of the law; *de ~en* the blessed; 2 (*verrukkelijk*) divine, gorgeous, heavenly [fruit], glorious [weather]; (*sl, dronken*) glorious (*ook:* gloriously drunk, gloriously lit up), tight; *er lag een ~e uitdrukking op zijn gelaat,* (*ook scherts ve dronkaard*) his face was beatific; *~e glimlach* beatific smile; *het was* ~ it was glorious
zaligen beatify; **zaliger** late, deceased; *zijn moeder* ~ his late (*fam:* poor, dear) mother; *uw vader ~ gedachtenis* your ... of blessed memory; **zaligheid** 1 salvation, bliss, beatitude, blessedness; *de acht zaligheden,* (*r-k*) the eight beatitudes; *zie ook* deelachtig; 2 (*geluk, genot*) bliss; *wat een ~!* how glorious!, how delightful!; **zaliging** beatification; **zaligmakend** soul-saving, beatific, sanctifying [grace]; *zie ook* alleen~; **Zaligmaker** Saviour; **zaligmaking** salvation; **zaligspreking** beatification; *de ~en,* (*Bergrede*) the Beatitudes; **zaligverklaring** beatification
zaling (*mar*) cross-, trestle-trees
zalm salmon; *jonge* ~ samlet, grilse; *zie ook* neusje
zalmachtig salmon-like, (*wtsch*) salmonoid; **zalmforel** salmon-trout; **zalmkleur** salmon (-colour), salmon-pink; **zalmkleurig** salmon-(-coloured), salmon-pink; **zalmmoot** fillet of salmon, salmon-steak
zalven (*ter wijding*) anoint; (*wond, enz*) rub with ointment; *~d* unctuous, greasy, oily [tone]; *een ~de huichelaar* an unctuous hypocrite; '...', *zei hij ~d* '...', he said unctuously; **zalving** anointing; (*fig*) unction, unctuousness
Zam|besi, -bezi id; **Zam|bia, -bië** Zambia; **Zambiaan(s)** Zambian
zamen: *te* ~ together; *zie* samen
zand sand; (*vuil, tussen machinedelen, enz*) grit; *opeengewaaid* ~ drift-sand; *talrijk als het ~ der zee* as numerous as the sands on the seashore; *het hangt als los* (*droog*) *~ aan elkaar* it does not hang together (cohere), is disjointed; *iem ~ in de ogen strooien* throw dust in a p.'s eyes, pull (the) wool over a p.'s eyes; *de kop in het ~ steken* bury (hide, put) one's head in the sand, play the ostrich; *in het ~ bijten,* (*in beide betek.*) bite the dust; *op ~ bouwen* build on sand; *met ~ bestrooien* sand [a well-sanded floor]; *~ erover!* let bygones be bygones, (*fam*) forget it!; *zie ook* weldaad
zand|aal sand eel; **-aardappel** sand (*of:* light-soil) potato; **-achtig** sandy; **-baars** pike-perch; **-bad** sand-bath, (*med*) saburration; **-bak** sandbox, sandpit; **-bank** sandbank, shallow, shoal; (*in haven- of riviermond*) (sand) bar; **-blaastoestel** (*techn*) sandblast apparatus; **-blad** (*v tabak*) sand-leaf; **-blauwtje** (*plant*) sheep's-bit, sheep's scabious; **-bodem** sandy soil
zanden sand [writing, land], dry (*of:* mix) with sand; **zander** pike-perch; **zanderig** sandy, gritty; **zanderigheid** sandiness, grittiness; **zanderij** sandpit
zand|gebak shortbread; **-glas** *zie* -loper; **-groeve** sandpit; **-grond** sandy soil (*of:* ground); *op een ~ bouwen* build (up)on sand; **-haas** 1 wild hare; 2 (*mil*) footslogger; **-haver** lyme-grass; **-heuvel** sand-hill; **-hoos** sand-spout
zandig *zie* zanderig
zand|kasteel sandcastle; **-kever** tiger-beetle; **-kleurig** sand-coloured, sandy; **-koekje** shortbread biscuit; **-koker** (*hist*) sand-, pounce-box; **-korrel** grain of sand; **-kruid** sandwort; **-kuil** sandpit; **-laag** stratum (*of:* layer) of sand, sand-bed; **-lichaam** embankment, sand-dam, sand-fill; **-loper** hourglass, egg-timer; *zie ook* strandloper, strandpluvier & zandkever; **-mannetje** sandman, Wee Willie Winkie; **-oever** sandy shore; **-oogje** meadow brown (butterfly); **-pad** sandy path; **-plaat** sandbank, flat, shoal; **-rug** ridge of sand; **-ruiter** unhorsed (fallen, thrown) rider; ~ *worden* be unhorsed; (*fam*) take a toss; **-steen** sandstone [quarry]; **-storm** sand-, dust-storm; **-straal, -stralen** (*techn*) sandblast; **-strand** sandy beach; **-streek** sandy region; **-strooier** sand-box; sander, (*ve tram*) (track-)sander; **-strookgang** (*mar*) garboard (strake); **-taart(je)** 1 (*v zand*) sand pie, mud pie; 2 (*gebak*) shortbread; **-verstuiving** sand-drift, sand-blow, shifting sand; **-vlo** sand-flea, chigoe, jigger; **-vorm** sand-mould (*ook -vormpje*); **-vormer** sand-moulder; **-weg** sandy road (*of:* track); **-wesp** digger (wasp); **-woestijn** sandy desert (*of:* waste); **-zak** sandbag; **-zee** sea of sand; **-zegge** sea-bent; **-zuiger** sand-dredger, suction-dredger
zang singing, song; (*lied*) song; (*ve gedicht*) canto; *zie ook* koekoek
zang|avond sing-song; *gemeenschappelijke* ~ community singing night; **-balk** (*ve strijkinstrument*) bass bar; **-berg**: *de* ~ Parnassus, Helicon; *de ~ bestijgen* climb Parnassus; **-bodem** sound(ing)-board; **-boek** songbook, book of songs; **-cursus** singing-class
zanger(es) (female, lady) singer, vocalist; (*dichter*) singer, songster, bard, poet; (*vogel*) (feathered) songster, warbler; **zangerig** 1 melodious, tuneful [music], lilting [rhythm]; 2 fond of singing; *~e toon* [she answered in her pleasant] sing-song (tone); **zangerigheid** melodiousness
zang|gezelschap choral society; **-god** god of song: Apollo; **-godin** muse; *de ~nen,* (*ook*) the (sacred) Nine; **-koor** choir; **-kunst** art of singing, vocalism; **-leraar** singing teacher; **-les** singing-lesson; **-lijster** song-thrush; **-muziek** vocal music; **-nimf** muse; **-noot** musical note; **-nummer** song (number); **-orgaan** (*ve vogel*) syrinx, song-box; **-partij** voice part; **-school** singing-school; (*bij kathedraal*) choir school; **-sleutel** clef; **-spel** opera, operetta; **-stem** 1 singing-voice; 2 voice part; **-stuk** song; **-uitvoering** vocal concert; **-vereniging** choral society;

-vogel singing-bird, songbird; **-wedstrijd** singing-competition, -contest; **-wijsje**, **-wijze** tune, melody; **-zaad** birdseed, canary seed
zanik bore, moaner; **zaniken** keep on, go on and on [about s.t.], nag; *lig toch niet zo te* ~ don't be such a bore, don't keep on nagging; *je zanikt me nog dood* you'll badger the life out of me; *iem over iets aan de oren* ~ keep dinning s.t. into a p.'s ears; *blijven* ~ *over* keep harping on, going on about; *ze zanikte zo lang tot ik het deed* she pestered me into doing it; *zie ook* zeuren; **zanik|-er**, **-kous** bore
Zanzibar id; *van* ~ Zanzibari [girl]
zappen zap, graze
zat I *bn* 1 satiated, filled to satiety; *oud en der dagen* ~ old and full of years (of days); *zich* ~ *eten, enz* eat, etc one's fill [*aan* of]; *zich* ~ *kijken* look (gaze) one's fill [*aan* at]; 2 (*in overvloed*) [flowers] galore, plenty [of time, we have plenty]; *hij heeft geld* ~ he has lots (heaps, pots) of money (money to spare); 3 (*beu*) fed up; *ik ben het* ~ I am sick (and tired) of (fed up with) it; *hij was haar* ~ he was tired to death of her; 4 (*dronken*) tight, soaked, (*fam*) legless, (*sl*) pissed; *zo* ~ *als een aap, enz* stoned; II *ww: ovt van* zitten
zate homestead
zaterdag Saturday; **zaterdagavond** Saturday evening, Saturday night; **zaterdags** I *bw* every Saturday, on Saturdays, of a Saturday; II *bn* Saturday
zatheid 1 satiety; 2 weariness; **zat|ladder**, **-lap**, **-terik** (*fam*) soak
zavel sandy clay; **zavelboom** savin
ZB, **ZBr** afk van *zuiderbreedte* S Lat, South latitude; *zie ook* breedte
Z.D.H. afk van *Zijne Doorluchtige Hoogheid* His Serene Highness
ze (*ev*) she, her; (*mv*) they, them; *eet* (*maf*) ~ enjoy your meal (sleep well)
Zebaoth: *de Here* ~ the Lord of Sabaoth
Zebedeus Zebedee
zeboe zebu
zebra 1 id; 2 *zie* zebrapad; **zebracode** bar code; **zebra|pad**, **-strepen** zebra (crossing); **zebravink** zebra finch
zede custom, usage; *zie ook* zeden
Zedekia Zedekiah
zedelijk moral; ~ *bewustzijn, gevoel* moral sense; ~ *lichaam* corporate body, body corporate; *zie ook* gedrag; **zedelijkheid** morality; *openbare* ~ public moral, public (morals and) decency; **zedelijkheidsapostel** vice hunter (hound); **zedelijkheidsgevoel** moral sense; **zedelijkheidsoogpunt** *zie* oogpunt; **zedelijkheidswet** public morality act; **zedeloos** immoral, profligate; **zedeloosheid** immorality, profligacy
zeden [loose] morals, manners; ~ *en gewoonten* manners and customs; *een vrouw van lichte* ~ a woman of easy virtue
zeden|bederf corruption (of morals), deterioration of morals, depravity; **-bedervend** (morally) corrupting; **-delict** *zie* -misdrijf; **-kunde** ethics, moral philosophy; **-kundig** moral, ethical; **-kwetsend** obscene, immoral; **-leer** ethics, morality; **-les** moral, moral lesson; *een* ~ *bevatten* (*ten beste geven*) point a moral; **-meester** moralist; (*ong*) prig; **-misdrijf** offence against morality, indecency; **-politie** (*vglb*) vice squad; **-prediker** moralizer; **-preek** moralizing sermon, homily; *een* ~ *houden* sermonize [*tegen iem* sermonize a p.], [don't] moralize; **-roman** novel of manners; **-spreuk** maxim; **-verwildering** *zie* -bederf; **-wet** moral law, code of morality (of morals)
zedig modest [girl, costume]; (*dikwijls gemaakt* ~) demure; **zedigheid** modesty, demureness, pudicity
zee sea, ocean; (*dicht*) main, [rule the] waves; *de* ~, (*dicht, ook*) the deep; *de* ~ *des levens* the ocean of life; *een* ~ *van tranen* a flood of tears; *een* ~ *van bloed* seas of blood; *een* ~ *van licht* a sea (a flood) of light; *er was een* ~ *van licht in de kamer* the room was flooded with light; *een* ~ *van bloemen* a mass of flowers; *een* ~ *van tijd* heaps, oceans of time; *een* ~ *van woorden* a flood (a torrent) of words; ~ ***houden*** hold (on) one's course, stay the course, weather the storm; ~ ***kiezen*** put (stand) to sea, put out (to sea); *een* ~ ***overkrijgen*** ship a sea; ~ ***winnen*** get sea-room; *een* ***zware*** ~ *brak over het dek* a heavy sea broke over the deck; *er staat een vrij zware* ~ there's a good deal of sea on; ***aan*** ~ [a village] on the sea [stay] at the sea(side), [an evening] by the sea; *recht* ***door*** ~ *gaan* be straightforward, go straight, steer a straight course; *dat is niet recht door* ~ that is not fair and square; ***in*** *volle* (*open*) ~ on the high seas; in the open sea, out (at) sea; *in volle* ~ *komen* gain the offing; *met iem in* ~ *gaan* join in with a p. [in doing s.t.]; *in* ~ *steken, zie* ~ kiezen; (*fig*) push off, launch forth, go ahead; ***naar*** ~ *gaan, a*) go to sea; *b*) go to the sea(side); *de wind is naar* ~ *toe* is off shore; ***op*** ~ (out) at sea, [eight weeks] out; *hij is* (*vaart*) *op* ~ he has gone to sea, follows the sea; *op* ~ *en aan land* [my friends] afloat and ashore; ***over*** ~ *gaan* go by sea; *landen over* ~ countries across the sea, oversea(s) countries; *hij kan niet* ***tegen*** *de* ~ he is a bad sailor; ***ter*** ~ *varen* follow the sea; *ter* ~ *en te land* by sea and land; *strijdkrachten ter* ~ naval forces; *zie ook* bouwen, water
zeeaal conger (eel); **zeeaap** chimera; **zeeadelaar** *zie* -arend; **zeeagaat** aquamarine; **zeeajuin** sea onion, squill; **Zee-Alpen** Maritime Alps
zee|anemoon sea anemone; **-anker** sea anchor, drogue; **-appel** *zie* -egel; **-arend** white-tailed eagle; **-arm** sea-arm, arm of the sea; **-assuradeur** underwriter; **-assurantie** marine insurance; **-aster** sea aster; **-atlas** nautical atlas; **-augurk** sea gherkin; **-baak** beacon; **-baars** bass; **-bad** 1 swim (*fam:* dip) in the sea; 2 seaside resort; **-badplaats** seaside resort; **-banket** seafood; (*inz*) herring; **-barbeel** red mullet; **-bedding** seabed; **-beer** ursine seal; **-benen** sea-legs; ~ *krijgen* find (get) one's sea-legs; *hij heeft nog geen* ~ he has not yet got his sea-legs; **-beril** aquamarine; **-beving** seaquake; **-bies** salt-marsh club-rush; **-bioloog** marine biologist;

-blaas (*dierk*) Portuguese man-of-war; **-bocht** bay, bight; **-bodem** sea-bottom, seabed, sea-, ocean-floor; **-boezem** bay, gulf; **-bonk** tar, sea dog, old salt; **-boulevard** *zie* strandboulevard; **-brand** 1 sheet lightning; 2 *zie* branding; **-brasem** sea bream; **-breker** breakwater; **-brief** certificate of registry; **-bries** sea breeze; **-cadet** naval cadet; *zie* adelborst; **-damp** sea haze; **-den** maritime pine; **-dienst** naval service, sea service; **-dier** marine animal; **-dijk** sea bank (wall, dike); **-distel** sea holly; **-dorp** seaside village; **-draak** chimera; **-drift** flotsam (and jetsam); **-druif** (*kwal*) sea gooseberry; **-duiker** (*vogel*) diver; **-duin** coastal dune; **-duivel** sea devil, devil fish, angler (fish), monk-, frog-fish; **-ëend** (*zwarte*) common scoter, (*grote*) velvet scoter; **-ëenhoorn** narwhal; **-ëgel** sea urchin, sea hedgehog; **-ëik** water oak; **-ëikel** (*soort zeewier*) sea oak; **-ëngel** angel-fish, sea-angel; **-ëngte** strait(s), narrows

zee-en-meetbrief *zie* zeebrief

zeef sieve; (*natte*) strainer; (*voor koren, grind, as, enz*) riddle, (*voor kolen, enz*) screen; *zo lek zijn* (*een geheugen hebben*) *als een* ~ leak (have a memory) like a sieve; *ze is zo dicht als een* ~ she blabs about everything; **zeefachtig** sieve-like, (*wtsch*) cribiform, ethmoid

zeefauna marine fauna

zeefbeen ethmoid (bone); **zeefdoek** straining--cloth, strainer; **zeefdruk** (silk-)screen print(ing), screen process

zeeflora marine flora; **zeeforel** sea-trout, salmon trout; **zeefvormig** *zie* zeefachtig

zeeg I *zn* (*mar*) sheer; II *ww: ovt van* zijgen

zee|gaand oceangoing, seagoing; **-gang** sea, swell; **-gans** *zie* rotgans; **-gat** tidal inlet (outlet), estuary, passage to the sea; *het ~ uitgaan* put to sea; (*gaan varen*) go to sea; **-gedrocht** sea monster; **-gevecht** sea-fight, naval combat (*of:* action); **-gewest** *zie* -provincie; **-gezicht** seascape, (*schilderij ook*) sea-piece; **-god** sea-god; **-godin** sea-goddess; **-golf** 1 sea wave, ocean wave, billow; 2 (*inham*) gulf; **-gras** seaweed; **-groen** sea-green; **-grondel(ing)** goby; **-haan** gurnard, gurnet, grunter; **-haas** (*slak*) sea hare; **-handel** oversea(s) trade, maritime (seaborne, waterborne) commerce; **-haven** seaport; **-heerschappij** naval supremacy, mastery of the sea(s); **-held** naval hero

zeehond seal; **zeehondecrèche** seal sanctuary (nursery); **zeehondehuid** sealskin; **zeehonde|jacht**, **-vangst** seal-hunting, -fishing, sealing

zee|hoofd pier; **-hoorn** whelk-shell; **-jonker** (*vis*) rainbow wrasse; **-kaart** (sea, nautical) chart; **-kalf** sea calf; **-kanaal** ship canal; **-kant** seaside; (*ve stad, ook*) (sea-)front [on the Brighton front]; **-kantoor** custom-house; **-kapitein** sea-captain, master mariner; (*mar*) naval captain, captain in the navy; **-kat** *zie* inktvis & zeedraak; **-kikvors** *zie* zeeduivel; **-klaar** ready to sail; (*opnieuw*) ~ *maken* (re-)fit [a ship]; **-klei** marine clay; **-klimaat** oceanic (*of:* marine, maritime) climate; **-klit** sea urchin; **-koe** sea cow, manatee, siren; **-koekoek** red (*of:* cuckoo) gurnard; **-koet** guillemot; **-kokos** double coconut, coco de mer; **-komkommer** sea cucumber; **-koning** 1 sea king; 2 (*vis*) red mullet; **-kool** sea cabbage, sea kale; **-kraal** glasswort, marsh samphire; **-krab** sea crab; **-kreeft** lobster; **-krijgsraad** naval court martial; **-kust** seacoast, -shore, -board; **-kwal** jellyfish

zeel strap, trace, web; (*onder stoel, enz*) web (bing)

zeelaars sea-boot; **zeelamprei** sea-lamprey, stone-sucker; **Zeeland** id, Zealand

zee|lavendel sea lavender; **-leeuw** sea lion; **-lelie** sea lily; **-leven** sea-life, life at sea, a sailor's life; **-lieden** seamen, sailors, mariners; **-liedenstaking** seamen's strike; **-look** sea onion, squill

zeelt tench; **zeelui** *zie* zeelieden

zeem 1 *zie* ~leer & ~lap; 2 (virgin) honey

zeemacht 1 navy, naval forces; sea-power; 2 *zie* zeemogendheid

zeeman seaman, sailor, mariner; **zeemanschap** seamanship; (*fig*) give(-)and(-)take, compromise; ~ *gebruiken* give and take, compromise

zeemans|graf: *een eerlijk* ~ a sailor's (*of:* watery) grave; **-huis** sailors' (seamen's) home (*of:* rest); **-kist** sea chest; **-kunst** seamanship, art of navigation; **-leven** seafaring life, a sailor's life, sailoring; **-taal** nautical language

zee|meermin mermaid; **-meeuw** (sea)gull, sea-mew; **-mijl** nautical (sea, geographical) mile; **-mijn** (drifting, *of:* moored) mine

zeemlap (chamois, shammy) leather, washleather; **zeemleer** chamois leather, shammy, washleather; **zeemleren** chamois, shammy, washleather; ~ *lap, zie* ~lap

zeemogendheid naval (*of:* maritime) power, sea power; **zeemos** sea moss, seaweed

zeemtouwen oil-tanning, chamois-dressing

zeemuis sea mouse, aphrodite

zeen sinew, tendon

zee|naald pipe-fish; **-nevel** sea haze; **-nimf** sea nymph, nereid; **-niveau** sea level; **-oever** *zie* -kust; **-officier** naval officer; **-olifant** sea elephant, elephant seal; **-oor** sea-ear, ear-shell, abalone; **-oorlog** naval (maritime) war; **-otter** sea--otter

zeep soap; *water en* ~ soap and water; *zie ook* groen & Spaans; *om ~ gaan,* (*sl*) go west, kick the bucket; *om ~ helpen,* (*sl*) do in

zeepaap stargazer, uranoscopus; **zeepaard** (*myth & dierk*) sea horse

zeepaarde fuller's earth

zeepaardje hippocampus, sea-horse

zeepachtig soapy, saponaceous

zeepaling sea eel; (*groot*) conger (eel)

zeep|as soap ashes; **-bakje** soap-dish; **-bekken** barber's basin; **-bel** soap bubble; (*fig*) (soap) bubble; **-boom** soap tree; **-doos** soapbox

zee|pier lobworm, lug(worm); **-pijl** (*dier*) sea arrow; **-pijnboom** cluster pine, pinaster

zeepkist soapbox [orator]; **zeepkruid** soapwort; **zeepkwast** shaving-brush

zeeplaats seaside place (*of:* town); **zeeplant** sea (*of:* marine) plant; **zeepok** sea acorn; **zeepolis**

marine policy
zeepoplossing solution of soap
zeeporselein sea sandwort, sea purslane; **zeepost** oversea(s) mail; (*als aanduiding op brieven*) surface mail; **zeepostelein** sea sandwort, sea purslane
zeeppoeder soap powder
zeeprik sea lamprey, stone-sucker; **zeeprotest** ship's (*of:* captain's) protest; **zeeprovincie** maritime province
zeep|schuim lather; **-sop** soapsuds; **-steen** soapstone, saponite; **-water** soapy water, soap and water; **-zieder** soap-boiler, soap-maker
zeer I *zn* sore, ache; *kwaad ~* itch; *oud ~* an old sore; *~* ***doen,*** (*ve lichaamsdeel*) hurt, ache, (*iem*) hurt (*ook fig*); *dat doet ~* it hurts; *doet het erg ~?* does it hurt much?; *zich ~ doen* hurt o.s.; *het hoofd* (*de rug*) *doet mij ~* my head (back) aches; *mijn ogen doen me ~* my eyes smart; *zie ook* pijn & schelden; II *bn* sore; *tegen het zere been schoppen* touch a sensitive spot; *~ lapje* (superfluous) bandage; III *bw* (*bij bn & bw*) very, (*bij ww*) (very) much; *zie ook* heel II; (*ook*) highly [respectable], greatly [esteemed, greatly helped by]; *~ tot zijn plezier* much to his ...; *~ blij* very (greatly) pleased; *~ onlangs* very recently; *~ te beklagen* very much to be pitied; *hij beefde ~* he trembled very much; *~ verbaasd* very much (*ook:* very) surprised; *zich ~ vergissen* be greatly mistaken; *ik heb het ~ nodig,* (*ook*) I need it badly; *ik zal het ~ gaarne doen* I shall be delighted to do it; *zie ook* zeerst, zozeer, veel, danken, enz
zee|raad maritime court; **-raaf** cormorant; **-raket** sea rocket; **-ramp** shipping disaster; **-recht** maritime law, law of the sea; **-reep** fore-dune
zeereerwaard: *de ~e Heer J S* the (very) Rev (Reverend) J S
zeeregister ship's log; **zeereis** (sea-)voyage; *zie ook* reis
zeergeleerd very learned; *zie ook* weledel
zeerob 1 (*dier*) seal; 2 (*pers*) (Jack) tar, sea-dog; *oude ~* old salt, shellback; **zeeroof** piracy; **zeerot** *zie* -rob 2; **zeerover** pirate, sea rover, corsair, buccaneer; **zeeroverij** piracy; **zeeroversvlag** (pirates') black flag, [hoist the] Jolly Roger, skull and crossbones
zeerst: *zich om het ~ beijveren* vie with each other [in ...ing]; *ze schreeuwden om het ~* they cried their loudest (*of:* at the top of their voices); *ten ~e* greatly, highly, to the utmost
zee|schade sea-damage; *met ~* in a sea-damaged condition; **-schede** sea-squirt; **-schelp** sea-shell; **-schilder** marine painter, seascape painter; **-schildpad** turtle; **-schip** sea-, ocean-going vessel; *een lastig ~* a trying person; **-schuim** 1 foam of the sea; 2 cuttle-, sepia-bone; **-schuimen** practise piracy; **-schuimer** pirate, corsair; **-schuimerij** *zie* -roof; **-sla** *zie* -kraal; **-slag** sea (*of:* naval) battle; **-slak** sea slug, sea snail; **-slang** (*dierk & fabeldier*) sea serpent; **-sleper** seagoing tug, deep-sea tug; **-sluis** sea lock; **-soldaat** marine; **-spiegel** surface of the sea, sea level; *boven* (*beneden*) *de ~* above (below) sea level; **-spin** sea spider; spider-crab; **-stad** seaside (sea coast, seaport) town; **-stekelbaars** sea stickleback; **-ster** starfish, sea star; **-straat** strait(s); **-strand** beach, sands; **-strijd** *zie* -gevecht; **-strijdkrachten** naval forces; **-stroming** ocean current; **-stuk** sea piece, seascape; **-term** nautical term, sea term; **-tijdingen** shipping-intelligence; **-tocht** voyage; **-ton** buoy; **-trompet** (*dierk*) conch
Zeeuw inhabitant of Zee-, Zealand, Zee-, Zealand man, Zee-, Zealander; **Zeeuws** Zee-, Zealand; *~e knoop* filigree button; **Zeeuwse** Zee-, Zealand woman; **Zeeuws-Vlaanderen** Zee-, Zealand Flanders
zeevaarder navigator, seafarer; **zeevaart** navigation; **zeevaartkunde** (art of) navigation; seamanship; **zeevaartkundig** nautical, naval; *~ museum* Marine Museum; **zeevaartschool** nautical college (*of:* school), sea-training school, school of navigation
zee|varend seafaring, sailor [nations]; *~e* seafarer, seafaring man; **-varken** sea hog, porpoise; **-vast** well-stowed, -secured; *~ zetten* jam; **-venkel** (*plant*) sea fennel, samphire; **-verbinding** sea link; **-verhaal** sea story; **-verkenner** Sea Scout; **-verzekeraar** (marine) underwriter; **-verzekering** marine insurance; **-vis** sea-fish, marine fish; **-visserij** sea fishery, -fishing; **-vlak(te)** *zie* -spiegel; **-vlam** sea-fog; **-vlo** 1 freshwater shrimp; 2 sandhopper; **-voeten** *zie* -benen; **-vogel** sea bird; **-volk** sailors, seamen; **-vond** flotsam (and jetsam); **-vonk** noctiluca; **-vos** thresher, thrasher; **-vracht** freight; **-vrachtvervoer** seaborne freight traffic; **-waaier** (*koraal*) sea fan; **-waardig** seaworthy; (*v goederen*) packed for ocean shipment; **-waardigheid** seaworthiness, sea-going capacity; **-waarts** seaward; *~ aanhouden* stand to the offing; **-water** sea water, water of the sea; *door ~ beschadigd* sea-damaged; **-weg** sea route, seaway, ocean highway; **-wering** sea (sea-defence) wall; **-wezen** maritime (*of:* nautical) affairs; **-wier** seaweed; **-wind** sea wind, sea breeze, onshore wind; **-wolf** sea wolf, wolf-fish; **-zaken** maritime affairs; **-zeilen** ocean sailing; **-zicht** sea view; **-ziek** seasick; *gauw* (*niet gauw*) *~ zijn* be a poor (good) sailor; **-ziekte** seasickness; **-zout** sea salt; **-zwaluw** tern, sea swallow
Zefanja Zephaniah
zefier zephyr; **zeg** *zie* zeggen & zegje
zege victory, triumph; *zie ook* overwinning
zege|boog triumphal arch; **-dicht** triumphal song; **-kar** triumphal car, chariot; **-krans** triumphal garland (*of:* wreath), laurel wreath; **-kreet** shout (*of:* whoop) of triumph; **-kroon** crown of victory
zegel 1 (*voorwerp*) seal, stamp; 2 (*lak~*) seal; *gerechtelijk ~* seal of the court; *het ~ verbreken* break the seal; *zijn ~ drukken op* affix one's seal to; *zijn ~ hechten aan,* (*fig*) set one's seal to; *verzegeld* ***met*** *zeven ~en,* (*bijb*) sealed with seven seals; ***onder*** *~* under seal; *onder zijn ~ en door hem getekend* under his hand and seal; *onder het ~ van*

geheimhouding under the seal of secrecy; 3 (*afdruk op gezegeld papier*) stamp; (*postzegel, enz*) stamp; (*portzegel*) [to pay] label; (*verzekeringszegel*) national insurance stamp; (*gezegeld papier*) stamped paper; ***aan*** ~ *onderworpen* liable to stamp duty; *vrij* ***van*** ~ exempt from (free of) stamp duty; **zegelafdruk** seal; (*vs opgeplakt zegel*) impressed (embossed) stamp; **zegelbelasting** stamp-duty; **zegelbewaarder** Keeper of the Seal; *zie ook* grootzegel(bewaarder) & geheim~; **zegelen** 1 (*met lak*) seal (up); (*officieel*) place under seal, affix seals to; 2 (*stempelen*) stamp [stamped paper]; *zie ook* ver~

zegel|kunde sphragistics, sigillography; **-lak** sealing-wax; **-lood** lead seal, lead; **-merk** (impression of a) seal; **-recht** stamp duty; **-ring** signet-, seal-ring; **-vrij** *zie* zegel; **-was** (soft) sealing-wax; **-wet** stamp act

zegen 1 blessing, benediction; [such a work would be a] boon, godsend [it will be a godsend to seamen]; *aan Gods ~ is alles gelegen* God's blessing gained all is obtained; *Op Hoop van Zegen* The Good Hope; *er zal geen ~ op rusten* it will bring you (him, etc) no luck; *zijn ~ geven* give one's blessing; *zijn ~ geven aan,* (*ook*) bestow one's blessing on [the plan]; *de ~ uitspreken* give the blessing, pronounce the benediction; *een ~ vragen,* (*aan tafel*) ask a blessing; *dat ongeluk was eigenlijk een ~* was a blessing in disguise; *tot ~ van* for the benefit of; *zie ook* heil & strekken; 2 (*net*) drag-net, seine

zegenbede blessing; **zegenen** bless; *God zegene u* God bless you; *God zegen de greep!* here goes!; *gezegend met aardse goederen* blessed with worldly goods; *zie ook* gezegend; **zegening** blessing, benediction; **zegenrijk** salutary [effects], beneficial; **zegenwens** blessing

zege|palm palm of victory; **-penning** medal struck in commemoration of a victory; **-poort** triumphal arch; **-praal** 1 victory, triumph; 2 triumphal procession; **-pralen** triumph [*over* over]; *~d* victorious, triumphant; *zie ook* kerk; **-rijk** victorious [army]; **-teken** trophy; **-tocht** triumphal march (*of:* tour; *fig:* career); **-vieren** triumph [*over* over], come off triumphant; *zijn plichtbesef zegevierde* his sense of duty prevailed [*over zijn inhaligheid* over his avarice]; *~d* victorious, triumphant; **-wagen** triumphal car, chariot; **-zuil** triumphal column

zegge 1 (*plant*) sedge; 2 *zie* zeggen I

zeggen I *ww* 1 say [he said to me ...]; tell [he told me ...]; say, recite [verse]; *ik zal het aan vader ~* I'll tell daddy; *waarom is me dat niet gezegd?* why was not I told?; *dat zegt hij!* ['he goes to the club';] 'so he says!'; *goedenacht ~* say (bid) good night; *zie ook* goedendag~; *zeg, luister eens!* I say, just listen!; *zeg me eens!* just tell me!; *zeg, is dat niet mooi?* isn't that nice, now?; (*nou*) *zeg!,* (*och kom*) come now!; *val niet van de stoep, zeg!* don't fall down the steps, will you?; *gauw wat, zeg ik je* be quick, I tell you; hurry up, I say; ***zegge****, tien gulden* (the sum of) ten guilders; *ik kan het niet ~* I can't say; *trek* ***als*** *ik het zeg* pull when I give the word; ***dat*** *zèg ik je!* you may take that from me!; *dat je zegt,* (*fam*) what you call, what is called; ***waarom*** *zeg je dat?* what makes you say so?; ***want****, zeg ik, ...* for, I say, ...; ***wat*** *zegt u?* I beg your pardon?; *wat je zegt!* you don't say (so)!, well, I say! (I declare!); ['H is dead';] 'is he now?'; *ik heb wel gehoord - wat zeg ik?, ik heb meegemaakt* I've heard - what am I saying? I've actually witnessed; *wat zei ik ook weer?* what was I saying?; *maar wat zegt men al niet!* [it is said that ...,] but people will say anything; *wat zeg je daar?* what is that you're saying?; *hij zegt maar wat* he is talking through his hat, he is just speaking at random; *je zégt daar wat* (*iets*) you have s.t. there; *hij zeit wat,* (*fam*) hear who's talking; *hij weet niet wat hij zegt* he ... what he is saying; *hij wist wat hij zei* he ... what he was talking about; *het is* (*toch*) *wat te ~!* isn't it dreadful; *ik wil ~ wat ik te ~ heb* I'll have my (little) say; *zal ik je eens wat ~?* I'll tell you what; *wat ik wou ~, ...* by the way, ...; what I was going to say [, do you know ...?]; *wat zegt dat?* what of that?; *zeg dat* ***wèl****!* you may well say so; you can say that again; *dat heb ik je wel gezegd* I told you so; ***wie*** *zal* (*kan*) *het ~?* [he might have recovered;] who can tell?; *wie kan ik ~* (*dat er is*)*?* who shall I say?; *zeg nu* ***zelf*** just think, just consider; *al zeg ik het zelf* though I say it who shouldn't; *u moet het* ***maar*** *~* it's for you to say; *ik hoef het maar te ~* (*, dan gebeurt het*) I have only to say the word ...; *zeg het maar* (*ronduit*)*!* speak out!, (*sl*) spit it out!; *als je weg wilt, dan zeg je het maar* (*dan heb je het maar te ~*) if ..., (just) say the word (you only have to say so); *en daar is het* (*daar is alles*) ***mee*** *gezegd* and that's all (there is to say) about it, that is all there is to it, and that's that; (*en daarmee uit*) and there's an end of it (to the matter); ***men*** *zegt, dat hij ziek is* he is said (reported) to be ill; *men* (*je*) *zou zo ~ dat ...* it would seem that ...; *men zei van haar, dat ...* it was told (said) of her that ...; *zie ook* men; *het is* ***niet*** *gezegd dat ...* there's no knowing if ...; *dat is niet te ~* there is no saying (*zo ook:* there is no saying what he'll do next); *zie ook* vallen; *ik zeg maar zo, ik zeg maar* ***niets*** I'd rather keep out of that; *ik heb niets gezegd, hoor!* I haven't said (let out) anything, mind (you)!; *hij zegt niets,* (*in gezelschap, enz*) he has nothing to say for himself; *hij zei niets,* (*ook*) he remained silent; ***nou*** *je het zegt* now you (come to) mention it [you look rather queer]; *dat is niet te* ***veel*** *gezegd* that is not too much to say; *dat zegt te veel* (*te* ***weinig***) that is an overstatement (understatement); *die weinig zegt* [a modest man] who says little; ***zoals*** *men dat zegt* as the saying is; *dat* ***hoef*** *je hem geen tweemaal te ~* he need not be told twice; *ik* ***kan*** *het niet ~* I cannot say; *er zijn dingen die men niet kan ~* some things are better left unsaid; *hij kan het zo aardig ~* he has such a nice way of putting things; *ze konden geen pap meer ~,* (*fam*) they were all in; *meer dan hij kon ~* [he loved her] past (beyond) expression; ***laten*** *we ~ tien pond* (let us) say ...; *hij liet het zich geen tweemaal ~* he did not need to be told twice; *dat **mag** ik niet* ~ I must not tell; (*fam*) that would be telling; *ik mag niets* ~, (*ook*) my lips are sealed; *dat **moest** jij niet* ~ that does not come well from you; *ik **weet** het niet te* ~ I don't know how to put it; *dat **wil** ik je wel* ~ [you haven't the least chance,] I'll tell you that much; *neen, ik wil* ~, *ja* no, I mean, yes; *hoe **zal** ik het ~?* how shall I put it?; *aardig **gezegd**,* (*uitgedrukt*) nicely put; (*of*) *beter* (*liever*) *gezegd* or rather; *ik heb gezegd,* (*vglb*) Thank you (for your attention); *wat heb ik je gezegd?* what did I tell you?; *heb ik het je niet gezegd?* didn't I tell you? (I told you so); *het is gauwer* (*gemakkelijker*) *gezegd dan gedaan* it is sooner (easier) said than done; *dat is gemakkelijk gezegd* it is easy to say so; *zo gezegd, zo gedaan* no sooner said than done; *zie ook* minder; ***om** zo te* ~ so to speak (to say); *ik droomde om zo te* ~ I sort of dreamt (*zo ook:* it sort of appeared from nowhere); *om wat te* ~ [he only said it] for the sake of saying something; *om maar iets* (*wat*) *te* ~ to make a suggestion at random; *om niet te* ~ [the friendly,] not to say [matey tone]; *zeg het **met** bloemen* say it with flowers; *daar kan ik niets **op*** ~ I just don't know (can't judge); *daar kon men* (*absoluut*) *niets op* ~ there was no (possible) answer to this, it was unanswerable; *daar kon hij niets **tegen*** ~ there was nothing for him to say to that; *ze* ~ *vader tegen hem* they call him Father; *wat zeg je **van** dat idee?* how about that for an idea?; *wat zeg je van dinsdag?* how about Tuesday?; *wat viel er nog verder* (*van*) *te ~?* what more was to be said?; *wat zeg je van een partijtje tennis?* what do you say to a ...?; *wat zeg je van zo'n brutaliteit?* how is that for cheek?; *zeg hem dat van mij* tell him that from me; *wat zeg je daarvan!* what do you say to that!; *wat zou je ervan* ~ *als we nog een fles namen* (*een auto kochten*)? what about another bottle (about buying a car)?; *wat zou je ervan* ~ *als we eens gingen* suppose (supposing) we go; *ik zal er iets* (*het mijne*) *van* ~ I'll speak (say s.t.) about it; *er is alles **voor** te* ~ there is everything to be said for it; *er valt voor elk leervak wat te* ~ a case can be made out for any subject of instruction; *er is weinig voor te* ~ it has little to recommend it; 2 (*betekenen, beduiden, bewijzen*) say, tell, mean; *dat zegt* (*meer dan*) ***boekdelen*** that speaks volumes; *dat zegt ons **niets*** that tells us nothing; *het* (*dat woord, enz*) *zegt me niets* it means (conveys) nothing to me; *dat zegt niets,* (*betekent niets*) that's nothing to go by, (*bewijst niets*) that isn't saying anything; *populariteit zegt niets van de kunstwaarde* popularity proves nothing about ...; *en **dat** zegt **wat*** [he is richer than Rothschild,] which is saying a good deal, and that is saying (quite) a lot (something); *en, wat meer zegt, ...* and, what's more ...; *dat zegt nogal wat!* that's saying a good deal; *dat zegt niet **veel*** that's not saying much, there is not much in that; *hij is ervoor, en dat zegt veel* he is in favour of it and that's saying something; *zie ook boven:* dat zegt wat; *dat zegt weinig* [nothing was found, but] that says little; *dat zei hun weinig* that conveyed little to them; *wat **wil** dat ~?* what does that mean?; *dat wil niet* ~ (*daarmee is niet gezegd*) *dat* ... that does not mean (that is not saying, that is not to say) that ...; *dat is **te** ~, dat **wil*** ~ that is (to say); *dat is te ~, voor mij* [an unusual letter,] for me that is; *wat het voor mij wil* ~ what it means to me; 3 (*bevelen*) tell; *doe zoals je gezegd wordt* do as you're told; *ze deed wat haar gezegd was* she did as she had been told; *laat je dat gezegd zijn* mind that!, bear that in mind!; ***houd*** (*je*) *dat voor gezegd* remember that, mind (you); *jij hebt hier niets **te*** ~ you have nothing to say here; *ik heb er niets in te* ~ I have no say in the matter; *jij hebt het te* ~ ['where shall we live?'] 'that's for you to say'; *als ik het te ~ had* if I had my way, if it rested with me; *wie heeft het hier te ~?* who is in charge here?; *ik zal eens laten zien wie het te ~ heeft* I'll show who's the boss (here), I'm going to put my foot down; *je hebt niets **over** me te* ~ I am not under your orders, you have no power (no authority) over me; 4 (*vermelden*) say; *zoals Shakespeare zegt* as ... has it; *zoals reeds gezegd is* [the inquest was adjourned] as already stated; *de Bijbel zegt* it says in the Bible, the Bible says; *wat zegt de wet daaromtrent?* what does the law say about it?; 5 (*aanmerken*) *hij laat zich alles* ~ he swallows (puts up with) anything; *er valt niets **op** hem te* ~ there is nothing to be said against him; *niemand heeft iets op hem te* ~ nobody has a word to say against him; (*ik zeg dat*) *niet om wat op je te* ~ nothing personal I assure you!; *zie ook* aanmerken & afdingen; *daar is nogal wat op te* ~ a good deal might be said against it; *dat wil ik niet **van** mij gezegd hebben* I won't have it said about me; *zie ook* dank, eerlijk, gerust, horen, mening, onder, ronduit, voortzeggen, wie, woord, zo, enz; II *zn* saying; ~ *en **doen** zijn twee* saying is one thing and doing is another; ***naar*** (*volgens*) *uw* ~ according to what you say; *naar* (*volgens*) *het algemene* ~ by all accounts, by common report [he is a sharp business man]; *het **voor** het ~ hebben* run the show, be in the driving seat; *als ik het voor het ~ had* if I could have my (own) way; *je hebt het maar voor het* ~ you've only got to say (the word)

zeggenschap say [have a, no, say in the matter], control; *zie ook* mede~; **zegging** diction; **zeggingskracht** expressiveness, felicity of expression; *welk een ~!* what eloquence!; **zegje**: *zijn ~ zeggen* (*doen*) say what one has to say, have one's say; **zegs|man, -vrouw** [who is your] informant, authority; **zegswijze** saying, (fixed, set) phrase, expression; **zei** *ovt van* zeggen

zeiken piss, pee; (*fig*) *zie* zaniken; **zeiker(d)** pain in the neck; **zeikerig** whining, whiny; **zeiknat** drenched, soaking (wet); **zeiksnor**, enz *zie* zeikerd; **zeikweer** filthy weather

zeil 1 sail (*ook ve molen*); (*dekkleed*) tarpaulin; (*op boot, enz*) awning; (*ve kar*) tilt; *alle ~en **bij hebben*** carry all sails, carry a press of sail, have all sails set, be in full (under a press of) sail; *~en **bijzetten*** make (*of:* set) sail; *alle ~en bijzetten* make all sail, crowd (*of:* pile) on all sail (*of:* canvas), (*fig*) leave no stone unturned, strain every nerve, make every possible effort; ***met** volle ~en* full sail, with all sails set; *met een opgestreken ~ (opgestreken, opgestoken zeilen)* in high dudgeon, with all his (her, etc) feathers ruffled up; *met een nat ~* [come home] three sheets in the wind, well-oiled; ***onder** ~ gaan* set (*of:* make) sail, sail [*naar* for, to]; (*fig*) doze (*of:* drop) off; *onder ~ zijn* be under sail; (*fig*) be sound asleep; *zie ook* inbinden, oog, treil, wind, enz; 2 (*op vloer*) oilcloth; *zie ook* ~doek; 3 ~(*tje*) canvas cloth; (*achter wastafel*) toilet splasher

zeilboot sailing boat, (*Am*) sailboat; **zeildoek** canvas, sailcloth; (*voor bekleding, enz*) oilcloth; **zeilen** sail; (*luchtv, ook*) soar; *gaan ~* go for a sail; *het schip zeilt goed* the ship (she) is a good sailer; *~de,* (*handel*) sailing, floating [goods], afloat; *~de verkopen* sell to arrive (on sailing terms, afloat); *10 dagen ~(s)* ten days' sail [from ...]; *zie ook* reilen; **zeiler** (*pers*) yachtsman; (*schip*) [she is a fast] sailer

zeil|jacht sailing yacht; **-klaar** ready to sail, ready for sea; **-lat** batten; **-maker** sail-maker; **-makerij** sail-loft; **-pet** yachting cap; **-plank** sail-, surfboard, windglider; **-ree** *zie* -klaar; **-schip** sailing vessel; (*groot*) windjammer; **-schuit** sailing barge; **-sport** yachting; **-steen** loadstone, magnet; **-streep** (*op kompas*) lubber's line; **-vaartuig** sailing vessel; **-vereniging** yacht(ing)-club; **-vermogen** sailing-power; **-vliegen** hang-gliding; **-wagen** land yacht; **-wedstrijd** sailing-race, -match, regatta; **-weer** [fine, etc] sailing-weather

zeis scythe; **zeisman**: *de ~,* (*de dood*) the (grim) reaper; **zeit** (*volkst & fam*) *ott van* zeggen

zeker I *bn* 1 (*overtuigd*) certain, sure; *~ **van** zijn zaak* (*van zichzelf*) *zijn* be sure of one's ground (of o.s.); [*ben je er ~ van?*] *positief ~!* [are you sure?] I'm absolutely certain, quite sure!; *daar ben ik nog niet zo ~ van* I'm not so sure; *hij is zo* (*verbazend*) *~ van alles* he is so cocksure about everything; *hij is er ~ van het te krijgen* he is sure of getting it; *daar kun je ~ van zijn* you can be sure of that; *je kunt er ~ van zijn dat hij een goed excuus heeft* trust him to have ...; *je kunt er ~ van zijn dat hij het nog doet,* (*ook*) depend (up)on it, he'll do it yet!; *u kunt er ~ van zijn dat ...,* (*ook*) you may rest assured that ...; 2 (*stellig*) certain, sure [sign], positive [proof], firm [conviction]; *iets ~s* [it's] a certainty, a sure thing; *jij bent een gewiekste, **dat** is ~* you're a deep one, and no mistake; ***zo** ~ als wat, zie ~* II; 3 (*ongenoemd*) certain [a certain man, a certain anxiety]; *een ~e Mijnheer J* a (one, a certain) Mr J; *op ~e **dag**, enz* one day (afternoon, etc); *~ **iemand*** somebody [will be glad to see you]; *een ~ **iets*** a certain something; *een dame van een ~e **leeftijd*** a lady of a certain age; *een ~e **plaats*** the WC; *hij is naar een ~e plaats* he has gone to pay a visit (to wash his hands); 4 (*veilig*) safe, secure; *je bent hier je **leven** niet ~* your life is not safe here; *het ~e voor het **onzekere** nemen* prefer the certain to the uncertain; (*soms*) play for safety; *om het ~e voor het onzekere te nemen* to be on the safe side; *zie ook* hoogte, enz; II *bw* 1 (*met klem*) certainly, surely, assuredly, positively; for certain; *zo ~ als wat* (*als 2 × 2*) [I knew] as sure as anything (as eggs is eggs, as Fate), sure enough; *hij wint het ~* he is sure to win; *hij zal ~ slagen* he is sure to succeed; *hij weet ~ dat hij slaagt* he is sure that he will succeed; *dat zou ~ gebeuren* that would be sure to happen; *ze vormen ~ de sterkste partij* they are certain to be the strongest party; *ik **weet** het ~* I know it for certain (for a fact, for a certainty); *~ weten!* you bet!, sure (thing)!; *zie ook boven:* zo ~ als wat; [*~ weten?, weet je het ~?*] *positief ~* [are you (quite) sure?] positive!; *ik weet niet ~ welke* I'am not sure which; *ik kan het niet ~ **zeggen*** I cannot say for certain; *~!* certainly!, yes, indeed!, ['may I come in?'] 'by all means!'; (*wel*) *~!,* (*iron*) why not!; 2 (*concessief*) to be sure [one must admit that ...]; *je hebt hem ~ al gezien* I daresay (I am sure) you have seen him by this time; *jij wilde ons ~ verrassen* you wanted to surprise us, didn't you?; *hij zal toch ~ wel komen?* surely he will come?; *ik hoef ~ niet te zeggen ...* I need scarcely say, ...; *ik mag ~ wel even gaan zitten?* I suppose I may (go and) sit down for a while?; *hij hield me ~ voor erg dom* he must have thought me very stupid; *zie ook* wis

zekeren secure; lock; (*elektr*) fuse

zekerheid 1 certainty; (*overtuigend, ook*) certitude; *~ hebben* be certain; *ik moest ~ hebben* I had to make sure; *~ verschaffen* guarantee; *zich ~ verschaffen* make certain [*omtrent* about], satisfy o.s.; *met ~* with certainty; *ik kan het niet met ~ zeggen* I cannot be certain; *over zijn leven is niets met ~ bekend* of his life nothing is known for certain; *met aan ~ grenzende waarschijnlijkheid* with virtual certainty; *voor alle ~* to be (quite) on the safe side, to make assurance doubly sure; 2 (*veiligheid*) safety, security; (*waarborg*) security; *~ stellen* give security, leave a deposit; *zie ook* zeker II & verzekerdheid; **zekerheidshalve** for safety('s sake); *zie ook* zekerheid: voor alle ~; **zekerheidstelling** security, bail

zekering (*elektr*) (safety) fuse; *zie ook* stop & veiligheid

zelden seldom, rarely; *niet ~* not seldom, not infrequently; *~ of nooit* almost never, seldom or never, rarely if ever, hardly ever

zeldzaam I *bn* 1 (*zelden voorkomend & ~ mooi, enz*) rare [a rare book]; *een natte juli is niet ~* a ... is not infrequent; *een ~ buitenkansje* a great stroke of luck; 2 (*schaars*) scarce, [visitors were] few and far between; II *bw* exceptionally [fine, etc]; *we hadden ~ veel pret met hem* we had rare fun with him; **zeldzaamheid** 1 (*abstr*) rarity, rareness, scarceness, scarcity; *opmerkelijk wegens hun ~* remarkable for their rarity (scarceness); *dat is een ~* that is rare; *het was een ~ als men ... zag* it was a rare thing to see ...; 2 (*concr*) rarity, curiosity

zelf self; *ik ~* I myself; *u ~* you yourself; *hij ~* he himself (*evenzo:* the man himself, the woman herself, the child itself); *zij* ~, (*mv*) they themselves; *mij* (*hem, haar, hun*) ~ myself (himself, herself, themselves); *dat plan is de eenvoud* ~ is simplicity itself (*zo ook:* he is politeness itself); *de edelmoedigheid* ~, (*ook*) [he is] the soul of generosity; *dat ben je* ~*!* ['you fool!'] 'fool yourself!'; ***wees*** (*ken*) *u* ~ be (know) thyself; *ik doe alles* ~ I do everything myself; *ze kookt* ~ she does her own cooking; *iets* ~ *ontdekken* find s.t. out for oneself; *moeilijkheden die ze* ~ *gemaakt hadden* difficulties of their own making; *de oogst inhalen die men* ~ *gezaaid heeft* reap the harvest of one's own sowing; *Kapitein C en ik* ~ Captain C and myself (*volkst & scherts:* and self); *om uws* ~*s* ***wil*** for your own sake; *hij had zich de wond* ~ *toegebracht* the wound was self-inflicted; *zie ook* bode, vanzelf & zichzelf

zelf|achting self-esteem, self-respect; **-bediening** self-service [petrol station, restaurant, shop]; *geen* ~ attendant service; **-bedrog** self-deceit, self-deception; **-beeld** self-image; **-begoocheling** self-delusion; **-behaaglijk** self-complacent; **-behagen** self-complacency; **-behandeling** self-treatment, self-medication; **-beheersing** self-command, -control, -mastery, -possession, [act with great] (self-)restraint; *vol* ~, (*ook*) self-possessed, -restrained; *zijn* ~ *verliezen,* (*ook*) lose control of o.s.; *zijn* ~ *herkrijgen* regain one's self-control, regain the mastery over o.s., collect o.s., pull o.s. together; **-behoud** self-preservation; **-beklag** self-pity; **-beschikking** self-determination; **-beschikkingsrecht** right of self-determination; **-beschuldiging** self-accusation, self-blame; **-bespiegelend** introspective [mind]; **-bespiegeling** introspection, self-communion; *zich aan* ~ *overgeven* retire into o.s.; **-bestuiving** self-pollination, self-fertilization; **-bestuur** self-government, home rule; **-bevlekking** self-abuse, self-pollution, onanism; **-bevrediging** masturbation; **-bevruchting** self-fertilization; **-bewoning** (*ve huis*) owner occupation; **-bewust** self-assured, [look very] sure of o.s., (self-)confident; (*soms*) (self-)conscious; **-bewustheid**, **-bewustzijn** self-assurance, self-confidence; (*soms*) self-consciousness; **-binder** 1 (automatische schovenbinder) self-binder; 2 *zie* -strikker; **-bouwsysteem** do-it-yourself (DIY) system

zelfde same; *deze* ~ *rupsen* these very caterpillars; *zie ook* de~ & het~

zelf|denkend intelligent; **-doding** suicide; **-doen** *zn* do-it-yourself; **-dragend**: ~*e carosserie* stressed skin bodywork; **-gekozen** [a subject] of one's own choice; **-gemaakt** home-made [cake]; **-genoegzaam** 1 complacent, self-satisfied; 2 (*vero*) self-sufficient; **-genoegzaamheid** 1 complacency, self-satisfaction; 2 (*vero*) self-sufficiency; **-gevoel** self-esteem, -respect; ~ *hebben* know one's worth; *zie ook* eigenwaarde; **-heid** 1 individuality, one's own self; 2 selfishness; **-hulp** self-help [organization]); **-inductie** self-induction; **-ingenomenheid** complacency, self-satisfaction

zelfkant 1 selvage, selvedge, list; 2 (*fig*) outskirts [on the outskirts of the town], fringe [the fringe of this profession], [the] seamy side [of life]; **zelfkanten** list [slippers]

zelf|kastijding self-chastisement; **-kennis** self-knowledge; **-klevend** self-adhesive; **-kritiek** self-criticism; **-kwelling** self-torture, self-torment; **-laadgeweer** automatic (self-loading) rifle; **-mat** (*bij schaken*) self-mate, sui-mate

zelfmoord [commit] suicide; (*jur*) felo de se; *die maatregel staat met* ~ *gelijk* that ... is suicidal; **zelfmoorde|naar**, **-nares** suicide; **zelfmoord|-gedachten**, **-neigingen** suicidal thoughts (tendencies); **zelfmoordpoging** attempted suicide, attempt on one's own life

zelf|onderricht self-tuition, self-education; **-onderzoek** self-examination, self-scrutiny, self-analysis, heart-, soul-searching, introspection; **-ontbrandend** self-igniting; **-ontbranding** spontaneous combustion (ignition); **-ontplooiing** self-expression, self-realization; **-ontspanner** delayed action shutter; **-ontwikkeling** self-improvement; **-opofferend** self-sacrificing; **-opoffering** self-sacrifice; **-overschatting** overestimation of o.s.; **-overwinning** self-conquest; **-portret** self-portrait, portrait [of R] by himself; **-redzaam** able to look after oneself, independent; **-regelend** self-regulating; **-registrerend** self-registering, self-recording; **-reinigend** self-cleaning; **-respect** self-respect; *met* ~ self-respecting [persons]; **-richtend** (*ve boot*) self-righting; **-rijzend** self-raising [flour]

zelfs even; *ja* ~ indeed; ~ *niet* not even; *zijn naam werd* ~ *niet genoemd,* (*ook*) his name was not so much as mentioned; ~ *de honden willen het niet eten* the very dogs ...; ~ *tot* right up to [the top]

zelfsmerend self-lubricating; **zelfspot** self-mockery

zelf|standig independent; self-employed [shopkeeper]; (*op zichzelf vertrouwend, ook*) self-reliant; (*in eigen behoeften voorziend*) self-supporting; (*gramm*) substantive [pronoun; used sustantively], substantival; ~ *naamwoord* substantive, noun; ~ *zijn,* (*ook*) be one's own master (mistress); ~ *denken* think for oneself; **-standige** self-employed person; *kleine* ~*n* small tradesmen; **-standigheid** (*abstr*) independence, self-reliance; (*concr*) entity, thing, substance

zelf|strijd inward struggle; **-strijkend** non-iron [shirt]; **-strikker** self-tied tie, knotted tie, hand-tied bow; **-studie** self-study, self-tuition; **-tank** self-service (petrol station); **-tucht** self-discipline; **-verachting** self-contempt; **-verdediging** self-defence; *uit* ~ [act] in self-defence; **-verheerlijking** self-glorification; **-verheffing** self-exaltation; **-verloochenend** self-denying, selfless; **-verloochening** self-denial, self-abnegation, self-renunciation; **-verminking** self-mutilation; **-vernedering** self-humiliation; **-vertrouwen** self-confidence, self-reliance; *gebrek aan* ~ lack of self-confidence; *vol* ~ self-confident, self-reliant; *hij verliest zijn* ~ he is losing confidence;

-verwijt self-reproach; **-verzekerd** self-confident; **-verzorging:** *met* ~ self-cater(ing) [apartments]; **-voldaan** complacent, self-satisfied, smug; **-voldaanheid** complacency, self-satisfaction, smugness; **-voldoening** self-satisfaction; **-werkend** self-acting, automatic (*bw:* -ally); **-werkzaamheid** free activity; **-zucht** egoism, self-interest; **-zuchtig** selfish, egoistic (*bw:* -ally), self-seeking; ~ *motief*, (*ook*) interested motive; *~e (bij)bedoelingen hebben* have an axe to grind (*Am:* a log to roll); **-zuchtige** egoist, selfish person

zeloot zealot, fanatic; **zelotisme** zealotry, fanaticism; **zelve** *zie* zelf

Z. Em. afk van *Zijne Eminentie* His Eminence

zemel(aar) *zie* zanik; **zemelen** I *zn* bran; II *ww zie* zaniken; **zemelknopen** split hairs; **zemelton** bran-tub; **zemelvoer** bran-mash

zemen I *ww* 1 clean with washleather; 2 (*looien*) dress washleather; II *bn zie* zeemleren

Zen id; **Zend** id [the Zend-Avesta]

zendamateur (radio) ham; **zendantenne** transmitting aerial; **zendbereik** transmission range; **zendbode** (*hist*) messenger; **zendbrief** (*mandement*) charge; (*bijb*) epistle

zendeling missionary; **zendeling-arts** missionary doctor, medical missionary; **zendelinge** (woman) missionary; **zendelingengenootschap** missionary society

zenden send [a p., parcel, goods], forward, dispatch, ship, consign [goods]; (*v pers, ook*) draft [a large force of police was drafted to the scene]; (*radio*) transmit; (*inz pulsen*) send; ~ *om* send for; *zie ook* sturen

zender sender, shipper, consignor; (*radio*) transmitter; sender; station; *zie ook* geheim; **zenderkeuze** station selection; **zenderuitval** transmitter failure (outage)

zendgemachtigde (radio, TV, broadcasting) franchise-holder

zending 1 (*het zenden*) sending, dispatch; (*het zenden & het gezondene*) shipment, consignment; (*het gezondene, ook*) batch; 2 (*missie*) mission [*onder zeevarenden, enz* to seamen, etc]; *zie ook* inwendig; 3 (*opdracht, roeping*) mission [her mission in life]

zendings|arts *zie* zendeling-arts; **-genootschap** (church) missionary society; **-post**, **-station** mission (station); **-werk** mission work

zend|installatie transmitting installation; **-machtiging** (radio, TV, broadcasting) license; **-ontvanger** trans(mitter-re)ceiver, [citizen's band] two-way radio; **-station** (*telec*) transmitting-station; **-tijd** (*radio & tv*) air-time; **-toestel** transmitting set; **-uren** (*radio & tv*) hours of transmission; **-vergunning** transmitting-licence

zeneblad senna; **zenegroen** bugle

zengen scorch [one's clothes, the grass], singe [a fowl, one's hair]; **zenging** scorching, singeing

zenig sinewy, stringy [meat]

zenit zenith

zenuw nerve; *ze was één en al ~en* all nerves, a bundle of nerves; *stalen ~en hebben* have nerves of iron (steel); ***aan*** *de ~en lijden* suffer from nerves; *het op de ~en krijgen* get (have) a fit of nerves, go off (fall) into hysterics; *hij leeft op zijn ~en* he lives on his nerves; *dat werkt op mijn ~en* it gets on my nerves, (*sl*) it gives me the willies; *zie ook* kapot, war

zenuw|aandoening affection of the nerves; **-aanval** nervous attack, attack of nerves; **-achtig** nervous, (*fam*) nervy, jumpy, rattled; (*geagiteerd*) flustered, flurried, [be] all of a flutter; ~ *werk* nerve-racking work; ~ *worden*, (*ook*) get into a state; ~ *maken*, (*ook*) fluster, (*fam*) rattle [a p.], put [a p.] off his stroke; *het* (*hij*) *maakt me* ~, (*prikkelbaar*) it (he) gets on my nerves; *ze maakt zich ~ over haar kinderen* she fusses about her children; **-achtigheid** nervousness; *buiten zichzelf zijn van* ~ be beside o.s. with nerves

zenuw|arts nerve specialist, neurologist; **-beroerte** apoplexy; **-cel** nerve-cell; (*met uitlopers*) neuron(e); **-centrum** nerve-centre

zenuwen|oorlog, enz zie zenuwoorlog, enz; **-toestand** nerve-racking situation

zenuw|gestel nervous system; **-gezwel** neuroma; **-inrichting** mental hospital (home); **-instorting**, **-inzinking** nervous breakdown; **-knoop** 1 ganglion (*mv:* -lia); 2 (*fig*) *zie* -pees; **-kwaal**, **-lijden** nervous disease (*of:* complaint); **-lijd(st)er** neuropath, neurotic; (*fig*) bundle of nerves; (*min*) *zie* klerelijder; **-ontsteking** neuritis; **-oorlog** war of nerves; **-patiënt** *zie* -lijder 1; **-pees** [she is a] bundle (bag) of nerves; **-pijn** neuralgia; **-schok** nervous shock; **-schokkend** nerve-racking; **-slopend** nerve-racking, nerve-shattering; **-stelsel** nerve-system, nervous system; **-toeval** nervous attack, fit of nerves; **-trekking** nervous spasm (*of:* twitch); (*inz van het gezicht*) tic; **-uitputting** nervous exhaustion; **-vezel** nerve-fibre; **-weefsel** nerve-tissue; **-ziek** neurotic, suffering from nerves; **-ziekte** nervous disease (*of:* complaint); **-zwak** neurasthenic; **-zwakte** neurasthenia, nervous debility

zepen soap; (*voor het scheren*) lather; **zeper(d)** disappointment, setback; **zeperig** soapy; **zeperigheid** soapiness

Zephyr(us) Zephyr

zepig soapy

zeppelin Zeppelin

zerk slab (of stone); (*op graf*) tombstone

zero id

zerp 1 tart; bitter; 2 dull

zes six; *dubbele* ~ double six; *drie ~sen gooien* throw three sixes; *hij is van ~sen klaar* he is an all-round man (*fam:* an all-rounder), can turn his hand to anything; *mijn paard is van ~sen klaar* my horse is fit and well (fresh and fit, sound in wind and limb); *met de ~ rijden* drive six in hand; *zie ook* met & pret & *vgl* 2 bij 10, lopen, trein, vijf, enz

zes|achtste six eighths; ~ *maat* six-eight (time); **-bladig** six-leaved; **-daags** six days'; **-daagse** six-day cycle-race (walking-tour, etc)

zesde sixth; *een* ~ a sixth (part); *ten* ~ sixthly, in the sixth place

zes|dehalf five and a half; **-dubbel** sixfold; **-helmig** hexandrous; **-hoek** hexagon; **-hoekig** hexagonal, six-sided; **-honderd** six hundred; **-honderdste** six hundredth; **-jarig** *vgl* jarig; **-kaart** sequence of six cards; **-kant** hexagon; **-kantmoer** hex(agon) nut; **-lettergrepig** of six syllables, hexasyllabic; **-maal** six times; **-maandelijks** half-yearly; **-maands** six months old, six months'; **-regelig** of six lines; ~ *couplet* sextain; **-snarig** six-stringed; **-span** team of six horses; *rijtuig met* ~ carriage (coach) and six; **-stemmig** for six voices, six-part [song]; **-tal** six, half a dozen; **-tallig** senary; *vgl* tientallig

zestien sixteen; **zestiende** sixteenth (part); ~ *noot* semiquaver; **zestienmetergebied** penalty area; *het* ~, (*fam*) the box; **zestientallig** hexadecimal [notation *stelsel*]

zestig sixty; *ben je ~?* are you mad?; *vgl* bij 7, dik, enz; **zestiger** man (woman) of sixty, sexagenarian; *vgl* 1 goed I.5; **zestigjarig** *vgl* jarig; *~e, zie* zestiger; **zestigste** sixtieth (part); **zestigtal** (about) sixty; **zestigvoud** multiple of sixty; **zestigvoudig** sixtyfold

zesvlak hexahedron; **zesvlakkig** hexahedral; **zesvleugelig** hexapterous; **zesvoeter** (*fam*) six-footer; **zesvoetig** six-footed; ~ *vers* hexameter; **zesvoud** multiple of six; *het ~ van* the sextuple of; **zesvoudig** sixfold, sextuple; **zeszijdig** six-sided, hexagonal

zet 1 (*bij het spel, ook fig*) move; (*slimme*) ploy; *een knappe* (*stoute, enz*) ~, (*ook*) a clever (bold) stroke; *politieke ~ten en tegenzetten* political moves and counter-moves; *een politieke* ~, (*ook*) a stroke of policy; *brutale* ~ piece of cheek; *geestige* ~ stroke of wit, sally; *gemene* ~ dirty trick; *geniale* ~ stroke of genius; *verkeerde* ~ false move; *een ~ doen* make a move; *enkele domme ~ten doen* do some silly things; ***aan*** *~ zijn, zie* zetten: wie moet ~; 2 (*duw*) push, shove; (*sprong*) bound, leap; *iem een ~(je)* ***geven*** give a p. a push (a shove); (*fig ook*) give a p. a leg up, help a lame dog over a stile; *dat was een* ***hele*** ~, (*karwei*) that was a tough job, a bit of a job; ***in*** *één ~ doorwerken* work on without a break (a stop), (*drie uur, enz*) work three hours, etc at a stretch; *in* (*met*) *één ~ was hij over de muur* he cleared the wall at one leap

zet|angel *zie* zetlijn 2; **-baas** [he's put in a] manager; (*fig*) figurehead; **-boer** tenant (farmer); **-bo(o)rd** (*mar*) washboard; **-breedte** (*typ*) measure; **-duiveltje** printer's imp

zetel 1 seat (*ook fig: raadszetel, enz*) chair; (*ve bisschop: eig*) chair, throne; (*het ambt*) see; *de pauselijke* ~ the Papal See; ~ *der regering* seat of government; *een ~ in de raad* (*het parlement, de commissie*) a seat on (in) the council (in Parliament, on the committee); 2 (*ve maatschappij*) seat, registered office; **zetelen** reside (*ook fig:* the power residing in the governor), sit; have its seat (headquarters) [in L]; *maatschappij ~de te* ... company with registered office at ...

zet|fout compositor's (printer's, typographical) error, misprint; literal (error); (*fam*) typo; **-haak** (*typ*) composing-stick; **-kast** (*typ*) type-case; **-lijn** 1 (*typ*) setting-, composing-rule; 2 (*vislijn*) ledger-line, paternoster(-line), set-line; **-machine** composing-machine (*letter~* monotype; *regel~* linotype), type-setting machine, [film-, photo]setter, [photo]composer; **-meel** starch, farina; **-meelachtig** starchy, farinaceous; **-pil** suppository; **-plank** compositor's board; **-sel** brew [of tea, etc]; (*typ*) matter; **-spiegel** type area; **-steen** sett; **-stuk** (*ton, vuurwerk*) set piece

zetten I *ww* 1 (*plaatsen*) put, place, set; (*ook*) stand [the lantern against the wall]; *zie ook* hoek; fix [a stove]; sew [a patch on a trouser-leg]; (*val*) set [a mousetrap]; (*tol*) spin [a top]; (*planten*) plant [trees, potatoes]; (*typ*) set up, type-set, compose [type]; *wie* ***moet*** *~?,* (*spel*) whose move is it?; *het laatste* ***vel*** *is gezet* the last sheet is in type; *de* ***wekker*** ~ set the alarm [*op 7 uur* for 7]; ***zich*** ~ sit down, take a seat; (*v vruchten*) set [the fruit had set well]; *de dijk heeft zich gezet* has settled; *hij zette zich om te luisteren* he composed himself to listen; *zich ~ op* settle on [the cold settled on his chest]; *zich tot iets ~* set o.s. to do s.t. (to right unjust acts, etc), settle down to [a game of bridge]; *zich* ***aan*** *tafel* ~ sit down to table; *zich aan de tafel* ~ sit down at the table; *het glas aan de mond* ~ put the glass to one's mouth; *twee man aan het werk* ~ set two men to work; *het zet je aan het denken* it makes you think; *zijn handtekening* (*naam*) *~* ***onder*** append one's signature (sign one's name) to [a document]; *de wekker* ***op*** *7 ~, zie boven:* de wekker ~; *geld op de* (*spaar*)*bank* ~ put (deposit) money in the (savings) bank; *de prijs ~ op 8 gulden* fix the price at 8 guilders; *iem* ***over*** *de rivier* ~ take (ferry) a p. across the river; ~ *tegen* put against, prop (*of:* lean) [one's bicycle] against [the wall], prop [the letter] against [the toast-rack]; *tegen de muur ~,* (*om te fusilleren*) line up against a wall; *iem* ***uit*** *het land* ~ put a p. out of (expel a p. from) the country; *zie ook* uit~; ***van*** *zich ~, zie* af~ 1; *iem* ***voor*** *een lastig karweitje* ~ set a p. a difficult task; 2 (*in vorm ~*) set [jewels, a broken arm], mount [diamonds in platinum]; *een* (*been*)*breuk* ~ set (*of:* reduce) a fracture; *opnieuw* ~ re-set [a bone]; 3 (*arrangeren*) set; arrange; *op muziek* ~ set to music; *een op een mooie wijs gezet lied* a song set to a beautiful air; *gezet voor piano* (*orkest*) arranged for the piano (for orchestra); 4 (*bereiden*) make [tea, coffee]; *thee ~,* (*ook*) brew tea, have a brew-up; 5 (*inzetten, wagen*) put, stake; *alles erop* ~ stake everything, (*sl*) go nap; *het erop gezet hebben om* be bent on [crossing a p.], set out to [be unreasonable], make a point of [attending], make it one's business to [learn the truth]; *geld op een paard* ~ put money on a horse, back a horse; ***dat*** *zet ik je,* (*geef ik je te doen*) I bet you can't do it; 6 (*verdragen*) stand; *ik* ***kan*** *hem niet* ~ I cannot stand (*fam:* stick) him; *hij kan het niet* ~ he cannot stomach it (the insult, etc), he resents it, it sticks in his gizzard (*of:* throat); 7 (*beginnen:*) *hij zette het op een lopen* (*brullen*) he took to his heels (set up a howl); II *zn* composition, type-setting;

zie ook elkaar, galop, gevangenis, gezicht, hoofd, kijk, klaarzetten, mes, overheen, papier, spel, tering, werk, zin, enz

zetter compositor, typesetter; **zetterij** composing-room; **zettershaak** composing-stick; **zettersraam** composing-frame

zetting 1 (*ve beenbreuk*) reduction; 2 (*ve edelsteen*) setting; 3 (*bij belasting*) assessment; (*v brood*) assize (of bread); 4 (*muz*) arrangement, (*voor orkest*) orchestration, instrumentation; 5 *zie* toon~

zetwerk composition, typesetting

zeug sow

zeulen drag, lug

zeuntje (*mar*) mess-boy; (*sl*) slops

zeur(der) 1 bore; dweller; 2 (*talmer*) slowcoach, dawdler; fusspot, (*Am*) fussbudget; **zeurderig** whining, whiny

zeuren 1 (*drenzen*) whine, pule; *altijd over iets ~* keep harping on (go on and on about) s.t.; *hij zeurt me altijd om de oren om te ...* he badgers the life out of me to ...; *een ~de appendix* a grumbling appendix; *zie ook* zaniken; 2 (*kletsen*) jaw, prose, drool, drivel; 3 (*talmen*) dawdle; **zeurig** tiresome, tedious; (*drenzend*) whining, puling; (*langzaam*) slow; **zeur|kous**, **-piet**, enz *zie* zeur

Zeus id

ze(u)ven *telw* seven; *de ~ slapers* the seven sleepers; *vgl* bij 7, met, lopen, trein, enz

zeven *ww* sift, (pass through a) sieve; strain [soup]; riddle [gravel, ashes, etc]; screen [coals]

zevenarmig seven-branched [candlestick]; **zevenblad** ground-elder, bishop's weed, goutweed; **zevenboom** savin; **Zevenburgen** Transylvania; **zevendaags** seven days'; **zevende** seventh (part); *zie ook* hemel

zeven|dubbel sevenfold; **-gesternte**: *het ~* the Pleiades; **-hoek** heptagon; **-hoekig** heptagonal, heptangular; **-jaarsbloem** cudweed; **-jarig** *vgl* jarig; (*ook*) septennial; **-klapper** jumping cracker; **-maands** of seven months, seven months' [child]; **-mijlslaarzen** seven-league boots; *de techniek is met ~ vooruitgegaan* has advanced by leaps and bounds; **-regelig** of seven lines; *~ vers* heptastich; **-slaper** 1 (fat *of:* edible) dormouse; 2 (*fig*) lie-abed; *zie ook* ze(u)ven; **-ster** Pleiades; **-tal** seven; **-tallig** septenary; *vgl* tientallig; **-tien** seventeen; **-tiende** seventeenth (part)

zeventig seventy; *vgl* bij 7, dik, in, enz; **zeventiger** septuagenarian, man (woman) of seventy; *in de ~ jaren* in the seventies; *vgl* 1 goed I.5; **zeventigjarig** *vgl* jarig; *~e, zie* zeventiger; **zeventigste** seventieth (part); **zeventigvoud** multiple of seventy; **zeventigvoudig** seventyfold

zeven|vlak heptahedron; **-voud** multiple of seven; *het ~ van* the septuple of, seven times seven; **-voudig** sevenfold, septuple

zever slaver, slobber; **zeveraar(ster)** slaverer; **[z]everen** slaver, slobber; drivel

[Z.]Exc. afk van *Zijne Excellentie* HE, His Excel[len]cy

[...]n *zie* zogenaamd

Z.H. afk van 1 *Zijne Hoogheid* HH, His Highness; 2 *Zijne Heiligheid* His Holiness; **Z.H.E.** afk van *Zijne Hoogwaardige Excellentie* [To] the Right Reverend [the (Lord) Bishop of ...]

z.i. afk van *zijns inziens* in his opinion

zich oneself, himself, herself, itself, themselves; *hij had geen geld bij ~* he had no money about (*of:* on) him; *elk* (*ieder*) *voor ~* (*en God voor ons allen*) everyone for himself (and God for us all); *gezamenlijk en elk voor ~* collectively and severally [responsible]; *zie ~*zelf

1 zicht reaping-hook, sickle

2 zicht sight; (*op zee, enz*) visibility [was good, zero visibility]; *in ~* (with)in sight [the end is in sight], [there is a general election] in the offing; *zie ook* gezicht; *drie dagen na ~* three days after sight, at three days' sight; *op ~*, (*ve wissel*) at sight; *wissel op ~, zie ~*wissel, kort-, langzichtwissel; *op ~ trekken* draw at sight; *op ~ zenden* send on approval (for inspection, *fam:* on appro)

zichtbaar 1 visible [light]; visual [information]; *zichtbare uitvoer* visible export; *zichtbare voorraad* visible supply; *~ aangedaan* visibly affected; 2 (*merkbaar*) perceptible; 3 (*klaarblijkelijk*) manifest; **zichtbaarheid** visibility, perceptibility

zichten cut (down), reap [corn]

zichtkoers sight-rate; **zichtlijn** (*theat*) sightline; **zichtpapier** sight bills; **zichtwissel** sight draft, sight bill, demand draft; **zichtzending** consignment (*of:* goods sent) on approval

zichzelf oneself, himself, herself, itself, themselves; *hij was ~ niet* he was not himself (was utterly unlike his usual self); *zij had de avonden* ***aan*** *~* she had the ... to herself, the ... were her own; *zie ook* voor ~; *hij dacht* ***bij*** *~ ...* he thought to himself ...; *hij was* ***buiten*** *~* he was beside himself [with anger]; ***in*** *~ praten* (*spreken*) talk to o.s. (*zo ook:* sing, whistle, laugh to o.s.); *ze vormen een klasse* ***op*** *~* they are a class apart (*of:* by themselves), form a class to themselves; *dat vult op ~ al een boek* that fills a volume of itself; *dat is iets op ~* that is a thing by itself; *elk geval op ~ beoordelen* judge each case on its own (its individual) merits; *dat is op ~ van historisch belang* that is of (in) itself of historical importance; *dit is op ~ een fout* this is in itself a mistake; *niet de beschuldiging op ~, maar* not the accusation per se (in itself) but [its effect on others]; *op ~ onschadelijk* [they are] in themselves harmless; (*erg*) *op ~ leven* live (very much) to o.s.; *een op ~ staand geval* a solitary case, an isolated instance; *dit geval staat niet op ~* this case does not stand alone, this is not an isolated case; *op ~ wonen* live on one's own; ***tot*** *~ komen* come to one's senses (one's right mind, o.s.); *hij deed het* ***uit*** *~* of his own accord, of his own free will; *uit ~ wakker worden* awake of o.s.; ***van*** *~ vallen* faint, (go off in a) swoon; *zij is een Brown van ~* her maiden name is Brown; *hij heeft geld van ~* money of his own, a private income, an income in his own right; ***voor*** *~* [live, keep an apple] for o.s., [keep a secret, one's reflections] to o.s.; *een coupé voor ~ hebben* have a compartment to o.s.; *zie ook* zelf

ziedaar there; ~ *het bewijs* here you see the proof (of it); ~ *wat het is* that's what it is; *vgl* ziehier
zieden I *tr* boil [soap, salt]; II *intr* seethe, boil; ~ *van toorn* seethe (boil, fume) with rage [*hij was ~d* he seethed (was seething, fuming) with rage]; *~de golven* seething waves; *~d heet* scalding (piping) hot; **zieder** boiler
ziegezagen 1 (*op viool*) scrape; 2 (*fig*) prose; *zie ook* zaniken
ziehier look here; ~ *uw ontbijt, meneer* your breakfast, sir; ~ *hoe hij het deed* this is how he did it; ~ *een typisch geval* here we have (see) ...
ziek *pred* ill, sick; (*attr*) sick; (*attr & pred, vooral v gestel, lichaamsdelen, bomen, enz & fig vd geest, maatschappij, enz*) diseased; *~e aardappelen* blighted potatoes; *zo ~ als een hond* [feel] really ill; ~ *liggen aan* lie ill with; *zich ~ melden* report sick, go sick; ~ *worden* fall (be taken, take) ill [of (with) fever]; *zie ook* zieke, houden, lachen, melden; **ziekbed** sick-bed; *op het ~ werpen* lay low; **zieke** patient, sick person, invalid; *de ~n* the sick; *~n bezoeken,* (*ve dokter*) see (visit) patients, (*ve geestelijke*) visit the sick; **ziekelijk** sickly, ailing, in bad (weak) health; (*fig*) sickly, morbid [fancies, taste]; ~ *gezwel* morbid growth; **ziekelijkheid** sickliness, morbidity
zieken be a pest, pester
zieken|auto ambulance; **-bezoek** visit to a patient; (*ve geestelijke, ook*) sick-visiting, visitation of the sick; *op ~ gaan* go visiting the sick, (*ve dokter*) go visiting patients; **-boeg** sick-bay; **-broeder** male nurse; **-drager** stretcher-bearer; **-fonds** health insurance fund; **-fondspremie** health insurance premium; **-fondswet** sickness benefit act; **-geld** sickness benefit, sick pay; **-huis** hospital, infirmary; *zie ook* hospitaal; **-huisopname** admission to hospital, hospitalization; **-kamer** sick-room; **-lijst** sick-list; **-oppasser** (male) nurse, hospital attendant; (*mil*) hospital orderly; (*mar*) bay-man, sick-berth steward; **-rapport** [appear on] sick-parade; *op het ~ staan* (*plaatsen*) be (place) on the sick-list; **-stoel** 1 invalid chair; 2 *zie* rolstoel; **-transport** ambulance service; **-troost** comfort of the sick; *formulier van de ~* service for the visitation of the sick; **-trooster** visitor of the sick; **-verpleegster** (sick) nurse; **-verpleger** male nurse; **-verpleging** 1 sick-nursing; 2 nursing home; **-verplegingsartikelen** (sick-)nursing requisites; **-wagen** ambulance; *~tje* invalid chair; **-zaal** (hospital-, sick-)ward; (*in school, armhuis, enz*) infirmary; (*ve school, ook*) sanatorium; **-zuster** (sick) nurse
ziekmelding (person) reporting sick (ill)
ziekte 1 (*het ziek zijn*) illness, sickness; *wegens ~* on account (on the ground) of ill-health; 2 (*een ~*) illness; (*lang en ernstig*) disease (*ook fig:* reading novels is a disease with him); (*kwaal*) complaint; (*niet ernstige kwaal*) ailment [minor ailments]; (*langdurig*) malady; (*ve orgaan*) disorder [of the stomach, liver, etc]; (*aandoening*) affection [of the lungs]; (*ongesteldheid*) indisposition; (*vooral v dieren*) distemper; (*v planten*) disease, [potato] blight; *de ~,* (*volkst*) plague; *krijg de ~* drop dead; *als de ~* like anything; *zie ook* Engels, slepen, vallend, opdoen, enz
ziekte|beeld clinical picture, syndrome; **-cijfer** morbidity (rate); **-geschiedenis** case history; anamnesis; **-geval** case (of illness); *nieuwe ~len* fresh outbreaks (of a disease); **-haard** nidus, focus; **-kiem** disease- (of: pathogenic) germ; **-kosten** health costs; **-kostenverzekering** health insurance
ziektenleer pathology
ziekte|proces *zie* -verloop; **-stof** morbid (morbific) matter; **-uitkering** sick-pay, sickness benefit; **-verlof** sick-leave; *met ~* on sick-leave; **-verloop** course of a (the) disease; **-verschijnsel** (morbid) symptom; **-verwekkend** pathogenic, disease-producing, morbific; **-verwekker** pathogen; **-verzekering** (national) health insurance; **-verzuim** absence because of illness; (*oneig*) absenteeism; **-vrij** free of disease; **-wet** (national) health insurance act
ziel 1 soul (*ook fig*), mind, spirit; *God **hebbe** zijn ~!* God rest his soul!; *een stad van 10.000 ~en* of 10,000 souls; ***bij** mijn ~ (en zaligheid)!* upon my soul!; *hij was **in** zijn ~ overtuigd, dat ...* he was certain in his own mind that ...; ***met** z'n ~ onder de arm lopen* be at a loose end; *iem **op** zijn ~ trappen* cut a p. to the quick; ***ter** ~e zijn* be dead and gone (dead and buried); ***tot** in de ~ geroerd* touched to the heart, moved to the core of one's soul; 2 (*ve kanon*) bore; (*ve fles*) kick; (*ve veer*) pith; 3 (*pers*) soul; *die arme ~* the poor soul (*of:* thing); *hoe meer ~en hoe meer vreugd* the more the merrier; *een **eerlijke** (goeie) ~* an honest (a good, kind) soul (*of:* body); *geen **levende** ~* not a (living) soul; *de **ouwe** ~ die voor me huishield* the old body who ...; 4 (*drijvende kracht*) soul, lifeblood; *hij is de ~ van de onderneming* the (life and) soul of the enterprise; *geld is de ~ der negotie* money is the lifeblood of trade; 5 (*lichaam, fam:*) *iem **op** zijn ~ geven* dress a p. down; *op zijn ~ krijgen* get a dressing-down; *zie ook* zieltje, grijpen, hart, lijdzaamheid, rusten, snijden, enz
zieleadel nobleness of mind; **zieleheil** [pray for the] welfare of a p.'s soul, spiritual welfare, salvation; **zieleleed** agony (of mind), anguish (of the soul), heartbreak; **zieleleven** spiritual (*of:* inner) life; **zielement** *zie* ziel 5; **zielenherder** pastor, shepherd; **zielental** number of inhabitants, population; **zielepiet** pathetic creature; [you] poor thing; **zielepijn** *zie* -leed; **zielepoot** *zie* -piet; **zielerust** *zie* gemoedsrust; **zielestrijd** struggle of the soul, inward struggle; **zieletroost** comfort for the soul; **zielevrede** peace of mind; **zielevreugde** heart's joy, soul's delight
zielig pitiful, pathetic [little man]; (*verlaten*) forlorn; *hoe ~!* how sad!, what a pity!, isn't it pitiful!
ziel|knijper (*sl*) shrink; **-kunde** psychology; **-kundig** psychological; **-kundige** psychologist; **-loos** (*zonder ziel*) soulless; (*levenloos*) inani- mate, lifeless; **-mis** mass for the dead, requie
ziels|aandoening 1 emotion; 2 (*med*) psyc
-angst anguish, (mental) agony; *door ~*

anguished; *vol* ~ anguished [eyes]; **-bedroefd** deeply afflicted, broken-hearted; **-bemind** dearly beloved; **-blij** heartily glad; **-gelukkig** supremely happy; **-kracht** strength of mind, fortitude; **-kwelling** anguish, (mental) agony; **-lief** *vgl* -veel; **-rust** peace of mind; (*na de dood*) [mass for the] repose of the soul [of A B]; **-toestand** state of mind; **-veel:** ~ *houden van* love dearly, love with all one's heart (and soul); **-verdriet** heartfelt grief, deep sorrow; **-verheugd** overjoyed; **-verhuizing** (trans)migration of souls, metempsychosis; **-verrukking**, **-vervoering** ecstasy, trance, rapture; **-verwant** congenial; **-verwanten** kindred spirits, soul-mates; **-verwantschap** congeniality; **-vriend(in)** intimate (*of:* bosom) friend, soul mate; **-ziek** diseased in mind; ~*e* mental patient; **-ziekte** mental disease, mental disorder, psychosis; **-zorg** cure of souls, spiritual care

zieltje 1 soul; *een ~ zonder zorg* a happy-go-lucky fellow; *~s winnen* win souls, make proselytes; 2 (*doetje*) silly, softy, simpleton; *vgl* ziel

zieltogen be dying, be in one's death agony (death-struggle); **zieltogend** dying, moribund, at the point of death; **zieltoging** agony (of death), death-struggle

zielverheffend exalting, elevating, soul-stirring; **zielverkoper** crimp; **zielverzorger** spiritual adviser; **zielvol** soulful [eyes]; **zielzorg** cure of souls, spiritual care

zien I *ww intr* 1 see; (*eruit zien*) look; *bleek* ~ look pale; *zonder te* ~ [he stared at her] unseeingly, with unseeing eyes; *hij ziet* ***goed*** (*slecht*) he has good (bad) eyes, his eyesight is good (bad); *men kon niet* ***verder*** *zien dan zes voet* visibility was down to six feet; 2 (*kijken; zie ook aldaar*) look; *zie*(*t*)*!* see!, look!, (*retor*) behold!; *en ziet* ..., (*scherts*) and, lo and behold ...; *zie* ***aldaar*** which see, qv; *zie blz 7* see page 7; *zie* ***beneden*** see below; *zie* ***boven*** see above; *zie eens* ***hier*** look here; ~ ***naar*** look at; *ik ga daar ook eens naar* ~ I'll just have a look; *er moet naar het slot* (*mijn verstuikte pols*) *gezien worden* the lock (my sprained wrist) must be seen to; *zie naar je broer,* (*als voorbeeld*) take example by your brother; *wil jij naar de kinderen ~?* will you look after the children?; *hij ziet niet* ***op*** *geld* (*de prijs*) money (the price) is no object with him; *ik zie niet op een gulden of wat* I am not particular to a guilder or two; *hij ziet op een halve cent* he is very stingy; *zie ook* uitzien & letten op; II *ww tr* 1 (*waarnemen, bemerken*) see, perceive, notice, find; *als men u ziet, zou men denken* ... to look at you one would think ...; *als ik het* ***goed*** *zie* if I see aright; ***mij*** *niet gezien,* (*fam*) I'm not (I was not) having any; catch me!; not for me, thanks; *ik zie mijn handschoenen* ***niet*** I cannot see my gloves; *ik zie nog niet, dat ze hem laat schieten* I don't see her dropping him; *ik zie* ***niets*** I cannot see anything; *ik heb hem* ***nooit*** *gezien,* (*ook*) I've never set (*fam:* clapped) eyes on him; *heb je* ***ooit*** *zo iets gezien!* did you ever see such a thing (anything like it)!; *ik heb het* ***wel*** *gezien* I've had enough; *vgl* gezien; *ze dacht dat ik het niet zag* she thought I was not noticing; *doe* ***alsof*** *je het niet ziet* don't take any notice, pretend not to notice; *dat zie ik je al* ***doen*** I see you doing it; *ik zie het hem nog niet doen* I don't see him doing it; *ik zag dat hij het deed* I saw him do (doing) it; *ik zag het doen* (*dat het gedaan werd, dat hij overreden werd, dat de slag toegebracht werd*) I saw it done (saw him run over, saw the blow struck); *men heeft het hem nooit ~ doen* he has never been seen doing (to do) it; *ik* ***kan*** *hem niet* ~ (*of luchten*), (*uitstaan*) I hate the (very) sight of him, cannot bear the sight of him; *het plagen niet langer kunnen ~, zie* aanzien; *zich* ***laten*** *~,* (*verschijnen*) put in an appearance, show up; *laat je hier niet meer* ~ don't show yourself (your face) here again; *hij moest laten ~ wat hij kon* he was put through his paces; *laat me eens ~,* ... let me see, ...; *ik* ***moet*** *het nog* ~ (*gebeuren*) I'll believe it when I see it; *iem niet* ***willen*** ~ cut a p. (dead); *iets niet willen* ~ turn a (one's) blind eye to s.t.; *dat zou ik wel eens willen ~,* (*nl dat hij dat durft te doen, enz*) I should (just) like to see him try it; *dat* ***zullen*** *we dan eens ~,* (*dreigend*) we'll see [if he won't]; *dat zul je wel* ~ you'll see, wait and see; *je zal wel* ~ (*je ziet wel*) *wanneer ik kom* don't expect me till you see me; *dat zie ik niet* ***graag*** I do not like that sort of thing; *men ziet hem overal graag* he is a welcome guest everywhere; *zie* ongaarne; *ik zie hem* ***liever*** *niet dan wel* I prefer his room to his company; ***te*** ~ visible, (*te bezichtigen*) on view, on show, (*handel*) on view; *er was niemand te* ~ there was no one to be seen (not a person in sight); *alleen de commandotoren was te* ~ only the conning-tower showed; *komt mijn onderrok ook te ~?* is my petticoat showing?; *het* (*de breuk, enz*) *is* (*helemaal*) *niet te* ~ it does not show (in the least), it defies detection; *de vlek* (*de stop*) *zal niet* (*erg*) *te ~ komen* the stain (the darn) won't show (much); *er is nog niets te* ~ nothing shows as yet; *te ~ geven* show; *prachtig spel* (*een kranige strijd*) *te ~ geven* put up an excellent display (a big fight); *te ~ krijgen* catch (get a) sight of; ***zie je?*** you see?, (*fam*) see?; *ja, zie je* well, you see; *zie je nou wel!,* (*daar heb je het al*) didn't I tell you?, I told you so!, there you are!; *en wat ~ we?* and what do we find?; *dat is de waarheid, zie je* that's the truth, you see; ***zo*** *te* ~ on the face of it, by the looks of it; *waar zie je dat* ***aan?*** how can you tell?; *je kunt het wel ~ aan zijn foto* you can tell by ...; *ik zie het aan je gezicht* I see it by your face (your look); *zie* aanzien; ***uit*** *Uw brief zie ik* ... I see (note, learn) from your letter ...; *ik zie haar nog* ***voor*** *me* I can see her now; 2 (*bekijken*) see (over) [the house]; *zal ik u het huis* ***laten*** *~?* shall I take (show) you over (round) the house?; *hij liet mij het museum* ~ he took (showed) me over the museum; *hij liet zijn tanden ~ als hij lachte* his teeth showed when ...; *dat* (*die*) ***mag*** *gezien worden* that is well worth looking at (that is a fine specimen [of a tomato plant]); 3 (*oordelen, beoordelen*) see, look at; *je* ***moet*** *het zó* ~ you should look at it like this; *ik zie daar niets* ***in*** I can see no point in it; *ik begrijp* *niet wat hij in die jongen ziet* I ... what he sees to admire in that boy; *hij zag er niets in om mijn brieven te openen* he thought nothing of opening ...; *ze zagen een spion in hem* they saw a spy in him; *we ~* ***wel****, we zullen wel (eens) ~* we shall (we'll) see, we'll see about that; *het was* ***verkeerd*** *gezien van ...* it was an error of judgment on the part of ...; 4 (*aankijken:*) *mag ik je even ~?* here's to you!, cheers!; 5 (*ontmoeten*) see; *ze wil niemand ~,* (*ontvangen*) she will not see anyone; *iem* (*elkaar*) ***dikwijls*** (***soms***) ~ see a good deal (little) of a p. (of each other); *ik heb hem* ***helemaal*** *niet gezien* (*te ~ gekregen*) I have see nothing of him; *we hebben je in* ***lang*** *niet gezien* you are quite a stranger; *ik zie je* ***nog*** *wel* (I'll) see you (later); 6 (*trachten*) try; *zie* ***eens*** *of je het kunt doen* just try if you can do it; *ik zal hem ~ over te halen* I'll try and persuade him; *hij* ***moet maar*** *~ dat hij thuis komt* he must find his own way back home; *hij moest maar ~ hoe hij beter werd* he was left to recover as best he might; 7 (*doelen*) refer; *dat artikel ziet op heel andere vergrijpen* that paragraph refers to (is meant for) ...; *zie ook* aankomen, dubbel, geloven, gezien, horen, horloge, mens, oog, enz; III *zn* seeing, sight, vision; *het ~ met twee ogen* binocular vision; (*het*) *~ kost niets* it costs nothing to look at it; *op* (*bij*) *het ~ van ...* on seeing ...; *zie ook* ziens

ziende seeing, [blind or] sighted; *~ blind zijn,* (*vglb*) none so blind as those who will not see; *de blinden ~ maken* make the blind see; **zienderogen**: *hij ging ~ achteruit* he was visibly (perceptibly) getting worse

ziener seer, prophet; visionary; **zieneres** (female) seer, seeress, prophetess; **zieners|blik**, **-oog** prophet's eye, prophetic eye

zienlijk *zie* zichtbaar; *niet ~* ghostly

ziens: *tot ~* good-bye for the present!, see you again (some day)!, see you (later)!, au revoir!, (*fam*) so long!

zienswijze opinion, view; *zij deelde mijn ~ niet* she was not of my way of thinking; *ik kon hem niet tot mijn ~ overhalen* I could not bring him round (convert him) to my way of thinking

zier whit, atom; *geen ~ waard* not worth a pin (a straw, a rap); *het kan me geen ~ schelen* I don't care a bit (fig, pin, straw, brass farthing); (*sl*) (a) fat lot I care; *ik heb geen ~ medelijden met hem* I haven't a scrap of pity for him; *hij geeft geen ~ om het weer* he does not care a rap for the weather; *een ~tje* a wee bit; *geen ~tje verstand* [he has] not a particle (a grain) of sense; *zie ook* greintje

ziezo all right, that's it; ~, *nu weet je het* so there!

zift sieve; **ziften** sift; *zie ook* mugge~ & schiften; **ziftsel** siftings

zigeuner gipsy, Romany (*ook mv*), Zingaro (*mv:* -ri); **zigeunerachtig** gipsy-like, gipsyish; **zigeunerin** gipsy (woman), Zingara; **zigeunertaal** Gipsy language, Romany (speech), Romanes

ziggoerat ziggurat

zigzag id; *~ lopen* zigzag; **zigzagbeweging** zigzag; **zigzagbliksem** forked lightning; **zigzaggen** zigzag; **zigzaglijn** zigzag, indented line; **zigzagsgewijze** [the car travelled] (in a) zigzag; *~ gaan* (*varen, enz*), (*ook*) zigzag; *~ plaatsen,* (*ook*) stagger [the spokes of a wheel]

zij 1 (*ev*) she; (*mv*) they; *~ met hun zessen bleven bij elkaar* they six kept together; *zie ook* hij; 2 *zie* 1 zijde; 3 *zie* 2 zijde; 4 *zie* 1 zijn

zijaanval flank attack; **zijaanzicht** side-view; **zijaltaar** side-altar; **zijband** (*radio*) side-band; **zijbeuk** (side-)aisle; **zijd** *zie* wijd

1 zijde (*kant*) side; flank [of an army]; *zie ook* 2 kant; *~(tje) spek* flitch (*of:* side) of bacon; *de goede* (*verkeerde*) *~,* (*ve stof*) the right (wrong) side; *de ~n van een driehoek* (*een kubus*) the sides of a triangle (a cube); *~tje,* (*v brief, enz*) page, side; *zijn ~n vasthouden van het lachen* hold (*of:* split) one's sides with laughing; *het heeft zijn goede ~, enz, zie* 2 kant; *iems ~ kiezen* take a p.'s side; ***aan*** *deze ~* on this side; *aan deze* (*die, de andere*) *~ van* on this (that, the other) side of, (on) this (that, the other) side [the Alps]; *aan alle ~n* on all sides, on every side; *aan beide ~n* on both sides, on either side; *~ aan ~* side by side, cheek by jowl, alongside of each other; *aan mijn groene ~* on my left; *hij stond aan mijn ~,* (*eig*) he stood at (by) my side; (*fig*) he was on my side, sided with me; *ik heb pijn* ***in*** *de ~* I have a pain (a stitch) in my side; *in de ~ aangrijpen* take [the enemy] in flank; *met beide* (*met de*) *armen in de ~* with arms akimbo; ***naar*** *alle ~n* in all directions, [look] on all sides; ***op*** *zij* [put, stand] aside; *op zij* (*daar*)*!* stand clear (there)!; *op zij van* at the side of [the house]; *zie verder* opzij, *en zie* streven; ***ter*** *~* aside; *ter ener* (*ter anderer*) *~* of the first (of the second) part; *hij zei het ter ~* he said it in an aside; *ter ~ laten* leave on one side; *ik laat India ter ~* I put India on one side; *ter ~ staan* assist, stand by [a p.], support (*ook een medespeler*); *ik sta je ter ~, wat er ook gebeurt* I am behind you, whatever happens; *zich ter ~ keren* turn aside, face about sideways; *iem ter ~ nemen* take (draw) a p. aside (on one side); *ter ~ leggen* lay on one side; *ter ~ stellen* place on one side; *zie ook* scherts & *beneden:* van ter ~; ***van*** *alle ~n* [come] from all quarters, [hear s.t.] on all sides, [look at it] from all sides (all angles); *dat wordt van alle ~n toegegeven* it is admitted on all hands; *de bus werd van ter ~ aangereden* the bus was caught broadside on; *iets van ter ~ horen* hear s.t. by a side-wind; *iem van ter ~ aankijken* look at a p. (eye a p.) askance (sideways), look at a p. out of the corner (the tail) of one's eye, give a p. a sidelong glance; *ik, van mijn ~* I, for my part; I, for one; I, on my side; *van de ~ der politie* [ill-treatment] at the hands of the police; *van de ~ der regering* on the part of the government; *van Britse ~* [it was suggested] from the British side [that ...]; *van Duitse ~ is toegestemd* ... the Germans have agreed ...; *van zekere ~* in certain quarters [it has been stated ...]; *van moeders ~* on the mother's side; *zie ook* zwak, enz

2 zijde (*stof*) silk; *zie ook* spinnen

zijdeaap(je) lion-monkey, (silky) marmoset; **zijdeachtig** silky; (*biol*) sericeous; **zijdecultuur** *zie* -teelt; **zijdeglans** silky gloss; (*afwerking in* ~) satin gloss, satin finish

zijdelings I *bw* [sit] sideways, sidelong, obliquely; ~ *op iem afgaan* sidle (*of:* edge) up to a p.; ~ *vernemen* hear by a sidewind; II *bn* sidelong [glance, look, movement]; lateral [movement]; indirect [influence, invitation]; oblique [accusations]; ~*e blik,* (*ook*) side (sideways) look (*of:* glance); ~*e hatelijkheid* side-hit, sly dig [*op* at]; *een* ~*e toespeling maken op* make an oblique reference to; ~*e linie* collateral line; ~*e slag* side-stroke

zijden silk [hat]; (*fig*) silken [curls, bonds]; ~ *stoffen* silks; *zie ook* draad

zijdens (*jur*) on the part of

zijde|papier tissue-paper; **-plant** swallowwort, milkweed; **-rups** silkworm; **-staart** (*vogel*) waxwing, chatterer; **-stof** fibroin; **-teelt** silk--culture, sericulture; **-twijnder** silk-throw(st)er

zijdeur side-door (*ook fig:* introduce Protection by a side-door); *af door de* ~ exit in confusion

zijdevlinder silk-moth

zijdgeweer (*hist*) side-arm(s), sword, etc

zij-effect (*bilj*) side

zijgalerij side-gallery; **zijgang** side-passage; (*ve mijn*) lateral gallery; (*ve trein*) corridor; ~*en gaan* tread crooked paths

zijgdoek straining-cloth

zijgebergte lateral chain (of mountains), spur; **zijgebouw** annex(e), wing

zijgen strain, filter, percolate; *zie ook* neer~ & in-een~

zijgevel side-façade; **zijgezicht** side-view

zijig silky (*ook fig*)

zijingang side-entrance; **zijkamer** side-room; **zijkanaal** branch-canal; side-channel; *vgl* kanaal; *door een* ~ *vernemen* hear through a side--channel (by a side-wind); **zijkant** side

zijl 1 watercourse; 2 dike-lock

zij|laan side-avenue; ~*tje* side-alley; **-leuning** railing; (*ve stoel*) arm-rest, (*wijd uitstaand*) side--wing [of an armchair]; **-licht** side-light; **-lijn** 1 (*ve spoorw*) branch-, side-line, feeder(-line), spur; 2 (*sp*) touch-line, sideline; 3 *zie* -linie; **-linie** collateral line; **-loge** side-box; **-muur** side-wall

1 zijn I *ww* (*zelfst ww & koppelww*) be; *zie ook* wezen; (*hulpww v tijd*) have; (*hulpww vd lijdende vorm*) have been; *hij is* (*zij zijn*) *advocaat* he is a lawyer (they are lawyers); *oorlog is oorlog* war is war; *jongens* ~ *jongens* boys will be boys; *dat is wat tussen die twee* there is something between those two; *5 van de 12 is 7* 5 from 12 leaves 7; *2 × 2 is 4* twice 2 is 4; *deze huizen* ~ *£ 400 per jaar* these ... are £400 a year; *dat is gemakkelijk te begrijpen* it is easy to understand; *hoe is* ***het*** *met je?* how are you?; *het was niet dat hij het geld nodig had* it was not that he ...; *het is niet te doen* it can't be done; ***zij*** *het ook* [comfortable,] if [shabby chair]; *hij slaagde, zij het dat hij* ... he managed, albeit that he ...; *zoals de wet nu is* as the law now stands; *je bent* ***er***, (*fig*), *a*) you have hit it; *b*) you are through; *is hij gekomen? ja, hij is er* has he come? yes, he has (he is here); *ik ben er,* (*weet het*) I have it; *hij is er geweest,* (*fig*) it is all up with him, he is a goner, he has had it; *Engeland is er geweest* England is dished; *de dokter zal er dadelijk* ~ the ... will be round immediately; *is de vuilnisman* (*er*) *geweest?* has the dustman been?; *is er ook iem geweest toen ik uit was?* did anyone call when ...?; (*is er ook*) *iem geweest?* (has) anybody been?; *eenhoorns zijn er nooit geweest* unicorns never existed (never were); *wat is er?, zie* wat; *ze was er of ze kwam er* she was in and out a good deal; ... *die er is* [the greatest rascal] going; *hij was* ***in*** *de katoen* he was in cotton; *ik ben* ***naar*** *Parijs geweest* I've been to Paris; *hij is* ***uit*** *Canada* he is from Canada; ***waar*** *zijn we?,* (*in boek, enz*) where are we?; *ik weet niet waar het is,* (*in boek*) I've lost my place; *zie ook* als, 2 bij 20, er, het, hoe, meer, middel, moeten, mogen, 2 net III.3, vanwege, zaak, zo, zullen, enz; II *zn* being

2 zijn *vnw* his, its; one's; *men moest* ~ *plicht doen* one should do one's (*Am ook:* his) duty; *de* (*het*) ~*e* his; *elk het* ~*e* every one his due, to each his own; *hij heeft het* ~*e gekregen* he has come into his own; *zie verder* mijn

zijnent: *te*(*n*) ~ at his house, at his place, in his country; **zijnentwil**: *om* ~ for his sake; **zijnerzijds** on his part

zijnet side of the net

zijnsleer ontology

zij|opening side-opening; **-pad** side-, by-path; *een zijpaadje inslaan,* (*fig*) ride off on a side-issue

zijpelen ooze, filter

zij|raam side-window; **-rivier** tributary (stream, river), affluent, confluent, branch, feeder; **-scheut** side-shoot; **-schip** *zie* -beuk; **-slip** (*ve vliegtuig*) side-slip; **-span(wagen)** sidecar; *motor met zijspan* motor-cycle combination, motor--cycle and sidecar; *motor zonder zijspan* solo motor-cycle; **-spiegel** wing mirror; **-spoor** siding, side-track; *op een* ~ *brengen* (*zetten*) sidetrack; (*fig*) sideline, put [a p.] on the sidelines; **-sprong** side-leap; (*ve schrikkend paard*) shy; *een* ~ *maken* jump (leap) aside; **-stoot** side-thrust; (*schermen*) flanconade; **-straat** side-street, turning [off, *of:* out of Piccadilly]; *een* ~ *van het Strand,* (*ook*) a (side-)street off the Strand; **-streep** (*biol*) lateral line; **-tak** side-branch; (*ve rivier, spoorweg, gebergte, enz*) branch, offshoot; *zie ook* -rivier; (*ve familie*) collateral branch; **-vlak** lateral face; **-vleugel** (side-)wing; **-waarts** I *bw* sideways, sideward(s); *zie ook* zijdelings; II *bn* sideward, lateral; *een* ~*e beweging maken,* (*ve auto, enz*) swerve; **-wand** side-wall; **-weg** side (by-, cross)-road, branch road, by-, side-way; **-wind** side--wind; (*mar, luchtv, ook*) beam-wind; **-zwaard** lee-board

zilt saltish, salty, briny, brackish; ~*e tranen* [weep] salt (*of:* briny) tears; *het* ~*e nat* the briny ocean, the salt water, (*scherts*) the briny

zilver 1 silver; (*zilveren voorwerpen*) [polish the] silver, (silver) plate; (*ongemunt*) bullion, bar--silver; *zie ook* spreken; 2 (*her*) argent

zilver|aap titi; **-achtig** silvery (*ook fig:* a silvery laugh), argentine; **-ader** vein (lode) of silver; **-ahorn** silver (silver-leaved, white) maple; **-blad** silver-leaf, -foil; (*plant*) milkweed; **-blank** silver(y) white; **-bon** currency (*of:* treasury) note (for a guilder or fl 2.50); **-boom** 1 silver-tree (of Cape Colony); 2 *zie* -populier; 3 (*chem*) arbor Dianae, dendritic silver; **-draad** (*v zilver*) silver wire; (*met ~ omwonden*) silver thread

zilveren silver; ~ *bruiloft* silver wedding; ~ *haren* (*stem, lach*) silver(y) hair (voice, laugh); ~ *knoopjes,* (*plant*) fair maids of France

zilver|fazant silver pheasant; **-gehalte** percentage of silver, silver-content; **-geld** silver money; **-glans** 1 silver-glance, argentite; 2 silvery lustre; **-glit** litharge; **-goed** [polish the] silver, (silver) plate; **-grauw**, **-grijs** silvery grey, silver-grey; **-houdend** containing silver, argentiferous; **-klank** silvery sound; **-kleur** silvery colour; **-kleurig** silver-coloured; **-koers** price of silver; **-lakens**: *~e fazant* silver pheasant; **-ling** (*bijb*) piece of silver [Judas betrayed the Master for 30 pieces of silver], silverling; **-meeuw** herring-gull; **-merk** hallmark (for silver); **-munt** silver coin; **-oxyde** silver-oxide; **-papier** silver paper, silver foil, tinfoil; **-pluvier** silver plover; **-poeder** silver-dust; (*om te poetsen*) plate powder; **-populier** white (*of:* silver) poplar, abele; **-reiger** (*grote*) great white heron; (*kleine*) little egret; **-rijk** rich in silver; **-schoon** silverweed; **-smeedkunst** silversmithing; **-smid** silversmith; **-spar** (silver) fir; **-stuk** silver coin; **-uitje** pearl onion; **-vingerkruid** *zie* -schoon; **-vis** silverfish; **-visje** (*insekt*) silverfish, fish moth; **-vliesrijst** unpolished rice; **-vloot** silver fleet, treasure fleet; **-vos** silver fox; **-werk** silverware, silver-work, (silver) plate; **-wilg** white willow; **-wit** I *bn* silver(y) white; II *zn* silver-white, Chinese white; **-zand** silver-sand

Zimbabwe id; **Zimbabweaan(s)** Zimbabwean

zin 1 (*zielsvermogen, verstand*) sense; *de* ***vijf*** *~nen* the five senses; *hij heeft zijn ~nen goed* (*al zijn ~nen*) *bij elkaar* he has all his wits about him; *niemand die zijn ~nen bij elkaar heeft* nobody in his senses; *hij is niet goed* ***bij*** (*zijn*) *~nen* he is not in his right senses, is out of his senses; 2 (*gevoel*) sense; *zin* ***voor*** *humor* (*het schone, het schilderachtige*) [have a] sense of humour (beauty, *of:* the beautiful, the picturesque); 3 (*gedachte, geest*) mind; *hij had er zijn ~nen op* ***gezet*** he had set his mind (his heart) on it, he was set on it (on the house, etc); *het kwam mij* ***in*** *de ~ dat* ... it occurred to me that ...; *dat zou mij nooit in de ~ komen* I should never dream of it, such a thing would never enter my head; *dat schoot mij in de ~* it flashed through (crossed) my mind; *wat heeft hij in de ~?,* (*bedoelt*) what is he driving at?; (*voert uit*) what is he up to?; *ik weet wat hij in de ~ heeft* I know what he is after (what he has in mind); *iets in de ~ hebben tegen* be scheming against; *geen kwaad in de ~ hebben* intend (mean) no harm; *hij heeft niets goeds in de ~* (*is niets goeds* ***van*** *~*) he is after (up to) no good (isn't up to any good); *één van ~ zijn* be of one mind; *van ~(s) zijn* intend, be minded [to ...]; 4 (*betekenis*) sense, meaning; *deze woorden* ***hebben*** *geen ~* these words make no sense; *wat voor ~ heeft het?* what is the sense (use) of it?; *dat zou geen* (*weinig*) *~ hebben* there would be no (little) sense in that, it would be without point, it would serve no useful purpose; *het heeft geen ~ om voor te wenden dat* ... there is no sense in pretending that ...; *een lange verloving zou geen* (*niet veel*) *~ hebben* there would be no point (would not be much point) in a long engagement; *ik heb hem* ***in*** *die ~ geschreven* (*gewaarschuwd*) I've written to him (warned him) to that effect; *in eigenlijke ~* in its literal (proper) sense; *in engere ~* in a more restricted (limited) sense; *in figuurlijke ~* in a figurative sense; *in die ~ dat* ... in the sense that ...; *in de ~ der* (*dezer*) *wet* [manufacturer] within the meaning of the Act; *in de volste* (*ware*) *~ van het woord* in the full (true) sense of the word; *in zekere ~* [you are right] in a (certain) sense, in a way; *hij zinspeelde er in zekere ~ op,* (*fam*) he sort of hinted at it; 5 (*volzin*) sentence; 6 (*lust, begeerte*) mind, desire, appetite, fancy, stomach [no stomach for fighting]; *~ of geen ~* willy-nilly, (whether you) like it or not; *ieder zijn ~, zie* smaak; *een* ***mens*** *z'n ~, enz, zie* lust; *zijn eigen ~* ***doen*** do as one pleases; *iems ~ doen* do as a p. wishes, (*ook: iem zijn ~* ***geven***) let a p. have his way, humour a p.; *~* (*heel veel, veel, wel, geen ~*) ***hebben*** *om te* ... have a mind (a great mind, a good mind, half a mind, no mind) to ...; *als je ~ hebt te wachten* if you care to wait; *als je ~ hebt,* (*ook*) if you are so minded; *ik heb geen ~ om te schrijven* I don't feel like writing; *ik heb niet veel* (*niet recht*) *~ om te gaan* I don't much want to go; *hij had geen ~ er afstand van te doen* he was reluctant to part with it; *zie verder* lust & trek; *heb je nu je ~?* are you satisfied now?; *ik heb mijn ~* I have my wish; *hij wil in alles zijn ~ hebben* he wants to have it all his own way; *zijn ~* ***krijgen*** have (get) one's wish (one's own way); *hij kreeg er ~ in* he took a fancy to it; *het iem* ***naar*** *de ~ maken* please a p.; *het iem naar de ~ trachten te maken,* (*ook*) study a p.'s tastes (comfort, etc); *men kan het niet alle mensen naar de ~ maken* you cannot please everybody; *dat is naar mijn ~* that is to my liking [he's got too many ideas for my liking]; *is het hotel* (*enz*) *goed naar je ~?* are you happy where you are?; *te bleek naar mijn ~* too pale for my taste; ***tegen*** *mijn ~* [he went] contrary to my wishes, against my will; (*met tegenzin*) [I went] reluctantly

zincografie zincography

zindeel *zie* zinsdeel

zindelijk clean (*ook ve hond*), neat, tidy; (*ve kind*) (toilet-, potty-)trained; (*ve dier*) house-trained; ~ *van aard* cleanly; **zindelijkheid** cleanness, neatness, tidiness, cleanliness

zinderen vibrate with heat; *~d* scorching [heat]; (*fig*) thrilling, gripping, dramatic [match]

zingen sing; chant [the Litany]; (*ve vogels*) sing, warble, carol; *plotseling beginnen te ~* burst into song; *het water zingt* the kettle is singing; *tenor, enz* ~ sing (the) tenor, etc; *zing eens wat* give us a song; *zich goed laten* ~ sing easily; (*niet*) *te* ~ (un)singable; ~*de mis* sung mass; ~*de zaag* musical saw; *zie ook* lijster, slaap, toon 1: ~tje, vals, 1 wijs

zingenot sensual pleasure

zink zinc [bath]; (*handel*) spelter; **zinkblende** (zinc) blende, sphalerite; **zinkbloemen** flowers of zinc

1 zinken *bn* zinc

2 zinken *ww* sink (*ook van de moed, enz*), go down; (*ve schip, ook*) founder; ~*d schip* [the rats are leaving the] sinking ship; *laten* ~ sink, scuttle [ships]; *diep* ~, (*fig*) sink (*of:* fall) low; *zó diep was hij niet gezonken* he had not fallen as low as that (not sunk to this level); *in zijn stoel* ~ sink (subside) into one's chair; *in het graf* ~ sink into the grave; *zie ook* baksteen, grond, moed, enz

zinker 1 underwater main; 2 (*ve net*) sinker

zinkerts zinc ore

zinkgat (*mar*) pump-well

zinkgravure zinco(graph); **zinkhoudend** zinciferous; **zinklaag** layer (*of:* stratum) of zinc

zinklood 1 *zie* dieplood; 2 (*bij het vissen*) sinker; ~*jes* spliced shot

zinkografie zincography; **zinkoxyde** zinc oxide

zinkput cesspool, cesspit, settling-tank; **zinkstuk** (*waterbouw*) mattress, willow matting; (*mar*) sinker

zink|sulfaat zinc sulphate; **-sulfide** zinc sulphide; **-wit** zinc white; **-zalf** zinc ointment

zin|ledig meaningless, devoid of sense, vacuous; ~*e gezegden* inanities, vacuities; **-ledigheid** meaninglessness, vacuity, inanity; **-loos** senseless; *zo'n leven is* ~ such a life is meaningless; *een -loze moord* a pointless murder; *zie ook* -ledig; **-loosheid** senselessness, meaninglessness

zinnebeeld emblem, symbol; *het* ~ *zijn van*, (*ook*) be symbolic(al) of [peace, etc]; **zinnebeeldig** emblematic(al), symbolic(al)

zinnelijk 1 of the senses, of sense; ~ *waarneembaar* perceptible by the senses; *de* ~*e wereld* the world of sense; 2 (*de zinnen strelend; zingenot beminnend*) sensual [pleasures, persons], carnal [appetites]; (*meestal niet ongunstig*) sensuous; *een* ~ *mens*, (*ook*) a sensualist; **zinnelijkheid** sensuality, sensualism

zinneloos out of one's senses, insane, mad; **zinneloosheid** insanity, madness

zinnen ponder, muse, mediate; (*somber* ~) brood; ~ *op* ponder, etc on; *op wraak* ~ brood on (be out for) revenge; *het zint mij niet* I don't like (fancy) it; *zie ook* be~

zinnen|prikkelend, **-strelend** titillating

zinnespel morality

zinnia (*plant*) id

zinnig sane; sensible; ~ *zijn* make sense, be worthwhile; **zinnigheid** sense; (*volkst*) longing, fancy

zinrijk full of sense (of meaning), pregnant, significant, terse; **zinrijkheid** pregnancy, significance, terseness; **zins** *zie* zin

zinsaccent sentence stress; **zins|bedrog**, **-begoocheling** illusion, delusion, hallucination; **zinsbepaling** sentence adverb; **zinsbouw** sentence structure

zinscheiding sentence-patterning, phrase-marking, punctuation; **zinsdeel** part of a sentence, sentence element; **zinsnede** passage, clause; **zinsontleding** (sentence) analysis

zinspelen allude [*op* to], hint [*op* at]; **zinspeling** allusion [*op* to], hint [*op* at], reference [*op* to]; *een* ~ *maken op* allude to, hint at; **zinspreuk** motto, device; (*kernspreuk*) aphorism; **zinstorend** confusing [misprints]

zinsverband (*wijze van verbinding*) connection of sentences; (*samenhang*) context; **zinsverbijstering** *zie* verstands-; **zins|verrukking**, **-vervoering** *zie* geestverrukking; **zinswending** turn (of speech, of phrase, of a sentence)

zin|tuig organ of sense, sense-organ, organ [of sight, etc]; *de vijf* ~*en* the five senses; **-tuiglijk**: ~*e waarneming* sense (*of:* sensory) perception

zinverwant synonymous; ~ *woord*, (*ook*) synonym; **zinverwantschap** synonymity

zinvol 1 significant, meaningful; 2 *zie* zinnig

Zion id; **zionisme** Zionism; **zionist(isch)** Zionist

ziqqurat ziggurat

zirkoon zircon

zit [that rider has a good] seat; *hij heeft geen* ~ *in het lijf* he is a fidget, is fidgety, cannot sit still; *een hele* ~ a long journey, [from 7 to 12 is] a long time

zitbad hip-, sitz-bath; **zitbank** bench, seat; (*bekleed*) settee, sofa; (*kerkbank*) pew; **zitbeen** ischium; **zitdag** day of sitting (opening, sale, etc); (*jur*) court-day, assize-day; **zitgelegenheid** sitting accommodation, seating, place (somewhere; *zo ook:* nowhere) to sit down; *met* ~ *voor 50* to seat 50; **zithoek** sitting area; **zitje** 1 table and chairs; 2 seat; *een aardig* ~ a snug corner, a cosy nook; **zitkamer** sitting-, living--room, parlour; **zitkuil** sunken sitting area; **zitkussen** seat cushion; **zitplaats** seat; *de bioscoop heeft 500* ~*en* the cinema seats (is capable of seating, has seating-accommodation for, is seated for) 500 people; **zits**: *zeven* ~ *auto* seven-seater; **zitslaapbank** sofa bed, (*Am*) daybed; **zitslaapkamer** bedsitting room, (*fam*) bedsit(ter); **zitstaking** sit-down (strike); **zitstang** perch; **zitstok** 1 shooting-stick; 2 perch

zitten 1 (*gezeten zijn*) sit; (*ve vogel*) be perched (perch) [on a branch]; ***blijven*** ~ remain seated, keep (stay in) one's seat; (*onder dans*) sit out (the dance); *blijf* ~ keep (stay in) your seat, don't move, please; *wij kunnen helemaal tot A blijven* ~ we can keep our seats all the way to A; *hij bleef maar* ~ he sat on and on; ***gaan*** ~ sit down, take a seat, take one's seat [the bench on which they took their seats], sit down; *ze ging rechtop in bed* ~ she sat upright in bed; *weer gaan* ~ resume one's seat; *ga* ~*!* sit down!; (*tegen getuige*) stand down!; *gaat u* ~ take a seat, pray be seated, sit down, won't you sit down?; *gaan* ~ *ontbijten* (*thee drinken, enz*) sit down to breakfast (tea, etc); *de*

kip *zit te broeden* the hen is sitting; *de stoel zit* ***lekker*** it's a comfortable chair; *het zit hier lekker* it is nice sitting here; ~ ***te*** *lezen* sit (be) reading, sit and read; *hij zat van zijn sigaar te genieten* he sat enjoying his cigar; ***bij*** *iem* ~ sit by a p.('s side); *kom bij mij* ~ (come and) sit by me; *kom bij ons* (*gezelschap*) ~ join us; *kom* ***naast*** *mij* ~ sit beside me; ***om*** *het vuur* ~ sit (be seated) round the fire; ***over*** *een boek* ~ sit (pore) over a book; *goed* (*slecht*) ***te*** *paard* ~ sit a horse well (badly), have a good (bad) seat; *hoog te paard* ~ ride the high horse; ***voor*** *een schilder* (*zijn portret*) ~ sit to a painter (for one's portrait); 2 (*zitting hebben, v Kamerlid, rechter, enz*) sit [the right to sit in both Houses]; *de Kamer zit nu* the House is now sitting, is in session now; *in de raad* ~ sit (be) on the (town) council; *in de commissie* ~ be (sit, serve) on the committee (the board; *staatscommissie:* the royal commission); 3 (*ve kledingstuk*) fit, sit [the coat sits well]; *de jas zit goed* (*slecht*) the coat is a good (bad) fit; *hij keek of zijn jas* (*broek*) *goed zat* he studied the sit of his coat (the hang of his trousers); *zie ook* recht II.1 & scheef; 4 (*zijn, zich bevinden*) be; *de wind zit in het Noorden* the ... is in the north; ***hoe*** *zit dat?* how is that?; *dat zit* ***zo*** it's like this, it's this way; ***daar*** ~ *we nu!* now we are in a mess!; *zit daar* ***geld****?* are they well off?; *er zit nogal wat geld* (*bij*) they are pretty well off; (***gevangen***) ~ do time; *hij heeft drie* ***jaar*** *gezeten* he has served three years [for housebreaking]; *daar zit 'm de* ***moeilijkheid*** there's the rub; *altijd* ***thuis*** ~ be always at home, be a stay-at--home; *de boom zit* ***vol*** *vruchten* is full of fruit; *zie ook* vol; ***waar*** *zit je toch?* where are you then?; ***blijven*** ~*,* (*op school*) stay (be kept) down; *vgl* ~blijver; (*ongetrouwd blijven*) remain (*of:* be left) on the shelf; *in de sneeuw blijven* ~ stick in the snow; *de kogel bleef in zijn schouder* ~ the bullet lodged in ...; *haar haar wou niet blijven* ~ would not stay in place; *het verband bleef niet* ~ the bandage did not hold; *het meeste geld* ***gaat*** ~ *in boeken* most of the money goes in books; *een meisje* ***laten*** ~ drop a girl; *zijn vrouw laten* ~ desert one's wife; *de garage heeft ons laten* ~ the garage has let us down; *laat maar* ~*!,* (*tegen kelner*) keep the change, never mind the 10p (etc); *hij heeft het lelijk laten* ~ he has not come too well out of it; *zie ook* ~ bij & ~ op; ***aan*** *tafel* ~ be at table; *ik zat juist aan het diner* I was just having dinner; *daar zit wat* ***achter*** there is more to it than that, (*een verborgen moeilijkheid, enz*) there must be a catch in it; *daar zit meer achter* there is more in it than appears, more is meant than meets the eye (the ear); *ik ben zeker dat hij er achter zit* I'm sure he has something to do with it (is at the bottom of it); *daar zit een vrouw achter* there is a woman in it (in the case, at the bottom of it); *achter iem aan* (*heen*) ~ keep a p. at it (*of:* up to scratch); *zie ook* vod; *achter de vrouwen aan* ~ chase women; *het zit hem* ***in*** *de benen* it's his legs, his legs fail him; *het zit in de familie* it runs (it is) in the family; *dat* (*die eigenschap, enz*) *zit hem in het bloed* it is in his blood; *wij* ~ *weer in de winter* another winter is upon us; *de sleutel zit in het slot* the key is in the lock; *het mes zat diep in het lichaam* the knife was deeply embedded in ...; *in de gevangenis* ~ be in prison; *er zit een staatsman in hem* he has the stuff (the makings) of a statesman in him; *daar zit wel wat in* there is some reason (some point) in that, there is something in it; *zijn grammatica zit er niet in* his grammar is shaky; *zijn Duits zit erin* (*zit er goed in*) he has got up (has thoroughly mastered) his German; *daarin zit het nieuwe van het idee* (*het onrechtvaardige ervan*) that's where the novelty of the notion comes in (where the injustice of it creeps in); *het zit erin dat het lukt* there's every chance of success; *hij deed alles om te winnen, maar het zat er niet in* he ..., but he could not make it (but no such luck); *hij zit er goed in* he is well up in it; *goed in de kleren* ~ be well--dressed; *in verlegenheid* ~*, zie* moeilijkheid; *dat zit niet in hem* it is not (he hasn't got it) in him; ***onder*** *de modder* ~ be covered (caked, coated) with mud; *onder het werk* ~ be up to the eyes in work; *er zit een kroon* ***op*** *de scepter* the sceptre is surmounted by a crown; *er zit een vlek op je jas* there is a stain on your coat; *het zit me* ***tot*** *hier* I'm fed up with it; 5 (*doel treffen:*) ***die*** *zit* that's a hit; one (in the eye) for you; (*sp*) it's a goal, it's in [only three of the five penalties were in]; 6 (*problemen hebben:*) *ik zit* ***ermee*** I am at a loss (I do not know) what to do about it (with it, with the boy, etc); *waar ik mee zit ...* what bothers me ...; *daar zit ik niet mee* no problem; *hij zou er lelijk mee gezeten hebben* [*om het te moeten doen*] he would have been hard put (to it) [to ...]; vgl omhoog~; *ik zit* ***met*** *die artikelen* I have those articles on my hands; *ik bleef met die artikelen* ~ these articles were left on my hands, I got saddled (*of:* stuck) with them; *zij bleef met vier kinderen* ~ she was left with four children; *hij liet mij met het huis* (*de goederen, de zaken*) ~ he left me with the house (the goods, the business) on my hands, (*meer algem*) left me to hold the baby || *het stuk zat geheid* the play had been thoroughly rehearsed; ***dat*** *zit nog* that's a question; that remains to be seen; *dat zit wel goed* that will be all right; *ik* ***zie*** *dat niet* ~ I don't see it coming off (getting done, etc); *hij zag het niet meer* ~ he had given up, was at the end of his tether; *ze zag hem wel* ~ she rather fancied him; *hij zit overal* ***aan*** he touches (fingers) everything, cannot let (leave) anything alone; *wie heeft aan dat slot gezeten?* who has been tampering with that lock?; *het zit hem aan de longen* it's his lungs, his lungs are affected; *dat zit er niet aan* I can't afford it, (*geen sprake van*) nothing doing!; *maar dat zat er niet aan,* (*ook*) but no such luck!; *er zit niets* (*niet veel*) ***bij*** (*hem*) he has nothing in him (there is not much to him); *ik heb er veel geld bij laten* ~ I've lost a lot of money over it; *hij liet het er niet bij* ~ he did not take it lying down; *hij heeft het er lelijk bij laten* ~ he has made a poor job of it; *hij zit er goed* (*warmpjes*) *bij* he is well (comfortably) off; *er zit niets anders* ***op***

dan te betalen there is nothing for it (we have no alternative) but to pay; *er zit niets anders op* there is no alternative, there is nothing else for it; *er zit wat* (*nl straf, enz*) *voor je op* you won't half get it, you are sure to catch it; *daar zit een jaar* (*voor me, enz*) *op* that'll mean a year; *dat zit erop* that's that, that job is jobbed; *dat kan ik niet op me laten* ~ I cannot take that lying down (put up with it); *hij liet het niet op zich* ~ he didn't take it lying down, he gave as good as he got; *zie ook* gezeten, bloed, diep, dunnetjes, grond, hand, hoog, inzitten, opzitten, kop, recht, rechtop, schuld, stemmen, zitting, enz

zittenblijver pupil who has to stay down (is kept down) for a second year; **zittend** sitting, seated; ~ *leven* (*werk*) sedentary life (work); ~ *blad* sessile leaf; *het thans ~e lid* the sitting member [for Dulwich]; **zitter** sitter; **zittijd** (time of) session; (*jur*) term

zitting 1 (*ve stoel*) seat, bottom; *stoel met leren* ~ leather-seated chair; *zie ook* rieten; 2 session, (*een enkele ~, meestal*) sitting, (*soms*) session; *gemeenschappelijke* ~ joint session [of both Houses]; ~ *hebben* (*houden*) be in session, sit [the court is sitting]; ~ *hebben in, zie* zitten: ~ in; ~ *hebben voor Gouda* sit for Gouda; ~ *hebben voor 4 jaar* hold office for 4 years; *een geheime* ~ (*gaan*) *houden* go into secret session; *4 maal per jaar* ~ *houden* hold four sessions every year; *gevraagd worden* ~ *te nemen in de conferentie* be asked to take part in the ...; **zittingsdag** day of session; **zittingstijd** *zie* zittijd

zitvlak bottom, btm, seat, sit-upon; *hij greep hem bij zijn* ~ he gripped him by the slack of his trousers; **zitvlees**: *geen* ~ *hebben* be unable to sit still; **zitzak** beanbag

Z.K.H. afk van *Zijne Koninklijke* (*Keizerlijke*) *Hoogheid* HRH, His Royal Highness (HIH, His Imperial Highness)

Z.M. afk van *Zijne Majesteit* HM, His Majesty

1 zo I *bw* 1 (*aldus*) so, like this, in this way, like that, thus; *een uur **of** ~ later* an hour or so afterwards (*zo ook:* the last 20 years or so; a dozen or so); *waarom hij ~ of ~ gehandeld had* why he had acted in such a way; *Mijnheer ~ **en** ~* Mr So and So, Mr Somebody; *ik schreef hem ~ en ~* I ... like this, to this effect; *de zaak zit **zó*** it's like this; *zó is het* that's it; that's what it is; *was het zó? ja, zó* was it like that? yes, like that; *zó ben ik het te weten gekomen* that's how I (came to, got to) know; *dat doe je zó* this is how it is done; *zó is het goed* that's right; *flink* (*mooi*) *~!* that's right!, well done!, excellent!; *het is treurig, maar het **is*** ~ it is sad, but it is so (but it is true, but that's how it is); *het is niet ~ dat ik het nooit gedaan heb* it is not as though I have never done it; *maar het is* (*was*) *nu eenmaal* ~ [it's, it was, a pity] but there it is (was); *hij is nu eenmaal* ~ he is that sort; he is made like that; *of is dat eigenlijk wel ~?* ['I see', he hesitated;] 'or do I?'; *~ **zij** het!* so be it!; *is dat ~?* is that so?; *het is* ~ it is so; *ja, dat is* ~ that's right; *is het weer ~?* are you (is he, have you been, etc) at it again?; *~ is het **met** de meesten* that's the way with most people; *~ is het ook met jou* it's the same with you; *stengel behaard, ~ **ook** de bladeren* stem hairy, as are the leaves; *als dat ~ is* if so, if that is true; *het is* (*ook maar*) ***beter*** ~ it is better as it is (better that way); *~ **ben ik*** I am that kind of person, that's the sort of man I am, that's me, that's my way, that's just the way I'm built; *~ ben ik niet* I'm not like that, I'm not made (built) that way, I'm not that sort; *~ zijn de mannen!* that's how men are!, that's men all over!, men are like that; *~ was ze* (*deed ze*) *altijd* she was always like that; ***zó ver*** *wil ik gaan* I'm prepared to go that far (as far as that); *ik kan het zó* (*in deze vorm*) *niet tekenen* I cannot sign it as it stands; *om zó te scheiden* to part like this; *behandel je mij zó?* is this the way you treat me?; *zó kan het niet blijven* things cannot go on like this; *zó deden zij het* this is how they did it; *het moet zó blijven staan* it must stand as it is; *zó heb ik de zaak nooit bekeken* I never looked at the matter in that light; *zó **gaat** het altijd* that is always the way; *zó gaat het in het leven* such is life; *zó gaat het niet* that won't do; *ik heb hem nog nooit zó gezien* I have never seen him like that; *~ **een*** such a one; *net ~ een* just such another; *~ **iemand*** such a one (man, woman); *~ **iets*** something (anything) like it; *~ iets heb ik nooit gezien* I never saw such a thing (the like, anything like it, anything of the sort); *~ iets dwaas* something equally foolish; *~ iets bestaat niet,* (*ook*) there is no such thing; *hij is schilder, of ~ iets* he is a painter, or something; *het kost ~ iets van £ 50* it costs something like £50 (*zo ook:* write something like six letters every day); *hoe vind je* (*wat zeg je van*) *~ iets!* what do you say to that!; *dáár zeg je ~ iets* now you're talking; (*Am & sl*) (there) you've said a mouthful; *daar zèg je ~ iets* that's right, a good job you mentioned it; *hij zei me ~ iets* he told me as much; *~ **maar*** apropos of nothing, without more (*of:* further) ado, [I can't say] straight off, straight away; [why do you ask?] no reason, just for the sake of asking; *zie ook* meer; *hij schreef het maar ~ op* he just dashed it off; *de boeken werden ~ maar in de kast gezet* the books were put in ... just anyhow; *ze kwamen ~ maar binnen* they came in without so much as by your leave; *~ maar uit de fles drinken* drink straight out of the bottle; *dat zeg je maar ~* I am sure you don't mean it; *hij doet maar ~* he is only pretending (shamming); *ze zeggen dat het nodig is, maar dat is ~ niet* they say ..., but that is not so; *ik was ~ **gelukkig** de vroege trein te halen* I was fortunate enough (so fortunate as) to catch ...; *wees ~ **goed** ze dadelijk te zenden* kindly (be so kind as to) send them at once; *ze was ~ goed niet* (*niet ~ goed*) *of* ... there was no help for it but [she had to take part]; *~ rijk **als*** ... as rich as ...; *niet ~ rijk als* not so (*of:* as) rich as; *het is niet ~ eenvoudig* it is not so simple as all that; 2 (*één ogenblik*) one moment [..., the next ...]; *zó zie je hem, en zó is hij weg* now you see him, now you don't; (*aanstonds*) presently, directly, [I shall be ready] in a minute; *ze trouwde zó van* *de school* she ... straight from school; *melk ~ van de koe* milk fresh from the cow; (*zoëven*) [he was here] just now, [I've] just [arrived]; 3 (*matig*) [I thought it only] so-so; *~ ~* [*did you like it?*] *so-so;* [*quality:*] *fair;* [*can you swim?*] *after a fashion; het was* **maar** *~ ~* it was but so-so, betwixt and between, indifferent; 4 (*graad: dermate, enz*) (quite) so, that; *zó vroeg had ze hem niet verwacht* she had not expected him quite so early; *ik wist niet dat het zó slecht was* (*dat de griep hen zó te pakken had*) I did not know it was as bad as (all) that (that they had the flu as badly as that) [*zo ook:* she had not fallen so (as) low as that; life is not so easy as all that; is it so (as) late as (all) that?]; *dat is nog niet ~ slecht* that is not too bad!; *~* ***ziek*** *als hij is, wil hij toch gaan* ill as he is, he wants to go; *ik verlang* (***toch***) *~ je te zien* I (do) so long to ... (*zo ook:* I'm so enjoying myself; they always quarrel so; everybody loves him so; don't shout so); *ik heb er toch ~ het land aan!* I do so hate it!; *ik had je nog zó gezegd* I had made a point of telling you [to take your mac]; *het is ~* ***ongeveer*** *tijd dat er een eind aan gemaakt wordt* it is just about time it was put a stop to; *ik* ***dàcht*** *~* ... I kind of thought ...; *zó* ***lang***, (*met aanduidend gebaar*) so long, (*fam*) that long; *zó groot,* (*ook*) this size; *half ~ groot* half the size; *twee, enz maal ~ groot, enz, zie* maal; *sinds ze zó groot was* [he had known her] since she was so high; *~ rijk* (*blij*), ***dat*** ... so rich (pleased) that ...; *~ geacht, dat* ... so much esteemed that ...; *~, dat* ... so (in such a way) that; *handel ~, dat je niets verraadt,* (*ook*) act so as not to betray anything; *~ goed ik kan* as well as I can; *~ lui hij was in één opzicht, ~ vlug was hij in een ander* as lazy as he was in one respect, so quick he was in another; ***ó*** *~ zachtjes* [go] ever so gently; *zie ook* zoals, zover, zozeer, gauw, hoe, lang, noemen, 3 waar, wereld, zeggen, zus, enz; II *vw* 1 (*vergelijkend*) as; *~ aardig als hij praat, ~ gemeen doet hij* his actions are as nasty as his talk is pleasant; *~ vader, ~ zoon* like father, like son; 2 (*voorwaardelijk*) if; *hij is, ~ men zegt, ziek* he is said to be ill; *hij is, ~ ik zie, weer terug* he is back, I see; *~ ja* if so; *~ neen* (*niet*) if not; *hij is veel beter, ~ al niet helemaal hersteld,* he ..., if not quite well again; *~ hij het al merkte, zei hij niets* if he noticed it, he ...; *~ hij komt, zal ik het hem zeggen, ~ niet* ... if he comes I'll tell him, if not ...; *~ nodig* if necessary; *zie ook* als & zoals; III *tw ~, heeft hij je gezien?* he saw you, did he?; *o, ~!* oh, I see; oh, are you (does he, has she, etc); *ik geloof ...; ~?* I think ...; oh, you do, do you?; [*'het was een cadeautje'*] *~?,* (*vaak iron*) ... a present, was it?; *~, is dat de naam?* oh, that's the name, is it?; [*'hij is overgegaan'*] *~?* ['he has gone up a class'] indeed?, has he?; *~, en wat zei hij?* well, and what did he say?; *~, dat is genoeg* well, that will do; IV *vgw bw* for instance; *~ is het een nadeel dat* ... for instance, a drawback is that ...; *~ bracht X muizen en ratten samen in een doolhof* X, for example, ... in a maze

2 zo *zie* zooi

ZO afk van *zuidoost*(*en*) SE, south-east

zoal among other things

zoals as [he died as he lived], such as [all kinds of products, such as ...], like; *~ bijen houden van zoet, zo houden vliegen van bederf* as bees love sweetness, so flies love rottenness; *~ in de oorlog, zo ook in vrede* as in war, so in peace; *een kerel ~ hij* a fellow like him; *er is niemand ~ zij* there is nobody like her; *doe ~ ik* do as I do, do like me; *ik behandelde hem net ~ de anderen* I treated him just the same as the others; *het is schande ~ hij drinkt* it is a shame (a disgrace) the way he drinks; *~ je bloost* [you're worse than a girl] the way you colour up; *zie ook* noemen

ZOAVO afk van *Zuidoostaziatische Verdragsorganisatie* SEATO, South-East Asia Treaty Organization; **zocht** *ovt van* zoeken

zodanig I *bn* such; *zie ook* zulk; *als ~* [treat a p.] as such, in that capacity; *de instelling als ~* the institution in itself; II *bw* so, in such a way (manner); *zie ook* dermate

zodat so that

zode 1 sod, turf; *met ~n beleggen* turf, sod, grass over; *dat zet* (*brengt*) *geen ~n aan de dijk* that gets you nowhere; *dat zet ~n aan de dijk* that's getting us (now we're getting) somewhere; *onder de* (*groene*) *~n rusten* lie (be) under the sod (under the turf, *fam:* pushing up the daisies); 2 *zie* zooi

zodeju, enz *zie* sodeju, enz

zodensteker sod-cutter; **zodevormend** (*plantk*) cespitose

zodiak zodiac; **zodiakaallicht** zodiacal light

zodoende 1 thus, in that way (manner); 2 (*daardoor*) thereby; 3 (*bijgevolg*) so, consequently

zodra as soon as; *~ hij verscheen ...,* (*ook*) the moment (the instant, *fam:* directly) he appeared ...; *~ hij maar begint* as soon as (ever) he begins; *niet ~ had hij ..., of* ... no sooner had he ... than ..., hardly (scarcely) had he ... when ...

zoeaaf Zouave; **zoeavenbroek** zouave

zoek 1 missing, gone; *hij was ~* he was missing; *het is ~* it has been mislaid, it is nowhere to be found; *~ raken* go missing; 2 *op ~ naar* [go] in search of [work], in quest of [adventure]; *zie ook* ~raken, enz

zoekactie search; **zoekbrengen**: *de tijd ~* kill time, waste one's time [*met romans te lezen* (in) novel-reading]; [it serves to] pass the time; *zie ook* zoekmaken

zoeken I *ww tr* 1 (*op zoek zijn naar*) look for [a book, person, wife], look out [a train in the timetable], look up [a word], look out for [work, a new secretary], grope (fumble) for [s.t. in one's pocket], hunt for [a new house], think of, cast about for [means, an explanation], seek [rest, consolation, refuge, help, work, a p.'s ruin], court [death, danger, disaster], be (*of:* go) in search of [plunder, pleasure, work]; *wil je mij een pen ~?* will you find me a pen (a pen for me)?; *de sleutel ~* (have a) hunt for the key; *zoek de vierkantswortel van* ... find the square root of ...; *neem je kaart en zoek Madras* take your map and find ...; *hij zoekt* **het** (*nl onaangenaamheden*) *altijd*

he is always asking for it (for trouble); *de regering zoekt het in een verhoging van de BTW* the government seeks a solution in an increase of VAT; *hij wist niet waar hij het ~ moest, (v pijn, bijv)* he did not know where to turn; *hij zoekt **mij** altijd* he is always down on me; *op een plaats waar men het **niet** zou ~* in an unlikely place; *de **politie** zoekt hem* he is wanted by the police, the police are after him; *hij wordt gezocht (wegens moord)* he is wanted (for murder); *de door de politie gezochte man* the wanted man; ***eieren*** ~ gather (collect) eggs; *het eieren ~* egg-hunting; ***hulp*** ~ *bij* seek help from; *je kunt **lang** ~ vóór ...* you will have to go a long way before [you find a finer song]; *iems **ondergang*** ~ seek (plot) a p.'s ruin; *ik heb de **twist** niet gezocht* I did not seek the quarrel, the quarrel was not (none) of my seeking; *de **waarheid*** ~ seek after truth; ***wat** zoekt u?, (in winkel)* can I help you?; *dat had ik niet **achter** hem gezocht* I should not have thought him capable of it, I did not think he had it in him; *hij zoekt overal wat achter* he suspects something behind everything, he is very suspicious; *de reden is niet ver **te** ~* the reason is not far to seek; *zie ook* ruimte, ruzie, enz; *[er] niets te ~ hebben, a)* have no business; *b)* have nothing to look for; 2 *(proberen)* seek, try [*te* to]; II *ww intr* look [everywhere], seek; *ik heb **overal** gezocht, (ook)* I've hunted high and low; *zoekt en gij zult **vinden**, (bijb)* seek and ye shall find; ***zoek**!, (tegen hond)* seek!, find him (her, it)!; ~ ***naar*** look for, be on the look-out for [an opportunity, a servant, work, etc]; *naar zijn woorden (het juiste woord)* ~ seek (search, grope, feel, fumble, cast (hunt) about) for words (the right word); *hij zocht naar zijn sleutel* he felt for his key; *zie verder* ~ I; *zie ook* gezocht; III *zn* search [*naar werk, kennis* for work, for knowledge], quest [*naar waarheid en schoonheid* of truth and beauty], hunt [*naar een huis* for a house]

zoeker 1 *(pers)* seeker [after knowledge], searcher; 2 *(fot)* (view)finder

zoeklicht search-, spotlight; **zoekmaken** mislay [a book]; run through, waste [a lot of money]; **zoekplaatje** puzzle picture; **zoekraken** get mislaid, get lost, go astray, go missing

zoel mild; *vgl* zwoel; **zoelheid** mildness

Zoeloe Zulu; **Zoeloekaffer** Zulu-Kaffir; **Zoeloeland** Zululand; **Zoeloetaal** Zulu (language)

zoemen buzz, hum, drone, zoom; **zoemer** *(elektr)* buzzer; **zoemtoon** buzz, hum

zoen 1 kiss; 2 *(verzoening)* atonement, expiation; 3 *(boete)* penalty; **zoendood** expiatory death

zoenen kiss; *om te ~* kissable; *zie ook* snoezig; **zoenerig** fond of kissing; **zoengeld** fine; *(voor moord)* blood-money; *(hist)* wergeld; **zoenoffer** expiatory sacrifice, sin-offering, peace-offering

zoet 1 sweet (*ook fig:* sweet tones, etc); *~e appel* sweet apple; *~ water* fresh (sweet) water; *een ~ winstje* a rake-off; *~e woordjes* honeyed words; *~ maken* sweeten; *zie ook* broodje, koek, lekker, enz; 2 *(ve kind, enz)* good; *hij is erg ~ geweest* he has been as good as gold; *het kindje zal ~ zijn, niet?* baby is going to be good, isn't she (he)?; *daar ben je wel een hele middag ~ mee* you've got an afternoon's work cut out for you; *~ houden* keep [children, etc] quiet (happy, amused), give a sop to [a p.]; *het is alleen maar om de mensen ~ te houden* it's only to keep them sweet; 3 *(techn)* smooth [file]; **zoetachtig** sweetish; **zoetekauw** sweet-toothed person, sweet-tooth; *een ~ zijn* have a sweet tooth; **zoetekoek** *zie* koek

zoetelaar(ster) sutler; **zoetelen** suttle

zoetelief sweetheart, [his] young woman; *twee ~jes* true lover's knot; **zoetelijk** sweetish; *(fig) zie* zoetsappig; **zoetemelks**: *~e kaas* cream cheese; **zoeten** 1 sweeten; 2 *(techn)* smoothe; **zoeterd** *zie* lieveling; **zoetheid** sweetness; **zoethoudertje** sop [he was promised as a sop the viscountcy of W]; **zoethout** *(plant)* liquorice; *(wortel)* liquorice(-root); *pijpje ~* stick of liquorice

zoetig 1 sweetish; 2 *(fig) zie* zoetsappig; **zoetigheid** 1 sweetness; *hij houdt van ~, (ook)* he has a sweet tooth; 2 *(concr)* sweets, sweetmeats; *wil je een ~je?* have a sweet (sweety)?; **zoetje** 1 sweetener; 2 sweet; **zoetjes** softly, gently; *het was ~ aan tijd* it was about time; *zie* zachtjes: ~ aan

zoetmiddel sweetener; **zoetsappig** goody-goody, namby-pamby, sugary [novels], mealy-mouthed, milk-and-water [Christians]; **zoetsappigheid** goody-goodiness; **zoetschaaf** smoothing-plane; **zoetstof** sweetener, saccharin; **zoetvijl** smooth-file; *de ~ over iets laten gaan, (fig)* give the finishing touch to s.t.; **zoetvijlen** smooth-file; **zoetvloeiend** mellifluous, melodious; **zoetvloeiendheid** mellifluousness, mellifluence

zoetwater fresh water; *(attr)* freshwater [animal, crab, fish, mussel, plant, etc]; **zoetwaterkreeft** crayfish, crawfish

zoetzuur I *bn* sour-sweet, sweet(ish)-sour(ish); II *zn* (sour and) sweet pickles

zoeven *(bijv ve auto)* hum; swish [past *voorbij*]

zoëven just now, a moment ago; *~ nog* only a moment ago, just now

zog (mother's) milk; *(mar)* wake; *in iems ~ varen* follow in a p.'s wake; **zogafscheiding** lactation

zogeheten *zie* zogenaamd

zogen suckle, give suck, nurse, nourish, breast-feed [a child]; *~de moeders* nursing mothers; *het ~, (ook)* [during] lactation

zogenaamd I *bn* 1 so-called; 2 *(voorgewend)* so-called, would-be [friends], self-styled, pretended, ostensible, bogus [charities], alleged [the alleged Miss L], pseudo-[necessities]; *een ~ diner* [it was] an apology for a dinner; II *bw: ~* om te ostensibly (supposedly) to [help me], [go to V] for the ostensible reason (on the pretext, under colour) of ...ing; *~ eerlijke mensen* supposedly honest people; *hij was ~ aan het werk* he was supposed to be at work; *de cheque was ~ getekend door ...* the ... purported to be signed by ...; *partij die hij ~ vertegenwoordigde* the ... wh[ich] he purported to represent

zogenoemd *bn zie* zogenaamd; **zogezegd** *zi[e zo]*genaamd; *het werk is ~ klaar, (ook)* is all b[ut]

good as) finished; **zogezien** outwardly, from the looks of it

zogoed as good as; *zie* 1 goed; **zohaast** as soon as; *zie* zodra; **zoiets** something (anything) like it; *zie* zo I.1: ~ iets; **zojuist** just now; *zie* zoëven

zolang I *vw* so long as, as long as, while; ~ *ik me kan herinneren* ever since I can remember; II *bw* 1 meanwhile, in the meantime; 2 for the time being, [let me have your pencil] for a while

zolder 1 loft [*op* ~ in the loft], garret, attic; *iem op zijn achterste* ~ *jagen* infuriate a p., drive a p. mad; *ze heeft het haar op* ~ she has put her hair up; 2 (*zoldering*) ceiling; *laag van* ~ low-ceilinged [room]; 3 (*bergplaats*) box-room; (*in pakhuis*) loft, floor [floors to let]

zolderen 1 store, lay up, warehouse; 2 (*ve zoldering voorzien*) ceil; **zoldergat** (attic) hatch; **zoldering** ceiling

zolder|kamertje garret, attic (room); **-licht** 1 skylight; 2 (*licht aan zolder*) ceiling-light; **-luik** trapdoor; **-raam** attic window; (*loodrecht*) dormer (window); **-schuit** covered barge; **-tjes**: *papieren* ~ cat-ice; **-trap** attic-stairs; **-venster** *zie* -raam; **-verdieping** attic-floor, top storey

zolen (new-)sole [shoes]; **zomaar** *zie* zo

zombie id; **zomede** *zie* alsmede

zomen 1 hem; 2 (*koperslagerij*) seam

zomer summer [barley, course, dress, evening, flower, palace; a girl of twenty summers]; *in de* ~, *'s ~s* in summer; *de* ~ *des levens* the summer of life; *van de* ~, *a*) this summer; *b*) last summer; *c*) next summer; *zie ook* zwaluw

zomer|achtig *zie* zomers; **-avond** summer(') evening; **-bed(ding)** summer bed; **-bloeier** summer-flowering plant; **-dag** summer('s) day; *bij* ~ in summer; *vgl* zomers; **-dienst** summer service; (*dienstregeling*) summer timetable; **-dracht** summer wear; **-draden** *zie* herfstdraden

zomer|en: *het begint te* ~ it is getting summer(y); **-gast** (*vogel, enz*) summer visitor; **-goed** summer clothing; **-graan** spring corn (wheat, etc); **-halfjaar** summer half-year; **-huisje** (*tuin-*) summerhouse; (*woon-*) summer cottage; **-kade** summer dyke; **-kleding** summer clothing (clothes); **-kleed** summer dress; **-klokje** (*plant*) (summer) snowflake; **-kwartaal** summer term; **-maand** June; *de ~en* the summer months; **-morgen** summer morning; **-nacht** summer night; **-opruiming** summer sale(s); **-peil** summer level; **-reces** summer recess, summer adjournment

zomers summery [day, a summery October], summer-like; *op zijn* ~ *gekleed zijn* wear summer clothes; *~e dag*, (*weerk*) day over 25° C

zomer|school summer school; **-seizoen** summertime; **-slaap** summer sleep, aestivation; *de* ~ *houden* aestivate; **-sproeten** freckles; ~ *krijgen* freckle; *met* ~ freckled; **-stof** material for summer-wear; **-taling** garganey, summer-teal; **-tarwe** springwheat; **-tijd** 1 summertime; 2 summer time, daylight-saving (time); *op* ~ *zetten* set [the clock] to s.t.; ~ *hebben* be on s.t.; **-vakantie** summer holidays; **-verblijf** 1 summer-residence; 2 summer resort; **-weer** summer(y) weather; **-zonnestilstand** summer solstice

zomin: ~ *als* no more than, as little as; *zie* evenmin

zomp bog; **zompig** soggy, boggy, marshy

zon I *zn* sun (*ook her, fot*); *de opgaande* ~ *aanbidden* worship the rising sun; *hij kan* (*mag*) *niet zien dat de* ~ *in het water schijnt* he is a dog in the manger; *~netje* sun (*ook vuurwerk*); (*juweel & vuurwerk*) sunburst; *het ~netje van binnen* inward happiness; *zij is een ~netje in huis* she is a sunbeam in the house; ***door** de* ~ *gebruind* suntanned; ***in** de* ~ [stand, sit, etc] in the sun; *een plaats(je) in de* ~, (*ook fig*) a place in the sun; *in de* ~ *gedroogd* sun-dried; *iem in het ~netje zetten* poke fun at (chaff) a p.; ***met** de* ~ *mee* with (in the direction of) the sun; *met de* ~ *opstaan* rise with the sun; ***tegen** de* ~ *in* against the sun; *haar gezicht vervelt van de* ~ from sunburn; *zie ook* zonnetje, nieuws, schieten, verbranden, enz; II *ww:* ovt van zinnen

zo'n such a [fellow]; such [impudence]; [a wife] like that; [I have] a sort of [presentiment that ...]; ~ *20 jaar* some 20 years, a matter of 20 years; ~ *schilder* (*vioolspeler*), (*min*) a painter (fiddler) fellow (*of:* chap); ~ *vent!* the fellow!; ~ *idee!* the idea!; *zie ook* zulk

zonaal zonal

zonaanbidder sun-worshipper; **zonaanbidding** sun-worship; **zond** *ovt van* zenden

zondaar sinner; *oude* ~ old (hardened) sinner; **zondaarsbankje** stool of repentance, sinner's bench; *op het* ~ *zitten*, (*fig ook*) be on the carpet, be on the mat

zondag Sunday; (*'s, des*) *~s* on Sundays; *op een* ~ one Sunday; **zondag|avond**, **-middag**, enz, Sunday evening, Sunday afternoon, etc; **zondags** Sunday(s); *zijn ~e pak* (*kleren, plunje*) his Sunday suit, his Sunday best; *op zijn* ~ (*gekleed*) in one's Sunday best (*of:* finery); *op haar* ~, (*ook*) in her best bib and tucker; *voor* ~ for Sunday wear

zondags|blad Sunday (news)paper; **-dienst** Sunday service; (*ve werkman, bijv*) Sunday duty; **-gezicht** (*uitgestreken*) smug (*of:* sanctimonious) face, (*Sch*) Sunday face; *zie ook* uitgestreken; **-heiliging** Sunday observance; **-jager** would-be (*of:* casual) sportsman; **-kind** Sunday child; *hij is een* ~, (*ook*) he was born with a silver spoon in his mouth; **-krant** Sunday (news)paper; **-letter** Sunday (*of:* dominical) letter; **-pak** *zie* zondags; **-plicht** Sunday observance; **-rijder** weekend motorist; **-ruiter** would-be horseman; **-rust** Sunday rest; **-schilder(es)** amateur painter; **-school** Sunday school; **-sluiting** Sunday closing; **-viering** Sunday observance

zondares sinner

zonde sin; *kleine* ~ peccadillo, venial sin; *een* ~ *begaan* (commit a) sin; *vloeken is* ~ swearing is a sin; *het is* ~ (*en jammer*) it's a pity (a thousand pities); *het zou* ~ *zijn het te missen* (*niet te gebruiken*) it would be a sin to miss it (a waste not to use it); *het is* (*ik vind het*) ~ *van het geld* it's a waste of money (I begrudge the money); *het is* ~ *en schande* (*eeuwig* ~) it is a downright shame;

zie ook jammer & vervallen
zondebok scapegoat, (*fig ook*) whipping-boy; *tot de ~ maken* scapegoat; **zondeloos** sinless
zonder without [*~ hoed* without a hat; *~ geld* without money]; with no [rainfall; with no thought of the morrow]; devoid of [interest]; (*scherts*) innocent of [a speech innocent of humour]; (*als het niet was door*) but for; *hij slaagde ~ hulp,* (*ook*) he succeeded of himself; *~ u was ik niet geslaagd* but for you I should not have succeeded; *~ op te kijken* without looking up; *ik gaf het hem, ~ dat zij het zag* without her seeing it; *~ het te zien,* (*ook*) [he might pass by] and never see it; *~ dat het u een cent kost* without it costing you a penny; *~ dat er iets gebeurt* without anything happening; *~ ideeën,* (*ook*) bankrupt of ideas; *ze zit helemaal ~ thee* she's run right out of tea; *we moeten er niet ~ blijven* we must not be left without; *~ doen* dispense with, do without; *zie ook* meer, stellen, enz
zonder|baar, **-ling** I *bn* singular, queer, peculiar, odd, eccentric, (*fam*) rum(my); *~ genoeg, enz, zie* vreemd; II *zn* eccentric (person), original, freak, (*fam*) queer customer; **-lingheid** singularity, peculiarity, queerness, oddity, eccentricity
zondeval: *de ~* (*van Adam*) the fall of man, the Fall; **zondevergeving** remission of sins
zondig sinful; **zondigen** sin [*tegen* against], offend [against good taste]; *tegen alle regels ~,* (*ook*) set all rules at defiance; **zondigheid** sinfulness; **zondvloed** deluge (*ook fig*), cataclysm; *de Z~* the Deluge, the Flood; *van vóór de Z~,* (*ook fig*) antediluvian
zone id, belt; (*ve tram, bus*) (fare-)stage; *zie ook* gevaarlijk, heet
zoneclips eclipse of the sun, solar eclipse
zonegrens (*ve tram*) fare-stage; **zonering** zoning
zonet just now; *zie* zoëven
zoneverdediging zonal defence
zong *ovt van* zingen; **zonk** *ovt van* zinken
zon|kant sunny side; **-licht** sunlight; *in het volle ~* in the full glare of the sun; **-lichtbehandeling** sun-ray treatment, heliotherapy; **-loos** sunless
zonne|baan ecliptic; **-bad** sun-bath; *~en,* (*ook*) sunbathing, insolation; *een ~ nemen* take a sun-bath; **-baden** sunbathe; **-bank** (full-body) solarium; **-batterij** solar battery; **-blinden** persiennes, Persian blinds; *vgl* jaloezie; **-bloem** sunflower [oil, seed]; **-brand** sun-glare; **-brandolie** sunburn lotion; **-bril** sun-glasses, -goggles; **-cel** solar cell; **-cirkel** solar cycle; **-dag** solar day; **-dak** awning; (*ve auto*) sunroof; **-dauw** sundew; **-dek** sun-deck
zonne-energie solar energy
zonne|glans, **-gloed**, **-gloren** the sun's radiance; *het -gloren,* (*ook*) the break of day; **-god** sun-god; **-helm** sun-, pith-helmet, (solar) topi, topee; **-hitte** sun (*of:* solar) heat; **-hoed** sun-hat; **-jaar** solar year; **-jurk** sundress; **-kap** (*fot*) sunshade; **-keerkring** tropic; **-kever** ladybird, (*dial & Am*) ladybug; **-kijker** helioscope; **-klaar** (as) clear as daylight, abundantly clear; *~ bewijzen* prove up to the hilt; **-klep** sunshade, eye-shade; (*ve auto*) sun-visor; **-klopper** sunbather; idler
Zonnekoning: *de ~* the Sun King (Louis XIV)
zonne|kring solar cycle; **-leen** allodium; **-licht** *zie* zonlicht; **-maand** solar month; **-meter** heliometer; **-microscoop** solar microscope
zonnen sun; *zich ~* sun (o.s.)
zonne|olie suntan lotion; **-oven** solar furnace; **-paneel** solar panel; **-pit** sunflower seed; **-roosje** rock-rose, sun-rose; **-scherm** sunshade, parasol; (*voor venster*) sun-blind; (*inz voor winkel*) awning; **-schijf** solar disc; **-schijn** sunshine; **-spectrum** solar spectrum; **-spiegel** helioscope; **-stand** 1 (*hoogte*) sun's altitude; 2 (*zonnestilstand*) solstice; **-steek** sunstroke, touch of the sun, heatstroke; *een ~ hebben* (*krijgen*) have (get) sunstroke (a touch of the sun), be (get) sun-struck; *aan een ~ sterven* die of sunstroke; **-steen** sun-stone; **-stelsel** solar system; **-stilstand** solstice; **-stofje** speck of dust in a sunbeam; **-straal** sunbeam, (*vooral dicht*) sun-ray, (*fig ook*) ray of sunshine; **-straling** solar radiation; (*invallende*) ~ insolation; **-tent** awning; **-therapie** sun-ray treatment, heliotherapy; **-tijd** solar time; **-tje** *zie* zon
zonne|vis John Dory, dory; **-vlam** solar flare, protuberance; **-vlecht** solar plexus; **-vlek** sunspot, solar spot; **-vogel** bird of paradise; **-wagen** chariot of the sun(-god), Phoebus' car; **-warmte** solar heat; **-weg** ecliptic; **-wende** solstice; **-wijzer** sundial; **-wind** solar wind
zonnig (*ook fig*) sunny, sunshiny; **zonovergoten** sun-drenched
zons|afstand distance from the sun; **-hoogte** sun's altitude; **-ondergang** sunset, sundown; **-opgang** sunrise; **-verduistering** *zie* zoneclips
zonwerend tinted [glass]; **zonwering** (blinds, etc, for) protection against the sun
zoog *ovt van* zuigen; **zoogbroeder** foster-brother; **zoogdier** mammal, (*mv ook* -lia)
zoögeografie zoogeography
zoogkind 1 suckling, breast-fed child; 2 (*voedsterkind*) nurse-child, foster-child; **zooglam** sucking-lamb
zoögrafie zoography
zoogster (wet-)nurse; **zoogtijd** (period of) lactation; **zoogzuster** foster-sister
zooi lot, heap; *de hele ~* the (whole) lot (of them), (*fam*) the whole shoot(ing match), (*personen ook*) the whole gang; *het is me een ~!* they are a nice lot!; *stuur de hele ~ naar huis!* sack the (whole) lot!; *het zijn een zoo(i)tje schurken* they are a set (a pack) of rogues; *zie ook* boel
zool sole; *losse ~,* (*ook*) sock, insole; *~tje* insole; *aan mijn ~n!* my foot!
zoölatrie zoolatry
zoolbeslag sole and heel protectors; **zoolganger** plantigrade (animal)
zoölieten zoolites; **zoölogie** zoology; **zoölogisch** zoological; *de ~e tuin* the zoological garden(s), the Zoo; **zoöloog** zoologist
1 zoom 1 (*ve kleed, enz*) hem; 2 (*koperslagerij*) seam; 3 (*rand*) edge, border; outskirts, purlieus [of a town], fringe [the northern fringe of Lon-

don]; *aan de ~ van* on the outskirts of [the village, wood, crowd]; 4 (*ve rivier*) bank
2 zoom (*fot, enz*) zoom lens
zoomen zoom; **zoomlens** zoom lens
zoom|naad hem; **-steek** hemstitch; *met ~ naaien* hemstitch; **-werk** (*scheepsbouw*) clinched work
zoon son (*ook fig:* sons of Abraham, Holland, Apollo, Mars, darkness, toil); *Gods Zoon* the Son of God; *de Zoon des Mensen* the Son of Man; *neen, mijn ~!* no, my son!; (*fig ook*) no, sonny!; *hij is de ~ van zijn vader* he takes after his father; *zie ook* verloren & ~lief; **zoonlief** my (his, etc) dear son; (*iron*) young hopeful; **zoonskind** grandchild; **zoop** *ovt van* zuipen
zoopje dram, nip, drop, spot, wet
zoötechniek zootechnics
zootje *zie* zooi, armzalig & boeltje
zopas just now; *zie* zoëven
zorg 1 (*zorgvuldigheid, verzorging*) care; *~ **voor*** care of [the horses, patients, her little ones, the skin]; *hij is belast met de ~ voor ...* he is in charge of ...; (*veel*) *~ **besteden** aan* bestow [great] care on, give special attention to, take [a good deal of] trouble over [one's hair]; *~ **dragen** voor* take care of, look after, attend (see) to; *alle ~ dragen voor* take every care of; *~ dragen dat ...* see (to it) that ...; *ik ontving het door uw **goede** ~en* I ... through your good offices; ***zonder** ~* careless(ly); 2 (*bezorgdheid*) solicitude, anxiety, concern; ***maak** je geen ~en over mij* don't worry (your head) about me; *ik maak me geen ~en over het kind* I have no fears about the child; 3 (*kommer*) care, trouble, worry [financial (business) worries]; *een voortdurende ~ voor zijn ouders* [he was] a constant source of anxiety to ...; *dat is een **latere*** (*van later*) *~* we'll cross that bridge when we come to it; ***mij** een ~!, het zal mij een ~ zijn!* a fat lot I care!, I should worry!; ***vrij** van ~en* carefree; *~ **baren*** give cause for concern (*of:* anxiety), cause anxiety; *~en **hebben*** be worried; *hij heeft niet de minste ~en* he has not a care (in the world); *geen ~en hebben* have no worries; *heb geen ~en vóór de tijd, geen ~en voor morgen* never meet trouble half-way; sufficient unto the day is the evil thereof; (laugh and grow fat,) care killed the cat; *geen ~en hebben voor de dag van morgen,* (*vgl Matth. 6:34*) take no thought for the morrow; *heb maar geen ~* don't worry; *zich ~en **scheppen*** meet trouble half-way, worry, bother [don't bother beforehand]; *erg **in** de ~ zitten* be extremely worried; ***met** ~* carefully; *zie ook* zorgvuldig; *louter **uit** ~ voor haar* out of pure solicitude for her; 4 (*stoel*) easy chair; 5 *zij is een **trouwe** ~* she is a faithful old soul; *zie ook* zorgeloos, toevertrouwen, vaderlijk, zieltje, enz
zorgbarend *zie* -wekkend; **zorgdragend** careful, solicitous; **zorgelijk** critical [condition]; *een ~ leven* a worried life, a life of worry; *iets ~ inzien* view s.t. with concern; *zie ook* zorgwekkend; **zorgeloos** carefree, light-hearted, improvident, unconcerned, happy-go-lucky; (*vrij van zorgen*) carefree; **zorgeloosheid** lightheartedness, unconcern, improvidence
zorgen 1 (*zorg dragen*) care; *~ voor* take care of, look after [a child, one's teeth, one's own affairs], provide for [one's family, a p. after one's death], see to [everything; Nature sees to that]; (*ve huishoudster, enz, fam*) do for; *voor een kind* (*zieke, enz*) *~,* (*ook*) care for a child (an invalid, etc); *voor de **oude dag** ~* provide (make provision) for one's old age, lay by something for the future; *voor hem is goed gezorgd* he is well provided for; *voor **zichzelf** ~* fend (provide, shift) for o.s.; *hij moet voor zichzelf ~,* (*ook*) he is thrown (up)on his own resources; *zorg voor jezelf* (*je gezondheid*) look after yourself (your health); *zij kan wel voor zichzelf ~* she is able to look after herself; *goed voor zichzelf ~* look after number one; 2 (*letten*) see [that you are on time!], look [*voor* after]; *~ voor:* (*verschaffen*) provide, supply [the music; I supplied the witness]; *voor zijn eigen **boeken** ~* provide one's own books; *met dit geld moet je voor je eigen kleren ~* out of this money you must find yourself in clothes; *voor iems zakgeld ~* find a p. in pocket-money; *voor zijn **correspondentie** ~* attend to one's correspondence; *voor het **eten** ~* see to the dinner, do the cooking; *wil jij voor een **taxi** ~?* will you see about a taxi?; *daar zal ik voor ~* I'll see (attend) to that; *wij ~ voor het overige* we do the rest; *ervoor ~ **dat** recht gedaan wordt* see (to it) that justice is done; *we hebben ervoor gezorgd dat de goederen verscheept worden* we have arranged for the goods to be shipped; *terdege ~ dat ...* take good care that ...; *zorg ervoor dat je allemaal komt* (*kort na achten klaar bent; je gebeden niet vergeet* mind you all come (mind you're ready soon after eight; be careful not to forget your prayers); *zorg ervoor dat het niet weer gebeurt* (*dat ik het niet weer hoor*) don't let it happen again (don't you let me hear it again); *daar zorgt de politie wel voor* the ... see to that; *hij zal wel ~ dat hij niet te laat is,* (*ook*) he knows better than to be late; *je moet ervoor ~ dat ik een zitplaats krijg* you must provide a seat for me; *zie ook* fiool, leven, enz
zorgenkind 1 problem child; 2 (*fig*) (constant) source of anxiety (care)
zorg|lijk *zie* zorgelijk; **-stoel** easy chair; **-vol** *zie* -wekkend & -zaam; **-vuldig** careful, meticulous; **-vuldigheid** care(fulness), meticulousness; **-wekkend** alarming, disturbing, critical, worrying; *zijn toestand is ~,* (*ook*) his condition causes anxiety; **-werker** carer; **-zaam** careful [mother], tender, motherly [a kind motherly soul], considerate [husband]; **-zaamheid** careful-, considerateness, care
zot I *bn* foolish, silly; II *zn* fool; *elke ~ zijn marot* nobody is perfect; *zie verder* gek; **zotheid** folly; **zotskap** fool's cap, cap and bells; (*pers*) fool; **zotskolf**, **zotstok** (fool's) bauble; **zotten|klap**, **-praat** (stuff and) nonsense, foolish (silly) talk; **zotternij** folly, tomfoolery; **zottigheid** foolishness; folly; **zottin** fool
zou *ovt van* zullen; **zouaaf**, enz *zie* zoeaaf, enz
zout I *zn* salt (*ook fig:* it is the very salt of life); *het ~ der aarde,* (*bijb*) the salt of the earth; *je bent*

niet van ~ you are not made of (sugar or) salt; ~ *op zijn staart leggen* put (a pinch of) salt on his tail; *het* ~ *in de pap niet waard* not worth his (etc) salt; *in het* ~ in salt; *in het* ~ *leggen* salt; *zie ook* Engels, korrel, zoutje, enz; II *bn* salt, saltish, briny; ~*e amandelen* salted almonds; ~*e haring* salted herring; *heb je het ooit zo* ~ *gegeten?* have you ever heard (seen) the like?; *zo* ~ *heb ik het nog nooit gegeten* this beats everything

zoutachtig saltish, salty; **zoutarm** low-salt [diet]; **zoutbereiding** salt-manufacture; **zoutbron** salt-well, -spring, saline spring; **zoutbrood** salt-cake; **zouteloos** saltless; (*fig ook*) insipid, vapid, flat, pointless, unfunny [jokes]; **zouteloosheid** insipidity, vapidity, etc

zouten salt (down); *zie ook* ge~; **zouter** salter; **zoutevis** salt fish, salt cod

zoutgehalte salinity, saline content, percentage of salt; **zoutheid** saltness, salinity [of sea-water]; **zouthoudend** saliferous

zoutig saltish, salty; **zoutje** salty biscuit, (*krakeling & stengel*) pretzel

zout|keet salt-works, saltern; **-koepel** salt dome, salt cavity [to store gas]; **-korrel** grain of salt; **-lepeltje** salt-spoon; **-loos** salt-free [diet]; **-meer** salt lake; **-mijn** salt-mine; **-moeras** salt(-marsh); **-neerslag** saline deposit; **-oplossing** salt (*of:* saline) solution; (*med*) [hypertonic, hypotonic, normal, physiological] saline; **-pan** salt-pan, salina, saline; **-pilaar** pillar of salt; **-smaak** salty taste; **-strooier** salt-sprinkler, -pourer

zout|te *zie* -heid; *net goed van* ~ salted to perfection (to a nicety); **-tuin** salina; **-vaatje** salt-cellar; **-vat** 1 salt-tub; 2 *zie* -vaatje; **-vlees** salt beef, (*mar*) salt junk; **-water** salt water; ~*moeras* saline marsh; **-watervis** salt-water fish; **-weger** salt-weigher; (*instrument*) salinometer, salt-, brine-gauge; **-winning** salt-making; **-zak** salt-bag; *hij zakte als een* ~ *in elkaar* he crumpled up (collapsed); *als een* ~ *in zijn stoel zitten* sit limply in one's chair; **-zieden** *zn* salt-making; **-ziederij** salt-works; **-zuur** I *zn* hydrochloric acid, spirit(s) of salt; II *bn* hydrochloric

zoveel I *onbep hoofdtelw* so (as) much, (*mv:*) so (as) many; *in het jaar zo en zóveel* in such and such a year, in the year such and such; *1900 en zóveel* 1900 odd, 1900 and something; *zóveel duizend aandelen* (*mijlen per uur*) so many (*sl:* umpteen) thousand shares (miles an hour); *de trein van 5 uur zóveel* the five something train; *tegen zóveel per stuk* at so much each (*zo ook:* read so much of the book every day); II *onbep vnw* so much, that much; *dat is zóveel gewonnen* that is thus much gained; *zóveel wat de theorie betreft, en nu de praktijk* so much for theory, now for practice; *zóveel is zeker* that much is certain; *zóveel weet ik ervan* that (*of:* thus) much I know; *heeft het zóveel gekost?* did it cost all that?; ***even*** ~ *scheurpapier* [the certificates are] so much waste paper; *zijn woorden waren voor haar even* ~ *betekenisloze klanken* his words were as many meaningless noises to her; *ik geef er* ***niet*** ~ *om* I do not care so much about it; *ik geef er niet zóveel om* I don't care that about it (*zo ook:* I wouldn't give that for his life); ***nog*** *niet zóveel* nothing at all; *voor nòg* ~ *niet* [I would] not [go through it again] for anything, not for the world; *ik houd* ***toch*** ~ (*zóveel*) *van je!* I do so love you!; *hij is er* ~ ***als*** *duivelstoejager* he is a sort of factotum there; *zij is* ~ *als zijn secretaresse* she is his secretary or something; III *bw* so much [larger; she has meant so much to me]; ~ *mogelijk* as much (*mv:* many) as possible; ~ *mogelijk zon* a maximum of sunshine; ~ *ik kan,* (*ook*) [I'll help you] all I can; ~ *je wilt* [laugh] all you like; ~ ***te meer*** (*beter, erger*) so much (*of:* all) the more (better, worse); (*voor*) ~ *ik weet, zie* zover; *zie ook* eens

zoveelste: *in zijn tachtig en* ~ *jaar* in his eighty-somethingth year; *voor de* ~ *maal* for the hundredth (the nth, *sl:* the umpteenth) time; **zoveelstehands** hand-me-down; **zovelendertig(st)** thirtysomething(th)

zover so far, thus far; ~ *het oog reikt* as far as the eye can see (reach); ~ *terug als 1850* as far back as ...; *hij ging* ~ *van te zeggen* ... he went so far as to say ..., went to the length of saying ...; *dat is* ~ *als het gaat* that holds good up to a point; *zóver gaat mijn kennis van Ibo niet* my knowledge of Ibo does not run to that; *zóver wil ik niet gaan* I won't go so (as) far as that; *ze kon haar opvoeding niet* ~ *vergeten dat ze* ... she could not forget her upbringing to the (such an) extent that she ...; *herinner mij eraan als het zóver is* remind me when you (they) have got so far; *zóver zijn we nog niet* it hasn't come to that yet; *als het zover is* [of this we shall speak] in due (at the proper) time; *zóver is het nog niet gekomen* matters have not gone so far as that yet; *zóver is het nog niet met me gekomen* I have not sunk to that yet; *zóver was het gekomen* [she meant to leave him;] it had come to that; *het was* ~ *gekomen, dat* ... things had come to such a pass that ...; *je had het nooit* ~ *moeten laten komen* you ought never to have let it get as far as that; ***in*** ~(*re*) *deze wet uitgevoerd is* so far as this law has been executed; *hij was anders dan zij in* ~(*re*) *dat hij bang was voor zijn pa* he was unlike her in that he was ... (*evenzo:* the judge's summing-up was unfortunate in that it did not refer to ...); *zie ook ben:* voor ~; ***tot*** ~ so far; *tot* ~ *is het me gelukt* so far I have succeeded; *tot* ~ *is* (*was*) *alles in orde* so far so good; (***voor***) ~ as far as, (in) so far as; *voor* ~ *mogelijk* as far as possible; *voor* ~ *ik weet,* (*ook*) [he has not an enemy] to my knowledge, to the best of my belief, for all (aught) I know; *niet voor* ~ *ik weet* not to my knowledge, not that I know of, not as far as I am aware

zowaar actually, really; *daar is hij* ~ there he is right (*of:* sure) enough; *zie ook* waarachtig & 3 waar

zowat about; ~ *50 pond,* (*ook*) some (*of:* roughly) fifty pounds; ~ *van alles* all sorts of things, pretty nearly everything; ~ *niets* next to nothing; ~ *even oud als* ... pretty much (much about) as old as ...; *de brief was* ~ *van deze inhoud* much to this effect; *ik verwachtte het wel* ~ I sort of expected it; *hij heeft hem* ~ *doodgeslagen* he all but killed him; *zie verder* ongeveer

zowel: ~ *als* as well as, both ... and [both J and his friends], [Shakespeare, Chaucer, Milton,] all of them [...]; ~ *voor armen als rijken, (ook)* [available] to poor and rich alike; *hij had het* ~ *verwacht als gehoopt* he had both expected and hoped for it; *alle goederen,* ~ *nieuwe als andere* both new and otherwise

z.o.z. afk van *zie ommezijde* PTO, please turn over

zozeer so much, [the business had grown] to such an extent [that ...], [hate militarism] to the point [that ...], to such a degree [that ...]; ~ *dat, (ook)* so much so that ...; *niet* ~ *gerespecteerd als wel gevreesd* not so much respected as feared; *het ontbreekt hem* ~ *aan moed* he does so lack courage

zozo *zie* zo; **zr**, **Zr** afk van *zuster* Sr; **zsm** afk van *zo spoedig mogelijk* asap, as soon as possible

zucht 1 sigh; *~je* half-sigh; *(wind)* sigh, sough, zephyr, light breeze; *er is geen ~je* there is not a breath of wind; *zie ook* slaken; 2 *(begeerte)* desire [*naar* of, for], craving [for drink, excitement], appetite [for knowledge and power], urge [to excel others], thirst, passion [for glory], love [of ease, contradiction]; ~ *naar zelfbehoud* instinct of self-preservation; ~ *naar gewin* lust *(of:* love) of gain, passion for money; ~ *naar zingenot* craving for sensual pleasure; ~ *tot nabootsing* desire of imitation; ~ *om te behagen* desire to please; 3 *(ziekte, vero)* dropsy

zuchten sigh; *(vd wind)* sigh, sough, moan; *(kermen)* moan, groan [*van pijn* with pain]; ~ *naar (om)* sigh for; ~ *onder zware belastingdruk* groan under the weight of heavy taxes; ~ *over* sigh over; *ze zuchtte van verlichting* she drew a breath of relief, she sighed her relief; *'ja', zuchtte ze* 'yes', she sighed; *het* ~ *van de wind* the sighing (sough, moaning) of the wind

zuid south; *vgl* noord

Zuid-|Afrika(ans), **-Amerika(ans)**, enz, South Africa(n), South America(n), etc

zuideinde south(ern) end

zuidelijk I *bn* southern; southerly [wind]; II *bw* southward(s); ~ *van* (to the) south of; **zuidelijken** *(vd wind)* (turn to the) south

zuiden south; *naar het* ~ to(wards) the south, [the depression is moving] south; *ten* ~ *van* (to the) south of; *uit het* ~ from the south; *bewoner van het* ~*, of zuidelijk deel van het land* Southerner; *zie ook* liggen; **zuidenwind** south wind

zuider southern

zuiderbreedte south(ern) latitude; *2° Z.B.* Lat 2 S; **zuiderhalfrond** southern hemisphere; **zuiderkeerkring** tropic of Capricorn

Zuiderkruis *(astron)* Southern Cross

zuider|licht southern lights, aurora australis; **-ling** southerner; **-storm** storm from the south

Zuiderzee Zuider (Zuyder) Zee; **Zuid-Europa** South(ern) Europe

zuid|kant south side; **-kust** south coast

Zuidmolukker South Moluccan

zuid|oost south-east; ~ *ten oosten* south-east by east; **-oostelijk** I *bn* south-east(erly), south-eastern; II *bw* south-east(ward); **-oosten** south-east; **-oostenwind**, **-ooster** south-east(erly) wind; *(hard)* south-easter

zuidpool south pole; *(in sam:)* antarctic [circle, explorer, expedition, explorer]; **zuidpoolgebied** antarctic (regions); **Zuidpoolzee** Antarctic (Ocean)

zuidpunt south(ern) point

Zuid-Slavië Yugoslavia, Jugoslavia

zuid|vruchten semi-tropical (subtropical) fruit; **-waarts** I *bw* southward(s); II *bn* southward; **-west(en)** south-west; ~ *ten noorden* south-west by north; **-westelijk** I *bn* south-west(erly); II *bw* south-west(ward); **-wester** *(wind)* southwester; *(hoed)* sou'wester, southwester

Zuidzee South Sea; *Stille* ~ Pacific (Ocean)

zuidzij(de) south side; **zuidzuidoost** south-south-east; **zuidzuidwest** south-south-west

zuigbuis suction-pipe, -tube, sucker

zuigeling baby, babe, suckling, infant (in arms); *(fig)* [political] infant; *zie ook* consultatiebureau

zuigelingenkliniek infant *(of:* child) welfare clinic; **zuigelingensterfte** infant mortality; **zuigelingenzorg** care of infants, infant welfare

zuigen suck *(ook van wind, water, enz;* suck honey out of flowers); *aan zijn pijp* ~ suck at one's pipe; *op zijn duim (lekkers, pepermunt)* ~ suck one's thumb (sweets, peppermint); *zie ook* duim

zuiger 1 *(pers)* sucker; 2 *(ve pomp, enz)* piston, *(niet ve stoommachine of motor)* sucker, plunger; 3 *(plantk)* sucker; *zie ook* zuigleer & zuigvis

zuigerklep piston-valve; **zuigermotor** piston engine; **zuigerpen** gudgeon-pin; **zuigerring** piston-ring; **zuigerslag** piston-stroke; **zuigerstang** piston-rod; **zuigerveer** piston-ring

zuigfles feeding-bottle

zuiging sucking; *(ve stroom, lucht, enz)* suction

zuig|kracht suction power; *(fig)* attraction; **-lam** sucking-lamb; **-leer** sucker; **-napje** sucker, sucking-cup, -disc, cupule, *(aan poot van vlieg, enz)* suction-pad; **-orgaan** suctorial organ; **-perspomp** double-acting pump; **-pijp** suction-pipe, sucker; **-pomp** suction-, lift-pump; **-snavel**, **-snuit** sucking- *(of:* suctorial) mouth; **-tablet** [cough, throat] lozenge; **-ventiel** suction-valve; **-vis** sucking-fish, sucker, remora; **-worm** trematode, fluke

zuil pillar *(ook fig:* pillars of the State), column [Doric, Ionic, Corinthian columns]; *(prisma)* prism; *(fig, mv)* confessional-political groups of the population (of the Netherlands); *Zuilen van Hercules* Pillars of Hercules; ~ *van Volta* voltaic pile, galvanic pile; **zuilenbundel** clustered column; **zuilen|galerij**, **-gang** colonnade, arcade, portico; *(rondgaand)* peristyle; **zuilenrij** colonnade; **zuilheilige** pillar saint, stylite; **zuilvormig** pillar-shaped, columnar

zuinig 1 economical [live economically, be economical with the truth], saving, thrifty [he was only thrifty with himself], sparing, careful; ~ *in het kleine, verkwistend in het grote* penny-wise and pound-foolish; *~e huishoudster* economical housekeeper, good manager; ~ ***beheren*** manage economically, nurse [an estate]; *en* ***niet*** *~!* [I gave it him] with a vengeance, to some purpose; [*was hij boos?*] *niet ~!* wasn't he!, (*fam*) and how!; ~ ***zijn met***, (*omgaan*) be economical of (with) [one's money, time]; be careful with [one's money], husband [one's resources], economize on [coal, etc], go easy with (on) [the butter], nurse [one's capital], be chary (sparing) of [praise, words], be sparing with [the butter]; ~ *met brandstof* fuel-efficient; *lucifers zijn schaars, wees er ~ mee* make them last; *wees niet ~ met de thee,* (*als je thee zet*) don't stint your tea; ~ ***zijn op*** be careful of [one's suit]; ~ ***in*** *het onderhoud* (*gebruik*) economical in upkeep (in use, efficient); *zie ook* berekenen; 2 (*schraal*) sparing, frugal; (*al te*) ~ close, near; *hij doet alles op een ~je* he looks twice at a penny; 3 (*sneu*) glum; ~ ***kijken*** look glum, look put out

zuinigheid economy, thrift(iness), carefulness; ~ *met vlijt bouwt huizen als kastelen, vglb:* take care of the pence, and the pounds will take care of themselves; *het is ~ die de wijsheid bedriegt* it's spoiling the ship for a ha'p'orth of tar; *verkeerde* ~ false economy; *verkeerde ~ betrachten* be penny-wise and pound-foolish; **zuinigheidshalve** (*om zuinigheidsredenen*) for reasons of economy; **zuinigjes** economically, thriftily; *zie verder* zuinig

zuip: *aan de ~ zijn* be addicted to liquor, be given to drink; *weer aan de ~ zijn* be on the booze again; **zuipen** I *intr* booze, tipple, soak; II *tr* swill, tipple, quaff [ale]; *die auto zuipt benzine* that car drinks petrol; *zie ook* tempelier; **zuiper** *zie* zuiplap; **zuiperij** tippling, swilling, (*sl*) elbow-lifting; *zie ook* zuippartij; **zuiplap** toper, tippler, soaker, boozer; **zuippartij** drinking-bout, booze, carouse; **zuipschuit** *zie* -lap

zuivel dairy produce, butter and cheese

zuivel|bedrijf 1 dairy farm; 2 dairy industry; **-bereiding** butter-and-cheese making; **-boer** dairy farmer; **-consulent** dairy adviser, consulting dairy expert; **-controle** dairy produce control; **-fabriek** dairy factory, butter(-and-cheese) factory, creamery; **-industrie** dairy industry, dairying; **-produkten** *zie* zuivel

zuiver I *bn* 1 (*onvermengd, helder, puur*) pure [water, wool, air, sound, tone, voice, text, Dutch, of the purest white]; (*onvervalst*) pure, unadulterated [alcohol]; *van ~ bloed* of pure blood, pure-blood(ed); *het ~e denken* pure thought; ~ *Engels,* (*ook*) [speak, write] the King's (Queen's) English (*of:* standard English); ~ *goud* pure gold, (*in munten*) fine gold; ~ *hindoeïsme* (*socialisme*) Hinduism (socialism) pure and simple; ~ *ras,* (*v paarden, enz*) pure breed; *met een ~e smaak* clean-tasting; *in ~e toestand* [gold is found here] in a pure state; *de ~e rede* pure reason; *met een ~e smaak,* (*ook*) clean-tasting; *dat is ~e taal,* (*fig*) that is plain language (plain speaking); *de ~e waarheid* the plain (honest, unadorned) truth; *~e en toegepaste wetenschap* pure and applied science; *~e winst,* (*niet geldelijk*) clear gain; *vgl* 5; 2 (*louter*) pure, sheer, utter [nonsense, prejudice]; (*schoon*) clean [conscience, wound], clear [conscience]; *zie ook* louter; 3 (*naar behoren*) correct [pronunciation]; *de zaak is niet ~, het is geen ~e koffie* there is s.t. wrong (about it), there is s.t. fishy about it; there's a nigger in the woodpile; 4 (*netto*) net [the net amount, proceeds]; *~e winst* clear (net) profit; 5 (*techn: foutloos*) true [circle, hole]; *zie ook* graat, leer, water; II *bw* purely [of purely English origin]; ~ *om mee te 'geuren'* [kept] purely for show; ~ *en alleen om* ... purely and simply to ...; (*niet*) ~ *zingen* sing in (out of) tune; *dat is ~ verlies* a dead loss; *ik heb er ~ f 300 aan* (*bij*) *verdiend* I've cleared 300 guilders over it; **zuiveraar** cleaner; purifier; refiner; (*v ongedierte in gebouwen*) exterminator; (*taal~*) purist; *vgl* zuiveren

zuiveren 1 (*reinigen*) clean [a building, etc], cleanse [*vooral fig:* our hearts, etc], purify [the blood, air, petroleum, metals, the language, one's heart], clean up [a down-town district]; purge [the bowels, our hearts, Parliament was purged]; refine [metals, sugar]; treat [sewage]; *de lucht* (*de atmosfeer*) *~,* (*ook fig*) clear the air; ***zich*** (*ve schuld, enz*) ~ clear o.s.; *zich ~ van* clear (purge) o.s. of [suspicion, etc]; *zich van verdenking* (*schuld, enz*) *~,* (*ook*) clear one's character; 2 (*bevrijden*) free [from vermin *ongedierte*], cleanse, clear [a place of enemies], purge (clear) [the parks of suspicious characters], cleanse [of sin], purge [the hearts of hatred, a text of errors]; (*ontsmetten*) disinfect [old buildings]; (*v blaam ~*) clear [one's honour, name, reputation]; 3 (*techn: opzuiveren*) true (up) [a wheel, etc]

zuiverheid purity, cleanness; fineness [of gold]; ~ *van toon* tonal purity

zuivering cleaning; [ethnic] cleansing; purification; purgation; (*politieke ~*) purge; clean-up; clearing; ~ *van het drinkwater* water purification; *vgl* zuiveren; **zuiveringsactie** cleaning-up action, (*mil*) mopping-up operations; **zuiveringschap** sewage purification (waste water treatment) authority; **zuiveringseed** oath of purgation; **zuiveringsinstallatie** purification plant, sewage treatment unit; **zuiveringszout** bicarbonate of soda, (*fam*) (soda) bicarb

zulk such; ~ *een* such a [man], such [impudence]; ~ *een godsdienst bestaat niet* there is no such religion; *net ~ een veelbelovende jonge officier* just such a promising ...; ~ *een dochter had hij ook kunnen hebben* he might have had such another daughter; ~ *een mes,* (*ook*) a knife like that; ~ *een blad,* (*ook*) a paper of that description

zulks such a thing such, this, that, the same

zulle *tw* [fine dog,] what?

zullen 1 (*zuivere toekomst*) *1ste pers:* shall (should); *2de, 3de &* (*fam*) *1ste pers:* will (would); (*vrag*) *1ste pers:* shall (should); *2de pers:* will (*soms* shall) (would, should); *3de pers:* will (would); (*dichtbijliggende toekomst*) be going (*of:* about) to [he is going to start a business in Paris]; *ja, jij zult wat!* a fat lot you'll do!; *het zal warm worden* it is going to be hot; 2 (*waarschijnlijkheid*) will (probably) [you will probably have heard that ...; Mother will have gone to bed]; *hij zal je niet gezien hebben* he has probably (perhaps he has) not seen you; *zou hij ziek zijn?* I wonder if he is ill; *dat zal omstreeks één uur geweest zijn* that must have been about one o'clock; *het zal zo wat één uur geweest zijn toen* ... it may have been one o'clock when ...; *dat zal wel* [he will come to-morrow;] I daresay; I am sure he will; *hij zal waarschijnlijk niet komen* he is not likely to come; 3 (*twijfel:*) *wie zal het zeggen?* [had he seen it?] who can tell?; (*ik vraag mij af*) *zou hij het doen?* I wonder if he'll do it; *wat zou hij nu beginnen!* what was he to do now!; 4 (*wil van de spreker*) [you, he] shall; *je wilt niet? je zult!* you won't? you shall!; *men zal niet zeggen dat* ... it shall not be said that ...; *ik zal je!* I'll give it you!; *ik zal het hebben* I mean to have it; [*hij heeft het over een auto;*] *ik zal hem met zijn auto* I'll 'motor' him, I'll give him motor; 5 (*gebod:*) *gij zult niet stelen* thou shalt not steal; 6 (*oordeel v spreker omtrent de wenselijkheid van iets:*) *zou je nu niet gaan?* hadn't you better go now?; *zou je dat wel doen?* do you think you'd better do that?; 7 (*vraag naar wil van toegesprokene*): *zal ik* (*Jan, enz*) *het doen?* shall I (John, etc) do it?; 8 (*toekomst afhankelijk vd wil vd spreker; belofte*) *1ste pers:* will; *2de & 3de pers:* shall; *ik zal u dadelijk helpen* I will (I'll) attend to you directly; *je zult het dadelijk hebben* you shall have it in a minute; 9 (*afspraak, regeling, beschikking:*) to be to; *we ~ elkaar op het station ontmoeten* we are to meet at ...; *ze hadden met Kerstmis ~ trouwen* they were to have been married at ...; *het zou niet zijn* it was not to be; *ik zou hem nooit weerzien* I was never to see him again; *maar er zou nog meer komen* but there was more to come; *als Oxford nog ooit weer eens zal winnen* if Oxford is ever to win again; *als hij zal slagen,* ... if he is to succeed, ...; *hij zou morgen gaan,* (*ook*) he was due to go tomorrow; 10 (*gerucht:*) *hij zou* (*naar men zei*) *getracht hebben* ... he was alleged to have tried ...; *hij zou* (*naar men zegt*) *het vergif gekocht hebben van* ... he is alleged to have bought the poison from ...; 11 *hij beloofde mijn aanwijzingen te ~ volgen* he promised to follow my directions; *hij zei te ~ komen* he said he would come; 12 *wat zou dat?, zie* wat

zullie (*fam*) they

zult brawn: pork (boar's flesh) pickled in vinegar

zulte (*plant*) sea aster, sea starwort

zulten pickle, salt

zundgat touch-hole, vent

zuren I *intr* (turn, get, go) sour; II *tr* sour [dough]

zurig sourish; **zurigheid** sourishness

zuring dock, sorrel; **zuringzout** salt of sorrel; **zuringzuur** oxalic acid

1 zus *bw* thus, in that manner; *nu eens ~, dan weer zo* now this way, now that; *het was ~ of zo* it was touch and go; *het scheelde ~ of zo of ze zou* ... she was within an ace of ...ing; *als Dr ~ en Dr zo* [pose] as Dr this and Dr that

2 zus *zn* sister, (*fam*) sis; *~je* (little, baby) sister; *een fijne ~* a bigot; *zie ook* broer

zuster 1 sister; *de negen ~s* the Nine; (*ja*) *je ~!,* (*fam*) not bloody likely; 2 (*klooster~ & diacones*) sister; *~ van liefde,* (*r-k*) sister of charity (of mercy); 3 (*verpleegster*) nurse; (*meestal hoofdverpleegster*) sister; *~ J* nurse J; *zie ook* broeder

zusterfaculteiten corresponding faculties in other universities; **zusterhuis** nunnery; (*in ziekenhuis*) nurses' home (quarters, residence); **zusterliefde** sisterly (a sister's) love; **zusterlijk** sisterly; **zustermaatschappij** sister-company; **zustermoord** sororicide; **zuster-overste** Mother Superior; **zusterpaar** pair of sisters, [the] two sisters; **zusterschap** sisterhood (*in beide betek*); **zusterschip** sister-ship [to (of) the Maasdam]; **zusterskind** sister's child, nephew, niece; **zustersschool** convent (nunnery) school; **zusterszoon** sister's son, nephew

zuur I *bn* 1 sour [taste, grapes, milk, temper, fellow, look, face]; acid(ic) [taste, face, look]; (*wrang*) sour, tart, acid, acrid; *zure appel* sour apple; *zie ook* appel; *zure haring* pickled herring; *zure regen* acid rain; *~* ***smaken*** taste sour; *~* ***worden*** turn (go) sour; *de melk is aan het ~ worden* (*tegen het zuur worden aan*) the milk is on the turn; *de melk is* (*een beetje*) *~* the ... is (slightly) off; 2 (*chem*) acid, acetous; *zure grond* (*bodem*) sour (acid) soil; *~* ***maken,*** (*chem*) acidify; 3 (*stuurs*) sour; *met een ~ gezicht* sour-featured, sour-faced [man]; *zie ook* gezicht; *een ~ lachje* a wry smile; *een zure oude vrijster* a sour spinster; *zo ~ als azijn,* (*fig*) as sour as a lemon; 4 (*akelig:*) *we hadden een zure tijd* we had an unpleasant time of it; *een ~ leven* a hard life; *een ~ stukje brood* a hard-earned living; *iem het leven ~ maken* make life difficult for a p., lead a p. a (terrible) life (a dog's life); *dat is ~* (*voor hem*) it is hard lines (on him); *nu ben je ~,* (*fam*) now you're in for it, you're booked; II *bw* sourly; *~ kijken* look sour; *~ verdiend geld* hard-earned money; III *zn* 1 (*ingemaakt*) pickles; *in het ~ leggen* pickle; *uitjes, enz in het ~* pickled onions, etc; *zie ook* zoet; 2 (*chem*) acid; 3 *het ~,* (*in de maag*) heartburn, acidity of the stomach, pyrosis, water-brash

zuur|achtig sourish; **-bad** acid bath; **-bes, -boom** barberry; **-deeg**, **-desem** leaven (*ook fig:* the old leaven); **-desembrood** leavened bread; **-doorn** barberry; **-fixeerzout** acid fixing-salt; **-gehalte** acidity; **-getal** acid value; **-graad** acidity, pH (value); **-heid** sourness, acidity, tartness; *vgl* zuur; **-kast** fume cupboard (chamber, hood); **-kool** sauerkraut; **-kraam** pickle-stall; **-making** acidification; **-meter** acidimeter; **-pruim** sourpuss, curmudgeon; **-stof** oxygen; *met ~ verbinden* oxygenate [blood], oxidize [metals]

zuurstof|apparaat oxygen (oxygen-breathing) apparatus, oxygen pump; **-arm** low-oxygen [environment], oxygen-poor [soil]; **-cilinder** oxygen cylinder; **-gebrek** oxygen deficiency, anoxia; **-houdend** oxygenous; **-kamer** oxygen tent; **-masker** oxygen mask; **-rijk** rich in oxygen, oxygenated [blood]; **-verbinding** oxide

zuur|stok rock; **-tje** acid drop; *~s,* (*uitjes, enz*) pickles; **-vast** acid-proof, acid-resisting; **-verdiend** *zie* zuur; **-vergiftiging** acidosis; **-vorkje** pickle-fork; **-vrij** free from acid, acid-free, non--acidic; **-zak** sour-sop; **-zoet** sour-sweet; acidulous [smile]

Z.W. afk van *zuidwest* SW, south-west

Zwaab Swabian; **Zwaabs** Swabian

zwaai 1 swing, sweep [with a sweep of his arm]; (*zwierig*) flourish [of a weapon, etc]; *hij nam zijn hoed met een ~ af* he swept off his hat; *zie ook* ~haak; 2 (*draai*) turn; roll [walk with a roll (in one's gait)]; swing [of public opinion]

zwaaiarm (*ve kraan*) jib

zwaaien I *tr* swing [a sword, etc]; wield, sway [the sceptre]; brandish, flourish, (*lit*) wield [a weapon]; flourish, wave [a flag]; *zie ook* ~ met; *zich over de muur* ~ swing o.s. over the wall; II *intr* swing, sway [backwards and forwards, to and fro, from side to side], (*als een dronken man*) reel [down the street]; (*mar*) swing, round; (*ve muur*) sag; *de hoek om* ~ swing round the corner; *er zal wat* ~ there will be the devil to pay; ***met** zijn hoed (zakdoek, enz)* ~ wave one's hat (handkerchief, etc); *met zijn armen* ~, (*omhoog*) wave one's arms, (*hangend*) swing (*of:* dangle) one's arms; *hij zat met zijn been te* ~ he sat swinging his leg

zwaai|haak bevel(-square); **-ing** swinging, etc; *vgl* zwaaien; **-kom** (*in kanaal*) wind, winding--place; **-licht** rotating light, (flashing, rotating) beacon; **-plaats** (*mar*) swinging-ground; **-stoot** (*boksen*) swing; (*met rechterhand*) right swing

zwaan swan (*ook voor dichter:* the Swan of Avon: Shakespeare); (*astron*) Cygnus, Swan, Northern Cross; *wilde* ~ wild swan, whooper (swan); *jonge* ~ cygnet; (*mannetje*) cob; (*wijfje*) pen; *vgl* herberg; **zwaanridder** Knight of the Swan

zwaar 1 heavy [load, horses, industry, materials, oil, loss, damage, drinker, smoker, sleep(er), moustache, eyebrows, eyelids, lines, sky, clouds, seas, rain, tread, thunderstorm, debts]; (*plomp & ~*) ponderous; *het is 2 pond* ~ it weighs two pounds; ~ ***belast**, a*) *zie* ~beladen; *b*) heavily taxed; *~st belast*, (*ook*) [the] heaviest-taxed [people]; ~ *zitten **bomen*** argue endlessly, (*sl*) chew the rag; ~ ***drinken*** drink heavily; ~ ***drukken** op* weigh (*of:* lie) heavy (bear heavily) (up)on; *deze lasten drukken ~ op het volk* these burdens lie heavy on the nation; ~ ***geschut*** heavy guns, heavy ordnance; (*fam*) heavies; ~ *op de **hand*** ponderous; gloomy; *ze voelde zich ~ om het **hart*** her heart (her soul) was heavy; *ik heb er een ~ **hoofd** in* I am very doubtful about it; *de dokter heeft er een ~ hoofd in* the doctor isn't very optimistic about him (her, etc); *zich ~ in de **leden** voelen* feel heavy (a heaviness) in the limbs; ~ *op de **maag** liggen* lie (*of:* sit) heavy on the stomach ; ~ ***slapen*** sleep heavily; ~ *van **tong*** (*ter taal*) thick of speech, thick-tongued, (*Ex. 4:10*) of a slow tongue; *met zware tong spreken* speak with a thick tongue, in a thick voice; ..., *zei hij, met zware tong* ..., he said thickly; ~ ***water*** heavy water; *~der **worden*** gain in weight; ***te*** ~ overweight; *te ~ belast* overburdened, overloaded; *te ~ laden* overload; *het vonnis was te* ~ the sentence was excessive; *de brief is te* ~ is overweight; *hij had te ~ **geleefd*** he had lived too fast, had burnt the candle at both ends; 2 (*v grote omvang*) bulky [commodities]; (*fors*) heavily built, massive [his massive figure], robust, stalwart; (*zwaarlijvig*) stout; ~ ***tapijt*** thick (deep-pile) carpet; 3 (*moeilijk*) heavy [day, breathe heavily], hard, difficult, arduous [task], hard [life], stiff [examination], onerous [duties]; *een zware **strijd*** a hard (severe) struggle; *zware **tijden*** hard times; ~ ***weer*** [encounter] heavy weather; *bij (in) ~ weer* under (a) stress of weather; *het **loopt** ~ in het zand* it is heavy walking in the sand; 4 (*ernstig*) severe, dangerous [illness; dangerously ill, dangerously wounded], bad [cold], grave [crime, offence]; (*streng*) severe [punishment, sentence, requirements]; ~ ***beproefd*** (*op de proef gesteld*) sorely (severely) tried; *zware **beproeving*** sore trial; ~ ***beschadigd*** heavily (badly) damaged; *zware **bevalling*** difficult confinement; (*fig*) quite a job; ~ ***boeten** voor* pay heavily (dearly) for; *zware **concurrentie*** stiff (keen) competition; ~ ***getroffen** worden* be hard hit; *zware **jongens*** big-time criminals; *in zware **mist*** in thick fog; *zware **rouw*** deep mourning; *een zware **slag*** a heavy (*fig ook:* cruel) blow; ~ ***vergif(t)*** strong poison; *strychnine is ~ vergiftig* ... is exceedingly poisonous; *zware **zonde*** grievous sin; ~ ***zondigen*** sin grievously; 5 (*vd bodem*) heavy, clayey, unctuous; 6 (*v dranken, tabak, enz*) strong [beer, cigars], full-bodied, heavy [wine]; ~ ***eten*** heavy (stodgy) food; 7 (*diep*) deep [voice]; *zie ook* last, vallen, wegen, enz

zwaarbeladen heavily (heavy-)laden; **zwaar|-belast, -beproefd** *zie* zwaar

zwaard 1 sword; *het ~ der gerechtigheid* the sword of justice; *door het ~ vergaan* perish by the sword; *wie met het ~ doodt, zal met het ~ gedood worden* he who lives by the sword, will die by the sword; *met het ~ in de vuist* sword in hand, [they took the town] at the point of the sword; *naar het ~ grijpen*, (*fig*) take up arms; *tot het ~ veroordeeld worden* be sentenced to die (*of:* to death) by the sword; *zie ook* vuur, enz; 2 (*zij~ ve vaartuig*) leeboard; *vgl* kiel~

zwaard|bloem *zie* -lelie; **-dans** sword dance; **-drager** swordbearer; **-gekletter** clash of swords, sabre-rattling; **-leen** fief passing on the spear side, male fief; **-lelie** sword lily, gladiolus; **-maag** agnate; **-maagschap** agnation; **-schede** 1 scabbard; 2 (*weekdier*) razor-fish, -shell, (*Am*) razor (*of:* jackknife) clam; **-slag** stroke with the sword, sword-stroke; **-vechter** gladiator; **-veger** armourer; **-vis** swordfish; **-vormig** sword--shaped, (*wtsch*) ensiform; **-walvis** orc, killer (whale), grampus; **-zijde** spear side

zwaar|gebouwd heavily built, massive [figure]; **-geschapen** well-hung; **-gewapend** heavily--armed; **-gewicht** heavyweight [jockey, boxer]; **-gewond** severely injured [person]; *~e*, (*ook*) serious casualty; **-heid** heaviness, weight; **-hoofd** pessimist; *hij is een* ~, (*ook*) he takes a gloomy view (looks at the dark side) of things; **-hoofdig**

pessimistic, gloomy; **-hoofdigheid** pessimism, gloom(iness); **-lijvig** corpulent, stout, obese; **-lijvigheid** corpulence, stoutness, obesity; **-moedig** melancholy, melancholic, hypochondriac(al), depressed; **-moedigheid** melancholy, hypochondria, depression; **-spaat** barytes, heavy spar

zwaarte weight, heaviness; *tabak in drie ~n* in three strengths; **zwaartekracht** gravitation, gravity; *wet van de ~* law of gravitation; **zwaartekrachtveld** gravitational field; **zwaartelijn** (*wisk*) median; **zwaartepunt** 1 centre of gravity; 2 (*fig*) main point, pith of the matter, gravamen [of a charge *aanklacht*]; *het ~ ligt op de directe belastingen* the stress is on direct taxation

zwaartillend pessimistic, gloomy; **zwaartongig** *zie* zwaar: ~ van tong; **zwaar|wegend, -wichtig** (*fig*) weighty, ponderous; **zwaarwichtigheid** weightiness, ponderosity

zwabber 1 swab, swabber, mop; (*gummi*) squeegee; (*jongen*) swabber; 2 (*zwierbol*) rip; *aan de ~ zijn* be on the loose (on the razzle); **zwabberen** 1 swab, mop; *zijn kleren ~ hem aan het lijf* his clothes flap about him; 2 (*fig*) *zie* pierewaaien; **zwabber|gast, -jongen** (*mar*) swabber

Zwaben Swabia; **Zwabisch** Swabian

zwachtel bandage; **zwachtelen** bandage, swathe [his face was swathed in bandages]

zwad swathe, windrow

zwadder (*ook fig*) venom, slime; *zijn ~ op iems goede naam uitspuwen* bespatter (besmirch) a p.'s reputation

zwade swathe, windrow

zwager brother-in-law; **zwagerhuwelijk** levirate (marriage); **zwagerin** sister-in-law; **zwagerschap** relationship by marriage, affinity

zwak I *bn* 1 weak [child, eyes, heart, stomach, lungs, voice, plant, army, fortress, nation, ministry, evidence, proof; the ice is too weak]; delicate [chest, child, health, plant]; feeble [cry, defence, effort, attempt, voice; *van pers: erg ~*]; light [wind], faint [attempt, cry, moan, smile, resistance, hope, light, resemblance]; frail [boat, body]; (*door ouderdom, ook*) infirm; (*zedelijk ~*) weak [man, character; he is as weak as water], weak-willed, -kneed, spineless [person, government], frail [woman]; *door en door ~* as weak as water; *de ~ke **broeders*** the weaker brethren; *een ~ke broeder* (*kandidaat*) a shaky candidate; *het ~ke **geslacht*** the weaker sex; *~ **gestel*** weak constitution; *in een ~ **ogenblik*** in a weak moment (a moment of weakness); *~ke **oplossing*** weak (*of:* dilute) solution; *~ke **pols*** weak (low, feeble) pulse; *het ~ke **punt*** the weak point [of an argument], the weak spot [in the scheme]; *~ **spel*** weak play; *~ke **vader**,* (*fig*) weak (indulgent) father; *zijn ~ke **zijde*** his weak side (point); *in zijn ~ke zijde aantasten, zie* III: in zijn ~ tasten; *~ **in** het Engels* weak (shaky) in English; *~ **naar** lichaam en geest* weak in body and mind; *~ **van** gezicht* weak-sighted; *~ van verstand* of weak intellect; *zie ook* geest, redenering, uitdrukken, 1 vat 2, enz; 2 (*vd markt*) weak [market, demand]; 3 (*ve examenkandidaat*) weak, (*fam*) shaky; 4 (*gramm*) weak [conjugation, verb, ending]; II *bw* weakly, etc; *~ staan* be shaky; *je staat ~,* (*jur & fig*) yours is a weak case, (*buitengewoon ~*) you have no case, (*fam*) you haven't a leg to stand on; III *zn* weakness [it is a weakness of mine], failing [have a failing for drink], foible, weak point (side); *een ~ hebben voor* have a weakness for [apple-dumplings]; *hij had nog altijd een ~ voor haar* he still had a soft (tender, weak) spot in his heart for her; *iem in zijn ~ tasten* get on a p.'s weak (*of:* blind) side, attack a p. on his weak side

zwakbegaafd mentally handicapped; **zwakbegaafdheid** mental retardation; **zwakgelovig** of little faith; *de ~en* those of little faith; **zwakheid** weakness, feebleness, delicacy, infirmity; faintness; frailty[, thy name is woman]; (*lichamelijk ook*) debility; *vgl* zwak I & III; *zwakheden* weaknesses, failings, foibles; **zwakhoofd** weak-brained person

zwakjes I *bn* weakly, weakish; (*ve kandidaat, enz*) shaky; II *bw* weakly, [smile] faintly

zwakkelijk weakly [child], weakish, rather weak; **zwakkeling** (*ook fig*) weakling

zwakstroom weak current, low-tension current

zwakte weakness, feebleness, infirmity; **zwaktebod** weak bid; (*fig*) evidence of incapacity

zwakzinnig mentally handicapped (impaired, retarded); **zwakzinnige** mentally handicapped person; **zwakzinnigheid** mental retardation (impairment)

zwalken drift about, be tossed hither and thither [at sea]; wander (rove, knock) about; *op zee ~,* (*ook*) scour the seas; *door de wereld ~,* (*ook*) knock about the world; **zwalker** wanderer, rover, vagabond; **zwalmen** *zie* walmen

zwalp wave; **zwalpen** dash, surge; (*zwakker*) (s)plash

zwaluw swallow; (*boeren~*) (barn, common) swallow; (*huis~*) house martin; (*oever~*) sand martin; (*gier~*) swift; *één ~ maakt* (*nog*) *geen zomer* one swallow does not make a summer; **zwaluwsprong** (*bij duiken*) swallow-dive; **zwaluwstaart** 1 (*eig*) swallow's tail; 2 (*bij timmerwerk*) dovetail; *met een ~ verbinden* dovetail; 3 (*rok*) swallow-tail(ed coat); 4 (*vlinder*) swallowtail; 5 (*gaslicht*) fishtail burner; **zwaluwstaarten** dovetail; **zwaluwtong** black bindweed

zwam 1 (*plant*) fungus (*mv ook:* -gi); 2 (*tonderstof*) tinder, touchwood, (*Am*) punk; 3 (*bij paarden*) spavin

zwam|achtig *zie* zwammig; **-dodend** fungicidal; *~ middel* fungicide; **-doosje** tinderbox

zwammen *ww* jaw, gas, talk hot air

zwammenkenner mycologist

zwammer *zie* zwamneus

zwammig fungous, (*Am*) punky; *~e uitwas* fungous growth

zwamneus gasbag, twaddler; (*inz Am*) bletherskite

zwamvlok mycelium

zwanebloem flowering rush; **zwanebrood** (*plant*) sweet flag (*of:* sedge); **zwanedons**

swan's down, swandown; **zwanehals** 1 swan's (swan-)neck; 2 (*buis*) goose-neck, U-trap; **zwanemaagd** swan maiden; **zwanemossel** swan mussel; **zwanendrift** 1 flock of swans; 2 swan--rearing; **zwanepen** swan's quill; **zwaneridder** Knight of the Swan; **zwanezang** swansong

zwang: *in ~ brengen* bring into vogue; *in ~ zijn* be in (be the) vogue [*bij ons* with us]; *de oude gebruiken zijn hier nog in ~* are still in use here; *in ~ komen* become the fashion; *de in ~ zijnde methode* the method in vogue

zwanger pregnant, enceinte, with child, (*fam*) in the family way, expecting; *~ maken* impregnate; *~ worden* become pregnant, conceive; *hoog* (*5 maanden*) *~ zijn* be far (5 months) advanced in pregnancy, far (5 months) gone (with child); *~ zijn* (*gaan*) *van* be pregnant with [one's third child], be pregnant by [the male parent]; *~ zijn* (*gaan*) *van een plan* (*een boek*) go about with a plan (have a book on the stocks); **zwangerschap** pregnancy, gestation; *voorkoming van ~* contraception; **zwangerschapsgymnastiek** antenatal exercises; **zwangerschapsonderbreking** abortion, termination of pregnancy; **zwangerschapsstriem** stretch mark; **zwangerschapsverlof** maternity leave

zwans 1 joke; 2 (*onzin*) codswallop

zwarigheid difficulty, obstacle, objection; (*gewetensbezwaar*) scruple; *zwarigheden maken* make (raise) objections, make difficulties; *heb daar geen ~ over* don't trouble about that; *ik zie er geen ~ in* I have no objection

zwart black [body, bread, market; as black as ink, as pitch; *ook fig:* the future looks black; paint things very black]; (*her & dicht*) sable; *~e aarde* black earth, black soil; *het ~e bord* the blackboard; *~e circuit* black economy; *de ~e dood* the Black Death; *~e doos,* (*luchtv*) black box, flight--recorder; *~e handel* black market; *~e handelaar* black marketeer; *de ~e kunst, a*) the black art, black magic, necromancy; *b*) mezzotint; *~e lijst* black list; *op de ~e lijst plaatsen* black-list; *op de ~e markt kopen* buy in the black market; *het Zwarte Woud* the Black Forest; *~e yuppie* buppie; *de Zwarte Zee* the Black Sea; *de dingen ~* ***inzien*** take a gloomy view of things; *hij* ***is*** *niet zo ~ als hij geschilderd wordt* he is not so black as he is painted; *~* ***kijken****, een ~ gezicht zetten* look black [as black as thunder], scowl, frown; *~* ***werken*** moonlight; ***in*** *het ~* (dressed) in black; *het ~* ***op*** *wit hebben* (*zetten*) have it (put it down) in black and white; *~* ***van*** *de mensen* [streets] black with people; *zie ook* zwarte, zwartmaken, kool, liegen, Piet, zaad, enz

zwartachtig blackish; **zwartblauw** black-blue, blackish blue; **zwartbont** black and white, black-patched [cattle]; **zwartbruin** black--brown; **zwartdag** (*r-k*) Good Friday

zwarte black person; *een ~e,* (*ook*) a black; *~en en blanken* blacks and whites; **zwartekunst**, enz *zie* zwart; **zwarten** *ww* blacken

zwartepiet 1 knave of spades; *iem de ~ toespelen* pass the buck to a p.; *met de ~ blijven zitten* be left to hold the baby (to carry the can); 2 black marketeer; **zwartepieten** play at Old Maid

zwart|gallig (atra)bilious, melancholy, splenetic; **-galligheid** (atra)biliousness, melancholy, spleen; **-gestreept** black-striped; **-gevlekt** black-spotted; **-handelaar** black marketeer; **-harig** black-haired; **-heid** blackness; **-hemd** blackshirt

zwartigheid blackness; (*concr*) black [a black on your nose]

zwart|je 1 (*neger*) darky, blacky; 2 black-haired girl; 3 silhouette, black and white drawing; **-kapje** (*vogel*) blackcap; **-kijker** 1 pessimist; 2 clandestine TV viewer; **-koorn** cow-wheat; **-kop** black-haired person; **-kopje** (*vogel*) blackcap; **-kopmees** marsh tit(mouse); **-koppig** black--headed; **-kopschaap** black-faced sheep, black--face; **-koptuinfluiter** blackcap; **-koren** cow--wheat; **-maken** black [one's face], blacken (*dikw fig:* a p.'s character), (*fig*) denigrate, (*met kurk, ook*) cork [a p.'s face]; **-making** blackening; **-ogig** black-eyed; **-oog** black-eyed person; **-rijden** 1 dodge paying the fare, travel without paying one's fare; 2 run a car without paying road--tax; **-rijder** fare dodger; **-rok** black-coat, (*sl*) crow, rook, (black-)beetle; **-rood** black-red; **-schimmel** iron-grey (horse)

zwartsel (smoke-, lamp-)black; (*voor kachel*) blacklead; **zwartsteel** (*plant*) adiantum; **zwartwaterkoorts** blackwater (fever); **zwartwerker** moonlighter; **zwart-wit** black and white [photo, television]

zwatelen rustle, (*vd wind, ook*) sough; (*v stemmen*) buzz

zwavel sulphur, (*Am*) sulfur; (*hist*) brimstone; **zwavelaarde** sulphurous earth; **zwavelachtig** sulphurous; sulphureous, sulphury; **zwavelbloem** flowers of sulphur; **zwavelen** sulphurate, sulphurize [wine], fumigate with sulphur; *vaten ~* match casks; **zwavelgeel** sulphur yellow; **zwavelhoudend** sulphur(e)ous; **zwavelig** *zie* zwavelachtig; **zwaveligzuur** sulphurous acid, sulphur dioxide

zwavel|ijzer ferric sulphide; **-ing** sulphurization; **-kalk** sulphide of lime; **-kies** pyrites; **-kleurig** sulphur-coloured; **-koolstof** carbon disulphide; **-lucht** sulphurous smell; **-stokje** sulphur match; **-verbinding** sulphur compound, sulphide; **-waterstof(gas)** sulphuretted hydrogen, hydrogen sulphide; **-zalf** sulphur ointment; **-zilver** sulphide of silver; **-zure**: *~ ammonia* sulphate of ammonia; *~ ammoniak* ammonium sulphate; **-zuur** sulphuric acid, (oil of) vitriol; **-zuurzout** sulphate

Zweden Sweden; **Zweed** Swede; **Zweeds** Swedish; *~e gymnastiek* Swedish gymnastics (drill, movements); *een ~e* a Swedish woman (girl), a Swede

zweef|brug suspension bridge; **-club** gliding club; **-molen** giant('s) stride; **-rek** trapeze; **-trein** hovertrain; **-tuig** hovercraft; **-vlieg** hover-fly; **-vliegclub** gliding club; **-vliegen** I *ww* glide; II *zn* gliding; **-vlieger** glider pilot; **-vlieg-**

tuig glider; (*prestatie~*) sailplane; **-vlucht** 1 (*zonder motor*) glide, soaring-flight; 2 (*met stopgezette motor*) volplane, glide; *in ~ dalen* volplane

zweeg *ovt van* zwijgen

zweem semblance [not a semblance of a wrinkle], trace, shade, touch [of sarcasm, of vanity], shadow [not the shadow of a doubt], ghost, flicker [of a smile], scintilla [not a scintilla of evidence, truth]; suggestion [a suggestion of a twinkle], hint [a hint of the devil in his eyes], suspicion [of a beard]; *~pje* (slight) trace, etc; *geen ~ van bewijs* not a shred (shadow, trace) of evidence (of proof); *geen ~ van verdenking* not a breath of suspicion

zweep whip; (*jachtzweep*) (hunting-)crop; *de ~ erop leggen* whip up a horse; lay the whip across a p.('s shoulders), horsewhip a p.; *met de ~ krijgen* get a whipping; *zie ook* klappen

zweep|diertje flagellate, mastigopod; **-draad** flagellum; **-koord** (*koord ve zweep*) (whip)lash; (*materiaal*) whipcord; **-slag** 1 (*ook: uiteinde van zweepkoord*) (whip)lash; 2 (*knal*) whip-crack; 3 (*med*) whiplash (injury); **-slang** whip-snake; **-steel**, **-stok** whip-handle, whipstock; **-tol** whipping-top

zweer ulcer, sore, boil, abscess, tumour; *~(tje) op het tandvlees* gumboil

zweet perspiration, sweat; (*jagersterm: bloed*) blood [of a hare]; (*op muur*) moisture, sweat; *het ~ liep hem langs het gezicht* his face was streaming with perspiration; *het koude ~ brak hem uit* he broke into (broke out in) a cold sweat; ***in** het ~ uws aanschijns zult gij uw brood eten* in the sweat of thy face shalt thou eat bread; *zich in het ~ werken* work o.s. into a perspiration (a sweat, a lather); *nat van het ~* streaming with (bathed in) perspiration

zweet|afscheiding sweat secretion; **-bad** sweating-bath, sudatory, sudatorium; **-band** sweatband; **-doek** sweat-cloth; (*vd H Veronica*) sudarium; (*over het gelaat van Jezus in het graf*) sudary; **-drank** sudorific; **-drijvend** sudorific; **-druppel** drop (*of:* bead) of perspiration (of sweat); *de ~s stonden op zijn voorhoofd,* (*ook*) the perspiration stood out in beads on his brow; **-handen** *vgl* -voeten; **-kamer** sweating-room, sudatory; **-kanaaltje** sweat-duct; **-klier** sweat gland; **-kuur** sweating-cure; **-lucht** sweaty smell, smell of perspiration, body-odour; **-middel** sudorific; **-porie** sweat pore; **-verwekkend** sudorific; **-voeten** perspiring (sweaty) feet; **-vos** sorrel (horse)

zwei bevel(-square)

zwelbasterij bragging

zwelen make hay; **zweler** haymaker

zwelg gulp, draught; **zwelgen** I *tr* swill, quaff [ale]; II *intr* (*eten*) guzzle, gormandize; (*drinken*) carouse; *~ in* revel (luxuriate) in, feast on; **zwelger** guzzler, carouser, gormandizer; **zwelg|erij**, **-partij** carouse, carousal, orgy, revelry

zwelkast swell-box [of an organ]

zwellen swell (*ook v rivier, muziek, enz*), expand; (*v zeilen ook*) belly; ***doen** ~* swell [the wind swells the sails, the rains swell the rivers]; *het ~ en afnemen van de muziek* the swell (the rise) and fall of the music; *zie ook* op~ & gezwollen; **zwelling** swelling; **zwelregister** swell-organ

zwembad [indoor, outdoor, open-air] swimming pool, swimming bath; (*het baden*) bathe; **zwembassin** swimming pool; **zwemblaas** swimming-bladder, (*ve vis, ook*) swim-, air-bladder, sound; **zwembroek** (swimming) trunks

zwemen: *~ naar* bear a slight likeness to; *~ naar zwart* incline (run, tend) to black; *~ naar oneerlijkheid* border (up)on dishonesty; *naar groen ~,* (*ook*) have a greenish tint

zwemgordel swimming-belt; **zweminrichting** public baths, swimming bath(s); **zwemkostuum** bathing costume, swimming costume; **zwemkunst** art of swimming

zwemmen swim; *gaan ~* go for (have, take) a swim; *~ als een vis* (*rat, rot*) swim like a fish; *ik kan helemaal niet ~* I cannot swim a stroke; *zijn hond laten ~* give one's dog a swim; *het paard naar de overkant laten ~* swim the horse across; *~ **in*** swim in [blood, luxury], be awash with [money]; *het zwemt in de boter* it is swimming in (with) butter; *in het geld ~* swim (roll) in (be made of) money; *haar ogen zwommen in tranen* her eyes were brimming (swam with, were bathed in tears); *je zwemt in die trui* that sweater is much too large for you; ***over** het Kanaal ~* swim the Channel; *de tafel zwom **van** wijn* was swimming with wine; *zie ook* vis

zwem|mer swimmer; **-merig** (*vd ogen*) swimming, watery; **-pak** swimsuit; **-plaats** swimming-, bathing-place; **-poot** flipper; *zie ook* -voet; **-sport** swimming; **-vest** life-jacket; (*luchtv, opblaasbaar*) Mae West; **-vlies** 1 web; *met -vliezen,* (*dier*) web-footed, with webbed feet, (*poten*) webbed; 2 (*rubber slof*) flipper; **-voet** web-foot, webbed foot; *met ~en* web-footed; **-voeters** web-footed animals; **-vogel** web-footed bird, swimming-bird; **-wedstrijd** swimming-match, -contest, -race

zwendel swindle, fraud, take-in; [the thing is a] ramp; (*in het groot*) racket; (*in aandelen*) share-pushing; (*sl*) scam; **zwendelaar** swindler, sharper; (*in aandelen*) share-pusher; **zwendelarij** swindling, fraud; *zie* zwendel; **zwendelen** swindle

zwengel (*ve pomp*) pump-handle, sweep; (*ve put*) (well-)sweep; (*ve wagen*) *zie* ~hout; (*ve molen*) wing; (*ve vlegel*) swipple; (*draaikruk*) crank

zwengelen 1 (work a) pump; *~ aan* crank [an engine]; (*fig*) pump [a p.'s hand]; 2 *zie* zwingelen

zweng(el)hout swingletree, whippletree, splinter-bar

zwenk turn; *in een ~* in a trice; **zwenkarm** swivel arm; **zwenkbaar** swivel(ling)

zwenken I *intr* 1 turn (face, wheel) about (round), swing round; (*mil*) wheel; *links* (*rechts*) *~!* left (right) wheel!; 2 (*fig*) change front; 3 (*plotseling uitwijken*) swerve; II *tr* wave, flourish [a flag]; wheel [a horse] (round); swing, swerve [a car to

the right or left]; swivel [a telescope] round
zwenkgras fescue (grass)
zwenking turn, wheel, swerve; (*mil*) wheel; (*fig*) change of front; **zwenkings|punt**, **-spil** pivot
zwenkwiel castor, swivelling roller
zwepen whip, lash [the wind lashes the waves]
1 zweren (*etteren*) ulcerate, fester; *~de kies* ulcerated tooth; *~d tandvlees* ulcerated (septic) gums, gumboil; *~de vinger* gathering (septic, bad) finger
2 zweren (*een eed doen*) swear; *ik zweer het* I swear it; *een eed ~* swear an oath; *geheimhouding (gehoorzaamheid, enz) ~* swear secrecy (obedience, etc); *zie ook* trouw III & geheimhouding; *iem vriendschap ~* swear friendship to a p.; *wraak ~ tegen de verdrukker* vow vengeance against the oppressor; *~ geen drank meer te drinken* swear off drink (*evenzo:* swear off smoking, etc); *iem laten ~, zie* eed: de ~ afnemen; *~* ***bij*** *God (bij zijn eer)* swear to (by, before) God (on one's honour); *~ bij Marx (bij de homeopathie, enz)* swear by Marx (by homoeopathy, etc); *~ bij het woord des meesters* swear by the master's word; *bij hoog en laag (bij al wat heilig is) ~* swear by all that is holy (by all the saints in the calendar); *ik durf* ***erop*** *~ (zou erop durven ~)* I can (could) swear to it; I will take my oath [that]; *je zou ~ dat het een aap was* [his face] is for all the world like a monkey's; *op de bijbel ~* swear on the Bible; *ik ben daar nooit geweest, dat zweer ik op de bijbel* I ..., on my bible-oath
zwerf|blok erratic block; **-dier** stray; **-kat** stray (homeless) cat; **-kei** erratic boulder; **-lust** roving spirit; **-nier** *zie* wandelend; **-ster** *zie* zwerver; **-tocht** wandering, wander [a wander through the town], ramble [in the woods, through the countryside], peregrination, roving expedition; **-vogel** nomadic bird; **-ziek** of a roving disposition, (*fam*) having itchy feet
zwerk 1 rack, wrack, scud, driving clouds; 2 welkin, firmament, sky
zwerm swarm [of bees, flies, birds, children, Picts and Scots, etc], (*inz hangende zwerm*) swarm cluster [of bees], horde [of stray bees], (*in korf*) hive [of bees]; **zwermen** *ww* swarm; (*mil*) sprawl; **zwermer** 1 (*vuurwerk*) squib, banger; 2 *zie* zwerver; **zwermtijd** swarming-season
zwerveling *zie* zwerver
zwerven wander, rove [lead a roving life], ramble, roam (about), knock about; *door het land (op zee) ~* roam (about) the country (the seas); *de wolven zwierven door de heidevelden* the wolves ranged the moorlands; *~de honden* stray dogs; *~de stammen* wandering (nomadic) tribes
zwerver wanderer, vagabond, tramp (*Am*) hobo; (*vooral dakloos kind*) waif, stray; (*dier*) stray
zweten I *intr* 1 perspire, be in a perspiration, sweat [over s.t. *op iets*]; 2 (*ve muur*) sweat; II *tr* sweat [blood, hides]; exude [moisture]; **zweterig** sweaty [hands]; **zweterigheid** sweatiness
zwetsen 1 brag, boast, talk big; talk nonsense; 2 *zie* wauwelen; **zwetser** braggart, boaster, gasbag; **zwetserij** brag(ging), boast(ing)
zweven be suspended [impurities are suspended in water], float [in the air; a bee floated in at the window]; (*ve vogel, enz*) hover [two hawks were hovering overhead], glide [the eagle glides on its wings]; (*ve vliegtuig met stopgezette motor, ve schaatsenrijder, enz*) glide; (*doen*) ~, (*ve munt*) float [the floating pound]; (*spiritisme*) levitate; ***zwevende*** *deeltjes* suspended particles; *~de gang* buoyant (*of:* springy) step; *~de geschillen* outstanding disputes; *~de kiezers* floating voters; *~de klem* even stress; *~de rib* floating rib; *~de valuta* floating currency; *~de vloer* sprung (suspended) floor; *er zweefde een glimlach* ***om*** *haar lippen* a smile hovered on her lips; *het woord zweefde mij* ***op*** *de tong* I had the word on the tip of my tongue (at my tongue's end), the word hovered on my lips (on the tip of my tongue); *de geest Gods zweefde* ***over*** *de wateren* the spirit of God moved upon the face of the waters; *~* ***tussen*** hover between [hope and fear]; *zie ook* 1 leven; *haar beeld zweeft mij altijd* ***voor*** *de geest (voor ogen)* her image is always present to my mind (is always before me)
zweverig vague [person]
zweving (*natuurk*) beat [note, reception]
zwezerik thymus (gland); (*als voedsel*) sweetbread
zwichten 1 yield, give in, give way; (*fam*) knuckle under; *~ voor* yield to [entreaty, persuasion, temptation, arguments], bend before [public opinion], bow to [a p.'s authority]; *voor de overmacht ~* yield to superior numbers; *voor niemand ~* not give in (give way) to anybody; 2 (*mar*) swift; *een molen ~* shorten sail
zwiepen swish; *~ met een rottinkje* switch (swish, whisk) a cane; **zwiepend** swishing [branches, sound]; **zwieping** swish(ing)
zwier 1 (*zwaai*) flourish; 2 (*gratie*) elegance, grace(fulness); 3 (*staatsie*) pomp; (*luchtige ~*) jauntiness, swagger, dash; 4 (*opschik*) finery; 5 *aan de ~ zijn (gaan)* be (go) on the spree (on the razzle(-dazzle), on the loose), (*af en toe*) have an occasional fling
zwierbol rake, rip, reveller; **zwierbollen** *zie* zwier 5; **zwieren** (*ve dronkeman*) reel [about the streets]; (*in balzaal*) whirl about; (*op ijs, enz*) glide gracefully; **zwierf** *ovt van* zwerven
zwierig stylish, dashing, jaunty, smart, gay, showy, flamboyant; *~ voor de dag komen* cut a dash; *~ schrift* flowing hand(writing); *~e stijl* flamboyant (flowery) style; **zwierigheid** stylishness, floweriness, etc; *vgl* zwier
zwijgen I *ww* be silent, be still, keep (maintain) silence, hold one's peace (one's tongue); (*geen mond open doen*) sit mum; (*ophouden te spreken*) fall silent; *de muziek zweeg* the ... stopped; *zwijg!* be silent!, silence!, hold your tongue!, shut up!; *zwijg me ervan!* don't talk about it!, least said soonest mended; *zwijg er alsjeblieft over* please keep quiet about it; *laten we daarvan ~* we'll not talk about that, we'll let that pass; *wie zwijgt stemt toe* silence gives (is, means) consent; *kinderen moeten ~* children should be seen, not heard;

daarover zwijgt de geschiedenis history is silent (up)on (about, as to) it; *iem* ***doen*** *~, zie* II: tot ~ brengen; *~ als het* ***graf*** be (as) silent as the grave, maintain a stony silence; *toen zweeg hij als het graf* then he shut up like an oyster (*Am:* a clam), (*Am*) then he clammed up; ***kun*** *je ~?* can you keep a secret?; *ik kan ~* I can keep my counsel, (*fam*) can hold my tongue; *ik kan niet langer ~* I cannot keep my (own) counsel any longer; *in alle* ***talen*** *~* be conspicuously silent; ***om*** *nog* ***te*** *~ van* ... not to speak of ..., to say nothing of ..., let alone ...; II *zn* silence; *iem het ~ opleggen* impose silence (up)on a p.; *hij deed er het ~* ***toe*** he did not say a word, he sat (kept) mum; ***tot*** *~ brengen* put to silence, silence [a p., a battery], shut [a p.] up; (*door geschreeuw*) howl (shout) [a p.] down; (*zijn geweten*) still (quiet, pacify) one's conscience; *zie ook* stil~ & spreken

zwijgend I *bn* silent [majority]; tacit [agreement]; (*v aard, ook*) taciturn; II *bw* silently, in silence

zwijger taciturn (silent) person; (*fam*) oyster; *Willem de Z~* William the Silent (the Taciturn)

zwijg|geld hush money; **-recht** right to secrecy; **-zaam** taciturn, uncommunicative, reticent, silent; **-zaamheid** taciturnity, reticence

zwijm swoon, fainting fit; *in ~ liggen* lie in a swoon; *in ~ vallen* faint, swoon, have a fainting fit; *zie ook* flauwvallen

zwijmel 1 (*duizeling*) giddiness, dizziness; 2 (*roes*) intoxication; **zwijmeldrank** intoxicating drink; (*fig*) [the] intoxication [of success]; **zwijmelen** 1 be (feel) dizzy; 2 swoon, faint; 3 be ecstatic; **zwijmelroes** ecstasy

zwijn 1 (*ook fig*) pig, hog, (*vooral fig*) swine (*mv* id); *wild ~* boar; 2 (*bof*) fluke, stroke of luck; **zwijnachtig** swinish; **zwijneboel** 1 piggery, pigsty; 2 (*rommel*) shambles

zwijnegel 1 hedgehog; 2 (*pers*) swine, (dirty) pig

zwijnehok pigsty, piggery; **zwijnejacht** boar-hunt(ing); **zwijnekot** *zie* -hok

zwijnen (*boffen*) be in luck; *ik zwijnde, (ook)* my luck was in; **zwijnenhoeder** swineherd

zwijnepan shambles; **zwijnerij** filth, dirt, filthy talk, smut; **zwijnestal** pigsty (*ook fig*), piggery; **zwijnetroep** 1 (*rommel*) shambles; 2 (*vuil*) pigsty; **zwijnevlees** pork, (*ve wild zwijn*) boar('s flesh); **zwijnjak** 1 swine, (dirty) pig; 2 lucky dog; **zwijnsborstel** hog's bristle; **zwijns|hoofd**, **-kop** boar's head; **zwijntje** 1 piggy; 2 (*fiets*) bike; 3 (*bof*) fluke; **zwijntjesjager** bicycle-thief

zwik 1 outfit, kit; *de hele ~, het hele ~je* the whole caboodle (outfit); 2 vent-peg, vent-faucet, spigot, spile; 3 (*mar*) wood-fender; 4 (*verzwikking*) sprain; **zwikboor** auger; **zwikgat** vent-hole

zwikken sprain; *mijn voet zwikte* I sprained (wrenched) my ankle; **zwikking** sprain

zwilk 1 oilcloth; 2 drill

zwin creek

zwingel swingle(-staff); **zwingelaar** flax-dresser; **zwingelen** swingle, scutch [flax]; **zwingelmolen** swingling-, scutching-machine, scutch-mill; **zwingel|spaan**, **-stok** swingle(-staff)

zwingliaan Zwinglian

zwirrelen whirl, flit about; *alles zwirrelt mij voor de ogen* my head is in a whirl

Zwitser Swiss (*mv* id), (hist: soldaat) Switzer; *geen geld, geen ~s* first show the colour of your money; **Zwitserland** Switzerland; **Zwitsers** Swiss

ZWO (*hist*) afk van *Nederlandse Organisatie voor Zuiver-Wetenschappelijk Onderzoek* Netherlands Organization for the Advancement of Pure Research

zwoegen drudge, slave (away), slog away, plod, toil [at one's books]; (*ve schip*) labour, strain; (*blokken, fam*) swot; *~ en slaven* toil and moil; *tegen de heuvel op ~* plug away up the hill; *haar boezem zwoegde* her bosom heaved; *de ~de stoomboot* the labouring steamer; **zwoeg(st)er** toiler, drudge, plodder, (*fam*) (eager) beaver

zwoel 1 sultry, close, muggy; 2 (*fig*) sultry, erotic; **zwoelheid** sultriness, etc; *zie ook* zwoel

zwoer *ovt van* zweren

zwoerd bacon rind; *gebakken ~* (pork) crackling

zwol *ovt van* zwellen; **zwolg** *ovt van* zwelgen; **zwom** *ovt van* zwemmen; **zwoord** *zie* zwoerd

zygoot zygote; **zymose** zymosis

Z.Z.O. afk van *zuidzuidoost* SSE, south-south-east

Z.Z.W. afk van *zuidzuidwest* SSW, south-south-west

zzz (*persoon slaapt*) id

Onregelmatige werkwoorden

Afgeleide werkwoorden zijn slechts opgenomen wanneer zij een afwijking van de grondvorm vertonen (dus wel *forbid, forget*, enz., maar niet *arise, awake,* enz., die in hun vormen geheel overeenkomen met *rise, wake,* enz. De gegeven vertalingen zijn slechts als een aanduiding bedoeld. Voor verdere informatie raadplege men de hoofdtekst.
De letter R duidt aan, dat de regelmatige vorm ook gebruikt wordt.

abide	abode, R	abode, R	verbeiden, verdragen
be	was/were	been	zijn
bear [bɛə]	bore	borne	(ver)dragen
		Be born = geboren worden: *He* **was** *born in* 1898	
beat	beat	beaten, (*inz Am*) beat	slaan, verslaan
beget	begot	begotten	voortbrengen
begin	began	begun	beginnen
bend	bent	bent, R	buigen
		On his bended knees	
bereave	bereft, R	bereft, R	beroven
		Bereft of hope; the bereaved parents	
beseech	besought, R	besought, R	smeken
bestride	bestrode	bestrode, bestridden	schrijlings zitten op
bet	bet, R	bet, R	wedden
bid	bade [bæd, beid], bid	bid(den)	gebieden, verzoeken
		bid (bieden op een veiling) heeft: **bid - bid - bid** Who **bids** *more? What was the highest price that was* **bid**?	
bind	bound	bound	binden
bite	bit	bitten	bijten
bleed	bled	bled	bloeden
bless	R, blest	R, blest	zegenen
blow	blew	blown	blazen, waaien
break [breik]	broke	broken	breken
breed	bred	bred	kweken, fokken
bring	brought	brought	brengen
build [bild]	built	built	bouwen
burn	burnt, (*inz Am*) R	burnt, (*inz Am*) R	branden
burst	burst	burst	barsten
buy	bought	bought	kopen
can	could	–	kunnen (*geen inf*)
cast	cast	cast	werpen
catch	caught	caught	vangen
chide	chid, R	chidden, chid, R	berispen
choose	chose	chosen	kiezen
cleave	cleft, clove	cleft, cloven	klieven, splijten
cling	clung	clung	zich vastklemmen
come	came	come	komen
cost	cost	cost	kosten
		Regelmatig in de betekenis van *de kostprijs berekenen*	
creep	crept	crept	kruipen
crow	R, crew	crowed	kraaien
cut	cut	cut	snijden
deal	dealt [delt]	dealt [delt]	handelen
dig	dug	dug	graven
dive	R, (*Am*) dove	dived	duiken
do	did	done	doen

draw	drew	drawn	trekken, tekenen
dream	dreamt [dremt], R	dreamt [dremt], R	dromen
drink	drank	drunk	drinken
drive [draiv]	drove	driven [drivn]	rijden, drijven
dwell	dwelt, R	dwelt, R	wonen
eat	ate [et, eit]	eaten	eten
fall	fell	fallen	vallen
feed	fed	fed	(zich) voeden
feel	felt	felt	(zich) voelen
fight	fought	fought	vechten
find	found	found	vinden
flee	fled	fled	vluchten
fling	flung	flung	(met kracht) werpen
fly	flew	flown	vliegen
forbid	forbade [fə'bæd, -beid], forbad	forbidden	verbieden
forecast	forecast, R	forecast, R	voorspellen
forget	forgot	forgotten	vergeten
forsake	forsook	forsaken	in de steek laten
freeze	froze	frozen	vriezen
get	got	got, (*Am*) gotten	krijgen
gild	R, gilt	R, gilt	vergulden
gird	R, girt	R, girt	(om)gorden
give [giv]	gave	given [givn]	geven
go	went	gone	gaan
grind	ground	ground	malen, slijpen
grow	grew	grown	groeien, worden, verbouwen
hang	hung	hung	hangen
		De betekenis 'doden door ophanging' is doorgaans R	
have	had	had	hebben
hear	heard	heard	horen
heave	R, hove	R, hove	hijsen
hew	hewed	hewn, R	houwen
hide	hid	hid(den)	verbergen
hit	hit	hit	treffen
hold	held	held	houden
hurt	hurt	hurt	bezeren
keep	kept	kept	houden
kneel	knelt, R	knelt, R	knielen
knit	R, knit	R, knit	breien
know	knew	known	weten, kennen
lay	laid [leid]	laid [leid]	leggen
lead [li:d]	led	led	leiden
lean	leant [lent], R	leant [lent], R	leunen
leap	leapt [lept], R	leapt [lept], R	springen
learn	learnt, R	learnt, R	leren
leave	left	left	verlaten, laten
lend	lent	lent	(uit)lenen
let	let	let	laten, verhuren
lie	lay	lain	liggen
light	lit, R	lit, R	aansteken
lose [lu:z]	lost	lost	verliezen
make	made	made	maken
may	might	–	mogen (*geen inf*)
mean	meant [ment]	meant	bedoelen, betekenen
meet	met	met	ontmoeten
mow	mowed	mown, R	maaien
pay	paid	paid	betalen
plead	R, (*inz Am, Sch*) pled	R, (*inz Am, Sch*) pled	pleiten
put	put	put	leggen, zetten

quit	R, quit	R, quit	ophouden, weggaan
read [ri:d]	read [red]	read [red]	lezen
rend	rent	rent	(ver)scheuren
rid	rid, R	rid, R	ontdoen
ride	rode	ridden	rijden
ring	rang	rung	bellen, klinken
rise [raiz]	rose	risen [rizn]	opstaan, opgaan, stijgen, rijzen
rive	rove	riven [rivn], R	splijten
run	ran	run	hard lopen
saw	sawed	sawn, R	zagen
say	said [sed]	said [sed]	zeggen
see	saw	seen	zien
seek	sought	sought	zoeken
sell	sold	sold	verkopen
send	sent	sent	zenden
set	set	set	zetten
sew [səu]	sewed [səud]	sewn [səun], R	naaien
shake	shook	shaken	schudden
shall	should	–	zullen (*geen inf*)
shear [ʃiə]	sheared	shorn, R	scheren (van schapen)
shed	shed	shed	storten (bloed, tranen)
shine	shone [ʃɔn]	shone [ʃɔn]	schijnen
		Maar: *I've* **shined** *your shoes*	
shit	shit, R	shit, R	schijten
shoe	shod, R	shod, R	beslaan
shoot	shot	shot	schieten
show	showed	shown, R	tonen
shrink	shrank, shrunk	shrunk	krimpen, terugdeinzen
shrive [ʃraiv]	shrove, R	shriven [ʃrivn], R	de biecht afnemen
shut	shut	shut	sluiten
sing	sang	sung	zingen
sink	sank	sunk	zinken
sit	sat	sat	zitten
slay	slew	slain	doden
sleep	slept	slept	slapen
slide	slid	slid	glijden
sling	slung	slung	(met een slingerende beweging) werpen
slink	slunk	slunk	sluipen
slit	slit	slit	splijten
smell	smelt, R	smelt, R	ruiken
smite	smote	smitten	slaan
sow	sowed	sown, R	zaaien
speak	spoke	spoken	spreken
speed	sped, R	sped, R	zich spoeden
		Regelmatig in de betekenis van *bespoedigen* en (*te*) *snel rijden*	
spell	spelt, R	spelt, R	spellen
spend	spent	spent	uitgeven, doorbrengen
spill	spilt, R	spilt, R	morsen
spin	spun	spun	spinnen
spit	spat, (*Am*) spit	spat, (*Am*) spit	spuwen
split	split	split	splijten
spoil	spoilt, R	spoilt, R	bederven
spread [spred]	spread [spred]	spread [spred]	zich verspreiden, spreiden
spring	sprang, (*Am*) sprung	sprung	springen
stand	stood	stood	staan
stave	stove, R	stove, R	inslaan
steal	stole	stolen	stelen, sluipen
stick	stuck	stuck	steken, plakken
sting	stung	stung	steken, prikken

stink	stank, stunk	stunk	stinken
strew	strewed	strewn, R	strooien
stride	strode	stridden	schrijden
strike	struck	struck	slaan, staken
		Maar: **stricken** *by disease*	
string	strung	strung	rijgen, besnaren, spannen
strive [straiv]	strove, (*Am*) R	striven [strivn], (*Am*) R	streven
swear [swɛə]	swore	sworn	zweren
sweat [swet]	R, sweat [swet]	R, sweat [swet]	zweten
sweep	swept	swept	vegen
swell	swelled	swollen, R	zwellen
swim	swam	swum	zwemmen
swing	swung	swung	zwaaien
take	took	taken	nemen
teach	taught	taught	onderwijzen
tear [tɛə]	tore	torn	scheuren
tell	told	told	zeggen, vertellen
think	thought	thought	denken
thrive [θraiv]	throve, R	thriven [θrivn], R	voorspoed hebben
throw	threw	thrown	werpen
thrust	thrust	thrust	stoten
tread [tred]	trod	trodden	(be)treden
wake	woke, R	woken, R	ontwaken, wekken
wear [wɛə]	wore	worn	dragen (aan 't lichaam)
weave	wove, R	woven, R	weven
wed	R, wed	R, wed	huwen
weep	wept	wept	wenen
wet	R, wet	R, wet	nat maken
will	would	–	zullen (*geen inf*)
win	won [wʌn]	won [wʌn]	winnen
wind [waind]	wound	wound	winden
wring [riŋ]	wrung	wrung	wringen
write	wrote	written	schrijven

…e heet ...?

.	full stop, period, point
,	comma
:	colon
;	semicolon
!	exclamation mark/point
?	question mark, mark/note/ point of interrogation, interrogation point, query
‘ ’ “ ” ‛ ‟ „	single/double quotation mark(s)/quotes/inverted commas
« »	duck-foot quotes, guillemets
...	suspension points, ellipsis, prick
^	caret
( )	(left, right) parentheses, (round) brackets
[ ]	square brackets
< >	pointed/angle brackets
{ }	braces
/	slash, oblique, solidus, stroke, *(typ)* virgule *IGB/773/94*: IGB stroke seven seven three, stroke ninety-four
\	backslash, reverse slash/ solidus
| ‖	bar, double bar
-	hyphen
—	(em-)dash
~	swung dash
−	minus sign
+	plus sign
=	equal(s) sign
≠	not-equals sign
_ =	single, double underline/ underscore
&	ampersand

%	percentage sign
¶	paragraph (sign), para, pilcrow
§	section (sign)
†	obelisk, dagger
‡	double obelisk/dagger
÷	division
•	bullet
☞	index, fist
◊	lozenge
▿	nabla
√	radical
∫	integral
#	hash
@	at, each
ℓ	script-l
*	asterisk
⁂	asterism
ŋ	agma
Þ þ	thorn
Đ đ	eth, barred d
æ	ash
˜	tilde; *(inz Am ook)* circumflex
ˆ	circumflex
¯	macron
˘	breve
’	apostrophe
¨	di(a)eresis (*bijv:* naïve); umlaut
′	prime (mark, accent)
᾿ ῾	smooth, rough breathing *(Grieks)*
´	acute (accent)
`	grave (accent)
ˇ	háček
˛	ogonek
¸	cedilla
.	subpoint, subdot
·	centred dot